Adobe
Photoshop CS5

Adobe Photoshop CS5

Das große Kompendium

HEICO NEUMEYER

Markt+Technik

Bibliografische Information Der Deutschen Bibliothek
Die Deutsche Bibliothek verzeichnet diese Publikation in der Deutschen Nationalbibliografie; detaillierte bibliografische Daten sind im Internet über http://dnb.d-nb.de abrufbar.

10 9 8 7 6 5 4 3 2 1

12 11 10

ISBN 978-3-8272-4658-5

Covergestaltung: Thomas Arlt, tarlt@adesso21.net
Titelfoto: Getty Images Deutschland, Fotograf: Vivek Sharma
Lektorat: Kristine Kamm, kkamm@pearson.de
Korrektorat: Petra Kienle
Herstellung: Elisabeth Prümm, epruemm@pearson.de
Satz: text&form GbR, Fürstenfeldbruck
Fotonachweise: Getty Images (www.gettyimages.de), Fotolia (www.fotolia.com),
Gabi Sieg-Ewe, Lucas Klamert, Manfred Grünberger, Martin Glania,
Sven Fischer, Heico Neumeyer, Kristine Kamm, Philipp Burkart
Druck und Verarbeitung: Firmengruppe APPL, aprinta druck, Wemding
Printed in Germany

Im Überblick

Inhaltsverzeichnis

Teil 3: Korrektur 267

Teil 5: Auswahl 593

Teil 6: Ebenen 685

Teil 7: Online-Auftritt 971

Photoshop CS5 anwenden Schritt für Schritt

Kompakte Informationen auf einem Blick

Schaltflächen und Tastaturbefehle

Info-Grafiken

Nützliche Tabellen

Guten Tag

Willkommen beim Kompendium zu Photoshop CS5! Dieser Vorspann gibt Ihnen kurz einen Überblick über das Buch und die beiliegende DVD.

Rundgang durch das Buch

Nutzen Sie alle Orientierungsmöglichkeiten – das ausführliche Inhaltsverzeichnis, die umfassende Stichwortliste, die Querverweise und Farbcodes. Tabellen, Infografiken und Werkzeugsymbole verschaffen Übersicht. So finden Sie sich jederzeit schnell zurecht.

Zum Aufbau

Dieses Buch gliedert sich nicht in komplexe Einzelprojekte, sondern in Hauptfunktionen: also etwa der Teil »Korrektur« mit Kapiteln wie »Auflösung, Bildgröße, Ausschnitt«, »Kontrast & Farbton« oder »Aufnahmefehler korrigieren«. Weitere wichtige Teile behandeln »Auswahl«-Technik oder »Ebenen«. So lernen Sie jedes Werkzeug und jeden Befehl in vollem Umfang kennen. Sie können die Funktion optimal nutzen und beherrschen alle Alternativen.

Zusätzlich gibt es immer wieder kleine Workshops oder Schritt-für-Schritt-Beispiele: Dort verbinden wir Techniken aus verschiedenen Bereichen des Buchs.

Die Themen im Überblick

Sie wollen nicht lange lesen, sondern Photoshop sofort voll einspannen? Werfen Sie zumindest einen Blick in das Kapitel 1: »Das Wichtigste zuerst«. Dort erfahren Sie kurz und prägnant, wie Sie Photoshop ruckzuck auf Höchstleistung einrichten und zügig bedienen.

Danach folgt im ersten Buchteil die »Grundlagen«-Forschung. Hier lohnen sich die Kapitel »Photoshop bedienen und einstellen« oder »Bilddateien darstellen, messen & drucken« – auch erfahrene Anwender finden hier noch nützliche Kniffe, versprochen. Erfahren Sie, wie Sie Routinejobs automatisieren und mit verschiedenen Arbeitsstufen Ihres Bilds jonglieren.

Der zweite Teil behandelt »Basisaufgaben«: Richten Sie das separate Programm Bridge und dessen Ableger Mini Bridge für die Bildverwaltung ein. Lernen Sie Stichwörter, Copyrighthinweise, die Exif-Informationen Ihrer Digitalkamera und andere »Metadaten« kennen. Wir besprechen den vielseitigen »Camera-Raw-Dialog« – alles über die Weiterverarbeitung Ihrer wertvollen »digitalen Negative«.

Von der Korrektur bis zum Zoomeffekt

Der »Korrektur«-Teil beginnt mit »Auflösung, Bildgröße, Ausschnitt«; hier geht es um Pixelzahl, Auflösung, Dateigröße und Druckmaß. Das Kapitel »Kontrast & Farbton« behandelt Butter-und-Brot-Funktionen wie **Gradationskurven**, **Tiefen/Lichter** und Vollautomatiken à la **Auto-Farbton**.

Danach besprechen wir, wie Sie typische »Aufnahmefehler korrigieren« – schiefe Horizonte, kissenförmige Verzeichnung oder stürzende Linien. Das Kapitel zeigt auch Mittel gegen Flusen, rotgeblitzte Augen, Bildrauschen und Unschärfe; nutzen Sie Kopierstempel, Reparaturpinsel und das »inhaltssensitive Füllen«.

Im Teil »Verfremdung« geht es bunt zu. Pinselvorgaben und Farbwähler haben ihren Auftritt im Kapitel »Füllen & Malen«. Das Kapitel »Umfärben, Schwarzweiß, Grafisches« zeigt maßgeschneiderte Wege zu umgefärbten Fassaden, edlen Graustufenumsetzungen, zu Strichgrafik oder Cartoon-Effekt. Das »Filter«-Kapitel behandelt **Beleuchtungseffekte**, **Verwackelte Striche** oder Zoomeffekte.

Sauber auswählen, online präsentieren

Bildteile sauber markieren – damit befasst sich der »Auswahl«-Teil: Das »Auswählen«-Kapitel stellt die Schnellauswahl und viele weitere Techniken vor. Wie Sie vorhandene Auswahlen speichern und verfeinern, erläutern die Kapitel »Kanäle & Masken« sowie »Pfade & Formen«.

Der »Ebenen«-Teil erklärt in mehreren Kapiteln, wie Sie die verschiedenen Bildausschnitte in einer Montage zusammenfügen und mischen, wie Sie einzelne Bildbereiche durch Masken verbergen und mit Effekten Schatten oder plastische Kanten ins Motiv zaubern. Nutzen Sie Einstellungsebenen und Smartfilter, wenn Sie »Verlustfrei korrigieren« wollen. Im »Text«-Kapitel setzen Sie Schriftzüge aussagekräftig ins Bild, und unter der Überschrift »3D« tauchen Sie tief ein in die faszinierende Welt der Ausgabe Photoshop CS5 Extended.

Der Teil »Online-Auftritt« behandelt Vorführungen per Monitor oder Beamer sowie die Internetgestaltung. Im Kapitel »Elektronische Präsentation« lesen Sie, wie Sie Ihre Bilder mit Internetgalerien, PDF-Diaschauen, Filmdateien und **Zoomify**-Technik vorführen. In den Kapiteln danach erfahren Sie, wie Sie Schaltflächen und Hintergrundmuster entwerfen und perfekt für Onlinezwecke sichern.

Der Service-Teil mit Hintergrundinformationen

Der »Service«-Teil bietet weitere Grundlagen und Informationen, darunter die Abschnitte »Photoshop CS5 - was ist neu« sowie »Photoshop CS5 - was ist wichtig für Umsteiger«.

Hinzu kommen wertvolle Übersichten quer durchs Kompendium: Infografiken und viele Tabellen zu Werkzeugen, Paletten, Vorgaben und Bibliotheken. Was Ihnen englisch vorkommt, schlagen Sie im Glossar nach, zu finden im »Service«-Teil - ebenso wie das ausführliche Stichwortverzeichnis.

Mac und Windows

Dieses Buch richtet sich sowohl an Mac- als auch an Windows-Nutzer. Die Versionen für Mac und Windows gleichen sich weitestgehend, kleine Detailunterschiede nenne ich wo erforderlich.

Um Sie nicht unentwegt mit Wiederholungen zu nerven, spreche ich im Buch meist nur von der »[Strg]-Taste« aus der Windows-Welt - um aber gelegentlich hinzuzufügen, dass Macianer hier die [⌘] verwenden. Ähnlich schreibe ich ab und zu auch, dass Sie als Mac-Anwender mit einer Ein-Tasten-Maus statt der rechten Maustaste zusätzlich zur Mac-Maustaste die [Ctrl]-Taste drücken. Die im Buch häufig erwähnte [Alt]-Taste kennen viele Mac-Nutzer auch unter den Bezeichnungen Wahltaste oder Badewannen-Taste ([⌥]).

Photoshop CS5 versus Photoshop CS5 Extended

Photoshop CS5 gibt es in zwei Versionen: Die günstigere Fassung heißt »Photoshop CS5« oder auch »Photoshop CS5 Standard«. Die Variante »Photoshop CS5 Extended« kostet deutlich mehr und bietet zusätzliche Funktionen vor allem für Video- und 3D-Gestalter.

Dieses Kompendium behandelt praktisch alles aus Photoshop CS5 Standard - und das, was die Extended-Version zusätzlich für Bildbearbeitung und -präsentation hergibt. Sofern wir eine Funktion untersuchen, die es nur in der Extended-Fassung gibt, lesen Sie klar und deutlich »CS5 Extended« in der Überschrift und im Lauftext. Meist erwähne ich die Programmversion dagegen nicht extra. Das heißt für Sie, es funktioniert auch mit dem günstigeren Photoshop CS5 Standard - und das ist fast immer der Fall.

Internetadressen

Interessante Internetadressen mit weiterführenden Informationen und Bildern finden Sie überall im Buch. Manchmal nenne ich auch kostenlose Programme - sie sind jedoch vielleicht nur unter bestimmten Bedingungen gratis, zum Beispiel ausschließlich für Privatanwender. Manchmal reichen wir nur die Herstellerinformation weiter, ohne das Angebot selbst getestet zu haben.

Alle Internetadressen wurden im Mai 2010 überprüft. Bitte beachten Sie jedoch: Diese Adressen können kurzfristig verschwinden oder das Angebot unter einer bestimmten Adresse ändert sich dramatisch. Verlag und Autor übernehmen keine Verantwortung für Inhalt und Verfügbarkeit der genannten Seiten. Wir können Sie auch nicht zum Inhalt der im Buch genannten Webseiten beraten.

Auf der DVD

Die DVD zum Kompendium enthält im »Praxis«-Verzeichnis über 800 Bilddateien für Sie – praktisch alle Motive aus dem Buch. Spielen Sie also die Tipps und Vorschläge sofort mit den Originalbildern aus dem Buch nach und entwickeln Sie eigene Varianten und Lösungen! Ebenfalls auf der DVD: eine Sammlung mit über 50 exklusiv für dieses Buch entwickelten Aktionen, also mit gespeicherten Befehlsfolgen.

Bilder für Sie

Das »Praxis«-Verzeichnis von der Buch-DVD liefert Ihnen die Bilder aus dem Buch. Der Dateiname steht jeweils in der Bildunterschrift. Öffnen Sie also zu jedem Thema im Buch das passende Foto und probieren Sie die Beispiele auf dem eigenen Rechner aus. In einigen Fällen kann ich nicht die Originaldatei auf die DVD packen. Dann erhalten Sie aber auf DVD ein gleichwertiges Motiv, das sich genauso gut eignet.

Außerdem finden Sie Ordner wie »45 Vorlagen« oder »65 Vorlagen«. Mit diesen Fotosammlungen testen Sie komfortabel PDF-Präsentationen, Webgalerien, Stapelverarbeitung, Bildverwaltung und so weiter.

Prüfen Sie, ob ein Bild Pfade oder Alphakanäle enthält, aus denen Sie Auswahlen laden können; TIFF- oder Photoshop-PSD-Dateien bestehen oft aus mehreren Ebenen; Ebenenmasken und Vektormasken können Bildbereiche verbergen, Ebenen können auch mit dem Augensymbol 👁 verborgen sein.

TIPP Nutzen Sie die DVD-Bilder mit Photoshop CS5. Einige Motive eignen sich nicht für ältere Programmfassungen und Programme anderer Hersteller. Die Dateien aus den Buchteilen über Photoshop CS5 Extended – etwa im 3D-Kapitel – lassen sich auch nur mit der CS5-Extended-Variante vollständig nutzen.

Für den privaten Gebrauch

Viele Bilder stammen von der Agentur Getty Images, von Gabi Sieg-Ewe, Lucas Klamert, Manfred Grünberger, Martin Glania, Sven Fischer und Heico Neumeyer. Weitere Motive lieferten die Firmen Opel, Mercedes, Apple und Canon. Manche Originalmotive wurden zu didaktischen Zwecken verschlimmbessert, bevor sie als »Vorlage« ins Buch gelangten.

Auch die Online-Bildagentur iStockphoto.de steuerte Bilder bei, Sie lesen es jeweils in der Bildunterschrift. Dabei sehen Sie im Buch nur solche Motive, die iStockphoto.de exklusiv vertreibt, die also nicht bei anderen Agenturen zu haben sind.

Die Bilddateien sind ausschließlich für Ihren privaten Gebrauch gedacht. Eine Veröffentlichung oder Weitergabe ist nicht zulässig. Teils erfahren Sie den Fotografen schon in der Bildunterschrift. Bei allen Aufnahmen steht das Urheberrecht aber in der mitgelieferten Bilddatei selbst. So finden Sie den Urheber heraus:

» Laden Sie das Bild in Photoshop oder markieren Sie es in Bridge, dann wählen Sie **Datei: Dateiinformationen** mit dem Bereich BESCHREIBUNG (Seite 186). Oder:

» Öffnen Sie Bridge, klicken Sie das gewünschte Motiv einmal an und prüfen Sie innerhalb der Metadatenpalette in Bridge den Bereich IPTC CORE.

Aktionen für Sie (Befehlsfolgen)

Ebenfalls im »Praxis«-Verzeichnis befindet sich die Datei »Photoshop CS5 Kompendium.atn«. Sie enthält über 50 Aktionen (gespeicherte Befehlsfolgen), passend zu den Tipps aus diesem Buch.

ACHTUNG Die Aktionen wurden mit dem deutschsprachigen Photoshop CS5 getestet. Ältere Versionen und andere Sprachfassungen spielen nicht alle Aktionen vollständig ab.

Sie müssen sich also nicht mehr selbst durch Untermenüs und Paletten klicken, um die Funktionsreihen nachzuvollziehen: Ich habe die Schritte bereits für Sie als Aktion aufgezeichnet und auf DVD mitgeliefert. Wenden Sie die Aktionen auf viele Bilddateien en bloc an, variieren Sie die Befehlsfolgen und entwickeln Sie mühelos eigene Versionen.

Die Aktionen von der Buch-DVD laden Sie ganz einfach in Photoshop:

1. Sie öffnen die Aktionenpalette mit dem Befehl **Fenster: Aktionen**.
2. Sie öffnen das Menü der Aktionenpalette mit der Schaltfläche .
3. Sie gehen auf **Aktionen laden** und öffnen das »Praxis«-Verzeichnis der Buch-DVD.
4. Sie klicken doppelt auf »Photoshop CS5 Kompendium.atn«. Ihre Aktionenpalette zeigt jetzt das neue Aktionsset »Photoshop CS5 Kompendium« in der Aktionenpalette.

So bearbeiten Sie das erste Bild mit einer Aktion:

1. Laden Sie ein Bild, das Sie bearbeiten möchten.
2. Öffnen Sie in der Aktionenpalette das Aktionsset »Photoshop CS5 Kompendium« mit der Schaltfläche .
3. Klicken Sie einmal auf den Namen der gewünschten Aktion, zum Beispiel auf »Rand – Form-Umriss mit Schnittmaske«.
4. Klicken Sie unten in der Aktionenpalette auf die Schaltfläche Aktion ausführen ; Photoshop arbeitet die Befehlsfolge jetzt an der aktuellen Bilddatei ab.

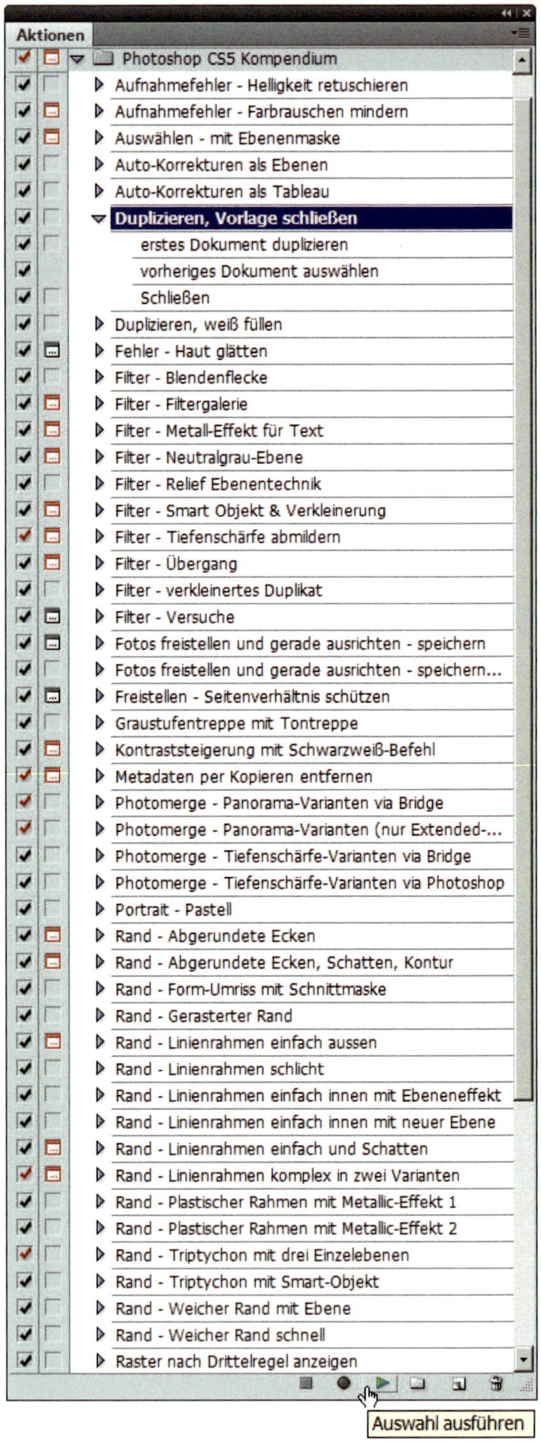

Auf der Buch-DVD: Über 50 exklusive Photoshop-Aktionen. Wenden Sie die Tipps aus diesem Kompendium automatisch auf Ihre eigenen Bilder an.

Über die Autoren

Heico Neumeyer

schreibt seit zwei Jahrzehnten über Photoshop, über Bildbearbeitung und Fotografie allgemein. Sein Photoshop-Kompendium im Verlag Markt+Technik gilt seit vielen Jahren als Standardwerk. Neumeyer veröffentlicht auch Testberichte und Praxistipps für PC- und Fotozeitschriften, übersetzt und prüft Fachbücher und gibt Schulungen. Neumeyer konzipierte dieses Buch und schrieb den größeren Teil davon, die Internet- und 3D-Kapitel lieferte dagegen Sven Fischer (nächster Abschnitt).

Heico Neumeyer experimentierte schon als Youngster in der Dunkelkammer, mit Diaprojektoren und Farbfolien und schleppte zu schwere Spiegelreflexausrüstungen über zu hohe Bergpässe. Neumeyer studierte Deutsch, Pädagogik und Politik und war Redakteur bei einer Fotozeitschrift. Er ist bekannt für praxisnahe, gut lesbare Texte und maßgeschneiderte Trainings. Er lebt in Oberbayern.

Sven Fischer

steuerte zu diesem Kompendium den Abschnitt »Fluchtpunktfilter« und die Kapitel »Animation«, »Speichern für Internetseiten« und »Elemente für Internetseiten« bei. Sven Fischer stammt aus Nürnberg und ist seit über 20 Jahren als Trainer und Berater in der Druck- und Medienvorstufe tätig. Er arbeitet seit Erscheinen der Version 1 mit Photoshop und publiziert seit vielen Jahren regelmäßig zu Themen der digitalen Bildbearbeitung in namhaften Fachzeitschriften. Im Oktober 2010 erscheint sein Buch »Zerstörungsfreie Bildbearbeitung« bei Addison-Wesley.

Danke

Die Autoren danken allen, die bei diesem Wälzer für den Verlag mit viel Engagement dabei waren: unter anderem Kristine Kamm, Claudia Bäurle, Petra Kienle, Carsten Kienle und Mike Schelhorn.

Heico Neumeyer dankt der Fotografin Gabi Sieg-Ewe in Radevormwald, natürlich auch Lucas Klamert, Manfred Grünberger, Martin Glania, Peter Urban, Willi Gerlach, Familie Dami, Familie Gimpl-von Eichmann und allen Neumeyers.

Sven Fischer dankt Kim Fischer für ihr Verständnis und ihre Unterstützung.

Feedback

Haben Sie Fragen oder Anmerkungen zu diesem Kompendium? Dann schreiben Sie uns. Bitte sagen Sie gleich zu Beginn so detailliert wie möglich, welche Photoshop-Version, welche Kompendium-Version und welches Betriebssystem in welcher Version Sie verwenden.

Allerdings: Allgemeine Fragen zu Photoshop, die nichts mit dem Buch zu tun haben, können wir nicht beantworten. Bitte wenden Sie sich in solchen Fällen an den Photoshop-Hersteller Adobe oder an ein Internetforum. Gibt es Probleme mit Digitalkamera, Drucker oder Arbeitsspeicher, so sind wir ebenfalls ratlos.

Tipps zur Photoshop-Hilfe und zu Photoshop-Foren im Internet mit vielen hilfsbereiten Anwendern finden Sie ab Seite 71. Für Kommentare und Fragen direkt zum Buch gilt: Bitte schreiben Sie an *autoren@mut.de geben Sie den genauen Buchtitel, und die ISBN-Nummer, Ihre genaue Photoshop-Version, Ihr Betriebssystem und Ihre Hardware an*. Wir freuen uns auf Ihre Rückmeldung!

Teil 1
Grundlagen

Im ersten Buchteil: Ihr maßgeschneiderter Einstieg ins Photoshopping. Erfahren Sie, wie Sie Photoshop für die Bildbearbeitung fit machen und wie Sie gezielt fotografieren. Lesen Sie alles über das Widerrufen, Aufzeichnen und Abspielen von Befehlen. Auch Farbmodi wie RGB oder CMYK lernen Sie kennen.

Kapitel 1

Das Wichtigste zuerst

Sie wollen nicht viel lesen, Photoshop soll sofort auf Hochtouren laufen? Werfen Sie zumindest einen Blick auf die folgenden Seiten: Sie erfahren, wie Sie die **Voreinstellungen** so ändern, dass die Programme zügiger laufen, und warum Photoshop in Streik treten könnte. Dazu das Wichtigste zur Bedienung: die Top Ten der Tastenbefehle, wichtige Tipps zu Dialogfeldern sowie flexible Formen der Bildkorrektur, bei denen Sie nicht das Original verlieren – nützlich für alle Verfahren quer durch den Photoshop und quer durch dieses Buch. Am Schluss noch ein paar Hinweise zum Fotografieren, die Ihnen viel Arbeit in Photoshop ersparen.

TIPP Sie kennen ältere Photoshop-Versionen und sind neu bei Ausgabe CS5? Lesen Sie die ausführliche Umsteigerberatung ab Seite 1061.

1.1 Bevor Sie einen älteren Photoshop deinstallieren

Sie können problemlos alte und neue Photoshop-Versionen auf einem Rechner betreiben – allerdings läuft unter Windows nur ein Programm auf einmal. Werfen Sie eine Photoshop-Vorgängerversion nicht vorzeitig von der Festplatte, retten Sie Ihre Vorgaben und Funktionen.

Falls Sie von CS2 umsteigen: Weil das separate Programm ImageReady nicht mehr zu Photoshop gehört, fehlen in CS5 ein paar ImageReady-spezifische Talente, so etwa Vierfach-Livevorschau, bedingte Aktionen oder Imagemaps. Wenn Ihnen daran liegt, lassen Sie die Versionen CS oder CS2 installiert.

1.1.1 Retten Sie Vorgaben, Funktionen und Dateien aus älteren Versionen

Ob eigene Aktionen, eigene Werkzeugspitzen, eigene Farbsets oder eigene Verläufe aus Photoshop CS4 oder einer früheren Version – Photoshop CS5 holt sich Ihre mühsam aufgebauten Bibliotheken und Sammlungen nicht herüber. Ihre Aktionen und Bibliotheken speichern Sie also in der alten Photoshop-Version als separate Dateien, die laden Sie dann wieder in CS5. Öffnen Sie das Palettenmenü und wählen Sie einen Befehl wie etwa **Verläufe speichern** (Seite 56).

Sie haben Erweiterungen für Photoshop CS4 mit dem Extension Manager (Seite 1067) installiert? Dann starten Sie ihn erneut: Das Programm schlägt vor, die CS4-Erweiterungen auch in CS5 zu nutzen, und veranlasst alles Nötige.

Funktionen aus Vorgängerversionen

Schon Photoshop CS4 verzichtete auf einige Funktionen, die bis CS3 lange Jahre dabei waren und in CS5 nicht wiederkehren: Das **Extrahieren** fehlt in der CS5-Installation ebenso wie **Kontaktabzug II** oder **Bildpaket**. Sie können fast alles nachrüsten – erforderlich ist es freilich selten. Die Dateien bekommen Sie vermutlich im Internet (Seite 1074). Wollen Sie PDF-Kataloge mit IPTC- und Exif-Einträgen wie TITEL, BESCHREIBUNG oder COPYRIGHT schreiben, behalten Sie das Programm CS3, denn CS5 setzt allenfalls Dateinamen in PDF-Kataloge und die entsprechende CS3-Funktion lässt sich in CS5 nicht einbauen.

Retten Sie eventuell auch die Strukturen aus den Unterverzeichnissen ZUSATZMODULE/VERSCHIEBUNGSMATRITZEN, VORGABEN/STRUKTUREN und VORGABEN/MUSTER (einschließlich POSTSCRIPT-MUSTER).

1.1.2 Geldprobleme

Photoshop CS2 bis CS5 drucken oder öffnen keine Geldscheine und produzieren inkriminierende Fehlermeldungen, sobald Sie eine Datei mit Barschaft auch nur in aller Unschuld öffnen wollen. Weniger Probleme mit dem Cashflow bereiten Photoshop 7 oder Photoshop CS (Seite 252).

1.2 Stressfrei loslegen

Sie wollen gleich mit voller Kraft loslegen? Lesen Sie zumindest die folgenden kurzen Tipps für Photoshop und separat für Bridge. Sie sparen Nerven und Zeit. Alle Themen besprechen wir noch sehr ausführlich innen im Buch.

1.2.1 Schneller Einstieg mit Photoshop

So machen Sie Photoshop auf die Schnelle fit für den Pixeljob:

1. Prüfen Sie zuerst per **Hilfe: Aktualisierungen**, ob der Hersteller im Internet schon Nachbesserungen für Ihre Photoshop-Version bereithält. Installieren Sie die Nachlieferung direkt aus dem Dialogfeld heraus, starten Sie Photoshop neu, erst dann folgen Sie den weiteren Schritten hier.
2. Starten Sie die **Voreinstellungen** mit Strg+K und wechseln Sie sogleich zur DATEIHANDHABUNG. Im Bereich DATEIEN VERARBEITEN verhindern Sie das Mitspeichern einer zeit- und platzraubenden »flachen« Bildversion bei PSD-Montage-Dateien - wählen Sie im Bereich KOMPATIBILITÄT VON PSD- UND PSB-DATEIEN die Vorgaben FRAGEN oder gleich NIE (Seite 1076; behalten Sie die Option jedoch, wenn Sie PSD-Montagen in Lightroom und anderen Programmen zeigen). Schalten Sie ADOBE DRIVE aus, sofern Sie nicht in einem entsprechenden Netzwerk arbeiten.
3. Weiter zur Kategorie LEISTUNG. Im Bereich SPEICHERNUTZUNG teilen Sie Photoshop 75 Prozent Arbeitsspeicher zu (Seite 67). Stellen Sie die Zahl der PROTOKOLLOBJEKTE von 20 auf 100 oder auch auf 1000 hoch - das ist die Zahl der Arbeitsschritte, die Sie widerrufen können. Im Bereich ARBEITSVOLUMES nennen Sie mehrere freie Festplatten als Reserve-Arbeitsspeicher; zwei GByte auf zwei Laufwerken sollten es mindestens sein (Details Seite 67). Klicken Sie auf OK.
4. Schließen Sie Photoshop und starten Sie neu.

TIPP Funktioniert etwas nicht, sehen Sie zum Beispiel wunderliche Dialogfelder statt des Raw-Dialogs? Ein Neustart des gesamten Rechners beseitigt das Problem eventuell. Bei einer Fehlermeldung zum Display-Treiber sollten Sie die neueste Treiber-Software für Ihre Grafikkarte installieren oder notfalls OpenGL in den **Voreinstellungen,** Bereich LEISTUNG, ausschalten.

1.2.2 Schneller Einstieg mit Bridge

Ein paar Handgriffe in Bridge und die Arbeit mit dieser Medienverwaltung geht schneller und angenehmer von der Hand; auch Mini Bridge in Photoshop springt dann schneller an. Die Themen aus diesem Abschnitt besprechen wir im »Bridge«-Kapitel noch ausführlich.

1. Ist die Festplatte mit dem Betriebssystem (unter Windows meist Laufwerk C) schon fast voll? Dann öffnen Sie Bridge, laden Sie die **Voreinstellungen** mit Strg+K, öffnen Sie links den Bereich CACHE und geben Sie unter CACHE-SPEICHERORT ein anderes Laufwerk an, in dem Bridge seine Miniaturen sichert.
2. Wenn Sie mit Camera-Raw-Dateien arbeiten, bestimmen Sie noch einen Platz für die Camera-Raw-Datenbank; die landet sonst auch im Systemverzeichnis und kostet schnell mehr als 100 Mbyte. Wählen Sie in Bridge **Bearbeiten: Camera Raw-Voreinstellungen** (am Mac **Adobe Bridge CS5: Camera Raw-Voreinstellungen**), dann klicken Sie auf SPEICHERORT AUSWÄHLEN.

3. Möchten Sie demnächst größere Bilderverzeichnisse in Bridge sichten? Öffnen Sie Bridge und klicken Sie in der Ordnerpalette ein übergeordnetes Verzeichnis an, zum Beispiel direkt den Namen eines Laufwerks wie C. Dann wählen Sie **Werkzeuge: Cache: Cache generieren und exportieren.** Im Dialogfeld wählen Sie die Vorgabe CACHE AUCH IN ORDNER EXPORTIEREN und die VOLLBILDVORSCHAUEN ab, dann klicken Sie auf OK. Bridge liest jetzt bereits die Miniaturen von allen Unterordnern ein, späteres Aufrufen und Durchsuchen geht flott.

1.3 Troubleshooting Photoshop und Bridge: Ich klicke und nichts passiert

Mitunter steht man in Photoshop vor dem Problem: Ich klicke – und nichts passiert. Solche Unbill droht in Situationen wie diesen:

» Sie ziehen neue Aufnahmen ins Programm, die dann nicht als eigenes Dokument, sondern nur als Ebene in der aktuellen Datei erscheinen. Das ist kein Fehler, sondern eine neue Funktion. Ziehen Sie Dateien, die sich eigenständig öffnen sollen, über Menüleisten oder Bedienfelder.

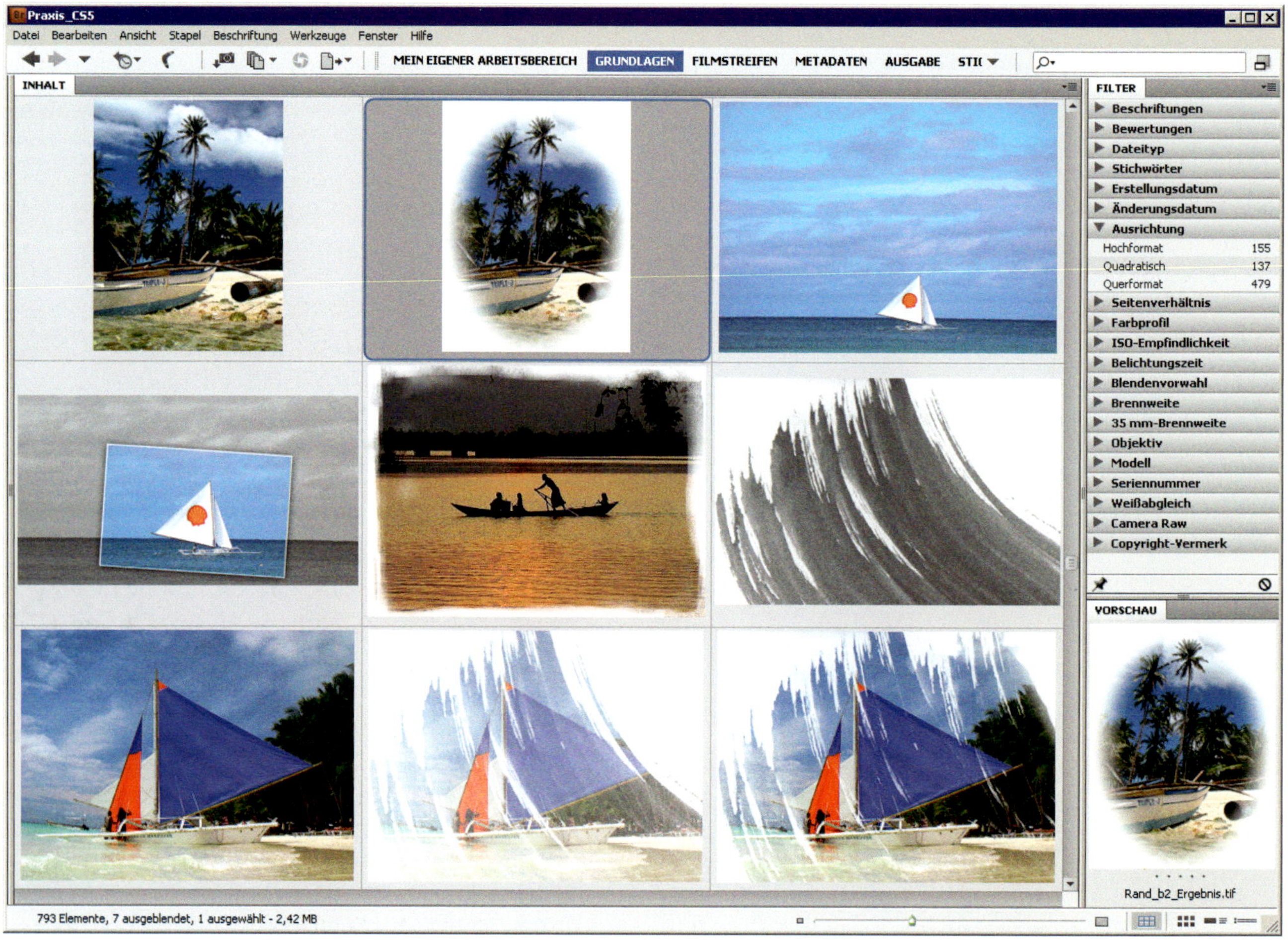

Abbildung 1.1 Schneller Einstieg: Zum Einlesen Ihrer Fotosammlung nimmt sich Bridge viel Zeit. Das Programm sollte Ihre Festplatte bereits vor dem ersten Einsatz gründlich durchsuchen.

» Funktioniert nach dem Installieren etwas nicht? Ein Neustart des gesamten Rechners beseitigt das Problem eventuell.

» Sie bearbeiten eine Datei im Modus Bitmap, Lab oder Indizierte Farben, mit 16 oder 32 Bit Farbtiefe pro Grundfarbe; in diesen Modi stehen jedoch nur wenige Funktionen zur Verfügung. Wechseln Sie mit dem Untermenü **Bild: Modus** zu **Graustufen** oder zu **RGB-Farbe** und ebendort auch zu **8-Bit-Kanal**.

» Sie versuchen, eine Ebene zu bearbeiten, die zwar gut sichtbar, aber nicht aktiviert ist. Aktivieren Sie die Ebene durch einen Mausklick in der Ebenenpalette. Klicken Sie mit Verschiebenwerkzeug und rechts auf die gewünschte Bildstelle; die oberste Ebene erscheint oben im Kontextmenü.

» Sie haben beim Malen oder bei der Ebenentechnik die Deckkraft heruntergesetzt oder eine Füllmethode eingestellt, die von der aktiven Ebene oder vom Pinselstrich nichts erkennen lässt (Seite 773). Wechseln Sie in den Werkzeugoptionen oder in der Ebenenpalette zurück zu Normal.

» Sie haben die Ebene »fixiert«, so dass sie sich nicht vollständig oder überhaupt nicht mehr bearbeiten lässt, etwa mit der Option Transparente Pixel fixieren (Seite 733). Schalten Sie die »Fixierung« oben in der Ebenenpalette ab.

» Sie haben in der Kanälepalette nicht den Gesamtkanal aktiviert, zum Beispiel »CMYK« oder »RGB«, sondern eine einzelne Grundfarbe oder einen Alphakanal; schalten Sie mit Strg+2 zurück zum Gesamtkanal.

» Sie arbeiten in einer Ebenenmaske, Vektormaske oder Einstellungsebene statt auf den Bildpunkten der Ebene selbst. Klicken Sie die Bildminiatur der gewünschten Bildebene einmal an. Beachten Sie auch die Informationen in der Titelzeile des Bildfensters.

» Sie versuchen, außerhalb einer Auswahl zu arbeiten, die womöglich verborgen oder außerhalb des aktuellen Bildfensters ist. Drücken Sie Strg+H, um eine verborgene Auswahl wieder anzuzeigen, sichten Sie das Gesamtbild per Strg+0 oder entfernen Sie die Auswahl mit Strg+D. Auch am Angebot im Hauptmenü **Auswahl** erkennen Sie, ob generell eine Auswahl vorhanden ist.

» Sie haben in den **Voreinstellungen** die Pixelwiederholung eingerichtet und erhalten deshalb grobe Ergebnisse beim Rotieren und Skalieren. Wechseln Sie zu Bikubisch (Strg+K, Seite 274).

» Sie arbeiten auf einer Textebene, die Tonwertkorrekturen und Werkzeugretuschen nicht zulässt. Verwenden Sie den Befehl **Ebene: Rastern: Text**, um den Text in eine übliche Bildpunktebene zu verwandeln.

» Sie sind mitten in der Arbeit an einer Textebene oder beim **Transformieren** – dann können Sie keine anderen Dateien oder Dialogfelder öffnen. Brechen Sie die Bearbeitung mit der Esc-Taste folgenlos ab oder bestätigen Sie Ihre Änderungen per Klick auf das Häkchen ✓ oben.

» Sie arbeiten auf einer Ebene mit Smart-Objekt, zu erkennen am Symbol in der Ebenenminiatur. Auch hier stehen einige Funktionen nicht direkt zur Verfügung, zum Beispiel Retuschen mit dem Kopierstempel.

» Sie bearbeiten eine Ebene und haben einen Befehl wie **Bearbeiten: Frei Transformieren** gewählt (Strg+T, Seite 737). Photoshop umgibt die Ebene mit einem Begrenzungsrahmen. In dieser Situation können Sie kaum andere Befehle nutzen. Brechen Sie die Arbeit mit der Esc-Taste ab oder bestätigen Sie die Änderung mit der ↵-Taste.

» Bestimmte Befehle fehlen in den Menüs. Sie verwenden eventuell einen Arbeitsbereich, der die Funktionen verschweigt. Schalten Sie rechts oben im Programmfenster auf Grundelemente.

» Werkzeuge lassen sich nicht per Tastenkürzel einschalten. Vielleicht blinkt der Cursor noch in einem Eingabefeld in den Optionen oder in einer Palette, etwa im Breite-Feld des Freistellungswerkzeugs. Auch wenn Sie das Ziehenwerkzeug der Korrekturenpalette eingeschaltet haben, hört Photoshop nicht mehr auf die Tastaturbefehle für Werkzeuge.

» Der Pinsel arbeitet wunderlich bis gar nicht. Sie haben vielleicht beim Malen oder Retuschieren in der Pinselpalette Vorgaben gemacht, die den Pinselstrich sehr schnell zu einem Nichts schrumpfen oder verblassen lassen. Wählen Sie **Fenster: Pinsel**, öffnen Sie das Menü der Pinselpalette (F5) und setzen

Sie mit dem Befehl **Pinsel-Steuerungen löschen** alle Vorgaben zurück.

» Erweiterungen nehmen keine Verbindung mit dem Internet auf oder lassen sich gar nicht öffnen. Wählen Sie **Bearbeiten: Voreinstellungen: Zusatzmodule** und prüfen Sie, ob Erweiterungen zugelassen sind.

» Programmerweiterungen funktionieren nicht? Einer von vielen Gründen könnte sein, dass die Erweiterung für 32-Bit-Photoshop geschrieben wurde, Sie aber die 64-Bit-Version nutzen, zum Beispiel unter Windows 7 mit 64 Bit. Normalerweise sollte auch die 32-Bit-Fassung installiert worden sein, die Sie alternativ testen.

» Bridge reagiert nicht wie erhofft. Vielleicht wurden die erforderlichen Startskripte abgeschaltet. Öffnen Sie in Bridge die **Voreinstellungen** mit [Strg]+[K] und inspizieren Sie die STARTSKRIPTE. Eventuell funktioniert Bridge aber ohne Skripte auch besser.

» Problem: Kopierstempel und Reparaturpinsel beißen sich an einem hartnäckigen Staubfleck im Scan vergebens die Zähne aus. Analyse: Der Staub residiert physikalisch auf dem Monitor. Lösung: Holen Sie ein weiches Staubtuch.

1.4 Troubleshooting: Betriebssystem

Wenn Photoshop (bummel-)streikt, kann es an Problemen im Betriebssystem oder in den **Voreinstellungen** liegen:

» Entfernen Sie neu installierte Programme, Erweiterungen und Zusatzmodule, nach deren Installation erstmals Probleme auftraten, und installieren Sie Photoshop eventuell neu.

» Trennen Sie externe Laufwerke vom System.

» Teilen Sie Photoshop mehr Arbeitsspeicher und freie Auslagerungsbereiche auf der Festplatte zu; dazu verwenden Sie den Befehl **Bearbeiten: Voreinstellungen: Leistung** (Seite 67).

Abbildung 1.2 Troubleshooting: Bei komplexen Montagen wie hier, wo Bildausschnitt, Tonwerte und Rahmeneffekt verlustfrei änderbar sind, geht manchmal der Überblick verloren. Datei: Effekte_16; Abbildung: Fotostudio Sieg-Ewe, Radevormwald

» In Einzelfällen blockiert auch eine zu hohe Speicherzuteilung nicht nur das System, sondern ebenso Photoshop. Haben Sie mit 100 Prozent Speicherzuteilung Probleme, setzen Sie das Programm mit Vorgaben wie 50 oder 60 Prozent testweise auf Diät.

» Gibt es Probleme mit der Anzeige? Verzichten Sie eventuell auf den zweiten oder dritten Monitor, verkleinern Sie das Photoshop-Programmfenster oder schalten Sie OpenGL testweise aus (**Bearbeiten: Voreinstellungen: Leistung**, am Mac **Photoshop: Voreinstellungen: Leistung**). Bringen Sie Photoshop unbedingt auf den neuesten Stand (**Hilfe: Aktualisieren**), speziell wenn Sie Windows XP nutzen.

1.4.1 Windows-Probleme

Diese Lösungen helfen mitunter auf Windows-Rechnern:

» Bei größeren Problemen sollten Sie eventuell die Photoshop-Voreinstellungen zurücksetzen. Drücken Sie [Strg]+[Alt]+[⇧], während Photoshop startet.

» Um das gesamte Programm Bridge zurückzusetzen, starten Sie das Programm bei gedrückter [Strg]-Taste. Klicken Sie alle drei Optionen an, dann OK.

» Starten Sie Windows mit einem anderen Benutzernamen.

» Sie haben unter Windows XP die OpenGL-Unterstützung aktiviert? Möglicherweise haben Sie darum Anzeigeprobleme, etwa mit dem zweiten Monitor, mit nicht erkennbaren Pinselspitzen oder beim Ziehen von Bildern. Wählen Sie **Bearbeiten: Voreinstellungen: Leistung** und verzichten Sie auf OpenGL aktivieren (so wie es Standard nach der Installation ist).

1.4.2 Mac-Probleme

Bei Problemen setzen Sie eventuell die Voreinstellungen von Photoshop zurück: Drücken Sie gleich nach Programmstart [⌘]+[Alt]+[⇧]. Photoshop erzeugt beim nächsten Start neue Voreinstellungsdateien. Alternative: Öffnen Sie im Anwenderverzeichnis den Ordner »Library«, dort gehen Sie in den Ordner »Preferences« und ziehen »Adobe Photoshop CS5 Settings« in den Papierkorb.

Für 64-Bit-Macs galt bei Manuskript-Abgabe: Einige wenige Photoshop-Funktionen und mögliche Ergänzungen lassen sich nicht nutzen, unter anderem **Beleuchtungseffekte** und **Variationen**. Details nennt dieses englische Dokument des Herstellers: *http://kb2.adobe.com/cps/828/cpsid_82824.html*.

1.4.3 Ein optimales Betriebssystem

Richten Sie MacOS oder Windows so ein, dass mit weniger Arbeitsspeicher mehr geht:

» Schalten Sie »visuelle Effekte« ab – plastische, halbtransparente Titelleisten, animierte Menüs und Mauszeiger, Schatten unter Dateifenstern oder Mauszeigern, Farbverläufe in Titelleisten.

» Defragmentieren oder formatieren Sie Festplatten, auf die Photoshop auslagert, so dass große, zusammenhängende freie Bereiche entstehen.

» Geben Sie dem Betriebssystem genug eigenen Auslagerungsspeicher unabhängig von Photoshop, also freie Festplatte als Zwischenlager für Daten. Verweisen Sie am besten auf ein Laufwerk, das nicht auch Photoshop verwendet.

» Lassen Sie nur einen, nicht zwei Virenscanner laufen. Verwenden Sie aktuelle Treiber und installieren Sie eher weniger als mehr Programme und Schriften.

1.5 Schnelle Bedienung

Nutzen Sie Tastenbefehle statt Mausgeschiebe und räumen Sie die Oberfläche mit wenigen Klicks auf.

1.5.1 Übersichtliche Arbeitsfläche

So räumen Sie den Bildschirm auf und verschaffen sich mehr Übersicht:

» Die [⇥]-Taste verbannt auf einen Schlag alle Paletten vom Schirm.

» Auch gut: Die [F]-Taste wechselt ruckzuck zum aufgeräumten Vollbildmodus und wieder zurück.

» Apropos Arbeitsfläche: Entfernen Sie überflüssige Paletten (Bedienfelder), bringen Sie die Überlebenden in eine optimale Position, justieren Sie auch die Miniaturengrößen in den Paletten al gusto. Dann wählen Sie **Fenster: Arbeitsbereich: Neuer Arbeits-**

bereich; diese persönliche Palettenanordnung stellen Sie über das ARBEITSBEREICHE-Menü » rechts außen im Programmfenster jederzeit wieder her.

Diese flotten, machtvoll Ordnung schaffenden Funktionen sollte Adobe auch für nichtdigitale Arbeitsbereiche anbieten (Beispiel: mein Büro).

1.5.2 Schnelle Tastenbefehle

Routinierte Photoshopper bedienen ihr Programm besonders flott mittels gezielter Tastendrucke – viel schneller als mit der Maus. Vielen Befehlen und allen Werkzeugen haben die Programmierer bereits Tastaturkürzel zugeteilt: Für die Funktionen der Werkzeugleiste reicht dabei grundsätzlich ein einzelner Buchstabe ohne jede weitere Strg-, Alt- oder ⇧-Taste: Mit einem C (für Crop Tool) rufen Sie zum Beispiel das Freistellungswerkzeug auf.

Beim Experimentieren wühlen Sie oft in Untermenüs immer wieder nach ein und derselben Funktion, zum Beispiel **Datei: Skripten: Bildprozessor**; teilen Sie dieser Funktion mit dem Befehl **Bearbeiten: Tastaturbefehle** (Seite 64) einen bequemen Tastenbefehl wie F4 zu.

Die folgende Übersicht zeigt die wichtigsten Tastaturbefehle. Am Mac gilt generell die ⌘- statt der Strg-Taste. Wie Sie sich die Tasten einfacher merken und komplett eigene Tastaturgriffe für beliebige Befehle einrichten, lesen Sie ausführlich ab Seite 64. Dort finden Sie auch eine Liste, die alle voreingestellten Kurztasten für sämtliche Werkzeuge nennt.

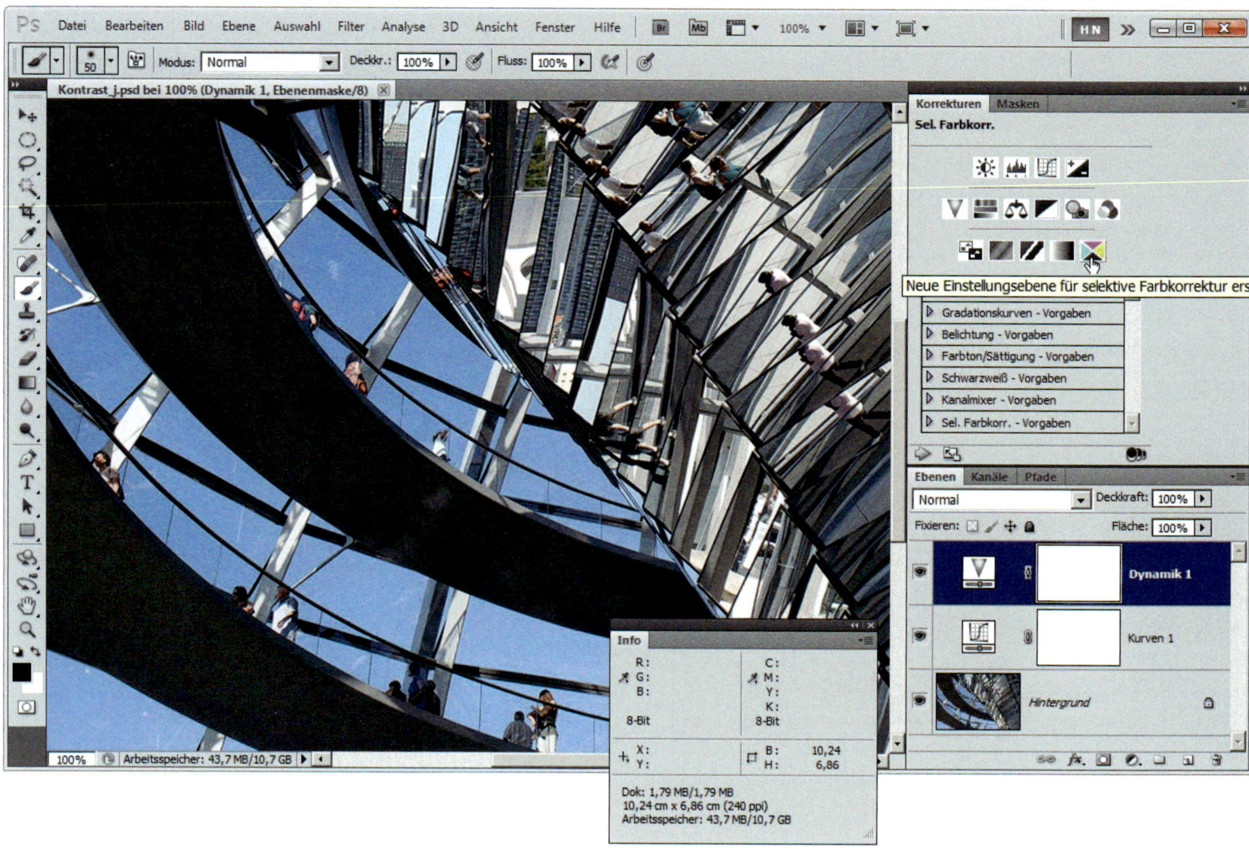

Abbildung 1.3 Schnelle Bedienung: Nutzen Sie die Korrekturenpalette für schnelle Einstellungsebenen, machen Sie sich mit Tastaturbefehlen vertraut. Die Info-Palette rufen Sie zum Beispiel mit F8 auf – teils auch bei geöffnetem Korrekturdialog. Vorlage: Kontrast_j. Foto: Manfred Grünberger

1.5.3 Übersicht: Die zehn wichtigsten Tastenbefehle

Taste	Ergebnis	Anmerkung
Tab	Alle Paletten ein-/ausblenden	⇧+Tab, wenn Werkzeugleiste und Werkzeugoptionen sichtbar bleiben sollen; Strg+Tab bringt ein Bild nach dem anderen in den Vordergrund.
F	Vollbildmodus	Mehrfach drücken
Leer-Taste	Vorübergehender Wechsel zu Handwerkzeug	Leer+Strg für vorübergehende Vergrößerungslupe, Leer+Alt für vorübergehende Verkleinerungslupe; auch bei geöffnetem Dialogfeld im Originalbild und in vielen Dialogfeld-Vorschauen
Strg	Vorübergehender Wechsel zum Verschiebenwerkzeug	Mit wenigen Ausnahmen, etwa bei aktivierten Pfadwerkzeugen
D	Vordergrundfarbe auf Schwarz, Hintergrundfarbe auf Weiß setzen	Umgekehrt, wenn Alphakanal oder Ebenenmaske aktiviert sind; mit X Vorder- und Hintergrundfarbe tauschen
1 ... 0	Deckkraft ändern	Bei Verschiebenwerkzeug Ebenen-Deckkraft, bei Mal- oder Retuschewerkzeug Pinsel-Deckkraft; 0 steht für 100 Prozent
Pfeiltasten	Ebene/Auswahl in Pixelschritten bewegen	Bei aktiviertem Verschiebenwerkzeug bzw. Auswahlwerkzeug; ⇧+Pfeiltaste für Zehn-Pixel-Schritte
Horizontal Alt-Ziehen mit rechter Maustaste	Pinseldurchmesser verändern	Alternativ Ö-Taste zum Verkleinern, #-Taste zum Vergrößern
Strg+F	Letzten Filterbefehl erneut ablaufen lassen	Strg+Alt+F ruft letzten Filter-Dialog erneut auf
Strg++	Abbildungsmaßstab schrittweise vergrößern	Strg+- zum Verkleinern der Zoomstufe

1.5.4 Schnell die Bilddarstellung wechseln

So flott ändern Sie die Bilddarstellung:

- Mit der Taste H schalten Sie dauerhaft die Verschiebe-Hand ein, die Leer-Taste wechselt nur vorübergehend zu diesem Werkzeug.
- Per Strg+Leer-Taste erhalten Sie die Vergrößerungslupe vorübergehend, ohne dauerhaft umzuschalten – rahmen Sie den gewünschten Bereich ein oder klicken Sie einfach, nach Loslassen der Tasten sind Sie wieder beim ursprünglichen Werkzeug.
- Die Verkleinerungslupe erscheint per Alt+Leer-Taste. Wechseln Sie die Zoomstufe per Strg++ und Strg+-.
- Strg+0 zeigt das Bild arbeitsflächenfüllend, Strg+Alt+0 bringt die 100-Prozent-Zoomstufe.

1.5.5 Dialogfelder und Optionsleisten schnell bedienen

Auch für Dialogfelder und Optionsleisten gibt es Tastenbefehle und andere Tricks, die Ihnen viele Mausmeilen sparen:

- Mit der Tab-Taste springen Sie von einem Eingabefeld zum nächsten. Mit ⇧+Tab wechseln Sie wieder zu weiter oben liegenden Eingabefeldern.
- Vertikale Pfeiltasten erhöhen oder senken die Werte in den Eingabefeldern; Sie müssen also nicht die Schieberegler verwenden oder Zahlen eintippen. ⇧+Pfeiltaste sorgt für höhere Sprünge.
- Statt den winzigen Knopf am Schieberegler zu bewegen, ziehen Sie direkt über dem Wort zu diesem Schieberegler. Ein Beispiel: Sie arbeiten in der Korrekturenpalette in der Einstellungsebene **Farbton/Sättigung**; ziehen Sie nicht am Farbtonregler, sondern direkt über dem (leichter zu treffenden) Wort FARBTON; dabei ändert sich der Cursor.
- Auch so können Sie die Werte für eine Reglerstellung ändern: Drücken Sie die Strg-Taste, halten Sie den Mauszeiger in ein Eingabefeld und ziehen Sie nach links oder rechts; dabei ändert sich wieder der Cursor, das Verfahren erlaubt sehr feine Änderungen.

- Bei gedrückter [Alt]-Taste zeigt die ABBRECHEN-Schaltfläche die Funktion ZURÜCK; damit setzen Sie alle Werte auf den ursprünglichen Stand, das Bild erscheint oft wieder wie unverändert. Sie müssen also nicht erst die Funktion abbrechen und neu aufrufen.
- Nennen Dialogfeld oder Optionsleiste eine Maßeinheit wie »px« für Pixel, können Sie sofort eine andere Einheit eintragen, zum Beispiel »cm«. Photoshop bietet die Maßeinheiten auch per Rechtsklickmenü an. Sie müssen dazu nicht erst in die **Voreinstellungen** wechseln.
- Optionen mit unterstrichenem Buchstaben schalten Sie ein oder aus, indem Sie diesen Buchstaben bei gedrückter [Alt]-Taste eintippen, zum Beispiel [Alt]+[P] für PROPORTIONEN ERHALTEN im BILDGRÖSSE-Dialog.
- In vielen, aber nicht allen Dialogen machen Sie per [Strg]+[Z] die letzte Änderung ungeschehen; per [Strg]+[Alt]+[Z] gehen Sie noch mehr Schritte zurück, wenn's Photoshop erlaubt.

Schnell in der Dialogfeld-Vorschau

Viele Dialogfelder haben große Vorschaufenster, darunter **Verflüssigen**, **Fluchtpunkt**, **Objektivkorrektur**, **Tiefenschärfe abmildern**, **Zu HDR Pro zusammenfügen** und die **Filtergalerie**. Diese Dialoge haben einheitliche Tastenbefehle für die Vorschauen, teils funktionieren die Tastenbefehle auch mit mittelgroßen Vorschaufenstern etwa bei **Rauschen reduzieren** und **Selektiver Weichzeichner**. Die Vorschaufenster bieten oft ähnliche Tastenbefehle wie die Photoshop-Arbeitsfläche:

Abbildung 1.4 Schnelle Bedienung: Mit Protokoll, Aktionenpalette und Navigator nutzen Sie Photoshop zügiger.

- Die Verschiebe-Hand erhalten Sie mit der Taste H oder per Leer-Taste; so ändern Sie den Bildausschnitt.
- Zur Lupe kommen Sie dauerhaft mit der Taste Z. Per Strg-Taste oder Strg+Leer-Taste gelangen Sie vorübergehend an die Vergrößerungslupe; rahmen Sie den gewünschten Bereich ein oder klicken Sie einfach. Alt-Taste oder Alt+Leer-Taste bescheren Ihnen die Verkleinerungslupe.
- Wechseln Sie die Zoomstufe per Strg+\+ und Strg+-.
- Strg+0 zeigt Ihr Gesamtbild flächendeckend. Strg+Alt+0 richtet die 100-Prozent-Zoomstufe ein.
- Halten Sie die Z-Taste gedrückt, um stufenlos zu zoomen.

1.6 Verlustfrei arbeiten

Legen Sie Ihre Arbeit direkt so an, dass nichts dauerhaft verloren geht und die Originalinformation stets erhalten bleibt. Hier die wichtigsten Verfahren in der Übersicht, innen im Buch besprechen wir alles ausführlich:

- Statt Bildpunkte einer Ebene dauerhaft zu löschen, verstecken Sie diese Bereiche bloß mit Ebenenmaske, Vektormaske oder Schnittmaske. Überflüssige Randbereiche schneiden Sie mit dem Freistellungswerkzeug nicht auf Nimmerwiedersehen weg, sie werden mit der Ausblenden-Option nur verborgen. Verborgene Pixel lassen sich jederzeit wieder darstellen.
- Speichern Sie frische Ebenen als Smart-Objekt: Größenänderungen und andere Verzerrungen per **Transformieren** können Sie verlustfrei zurücksetzen und Sie applizieren alle wichtigen **Filter**-Befehle plus

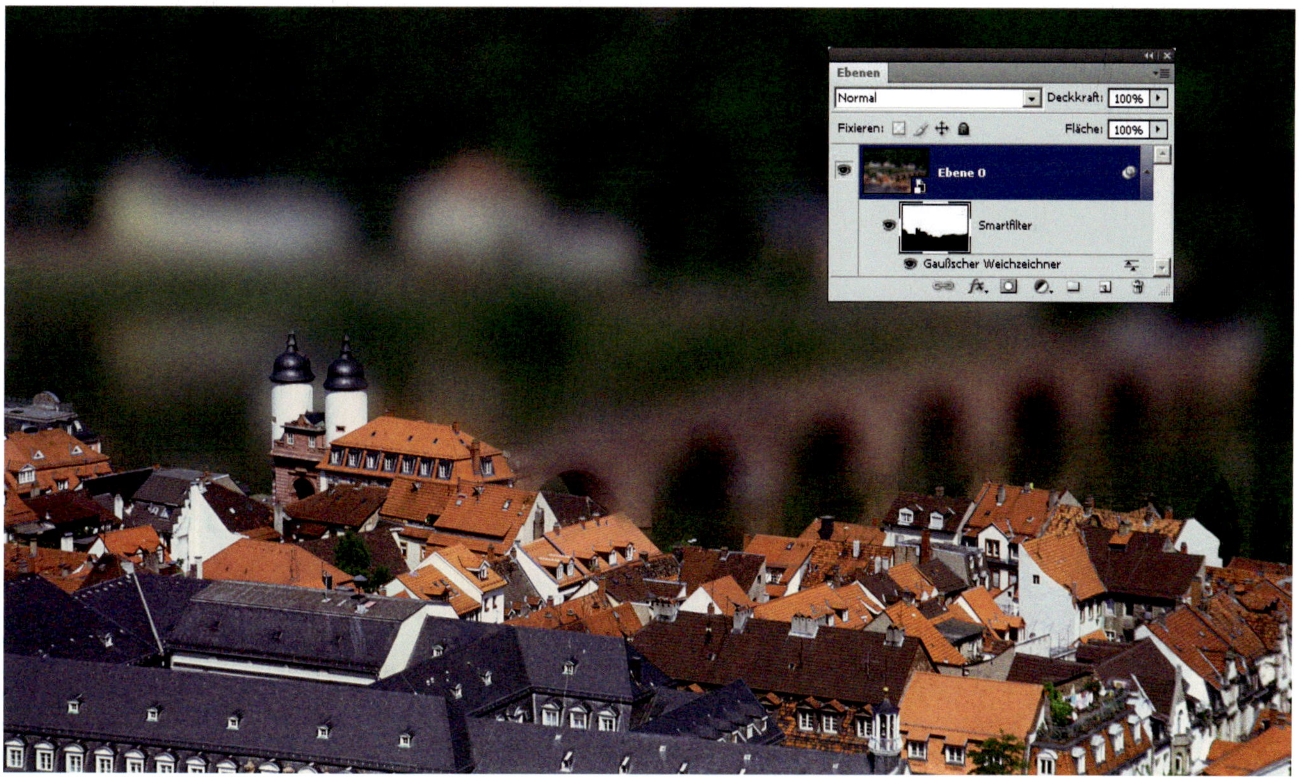

Abbildung 1.5 Verlustfrei arbeiten: Die »Hintergrund«-Ebene wurde in ein Smart-Objekt verwandelt, der Filter »Gaußscher Weichzeichner« wurde per Filtermaske auf bestimmte Bildteile begrenzt. Filterstärke und -ausdehnung lassen sich jederzeit ändern, das Originalbild steht als »Datei in der Datei« jederzeit zur Verfügung. Datei: Weichzeichnen_o

Tiefen/Lichter verlustfrei. Camera-Raw-Daten, platziert als Smart-Objekt, bleiben mit sämtlichen Raw-Einstellmöglichkeiten für Weißabgleich und Tonwertumfang erhalten; eingefügte Vektordaten können Sie wieder im Vektorgrafikprogramm bearbeiten.

- Retuschieren Sie mit Kopierstempel, Reparaturpinsel oder Bereichsreparaturpinsel nicht auf der Originalebene. Legen Sie über dieser Ebene eine neue, leere Ebene an, die auch aktiviert bleibt, und verwenden Sie beim Retuschieren die Optionen Alle Ebenen oder Aktuelle und darunter. Die neu gemalten Pixel landen zunächst auf der neuen Leerebene; die korrigierte Bildebene bleibt unverändert, das Gesamtbild zeigt Ihre Bearbeitung.
- Statt Bilddateien mit einer Kontrastkorrektur ein für alle Mal zu verändern, blenden Sie die Korrektur nur als Einstellungsebene ein. Für **Tiefen/Lichter** legen Sie zunächst ein Smart-Objekt an.
- Auch die Änderungen aus dem Camera-Raw-Dialog deponiert man verlustfrei im Bild: hochwertige Kontrastkorrektur, Schärfe- und Rauschfilter, Fehlerretusche, Objektivkorrekturen, Drehung und Randzuschnitt – verlustfrei speicherbar in den Formaten DNG, TIFF und JPEG.
- Farbfüllungen, Verläufe oder Muster rechnen Sie nicht dauerhaft ins Bild, stattdessen legen Sie diese Deko als flexibel änderbare Füllebene oder Ebeneneffekt an, per Ebenenmaske punktgenau für einzelne Bildzonen.
- Vor beliebigen Änderungen duplizieren Sie die aktuelle Ebene und halten diese Reservefassung ausgeblendet zurück.
- Legen Sie ein Duplikat des Bilds an, zum Beispiel per **Bild: Duplizieren** oder mit der Schaltfläche Erstellt ein neues Dokument in der Protokollpalette.

Abbildung 1.6 Bildpunkte nur einmal neu berechnen: Das Freistellungswerkzeug ändert Bildausschnitt, Bildwinkel, Druckmaß und Pixelzahl in einem Arbeitsgang.

» Merken Sie sich den aktuellen Bildzustand als »Schnappschuss« mit der Schaltfläche ERSTELLT EINEN NEUEN SCHNAPPSCHUSS in der Protokollpalette.

1.7 Pixel nur einmal neu berechnen

Wenn Sie die Pixel neu berechnen, sinkt die Bildqualität, Sie müssen vielleicht mit einem Scharfzeichner nacharbeiten. Pixelneuberechnung gibt es in vielen Situationen: Sie senken die Pixelzahl mit dem **Bildgröße**-Befehl, Sie verzerren Ihr Motiv per **Transformieren** oder mit einem **Verzerrungsfilter** oder Sie drehen den Horizont gerade.

Wenden Sie nicht jede Verzerrung einzeln an, sondern packen Sie möglichst viele Verzerrungen in einen einzigen Befehl. Beispiele:

» Sie wollen den Horizont geradedrehen und die Pixelzahl herunterrechnen: Nehmen Sie das Freistellungswerkzeug.

» Sie wollen stürzende Linien und schiefen Horizont zurechtbiegen – ein Fall für die **Objektivkorrektur**.

Viele Photoshop-Funktionen erledigen gleich mehrere Aufträge in einem Aufwasch – Sie bearbeiten verschiedene Probleme, doch es bleibt bei insgesamt einer Verzerrung. Auch mit einem Smart-Objekt oder in CS5 Extended mit den **3D**-Befehlen reduzieren Sie den Qualitätsverlust auf das unvermeidliche Minimum.

Unsere Tabelle zeigt, welche Funktion welche Jobs in einem Zug erledigt:

	Freistellungswerkzeug	Frei transformieren	Objektivkorrektur	Camera-Raw-Dialog
siehe Seite	286	737	391	222
Pixelzahl verkleinern	✔	✔	–	✔
Drehen	✔	✔	✔	✔
Stürzende Linien (Perspektive) korrigieren	✔	✔	✔	✔
Kissen- und tonnenförmige Verzeichnung ausgleichen	–	–	✔	✔

1.8 Nur Bildteile korrigieren

Oft genug braucht man einen Korrekturbefehl nur im Teil eines Bilds; andere Zonen sollen dagegen unverändert bleiben: Ob Scharfzeichner, Rauschminderung, Kontrast- oder Farbänderung – der Vordergrund soll sich getrennt vom Hintergrund ändern, Gesichter behandeln Sie anders als das Laubwerk dahinter.

Um nur Bildteile per Filter oder Kontrastbefehl zu korrigieren, sollten Sie keine Auswahl im Bild anlegen – oder jedenfalls nicht nur. Es gibt bessere Wege, einen Bildteil individuell zu korrigieren. Ich skizziere die Verfahren hier kurz, innen im Buch erscheinen die Techniken ausführlich.

1.8.1 Teilkorrektur mit Ebenen

Legen Sie die Korrektur auf eine separate Ebene, dann mischen Sie veränderte und altbekannte Fassung. Ein mögliches Verfahren:

1. Duplizieren Sie die korrekturbedürftige Ebene (auch eine HINTERGRUND-Ebene) mit Strg+J.
2. Bearbeiten Sie die komplette Duplikatebene mit Filter oder Korrekturbefehl. Das Gesamtbild wirkt verändert.
3. Klicken Sie unten in der Ebenenpalette auf das Symbol EBENENMASKE HINZUFÜGEN; dabei entsteht eine weiße Ebenenmaske (Seite 867).
4. Schalten Sie den Pinsel mit der Taste B ein. Richten Sie Schwarz als Vordergrundfarbe ein, falls Photoshop das noch nicht erledigt hat.
5. Malen Sie dort im Bild, wo die korrigierte Version verschwinden und die ursprüngliche Fassung wieder durchscheinen soll.
6. Haben Sie zu viel verborgen, malen Sie mit Weiß – die obere, veränderte Fassung setzt sich wieder durch.
7. Stimmt die Mischung aus Alt und Neu, verschmelzen Sie die beiden Ebenen wieder per Strg+E.

Varianten

Zu diesem Verfahren gibt es viele Varianten, unter anderem:

- Klicken Sie in Schritt 3 das Symbol EBENENMASKE HINZUFÜGEN mit gedrückter [Alt]-Taste an. So entsteht eine schwarze Ebenenmaske – sie verbirgt das korrigierte Duplikat zunächst komplett. Malen Sie mit Weiß, um nur kleinere Stellen der veränderten Variante sichtbar zu machen.
- Legen Sie überhaupt keine Ebenenmaske an. Löschen Sie direkt Teile der oberen, veränderten Ebene mit dem Radiergummi.

1.8.2 Teilkorrektur mit Protokollpinsel

Auch der Protokollpinsel mischt pixelmanipulierte und naturbelassene Bildbereiche. Ein mögliches Verfahren:

1. Verändern Sie die komplette Ebene (auch eine »Hintergrund«-Ebene) mit **Filter**- oder **Anpassungen**-Befehl.
2. Klicken Sie in der Protokollpalette in das leere Kästchen neben dem vorhergehenden Arbeitsschritt; dort erscheint also der Protokollpinsel.
3. Aktivieren Sie den Protokollpinsel mit der Taste [Y]. Nun malen Sie dort in der Datei, wo die alte Bildfassung wieder erscheinen soll.

Abbildung 1.7 Nur Bildteile korrigieren: Menschen und Himmel werden unabhängig vom Gesamtbild aufgehellt und scharfgezeichnet. Die Änderungen lassen sich jederzeit auf andere Bereiche verteilen, neu justieren oder abschalten. Datei: Kontrast_i. Foto: Lucas Klamert

Varianten

Zu diesem Verfahren gibt es eine schlichte Variante:

1. Verändern Sie wieder die komplette Ebene.
2. Klicken Sie in der Protokollpalette auf den Namen des vorhergehenden Befehls; das ganze Bild erscheint jetzt wieder so wie vor der letzten Korrektur. Der Name der letzten Korrektur steht aber noch in der Protokollpalette ganz unten.
3. Sie klicken in der Protokollpalette in das leere Kästchen neben diesem letzten Arbeitsschritt, so dass dort der Protokollpinsel erscheint.
4. Aktivieren Sie den Protokollpinsel mit der Taste [Y]. Nun malen Sie dort in der Datei, wo Sie die korrigierte Bildversion sehen wollen.

1.9 Gezielt fotografieren

Denken Sie beim Fotografieren schon an die spätere Bildbearbeitung, dann sitzen Sie nicht so lange mit Photoshop.

TIPP Eine Tabelle mit möglichen Druckmaßen für gängige Megapixel-Klassen finden Sie auf Seite 269.

1.9.1 Dateiformat & Farbraum

Soll Ihr Bild mit höchstmöglicher Qualität und gänzlich naturbelassen direkt vom Kamerachip kommen, ohne jeden Eingriff der Kamerasoftware, dann bannen Sie Raw-Bilder auf die Speicherkarte (Seite 203). Diese Dateien kosten meist mehr Speicherplatz und erfordern

Abbildung 1.8 Nur Bildteile korrigieren: Wir haben das Gesamtbild scharfgezeichnet und dann in der Protokollpalette auf den vorherigen Zustand ohne Schärfung zurückgeschaltet. Als Quelle für den Protokollpinsel wird aber die bereits verworfene Scharfzeichnung angegeben. Wir malen mit dem Protokollpinsel nur über dem wichtigsten Bereich, so dass die Scharfzeichnung nur hier wirksam wird. Foto: Gabi Sieg-Ewe

in Photoshop mehr Arbeitsschritte als vergleichbare JPEG-Aufnahmen. Raw-Dateien bieten aber meist auch mehr Detailzeichnung in Schatten und Lichtern - ein bis zwei Blenden erweiterter Tonwertumfang sind drin. 14-Bit-Raw-Dateien bieten noch mal eine Blende mehr Dynamik als Rohkost mit der üblicheren 12-Bit-Datentiefe.

Stellen Sie bei Ihrer Digitalkamera den Farbraum Adobe RGB ein, der mehr hergibt als das übliche sRGB (es lässt sich freilich auch in Photoshop noch umstellen; Sie verlieren nichts, wenn Sie zunächst in sRGB fotografieren).

Sofern Sie JPEG-Dateien aufzeichnen und bereit sind, nachzuarbeiten: Schalten Sie alle Korrekturen durch die Kamerasoftware ab, etwa Nachhilfe bei Sättigung, Schärfe und Kontrast oder den eingebauten »digitalen Aufhellblitz« - all das erledigen Sie in Photoshop.

1.9.2 Kontrast & Farbton

Den fotografierten Tonwertumfang kontrollieren Sie mit dem Histogramm auf dem Kameramonitor. Einige Geräte zeigen Histogramme schon vor der Aufnahme - aber nicht unbedingt zuverlässig.

Nehmen Sie eventuell Belichtungsreihen auf, um gleich mehrere Varianten mit unterschiedlichen Lichtwerten zu erhalten. In der Regel sollte Ihr Bild einen möglichst hohen Tonwertumfang haben, also ein weit ausgedehntes Histogramm von Schwarz bis Weiß.

Die zuverlässigsten Werte erhalten Sie oft mit einer Spotmessung. Sie erfasst nur einen ganz geringen Teil des Motivs und ignoriert alles drum herum. Messen Sie einen mittelhellen Tonwert an, zum Beispiel Ihre Hand, Gras oder eine Neutralgraukarte - natürlich mit dem Lichteinfall, der auch Ihr Hauptmotiv prägt.

Hohe Kontraste

Sehr kontrastreiche Motive fotografieren Sie am besten als Raw-Dateien, dann können Sie aus Lichtern und Schatten mehr herauskitzeln. Fotografieren Sie mehrere deckungsgleiche Bilder mit unterschiedlicher Belichtung und legen Sie in Photoshop eine HDR-Montage an. Sie können den Himmel auch beim Fotografieren mit einem Verlaufsfilter vor dem Objektiv abdunkeln. Testen Sie die Hochkontrastfunktionen Ihrer Kamera.

Abbildung 1.9 Richtig fotografieren: Bei beiden Bildern hat der Fels links denselben Helligkeitswert. Beim rechten Foto befand sich jedoch ein Polfilter vor dem Kameraobjektiv: Reflektionen im Wasser verschwinden, der Himmel wirkt dunkler, Wolken kommen besser heraus, die Farben erscheinen satter.

Graukarte

Graustufentafeln helfen beim Weißabgleich einer Digitalkamera, aber auch bei der Arbeit mit Schwarz- und Weißpipette, mehr noch mit der Neutralgraupipette in Photoshop: Sie fotografieren die Tafel mit, um tatsächlich ein neutrales Grau im Bild zu haben; auch reines Weiß und Schwarz auf der Tafel schaden nicht.

In Photoshops **Gradationskurven** oder **Tonwertkorrektur** oder im Raw-Dialog klicken Sie dann mit der Neutralgraupipette auf das neutralgraue Feld – und Ihr Bild ist in der Regel frei von Farbstichen; harte Neutralstellung erzeugt freilich nicht immer die beabsichtigte Bildwirkung. Die Korrektur lässt sich leicht auf andere Bilder übertragen.

Gute Grautafeln kommen zum Beispiel von Fotowand.com. Sehr robust, reflexionsfrei, waschecht und lichtfest, überdauern diese Tafeln viele Jahre und Transporte. Zum Ausprobieren liegt diesem Buch eine etwas einfachere, dafür kostenlose Graukarte bei.

Satte Farben

Ein Polarisationsfilter auf dem Objektiv (kein Zusammenhang mit Photoshops **Filter**-Befehl **Polarkoordinaten**) sorgt für deutlich sattere Farben und kontrastreichere Wolken am Himmel, sofern die Sonne scheint, und zwar schräg von hinten; reflektierende Glas- und Wasserflächen werden teils durchsichtig, Reflexe auf Metall bleiben dagegen erhalten. Dieses kurz Polfilter genannte Zubehör eignet sich eher für System- als für Kompaktkameras; die eindrucksvolle Wirkung lässt sich mit Photoshop nicht vollständig nachbauen.

Streulicht im Objektiv, etwa eine schräg stehende Sonne, dämpft Kontraste und Farbsättigung. Wenn Sie keine Gegenlichtblende dabeihaben, schatten Sie das Objektiv mit der Hand ab oder bitten Sie einen netten Menschen um diesen Gefallen.

Abbildung 1.10
Richtig fotografieren heißt manchmal vorsichtig fotografieren. Halten Sie gebührenden Abstand zum Hauptmotiv, doch rücken Sie nachträglich durch »Inhaltsbewahrendes Skalieren« furchtlos näher. Vorlage: Ebene_31

Weissabgleich

Liefert die Digitalkamera permanent unschöne Farben, verzichtet man auf den automatischen Weißabgleich und legt das Gerät ausdrücklich zum Beispiel auf »Tageslicht« oder »Neonlicht« fest. Noch genauer ist der manuelle Weißabgleich: Der Gestalter fotografiert eine weiße oder graue Fläche, die Kamera korrigiert diesen Wert in späteren Bildern auf Weiß oder Neutralgrau. Wer lediglich Rohdaten aufzeichnet, bestimmt die Farbstimmung ohnehin erst im Camera-Raw-Dialog endgültig (Seite 203).

Graustufen nach Maß

Sie wollen »Schwarzweißfotos« aufnehmen, also im Bildbearbeiter-Deutsch »Graustufen«-Bilder? Stellen Sie die Kamera bloß nicht auf »Graustufen« oder »Schwarzweiß« um. Zeichnen Sie übliche Farbdateien auf; daraus destilliert Photoshop eine Graustufenumsetzung nach Maß (Seite 512).

1.9.3 Tiefenschärfe

Hat Ihr Bild viel Tiefenschärfe, können Sie jederzeit Partien weichzeichnen – zum Beispiel den Hintergrund eines Porträts. Allerdings bekommt Photoshop nicht unbedingt so eine cremige Unschärfe hin wie ein hochwertiges, weit aufgeblendetes Objektiv.

Bildteile, die Sie unscharf aufnehmen, lassen sich dagegen in Photoshop nicht mehr zu einem realistischen Bild schärfen. Daraus folgt: Zur Weiterbearbeitung in Photoshop eignen sich am besten Bilder, die von vorn bis hinten scharf sind. Für hohe Tiefenschärfe verwenden Sie hohe Blendenwerte wie f8, f11 oder f16 – nicht f1,8, f2,8 oder f4,0. Für Motivprogramme gilt: »Landschaft« oder »Nahaufnahme« erzeugen viel Tiefenschärfe im Rahmen des Möglichen. Dagegen zeigen Vorwahlen wie »Sport« oder »Portrait« eventuell nur Ihr Hauptmotiv scharf, das Drumherum verschwimmt.

Hohe Blendenwerte bringen zwar mehr Tiefenschärfe; sie führen aber auch zu längerer Belichtungszeit (Verwacklungsgefahr) oder höherer Empfindlichkeit (Bildrauschen). Mehr Tiefenschärfe wird möglich, wenn das Umgebungslicht zunimmt – denn dann kann die Kamera weiter abblenden, zum Beispiel von f5,6 auf f11.

Fotografieren Sie eine Szene mehrfach mit wechselnder Tiefenschärfe und erzeugen Sie mit Photoshop automatisch ein neues Gesamtbild, das von jeder Einzelaufnahme nur den schärfsten Teil zeigt (Seite 854). So entstehen Ansichten, die sich nicht mit einer einzelnen Aufnahme herstellen lassen. Umgekehrt können Sie nachträglich auch Bildbereiche weichzeichnen, um eine offenere Blende oder sogar Nahaufnahmen zu simulieren.

Größere Sensoren zeigen bei gleichem Bildausschnitt weniger Tiefenschärfe als kleinere Sensoren. So ist der scharfgezeichnete Bereich bei einer Nahaufnahme mit Vollformatsensor kleiner als bei einer vergleichbaren Aufnahme mit APS-C-, Micro-Four-Thirds- oder gar Kompaktkamerasensor (s.a. Tabelle »Sensorgröße und Pixel« weiter unten). Bei kleineren Sensoren fotografieren Sie quasi mit einem Weitwinkelobjektiv und verwenden dann aber nur das Bildzentrum, um den Bildausschnitt eines Normalobjektivs zu erhalten.

1.9.4 Schiefer Horizont & Bildausschnitt

Achten Sie auf einen geraden Horizont. Das spätere Ausrichten in Photoshop kostet nicht nur Zeit, sondern auch Qualität (wenn auch meist nicht viel). Manche Digitalkameras blenden Gitterlinien oder gar einen künstlichen Horizont im Monitor ein – ideal zur Ausrichtung des Horizonts; oder nutzen Sie Fokussierfeld und Monitorrahmen zum Ausrichten. Tüftler justieren die Bildlage per Wasserwaage.

Die meisten Kompakt-Digitalkameras nehmen mit dem Seitenverhältnis 4:3 auf, Spiegelreflexgeräte meist mit 3:2. Vielleicht brauchen Sie auf jeden Fall 3:2 (für typische Papierabzüge) oder 16:9 (für TV-Präsentation). Sie können diese Seitenverhältnisse leicht in Photoshop einrichten; manche Digicams zeichnen aber auf Wunsch direkt auch Bilder mit unterschiedlichen Höhe-Breite-Proportionen wie 4:3, 5:4, 3:2, 1:1 oder 16:9 auf.

1.9.5 Verzerrungen

Vermeiden Sie Verzerrungen bereits bei der Aufnahme:

» Kissen- und tonnenförmige Verzeichnungen treten besonders bei billigeren Weitwinkelobjektiven, bei Zoomobjektiven mit hohem Brennweitenumfang und am Bildrand auf. Vermeiden Sie die extremen Brennweiten Ihrer Zooms und wählen Sie den Bildausschnitt so, dass markante Ränder Ihres Hauptmotivs – zum Beispiel eine Hauskante – nicht eng am Bildrand entlang laufen; nehmen Sie links und rechts reichlich Rand mit auf, der später während der Korrektur leicht wegfallen darf.

» Stürzende Linien lassen sich meist nicht vermeiden, sofern Sie den Kamerastandort nicht wechseln können. Es gibt allerdings spezielle Shift-Objektive gegen stürzende Linien. Verkanten Sie zumindest die Perspektive nur auf einer und nicht auf zwei Achsen. Platzieren Sie das Hauptmotiv nicht zu nah am Bildrand; um das Hauptmotiv herum sollte homogener Hintergrund zu sehen sein, das erleichtert die spätere Bearbeitung mit **Objektivkorrektur**, Raw-Dialog **Transformieren** oder Freistellungswerkzeug .

1.9.6 Bildrauschen & Randabschattung

Schon beim Fotografieren mit der Digitalkamera verhindern Sie Bildrauschen:

» Hohe Empfindlichkeiten wie ISO 1600 oder 3200 ISO erzeugen deutlich mehr Rauschen als zum Beispiel ISO 100 oder ISO 200. Verwenden Sie digitale Kompaktkameras mit der niedrigsten Empfindlichkeit, zum Beispiel ISO 100. Aktuelle Spiegelreflexgeräte erzeugen sichtbares Rauschen ab etwa ISO 800 bis ISO 3200, abhängig von der Pixeldichte (siehe unten).

» Lange Belichtungszeiten wie 1 Sekunde verstärken das Rauschen; belichten Sie kürzer und dafür mit weiter geöffneter Blende.

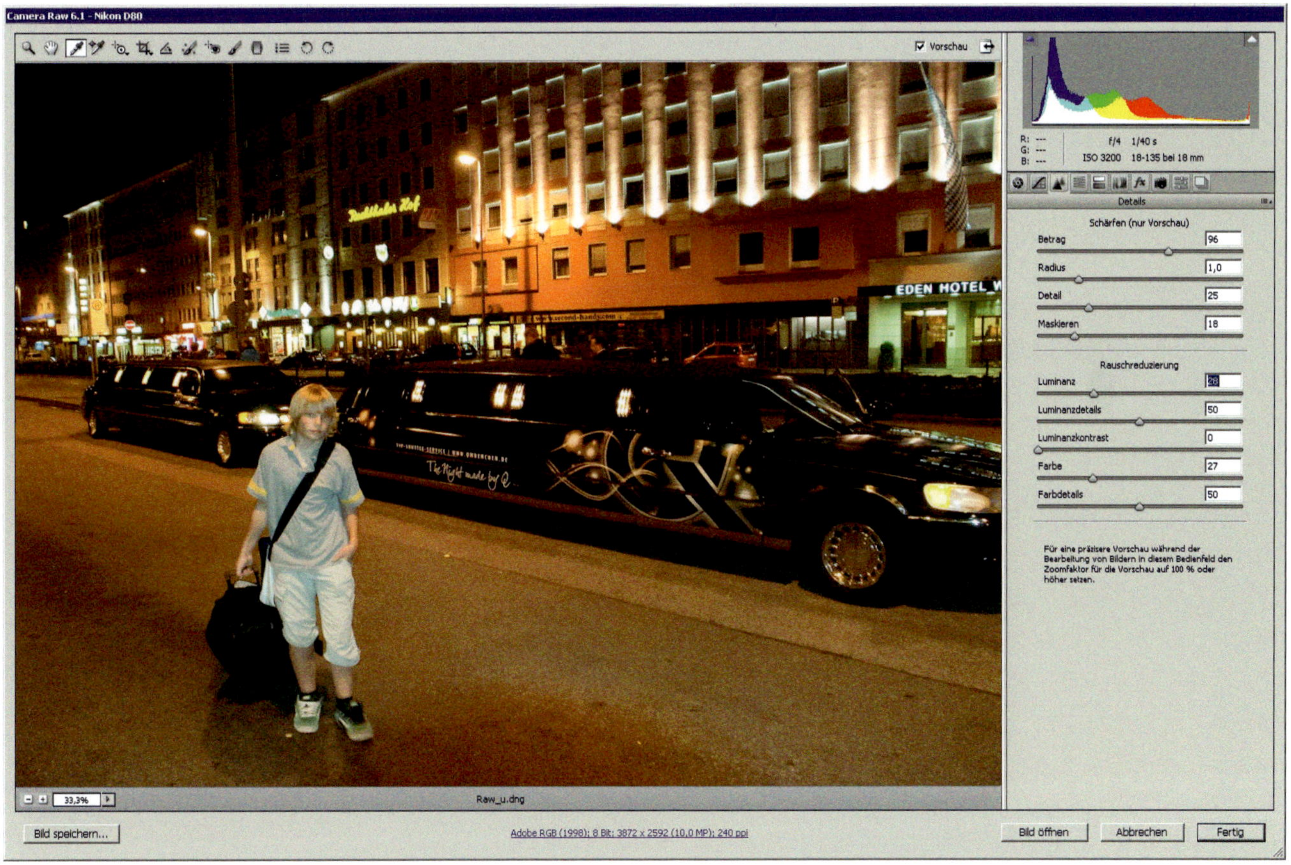

Abbildung 1.11 Photoshop CS5 dämpft das Bildrauschen in Raw-Dateien besser als früher. Es lohnt sich, alte Aufnahmen mit hoher Empfindlichkeit neu in Photoshop CS5 zu »entwickeln«. Datei: Raw_u. Foto: Manfred Grünberger

Niedrige Empfindlichkeiten bedingen freilich längere Belichtungszeiten und/oder weiter geöffnete Blenden: Die Verwackelungsgefahr steigt, die Tiefenschärfe sinkt. Manche Kameras schaffen es immerhin, gefälliger zu rauschen als andere. Nehmen Sie Raw-Dateien auf und nutzen Sie die exzellente Rauschreduzierung im Raw-Dialog.

Bildrauschen und Sensorgröße

Je größer die Fotozellen, desto weniger Bildrauschen. Daraus folgt pi mal Daumen: Eine Kompaktkamera mit zwölf Megapixel erzeugt mehr Rauschen als ein Spiegelreflexgerät mit ebenfalls zwölf Megapixel. Eine Vollformat-Spiegelreflex (SLR) rauscht weniger als eine mit APS-C- oder Four-Thirds-Sensor.

Der Hintergrund: Bei einem kleineren Sensor drängt sich dieselbe Menge an lichtempfindlichen Zellen auf viel kleineren Chips, die einzelnen Pixel sind also kleiner. Damit steigt oft das Rauschen (Kameraprozessor und Belichtungszeit sind weitere Faktoren).

Sensorgröße und Fotozellendichte bei zwölf Megapixel

Unsere Informationen für Zwölf-Megapixel-Kameras mit unterschiedlichen Sensorgrößen stammen von *dpreview.com*, *dxomark.com* und Herstellern. Die Fotozellendichte der hier verglichenen Baugrößen reicht von 1,4 bis 28 Millionen pro Quadratzentimeter Sensorfläche, die Größe einer Fotozelle von 8,4 bis 1,9 Mikrometer. Manche Kompaktkameras mit 1/2,5-Zoll-Sensor packen gar 34 Millionen Zellen auf einen Quadratzentimeter – und machen sich damit verschärft rauschverdächtig. Eine Übersicht über verschiedene Megapixel-Klassen und mögliche Druckmaße liefert Seite 269.

Gerade bei Kompaktkameras mit zweistelligen Megapixelwerten wenden einige Hersteller automatisch Rauschfilter auf die JPEG-Ergebnisse an. Das Bild wirkt dann weniger körnig, aber auch unschärfer als ein Ergebnis ohne Rauschfilter. Prüfen Sie, ob Sie diese Glättung abschalten können, oder nehmen Sie Raw-Dateien auf – hier mischt sich die Kameraelektronik in aller Regel nicht ein, Sie korrigieren nach Maß in Photoshop.

Pixelzahl	Sensorgröße (Originalmaß)	Bezeichnungen Formfaktor	Lichtempf. Zellen/qcm in Mio.	Fotozellengröße in µm	Kamera z.B.
4256 x 2832	 36 x 23,9 mm	Vollformat, bei Nikon FX	1,4	8,4	Nikon D700, Nikon D3S
4272 x 2848	 22,2 x 14,8 mm	APS-C, Halbformat, bei Nikon DX	3,7	5,5	Nikon D300S, Nikon D90
4000 x 3000	 17,3 x 13 mm	Four Thirds, Micro Four Thirds	5,1	4,4	Panasonic DMC-G2, Olympus PEN E-PL1
4000 x 3000	 7,6 x 5,7 mm	1/1,7 Zoll	28	1,9	Canon Powershot G9, Canon Powershot SD1300 IS

Randabschattung

Störende Randabschattung (Vignettierung) ist typisch für Weitwinkelaufnahmen, billigere Objektive oder Zoomobjektive mit starkem Brennweitenumfang und für offene Blenden wie 2,8 oder 4,0. Probieren Sie, ob Blenden wie 8,0 oder 11,0 und Normalbrennweiten bessere Ergebnisse bringen; beachten Sie aber, dass für andere Bildeigenschaften wie die Auflösung je nach Objektiv eine weit geschlossene Blende wie 22 nicht immer ideal ist. Die Randabschattung lässt sich manuell oder automatisiert in der **Objektivkorrektur** und im Camera-Raw-Dialog beheben.

1.9.7 Rotgeblitzte Augen

Vermeiden Sie die roten Augen schon beim Fotografieren: Verzichten Sie auf den Frontalblitz. Alternativ öffnen Sie die Blende, verlängern die Belichtungszeit oder erhöhen die Empfindlichkeit, so dass kürzere, weniger durchschlagende Blitzzeiten entstehen.

Noch eine Möglichkeit: mehr Umgebungshelligkeit durch zusätzliche Lampen. Viele Kameras zünden zudem auf Wunsch einen Vorblitz. Dann zieht sich die Pupille zusammen, beim Auslösen wenige Sekunden später entstehen keine roten Augen mehr – der Blitz dringt nicht mehr bis zu den Blutgefäßen in der Netzhaut vor. Oder blitzen Sie indirekt, zum Beispiel über Eck gegen die Wand in Richtung Modell.

Frontal- und Telefotos bergen mehr Rote-Augen-Gefahr als Weitwinkelaufnahmen und seitliche Perspektiven. Wer ein externes Blitzgerät einsetzt, hält es mindestens in einem Winkel von 5 Grad zum Modell. Blitzreflektoren (oder dünnes Papier) dämpfen die Blitzwirkung.

1.9.8 Panorama, HDR und andere Photomerge-Serien

Oft brauchen Sie deckungsgleiche Bilder oder zumindest deckungsgleiche Bildteile – auch wenn Photoshop Bildteile nachträglich noch gut angleicht. Ganz oder teilweise sollten sich Bilder nicht nur für Panoramen überlappen, sondern auch für Gruppenfotos, digitale Mehrfachbelichtungen (HDR), erweiterte Tiefenschärfe und Arbeiten mit dem **Stapelmodus** aus Photoshop Extended.

Überlappung bei Panoramen

Die Bilder für eine Panoramamontage sollten zu 20 bis 40 Prozent übereinanderliegen. So findet Photoshop schnell identische Umrisse, die sich perfekt übereinanderlegen lassen. Faustregel: Das letzte Drittel des aktuellen Bildfelds wird das erste Drittel des nächsten Bilds. Vermeiden Sie sehr große Überlappungen wie etwa 80 Prozent – sonst mutmaßt die Photoshop-Automatik, die Bilder sollten komplett übereinanderliegen, etwa für eine HDR-Montage.

Markante Konturen im Überlappungsbereich helfen sehr beim passgenauen Ausrichten – platzieren Sie darum im Überlappungsbereich lieber eine Bergspitze als nur Wasser und Himmel. Umgekehrt entstehen unauffällige Übergänge leichter, wenn in den Übergängen nur Diffuses erscheint.

Konstante Kameraperspektive

Bei Panoramen kommt es auf eine durchgehaltene Perspektive an – Sie sollten also die Kamera bei den einzelnen Aufnahmen nicht verschieben oder unterschiedlich neigen. Kontrollieren Sie die Lage eventuell mit einer Wasserwaage (auch als Blitzschuh-Aufsatz erhältlich).

Drehen Sie die Kamera von einem einzigen Punkt aus um die Kameraachse – und nicht um Ihre eigene Achse. Drehen Sie das Gerät nicht um Ihren Körper, sondern um die Objektivachse.

Ideale Panoramasegmente entstehen auf Stativen mit drehbarem Kopf. Besonders eignen sich Panoramaköpfe mit Wasserwaage und Gradeinteilung. Kein Stativ zur Hand? Dann setzen Sie Ihre Kamera auf eine Tasse oder Mauer. Besonders wichtig ist das Stativ für Innenaufnahmen und andere Situationen, wenn das Motiv nahe an der Kamera ist.

FOTOGRAFIE Stative sind gut für Panoramabilder. Sitzt das Stativgewinde der Kamera jedoch nicht direkt unter dem Objektiv, entstehen Verzerrungen.

Alle Automatiken aus

Selbstverständlich sollten bei Panoramen alle Kameraeinstellungen über alle Bilder hinweg gleich sein: Ändern Sie die Brennweite (Zoomstufe) nicht, schalten Sie am besten bei allen Aufnahmen den Blitz ab.

Schalten Sie die unberechenbare Belichtungsautomatik ab, sie kann Helligkeitssprünge verursachen. Stellen Sie stattdessen den Belichtungswert (also Zeit, Blende, Empfindlichkeit) vor der ersten Aufnahme manuell ein und ändern Sie nichts mehr daran. So belichten Sie alle Bilder konstant. Fixieren Sie auch den Weißabgleich; Raw-Fotos legen Sie auch später im Camera-Raw-Dialog noch auf einheitlichen Weißabgleich fest.

Bei Belichtungsreihen: Steuern Sie den Lichtwert durch unterschiedliche Belichtungszeiten – nicht durch unterschiedliche Blenden oder ISO-Empfindlichkeiten. (Bei Blendenvarianten erhalten Sie Bilder mit wechselnder Tiefenschärfe, Randabschattung und Randverzerrung. Wechselnde ISO-Empfindlichkeit erzeugt Unterschiede bei Auflösung, Bildrauschen und so weiter.)

Verzichten Sie auf starke verlustreiche Datenkomprimierung beim Fotografieren, geben Sie der Kamera also nicht gerade das JPEG-Dateiformat mit niedriger Qualität vor.

Geeignete Panorama-Motive

Achten Sie darauf, dass sich das Umgebungslicht nicht bereits nach der zweiten von fünf Aufnahmen ändert – etwa bei Wind und Wolken oder bei Sonnenuntergängen in den Tropen. Bewegtes im Bild erschwert die Montage, egal ob Auto, Meereswoge oder Kornfeld. Besonders beeindrucken Panoramen, die auf den ersten Blick Weite und Rundblick erkennen lassen. Noch besser, wenn sich das Motiv nicht nur weit entfernt am Horizont ausdehnt, sondern wenn man auch etwas im Vordergrund sieht, eine Blume, ein Schild oder einen lieben Menschen.

FOTOGRAFIE Viele Kompaktkameras haben einen speziellen Panoramamodus: Sie zeigen die Überlappung zwischen zwei Einzelbildern direkt auf dem Monitor, die Belichtung wird konstant gehalten, die Dateinamen deuten auf eine geschlossene Bildreihe hin. Manche Kameras schreiben sogar ein fertig montiertes Panorama auf die Speicherkarte.

Die 18-Sekunden-Regel

Sie wollen Ihre Serien mit Bridge automatisch in Stapel packen (Seite 828) oder verarbeiten? Laut Hersteller funktioniert die Serienerkennung, wenn nicht mehr als 18 Sekunden zwischen zwei Fotos liegen. Gehen Sie also zwischen zwei Teilaufnahmen nicht ans Handy. Legen Sie umgekehrt eine Kunstpause ein, bevor Sie zu einer neuen Serie ansetzen.

Bei einigen Serien – etwa Tiefenschärfeserien – unterscheiden sich die Bilder in der Miniaturendarstellung kaum. Fotografieren Sie zwischen zwei Serien drei Finger, wenn die letzte Serie drei Bilder enthielt.

Serien mit Deckungsgleichheit

Für erweiterte Tiefenschärfe, Entfernen von Passanten oder digitale (HDR-)Mehrfachbelichtungen brauchen Sie Serien mit deckungsgleichen Einzelbildern. Wenn Sie die Kamera nicht auf Stativ oder Mäuerchen fixieren, nutzen Sie die Hilfslinien im Kamerasucher oder auf dem Kameramonitor. Haben Sie nicht? Richten Sie das Motiv am Scharfstellfeld oder am Sucherrand der Kamera aus. Im Übrigen: **Photomerge** biegt fast alles deckungsgleich, rigoros.

Beim Fotografieren der Belichtungsreihe variieren Sie nur die Zeit, nicht die Blende oder ISO-Empfindlichkeit.

Für den Befehl **Zu HDR Pro zusammenfügen** empfiehlt Photoshop-Hersteller Adobe mindestens drei Aufnahmen mit einem Unterschied von mindestens ein bis zwei Lichtwerten (auch Blendenwerte oder EV genannt). Für zwei Lichtwerte Unterschied fotografieren Sie zum Beispiel mit 1/15, 1/60, 1/250 und 1/1000 Sekunde bei gleichbleibender Blende und Empfindlichkeit. Prüfen Sie, ob Ihre Kamera Belichtungsreihen mit zumindest einem vollen Lichtwert Abstand aufzeichnet (zum Beispiel von 1/15 zu 1/30 Sekunde oder von 1/250 zu 1/500 Sekunde).

Die meisten Spiegelreflexkameras und einige Kompakte bieten Belichtungsreihen an (»Bracketing«); stellen Sie sicher, dass nur die Zeit und nicht die Blende variiert. Oftmals reichen aber hier die Helligkeitsunterschiede zwischen der hellsten und dunkelsten Aufnahme einer Kamerabelichtungsserie nicht aus, so dass Sie besser Lichtwerte von Hand einstellen. Überprüfen Sie direkt nach dem Fotografieren die Durchzeichnung auf dem Histogramm im Kameramonitor.

Abbildung 1.12 Photoshop setzt Panoramaaufnahmen nahtlos zusammen. Nutzen Sie verschiedene Projektions- und Korrekturmethoden. Dateien: Photomerge_10 etc.

Kapitel 2

Photoshop bedienen und einstellen

Sie wollen Photoshop flott und stressfrei nutzen? Dann machen Sie sich mit der Bedienung vertraut und richten Sie das Programm in den **Voreinstellungen** korrekt ein. Investieren Sie zehn Minuten, um später Tag für Tag schneller fertig zu werden. Das Wichtigste in Kürze haben wir bereits ab Seite 27 besprochen.

2.1 Bedienung

Drücken Sie einmal, zweimal, dreimal die Taste [F] (für Full screen), um in die empfehlenswerte, übersichtliche Vollschirmdarstellung zu wechseln und wieder zurück zu gelangen. Alternativ nehmen Sie die Schaltfläche Bildschirmmodus oben im Photoshop-Fenster oder das Untermenü **Ansicht: Bildschirmmodus**.

Sie sehen nur ein einzelnes Bild; Sie können es auf der Arbeitsfläche verschieben und die Arbeitsfläche selbst nach Rechtsklick beliebig umfärben. In der extremeren Variante verschluckt Photoshop sogar die Menüleiste, Sie müssen das Programm also über Tastaturbefehle bedienen.

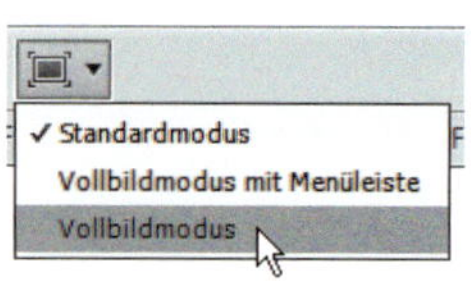

Abbildung 2.1
Mit der Schaltfläche »Bildschirmmodus« gelangen Sie zur übersichtlichen Vollbilddarstellung.

2.1.1 Die Bilddateifenster

Zunächst docken die Bilddateifenster am oberen Bildrand an. Klicken Sie auf eine Registerkarte, um eine andere Bilddatei in den Vordergrund zu holen. Oder nutzen Sie die Menüschaltfläche für Dateifenster ganz rechts.

Sollen die Bilddateien einzeln losgelöst auf der Programmoberfläche schweben, nehmen Sie den Befehl **Fenster: Anordnen: Nur schwebende Fenster** oder ziehen Sie eine einzelne Datei aus dem Block heraus. Damit sich Bilddateien generell einzeln anordnen und nicht zu einem Block zusammenschnurren, wählen Sie **Bearbeiten: Voreinstellungen: Benutzeroberfläche** (am Mac **Photoshop: Voreinstellungen: Benutzeroberfläche**) und verzichten Sie auf die Optionen Dokumente als Registerkarten öffnen und Andocken schwebender Dokumentfenster aktivieren.

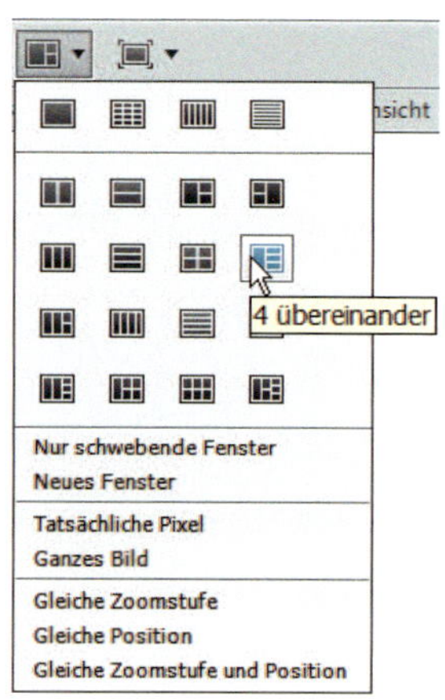

Abbildung 2.2
Das Menü zur Schaltfläche »Dokumente anordnen« bietet verschiedene Aufteilungen für das Photoshop-Fenster an.

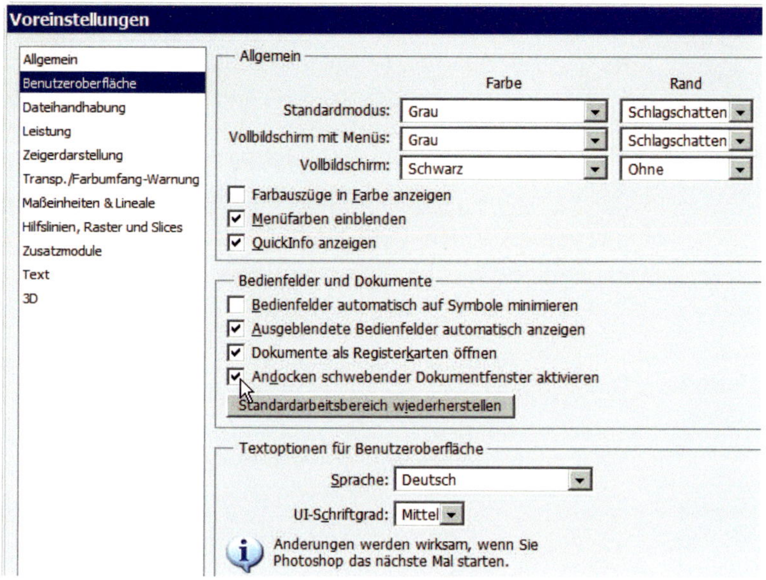

Abbildung 2.3
Im Bereich »Benutzeroberfläche« der »Voreinstellungen« entscheiden Sie auch, ob Dateien als »Registerkarten« geöffnet werden.

Mit der Schaltfläche Dokumente anordnen oben in Photoshop zeigen Sie zum Beispiel zwei oder vier Dateifenster insgesamt fensterfüllend. Die Angebote eignen sich gut zum Vergleichen, zumal das Menü der Schaltfläche Dokumente anordnen wahlweise alle Bilder in Gleiche Zoomstufe und Position bringt. Das Menü bietet verschiedene Aufteilungen für zwei bis sechs Dateien an. Wollen Sie noch mehr Dateien nebeneinander anzeigen, nehmen Sie in der obersten Reihe Angebote wie Alle im Raster.

Darstellung synchron ändern

Sie sehen mehrere Dateien gleichzeitig? Drücken Sie jetzt die ⇧-Taste zusätzlich zu Lupe oder Hand, können Sie alle Fenster synchron zoomen oder verschieben.

Dabei müssen Sie die Werkzeuge nicht dauerhaft einschalten:

- Die Tastenkombination Leer-Taste+⇧-Taste beschert Ihnen vorübergehend die Hand, und zwar so, dass Sie in allen Fenstern gleichzeitig verschieben.
- Per Leer-Taste+Strg+⇧-Taste gelangen Sie zu einer Vergrößerungslupe, die alle Bildfenster gleichzeitig verändert.
- Eine genauso mächtige Verkleinerungsfunktion bringt der Griff Leer-Taste+Alt+⇧-Taste.

Oder schalten Sie die Werkzeuge dauerhaft ein und nutzen Sie die Optionen Alle Fenster bei der Lupe beziehungsweise Bildlauf in allen Fenstern bei der Hand. Weitere Tipps zu diesen beiden Werkzeugen ab Seite 78.

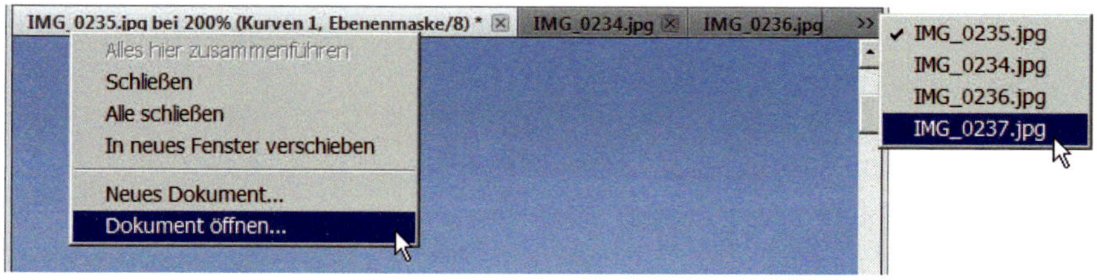

Abbildung 2.4
Sie erkennen in der Titelleiste, dass eine Ebenenmaske aktiviert ist, nicht die Bildebene selbst. Holen Sie andere Fotos über die Reiter oder über das Dateifenster-Menü rechts in den Vordergrund. Das Kontextmenü zum Dateinamen bietet Befehle wie »Alle schließen«.

TIPP Sie zeigen mehrere Dateien nebeneinander. Jetzt wollen Sie übersichtlich nur noch eine Datei sehen, ohne jedoch – wie im **Vollbildmodus** – die Photoshop-Fläche auf den gesamten Bildschirm auszudehnen und alle anderen Programme auf diesem Schirm zu überdecken. Klicken Sie auf die Schaltfläche DOKUMENTE ANORDNEN und dort links oben auf ALLE ZUSAMMENLEGEN.

Bilddatei-Titelleisten

Die Titelleisten der Dateifenster stopft Photoshop mit Informationen voll. Sie erkennen dort nicht nur Farbmodus, Farbtiefe und Abbildungsmaßstab; das Programm verrät auch, welche Ebene oder Ebenenmaske aktiv ist, präsentiert gegebenenfalls das Copyright-Zeichen aus den Metadaten oder vom Digimarc-Filter und nennt die aktuelle Ansicht, wenn Sie ein RGB-Bild als CMYK-**Farb-Proof** darstellen (Seite 127).

In kleinen Zoomstufen zeigt die Titelleiste eventuell nicht den ganzen Sermon. Halten Sie dann den Mauszeiger über die Titelleiste. Nun blendet Photoshop gelb unterlegt die vollständige Titelleisteninformation ein (sofern Sie in den **Voreinstellungen** nicht die QUICKINFO abgeschaltet haben).

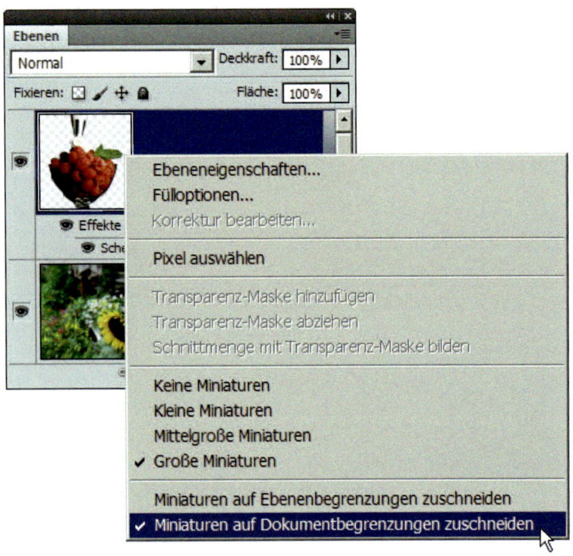

Abbildung 2.5 Kontextmenüs finden Sie in allen Paletten, eng nebeneinanderliegende Palettenbereiche bieten oft unterschiedliche Kontextmenüs an. Bei der Ebenenpalette kommt es zum Beispiel darauf an, ob Sie direkt in eine Miniatur oder in die Fläche links oder rechts von der Miniatur klicken.

2.1.2 Statusleiste

Im unteren Bildrahmen zeigt Photoshop die Statusleiste. Sie sehen hier unter anderem die aktuelle Zoomstufe und können neue Zoomstufen eintippen.

Klicken Sie auf das kleine Dreieck ▶; im Menü entscheiden Sie, welche Informationen Photoshop links nebenan ausgeben soll: Die Vorgabe **Dokumentprofil** verrät das aktuelle Farbprofil, **Dokumentmaße** nennt die Pixelmaße und **Zeitmessung** zeigt den Zeitbedarf für den letzten Befehl. Für 32-Bit-HDR-Bilder produziert die Vorgabe **32-Bit-Belichtung** einen Belichtungsregler (Seite 123). Weitere Möglichkeiten wie **Arbeitsdateigrößen** besprechen wir ab Seite 68. Exakt dieselben Informationen zeigt auch die Informationenpalette an.

TIPP Ziehen Sie Bildfenster und Paletten komplett aus der Photoshop-Arbeitsfläche heraus, zum Beispiel auf einen zweiten Monitor.

Druck- und Dateigröße anzeigen

Links unten in der Statusleiste sehen Sie zum Beispiel zwei Werte für Dateigrößen Dok: 20,2M/36,8M. Ein Mausklick auf dieses Feld blendet ein Schema mit der Seitengröße ein oder per [Alt]-Taste Druckmaße und Auflösung. Ähnliche Informationen erhalten Sie auch mit den Befehlen **Bild: Bildgröße** (Seite 273) oder **Datei: Drucken** (Seite 89).

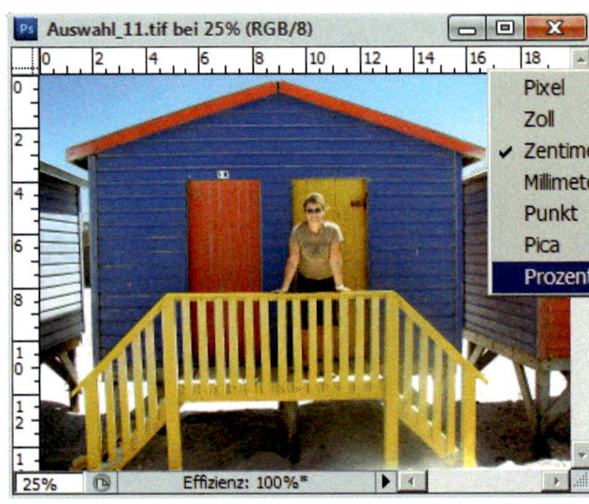

Abbildung 2.6 Zentimetergenau: Photoshop fasst die Bilddateien mit Linealen ein, die zum Beispiel in Pixel, Zentimeter oder Prozent unterteilt sind. Die Maßeinheit wählen Sie im Kontextmenü über dem Lineal, den Nullpunkt können Sie verschieben. Aus den Linealen ziehen Sie Hilfslinien heraus.

2.1.3 Lineale

Aufschluss nicht nur über die Pixelgröße, sondern auch über die Zentimetergröße im Druck oder über eine prozentuale Aufteilung geben die Lineale; sie lassen sich links und oben im Bilddateifenster einblenden; der Befehl heißt **Ansicht: Lineale** oder kurz Strg+R (für Rulers).

Welche Einheiten die Lineale anzeigen, regeln Sie mit dem Menübefehl **Bearbeiten: Voreinstellungen: Maßeinheiten & Lineale** (am Mac wie immer im Untermenü **Photoshop: Voreinstellungen**). Einfacher haben Sie es mit dem Kontextmenü über den Linealen oder in der Infopalette durch Anklicken des Symbols Cursor-Koordinaten.

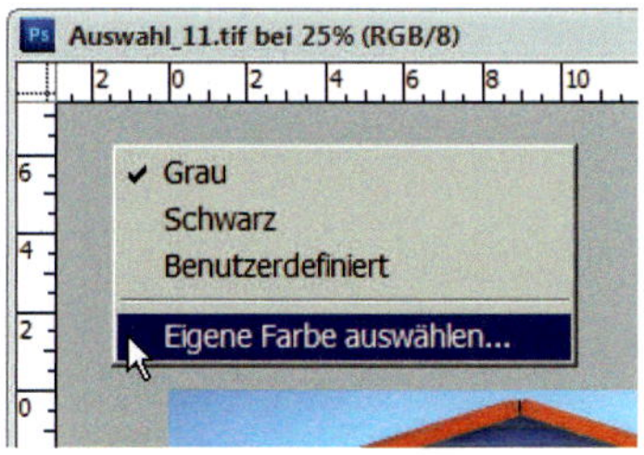

Abbildung 2.7 Klicken Sie mit rechts über der grauen Programm- oder Bildfensterfläche, können Sie die Hintergrundfarbe umstellen. Stellen Sie Farben ein, die zu Ihrem Projekt passen.

Nullpunkt

Den Nullpunkt der Lineale verändern Sie, indem Sie den Mauszeiger in die linke obere Ecke der Linealspalte setzen und an den gewünschten Punkt ziehen. Sie setzen den Nullpunkt wieder nach ganz links oben, indem Sie doppelt in die linke obere Ecke klicken, dorthin, wo die Lineale zusammenlaufen.

Der verschobene Nullpunkt hilft unter anderem, wenn Sie das Bild an einer bestimmten Stelle abschneiden und die Maße von dort aus messen und anzeigen wollen. Nützlich außerdem: Mit der Funktion **Bearbeiten: Frei Transformieren** (Strg+T) platzieren Sie ein Objekt (genauer: dessen Referenzpunkt) exakt am Nullpunkt von X- und Y-Achse – und zwar dort, wo Sie den Nullpunkt angelegt haben (Seite 726).

Raster, die Sie auf »Zentimeter«-Basis eingerichtet haben, wandern bei einer Verschiebung des Nullpunkts mit (Seite 723).

2.1.4 »Extras« anzeigen und aktivieren

Als »Extras« bezeichnet Photoshop Teile der Bilddarstellung, die nicht mitgedruckt werden, die Sie aber gleichwohl am Schirm sehen: die Auswahl-Fließmarkierung, Messpunkte des Farbaufnehmers, Intelligente Hilfslinien, Ebenenkanten, Textgrundlinien, der aktuelle Pfad (auch bei Vektormasken), Anmerkungen, Raster, Hilfslinien, Slices-Linien, bei Photoshop Extended-Version auch die Nummern einer Zählung. Entscheiden Sie, welche dieser Bildzutaten Photoshop zeigen und verwenden soll.

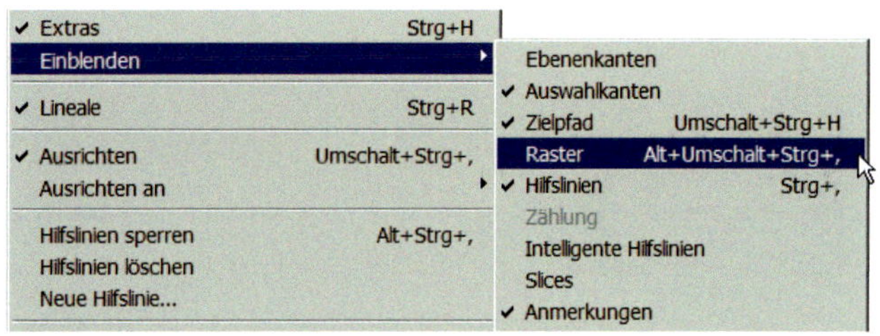

Abbildung 2.8 Mit den Befehlen im Untermenü »Ansicht: Einblenden« legen Sie fest, welche »Extras« über der Bilddatei erscheinen.

Extras anzeigen

Im Untermenü **Ansicht: Einblenden** legen Sie die sichtbaren Bildmerkmale fest. Wählen Sie gleich die Vorgabe **Ansicht: Extras** komplett ab, wenn Sie gar keine Zutaten mehr im Bild sehen wollen; das Häkchen neben der Funktion darf nicht mehr zu sehen sein. Strg+H, für Hide, schaltet hin und her.

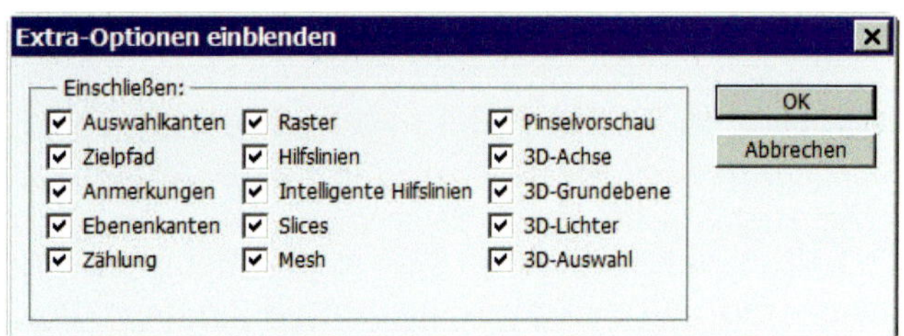

Abbildung 2.9 Im Dialogfeld »Extra-Optionen einblenden« bestimmen Sie, welche Merkmale Photoshop generell zusätzlich zum Bildinhalt anzeigen soll; hier auch die 3D-Funktionen der Ausgabe Photoshop Extended.

Extras abschalten

Mit dem Befehl **Ansicht: Einblenden: Alles** machen Sie alle Extras aktiv und sichtbar. Zum Verbergen wählen Sie **Ansicht: Extras**; das Häkchen neben der Funktion darf nicht mehr zu sehen sein. Wohlgemerkt, damit verstecken Sie die Extras nur – sie werden nicht unwirksam oder gelöscht.

Im Untermenü **Ansicht: Einblenden** finden Sie auch den Befehl **Extra-Optionen einblenden.** Dort bestimmen Sie für mehrere Merkmale gleichzeitig, ob sie angezeigt oder verborgen werden sollen. Wählen Sie eine entsprechende Einzelfunktion mit dem Untermenü **Ansicht: Einblenden** ab, so entfernt Photoshop sie auch aus dem Dialogfeld Extra-Optionen einblenden. Sobald Sie etwa eine neue Auswahl oder eine neue Hilfslinie erstellen, zeigt Photoshop automatisch alle Auswahlen bzw. Hilfslinien wieder an – auch wenn Sie dies zuvor abgewählt haben.

TIPP Auch bei geöffnetem Dialogfeld stehen die **Extras**-Befehle bereit. Sie können also noch bei geöffneten **Gradationskurven** oder anderen Befehlen störende Hilfslinien oder Auswahlmarkierungen verbergen.

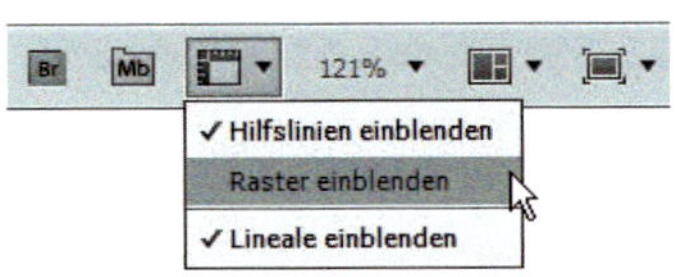

Abbildung 2.10
Die Schaltfläche »Extras anzeigen« bietet »Hilfslinien«, »Raster« und »Lineale« an.

2.1.5 Die Paletten (Bedienfelder)

Die Photoshop-Paletten heißen offiziell »Bedienfeld«. Sie zeigen Näheres über Pfade, Ebenen, Kanäle oder Farbwerte. Sie werden im **Fenster**-Menü aufgerufen, schneller geht es über Tastenbefehle oder gespeicherte Arbeitsbereiche. Einige Paletten erreichen Sie auch über Paletten-Schaltflächen in den Optionen zu einzelnen Werkzeugen. Eigene Paletten mit Ihren wichtigsten Befehlen, Werkzeugen und Aktionen basteln Sie mühelos im Configurator (Seite 1068).

Paletten öffnen per Kurztaste

Mit den eingebauten Kurztastenbefehlen fördern Sie schnell die wichtigsten Paletten zutage. Die folgende Tabelle zeigt eine Auswahl. Diese Befehle gelten so lange, wie Sie die Kurztasten nicht anderweitig vergeben oder Ihr Betriebssystem die Taste nicht schon in Beschlag genommen hat (zum Beispiel F5 für höhere Lautstärke am Mac):

F5	Pinselpalette ein-/ausblenden
F6	Farbepalette ein-/ausblenden
F7	Ebenenpalette ein-/ausblenden
F8	Infopalette ein-/ausblenden
Alt + F9	Aktionenpalette ein-/ausblenden
F9	Aktionenpalette ein-/ausblenden (nur Windows)

Paletten gruppieren

Photoshop fasst mehrere Paletten wie Karteikarten zu einer Gruppe zusammen; über Reiter klickt man die gewünschte Palette nach vorn. Ziehen Sie einzelne Paletten zu Gruppen Ihrer Wahl zusammen. Ziehen Sie eine Palette aus ihrer Gruppe heraus und lassen Sie sie über der Arbeitsfläche los – diese Palette steht dann als Einzelgängerin da.

Sie können einzelne Paletten oder Palettengruppen (mit zum Beispiel drei Paletten) oder den kompletten Andockbereich mit allen Paletten verschieben, zusammenfalten oder schließen. Einzelne Palettengruppen lassen sich innerhalb des Andockbereichs verschieben: Ziehen Sie nach oben oder unten, bis Sie einen horizontalen blauen Strich sehen, oder ziehen Sie nach rechts oder links, bis Sie einen vertikalen blauen Strich sehen, wenn Sie einen zweiten Andockbereich anlegen wollen.

Die Anordnung aller Paletten plus Werkzeugleiste und Optionenleiste heißt »Arbeitsbereich« und lässt sich speichern (siehe unten).

Paletten schnell ausblenden

Die Tabulatortaste verbannt sämtliche Paletten samt Werkzeug und Optionen auf einen Schlag – plötzlich wirkt Photoshop herrlich aufgeräumt. ⇧ + ⇆ lässt die Werkzeugpalette und die Optionsleiste oben. Ein zweites Drücken der ⇆-Taste fördert die Paletten wieder zutage.

Sie haben die Paletten verbannt, dann holen Sie anschließend nur einzelne Paletten mit dem entsprechenden **Fenster**-Befehl oder per Kurztaste wie [F7] wieder an die Oberfläche. Drücken Sie die [↵]-Taste, um besonders schnell die Werkzeugoptionen wieder einzublenden. [Strg]+[⇆] bringt ein Bild nach dem anderen in den Vordergrund.

TIPP Das Ausblenden der Paletten per [⇆]-Griff funktioniert nicht, wenn Sie gerade etwas in Werkzeugoptionen oder Paletten tippen. Denn dort setzt Photoshop Ihren [⇆]-Hieb als Sprung zum nächsten Eingabefeld um. Klicken Sie in die Programmfläche oder auf ein Bild, danach hilft die [⇆]-Taste wieder beim Aufräumen.

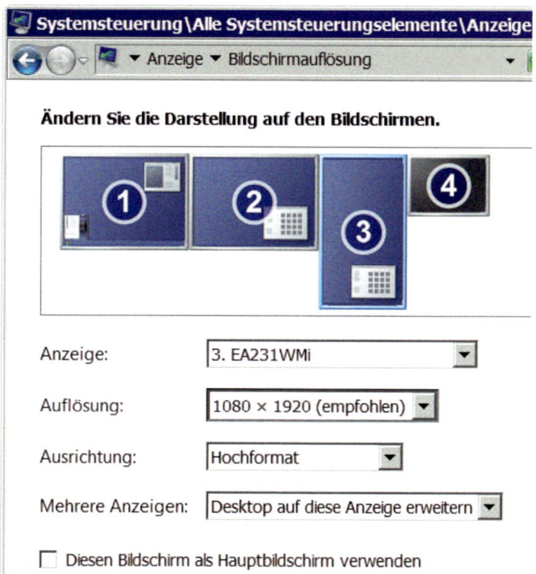

Abbildung 2.11 Noch besser als ein gut aufgeräumter »Arbeitsbereich«: Schließen Sie zusätzliche Monitore an. So können Sie sich mit Photoshop, Bridge und Co. besser ausbreiten. Sofern die Grafikplatine(n) in Ihrem Rechner mehrere Monitore ansteuern, spielen alle Betriebssysteme mit. Im Bild die Systemsteuerung von Windows 7: Die verbaute Grafikplatine hat vier Monitorausgänge, momentan sind drei Monitore angeschlossen. Bearbeitet werden hier die Einstellungen für den dritten Monitor, der hochkant steht.

Allgemein Paletten bedienen

Die Paletten enthalten viele einheitliche Befehle und Schaltflächen. So regeln Sie die Größe der Miniaturen für Ebenen, Kanäle und Pfade mit den **Paletten-Optionen** im jeweiligen Palettenmenü (nur bei der Ebenenpalette auch im Kontextmenü über den Miniaturen). Die Besonderheiten besprechen wir in den Einzelkapiteln innen im Buch, hier sehen Sie die wichtigsten Gemeinsamkeiten:

	Neues Objekt erstellen; Klicken mit [Alt]-Taste blendet Optionen ein (umgekehrt bei Aktionenpalette); vorhandenes Element auf Schaltfläche ziehen, um es zu duplizieren
	Neues Set erstellen (Aktionen, Ebenen)
	Markiertes Element löschen; Klicken mit [Alt]-Taste blendet Optionen ein (umgekehrt bei Aktionenpalette); Alternative: Element auf Schaltfläche ziehen
	Objekt ein-/ausblenden; [Alt]-Klick: zugehöriges Objekt einblenden, alle anderen ausblenden; zweiter [Alt]-Klick: alle Objekte wieder einblenden
	Palettenmenü öffnen
Doppelklick auf Palettennamen	Palette verkleinern/vergrößern
Rechtsklick auf Palettennamen	Kontextmenü, u.a. mit **Schließen**

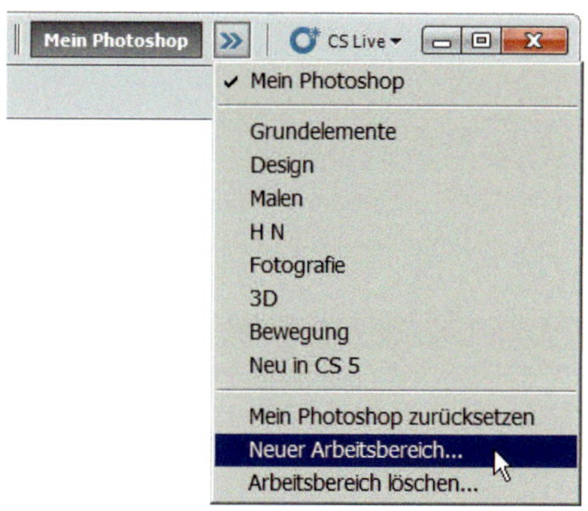

Abbildung 2.12 Speichern Sie eigene »Arbeitsbereiche«, also Bildschirmaufteilungen. Photoshop liefert bereits Arbeitsbereiche wie »Grundelemente« oder »Fotografie« mit.

2.1.6 Palettenposition als Arbeitsbereich speichern »

Ordnen Sie alle Paletten ideal an. Dieses Palettenarrangement rufen Sie fortan bequem via Arbeitsbereiche-Menü » auf. Das Prozedere ist in Bridge und Photoshop sehr ähnlich, hier die Photoshop-Variante:

1. Ordnen Sie alle Bedienfelder ideal an, wie Sie es besonders praktisch finden, etwa Histogrammpalette und Mini Bridge; nutzen Sie auch Zweit- und Viertschirm. Stellen Sie die Miniaturengrößen in der Ebenenpalette passend ein, überflüssige Paletten klicken Sie weg.
2. Oben rechts in Photoshop klicken Sie auf den Doppelpfeil MEHR ARBEITSBEREICHE ANZEIGEN ». Sie gehen auf **Neuer Arbeitsbereich** und nennen Ihr eigenes Programmfenster-Arrangement zum Beispiel »Mein Photoshop«. (Als Photoshop-Guru nehmen Sie natürlich Ihren voll ausgeschriebenen Künstlernamen, damit er im Photoshop-Programmfenster erscheint.)
3. Verändern Sie die Programmaufbau weiter, verschieben Sie zum Beispiel die Histogrammpalette. Photoshop speichert diese wechselnden Zustände des Arbeitsbereichs »Mein Photoshop« laufend mit.
4. Rufen Sie einen anderen Arbeitsbereich auf, zum Beispiel **Grundelemente**. Danach wechseln Sie wieder zu **Mein Photoshop**. Photoshop zeigt das Programmfenster nun in der allerletzten Variante, schon mit verschobener Histogrammpalette. Das ist oft nicht die Version, die Sie ursprünglich gespeichert hatten. Macht nichts:
5. Sie wollen Ihren Arbeitsbereich wieder so haben, wie er ganz zu Anfang aussah? Klicken Sie zunächst **Mein Photoshop** an. Dann nehmen Sie erneut den Doppelpfeil MEHR ARBEITSBEREICHE ANZEIGEN » und klicken unten auf **Mein Photoshop zurücksetzen**.

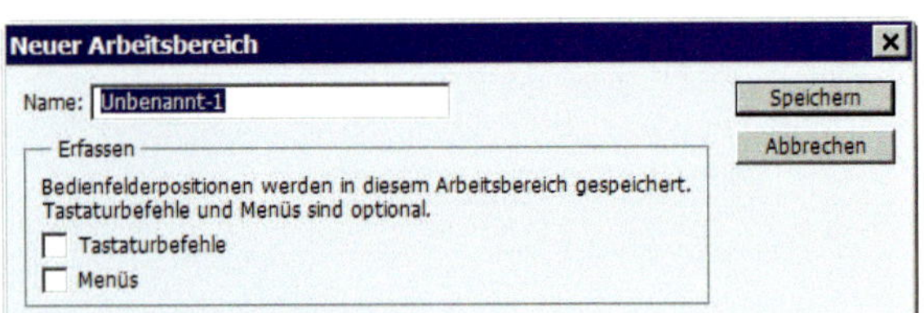

Abbildung 2.13 Zusätzlich zur Zusammenstellung der Paletten können Sie auch eigene Tastaturkürzel und Menüfarben als »Arbeitsbereich« mitspeichern.

Arbeitsbereiche anzeigen und übertragen

Regeln Sie, wie viele Arbeitsbereiche Photoshop rechts im Programmfensterrahmen auflistet. Ziehen Sie einfach an dem kleinen Doppelbalken links neben dem ersten Arbeitsbereich. Ziehen Sie die einzelnen Arbeitsbereiche auch in die gewünschte Reihenfolge.

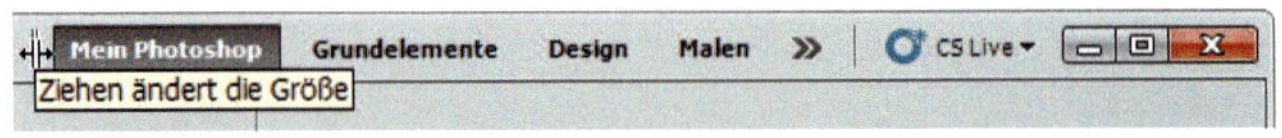

Abbildung 2.14 Durch Ziehen steuern Sie, wie viele Arbeitsbereiche Photoshop in welcher Reihenfolge rechts oben im Programmfenster anbietet.

Arbeitsbereiche auf andere Computer übertragen

Sie wollen Arbeitsbereiche weitergeben oder auf andere Computer übertragen? Jeder Arbeitsbereich liegt als Datei in einem Ordner wie BENUTZER/ADOBE/PHOTOSHOP CS5/ADOBE PHOTOSHOP CS5 SETTINGS/WORKSPACES – nutzen Sie die Suchfunktion mit dem Wort »Workspace« und nehmen Sie nicht den Ordner WORKSPACES MODIFIED.

Bequeme Alternative: Zumindest bei Manuskriptabgabe bot Adobe ein englisches Skript an, das die Weitergabe von Arbeitsbereichen von und an Photoshop CS4 und CS5 erleichtern soll:

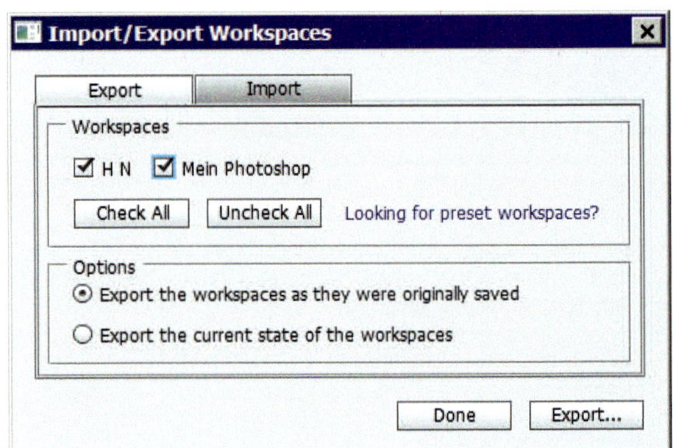

Abbildung 2.15 Mit einem Skript des Photoshop-Herstellers Adobe lassen sich Arbeitsbereiche leicht übertragen.

1. Öffnen Sie diese Notiz des Adobe-Managers John Nack: *http://www.jnack.com/adobe/photoshop/cs5/WorkspaceImportExport.jsx.zip*.
2. Dort klicken Sie mit der rechten Maustaste auf den Link A SCRIPT TO ENABLE SIMPLE IMPORTING... und wählen **Ziel speichern unter**.

So nutzen Sie die Paletten und Arbeitsbereiche

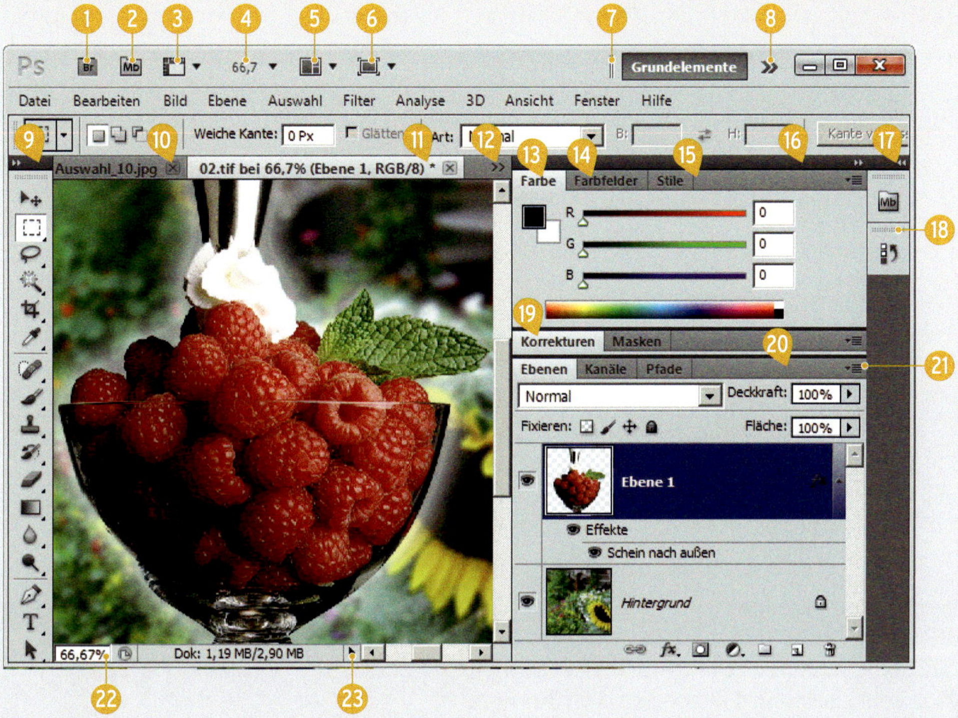

1. **Bridge:** Bridge starten
2. Mini Bridge anzeigen
3. **Extras anzeigen:** Hilfslinien, Raster und Lineale
4. **Zoomstufe**
5. **Dokumente anordnen:** Anordnung der Bildfenster steuern
6. **Bildschirmmodus:** Vollbildmodus einstellen
7. **Arbeitsbereiche anzeigen:** durch Ziehen mehr oder weniger Arbeitsbereiche anzeigen
8. **Arbeitsbereiche-Menü:** Arbeitsbereiche auffrufen, speichern und löschen
9. **Werkzeugleiste:** Doppelklick für zweispaltige Darstellung; Ziehen
10. **Nicht aktive Datei:** mit Klick auf »x« schließen, mit Strg + ⇥ der Reihe nach in den Vordergrund holen
11. **Aktive Datei:** mit Klick auf »x« schließen; auch horizontal verschieb- und abkoppelbar
12. **Menü geöffneter Dokumente:** nicht aktive, nicht sichtbare Dokumentfenster aktivieren
13. **Palette (geöffnet):** Doppelklick zum Verkleinern (andere Paletten nehmen dann mehr Platz ein), wahlweise über die Bildfläche, an den rechten Rand oder in andere Palettengruppen ziehen; Rechtsklick für Kontextmenü
14. **Palette (nicht geöffnet):** Einzelklick zum Öffnen
15. **Palettengruppe:** Ziehen zum Bewegen dieser Gruppe aus drei Paletten; Rechtsklick für Kontextmenü
16. **Andockbereich (geöffnet):** Doppelklick zum Verkleinern, Ziehen zum Bewegen
17. **Andockbereich (verkleinert):** Einzelklick zum Vergrößern, Ziehen zum Bewegen
18. **Palettengruppe (verkleinert):** in verkleinertem Andockbereich; Ziehen zum Loslösen und Bewegen dieser einzelnen Palettengruppe aus hier nur einer Palette
19. **Palette und Palettengruppe nicht geöffnet:** Doppelklick oder Einzelklick zum Öffnen (andere Paletten erhalten dann weniger Platz)
20. **Trennlinie:** Ziehen, um belegte Programmfläche zu vergrößern/verkleinern
21. **Palettenmenü** für hervorgehobene Palette in dieser Gruppe
22. **Zoomstufe ändern** (auch durch Alt-Ziehen)
23. **Statusleiste:** Anzeige ändern

3. Sie erhalten eine Zip-Datei, der Sie die Datei Workspace Import Export.jsx entnehmen.
4. In Photoshop wählen Sie **Datei: Skripten: Durchsuchen** und öffnen die neu erhaltene Datei Workspace Import Export.jsx. Sie erhalten sofort ein Dialogfeld, das Ihnen zunächst Ihre eigenen, selbst geschaffenen Arbeitsbereiche anbietet.

2.1.7 »Werkzeugvorgaben« und »Bibliotheken«

Die Kombination aller Einstellungen für ein Werkzeug speichert Photoshop als »Werkzeugvorgabe«. Verschiedene Vorgaben für ein einzelnes Werkzeug fassen Sie in einer sogenannten »Bibliothek« zusammen. Ein Beispiel: Sie sammeln verschiedene Vorgaben für das Textwerkzeug **T**: einmal 12 Punkt Arial ohne Kantenglättung; als weitere Vorgabe 16 Punkt Minion Pro mit Glättungsmethode Scharf; diese zwei »Vorgaben« sichern Sie in einer »Bibliothek«, sie lassen sich dort bequem wieder abrufen.

Es gibt auch Bibliotheken unabhängig von Werkzeugen: So brauchen Sie Farbverläufe nicht nur für das Verlaufswerkzeug, sondern auch für Füllebenen oder für den Ebenenstil Verlaufsfüllung; das heißt, wenn Sie das Verlaufswerkzeug benutzen, verwenden Sie gleich zwei Bibliotheken:

- Eine Bibliothek liefert die Vorgaben für das Werkzeug selbst, etwa Richtung, Füllmethode und Deckkraft.
- Eine weitere Bibliothek liefert die Farbverläufe mit zugeordneter Transparenz.

Weitere Bibliotheken unabhängig von Einzelwerkzeugen: Muster, Pinselvorgaben, Kontur, Stile oder Vektorformen. Alle Bibliotheken werden auf gleiche Art angelegt, verwaltet und dargestellt.

Der Befehl **Bearbeiten: Vorgaben-Manager** gibt Ihnen Zugriff auf alle Vorgaben unabhängig vom aktuellen Werkzeug, dort ziehen Sie die Vorgaben auch in die richtige Reihenfolge; oder wählen Sie **Fenster: Werkzeugvorgaben**.

TIPP Bibliotheken, Vorgaben und Voreinstellungen sichert Photoshop in zahlreichen kleinen Dateien. Die Speicherorte dieser Dateien nennt Adobe in getrennten Tabellen für Mac und verschiedene Windows-Varianten hier: *http://kb2.adobe.com/de/cps/828/cpsid_82893.html*.

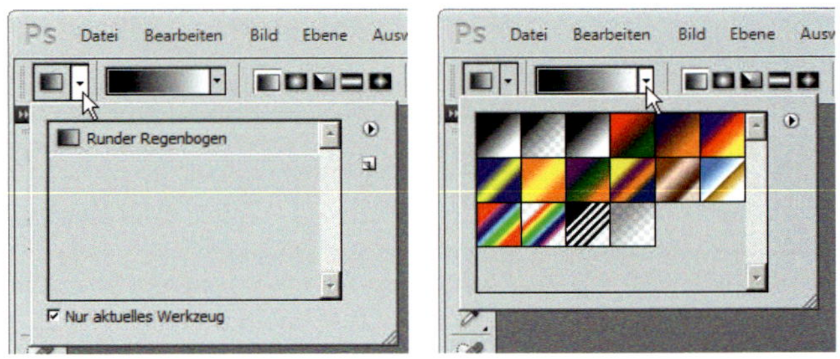

Abbildung 2.16 Die Optionenleiste zum Verlaufswerkzeug bietet gleich zwei Bibliotheken an: **Links** wurde die Bibliothek mit den Werkzeugvorgaben nur für dieses Werkzeug geöffnet, **rechts** die Bibliothek für Verläufe.

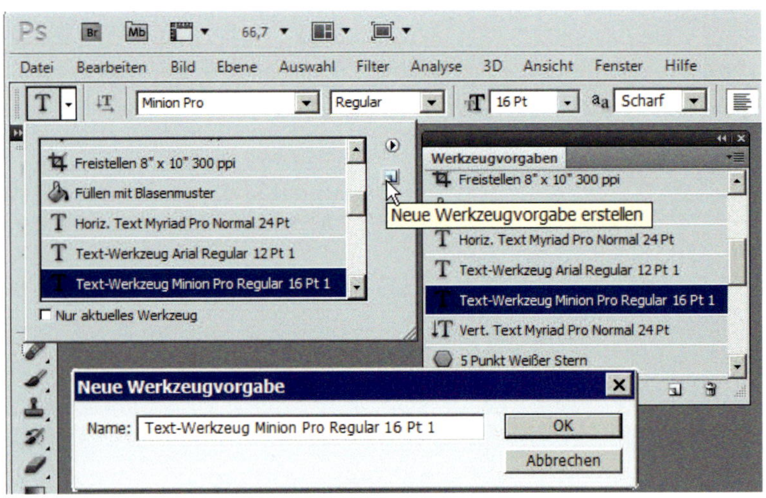

Abbildung 2.17
Die Einstellung für das Textwerkzeug mit Schriftart Minion Pro in 16 Punkt Größe wird als »Vorgabe« gespeichert. Die sogenannte Bibliothek mit den Vorgaben für das Textwerkzeug oder für alle Werkzeuge rufen Sie oben in den Werkzeugoptionen oder in der Palette »Werkzeugvorgaben« ab.

Werkzeugeinstellungen als Vorgabe speichern

Sie müssen nicht jegliche Einstellung als Vorgabe speichern. Photoshop merkt sich ja ohnehin die zuletzt genutzten Werte. Nützlich wirken die Vorgaben jedoch bei Funktionen mit aufwändigen Einstellungen; drei Beispiele:

» die komplette Schriftformatierung beim Textwerkzeug T,

» Seitenverhältnisse, Pixel- und Zentimeterangaben beim Freistellungswerkzeug,

» der Pinsel in Verbindung mit Füllmethode, Deckkraft und Vordergrundfarbe.

Werte, die Sie hier öfter benötigen, sichern Sie als Vorgabe. So geht's:

1. Richten Sie die Werkzeugoptionen wie gewünscht ein.
2. Klicken Sie oben links in den Werkzeugoptionen auf das Dreieck neben dem Werkzeugsymbol.
3. Wenn sich der Vorgaben-Manager geöffnet hat, klicken Sie auf die Schaltfläche Neue Werkzeugvorgabe erstellen.
4. Tippen Sie einen Namen und klicken Sie auf OK.

Die komplette Vorgabenbibliothek lässt sich über das Palettenmenü als Datei speichern und wieder laden. So übertragen Sie die Vorgaben auf einen anderen Computer. Photoshop merkt sich die Bibliothek jedoch innerhalb der aktuellen Installation auch ohne ausdrückliches Speichern.

Vorgaben abrufen

Möchten Sie die gespeicherten Vorgaben wieder verwenden, schalten Sie das Werkzeug ein. Dann öffnen Sie entweder die Vorgabenauswahl oben links in der Optionenleiste oder Sie rufen die Palette Werkzeugvorgaben auf.

In beiden Fällen gibt es die Option Nur aktuelles Werkzeug. Damit zeigen Sie tatsächlich nur die Vorgaben für das aktuelle Werkzeug. Verzichten Sie auf die Option, sehen Sie sämtliche Vorgaben für sämtliche Werkzeuge; Sie wechseln dann per Klick nicht nur die Vorgabe, sondern auch das Werkzeug.

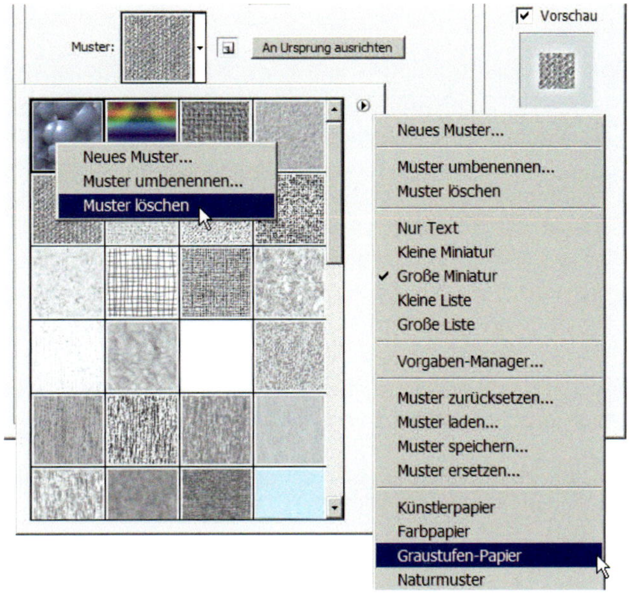

Abbildung 2.18 Die »Muster«-Vorgaben in der aktuellen »Muster«-Bibliothek werden hier im Dialog zum Ebenenstil »Musterüberlagerung« bearbeitet. Sie können die Vorgaben generell in verschiedenen Größen, mit und ohne Text darstellen. Per Rechtsklickmenü werden einzelne Palettenobjekte umbenannt oder gelöscht. Über das Menü laden Sie auch neue Bibliotheken nach.

Vorgaben in der Bibliothek darstellen und ändern

Die gewünschte Darstellung in der Bibliothek legen Sie jeweils im Palettenmenü fest; öffnen Sie es per Schaltfläche. Zeigen Sie nach Bedarf **Nur Text**, **Große Miniaturen** oder eine **Kleine Liste**. Objekte kann man nicht nur per Rechtsklick, sondern auch per Alt-Klick löschen, durch Ziehen ändern Sie die Reihenfolge.

ACHTUNG Das Löschen oder Ändern der Position einer Vorgabe können Sie nicht **Rückgängig** machen.

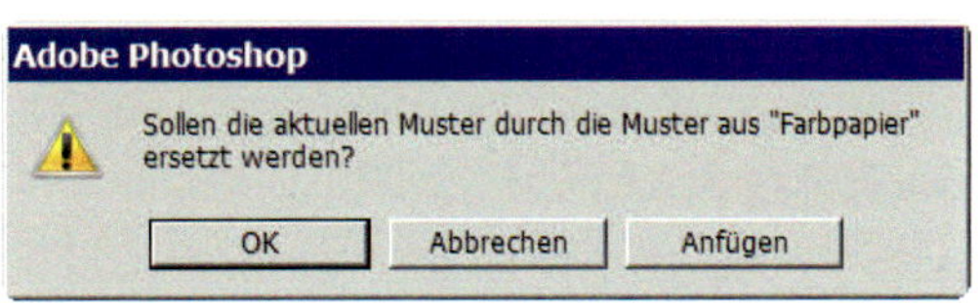

Abbildung 2.19 Beim Laden einer neuen Bibliothek mit »Vorgaben« können Sie die zuvor vorhandene Sammlung ersatzlos entfernen oder um die neue Kollektion erweitern.

Vorgaben laden

Über die Palettenmenüs laden Sie andere Bibliotheken von Mustern, Pinselvorgaben oder Verläufen. Photoshop nennt direkt unten im Menü weitere Bibliotheken, die Sie im passenden »Vorgaben«-Verzeichnis deponiert haben. Pinselbibliotheken speichert Photoshop im Verzeichnis »Vorgaben/Pinsel«, die Musterbibliotheken im Verzeichnis »Vorgaben/Muster«. Alle Vorgabendateien aus dem »Vorgaben«-Verzeichnis ruft man bequem über das Palettenmenü auf. Wollen Sie »Vorgaben« aus anderen Verzeichnissen nutzen, so verwenden Sie die Schaltfläche LADEN oder einen Befehl wie **Pinsel ersetzen** aus dem Palettenmenü.

Öffnen Sie eine Bibliothek per Palettenmenü, entscheiden Sie im Dialogfeld zwischen zwei Möglichkeiten:

» Sie ersetzen die noch vorhandene Bibliothek, indem Sie auf OK klicken – damit entfernen Sie die ursprünglich vorhandenen Vorgaben.

» Sie können die neuen Vorgaben aber auch an die bereits vorhandenen ANFÜGEN – anschließend stehen beide Kollektionen in einer Bibliothek zur Verfügung.

Der Befehl **Zurücksetzen** aus dem Palettenmenü richtet wieder die Standardvorgabe des Herstellers ein und lädt die ursprünglich vorhandenen Vorgaben. Auch hier ersetzen oder ergänzen Sie die bestehenden Vorgaben.

2.1.8 Werkzeugpalette und Werkzeugoptionen

Die Werkzeuge schalten Sie durch einfaches Klicken oder per Tastatur ein. Ziehen Sie die Werkzeugleiste frei über die Arbeitsfläche. Per Doppelklick auf den Querbalken oben zeigen Sie die Werkzeugleiste abwechselnd ein- und zweispaltig.

Das Menü zu den Werkzeugoptionen erreichen Sie durch einen Rechtsklick auf das Werkzeugsymbol links in der Optionenleiste (am Mac Ctrl-Klick). Dieses Menü setzt die aktuellen oder sämtliche Werkzeugoptionen zurück auf die Vorgaben ab Werk.

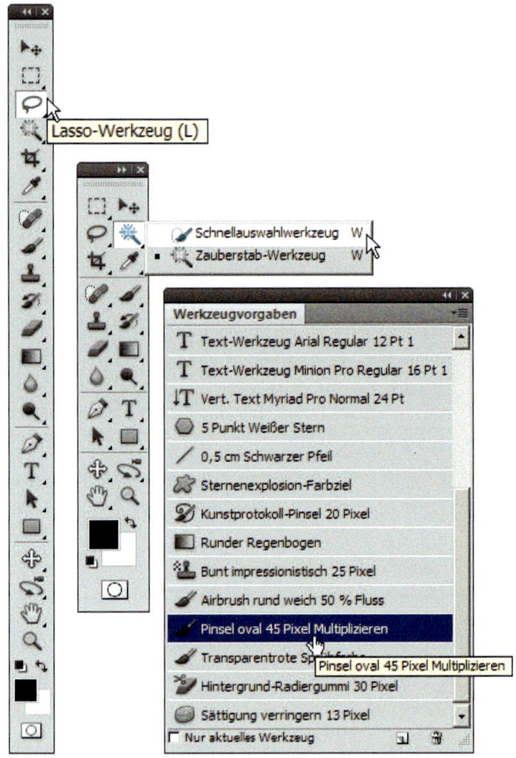

Abbildung 2.20 Zeigen Sie die Werkzeugleiste ein- oder zweispaltig. Sie können die Werkzeuge auch über die Tastatur einschalten; der entsprechende Buchstabe erscheint schon in der Einblenderklärung, zum Beispiel das L für das Lasso und W für die Schnellauswahl. Sie sehen hier die längere Werkzeugleiste der Extended-Ausgabe von Photoshop. **Rechts:** Schalten Sie Werkzeuge auch in der Palette »Werkzeugvorgaben« ein; ohne die Einschränkung »Nur aktuelles Werkzeug« bietet diese Palette alle Werkzeuge an, für die Sie Vorgaben gespeichert haben.

2.1.9 Mehrfach belegte Schaltflächen

Manche Werkzeug-Schaltflächen sind mehrfach belegt. Eine solche Mehrfachbenennung erkennen Sie an dem kleinen Dreieck rechts unten in der Schaltfläche. Auf einem Schalter fasst Photoshop jeweils Werkzeuge zusammen, die ähnliche Aufgaben haben. So liegen etwa einige Auswahlwerkzeuge übereinander: Auswahlrechteck, Auswahlellipse, Spaltenauswahl und Zeilenauswahl teilen sich einen Platz auf der Werkzeugleiste, ebenso Weichzeichnerpinsel, Scharfzeichnerpinsel und der Wischfinger.

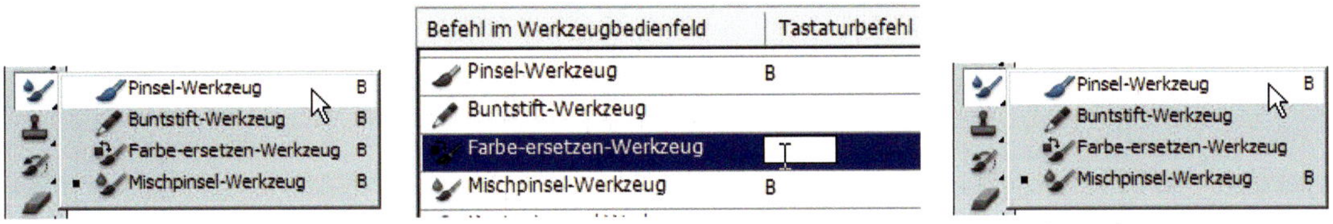

Abbildung 2.21 **Links:** Diese Werkzeuge werden mit derselben Taste aufgerufen – Pinsel, Buntstift, Farbe-ersetzen-Werkzeug und Mischpinsel zum Beispiel mit dem B. Um zwischen diesen Werkzeugen zu wechseln, drücken Sie dann ⇧+B. Photoshop nennt den Tastaturbefehl B bereits rechts neben der Werkzeugbezeichnung. **Mitte:** Mit »Bearbeiten: Tastaturbefehle« schalten wir die Kurztaste für Buntstift und Farbe-ersetzen-Werkzeug ab, da sie beim häufigen Wechsel zwischen Pinsel und Mischpinsel nur stört. **Rechts:** Für die zwei bearbeiteten Werkzeuge zeigt Photoshop den Tastaturbefehl B nicht mehr an.

Um die Werkzeuge auf einer Schaltfläche zu erreichen, die aktuell nicht zu sehen sind, klicken Sie länger auf den Schalter; dann öffnet sich eine horizontale Werkzeugleiste, die weitere verwandte Werkzeuge anbietet. Alternative: Klicken Sie den Schalter mehrfach bei gedrückter Alt-Taste an – so lange, bis das gewünschte Werkzeug auftaucht.

Sind die Werkzeuge über eine gemeinsame Kurztaste erreichbar, verwenden Sie mehrfach den Buchstaben plus ⇧-Taste, um zwischen diesen Geräten zu wechseln. Also drücken Sie zum Beispiel mehrfach ⇧+B, um vom Pinsel zum Buntstift und weiter zu Farbe-ersetzen-Werkzeug und Mischpinsel zu wechseln.

TIPP Verzichten Sie auf die ⇧-Taste und schalten Sie allein mit der Buchstabentaste zwischen gleichartigen Werkzeugen um. Dazu verzichten Sie in den allgemeinen **Voreinstellungen** (Strg+K) auf die Umschalttaste für anderes Werkzeug.

Überflüssige Tastaturbelegung

Sie wollen mit ⇧+B flott zwischen Pinsel und Mischpinsel wechseln. Photoshop bietet jedoch zwischendurch immer noch die weit weniger gebräuchlichen Geräte Buntstift und Farbe-ersetzen-Werkzeug an, weil die auch auf den Buchstaben B hören.

Machen Sie den Tastaturbefehl für Buntstift und Farbe-ersetzen-Werkzeug unwirksam. Wählen Sie **Bearbeiten: Tastaturbefehle**, das Klappmenü Tastaturbefehle für stellen Sie auf Werkzeuge; dann klicken Sie auf das »B« neben Buntstift und Farbe-ersetzen-Werkzeug und löschen es weg.

2.1.10 Bei geöffnetem Dialogfeld

Selbst wenn ein Dialogfeld geöffnet ist, stehen noch nützliche Menübefehle und andere Funktionen bereit. Ein Beispiel: Sie erzeugen eine Auswahl und wählen dann **Unscharf maskieren** oder **Kante verbessern**. Jetzt arbeiten Sie zwar im Dialogfeld. Sie steuern aber weiterhin die Bildanzeige mit vielen Menü- und Tastenbefehlen:

» Mit Strg+Leer-Taste erhalten Sie eine Vergrößerungslupe, um Bildteile noch heranzuzoomen. Per Alt+Leer-Taste produziert Photoshop die Verkleinerungslupe.

» Mit Strg+0 zeigen Sie das Werk arbeitsflächenfüllend, während Strg+ + schrittweise vergrößert und Strg+ - schrittweise zu einer kleineren Abbildung führt. Strg+(Alt+0 richtet die 100-Prozent-Zoomstufe ein.

» Die gedrückt gehaltene Leer-Taste verhilft zur Verschiebehand. Damit bewegen Sie Dateien in verkleinerten Bildfenstern. Alternative: die Rollbalken.

» Rufen Sie im **Fenster**-Menü diverse Paletten auf, zum Bleistift **Navigator**, **Informationen** oder **Ebenen**.

» Klicken Sie auf die Titelleisten von geöffneten, zusammengeklappten oder zum Symbol verkleinerten Werkzeugpaletten – sie lassen sich öffnen und umarrangieren.

» Im **Ansicht-Menü** nutzen Sie bei geöffnetem Dialogfeld immer noch **Farb-Proof**, **Farbumfang-Warnung** oder **Einzoomen**, **Tatsächliche Pixel** und **Ausgabegröße**.

» Wichtig auch: Die Befehle **Ansicht: Extras** und das Untermenü **Ansicht: Einblenden** verstecken bei geöffnetem Dialog störende Auswahlmarkierungen oder Hilfslinien, ohne deren Wirkung aufzuheben, auch der entsprechende Tastengriff [Strg]+[0] funktioniert noch.

Bei einigen Tonwertbefehlen können Sie mit dem Mauszeiger ins Bild fahren, um dort mit der Pipette Tonwerte aufzunehmen, zu messen oder per Rechtsklick den Tonwert als HTML-Code zu kopieren; dabei ändert sich meist auch die Vordergrundfarbe.

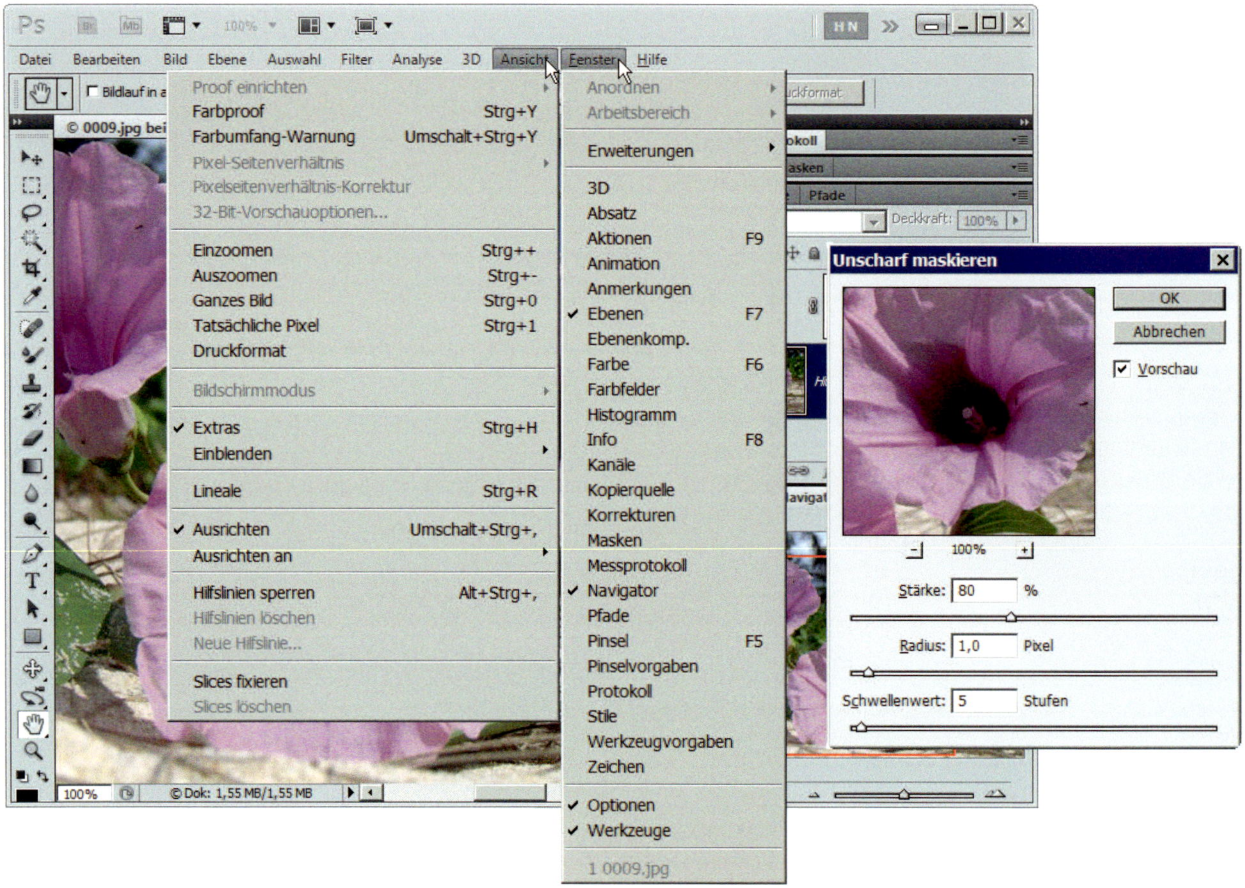

Abbildung 2.22 Das Dialogfeld »Unscharf maskieren« ist geöffnet. Gleichzeitig stehen immer noch viele Befehle aus den Menüs »Ansicht« und »Fenster« zur Verfügung: Sie können die Zoomstufe wechseln, die Auswahlmarkierung verbergen und die Histogramm- oder Informationspalette aufrufen.

2.1.11 Befehle im Überblick: Photoshop-Oberfläche

Taste/Feld	Zusatztasten	Aktion	Ergebnis
Dok: 20,2M/36,8M	-		Anzeige Breite, Höhe, Kanäle, Auflösung
			Dokumente anordnen
	-	-	Alle Paletten ein-/ausblenden
	⇧	-	Paletten außer Werkzeugpalette und Optionen ein-/ausblenden
	Strg	-	Ein Bild nach dem anderen aktivieren
F (für Full Screen)			Wechsel zwischen Fenster- und Vollschirmmodi
			Wechsel zwischen Fenster- und Vollschirmmodi
Strg + H (für Hide)			Entspricht **Ansicht: Extras** (Auswahlmarkierung, Hilfslinien etc. ein-/ausblenden)
Strg + R (für Ruler)			Lineale ein-/ausblenden
			Lineale, Raster, Hilfslinien ein-/ausblenden

2.1.12 Mac- und Windows-Version im Vergleich

Die Mac- und Windows-Versionen von Photoshop unterscheiden sich nur in wenigen Details. Insbesondere gleichen sich fast alle Tastaturkombinationen. Alt-Taste und ⇧-Taste werden in beiden Betriebssystemen gleich genutzt. Einige Unterschiede:

» Wo Sie unter Windows die Strg-Taste drücken, ist am Mac die ⌘-Taste fällig.

» Kontextmenüs und alles andere, was Sie unter Windows mit der rechten Maustaste erreichen, erledigen Sie am Mac mit Ein-Tasten-Maus durch einen Mausklick bei gedrückter Ctrl-Taste. (Mit üblichen Mehrtasten-Mäusen können Sie auch am Mac die rechte Maustaste nutzen.)

» Was unter Windows auch mit der Entf-Taste verschwindet, wird am Mac nur mit der ←-Taste entsorgt.

» Nur unter Windows gibt es den Befehl **Datei: Öffnen als**.

» Natürlich unterscheiden sich betriebssystemnahe Funktionen wie die **Öffnen**- und **Speichern**-Dialoge sowie die Speicherzuteilung.

» Eine Besonderheit von Photoshop am Mac OS ist das **Photoshop**-Menü, das Windows-Nutzer nicht vorfinden: Macianer rufen dort **Voreinstellungen** sowie die Befehle **Über Photoshop** und **Über Zusatzmodul** auf.

2.1.13 Tastenbefehle & Menüs

Routinierte Photoshopper bedienen ihr Programm besonders flott durch gezielte Tastendrucke, nicht per Mausrutsch. Weitere und geänderte Tastenkürzel vergeben Sie selbst mit der Aktionenpalette oder den **Tastaturbefehlen**.

Schneller mit Tastenbefehlen

Vielen Befehlen und allen Werkzeugen haben die Programmierer bereits Tastenkürzel zugeteilt – für die Funktionen der Werkzeugleiste reicht grundsätzlich ein einzelner Buchstabe ohne jede weitere Strg-, Alt- oder ⇧-Taste. Mit einem C (für Crop Tool) rufen Sie zum Beispiel das Freistellungswerkzeug 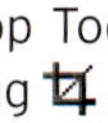 auf. Wer die Maus mit rechts verschiebt, erreicht Kurztasten für die linke Hand besonders schnell, so etwa das [B] für den Pinsel, [E] für Radiergummi oder [W] für Schnellauswahl und Zauberstab.

Die Tastaturkürzel in Photoshop sind mnemonisch; der Buchstabe soll also mit dem Werkzeug oder Befehl so verbunden sein, dass man sich die Zuordnung leicht merken kann. Die Programmierer legten die englischen Begriffe zugrunde: Das Radiergummi-[E] kürzt den »Eraser« ab, das Freistell-[C] stammt vom »Crop Tool«, das [B] für den Pinsel leitet sich vom »Brush« ab.

Manche Kürzel weichen auf den zweiten, dritten oder vierten Buchstaben des englischen Befehls aus, etwa bei [V] für Move Tool, also das Verschiebenwerkzeug. Andere Buchstaben verstehen sich lautmalerisch: Das [I] für die Pipette spricht sich auf Englisch [Ai] – wie »Eyedropper«, die englische Bezeichnung dieses Werkzeugs. Die Kurztaste [Strg]+[U] steht für englisch »Hue« (Farbton) und ruft den Dialog **Farbton/Sättigung** auf.

Verharren Sie mit dem Mauszeiger kurz über einem Werkzeug, blendet Photoshop den Werkzeugnamen samt Kurztaste ein. Die Statusleiste unten im Bildfenster nennt auf Wunsch das aktive Werkzeug.

Sie finden am Buchende eine Übersicht zu allen Werkzeugen (Seite 1087) und hier weiter unten eine alphabetische Liste aller Werkzeugkürzel (Seite 65).

Vorübergehender Wechsel zu anderen Werkzeugen

Teilweise erlaubt Photoshop auch den vorübergehenden Wechsel zu anderen Werkzeugen. Drücken Sie beispielsweise bei der Arbeit mit dem Abwedler die [Alt]-Taste: Damit wechseln Sie so lange zum Nachbelichter, bis Sie die [Alt]-Taste wieder loslassen. Auch mit den Werkzeugen zum Weichzeichnen und Scharfzeichnen funktioniert dieses Hin und Her.

Generell gilt: Halten Sie länger eine Taste für ein Werkzeug gedrückt – sobald Sie loslassen, springt Photoshop zurück zum vorher gültigen Gerät.

Mit einigen Zusatztasten schalten Sie vorübergehend zu ganz anderen nützlichen Werkzeugen um; nach dem Loslassen der Taste zeigt Photoshop wieder das ursprüngliche Gerät.

So gilt unter anderem:

- Mit der [Leer]-Taste springen Sie schnell mal zur Verschiebehand. Nehmen Sie die [Strg]-Taste hinzu, um die Vergrößerungslupe zu erhalten, während die zusätzliche [Alt]-Taste die Verkleinerungslupe auf den Schirm bringt. Das funktioniert sogar oft bei geöffnetem Dialogfeld.
- Fast alle Werkzeuge wechseln beim Druck der [Strg]-Taste freiwillig zum Verschiebenwerkzeug.
- Von allen Malwerkzeugen aus, die auf die Vordergrundfarbe zugreifen, wechseln Sie per [Alt]-Taste zur Pipette, mit der Sie die Vordergrundfarbe aufgreifen. Dies gilt etwa für den Pinsel.

Tastaturbefehle für Menüfunktionen

Auch die werkseitigen Tastaturkürzel für Menübefehle leiten sich von den englischen Originalkommandos ab. So ruft [Strg]+[L] die Tonwertkorrektur auf – im Englischen »Levels«. [Strg]+[I] kehrt ein Bild ins Negativ um, »Invert« in Englisch. Nützlich machen sich die Tasten-Quickies auch, wenn Sie die Menüleiste und vielleicht auch die Werkzeugleiste ausblenden, zum Beispiel per Kurztaste [F] für »Full Screen«.

2.1.14 Typische Tastaturkürzel

Kennen Sie die 50 wichtigsten Tastenkürzel, lässt sich Photoshop viel zügiger bedienen als durch Klicken in Menüs und Optionen. Die Tastenbefehle haben System und lassen sich deshalb relativ leicht merken und auf unterschiedliche Situationen übertragen. Sie werden in den einzelnen Kapiteln ausführlich besprochen, im Folgenden stelle ich einige Grundregeln vor.

Abziehen per [Alt]-Taste

Bei gedrückter [Alt]-Taste verkleinern Sie Auswahlen mit Auswahlwerkzeugen wie dem Lasso. Dies gilt – in Kombination mit der [Strg]-Taste – zum Beispiel auch für den Klick auf Miniaturen für Ebenen, Ebenenmasken oder Alphakanäle.

Zudem eignet sich die [Alt]-Taste zum Duplizieren – so etwa, wenn Sie mit dem Verschiebenwerkzeug und der [Alt]-Taste an einer Ebene zerren, um diese zu duplizieren, oder wenn Sie im Filter Beleuchtungseffekte an einer Lichtquelle ziehen, um eine zweite Leuchte hervorzubringen.

Dialogfeld per Alt-Taste

Bei vielen Befehlen entscheiden Sie per Alt-Taste, ob Sie ein Dialogfeld einblenden wollen oder auf Rückfragen verzichten. Zwei Beispiele:

- Normale Anwahl des Kommandos **Bild: Duplizieren** produziert zunächst ein Dialogfeld mit der Frage, welchen Namen das duplizierte Bild erhalten soll. Derselbe Befehl produziert bei gedrückter Alt-Taste ein Duplikat sofort, ohne Dialogfeld. Ebenso verschweigt die Aktionenpalette ausnahmsweise die Optionen, wenn Sie die Schaltfläche Neue Aktion erstellen bei gedrückter Alt-Taste anklicken.
- Umgekehrt verhält es sich bei der Ebenenpalette und der Kanälepalette: Klicken Sie auf das Symbol Neue Ebene erstellen, erzeugt Photoshop sofort ein neues Element. Nach Anklicken mit gedrückter Alt-Taste präsentiert das Programm zunächst die Optionen.

Verwendeten Wert wiederholen mit der Alt-Taste

Hier ein Beispiel: Sie rufen mit Strg+L (für »Levels«) die **Gradationskurven** auf und korrigieren die Kontraste. Danach wollen Sie die gleiche Korrektur auf andere Bilder anwenden.

Hier macht sich die Alt-Taste nützlich: Zusätzlich zum üblichen Befehl gedrückt, ruft sie das Dialogfeld gleich mit den zuletzt verwendeten Werten auf. So geht's:

- Drücken Sie also Strg+Alt+L.
- Alternative: Sie halten die Alt-Taste gedrückt und wählen **Bild: Korrekturen: Gradationskurven**.

Weitere Optionen mit der Alt-Taste

Die Alt-Taste verwandelt die Abbrechen-Schaltflächen vieler Photoshop-Dialoge in ein Zurück; sie ist in vielen Situationen gut für den Wechsel zwischen Vorder- und Hintergrundfarbe oder bei Malwerkzeugen für den Wechsel zur Pipette.

Mit der Alt-Taste können Sie in der Aktionen- und Ebenenpalette ein einzelnes Element anzeigen und alle anderen ausblenden; ein neuerlicher Alt-Klick macht alle Elemente zugänglich.

Hinzufügen und rechte Winkel mit der ⇧-Taste

Diese Möglichkeiten bietet Ihnen die ⇧-Taste:

- Sie erweitern vorhandene Auswahlen, wenn Sie zusätzlich zum Werkzeug die ⇧-Taste drücken. Klicken Sie mit Strg- und ⇧-Taste auf die Miniaturen für Ebenen, Ebenenmasken, Alphakanäle oder Pfade – eine vorhandene Auswahl wird dann um die Auswahlinformation aus diesen Elementen erweitert.
- Mithilfe der ⇧-Taste entstehen gerade Linien oder 45-Grad-Winkel, zum Beispiel bei den Malwerkzeugen, dem Verlaufswerkzeug, dem Linealwerkzeug, beim Bewegen von Auswahlen oder Ebenen oder in einer Gradationskurve.

Verschieben mit den Pfeiltasten und der Alt-Taste

Die Pfeiltasten verschieben Ebenen, Auswahlmarkierungen und Pfade in 1-Pixel-Schritten, sofern das Verschiebenwerkzeug aktiviert ist. Außerdem ändern sie Werte in Eingabefeldern. Nehmen Sie die ⇧-Taste hinzu, um die Intervalle zu erhöhen, meist um das Zehnfache.

Bewegen mit der Strg-Taste

Mit der Strg-Taste (am Mac ⌘-Taste) schalten Sie vorübergehend zum Verschiebenwerkzeug um (mit wenigen Ausnahmen bei Pfaden, Slices und Vektorformen). Über Paletten erschließt oft erst die Strg-Taste in Verbindung mit weiteren Tasten Zusatzfunktionen.

Bilddarstellung ändern mit der Leer-Taste

Mit der Leer-Taste und verschiedenen anderen Tasten wechseln Sie vorübergehend zu Hand, Vergrößerungslupe und Verkleinerungslupe. Auch bei der Kreis- und Rechteckauswahl übernimmt die Leer-Taste Aufgaben.

TIPP Ausführliche Listen mit Tastenkürzeln geordnet nach Aufgaben liefert die **Photoshop-Hilfe** im Abschnitt Tastaturbefehle. Wählen Sie **Bearbeiten: Tastaturbefehle**, erhalten Sie mit dem Klick auf Zusammenfassen eine lange druckbare Liste im HTML-Format für den Internet-Browser. Die Aufstellung berücksichtigt Ihre individuell eingerichteten Tastenkürzel.

2.1.15 Eigene Tastaturbefehle und Menüs

Wie lästig: Immer wieder wählen Sie **Bild: Korrekturen: Tiefen/Lichter.** Statt sich durch Untermenüs zu hangeln, öffnen Sie den Befehl besser mit einem schnellen Tastendruck, zum Beispiel F5. So richten Sie Ihr eigenes Tastaturkürzel ein:

1. Sie wählen **Bearbeiten: Tastaturbefehle** oder den schönen, von Photoshop vorgegebenen Tastaturbefehl Strg+Alt+⇧+K.
2. In der Liste öffnen Sie das Untermenü **Bild: Korrekturen** und klicken einmal auf TIEFEN/LICHTER.
3. Sie wollen den Befehl mit der Taste F5 aufrufen. Drücken Sie also F5 (Sie könnten als eigenes Tastenkürzel auch Strg+Alt+⇧+Y nehmen).
4. Photoshop schreibt eine Warnung, dass mit diesem Tastendruck bereits die Pinselpalette aufgerufen wird. Aber die Pinselpalette ist nicht so wichtig.
5. Klicken Sie zweimal auf OK – und fertig.

Ab sofort liefert Photoshop den Dialog **Tiefen/Lichter** nach Druck auf die Taste F5. Die Pinselpalette hat kein Tastenkürzel mehr (steht aber natürlich weiter via **Fenster: Pinsel** und Schaltfläche parat). Wollen Sie dagegen gleich mehrere Befehle und Werkzeuge bequem zur Hand haben, komponieren Sie Ihre eigene Palette mit dem Configurator (Seite 1068).

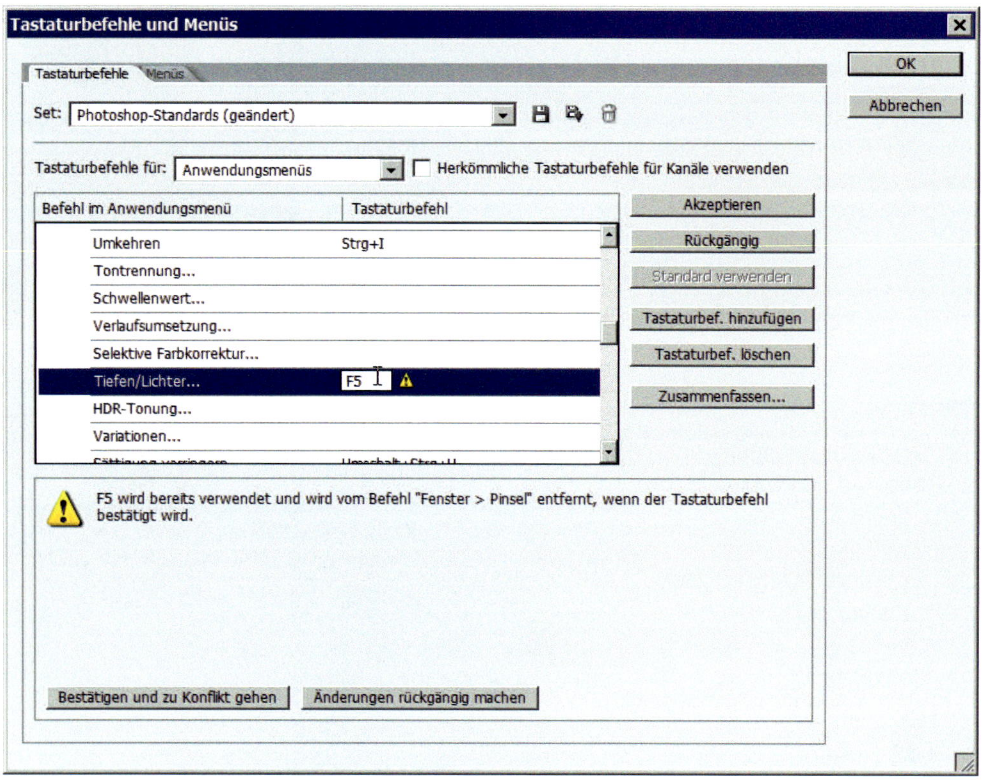

Abbildung 2.23
Auf Kommando: Teilen Sie den Photoshop-Funktionen beliebige Tastaturkürzel zu.

2.1.16 Werkzeugtastenkürzel nach Alphabet

Die Liste zeigt die Werkzeuge von Photoshop CS5 Standard, alphabetisch sortiert nach dem werkseitig eingestellten Tastaturkürzel.

	Abgeleitet von	Aktiviert
A		Direktauswahl-Werkzeug, Pfadauswahl-Werkzeug
B	Brush	Pinsel, Buntstift, Farbe-ersetzen-Werkzeug, Mischpinsel
C	Crop Tool	Freistellungswerkzeug, Slice-Werkzeug, Slice-Auswahl
D	Default Colors	Schwarz und Weiß als Vorder- und Hintergrundfarbe
E	Eraser	Radiergummi, Magischer Radiergummi, Hintergrund-Radiergummi
F	Full Screen Mode	Vollbildmodus
G	Gradient Tool	Verlaufswerkzeug, Füllwerkzeug
H	Hand	Hand
I	»Eye«dropper	Pipette, Farbaufnahmewerkzeug, Linealwerkzeug, Anmerkungenwerkzeug
J		Reparaturpinsel, Bereichsreparaturpinsel, Ausbessernwerkzeug, Rote-Augen-Werkzeug
L	Lasso	Lasso, Polygon-Lasso, Magnetisches Lasso
M	Marquee	Auswahlrechteck, Auswahlellipse
O	Dodge Tool	Abwedler, Nachbelichter, Schwamm (zum Aufhellen, Abdunkeln, Ändern der Farbsättigung)
P	Pen Tool	Zeichenstift, Freiform-Zeichenstift
Q	Quickmask	Maskierungsmodus/Fließmarkierungsmodus
R	Rotate	Ansichtdrehung-Werkzeug
S	Stample	Kopierstempel/Musterstempel
T	Text Tool	Textwerkzeuge
U		Formwerkzeuge
V	Move Tool	Verschiebenwerkzeug
W	Magic Wand	Schnellauswahl Zauberstab
X	Exchange	Vorder- und Hintergrundfarbe vertauschen
Y	History Brush	Protokollpinsel
Z	Zoom Tool	Lupe

2.2 Photoshop auf Leistung trimmen

Mit verschiedenen **Voreinstellungen** richten Sie Photoshop für optimale Leistung auf Ihrem Rechner ein. Eine Kurzfassung unserer Tipps, wie Sie Photoshop flotter machen, finden Sie ab Seite 27.

Wollen Sie Ihr Photoshopping mit Geld beschleunigen, investieren Sie in mehr Arbeitsspeicher, in Flash-Arbeitsplatten, ein 64-Bit-Betriebssystem und in ein Zwei- oder Mehr-Monitor-System.

2.2.1 »Verlauf und Cache«

Für das Histogramm in Histogrammpalette, **Gradationskurven**, **Tonwertkorrektur** und im Hintergrund bei vielen Korrekturbefehlen berechnet Photoshop nicht laufend sämtliche Originalpixel. Stattdessen analysiert das Programm nur eine verkleinerte Bildversion. Das geht viel schneller.

Ein Warndreieck in der Histogrammpalette oder bei **Gradationskurven** und **Tonwertkorrektur** in der Korrekturenpalette weist dann darauf hin, dass Photoshop nicht das Gesamtbild berechnet, das Histogramm also nicht perfekt genau ist. Wie präzise Photoshop das Histogramm berechnet, steuern Sie per **Bearbeiten: Voreinstellungen: Leistung** im Feld Verlauf und Cache:

- » Stehen die Cache-Stufen dort auf 1, so heißt das: Photoshop baut das Histogramm immer aus sämtlichen Originalpixeln auf. Dies kann dauern, ist aber genauer.
- » Werte von 2 bis 8 bedeuten dagegen: Photoshop ermittelt das Histogramm nur noch aus einer verkleinerten Darstellung am Schirm, Sie sehen eine Hochrechnung und Sie sparen Zeit.

Je höher der Wert Cache-Stufe, desto kleiner die Zoomstufe, die Photoshop für das Histogramm verwendet. Die voreingestellte Cache-Stufe 4 macht das Programm also schneller als die Cache-Stufe 2 – und ist durchaus empfehlenswert (wenn auch nicht perfekt genau). Die Histogrammpalette meldet die aktuelle Cache-Stufe im Statistik-Bereich (sofern Sie ihn nicht ausgeblendet haben).

Wollen Sie generell das unverfälschte Histogramm auf Basis aller Pixel sehen, stellen Sie die Cache-Stufe auf 1. Alternative: Sie bringen die Histogrammpalette nur bei Bedarf dazu, ihr schwarzes Gebirge auf Basis aller tatsächlich vorhandenen Bildpunkte zu berechnen: Dazu klicken Sie einmal auf das Dreieck, auf das Symbol

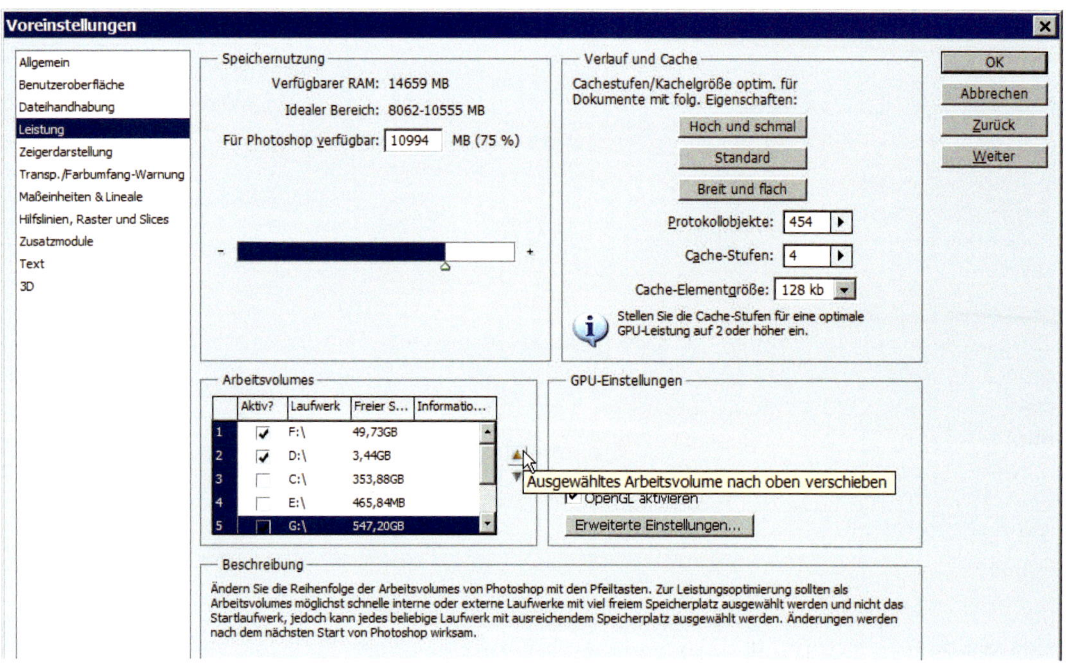

Abbildung 2.24
Im Bereich »Leistung« teilen Sie Photoshop »Arbeitsvolumes« und Arbeitsspeicher zu. Bewegen Sie große, freie Auslagerungslaufwerke nach oben. Die »Cache-Stufe« stellen Sie für bestimmte Aufgaben ein.

Nicht gespeicherte aktualisieren oder doppelt ins Fenster der Histogrammpalette.

Cache-Stufe je nach Bildtyp

Mit den kurios benannten Schaltflächen im Bereich Verlauf und Cache der **Voreinstellungen** richten Sie die Cache-Stufe für typische Aufgaben ein. Per Klick setzen Sie die Cache-Stufe wie auch die Cache-Elementgrösse auf empfohlene Werte:

» Hoch und schmal: Gemeint sind Bilder mit kleinerer Pixelfläche, die jedoch viele Ebenen enthalten. Ein Klick auf diese Schaltfläche sorgt für Cache-Stufe 2 – das Histogramm ist also relativ genau, aber bei Dateien mit niedriger Pixelzahl belastet das nicht die Geschwindigkeit.

» Breit und flach: Ein Klick erzeugt Werte, die sich gut für Multimegapixeldateien eignen – große Pixelfläche, wenig Ebenen. Sie erhalten Cache-Stufe 6, das Histogramm basiert also auf einer sechsfach verkleinerten Dateiversion. Die Cache-Elementgrösse steigt auf 1024 KB; die einzelnen Bildsegmente im Zwischenspeicher sind also sehr groß.

» Standard: Diese Schaltfläche liefert Werte für die alltägliche Arbeit mit gemischten Dateien: Cache-Stufe 4. Nur wenn Sie unzufrieden sind, testen Sie andere Vorgaben.

2.2.2 Auslagerungsspeicher und Arbeitsspeicher

Auslagerungsspeicher und Arbeitsspeicher – davon kann Photoshop scheinbar nie genug bekommen.

Arbeitsvolumes

Bildteile, die nicht mehr in die Arbeitsspeicher-Chips passen, bringt Photoshop vorübergehend in einem sogenannten »Arbeitsvolume« auf der Festplatte unter – unabhängig vom Betriebssystem, das oft ebenfalls auf der Festplatte zwischenparkt. Der Umweg über die Festplatte verlängert die Arbeitszeit erheblich. Auch wenn Photoshop sehr viel echter Arbeitsspeicher zur Verfügung steht, richten Sie großzügig Auslagerungsspeicher auf den Festplatten ein.

Wählen Sie **Bearbeiten: Voreinstellungen: Leistung** (am Mac **Photoshop: Voreinstellungen: Leistung**) und aktivieren Sie im Bereich Arbeitsvolumes mit der Checkbox Festplattenlaufwerke zum Auslagern. Geben Sie schnelle, freie, lokale, regelmäßig defragmentierte Laufwerke an, auch im RAID-Verbund – keine Laufwerke im Netz, keine Wechselspeicher. Vermeiden Sie möglichst Laufwerke, auf die auch das Betriebssystem auslagert und auf denen Sie große Dateien bearbeiten. Adobe empfiehlt mindestens zwei Gigabyte freien Platz, doch Photoshop verwaltet bis zu 64 Billionen Gigabyte Auslagerungsspeicher auf vier Laufwerken. Markieren Sie das schnellste, größte Laufwerk, so dass es blau hervorgehoben wird; dann bugsieren Sie es mit den vertikalen Pfeilschaltflächen nach oben an die erste Stelle.

Die Auslagerungsdateien spüren Sie unter Windows mit dem Explorer leicht in den Auslagerungslaufwerken auf; sie tragen Namen wie »Photoshop Temp76819«. Sie umfassen manchmal viele 100 Mbyte. Den gesamten Photoshop-Speicherbedarf nennt die Statusleiste unten im Bildrahmen, wenn Sie **Arbeitsdateigrößen** oder **Effizienz** anzeigen (Seite 68).

Abbildung 2.25 Bei Programm- oder Systemabstürzen werden Temporärdateien eventuell nicht planmäßig gelöscht und verstopfen die Festplatte. Sie müssen von Hand entsorgt werden.

Arbeitsspeicher (Physikalischer Speicher)

Mit dem Befehl **Bearbeiten: Voreinstellungen: Leistung** teilen Sie Photoshop auch mit, wie viel Prozent vom verfügbaren physikalischen Arbeitsspeicher (RAM) er für sich reservieren darf.

Gewähren Sie Photoshop in der Regel an die 75 Prozent, das Programm begnügt sich nach der Installation mit bescheidenen 55 Prozent. Vorsicht: Eine 100-Prozent-Speicherzuteilung für Photoshop kann anderen Programmen die Luft abschnüren.

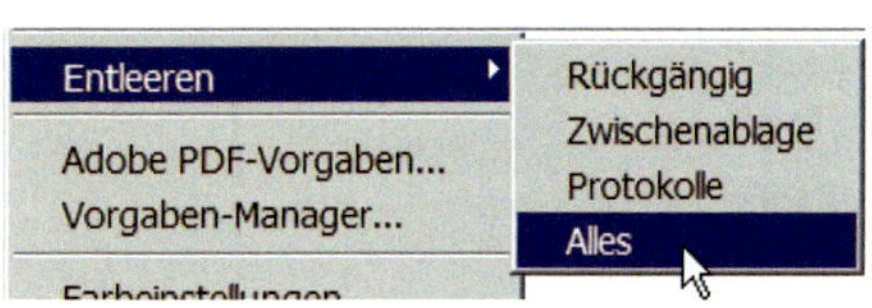

Abbildung 2.26 Das Untermenü »Entleeren« schafft Platz im Arbeitsspeicher.

Mehr Arbeitsspeicher mit 64-Bit-Betriebssystemen

Photoshops 32-Bit-Version in einem 32-Bit-Windows nutzt bis zu 1,7 Gbyte physikalischen Arbeitsspeicher aus. 32-Bit-Photoshop unter 64-Bit-Windows nutzt maximal 3,2 Gbyte Arbeitsspeicher. 64-Bit-Photoshop unter 64-Bit-Windows greift sich so viel Arbeitsspeicher, wie Sie zur Verfügung stellen.

Der Hintergrund: Herkömmliche 32-Bit-Systeme sprechen generell nur rund vier Gigabyte Arbeitsspeicher an – selbst wenn Sie teure 16 Gigabyte oder mehr installiert haben. Dagegen erschließen Sie sich mit einem 64-Bit-Betriebssystem theoretisch Hunderte von Gigabyte Arbeitsspeicher.

In unseren Tests erhält Photoshop unter Windows XP 32 Bit kaum mehr als 1,2 Gigabyte Arbeitsspeicher. Differenzierter ist die Situation unter Windows 7 64 Bit: Wir testen Photoshops 32- gegen 64-Bit-Versionen auf einem Rechner mit 16 Gigabyte Arbeitsspeicher.

Windows 7 läuft auf dem Testgerät in der 64-Bit-Variante. In dieser Situation kann man Photoshop CS5 gleich doppelt installieren: für 32-Bit- und 64-Bit-Datenverarbeitung. (Sie erhalten die 32-Bit-Version für den Fall, dass Plug-ins und Erweiterungen in der komplizierteren 64-Bit-Fassung nicht funktionieren. Die Bit-Werte haben hier übrigens nichts mit der Farbtiefe der Bilder zu tun.)

Wir öffnen Photoshop CS5 (64 Bit) und wählen **Bearbeiten: Voreinstellungen: Leistung**. Photoshop meldet rund 14,6 Gigabyte verfügbaren Arbeitsspeicher. Der empfohlene Zugriff ist 75 Prozent. Damit hat Photoshop immer noch fast 11 Gigabyte Arbeitsspeicher – eine mächtige Reserve:

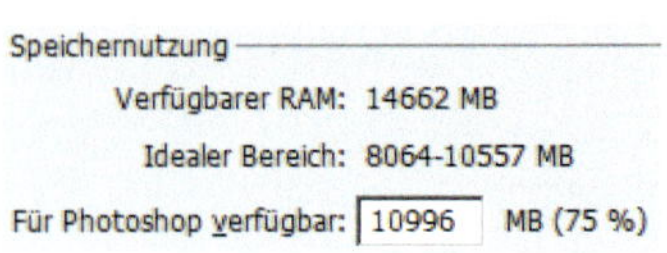

Wir schließen Photoshops 64-Bit-Variante und öffnen Photoshop CS5 (32 Bit) auf derselben Maschine. Wir haben keinen einzigen Arbeitsspeicher-Chip herausgenommen, dennoch ergibt sich mit 32 Bit ein viel schwächeres Bild: Photoshop erkennt nur noch gut 3,2 Gigabyte verfügbaren Arbeitsspeicher. Sichert man dem Programm davon 75 Prozent, bleiben nurmehr gut 2,4 Gigabyte übrig:

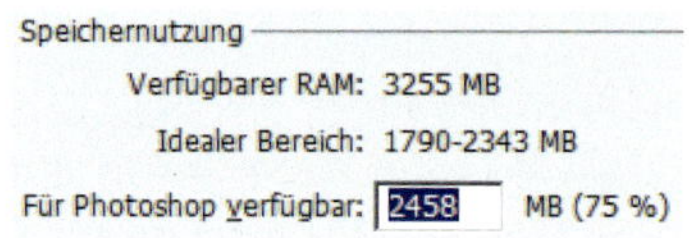

Der Wechsel zu einer 64-Bit-Variante von Windows oder Mac lohnt also, wenn Sie große Dateien verarbeiten. Prüfen Sie allerdings, ob Sie mit den 64-Bit-Betriebssystemen auch Ihre anderen Programme, Drucker und Scanner nutzen können. Prüfen Sie auch, ob Ihre Plug-ins und andere Erweiterungen in einem 64-Bit-Photoshop funktionieren.

2.2.3 Speicherbedarf messen

Die Informationenpalette sowie die untere Leiste im Bilddateirahmen verraten, wie viel Speicher Photoshop braucht und wie viel Speicher das nimmersatte Programm tatsächlich hat.

Das kleine Dreieck ▶ in der Statusleiste öffnet ein Minimenü: Mit der Vorwahl **Effizienz** zeigt Photoshop an, wie viel Prozent seiner Operationen im schnellen Arbeitsspeicher ablaufen. Liegt der Wert unter 100 Prozent, erkennen Sie, dass Photoshop auf die langsame Festplatte, auf ein »Arbeitsvolume«, auslagern muss – sehr zu Lasten der Geschwindigkeit.

Besonders interessant sind die weiteren Informationen über den Speicherbedarf:

»Dateigrößen«

Entscheiden Sie sich in der Statusleiste oder in der Informationenpalette für **Dateigrößen**, beziehen sich die Angaben nur auf die eine, aktive Datei:

» Der linke Wert nennt die Größe der Datei im Arbeitsspeicher so, als ob es sich um ein Bild ohne separate Ebenen oder Alphakanäle handeln würde.

» Rechts neben dem Schrägstrich lesen Sie den tatsächlich verlangten Speicherplatz für dieses Bild; er ist größer als der linke Wert, wenn über dem Untergrund zusätzliche Objekte schweben, wenn Sie Auswahlkanäle einsetzen oder der tatsächliche Bildrand über den sichtbaren Bereich hinausgeht.

Ein Beispiel: Sie öffnen die Datei »Test.tif« aus dem »Praxis«-Verzeichnis von der Buch-DVD. Das Foto hat zahlreiche Montageebenen und ein Smart-Objekt, das besonders viel Speicherplatz braucht.

Links vom Schrägstrich steht »6,00 MB«, rechts »21,6 MB«. Das bedeutet: Die Datei »Test.tif« beansprucht mit ihren diversen Ebenen 21,6 Mbyte Arbeitsspeicher. Verschmilzt man jedoch alle Ebenen zu einer einzigen flachen Hintergrund-Ebene, benötigt das Bild nur noch 6 Mbyte Arbeitsspeicher.

Etwa der gleiche Wert kommt zustande, wenn Sie das Bild unkomprimiert und ohne Ebenen oder Alphakanäle auf Festplatte speichern, zum Beispiel im Format TIFF unkomprimiert. Ganz oben im **Bildgröße**-Dialog lesen Sie außerdem Pixelmasse: 6,00 MB.

Wählen Sie nun **Ebene: Auf Hintergrundebene reduzieren**, lesen Sie in der **Dateigrößen**-Anzeige: »6,00 MB/6,00 MB«. Der linke Wert bleibt also gleich: Denn für die »flache« Version des Bilds, wenn alle Ebenen verschmolzen sind, braucht Photoshop ja stets denselben Arbeitsspeicher. Allein Pixelzahl und Farbmodus entscheiden hier – und daran haben Sie nichts geändert. Doch der Wert rechts vom Querstrich ist gesunken, denn Sie haben Ebenen zusammengeschmolzen.

TIPP Sie haben **HDR-Tonung** oder **Zu HDR Pro zusammenfügen** verwendet? Dabei springt die Anzeige unten links in der Statuszeile oft zu **32-Bit-Belichtung**. Sie müssen von Hand zu Ihrer bevorzugten Angabe zurückschalten.

»Arbeitsdateigrößen«

Klicken Sie in der Statusleiste oder Infopalette die **Arbeitsdateigrößen** an, dann lesen Sie in unserem Beispiel »243,9M/2,38GB«. Sie entnehmen

- der ersten Zahl, wie viel Speicherplatz Photoshop für alle geöffneten Bilder benötigt, und
- dem zweiten Wert, wie viel Arbeitsspeicher dem Programm zur Verfügung steht.

Ist der linke Wert höher als der rechte, so heißt dies: Photoshop benötigt mehr Arbeitsspeicher, als ihm zur Verfügung steht. Dann muss das Programm Dateien auf die Festplatte, auf ein »Arbeitsvolume«, auslagern – und das kostet viel Zeit. Allerdings lagert Photoshop auch schon aus, wenn noch genug Arbeitsspeicher frei ist (Seite 67).

Zu unserer Abbildung: Photoshop zeigt links »243,9« an; das Programm braucht also für sich und alle geöff-

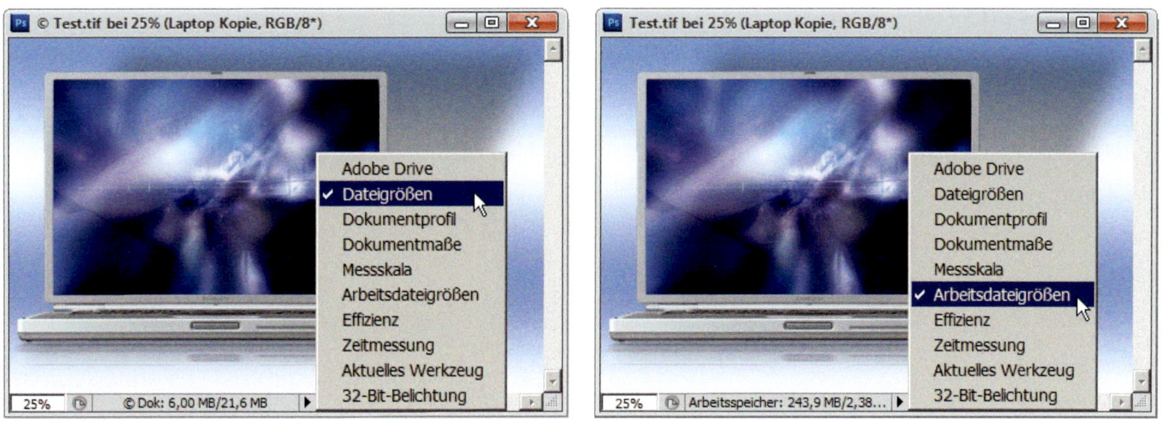

Abbildung 2.27 **Links:** Die Vorgabe »Dateigrößen« verrät, dass diese Datei sechs Mbyte Arbeitsspeicher braucht, wenn man alle Ebenen zu einer »Hintergrund«-Ebene verschmilzt; mit den separaten Einzelebenen benötigt die Datei jedoch 21,6 Mbyte. **Rechts:** Die Vorgabe »Arbeitsdateigrößen« zeigt hier, dass Photoshop für sich und alle geöffneten Dateien 243,9 Mbyte benötigt; zur Verfügung stehen 2,38 Gbyte, Photoshop muss also derzeit nicht auf die Festplatte auslagern. Datei: Test

neten Bilder 243,9 Mbyte Arbeitsspeicher. Rechts steht »2,38 GB«; Photoshop hat also insgesamt 2,38 Gbyte Arbeitsspeicher zur eigenen Verfügung – Sie blicken auf eine ordentliche Reserve von gut 950 Mbyte.

Öffnen Sie weitere Bilder oder bearbeiten Sie Ihr Foto, vergrößert sich der linke Wert, also die Angabe für den tatsächlichen Arbeitsspeicherbedarf. Hier erkennen Sie auch, wie sich Photoshop nach der Ausführung von Befehlen oder nach dem **Kopieren** mehr Arbeitsspeicher genehmigt. Sie erleben mit, wie eine Bearbeitung des Gesamtbilds – etwa Scharfzeichnen ohne Auswahl – mehr Rückgängigspeicher schluckt als ein kleiner örtlicher Eingriff, etwa das Aufziehen einer kleinen Rechteckauswahl.

2.2.4 Tipps: Arbeitsspeicher freihalten

Halten Sie den Arbeitsspeicherbedarf Ihres Gesamtsystems so klein wie möglich, damit Photoshop schneller arbeitet und weniger Daten auf die Festplatte auslagert. Folgende Maßnahmen liegen nahe:

» Sie schließen oder löschen überflüssige Bilder und Programme.

» Sie löschen nutzlose Ebenen, Ebenenmasken und Alphakanäle oder verschmelzen Ebenen.

» Sie schneiden überschüssigen Rand weg.

» Sie deinstallieren überflüssige Schriftarten und Farbprofile.

» Sie begrenzen die Zahl der Rücknahmeschritte mit den Optionen zur Protokollpalette.

All das spart erheblich Arbeitsspeicher und beschleunigt Ihre Arbeit. Aber Sie können noch mehr tun.

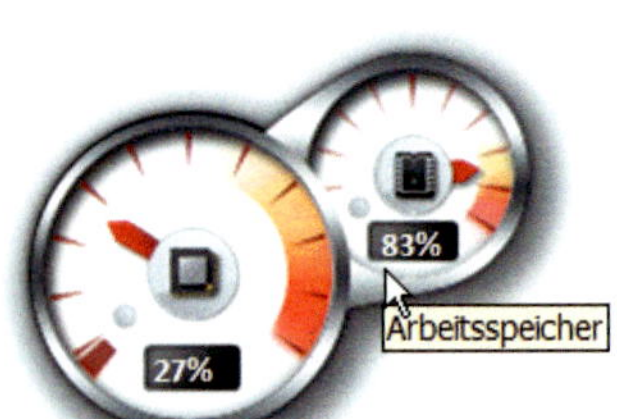

Abbildung 2.28
Nicht nur in Photoshop, auch direkt im Betriebssystem sollten Sie Prozessor- und Arbeitsspeicherauslastung anzeigen.

Zwischenablage löschen oder vermeiden

Jedes Mal, wenn Sie durch **Kopieren** oder **Ausschneiden** einen größeren Bildteil in die Zwischenablage befördern, pflastern Sie damit Arbeitsspeicher zu. Um Platz zu schaffen, nutzen Sie das Untermenü **Bearbeiten: Entleeren.** Alternativ markieren Sie einen sehr kleinen Bildteil oder ein Stück Text und **kopieren** das in die Zwischenablage.

Wollen Sie einen Bildausschnitt nicht gerade mehrfach übertragen, verzichten Sie ganz auf die Zwischenablage – ziehen Sie den ausgewählten Bildbereich, eine Ebene oder auch eine ganze »Hintergrund«-Ebene einfach mit dem Verschiebenwerkzeug in eine andere Datei; dieser Transfer strapaziert Ihre Zwischenablage gar nicht. Auch die Miniaturen aus der Ebenenpalette oder Kanälepalette können Sie in das gewünschte Bild ziehen.

2.2.5 OpenGL nutzen

Sofern Sie eine Grafikkarte mit OpenGL-2.0-Technik, Shader Model 3.0 und 128 (besser 512) Mbyte Grafikspeicher verwenden und Photoshop darauf zugreifen kann, erscheint Ihr Bild in beliebigen Zoomstufen sehr korrekt und unverzerrt am Schirm, die 100-Prozent-Zoomstufe ist nicht mehr obligat für genaue Beurteilungen. Dazu kommen weitere Vorteile: Sie können blitzschnell zoomen, auch durch Ziehen, mit der Taste H und längerem Klick bequem eine Gesamtansicht des Bilds anzeigen und den Bildausschnitt ändern, die Darstellung mit allen Hilfslinien frei drehen und die Borstenpinsel voll ausnutzen. Auch die **3D**-Funktionen der Ausgabe Photoshop Extended profitieren massiv von OpenGL-Technik.

ACHTUNG Achten Sie darauf, dass Ihre Grafikkarte nicht nur OpenGL 2.0, sondern auch Shader Model ab Variante 3.0 beherrscht. Bei Manuskriptabgabe im Mai 2010 gab es Modelle etwa aus der Matrox-M-Serie, die zwar OpenGL 2.0, aber nur Shader Model 1.1 oder 2.0 beherrschen. Photoshops spezielle OpenGL-Talente erleben Sie dort nicht.

Wie erkennen Sie, ob Ihr Photoshop OpenGL verwendet oder verwenden kann? Öffnen Sie die **Voreinstellungen** mit [Strg]+[K] und gehen Sie in den Bereich LEISTUNG. Wird dort die Option OPENGL AKTIVIEREN angeboten? Wenn ja, machen Sie von dem Angebot zumindest testweise Gebrauch.

Unter Windows XP ist die OpenGL-Unterstützung zunächst abgeschaltet, auch wenn eine passende Grafikkarte auf der Hauptplatine steckt. Denn unter XP mit OpenGL kann es passieren, dass Sie größere Pinselspitzen nicht mehr sehen oder Ihr Zweischirmsystem nicht mehr nutzen können. Probieren Sie es auf Ihrem Rechner aus. Installieren Sie auf jeden Fall die neuesten Grafikkartentreiber, manche Hersteller liefern extra für Photoshop-Neufassungen auch neue Treiber. Bringen Sie auch Photoshop selbst auf den neuesten Stand (**Hilfe: Aktualisieren**).

Einen ausführlichen deutschsprachigen Text zu OpenGL-Problemen und unterstützten Grafikkarten fanden wir bei Manuskriptabgabe im Mai 2010 unter *www.adobe.com/go/kb404898_ger_DE*; dasselbe Dokument öffnet sich auch mit dem Photoshop-Befehl **Hilfe: GPU**. Zum Testzeitpunkt erschien jedoch ein älterer Text zu Photoshop CS4 vom Februar 2009. Eine englische Variante des Texts berücksichtigte dagegen schon Photoshop CS5: *http://kb2.adobe.com/cps/404/kb404898.html*. Eine Liste getesteter Grafikkarten gibt es außerdem unter *http://kb2.adobe.com/cps/831/cpsid_83117.html*.

Bei Problemen klicken Sie im Dialog **Voreinstellungen: Leistung** auf die ERWEITERTEN EINSTELLUNGEN und testen unterschiedliche OpenGL-Vorgaben. Schalten Sie die VERTIKALE SYNCHRONISATION testweise ab.

TIPP Auch wenn es nicht generell erforderlich ist, starten Sie Photoshop nach Änderungen in den OpenGL-Einstellungen neu. Zumindest laden Sie ein neues Bild.

2.3 Informationen am Bildschirm

Für die Internetadressen in diesem Abschnitt gilt wie immer: Diese Seiten können kurzfristig verschwinden oder das Thema wechseln; bitte spüren Sie ihnen dann mit einem Suchdienst nach.

2.3.1 Hilfe und weitere Informationen

Rufen Sie in Photoshop mit [F1] oder via **Hilfe**-Menü die Hilfe auf, landen Sie im aktuellen Internethandbuch, wenn auch in einem speziellen Adobe-Browser namens »Adobe Community Help«. Sie brauchen also eine Internetverbindung.

Zeigen Sie die SUCHOPTIONEN an und suchen Sie wahlweise nur in Texten des Photoshop-Herstellers Adobe oder auch in anderen ausgewählten Angeboten (COMMUNITY-HILFE). Sie können sich das Photoshop-Handbuch von den Internetseiten auch als PDF-Datei herunterladen.

Wählen Sie im Adobe-Browser **Bearbeiten: Voreinstellungen** und legen Sie fest, welche Informationen auch auf Ihre Festplatte heruntergeladen werden sollen. Zudem steuern Sie, ob Sie für die Hilfe den Adobe Browser oder Ihr übliches WWW-Programm nutzen. Mit dem Seitenlink rechts oben im Adobe-Browser zeigen Sie die Seite stets sofort auch im normalen Browser an.

Auf den Internethilfeseiten können Sie nach dem Registrieren Kommentare hinterlassen und erhalten auch nützliche Antworten von Adobianern (im Adobe-Browser klicken Sie zum Registrieren auf **Konto**). Freilich gibt es in der englischen Hilfe-Abteilung weit mehr Austausch als auf Deutsch und mitunter sind die Texte dort klarer. Die englischen Hilfe-Seiten öffnen Sie unter *http://help.adobe.com/en_US/photoshop/cs/using/index.html*.

Prüfen Sie bei Problemen auch unsere Tipps für den reibungslosen Photoshop-Einstieg und die Troubleshooting-Listen ab Seite 27.

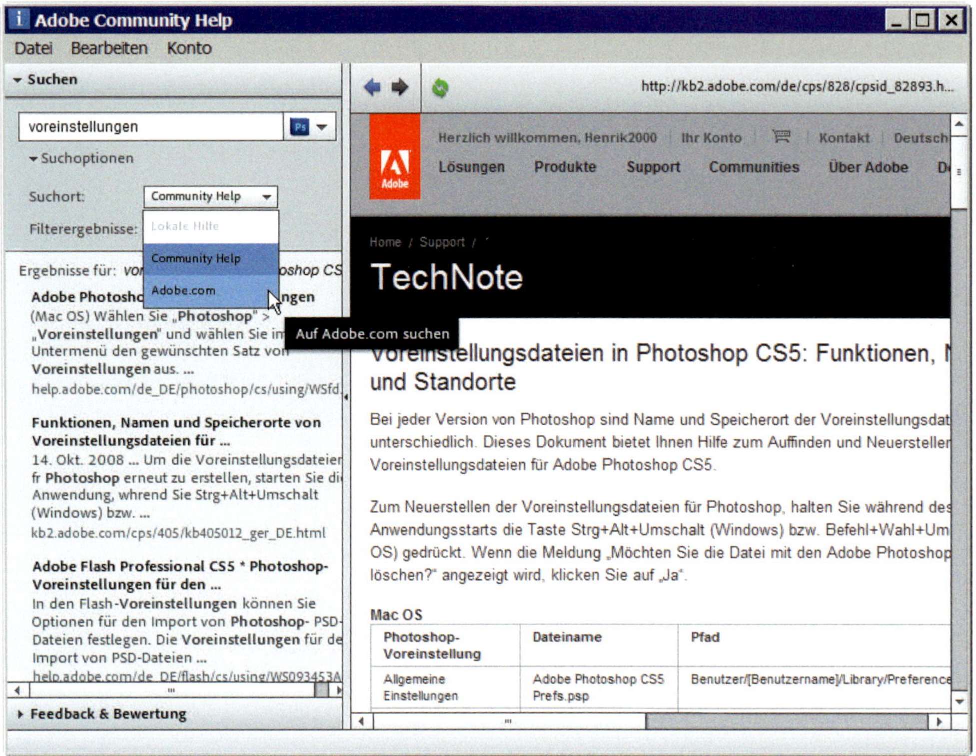

Abbildung 2.29
Die Photoshop-Hilfe erscheint hier im Programm »Adobe Community Help«, Sie können aber auch den üblichen Internetbrowser nutzen.

Die Wissen-Palette

Einige Wochen nach dem Marktstart von Photoshop CS5 lieferte Hersteller Adobe die Wissen-Palette hinterher. Sie enthält knappe Anleitungen für typische Photoshop-Aufgaben und bietet gleich die erforderlichen Werkzeuge und Schaltflächen an. Die Texte selbst waren zum Testzeitpunkt allerdings auf Englisch und es hieß, dabei werde es auch bleiben. Die Werkzeuge und Dialogfelder ließen sich aus der englischen Palette heraus jedoch auch in einer deutschen Photoshop-Ausgabe aufrufen.

Das Bedienfeld wurde übrigens mit dem kostenlosen Configurator geschrieben (Seite 1068), Vergleichbares können Sie also selbst auch entwickeln. Sie öffnen die Wissen-Palette mit dem Befehl **Fenster: Erweiterungen: Wissen**. Sie brauchen für diese Palette eine Adobe-ID, müssen sich also einmal mit E-Mail-Adresse und Kennwort bei Adobe angemeldet haben – zum Beispiel in der Wissen-Palette selbst oder über die CS Live-Schaltfläche oben rechts im Programmfenster.

Die Wissen-Palette gelangt vermutlich nicht über die automatische Aktualisierung in Ihren deutschsprachigen Photoshop. Als typische Erweiterung ist sie aber kinderleicht installierbar:

1. Tippen Sie dies in die Adresszeile Ihres Internetbrowsers: *http://blogs.adobe.com/jnack/files/Knowledge.zxp.zip* (Stand Mai 2010).
2. Drücken Sie die Eingabetaste und laden Sie die Datei Knowledge.zxp.zip herunter.
3. Klicken Sie doppelt auf die Datei. Sie erkennen, dass dieses Zip-Archiv die Zip-komprimierte Datei Knowledge.zxp enthält.
4. Klicken Sie doppelt auf Knowledge.zxp und folgen Sie den weiteren Schritten im Programm Extension Manager CS5, das zu Photoshop gehört.
5. Starten Sie Photoshop neu.

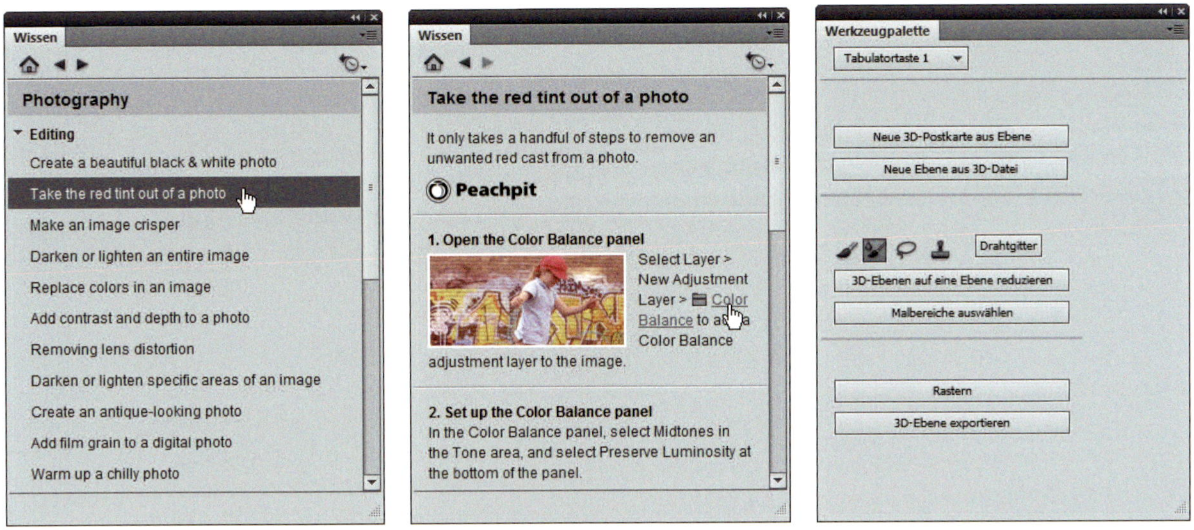

Abbildung 2.30 **Links, Mitte:** In der Wissen-Palette bietet Photoshop englische Anleitungen, rufen Sie Werkzeuge und Dialoge aus dem Bedienfeld heraus auf. **Rechts:** Die nachrüstbare Werkzeugpalette stellt Funktionen für spezielle Aufgaben bereit.

Zusammen mit der Wissen-Palette liefert Adobe noch ein Bedienfeld namens **Werkzeugpalette** (nicht zu verwechseln mit der Leiste der Photoshop-Werkzeuge), die in einem einzigen Bedienfeld spezielle Arbeitsbereiche und die dazugehörigen Werkzeuge anbietet. Die Erweiterung ist genauso problemlos zu installieren sein wie oben für die **Wissen**-Palette beschrieben und wieder im Untermenü **Fenster: Erweiterungen** zuhause; Sie finden die erforderliche Datei unter *http://blogs.adobe.com/jnack/files/Toolbox.zxp.zip* (Stand Mai 2010). Diese **Werkzeugpalette** lieferte beim Test nur wenige Funktionen vor allem für **3D**-Techniken aus Photoshop Extended.

Weitere Informationen im Internet

Austauschen können Sie sich in den Internetforen der Computer- und Fotozeitschriften und in den oft sehr ergiebigen, englischen Anwenderdiskussionen direkt bei Adobe unter *http://www.adobeforums.com*. Es gibt separate Bereiche für Photoshop für Windows und Mac sowie für Bridge. Adobe verlangt dort eine Registrierung mit Namen und E-Mail-Adresse.

Intensiv bis banal diskutieren die Teilnehmer der verschiedenen Newsgroups. Wenn Sie einen normalen Internetbrowser verwenden, könnten Sie Ihre Suche wie folgt beginnen:

1. Wählen Sie *www.google.de*.
2. Tippen Sie einen Suchbegriff aus dem Photoshop-Bereich ein, zum Beispiel »Ebenenpalette« oder »Photoshop CS5«.
3. Klicken Sie über dem Eingabefeld auf Mehr, dann auf Groups und im nächsten Bildschirm auf Groups-Suche.

In englischsprachigen Gruppen ist der Austausch oft umfangreicher und interessanter als in deutschsprachigen Foren.

2.3.2 CS Live-Internetdienste

Erstmals mit Version CS5 bietet Adobe mehrere Internetdienste unter der Überschrift CS Live an. Sie erreichen die Funktionen über die CS Live-Schaltfläche oben rechts im Programmfenster; dort gibt es auch eine allgemeine Einführung. Wie üblich brauchen Sie auch für CS Live eine Adobe-ID: Sie müssen sich also einmal mit Passwort und E-Mail-Adresse registrieren (und ein paar Fragen zu Ihrem Berufsstand beantworten). Falls Sie sich für einen Test anmelden, probieren Sie die Funktionen bald danach aus – nach einer Gnadenfrist sind sie kostenpflichtig.

Am interessantesten ist vielleicht **CS Review** – hier starten Sie Abstimmungen zu Ihren Bildern, Layouts und Videos, eine kleine Marktforschung. Mit dem Befehl **Datei: Neuen Review erstellen** laden Sie Ihre Werke direkt aus Photoshop heraus hoch. Details sehen Sie dann auch mit **Fenster: Erweiterungen: CS Review**.

TIPP Sie möchten die Schaltfläche CS Live gar nicht rechts oben im Programmfenster sehen? Öffnen Sie in Photoshop **Bearbeiten: Voreinstellungen: Zusatzmodule** und verzichten Sie auf CS Live in der Anwendungsleiste.

2.3.3 Webseiten für Photoshop-Affine

Ist Photoshop für Sie ein PC-Programm wie jedes andere – so wie Word, Firefox oder Ihre Adressdatenbank?

Viele Nutzer sehen in Photoshop wohl eher eine Traummaschine zur Verwirklichung kreativer Ideen: Mit atemberaubender Technik erlaubt das Adobe-Programm den spielerischen Umbau der Wirklichkeit.

Die Photoshop-Macher

Und wissen Sie was? Nicht nur viele Anwender sind süchtig nach Photoshop. Offenbar kommen auch die Photoshop-Macher nicht immer rechtzeitig zum Abendessen von ihrem Wunderprogramm los. Vielleicht finden Sie irgendwo im Netz die englischen Berichte der »Photoshop-Witwen« (»Photoshop Widows«). Dort schildert neben anderen Ruth Knoll sehr unterhaltsam in Wort und Bild den einsamen Forscherdrang ihres Mannes, Photoshop- und Camera-Raw-Pionier Thomas Knoll.

Möchten Sie jetzt die anderen Photoshop-Macher auch kennenlernen? Dann öffnen Sie auf *Photoshopnews.com* die Rubrik Feature Stories/A Visit to Adobe. Diese

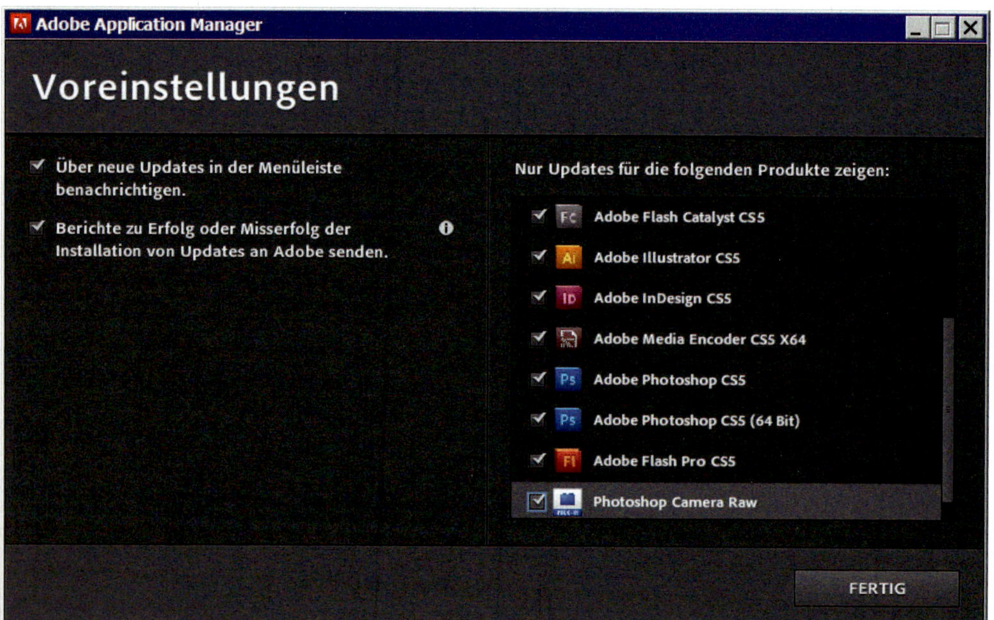

Abbildung 2.31
Halten Sie Photoshop und andere Adobe-Programme mit dem Befehl »Hilfe: Aktualisierungen« immer auf dem neuesten Stand.

Fotostrecke schildert einen Besuch bei den Photoshop-Entwicklern in San Jose, Kalifornien – ein reizvoller Blick hinter die Kulissen des Photoshop-Herstellers Adobe.

Erscheinungsbild

Denken Sie gern zurück an Photoshop 2.51, wecken alte Startbilder und nüchtern graustufige oder gar nur-schwarz-und-weiße Werkzeugleisten wohlig nostalgische Gefühle? Einen illustrierten Rückblick auf die allerfrühesten Photoshop-Jahre bis Version 5.5 liefert auf Englisch die Adresse *www.designbyfire.com/pdfs/history_of_photoshop.pdf* – samt Bildschirm- und Porträtfotos.

Eine lange Reihe von Photoshop-Startbildern (Splashscreens) mit Erscheinungsdatum finden Sie unter *http://photoshopnews.com/feature-stories/photoshop-splash-screens*. Speziell die Startbilder und Symbole für Photoshop CS5 und die Unterschiede zu Vorversionen diskutieren diese reich illustrierten englischen Artikel: *http://veerle.duoh.com/blog/comments/the_new_cs5_branding/* und *https://xd.adobe.com/#/featured/article/543*.

Bisher lieferte gelegentlich das englische Internettagebuch des Photoshop-Produktmanagers John Nack interessante Links und Ankündigungen unter *http://blogs.adobe.com/jnack*. Nack veranstaltete mitunter Umfragen zu vermissten Photoshop-Funktionen, hat allerdings im Sommer 2010 innerhalb von Adobe andere Aufgaben übernommen.

Und was bringt die Zukunft? Vorserienversionen von neuen Adobe-Programmen und -Programmteilen gibt es manchmal unter *http://labs.adobe.com*.

Kapitel 3

Bilddateien darstellen, messen & drucken

Wie zeigen Sie eine Bilddatei optimal am Monitor, wie zoomen und verschieben Sie das Werk effizient im Dateifenster, wie richten Sie die Farbwiedergabe ein, um das Bild schließlich perfekt zu drucken? Lesen Sie weiter.

3.1 Bilddateien optimal darstellen

Zum flotten Vorankommen müssen Sie die Bilddarstellung immer wieder rasch ändern. Die erforderlichen Befehle finden Sie im Menü **Ansicht** oder mit dem Zoomstufenmenü oben in der Programmleiste, noch schneller geht es per Tastendruck. Zuvor müssen Sie sich darüber im Klaren sein, was es mit Abbildungsmaßstäben wie »100%« auf sich hat.

3.1.1 Der Abbildungsmaßstab

Der Abbildungsmaßstab erscheint in der Titelleiste des Bilds, aber auch unten links in der Statusleiste. Ein Wert wie »100%« hat dabei nichts mit der späteren Druckgröße zu tun, wirklich gar nichts.

»100%« bedeutet: Jeder Bildpunkt (Pixel) erscheint exakt auf einem Monitorpunkt. Passt also Ihr Bild in der 100-Prozent-Ansicht gänzlich auf den Schirm, kann es nicht mehr als ungefähr 2500 Bildpunkte breit sein – es sei denn, Ihr Monitor zeigt in der Breite mehr als 2500 Pixel. In der Zoomstufe 100% belegt Ihr Bild auf dem Monitor meist viel mehr Fläche als später auf Papier.

Betrachten Sie vor Fotomontagen die Objekte in einer einheitlichen Zoomstufe, zum Beispiel per **Gleiche Zoomstufe** aus dem Menü Dokumente anordnen. Nun erkennen Sie die Größenverhältnisse, in denen die Elemente nach dem Einfügen aufeinandertreffen. Natürlich haben Sie immer noch die Möglichkeit, einzelne Objekte später zu vergrößern oder zu verkleinern.

Der Abbildungsmaßstab »100%«

Sofern Photoshop eine Grafikkarte mit OpenGL-2.0-Technik und Shader Model 3.0 nutzt (Seite 70), erscheint Ihr Bild in beliebigen Zoomstufen sehr korrekt und unverzerrt am Schirm. Falls Photoshop jedoch ohne OpenGL auskommen muss, lesen Sie hier weiter, denn dieses Wissen ist wichtig: Ohne OpenGL sehen Sie Ihre Bilder nur in der 100-Prozent-Darstellung wirklich naturbelassen – mit allen Pixeln so, wie sie tatsächlich vorliegen; und damit auch so, wie sie im Internet auf dem Schirm erscheinen.

100 Prozent, das heißt: Ein Bildpixel prangt auf einem Monitorpixel. In allen anderen Darstellungsweisen rechnet das Programm die Originalpixel erst für die Wiedergabe am Schirm um. In der Zoomstufe 63 Prozent muss Photoshop zum Beispiel 1,59 Bildpixel auf einem Monitorpixel anbieten; dazu wirft das Programm einzelne Bildpunktreihen Ihres Fotos heraus, feine Details werden verschluckt.

Besonders ungenau gerät die Darstellung bei krummen Maßstäben wie 53,94 Prozent. Die 50-Prozent-Ansicht

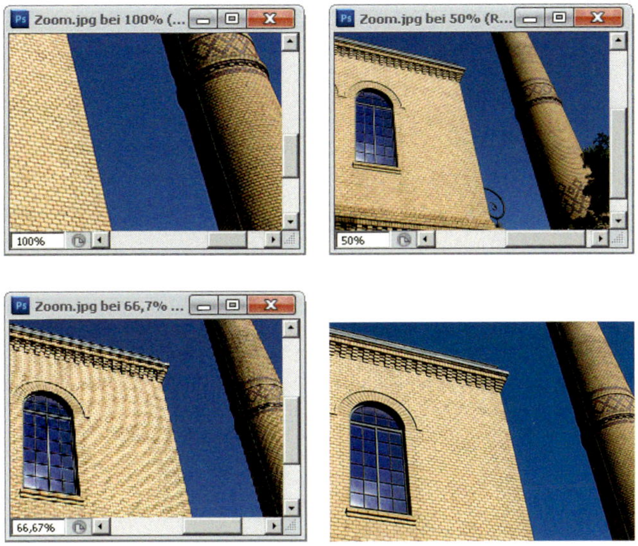

Abbildung 3.1 **Oben links:** Sofern Sie keine OpenGL-Grafikkarte nutzen, lässt sich eine Bilddatei nur im 100-Prozent-Abbildungsmaßstab wirklich exakt beurteilen. **Oben rechts:** Weniger verzerrt auch die 50-Prozent-Ansicht, die manchmal auch zur Beurteilung bei Druckprojekten dient; sie erzeugt hier bereits ein leichtes Moiré. **Unten links:** Verkleinernde, krumme Maßstäbe wie 66,7 Prozent verfälschen die Darstellung auf Computern ohne OpenGL deutlich. **Unten rechts:** Die Originaldatei. Datei: Zoom. Foto: Manfred Grünberger

zeigt glatter an als die 67-Prozent-Ansicht, die 25-Prozent-Darstellung verzerrt weniger als die 33-Prozent-Darstellung. Vergrößerungen wirken weniger problematisch, aber auch hier gilt: Die 200-Prozent-Zoomstufe sieht besser aus als 180 Prozent.

Wann ist die 100-Prozent-Zoomstufe wichtig?

Falls Ihr Photoshop ohne OpenGL und Shader Model 3.0 zu Werke geht, sollten Sie insbesondere nach Interpolationen in die Zoomstufe 100 Prozent wechseln – zum Beispiel, wenn Sie den **Bildgröße**-Befehl oder das **Transformieren** genutzt haben. 100 Prozent ist die angesagte Zoomstufe auch nach allen Filtern, die das Bild auf kleinem Raum subtil verändern, zum Beispiel Scharfzeichnungs- oder Störungsfilter und alles, was eine STRUKTUR einwebt.

Ohne OpenGL ist die 100-Prozent-Sichtweise überdies bei Dateien von Textilien, Haaren, Architektur wichtig sowie bei weiteren Motiven mit feinen Strukturen: Hier entsteht unterhalb von 100 Prozent leicht Moiré, ein unerwünschter Schillereffekt. Bestehen Sie auch in der Filtergalerie oder in den Vorschaufenstern der Filterdialoge auf 100 Prozent. Auch vielen GIF-Dateien, Gerastertem und Strichgrafiken werden Sie nur mit einer 100-Prozent-Betrachtungsweise gerecht.

TIPP Schließen Sie von einer herauf- oder heruntergezoomten Ansicht ohne OpenGL nicht darauf, wie das Bild wirkt, wenn Sie es mit dem Befehl **Bild: Bildgröße** herauf- oder herunterrechnen (Seite 273). Beim **Bildgröße**-Befehl nimmt sich Photoshop viel mehr Zeit für genaueres Interpolieren.

Wechsel zum Abbildungsmaßstab 100,00 Prozent

Und weil er auf Rechnern ohne OpenGL so wichtig ist, wechselt Photoshop zum Abbildungsmaßstab 100,00 Prozent besonders vielseitig:

- Per Doppelklick auf die Lupe in der Werkzeugleiste
- Per **Ansicht: Tatsächliche Pixel** und per Rechtsklickmenü zur Lupe und Hand
- Mit der Schaltfläche TATSÄCHLICHE PIXEL in den Optionen zu Lupe und Hand
- Mit dem Griff Alt+Strg+0

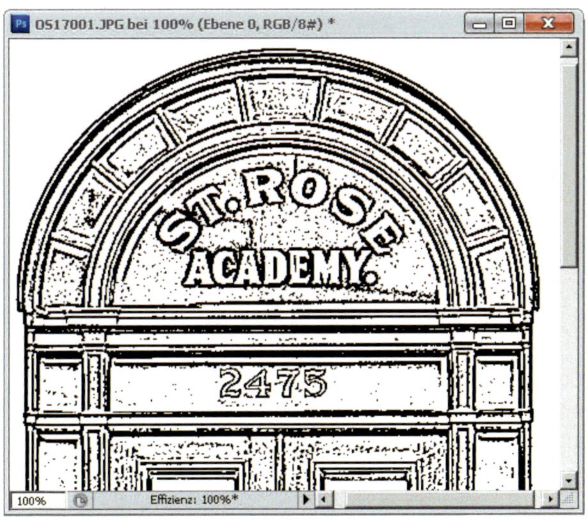

Abbildung 3.2 Auch grafische Bilder sollten Sie auf Computern ohne OpenGL im Abbildungsmaßstab 100 Prozent prüfen, zum Beispiel Strichgrafiken, Screenshots (Bildschirmfotos), GIF-Dateien speziell mit Dithering oder andere Bilder mit ungeglätteten Konturen. Aktion: Verfremdung – Strichgrafik mit Smartfiltern

3.1.2 Lupe

Unabhängig von der Zentimeter- oder Pixelgröße, in der Sie Ihre Bilder gespeichert haben, lassen sich die Dateien in fast jeder beliebigen Größe anzeigen. Schalten Sie die Lupe in der Werkzeugleiste oder mit der Taste Z ein. So vergrößern Sie den Abbildungsmaßstab:

- » Klicken Sie ins Bild. Wollen Sie Details links unten vergrößert sehen, klicken Sie gleich in diese Region.
- » Auf Computern mit OpenGL-Technik: Ziehen Sie mit der Lupe zum Zoomen.
- » Auf Computern ohne OpenGL: Ziehen Sie mit der Lupe einen Rahmen um den Bildteil herum, den Sie vergrößert sehen möchten. Um diesen Rahmen zu verschieben, erzeugen Sie zunächst einen Rahmen und nehmen dann - bei noch gedrückter Maustaste - die Leer-Taste dazu.

Allerdings: Oft werden Sie die Lupe nicht als eigenes Werkzeug dauerhaft einschalten - es reicht der vorübergehende Wechsel zur Lupe per Tastendruck, danach geht es sofort zurück zu anderen Werkzeugen wie Kopierstempel oder Verschiebenwerkzeug.

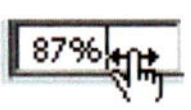

Abbildung 3.3 Ziehen Sie bei gedrückter Strg-Taste im Zoomstufenfeld von Navigator oder Dateifenster. Die Zoomstufe ändert sich kontinuierlich, das Bild passt sich sofort an.

Die wichtigsten Zoomverfahren zuerst

Beim täglichen Photoshopping wirken diese Zoomtechniken besonders praktisch:

- » Zügige Maßstabsänderung bieten die Griffe Strg+ + bzw. Strg+ -.
- » Strg+0 füllt die Arbeitsfläche, Strg+Alt+0 bringt 100 Prozent.
- » Wenn OpenGL 2.0 und Shader Model 3.0 zur Verfügung stehen: Schalten Sie mit dem Z die Lupe ein und zoomen Sie bei gedrückt gehaltener Maustaste. Die Alt-Taste dazu und die Darstellung schrumpft. Der Animierte Zoom in den **Voreinstellungen** (Strg+K) muss eingeschaltet sein.

Weitere Zoomverfahren

Auch so ändern Sie den Abbildungsmaßstab:

- » Drücken Sie zur Lupe die Alt-Taste, verkleinern Sie das Bild schrittweise. Sie sehen dann ein Minuszeichen im Lupenzeiger; ist der Tiefstpunkt erreicht, zeigt sich die Lupe innen leer. Den Wechsel der Zoomstufe erlauben auch das Kontextmenü zur Lupe und die **Ansicht**-Befehle **Einzoomen** (vergrößerte Darstellung) und **Auszoomen**.
- » Tippen Sie eine neue Zoomstufe unten links in die Statusleiste am Bildfenster ein.
- » Ändern Sie die Zoomstufe im Navigator (Seite 80).
- » Nutzen Sie in den **Voreinstellungen** die Option Mit Bildlaufrad zoomen, dann ändern Sie den Abbildungsmaßstab auch per Mausrad.
- » Mit OpenGL im Rechner und Animiertem Zoom in den **Voreinstellungen**: Schalten Sie oben in den Optionen zur Lupe den Rauen Zoom ein, dann zoomen Sie durch Ziehen nach links und rechts.

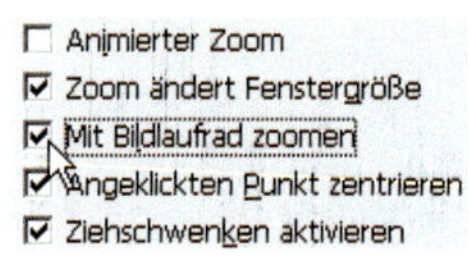

Abbildung 3.4 In den »Voreinstellungen« legen Sie fest, ob sich die Fenstergröße beim Zoomen ändern soll; das lässt sich aber auch noch in der Optionenleiste zum Werkzeug und per Tastaturkombination ändern.

Schneller Wechsel zu Zoomfunktionen

Die Zoomfunktion erreichen Sie auch, wenn Sie andere Werkzeuge in Gebrauch haben. Sie müssen nicht erst die Lupe einschalten. Springen Sie vorübergehend zu den Zoomtechniken, Photoshop wechselt dann automatisch zum ursprünglichen Werkzeug zurück:

- » Strg+Leer-Taste beschert Ihnen bei jedem beliebigen Werkzeug die Vergrößerungslupe, Alt+Leer-Taste aktiviert die Verkleinerungslupe - die schnellste Art zu zoomen. Die Leer-Taste allein ist für die Verschiebehand gut. Diese Griffe funktionieren manchmal sogar bei geöffnetem Dialogfeld.

Abbildung 3.5 In den Optionen zur Lupe entscheiden Sie auch, ob sich die Dateifenstergröße beim Zoomen verändert und ob Sie in allen Bildern parallel zoomen.

» Strg+\+ und Strg+- ändern die Zoomstufe schrittweise. Nehmen Sie die Alt-Taste hinzu, um die Option Fenstergrösse anpassen vorübergehend umzuschalten.

» Strg+0 zoomt das Gesamtbild auf maximale Monitorfläche hoch.

» Strg+Alt+0 erzeugt sofort eine 100-Prozent-Ansicht.

»Ganzes Bild«

So zoomen Sie das Gesamtbild schnell größtmöglich auf den Schirm – Photoshop ermittelt automatisch die passende Zoomstufe:

» Klicken Sie doppelt auf das Handwerkzeug in der Werkzeugleiste.

» Drücken Sie Strg+0.

» Verwenden Sie den Befehl **Ganzes Bild** aus dem **Ansicht**-Menü oder aus dem Kontextmenü von Lupe und Hand oder die gleichnamige Schaltfläche in den Werkzeugoptionen.

Die Schaltfläche Bildschirm ausfüllen deckt die ganze Arbeitsfläche mit dem Bild zu. Dabei verschwinden meist entweder die horizontalen oder die vertikalen Bildränder hinter den Rändern der Arbeitsfläche.

In mehreren Bildern gleichzeitig zoomen und verschieben

Zoomen Sie gleichzeitig in mehreren geöffneten Fenstern:

» Schalten Sie die Lupe ein und klicken Sie bei gedrückter ⇧-Taste in ein Bild – die anderen Dateien zoomen mit. Oder klicken Sie oben auf die Option Alle Fenster.

» Schalten Sie die Verschiebehand ein und ziehen Sie in einem hochgezoomten Bild bei gedrückter ⇧-Taste – andere hochgezoomte Dateien bewegen sich parallel mit. Alternativ nutzen Sie oben die Option Bildlauf in allen Fenstern durchführen.

» Richten Sie bei einem Bild die gewünschte Zoomstufe ein, dann öffnen Sie das Untermenü Fenster: Anordnen oder das Menü Dokumente anordnen und wählen Gleiche Zoomstufe oder Gleiche Zoomstufe und Position – gut, um Details in Bildserien zu vergleichen, zum Beispiel in der Zoomstufe 100 Prozent.

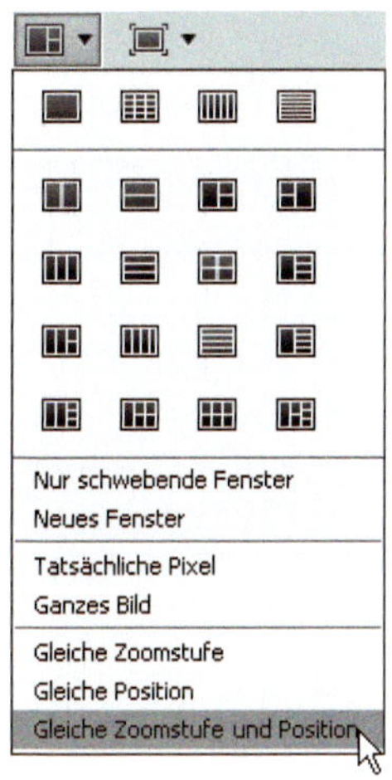

Abbildung 3.6 Das Menü »Dokumente anordnen« ändert Bildverteilung und Zoomstufen.

3.1.3 Handwerkzeug

Mit dem Handwerkzeug (Kurztaste H, für Hand) verschieben Sie den sichtbaren Bildbereich innerhalb des Dateirahmens. Ein Doppelklick auf das Handwerkzeug in der Werkzeugleiste zeigt das Gesamtbild in maximaler Zoomstufe.

Egal, welches Werkzeug gerade aktiviert ist – mit der Leer-Taste erhalten Sie jederzeit die Hand. Schieben Sie Ihr Bild zurecht und lassen Sie die Leer-Taste wieder los, um zum vorherigen Werkzeug zurückzukehren. Sogar bei geöffnetem Dialogfeld funktioniert das. Eine Alternative bietet die Navigator-Palette (nächster Abschnitt).

Sofern Sie OpenGL und in den **Voreinstellungen** das Ziehschwenken nutzen: Schnelle Hand-Bewegungen befördern das Bild weiter durch den Dateirahmen als gemächliches Ziehen. Klicken Sie länger ins Bild, um eine Gesamtbildübersicht zu erhalten.

»Bildlauf in allen Fenstern durchführen«

Mit der Vorgabe Bildlauf in allen Fenstern durchführen oben in den Optionen zum Handwerkzeug schieben Sie sämtliche geöffneten Fotos simultan durch Ihr jeweiliges Bildfenster. Um alle Motive auf die gleiche Position innerhalb des Bildfensters zu bringen, nehmen Sie **Fenster: Anordnen: Gleiche Position**.

Auch Bewegungen in den Vorschaufenstern einiger **Filter**-Befehle wie **Selektiv scharfzeichnen** führen zu Verschiebungen in sämtlichen Bildfenstern, sofern Sie den Bildlauf in allen Fenstern verwenden – ein verblüffender Synchrontanz. Verschieben Sie das Motiv indes in den großen Dialogen wie **Filtergalerie**, ändert sich der Bildausschnitt im Dateifenster nicht.

Verschieben per Tasten

Unabhängig vom aktuellen Werkzeug bewegt sich Ihr Foto auch per Tastendruck durchs Fenster: Die Tasten Bild↑ und Bild↓ bzw. Seite↑ und Seite↓ bewegen um je eine Fensterfüllung; die ⇧-Taste sorgt ausnahmsweise für kleinere und nicht für größere Schritte. Drücken Sie Strg, wenn es nach links oder rechts gehen soll. Mit Pos1 (Home) erscheint die linke obere Ecke; nach rechts unten geht es per Ende-Taste.

TIPP Sofern OpenGL genutzt wird, können Sie das Bild mit dem Ansichtdrehung-Werkzeug drehen. Dabei ändert sich die Bildqualität in keiner Weise, Sie sehen Ihre Datei nur aus einer anderen Perspektive – nützlich zum Beispiel bei bestimmten Retuschen oder um das Bild an den Winkel des Grafiktabletts anzupassen.

3.1.4 Navigatorpalette

Die Navigatorpalette lässt Lupe und Hand oft überflüssig werden. Groß hochgezoomte Bilddetails bewegen Sie hier besonders einfach durchs Dateifenster. Die Navigatorpalette zeigt Ihnen stets das Gesamtbild. Ein Rahmen innerhalb der Navigatoranzeige kennzeichnet den Bildteil aus dem Dateifenster.

Abbildung 3.7 Zoom nach Maß: Bequem passt der Navigator Ausschnitt und Vergrößerungsmaßstab einer Bilddatei an.

Durch Ziehen rechts unten vergrößern Sie die Navigatorpalette nach Bedarf. Verschieben Sie den Navigatorrahmen oder klicken Sie an eine andere Stelle in der Navigatorvorschau; Sie erhalten einen anderen Bildausschnitt im bisherigen Abbildungsmaßstab. Bei gedrückter Strg-Taste erscheint eine Lupe über dem Navigator; damit ziehen Sie einen neuen Rahmen beliebiger Größe auf. So ändern Sie gleichzeitig Bildausschnitt und Abbildungsmaßstab – flexibler als mit der üblichen Lupe.

Im unteren Bereich des Navigators tippen Sie einen beliebigen Vergrößerungsfaktor ein und bestätigen mit der Eingabetaste. Sie verschieben durch Klicken auf die Symbole Einzoomen (Vergrößert anzeigen) und Auszoomen den Vergrößerungsmaßstab in vorgegebenen Schritten; oder zoomen Sie al gusto durch Bewegen des Schiebereglers. Der Strg-Klick ins Navigatorfenster erzeugt eine 3200-Prozent-Ansicht des angeklickten Bilddetails.

Zoomen per Zahleneingabe

Der Navigator, aber auch jedes Bildfenster hat links unten ein Feld, in dem Sie direkt Zoomstufen eintippen. Ein Drücken der ↵-Taste, schon wechselt Photoshop zu dieser Zoomstufe. Ziehen Sie bei bei gedrückter Strg-Taste über dieser Anzeige, um die Zoomstufe fast stufenlos zu ändern.

TIPP Tippen Sie die Zoomstufe ins Feld. Halten Sie dann die ⇧-Taste gedrückt und drücken Sie die ↵-Taste jetzt erst. Photoshop wechselt wie erwartet die Zoomstufe, doch diesmal bleibt der Wert im Eingabefeld markiert. Sie können sofort eine andere Zoomstufe eintippen, ohne erst doppelt ins Eingabefeld klicken zu müssen.

Abbildung 3.8 Doppelte Aussicht: Der »Ansicht«-Befehl »Neues Fenster« zeigt ein und dieselbe Datei mehrfach in verschiedenen Zoomstufen nebeneinander, nützlich bei Detailretuschen.

3.1.5 »Neues Fenster«

Sie können ein Bild gleich mehrfach auf dem Schirm abbilden, der Befehl heißt **Fenster: Anordnen: Neues Fenster für**, auch zu finden im Menü zur Schaltfläche Dokumente anordnen.

Beide Bildfenster zeigen dieselben Daten – ein Pinselstrich, den Sie in der linken Ansicht tun, erscheint sofort auch im rechten Bild. Oft macht diese Doppeldarstellung Sinn:

- Sie retuschieren an einem hochgezoomten Bildausschnitt und verfolgen nebenan in einer zweiten, normal großen Ansicht, wie Ihre Bemühungen in der Gesamtansicht wirken.
- Sie verdoppeln die Ansicht eines RGB-Bilds und stellen die zweite Fassung mit **Ansicht: Proof einrichten: CMYK-Arbeitsfarbraum** oder einer **Farbenblindheit**-Variante zum Vergleich daneben. Jetzt arbeiten Sie im RGB-Bild und verfolgen die Auswirkungen auch für die CMYK-Ausgabe.
- Sie bearbeiten eine Ebenenmaske; dabei stellen Sie die Ebene und die bearbeitete Maske nebeneinander.

Verwechseln Sie den Befehl **Neues Fenster** nicht mit dem **Bild**-Befehl **Duplizieren**; der erzeugt eine neue, unabhängige Kopie Ihres Bilds, die Sie unabhängig vom Ursprung weiterbearbeiten. Der Befehl **Neues Fenster** zeigt dagegen ein und dieselbe Datei in mehreren Fenstern.

HINWEIS Je nach Voreinstellung dockt das zweite Fenster innerhalb des ersten an, man sieht die Ansichten also nicht nebeneinander. Klicken Sie oben auf die Schaltfläche Dokumente anordnen und dann zum Beispiel auf **2 übereinander** oder **Nur schwebende Fenster**.

Weitere Möglichkeiten

Verschieben Sie die eine Ansicht Ihrer Datei mit dem Handwerkzeug im Bildfenster, bewegt Photoshop wahlweise die andere Ansicht im gleichen Maße mit – dazu klicken Sie in den Handoptionen auf Bildlauf in allen Fenstern. Der Befehl **Fenster: Anordnen: Nebeneinander** (auch im Menü zur Schaltfläche Dokumente anordnen) stellt die verschiedenen Ansichten Ihrer Datei übersichtlich nebeneinander.

Abbildung 3.9 Hinter der Maske: Bei der Arbeit an einer Ebenenmaske zeigt der Befehl »Neues Fenster« hier nebeneinander das fertige Bild und die Maske allein.

3.1.6 Befehle im Überblick: Bilddateien darstellen

Taste/Feld	Zusatztasten	Aktion	Ergebnis
	-		Abbildungsmaßstab vergrößern
	Alt		Abbildungsmaßstab verkleinern
Z			Lupe einschalten
			Dokumente anordnen
Strg + +			Abbildungsmaßstab vergrößern
Strg + +	Alt		Abbildungsmaßstab vergrößern, Dateifenster passt sich an
Strg + -			Abbildungsmaßstab verkleinern
Strg + -	Alt		Abbildungsmaßstab verkleinern, Dateifenster passt sich an
H		länger klicken	vorübergehend in Bildbereich hineinzoomen
Alt		ziehen mit rechter Taste	Abbildungsmaßstab ändern
Strg + Leer-Taste			Vorübergehend Vergrößerungslupe
Alt + Leer-Taste			Vorübergehend Verkleinerungslupe
Strg + 0			Vergrößerungsmaßstab an Programmfenstergröße anpassen
Strg + 0	Alt		Vergrößerungsmaßstab 100%
Strg (am Mac Ctrl)	Tab		nächstes offenes Bild aktivieren
F			Wechsel zwischen Fenster- und Vollschirmmodi
			Wechsel zwischen Fenster- und Vollschirmmodi
	-		Bild im Fenster verschieben
	-		Größtmögliche Gesamtdarstellung
Leer-Taste			Vorübergehend Hand
Leer-Taste	F		Hintergrundfarbe des Programmfensters wechseln (drei Zustände möglich)
Strg + H			»Extras« wie Hilfslinien, Auswahlrahmen etc. ein-/ausblenden
Strg + R			Lineale ein-/ausblenden

3.2 Bilddaten messen

Photoshop bietet umfangreiche Anzeigen über die technischen Eigenschaften des Bilds, über die aktuelle Auswahl wie auch über Ihren Rechner. Bereits die Titelzeile des Fotos verrät Zoomstufe, Farbmodus, Farbtiefe, Copyright und die aktuelle Ebene oder Maske.

3.2.1 Die Infopalette

Der Befehl **Fenster: Informationen** und meist auch die Taste F8 fördern die Infopalette auf den Schirm. Sie nennt die Farbwerte des Bildpunkts unter dem Mauszeiger in zwei verschiedenen Farbmodellen – welche Farbmodelle, das bestimmen Sie im Palettenmenü oder über den pipettenförmigen Schnellschalter in der Palette selbst.

Außerdem sehen Sie die Koordinaten der Cursorposition in Pixel, Zentimeter oder Inch, dazu die aktuelle Farbtiefe und die Systembeanspruchung. Sofern Sie in den Optionen die Quickinfos nicht abschalten, lesen Sie hier in der Infopalette auch noch Tipps zum aktuellen Werkzeug (die gelben Einblendmeldungen über Werkzeugen und anderen Symbolen heißen auch »Quickinfos«, werden aber nur via **Voreinstellungen** abgeschaltet).

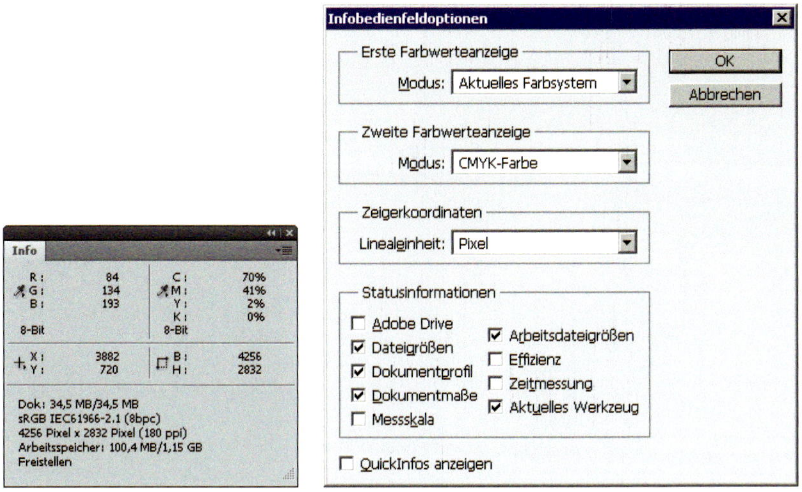

Abbildung 3.10
Die Infopalette nennt alle Daten für Bild und Auswahl. In den Optionen bestimmen Sie, was die Infopalette anzeigt.

Optionen

Zeigerposition und Auswahlgröße erscheinen zum Beispiel in Pixel- oder Zentimetereinheiten. Welche Einheiten Photoshop verwendet, steuern Sie per **Bearbeiten: Voreinstellungen: Maßeinheiten & Lineale** (am Mac wie immer **Photoshop: Voreinstellungen**) oder klicken Sie direkt auf das Kreuz.

Arbeiten Sie mit der Auswahlellipse oder dem Auswahlrechteck, zeigt die Infopalette Höhe (H) und Breite (B) des ausgewählten Bereichs an. Beim Arbeiten mit Buntstift, Linienzeichner oder Verlaufswerkzeug sehen Sie die Koordinaten der Anfangs- und Endpunkte, den Winkel (W), die Distanz (D), die Änderungen auf der X-Achse (ΔX) und auf der Y-Achse (ΔY) beim Ziehen sowie die Höhe (H) und Breite (B) des ausgewählten Bereichs. Beim Vergrößern oder Verkleinern einer Ebene per **Transformieren** lesen Sie Höhe und Breite (H, B) der skalierten Auswahl sowie die prozentualen Änderungen; bei Drehmanövern erscheint der Drehwinkel.

Bei einer Farbkorrektur zeigt die Infopalette nebeneinander die Werte vor und nach der Korrektur an, solange das entsprechende Dialogfeld, etwa **Gradationskurven**, noch offen ist. Ein Ausrufezeichen neben einem CMYK-Farbwert signalisiert, dass er außerhalb des druckbaren Bereichs liegt. Die Maßeinheiten und Farbsysteme ändern Sie nicht nur über die Palettenoptionen, sondern auch mit den Minischaltern in der Palette selbst.

3.2.2 Farbaufnahmewerkzeug

Das Farbaufnahmewerkzeug finden Sie im selben Fach der Werkzeugleiste wie Pipette oder Linealwerkzeug und Sie rufen es mit derselben Kurztaste [I] auf. Das Farbaufnahmewerkzeug verteilt bis zu vier Messpunkte über die Datei. Photoshop nummeriert diese Messstationen durch und nennt in der Infopalette für jeden Punkt separat den genauen Farbwert. Vergleichbares bietet der Raw-Dialog.

Wenn Sie das Werkzeug wechseln, blendet Photoshop je nach Werkzeug die Punkte aus. Auch der Befehl **Ansicht: Extras** verbannt die Messpunkte. Sie erscheinen aber unverändert, sobald Sie das Farbaufnahmewerkzeug wieder aufrufen. Starten Sie einen Tonwertbefehl wie **Farbton/Sättigung** oder arbeiten Sie in der Korrekturenpalette, zeigt die Infopalette bei geöffnetem Dialogfeld für jeden einzelnen Messpunkt gleich zwei Werte - vorher und nachher.

Es ist egal, welche Montageebene Sie aktivieren: Das Farbaufnahmewerkzeug misst immer den Tonwert des sichtbaren Gesamtbilds. Blenden Sie eine Ebene aus, kann sie auch nicht mehr mit gemessen werden. Sie können mit dem Farbaufnahmewerkzeug den Farbwert eines einzelnen Bildpunkts messen oder den Durchschnitt aus 3x3, 5x5 oder 101x101 Pixel; Sie regeln das per Kontextmenü oder oben in den Werkzeugoptionen.

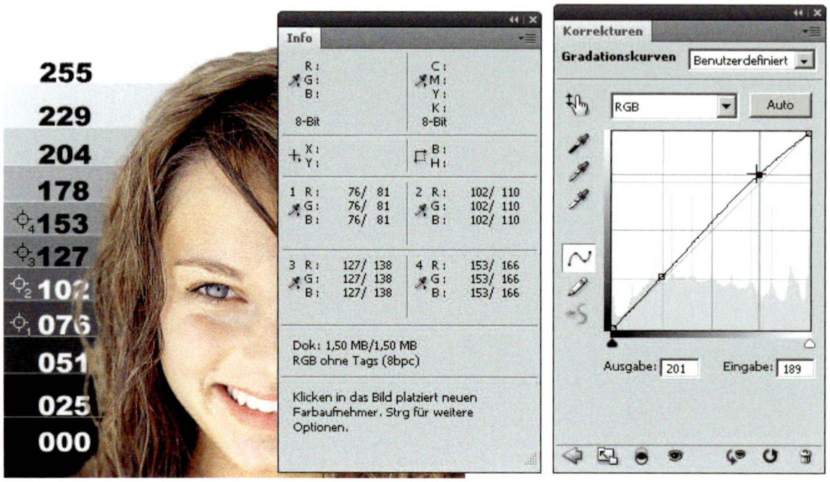

Abbildung 3.11
Wenn Sie in der Werkzeugleiste den Farbaufnehmer einschalten, sehen Sie links in der Bilddatei die vier Messpunkte. Wir korrigieren das Bild mit der »Gradationskurve«: Die Infopalette meldet im unteren Bereich Vorher- und Nachherwerte für jeden einzelnen Messpunkt. Datei: Tonwerte

Messpunkte verschieben und übertragen

Führen Sie das Farbaufnahmewerkzeug über einen Messpunkt, um diesen zu bewegen. Wenn Sie dabei zur ⇧-Taste greifen, bleiben wie üblich nur Bewegungen auf Geraden übrig. Umgekehrt ziehen Sie mit dem Verschiebenwerkzeug Ebenen unter den Messpunkten her, die dabei auf ihrer Position verharren.

Messpunkte speichern und entfernen

In einigen wichtigen Dateiformaten speichert Photoshop Messpunkte automatisch mit; man trifft sie also nach erneutem Öffnen wieder an. Dazu zählen die Dokumenttypen TIFF, Photoshop und JPEG, während GIF sich sperrt.

Um einen Messpunkt zu entfernen, rücken Sie ihm mit dem Farbaufnahmewerkzeug bei gedrückter Alt-Taste zu Leibe. Der Cursor erscheint dann als Schere, der Punkt lässt sich wegschneiden. Alternative: Schieben Sie den Messpunkt aus dem Bild.

Sie blenden die Punkte aus, indem Sie die Option **Extras einblenden** im **Ansicht**-Menü abwählen (Strg+H); teils reicht der Wechsel zu einem anderen Werkzeug. Einen entsprechenden Befehl bietet zudem das Menü zur Infopalette.

Bei geöffnetem Dialogfeld

Auch wenn die Korrekturdialoge aus dem Untermenü **Bild: Korrekturen** geöffnet sind, etwa **Tonwertkorrektur** oder **Farbton/Sättigung**, können Sie Messpunkte setzen. Dazu klicken Sie bei gedrückter ⇧-Taste ins Bild. Um einen Messpunkt noch bei offenem Dialogfeld wieder zu entfernen, drücken Sie ⇧+Alt und klicken. Zum Verschieben reicht die ⇧-Taste. Ebenfalls bei geöffnetem Dialog blenden Sie per **Fenster: Informationen** die Infopalette ein.

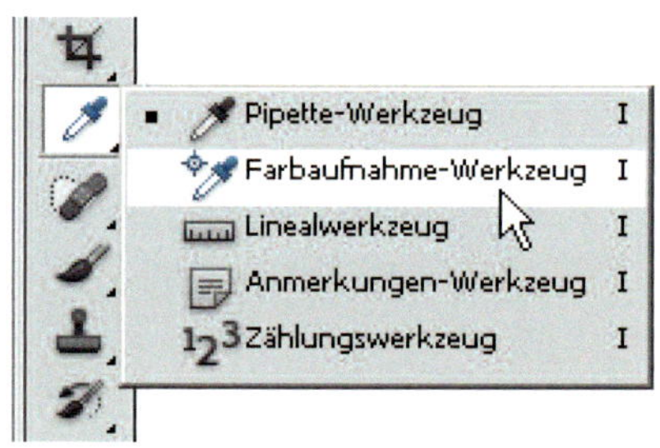

Abbildung 3.12 Pipette, Farbaufnahmewerkzeug, Anmerkungenwerkzeug, Linealwerkzeug und bei Photoshop Extended auch das Zählungswerkzeug belegen ein Fach in der Werkzeugleiste. Alle diese Werkzeuge rufen Sie mit der Taste I auf; mit ⇧+I schalten Sie der Reihe nach durch diese Geräte.

3.2.3 Linealwerkzeug

Das Linealwerkzeug ermittelt Distanzen und Winkel. Die X- und Y-Werte zeigt es passend zu den Nullpunkten, die Sie mit den Linealen (Strg+R) eingerichtet haben.

Klicken Sie ins Bild und ziehen Sie den Zeiger bei gedrückter Maustaste bis zum zweiten Punkt. Das Werkzeug hinterlässt eine graue, nicht druckbare Linie mit zwei deutlich markierten Enden in der Datei. Klicken Sie bei gedrückter Alt-Taste auf einen Endpunkt, dann ziehen Sie eine zweite Strecke in einem beliebigen Winkel. Die ⇧-Taste tut, was sie meist tut, sie beschränkt Ihre Manöver auf 45-Grad-Linien.

Die Infopalette und die Optionenleiste melden jetzt den Winkel, die Länge und die Position des Maßbands, das Sie ins Bild gesetzt haben. Sie können das Band verschieben oder eine neue Messstrecke ins Bild klicken. Durch Ziehen an den Enden drehen Sie die Messstrecke, mit der ⇧-Taste erzwingen Sie wie immer 45-Grad-Winkel.

Die Infopalette präsentiert die Werte für das Linealwerkzeug 📏 so lange, wie das Werkzeug aktiviert ist. Greifen Sie zu einem anderen Tool, blendet Photoshop Messlinien und Messlinienwerte in der Palette aus. Das Maßband bleibt versteckt am Platz. Klicken Sie lediglich das Messgerät erneut an.

TIPP Photoshop übernimmt die Winkelangabe des Linealwerkzeugs 📏 in das Datenfeld des Befehls **Bild: Bilddrehung: Per Eingabe**. Damit lässt sich ein Horizont sauber ausrichten (Seite 398).

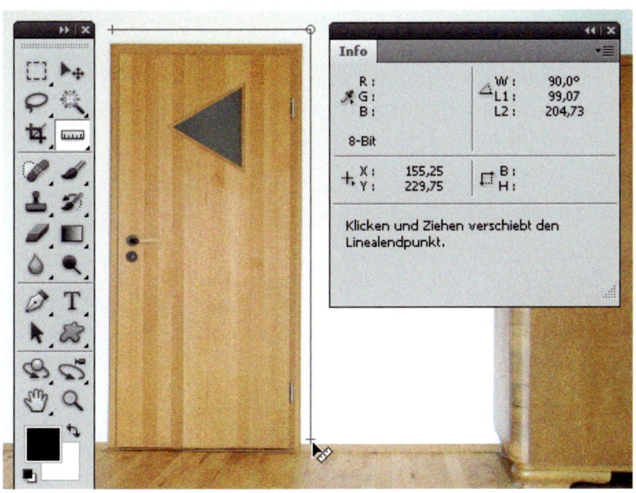

Abbildung 3.13 **Links:** Mit dem Linealwerkzeug wurde eine Strecke ins Bild geklickt. Winkel und Position der Linien nennt Photoshop in der Infopalette rechts oben, die Längen der Linien im Bereich darunter links. Datei: Massstab_b

Entfernen und Speichern

Ein nicht mehr benötigtes Maßband schieben Sie einfach aus dem Bild, alternativ Löschen Sie es per Werkzeugoptionen. Das Maßband lässt sich nicht speichern: Nach Schließen des Bilds ist es auf jeden Fall weg. Sie können das Maßband weder in eine andere Datei ziehen noch mit der Aktionenpalette verewigen.

TIPP Vorsicht: Wenn Sie ein nützliches Maßband aus Versehen entfernen, lässt sich der Verlust nicht **Rückgängig** machen.

3.3 »Farbeinstellungen«

Mit dem Befehl **Bearbeiten: Farbeinstellungen** (Strg+⇧+K) sorgen Sie dafür, dass Photoshop Bilddateien so am Monitor zeigt, wie sie auch im Druck aussehen (am Mac finden Sie **Farbeinstellungen** und **Voreinstellungen** im **Photoshop**-Menü).

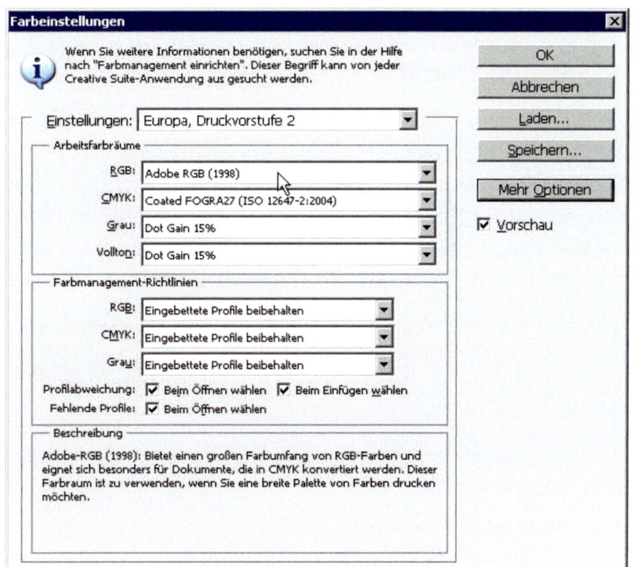

Abbildung 3.14 Der Befehl »Bearbeiten: Farbeinstellungen« steuert die Farbverwaltung. Hier haben wir noch nicht auf »Mehr Optionen« geklickt. Sobald Sie den Mauszeiger über eine Option halten (hier über »Adobe RGB«), erscheint unten im Dialogfeld eine »Beschreibung«.

Um die Farbdarstellung zu vereinheitlichen, verknüpfen Sie Ihr Dokument mit einem sogenannten Farbprofil wie sRGB oder Adobe RGB (1998); dieses Profil definiert das tatsächliche Aussehen der Farbe. Eine Änderung des Profils ändert die Farbwiedergabe, aber nicht die Farbwerte in der Datei. Das Gesamtverfahren heißt auch »Farbmanagement« oder »Farbverwaltung«. Sie nutzen vordefinierte Einstellungen oder legen eigene Einstellungen fest. Mit dem Befehl **Ansicht: Farb-Proof** ([Strg]+[Y]) simulieren Sie die Druckwiedergabe bereits am Monitor (Seite 127).

3.3.1 Vorbedingungen

Sie benötigen Farbmanagement vor allem, wenn Sie mit verschiedenen Dienstleistern zusammenarbeiten oder auch nur wechselnde Geräte verwenden. Arbeiten Sie dagegen in einer geschlossenen, vereinheitlichten Umgebung, brauchen Sie eventuell kein Farbmanagement. Webdesigner benötigen Farbmanagement kaum, denn sie haben keine Kontrolle über die Monitore, auf denen ihre Bilder erscheinen; allerdings bieten die Farbeinstellungen mit der Vorgabe Europa Web/Internet eine nützliche Möglichkeit, die typische Wiedergabe von Farbmonitoren zu simulieren.

Kalibrieren Sie die konkreten Monitorfarben mit einem Messgerät. Mac-Nutzer gehen im Apple-Menü auf die **Systemeinstellungen**, dort auf Monitore und dann auf Farben. Klicken Sie auf Kalibrieren und im nächsten Fenster auf Experten-Modus. Im Fenster Gamma-Korrektur sollten Sie den Wert 2,2, also PC-Standard, verwenden.

Arbeitsbedingungen

Denken Sie bei der Prüfung der Farbdarstellung an Folgendes:

» Die Raumbeleuchtung sollte nach der Kalibrierung konstant gehalten werden, die Helligkeits- und Kontrastregler am Monitor sollten unberührt bleiben.

» Achten Sie auf neutrale Wandfarben.

» Verwenden Sie einen neutralgrauen Programmarbeitsbereich.

» Prüfen Sie Ihre Drucke unter Normlicht.

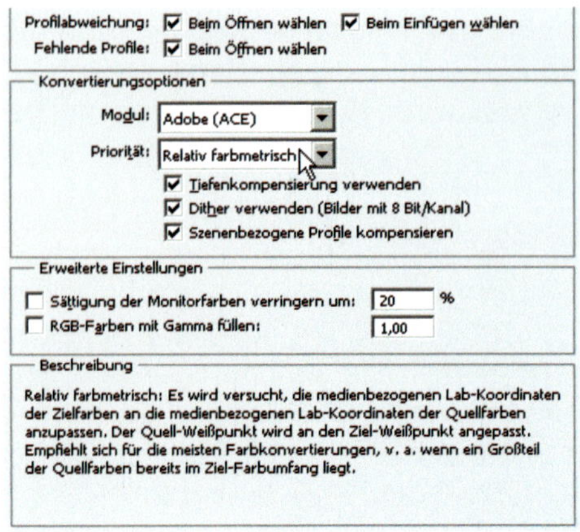

Abbildung 3.15 Die zuschaltbaren Optionen der »Farbeinstellungen«: Steuern Sie Konvertierung und Tiefenkompensierung.

3.3.2 Vordefinierte Einstellungen für das Farbmanagement

Für die Farbverwaltung bietet Photoshop eine Reihe von vordefinierten Einstellungen, die Sie ganz oben in den **Farbeinstellungen** wählen. Die wichtigsten:

» Europa, Druckvorstufe 2: Diese Einstellung ist auf die übliche europäische Druckvorstufe ausgerichtet. Sie erhalten Warnungen bei Profilfehlern, können also Bilder mit falschen Profilen schnell ändern. Diese Vorgabe eignet sich zudem gut für hochwertige Farbtintenstrahldrucker, weil sie den Farbraum Adobe RGB verwendet. (Nur wenn Sie Ihre Bilder im CMYK-Modus bearbeiten, stellen Sie als RGB-Arbeitsfarbraum eventuell ColorMatch RGB ein.)

» Europa Web/Internet: Die Dateien erhalten das eher für die WWW-Darstellung sinnvolle sRGB-Farbprofil mit geringem Farbumfang.

» Monitorfarben: Gut geeignet für Videos und Bildschirmpräsentationen. Farbprofile werden nicht geändert.

Wollen Sie die Farbeinstellungen für alle Programme einer Creative Suite vereinheitlichen, gehen Sie in Bridge auf den Befehl **Bearbeiten: Creative-Suite-Farbeinstellungen**. Die wichtigsten Einstellungen einschließlich der selbst angelegten sollten sofort in der Liste erscheinen - anklicken und dann auf Anwenden klicken. Die Erweiterte Liste mit Farbeinstellungen vergrößert das Angebot erheblich.

Eventuell haben Sie Farbeinstellungen auf dem Datenträger, aber nicht im vorgesehenen Verzeichnis. Dann klicken Sie auf Gespeicherte Farbeinstellungsdateien anzeigen.

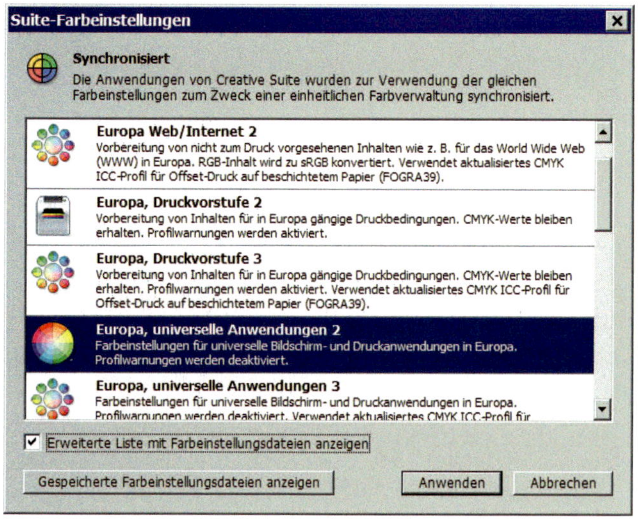

Abbildung 3.16 Vereinheitlichen Sie die »Farbeinstellungen« für alle Programme einer Creative-Suite-Installation. Dazu wählen Sie in Bridge »Bearbeiten: Creative Suite-Farbeinstellungen«.

3.3.3 Eigene Einstellungen

Passen Sie Photoshops Vorgaben zum Farbmanagement an. Wir besprechen die wichtigsten Möglichkeiten.

»Speichern« und »Laden«

Sobald Sie ein Detail einer vordefinierten Einstellung ändern, steht oben im Einstellungen-Klappmenü Benutzerdefiniert. Eine solche eigene Einstellung können Sie speichern und laden. Die Vorgabe erscheint überdies als Angebot im Klappmenü Einstellungen und lässt sich via Bridge auch anderen Creative-Suite-Programmen verpassen (siehe oben). Speichern Sie im Verzeichnis, das Photoshop vorschlägt.

»Arbeitsfarbräume« und »Farbmanagement-Richtlinien«

Die vordefinierten Einstellungen legen einen sogenannten »Arbeitsfarbraum« fest. Photoshop verwendet den Arbeitsfarbraum als Profil für Dokumente ohne eigene Farbprofilinformation. Zu Konflikten kommt es in folgenden Situationen:

- Sie öffnen eine Datei, deren Farbprofil vom aktuellen Arbeitsfarbraum abweicht.
- Sie öffnen Dateien ohne Farbprofil.

Das Verhalten in solchen Konflikten legen Sie in den Farbmanagement-Richtlinien fest. Meist sollten Sie das Dokument in Arbeitsfarbraum konvertieren – eine Datei mit sRGB-Profil erhält also automatisch den Farbraum Adobe RGB, sofern der oben unter Arbeitsfarbräume festgelegt ist. Im Bereich Profilfehler bestimmen Sie, wann Photoshop Meldung machen und Ihnen Optionen anbieten soll – zum Beispiel beim Öffnen oder beim Einfügen, oder Sie verzichten ganz auf die Warnung und klicken keine Vorgabe an.

TIPP Photoshop kann das Farbprofil einer Digitalkamera-Datei generell ignorieren und Ihnen so eine Menge Konfliktmeldungen ersparen. Wählen Sie in Photoshop Bearbeiten: Voreinstellungen: Dateihandhabung und nutzen Sie die Option EXIF-Profilkennung ignorieren.

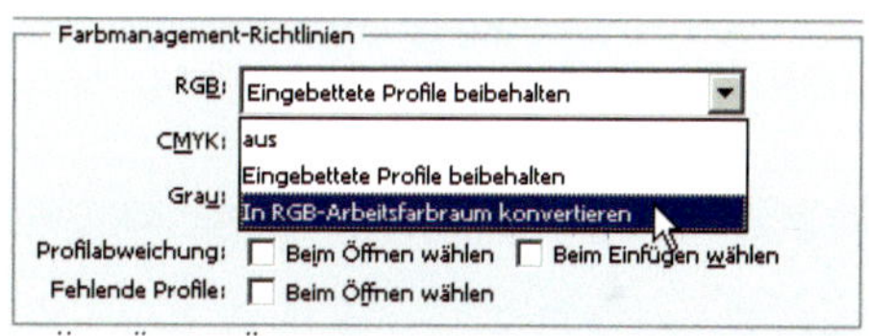

Abbildung 3.17 Was passiert, wenn eine Bilddatei nicht das vorgesehene Farbprofil hat? Das entscheiden Sie im Bereich »Farbmanagement«.

Profil von Hand ändern

Ändern Sie das Profil der aktuellen Datei von Hand. Ihre Möglichkeiten:

- Der Befehl **Bearbeiten: Profil zuweisen** kann das vorhandene Profil löschen, gegen den aktuellen Arbeitsfarbraum austauschen oder die Monitordarstellung auf ein neues Profil ausrichten. Es wird jedoch kein neues Profil dauerhaft in die Datei gerechnet.
- Mit dem Befehl **Datei: Speichern unter** (Seite 254) legen Sie fest, ob Sie das aktuelle ICC-Profil (Windows) oder Farbprofil (Mac) einbetten möchten; dies gilt für die Dateiformate PSD, JPEG, TIFF, EPS, DCS und Pict. Sie können auch die aktuellen Proof-Einstellungen verwenden, die Sie mit dem Befehl **Ansicht: Proof**

einrichten machen, allerdings nur bei PDF, EPS, DCS 1.0 und 2.0.

» Der Befehl **Bearbeiten: In Profil konvertieren** konvertiert die Farben der Datei in ein anderes Profil.

TIPP Haben Sie die empfehlenswerten, kostenlosen »Dr. Brown's Services« installiert (Seite 1073), ändern Sie das Farbprofil per Stapelverarbeitung mit dem Befehl **Dr. Brown's 1-2-3 Process** (Seite 116). Wahlweise wechseln Sie auch Dateiformat und Pixelzahl.

Geräteprofile hinzufügen

Sie können Profile für Ihre Geräte dem System hinzufügen und im Dialogfeld Farbeinstellungen verwenden. Die erforderlichen Dateien werden für Scanner, Monitore oder Drucker meist auf Datenträgern mitgeliefert. Sofern es keine automatische Installation gibt, kopieren Sie die Dateien unter Windows XP in das Verzeichnis »System32/Spool/Drivers/Color«, am Mac heißt es »Library/ColorSync/Profiles«.

Am Mac nutzt Photoshop generell das Monitorprofil, das Sie in den **Systemeinstellungen** unter Monitorfarben einschalten.

3.4 Drucken

Photoshop bietet einen ausgefeilten Einzelbilddruck. Wer hochwertige Abzüge braucht, spart mit Druckdiensten Geld, aber nicht Zeit. Für Bildkataloge legen Sie zunächst eine PDF-Präsentation an (Seite 979).

3.4.1 Druckdienste als Alternative

In der Regel billiger und in respektabler Qualität bringen Druckdienste Ihre Bilder auf Papier, aber auch auf Tassen und Bettwäsche und in Fotobücher, die Sie mit einer gelieferten Software selbst gestalten.

Wesentlich für den Komfort ist die Art der Bildübertragung an den Dienstleister; bei großen Datenmengen können Sie teilweise eine CD oder DVD abliefern, die jedoch manchmal mit einer umständlichen Spezialsoftware geschrieben werden muss.

Was kosten zehn Hochglanz-Postkartenprints und zwei Abzüge 30x20 Zentimeter inklusive Versand bei welchem Anbieter? Die beiden Druckdienstübersichten *www.bilder-dienste.de* und *www.bessere-bilder.de* bieten Übersichten und Preisrechner für viele Dutzend Druckdienste. Weitere Anbietervergleiche liefern *www.*

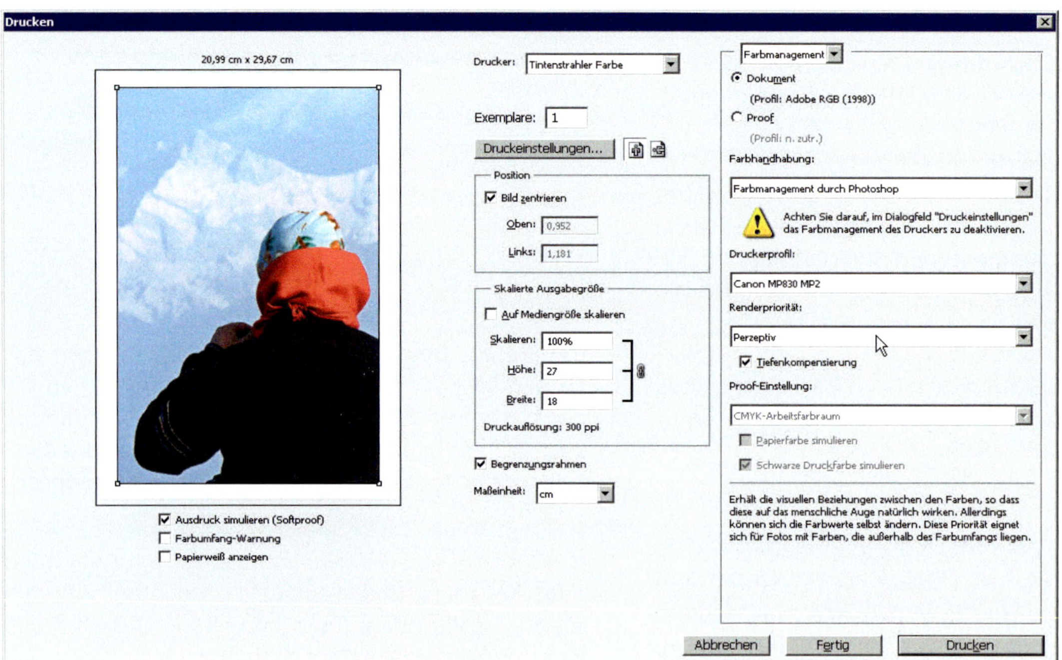

Abbildung 3.18 Der Befehl »Datei: Drucken« steuert die Maße und die Farbwiedergabe für den aktuellen Ausdruck. Hier sehen Sie rechts den Bereich »Farbmanagement«.

image-service.de und *www.ciao.de* mit dem Suchwort »Foto-Service«. Teilweise finden Sie auch Kundenkommentare zu Druckqualität, Verpackung und Tempo. Manche Dienste empfangen Neukunden mit ein paar Gratisabzügen.

TIPP Internetdruckdienste schreiben oft den Dateinamen auf die Rückseite der Abzüge. Verwenden Sie also eventuell klare, beschreibende Dateinamen, auch mit Leer- und Satzzeichen, und entfernen Sie Injurien. Eventuell lesen Sie nur die ersten vierzig Zeichen des Dateinamens.

3.4.2 »Drucken«

Der Befehl **Datei: Drucken** (Strg+P) präsentiert Ihr Werk in seiner Vorschau erst einmal in der eingespeicherten Druckgröße. Die wollen Sie ändern? Schalten Sie zunächst Bild zentrieren und Auf Mediengrösse skalieren ab. Weiter unten schalten Sie dann den Begrenzungsrahmen zu – so erhalten Sie Anfasspunkte rings ums Bild.

Schieben Sie das Bild frei über der Seitenvorschau und ziehen Sie an den Rändern, um die Größe zu ändern. Alternativ tippen Sie neue Koordinaten und Maße unter Position und Skalierte Ausgabegrösse. Wählen Sie Auf Mediengrösse skalieren, um Ihr Material flächendeckend zu füllen.

Dabei ändert sich der Wert Druckauflösung, ganz unten im Bereich Skalierte Ausgabegrösse: Je größer Sie das Bild printen, desto niedriger die Druckauflösung, also die Zahl der Bildpunkte pro Zentimeter. Bleiben Sie möglichst über 200 dpi.

Bei diesem Vorgang ändern Sie nur das Druckmaß für den aktuellen Print – die ursprünglichen, in der Datei gespeicherten Druckmaße bleiben erhalten, auch die Zahl der Bildpunkte ändert sich nicht. Wollen Sie das aktuelle Bild flott ohne Änderungen im Druckdialog zu Papier bringen, nehmen Sie **Datei: Eine Kopie drucken** (Strg+⇧+Alt +P).

Druckmaß wiederverwenden

Sie ändern das Druckmaß im **Drucken**-Dialog und klicken dann auf **Drucken** oder **Fertig**? Photoshop speichert die letzte Größe aus dem **Drucken**-Dialog direkt in der Datei; deshalb sehen Sie beim Schließen einer lediglich gedruckten Datei auch die Speichern-Abfrage.

Drucken Sie das Bild erneut, zeigt der **Drucken**-Dialog die zuletzt verwendete Größe – und zwar unabhängig von den per **Bildgröße** eingespeicherten Druckmaßen, die ändern sich nämlich nicht nach **Passieren** des Drucken-Dialogs.

Dieses Druckmaß aus dem Drucken-Dialog geht aber eventuell verloren, wenn die Datei außerhalb von Photoshop gespeichert wird. Außerdem lässt es sich mit zahlreichen Layoutprogrammen, die das Druckmaß verwenden, nicht nutzen.

Darum: Wollen Sie ein Bild mehrfach in derselben Größe drucken, und das auch außerhalb von Photoshop, dann speichern Sie das gewünschte Druckmaß auf althergebrachte Art in der Datei; dann haben Sie eine weit größere Sicherheit, dass das Druckmaß erhalten bleibt. Wählen Sie **Bild: Bildgröße**, schalten Sie dort das Interpolationsverfahren ab und tippen Sie neue Zentimetermaße ein (Seite 273).

»Farbmanagement«-Optionen

Schalten Sie rechts das Farbmanagement ein, um die Farben zu steuern. Wollen Sie die folgenden Einstellungen nur anpassen, aber kein Bild drucken, klicken Sie zum Abschluss auf Fertig.

Tintenstrahlerausdrucke mit Farbprofil

So erhalten Sie gute Ausdrucke mit Ihrem Farbtintenstrahldrucker:

1. Bearbeiten Sie ein RGB-Bild mit einem sinnvollen Farbprofil, zum Beispiel Adobe RGB, und lassen Sie es im RGB-Modus. Wechseln Sie nicht nach CMYK.
2. Kalibrieren Sie den Monitor, besorgen und installieren Sie Farbprofile für Drucker, Papier und Druckfarben.
3. Wählen Sie **Datei: Drucken** und richten Sie die Größe ein (siehe oben).
4. Wählen Sie rechts oben das Farbmanagement. Direkt darunter schalten Sie auf Dokument; so printen Sie das aktuelle Bild mit dem zugehörigen Profil.
5. Sie haben ein eigenes Profil für Ihre Kombination aus Drucker, Druckfarben und Papier? Wählen Sie unter Farbhandhabung die Vorgabe Farbmanagement durch Photoshop (diese Option ist fast identisch mit dem Befehl **Bearbeiten: In Profil konvertieren**).

6. Anschließend geben Sie das Druckerprofil für Ihr Gerät an.
7. Verwenden Sie für Renderpriorität die Vorgabe Perzeptiv, darunter die Tiefenkompensierung.
8. Klicken Sie auf Drucken. Nun erscheint das Dialogfeld Ihres Druckers. Wählen Sie das Profil für die Papiersorte und schalten Sie das Farbmanagement des Druckers ab. Geben Sie in den Druckeroptionen die richtige Papiersorte an.

Wenn Sie nicht mit rein-weißem Papier drucken und dieses Papier im Druckprofil enthalten ist, sorgt die Option Papierweiss anzeigen für eine genauere Vorschau.

TIPP Auch wenn Sie die Farbverwaltung unter Photoshop vorgeben, will der Druckertreiber eventuell die Kontrolle wieder an sich reißen. Eventuell brauchen Sie im Druckertreiber noch zusätzlich eine Vorgabe wie Anwendungsgesteuert oder ähnlich – und das vielleicht sogar mehrfach.

Drucken ohne Farbprofile

Sofern Sie ohne eigene Profile arbeiten: Verwenden Sie die Dokument-Option, in der Farbhandhabung gehen Sie auf Farbmanagement durch Drucker, als Renderpriorität wählen Sie Perzeptiv oder Relativ farbmetrisch. (Jedoch verwenden nur wenige RIPs und PostScript-Drucker diese Information, die meisten Drucker und alle Geräte ohne PostScript arbeiten automatisch mit der Vorgabe Perzeptiv.) Das Farbmanagement des Druckers schalten Sie ab (also zum Beispiel ICM unter Windows oder ColorSync am Mac).

»Proof«

Per Proof simulieren Sie einen anderen Drucker (»Proof« bedeutet hier Andruck oder Probedruck); verwenden Sie Ihren Tintenstrahler und prüfen Sie dabei die Wirkung im Offset- oder Zeitungsdruck. Zunächst stellen Sie mit dem Photoshop-Befehl **Ansicht: Proof einrichten** alles entsprechend dem geplanten Ausgabegerät ein. Photoshop nennt neben der Option Proof den Namen des Druckers oder Belichters, den Sie in den **Farbeinstellungen** (Strg+⇧+K, siehe oben) festgelegt haben.

Sie nehmen das Farbmanagement durch Photoshop und wählen das Druckerprofil für Ihr Gerät. Besonders präzise Probedrucke erhalten Sie mit den Optionen Papierfarbe simulieren und Schwarze Druckfarbe simulieren – falls sie für Ihr Profil angeboten werden. Das Farbmanagement des Druckers schalten Sie ab.

TIPP Wollen Sie schon bei der Bildbearbeitung in Photoshop selbst eine Vorschau auf die Druckerfarben? Wählen Sie in Photoshop zunächst **Ansicht: Proof einrichten: Benutzerdefiniert** und danach **Ansicht: Farbproof** (Strg+Y).

3.4.3 »Ausgabe«-Optionen

Wechseln Sie im Klappmenü oben rechts von Farbmanagement zu Ausgabe. Ihre Möglichkeiten hier hängen auch vom aktuellen Drucker ab. Freilich: Häufig verzichtet man ganz auf Druckkennlinie und Raster von Hand und überlässt die Aufgabe dem Druckertreiber oder dem Belichtungsdienst.

Nur am Mac können Sie mit 16 Bit Farbtiefe drucken. Voraussetzungen: Sie verwenden MacOS ab Version 10.5 und einen neueren Drucker wie HP B9180 oder Epson Stylus Photo 2880.

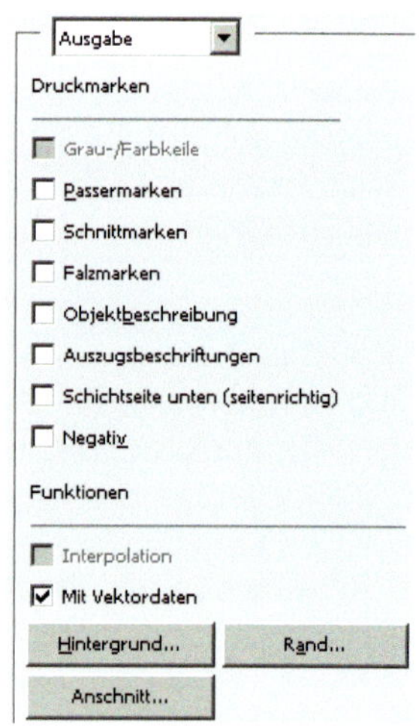

Abbildung 3.19
Im »Ausgabe«-Bereich des »Drucken«-Dialogs entscheiden Sie über Passermarken, Hintergrund und Rand. Eine 16-Bit-Option gibt es nur am Mac.

»Mit Vektordaten«

Einige Bildelemente basieren nicht auf einzelnen Bildpunkten, sondern auf Pfaden und Vektoren – zum Beispiel Text- oder Formebenen. Die Option Mit Vektordaten verhindert bei PostScript-Druckern, dass dieses Material bereits beim Aufbau des Druckbilds in Druckpunkte gerastert wird. Stattdessen gelangt es unabhängig von der Auflösung als Vektormaterial zum Ausgabegerät und wird über das Rasterbild gedruckt. So erhalten Sie eventuell schärfere Konturen.

Weitere Optionen

Auszugsbeschriftung, Schnittmarken oder Farbskala druckt Photoshop nur mit, wenn das Papier dazu noch Platz lässt. Sie sehen die Zusätze sofort in der Druckvorschau. Einige Möglichkeiten:

- Die Option Auszugsbeschriftungen verewigt den Namen des Dokuments und des Farbkanals auf dem Papier.
- Die Option Schnittmarken platziert Schnittmarken an den Ecken des Bilds, die anzeigen, wo das Bild beschnitten werden soll. Falzmarken sind zusätzliche Markierungen in der Mitte jedes Bildrands. Im CMYK-Modus bekommen Sie außerdem Grau-/Farbkeile.
- Passermarken sind Markierungen, mit denen die Filme für die einzelnen Farbauszüge passgenau übereinandergelegt werden, sowie Marken für die Detailauflösung, mit denen der Laserstrahl des Druckfilmbelichters geprüft werden kann.
- Per Interpolation verlangen Sie, dass das pixelige Aussehen von Bildern mit geringer Auflösung geglättet wird; dies geht jedoch nur bei einigen PostScript-Level-II-Druckern, ansonsten wird der Befehl ignoriert.
- Erreichbar über die Schaltfläche Rand, verpassen Sie dem Bild ein schwarzes Rähmchen; Sie geben die Maßeinheit und einen Wert (auch dezimal) vor. Häufig wirkt es bequemer und vielseitiger, den Rand in Photoshop selbst anzubringen (Seite 812).
- Als Objektbeschreibung druckt Photoshop auf Wunsch den Beschreibungs-Text aus den IPTC-Informationen (Seite 184), und zwar in 9 Punkt Helvetica.
- Auf Wunsch füllt Ihr Bildprogramm die Seite mit einer Hintergrund-Farbe um das Bild herum.

Kapitel 4

Befehle widerrufen, aufzeichnen und abspielen

In diesem Kapitel erfahren Sie, wie Sie Befehle widerrufen und aufzeichnen. Unter anderem geht es um Protokollpalette und Aktionenpalette. Arbeiten Sie am besten so, dass Sie Bildpunkte nicht dauerhaft verändern; die Pixel werden nur korrigiert angezeigt, doch lässt sich diese Korrektur jederzeit zurücknehmen oder verfeinern. Tipps zum »Arbeiten mit Rücknahmemöglichkeit« liefert dieses Kompendium ab Seite 35.

4.1 Eingaben zurücknehmen

Auf viele Arten widerrufen Sie Arbeitsschritte. Selbst nach dem Speichern kehren Sie zu früheren Fassungen zurück oder Sie mischen verschiedene Zustände des Bilds. Wir beleuchten hier unter anderem die Protokollpalette. Lesen Sie aber auch, wie Sie von vornherein die Bilddatei so aufbauen, dass Sie flexibel bleiben und gar nichts widerrufen müssen.

4.1.1 Einfache Rücknahme

Verschiedene Funktionen machen einen einzelnen Befehl ganz oder teilweise rückgängig.

»Rückgängig«

Wollen Sie nur den allerletzten Eingriff ungeschehen machen, wählen Sie **Bearbeiten: Rückgängig** oder Strg+Z. Beachten Sie: Wenn Sie mehrfach kurz mit dem Pinsel oder Kopierstempel ins Bild klicken, erkennt Photoshop verschiedene Einzelaktionen. Nur der allerletzte Teilstrich ist per Strg+Z annullierbar.

Alternativ wählen Sie **Bearbeiten: Schritt zurück** (Strg+Alt+Z). Mit diesem Befehl gehen Sie schrittweise mehrere Arbeitsstufen zurück. Einfacher klicken Sie freilich gleich den gewünschten Bildzustand auf der Protokollpalette an (Seite 94).

Nach dem **Speichern** bietet Photoshop den **Rückgängig**-Befehl nicht mehr an. Gleichwohl setzen Sie Ihr Bild mit **Schritt zurück** oder mit der Protokollpalette zurück.

TIPP Der **Rückgängig**-Befehl hat ein besonderes Talent, das Ihnen die sonst bequemere Protokollpalette nicht bietet: Haben Sie die Liste der Protokollpalette gelöscht, können Sie die Aufzählung wiederherstellen – aber nur per **Bearbeiten: Rückgängig Protokoll löschen**; in der Protokollpalette selbst lässt sich das Löschen nicht rückgängig machen.

»Wiederherstellen«

Nach dem Klick auf **Rückgängig** zeigt das **Bearbeiten**-Menü den Befehl **Wiederholen**; er stellt einen bereits aufgehobenen Arbeitsschritt wieder her. Für **Rückgängig** und **Wiederherstellen** verwenden Sie gleichermaßen Strg+Z – so wechseln Sie bequem zwischen Vorher und Nachher.

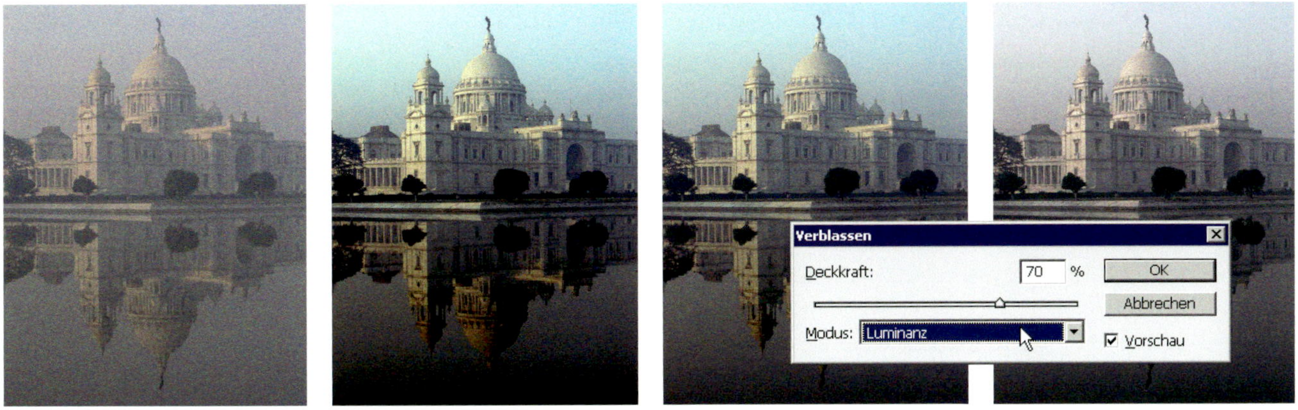

Abbildung 4.1 **Links:** Das Bild braucht Nachbesserung. **2. Bild:** Der Befehl **Bild: Auto-Farbton** schießt übers Ziel hinaus. **3. Bild:** Der **Verblassen**-Befehl senkt die Wirkung auf 70 Prozent. **4. Bild:** Im **Verblassen**-Dialog ändern wir die Füllmethode auf LUMINANZ, um die Farbstimmung des Originals zurückzuerhalten. Vorlage: Befehle_01

»Zurück zur letzten Version«

Ist alles danebengeraten, bleibt vielleicht nur der **Datei**-Befehl **Zurück zur letzten Version** (F12). Er schließt die Datei ohne Speichern – und ohne Rückfrage – und öffnet die zuletzt gesicherte Fassung.

Gut zu wissen: Sie wählen **Zurück zur letzten Version**, doch der Inhalt der Protokollpalette bleibt erhalten, Sie können also einige Änderungen wieder zurückholen. Die Protokollpalette zeigt auch das Objekt ZURÜCK ZUR LETZTEN VERSION; Sie stornieren bei Bedarf also das komplette Wendemanöver.

Alternative: Klicken Sie in der Protokollpalette auf den ersten Schnappschuss des unveränderten Bilds; diesen Schnappschuss erstellt die Protokollpalette meist automatisch (Seite 96). Haben Sie freilich bei laufender Bearbeitung zwischengespeichert, sind erster Schnappschuss und Festplattenversion Ihres Bilds nicht mehr identisch.

»Verblassen«

Photoshop nimmt die letzte Änderung auch stufenlos zurück – zum Beispiel **Filter**- oder **Anpassungen**-Befehle oder einen Pinselstrich. Ein Beispiel: Sie haben soeben scharfgezeichnet und wollen diese Änderung noch leicht abschwächen; der Befehl lautet dann **Bearbeiten: Verblassen: Selektiver Scharfzeichner** (Strg + ⇧ + F). Das Prinzip: Photoshop legt das aktuelle Ergebnis wie eine Ebene über die vorherige Version. Je niedriger Sie die Deckkraft einstellen, desto stärker scheint wieder die Vorherfassung durch. Zudem können Sie mit Füllmethoden experimentieren (Seite 773). Die Mischfassung des **Verblassen**-Befehls heben Sie bei Bedarf per **Rückgängig** immer noch gänzlich auf. Der Befehl **Verblassen** erscheint auch im Kontextmenü der Auswahlwerkzeuge, sofern bereits eine Auswahl im Bild ist.

Der **Verblassen**-Befehl ist jedoch unflexibel. Bearbeiten Sie lieber getrennte Ebenen, die Sie in der Ebenenpalette beliebig mischen und wieder korrigieren (»Verlustfrei arbeiten«, Seite 35).

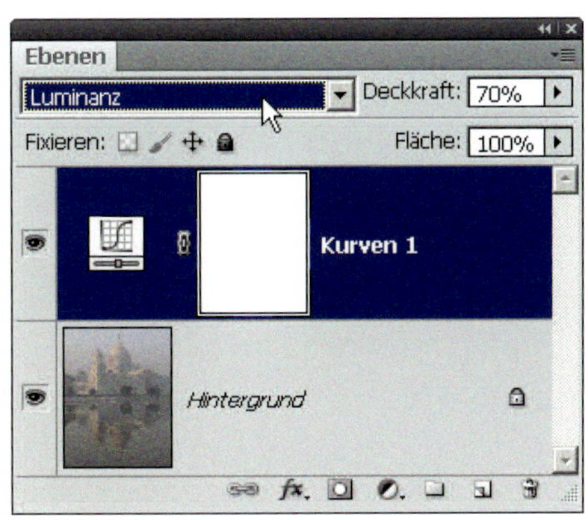

Abbildung 4.2 Das Ergebnis wie in der vorherigen Bildreihe erzielen Sie auch so: Sie legen eine Gradationskurve als Einstellungsebene an und klicken bei gedrückter Alt-Taste auf AUTO, danach ohne Zusatztaste auf »Kontrast kanalweise verbessern«. Danach senken Sie die DECKKRAFT auf 70 Prozent und stellen die Füllmethode LUMINANZ ein. So ändern Sie die Korrektur später jederzeit.

4.1.2 Rücknahme im Dialogfeld

Haben Sie in einem Dialog oder in einer Palette an mehreren Reglern gedreht und möchten zu einer früheren Reglerstellung zurückkehren, bietet Photoshop meist zwei Möglichkeiten:

- Drücken Sie den Standard-Rücknahmebefehl Strg+Z, um die allerletzte Änderung zu annullieren (Strg+Z hebt auch die letzte Änderung an einem **Transformieren**-Rahmen auf).
- Drücken Sie in Dialogfeldern die Alt-Taste; sie verwandelt die Schaltfläche Abbrechen in die Schaltfläche Zurück. Diese klicken Sie an, um alle Änderungen aufzuheben, ohne das Dialogfeld zu schließen.

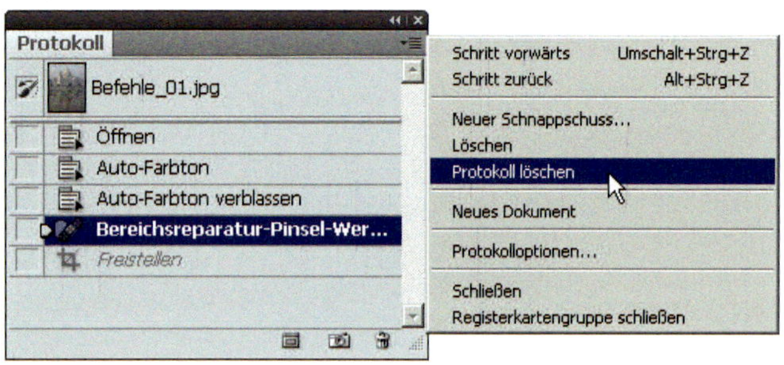

Abbildung 4.3 Die Protokollpalette stellt ältere oder neuere Fassungen Ihres Bilds wieder her, solange Sie die Datei nicht schließen.

4.1.3 Protokollfunktionen

Mit den mächtigen, gleichwohl leicht handhabbaren Protokollfunktionen sollten Sie sich auskennen: Per Protokollpinsel und Protokollpalette widerrufen Sie bis zu 1000 Arbeitsschritte. Solange das Bild geöffnet ist, zeichnet die Protokollpalette alle Bildzustände im gewünschten Umfang auf. Sie können also zwischenzeitlich speichern und danach einen Zustand herstellen, der vor dem Speichern herrschte.

Jeder Arbeitsschritt, jeder Pinselklick erscheint in der Palette. Photoshop zeigt stets zu jedem geöffneten Bild eine aktuelle Palette. Beim Schließen des Bilds ist das »Protokoll« mit Rückrufmöglichkeit ein für alle Mal verloren. Um Schritt für Schritt durchs Protokoll zu wandern, drücken Sie ⇧+Strg+Z für Vorwärts- und Alt+Strg+Z für Rückwärtsbewegung. Änderungen an Paletten, Aktionen oder Voreinstellungen zeichnet die Protokollpalette nicht auf.

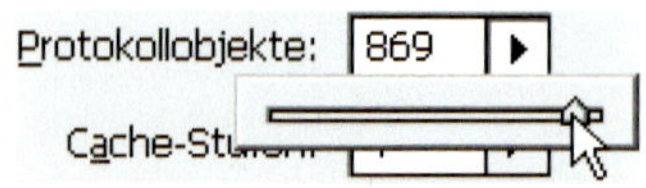

Abbildung 4.4 Die Zahl der »Protokollobjekte«, also der möglichen Rücknahmestufen, regeln Sie in den »Voreinstellungen« (Strg+K) im Bereich »Leistung«. Der voreingestellte Wert 20 ist zu niedrig.

Möglichkeiten

Diese Möglichkeiten bietet der protokollarische Dienst:

- Sie kehren zu fast beliebigen Arbeitsstufen zurück.
- Der Protokollpinsel malt punktgenau beliebige Zwischenstufen Ihres Werks in die aktuelle Fassung.
- Der Befehl **Bearbeiten: Fläche füllen** kippt auf Wunsch Teile einer früheren Bildfassung zurück in Ihre Datei.
- Um Speicher zu sparen, löschen Sie Schritte und grenzen die Zahl der aufzuzeichnenden Schritte ein.
- Wichtige Zwischenergebnisse merkt sich Photoshop auf Befehl als »Schnappschuss«.

Rückgängigspeicher

Sie können bis zu 1000 Arbeitsschritte aufzeichnen, die Sie mit der Protokollpalette wiederherstellen. Photoshop widerruft ab Werk zunächst nur 20 Schritte – viel zu wenig, löst doch jeder kleine Klecks mit dem Kopierstempel einen eigenen Eintrag aus.

Natürlich braucht Photoshop Arbeitsspeicher, um nach einem Befehl die Rücknahmeversion einer bearbeiteten Datei bereitzuhalten. Je länger Sie arbeiten und je mehr Schritte Sie bereithalten wollen, desto mehr Arbeitsspeicher kostet das. Den wachsenden Speicherbedarf erkennen Sie in den **Arbeitsdateigrößen** in der Statusleiste (Seite 68). Löschen Sie den Rücknahmespeicher mit dem Befehl **Bearbeiten: Entleeren: Rückgängig**.

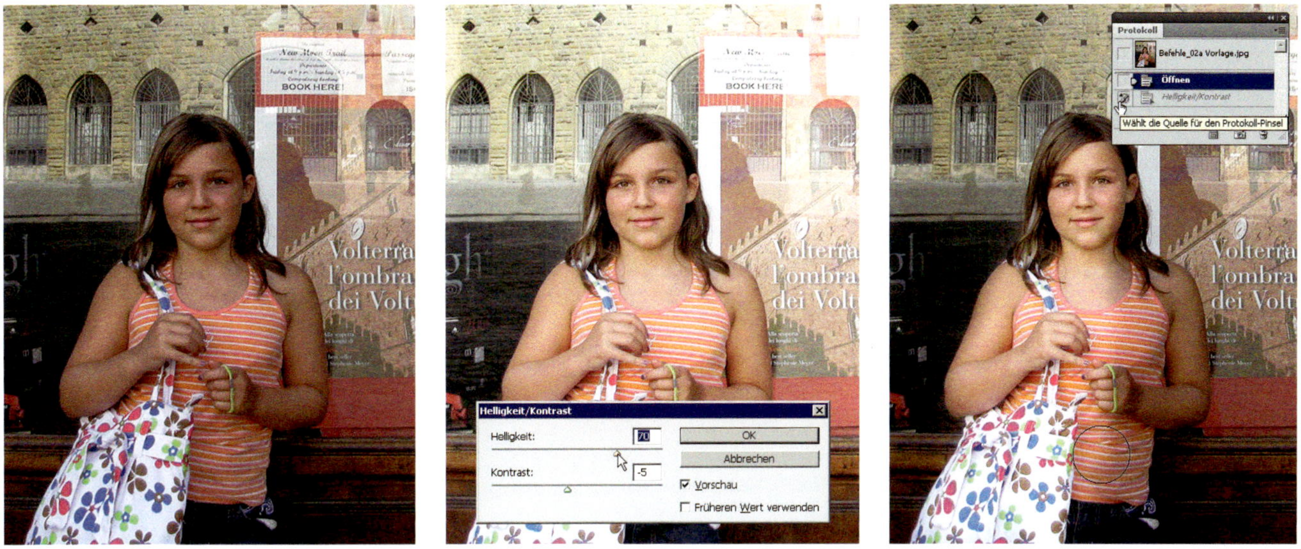

Abbildung 4.5 **Links:** Die Person ist zu dunkel, der Hintergrund zu detailreich. Beide Mängel beheben wir durch globale Korrekturen, die der Protokollpinsel anschließend örtlich eingrenzt. **Mitte:** Wir hellen das Gesamtbild per »Helligkeit/Kontrast« auf – passend fürs Modell, aber zu stark für den Hintergrund. **Rechts:** Wir setzen das Bild mit einem Klick auf »Öffnen« auf den dunklen Zustand zurück, definieren aber den Schritt »Helligkeit/Kontrast« als »Quelle für den Protokoll-Pinsel«. Dann malen wir mit dem Protokoll-Pinsel über der Person – sie hellt auf, der Hintergrund bleibt dunkel. Vorlage: Befehle_02a

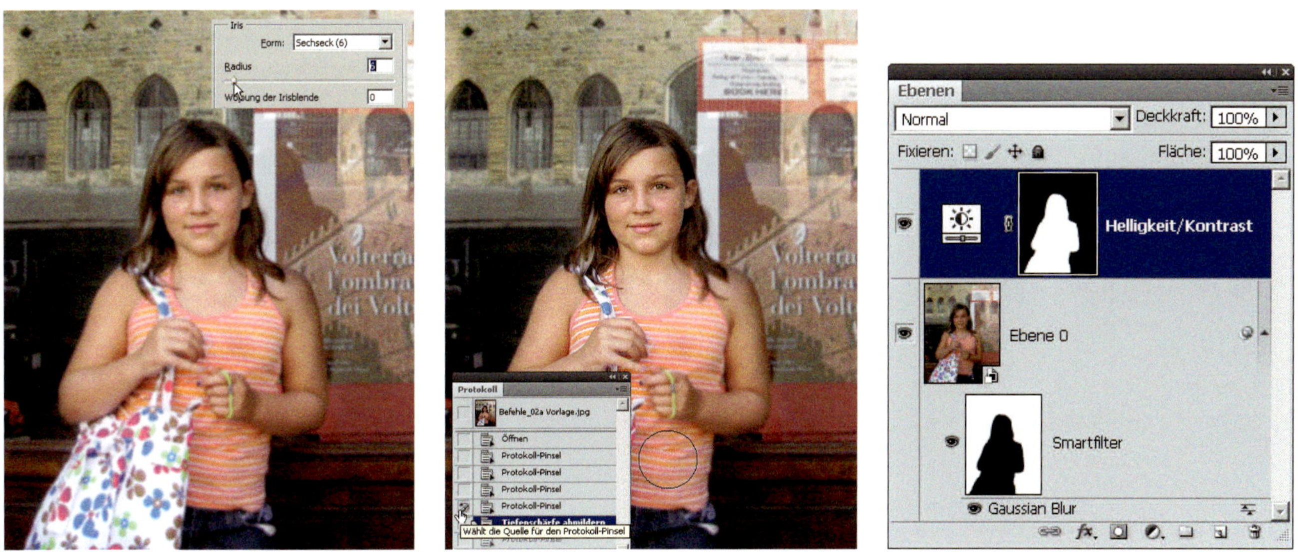

Abbildung 4.6 **Links:** Der Befehl »Tiefenschärfe abmildern« zeichnet das Gesamtbild weich. **Mitte:** In der Protokollpalette definieren wir den letzten Schritt vor dem Weichzeichnen als »Quelle für den Protokoll-Pinsel«. Dann malen wir mit dieser nicht abgesofteten Version über der Person – das Hauptmotiv erscheint wieder scharf. **Rechts:** Diese Konstruktion bringt fast das gleiche Ergebnis, aber hier lässt sich alles noch umstellen: »Helligkeit/Kontrast« als Einstellungsebene, »Gaußscher Weichzeichner« als Smartfilter. Beide Korrekturebenen werden durch Masken örtlich gebremst (»Tiefenschärfe abmildern« läuft nicht als Smartfilter). Datei: Befehle_02b

TIPP Der Befehl **Bearbeiten: Entleeren: Rückgängig** entfernt nicht die Schnappschüsse aus der Protokollpalette – Sie geben also viel Arbeitsspeicher frei, dennoch behalten Sie die wichtigsten Zwischenergebnisse. Auch die letzte Auswahl, die Sie mit dem Befehl **Auswahl: Erneut wählen** noch einmal ins Bild bringen, bleibt trotz Leerens des Rückgängigspeichers erhalten.

Schnappschuss

Ein sogenannter »Schnappschuss« speichert ein Zwischenstadium Ihrer Arbeit im Arbeitsspeicher – und zwar so lange, wie das Bild geöffnet ist. Der Schnappschuss geht unabhängig von der weiteren Zahl der Arbeitsschritte nicht verloren, auch das **Löschen** des Protokollspeichers übersteht er unbeschadet. Klicken Sie auf das Symbol Erstellt einen neuen Schnappschuss unten in der Protokollpalette.

Die Schnappschussabbildungen erscheinen en miniature ganz oben in der Protokollpalette. So greifen Sie auf ausgewählte frühere Varianten Ihrer Bildbearbeitung zurück; das ist oft sinnvoller, als endlos Einzelschritte in der Protokollpalette anzuhäufen.

Klicken Sie zum Umbenennen eines Schnappschusses doppelt auf den Namen des Schnappschusses. Das Kontextmenü zum Schnappschuss bietet Befehle wie **Löschen** und **Protokoll löschen**. Der Schnappschuss lässt sich ebenso wie jeder andere Eintrag in der Protokollpalette als Quelle für den Protokollpinsel verwenden (Seite 97); außerdem eignet er sich für die Protokoll-Option beim **Füllen** einer Auswahl oder eines Pfads.

ACHTUNG Vorsicht: Beim Rückgriff auf einen Schnappschuss löscht Photoshop jüngere Bildvarianten aus dem Protokollspeicher, sofern Sie auf die Option Nicht-lineare Protokolle sind zulässig verzichten (siehe unten).

Einzelschritte durch Löschen verwerfen

So löschen Sie einzelne Schritte aus der Protokollpalette, um den Speicher zu entlasten und für mehr Übersicht zu sorgen:

1. Markieren Sie beispielsweise Schritt 3 von 6, so dass die nachfolgenden Ereignisse grau erblassen.
2. Dann klicken Sie auf das Mülleimersymbol unten rechts in der Protokollpalette. Photoshop fragt zurück: Objekt löschen?
3. Sie antworten mit Ja.
4. Die jüngeren Schritte verschwinden aus der Palette.

Bei Bedarf hieven Sie die entfernten Befehle unmittelbar anschließend per **Bearbeiten: Rückgängig: Status löschen** wieder in die Palette. Wie auch bei anderen Paletten klicken Sie den Mülleimer bei gedrückter Alt-Taste an, um gleich ohne Rückfrage zu löschen.

TIPP Wollen Sie einige Zwischenstufen aus der Protokollpalette als separate Datei erhalten? Ziehen Sie den Arbeitsschritt oder den Schnappschuss aus dem Protokoll auf die Schaltfläche Erstellt ein neues Dokument unten in der Protokollpalette.

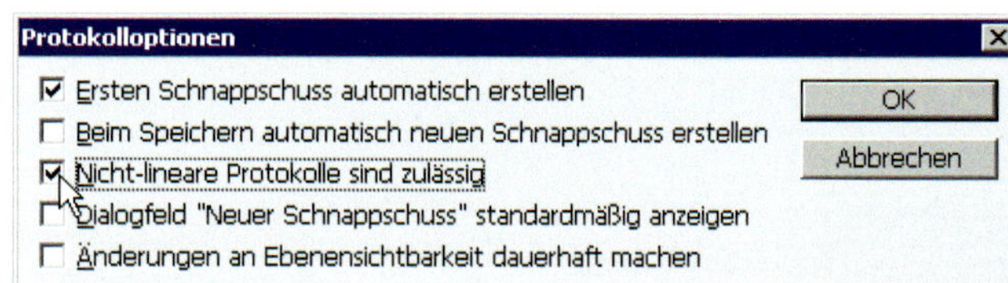

Abbildung 4.7 Mit der Option »Nicht-lineare Protokolle« legen Sie fest, ob die Protokollpalette bereits widerrufene Arbeitsschritte weiter vorhalten soll.

Protokolle löschen

So löschen Sie das Protokoll für ein Einzelbild oder für alle Bilder, um Speicher freizugeben:

» Wählen Sie **Protokoll löschen** im Paletten- oder Kontextmenü. Damit verschwinden alle Aufzeichnungen für das aktive Bild. Schnappschüsse bleiben jedoch erhalten. Unmittelbar im Anschluss machen Sie bei Bedarf das Löschen **Rückgängig**.

» Photoshops Befehl **Bearbeiten: Entleeren: Protokolle** löscht die Protokollinformationen für sämtliche geöffneten Bilder, nicht nur für das aktive Bild. Schnappschüsse überdauern den Vorgang jedoch. Photoshop blendet eine wichtige Warnung ein: Dies kann nicht rückgängig gemacht werden.

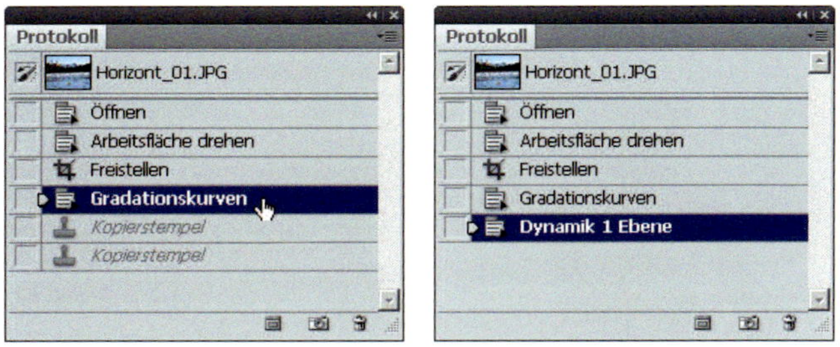

Abbildung 4.8 Diese Beispiele entstanden ohne die Option »Nicht-lineare Protokolle sind zulässig«. **Links:** Inklusive »Öffnen« verzeichnet die Protokollpalette sechs Arbeitsschritte. Die Retusche mit dem Kopierstempel wird jedoch verworfen. Wir kehren zu Schritt 4 zurück, zu »Gradationskurven«. Die anderen Schritte erscheinen blassgrau. **Rechts:** Sobald wir eine Korrekturebene »Dynamik« anlegen, entfernt Photoshop die bisherigen »Kopierstempel«-Schritte 5 und 6. Die »Kopierstempel«-Versionen lassen sich nicht mehr aufrufen; Sie können jedoch die »Dynamik«-Ebene widerrufen und haben dann wieder Zugriff auf die Kopierstempel-Schritte.

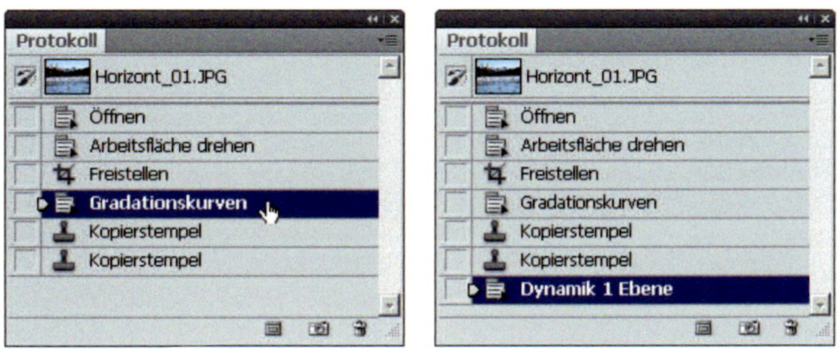

Abbildung 4.9 Hier nutzen wir die Option »Nicht-lineare Protokolle sind zulässig«. **Links:** Wir haben das Bild in sechs Schritten bearbeitet und sind dann zu Schritt 4 zurückgekehrt. Diesmal erscheinen die Schritte 5 und 6 nicht abgedimmt. **Rechts:** Wir haben wieder eine »Dynamik«-Ebene angelegt. Sie erscheint als Schritt 7 in der Protokollpalette. Die verworfenen Schritte 5 und 6 bleiben weiterhin verfügbar.

»Nichtlineare Protokolle sind zulässig«

Sie erreichen diese wichtig Einstellmöglichkeit wie üblich mit dem Befehl **Optionen** im Menü der Protokollpalette. Die Option Nicht-lineare Protokolle sind zulässig ist hier zunächst deaktiviert. Lassen Sie die Option ausgeschaltet, gilt folgendes Standardverhalten:

» Sobald Sie Schritt 4 von 6 löschen, gehen auch die Schritte 4 bis 6 über die Wupper.

» Wenn Sie Schritt 4 von 6 markieren und neu mit der Bearbeitung beginnen, gehen die Schritte 5 und 6 ebenfalls verloren.

Die Protokollpalette verhält sich anders, sobald Sie Nicht-lineare Protokolle zulassen. Nun können Sie Einzelschritte löschen – aber Varianten, mit denen Sie nicht weiterarbeiten, bleiben erhalten. Ihnen gehen also keinerlei Arbeitsstufen verloren. Nun verhält sich das Programm wie folgt:

» Löschen Sie Schritt 4 von 6, bleiben die nachfolgenden Schritte alle erhalten und können aufgerufen werden. Sie erscheinen nicht abgedimmt in der Protokollpalette.

» Wenn Sie Schritt 4 von 6 markieren und neu mit der Bearbeitung ansetzen, listet die Protokollpalette die neuen Schritte hinter den bisherigen Schritten 5 bis 6 auf. Alte und neue Schritte bleiben zur Hand – auch Versionen, die Sie verworfen haben.

Die nicht-linearen Protokolle kosten viel Arbeitsspeicher und verwirren manchmal. Ich benutze sie trotzdem – so geht nichts verloren.

TIPP Statt die speicherfressenden Nicht-linearen Protokolle zu verwenden, können Sie für interessante Zwischenstufen auch einen Schnappschuss anlegen.

Protokollpinsel

Der Protokollpinsel pinselt Teile einer beliebigen Bildfassung in die aktuelle Version der Datei; ebenso wirkt der Radiergummi mit der Option Basierend auf Protokoll löschen. So säubern Sie Übergänge zwischen veränderten und ursprünglichen Bildteilen oder schichten allgemein verschiedene Zustände einer Datei ineinander. Niedrige Werte im Fluss-Regler lassen den Strich an den Rändern ausbleichen, auch das Zentrum erreicht nicht sofort volle Deckkraft. Malen Sie mehrfach übereinander, wird der Farbauftrag kräftiger, ohne dass Sie zwischenzeitlich die Taste an Maus oder Grafikstift loslassen müssten. Sie haben die Wahl:

» Malen Sie Teile älterer Varianten in ein neues Stadium hinein.

» Übertragen Sie umgekehrt Bildpunkte aus einer neueren Fassung in eine davor erzeugte Variante.

» Statt mit dem Protokollpinsel bringen Sie andere Bildzustände auch mit dem Befehl **Bearbeiten: Fläche füllen** neu ins Spiel.

Abbildung 4.10 **Links:** Das Wahrzeichen wirkt zu dunkel. **Mitte, rechts:** Über die »Hintergrund«-Ebene legen wir zwei Duplikate im Modus »Negativ multiplizieren« (Seite 352) an, das zweite mit nurmehr 50 Prozent Deckkraft. Das Bild erscheint deutlich heller, doch wir möchten den Hintergrund wieder etwas abdunkeln. Vorlage: Befehle_03. Foto: Lucas Klamert

Wie bei anderen Pinselwerkzeugen gilt für den Protokollpinsel: Sie haben alle Überblendverfahren und Pinselvorgaben zur Verfügung, mit den Zifferntasten steuern Sie die Deckkraft besonders bequem. Haben Sie sich schon am Bild abgearbeitet, geht es so weiter:

1. In der Protokollpalette klicken Sie in die Leiste für den Protokollpinsel direkt links neben einem Arbeitsschritt mit der Einblenderklärung Wählt die Quelle für den Protokollpinsel oder Sie klicken neben einem Schnappschuss oben in der Protokollleiste. Im Kästchen erscheint das Symbol für den Protokollpinsel. Das bedeutet: Auf diese Fassung greift der Protokollpinsel beim Farbauftrag zurück. (Aktivieren Sie dieses Objekt jedoch nicht durch einen Klick auf den Namen.)
2. Aktivieren Sie in der Protokollpalette diejenige Bildfassung, die Sie bearbeiten möchten. Häufig ist dies die neueste Fassung, sie ist ohnehin aktiviert.
3. Schalten Sie den Protokollpinsel in der Werkzeugleiste ein (Kurztaste Y).
4. Tragen Sie mit dem Protokollpinsel Bildpunkte auf.

Diese Aktivitäten werden wiederum in der Protokollpalette vermerkt; Sie können also jeden Strich mit dem Protokollpinsel einzeln widerrufen oder als Basis für neue Protokollretuschen verwenden.

TIPP Sie brauchen bei einer Retusche immer wieder zwei verschiedene Durchmesser für den Protokollpinsel? Die eine Größe stellen Sie direkt für den Protokollpinsel ein. Dann wechseln Sie zum Radiergummi und schalten die Option **Basierend auf Protokoll löschen** ein – damit funktioniert der Radiergummi ebenso wie der Protokollpinsel. Hier stellen Sie die zweite nützliche Pinselgröße ein. Nun wechseln Sie mit den Tasten Y und E bequem zwischen den beiden Werkzeugen, die so identisch funktionieren, aber unterschiedliche Größen anbieten.

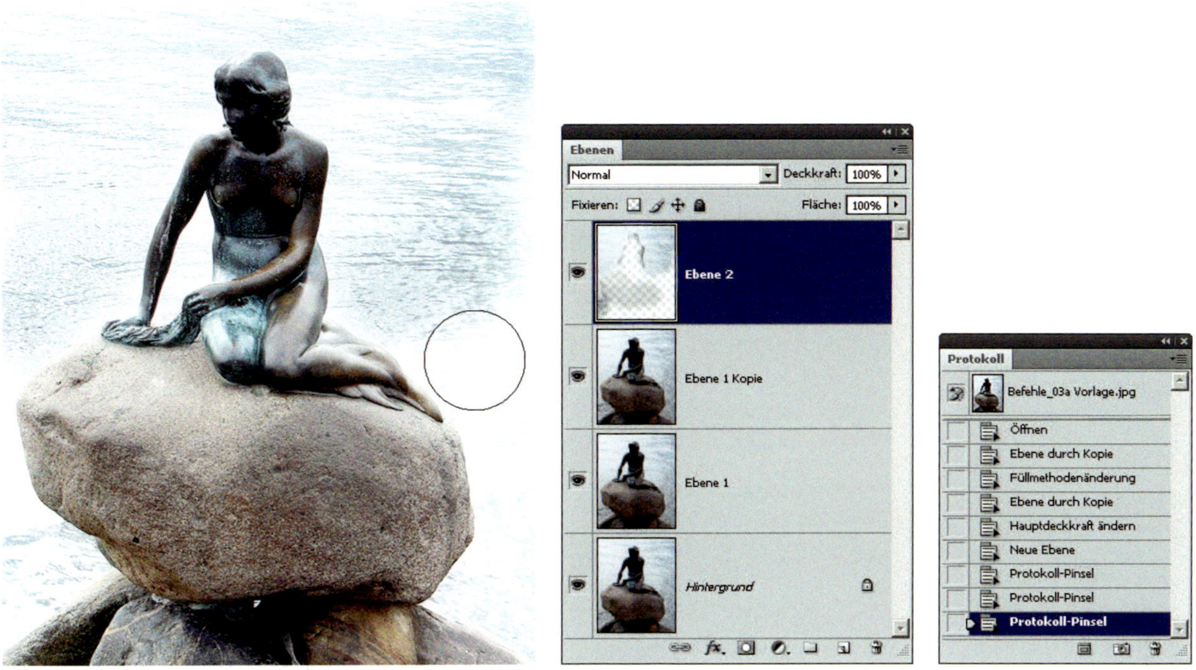

Abbildung 4.11 Wir legen ganz oben in der Palette eine neue, leere »Ebene 2« an. Die ursprüngliche, dunkle Bildversion ist in der Protokollpalette bereits als Protokollquelle aktiviert. Mit dem Protokollpinsel und wechselnder Deckkraft malen wir die dunklere Bildfassung in die Außenbereiche. Sie landen in der separaten Ebene 2 und lassen sich so weiterkorrigieren oder entfernen. Der rechte untere Teil ist hier noch unbearbeitet.

»Füllen« mit Protokoll

Füllen Sie eine Auswahl oder einen Pfad mit einem Protokollzustand. Dazu verwenden Sie die Befehle **Bearbeiten: Fläche füllen** (⇧ + ←, Seite 467) oder aus dem Menü der Pfadpalette **Pfadfläche füllen**. Im Klappmenü Füllen mit geben Sie das Protokoll an. Zum Füllen verwendet Photoshop diejenige Bildversion, die in der Protokollpalette mit dem Pinselsymbol markiert ist. Fehlt diese Kennzeichnung, wird die Option Protokoll nicht angeboten. Beim Füllwerkzeug genießen Sie dieses Angebot nicht.

Einschränkungen

Mit dem **Füllen**-Befehl und dem Protokollpinsel bringen Sie ältere Bildzustände in eine neuere Variante Ihrer Vorlage oder umgekehrt. Hinter einige Schritte können Sie jedoch nicht mehr zurückkehren:

- Wenn Sie die Bildfläche mit Befehlen wie **Bildgröße**, **Arbeitsfläche** oder mit dem Freistellungswerkzeug verändert haben
- Wenn Sie den Farbmodus gewechselt haben

4.2 Befehlsfolgen protokollieren & aufzeichnen

Auf verschiedene Arten protokollieren und automatisieren Sie Befehle und Befehlsfolgen:

- Das Programm merkt sich alle Ihre Arbeitsschritte und schreibt sie in ein Verlaufsprotokoll. Diese Liste können Sie studieren, aber nicht auf andere Dateien anwenden.
- Wollen Sie einzelne Befehle mit einer individuellen Taste aufrufen, verwenden Sie **Bearbeiten: Tastaturbefehle** (Seite 64).
- Sie starten die Befehlsaufzeichnung mit der Aktionenpalette und wenden die aufgezeichneten Funktionen auf eine einzelne andere Datei an.
- Sie wenden die aufgezeichnete Aktion auf ganze Bildreihen an, das erledigen die Befehle **Datei: Automatisieren: Stapelverarbeitung** und **Datei: Skripten: Bildprozessor**.

- Der Befehl **Datei: Skripten: Skriptereignis-Manager** führt Skripten oder Aktionen aus, sobald in Photoshop etwas Bestimmtes passiert. Ein Beispiel: Sobald Sie eine Datei öffnen, läuft eine Aktion zur Kontrastkorrektur ab.
- Sie programmieren Befehlsfolgen als Skript, die als Menübefehl in Photoshop erscheinen. Die Möglichkeiten dieser Technik gehen weit über Aktionen hinaus, Sie verwenden zum Beispiel VisualBasic, JavaScript oder AppleScript. Weitere Informationen, auch auf Deutsch, über Skripten und skriptfähige Photoshop-Befehle liefern innerhalb des Photoshop-Verzeichnisses die Unterverzeichnisse »Scripting« und »Skript-Dokumente«.
- Die **Variablen**-Technik setzt wechselnde Texte oder Bildteile in ein Grundlayout.
- Legen Sie eine Bildebene als Smart-Objekt an, das Sie transformieren und mit **Filter**-Befehlen verändern. Wenn Sie die Bildebene **ersetzen**, übernimmt das neu eingesetzte Motiv automatisch Transformierung und **Filter**-Änderungen.

4.2.1 Verlaufsprotokoll

Das Verlaufsprotokoll führt Buch über Ihre Zeit und Ihre Aktivitäten in Photoshop. Wahlweise listen Sie nur Arbeitszeiten pro Datei (NUR SITZUNGEN), die verwendeten Befehle (KURZ) oder Befehle mit allen Feineinstellungen auf (DETAILLIERT).

Sichern Sie die Litanei in einer TEXTDATEI für alle Fotos gemeinsam. Alternative: Photoshop führt das Verlaufsprotokoll direkt in den METADATEN der einzelnen Textdateien. Dann lesen Sie die Aufzeichnungen mit dem Befehl **Datei: Dateiinformationen** (Strg+Alt+⇧+I, auch in Bridge).

Wohlgemerkt: Das Verlaufsprotokoll dient nur der Rückschau – Sie können die aufgelisteten Funktionen nicht als Aktion speichern und auf andere Dateien anwenden.

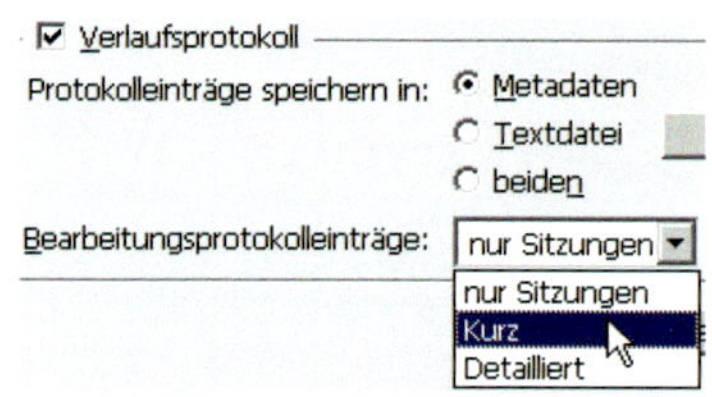

Abbildung 4.12 In den »Voreinstellungen« (Strg+K) steuern Sie, ob und wie genau Photoshop Ihre Arbeit mitprotokolliert.

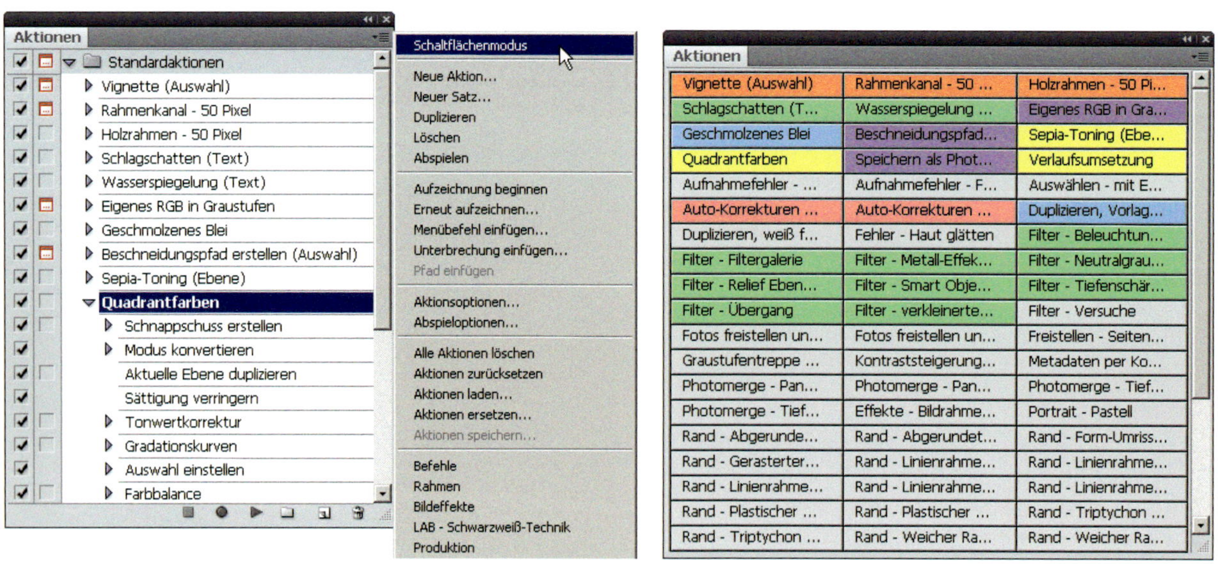

Abbildung 4.13 Mit der Aktionenpalette zeichnen Sie Befehlsfolgen auf, die Sie auf Dateien anwenden. Hier sehen Sie einen Teil der mit diesem Buch gelieferten Aktionen. **Links:** Der übliche Listenmodus zeigt die Einstellungen der Einzelbefehle; im Menü zur Aktionenpalette wechseln Sie auch zum »Schaltflächenmodus«. **Rechts:** Der Schaltflächenmodus bietet ausschließlich die Aktion ohne Zugriff auf Einzelbefehle an.

4.2.2 Die Aktionenpalette im Überblick

Gern höre ich den Jingle, wenn der Rechner herunterfährt. Wichtigste Verbündete auf dem Weg in den Feierabend ist die Aktionenpalette. Sie klicken auch lieber weniger als mehr? Dann lesen Sie hier, wie Sie Befehlsreihen mit der Aktionenpalette aufzeichnen und automatisch abspielen. Testen Sie das nur zehn Minuten lang, anschließend klicken Sie weniger, kommen aber gleichwohl viel schneller zum Ziel. Und haben mehr Zeit fürs Wesentliche. Geht es Ihnen nur darum, ein paar entlegene Befehle und Werkzeuge im Schnellzugriff zu haben, bauen Sie sich Ihre persönliche Palette mit dem Configurator (Seite 1068).

Immer wieder hat man dieselben Aufgaben in der Bildbearbeitung: Drehen-Zuschneiden-Kontrastkorrektur-Schärfen-Schließen ist so ein Fall. Setzen Sie dem monotonen Geklicke ein Ende. Zeichnen Sie die komplette Befehlsfolge als sogenannte Aktion auf, die Sie dann immer wieder abspielen. Den Ablauf dieser Aktion steuern Sie nach Belieben: Ganz nach Wunsch zeigt Photoshop die Dialogfelder oder rattert alles ohne Ihr Zutun herunter; bei Bedarf überspringen oder verschieben Sie einzelne Befehle. Und während Photoshop sich abarbeitet, lauschen Sie dem verheißungsvollen Gurgeln der Espressomaschine.

So nutzen Sie die Aktionenpalette

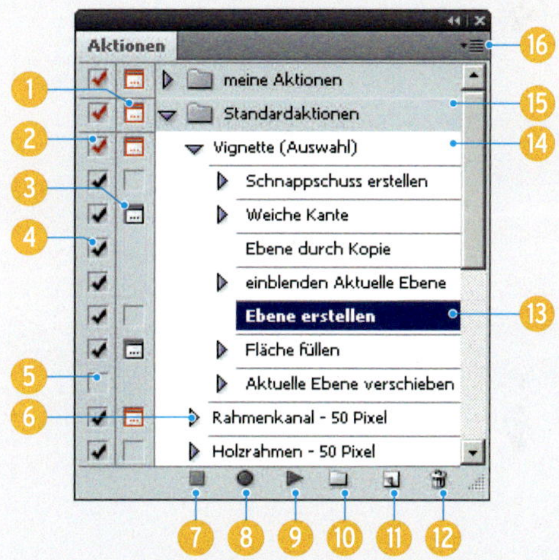

1. **Ein-/Ausschalten für Dialogfelder**
   Symbol schwarz: Alle modalen Befehle in Aktion warten Eingabe ab.
   Symbol rot: Einige modale Befehle warten Eingabe ab.
   Klick: Status aller Befehle umkehren
2. **Ein-/Ausschalten für Aktion**
   Symbol schwarz: alle Befehle verwendet
   Symbol rot: einige Befehle verwendet
   Klick: Status aller Befehle umkehren
3. **Dialogfeld zeigen für Einzelbefehl:**
   Klick: Dialogfeldeinblendung ein-/ausschalten
   [Alt]-Klick: nur dieses Dialogfeld einblenden, alle anderen aus
4. **Ein-/Ausschalten für Einzelbefehl:**
   Klick: Einzelbefehl verwenden/abschalten
   [Alt]-Klick: Befehl einschalten, alle anderen aus/alle einschalten
5. **Befehl abgeschaltet**, wird nicht ausgeführt
6. **Optionen für Einzelbefehl** in Palette anzeigen
7. **Aufzeichnung beenden**
8. **Aufzeichnung beginnen** (Rot signalisiert laufende Aufzeichnung)
9. **Ausführen** der markierten Aktion oder Aktion ab markiertem Befehl ausführen
10. **Aktionssatz** neu anlegen
11. **Neue Aktion.** Klick: neue Aktion anlegen mit Anzeige der Optionen
    [Alt]-Klick: neue Aktion anlegen ohne Optionen
    Objekt auf Symbol ziehen: Aktion oder Befehl duplizieren
12. **Löschen.** Objekt auf Symbol ziehen oder [Alt]-Klick:
    Markierten Befehl oder markierte Aktion sofort löschen
    Klick: markierten Befehl oder markierte Aktion nach Rückfrage löschen
13. **Einzelbefehl.** Klick: Befehl markieren
    Doppelklick: Einzelbefehl neu aufzeichnen
    Feld vertikal ziehen: Rangfolge von Befehl oder Aktion ändern
14. **Aktion per Klick markieren**
    Doppelklick auf Namen: Aktion umbenennen
    Doppelklick neben Namen: Eigenschaften ändern
15. **Aktionssatz:** einmal anklicken vor dem **Speichern** eines Sets als Datei
16. **Palettenmenü öffnen.** U.a. zum **Speichern** als Datei und zum Einfügen von Unterbrechungen (Meldungen)

Der Befehl **Fenster: Aktionen** fördert die Aktionenpalette zutage. Diese Palette spart enorm Zeit, auch wenn die Einarbeitung zehn Minuten kostet. Einige Aktionen liefert die Aktionenpalette bereits mit, weitere Aktionensammlungen laden Sie über das Palettenmenü nach.

Unter Windows laden Sie die Aktionenpalette mit F9. Am Mac gilt zunächst Alt+F9, denn mit F9 allein blenden Sie alle Fenster auf Systemebene ein; Sie können dieses Tastenkürzel in den Systemeinstellungen abschalten.

Möglichkeiten

Die Aktionenpalette bietet starke Möglichkeiten:

» Die Aktionen lassen sich auf Einzeldateien oder auf ganze Verzeichnisse anwenden.

» Sie können das Dialogfeld zu einem Einzelbefehl einblenden und korrigieren oder automatisch mit den bisherigen Werten arbeiten.

» Sie können einzelne Befehle einer »Aktion« verschieben, abschalten oder endgültig löschen.

» Fügen Sie nachträglich Befehle hinzu.

» Planen Sie Stopps und Bildschirmmeldungen ein.

» Sie können Aktionen speichern und weitergeben und auch Aktionen von anderen Anwendern übernehmen, zum Beispiel über Tauschseiten im Internet.

» Starten Sie die Serienverarbeitung, ohne dass Photoshop geöffnet ist, indem Sie die Fotos auf ein Droplet ziehen.

» Starten Sie Aktionen über Tastaturkürzel.

Einige wenige Einzelbefehle oder Einstellungen nimmt die Aktionenpalette nicht sofort an, darunter Vorgaben beim Drucken oder Änderungen der Zoomstufe via **Ansicht**-Menü. Sie lassen sich aber teilweise mit der Funktion **Menübefehl einfügen** nachtragen.

4.2.3 Befehle im Überblick: Aktionenpalette

Taste/Feld	Zusatztasten	Aktion	Ergebnis
			Palettenmenü
			Markierte Aktion löschen
	Alt		Aktion löschen ohne Rückfrage
			Aktion neu erstellen
	Alt		Aktion neu erstellen ohne Dialogfeld
			Befehle aufzeichnen
			Aufzeichnung oder Abspielen anhalten
			Markierte Aktion ausführen oder ab markiertem Befehl ausführen
			Neuen Aktionensatz anlegen, Optionen einblenden
	Alt		Neuen Aktionensatz anlegen, Optionen nicht einblenden
[Name der Aktion]			Aktion umbenennen
			Bei Aktion: bei allen Befehlen mit Dialogfeldunterbrechung diese abschalten und umgekehrt Bei Einzelbefehl: Unterbrechung durch Dialogfeld zulassen/Dialogfeldeinstellungen ohne Unterbrechung verwenden
	Alt		Angeklickten Dialog zulassen, alle anderen aus/alle Dialoge zulassen

Taste/Feld	Zusatz-tasten	Aktion	Ergebnis
✔			Bei Aktion: alle abgeschalteten Befehle einschalten, alle eingeschalteten Befehle ausschalten Bei Befehl: verwenden/nicht verwenden
✔	Alt		Bei Befehl: angeklickten Befehl verwenden, alle anderen aus/alle Befehle verwenden
▷			Bei Aktion: Einzelbefehle anzeigen Bei Einzelbefehl: Einstellungen anzeigen Bei Sätzen: Aktionensatz öffnen
▽			Bei Aktion: Einzelbefehle ausblenden Bei Einzelbefehl: Einstellungen ausblenden Bei Sätzen: Aktionensatz schließen

4.2.4 Eine Aktion erstellen und aufzeichnen

Nach dem Start zeichnet Photoshop die Befehle in der von Ihnen verwendeten Reihenfolge auf. Später können Sie jederzeit Befehle entfernen, vorübergehend ausschalten, nachtragen, nach vorn oder hinten schieben - die Aufzeichnung muss also nicht perfekt laufen.

Das Verfahren in der Kurzübersicht:

1. Laden Sie eine Datei, die alle Schritte der geplanten Aktion mitmacht.
2. Klicken Sie den Aktionensatz an, also den grau unterlegten Balken mit dem Satznamen, in dem Sie die Aktion speichern wollen. Oder klicken Sie einmal auf eine Aktion oder einen Befehl innerhalb des gewünschten Satzes.
3. Klicken Sie auf die Schaltfläche Neue Aktion erstellen und geben Sie der Aktion einen Namen.
4. Klicken Sie im Dialog Neue Aktion auf Aufzeichnen.
5. Wählen Sie sich durch Ihre Befehle.
6. Klicken Sie zum Abschluss unten in der Aktionenpalette auf das Symbol Ausführen/Aufzeichnung beenden.

Aktionensatz erstellen und umbenennen

Photoshop fasst Aktionen in unterschiedlichen »Aktionssätzen« wie in Ordnern zusammen. Die einzelnen Sätze - sie heißen teils auch »Set« - können Sie aufklappen oder schließen. Die neu erstellte Aktion packt Photoshop in den aktuell aktivierten Aktionensatz.

Ein neuer Aktionensatz entsteht mit der Schaltfläche Neuen Satz erstellen. Speichern Sie Aktionen in einer separaten Datei, landet stets ein kompletter Satz in einer Datei.

Abbildung 4.14 Bestimmen Sie für neue und vorhandene Aktion Name, Satz, Tastaturbefehl und Kennfarbe. Diese Vorgaben lassen sich jederzeit ändern.

Aktion erstellen

So erstellen Sie die Aktion:

1. Klicken Sie auf das Symbol Neue Aktion erstellen.
2. Im Dialogfeld weisen Sie der Aktion Name, Anschrift, Farbe und Tastaturkürzel zu (die Farbe zeigt sich jedoch nur im wenig gebräuchlichen Schaltflächenmodus).

ACHTUNG Einige Photoshop-Funktionen sind bereits mit Kurztasten belegt: So ruft F6 den Farbregler auf, F7 zaubert die Ebenenpalette her. Photoshop lässt es ungerührt zu, dass Sie diese Kürzel für eine neue Aktion vergeben - die ursprüngliche Tastenbelegung geht natürlich verloren. Wollen Sie nur einen einzelnen Photoshop-Befehl und nicht eine Befehlsreihe per Tastenkürzel starten, nehmen Sie **Bearbeiten: Tastaturbefehle**.

Befehle aufzeichnen ●

Dann beginnt die eigentliche Aufzeichnung:

1. Aktivieren Sie eine geeignete Bilddatei, besonders universell sind RGB-Dateien mit acht Bit Farbtiefe pro Grundfarbe.
2. Klicken Sie auf das runde Aufzeichnen-Symbol Aufzeichnung beginnen.
3. Während das Aufzeichnen-Symbol (die »Record-Lampe«) rot leuchtet, rufen Sie die Befehle auf. Verbannen Sie ein Dialogfeld mit Abbrechen wieder vom Schirm, wird es nicht in die Aktion aufgenommen.
4. Klicken Sie auf das quadratische Stoppsymbol Ausführen/Aufzeichnung beenden ■ in der Aktionenpalette, Windows-Nutzer drücken alternativ die Esc-Taste – die Aufzeichnung ist beendet.

TIPP Nur für **Speichern**-Befehle oder nur zur Neuberechnung per **Bildgröße**-Dialog müssen Sie nicht unbedingt eine Aktion aufzeichnen: Die Umwandlung in andere Dateiformate und Pixelzahlen erledigt auch der Befehl **Datei: Skripten: Bildprozessor**, mit oder ohne zusätzliche Aktion (Seite 114).

4.2.5 Wichtig beim Aufzeichnen

Das Aufzeichnen einer Aktion bereitet keine Mühe. Doch ein paar Kniffe und Fallstricke gibt es.

»Ebene 1« und »Alpha 1«

Hat die Datei, mit der Sie die Aktion aufnehmen, Elemente wie Ebene 1, Ebene 1 Kopie oder Alpha 1? Vergeben Sie hier besser völlig individuelle Namen (Doppelklick auf den Ebenen- oder Alphakanalnamen während der Aufzeichnung). Sonst zeichnet die Aktion womöglich das Entstehen einer Ebene 2 auf, auf die zurückgegriffen wird – doch beim Abspielen mit einer anderen Datei entsteht eine Ebene 1 und die aufgezeichnete Rückkehr zu Ebene 2 scheitert. Mit bei der Aufzeichnung umbenannten Ebenen und Alphakanälen steigt zudem die Wahrscheinlichkeit, dass die Aktion auch in anderen Sprachversionen von Photoshop besser läuft.

ACHTUNG Vermeiden Sie doppelte Ebenennamen beim Aufzeichnen – zum Beispiel die Ebene Projekt als Bildebene und als Textebene oder zweimal als Bildebene. Die Aktion läuft dann vielleicht nicht mehr wie geplant.

Änderungen bei Voreinstellungen oder Ebenenstil

Sie wollen Änderungen bei **Voreinstellungen**, **Farbeinstellungen** oder Ebenenstil aufzeichnen. Dazu müssen Sie wissen: Photoshop zeichnet hier nur das auf, was Sie ändern – nicht den kompletten Zustand des Dialogfelds. Ergo: Das Dialogfeld muss zu Beginn der Aufzeichnung einen ungewollten Zustand anzeigen.

Ein Beispiel: Sie wollen den Wechsel zur Interpolationsmethode Bikubisch schärfer in den **Voreinstellungen** aufzeichnen. So geht's:

1. Zeichnen Sie die Aktion nicht sofort auf. Öffnen Sie vielmehr die Voreinstellungen mit Strg+K und stellen Sie eine andere Bildinterpolation ein, zum Beispiel die Pixelwiederholung. Klicken Sie auf OK.
2. Nun beginnen Sie die Aufzeichnung. Rufen Sie die **Voreinstellungen** auf und wechseln Sie zu Bikubisch schärfer.

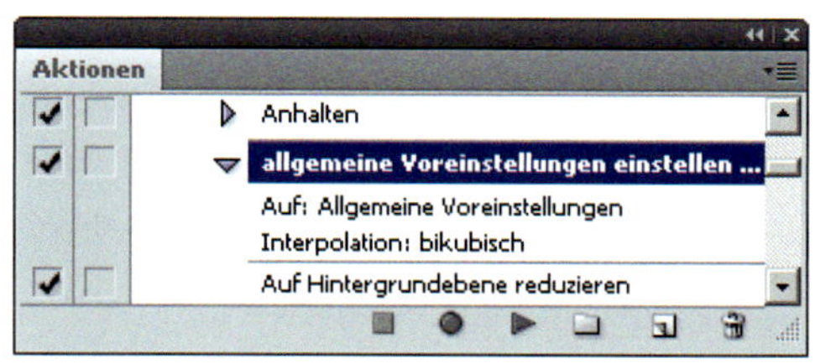

Abbildung 4.15 Wenn Sie die »Voreinstellungen« aufzeichnen, merkt sich Photoshop nur solche Werte, die Sie gerade ändern – und nicht den kompletten Zustand des Dialogfelds. Hier wurde das Interpolationsverfahren umgestellt, nur diesen Aspekt behält die Aktionenpalette.

Bedingte Farbmodusänderung

Für manche Funktionen brauchen Sie einen bestimmten Farbmodus: für **Beleuchtungseffekte** zum Beispiel RGB, zum Färben per **Schwarzweiß**-Befehl einen Farbmodus wie RGB oder CMYK. Richten Sie die Aktion so ein, dass zum Beispiel Graustufendateien automatisch in Farbdateien verwandelt werden.

Zeichnen Sie also diesen Befehl mit auf: **Datei: Automatisieren: Bedingte Modusänderung**. So richten Sie das Dialogfeld ein:

1. Als Quellmodus nennen Sie mögliche, unbrauchbare Farbmodi wie Graustufen und Indizierte Farbe.
2. Wenn die Aktion auf einen dieser Modi stößt, verwandelt sie das Bild automatisch in den von Ihnen genannten Zielmodus – zum Beispiel RGB-Farbe.

Konkret: Sie nennen alle Farbmodi, die verändert werden sollen, damit die Aktion korrekt abläuft. Zum Beispiel wünschen Sie RGB-Farbe als Zielformat. Im Anschluss aktivieren Sie als Quellmodus etwa Graustufen, Indizierte Farben und andere Modi, die sich in Ihrem Verzeichnis befinden könnten. Alle Bilder in den Modi Graustufen oder Indizierte Farben werden bei Anwendung des Befehls in den Zielmodus verwandelt, in diesem Beispiel ist das RGB-Farbe.

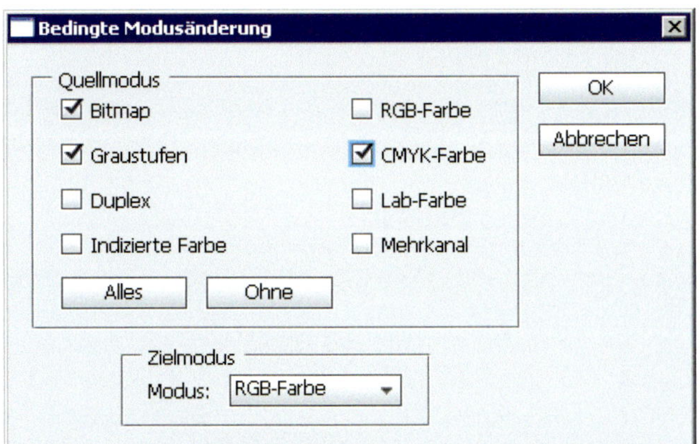

Abbildung 4.16 Die »Bedingte Modusänderung« ist hier so eingerichtet, dass »Graustufen«, »CMYK«- und »Bitmap«-Dateien in RGB verwandelt werden, CMYK- und Lab-Dateien dagegen nicht.

Änderung der Farbtiefe

Die Bedingte Modusänderung passt nicht die Farbtiefe an – zum Beispiel von 16 Bit oder 32 Bit pro Grundfarbe auf 8 Bit pro Grundfarbe, so dass alle **Filter**-Befehle funktionieren. Wollen Sie zum Beispiel die Effekte der **Filtergalerie** automatisiert auf 16-Bit-Bilder anwenden, dann nehmen Sie den Befehl **Datei: Modus: 8-Bit-Kanal** mit in die Aktion auf – aufzuzeichnen mit einer 16-Bit-Datei. Diese vorprogrammierte Umwandlung in acht Bit stört auch dann nicht weiter, wenn Sie bereits 8-Bit-Bilder anliefern.

Aktion in der Aktion

Sie können eine Aktion A aufzeichnen und dabei Aktion B aktivieren und mit der Schaltfläche Aktion ausführen ablaufen lassen. Aktion B läuft dann als Aktion in der Aktion mit ab, wenn Sie Aktion A abspielen. Wichtig: Aktion B muss bis zu Ende durchlaufen, sonst wird sie in Aktion A nicht als Posten aufgezeichnet.

4.2.6 Maßeinheiten berücksichtigen

Einige Befehle und Operationen arbeiten mit bestimmten Positionen innerhalb des Bilds. Dies gilt z.B. für Arbeiten mit dem Freistellungswerkzeug. An Maßeinheiten orientieren sich auch **Transformieren**-Funktion, Polygon-Lasso, Linienzeichner, Verschiebenwerkzeug und Füllwerkzeug, Zauberstab, Auswahlrechteck und Pfadfunktion.

Zentimeter-, Pixel- oder Prozentwerte?

Oft hat man jedoch nicht feste Zentimeter- oder Pixelwerte im Blick. Der Befehl soll stattdessen immer eine bestimmte Änderung relativ zum Gesamtbild bewirken. Beispiele:

- Das Freistellungswerkzeug soll immer zehn Prozent Randfläche abkappen, unabhängig von der Druck- oder Pixelgröße. Zeichnen Sie das Freistellen mit Zentimeter- oder Pixelvorgaben auf, dann erhalten Sie völlig unterschiedliche Bildausschnitte, kleinere Bilder werden sogar vergrößert.
- Der Farbverlauf soll sich immer exakt vom einen Bildrand zum anderen erstrecken – unabhängig davon, wie viele Pixel die Datei hat oder wie breit sie gedruckt wird.
- Ein weicher Rand soll immer zehn Prozent breit ausfallen.

Darum: Wählen Sie bei der Aufzeichnung als Maßeinheit Prozent. Dazu blenden Sie die Lineale mit Strg+R ein, ein Rechtsklick bietet die Maßeinheiten an.

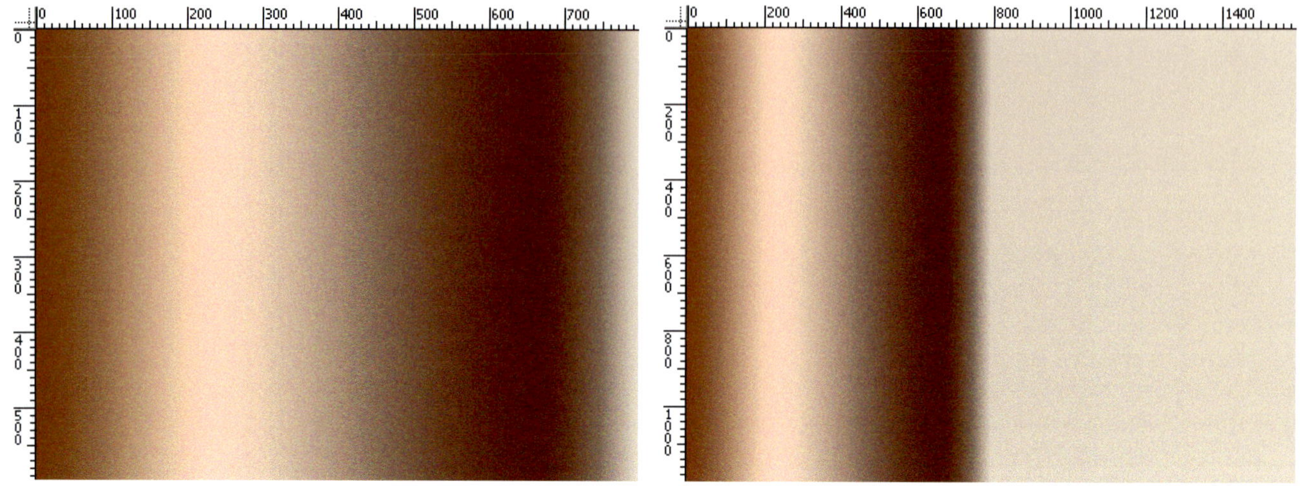

Abbildung 4.17 **Links:** Dieser Verlauf wurde mit einer 800 Pixel breiten Datei als Aktion aufgezeichnet, die Maßeinheiten standen auf »Pixel«. **Rechts:** Bei Anwendung der Aktion auf eine 1600-Pixel-Datei erzeugt Photoshop den Übergang nur im ersten Teil der Datei, denn nach 800 Pixel wird schon das Ende des Verlaufs erreicht. Zeichnen Sie den Verlauf stattdessen mit »Prozent«-Vorgaben auf, füllt Photoshop jeweils einen gleichbleibenden Anteil des Bilds, unabhängig von Pixelzahlen oder Druckmaßen. Aktionen: Verlauf 800 Pixel, Verlauf 100 Prozent

TIPP Beim Textwerkzeug **T** müssen Sie nicht auf die Maßeinheit achten – Photoshop notiert die Position eines Schriftzugs automatisch in Prozentwerten und nicht mit Pixel- oder Zentimeterangaben. Ein Schriftzug rechts unten landet also auch in Bildern mit unterschiedlichsten Größen immer rechts unten.

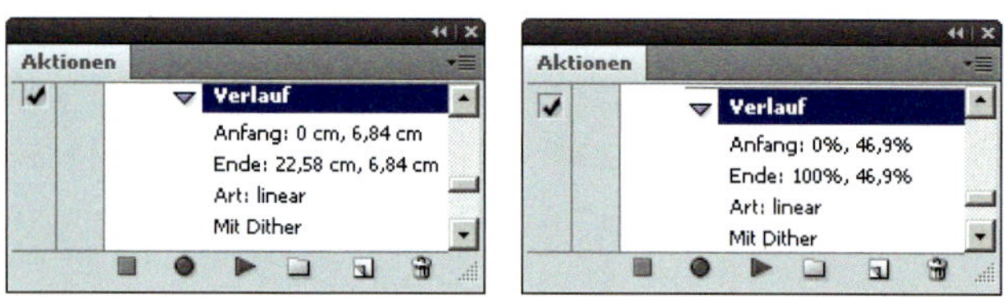

Abbildung 4.18 **Links:** Hier wurde der Verlauf mit Zentimetermaßeinheiten aufgenommen, er geht also immer horizontal über 22,58 Zentimeter; ist das Bild auf kleinere Druckmaße formatiert, wird der Verlauf abgeschnitten; bei größeren Druckmaßen endet der Verlauf mit einer einheitlichen Farbzone – unabhängig von der Pixelzahl. **Rechts:** Dieser Verlauf wurde mit Prozentmaßeinheiten aufgezeichnet. Er erstreckt sich immer über 100 Prozent der Breite einer Datei – unabhängig von Pixelzahl oder Druckmaßen.

4.2.7 »Pfad einfügen«

Sie können Pfade aus der Pfadpalette des aktiven Bilds sowie Pfadbefehle in die Aktionenpalette einfügen. Dies funktioniert sowohl bei der ersten Aufzeichnung der Aktion als auch nachträglich.

Die Daten des Pfads speichert Photoshop in der Aktion. Die Aktionenpalette bewahrt selbst die vorübergehenden »Arbeitspfade« auf und überträgt sie in andere Bilder. Sie können den Pfad in eine Auswahl oder Vektormaske verwandeln oder nachmalen lassen. Die entsprechenden Befehle aus der Pfadpalette, etwa **Pfadfläche füllen** oder **Auswahl erstellen**, zeichnet die Aktionenpalette getreulich auf.

So gehen Sie vor:

1. Erstellen Sie noch vor Aufzeichnung der Aktion den Pfad, den Sie in der Aktion verwenden möchten. Er muss sich in der Datei befinden, die Sie bearbeiten.
2. Aktivieren Sie diesen Pfad in der Pfadpalette.
3. Beginnen Sie die Aufzeichnung.
4. Um den Pfad aufzunehmen, wählen Sie im Menü der Aktionenpalette **Pfad einfügen**.

Positionierung abhängig von Maßeinheiten

Die Pfade lassen sich in Bilder unterschiedlichster Größe einsetzen. Entscheidend ist, welche Maßeinheiten Sie voreingestellt hatten, als Sie den Pfad in die Aktion eingesetzt haben:

» Arbeiten Sie mit der Maßeinheit Zentimeter, wird der Pfad immer die gleichen Zentimeterwerte haben, bezogen auf die einprogrammierten Druckmaße der aktuellen Datei. In kleiner zu druckenden Dateien ragt der Pfad vielleicht über den Bildrand hinaus. Die Zahl der Bildpunkte spielt keine Rolle.

» Setzen Sie die Maßeinheiten auf Pixel, erstreckt sich der Pfad über eine feste Anzahl von Bildpunkten – unabhängig von der Gesamtpixelzahl oder den Druckmaßen.

» Arbeiten Sie dagegen mit Prozent, bewahrt der Pfad stets die Relation zu den Gesamtmaßen. Ob das Bild 2 oder 20 Zentimeter, 200 oder 2000 Pixel breit ist, spielt keine Rolle – der Pfad belegt immer einen bestimmten Flächenanteil des Gesamtwerks.

4.2.8 Befehle und Unterbrechungen nachträglich einfügen

Sie können nachträglich Befehle einfügen. Treffen Sie zunächst Ihre Vorbereitungen:

» Markieren Sie die Aktion in der Palette per Einzelklick, wenn Sie den neuen Befehl ganz am Ende anhängen wollen.

» Markieren Sie einen Einzelbefehl per Einzelklick, um den neuen Befehl direkt dahinter anzuhängen.

Anschließend klicken Sie auf das runde Symbol Aufzeichnung beginnen ● und führen die nachzutragenden Befehle aus; dabei färbt sich die Aufzeichnungslampe ● rot. Zum Abschluss klicken Sie auf das Stoppsymbol ■. Natürlich können Sie jeden Befehl nachträglich in der Palette nach oben oder unten schieben.

Nicht aufnehmbare Befehle

Einige Befehle nimmt die Palette bei der normalen Aufzeichnung nicht auf – zum Beispiel Werkzeugoptionen und **Ansicht**-Befehle wie **CMYK-Arbeitsfarbraum** oder **Tatsächliche Pixel**. So nehmen Sie die Funktionen nachträglich in die Befehlsfolge auf:

1. Öffnen Sie das Menü zur Aktionenpalette und klicken Sie auf **Menübefehl einfügen**. Jetzt steht das breite Dialogfeld **Menübefehl einfügen** auf dem Schirm.
2. Während Sie noch das Dialogfeld sehen, klicken Sie auf den gewünschten Befehl, zum Beispiel auf **Ansicht: Tatsächliche Pixel**. Das Dialogfeld **Menübefehl einfügen** nennt jetzt den gewählten **Ansicht**-Befehl.
3. Klicken Sie auf OK – der Befehl erscheint in der Aktionenpalette.

ACHTUNG Einige Befehle wirken wie Wechselschalter: Sie schalten einen Zustand abwechselnd ein und aus. Das gilt etwa für **Ansicht: Ausrichten**. Nehmen Sie diese Funktion in die Aktion auf, wird sie beim Abspielen den Zustand jeweils ändern; aber ob nach Ablauf der Aktion das **Ausrichten** aktiviert ist oder nicht, hängt nur davon ab, wie der Zustand vorher war, und nicht vom Ergebnis, das unmittelbar beim Aufzeichnen der Aktion entstand.

»Unterbrechung einfügen«

Fügen Sie Unterbrechungen ein und machen Sie eine Textmeldung. Möglicher Sinn des Stopps:

» Sie erläutern anderen oder sich selbst den Sinn der aktuellen Aktion oder Sie erinnern zum Beispiel daran, dass eine Auswahl erstellt werden muss.

» Jetzt sind Schritte fällig, die Photoshop partout nicht aufzeichnet, zum Beispiel Bewegungen mit Pinsel oder Kopierstempel.

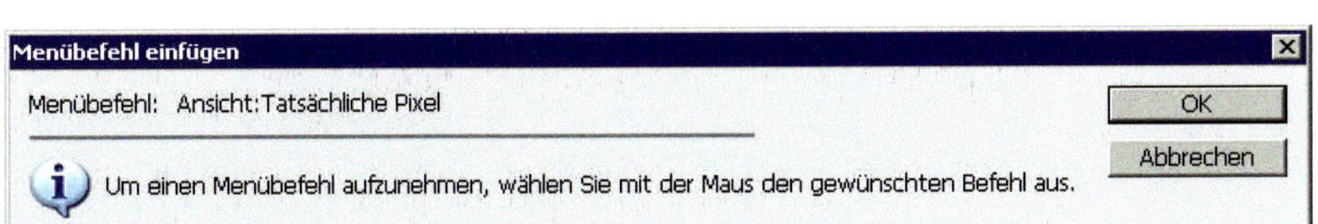

Abbildung 4.19
Per »Menübefehl einfügen« bauen Sie Funktionen in die Aktion ein, die Photoshop zunächst nicht aufzeichnet, hier der Befehl »Ansicht: Tatsächliche Pixel«.

Sie verwenden dazu den Palettenmenü-Befehl **Unterbrechung einfügen**. Dabei gilt wieder:

» Haben Sie in der Aktionenpalette eine Aktion markiert, landet die Unterbrechung am Ende der Aktion.

» Haben Sie einen Einzelbefehl markiert, platziert Photoshop die Unterbrechung unmittelbar hinter dem angewählten Befehl.

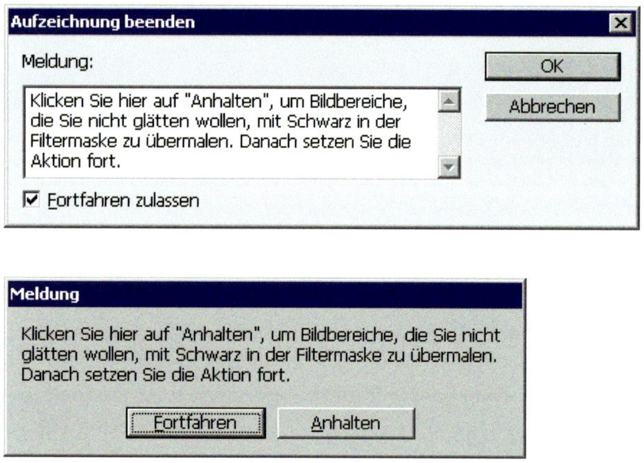

Abbildung 4.20 **Oben:** Mit dem Befehl »Unterbrechung einfügen« aus dem Menü zur Aktionenpalette erzeugen Sie eine Meldung, die im Ablauf der Befehlsfolge am Bildschirm erscheint. **Unten:** Wenn Sie die Option »Fortfahren zulassen« verwenden, dann bietet die Bildschirmmeldung die Schaltflächen »Fortfahren« und »Anhalten«. Verzichten Sie auf die Option »Fortfahren zulassen«, zeigt die Bildschirmmeldung nur die Schaltfläche »Anhalten«.

»Fortfahren zulassen«

Der Befehl **Unterbrechung einfügen** bietet die Option Fortfahren zulassen für die Meldung an. Das heißt: Klicken Sie Fortfahren zulassen an, zeigt die von Ihnen produzierte Meldung die Schaltfläche Fortfahren. Der Nutzer kann die Aktion also weiterlaufen lassen, nachdem er Ihren Text studiert hat.

Alternativ klickt er auf Anhalten; die Aktion stoppt und der Nutzer kann Dinge von Hand erledigen, etwa individuelle Auswahlen oder Pinselstriche. Die Schaltfläche Aktion ausführen ▶ unten in der Aktionenpalette lässt die Aktion jederzeit weiterlaufen.

Ohne »Fortfahren«

Schalten Sie Fortfahren zulassen ab. Damit hält die Aktion an dieser Stelle an. Der Nutzer bestätigt Ihre Bildschirmmeldung mit Anhalten – und Schluss.

Er kann die Aktion nicht sofort weiterrattern lassen. Er kann jedoch ab dieser Stelle fortfahren, wenn er in der Aktionenpalette wieder auf Aktion ausführen ▶ klickt.

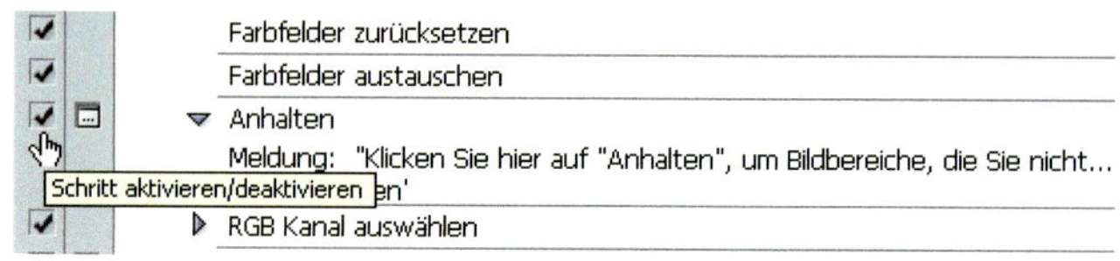

Abbildung 4.21 Die Unterbrechung mit Bildschirmmeldung erscheint als Anhalten in der Aktionenpalette. Lästige Textmeldungen schalten Sie mit dem Feld »Schritt aktivieren/deaktivieren« ab.

4.2.9 Aktionenverwaltung

Die Funktionen zur Aktionenverwaltung lassen sich häufig gleichermaßen auf Aktionen wie auf aufgezeichnete Einzelbefehle anwenden.

»Aktion erneut aufzeichnen«

Zeichnen Sie eine komplette, fertige Aktion mit neuen Werten auf. Der Palettenbefehl heißt **Aktion … erneut aufzeichnen**. Bei jedem Dialogfeld haben Sie die Möglichkeit, neue Werte einzutippen. Klicken Sie auf Abbrechen, bleiben die bisherigen Werte erhalten.

TIPP Um einen einzelnen Befehl erneut aufzuzeichnen, klicken Sie doppelt auf diesen Befehl im Listenmodus; damit ändern Sie die Werte in der Aktion dauerhaft; dabei leuchtet das Aufzeichnungslämpchen ●.

»Aktions-Optionen«

Nach einem Doppelklick direkt auf den Namen benennen Sie die Aktion um. Wollen Sie Tastaturbefehl oder Farbe ändern, klicken Sie doppelt neben den Namen der Aktion. Photoshop zeigt dann das Dialogfeld, das Sie schon beim Neuerstellen der Aktion zu Gesicht bekamen.

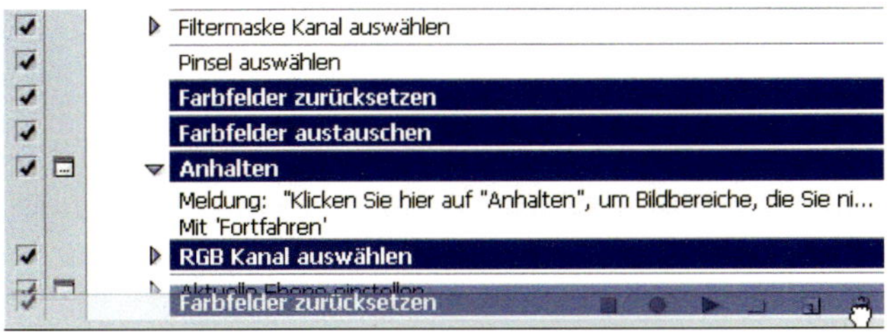

Abbildung 4.22 Markieren Sie mehrere Aktionen oder Befehle mit gedrückter Strg- oder ⇧-Taste, um sie gemeinsam zu verschieben oder in den Papierkorb zu ziehen.

Aktionen duplizieren und verschieben

Nützlich ist das Duplizieren von Sätzen, Aktionen oder Befehlen. Damit verwenden Sie testweise weitere Varianten, ohne das Vorhandene zu ruinieren.

Drücken Sie zum Duplizieren erst die Alt-Taste, dann ziehen Sie die Aktion oder den Befehl an eine neue Position. Alternativ ziehen Sie die Aktion auf das Symbol Neue Aktion erstellen. Die kopierte Aktion erscheint am Ende der Aktionenpalette.

Befehle verschieben Sie durch Ziehen mit der Maus – auch in eine andere Aktion. Überflüssige Aktionen oder Befehle werfen Sie kurzerhand in den Mülleimer.

Abbildung 4.23 Nur das letzte Löschen eines Befehls oder einer Aktion können Sie im »Bearbeiten«-Menü widerrufen.

Aktionen als Datei speichern

Die Aktionen speichert Photoshop zunächst in seinem Grundeinstellungsdokument »Actions Palette.psp«. Unter Windows XP finden Sie diese Datei im Verzeichnis »Dokumente und Einstellungen/<benutzername>/Anwendungsdaten/Adobe/Photoshop/Photoshop CS5/Adobe Photoshop CS5 Settings«, bei Windows Vista nehmen Sie »Benutzer/<Benutzername>/AppData/Roaming/Adobe/Adobe Photoshop CS5/Adobe Photoshop CS5 Settings«. Am Mac heißt es »<benutzername>/library/Preferences/Adobe Photoshop CS5 Settings«. Das heißt: Ohne weiteres Zutun bleibt Ihnen jegliche neue Aktion erhalten, auch geladene oder frisch aufgezeichnete Aktionen. Stürzt Photoshop jedoch ab, gehen ganz neue Aktionen verloren.

Sie können die Aktionen in normale Dateien schreiben und an andere Rechner weitergeben. Dabei speichert Photoshop jeweils den kompletten Inhalt eines Aktionensatzes; markieren Sie einen solchen Satz per Klick in der Aktionenpalette, dann nutzen Sie den Befehl **Aktionen speichern** im Palettenmenü.

DVD Im »Praxis«-Verzeichnis der Buch-DVD finden Sie den Aktionensatz »Photoshop CS5 Kompendium.atn«, den Sie wie hier beschrieben laden können. Er enthält Befehlsfolgen zu zahlreichen Tipps aus diesem Buch.

Aktionen laden und ersetzen

Wählen Sie aus dem Palettenmenü **Aktionen laden**, hängt Photoshop die Aktionen aus der neuen Datei an die bereits vorhandenen Aktionen an. Wenn Sie **Aktionen ersetzen**, verschwinden die bisherigen Aktionen aus der Palette.

Aktionen aus dem Photoshop-Verzeichnis »Vorgaben/Photoshop-Aktionen« erscheinen direkt unten im Menü der Aktionenpalette, Sie sparen sich also den Befehl **Aktionen laden**. Adobe liefert in diesem Unterverzeichnis bereits mehrere Aktionssets mit, die Sie bequem über das Palettenmenü nachladen.

Aktionen über Internetseiten austauschen

Per Internet tauschen Sie Aktionen mit Anwendern weltweit aus. Eine große englischsprachige Aktionensammlung findet sich direkt beim Photoshop-Hersteller; gehen Sie auf *www.adobe.com/cfusion/exchange*, dann klicken Sie auf Photoshop und nehmen rechts die Kategorie Actions. Dort gibt es auch Sternebewertungen und Anwenderkommentare. Generell laufen auch englische Aktionen im deutschen Photoshop, Mac-Aktionen können Sie unter Windows benutzen und umgekehrt.

Allerdings: Bei vielen Aktionen entstehen neue Ebenen oder Kopien von Ebenen und Alphakanälen. Diese neuen Objekte benennt der deutsche Photoshop zum Beispiel Ebene 1 oder Alpha 1 Kopie. Will die englische Aktion jedoch erneut auf die Objekte zugreifen, erwartet sie Bezeichnungen wie Layer 1 oder Alpha 1 copy – die Verarbeitung bleibt stehen.

Sie können die erhaltene Aktion natürlich von Hand nachbearbeiten.

TIPP Sollen Ihre eigenen Aktionen auch in anderen Photoshop-Sprachversionen laufen? Dann benennen Sie neue oder duplizierte Ebenen sofort nach dem Erstellen oder Duplizieren beliebig um, also direkt innerhalb der Aufzeichnung. Auch nützlich: Statt Ebenen anzuklicken und in der Palette nach oben oder unten zu ziehen, nutzen Sie das Untermenü **Ebene: Anordnen** mit Befehlen wie **Schrittweise nach vorne**.

4.2.10 Aktionen ausführen ▶

Photoshop arbeitet die Aktionen in der angezeigten Reihenfolge ab. Soll die ganze Aktion ablaufen, klicken Sie einmal auf den Namen der Befehlsfolge, anschließend auf das Symbol Aktion ausführen. Dann wird das aktive Bild in die Mangel genommen. Markieren Sie einen Einzelbefehl, damit Photoshop ab hier in Aktion tritt – nach dem Klicken auf das Ausführensymbol. Alternativ starten Sie Aktionen mit einer Schaltfläche in einer persönlichen Palette, die mit dem Configurator entstand (Seite 1068).

Befehle verwenden ✔

Durch das Symbol Schritt aktivieren/deaktivieren geben Sie an, ob ein Einzelbefehl überhaupt verwendet werden soll. Sie können also auch Befehle in eine Aktion aufnehmen, die Sie nur gelegentlich benötigen; diese Funktionen ruhen bedarfsweise per ✔-Klick.

Sobald ein Einzelbefehl ausgeschaltet wurde, erscheint das Häkchen neben der Aktion rot: Photoshop signalisiert, dass die Aktion einzelne Befehle überspringt. Klicken mit der Alt-Taste aktiviert einen Befehl und schaltet alle anderen aus. Ein neuerlicher Alt-Klick schaltet sämtliche Befehle ein.

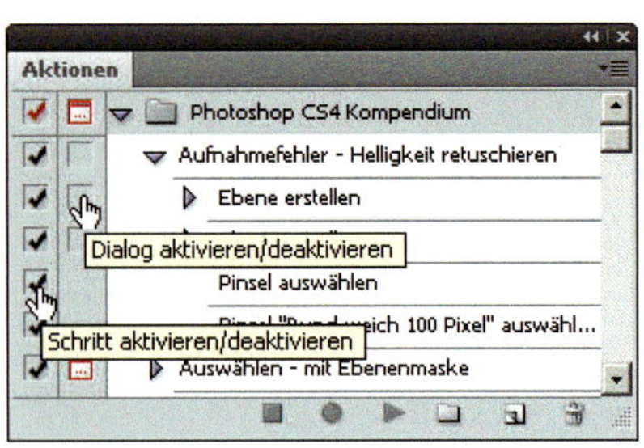

Abbildung 4.24 Das Symbol »Dialog aktivieren/deaktivieren« zeigt, ob das Dialogfeld zu einem aufgezeichneten Befehl eingeblendet wird. Mit der Funktion »Schritt aktivieren/deaktivieren« überspringen Sie den ganzen Befehl.

Dialogfeld anzeigen

Ihre Möglichkeiten mit dem Symbol Dialog aktivieren/deaktivieren:

» Schalten Sie die Funktion ab, wird der Befehl mit den Werten ausgeführt, die Sie beim Aufzeichnen verwendet haben. Sie sehen das Dialogfeld nicht und können die aufgezeichneten Werte beim Abspielen der Aktion nicht ändern.

» Schalten Sie das Dialogfeldsymbol ein, präsentiert Photoshop das Dialogfeld während der Aktion; Sie können also die Einstellungen ändern, die Aktion hält an dieser Stelle an. Erst nach dem Klicken auf OK im Dialogfeld läuft die Aktion weiter. Klicken Sie im Dialogfeld auf Abbrechen, bleibt die Aktion stehen. Wohlgemerkt, geänderte Werte werden nicht dauerhaft in der Aktion gespeichert.

Sobald Sie ein einzelnes Dialogfeld ausschalten, erscheint das Dialogfeldsymbol neben der Aktion rot. Klicken mit der Alt-Taste schaltet ein Dialogfeld ein und alle anderen aus.

4.3 Befehle automatisch abspielen

Direkt auf der Photoshop-Programmfläche wenden Sie Aktionen auf die aktive, einzelne Datei an. Doch bearbeiten Sie auch ganze Fotoserien in einem Rutsch. Mit mehreren Befehlen lassen Sie Ihre Aktion auf ganze Bildreihen los, ohne auch nur einen Finger zu rühren: Nutzen Sie **Stapelverarbeitung**, **Bildprozessor**, **Skriptereignis-Manager**, Droplets und die **Variablen**.

4.3.1 »Stapelverarbeitung«

Bequem bearbeiten Sie komplette Bildreihen mit einer Aktion, ohne dass Sie zwischendurch den Finger rühren müssen. Der Befehl heißt **Datei: Automatisieren: Stapelverarbeitung** oder markieren Sie Bilder in Bridge und wählen Sie dort **Werkzeuge: Photoshop: Stapelverarbeitung**.

Wollen Sie nur schnell Dateiformat und Pixelzahl ändern, nehmen Sie den übersichtlicheren **Bildprozessor** (Seite 114); dort können Sie immer noch Aktionen mit einflechten.

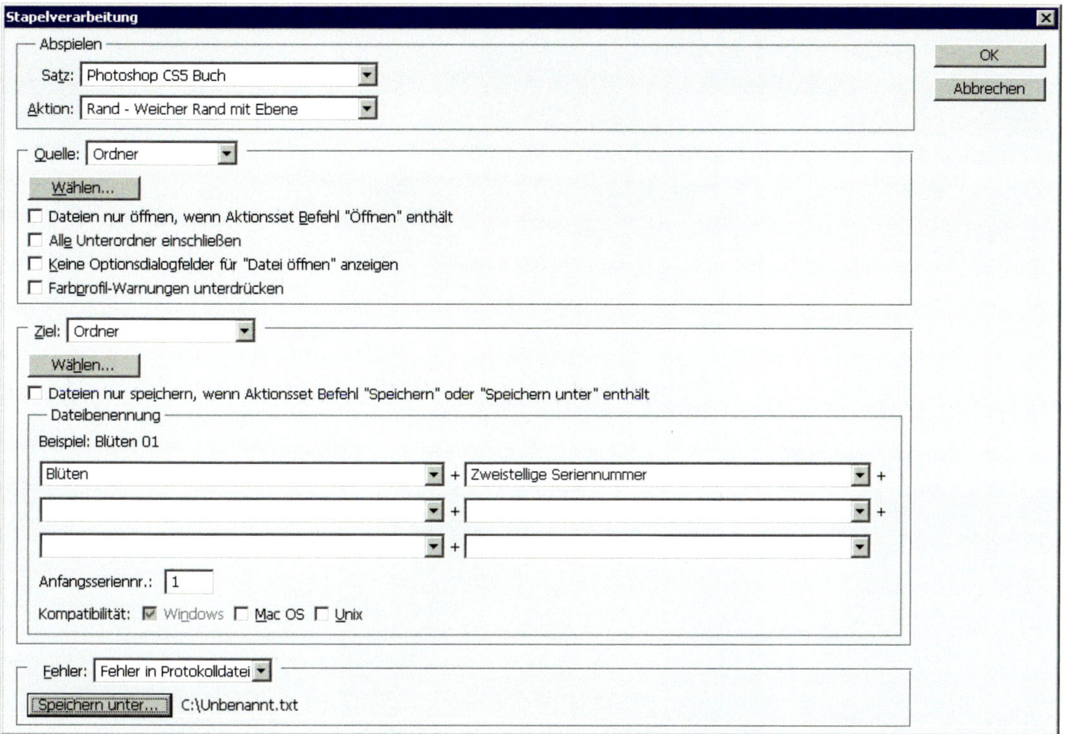

Abbildung 4.25 Der Befehl »Stapelverarbeitung« wendet eine Befehlsfolge auf ganze Bildsammlungen an und speichert die Ergebnisse zum Beispiel in einem anderen Ordner.

Dateien auswählen

Im Klappmenü Quelle geben Sie an, woher die Bilder für die Stapelverarbeitung stammen – Sie nehmen alle Bilder aus einem Ordner, Sie wählen geöffnete Dateien oder was Sie in Bridge markiert haben. Die Option Import verarbeitet Bilder, die direkt von Scannern oder Digitalkameras eintreffen.

Besonderheiten bei der Quelle »Ordner«

Falls Sie Bilder aus einem Ordner laden:

» Nutzen Sie die Option »Öffnen« in Aktionen überschreiben. So gelangen nur Dateien aus dem gewählten Quellverzeichnis zur Stapelverarbeitung – und keine Dokumente, deren Öffnen Sie mit der Aktion aufgezeichnet haben.

» Sie sollten Farbprofil-Warnungen unterdrücken. Fehlermeldungen über unpassende Farbmanagement-Einstellungen bringen die Stapelverarbeitung dann nicht zum Erliegen.

Vorgaben für das »Ziel«

Im Bereich Ziel geben Sie an, wie Photoshop mit den bearbeiteten Dateien verfährt:

» Sie können die Ergebnisse speichern und schliessen. Damit überschreiben Sie die ursprünglichen Dateien.

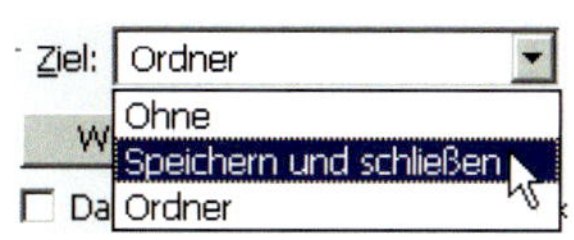

Abbildung 4.26 Bei der Stapelverarbeitung können Sie die vorhandenen Dateien überschreiben oder neue korrigierte Versionen anlegen.

» Die Vorgabe Ordner schreibt alle Ergebnisse in einen neuen Ordner. Damit bleiben die ursprünglichen Dateien unverändert. (Haben Sie Befehle wie **Speichern unter** aufgezeichnet, dann verwenden Sie »Speichern unter« in Aktionen überschreiben. Photoshop speichert damit alle Dateien im gewünschten Ziel-

Abbildung 4.27 Wenn Sie die Bilder nach der Stapelverarbeitung ungesichert auf der Programmoberfläche sammeln, lassen sich bei jeder Datei noch Änderungen per Protokollpalette zurücknehmen oder Ebenenmasken mit der Maskenpalette bearbeiten. Fotos: Gabi Sieg-Ewe

ordner für die Stapelverarbeitung; das Programm ignoriert Zielordner, die im SPEICHERN UNTER-Dialog aufgezeichnet wurden.)

» OHNE Ziel heißt, Sie sammeln die Ergebnisse ungesichert im Programmfenster.

Besonderheiten beim Ziel »Ohne«

Mit der Option OHNE bleiben die Bilder ungesichert auf der Programmfläche liegen, das kostet erheblich Arbeitsspeicher. So schonen Sie die Ressourcen:

» Zeichnen Sie am Ende einer Aktion den Befehl **Bearbeiten: Entleeren: Alles** auf; so befreit Photoshop den Arbeitsspeicher vom Datenballast aus Rückgängig-Speicher und Zwischenablage.

» Oder: Verringern Sie bei Rechnern mit weniger Arbeitsspeicher in den **Voreinstellungen** die Zahl der PROTOKOLLOBJEKTE.

Beachten Sie auch:

» Die auf dem Schirm gesammelten Bilder lassen sich mit dem Befehl **Fenster: Anordnen: Nebeneinander** gleichmäßig auf der Programmfläche anordnen und begutachten.

» Statt jedes Bild von Hand zu speichern, verwenden Sie den Befehl **Datei: Alle schließen**. Damit schließt Photoshop alle Bilder, bietet aber brav das Speichern an.

»Dateibenennung« bei Verwendung eines »Ordners« als Ziel

Wenn Sie die Bilder in einen neuen Ordner schreiben, können Sie die Dateibenennung genau steuern. Sie komponieren die neuen Namen aus bis zu sechs Elementen, darunter Dokumentname, Erweiterung, Seriennummer oder Datum.

Als Datum bietet Photoshop nur das Datum der Stapelverarbeitung an und nicht etwa das Aufnahmedatum. Ähnlich, aber flexibler ist Bridge. Wir besprechen das Umbenennen darum ausführlich im Bridge-Kapitel ab Seite 161.

Soll sich der Name im neuen Ordner nicht verändern, nehmen Sie nur die zwei Felder Dokumentname und Erweiterung.

ACHTUNG Auch wenn Sie generell Windows-Kompatibilität nutzen, geben Sie explizit die Erweiterung als letzten Namensbestandteil an. Sonst entstehen eventuell Dateien ohne Endungen wie ».tif« oder ».jpg«, die häufig unbrauchbar sind.

Ablauf der Stapelverarbeitung

Im Dialogfeld geben Sie eine Aktion und einen Aktionensatz an. Photoshop präsentiert hier zunächst die Aktion, die in der Aktionenpalette markiert ist. Befehle, die Sie in der Aktionenpalette ausgeschaltet haben, werden nicht ausgeführt. Haben Sie in der Aktionenpalette die Anzeige von Dialogfeldern vorgesehen, werden Sie auch bei der Stapelbearbeitung damit behelligt.

Die Esc-Taste beendet die Stapelbearbeitung vorzeitig. Das Programm fragt, ob Sie die verbleibenden Dateien noch abarbeiten wollen.

Fehlermeldungen

Bei Problemen blendet Photoshop eine Meldung ein und wartet auf Ihre Anweisungen – es kann schadhafte Dateien oder unpassende Farbmodi geben oder eine erforderliche Auswahl fehlt. Dann bleibt die Stapelverarbeitung stehen. Dies entspricht der Vorgabe Bei Fehlern anhalten im Bereich Fehler.

Unterbinden Sie die Fehlermeldungen mit der Option Fehler in Protokolldatei. In diesem Fall schreibt Photoshop seine Mitteilungen in eine Textdatei und arbeitet über Probleme ungerührt hinweg. Klicken Sie noch auf Speichern unter, um ein Plätzchen für das Fehlerprotokoll anzugeben. Photoshop meldet anschließend, dass eine Textdatei für Sie auf der Platte liegt.

TIPP Soll die Aktion wirklich ohne jede Unterbrechung durchlaufen, unterbinden Sie auch alle Dialogfelder. Schalten Sie das Einblenden der Dialoge in der Aktionenpalette ab. Neben dem Namen der Aktion – nicht neben einem Einzelbefehl – verwenden Sie das Symbol Dialog aktivieren/deaktivieren.

4.3.2 Droplets speichern und anwenden

Ein »Droplet« ist eine kleine Datei mit einer gespeicherten Befehlsfolge, die Sie auf dem Windows-Desktop oder Mac-Schreibtisch oder in einem beliebigen Verzeichnis ablegen. Das Praktische: Ziehen Sie Bilder oder komplette Ordner auf diese Datei mit dem Symbol, startet Photoshop und bearbeitet die Fotos. Das Programm muss also zunächst nicht geöffnet sein.

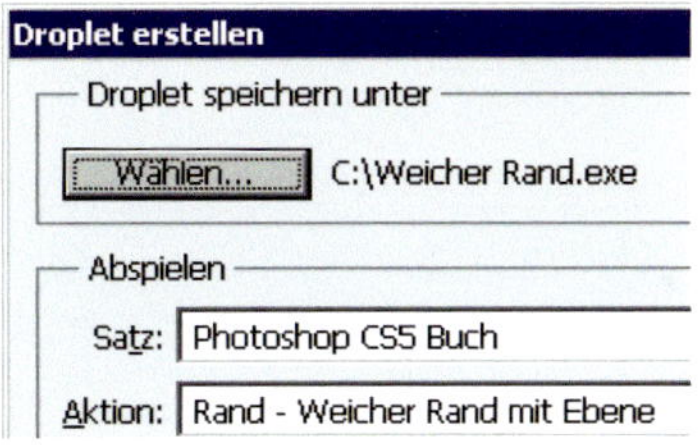

Abbildung 4.28
Speichern Sie einzelne Aktionen als Droplets.

Droplets aufzeichnen

Zuerst brauchen Sie eine fertige Aktion, dann legen Sie das Droplet an:

1. Markieren Sie den Namen der Aktion in der Aktionenpalette.
2. Klicken Sie auf **Datei: Automatisieren: Droplet erstellen**.
3. Klicken Sie oben im Dialogfeld auf Wählen, um einen Dateinamen und ein Verzeichnis festzulegen.
4. Machen Sie weitere Vorgaben zum Beispiel für Zielordner oder Umbenennung (wie bei der **Stapelverarbeitung**).

5. Sobald Sie auf OK klicken, entsteht die Droplet-Datei, die unter Windows die Endung ».exe« erhält. Ziehen Sie die Datei zum Beispiel auf den Desktop oder Schreibtisch.

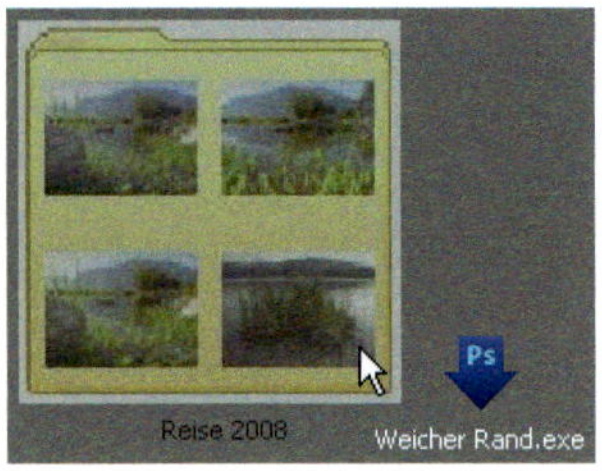

Abbildung 4.29
Ziehen Sie Bilder oder komplette Ordner über ein Droplet, um Photoshop und die Stapelverarbeitung zu starten.

Droplets auf unterschiedlichen Betriebssystemen anwenden

So wechselt ein Droplet die Rechnerwelten:

» Wenn Sie ein Droplet aus Windows auf einem Mac-Rechner weiterverwenden, ziehen Sie das Droplet dort auf das Photoshop-Symbol – so wird es an die neue Umgebung gewöhnt.

» Bringen Sie das Droplet vom Mac zu Windows, hängen Sie einfach die Endung ».exe« an den Dateinamen an, zum Beispiel »Droplet.exe«.

4.3.3 »Bildprozessor«

Sie brauchen für Ihre Bildserie keine komplizierte Bildbearbeitung, sondern wollen nur schnell Dateiformat, Pixelzahl und/oder Farbprofil ändern? Dann wählen Sie **Datei: Skripten: Bildprozessor**. Der Befehl ist einfacher als die aufwändige **Stapelverarbeitung** (siehe oben).

Besonders bequem: Markieren Sie Bilder für die Umwandlung in Bridge, dann wählen Sie dort **Werkzeuge: Photoshop: Bildverarbeitung**. Nützlich auch: Sie können eine Aktion (Befehlsfolge) einbinden und Ihre gesammelten Einstellungen im **Bildprozessor** SPEICHERN und LADEN.

Vergleich mit anderen Funktionen

Dateien ins JPEG-Format umwandeln und kleinrechnen, das geht nicht nur per **Bildprozessor** – Vergleichbares gelingt auch mit der Ausbau-Version **Dr. Brown's 1-2-3 Process** (Seite 116), mit dem Raw-Dialog oder mit der Exportieren-Funktion aus Bridge (Seite 158). In allen Fällen schreiben Sie mindestens JPEG-Dateien in verschiedenen Pixelgrößen. Die Unterschiede liegen im Detail, unsere Tabelle enthüllt sie:

	Bildprozessor	Dr. Brown's 1-2-3 Process	Exportieren (Bridge)
Wahlweise Original überschreiben	–	–	✔
erste Datei öffnen	✔	–	–
Metadaten			
Metadaten entfernen	–	✔, nur vollständig	✔, mehrere Optionen
Metadatenvorlage anwenden	–	–	✔
zusätzliche IPTC-Stichwörter eingeben	–	–	✔
IPTC-Copyright-Zeile ändern	✔	✔	–
Farbprofil ändern	✔, nur zu sRGB	✔	–
Umwandlung			
schreibt JPEG	✔	✔	✔
schreibt TIFF, PSD	✔	✔	–
Aktion einschließen	✔	✔, Zeitpunkt wählbar	–
Auflösung			
Höhe und Breite getrennt vorgeben	✔	✔	–
Interpolationsmethode ändern	–	✔	✔
Druckauflösung (dpi) ändern	–	✔	–

»Zu verarbeitende Bilder«

Verarbeiten Sie wahlweise geöffnete Bilder oder alle Dateien eines Verzeichnisses. Sie können auch ein Erstes Bild öffnen, um Einstellungen anzuwenden. Dann wird nicht sofort die gesamte Bildserie durchgenudelt, stattdessen bietet Photoshop zunächst ein Bild zur manuellen Bearbeitung an – aus einem beliebigen Ordner. Ihre Möglichkeiten:

» Bearbeiten Sie eine Serie von gleichartigen Camera-Raw-Bildern; justieren Sie den Camera-Raw-Dialog beim ersten Foto, Photoshop übernimmt die Einstellungen für die weiteren Dateien. Ansonsten verwendet Photoshop die vorhandenen Camera-Raw-Einstellungen.

» Öffnen Sie eine JPEG- oder Photoshop-PSD-Datei und ändern Sie in Photoshop das Farbprofil.

»Speicherort für verarbeitete Bilder«

Wo soll Photoshop die verarbeiteten Bilder speichern?

» Die Option Gleicher Speicherort erzeugt die Dateien nicht exakt im selben Ordner, sondern in einem neu entstehenden Unterordner wie »JPEG« oder »TIFF«. Schreiben Sie mehrere Dateiformate in einem Durchgang, entsteht pro Dateiformat ein eigener Ordner.

» Mit der Schaltfläche Ordner auswählen geben Sie einen beliebigen Ordner an. Auch hier verwendet das Programm nicht den Ordner selbst, sondern es erzeugt neue Unterordner wie »JPEG« und »TIFF«.

Die Originaldateien bleiben unter allen Umständen erhalten, nie überschreibt der **Bildprozessor** vorhandene Dateien. Läuft eine Konvertierung zweimal hintereinander mit demselben Zielverzeichnis durch, dann ergänzt Photoshop die bereits vorhandenen Resultate durch

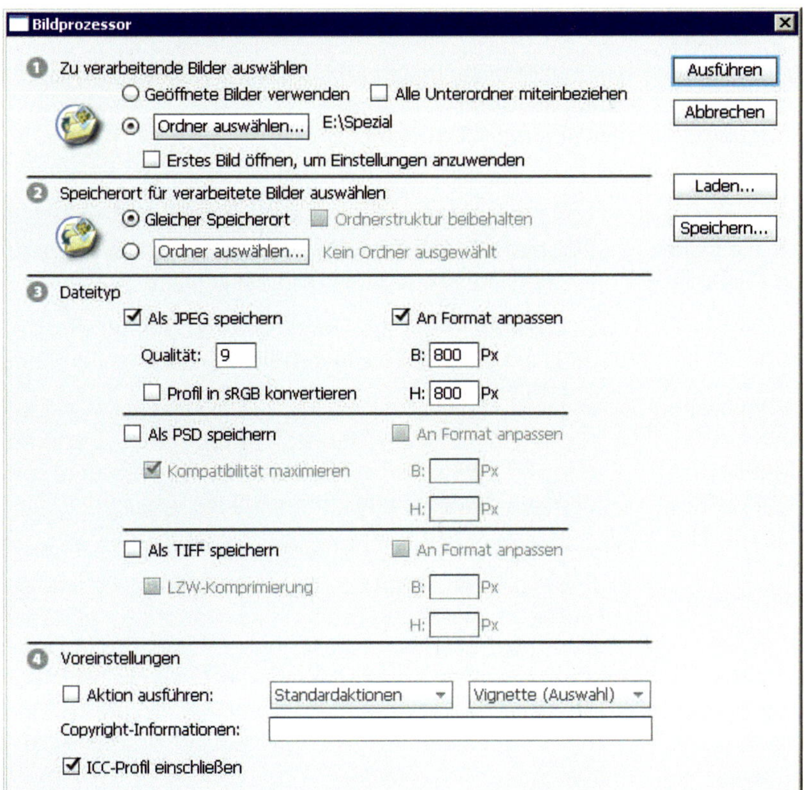

Abbildung 4.30
Der Befehl »Datei: Skripten: Bildprozessor« erzeugt unkompliziert Duplikate mit anderen Dateiformaten und Pixelzahlen.

weitere Dateien mit einer zusätzlichen Nummer im Dateinamen.

»An Format anpassen«

Mit der Option An Format anpassen rechnet Photoshop die Pixelzahl der Ergebnisbilder um. Das Höhe-Breite-Verhältnis bleibt gewahrt. Die Angaben für Breite (W) und Höhe (H) sind Maximalwerte, über die Photoshop nicht hinausgeht. Ein Beispiel: Als Breite geben Sie 1000 Pixel vor, als Höhe 675 Pixel. Kein Ergebnisbild gerät dann höher als 675 Pixel – auch Hochformate nicht.

Farbprofile anhängen

Ändern Sie Farbprofile zum Beispiel mit der Option Erstes Bild öffnen, um Einstellungen anzuwenden (siehe oben). Wenn Ihre Bilder im Web erscheinen sollen: Bei JPEG-Ergebnissen kann Photoshop wahlweise das Profil in sRGB konvertieren. Dann verwenden Sie auch die Option ICC-Profil einschliessen.

Aktionen

Auf Wunsch wendet Photoshop eine gespeicherte Aktion (Befehlsfolge, Seite 101) auf die Ergebnisdateien an. Wählen Sie im linken Klappmenü den Aktionensatz, rechts daneben die Aktion selbst aus.

Falls Sie auch die Option An Format anpassen nutzen: Die Aktion läuft ab, bevor Photoshop die Datei auf die neue Pixelzahl umrechnet. Die Aktion sollte also zur Pixelzahl ihrer ursprünglichen Datei passen.

Copyright-Hinweis

Schreiben Sie bei Bedarf einen Text ins Feld Copyright-Informationen. Ihre Wörter landen im Feld Copyright-Informationen innerhalb der **IPTC-Dateiinformationen** (Seite 181). In diesem Feld bereits vorhandene Texte werden überschrieben. Zusätzlich setzt der Bildprozessor das Feld Copyright-Status auf Durch Copyright geschützt – in Photoshop zeigen die Bilder also ein Copyright-Zeichen © in Titel- und Statusleiste.

»Dr. Brown's 1-2-3 Process«

Der **Bildprozessor** stammt von Adobes Kreativtrompeter Russell Brown. Der brachte das Dialogfeld einst als kostenloses Zusatzskript in Umlauf, mittlerweile gehört es fest zum Programm.

Als Teil seiner kostenlosen »Dr. Brown's Services« (Seite 1073) hält Russell Brown eine weit ausgebaute Version des **Bildprozessors** bereit, aufzurufen in Bridge unter **Werkzeuge: Dr. Brown's Services 2.0.4: Dr. Brown's 1-2-3 Process**.

Einige Vorteile gegenüber dem **Bildprozessor**:

- Sie können das Interpolationsverfahren, den Zeitpunkt der Aktion, das Farbprofil, die Bildauflösung und die Namen der entstehenden Unterverzeichnisse vielseitig festlegen.
- Für jeden der drei Dateitypen geben Sie eine eigene Aktion an.
- Bei Umwandlung nach JPEG lassen sich Exif- und IPTC-Daten löschen.
- Erstellen Sie in einem Durchgang mehrere verschiedene JPEG-Varianten eines Originals.

4.3.4 »Skriptereignis-Manager«

Der unkomplizierte Befehl **Datei: Skripten: Skriptereignis-Manager** verknüpft Ereignisse in Photoshop mit Skripten oder Aktionen. So passiert automatisch etwas, wenn Sie ein Bild öffnen oder schließen. Zum Beispiel:

- Sobald Sie eine Datei öffnen, startet automatisch eine Aktion (Befehlsfolge), die ein Duplikat des neuen Bilds anlegt und das Original schließt.
- Sobald Sie Photoshop starten, setzt ein Skript oder eine Aktion alle **Voreinstellungen** auf Ihre persönlichen Vorgaben.
- Sie legen mit dem **Neu**-Befehl eine neue Datei an und das Dialogfeld wartet wie von Zauberhand mit den von Ihnen gewünschten Werten auf.

Photoshop bietet im Klappmenü Photoshop-Ereignis unter anderem die folgenden Ereignisse an: Anwendung starten, Dokument öffnen, Dokument drucken; unten im Klappmenü heißt es Ereignis hinzufügen. Weitere Informationen, teils auf Deutsch, über Skripten und skriptfähige Photoshop-Befehle liefern innerhalb des Photoshop-Verzeichnisses die Unterverzeichnisse »Scripting« und »Skript-Dokumente«.

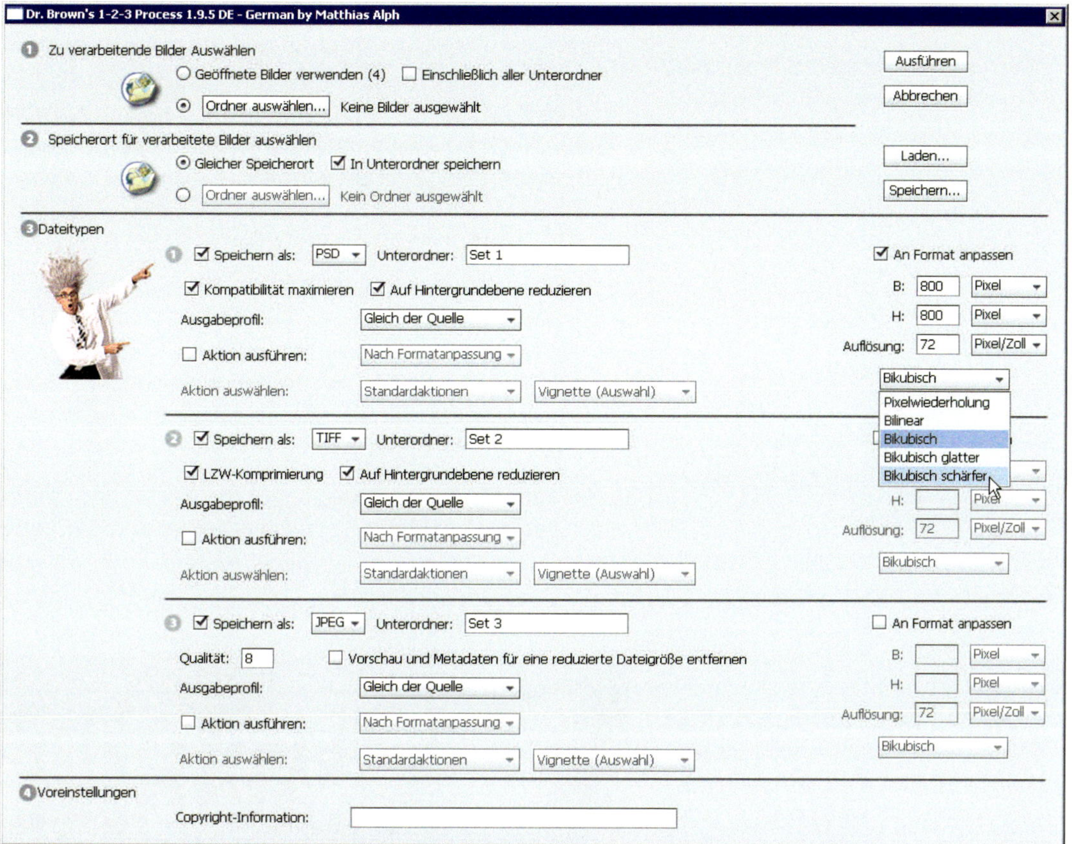

Abbildung 4.31 Die kostenlose Funktion »Dr. Brown's 1-2-3 Process« bietet mehr Möglichkeiten als der »Bildprozessor«. Hier die Version aus »Dr. Brown's Services 2.0.4«.

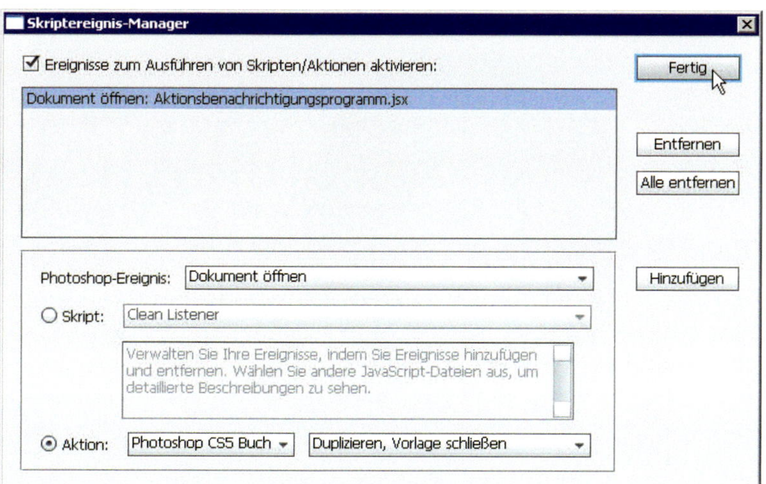

Abbildung 4.32
Der Befehl »Datei: Skripten: Skriptereignis-Manager« startet Aktionen oder Skripten, sobald Sie zum Beispiel eine Datei öffnen oder drucken.

Ereignisse verknüpfen

Wir testen die Funktion an einem Beispiel: Jedes Mal, wenn eine neue Datei geöffnet wird, soll die Aktion Duplizieren, Vorlage schliessen ablaufen. Sie stammt aus dem Aktionensatz »Photoshop CS5 Kompendium« von der Buch-DVD. So geht's:

1. Zuerst müssen Sie Ereignisse zum Ausführen von Skripten/Aktionen aktivieren.
2. Als Photoshop-Ereignis wählen Sie Dokument öffnen.
3. Aktivieren Sie unten den Bereich Aktion.
4. Wählen Sie im linken Klappmenü einen Aktionensatz, in unserem Beispiel »Photoshop CS5 Kompendium«. Im rechten Klappmenü wählen Sie die Aktion Duplizieren, Vorlage schliessen.
5. Klicken Sie auf Hinzufügen. Damit erscheint oben die Zusammenfassung: Dokument öffnen: Aktionsbenachrichtigungsprogramm.jsx.
6. Klicken Sie auf Fertig.

Sobald Sie die nächste Datei öffnen, läuft automatisch die Aktion »Duplizieren« ab, Sie erhalten also ein Duplikat des neuen Bilds, das Original wird sofort wieder geschlossen.

Der **Skriptereignis-Manager** bietet bereits einige Skripten an. Weitere Skripten laden Sie mit dem Befehl Durchsuchen aus dem Klappmenü Skript; testen Sie die Skripten aus dem Photoshop-Unterverzeichnis »Skript Handbuch/Beispielskripten«.

Skriptereignis-Manager abschalten

Sie brauchen die Aktion nicht mehr bei jedem Programmstart? Öffnen Sie den **Skriptereignis-Manager**. Diese Möglichkeiten stehen Ihnen zur Verfügung:

» Verzichten Sie auf die Option Ereignisse zum Ausführen von Skripten/Aktionen aktivieren. Die Verbindungen von Ereignissen mit Skripten oder Aktionen bleiben in der Liste, sie sind nur momentan abgeschaltet. Sie lassen sich jederzeit wieder einschalten.

» Klicken Sie oben auf Dokument öffnen: Datei duplizieren Aktion (Photoshop CS5 Kompendium) und anschließend auf Entfernen. Diese eine Verbindung von Photoshop-Ereignis mit einer Aktion ist damit dauerhaft gelöscht. Sie kann natürlich wieder wie oben beschrieben eingerichtet werden.

4.3.5 Variablen

Der Befehl **Bild: Variablen** legt automatisch viele Varianten eines Grundlayouts an, bei jeder Version werden von Ihnen definierte Pixelebenen oder Texte ausgetauscht. So entstehen zum Beispiel Werbebilder (»Banner«) oder Visitenkarten. Zugrunde liegt eine Datenbank, die Sie selbst gestalten.

Damit das **Variablen**-Untermenü zur Verfügung steht, muss das aktive Bild zusätzlich zur Hintergrund-Ebene mindestens eine weitere Ebene haben. Eine weitere Textebene bietet noch mehr Testmöglichkeiten.

Abbildung 4.33 Mit der Variablenfunktion tauschen Sie Bilder und Texte innerhalb eines Grundlayouts automatisiert aus. Datei: Variablen; Objekte zum Austauschen: V_CD, V_Handy, V_Pass

Kapitel 5

Farbmodus & Farbtiefe

Im Untermenü **Bild: Modus** steuern Sie den Farbmodus. Der Farbmodus entscheidet über Bildqualität, Datenmenge und Verwendbarkeit. Sie sollten sich die verschiedenen Farbmodelle anschauen, um Photoshop optimal zu nutzen und nicht an Qualität zu verlieren. Besonders universell und im Zweifel die richtige Wahl: **RGB-Farbe** mit acht Bit Farbtiefe pro Grundfarbe. Photoshop meldet Farbmodus und Farbtiefe oben in der Titelleiste des Bilds.

5.1 Welcher Farbmodus für welchen Zweck?

Wechseln Sie den Modus möglichst selten. Mehrmaliges Konvertieren bedeutet oft Qualitätseinbußen; so gehen auf dem Weg von RGB nach CMYK Informationen verloren, die Sie später nicht zurückerhalten.

5.1.1 Wann welcher Farbmodus?

So treffen Sie Ihre Entscheidung für den richtigen Farbmodus:

RGB

RGB-Farbe ist besonders vielseitig und funktioniert fast immer – verwandeln Sie bei Problemen Ihr Bild in **RGB-Farbe** mit 8-Bit-Farbtiefe. RGB benötigt mit seinen drei Farbkanälen ein Viertel weniger Speicherplatz als CMYK mit vier Druckfarben.

Digitalkameras zeichnen RGB-Daten auf, Monitore arbeiten physikalisch mit RGB. Bilder fürs Internet und sonstige Monitor- oder Videodarstellung brauchen nur RGB (Graustufen sind technisch auch möglich). Arbeitsplatzdrucker wie Tintenstrahler, Laserdrucker oder Farbsublimationsdrucker arbeiten zwar intern mit CMYK, dennoch sollten Sie RGB anliefern – und den Geräten die Umrechnung in CMYK überlassen.

CMYK

Der Befehl **Bild: Modus: CMYK-Farbe** trennt Ihr Bild in die vier Grundfarben der klassischen Druckvorstufe auf. Sofern Ihnen ein RGB-Bild vorliegt, machen Sie die groben Korrekturen in RGB und wechseln Sie erst für die Feinheiten nach CMYK, wo Sie Lichter und Tiefen neu überprüfen. Nur zur Ansicht bringt Sie der **Ansicht**-Befehl **Farb-Proof** in den CMYK-Farbraum – das Bild bleibt technisch im RGB-Modus.

Lab

Erhalten Sie ein Bild im CMYK-Modus, das zu viel Arbeitsspeicher frisst, dann verwandeln Sie es nicht nach RGB, sondern wählen Sie **Bild: Modus: Lab-Farbe** – die Dateigröße sinkt um ein Viertel. Interessant ist der Lab-Modus, wenn Sie die Helligkeit eines Bilds (den L-Kanal) unabhängig von den Farbwerten verändern wollen, zum Beispiel beim Schärfen.

Farbmodus beim Einfügen

Tauschen Sie Bildteile zwischen Dateien aus, dann nehmen die eingefügten Elemente den Farbmodus des Zielbilds an. Das bedeutet: Fügen Sie einen RGB-Farb-Kopf in ein Graustufenwerk ein, dann ergraut das Haupt im Zielbild. Damit Haut- und Haarfarbe erhalten bleiben, verwandeln Sie das Graustufenzielbild vor dem Einfügen in einen Farbmodus. In einem Bild mit »Indizierten Farben« kommt das Objekt ebenfalls nur mit indizierten Farben an, also mit deutlich verminderter Farbqualität.

RGB oder Lab
3x8 Bit
1,21 Mbyte

CMYK
4x8 Bit
1,61 Mbyte

Indizierte Farbe
1x8 Bit
0,42 Mbyte

Duplex
1x8 Bit
0,58 Mbyte

Graustufen
1x8 Bit
0,42 Mbyte

Bitmap
1x8 Bit
0,05 Mbyte

Abbildung 5.1 Farbmodi im Vergleich: Je nach Farbmodus erhalten Sie unterschiedliche Farbdifferenzierungen und Dateigrößen. Wir nennen den Arbeitsspeicherbedarf für eine Bilddatei mit 650x650 Pixel bei acht Bit pro Grundfarbe (5,5 Zentimeter Druckmaß bei 300 dpi). Vorlage: Farbmodus_1. Foto: Gabi Sieg-Ewe

Aufgabe	Geeigneter Modus
Alle Photoshop-Funktionen frei nutzen	RGB-Modus, 8-Bit-Farbtiefe
Speicher sparen bei RGB-Bildern, die später in CMYK separiert werden	RGB-Modus beibehalten, vor Scharfzeichnen nach CMYK konvertieren
Speicher sparen bei CMYK-Bildern	Konvertieren in Lab-Modus
Bildbearbeitung für Internet, Video- oder PC-Präsentationen	RGB-Modus
Ausdruck mit Farbtintenstrahldrucker	RGB-Modus
Farbflächen anlegen für Vierfarb-Massendruck	CMYK-Modus

5.1.2 Farbwerte und Dateigrößen erkennen

Je nach Farbmodus und Farbtiefe ändern sich Dateigrößen und die Farbwerte der Bildpunkte. Aber Photoshop hält Sie auf dem Laufenden:

- In der Titelliste des Bilds erkennen Sie Farbmodus und Farbtiefe; auch die Häkchen im Untermenü **Bild: Modus** geben Aufschluss.
- Die Statusleiste verrät die Dateigrösse im Arbeitsspeicher (Seite 68) oder das Dokumentprofil.
- Die Infopalette zeigt die Farbwerte des Bildpunkts unter dem Mauszeiger nach verschiedenen Farbmodellen. Zeigen Sie auch Werte aus Farbmodi an, die Sie aktuell nicht verwenden.

5.2 Farbtiefe

Die Informationsdichte pro Bildpunkt wird »Farbtiefe« genannt – wie viele Nullen und Einsen pro Bildpunkt verwendet werden. Je höher die Farbtiefe, desto mehr unterschiedliche Farbabstufungen in einem Bild sind möglich, desto mehr steigt aber auch die Dateigröße.

5.2.1 Unterschiedliche Farbmodelle

Die niedrigste Farbtiefe ist ein Bit – nur eine Null oder Eins pro Bildpunkt. Das reicht für 2^1, also zwei Farbtöne, in der Regel für Schwarz und Weiß. Übliche Graustufenbilder bieten für jeden Bildpunkt acht Nullen oder Einsen auf. Diese 8-Bit-Kodierung erlaubt 2^8, also 256 unterschiedliche Graustufen – genug für ein fein differenziertes Graustufenbild.

Farbdateien bestehen im Grunde aus mehreren Graustufenbildern: für jede Grundfarbe ein sogenannter Farbauszug oder Farbkanal. Bei RGB-Dateien liegen die drei Farbauszüge Rot, Grün und Blau übereinander. Jeder Farbauszug hat in der Grundausführung acht Bit pro Pixel, insgesamt dreimal acht Bit, also 24-Bit-Farbtiefe. Das macht 2^{24}, also rund 16,8 Millionen unterschiedliche Farben, das sogenannte »Truecolor«. Auch das Lab-Farbmodell basiert auf drei Auszügen, ergibt also die gleiche Farbtiefe. Dagegen setzt sich das CMYK-Modell der Druckvorstufe aus vier Kanälen zusammen – Cyan (Grünblau), Magenta (Purpur), Gelb und Schwarz. Das ergibt eine Farbtiefe von vier mal acht bzw. 32 Bit.

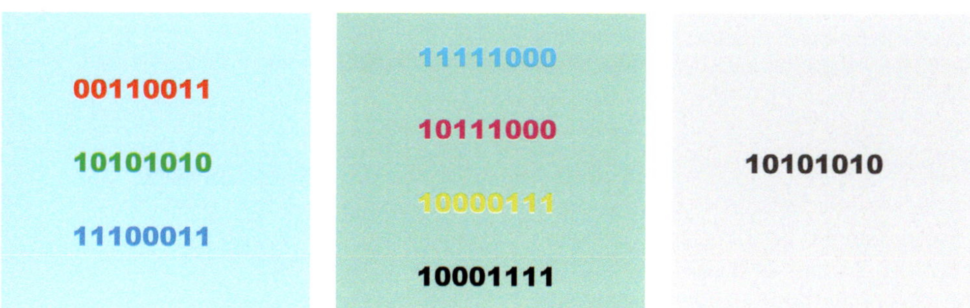

Abbildung 5.2 **Links:** Dieser Bildpunkt stammt aus einer Datei im Modus RGB-Farbe mit dreimal acht Bit Farbtiefe pro Bildpunkt. Jeder Bildpunkt besteht aus den separaten Grundfarben Rot, Grün und Blau. Jede Grundfarbe wird mit acht Nullen oder Einsen kodiert, also mit jeweils acht Bit bzw. einem Byte. Jeder Bildpunkt belegt 3x8 Bit, also 24 Bit bzw. drei Byte. **Mitte:** Dieser Bildpunkt stammt aus einer CMYK-Datei. Er besteht aus den vier Grundfarben Gelb, Cyan, Magenta und Schwarz. Jede Grundfarbe ist mit acht Nullen oder Einsen, also mit acht Bit kodiert. Jeder Bildpunkt belegt entsprechend 4x8 Bit, d.h. 32 Bit oder 4 Byte. **Rechts:** Dieser Bildpunkt aus einem Graustufenbild besitzt nur die Grundfarbe Schwarz. Sie wird mit acht Nullen oder Einsen, also mit 8 Bit kodiert. Das ermöglicht 2^8 bzw. 256 unterschiedliche Abstufungen von Weiß über Mittelgrau bis Schwarz. Dateigröße pro Pixel: ein Byte.

Dateigrößen

Die Dateigröße im Arbeitsspeicher hängt unmittelbar von der Farbtiefe ab. Acht Bit sind ein Byte; also beansprucht ein Graustufenbild mit 8-Bit-Farbtiefe ein Byte pro Bildpunkt. Eine Graustufendatei mit 640x480 Punkten à ein Byte benötigt folglich 307 Kbyte Arbeitsspeicher. Dreimal mehr fordert die RGB-Datei mit ihren drei Kanälen zu je acht Bit, sie kommt auf 921 Kbyte. Eine entsprechende CMYK-Datei genehmigt sich 1228 Kbyte.

Sämtliche Werte verdoppeln sich, wenn Sie 16 statt 8 Bit pro Grundfarbe verwenden. Damit belegt ein Bildpunkt pro Einzelfarbe zwei Byte. Das Graustufenbild misst 614 Kbyte, RGB ist mit 1843 Kbyte zu veranschlagen und das CMYK-Exemplar schwillt auf 2457 Kbyte an.

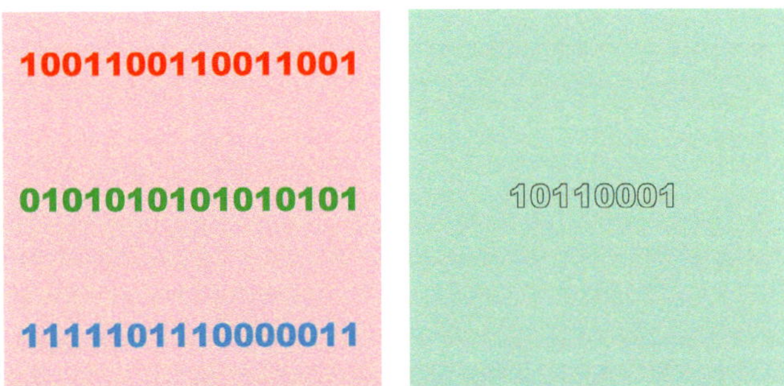

Abbildung 5.3 **Links:** Der Bildpunkt stammt aus einem RGB-Bild mit einer erhöhten Farbtiefe von 16 Bit pro Grundfarbe. Jeder Bildpunkt besteht aus den separaten Grundfarben Rot, Grün und Blau, kodiert mit jeweils 16 Nullen oder Einsen. Dadurch steigt die Dateigröße auf 3x16 Bit, also 48 Bit oder 6 Byte pro Bildpunkt - eine Verdoppelung gegenüber dem üblichen RGB mit acht Bit. **Rechts:** Der Bildpunkt aus diesem Bild im Modus »Indizierte Farben« benötigt statt 24 Bit nur acht Bit, also nur acht statt 24 Nullen oder Einsen. Damit belegt das Bild ebenso wenig Arbeitsspeicher wie ein Graustufenbild - zwei Drittel weniger als ein RGB-Farbbild. Allerdings sind auch nur 2^8 bzw. 256 unterschiedliche Farbtöne möglich.

5.2.2 16-Bit-Farbtiefe

Hochwertige Scanner liefern statt 8 auch 16 Bit pro Grundfarbe. Auch Kamera-Rohdateien können und sollten Sie mit 16-Bit-Farbtiefe laden. Das heißt, statt 24-Bit-RGB erhalten Sie 48-Bit-RGB; statt 32-Bit-CMYK erhalten Sie 64-Bit-CMYK.

Manche Scanner oder Kameras produzieren auch 10, 12 oder 14 Bit pro Grundfarbe. Solche Dateien werden entweder schon vom Gerät selbst auf acht Bit gestaucht oder von Photoshop auf 16 Bit angehoben.

Sie erhalten mit 16-Bit-Scans vor allem feiner differenzierte Schatten. Selbst aus völlig »abgesoffenen« 16-Bit-Vorlagen destillieren Photoshopper noch brauchbare Bilder. Wenn möglich, nehmen Sie wegen der besseren Detailtiefe Tonwertkorrekturen zunächst im 16-Bit-Modus vor, dann erst senken Sie mit **Bild: Modus: 8-Bit-Kanal** die Farbtiefe auf den üblichen Wert. Auch Camera-Raw-Bilder, die Sie im Camera-Raw-Dialog noch nicht endgültig auskorrigieren, sollten Sie als 16-Bit-Exemplare behalten.

Einschränkungen

Nicht im ganzen Photoshop sind 16-Bit-Dateien willkommen, doch die Einschränkungen wiegen nicht schwer: Der Kunstprotokollpinsel verweigert sich ebenso wie der Befehl **Bild: Korrekturen: Variationen**. Die komplette »kreative« **Filtergalerie**, aber auch **Extrahieren** und **Beleuchtungseffekte** verkraften nur 8-Bit-Vorlagen.

Die wichtigsten Alltagsfilter wie auch die meisten Kontrast- und Farbkorrekturen kommen indes auch mit 16 Bit zurecht. Wechseln Sie im Zweifelsfall zu **8-Bit-Kanal**.

ACHTUNG Viele andere Bild-, Grafik- und Internetprogramme beherrschen 16 oder 32 Bit pro Grundfarbe nicht. Solche Dateien werden dort nicht geöffnet oder aber kommentarlos auf acht Bit pro Kanal zurückgesetzt und dann mit reduzierten acht Bit gespeichert.

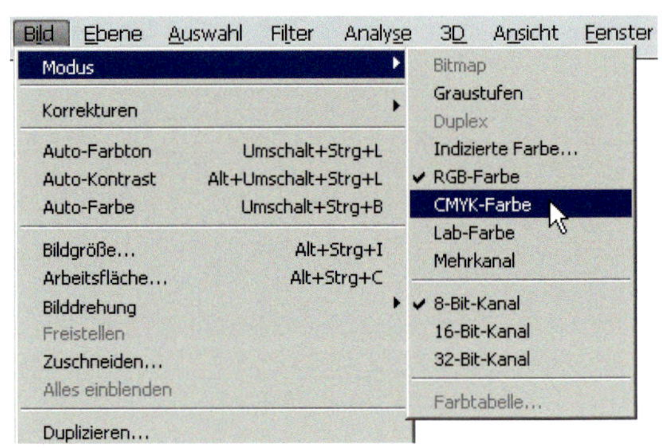

Abbildung 5.4 Im Untermenü »Bild: Modus« steuern Sie Farbmodus und Farbtiefe. Auch die Titelleiste meldet diese Werte (hier 8-Bit-RGB).

5.2.3 32-Bit-Farbtiefe

Sie können auch mit fulminanten 32 Bit pro Grundfarbe arbeiten. Die Befehle **Zu HDR Pro zusammenfügen** (Seite 363) und **HDR-Tonung** (Seite 351) arbeiten intern mit 32 Bit pro Grundfarbe, rechnen aber wahlweise beim OK-Klick auf acht oder 16 Bit zurück. Teilweise gelten 32-Bit-Bilder auch als »HDR-Dateien« (Seite 357).

Einschränkungen

Wenn Sie ein 32-Bit-Bild bearbeiten, erscheint ein Großteil der Photoshop-Befehle blassgrau - die Funktionen stehen nicht zur Verfügung, darunter auch das **Drucken**. Nur wenig geht, darunter **Tonwertkorrektur**, die **Auto**-Verbesserungen, **Farbton/Sättigung**, **Kanalmixer**, **Fotofilter** und speziell für 32 Bit die **Belichtung**. Sämtliche »kreativen« Verfremdungsfilter bleiben außen vor, verwenden können Sie jedoch neben einigen Weichzeichnern vor allem **Unscharf maskieren** und den **Selektiven Scharfzeichner**.

Von den wichtigeren Werkzeugen steht einzig der Kopierstempel bereit und das nicht mit allen Füllmethoden. Sie können zwar Bildteile einfügen, aber sie verschmelzen mit dem Hintergrund - Ebenenmontagen sind in Photoshop Standard ausgeschlossen.

32 Bit mit Photoshop-Extended-Version

Die teure »Extended«-Ausgabe von Photoshop bietet indes mehr: Hier können Sie auch Pinsel anwenden, raffiniert retuschieren, Ebenen stapeln; dabei stehen aber nicht alle Füllmethoden zur Verfügung, möglich sind jedoch Normal, Sprenkeln, Aufhellen, Abdunkeln, Hellere Farbe, Dunklere Farbe, Multiplizieren, Linear abwedeln (Hinzufügen), Differenz, Farbton, Sättigung, Farbe und Luminanz.

Speichern Sie HDR-Dateien in den Formaten TIFF, Photoshop-PSD oder Photoshop-PSB. Photoshop bietet zusätzlich andere, für die übliche Bildbearbeitung wenig verbreitete Formate wie OpenEXR, PBM oder das im 3D-Bereich populäre Radiance-Format.

32-Bit-Dateien darstellen

Sie können HDR-Dateien am Bildschirm mit ganz unterschiedlichen Kontrasten und Helligkeiten darstellen, ohne dabei die Qualität der Datei im geringsten zu ändern - es geht nur darum, den riesigen Tonwertumfang irgendwie für den Monitor zu bändigen:

» Steuern Sie die Darstellung mit dem Befehl **Ansicht: 32-Bit-Vorschau-Optionen**.

» Verwenden Sie den Regler **Belichtung** direkt unten in der Statusleiste des Bilds. Wenn er fehlt, öffnen Sie das Menü in der Statusleiste des Bilds mit dem Dreieckschalter ▶ und wechseln Sie zu **Belichtung**.

Sie ändern also wohlgemerkt nur die Aufbereitung für den Monitor. Selbst wenn Sie nur noch Schwarz oder Weiß sehen, bleibt der volle Tonwertumfang in der Datei erhalten.

5.3 Die wichtigsten Farbmodi: RGB und CMYK

In den meisten Fällen sind nur zwei Farbmodi wirklich wichtig: RGB als »natürlicher« Modus von Digicams und Monitoren und CMYK für Massendrucksachen in der professionellen Druckvorstufe.

5.3.1 RGB-Modus

RGB ist der Naturzustand von Bilddateien, denn Scanner und Digitalkameras funktionieren im RGB-Modus. Ein Bild kann nur in RGB gescannt und fotografiert werden - auch wenn Scanner schon intern in CMYK um-

Abbildung 5.5 Das RGB-Farbmodell arbeitet mit der additiven Farbmischung: Übereinander strahlende Farben hellen sich auf - Rot, Grün und Blau bei voller Intensität mischen sich zu Weiß. Zwei RGB-Farben mischen sich zu den Sekundärfarben des subtraktiven Farbmodells: Blau und Grün mischen sich zu Cyan, Grün und Rot zu Gelb, Rot und Blau zu Magenta.

rechnen. Ebenso setzt ein Monitor seine Farben immer aus Anteilen von Rot, Grün und Blau zusammen - auch wenn er eine CMYK-Datei zeigt. Während die meisten Farbdrucker mit CMYK arbeiten, funktionieren Dia- oder Fotopapierbelichter nach dem RGB-Schema. Rot, Grün und Blau sind auch die Lesebändchen in diesem Buch.

RGB können Sie fast immer verwenden: für Monitorpräsentation und Diabelichter sowieso, aber auch für den Druck. Farbtintenstrahler sollten Sie in der Regel mit RGB beschicken, auch wenn die Geräte nach dem CMYK-Schema arbeiten.

Auch einige Filter verlangen exklusiv nach RGB - so die **Beleuchtungseffekte**. Läuft mit Zusatzfiltern von Drittanbietern etwas schief oder zeigt sich Photoshop unverhofft sperrig, probieren Sie RGB mit acht Bit Farbtiefe pro Grundfarbe.

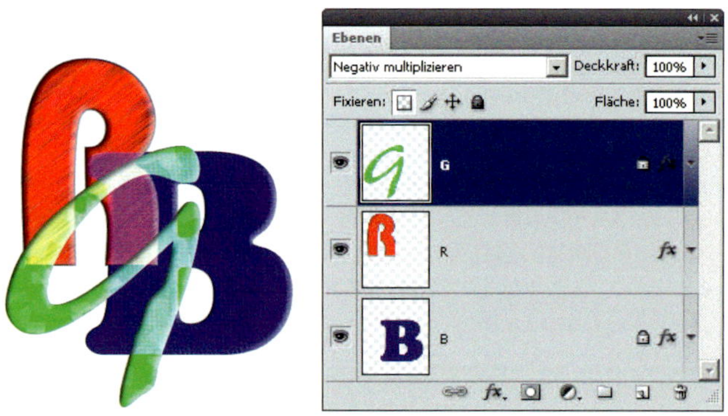

Abbildung 5.6 Mit der Füllmethode »Negativ multiplizieren« in der Ebenenpalette vollziehen Sie die additive Farbmischung nach: Rot, Grün und Blau mischen sich zu Cyan, Gelb und Magenta. Datei: Farbmodus_2

Additive Farbmischung (RGB)

Der RGB-Modus funktioniert nach der additiven Farbmischung der Leuchtfarben: Die primären Grundfarben Rot, Grün und Blau strahlen übereinander. Leuchten alle mit gleicher Kraft, ergibt sich Grau. Je stärker sie leuchten, desto heller das Ergebnis. Leuchten alle mit voller Kraft, ergibt sich Weiß.

Probieren Sie die Farbmischung aus, indem Sie Photoshops Farbregler im **Fenster**-Menü aufrufen und über den Menüschalter ▾☰ das **RGB**-Modell anwählen. Steuern Sie mit den Reglern für R, G und B jeweils den Höchstwert 255 an, erhalten Sie Weiß. Eine Nulldichte von Rot, Grün und Blau führt zu Schwarz; jeder Gleichstand der drei Grundfarben erzeugt rechnerisch einen reinen Grauwert.

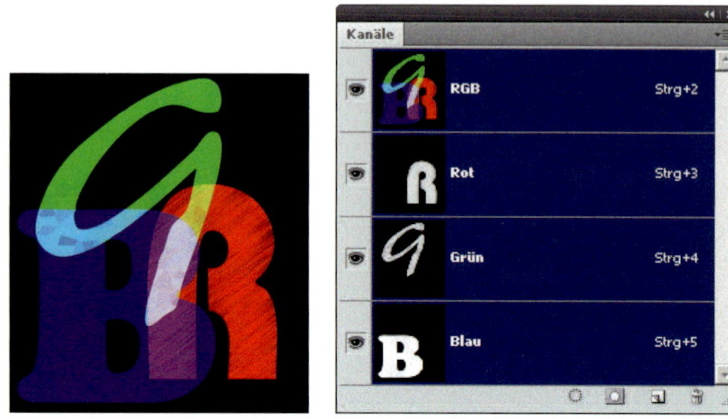

Abbildung 5.7 Wie die additive Farbmischung wirkt, erkennen Sie auch durch separate Bearbeitung der Grundfarben: Füllen Sie die Farbkanäle einzeln und betrachten Sie dann das Gesamtergebnis. Datei: Farbmodus_3

5.3.2 CMYK-Modus

Beim Druck funktionieren die Dinge anders: Hier leuchten keine RGB-Lichtfarben, hier klatschen deckende Farben aufs Papier. Je mehr davon, desto dunkler sieht's aus. Beim Wechsel von RGB nach CMYK beachtet Photoshop Ihre Vorgaben aus den Farbeinstellungen. In einem Farbwählfeld mit CMYK führen hohe Werte zu dunklen Tönen: 0 Prozent heißt keine Deckung, 100 Prozent steht für volle Deckung.

Photoshop zeigt CMYK-Bilder nur im Rahmen seiner Möglichkeiten - also auf einem Monitor, der aus physikalischen Gründen mit den leuchtenden RGB-Farben funktioniert. Das heißt, Photoshop rechnet ein CMYK-Bild für den Monitor intern nach RGB um.

TIPP Behalten Sie von wichtigen Vorlagen eine RGB-Version zurück - sozusagen das naturbelassene Bild. So wechseln Sie notfalls neu vom Original zu CMYK.

Verwendung

Wollen Sie Ihre Bilder am Monitor oder als Dia zeigen, haben Sie mit CMYK nichts zu tun. Soll das Foto dagegen gedruckt werden, muss man es irgendwann nach CMYK konvertieren - oder dies geschieht automatisch irgendwo zwischen Photoshop und dem Ausgabegerät.

Fragt sich nur, ob und wann man nach CMYK umwandelt: Einerseits sagt die Monitorvorschau im CMYK-Modus mehr über das spätere Druckergebnis aus als die RGB-Version, auch bestimmte Filteroperationen wie das Schärfen sollte man erst am CMYK-Bild anwenden. Wollen Sie Schatten einsetzen, dann macht das im CMYK-Modell oft am meisten Sinn, weil Sie hier den separaten Schwarzkanal verwenden können. Erzeugen Sie komplette Farbflächen für den Vierfarbdruck, etwa mit dem Verlaufswerkzeug und bunten Pinseln, dann arbeiten Sie unbedingt in CMYK mit korrekten Separationsvoreinstellungen.

Für längeres Verweilen im RGB-Modus spricht andererseits, dass der Arbeitsspeicher nur mit drei statt vier Bildkanälen strapaziert wird und dass mehr Funktionen zur Verfügung stehen. Aus dem RGB-Modus heraus haben Sie eine CMYK-Vorschau zur Verfügung – gemeint ist der Befehl **Ansicht: Farb-Proof** (Strg+Y), den Sie mit **Ansicht: Proof einrichten** näher definieren (Seite 127). Farbtintenstrahldrucker erwarten meist RGB-Bilder, auch wenn sie in CMYK-Varianten drucken; also liefert man RGB.

Abbildung 5.8 Subtraktive Farben ergeben übereinandergelegt Schwarz. Gelb und Magenta übereinander mischen sich zur Primärfarbe Rot, Gelb und Cyan zur Primärfarbe Grün, Cyan und Magenta zur Primärfarbe Blau.

Subtraktive Farbmischung (CMY)

Alle CMYK-Farben in voller Intensität übereinander ergeben Schwarz. Diese Farben sind Cyan (Grünblau), Gelb und Magenta (Purpur). Gelb, Grünblau und Magenta entstehen, indem man jeweils zwei der additiven Primärfarben Rot, Grün und Blau zu gleichen Teilen mischt.

Grünblau, Gelb und Purpur volle Kraft übereinandergedruckt ergeben theoretisch Schwarz, aus drucktechnischen Gründen jedoch Dunkelgrau oder Braun. Die eigene Druckfarbe Schwarz verstärkt deshalb den Tiefeneindruck und führt zum üblichen Vierfarbdruck. Außerdem spart es Druckfarbe, schont das Papier und stabilisiert den Druckprozess, wenn statt der drei Druckfarben Cyan, Yellow und Magenta übereinander lediglich ein gleichwertiger Schwarzanteil gedruckt wird.

TIPP Sie können die subtraktive Mischung des CMYK-Farbmodells nachvollziehen, indem Sie in einer Photoshop-Datei verschiedene Ebenen übereinanderlegen und mit dem Mischmodus MULTIPLIZIEREN ausstatten. Sie erkennen dann, wie sich zum Beispiel Magenta und Gelb zu Rot überlagern, Cyan und Gelb zu Grün und wie alle drei CMY-Farben übereinander Schwarz ergeben.

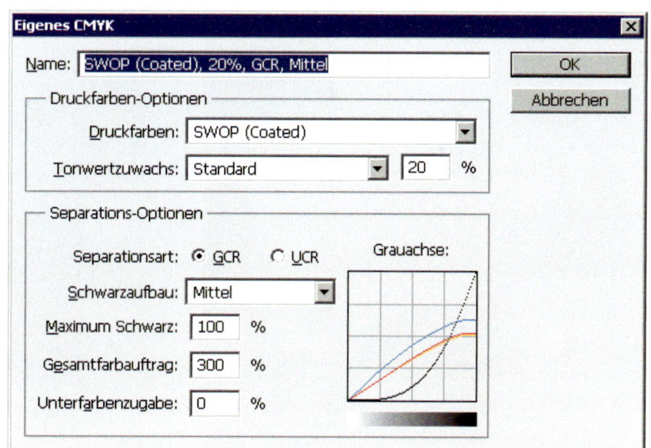

Abbildung 5.9 Wählen Sie in den Farbeinstellungen »Eigenes CMYK«, dann steuern Sie den Aufbau Ihrer CMYK-Bilder.

Umwandlung nach CMYK

Die Umwandlung eines RGB-Bilds nach CMYK bezeichnet man als Farbseparation. In der Regel verwenden Sie ein ICC-Profil, das Sie von Ihrem Dienstleister erhalten. Wandeln Sie ein Bild nur einmal von RGB nach CMYK um und zwar erst dann, wenn die **Farbeinstellungen** stimmen. Nehmen Sie erst alle Farbkorrekturen im RGB-Modus vor, konvertieren Sie dann das Bild und überprüfen Sie in CMYK erneut Lichter und Tiefen. Schatten, schwarze Schrift oder Scharfzeichnung folgen eventuell erst nach der CMYK-Umwandlung. Auf Wunsch separiert auch Ihr Belichtungsstudio.

Die **Farbeinstellungen** für CMYK, erreichbar im **Bearbeiten**-Menü, beeinflussen die Art, wie Photoshop zwischen RGB und CMYK umwandelt. Betroffen ist aber auch die Darstellung von CMYK-Bildern auf einem RGB-Monitor.

Zunächst sollten die Monitorvoreinstellungen und die Vorgaben für die Druckfarben stimmen. Im Anschluss drucken Sie ein Testbild aus und passen Ihren Monitor entsprechend an (Seite 85).

Mit dem Befehl **Bearbeiten: Farbeinstellungen** bietet Photoshop verschiedene Voreinstellungen für typische Drucksituationen. Wollen Sie die Umwandlung von RGB nach CMYK einmal selbst, ohne ICC-Profil Ihres Dienstleisters, steuern, wählen Sie in diesem Dialogfeld im Bereich ARBEITSFARBRÄUME im Klappmenü CMYK die Option EIGENES CMYK.

CMYK-Warnungen in Dialogfeldern

Sie können schon bei RGB- oder Lab-Dateien zu gesättigte, in CMYK nicht druckbare Farben aufzeigen und entfernen. Photoshop kennzeichnet diese Farben so:

» Farbwähler und Farbregler zeigen das Warndreieck ⚠, wenn Sie eine nicht druckbare Farbe markieren; ein Klick auf das Dreieck beschert Ihnen die nächstgelegene druckbare Farbe.

» Die Infopalette präsentiert ein Ausrufezeichen neben Tonwerten, die nach der Korrektur aus dem druckbaren Rahmen herausfallen.

»Farbumfang-Warnung«

Photoshop bietet im **Ansicht**-Menü spezielle Darstellungsweisen, mit denen Sie ein anderes Farbmodell oder einen anderen Rechner simulieren. Ein Beispiel:

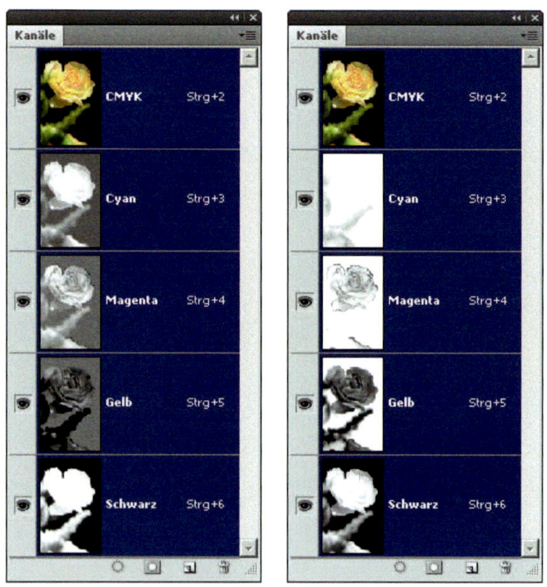

Abbildung 5.10 Je nach CMYK-Vorgabe werden die Farben unterschiedlich umgewandelt. Die Variante der linken Palette verwendet mehr CMY-Farben, die rechte Version maximalen Schwarzanteil. Vorlage: Farbmodus_4. Foto: Gabi Sieg-Ewe

Abbildung 5.11
Alarmfarben: Die »Farbumfang-Warnung« hebt nicht druckbare Tonwerte in der Bildanzeige hervor, hier durch graue Abdeckung. Datei: Farbmodus_5. Foto: Gabi Sieg-Ewe

Sie benötigen ein RGB-Bild letztlich im CMYK-Modus der Druckvorstufe; Sie wollen es aber zunächst im vielseitigeren RGB-Modus bearbeiten. Sie bleiben auch bei RGB, zeigen das Foto aber trotzdem bereits mit CMYK-Vorschau an.

Der Befehl **Ansicht: Farbumfang-Warnung** (Strg+⇧+Y) hebt alle Pixel eines RGB-Bilds durch Alarmfarben hervor, die im aktuell gewählten CMYK-Farbraum der druckbaren Farben (dem sogenannten Gamut) nicht vorkommen. Sie können die entsprechenden Farben zum Beispiel mit dem Schwamm abschwächen, bis die Sättigung in den druckbaren Bereich sinkt. Mit welcher Farbe und Deckkraft die Farbumfang-Warnung zuschlägt, regeln Sie per **Bearbeiten: Voreinstellungen: Transparenz & Farbumfang-Warnung** (am Mac im **Photoshop**-Hauptmenü).

TIPP Wollen Sie nicht druckbare Farben nicht nur hervorheben, sondern auswählen? Dies erledigt der Befehl **Auswahl: Farbbereich** mit der Vorgabe Ausserhalb des Farbumfangs (Seite 616).

»Farb-Proof« für den Druck

Der Befehl **Ansicht: Farb-Proof** (Strg+Y) zeigt eine RGB-Datei in verschiedenen CMYK-Varianten, ohne das Bild endgültig in CMYK zu verwandeln. Hier wie auch bei der **Farbumfang-Warnung** verwendet Photoshop Ihre aktuellen **Farbeinstellungen** für CMYK (Seite 85).

Welche CMYK-Vorgabe Sie mit dem **Farb-Proof**-Befehl darstellen, entscheiden Sie im Untermenü **Ansicht: Proof einrichten**. Sie erkennen also mögliche Farbänderungen durch die Konvertierung nach CMYK und durch die Ausgabe auf bestimmten Geräten schon vorab. Zeigen Sie das Bild mit dem Befehl **Ansicht: Neues Fenster** eventuell doppelt an, RGB und CMYK nebeneinander.

Zeigen Sie Ihr Bild vorübergehend im **CMYK-Arbeitsfarbraum**, ohne es bereits in CMYK umzurechnen. **Papierweiß simulieren** stellt den speziellen Weißton dar, den Sie in den CMYK-Vorgaben zur aktuellen Datei gemacht haben. Unabhängig vom definierten CMYK-Arbeitsfarbraum machen Sie **Eigene** Proof-Vorgaben mit Vorgaben für spezielle Ausgabegeräte.

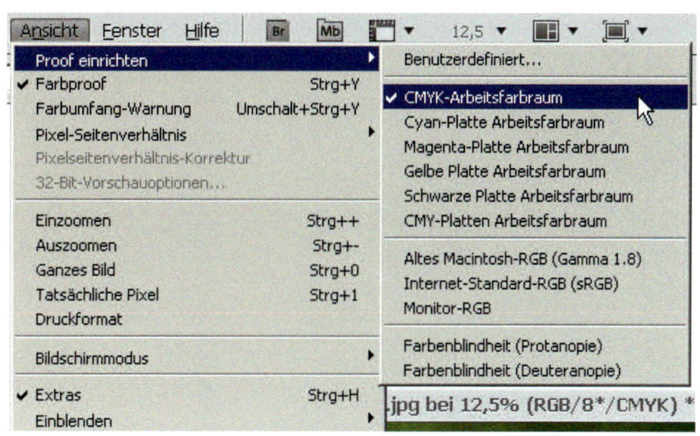

Abbildung 5.12 Im Untermenü »Ansicht: Proof einrichten« steuern Sie die CMYK-Vorschau. Sie erkennen hier schon in der Titelleiste des Bilds rechts unten, dass wir ein Acht-Bit-RGB-Bild mit CMYK-Darstellung bearbeiten.

5.4 Weitere Farbmodi

Photoshop bietet weitere Farbmodi an.

5.4.1 Graustufen

Wählen Sie **Bild: Modus: Graustufen**, kann Ihre Datei nur noch Graustufen und keine Farben mehr anzeigen. Ein Graustufenbild hat nur eine Grundfarbe und belegt damit zwei Drittel weniger Arbeitsspeicher als ein RGB-Farbbild mit gleicher Farbtiefe.

Soll das Graustufenbild nachträglich Farbe annehmen, nehmen Sie im Untermenü **Bild: Modus** eine Vorgabe wie **RGB-Farbe**. Danach erscheint Ihr Graubild immer noch grau – aber im Druck kann es zu Abweichungen kommen.

Wollen Sie ein Farbmotiv in schmucke Grautöne umsetzen, klicken Sie nicht einfach auf den **Graustufen**-Befehl. Erzeugen Sie zunächst Graustufen nach Maß mit dem **Schwarzweiß**-Befehl oder einem der anderen, interessanten Verfahren, die wir ab Seite 512 ausführlich besprechen.

5.4.2 Lab-Modus

Die RGB-Daten rechnet Photoshop stets auf dem Umweg über das Lab-Farbmodell nach CMYK um. Lab ist eine geräteunabhängige Farbraumbeschreibung, deren Farbraum RGB und CMYK einschließt; Lab hat also ein weiteres Farbspektrum als RGB und CMYK.

Lab ist aufgeteilt in einen Helligkeitskanal (L, für Luminanz oder Lab-Helligkeit) – eine Art Graustufenversion des Bilds – und zwei Kanäle für die Farbe: a von Grün bis Magenta, b von Blau bis Gelb. Lab ist auch das interne Farbmodell von PostScript Level II und III. Speichern Sie Lab-Bilder in den Formaten TIFF, Photoshop-PSD, EPS-DCS, JPEG 2000 oder Photoshop-PDF – JPEG und viele weitere Dateitypen eignen sich nicht.

Manchmal lohnt es sich, unmittelbar den **Modus: Lab-Farbe** anzuwählen:

- etwa wenn Sie die Helligkeitswerte eines Bilds unabhängig von den Farbtönen bearbeiten wollen – zum Beispiel beim Schärfen oder Stören.
- CMYK-Bilder lassen sich speicherschonend und ohne Verlust nach Lab konvertieren, das mit seinen drei Kanälen weniger Arbeitsspeicher beansprucht.
- Theoretisch können Sie ein Bild im Lab-Modus unmittelbar an einen PostScript-Drucker schicken, ohne es überhaupt erst nach CMYK zu konvertieren.

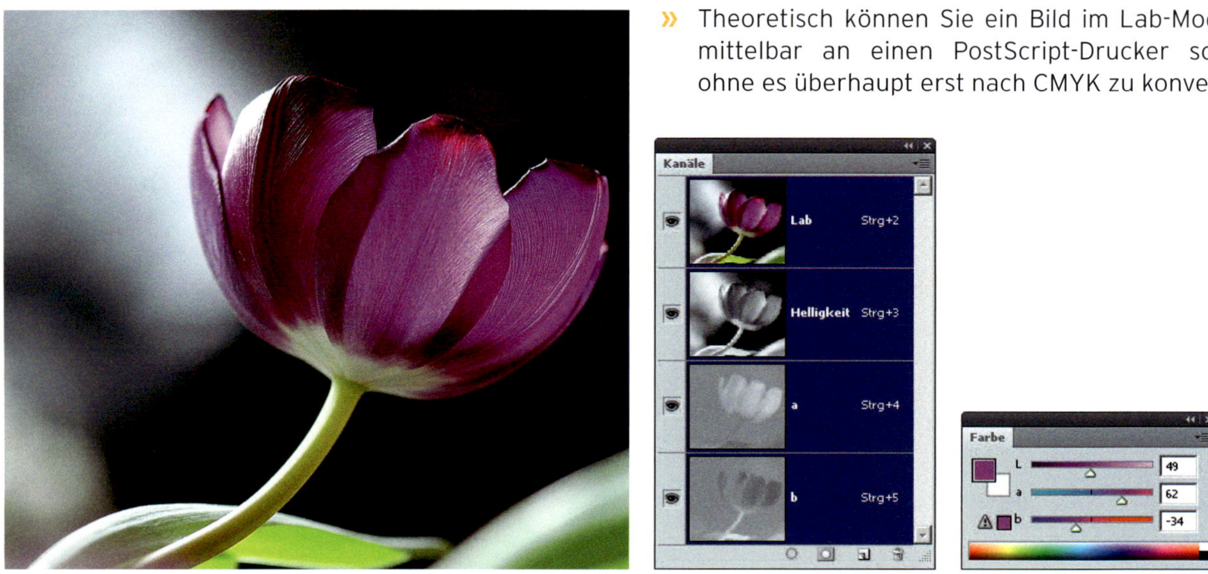

Abbildung 5.13 Das Lab-Farbmodell unterscheidet einen Helligkeitskanal und die zwei Farbkanäle a und b. Datei: Farbmodus_6. Foto: Gabi Sieg-Ewe

ACHTUNG Andere Programme, etwa Bildbearbeiter oder Archivierungen, zeigen Lab-Dateien vielleicht nicht korrekt an.

5.4.3 Bitmap-Modus

Der **Modus: Bitmap** reduziert das Bild auf zwei Tonwerte – Schwarz und Weiß. Die Datei muss vorab im Graustufen-Modus vorliegen, die Druckmaße müssen exakt stimmen und sollten später nicht geändert werden, auch nicht im Layoutprogramm; einzig die ungerasterte Bitmap-Version mit der Schwellenwert-Methode dürfen Sie nachträglich skalieren.

Allerdings lässt sich ein Bitmap-Bild kaum bearbeiten, Sie müssen wieder zurück in den Graustufenmodus wechseln. Geht es Ihnen nur um einen grafischen Rastereffekt, verwenden Sie **Filter: Vergröberungsfilter: Farbraster** (Seite 574).

TIPP Prüfen Sie gerasterte Bitmap-Bilder in der Zoomstufe 100,00 Prozent (Strg+Alt+0), sonst erscheinen sie verzerrt.

Wann Bitmap-Modus?

Der Bitmap-Modus empfiehlt sich, wenn Sie Dateien für Drucker aufbereiten, die ohnehin nur zwei Farben kennen und Zwischentöne durch Rastern vortäuschen – also etwa Laserdrucker oder Laserbelichter. In der Regel überlassen Sie diesen Schritt dem Drucker oder dem Raster Image Processor (RIP) beim Belichter; aber das Vorabrastern in Photoshop bietet zusätzliche Kontrollmöglichkeiten, spart eventuell Zeit und ist auch nützlich, wenn Sie das Bild vielfach durch Laserdrucker, Fotokopierer oder Faxkanäle laufen lassen.

TIPP Auch im Drucken-Dialog können Sie individuell rastern; dort verändern Sie nicht die Bilddatei, sondern nur den aktuellen Ausdruck. Allerdings fehlt das interessante Diffusion Dithering. Eventuell bietet jedoch Ihr Druckertreiber eine vergleichbare Option an, auch unter Bezeichnungen wie »Error Diffusion«, »Fehlerstreuung« oder »Streuraster«.

5.4.4 Indizierte Farben

Bilder mit indizierten Farben zeigen nur maximal 256 unterschiedliche Farben. Wichtig ist die »Indizierte Farbe« für GIF-Dateien, die auf WWW-Seiten Animationen und Freisteller ermöglichen: GIF akzeptiert keine andere Farbtiefe. Um übliche Halbtonfotos platzsparend zu speichern, nimmt man eher das JPEG-Dateiformat. Details finden Sie in den Abschnitten zu GIF (Seite 1033) und zur Farbtabelle (Seite 1036).

5.4.5 Duplex

Bilder im **Duplex**-Modus wirken wie Tonungen: Sie erzeugen getonte Graustufenwerke mit einer bis vier Grundfarben – und entsprechend einer bis vier Druckfarben. Wir besprechen das Verfahren ab Seite 510.

Abbildung 5.14 **1. Bild:** Die Schwellenwertmethode des »Bitmap«-Befehls sorgt für harte Schwarzweißgegensätze und erzeugt keinen Graustufeneindruck. **2. Bild:** Mit Weichzeichner, Hochpassfilter und Schwellenwertregler lässt sich der Effekt besser steuern (Seite 526), erst danach wechseln Sie zu »Bitmap«. **3. Bild:** »Diffusion Dithering« erzeugt ein körniges Streuraster. **4. Bild:** Punktraster mit 45 Grad Rasterwinkelung ist eine verbreitete Rasterform. Die Bilder wurden für niedrige Druckerauflösungen berechnet, so dass die Rasterwirkung hier deutlich hervortritt. Vorlage: Farbmodus_7. Foto: Gabi Sieg-Ewe

Teil 2
Basisaufgaben

Steigen Sie ein in die Bildverwaltung mit Bridge und Mini Bridge: Legen Sie übersichtliche Fotosammlungen an, nutzen Sie Stichwörter und Bildbeschreibungen für Ihr persönliches Bildarchiv. Auch um die hochwertigen Raw-Dateien geht es in diesem Teil – und um weitere Dateiformate wie JPEG oder TIFF.

Kapitel 6

Bridge und Mini Bridge

Wie ein digitales Leuchtpult reiht das separate Programm Bridge Ihre Fotos auf. Als Variante dazu gibt es eine kleinere Bridge-Außenstelle, das Bedienfeld Mini Bridge innerhalb von Photoshop. Starten Sie Bridge wie ein unabhängiges Programm, öffnen Sie es in Photoshop mit der Schaltfläche BRIDGE STARTEN oder per Strg+Alt+O. Für Mini Bridge gibt es eine separate Schaltfläche.

In diesem Kapitel besprechen wir viele, aber nicht alle Funktionen von Bridge: Den kompletten Umgang mit IPTC-BESCHREIBUNGEN und STICHWÖRTERN sowie mit Exif-Kameradaten stelle ich im »Metadaten«-Kapitel vor (Seite 181); Camera-Raw-Dateien behandelt en bloc das Kapitel ab Seite 203, auch PDF-Kataloge und Webgalerien finden Sie in anderen Kapiteln.

Manche Erklärungen in diesem Kapitel gelten auch für das Bedienfeld Mini Bridge in Photoshop, dann erwähne ich das ausdrücklich. Alle Besonderheiten, die speziell nur Mini Bridge betreffen, besprechen wir ab Seite 179.

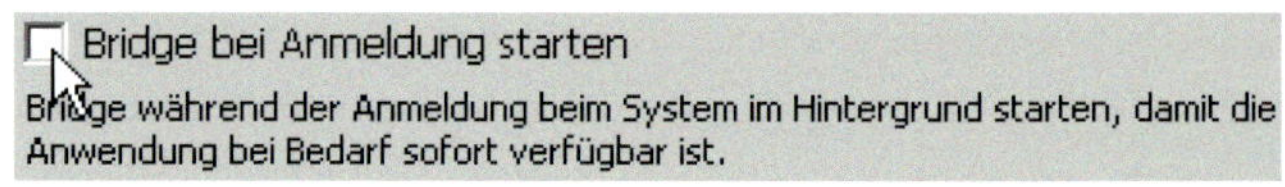

Abbildung 6.1 Im Bereich »Erweitert« der Bridge-»Voreinstellungen« entscheiden Sie, ob das Programm direkt beim Anmelden im System starten soll.

Diese Möglichkeiten bieten Bridge wie auch Mini Bridge:

- Miniaturendarstellung in verschiedenen Größen und Sortierungen, nur bei Bridge mit Textinformation nach Maß
- Schnelles Auffinden von wichtigen oder zuletzt genutzten Ordnern und Dateien
- Anzeigen und Ändern von IPTC-Einträgen wie BESCHREIBUNG oder STICHWÖRTER
- Suchen und selektives Anzeigen von Dateien mit bestimmten Eigenschaften (in Mini Bridge eingeschränkt)
- Dateiformatumwandlung und Kleinrechnen direkt innerhalb von Bridge
- Diaschau aus dem Programm heraus, dabei wahlweise Anzeige und Änderung von WERTUNG und BESCHRIFTUNG
- Für gewählte Bilder: Vorbereitung für Drehen, Reihenumbenennung und weitere Änderungen mit Skripten aus Photoshop

Abbildung 6.2 **Links:** Ausgehend vom »Grundlagen«-Arbeitsbereich haben wir die Vorschau- und die Stichwörterpalette rechts im Bridge-Fenster angeordnet, die Vorschaupalette zeigt hier die 100-Prozent-Lupe. Die Textzeilen unter den Miniaturen verschwanden per [Strg]+[T]. **Rechts:** Das Bridge-Fenster zeigt links die Ordnerpalette und die Metadatenpalette mit dem Exif-Bereich. Unter den Miniaturen zeigt Bridge Farbcodes, Sternewertung und technische Daten oder Stichwörter an. Die gelbe »QuickInfo« schalten Sie in den Voreinstellungen ein. Die Schaltfläche »Miniaturraster durch Klicken sperren« sorgt dafür, dass keine Miniatur nur halb erscheint. Verzeichnis: 45_Vorlagen

Das gibt es nur bei Bridge, nicht bei Mini Bridge:

- Anzeigen von technischen Daten und Exif-Kameradaten
- IPTC-Texte, Sternewertung und Farbcodes anwenden
- Vielseitig änderbare Oberfläche mit speicherbaren Varianten
- Speicherung der Abfragekriterien und der Fundliste
- Gestalten und Speichern von PDF-Bildkatalogen und Fotogalerien fürs Internet

6.1 Oberfläche

Die Bridge-Oberfläche lässt sich vielseitig gestalten, nützliche Anordnungen des Programmfensters können Sie speichern.

TIPP Sie wollen einen Ordner samt Unterordnern sehen? Wählen Sie **Ansicht: Elemente in Unterordnern anzeigen**. Alternative: Der Rechtsklick auf einen Ordner in der Pfadleiste (nicht in der Ordnerpalette), dort finden Sie ebenfalls den Befehl **Elemente in Unterordnern anzeigen**.

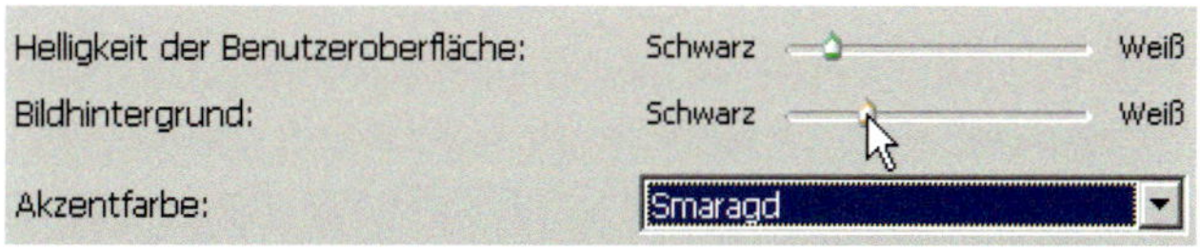

Abbildung 6.3 Die Programmfarben von Bridge steuern Sie in den »Voreinstellungen« ([Strg]+[K]). Das Bedienfeld Mini Bridge ändert sich dabei nicht.

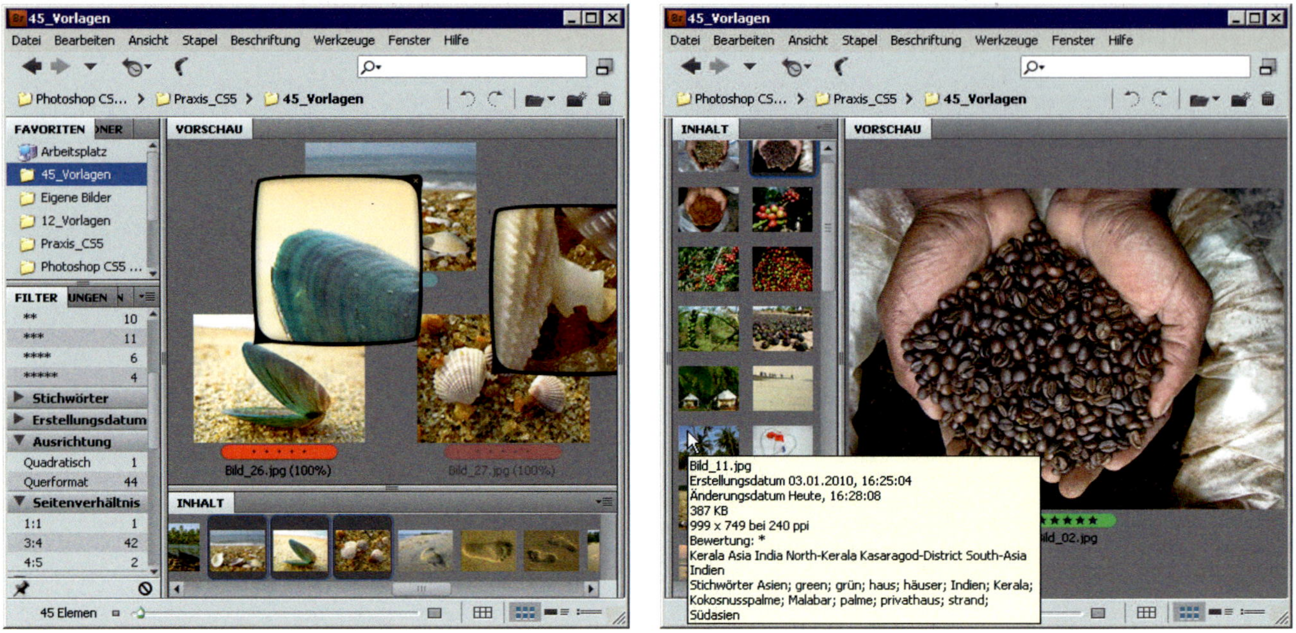

Abbildung 6.4 **Links:** Die Favoritenpalette bietet die wichtigsten Ordner an, per Filterpalette finden Sie schnell die gewünschten Motive. Im Filmstreifenmodus haben wir drei Dateien markiert, die zum Vergleich vergrößert in der Vorschau erscheinen, zwei davon mit Lupe. **Rechts:** Der Arbeitsbereich »Vorschau« erzeugt eine senkrechte Miniaturenreihe in der Inhaltpalette. Dort sehen Sie auch mehrere Bildreihen nebeneinander.

6.1.1 Teile von Bridge ausblenden

In Bridge blenden Sie Paletten so ähnlich aus wie in Photoshop:

- Klicken Sie doppelt auf den Namen einer Palette wie VORSCHAU, ORDNER, METADATEN – sie schließt oder öffnet sich; der Palettenreiter bleibt aber sichtbar.
- Ziehen Sie die Paletten zu Gruppen zusammen.
- Per ⇆-Taste klappen sämtliche Paletten weg – und kommen bei Wiederholung des Befehls schnurstracks zurück.
- Soll nur die rechte oder nur die linke Palettenspalte abtauchen, klicken Sie doppelt auf die senkrechte Trennleiste zum Mittelbereich.
- Sie wollen einzelne Paletten hervorholen oder verbannen? Ein passendes Kontextmenü liefert der Rechtsklick auf einen Palettentitel wie FILTER oder FAVORITEN; Alternative: das **Fenster**-Hauptmenü.
- Die untere Schaltflächen-Leiste mit dem Ordner-Pfad und Schaltflächen zum Drehen verschwindet mit dem Befehl **Fenster: Pfadleiste**.

6.1.2 Kompaktmodus und Ultrakompaktmodus

So belegt Bridge weniger Monitorfläche:

- Beim Wechsel in den KOMPAKTMODUS mutiert Bridge zum schmalen Programmfenster ohne Paletten oder Hauptmenü; es lässt sich zunächst von anderen Programmen nicht überdecken. Klicken Sie auf IN KOMPAKTMODUS WECHSELN.
- Im ULTRAKOMPAKTMODUS bleibt von Bridge nur die Menüleiste übrig. Sie klicken auf die Schaltfläche, nur aus dem Kompaktmodus heraus.

Im Kompaktmodus funktioniert Bridge fast wie eine Photoshop-Palette: Bridge bleibt jederzeit sichtbar. Ziehen Sie Bilder aus Bridge in Photoshop oder auch in beliebige andere Programme. Zurück in den Voll-

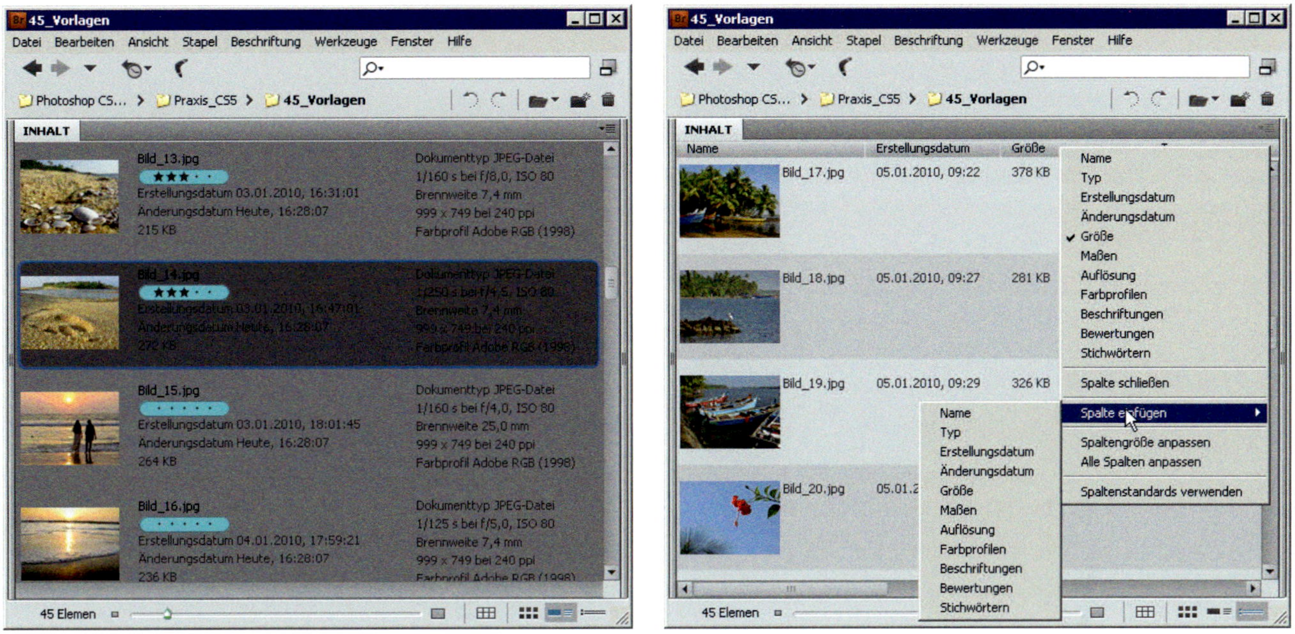

Abbildung 6.5 **Links:** Der Befehl »Ansicht: Als Details« zeigt besonders viele Informationen in der Inhaltpalette, auch IPTC-Einträge wie Stichwörter oder Copyright. **Rechts:** Wir haben »Ansicht: Als Liste« gewählt. Breite und Reihenfolge der Spaltenüberschriften wie »Erstellungsdatum« oder »Größe«. Per Rechtsklick auf eine vorhandene Kategorie fügen Sie weitere Kriterien hinzu. »Details« und »Liste« gibt es auch als Schaltfläche rechts unten im Programmfenster.

modus geht's mit einer eigenen Schaltfläche; auch mit Strg+Enter wechseln Sie zwischen Kompaktmodus und Vollmodus.

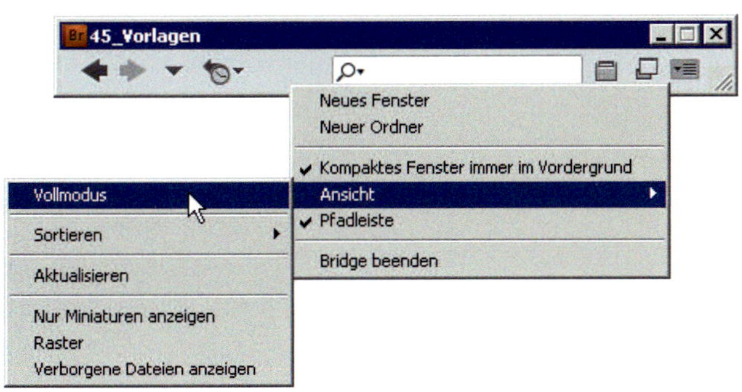

Abbildung 6.6 So sieht Bridge im Ultrakompaktmodus aus. Über den Menüschalter lässt sich das Programm weiterhin steuern.

Immer im Vordergrund

Im Kompaktmodus bleibt Bridge zunächst immer im Vordergrund, es wird nicht von anderen Programmen überdeckt. Öffnen Sie das Menü mit dem Schalter, dann sehen Sie ein Häkchen ✔ neben **Kompaktes Fenster im Vordergrund**. Klicken Sie diese Vorgabe einmal an, damit sich andere Programme vor Bridge drängen können. Beim nächsten Wechsel in den Kompaktmodus bleibt die Option dann ausgeschaltet.

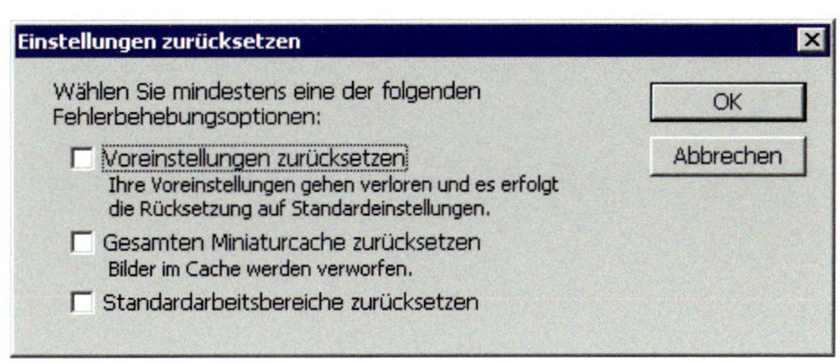

Abbildung 6.7 Probleme? Starten Sie Bridge mit gedrückter Strg+Alt+⇧-Taste. Sie können »Voreinstellungen« oder Cache zurücksetzen, am besten alles. Danach lässt sich das Programm eventuell wieder normal nutzen. Prüfen Sie anschließend jedoch die »Voreinstellungen« (Strg+K), richten Sie zum Beispiel den »Cache«-Speicherbereich wieder passend für Ihren Computer ein.

6.1.3 Mehrere Bridge-Fenster

Stellen Sie mehrere Bridge-Fenster nebeneinander (nicht bei Mini Bridge). So vergleichen Sie verschiedene Verzeichnisse und kopieren bequem hin und her; übersichtlich sehen Sie Suchergebnisse und Gesamtverzeichnis nebeneinander. Wählen Sie einfach **Datei: Neues Fenster** (Strg + N).

Abbildung 6.8 Das obere Fenster ist im Kompaktmodus – ohne Paletten und Menü, zunächst immer im Vordergrund. Das untere Fenster ist »synchronisiert«: Es zeigt immer den gleichen Inhalt wie das erste Fenster, aber in einer anderen Ansicht.

»Neues synchronisiertes Fenster«

Der Befehl **Fenster: Neues synchronisiertes Fenster** (Strg + Alt + N) erzeugt ein zweites Bridge-Fenster, das inhaltliche Änderungen im ersten Fenster mitvollzieht – verwendetes Verzeichnis und aktivierte Datei(en). Zeigen Sie zum Beispiel im ersten Fenster Hunderte kleiner Miniaturen ohne jede Information; im synchronisierten Fenster sichten Sie nach Bedarf

» die aktivierten Bilder im Metadaten-Modus mit ausführlichen Informationen oder

» nur die Vorschaupalette; sie zeigt die im ersten Fenster markierten Dateien deutlich größer.

6.1.4 Befehle im Überblick: Bridge-Oberfläche

Taste/Feld	Zusatztasten	Aktion	Ergebnis
Br			In Photoshop und anderen Programmen: Bridge starten
F5			Ansicht aktualisieren
Strg + ↵			Wechsel Kompaktmodus/Vollmodus
			Kompaktmodus
			Ultrakompaktmodus
			Verhindern, dass Miniaturen nur halb angezeigt werden
			Favoriten und übergeordnete Ordner anzeigen
			Letzte Dateien in Photoshop öffnen
			Letzte Dateien oder Ordner in Bridge sichten
			Zum vorher/nachher genutzten Ordner wechseln
			Zu Photoshop wechseln
Strg + ⇧	+		Miniaturen vergrößern
Strg + ⇧	-		Miniaturen verkleinern
F2 (nicht am Mac)			Markierte Datei umbenennen
Strg + R	⇧		Stapel-Umbenennung
Strg + R			Im Camera-Raw-Dialog öffnen
			Im Camera-Raw-Dialog öffnen
			Sortierreihenfolge umkehren

Taste/Feld	Zusatztasten	Aktion	Ergebnis
Pos 1			Zum ersten Objekt
Ende			Zum letzten Objekt
Strg + G			Markierte Dateien **Als Stapel gruppieren**
Strg + F1			Arbeitsbereich Grundlagen
Strg + F2 bis Strg + F6			Weitere Standardarbeitsbereiche Metadaten, Vorschau…
Strg + F			Suchdialog
Strg + K			Voreinstellungen
Strg + L			Präsentation starten
Strg + B			Betrachtungsmodus
Strg + N			Neues Bridge-Fenster
Strg + N	Alt		Neues synchronisiertes Bridge-Fenster
Strg + T			Textzeilen unter den Miniaturen ein-/ausblenden

6.1.5 Miniaturen und Vorschau

Mit dem Schieberegler unten rechts im Bridge-Programmfenster ändern Sie die Miniaturengröße, alternativ per Strg + ⇧ + + und Strg + ⇧ + -. Das **Ansicht**-Menü steuert, ob Sie Ordner als Symbol anzeigen und ob **Verborgene Dateien** in Erscheinung treten dürfen – alles, was nicht Grafik ist und Bridge nicht richtig anzeigen kann, etwa externe XML-Dateien, Datenbankdateien von Bridge, Textdateien etc. Entscheiden Sie auch, in welcher Größe und Qualität Bridge Bildminiaturen anzeigt (Seite 176).

Mit der Schaltfläche Miniaturraster sorgen Sie dafür, dass die Miniaturen in der Inhaltpalette stets komplett sichtbar sind und nicht halb verschwinden (auch in Mini Bridge über die Schaltfläche Ansicht). Per Leer-Taste zeigen Sie markierte Fotos schirmfüllend (auch in Mini Bridge), der nächste Klick bringt die 100-Prozent-Zoomstufe.

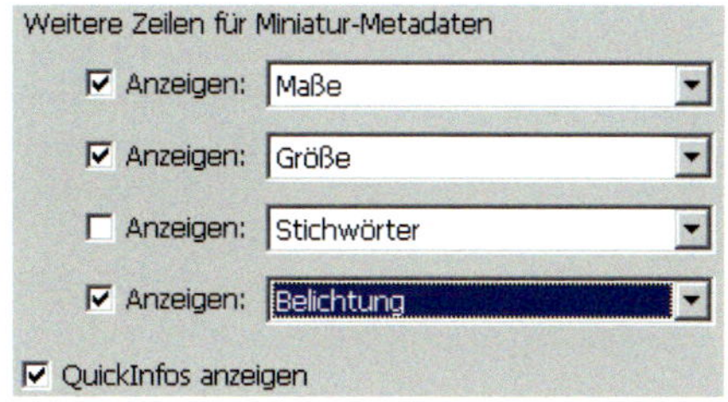

Abbildung 6.9 In den »Voreinstellungen« steuern Sie, welche Dateieigenschaften Bridge direkt unter den Bildminiaturen anzeigt.

Technische Daten unter den Miniaturen

Unter jeder Miniatur enthüllt Bridge zunächst nur Dateinamen, Wertung und Farbcode. Blenden Sie weitere Eigenschaften mit ein: Wählen Sie **Bearbeiten: Voreinstellungen** oder Strg + K und dann den Bereich Miniaturen (am Mac wie immer die ⌘ + K oder **Bridge: Voreinstellungen**); dort bietet Bridge Weitere Zeilen für Miniatur-Metadaten an. Zeigen Sie etwa (Datei-)Größe, Stichwörter, Beschreibung oder Brennweite an.

Mini Bridge zeigt generell nur Name, Sterne und Farbcode an, keine weiteren Daten; die Schaltfläche Ansicht bietet die Vorgabe Nur Miniatur anzeigen, so dass Dateinamen, Sternewertung und Farbcodes verschwinden.

Machen Sie in Bridge auch diese Eigenschaften unter den Miniaturen sichtbar:

Erstellungsdatum	Bei Digitalfotos mit Exif-Informationen das Aufnahmedatum
Änderungsdatum	Datum des letzten Speicherns
Grösse	Dateigröße z.B. in Mbyte
Masse	Pixelzahl quer mal hoch und Zahl der Pixel pro Zoll im Druck (ppi)
Abmessungen (in cm)	Gespeicherte Druckgröße und Zahl der Pixel pro Zoll im Druck (ppi)
Tiefe	Farbtiefe pro Grundfarbe (»8« für dreimal acht Bit)
Belichtung	Belichtungszeit, Blende, Empfindlichkeit der Digitalkamera

Sämtliche Zeilen unter allen Miniaturen verbannen Sie auf einen Schlag per Strg+T. So entsteht mehr Platz für die Bildminiaturen. Noch einmal Strg+T und Sie sehen wieder die gewählten Eigenschaften. Liegen keine Werte vor, enthält das Bild zum Beispiel keine Kameradaten, ignoriert Bridge die Anforderung.

Symbole

Bridge und Mini Bridge schmücken Ihre Miniaturen mit diesen Symbolen:

	Die Datei ist schreibgeschützt und kann unter diesem Namen nicht neu gespeichert werden (auch bei Dateien auf DVD). Innerhalb von Bridge lässt sich der Schreibschutz nicht aufheben, das erledigen Sie zum Beispiel in Explorer oder Finder.
	Tonwerte wurden im Camera-Raw-Dialog eingestellt (verlustfrei).
	Das Bild wurde im Camera-Raw-Dialog gedreht oder zugeschnitten (verlustfrei).

6.1.6 Vorschaupalette und Lupe

Die Vorschaupalette zeigt bis zu neun Bilder gleichzeitig an, sofern Sie mehrere Bilder auswählen. Klicken Sie in eine Vorschau – sofort erscheint die Lupe mit einem Bilddetail in der wichtigen 100-Prozent-Ansicht (Seite 76). So arbeiten Sie mit der Lupe:

» Klicken Sie weitere Bilder innerhalb der Vorschaupalette an, um zusätzliche Lupen zu öffnen.

» Sie wollen den Inhalt von zwei Lupen parallel bewegen, das geht bei gedrückter Strg-Taste.

» Ziehen Sie die Lupe an andere Bildstellen – vergrößert sehen Sie jeweils die Bildstelle an der »angespitzten« Ecke; die befindet sich zunächst links oben an der Lupe.

» Ziehen Sie die Lupe an den untersten Rand der Bildvorschau und wieder zurück, um die spitze Ecke von links oben nach links unten zu verlagern. Ebenso ziehen Sie die Lupe an den äußersten rechten Rand der Bildvorschau und wieder zurück, damit die hervorgehobene Ecke rechts oben ist.

» Mit dem Mausrad ändern Sie die Zoomstufe in der Lupe. Auch + und - ändern den Abbildungsmaßstab. Nehmen Sie die Strg-Taste dazu, um in mehreren Lupen gleichzeitig zu zoomen.

TIPP Sie wollen die Vorschaupalette mit ihren Bildern größer sehen? Wechseln Sie per Strg+B in den **Betrachtungsmodus** – quasi eine bildschirmfüllende Vorschaupalette.

Abbildung 6.10 Per Strg-Taste bewegen und zoomen Sie die Lupen in der Vorschaupalette auch parallel, um die beste Aufnahme einer Serie zu finden.

6.1.7 »Präsentation«

Wollen Sie die Bilder vergrößert durchlaufen lassen und dabei Wertung, Farbcode und ein paar andere Dinge ändern, nutzen Sie im **Ansicht**-Menü von Bridge die Befehle **Präsentation** oder **Betrachtungsmodus**. Die Korrektur- und Verwaltungsmöglichkeiten der beiden Befehle ähneln sich, auch Mini Bridge spielt teils mit.

Der Befehl **Ansicht: Präsentation** (Strg+L) schiebt Ihre Bilder als Diaschau über den Monitor; alternativ klicken Sie in Mini Bridge unmittelbar auf die Schaltfläche Vorschau (nicht auf das Dreieck daneben). Während die Pracht vorüberzieht, können Sie Ihre Exponate en passant mit Tastenbefehlen drehen, zoomen oder Wertung und Beschriftung anbringen. Die Schau lässt sich jedoch nicht speichern und weitergeben. Wie Sie Bildfolgen speichern und zum Beispiel als **PDF-Präsentation** oder **Web-Fotogalerie** weiterreichen, besprechen wir ab Seite 974.

Abbildung 6.11 **Links:** Per Präsentationsoptionen zeigen wir das Bild »zentriert« und die Textzeilen »vollständig«. Hier zeigt Bridge die Metadaten, die in den Voreinstellungen für »Miniaturen« ausgewählt wurden, schneidet aber die Stichwörter unglücklich ab. **Rechts:** Wir verwenden die Größe »In Bildschirm einpassen« und zeigen die Metadaten »kompakt«. Damit die Umgebung schwarz statt wie zuvor hellgrau erscheint, haben wir den »Bildhintergrund« in den »Voreinstellungen« auf Schwarz gesetzt. Foto: Gabi Sieg-Ewe

Abbildung 6.12 **Links:** Die »bildschirmfüllende« Anzeige schneidet Bilder etwas an, so dass der Monitor vollständig ausgefüllt ist. Die Metadaten erscheinen weiter »kompakt«. **Rechts:** Nach einem Klick wechselt Bridge in die 100-Prozent-Zoomstufe, wir ändern den Bildausschnitt durch Ziehen. So kontrollieren Sie Schärfe und Bildrauschen.

So wählen Sie Bilder für die **Präsentation** aus:

» Sind zwei oder mehr Bilder ausgewählt, erscheinen auch nur diese Motive in der Schau.

» Ist nur ein Bild markiert, startet die Vorführung bei diesem Bild, aber danach präsentiert Bridge weitere Motive.

» Kein Bild ausgewählt? Dann führt Bridge das komplette Verzeichnis vor.

»Präsentationsoptionen«

Mit dem Befehl **Ansicht: Präsentationsoptionen** steuern Sie die Art der Vorführung (Strg+⇧+L, bei laufender Vorführung reicht L). Manche Eigenschaften lassen sich noch bei laufender Schau umstellen. Die **Präsentationsoptionen** peppen die Vorführung mit Effekten auf:

» Vor- und Zurück-Zoomen imitiert den Zoom einer Filmkamera. Beim Zoomen werden die Bildränder leicht abgeschnitten; ansehnlich nur auf schnellen Rechnern.

» Im Klappmenü der Übergangsoptionen wählen Sie Bildübergänge wie den Flip'n'Fade-Modus oder den Newspaper Spin-Modus. Der Zufallsmodus bringt Abwechslung in die Sache.

Soll die Datei den Monitor generell komplett ausfüllen oder nicht? Sie steuern das in den **Präsentationsoptionen**:

» Der Modus Zentriert umgibt Ihre Bilder mit einem einfarbigen Rahmen. Kleinere Dateien erscheinen dabei in der zuverlässigen 100-Prozent-Zoomstufe (Seite 76).

» In Bildschirm einpassen bedeutet, Bridge zeigt das vollständige Bild an – mindestens zwei Seiten erreichen die Grenze der möglichen Fläche. Kleinere Dateien werden dafür hochgezoomt und wirken durch die Vergrößerung pixelig.

» Mit der Vorgabe Bildschirmfüllend zoomt Bridge Ihr Bild so weit hoch, dass es die Monitorfläche vollständig bedeckt, grauen Rand gibt es nicht mehr. Deswegen sehen Sie in diesem Modus oft nur einen Teil des Motivs, bei Querformaten verschwinden die linken und rechten Ränder.

TIPP Je nach Seitenverhältnis und Vorgabe in den **Präsentationsoptionen** umgibt Bridge Ihre Bilder bei der Vorführung mit grauem Rand. Schwarz wirkt in einer Diaschau per Monitor oder Beamer jedoch oft besser als Grau. Rufen Sie also die Bridge-**Voreinstellungen** mit Strg+K auf; links nehmen Sie den Bereich Allgemein, dann ziehen Sie den Regler für Bildhintergrund ganz nach links auf Schwarz. So ändern Sie die Bildumgebung in der Inhalt- und Vorschaupalette von Bridge – und in **Präsentation, Betrachtungsmodus** und **Vollbildvorschau** erhalten Ihre Fotos schwarze Umgebung.

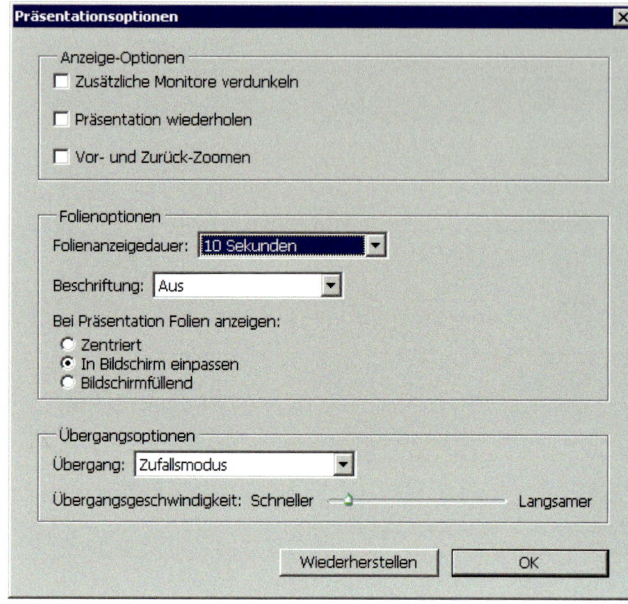

Abbildung 6.13 Legen Sie Tempo und Größe der Vorführung in den »Präsentationsoptionen« fest.

Im Klappmenü Beschriftung der **Präsentationsoptionen** geben Sie an, welche Metadaten zum Bild erscheinen. Einige Möglichkeiten:

» Vollständig zeigt Stichwörter, Sternewertung, Farbcodebeschriftung und den Dateinamen in Zeilen untereinander. Überschrift, Beschreibung oder Copyright tauchen nicht auf.

» Kompakt zeigt Dateinamen, Sternewertung und Farbcodebeschriftung in kleinerer Schrift in einer einzigen Zeile.

» Oder zeigen Sie nur die Seitenzahlen, interessant bei PDF-Dateien.

Präsentation abspielen

Die Leer-Taste wechselt zwischen automatischem Abspielen und Pause. Mit den Pfeiltasten wechseln Sie jederzeit zum nächsten Bild. Mit den +- und --Tasten ändern Sie die Zoomstufe. Besonders praktisch: Ein Klick ins präsentierte Bild zoomt zur nützlichen 100-Prozent-Stufe. Klicken Sie gleich in die Bildstelle, die Sie interessiert, Sie können den Bildausschnitt aber auch noch verschieben.

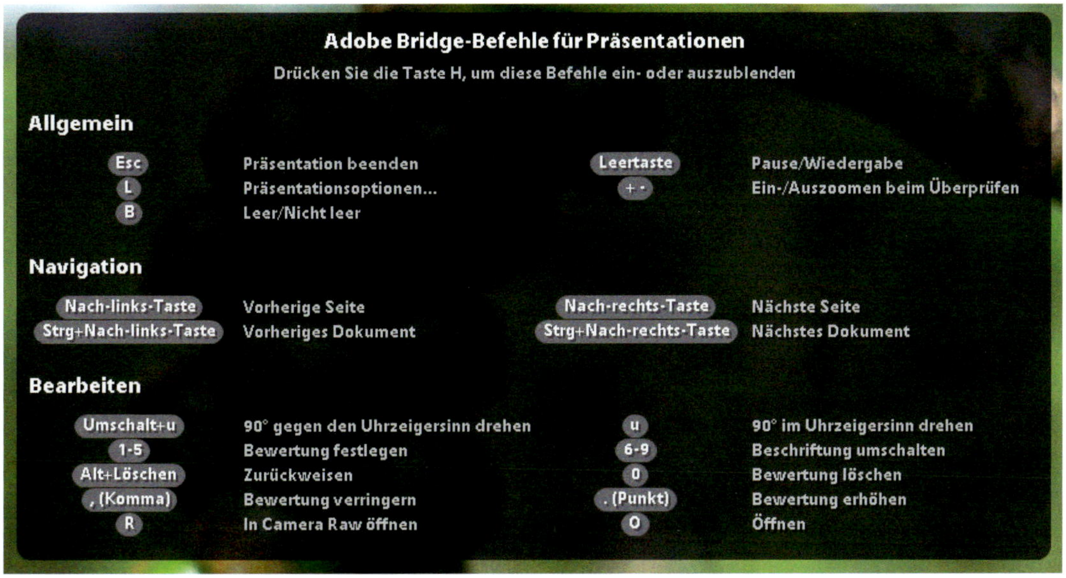

Abbildung 6.14 Während die »Präsentation« läuft, blenden Sie eine Übersicht der Tastenbefehle mit der Taste [H] ein.

PDF-Dateien vorführen

Von PDF-Dateien zeigt Bridge im Vorschaufenster wie in der **Präsentation** alle Einzelseiten. Arbeiten Sie jedoch mit manueller Weiterschaltung, können Sie die Seiten 2ff. in der **Präsentation** überspringen:

- Drücken Sie die [→], um die nächste Seite der PDF-Datei zu zeigen.
- Drücken Sie [Strg]+[→], springen Sie direkt zur nächsten Datei, die hinteren PDF-Seiten erscheinen also nicht mehr.

Die Standzeiten und Überblendeffekte einer **PDF-Präsentation** (Seite 979) berücksichtigt Bridge allerdings nicht.

TIPP Legen Sie eine bildreiche PDF-Präsentation an, die Sie aus einer Bridge-**Präsentation** heraus als Schau in der Schau anbieten: Sie zeigen das erste Bild aus dem PDF und erklären, dass Sie dieses Thema vertiefen könnten. Je nach Wunsch der Betrachter steigen Sie per [→] tiefer in die PDF-Bilder ein oder Sie springen per [Strg]+[→] gleich weiter zur nächsten Datei.

Tastaturbefehle, während die Präsentation läuft

Sie können das Bild in der Präsentation drehen, mit Beschriftung oder Wertung ausstatten (also mit Farbbalken oder Sternen) und aus der Schau heraus öffnen. Einige Möglichkeiten:

Präsentation steuern	
[+] [-]	Zoomen
[→], [←]	Zum nächsten bzw. vorherigen Bild, bei mehrseitigen Dateien zur nächsten bzw. vorherigen Seite
[Strg]+[→], [Strg]+[←]	Bei mehrseitigen Dateien zur nächsten bzw. vorherigen Datei
[Leer]-Taste	Wechsel zwischen automatischer und manueller Weiterschaltung
[Esc]	Präsentation beenden
[L]	**Präsentationsoptionen**
[H]	Tafel mit Tastaturbefehlen einblenden
[B]	Vorführung anhalten, Bild ausblenden
Doppelklick ins Bild/ Ziehen/Rechtsklick	Auf 100-Prozent-Maßstab zoomen/Ausschnitt verschieben/Zurück zur ursprünglichen Zoomstufe

Bearbeiten	
O	In Anwendungsprogramm öffnen
R	Im Camera-Raw-Dialog öffnen
U bzw. ⇧-U	90°-Drehung im bzw. gegen Uhrzeigersinn
1 - 5	Wertung (Sterne)
6 - 9	Beschriftung (Farbcode)
,	Wertung schrittweise senken
.	Wertung schrittweise erhöhen
0	Wertung entfernen
Strg + Alt + ⇧ + I	**Dateiinformationen** (für IPTC-Einträge)

»Vollbildvorschau« als Alternative zur »Präsentation«

Eine abgespeckte Präsentation ohne Texteinblendung liefert der Befehl **Ansicht: Vollbildvorschau**, schneller per Leer-Taste. Markieren Sie vorab die Bilder, die Sie sehen möchten. Zoomen Sie mit + und -, wechseln Sie das Motiv mit den waagerechten Pfeiltasten. Wie üblich entkommen Sie der **Vollbildvorschau** mit der Esc-Taste.

Das funktioniert auch direkt in Photoshop mit Mini Bridge: Klicken Sie die erste gewünschte Miniatur einmal an und drücken Sie die Leer-Taste, schon sind sie in der **Vollbildvorschau**; per ⇧+Leer-Taste zeigen Sie eine Vorschau im Inhalt-Fenster von Mini Bridge.

Abbildung 6.15 Im Betrachtungsmodus ändern Sie die Sterne-Wertung und legen Sammlungen an.

6.1.8 »Betrachtungsmodus«

Der **Betrachtungsmodus** (Strg+B, früher **Überprüfungsmodus**) legt die zuvor gewählten Bilder scheinbar auf einen Schreibtisch. Mit den waagerechten Pfeil-Schaltflächen, mit den Pfeiltasten Ihrer Tastatur oder durch Ziehen oder Anklicken holen Sie eine andere Aufnahme in die pole position. In Mini Bridge erreichen Sie den Betrachtungsmodus über das Dreieck rechts unten neben der Schaltfläche Vorschau.

Möglichkeiten im Betrachtungsmodus

Die Möglichkeiten im **Betrachtungsmodus** erinnern weitgehend an die **Präsentation** (s.o.). Statten Sie Bilder im **Betrachtungsmodus** mit Sterne-Wertung oder Farbcode aus: Nutzen Sie die Tastenkombinationen aus der **Präsentation** (zum Beispiel 4 für vier Sterne) oder klicken Sie mit rechts. In der Übersicht überflüssige Fotos ziehen Sie vom Schirm, klicken Sie auf die Schaltfläche mit dem Pfeil nach unten oder drücken Sie die Taste ↓. Per Strg+Alt+⇧+I öffnen Sie die **Dateiinformationen** für IPTC-Einträge, per Entf-Taste können Sie Fotos zurückweisen.

Packen Sie alle gezeigten Bilder per Schaltfläche oder mit der Taste C in eine neue Sammlung (früher »Kollektion«). Nutzen Sie die Lupe wie in der Vorschaupalette, zum Beispiel mit den Tasten + und -, allerdings können Sie im Betrachtungsmodus nur ein einziges Foto unter die Lupe nehmen. Weitere Tastaturbefehle im Betrachtungsmodus, wie sie teils auch in der **Präsentation** gelten:

O	in Photoshop öffnen
R	im Raw-Dialog öffnen
Alt+R	alle Dateien im Raw-Dialog öffnen

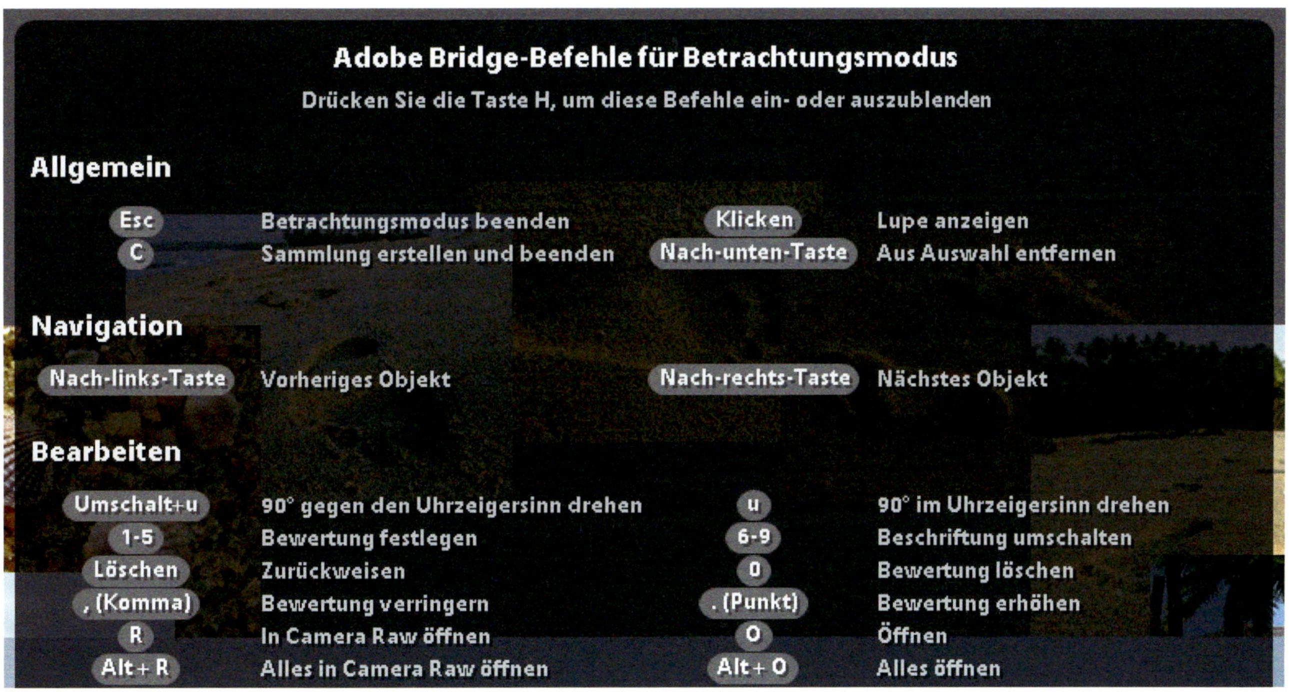

Abbildung 6.16 Mit der Taste H zeigen Sie im Betrachtungsmodus die Tastaturbefehle an.

6.1.9 Sortieren

Bridge und Mini Bridge sortieren Ihre Bilder nach unterschiedlichsten Kriterien. Verwenden Sie in Bridge neben dem **Dateinamen** auch **Erstellungsdatum** (Aufnahmedatum), **Änderungsdatum**, **Copyright**, **Datei-Größe**, **Beschriftung** (Farbcode) oder **Wertung** (Sterne) als Sortierkriterium. Die Vorgabe **Maße** sortiert nach der Pixelzahl. **Stichwörter** zeigt das Bild mit dem alphabetisch ersten Stichwort zuerst, zum Beispiel kommt das Bild mit den zwei Begriffen Anna und Familie vor dem Bild mit den Begriffen Martin und Familie. Die Vorgaben **Stichwörter, Auflösung**, **Farbprofile** und **Manuell** finden Sie nicht bei Mini Bridge. Eine Sortierung nach Seitenverhältnis fehlt, allerdings können Sie per Filterpalette (s.u.) Dateien nur mit bestimmten Seitenverhältnissen anzeigen.

Am bequemsten erreichen Sie die Sortierfunktion oben rechts in der Pfadleiste, neben den Schaltflächen zum Drehen. (Falls Sie diese Leiste nicht sehen, wählen Sie in Bridge **Fenster: Pfadleiste**.) Mit den Dreiecken wechseln Sie zwischen ab- und aufsteigender Reihenfolge. Alternativ nutzen Sie zum Sortieren das Untermenü **Ansicht: Sortieren** oder den Rechtsklick auf ein Ordnersymbol in der Ordnerpalette. MiniBridge bietet eine ähnliche SORTIEREN-Schaltfläche rechts oben.

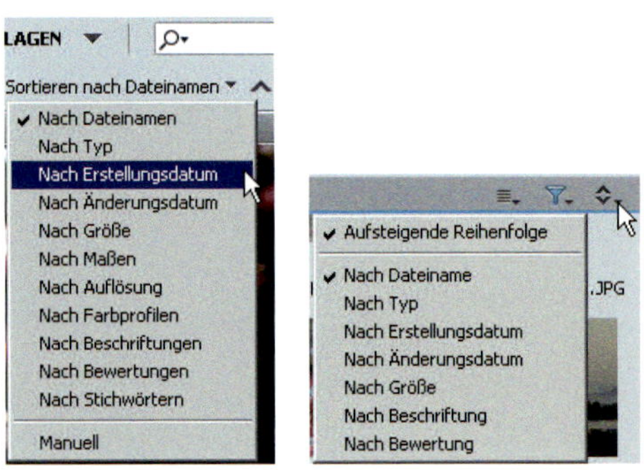

Abbildung 6.17 Bridge (**links**) bietet mehr Sortierkriterien als Mini Bridge.

Sortierung von Hand

Ziehen Sie Ihre Werke in Bridge (nicht in Mini Bridge) von Hand in jede beliebige Reihenfolge – auch mehrere am Stück. So erhalten Sie die gewünschte Anordnung für **Stapel-Umbenennung**, **Präsentation**, **Vollbildvorschau**, PDF-Präsentation oder Web-Fotogalerie. Wechseln Sie ruhig die Sortierung, reihen Sie zum Beispiel nach **Erstellungsdatum** auf, sichten Sie andere Verzeichnisse oder schließen Sie das Programm: Photoshop merkt sich die manuelle Anordnung und stellt sie auf Anfrage getreulich wieder her; dazu nehmen Sie **Manuell** im Menü für die Sortierreihenfolge.

Sobald Sie von Hand sortieren, legt Bridge im aktuellen Verzeichnis die neue Datei ».BridgeSort« an; sie listet die Reihenfolge der Bilder auf. Um die Datei ».BridgeSort« direkt in Brigde zu sehen, ziehen Sie ein Bild an eine neue Position. Anschließend wählen Sie **Ansicht: Verborgene Dateien anzeigen**.

6.1.10 Arbeitsbereiche

Wahrscheinlich ändern Sie die vielseitige Bridge-Oberfläche immer wieder – Größe und Texte der Miniaturen ebenso wie Ausdehnung und Verteilung der Paletten. Sie können verschiedene Entwürfe der Bridge-Oberfläche, sogenannte »Arbeitsbereiche«, speichern und per Menübefehl, Klick oder Tastendruck wieder abrufen. Das Ganze erinnert stark an die Arbeitsbereiche von Photoshop. Bei Mini Bridge gibt es keine unterschiedlichen Arbeitsbereiche.

Gut zu wissen: Bridge liefert bereits einige »Arbeitsbereiche« wie **Grundlagen**, **Metadaten** oder **Vorschau** mit. Diese sehr unterschiedlichen Anordnungen der Bridge-Oberfläche rufen Sie über die Arbeitsbereiche-Leiste rechts oben auf. Ein Menü aller Arbeitsbereiche erhalten Sie auch über das Dreieck rechts von der Arbeitsbereiche-Liste (links vom Suchfeld) und im Untermenü **Fenster: Arbeitsbereich**.

So nutzen Sie Miniaturen in Bridge

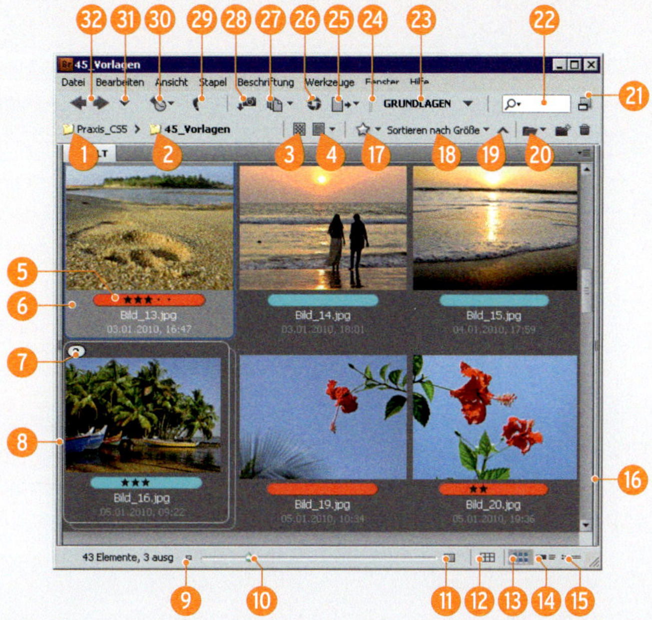

1 **Pfadleiste:** Ausblenden per **Fenster: Pfadleiste**

2 **Unterordnung:** per Klick anzeigen

3 **Eingebettete Miniaturen** verwenden für schnellen Bildaufbau

4 **Miniatur festlegen**

5 **Beschriftung:** Sterne-Wertung und Farbcode mit Tastaturbefehl oder **Beschriftung**-Menü ändern; Beschriftung und gesamte Textinformation mit Strg+T ausblenden

6 **ausgewählte Datei:** Datei wurde per Einzelklick markiert, kann jetzt u.a. kopiert, gelöscht, gezogen oder per ↵-Taste in Photoshop geöffnet werden

7 **Stapel mit drei Miniaturen;** Klick zum Öffnen des Stapels

8 **Linke Palettenleiste:** Ein-/Ausblenden durch Doppelklick auf senkrechten Steg

9 **Miniaturen schrittweise verkleinern** oder Strg+-

10 **Miniaturengröße stufenlos ändern**

11 **Miniaturen schrittweise vergrößern** oder Strg++

12 **Miniaturraster:** Verhindern, dass Miniaturen unvollständig angezeigt werden

13 **Inhalt als Miniaturen** anzeigen ohne Raster

14 **Inhalt als Details anzeigen:** zeigt viele Metadaten

15 **Inhalt als Liste anzeigen:** Kriterien, Spaltenbreite und Reihenfolge selbst feststellen

16 **Rechte Palettenleiste:** Ein-Ausblenden durch Doppelklick auf senkrechten Steg

17 **Filtern nach Beschriftung:** nur Dateien mit Sterne-Wertung oder Farbcode anzeigen

18 **Sortierkriterium**

19 **Sortierung** auf- oder absteigend

20 **Zuletzt verwendete Dateien** auflisten und in Photoshop öffnen

21 **Kompaktmodus**

22 **Suchbegriffe** eingeben (Stichwörter, Dateinamen), dann ↵-Taste

23 **Arbeitsbereich »Grundlagen« einschalten;** Reihenfolge der Arbeitsbereiche durch Ziehen nach links oder rechts ändern

24 **Arbeitsbereiche anzeigen:** Ziehen, um mehr oder weniger Arbeitsbereiche aufzulisten

25 **Ausgabe:** Webgalerie oder PDF-Katalog anlegen

26 **Raw-Dialog:** gewählte Dateien in Raw-Dialog laden

27 **Verfeinern: Überprüfungsmodus, Stapel-Umbenennung, Dateiinformationen** aufrufen

28 **Bilder von Kamera abrufen,** per Foto-Downloader

29 **Zu Photoshop wechseln**

30 **Letzte Objekte:** letzte Dateien oder letzte Ordner anzeigen

31 **Favoriten:** Favoriten- und übergeordnete Ordner auswählen

32 **Zurück:** zuletzt genutzten Ordner anzeigen

Abbildung 6.18 Die Leiste bietet Arbeitsbereiche wie »Grundlagen« oder »Mein eigener Arbeitsbereich« an. Der erste Arbeitsbereich hat stets den Tastaturbefehl Strg+F1.

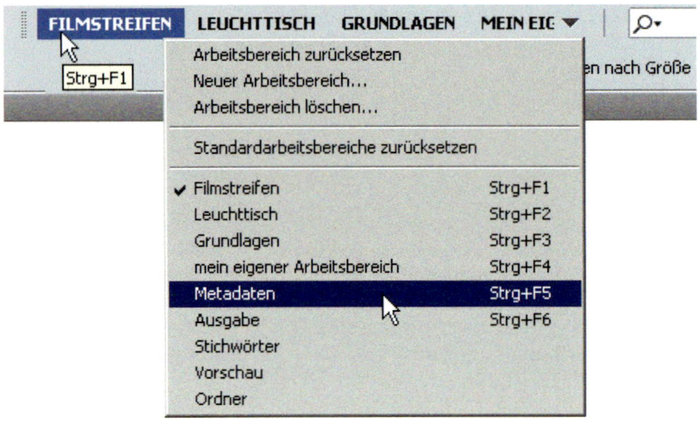

Abbildung 6.19 Wir haben die Leiste für Arbeitsbereiche verlängert und die Reihenfolge geändert. Speichern und löschen Sie eigene Arbeitsbereiche im Menü.

Arbeitsbereiche anordnen

Ziehen Sie am Steg links neben dem ersten Arbeitsbereich, um mehr oder weniger Arbeitsbereiche zu sehen. In der großgeschriebenen Zeile aller Arbeitsbereiche ziehen Sie einfach die Arbeitsbereiche einzeln nach links, die Sie besonders oft anklicken werden. Weil sie links in der Zeile stehen, bleiben diese wichtigeren Arbeitsbereiche auch dann sichtbar, wenn bei verkleinertem Programmfenster die Arbeitsbereiche weiter rechts nicht mehr erscheinen.

Tastaturbefehle für Arbeitsbereiche

Zunächst erscheint der Mein eigener Arbeitsbereich in der Leiste ganz links, er zeigt Ihre letzten Änderungen an der Oberfläche. Der erste Arbeitsbereich lässt sich mit Strg+F1 aufrufen. Rechts daneben folgt Grundlagen, dann Vorschau. Darum hat dieser Arbeitsbereich den Tastaturbefehl Strg+F2. Ziehen Sie jetzt die Vorschau in der Leiste nach links, vor Grundlagen, dann wechseln die Tastenbefehle: Weil Vorschau weiter vorn rangiert, rufen Sie diese Bildschirmanordnung nun per Strg+F2 auf und Grundlagen bekommt Strg+F3.

Eigenen Programmfensteraufbau speichern

So sichern Sie Ihren persönlichen Arbeitsbereich (zusätzlich zu Mein eigener Arbeitsbereich):

1. Richten Sie Bridge genau so ein, wie Sie es öfter brauchen. Achten Sie auch auf die Position des Fensters, Paletten, Miniaturengröße und Sortierreihenfolge.
2. Klicken Sie rechts in der Leiste der Arbeitsbereiche auf das Dreieck und dann auf **Neuer Arbeitsbereich**.
3. Im Dialogfeld tippen Sie einen Namen für Ihren Arbeitsbereich ein.
4. Klicken Sie auf Speichern.

Der neue Arbeitsbereich erscheint jetzt weit links in der Liste der Arbeitsbereiche. Falls Sie ihn an erster Stelle sehen, hat er den Tastenbefehl Strg+F1.

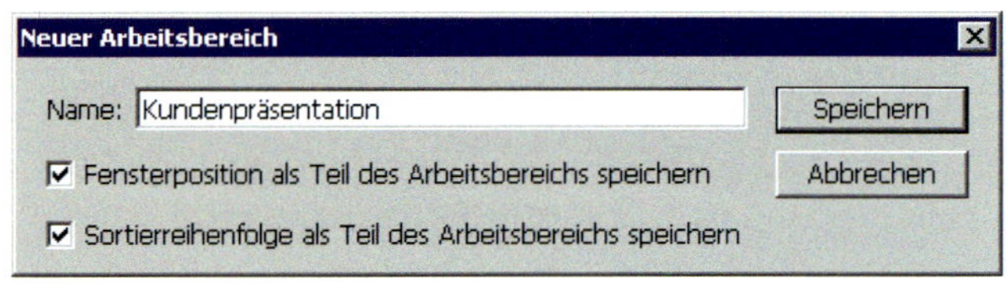

Abbildung 6.20 Mit dem Befehl »Neuer Arbeitsbereich« speichern Sie nützliche Anordnungen des Bridge-Fensters. Wahlweise stellt der Arbeitsbereich auch Größe und Position des Bridge-Fensters sowie die aktuelle Sortierreihenfolge wieder her.

6.2 Markieren & Verwalten

So markieren Sie Bilder, um sie anschließend gemeinsam weiterzuverwenden:

» Verschiedene, über die Inhaltpalette verstreute Fotos wählen Sie bei gedrückter Strg-Taste aus.

» Eine geschlossene Bildreihe erwischen Sie so: Klicken Sie auf das erste Bild und dann bei gedrückter ⇧-Taste auf das letzte Bild. (Ein gewähltes Foto verschwindet per Strg-Klick wieder aus der Auswahl.)

» Strg+A wählt alle angezeigten Bilder im Inhaltbereich aus, auch aktuell hinter den Bildschirmgrenzen versteckte.

» Sie wollen die meisten, aber nicht alle Bilder eines Ordners erfassen? Markieren Sie zunächst nur die nicht gewünschten Aufnahmen. Der Befehl **Bearbeiten: Auswahl umkehren** (Strg+⇧+I) wählt danach nur bisher nicht markierte Bilder aus, Ihre Auswahl steht.

» Manchmal braucht man den Befehl **Bearbeiten: Auswahl aufheben** (Strg+⇧+A); alternativ reicht ein Klick in die leere graue Fläche ganz außen im Miniaturenbereich. Wie in Photoshop, lässt sich auch in Bridge der Tastaturbefehl Strg+D für **Auswahl aufheben** nutzen.

TIPP Wie in Photoshop, lässt sich auch in Bridge der Tastaturbefehl Strg+D für Auswahl aufheben nutzen. Markieren Sie eine Datei, drücken Sie Strg+D und entscheiden Sie im Dialog, welche Funktion diese Tastenkombination übernehmen soll.

6.2.1 »Beschriftung« und »Wertung«

Kennzeichnen Sie einzelne Dateien mit Beschriftung (Farbbalken) und Sterne-Wertung. So finden Sie später schnell genau die richtigen Bilder für ein Projekt. »Filtern« Sie die Miniaturenanzeige zum Beispiel über die Schaltfläche Elemente nach Bewertung filtern ★▾ oder per Filter-Palette, so dass Sie nur die gewünschten Fotos sehen.

Mini Bridge lässt Sie nach Wertung und Beschriftung filtern, Sie können dort aber keine neuen Prädikate zuteilen.

TIPP Beschriftung und Wertung eignen sich vor allem für Ihre interne Bildverwaltung. Weitergeben können Sie Beschriftung und Wertung fast nur an Anwender, die ebenfalls neuere Programme des Photoshop-Herstellers Adobe verwenden, vor allem Bridge und Lightroom. Speichern Sie dagegen Beschreibung oder Stichwörter nach IPTC-Standard (Seite 181) in den Bildern, lassen sich die Angaben mit vielen anderen Programmen und auf Foto-Webseiten nutzen.

So wenden Sie »Wertung« und »Beschriftung« an

Markieren Sie die gewünschten Aufnahmen, dann verpassen Sie ihnen in Bridge Wertung oder Farbcode wahlweise so:

» Nutzen Sie Tastenkombinationen.

» Verwenden Sie das Menü **Beschriftung**.

» Sichten Sie die Bilder als **Präsentation** Strg+L, im **Betrachtungsmodus** (Strg+B) oder in der Vollbildvorschau (Leer-Taste). Dort drücken Sie die Tasten von 0 bis 5 für die gewünschte Sternezahl, die Tasten von 6 bis 9 teilen Farbbalken zu und entfernen sie wieder. Im Betrachtungsmodus gibt es auch ein nützliches Kontextmenü für die »Beschriftung«.

TIPP Tippen Sie ein B, springt Bridge sofort zum ersten Foto, das mit diesem Buchstaben beginnt, und markiert es. Tippen Sie zügig B o, springt Bridge zur ersten Datei, die mit »Bo« beginnt.

Abbildung 6.21 **Links:** Diese Bilddatei hat bereits eine blaue »Beschriftung«, aber noch keine Wertung. Nach dem Anklicken erscheint eine Reihe von Punkten. Klicken Sie den zweiten Punkt an, um zwei Sterne zuzuteilen. **Rechts:** So ändern Sie die Wertung: Ein Klick auf den dritten Stern hebt die Wertung auf drei Sterne. Ein Klick links neben den ersten Stern entfernt die Wertung ganz.

Weitere Funktionen für die »Wertung« (Sterne)

Speziell für die Sternewertung bietet Bridge noch mehr Verfahren:

» Strg+1 setzt einen Stern, Strg+2 setzt zwei Sterne, Strg+0 entfernt die Sterne.

- Strg+. erhöht die Wertung schrittweise, mit Strg+, senken Sie den Daumen peu à peu wieder.
- Direkt unter markierten Bildern zeigt Photoshop eine Reihe von fünf Punkten an (sofern Sie die Miniaturen nicht sehr klein zeigen und nicht jegliche Bildunterschrift mit Strg+T unterdrücken). Klicken Sie auf den zweiten Punkt, um zwei Sterne zu vergeben; klicken Sie dann auf den dritten Punkt, um das Urteil auf drei Sterne zu heben. Ist eine Wertung vorhanden, klicken Sie links neben den ersten Stern, um jede Wertung zu entfernen.
- Wenden Sie die Sterne-Wertung auch im Dialog **Dateiinformationen** im Bereich BESCHREIBUNG an.

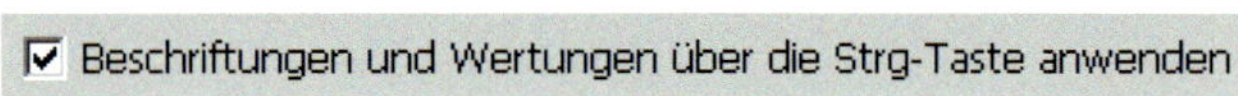

Abbildung 6.22 Wählen Sie in Bridge Strg+K und dann BESCHRIFTUNGEN. Dort verzichten Sie auf die Vorgabe BESCHRIFTUNGEN UND WERTUNGEN ÜBER DIE STRG-TASTE ANWENDEN. Sterne-Wertungen ändern Sie dann bequem mit den Tasten 0 bis 5, Farbbalken mit 6 bis 9, ohne dass Sie noch die Strg-Taste dazu brauchen. Sie können nun allerdings nicht mehr mit den Tastengriffen 2 oder 0 zu Dateien springen, die mit »2« oder »0« anfangen.

Funktionen speziell für die »Beschriftung« (Farbbalken)

Nur die Farbcodierung bearbeiten Sie in Bridge wie folgt:

- Strg+6 bis Strg+9 sind für die Farbbalken Rot, Gelb, Grün und Blau reserviert. Wiederholen Sie den Tastengriff, um die Farbe wieder zu entfernen.
- Klicken Sie mit rechts in die gewählte Miniatur. Im Kontextmenü erscheint das Untermenü **Beschriftung** für die Farbbalken, aber ohne Sterneangebot.

Einschränkungen

Sie können Beschriftung und Wertung nicht für Bilder zuteilen, die auf der Festplatte schreibgeschützt sind oder zum Beispiel auf DVD liegen. Diese Fotos zeigt Bridge mit dem Schreibschutzsymbol. Für solche Dateien bleibt das Menü **Beschriftung** blass, Bridge zeigt die Punktreihe zum Anklicken der Sterne nicht an. Falls Bridge für schreibgeschützte Dateien jedoch Beschriftung oder Wertung annimmt, geht die Information vielleicht schnell wieder verloren.

Farben mit Begriffen verbinden

Im Menü **Beschriftung** und in den vergleichbaren Kontextmenüs etwa im **Betrachtungsmodus** erscheint der rote Farbbalken zunächst mit dem Eintrag **Auswählen**, der gelbe Balken heißt ausgerechnet **Zweite Wahl** und so weiter.

Geben Sie den Farben eine neue Bedeutung: Sie öffnen die **Voreinstellungen** (Strg+K) mit dem Bereich BESCHRIFTUNGEN: Teilen Sie roter Farbe zum Beispiel den Begriff »Korrigieren« zu, gelbe Balken könnten für »Nie zeigen« stehen und so weiter. Die neuen Ausdrücke erscheinen dann im Menü **Beschriftung**, im Kontextmenü zu den Miniaturen wie auch in der Filterpalette. Die Bezeichnung wird auch innerhalb der Dateien gespeichert und taucht ebenso in anderen Programmen oder nach dem Verschieben wieder auf.

In der Suchfunktion fahnden Sie nach Bildern mit dem Begriff einer BESCHRIFTUNG, also zum Beispiel nach KORRIGIEREN. Verwenden Sie die Beschriftung als Sortierkriterium, werden die Farbcodes unabhängig von der Reihenfolge der Farben alphabetisch angeordnet – Bilder mit rotem Balken für »Korrigieren« kommen also vor Bildern mit gelbem »Nie zeigen«-Code.

ACHTUNG Ändern Sie die Begriffe für die Farbcodes, erscheinen diese Farbbalken bei bereits beschrifteten Bildern unterschiedslos weiß. Sie müssen die Farbcodes neu zuteilen – und das in sämtlichen Ordnern. Schon eine einzige Umbenennung ist fatal. Planen Sie also frühzeitig sinnvolle Namen – und bleiben Sie dabei.

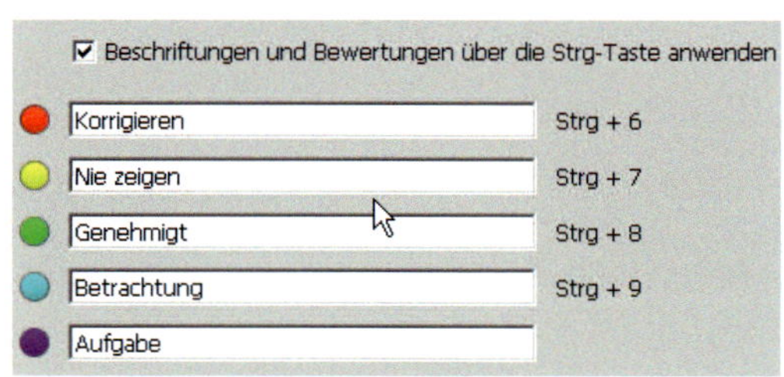

Abbildung 6.23 Verbinden Sie die Farbbalken mit neuen Begriffen. Sie können die Ausdrücke auch beim Suchen und Sortieren verwenden.

Beschriftung und Wertung in der Datei gespeichert

Bei den wichtigsten Dateitypen speichert Bridge Informationen über Sterne und Farbbalken direkt in der Bilddatei, im XMP-Bereich – so etwa bei JPEG-, DNG-, PDF-, PCD-, TIF- und PSD-Dateien. Falls Sie also einer Datei Sterne oder Farbcode zuteilen, bedeutet das:

» Das Änderungsdatum wechselt – und damit die Reihenfolge beim Sortieren nach Änderungsdatum der Datei.

» Verschieben Sie die Datei in einen anderen Ordner, bleibt die Beschriftung erhalten – Sie sehen die bekannten Sterne und Farben, wenn Sie den Ordner in Bridge oder Mini Bridge öffnen.

Für Camera-Raw-Dateien außer DNG speichert Bridge die Angaben in einer separaten ».xmp«-Datei (Seite 216). Diese Datei wird innerhalb von Bridge nicht unbedingt angezeigt, aber (innerhalb von Bridge) automatisch mit verschoben oder kopiert; Wertung und Beschriftung bleiben also erhalten.

Bei GIFs, AI-, BMP- und EPS-Dateien bunkert Bridge die Angaben zu Sternen und Farbbalken nicht in der Datei, sondern in der hauseigenen Datenbank (»Cache«, Seite 176). Die Konsequenz: Das Änderungsdatum der Bilddatei bleibt konstant, aber die Informationen lassen sich nicht innerhalb der Datei an neue Verzeichnisse oder Datenträger weitergeben.

6.2.2 »Löschen« und »Zurückweisen«

Das **Zurückweisen** ist eine Sonderform der Wertung. Diese Fotos zeigen dann die rote Zeile Zurück... (auch in Mini Bridge), eine vorhandene Sternewertung verfällt. (Eine Beschriftung, sprich der Farbbalken, bleibt erhalten und lässt sich weiter ändern.)

Zurückgewiesene Dateien zeigt Bridge zunächst weiter an. Klicken Sie auf **Ansicht: Zurückgewiesene Dateien anzeigen**, um die verpönten Motive wirklich vom Schirm zu kegeln – sie bleiben aber im Verzeichnis erhalten.

So verpassen Sie einem gewählten Foto das Prädikat Zurückweisen:

» Sie wählen **Beschriftung: Zurückweisen** oder [Alt]+[Entf].

» Oder Sie drücken die [Entf]-Taste und klicken dann im Dialogfeld auf Zurückweisen.

Abbildung 6.24
»Zurückgewiesene« Dateien zeigen statt der Sterne das Etikett Zurück.... Sie können solche Fotos wahlweise verbergen, ohne sie löschen oder verschieben zu müssen.

So heben Sie die »Zurückweisung« auf

Das »zurückgewiesene« Foto hat Ihre Gunst wiedererlangt? Machen Sie verstoßene Aufnahmen zunächst in Bridge sichtbar, wählen Sie also bei Bedarf **Ansicht: Zurückgewiesene Dateien anzeigen** (oder nehmen Sie die Schaltfläche Elemente nach Bewertung filtern mit dem Befehl **Nur zurückgewiesene Objekte anzeigen**). Markieren Sie die Kandidaten. Danach

» öffnen Sie das Menü **Beschriftung** und klicken Sie auf **Keine Wertung** oder auf einen Befehl wie *** (drei Sterne zuteilen). Oder:

» Drücken Sie zum Beispiel [Strg]+[3], um drei Sterne zuzuteilen; eine Sternewertung hebt die Zurückweisung auf.

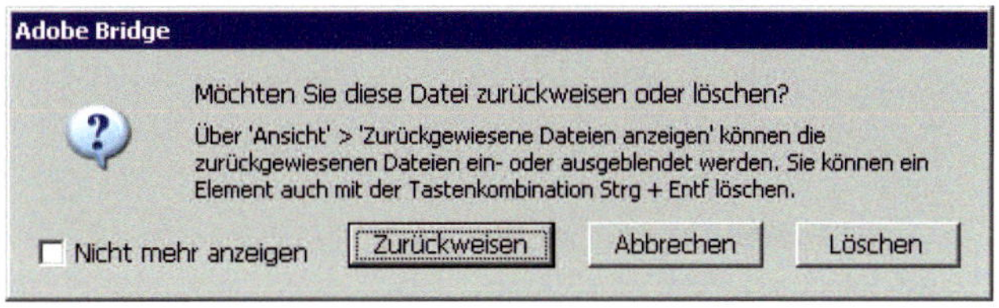

Abbildung 6.25 Nach einem Druck auf die [Entf]-Taste können Sie die gewählten Dateien nach Wahl »zurückweisen« (ausblenden) oder löschen.

Dateien sofort löschen

So werfen Sie ausgewählte Dateien ohne viel Federlesens in den Mülleimer Ihres Betriebssystems:

» Sie klicken oben rechts in Bridge auf OBJEKT LÖSCHEN.

» Sie klicken mit rechts und wählen im Kontextmenü das **Löschen** (am Mac **In Papierkorb verschieben**).

» Sie drücken Strg+Entf.

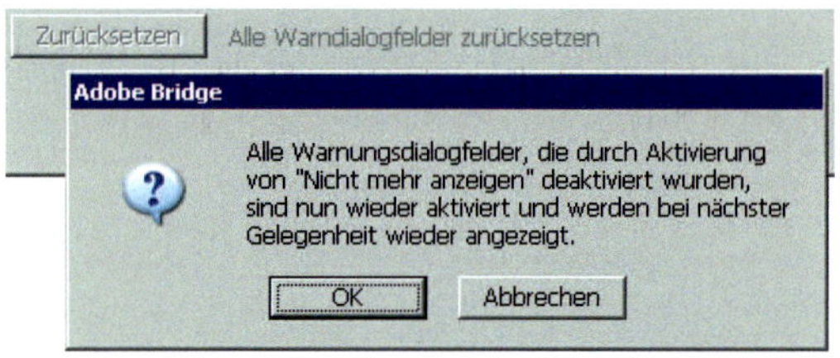

Abbildung 6.26 Haben Sie die Abfrage, ob Sie eine Datei »zurückweisen« oder »löschen« wollen, abgeschaltet? Die Schaltfläche »Zurücksetzen« in den »Voreinstellungen« sorgt dafür, dass Sie das Dialogfeld wieder sehen.

Löschen oder Zurückweisen per Entf-Taste

Sie wählen ein paar Dateien aus und drücken dann nur die Entf-Taste. Da hat Bridge eine Gegenfrage: MÖCHTEN SIE DIESE DATEI ZURÜCKWEISEN ODER LÖSCHEN? Sie klicken also nach Bedarf auf die Schaltfläche ZURÜCKWEISEN oder auf LÖSCHEN.

Sie können die Rückfrage aber unterbinden – klicken Sie im Dialogfeld zusätzlich noch auf NICHT WIEDER ANZEIGEN. Danach verhält sich Bridge so:

» Sie drücken die Entf-Taste, klicken auf NICHT WIEDER ANZEIGEN und auf LÖSCHEN. Fortan reicht ein Druck auf die Entf-Taste, um markierte Dateien ohne Rückfrage zu löschen. Zum Zurückweisen nehmen Sie Alt+Entf.

» Sie drücken die Entf-Taste, klicken auf NICHT WIEDER ANZEIGEN und auf ZURÜCKWEISEN. Fortan wirkt die Entf-Taste ohne Rückfrage so wie der Befehl **Beschriftung: Zurückweisen**. Zum Löschen nehmen Sie Strg+Entf.

6.2.3 Favoriten und letzte Dateien

Kennzeichnen Sie Ihre wichtigsten Ordner – aber auch Dateien – als FAVORITEN. Sie lassen sich dann besonders schnell aufrufen.

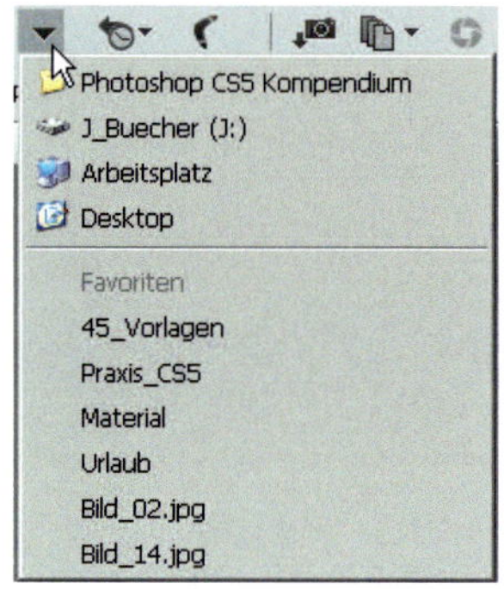

Abbildung 6.27 Die als Favoriten gespeicherten Ordner und Dateien sehen Sie mit der Schaltfläche ZUM ÜBERGEORDNETEN ELEMENT BZW. ZU FAVORITEN WECHSELN. Mini Bridge bietet die »Favoriten«-Bilder über den Navigationsbereich an.

Objekte als Favoriten kennzeichnen

Auf unterschiedliche Arten nehmen Sie Dateien oder Ordner in den Kreis Ihrer Favoriten auf:

» Klicken Sie mit der rechten Maustaste (am Mac mit Eintasten-Maus wie immer mit zugleich gedrückter Ctrl-Taste) auf einen Ordner in der Ordnerpalette; dann wählen Sie **Zu Favoriten hinzufügen**.

» Klicken Sie im Miniaturenbereich mit der rechten Maustaste auf Dateien oder Ordner, dann heißt es **Zu Favoriten hinzufügen**.

» Ziehen Sie Dateien oder Ordner in den leeren Bereich der Favoritenpalette – nicht in einen Ordner dort.

» Ziehen Sie Ordner oder Dateien aus einer Dateiverwaltung wie Explorer oder Finder direkt in die Bridge-Favoritenpalette.

Abbildung 6.28 Per Rechtsklick entfernen Sie Dateien aus der Favoritenliste. Die Favoriteneinträge lassen sich innerhalb der Palette nach oben oder unten verschieben.

Favoriten aufrufen

So rufen Sie die Favoriten wieder auf:

» Öffnen Sie in Bridge die Favoritenpalette. (Nicht zu sehen? Dann **Fenster: Favoriten-Fenster**.) Klicken Sie einen Ordner in der Favoritenpalette an; die Bilder aus dem Ordner zeigt Bridge in der Inhaltpalette.

» Klicken Sie in der Favoritenpalette einmal auf eine Bilddatei – sie erscheint umgehend in Photoshop.

» Öffnen Sie mit der Schaltfläche links oben in Bridge das Klappmenü Zum Übergeordneten Element bzw. zu Favoriten wechseln. Es listet übergeordnete Ordner und Ihre **Favoriten** auf.

» In Mini Bridge lassen Sie mit der Bedienfeldansicht den **Bereich Navigation** anzeigen, dort klicken Sie links auf Favoriten.

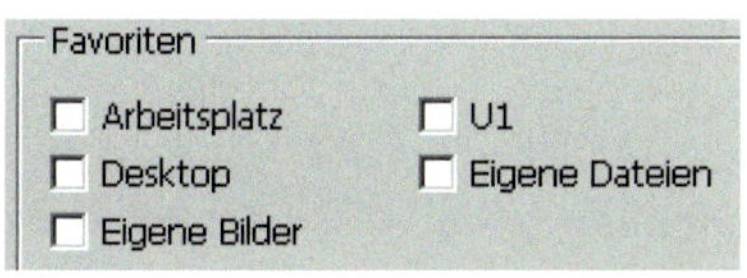

Abbildung 6.29 In den Bridge-»Voreinstellungen« richten Sie bestimmte Ordner besonders einfach als »Favoriten« ein, zum Beispiel »Eigene Bilder« oder »Arbeitsplatz«.

Objekte aus der Favoritenliste entfernen

Haben Dateien oder Ordner Ihre Gunst verloren? So kicken Sie die Einträge aus der Favoritenliste:

1. Verpassen Sie dem Objekt einen Rechtsklick in der Favoritenpalette, in der Ordnerpalette oder im Miniaturenbereich.
2. Wählen Sie **Aus Favoriten entfernen**. (Alternative: ein Mausklick und der Befehl **Datei: Aus Favoriten entfernen**)

Zuletzt genutzte Ordner und Dateien

Aus Bridge heraus können Sie Ihre zuletzt genutzten Ordner und Dateien sichten – oder sofort in Photoshop laden. Die Pfeile ganz links bringen Sie zu davor oder danach geöffneten Ordnern, Suchergebnissen oder Sammlungen.

Mit der Schaltfläche fast nebenan können Sie die Letzte Datei anzeigen oder zu letztem Ordner wechseln. Der Menüpunkt **Alle zuletzt verwendeten Dateien anzeigen** präsentiert Ihre zuletzt geöffneten Fotos als Miniaturen aus beliebigen Ordnern – so finden Sie auch Bilder wieder, deren Namen oder Verzeichnis Sie nicht mehr wissen. Auch die letzten Ordner und Suchergebnisse werden hier angeboten. Haben Sie mehrere Programme aus der Reihe CS5 installiert, sehen Sie wahlweise speziell die letzten Bilder zum Beispiel nur von Photoshop, InDesign oder Illustrator.

Ebenfalls ein Menü bietet die Schaltfläche Letzte Datei öffnen. Wählen Sie hier ein Foto aus, erscheint es gar nicht erst als Miniatur – es öffnet sich vielmehr sofort in Photoshop.

Falls noch nicht zu sehen, lassen Sie in Mini Bridge mit der Schaltfläche Bedienfeldansicht den **Bereich Navigation** anzeigen, dort klicken Sie links auf Letzte Ordner oder Letzte Dateien.

TIPP Bis zu 30 zuletzt geöffnete Dateien bietet Bridge an. Die Anzahl der angezeigten zuletzt verwendeten Elemente steuern Sie in den Bridge-**Voreinstellungen** (Strg + K).

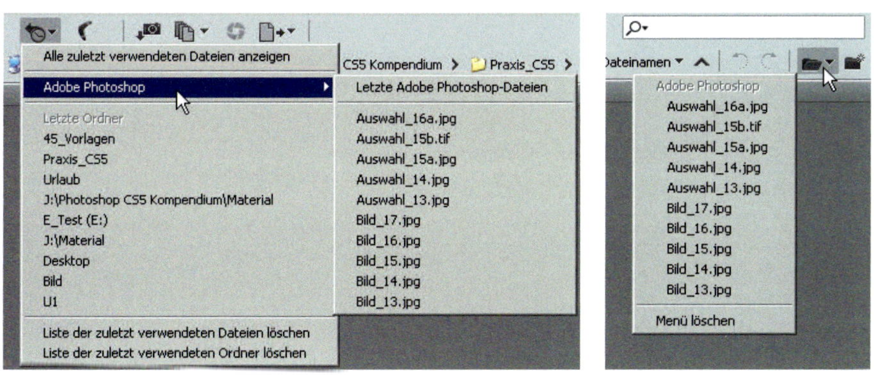

Abbildung 6.30 **Links:** Miniaturen der zuletzt genutzten Fotos zeigt Bridge mit der Schaltfläche Letzte Datei anzeigen oder zu letztem Ordner wechseln. **Rechts:** Die Schaltfläche Letzte Datei öffnen lädt vor kurzem geöffnete Aufnahmen direkt in Photoshop.

6.2.4 Stapel für Miniaturen

In Bridge fassen Sie Miniaturenreihen zu »Stapeln« zusammen. Die komplette Serie belegt dann nur noch den Platz einer einzelnen Miniatur. Sie können den Stapel jederzeit aufklappen und neu zusammenstellen sowie Panorama- und HDR-Aufnahmen automatisch stapeln (Seite 828).

Die Befehle finden Sie im **Stapel**-Menü und im Kontextmenü zu den Miniaturen. In Mini Bridge können Sie Stapel nicht anlegen und Stapel aus Bridge erscheinen als Einzelbilder ohne Hinweis auf Ihre Stapelarbeit.

Die Funktion hat nichts mit dem **Stapelmodus** aus der Photoshop-Extended-Version oder mit der **Stapelverarbeitung** zu tun.

Stapel anlegen

So entsteht ein Stapel:

1. Eventuell bringen Sie die Bilder erst in die gewünschte Reihenfolge, denn Bridge verwendet das erste aller markierten Fotos als Stapel-Titelbild (aber das lässt sich auch nachträglich ändern).
2. Markieren Sie die gewünschten Dateien.
3. Wählen Sie **Stapel: Als Stapel gruppieren** oder kurz Strg+G. Die markierte Bildreihe schnurrt zu einer einzigen Miniatur zusammen, durch den Doppelrahmen als Stapel kennzeichnet.

Oben links im Stapelsymbol sehen Sie eine Plakette mit der Zahl der gestapelten Bilder. Klicken Sie auf diese

Abbildung 6.31 Wir haben drei Miniaturen mit Muscheln ausgewählt und legen mit Strg+G einen Stapel an.

Abbildung 6.32 Bridge fasst die drei Bilder zu einem Stapel zusammen, der als einzelne Miniatur erscheint. Die Zahl »3« signalisiert, dass der Stapel drei Bilder hat. So entsteht Platz für weitere Miniaturen außerhalb des Stapels.

Abbildung 6.33 Wir haben auf die Zahl »3« geklickt, so dass Bridge den Stapel auffaltet, und dann ein Bild außerhalb des Stapels aktiviert. Bridge zeigt die gestapelten Bilder weiterhin umrandet.

Plakette, um den Stapel auf- und zuzuklappen. Alternativen: die Tastaturbefehle Strg+→ und Strg+←. Im **Stapel**-Menü gibt es noch die Befehle **Alle Stapel auffalten** (Strg+Alt+→) und **Alle Stapel zusammenfalten** (Strg+Alt+←).

ACHTUNG Es gibt kein schnelles Zurück: Der Befehl **Bearbeiten: Rückgängig** annulliert nicht Ihre Änderungen am Stapel.

Stapelinhalt ändern

So nehmen Sie Motive aus dem Stapel heraus, sie erscheinen dann wieder als Einzelkämpferminiaturen:

1. Klappen Sie den Stapel durch einen Klick auf die Plakette mit der Zahl auf. Zunächst sind alle Bilder des Stapels ausgewählt.
2. Klicken Sie einmal auf das Bild, das aus dem Stapel heraus soll. Jetzt ist nur dieses Bild gewählt.
3. Falls Sie mehrere Fotos herausangeln möchten: Markieren Sie die gewünschten Dateien innerhalb des Stapels bei gedrückter Strg-Taste.
4. Ziehen Sie die Bilder aus dem Stapel heraus zwischen andere Miniaturen, auch in einen anderen Stapel hinein. Alternative: der Befehl **Stapel: Aus Stapel-Gruppierung lösen** (Strg+⇧+G).
5. Bei Bedarf ziehen Sie Bilder von außerhalb in den Stapel hinein.

Sie können auch Stapel in andere Stapel ziehen. Dabei entsteht aber kein Stapel im Stapel, sondern nur ein großer Stapel mit mehr Einzelbildern.

Sie wollen den Stapel ein für allemal auflösen? Klicken Sie einmal auf das Symbol des geschlossenen Stapels, dann nehmen Sie **Stapel: Aus Stapel-Gruppierung lösen**.

Ändern Sie das »Titelbild«

Welches Einzelfoto erscheint dauerhaft als Stapelminiatur, als Stapeltitelbild? Zuerst dasjenige Motiv, das beim Anlegen des Stapels ganz vorn in der Miniaturenreihe prangte. So ändern Sie das »Titelbild«:

1. Falten Sie den Stapel auf, zum Beispiel durch Anklicken und Strg+→.
2. Zunächst sind alle Bilder ausgewählt. Klicken Sie einmal auf Ihren Titelanwärter und lassen Sie die Maustaste los.
3. Drücken Sie die Maustaste wieder und ziehen Sie das Foto nach links oben an die Pole Position; alternativ wählen Sie **Stapel: Ans obere Stapelende**.

Vorsicht, das Aufmacherbild für Ihren Stapel kann sich ungewollt ändern, wenn Sie den Stapel aufgeklappt lassen. Ein möglicher Ablauf:

1. Sie stellen die Sortierreihenfolge um, von alphabetisch aufsteigend zu alphabetisch absteigend. Dabei ändert sich auch die Reihenfolge in einem aufgefalteten Stapel. Ganz links erscheint ein anderes Motiv als vorher.
2. Klappen Sie den Stapel nun wieder zu, erhalten Sie als Aufmacherbild dasjenige Motiv, das zuletzt ganz links stand.

Abbildung 6.34 **Links:** Bei diesem Stapel ist nur das erste Bild ausgewählt, Sie erkennen es am helleren äußeren Rahmen. Die Animationssteuerung oben in der Miniatur erscheint nur, wenn der Stapel mindestens zehn Bilder enthält. **Rechts:** Wir haben auf den äußeren Rahmen geklickt, jetzt sind auch bei geschlossenem Rahmen alle gestapelten Bilder ausgewählt.

Stapelinhalt bei geschlossenem Stapel auswählen

Ist der Stapel geschlossen und nur als eine einzelne Miniatur sichtbar, wählen Sie entweder nur das oberste Bild oder sämtliche Stapelbilder aus. Das hat Auswirkungen darauf, was bei einer Serien-Umbenennung, in der Vorschaupalette usw. passiert.

Klicken Sie in den äußeren Rahmen des Stapels, der rechts und unterhalb vom inneren Rahmen sichtbar ist; so wählen Sie abwechselnd nur das oberste Bild oder alle Bilder im Stapel aus. Alternativ klicken Sie die Stapelminiatur bei gedrückter Alt-Taste an. Beispiele:

1. Sie klicken einmal auf den äußeren Rahmen; nun sind alle Bilder im Stapel ausgewählt, auch wenn Sie nur das oberste Bild sehen. Die Motive erscheinen allesamt in der Vorschaupalette, ein Doppelklick öffnet alle Dateien, eine **Stapel-Umbenennung** ändert alle Dateinamen im Stapel, neue Beschreibungen und Stichwörter gehen auf alle Dateien über.
2. Klicken Sie den äußeren Rahmen noch einmal an, ist nur das oberste Bild, der Stapelstatthalter, ausgewählt. Nur dieses Motiv zeigt Bridge in der Vorschaupalette, die **Stapel-Umbenennung** bearbeitet nur diese eine Datei usw.

Wie der Stapel als Animation abläuft

Zeigen Sie den Stapel als rasante Animation wie ein Daumenkino. So stellen Sie zum Beispiel fest, ob Ihre Bilder einen einheitlichen Hintergrund haben und damit für Montagen oder Animationen taugen. Voraussetzungen für die Stapelshow: Ihr Stapel enthält mindestens zehn Exponate und Sie stellen die Miniaturen nicht allzu winzig, sondern mindestens 100 Pixel breit dar.

Die Voraussetzungen sind gegeben? Dann halten Sie den Mauszeiger über die Stapelminiatur und Sie sehen oben in der Miniatur zwei Steuerelemente:

» Mit dem Dreieck läuft in der Stapelminiatur eine Animation der gestapelten Bilder ab.

» Durch Ziehen im Balken ändern Sie das Stapeltitelbild.

Das geänderte Titelbild bleibt dauerhaft eingestellt, auch wenn Sie bei geöffnetem Stapel die Reihenfolge mit dem Untermenü **Ansicht: Sortieren** ändern.

Die Geschwindigkeit für die Stapelanimation steuern Sie im Untermenü **Stapel: Framerate**. Der Befehl steht nur zur Verfügung, wenn der Stapel geschlossen ist und sämtliche Stapelbilder ausgewählt wurden. Alternative: Die **Voreinstellungen** (Strg+K) mit dem Bereich WIEDERGABE.

Bridge kann die Stapelbilder durchscheinend ineinanderblenden. So erkennen Sie Deckungsgleichheit. Klicken Sie mit rechts auf die Stapelminiatur, im Kontextmenü nehmen Sie **Stapel: Onion Skin aktivieren**.

ACHTUNG Schieben Sie die Markierung im Balken nicht wieder ganz nach links, können Sie bei geschlossenem Stapel nicht mehr sämtliche Stapelteilnehmer auswählen.

6.2.5 Sammlungen

Sammlungen hießen bis Photoshop CS4 »Kollektion«. Eine Sammlung ist ein »virtueller Ordner«: Die Sammlung zeigt Dateien aus unterschiedlichsten Ordnern. Die Dateien werden aber nicht kopiert, Sie sehen lediglich einen Platzhalter. Bridge kennt zwei Arten von Sammlungen:

» Tragen Sie von Hand unterschiedlichste Dateien in einer Sammlung zusammen, die immer gleich bleibt.

» Die Smart-Sammlung zeigt stets alle Bilder, die zu einer bestimmten **Suchen**-Abfrage passen. Die Smart-Sammlung wird automatisch aktualisiert.

In Bridge können Sie Sammlungen anlegen, sichten und verändern. In Mini Bridge lassen sich Sammlungen sichten und teils verändern, aufzurufen im Bereich NAVIGATION.

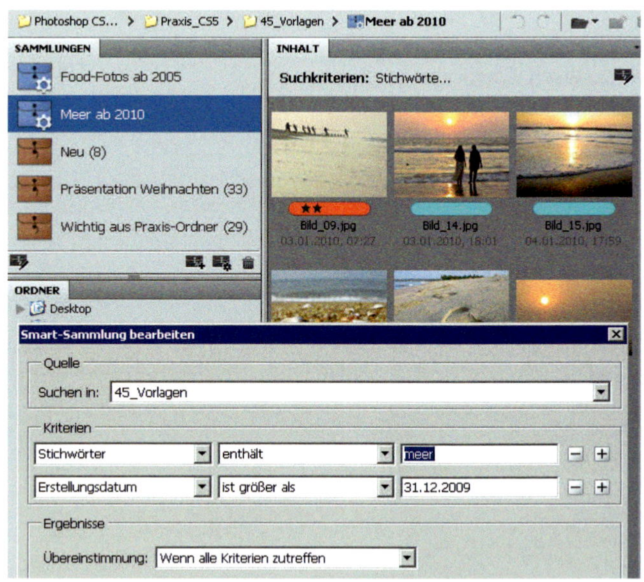

Abbildung 6.35 Diese Smart-Sammlung zeigt immer aktuell alle Bilder, die das Stichwort »Meer« enthalten und ab 2010 entstanden.

»Unsmarte« Sammlungen anlegen

Eine »unsmarte« Sammlung, die sich nicht am **Suchen**-Dialog orientiert, legen Sie auf verschiedene Arten an. Stellen Sie zum Beispiel für eine **Präsentation** Bilder aus mehreren Ordnern zusammen. In jedem Fall öffnen Sie zunächst die Sammlungenpalette (**Fenster: Sammlungen-Fenster**):

» Sie haben keine Bilder ausgewählt? Klicken Sie unten in der Kolletionenpalette auf die Schaltfläche Neue Sammlung. In der Sammlungenpalette entsteht ein neues Symbol, neben dem Sie sofort einen Namen eintippen.

» Wählen Sie mehrere Bilder aus und klicken Sie dann erst auf Neue Sammlung. Nach Rückfrage übernimmt Bridge die markierten Fotos sofort in die Sammlung, die Sie auch gleich benennen.

Aber auch so entsteht eine neue Sammlung: Markieren Sie einige Dateien, starten Sie den **Betrachtungsmodus** mit [Strg]+[B] (Seite 143), werfen Sie eventuell noch Bilder heraus und klicken Sie auf die Sammlungen-Schaltfläche unten rechts. Sie landen sofort in der Sammlungenpalette und benennen Ihre Sammlung.

Sie sehen nun nur noch die Bilder aus der Sammlung; zum ursprünglichen Ordner gelangen Sie mit der Schaltfläche Zurück. Wenn Sie Bilddateien in einen anderen Ordner verschieben, kann die Kollektion nicht mehr voll wiederhergestellt werden.

Abbildung 6.36 Sie möchten eine bestimmte Datei nicht innerhalb der Sammlung, sondern im eigentlichen Ordner sehen? Klicken Sie den Kandidaten mit der rechten Maustaste an, dann wählen Sie »**In Bridge anzeigen**« oder »**In Mini Bridge anzeigen**«. Sie sehen die Datei und alle weiteren Objekte dieses Ordners in Bridge oder Mini Bridge. Die Befehle gibt es in beiden Bridge-Varianten.

»Unsmarte« Sammlungen bearbeiten

Recherchieren Sie innerhalb der Sammlung mit Filterpalette oder **Suchen**-Dialog. Ziehen Sie Bilder aus einer Ordner-Übersicht auf ein Sammlungssymbol in der Sammlungenpalette, so erweitern Sie die Sammlung. Ziehen Sie auch Bilder von einer Sammlung in eine andere, sie werden dabei kopiert. Werfen Sie Fotos aus der Sammlung heraus, indem Sie die Bilder markieren, dann klicken Sie oben rechts auf Aus Sammlung entfernen (auch per Rechtsklick, auch in Mini Bridge).

Wohlgemerkt, wann immer Sie mit einer Sammlung hantieren, gilt: Sie arbeiten nicht mit Originaldateien, nur mit Platzhaltern (die kaum Speicherplatz verbrauchen). Drücken Sie allerdings die [Entf]-Taste, können Sie nach Rückfrage die Originaldatei löschen.

Nach einem Doppelklick auf ihren Namen taufen Sie die Sammlung um. Klicken Sie unten rechts in der Sammlungenpalette auf den Mülleimer, um die Sammlung zu löschen. Dabei verschwindet nur die Information über die Zusammenstellung - sämtliche Bilddateien bleiben wohlbehalten in ihren Originalordnern.

Smart-Sammlungen anlegen

Eine Smart-Sammlung zeigt immer aktuell alle Bilder, die bestimmte Kriterien aus dem **Suchen**-Dialog erfüllen. Lassen Sie sich hier zum Beispiel stets alle Fotos mit bestimmten Stichwörtern zeigen. Auch für eine Smart-Sammlung kopiert Bridge keine leibhaftigen Pixel, Sie sehen lediglich Statthalter der Originaldateien.

Auf verschiedene Arten legen Sie eine neue Smart-Sammlung an:

» Sie starten mit einer **Suchen**-Abfrage ([Strg]+[B], Seite 168). Im neuen Fenster mit den Fundstücken klicken Sie oben rechts auf die Schaltfläche Als Smart-Sammlung speichern. Das bringt Sie schnurstracks zur Sammlungenpalette, wo Sie einen neuen Namen eintippen.

» Klicken Sie unten in der Sammlungenpalette auf Neue Smart-Sammlung. Das beschert Ihnen den **Suchen**-Dialog; tippen Sie Ihre Kriterien ein und klicken Sie auf Suchen. Bridge tischt die Fundstücke auf und Sie landen außerdem in der Sammlungenpalette, wo Sie Ihre frischgebackene Sammlung benennen.

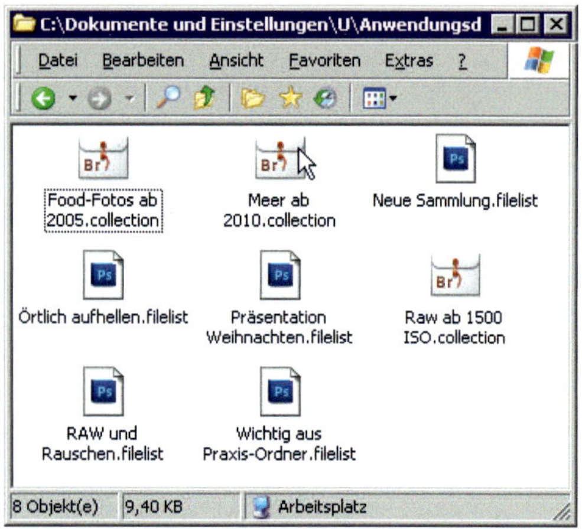

Abbildung 6.37 Für jede Sammlung entsteht eine kleine Datei im Ordner Dokumente und Einstellungen/<Benutzername>/Anwendungsdaten/Adobe/Bridge CS5/Collections. Diese Datei enthält nur Pfade oder Suchkriterien, aber nicht die Pixeldaten selbst. Klicken Sie doppelt auf eine .collection-Datei, um die Sammlung in Bridge anzuzeigen. Sie können die collection-Datei auch als Verknüpfung auf den Desktop legen und von dort aus Bridge mit der Smart-Sammlung starten. Die nicht smarten Sammlungen tragen die Endung ».filelist«, es handelt sich um reine Dateilisten.

Smart-Sammlungen bearbeiten

Sobald Sie später wieder auf das Symbol der Smart-Sammlung in der Sammlungenpalette klicken, sehen Sie sämtliche Bilder, die zu dem neuen Zeitpunkt zu Ihrer Abfrage passen. Wollen Sie die Kriterien der Abfrage ändern, markieren Sie die smarte Sammlung in der Sammlungenpalette und klicken dann unten rechts auf Smart-Sammlung bearbeiten (auch per Rechtsklick, nicht in Mini Bridge). Sie landen wieder im **Suchen**-Dialog; ändern Sie dort zum Beispiel im Klappmenü Suchen in das Verzeichnis, in dem Bridge suchen soll.

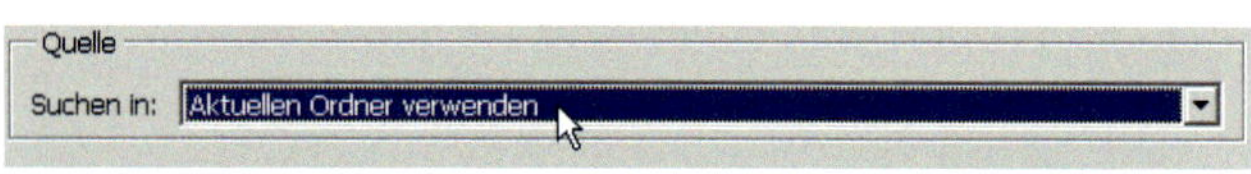

Abbildung 6.38 Klicken Sie in der Sammlungenpalette auf die Schaltfläche Smart-Sammlung bearbeiten und stellen Sie das Klappmenü Suchen in auf Aktuellen Ordner verwenden. So zeigt die Smart-Sammlung nicht die Fundstücke aus dem Ordner, den Sie ursprünglich verwendet hatten, sondern sie durchsucht den momentan geöffneten Ordner.

6.2.6 Kopieren, Duplizieren, Verschieben

Bridge bietet viele Wege, Dateien zu kopieren oder zu verschieben (Mini Bridge spielt hier nicht mit). Das Kopieren verändert die Zwischenablage Ihres Betriebssystems nicht: Eine Datei, die Sie in Bridge kopieren, können Sie nur in einem Bridge-Ordner wieder einfügen – aber nicht im Windows-Explorer, im Mac-Finder, in Photoshop (schade!) oder einem anderen Programm. Umgekehrt können Sie nicht im Explorer oder Finder ein Bild kopieren und in Bridge wieder einfügen.

TIPP Sie arbeiten mit CR2-, NEF-, ORF- oder anderen Raw-Dateien (außer DNG)? Dann nutzen Sie **Kopieren**, **Duplizieren** oder **Verschieben** in Bridge, damit XMP-»Nebendateien« automatisch mitbewegt werden.

Kopieren und Verschieben

Wollen Sie Bilder kopieren, verschieben oder duplizieren, dann verwenden Sie Bridge so ähnlich wie den Datei-Explorer oder Finder Ihres Betriebssystems: Ziehen Sie die Dateien schlicht in einen geöffneten Ordner, auch Explorer oder Finder. Es reicht, wenn Sie die Datei auf den Namen des Ordners ziehen – zum Beispiel in der Ordner- oder Favoritenpalette.

Es spielt beim Ziehen keine Rolle, ob der Zielordner in Bridge oder in einem anderen Programm geöffnet ist. Ebenso gut ziehen Sie auch Bilder aus anderen Programmen in Ordner, die in Bridge erscheinen.

Kopieren versus Verschieben

Achten Sie beim Verschieben oder Kopieren darauf, ob die Datei in ein anderes Laufwerk wechselt:

» Um die Datei in einen anderen Ordner desselben Laufwerks zu verschieben – zum Beispiel von »C:\Bilder« nach »C:\Auswahl« –, ziehen Sie das gute Stück einfach auf den Ordnernamen oder in einen geöffneten Ordner. Es verschwindet damit aus dem ursprünglichen Ordner. Der Mauszeiger erscheint ohne Pluszeichen.

» Wollen Sie die Datei in diesen Ordner desselben Laufwerks kopieren, ziehen Sie mit gedrückter Strg-Taste. Das Bild existiert anschließend in zwei Ausgaben, neben dem Mauszeiger sehen Sie ein Pluszeichen.

» Sie kopieren die Datei in ein anderes Laufwerk, zum Beispiel von »C:\Bilder« nach »D:\Programme«, indem Sie einfach ohne Zusatztaste ziehen. Der Mauszeiger hat das Pluszeichen.

» Sie wollen das Foto auf ein anderes Laufwerk verschieben? Drücken Sie beim Ziehen wieder die Strg-Taste, dann bleibt keine Datei im ursprünglichen Verzeichnis zurück. Es gibt kein Pluszeichen beim Mauszeiger.

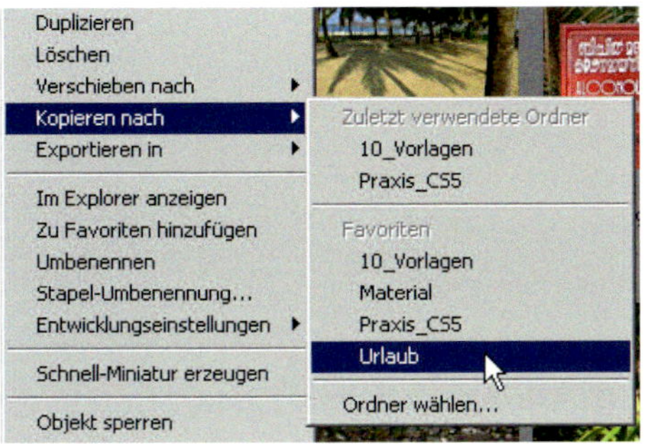

Abbildung 6.39 Im Kontextmenü über den Miniaturen finden Sie die nützlichen Untermenüs »Verschieben nach« und »Kopieren nach« – dort listet Bridge gleich die zuletzt genutzten Verzeichnisse auf (nicht in Mini Bridge).

Kopieren mit Tastaturbefehlen

So kopieren Sie Dateien per Menü- oder Tastenbefehl:

1. Markieren Sie die gewünschten Bilder.
2. Drücken Sie Strg+C oder wählen Sie **Bearbeiten: Kopieren**.
3. Öffnen Sie den gewünschten Zielordner in Bridge.
4. Drücken Sie Strg+V oder nehmen Sie **Bearbeiten: Einfügen** – die Bilder erscheinen als Duplikat im neuen Ordner.

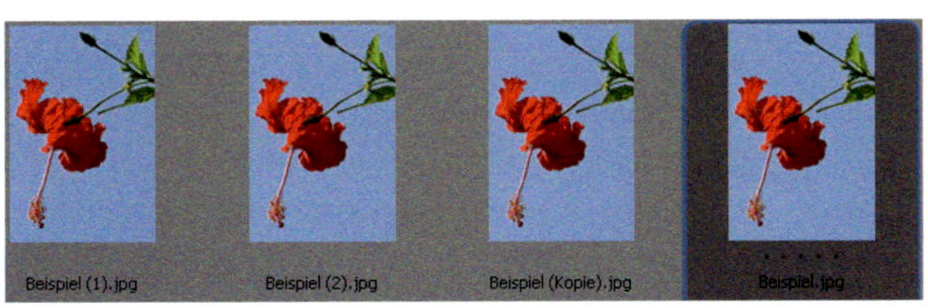

Abbildung 6.40 Die Datei »Beispiel.jpg« wurde mehrfach mit Strg+D dupliziert. Die gleichen Dateinamen entstehen auch, wenn Sie die Datei mit Strg+C kopieren und mit Strg+V mehrfach einfügen.

Sie können die Bilder auch mehrfach einfügen. Falls der Name »Beispiel.jpg« im Zielverzeichnis schon existiert, heißt das eingefügte Bild dann »Beispiel (Kopie).jpg«. Sie haben keine Möglichkeit, bei Namenskonflikten eigene Umbenennungen anzugeben oder zum Beispiel die ältere Bildfassung zu überschreiben. Immerhin: Verloren geht so nichts.

Neu entstehende Dateinamen

Egal, ob Sie mehrfach duplizieren oder kopieren und mehrfach einfügen – die automatischen Dateinamen von Bridge sehen immer gleich aus. Ein Beispiel: Sie duplizieren die Datei »Beispiel.jpg«. Das erste Duplikat nennt Bridge »Beispiel (Kopie).jpg«. Das zweite Duplikat trägt den Namen »Beispiel (1).jpg«, es folgt »Beispiel (2).jpg« und so weiter.

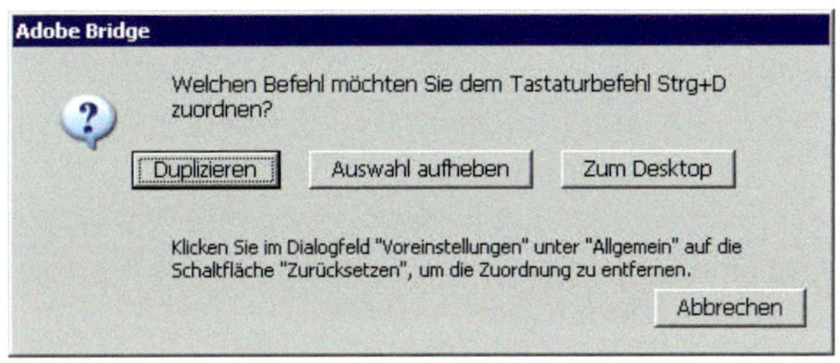

Abbildung 6.41 Drücken Sie das erste Mal Strg+D, bietet Photoshop unterschiedliche Funktionen für diesen Tastaturbefehl an, zum Beispiel Duplizieren oder Auswahl aufheben.

Duplizieren

Sehr einfach duplizieren Sie Bilddateien in Bridge (nicht in Mini Bridge):

1. Markieren Sie die gewünschten Kunstwerke.
2. Gehen Sie auf **Bearbeiten: Duplizieren** oder drücken Sie Strg+D und klicken Sie dann noch auf **Duplizieren**.

Bridge produziert ohne Rückfragen Dateien wie »Beispiel (Kopie).jpg«. Sie können auch mehrfach duplizieren.

Abbildung 6.42 Duplizieren oder Einfügen widerrufen Sie mit dem Befehl »Bearbeiten: Rückgängig«.

Alternativen zum Duplizieren

Auch so duplizieren Sie Dateien in Bridge: Sie markieren die Bilder, kopieren sie mit Strg+C und fügen sie mit Strg+V gleich im selben Ordner wieder ein – auch mehrfach hintereinander.

Wollen Sie in der Photoshop-Arbeitsfläche eine geöffnete Datei duplizieren, wählen Sie dort **Bild: Duplizieren** oder klicken Sie unten in der Protokollpalette auf die Schaltfläche ERSTELLT EIN NEUES DOKUMENT. Das Duplikat müssen Sie jeweils noch speichern.

Ordner verwalten

Per Einzelklick in der Ordnerpalette können Sie Ordner umbenennen. Im Kontextmenü finden Sie den Befehl **In Explorer anzeigen** (am Mac **Im Finder anzeigen**). Damit öffnet sich ein neues Explorer-Fenster des gewählten Ordners. Die Entf-Taste schickt den Ordner gen Mülleimer.

Die Ordner erscheinen nicht nur in der Ordnerpalette, sondern auch als Symbol im Miniaturenbereich – jedenfalls mit der Option **Ansicht: Ordner anzeigen**. Sind die Ordner im Miniaturenbereich zu sehen, löschen Sie markierte Ordner auch per Kontextmenü oder per Klick auf den Mülleimer.

6.2.7 Drehen

Befehle zum **Drehen** um 90 oder 180 Grad liefert Bridge in seinem **Bearbeiten**-Menü, mit den DREHEN-Schaltflächen und mit den Tastengriffen Strg+⇧+U und Strg+U. Bridge dreht sofort das Originalbild und nicht nur die Miniatur.

Natürlich schwenken Sie im Datei-Browser auch mehrere markierte Dateien auf einmal – eine bequeme Alternative zu den Befehlen aus dem Photoshop-Untermenü **Bild: Bilddrehung.** In den Exif-Daten tragen die meisten Digitalkamera-Fotos den Hinweis, ob die Kamera hoch oder quer gehalten wurde; diese Information verwendet Bridge jedoch nicht zum automatischen Drehen.

6.3 Exportieren

Mit der Exportieren-Palette wandeln Sie Dateien bequem ins JPEG-Dateiformat um, rechnen sie nebenbei noch klein und ändern die IPTC-Daten. Tragen Sie mehrere Aufträge zusammen, ohne sofort die Umrechnung selbst zu veranlassen. Damit ist das Exportieren aus Bridge eine gute Alternative zum **Bildprozessor** (in Bridge **Werkzeuge: Photoshop: Bildprozessor**, ab Seite 114, dort auch eine vergleichende Tabelle). Die Vorgaben stehen als Balken in der Palette zur Verfügung, Sie müssen die Bilder nur darauf ziehen.

Abbildung 6.43
Die Exportieren-Palette zeigt die einzelnen Vorgaben. Ziehen Sie die ausgewählten Fotos einfach auf eine Vorgabe. Sie können vorgemerkte Bilder einblenden und in Bridge anzeigen oder einzeln wieder ausschließen.

6.3.1 Das Verfahren im Überblick

So geht's:

1. In der Exportieren-Palette (**Fenster: Exportieren**) klicken Sie auf VORGABE HINZUFÜGEN.
2. Im Register ZIEL legen Sie den Speicherort fest, im Register BILDOPTIONEN machen Sie Vorgaben für JPEG-Qualität, Pixelzahl und Metadaten. Zusätzlich geben Sie der Vorgabe einen Namen.
3. Klicken Sie auf Speichern.

Die Exportieren-Palette bietet die neue Vorgabe nun als Objekt an. Ziehen Sie Bilder auf den Namen der Exportvorgabe, anschließend klicken Sie dort noch auf AUFTRAG EXPORTIEREN, dann beginnt Bridge mit der Umrechnung. Wollen Sie die Einstellungen einer Vorgabe ändern, klicken Sie doppelt auf deren Namen.

ACHTUNG Öffnen Sie die Optionen zu einer Exportieren-Vorgabe und ändern Sie den Vorgabenamen, wird die vorhandene Vorgabe nicht etwa umbenannt. Stattdessen entsteht nach dem Klick auf Speichern eine weitere Vorgabe. Wollten Sie die vorhandene Vorgabe lediglich umbenennen oder ändern und umbenennen, müssen Sie die alte Version noch löschen.

6.3.2 Optionen beim Speichern

Bridge zeigt zuerst das Register Ziel. Speichern Sie entweder am ursprünglichen Dateispeicherort oder in einem anderen Ordner.

Wahlweise nennen Sie einen Unterordner – sowohl bei der Vorgabe Am ursprünglichem Speicherort wie auch bei In bestimmtem Ordner veröffentlichen. Der neue Ordner muss nicht bereits existieren, Bridge legt ihn bei Bedarf ohne weitere Rückfrage an.

Bei Namenskonflikten

Mitunter ist eine Datei mit einem bestimmten Namen schon im Zielordner vorhanden, speziell mit der Wahl An ursprünglichem Dateispeicherort veröffentlichen. Entscheiden Sie, was bei Namenskonflikten passiert:

- Bridge kann eindeutige Dateinamen erstellen. Landet also die Datei »Sommer 23« zum zweiten Mal in einem Ordner, wird sie von Bridge umbenannt in »Sommer 23 (1).jpg«.
- Möchten Sie keine Dubletten, nehmen Sie die Vorgabe Vorhandene Datei überschreiben. Damit verschwindet die ursprüngliche Datei, sofern Sie die Option Am ursprünglichen Speicherort veröffentlichen nutzen.
- Weitere Möglichkeit bei Namenskonflikten: Bridge kann die Datei überspringen. Sie wird also nicht umgewandelt, die vorherige Version bleibt erhalten.

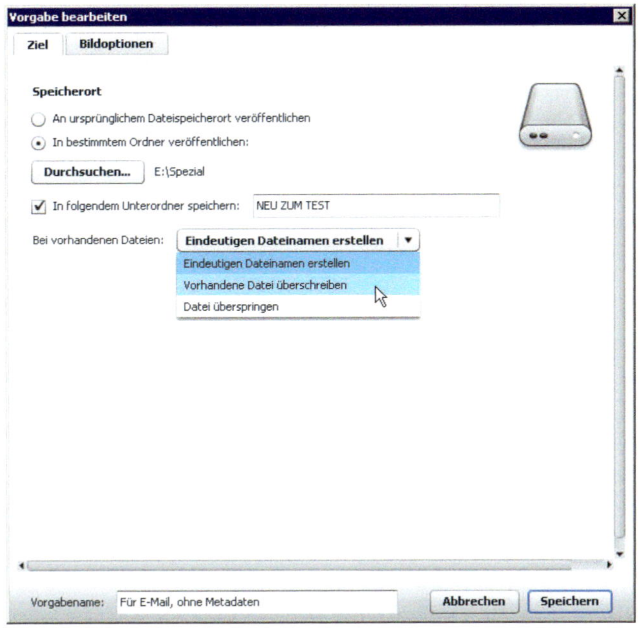

Abbildung 6.44 Legen Sie das Zielverzeichnis fürs »Exportieren« fest und entscheiden Sie, ob bereits vorhandene Dateien bei einem Namenskonflikt überschrieben werden sollen.

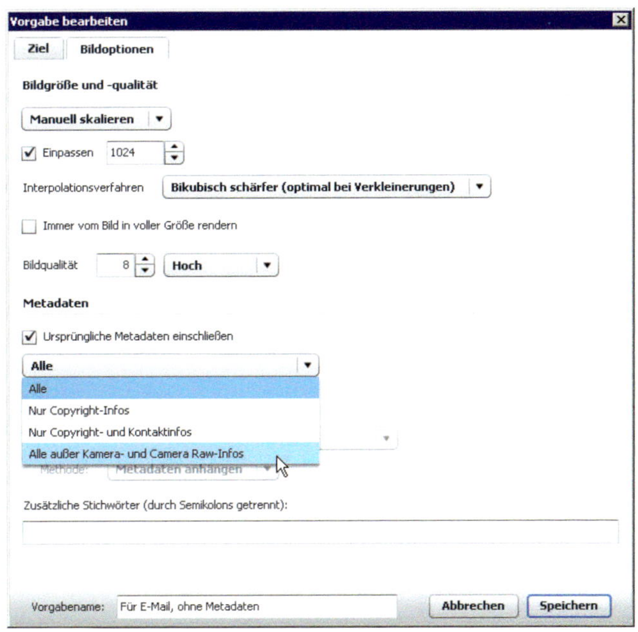

Abbildung 6.45 In den »Bildoptionen« des »Exportieren«-Bereichs steuern Sie JPEG-Qualität und Metadaten.

6.3.3 Bildoptionen

Im Register Bildoptionen steuern Sie die JPEG-Qualität, wenden Metadatenvorlagen und zusätzliche Stichwörter an. Sie können gezielt einzelne Metadatenbereiche entfernen und andere behalten. Ein Beispiel: Die Vorwahl Alle ausser Kamera- und Camera-Raw-Infos schützt Ihre IPTC-Einträge, Stichwörter, Ortsangaben und Copyright bleiben erhalten.

Manuell skalieren

Oben im Register Bildoptionen gibt es die Vorgabe Manuell skalieren. Damit rechnen Sie die Pixelzahl herunter. Geben Sie im Feld Einpassen zum Beispiel 1024 ein, erhält die längere Seite des Ergebnisbilds 1024 Pixel: Ein Hochformat wird 1024 Pixel hoch, ein Querformat 1024 Pixel breit. Ist das Bild kleiner als 1024 Pixel, wird es nicht großgerechnet, es behält also seine niedrigeren Maße.

Als Interpolationsverfahren nehmen Sie in der Regel Bikubisch schärfer (optimal bei Verkleinerungen). Geringfügig weicher werden die Ergebnisse mit Bikubisch (optimal für einen glatten Verlauf).

Skalierungsvorgaben aus dem Raw-Dialog

Vielleicht haben Sie in den Arbeitsablauf-Optionen im Raw-Dialog (Seite 213) eine niedrige Pixelzahl für die Ausgabe festgelegt. Diesen Wunsch ignoriert die Exportieren-Funktion: Sie erhalten ein JPEG-Ergebnis in der vollen Pixelzahl des Raw-Originals oder in der Pixelzahl, die Sie beim Exportieren vorgeben.

Oder haben Sie im Raw-Dialog das Freistellungswerkzeug genutzt und für den Bildausschnitt eine niedrige Pixelzahl festgelegt, zum Beispiel für einen 2000x2000-Pixel-Ausschnitt eine Endgröße von 500x500 Pixeln genannt? Diese Einstellung berücksichtigt die Exportieren-Funktion sklavisch: Mehr als 500 Pixel erreichen Sie beim Umwandeln nicht, auch wenn 2000 oder mehr Pixel zur Verfügung stehen, unabhängig von der Option Immer vom Bild in voller Grösse rendern. Diese Option sorgt im Übrigen dafür, dass beim Umwandeln das hochaufgelöste Gesamtbild und nicht eine kleinere Vorschau verwendet wird.

6.3.4 Anwenden

Wählen Sie Dateien in Bridge aus und ziehen Sie die Kandidaten auf einen Namen wie Auf Festplatte speichern. Damit die Umwandlung beginnt, klicken Sie noch auf Auftrag ... exportieren.

Vorab haben Sie aber noch diese Möglichkeiten:

1. Mit einem Klick auf Auftrag löschen neben dem Namen der Exportieren-Vorgabe brechen Sie die ganze Sache vollständig ab, bevor noch etwas passiert ist.
2. Mit der Dreieckschaltfläche links vom Exportieren-Symbol blenden Sie die einzelnen Dateien ein, die Sie zuvor auf das Symbol gezogen und so zur Verarbeitung vorgemerkt haben. Ein Doppelklick auf einen Namen zeigt die Datei in Bridge an.
3. Halten Sie den Mauszeiger über einen einzelnen Bilddateinamen, zeigt Bridge rechts zwei Symbole an: In Bridge einblenden zeigt Ihnen die passende Miniatur in Bridge, nicht anders als der Doppelklick auf den Dateinamen innerhalb der Exportieren-Palette. Entfernen spart das Bild von diesem Auftrag aus; es bleibt natürlich auf der Festplatte und in Bridge erhalten.

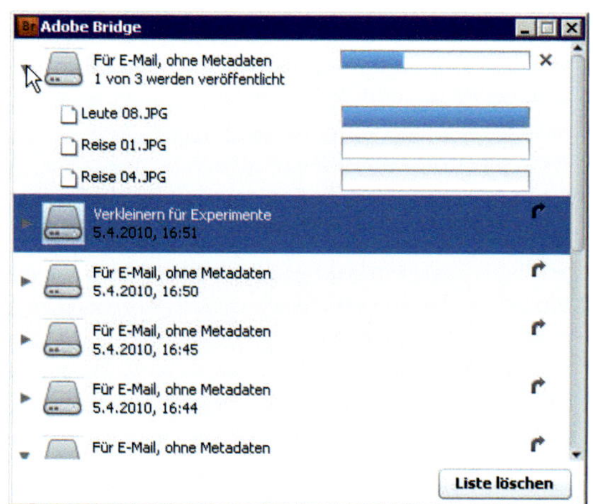

Abbildung 6.46 Bei laufender Verarbeitung zeigt Bridge den Fortschritt an. Bereits umgewandelte Bildreihen können Sie in Bridge anzeigen lassen.

Während die Verarbeitung läuft

Sie klicken auf Auftrag ... exportieren, Bridge beginnt sein Werk. Das Programm blendet jetzt ein Fenster ein, das den laufenden Job und auch erledigte Jobs auflistet. Ihre Möglichkeiten hier:

1. Während die Verarbeitung läuft, brechen Sie das Prozedere mit der Schaltfläche ab. Bei laufender Verarbeitung blenden Sie eine Liste der einzelnen Dateien mit dem Dreieck links vom Exportieren-Symbol ein. Nun sehen Sie für jede einzelne Datei einen Statusbalken, können also die Verarbeitungsdauer abschätzen.
2. Auftrag erledigt? Nun sehen Sie die Schaltfläche Auftrag einblenden. Sie zeigt den Zielordner mit den neu entstandenen Dateien in einem neuen Bridge-Fenster. Das ursprüngliche Fenster mit den Quelldateien bleibt also sichtbar.

Eine Pause-Schaltfläche gibt es nicht, auch können Sie die Ergebnisbilder nicht aus der Ablauf-Übersicht heraus einzeln aufrufen oder löschen.

6.4 Umbenennen

Einzelne Bilder oder ganze Serien benennt Bridge schnell und vielseitig um.

6.4.1 Einzelbilder umbenennen

Ein einzelnes Foto in Bridge braucht einen neuen Namen? Klicken Sie direkt auf den vorhandenen Dateinamen und tippen Sie die neue Bezeichnung ein – fertig (nicht in Mini Bridge). Achten Sie darauf, dass die Dateiendung wie ».tif« oder ».psd« unverändert erhalten bleibt.

TIPP Sie sortieren Ihre Bilder nach Dateiname und benennen um? Ändern Sie die ersten Buchstaben, springt die bearbeitete Datei sofort an ihren neuen, alphabetisch korrekten Platz. Gerade in großen Verzeichnissen soll die Reihenfolge aber manchmal zunächst gleich bleiben, so dass man das Ergebnis der Umbenennung überprüfen kann. Stellen Sie die Sortierung darum zeitweilig auf Manuell um, dann sortiert Bridge nach dem Umbenennen nicht blitzartig um. Das gilt für die Einzel- und Stapel-Umbenennung.

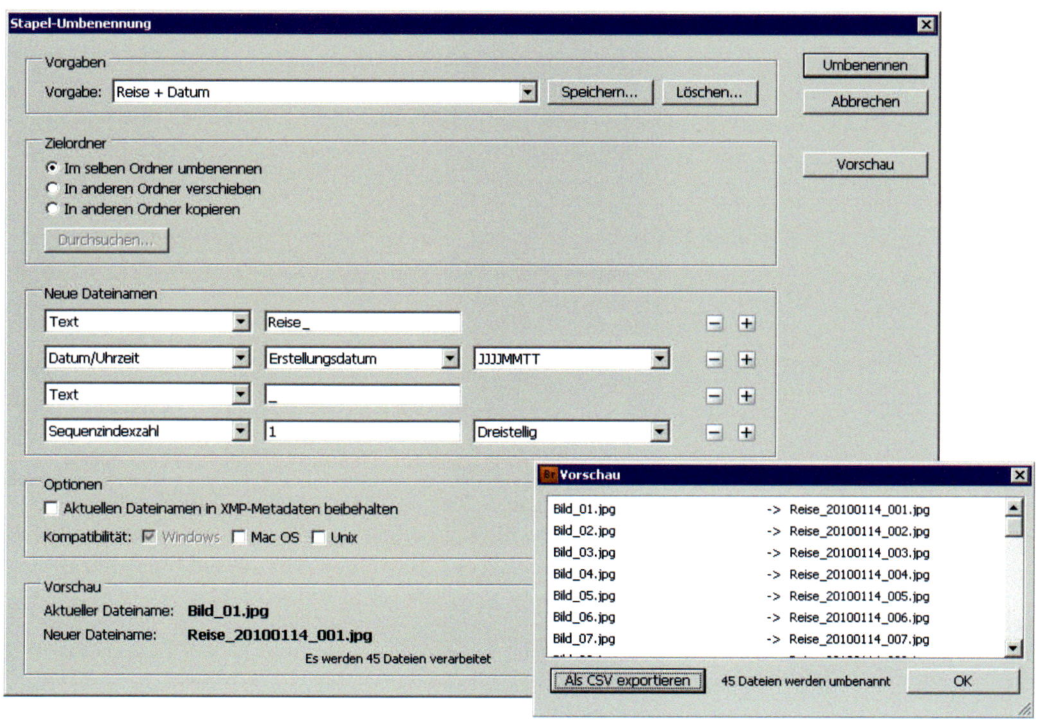

Abbildung 6.47
Stapel-Umbenennung: Photoshop benennt Bildreihen automatisch um, der Name besteht aus mehreren Elementen. Die Vorschau-Schaltfläche liefert eine Liste mit allen neu entstehenden Dateinamen.

Einschränkungen

Generell sollten die Namen nie über 255 Zeichen hinausgehen, das CD-DVD-Joliet-System lässt nur 64 Zeichen zu und das ältere Mac-HFS-Dateisystem erlaubt nur 31 Zeichen. Umlaut, Punkt, Komma und Leerzeichen können Sie innerhalb Ihres eigenen Betriebssystems meist nutzen, aber nicht immer bei der Weitergabe an andere Betriebssysteme. Verwenden Sie jedoch Bindestrich und Unterstrich nach Belieben.

6.4.2 Stapel-Umbenennung

Der Befehl **Werkzeuge: Stapel-Umbenennung** (Strg+⇧+R) tauft mehrere ausgewählte Motive blitzschnell auf neue Namen. Der Vorgang lässt sich sogar mit etwas Aufwand rückgängig machen.

Ihre Angaben für eine komplexe Umbenennung können Sie SPEICHERN und beim nächsten Mal per VORGABE-Klappmenü bequem wieder abrufen. Dieses Klappmenü liefert auch die nützliche Option ZULETZT VERWENDET.

TIPP Umbenennen können Sie auch bei der **Stapelverarbeitung** in Photoshop sowie im Foto-Downloader.

Umbenennung vorbereiten

Sie wollen mehrere ausgewählte Motive umtaufen? So gehen Sie's an:

1. Ziehen Sie die Dateien eventuell in Bridge in die gewünschte Reihenfolge oder sorgen Sie mit dem Untermenü **Ansicht: Sortieren** für die richtige Reihenfolge.
2. Markieren Sie die gewünschten Fotos.
3. Wählen Sie **Werkzeuge: Stapel-Umbenennung**.

TIPP Markieren Sie einen Ordner in der Ordnerpalette – Bridge benennt den gesamten Inhalt um. Dabei beschränkt sich der Eifer nicht nur auf Bilddateien oder andere typische Grafikformate: Auch Textdateien und anderem Material verpasst die **Stapel-Umbenennung** neue Namen.

Wo wird gespeichert?

Im Dialogfeld **Stapel-Umbenennung** entscheiden Sie zunächst über den Zielordner:

» Sie können IM SELBEN ORDNER UMBENENNEN. So verschwinden die ursprünglichen Bezeichnungen, zurück bleiben nur umbenannte Bilder. Sie können so auch aktuell geöffnete Dateien umbenennen.

» Wenn Sie die umbenannten Dateien IN ANDEREN ORDNER VERSCHIEBEN, verschwinden die Bilder aus dem ursprünglichen Verzeichnis. Bridge schreibt die umgetauften Motive in ein neues Verzeichnis, das Sie nach einem Klick auf DURCHSUCHEN festlegen. Auch das funktioniert mit geöffneten Dateien.

» Wenn Sie IN ANDEREN ORDNER KOPIEREN, ändert sich im ursprünglichen Verzeichnis gar nichts – die umgetauften Exponate landen im neuen Ordner, den Sie per Klick auf DURCHSUCHEN bestimmen.

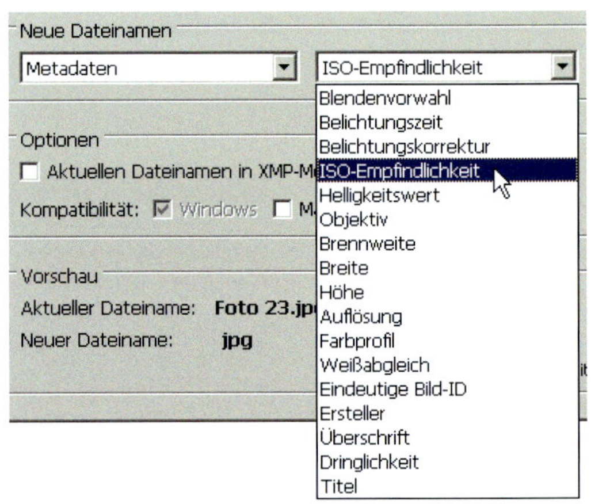

Abbildung 6.48 Informationen wie »Auflösung«, »Überschrift« oder »Brennweite« setzt Bridge in den Dateinamen ein. Sie erkennen hier schon in der Namensvorschau, dass Bridge in der ersten Datei keinen ISO-Wert findet und darum den Namen »jpg« erzeugen wird.

Vorgaben

Ihre Angaben für eine komplexe Umbenennung können Sie SPEICHERN und beim nächsten Mal per VORGABE-Klappmenü bequem wieder abrufen. Dieses Klappmenü liefert auch die nützliche Option ZULETZT VERWENDET.

Vorschau und CSV-Tabelle

Mit der Vorschau-Schaltfläche zeigt Bridge eine beliebig lange Liste mit allen Dateinamen vor und nach der Umbenennung. Klicken Sie im Vorschau-Fenster auf Als CSV exportieren, entsteht eine CSV-Datei, also mit komma-getrennten Werten: Der alte Name steht vor dem Komma, der neue dahinter, nach dem Zeilenumbruch folgt das nächste Vorher-Nachher-Paar. Ein Beispiel:

```
Bild_01.jpg,Reise_20100114_001.jpg
Bild_02.jpg,Reise_20100114_002.jpg
Bild_03.jpg,Reise_20100114_003.jpg
```

Das lässt sich in Tabellenkalkulation oder Textverarbeitung gut weiterverwenden. Testen Sie es mit der Datei »Umbenennen.csv« aus dem Praxis-Verzeichnis der Buch-DVD.

Benennungskonflikte

Konflikte sind möglich: Vielleicht entsteht durch die Umbenennung ein Name, der bereits im Verzeichnis existiert. In diesem Fall hängt Bridge automatisch ohne Rückfrage eine Angabe wie »(1)« an den Dateinamen. Es wird also kein Bild überschrieben. Es gibt keine vergleichende Gegenüberstellung.

Andere Betriebssysteme

Setzen Sie Ihre Häkchen neben Unix, Windows oder Mac, wenn Sie so umbenennen wollen, dass der Dateiname auch in anderen Betriebssystemen korrekt erscheint – wichtig unter anderem bei der Weitergabe an Internetserver. Schrägstriche, Anführungszeichen oder Doppelpunkte werden sofort ersetzt, Sie sehen es in der Namens-Vorschau; bei zu langen Namensvorgaben können Sie zwar auf Umbenennen klicken, jedoch ändert sich nichts.

6.4.3 Elemente für den Dateinamen

Bridge setzt den neuen Dateinamen aus bis zu zehn Bausteinen zusammen. Verändern Sie die Zahl der Namensbausteine mit den Plus- [+] und Minusschaltflächen [–]. Einige Möglichkeiten:

» Verwenden Sie Aktueller Dateiname, wenn der alte Dateiname irgendwo im neuen Namen auftauchen soll. Entscheiden Sie, ob Sie nur den Namen oder Name + Erweiterung übernehmen. Die Erweiterung (etwa »*.jpg«) brauchen Sie meist nicht; sie soll ja nicht mitten im Dateinamen auftauchen.

» Mit der Vorgabe Text tippen Sie einen beliebigen Begriff wie »Kunde Hempel« ein; dieser Text erscheint unverändert in jeder umbenannten Datei.

» Die Sequenzindexzahl könnte man auch Seriennummer nennen (wie in den **Speicheroptionen** im Camera-Raw-Dialog). Die erste Ziffer tippen Sie al gusto ein, die Nummerierung muss also nicht mit der 1 beginnen.

» Alternativ gibt es Sequenzindexbuchstaben (Folgebuchstaben) wie a, b, c in Groß- und Kleinschreibung.

Verwenden Sie am besten mindestens ein Element, das sich bei jeder Datei ändert, zum Beispiel eine Seriennummer oder den Aktuellen Dateinamen, eventuell auch Datum Uhrzeit mit mehreren Zeilen für Tag und Uhrzeit des Erstellungsdatums, bei schnellen oder mehreren Kameras inklusive Millisekunden (hier setzt Bridge das Aufnahmedatum ein).

TIPP Bei allen Umbenennungen gilt: Sollten sich Namensdoppler ergeben, hängt Bridge Zahlen wie »(1)« an den Dateinamen an.

»Metadaten«

Der Bereich Metadaten schreibt Belichtungsinformationen der Digitalkamera und IPTC-Einträge in den Dateinamen. Möglichkeiten:

» Mit der Vorgabe Belichtungszeit entstehen Namensteile wie »1_125 s«.

» Die Brennweite liefert Objektivwerte wie »50 mm«.

» Breite und Höhe liefern nützliche Pixelangaben, müssen aber aus zwei getrennten Angeboten zusammengeklaubt werden.

» Setzen Sie auch Überschrift oder Titel aus den IPTC-Angaben ein.

Abbildung 6.49 Manche Dateien auch aus Digitalkameras liefern nicht alle Exif-Informationen, zumindest nicht so, dass Bridge sie entziffert. Besteht der Zielname nur aus Kameradaten, entsteht mit Pech gar kein neuer Name, nur die Dateiendung ohne Punkt bleibt zurück. Immerhin signalisiert Bridge dieses Ergebnis je nach Situation schon in der Dateinamensvorschau. Diese Dateien wurden in Bridge unter Windows nur mit der Vorgabe »Metadaten/Objektiv« umbenannt; weil Bridge bei diesen Fotos die Objektivangabe nicht lesen kann, bleibt nur die Dateiendung zurück. Die Dateien lassen sich nicht mehr in allen Programmen verwenden.

»Datum Uhrzeit«

Bringen Sie Datumsangaben im Dateinamen unter. Mit der Vorgabe Datum/Uhrzeit stanzen Sie wahlweise Erstellungsdatum (bei Digikam-Fotos das Aufnahmedatum) und/oder Änderungsdatum in den Dateinamen. Um den Tag wie auch die Uhrzeit einzusetzen, brauchen Sie mindestens zwei Zeilen im Dialogfeld. Trennstriche oder die Millisekunden beanspruchen weitere Zeilen. Sie erhalten Dateinamen wie »20081030_16255800_Bielefeld.jpg«.

TIPP Die langen Zahlenblöcke im neuen Dateinamen wie »20081030« lassen sich nicht trennen. Möchten Sie lieber Namen wie »2008-10-30_16-25-58-00_Bielefeld.jpg« oder »J2008M10T30_S16M25S58 00_Bielefeld.jpg«, nehmen Sie zum Umbenennen das Gratisprogramm XnView für Windows und Mac und dort den Befehl **Werkzeuge: Stapel-Umbenennen**.

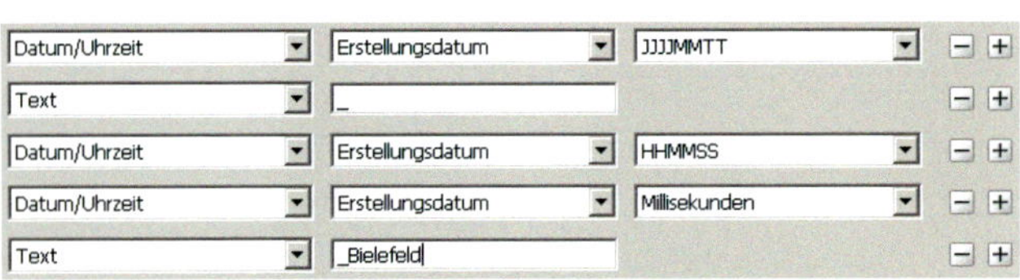

Abbildung 6.50 Diese Vorgabe erzeugt Dateinamen wie »20081030_16255800_Bielefeld.jpg«, basierend auf dem Aufnahmedatum. Steht die Jahreszahl vorn, gefolgt von Monat, Tag, Uhrzeit und dann weiteren Informationen, kann man die Bilder besonders leicht chronologisch anordnen.

6.4.4 String-Ersetzung

Statt Text, Datum/Uhrzeit oder Sequenzindex-Zahl können Sie auch die String-Ersetzung angeben. »String« meint Zeichenfolge. Bei der String-Ersetzung ersetzen Sie einen bestimmten Namensteil durch einen anderen. Wir demonstrieren die Aufgabe mit den Bildern aus dem »Praxis«-Ordner »5_Vorlagen«.

HINWEIS Die String-Ersetzung wirkt eventuell kompliziert. Bevor Sie tatsächlich auf Umbenennen klicken, markieren Sie alle gewünschten Dateien, richten in der **Stapel-Umbenennung** die String-Ersetzung wie geplant ein, klicken auf Vorschau und prüfen alle neu entstehenden Dateinamen im Vorschau-Fenster. Sichern Sie sich eventuell mit der Option Aktuellen Dateinamen in XMP-Metadaten beibehalten ab (siehe unten).

String-Ersetzung mit ursprünglichem Dateinamen

Die String-Ersetzung mit dem Zusatz Ursprünglicher Dateiname ändert einen Teil des Dateinamens, der schon vorhanden ist. Ein Beispiel: Die Bilder aus Ihrer Serie heißen IMG_0234.jpg, IMG_0235 und so weiter. Sie wollen den »IMG«-Teil durch »Blüten« ersetzen. Die neuen Dateinamen lauten dann »Blüten_0234.jpg«, »Blüten_0235« und so weiter. Dies ist also die einzige Änderung.

In diesem Fall gibt es zwei Arten, die Aufgabe anzugehen:

- Im Dialog **Stapel-Umbenennung** stellen Sie gleich oben das Klappmenü Vorgabe auf String-Ersetzung.
- Im Dialog **Stapel-Umbenennung** verwenden Sie oben eine beliebige Vorgabe wie Standard. Weiter unten im Bereich Neue Dateinamen verwenden Sie nur ein einziges Kriterium und das stellen Sie auf String-Ersetzung, daneben verwenden Sie Ursprünglicher Dateiname.

Im Feld Suchen schreiben Sie dann »IMG«, im Feld Ersetzen durch geben Sie »Blüten« an. So ersetzt Bridge nur den Namensteil »IMG«. Lassen Sie das Feld Ersetzen durch leer, wenn Sie »IMG« einfach nur entfernen wollen.

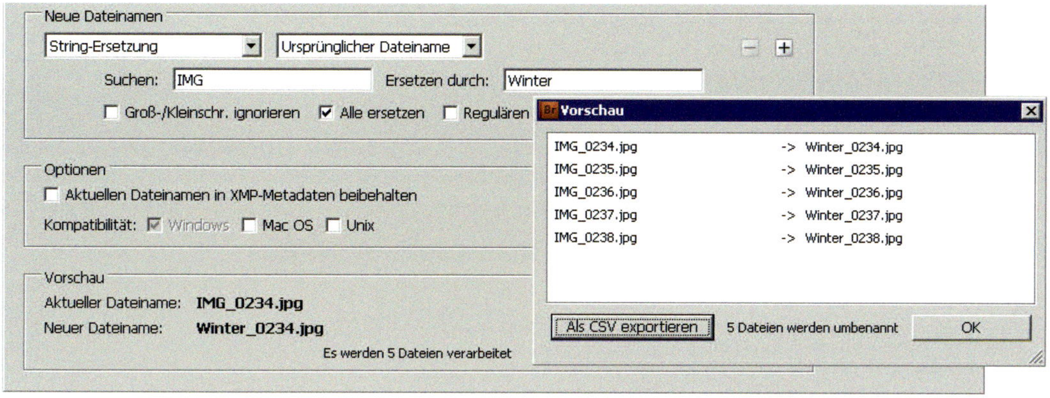

Abbildung 6.51 Die Eingaben aus dieser Abbildung ersetzen den Namensteil »IMG« durch »Winter«.

Weitere Optionen

Bei der String-Ersetzung haben die Programmierer an alles gedacht:

» Eventuell taucht eine Zeichenfolge mehrfach im Dateinamen auf. Vielleicht haben Sie Dateinamen wie »IMG_IMG_0234.jpg«. Nutzen Sie nun die Option Alle ersetzen, tauscht Bridge beide »IMG«-Strings aus, der neue Name lautet also »Winter_Winter_0234.jpg«. Verzichten Sie dagegen auf Alle ersetzen, tauscht Bridge nur den ersten »IMG«-String aus, Sie erhalten demnach »Winter_IMG_0234.jpg«.

» Falls Sie Gross-/Kleinschreibung ignorieren, gibt es theoretisch mehr Umbenennungen und die Gefahr ungewollter Umbenennungen steigt: Geben Sie »Aus« zum Ersetzen frei, überlebt auch das Wort »Haus« nicht.

» Sie können einen regulären Ausdruck verwenden. Gemeint sind bequeme Platzhalter, die mehrere unterschiedliche Zeichenfolgen abdecken. Schreiben Sie zum Beispiel [IDS], wenn jeder dieser drei Buchstaben dem Begriff aus dem Feld Ersetzen durch weichen soll; mit [2-4] geben Sie die Ziffern 2 bis 4 zur Umbenennung frei; erfassen Sie auch ganze Zeichenklassen, etwa alle Ziffern mit [:digit:]. Ausführliche Beispiele für reguläre Ausdrücke fanden wir unter *http://de.wikipedia.org/wiki/Regulärer_Ausdruck*; blättern Sie nach unten bis zu den Tabellen.

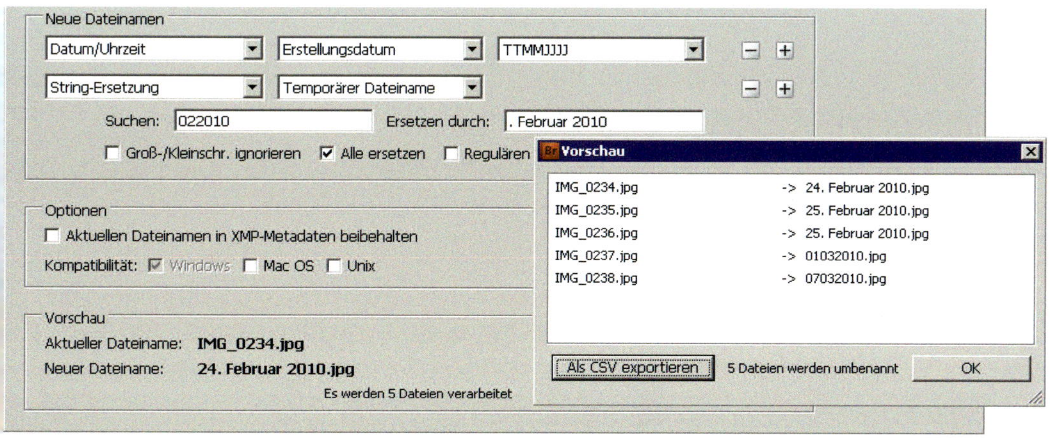

Abbildung 6.52 Diese Vorgabe erzeugt zunächst Dateinamen wie »24022010«, die sich per »String-Ersetzung« sofort wieder ändern. Hier erfassen wir nur Fotos aus dem Februar 2010.

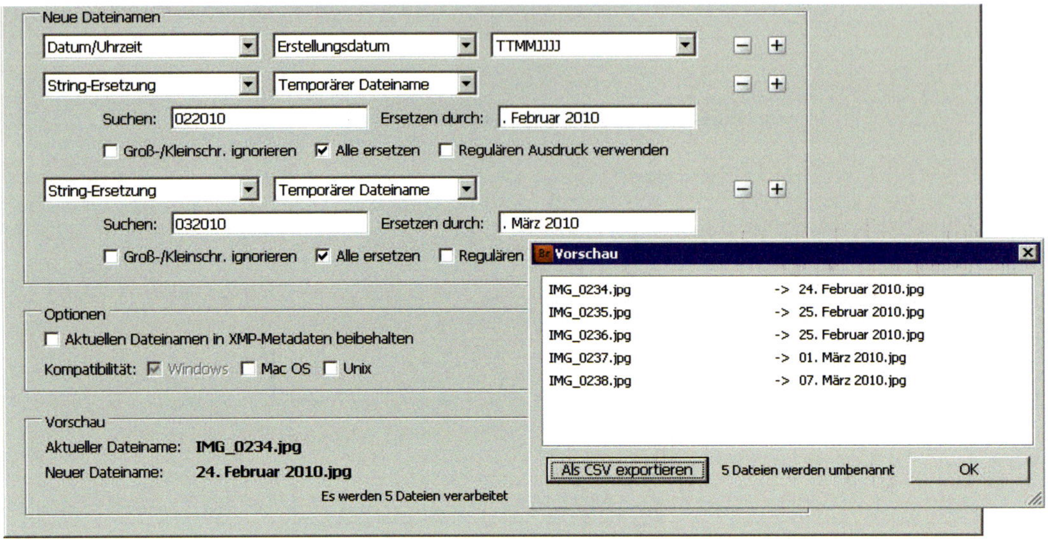

Abbildung 6.53 Mit diesen Werten ändern Sie Dateien aus Februar wie auch März 2010. Bridge zeigt hier zwei identische Dateinamen an. Bei der tatsächlichen Umbenennung erhält die zweite Datei eine zusätzliche »(1)«.

String-Ersetzung mit temporärem Dateinamen

Die String-Ersetzung mit dem Zusatz temporärer Dateiname verändert eine Vorgabe wie Datum/Uhrzeit oder Metadaten aus dem Bereich Neuer Dateiname noch weiter. Ein Beispiel mit dem Ordner »Praxis/5_Vorlagen«: Die Bilder stammen aus dem Februar und März 2010. Ein mögliches Vorgehen in der Stapel-Umbenennung:

1. Als erstes Kriterium im Bereich Neue Dateinamen nehmen Sie Datum/Uhrzeit mit dem Erstellungsdatum und dem Format TTMMJJJJ. Sie erhalten also Dateinamen wie »24022010.jpg«.
2. Mit dem Plus-Schalter [+] legen Sie ein zweites Kriterium an. Sie nehmen die String-Ersetzung mit Temporärer Dateiname. Im Suchen-Feld tragen Sie »022010« ein, also das Ergebnis des ersten Kriteriums für Monat und Jahr. Unter Ersetzen durch schreiben Sie ». Februar 2010«. Jetzt nimmt Bridge das Ergebnis der Umbenennung mit dem ersten Kriterium und benennt es gleich weiter um. Sie erhalten Dateinamen wie »24. Februar 2010« oder »25. Februar 2010«. Fotos aus dem März behalten weiter Dateinamen wie »01032010«.
3. Klicken Sie auf den unteren der zwei Plus-Buttons [+] im Bereich Neue Dateinamen, so dass Sie ein drittes Kriterium anlegen. Sie nehmen wieder die String-Ersetzung mit Temporärer Dateiname. Das dritte Kriterum deckt den März ab. Im Suchen-Feld tragen Sie »032010« ein. Unter Ersetzen durch heißt es dann ». März 2010«. Bilder aus dem März 2010 erhalten damit Dateinamen wie »01. März 2010«.

Ein kleines Problem hier: Der Ordner beherbergt zwei Bilder vom 25. Februar, Bridge kann sie jedoch nicht beide gleich benennen. Darum erzeugt das Programm hier automatisch die zwei Dateinamen »25. Februar 2010« und »25. Februar 2010 (1)«; die »(1)« erscheint dabei nicht im Vorschau-Fenster. Wenn Ihnen das so nicht gefällt, bauen Sie vorab noch ein weiteres Kriterium ein, zum Beispiel Datum/Uhrzeit mit Minuten, Sekunden und eventuell Millisekunden oder eine Sequenzindexzahl.

Weitere Möglichkeiten zur String-Ersetzung mit temporärem Dateinamen:

» Als erstes Kriterium nennen Sie die Metadaten mit dem Ersteller. Bestimmte Ersteller-Namen taufen Sie aber per String-Ersetzung noch um, so dass sie im Dateinamen anders als in den IPTC-Metadaten erscheinen.

» Verwenden Sie die Metadaten als erstes Kriterium, daneben geben Sie Belichtungszeit oder ISO-Empfindlichkeit an. Tauschen Sie Belichtungswerte gegen einen Begriff Ihrer Wahl aus.

» Setzen Sie den Ordnernamen in den Dateinamen; bei bestimmten Ordnern ändern Sie die Schreibweise per String-Ersetzung.

6.4.5 Alte Dateinamen wiederherstellen

Benennen Sie Ihre Schätze komplett um – aber stellen Sie den ersetzten Originaldateinamen später wieder her. Per **Bearbeiten: Rückgängig** geht das nicht. Achten Sie auf die passenden Optionen der **Stapel-Umbenennung**. So geht's:

1. Verwenden Sie in der **Stapel-Umbenennung** die Option Aktuellen Dateinamen in XMP-Metadaten beibehalten. Die Bilddatei »merkt« sich also den ursprünglichen Namen (auch der Foto-Downloader bietet diese Möglichkeit).
2. Benennen Sie die Bilder nun einmal nach Belieben um.
3. Falls Sie weitere Male umbenennen, verzichten Sie auf den Aktuellen Dateinamen in XMP-Metadaten: Sonst ist der allererste Dateiname futsch.
4. So stellen Sie den ursprünglichen Namen wieder her: Markieren Sie die Bilder, wählen Sie **Werkzeuge: Stapel-Umbenennung** und nehmen Sie als einziges Namenselement Beibehaltener Dateiname.

Der **Suchen**-Dialog bietet als Kriterium auch den beibehaltenen Dateinamen. Falls Sie die so umbenannte Datei in Programmen von anderen Herstellern neu speichern, verschwindet die Information über den alten Dateinamen womöglich. Der ursprüngliche Name lässt sich dann in Bridge nicht mehr herstellen. Den beibehaltenen Dateinamen nennt Bridge auch in der Metadatenpalette im Bereich »Dateieigenschaften«.

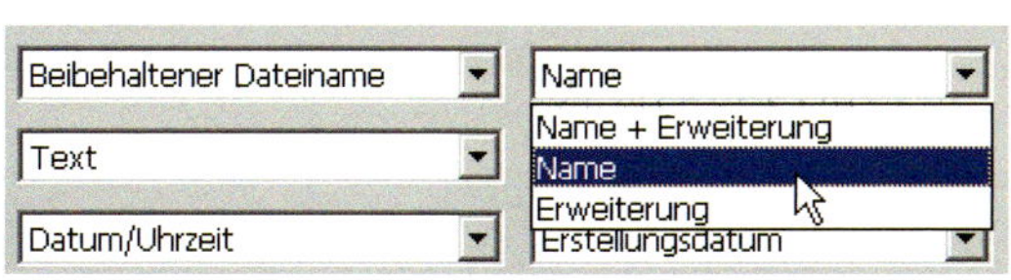

Abbildung 6.54 Schreiben Sie den »beibehaltenen Dateinamen« mit oder ohne Endung in die Datei zurück.

Vorsicht mit der »Erweiterung«

Vielleicht haben Sie zwischendurch den Dateityp gewechselt. Ein Beispiel: Sie benennen DNG-Dateien um, konvertieren diese Dateien dann jedoch zu JPEG. Sie können auch jetzt noch den ursprünglichen Namen wiederherstellen. Verwenden Sie jedoch die Option Beibehaltener Dateiname nun mit der Konkretisierung Name. Nehmen Sie nicht Name + Erweiterung, denn dann bekommen Ihre JPEG-Dateien die ».dng«-Endung des ursprünglichen Namens; viele Programme öffnen solche Bilder nicht mehr.

Ebenfalls nur den Namen, nicht aber die Erweiterung verwenden Sie, wenn der neue Dateiname noch mehr Elemente wie etwa eine Seriennummer oder das Datum enthält. Denn falls Sie hier Name + Erweiterung angeben, entstehen Ausdrücke wie ».JPG« eventuell mitten im Dateinamen – technisch oft unproblematisch, doch selten gewollt.

Aus Photoshop heraus umbenennen

Sie wollen Ihre Fotoserie partout nicht mit Bridge, sondern aus Photoshop heraus umbenennen? Bitteschön:

1. Zeichnen Sie in Photoshop eine Aktion auf, die keinen einzigen Arbeitsschritt enthält.
2. Wählen Sie **Datei: Automatisieren: Stapelverarbeitung** (Seite 110) und verwenden Sie dort die neue Aktion, die nichts verändert.
3. Stellen Sie die gewünschten Dateien zum Verarbeiten ein, zum Beispiel Ordner oder Geöffnete Dateien. Als Ziel nehmen Sie Ordner.
4. Richten Sie die Benennung der neu entstehenden Dateien ein, sie erinnert stark an Bridge.

Nach dem Klick auf OK schreibt Photoshop die Dateien unter neuem Namen ins Zielverzeichnis. Sie erhalten also Duplikate.

6.5 Suchen und Filtern

Suchen Sie oder filtern Sie – Bridge zeigt anschließend nur solche Bilder, die Ihren Kriterien entsprechen; alle anderen Motive blendet Bridge vorübergehend aus. Wir besprechen alle Möglichkeiten:

» Konstruieren Sie gezielte Abfragen im **Suchen**-Dialog (nicht bei Mini Bridge).

» Tippen Sie Suchbegriffe ins Suchfeld oben rechts im Bridge-Fenster (auch bei Mini Bridge).

» Filtern Sie mit der Schaltfläche ELEMENTE NACH BEWERTUNG FILTERN nach Sterne-Wertung (auch bei Mini Bridge).

» Filtern Sie komfortabel nach Dutzenden Kriterien mit der Filterpalette (auch nach der Sterne-Wertung, nicht bei Mini Bridge).

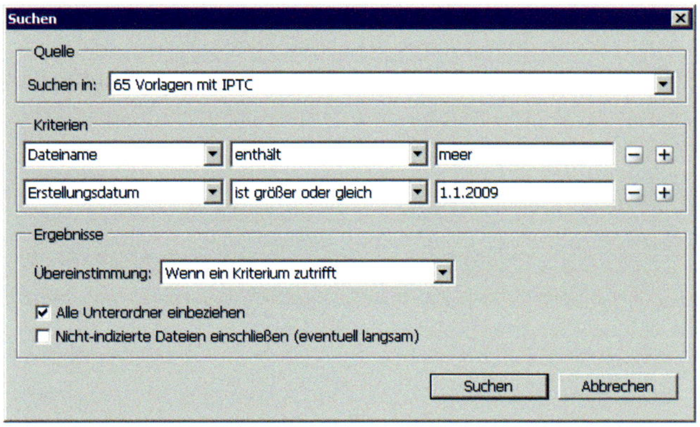

Abbildung 6.55 Pixelfahndung: Bridge sucht hier nach Bildern mit dem Stichwort »meer«, die ab dem 1.1.2009 entstanden. Ordner: 65 Vorlagen mit IPTC.

6.5.1 »Suchen«

Für flottes Aufspüren einzelner Stichwörter oder Dateinamen nehmen Sie das Suchfeld (siehe unten); aufwändigere Recherchen erledigt der Befehl **Bearbeiten: Suchen** mit dem auch in anderen Programmen üblichen Tastenkürzel [Strg]+[F] (»F« wie »Finden«).

Lernen Sie das **Suchen** mit einem ersten Beispiel kennen. Im Verzeichnis »65 Vorlagen mit IPTC« von der DVD zum Buch suchen Sie Bilder, die mehrere Kriterien gleichzeitig erfüllen: das Stichwort »Meer« und aufgenommen ab dem 1. Januar 2009. So spüren Sie die Bilder auf:

1. Klicken Sie auf **Bearbeiten: Suchen**.
2. Richten Sie den Suchdialog wie folgt ein: Gehen Sie im Bereich KRITERIEN auf STICHWÖRTER, im Klappmenü daneben nehmen Sie ENTHÄLT. Ganz rechts geben Sie den Wert »meer« an.
3. Für die Datumseingrenzung fügen Sie ein Suchkriterium hinzu: Klicken Sie rechts auf das Pluszeichen [+].
4. Nehmen Sie beim zweiten Kriterium die Vorgabe ERSTELLUNGSDATUM. Rechts daneben geben Sie IST GRÖSSER ODER GLEICH an. Ganz rechts tippen Sie »1.1.2009« ein – Bridge sucht nach allen Bildern ab Neujahr 2009.
5. Im Klappmenü brauchen Sie die Vorgabe WENN ALLE KRITERIEN ZUTREFFEN. Die Datei muss also das Stichwort haben und zugleich aus dem gefragten Zeitraum stammen – sonst wird sie nicht berücksichtigt.
6. Klicken Sie auf SUCHEN.

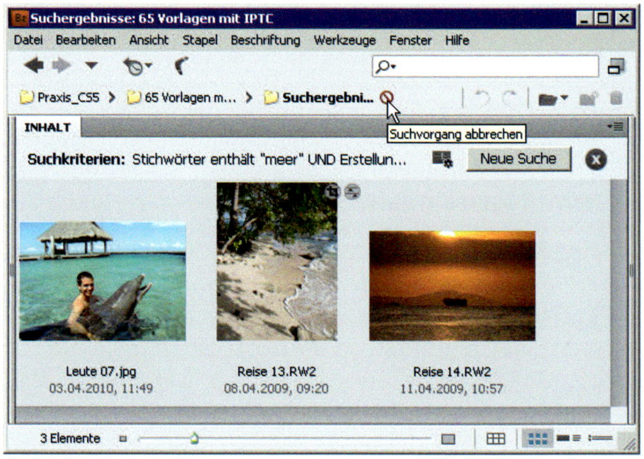

Abbildung 6.56 Fahndungserfolg: Bridge hat drei Dateien aufgespürt, die beide Suchkriterien erfüllen – das Stichwort »meer« und ein Entstehungsdatum ab 2009. Sie erscheinen als neue Zusammenstellung »Suchergebnisse«. Fotos: Lucas Klamert

TIPP Findet Bridge zu wenig? Vielleicht hat das Programm noch nicht alle Dateien komplett eingelesen. Unten links in der Statuszeile und in der

Filter-Palette sollten sich keine Hinweise darauf finden, dass das Programm noch mit dem Einlesen beschäftigt ist. Verwenden Sie für zuverlässigere Ergebnisse die Suchen-Option Nicht-indizierte Dateien einschliessen.

Mit Suchergebnissen weiterarbeiten

Bei unserem Beispiel zeigt Bridge alle Fotos mit dem Stichwort »meer«, die ab 1. Januar 2009 entstanden – drei Trouvaillen. Alle anderen Aufnahmen verschwinden von der Bildfläche. Die Pfadleiste meldet nicht mehr das Verzeichnis 65 Vorlagen mit IPTC, sondern Suchergebnisse: 65 Vorlagen mit IPTC. Sie befinden sich quasi in einem virtuellen Unterverzeichnis von 65 Vorlagen mit IPTC.

Per Strg+A markieren Sie nun alle Motive, um sie beispielsweise umzubenennen, zu löschen oder zu kopieren; oder öffnen Sie einzelne Exemplare per Doppelklick. Die nicht sichtbaren Fotos bleiben voll erhalten und werden nicht verändert.

Ihre Möglichkeiten in der Fundliste ähneln weitgehend den Funktionen von Suchfeld in Bridge und Mini Bridge, teils auch der Filterpalette, wir beschreiben sie hier für alle Suchverfahren gemeinsam:

» Sie wollen wieder den gesamten Ordner sehen, den Sie durchforstet hatten? Klicken Sie auf den Zurück-Pfeil, auf das Parkverbot oder auf Abbrechen. Noch gezielter: Klicken Sie in der Pfadleiste den Ordner Ihrer Wahl an oder nutzen Sie die Schaltfläche Letzte Datei anzeigen oder zu letztem Ordner wechseln.

» Sie möchten erneut mit anderen Kriterien suchen, dann klicken Sie auf Neue Suche. Auch wenn Sie zuvor im Suchfeld oben rechts – und nicht im **Suchen**-Dialog – gearbeitet hatten, gelangen Sie mit der Schaltfläche Neue Suche auf jeden Fall in den **Suchen**-Dialog, der Ihre letzten Kriterien anbietet.

» Mit der Schaltfläche Als Smart-Sammlung speichern legen Sie eine neue Smart-Sammlung an, einen virtuellen Ordner, der immer alle Dateien mit den gesuchten Kriterien zeigt (nur nach dem **Suchen**-Dialog, nicht nach einer Recherche per Suchfeld).

» Wollen Sie verfeinernd direkt in den Suchergebnissen weitersuchen? Das geht nur, wenn Sie das Ergebnis als Sammlung speichern (Seite 154). Wenn Sie dagegen direkt aus den Ergebnissen heraus die nächste Suche starten, durchforsten Sie wieder den gesamten Ordner. Das gilt für den **Suchen**-Dialog und für das flotte Suchfeld.

Die Liste mit den Suchergebnissen erscheint nicht als »virtueller Ordner« in der Ordner- oder Favoritenpalette. Sie wird auch nicht gespeichert: Wenn Sie Bridge neu starten, ist sie perdu. Abhilfe: Speichern Sie wichtige Suchergebnisse als Sammlung (siehe unten).

Suchergebnisse speichern

Der **Suchen**-Dialog bietet nicht die üblichen Speichern- und Laden-Schaltflächen, mit denen Sie Fundlisten dauerhaft sichern könnten. Dafür nehmen Sie vielmehr die Sammlungenpalette. Wir besprechen Sammlungen ausführlich ab Seite 154, hier eine Kurzanleitung:

» Sie wollen die exakte Zusammenstellung der gefundenen Dateien später wieder sehen – auch wenn sich dann vielleicht Kriterien geändert haben oder neue Dateien mit passenden Kriterien dazugekommen sind. Dazu brauchen Sie eine »normale«, »unsmarte« Sammlung. Markieren Sie alle Bilder in der Inhaltpalette mit den Fundstücken per Strg+A und klicken Sie in der Sammlungenpalette auf Neue Sammlung.

» Sie wollen die Abfrage mit den Kriterien später wiederholen und dann stets auch die neuesten Bilder sehen, die zu Ihrer Abfrage passen. Da brauchen Sie eine Smart-Sammlung. Klicken Sie oben rechts in der Inhaltpalette auf Als Smart-Sammlung speichern (nur, wenn Sie den **Suchen**-Dialog und nicht das Suchfeld genutzt hatten).

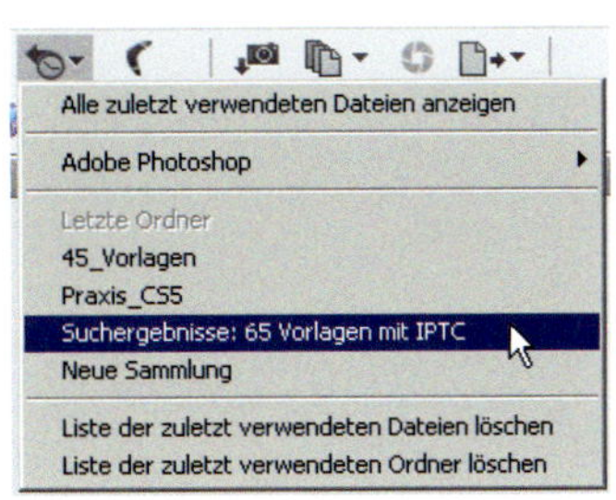

Abbildung 6.57 Sie haben zwischenzeitlich verschiedene Ordner geöffnet und wollen nun noch einmal zu den letzten Suchergebnissen zurückkehren? Bridge bietet die Zusammenstellung Ihrer Fundstücke über die Schaltfläche Letzte Datei anzeigen oder zu letztem Ordner wechseln an. Sie lassen sich auch noch mit den Zurück- und Weiter-Pfeilen erreichen.

Optionen im »Suchen«-Dialog

Der **Suchen**-Dialog bietet interessante Optionen:

- Sie können Alle Unterordner einbeziehen.
- Wenn Sie Nicht-indizierte Dateien einschliessen, durchwühlt Bridge auch Unterverzeichnisse, die bisher noch nicht geöffnet wurden. Hier muss das Programm die Bilder und ihre Metadaten erst noch einlesen, das dauert.

TIPP Möchten Sie Bilder mit einem bestimmten Stichwort und weiteren Kriterien aufspüren? Klicken Sie das Stichwort in der Stichwörterpalette mit rechts an und wählen Sie **Suchen**. Bridge präsentiert den Suchdialog sofort passend ausgefüllt.

Nach mehreren Kriterien suchen

Fahnden Sie nach Grafiken, die mehrere Kriterien gemeinsam oder eines von mehreren Kriterien erfüllen. Erweitern Sie die Zahl der Kriterien im **Suchen**-Dialog mit der Plus-Schaltfläche [+]. Der Minus-Klicker [−] reduziert die Zahl der Kriterien.

Verknüpfen Sie die Vorgaben:

- Bridge zeigt Fundbilder, Wenn alle Kriterien zutreffen – das ist die UND-Verknüpfung, Sie erhalten eine relativ kleine Fundliste.
- Oder nehmen Sie, Wenn ein Kriterium zutrifft, die ODER-Verbindung. Alle Motive, die nur eine der gefragten Eigenschaften haben, figurieren in der Trefferliste.

Kriterien nutzen

Legen Sie die Kriterien fest, die ein Bild erfüllen muss: Suchen Sie etwa nach Dateiname, Dateigrösse, Erstellungsdatum (Aufnahmedatum), Stichwörtern, Beschreibung oder Allen Metadaten.

Mit Dokumenttyp ist der Dateityp gemeint. Wollen Sie etwa alle Dateien mit der Endung ».jpg« finden, geben Sie JPEG-Datei ein; Camera-Raw-Dateien greift Bridge mit der Angabe Camera-Raw-Bild heraus. Damit findet Bridge jedoch nur Raw-Fotos, die nicht im DNG-Format vorliegen; DNG-Dateien geben Sie separat an.

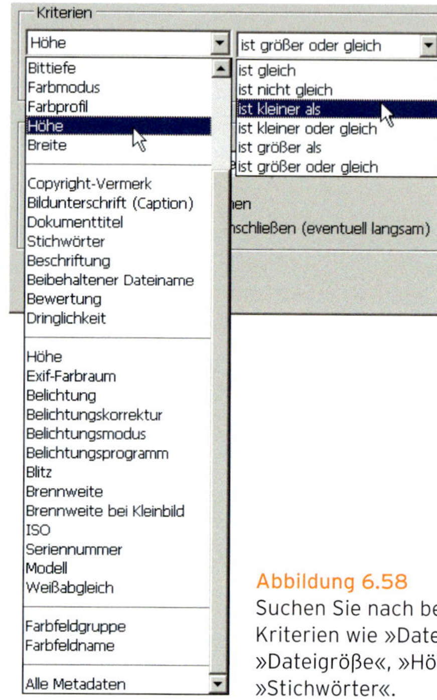

Abbildung 6.58
Suchen Sie nach bestimmten Kriterien wie »Dateiname«, »Dateigröße«, »Höhe« oder »Stichwörter«.

Beachten Sie dabei die unterschiedlichen Einschränkungen für Eigenschaften wie Dokumenttyp, Dateiname oder Stichwörter: Bridge bietet enthält, enthält nicht, ist, beginnt mit sowie endet mit. Einige Möglichkeiten:

- Forschen Sie gezielt nach Teilen oder Anfängen von Dateinamen oder Stichwörtern (enthält, beginnt mit).
- Suchen Sie nach vollständigen Dateinamen oder Stichwörtern (ist gleich).
- Verbannen Sie Dateien aus dem Suchergebnis, deren Name bestimmte Zeichen enthält (enthält nicht).

TIPP Eine Suche in großen Verzeichnissen kann dauern und wirft das aktuelle Verzeichnis vom Schirm. Öffnen Sie eventuell erst ein neues Bridge-Fenster mit [Strg]+[N] und starten Sie dort die Suche. Im ursprünglichen Fenster können Sie sofort weiterarbeiten, Ihr Verzeichnis dort bleibt sichtbar.

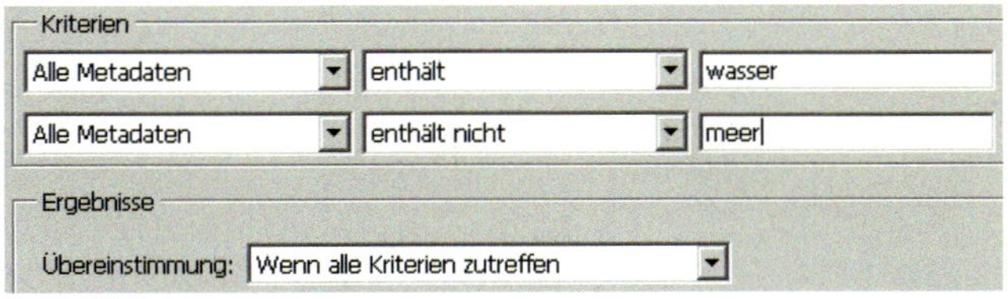

Abbildung 6.59 Wir suchen im Testverzeichnis nach Fotos mit Wasser, aber nicht Meerwasser ...

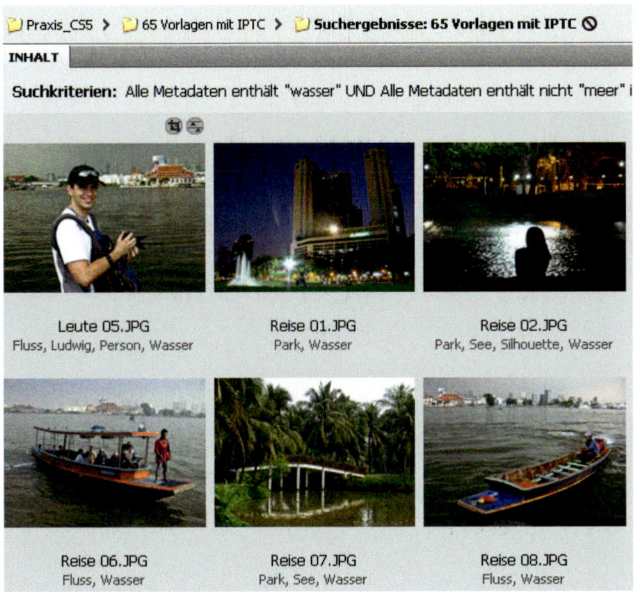

Abbildung 6.60 ... Bridge findet Bilder mit Flüssen, Fontänen und Seen.

»Alle Metadaten«

Sie wissen nicht so genau, wie das genaue Kriterium für einen Metadateneintrag heißt? Dann probieren Sie nicht nacheinander die Kriterien Beschreibung, Dokumenttitel oder Stichwörter, bis Bridge vielleicht ein Bild mit dem gesuchten Begriff im richtigen Feld entdeckt.

Nehmen Sie gleich das Kriterium Metadaten mit der Einschränkung Enthält. Dann spielt es keine Rolle, ob der gesuchte Begriff für »Kamerahersteller« oder »Copyright« steht. Sie durchsuchen hier technische Daten der Datei, die Exif-Einträge der Digitalkamera wie auch IPTC-Einträge. Der Dateiname wird aber nicht berücksichtigt.

Mögliche Anwendungen:

» Finden Sie alle Digitalfotos, die mit »Powershot«-Kameras entstanden.

» Verwenden Sie das Kriterium Alle Metadaten gleich zweimal in einer Abfrage: Finden Sie alle Fotos, die »Wasser«, aber kein »Meer« zeigen; beachten Sie dabei die Groß- und Kleinschreibung.

Spielen Sie diese Abfragen mit dem Verzeichnis »65 Vorlagen mit IPTC« von der Buch-DVD durch.

Auch bei der Vorgabe Alle Metadaten spielt die Groß- und Kleinschreibung keine Rolle: Eine Suche nach »meer« findet auch Dateien mit dem Stichwort »Meer«.

6.5.2 Das Feld »Schnellsuche«

Das Schnellsuchfeld oben rechts in Bridge bietet einen sehr begrenzten Ausschnitt der Talente des **Suchen**-Dialogs (siehe unten). Dieselben Talente hat das Suchfeld in Mini Bridge, das immerhin den sofortigen Wechsel in den ausführlichen **Suchen**-Dialog von Bridge anbietet.

Klicken Sie im Suchfeld auf die Lupe und legen Sie im Menü fest, ob Sie die Bridge-interne Suchfunktion oder die eingebauten Suchdienste von Mac OS oder Windows Vista oder Windows 7 nutzen möchten. Falls Sie den Index Ihres Betriebssystems nutzen, fahnden Sie per Suchfeld nach Dateinamen, Ordnernamen und Stichwörtern im aktuell gewählten Ordner. Um jedoch Stichwörter aus den Filialdateien von Raw-Dateien zu finden, nutzen Sie auf jeden Fall den Bridge-Suchindex und keine Betriebssystemfunktion.

Arbeiten Sie mit der Bridge-Funktion, spüren Sie per Suchfeld Stichwörter oder Dateinamen auf – oder auch nur Teile davon. Das Suchfeld erlaubt keine Abfrage nach mehreren Stichwörtern, die gemeinsam oder einzeln enthalten sein müssten. Andere IPTC-Felder wie Copyright oder Beschreibung lassen sich nicht abfragen, ebenso wenig wie »Beschriftung«, Kameranamen oder sonstige Exif-Werte. Dabei durchforstet die Funktion auch Unterverzeichnisse einschließlich Meine Bilder.

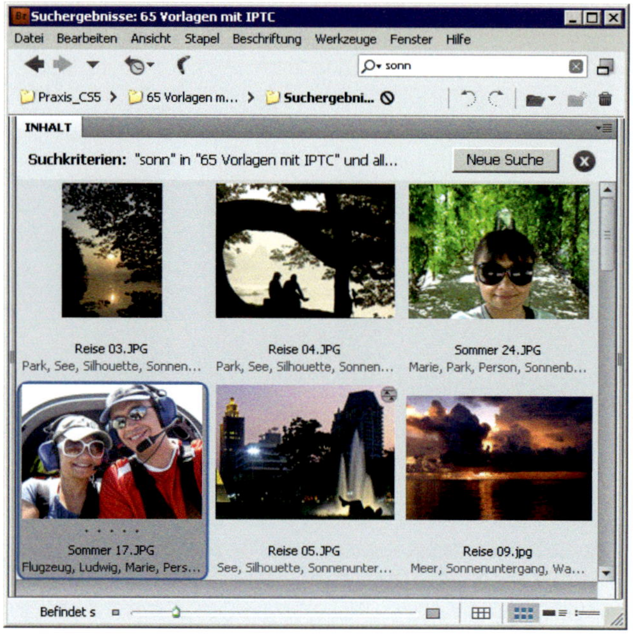

Abbildung 6.61 Wir tippen »sonn« in die Suchleiste und drücken die [Enter]-Taste. Bridge zeigt nur noch Dateien, die diese Zeichenfolge in einem Stichwort oder im Dateinamen enthalten – hier Fundstücke mit den Stichwörtern »Sonnenuntergang« oder »Sonnenbrille«.

So nutzen Sie das Suchfeld – drei Beispiele aus dem mitgelieferten Ordner »65 Vorlagen mit IPTC«:

» Tippen Sie Katze ins Suchfeld und drücken Sie die [Enter]-Taste, findet Bridge die acht Bilder mit dem Stichwort Katze. Tatsächlich reicht es, wenn Sie nur kat oder tze tippen.

» Tippen Sie Rei ins Suchfeld, präsentiert Bridge postwendend die 14 Fotos, deren Name »Reise« enthält.

» Tippen Sie Österreich, findet Bridge gar nichts. Zahlreiche Bilder enthalten den Eintrag »Österreich« im IPTC-Feld Land, doch das Schnellsuchfeld schaut dort nicht nach.

Wie Sie mit den Suchergebnissen weiterarbeiten, lesen Sie ab Seite 169.

TIPP Um unterschiedliche Dinge in einem Verzeichnis abzufragen, müssen Sie das Suchergebnis nicht erst aufheben. Starten Sie sofort die nächste Recherche.

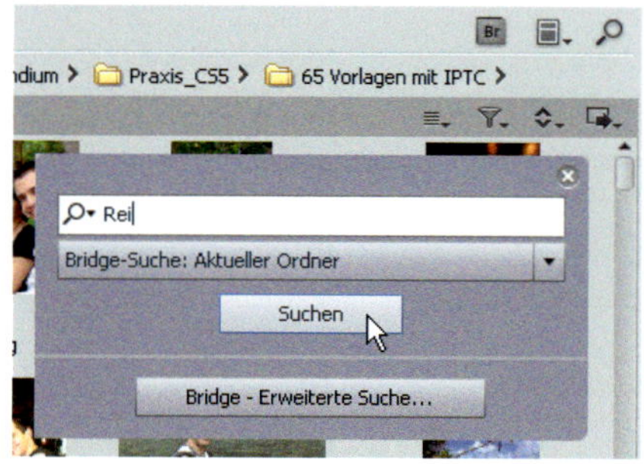

Abbildung 6.62 Mini Bridge: Über die Lupenschaltfläche bietet Mini Bridge innerhalb von Photoshop dieselben Möglichkeiten wie das Schnellsuchfeld in Bridge. Sie können auch zum ausführlichen »Suchen«-Dialog in Bridge wechseln.

6.5.3 Die Filterpalette

Die mächtige Filterpalette (nicht in Mini Bridge) bietet eine Alternative zum **Suchen**-Befehl. Klicken Sie die angebotenen Kriterien an: Nur Dateien, welche die Kriterien aus der Filterpalette erfüllen, erscheinen im Inhaltfenster.

Bei unserem Testordner »65 Vorlagen mit IPTC« gibt es als Filterkriterien natürlich Wertung, Beschriftung, alle Stichwörter, Dateitypen, Seitenverhältnis, Ausrichtung (Hoch- versus Querformat), Änderungs- und Erstellungsdatum. Die Filterpalette verrät unter anderem, dass der Ordner »50_Vorlagen« zwei Zwei-Sterne- und elf Drei-Sterne-Bilder beherbergt, fünf Aufnahmen tragen das Stichwort Baum, zwei Fotos entstanden am 30. Januar 2003, das Seitenverhältnis 2:3 taucht dreimal auf (Hoch- oder Querformat), insgesamt gibt es 43 Querformate.

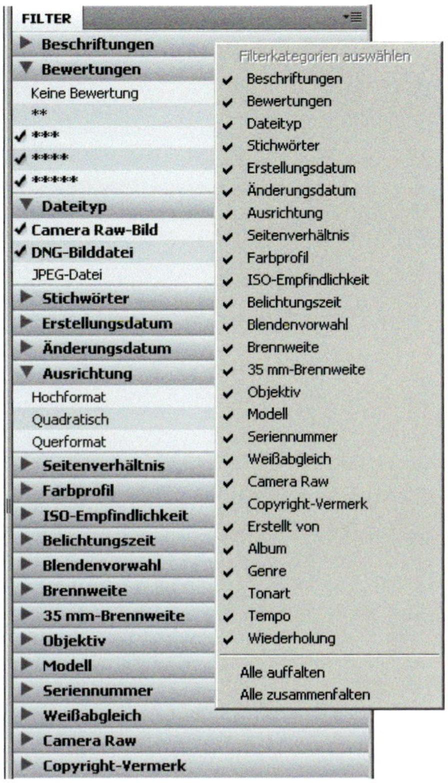

Abbildung 6.63 Abhängig vom Ordnerinhalt zeigt die Filterpalette rund zwei Dutzend verschiedene Kriterien an. Nach Rechtsklick auf eine Überschrift wie BESCHRIFTUNGEN können Sie beliebige Kriterien ausblenden. Hier zeigen wir alle Camera-Raw-Dateien (einschließlich DNG) mit mindestens drei Sternen an, Sie erkennen die Auswahl an den Häkchen und an den hervorgehobenen Zeilen.

Übergeordnete Befehle

Mit den Schaltflächen unten in der Palette können Sie die Filtereinstellungen konservieren oder aufheben:

» FILTER BEIM DURCHSUCHEN BEIBEHALTEN: Wenn Sie hier klicken, merkt sich Bridge die Filtervorgaben beim Wechsel zu einem anderen Ordner. Sie sehen also den nächsten Ordner nicht unbedingt vollständig, sondern gleich »gefiltert«.

» FILTER LÖSCHEN: Zeigen Sie wieder uneingeschränkt den Inhalt des kompletten Ordners an (Strg + Alt + A).

Abbildung 6.64 **Oben:** Laut Filterpalette gibt es 18 Bilder mit dem Stichwort »Ludwig« und acht mit »Meer«. Klicken Sie beide Begriffe an, um die 23 Fotos mit Ludwig und/oder Meer zu sehen. **Unten:** Klicken Sie in der Filterpalette bei gedrückter ⇧-Taste auf die Wertungenzeile für vier Sterne; so zeigt Bridge alle Bilder mit vier oder mehr Sternen. Ordner: 65 Vorlagen mit IPTC. Fotos: Lucas Klamert, Heico Neumeyer

Nur eine Kategorie verwenden

Erproben Sie die Filterpalette zunächst, indem Sie nur eine Kategorie abfragen, zum Beispiel nur die Stichwörter oder nur die Beschrifftungen. Die folgenden Abfragen testen wir mit dem Ordner »65 Vorlagen mit IPTC« von der Buch-DVD:

1. Öffnen Sie in der Filterpalette die Kategorie Stichwörter.
2. Klicken Sie auf die Zeile Meer. Jetzt sehen Sie nur noch die acht Bilder, die das Stichwort Meer enthalten.
3. Wollten Sie wieder alle Bilder sehen, hätten Sie es leicht: Einfach ein zweiter Klick auf die Zeile Meer – der Ordner erscheint wieder komplett. Wir machen aber etwas anderes:
4. Klicken Sie auf die Zeile Ludwig: Sie sehen nun Bilder, die entweder Ludwig und/oder das Meer zeigen – insgesamt 23 Trouvaillien. Sie erhalten also eine ODER-Verbindung.
5. Sie wollen alle Bilder sehen, die genau nicht das Stichwort Heinz enthalten? Dazu drücken Sie die Alt-Taste und klicken auf diesen Begriff in der Filterpalette – so wählen Sie das Gegenteil von dem aus, was Sie anklicken.

ACHTUNG Klappen Sie Bilderstapel auf, wenn sie komplett durchsucht werden sollen (**Stapel: Alle Stapel auffalten**, Strg+Alt+→). Bei geschlossenen Stapeln berücksichtigt die Filterpalette nur das oberste (generell sichtbare) Bild.

Nach Wertungen filtern

So nutzen Sie den Bereich Bewertungen in der Filterpalette:

1. Klicken Sie auf die Zeile mit drei Sternen, sehen Sie in unserem Testordner nur noch die sechs Bilder mit drei Sternen (sofern Sie vorher alle Bilder und nicht nur eine Auswahl angezeigt hatten).
2. Klicken Sie auf die Zeile mit vier Sternen, sehen Sie zusätzlich Vier-Sterne-Exemplare, insgesamt 16 Exponate.
3. Klicken Sie erneut auf die Zeile mit drei Sternen, verschwinden die Drei-Sterne-Motive, Bridge zeigt nur noch die zehn Vier-Sterne-Fotos.

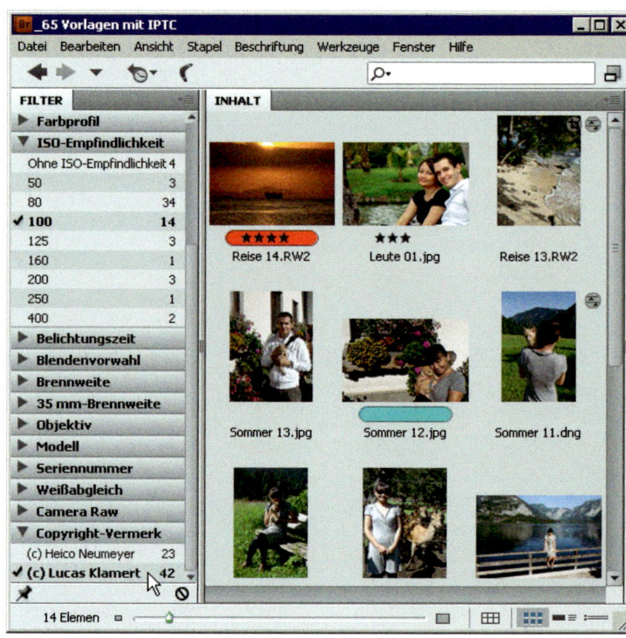

Abbildung 6.65 **Links:** Im Testordner gibt es neun Querformate, die mit der Panasonic DMC-G1 entstanden. **Rechts:** Unter den 42 Bildern mit einem Copyright-Vermerk von Lucas Klamert entstanden neun mit einer ISO-Empfindlichkeit von 100.

Wollen Sie alle Bilder ab vier Sternen aufwärts sehen? Halten Sie die ⇧-Taste gedrückt und klicken Sie auf die Zeile mit vier Sternen – nun reiht Bridge Vier- und Fünf-Sterne-Motive auf. Sie können zusätzlich nach **Wertung** sortieren, so dass Sie zum Beispiel Ihre Fünf-Sterne-Schätze zuerst sehen.

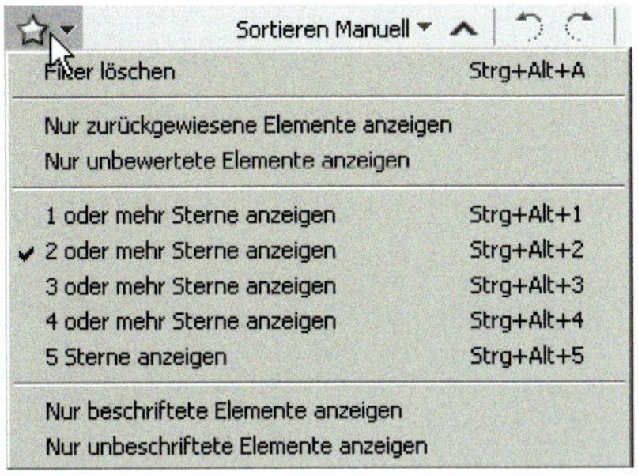

Abbildung 6.66 Wollen Sie nur nach Sterne-Wertung filtern, nutzen Sie alternativ zur Filterpalette die Schaltfläche Elemente nach Bewertung filtern. Hier stehen auch eigene Tastaturbefehle zur Verfügung.

Mehrere Kategorien kombinieren

Fragen Sie Kriterien aus mehreren Kategorien ab, entsteht eine UND-Verbindung: Ein Bild muss beide Eigenschaften erfüllen, um es in die Anzeige zu schaffen. Ein Beispiel:

1. In der Kategorie Stichwörter klicken Sie auf Ludwig – die Inhaltpalette meldet vier Ludwig-Aufnahmen.
2. Schränken Sie die Auswahl ein: In der Kategorie Bewertungen klicken Sie auf die ***-Leiste – Sie sehen nur noch Bilder von Ludwig mit drei Sternen, insgesamt drei Bilder. Etwas wenig.
3. Klicken Sie bei gedrückter ⇧-Taste zweimal hintereinander auf die Zeile mit drei Sternen – Bridge zeigt nur noch Boot-Fotos ab drei Sterne aufwärts, insgesamt fünf Bilder.

Zeigen Sie mit dem Halteverbot wieder alle Bilder an und testen Sie ein anderes Beispiel:

1. In der Kategorie Ausrichtung klicken Sie auf Querformat. Bridge zeigt 52 querformatige Fotos.
2. Sie brauchen aber nur Querformate, die mit der Kamera Panasonic DMC-G1 entstanden. Öffnen Sie zusätzlich die Kategorie Modell (mit Doppel-»l« wohlgemerkt) und klicken Sie auf DMC-G1. Jetzt sehen Sie noch neun Exponate – im gewünschten Querformat, von der gewünschten Kamera.
3. Zu wenig Auswahl? Nehmen Sie auch noch Fotos der Canon Powershot A650 IS hinzu: Nun sehen Sie 28 Bilder aus zwei Kameras, alles Querformate.

6.5.4 Befehle im Überblick: Auswählen und Bearbeiten mit Bridge

Taste/Feld	Zusatztasten	Aktion	Ergebnis
Strg+A			Alles markieren
Strg+A	⇧		Auswahl aufheben
Strg+C			Markierte Dateien kopieren
Strg+D			wahlweise Dateien duplizieren, Auswahl aufheben oder Desktop anzeigen
Strg+I	⇧		Auswahl umkehren
Strg+L	Alt+⇧		Unbeschriftete Dateien auswählen
Strg+N			Neues Fenster
Strg+N	Alt		Neues synchronisiertes Fenster
Strg+N	⇧		Neuer Ordner
			Neuer Ordner
Strg+R	⇧		Stapel-Umbenennung
Strg+V			Kopierte Dateien einfügen
Entf			Markierte Datei(en) löschen
			Markierte Datei(en) löschen
			Markierte Dateien drehen

6.6 Speichertechnik (Cache)

Bridge zeigt Ihre Bilder an und schreibt gleichzeitig verschiedene eigene Dateien auf die Festplatte. Entscheiden Sie, wann und wie viel Bridge in den Zwischenspeicher schreibt. Sie entscheiden damit,

- wie schnell Miniaturen beim ersten Einlesen zur Verfügung stehen,
- wie lange das Zoomen und Recherchieren dauert,
- wie viel Plattenplatz der Zwischenspeicher belegt.

Diese Dateien legt Bridge an:

- ».BridgeSort« für die Reihenfolge manuell sortierter Bilder,
- Cache-Dateien (Zwischenspeicher) mit den Bildminiaturen und anderen Informationen,
- eine XMP-Datei für jedes Bild, das Metadaten wie IPTC-Texte, aber auch eine Wertung nicht direkt in der Datei aufnehmen kann, etwa für Camera-Raw-Dateien außer DNG.

Ihre Vorgaben zur Miniaturenqualität wirken sich auch auf Mini Bridge aus.

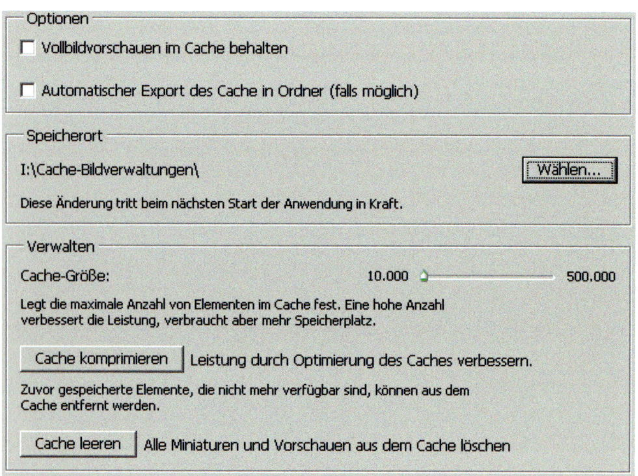

Abbildung 6.67 In den »Voreinstellungen« steuern Sie, wo die Cache-Datei für die Miniaturen gespeichert wird.

6.6.1 Wo wird gespeichert?

Bridge speichert die Bildminiaturen auf der Festplatte. Das Programm muss also nicht jedes Mal erst alle Originaldaten neu einlesen, um den Miniaturenreigen aufzufächern. Dieser Speicher heißt auch »Cache«.

Die Dateien mit den Bildminiaturen und anderen Informationen speichert Bridge in einem zentralen Ordner. Wo, das steuern Sie in den **Voreinstellungen** (Strg+K) im Bereich Cache. Dort legen Sie das Verzeichnis nach einem Klick auf Wählen fest. Ein separater Speicher verwaltet die Informationen aus dem Raw-Dialog; den Speicherort steuern Sie in Bridge per **Bearbeiten: Camera-Raw-Voreinstellungen** im Bereich Camera Raw-Cache.

Cache-Dateien klein halten und löschen

Die Cache-Datei (also der Zwischenspeicher für Miniaturen und Metataden) belegt dauerhaft Platz auf Ihrer Festplatte, eventuell meldet Bridge auch Platzmangel. So steuern Sie Cache in den Bridge-**Voreinstellungen** (Strg+K), beginnen Sie im Bereich Cache:

- Verzichten Sie auf Vollbildvorschauen im Cache behalten; die Option spart Zeit beim Betrachten und präsentieren, kostet aber sehr viel Festplatte.
- Grenzen Sie die Cache-Grösse generell ein. Ein kleiner Cache wird schneller angezeigt. Natürlich muss Bridge bei einem kleinen Cache öfter Bilder völlig neu wieder aufbauen und das kostet Zeit. Mit Cache komprimieren löschen Sie gespeicherte Miniaturen, zu denen längst keine Originalbilder mehr existieren – sie wurden gelöscht, verschoben, existierten nur auf DVDs oder CDs. So geben Sie viel Festplatte frei.
- Sie können auch gleich den ganzen Cache leeren. So sparen Sie massiv Speicherplatz im Laufwerk der zentralen Cache-Datenbank. Sie verlieren keine Informationen, die Daten müssen nur bei Bedarf neu eingelesen werden.
- Wechseln Sie in den **Voreinstellungen** in den Bereich Erweitert. Die Option Vorschauen in Monitorgrösse generieren begrenzt die Miniaturen im Speicher auf die Pixelzahl Ihres größten Monitors. Leeren Sie eventuell vorhandenen Cache, wenn Sie bereits einmal gesichtete Verzeichnisse mit dieser Option nutzen wollen.

Der Bridge-Befehl **Werkzeuge: Cache: Cache für Ordner leeren** entrümpelt den Zwischenspeicher für den aktiven Ordner.

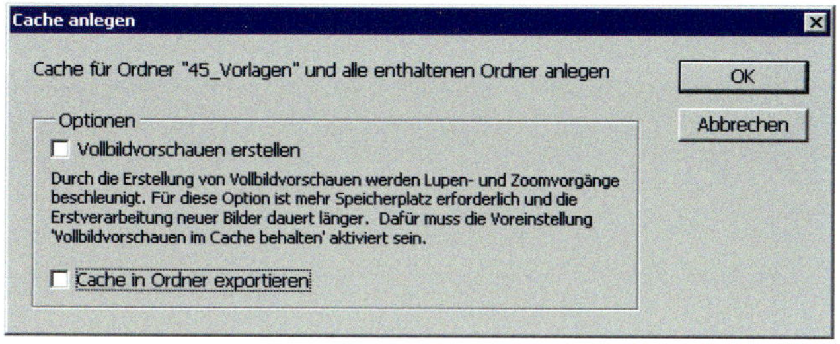

Abbildung 6.68 Legen Sie die Bridge-Miniaturen vorab an. Die Option »Vollbildvorschauen erstellen« kostet mehr Zeit und Festplatte.

Cache zeitsparend vorab anlegen

Das erste Einlesen großer Verzeichnisse dauert, speziell bei Raw-Dateien. Lassen Sie Bridge Ihre komplette Festplatte vorab erfassen, während Sie mal etwas anderes machen: Stellen Sie in der Ordnerpalette zum Beispiel das Laufwerk G ein, wenn dort Ihre Bilder liegen – auch wenn sich im Stammverzeichnis selbst keine Bilder befinden.

Wählen Sie **Werkzeuge: Cache: Cache generieren und exportieren**. Ihre Optionen:

» Cache in Ordner exportieren brauchen Sie meist nicht (siehe unten).

» Vollbildvorschauen erstellen, damit beschleunigen Sie Zoomen, **Präsentation** (Strg+L) und **Vollbildvorschau**, allerdings kostet die Vorgabe viel Speicherplatz und Rechenzeit. Die Option steht nur zur Verfügung, wenn Sie in den Bridge-**Voreinstellungen** (Strg+K) im Bereich Cache die Option Vollbildvorschauen im Cache behalten nutzen.

Bridge liest jetzt die Bilder aller Unterordner ein – die Miniaturen für das komplette Laufwerk G stehen anschließend parat.

Einzelne Cache-Dateien direkt im Bilderordner

Sie können Cache-Dateien zusätzlich direkt im Bilderordner anlegen. Das lohnt sich, wenn Sie diesen Ordner auf eine DVD, CD oder tragbare Festplatte übertragen und mit einer anderen Bridge-Installation öffnen – dann stehen Miniaturen und Metadaten flott zur Verfügung.

So erzeugen Sie Cache-Dateien im Bilderordner:

1. Rufen Sie in Bridge das Verzeichnis auf, das auch eine Cache-Datei aufnehmen soll.
2. Wählen Sie **Werkzeuge: Cache: Cache generieren und exportieren**.
3. Im nächsten Dialogfeld verwenden Sie Cache in Ordner exportieren, dann klicken Sie auf OK.

Die Dateien, die Bridge direkt im Bildverzeichnis anlegt, heißen ».BridgeCache« und ».BridgeCacheT«. Um die Dateien direkt in Bridge zu sehen, wählen Sie **Ansicht: Verborgene Dateien anzeigen**.

Sie wollen generell und nicht nur im Einzelfall Cache-Dateien auch im betreffenden Ordner anlegen? Verwenden Sie in den **Voreinstellungen** im Bereich Cache den Automatischen Export des Cache in Ordner.

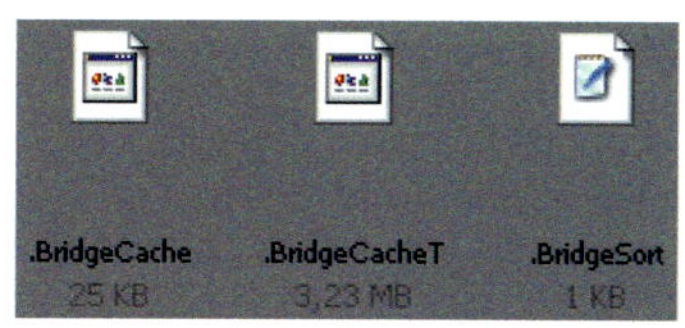

Abbildung 6.69 Die zwei exportierten Cache-Dateien für den Ordner »45_Vorlagen« von der Buch-DVD belegen zusammen rund 3,25 Megabyte. Die weitere Datei ».BridgeSort« speichert Ihre manuelle Sortierung. Um diese Dateien in Bridge zu sehen, wählen Sie »Ansicht: Verborgene Dateien anzeigen«.

6.6.2 Schaltflächen für die Miniaturenqualität

Die Bridge-Schaltflächen Schnelle Suche durch Bevorzugung eingebetteter Bilder ▩ und Optionen für Miniaturenqualität und Vorschauerstellung ▩ steuern die Miniaturenqualität – und damit die Geschwindigkeit beim Bildaufbau und den Speicherbedarf.

Bevorzugung eingebetteter Bilder

Die Vorgabe Bevorzugung eingebetteter Bilder sorgt für wenig Speicherplatzbedarf und schnelles Einlesen – speziell bei großen Ordnern mit Raw-Dateien ein Vorteil. So baut Bridge zunächst keine eigenen Bildminiaturen auf, sondern verwendet diejenigen Miniaturen, die direkt in Digitalkamerabildern oder in DNG-Dateien gesichert sind. Nachteile allerdings:

- Sobald Sie größere Miniaturen anzeigen oder gar eine Präsentation laufen lassen, wird neu in hoher Auflösung gelesen, eine lästige Verzögerung.
- Ändern Sie das Aussehen des Bildes im Raw-Dialog, erkennen Sie die korrigierte Bildwirkung nicht, die Miniatur bleibt unverändert. Sie sehen allerdings das Symbol für eine Raw-Korrektur.

Die Bevorzugung eingebetteter Bilder erreichen Sie auf zwei unterschiedlichen Wegen, die beide zum selben Bridge-Verhalten führen:

1. Klicken Sie auf Schnelle Suche durch Bevorzugung eingebetteter Bilder.
2. Nach einem Klick auf Optionen für Miniaturenqualität und Vorschauerstellung wählen Sie Eingebettete bevorzugen.

Beide Optionen bewirken ein und dasselbe. Ein Beispiel: Sie klicken auf die Schaltfläche Schnelle Suche durch Bevorzugung eingebetteter Bilder; öffnen Sie nun die Optionen für Miniaturenqualität und Vorschauerstellung, finden Sie dort die Option Eingebettete bevorzugen bereits aktiviert.

TIPP Sie wollen einzelne Bilder doch in besserer Qualität sehen, zum Beispiel die Miniatur einer korrigierten Raw-Datei? Klicken Sie die gewünschten Fotos an und wählen Sie im Kontextmenü **Miniatur hoher Qualität erzeugen**. Das lohnt sich auch vor Präsentationen, wenn hohe Auflösungen ad hoc da sein müssen. Hat die Miniatur bereits hohe Qualität, lautet der Befehl **Schnell-Miniatur erzeugen**; damit wechseln Sie zurück zur Miniatur einer Raw-Datei, die die Kamera angelegt hat.

Miniaturen-Optionen insgesamt

Ihre Möglichkeiten in den Optionen für Miniaturenqualität und Vorschauerstellung insgesamt:

- Bridge kann generell **Eingebettete bevorzugen**, zugunsten einer schnellen Sichtung ohne viele Vergrößerungen (siehe vorheriger Punkt).
- Alternativ nehmen Sie **Hohe Qualität bei Bedarf**; eigene Miniaturen werden erstellt, aber zunächst nicht in hoher Auflösung. Das spart beim ersten Erstellen Zeit, Bridge bemüht sich um die hohe Qualität erst, wenn Sie die Miniaturen in der Inhaltpalette auswählen.
- **Stets hohe Qualität** braucht mehr Zeit beim Erstellen, aber in der laufenden Arbeit muss seltener nachberechnet werden. Hohe Qualität bedeutet auch, dass die Bilder mit Farbmanagement angezeigt werden. Nutzen Sie die Option vor Präsentationen.
- **Vollbildvorschauen generieren**, diese Option lohnt sich, wenn Sie zahlreiche Bilder mit der Bridge-Lupe prüfen. Sie kostet beim Erstellen massiv Zeit und Festplattenplatz.

TIPP Die insgesamt nützlichste Einstellung ist wohl Hohe Qualität bei Bedarf. Wollen Sie aber einen neuen Ordner auf die Schnelle sichten, klicken Sie auf Schnelle Suche durch Bevorzugung eingebetteter Bilder, damit Bridge nicht ewig rumort.

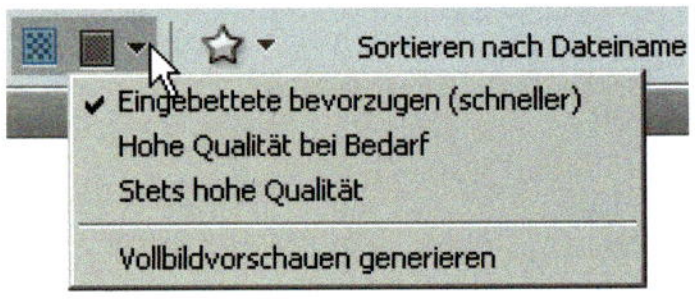

Abbildung 6.70 Mit zwei Schaltflächen in der Pfadleiste steuern Sie die Miniaturenqualität. Ist die Schaltfläche Schnelle Suche durch Bevorzugung eingebetteter Bilder aktiviert (links), erscheint auch ein Häkchen neben Eingebettete bevorzugen.

6.7 Mini Bridge

Hier besprechen wir Besonderheiten von Mini Bridge – innerhalb von Photoshop quasi die Außenstelle von Bridge. Viele Gemeinsamkeiten von Bridge und Mini Bridge haben Sie auf den letzten Seiten bereits kennengelernt. Starten Sie Mini Bridge über die Schaltfläche Mb oben links im Photoshop-Fenster, per **Datei: In Mini Bridge suchen** oder per **Fenster: Erweiterungen: Mini Bridge**.

Die Mini Bridge lässt sich auch wie ein Filmstreifen am unteren Programmfensterrand von Photoshop andocken. Sie zeigt wahlweise die Bilder eines Ordners, einer Sammlung oder die zuletzt genutzten Motive. Miniaturengröße und Sortierung lassen sich vielseitig einstellen – wenn auch das Mutterschiff Bridge mehr Möglichkeiten bietet. Direkt aus der Mini Bridge startet man auch schnelle Diaschauen oder Arbeitsreihen, etwa HDR-Umwandlungen oder Stapelkonvertierung per Bildprozessor.

Das neue Dialogfeld zeigt je nach Vorgabe per Ansicht-Schalter auch Verzeichnisstrukturen, eine vergrößerte Einzelbildvorschau und ein Suchfeld. Die Miniaturenqualität entspricht der Vorgabe aus dem Einzelprogramm Bridge und kann auch nur dort verbessert werden.

Das Hauptprogramm Bridge kennen Sie bereits von den vorhergehenden Seiten. Dann muss man über Mini Bridge nicht mehr viele Worte verlieren. Die wenigen **Einstellungen** zu Mini Bridge laden Sie über das Bedienfeldmenü. Hier steuern Sie die Farben für Mini Bridge und Sie entscheiden über Farbmanagement und das Verhalten von Bridge, wenn das Programm via Mini Bridge geöffnet wird.

ACHTUNG Wenn die CS5-Neuheit Mini Bridge geöffnet ist, verhält sich Photoshop mitunter ungewöhnlich – jedenfalls sofern Sie an Photoshop CS4 und Vorgänger gewöhnt sind. So wollen Sie vielleicht Ebenen mit den Pfeiltasten verschieben, stattdessen ändert sich aber nur die Bildauswahl in Mini Bridge. Ein Hieb auf die [Leer]-Taste startet vielleicht ungewollt die **Vollbildvorschau**. Bei konzentrierter Arbeit an einem Einzelbild lohnt es sich, Mini Bridge auszublenden.

6.7.1 Das kann Mini Bridge nicht

Gegenüber dem großen Programm Bridge bietet die Zweigstelle Mini Bridge nur ein abgespecktes Möglichkeitensortiment. Unter anderem diese Dinge fehlten bei Manuskriptabgabe in Mini Bridge:

- Sie können in Mini Bridge weder Sternewertung noch IPTC-Texte neu anwenden (nicht mal Metadatenvorlagen).
- Es gibt keine komplexen **Suchen** (nur ein Schnellsuchfeld mit einer Schaltfläche zum **Suchen** in Bridge).
- Sie können keine Zusatzinformationen wie GRÖSSE oder ERSTELLUNGSDATUM unter den Miniaturen anzeigen. Dateiname und Sternewertung lassen sich nicht mit [Strg]+[T] ausblenden, sondern lediglich über die ANSICHT-Schaltfläche (**Nur Miniatur anzeigen**).
- Sie können Stapel nicht anlegen und in Bridge gestapelte Fotos erscheinen ohne Stapelzugehörigkeit einzeln nebeneinander.
- Sie können die Motive nicht durch Ziehen manuell sortieren, eine manuelle Sortierung aus Bridge wird nicht angezeigt.

So nutzen Sie Mini-Bridge

1. **Zurück:** Früher gesichtete Ordner und Zusammenstellungen anzeigen
2. **Pfadleiste:** frühere Ordner mit gekipptem Dreieck ▼ anzeigen, Pfadleiste über BEDIENFELDANSICHT ein-/ausblenden
3. **Unterordner:** aufrufen
4. **Navigation:** über BEDIENFELDANSICHT ein-/ausblenden, nur ausblenden mit dem X
5. **Miniaturengröße:** mit Regler oder Schaltflächen ändern; Qualität abhängig von Einstellungen in Bridge
6. **Diashow:** startet sofort per Klick; entspricht **Präsentation** (Strg+L) aus Bridge
7. **Präsentation:** **Diashow, Betrachtungsmodus** oder **Vollbildvorschau** starten
8. **Ansicht:** Bildunterschrift ausblenden, Modi wie Miniaturen, Filmstreifen, Details, Liste, Raster
9. **Anzeigen:** zurückgewiesene oder verborgene Dateien anzeigen/ausblenden und **Auswahl**-Befehle
10. **Filtern:** nach Sternewertung oder Farbcode; nur Bilder mit einer bestimmten »Beschriftung« anzeigen
11. **Sortieren:** nach **Dateiname**, **Erstellungsdatum**, **Größe** etc.
12. **Platzieren und Verarbeiten:** gewähltes Bild oder Bilder in geöffneter Datei »platzieren« oder **Stapelverarbeitung**, **Bildprozessor**, **HDR Pro** oder **Photomerge**
13. **Ausdehnung:** Größe der Bereiche Navigation und Vorschau ändern
14. **Bridge starten**
15. **Bedienfeldansicht:** **Pfadleiste**, **Navigation** und **Vorschau ein-/ausblenden**
16. **Suchen:** Schnellsuchfeld wie in Bridge und Wechsel zu ausführlichem **Suchen**-Dialog aus Bridge
17. **Einstellungen** anzeigen
18. **Übergeordnete Elemente:** letzte oder übergeordnete Ordner und Zusammenstellungen zeigen

Kapitel 7

Metadaten (IPTC & Exif)

Bilddateien enthalten zum einen die Pixel, aus denen die Grafik aufgebaut ist, und zum anderen beschreibende Informationen über das Bild, die sogenannten Metadaten.

7.1 Übersicht

Besonders wichtig diese Daten:

- Technische Eigenschaften wie Dateigröße, eingespeicherte Druckmaße (dpi), Pixelzahl oder Änderungsdatum. Bridge zeigt diese Informationen in der Metadatenpalette im Bereich DATEIEIGENSCHAFTEN. Bridge blendet die Angaben außerdem für die Miniatur unter dem Mauszeiger ein, sofern Sie die QUICKINFOS nicht in den **Voreinstellungen**, Bereich MINIATUREN, abschalten.
- Anwendernotizen nach IPTC-Standard, etwa STICHWÖRTER, COPYRIGHT und vieles mehr; Sie sehen und ändern diese Informationen mit dem Befehl **Datei: Dateiinformationen** in Photoshop und Bridge sowie in Bridge mit der Stichwörterpalette und der Metadatenpalette, Bereich IPTC CORE oder IPTC EXTENSION.
- Eventuell weitere Anwendernotizen, die nicht dem weitverbreiteten IPTC-Standard entsprechen, etwa Sterne-Wertung und Farbcode (»Beschriftung«).
- Geografische Angaben wie Längengrad, Breitengrad und Höhe (»Geotagging«); Bridge zeigt diese Werte in der Metadatenpalette. Der entsprechende Bereich namens GPS erscheint nur, wenn eine aktive Datei entsprechende Daten enthält. In den **Dateiinformationen** erscheinen die Werte per Nachinstallation (s.u.).
- Belichtungsdaten der Digitalkamera nach Exif-Standard wie Blende, Aufnahmezeitpunkt oder Kameramodell; Sie sehen diese Informationen mit dem Befehl **Datei: Dateiinformationen** in Photoshop sowie in Bridge mit der Metadatenpalette, Bereich KAMERADATEN (EXIF).

Dieses Kapitel behandelt Fragen rund um IPTC und Exif. Sterne-Wertung und Farbcode lernen Sie ab Seite 147 kennen.

7.1.1 Anwendungsbeispiele

Die Metadaten sind in vielen Bereichen nützlich:

- Notieren Sie wichtige Informationen zu Ihren Aufnahmen direkt in der Bilddatei, bevor Sie sie vergessen.
- In Bridge nutzen Sie Metadaten zum Suchen und Sortieren; starten Sie in Bridge beispielsweise eine Abfrage nach allen Fotos mit dem Stichwort »Hintergrund«, mit dem Wort »Meer« in der Beschreibung, die außerdem mit einer Nikon-Kamera entstanden sind und keinen Copyright-Vermerk enthalten (Seite 168).

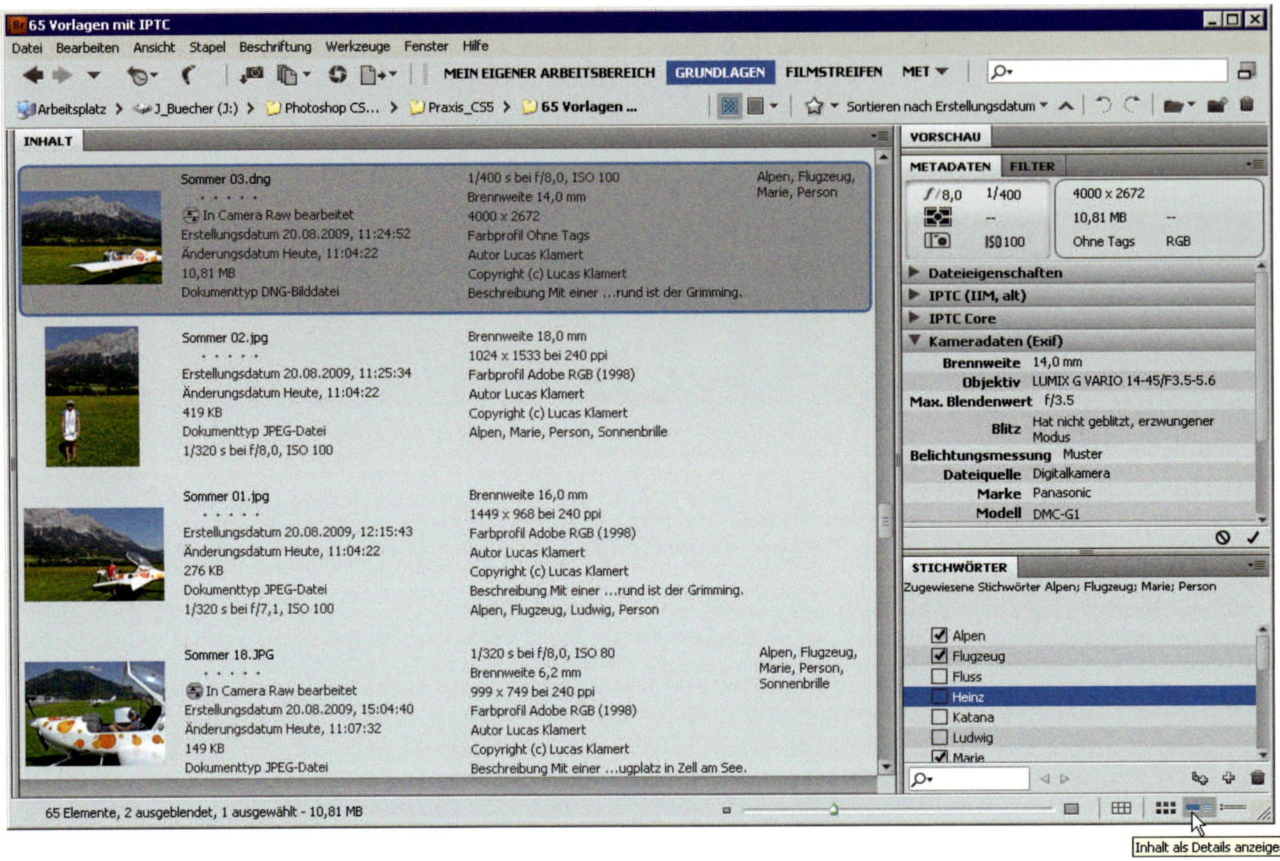

Abbildung 7.1 Metadaten sehen Sie hier in den Paletten von Bridge. Wir klickten auf »Inhalt als Details anzeigen«, so dass viele Informationen zusätzlich direkt neben dem Bild erscheinen. Fotosammlung: 65 Vorlagen mit IPTC. Fotos: Lucas Klamert, Heico Neumeyer

» Fotoseiten und -agenturen im Internet wie iStockphoto oder Flickr übernehmen Stichwörter, Überschriften und Beschreibungen automatisch, Sie müssen die Texte also nicht online neu eintippen. Ihre IPTC-Stichwörter funktionieren bei diesen Seiten sofort als »Tags« (gespr. »Tägs«; Suchbegriffe) und werden teilweise sogar in andere Sprachen übersetzt.

» Setzen Sie mit Bridge Belichtungszeit, Brennweite oder Aufnahmedatum in den Dateinamen ein (Seite 161).

» Sortieren Sie Ihre Bilder zum Beispiel nach Belichtungszeit, Blende oder Stichwörtern.

» Das Exif-Aufnahmedatum verrät das tatsächliche Aufnahmedatum auch dann, wenn Sie die Datei bearbeiten und neu speichern. Sie können jederzeit chronologisch **nach Erstellungsdatum** sortieren.

» Für als urheberrechtlich geschützt gekennzeichnete Bilder zeigt Photoshop das Copyright-Zeichen © unten in der Statusleiste und oben in der Titelleiste.

» Setzen Sie Beschreibung, Titel oder andere IPTC-Einträge unter die Exponate einer Webgalerie oder PDF-Präsentation.

DVD Viele Illustrationen für dieses Kapitel entstanden mit den Bildern aus dem Verzeichnis »Praxis/Sammlungen/65_Vorlagen« von der Buch-DVD. Die Bilddateien in diesem Ordner enthalten Texte nach IPTC-Standard sowie Exif-Belichtungsdaten der Digitalkamera. Sie können die Bilder in Ihrem Programm prüfen.

7.1.2 Exif- und IPTC-Daten entfernen

Photoshop bietet keine bequeme Lösung, Exif- oder IPTC-Informationen schnell aus der Datei herauszuwerfen. Es geht jedoch auf Umwegen.

Ebenentechnik

Einfacher haben Sie es, wenn Sie Exif- und IPTC-Werte aus einem Bild ohne Ebenen entfernen. Planen Sie eine Ebenenmontage ohne Exif- und IPTC-Werte, bereiten Sie sich so vor:

» Verwenden Sie als Hintergrundebene eine Datei ohne Exif- oder IPTC-Angaben, zum Beispiel auch eine neue, leere Datei.

» Wollen Sie Bildelemente in eine Datei mit Exif- oder IPTC-Daten einsetzen, werfen Sie zunächst die Metadaten wie unten beschrieben raus, schließen Sie die Datei und öffnen Sie sie neu. Dann erst fügen Sie neue Ebenen ein.

Metadaten per Dateiformat entfernen

Die Metadaten sollen aus dem Bild fliegen? Dann speichern Sie zum Beispiel zwischenzeitlich in einem anderen Dateiformat, das keine Metadaten aufnimmt: Speichern Sie etwa im TGA-Dateiformat – dabei verschwinden Exif- und auch IPTC-Daten. Schließen Sie die neue TGA-Datei, um die Daten auch aus dem Bild im Arbeitsspeicher zu verbannen. Öffnen Sie die TGA-Datei neu und speichern Sie sie mit beliebigen Dateitypen. Prüfen Sie, ob ein eventuelles Farbprofil noch vorhanden ist.

Abbildung 7.2 Der Photoshop-Befehl »Datei: Für Web und Geräte speichern« entfernt wahlweise alle oder einige Metadaten aus dem Bild, außerdem verschwindet die Information über die Druckauflösung. Wahlweise können Sie im Dialog auch kleinrechnen. Ganz ähnliche Möglichkeiten bietet das Exportieren per Bridge.

Metadaten durch »Kopieren« und »Einfügen« entfernen

Sofern Ihr Bild keine Ebenen hat, wählen Sie das Gesamtfoto mit Strg + A aus, kopieren es mit Strg + C in die Zwischenablage und legen mit Strg + N eine neue, leere Datei an – Photoshop schlägt oft automatisch die Pixelmaße der Kopie vor. Fügen Sie das Bild mit Strg + V ein und wählen Sie **Ebene: Auf Hintergrundebene reduzieren**; Exif- und IPTC-Werte bleiben außen vor.

DVD Die Aktionensammlung von der Buch-DVD liefert auch die Aktion »Metadaten per Kopieren entfernen«. Sie kopiert das aktuelle Bild in eine neue Datei und bietet anschließend artig den **Speichern**-Dialog an. Sie können sich zur Kontrolle auch die **Dateiinformationen** zeigen lassen, der Schritt ist aber nicht aktiviert. Ebenfalls abgeschaltet ist ein Schritt, der in der ursprünglichen Datei eventuell vorhandene Ebenen zu einer einzigen Hintergrund-Ebene verschmilzt.

Metadaten per »Web-Galerie« entfernen

Wenn Sie viele Bilder verarbeiten und JPEG-Ergebnisse bis maximal 1600x1600 Pixel benötigen: Legen Sie in Bridge eine **Web-Fotogalerie** an, zum Beispiel mit der Vorlage HTML-Galerie. Schalten Sie im Bereich Erscheinungsbild die Vorschaugrösse auf Sehr gross, so entstehen Dateien bis 1600x1600 Bildpunkte, aber nicht mehr. Beenden Sie das Prozedere mit einem Klick auf Speichern. Die Bilder finden Sie innerhalb des Zielverzeichnisses in einem Unterordner wie images/large. Die Vorlage HTML-Galerie schrubbte im Test alle Metadaten weg, sogar die Druckauflösung: Sie wird mit 72 dpi gemeldet. Andere Vorlagen behalten eventuell Nutzungsbedingungen und Copyright-Infos bei.

Falls Sie den **Web-Fotogalerie**-Befehl aus früheren Photoshop-Versionen nachinstallieren (Seite 1074), verzichten Sie im Bereich Grosse Bilder auf die Vorgabe Bilder skalieren. So behalten Sie die Originalpixelgröße.

Metadaten per »Dr. Brown's Services« entfernen

Wenn Sie die empfehlenswerten, kostenlosen »Dr. Brown's Services« installiert haben (Seite 1073), markieren Sie die Bilder in Bridge, dann wählen Sie dort **Werkzeuge: Dr. Brown's Services: Dr. Brown's 1-2-3 Process** (Seite 116), um neue Varianten Ihrer Datei in verschiedenen Dateiformaten zu schreiben. Wählen Sie JPEG vor und nutzen Sie die Option Vorschau und Metadaten für eine reduzierte Dateigrösse entfernen. Alle Exif- und die meisten IPTC-Angaben verschwinden; Copyrighthinweise und Nutzungsbedingungen bleiben im Bild. Wahlweise ändern Sie en passant noch Farbprofil und Pixelzahl. Ähnliche Möglichkeiten bietet das Exportieren per Bridge.

Andere Programme

Auch andere, teils kostenlose Programme versprechen, Exif- und IPTC-Daten zu entfernen oder auch Exif-Daten zu schreiben – zum Beispiel in Scans und anderen Bilddateien ohne Exif. Möglicherweise tauchen vermeintlich gelöschte Werte dennoch in Bridge oder Photoshop wieder auf, weil zumindest IPTC-Werte mehrfach im Bild gespeichert werden.

Der Ableger Photoshop Elements bietet im Fotobrowser den Befehl **Bearbeiten: Datum und Uhrzeit ändern**. Dort wählen Sie Best. Datum/Uhrzeit, Sie können aber auch in allen Bildern eine Zeitverschiebung korrigieren. Im Explorer von Windows 7 können Sie Aufnahmedatum, Kamerahersteller und Kameramodell neu eintippen.

Schreddern Sie Metadaten auch mit der Gratis-Bildverwaltung XnView 1.97 für Windows und Mac. Markieren Sie die gewünschten Fotos in der Übersicht, dann wählen Sie **Bearbeiten: Metadaten: Löschen**. Um nur die Exif-Informationen zu entfernen, klicken Sie Exif wie auch XMP an. Die IPTC-Daten verschwinden mit den Vorgaben IPTC plus XMP. Mit der XMP-Vorgabe verschwinden auf jeden Fall auch die Korrekturanweisungen aus dem Camera-Raw-Dialog.

TIPP Sie wollen Exif- und IPTC-Werte 1:1 von einer anderen Datei übernehmen? Fügen Sie die Datei in Photoshop in das »Vor-Bild« ein, schneiden Sie bei Bedarf zu oder dehnen Sie die Arbeitsfläche aus (**Alles einblenden**), dann speichern Sie. Im separat verkauften Programm Lightroom lassen sich IPTC-Informationen auch »kopieren« und »einfügen«.

7.2 IPTC-Daten

Mitentwickelt vom International Press Telecommunications Council (IPTC), speichern Sie nach IPTC-Standard Textinformationen direkt in der Bilddatei. Einige der interessantesten Felder des IPTC-Schemas sind die Beschreibung (bis 2000 Zeichen), Schlüsselwörter (beliebig

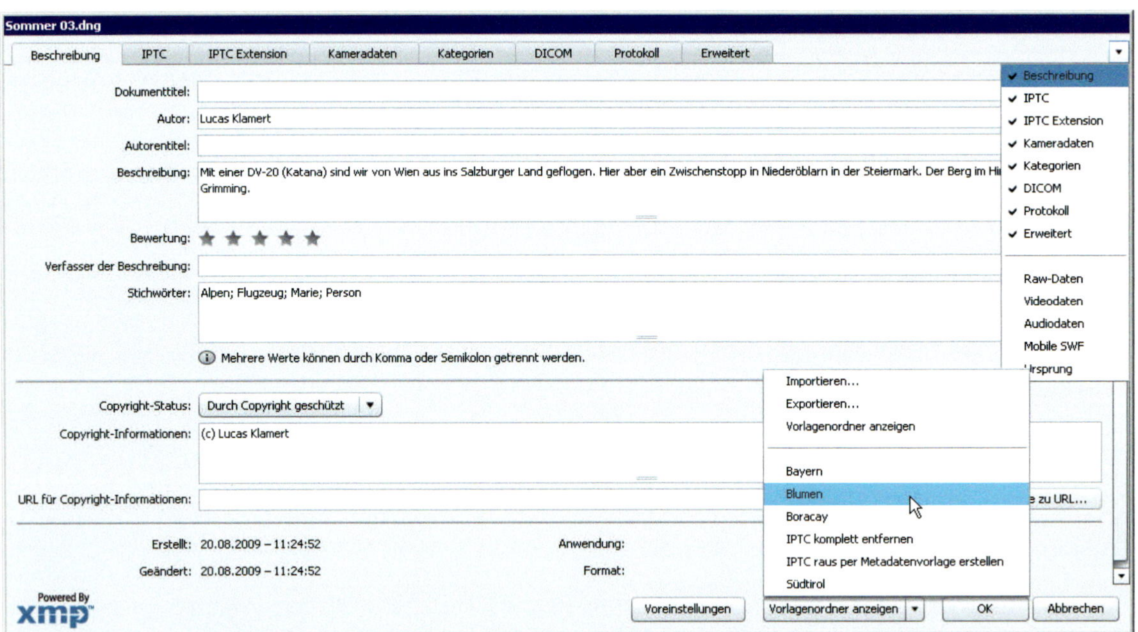

Abbildung 7.3 Der Befehl »Datei: Dateiinformationen« speichert IPTC-Stichwörter und -Texte direkt im Bild, hier der Bereich IPTC Core. Sie können Registerkarten horizontal verschieben oder ganz entfernen. Speichern und öffnen Sie hier auch Metadatenvorlagen. Tatsächlich geändert werden nur die Felder mit Häkchen rechts.

viele bis 64 Zeichen lang), Copyright-Status und die Felder für Ort, Staat/Provinz und Land.

IPTC-Daten lassen sich mit vielen anderen Programmen lesen und auch von Webseiten auswerten. Sie werden zumeist innerhalb der jeweiligen Bilddatei gespeichert. Sternewertung und Farbcode aus Bridge gehören nicht zu den IPTC-Daten. Bearbeiten Sie Schlüsselwörter oder andere IPTC-Felder, wechselt auch das Änderungsdatum Ihrer Datei; die Reihenfolge bei der Sortierung nach Änderungsdatum verschiebt sich.

7.2.1 Übersicht

Diese Dateiformate nehmen Ihre Informationen direkt in der Datei auf: Photoshop (PSD), TIFF, JPEG, EPS, DNG und PDF. Für Camera-Raw-Dateien und eventuell weitere Formate speichert Photoshop die Angaben in einer separaten XMP-Datei (bei DNG-Dateien direkt in der Datei). Wenn Sie innerhalb von Bridge kopieren oder verschieben, wandern diese XMP-»Filialdateien« mit der Bilddatei mit. Verschieben Sie dagegen mit anderen Programmen, trennt man die zusammengehörenden Dateien schnell – ein weiteres Argument für DNG-Dateien gegenüber Original-Raws vom Kamerahersteller.

IPTC-Standards

Viele Fotografen müssen sich nur um den Standard IPTC Core kümmern, doch Bridge bietet drei verschiedene IPTC-Standards an:

» IPTC (IIM, ALT) ist veraltet, Sie brauchen es nicht mehr zu beachten.

» IPTC Core in XMP-Technik (früher »IPTC Kern«) ist der angesagte Standard. Tragen Sie Informationen im Bereich IPTC Core ein, füllt das Programm automatisch auch die entsprechenden Felder für IPTC (IIM, ALT) aus. Ihre Bilder lassen sich also auch mit Programmen oder Dienstleistern verwenden, die das alte IPTC verlangen.

» IPTC Extension gibt es erstmals in Photoshop CS5, die Version 1.1 dieses Standards stammt vom Juni 2009, nur wenige andere Programme unterstützten die Norm bei Manuskriptabgabe (*www.iptc.org/cms/site/index.html?channel=CH0099*). Die Felder hier differenzieren weit genauer als beim üblichen Formular IPTC Core – es ist aber offenbar nur eine Ergänzung, kein Ersatz für IPTC Core. So gibt es separate Angaben für Kameraposition und abgebildeten Ort und

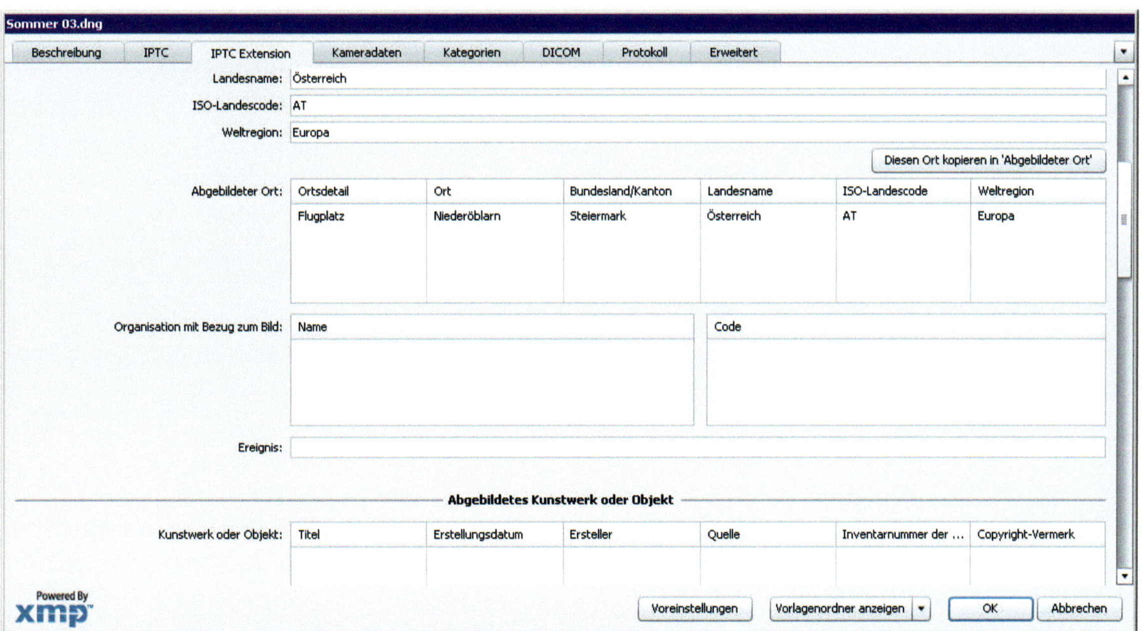

Abbildung 7.4 Der Bereich IPTC Extension nimmt wesentlich detaillierte Informationen zu abgebildeten Orten, Personen und Gebäuden auf. Er steht in den »Dateiinformationen« zur Verfügung. Bei Manuskriptabgabe erschien IPTC Extension nicht in der Metadatenpalette, auch wenn es in den »Voreinstellungen« angewählt wurde und die Testdatei passende Metadaten enthielt.

viele weitere Felder für abgebildete Organisationen, Objekte, Fotomodelle samt Alter bei der Aufnahme und Freigabeverträge. Allerdings lassen sich die Angaben aus dem Bereich IPTC EXTENSION nicht mit dem gängigen Bereich IPTC CORE abgleichen – weder automatisch noch manuell. Ein paar Felder stammen auch von Useplus (*http://www.useplus.com*) und erlauben leichteres Verkaufen, die entsprechenden Verträge laden Sie über die IMPORTIEREN-Schaltfläche in den **Dateiinformationen** und eventuell über die Metadatenpalette.

TIPP Sie geben häufig Fotos mit IPTC-Notizen weiter? Prüfen Sie, ob Ihre Agentur oder Internet-Fotoseite den Bereich IPTC EXTENSION verwendet. Finden Sie heraus, ob IPTC EXTENSION als Ergänzung oder als Ersatz für IPTC CORE genutzt wird.

So schreiben Sie IPTC-Informationen in Ihre Bilddateien

Auf mehrere Arten verewigen Sie Ihre IPTC-Texte in der Bilddatei. In der Übersicht:

- Sie aktivieren die gewünschte Datei oder mehrere Dateien in Bridge und bearbeiten die Metadaten-Palette mit den Bereichen IPTC CORE und/oder IPTC EXTENSION und/oder die Stichwörter-Palette. Dieses Verfahren eignet sich besonders, wenn Sie nur einzelne IPTC-Felder verändern wollen – für ein Bild oder ganze Serien. (Die Metadatenpalette hat IPTC EXTENSION im Test nicht angezeigt, vielleicht gelingt es mit einer späteren Bridge-Version.)
- Sie wählen **Datei: Dateiinformationen** in Photoshop oder Bridge und füllen das Dialogfeld aus. Das Dialogfeld empfiehlt sich besonders, wenn Sie mehrere IPTC-Felder in der Übersicht bearbeiten und eventuell den kompletten Eintrag als Vorlage speichern wollen – anwendbar für Einzelbilder und in Bridge auch für Serien.
- Sie schreiben gleich einen kompletten gespeicherten Satz an Informationen ins Bild, eine sogenannte Metadatenvorlage – das geht in Bridge und in Photoshop per **Dateiinformationen**, in Bridge per **Werkzeuge**-Menü oder EXPORTIEREN-Funktion, aber auch mit dem Foto-Downloader (**Datei: Bilder von Kamera abrufen** in Bridge).
- Der **Bildprozessor** aus Photoshop schreibt zumindest einen Copyright-Hinweis ins Bild.

Direkt unter seinen Miniaturen zeigt Bridge mehrere IPTC-Werte an; welche das sind, das bestimmen Sie in den **Voreinstellungen** Strg+K im Bereich MINIATUREN.

TIPP Sichtet der Empfänger Ihre Bilder mit Photoshop oder einem Acrobat-PDF-Programm? Dann können Sie Ihre Kommentare auch mit dem Anmerkungenwerkzeug ins Bild setzen.

So nutzen Sie IPTC-Texte

So nutzen Sie die eingebauten Bildtexte:

- Zeigen Sie die Informationen in der Metadatenpalette von Bridge oder direkt unter den Bridge-Miniaturen an. Den Status DURCH COPYRIGHT GESCHÜTZT erkennen Sie bei Photoshop am ©-Zeichen im Bilddateirahmen oben und unten.
- Die Suchfunktion in Bridge verwendet STICHWÖRTER, BESCHREIBUNG, COPYRIGHTHINWEIS oder mit der Vorgabe ALLE METADATEN auch andere IPTC-Texte als Suchkriterium. Spüren Sie zum Beispiel alle Dateien mit dem Stichwort »Sonnenuntergang« auf.
- Photoshop verwendet die BESCHREIBUNG und teils weitere Texte als Bildunterschrift in Webgalerien, PDF-Präsentationen, beim **Drucken**.
- Viele andere Bilddatenbanken und Bildprogramme nutzen ebenfalls die IPTC-Einträge. Sie können in diesen Programmen zum Beispiel die Informationen unter den Miniaturen darstellen, mitdrucken, als Schriftzug direkt ins Bild setzen und als Suchkriterium verwenden.
- Der kostenlose **Caption Maker** setzt den Dateinamen oder IPTC-Texte wie die ÜBERSCHRIFT als Schriftzug in eine erweiterte Arbeitsfläche unter dem bisherigen Bild (Seite 176).
- Bildagenturen und Fotoseiten im Internet zeigen Ihre Bilder in Verbindung mit den eingebauten Stichwörtern und Texten.

Windows 7

Windows 7 bietet in den Dateieigenschaften Felder, die mit IPTC Core übereinstimmen. Tippen Sie in Photoshop oder Bridge etwas ins IPTC-Feld Titel, erscheint die Information auch in der Titel-Zeile von Windows. Oder umgekehrt: Betexten Sie das Titel-Feld des Windows-Explorers, Sie sehen Ihren Eintrag auch in Bridge und Photoshop. Um die Dateieigenschaften in Windows 7 zu sehen, klicken Sie das Bild im Explorer an, dann haben Sie diese Möglichkeiten:

» Laden Sie das Dialogfeld **Eigenschaften** per Rechtsklick oder Alt+↵-Taste.

» Bearbeiten Sie den Detailbereich; falls nicht zu sehen, wählen Sie im Explorer **Organisieren, Layout, Detailbereich**.

Die Stichwörter aus Photoshop listet Windows 7 als Markierungen auf; Sie können die Stichwörter also auch im Windows-Feld für Markierungen eintragen. Die Ersteller aus Photoshop heißen Autoren bei Windows. Auch bei der Sterne-Wertung sind Windows 7 und Photoshop kompatibel.

Nicht von Windows übernommen werden dagegen Photoshops Einträge für Überschrift, Copyright-Vermerk, Copyright-Status und der Farbcode. Umgekehrt zeigen Photoshop und Bridge keine Einträge aus den Windows-7-Feldern für Kommentare und Thema. Interessant: Bei Windows 7 können Sie neue Aufnahmedaten, Kameramarken und -modelle eintippen.

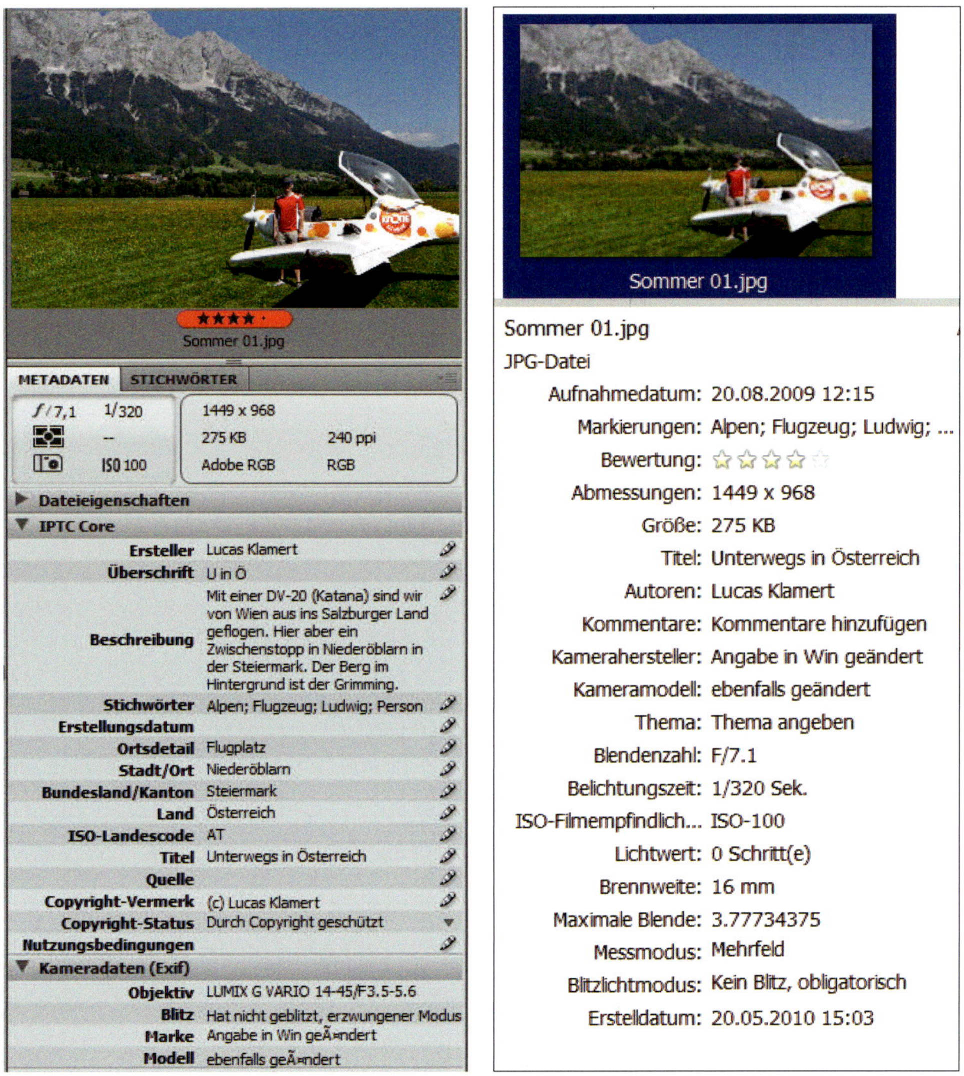

Abbildung 7.5
Manche IPTC-Felder aus Photoshop und Bridge (**links**) stimmen mit Windows 7 (**rechts**) überein, wenn auch unter teils abweichenden Bezeichnungen.

Besonderheiten bei IPTC Extension

Der Standard IPTC Extension war eine Neuheit von Photoshop CS5 und beim Marktstart dieses Programms im Mai 2010 nicht sonderlich verbreitet. Zwar können auch andere Programme IPTC Extension verwenden, doch die meisten hatten Mitte 2010 keine Funktionen für IPTC Extension. Wenn Sie Ihre Dateien in solchen Programmen bearbeiten, fliegen alle Ihre Notizen aus dem Bereich IPTC Extension vielleicht wieder heraus. Das gilt sowohl für Pixelbearbeitung als auch für Änderungen an den Metadaten. Ungefährlich ist jedoch Photoshop CS4: Auch wenn diese Programmversion IPTC Extension nicht kennt, bleiben entsprechende Einträge bei einer beliebigen Bearbeitung in Photoshop CS4 erhalten.

7.2.2 Dateiinformationen

Das Dialogfeld **Dateiinformationen** bearbeitet wohlgemerkt nicht nur ein Einzelbild, Sie können die Einträge in Bridge auch auf ganze Bildserien anwenden.

Sie können in den **Dateiinformationen**

- IPTC-Einträge nach den Standards IPTC Core und IPTC Extension sichten und ändern,
- IPTC-Einträge als Metadatenvorlage speichern und solche Vorlagen laden,
- Exif-Kameradaten und Camera-Raw-Einstellungen sichten.

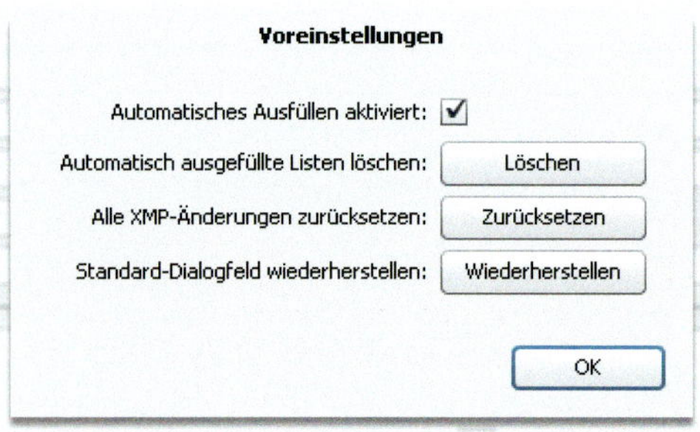

Abbildung 7.6 In den Voreinstellungen zu den **Dateiinformationen** können Sie das automatische Ausfüllen abschalten oder gemerkte Begriffe löschen. Verborgene Registerkarten lassen sich wieder anzeigen. Um sämtliche neu gemachten Änderungen zu verwerfen, klicken Sie auf Alle XMP-Änderungen zurücksetzen.

Verwenden Sie in Photoshop oder Bridge den Befehl **Datei: Dateiinformationen**. In Bridge greifen Sie alternativ zu Strg+I oder einem Rechtsklick, in Photoshop samt Mini Bridge muss es Strg+⇧+Alt+I sein (Strg+I kehrt das Bild ins Negativ um).

Anwendung

Die Eingabefelder der IPTC-Standards verteilt das Dialogfeld auf mehrere Seiten. Die erste Seite heißt Beschreibung. Sie liefert eine Zusammenfassung der wichtigsten Felder, die später noch mal in Detailseiten auftauchen:

- So finden Sie die Felder Beschreibung und Stichwörter auf der zusammenfassenden Startseite Beschreibung und zusätzlich auf der Detailseite IPTC. Es spielt keine Rolle, auf welcher Seite Sie Ihre Informationen eintragen.
- Der Copyright-Status erscheint ebenfalls auf der Seite Beschreibung. Das Feld Copyright-Informationen finden Sie sowohl im Bereich Beschreibung wie auch unter IPTC.
- Ebenfalls auf der Seite Beschreibung lässt sich eine Sterne-Wertung vermerken.

Es gibt innerhalb des Dialogs kein Zurücksetzen und kein Widerrufen per Strg+Z.

Mehrere Stichwörter in mehreren Dateien

Wenn Sie mehrere Dateien gleichzeitig bearbeiten und in den **Dateiinformationen** das Feld Stichwörter ändern (es hat also ein Häkchen), dann haben anschließend alle Dateien alle Stichwörter.

Sie können auf diese Art Stichwörter aus vielen Dateien in einer einzigen Datei und dann auch in einer Metadatenvorlage sammeln. Achten Sie allerdings darauf, dass das nicht ungewollt passiert.

Ein Beispiel:

1. Datei »Leute 05« hat das Stichwort »Fluss«. Datei »Leute 06« hat das Stichwort »Meer«. Sie markieren beide Dateien in Bridge.
2. Sie öffnen mit Strg+I die **Dateiinformationen.** Das Feld Stichwörter meldet jetzt (Mehrere Werte:) Fluss; Meer.

3. Sie klicken in das Stichwörter-Feld und tippen Urlaub dazu. Sie lesen also insgesamt Fluss; Meer; Urlaub. Rechts erscheint ein Häkchen.
4. Klicken Sie auf OK. Jetzt haben beide Dateien alle drei Stichwörter Fluss, Meer und Urlaub.

Die Stichworteingabe in der Metadatenpalette erzeugt ähnliche Verwirrung. Um also ein einzelnes Stichwort zu mehreren Dateien mit gemischten Stichwörtern hinzuzufügen, nehmen Sie die Stichwörterpalette.

GPS-Daten

Geografische Angaben wie Längen- und Breitengrade (auch GPS-Daten oder Geotags genannt) zeigt Bridge im GPS-Bereich der Metadaten-Paletten – sofern die gewählte Datei entsprechende Einträge enthält. Sie können Geodaten in Bridge nicht neu einfügen oder ändern, es gibt keine Anbindung an Online-Landkarten wie Google Maps.

Sie möchten die GPS-Daten auch in den **Dateiinformationen** sehen? Bei Manuskriptabgabe musste man dazu eine Zip-Datei von Adobe herunterladen, den Ordner GPSData herausschälen und an die richtige Stelle auf der Festplatte kopieren. Der neue GPS-Bereich in den **Dateiinformationen** meldet sich nur auf Englisch.

Im deutschen Test-Photoshop ließ sich die GPS-Ergänzung ohne weitere Probleme verwenden. Dateien und englische Anleitung finden Sie hier:

» Windows: *www.adobe.com/support/downloads/detail.jsp?ftpID=4737*
» Mac: *www.adobe.com/support/downloads/detail.jsp?ftpID=4736*

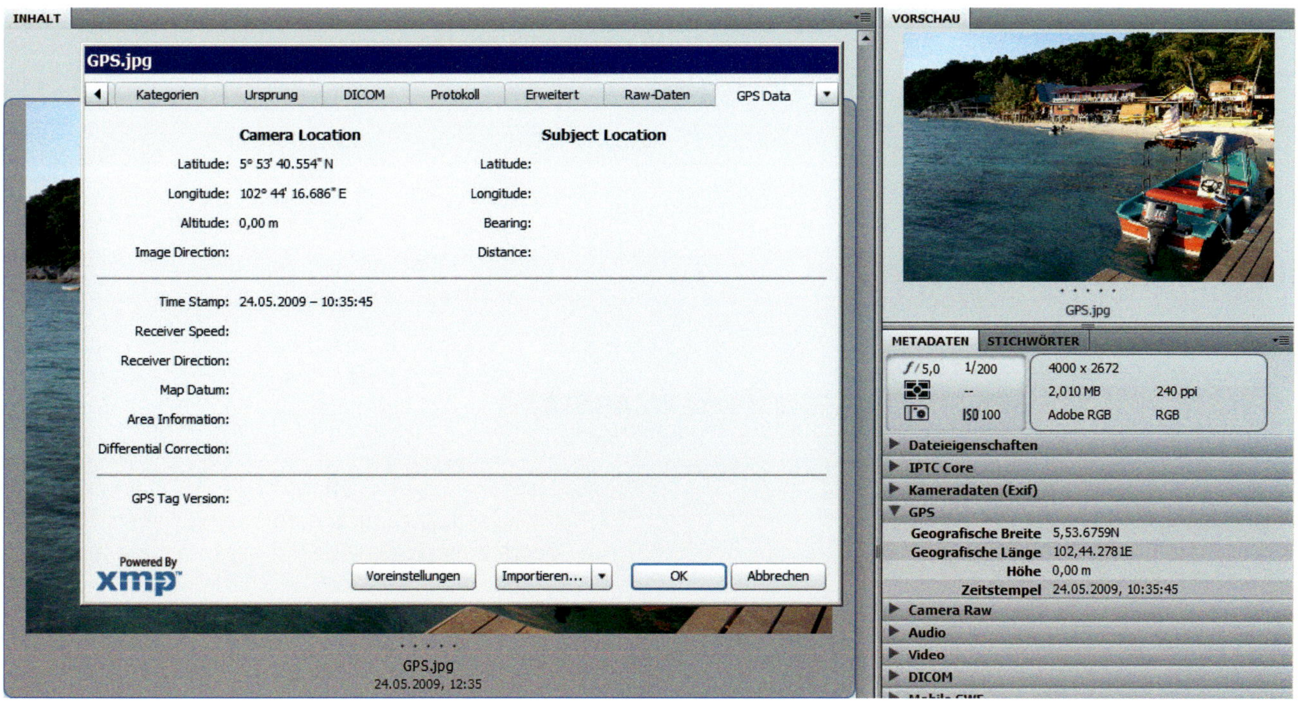

Abbildung 7.7 Die »Dateiinformationen« zeigen GPS-Daten, sofern Sie die Funktion nachinstallieren und die Datei entsprechende Einträge enthält. Die Metadatenpalette (rechts) meldet bei passend bearbeiteten Dateien ebenfalls Längen- und Breitengrad. Datei: GPS. Foto: Lucas Klamert

7.2.3 Metadatenvorlagen

Speichern Sie sämtliche IPTC-Einträge mit Beschreibung, Stichwörtern, Ortsangaben, Copyrighthinweis und so weiter und übertragen Sie den Datensatz komfortabel als sogenannte Metadatenvorlage auf andere Dateien – mit Bridge-Menübefehlen, mit den **Dateiinformationen**, dem Foto-Downloader oder der Exportieren-Funktion in Bridge. Sie können die Metadaten anschließend in einzelnen Dateien immer noch weiter verfeinern.

Metadatenvorlage mit Bridge-Befehlen erstellen

So geht's mit Bridge:

1. Klicken Sie in Bridge ein Bild an, das eventuell schon geeignete IPTC-Einträge hat.
2. Ergänzen Sie weitere IPTC-Einträge, die Sie später en bloc auf viele Bilder anwenden möchten, in der Metadatenpalette, in der Stichwörterpalette oder auch per **Dateiinformationen**.
3. Stimmen alle Einträge? Wählen Sie **Werkzeuge: Metadatenvorlage erstellen**.
4. Aktivieren Sie im Dialog **Metadatenvorlage erstellen** die gewünschten oder alle Felder (nächster Abschnitt).

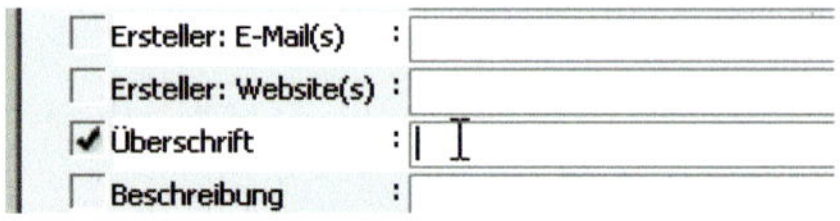

Abbildung 7.9 In dieser Metadatenvorlage ist das Feld Überschrift leer, jedoch aktiviert. Vorhandene Überschriften werden also gelöscht. Das Feld Beschreibung ist auch leer, aber nicht aktiviert. Darum überschreibt die Metadatenvorlage eine bereits vorhandene Beschreibung nicht.

Der Dialog »Metadatenvorlage erstellen«

Achten Sie darauf, dass Sie im Dialog **Metadaten erstellen** im Bereich IPTC-Kern arbeiten, zusätzlich eventuell im Bereich IPTC Extension.

Teilen Sie dem Datensatz einen aussagekräftigen Vorlagennamen zu. Im Dialog **Metadatenvorlage erstellen** bearbeiten Sie die IPTC-Einträge gleich noch weiter.

Auch ohne dass ein Bild aktiviert wäre, legen Sie mit dem Befehl **Metadatenvorlage erstellen** eine Metadatenvorlage an. Dann müssen Sie alle Felder von Hand ausfüllen.

Achten Sie dabei auf Felder, die leer bleiben. Ein Beispiel: Sie lassen das Feld Überschrift leer. Nun gilt:

» Wenn Sie nicht in das Feld Überschrift klicken und das Kästchen links neben dem Wort Überschrift nicht aktivieren, ignoriert die Metadatenvorlage dieses Feld. Sie überschreibt eine vorhandene Überschrift in anderen Dateien nicht.

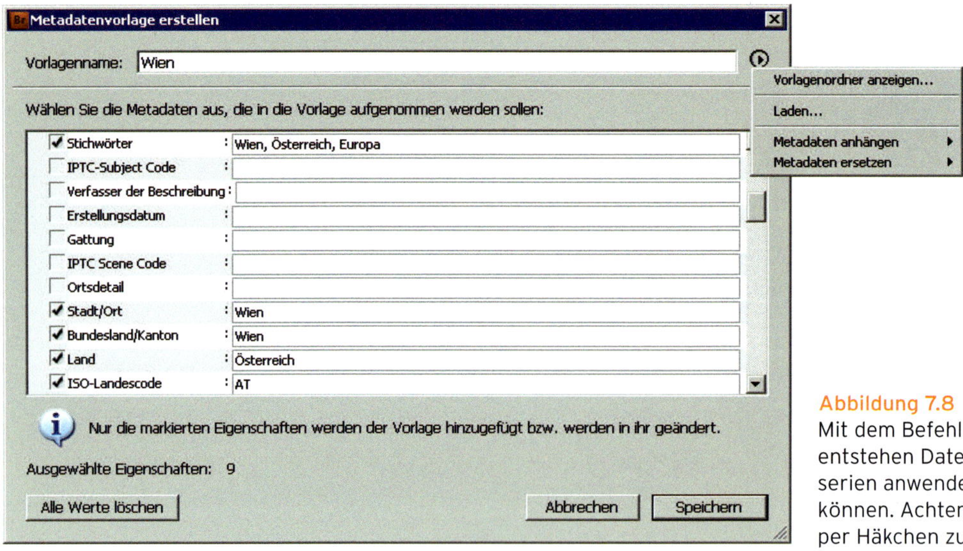

Abbildung 7.8
Mit dem Befehl »Metadatenvorlage erstellen« entstehen Datensätze, die Sie auf ganze Bildserien anwenden und dann individuell verfeinern können. Achten Sie darauf, die wichtigen Felder per Häkchen zu markieren.

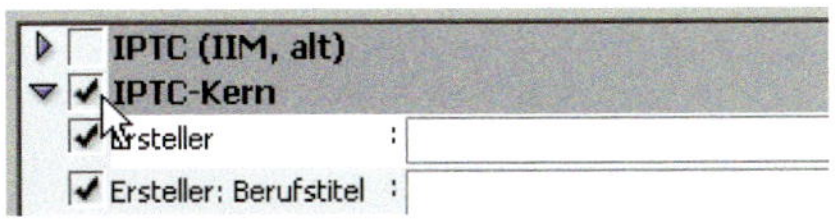

Abbildung 7.10 Klicken Sie ein- oder zweimal in das Kästchen neben IPTC (IIM, ALT), um sämtliche Felder aus diesem Bereich abzuschalten; das Kästchen erscheint also leer. Darunter haben wir ins Feld direkt neben IPTC-KERN geklickt. So sind zunächst alle Felder aktiviert. Eine im Bild bereits vorhandene ERSTELLER-Information würde jedoch mit der aktuellen Vorgabe gelöscht, schalten Sie dieses Feld also eventuell ab.

» Die Alternative: Sie klicken einmal in das leere Feld ÜBERSCHRIFT. Das Kästchen links zeigt also einen Haken ✓. Damit löscht die Metadatenvorlage schon vorhandene ÜBERSCHRIFTEN weg.

Bevor Sie auf SPEICHERN klicken, prüfen Sie noch einmal:

» Sind alle wichtigen Felder ausgefüllt und wohlgemerkt auch per Häkchen ✓ aktiviert?

» Sind leere Felder, deren Werte Sie in anderen Dateien nicht überschreiben wollen, leer und wohlgemerkt per Kästchen abgeschaltet?

Um sämtliche Felder zu aktivieren, aktivieren Sie das Kästchen unmittelbar neben IPTC-KERN. Ist jedoch momentan das Feld ÜBERSCHRIFT leer, wird ein vorhandener ÜBERSCHRIFTEN-Eintrag in anderen Dateien gelöscht.

Gut zu wissen: Wenn Sie auf SPEICHERN klicken, ändern Sie die IPTC-Daten der aktiven Datei nicht. Wollen Sie aktivierte Bilder bearbeiten, öffnen Sie das Menü des Dialogfelds.

Metadatenvorlage per »Dateiinformationen«

Auch mit dem Befehl **Datei: Dateiinformationen** in Bridge oder Photoshop speichern Sie Metadatenvorlagen. Für Bridge gilt: Nur exakt eine einzige Datei darf aktiviert sein, sonst klappt es nicht. Das Prozedere:

1. Richten Sie das Dialogfeld **Dateiinformationen** so ein, dass sich eine gute Metadatenvorlage ergibt. Verwenden Sie auch Sterne-Wertung und das Feld COPYRIGHT-STATUS – diese beiden Eigenschaften enthält Ihnen der Dialog **Metadatenvorlage erstellen** vor.
2. Öffnen Sie das Menü mit dem Dreieckschalter unten und klicken Sie auf **Exportieren**.
3. Speichern Sie die Vorlage im Verzeichnis, das Photoshop vorschlägt – so lässt sich die Vorlage besonders bequem wieder laden.

ACHTUNG Per **Dateiinformationen** können Sie die Sterne-Wertung mit in die Metadatenvorlage aufnehmen. Die Sternewertung lässt sich jedoch nicht mit den Befehlen **Metadaten anhängen** oder **Metadaten ersetzen** anwenden. Um die Sterne-Wertung mit ins Bild zu schreiben, markieren Sie die Dateien in Bridge, öffnen die **Dateiinformationen** und laden die Metadatenvorlage dort.

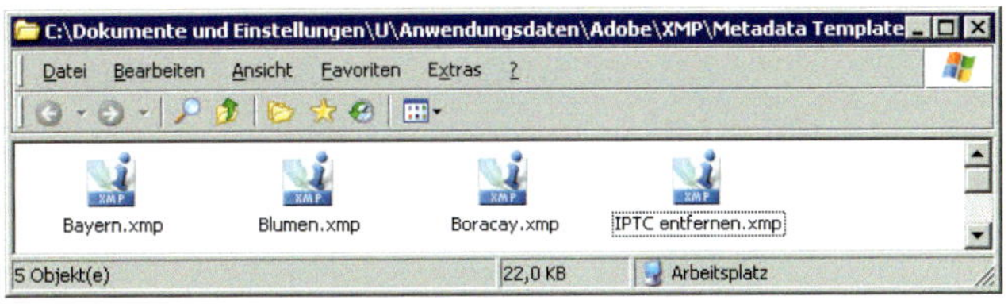

Abbildung 7.11 Jede Metadatenvorlage basiert auf einer XMP-Datei und lässt sich – im richtigen Verzeichnis abgelegt – bequem über Bridge-Menüs, Bridge-EXPORTIEREN oder Schaltflächen in den **Dateiinformationen** aufrufen.

Wie werden die Metadatenvorlagen gespeichert?

Jede Metadatenvorlage wird als eigene, kleine XMP-Datei gespeichert. Sichern Sie neue Vorlagen im Unterverzeichnis, das Photoshop vorschlägt – die Vorlagen lassen sich dann besonders bequem über Untermenüs laden, und zwar nicht nur an verschiedenen Stellen von Photoshop und Bridge, sondern auch bei weiteren installierten Programmen wie InDesign oder Illustrator.

Erhalten Sie eine Metadatenvorlage als XMP-Datei per E-Mail, binden Sie die IPTC-Datensammlung auf einem dieser Wege ein:

» Sie wählen in Bridge **Werkzeuge: Metadatenvorlage erstellen**, öffnen das Menü zum Dialog und klicken auf **Laden**.

» Sie wählen in Bridge oder Photoshop **Datei: Dateiinformationen**, öffnen das Menü mit dem Dreieckschalter unten und klicken auf **Importieren**.

Probieren Sie es zum Beispiel mit der Metadatenvorlage »IPTC komplett entfernen.xmp« aus dem Praxis-Verzeichnis der Buch-DVD.

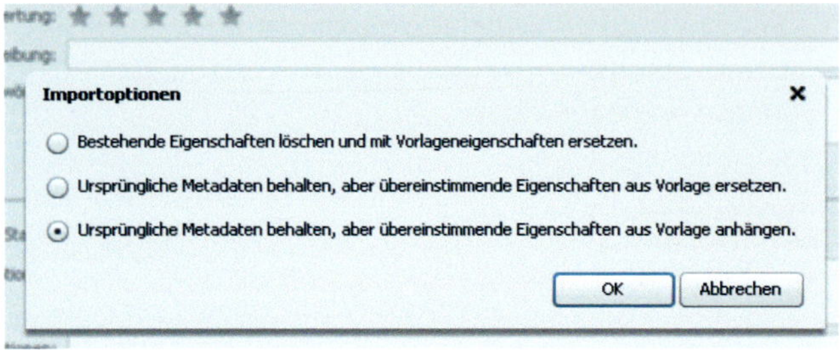

Abbildung 7.12 Mit dem Befehl »Importieren« laden Sie vorhandene Metadatenvorlagen in den »Dateiinformationen«-Dialog. Bereits vorhandene Informationen können Sie ergänzen oder ersetzen.

Metadatenvorlage auf andere Bilder übertragen

So übertragen Sie die gespeicherten Metadatenvorlagen mit Ihren IPTC-Texten auf andere Bilder:

» In Photoshop laden Sie ein Einzelbild, wählen **Datei: Dateiinformationen** und öffnen unten das Menü. Dort erscheint direkt der Name des Datensatzes zum Anklicken; vorhandene Daten werden wahlweise ersetzt oder ergänzt.

» In Bridge markieren Sie ein oder mehrere Fotos, dann wählen Sie im **Werkzeuge**-Menü **Metadaten anhängen** oder **Metadaten ersetzen**. Die Befehle finden Sie auch im Menü zur Metadatenpalette.

» Auch im Menü zum Bridge-Befehl **Werkzeuge: Metadatenvorlage erstellen** lassen sich **Metadaten anhängen** oder **Metadaten ersetzen**.

»Metadaten anhängen« versus »Metadaten ersetzen«

Sie können vorhandene Metadaten komplett austauschen oder auch nur ergänzen.

» Mit dem Befehl **Metadaten ersetzen** verschwinden die Einträge in bereits gefüllten Feldern. Sie werden durch den aktuellen IPTC-Datensatz ersetzt.

» Wenn Sie **Metadaten anhängen**, bleiben bereits vorhandene Stichwörter erhalten, die Einträge aus der Metadatenvorlage kommen noch hinzu. Beschreibung oder Überschrift werden jedoch generell komplett ausgetauscht und nicht etwa durch den neuen Text nur erweitert.

7.2.4 IPTC-Einträge entfernen, aber Exif erhalten

Soll die Datei komplett IPTC-frei sein? Mit den Verfahren ab Seite 183 verschwinden Exif-Einträge einer Digitalkamera und IPTC-Kommentare gemeinsam.

Sie wollen nur die IPTC-Einträge entfernen, Exif-Kameradaten aber erhalten? So legen Sie eine passende Metadatenvorlage an:

1. Sie wählen in Bridge **Werkzeuge: Metadatenvorlage erstellen**.
2. Oben im Feld Vorlagenname tippen Sie zum Beispiel »IPTC entfernen« ein.
3. Klicken Sie unten links auf Alle Werte löschen. Die Felder für Überschrift etc. leeren sich damit.
4. Klicken Sie ein- oder zweimal neben IPTC Core oder IPTC Extension, so dass Sie ein Häkchen ✔ direkt neben dieser Überschrift sehen.
5. Klicken Sie ein- oder zweimal neben IPTC Core, so dass Sie abermals ein Häkchen ✔ erhalten.
6. Ebenso aktivieren Sie auch den Bereich IPTC Extension. Sie haben sämtliche Felder aktiviert und sämtliche Felder sind leer.
7. Klicken Sie auf Speichern.
8. Wenden Sie die Vorlage auf alle Dateien an, die Sie vom IPTC befreien möchten.

Allerdings: Copyright-Status, Sterne-Wertung und Farbcode lassen sich mit dieser Vorlage noch nicht wegputzen (Copyright-Vermerk und Nutzungsbedingungen werden gelöscht). Das ist wichtig? Dann geht's so weiter:

1. Markieren Sie in Bridge exakt eine Datei oder arbeiten Sie in Photoshop. Wählen Sie **Datei: Dateiinformationen**.
2. Klicken Sie unten auf das Menüdreieck und nehmen Sie Importieren.
3. In den Importoptionen entscheiden Sie auf Bestehende Eigenschaften löschen und mit Vorlageneigenschaften ersetzen.
4. Wählen Sie Ihre neue Vorlage IPTC entfernen.xmp.

5. Ändern Sie die Sterne-Wertung und den Copyright-Status.
6. Klicken Sie unten auf das Menüdreieck und dann auf Exportieren.
7. Sichern Sie die Vorlage zum Beispiel als »IPTC komplett entfernen«.

Um nun die Metadaten auch wirklich komplett herauszuwerfen, samt Copyright-Status, Sternen und Farbcode, wenden Sie die Vorlage nicht über das **Werkzeuge**-Menü von Bridge, sondern über den **Dateiinformationen**-Befehl an.

DVD Die Metadatenvorlage »IPTC komplett entfernen.xmp« finden Sie auch im »Praxis«-Ordner der Buch-DVD. Sie wirkt vollständig nur, wenn sie per **Dateiinformationen** und nicht über das Bridge-**Werkzeuge**-Menü angewendet wird.

7.2.5 IPTC-Paletten in Bridge

Mit zwei Paletten (Bedienfeldern, Fenstern) zeigt Bridge IPTC-Daten an:

» Die Stichwörterpalette listet IPTC-Stichwörter auf und bietet Änderungen an.

» Die Metadatenpalette zeigt in ihren Bereichen IPTC-Kern und IPTC Extension die von Ihnen gewählten IPTC-Einträge einschließlich der Stichwörter an; alle Einträge samt der Stichwörter lassen sich hier ändern.

Einige IPTC-Eigenschaften wie die Stichwörter zeigen Sie in Bridge via **Voreinstellungen**, Bereich Miniaturen, auch unter jeder einzelnen Miniatur an.

7.2.6 Stichwörter Übersicht

Die Stichwörter helfen beim Suchen in großen Sammlungen. Sie sind Teil der IPTC-Daten und damit aller Metadaten. Man redet auch von »Tags« (gesprochen »Tägs«, wörtlich »Etikett«).

Per Filterpalette in Bridge zeigen Sie flott nur Bilder mit bestimmten Stichwörtern an, Bildagenturen und Fotoseiten bieten Ihre Stichwörter als Suchbegriffe für ein weltweites Publikum an.

Tippen Sie Stichwörter in den **Dateiinformationen** oder in der Metadatenpalette ein. Dabei trennen Sie die Stichwörter per Komma oder Semikolon, auch ohne Leerstelle, zum Beispiel so:

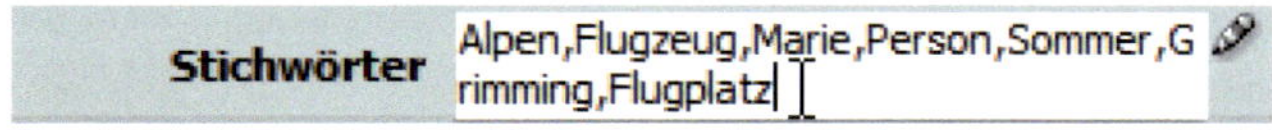

TIPP Möchten Sie nach Bildern mit einem bestimmten Stichwort suchen? Klicken Sie das Stichwort in der Stichwörterpalette mit rechts an und wählen Sie **Suchen**. Bridge präsentiert den Suchdialog sofort mit der passenden Vorgabe.

Stichwörter in Bilddateien speichern und entfernen

Wenn Sie ein Stichwort öfter brauchen, sollten Sie es nicht jedes Mal neu eintippen, sondern in der Stichwörterpalette ablegen. So teilen Sie ein Stichwort mit der Stichwörterpalette in Bridge zu:

1. Falls noch nicht zu sehen, öffnen Sie die Stichwörterpalette per **Fenster: Stichwörter-Fenster**.
2. Markieren Sie die gewünschten Bildminiaturen mit der Maus.
3. Klicken Sie links neben dem Stichwort in das leere Kästchen ☐, so dass dort ein Haken ☑ erscheint.

Bridge schreibt die angeklickten Stichwörter fast sofort in die gewählten Bilddateien. Bei größeren Bildsammlungen ist das Programm ein paar Sekunden beschäftigt.

Sie möchten Stichwörter wieder aus einzelnen Motiven entfernen? Markieren Sie die gewünschten Aufnahmen und klicken Sie erneut in das Kästchen neben dem Stichwort – der Haken ☑ verschwindet, Sie sehen ein leeres Feld ☐. Alternative für einzelne Bilder: Öffnen Sie die **Dateiinformationen** oder die Metadatenpalette und löschen Sie die Stichwörter von Hand.

Stichwort per Stichwörterpalette anlegen

Legen Sie neue Stichwörter, die Sie öfter brauchen, in der Stichwörterpalette an – egal, ob Sie später eine Hierarchie daraus bauen wollen oder nicht.

So nutzen Sie IPTC-Daten in Bridge

1. **Paletten** öffnen/schließen/auswählen per Doppelklick, Rechtsklick
2. **Feld einheitlich genutzt:** Die markierten Bilder haben identische Einträge im Feld »Ersteller«.
3. **Leeres Feld:** Keines der markierten Bilder hat einen Eintrag im Feld »Überschrift«.
4. **Feld nicht einheitlich genutzt:** Die markierten Bilder haben unterschiedliche Einträge im Feld »Beschreibung«; nach einem Klick ins Feld tippen Sie einen einheitlichen Eintrag für alle markierten Bilder ein
5. **Stichwörter:** kommagetrennt eintippen, gelten für alle markierten Dateien gemeinsam; alternativ per Stichwörter-Palette
6. **IPTC-Eintrag verwerfen:** Änderung nicht übernehmen (oder Esc-Taste)
7. **IPTC-Eintrag bestätigen:** Änderung im Bild speichern
8. **Palettenmenü öffnen,** z.B. Stichwörter importieren/exportieren
9. **Stichwörter:** Einige, aber nicht alle markierten Bilder enthalten dieses Stichwort »Ludwig«. Klick: Stichwort in alle markierten Bilder schreiben; zweiter Klick: Stichwort bei allen markierten Dateien entfernen
10. **Stichwörter:** Alle markierten Bilder enthalten dieses Stichwort »Marie«. Klick: Stichwort aus markierten Bildern entfernen
11. **Stichwörter:** Untergeordnete Stichwörter: Kein markiertes Bild enthält dieses untergeordnete Stichwort »3. Bezirk«. ⇧-Klick: Stichwort und übergeordnete Stichwörter »Wien« und »Österreich« in Datei schreiben
12. **Stichwörterpalette durchsuchen:** Suchbegriff eingrenzen (**Enthält**, **Ist gleich**, **Beginnt mit**)
13. Suchergebnisse der Reihe nach hervorheben
14. Neues untergeordnetes Stichwort
15. Neues gleichrangiges Stichwort
16. **Löschen:** Markiertes Stichwort aus Stichwörter-Liste (aber nicht aus Dateien) löschen (auch per Entf-Taste)
17. **Bearbeitet:** Bild wurde im Raw-Dialog verlustfrei zugeschnitten und korrigiert
18. **Sternewertung und Farbcode:** nicht Teil der IPTC-Daten, nur Sternewertung per **Dateiinformationen** in Metadatenvorlage speicherbar
19. **Schreibschutz:** Bilddatei nimmt keine neuen IPTC-Daten auf, in Bridge nicht korrigierbar

Infografik »So nutzen Sie Miniaturen in Bridge« auf Seite 145.

Mögliche Techniken:

» Klicken Sie mit rechts auf ein bereits angezeigtes Stichwort, dann nehmen Sie im Kontextmenü **Neues Stichwort**.

» Klicken Sie auf die Schaltfläche Neues Stichwort unten. Drücken Sie jeweils die Eingabetaste oder klicken Sie an eine andere Stelle im Programmfenster, um die Texteingabe zu beenden.

» Tippen Sie den kompletten Begriff ins Suchfeld unten in der Stichwörterpalette, dann klicken Sie rechts daneben auf die Schaltfläche Neues Stichwort.

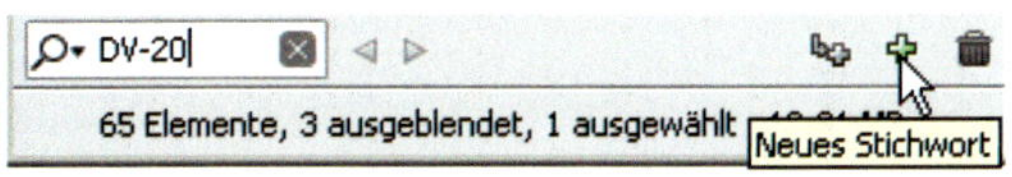

Abbildung 7.13 Tippen Sie einen Begriff ins Suchfeld und klicken Sie auf »Neues Stichwort«. So nimmt Bridge den Ausdruck in die Stichwörterpalette auf.

Stichwörter per »Dateiinformationen« anlegen

Auch so legen Sie Stichwörter in der Stichwörterpalette an:

» Tippen Sie den Begriff in das Stichwörter-Feld der **Dateiinformationen** oder Metadatenpalette. Er erscheint dann im Bereich [Andere Stichwörter] der Stichwörterpalette. Nach einem Rechtsklick auf den Begriff wählen Sie **Festlegen**, damit das Stichwort dauerhaft angezeigt wird.

Mit der Taste F2 oder per Rechtsklick benennen Sie Stichwörter um. Dabei ändert sich nur die Stichwörterliste, aber nicht das Stichwort in der Datei. Per Klick auf den Mülleimer verschwinden Stichwörter aus der Stichwörterpalette, aber nicht aus Dateien.

Stichwörter suchen

Welche Stichwörter listet die Stichwörterpalette bereits auf? Aufschluss gibt das Suchfeld unten in der Stichwörterpalette. Klicken Sie zuerst auf die Lupe und legen Sie fest, ob Sie einen exakten Begriff oder nur einen Wortbestandteil suchen. Ein Beispiel, das mit der Fotosammlung »Praxis/65_Vorlagen_mit_IPTC« von der Buch-DVD funktioniert:

1. Stellen Sie den Suchmechanismus auf **Beginnt mit**.
2. Tippen Sie F ein. Bridge hebt jetzt alle Stichwörter hervor, die mit »F« beginnen. Das erste Stichwort, Flugzeug, erscheint grün hervorgehoben. Die weiteren Stichwörter mit »F« wie Fluss sehen Sie zunächst gelb unterlegt.
3. Mit den Pfeiltasten springt die grüne Markierung auf den nächsten Begriff, hier Fluss. Den jeweils grün markierten Begriff können Sie zum Beispiel mit der Entf-Taste löschen oder mit F2 umbenennen.
4. Klicken Sie auf die X-Schaltfläche, um die gelben und grünen Markierungen zu entfernen.

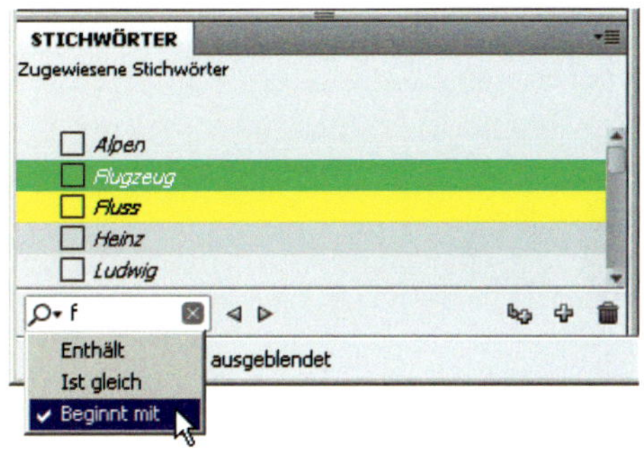

Abbildung 7.14 Die Suchfunktion hebt hier alle Stichwörter hervor, die mit »F« anfangen.

Wie hieß das noch mal?

Wo habe ich dieses Foto noch mal aufgenommen? Wie schreibt sich dieses Schloss in der Tourraine genau? Solche Fragen kommen auf, wenn man seine Bilder nach langer Reise mit IPTC-Stichwörtern ausstattet. Fotografieren Sie also nicht nur die Motive, sondern auch Schilder oder Visitenkarten mit dem Namen der Örtlichkeit – so haben Sie die korrekte Bezeichnung schnell parat.

Gibt es kein Schild, lichten Sie Landkarten oder Seiten aus dem Reiseführer ab. Schreiben Sie wichtige Bezeichnungen notfalls auf Papier oder in den Sand und fotografieren Sie Ihre Notizen; dann sind die Begriffe beim Verschlagworten in Bridge sofort zur Hand. Später können Sie die Gedächtnisstützen immer noch löschen.

Alternative für Globetrotter: Nutzen Sie ein Geotagging-Gerät wie Sony GPS CS3KA oder Jobo photoGPS. Längen- und Breitengrade landen später per Software direkt in Ihrer Bilddatei (und im GPS-Bereich der Bridge-Metadatenpalette). Sie sehen den Aufnahmestandpunkt (freilich nicht unbedingt ein weit entferntes Hauptmotiv) auf den zoombaren Online-Weltkarten von Google oder Yahoo.

Manche Kameras schreiben Geo-Informationen direkt in Ihre Bilder. Manche Geotagging-Programme schreiben Ortsnamen sofort in die Bilder. Prüfen Sie aber, ob es sich um die gängige Schreibweise handelt.

7.2.7 Stichwörter hierarchisch anzeigen und anwenden

Die Stichwörterpalette fasst zunächst alle vorhandenen Stichwörter in der Gruppe [Andere Stichwörter] zusammen. Legen Sie eigene Hierarchien an, arbeiten Sie mit unter- und übergeordneten Stichwörtern, zum Beispiel Tier/Hund/Dalmatiner oder Österreich/Steiermark/Niederöblarn.

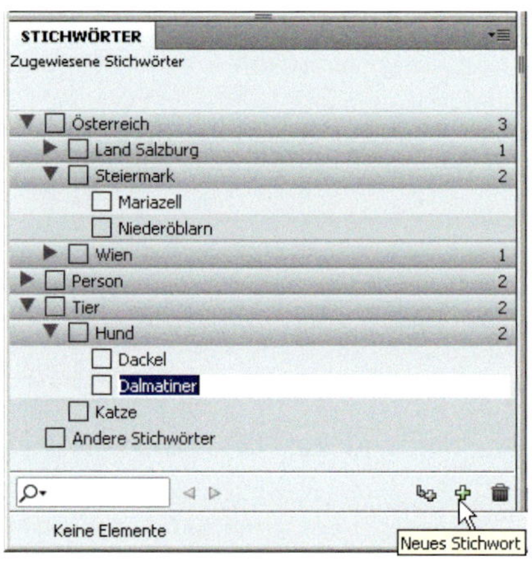

Abbildung 7.15
Neue untergeordnete Stichwörter entstehen bequem mit den Schaltflächen unten in der Stichwörterpalette. Sie müssen ein eingetipptes Stichwort nicht erst bestätigen, bevor Sie den nächsten Begriff anlegen.

Untergeordnete Stichwörter anlegen

Zunächst brauchen Sie den Überbegriff:

1. Klicken Sie unten rechts auf Neues Stichwort und tippen Sie »Tier«.
2. Sie müssen die »Pflanze«-Eingabe nicht bestätigen. Klicken Sie sofort unten auf die Schaltfläche Neues untergeordnetes Stichwort.
3. In das neue, eingerückte Feld tippen Sie »Hund«.
4. Ohne die Texteingabe endgültig zu bestätigen, klicken Sie erneut unten rechts auf Neues untergeordnetes Stichwort und tippen Sie »Dalmatiner« ins neue Feld.
5. Sie fotografieren aber nicht immer nur Dalmatiner, sondern auch Dackel. Klicken Sie rechts unten auf Neues Stichwort und tippen Sie »Dackel«. Dieses Stichwort rangiert nun auf derselben Ebene wie Dalmatiner.
6. Noch eine andere Kategorie Tiere? Klicken Sie das Stichwort Tiere an, dann auf Neues untergeordnetes Stichwort und tippen Sie »Katze« ein.

Rechts meldet die Stichwortpalette die Zahl der untergeordneten Stichwörter. Zum Beispiel sehen Sie neben dem Eintrag Tier eine 2, denn es gibt die zwei Unterkategorien Hund und Katze.

Untergeordnete Stichwörter anwenden

Ein paar Bilder im Ordner »Praxis/65_Vorlagen_ohne_IPTC« passen zu den Stichwörtern. Sie werden jetzt

Abbildung 7.16
Links: Statt mit den Schaltflächen legen Sie Stichwörter und untergeordnete Stichwörter auch bequem per Kontextmenü an. **Rechts:** Auch über die Menüschaltfläche der Stichwörterpalette erhalten Sie praktische Funktionen.

bearbeitet. Markieren Sie das Bild mit dem Dalmatiner. Ihre zwei Möglichkeiten nun:

- » Klicken Sie in der Stichwörterpalette in das Kästchen ☐ neben dem untergeordneten Stichwort Dalmatiner. Bridge schreibt das IPTC-Stichwort »Dalmatiner« in die gewählten Fotos – und wohlgemerkt keine übergeordneten Begriffe wie Tier oder Hund.
- » Klicken Sie mit gedrückter [⇧]-Taste in das Kästchen ☐ neben dem untergeordneten Stichwort Dalmatiner. So erhalten markierte Bilder das Stichwort Dalmatiner – und zusätzlich die übergeordneten Stichwörter Hund und Tier.

Klicken Sie nun erneut, ohne Zusatztaste, auf das Kästchen ☑ neben dalmatiner, dann verschwindet das Stichwort wieder aus den markierten Dateien. Klicken Sie bei gedrückter [⇧]-Taste auf Dalmatiner, dann entfernen Sie das Stichwort Dalmatiner, aber auch Übergeordnetes wie Hund und Tier.

TIPP Ziehen Sie Stichwörter in der Stichwörterpalette einfach an die gewünschte Position, auch über mehrere Kategorien hinweg. So ändern Sie auch die Hierarchie.

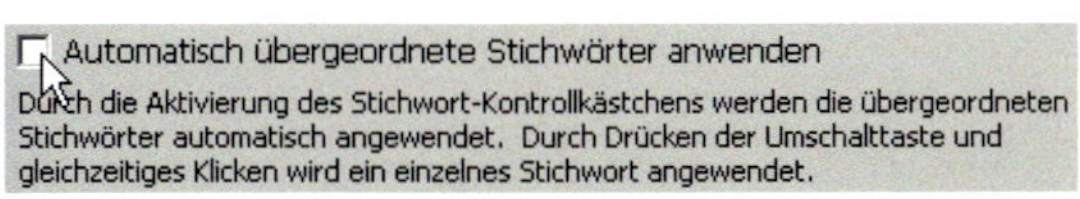

Abbildung 7.17 Die »**Voreinstellungen**« ([Strg]+[K]) bieten im Bereich »Stichwörter« die Option »Automatisch übergeordnete Stichwörter anwenden«. Diese Einstellung kehrt die Wirkung der [⇧]-Taste um: Ein normaler Klick aufs Kästchen neben Dalmatiner schreibt übergeordnete Stichwörter wie Tier und Hund mit ins Bild. Nur ein [⇧]-Klick schreibt die übergeordneten Begriffe nicht mit hinein.

Stichwörter anzeigen, aber nicht automatisch mit anwenden

Zeigen Sie ein Stichwort in der Liste an, ohne dass es bei [⇧]-Klicks angewendet wird.

Ein Beispiel: Wir haben die übergeordnete Kategorie Tier. Klicken Sie bei gedrückter [⇧]-Taste auf das Kästchen ☐ neben Dalmatiner, erhält Ihr Bild die Stichwörter Tier, Hund, Dalmatiner.

Sie wollen jedoch Tier gar nicht als Stichwort in die Datei schreiben. Sie wollen Tier nur als Überschrift anzeigen, aber nicht als IPTC-Stichwort anwenden.

Die Lösung: Fassen Sie das Wort in eckige Klammern, tippen Sie also »[Tier]«. Nun schreibt Bridge Tier nicht mehr ins Bild, sofern Sie eine untergeordnete Kategorie bei gedrückter [⇧]-Taste anklicken. Sie haben Tier ausgeschlossen.

Existiert der Begriff Tier schon ohne eckige Klammern, drücken Sie [F2] zum Umbenennen oder noch einfacher: Klicken Sie mit rechts, dann nehmen Sie **Ausschließen** – Bridge legt die eckigen Klammern an. Ein erneuter Rechtsklick ermöglicht das **Einschließen**; die Klammern verschwinden dann wieder.

Möchten Sie das ausgeschlossene Stichwort Tier in eine Datei schreiben, klicken Sie exakt neben [Tier] ins leere Kästchen ☐. Bridge schreibt das Stichwort in markierte Dateien, und zwar ohne Klammern.

TIPP Die Befehle **Ausschließen** und **Einschließen** bietet das Kontextmenü nur bei übergeordneten Stichwörtern, nicht auf der untersten Hierarchieebene.

7.2.8 Stichwörter hierarchisch speichern und exportieren

Zwar zeigt die Stichwörterpalette ein ausgefeiltes hierarchisches Gerüst – aber zunächst nur Ihnen selbst: Innerhalb der Bilddatei erscheinen alle Stichwörter gleichrangig. Auf anderen Computern wird die Gliederung nicht wieder aufgebaut, alle Stichwörter haben dort die gleiche Gewichtung. Auch die Bridge-eigene Filterpalette zeigt alle Stichwörter gleichrangig und nicht etwa nach Art eines Verzeichnisbaums mit Unterkategorien.

Schreiben Sie die Stichwörter wahlweise so in die **Dateiinformationen** oder in die Metadatenpaella, dass Bridge sofort eine hierarchische Gliederung erkennt – auch auf anderen Rechnern. Das Verfahren eignet sich allerdings vor allem für Bridge-interne Zwecke. Erscheinen Ihre Dateien auch in anderen Programmen oder Webseiten mit Stichwortfunktion, testen Sie das Zusammenspiel unbedingt erst.

Verbinden Sie Stichwörter einer hierarchischen Gruppe durch ein spezielles Zeichen, das Sie oft bei gedrückter [AltGr]-Taste eingeben, zum Beispiel so:

```
Tier|Hund|Dalmatiner
```

Kommen weitere Stichwörter außerhalb der Hierarchie hinzu, zum Beispiel »Sommer«, geht es so, mit oder ohne Leerzeichen nach dem Komma:

```
Tier|Hund|Dalmatiner,Sommer
```

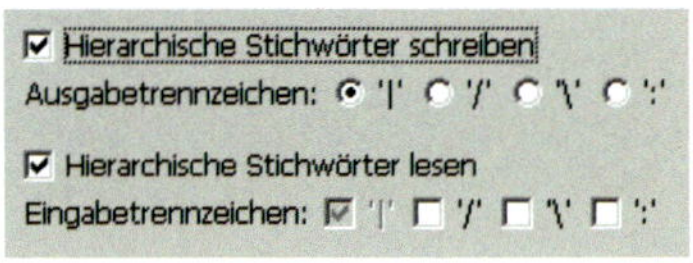

Abbildung 7.18 In den »Voreinstellungen« legen Sie fest, ob Bridge Stichwörter mit Sonderzeichen für die hierarchische Gliederung erkennen und schreiben soll.

»Hierarchische Stichwörter schreiben«

Bringen Sie Bridge dazu, dieses spezielle Zeichen für Hierarchien auch via Stichwörterpalette mit in die Datei zu schreiben. Öffnen Sie die **Voreinstellungen** ([Strg]+[K]) mit dem Bereich Stichwörter. Die Option Hierarchische Stichwörter schreiben ist zunächst ausgeschaltet. Darum schreibt Bridge Begriffe, die Sie in der Stichwörterpalette hierarchisch gliedern, tatsächlich gleichrangig in die Dateien. Sie erscheinen so in der Metadatenpalette:

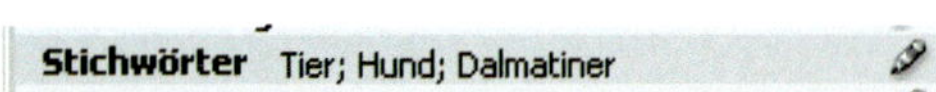

Schalten Sie Hierarchische Stichwörter schreiben testweise ein. Wenn Sie nun Dalmatiner mit gedrückter [⇧]-Taste ein- oder zweimal anklicken, schreibt Bridge dies in die Bilder:

Sofern Sie auch die Option Hierarchische Stichwörter lesen verwenden (sie ist nach der Installation eingeschaltet), erkennt Bridge sofort eine hierarchische Gliederung und zeigt die untergeordneten Stichwörter entsprechend eingerückt.

Getrennt fürs Schreiben und Lesen einer hierarchischen Stichwörtergruppe legen Sie ein Eingabetrennzeichen bzw. Ausgabetrennzeichen fest – wahlweise senkrechter Strich, Schrägstrich, umgekehrter Schrägstrich oder Doppelpunkt.

ACHTUNG Viele andere Programme und Internetdienste erkennen hierarchische Stichwörter mit Trennzeichen nicht als separate Stichwörter. Stattdessen wird nur ein einziges langes Stichwort namens »Tier|Hund|Dalmatiner« erkannt – übrigens auch von der Bridge-eigenen Filter-Palette. Darum: Geben Sie Ihre Bilder weiter, verzichten Sie besser auf die Option Hierarchische Stichwörter schreiben und tippen Sie auch keine Trennzeichen von Hand ein. Innerhalb der Stichwörterpalette von Bridge können Sie die Begriffe weiterhin hierarchisch staffeln.

Abbildung 7.19 Wir tippen die Ortsangabe ins Stichwörterfeld der Metadatenpalette und verwenden das Ausgabetrennzeichen »|«, an dem Bridge eine hierarchische Gliederung erkennt.

Abbildung 7.20 Bridge zeigt prompt eine neue Stichworthierarchie. Sie erscheint zunächst kursiv. Sie sollte also noch »festgelegt« werden, wenn Sie die Begriffe dauerhaft sehen möchten. Andere Programme oder Internetdienste erkennen hier oft nur ein einziges langes Stichwort.

Import/Export

Sichern Sie Ihre Stichwortsammlung aus Bridge heraus als unformatierte txt-Datei. Sie können Stichwörterlisten – auch hierarchische – zudem direkt bequem im Textprogramm verfassen und jederzeit wieder in Bridge verwenden. Die Listen tauschen Sie mit anderen Photoshoppern und Lightroom-Anwendern aus. Stellen Sie die Hierarchie durch Tabulatorzeichen her.

Die Befehle finden Sie im Menü zur Stichwörterpalette:

» **Importieren** Sie die Stichwörter, das heißt, laden Sie die Liste aus einer Textdatei, ohne bereits in

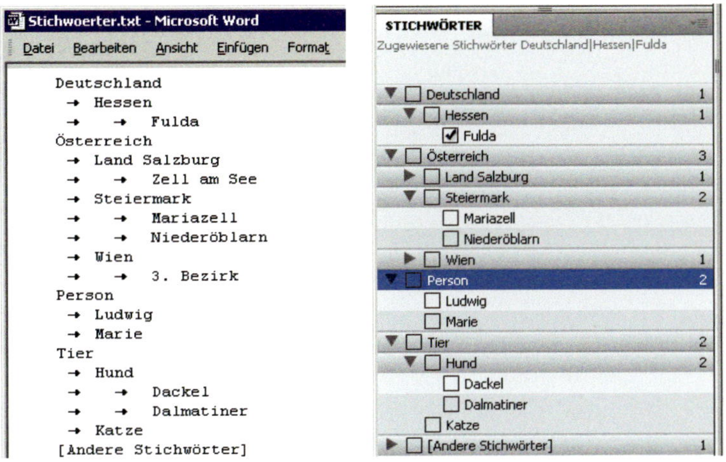

Abbildung 7.21
Links: Tippen oder bearbeiten Sie hierarchische Stichwortaufstellungen im Textprogramm.
Rechts: Bridge übernimmt die Liste in die Stichwörterpalette. Datei: Stichwoerter.txt

der Stichwörterpalette vorhandene Begriffe zu verwerfen.

» **Importieren und Leeren**, das heißt, bereits vorhandene Begriffe fliegen aus der Stichwörterpalette heraus.

» **Exportieren** Sie eine bestehende Stichwörtersammlung; die Stichwörtersammlung aus Bridge wird mit Tabs getrennt in eine txt-Datei geschrieben. Berücksichtigt werden nur nichtkursive (also »festgelegte«) Stichwörter und dies auch aus der Kategorie ANDERE STICHWÖRTER. Die Aufstellung lässt sich im Textprogramm weiter bearbeiten.

Eine importierte Liste sortiert Bridge in der Stichwörterpalette alphabetisch nach Oberbegriffen. So kommt zum Beispiel »Österreich« samt Unterkategorien vor »Person«, auch wenn in Ihrer Textdatei »Person« zuerst erscheint.

7.2.9 »Andere Stichwörter«

Erhalten Sie Bilder mit IPTC-Stichwörtern von außen, zum Beispiel unsere »Praxis«-Bilder von der Buch-DVD, sind vermutlich einige Stichwörter nicht in Ihren Stichwortgruppen erfasst. Die Stichwörterpalette zeigt die neuen Begriffe dann zunächst kursiv in der Rubrik ANDERE STICHWÖRTER unten.

Diese neuen, kursiven ANDEREN STICHWÖRTER verschwinden aus der Liste, wenn Sie Bridge schließen und dann andere Verzeichnisse anzeigen, deren Bilder den Begriff nicht enthalten. Die Ausdrücke der Kategorie ANDERE STICHWÖRTER lassen sich aber mit zwei Methoden dauerhaft konservieren:

» Ziehen Sie die Begriffe aus dem Bereich ANDERE STICHWÖRTER in ein beliebiges Stichwortset nach oben, auch direkt als Unterkategorie. Oder:

» Klicken Sie mit rechts über einem kursiven Stichwort und dann auf **Festlegen**. So bleibt der Ausdruck dauerhaft in der Rubrik ANDERE STICHWÖRTER und erscheint nicht mehr kursiv.

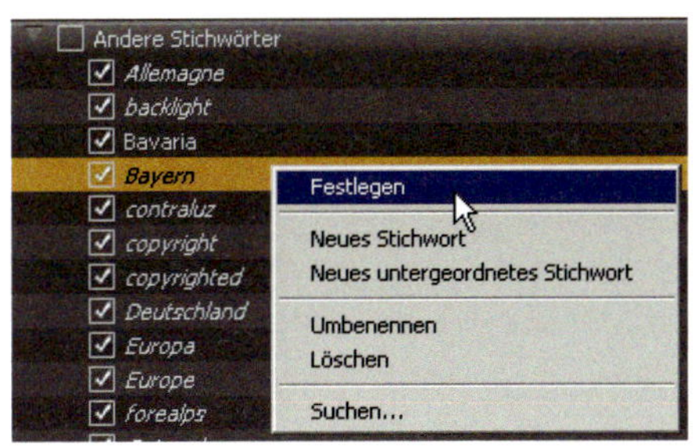

Abbildung 7.22 Stichwörter aus anderen Dateien erscheinen zunächst kursiv in der Kategorie ANDERE STICHWÖRTER. Sie lassen sich »festlegen«, so dass sie dauerhaft in der Liste erhalten bleiben.

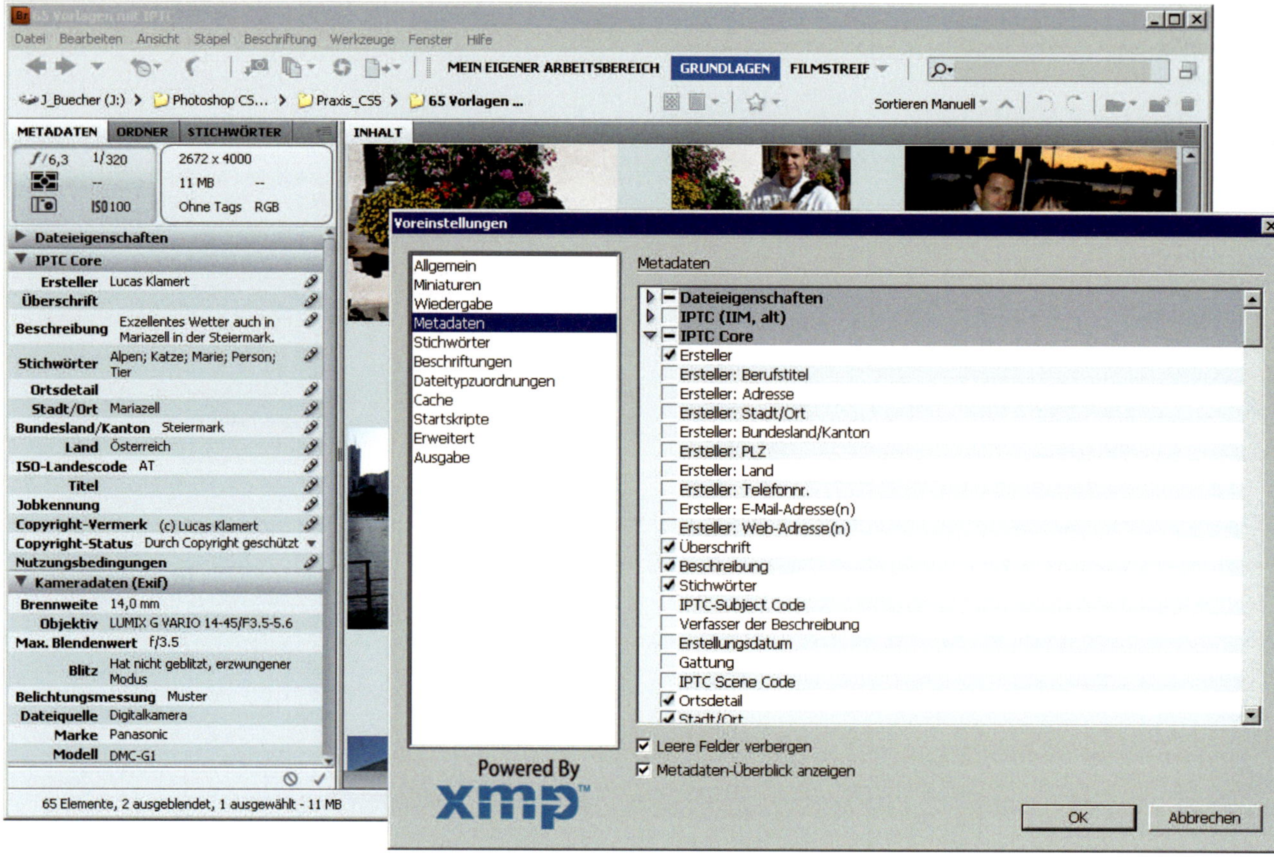

Abbildung 7.23 **Links:** In der Metadatenpalette sichten und ändern Sie unter anderem Ihre Bildnotizen nach IPTC-Standard. **Rechts:** Welche Felder Photoshop in der Metadatenpalette anzeigt, entscheiden Sie in den »Voreinstellungen«. Leere Felder können Sie verbergen.

7.2.10 Metadatenpalette

IPTC-Werte wie Beschreibung, Ort oder Autor meldet Bridge in der Metadatenpalette in den IPTC-Bereichen der Metadaten-Palette; Sie können die IPTC-Werte hier auch ändern.

Welche Metadatenfelder Bridge anzeigt, steuern Sie in den **Voreinstellungen** per Strg+K und dort auf der Seite Metadaten. Felder, die Sie abwählen, können Sie in der Metadatenpalette nicht mehr sichten oder korrigieren; die Einträge bleiben aber natürlich erhalten. Durch gezieltes Ausmisten überflüssiger Einträge zum Beispiel auch bei Exif-Daten machen Sie die Metadaten-Palette weit übersichtlicher.

IPTC-Werte in der Metadatenpalette ändern

So ändern Sie IPTC-Einträge mithilfe der Metadatenpalette:

1. Markieren Sie die gewünschten Dateien.
2. Klicken Sie in der Metadatenpalette auf das gewünschte Eingabefeld oder rechts daneben auf den Schreibstift.
3. Tippen Sie ein, was zu sagen ist.
4. Um den Text endgültig in die Dateien zu schreiben, klicken Sie in eine Bildminiatur oder Sie klicken unten auf die OK-Schaltfläche ✓. Bridge schreibt die Änderungen fast sofort in die Bilddateien und ist je nach Auftragsumfang ein paar Sekunden ausgelastet.

Sie wollen Ihren Neueintrag oder Ihre Textänderung noch vor dem endgültigen Anwenden verwerfen? Verwenden Sie die Esc-Taste oder die Schaltfläche zum Abbrechen ⃠. Nach dem Bestätigen der IPTC-Änderung lässt sich der Vorgang nicht mehr annullieren.

TIPP Verwenden Sie generell nur die Bereiche IPTC-Kern und eventuell IPTC Extension. IPTC (IIM, Alt) brauchen Sie in der Regel nicht.

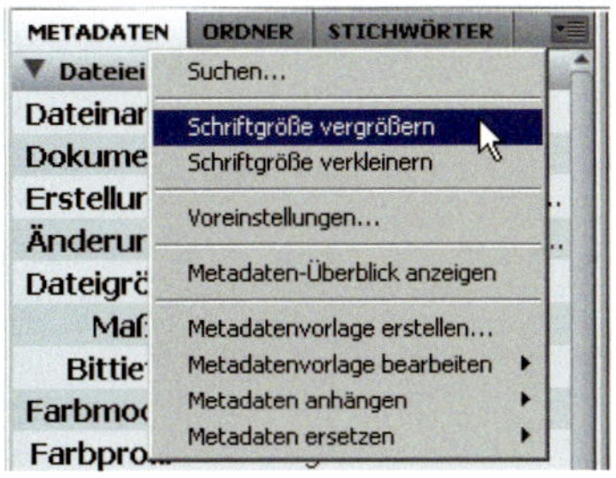

Abbildung 7.24 Die Schriftgröße der Metadatenpalette lässt sich über das Palettenmenü ändern. Klicken Sie einmal oder mehrfach auf »Schriftgröße vergrößern«.

Mehrere Stichwörter in mehreren Dateien

Wenn Sie mehrere Dateien gleichzeitig bearbeiten und in der Metadatenpalette das Feld Stichwörter ändern, verlieren Sie meist bereits vorhandene Stichwörter. Ein Beispiel:

1. Datei A hat das Stichwort »Marie«. Datei B hat das Stichwort »Ludwig«. Sie markieren beide Dateien in Bridge.
2. Die Metadatenpalette meldet im Feld Stichwörter jetzt (Mehrere Werte).
3. Sie klicken in das Stichwörter-Feld und tippen Sommer ein. Sie lesen also insgesamt Sommer.
4. Bestätigen Sie die Eingabe durch Klicken in eine andere Miniatur. Jetzt haben beide Dateien nurmehr das Stichwort Sommer, die anderen Begriffe sind perdu.

Die Stichworteingabe in den **Dateiinformationen** führt ebenfalls zu Verwirrung, wenn die markierten Bilder bereits gemischte Stichwörter enthalten. Um also ein Stichwort oder auch mehrere Begriffe in mehrere Dateien zu schreiben, die bereits gemischte Stichwörter enthalten, nehmen Sie am besten die Stichwörterpalette.

7.3 Exif-Daten

Im Exif-Bereich (Exchangable Image File Format) einer Bilddatei speichern Digitalkameras Belichtungsinformationen wie Blende, Belichtungszeit, Belichtungsprogramm, Blitzverwendung, Aufnahmezeitpunkt, Farbraum, Kamerahersteller und -modell. Bilder von Scannern haben oft keine Exif-Daten, es sei denn, ein Scanprogramm füllt einige Exif-Felder aus.

Die wichtigsten Dateitypen speichern Exif-Werte, darunter TIFF, PSD, JPEG und PDF. Photoshop bietet nur begrenzte Möglichkeiten für Exif-Daten: Sie können die Exif-Werte nicht bearbeiten und nur auf Umwegen löschen (Seite 183). Je nach Kameramodell zeigt Photoshop zudem nicht alle tatsächlich vorhandenen Werte an, zum Beispiel fehlt die Information über die Empfindlichkeit oder den Weißabgleich. Nicht auszuschließen, dass manche Exif-Werte nach dem Speichern in Photoshop verschwinden. Einige Exif-Informationen wie die Brennweite können Sie automatisch in den Dateinamen einsetzen (Seite 163).

7.3.1 Exif-Daten betrachten

So sichten Sie die Exif-Daten:

» Wählen Sie in Photoshop oder Bridge **Datei: Dateiinformationen**; anschließend verwenden Sie den Bereich Kameradaten. In Bridge sollte exakt eine Datei gewählt sein.

» In Bridge markieren Sie am besten nur eine einzelne Datei. Dann öffnen Sie die Metadatenpalette mit dem Bereich Kameradaten (Exif). Sind mehrere Bilder markiert, werden nur noch völlig übereinstimmende Werte angezeigt. Welche Exif-Werte Bridge überhaupt anzeigt, entscheiden Sie per **Bearbeiten: Voreinstellungen** (Strg+K) im Abschnitt Metadaten und dort im Bereich Kameradaten (Exif).

» Bridge zeigt einige Exif-Daten auch unter jeder einzelnen Miniatur an; welche Werte erscheinen, steuern Sie mit den **Voreinstellungen** im Bereich Miniaturen; im Angebot sind Erstellungsdatum, Belichtung (Zeit und Blende) sowie Brennweite.

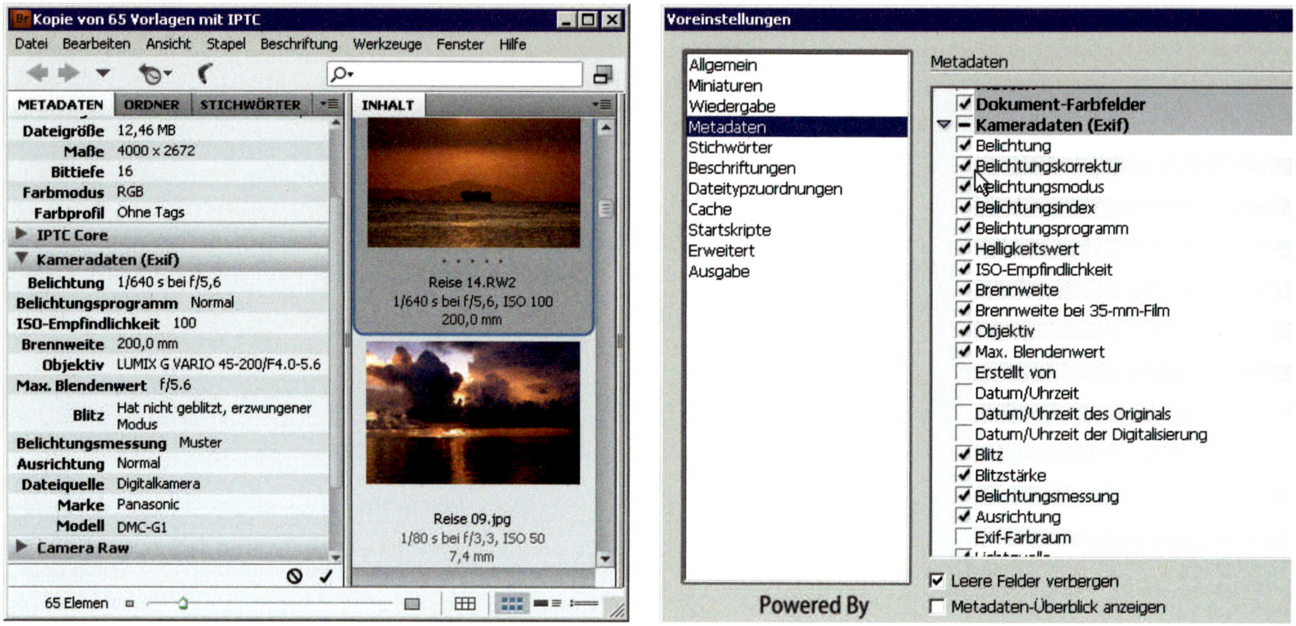

Abbildung 7.25 Bridge meldet Exif-Werte wie Belichtungszeit und Blende im Bereich »Kameradaten (EXIF)« der Metadatenpalette und wahlweise unter jeder Miniatur. Welche Eigenschaften die Metadaten-Palette anzeigt, entscheiden Sie in den Bridge-**Voreinstellungen**.

Weitere Funktionen für Exif-Daten

Bridge macht noch mehr Gebrauch von den Exif-Daten: Im **Suchen**-Dialog spüren Sie gezielt Bilder mit bestimmten Exif-Daten auf. Photoshop bietet reihenweise Exif-Suchkriterien wie Belichtung, Brennweite, ISO oder Modell. Solche Eigenschaften setzen Sie per **Stapel-Umbenennung** auch in den Dateinamen ein. Mit wenigen Klicks entdecken Sie per Filter-Palette bestimmte Fotos, beispielsweise nur 400-ISO-Aufnahmen von Canon-Kameras. Genauer lernen Sie diese Funktionen im Kapitel »Bridge und Mini Bridge« kennen.

Kapitel 8

Der Camera-Raw-Dialog

Wie ein Programm im Programm wirkt der Camera-Raw-Dialog und besonders kompakt und eingängig dazu. Der Raw-Dialog bietet bequem zahlreiche starke Korrekturfunktionen ganz ohne Hangeln durch Menüs. Er öffnet und speichert nicht nur Raw-Dateien, Sie können hier auch JPEG- und TIFF-Dateien verarbeiten, die Änderungen sind stets verlustfrei, rücksetzbar und übertragbar.

Die Bildbearbeitung im Raw-Dialog wird auch »Entwickeln« oder »Entwicklung« genannt, nach der Dunkelkammertätigkeit im Vor-Photoshop-Zeitalter. Der Raw-Dialog (auch ACR) ist so bedeutend, dass es für ihn eine getrennte Versionszählung gibt – bei Manuskriptabgabe im Mai 2010 ACR 6.1.0.250.

Die Korrekturmöglichkeiten im Raw-Dialog von Photoshop sind traditionell identisch mit dem separat verkauften Programm Lightroom, die Dateien sind zum Beispiel zwischen Photoshop CS5 und Lightroom 3.0 problemlos austauschbar.

Blicken wir zunächst auf die Grundlagen – was ist das Besondere an Raw-Dateien?

8.1 Einstieg

Raw-Dateien von Digitalkameras enthalten die unverfälschte Information vom Aufnahmesensor der Kamera:

- Die Datenstruktur unterscheidet sich deutlich von üblichen RGB-Dateien.
- Raw-Dateien sind noch nicht durch die Kamera-Software »industriell veredelt«, haben noch nicht Weißabgleich, Kontrast-, Schärfe- und Verzerrungskorrektur der Kamera durchlaufen.

Aus einer Raw-Datei kitzeln Sie oft mehr Licht- und Schattendetails als aus einer üblichen JPEG- oder TIFF-Datei heraus – Sie gewinnen eine Blende, zwei Blenden oder noch mehr Tonwertumfang. 14-Bit-Raw-Dateien bieten nochmal eine Blende oder mehr Tonwertumfang als Rohkost mit der bisher üblicheren 12-Bit-Datentiefe.

Darum sind Raw-Dateien so beliebt. Freilich machen Raw-Dateien in Photoshop mehr Arbeit, sie kosten mehr Speicherplatz als JPEG-Dateien und lassen sich nur mit wenigen Programmen betrachten. Viele Kameras schreiben auf Wunsch gleichzeitig ein Raw-Original und eine JPEG-Variante.

Wir behandeln zunächst typische Arbeitsabläufe für Einzelbilder und ganze Serien. Dann sehen wir uns die Korrekturmöglichkeiten en detail an.

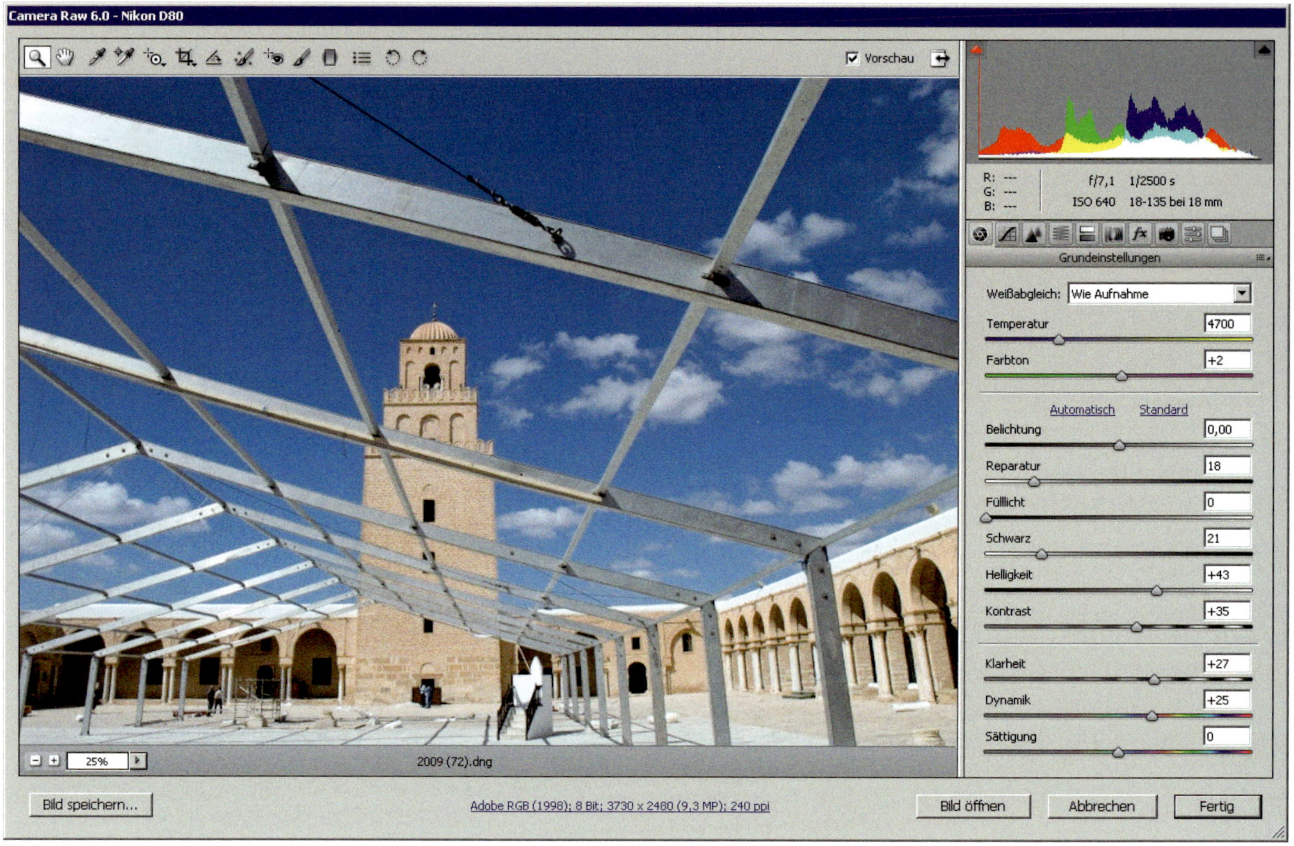

Abbildung 8.1 Haben Sie eine Raw-Aufnahme im Camera-Raw-Format geöffnet und korrigiert, können Sie das Bild als korrigierte Raw-Datei speichern, als JPEG oder TIFF exportieren oder in Photoshop öffnen. Die Schaltfläche »Fertig« schließt das Dialogfeld und sichert alle Korrekturen, die Sie jederzeit verlustfrei ändern – für Raw-, TIFF- und JPEG-Dateien. Foto: Manfred Grünberger

8.1.1 Welche Kameras werden unterstützt?

Fast jede Kamera schreibt ihr eigenes Rohdatei-Format, fast jedes Modell von jedem Hersteller hat sein eigenes Rohdatei-Format. Photoshop öffnet Rohdateien der allermeisten Digitalkameras und aktualisiert mehrmals pro Jahr, eine Liste finden Sie unter *www.adobe.com/de/products/photoshop/cameraraw.html*.

TIPP Wählen Sie in Photoshop **Hilfe: Aktualisierungen**, um Ihren Photoshop fit für Raw-Dateien von neuesten Kameramodellen zu machen. Dabei erhalten Sie manchmal auch neue Funktionen für den Raw-Dialog selbst.

8.1.2 Raw-Dateien verlustfrei weiter korrigieren

Einige Korrekturen bietet der Raw-Dialog nicht oder nicht so gut – zum Beispiel **Frei transformieren** mit Verkrümmen oder eine differenzierte Korrektur von Unterbelichtungen wie im Dialog **Tiefen/Lichter**. Doch auch solche Änderungen können Sie verlustfrei anbringen: Sie »platzieren« die Raw-Datei als Smart-Objekt und wenden dann verlustfreie Kontrastkorrekturen oder Smartfilter im Photoshop-Hauptprogramm an, zum Beispiel **Objektivkorrektur** oder **Tiefen/Lichter**.

Das Verfahren in Kürze (ausführlich ab Seite 904):

1. Im Raw-Dialog richten Sie die Raw-Datei perfekt ein.
2. Sie drücken die ⇧-Taste und klicken auf OBJEKT ÖFFNEN. Jetzt öffnet sich die Raw-Datei als Smart-Objekt-Ebene in einer neuen Datei in Photoshop.

Egal, was Sie tun, die aktuelle Ansicht der Datei wird nun immer aus den Original-Raw-Daten berechnet. Per Doppelklick auf die Ebenenminiatur landen Sie wieder im Raw-Dialog. Wenden Sie zum Beispiel **Tiefen/Lichter** als verlustfreien Smartfilter an.

8.2 Arbeitsablauf & Automatisierung

Wir besprechen hier, wie Sie Bilder in den Raw-Dialog bringen und wieder speichern. Um die Änderungen der Bildqualität geht es dann im nächsten Hauptabschnitt.

8.2.1 Dateien per Camera-Raw-Dialog öffnen

Wie kommen die verschiedenen Dateitypen in den Raw-Dialog? Für Raw- und DNG-Exemplare gilt:

» Klicken Sie in Bridge doppelt auf eine oder mehrere markierte Raw- oder DNG-Dateien.

» Ziehen Sie eine Raw- oder DNG-Datei über die Photoshop-Oberfläche.

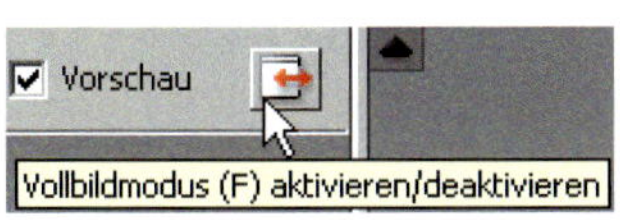

Abbildung 8.2 Mit der Schaltfläche »Vollbildmodus« zeigen Sie den Camera-Raw-Dialog bildschirmfüllend an, alternativ nutzen Sie die Taste F (für full screen). Die Vorschau lässt sich mit P (für preview) aus- und einschalten.

JPEG- oder TIFF-Dateien in den Raw-Dialog laden

Sie wollen eine JPEG- oder TIFF-Datei in den Raw-Dialog hieven und verlustfrei korrigieren? So geht's:

» Markieren Sie die Dateien in Bridge (nicht in Mini Bridge); dann drücken Sie Strg+R oder Strg+O oder klicken oben links in Bridge auf IN CAMERA RAW ÖFFNEN.

» Wählen Sie in Photoshop **Datei: Öffnen als** und nehmen Sie im Klappmenü den Typ CAMERA RAW.

Was passiert generell, wenn Sie JPEG- oder TIFF-Dateien in Bridge doppelt anklicken oder auch direkt in Photoshop öffnen? Das steuern Sie unten in den Raw-Voreinstellungen (Strg+K im Raw-Dialog) im Bereich JPEG- UND TIFF-HANDHABUNG. Für JPEG-Dateien (und separat sinngemäß auch für TIFF) gibt es drei Möglichkeiten:

» JPEG-SUPPORT DEAKTIVIEREN: JPEGs werden generell nicht vom Raw-Dialog angenommen, sie landen sofort in Photoshop. Der Tastengriff Strg+R und die Schaltfläche IN CAMERA RAW sind außer Dienst gestellt.

» JPEG-DATEIEN AUTOMATISCH MIT EINSTELLUNGEN ÖFFNEN: Bereits im Raw-Dialog veränderte JPEG-Dateien öffnen sich automatisch wieder im Raw-Dialog, den anderen begegnen Sie sofort im Photoshop-Hauptprogramm. Diese sinnvolle Einstellung gilt gleich nach der Installation.

» ALLE UNTERSTÜTZTEN JPEG-DATEIEN AUTOMATISCH ÖFFNEN: JPEGs erscheinen generell im Raw-Dialog.

Sie müssen Bridge eventuell neu starten, bevor Änderungen wirksam werden.

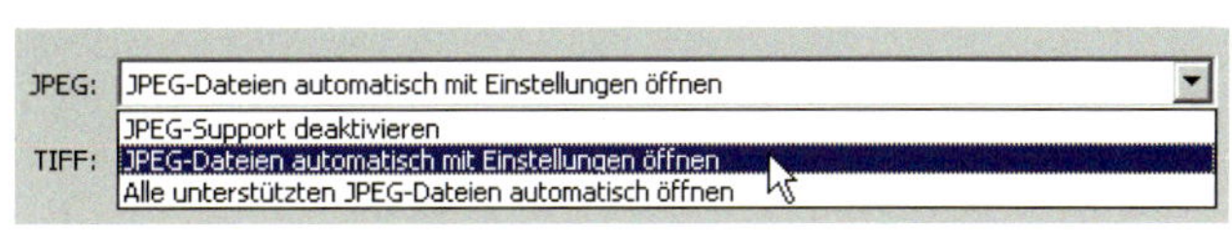

Abbildung 8.3 Entscheiden Sie, ob JPEG- und TIFF-Dateien immer, fallweise oder nie im Raw-Dialog erscheinen sollen.

Vom Raw-Dialog nach Photoshop

Je nach Zusatztaste zeigt die Schaltfläche Bild öffnen im Raw-Dialog eine andere Beschriftung. So geht's:

Zusatztaste	Schaltfläche	Bedeutung
-	Bild öffnen	Bild erscheint in Photohop als normale Hintergrund-Ebene in neuer Datei; Raw-Eigenschaften bleiben in dieser neuen Datei nicht erhalten; letzte Einstellungen aus Raw-Dialog werden als Metadaten beibehalten.
Alt	Kopie öffnen	Bild erscheint in Photoshop als normale Hintergrundebene in neuer Datei; Raw-Eigenschaften bleiben in dieser neuen Datei nicht erhalten; letzte Einstellungen aus Raw-Dialog werden für Raw-Datei als Metadaten nicht beibehalten.
⇧	Objekt öffnen	Bild erscheint in Photoshop als Smart-Objekt in neuer Datei; Raw-Eigenschaften bleiben erhalten; Doppelklick auf Ebenenminiatur führt zu Raw-Dialog (Seite 904).

8.2.2 Prozess 2010 versus 2003

Mit Photoshop CS5 hat Photoshop-Hersteller die Umwandlung von Raw-Dateien in normales RGB – das »Demosaicing« – neu programmiert. Die CS5-Variante (auch in Lightroom ab Version 3.0) ermöglicht bessere Schärfe, weniger Bildrauschen und weniger chromatische Aberration, erkennbar besonders bei hochempfindlichen Aufnahmen mit zum Beispiel 1600 oder 6400 ISO. Laden Sie frische Dateien erstmals in den Raw-Dialog, wendet Photoshop also das neue CS5-Verfahren an.

Abbildung 8.4 Die Raw-Datei wurde bereits in einer Vorgängerversion von Photoshop CS5 »entwickelt«. Der CS5-Raw-Dialog berechnet die Bilddarstellung zunächst nach dem alten Verfahren von 2003. Per Klick stellen Sie um auf den vorteilhaften neueren Prozess. Bilder mit ISO-Werten finden Sie bequem per Filter-Palette.

Wenn bereits früher »entwickelt« wurde

Sie haben ein älteres Foto bereits einmal in einer früheren Version des Raw-Dialogs von Photoshop oder Lightroom korrigiert? Laden Sie solche Aufnahmen in den Raw-Dialog von CS5, wendet Photoshop zunächst das alte Verfahren an – Ihr Foto erscheint also exakt so, wie Sie es erwarten dürfen. Damit entgehen Ihnen aber die speziellen, empfehlenswerten CS5-Möglichkeiten. Darum gibt es rechts unten ein Ausrufezeichen mit dem Angebot: Auf aktuellen Prozess (2010) aktualisieren.

Klicken Sie das Ausrufezeichen an, berechnet Photoshop Ihr Foto neu nach dem aktualisierten Verfahren. Auch im Register Kamerakalibrierung im Klappmenü Prozess wechseln Sie jederzeit zwischen 2003 und 2010.

Abbildung 8.5 Auch im Register Kamerakalibrierung wechseln Sie zwischen alter und neuer Umrechnungsmethode.

Was bringt das neuere Verfahren?

Speziell bei Fotos mit hohen ISO-Werten bringt der neue Prozess mehr Schärfe und weniger Rauschen. Sie müssen natürlich die neuen Regler ausnutzen. Denn: Solange Sie sich ans alte Verfahren klammern, blockiert Photoshop im Register Details die für CS5 neuen Regler Luminanzdetails, Luminanzkontrast und Farbdetails.

TIPP Korrigieren Sie alle Raw-Dateien nach dem neueren Verfahren – die Vorteile überzeugen speziell bei Bildern mit hohen ISO-Werten. Solange Sie rechts unten in der Raw-Vorschau kein Ausrufezeichen sehen, arbeiten Sie nach der neueren, empfehlenswerten Methode.

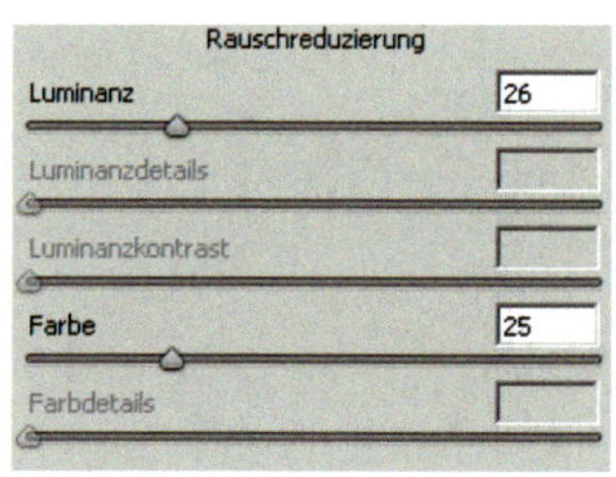

Abbildung 8.6 Wenn Sie nach dem Prozess 2003 umwandeln, bietet Photoshop einige Regler bei der Rauschunterdrückung nicht an.

8.2.3 Änderungen aus dem Camera-Raw-Dialog heraus sichern

Sie haben Ihr Bild im Raw-Dialog kontrastkorrigiert und zugeschnitten. Ihre Speichermöglichkeiten in der Übersicht:

- » Sie klicken auf Bild speichern und sichern im DNG-Dateiformat. Das Bild bleibt in der Urfassung erhalten, wird jedoch in aktuellen Ausgaben von Photoshop, Bridge und Lightroom einschließlich der Eingriffe angezeigt. Sie können alles wieder zurücksetzen, Sie sehen sofort die veränderten Reglerstellungen in Gradationskurve und Co.
- » Sie klicken auf Bild speichern und sichern eine neue TIFF-, Photoshop-PSD- oder JPEG-Datei. Ihre Änderungen werden endgültig auf die neue Datei angewendet, vom Original bleibt nichts zurück (höchstens entfernter Bildrand im PSD-Format, siehe unten). Die Datenbank merkt sich Ihre letzten Änderungen am Original, es erscheint in Bridge korrigiert.
- » Sie haben eine DNG-, TIFF- oder JPEG-Datei im Raw-Dialog und klicken auf Fertig. Die Änderungsinformationen werden »als Mathematik« im XMP-Bereich innerhalb der Datei gesichert. Das Bild bleibt in der Urfassung erhalten. Es wird jedoch in aktuellen Versionen von Photoshop, Bridge und Lightroom einschließlich der Eingriffe angezeigt, Sie sehen sofort die veränderten Reglerstellungen. Andere Programme zeigen solche JPEG- und TIFF-Dateien dagegen meist ohne Änderungen aus dem Raw-Dialog, erneutes Speichern dort könnte die Bearbeitungsinformationen löschen.
- » Sie haben eine Raw-Datei, zum Beispiel CR2, ORF oder NEF, jedenfalls nicht im DNG-Dateiformat, und klicken auf Fertig. Photoshop sichert die Änderungen in einer separaten Datei (»Filialdokument«) oder in seiner Raw-Datenbank und zeigt das Bild fortan verändert an. Aber die Originalinformation bleibt erhalten, Sie können die Wiedergabe jederzeit ändern.

Abbildung 8.7 Wenn Sie die Alt-Taste drücken, können Sie das Bild als »Kopie öffnen«: Sie laden die Raw-Datei in Photoshop, doch die Raw-Datenbank merkt sich die letzten Einstellungen nicht; stattdessen erhalten Sie beim nächsten Laden im Raw-Dialog wieder die alten Werte. Die Alt-Taste beschert Ihnen zudem die »Zurücksetzen«-Schaltfläche, die alle Änderungen der aktuellen Bearbeitung annulliert.

8.2.4 Einzelbild bearbeiten

Lesen Sie zunächst in der Übersicht, wie Sie einzelne Dateien öffnen, speichern oder nur die Einstellungen ändern. Danach sehen Sie, wie Sie Einstellungen auf andere Fotos übertragen und ganze Fotoreihen am Stück bearbeiten.

Haben Sie die Tonwerte bereits im Camera-Raw-Dialog korrigiert, zeigen die Miniaturen in Bridge und im Raw-Dialog ein spezielles Symbol; sind Sie dem Foto im Raw-Dialog bereits mit Freistellungswerkzeug oder Gerade-ausrichten-Werkzeug zu Leibe gerückt, gibt es ein weiteres Symbol.

Ein typischer Arbeitsablauf mit einer einzelnen Raw-Datei:

1. Klicken Sie doppelt auf eine Raw-Datei in Bridge. Alternativen: Markieren Sie ein Bild in Bridge, dann drücken Sie Strg+R oder Strg+O oder klicken Sie oben links auf In Camera Raw öffnen.
2. Das Bild erscheint im Camera-Raw-Dialog (ACR).
3. Korrigieren Sie die Bildqualität im Dialogfeld.
4. Ein Klick auf Bild öffnen lädt das Bild in Photoshop.
5. Ab jetzt zeigt die Miniatur in Bridge Ihre Raw-Datei mit Ihren korrigierten Einstellungen für Kontrast, Farbton und Bildausschnitt. Die Bildpixel sind aber wohlgemerkt völlig unverändert – Sie sehen nur eine andere Ansicht.
6. In Photoshop selbst haben Sie keinen Zugriff mehr auf die speziellen Raw-Eigenschaften aus dem Raw-Dialog. Aber alle üblichen Menüfunktionen und Werkzeuge stehen parat. Sie können das Bild in vielen Formaten speichern – aber nicht im Raw-Format ihrer Kamera oder im DNG-Format. Die zugrunde liegende Camera-Raw-Datei bleibt völlig unverändert.

Schnelle Tastengriffe

Beim Doppelklick auf Raw-Datei-Miniaturen in Bridge helfen diese Tastengriffe:

Doppelklick+⇧	Eine Ad-hoc-Umwandlung der Raw-Datei erscheint sofort in Photoshop, ohne Zwischenhalt im Camera-Raw-Dialog (auch in Mini Bridge).
Doppelklick+⇧+Alt	Das Bild wandert stante pede von Bridge nach Photoshop und klappt das Bridge-Fenster herunter.
Doppelklick+Alt	Das Bild öffnet sich im Camera-Raw-Dialog, Bridge wird heruntergeklappt.

Statt des Doppelklicks können Sie auch eine Datei auswählen und zusätzlich zu ⇧- oder Alt- die ↵-Taste dazunehmen. Die Tastengriffe eignen sich auch für mehrere ausgewählte Fotos am Stück.

8.2.5 Camera Raw als Teil von Photoshop oder Bridge

Planen Sie eine längere Stapelverarbeitung im Raw-Dialog? Überlegen Sie vorab, welches Programm Sie mit der Prozedur auslasten und lahmlegen wollen – Bridge oder Photoshop. Öffnen Sie den Camera-Raw-Dialog wahlweise als Teil von Bridge oder als Teil von Photoshop.

Das eine Programm ist während der Stapelverarbeitung blockiert, das andere steht weiterhin für Sie bereit. Zunächst gilt Camera Raw als Teil von Photoshop.

Camera Raw als Teil von Photoshop

Direkt nach der Installation ist der Raw-Dialog ein Teil von Photoshop. In den Bridge-**Voreinstellungen** (Strg+K) im Bereich Allgemein gibt es die Option Camera Raw-Einstellungen in Bridge per Doppelklick bearbeiten. Diese Vorgabe ist zunächst abgewählt. Das heißt: Klicken Sie in Bridge eine Camera-Raw-Datei doppelt an oder öffnen Sie markierte Raw-Dateien per Strg+O, dann gilt der Camera-Raw-Dialog als Teil von Photoshop. Daraus folgt für Sie:

- Nach dem Doppelklick wird auf jeden Fall langwierig Photoshop gestartet (sofern nicht schon geöffnet); dann erst sehen Sie den Camera-Raw-Dialog.
- Photoshop ist blockiert, solange Sie in den Camera-Raw-Einstellungen arbeiten (oder arbeiten lassen).
- Bei bestimmten Photoshop-Situationen startet der Camera-Raw-Dialog nicht per Doppelklick oder Strg+O in Bridge: zum Beispiel, wenn Sie in Photoshop ein Dialogfeld wie **Bildgröße** geöffnet oder das **Transformieren** gestartet haben (der Dialog taucht aber auf, sobald Sie das Dialogfeld schließen oder das **Transformieren** beenden).
- Sie können in Bridge sofort weiterarbeiten.
- Klicken Sie im Camera-Raw-Dialog auf Bild öffnen, haben Sie das Bild schnell in Photoshop, denn das Programm ist ja schon gestartet.

Camera Raw als Teil von Bridge

Sie können den Camera-Raw-Dialog auch so öffnen: als Teil von Bridge. Sie lassen Raw zum Beispiel eine Stapelbearbeitung bewältigen und erledigen derweil anderes in Photoshop. Das Treiben im Raw-Dialog blockiert nur Bridge. So starten Sie den Raw-Dialog als Teil von Bridge, nicht von Photoshop:

- Aktivieren Sie die Option Camera Raw-Einstellungen in Bridge per Doppelklick bearbeiten und klicken Sie doppelt auf die gewünschten Raw-Dateien. Das ist eine dauerhafte Lösung. Alternativen für einzelne Fälle:
- Drücken Sie für markierte Dateien in Bridge Strg+R oder klicken Sie oben links unter der Menüleiste auf In Camera Raw öffnen. Dabei spielt es keine Rolle, wie Sie die Option Camera Raw-Einstellungen in Bridge... einrichten.
- Weitere Möglichkeit: Rechtsklick auf die Miniatur, dann **In Camera Raw öffnen**.

Photoshop steht nun bei geöffnetem Raw-Dialog weiter zu Diensten, Bridge schwitzt bei der Arbeit.

8.2.6 Serienverarbeitung im Camera-Raw-Dialog

Bearbeiten und speichern Sie Bildserien zeitsparend. Rechnen Sie ganze Camera-Raw-Serien in andere Dateiformate um und übertragen Sie die Einstellungen einer Datei auf andere Dateien – für Tonwertkorrektur, Bildausschnitt und Pixelzahl.

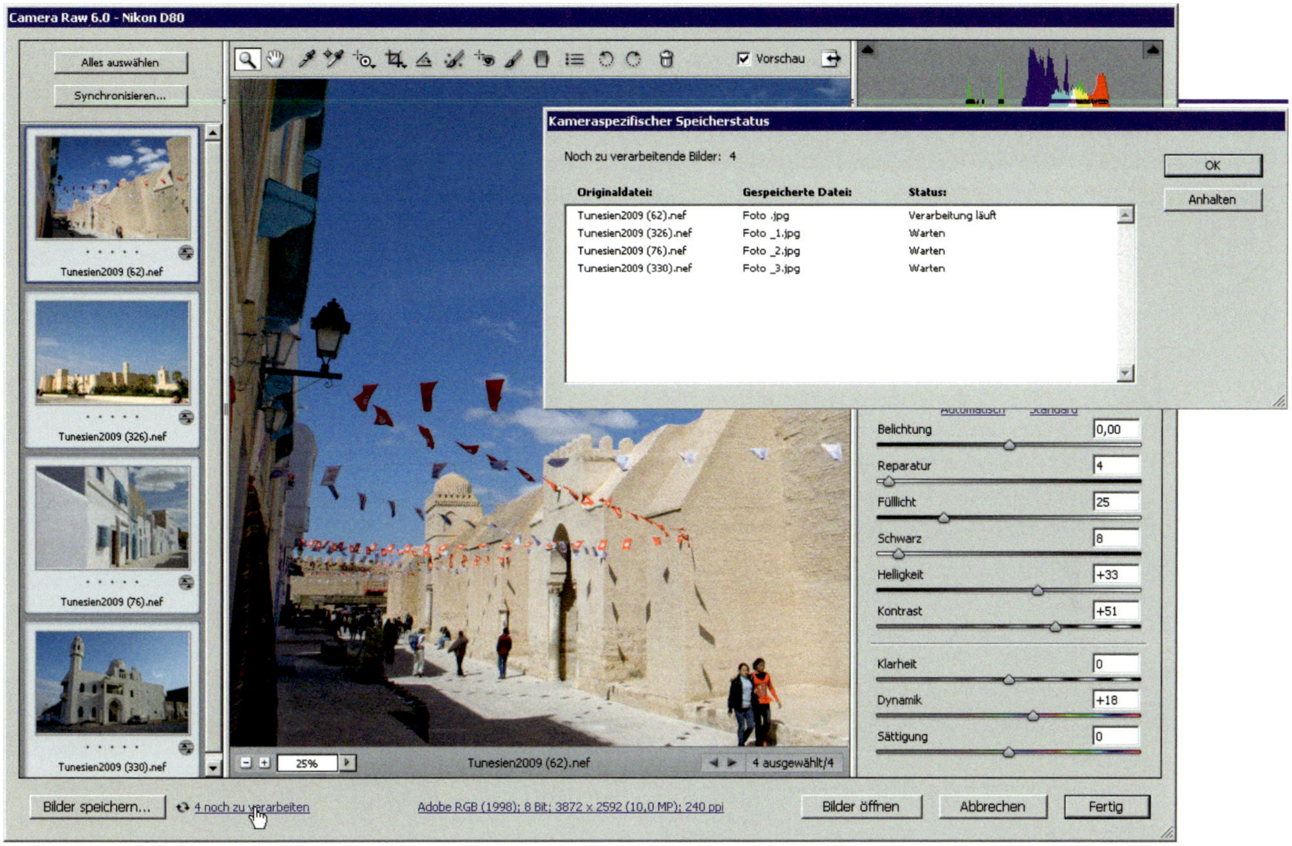

Abbildung 8.8 Der Camera-Raw-Dialog zeigt im Filmstreifen links mehrere Dateien an. Sie können Einstellungen auf andere Aufnahmen übertragen und alle Bilder gemeinsam öffnen oder in anderen Dateiformaten speichern. Bringen Sie Farbbalken und Sternewertungen an (Seite 145). Während der Verarbeitung erscheint links unten ein Hinweis wie »4 noch zu verarbeiten«. Nach Klick auf diese Zeile zeigt ein Dialogfeld den Fortschritt pro Bild an; dort brechen Sie die Stapelverarbeitung bei Bedarf ab. Foto: Manfred Grünberger

Markieren Sie zunächst mehrere Dateien in Bridge bei gedrückter [⇧]- oder [Strg]-Taste, dann wählen Sie [Strg]+[R] oder klicken auf In Camera Raw öffnen. Das erste Bild erscheint groß im Camera-Raw-Dialog.

Der »Filmstreifen« links im Raw-Dialog zeigt die Miniaturen aller geladenen Raw-Dateien. Per Klick auf eine Miniatur erscheint die gewählte Aufnahme in der Vorschau; alternativ blättern Sie mit den Pfeiltasten oder mit den Schaltflächen rechts unter der Vorschau durch die Sammlung. So bearbeiten Sie die Bildreihe, die Sie in den Camera-Raw-Dialog geladen haben:

» Stellen Sie nur ein Einzelbild ein. Dann wechseln Sie zum nächsten Einzelbild und justieren es mit anderen Vorgaben.

» Stellen Sie nur ein Einzelbild perfekt ein. Einige oder alle Änderungen übertragen Sie auf die weiteren Bilder.

» Wählen Sie in der Leiste links mehrere Bilder aus – die Einstellungen für das groß angezeigte Motiv werden sofort auf alle gewählten Dateien übertragen.

TIPP Sie wollen Raw-Sammlungen schnell in ein anderes Dateiformat umrechnen? Dazu eignet sich auch der **Bildprozessor** aus Photoshop (Seite 114); Sie können auch Aktionen einbinden und die Pixelzahl flexibel herunterrechnen. Markieren Sie die Kandidaten in Bridge, dann nehmen Sie **Werkzeuge: Photoshop: Bildprozessor**. Weitere Möglichkeit: das Exportieren in Bridge (Seite 158).

Mehrere Bilder verarbeiten

Markieren Sie im Raw-Dialog weitere Bilder von Hand oder klicken Sie auf Alles auswählen. (Alternative: Alt-Klick auf die Schaltfläche wählt alle Bilder mit Sternewertung aus.) Ihre Möglichkeiten jetzt:

» Klicken Sie auf die Schaltfläche Bilder speichern. Sie nutzen Dateiformate wie Digital-Negativ (DNG) oder JPEG in den **Speicheroptionen** und schreiben neue Dateien.

» Klicken Sie auf Bilder öffnen – die Werke landen in Photoshop.

» Klicken Sie auf Synchronisieren. Danach steuern Sie im **Synchronisieren**-Dialog, welche Eigenschaften der blau eingerahmten Datei Sie auf die anderen Bilder übertragen. Blättern Sie mit den Pfeiltasten durch die Ergebnisse, um einzelne Bilder nachzuregeln. Alt-Klick auf Synchronisieren übergeht den **Synchronisieren**-Dialog, der Camera-Raw-Dialog verwendet sofort Ihre letzten Einstellungen.

Abbildung 8.9 **Links:** Drei Dateien wurden in Bridge ausgewählt, per Strg+R erscheinen sie im Raw-Dialog. Die erste Datei ist sofort markiert und im Vorschaufenster sichtbar. **Mitte:** Wir haben die oberste Datei korrigiert, die Miniatur erhält deshalb das Symbol für geänderte Einstellungen. Danach markieren wir weitere Miniaturen mit gedrückter Strg-Taste und klicken auf »Synchronisieren«. **Rechts:** Wir haben die »Einstellungen« der ersten Datei auf die weiteren markierten Bilder angewendet.

Danach können Sie Bilder speichern, Bilder öffnen oder Sie klicken auf Fertig – dann merkt sich das Camera-Raw-Programm Ihre Einstellungen, Bridge zeigt die Raw-Miniaturen mit den vereinheitlichten Einstellungen.

Sterne und Farbcode

Die Bilder im Filmstreifen links können Sie mit Sternewertung und Farbcode versehen. Verwenden Sie Tastengriffe von Strg+1 bis Strg+9 (Seite 147). Die Strg-Taste brauchen Sie auch dann, wenn Sie eigentlich per Bridge-**Voreinstellungen** darauf verzichtet haben.

Zum Löschen vormerken

Haben Sie mehrere Bilder im Raw-Dialog geöffnet, merken Sie per Entf- oder ←-Taste markierte Dateien zum Löschen vor – erkennbar an einem roten Kreuz oben links. Sobald Sie auf Bild öffnen, Bild speichern oder Bild fertig klicken, wandern die Motive in den Papierkorb Ihres Betriebssystems. Ein weiterer Druck auf die Entf-Taste hebt den Vormerker wieder auf.

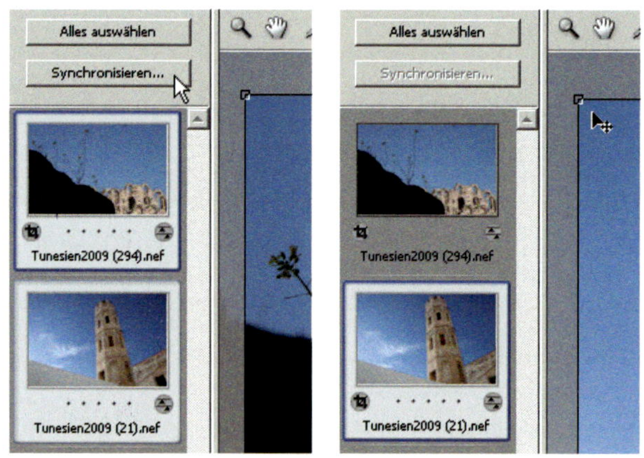

Abbildung 8.10 **Links:** Wir haben die erste Datei mit dem Freistellungswerkzeug zugeschnitten; danach zeigt die Miniatur zusätzlich das Symbol für Bildausschnitte. Im Anschluss wählen wir die zweite Datei mit gedrückter Strg-Taste aus und klicken auf »Synchronisieren«; das »Freistellen« wird auf die zweite Datei übertragen. **Rechts:** Jetzt erscheint die zweite Datei ebenfalls zugeschnitten. Der Bildausschnitt passt nicht ganz; Sie können die Miniatur jedoch anklicken und den Freistellrahmen verschieben – der Ausschnitt bleibt auf jeden Fall genauso groß wie beim oberen Bild. Oder ziehen Sie bei gedrückter ⇧-Taste an einem Eckanfasser, um die Rahmengröße bei geschütztem Seitenverhältnis zu ändern. Wählen Sie das obere Bild ab, damit dort der Freistellrahmen nicht mitwandert.

Mit dem Papierkorbsymbol rechts oben im Raw-Dialog können Sie die Bilder ebenfalls zum Löschen vormerken oder die Löschmarkierung aufheben.

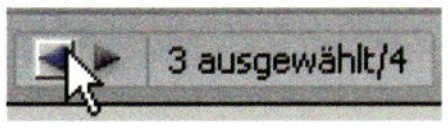

Abbildung 8.11 Vier Bilder wurden in den Raw-Dialog geladen, drei sind im Filmstreifen zur Korrektur ausgewählt. Mit den Pfeilschaltern rechts unter der Vorschau ändern Sie das aktive Bild, also das Foto in der Vorschau. Sie können auch die Pfeiltasten auf Ihrer Tastatur nehmen.

Position und Zoomstufe vereinheitlichen

Wollen Sie Zoomstufe und Betrachtungsausschnitt für alle Exponate vereinheitlichen, unternehmen Sie diese Schritte:

1. Sie klicken auf Alles auswählen.
2. Zoomen Sie, verschieben Sie, die Darstellung aller markierten Bilder ändert sich gleichermaßen.

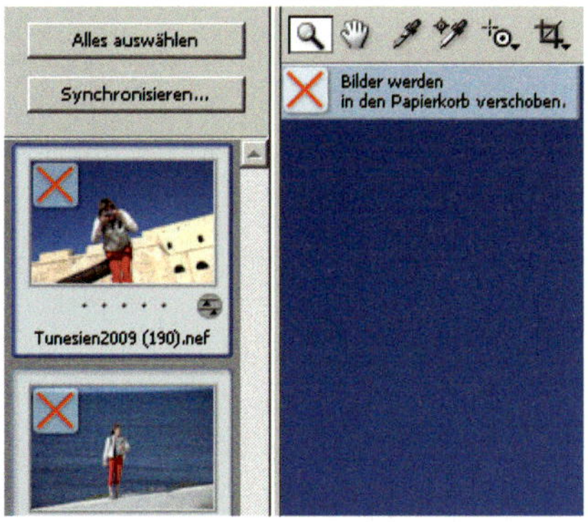

Abbildung 8.12 Die Bilder in der Leiste links merken Sie per [Entf]- oder [←]-Taste zum Löschen vor. Sie können Bilder hier auch mit Sternewertung und Farbbalken versehen.

8.2.7 Schnappschuss

Sichern Sie verschiedene Stadien der Raw-Bearbeitung als Schnappschuss. Anders als die Schnappschüsse in Photoshops Protokollpalette (Seite 96) speichert der Raw-Dialog seine Schnappschüsse dauerhaft direkt in der Datei – greifen Sie auch viel später auf diese Zwischenergebnisse zurück.

So legen Sie einen neuen Schnappschuss an:

» Drücken Sie [Strg]+[⇧]+[S] und tippen Sie einen Schnappschussnamen ein. Oder so:

» Öffnen Sie rechts außen das Register Schnappschüsse und klicken Sie unten auf das Symbol Neuer Schnappschuss.

Klicken Sie Zeilen im Schnappschüsse-Register an, um die verschiedenen Zustände zu zeigen. Per Rechtsklick in die Schnappschussliste können Sie vorhandene Momentaufnahmen umbenennen, ihre Eigenschaften aktualisieren oder löschen.

Abbildung 8.13 Speichern Sie wichtige Bildzustände als Schnappschuss in der Datei. Per Klick stellen Sie das Zwischenergebnis wieder her. Den Befehl **Mit aktuellen Einstellungen aktualisieren** gibt es nicht, wenn Sie zuletzt auf einen Schnappschussnamen geklickt haben.

8.2.8 Einzelbild neu speichern

Es gibt verschiedene Möglichkeiten, das Raw-Bild als »Entwicklung« zu speichern – entweder mit der Original-Raw-Qualität oder in einem üblichen Dateiformat wie TIFF oder JPEG, also eventuell mit weniger Tonwertreichtum und ohne rücksetzbare Korrekturen. Wie immer im Raw-Dialog gilt: Die Raw-Originale bleiben völlig unverändert, sie legen quasi nur einen »Abzug« oder eine »Entwicklung« an, die Korrekturen bleiben »als Mathematik« neben den Originalpixeln erhalten.

Raw-Datei in Photoshop speichern

So speichern Sie die Raw-Datei in Photoshop:

» Öffnen Sie die Raw-Datei normal in Photoshop. Dort beim **Speichern** stehen viele Dateiformate zur Verfügung (bei 8 Bit Farbtiefe mehr als bei 16 Bit Farbtiefe). Sie können das Bild jedoch nicht mehr mit seinen ursprünglichen Raw-Eigenschaften speichern, also mit dem eventuell größeren Tonwertumfang.

- Betten Sie die Raw-Datei als Smart-Objekt in eine Photoshop-PSD-, TIFF- oder PDF-Datei ein (drücken Sie im Raw-Dialog die ⇧-Taste und klicken Sie auf Objekt öffnen; Seite 904). Alle Raw-Eigenschaften bleiben erhalten, der Doppelklick auf die Ebenenminiatur zeigt das Original wieder korrigierbar im Raw-Dialog.
- Der kostenlose Zusatzbefehl **Dr. Brown's Place-A-Matic** (Seite 1073) erzeugt besonders flott Smart-Objekte im Ebenenstapel aus Bridge heraus, wahlweise in acht oder 16 Bit. Markieren Sie nur eine Raw-Datei, wird sie zweimal als rohes Smart-Objekt in einer Photoshop-Montage übereinandergelegt. Anschließend mischen Sie unterschiedlich korrigierte Versionen oder löschen Sie eine Ebene flott wieder.

»Bild speichern« im Raw-Dialog

Innerhalb des Raw-Dialogs bietet die Schaltfläche Bild speichern diese Möglichkeiten:

- Als Format nennen Sie unten das Digital-Negativ mit der Endung ».dng« (Seite 220). So wahren Sie alle Raw-Eigenschaften und das Bild kann mit allen DNG-tauglichen Programmen bearbeitet werden. Ebenso wie Raw-Dateien werden auch JPEG- oder TIFF-Dateien innerhalb der DNG-Datei im Originalzustand konserviert. Die Änderungen aus dem Raw-Dialog werden lediglich rücksetzbar darübergelegt.
- Nennen Sie ein gängiges Format wie Photoshop (PSD), TIFF oder JPEG. Sie erzeugen normale Bilddateien, die nicht mehr den ursprünglichen Tonwertumfang des Raw-Bilds haben.

8.2.9 Speicheroptionen

Klicken Sie im Raw-Dialog auf Bild speichern oder Bilder speichern, landen Sie in den **Speicheroptionen** – egal, ob Sie ein Bild oder mehrere Bilder konvertieren. Wenn Ihnen die Umbenennungsmöglichkeiten nicht reichen, taufen Sie Ihre Werke vorab in der **Stapel-Umbenennung** von Bridge um (Seite 164).

TIPP Mit einem Alt-Klick auf Bild speichern überspringen Sie die **Speicheroptionen**. Photoshop schreibt sofort neue Dateien und verwendet Ihre letzten Einstellungen.

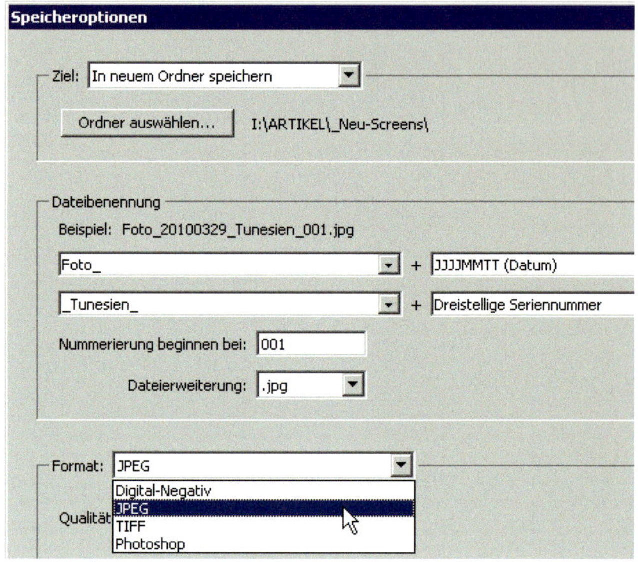

Abbildung 8.14 Die »Speicheroptionen« erscheinen, wenn Sie im Camera-Raw-Dialog auf »Bild speichern« oder »Bilder speichern« klicken; Sie können ganze Bildreihen in andere Dateiformate übertragen und umbenennen. Etwas vielseitiger benennen Sie direkt in Bridge um (Seite 161).

Als DNG speichern

Unten im Dialogfeld wählen Sie zuerst ein Format, also einen Dateityp wie Photoshop-PSD, TIFF, JPEG oder Digital-Negativ (also DNG, Seite 220).

Gegenüber einer üblichen Raw-Datei hat das DNG-Format wichtige Vorteile: Sie können IPTC-Texte und Photoshop-Änderungsinformationen direkt in der Datei sichern und mit der verlustfreien, problemlosen DNG-Komprimierung braucht die Raw-Datei eventuell weniger Speicherplatz als das Raw-Pendant direkt aus der Kamera. Nur wenige Digitalkameras schreiben das DNG-Format direkt und dann eventuell nur ohne Komprimierung, so dass die Dateigröße massiv steigt.

TIPP Sie wollen Raw-Dateien ins JPEG-Format umwandeln und eventuell die Pixelzahl senken? Dann eignen sich auch der **Bildprozessor** (Seite 114) oder die Exportieren-Funktion in Bridge (Seite 158).

Als PSD speichern

Vielleicht haben Sie im Raw-Dialog das Bild gedreht oder zugeschnitten. Wählen Sie in den **Speicheroptionen** den Photoshop-Dateityp, können Sie Freigestellte Pixel erhalten: Die Bildpunkte werden in der Photoshop-PSD-Datei nicht endgültig entfernt, sondern hinter dem Bildrand versteckt; machen Sie die eigentlich abgeschnittenen Teile in Photoshop mit dem Befehl **Bild: Alles einblenden** wieder sichtbar. Das Ergebnisbild hat keine Hintergrund-Ebene, sondern eine Ebene 1. (Photoshops Freistellungswerkzeug bietet die vergleichbare Option Ausblenden für Bilder mit Ebenen; Seite 284.)

8.2.10 Arbeitsablauf-Optionen

Sofern Sie unten im Raw-Dialog auf eine Zeile wie Adobe RGB (1998); 16 Bit;... klicken, zeigt Photoshop die Arbeitsablauf-Optionen. Hier legen Sie Farbraum, Farbtiefe, Pixelzahl und Ausgabeschärfung für den Fall fest, dass Sie die Datei ins JPEG-, TIFF- oder PSD-Format konvertieren oder in Photoshop öffnen.

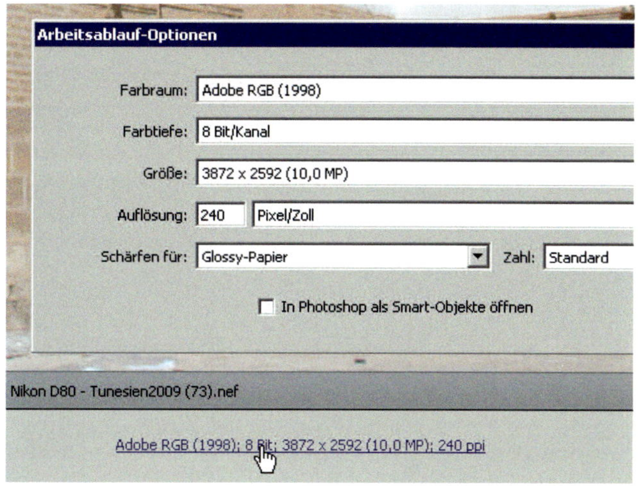

Abbildung 8.15 In den »Arbeitsablauf-Optionen« stellen Sie Farbtiefe und Pixelzahl ein.

Auflösung & Pixelzahl

Die Auflösung entscheidet darüber, in welcher Größe das Bild gedruckt wird; das resultierende Druckmaß verschweigt Photoshop allerdings im Dialogfeld. Verwenden Sie zum Beispiel 300 dpi – in der Regel genug für Tintenstrahler und Offsetdruck (Seite 273).

Allerdings: Auf die Bildqualität selbst hat die Vorgabe keinerlei Einfluss. Sie können beliebige Werte eintragen und die Druckmaße jederzeit verlustfrei ändern (**Bild: Bildgröße**, ohne Interpolationsverfahren). Die Auflösung steuert wohlgemerkt nicht die Zahl der entstehenden Bildpunkte – sondern nur die Verteilung dieser Bildpunkte über mehr oder weniger Druckfläche.

Als Grösse schlägt Photoshop zuerst die Originalauflösung des Kamerasensors vor – bleiben Sie am besten dabei. Sie können das Bild aber auch in ein paar Stufen herauf- und herunterrechnen. Eine Tabelle mit möglichen Druckmaßen und Arbeitsspeicherbedarf für gängige Megapixel-Klassen finden Sie auf Seite 269.

Pixelzahl nach Maß

Sie wollen das Bild direkt im Camera-Raw-Dialog kleinrechnen – aber Sie brauchen eine Pixelzahl, die nicht direkt im Grösse-Klappmenü der »Arbeitsablauf-Optionen« erscheint. Kein Problem:

1. Laden Sie ein Bild in den Camera-Raw-Dialog und klicken Sie oben im Dialog auf das eingebaute Freistellungswerkzeug.
2. Öffnen Sie das Klappmenü zum Freistellungswerkzeug und klicken Sie auf **Benutzerdefiniert**.
3. Stellen Sie im Dialogfeld **Eigene Freistellung** das Klappmenü auf Pixel.
4. Tragen Sie die gewünschten Pixelwerte ein, dann klicken Sie auf OK.
5. Wollen Sie das komplette Bild ohne speziellen Ausschnitt umrechnen, ziehen Sie den Rahmen bis zu den Rändern der Vorschau.
6. Klicken Sie auf Bild speichern oder Bild öffnen; das entstehende Bild hat die gewünschte Pixelzahl.

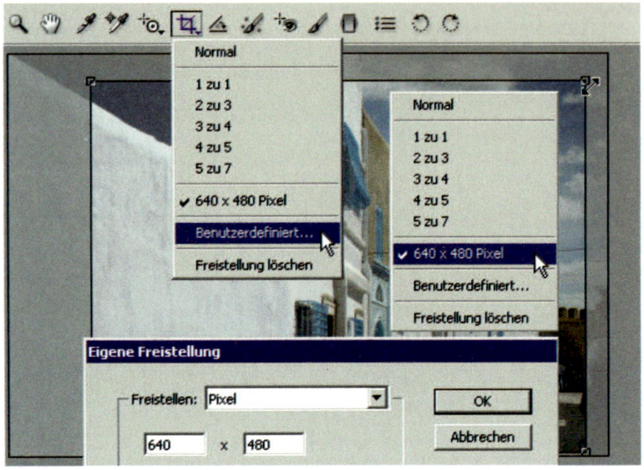

Abbildung 8.16 Das Menü zum Freistellungswerkzeug erhalten Sie auch per Rechtsklick in die Vorschau. In den Optionen geben Sie beliebige Pixel- oder Zentimeterzahlen an, die Werte (hier 640x480 Pixel) erscheinen dann auch im Freistellungsmenü. Die Umrechnung lässt sich leicht auf ganze Bildserien übertragen (Seite 208).

Farbraum & Farbtiefe

So steuern Sie die Farbwiedergabe:

» Im FARBRAUM-Klappmenü nennen Sie das Zielfarbprofil. Es sollte mit Photoshops RGB-Arbeitsfarbraum übereinstimmen (**Bearbeiten: Farbeinstellungen**, Bereich ARBEITSFARBRÄUME). Für Fotos eignet sich meist ADOBE RGB (1998). Alternative: der noch größere Farbraum PROPHOTO-RGB, dessen Farbumfang sich freilich so nicht gänzlich drucken lässt.

» Das Klappmenü FARBTIEFE steuert die Differenzierung der Grundfarben. 8 BIT/KANAL reichen oft aus – vor allem, wenn Sie das Bild im Camera-Raw-Dialog auskorrigiert haben – und Ihnen stehen sämtliche Photoshop-Funktionen zur Verfügung. 16 Bit Farbtiefe nehmen Sie, wenn Sie die Tonwerte in Photoshop weiter korrigieren; Sie haben mehr Korrekturspielraum vor allem bei Schattenzonen und anderen Problembelichtungen; die Dateigröße vervierfacht sich und ein paar weniger wichtige Funktionen stehen in Photoshop nicht zur Verfügung (Seite 122).

TIPP Um höchste Qualität, Flexibilität und Korrekturmöglichkeit zu erhalten, nehmen Sie 16 Bit FARBTIEFE und die Originalpixelzahl des Kamerasensors. Die Farbtiefe setzen Sie nach vollständiger Korrektur in Photoshop mit dem Befehl **Bild: Modus: 8-Bit-Kanal** auf acht Bit zurück. Die Pixelzahl reduzieren Sie später per **Bild: Bildgröße** bei eingeschaltetem INTERPOLATIONSVERFAHREN.

»Schärfen für«

Unten in den Arbeitsablauf-Optionen stellen Sie im Klappmenü SCHÄRFEN FÜR eine Scharfzeichnung für die neu entstehenden Dateien ein, zum Beispiel OHNE, GLOSSY-PAPIER oder MATT-PAPIER. Die Scharfzeichnung gilt zusätzlich zum SCHÄRFEN aus dem Raw-Register DETAILS. Im Zweifel verzichten Sie darauf und schärfen direkt in Photoshop.

Das Menü rechts stellen Sie meist auf STANDARD, sonst aber auf NIEDRIG oder HOCH. Drucken Sie auf Farbtintenstrahler, testen Sie GLOSSY-PAPIER ruhig mit der Variante HOCH, auch wenn das Ergebnis am Bildschirm vielleicht übertrieben aussieht.

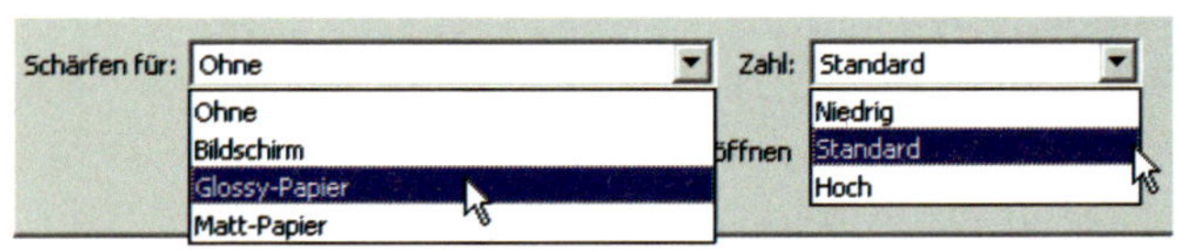

Abbildung 8.17 Steuern Sie die Scharfzeichnung der Dateien, die Sie aus dem Raw-Dialog herausschreiben.

8.2.11 Speichern und Übertragen der Korrektureinstellungen

Übertragen Sie alle oder nur ausgewählte Korrekturwerte von der BELICHTUNG bis zum Freistellrahmen auf weitere Fotos. Auch die örtlichen Korrekturen mit Korrekturpinsel und Verlaufsfilter übertragen Sie auf Wunsch, sie erscheinen unter dem Begriff LOKALE ANPASSUNGEN. Sie übertragen die Einstellungen direkt im Raw-Dialog oder in Bridge.

Einstellungen in der Camera-Raw-Serienverarbeitung übertragen

So übertragen Sie Korrektureinstellungen im Camera-Raw-Dialog, wenn Sie mehrere Bilder geladen haben:

» Wählen Sie in der Leiste links ein Einzelbild aus, korrigieren Sie es, dann markieren Sie weitere Bilder und klicken auf SYNCHRONISIEREN. Oder:

» Wählen Sie links im Raw-Dialog mehrere Bilder aus und ändern Sie die Einstellungen – alle Bilder ändern sich parallel.

Einstellungen speichern und anwenden

Sie können die Korrektureinstellungen der aktuellen Datei im Raw-Dialog dauerhaft speichern und später auf weitere Bilder übertragen:

1. Öffnen Sie das Klappmenü rechts oben im Camera-Raw-Dialog.
2. Klicken Sie auf **Einstellungen speichern**.
3. Wählen Sie die Eigenschaften aus, die Sie konservieren möchten.
4. Behalten Sie das vorgeschlagene Verzeichnis bei und geben Sie dem Kind einen Namen.

Alternative zu diesem Weg: Öffnen Sie das Vorgaben-Register und klicken Sie unten auf das Symbol für neue Vorgaben.

So wenden Sie die gespeicherten Einstellungen auf andere Dateien an:

» Öffnen Sie im Raw-Dialog das Register Vorgaben und klicken Sie Ihre Vorgabe an. Oder:

» Markieren Sie mehrere Bilder in Bridge, dann heißt es dort **Bearbeiten: Einstellungen entwickeln**.

Einstellungen schnell übertragen

Übertragen Sie Camera-Raw-Vorgaben ruckzuck auf andere Dateien, ohne erst etwas zu speichern. Korrigieren Sie zunächst ein Bild im Raw-Dialog, dann kann es wie folgt weitergehen:

» Laden Sie ein weiteres Bild im Camera-Raw-Dialog, oben rechts im Klappmenü wählen Sie **Vorherige Konvertierung**.

» Markieren Sie weitere Korrekturfälle in Bridge, dann heißt es dort **Bearbeiten: Einstellungen entwickeln: Vorherige Konvertierung**.

» Klicken Sie eine Datei mit vorbildlicher Einstellung in Bridge an und gehen Sie auf **Bearbeiten: Einstellungen entwickeln: Camera Raw-Einstellungen kopieren** (Strg + Alt + C). Danach wählen Sie die Korrekturkandidaten in Bridge aus und nehmen im selben Untermenü **Camera Raw-Einstellungen einfügen** (Strg + Alt + V). Im folgenden Dialogfeld entscheiden Sie en detail, welche Eigenschaften Sie übertragen.

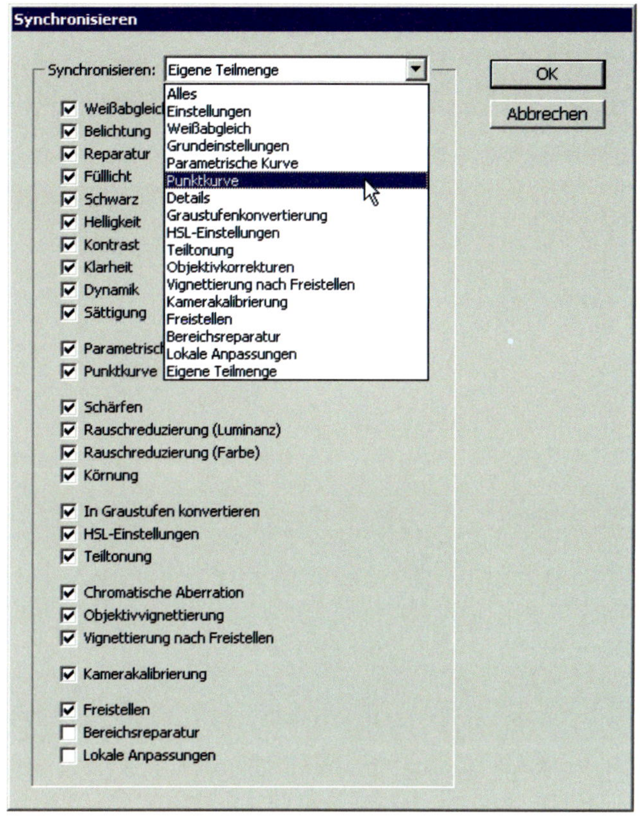

Abbildung 8.18 Übertragen Sie einzelne oder alle Korrekturmerkmale einer Raw-Datei auf andere Aufnahmen.

Einstellungen für alle Bilder derselben Kamera

Sorgen Sie dafür, dass eine bestimmte Camera-Raw-Einstellung automatisch auf alle Bilder von der gleichen oder sogar derselben Kamera übertragen wird (ausgehend von Kameramodell oder wahlweise Seriennummer). Definieren Sie einen »Camera Raw-Standard«:

1. Bringen Sie alle Regler im Raw-Dialog in die richtige Position.
2. Öffnen Sie das Menü zum Raw-Dialog mit der Schaltfläche rechts oben.
3. Klicken Sie auf **Camera Raw-Standards speichern**.

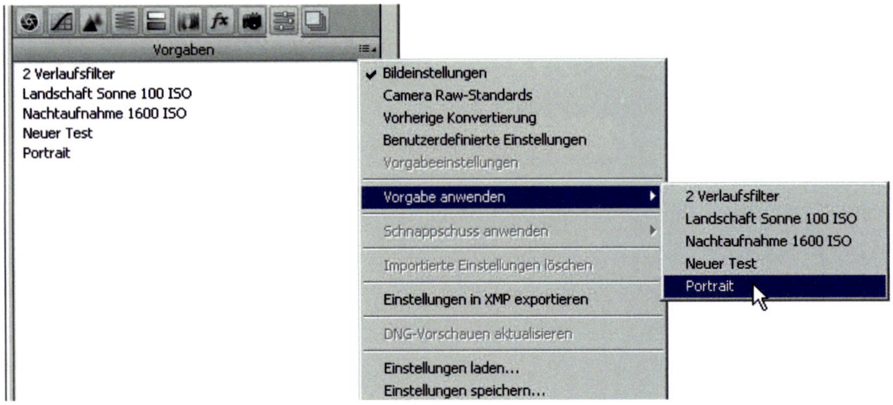

Abbildung 8.19 Im »Vorgaben«-Register und im Menü des Raw-Dialogs speichern und laden Sie Korrektureinstellungen.

TIPP Sichern Sie die Vorgaben eventuell zusätzlich per **Einstellungen speichern** mit einem eigenen Namen: Denn wenn Sie die **Camera Raw-Standards zurücksetzen**, verlieren Sie auch Ihre Vorgaben für dieses Kameramodell; Sie bleiben aber per **Einstellungen speichern** als Punkt im **Einstellungen**-Klappmenü erhalten.

Bridge zeigt alle Miniaturen mit den neuen Werten und so erscheinen die Bilder auch im Camera-Raw-Dialog. Wie immer bleiben die Bilddaten im Hintergrund unverändert, Sie sehen nur eine andere Erscheinungsweise.

Konveniert der neue **Camera Raw-Standard** nicht mehr, können Sie im Menü die **Camera Raw-Standards zurücksetzen**. Um mehrere Dateien zurückzusetzen, markieren Sie die Kandidaten in Bridge und wählen **Bearbeiten: Einstellungen entwickeln: Einstellungen löschen**.

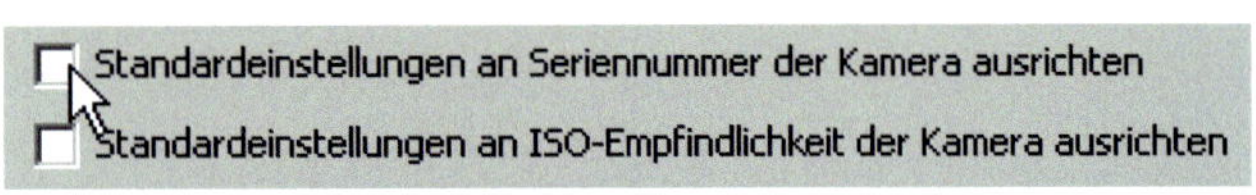

Abbildung 8.20 Legen Sie in den Camera-Raw-Voreinstellungen (Strg+K bei geöffnetem Raw-Dialog) fest, dass für unterschiedliche ISO-Werte und Seriennummern eines Kameramodells separate »Camera Raw-Standards« gespeichert werden.

8.2.12 Camera-Raw-Dateien und Filialdokumente

Manche Camera-Raw-Aufnahmen setzen sich aus bis zu drei Dateien zusammen:

- das Pixelbild,
- eine separate Datei mit der Bildminiatur und den Aufnahmedaten der Kamera, geschrieben von der Kamera; diese Dateien werden von Bridge nicht bearbeitet,
- eine XMP-Datei mit Stichwörtern und Beschreibungen aus Bridge sowie Korrekturangaben des Camera-Raw-Dialogs.

Bridge zeigt zunächst nur das Pixelbild, die anderen Dateien sehen Sie nicht. Doch wenn Sie eine Camera-Raw-Datei mithilfe von Bridge verschieben, kopieren, duplizieren oder umbenennen, sorgt Bridge dafür, dass auch die Nebendateien mit im Spiel bleiben: Sie markieren nur die Bildminiatur in Bridge; die ein oder zwei anderen, beschreibenden Dateien werden mit verändert, zum Beispiel mit umbenannt oder mit kopiert.

Klicken Sie auf **Ansicht: Verborgene Dateien anzeigen**, präsentiert Bridge auch die »Nebendateien« eines Camera-Raw-Bilds. Um den gesamten Zweier- oder Dreierkomplex zu verarbeiten, markieren Sie die Bildminiatur und nicht die kleineren, beschreibenden Dateien – dann verändert Bridge klug den gesamten Block aus Pixeldatei plus Anhang.

Speichern Sie die Raw-Dateien im nützlichen DNG-Format, landen sämtliche Informationen in einer einzigen Datei (Seite 220). Auch JPEG- oder TIFF-Bilder, die Sie im Raw-Dialog korrigieren, vereinen alles in einer Datei.

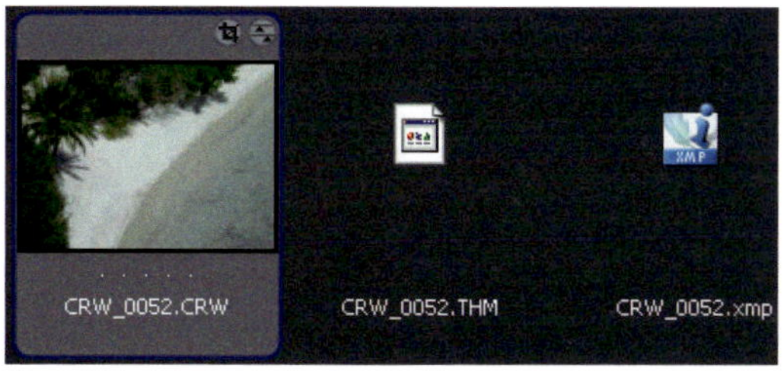

Abbildung 8.21 Zu einer Raw-Bilddatei gehören oft ein bis zwei weitere Dateien: hier noch eine THM-Datei mit der Bildminiatur und technischen Informationen des Kameraherstellers sowie eine XMP-Datei, die in Photoshop entstand; sie enthält – je nach Voreinstellung – IPTC-Textinformationen und die Korrekturwerte aus dem Camera-Raw-Dialog.

Camera-Raw-Einstellungen speichern

Automatisch werden Ihre Einstellungen für jede einzelne Datei gesichert, die Sie im Raw-Dialog verarzten. Wie und wo sich Photoshop das merkt, steuern Sie in Bridge mit dem Befehl **Bearbeiten: Camera Raw-Voreinstellungen** (oder Strg+K im Raw-Dialog oder in Photoshop **Bearbeiten: Voreinstellungen: Dateihandhabung**). Sie sammeln die Camera-Raw-Informationen wahlweise in einer zentralen Datenbank oder in Einzeldateien pro Bild.

Speichern in Filialdokumenten

Speichern Sie die Einstellungen in Filialdokumenten, dann erzeugt Photoshop im selben Ordner wie die Rohdatei eine separate XMP-Datei mit allen Korrekturvorgaben. Dieses Verfahren eignet sich besser, um Rohdateien samt Einstellungen an andere Anwender weiterzugeben oder um die Einstellungen später mit anderen Programmen zu nutzen. Die XMP-Dateien enthalten auch Ihre IPTC-Bildtexte. Wohlgemerkt: Bei JPEG-, TIFF- und DNG-Dateien landen alle Bridge- und Raw-Informationen direkt in der Bilddatei selbst, das ist besonders übersichtlich.

Öffnen Sie Dateien von einer CD oder anderen schreibgeschützten Medien, kann Photoshop natürlich keine neuen XMP-Dateien im selben Verzeichnis anlegen. Stattdessen schreibt das Programm in die Camera-Raw-Datenbank.

Abbildung 8.22 In den Camera-Raw-Voreinstellungen legen Sie fest, wo die Informationen über Raw-Dateien gespeichert werden.

Speichern in der Camera-Raw-Datenbank

Setzen Sie das Bildeinstellungen-Klappmenü auf Camera Raw-Datenbank. Der Hersteller verspricht, dass die Einstellungen auch dann erhalten bleiben, wenn Sie die Datei verschieben und umbenennen. Diese Datenbank behält auch Informationen von Bildern, die Sie vor Dezennien gelöscht oder nur per DVD gesichtet haben.

ACHTUNG Bei JPEG-, TIFF- und DNG-Dateien will Photoshop die Information innerhalb der Datei sichern. Ist die Datei aber schreibgeschützt (zu erkennen am Symbol über der Miniatur), lässt sich die Korrektur nicht merken, zum Beispiel in einer separaten XMP-Datei wie bei Camera-Raw-Dateiformaten. Im Test brach Photoshop die Bearbeitung mit einer Fehlermeldung ab.

Camera-Raw-Datenbank exportieren

Sie speichern in der Camera-Raw-Datenbank und nicht in Filialdokumenten und wollen die Fotos auf DVD archivieren oder weitergeben? Exportieren Sie die Informationen aus der Camera-Raw-Datenbank in XMP-Dateien – diese XMP-Dateien schreiben Sie mit auf die DVD, sie lassen sich auch auf anderen Rechnern mit Photoshop wieder einlesen. Der Schritt ist überflüssig, wenn Sie mit der Vorgabe Filialdokumente arbeiten. So geht's:

1. Wählen Sie in Bridge alle Raw-Dateien aus, deren Raw-Informationen Sie in XMP-Dateien exportieren wollen (Strg+A markiert alle).
2. Drücken Sie die Eingabetaste oder klicken Sie doppelt auf eine gewählte Datei – der Camera-Raw-Dialog erscheint und zeigt links alle gewählten Bilder.
3. Klicken Sie links oben im Camera-Raw-Dialog auf Alles auswählen.
4. Ganz rechts außen im Dialog öffnen Sie das Menü mit dem Schalter.
5. Klicken Sie auf **Einstellungen in XMP exportieren.**

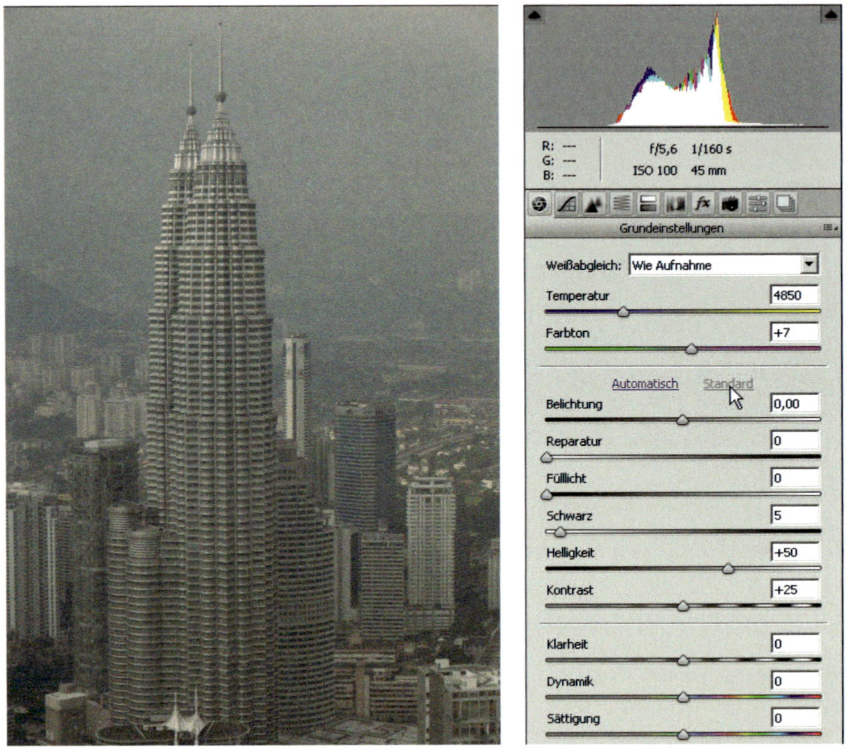

Abbildung 8.23
Mit der Standard-Vorgabe erscheint die Aufnahme blass. Datei: Raw_b. Foto: Lucas Klamert

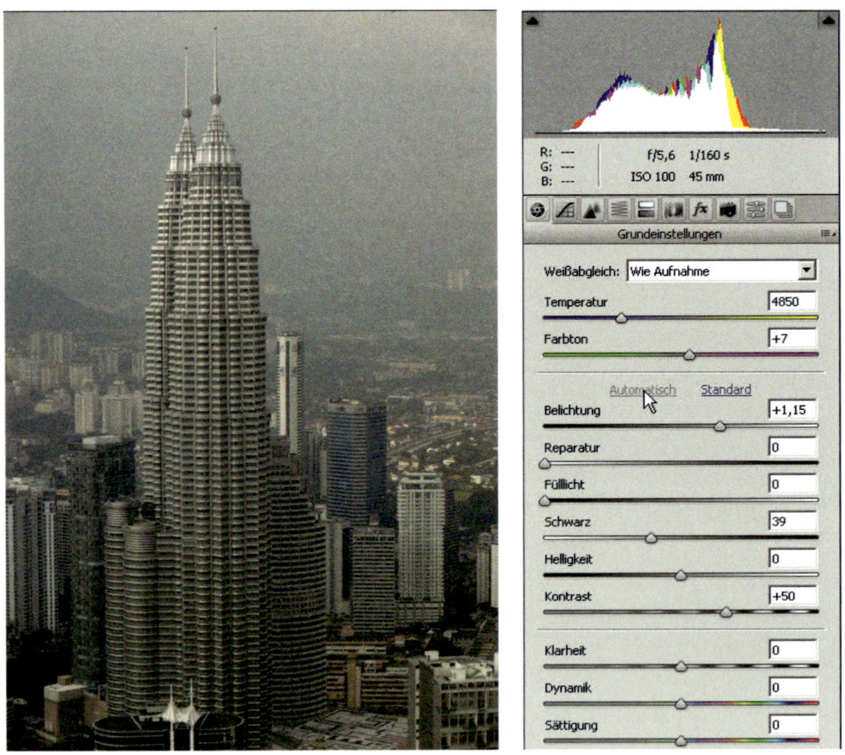

Abbildung 8.24
Ein Klick auf Automatisch steigert den Kontrast.

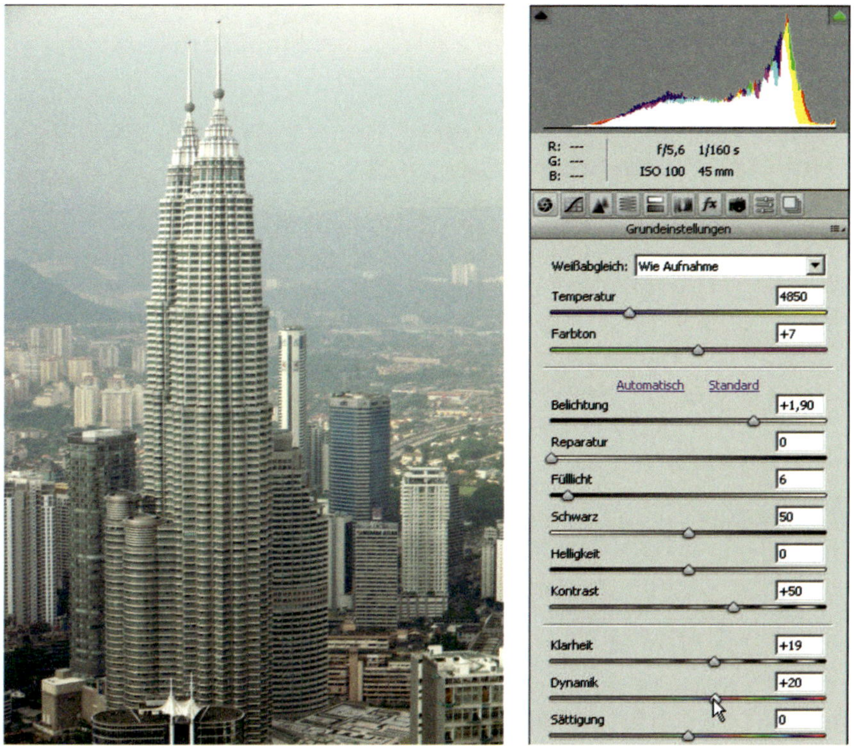

Abbildung 8.25
Wir heben vor allem die BELICHTUNG, steigern aber auch AUFHELLLICHT (Schattenaufhellung), KLARHEIT und DYNAMIK (Sättigung).

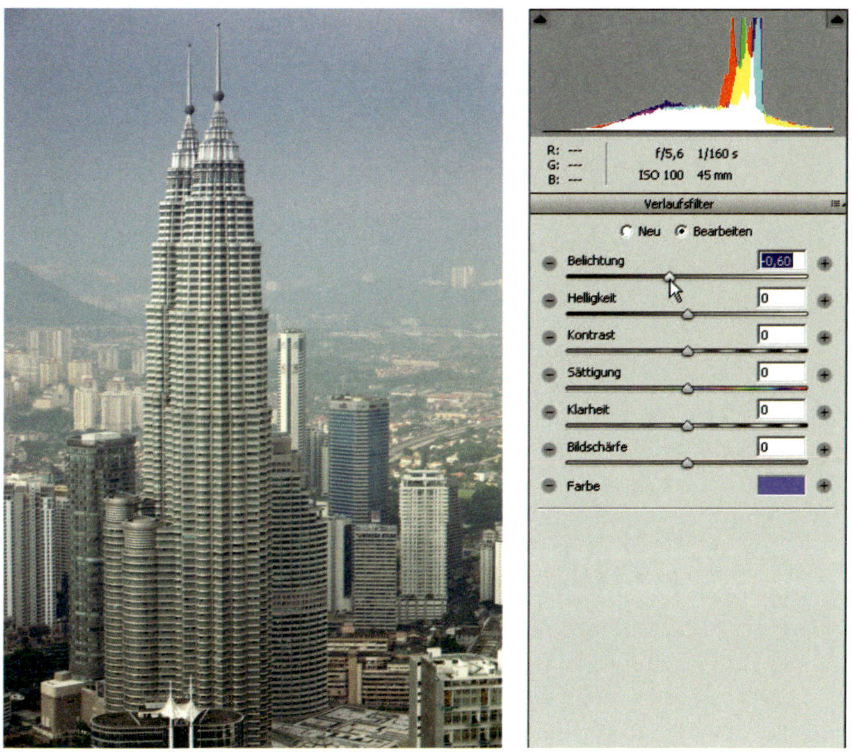

Abbildung 8.26
Ein Verlaufsfilter dunkelt den Himmel ab und tont ihn. Abgedunkelt ohne Tönung würde der Himmel braun erscheinen.

8.2.13 DNG-Dateiformat (»Digital-Negativ«)

Das Dateiformat Digital-Negativ (DNG) soll einen einheitlichen Standard für Camera-Raw-Dateien bieten. Wer weiß schon, ob Bildprogramme die Raw-Dateien Ihrer Kamera in ein paar Jahren noch öffnen. Adobes frei zugängliches »Digital-Negativ«-Format nimmt Raw-Dateien aller Hersteller auf und ein paar Kameras schreiben direkt DNG-Dateien.

Seit Photoshop CS3 können Sie auch JPEG- und TIFF-Dateien in den Camera-Raw-Dialog laden (Seite 205) und dann als DNG speichern.

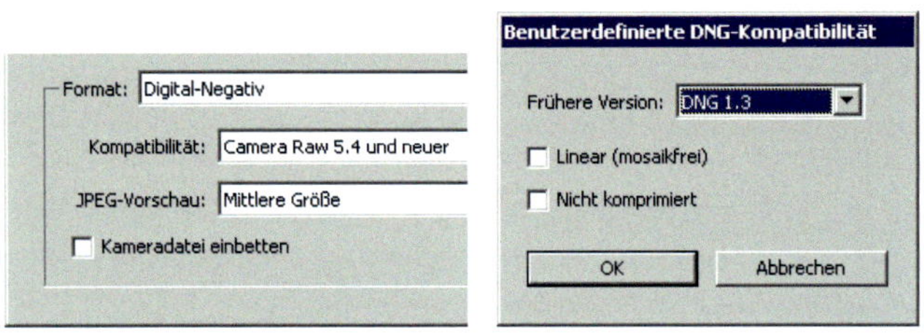

Abbildung 8.27 **Links:** In den »Speicheroptionen« des Camera-Raw-Dialogs übernehmen Sie in der Regel die voreingestellten Möglichkeiten. **Rechts:** Nur in Ausnahmefällen ändern Sie die Vorgaben für Komprimierung und Mosaikumwandlung; dazu klicken Sie im Klappmenü »Kompatibilität« auf »Benutzerdefiniert«.

Vorteile

Im Vergleich zu üblichen Camera-Raw-Dateien hat DNG wichtige Vorteile:

- Kompatibilität für Raw-Dateien: Für DNG gibt es vermutlich länger Programme als für das Raw-Format Ihres speziellen Kameramodells. DNG-Dateien öffnen Sie auch mit älteren Camera-Raw-Versionen bis 2.3.
- Übersichtlichkeit: DNG speichert technische Daten der Kamera (Exif) wie auch Ihre IPTC-Texte direkt in der DNG-Bilddatei und nicht in separaten »Filialdokumenten« (XMP etc.).
- Speicherplatz: Eine DNG-Datei mit verlustfreier Komprimierung kostet oft weniger Speicherplatz als eine Camera-Raw-Datei und spart auf jeden Fall Platz gegenüber 16-Bit-TIFF.
- Verlustfreie Korrekturen: Speichern Sie Zuschnitte, Drehungen, Fleckenretusche und jegliche Kontraständerung verlustfrei innerhalb der DNG-Datei – und das auch für TIFF- und JPEG-Dateien (Seite 205). Sie können alles lesbar an Lightroom weitergeben.

Schreiben Sie DNGs, indem Sie Camera-Raw-, JPEG- oder TIFF-Dateien in den Camera-Raw-Dialog laden und dann auf Bild speichern klicken. Alternative: der kostenlose DNG-Converter von Adobe mit identischen Optionen. In beiden Fällen soll meist der volle Qualitätsumfang der Raw-Dateien erhalten bleiben.

TIPP Sie wollen auf die Schnelle die Vorschaudatei innerhalb Ihrer Raw-Datei als JPEG speichern? Das soll die kostenlose Software Instant JPEG from Raw erledigen (*www.rawworkflow.com/instant-jpeg-from-raw-utility*, Registrierung erforderlich). Diese Vorschaudatei wird von Photoshop wahlweise mit den neuesten Einstellungen aktualisiert oder auch nicht (Strg+K im Raw-Dialog).

Wie vollständig ist eine DNG-Datei?

Das DNG-Format übernimmt viele auch »unverständliche« Informationen von Kameras, zum Beispiel von Canons CR2-Dateien oder von Nikons NEF-Dateien – diese Dateien werden offenbar vollständig in DNG umgesetzt. Allerdings, einige Rohformate werden eventuell nicht komplett übernommen. Sie erhalten auf jeden Fall die vollständigen Bildpunkte – aber eventuell nicht alle intern gesicherten Kameradaten. Die sind aber auch nicht immer wichtig. Wollen Sie alles garantiert vollständig beisammen haben, müssen Sie die Kameradatei einbetten (unten).

Optionen

In den **Speicheroptionen** steuern Sie die Dateigröße der entstehenden DNG-Datei:

- JPEG-Vorschau: Bauen Sie eine Vorschau nach JPEG-Speicherverfahren ein; die Vorschau (nicht das eigentliche Bild) hat also leichte Qualitätsverluste, die man mit Blick auf den geringeren Speicherplatzbedarf gern akzeptiert. Die JPEG-Vorschau kann die Darstellung in anderen Programmen erleichtern. Selbst die Vorschau in voller Größe beansprucht kaum mehr als 1 Megabyte Speicherplatz, aber auch die Mittlere Grösse ist eine gute Wahl.

» Kameradatei einbetten: Sichern Sie die komplette Original-Rohdatei innerhalb der DNG-Datei – und zwar zusätzlich zur DNG-Datei. Die Dateigröße steigt etwa um den Speicherbedarf der Originaldatei – also massiv. Wenn Sie DNG nicht trauen, oder für juristische Zwecke, ist das eventuell wichtig, ansonsten lassen Sie es. Entnehmen lassen sich die Originaldaten zum Beispiel mit dem DNG-Converter.

Als Kompatibilität nehmen Sie das Neueste, bei Manuskriptabgabe Camera Raw 5.4 oder neuer. Sofern Sie das Klappmenü für die Kompatibilität öffnen und auf Benutzerdefiniert klicken, erhalten Sie weitere Optionen, die Sie in der Regel nicht ändern sollten:

» Nicht komprimiert: Photoshop komprimiert Ihre Bilder völlig verlustfrei. Öffnen und Schreiben dauern etwas länger, aber das Verfahren spart oft über 50 Prozent Speicherplatz. Theoretisch können Sie auf die Komprimierung verzichten.

» Linear (Mosaikfrei): Diese Option vermeiden Sie, solange es im Zielprogramm keine Probleme gibt. Sie kostet mehr Speicherplatz und erzeugt ein Mittelding aus Roh- und normaler RGB-Datei, wahrt also nicht alle Originalinformationen.

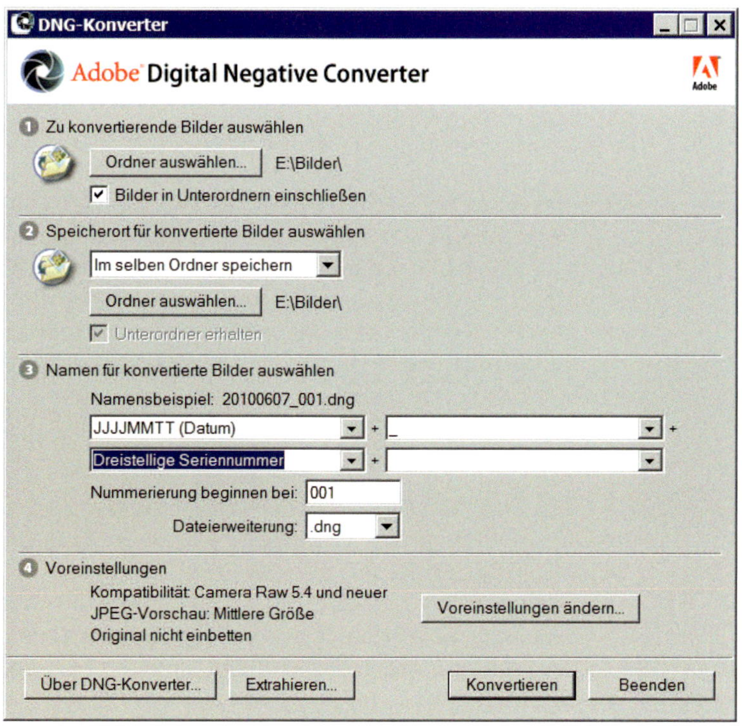

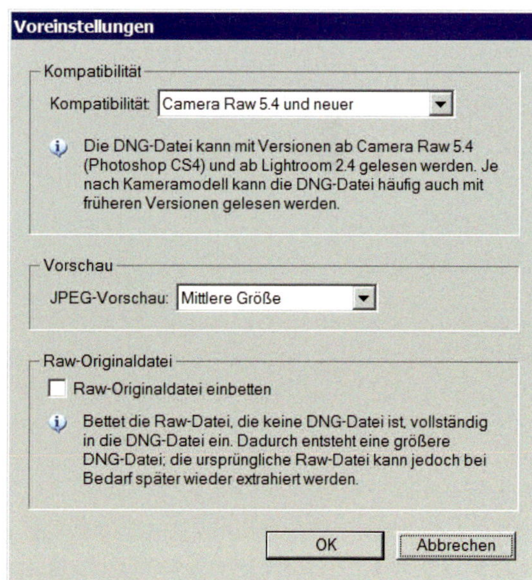

Abbildung 8.28 Der »Digital Negativ Converter« von Photoshop-Hersteller Adobe wandelt Raw-Dateien, aber keine TIFFs oder JPEGs, stapelweise ins DNG-Format um. Das kleine Gratisprogramm startet viel schneller als Photoshop oder Bridge. Laden Sie Aufnahmen von der Speicherkarte, sollte der DNG-Converter »Bilder in Unterordnern einschließen« – die Dateien landen dann in einem einzigen Zielverzeichnis ohne die verschiedenen Unterordner Ihrer Speicherkarte, sofern Sie nicht die »Unterordner erhalten«.

Größenvergleich

Für die folgende Tabelle speichern wir die Raw-Datei »Raw_o.orf« aus dem »Praxis«-Verzeichnis der Buch-DVD in verschiedenen Varianten. Die 10-Megapixel-Datei (3648x2736 Pixel) stammt aus der Olympus-Kamera E-510.

Dateiformat	Vorschau	Komprimiert	Kameradatei einbetten	Dateigröße in MB
ORF (Original)	–	✔	(entfällt)	10,24
DNG	voll	✔	–	11,01
DNG	mittel	✔	–	10,42
DNG	ohne	✔	–	10,38
DNG	voll	✔	✔	21,12
TIFF 16 Bit	–	ZIP	–	43,21
TIFF 8 Bit	–	LZW	–	8,83
TIFF 8 Bit	–	ZIP	–	8,81
JPEG 8 Bit	–	Stufe 10	–	1,06
JPEG 8 Bit	–	Stufe 8	–	0,61

8.3 Bildbearbeitung im Camera-Raw-Dialog

Im Camera-Raw-Dialog stellen Sie Farbton, Kontrast und Bildausschnitt ein, Sie korrigieren rotgeblitzte Augen, kleine Flecken und örtliche Tonwertprobleme. Das Bild erscheint anschließend verändert in Bridge – aber Sie können alle Korrekturen an der Raw-Datei verlustfrei zurücksetzen, Sie produzieren quasi nur Abzüge eines digitalen Negativs. Sie steuern die Tonwerte fast so vielseitig wie in Photoshop selbst. Das Dialogfeld bietet die üblichen Werkzeuge und Tastenkürzel für Zoomstufe und Bildausschnitt (Seite 34).

8.3.1 Freistellen und Drehen

Sie können die Datei im Raw-Dialog drehen oder zuschneiden. Das Bild erscheint nach der Bearbeitung im Raw-Dialog freigestellt in Bridge. Die Raw-Korrektur selbst versteckt die weggeschnittenen Pixel jedoch nur, sie lassen sich jederzeit im Raw-Dialog wieder herholen.

Bridge zeigt die Miniaturen nur noch mit ihrem neuen Bildausschnitt. Gedrehte oder freigestellte Dateien dekoriert das Programm jedoch mit einem Freistellsymbol.

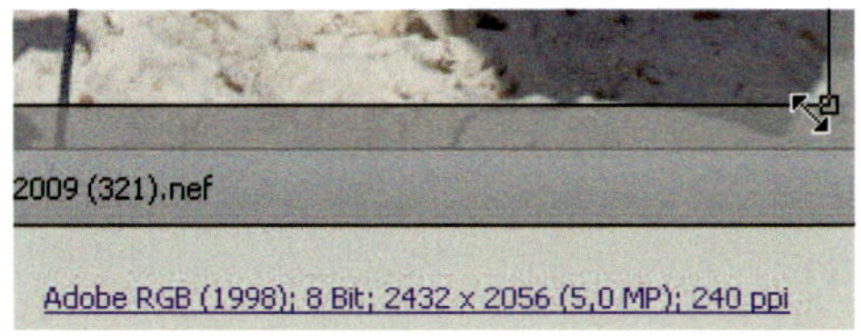

Abbildung 8.29 Während Sie freistellen, meldet der Raw-Dialog die entstehende Pixelzahl.

Freistellen

Das Freistellungswerkzeug (Tastaturbefehl [C]) im Camera-Raw-Dialog funktioniert so ähnlich wie sein Pendant aus Photoshops Werkzeugleiste; Sie können den Freistellrahmen auf bestimmte Seitenverhältnisse festlegen und auch drehen, um gleich einen schiefen Horizont zu korrigieren. Drücken Sie die [↵]-Taste oder klicken Sie doppelt auf das Freistellungswerkzeug oben im Dialogfeld, dann füllt der freigestellte Bildbereich das komplette Vorschaufenster aus. Bei gedrückter [Alt]-Taste ziehen Sie den Rahmen vom Mittelpunkt aus in alle Richtungen auf. [Esc]-Taste oder [Entf]-Taste entfernt den Freistellrahmen und zeigt wieder das Gesamtbild – das Freistellungswerkzeug muss dabei aktiv sein. Die [Strg]-Taste wechselt zum Gerade-ausrichten-Werkzeug.

Wohlgemerkt: Sie arbeiten verlustfrei. Auch wenn der Rand nicht mehr zu sehen ist, Photoshop versteckt ihn lediglich, er lässt sich immer wieder anzeigen: Klicken Sie im Raw-Dialog auf das Freistellungswerkzeug, so sehen Sie den weggeschnittenen Rand bereits wieder blass angezeigt, er gilt aber noch als entfernt. Wählen Sie im Menü des Freistellungswerkzeugs **Freistellung löschen**, um das Bild endgültig wieder ganz anzuzeigen.

Freistellen mit fixiertem Seitenverhältnis

In seinem Klappmenü bietet das Freistellungswerkzeug bereits verschiedene Seitenverhältnisse an, die im Kontextmenü wiederkehren. Eine Unterscheidung zwi-

So nutzen Sie die Camera-Raw-Werkzeuge

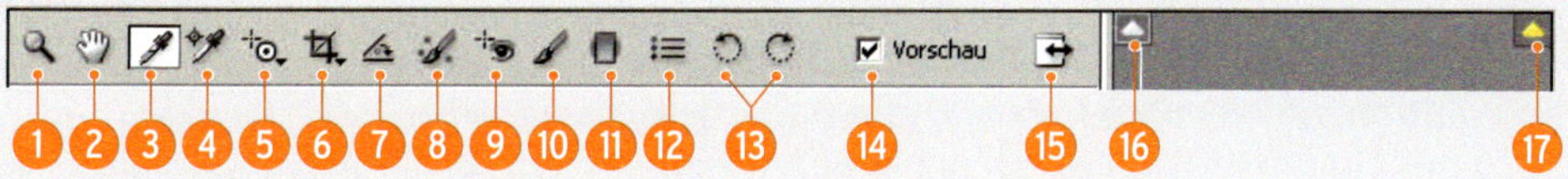

1. **Zoomwerkzeug**
   Tastaturbefehl Z
   Alt-Taste zum Verkleinern
   jederzeit auch per Strg+Leertaste (Vergrößern)
   oder Alt+Leertaste (Verkleinern)
   Doppelklick: 100-Prozent-Zoomstufe
2. **Hand-Werkzeug** H
   zum Verschieben im Vorschaufenster jederzeit auch per Leertaste
   Doppelklick: Bild auf Gesamtansicht zoomen
3. **Weißabgleich-Werkzeug** I
   setzt angeklickten Tonwert auf Neutralgrau
   Doppelklick: Weißabgleich auf Wie Aufnahme zurücksetzen
4. **Farbaufnahme-Werkzeug** S
   setzt bis zu neun Messpunkte meist auch per ⇧-Taste
5. **Selektive Anpassung** T
   einzelnen Tonwertbereich durch Ziehen im Bild ändern
6. **Freistellungswerkzeug** C
   (verlustfrei)
7. **Gerade-ausrichten-Werkzeug** A
8. **Bereichsreparatur** B
   (Fleckenretusche)
9. **Rote-Augen-Korrektur** E
10. **Anpassungspinsel** K
    (örtliche Tonwertkorrektur)
11. **Verlaufsfilter** G
12. **Camera-Raw-Voreinstellungen** Strg+K
13. **90° nach links/rechts drehen** L/R
14. **Vorschau (aktuelle Änderungen anzeigen)** P
15. **Vollbildmodus** F
16. **Warnfarben zur Tiefenbeschneidung anzeigen** U
    Warnfarben sind hier eingeschaltet (erkennbar am weißen Rahmen); alle drei Grundfarben haben Tiefenbeschneidung (erkennbar am weißen Dreieck)
17. **Warnfarben zur Lichterbeschneidung anzeigen** O
    Warnfarben sind nicht eingeschaltet (da kein weißer Rahmen); Grundfarbe Gelb hat Lichterbeschneidung (erkennbar am gelben Dreieck)

schen Hoch- und Querformat gibt es nicht – ziehen Sie für Querformate nach links oder rechts, für Hochformate nach unten oder oben; die Ausrichtung lässt sich zwischenzeitlich auch wechseln. Die ⇧-Taste erzeugt Quadrate.

Der Befehl **Benutzerdefiniert** bietet noch mehr Flexibilität: Wählen Sie beliebige Seitenverhältnisse, Druckmaße oder Pixelzahlen. Für die Pixelzahl gilt: Sie markieren einen Bildausschnitt in den Proportionen Ihrer Pixelmaße; der Bildausschnitt wird dann auf diesen Wert umgerechnet – herauf oder herunter. Diese Änderungen erledigen Sie alle auch bequem direkt in Photoshop.

Mehrere Bilder freistellen

Bequem schneiden Sie ganze Bildserien zu oder Sie rücken reihenweise verrutschten Horizont gerade. Sie wählen zunächst mehrere Fotos in Bridge aus und laden sie per Strg+R in den Camera-Raw-Dialog. So kann es weitergehen:

» Keines der Bilder hat einen passenden Freistellrahmen? Klicken Sie links oben im Raw-Dialog auf ALLES AUSWÄHLEN (Seite 208), greifen Sie zum Freistellungswerkzeug, rahmen Sie den gewünschten Bereich in einem Bild ein – sofort erscheinen alle Bilder zugeschnitten.

» Oder ist bereits ein Raw-Bild freigestellt? Dann aktivieren Sie links im Raw-Dialog zunächst nur diese eine Aufnahme, danach klicken Sie auf ALLES AUSWÄHLEN. Verschieben Sie den vorhandenen Freistellrahmen minimal – jetzt übernehmen die anderen Dateien denselben Zuschnitt.

» Alternative, wenn bereits ein Bild freigestellt ist: Aktivieren Sie erst das Einzelbild, um anschließend auf

Alles auswählen und auf Synchronisieren zu klicken. Im Dialogfeld Synchronisieren stellen Sie das Klappmenü auf Freistellen; alle anderen Eigenschaften wie Weissabgleich oder Belichtung übertragen Sie also nicht auf die weiteren Bilder.

Zeigen nun alle Miniaturen das Symbol für die Drehung ? Klicken Sie sich mit den Pfeiltasten durch die Bilder, um jedes im Vorschaufenster zu prüfen.

TIPP Wollen Sie die freigestellten Bilder im Photoshop-Dateiformat speichern? Dann wählen Sie in den **Speicheroptionen** Freigestellte Pixel erhalten: Die Bildpunkte werden in der Photoshop-PSD-Datei nicht endgültig entfernt, sondern nur hinter dem Bildrand versteckt. Mit dem Befehl **Bild: Alles einblenden** locken Sie die entfernten Partien wieder ans Tageslicht.

Drehen

Zwei Schaltflächen drehen Ihr Bild in 90-Grad-Schritten. Oder drücken Sie einfach die Tasten L oder R.

Schiefen Horizont korrigieren Sie komfortabel mit dem Gerade-ausrichten-Werkzeug – ziehen Sie das Werkzeug an einer Geraden im Bild entlang. Dabei entsteht automatisch ein Auswahlrahmen wie beim Freistellungswerkzeug (siehe oben) – und mit der ↵-Taste erscheint die Datei dann auch gedreht im Raw-Dialog. Die Esc-Taste hebt alles wieder auf.

TIPP Auch Bridge bietet bequemes Drehen um 90 oder 180 Grad an: Markieren Sie die Kandidaten, dann nehmen Sie die Schaltflächen zum Drehen rechts oben oder die Tastenbefehle (Strg+U und Strg+Alt+U).

8.3.2 Kameraprofile

Photoshop hält für manche Kameras mehrere unterschiedliche Profile mit Verarbeitungshinweisen parat:

- Die sogenannten Adobe-Standard-Profile sind als allgemeine, eher neutrale Ausgangsbasis gedacht.
- Alternativ verwenden Sie ein Kameraprofil. Nun imitiert der Raw-Dialog die Farbwiedergabe mit bestimmten Kameraeinstellungen, das Bild soll so erscheinen wie auf Ihrem Kameramonitor. Öffnen Sie das Register Kamerakalibrierung und treffen Sie Ihre Auswahl im Klappmenü Kameraprofil.

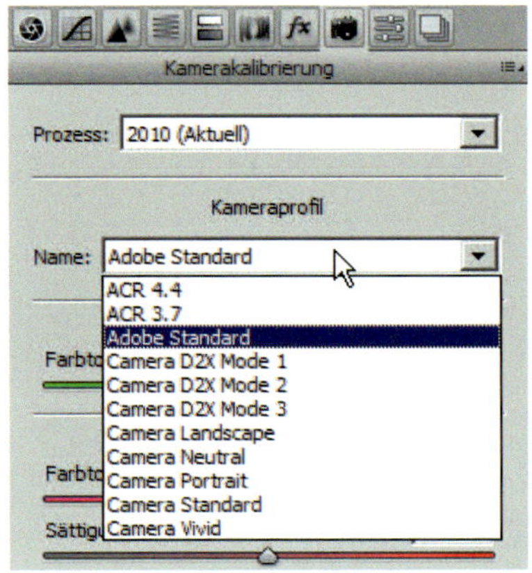

Abbildung 8.30 Laden Sie die Kameraprofile im Register »Kamerakalibrierung«.

Voraussetzungen

Um das spezielle Kameraprofil einsetzen zu können, brauchen Sie eine Raw-Datei (TIFF und JPEG scheiden aus), und zwar eine Raw-Datei von einer tatsächlich unterstützten Kamera. Bei Manuskriptabgabe waren das nur einige Canon- und Nikon-Geräte.

Sehen Sie nach, welche Kameraprofile (nicht zu verwechseln mit ICC-Profilen) Photoshop bei Ihnen hinterlegt hat:

- Windows XP: C/Dokumente und Einstellungen/All Users/Anwendungsdaten/Adobe/Camera Raw/CameraProfiles/Camera
- Windows Vista: C/Users/All Users/AppData/Local/Adobe/CameraRaw/CameraProfiles/Camera
- Windows 7: C:\ProgramData\Adobe\CameraRaw\CameraProfiles
- Mac: Library/Application Support/Adobe/Camera Raw/CameraProfiles/Camera

Mit dem Gratisprogramm DNG Profiles Editor von Adobe legen Sie eigene Profile an. Dieses Programm und weitere englische Informationen gibt es unter *http://labs.adobe.com/wiki/index.php/DNG_Profiles*.

8.3.3 Weißabgleich

Der Weißabgleich soll weiße oder neutralgraue Motivteile weiß oder neutralgrau darstellen. Wenn Ihre Kamera JPEG- oder TIFF-Dateien schreibt, übernimmt das Gerät den Weißabgleich mit, nach Ihren Vorgaben im Kameramenü.

Bei Camera-Raw-Dateien erledigt erst der Raw-Dialog den Weißabgleich. Verwenden Sie das Klappmenü Weissabgleich, alternativ oder zusätzlich den Farbtemperatur-Regler oder das Weißabgleich-Werkzeug. Dass man bei Raw-Dateien den Weißabgleich in Photoshop steuern kann und nicht der Kamera ausgeliefert ist, gilt als Vorteil von Raw-Dateien; doch auch bei JPEG- oder TIFF-Dateien lässt sich die Farbstimmung noch weitgehend ändern, auch wenn man dort nicht von Weißabgleich spricht.

Das Klappmenü »Weißabgleich«

Ihre Möglichkeiten:

- Stellen Sie das Weissabgleich-Klappmenü auf Wie Aufnahme: Photoshop greift auf die Weißabgleichinformationen der Digitalkamera zurück, die oft in der Datei vorhanden sind. Findet Photoshop jedoch keine Angaben zum Weißabgleich, weicht das Programm auf die Automatik (Auto) aus.
- Automatisch aus dem Weissabgleich-Klappmenü zeigt, was Photoshop aus dem Bild machen würde – oft eine gute Einstellung.
- Ebenfalls im Weissabgleich-Klappmenü finden Sie Vorgaben wie Tageslicht und Blitz; sie gehen von relativ kühler Lichtstimmung (also hoher Farbtemperatur) aus und bringen entsprechend eher warme Farben ins Bild. Umgekehrt setzen Kaltlicht und Kunstlicht warme Farben bei der Aufnahme voraus und steuern gegen – mit einem bläulichen, kühlen Ergebnis. Diese Angebote fehlen, wenn Sie statt Raw-Dateien JPEGs laden.

TIPP Ein Doppelklick auf das Weißabgleich-Werkzeug oben links im Raw-Dialog setzt den Weißabgleich zurück auf den Zustand Wie Aufnahme.

»Farbtemperatur« und »Farbton«

Sie sehen es schon: Eine Umstellung im Klappmenü Weissabgleich ändert auch die Werte von Farbtemperatur- und Farbton-Regler. Mit den Reglern stellen Sie Ihren Weißabgleich punktgenau ein:

- Der Farbtemperatur-Regler erlaubt beliebige kalte bis warme Farbstimmungen.
- Der Farbton-Regler bekämpft Grün- oder Magentastiche.

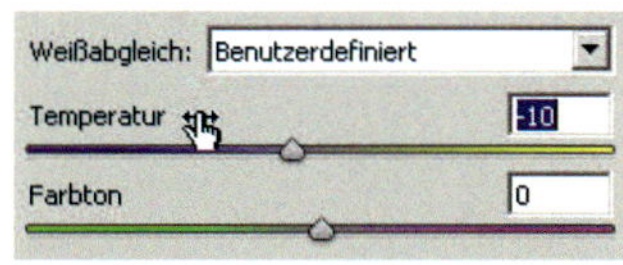

Abbildung 8.31 Mit dem »Farbtemperatur«-Regler steuern Sie den Weißabgleich. Wie überall in Photoshop ändern Sie die Werte auch durch Ziehen über oder neben einem Begriff, Sie müssen also nicht den Regler treffen. Außerdem können Sie die vertikalen Pfeiltasten mit oder ohne ⇧-Taste verwenden.

Weißabgleich-Werkzeug

Ein anderer Weg zu neutralen Farbtönen: Klicken Sie mit dem Weißabgleich-Werkzeug einen Bildteil an, der neutralgrau erscheinen soll (fotografieren Sie bei Bildserien eine Graukarte mit). Gefällt Ihnen das Ergebnis nicht, probieren Sie eine andere Bildstelle. Dabei verändern sich rechts die Regler Farbtemperatur und Farbton. Ziehen Sie für einen kurzen Test den Sättigung-Regler auf den Höchstwert: Wirken graue Flächen jetzt noch grau?

So etwas wie das Weißabgleich-Werkzeug bietet außerhalb des Camera-Raw-Dialogs die Neutralgrau-Pipette aus den Dialogen **Gradationskurven** und **Tonwertkorrektur** (Seite 329).

TIPP Besonders präzise platzieren Sie das Weißabgleich-Werkzeug, wenn Sie die ⇩-Taste drücken: Statt des Werkzeugsymbols sehen Sie ein Fadenkreuz. Das gilt auch für das Farbaufnahmewerkzeug, das Gerade-ausrichten-Werkzeug und das Freistellungswerkzeug. Die ⇧-Taste wechselt zum Farbaufnahmegerät.

Abbildung 8.32 **Von links nach rechts:** Die Rohdatei zeigt die »Weißabgleich«-Vorgaben »Tageslicht«, »Kunstlicht« und »Kaltlicht«. Vorlage: Raw_a. Foto: Manfred Grünberger

Abbildung 8.33 Der Camera-Raw-Dialog bietet ein ähnliches Farbaufnahmewerkzeug wie die Werkzeugleiste von Photoshop (Seite 83). Klicken Sie bis zu neun Messpunkte ins Bild, die RGB-Werte erscheinen oben im Dialogfeld. Schalten Sie die »Vorschau« ab, lesen Sie die ursprünglichen Werte. Per Alt-Klick mit dem Farbaufnahmewerkzeug löschen Sie einen Messpunkt. Mit diesen Werten und mit dem Histogramm prüfen Sie den Tonwertumfang.

8.3.4 Kontrast & Farbton

Zahlreiche Regler in mehreren Bereichen steuern Kontrast und Farbton – alles Wichtige finden Sie im ersten Register Grundeinstellungen – Sie sehen es rechts im Raw-Dialog, sobald Sie eine Datei in diesem Dialogfeld öffnen. Ein guter Ausgangspunkt für Korrekturen: Testen Sie zuerst, wie Photoshops Automatik das Bild bearbeitet – klicken Sie auf das Wort Automatisch über dem Belichtung-Regler. Anschließend verfeinern Sie Photoshops Vorschlag. Bei Bedarf wechseln Sie zurück zum Kamera-Standard.

Abbildung 8.34 Wollen Sie ein Bild im Raw-Dialog sofort mit »Auto«-Korrektur sehen, entscheiden Sie sich in den Camera-Raw-Voreinstellungen für »Automatische Farbtonkorrektur anwenden«. Die Änderung tritt beim Öffnen im Raw-Dialog ein.

Von »Belichtung« bis »Kontrast«

Die mittleren Regler im Bereich Grundeinstellungen steuern Helligkeit und Kontrast. Alternativ nehmen Sie den Bereich Gradationskurve. Wenden Sie die Regler von oben nach unten an:

» Der Schieber für die Belichtung funktioniert wie eine Kamerablende und setzt einen neuen Weißpunkt. Der Wert +1,00 hellt das Bild so auf, als ob Sie um

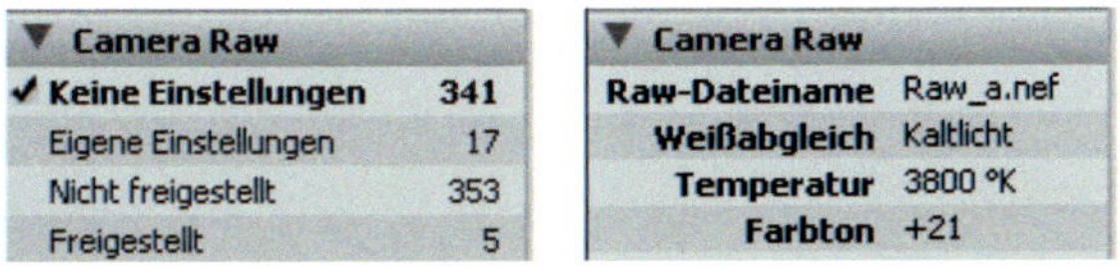

Abbildung 8.35 **Links:** Per Filter-Palette zeigen Sie Raw-Dateien nach bestimmten Kriterien an. **Rechts:** Die Einstellungen aus dem Camera-Raw-Dialog meldet auch der »Camera Raw«-Bereich der Metadatenpalette - sofern Sie die Datei bereits einmal im Raw-Dialog verändert haben. Welche Eigenschaften hier erscheinen, steuern Sie in den Bridge-»Voreinstellungen« unter »Metadaten«.

eine Blende heller belichtet hätten - zum Beispiel mit Blende 5,6 statt 8, mit 1/125 statt 1/250 Sekunde mit ISO 200 statt 100. Behalten Sie das Histogramm im Auge. Ziehen Sie mit gedrückter Alt-Taste, um im Schwellenwertmodus zu sehen, wie viele Lichter Differenzierung in einer Grundfarbe verlieren. Nach der Belichtung können Sie wahlweise noch die Helligkeit und damit vor allem die Mitteltöne ändern.

» Der Wiederherstellung-Regler (bis CS4 Reparatur) repariert die Übertreibungen des Belichtung-Schiebers: Ziehen Sie nach rechts, um ausgefressene Lichter wieder zurückzuholen. Ziehen mit gedrückter Alt-Taste offenbart wieder die Beschneidung.

» Das Aufhelllicht (früher Fülllicht) hellt sehr dunkle Partien auf, ohne mittlere und helle Bereiche mit anzuheben - nützlich etwa für Gegenlichtporträts unter freiem Himmel. Mehr Steuermöglichkeiten bietet freilich der Photoshop-Befehl **Bild: Korrekturen: Tiefen/Lichter** (Seite 345, auch verlustfrei als Smart Filter). Vor dem Aufhelllicht sollten Sie den Schwarz-Regler auf den Idealwert setzen. Erscheinen dunkle Zonen bereits zu blass, testen Sie einen höheren Schwarz-Wert.

» Der Schwarz-Regler senkt dunkle Bildpunkte auf reines Schwarz ab, helle Bereiche ändern sich kaum; das Bild wirkt tiefer und kontrastreicher. Beachten Sie das Histogramm oben und ziehen Sie einmal mit gedrückter Alt-Taste: Sie erkennen dann im Schwellenwertmodus, in welchen Bildteilen einzelne Farbkanäle jede Schattendifferenzierung aufgeben.

» Der Helligkeit-Schieber hebt oder senkt einen weiten Bereich von Mitteltönen; extreme Lichter und Schatten bleiben erhalten. Wenn Sie jedoch nach Korrekturen von Belichtung bis Schwarz noch weiter verfeinern möchten, arbeiten Sie besser in der Gradationskurve weiter. Das gilt mitunter auch für den Kontrast-Regler, der nicht immer präzise genug wirkt.

»Klarheit«, »Dynamik«, »Sättigung«

Klarheit und Dynamik, diese Regler bräuchte man auch fürs richtige Leben. Und just Klarheit und Dynamik sind zwei der interessantesten Funktionen im Raw-Dialog.

Der Regler Klarheit hieß bei den amerikanischen Entwicklern zunächst »Punch«, denn bereits niedrige Werte lassen Ihre Bildern knackiger wirken. Sie erhalten eine leichte Scharfzeichnung bzw. Kontraststeigerung

Abbildung 8.36 **Links:** Die Vorlage wirkt etwas flau. **Mitte:** Wir heben die »Klarheit« auf 100 Prozent an. **Rechts:** Wir ziehen den »Dynamik«-Regler auf plus 60. Datei: Raw_e

nur in den Mitteltönen - Werte zwischen 20 und 50 verbessern die meisten Aufnahmen, sehr detailreiche Motive vertragen noch mehr »Punch«. Beurteilen Sie die Wirkung in der 100-Prozent-Zoomstufe.

Statt der üblichen Farb-Sättigung sollten Sie zuerst den Dynamik-Regler testen, wenn Sie die Farben stärken wollen. Der Dynamik-Regler hebt die Farbsättigung nur in Bereichen, die nicht schon stark gesättigt sind, so vermeiden Sie Quietschtöne. Eingebaut ist ein Hauttonschutz, so dass Sie auch bei Porträts kraftvoll zugreifen können. Blautöne gewinnen durch Dynamik dagegen massiv hinzu. Im Zweifel bietet das Register HSL/Graustufen noch mehr Feinsteuerung.

Beschneidung anzeigen

Zeigen Sie Bildbereiche in Alarmfarben, die durch Ihre Korrektur an Differenzierung verlieren (also »beschnitten« werden). Ein Beispiel: Sie heben die Belichtung deutlich an. Helle Tonwerte wie 210, 225 oder 240 steigen dann einheitlich auf reinweißes 255 - Sie verlieren Zeichnung und Details in den Lichtern, eventuell nur in einer einzigen Grundfarbe.

Auch **Gradationskurve** und **Tonwertkorrektur** im Hauptprogramm können den Differenzierungsverlust durch Alarmfarben hervorheben, wir besprechen das Prinzip allgemein ab Seite 336. Aber so zeigen Sie die Beschneidung im Raw-Dialog an:

» Ziehen Sie bei gedrückter Alt-Taste an den Reglern für Belichtung, Wiederherstellung oder Schwarz, um eine grafische Landkarte möglicher Differenzierungsverluste zu erhalten.

» Klicken Sie oben im Histogramm auf die Schaltflächen für Unter- und Überbelichtung oder drücken Sie die Tasten U (Tiefenbeschneidung) bzw. O. Alarmfarben werden in beschnittenen Bereichen über das normale Bild geblendet.

» Behalten Sie - auch wenn keine Alarmfarben eingeschaltet sind - die Schalter für Tiefen- und Lichterbeschneidung im Auge: Sobald die Schatten der Grundfarbe Rot komplett auf 0 gedrängt werden, leuchtet der linke Schalter rot auf. Er erscheint weiß, wenn alle drei Grundfarben beschnitten werden.

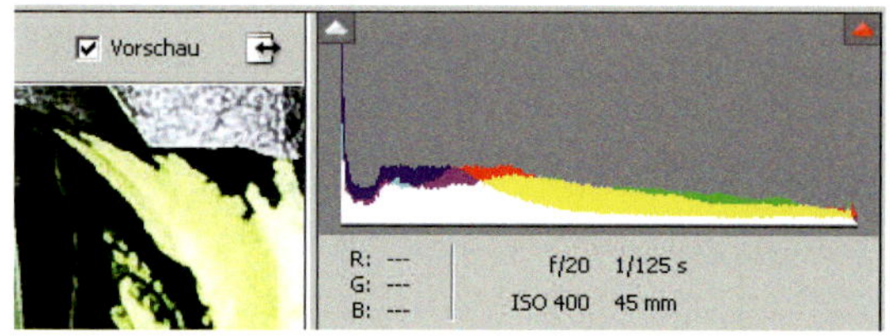

Abbildung 8.37 Sie erkennen es im Histogramm selbst, aber auch an den Dreiecks-Symbolen für die Beschneidung über dem Histogramm: In den Tiefen erzeugt die aktuelle Einstellung Beschneidung bei allen drei Grundfarben (darum ist das linke Dreieck weiß). In den Höhen verliert nur der Rotkanal an Differenzierung. Datei: Raw_m

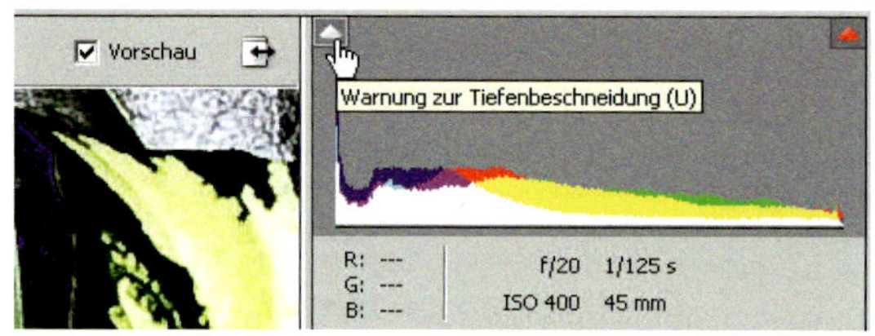

Abbildung 8.38 Wir schalten die Warnung zur Tiefenbeschneidung durch einen Klick auf das linke Dreieck zu. Ein weißes Rähmchen um das Dreieck signalisiert, dass die Warnung aktiv ist. Photoshop überdeckt beschnittene Tiefen mit blauer Signalfarbe (ganz links oben im Bild).

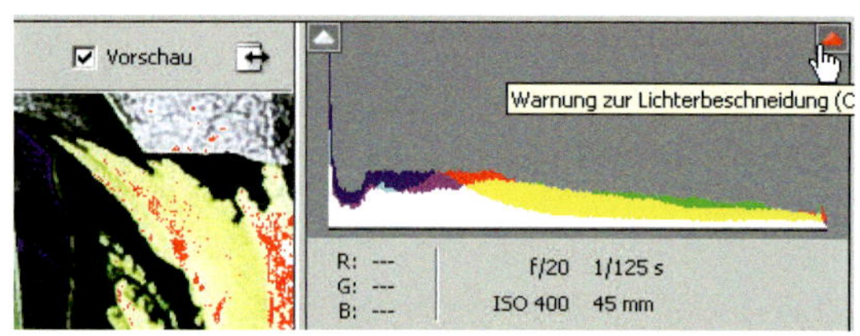

Abbildung 8.39 Wir schalten die Warnung zur Lichterbeschneidung ebenfalls ein, das rechte Dreieck erhält also auch ein weißes Rähmchen. Ausgefressene Lichter hebt Photoshop nun durch rote Signalfarbe hervor.

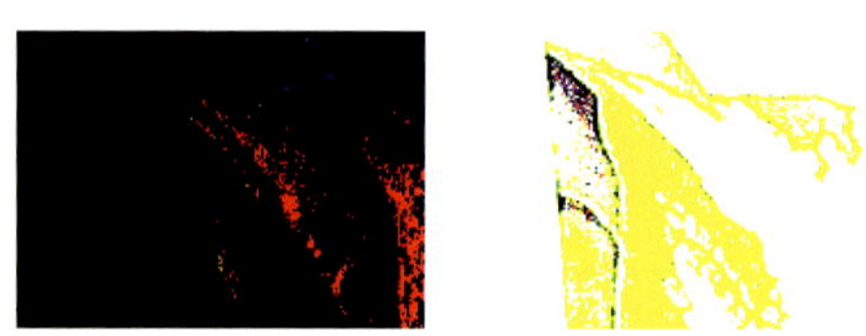

Abbildung 8.40 **Links:** Klicken Sie mit gedrückter Alt-Taste auf die Regler für Belichtung oder Wiederherstellung, um die Bereiche zu sehen, in denen mindestens eine Grundfarbe in den Lichtern beschnitten wird. **Rechts:** Alt-Klick auf den Schwarz-Regler hebt Bereiche hervor, in denen mindestens eine Grundfarbe in den Tiefen Differenzierung verliert.

TIPP Beschnittene Lichter bringen Sie zum Beispiel mit dem Wiederherstellung-Regler zurück, beschnittene Tiefen mit dem Schwarz-Schieber.

Gradationskurve

Im Bereich **Gradationskurve** justieren Sie den Kontrast durch Zupfen am Graphen – jedenfalls im Unterregister Punkt funktioniert die Palette wie die normalen **Gradationskurven** im Hauptprogramm **(auch verlustfrei**; ausführlich ab Seite 319). Per Strg-Klick ins Bild setzen Sie Anfasspunkte im gewünschten Helligkeitsbereich.

Im Unterregister Parametrisch – das Photoshop stets zuerst anbietet – ziehen Sie dagegen an Schiebereglern für vier verschiedene Helligkeitsbereiche wie Tiefen und Dunkle Farbtöne. Diese Technik wird für Einsteiger empfohlen, sie verhindert völlig entstellende Vorgaben.

Was jedoch versteht Photoshop genau unter Tiefen? Das steuern Sie mit den Schiebern unmittelbar unter dem Diagramm.

Ein Beispiel:

1. Sie bewegen den Tiefen-Regler auf den Wert +50. Die Gradationskurve wölbt sich links unten und zwar mehr oder weniger um das linke der drei Dreiecke herum.
2. Sie wollen nicht nur die tiefsten Töne, sondern auch etwas weniger dunkle Bereiche anheben? Sie könnten natürlich zusätzlich die nächsthelleren Dunklen Farbtöne in die Höhe befördern. Ihre Alternative jedoch:
3. Ziehen Sie den linken Bereichstrenner unter dem Diagramm nach rechts, von 25 auf 40 Prozent. Jetzt dehnt sich der angehobene Helligkeitsbereich weiter aus, in einen helleren Bereich. Sie haben den Wirkungsbereich des Tiefen-Reglers erweitert.
4. Oder soll es umgekehrt sein, Sie möchten nur die allertiefsten Tiefen beackern? Dann wandert das Dreieck halt nach links, von 25 auf 10 Prozent. Jetzt ändert der Tiefen-Steller einen noch kleineren Helligkeitsbereich als vorher.

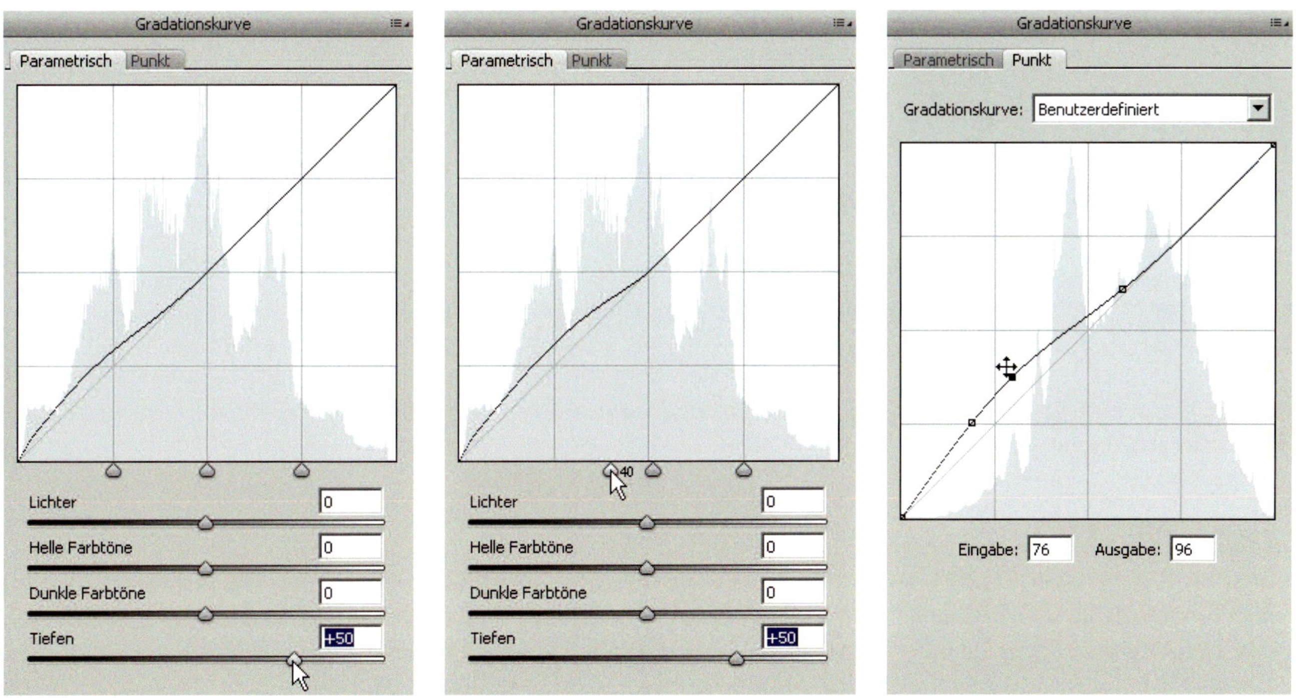

Abbildung 8.41 Links: Im Bereich »Parametrisch« wirkt der »Tiefen«-Regler zunächst nahe der 25-Prozent-Marke am stärksten. **Mitte:** Wir verschieben die »Tiefen«-Markierung von 25 auf 40 Prozent, so dass der »Tiefen«-Regler auch etwas hellere Bildpunkte mit aufhellt. **Rechts:** Im »Punkt«-Bereich der Gradationskurve können Sie Anfasspunkte frei verteilen, auch per Strg-Klick ins Bild.

Ebenso legen Sie natürlich fest, wie groß der Wirkungsbereich des LICHTER-Reglers ist.

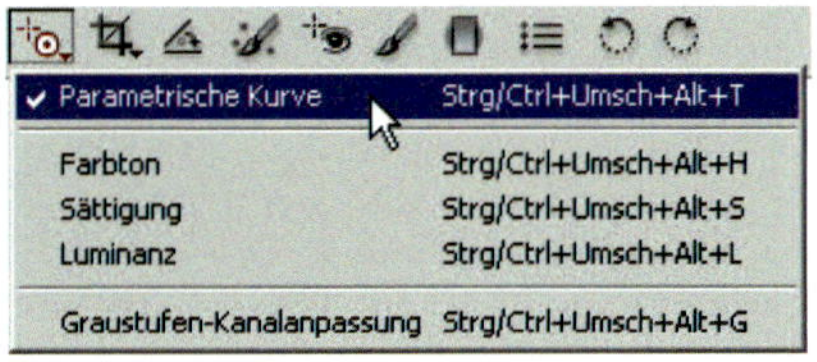

Abbildung 8.42 Schalten Sie das Werkzeug SELEKTIVE ANPASSUNG auf PARAMETRISCHE KURVE und klicken Sie den gewünschten Helligkeitsbereich im Bild an: Durch Ziehen nach links oder unten senken Sie je nach angeklicktem Bildteil zum Beispiel LICHTER oder HELLE FARBTÖNE ab. Ziehen nach rechts oder oben hebt die Werte für den angeklickten Tonwertbereich – so, als ob Sie mit den Schiebereglern der Gradationskurve arbeiten.

8.3.5 HSL/Graustufen

Im Register HSL/GRAUSTUFEN laborieren Sie weiter an der Farbstimmung. Häufig erledigen jedoch die Funktionen aus den GRUNDEINSTELLUNGEN bereits ganze Arbeit. Nutzen Sie auch das Werkzeug SELEKTIVE ANPASSUNG:

» Stellen Sie die SELEKTIVE ANPASSUNG auf **Farbton** (Strg+⇧+Alt +H). Klicken Sie nun einen Rotton im Bild an und ziehen Sie, so ändern Sie nur den Farbwert des Rottons.

» Stellen Sie die SELEKTIVE ANPASSUNG auf **Sättigung** (Strg+⇧+Alt+S), steigern oder senken Sie die Sättigung nur der angeklickten Rottöne.

Auch die **Luminanz** einzelner Farbbereiche lässt sich so intuitiv einstellen (Strg+⇧+Alt+L). Beim Ziehen ändern sich jeweils einer oder mehrere Regler in den Registern FARBTON, SÄTTIGUNG oder LUMINANZ.

TIPP Um die SELEKTIVE ANPASSUNG zu nutzen, müssen Sie nicht erst den Bereich HSL/GRAUSTUFEN öffnen.

»Graustufen-Kanalanpassung«

Im Register HSL/GRAUSTUFEN starten Sie auch Tonungen und Graustufenumsetzungen. Für Tonungen wie auch Graustufenvarianten klicken Sie auf IN GRAUSTUFEN KONVERTIEREN. Lassen Sie sich per Klick auf die AUTO-Schaltfläche ein erstes sinnvolles Ergebnis liefern, bevor Sie mit den Reglern verfeinern.

Besonders bequem: Schalten Sie die SELEKTIVE ANPASSUNG für die **Graustufen-Kanalanpassung** ein (Strg+⇧+Alt+G). Das Foto erscheint sofort in Graustufen. Ihre Möglichkeiten:

» Klicken und ziehen Sie zum Beispiel über einem Rotton, um nur Rottöne in hellerem oder dunklerem Grau zu zeigen.

» Klicken Sie anschließend in einen Blauton, um diesen Farbbereich in der Graustufenumsetzung heller oder dunkler wiederzugeben.

Eine Alternative zur Graustufenumsetzung im Raw-Dialog liefert Photoshop mit seinem vielseitigen, leicht und verlustfrei nutzbaren **Schwarzweiß**-Befehl (Seite 517) – allerdings hat nur der Raw-Dialog die zusätzlichen Regler für ORANGETÖNE und LILATÖNE. Wie Sie im Bereich TEILTONUNG zweifarbige Tonungen anlegen, besprechen wir ausführlich im Kontext mit anderen Tonungsverfahren ab Seite 509.

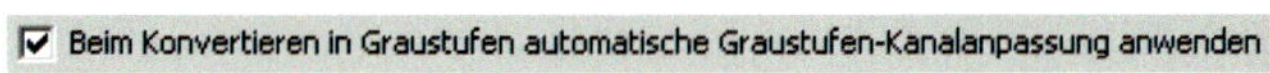

Abbildung 8.43 Mit dieser Vorgabe in den Camera-Raw-»Voreinstellungen« (Strg+K im Raw-Dialog) errechnet Photoshop sofort automatisch ein optimiertes Graustufenergebnis. Es sieht meist besser aus als die »Standard«-Variante. Sie müssen also nicht mehr auf »Auto« klicken.

8.3.6 Scharfzeichnen und Bildrauschen

Bearbeiten Sie Scharfzeichnung, Bildrauschen, chromatische Aberration und Randabschattung.

Bildrauschen allgemein

Lästiges Bildrauschen entsteht vor allem bei hohen ISO-Werten wie 1600, 3200, 6400 oder mehr ISO, kleine Sensoren sind anfälliger (Seite 43). Die Regler zur Rauschreduzierung finden Sie im Bereich DETAILS des Raw-Dialogs.

Schalten Sie zur Zoomstufe 100 Prozent (Strg+Alt+0), damit der Raw-Dialog die Änderungen präzise darstellt. Achten Sie generell darauf, dass Sie im Raw-Dialog nach dem aktuellen Verfahren arbeiten, also kein Ausrufezeichen rechts unten in der Raw-Vorschau sehen (Seite 206). Arbeiten Sie nach der älteren Technik, stehen die Regler LUMINANZDETAILS, LUMINANZKONTRAST und FARBDETAILS nicht zur Verfügung. Vorsicht natürlich: Eine übertriebene Rauschunterdrückung macht Ihr Bild allzu glatt, detailarm und verwischt. Scharfzeichnen kann das Rauschen verstärken, vor allem bei niedrigem Maskieren- und hohem Detail-Wert.

TIPP Photoshop CS5 (und der Ableger Lightroom 3) glätten Bildrauschen besser als frühere Versionen. Vielleicht haben Sie ältere verrauschte Aufnahmen bereits in Vorgängerprogrammen bearbeitet; »entwickeln« Sie solche Dateien erneut in CS5 – sie kommen oft deutlich besser heraus.

Im Raw-Dialog bekämpfen Sie Helligkeits- und Farbrauschen getrennt, also einerseits unschöne feine Helligkeitsunterschiede und zum anderen lästiges mikroskopisches Farbgrieseln, das noch viel mehr stört. Die Rauschreduzierung hier wirkt attraktiver als der Befehl **Rauschen reduzieren** aus dem Photoshop-Hauptprogramm, dort verarzten Sie allerdings einzelne Grundfarben wie den Rot-Kanal individuell (Seite 436).

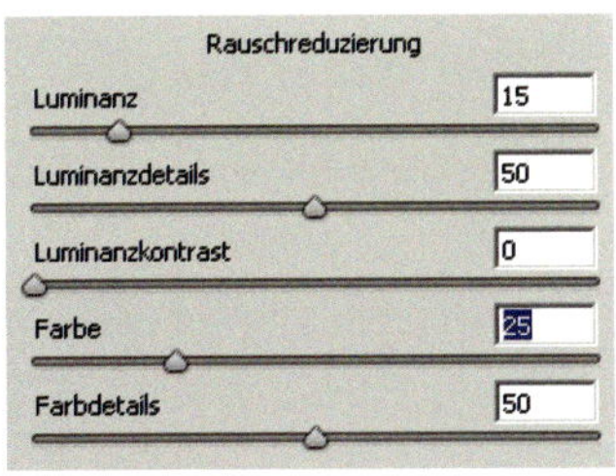

Abbildung 8.44 Mit fünf Reglern sorgt der Raw-Dialog im Bereich Details für Rauschreduzierung. Stehen die Luminanz- und Farbe-Werte auf 0, sind die darunterliegenden verfeinernden Regler abgeschaltet.

Helligkeitsrauschen

Drei Regler dämpfen speziell das Helligkeitsrauschen:

1. Der Luminanz-Regler steuert die allgemeine Stärke. Ein Wert um 25 ist oft ein guter Kompromiss – Sie glätten die Körnung, behalten aber genug Details. Steht der Luminanz-Regler auf 0 (das ist der Standard), bleibt Helligkeitsrauschen komplett unbearbeitet; dann sperrt Photoshop die verfeinernden Regler Luminanzdetails und Luminanzkontrast.
2. Mit den Luminanzdetails steuern Sie den Schwellenwert. Ziehen Sie den Regler nach rechts, kitzeln Sie etwas mehr Details heraus, bremsen das Verwischen – aber Sie sehen auch etwas mehr Rauschen und Störungen.
3. Heben Sie den Luminanzkontrast, verbessern Sie eventuell Kontrast und Struktur in Bereichen, die rauschreduziert wurden. Eventuell wirkt das Ergebnis bei hohen Werten fleckig. Niedrige Werte glätten sehr stark. Dieser Regler wirkt, ebenso wie Luminanzdetails, am auffälligsten bei Bildern mit starkem Rauschen, zum Beispiel 6400-ISO-Aufnahmen.

TIPP Wirken nur einzelne Bildpartien zu körnig? Sie können die Zonen auch mit dem Korrekturpinsel übermalen und die Bildschärfe senken.

Farbrauschen

Farbrauschen entstellt deutlicher als das »fotografisch« anmutende Helligkeitsrauschen. Ihre Möglichkeiten:

1. Der Farbe-Regler steht bereits ab Werk auf dem Wert 25. Dieser Wert eliminiert bereits einiges Farbrauschen, ohne Details zu versenken. Die Steigerung bis zum Höchstwert 100 bringt oft keinen wesentlichen Unterschied mehr. Steht der Farbe-Wert auf 0, blockiert Photoshop auch die Farbdetails-Einstellung.
2. Der Farbdetails-Regler spielt seine Stärken in extrem verrauschten Aufnahmen aus: Hohe Werte von 70 bis 100 schützen winzige Farbdetails, zum Beispiel dünne Linien, allerdings bleiben auch mehr wirkliche Fehler zurück. Niedrige Werte unter 20 löschen mehr Farbinformation, aber feine Farblinien erscheinen nun grau. Zoomen Sie auf 400 Prozent (mehrfach Strg + +), um die Wirkung deutlicher zu erkennen.

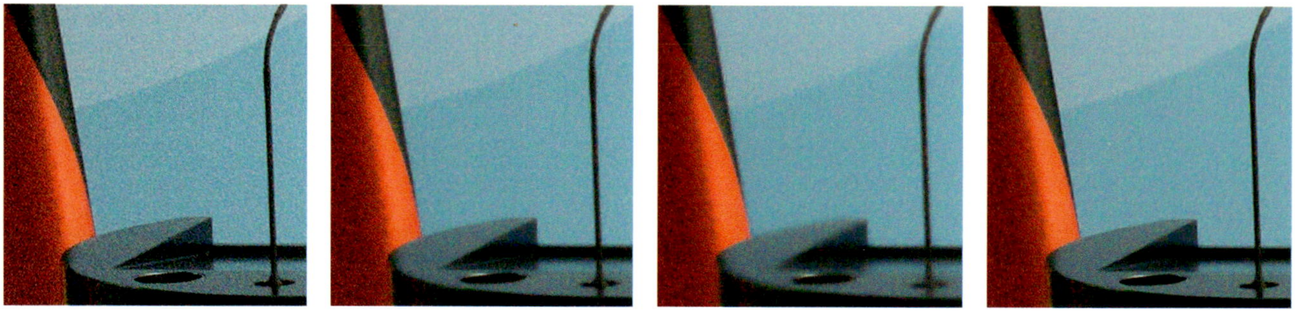

Vorlage, Rauschreduzierung auf 0 | Luminanz 50, Luminanzdetails 0 | Luminanz 100, Luminanzdetails 0 | Luminanz 100, Luminanzdetails 100

Abbildung 8.45 In dieser Reihe bleibt der Farbe-Regler auf 0. Alle Beispiele erscheinen mit knappen 200 dpi. Der Regler Luminanzkontrast ändert bei dieser Vorlage nicht viel. Datei: Raw_c

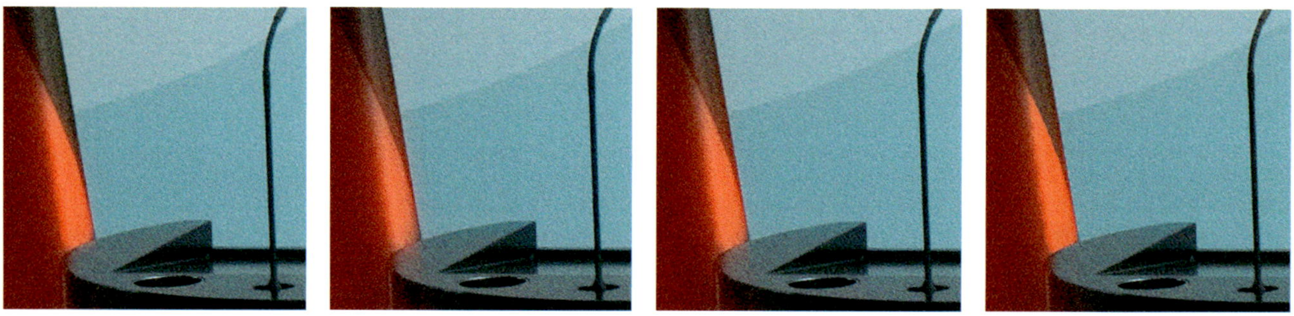

Farbe 50, Farbdetails 0 | Farbe 100, Farbdetails 0 | Farbe 100, Farbdetails 50 | Farbe 100, Farbdetails 100

Abbildung 8.46 Hier bleibt der Luminanz-Regler auf 0. Der Regler Farbdetails verhindert ein Verschmieren der Farben.

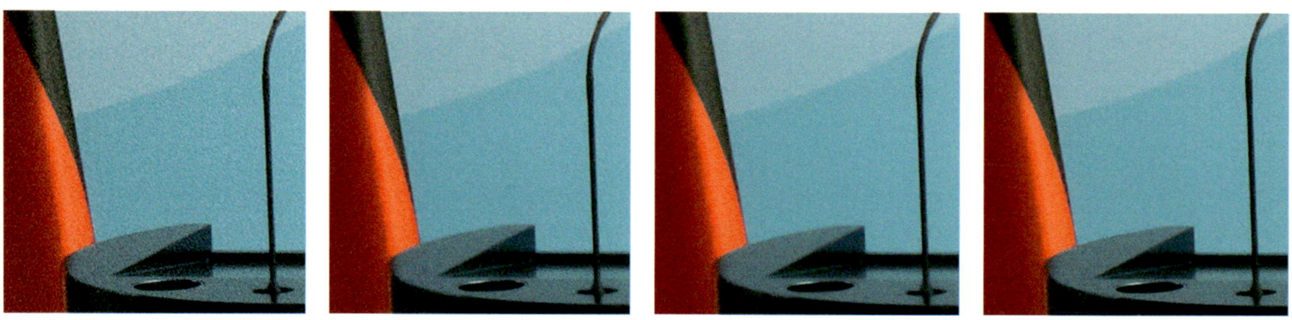

Luminanz 0, Farbe 25, Farbdetails 50 (Camera-Raw-Standard) | Luminanz 25, Luminanzdetails 50, Farbe 25, Farbdetails 50 | Luminanz 50, Luminanzdetails 50, Farbe 25, Farbdetails 50 | Luminanz 50, Luminanzdetails 100, Farbe 25, Farbdetails 50

Abbildung 8.47 Die Vorlage wirkt am besten bei Luminanz- und Farbe-Werten zwischen 25 und 50. Der Regler Luminanzdetails verhindert auffällige Weichzeichnung.

Scharfzeichnung

Auch die Scharfzeichnung steuern Sie im DETAILS-Bereich. Nutzen Sie die Zoomstufe 100 Prozent, um die Wirkung überhaupt zu sehen, und verwenden Sie die aktuelle Raw-Umwandlungstechnik (Sie sehen also kein Ausrufezeichen rechts unten, Seite 206). Einen gesteigerten Schärfeeindruck liefert auch der KLARHEIT-Regler aus den GRUNDEINSTELLUNGEN.

Die eigentliche Feinsteuerung der Schärfung besprechen wir im Scharfzeichner-Abschnitt ab den Seiten 445 und 451, in Zusamenhang mit weiteren interessanten Scharfzeichnertechniken. Hier geht es nur um die Darstellung im Raw-Dialog.

In den Arbeitsablauf-Optionen stellen Sie wahlweise noch eine Schärfung nur für die aus dem Raw-Dialog heraus geschriebenen JPEG-, TIFF- und PSD-Dateien ein (Seite 214).

TIPP Der Raw-Dialog wendet eine leichte Scharfzeichnung und Farbrauschreduzierung auf jede Datei an. Wenn Sie das nicht möchten, ziehen Sie den BETRAG-Regler auf 0, den FARBE-Regler auch, klicken auf die Menüschaltfläche und dann auf **Neue Camera Raw-Standards speichern.**

In Photoshop selbst lässt sich das Bild immer noch vielseitig und verlustfrei scharfzeichnen (Seite 445). Darum können Sie wahlweise das Bild im Raw-Dialog zwar scharfgezeichnet anzeigen – aber beim Speichern oder Öffnen in Photoshop wird die Scharfzeichnung nicht angewendet:

1. Drücken Sie bei geöffnetem Raw-Dialog Strg+K für die **Camera-Raw-Voreinstellungen**.
2. Im Klappmenü SCHARFZEICHNEN ANWENDEN AUF nehmen Sie NUR VORSCHAUDARSTELLUNGEN.

Der Camera-Raw-Dialog wendet also die Scharfstellung aus dem Detailsbereich nur auf die Vorschau im Dialogfeld an, aber nicht auf das endgültige Bild. Der SCHÄRFEN-Abschnitt heißt jetzt SCHÄRFEN (NUR VORSCHAU). Sie können auch den BETRAG auf null setzen und vermeiden so jede Scharfzeichnung – im geöffneten Bild ebenso wie schon in der Vorschau. In den Arbeitsablauf-Optionen stellen Sie wahlweise eine Schärfung nur für die aus dem Raw-Dialog herausgeschriebenen JPEG-, TIFF- und PSD-Dateien ein.

TIPP Starkes Scharfzeichnen betont Bildrauschen. Mit dem Korrekturpinsel setzen Sie die Schärfe bei Bedarf örtlich zurück.

Abbildung 8.48 **Links:** Im Weitwinkelbereich zeigt das Zoomobjektiv leichte Randabschattung. Rechts: Der Wert plus 30 in der OBJEKTIVVIGNETTIERUNG gleicht den Effekt aus. Datei: Raw_q

Abbildung 8.49 Die Raw-Datei zeigt tonnenförmige Verzeichnung sowie etwas Vignettierung und stürzende Linien. Im Bereich »Objektivkorrekturen/Profil« aktivieren wir die »Objektivprofilkorrekturen«. Photoshop findet zunächst kein passendes Profil. Nicht schlimm: Wir stellen zunächst die Kameramarke und dann ein möglichst ähnliches Objektiv ein. Datei: Objektiv_f

8.3.7 Objektivkorrekturen

Gegen Randabschattung wirkt der Regler Objektiv-Vignettierung. Diese Funktion liefert auch der Befehl **Filter: Objektivkorrektur** (Seite 391, auch verlustfrei für Raw-Dateien als Smart-Objekt, eventuell automatisch für Ihr Objektiv), ebenso wie die Bearbeitung der chromatischen Aberration, und das sogar automatisch für einige Objektive; wir besprechen die Funktionen zusammen mit den alternativen Techniken aus dem Photoshop-Hauptprogramm im Kapitel »Aufnahmefehler« ab Seite 386.

TIPP Wollen Sie den Bildrand nicht aufhellen, sondern vielmehr zusätzlich abschatten, nehmen Sie die Raw-Funktion Vignettierung nach Freistellen im Bereich Effekte – auch wenn Sie das Raw-Bild gar nicht zuschneiden (siehe unten).

8.3.8 Effekte

Im Effekte-Register zaubern Sie eine leichte Körnung ins Bild, manche Motive wirken so griffiger, schärfer oder nostalgischer. Die Körnung gelingt freilich ebenso vielseitig und verlustfrei auch per **Strukturierungsfilter: Körnung** oder in der Grundform **Rauschen: Rauschen hinzufügen** (Seite 591).

Vignettierung nach Freistellen

Ebenfalls zum Effekte-Register gehört die Vignettierung nach Freistellen. Damit dunkeln Sie vor allem den Bildrand stimmungsvoll ab – egal, ob Sie mit dem Freistellungswerkzeug den Bildrand gekappt haben oder nicht. Ziehen Sie den Stärke-Regler nach links auf negative Werte, dann testen Sie Verfeinerungen mit Mittenwert und Rundheit. Umgekehrt hellen Sie den Rand bei Bedarf auf.

Abbildung 8.50 Das Bild wurde schon zu stark entzerrt. Wir senken die Korrektur der »Verzerrung« auf 90 Prozent, so verschwinden die durchgebogenen Kanten.

Abbildung 8.51 Wir schalten um zum Register »Manuell«. Der »Vertikal«-Regler geht gegen stürzende Linien vor. Ganz ähnlich arbeiten Sie auch mit dem Befehl »Filter: Objektivkorrektur«. Wir besprechen ihn gemeinsam mit den vergleichbaren Funktionen aus dem Raw-Dialog ausführlich ab Seite 386.

Abbildung 8.52 Im Effekte-Register erzeugen Sie Körnung und ändern die Randhelligkeit.

Im Klappmenü Art nutzen Sie Lichterpriorität oder Farbpriorität, das – kaum anders – Farbfehlern vorbeugen soll. Ebenfalls im Menü: Farbüberlagerung; das war bis Photoshop CS4 das einzige Verfahren, der Bildrand wirkt aber deutlich weniger attraktiv.

Für Lichterpriorität und Farbpriorität bietet der Raw-Dialog noch den Lichter-Regler an. Er schützt hellere Bildteile in der Abdunklungszone gegen das Abdunkeln.

8.3.9 Bereichsreparatur

Das Werkzeug Bereichsreparatur (Schnelltaste B) korrigiert kleinere Flecken, zum Beispiel Sensorstaub. Vorteile gegenüber Kopierstempel, Reparaturpinsel und anderen Funktionen aus Photoshop (Seite 412):

- Die Änderungen lassen sich je nach Speicherverfahren später zurücksetzen und verfeinern.
- Schalten Sie nachträglich zwischen Kopieren und Reparieren um.
- Bequem wenden Sie eine Retusche auf mehrere Bilder gleichzeitig an – etwa bei Sensorstaub, der immer an der gleichen Stelle nervt; laden Sie wie oben beschrieben mehrere Bilder gemeinsam in den Raw-Dialog, dann synchronisieren Sie Ihre erste Retusche.

Nachteil allerdings: Es gibt nur kreisrunde Auswahlbereiche – insgesamt also nichts für komplexere Aufgaben.

»Kopieren« versus »Reparieren«

Das Bereichsreparaturgerät bietet per Klappmenü zwei Arten:

- Beim Kopieren überträgt Photoshop die Pixel 1:1 von der brauchbaren Bildstelle zum Fehlerbereich; so funktioniert auch der Kopierstempel. Das Verfahren ist berechenbar; doch entstehen oft unschöne

Abbildung 8.53 **Mitte:** Eine deutliche Vignettierung nach Freistellung mit Lichterpriorität. **Rechts:** Der Lichter-Regler mit dem Wert 80 schützt hellste Motivteile gegen Abdunkeln am Bildrand. Datei: Raw_n Foto: TriggerPhoto, iStockphoto, #5944102

Ränder, wenn Helligkeit oder Farbstimmung nicht ganz harmonieren.

» Beim Reparieren gleicht Photoshop Helligkeits- und Farbunterschiede zwischen dupliziertem und kaschiertem Bereich selbstständig aus, so wie der Reparaturpinsel aus dem Photoshop-Hauptprogramm. Nicht immer lässt sich das Ergebnis vorhersehen, dennoch sollten Sie diese Art zuerst testen.

Anwendung

So nutzen Sie das Retuschierwerkzeug:

1. Klicken Sie in die Mitte der Fehlerstelle und ziehen Sie. Hier entsteht ein rotweißer Kreis.
2. Gleichzeitig produziert Photoshop noch einen grünweißen Kreis. Er umgibt die »gute« Bildzone, die den Fehler übertünchen soll. Ziehen Sie diesen grünweißen Kreis an eine passende Motivpartie, die sich zum Überdecken eignet; der rotweiß eingerahmte Fehler verschwindet.
3. Gehen Sie bei Bedarf weitere Problemstellen an. Die Kreise der nicht aktiven Retuschen erscheinen blasser, Sie wissen also immer genau, woran Sie arbeiten.
4. Fertig? Wechseln Sie das Werkzeug, schalten Sie zum Beispiel mit dem [Z] die Lupe ein. Die Kreise verschwinden jetzt, aber sie tauchen wieder auf, sobald Sie die Bereichsreparatur erneut in Aktion bringen.

Abbildung 8.55 Größe, Deckkraft, aber auch die Position einer Retusche ändern Sie jederzeit verlustfrei.

Verfeinerung

So verfeinern Sie Ihre Fehlerretusche:

1. Ist ein Kreis zu klein oder groß, ändern Sie den Radius.
2. Sitzt ein Kreis nicht genau, verschieben Sie ihn.
3. Immer noch unzufrieden? Vielleicht wechseln Sie einmal zwischen Reparieren und Kopieren oder testen Sie reduzierte Deckkraft.
4. Um das Ergebnis genau zu beurteilen, blenden Sie die Kreise mit der Taste [V] aus.
5. Sie wollen eine Retusche aufheben? Klicken Sie den Kreis bei gedrückter [Alt]-Taste an, weg ist er (oder Klick und [Entf]-Taste). Alle Retuschen en bloc canceln Sie mit der Schaltfläche Alle löschen.

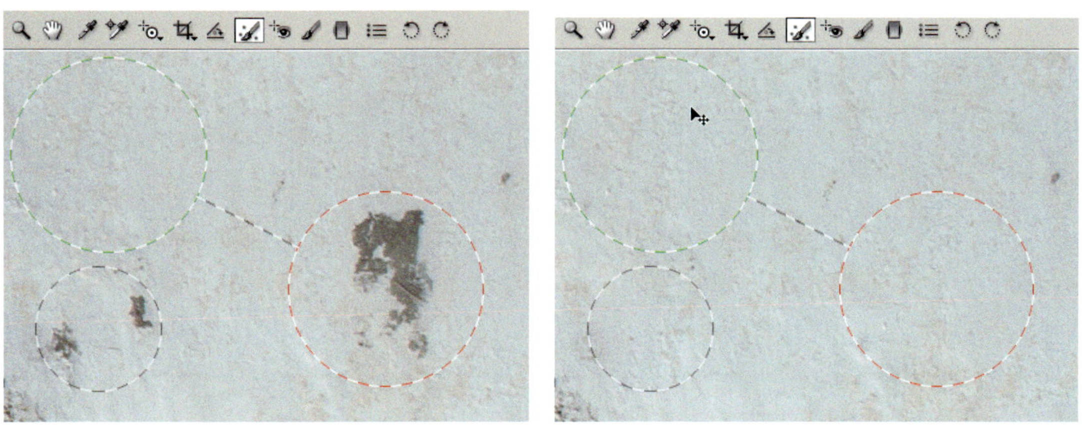

Abbildung 8.54 **Links:** Die Bereiche für das Retuschierwerkzeug wurden bereits definiert, die Retuschewirkung wurde hier jedoch mit der »Vorschau« ausgeblendet. **Rechts:** Aktivieren Sie einen Retuschebereich durch Anklicken. Die Fehlerstelle kreist Photoshop rotweiß ein, den darüberkopierten Bereich grünweiß, nicht aktive Partien sind grauweiß (sofern das Retuschierwerkzeug eingeschaltet ist). Ziehen die Auswahlkreise unabhängig voneinander an die gewünschte Stelle. Datei: Raw_f

Flecken suchen

Sie wollen Ihr Bild im Raw-Dialog genau und systematisch nach Sensorflecken und anderen kleinen Störungen absuchen. Ein möglicher Weg:

1. Zeigen Sie den Raw-Dialog mit der Taste [F] bildschirmfüllend an (nicht zwingend erforderlich).
2. Klicken Sie unten links im Raw-Dialog auf das kleine Zoom-Menü und stellen Sie zum Beispiel 200 Prozent ein (also eine Vergrößerung).
3. Drücken Sie die Taste [Pos1]. So zeigt der Raw-Dialog die linke obere Ecke des Bilds.
4. Drücken Sie immer wieder die Taste [Bild↓].

So wandert der Bildausschnitt immer weiter nach unten, Sie erkennen alle Fehler und greifen bei Bedarf zum Retuschierwerkzeug. Nachdem Sie beim unteren Bildrand angekommen sind, springt Photoshop mit dem nächsten [Pos1]-Druck eine Spalte weiter nach rechts und Sie untersuchen den nächsten Bildstreifen von oben nach unten.

8.3.10 Rotgeblitzte Augen

Rotgeblitzte Augen entfernt das Rote-Augen-Werkzeug ähnlich komfortabel wie die vergleichbare Funktion (Seite 442) im Photoshop-Hauptprogramm:

1. Stellen Sie mindestens die Zoomstufe 100 Prozent ein, sonst klappt es vielleicht nicht (Doppelklick auf die Lupe).
2. Mit dem Rote-Augen-Werkzeug rahmen Sie bei gedrückter Maustaste ein Auge ein – nicht zu eng, sonst meldet Photoshop per »Pling« sein Scheitern.

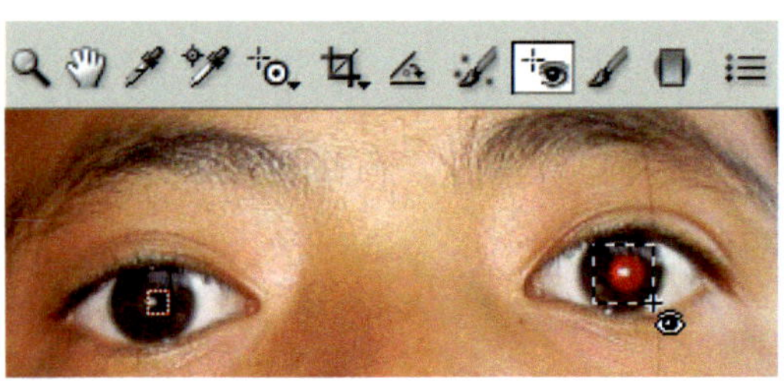

Abbildung 8.56 Die Rahmen des Rote-Augen-Werkzeugs können Sie verschieben, vergrößern und verkleinern. Datei: Rote_Augen_b

3. Rahmen Sie das zweite Auge und warten Sie das Ergebnis ab.
4. Passt alles? Schalten Sie die Überlagerung (also die rotweißen Rahmen) mit der Taste [V] aus, um das Ergebnis besser zu beurteilen.

Verfeinerung

Es ist nicht oft nötig, aber das Ergebnis des Rote-Augen-Werkzeugs lässt sich verfeinern:

» Sitzt der rotweiße Rahmen nicht richtig? Sie können ihn verschieben und durch Ziehen an den Rändern vergrößern und verkleinern.

» Ändern Sie bei Bedarf rechts im Raw-Dialog die Werte für Pupillengrösse und Abdunkeln.

» Wollen Sie die Korrektur bei einem Auge aufheben, klicken Sie den Rahmen bei gedrückter [Alt]-Taste an.

8.3.11 Korrekturpinsel und Verlaufsfilter

Zwei Funktionen im Raw-Dialog ändern Kontrast und Farbstimmung örtlich, unabhängig vom Gesamtbild. Dabei bringen Sie zunächst eine Maske an und dann steht innerhalb der Maske ein Satz Tonwertregler zur Verfügung. Diese zwei Techniken gibt es, um Masken anzubringen:

» Mit dem Korrekturpinsel (Kurztaste [K]) maskieren Sie beliebige Flächen fast wie in einer Ebenenmaske;

» der Verlaufsfilter (Kurztaste [G]) erzeugt über die Breite des Bilds einen fließenden Übergang von »volle Korrekturwirkung« über »wenig Korrekturwirkung« bis hin zu »gar keine Korrekturwirkung«; er eignet sich zum Beispiel für blasse Himmel.

Die zwei Werkzeuge haben viele gemeinsame Merkmale: Sie können jeweils mehrere getrennte Zonen markieren und individuell bearbeiten. Haben Sie erst einen Bereich ausgewählt, stehen Ihnen für die Korrektur innerhalb der Auswahl diese Regler zur Verfügung: Belichtung, Helligkeit, Kontrast, Sättigung, Klarheit (also Mitteltonkontrast), Bildschärfe und Farbe (Farbüberzug). Nicht geboten waren bei Manuskriptabgabe die Dynamik (schonende Änderung der Sättigung), die Gradationskurve sowie Regler gegen Rauschen und chromatische Aberration. Weiterer Mangel: Eine Auswahl lässt sich nicht umkehren.

Alternativen

Korrekturpinsel und Verlaufsfilter erlauben nicht so vielseitige und genaue Auswahlen wie das Photoshop-Hauptprogramm mit seinen Werkzeugen, Ebenen- und Vektormasken. Reicht Ihnen die Auswahltechnik im Raw-Dialog nicht, laden Sie die Raw-Datei als Smart-Objekt ins Photoshop-Hauptprogramm (Sie drücken im Raw-Dialog die ⇧-Taste und klicken auf Objekt öffnen). In Photoshop bearbeiten Sie die Aufnahme mit maskierten Einstellungsebenen und Smartfiltern örtlich; Sie haben jederzeit wieder Zugriff auf die Regler im Raw-Dialog (Seite 904), einfach per Doppelklick auf die Ebenenminiatur (Seite 904).

Gemeinsame Optionen

Korrekturpinsel und Verlaufsfilter haben viele gemeinsame Optionen:

- Egal, ob Sie einen neuen Auswahlbereich anlegen oder eine vorhandene Auswahl verfeinern wollen: Zuerst schalten Sie den Korrekturpinsel (Kurztaste K) ein und klicken in der Bildvorschau auf das Symbol für den Auswahlbereich (also auf einen »Pin« beim Korrekturpinsel und eine Kugel beim Verlaufsfilter). Mit den Optionen rechts entscheiden Sie, ob Sie eine Auswahl Neu definieren oder Fläche zu einer vorhandenen, bereits aktivierten Auswahl Hinzufügen wollen.
- Die Symbole für den Auswahlbereich (die »Pins« oder »Überlagerung«) blenden Sie mit der Taste V blitzschnell aus und ein.

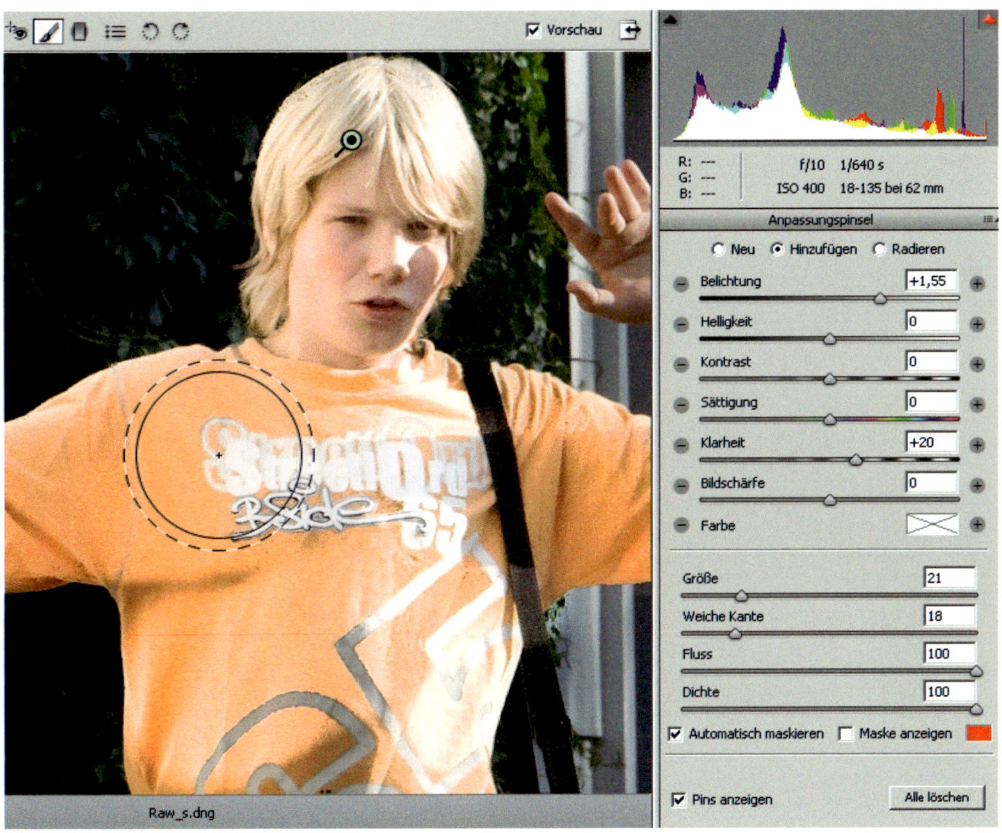

Abbildung 8.57
Der Korrekturpinsel hellt hier die Person unabhängig vom Hintergrund auf. Sie erkennen die aktive Auswahl an dem schwarzgrün gefüllten »Pin« auf der Stirn. Rechts die Einstellmöglichkeiten für die gewählte Bildpartie, hier steht zum Beispiel die Belichtung auf plus 1,5. Datei: Raw_s Foto: Manfred Grünberger

» Einen einzelnen aktiven Auswahlbereich löschen Sie mit der [Entf]-Taste, noch radikaler gehen Sie mit der Schaltfläche Alle löschen vor.

» Die Änderungen lassen sich auf Wunsch mit anderen Korrektureinstellungen speichern und auf andere Dateien übertragen; beide Werkzeuge gemeinsam finden sich in den Dialogfeldern Synchronisieren oder Einstellungen speichern unter Lokale Anpassungen.

» Wie immer im Raw-Dialog: Mit der [P]-Taste schalten Sie die Vorschau aus und ein, Sie haben einen schnellen Vorher-Nachher-Überblick.

ACHTUNG Sie können Werte wie Belichtung oder Kontrast auch mit den Minus- und Plus-Schaltflächen ⊕ ⊖ links und rechts der Regler ändern. Vorsicht jedoch: Klicken Sie zum Beispiel bei der Helligkeit auf Minus ⊖ oder Plus ⊕, dann springen andere Werte wie Klarheit oder Farbe auf null, also in Neutralstellung. Ziehen Sie dagegen am Regler, verändert sich wirklich nur dieser eine Wert.

Abbildung 8.58 Per Farbwähler ändern Sie die Farbstimmung im Auswahlbereich von Korrekturpinsel oder Verlaufsfilter.

Der Farbwähler

Klicken Sie auf das Farbe-Feld, um den Auswahlbereich von Korrekturpinsel oder Verlaufsfilter leicht zu tönen. Das eignet sich zum Beispiel für eingefärbten Himmel, geänderte Textilien und sogar verbesserte Hauttöne. Um die Einfärbung abzustellen, klicken Sie wieder auf das Farbe-Feld und senken im Farbwähler die Sättigung auf 0. Sie könnten auch direkt im Raw-Dialog auf den Minus-Button für Farbe klicken – aber dann rutschen alle anderen Regler auch in Neutralstellung.

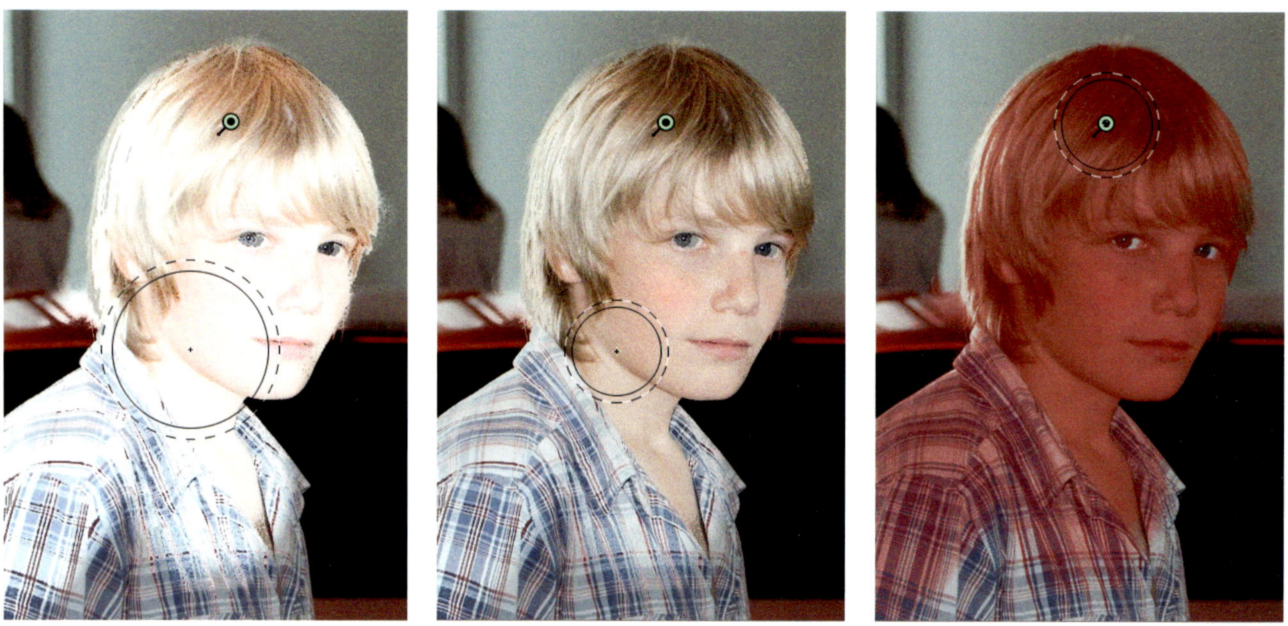

Abbildung 8.59 **Links:** Stellen Sie beim Aufmalen der Maske eine starke Änderung ein, zum Beispiel hier eine stark erhöhte Belichtung; so erkennen Sie die Auswahlwirkung deutlich. Erst wenn die Maske sitzt, justieren Sie die Regler endgültig. **Mitte:** Bei diesem Versuch haben wir die Automatische Maskierung verwendet, so dass nur die Person erfasst wird. **Rechts:** Sobald Sie den Korrekturpinsel über einen »Pin« halten, deckt Photoshop ausgewählte Bereiche rötlich ab. Diese Darstellung lässt sich mit dem Farbfeld anzeigen. Datei: Raw_t Foto: Manfred Grünberger

So nutzen Sie den Anpassungspinsel

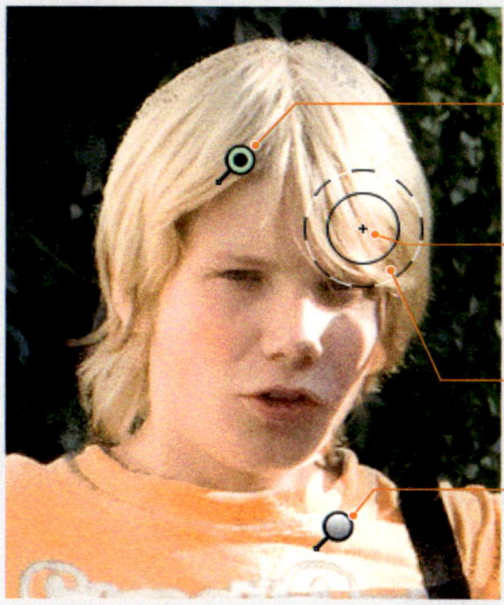

»Pin« für aktive Auswahl; Maus über »Pin« halten, um Auswahlbereich hervorzuheben. Löschen mit [Entf]. Ausblenden mit [V]

Zentrum, hier wirkt der Korrekturpinsel mit der vollen gewählten Dichte; Größe ändern durch Ziehen mit rechter Maustaste oder mit [ß] und [´]

Weicher Übergang zu null Prozent Dichte; Bereich ändern durch [⇧]-Ziehen mit rechter Maustaste

»Pin« für nicht aktive Auswahl; Anklicken zum Bearbeiten; Maus über »Pin« halten, um Maske anzuzeigen

8.3.12 Korrekturpinsel im Detail

Egal, ob Sie einen neuen Auswahlbereich anlegen oder eine vorhandene Auswahl verfeinern wollen: Zuerst schalten Sie den Korrekturpinsel (Kurztaste [K]) ein. Um die Auswahlfläche zu verkleinern, klicken Sie auf Radieren oder drücken nach alter Photoshop-Sitte die [Alt]-Taste.

Für jeden eigenständigen Auswahlbereich entsteht ein »Pin« im Bild. Klicken Sie einen grauen, nicht aktiven »Pin« zunächst an, um diese spezielle Auswahl zu verändern; der »Pin« für eine aktive Auswahl erscheint grünschwarz.

Pinselsteuerung

Unten rechts im Raw-Dialog regeln Sie Pinseleigenschaften wie Grösse und Weiche Kante. Besonders interessant sind diese Einstellmöglichkeiten:

» Der Dichte-Regler entspricht der Deckkraft beim üblichen Pinsel. Senken Sie die Dichte zum Beispiel auf 50 Prozent, wirkt die Änderung nur noch mit halber Kraft. Kombinieren Sie auch innerhalb einer Auswahl Bereiche mit voller und reduzierter Dichte, um jede Zone optimal zu verbessern.

» Der Fluss-Regler steuert, wie schnell sich die Korrektur auswirkt: Bei niedrigen Werten müssen Sie länger die Maustaste drücken, bis die Auswahl tatsächlich mit voller Dichte aufgebaut ist. Sie gehen also behutsamer vor. Ein niedriger Flusswert ist so, als ob Sie nur schwach auf die Spraydose drücken.

Bearbeiten Sie mit dem Korrekturpinsel einen klar abgegrenzten Bereich, nutzen Sie die Option Automatisch maskieren. Nach Art des Schnellauswahl-Werkzeugs erfasst Photoshop dann automatisch ähnliche, zusammengehörende Bereiche. Automatisch maskieren schalten Sie besonders schnell mit der Taste [M] ein und aus.

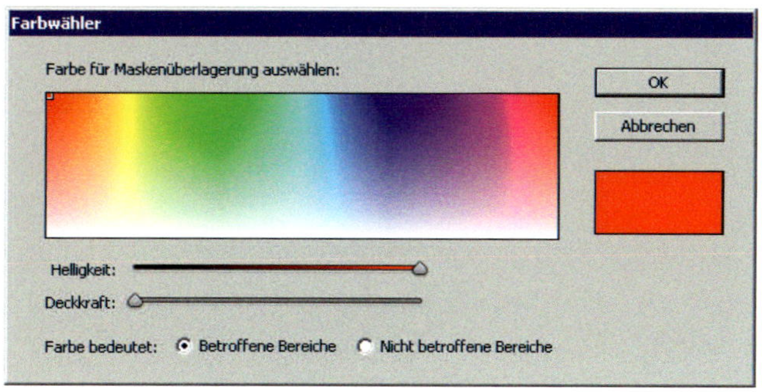

Abbildung 8.60 Die Maske des Anpassungspinsels zeigt Photoshop zunächst rötlich deckend über dem ausgewählten Bildteil. Ändern Sie Farbe und Deckkraft. Mit der Vorgabe Nicht betroffene Bereiche bleibt die Auswahlzone klar erkennbar, nur die nicht gewählte Umgebung wird abgedeckt.

Abbildung 8.61 **Links oben:** Vorlage. **Rechts oben:** Der Verlaufsfilter erstreckt sich über den gesamten Himmel, deutlich verändert erscheinen nur die oberen zwei Drittel. **Links unten:** Der Verlaufsfilter ändert nur den oberen Teil des Himmels. **Rechts unten:** Der Verlaufsfilter erstreckt sich nur über den unteren Bereich des Himmels; die Zone oberhalb der grünweißen Linie wird zu 100 Prozent verändert. Datei: Raw_h

8.3.13 Verlaufsfilter im Detail

Der Verlaufsfilter (Kurztaste G) funktioniert ähnlich wie der Korrekturpinsel : Man definiert einen Bildbereich und innerhalb dieser Zone ändert man jederzeit die gleichen Werte wie beim Korrekturpinsel, also vor allem Belichtung und Bildschärfe (gemeinsame Optionen Seite 238). Zu Beginn der Verlaufsfilter-Auswahl wirkt die Änderung mit voller Kraft, dann nimmt die Intensität gleichmäßig ab. Damit korrigiert man zum Beispiel blasse Himmel oder man bringt mehr Tiefe in vielleicht farbkräftige, aber montotone Himmel und andere Flächen.

Einsatz

Die Verlaufsfilter-Auswahl lässt sich beliebig drehen, bleibt aber stets gleichschenkelig rechteckig und erstreckt sich über die gesamte Breite oder Höhe des Bilds. Die Funktion eignet sich damit vor allem für Motive mit einer geraden Horizontlinie, wie Himmel über dem Meer oder über Kornfeldern. Für Himmel über Hochhäusern oder schroffen Gebirgen kommt der Verlaufsfilter weniger in Frage, da man aufragende Objekte nicht von der Änderung ausnehmen kann; man kann höchstens versuchen, mit automaskierendem Korrek-

So nutzen Sie den Verlaufsfilter

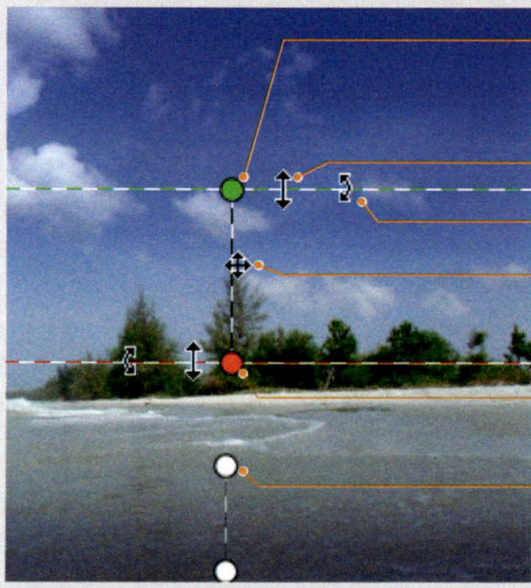

turpinsel bei umgekehrten Werten für Belichtung und Co. die Verlaufsfilter-Wirkung örtlich zu annullieren. In einigen Fällen hilft es, mehrere gedrehte Verlaufsfilter anzulegen.

Der gleichmäßige Übergang von voller Intensität zu 0 Prozent Wirkung lässt sich nicht feinsteuern; so sieht man im unteren Bereich der Verlaufsfilter-Auswahl generell nur wenig von der Korrektur. Wenn Sie das Bild im Raw-Dialog mit dem Freistellungswerkzeug oder mit dem Gerade-Ausrichten-Werkzeug drehen, schwenkt der Verlaufsfilter passend mit.

FOTOGRAFIE Ist der Kontrast zwischen Himmel und Erde zu groß? Nehmen Sie Belichtungsserien auf, die Sie zu HDR-Montagen kombinieren oder setzen Sie einen optischen, physikalischen Verlaufsfilter vors Kameraobjektiv: Er dunkelt den Himmel direkt bei der Aufnahme ab, eignet sich aber wie der Verlaufsfilter aus dem Raw-Dialog vor allem für gerade Horizonte. Bei Sonnenschein bringt ein Polfilter auf dem Kameraobjektiv tiefere Töne in den Himmel.

Abbildung 8.62
Wir bearbeiten das Foto mit zwei Verläufen. Datei: Raw_j

Drehung und Größe

Wenn Sie am grünen oder roten Punkt ziehen, können Sie sowohl den Punkt verschieben als auch den Verlauf drehen - meist aber will man nur eins von beidem. Wollen Sie nur den Punkt verschieben, halten Sie die ⇧-Taste gedrückt, so vermeiden Sie zumindest krumme Winkel. Noch besser:

» Um den Punkt nur zu verschieben, nicht aber den Verlauf zu drehen, ziehen Sie direkt neben dem Punkt an der meist waagerechten gestrichelten Linie.

» Wollen Sie den Verlauf drehen und nichts verschieben, ziehen Sie etwas weiter entfernt vom Punkt an der meist waagerechten Linie.

Örtliche Änderung

Der Verlaufsfilter überzieht zunächst die gesamte Bildbreite: Der Himmel dunkelt ab, doch ein Haus oder ein Berg im Vordergrund dunkelt ungewollt mit ab. Theoretisch können Sie die abdunkelnde Wirkung örtlich mit dem Anpassungsfilter aufheben:

1. Legen Sie einen Verlaufsfilter an und setzen Sie die Belichtung zum Beispiel auf minus 2.
2. Wechseln Sie zum Korrekturpinsel. Bereiche, die der Verlaufsfilter nicht abdunkeln soll, übermalen Sie. Die Belichtung steht auf, na, plus 2.

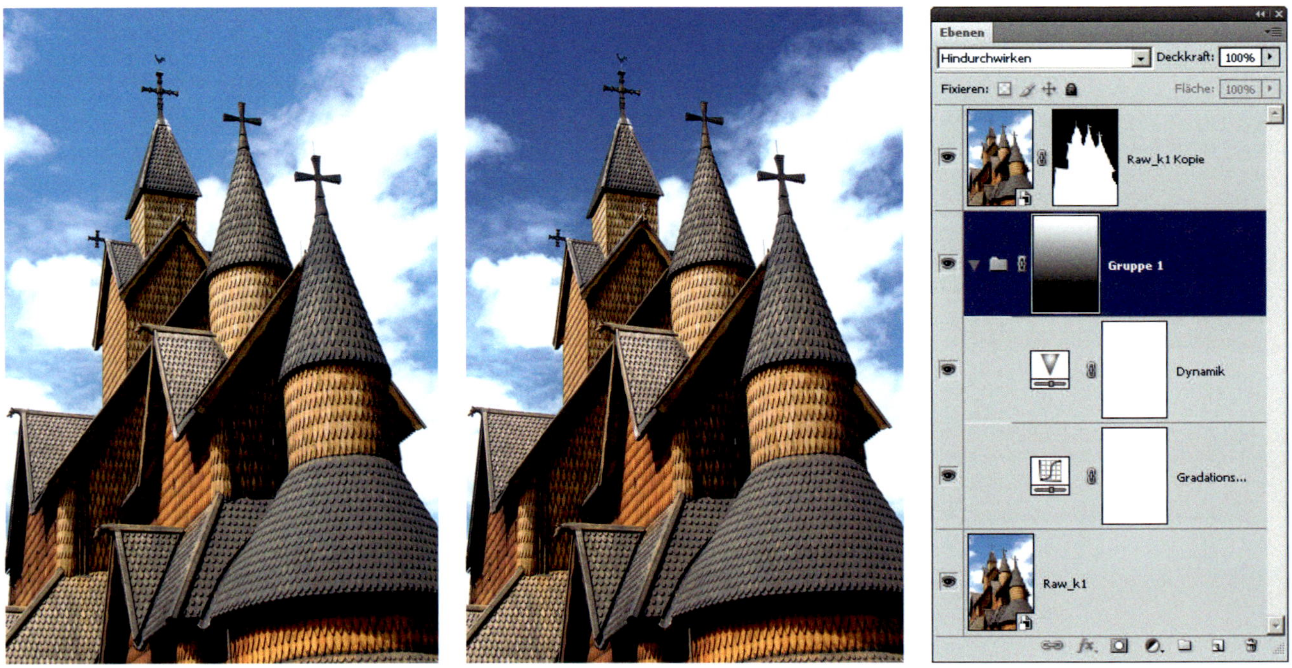

Abbildung 8.63 Flexibler Verlaufsfilter direkt in Photoshop: Die Funktionen »Gradationskurven« und »Dynamik« wurden als Einstellungsebenen in eine Gruppe gepackt, die Gruppe bekommt eine Ebenenmaske mit einem Verlauf. Vorteile: Sie können das Gebäude im Vordergrund aussparen (hier mit separater Ebene), Sie können den Verlauf für den Himmel weit genauer steuern als im Raw-Dialog und anders als beim Verlaufsfilter im Raw-Dialog können Sie die Befehle »Gradationskurven« und »Dynamik« nutzen und obendrein mit Füllmethoden experimentieren. Per Doppelklick auf die Raw-Miniaturen landen Sie wieder im Raw-Dialog mit allen Raw-Optionen. Dateien: Raw_k. Foto: Kristine Kamm

Das Verfahren hat jedoch Schwächen:

- Die Randpräzision des Anpassungspinsels, mit oder ohne Automatisch Maskieren, ist nie so gut wie etwa direkt in Photoshop die Schnellauswahl plus **Kante verbessern** plus Maskenpalette. Schlimmer noch:
- Die Intensität des Verlaufsfilters ändert sich ja über die Strecke, während der Korrekturpinsel unabhängig von der Position im Bild immer gleich wirkt. In unserem Beispiel sollten Sie also nur am Anfang des Verlaufs mit plus 2 arbeiten; weiter unten senken Sie die Belichtung oder die Dichte (bequem mit den Ziffertasten).

Alles in allem: Der Korrekturpinsel kann irgendwie gegensteuern und die Wirkung des Verlaufsfilters örtlich diffus schwächen. Wollen Sie aber Bildteile sehr präzise vom Verlauf aussparen, arbeiten Sie besser direkt in Photoshop.

TIPP Der Befehl **Bild: Korrekturen: Tiefen/Lichter** aus dem Photoshop-Hauptprogramm kräftigt ebenfalls verblasste Himmel: Setzen Sie die Stärke im Bereich Tiefen auf 0 Prozent und experimentieren Sie mit Stärke und weiteren Reglern im Lichter-Bereich.

Kapitel 9

Öffnen & Speichern

Photoshop und Bridge bieten vielfältige Möglichkeiten zum Neuanlegen, Öffnen und Speichern von Dateien.

9.1 Bilder laden und neu anlegen

Der Befehl **Datei: Neu** (Strg+N, am Mac wie immer ⌘+N), erzeugt eine leere Bilddatei, die Sie beliebig füllen. Als VORGABE stehen verschiedene Pixel- und Zentimetermaße bereit. Die Schaltfläche VORGABE SPEICHERN verewigt weitere Idealmaße im Klappmenü.

Im Bereich ERWEITERT nennen Sie bei Bedarf ein Farbprofil, das PIXEL-SEITENVERHÄLTNIS steht für übliche Bilddateien auf QUADRATISCH.

TIPP Mit dem NEU-Dialog als Taschenrechner testen Sie leicht die Zusammenhänge von Auflösung, Druckmaßen und Dateigröße. Oder stellen Sie Ihren Rechner auf die Probe und erzeugen Sie eine extrem große Datei, die zum Beispiel den verfügbaren Arbeitsspeicher mehrfach überschreitet – 100.000 x 100.000 Pixel in Acht-Bit-RGB produzieren immerhin einen 29-Gbyte-Brocken.

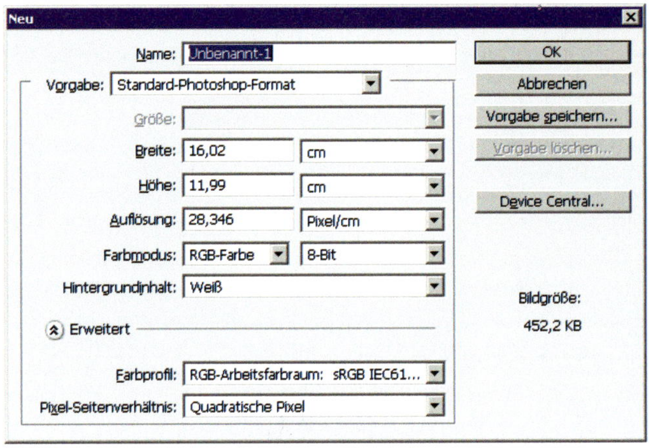

Abbildung 9.1 Beim Anlegen einer neuen, leeren Datei entscheiden Sie über Pixelzahl, Farbe und Farbmodus. Nützliche Einstellungen können Sie speichern und über das Klappmenü abrufen.

9.1.1 Bilddateimaße übernehmen

Legen Sie mit dem **Neu**-Dialog Dateien an, die exakt die Werte vorhandener Bilder oder der Zwischenablage übernehmen:

» Wählen Sie den Namen einer offenen Datei bei geöffnetem NEU-Dialog unten im VORGABE-Klappmenü. Photoshop übernimmt die Werte in den NEU-Dialog.

» Haben Sie einen Bildteil in die Zwischenablage kopiert, dann zeigt der NEU-Dialog die dazu passenden Größenmaße und den passenden Farbmodus. Das VORGABE-Menü bietet sofort explizit die Daten der ZWISCHENABLAGE an. Sie können die Pixel aus der Zwischenablage also ohne Randverlust in die neue Bilddatei **einfügen**.

Sie ignorieren die Werte aus der Zwischenablage, indem Sie den Befehl **Neu** bei gedrückter [Alt]-Taste anklicken. Photoshop greift nun auf die zuletzt verwendeten Werte zurück. Drücken Sie wie üblich die [Alt]-Taste, damit der Neu-Dialog die Schaltfläche Zurück zeigt; damit setzen Sie nach Änderungen das Dialogfeld auf den Wert direkt nach dem Aufruf des Befehls zurück.

TIPP Auch so gelangen Sie schnell zu einem neuen Bild auf Basis eines vorhandenen: Duplizieren Sie das geöffnete Foto per **Bild: Duplizieren** oder mit der Schaltfläche Erstellt ein neues Dokument aus der Protokollpalette. Die Tastenfolge [D], [Strg]+[←] füllt das duplizierte Foto mit Weiß.

DVD Unsere Aktionensammlung »Photoshop CS5 Kompendium« dupliziert die aktuelle Datei: Starten Sie die Aktion »Duplizieren, weiß füllen«; das Duplikat besteht aus einer weißen Hintergrund-Ebene. Die Aktion »Duplizieren, Vorlage schließen« dupliziert die aktive Datei und schließt das Original.

9.1.2 »Duplizieren«

Brauchen Sie mehrere Varianten einer Datei? So duplizieren Sie die aktive Datei im Programmfenster:

» Wählen Sie **Bild: Duplizieren**. Dabei können Sie Montagen wahlweise Auf eine Ebene reduzieren; hat die kopierte Datei jedoch keine Hintergrund-Ebene, verschmelzen die vorhandenen Ebenen auch nicht zu einer Hintergrund-Ebene, vielmehr entsteht zum Beispiel eine einzige Ebene 1.

» Noch schneller: Klicken Sie auf die Schaltfläche Erstellt ein neues Dokument in der Photoshop-Protokollpalette.

Das duplizierte Bild müssen Sie noch von Hand auf die Festplatte schreiben. Verwechseln Sie **Bild duplizieren** nicht mit dem Befehl **Fenster: Anordnen: Neues Fenster**: Dieser erzeugt zwar eine weitere Ansicht der Datei, doch es bleibt ein und dieselbe Datei, die in zwei Fenstern gleichzeitig auftritt.

TIPP Sehr bequem mit Tastenkürzeln duplizieren Sie Einzelbilder oder ganze Serien in Bridge, auch innerhalb eines Ordners mit schneller Umbenennung (Seite 156).

9.1.3 Foto-Downloader

Der Foto-Downloader überträgt Bilder von der Speicherkarte auf die Festplatte. Sie können die Werke umbenennen, auf Unterverzeichnisse verteilen, mit IPTC-Daten spicken und von der Speicherkarte löschen.

Sobald Sie eine Speicherkarte mit dem Rechner verbinden, springt der Foto-Downloader von Bridge an; oder Sie erhalten das AutoPlay-Fenster, dort nehmen Sie den Foto-Downloader. Taucht das Dialogfeld nicht aus freien Stücken auf, wählen Sie in Bridge **Datei: Bilder von Kamera abrufen** oder klicken Sie auf die gleichnamige Schaltfläche. Geben Sie eventuell noch im Klappmenü links oben den genauen Pfad zur Speicherkarte an.

Die Übertragung startet generell nicht automatisch, Sie klicken stets erst auf Fotos laden.

»Erweitertes Dialogfeld«

In der schmalen, hochformatigen Standard-Ausgabe des Foto-Downloaders überträgt Photoshop auf jeden Fall ausnahmslos sämtliche Bilder, dabei stehen die wichtigsten Optionen zur Verfügung. Klicken Sie auf Erweitertes Dialogfeld, sehen Sie Miniaturen für alle Fotos und zusätzliche Optionen.

Mit dem Kästchen ☑ unter jeder Datei wählen Sie ein Bild für die Übertragung aus – oder schließen es davon aus. Sie können auch Alle aktivieren ([Strg]+[A]) oder Alle deaktivieren ([Strg]+[⇧]+[A]).

Weitere Möglichkeit: Rahmen Sie mehrere Miniaturen mit gedrückter Maustaste oder per [⇧]+Pfeiltasten ein, so dass sie mit blauem Rahmen erscheinen. Dann klicken Sie das Kästchen ☑ unter einem Bild an – alle anderen blau gerahmten Fotos ändern sich mit.

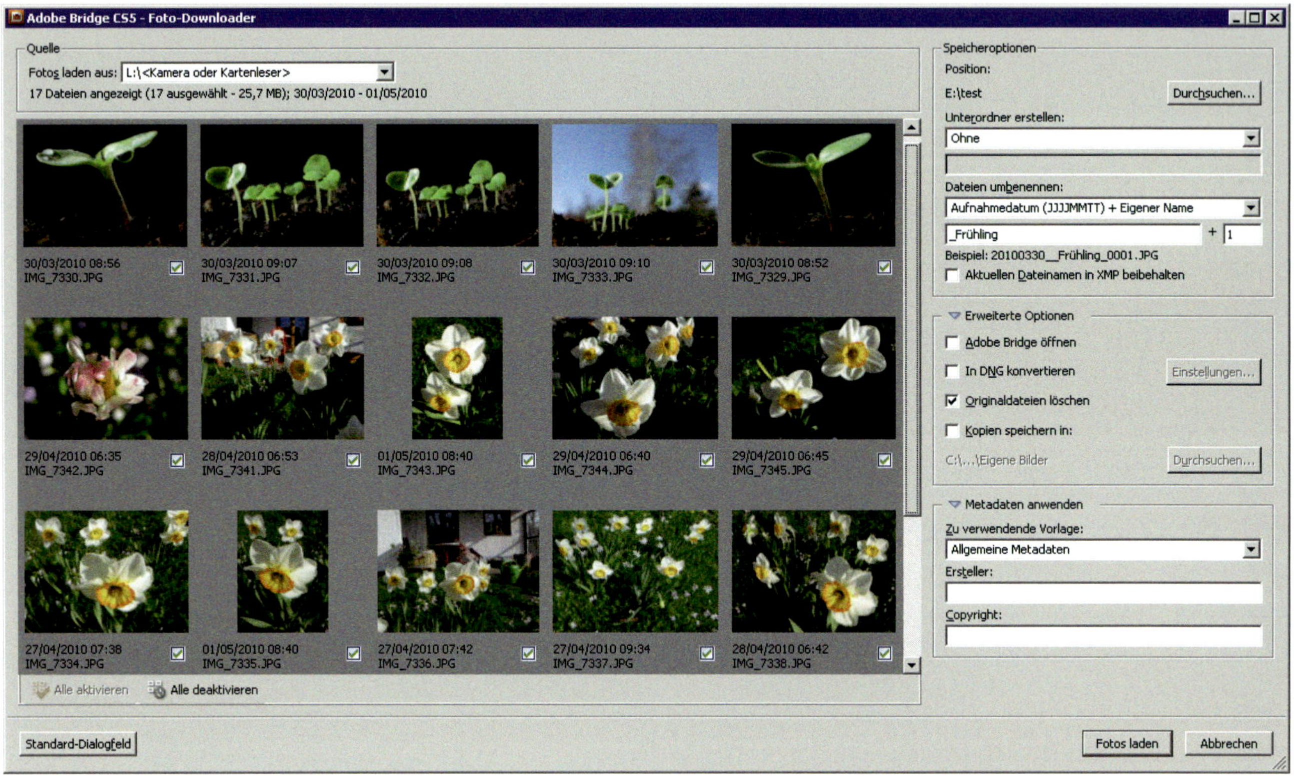

Abbildung 9.2 In der »erweiterten« Variante zeigt der Foto-Downloader Bildminiaturen und zusätzliche Optionen an.

Optionen

Die wichtigsten Optionen:

» Legen Sie einen Zielordner fest und lassen Sie wahlweise noch Unterordner nach Aufnahmedatum erstellen.

» Benennen Sie die Dateien um, zum Beispiel beginnend mit dem Aufnahmedatum. Reichen Ihnen die Möglichkeiten nicht, nutzen Sie die aufwändigere **Stapel-Umbenennung** aus Bridge (Seite 163).

» Sofern Sie den Aktuellen Dateinamen in XMP beibehalten, lässt sich der ursprüngliche Dateiname in Bridge anzeigen und wiederherstellen (Seite 167).

» In DNG konvertieren empfiehlt sich für Raw-Dateien, denn in der verlustfrei komprimierten Version sparen Sie oft deutlich Speicherplatz, außerdem sichern Sie anschließend Korrekturinformationen und IPTC-Texte verlustfrei innerhalb der Datei (Seite 216).

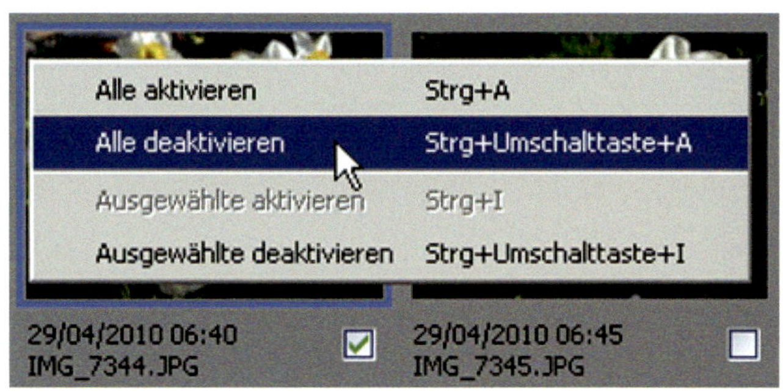

Abbildung 9.3 Zuvor ausgewählte Bilder können Sie auch per Kontextmenü oder Tastaturkürzel für die Übertragung festlegen (»aktivieren«) oder davon ausschließen.

Abbildung 9.4 **Links:** Wir haben mehrere Papierbilder versetzt auf den Flachbettscanner gelegt und gemeinsam eingescannt. **Rechts:** Der Befehl »Fotos freistellen und gerade ausrichten« trennt die Einzelbilder aus dem Gesamtscan heraus und richtet sie gerade aus. Vorlage: Fotosfreistellen

Metadaten

Das Metadaten-Klappmenü bietet drei Möglichkeiten:

» Die Vorgabe Ohne schreibt keinerlei Metadaten (also IPTC-Textnotizen) ins Bild.

» Wählen Sie Allgemeine Metadaten und füllen Sie die Felder für Ersteller und Copyright frei aus – jedes Bild enthält dieselbe Information in den entsprechenden IPTC-Feldern.

» Oder wählen Sie eine komplette, gespeicherte IPTC-Metadatenvorlage aus, die Sie in alle Bilder schreiben – also eine Zusammenstellung von Bildtext, Überschrift, Ortsangaben, Schlüsselwörtern, Copyright und so weiter (Seite 190).

9.1.4 »Fotos freistellen und gerade ausrichten«

Legen Sie mehrere Fotos gleichzeitig auf den Flachbettscanner, um sie zunächst in eine einzige große Datei einzuscannen. Der Photoshop-Befehl **Datei: Automatisieren: Fotos freistellen und gerade ausrichten** trennt Einzelbilder automatisch aus der Sammeldatei heraus und dreht schräg gescannte Motive gerade – und das ganz ohne Dialogfeld. Die neuen Bilddateien bleiben ungesichert auf der Arbeitsfläche, sie müssen also von Hand gespeichert werden, zum Beispiel en bloc per **Datei: Alle schließen** Strg+Alt+W. Für einige Scans brauchen Sie noch das Untermenü **Bild: Bilddrehung** mit den Befehlen **90° im UZS** (Uhrzeigersinn) oder **90° Grad gegen UZS**.

Weitere Verwendungsmöglichkeiten: Auch ein einzelnes schiefes Foto korrigiert der Befehl oder gescannte Kreditkarten und Flugtickets oder 200 Dateien mit schief gescannten Dokumenten.

Auswahlfunktionen

Wollen Sie nur eines der gescannten Motive heraustrennen, ziehen Sie eine Auswahl um den kompletten Kandidaten herum, zum Beispiel mit Rechteck oder Polygon-Lasso.

Falls ein Einzelbild immer in zwei Teile zerlegt wird, legen Sie eine Auswahl außen um den Bereich des Einzelbilds herum. Danach drücken Sie die Alt-Taste und wählen dann erst **Fotos freistellen und gerade ausrichten** – so versteht Ihr Bildprogramm, dass nur ein Foto vorliegt.

Scannen Sie richtig

Der Hintergrund muss sich deutlich von den gescannten Fotos abheben. Bei sehr hellen Zonen am Bildrand verwischt vielleicht der Übergang zur weißen Unterseite des Scannerdeckels: Dann erkennt Photoshop möglicherweise keine Einzelbilder mehr. Decken Sie also Fotos mit sehr hellen Randbereichen eventuell ab, zum Beispiel mit dunklem Fotokarton.

Die Fotos müssen zudem sehr glatt auf dem Scannerglas aufliegen. Sonst entstehen im Scan diffuse Bildränder, die Photoshop dem Bildinhalt zuschlägt. Sie müssen diese hauchdünnen Ränder ohne jede Bildinformation dann mit dem Freistellungswerkzeug ⌗ wegsäbeln.

Presst der Scannerdeckel die Bilder nicht plan aufs Scannerglas, nehmen Sie eine Glasscheibe oder eine andere robuste, einfarbige Platte. Damit werden Ihre Bilder eventuell besser angedrückt. Oder beschweren Sie einen schwarzen Fotokarton flächig mit Büchern (ohne den Scanner zu zerstören).

Allerdings: Auch in längeren Tests bekamen wir das Problem nicht vollends in den Griff. Photoshop trennt und dreht die Bilder zwar stets präzise. Unter Umständen bleibt jedoch ein hauchdünner heller Rand an einzelnen Bildkanten zurück, den Sie von Hand wegschneiden müssen.

DVD Im Aktionsset »Photoshop CS5 Kompendium« finden Sie die Befehlsreihen »Fotos zuschneiden und gerade ausrichten – speichern und schließen« sowie »Fotos zuschneiden und gerade ausrichten – speichern«. Die Aktionen speichern die neuen Dateien, die mit dem Befehl **Fotos zuschneiden und gerade ausrichten** entstehen, sofort auf der Festplatte. Testen Sie die Aktionen zum Beispiel mit der Bilddatei »Fotosfreistellen« aus dem »Praxis«-Ordner.

9.2 Bilddateien öffnen

Wenn Sie die Möglichkeiten zum schnellen Öffnen von Bildern beherrschen, lässt sich Photoshop weitaus zügiger bedienen. Bequem geht es per Bridge oder mit anderen Dateiverwaltern, unbequem wirkt der Befehl **Datei: Öffnen**.

ACHTUNG Sie ziehen eine Bilddatei aus dem Explorer, Finder, aus Bridge, Mini Bridge oder einer anderen Bildverwaltung auf die Photoshop-Arbeitsfläche? Wenn Sie in Photoshop schon ein Foto geöffnet haben, erscheint die zweite Datei nicht als weitere, unabhängige Datei; sie landet vielmehr »platziert« als Montageebene im schon vorhandenen Bild. Dieses Verhalten gibt es erstmals mit Photoshop CS5. Um die zweite Datei nicht als Montage-Ebene, sondern als eigene Datei zu öffnen, ziehen Sie das Bild auf die Paletten oder Menüs von Photoshop.

9.2.1 »Öffnen«

Das Dialogfeld zum Befehl **Datei: Öffnen** (Strg+O) erhalten Sie unter Windows auch per Doppelklick auf die leere Photoshop-Arbeitsfläche. Markieren Sie im **Öffnen**-Dialog bei Bedarf mehrere Bilder mit gedrückter ⇧- oder Strg-Taste.

In Photoshop Extended gibt es die Bildsequenz-Option: Sie setzt sämtliche Bilder des Ordners zu einer Videoebene zusammen, die Sie mit der Leer-Taste zum Laufen bringen. Wählen Sie vorab exakt ein Bild aus, alle Bilder sollten zusammengehören; mehr dazu im »Animationen«-Kapitel.

»Letzte Dateien öffnen«

Der Photoshop-Befehl **Datei: Letzte Dateien öffnen** listet bis zu 30 Bilder auf, die Sie zuletzt verwendet hatten. Wie viele Dateien Photoshop hier nennt, steuern Sie in den **Voreinstellungen** im Bereich Dateihandhabung.

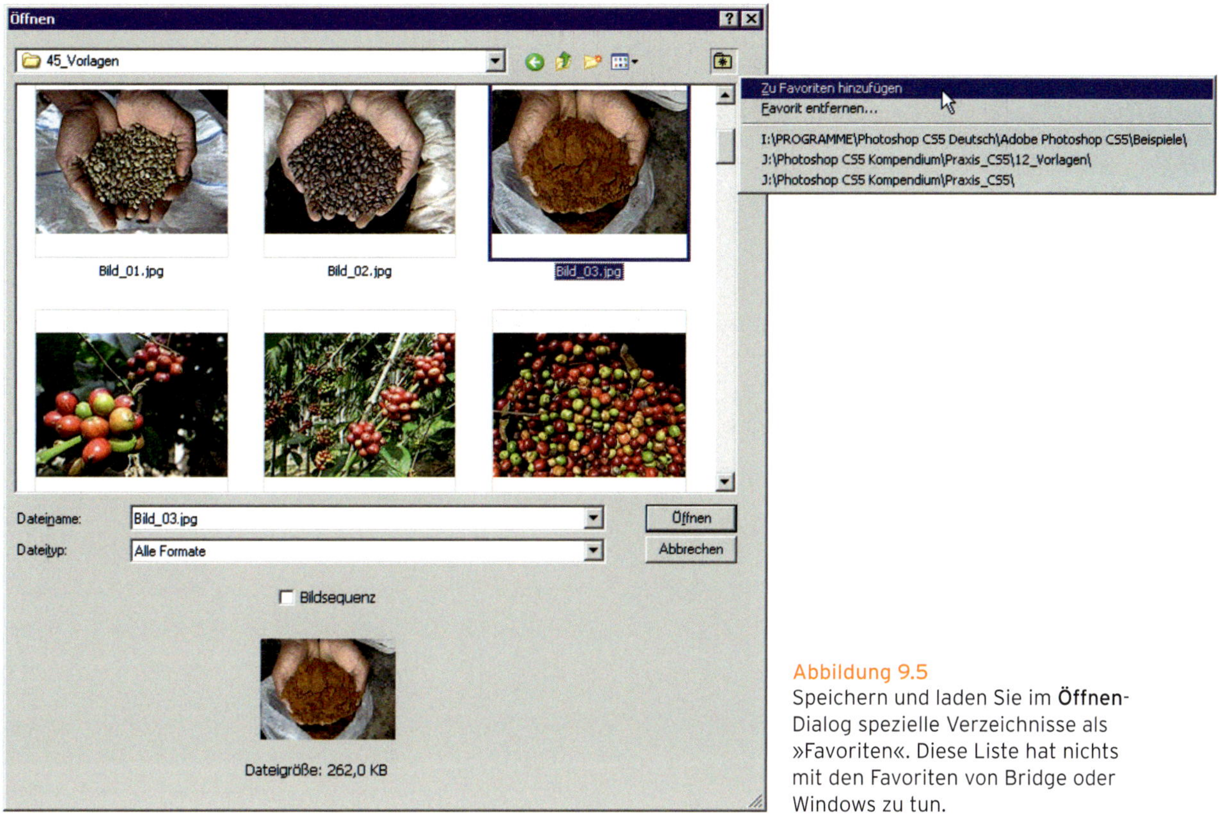

Abbildung 9.5
Speichern und laden Sie im **Öffnen**-Dialog spezielle Verzeichnisse als »Favoriten«. Diese Liste hat nichts mit den Favoriten von Bridge oder Windows zu tun.

Auch Bridge und Mini Bridge bieten Ihre letzten Dateien bequem an:

» Klicken Sie in beiden Bridge-Varianten auf die Schaltfläche Letzte Datei anzeigen oder zu letztem Ordner wechseln. Im Menü zu dieser Schaltfläche gehen Sie auf **Alle zuletzt verwendeten Dateien anzeigen**. Sie sehen die zuletzt genutzten Bilder – aus beliebigen Verzeichnissen. So finden Sie auch Aufnahmen, deren Namen oder Verzeichnis Sie nicht mehr erinnern.

» Die Bridge-Schaltfläche Letzte Datei öffnen rechts außen in der Pfadleiste bietet an, eine der letzten bis zu 30 Dateien unmittelbar in Photoshop zu öffnen. (Falls die Pfadleiste nicht da ist, wählen Sie **Fenster: Pfadleiste**.)

» In Mini Bridge laden Sie via Bedienfeldansicht die **Navigation** und lassen sich Letzte Dateien oder Letzte Ordner vorführen.

9.2.2 Schnell öffnen mit Bridge, Mini Bridge oder Dateiverwaltung

Bridge, Mini Bridge, der Windows-Explorer, der Mac-Finder oder andere gängige Bildverwalter öffnen Bilder in Photoshop besonders schnell. Es spielt dabei keine Rolle, ob Sie eins der Photoshop-eigenen Programme oder eine andere Dateiverwaltung nutzen.

» Photoshop ist noch geschlossen? Markieren Sie ein Bild oder eine Bildreihe und ziehen Sie alles auf das Photoshop-Programmsymbol – Photoshop startet mit den Bildern.

» Ziehen Sie markierte Bilder auf die Menüleiste, Werkzeugleiste oder Schaltflächenleiste in Photoshop. Sofern gar kein Foto geöffnet ist, ziehen Sie es auf die Arbeitsfläche. Ist ein Dialogfeld wie **Bildgröße** offen, erscheinen die zu ladenden Bilder erst nach Schließen des Dialogs.

» Ziehen Sie Bilder auf den Photoshop-Balken unten in der Windows-Task-Leiste und warten Sie einen Moment: Das Photoshop-Fenster wird geöffnet, dann lassen Sie die Dateien über der Photoshop-Menü- oder Werkzeugleiste los.

» Sofern Sie Dateiformate mit Photoshop verknüpft haben, klicken Sie im Explorer doppelt auf eine solche Datei: Photoshop wird – falls noch nicht geschehen – starten und das entsprechende Bild öffnen. Verwenden Sie im Explorer auch das Rechtsklick-Untermenü **Öffnen mit**.

Prüfen Sie, ob Ihre Nicht-Adobe-Bilddatenbank Programme wie Photoshop auch in Kontextmenüs oder als Schaltfläche anbieten kann.

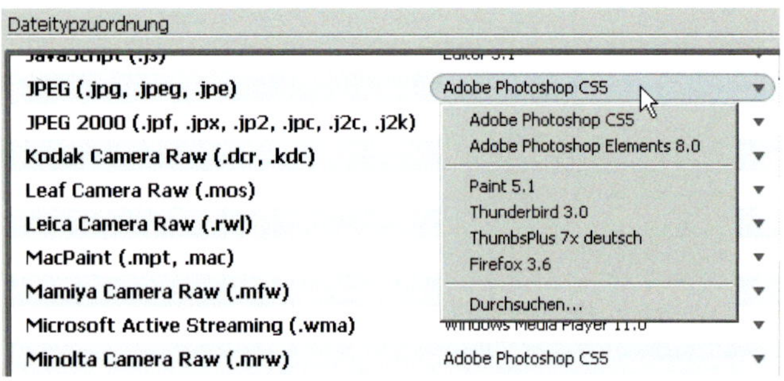

Abbildung 9.6 Welches Programm startet nach Doppelklick auf eine Bilddatei in Bridge? Das steuern Sie in den »Dateitypzuordnungen« in den »Voreinstellungen« (Strg+K) von Bridge. Ihre Doppelklicks im Windows-Explorer oder im Mac-Finder bleiben davon unverändert.

Besonderheiten bei Bridge und Mini Bridge

Nach Doppelklick öffnet Bridge die meisten Bilddateien direkt in Photoshop. Andere Dateien – etwa Texte, Layouts oder Grafiken – erscheinen ebenfalls direkt im passenden Programm. Um mehrere Bilder gleichzeitig zu öffnen, markieren Sie die Exponate zum Beispiel bei gedrückter Strg-Taste, dann drücken Sie die ↵-Taste oder wählen **Datei: Öffnen**. Nur für Bridge gilt: Je nach Vorgabe (und meist mit Strg+R) landen die Dateien zunächst im Camera-Raw-Dialog (Seite 205).

TIPP Sie wollen ein Foto in Bridge oder Mini Bridge nur kurz groß sehen, aber nicht unbedingt auf der Photoshop-Arbeitsfläche öffnen, klicken Sie die Datei einmal an und drücken Sie die Leer-Taste. Mit Mausklicks ins Bild ändern Sie die Zoomstufe.

9.2.3 Bedingt bargeldlos

Bilddateien von Geldscheinen lassen sich mit Photoshop nicht **Öffnen**. Die Bargeldwarnung führt Sie auch ins Internet und, bei Interesse an Euros, zur Seite der Europäischen Zentralbank; die verspricht, dass professionelle Anwender druckbare, hoch auflösende Dateien von Euro-Noten erhalten. Dort stehen auch niedrig aufgelöste Geldscheine und höher aufgelöste Repros von Euro-Münzen parat.

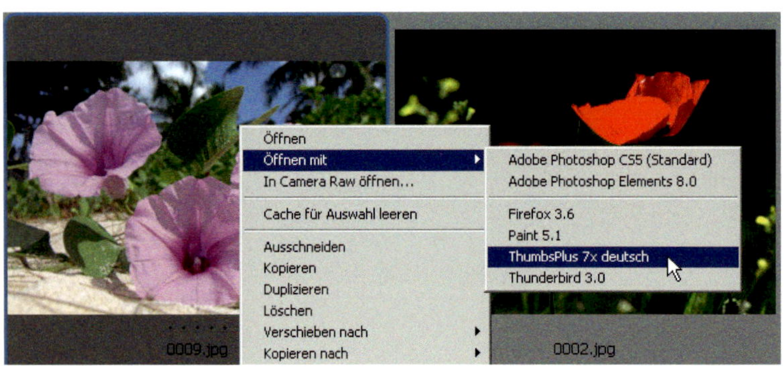

Abbildung 9.7
Reichen Sie Ihre Aufnahmen aus Bridge heraus an andere Programme durch: Klicken Sie mit rechts auf die Bilddatei und dann auf **Öffnen mit**. Hier bietet Bridge Programme an, die sich für den Dateityp eignen – sie müssen nicht vom Photoshop-Hersteller Adobe stammen. Das Programm, das sich direkt per Doppelklick öffnet, gilt als »Standard«, hier ist es Photoshop CS5.

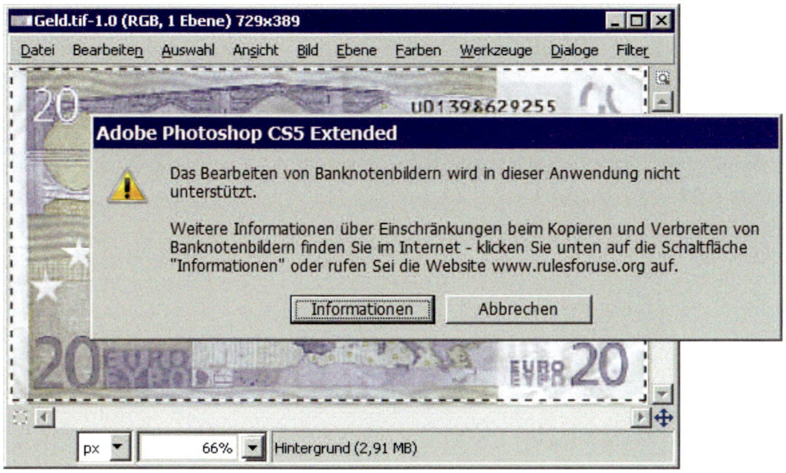

Abbildung 9.8
Bargeldlos: Geldscheine zeigt der aktuelle Photoshop nicht an. Im Test sperrte sich das Programm sogar gegen diesen mangelhaften Scan. Datei: Geld

Geldscheine drucken mit anderen Versionen und Programmen

Sie wollen schnell ein paar Blüten fürs Wochenende drucken? Greifen Sie auf Altbewährtes zurück:

» Lassen Sie Photoshop 7 oder Vorgänger installiert. Dort haben Sie keine Geldprobleme.

» Oder nehmen Sie Photoshop CS (nach alter Zählung Photoshop 8): Laden Sie Ihr Barvermögen zunächst im separaten Programm ImageReady und reichen Sie es von dort an Photoshop CS durch (**Datei: In Photoshop bearbeiten**). Photoshop CS öffnet und druckt Ihre Barschaft jetzt ohne Bedenken.

Bargeld angenommen und gedruckt wird auch bei dem Gratis-Bildprogramm Gimp (*gimp.de*).

9.2.4 Unbekannte Dateiformate öffnen

Mitunter erhalten Sie Bilddateien in einem unbekannten Format oder ohne eindeutige Dateiendung wie ».tif«. In diesem Fall lässt sich das Bild nicht über den normalen **Öffnen**-Dialog laden.

Unter Windows nehmen Sie den Photoshop-Befehl **Datei: Öffnen als** (Strg+⇧+Alt+O). Im Feld Öffnen als Dateiformat klicken Sie einen möglichen Dateityp an. Am Mac nehmen Sie zunächst den **Öffnen**-Befehl, wählen **Alle Dokumente** aus dem Klappmenü Aktivieren und klicken einmal auf die fragliche Datei. Nun klicken Sie das mutmaßliche Dateiformat im Klappmenü Format an, falls es nicht automatisch erkannt wird, danach heißt es Öffnen.

9.3 Speichern

Beim Speichern wählen Sie nicht nur Dateiformat und Dateiname aus, Photoshop bietet zahlreiche weitere Optionen.

9.3.1 »Bildvorschau«

Innerhalb der Bilddatei können Sie eine kleine Vorschau speichern, die »Bildvorschau«. Nützlich ist diese Vorschau für einige Bilddatenbanken wie auch für den Datei-Explorer von Windows – dort erscheinen Photoshop-Montagedateien sonst nur als Symbol. Die eingebaute »Bildvorschau« vergrößert die Datei um vier Kbyte.

Mit dem Befehl **Bearbeiten: Voreinstellungen: Dateihandhabung** steuern Sie die Bildvorschau (am Mac wie stets **Photoshop: Voreinstellungen**). Im Klappmenü wählen Sie aus, ob ein Vorschaubild Nie, Immer oder nur auf Anfrage gespeichert werden soll.

Abbildung 9.9 **Links:** In den »Voreinstellungen« bestimmen Sie, ob Photoshop innerhalb der Dateien noch eine schnelle Vorschauversion des Gesamtbilds anlegt. Rechts: Sofern Sie »Beim Speichern wählen«, bietet Photoshop die »Miniatur«-Option im »Speichern unter«-Dialog.

»Beim Speichern wählen«

Mit der Vorgabe Beim Speichern wählen zeigt Photoshop im Dialogfeld **Speichern unter** eine zusätzliche Option namens Miniatur an. Allerdings nehmen anders als am Mac unter Windows nicht alle Dateiformate eine solche Vorschau auf – so sperren sich etwa Scitex, PNG, RAW, Targa, Pixar, Pict, PCX und BMP. In Frage kommen aber viel genutzte Formate wie Photoshop-PSD, PDF, TIFF und JPEG.

TIPP Montagen im Photoshop-PSD-Format erscheinen trotz eingebauter »Bildvorschau« nicht in Ihrer Dateiverwaltung oder Bilddatenbank? Probieren Sie es mit »maximierter Kompatibilität« (Seite 1076) oder speichern Sie das Ganze als TIFF mit Ebenen.

»Bildvorschauen« am Mac

Vier Arten von Übersichten sichern Sie wahlweise am Mac:

- Das Symbol erscheint als Miniatur auf dem Desktop und in Finder-Dialogen.
- Die Macintosh-Miniatur sehen Sie als kleine Vorschau im Öffnen-Dialogfeld.
- Die Windows-Miniatur erscheint als kleine Vorschau auf Windows-Rechnern.
- Volle Grösse erstellt eine 72-dpi-Version Ihres Bilds für DTP-Programme, die Photoshop-Bilder öffnen können, aber eine 72-dpi-Vorschau benötigen. Dabei handelt es sich um eine JPEG-Vorschau.

Alle Optionen kosten Speicherplatz und Zeit.

9.3.2 Befehle im Überblick: Dateiverwaltung in Photoshop

Taste/Feld	Zusatztasten	Aktion	Ergebnis
Strg+N (für New)			Neue Datei anlegen, ggf. Werte aus Zwischenablage übernehmen
Strg+N	Alt		Neue Datei anlegen, Werte aus Zwischenablage ignorieren
Strg+O (für Open)			**Datei: Öffnen**
[leere Programmfläche]		Doppelklick	**Datei: Öffnen** (nur Windows)
Strg+W			**Datei: Schließen**
Strg+S (für Save)			**Datei: Speichern**
Strg+S	⇧		**Datei: Speichern unter**
Strg+S	Alt+⇧		**Datei: Für Web und Geräte speichern**
(Bridge, Mini Bridge)			**letzte Dateien anzeigen in Bridge bzw. Mini Bridge auflisten**
(Bridge)			**letzte Dateien in Photoshop öffnen**

9.3.3 »Speichern« und »Speichern unter«

Haben Sie die aktuelle Datei so verändert, dass sich das zuletzt verwendete Dateiformat nicht mehr eignet, erlaubt Photoshop das schnelle **Speichern** per Strg+S nicht mehr. Ein Beispiel: Sie öffnen eine JPEG-Datei und fügen eine neue Ebene an. Weil JPEG keine Ebenen unterstützt, können Sie das Bild nicht einfach schnell **Speichern**.

Stattdessen öffnet der **Speichern**-Befehl hier das Dialogfeld des Befehls **Speichern unter** und schlägt das Photoshop-Dateiformat PSD vor, das auch Ebenen verkraftet. Alternativ können Sie jedoch von Hand wieder das JPEG-Format wählen; dabei speichern Sie jedoch zwangsläufig Als Kopie.

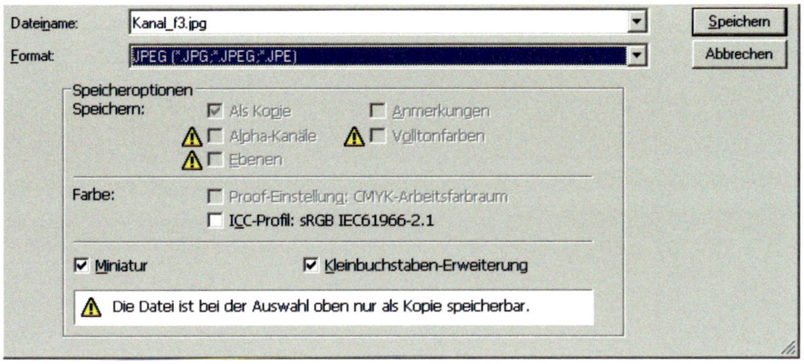

Abbildung 9.10
Die Datei »Kanal_f3.tif« aus dem »Praxis«-Verzeichnis der Buch-DVD hat einen Alphakanal, einen Volltonfarbkanal und Ebenen. Wir geben im Dialog »Speichern unter« das JPEG-Dateiformat vor, das solche Eigenschaften nicht aufnimmt. Photoshop signalisiert: Ebenen, Alphakanal und Volltonfarbenkanal werden hier nicht mit gespeichert. Sie müssen die Option »Als Kopie« verwenden.

»Speichern unter«

Mit dem Befehl **Datei: Speichern unter** (Strg+⇧+S) ändern Sie viele Eigenschaften des Bilds, nicht nur Dateiname oder Dateiformat. Sie verbannen wahlweise auch Ebenen, Farbprofile oder Alphakanäle.

Klicken Sie im Dialogfeld **Speichern unter** auf OK, dann erscheinen die Optionen zum gewählten Format, etwa die TIFF- oder JPEG-Optionen. So wechseln Sie mit dem Befehl **Speichern unter** nicht nur vom TIFF- zum Photoshop-Format, sondern auch von unkomprimiertem TIFF zu TIFF mit LZW-Verdichtung.

Dateieigenschaften ausschließen

Sie können Dateieigenschaften wie Anmerkungen, ICC-Profil oder Volltonfarben mitspeichern oder bewusst verbannen. Aber wohlgemerkt: Sie schließen vielleicht Ebenen, Alphakanäle und Anmerkungen aus – aber nur für die Datei, die Sie soeben auf die Festplatte schreiben. Die Datei, die auf dem Bildschirm bleibt, enthält weiterhin alle diese Ebenen und Alphakanäle. Sie können also die Grafik später immer noch mit diesen Bildeigenschaften speichern.

Die wichtigsten Möglichkeiten:

- Wenn Sie Ebenen abwählen, verschmilzt Photoshop alle sichtbaren Ebenen in der auf Platte gespeicherten Datei zu einer einzigen Pixelfläche.
- Entfernen Sie das Häkchen neben Alphakanäle, um Alphakanäle herauszulöschen. Das spart Speicherplatz und verhindert Probleme in anderen Programmen, zum Beispiel auch in Layoutprogrammen.

Unter Umständen zwingt Photoshop Sie, das Bild mit der Option Als Kopie (nächster Absatz) zu speichern:

- Sie wählen ein vorhandenes Merkmal ab, beispielsweise Ebenen oder Alphakanäle.
- Sie wählen ein Dateiformat, das bestimmte Eigenschaften nicht aufnehmen kann. Zum Beispiel wollen Sie eine Montage mit mehreren Ebenen und Alphakanälen im JPEG-Format sichern. JPEG unterstützt jedoch weder Ebenen noch Alphakanäle. Ebenen verschmelzen also in der entstehenden JPEG-Datei zu einer Hintergrund-Ebene, Alphakanäle fliegen raus.

TIPP Im Klappmenü Format listet Photoshop zahllose Dateiformate auf. Um besonders schnell das gewünschte Format zu erhalten, klicken Sie in das Menü und tippen J ein, um zum »JPEG«-Eintrag zu gelangen. Tippen Sie mehrfach P, um hintereinander Angebote wie Photoshop, Pict und PCX zu erhalten.

Die Option »Als Kopie«

Der Standardbefehl **Speichern unter** funktioniert so: Sie speichern Datei A unter dem Namen B und fortan bearbeiten Sie Datei B, während Dokument A unberührt auf der Festplatte schlummert.

Machen Sie allerdings Ihr Kreuz neben der Option Als Kopie, funktioniert Photoshop anders: Nun legen Sie die Datei A in einer Variation B ab – um dann weiter an Datei A zu arbeiten.

Mögliche Verwendung: Sie sitzen an einer Fotomontage »A« mit Ebenen und Alphakanälen im TIFF-Dateiformat. Den aktuellen Schaffensstand wollen Sie schnell als lesbare, kleine JPEG-Datei an Kollegen schicken. Speichern Sie Als Kopie mit dem JPEG-Dateiformat unter dem Namen »B« und verschicken Sie das Bild. Auf dem Monitor haben Sie aber immer noch die Datei »A«. Wenn Sie mit Strg+S zwischensichern, wird die PSD-Datei »A« aktualisiert.

Und wie oben erwähnt: Photoshop zwingt Sie zur Option Als Kopie, wenn das gewählte Dateiformat nicht alle Eigenschaften der aktuellen Datei unterstützt oder wenn Sie ein vorhandenes Merkmal wie Ebenen abwählen.

9.3.4 Bearbeiten Sie nur einen Bildausschnitt

Manche Dateien sind so groß, dass die Retusche im Gesamtbild zu viel Rechnerkapazität verschlingt. Dann bearbeiten Sie speicherschonend nur einen Ausschnitt, den Sie später ins Gesamtbild zurückpflanzen. Das folgende Verfahren bietet viel Komfort beim Wiedereinbau der korrigierten Zone:

1. Laden Sie die Datei, von der Sie vorerst nur einen Ausschnitt bearbeiten möchten.
2. Schalten Sie das Auswahlrechteck ein, verzichten Sie auf Glätten und Weiche Kante.
3. Wählen Sie den gewünschten Bereich aus. Verfeinern Sie ihn nicht mit dem Befehl **Auswahl: Auswahl transformieren**. Wählen Sie so viel aus, dass Sie nicht an den Rändern (zumindest nicht an allen Rändern) retuschieren müssen.
4. Unten in der Kanäle-Palette klicken Sie auf Auswahl als Kanal speichern.
5. Speichern Sie die Gesamtdatei samt diesem Kanal im TIFF- oder PSD-Format, zum Beispiel als »Bild 1«.
6. Der nächste Befehl heißt **Bild: Freistellen**. Photoshop wirft die Außenbereiche weg.
7. Speichern Sie die Datei erneut, zum Beispiel als »Bild 1 - nur Ausschnitt«.
8. Um den Arbeitsspeicher freizupusten, wählen Sie **Bearbeiten: Entleeren: Alles**.

Abbildung 9.11 Im Strandfoto soll nur die Restaurantplattform entfernt werden. **Oben:** Wir wählen den Bereich mit dem Auswahlrechteck aus. **Mitte:** Die Auswahl wird als Alphakanal gespeichert. **Unten:** Wir haben das Bild speichersparend auf den gewählten Bereich freigestellt und entfernen das Bauwerk. Datei: Bildausschnitt_1

Nun korrigieren Sie den Bildausschnitt wie gewünscht. So geht's weiter:

1. Wählen Sie mit Strg+A das Detailbild aus und kopieren Sie es mit Strg+C in die Zwischenablage.
2. Laden Sie das größere »Bild 1«.
3. Halten Sie die Strg-Taste gedrückt und klicken Sie unten in der Kanälepalette auf die Miniatur ALPHA 1. So haben Sie die ursprüngliche Auswahl wieder im Bild.
4. Wählen Sie **Bearbeiten: Einfügen Spezial: In die Auswahl einfügen**. Der verbesserte Ausschnitt landet punktgenau an der erforderlichen Stelle im Gesamtfoto.
5. Wechseln Sie zur Zoomstufe 100,0 Prozent und prüfen Sie, ob die Übergänge passen. Eventuell müssen Sie an Rändern mit Kopierstempel und Co. nacharbeiten.
6. Alles OK? Drücken Sie Strg+E, um den eingefügten Ausschnitt mit der Umgebung zu verschmelzen.

9.4 Dateiformate allgemein

Sie wechseln das Dateiformat in Photoshop per **Datei: Speichern unter** oder auch mit Stapelverarbeitungsbefehlen wie dem **Bildprozessor**. Die Ursprungsdatei wird dadurch nicht überschrieben, sondern Sie haben das Bild hinterher in zwei Dateiformaten vorliegen.

Welches Dateiformat ist ideal? Das hängt von Ihren Kriterien ab:

» Plattenspeicher und Übertragungszeit sparen

» Schnelles Öffnen und Speichern

» Verwendung im WWW des Internets

» Verwendung mit DTP-Programmen, anderen Betriebssystemen oder Dienstleistern

» Verwendung von Ebenen, Alphakanälen etc.

Besprechen wir hier die wichtigsten Eckpunkte zu Dateiformaten. Details zu allen wichtigen Dateiformaten finden Sie ab Seite 1075.

Abbildung 9.12 Im Gesamtbild haben wir die Rechteckauswahl geladen und den korrigierten Ausschnitt eingefügt. Er erscheint als neue maskierte Ebene.

ACHTUNG Photoshop reizt manche Dateiformate weit aus, andere Pixelprogramme halten da nicht mit. Haben Sie also etwa eine TIFF-Datei mit mehreren Alphakanälen, Ebenen, Pfaden plus Dateiinformation und JPEG-Komprimierung, dann kann es nach dem Bearbeiten in einem anderen Programm passieren, dass nur ein Alphakanal übrig bleibt und gar kein Pfad. Eventuell wird eine solche Datei von anderen Programmen falsch oder gar nicht angezeigt.

Dateigrößen

Wie viel Kbyte Arbeitsspeicher benötigt eine übliche Bilddatei? Diese Antwort fällt leicht: Pixel hoch mal Pixel quer mal Farbtiefe in Byte (Seite 270).

Und wie viel Platz braucht dieselbe Datei auf der Festplatte und damit auch für den Weg durchs worldweite Web? Diese Antwort ist nicht so einfach. Der Festplattenbedarf hängt stark vom Dateiformat und von den jeweiligen Optionen ab – vor allem von den Vorgaben für die Komprimierung. Unabhängig davon, ob Sie ein komprimierendes Format verwenden oder nicht - zusätzliche Alphakanäle, Ebenen oder Ebenenmasken kosten stets viel Arbeitsspeicher und Festplatte.

TIPP Wollen Sie ganze Bildreihen in die Formate TIFF, JPEG oder PSD umwandeln, nehmen Sie den Photoshop-Befehl **Datei: Skripten: Bildprozessor** (Seite 114) oder in Bridge den Raw-Dialog (Seite 208) oder die Exportieren-Funktion (Seite 158).

Datenkomprimierung

Manche Dateitypen wie TIFF unkomprimiert oder BMP speichern die Bildpunkte einfach 1:1 ab und belegen damit auf der Festplatte etwa so viel Mbyte wie im Arbeitsspeicher. Andere Formate verwenden verschiedene Formen der Datenkomprimierung:

» TIFF-LZW, Photoshop, GIF und weitere Kandidaten zum Beispiel mit sogenannter ZIP- oder RLE-Komprimierung verdichten verlustfrei. Sie benötigen auf Festplatte weniger Speicherplatz als im Arbeitsspeicher: Einheitliche Farbflächen werden zusammengefasst zu wenigen Bytes, welche die komplette Fläche repräsentieren. Dieses Verfahren spart bei üblichen Fotos rund 20 bis 40 Prozent Speicherplatz und damit Übertragungszeit; es kostet jedoch beim Öffnen und Sichern zusätzliche Zeit. Wohlgemerkt: Irgendein Qualitätsverlust entsteht dadurch nicht, Sie erhalten Ihr Bild Pixel für Pixel unverändert zurück. Auch DNG und JPEG 2000 bieten verlustfreie Komprimierung an.

» Die stark komprimierende, meist nicht verlustfreie JPEG-Komprimierung entfernt Bilddetails zugunsten höchster Verdichtungsraten auf der Festplatte. Beim Öffnen werden die Verluste durch Mittelwertbildung wieder hereingerechnet. Photoshop bietet Datenverdichtung nach dem JPEG-Verfahren nicht nur für das JPEG-Dateiformat, sondern auch für TIFF, EPS, DCS und PDF.

Sie steuern die Komprimierung in den Optionen, die nach dem OK-Klick im Dialogfeld **Speichern unter** erscheinen. GIF und Photoshop komprimieren automatisch.

Nicht jedes Dateiformat für jeden Bildtyp

Photoshop bietet im Klappmenü des Dialogs **Speichern unter** nicht immer sofort alle Dateitypen an:

» Haben Sie ein 8-Bit-Bild im Modus Indizierte Farben (also mit maximal 256 Farben), wird JPEG nicht angeboten. Verwenden Sie zunächst den Befehl **Bild: Modus: RGB-Farbe**.

» Fügen Sie in ein JPEG- oder BMP-Bild eine Ebene ein, so bietet Photoshop zuerst einmal das Photoshop-Dateiformat PSD an. Denn im Gegensatz zu JPEG oder BMP lässt das Photoshop-Format Ebenen zu. Sie können dann von Hand zu einem anderen Format wechseln - auch zu Formaten, die Ebenen nicht unterstützen. Photoshop zeigt eine Warnung, wenn Sie die Datei endgültig schließen, ohne sie mit einem ebenenverträglichen Format wie Photoshop-PSD oder TIFF zu sichern.

9.4.1 Überblick: die wichtigsten Dateiformate

Im normalen Gebrauch reichen meist wenige Dokumenttypen - Raw, JPEG, TIFF und PDF, eventuell noch Photoshop und EPS. Alle Details zu BMP, TGA, EPS und Co. finden Sie im »Service«-Teil, alle JPEG-Hintergründe ab Seite 260, eine Besprechung montage-tauglicher Formate ab Seite 690. Die folgende Zusammenfassung reicht für den Alltag:

» Das JPEG-Dateiformat bietet hochwirksame Datenkomprimierung bei kalkulierbarem Detailverlust. Es wird von den meisten Digitalkameras geschrieben und lässt sich mit jedem Webbrowser und vielen DVD-Playern betrachten. Empfehlungen: Die Qualitätsstufe 9 spart kräftig Speicherplatz und reduziert die Bildqualität sehr maßvoll - es fällt am Monitor nur bei Zoomstufen über 100 Prozent und im Druck überhaupt nicht auf. Die Stufe 5 schrumpft JPEGs bei erträglichem Qualitätsverlust viel kraftvoller - nützlich für WWW-Veröffentlichungen.

» Raw-Dateiformate konservieren die Aufnahme Ihrer Digitalkamera naturbelassen wie vom Chip, sie bieten mehr Qualitätsreserven als übliche JPEG-Dateien.

- Das Photoshop-Dateiformat PSD verwenden Sie für Montagen, Spezialfälle und für den vielseitigen Export in andere Programme des Photoshop-Herstellers Adobe, etwa Illustrator, InDesign oder GoLive; Photoshop-Ebenen, Effekte, Überblendtechniken und andere Spezialitäten werden teilweise übernommen. Alternativen: TIFF und PDF.
- TIFF erlaubt universelles Speichern, Austausch mit anderen Programmen und Rechnerwelten und verlustfreie Komprimierung; es eignet sich gut, um Freisteller in Office-Programmen wie Word oder PowerPoint zu platzieren. Zur Bildkomprimierung verwenden Sie nur das problemlose, verlustfreie LZW. Verzichten Sie auf Bildpyramide und Ebenen – nur so lässt sich die TIFF-Datei problemlos mit anderen Programmen und Betriebssystemen öffnen. Als Pixelanordnung verwenden Sie Interleaved.
- TIFF, PDF und EPS sind unerlässlich für die professionelle Druckvorstufe. Stimmen Sie die Optionen mit Ihrem Druckbetrieb ab.

Dateiformate für elektronische Präsentation

Diese Dateiformate verwenden Photoshopper, wenn sie ihre Bilder am Monitor und nicht auf Papier präsentieren:

- JPEG – eignet sich am besten für übliche Fotos bei starker Datenverdichtung.
- GIF – zeigt nur 256 unterschiedliche Farben, kann jedoch Objekte in beliebiger Form freigestellt, also ohne umgebendes Rechteck abbilden (Transparenzfunktion). Man kann im GIF-Format auch Trickfilme, sogenannte Animationen, speichern (Seite 1033).
- SWF (Flash) – sichert Animationen für Internetseiten speichersparend, vorteilhaft vor allem mit Text- oder Vektorebenen. Der Betrachter kann im Webbrowser zoomen, anhalten und verschiedene Qualitätsstufen wählen.
- PDF – erlaubt mehrseitige Dokumente samt Wasserzeichen, Diaschauen, Anmerkungen und Passwortschutz.

Eine Vorschau auf die Änderungen in Internet-tauglichen Dateiformaten liefert der Befehl **Datei: Für Web und Geräte speichern**.

Tabelle: Dateiformate

Für die nachfolgende Tabelle wird die Datei »Format-Test.tif« von der Buch-DVD mit 1536x1024 Punkten in den wichtigsten Dateiformaten gespeichert. Die Vorlage besteht aus einer reinen »Hintergrund«-Ebene ohne zusätzliche Montageebenen, Alphakanäle, Pfade oder andere Zutaten. Als RGB-Datei mit 3x8 Bit Farbtiefe beansprucht die Testdatei mit ihren 1,59 Megapixel rund 4,7 Mbyte Arbeitsspeicher; als Graustufendatei verlangt sie nur einen einzigen 8-Bit-Kanal, also 1,59 Mbyte Arbeitsspeicher. Druckgröße bei 300 dpi: 13x8,7 cm.

Dateiformat	Erweiterung	Komprimierung	Gesamtgröße in Mbyte	Anmerkung	Zweck
Photoshop	PSD	immer, ohne Verlust	4,61		Nutzung aller Funktionen
JPEG, Baseline Standard, Qualitätsstufen 9 bzw. 5	JPEG	immer, mit Verlust	0,52 bzw. 0,22	RGB, CMYK, Graustufen, keine Alphakanäle	Speicherplatz sparen, WWW-Design
Tagged Image File Format (TIFF) ohne/mit LZW-Komprimierung	TIF	wahlweise, für wichtige Bestandteile immer verlustfrei; bei Ebenen Vorschau der Gesamtansicht (»Composite«, Bereich »Bildkomprimierung«) wahlweise mit Verlust nach JPEG-Verfahren	4,64/3,68	Viele Farbmodi, Ebenen, Pfade, mehrere Alphakanäle in einer Datei	Nutzung aller Funktionen, Kompatibilität mit anderen Programmen

9.5 Das JPEG-Dateiformat

JPEG ist das universelle Bilddateiformat. Es speichert platzsparend – zwar nicht verlustfrei, aber in kontrollierbar guter Qualität – Fotos im Computer und erscheint problemlos auf Internetseiten und in allen möglichen Programmen. JPEG lässt sich auch ohne Computer nutzen: Digitalkameras und Foto-Handys schreiben JPEG-Dateien, DVD-Player und Digitalkameras zeigen JPEGs am Fernseher. Der weit weniger verbreitete Dateityp JPEG 2000 unterscheidet sich grundlegend vom üblichen JPEG, er ist mit JPEG nicht zu vergleichen.

9.5.1 Übersicht

Die Fotos mit der Endung .jpg verzichten auf perfekte Farbdifferenzierung des Bilds, um Speicherplatz zu sparen. Nur die visuell wichtigeren Helligkeitswerte bleiben voll erhalten. Die Bildprogramme rechnen die weggesparten Farbwerte beim Öffnen der JPEG-Datei per Mittelwertbildung so geschickt wieder ins Werk, dass man im Druck und am Schirm oft nichts von der Verdichtung bemerkt. JPEG reduziert ein 30-Mbyte-Titelbild ohne sichtbaren Qualitätsverlust auf 1 Mbyte.

Der Anwender selbst steuert Dateigröße und Qualität: Je kleiner die Datei, desto deutlicher treten Qualitätsverluste hervor. Dabei hängt der mögliche Komprimierungsfaktor nicht nur von der Pixelzahl ab, sondern auch vom Bildinhalt: Je härter die Kontraste, je schärfer die Details, desto mehr Speicherplatz braucht das Motiv; flächige Hintergründe, diffuse Hauttöne beanspruchen dagegen wenig Speicherplatz. Ein Wolkenhimmel kostet im JPEG-Format weit weniger Speicherplatz als eine gestochen scharfe Architekturaufnahme oder eine Montage mit Text.

Bilder im JPEG-Dateiformat sind problemlos austauschbar zwischen Mac, Windows und weiteren Rechnerwelten. Sie lassen sich in der Zoomstufe 100 Prozent ohne Weiteres auch mit Internetbrowsern, digitalen Rahmen oder DVD-Playern betrachten, der Empfänger muss kein Bildprogramm haben. Verwenden Sie JPEG für übliche Fotos und Grafiken mit nuancierten Farbübergängen und geglätteten Kanten, nicht aber für Grafiken mit harten Konturen ohne Kantenglättung und mit großen einheitlichen Farbflächen – dort sieht man die Qualitätsverluste besonders deutlich. JPEG-Mängel glätten Sie ein bisschen mit dem Befehl **Rauschen reduzieren** (Seite 436).

Abbildung 9.13 **Links:** Die Vorlage hat 346x335 Bildpunkte und verwendet den RGB-Modus bei acht Bit Farbtiefe. Das Bild beansprucht rund 340 Kbyte Arbeitsspeicher, als unkomprimierte TIFF-Datei ohne Ebenen rund 368 Kbyte. Als JPEG mit Stufe 9 sieht es praktisch genauso gut aus und benötigt 85 Kbyte Festplatte. Wir drucken hier mit einer leicht vergröbernden Auflösung von 150 dpi (150 Pixel/Zoll). **Mitte:** Die Verkleinerung auf 10 Kilobyte (also drei Prozent des Arbeitsspeicherbedarfs) mit JPEG-Stufe 0 im Dialog »Für Web und Geräte speichern« führt zu kleineren Qualitätseinbußen; Photoshop verkleinert das Motiv in seiner nicht vergleichbaren Stufe 0 nur bis auf 54 Kbyte, auch weil mehr Metadaten erhalten bleiben, bei ähnlicher Bildwirkung. **Rechts:** Die Stufe 0 im Programm PhotoImpact 12 liefert dieses Ergebnis und braucht 31 Kbyte. Vorlage: JPEG_a

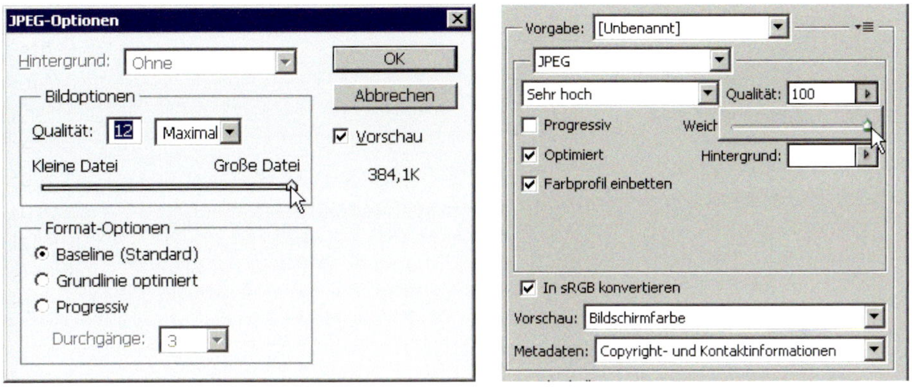

Abbildung 9.14
Links: Photoshops JPEG-Optionen und der Exportieren-Dialog in Bridge bieten zwölf Qualitätsstufen an. **Rechts:** Der Dialog »Für Web und Geräte« speichern unterteilt dagegen in hundert Stufen.

Der JPEG-Dateityp macht viel mit, neben dem üblichen 8-Bit-RGB auch CMYK, Pfade, IPTC-Texte und Photoshops XMP-Daten für verlustfrei korrigierte Anzeige nach Bearbeitung im Raw-Dialog. Damit eignet sich JPEG ebenso für den Profialltag – auch wenn das einige Redakteure nicht wahrhaben wollen. Die wichtigsten Einschränkungen: Alphakanäle, Montageebenen und mehrseitige Dokumente beherrscht JPEG nicht.

TIPP Sie können JPEG-Dateien auch in den leistungsfähigen Camera-Raw-Dialog laden, dort verlustfrei korrigieren und wahlweise als neue Variante speichern (Seite 205).

JPEGs speichern

Am vielseitigsten speichert man JPEG-Dateien mit dem Befehl **Datei: Für Web und Geräte speichern**, Sie sehen mehrere Varianten nebeneinander. Doch auch Photoshops üblicher Befehl **Datei: Speichern unter** zeigt die entstehende Qualität und Dateigröße noch vor dem endgültigen Sichern.

JPEG und andere Dateitypen

Wohlgemerkt, wir besprechen JPEG hier als Dateiformat. Die JPEG-Komprimierungsmethode verwenden auch andere Dokumenttypen, zum Beispiel PDF, TIFF und EPS.

9.5.2 Bildqualität

Im JPEG-Dateiformat balancieren Sie das Verhältnis von Dateigröße und Bildqualität selbst aus. Je stärker Sie die Dateigröße herunterschrauben, desto deutlicher treten Bildfehler hervor.

Photoshop bietet in den JPEG-Optionen, die mit dem Befehl **Speichern unter** erscheinen, zwölf Qualitätsstufen an. Das ebenfalls interessante Kommando **Datei: Für Web und Geräte speichern** teilt die JPEG-Qualität ganz anders auf, nämlich in 100 Stufen. Die höchste Zahl steht jeweils für hohe Bildqualität und hohe Dateigröße.

Andere Hersteller wenden wiederum eigene Skalen an, teilweise stehen hohe JPEG-Werte dort für niedrigere Qualität. Sie können die JPEG-Einstellungen verschiedener Programme also nicht unmittelbar vergleichen – nicht einmal innerhalb von Photoshop geht es einheitlich zu.

Faustregeln:

» Eine Verkleinerung auf ein Fünftel des Arbeitsspeicherbedarfs erzeugt minimale Fehler, die Sie im Druck gar nicht und am Monitor nur in vergrößernden Zoomstufen über 100 Prozent erkennen. Diese Vorgabe eignet sich gut zum Drucken. Verwenden Sie also für hohe Bildqualität in den JPEG-Optionen die Stufen 10 bis 8, im Dialog **Für Web und Geräte speichern** die Stufen 80 bis 60.

» Die Verkleinerung auf ein Zehntel erzeugt kleinere sichtbare Fehler, die nicht wesentlich stören. Diese Vorgabe sehen Sie oft auf Webseiten. Verwenden Sie in den JPEG-Optionen zum Beispiel Stufe 5, in **Für Web und Geräte speichern** Stufe 54.

» Die Verkleinerung auf ein Fünfzehntel des Arbeitsspeicherbedarfs produziert deutliche, störende Fehler. Im Gegensatz zu anderen Programmen gelingt es mit Photoshop jedoch nicht, das Bild auf ein Hundertstel einzudampfen und komplett zu ruinieren.

» Höchste JPEG-Qualitätsstufen wie 12 in den JPEG-Optionen oder 100 in **Für Web und Geräte speichern** bringen nichts – nur Speicherplatzverbrauch.

JPEG-Fehler erkennen Sie besonders bei feinen Farbübergängen in Hauttönen oder Verläufen – hier erscheinen grobe Blöcke. Harte Linien, etwa Buchstaben, werfen plötzlich Schatten. Der Befehl **Rauschfilter: Rauschen reduzieren** (Seite 436) bietet die Option JPEG-Artefakt entfernen; Photoshop will die JPEG-Störungen hier durch Weichzeichnung glätten.

Qualitätsstufen im Vergleich

Wir vergleichen die Qualitätsstufen in Photoshops JPEG-Optionen und im Dialog **Für Web und Geräte speichern**. Zum Test dient eine detailreiche, aber nicht geschärfte Zwölf-Megapixel-Datei mit 4256x2832 Pixel; sie beansprucht unkomprimiert 34,5 Mbyte. Mit verlustfreier TIFF-LZW-Komprimierung belegt die Datei 28,5 Megabyte, ebenfalls verlustfreie TIFF-ZIP-Komprimierung senkt die Dateigröße um 0,3 Megabyte. Wir verzichten sowohl auf Mehrere Durchgänge als auch auf das Optimieren und entfernen alle Metadaten.

Qualitätsstufe in JPEG-Optionen	Qualitätsstufe in Für Web und Geräte speichern (1)	Dateigröße in Mbyte (ca.)	Prozentgröße gegenüber Arbeitsspeicherbedarf
10	75	5,7	17 %
9	63	4,2	12 %
5	27	2,0	6 %
0	0	1,0	3 %

(1) Metadaten werden entfernt

Abbildung 9.15 Alle drei Bilder haben 346x335 Bildpunkte und keine Exif- oder IPTC-Metadaten. Im RGB-Modus bei acht Bit Farbtiefe beanspruchen diese Bilder rund 340 Kbyte Arbeitsspeicher, als unkomprimierte TIFF-Datei etwa 360 Kbyte. Wir drucken hier mit einer leicht vergröbernden Auflösung von 150 dpi (150 Pixel/Zoll). **Links:** In der niedrigsten JPEG-Qualitätsstufe 0 der JPEG-Optionen benötigt das eher flächige Motiv nur 10 Kbyte. **Mitte:** Dieses Motiv hat mehr Details auf gleicher Pixelfläche, es benötigt darum 12 Kbyte bei gleicher JPEG-Qualitätsstufe. **Rechts:** Stark scharfgezeichnete Variante der mittleren Datei. Bei gleichbleibender JPEG-Qualität 0 kostet das Motiv jetzt 17 Kbyte Speicherplatz. Vorlage: JPEG_b

Risiken und Nebenwirkungen

JPEG zeigt besonders auffällige Schwächen mit plakativen Grafiken, nicht geglätteten Konturen und harten Rastern. Testen Sie hier alternativ das GIF-Dateiformat.

Generell gilt Vorsicht beim wiederholten Speichern im JPEG-Format: Bildteile, die Sie zuvor bearbeitet haben, verfallen eventuell weiter. Datenschwund entsteht auch in nicht manipulierten Zonen, wenn Sie die JPEG-Qualitätsstufe ändern.

Details gehen zudem beim Sichern eines gekappten JPEG-Bilds verloren; ebenso sollte man nicht die Pixelauflösung einer JPEG-Datei umrechnen. Damit eignet sich das JPEG-Format theoretisch nicht zum Zwischensichern während der laufenden Arbeit (für diesen Zweck bietet sich eher das verlustfreie TIFF an). In der Praxis verkraften viele Motive jedoch auch zwei- oder dreimaliges JPEG-Speichern mit zwischenzeitlicher Bearbeitung.

Aber Sie wurden hiermit gewarnt.

9.5.3 Weitere JPEG-Optionen

In den verschiedenen Dialogfeldern finden Sie weitere JPEG-Optionen:

» Baseline (Standard) kann jedes Programm darstellen. Empfohlen.

» Baseline optimiert spart geringfügig Speicherplatz und bringt angeblich bessere Farben, lässt sich aber nicht unbedingt mit jedem Programm öffnen und hat auch schon DVD-Player verwirrt – verzichten Sie darauf.

» Mehrere Durchgänge bringt das Bild nicht Zeile für Zeile auf den Schirm; stattdessen sehen Sie sofort stark verschwommen das Gesamtfoto, schrittweise wird es klarer. Die Datenmenge ändert sich gegenüber dem konventionellen JPEG kaum, die Qualität nur unwesentlich. JPEG-Bilder mit dieser Option werden von älteren Programmen nicht geöffnet. Sie können den geänderten Bildaufbau nur bei Übertragung übers Netz testen, nicht auf einem lokalen Rechner.

» Die Option ICC-Profil schützt ein eventuell im Bild eingespeichertes ICC-Profil. Manche Browser verwenden es zur Farbkorrektur. Der Größenzuwachs liegt eventuell bei wenigen hundert Byte.

» Weichzeichnen eignet sich eventuell für JPEGs mit harten Kanten oder für stark scharfgezeichnete Bilder: Hart konturierte Motive beanspruchen deutlich mehr Speicherplatz als diffusere Vorlagen. Die Werte von 0 bis 2 entsprechen genau den Resultaten des Befehls **Filter: Weichzeichnungsfilter: Gaußscher Weichzeichner**. Doch der Weichspülereffekt empfiehlt sich allenfalls für verschwommene Hintergrundmuster, nicht für gegenständliche Abbildungen. Verwenden Sie im Zweifel eher die JPEG-Fehlerkorrektur des Befehls **Rauschen reduzieren** (Seite 436).

» Hat die Vorlage transparente Bereiche, geben Sie eine Farbe für den Hintergrund an – also die Farbe, die in den transparenten Bereichen eingesetzt wird. (Durchsichtige Bereiche bleiben nie durchsichtig, weil JPEG keine Transparenz erlaubt.)

» Schalten Sie in Photoshops JPEG-Optionen die Vorschau vorübergehend aus – so erkennen Sie den Qualitätsunterschied zwischen aktueller Datei und speichersparender JPEG-Variante. Wählen Sie auch bei geöffnetem Dialogfeld **Ansicht: Tatsächliche Pixel**, um das Bild in der einzig verlässlichen Zoomstufe 100,0 Prozent zu beurteilen.

Bearbeitete JPEG-Dateien in Digitalkameras

Die meisten Digicams führen JPEG-Dateien auch am Fernseher vor, manche sogar nach HD-Standard mit 1920x1080 Pixel. Allerdings: Bereits mit Photoshop veränderte JPEG-Dateien zeigen dieselben Kameras oft nicht mehr an.

Sie möchten bearbeitete JPEGs per Digitalkamera vorführen? Die Software zu Ihrer Digicam schreibt eventuell passende JPEGs. Weitere Abhilfe: Das kleine, nicht kostenlose englische Programm TVWriter macht per Stapelverfahren ganze Bildreihen in einem Rutsch kamerataulich (*www.satsignal.net*, Bereich »Image Utilities/TVwriter«).

9.5.4 »Für Web und Geräte speichern«

Photoshop zeigt mit dem Befehl **Datei: Für Web und Geräte speichern** (Strg+Alt+⇧+S) ein Bild in bis zu vier Varianten noch vor dem Speichern; zusätzlich können Sie die Pixelzahl herunterrechnen. Klicken Sie eine Variante an, so dass sie blau eingerahmt wird, dann ändern Sie rechts die Einstellungen für diese Variante. Anschließend klicken Sie eine weitere Vorschau an und machen rechts die Dateiformatvorgaben. So zeigen Sie zum Beispiel eine JPEG-Datei im Original und drei verschiedenen Qualitätsstufen – in unserer Abbildung in den Stufen 80, 20 und Null.

Direkt unter den Vorschauen meldet das Programm die entstehende Dateigröße und Übertragungszeit. Von welcher Übertragungsgeschwindigkeit geht Photoshop dabei aus? Das steuern Sie nach einem Klick auf den Menüschalter rechts neben der Tempoangabe.

Im Bereich Bildgrösse stellen Sie wahlweise eine andere Pixelzahl ein – erledigen Sie diesen Schritt zuerst, bevor Sie mit den Feineinstellungen experimentieren, und wählen Sie eine Interpolation wie Bikubisch oder Bikubisch schärfer. Oder rechnen Sie Ihr Foto vorab mit dem Befehl **Bild: Bildgröße** herunter (Seite 273).

Metadaten

Im Bereich Metadaten entscheiden Sie, ob Sie alle IPTC-Bildbeschreibungen und Exif-Kameradaten mitliefern. Wie viel Speicherplatz spart man dabei? Wir haben die mit IPTC und Exif satt gespickte Datei »JPEG_c« aus dem »Praxis«-Verzeichnis der Buch-DVD einmal ganz ohne Metadaten und dann in verschiedenen Abstufungen gesichert. Die Unterschiede zur Null-Metadaten-Version:

Copyright	3 Kbyte mehr
Copyright- und Kontaktinformationen	3,5 Kbyte mehr
Alle ausser Kamera-Info	9 Kbyte mehr
Alles	10,5 Kbyte mehr

Abbildung 9.16 Der Photoshop-Befehl »Datei: Für Web speichern« stellt mehrere Varianten der Bilddatei dar. Die Einstellungen rechts oben gelten für die aktuell blau eingerahmte Variante, hier das Vorschaubild rechts oben. Gezieltes Entfernen der Metadaten spart ein paar Kilobyte, der Unterschied wird aber in der Vorschau nicht angezeigt. Foto: Lucas Klamert

Zurücksetzen und Merken

Drücken Sie bei geöffnetem Dialogfeld Für Web speichern die Alt-Taste, ändern sich die zwei Schaltflächen unten rechts:

» Aus Abbrechen wird – wie meist in Photoshop – Zurücksetzen. Per Anklicken setzen Sie die aktuelle Variante auf die Dateiformatvorgaben zurück, die bei Öffnen des Dialogfelds galten.

» Aus Fertig wird Merken. Klicken Sie darauf, wenn in diesem Variationsfenster auch weiterhin die momentan sichtbaren Dateiformatvorgaben gemacht werden sollen. Beim nächsten Öffnen erscheint in diesem einen Vorschaurahmen wieder eine Bildfassung mit den »gemerkten« Einstellungen.

Wollen Sie bestimmte JPEG-Vorgaben wiederholen, lassen sie sich über den Menüschalter Optimiert speichern und im Vorgabe-Klappmenü wiederholen.

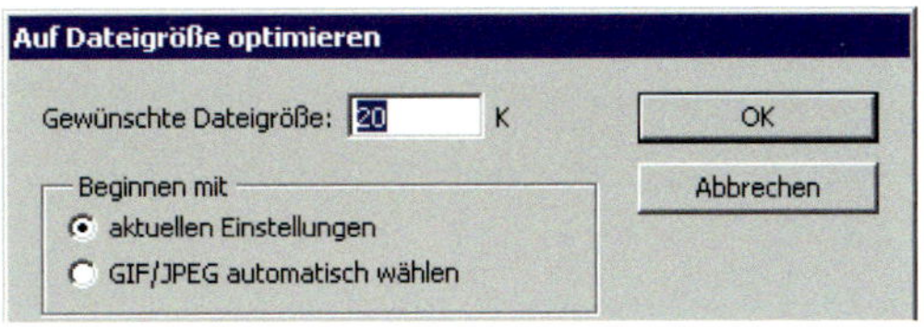

Abbildung 9.17 Der Befehl »Auf Dateigröße optimieren« setzt die aktivierte Bildvariante exakt auf die gewünschte Dateigröße. Sie finden die Funktion im Menü zum Dialogfeld »Für Web und Geräte speichern«.

Teil 3
Korrektur

Perfektes Imaging – hier kommen die Brot-und-Butter-Techniken für die tägliche Arbeit am Bild: Dieser Teil erklärt, wie Sie Kontraste aufpolieren, Fehler diskret retuschieren und Ihre Dateien für Druck oder Web umrechnen. Raffinierte Verfahren retten selbst hoffnungslose Kandidaten.

Kapitel 10

Auflösung, Bildgröße, Ausschnitt

Korrigieren Sie Bildausschnitt, Dateigröße, Druckmaße und Zahl der Bildpunkte pro Flächeneinheit. Zunächst besprechen wir, wie Sie Pixelzahl und eingespeicherte Druckgröße ändern. Zum Schluss lesen Sie, wie Sie überflüssigen Rand entfernen und neue Bildfläche anbauen.

10.1 Auflösung, Druckmaße und Dateigröße

Übliche Fotos bestehen aus einem Schachbrettmuster an quadratischen Bildpunkten (Pixeln). Dabei braucht leeres Weiß genauso viel Speicherplatz wie eine Hochhauskulisse (im Arbeitsspeicher, nicht beim komprimierten Sichern auf Festplatte).

Die Zahl der Bildpunkte hoch und quer steht bei jeder Datei fest. In den meisten Dateiformaten – etwa TIFF, Photoshop und JPEG – ist auch schon die Druckauflösung gespeichert, also wie viele Bildpunkte beim Drucken auf einen Zentimeter kommen.

Um eine Datei mit anderen Maßen zu drucken, müssen Sie nicht zwangsläufig die Zahl der Bildpunkte ändern. Sie ändern nur die Druckauflösung, verteilen also mehr oder weniger Pixel auf einen Zentimeter. Beides erledigt der Befehl **Bild: Bildgröße** (Seite 273).

Es lohnt sich selten, die Pixelzahl eines Bilds hochzurechnen: Die vielen neuen Bildpunkte pro Zentimeter entstehen durch Mittelwertbildung (Interpolation) und bieten keinerlei zusätzliche Detailinformation – im Gegenteil, das Umrechnen sorgt für eine leichte Weichspülung oder ausgezackte Kanten.

Sobald Sie Ihr Bild kleiner rechnen – also die Zahl der Pixel pro Längeneinheit verringern –, verlieren Sie Information; und die Bildqualität ändert sich wieder. Natürlich rechnen Sie herunter, wenn die Datei viel zu viele Pixel hat; das spart Speicherplatz, Rechen-, Druck- und Übertragungszeit.

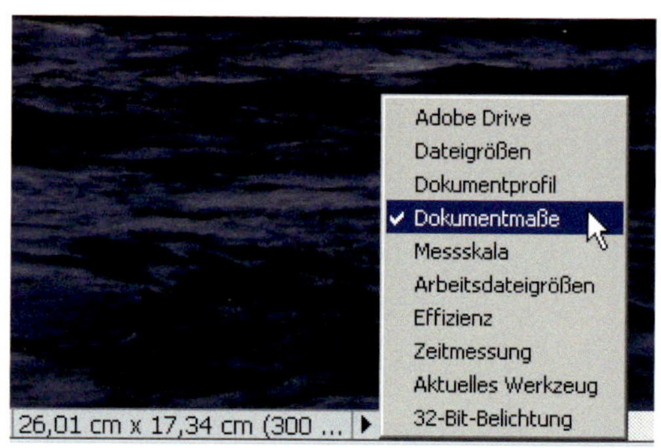

Abbildung 10.1 Richten Sie in den Voreinstellungen »cm« als Maßeinheit ein, dann zeigt die Statusleiste wahlweise das aktuelle Druckmaß und die dpi-Auflösung an.

10.1.1 Nur die Pixelzahl ist wichtig

Man hört Sätze wie: »Bilder im Internet haben 96 dpi.« Oder: »Die Datei ist gut, die hat 400 dpi.« Oder: »Mit einer 72-dpi-Datei kann ich nichts anfangen.«

Solche Betrachtungen sind unvollständig. Die dpi-Zahl allein sagt gar nichts über die Qualität einer Fotodatei. Da muss man schon dpi für eine bestimmte Druckfläche kennen, also zum Beispiel 400 dpi bei 15 Zentimeter Breite. Hat eine Datei »gute« 400 dpi bei nur einem Zentimeter Druckbreite, nützt das wenig.

Unmittelbar informativ wirkt die Zahl der Bildpunkte: 4256x2832 Punkte, das ist eine absolute Angabe, nicht abhängig von Druckflächen. Und das gilt erst recht bei Online-Bildern – dort spielen dpi-Werte endgültig gar keine Rolle mehr, es kommt einzig und allein auf die Zahl der Bildpunkte an.

Bei Druckprojekten fragen Sie: Wie viele Pixel pro Druckzentimeter bzw. pro Druckzoll (Inch) enthält ein Bild? Allgemein gilt: Je mehr Pixel pro Zoll (also dots per inch, dpi), desto höher die Druckauflösung, desto feiner und detailreicher die Darstellung. Freilich: Manche Multimegapixel-, aber unscharfe oder verrauschte Datei wirkt im Druck schlechter als eine gut digitalisierte Datei mit weniger Bildpunkten.

So berechnen Sie die Druckauflösung:

$$\frac{\text{Anzahl Pixel einer Seitenlänge}}{\text{Seitenlänge in Zoll (Inch)}} = \text{dpi}$$

Ein Beispiel: Ihre Zwölf-Megapixel-Kamera zeichnet 4256 Pixel in der Breite auf. Sie wollen 30 Zentimeter breit drucken, also 11,81 Zoll breit (ein Zoll, englisch Inch, hat 2,54 Zentimeter). So berechnen Sie die Druckauflösung des Beispielbilds bei 30 Zentimeter Breite:

$$\frac{4256}{11{,}81} = 329{,}21 \text{ dpi}$$

Mit rund 360 dpi stehen genug Bildpunkte zur Verfügung.

Sie könnten auch noch etwas größer drucken – wie viel geht bei 300 dpi?

$$\frac{4256}{300} \times 2{,}54 = 36{,}03$$

Die Bilder vom Zwölf-Megapixel-Sensor lassen sich also 36 Zentimeter breit drucken, und das bei hochwertigen 300 dpi. Selbst für hochwertigen Offsetdruck reichen aber oft 250 dpi, dann füllen Sie sogar, na, 43,24 Zentimeter Breite. Ob das Foto freilich randscharf, rauschfrei und unverwackelt geriet, ist eine andere Frage.

10.1.2 Datenmengen

Gehen Sie mit Auflösung und Bildgröße sparsam um. Eine Verdoppelung der Auflösung – zum Beispiel von 100 auf 200 dpi – vervierfacht den Arbeitsspeicherbedarf. Genauso beansprucht eine Verdoppelung der Druckmaße bei gleich bleibender Auflösung viermal mehr Platz auf der Festplatte.

Graustufendateien brauchen allerdings nur ein Drittel des Platzes von RGB-Farbdateien mit ihren Rot-Grün-Blau-Anteilen und ein Viertel des Platzes im Vergleich zu einer CMYK-Datei, wie die folgende Tabelle zeigt.

Beschränken Sie also die Auflösung auf das, was Sie tatsächlich brauchen. Ein hoch aufgelöstes Bild lässt sich am Monitor viel schwerfälliger bearbeiten als eine schlankere Datei, sie braucht mehr Speicherplatz und Übertragungszeit.

Megapixel, Druckmaße und Arbeitsspeicher

Die Tabelle zeigt, wie viel Megapixel rechnerisch zu welchem Druckmaß bei 225 bis 320 dpi führen (ohne Qualitätsfaktor). Natürlich entscheiden noch andere Eigenschaften über Bildqualität und mögliche Druckgröße, etwa Sensorgröße, ISO-Empfindlichkeit und Objektiv. Mehr zum Zusammenhang von Sensorabmessung, Pixelzahl und Bildrauschen und spezielle Beispiele für 12-Megapixel-Kameras lesen Sie ab Seite 43.

Megapixel-Klasse	Bildpunkte (zum Beispiel)	Kamera (zum Beispiel)	Größe im Arbeitsspeicher in MB (3x8-Bit-RGB)	Druckmaß in cm bei 225 dpi	Druckmaß in cm bei 250 dpi	Druckmaß in cm bei 300 dpi	Druckmaß in cm bei 320 dpi
50	8176x6132	Hasselblad H3DII-50	143,4	92,3x69,2	83,1x62,3	69,2x51,9	64,9x48,7
37,5	7500x5000	Leica S2	107,6	84,9x56,4	76,4x50,8	63,7x42,3	59,7x39,7
24	6048x4032	Nikon D3x Sony A900	69,8	68,3x45,5	61,4x41,0	51,2x34,1	48,0x32,0
21	5616x3744	Canon Eos 5D Mark II	60,2	63,4x42,3	57,1x38,0	47,5x31,7	44,9x29,7
18	5184 x 3456	Canon Eos 7D Canon Eos 550D	51,3	58,5x39,0	52,7x35,1	43,9x29,3	41,2x27,4
15	4752x3168	Canon Eos 50D Canon Eos 500D	43,1	53,6x35,8	48,3x32,2	40,2x26,8	37,7x25,1
14 (4:3)	4320 x 3240	Canon Powershot SX210 Panasonic Lumix DMC-TS2	40,0	48,9x36,6	43,9x32,9	36,6x27,4	34,3x25,7
12 (3:2)	4368x2912	Nikon D700 Canon Eos 450D Nikon D300S	36,4	49,3x32,9	44,38x29,59	37,0x24,6	34, 7x23,1
12 (4:3)	4000x3000	Canon Powershot A650 Canon Powershot G9 Panasonic DMC-G2	34,3	45,1x33,9	40,6x30,5	33,9x25,4	31,6x23,8
10 (3:2)	3888x2592	Canon Eos 1000D Canon Eos 40D Canon Eos 1D Mark III Nikon D3000	28,8	43,9x29,3	39,5x26,33	32,9x21,9	30,9x20,6
10 (4:3)	3648x2736	Canon Powershot G11 Canon Powershot S90 Samsung EX1	28,6	41,2x30,9	37,1x27,8	30,9x23,2	29,0x21,8
8	3504x2336	Canon Eos 30D	23,4	39,6x26,4	35,6x23,7	29,7x19,8	27,8x18,5
6	3008x2000	Nikon D50 Nikon D40	17,2	34,0x22,6	30,6x20,3	25,5x16,9	23,9x15,9

Druckmaße, Auflösung und Dateigröße

Druckmaße in cm	Farbmodus	Auflösung in dpi	Arbeitsspeicher-bedarf in Kbyte
7x10	8-Bit-Graustufen	100	108,1
7x10	8-Bit-Graustufen	200	433,8
7x10	24-Bit-RGB-Farbe	200	1.301,4
7x10	48-Bit-RGB-Farbe	200	2.602,8
14x20	24-Bit-RGB-Farbe	200	5.203,6
7x10	32-Bit-CMYK-Farbe	200	1735,2
7x10	64-Bit-CMYK-Farbe (16 Bit pro Grundfarbe)	200	3470,4

Tabelle 10.1 1 inch = 2,54 cm; Angaben gerundet

10.1.3 Welche Auflösung für welches Druckgerät?

Letztlich ist alles eine Frage der Pixelzahl pro Kantenlänge; und Sie sollten den Verwendungszweck für Ihre Bilddatei kennen: Im Offsetdruck mit 60 Linien/Zentimeter reichen 225, oft sogar 200 dpi; am Tintenstrahler 200 dpi; ein alter Laserdrucker ist mit weniger auch zufrieden. Für die Fotopapierbelichter der Druckdienste oder für Thermosublimationsdrucker sollten es 300 dpi sein – vorausgesetzt, Sie speichern das Werk bereits in Druckgröße. (Ob Sie dpi, lpi oder ppi sagen, macht letztlich keinen Unterschied.)

Für gute Tintenstrahler reichen oft 200 dpi Auflösung, darüber hinaus erhalten Sie keine sichtbar besseren Ausdrucke mehr. Addieren Sie zu den rechnerisch erforderlichen Bildauflösungen, wie sie die Tabelle zeigt, allerdings noch die Qualitätsreserve hinzu (Seite 273). Im Übrigen hängt das Ergebnis auch vom Rasterverfahren und anderen Faktoren ab.

TIPP Pi mal Daumen kann man sagen: 100 Pixel pro Zentimeter reichen oft knapp für ordentlichen Druck. Dabei entsteht eine Auflösung von 254 dpi (100 mal 2,54). Die 4256-Pixel-Datei aus der 12-Megapixel-Kamera ließe sich demnach gut 42,5 Zentimeter breit aufs Papier printen. Noch etwas sicherer gehen Sie mit 120 Pixel pro Zentimeter (knapp 305 dpi) – aber das lässt sich nicht so leicht im Kopf kalkulieren.

Neuberechnung durch das Ausgabegerät

Für den Ausdruck wird das Bild zumeist vollautomatisch vom Ausgabegerät – etwa Drucker, Belichter oder Filmrecorder – in ein völlig neues Pixelmuster umgerechnet. Liefern Sie also auf jeden Fall genug Pixel oder ein paar mehr. Es hat meist wenig Sinn, schon im Photoshop eine Bilddatei bis aufs Pixel genau herunter- oder gar hochzurechnen. Das macht das Druckgerät schon allein – und besser.

10.1.4 Druckgerät und Auflösung

Ausgabemedium	Druckauflösung in dpi	Pixel pro Zentimeter	Pixelzahl für 15x10 cm Druckmaß (ca.)	Datenmenge für RGB-8-Bit-Bild in Mbyte (ca.)
8000-Linien-Kleinbild-Dia (Halbton)	5645	2222	-	-
4000-Linien-Kleinbild-Dia (Halbton)	2884	1135	-	-
Fotopapierbelichter	max. 400	157	2362*1575	11,16
Thermosublimationsdrucker (Halbton)	300	118	1772*1180	6,27
1440-dpi-Farbtintenstrahler	250	98	1476*984	4,36
Offsetdruck mit 60 Linien/cm	160	63	945*630	1,79
600-dpi-Laserdrucker	100	40	600*400	0,72
Tageszeitung	80	32	473*311	0,44

Pixel: 630x512
Bildauflösung: 400 dpi/157 dpcm
Größe als RGB-8-Bit: 945 Kbyte

Pixel: 551x448
Bildauflösung: 350 dpi/138 dpcm
Größe als RGB-8-Bit: 723 Kbyte

Pixel: 472x384
Bildauflösung: 300 dpi/118 dpcm
Größe als RGB-8-Bit: 530 Kbyte

Pixel: 394x320
Bildauflösung: 250 dpi/98 dpcm
Größe als RGB-8-Bit: 369 Kbyte

Pixel: 315x256
Bildauflösung: 200 dpi/78 dpcm
Größe als RGB-8-Bit: 237 Kbyte

Pixel: 236x192
Bildauflösung: 150 dpi/60 dpcm
Größe als RGB-8-Bit: 133 Kbyte

Pixel: 151x123
Bildauflösung: 96 dpi/38 dpcm
Größe als RGB-8-Bit: 54 Kbyte

Pixel: 113x92
Bildauflösung: 72 dpi/28 dpcm
Größe als RGB-8-Bit: 31 Kbyte

Pixel: 83x68
Bildauflösung: 53 dpi/21 dpcm
Größe als RGB-8-Bit: 17 Kbyte

Abbildung 10.2 Diese Bilder haben alle dieselbe Druckgröße – 4x3,25 Zentimeter –, aber unterschiedliche Druckauflösungen, also unterschiedlich viele Bildpunkte pro Zentimeter. Damit zeigen sie bei identischem Druckmaß unterschiedlichen Arbeitsspeicherbedarf und unterschiedlichen Detailreichtum. Wir drucken hier mit einer Halbtonauflösung von 175 dpi (etwa 69 dpcm), die kleineren Versionen entstehen auf Basis der 400-dpi-Variante mit der Umrechnungsmethode Bikubisch schärfer. Ob dabei 400, 300 oder 250 dpi angeliefert werden, macht kaum einen Unterschied. Erst unter 200 dpi Druckauflösung erkennt man Mängel. Datei: Aufloesung

10.1.5 Der Qualitätsfaktor

Eine Vermutung liegt nahe: Wenn die Halbtonauflösung des Belichters oder Druckers 159 Punkte beträgt, dann liefere ich ihm auch eine Bilddatei mit 159 Bildpunkten pro Zoll.

Doch so einfach ist es nicht. Wird ein Halbtonbild – Graustufen, RGB oder CMYK – an Drucker oder Belichter geschickt, berechnet das Gerät das endgültige, fürs Papier gerasterte Bild nach eigenen Gesetzen. Dabei schlucken zum Beispiel schräge Rasterwinkel wie 45 Grad feine Informationen. Ausgleich schafft man, indem man mehr Bildpixel anliefert, als letztlich in gerasterter Form auf den Film gelangen. Dieser sogenannte Qualitätsfaktor liegt zwischen 1,4 und 2,0. Das heißt, bei einer Halbtonauflösung von 159 lpi liefert man tunlichst 159x1,4 ↓ 223 ppi Bildauflösung; kritische Motive digitalisiert man vorsorglich mit 159x2 = 318 dpi.

In Zentimetern ausgedrückt: Wer mit dem 60er-Raster druckt, liefert mindestens 60x1,4 = 84 ppcm an, befindet sich jedoch erst mit 60x2 = 120 ppcm auf der sicheren Seite.

Ein hoher Qualitätsfaktor empfiehlt sich besonders bei Bildern mit Texturen, wiederkehrenden Mustern oder dünnen, diagonalen Linien und bei Strichzeichnungen – hier nutzt man oft die komplette Scannerauflösung. Freilich steigen durch den Qualitätsfaktor Dateigröße und Belichtungszeit. Auch die AUTO-Schaltfläche im BILDGRÖSSE-Dialog bietet verschiedene Qualitätsfaktoren.

10.1.6 Druckmaß anzeigen

Wie finden Sie heraus, wie viele Pixel das Bild enthält und zu welchen Zentimetermaßen die Bildpunkte zusammengefasst werden? Sie wissen: Die Größe, mit der ein Bild am Schirm erscheint, erlaubt keinerlei Rückschluss auf die späteren Zentimetermaße im Ausdruck.

100 Prozent?

Angaben wie »100%« in der Titelzeile des Bildfensters verraten nichts über die Druckgröße. »100%«, das bedeutet vielmehr, ein Pixel des Bilds erscheint auf einem Punkt des Monitors. Aus der Größe der Monitordarstellung in Verbindung mit einer Prozentangabe entnehmen Sie also nicht die aktuell gespeicherte Druckgröße, sondern nur die Pixelzahl (und daraus erschließen Sie eventuell die mögliche Druckgröße).

Nur der Befehl **Ansicht: Ausgabegröße** zeigt die Datei womöglich in der späteren Druckgröße. Weil hierbei meist gebrochene Zoomstufen wie »24,22 Prozent« entstehen, wirkt die Vorschau auf Rechnern ohne OpenGL-Technik eventuell unsauber (Seite 76).

Abbildung 10.3
Per Klick auf die Statusleiste meldet Photoshop die eingespeicherten Druckmaße, sofern Sie »Zentimeter« als Maßeinheit verwenden. Datei: Neuberechnen

Druckmaß erkennen

Unter anderem erkennen Sie das aktuell eingespeicherte Druckmaß so:

» Klicken Sie links unten in der Statuszeile auf das Feld, das zum Beispiel die Dateigröße in MByte verrät, meldet Photoshop die aktuelle Pixelzahl und Druckmaße (sofern Sie Zentimeter oder Prozent als Maßeinheit verwenden) oder nur die Pixelzahl (wenn Sie Pixel als Maßeinheit nutzen).

» Der Befehl **Datei: Drucken** (Strg+P, am Mac ⌘+P) zeigt ein Seitenschema mit dem Druckbild darin; Sie können die Druckmaße für den aktuellen Ausdruck korrigieren und gleich den je nach Größe entstehenden dpi-Wert ablesen.

» Wählen Sie **Bild: Bildgröße**.

10.1.7 Der Befehl »Bildgröße«

Der Befehl **Bild: Bildgröße** (Strg+Alt+I) ändert Druckmaße und/oder Pixelzahl.

Anwendung in der Übersicht

Diese Möglichkeiten bietet der **Bildgröße**-Befehl:

» Sie wollen nur die eingespeicherte Druckgröße ändern, aber nicht die Pixelzahl. Dann schalten Sie das INTERPOLATIONSVERFAHREN (bis CS4 BILD NEU BERECHNEN MIT) ab und tippen neue Zentimeterwerte ein. Die Auflö-

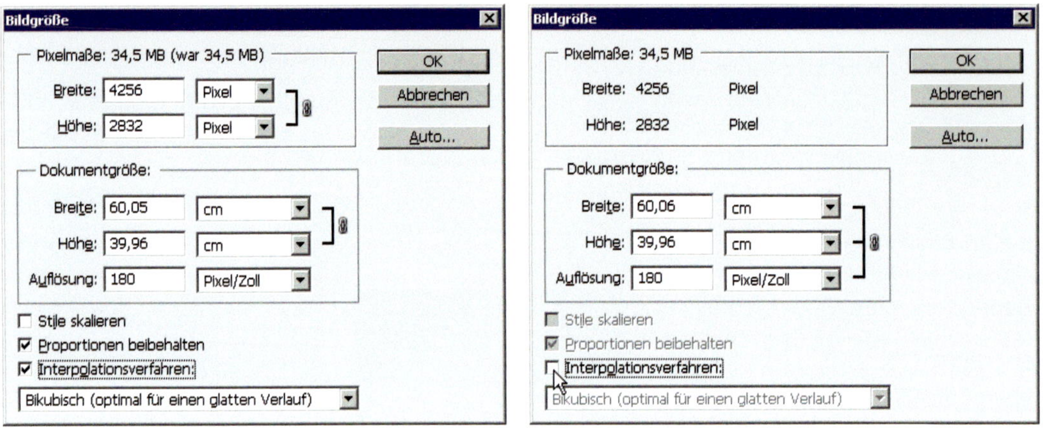

Abbildung 10.4
Links: Auflösung und Zahl der Bildpunkte regeln Sie mit dem Befehl »Bild: Bildgröße«. **Rechts:** Wenn Sie im »Bildgröße«-Dialog das »Interpolationsverfahren« (bis Photoshop CS4 »Bild neu berechnen«) abwählen, wird ein Teil der Optionen abgeschaltet

sung (Bildpunkte pro Zentimeter) ändert sich. Doch die Bildpunktzahl und damit die Qualität bleiben völlig unverändert.

» Sie wollen die Druckauflösung ändern, dabei aber die vorhandenen Bildpunkte in keiner Weise reduzieren oder vermehren. Schalten Sie das Interpolationsverfahren ab und tippen Sie eine neue Auflösung ein. Die Zentimetermaße ändern sich, die Bildpunktzahl und damit die absolute Qualität bleiben unverändert.

» Sie wollen die Zahl der Bildpunkte senken, weil die Vorlage zu groß ist. Dann verwenden Sie die Option Interpolationsverfahren. Die Bildqualität ändert sich.

Alternativen

Photoshops **Bildgröße**-Befehl ist die erste Wahl beim Ändern von Dateigröße oder Druckmaß. In einzelnen Situationen nehmen Sie jedoch andere Funktionen, etwa die Neuberechnung per Freistellungswerkzeug ⌗, den Bildgrösse-Bereich des Photoshop-Befehls **Datei: Für Web und Geräte speichern**, den Befehl **Datei: Automatisieren: Bild einpassen**, bei der Stapelverarbeitung auch **Datei: Skripten: Bildprozessor**. Auch den Befehl **Web-Galerie** können Sie zum Umrechnen verwenden. Alle Funktionen behandeln wir in diesem Buch.

FOTOGRAFIE Wenn Sie von vornherein eine niedrige Pixelzahl benötigen, setzen Sie die Auflösung an der Digitalkamera herunter, zum Beispiel auf 1024x768 Pixel.

10.1.8 Größenänderung mit Neuberechnung der Pixelzahl

Beim Umrechnen der Pixelzahl ändern Sie auf jeden Fall die Dateigröße, je nach Vorgabe außerdem Druckmaß und/oder Auflösung im Sinn von Pixel pro Zentimeter oder Zoll. Bevor Sie das Bild umrechnen, sollten Sie zusätzliche Optionen im **Bildgröße**-Dialog kennen:

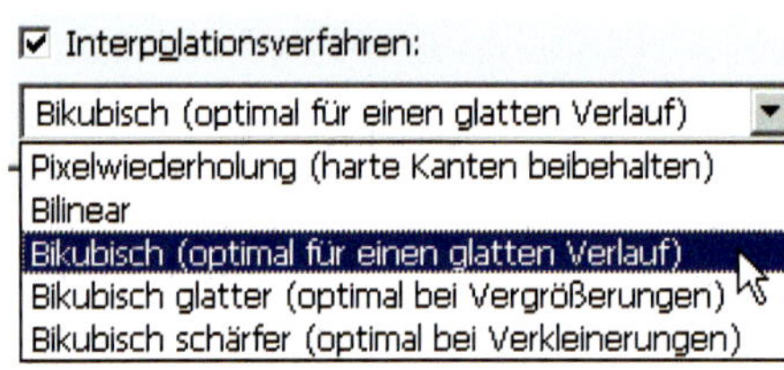

Abbildung 10.5 Jedes Mal, wenn Sie den »Bildgröße«-Befehl aufrufen, zeigt Photoshop zunächst die Interpolationsmethode, die Sie in den »**Voreinstellungen**« vorgeben.

Interpolationsmethoden allgemein

Beim Entfernen oder Hineinrechnen von Bildpunkten bietet Photoshop verschiedene Interpolationsmethoden an. Die gewünschte Methode wählen Sie unten im **Bildgröße**-Dialogfeld.

Aber auch in anderen Situationen werden Pixel neu berechnet, so beim **Transformieren**, also etwa beim Drehen, Verkleinern oder Verzerren. Für diese Aufgaben legen Sie das Interpolationsverfahren in den allgemeinen **Voreinstellungen** fest (Strg+K).

Abbildung 10.6 **Links:** Wir testen die Interpolationsverfahren mit dieser Vorlage, die zunächst 400 dpi hat, der Buchstabe wurde mit Kantenglättung Scharf eingebaut. Die Ergebnisse werden auf grobe150 dpi heruntergerechnet, so dass die Merkmale der Interpolationsverfahren hervortreten. **Mitte:** Die Pixelwiederholung empfiehlt sich nur bei plakativen Grafiken. **Rechts:** Bilineare Interpolation. Vorlage: Interpolation

Abbildung 10.7 Die bikubische Interpolation gilt als besonders schonend, bewirkt aber je nach Vorgabe eine leichte Weichzeichnung. **Von links nach rechts:** Bikubisch, Bikubisch schärfer, Bikubisch glatter bei 150 dpi

Abbildung 10.8 **Von links nach rechts:** Bikubisch, Bikubisch schärfer, Bikubisch glatter bei 300 dpi

»Pixelwiederholung«

Das Verfahren Pixelwiederholung verdoppelt oder entfernt vorhandene Pixel ohne weitere Finesse; diese Methode spart Rechnerzeit, erzeugt aber schnell Treppen und Zacken im Bild. Sie eignet sich nur für harte Grafiken oder Schriften, die ohne Kantenglättung entstanden sind: Hier schafft die sonst bessere bikubische Interpolation unerwünscht weiche Übergänge. Glatte Neuberechnungsfaktoren wie 50 oder 200 Prozent entstellen Ihr Ergebnis weniger als eine Änderung auf beispielsweise 56,78 Prozent der ursprünglichen Pixelzahl.

»Bilinear«

Bilinear, dieses Verfahren errechnet aus den Farbübergängen zwischen darüber und darunter liegenden Pixeln die neuen Bildpunkte; im Zweifelsfall ist auch hier noch ein leichter Wiederholungseffekt zu erkennen. Es wird selten verwendet.

»Bikubisch«

Bikubisch ist besser als Bilinear, vor allem bei kleineren Dateien. Generell sollten Sie dieses Verfahren für übliche Farbbilder verwenden, auch wenn es eine leichte Weichzeichnung verursachen kann.

Dabei gilt: Wenn Sie eine Datei verkleinern, testen Sie zunächst Bikubisch schärfer. Wirkt die eingebaute Scharfzeichnung jedoch zu stark, nehmen Sie Bikubisch und verwenden anschließend zum Beispiel **Filter: Scharfzeichnungsfilter: Selektiver Scharfzeichner**. Vergrößern Sie die Bildpunktzahl, testen Sie zuerst die Vorgabe Bikubisch glatter.

FOTOGRAFIE Verwenden Sie das »Digitalzoom« Ihrer Kamera, dann arbeitet keine Tele-Optik, vielmehr vermehrt das Gerät lediglich die tatsächlich vorhandenen Pixel per Rechentrick – als ob Sie mit dem **Bildgröße**-Befehl die Bildpunktzahl hochrechnen. Dabei gewinnen Sie keine Qualität. Einige Kameras bieten einen »digitalen Telekonverter«, einen »EZ Zoom«, einen »verlängerten optischen Zoom« oder »Crop Mode« mit Faktoren wie 1,4 oder 2,0: Sie nehmen nur die Bildmitte auf, erhalten also einen kleineren, teleartigen Bildausschnitt bei höchstmöglicher Qualität – aber mit weniger Bildpunkten.

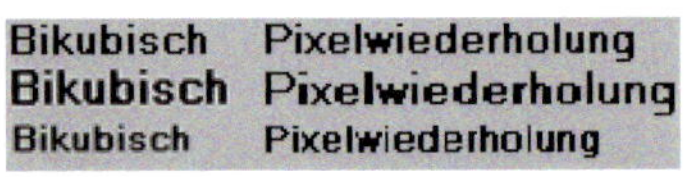

Abbildung 10.9 Bei grafischen Bildern mit nur wenigen Tonwerten wirkt die bikubische Interpolation störend: Die Mittelwertberechnung fügt an den Tonwertkanten neue Zwischentöne ein, die das Bild aufweichen.

Weitere Optionen

Sofern Sie das Interpolationsverfahren einschalten, bietet der **Bildgröße**-Dialog noch weitere Optionen:

- In der Regel sollten Sie die Proportionen erhalten. Damit wahrt Photoshop automatisch das Höhe-Breite-Seitenverhältnis: Sie geben eine neue Breite ein und der getreue Photoshop errechnet eiligst die passende Höhe dazu. Wolkenhimmel, Farbverläufe oder diffuse Hintergründe können Sie eventuell unproportional dehnen.
- Die sinnvolle Vorgabe Stile skalieren verändert Ebeneneffekte wie etwa die Kontur: Senken Sie die Pixelzahl des Bilds auf 50 Prozent, dann schrumpft die Breite der Kontur ebenfalls um 50 Prozent, zum Beispiel von zehn auf fünf Pixel. Ohne diese Vorgabe bleiben die Pixelwerte der Effekte dagegen erhalten.

Beim Verkleinern der Pixelzahl wirken zum Beispiel plastische Kanten, Konturen oder Schatten im verkleinerten Ergebnisbild relativ größer (Seite 796).

Neuberechnen der Pixelzahl – ein Beispiel

Im Beispiel auf den folgenden beiden Seiten passen wir das Bild aus einer Zehn-Megapixel-Digitalkamera an.

DVD Dieses Beispiel können Sie mit der Datei »Neuberechnen« aus dem »Praxis«-Verzeichnis der Buch-DVD nachvollziehen. Alternative zum Mitmachen: Mit dem Befehl **Datei: Neu** legen Sie eine RGB-Datei mit dreimal 8-Bit-Farbtiefe und 4256x2832 Pixel bei 180 dpi Auflösung an.

TIPP Der Befehl **Bild: Bildgröße** mit der Option Interpolationsverfahren bearbeitet sämtliche Ebenen Ihres Bilds einzeln und benötigt bei komplexen Montagen entsprechend lang. Entfernen Sie vorab überflüssige Ebenen, Masken oder Alphakanäle.

10.1.9 Zwei Bilder auf gleiche Größe bringen

Sie haben ein großes Bild, das Sie mit dem **Bildgröße**-Dialog exakt auf die Maße einer vorhandenen kleineren Datei umrechnen wollen. Mit diesem Trick geht's extraleicht:

1. Laden Sie beide Dateien. Aktivieren Sie das Bild, das Sie kleiner rechnen möchten.
2. Wählen Sie **Bild: Bildgröße**. Das Interpolationsverfahren muss eingeschaltet sein.
3. Oben im Photoshop-Hauptmenü klicken Sie auf **Fenster**. Ganz unten im **Fenster**-Menü klicken Sie auf die Datei, die bereits die passenden Pixelmaße aufweist. Nun sehen Sie die Pixel- und Auflösungswerte dieses Fotos bereits im **Bildgröße**-Dialog.
4. Klicken Sie OK – schon schrumpft das größere, zuvor aktivierte Foto auf die Maße des kleineren, das Sie im **Fenster**-Menü angewählt hatten.

Sie wollen nur den Ausschnitt eines Bilds auf die Maße einer vorhandenen Datei bringen? Das geht mit dem Freistellungswerkzeug und seiner Option Vorderes Bild.

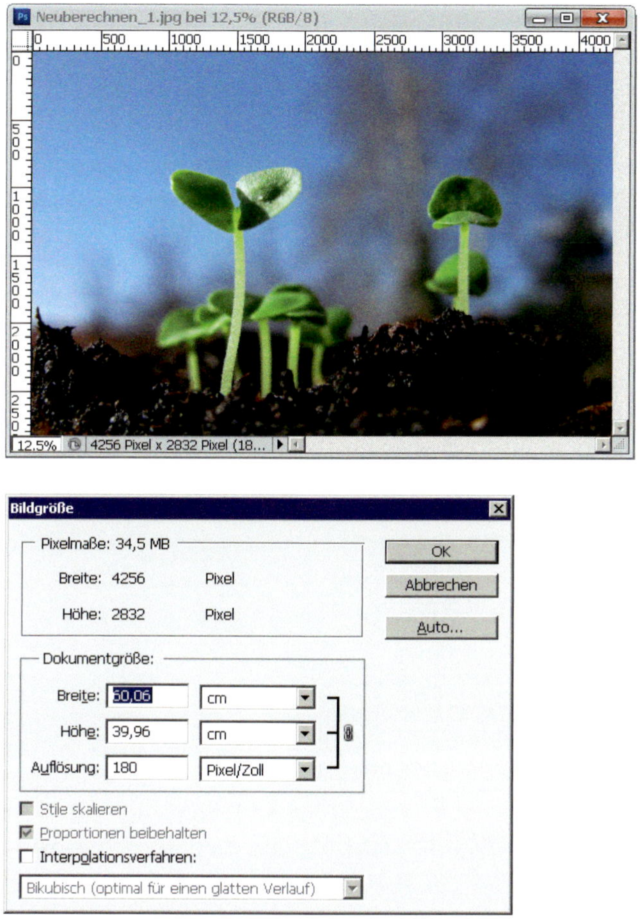

Abbildung 10.10 Die Zwölf-Megapixel-Kamera hat 4256x2832 Bildpunkte geliefert und das Ergebnis mit einer Druckauflösung von 180 dpi (»Pixel/Zoll«) gespeichert. Der Befehl »Bild: Bildgröße« zeigt, wie groß man das Bild mit den vorhandenen Pixeln bei vorgegebener 180-dpi-Auflösung drucken könnte: rund 60x40 Zentimeter. Das »Interpolationsverfahren« ist hier abgeschaltet. Das Photoshop-Lineal in unserer Abbildung zeigt die Pixelzahl. Datei: Neuberechnen_1

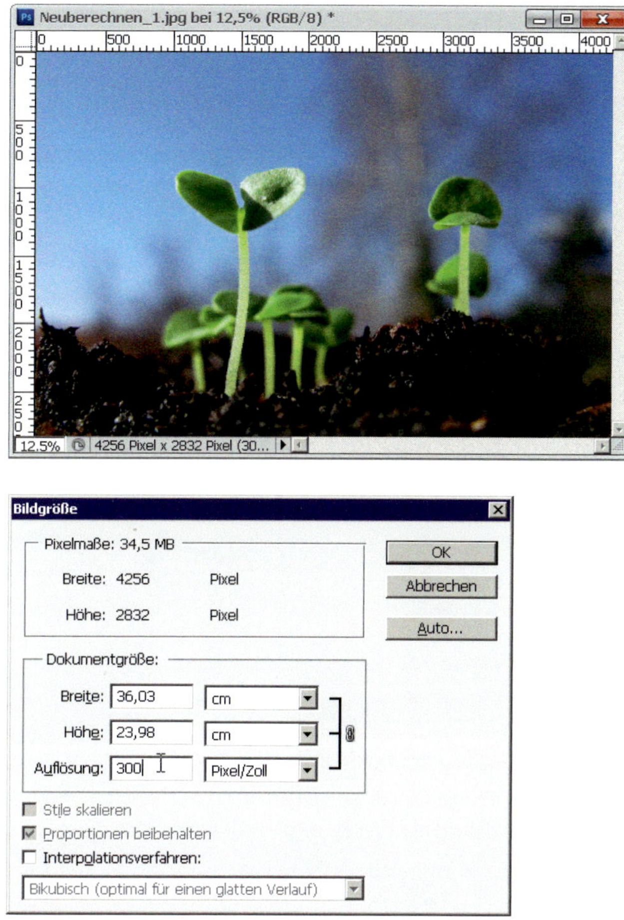

Abbildung 10.11 180 dpi wirken für hochwertigen Fotodruck knapp. Wie groß lässt sich die Datei bei 300 dpi drucken? Das »Interpolationsverfahren« bleibt abgeschaltet, Sie tippen »300« ins Feld »Auflösung«. Photoshop meldet ein Druckmaß von rund 36x24 Zentimeter. Klicken Sie jetzt auf OK, wird dieses Druckmaß im Bild verewigt – es öffnet sich 36,03 Zentimeter breit in einem Layoutprogramm. Die Zahl der Bildpunkte und die Bildqualität ändern sich dagegen nicht.

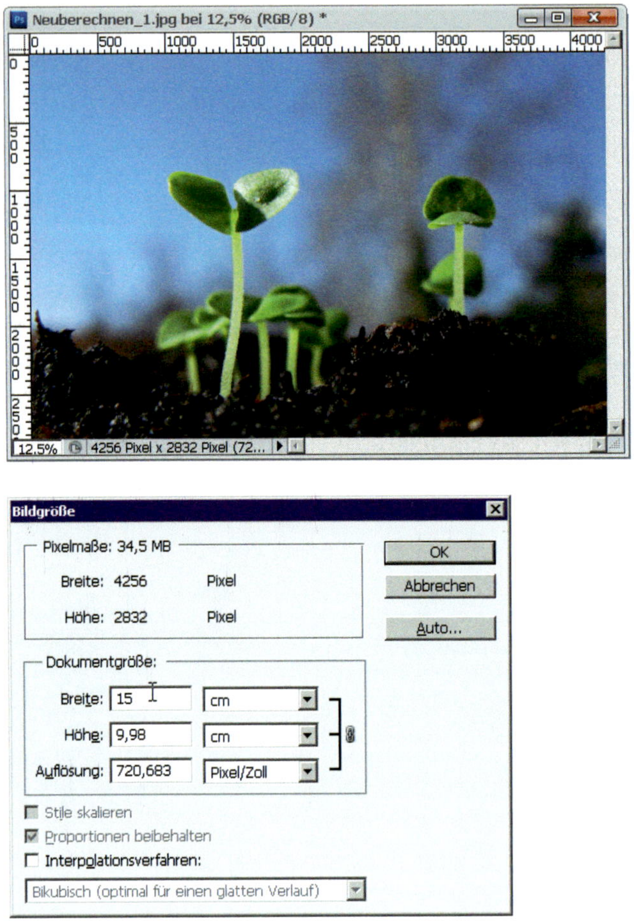

Abbildung 10.12 Sie wollen nur 15 Zentimeter breit drucken - tragen Sie »15« Zentimeter »Breite« ein. Sie packen also viel mehr Pixel auf einen Zentimeter, Photoshop ermittelt automatisch eine Auflösung von rund 720,6 dpi für 15 Zentimeter Breite. Das ist unnötig viel, die Bildpunktzahl ändert sich weiterhin nicht.

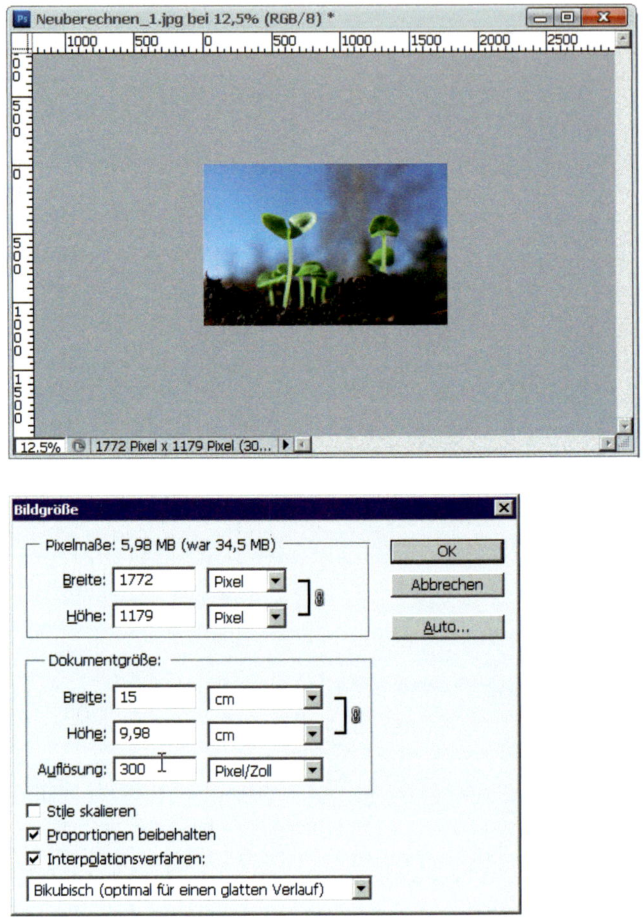

Abbildung 10.13 Für den 15-Zentimeter-Druck verkleinern Sie die Pixelzahl, um die Dateigröße zu senken. Sie schalten das »Interpolationsverfahren« ein, lassen die »15« Zentimeter in der »Breite« stehen und nehmen »300« dpi (»Pixel/Zoll«) als »Auflösung«. Dadurch ändern sich Pixelzahl und Speicherbedarf, wie Sie oben im »Bildgröße«-Dialog erkennen: Das Foto enthält nur noch 1772x1179 Pixel. Der Arbeitsspeicherbedarf sinkt von 34,5 auf 5,98 Mbyte (der Festplattenbedarf liegt je nach Dateityp darüber oder darunter). Klicken Sie jetzt auf »OK«, wirft Photoshop massiv Pixel heraus. Die Datei erscheint darum deutlich verkleinert am Monitor.

Auch so übertragen Sie Bildmaße auf andere Dateien

Mit weiteren Verfahren stutzen Sie ein Foto auf die Seitenverhältnisse oder auf die exakten Pixelmaße eines anderen, kleineren Bilds zurecht:

» Wählen Sie das kleinere Bild mit [Strg]+[A] aus, schalten Sie ein Auswahlwerkzeug wie das Rechteck ein, ziehen Sie den Auswahlrahmen in das andere - größere - Bild und wählen Sie **Bild: Freistellen**. Sie erhalten zwei Dateien mit identischer Pixelzahl.

» Aktivieren Sie im Ausgangsbild eine Ebene, die die gesamte Bildfläche bedeckt, zum Beispiel die Hintergrund-Ebene. Ziehen Sie diese Ebene in das andere - größere - Bild. Klicken Sie bei gedrückter [Strg]-Taste die Miniatur dieser neuen Ebene in der Ebenenpalette an; so entsteht eine Auswahl in Größe dieser Ebene. Wählen Sie **Bild: Freistellen,** dann ziehen Sie die obere Ebene in den Mülleimer. So entstehen zwei Bilder mit identischer Pixelzahl.

» Ziehen Sie die Ebene wie im vorherigen Tipp ins Zielbild; dort verkleinern oder vergrößern Sie die Ebene per [Strg]+[T] (Seite 737). Drücken Sie dabei die [⇧]-Taste, um das Seitenverhältnis zu wahren. Laden Sie die Auswahl durch [Strg]-Klick in der Ebenenpalette, dann nehmen Sie **Bild: Freistellen** - Sie erhalten zwei Bilder mit gleichem Seitenverhältnis, aber unterschiedlicher Pixelzahl.

» Fangen Sie mit einer Datei an, die bereits exakt die gewünschten Pixelmaße hat. Fügen Sie weitere Bilder als neue Ebenen ein; durch **Transformieren** und Verschieben erzeugen Sie genau die gewünschten Bildausschnitte. Dann heißt es **Datei: Skripten: Ebenen in Dateien exportieren**. Sie erhalten pro Ebene eine Datei, die nur aus einer Hintergrund-Ebene besteht und im zweiten Namensteil den Ebenennamen verwendet.

10.1.10 Neue Druckgröße ohne Neuberechnung der Pixelzahl

Ändern Sie die eingespeicherte Druckgröße, ohne irgendwelche Bildpunkte rauszuwerfen oder hineinzurechnen - also ohne Einfluss auf die Qualität Ihrer Datei. Nur die Zahl der Bildpunkte pro Zentimeter ändert sich. Das Vorgehen lohnt sich, wenn Sie das Bild öfter in gleicher Größe drucken oder an ein Layoutprogramm weitergeben wollen - zwingend erforderlich ist es aber nicht.

Dazu schalten Sie das Interpolationsverfahren im **Bildgröße**-Dialog ab. Nun gilt: Korrigieren Sie die Druckmaße, dann ändert sich die Auflösung. Das Programm rechnet also bei einer Vergrößerung der Seitenlängen um 20 Prozent nicht gleich mehr Pixel dazu. Stattdessen verteilt Photoshop die vorhandenen Bildpunkte lockerer über die geänderte Breite und Höhe.

Zum Beispiel lässt sich unsere Datei »Neuberechnen« mit ihren 4256x2832 Pixeln je nach Auflösung in verschiedenen Größen drucken:

100 dpi	108,1x71,93 cm	300 dpi	36,03x23,98 cm
150 dpi	72,07x47,96 cm	350 dpi	30,89x20,55 cm
200 dpi	54,05x35,97 cm	400 dpi	27,03x17,98 cm
250 dpi	43,42x28,77 cm		

Dabei bleiben Pixelzahl und Bildqualität ganz und gar unberührt - Sie ändern nur verlustfrei die eingespeicherte Verteilung der Pixel pro Zentimeter.

10.1.11 Druckmaße im Layoutprogramm

Sie müssen die Druckmaße nicht in Photoshop umstellen. Verwenden Sie alternativ ein Seitengestaltungsprogramm wie Quark XPress, Word, InDesign, Framemaker, Quark oder CorelDRAW.

Verändern Sie dort die Bildmaße, dann passiert das Gleiche wie im Photoshop-Dialogfeld **Bildgröße** ohne Interpolationsverfahren: Sie ändern die Auflösung, also die Packungsdichte der Pixel pro Zentimeter, und damit (zumindest theoretisch) die Detailzeichnung. Sie ändern jedoch nichts am eigentlichen Bildpunktbestand: Das Layoutprogramm wird nicht - falls Sie größere Bildmaße vorgegeben haben - Pixel hinzurechnen oder - falls Sie kleinere Bildmaße eintippen - Pixel herausrechnen. Die Programme verteilen nur die vorhandenen Bildpunkte mehr oder weniger dicht. Einige Layoutprogramme rechnen zusätzlich, sofern Sie das möchten, auch die Pixelzahl um, zum Beispiel um die Gesamtdateigröße zu senken.

Bilddarstellung im Layoutprogramm

Die Layoutprogramme zeigen Ihre Bilddateien nicht pixelorientiert. Die Programme stellen sofort die im Bild gespeicherte Druckgröße dar. Das bedeutet:

- Haben Sie zufällig extreme Druckauflösungen eingespeichert, zum Beispiel 72 dpi oder 914 dpi, dann fällt das in Photoshop nicht weiter auf. Im Layoutprogramm erscheint das Werk dagegen absurd groß oder klein. Richten Sie also beizeiten eine nützliche Druckauflösung ein. Und:
- Das Layoutprogramm zeigt Ihr Bild selten in Photoshops 100-Prozent-Zoomstufe, Sie sehen also nicht einen Bildpixel auf einem Monitorpixel; das Layoutprogramm presst zur Bilddarstellung zum Beispiel 2,33 Bildpixel auf einen Monitorpixel. Darum wirkt das Bild am Schirm eventuell verzerrt, insbesondere feine Linien und harte Kontraste – die Qualität im Druck leidet deswegen natürlich nicht.

10.1.12 »Auto-Auflösung«

Lassen Sie die Bildgröße von Photoshops Auto-Schaltfläche aus dem **Bildgröße**-Dialog berechnen und legen Sie dabei verschiedene Qualitätsfaktoren zugrunde (Seite 273).

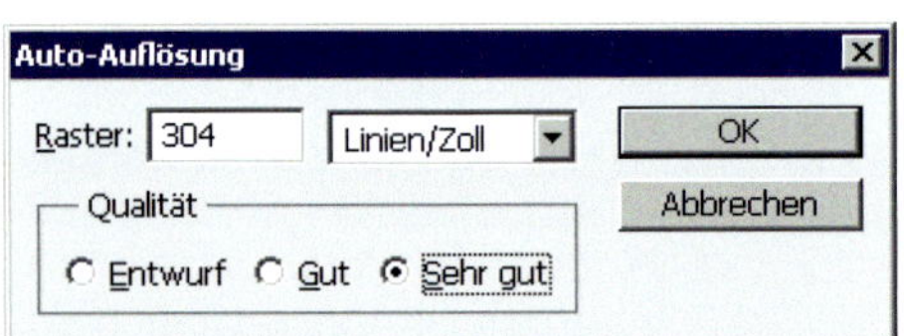

Abbildung 10.14 Die »Bildgröße«-Funktion »Auto-Auflösung« ändert die Pixelzahl im Bild passend zu Druckerauflösung und Druckmaß.

Anwendung

So verwenden Sie die Auto-Auflösung:

1. Stellen Sie im **Bildgröße**-Dialog die Einheiten auf cm, aktivieren Sie Interpolationsverfahren.
2. Tragen Sie bei Breite oder Höhe das gewünschte Maß ein.
3. Klicken Sie auf die Auto-Schaltfläche.
4. Tragen Sie den Rastertonwert Ihres Druckgeräts im Dialogfeld Auto-Auflösung ein. Gemeint ist das Halbtonraster, das Ihr Drucker oder Belichter bietet. Für Offsetbelichter tragen Sie zum Beispiel 160 Linien/Zoll (dpi) ein.
5. Wählen Sie Sehr gut, wenn das Bild optimal erscheinen soll und Speicherplatz bzw. Belichterzeit keine Rolle spielen.
6. Klicken Sie auf OK. Das Dialogfeld Bildgrösse zeigt jetzt in der Zeile Auflösung den per Automatik errechneten Wert. Auch die Angabe der Dateigröße (Neue Grösse) ändert sich.
7. Klicken Sie auf OK. Nach etwas Bedenkzeit erscheint das bearbeitete Bild größer oder kleiner auf dem Schirm.

Dasselbe erreichen Sie auch, wenn Sie die gewünschten Zentimetermaße eintippen und bei Auflösung einen Wert eingeben, der um das Doppelte oder Eineinhalbfache über der Halbton-Rasterweite Ihres Druckers liegt, Sie tippen also zum Beispiel 320 dpi ein; das Interpolationsverfahren ist eingeschaltet.

Drei Qualitätsstufen

Im Dialogfeld Auto-Auflösung stehen Ihnen drei Qualitäten zur Wahl:

- Entwurf erzeugt maximal 72 Pixel pro Inch – ein schneller, grober Konzeptausdruck ohne Qualitätsanspruch.
- Die Wahl Gut beschert eine Auflösung, die eineinhalb Mal größer ist als das Halbton-Druckraster – also Qualitätsfaktor 1,5, normalerweise das Minimum für einen Druck ohne Verluste.
- Unter Sehr gut versteht Photoshop eine Auflösung, die doppelt so groß ist wie das Druckraster; das reicht immer.

10.1.13 Übersicht: Wie rechnen andere Funktionen die Auflösung um?

Photoshop hat neben dem Befehl **Bildgröße** noch mehr Funktionen zur Änderung der Pixelzahl. Nicht immer bleibt die eingespeicherte Druckauflösung erhalten:

Befehl	
Freistellungswerkzeug	Ändert Druckauflösung nur, wenn Sie die Option Auflösung nutzen
Für Web und Geräte speichern	Auflösungsinformation verschwindet, Programme gehen dann eventuell von 72 dpi aus
Web-Galerie mit Neuberechnung der großen Bilder (das übliche Verfahren)	Auflösungsinformation verschwindet, Programme gehen dann eventuell von 72 dpi aus
Bildprozessor	eingespeicherte Druckauflösung bleibt erhalten
Bild einpassen	eingespeicherte Druckauflösung bleibt erhalten
Exportieren **(Bridge)**	eingespeicherte Druckauflösung bleibt erhalten

10.1.14 Bildgröße für Internetseiten einstellen

Noch einmal: Wenn Sie Bilder auf Webseiten stellen, spielt der ins Bild programmierte dpi-Wert (Pixel/Zoll) keinerlei Rolle. Einzig und allein die Zahl der Bildpunkte zählt. In vielen Fällen erscheint Ihr Foto in der 100-Prozent-Größe auf der Webseite - also ein Bildpixel auf einem Monitorpixel.

Darum sind viele Bilder fürs Web 200 bis 800 Pixel breit, denn das passt gut auf eine Monitorbreite. Dagegen sprengen 4256 Pixel so ziemlich jede Monitorbreite - ein solches Bild wird auf einem Einzelschirm meist über den Monitorrand hinausragen (jedenfalls bei Manuskriptabgabe).

Aus dem Browser heraus drucken

Auch wenn Sie aus dem Browser heraus drucken, gelangen die Fotos meist nicht mit den eingespeicherten dpi- und Zentimeterwerten zu Papier. Stattdessen drucken die Browser stumpf zum Beispiel mit 96 dpi. Entscheidend für die Druckgröße beim Druck aus dem Browser ist also allein die Pixelzahl. Testen Sie es mit den Dateien Neuberechnen_2a und Neuberechnen_2b; beide haben 500x500 Pixel, doch die eine Datei wurde mit 63 dpi (20 Zentimeter breit), die andere mit 300 dpi (4,2 Zentimeter breit) gespeichert. Beide werden aus den Browsern heraus in der Regel gleich groß gedruckt.

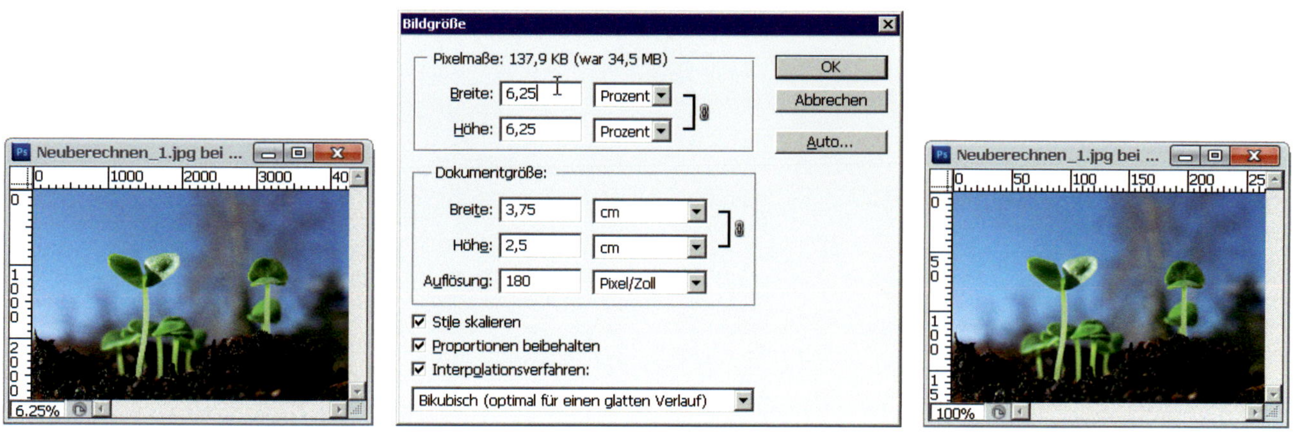

Abbildung 10.15 **Links:** Die Zoomstufe 6,25 Prozent zeigt unsere Zwölf-Megapixel-Datei in einer Ausdehnung, die für die Webseite passt. **Mitte:** Mit dem Befehl **Bild: Bildgröße** senken wir die Pixelmaße auf 6,25 Prozent des ursprünglichen Werts. Die angezeigten Zentimeter- und Auflösungswerte sind uninteressant. **Rechts:** Jetzt zeigt die Datei in der 100-Prozent-Zoomstufe die richtige Ausdehnung, hier 266 Pixel Breite in der Zoomstufe 100 Prozent. Datei: Neuberechnen_1

Pixelgröße für Webseite testen

Unsere Datei »Neuberechnen« ist mit ihren 4256 Pixel definitiv zu breit für eine Webseite (zumindest bei Manuskriptabgabe). Wie groß soll sie denn auf der Webseite erscheinen? So testen und verwirklichen Sie die gewünschte Größe komfortabel:

1. Ändern Sie die Zoomstufe mit Strg+[+] oder Strg+[-], bis das Bild in einer passenden Ausdehnung am Schirm erscheint. Bei uns ist es die Zoomstufe 6,25 Prozent. (Sie können auch bei gedrückter Strg-Taste über der Zoomstufe links unten im Bild- oder Programmfenster ziehen.)
2. Nehmen Sie **Bild: Bildgröße** und schalten Sie das Interpolationsverfahren ein.
3. Ganz oben im Bereich Pixelmasse (nicht im Bereich Dokumentgrösse) stellen Sie die Maßeinheit von Pixel auf Prozent.
4. Im selben Bereich tippen Sie als neue Breite 6,25 Prozent ein – die Zoomstufe, die Sie aus der Titelleiste des Bilds ablesen. Klicken Sie auf OK.
5. Photoshop rechnet das Bild dramatisch klein, auf 266x177 Pixel.
6. Drücken Sie Strg+Alt+0 für die 100-Prozent-Zoomstufe – jetzt dehnt sich das Foto wieder wie zuvor aus. Allerdings sehen Sie diesmal die 100-Prozent-Zoomstufe, also so, wie das Bild auf der Webseite erscheint. Prüfen Sie eine Scharfzeichnung.

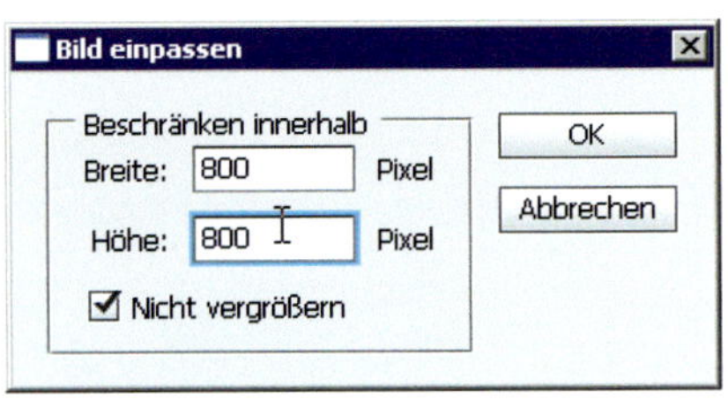

Abbildung 10.16 Der Befehl »Datei: Automatisieren: Bild einpassen« rechnet Ihr Bild auf die gewünschte Pixelzahl herunter, Seitenverhältnis und dpi-Auflösung bleiben erhalten. Berücksichtigt werden nur Pixel-, aber keine Zentimeter- oder Prozentangaben. Wahlweise verhindern Sie, dass kleine Dateien auf höhere Werte »aufgeblasen« werden.

TIPP Auch beim **Transformieren** (Strg+T, Seite 737), im Dialogfeld **Datei: Für Web und Geräte speichern** und beim Befehl **Datei: Automatisieren: Bild einpassen** experimentieren Sie mit Pixelmaßen.

10.1.15 Übersicht: Welche Methode für welchen Zweck?

Je nach Aufgabe und Bilddatei wenden Sie unterschiedliche Techniken an:

Aufgabe	Lösung
Druckmaße korrigieren, ohne Originalpixel zu verändern	**Bild: Bildgröße**, Interpolationsverfahren abschalten, neue Breite, Höhe oder Auflösung eintippen
Dateigröße reduzieren oder Druckmaße reduzieren	**Bild: Bildgröße**, Interpolationsverfahren einschalten, neue Breite oder Höhe eintippen, eventuell cm-Maßeinheiten verwenden, danach eventuell scharfzeichnen
Druckmaße behalten, Auflösung kleinrechnen	**Bild: Bildgröße**, Interpolationsverfahren n einschalten, neue Auflösung eintippen oder Auto-Funktion verwenden
Dateigrößen für verschiedene Druckmaße und Auflösungen herausfinden	Bei geöffneter Bilddatei und mit Interpolationsverfahren interessierende Bildmaße und Auflösungen eintippen, Werte für Neue Grösse beobachten; funktioniert auch im Dialogfeld **Datei: Neu**
Gezielt neue Bildpunktzahl einrichten	**Bildgröße**-Befehl, Interpolationsverfahren einschalten, als Maßeinheiten Pixel vorgeben; Alternative: **Datei: Automatisieren: Bild einpassen**
Mehrere Dateien auf einheitliche Bildpunktwerte bringen	**Datei: Skripten: Bildprozessor**
Rand entfernen, eventuell drehen und gleichzeitig Auflösung, Druckmaße oder Pixelzahl festlegen	Freistellungswerkzeug einschalten, Eingabefelder in Optionenleiste nutzen

10.1.16 Richtig hochrechnen

In aller Regel sollten Sie Dateien nicht größer rechnen. Ihr Bild hat zu wenig Pixel für die optimale Druckauflösung? Rechnen Sie nichts um, schicken Sie es einfach so, wie es ist, zum Drucker.

Doch manchmal ist ein Bild einfach zu klein – zum Beispiel, wenn es auf einer Webseite oder in einer Bildschirmpräsentation erscheinen soll oder wenn es bestimmte Pixelschwellen von Druckertreibern oder Bildagenturen unterschreitet. Eventuell sind Sie auch unzufrieden mit dem, was Ihr Druckertreiber aus einer allzu pixelarmen Datei herausholt.

Dann rechnen Sie Ihre Datei größer.

Neue Pixelzahl

Sie verwenden den Befehl **Bild: Bildgröße** mit INTERPOLATIONSVERFAHREN. Am besten eignet sich die Interpolationsmethode BIKUBISCH. Die Varianten BIKUBISCH SCHÄRFER und BIKUBISCH GLATTER weisen kaum Unterschiede auf. Die entstehende Weichzeichnung wirkt bei üblichen Halbtonfotos besser als die ausgezackten Stufen der PIXELWIEDERHOLUNG. Sie lässt sich zudem besser korrigieren.

Nachbearbeitung

Auf das Hochrechnen folgt die weitere Bearbeitung und wie immer zum Schluss **Filter: Scharfzeichnungsfilter: Selektiver Scharfzeichner**. Stellen Sie die STÄRKE auf 500 Prozent und experimentieren Sie mit RADIUS-Vorgaben zwischen 0,5 und 1. Die optimalen Werte hängen stark vom Charakter des Bilds und von der Pixelzahl ab. Wird das Ergebnis zu körnig, wählen Sie im selben Untermenü **Unscharf maskieren** und testen Sie einen SCHWELLENWERT von 4 oder höher. Am Monitor darf das Foto leicht überschärft aussehen.

Allgemein kursiert auch der Tipp, das Bild in mehreren kleinen Schrittchen größer zu rechnen und dabei die Interpolationsmethode BIKUBISCH (GLATTER) zu verwenden – das Verfahren also, das der Hersteller für Vergrößerungen vorsieht. Ich habe das Verfahren noch mal durchgespielt und keine Vorteile entdeckt.

Wirkt das hochgerechnete Bild weiter flau, testen Sie nachträgliches Bildrauschen.

Abbildung 10.17 **Links:** Diese Vorlage wird mit nur 100 dpi gedruckt. **Mitte:** Die Vorlage wurde mit dem Verfahren »Pixelwiederholung« auf 250 dpi hochgerechnet, also von 223x96 auf 557x240 Pixel. Dabei entsteht kein zusätzlicher Detailreichtum. **Rechts:** Die Datei wurde mit bilinearer Interpolation auf 250 dpi hochgerechnet. Vorlage: Neuberechnen_3

Abbildung 10.18 **Links:** Das Foto wurde mit bikubischer Interpolation von 100 auf 250 dpi hochgerechnet; die Varianten »Bikubisch schärfer« und »Bikubisch glatter« ergeben kaum Unterschiede. **Mitte:** Wir bearbeiten das Ergebnis mit dem Scharfzeichner »Unscharf maskieren«. **Rechts:** Der Befehl »Rauschen hinzufügen« raut das Bild auf.

Abbildung 10.19
Was Sie mit dem Freistellungswerkzeug treiben, meldet die Infopalette: Sie erfahren die Größe und den Drehwinkel einer Auswahl – je nach Vorgabe in Einheiten wie Zentimeter oder Pixel. Mit »X« und »Y« wird die aktuelle Cursorposition gemeldet.

10.2 Bildrand entfernen

Kappen Sie überflüssigen Bildrand schnellstmöglich. Sie sparen Speicherplatz und Rechenzeit. Auch Histogramm und **Auto**-Korrekturen würden verfälscht, wenn Photoshop überflüssiges Randgeschehen mit ins Kalkül einbezieht.

Photoshop schneidet Bildrand auf verschiedene Arten ab: Bekannt ist vor allem das Freistellungswerkzeug. Aber verwenden Sie auch Auswahlwerkzeuge wie Lasso oder Auswahlrechteck und die Befehle **Bild: Freistellen** oder **Bild: Zuschneiden.** Sogar der Befehl **Bild: Arbeitsfläche** eignet sich, wenn Sie niedrige Werte eintippen – allerdings fehlt die Vorschau.

10.2.1 Abschneiden ohne Trennungsschmerz

Sie können Rand so abschneiden, dass er nicht endgültig verschwindet: Die verbannten Bildstreifen bleiben unsichtbar hinterm Bildrand erhalten und lassen sich jederzeit wieder anzeigen.

Stellen Sie zum Beispiel andere Bildausschnitte und Seitenverhältnisse für eine Monitorpräsentation her. Später zeigen Sie Ihr Werk wieder in voller Pracht an.

Diese Möglichkeiten haben Sie:

» Klicken Sie in den Optionen zum Freistellungswerkzeug auf Ausblenden (nächster Abschnitt).

» Nutzen Sie die rücksetzbare Freistellfunktion im Camera-Raw-Dialog, auch für TIFF- oder JPEG-Dateien (Seite 222).

» Verwandeln Sie vor dem Zuschneiden eine Ebene, die sich möglichst weit ausdehnt – auch die Hintergrund-Ebene – in ein Smart-Objekt (Rechtsklick neben Name der Ebene, dann **In Smart-Objekt konvertieren**). Nach beliebigem Zuschneiden stellt der Befehl **Bild: Alles einblenden** zumindest die volle Fläche des Smart-Objekts wieder her.

Löschen versus Ausblenden

Bei einigen Freistellverfahren bietet Photoshop die Optionen Löschen und Ausblenden an. Der Unterschied:

» Die Vorgabe Löschen entfernt den Außenstand endgültig. Die Dateigröße sinkt.

- » Ausblenden versteckt die gekappten Bildpartien nur hinter dem neuen Bildrand. Unsichtbare Teile einer abgeschnittenen Bildebene können Sie immer noch in den sichtbaren Bereich ziehen. Die Dateigröße bleibt unverändert hoch.

Die Auswahl zwischen Löschen und Ausblenden präsentiert Photoshop nur, wenn das Bild Ebenen hat und nicht ausschließlich aus einer Hintergrund-Ebene besteht. Am besten verwandeln Sie Hintergrund-Ebenen generell per [Alt]-Doppelklick auf ihre Miniatur in der Ebenenpalette in eine Ebene 0 oder ähnlich. Speichern Sie Bilder mit ausgeblendeten Randbereichen in den Formaten TIFF, PSD oder PDF und lassen Sie beim Speichern Ebenen zu.

TIPP Sie wollen den Bildrand kappen und mit der Option Ausblenden soll der scheinbar entsorgte Bildrand hinter den Dateirändern weiter existieren. Doch Ihre Datei hat nur eine einzige Hintergrund-Ebene, da bietet Photoshop das Ausblenden nicht an. Macht nichts: Klicken Sie bei gedrückter [Alt]-Taste doppelt auf die Hintergrund-Miniatur in der Ebenenpalette, schon hat sie sich in eine Ebene 0 verwandelt.

Verborgene Bildbereiche wieder anzeigen

Haben Sie mit der Option Ausblenden Randbereiche Ihrer Montage versteckt?

Auf verschiedenen Wegen machen Sie das Material wieder sichtbar:

- » Ziehen Sie verborgene Bildteile mit dem Verschiebenwerkzeug wieder ins Foto.
- » Erweitern Sie die Arbeitsfläche nach Belieben mit **Bild: Arbeitsfläche** oder mit dem Freistellungswerkzeug (Seite 302).
- » Erweitern Sie die Arbeitsfläche exakt im erforderlichen Umfang per **Bild: Alles einblenden**.

ACHTUNG Angesägte Hintergrund-Ebenen stellen Sie mit dem Befehl **Alles einblenden** nicht wieder her – auch wenn die Montage weitere Ebenen hat. Soll die Hintergrund-Ebene sich dereinst wieder zu voller Pracht ausdehnen, verwandeln Sie sie vor dem Freistellen in eine Ebene 0 ([Alt]-Doppelklick auf die Hintergrund-Miniatur).

Abbildung 10.20 **Links:** Hier galt beim Freistellen die Option »Löschen« – nicht sichtbare Teile des Montageobjekts wurden endgültig entfernt. **Mitte:** Zieht man die »Ebene 1« wieder ins Bild hinein, sind die Folgen des Freistellens erkennbar. Datei: Bildrand_01a

Abbildung 10.21 **Links:** Dieses Bild wurde mit der »Ausblenden«-Option zugeschnitten. **Mitte:** Bereiche außerhalb der Bildgrenzen bleiben unsichtbar erhalten und können wieder ins Bild gezogen werden. Datei: Bildrand_01b

Verborgene Bildbereiche endgültig löschen

Sie möchten Bereiche, die Sie außerhalb der Bildkanten verborgen haben, endgültig löschen. Dadurch sparen Sie Speicherplatz. Wählen Sie das gesamte sichtbare Bild mit Strg+A aus, dann nehmen Sie **Bild: Freistellen**. Auch der Befehl **Ebene: Auf Hintergrundebene reduzieren** ist zielführend.

10.2.2 Freistellen mit dem Freistellungswerkzeug

In der Regel entfernt man überflüssige Bildränder mit dem Freistellungswerkzeug (Kurztaste C, für Crop Tool):

1. Ziehen Sie einen Rahmen um den gewünschten Bildausschnitt.
2. Ziehen Sie am Rahmen, um Breite und/oder Höhe zu verändern.
3. Ziehen Sie im Auswahlinneren; der Mauszeiger erscheint dort als schwarzes Dreieck. So verschieben Sie den Rahmen.
4. Und jetzt – weg mit dem Rand: per Doppelklick, Klick auf die OK-Schaltfläche oder mit der ↵-Taste. Der Außenbereich entfällt, das Bild nimmt weniger Platz auf dem Bildschirm ein.

Sie wollen gar nicht wirklich freistellen? Entfernen Sie den Freistellrahmen ohne weitere Konsequenzen mit der Esc-Taste.

10.2.3 Den Freistellrahmen formen und verschieben

Den Bereich außerhalb des Freistellrahmens zeigt Photoshop zunächst abgedunkelt. Deckkraft und Farbe dieser Abdeckung korrigieren Sie mit den Feldern Farbe und Deckkraft in den Freistelloptionen. Soll die Abdeckung schnell weichen? Drücken Sie unter Windows ⇧+7.

Formen Sie den Freistellrahmen bereits beim Aufziehen:

- Ziehen Sie wie immer mit gedrückter ⇧-Taste, wenn Sie das Höhe-Breite-Seitenverhältnis des Freistellrahmens wahren möchten.
- Mit gedrückter Alt-Taste ziehen Sie einen Freistellrahmen von der Mitte her auf. Das macht Sinn, wenn ein bestimmter Bildteil exakt in der Mitte erscheinen soll.
- Mit der ⇧-Taste wird der Freistellrahmen quadratisch. (Diese Tastengriffe gelten sinngemäß auch für Auswahlrechteck und Auswahlellipse.)
- Drücken Sie beim Verschieben die ⇧-Taste, um den Rahmen an rechten Winkeln entlangzubewegen.

Abbildung 10.22 So beginnt die Arbeit mit dem Freistellungswerkzeug: Wenn Sie das Werkzeug aktivieren, aber noch nicht ins Bild geklickt haben, können Sie oben in den Optionen Maße vorgeben. Die Maßeinheiten bietet Photoshop auch per Kontextmenü an. Das Bild hier soll ohne Neuberechnung auf das 4:3-Seitenverhältnis zugeschnitten werden. Wir richten in den Optionen vier mal drei Zentimeter ein ...

Abbildung 10.23 ... und ziehen einen Freistellrahmen auf. Photoshop erlaubt nur noch 4:3-Proportionen. Sie sehen es: Wenn der Freistellrahmen aufgezogen ist, erscheint der Außenbereich abgedunkelt und Photoshop bietet andere Optionen an, zum Beispiel »Löschen« und »Ausblenden« bei Bildern mit Ebenen sowie »Hilfslinien« und die »Farbe« für die Randabdunkelung. Foto: dlewis33, iStockphoto.com, Nr. 1053487

Wie üblich schieben Sie den Rahmen mit den Pfeiltasten in Pixelschritten durchs Bild; ⇧+Pfeiltaste verhilft zu 10-Pixel-Weitsprüngen.

TIPP Das Freistellungswerkzeug bietet noch mehr Talente: Sie können damit die Arbeitsfläche erweitern (Seite 304) und schiefe Horizonte korrigieren (Seite 397)

Magnetische Anziehungskraft

Das Freistellungswerkzeug fühlt sich magnetisch angezogen von Hilfslinien, Grundrastern oder auch vom Bildrand (»Dokumentbegrenzung«). Sie können also den Freistellrahmen exakt an solchen Linien entlangführen. Diese Anziehungskraft beenden Sie bei Bedarf mit dem Untermenü **Ansicht: Ausrichten an**.

Eine andere Abhilfe: Halten Sie die Strg-Taste gedrückt und ziehen Sie dann am Rahmen – jetzt lässt er sich frei bewegen und dockt nirgends an.

Über die Arbeitsfläche hinaus

Sie können den Freistellrahmen über die aktuelle Arbeitsfläche hinausziehen. Am übersichtlichsten geht das im Vollbildmodus (Kurztaste F). So erweitern Sie die Arbeitsfläche des Bilds an mindestens einer Seite. Ziehen Sie den Rahmen zunächst bis an den aktuellen Rand der Arbeitsfläche; dort scheint Schluss zu sein. In einem zweiten Schritt ziehen Sie den Rahmen über den Bildrand hinaus.

Freistellen und Seitenverhältnis beibehalten

Sie wollen das Bild zuschneiden und das ursprüngliche Seitenverhältnis beibehalten. Eine Möglichkeit:

1. Sie schalten das Freistellungswerkzeug ein und klicken oben in den Optionen auf Vorderes Bild. So trägt Photoshop Breite, Höhe und Auflösung des aktuellen Fotos in die Optionen ein.
2. Löschen Sie den Wert aus dem Feld Auflösung heraus. So vermeiden Sie, dass Ihr Foto bei der Freistellung neu berechnet wird.

Abbildung 10.24 Wir haben die Deckfarbe des Freistellungswerkzeugs auf Hellgrau gestellt (R, G, B 192) und die Deckkraft auf 90 Prozent. So verbergen Sie den Außenbereich noch stärker. Wollen Sie den Rand vollständig sehen ...

Abbildung 10.25 ... schalten Sie das »Abdunkeln« in der Optionenleiste aus; Sie erkennen wieder das Gesamtbild. Foto: dlewis33, iStockphoto.com, Nr. 10467345

3. Verkleinern Sie den Freistellrahmen; Photoshop erlaubt nur das ursprüngliche Seitenverhältnis des Bilds.
4. Klicken Sie doppelt in die Auswahl. Photoshop entfernt den Rand, das verbleibende Foto wird nicht neu berechnet. Photoshop programmiert das ursprüngliche Druckmaß der Datei ein, die einprogrammierte Auflösung ändert sich also. Das ist völlig verlustfrei und unproblematisch und lässt sich jederzeit ändern.

Auch so schneiden Sie mit geschütztem Seitenverhältnis aus, ohne die verbliebene Bildinformation neu zu berechnen:

1. Wählen Sie das Gesamtbild mit Strg+A aus.
2. Schicken Sie den Befehl **Auswahl: Auswahl transformieren** hinterher.
3. Klicken Sie oben auf SEITENVERHÄLTNIS ERHALTEN oder halten Sie ab jetzt die ⇧-Taste gedrückt.
4. Ziehen Sie an einem Eckpunkt zum Verkleinern oder im Rahmeninnern, um den Bildausschnitt zu verschieben.
5. Passt's? Klicken Sie doppelt in die Auswahl hinein.

6. Nun heißt es **Bild: Freistellen**, weg ist der Außenbereich. Die Druckauflösung bleibt, die einprogrammierte Druckgröße sinkt. Aktion: Freistellen – Seitenverhältnis schützen.

Noch eine Variante zum letzten Verfahren oben: Wählen Sie das Vorbild per Strg+A aus, schalten Sie ein Auswahlwerkzeug wie das Auswahlrechteck ein und ziehen Sie die Auswahl direkt ins Zielbild.

10.2.4 Pixelzahl und Druckmaß mit dem Freistellungswerkzeug ändern

Mit den Optionen zum Freistellungswerkzeug kann man nicht nur Rand kappen, sondern zugleich neue Auflösungen, Druckmaße, Seitenverhältnisse und Pixelzahlen herstellen; damit übernimmt das Werkzeug Aufgaben des Befehls **Bild: Bildgröße**. Die Reihenfolge:

1. Schalten Sie das Freistellungswerkzeug mit der Taste C ein.
2. Ziehen Sie noch keinen Rahmen auf. Tippen Sie in den Optionen erst BREITE, HÖHE und/oder AUFLÖSUNG ein. Bei der GRÖSSE geben Sie Maßeinheiten mit an, zum Beispiel »15 cm« oder »800 px« (für Pixel). Photoshop bietet die Maßeinheiten auch per Rechtsklick im Eingabefeld an.

3. Jetzt ziehen Sie den Freistellrahmen auf – je nach Vorgabe erlaubt Photoshop nur bestimmte Seitenverhältnisse – und schneiden den Rand weg.

Wollen Sie mit dem Werkzeug einfach nur freihändig ausschneiden, LÖSCHEN Sie mit der gleichnamigen Schaltfläche unbedingt jeden Inhalt aus den Datenfeldern der Optionenleiste.

Neues Seitenverhältnis, neue Druckmaße

Sie möchten eine 3:2-Vorlage für eine Monitorschau auf das Seitenverhältnis 4:3 zuschneiden. Oder Sie möchten ein 4:3-Foto aus einer Kompaktkamera auf 3:2 zuschneiden, damit es der Druckdienst ohne Überraschungen auf 15x10er-Papier belichten kann. So gehen Sie vor:

Tippen Sie zwei Zentimeterwerte ein, zum Beispiel »4 cm« mal »3 cm« für 4:3 oder »3 cm« mal »2 cm« für 3:2 – jeweils einschließlich der »cm«-Angabe. Sie könnten genauso gut auch 12x9 bzw. 9x6 Zentimeter angeben. Das Feld AUFLÖSUNG bleibt leer – so stellen Sie sicher, dass die im Bild verbleibenden Pixel nicht neu berechnet werden, die Bildqualität sich also nicht ändert. Beim Zuschneiden lässt Photoshop nur noch das gewählte Seitenverhältnis zu.

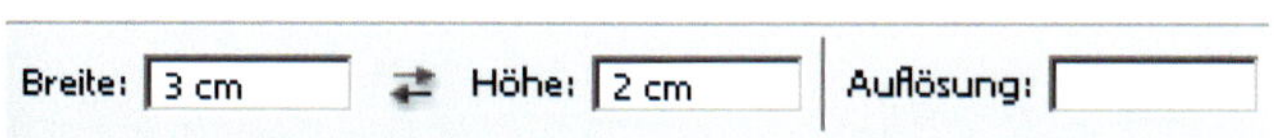

Abbildung 10.26 Mit dieser Vorgabe erhalten Sie ein 3:2-Seitenverhältnis ohne Qualitätsverlust, also ohne Neuberechnung der verbleibenden Bildpixel.

Sie speichern damit ein festes Druckmaß in die Datei ein. Bei Monitor-Diaschauen oder Weitergabe an Druckdienste spielen die Zentimeterangaben keine Rolle. Sie können die Funktion natürlich auch nutzen, um festzulegen, dass der verbleibende Bildteil immer in der gewünschten Größe gedruckt oder vom Layoutprogramm geöffnet wird – dann tippen Sie exakt das geplante Druckmaß ein.

In beiden Fällen ändert sich die Qualität der verbleibenden Bildinformation nicht. Sie erhalten aber eine andere gespeicherte Druckauflösung. Das entspricht in etwa dem **Bild**-Befehl **Bildgröße** ohne INTERPOLATIONSVERFAHREN.

Nach dem Freistellen verrät der Befehl **Bild: Bildgröße** die entstandene Auflösung, also wie viele der übrig gebliebenen Pixel sich auf einen Druckzentimeter verteilen. Daraus schließen Sie, ob der gewählte Ausschnitt genug Details für den Druck enthält.

ACHTUNG Schneiden Sie das Bild für einen Druckdienst oder für die TV-Vorführung zu? Säbeln Sie nicht zu viel ab. Die Labore kürzen Ihr Bild meist noch um ein paar Prozent – Bildtexte oder andere Randdetails bleiben auf der Strecke. Und manche Pantoffelkinos blasen Ihre Fotos auf (»Overscan«), der vorhandene Bildrand gelangt nicht mehr auf den Schirm.

Neue Pixelzahl mit Neuberechnung

Tippen Sie in den Freistelloptionen eine Pixelgröße ohne jede Auflösung ein, rechnet Photoshop den markierten Bildausschnitt neu auf die gewünschte Pixelzahl hoch oder herunter: Tippen Sie zum Beispiel »800 px« mal »600 px« ein. Dann rahmen Sie beliebig große Bildbereiche ein – Photoshop erlaubt nur das passende Seitenverhältnis und rechnet den Ausschnitt so um, dass er 800x600 Pixel enthält.

Sie merken es nach dem Klicken in den Freistellrahmen: Hier kostet das Freistellen Wartezeit – Photoshop errechnet aus den Mittelwerten der vorhandenen Pixel neue Bildpunkte, um den Ausschnitt auf die verlangte Pixelzahl zu bringen. Dieses Prozedere macht Sinn, wenn Sie Dateien beschneiden und deutlich herunterrechnen wollen.

TIPP Bei Freistellverfahren mit Pixelneuberechnung verwendet Photoshop das Interpolationsverfahren, das Sie in den **Voreinstellungen** (Strg+K) wählen; meist empfiehlt sich BIKUBISCH oder BIKUBISCH SCHÄRFER (Seite 274).

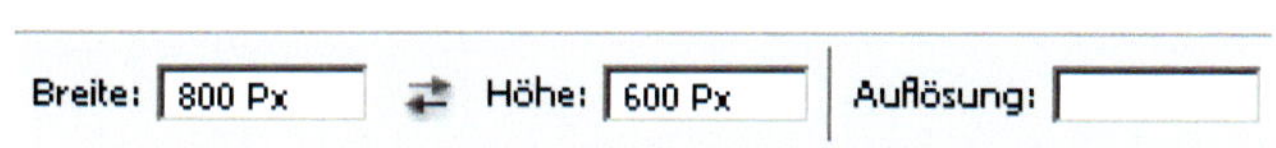

Abbildung 10.27 Diese Eingabe in den Freistellungsoptionen rechnet das verbleibende Bild auf 800 x 600 Pixel um.

Festes Druckmaß, feste Auflösung

Sie wollen einen größeren Ausschnitt aus einer großen 10-Megapixel-Datei zum Belichtungsdienst mailen und 15 Zentimeter breit drucken lassen. Wenn Sie einfach Ausschnitt und Seitenverhältnis zurechtschneiden, verbleiben immer noch sinnlos viele Pixel in der Datei. Rechnen Sie den Ausschnitt also gleich auf die erforderliche Pixelzahl herunter.

Tippen Sie zum Beispiel »15 cm« mal »10 cm« und im Feld Auflösung hinterlassen Sie eine »300«. Hierbei werden Pixel neu berechnet, die Originalqualität bleibt also nicht erhalten.

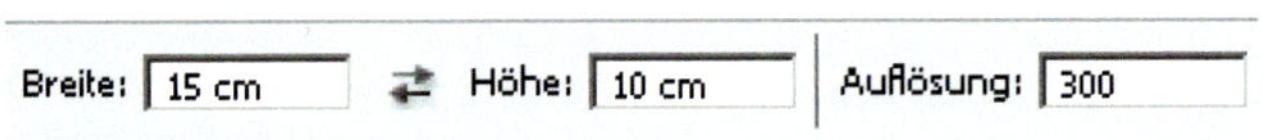

Abbildung 10.28 So stellen Sie die Optionen ein, wenn Sie Druckgröße und -auflösung genau kennen.

Nur einen Wert eintragen

Manchmal reicht nur ein einziger Wert in den Freistelloptionen:

- » Tippen Sie eine Breite von »8 cm« ein, Höhe und Auflösung bleiben leer. Das Bild erscheint dann auf jeden Fall acht Zentimeter breit in der Druckvorschau oder im Layoutprogramm, die Höhe bestimmen Sie mit dem Freistellungswerkzeug. Photoshop berechnet die Bildpunkte nicht neu.
- » Geben Sie »400 px« Breite vor, zum Beispiel wenn das Bild in eine E-Mail oder auf eine Webseite kommt: Das Ergebnis wird garantiert 400 Pixel breit, die Höhe steuern Sie beliebig mit dem Freistellgerät. Die Bildpunkte werden neu berechnet.
- » Tippen Sie »320« dpi Auflösung ein. Der Bildausschnitt wird mit hochwertigen 320 dpi gedruckt – in welcher Zentimetergröße auch immer. Keine Neuberechnung.

Abbildung 10.29 Tippen Sie nur »8 cm« ein, wenn der verbleibende Bildausschnitt acht Zentimeter breit erscheinen soll.

10.2.5 Zügig arbeiten

So geht die Arbeit mit dem Freistellungswerkzeug schneller:

- » Speichern Sie wichtige Maße wie zum Beispiel 15x10 cm zum schnellen Wiederaufruf: Stellen Sie nützliche Werte in der Optionenleiste ein, dann öffnen Sie das Menü für die Werkzeugvorgaben mit der Dreieck-Schaltfläche (Seite 56). Klicken Sie auf Neue Werkzeugvorgabe erstellen. Beim nächsten Mal rufen Sie diese Vorgabe einfach aus dem Klappmenü auf.
- » Beim Wechsel zwischen Hoch- und Querformat tauschen Sie die Höhe- und Breite-Werte in der Optionenleiste durch einen Klick auf die zwei Pfeile.
- » Übernehmen Sie Werte von anderen Bildern (siehe unten).

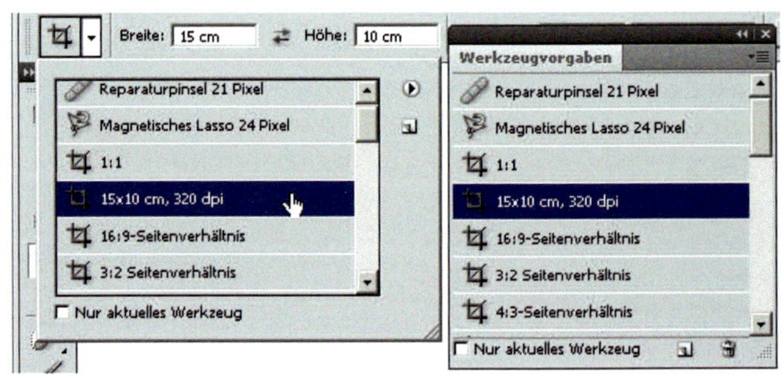

Abbildung 10.30 Rufen Sie wichtige Freistellvorgaben aus den Werkzeugoptionen oder aus der Werkzeugvorgabenpalette auf. Das Freistellungswerkzeug muss zuvor nicht unbedingt aktiviert sein.

Maße von anderem Bild übernehmen

Schneiden Sie Ihr Bild exakt auf die Pixelmaße oder auf das Seitenverhältnis einer anderen Datei zu. Dabei kommt es entscheidend darauf an, welche aktuelle Maßeinheit Sie verwenden – Zentimeter oder Pixel. Sie ändern die Maßeinheit zum Beispiel per **Bearbeiten: Voreinstellungen: Maßeinheiten & Lineale**. So geht's:

1. Aktivieren Sie das Bild, dessen Daten Sie übernehmen möchten.

Abbildung 10.31 **Links:** Der Hintergrund wurde mit der Schnellauswahl markiert; anschließend haben wir die Auswahl umgekehrt, so dass nur noch das Hauptmotiv markiert war. **Mitte:** Der Befehl »Bild: Freistellen« stutzt das Bild auf die Auswahlgrenzen zurecht. **Rechts:** Wir haben das ausgewählte Hauptmotiv mit Strg+C kopiert und »Datei: Neu« gewählt; für die neue Datei bietet Photoshop sofort die Größe des in die Zwischenablage kopierten Motivs an, wir können es passend einfügen. Datei: Bildrand_03

2. Klicken Sie Vorderes Bild in der Optionsleiste zum Freistellungswerkzeug an. Sind Zentimeter die aktuelle Maßeinheit, trägt Photoshop die Zentimetermaße und die Auflösung der aktiven Datei in die Optionen ein.
3. Wechseln Sie zur Datei, die Sie zuschneiden wollen, und ziehen Sie den Freistellrahmen auf. Dabei ist nur das Seitenverhältnis des zuvor verwendeten Bilds möglich. Das verbleibende Bild wird in Pixelzahl und Druckmaßen exakt auf die Werte des Ausgangsbilds umgerechnet.

Bei diesem Manöver kommt es zur Interpolation, also zur Neuberechnung von Bildpunkten. Sie wollen nur Seitenverhältnis oder Druckmaß übernehmen, brauchen aber keine qualitätsmindernde Neuberechnung? Löschen Sie nach dem Klick auf Vorderes Bild das Feld Auflösung leer. Dann erst ziehen Sie den Freistellrahmen auf. Innerhalb des freigestellten Ausschnitts bleiben die ursprünglichen Bildpunkte in Originalqualität erhalten. Dieses Löschen im Feld Auflösung eignet sich auch, um die ursprüngliche Datei zuzuschneiden und dabei das Originalseitenverhältnis zu erhalten (s.o.).

ACHTUNG Verwenden Sie **Pixel** als Maßeinheit, dann trägt der Klick auf Vorderes Bild Pixelwerte (und nicht Zentimeterwerte) für Breite und Höhe ein. Das nächste Bild wird beim Freistellen auf andere Pixelmaße umgerechnet – das ist nicht immer erwünscht.

Seitenverhältnis oder Pixelzahl von vorhandenem Bild per Kopieren übernehmen

Auch so übernehmen Sie das Seitenverhältnis oder die Originalpixelzahl eines anderen Bilds:

1. Wählen Sie das Bild, das als Vorlage für Seitenverhältnis oder Pixelzahl gilt, mit Strg+A aus und kopieren Sie es mit Strg+C.
2. Aktivieren Sie das Zielbild und fügen Sie das kopierte Motiv mit Strg+V ein. (Übersichtlicher ist es, wenn das Zielbild mehr Arbeitsfläche als das »Vor-Bild« hat.)
3. Klicken Sie in der Ebenenpalette die Ebenenminiatur des Vorbilds (oft Ebene 1) bei gedrückter Strg-Taste an, so dass die neue Ebene ausgewählt wird.

4. In der Ebenenpalette ziehen Sie die neue Ebene 1 oder ähnlich in den Mülleimer.
5. Schalten Sie mit der Taste M das Auswahlrechteck ein (oder irgendein anderes Auswahlwerkzeug).
6. Schieben Sie die weiterhin vorhandene Auswahl in die gewünschte Position.
7. Wollen Sie exakt die Pixelzahl des »Vor-Bilds« übernehmen, folgt jetzt **Bild: Freistellen** – weg ist der Rand.

Möchten Sie das Seitenverhältnis, aber nicht die Originalpixelgröße übernehmen, erzeugen Sie die Auswahl wie beschrieben. Dann wählen Sie **Auswahl: Auswahl transformieren**, ändern die Auswahldimensionen bei gedrückter ⇧-Taste, klicken doppelt in den Rahmen und alsdann auf **Bild: Freistellen**.

10.2.6 Auswahlfunktionen und »Freistellen«

Sie müssen nicht unbedingt das Freistellungswerkzeug bemühen. Sie können auch eine beliebige Auswahl erzeugen und das Bild auf die Außengrenzen dieser Auswahl stutzen. Das funktioniert ebenso mit unregelmäßig geformten Auswahlen und weicher Kante. Wenn die Auswahl steht, wählen Sie **Bild: Freistellen**. Möglicher Verwendungszweck:

» Sie markieren ein Objekt mit der Schnellauswahl und stutzen das Foto per **Freistellen** auf die reine Größe dieses Hauptmotivs.

» Sie markieren einen Bildbereich mit dem Auswahlrechteck und geben in den Optionen eine feste Pixelzahl vor. Einen entsprechend großen Bildteil trennen Sie nun per **Freistellen** heraus, ohne dass Photoshop Bildpunkte interpoliert – ein Service, den Sie beim Freistellungswerkzeug nicht bekommen.

» Sie brauchen einen kleineren Bildausschnitt im Seitenverhältnis der Vorlage. Dann wählen Sie das Gesamtbild mit Strg+A aus, gehen auf **Auswahl: Auswahl transformieren** und verkleinern den Auswahlrahmen bei gedrückter ⇧-Taste; so bleibt die Höhe-Breite-Relation gewahrt. Danach klicken Sie doppelt in die Auswahl und nehmen wieder **Bild: Freistellen**.

ACHTUNG Der Befehl **Freistellen** entsorgt die Außenzonen endgültig. Sie können also nicht wie beim Freistellungswerkzeug mit der Option Ausblenden Gekapptes wieder in den sichtbaren Bereich ziehen.

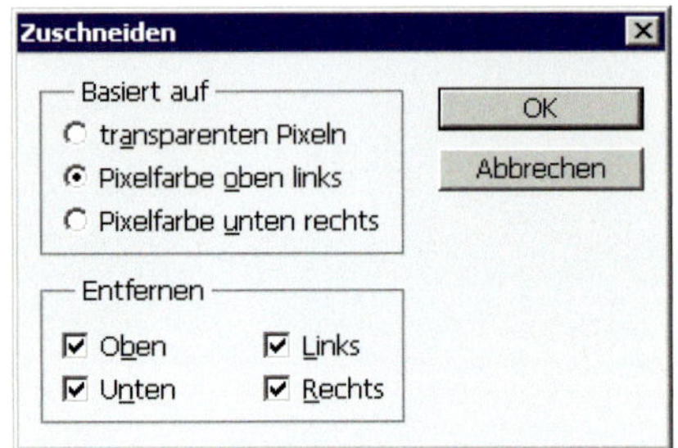

Abbildung 10.32 Der Befehl »Bild: Zuschneiden« kappt transparente oder einheitlich gefärbte Bildbereiche.

10.2.7 »Zuschneiden«

Der Befehl **Bild: Zuschneiden** kürzt Motive, die von komplett einfarbigem oder transparentem Hintergrund umgeben sind. Dabei betrachtet Photoshop das Gesamtbild und nicht nur die aktuelle Ebene. Soll eine bestimmte, große, Ebene ignoriert werden, blenden Sie diese mit dem Augensymbol in der Ebenenpalette aus.

Möglicherweise liegen Objekte mit den Effekten Schatten oder Schein nach aussen über transparenter Fläche – die Vorgabe Transparente Pixel begrenzt Ihr Bild auf das Hauptobjekt und erhält den Schatten perfekt. Ihre Möglichkeiten:

» Mit der Vorgabe Transparente Pixel entfernt Photoshop den Bereich, der komplett transparent ist und keinerlei auch nur schwach deckende Bildpunkte zeigt (auch nicht einen Schlagschatten oder andere Effekte).

» Die Vorgabe Pixelfarbe oben links kappt Bildteile, die exakt so gefärbt sind wie der äußerste Bildpunkt links oben. Kein einziger Pixel auf der Strecke darf farblich im Geringsten abweichen. Diese Vorgabe erkennt auch Transparenz als Pixelfarbe, Sie müssen also nicht extra auf transparente Pixel umstellen.

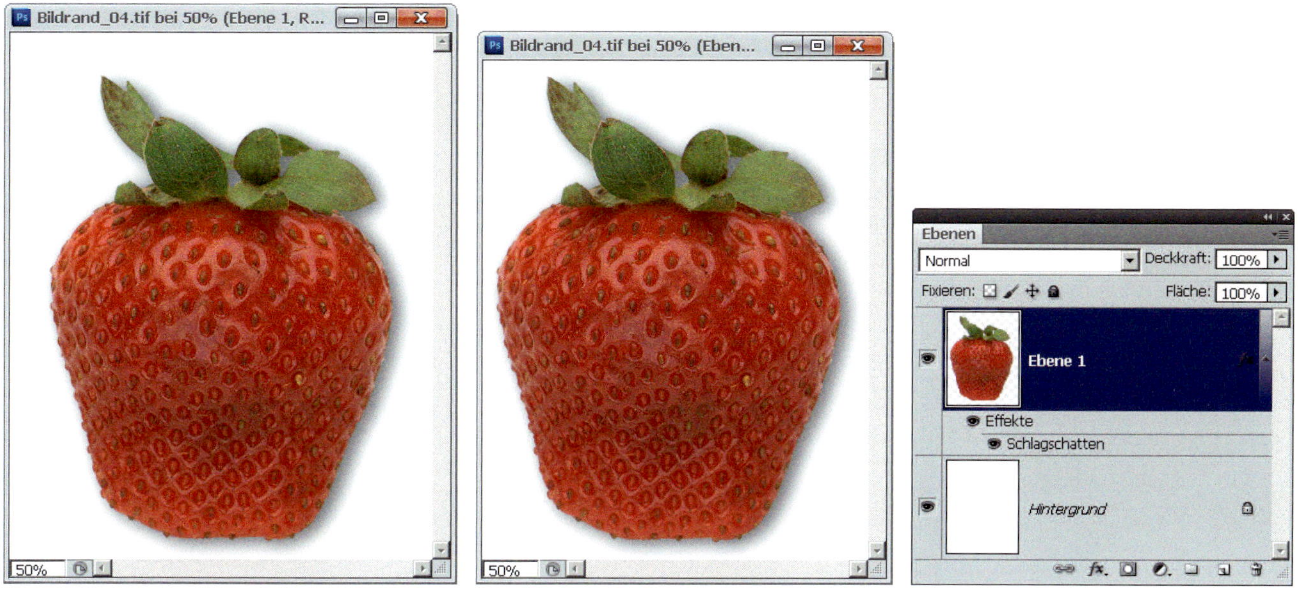

Abbildung 10.33 **Links:** Das Objekt wurde über weißem Bildbereich montiert und mit einem »Schlagschatten«-Effekt unterlegt. **Rechts:** »Zuschneiden« mit der Vorgabe »Farbe Pixel oben links« schneidet den komplett weißen Rand weg. Der Schatten bleibt jedoch unangetastet. Falls Sie den »Schatten«-Effekt ausblenden oder löschen, schneidet Photoshop das Bild auf den reinen Pixelinhalt zu. Datei: Bildrand_04

TIPP Ragen eventuell irgendwo Ebenenteile über die »öffentliche Arbeitsfläche« hinaus und sind darum halb verdeckt. Solche Bereiche verschwinden mit dem Befehl **Bild: Zuschneiden** eventuell auf Nimmerwiedersehen. Im Zweifelsfall wählen Sie erst **Bild: Alles einblenden** und danach **Bild: Zuschneiden**. Wenn Sie die Befehle in dieser Reihenfolge nutzen, geht nichts verloren.

Neue Datei statt Randentfernung

Die **Bild**-Befehle **Zuschneiden** und **Freistellen** stutzen Ihr Werk akkurat um das Hauptmotiv herum, überflüssiger Hintergrund verschwindet. Sie möchten jedoch vielleicht das Originalbild gar nicht kappen – stattdessen brauchen Sie das Hauptmotiv in einer neuen, maßgeschneiderten Datei. Treffen Sie die folgenden Vorbereitungen:

» Wenn Sie auf einer reinen »Hintergrund«-Ebene arbeiten, markieren Sie Ihr Hauptmotiv mit Schnellauswahl und Co.

» Befindet sich das Objekt Ihrer Begierde bereits sauber freigestellt auf einer eigenen Ebene, laden Sie die Konturen dieser Ebene als Auswahl; dazu klicken Sie die Miniatur in der Ebenenpalette bei gedrückter Strg-Taste an. Diese Ebene muss nun auch aktiviert sein.

So geht es weiter:

1. Kopieren Sie den Auswahlinhalt mit Strg+C in die Zwischenablage.
2. Rufen Sie den Befehl Datei: Neu auf. Im Dialogfeld nehmen Sie die Vorgabe Zwischenablage; sie passt exakt zu Ihrem kopierten Bildbereich.
3. Klicken Sie auf OK, so dass eine neue, leere Datei entsteht.
4. Fügen Sie den zuvor kopierten Bildteil mit Strg+V ein.
5. Wenn die neue Datei nur eine übliche »Hintergrund«-Ebene enthalten soll, so dass man sie leicht als JPEG oder TIFF weitergeben kann, wählen Sie noch den Befehl **Ebene: Auf Hintergrundebene reduzieren**.

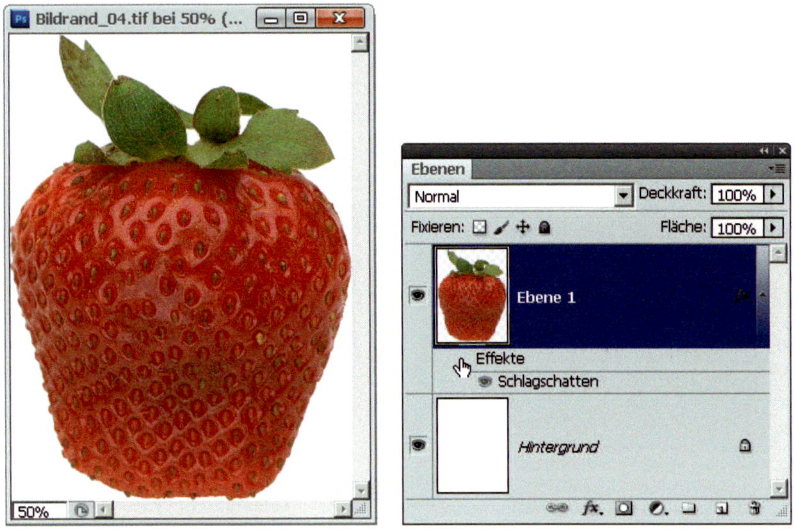

Abbildung 10.34
Wir haben den »Schlagschatten« ausgeblendet, dann folgte »Bild: Zuschneiden«. Nun schneidet Photoshop das Bild auf den reinen Pixelinhalt ohne Schatten zu.

10.2.8 Pixelgenau nur äußersten Rand abschneiden

Manchmal will man nur ganz wenige Pixel wegschnipseln, zum Beispiel bei der Arbeit an Grafik, Schriftzügen, Webfotos oder Bildschirmfotos (Screenshots). Nicht immer lässt sich der Außenstand auswählen, so dass man ihn nach Auswahlumkehr leicht per **Freistellen** entsorgen könnte. Also muss das Freistellungswerkzeug ran – das jedoch macht ein paar Probleme:

» Der Freistellrahmen schnappt automatisch an den Bildrändern ein, genau das soll er aber nicht.

» Bewegt man den Freistellrahmen präzise per Pfeiltasten ins Bildinnere, rutscht er auf der anderen Seite leicht über die Bildränder nach außen. Dort baut Photoshop dann nach dem Doppelklick neue Pixelfläche an – nein danke.

Wir besprechen mögliche Abhilfen: Stellen Sie den Magnetismus des Freistellungswerkzeugs am Bildrand ab, zoomen Sie bei vorhandenem Freistellrahmen ins Bild hinein oder nutzen Sie alternativ das Auswahlrechteck.

Freistellrahmen ohne Magnetismus

Der Freistellrahmen soll nicht mehr automatisch am Bildrand andocken? Dieses Verhalten beenden Sie bei Bedarf komplett mit **Ansicht: Ausrichten**. Wollen Sie die Anziehungskräfte aber nur fallweise bannen, gibt es einen anderen Trick:

1. Führen Sie den Freistellrahmen in die Nähe des Bildrands.
2. Sie wollen den Rahmen leicht verändern, ohne dass er am Rand einrastet? Also: Klicken Sie erst auf den Rahmen und halten Sie Maustaste fest gedrückt.
3. Drücken Sie zudem die Strg-Taste und lassen Sie es auch dabei.
4. Ziehen Sie den Freistellrahmen – er wandert Pixel für Pixel, ohne zum Bildrand zu springen.

Freistellrahmen und Lupe

Zoomen Sie tief hinein ins freizustellende Bild, dann lässt sich der Freistellrahmen gut positionieren:

1. Ziehen Sie einen ersten Freistellrahmen bei normaler Zoomstufe auf.
2. Unter Windows halten Sie Strg+Leer-Taste gedrückt (am Mac drücken Sie erst die Leer-Taste und nehmen dann die ⌘-Taste dazu). Das beschert Ihnen vorübergehend die Vergrößerungslupe. Rahmen Sie die linke obere Ecke Ihres Auswahlbereichs ein, so dass sie stark vergrößert erscheint.

Abbildung 10.35 Links ist das Vorbild, rechts brauchen Sie das gleiche Seitenverhältnis. Ein möglicher Weg: Wählen Sie das Foto links mit Strg+A komplett aus, ziehen Sie die Auswahl mit dem Auswahlrechteck ins rechte Bild und nehmen Sie dort »Auswahl: Auswahl transformieren«. Bei gedrückter ⇧-Taste verkleinern Sie den Auswahlrahmen. Passt die Auswahl, wählen Sie »Bild: Freistellen«. Brauchen Sie nicht nur gleiche Seitenverhältnisse, sondern auch identische Pixelzahl, verzichten Sie auf das Transformieren. Dateien: Bildrand_05a, _05b. Fotos: Gabi Sieg-Ewe

3. Drücken Sie eventuell einmal Strg++ oder Strg+-, um eine glatte Zoomstufe wie 1200 Prozent zu erhalten. Sie erlaubt bessere Bildbeurteilung als 1234,56 Prozent.
4. Ziehen Sie den Freistelleckpunkt exakt in die gewünschte Position, so dass linke und obere Begrenzung stimmen. Die »Produkthaftung« des Freistellungswerkzeugs wirkt sich in dieser Zoomstufe weniger aus.
5. Mit Strg+0 zeigen Sie wieder das Gesamtbild an.
6. Jetzt wieder Strg+Leer-Taste und rahmen Sie den rechten unteren Eckpunkt ein.
7. Ziehen Sie auch diesen Eckpunkt zurecht, bis rechte und untere Bildkante definiert sind.
8. Drücken Sie die ↵-Taste – fertig.

Präzise zuschneiden mit Auswahltechnik

Angenommen, Ihr Bild ist links zwei Pixel zu breit und oben drei Pixel zu hoch. So schneiden Sie die Streifen sauber weg:

1. Mit Strg+A wählen Sie das Gesamtbild aus.
2. Schalten Sie ein beliebiges Auswahlwerkzeug ein, zum Beispiel mit der Taste M das Rechteck.
3. Drücken Sie zweimal die →-Taste – die Auswahlmarkierung wandert zwei Pixel nach rechts, der äußerste linke Rand ist nicht mehr ausgewählt.
4. Drücken Sie dreimal die ↓-Taste – die Auswahlmarkierung wandert drei Pixel nach unten, so dass der oberste Bildstreifen aus der Auswahl fällt.
5. Der Befehl **Bild: Freistellen** beseitigt den Rand. (Oder Sie kopieren den letztlich gewünschten Bereich jetzt bequem in die Zwischenablage.)

10.2.9 Befehle im Überblick: Bild zuschneiden

Taste/Feld	Zusatztaste	Aktion	Ergebnis
C			
Esc			Freistellrahmen entfernen
	⇧	ziehen	Quadratischen Freistellrahmen aufziehen
	Alt	ziehen	Freistellrahmen von Mitte aufziehen
		innen	Rand entfernen
		innen ziehen	Auswahlrahmen verschieben
	⇧	innen ziehen	Auswahlrahmen auf Geraden verschieben
		außen ziehen	Auswahlrahmen drehen
		an Eckpunkt ziehen	Freistellrahmen bei gleich bleibendem Seitenverhältnis vergrößern oder verkleinern
	Strg	an Anfasspunkt ziehen	Andocken an Ebenen oder Bildrand verhindern
⇧	7		Randabdeckung aus-/einschalten (nur Windows)

10.2.10 Übersicht: welche Freistellmethode für welchen Zweck

Es gibt viele Varianten, das Bild von überflüssigem Rand zu befreien. Je nach Aufgabe wählen Sie Ihre Strategie:

Aufgabe	Lösung
Beliebigen Bildteil heraustrennen	Freistellungswerkzeug, alle Werte in Optionenleiste löschen
Bildteil mit festem Seitenverhältnis 4:3 heraustrennen	Freistellungswerkzeug, »4 cm« mal »3 cm« eingeben, Feld Auflösung leer lassen
Wie groß kann der gewünschte Bildteil bei 250 dpi gedruckt werden?	Freistellungswerkzeug, »250« bei Auflösung angeben, keine »cm«-Werte eingeben, während des Freistellens Infopalette lesen oder nach Freistellen den **Bildgröße**-Dialog öffnen
Einen Ausschnitt mit festem Druckmaß und fester Auflösung erzeugen	Freistellungswerkzeug, »cm«-Werte eingeben, Auflösung angeben
Variable Teile herausschneiden und auf 800 Pixel Breite umrechnen	Freistellungswerkzeug, als Breite »800 px« angeben, Felder für Höhe und Auflösung leer lassen
Auf vorgegebene Pixelzahl ohne Interpolation beschneiden	Auswahlrechteck mit Art Feste Grösse, dann **Bild: Freistellen**
Bildbereich außerhalb der Auswahl entfernen	Auswahlfunktion, dann **Bild: Freistellen**
Einfarbige oder transparente Umgebung entfernen	**Bild: Zuschneiden**

10.2.11 Die Drittelregel

Gestalten Sie Ihre Fotos nach der Drittelregel (nicht zu verwechseln mit dem anders aufgebauten Goldenen Schnitt), um einen harmonischen Bildaufbau zu erhalten. Die Drittelregel durchschneidet das Bild mit vier Linien. Das Hauptmotiv – so sagt die Regel – sollte sich an den Schnittpunkten der Linien orientieren. So erscheint das Hauptmotiv eher rechts oder eher links im Bild, eher oben oder eher unten, und keinesfalls mittig.

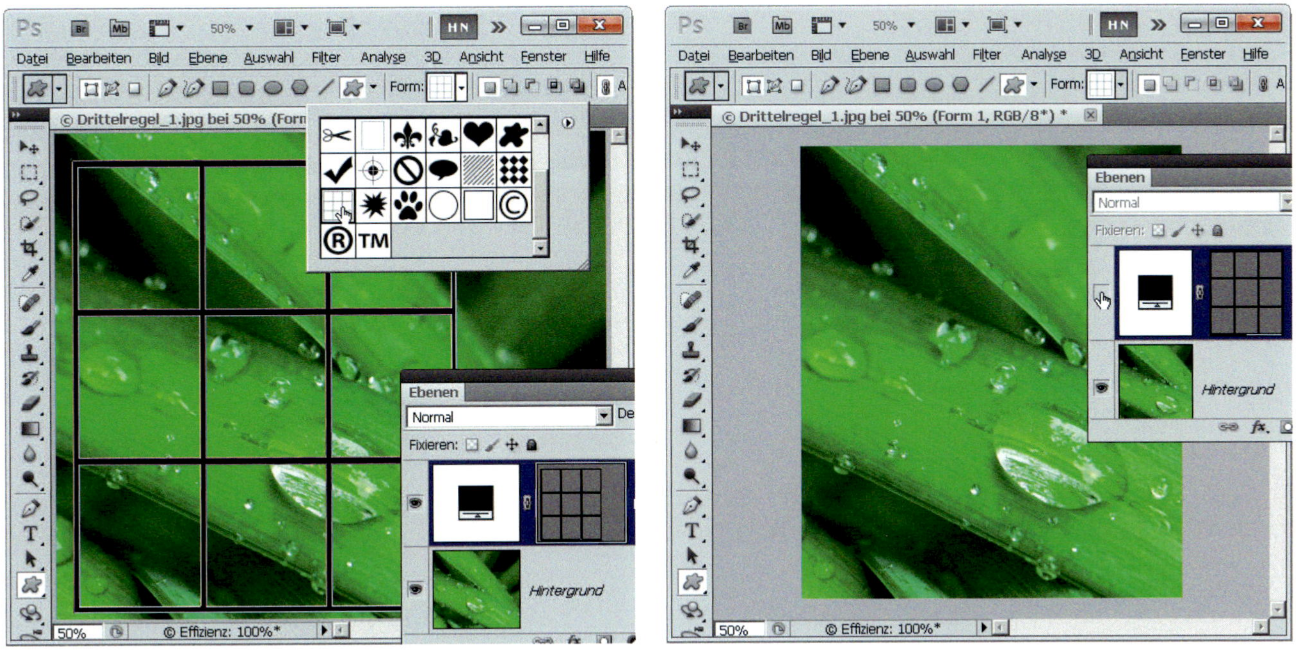

Abbildung 10.36 **Links:** Ziehen Sie die Gitterform auf, platzieren Sie einen Kreuzungspunkt über dem Hauptmotiv und laden Sie das Gitter als Auswahl. **Rechts:** Wir haben »Bild: Freistellen« gewählt und die Formebene mit dem Augensymbol in der Ebenenpalette ausgeblendet. Das Bild ist jetzt nach der Drittelregel aufgebaut. Datei: Drittelregel_1, Foto: Gabi Sieg-Ewe

Manche Fotografen schwören auf die Drittelregel und blenden sich die Hilfslinien schon beim Fotografieren ein – per Live View auf dem Kameramonitor, mit einer speziellen Sucherscheibe oder sogar mit aufgeklebten oder aufgemalten Linien auf dem Kameramonitor. Die Drittelregel lässt sich aber auch nachträglich in der Bildbearbeitung anwenden. Selbst wenn Sie von solchen Regeln wenig halten, können Sie die Wirkung also mühelos einmal ausprobieren, wenn Sie ohnehin Rand wegschneiden.

Setzen Sie die Drittelregel mit einer speziellen Formebene oder mit den Hilfslinien des Freistellungswerkzeugs um.

Drittelregel mit Gitterform

So komponieren Sie ein Bild nach der Drittelregel:

1. Schalten Sie in der Werkzeugleiste das Eigene-Form-Werkzeug ein. Oben links in den Einstellungen klicken Sie auf das Symbol Formebenen, im Formwähler weiter rechts nehmen Sie die Form Gitter.
2. Ziehen Sie im Bild ein Gittermuster grob in der gewünschten Größe auf.
3. Starten Sie mit Strg+T das **Freie Transformieren.** Ziehen Sie bei gedrückter ⇧-Taste an einem Eckpunkt, bis das Gitter ungefähr die gewünschte Größe hat. Klicken Sie innen ins Bild, um das Gitter zu verschieben. Ihr Hauptmotiv – hier der Tropfen – sollte ungefähr in einem Schnittpunkt von zwei Linien liegen. (Das Gitter erscheint meist schwarz. Sie können via Ebenenpalette (F7) die Farbe ändern oder die Deckkraft senken.)
4. Stimmt der Bildausschnitt? In der Ebenenpalette klicken Sie bei gedrückter Strg-Taste auf die Vektormaske der oberen Ebene Form 1. So entsteht eine schwarzweiß schillernde Auswahllinie um das Gittermuster herum.
5. Wählen Sie **Bild: Freistellen**. Damit schneidet Photoshop Bildteile außerhalb der Auswahl weg, Ihr Bild ist jetzt nach der Drittelregel aufgebaut.
6. Letzte Aufräumarbeiten: Ziehen Sie die Ebene Form 1 in den Mülleimer unten in der Ebenenpalette, die Auswahl entfernen Sie mit Strg+D – fertig!

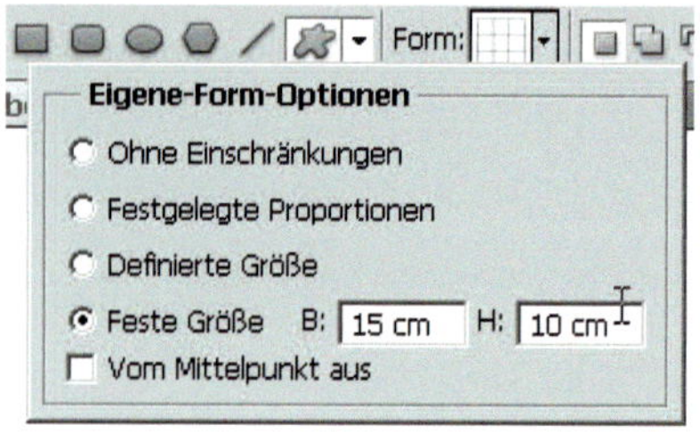

Abbildung 10.37 In den Optionen zum Eigene-Form-Werkzeug geben Sie bei Bedarf bestimmte Seitenverhältnisse oder Maße vor.

Drittelregel mit festem Seitenverhältnis

Sie wollen nach der Drittelregel zuschneiden, das Ergebnisbild soll ein festes Seitenverhältnis zeigen, in unserem Beispiel 3:2. Dann schalten Sie das Eigene-Form-Werkzeug ein und öffnen sogleich die Eigene-Form-Optionen. Dort notieren Sie eine Feste Grösse von »3 cm« mal »2 cm«. Wenn Sie jetzt ins Bild klicken, entsteht zunächst eine Figur mit fixer Größe. Starten Sie mit Strg+T das **Freie Transformieren**. Ziehen Sie bei gedrückter ⇧-Taste an einem Eckpunkt, bis das Gitter die gewünschte Größe hat, und ziehen Sie innen, um das Gitter zu verschieben.

TIPP Ihr Ergebnis soll dasselbe Seitenverhältnis wie das Originalfoto erhalten? Ziehen Sie das Gitter zunächst so auf, dass es das gesamte Foto überdeckt. Jetzt verkleinern Sie das Raster mit gedrückter ⇧-Taste, dabei behält es das Seitenverhältnis des Originalbilds.

Fixieren Sie das Hauptmotiv

Sie haben Ihr Gittermuster bereits so verschoben, dass eine Linienkreuzung perfekt auf dem Zentrum des Hauptmotivs liegt. Sie möchten die Außengrenzen noch verändern, wollen aber die Linienkreuzung bereits auf dem Zentrum des Hauptmotivs festnageln. Das geht: Starten Sie das **Freie Transformieren** mit Strg+T und schieben Sie den gewünschten Kreuzungspunkt auf Ihr Hauptmotiv. Ziehen Sie den Referenzpunkt – zunächst genau in der Mitte des Transformieren-Rahmens – auf die anvisierte Linienkreuzung.

So arbeiten Sie weiter, wenn Sie die Rahmengröße verändern, die Position der Kreuzung aber beibehalten wollen:

» Ziehen Sie mit gedrückter Alt-Taste an beliebigen Anfasspunkten. Die Ränder verändern sich gleichmäßig um den feststehenden Kreuzungspunkt herum.

» Ziehen Sie bei gedrückter Maustaste über den Buchstaben »B« (Breite) und »H« (Höhe) oben in den Optionen. So verändern Sie Breite und Höhe unabhängig voneinander, die bereits positionierte Linienkreuzung bleibt am Platz.

Drittelregel mit Freistellungswerkzeug

Auch mit dem Freistellungswerkzeug erzeugen Sie einen Bildaufbau nach Drittelregel. Dabei ändern Sie wahlweise zugleich Druckauflösung, Pixelzahl oder Horizontlage (wie oben schon erklärt). Weggeschnittene

Abbildung 10.38 **Links:** Wir haben das »Freie Transformieren« gestartet und ziehen den Referenzpunkt genau auf die Kreuzung der zwei Linien. **Mitte:** Ziehen Sie bei gedrückter Strg-Taste an einem Anfasspunkt, bleibt der gewählte Schnittpunkt am Platz, das Hauptmotiv ist also nach der Drittelregel weiter richtig platziert. Rechts: Ziehen Sie mit zusätzlich gedrückter ⇧-Taste, um das Seitenverhältnis des ursprünglichen Gitters zu wahren. Datei: Drittelregel_2. Foto: Gabi Sieg-Ewe

Bildfläche bleibt wahlweise hinterm Dokumentrand erhalten. So erproben Sie die Drittelregel:

1. Falls gewünscht, richten Sie in den Freistellungsoptionen Seitenverhältnis, Druckgröße oder Auflösung ein.
2. Ziehen Sie mit dem Freistellungswerkzeug eine erste Auswahl auf.
3. Stellen Sie oben in den Optionen das Hilfslinien-Klappmenü auf Drittelregel.
4. Ändern Sie Größe und Position des Rahmens so, dass die Drittelregel-Hilfslinien optimal im Motiv platziert sind.
5. Ein Doppelklick in die Auswahl entfernt die Außenstände. Ihr Foto ist jetzt nach Drittelregel komponiert.

TIPP Ziehen Sie den Referenzpunkt ⌖ (Seite 735) des Freistellrahmens auf Ihr Hauptmotiv oder auf die Schnittstelle zweier Hilfslinien. Nun formen und drehen Sie den Freistellrahmen bei gedrückter Alt-Taste. Ihr Hauptmotiv bleibt dabei generell unter dem Referenzpunkt. Sie sehen also unkompliziert unterschiedliche Zuschnitte, die alle Drittelregel-gerecht sind.

Bild auf Drittelregel prüfen

Sie möchten schnell erkennen, ob der Bildaufbau der Drittelregel entspricht? Die vielleicht einfachste Lösung: Rahmen Sie das Gesamtfoto mit dem Freistellungswerkzeug ein und schalten Sie oben in den Optionen Drittelregel ein. Schon haben Sie die erforderlichen Linien im Bild und können bei Bedarf gleich zuschneiden.

Sie möchten ein Raster nach Drittelregel anzeigen? Wählen Sie **Bearbeiten: Voreinstellungen: Hilfslinien, Raster und Slices** (am Mac wie immer **Photoshop: Voreinstellungen**). Im Bereich Raster stellen Sie die gewünschte Farbe und diese Werte ein:

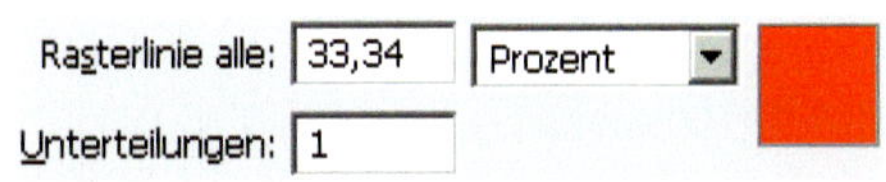

Photoshop zeigt die Linien anschließend mit dem Befehl **Ansicht: Einblenden: Raster**. Blenden Sie die Linien danach mit Strg+H aus und ein.

Raster nach Drittelregel als Aktion

Ein Raster nach Drittelregel möchte man gern mit einer kleinen Aktion flott einblenden. Die Aktion braucht nur zwei Befehle – Einrichtung der passenden Werte,

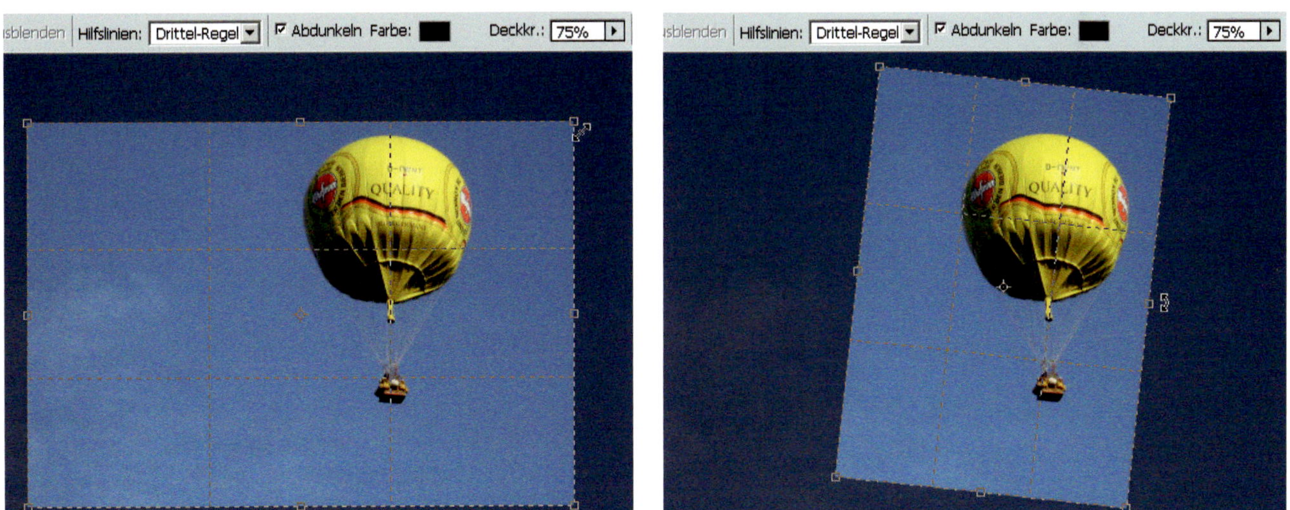

Abbildung 10.39 Zeigen Sie beim Freistellungswerkzeug die Hilfslinien nach der Drittelregel an. Verschiedene, auch festgelegte Seitenverhältnisse sind möglich, Sie können das Bild im selben Durchgang auch drehen und kleinrechnen. Datei: Drittelregel_3. Foto: Gabi Sieg-Ewe

Einblenden des Rasters - , doch die Aufzeichnung der Aktion wirkt etwas umständlich. Im Aktionenset auf der Buch-DVD finden Sie die folgende Aktion auch unter der Bezeichnung »Raster nach Drittelregel anzeigen«.

Sie wollen die Aktion selber aufzeichnen? So geht's:

1. Wählen Sie **Bearbeiten: Voreinstellungen: Hilfslinien, Raster und Slices**. Im Bereich RASTER stellen Sie gezielt unpassende Werte ein: Zum Beispiel Rasterlinien alle zwei Zentimeter mit drei Unterteilungen und violetter Farbe. (So merkt sich Photoshop, wenn Sie die Aktion aufzeichnen, die geänderte Unterteilung nach Drittelregel.) Klicken Sie auf OK.
2. Klicken Sie in der Aktionenpalette den gewünschten Aktionensatz einmal an und dann unten in der Palette auf NEUE AKTION ERSTELLEN. Geben Sie der Aktion einen Namen, vielleicht auch einen Tastaturbefehl und klicken Sie auf AUFZEICHNEN.
3. Sie wählen erneut **Bearbeiten: Voreinstellungen: Hilfslinien, Raster und Slices**. Im Bereich RASTER stellen Sie jetzt die richtigen Werte ein: Rasterlinien alle 33,34 Prozent, nur eine Unterteilung, dazu die gewünschte Farbe. Klicken Sie auf OK.
4. Klicken Sie unten in der Aktionenpalette auf das Symbol AUSFÜHREN/AUFZEICHNUNG BEENDEN.
5. Öffnen Sie das Menü zur Aktionenpalette und klicken Sie auf **Menübefehl einfügen**. Jetzt steht das breite Dialogfeld **Menübefehl einfügen** auf dem Schirm.
6. Während Sie noch das Dialogfeld sehen, klicken Sie auf **Ansicht: Einblenden: Raster**.
7. Klicken Sie auf OK - der Befehl erscheint in der Aktionenpalette.

Sobald Sie die Aktion starten, blendet Photoshop ein Grundraster nach Drittelregel ein. Die zuvor verwendeten RASTER-Werte sind verloren.

Die Aktion funktioniert korrekt, wenn Sie zuvor kein Raster angezeigt hatten. War dagegen vor Abspulen der Aktion ein Raster sichtbar, ist das neue Raster zunächst unsichtbar. Mit **Ansicht: Einblenden: Raster** fördern Sie es zutage. Zeigen Sie generell ein Raster an, schalten Sie den Schritt RASTER AKTIVIEREN/DEAKTIVIEREN mit dem Häkchen ✔ in der Aktionenpalette ab.

10.2.12 Maßstabsgerecht formatieren

Formatieren Sie Ihre Datei so, dass Sie anschließend die tatsächlichen Zentimeter-, Meter- oder Kilometermaße von Lineal und Raster ablesen können - auch in Standardversionen von Photoshop, ohne die zusätzlichen Talente der teureren Extended-Ausgabe. Auch Ausdrucke exakt in Echtgröße oder in einem beliebigen Maßstab wie 1:20 sind möglich.

So bearbeiten Sie die Datei

So bereiten Sie die Datei vor:

1. Fotografieren Sie die Szene möglichst frontal - ob Kreditkarte, Zimmerwand oder Häuserfront. Vermeiden Sie stürzende Linien oder andere Verkantungen. Fotografieren Sie eventuell einen Zollstock oder ein Lineal mit. Auf jeden Fall sollte sich etwas im Bild befinden, dessen Maße Sie genau kennen, zum Beispiel ein Türblatt, ein Goldring oder eine Hauskante.
2. Gibt es doch stürzende Linien? Halten Sie mit **Transformieren** oder **Objektivkorrektur** dagegen.
3. Falls das Bild noch aus einer HINTERGRUND-Ebene besteht: Halten Sie die Alt-Taste gedrückt, dann klicken Sie in der Ebenenpalette doppelt auf die Miniatur der HINTERGRUND-Ebene; sie mutiert zu einer Ebene 0.
4. Sie greifen zum Freistellungswerkzeug. Die Eingabefelder oben in den Optionen müssen leer sein.
5. Rahmen Sie einen Bildbereich ein, dessen Maße Sie genau kennen. Es reicht, wenn Sie nur die Höhe oder nur die Breite exakt treffen, die andere Seite spielt keine Rolle. Rahmen Sie zum Beispiel die Höhe des Türblatts genau ein - exakt von der Bodenkante bis zur Oberkante. Der Freistellrahmen darf beliebig viel vom Motiv aussperren.
6. Schalten Sie oben in den Optionen das AUSBLENDEN ein.
7. Drücken Sie die ↵-Taste - der Außenbereich verschwindet vorerst.
8. Wählen Sie **Bild: Bildgröße**. Schalten Sie das INTERPOLATIONSVERFAHREN aus. Jetzt tragen Sie die BREITE oder die HÖHE ein, die Sie aus dem Bild kennen. Falls Sie die Höhe des Türblatts eingerahmt haben, tragen

Abbildung 10.40 **Links:** Mit dem Freistellungswerkzeug und der Option »Ausblenden« rahmen Sie exakt die Höhe des Türblatts ein. **Rechts:** Trennen Sie den Rand vorübergehend weg und formatieren Sie das Restbild in der »Bildgröße« auf 198 Zentimeter Höhe. Dateien: Massstab etc.

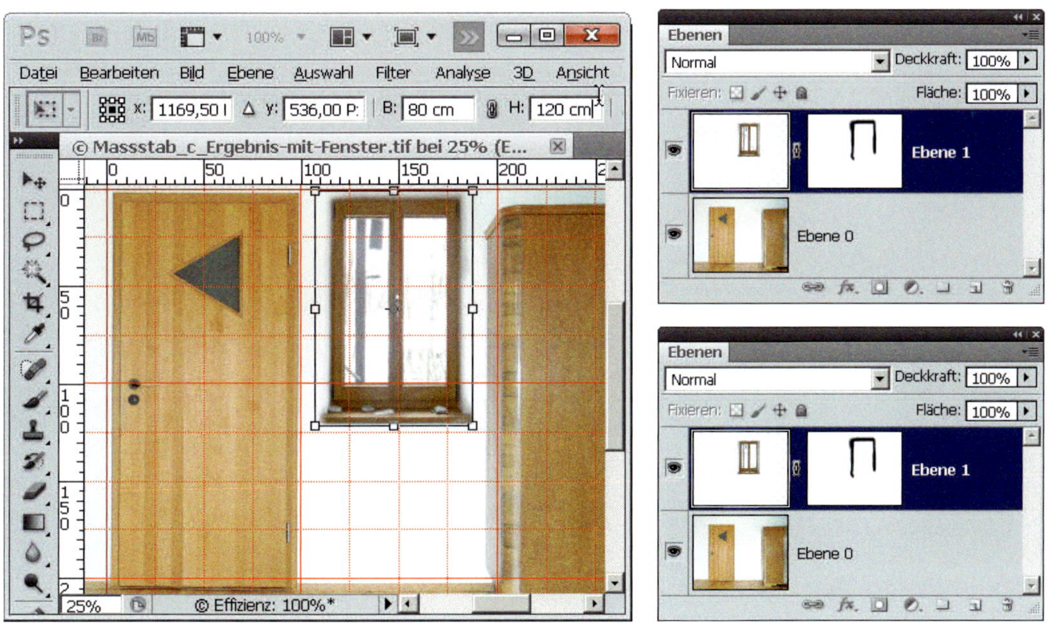

Abbildung 10.41 Die Lineale zeigen jetzt die tatsächlichen Raummaße an, das »Raster« ist in 20-Zentimeter-Abstände unterteilt, der Nullpunkt wurde auf die linke Oberkante des Türblatts gezogen. Wir experimentieren mit einer neuen Fensterebene und tippen beim »Freien Transformieren« Maße wie 80x120 Zentimeter direkt in die Optionen. Diese Maße (hier inklusive Fensterbank) zeigt auch die Infopalette rechts unten an.

Sie zum Beispiel als Höhe 198 Zentimeter ein und klicken auf OK. Die Breite spielt keine Rolle mehr.

9. Wählen Sie **Bild: Alles einblenden**. Sie sehen wieder das komplette Foto.

So zeigen Sie Maße an

Mit Strg+R blenden Sie die Lineale ein. Falls hier noch keine Zentimeterwerte erscheinen, stellen Sie diese Maßeinheit nach einem Rechtsklick ins Lineal ein. Jetzt lesen Sie hier die Echtmaße ab. Weitere Möglichkeiten:

» Rahmen Sie mit dem Rechteckwerkzeug oder Auswahlrechteck einen Bildbereich ein und lesen Sie die Maße in der Infopalette ab.

» Erzeugen Sie eine Formebene mit dem Rechteckwerkzeug und starten Sie das **Transformieren** mit Strg+T – jetzt tippen Sie die Wunschmaße für das Objekt oben in die Optionenleiste. So simulieren Sie zum Beispiel die Dimensionen eines neuen Schranks oder Fensters.

» Ziehen Sie den Nullpunkt der Lineale an die passende Stelle, zum Beispiel an die linke obere Ecke des Hauptmotivs. Klicken Sie in den Schnittpunkt der Lineale oben links und ziehen Sie.

» Brauchen Sie Millimeterpapier? Ein Beispiel für ein Zimmerfoto: Öffnen Sie mit Strg+K die **Voreinstellungen**, dann gehen Sie auf Hilfslinien, Raster und Slices. Stellen Sie die Rasterlinie auf alle 100 Zentimeter und sorgen Sie für fünf Unterteilungen. So haben Sie alle 20 cm eine Rasterlinie. Anschließend **Ansicht: Einblenden: Raster**.

Andere Maßstäbe einstellen

Ihr Zimmerfoto ist auf Echtmaße eingestellt, also womöglich fünf Meter breit formatiert. Drucken wollen Sie im gängigen Maßstab 1:20. Ihre Möglichkeiten:

» Sie wählen **Datei: Drucken** (Strg+P). Im Bereich Skalierte Ausgabegrösse tippen Sie »5%« ins Feld Skalieren.

» Sie brauchen dauerhaft einen anderen Maßstab? Dann heißt es **Bild: Bildgröße**. Schalten Sie das Interpolationsverfahren ab und stellen Sie Breite oder Höhe auf fünf Prozent.

10.3 Die Arbeitsfläche erweitern

Erweitern Sie Ihre Grafik um leere Fläche mit den **Bild**-Befehlen **Arbeitsfläche** oder **Alles einblenden** oder mit dem Freistellungswerkzeug. Die bereits vorhandenen Pixel werden nicht verändert. Sie dehnen Montagen weiter aus. Die eingespeicherte Druckauflösung bleibt erhalten, Pixelzahl und Druckgröße steigen.

TIPP Sie wollen das vorhandene Bild verlängern? Alle Tipps zu dieser Aufgabe im Abschnitt »Leeren Rand überdecken« ab Seite 833.

10.3.1 »Arbeitsfläche«

Im Dialogfeld zum Befehl **Bild: Arbeitsfläche** (Tastenbefehl Strg+Alt+C) lesen Sie oben die aktuelle Höhe und Breite Ihres Werks. Darunter klicken Sie auf eine Größeneinheit Ihrer Wahl, etwa Pixel, Prozent oder Zentimeter. Sie können nur als Breite auch Spalten angeben, das Maß für eine Spalte legen Sie in den **Voreinstellungen** (Strg+K) fest. Sofern Sie nichts weiter im Dialogfeld ändern, baut Photoshop so an:

» Enthält Ihr Bild eine Hintergrund-Ebene, fügt Photoshop weiße Fläche hinzu. Mit dem Klappmenü Farbe für erweiterte Arbeitsfläche oder mit dem Farbfeld rechts daneben geben Sie andere Farbtöne vor.

» In Montagedateien ohne Hintergrund-Ebene setzt Photoshop keine farbig gefüllte, sondern eine transparente Fläche an.

Feinsteuerung

Diese Möglichkeiten haben Sie:

» Mit einem Klick in das Neuner-Feld geben Sie an, wo innerhalb der erweiterten Fläche das bisherige Bild stehen soll. Sie klicken zum Beispiel in das Rechteck unten Mitte; Photoshop platziert nun das ursprüngliche Foto mittig unten im vergrößerten Bild. Die neue Fläche entsteht oberhalb sowie gleichmäßig links und rechts – aber nicht unterhalb vom Kernbild.

» Wenn Sie Relativ aktivieren, geben Sie nicht mehr die neue Gesamtzahl an Bildpunkten an. Stattdessen nennen Sie nur noch die Zahl derjenigen Punkte, die Sie zusätzlich an die bereits vorhandene Fläche anbauen; also zum Beispiel 20 statt 120 Prozent, falls Sie mit Prozentwerten arbeiten.

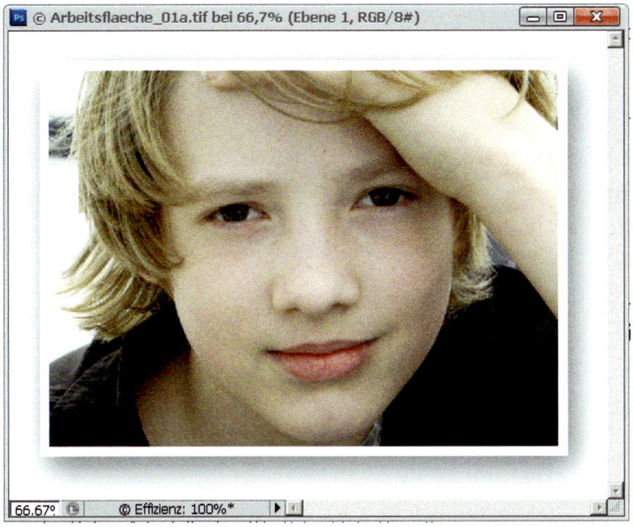

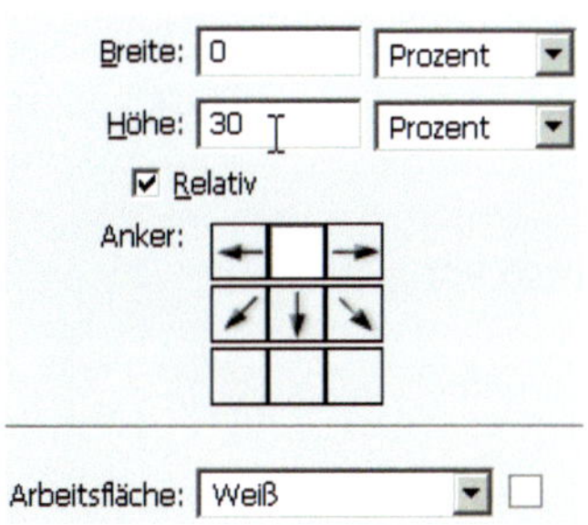

Abbildung 10.42
Anbaumaßnahme: Diese Montage wird mit der »Relativ«-Option um 30 Prozent nach unten erweitert, um Platz für den Text zu schaffen. Photoshop setzt hier Weiß ein, weil diese Farbe im Dialogfeld festgelegt wurde. Datei: Arbeitsfläche_01. Foto: Gabi Sieg-Ewe

Abbildung 10.43 Auch das Freistellungswerkzeug erweitert die Arbeitsfläche. Ziehen Sie einfach über die bestehende Bildfläche hinaus nach außen. Vorlage: Arbeitsfläche_02. Foto: Gabi Sieg-Ewe

10.3.2 Mehr Arbeitsfläche mit dem Freistellungswerkzeug

Das Freistellungswerkzeug eignet sich nicht nur zum Zuschneiden, sondern auch zum Erweitern der Arbeitsfläche. So geht's:

1. Stellen Sie das Foto im Vollbildmodus dar; dafür gibt es die Taste F.
2. Ziehen Sie einen Rahmen bis zum vorhandenen Bildrand auf.
3. Ziehen Sie den Rahmen in einem zweiten Anlauf über den bisherigen Bildrand hinaus.
4. Bietet der Bildschirm zu wenig Platz, drücken Sie Strg + 0.
5. Nach dem Druck auf die ↵-Taste vergrößert Photoshop die Bildfläche. Das Neuland erscheint in der aktuellen Hintergrundfarbe oder transparent.

10.3.3 Mehr Arbeitsfläche mit dem Befehl »Alles einblenden«

Eventuell haben Sie Bildteile außerhalb des sichtbaren Bildbereichs verborgen: Sie haben zum Beispiel Objekte nach außen geschoben oder das Freistellungswerkzeug mit der Option AUSBLENDEN verwendet. Ebeneneffekte wie SCHLAGSCHATTEN, KONTUR oder SCHEIN NACH AUSSEN ragen über den sichtbaren Bildbereich hinaus und werden an der Bildkante abgeschnitten.

Wenn Sie nun die Arbeitsfläche erweitern, kommen diese Bildteile wieder zum Vorschein. Maßgeschneidert erledigt das der Befehl **Bild: Alles einblenden**. Photoshop erweitert die Arbeitsfläche so, dass alle verborgenen Partien wieder vollständig im Bildfenster Platz finden.

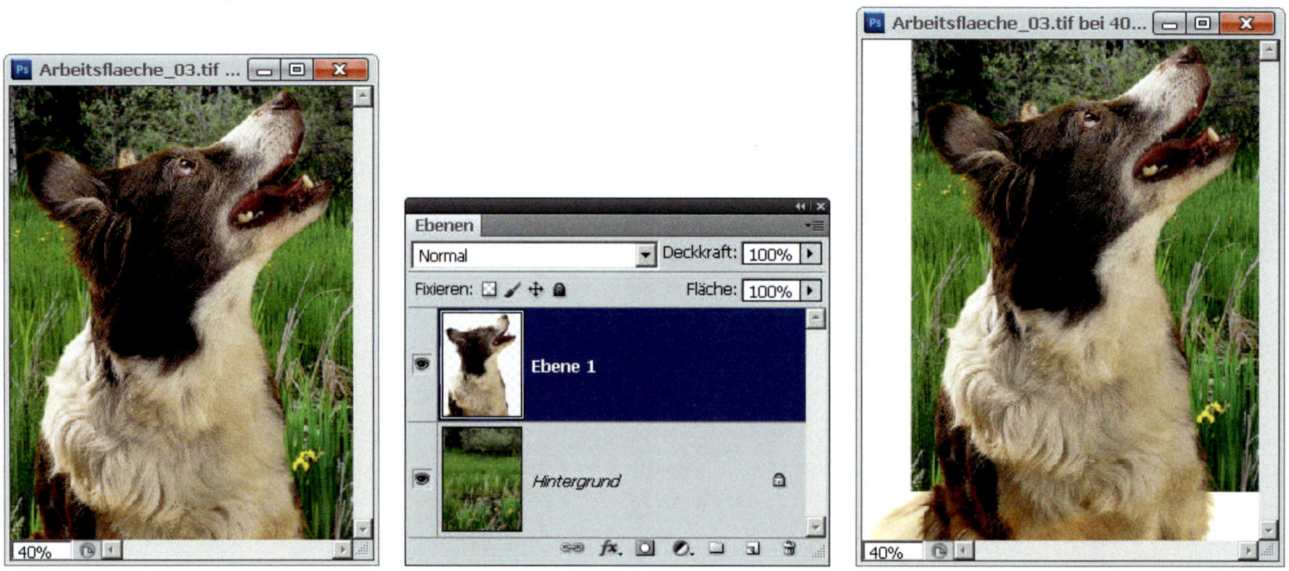

Abbildung 10.44 **Links:** Die »Ebene 1« ragt in dieser Montage über den unteren Bildrand hinaus. **Mitte:** In der Ebenenpalette erkennen Sie nicht, dass sich Montageobjekte über den Bildrand hinaus erstrecken. **Rechts:** Der Befehl »Bild: Alles einblenden« erweitert die Arbeitsfläche so, dass alle zuvor verborgenen Ebenenteile sichtbar werden. Vorlage: Arbeitsfläche_03

Kapitel 11

Kontrast & Farbstimmung

Wohl kein Bereich ist so wichtig wie die Farb- und Kontrastverbesserung. Doch sorgen Sie schon bei der Aufnahme für gute Bedingungen: Stellen Sie Kontrast- und Farbkorrekturen Ihrer Kamera ab, bearbeiten Sie Ihre Bilder in Photoshop; arbeiten Sie mit Spotmessung, konsultieren Sie die Histogrammanzeige und fotografieren Sie Graukarten mit (mehr Fototipps ab Seite 39).

Aus Camera-Raw-Bildern sowie allgemeiner aus Dateien mit 16 oder 32 Bit pro Grundfarbe lässt sich im Zweifelsfall mehr herausholen als aus 8-Bit-Vorlagen.

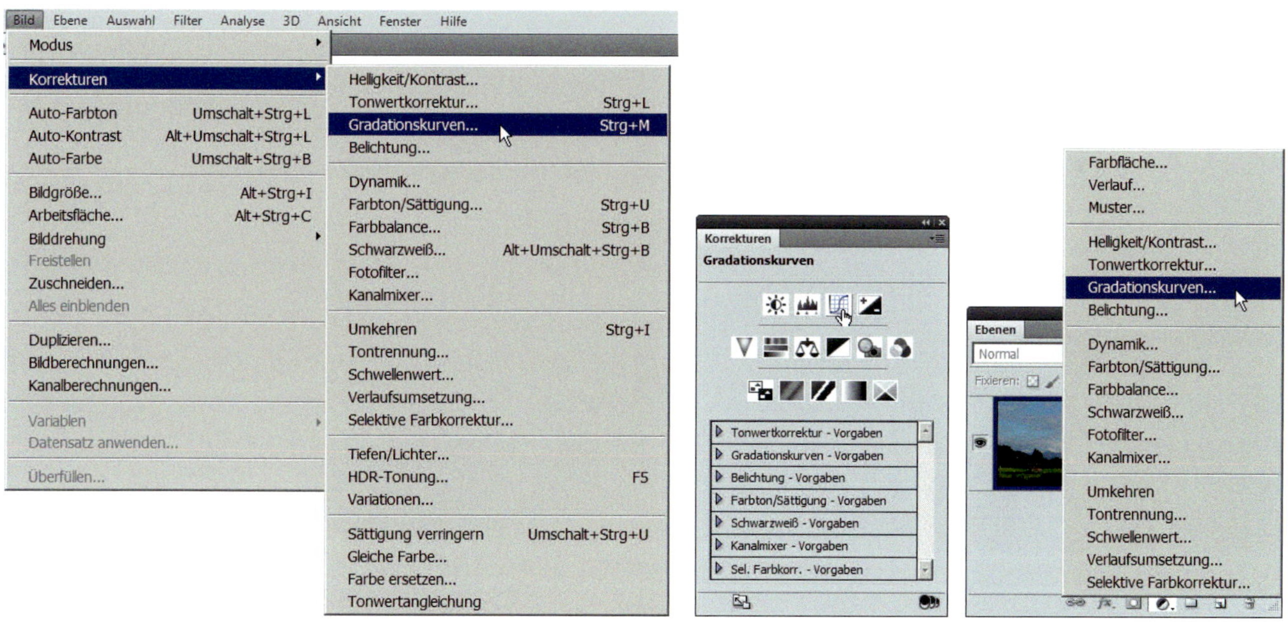

Abbildung 11.1 **Links:** Das Untermenü »Bild, Korrekturen« enthält die Befehle zur Tonwertkorrektur wie die »Gradationskurven«. Sie verändern unmittelbar die Bildpixel. **Mitte, rechts:** Sie können die »Gradationskurven« und andere Befehle aus dem Untermenü »Bild, Korrekturen« auch in der Korrekturenpalette oder Ebenenpalette anwählen. Dann entsteht in der Ebenenpalette eine neue Einstellungsebene, das Originalbild liegt unverändert darunter.

11.1 Grundlagen

Lesen Sie zunächst, welche Befehle insgesamt den Bildeindruck verbessern und in welcher Reihenfolge man sie anklickt.

11.1.1 Übersicht: Wie Sie die Befehle anwenden

Die meisten Tonwertkorrekturen können Sie auf unterschiedliche Art anwenden:

» Am besten: Legen Sie mit der Korrekturenpalette eine verlustfreie Einstellungsebene an (Seite 886). Die Änderung lässt sich jederzeit zurücksetzen, dämpfen und per Maskenretusche auf einzelne Bildbereiche eingrenzen. Per Füllmethode und Ausblenden von Helligkeitsbereichen verfeinern Sie die Wirkung weiter. Verschmelzen Sie die Einstellungsebene per Strg + E endgültig mit der HINTERGRUND-Ebene.

» Wählen Sie direkt den gewünschten Befehl aus dem Untermenü **Bild: Korrekturen** (früher **Bild: Anpassungen**). Die Pixel werden dauerhaft verändert, örtliche Rücknahme erlaubt aber noch der Protokollpinsel. War der Befehl insgesamt zu stark, dämpfen Sie ihn nachträglich stufenlos per **Bearbeiten: Verblassen**.

» Der Raw-Dialog (Seite 222) bietet ebenfalls hochwertige Kontrastkorrektur, die sich überdies jederzeit verlustfrei direkt in TIFF-, JPEG- und DNG-Dateien sichern und bequem auf weitere Dateien übertragen lässt.

» Mit Photoshops Pinseln zum Aufhellen, Abdunkeln und Ändern der Sättigung ändern Sie sofort einzelne Bildbereiche. Die Werkzeuge wurden für Photoshop CS5 verbessert, sind aber dennoch nicht erste Wahl.

» Generell sollten Sie einzelne Bildbereiche oft unterschiedlich behandeln, zum Beispiel den Himmel anders als das Gesicht im Vordergrund (Seite 37).

11.1.2 Übersicht: Welche Befehle es gibt

Die meisten Befehle zur Kontrastkorrektur finden sich im Untermenü **Bild: Korrekturen** und – besser noch – auf der Korrekturenpalette.

Das Untermenü **Bild: Korrekturen** erlaubt vor allem subtile Korrekturen:

» Mit der **Tonwertkorrektur** erweitern oder begrenzen Sie den Tonwertumfang – ideal, um flauen Vorlagen mehr Brillanz zu verpassen. Dieses Dialogfeld enthält auch die Gammakorrektur, die vor allem mittlere Tonwerte anhebt oder absenkt. Auch als Einstellungsebene (Seite 886).

» Die **Gradationskurven** regeln die Kontraste neu nur für einzelne Helligkeitszonen, können aber auch den

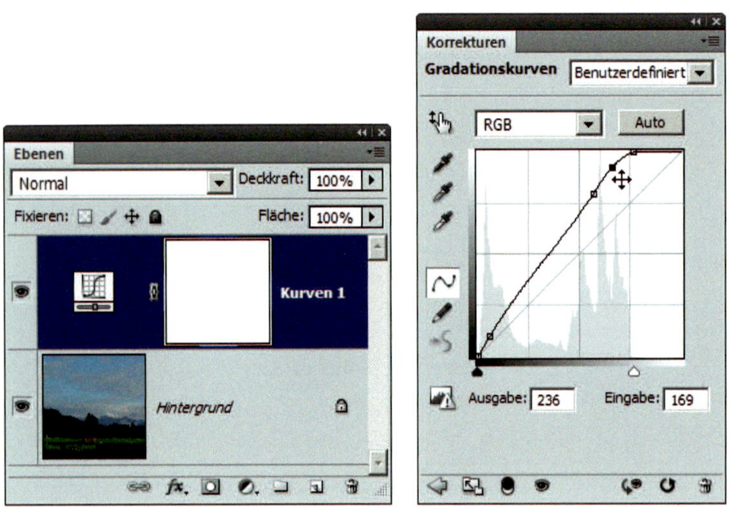

Abbildung 11.2
Die Ebenenpalette zeigt die Einstellungsebene mit dem Befehl »Gradationskurven«. Sobald die Einstellungsebene aktiviert ist, ändern Sie die Kontraständerung per »Gradationskurven« in der Korrekturenpalette.

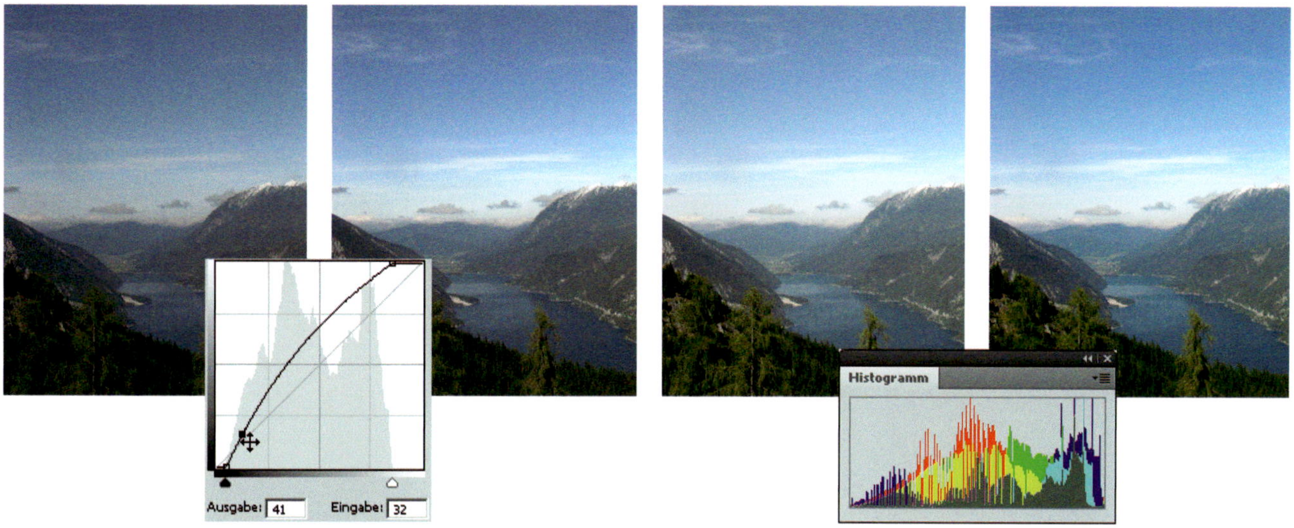

Abbildung 11.3 **1. Bild:** Die Vorlage wirkt dunkel und flau. **2. Bild:** Wir heben die vorhandenen helleren Tonwerte an, indem wir den weißen Regler der »Gradationskurve« in der Korrekturenpalette nach links ziehen. **3. Bild:** Wir senken die vorhandenen dunkleren Pixel mit dem schwarzen Dreieck auf Schwarz ab, das Bild erhält mehr Tiefe. Gleichzeitig heben wir die unteren Mitten an, so dass der Wald mehr Details zeigt. **4. Bild:** Wir steigern die Dynamik, also die Sättigung. Die Korrekturenpalette zeigt stets nur das Vorher-Histogramm der noch unbearbeiteten Datei. Nur die Histogrammpalette meldet Werte direkt passend zur aktuellen Einstellung im Dialogfeld. Datei: Tonwertkorrektur_a

Tonwertumfang ausdehnen. Auch als Einstellungsebene.

- Die **Farbbalance** entfernt Farbstiche oder ändert die Farbstimmung. Auch als Einstellungsebene.
- Das kleine Dialogfeld **Helligkeit/Kontrast** eignet sich für schnelle Korrekturen. In der Grundstellung ändern sich vor allem mittlere Tonwerte, während Lichter und Schatten nicht ruiniert werden. Die Option Früheren Wert verwenden korrigiert die Tonwerte dagegen weit stärker, da sie alle Helligkeitsbereiche einheitlich hebt oder senkt. Auch als Einstellungsebene.
- Der **Schwarzweiß**-Befehl setzt Farbbilder vielseitig in Graustufen um. Auch Tonungen sind möglich. Auch als Einstellungsebene.
- Das Dialogfeld **Farbton/Sättigung** ändert den Farbton oder die Farbsättigung. Auch als Einstellungsebene.
- Die **Dynamik** hebt oder senkt die Sättigung, jedoch schonender und weniger durchschlagend als der Befehl **Farbton/Sättigung**. Auch als Einstellungsebene.
- **Sättigung verringern** zieht alle Farbe aus dem Bild und erzeugt eine meist kontrastarme Graustufenanmutung.
- **Gleiche Farbe** gleicht ein Bild oder eine Ebene an die Farbstimmung einer anderen Vorlage an.
- **Farbe ersetzen** fasst zwei Aufgaben zusammen: Auswählen gleichfarbiger Bildteile und Änderung dieses Farbtons.
- Die **Selektive Farbkorrektur** verändert Farben, indem einzelne Grundfarben angehoben oder abgesenkt werden. Auch als Einstellungsebene.
- Der **Kanalmixer** verschiebt den Anteil der einzelnen Grundfarben am Gesamtbild. Auch als Einstellungsebene.

Abbildung 11.4 **Links:** Bei Gegenlicht wurde der Vordergrund unterbelichtet. **Mitte:** Der Befehl »Tiefen/Lichter« hebt nur die sehr dunklen Tonwerte an, helle Bildpunkte bleiben fast unverändert. Das Zwischenergebnis lässt sich örtlich weiter verfeinern. **Rechts:** Ein mögliches Ergebnis mit »HDR-Tonung«. Vorlage: Tiefen_a. Foto: Lucas Klamert

» Die **Verlaufsumsetzung** sorgt für Farbeffekte: Alle Helligkeitsstufen des Bilds werden in Tonwerte eines Farbverlaufs umgesetzt. Auch als Einstellungsebene.

» Der **Fotofilter** rechnet zarte Farbtonungen ins Bild. Auch als Einstellungsebene.

» **Tiefen/Lichter** korrigiert nur besonders helle oder besonders dunkle Bereiche, zum Beispiel stark unterbelichtete Bildteile. Auch als Smart Filter (Seite 911).

» **HDR-Toning** verbessert und verfremdet auch sehr blasse Vorlagen und ermöglicht auch die typische HDR-Anmutung mit übersatten Farben, überstrahlten Kanten und surrealem Kontrast.

» Die **Belichtung** korrigiert vor allem HDR-Dateien mit 32 Bit Farbtiefe pro Grundfarbe. Auch als Einstellungsebene.

» **Umkehren** erzeugt ein Negativ – nützlich in Grafiken oder zum Umkehren der Auswahlwirkung in Ebenenmasken oder Alphakanälen. Auch als Einstellungsebene.

» Die **Tonwertangleichung** korrigiert das Gesamtbild auf Basis der Auswahl eines schlecht belichteten Bildteils.

» Der **Schwellenwert** erzeugt eine reine Schwarz-Weiß-Grafik. Sie entscheiden, welche Helligkeitsstufen schwarz oder weiß erscheinen sollen. Auch als Einstellungsebene.

» Die **Tontrennung** reduziert die Vorlage mit plakativer Wirkung auf wenige Tonwerte. Auch als Einstellungsebene.

» Die **Variationen** zeigen ein ganzes Tableau unterschiedlicher Farbstimmungen für ein Bild. Auch als Smart Filter.

Diese Verfahren finden Sie direkt im Bild-Hauptmenü:

» Die **Auto-Farbton** erweitert ganz ohne Dialogfeld den Tonumfang automatisch, so dass Ihr Bild kontrastreicher und brillanter wirkt; die Farbstimmung kann sich ändern.

» Der Befehl **Auto-Kontrast** erweitert ebenfalls den Tonwertumfang automatisch, schützt aber die Farbstimmung.

» **Auto-Farbe** behebt Farbstiche, ohne den Kontrasteindruck zu verändern.

Abbildung 11.5 Das Pärchen ist zu dunkel. Wir hellen das Gesamtbild mit einer Gradations-Einstellungsebene auf: Wir klicken in einen Hautton und ziehen nach oben. Vorlage: Tonwertkorrektur_e

11.1.3 Übersicht: Korrekturen schnell wiederholen

Eine gelungene Kontrastkorrektur passt auch zu anderen Bildern derselben Aufnahmereihe. So übertragen Sie eine gelungene **Gradationskurve** oder **Tonwertkorrektur** schnell und einfach auf weitere Bilder:

» Meist können Sie brauchbare Werte als Vorgabe direkt im Dialogfeld speichern.

» Legen Sie die erste Korrektur als Einstellungsebene an (Seite 886). Diese Ebene ziehen Sie aus der Ebenenpalette auf weitere geöffnete Bilder.

» **Tiefen/Lichter** und **Variationen** ziehen Sie nicht als Einstellungsebene, sondern als Smartfilter über andere Bilder. Die wandeln Sie zunächst in Smart-Objekte um.

» Starten Sie die **Gradationskurven** nicht mit Strg+M, sondern mit Strg+Alt+M - dann bietet Photoshop sofort die Werte der letzten Korrektur an. Die Alt-Taste belebt das Gedächtnis auch bei anderen wichtigen Befehlen: Strg+Alt+L (statt Strg+L) öffnet die **Tonwertkorrektur** gleich mit der Reglerstellung vom letzten Bild, Strg+Alt+B beschert die **Farbbalance** mit den letzten Vorgaben und Strg+Alt+U den Befehl **Farbton/Sättigung**.

» Arbeiten Sie im Raw-Dialog. Dort können Sie Einstellungen (also Korrekturvorgaben) kopieren und einfügen.

» Zeichnen Sie eine Befehlsfolge (Aktion) auf.

TIPP Dauert das Öffnen der Kontrastdialoge zu lange, erhöhen Sie probehalber die CACHE-STUFE - dann hat Photoshop weniger Arbeit damit, das intern meist benötigte Histogramm zu berechnen (siehe Seite 66).

Abbildung 11.6 Wir färben die Ebenenmaske schwarz und malen weiß über den Leuten: So werden nur die Personen aufgehellt, die Umgebung bleibt unverändert.

Abbildung 11.7 In der Ebenenpalette senken wir die Deckkraft der Einstellungsebene, so dass die Aufhellung nicht so stark wirkt. In der Maskenpalette senken wir die »Dichte«; so ist die Umgebung nicht mehr vollständig gegen Aufhellung geschützt, sie wird etwas heller.

11.1.4 Bei geöffnetem Dialogfeld

Schalten Sie die Vorschau vorübergehend aus, um den Unterschied zur ursprünglichen Bildfassung zu erkennen. Bei geöffnetem Dialogfeld ist Photoshop nicht für alles andere blockiert, Ihnen stehen vielmehr immer noch wichtige Funktionen zur Verfügung:

Pipette bei geöffnetem Dialogfeld

Gut zu wissen: Auch bei geöffnetem Dialogfeld können Sie mit dem Mauszeiger jederzeit ins Bild fahren; der Cursor verwandelt sich dort in die Pipette, mit der Sie alte und neue Werte anmessen.

Die Infopalette (Seite 82) nennt dabei nebeneinander den zuletzt gültigen und den korrigierten Tonwert des Bildpunkts unter der Pipette. Die Infopalette lässt sich auch bei geöffnetem Dialog per **Fenster**-Menü oder im Palettenbereich öffnen.

Per Rechtsklick ändern Sie den Aufnahmeradius der Pipette. Verwenden Sie in der Regel einen Durchschnitt von 5x5 oder mehr Bildpunkten, so dass nicht einzelne Ausreißertonwerte einen falschen Eindruck erzeugen.

TIPP Messen Sie bei geöffnetem Dialogfeld mit der Pipette auch ein nicht aktives Bild aus, um Vergleichswerte zu erhalten.

Farbaufnehmer bei geöffnetem Dialogfeld

Auch während **Gradationskurven**, **Farbton/Sättigung** und Co. geöffnet auf dem Schirm prangen, nutzen Sie Pipette und Farbaufnehmer:

- ⇧-Klicks erzeugen Messpunkte für das Farbaufnahme-Werkzeug (Seite 83).
- Um einen Messpunkt zu verschieben, bleiben Sie ebenfalls der ⇧-Taste treu.
- Mit ⇧-Alt-Klicks verschwinden die Punkte dann wieder.

Bildschirmdarstellung ändern

Ziehen Sie auch bei geöffnetem Dialogfeld an den Rollbalken am Bildfensterrand. Per Strg+Leer-Taste (am Mac ⌘+Leer-Taste) kommen Sie auch bei geöffnetem Dialogfeld zu einer Vergrößerungslupe, Alt+Leer-Taste zaubert eine Verkleinerungslupe herbei, die Leer-Taste allein sorgt für die Verschiebehand. Auch bei geöffnetem Dialogfeld können Sie mit dem **Ansicht**-Menü Hilfslinien oder Auswahlmarkierungen ausblenden, ohne sie zu löschen, zum Beispiel mit **Ansicht: Einblenden**.

Rücknahme von Eingaben bei geöffnetem Dialog

Haben Sie an mehreren Reglern gedreht und möchten zu einer früheren Reglerstellung zurückkehren, bietet Photoshop meist zwei Möglichkeiten:

- Drücken Sie Strg+Z, um die allerletzte Änderung zu annullieren.
- Drücken Sie die Alt-Taste; sie verwandelt die Schaltfläche Abbrechen in die Schaltfläche Zurück. Diese klicken Sie an, wenn Sie alle Werte wieder auf die ursprüngliche Einstellung setzen wollen, ohne dass sich das Fenster schließt.

TIPP Oft soll die Kontrastkorrektur nicht das ganze Bild ändern, sondern nur einen Bildbereich. Mischen Sie also korrigierte und unveränderte Bildfassung. Verschiedene Verfahren zeigen wir ab Seite 37.

11.1.5 Übersicht: Arbeitsfolge bei Kontrastkorrektur

Korrigieren Sie Ihre Fotos in dieser Reihenfolge, natürlich sind nicht alle Schritte immer erforderlich:

1. Drehen Sie wenn nötig das Bild.
2. Schneiden Sie überflüssigen Rand ab, falls erforderlich – die Außenbereiche verfälschen sonst die Analyse der Tonwertverteilung, wenn sie ohnehin später wegfallen sollen.
3. Korrigieren Sie Bildrauschen, retuschieren Sie störende Details weg.
4. Sie setzen neue Schwarz- und Weißpunkte mit **Gradationskurven** oder **Tonwertkorrektur**.
5. Sie verteilen Lichter und Schatten neu mit den **Gradationskurven** oder mit dem Gammaregler in der **Tonwertkorrektur**.

Abbildung 11.8 Alles im Blick: Für den Bildpunkt unter dem Mauszeiger meldet die Infopalette (Seite 82) Vorher- und Nachher-Tonwerte - bei Betrachtung mit und ohne aktuelle Einstellungsebene, und das in zwei wählbaren Farbmodellen. Die Infopalette nennt auch die Werte für die maximal vier Messpunkte des Farbaufnahmewerkzeugs. Die Histogrammpalette zeigt die Tonwertverteilung der aktuellen Bildansicht, das Histogramm in der Korrekturenpalette zeigt dagegen das Histogramm für das Originalbild auf der Hintergrundebene.

6. Sie korrigieren Farbstiche entweder mit der Mitteltonpipette in den Dialogfeldern für **Tonwertkorrektur** oder **Gradationskurven** oder mit dem Befehl für **Farbbalance** oder **Selektive Farbkorrektur**.
7. Ändern Sie gezielt Farben, etwa in Himmelspartien oder Gebäuden, zum Beispiel mit **Farbton/Sättigung** oder **Dynamik**.
8. Rechnen Sie nun in den CMYK-Modus um, falls das für Ihre Produktion erforderlich ist.
9. Erst dann schärfen Sie das Bild zum Beispiel mit dem **Selektiven Scharfzeichner**.

11.1.6 Histogramm & Histogrammpalette

Falls noch nicht zu entdecken: Das **Fenster**-Menü fördert die Histogrammpalette zutage (oder: das Histogramm-Bedienfeld). Sie kennen es sicher von Ihrer Digitalkamera: Das Histogramm verrät, welche Helligkeitswerte in Ihrem Bild wie stark vertreten sind. Kommen zum Beispiel dunkle bis schwarze Tonwerte in der Datei vor? Wird das mögliche Helligkeitsspektrum nach Weiß hin ausgenutzt? Sie erkennen Fehlbelichtungen und Kontrastprobleme sofort.

Türmen sich ganz links die Balken besonders hoch, dann hat die Datei mehr dunkle als helle Bildpunkte. Möglicherweise erkennen Sie schon, dass ein bestimmter Tonwertbereich gar nicht ausgenutzt wird - orten Sie zum Beispiel ganz rechts keinen Ausschlag, dann fehlen Lichter.

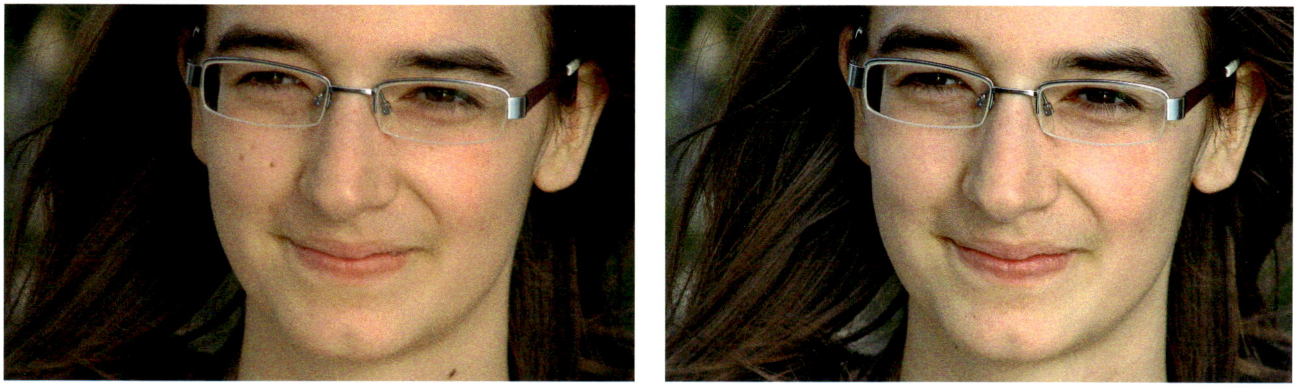

Abbildung 11.9 Flau oder freundlich: Mit der richtigen Reihenfolge bei der Kontrastkorrektur bessern Sie matte Bilddateien optimal auf. Vorlage: Tonwertkorrektur_b. Foto: Peter Urban

Ein Histogramm erscheint außer in der Histogrammpalette innerhalb der Dialogfelder **Gradationskurven**, **Tonwertkorrektur**, **Schwellenwert** (auch als Einstellungsebene in der Korrekturenpalette) und im Raw-Dialog. Allerdings passt sich die Histogrammpalette am schnellsten an Änderungen an. Noch während der Kontrastkorrektur sehen Sie in der Histogrammpalette neue und alte Werte zusammen; das Histogramm in **Gradationskurven** oder **Tonwertkorrektur** tischt zunächst träge nur die alten Werte auf.

FOTOGRAFIE Digitalkameras zeigen bereits ein Histogramm auf dem TFT-Monitor, vor oder nach dem Belichten. So kontrollieren Sie die Tonwertausnutzung direkt beim Fotografieren, allerdings ist die Histogrammanzeige vor der Belichtung nicht immer zuverlässig. Zwar können Sie das Histogramm später in Photoshop dehnen, besser jedoch fotografieren Sie von Anfang an einen hohen Tonwertumfang.

So nutzen Sie die Histogramm-Palette

1. **Kanal:** Anzeige von Gesamthelligkeit oder Einzelfarben
2. **Quelle:** Histogramm für Gesamtansicht oder Einzelebene darstellen (nur bei Bildern mit Montageebenen)
3. **Statistik:** Bereich kann per Palettenmenü ausgeblendet werden
4. **Statistik:** rechte Spalte für Tonwert unter Mauszeiger über Palette oder für Tonwertbereich, den Sie per Mausbewegung auswählen
5. **Tonwertverteilung:** keine sehr hellen Bildpunkte vorhanden
6. **Tonwertverteilung:** einige mittelhelle Bildpunkte vorhanden
7. **Tonwertverteilung:** dunkle (aber nicht schwarze) Bildpunkte relativ stark vorhanden
8. **Aktualisieren:** Histogramm so aktualisieren, dass es auf allen vorhandenen Bildpunkten und nicht nur auf einer verkleinerten Bildversion basiert
9. **Palettenmenü:** Darstellung ändern

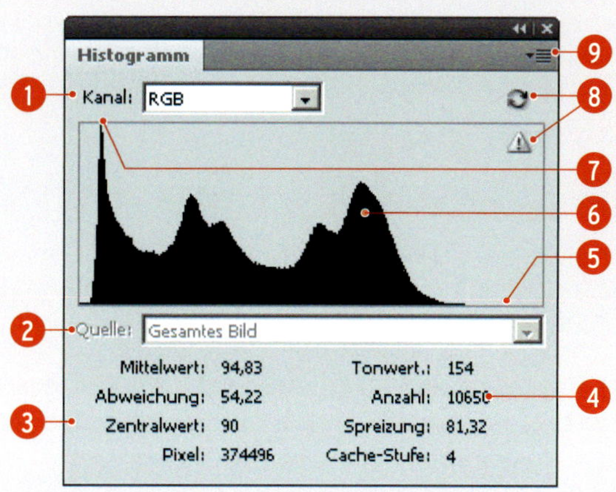

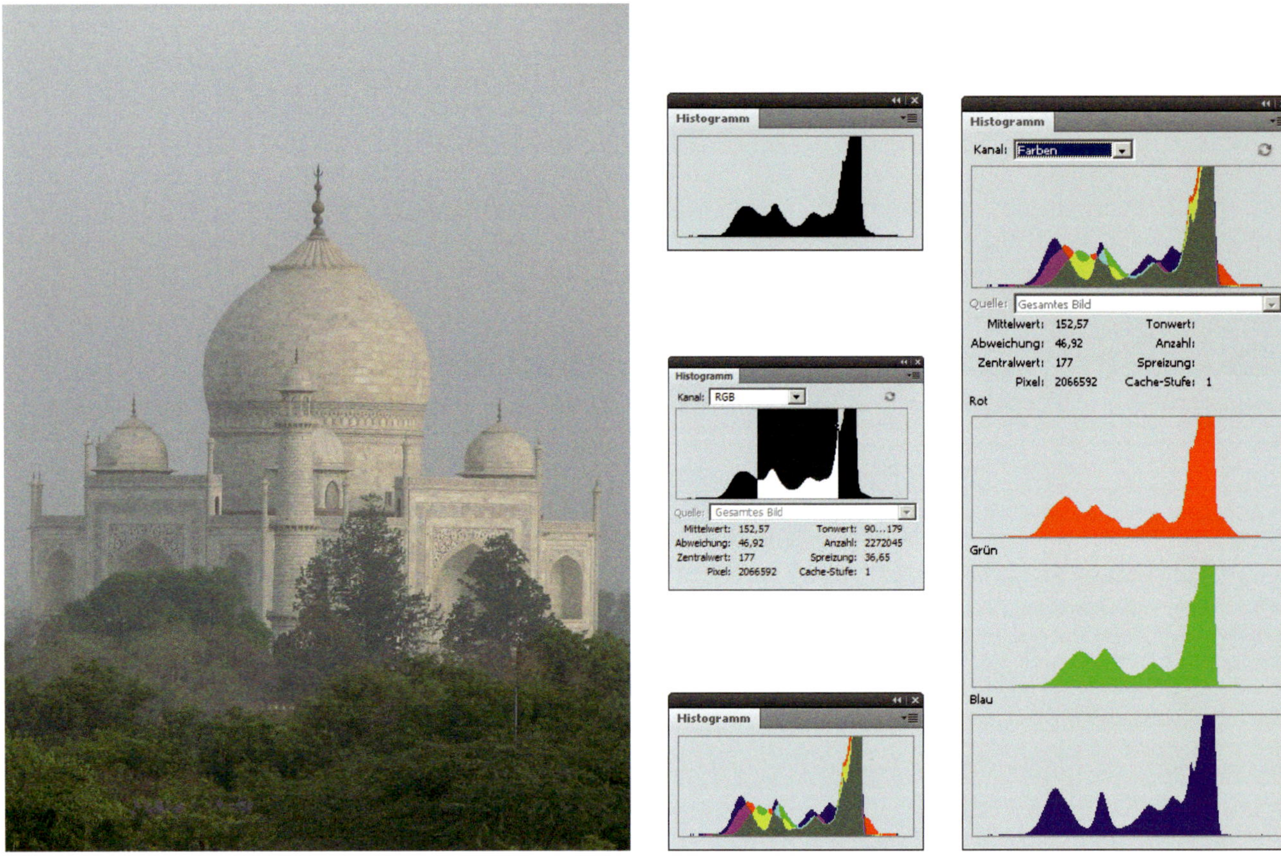

Abbildung 11.10 Die Histogrammpalette zeigt, dass dieses Foto keine sehr hellen oder sehr dunklen Pixel hat und darum flau wirken muss. **Mitte oben:** Die Histogrammpalette in der »Kompakten Ansicht« ohne »Statistik«. **Mitte:** Die Histogrammpalette in der »Erweiterten Ansicht« inklusive »Statistik« und markiertem Bereich innerhalb des Histogramms. Das Klappmenü »Quelle« steht nicht zur Verfügung, weil die bearbeitete Datei nur eine einzige »Hintergrund«-Ebene hat. **Mitte unten:** Wir haben das »Kanal«-Menü auf »Farben« gestellt und wechselten danach zurück zur »Kompakten Ansicht«. **Rechts:** Wir haben »Alle Kanäle in Ansicht« ein- und die »Statistik« ausgeschaltet; für die drei Einzelkanäle verwenden wir »Kanäle in Farbe anzeigen«. Das »Rot«-Histogramm geht am weitesten in den hellen Bereich – dementsprechend hat das Bild einen leichten Rotstich. Datei: Histogramm_a. Foto: Peter Urban

Darstellungsmöglichkeiten

Photoshop zeigt die Histogrammpalette in drei verschiedenen Darstellungsarten und Größen; wechseln Sie die Darstellung über das Palettenmenü:

» Die **Kompakte Ansicht** betrachtet generell das Gesamtbild und keine Einzelebene, Sie haben hier auch keine Klappmenüs für Kanal und Quelle.

» Die **Erweiterte Ansicht** bietet die Klappmenüs für Kanal und Quelle.

» Nur die Vorgabe **Alle Kanäle in Ansicht** zeigt zusätzlich zum Gesamtkanal noch einzelne Histogramme für jeden Grundfarbenkanal wie Rot, Grün, Blau. Sie beansprucht weit mehr Monitorfläche. Im Palettenmenü entscheiden Sie, ob Photoshop die **Kanäle in Farbe anzeigen** soll.

Die Statistik – also das Zahlenwerk unter dem obersten Histogramm – erscheint nur bei den Vorgaben **Erweiterte Ansicht** und **Alle Kanäle in Ansicht**. Sie können die Statistik im Palettenmenü abwählen, um Platz zu sparen.

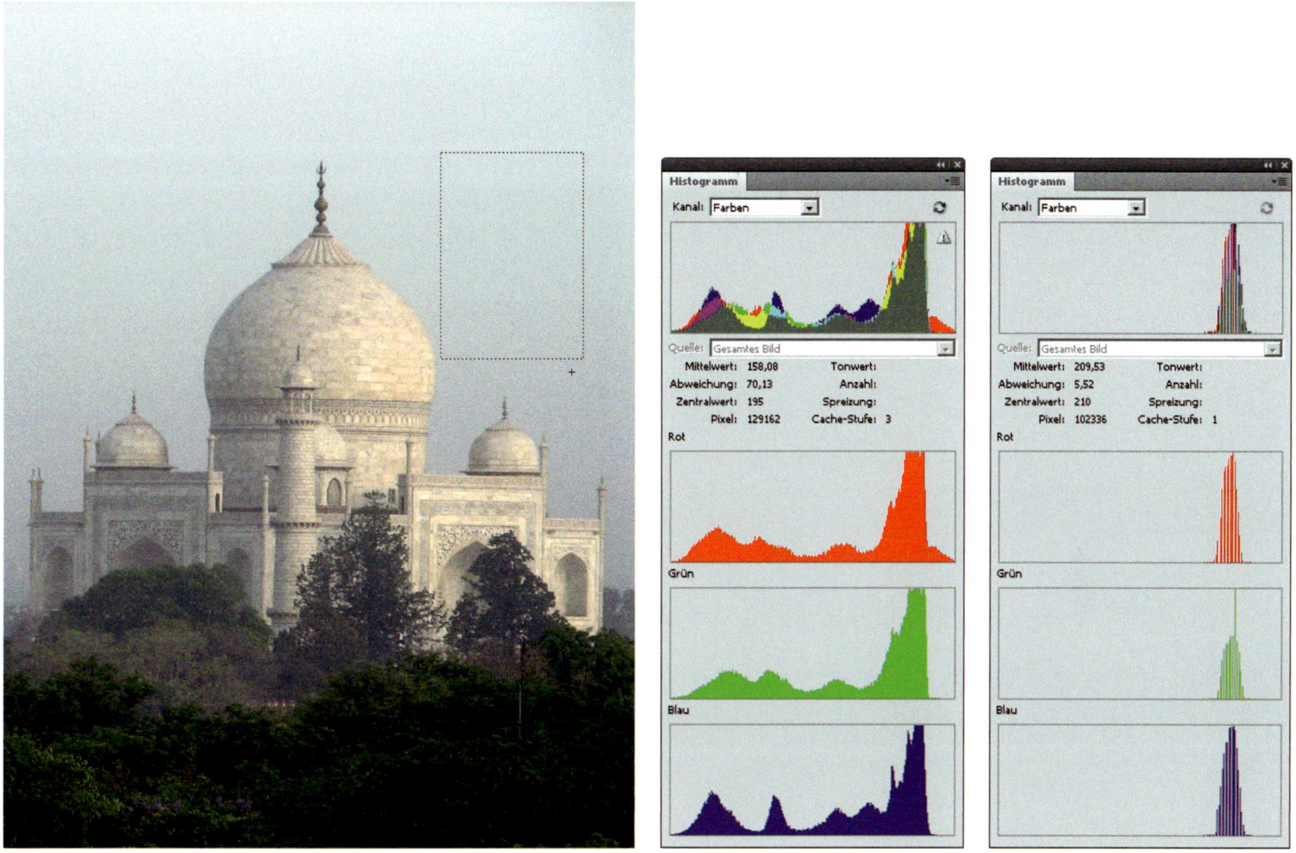

Abbildung 11.11 **Links:** Der Befehl »Auto-Farbe« korrigiert die Farbwirkung stärker als den Kontrast. **Mitte:** Das Histogramm für das Gesamtbild zeigt, dass der Befehl nicht alle Farbwerte bis zum Maximum ausdehnt. **Rechts:** Sobald eine Auswahl im Bild besteht – hier ein Stück Himmel –, zeigt das Histogramm die Werte nur für diesen Bereich.

Die Cache-Stufe ⚠

Photoshop berechnet das Histogramm nicht immer auf Basis des Gesamtbilds – das dauert lange. Stattdessen kalkuliert das Programm nur eine verkleinerte Bildversion. Das Histogramm ist also nicht perfekt genau.

In dieser Situation sehen Sie ein Warndreieck ⚠ in Histogrammpalette oder bei **Tonwertkorrektur** und **Gradationskurven** in der Korrekturenpalette. Klicken Sie das Warndreieck an, um das Histogramm neu auf Basis des gesamten Bilds zu berechnen – nötig ist der Schritt in der Regel nicht.

Sie können genau einstellen, wie genau Photoshop das Histogramm berechnen soll; auf langsameren Rechnern wirkt sich diese Vorgabe auf die Geschwindigkeit aus. Mehr zur »Cache-Stufe« ab Seite 66.

Das »Kanal«-Menü

Die Darstellung des obersten Histogramms steuern Sie mit dem Kanal-Klappmenü, sofern Sie **Erweiterte Ansicht** oder **Alle Kanäle in Ansicht** verwenden:

» Eine Vorgabe wie RGB (bei RGB-Bildern) zeigt das Gesamthistogramm des Bilds.

» Alternativ wählen Sie einen Einzelkanal wie Rot oder Cyan.

» Die Farben-Vorgabe zeigt jeden Farbkanal separat im gemeinsamen Fenster. Wo sich zwei Grundfarben mischen, entsteht eine weitere Farbe, zum Beispiel treffen sich Grün und Blau zu Cyan. Wo alle Grundfarben übereinanderliegen, sehen Sie Grau.

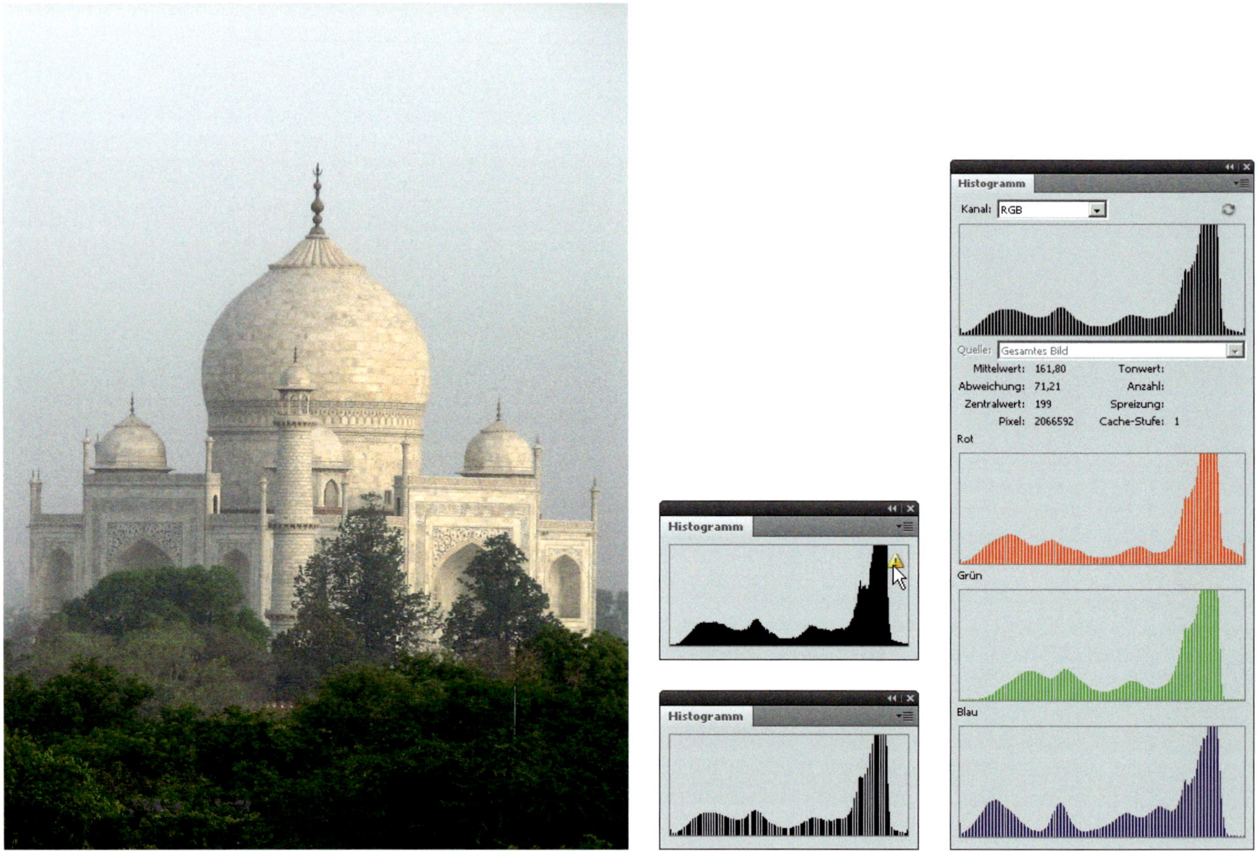

Abbildung 11.12 **Links:** Der Befehl »Bild: Auto-Kontrast« dehnt den Helligkeitsumfang aus, wahrt aber die Farbstimmung. **Mitte oben:** Das Histogramm zeigt: Die Datei nutzt jetzt den ganzen verfügbaren Tonwertbereich. Das Warndreieck signalisiert, dass das Histogramm nur auf einer verkleinerten Vorschauversion basiert und nicht absolut genau ist (»Cache-Stufe« über 1). **Mitte unten:** Wir haben auf das Warndreieck geklickt, so dass Photoshop sämtliche vorhandenen Bildpixel berücksichtigt. Sie sehen die für eine Tonwertspreizung typischen Tonwertlücken; sie stören im Druck und am Monitor meist nicht. **Rechts:** Nur den Rotkanal hat Photoshop auf das komplette Tonwertspektrum ausgedehnt; die anderen Grundfarben bleiben passend zum ursprünglichen Kräfteverhältnis dahinter zurück. Deshalb bleibt die leicht rötliche Grundstimmung gewahrt.

» Luminanz verrät die Helligkeit des Gesamtbilds, als ob alle Ebenen zu einer »Hintergrund«-Ebene verschmolzen wären.

Auswahl der »Quelle«

In der **Kompakten Ansicht** gilt das Histogramm stets für das Gesamtbild einschließlich aller Ebenen. Besteht eine Auswahl, meldet das Histogramm die Helligkeitsverteilung innerhalb der Auswahl. Sofern Ihr Bild Ebenen hat und Sie nicht die **Kompakte Ansicht** verwenden, bietet das Quelle-Klappmenü neben dem Gesamten Bild weitere Darstellungen an:

» Werten Sie nur die **Ausgewählte Ebene** im Histogramm aus.

» Analysieren Sie das **Korrekturcomposite**. Sie sehen die Helligkeitsverteilung so, als ob eine zuvor aktivierte Einstellungsebene (also eine abschaltbare Kontrast- oder Farbtonkorrektur, Seite 886) dauerhaft auf die darunterliegenden Ebenen angewendet worden wäre. Dazu aktivieren Sie eine Einstellungsebene, sonst bietet Photoshop das Korrekturcomposite nicht an.

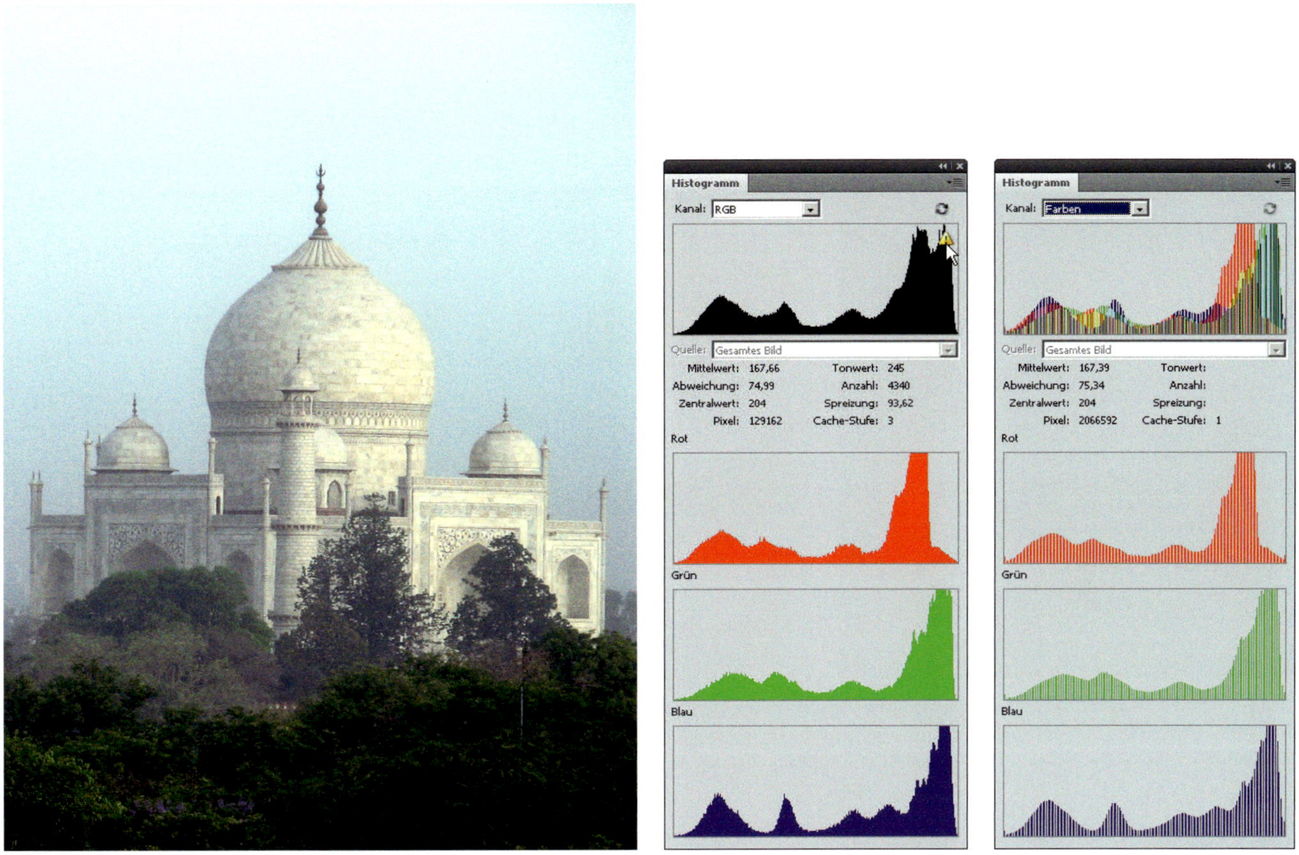

Abbildung 11.13 **Links:** Der »Auto-Farbton« hebt den Tonwertumfang und ändert die Farbstimmung. **Mitte:** Hier dehnt Photoshop jede Grundfarbe einzeln bis zum Maximum aus. Grün und Blau ändern sich also stärker als Rot, die Farbstimmung geht von Rot weg. **Rechts:** Nach einem Klick auf das Warndreieck berechnet Photoshop das Histogramm aus den Originalpixeln. Das Histogramm oben haben wir von »RGB« auf »Farben« umgestellt.

»Statistik«

Sofern Sie die **Statistik** nicht per Palettenmenü ausgeschaltet haben, liefert das Datenfeld unter dem Histogramm sachdienliche Hinweise:

» Der Mittelwert ist der durchschnittliche Helligkeitswert. Beobachten Sie bei Farbkorrekturen, ob sich der Mittelwert und damit die Gesamthelligkeit ändern.

» Die Abweichung sagt, wie weit die Werte variieren.

» Der Zentralwert zeigt den Mittelwert der Farbwerte an, so dass Sie zum Beispiel Rückschlüsse auf die durchschnittliche Helligkeit ziehen können.

» Pixel nennt die Zahl der Bildpunkte, auf denen das Histogramm basiert.

Halten Sie den Mauszeiger über dem Histogramm oder markieren Sie einen Bereich durch Ziehen mit der Maus, dann informiert Sie der rechte Teil der »Statistik« speziell über den markierten Bereich.

» Der Tonwert verrät den Helligkeitswert oder den Bereich direkt unter dem Mauszeiger.

» Die Anzahl besagt, wie oft dieser Wert auftaucht.

» Die Spreizung nennt den prozentualen Anteil an Pixeln, die dunkler sind als dieser Wert.

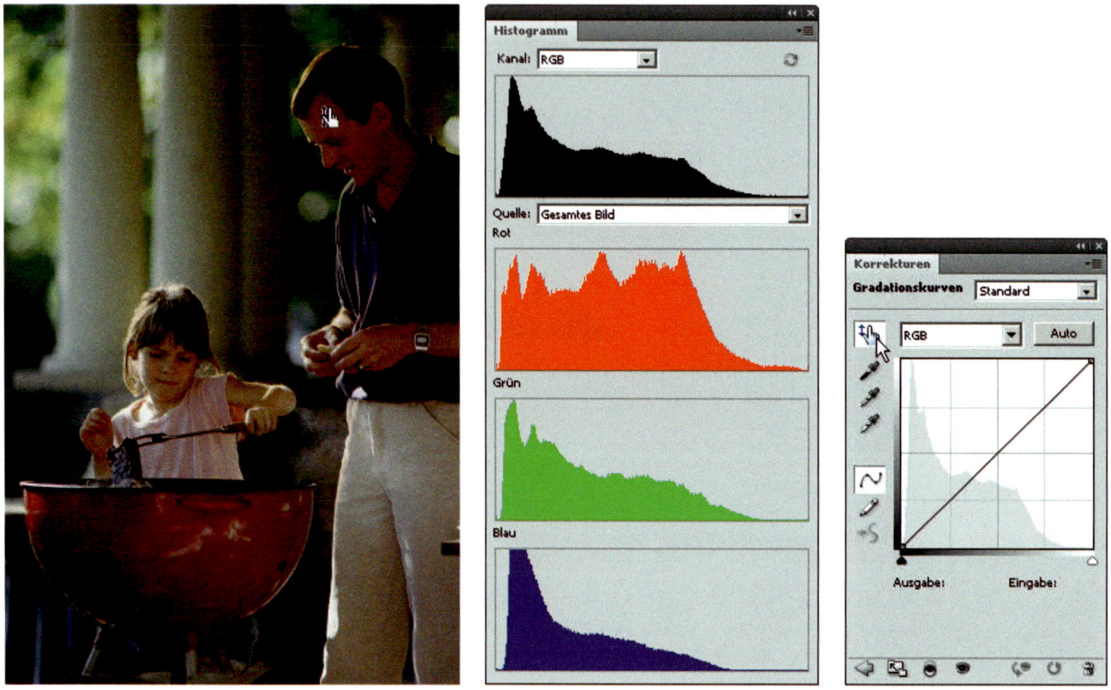

Abbildung 11.14 **Links:** Die Personen sind deutlich unterbelichtet (fototechnisch). **Mitte:** Das Histogramm zeigt einen deutlichen Rotstich. **Rechts:** In der Korrekturenpalette legen wir eine »Gradationskurven«-Einstellungsebene an und schalten das Werkzeug zum Ziehen im Bild an. Wir klicken auf die Stirn des Mannes, um diesen Helligkeitswert im gesamten Bild anzuheben. Datei: Histogramm_c

» Die Cache-Stufe enthüllt, ob Photoshop die Informationen aus sämtlichen Originalpixeln oder bequem aus einer verkleinerten Darstellung errechnet.

Bei geöffnetem Korrekturdialog

Auch wenn ein Dialogfeld wie **Gradationskurven** oder **Selektiver Scharfzeichner** geöffnet ist, können Sie die Histogrammpalette mit den Schaltflächen ⚠ oder ↻ aktualisieren. Das Histogramm zeigt dabei in einer überlagerten Darstellung die Vorher- und Nachherverteilung der Tonwerte an.

Bildbeurteilung mit Histogramm

Das Histogramm gibt oft Aufschluss über Qualität und Brauchbarkeit einer Bilddatei:

» Finden Sie verteilt über das Tonwertspektrum immer wieder dünne Tonwertlöcher, wurde die Datei vermutlich schon einmal mit **Tonwertkorrektur**, **Gradationskurven** oder ähnlichen Funktionen bearbeitet oder schlecht gescannt; die Helligkeitssprünge stören die Bildwirkung meist nicht.

» Sehen Sie riesige Lücken und nur wenige Tonwertbalken, dann ist oder war die Datei vermutlich im Modus Indizierte Farben und lässt eventuell nicht auf ein ausgewogenes Druckbild hoffen.

» Ist ein größerer Helligkeitsbereich links oder rechts gar nicht vertreten, haben Sie es mit einem schlechten Scan oder einer Fehlbelichtung zu tun. Das Druckbild gerät flau, wenn Tiefen fehlen. Und es wirkt düster und unbrillant, wenn es an Lichtern mangelt. Das lässt sich oft in Photoshop noch deutlich verbessern. Ein Tonwertumfang von 20 bis 240 sollte für einen sauberen Druck ausreichen.

11.1.7 Helligkeitsbereiche auswählen

Mit **Gradationskurven** oder **Tiefen/Lichter** kann man einzelne Helligkeitsbereiche bearbeiten, etwa die Schatten unabhängig von Mitteltönen und Lichtern. Dennoch

Abbildung 11.15 **Links:** Wir haben nach oben gezogen. Das Bild wirkt deutlich heller, aber etwas rötlich. **Mitte, rechts:** Im »Kanal«-Menü der Gradationskurve haben wir den »Rot«-Kanal gewählt. Dann haben wir nacheinander in ein Gesicht geklickt und etwas nach unten gezogen, um Rot abzudunkeln. So tritt die Gegenfarbe Cyan (Grünblau) hervor.

will man mitunter für feine Korrekturen alle Pixel eines bestimmten Helligkeitsbereichs auswählen, zum Beispiel nur die Schatten. So lässt sich dieser Tonwertbereich völlig unabhängig von anderen Helligkeiten bearbeiten.

Manchmal können Sie einen Helligkeitsbereich mit der Schnellauswahl erfassen. Hilfreicher aber noch sind diese Auswahltechniken, die sofort bestimmte Helligkeiten ohne Rücksicht auf Farben erfassen:

» Öffnen Sie die Kanälepalette. Klicken Sie bei gedrückter Strg-Taste auf die RGB-Miniatur. So entsteht eine Auswahl, bei der Helles stark ausgewählt ist (Weißes vollständig, Hellgraues stark, Dunkles schwach und Schwarzes gar nicht). Kehren Sie die Auswahl mit Strg+⇧+I um, so haben Sie vor allem dunkle Tonwerte ausgewählt. Noch markanter wirken Hell-Dunkel-Unterschiede, wenn Sie **Bild: Modus: Lab-Farbe** wählen und dann bei gedrückter Strg-Taste auf den Helligkeit-Kanal in der Kanäle-Palette klicken.

» Klicken Sie bei gedrückter Strg-Taste auf die Rot-Miniatur in der Kanäle-Palette. Deutlich Rotes – zum Beispiel Gesichter – ist nun stark ausgewählt. Kehren Sie die Auswahl um, um Rötliches wie Gesichter zu schützen. Klicken Sie die Blau-Miniatur bei gedrückter Strg-Taste an, um vor allem Himmel oder andere Blau-Schwergewichte auszuwählen.

» Der Befehl **Auswahl: Farbbereich** erzeugt wahlweise eine Auswahl nur für Lichter, Mitteltöne oder Tiefen.

11.2 »Gradationskurven«

Kein Kontrastbefehl ist wichtiger als die **Gradationskurve** (als verlustfreie Einstellungsebene via Korrekturenpalette, als modaler Direktbefehl per **Bild: Korrekturen: Gradationskurven**). Wenn Sie die Funktion beherrschen, brauchen Sie **Helligkeit/Kontrast** oder **Tonwertkorrektur** nicht mehr. Nur für extreme Fehlbelichtungen nehmen Sie **Tiefen/Lichter** und wenn es besonders unkompliziert sein soll **Helligkeit/Kontrast**.

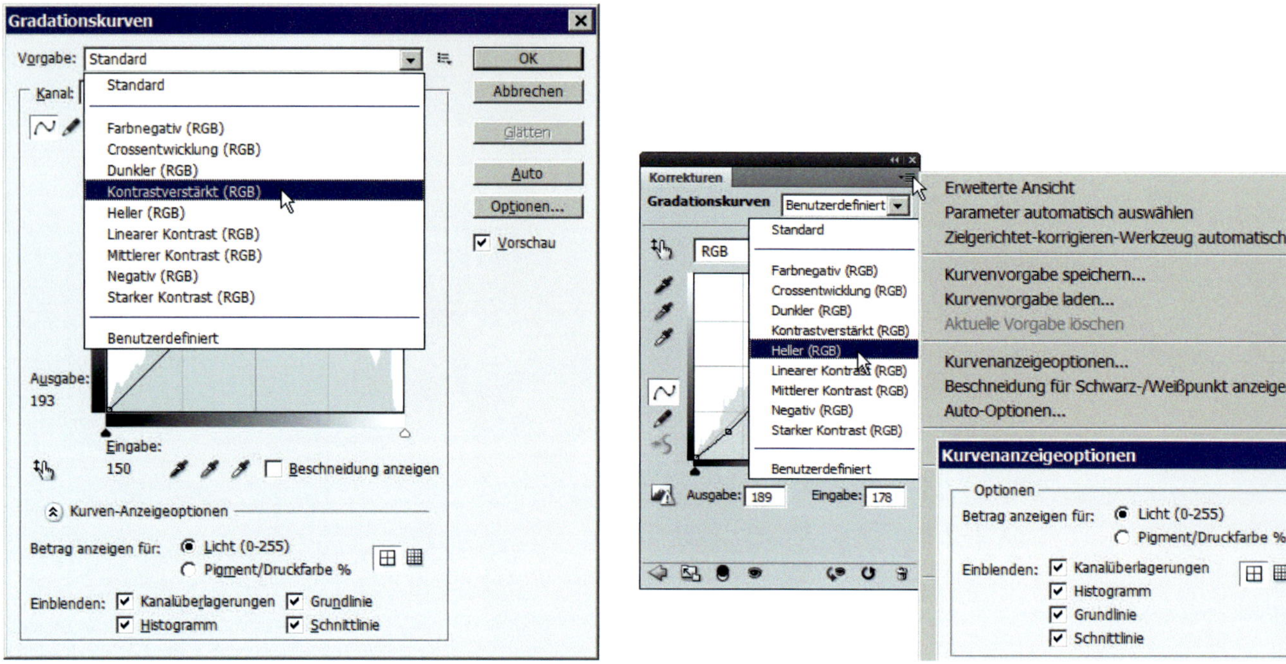

Abbildung 11.16 **Links:** Den modalen Dialog »Gradationskurven« erreichen Sie per »Bild: Korrekturen« oder per Strg+M. Sie können Vorgaben wie »Mittlerer Kontrast« abrufen, verfeinern und eigene Werte speichern. **Rechts:** Die Gradationskurve als Einstellungsebene in der Korrekturenpalette. Auch hier können Sie mit Vorgaben arbeiten, das Palettenmenü liefert die »Kurvenanzeige-Optionen« und die »Auto-Optionen«.

Die **Gradationskurven** bearbeiten ganz gezielt nur einen bestimmten Helligkeitsbereich. Zum Beispiel heben Sie nur die Schatten an, ohne gleichzeitig Mitteltöne und Lichter mit zu verändern. So präzise schafft das keine andere Funktion.

Sie rufen das Dialogfeld **Gradationskurven** auch mit der Kurztaste Strg+M auf. Strg+Alt+M bringt das Dialogfeld gleich mit den zuletzt verwendeten Werten her.

Die Gradationskurve zeigt das Verhältnis zwischen den Helligkeitswerten vor und nach der Bearbeitung, also zwischen Eingabe und Ausgabe. Auf der Gradationskurve ordnen Sie notfalls jedem einzelnen Tonwert von 0 bis 255 seinen eigenen, neuen Tonwert zu.

Auf diesen Seiten geht es um gezielte Kontrastverbesserung. Bizarre Effekte per **Gradationskurven** besprechen wir ab Seite 520. Gradationskurven bietet Photoshop im Übrigen noch öfter: im Duplex-Dialog, als Druckkennlinie beim **Drucken**, beim Umwandeln von 32-Bit-HDR-Bildern und im Raw-Dialog.

11.2.1 Darstellung

Steuern Sie das Aussehen der Gradationskurve als Einzeldialog wie auch innerhalb der Korrekturenpalette. Die Feinsteuerung finden Sie

» im normalen Dialogfeld in den Kurven-Anzeigeoptionen,

» in der Korrekturenpalette via Palettenmenü, dann **Kurvenanzeigeoptionen**.

Wechseln Sie zwischen engen und weiter gefassten Koordinaten und blenden Sie die Grundlinie ein - eine 45-Grad-Linie, die den Neutralzustand der Gradationskurve anzeigt. Per Schnittlinie zieht Photoshop Linien vom aktuellen Mauszeiger bis zum Rand des Diagramms.

Die engen Zehnerfelder stören eher, die Linien auch. Achten Sie vor allem auf diese Optionen:

» Per **Licht (0-255)** zeigt der linke Teil der Gradationskurve die dunkleren Bildpartien, mit den digita-

und es nutzt den kompletten möglichen Tonwertumfang von 0 bis 255 aus. Das Histogramm in der Gradationskurve hat sich zwar noch nicht verändert, aber in der Histogrammpalette sehen Sie die Tonwertausdehnung schon. Wirkt das Motiv jetzt noch etwas dunkel, ziehen Sie die Gradationskurve in der Mitte leicht nach oben.

Diese Art der Tonwerterweiterung gelingt exakt genauso auch mit dem Befehl **Bild: Korrekturen: Tonwertkorrektur** (oder der Einstellungsebene gleichen Namens). Zum späteren Aufhellen ziehen Sie dort den mittleren grauen Regler nach links.

11.2.3 Ankerpunkte und Zahleneingabe

Sie können direkt an der Kurve im Dialogfeld ziehen. Aber dann wissen Sie nicht so genau, welchen Helligkeitsbereich Sie nun verändern.

Ankerpunkte gezielt setzen

Übersichtlicher sind diese Möglichkeiten:

» Schalten Sie das Werkzeug oben links in der Korrekturenpalette ein. Klicken Sie in einen Helligkeitsbereich, den Sie ändern wollen, und ziehen Sie sofort bei gedrückter Maustaste nach links oder unten, um diesen Helligkeitsbereich im gesamten Bild abzusenken; ziehen Sie nach rechts oder oben zum Anheben. Dabei entsteht ein Ankerpunkt auf der Kurve, mit weiteren Klicks ins Bild lassen Sie weitere Punkte folgen. Sie können den Ankerpunkt auch direkt in der Palette bewegen.

» Wenn Sie mit dem normalen Dialogfeld arbeiten: Klicken Sie im Bild auf einen Tonwert, den Sie verändern wollen. Photoshop signalisiert die Lage dieses Tonwerts auf der Gradationskurve durch einen Kreis. In dieser Gegend der Gradationskurve könnten Sie also ziehen.

» Noch besser beim normalen Dialogfeld: Halten Sie die Strg-Taste gedrückt, dann klicken Sie einen Helligkeitsbereich im Bild an, den Sie gezielt verändern möchten. So entsteht ein erster Ankerpunkt auf der Gradationskurve, den Sie jetzt bewegen. Außerdem entsteht ein Zahlenpaar. Erzeugen Sie bei Bedarf weitere Ankerpunkte. Klicken Sie bei gedrückter Strg- und ⇧-Taste ins Bild, um Kontrollpunkte in allen Einzelkanälen, aber nicht im Gesamtkanal zu erzeugen.

Abbildung 11.21 Um die Schatten aufzuhellen, ziehen wir zunächst den unteren Teil der Gradationskurve etwas nach oben. Das hebt jedoch auch hellere Töne an – zu sehr: Also klicken wir weit oben in die Kurve und ziehen sie wieder etwas zurück.

Abbildung 11.22 Mit der Mitteltöne-Pipette klicken wir links in die Untertasse. Um Neutralgrau herzustellen, hebt Photoshop die Blaukurve, die Rot-Kurve geht leicht zurück. So wirkt das Bild kälter, bläulicher. Verfeinern Sie die Farbstimmung noch mit den Gradationskurven für die Einzelfarben.

So nutzen Sie die Gradationskurve

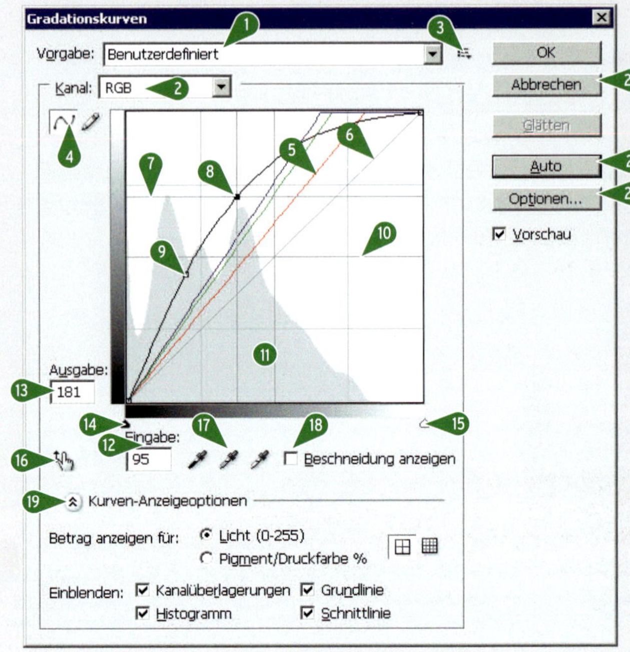

1. **Vorgabe:** auswählen (eigene und mitgelieferte)
2. **Kanal:** alle Grundfarben (RGB oder CMYK) oder einzelne Grundfarbe bearbeiten
3. **Speichern:** aktuelle Einstellung als neue Vorgabe speichern
4. **Standardmodus:** für normale Korrekturen, erzeugt Kurven mit weichen Übergängen, verhindert Tonwertsprünge; Bleistiftmodus für Kurven mit harten Sprüngen
5. **Kanalüberlagerungen:** für einzelne Grundfarben, ausblendbar, hier im RGB-Gesamtkanal nicht durch Ziehen änderbar
6. **Grundlinie:** ausblendbar
7. **Schnittlinie:** erscheint beim Ziehen, ausblendbar
8. **Aktiver Kontrollpunkt:** Vorher-Nachher-Werte erscheinen beim Ziehen in Eingabe- und Ausgabe-Feldern unten; Löschen: per [Strg]-Klick oder aus Diagramm herausziehen
9. Nicht aktiver Kontrollpunkt
10. **Raster:** hier in 25-Prozent-Schritten umschaltbar auf Zehn-Prozent-Schritte
11. **Histogramm:** zeigt Ausgangswerte vor der Korrektur an; ausblendbar (Histogrammpalette oder Infopalette sind aktueller)
12. **Eingabe:** Tonwert (Helligkeitswert) vor der Korrektur, hier 95, neuen Wert eintippen
13. **Ausgabe:** Tonwert nach der Korrektur, hier starke Anhebung auf hellere 181, neuen Wert eintippen
14. **Schwarzpunktregler:** nach innen ziehen, um dunkle Töne auf Schwarz zu senken, Tonwertumfang steigt, Bild wird dunkler und brillanter
15. **Weißpunktregler:** nach innen ziehen, um helle Töne auf Weiß zu senken, Tonwertumfang steigt, Bild wird heller und brillanter
16. **Ziehwerkzeug:** anklicken, im Bild vertikal ziehen, nur gewählter Helligkeitsbereich wird verändert
17. **Pipetten:** im Dialog anklicken, dann ins Bild klicken, um gewählten Tonwert auf Schwarz, Neutralgrau oder Weiß zu setzen (gemäß OPTIONEN); Doppelklick: Zieltonwert definieren; durch weiteren Klick wieder ausschalten
18. **Beschneidung anzeigen:** signalisiert Differenzierungsverlust in Grundfarbkanälen durch Alarmfarben (auch durch Ziehen mit [Alt]-Taste an Schwarzpunkt- oder Weißpunktregler auch in Korrekturenpalette)
19. **Anzeige-Optionen ein-/ausblenden:** um Überlagerungen wie Grundlinie, Schnittlinie, Histogramm ein-/auszublenden
20. **Zurücksetzen:** [Alt]-Klick auf ABBRECHEN hebt alle Änderungen auf, ohne den Dialog zu schließen
21. **Auto-Korrektur:** Kontrast und/oder Farbstimmung automatisch ändern (gemäß OPTIONEN)
22. **Optionen:** AUTO-Korrekturvarianten testen; Schwarz, Weiß und Neutralgrau definieren (in Korrekturpalette per [Alt]-Klick auf Auto)

Insgesamt stehen vierzehn Punkte zur Verfügung. Aktive Punkte erscheinen gefüllt, nicht aktive Punkte als Kontur. Die +-Taste aktiviert einzelne Punkte der Reihe nach, die --Taste dreht die Richtung des Durchlaufs um – vergleichen Sie nun die Werte in den Feldern Eingabe und Ausgabe. Punkte, die Sie nicht mehr brauchen, zerren Sie komplett aus dem Diagramm heraus. Alternative: Auch ein Strg-Klick löscht sie.

Soll die Gradationskurve über einen bestimmten Tonwertbereich hinweg linealgerade verlaufen, drücken Sie die ⇧-Taste. Nun klicken Sie nur noch Anfangs- und Endpunkte des Kurvenabschnitts an.

Punkte verschieben und auswählen

Verschieben Sie mehrere Punkte gleichzeitig. Dazu aktivieren Sie die gewünschten Punkte bei gedrückter ⇧-Taste, so dass sie gefüllt und nicht als Kontur erscheinen. Nun ziehen Sie alle gemeinsam. Sie müssen einen Punkt dieser Gruppe erneut mit der ⇧-Taste anklicken, um die Gemeinsamkeit aufzulösen. Strg+D entfernt jegliche Markierung.

Aktivierte Kontrollpunkte bewegen sich auch per Druck auf die Pfeiltasten. Die ⇧-Taste löst wie immer Zehnersprünge aus.

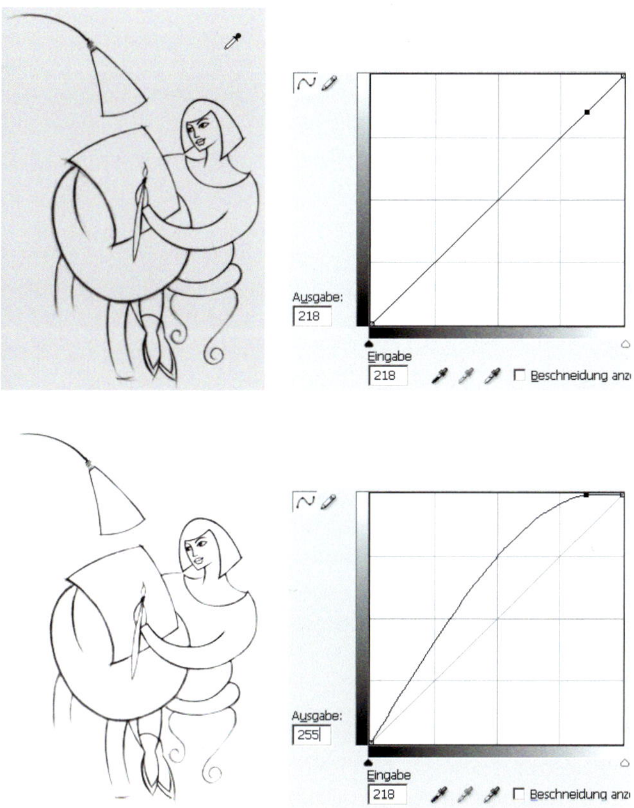

Abbildung 11.23 **Oben:** Um nur den hellgrauen Hintergrund zu ändern, öffnen Sie die »Gradationskurven« und klicken bei gedrückter Strg-Taste ins Bild. So entsteht ein Kontrollpunkt auf dem Graphen, Photoshop meldet Tonwert 218. **Unten:** Sie wollen das 218er-Hellgrau auf Weiß heben. Also tippen Sie als neuen »Ausgabe«-Wert 255 ein. Der Hintergrund ist nun weiß, doch die Kanten wirken etwas hart.

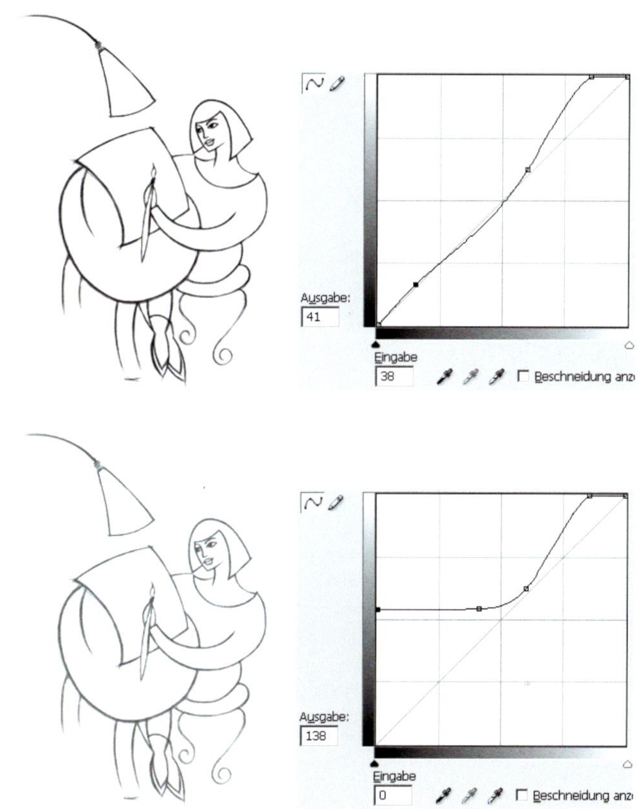

Abbildung 11.24 **Oben:** Wir ziehen den unteren Teil der Kurve wieder auf die diagonale »Grundlinie« zurück, also normaler Kontrast für mittlere und dunklere Töne. Das Grau an den Kanten der Grafik wirkt nun wieder kräftiger, der Hintergrund bleibt Weiß. **Unten:** Die Skizze soll grau erscheinen. Wir heben den gesamten dunkleren Bereich der Gradationskurve kräftig an – so schließen Sie Schwarz komplett aus, die Linien erscheinen nur noch grau. Sie könnten die Linien auch mit dem Helligkeitsregler der Befehle »Helligkeit/Kontrast« (ohne »Früheren Wert«) und »Farbton/Sättigung« grau machen.

Zahleneingabe

Erst wenn Sie einen Punkt in die Kurve klicken, oder nach dem Strg-Klick ins Bild, erscheinen die Datenfelder für Eingabe und Ausgabe und Sie können neue Werte auch eintippen. Legen Sie zum Beispiel fest, dass der Tonwert 170 exakt auf 200 ansteigt. Brauchen Sie ein weiteres Vorher-Nachher-Wertepaar? Klicken Sie zunächst einen neuen Punkt in die Kurve; tippen Sie nicht einfach neue Werte in die Datenfelder, denn dann ist Ihr erstes Zahlenpaar gelöscht.

Abbildung 11.25 Wir wählen »Bild: Modus: RGB-Farbe« und legen danach eine »Farbton/Sättigung«-Einstellungsebene an. Mit der Option »Färben« kolorieren Sie die Zeichnung, der »Farbton«-Regler steuert die Farbe; experimentieren Sie auch mit der »Sättigung«. Voraussetzungen hier: Die Skizze muss grau, nicht schwarz sein und die Grafik muss sich jetzt in einem Farbmodus wie »RGB-Farbe« befinden. Sind die Linien zunächst noch schwarz, werden sie erst einmal mit der »Helligkeit« der Funktion »Farbton/Sättigng« grau gemacht, danach funktioniert das Umfärben.

11.2.4 Gradationskorrektur für einzelne Farbkanäle

Oben bietet die Gradationskurve ein Einblendmenü, mit dem Sie einzelne Farbauszüge eines RGB- oder CMYK-Bilds bearbeiten können, zum Beispiel nur den **Rot**-Kanal. Beim Lab-Farbmodell werden ohnehin nur Einzelkanäle angeboten. Damit lassen sich Farbstiche korrigieren - eine Alternative zu **Farbbalance** und Co.

Um eine Kombination aus zwei Einzelkanälen zu manipulieren, wählen Sie diese mit gedrückter ⇧-Taste in der Kanälepalette an, bevor Sie die **Gradationskurven** aufrufen. Schalten Sie unten im Dialogfeld die Kanalüberlagerungen ein, um die Kurven aller Grundfarben gleichzeitig zu sehen.

Klicken Sie bei gedrückter Strg-Taste ins Bild, erzeugen Sie einen Ankerpunkt auf der Gradationskurve des gewählten Kanals. Wenn Sie die ⇧-Taste dazunehmen, erhalten die Kurven aller Kanäle einen Ankerpunkt bei diesem Tonwert.

Anwendung

Bearbeiten Sie eine Einzelfarbe in einem RGB-Bild, stehen die hellen Bereiche der Gradationskurve (rechts oben) für einen hohen Anteil dieser Farbe; mit den dunklen Bereichen der Gradationskurve manipulieren Sie Pixel, die nur einen geringen Anteil des gewählten Farbauszugs bieten:

» Ziehen Sie rechts oben, wenn Sie die gewählte Farbe dort verändern wollen, wo sie ohnehin stark durchkommt (also auch in helleren Grauzonen). Soll etwa der Rotstich in gut ausgeleuchteten Gesichtern zurückgehen, ziehen Sie die Rotkurve im oberen Bereich nach unten.

» Ziehen Sie im unteren, dunklen Teil der Kurve, wenn Sie die gewählte Farbe dort verändern wollen, wo sie nur schwach erscheint. Stört eine Blautendenz in den Schatten, dann ziehen Sie die Blaukurve im linken, unteren Bereich weiter nach unten.

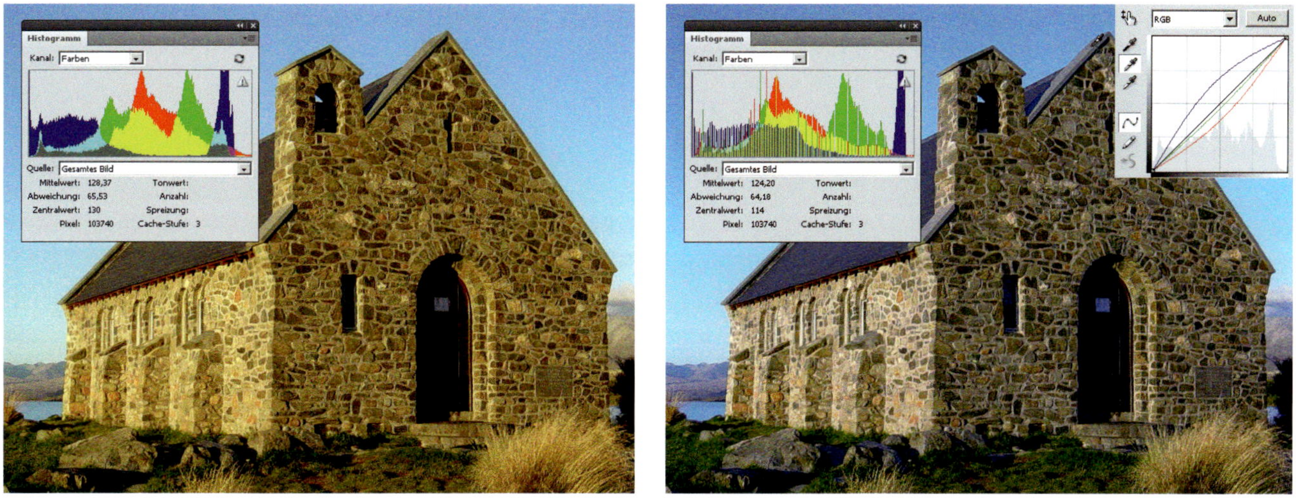

Abbildung 11.26 **Links:** Die Nachmittagssonne färbt das Bild etwas gelblich. Wir wollen die Farbstimmung und eventuell die Helligkeit ändern. Der Helligkeits-Mittelwert liegt derzeit bei rund 128. **Rechts:** Mit der Mitteltöne-Pipette aus der Gradationskurve klicken wir auf den Giebel der Kirche (testen Sie verschiedene relativ neutrale Stellen im Bild). Photoshop hebt den Blauanteil, das Bild wird kälter, aber auch etwas dunkler: Der Mittelwert sinkt auf 124. Datei: Histogramm_b. Foto: Lucas Klamert

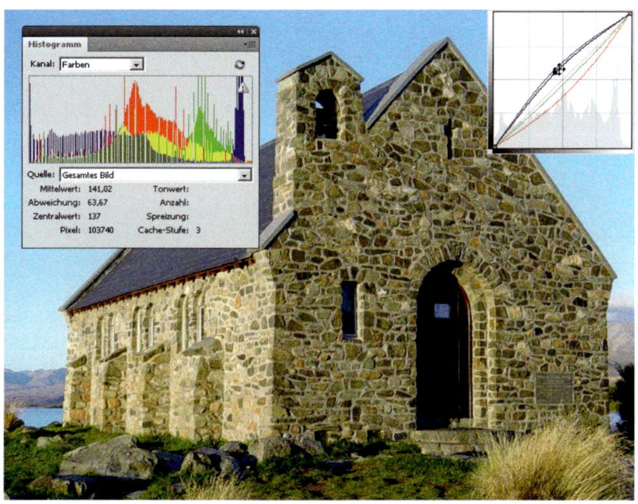

Abbildung 11.27 Wir ziehen das Blau-Histogramm etwas nach unten. Zum Aufhellen ziehen wir anschließend das RGB-Gesamthistogramm (hier zu sehen) nach oben, hier ein Mittelwert von 141.

Überlegen Sie noch, in welche Farbrichtung die Korrektur gehen soll? So finden Sie einen Einstieg:

1. Stellen Sie sicher, dass die Kanalüberlagerungen eingeschaltet sind. Sie könnten auch die Histogrammpalette mit den Einzelfarben anzeigen.
2. In der Korrekturenpalette: Öffnen Sie das Menü zur Gradationskurve, klicken Sie auf **Auto-Optionen** und im Dialog Auto-Farbkorrekturoptionen schließlich auf Kontrast kanalweise verbessern oder auf Dunkle und helle Farben suchen. Experimentieren Sie auch mit der Option Neutrale Mitteltöne ausrichten und verfolgen Sie, wie sich die Einzelfarben im Diagramm ändern. Im normalen Dialog **Gradationskurven**: Klicken Sie auf die Schaltfläche Optionen und testen Sie die genannten Vorgaben.
3. Sobald Sie ein interessantes Zwischenergebnis sehen, bestätigen Sie die Optionen mit OK und arbeiten in der Gradationskurve an einer Einzelfarbe wie Blau weiter.

Alternative zu Schritt 2: Schalten Sie in den **Gradationskurven** die Neutralgrau-Pipette ein und klicken Sie einen Bildbereich an, der neutral erscheinen sollte. Auch so entstehen Änderungen bei den einzelnen Grundfarben, sie geben Aufschluss über Korrekturmöglichkeiten.

ACHTUNG Bei der Korrektur einzelner Grundfarben verschiebt sich zunächst die Gesamthelligkeit. Beobachten Sie dazu die Änderung des Mittelwerts in der Histogrammpalette und gleichen Sie eventuell mit der Gradationskurve für die Gesamtfarben (zum Beispiel RGB) wieder aus. Helligkeitsänderungen verhindern Sie auch, wenn Sie statt der **Gradationskurven** die **Farbbalance** mit der Option Luminanz erhalten nehmen (Strg+B, Seite 376).

11.3 Automatikkorrekturen

Die **Gradationskurve** liefert Möglichkeiten zur automatischen Kontrastkorrektur, die Sie identisch auch bei der **Tonwertkorrektur** finden:

» Mit der Auto- bzw. der Optionen-Schaltfläche im normalen Dialogfeld bzw. den Auto-Optionen im Menü zur Korrekturenpalette verbessern Sie Bild oder Auswahl automatisch nach verschiedenen Kriterien. Diese Funktionen entsprechen den **Auto**-Befehlen aus dem **Bild**-Menü.

» Mit den Pipetten klicken Sie einen Bildpunkt an, um alle Pixel desselben Tonwerts auf Schwarz abzusenken, auf Weiß anzuheben oder neutralgrau zu stellen; diese Pipetten finden Sie auch beim Befehl **Belichtung**.

Wir besprechen alle Automatiken hier für **Gradationskurven**, **Tonwertkorrektur** und die **Auto**-Befehle aus dem **Bild**-Menü gemeinsam. Außerdem stelle ich Ihnen in diesem Abschnitt die **Tonwertangleichung** vor.

11.3.1 »Auto«-Korrekturen

Photoshop korrigiert die Kontraste auf Wunsch vollautomatisch. Dabei wird der Helligkeitsumfang mindestens einer Grundfarbe bis zum möglichen Maximum ausgedehnt. Testen Sie die drei Befehle **Auto-Farbton**, **Auto-Kontrast** und **Auto-Farbe** im **Bild**-Menü oder die entsprechenden Vorgaben in den Optionen zu **Tonwertkorrektur** und **Gradationskurve**. Die Funktionen richten nichts aus, wenn das Foto schon den kompletten Tonwertumfang ausnutzt.

TIPP Haben **Auto-Farbton**, **Auto-Kontrast** oder **Auto-Farbe** das Bild etwas zu stark geändert? Rudern Sie via **Bearbeiten: Verblassen** schrittchenweise zurück.

Die »Auto«-Befehle und ihre Pendants

Die Tabelle zeigt, wie die **Auto**-Befehle aus **Bild: Korrekturen** mit den Optionen von **Gradationskurven** und **Tonwertkorrektur** zusammenhängen:

Befehl im Bild-Menü	wirkt so wie Vorgabe in Optionen bei Tonwertkorrektur und Gradationskurve	Wirkung
Auto-Farbton	Kontrast kanalweise verbessern	Tonwertspektrum maximal erweitern, Farbänderung möglich
Auto-Kontrast	Schwarzweiß-Kontrast verbessern	Tonwertspektrum erweitern ohne Farbänderung; wirkt schwächer
Auto-Farbe	Dunkle und helle Farben suchen	Tonwertspektrum weniger verändert, vor allem Farbänderung
alle Befehle	Neutrale Mitteltöne ausrichten	Zusatzoption gegen leichte Farbstiche

»Optionen« steuern

Wahlweise einen der drei **Auto**-Befehle bietet Photoshop auch über die Auto-Schaltfläche bei **Tonwertkorrektur** oder **Gradationskurven** an – im normalen Dialogfeld wie auch in der Korrekturenpalette. Die anderen Funktionen sehen Sie nach einem Klick auf die Optionen-Schaltfläche des normalen Dialogs oder via **Auto-Optionen** im Menü ▾≡ zur Korrekturenpalette.

Zeigen Sie die Kanalüberlagerungen in den **Gradationskurven** an, sehen Sie schon, wie sich die einzelnen Grundfarben verändern. Keine Reaktion zeigen allerdings die Histogramme der Dialoge **Gradationskurven** und **Tonwertkorrektur**. Drücken Sie die [Alt]-Taste und klicken Sie auf Zurück, um die automatische Korrektur noch zu verwerfen, ohne gleich auf Abbrechen klicken zu müssen.

TIPP Nutzen Ihre Bilder schon in allen Grundfarben das Tonwertspektrum aus, so verändern Sie mit diesen **Auto**-Befehlen nichts mehr. Sie müssen dann Tonwerte innerhalb des vorhandenen Spektrums umschichten, ohne noch – wie in den Beispielen hier – den Tonwertumfang erweitern zu können. Probieren Sie aus dem Untermenü **Bild: Korrekturen** die **Tonwertangleichung**, die **Gradationskurven**, **Helligkeit/Kontrast**, **Tiefen/Lichter** oder den grauen Gammaregler der **Tonwertkorrektur**.

»Als Standard speichern«

Verwenden Sie in den Optionen beim OK-Klick die Vorgabe Als Standard speichern, bieten **Gradationskurve** und **Tonwertkorrektur** die eingestellte Korrektur fortan mit ihrer Auto-Schaltfläche an. Ein Beispiel: Die Vorgabe Kontrast kanalweise verbessern entspricht dem Befehl **Bild: Korrekturen: Auto-Farbton**. Sie ändern bei Bedarf auch die Beschneiden-Werte, klicken auf Als Standard speichern und dann auf OK. Die Folgen:

» Die Auto-Schaltfläche in **Gradationskurve** und **Tonwertkorrektur** verändert das Bild genau mit diesen Vorgaben.

» Auch der Befehl **Bild: Korrekturen: Auto-Farbton** nutzt die geänderten Einstellungen.

Wenn Sie nicht Als Standard speichern, gilt die letzte Änderung nur für das aktuelle Bild, beim nächsten Versuch tischt Photoshop wieder die ursprüngliche Einstellung auf.

DVD Die Aktionensammlung zu diesem Kompendium enthält die Aktion »Auto-Korrekturen als Ebenen«. Über der Hintergrund-Ebene entstehen drei Duplikatebenen, die mit **Auto-Farbton**, **Auto-Kontrast** und **Auto-Farbe** bearbeitet werden. Mit dem Augensymbol können Sie einzelne Ebenen ausschalten. Falls die Wirkung zu stark war, senken Sie die Deckkraft und blenden so die unveränderte Hintergrund-Ebene wieder ein. Wenn das Bild gut aussieht, wählen Sie **Ebenen: Auf Hintergrundebene reduzieren**. – Eine weitere Aktion heißt »Auto-Korrekturen als Tableau«: Das Original wird zunächst dupliziert, dann entsteht ein übersichtliches Tableau mit der Vorlage und den drei **Auto**-Änderungen für **Tonwertkorrektur**, **Kontrast** und **Farbe**.

11.3.2 Schwarz, Weiß und Neutralgrau per Pipette

Mit den Pipetten bei **Tonwertkorrektur** und **Gradationskurven** legen Sie Tiefen, Lichter und Neutralgrau manuell fest (die gleich aussehenden Pipetten in der **Belichtung** wirken anders). Wenn Ihnen das Ergebnis des ersten Klicks nicht gefällt, klicken Sie testweise eine andere Bildstelle an.

Schwarz und Weiß per Pipette

So legen Sie Schwarz und Weiß per Pipette fest:

» Sie klicken mit der Schwarzpipette Schwarzpunkt setzen auf einen sehr dunklen Bildpunkt. Diesen gewählten Helligkeitswert senkt Photoshop quer durchs Bild auf Schwarz ab; alle anderen Tonwerte korrigiert das Programm nach unten. Dadurch wird der Abstand vom hellsten zum dunkelsten Pixel im Bild größer, der Tonwertumfang steigt also. Ihr Bild erscheint dunkler, aber auch brillanter – so werten Sie flaue Scans oder bleiche Überbelichtungen schnell auf. Leichte Änderungen der Farbstimmung sind möglich, wenn Sie kein neutrales Schwarz anklicken.

»Auto«-Korrekturen im Vergleich

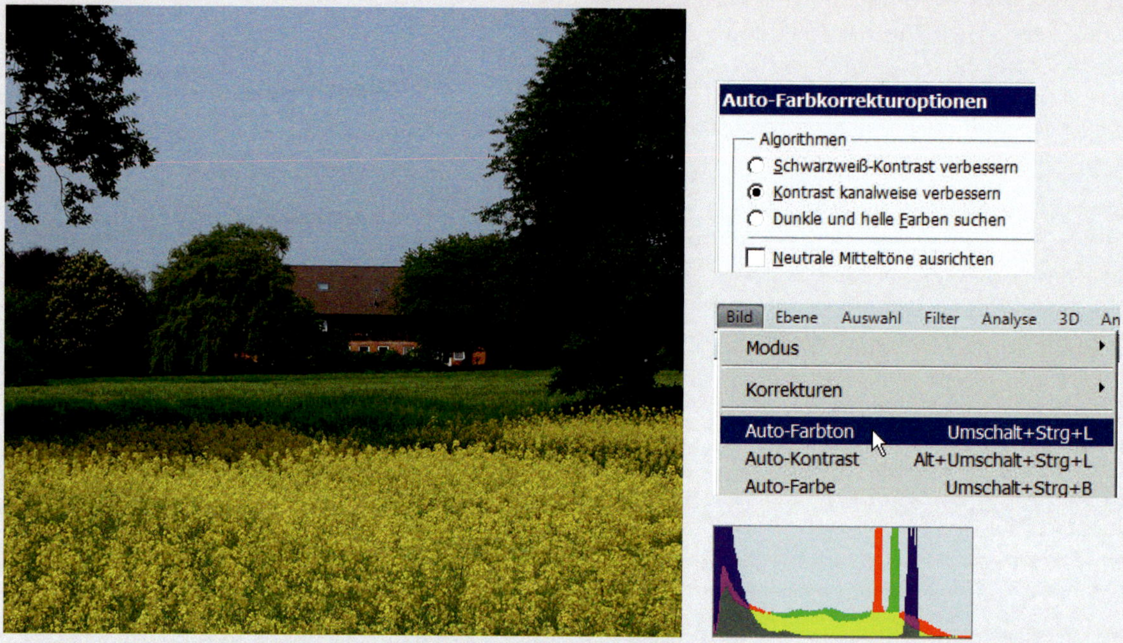

Abbildung 11.28 **Links:** Diese schlecht belichtete Vorlage korrigieren wir mit den »Auto«-Funktionen aus dem Untermenü »Bild: Korrekturen« bzw. mit den »Auto-Farbkorrekturoptionen« zu »Gradationskurven« und »Tonwertkorrektur«. **Rechts:** Das Histogramm zeigt, dass hier helle Tonwerte fehlen und Rot noch am stärksten vertreten ist. Jede Automatikkorrektur dürfte die Vorlage also aufhellen und eventuell bläulicher einstellen. Vorlage für die Reihe: Tonwertkorrektur_g. Foto: Peter Urban

Abbildung 11.29 **Auto-Farbe:** Dieser Befehl entspricht der Vorgabe »Dunkle und helle Farben suchen«, hier ohne »Neutrale Mitteltöne ausrichten«. Die Funktion arbeitet schwächer als die anderen »Auto«-Befehle und wahrt den Kontrast. Es gibt weniger »Beschneidung«, also weniger Informationsverlust durch starkes Anheben heller oder dunkler Pixel auf reines Weiß oder tiefstes Schwarz; deshalb wird eventuell auch der Farbstich nicht so stark korrigiert wie bei **Auto-Farbton.** Alternative mit ähnlicher Wirkung: der Befehl **Bild: Korrekturen: Gleiche Farbe** mit der Option Ausgleichen; korrigieren Sie Feinheiten mit den anderen Reglern, das funktioniert auch, wenn Sie nur ein einziges Bild öffnen (Seite 382).

Abbildung 11.30
Die Vorgabe »Dunkle und helle Bereiche suchen« wurde hier zusammen mit der Option »Neutrale Mitteltöne ausrichten« verwendet. Die Änderung ist geringfügig stärker.

Abbildung 11.31
Auto-Farbton: Dieser Befehl (früher **Auto-Tonwertkorrektur**) aus dem Untermenü »Bild: Korrekturen« entspricht der Option »Kontrast kanalweise verbessern« in den Optionen zu »Gradationskurven« und »Tonwertkorrektur«. Die Funktion dehnt das Histogramm jeder Grundfarbe so weit aus, bis es den vollen Tonwertumfang von 0 bis 255 verwendet. Flaue Vorlagen wirken dadurch deutlich brillanter. Die Farbstimmung ändert sich eventuell, hier steigt Blau stärker an als die anderen Grundfarben. Diese Vorgabe kann Farbstiche korrigieren, aber auch gewünschte Farbstimmungen eliminieren, zum Beispiel bei Sonnenaufgängen oder Mischlicht. Die Funktion »Neutrale Mitteltöne ausrichten« bewirkt bei diesem Foto keinen Unterschied.

Abbildung 11.32
Auto-Kontrast: Der Befehl entspricht der Option »Schwarzweiß-Kontrast verbessern« in den Dialogfeldern. Photoshop dehnt die Histogramme der drei Grundfarben gleichmäßig so weit aus, bis die erste Grundfarbe den kompletten Tonwertbereich abdeckt. Hier gewinnt nur Blau dazu. Die anderen Grundfarben werden dann nicht mehr bis zu ihrem individuellen Maximum gespreizt. Das Kräfteverhältnis der drei Grundfarben bleibt erhalten und damit auch die Farbstimmung. Die Korrektur wirkt eher schwächer als bei anderen Befehlen. Die Funktion »Neutrale Mitteltöne ausrichten« bewirkt bei diesem Foto keinen Unterschied.

Abbildung 11.33 **Links:** Die mitgelieferte Aktion »Auto-Korrekturen als Ebenen« korrigiert Duplikatebenen mit den drei verschiedenen »Auto«-Korrekturen. **Rechts:** Die Aktion »Auto-Korrekturen als Tableau« stellt das duplizierte Original und drei »Auto«-Korrektur-Varianten nebeneinander – und das Bild muss nicht unbedingt ein Auto zeigen. Vorlage: Tonwertkorrektur_h. Foto: Lucas Klamert

» Aktivieren Sie die weiße, rechte Pipette Weisspunkt setzen, um einen Bildpunkt Ihrer Wahl per Klick als Weiß zu definieren. Alle Bildpunkte mit dieser Helligkeit wandelt Photoshop in Weiß um; die anderen Bildpunkte justiert Photoshop entsprechend nach. Dadurch wird das Bild heller und härter.

Gab es allerdings noch hellere Pixel als jenen, den Sie per Klick auf Weiß setzten, kommt es zu Beschneidung: Verschiedene hellere Tonwerte werden einheitlich auf Weiß gezwungen. Sie verlieren also die Differenzierung zwischen diesen hellen Tonwerten und können hier auch nachträglich keine Zeichnung mehr ins reine Weiß (oder in reines Schwarz) hineinphotoshoppen. Also ein Informationsverlust. Eine Alternative bietet außerdem der Befehl **Bild: Korrekturen: Selektive Farbkorrektur**; dort steuern Sie über Regler den Druckfarbenanteil an Weiss, Grautönen und Schwarz (Seite 382).

TIPP Verwenden Sie möglichst neutralgraue Flächen als Schwarz- und Weißpunkte. Sonst führt der Gebrauch von Schwarz- und Weißpipette zu Farbstichen.

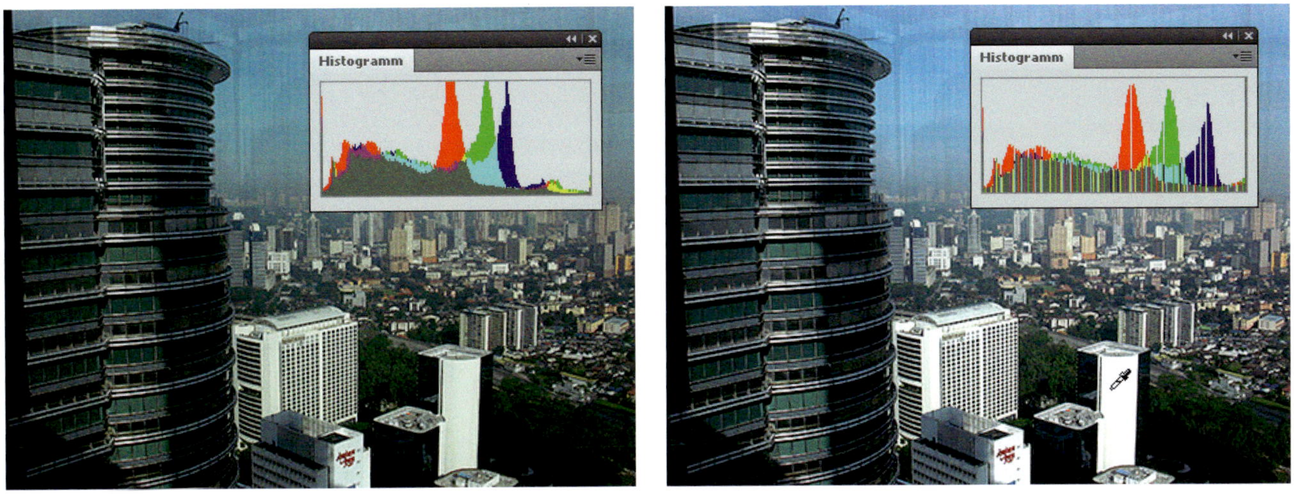

Abbildung 11.34 **Links:** Das Motiv, fotografiert durch getöntes Glas, ist dunkel und farbstichig. **Rechts:** Wir haben die weiße »Weißpunkt«-Pipette aus »Tonwertkorrektur« oder »Gradationskurven« genommen und auf die weiße Mauer unten geklickt. Dieser Helligkeitswert steigt im ganzen Bild auf reines Weiß. Das Foto hellt auf, an der Farbstimmung arbeiten wir noch. Vorlage: Tonwertkorrektur_i

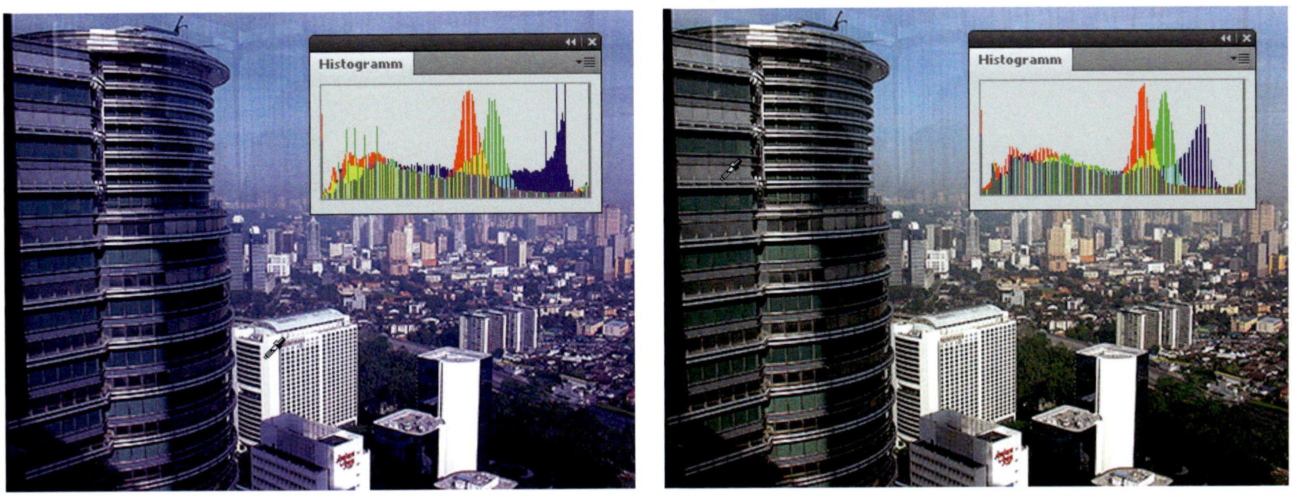

Abbildung 11.35 **Links:** Im Dialogfeld nehmen wir die »Mitteltöne«-Pipette. Um den Farbstich zu beseitigen, klicken wir auf die vermeintlich neutralgraue Mauer links unten; dieser angeklickte Farbton wird also quer durchs Bild neutral gestellt. Doch das ist hier nicht zielführend. **Rechts:** Wir klicken direkt anschließend mit der »Mitteltöne«-Pipetten eine Stahlfläche weit links an. Photoshop setzt diesen Tonwert auf neutral, die gewünschte Farbstimmung entsteht. Sie müssen dazu nicht erst das letzte, unpassende Ergebnis widerrufen, Sie können sofort nach dem Fehlversuch weiterprobieren. Verfeinern Sie das Bild eventuell weiter mit dem Graphen in den »Gradationskurven«.

Abbildung 11.36 In Photoshop haben wir ein einziges Feld dieser Graukarte von Fotowand.com mit vier Messpunkten gepflastert; so kann die Infopalette Grauwerte in vier verschiedenen Farbmodellen anzeigen (vergleichbare Messpunkte gibt es auch im Raw-Dialog). Wir schalten in den Gradationskurven die »Mitteltöne«-Pipette ein und klicken auf das graue Feld oben. Das Bild wird hier etwas wärmer, zu erkennen auch am leichten Plus für Rot rechts vom Schrägstrich. Die neuen Farbwerte stehen in der Infopalette jeweils rechts vom Schrägstrich. Vorlage: Tonwertkorrektur_j

Mitteltöne per Pipette

Die mittlere, graue Mitteltöne-Pipette aus **Tonwertkorrektur** oder **Gradationskurven** entfernt Farbstiche in mittleren Grauflächen: Sie setzt den angewählten Tonwert auf Neutralgrau. Die gleiche Funktion innerhalb des Camera-Raw-Dialogs bietet das Weißabgleichwerkzeug. Scannen oder fotografieren Sie eine Graukarte als Neutralgrau-Referenz (Seite 41) mit.

Relativ neutrale Töne erkennen Sie an folgenden Merkmalen in der Infopalette oder im Farbwähler:

» Sie haben für die Grundfarben RGB oder CMY sehr ähnliche Werte.

» Nach dem HSB-Modell liegt die Sättigung (»S«) nahe null.

TIPP Beachten Sie, während Sie die Pipetten über das Bild führen, die Farbwerte in der Infopalette (Seite 82). Auch mit dem **Schwellenwert**-Befehl können Sie hellste und dunkelste Bildpartien leicht aufspüren (Seite 526).

11.3.3 »Zielfarben«

Oft erweitern Sie Ihr Bild automatisch so, dass der Tonwertumfang von schwärzestem Schwarz bis zum weißesten Weiß reicht. Allerdings soll Photoshop dabei nicht tatsächlich den möglichen Tonwertumfang von 0 bis 255 ausnutzen: Die dunklen Tonwerte von 0 bis 21 erscheinen sowieso im Druck einheitlich schwarz – natürlich je nach Ausgabegerät; jegliche Konturenzeichnung, die Photoshop in den Werten von 0 bis 20 belässt, geht also für den Betrachter verloren.

Es reicht darum, wenn die Kontrastautomatik den sogenannten Schwarzpunkt bei 21 ansetzt – darunter muss es nicht mehr gehen, so sichern Sie sich mehr Differenzierung und verhindern allzu starken Kontrast.

Umgekehrt sollte der sogenannte Weißpunkt, den Sie einrichten, nicht auf 255 landen, dem Maximalwert. Stellen Sie den Weißpunkt auf 244 – alles darüber erscheint auf Papier sowieso glattweiß; Sie verlieren nur Lichterzeichnung, wenn Photoshop die helleren Bildpartien bis auf 255 anhebt. Im gleichen Zusammenhang geben Sie Photoshop auch noch vor, welcher Tonwert tatsächlich als Neutralgrau einzurichten ist.

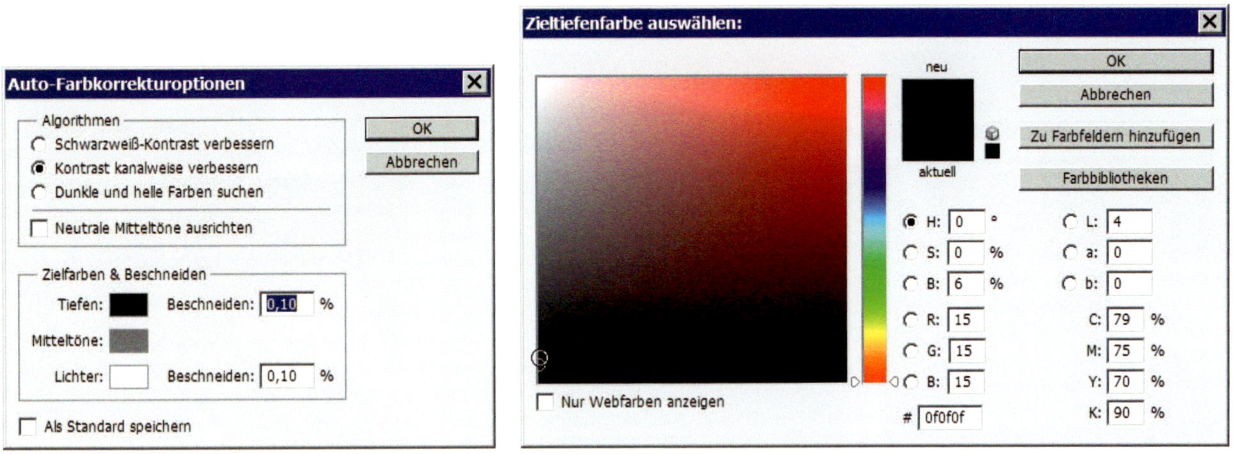

Abbildung 11.37 **Links:** In den »Optionen« zu »Gradationskurven« oder »Tonwertkorrektur« steuern Sie die Automatikkorrektur, Zielfarben und Beschneiden. **Rechts:** Klicken Sie doppelt auf das Zielfarbenfeld für »Tiefen«, um im Farbwähler die Zieltiefenfarbe zu definieren. Sie erhalten diese Auswahlmöglichkeit auch nach einem Doppelklick auf die Schwarzpunkt-Pipette.

Die Funktionen für automatische Tonwerterweiterung von Schwarz bis Weiß haben wir oben bereits besprochen: die Pipetten aus **Gradationskurven** und **Tonwertkorrektur**, die Auto-Funktionen aus diesen Dialogfeldern sowie die damit verbundenen **Auto**-Befehle à la **Auto**-Farbe aus dem Untermenü **Bild: Korrekturen**.

Wo werden die Zielfarben eingerichtet?

Sie richten die Zielfarben für Tiefen, Lichter und Neutralgrau an verschiedenen Stellen in den Dialogfeldern **Gradationskurven** oder **Tonwertkorrektur** ein – egal wo, die Werte gelten für alle hier besprochenen Automatiken, Sie müssen das nur einmal erledigen:

» Wählen Sie die Optionen und arbeiten Sie im Bereich Zielfarben & Beschneiden. Alternativer Weg:

» Klicken Sie doppelt auf die Schwarzpipette Schwarzpunkt setzen, um den gewünschten Tonwert für Schwarz im Farbwähler festzulegen; ebenso steuern Sie die Zielmitteltonfarbe nach Doppelklick auf die Pipette Mitteltöne setzen und die Ziellichterfarbe nach Klick auf die Pipette Weisspunkt setzen.

Testen Sie diese Werte:

	Rot	Grün	Blau
Zieltiefenfarbe	21	21	21
Zielmitteltonfarbe	132	132	132
Ziellichterfarbe	244	244	244

11.3.4 »Beschneiden«

Wenn Sie den Tonwertumfang per Auto-Schaltfläche ausdehnen, nimmt Photoshop den tiefsten Tonwert im Bild und senkt diesen auf reines Schwarz ab. Photoshop nimmt den hellsten Tonwert im Bild und hebt ihn auf Weiß an.

So weit das Prinzip. In der Praxis agiert das Programm etwas subtiler: Die allerhellsten und die allerdunkelsten Pixel ignoriert Photoshop eventuell bei einer Automatikkorrektur. Denn möglicherweise befinden sich im Bild einzelne versprengte Helligkeitswerte, die durch extrem hohe oder niedrige Tonwerte aus dem Rahmen fallen; zum Beispiel mit dem Tonwert 0 für schwärzestes Schwarz. Streng genommen bräuchte Photoshop jetzt den Tonwertumfang nicht mehr auszudehnen – schließlich gibt es ja schon ein paar schwarze und weiße Pixel

Abbildung 11.38 Die Pipetten für Schwarz- und Weißpunkt peppen ein normal belichtetes Bild hier mit harten Kontrasten auf. **Mitte:** Wir klicken mit der Weißpunkt-Pipette in den Spiegel, so steigt Hellgrau im gesamten Bild auf Weiß, das Foto wirkt viel heller. **Rechts:** Mit der Schwarzpunkt-Pipette haben wir die dunkle Verkleidung angeklickt, dieser Helligkeitswert geht auf Schwarz herunter. Bewegen Sie die Pipetten bei gedrückter Maustaste über das Bild, um verschiedene Korrekturen auszuprobieren.
Datei: Tonwertkorrektur_j

hier und da. Doch oft zeigt die große Mehrheit der Bildpunkte ganz und gar nicht Schwarz oder Weiß, sondern siedelt mehr in der Mitte des Spektrums, etwa ab 20 aufwärts.

Weisen Sie Photoshop also an, sich an der Mehrheit der Pixel mit Tonwert 20 zu orientieren – die paar extrem dunklen, aber fürs Gesamtbild nicht ausschlaggebenden Pixel soll das Programm bitte ignorieren. Die wenigen schwarzen Pixel gaukeln zwar einen sehr ausgedehnten Tonwertbereich vor, richten durch ihre Minderzahl aber nichts für die Bildwirkung aus.

Klicken Sie bei **Gradationskurven** oder **Tonwertkurve** auf Optionen, um das Beschneiden zu regeln. Von Haus aus setzt Photoshop Schwarz- und Weißpunkt so, dass jeweils 0,1 Prozent der Bildpunkte noch dunkler bzw. noch heller sind. Damit basieren die neuen Schwarz- und Weißwerte nicht nur auf ganz wenigen Maximalwerten im extrem dunklen oder hellen Bereich, sondern auf einer etwas breiteren Grundlage. Wenn Sie hier höhere Werte wie etwa ein Prozent eintragen, beschneidet Photoshop das Bild noch stärker – es werden noch mehr unterschiedliche Tonwerte rigoros auf 0 bzw. 255 gesetzt. Die Korrektur wirkt also kräftiger, Sie erhalten härtere Kontraste. Sie verlieren aber auch noch mehr Detailzeichnung, weil alles auf einem einheitlichen Extremwert landet – das ist die genannte Beschneidung.

11.3.5 Beschneidung anzeigen

Verändern Sie verschiedene Helligkeitswerte auf reines Weiß oder Schwarz, durch Automatik oder Schieberegler, so redet man von »Beschneidung«: Durchzeichnung und damit Detailinformation geht verloren. Sie zwingen verschiedene Tonwerte auf einen einheitlichen Extremwert und geben Differenzierung preis.

Ein Beispiel: Der vorhandene Tonwertumfang reicht bis herunter zu 30. Wenn Sie jetzt den Schwarzregler ▲ in **Gradationskurven** oder **Tonwertkorrektur** bis »40« nach innen schieben, senken Sie in gleichem Maße die vorhandenen Tonwerte 30 bis 40 auf null ab. Sie verlieren die Differenzierung zwischen den Werten von 30 bis 40.

Photoshop kann diese Beschneidung im Bild hervorheben – so wie die Überbelichtungswarnung auf dem Monitor Ihrer Digitalkamera, aber nach einem anderen Schema. Dabei warnt Photoshop nicht erst, wenn Rot, Grün und Blau gemeinsam auf den Extremwerten 0 oder 255 angekommen sind. Schon wenn eine einzige Grundfarbe Extremwerte erreicht, setzt die Warnung ein.

Beschneidung entsteht auch bei anderen Kontrastkorrekturen. Bei den **Variationen** oder im Camera Raw-Dialog kann sie ebenfalls per Alarmfarbe angezeigt werden.

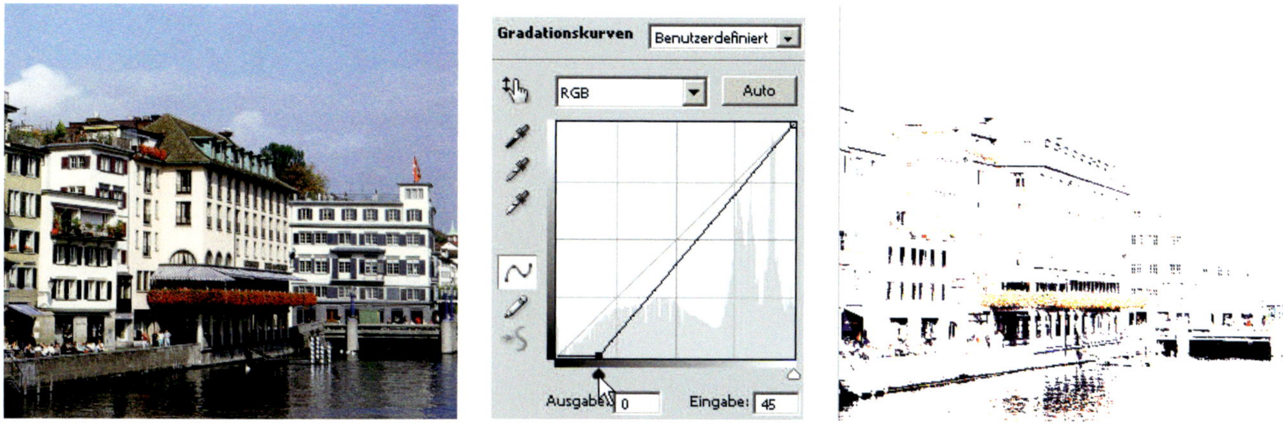

Abbildung 11.39 In der Einstellungsebene »Gradationskurven« ziehen wir den Tiefenregler auf 45, so dass die dunkleren Tonwerte von 45 bis 0 auf 0 absinken. Das Bild wird dunkler und kontrastreicher. Dabei halten wir die Alt-Taste gedrückt, so dass Photoshop »Beschneidung« grafisch anzeigt: Bereiche, die noch Zeichnung enthalten, sehen Sie in Weiß. Zonen, in denen eine oder mehrere Grundfarben auf 0 sinken, so dass die Detailzeichnung verschwindet, werden farblich gekennzeichnet. Der Befehl »Gradationskurven« (ohne Einstellungsebene) bietet diese Möglichkeit mit der Option »Beschneidung anzeigen«. Datei: Tonwertkorrektur_k

Bedienung

So machen Sie die Beschneidung sichtbar:

» In den **Gradationskurven** verwenden Sie die Option Beschneidung anzeigen.

» Alternative: Während Sie in **Gradationskurven** oder **Tonwertkorrektur** am schwarzen oder weißen Dreieck ▲ △ ziehen, drücken Sie die Alt-Taste. Solange Sie die Taste gedrückt halten, stellt Photoshop die Beschneidung grafisch dar.

Schattenbeschneidung anzeigen

Anwendungsbeispiel 1: Sie suchen Detailverlust in den Schatten. Mit der Option Beschneidung anzeigen erscheint das komplette Bild zunächst weiß. Ergo: Zu diesem Zeitpunkt haben kein Bildpunkt und keine Grundfarbe schon den Tiefstwert 0 erreicht, es gibt kein reines Schwarz. Jetzt ziehen Sie zum Beispiel den Schwarzregler ▲ bei **Gradationskurven** oder **Tonwertkorrektur** nach rechts innen, bis »40«, so dass dunkle Tonwerte absinken. Im vormals reinen Weiß der Beschneidungsanzeige er-

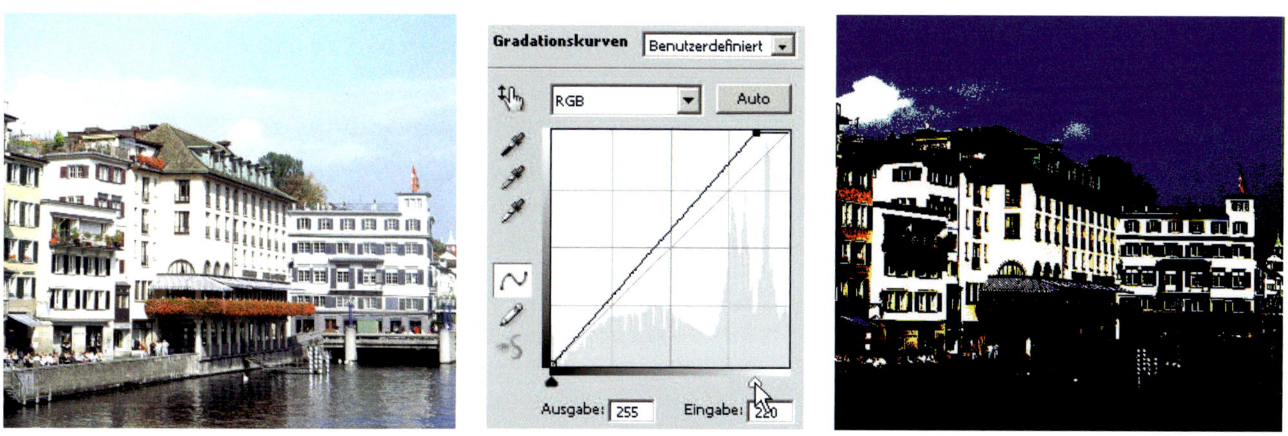

Abbildung 11.40 Wir ziehen den Höhenregler in der Einstellungsebene »Gradationskurven« auf 220, so dass die helleren Tonwerte ab 220 auf reines Weiß (255) ansteigen. Das Bild wird heller und kontrastreicher. Durch Ziehen bei gedrückter Alt-Taste wechseln wir wieder in den Modus »Beschneidung anzeigen«: Bereiche, die noch Zeichnung enthalten, zeigt Photoshop schwarz. Zonen, in denen eine oder mehrere Grundfarben auf reines Weiß steigen und jede Detailzeichnung verlieren, erhalten eine Signalfarbe.

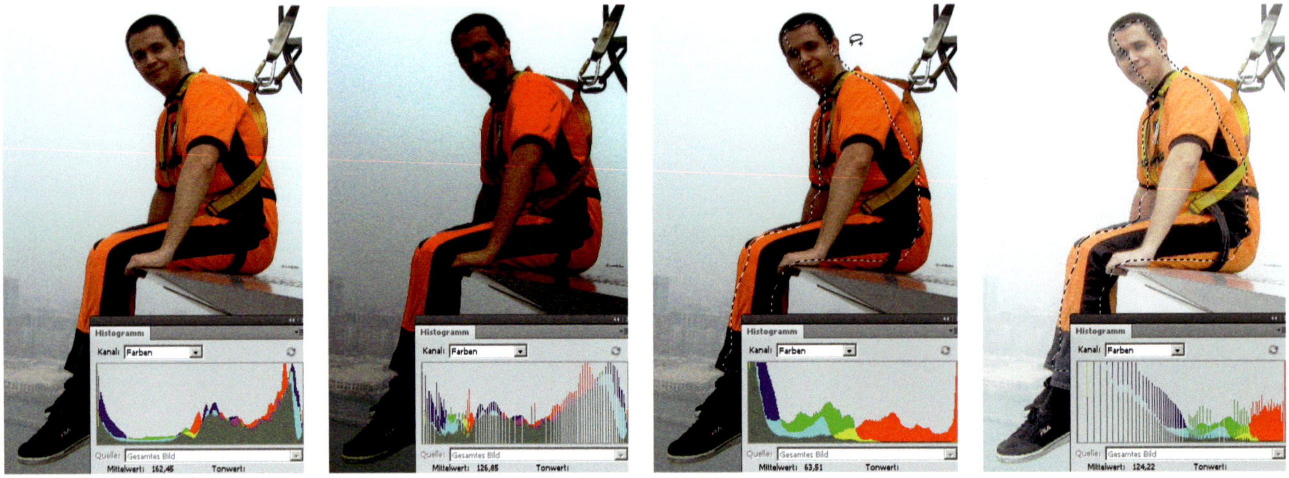

Abbildung 11.41 **1. Bild:** Das Hauptmotiv erscheint dunkel, doch wegen des hellen Hintergrunds meldet die Histogrammpalette einen Mittelwert von gut 162 – also deutlich über 128er-Normal-Hell. **2. Bild:** Die »Tonwertangleichung« ohne Auswahl macht das Foto zwangsläufig dunkler, der Mittelwert beträgt knapp 127. **3. Bild:** Wir widerrufen das erste Ergebnis und wählen die entscheidenden, dunklen Bildteile aus, der »Mittelwert« beträgt für die Auswahl nur dunkle 63,5. **4. Bild:** Es folgt die »Tonwertangleichung« mit der Vorgabe »für gesamtes Bild ausgehend von Auswahlbereich«. Das Gesamtbild hellt sich deutlich auf. Der Mittelwert innerhalb der Auswahl beträgt 124. Heben Sie die Auswahl auf, meldet die Palette 208. Datei: Tonwertkorrektur_I. Foto: Lucas Klamert

scheinen jetzt rote, gelbe und schwarze Streifen. Das bedeutet:

» In den rot markierten Bereichen gibt es noch verschiedene Rottöne, Grün und Blau sind dort aber schon bei null angekommen.

» Im gelb markierten Bereich gibt es noch verschiedene Rot- und Grünabstufungen – macht zusammen Gelb; aber Blau ist bereits auf 0 abgesunken, also keine volle Differenzierung auch in dieser Zone.

» Schwarz heißt: Hier sieht es ganz finster aus – Rot, Grün und Blau sind auf 0, es gibt keinerlei Differenzierung mehr.

Lichterbeschneidung anzeigen

Umgekehrt loten Sie die Lichterbeschneidung aus. Sie wenden eine Automatikkorrektur an oder ziehen den weißen Regler unter **Gradationskurven** oder **Tonwertkorrektur** von rechts außen nach innen, so dass Ihr Bild heller erscheint. Zunächst ist alles schwarz, es gibt also nirgends im Bild den höchsten Tonwert 255. Hellen Sie den Tonwertumfang dann aber zu deutlich höheren Werten hin auf, sehen Sie vielleicht wieder rote, gelbe und weiße Zonen.

Und das heißt:

» In rot markierten Bereichen stieg Rot auf den Höchstwert 255 an. Blau und Grün sind noch abgestuft vorhanden.

» In gelben Gegenden hat nur Blau noch nicht den Höchstwert erreicht. Grün und Rot – zusammen Gelb – sind dagegen schon beim Maximum 255.

» Weiß heißt, hier wird das Bild tatsächlich weiß, alle drei Grundfarben sind bei 255 angekommen.

11.3.6 »Tonwertangleichung«

Per **Tonwertangleichung** verteilen Sie die Tonwerte im Bild neu. Photoshop sucht die hellsten und dunkelsten Werte des Bilds und ermittelt den Durchschnitt aller Helligkeitswerte, so dass der dunkelste Wert Schwarz, der hellste Wert Weiß darstellt – der Mittelwert, also der Durchschnitt aller Helligkeitswerte, liegt nach der Korrektur um 128, also um Normal-Hell herum. Meist steigt so der Kontrast, da mittelhellen Pixeln hohe oder niedrige Tonwerte zugeteilt werden. Der Befehl eignet sich besonders, um ein abgesoffenes Bild aufzuhellen und gleichzeitig kontrastreicher zu machen. Ähnliche Er-

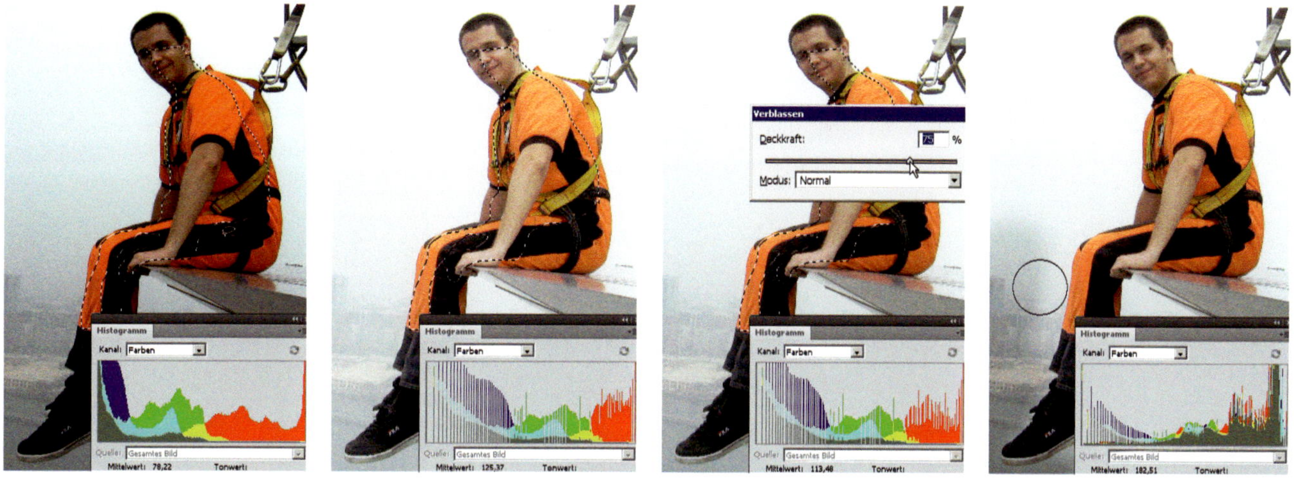

Abbildung 11.43 **1. Bild:** Wir widerrufen die Korrektur und entfernen die dunkelsten Teile des Anzugs aus der Auswahl. Der Mittelwert steigt auf 78. **2. Bild:** Die »Tonwertangleichung« mit der Vorgabe »für gesamtes Bild ausgehend von Auswahlbereich« hellt natürlich wieder auf, aber nicht so stark. Der Mittelwert innerhalb der Auswahl beträgt 125, ohne Auswahl fürs Gesamtbild 199. **3. Bild:** Wir dämpfen die Wirkung der »Tonwertangleichung« mit dem Befehl »Bearbeiten: Verblassen«. Der Mittelwert fürs Gesamtbild ohne Auswahl sinkt auf 189. Heben Sie die Auswahl jedoch vorab nicht auf, denn dann bietet Photoshop das »Verblassen« nicht mehr an. **4. Bild:** Der Protokollpinsel bringt Details in zu stark aufgehellte Bildpartien zurück.

gebnisse erhalten Sie per **HDR-Tonung** mit der METHODE: HISTOGRAMM EQUALISIEREN (Seite 351).

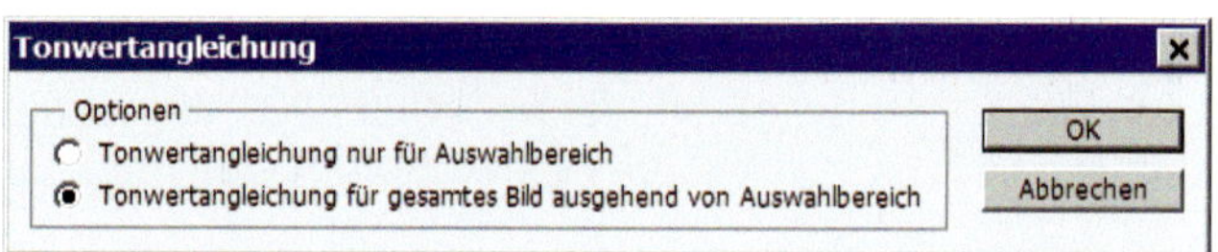

Abbildung 11.42 Die »Tonwertangleichung« korrigiert das Gesamtbild auf Basis der Helligkeit eines Auswahlbereichs.

Oft können Sie die **Tonwertangleichung** mit gutem Erfolg auf das Gesamtbild anwenden. Gibt es jedoch schon sowohl winzige helle und dunkle Zonen, dann ändert sich nicht mehr viel: Photoshop hält das Bild bereits für gelungen. Oder die Tonwertangleichung haut voll daneben, wenn etwa viel heller Strand im Bild ist, Ihre Hauptperson aber dennoch unterbelichtet erscheint.

Abhilfe: Markieren Sie mit dem Auswahlrechteck oder Lasso einen wichtigen Bildteil. Dann wählen Sie die **Tonwertangleichung** an. Im Dialogfeld klicken Sie auf TONWERTANGLEICHUNG FÜR GESAMTES BILD AUSGEHEND VON AUSWAHLBEREICH.

Beachten Sie den MITTELWERT in der Histogrammpalette, die sich jetzt nur noch an der Auswahl orientiert. Ein MITTELWERT von 71, wie in unserem Beispiel, bringt eine deutliche Aufhellung, denn als Ziel peilt Photoshop grob 128 an. Erscheint das Ergebnis bei dieser Vorgabe schon zu hell und kontrastreich, dann werfen Sie ein paar besonders dunkle Zonen aus der Auswahl heraus (mit gedrückter [Alt]-Taste wechseln Lasso und Co. zum Modus VON AUSWAHL SUBTRAHIEREN). Der Mittelwert der Auswahl beträgt dann vielleicht nur noch 80, die Korrektur fällt danach nicht mehr so stark aus.

TIPP Hat die Tonwertangleichung zu stark gearbeitet, können Sie die Wirkung mit dem Befehl **Bearbeiten: Verblassen** fein abgestuft dämpfen. Verbergen Sie die Auswahllinie mit [Strg]+[H]. Heben Sie die Auswahl nicht endgültig auf, denn danach steht das **Verblassen** nicht mehr zur Verfügung.

11.4 »Tonwertkorrektur«

Die **Tonwertkorrektur** leistet nicht mehr als die **Gradationskurven**, und das auch noch ungenauer. Die Tonwertkorrektur wirkt jedoch eventuell übersichtlicher. Sie finden die Funktion als Einstellungsebene in der Korrekturenpalette oder im Untermenü **Bild: Korrekturen** ([Strg]+[L], für Levels; [Strg]+[Alt]+[L] startet den Dialog mit den letzten Korrektureinstellungen).

Abbildung 11.44 **Links:** Die Vorlage geizt mit Tonwertumfang, vor allem meldet das Histogramm nur sehr wenig hellere Bildpunkte. **Mitte:** Wir öffnen die »Tonwertkorrektur« als Einstellungsebene und ziehen den Weißpunktregler auf 165. Alle Tonwerte zwischen 165 und 254 steigen so auf 255 an, auf reines Weiß – das Bild erhält viel mehr Dynamik und Kontrast. Allerdings, die wenigen vorhandenen Tonwerte zwischen 165 und 254 rutschen jetzt auf einheitliches Weiß, so dass etwas Detailzeichnung verlorengeht, die sich nicht wieder herstellen lässt. Aber welche Bildbereiche werden gleichmacherisch auf Weiß gesetzt? Dazu klicken Sie bei gedrückter Alt-Taste auf den Weißpunktregler: Unser Bild bleibt meist schwarz, es gibt kaum Farbwarnungen für die sogenannte »Beschneidung« (Seite 336). Vorlage: Tonwertkorrektur_c. Foto: Gabi Sieg-Ewe

Traditionell unterscheiden sich die zwei Befehle so:

- Mit der **Gradationskurve** (Strg+M) korrigieren Sie oft nur das Verhältnis der Tonwerte untereinander, Sie erweitern den Helligkeitsumfang aber nicht unbedingt (obwohl das schon immer ging).
- Die **Tonwertkorrektur** wird dagegen vor allem genutzt, um den vorhandenen Helligkeitsbereich weiter auszudehnen: Statt von Tonwert 50 bis 190 erstreckt sich das Bild vom schwärzesten 0 bis zum porentief reinweißen 255. Bei Kontraständerungen innerhalb des vorhandenen Helligkeitsbereichs bietet die »Tonwertkorrektur« kaum Feinsteuerung.

Beide Dialoge bieten zudem völlig identische Optionen für Automatikkorrekturen (Seite 328) wie auch die einheitlichen Pipetten für Schwarzpunkt, Neutralton und Weißpunkt (Seite 329).

11.4.1 Tonwertumfang erweitern

Führen Sie den linken, schwarzen Schieber direkt unter dem Histogramm nach rechts, bis Sie neben Tonwertspreizung statt der ursprünglichen 0 eine 20 lesen. Folge: Alle Tonwerte von 0 (Schwarz) bis 20 (sehr dunkel) werden auf 0 gesetzt, sind also pechschwarz. Die anderen Tonwerte im Bild werden daraufhin neu verteilt und nach unten gespreizt; denn statt bis 20 müssen sie sich jetzt bis 0 erstrecken. Das Bild sieht dunkler und kontrastreicher aus.

Umgekehrt wirkt der weiße Schieber ganz rechts unter der Balkengrafik: Ziehen Sie ihn nach links, zum Beispiel von 255 bis 160, wie das Zahlenfeld oben ganz rechts anzeigt; dann klettern alle Tonwerte zwischen 254 und 160 auf 255, also auf absolutes Weiß. Die anderen vorhandenen Tonwerte von 0 bis 160 werden neu nach oben hin angeglichen; das Bild gerät heller und kontrastreicher.

11.4.2 Mitteltonkorrektur

Nachdem Sie den Tonwertumfang nach oben und unten erweitert haben, wirkt das Bild vielleicht zu dunkel oder zu hell. Darum bietet die Tonwertkorrektur einen sogenannten Gammaregler. Er hebt oder senkt nur noch den Mitteltonbereich und tastet die neu definierten Eckwerte für Schwarz und Weiß weniger an – Sie ändern

Abbildung 11.45 Tiefe Schatten gibt es auch kaum. Also ziehen wir den Schwarzpunktregler von links außen auf 20. Alle dunklen Farbwerte von 0 bis 20 sinken so auf tiefstes Schwarz (Wert 0) ab; ähnlich dunkle Bildpunkte zieht Photoshop mit nach unten. Die Vorlage wirkt dunkler, aber auch noch brillanter. **Rechts:** Diese Änderung der »Tonwertkorrektur« lässt sich genauso auch mit der »Gradationskurve« erreichen, wie unsere Einstellung zeigt.

den Helligkeitseindruck deutlich, ohne dass ganz dunkle Zonen mit ansteigen und Ihr Foto flau aussieht:

» Ein Gamma unter 1 dunkelt die Mitteltöne ab, es lässt die Gradationskurve quasi durchhängen.

» Gammawerte über 1 hellen den Mittelbereich auf.

Allerdings: Ziehen in den **Gradationskurven** steuert die Mitteltöne allemal genauer als der Gammaregler, speziell wenn Sie vorab mit gedrückter [Strg]-Taste den gewünschten Tonwert im Bild anklicken und so einen passenden Kontrollpunkt auf dem Graphen anlegen.

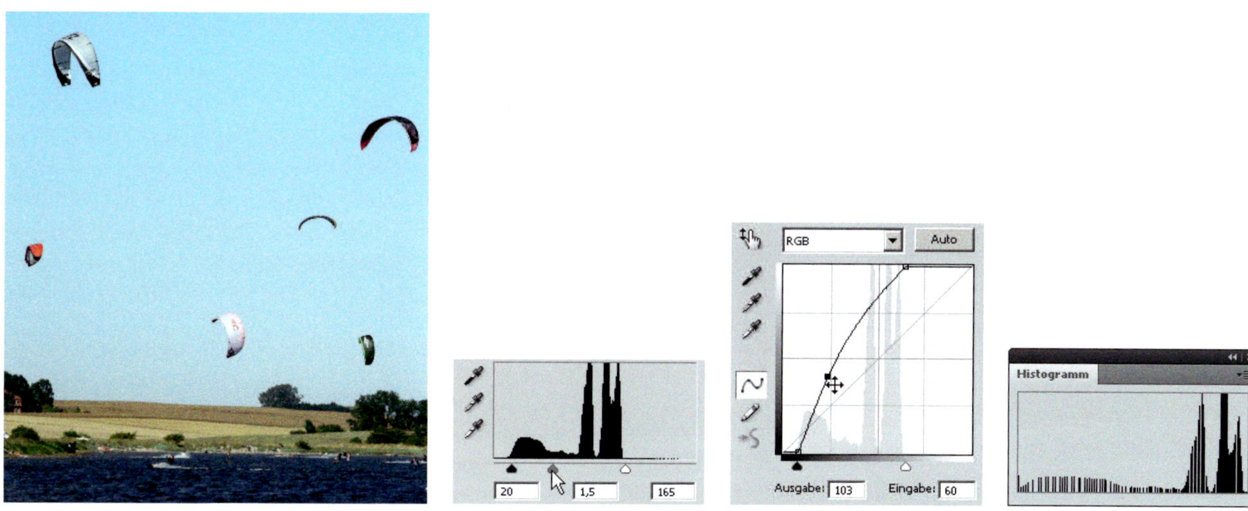

Abbildung 11.46 Wirkt das Bild noch etwas dunkel? Geben Sie die gefundenen Schwarz- und Weißpunkte nicht wieder auf. Ziehen Sie stattdessen den grauen Gammaregler nach links – Gammawerte über 1,00 hellen die Mitteltöne auf, ohne dass Sie die Schwarz- und Weißpunkte wieder verlieren. Das Histogramm im »Tonwertkorrektur«-Dialog wird während der Bearbeitung nicht aktualisiert. Alternative in den »Gradationskurven«: Ziehen Sie die unteren Mitten nach oben. Anders als »Tonwertkorrektur« und »Gradationskurven« zeigt die Histogrammpalette immer den aktuellsten Stand. Die deutlichen Lücken sind typisch für eine Kontrastbearbeitung und stören die Bildwirkung meist nicht.

So nutzen Sie die Tonwertkorrektur

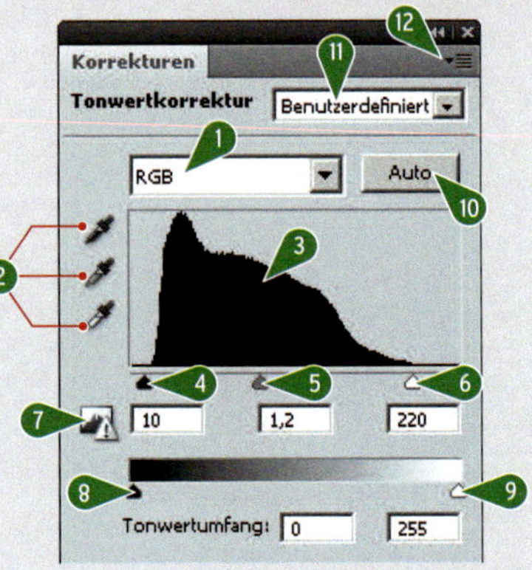

1. **Kanal:** Gesamtkanal (z.B. RGB oder CMYK) oder einzelne Grundfarbe bearbeiten
2. **Pipetten:** im Dialog anklicken, dann ins Bild klicken, um gewählten Tonwert auf Schwarz, Neutralgrau oder Weiß zu setzen (gemäß Optionen); Doppelklick: Zieltonwert definieren; durch weiteren Klick wieder ausschalten
3. **Histogramm:** die Häufigkeit verschiedener Helligkeitswerte von Schwarz bis Weiß.
4. **Schwarzpunktregler:** nach innen ziehen, um dunkle Töne auf Schwarz zu senken, das Bild wird dunkler und brillanter (auch per Zahleneingabe). [Alt]-Klick auf Schieberegler zeigt Tiefenbeschneidung grafisch an.
5. **Mitteltöne heller/dunkler:** nach links schieben, um Mitteltöne anzuheben (Gammawert über 1,0), nach rechts schieben zum Absenken der Mitteltöne (Gammawert unter 1,0)
6. **Weißpunktregler:** nach innen ziehen, um helle Töne auf Weiß zu senken, der Tonwertumfang steigt, das Bild wird heller und brillanter. [Alt]-Klick auf Schieberegler zeigt Lichterbeschneidung grafisch an.
7. **Cache-Stufe:** Klicken, damit Photoshop das Histogramm genauer auf Grundlage des Gesamtbilds statt mit einer verkleinerten Darstellung berechnet
8. **Schatten heller:** nach innen schieben, um Tiefentonwerte links vom Dreieck auf den angezeigten helleren Tonwert anzuheben. Das Bild wird heller und flauer.
9. **Lichter dunkler:** Nach innen schieben, um Lichtertonwerte rechts vom Dreieck auf den angezeigten dunkleren Tonwert abzusenken. Das Bild wird dunkler und flauer.
10. **Auto-Korrektur** gemäß Optionen; Optionen per [Alt]-Klick
11. **Vorgabe laden**
12. **Palettenmenü:** aktuelle Einstellungen als neue Vorgabe speichern, Beschneidung anzeigen, Funktion wechseln etc.

Allgemeine Informationen zur Korrekturenpalette und zu den Schaltflächen ab Seite 888.

11.4.3 Tonwertumfang begrenzen

Die Etage Tonwertumfang innerhalb der **Tonwertkorrektur** schränkt den genutzten Helligkeitsbereich des Bilds ein, macht es also flauer. Das geht mit den **Gradationskurven** genauso gut, aber die **Tonwertkorrektur** wirkt eventuell übersichtlicher. Beispiele:

» Schieben Sie den linken, schwarzen Regler ▲ nach rechts, bis er, vom ursprünglichen Wert 0 aus, beim Tonwert 30 angekommen ist. Damit hebt Photoshop alle Bildpunkte mit den niedrigen Werten 0 bis 30 auf 30 an; die Werte darüber werden entsprechend erhöht. Ihr Bild enthält also die dunkelsten Tonwerte von 0 bis 30 nicht mehr, es wirkt flauer.

» Entsprechend lassen sich auch die Höhen kappen: Schieben Sie den rechten, weißen Regler △ für Tonwertumfang nach innen; etwa von 255 (wie im Datenfeld abzulesen) bis auf 235. Die hellsten Punkte - alle zwischen Tonwert 235 und 255 - werden jetzt mit dem Tonwert 235 wiedergegeben; das Bild wirkt stumpfer.

Warum Sie den Tonwertumfang einschränken könnten:

» Die Extremtonwerte 255 (absolutes Weiß) bzw. 0 (totales Schwarz) bewältigen Drucker und Druckmaschinen ohnehin nicht, mehr als zum Beispiel vier bis 96 Prozent sind nie gefragt (je nach Gerät). Was mehr drin ist in der Datei, steigert nur die Gefahr, dass das Bild im Druck zuläuft oder ausfrisst. Mit den Reglern für den Tonwertumfang nehmen Sie gleich die entsprechende Anpassung auf dem Monitor vor und können prüfen, ob dennoch genug Differenzierung übrig bleibt.

» Mit kräftigeren Schiebereien im Bereich Tonwertumfang hellen Sie einen Bildteil als Texthintergrund drastisch auf.

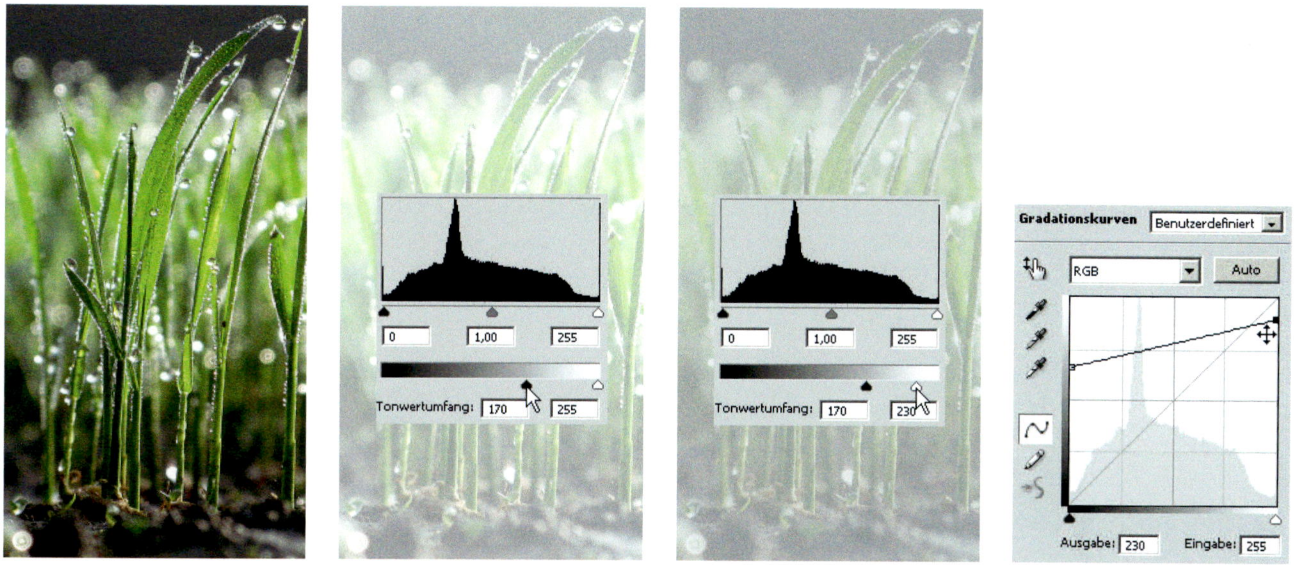

Abbildung 11.47 **1. Bild:** Dieses Motiv soll als Texthintergrund aufgehellt werden. **2. Bild:** Wir heben im Bereich »Tonwertumfang« innerhalb der »Tonwertkorrektur« alle dunkleren Tonwerte einheitlich auf 170, das Bild wird heller und kontrastärmer. **3. Bild:** Die hellsten Tonwerte senken wir auf 230 ab, um den Kontrast noch weiter zu dämpfen. Das Histogramm im Dialogfeld wird nicht aktualisiert. **Ganz rechts:** Die Einstellung aus dem dritten Bild, hier mit den Gradationskurven präzise nachvollzogen. Datei: Tonwertkorrektur_d

11.4.4 Blasse Hintergrundflächen erzeugen

Mit den Befehlen zur Kontrastkorrektur lässt sich ein Bild nicht nur feinkorrigieren, sondern auch drastisch aufhellen. So erhalten Sie dezente Hintergrundflächen für Textblöcke. Neben dem Aufhellen mit einem Kontrastbefehl bieten sich auch Weichzeichner an oder Effektfilter, die ein Bild flächiger machen (Seite 565). Unter anderem sind die folgenden Kontrastkorrekturen denkbar:

» Der mittlere, graue Gammaregler bei **Tonwertkorrektur** und **Belichtung** (Seite 339) verändert nur vor allem die Mitten, macht Ihr Foto aber auch blasser.

» Der Tonwertumfang-Regler des Befehls **Tonwertkorrektur** verbannt sehr helle und sehr dunkle Bildtöne, Ihr Motiv erscheint flauer. Schieben Sie den Schwarzregler nach innen, werden die Tiefen komplett entfernt. Dagegen bleibt in den Lichtern die Zeichnung halbwegs erhalten. Insgesamt wirkt das Bild vor allem grauer und flacher – wie für einen Hintergrund erwünscht. Sie könnten mit dem Gammaregler weiter aufhellen, ohne noch mehr extreme Tiefen und Lichter preiszugeben.

» Nehmen Sie beim Befehl **Helligkeit/Kontrast** die Option Früheren Wert verwenden, dann ziehen Sie am Helligkeit-Regler. So verschieben Sie Höhen und Tiefen gleichermaßen zum Beispiel nach oben und entfernen so deutlich Zeichnung; der Eingriff macht das Bild jedoch nicht sofort flacher, denn ein Teil der Kontraste bleibt erhalten – verschoben in einen helleren Tonwertbereich (Seite 349). Ein negativer Kontrast-Wert allein führt zu einem flauen, grauen Ergebnis, das selbst als Hintergrund unattraktiv wirkt. Eher verwendet man den Kontrast erst im Anschluss an eine vorhergehende Behandlung.

» Das Dialogfeld Farbton/Sättigung dimmt Hintergrundflächen attraktiv. Sie können einen Hintergrund nicht nur umfärben, sondern mit Rücknahme der Sättigung auch für sanfte Pastelltöne sorgen; per Helligkeit entfernen Sie zügig Tiefen. Auch das Färben (Tonen) eignet sich gut für Hintergründe; nehmen Sie die Sättigung stark zurück und heben Sie die Helligkeit deutlich an.

» Weitere Möglichkeiten bietet der **Kanalmixer**.

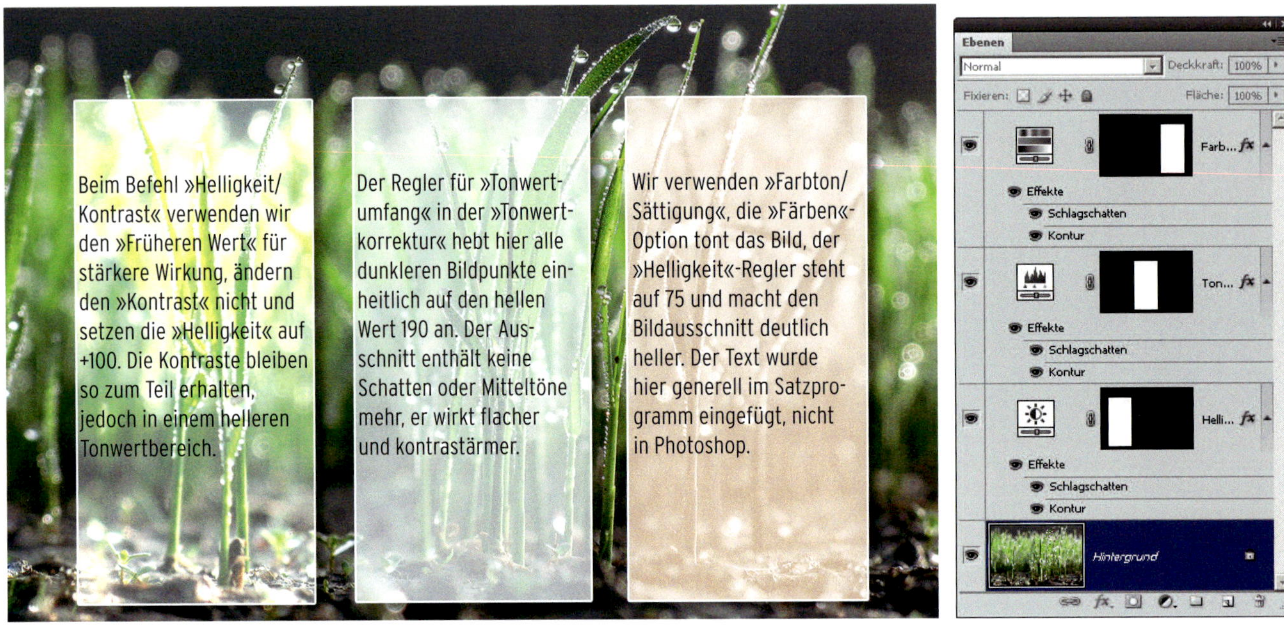

Abbildung 11.48 Mit den Befehlen aus dem Untermenü »Bild: Korrekturen« hellt Photoshop Fotos auch zu Hintergrundflächen auf. Die Aufhellungen wurden als Einstellungsebenen angelegt, die Tonwertänderung lässt sich also jederzeit ändern. Ebenenmasken begrenzen die Wirkung auf einzelne Bildbereiche. Die Ebeneneffekte »Kontur« und »Schlagschatten« grenzen die korrigierten Flächen ab. Datei: Tonwertkorrektur_d2

11.4.5 Befehle im Überblick (Tabelle): Gradationskurven, Tonwertkorrektur

Taste/Feld	Zusatztaste	Aktion	Ergebnis
			Weiche Gradationskurve ziehen
			Harte Gradationskurve ziehen
		(ins Bild)	Helligkeit des angeklickten Bildpunkts im ganzen Bild auf Schwarz setzen
		(ins Bild)	Helligkeit des angeklickten Bildpunkts im ganzen Bild auf Weiß setzen
		(ins Bild)	Farbton des angeklickten Bildpunkts im ganzen Bild auf Neutralgrau setzen

Taste/Feld	Zusatztaste	Aktion	Ergebnis
			Zieltiefenfarbe (Schwarzton) definieren
			Ziellichterfarbe (Weiß) definieren
			Zielmitteltonfarbe (Neutralton) definieren
Auto			Tonwertumfang automatisch erweitern gemäß Vorgabe in den Optionen
Alt			Abbrechen wird zu Zurück
▲△	Alt		Beschneidung (Differenzierungsverlust) anzeigen

11.5 »Tiefen/Lichter«

Der Befehl **Bild: Korrekturen: Tiefen/Lichter** hebt sehr dunkle Bildpunkte auf Mittelwerte an, zusätzlich oder alternativ werden sehr helle Pixel ebenfalls auf mittlere Werte gesenkt.

Das geht theoretisch auch mit der **Gradationskurve** (siehe oben). Doch wenn Sie tatsächlich nur sehr dunkle oder sehr helle Bereiche korrigieren, dann wirkt **Tiefen/Lichter** vielseitiger als die **Gradationskurve**. Im Camera-Raw-Dialog verwenden Sie für diese Aufgabe die Regler Reparatur und Aufhelllicht und während die Ergebnisse dort oft gefallen, sie lassen sich nicht so fein steuern wie bei **Tiefen/Lichter**.

TIPP Bearbeiten Sie hochwertige Motive mit 16 Bit pro Grundfarbe. Das geht auch, wenn Sie **Tiefen/Lichter** als Smartfilter verwenden.

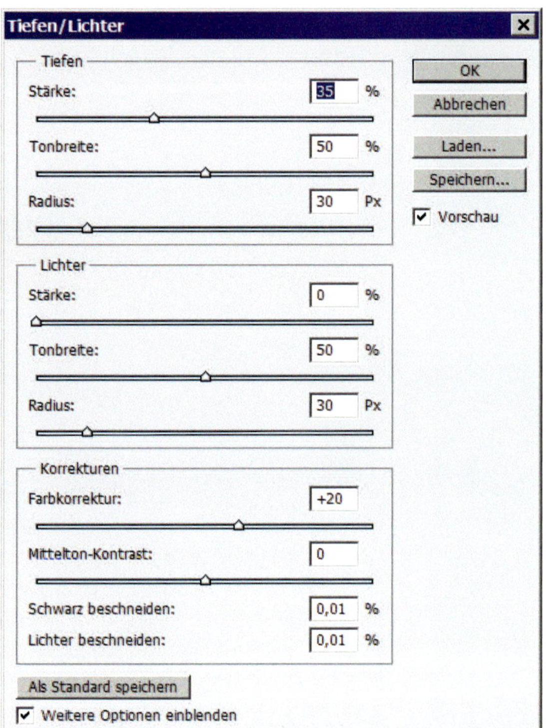

Abbildung 11.49 Hier wurden bereits die »weiteren Optionen« geöffnet. Der Befehl »Tiefen/Lichter« bietet getrennte Bereiche für Schatten, hohe Tonwerte und Mitteltöne plus Sättigung.

11.5.1 Beispiele

In den Tiefen heben Sie die dunklen Bildpunkte zum Beispiel bei folgenden Motiven an:

» Die Landschaft im Hintergrund kommt genau richtig, doch die Person im Vordergrund säuft dunkel ab. Fast wie ein Aufhellblitz an der Kamera zaubert **Tiefen/Lichter** mehr Zeichnung in dunkle Zonen.

» Die angeblitzte Person im Vordergrund kommt genau richtig, doch der Hintergrund versackt in Schwarz. **Tiefen/Lichter** bringt mehr Details in den Hintergrund.

Der Bereich Lichter senkt umgekehrt die hellsten Lichter:

» Das Motiv im Vordergrund kommt klar heraus, doch die Landschaft dahinter ist hell ausgefressen. Dimmen Sie die Helligkeit des Hintergrunds aufs erträgliche Maß.

» Die angeblitzte Person im Vordergrund ist viel zu hell.

Unmögliches schafft jedoch nicht mal Photoshop: Bildpartien aus reinem Schwarz oder Weiß ohne minimale Differenzierung wertet das Programm nicht mehr auf. Sparen Sie sich Fehlbelichtungen, indem Sie von vornherein mit Spotmessung und Messwertspeicher den richtigen Wert für wichtige Bildteile ermitteln (Fototipps und Beispielbilder ab Seite 39).

TIPP Wenden Sie **Tiefen/Lichter** nicht sofort dauerhaft auf das Bild an. Legen Sie die Korrektur als Smartfilter über das Motiv und ändern Sie die Einstellungen auch nachträglich. Dazu erzeugen Sie zunächst ein Smart-Objekt (**Filter: Für Smartfilter konvertieren**), dann erst wählen Sie **Tiefen/Lichter**.

Vorlage: Tiefen_b

Tiefen-Stärke: 50
Tiefen-Tonbreite: 50
Lichter-Stärke: 0
Farbkorrektur: +20
Mittelton-Kontrast: 0

Tiefen-Stärke: 100
Tiefen-Tonbreite: 50
Lichter-Stärke: 0
Farbkorrektur: +20
Mittelton-Kontrast: 0

Tiefen-Stärke: 100
Tiefen-Tonbreite: 100
Lichter-Stärke: 0
Farbkorrektur: +20
Mittelton-Kontrast: 0

Tiefen-Stärke: 50
Tiefen-Tonbreite: 100
Lichter-Stärke: 15
Farbkorrektur: +20
Mittelton-Kontrast: 0

Tiefen-Stärke: 50
Tiefen-Tonbreite: 100
Lichter-Stärke: 15
Farbkorrektur: 0
Mittelton-Kontrast: 0

Tiefen-Stärke: 50
Tiefen-Tonbreite: 100
Lichter-Stärke: 15
Farbkorrektur: 0
Mittelton-Kontrast: +25

Tiefen-Stärke: 50
Tiefen-Tonbreite: 100
Lichter-Stärke: 15
Farbkorrektur: +15
Mittelton-Kontrast: +25

Tiefen-Stärke: 80
Tiefen-Tonbreite: 80
Lichter-Stärke: 15
Farbkorrektur: +10
Mittelton-Kontrast: +10

Abbildung 11.50 Der Befehl »Tiefen/Lichter« hebt stark unterbelichtete Bildbereiche an, ohne dass hellere Partien zu stark mit angehoben werden. Je nach Vorgabe ändert sich auch die Farbsättigung. Vorlage: Tiefen_b

Abbildung 11.51 **Links:** Der Schlossgraben ist zunächst völlig verschattet. **2. Bild:** Wir nutzen »Tiefen/Lichter« als Smartfilter mit einer Tiefen-Stärke von 90, Tiefen-Tonbreite von 60 und Lichter-Stärke 30. Vorlage: Tiefen_e1. Foto: Peter Urban

11.5.2 Die Regler für »Tiefen« und »Lichter«

Klicken Sie zunächst auf Weitere Optionen einblenden, damit Photoshop den kompletten Dialog präsentiert. Wir bearbeiten im Folgenden die Bereiche Tiefen und Korrekturen. Daraus erkennen Sie auch den richtigen Umgang mit den Lichtern. Zu den Tiefen-Reglern:

» Stellen Sie vorläufig eine hohe Stärke wie 90 Prozent ein und korrigieren Sie den Wert eventuell nach Änderungen an anderen Reglern.

» Experimentieren Sie mit der Tonbreite: Kleine Werte wie 10 oder 20 heben nur die allerdunkelsten Bildpunkte deutlich an. Höhere Vorgaben wie 30 oder 50 liften auch weniger dunkle Pixel und besonders dunkle Bildpunkte steigen stärker an. Hellere Bildbereiche bleiben weitgehend unverändert.

» Der Radius-Regler bestimmt, in welchem Umkreis die Vorlage verändert wird. Experimentieren Sie mit verschiedenen Werten je nach Pixelzahl. Vorsicht: Falsche Vorgaben führen zu Lichthöfen in stark kontrastierenden Bildzonen oder sie bügeln die Differenzierung in fein abgestuften Hauttönen platt.

11.5.3 Der Bereich »Korrekturen«

Durch Anheben der Tiefen oder Absenken der Lichter zaubern Sie neue Mitteltöne ins Bild. Diese mittleren Helligkeiten verfeinern Sie im Bereich Korrekturen:

» Der Regler Farbkorrektur steuert die Farbsättigung. Vorsicht jedoch: Kleidungsstücke oder Geräte vertragen ein deutliches Plus bei der Farbsättigung, Hauttöne verlangen dagegen Zurückhaltung – sonst erstrahlen Gesichter so farbsatt wie eine Kreta-Orange.

» Der Regler Mittelton-Kontrast bringt mehr Kontrast in die neuen Mitteltöne. Bei Porträts empfehlen sich manchmal sogar Minuswerte.

» In den Feldern Schwarz beschneiden und Lichter beschneiden steuern Sie, wie viele Schatten- und Hochlichttöne auf reines Schwarz oder Weiß gesetzt werden dürfen. Je höher der Wert, desto deftiger der Kontrast. Sie verlieren aber auch Differenzierung. Die werkseitigen Vorgaben mit jeweils 0,01 Prozent wirken sinnvoll.

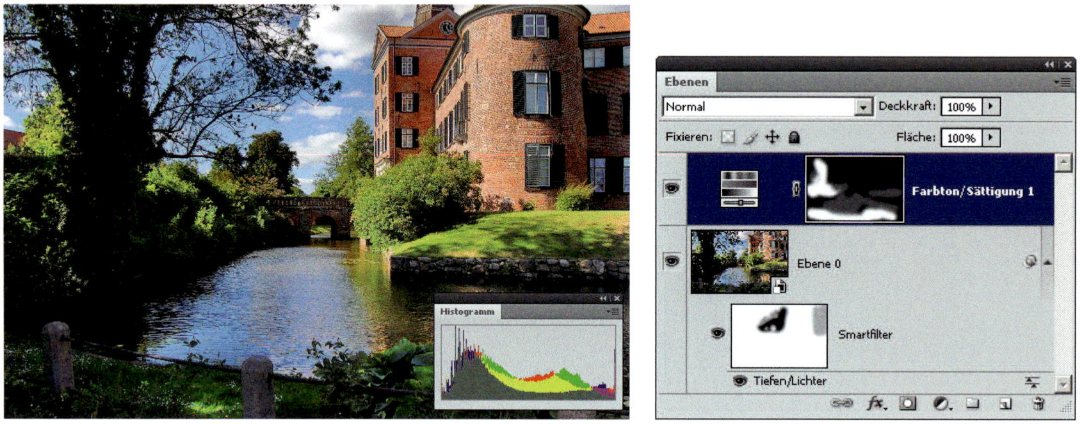

Abbildung 11.52 Durch Schwarz in der Filtermaske heben wir die Wirkung der »Tiefen/Lichter«-Korrektur örtlich auf – vor allem im Himmel und abgeschwächt rechts im Gemäuer. Eine Einstellungsebene »Farbton/Sättigung« steigert die Farbsättigung; per Maskenretusche heben wir die Sättigung gezielt nur im Vordergrund und links, die Pflanzen wirken so kräftiger. Ergebnis: Tiefen_e2

Sättigung per Ebenentechnik regeln

In den aufgehellten Bereichen steigt die Farbsättigung oft zu stark, jedenfalls bei Gesichtern. Fahren Sie also im Dialog **Tiefen/Lichter** den Wert Farbkorrektur zurück. Es gibt noch eine Möglichkeit, die Farbsättigung im Zaum zu halten – Überblendtechnik. Eventuell wirkt das Ergebnis aber schon wieder zu entsättigt.

Zwei verschiedene Wege bieten sich an.

» Wenden Sie **Tiefen/Lichter** direkt auf eine übliche Hintergrundebene an. Die Farbsättigung sticht noch unangenehm ins Auge? Dann wählen Sie unmittelbar nach Tiefen/Lichter den Befehl **Bearbeiten: Verblassen Tiefen/Lichter**. Stellen Sie die Füllmethode von Normal auf Luminanz um, so verhindern Sie jede Farbänderung.

» Sie verwandeln Ihr Bild in ein Smart-Objekt und legen **Tiefen/Lichter** als Smartfilter darüber. Unten in der Ebenenpalette klicken Sie doppelt auf die Optionen für Filter-Füllmethode. In den Fülloptionen wechseln Sie clever von Normal zu Luminanz.

11.5.4 Vorgaben speichern

Sie können sinnvolle Vorgaben speichern und auf andere Bilder übertragen:

» Sie können die aktuellen Einstellungen Als Standard speichern. Nun öffnet sich das Dialogfeld stets mit diesen Vorgaben.

» Die Speichern-Schaltfläche sichert weitere Einstellungen in einer Datei, die Sie später wieder Laden.

» Noch einfacher: Zeichnen Sie die Korrektur mit der Aktionenpalette auf, um sie bequem auf ganze Bildreihen anzuwenden.

Wie immer zeigt die Abbrechen-Schaltfläche bei einem Druck auf die Alt-Taste den Text Zurück – Sie setzen die Standard-Werte wieder ein, die beim Öffnen des Dialogfelds bestanden.

Haben Sie die Standardwerte dauerhaft geändert? Drücken Sie die ⇧-Taste, um unten links die Schaltfläche Standardwerte zurücksetzen zu erhalten. Damit stellen Sie die Photoshop-Werksvorgaben wieder her.

Abbildung 11.53 **Links:** Im Gegenlicht erscheint das Hauptmotiv unterbelichtet. **Mitte:** Eine örtliche Korrektur hellt die Tasse auf, lässt aber auch deutliche Körnung in den Schatten erkennen. **Rechts:** Ein Aufhellblitz sorgte hier für die passende Vordergrundbeleuchtung.

11.6 Weitere Funktionen

Die wichtigsten Korrekturbefehle haben Sie schon kennengelernt. Photoshop – selten verlegen um 17 Alternativlösungen für eine Aufgabe – bietet noch weitere Techniken wie **Helligkeit/Kontrast**, **Belichtung** und **HDR-Tonung**.

11.6.1 »Helligkeit/Kontrast«

Der Befehl **Bild: Korrekturen: Helligkeit/Kontrast** (auch als Einstellungsebene) springt schnell und unkompliziert ein, wenn Sie keine Lust auf die komplexe **Gradationskurve** haben. **Helligkeit/Kontrast** war jahrzehntelang als zu grob verpönt. Erst seit Photoshop-Version CS3 lässt sich der Befehl auch schonend einsetzen. Nur mit der Vorgabe Früheren Wert verwenden zeigt **Helligkeit/Kontrast** noch sein ursprüngliches, härteres Verhalten.

Ohne Option Früheren Wert verwenden bearbeitet **Helligkeit/Kontrast** vor allem die Mitteltöne. Sie erhalten also selten ausgefressene Lichter oder zulaufende Schatten. **Helligkeit/Kontrast** eignet sich damit vor allem für ordentlich durchgezeichnete Bilder, die den möglichen Tonwertumfang von null bis 255 schon weitgehend ausnutzen, aber noch innerhalb dieses Spektrums Verlagerungen brauchen, insbesondere bei den Mitteltönen. Sie wollen zum Beispiel in einem dunklen Bild die Mitteltöne und Lichter weiter aufhellen – das erledigt **Helligkeit/Kontrast**, ohne dass die hohen Lichter gleich ausfressen.

Mit der Option Früheren Wert verwenden verschiebt der Helligkeitsregler das Histogramm schlicht, ohne es zu erweitern oder umzuschichten. Der Kontrast-Regler erweitert den Tonwertumfang dramatisch. In dieser Funktion eignet sich **Helligkeit/Kontrast** für grafische Aufgaben, aber auch für Korrekturen in Ebenenmasken.

TIPP Eine Kontraststeigerung liefert auch der Befehl Filter: Scharfzeichnungsfilter: Unscharf maskieren. Um eher den Kontrast und nicht die Bildschärfe zu heben, verwenden Sie Werte wie Stärke 30 und Radius 100. Nützlich ist auch der Regler Klarheit im Raw-Dialog.

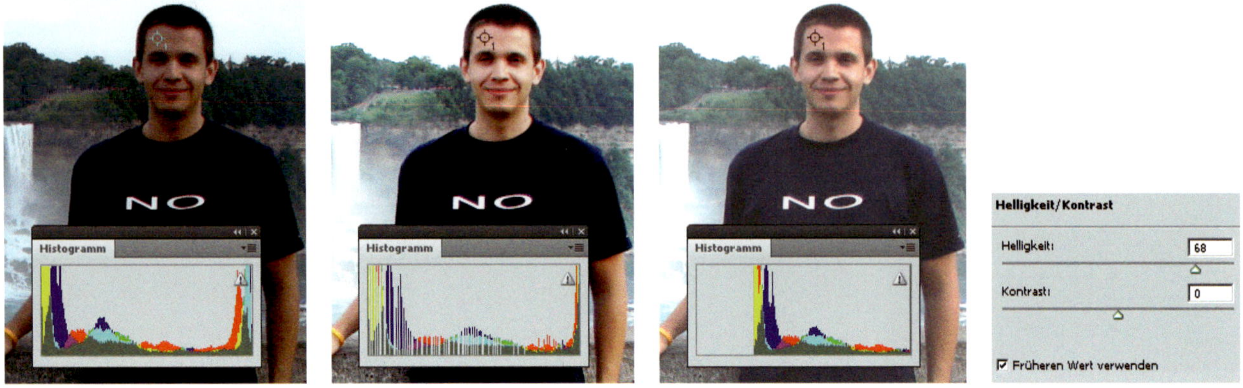

Abbildung 11.54 **Links:** Das Bild wirkt zu dunkel, nutzt aber das Tonwertspektrums schon vollständig aus. Der Messpunkt des Farbaufnehmers kennzeichnet einen 58er-Helligkeitswert (HSB-Skala, 5 Pixel Radius). **Mitte:** Der Befehl »Helligkeit/Kontrast« mit dem Wert 86 hebt den Hautton bis auf 85% an. Tiefe Schatten bleiben unverändert. Mit einem negativen »Kontrast«-Wert ließe sich das Ergebnis noch feiner abstimmen. **Rechts:** Auch hier wurde die Hautpartie per »Helligkeit/Kontrast« auf 85% angehoben. Wir verwenden diesmal den »Früheren Wert«, der Helligkeitsregler steht bei 68. Das Bild wirkt flau, Schatten verschwinden völlig, denn die Funktion hebt nicht nur Mitteltöne an, sondern schiebt einfach das Histogramm nach rechts; so fehlen tiefe Schatten, die Lichterpartien werden reihenweise auf reines Weiß gesetzt. Vorlage: Tonwertkorrektur_f. Foto: Lucas Klamert

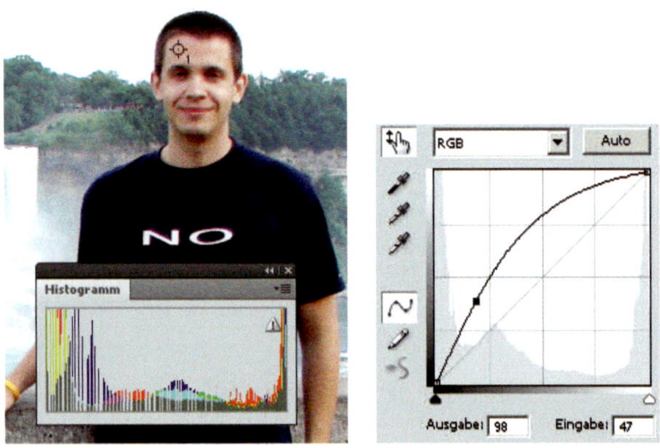

Abbildung 11.55 Wieder heben wir die Hauttöne im Bereich des Messpunkts auf 85. Diesmal starten wir eine Einstellungsebene mit »Gradationskurve«, schalten das Ziehen-Werkzeug oben links ein und klicken und ziehen ab der Stirn aufwärts. So entsteht ein erster Ankerpunkt für die Hauttöne, anschließend wird die Kurve weiter verfeinert. Die »Gradationskurve« erlaubt genauere Verbesserungen als der Befehl »Helligkeit/Kontrast«. Die Werte unter der Gradationskurve folgen einer anderen Skala als die HSB-Werte, sind also nicht direkt vergleichbar.

11.6.2 »Belichtung«

Der Befehl **Bild: Korrekturen: Belichtung** wurde speziell für HDR-Bilder entwickelt, funktioniert aber auch mit anderen 16- und 8-Bit-Dateien. Auch im 32-Bit-Modus wird die Datei tatsächlich verändert, sie steuern nicht nur die Darstellung am Monitor.

Die Regler:

» Der Belichtung-Regler verändert Ihr Bild in Lichtwerten (Blendenwerten) wie bei der Kamera. Ein Wechsel vom Wert 0 zu 1,0 hellt das Bild so auf, als ob Sie an der Kamera die Zeit von 1/250 auf 1/125 ändern oder die Blende von 8 auf 5,6 senken. Sie steuern diesen Wert auch mit den Pipetten Weißpunkt setzen und Mitteltöne setzen. Die Pipetten hier sind nicht direkt vergleichbar mit den Pipetten aus **Gradationskurve** und **Tonwertkorrektur** (Seite 329).

» Per Versatz ändern Sie die Schatten, während die Lichter eher erhalten bleiben. Sie steuern diesen Wert auch mit der Pipette Schwarzpunkt setzen.

» Der Gammakorrektur-Regler ändert die Mitteltöne, während extreme Lichter und Schatten unverändert bleiben.

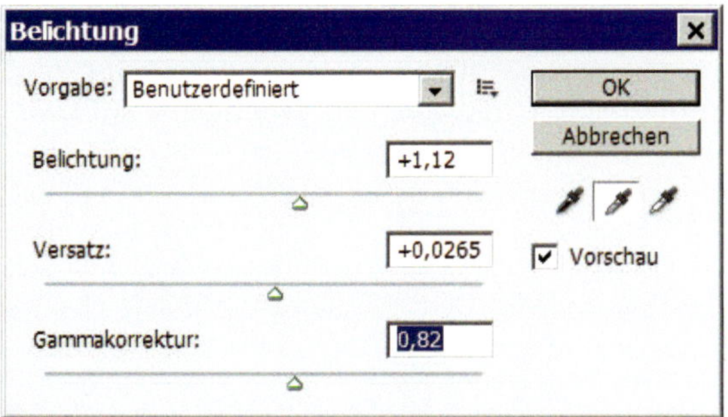

Abbildung 11.56 Der Befehl »Belichtung« eignet sich auch für 32-Bit-Bilder.

11.6.3 »HDR-Tonung«

Der Befehl **Bild: Korrekturen: HDR-Tonung** soll unter anderem den speziellen, künstlichen Eindruck von HDR-Montagen erzeugen, also leicht surreale Farben und Kontraste. Blässliche Landschaften und Städte lassen sich so massiv aufpeppen und etwas verfremden – farbig oder schwarzweiß.

HDR-Tonung bietet die gleichen Regler und Voreinstellungen wie **HDR Pro** (eine genaue Besprechung aller Funktionen ab Seite 363), lässt sich aber auf ein Einzelbild anwenden. Auch hier speichern Sie eigene Einstellungen über das Vorgabenmenü.

Tatsächlich wirkt der Dialog wie ein Bauchladen unterschiedlicher Kontrast- und Farbregler plus Gradationskurve; er kann **Tiefen/Lichter** ersetzen oder ergänzen. Wie auch bei **HDR Pro** lässt sich das Ergebnis häufig mit anderen Befehlen verfeinern.

In der Regel steht das Klappmenü Methode auf Lokale Anpassung, nur so haben Sie alle Regler zur Verfügung. Wollen Sie nur eine dezente Kontrastkorrektur, wechseln Sie testweise zur Methode: Histogramm equalisieren – diese trostlos eingedeutschte Vorgabe wirkt ähnlich, aber nicht genauso wie die **Tonwertangleichung** (Seite 338) ohne Auswahl eines Bilddetails.

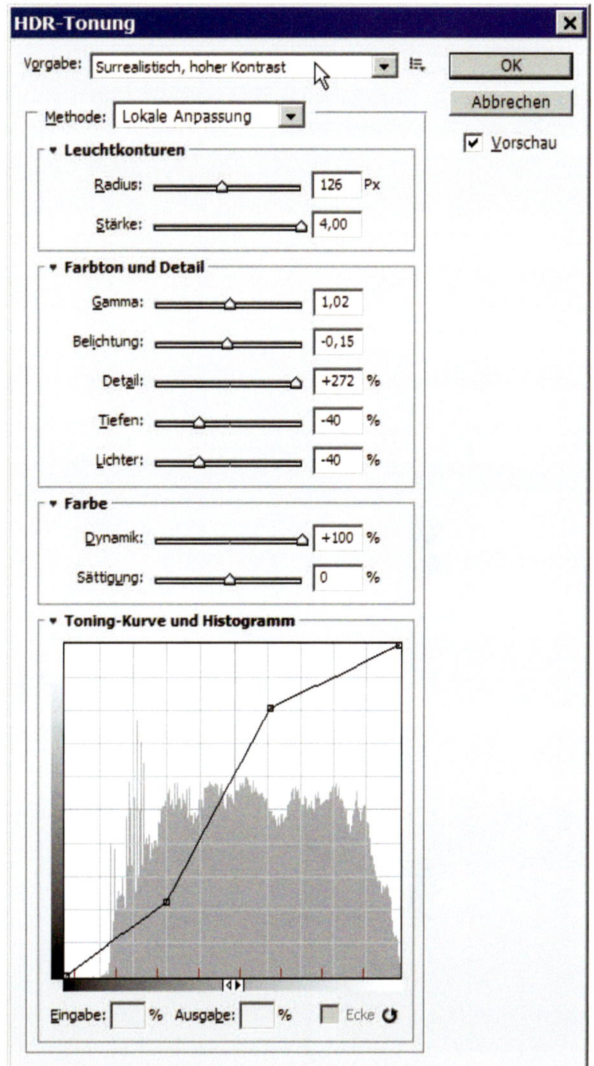

Abbildung 11.57 Die HDR-Tonung bietet die gleichen Regler und Vorgaben wie der Befehl »Zu HDR Pro zusammenfügen«.

Einschränkungen

Die **HDR-Tonung** arbeitet intern mit gewaltigen 3x32 Bit Farbtiefe; Sie sehen es auch in der Titelleiste: Bei geöffnetem Dialogfeld meldet Photoshop 32 Bit Farbtiefe; sobald Sie auf OK klicken, springt das Foto auf gängigere acht oder 16 Bit pro Grundfarbe zurück.

Wegen der 32-Bit-Technik steht die **HDR-Tonung** nur mit Einschränkungen zur Verfügung:

» Haben Sie eine Auswahl im Bild, bietet Photoshop den Befehl gar nicht erst an.

» Die HDR-Tonung verwandelt Montagen nach Vorwarnung in eine einzige Hintergrundebene. Achtung: Klickt man abschließend auf ABBRECHEN, ohne die Korrektur anzuwenden, kommen die Ebenen nicht zurück. Sie lassen sich aber mit der Protokollpalette wieder herstellen.

» Smart-Objekt-Ebenen mutieren per HDR-Tonung zu normalen Hintergrundebenen; die Ebenenpalette bietet die **HDR-Tonung** anschließend nicht als Palettenobjekt an.

» Nach der **HDR-Tonung** steht das sonst übliche **Verblassen** (Seite 93) nicht zur Verfügung.

11.7 Kontrastkorrektur per Ebenentechnik

Nicht nur **Gradationskurven**, **Tonwertkorrektur** und andere Verfahren aus der Korrekturenpalette verbessern die Kontraste. Verblüffend wirksam frischen Sie Ihre Vorlagen auch durch geschicktes Montieren auf. Verschiedene Verfahren sind denkbar:

» Montieren Sie ein und dieselbe Ebene zwei- oder mehrfach übereinander und korrigieren Sie das Gesamtbild durch Wahl einer Füllmethode wie NEGATIV MULTIPLIZIEREN.

» Korrigieren Sie ein Bild mit einer Einstellungsebene. Dann ändern Sie die Füllmethode der Einstellungsebene oder schränken den wirksamen Helligkeitsbereich ein, um die Wirkung zu verfeinern.

» Montieren Sie unterschiedlich helle Belichtungen mehrfach übereinander und mischen Sie die Versionen durch Ebenenmasken oder durch Ausblenden von Helligkeitsbereichen.

Vorlage | Vorgabe: Standard | Fotorealistisch | Methode: Histogramm equalisieren

Vorgabe: Monochromatisch, künstlerisch | Surrealistisch, geringer Kontrast | Surrealistisch, hoher Kontrast | wie vorher, Sättigung gesenkt, Lichter angehoben

Abbildung 11.58 Die »HDR-Tonung« verbessert oder verfremdet blasse Fotos. Datei: Kontrast_k

Abbildung 11.59 **Links:** Die Vorlage wirkt zu dunkel. **Mitte, rechts:** Wir duplizieren die »Hintergrund«-Ebene mit Strg+J und stellen oben in der Palette die Füllmethode »Negativ multiplizieren« ein. Das Bild wirkt deutlich heller. Vorlage: Tonwertkorrektur_m1. Foto: Lucas Klamert

11.7.1 Kontrastkorrektur per Füllmethode

Besprechen wir zuerst, wie Sie eine Einzelebene duplizieren und das Gesamtbild mit einer Füllmethode verbessern. Das Verfahren im Überblick:

1. Sie duplizieren die Hintergrund-Ebene mit Strg+J,
2. Sie geben für die neu entstandene Ebene 1 eine neue Füllmethode (Seite 769) an und
3. Sie verfeinern die Kreation eventuell mit Deckkraftregler und Ebenenmaske.

Abbildung 11.60 **Links:** Wir haben die obere Ebene erneut per Strg+J verdoppelt – jetzt wirkt das Bild bereits zu hell. **Mitte, rechts:** Wir senken die Deckkraft der oberen Ebene auf 50 Prozent, jetzt stimmt die Helligkeit der Gebäude. Der Himmel ist zu hell.

Abbildung 11.61 **Links:** Um den dunkleren Himmel zurückzubringen, klicken wir in der Ebenenpalette einmal auf die Hintergrundebene, duplizieren sie mit Strg+J und ziehen die neue Ebene »Hintergrund Kopie« ganz nach oben. Wir wählen den Himmel mit der Schnellauswahl aus und klicken unten in der Palette auf »Ebenenmaske hinzufügen«. Von der oberen, dunklen Ebene sieht man nun nur noch den dunklen, ursprünglichen Himmel. **Mitte, rechts:** Mit einer Einstellungsebene »Gradationskurven« dunkeln wir den Himmel ab (Sie könnten auch aufhellen). Wir legen eine Schnittmaske an, so dass die Aufhellung nur auf die oberste Ebene und damit nur auf die Himmel wirkt; die »Gradationskurve« verändert nicht die Gebäude. Ergebnis: Tonwertkorrektur_m2

Geeignete Füllmethoden

Je nach Aussehen Ihrer Datei wenden Sie in der Ebenenpalette eines der folgenden Verfahren an:

- Negativ multiplizieren hellt zu dunkle Scans deutlich auf und eignet sich nicht zuletzt für unterbelichtete Gegenlichtporträts, wenn Sie nicht den Befehl **Tiefen/Lichter** verwenden wollen.
- Multiplizieren dunkelt überbelichtete und zu helle Scans ab. Noch stärker wirkt Linear abwedeln (Hinzufügen).
- Weiches Licht frischt flaue Scans behutsam auf. Hartes Licht frischt flaue Scans stark auf und sorgt für Glanzlichter. Probieren Sie Ineinanderkopieren, sofern die Ebenen nicht mehr identisch sind.
- Für deutliche Verfremdung sorgen Strahlendes Licht und erst recht Hart mischen.

Verfeinerung

Die Überblendung wirkt häufig zu stark. So korrigieren Sie die Wirkung nach Maß:

- Reduzieren Sie die Deckkraft der oberen Ebene. Das geht besonders schnell mit den Zifferntasten, während ein Auswahl- oder das Verschiebenwerkzeug eingeschaltet ist.
- Bereiche der unteren Ebene, die weniger oder keine Korrektur benötigen, verbergen Sie durch eine Ebenenmaske für die obere Ebene (Seite 867). Graustufen oder weiche Übergänge in der Ebenenmaske sorgen für stufenlose Korrekturen.
- Testen Sie Helligkeits- und Kontraständerungen auf beiden Ebenen.

Reicht die Korrekturwirkung indes noch nicht, duplizieren Sie die obere Ebene mit dem bereits gewählten Überblendverfahren erneut (Strg+J); senken Sie eventuell beim nächsten Duplikat die Deckkraft.

Vorlage: Tonwertkorrektur_n — Multiplizieren — Weiches Licht — Hartes Licht

Abbildung 11.62 Die Vorlage ist zu hell und zu kontrastarm. Wir duplizieren die Hintergrundebene und testen Füllmethoden, die abdunkeln oder den Kontrast heben. Sie könnten die Ergebnisse mit Deckkraftregler oder örtlichen Anpassungen verfeinern.

Alternative per Einstellungsebene

Zum Duplizieren der Hintergrund-Ebene bietet Photoshop Alternativen, die Speicherplatz sparen, weil Sie keine Bildpunkte duplizieren. Sie können die duplizierte Ebene dann aber auch nicht weichzeichnen.

Eine Möglichkeit: Legen Sie mit dem Symbol Neue Füll- oder Einstellungsebene erstellen unten in der Ebenenpalette eine beliebige neue Einstellungsebene an (Seite 886), zum Beispiel **Gradationskurven**. Lassen Sie alle Einstellungen neutral, so dass die Bilddarstellung gleich bleibt. Richten Sie für die obere neue Einstellungsebene eine Füllmethode wie das Multiplizieren ein. Verfeinern Sie mit Ebenenmaske und Deckkraft, experimentieren Sie bei Bedarf auch mit Kontraständerungen im Dialogfeld.

Vorteile hier:

» Bei Serien ziehen Sie die Einstellungsebene gleich mit angepasster Deckkraft auf zehn weitere Bilder.

» Durch Änderungen im Korrekturdialog – zum Beispiel in den Gradationskurven – justieren Sie das Ergebnis weiter.

Alternative per Korrekturbefehl

Wenden Sie einen beliebigen Kontrast- oder Effektbefehl auf das Bild an, der keinerlei Änderung auslöst, zum Beispiel **Bild: Korrekturen: Helligkeit/Kontrast** mit allen Reglern in Neutralstellung. Anschließend bietet der Befehl **Bearbeiten: Verblassen** alle Mischverfahren wie das multiplizieren an – auch ohne duplizierte Ebene. Testen Sie auch gesenkte Deckkraft. Sie erhalten die gleichen Ergebnisse wie mit einer Duplikat- oder Einstellungsebene. Das Bild ist sofort dauerhaft verändert.

11.7.2 Einstellungsebenen verfeinern

Sie legen per Korrekturenpalette eine Einstellungsebene an und sind mit dem Ergebnis noch nicht ganz zufrieden. Ein Beispiel: Sie hellen Ihr Foto mit der **Gradationskurve** deutlich auf. Doch dabei entstehen zu satte Farben. Außerdem fressen nun Bildpartien aus, die schon zuvor hell waren. Einen Ausweg bietet die Ebenentechnik in zwei Varianten, die Sie auch kombinieren können:

1. Stellen Sie die Füllmethode der Einstellungsebene von Normal auf Luminanz.
2. Blenden Sie die hellsten Bereiche der Einstellungsebene per Farbbereich aus.

Abbildung 11.63 Das Foto ist zu dunkel und wird mit einem Duplikat und Füllmethode »Negativ multiplizieren« bei 80 Prozent Deckkraft abgedunkelt – nach zwei verschiedenen Verfahren. **3. Bild:** Wir haben die »Hintergrund«-Ebene dupliziert und die Füllmethode auf »Negativ multiplizieren« gestellt, so wird es meist gemacht. **4. Bild:** Diese Technik erzeugt die gleiche Wirkung: Wir legen eine beliebige Einstellungsebene über das blasse Original, zum Beispiel »Gradationskurven«, lassen die Regler in Neutralstellung und verwenden auch hier die Füllmethode »Negativ multiplizieren«. Vorlage: Tonwertkorrektur_o

Verfeinern per Füllmethode

Diese Füllmethoden bieten sich zum Verfeinern einer Einstellungsebene an:

» Stellen Sie die Füllmethode der Einstellungsebene von Normal auf Luminanz. So ändert sich garantiert nur die Helligkeit und nicht die Farbstimmung. Allerdings sieht das Ergebnis eventuell zu flau aus.

» Sie haben den Kontrast gesteigert, doch das Gesamtbild soll nur die Aufhellung zeigen, die Abdunklung gefällt Ihnen nicht. Stellen Sie die Füllmethode auf Aufhellen.

» Sie haben den Kontrast gehoben, aber im Gesamtbild wollen Sie von dieser Änderung nur die Abdunklung sehen. Nehmen Sie also die Füllmethode Abdunkeln.

TIPP Nutzen Sie die Füllmethoden auch für Smartfilter, etwa auch **Tiefen/Lichter**.

Abbildung 11.64 Wir hellen den Wintersportler mit einer Einstellungsebene »Gradationskurven« kräftig auf. Der Schnee wirkt nun zu hell, das Gesicht rötlich. Datei: Kontrast_h

Abbildung 11.65 **Links:** Die Füllmethode stellen wir von »Normal« auf »Luminanz« um, so dass die Aufhellung farbneutral wird, das Foto erscheint weniger gesättigt. **Mitte:** Diese Einstellung verhindert, dass die Gradationskurve die hellsten Bildpunkte aufhellt. Der Schnee zeigt seine ursprüngliche Helligkeit. **Rechts:** Wir verfeinern das Ergebnis und bringen auch den Himmel in seiner ursprünglichen Tönung zurück. Der Snowboardfahrer bleibt jedoch aufgehellt.

Verfeinern mit Helligkeitsbereichen

Die Aufhellung der dunkleren Bildpartien gefällt Ihnen. Doch was zuvor bereits hell war, frisst nun aus. Sie könnten diesen Bereich mit Ebenenmasken von der Aufhellung aussparen. Testen Sie jedoch auch das Ausblenden von Helligkeitsbereichen, selbst wenn es sich nicht immer eignet. So machen Sie die hellsten Bereiche der Einstellungsebene wirkungslos:

1. Lokalisieren Sie die Einstellungsebene in der Ebenenpalette.
2. Klicken Sie rechts neben der Maskenminiatur doppelt in die leere Fläche der Ebenenpalette und wenden Sie sich im Ebenenstil-Dialog dem Farbbereich zu.
3. Unter dem oberen Farbbalken Diese Ebene ziehen Sie den weißen Regler nach links. So kann die Einstellungsebene nicht mehr die hellsten Bildbereiche verändern (Details Seite 781).
4. Bei gedrückter Alt-Taste ziehen Sie die rechte Hälfte des weißen Dreiecks etwas nach rechts.

11.8 HDR (Belichtungsserien kombinieren)

Viele kontrastreiche Motive lassen sich nicht mit dem »Dichteumfang« fotografieren, den das Auge wahrnimmt:

- Belichten Sie die helle Bildpartie korrekt, zum Beispiel den Himmel, dann sumpfen die Schatten dunkel ab, zum Beispiel Landschaft und liebe Leute im Vordergrund
- Belichten Sie indes die Schatten korrekt, fressen die helleren Partien weiß aus.

Doch Sie können die Detailzeichnung kontrastreicher Szenen verbessern: Fotografieren Sie ein und dasselbe Motiv mehrmals halbwegs deckungsgleich – mit Belichtungen, die sich um mehrere Blendenstufen unterscheiden. Dann montieren Sie die beiden Aufnahmen übereinander und holen den jeweils gut durchgezeichneten Teil in der Gesamtansicht nach vorn. Diese Technik heißt auch HDR, für »high dynamic range«, hoher Tonwertumfang, außerdem kursiert der Begriff »DRI« für »dynamic range increase«. Tipps zum Aufnehmen von HDR-Fotoserien finden Sie ab Seite 45.

Abbildung 11.66 Innenräume mit Blick nach draußen lassen sich oft nicht mit einer einzigen Aufnahme vollständig durchgezeichnet erfassen. Kombinieren Sie zwei unterschiedliche Belichtungen. Dateien: HDR_1 etc.

Allerdings laufen oft zwei verschiedene Auffassungen von »HDR« durcheinander:

- Die Kombination von Belichtungsserien kontrastreicher Motive (darum geht es hier);
- Die Arbeit mit einer extrem hohen Farbtiefe von 3x32 Bit für maximalen Tonwertumfang, zum Beispiel auch, aber nicht nur für Belichtungsserien kontrastreicher Motive (darum geht es ab Seite 123).

TIPP Sie wollen die HDR-Bild-Anmutung mit nur einem einzigen Foto herstellen? Überstrahlende Kanten, supersatte Farben und leicht surreale Kontraste liefert der Befehl **Bild: Korrekturen: HDR-Tonung** (Seite 351); eine Einzelaufnahme reicht. Die **HDR-Tonung** liefert exakt die gleichen Regler und Vorgaben wie **Zu HDR Pro zusammenfügen** für Bildserien (Seite 363).

HDR mit nur einem Bild

Können Sie nur ein einziges Bild aufnehmen, dann verwenden Sie zwei Varianten ein und derselben Camera-Raw-Datei, die Sie zweimal mit unterschiedlichen Helligkeiten »entwickeln«. Aus Raw-Dateien holen Sie dabei meist mehr Zeichnung heraus als aus JPEGs. Sie können diese Raw-Dateien auch zweimal hintereinander als Smart-Objekt **platzieren** (Seite 902); alle Camera-Raw-Eigenschaften bleiben so korrigierbar erhalten. Eine weitere Möglichkeit bietet die **HDR-Tonung** (Seite 351), die Einzelbild-Ausgabe von **Zu HDR Pro zusammenfügen** (Seite 363).

Einige Kameramodelle wie die Fujifilm Finepix S5 Pro zeichnen ein Foto mit zwei unterschiedlich empfindlichen Sensorgruppen gleichzeitig auf. Sie fotografieren eine hellere und eine dunklere Szene und mischen das Ergebnis sofort zu einer reich durchgezeichneten Aufnahme. Zwölf Blendenstufen Dynamikumfang sollen laut Testberichten möglich sein, ein hervorragender Wert. Viele andere Kameras wollen das Tonwertspektrum mit eingebauter Software verbessern.

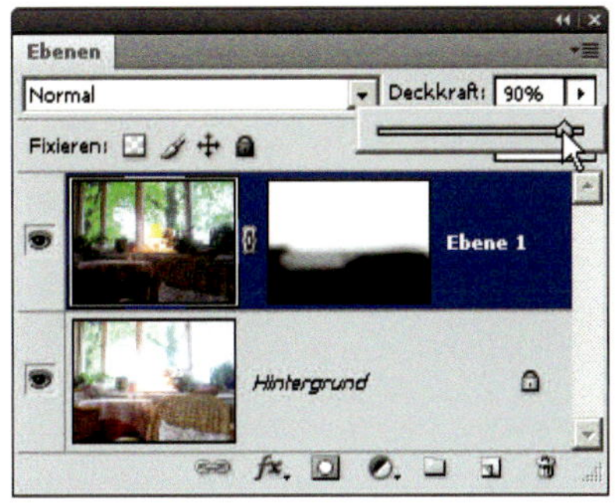

Abbildung 11.67 Die dunklere Belichtung wird über die hellere Variante montiert. Durch Retusche in der Ebenenmaske blenden wir die zu dunklen, unterbelichteten Partien der oberen Ebene aus. Zusätzlich senken wir die Deckkraft auf 90 Prozent.

11.8.1 HDR-Verfahren im Überblick

Wollen Sie mehrere unterschiedlich belichtete Einzelbilder kombinieren, dann bietet Photoshop diese Mischmöglichkeiten:

- Mehrere Belichtungen einer Szene übereinanderlegen und überblenden, das erlaubt automatisch der Befehl **Datei: Automatisieren: Zu HDR Pro zusammenfügen** (Seite 363). Diese Funktion arbeitet jedoch auch nach der Überarbeitung für Photoshop CS5 teils suboptimal – testen Sie auch andere Verfahren.
- Montieren und mischen Sie mehrere Aufnahmen per **Photomerge**-Technik, dabei enstehen automatisch teilmaskierte Einzelebenen (siehe unten).
- Verbergen Sie einzelne Bereiche der oberen Ebenen durch eine manuell nach Maß retuschierte Ebenenmaske. Dieses Verfahren erlaubt die besten Ergebnisse – kostet aber auch mehr Zeit.
- Verbergen Sie einzelne Helligkeitswerte einer Ebene durch die Regler Diese Ebene und Darunter liegende Ebene im Ebenenstil-Dialog.

Die letzten zwei Techniken lassen sich auch kombinieren. Eventuell ändern Sie auch noch die Füllmethode.

Deckungsgleiche Dateien montieren

Eine komplette Übersicht, wie Sie Ebenen bequem stapeln und dabei wahlweise automatisch Deckungsgleichheit herstellen, bis hin zur Stapelverarbeitung für ganze Serien, finden Sie ab Seite 825. Hier folgen Kurzanleitungen, wie Sie schnell Bilder gleicher Größe sauber übereinanderlegen – die HDR-Mischung selbst folgt erst danach.

Die Dateien sind gleich groß und bereits völlig deckungsgleich, müssen also nicht mehr ausgerichtet werden? Nutzen Sie unter anderem diese Möglichkeiten:

- Gut geeignet auch für längere Bildreihen: Markieren Sie die Teilnehmer in Bridge und wählen Sie dort **Werkzeuge: Photoshop: Dateien in Ebenen laden.** Alternativ finden Sie die Funktion auch in Mini Bridge; dort klicken Sie zunächst auf Extras.
- Sofern es nur zwei Ebenen sind: Wählen Sie das zum Beispiel dunklere Bild mit Strg+A aus, kopieren Sie es mit Strg+C in die Zwischenablage und fügen Sie es per Strg+V über der helleren Variante wieder ein.
- Am besten auch für nicht mehr als zwei Dateien: Zeigen Sie beide Bilder in Photoshop, ziehen Sie das eine mit dem Verschiebenwerkzeug ins andere und drücken Sie vor dem Loslassen die ⇧-Taste – sie sorgt für mittige Positionierung.

Abbildung 11.68 Diese Bildmischung entstand ganz ohne manuelle Versuche mit dem Befehl »Ebenen automatisch überblenden«. Sie können das Ergebnis mit den Techniken aus diesem Abschnitt weiter verfeinern.

Nicht ganz deckungsgleiche Dateien montieren

Sie haben aus der Hand fotografiert, die Dateien sind nicht perfekt deckungsgleich. So legen Sie die Aufnahmen bequem übereinander und richten sie deckungsgleich aus:

1. Wählen Sie die Bilder in Bridge aus.
2. Wählen Sie in Bridge **Werkzeuge: Photoshop: Photomerge** (alternativ in Mini Bridge über die EXTRAS-Schaltfläche). Im Dialogfeld schalten Sie BILDER ZUSAMMEN ÜBERBLENDEN ab und klicken auf OK. Sie erhalten eine ausgerichtete Ebenenmontage in Photoshop. Legen Sie je nach HDR-Verfahren noch Ebenenmasken an.

TIPP Eventuell entstehen bei nicht deckungsgleichen Vorlagen unschöne Randstreifen im montierten Zwischenergebnis. Schneiden Sie diese Streifen nicht voreilig weg – im fertigen HDR-Bild fallen die Randstreifen eventuell nicht mehr auf.

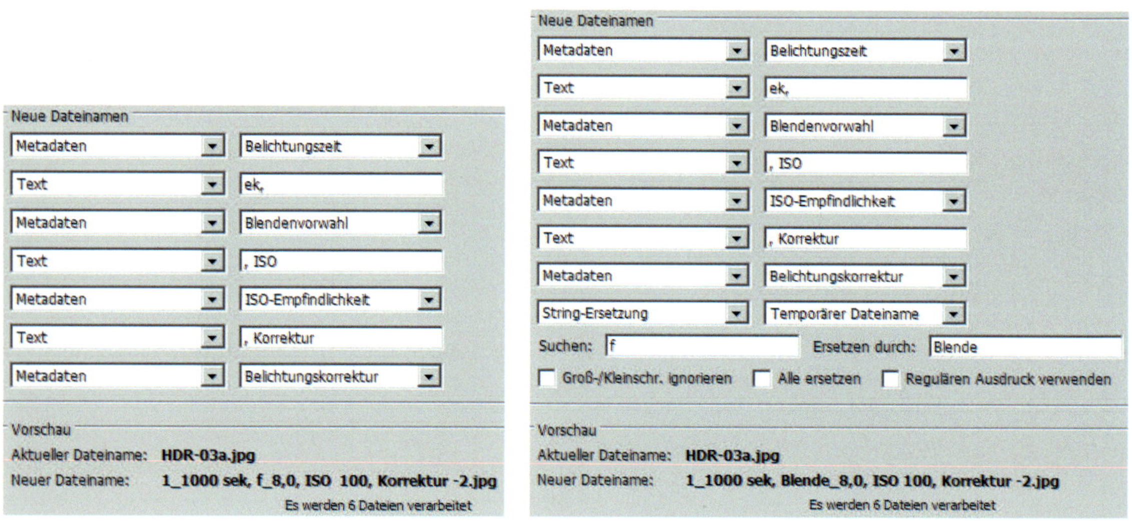

Abbildung 11.69 **Links:** Mit dieser Einstellung im Bridge-Dialog »Stapelumbenennung« entstehen Dateinamen wie »1_1000 sek, f_8,0, ISO 100, Korrektur -2.jpg«. **Rechts:** Wir verwenden eine zusätzliche »String-Ersetzung«, die aus dem »f« das Wort »Blende« macht. Die Beispieldatei heißt also »1_1000 sek, Blende_8,0, ISO 100, Korrektur -2.jpg«.

Belichtungswerte anzeigen

Wer mit HDR-Serien experimentiert, sieht gern die Belichtungswerte der Kamera, vor allem die Belichtungszeit. Die einfachste Möglichkeit: Sie öffnen die **Voreinstellungen** in Bridge mit Strg+K, klicken links auf Miniaturen und nehmen Anzeigen: Belichtung. Schon meldet Bridge das Wissenswerte gleich unter jedem Dateinamen.

Oder setzen Sie die Belichtungswerte direkt in den Dateinamen ein: Wählen Sie die Bilder in Bridge aus, dann gehen Sie auf **Werkzeuge: Stapelumbenennung** und nutzen Namensbestandteile wie Metadaten: Belichtungszeit (Seite 163). Sie können dann zum Beispiel auch nach Belichtungszeit sortieren.

11.8.2 Mischen von Hand

Sie haben zwei oder mehr deckungsgleiche Dateien als Ebenen übereinandergetürmt? Klicken Sie unten in der Ebenenpalette auf Ebenenmaske hinzufügen. Meist reicht danach ein Druck auf die Taste X, um schwarze Vordergrundfarbe einzurichten; dann malen Sie dort im Bild, wo Sie die obere, dunkle Ebene verbergen wollen – also dort, wo »Ebene 1« schwarz zuläuft und die hellere »Hintergrund«-Ebene hervortreten soll (Details zu dieser Technik ab Seite 867).

Alternative: Wählen Sie Bildbereiche mit der Schnellauswahl aus, dann aktivieren Sie die Ebenenmaske, sagen **Bearbeiten: Fläche füllen** und kippen Schwarz in den Bereich.

Prüfen Sie bei diesem ebenso wie beim folgenden Verfahren zusätzlich, ob sich für die obere Ebene die Füllmethoden Abdunkeln oder Multiplizieren eignen oder ob Sie die Deckkraft senken sollten. Verfeinern Sie die Ebenen mit Kontrastkorrekturen.

»Ebenen automatisch überblenden«

Photoshop erzeugt automatisch HDR-Montagen mit teilmaskierten Einzelebenen, wenn auch nicht perfekt. Die Dateien müssen nicht deckungsgleich sein. Ein möglicher Weg:

1. Markieren Sie die Bildreihe in Bridge.
2. Wählen Sie in Bridge **Werkzeuge: Photoshop: Photomerge**. Im Dialogfeld schalten Sie Bilder zusammen überblenden ab und klicken auf OK.

Abbildung 11.70 **Oben:** Bridge zeigt die Belichtungswerte unter dem Dateinamen an. **Mitte:** Wir setzen die Belichtungswerte per »Stapelumbenennung« direkt in den Dateinamen. **Unten:** Der Abschnitt »f« wird per »String-Ersetzung« in »Blende« umbenannt. Dateien: HDR_03. Foto: Lucas Klamert

3. Sie erhalten eine Montage in Photoshop, die oberste Ebene ist aktiviert. Klicken Sie in der Ebenenpalette bei gedrückter ⇧-Taste auf die unterste Ebene; so sind alle Ebenen ausgewählt.
4. Sie wählen **Bearbeiten: Ebenen automatisch überblenden** mit den Optionen Bilder stapeln und Nahtlose Töne und Farben.

Photoshop erzeugt eine HDR-Montage mit Ebenenmasken; das Ergebnis geht meist als interessanter Ansatz

Abbildung 11.71 Diese zwei Belichtungen kombinieren wir durch Ausblenden von Tonwertbereichen. Dateien: HDR_02.

durch, überzeugt aber nicht vollends. Licht und Schatten verteilen sich nicht perfekt. Wiederholen Sie den Versuch eventuell ohne die Option Nahtlose Töne und Farben.

Und: Sie erhalten zwar retuschierbare Ebenenmasken, aber Sie müssen stets zwei Masken bearbeiten: Was auf der oberen Ebene mit Weiß in der Maske eingeblendet ist, hat auf der unteren Ebene auch noch mal Schwarz in der Maske, so dass es doppelt versteckt wird (Seite 841).

Mischen per Ebenenstil

Zur Methode mit der Ebenenmaske gibt es eine Alternative oder Ergänzung. Diese zweite Methode eignet sich vor allem für Aufnahmen, die wirklich perfekt deckungsgleich übereinander sitzen. In unserem Beispiel befindet sich die dunklere Ebene oben:

1. Klicken Sie mit rechts auf die Miniatur der oberen, dunkleren Ebene.
2. Unter dem Graubalken mit der Überschrift Diese Ebene ziehen Sie das schwarze Doppeldreieck nach rechts, zum Beispiel bis zum Wert 56.

Abbildung 11.72 Von der oberen, dunkleren Ebene blenden wir mit dem »Ebenenstil«-Dialog die dunkelsten, unterbelichteten Bildbereiche aus. Dieses Zwischenergebnis könnten Sie mit weiteren Korrekturen für einzelne Zonen und das Gesamtbild verbessern.

Abbildung 11.73 Im Dialog »Zu HDR Pro zusammenfügen« mischen Sie Belichtungsserien von kontrastreichen Motiven, so dass ein in allen Teilen gut durchgezeichnetes Bild entsteht. Datei: HDR_06. Foto: Lucas Klamert

3. Drücken Sie die Alt-Taste, dann ziehen Sie die linke Hälfte des Doppeldreiecks nach links, zum Beispiel bis zum Wert 33/56.

So verstecken Sie die dunkelsten Bildpunkte von 0 bis 33 der oberen Ebene komplett (Seite 781); mittelhelle Bildpunkte von 34 bis 56 erscheinen nur halbdeckend. Ausschließlich die helleren Bereiche dieser insgesamt dunkleren Ebene erscheinen im Gesamtbild; sie verdrängen die ausgefressenen, zu hellen Lichter der unteren, helleren Ebene.

In Bildpartien mit schlechter Mischung legen Sie vielleicht zusätzlich eine Ebenenmaske an. Oder beginnen Sie umgekehrt mit Ebenenmaskentechnik und testen Sie, ob Ausblenden der dunkelsten Tonwerte die Sache verbessert.

11.8.3 »Zu HDR Pro zusammenfügen«

Photoshops spezieller HDR-Befehl wurde für Photoshop CS5 deutlich verbessert: leichtere Bedienung, dennoch mehr Regler und vor allem ansehnlichere Ergebnisse. Das Ganze heißt nun **Datei: Automatisieren: Zu HDR Pro zusammenfügen** – und perfekte Bilder dürfen Sie immer noch nicht erwarten. Oberfläche und Regelmöglichkeiten wirken wie eine Mischung aus Raw-Dialog, **Tiefen/Lichter** und einer Prise **Selektiver Scharfzeichner**.

Die Funktion biegt Ihre Einzelbilder automatisch deckungsgleich hin. Sie müssen also nicht unbedingt mit Stativ arbeiten. Allerdings biegt **HDR Pro** nicht so kraftvoll wie **Photomerge.** Als Ergebnis erhalten Sie ein Einzelbild ohne Zugriff auf die Ebenen. Innerhalb des Dialogfelds können Sie keine örtlichen Korrekturen vornehmen.

Der Befehl **HDR-Tonung** (Seite 351) bietet für einzelne Dateien exakt die gleichen Regler und Vorgaben wie **HDR Pro**.

Raw-Dateien vorbereiten

Sofern Sie Raw-Dateien verwenden: Der Befehl **Zu HDR Pro zusammenfügen** bringt Sie sofort in den **HDR Pro**-Dialog, ohne Umweg über die Raw-Funktionen.

Sie könnten jedoch vorab einige Dinge im Raw-Dialog erledigen. Entfernen Sie alle bisherigen Änderungen, dann korrigieren Sie einheitlich für alle Bilder Rauschen und chromatische Aberration – diese Fehler könnten von der HDR-Prozedur unschön betont werden. Gleichen Sie auch schiefen Horizont und einheitliche Flecken aus. Ein möglicher Ablauf:

1. Wählen Sie die zusammengehörenden Raw-Dateien in Bridge aus.
2. Dem folgt der Bridge-Befehl **Bearbeiten: Entwicklungseinstellungen: Einstellungen löschen**. So verschwinden alle Korrekturen.
3. Mit Strg+R laden Sie die gesamte Bildserie in den Raw-Dialog.
4. Aktivieren Sie im Filmstreifen links eine Datei mittlerer Helligkeit, die viele Details erkennen lässt.
5. Öffnen Sie das Details-Register und korrigieren Sie Luminanz- und Farbrauschen (Seite 230).
6. Wechseln Sie ins Register Objektivkorrekturen. Entweder per Profil oder manuell korrigieren Sie chromatische Aberration, also unschöne Farbkanten speziell in Gegenlichtsituationen (Seite 396).
7. Ihre Bildserie zeigt durchgehend störende Flecken oder einen schiefen Horizont? Dann zücken Sie auch noch Bereichsreparaturwerkzeug und Geradeausrichten-Werkzeug.
8. Wenn Sie möchten, ändern Sie im Register Grundeinstellungen diese Vorgaben: Weissabgleich, Farbtemperatur, Farbton, Klarheit, Dynamik und Sättigung – Sie beeinflussen auch das HDR-Endergebnis. Ohne Einfluss aufs Endergebnis bleiben dagegen die anderen Regler aus den Grundeinstellungen, also Belichtung, Wiederherstellung, Aufhelllicht, Schwarz, Helligkeit und Kontrast.
9. Sie haben das Einzelbild perfekt? Klicken Sie links oben im Raw-Dialog auf Alles auswählen, dann auf Synchronisieren, im Klappmenü Synchronisieren nehmen Sie Alles, dann klicken Sie auf OK.
10. Klicken Sie unter der Bildvorschau im Raw-Dialog auf eine Zeile wie Adobe RGB (1998); 8 Bit... In den Arbeitsablauf-Optionen nehmen Sie für größtmöglichen Bearbeitungsspielraum den Farbraum: Pro Photo RGB und die Farbtiefe: 16 Bit/Kanal. Wollen Sie die Arbeit beschleunigen, verkleinern Sie hier noch die Grösse.
11. Klicken Sie auf Fertig. Damit schließen Sie den Raw-Dialog, alle Bilder werden mit den einheitlichen Vorgaben neu »entwickelt«.

TIPP Mitunter zeigt **HDR Pro** Bildserien nicht deckungsgleich, während **Photomerge** dieselben Bilder durchaus passgenau ausrichtet. Mit Glück beheben Sie in **HDR Pro** den Versatz mit der Geisterbilder-Option; doch dazu brauchen Sie mindestens drei Einzelbilder. Alternative für von vornherein deckungsgleiche Dateien: Sie gehen zunächst über **Photomerge** und lassen neue, ausgerichtete Einzeldateien erzeugen. Diese Dateien holen Sie dann in den **HDR Pro**-Dialog (Seite 832). Allerdings gehen dabei die Exif-Dateien verloren und der **HDR Pro**-Dialog fragt Sie nach den Belichtungswerten.

»HDR Pro« aufrufen

Auf verschiedenen Wegen bringen Sie Ihre HDR-Aufnahmeserie ins Dialogfeld:

» Markieren Sie die Teilnehmer in Bridge und wählen Sie dort **Werkzeuge: Photoshop: Zu HDR Pro zusammenfügen**.

» Alternativ wählen Sie die Fotos in Mini Bridge aus und gehen dort über die Extras weiter.

» Wählen Sie in Photoshop **Datei: Automatisieren: Zu HDR Pro zusammenfügen**. Anschließend geben Sie die gewünschten Dateien an. Am leichtesten haben Sie es, wenn exakt nur die HDR-Bildserie bereits geöffnet ist; dann klicken Sie auf Geöffnete Dateien hinzufügen. Zeigt die Liste noch überflüssige Dateien, werden sie angeklickt, dann folgt die Schaltfläche Entfernen. Über das Klappmenü Verwenden laden Sie auch einen ganzen Ordner.

Abbildung 11.74 Links: »HDR Pro« bringt nicht genug Zeichnung in den Abhang links, der angebotene »Tiefen«-Regler entstellt das Bild nur. **Rechts:** Wir haben den Abhang im »HDR Pro«-Dialog dunkel gelassen und erst nachträglich per »Tiefen/Lichter« korrigiert; Sie könnten hier auch ein passend belichtetes Einzelbild einfügen. Den fotografierenden Touristen beseitigen wir auf einer leeren Retuscheebene mit dem Bereichsreparaturpinsel. Dateien: HDR_04. Foto: Lucas Klamert

Oberfläche

HDR Pro arbeitet intern mit 3x32 Bit Farbtiefe, rechnet das Ergebnis aber nach dem OK-Klick wahlweise auf flexibler nutzbare Farbtiefen herunter. Meist lässt man anschließend weitere Kontrastkorrekturen folgen, vor allem **Tiefen/Lichter** lohnt sich. Stellen Sie den Modus darum oben im Dialogfeld auf 16-Bit, so haben Sie später in Photoshop mehr Änderungsspielraum. Erst zum Schluss wählen Sie bei Bedarf **Bild: Modus: 8-Bit-Farbe**, so dass die Datei noch vielseitiger nutzbar wird.

Auch in **HDR Pro** arbeiten Sie besonders schnell mit den üblichen Tastaturbefehlen zum Zoomen und Ändern des Bildausschnitts (Seite 34), zum Beispiel zoomen Sie per Strg+\+ und Strg+-.

ACHTUNG **HDR Pro** nutzt in der Vorschau eine stark verkleinerte Bildvariante. Die »100 Prozent«-Zoomstufe erscheint im Dialogfeld nicht sonderlich groß und unscharf; damit meint Photoshop nur die interne Zwischenversion, nicht Ihre Originale. Wechseln Sie zur 200-Prozent-Zoomstufe, sehen Sie eine größere Bildpartie erschreckend unscharf – doch das ist wieder nur die Vorschauvariante. In wahrer Größe erkennen Sie Ihr Werk erst nach dem OK-Klick.

»Vorgabe«

Testen Sie zum Einstieg Angebote aus dem Vorgaben-Menü ganz oben, etwa Fotorealistisch. Nützliche eigene Reglerwerte sichern Sie über die Menüschaltfläche als neue Vorgabe.

Direkt darunter gibt es eine Menüschaltfläche, mit der Sie wahlweise **Reaktionskurven laden** und speichern. Gemeint sind Diagramme (englisch »response curve«), die beschreiben, wie Kamerasensoren auf Licht reagieren. In der Regel verlassen Sie sich auf Photoshops Automatik.

Abbildung 11.75 »HDR Pro« teilt dem mittelhell belichteten Bild »EV 0« zu, also einen neutralen Lichtwert (»exposure value«). Die rechte Datei hat relativ den Lichtwert -2,0, wurde also zwei Blenden dunkler belichtet, zum Beispiel mit 1/500 statt 1/125 Sekunde. Die Informationen entnimmt Photoshop aus den Exif-Daten; bei Dateien ohne Exif-Werte fragt »HDR Pro« nach Belichtungsdaten. Mit der Checkbox entfernen Sie wahlweise einzelne Bilder aus der Verarbeitung; in der Regel bringt eine höhere Einzelbildzahl aber bessere Ergebnisse. Foto: Lucas Klamert

Fotorealistisch

Monochrom, künstlerisch

Stärker gesättigt

Surrealistisch

Surrealistisch, hoher Kontrast

Surrealistisch, geringer Kontrast

Abbildung 11.76 Die »Vorgaben« im Dialog »Zu HDR zusammenfügen« produzieren häufig übertriebene Effekte, die auffällig nach HDR-Technik aussehen (sollen). Die Bezeichnungen »Surrealistisch« und »Surrealistisch hoher Kontrast« wurden offenbar vom Hersteller vertauscht. Wir testen die Vorgaben jeweils mit der Option »Geisterbilder entfernen«. Die Ergebnisse lassen sich leicht weiterverändern, vor allem bei 16-Bit-Farbtiefe. Dateien: HDR_07

TIPP Sie möchten die Vorschau in **HDR Pro** nach fruchtlosem Experimentieren wieder auf den ursprünglichen Zustand zurücksetzen? Klicken Sie im Vorgabe-Menü auf Standard. Alternative: Drücken Sie die [Alt]-Taste; die Abbrechen-Schaltfläche zeigt dann wie meist die Beschriftung Zurücksetzen, auch so kehren Sie zum Einstiegsangebot des Dialogfelds zurück.

»Geisterbilder entfernen«

Der HDR Pro-Dialog zeigt Ihre Einzelbilder nicht immer ganz deckungsgleich, aus zwei Gründen:

- Büsche, Gräser, Wellen und Touristen bewegen sich zwischen den Aufnahmen. Sie sehen im HDR-Mix unschöne Schlieren.
- Selbst starre Berg- und Hauskanten montiert der **HDR Pro**-Dialog wider Erwarten nicht immer ganz deckungsgleich, sofern Sie aus der Hand fotografiert haben; hässliche Überlagerungen an Kontrastkanten bleiben zurück.

Abbildung 11.77 **Links:** Der »HDR Pro«-Dialog hat mehrere Einzelbilder gemischt, die Gräser verwischen. **Mitte, rechts:** Wir testen verschiedene Einzelbilder als Referenz für die »Geisterbilder«-Funktion. Dateien: HDR_03. Foto: Lucas Klamert

Die störenden Randerscheinungen korrigieren Sie leicht, sofern Sie mindestens drei Aufnahmen verwenden:

1. Klicken Sie oben rechts auf GEISTERBILDER ENTFERNEN. Photoshop wählt sofort in der Leiste unten ein Einzelbild als Referenz aus. Es zeigt einen dünnen grünen Rahmen. Die Randstörungen sind beseitigt.
2. Zoomen Sie im Dialogfeld auf 200 Prozent und zeigen Sie eine kritische Bildstelle an.
3. Klicken Sie in der Leiste unten andere Einzelbilder an und testen Sie, welches Einzelbild den Wischeffekt optimal unterdrückt.

Schatten und Lichtreflexe erscheinen mit der GEISTERBILDER-Maßnahme klarer konturiert. Das Gesamtbild ändert sich jedoch bei wechselnder GEISTERBILDER-Referenz kaum.

TIPP Prüfen Sie bei der Wahl des Referenzbilds, ob zum Beispiel hellere Varianten mehr chromatische Aberration ins Gesamtbild tragen (Seite396). Wegen der verkleinerten Vorschauversion im **HDR Pro**-Dialog erkennen Sie dieses Phänomen aber nicht vollständig im Dialogfeld selbst, sondern erst nach dem OK-Klick in der Photoshop-Arbeitsfläche bei hoher Zoomstufe.

»Leuchtkonturen«

Oben rechts im Dialogfeld stellen Sie 8-BIT- oder 16-BIT-Farbtiefe und die LOKALE ANPASSUNG ein – nur so erhalten Sie alle Regler.

Typisch für HDR-Montagen ist die Überstrahlung entlang kontrastreicher Kanten. Dieses Phänomen steuern Sie im Bereich LEUCHTKONTUREN:

» RADIUS: Hohe Werte hier erzeugen breitere Überstrahlungen, das Bild wirkt eventuell weniger scharf, Wolken erscheinen vielleicht gefälliger. Die Wirkung erinnert an den RADIUS-Regler beim **Selektiven Scharfzeichner** oder **Unscharf maskieren**.

» STÄRKE: steigert den Kontrast innerhalb der überstrahlenden Zonen und eventuell die Schärfewirkung, kann aber auch entstellen. Steht der RADIUS auf 0, richten Sie mit dem STÄRKE-Schieber nichts aus.

Die Wirkung der beiden Regler hängt auch von der Pixelzahl und von der Einstellung des DETAIL-Reglers (siehe unten) ab.

»Farbton und Detail«

Die GRADATIONSKURVE weiter unten im Dialogfeld arbeitet besonders präzise, doch zunächst bietet der HDR-Dialog für Kontrast und Farbton allgemein diese Funktionen im Bereich FARBTON UND DETAIL.

Radius: 25
Stärke: 0,53
Detail: 30

Radius: 25
Stärke: 3,0
Detail: 30

Radius: 90
Stärke: 3,0
Detail: 30

Abbildung 11.78 Wir testen das Zusammenspiel von »Radius« und »Stärke«. Das erste Bild zeigt die »Standard«-Einstellungen direkt nach dem Start im Dialog »HDR Pro«. Dateien: HDR_06. Foto: Lucas Klamert

- Gamma: Den höchsten Tonwertumfang haben Sie beim Wert 1,0. Höhere Werte betonen Schatten und Lichter – das Bild wirkt kontrastreicher; niedrigere Einstellungen holen mehr Mitteltöne heraus und sorgen für eine flachere Anmutung.
- Belichtung: Hier stellen Sie die Gesamthelligkeit ein – genau wie mit dem gleichnamigen Regler im Raw-Dialog. Nutzen Sie als Ergänzung zu Gamma und Belichtung auch die feiner steuerbare Gradationskurve weiter unten.

Radius: 25
Stärke: 0,53
Detail: 180

Radius: 25
Stärke: 3,0
Detail: 180

Radius: 90
Stärke: 3,0
Detail: 30

Abbildung 11.79 Der »Detail«-Wert beeinflusst die Wirkung Ihrer Einstellungen für »Radius« und »Stärke«.

Abbildung 11.80 **Links:** Mit der »Standard«-Vorgabe wirkt der Bergrücken noch überbelichtet. **Rechts:** Wir senken »Lichter« auf minus 30 Prozent. Vorgaben wie »Flach« oder »Fotorealistisch, geringer Kontrast« wirken ähnlich. So verbessern Sie auch ausgefressene Wolken. Dateien: HDR_05

» DETAIL: Eine Art Scharfzeichnung für kontrastreiche Bildteile, die leicht übers Ziel hinausschießt und eventuell Bildrauschen betont. Vorsicht: Weil der **HDR Pro**-Dialog Ihr Bild nie in Originalgröße anzeigt, sollten Sie die Wirkung hoher DETAIL-Werte nach dem OK-Klick noch einmal genau prüfen.

» TIEFEN: Positive Werte bringen mehr Zeichnung in sehr dunkle Bildstellen, so wie beim AUFHELLLICHT im Raw-Dialog.

» LICHTER: Negative Werte dunkeln sehr helle Bildstellen ab, zum Beispiel überstrahlende Wolken; ähnlich arbeitet der Regler WIEDERHERSTELLUNG im Raw-Dialog.

TIPP Deutlich mehr Feinsteuerung für TIEFEN und LICHTER haben Sie mit **Bild: Korrekturen: Tiefen/Lichter**; für die Nachbearbeitung mit diesem Befehl geben Sie das **HDR Pro**-Ergebnis mit 16-BIT-Farbtiefe aus. Theoretisch können Sie auch in 32-BIT-Farbtiefe arbeiten, doch die wenigen zur Verfügung stehenden Befehle wie **Belichtung** helfen für extreme Kontraste nicht recht weiter.

»Farbe«

HDR Pro zaubert viele neue Mitteltöne ins Bild, deren Farbsättigung oft noch Verfeinerung braucht. Das Register FARBE hält zwei altbekannte Regler parat:

» DYNAMIK: steigert die Sättigung schonend und ändert bereits sehr gesättigte Bereiche kaum noch.

» SÄTTIGUNG: hebt die Sättigung gleichmäßig, unabhängig von bereits vorhandener Sättigung. Damit wirkt dieser Regler stärker als die DYNAMIK, erzeugt aber auch schneller unschöne Quietschfarben.

»Gradationskurve«

Das Register GRADATIONSKURVE hält die präziseste Kontraststeuerung parat. Nutzen Sie die Kurve wie die Pendants in anderen Photoshop-Bereichen auch (Seite 319). So steuern Sie die Anfasspunkte:

» Für besonders tonwertgenaue Steuerung klicken Sie auf ECKE: Damit verläuft die Kurve nicht in einem flüssigen Bogen, sondern knickt am aktuellen Anfasspunkt hart weg. Die ECKE-Option gilt nur für jeweils einen Anfasspunkt und muss für den nächsten Anfasspunkt separat angeklickt werden.

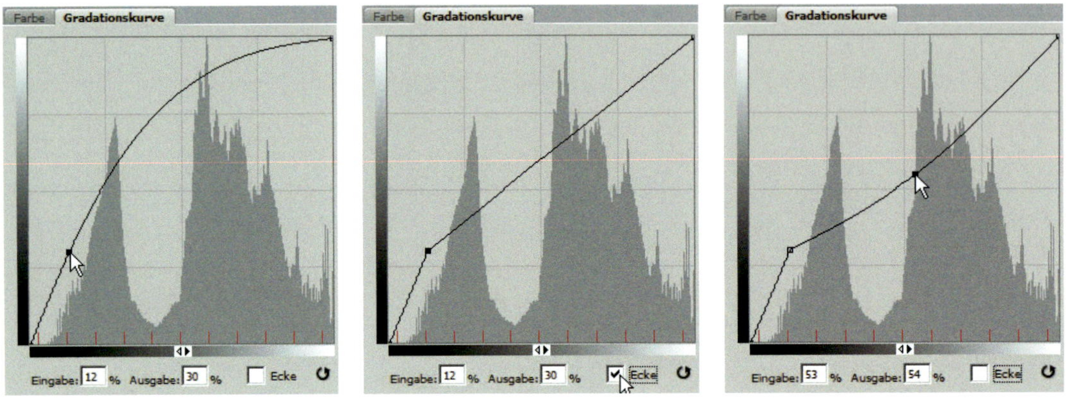

Abbildung 11.81 **Links:** Wir heben die Schattenwerte im Register »Gradationskurven« an. Doch steigen weiter rechts in der Kurve auch Mitteltöne und Lichter zu deutlich mit an. **Mitte:** Wir klicken auf »Ecke«. Die Kurve ist nicht länger gewölbt, Mitteltöne und Lichter steigen bereits weniger an. **Rechts:** Wir klicken in den oberen Teil der Kurve und ziehen ihn nach unten, in Richtung der streng diagonalen Neutrallinie. Dieser neue Anfasspunkt erzeugt zunächst einen gewölbten Kurvenabschnitt, solange Sie nicht erneut auf »Ecke« klicken.

» Überflüssige Anfasspunkte ziehen Sie aus der Kurve heraus. Mit der Schaltfläche Kurve zurücksetzen erhalten Sie wieder einen neutralen Verlauf, der nichts ändert.

Die roten Striche unten in der Gradationskurve signalisieren Belichtungsstufen.

11.9 Farbstimmung

Die Kontraste passen, doch die Farbstimmung konveniert nur bedingt? Dann ändern Sie die Farbtöne.

11.9.1 Übersicht

Mögliche Farbprobleme:

» Die Farbsättigung allgemein ist zu blass.

» Die Farbsättigung im Himmel ist zu blass, aber Gesichter sollen sich nicht ändern.

» Das Bild hat einen Farbstich.

Traditionell bearbeitet man die Gradationskurven einzelner CMYK-Druckfarben: So würden Sie etwa einen Gelbauszug dämpfen oder die Gegenfarbe anheben. Photoshop korrigiert die Farbstimmung jedoch auch mit bequemeren Werkzeugen. Für Ihre Farbkorrekturen verwenden Sie wie immer die Farbmodi CMYK, RGB oder Lab. Bei indizierten Farben, Graustufen oder Bitmap tut sich nichts.

11.9.2 Farbsättigung per »Farbton/Sättigung« und »Dynamik«

Mit **Bild: Korrekturen: Farbton/Sättigung** oder der entsprechenden Einstellungsebene heben Sie bequem die Sättigung nur in einem bestimmten Farbbereich an, zum Beispiel nur in den Blautönen. Alle anderen Werte bleiben unberührt.

Ändern Sie die Sättigung nicht pauschal

Bringen Sie zuerst die Kontraste in Ordnung, danach gehen Sie bei Bedarf Farbsättigung und Farbstiche an. Eine schlichte Art der Sättigungskorrektur bietet der Befehl **Bild: Korrekturen: Variationen** (Seite 378). Doch beim Anheben der Sättigung sollte man selten das ganze Bild über einen Kamm scheren: Zwar hebt man die Farbsättigung in Himmel oder Produktoberflächen oft problemlos an, das Bild lebt auf. Doch Hauttöne vertragen Sättigungsnachhilfe weit schlechter – Ihre Modelle erblühen dann in unzartem Schweinchenrosa.

Also lieber gezielt einzelne Bildbereiche ändern. Dazu könnten Sie natürlich mit Schnellauswahl und Co. einen Bildbereich auswählen, den Sie unabhängig von anderen Zonen verbessern. Aber es geht meist bequemer:

» Beim Befehl **Farbton/Sättigung** konzentrieren Sie die Änderung der Sättigung auf einen einzigen Farbbereich, zum Beispiel Blautöne.

Abbildung 11.82 Auch mit einem Polfilter vor dem Objektiv steuern Sie Farbstimmung und Kontrast. Das Bild links entstand ohne Polfilter, das Foto rechts mit Polfilter. Beide Aufnahmen wurden anschließend mit praktisch identischen Werten korrigiert. Die Gebäude und Wolken haben identische Tonwerte, Fluss und Himmelsblau unterscheiden sich jedoch deutlich. Datei: Farbsättigung_b

Abbildung 11.83 **Links:** Diese Vorlage wird mit verschiedenen Funktionen so bearbeitet, dass der »S«-Sättigungswert im Himmel von 40 auf 55 Prozent steigt. **Mitte:** Der »Sättigung«-Regler des Befehls »Farbton/Sättigung« hebt die Farbsättigung im kompletten Bild, die Hauttöne wirken übertrieben. **Rechts:** Eine »Dynamik«-Einstellungsebene frischt die Farben dezenter auf. Vorlage: Farbsättigung_a. Foto: bravobravo, iStockphoto.com, Nr. 1197187

Abbildung 11.84 **Links:** Wir klicken mit dem Ziehwerkzeug aus der Korrekturenpalette ins Bild, Photoshop richtet automatisch »Blautöne« als bearbeiteten Farbbereich ein. Durch Ziehen nach rechts heben Sie die Sättigung nur der Blautöne; Haut, Pullover und Gras ändern sich gar nicht mehr. **Rechts:** Wir lassen den »Sättigung«-Wert unverändert, ziehen aber zusätzlich den »Farbton«-Regler nach rechts.

» Der **Dynamik**-Befehl schont Hauttöne und ohnehin stark Gesättigtes – oft die beste Form, dezent die Farben aufzupeppen.

» Der Camera-Raw-Dialog hat im Bereich Grundeinstellungen ebenfalls Regler für Sättigung und Dynamik. Der Bereich HSL/Graustufen steuert die Sättigung für acht einzelne Farbbereiche.

Bei Außenaufnahmen mit Sonnenschein verstärken Sie die Farbsättigung mit einem Polfilter vor dem Objektiv (Seite 39).

TIPP Der Sättigung-Regler wirkt noch nicht ganz optimal? Wandeln Sie das Bild testhalber in den Lab-Modus um (**Bild: Modus: Lab-Farbe**) und testen Sie erneut eine Sättigung-Änderung; sie könnte etwas gefälliger aussehen. Weitere Möglichkeit für stärkere Farben in Lab: Erhöhen Sie via Kanäle-Palette den Kontrast in den Kanälen a und b.

Farbkorrektur für Hauttöne

Viele Farbkorrektur-Dialoge können Sie speziell auf Hauttöne einstellen, andere Farbtöne bleiben dann unverändert. So gehen Sie etwa bei den Befehlen **Farbton/Sättigung**, **Farbbalance** oder **Selektive Farbkorrektur** gezielt nur die Rottöne und/oder Gelbtöne an, bei **Farbton/Sättigung** präzisieren Sie die Farbauswahl noch per Klick auf einen Hautton. Auch **Gradationskurve** und **Tonwertkorrektur** beackern auf Wunsch exklusiv den Rot-Kanal. Umgekehrt können Sie die Hauttöne auch gegen Änderung sperren, indem Sie zum Beispiel nur die Blautöne in Angriff nehmen.

»Dynamik«

Erste Wahl für übliche Fotos ist eine Sättigungssteigerung per **Dynamik**-Einstellungsebene und mit dem Dynamik-Regler (auch als üblicher Befehl **Bild: Korrekturen: Dynamik**). Diese Funktion, die allerdings nicht im Lab-Modus arbeitet, verhindert quietschige Hauttöne und legt in ohnehin farbsatten Zonen nicht noch eine Schüppe drauf. Pinseln Sie Dynamik auch direkt örtlich in Bildteile, der Schwamm (quasi ein Sättigungspinsel) hat eine Dynamik-Option.

Der **Dynamik**-Dialog bietet auch den gröberen Regler Sättigung. Doch diese Funktion wirkt im Dialog **Farbton/Sättigung** praktischer, denn dort kann man den Farbbereich eingrenzen und bequem im Bild ziehen.

ACHTUNG Schrauben Sie die Sättigung herunter, dann macht der Dynamik-Regler die JPEG-Fehler eines Bilds schneller sichtbar als der Regler Sättigung. Jedenfalls, wenn man genau hinguckt.

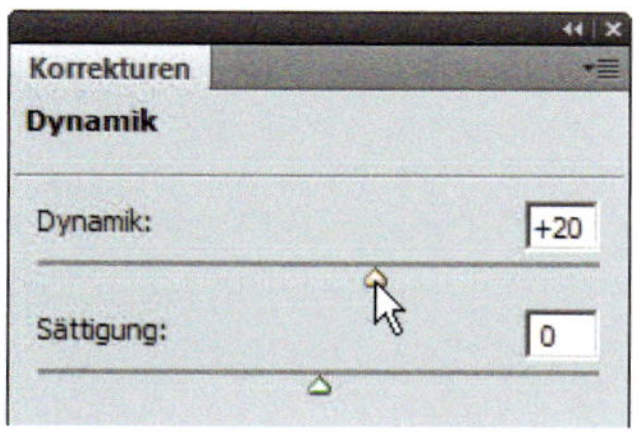

Abbildung 11.85
Der »Dynamik«-Regler ändert die Farbsättigung schonender als die Funktion »Sättigung«.

Nur ein Farbbereich per »Farbton/Sättigung«

Sie müssen nicht erst eine Auswahl anlegen, wenn Sie per **Farbton/Sättigung** nur einen einzelnen Farbbereich wie die Blautöne ändern wollen:

- Bequem und genau: Klicken Sie das Ziehwerkzeug oben links in der Einstellungsebene **Farbton/Sättigung** an und klicken und ziehen Sie über dem gewünschten Farbbereich. Klicken und ziehen Sie zum Beispiel über Himmel, stellt Photoshop automatisch den Farbbereich Blautöne oder Cyantöne (Grünblau) ein, durch Ziehen ändern Sie die Sättigung nur für diesen Abschnitt des Farbspektrums. Dieses eine Verfahren bietet nur die Einstellungsebene **Farbton/Sättigung**, aber nicht der modale Befehl **Farbton/Sättigung** aus dem Untermenü **Bild: Korrekturen**. (Nutzen Sie das Ziehwerkzeug bei gedrückter Strg-Taste, ändern Sie den Farbton, nicht die Sättigung.)
- Stellen Sie direkt oben im Klappmenü von Einstellungsebene oder Dialogfeld einen Farbbereich wie Rottöne ein. Nur noch dieser Bereich lässt sich mit den Reglern ändern.
- Etwas genauer: Stellen Sie im Klappmenü irgendeinen Farbbereich ein, etwa Gelbtöne. Führen Sie den Mauszeiger über das Bild und klicken Sie mit rechts ins Bild. Stellen Sie den Messbereich auf mindestens **5 x 5 Pixel Durchschnitt** oder mehr. Klicken Sie mit der linken Maustaste in den gewünschten Farbton, zum Beispiel in den Himmel. Diesen Farbton übernimmt nun der Dialog, das Klappmenü zeigt jetzt zum Beispiel Blautöne oder Cyantöne an.

Unten im Farbbalken des Dialogfelds ist der gewählte Farbbereich markiert. Für diesen Bereich ändern Sie nun Farbton, Sättigung und Helligkeit, andere Farbwerte bleiben unberührt. Reines Umfärben zum Beispiel von Autos oder Pullovern besprechen wir ab Seite 498.

Gewählten Farbbereich präzise definieren

Im unteren Teil enthält das Dialogfeld **Farbton/Sättigung** zwei Farbskalen. Der obere Streifen zeigt unveränderlich das gesamte Farbspektrum; dies sind die Vorherwerte Ihres Bilds. Im Streifen darunter erkennen Sie, wie sich diese Töne durch die aktuelle Reglerstellung verändern. Sehen Sie oben Rot und genau darunter Blau, dann haben Sie den Farbton-Schieber so bewegt, dass sich rote Bildpunkte in Blau verwandeln. Auch Änderungen bei Sättigung oder Helligkeit drücken sich in veränderten Tonwerten auf dem unteren Streifen aus.

Um nur einen einzelnen Farbbereich zu bearbeiten, müssen Sie auf jeden Fall oben im Klappmenü von Standard zum Beispiel zu Gelbtöne oder Grüntöne wechseln. Sie definieren den Farbbereich dann wahlweise noch genauer, indem Sie den gewünschten Farbton im Bild anklicken. Weitere Möglichkeiten: Wählen Sie die zu ändernden Farbtöne mit den Reglern unten zwischen den zwei Farbskalen aus oder nutzen Sie die Pipetten im Dialogfeld.

Zuerst zu den Schiebereglern. In unserem Beispiel lautet die Anzeige über den zwei Farbskalen 15°/45°-75°/105°. Das heißt: Die Farbtöne, die auf dem Farbkreis zwischen 45 und 75 Grad liegen, sind vollständig ausgewählt, jede Regleränderung wirkt bei diesen Farbtönen zu hundert Prozent. Allerdings setzt die Änderungswirkung nicht abrupt bei 45 Grad ein. Schon ab 15 Grad werden Farbtöne leicht manipuliert. Und 75 Grad ist auch nicht wirklich das Ende des korrigierten Bereichs: Abgeschwächt verändert Photoshop auch noch die Farbtöne bis hin zum Wert 105 Grad.

So nutzen Sie »Farbton/Sättigung«

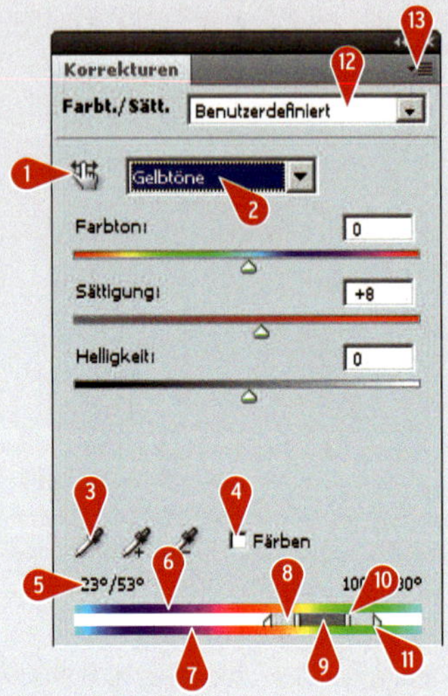

1. **Ziehwerkzeug:** im Bild waagerecht ziehen, um Sättigung des gewählten Farbbereichs zu ändern; [⇧]-Ziehen für schnellere Veränderungen; [Strg]-Ziehen, um Farbton des gewählten Farbbereichs zu ändern; [Strg]+[⇧]-Ziehen, um Farbton des gewählten Farbbereichs mit größeren Schritten zu ändern;
2. **Farbbereich wählen**, wenn nicht alle Farben (»Standard«) bearbeitet werden sollen, dann eventuell mit Farbbereichanzeige unten weiter verfeinern; Festlegung auch per Ziehwerkzeug
3. ***Pipetten:*** *Farbbereich mit Pipette im Bild auswählen, erweitern, verkleinern**
4. **Färben:** Bildbereich einfarbig tonen, Steuerung v.a. über Farbtonregler
5. ***Korrigierbare Farbtöne*** *v.l.n.r. *:*
   erster Wert, der ansatzweise verändert wird;
   erster Wert, der zu 100 Prozent verändert wird;
   letzter Wert, der zu 100 Prozent verändert wird;
   letzter Wert, der noch ansatzweise verändert wird
6. **Standard-Farbspektrum,** wird immer gleich dargestellt
7. **Verändertes Farbspektrum** bei aktueller Reglerstellung
8. ***Übergangszone*** *um den Hauptfarbbereich herum, die nur schwach verändert wird. Ziehen: Hauptfarbbereich erweitern oder verkleinern**
9. ***Hauptfarbbereich,*** *der bearbeitet wird. Ziehen: Hauptfarbbereich verschieben**
10. ***Übergangszone*** *um den Hauptfarbbereich herum erweitern/verkleinern, gleichzeitig Hauptfarbbereich umgekehrt verkleinern/erweitern**
11. ***Übergangszone*** *um Hauptfarbbereich herum erweitern/verkleinern**
12. **Vorgabe** laden
13. **Palettenmenü:** aktuelle Einstellung als neue Vorgabe speichern, Funktion wechseln etc.

* *gilt nur, wenn im Klappmenü ein einzelner Farbbereich wie Gelbtöne erscheint, also nicht* STANDARD

Allgemeine Informationen zur Korrekturenpalette und zu den Schaltflächen ab Seite 888..

TIPP Einige Funktionen des Befehls FARBTON/SÄTTIGUNG bietet Photoshop auch in Pinselform: So können Sie mit dem Schwamm (Kurztaste [O]) über das Bild fahren, um pixelweise Sättigung zu entziehen oder hinzuzufügen; der Abwedler hellt Bildteile unter der Pinselspitze auf, der Nachbelichter macht sie dunkler (Seite 406). Das Farbe-ersetzen-Werkzeug tont ausgewählte Farbwerte einfarbig (Seite 496).

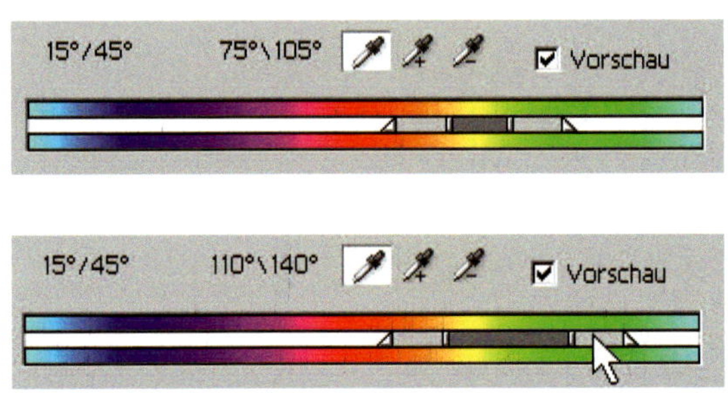

Abbildung 11.86 Oben: Den voll korrigierbaren Farbbereich signalisiert Photoshop im Dialogfeld »Farbton/Sättigung« durch einen dunkelgrauen Balken, den halb korrigierbaren Bereich durch hellgraue Balken. **Unten:** Ziehen Sie an einem der hellgrauen Balken, um den korrigierbaren Bereich zu vergrößern oder zu verkleinern, ohne dass sich die Breite der halb erfassten Zone verändert.

Farbbereich per Schieberegler ändern

Sie wollen den inneren Bereich der voll ausgewählten Farben verändern. Dazu klicken Sie in die hellgrau dargestellten Zonen zwischen den zwei Farbskalen und schieben sie nach innen oder außen. Sie erweitern zum Beispiel die voll erfassten Tonwerte auf den Bereich von 45 bis 110 Grad (zu erkennen an den jeweils innen genannten Zahlen).

Halb erfasste Farbbereiche ändern

Außerhalb dieses voll ausgewählten, nun weiter ausgedehnten Bereichs liegen weiterhin die Zonen abgeschwächt ausgewählter Farbwerte, diese Zonen links und rechts sind jeweils 30 Grad breit. Sie können die Ausdehnung der halb erfassten Farbwerte ändern. Rechnen Sie jedoch bei verkleinerten Zonen mit harten Tonwertsprüngen.

Schieben Sie die dreieckigen Regler, die den hellgrau unterlegten, halb ausgewählten Bereich begrenzen, nach innen. So verkleinern Sie den halb erfassten Bereich und sorgen für härtere Auswahlgrenzen. Schieben Sie die Regler nach außen, um die Zone der schwach mitkorrigierten Tonwerte noch zu vergrößern. Jeweils an den äußeren Zahlen neben den Schrägstrichen erkennen Sie die neuen Grenzen.

Sie können umgekehrt auch die Zone der voll erfassten Tonwerte bearbeiten. Dazu ziehen Sie an den stabförmigen Begrenzern, die das dunkelgraue Feld zwischen den Farbskalen einfassen.

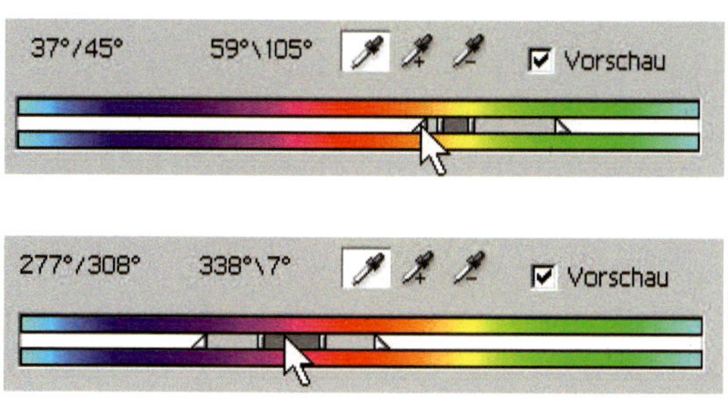

Abbildung 11.87 **Oben:** Ziehen Sie an einem der dreieckigen Begrenzer, um den halb erfassten Bereich unabhängig von der voll korrigierbaren Zone zu verkleinern oder zu vergrößern. **Unten:** Verschieben Sie den dunkelgrauen Block, wenn Sie einen anderen Farbbereich korrigieren möchten.

Sie ziehen die Begrenzer auseinander, um einen größeren Farbbereich zu erfassen; dabei verkleinert sich die halb ausgewählte, hellgrau gezeigte Strecke. Bewegen Sie die Begrenzer nach innen, um weniger Farbwerte zu bearbeiten – und den Bereich der halb erfassten Töne zu vergrößern. Die jeweils inneren Zahlen neben den Schrägstrichen nennen die neuen Tonwertgrenzen.

Gewählten Farbbereich verschieben

Ebenso einfach wählen Sie eine andere Zone korrigierbarer Farben, die gleich groß und gleich hart begrenzt ist wie der bisherige Bereich. Dazu ziehen Sie den dunkelgrauen Bereich. Wenn Sie ihn zum Beispiel weit genug nach links bewegen, erscheinen auch oben im Klappmenü neue Angaben, zum Beispiel statt bisher Gelbtöne dann Rottöne 2 oder Magentatöne. Alternativ klicken Sie einen gewünschten Farbton im Bild an.

TIPP Wählen Sie Farbtöne aus, die genau am Rand der Skala liegen, dann wird es unübersichtlich: Die linke Grenze liegt schon am rechten Rand der Skala und die rechte Grenze rutscht herüber auf die äußerste linke Seite. In diesem Fall können Sie die Anzeige des Farbspektrums verschieben, so dass der ausgewählte Bereich wieder in der Mitte der Balken erscheint und nicht auf die Ränder umbrochen wird. Ziehen Sie den Farbbalken dazu mit gedrückter Strg-Taste. Dabei verändern Sie wohlgemerkt nicht die Bildwirkung – nur die Anzeige wird angepasst.

Korrigierbaren Farbbereich mit Pipetten auswählen

Sie können per **Farbton/Sättigung** einen Farbbereich auswählen wie beschrieben. Dann präzisieren Sie Ihre Wahl mit den Pipetten aus diesem Dialogfeld. Den ausgewählten Bereich können Sie nun verkleinern oder vergrößern, indem Sie mit der Pluspipette bzw. mit der Minuspipette weitere Tonwerte anklicken. Statt der Plus- und Minuspipetten stehen auch die üblichen Photoshop-Tasten parat: Die ⇧-Taste zur normalen Pipette fügt wie immer etwas hinzu, erweitert also die Auswahl; die Alt-Taste zur normalen Pipette verkleinert die Auswahl.

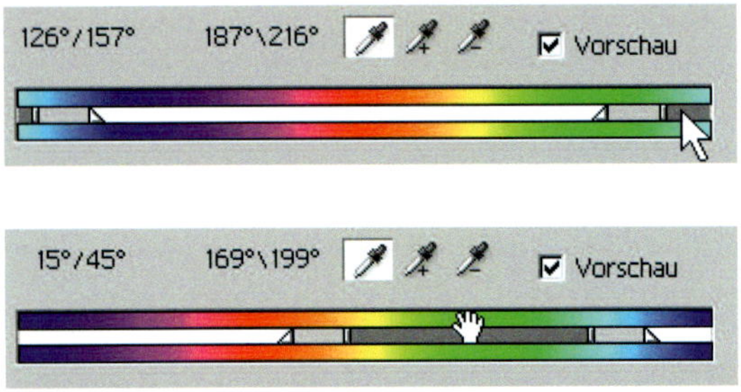

Abbildung 11.88 **Oben:** Durch eine Verschiebung rutscht die Darstellung des korrigierbaren Bereichs rechts aus der Anzeige heraus und wird links wieder fortgesetzt. Das ist unübersichtlich. **Unten:** Verschieben Sie die Anzeige der Farbwerte bei gedrückter Strg-Taste so weit, bis der erfasste Bildbereich bequem in der Mitte der Skala Platz hat.

11.9.3 Farbstiche mit der »Farbbalance«

Die wohl wichtigsten Mittel gegen Farbstiche sind die Befehle **Farbbalance** und **Variationen**, beide befinden sich wie alle Kontrast- und Farbfunktionen im Untermenü **Bild: Korrekturen** und finden sich natürlich auch auf der Titelseite der Korrekturenpalette. Aber nutzen Sie auch Alternativen wie **Kanalmixer**, **Fotofilter** und die **Selektive Farbkorrektur**. Am interessantesten wirkt freilich die **Farbbalance**, Kurztaste für den normalen Menübefehl: Strg+B. Der Tastengriff Strg+Alt+B lädt das Dialogfeld mit den zuletzt genutzten Werten.

Die Farbbalance kappt unerwünscht dominante Töne, die einen Farbstich erzeugen; automatisch wertet die Funktion die auf dem Farbkreis gegenüberliegende Farbe auf. Dabei wirkt die **Farbbalance** jeweils nur auf Tiefen, Mitteltöne oder Lichter – entfernen Sie zum Beispiel gezielt Blaustiche aus den Schatten. Sie sollten die Luminanz erhalten; so bearbeiten Sie nur die Farben, die Helligkeit ändert sich nicht.

TIPP Wollen Sie einen Farbstich auf die Schnelle ausmerzen, bieten sich **Auto-Farbton** sowie **Auto-Farbe** an (Seite 328). Nehmen Sie es umgekehrt besonders genau, bearbeiten Sie einzelne Grundfarben mit **Gradationskurve** oder **Tonwertkorrektur**.

Aber nicht nur Farbstiche, auch den Charakter eines Bilds verändern Sie durch behutsames Neubalancieren der Farbwerte. So wirkt ein Motiv wärmer, wenn Sie das Farbgewicht nach Rot und Gelb verlagern. Cyan- und Blauschwerpunkte machen die Vorlage kälter.

Abbildung 11.89 **Links:** Mit dieser Vorlage testen wir die »Farbbalance«. **Rechts:** Nur die »Mitteltöne« werden um 40 Einheiten von Gelb weg in Richtung Blau bewegt, das Bild wirkt kälter. Datei: Farbbalance. Foto: clu, iStockphoto.com, Nr. 8979827

Abbildung 11.90 **Links:** 25 Prozent mehr Rot nur in den Mitteltönen, so wirkt das Bild wärmer. **Mitte:** Plus 25 Prozent Rot nur in den Lichtern. **Rechts:** Plus 25 Prozent Rot in den Lichtern, dazu minus 26 Prozent Blau (also plus 25 Prozent Gelb) in den Mitteltönen.

Abbildung 11.91 **Links: Minus 25 Prozent Rot nur in den Tiefen. Mitte:** Plus 25 Prozent Blau (also minus 25 Prozent Gelb) nur in den Tiefen. **Rechts:** Nur in den Lichtern plus 50 Grün und plus 100 Blau. In allen Fällen verwenden wir die Option »Luminanz erhalten«.

Abbildung 11.92 **Links:** Mit dieser Vorlage testen wir die Wirkung der »Fotofilter« auf die Farbstimmung. **Mitte:** Wir verwenden den »Warmfilter (85)« mit einem »Dichte«-Wert von 35 und »Luminanz erhalten«. Vorlage: Fotofilter. Foto: travelphotographer, iStockphoto.com, Nr. 12263833

11.9.4 »Fotofilter«

Der Befehl **Bild: Korrekturen: Fotofilter** (auch als Einstellungsebene) justiert die Farbstimmung subtil, zum Beispiel in Richtung wärmer oder kälter. Im Dialogfeld bietet Photoshop zwei Kategorien an:

» Die klassischen Filter aus dem Fotoeinzelhandel wie Warmfilter (85) oder Kaltfilter (82) justieren die Farbstimmung subtil. Sie simulieren jene optischen Vorsatzfilter, welche die Meister der klassischen Linse vor ihre Leica-Festbrennweiten schrauben.

» Alternativ legen Sie eine hauchdünne Farbe über das Bild, die Sie wie üblich per Klick auf das Farbfeld bestimmen. Auch das Filter-Klappmenü bietet Farbnoten wie Unterwasser an.

TIPP Korrigieren Sie einzelne Bildzonen mit unterschiedlichen **Fotofiltern**, zum Beispiel den Himmel mit einem Kaltfilter und den Strand per Warmfilter.

Die von Ihnen im Farbwähler selbst bestimmte Farbe lässt sich nicht dauerhaft im Dialogfeld speichern. Photoshop macht diese Farbe jedoch nach dem OK-Klick zur neuen Vordergrundfarbe, so dass sie mit der Farbfelderpalette gespeichert werden kann. Alternativ speichern Sie eine Datei mit **Fotofilter**-Einstellungsebene, diese Ebene ziehen Sie auf andere Dateien. Auch die Aktionenpalette sichert Ihren persönlichen Fotofilter.

Feinsteuerung

Der Dichte-Regler steuert die Stärke des Effekts. Die Vorgabe Luminanz erhalten wahrt die Helligkeit, verhindert also eine Abdunkelung und auch eine Verflachung der Kontraste.

11.9.5 »Variationen«

Besonders leicht regeln Sie die Farbstimmung mit dem Befehl **Bild: Korrekturen: Variationen** (nicht im Modus Lab, nicht an 64-Bit-Macs).

Die Änderungen beziehen sich nach Wahl nur auf Tiefen, Mitteltöne, Lichter oder Sättigung. Justieren Sie zuerst die wichtigen Mitteltöne, anschließend gehen Sie an Lichter und Tiefen; danach prüfen Sie die Mitteltöne erneut. Wie stark die Unterschiede zwischen der ursprünglichen Version und den Korrekturvorschlägen ausfallen, das stellen Sie mit dem Fein...Grob-Regler ein.

Die Variationen arbeiten eher grob: Die Bildchen erscheinen nur klein, eine Detailansicht in der 100-Prozent-Zoomstufe gibt es gar nicht, eine Vorschau am Original auch nicht und die Histogrammpalette passt Photoshop erst an, nachdem Sie auf OK geklickt haben. Weit präziser als hier die Vorgaben für Heller oder Dunkler arbeiten zum Beispiel die **Gradationskurven**.

Abbildung 11.93 **Links:** Das Ergebnis entstand mit dem »Orange«-Filter bei 35 Prozent »Dichte«. **Mitte:** Die Farbe »Blau« mit 35 Prozent Dichte und wie immer »Luminanz erhalten«. **Rechts:** Der Fotofilter liegt hier als Einstellungsebene über dem unveränderten Bild. Sie können die Wirkung also dämpfen oder abschalten; die Originalpixel bleiben erhalten.

Vorgehen

Wollen Sie in Ihrem Bild Mehr Grün, dann klicken Sie auf das Bildchen mit der entsprechenden Unterschrift. Die korrigierte Variation erscheint jetzt auch in der Mitte und oben als Aktuelle Wahl. Reicht der Effekt noch nicht aus, klicken Sie erneut auf Mehr Grün. Wollen Sie weniger Grün, klicken Sie auf das Farbfeld gegenüber, in diesem Fall Mehr Magenta. Sie entfernen wie immer eine Farbe durch Hinzufügen der Gegenfarbe. Mit den Bildchen rechts machen Sie Ihr Lichtbild auch Heller oder Dunkler.

Wollen Sie alles verwerfen und zurück zum Ursprung, dann klicken Sie auf das Original. Oder Sie drücken wie üblich die [Alt]-Taste, um aus dem Schalter Abbrechen eine Zurück-Fläche zu machen. Bestätigen Sie jedoch ruhig mit OK und begutachten Sie das Ergebnis am bildschirmgroßen Original. Mit [Strg]+[Z] schalten Sie hin und her zwischen vorher und nachher. Haben Sie ähnliche Bilder, die Sie mit den gleichen Einstellungen korrigieren wollen, nutzen Sie die Möglichkeiten für Speichern und Laden einer gelungenen Korrektur.

TIPP Wollen Sie die **Variationen** als änder- und abschaltbare Korrekturebene über das Bild legen? Dann wählen Sie zunächst **Filter: Für Smart Filter konvertieren**, danach **Bild: Korrekturen: Variationen**. Die Korrektur wird wieder als Smartfilter angelegt (Seite 911).

Alarmfarben für »abgeschnittene Bereiche«

Heben Sie Abgeschnittene Bereiche durch Alarmfarben hervor. Die schöne Formulierung meint eigentlich: Durch die Kontrastkorrektur werden mehrere unterschiedliche Helligkeits- oder Farbwerte auf einen identischen Extremwert gehoben; so verlieren Sie beispielsweise die Differenzierung zwischen den sehr dunklen Tonwerten 0 und 30, weil Ihre Korrektur alle Tonwerte unterhalb 30 gleich auf tiefstes Schwarz, also auf null, drückt. Diesen »abgeschnittenen« Bereich stellt Photoshop in Alarmfarben dar. Die Alarmfarben sehen Sie nur bei Bearbeitung von Lichter, Tiefen und Sättigung, nicht bei den Mitteltönen.

11.9.6 »Kanalmixer«

Der **Kanalmixer** reguliert die Anteile der einzelnen Farbkanäle am Gesamtbild neu. Behalten Sie bei der Arbeit mit dem Kanalmixer die Kanälepalette mit den Miniaturen der Einzelkanäle im Auge. Wenn Sie die Änderung der Einzelkanäle beobachten, erfassen Sie schneller die Funktion des Kanalmixers. Bis Photoshop CS2 war der **Kanalmixer** für Umwandlungen von Farbe nach Graustufen zuständig, aber das erledigt seit CS3 der **Schwarzweiß**-Befehl besser.

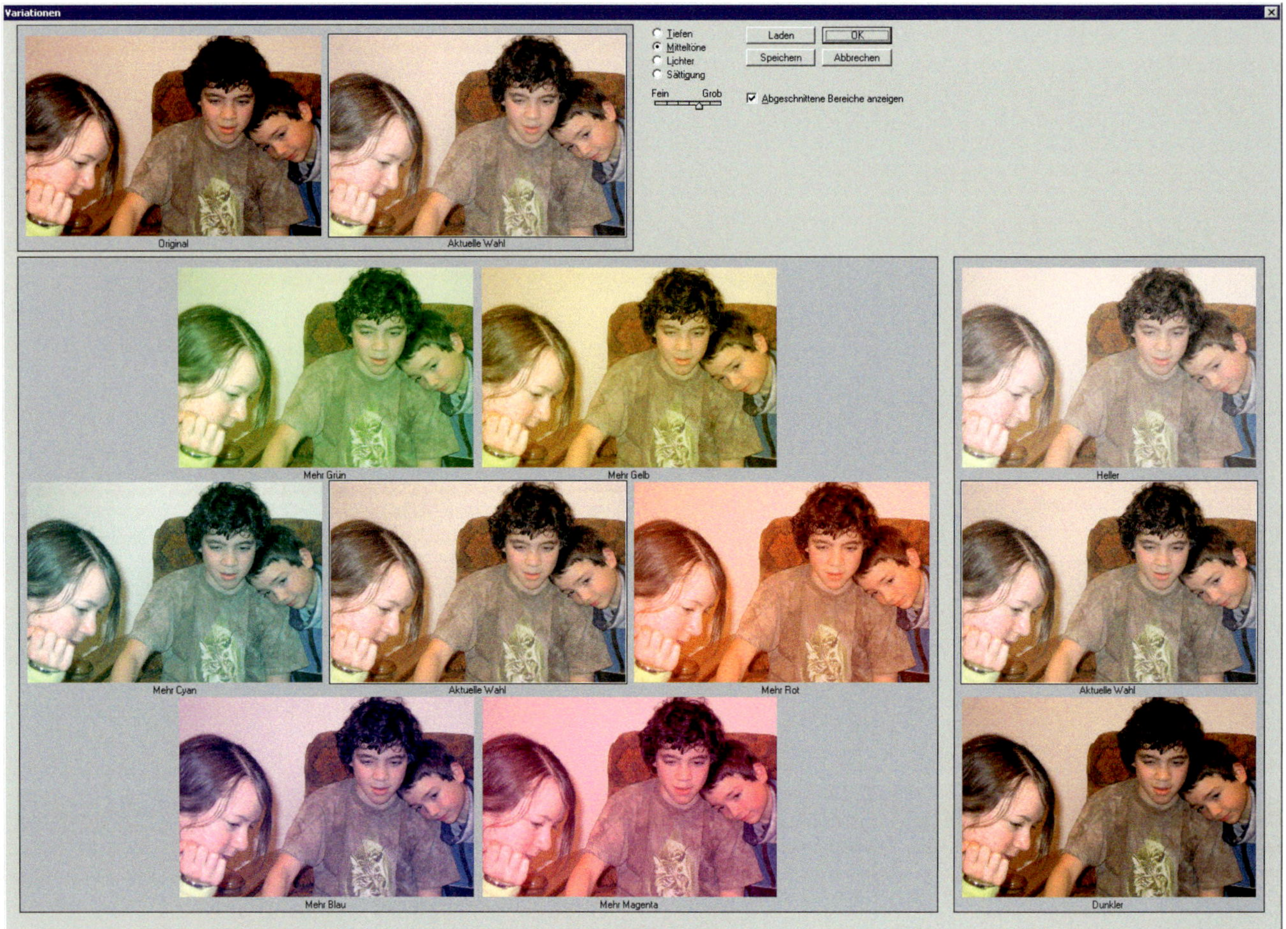

Abbildung 11.94 Variatio delectat: Der »Variationen«-Dialog zeigt verschiedene Varianten einer Korrektur von Farbton, Sättigung und Helligkeit. Alarmfarben kennzeichnen die »abgeschnittene Bereiche«, also Zonen, in denen Differenzierung verloren geht; hier sind es die »Lichter« im Himmel.

Vorgehen

Um den Rotanteil in einem RGB-Bild zu stärken, wählen Sie Rot als Ausgabekanal. Der Mixer beginnt mit einer Einstellung von 100 Prozent für Rot und 0 Prozent für Blau und Grün. Sie können den Rot-Regler nun bis zu einem Wert von 200 Prozent nach rechts schieben. Dabei hellt Photoshop den Rotkanal auf, so dass Rötliches stärker hervorsticht. Die anderen Farbkanäle ändern sich dabei nicht.

Grün steht zunächst bei 0 Prozent. Erhöhen Sie diesen Wert bei weiter aktiviertem Rot-Ausgabekanal, werden die Helligkeitswerte des Grünkanals in den Rotkanal geblendet. Daraus folgt: Wo der Grünkanal hell (also stark) ist, wird nun auch der Rotkanal stark und überstrahlt den Grünkanal. Der Grünkanal selbst ändert sich nicht, er kommt aber im Gesamtbild weniger zur Geltung.

Durch die Änderung der Einzelfarben ändert sich meist die Gesamthelligkeit. Photoshop signalisiert die Änderung mit einem Alarmdreieck und einer Prozentangabe. Der Konstante-Regler steuert die Gesamthelligkeit neu.

Gelungene Einstellungen sichern Sie nach einem Klick auf den Schalter Vorgabeoptionen. Sie stehen dann bequem im Klappmenü zur Verfügung.

Abbildung 11.95 Der Kanalmixer reguliert die Anteile der einzelnen Grundfarben am Gesamtbild. Datei: Kanalmixer. Foto: jsnover, iStockphoto.com, Nr. 11842259

Negative Werte

Ein negativer Wert kehrt den Quellkanal um, bevor Photoshop ihn mit dem Ausgabekanal verrechnet. Zum Beispiel: Sie ziehen den Grünregler auf -20; nun wird der immer noch aktivierte Rotkanal dort dunkler, wo der Grünkanal heller ist. Im Bild setzt sich Grünes gegenüber rötlichen Partien stärker durch.

»Monochrom«

Zu Graustufen nach Maß verhilft die Option Monochrom. Sie fasst alle Kanalinformationen zu einem Graustufenergebnis zusammen. Sofern Sie ein RGB-Bild bearbeiten, beginnt das Dialogfeld mit 100 Prozent für Rot und je 0 Prozent für Blau und Grün. Das ist so, als ob Sie ein Graustufenbild lediglich aus dem Rotkanal erzeugen.

So nutzen Sie den »Kanalmixer«

1. **Vorgaben:** Photoshop liefert bereits interessante Vorgaben mit.
2. **Ausgabekanal:** Wählen Sie den Grundfarbkanal, den Sie ändern wollen; hier wird der Rotkanal bearbeitet.
3. **Rotkanal verändern:** Der Rotkanal wird auf 78 Prozent gesenkt, das Gesamtbild wird bläulicher.
4. **Blaukanal verändern:** Der momentan aktivierte Rotkanal wird dort aufgehellt, wo der Blaukanal hell ist - Blaues wird rötlicher.
5. **Gesamthelligkeit:** aktuelle Änderung heller als Vorlage. Korrigierbar mit der Konstante.
6. **Konstante:** Positive Werte für Konstante überlagern den gewählten Kanal mit Weiß, negative Werte überlagern den Kanal mit Schwarz. Verstärkt oder schwächt die Wirkung des aktiven Kanals. Verändert im Monochrom-Modus die Gesamthelligkeit.
7. **Monochrom:** Erzeugt Graustufenwirkung. Ein- und Wiederausschalten erzeugt die Wirkung eines getonten Graustufenbilds.
8. **Zurücksetzen:** Alt-Klick setzt das Dialogfeld auf Grundeinstellungen zurück, ohne es zu schließen.
9. **Speichern und Laden:** Nützliche Vorgaben können Sie speichern und wieder laden.

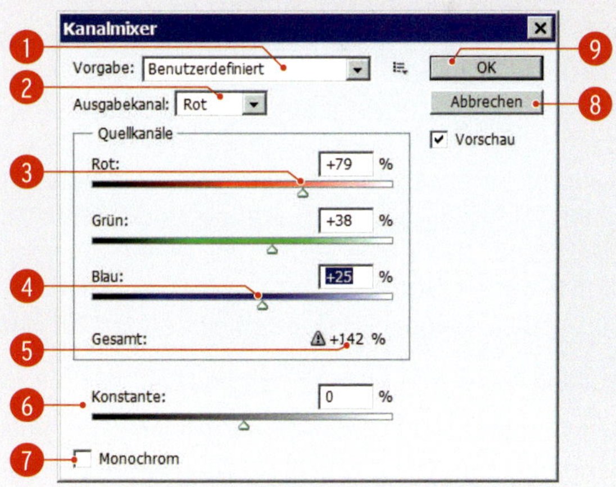

Abbildung 11.96 **Links:** Mit dieser Vorlage testen wir die »Selektive Farbkorrektur«. Sie verändert die Farbanteile in den Druckfarben. **Mitte:** Wir steigern den Schwarzanteil in den Rottönen. Vorlage: Farbkorrektur. Foto: James Bray, iStockphoto.com, Nr. 9536324

Mischen Sie also nach Bedarf. Um Blaues hell hervorzuheben, liften Sie den Blaugehalt; Gesichter leuchten auf bei angehobenem Rotwert.

Vielseitiger wirkt freilich der **Schwarzweiß**-Befehl, den wir zusammen mit anderen Schwarzweißfunktionen ab Seite 128 besprechen.

11.9.7 »Selektive Farbkorrektur«

Noch genauer als mit der Farbbalance steuern Sie Tonwerte mit dem Befehl **Bild: Korrekturen: Selektive Farbkorrektur** (auch als verlustfreie Einstellungsebene via Korrekturenpalette). Sie greifen unmittelbar auf einen Druckfarbenanteil zu und verändern den Anteil der CMYK-Farben in jeder additiven und subtraktiven Grundfarbe. So meldet etwa die Infopalette, dass Sie in einer Gelbfläche etwas zu viel Cyan haben. Wählen Sie im Einblendmenü Farben die Gelbtöne und ziehen Sie den Cyan-Regler nach links auf einen negativen Wert. Dabei muss der Gesamtkanal aktiv sein. Der Befehl eignet sich für CMYK- und RGB-Dateien, aber nicht für Lab.

Besonderheiten

Da diese Funktion nicht nach Höhen, Mitten und Tiefen unterscheidet, sondern die Grundfarbe insgesamt korrigiert, ist sie mitunter bequemer als die **Farbbalance** (siehe oben). Auch Zugriff auf Weiss, neutrale Grautöne und Schwarz bietet nur die **Selektive Farbkorrektur**. Sie erscheint also als Alternative zu den Weiß-, Schwarz- und Neutralpipetten bei **Tonwertkorrektur** und **Gradationskurven**.

»Absolut« und »Relativ«

Der Modus Absolut verändert die Farben mit absoluten Werten: Heben Sie ein 40-prozentiges Cyan um zehn Prozent an, steigt der Anteil auf insgesamt 44 Prozent. Relativ berücksichtigt die bereits vorhandenen Werte: Die zehnprozentige Anhebung eines 40-prozentigen Cyantons liftet diesen auf 42 Prozent, die Wirkung ist subtiler und besser abgestuft.

11.9.8 »Gleiche Farbe«

Der Befehl **Bild: Korrekturen: Gleiche Farbe** verändert Farbstimmungen. Möglichkeiten unter anderem:

- Gleichen Sie die Farbstimmung in Zielbild 2 an die Farbstimmung in Quellbild 1 an; gehen Sie dabei wahlweise nicht vom Gesamtbild, sondern nur von einer Auswahl aus.
- Gleichen Sie die Farbstimmung zweier Ebenen einander an – auch in unterschiedlichen Bildern.
- Korrigieren Sie die Farbstimmung eines Bildteils auf Basis der Farbstimmung eines anderen Bereichs im selben Bild.
- Korrigieren Sie die Farbstimmung in einem Bild unabhängig von anderen Ebenen oder Bildern.

Abbildung 11.97 **Links:** Wir steigern Magenta und Gelb in den Rottönen. **Mitte:** Wir entfernen Gelb aus den Schwarztönen, so dass in den Schatten die Gegenfarbe Blau hervortritt. **Rechts:** Wir heben Gelb in den Grautönen. Vorlage: Farbkorrektur

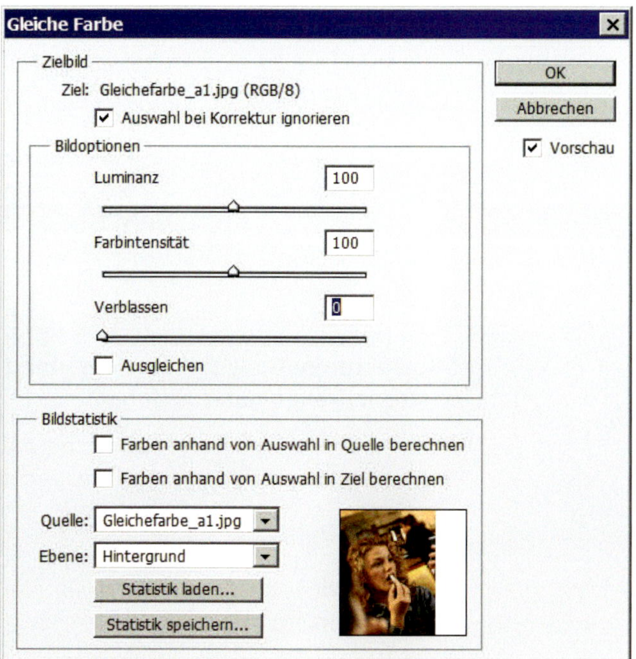

Abbildung 11.98 Der Befehl »Gleiche Farbe« passt die Farbstimmung zwischen zwei Bildern an.

Zwei getrennte Bilder angleichen

Zielbild 2 hat eine unerwünschte Farbstimmung. Sie soll an die Atmosphäre in Quellbild 1 angepasst werden. So geht's:

1. Öffnen Sie die Vorlage 1 und das zu ändernde Zielbild 2.
2. Aktivieren Sie Zielbild 2 durch einen Klick auf die Titelleiste.
3. Wählen Sie **Bild: Korrekturen: Gleiche Farbe.**
4. Unten im Klappmenü Quelle geben Sie das Quellbild 1 an. Zielbild 2 erscheint jetzt bereits verändert, sofern Sie nicht die Vorschau ausgeschaltet haben.
5. Hat das Quellbild Ebenen, so nennen Sie im Klappmenü Ebene die Ebene, an der die Angleichung orientiert ist. Mit der Vorgabe **Zusammengefügt** legt Photoshop eine Gesamtansicht des Bilds aus allen Ebenen zugrunde.
6. Steuern Sie die Bildwirkung mit den Reglern im Bereich Bildoptionen.

TIPP Hat das Quellbild Ebenen, dann verwenden Sie als Quelle wahlweise eine Einzelebene oder eine Gesamtansicht des Bilds mit allen Ebenen.

Abbildung 11.99 **Links:** Das Quellbild 1 mit seinen warmen Farbtönen dient als Vorlage für die Farbstimmung; wir verwenden in dieser Bildreihe zunächst das Gesamtbild und nicht nur den Auswahlbereich. **Mitte:** In Zielbild 2 soll die Farbstimmung geändert werden – es soll so wirken wie Bild 1. **Rechts:** Der Befehl »Gleiche Farbe« ändert Bild 2; dieses erste Ergebnis, noch ohne Änderung der »Bildoptionen«, überzeugt nicht. Dateien: Gleichefarbe_a1, Gleichefarbe_a2

Abbildung 11.100 **Links:** Wir korrigieren Zielbild 2 auf Basis von Bild 1 und ändern diesmal die »Bildoptionen« wie im Dialogfeld oben zu sehen. **Mitte:** Bild 2 wurde nur auf Basis der Auswahl (siehe vorherige Reihe) korrigiert. **Rechts:** Wir verwenden beim Anpassen die Option »Ausgleichen«; »Farbintensität« und »Luminanz« bleiben in Neutralstellung. Weil die Vorlage 1 einen deutlichen Farbstich hat, während Bild 2 eher neutral ist, wirkt die Änderung schwach; der Gelbzuwachs in den Lichtern fällt jedoch auf.

Abbildung 11.101 **Links:** Das Quellbild 1 mit seinen kühlen Farbtönen dient als Vorlage für die Farbstimmung; **Mitte:** Zielbild 2 soll an die Vorlage 1 (links) angepasst werden. **Rechts:** Der Befehl »Gleiche Farbe« gleicht Bild 2 an. Dateien: Gleichefarbe_b1, Gleichefarbe_b2

Zwei Ebenen in einem Bild angleichen

Sie wollen nicht separate Bilder angleichen. Stattdessen möchten Sie die Ebene 2 an die Ebene 1 innerhalb derselben Datei angleichen. So geht's:

1. Aktivieren Sie die Ebene, die sich ändern soll. In diesem Beispiel aktivieren wir die Ebene 2 durch einen Klick auf den Ebenennamen in der Ebenenpalette.
2. Wählen Sie **Bild: Korrekturen: Gleiche Farbe.**

Im Klappmenü Quelle geben Sie die Bilddatei an, die Sie gerade bearbeiten.

3. Im Klappmenü Ebene benennen Sie die Ebene, die als Vorbild gilt – hier also Ebene 1. Ebene 2 erscheint sofort verändert.
4. Verfeinern Sie die Korrektur mit den Bildoptionen.

Einzelbildkorrektur

Der Befehl **Gleiche Farbe** korrigiert auch ein Einzelbild: Sie aktivieren das Bild und klicken unter Quelle auf Ohne. Einen Farbstich korrigieren Sie auf die Schnelle mit Ausgleichen. Passen Sie bei Bedarf Luminanz (Helligkeit) und Farbintensität an. Der Verblassen-Regler dämpft die Korrekturwirkung, das Original bleibt also stärker erhalten.

»Bildoptionen«

Nicht immer überzeugt die Änderung auf den ersten Blick. Im Bereich Bildoptionen passen Sie das Bild an:

» Verändern Sie die Luminanz (Helligkeit). Der Luminanz-Regler tendiert nicht dazu, zahlreiche Bildpunkte auf reines Schwarz oder Weiß zu setzen, die Differenzierung in den hellen oder dunklen Bereichen bleibt weitgehend erhalten. Behalten Sie dennoch die Histogrammpalette im Blick.

» Steuern Sie die Farbwirkung mit dem Schieber Farbintensität.

» Der Verblassen-Regler blendet stufenlos das Original wieder ein, so dass die Korrektur schwächer ausfällt.

» Die Vorgabe Ausgleichen beseitigt Farbstiche.

Soll nicht das Gesamtbild 1 oder eine Gesamtebene als Quelle dienen, sondern nur ein Bildbereich innerhalb einer bereits vorhandenen Auswahl? Dann schalten Sie auf Farben anhand von Auswahl... berechnen. Wählen Sie zum Beispiel Hauttöne aus.

»Ausgleichen«

Die Option Ausgleichen korrigiert Farbstiche und wirkt ähnlich wie **Bild: Korrekturen: Auto-Farbe**. Damit erinnert sie auch an die Optionen zu **Gradationskurve** oder **Tonwertkorrektur**, sofern Sie dort die Vorgaben Dunkle und helle Farben suchen plus Neutrale Mitteltöne ausrichten verwenden (Seite 328).

Übertragung auf weitere Bilder

Sie können weitere Bilder an Quellbild 1 anpassen, ohne dieses Foto jedes Mal zu laden. Speichern Sie die Farbstimmung von Quellbild 1 einmal mit der Schaltfläche Statistik speichern. Öffnen Sie weitere Bilder, klicken Sie auf Statistik laden und öffnen Sie den »Statistik«-Datensatz von Datei 1.

Kapitel 12

Aufnahmefehler korrigieren

Beim Fotografieren tauchen immer wieder die gleichen Probleme auf, in diesem Kapitel beseitigen wir sie: schiefer Horizont, Abschattung und Verzerrung am Bildrand, Flecken, Bildrauschen, rotgeblitzte Augen und Unschärfe. Alle Fragen rund um Kontrast, Helligkeit und Farbstimmung haben wir bereits ab Seite 305 geklärt.

TIPP Korrigieren Sie möglichst viele Verzerrungen gleichzeitig in einem Durchgang – dann entsteht nur einmal Qualitätsverlust durch Neuberechnen (Seite 37). Alternativen zur Schadensbegrenzung: Sie bearbeiten das Fehlerbild als Smart-Objekt oder im Raw-Dialog; dann bleibt das Originalbild jeweils als Bezugsgröße im Hintergrund erhalten.

12.1 Objektivfehler per Raw-Dialog oder »Objektivkorrektur«

Photoshop behebt automatisch oder durch manuelle Steuerung Bildstörungen, die man vor allem der Objektivkonstruktion anlastet:

Abbildung 12.1 Ein typischer Fall für die Objektivkorrektur: durchgebogene Ränder und stürzende Linien. Datei: Objektiv_h. Foto: Lucas Klamert

» Vignettierung, also Abdunkelung an den Rändern
» Chromatische Aberration, also unsinnige Farbsäume in kontrastreichen Partien, besonders bei Gegenlicht
» Kissen- und tonnenförmige Verzeichnung, also durchgebogene Geraden speziell, aber nicht nur am Bildrand

Alle oder einzelne dieser drei Kriterien bearbeiten Sie vollautomatisch, komplett manuell oder automatisch mit manueller Verfeinerung wahlweise im Raw-Dialog oder in der **Objektivkorrektur**.

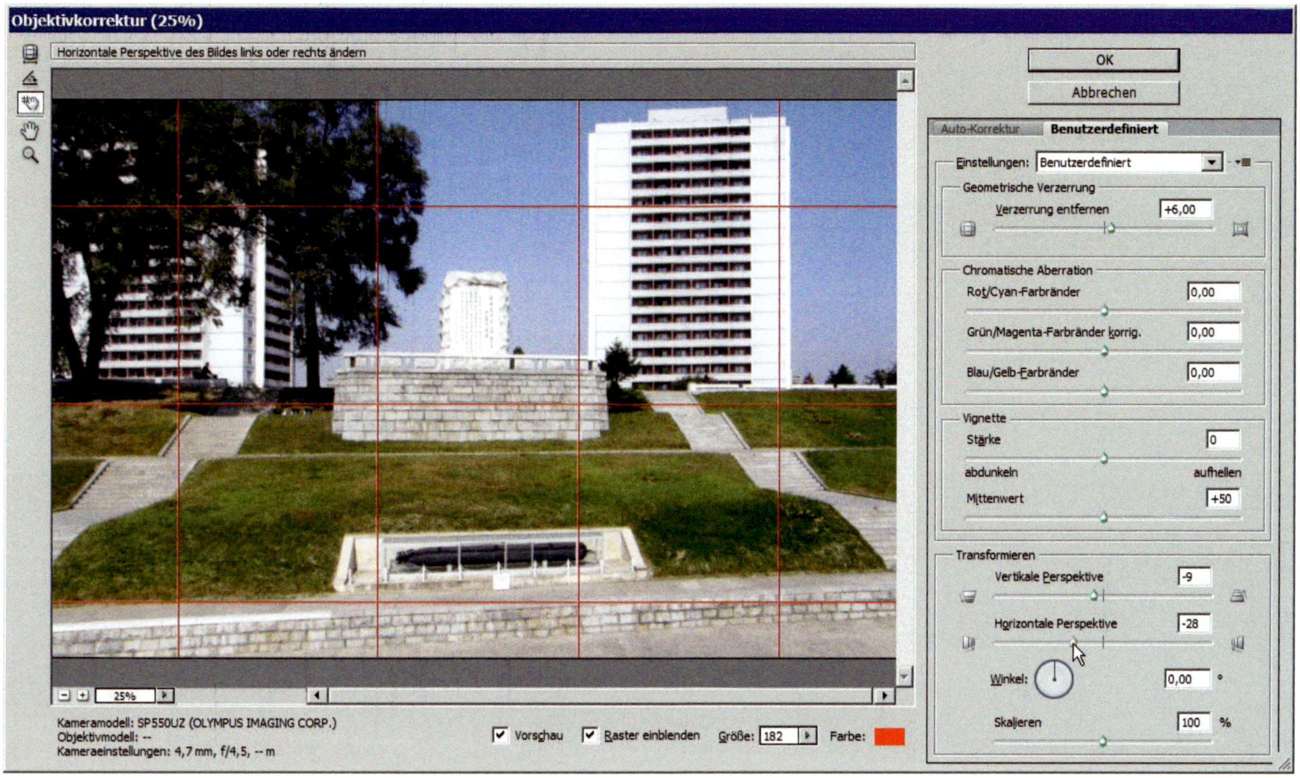

Abbildung 12.2 Die »Objektivkorrektur« gleicht Aufnahmefehler aus, hier die Regler für einzelne Bildfehler im Register Benutzerdefiniert«. Alternativ korrigieren Sie solche Motive auch per »Frei transformieren«, dann werden die Hochhausspitzen nicht abgeschnitten und Sie haben generell mehr Gestaltungsmöglichkeiten.

FOTOGRAFIE Vignettierung (Randabdunkelung) tritt besonders bei offener Blende auf, also bei Werten wie 2,8 oder 4,0. Der Effekt lässt ein, zwei Blenden tiefer oft deutlich nach, also zum Beispiel bei Blende 5,6 oder 8. Durchgebogene Linien verhindern Sie oft mit hochwertigen Objektiven, Verzicht auf die extremeren Brennweiten Ihres Zooms und mit großzügigerem Bildausschnitt. Mehr Fototipps ab Seite 39.

12.1.1 Wie und wo werden die Objektivfehler behoben?

Korrigieren Sie Objektivfehler manuell durch Ziehen an Reglern. Bequemer jedoch: Sofern Photoshop das verwendete Objektiv aus den Exif-Daten erkennt und/oder für die Objektiv-Kamera-Kombination ein Profil parat hat, lassen sich die Fehler automatisch ausgleichen.

Objektivfehler automatisch korrigieren

Zwei verschiedene Dialogfelder bieten sehr ähnliche Möglichkeiten für automatische Objektivfehlerkorrektur:

» Im Raw-Dialog öffnen Sie das Register Objektivkorrekturen mit dem Unterregister Profil; schalten Sie die Objektivprofilkorrekturen ein. Sie können die automatische Änderung hier getrennt für alle drei Problemfelder stufenlos zurücknehmen oder auch über den vorgeschlagenen 100-Prozent-Wert hinaustreiben. Wie immer im Raw-Dialog sind Ihre Manöver verlustfrei (auch für JPEG- und TIFF-Dateien) und auf andere Fotos übertragbar.

» Die Alternative: Nutzen Sie beim Befehl **Filter: Objektivkorrektur** das Register Auto-Korrektur. Hier können Sie das Automatikergebnis nicht stufenlos

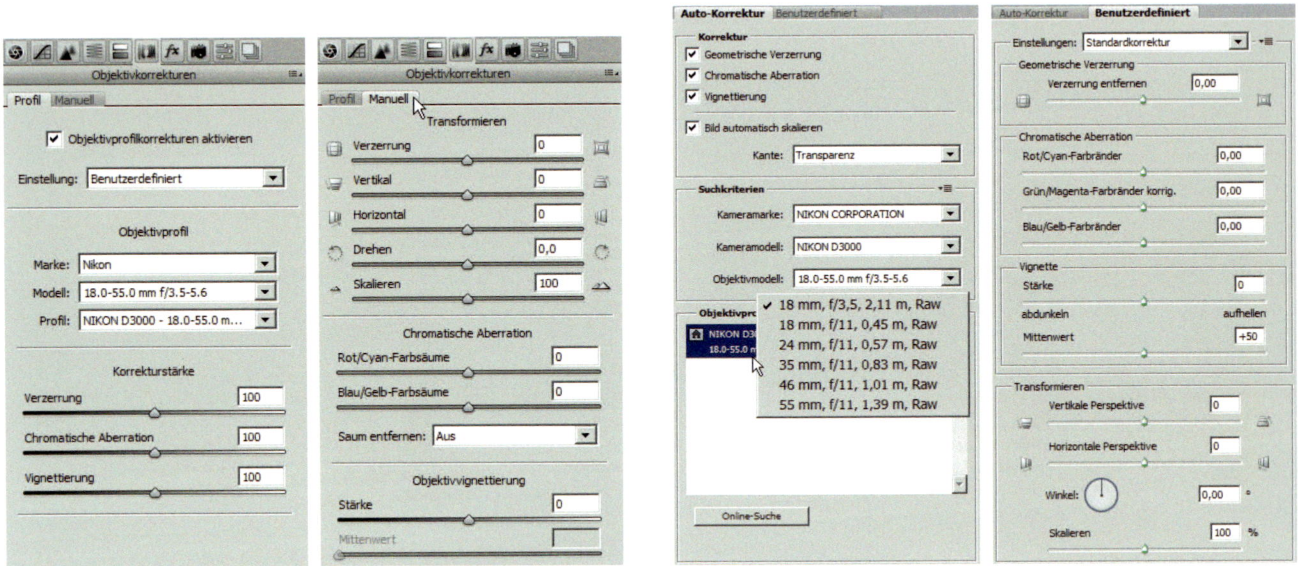

Abbildung 12.3 **Links:** Der Raw-Dialog bietet im Register Objektivkorrekturen zwei getrennte Bereiche für automatische und manuelle Bearbeitung. Eine Besonderheit: Automatische Änderungen lassen sich stufenlos zurücknehmen oder verfeinern. **Rechts:** Ähnliche Möglichkeiten wie der Raw-Dialog bietet der Befehl »Filter: Objektivkorrektur«, ebenfalls mit getrennten Bereichen für automatische und manuelle Eingriffe.

zurücknehmen oder übertreiben (Sie können aber immer noch im Bereich Benutzerdefiniert weitertüfteln). Das Ergebnis verändert die Bildpixel dauerhaft, sofern Sie nicht ein Smart-Objekt bearbeiten.

Für maximale Qualität fotografieren Sie Raw-Dateien und korrigieren die Objektivfehler im Raw-Dialog.

TIPP Die Automatik funktioniert am zuverlässigsten, wenn das Bild nicht zugeschnitten wurde. Der Raw-Dialog korrigiert generell das Gesamtbild, auch wenn Sie bereits in Raw einen Ausschnitt angelegt haben.

Objektivfehler manuell korrigieren

Alternativ – oder auch zusätzlich – zur Automatik justieren Sie Regler manuell. Dafür nutzen Sie andere Bereiche in den oben bereits genannten Dialogfeldern:

» Egalisieren Sie Objektivfehler manuell im Register Objektivkorrekturen, diesmal mit dem Unterregister Manuell des Raw-Dialogs.

» Oder wählen Sie im Photoshop-Hauptprogramm die **Objektivkorrektur** mit dem Register Benutzerdefiniert und dem Regler Verzerrung entfernen. Alternativ ziehen Sie mit dem Verzerrung-entfernen-Werkzeug direkt in der Vorschau.

Dazu kommen einige weitere Reparaturverfahren außerhalb der Dialoge für **Objektivkorrektur** oder Raw-Dateien. Wir besprechen alles weiter unten ausführlich.

12.1.2 Objektivprofile nutzen

Wollen Sie Objektivfehler wie kissen- und tonnenförmige Verzeichnung automatisch auf Basis der in den Exifdaten gespeicherten Objektivwerte beheben, nutzen Sie Objektivkorrektur oder Camera-Raw-Dialog. Das Verfahren ist in beiden Dialogfeldern sehr ähnlich, wir beschreiben es hier nur einmal.

Am leichtesten haben Sie es, wenn es für Ihre Ausrüstung schon Objektivprofile gibt – also Beschreibungen, welches Objektiv Ihr Bild wie verfremdet. Aber keine Sorge: Auch wenn Sie keine genau passenden Profile finden, gibt es mindestens Profile für ähnliche Objektive, die Sie dann auf Sicht nachjustieren.

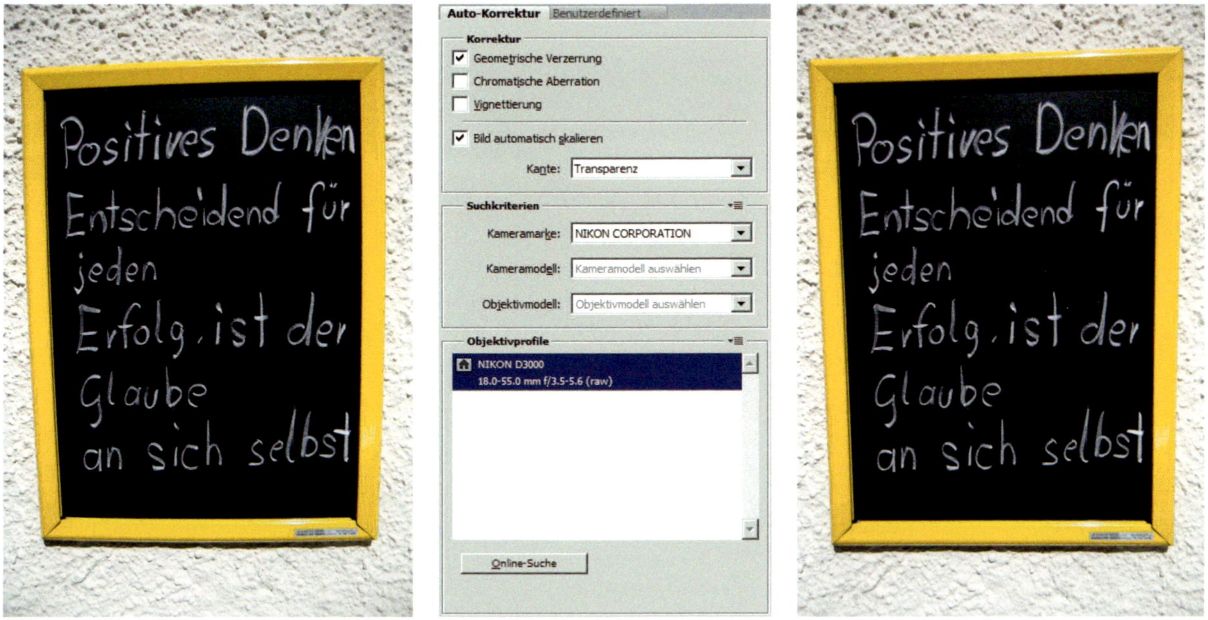

Abbildung 12.4 **Links:** Dieser Aushang an einem Dorfladen zeigt tonnenförmig ausgebauchte Verzeichnung, leichte Randabschattung und eine verkantete Perspektive. **Mitte:** Im Dialog »Filter: Objektivkorrekturen« nutzen wir den Bereich »Auto-Korrektur« und klicken auf »Online«-Suche. Photoshop findet ein passendes Profil für das Objektiv (dass er nicht die zutreffende Kamera meldet, spielt keine Rolle, solange die Sensorgröße mit dem tatsächlich verwendeten Gehäuse übereinstimmt). Wir bearbeiten zunächst nur die »Geometrische Verzerrung«. **Rechts:** Die durchgebogenen Linien verschwinden. Wegen der Option »Bild automatisch skalieren« entstehen keine leeren Ränder. Datei: Objektiv_e

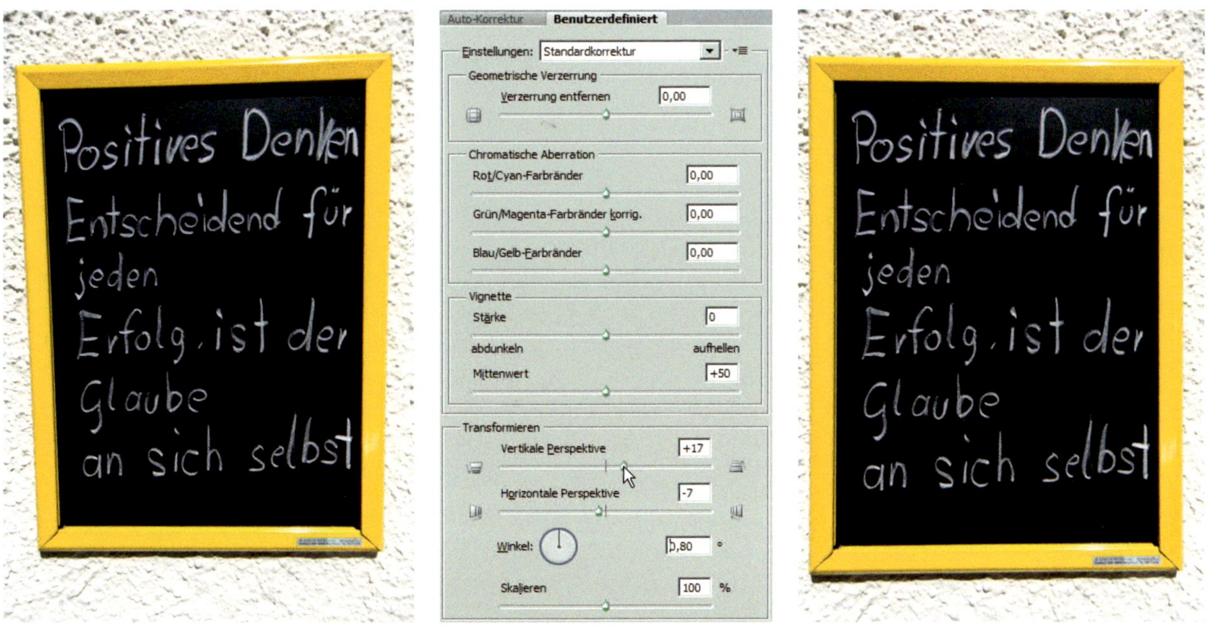

Abbildung 12.5 **Links:** Wir lassen auch die automatische Änderung der »Vignettierung« zu, die Ränder hellen auf. **Mitte:** In der Objektivkorrektur wechseln wir in den Bereich »Benutzerdefiniert« und »Perspektive« und »Winkel«. **Rechts:** Mit »Frei Transformieren« und Änderung einzelner Ecken können Sie das Rechteck noch perfektionieren.

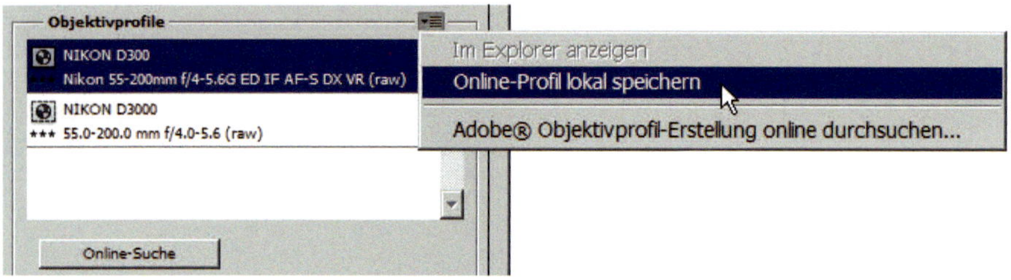

Abbildung 12.6 Sichern Sie ein per »Objektivkorrektur« gefundenes Profil auf Ihrem eigenen Computer. Dazu klicken Sie auf die Menüschaltfläche »Optionen und Befehle für Objektivprofile«. Dieses Profil steht dann auch im Raw-Dialog zur Verfügung. Hier hat der Dialog zwei Profile für unterschiedliche Kameras aufgespürt, tatsächlich verwendet wurde jedoch noch ein anderes Gehäuse. Weil alle Kameras identische Sensorgrößen verwenden, spielt die genaue Kamerabezeichnung keine Rolle, wichtiger ist das Objektiv.

Objektivprofile automatisch per Raw-Dialog suchen und speichern

So verwenden Sie vorhandene Objektivprofile im Raw-Dialog: Nutzen Sie das Register Objektivkorrekturen mit dem Bereich Profil und aktivieren die Objektivprofilkorrekturen. Im Klappmenü Einstellung gehen Sie auf Automatisch. Eventuell meldet Photoshop Passendes Objektivprofil kann nicht automatisch gefunden werden. Dann stellen Sie Marke und Modell von Hand ein (s.u.).

Sie möchten das aktuelle Profil weiterhin für die aktuelle Kamera-Objektiv-Kombination verwenden? Klicken Sie im Klappmenü Einstellung auf Neue Standardeinstellungen.

Objektivprofile automatisch per »Objektivkorrektur« suchen und speichern

Im Dialog **Filter: Objektivkorrektur** nehmen Sie das Register Auto-Korrektur und klicken unten auf Online-Suche. Das Angebot erscheint im Bereich Objektivprofile, per Rechtsklick auf einen Profilnamen wählen Sie noch einzelne Brennweiten oder Blenden aus.

Wenn kein exakt passendes Objektivprofil vorhanden ist

Photoshop findet kein exakt passendes Objektivprofil für Ihre Ausrüstung? Nicht so schlimm: Stellen Sie ähnliche Geräte ein. Das genaue Kameramodell ist ohnehin egal, die Megapixel-Zahl auch.

Wichtig indes: Nennen Sie ein Gehäuse mit passender Sensorgröße. Viele Spiegelreflexkameras haben einen Sensor der Größenklasse APS-C, zum Beispiel sämtliche Pentax-Geräte (Stand Mai 2010) sowie die Nikon-Kameras D300s, D3000, D5000 und D90; weitere Sensorgrößenklassen sind Vollformat oder Four Thirds (Seite 43).

Dazu geben Sie ein Objektiv an, dessen Brennweitenbereich in etwa zur verwendeten Optik passt. Häufig erleben Sie bereits eine deutliche Verbesserung. Verfeinern Sie das Ergebnis mit den Schiebereglern. Speichern Sie die gefundene Kamera-Objektiv-Paarung eventuell als Standard (siehe links) – natürlich nur, sofern Sie tatsächlich eine Verbesserung sehen.

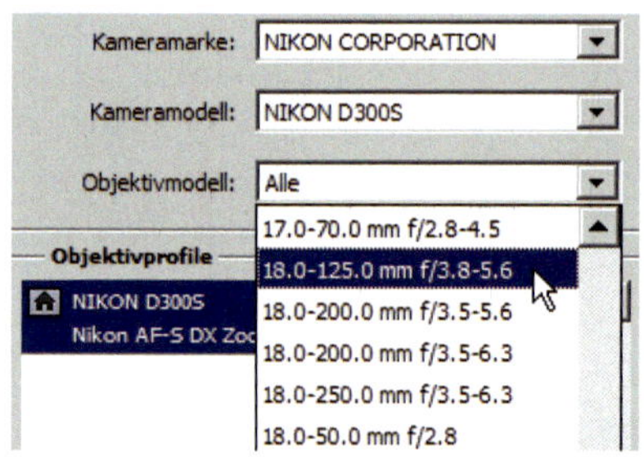

Abbildung 12.7 Findet die »Objektivkorrektur« kein passendes Profil, stellen Sie testweise eine Kamera mit identischer Sensorgröße und ein ähnliches Objektiv ein.

Eigene Objektivprofile anlegen

Sie können eigene Objektivprofile anlegen, in Photoshop nutzen und der Allgemeinheit zur Verfügung stellen. Dazu laden Sie kostenlose Software und PDF-Dateien von Adobe herunter: *http://labs.adobe.com/technologies/lensprofile_creator*; zu dieser Seite gelangen Sie auch im Objektivprofile-Menü der Objektivkorrektur mit dem Befehl **Adobe Objektivprofil-Erstellung online durchsuchen**.

Software und Erklärungen sind englisch, die Prozeduren überschaubar: Sie drucken die PDF-Dateien aus, fotografieren sie mehrfach mit gleichmäßigem Licht und füttern die Bilddateien zur Auswertung in das heruntergeladene Programm Lens Profile Creator.

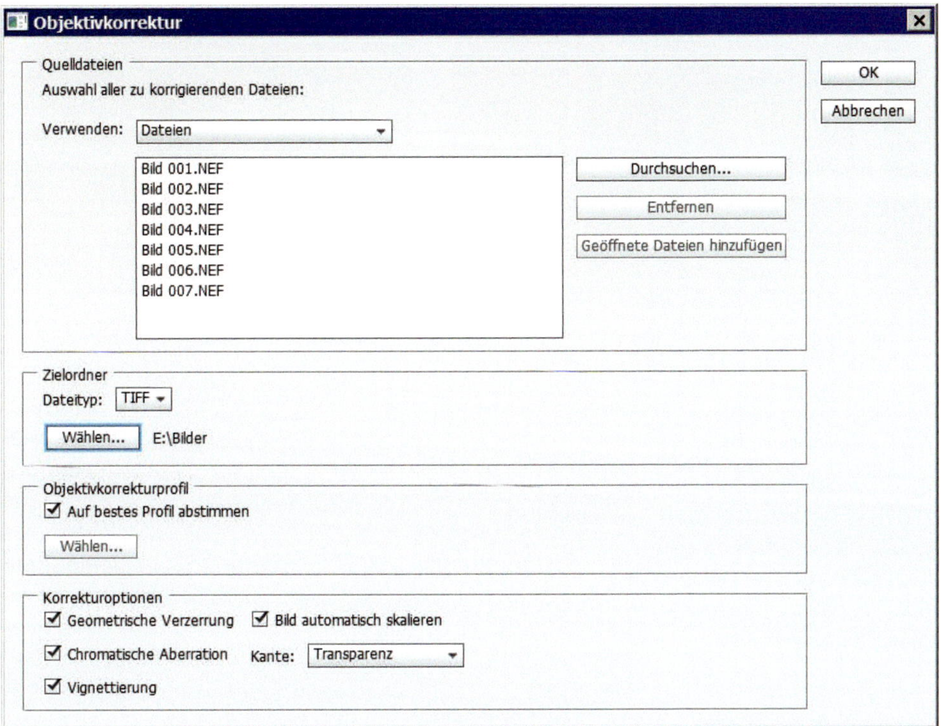

Abbildung 12.8
Wählen Sie mehrere gleichartig verzerrte Bilder in Bridge aus und klicken Sie auf »Werkzeuge: Photoshop: Objektivkorrektur«. So bearbeiten Sie ganze Bildreihen, dabei entstehen neue Bilddateien. Sie finden den Befehl auch im Photoshop-Untermenü »Datei: Automatisieren«.

Das Verfahren ist so unkompliziert, dass es von der Konkurrenz moniert wurde. Die Kritikpunkte von Software-Hersteller DxO und Adobes Antwort darauf fasst dieser englische Artikel zusammen: *www.dpreview.com/news/1005/10052001adobedxoensprofile.asp*.

12.1.3 »Objektivkorrektur« versus Raw-Dialog

Für denkbar beste Ergebnisse fotografieren Sie im Raw-Format und justieren Objektivfehler im Raw-Dialog. Hier greift die Korrektur schon in einem sehr frühen Stadium der Umwandlung. Schlecht sind die Ergebnisse mit dem Befehl **Filter: Objektivkorrektur** allerdings auch nicht.

Die Möglichkeiten ähneln sich weitgehend, unsere Aufstellung nennt Besonderheiten der Dialogfelder:

Besonderheiten im Raw-Dialog

Diese Vorzüge liefert der Raw-Dialog im Bereich OBJEKTIVKORREKTUREN gegenüber dem Befehl **Filter: Objektivkorrektur**:

- generell verlustfrei
- automatische Korrektur lässt sich stufenlos zurücknehmen oder übertreiben
- das Klappmenü SAUM ENTFERNEN im Bereich MANUELL gegen Farbfehler in Spitzlichtern

Besonderheiten in der »Objektivkorrektur«

Die **Objektivkorrektur** punktet mit einigen Vorzügen gegenüber dem Raw-Dialog:

- steuerbares Hilfslinienraster
- der Regler GRÜN/MAGENTA gegen chromatische Aberration
- AUTO-SKALIEREN verhindert ohne Aufwand leere Bildränder nach der Entzerrung
- Schaltfläche ONLINE-SUCHE für Objektivprofile

12.1.4 »Objektivkorrektur« allgemein

Der Befehl **Filter: Objektivkorrektur** bekämpft unter anderem schiefe Horizonte und stürzende Linien, aber zusätzlich auch – wie der Raw-Dialog – kissen- und tonnenförmige Verzeichnung, Vignettierung und chromati-

Abbildung 12.9 Die Vorlage glänzt durch stürzende Linien horizontal und vertikal, schiefer Horizont und durchgebogene Kanten, wir korrigieren im manuellen Bereich der »Objektivkorrektur«. **Links:** Wir ziehen das Gerade-ausrichten-Werkzeug an einer Gebäudelinie entlang. **Mitte:** Nach der Horizontkorrektur entstehen erste leere Ecken. Wir blenden das »Raster« ein, ändern dessen »Größe« und »Farbe« und bewegen es mit dem Raster-verschieben-Werkzeug. **Rechts:** Wir korrigieren die »horizontale Perspektive« auf minus 27 und beheben so die seitliche Verkantung. Datei: Objektiv_b

sche Aberration. Wir besprechen dieses Dialogfeld hier zunächst allgemein, unabhängig von einzelnen Bildfehlern. Wie Sie die Mängel mit verschiedenen Methoden einschließlich der **Objektivkorrektur** behandeln, davon handeln ausführlich die anschließenden Abschnitte.

Möglichkeiten in der Übersicht

Im Register Auto-Korrektur beheben Sie Vignettierung, chromatische Aberration und kissen-/tonnenförmige Verzeichnung ohne Herumprobieren mit Reglern. Alternativ – oder zusätzlich – finden Sie diese Korrekturmöglichkeiten im Bereich Benutzerdefiniert der **Objektivkorrektur**:

» Durchgebogene Bildränder bekämpfen Sie mit dem Regler Verzerrung entfernen oder durch Ziehen mit dem Verzerrung-entfernen-Werkzeug direkt in der Vorschau (Seite 394).

» Gegen stürzende Linien ziehen Sie die Vertikale Perspektive nach links. Laufen obere und untere Motivkante aufeinander zu, dann justieren Sie die Horizontale Perspektive (Seite 402).

» Schiefer Horizont? Ziehen Sie das Gerade-ausrichten-Werkzeug am vorhandenen Horizont entlang oder kurbeln Sie am Winkel-Drehrad unten rechts (Seite 397).

» Bearbeiten Sie außerdem Vignette (eigentlich Vignettierung, also Randabschattung) und Chromatische Aberration (unerwünschte Farbsäume, Seite 396).

Bedienung

Die Tastenbefehle zur **Objektivkorrektur** kennen Sie vielleicht schon aus anderen Dialogfeldern oder von der allgemeinen Photoshop-Oberfläche: Die Verschiebehand erhalten Sie per Leer-Taste oder H. Per Alt-Taste erscheint die Schaltfläche Zurück, die alle Änderungen aufhebt (Tipps für den schnellen Umgang mit Dialogfeldern ab Seite 33).

Mit den Optionen unten rechts schalten Sie das Gitterraster ab oder ändern Sie Farbe und Maschenweite. Das Raster-verschieben-Werkzeug bewegt Ihr Gitternetz durchs Bild, bis es exakt über einer markanten Linie im Hauptmotiv entlangläuft.

TIPP Falls Sie in der **Objektivkorrektur** ein Bild nur mit Hintergrund-Ebene bearbeiten: Sie erhalten nach dem Klick auf OK stets eine »Ebene 0« oder ähnlich. Um das Bild schnell als JPEG-Datei ohne Ebenentechnik zu speichern, brauchen Sie also noch **Ebene: Auf Hintergrundebene reduzieren.** Die durch Entzerrung hinter den Dokumentgrenzen verschwundenen Bildstreifen können Sie mit **Bild: Alles einblenden** nicht mehr wiederholen.

Manuelle Einstellungen speichern

Die **Objektivkorrektur** merkt sich auf Wunsch die Verbesserung, die Sie im Bereich Benutzerdefiniert für Aufnahmen einer bestimmten Kamera-Objektiv-Kombination mit einer bestimmten Brennweite angewandt haben

Abbildung 12.10 **Links:** Der Regler »Verzerrung entfernen« wandert auf plus 4,6, so dass die Kanten nicht mehr durchgebogen erscheinen. **Mitte:** Die »vertikale Perspektive« bekommt den Wert -23, so gleichen Sie die Verzerrung durch eine nach oben gekippte Kamera aus. **Rechts:** Wir testen hier die »Kantenerweiterung« aus dem »Kante«-Klappmenü, doch das hilft selten. Schneiden Sie leeren Rand nach dem OK-Klick weg. Oder vergrößern Sie das Bild mit dem »Skalieren«-Regler.

- und zwar Ihre Vorgaben für Verzerrung, Vignette und chromatische Aberration. So geht's:

1. Laden Sie ein Bild mit typischen Fehlern, die immer wieder auftauchen, die Sie aber nicht automatisch korrigieren wollen.
2. Wählen Sie **Filter: Objektivkorrektur** und ändern Sie die Einstellungen im Bereich Benutzerdefiniert nach Bedarf.
3. Öffnen Sie das Menü zu den Einstellungen mit dem Schalter, gehen Sie auf **Einstellungen speichern** und geben Sie der Vorgabe einen schönen Namen.
4. Beim nächsten Bild laden Sie Ihre Vorgaben über das Klappmenü Einstellungen im Dialog **Objektivkorrektur**.

Falls Sie Vorgaben von einem anderen Rechner oder aus dem Internet erhalten haben, erscheinen sie vielleicht nicht im Klappmenü; dann gehen Sie über den Schalter zum Menüpunkt **Einstellungen laden**.

TIPP Sie wollen die letzte Korrektur schnell auf ein anderes, vergleichbares Bild übertragen, haben aber die Reglerstellungen nicht gespeichert? Macht nichts: Das Klappmenü Einstellungen bietet den nützlichen Punkt Vorherige Korrektur.

12.1.5 Wenn leere Bereiche entstehen

Bei der Bearbeitung erhalten Sie manchmal leere Streifen am Bildrand, speziell wenn Sie stürzende Linien, kissen- oder tonnenförmige Verzeichnung oder schiefen Horizont bearbeiten. Wenn Sie diese Bildstreifen nicht einfach leer lassen wollen, nutzen Sie im Register Manuell der Raw-Objektivkorrekturen den Skalieren-Regler: Ziehen Sie das Bild so groß auf, dass die leeren Randstreifen hinter den Dokumentgrenzen verschwinden.

Leere Bereiche in der Objektivkorrektur

Den Skalieren-Regler bietet auch die Objektivkorrektur im Bereich Benutzerdefiniert. So füllen Sie leere Bereiche passgenau auf. Im Register Auto-Korrektur geht es aber komfortabler zu: Dank einem Klick auf Bild automatisch skalieren füllt das Foto die Arbeitsfläche immer vollständig aus - auch wenn Sie nebenan in der Abteilung Benutzerdefiniert massiv verzerren. Druckmaß, Seitenverhältnis und Pixelzahl der bearbeiteten Datei ändern sich also nicht.

Sie wollen das Bild nicht passend ausdehnen, sondern mit dem leeren Rand leben? Dann bietet das Klappmenü Kante diese Möglichkeiten:

» Füllen Sie die leeren Zonen mit Transparenz, Schwarzer Farbe oder Weisser Farbe. Die neuen leeren Zonen sollten Sie später mit dem Freistellungswerkzeug wegschneiden oder mit verschiedenen Retuschetricks übertünchen; ab Seite 833 geht es speziell um die Korrektur leerer Ränder.

Abbildung 12.11 **Links:** Das Objektiv hat seinen Knick im Horizont hinterlassen, ein Objektivprofil zum automatischen Ausgleich liegt uns nicht vor, also nutzen wir die Regler im manuellen Bereich der »Objektivkorrektur«. **Mitte:** Wir haben den Horizont mit dem Gerade-ausrichten-Werkzeug in der »Objektivkorrektur« gedreht. **Rechts:** Der Wert plus 4,8 beim Regler »Verzerrung entfernen« glättet den Buckel im Horizont. Datei: Objektiv_c

» Ist der Bildrand sehr homogen, zum Beispiel ein glatter blauer Himmel? Dann testen Sie die Kantenerweiterung. Photoshop dupliziert die vorhandenen Randfarben nach außen und füllt den leeren Randbereich mit Glück nahtlos auf. In der Praxis hilft die Funktion kaum.

12.1.6 Kissen- und tonnenförmige Verzeichnung

Bauchig durchgebogene Linien reguliert Photoshop am besten automatisch auf Basis der Objektivdaten, wie oben besprochen wahlweise im Raw-Dialog, Bereich Objektivkorrekturen oder per **Filter: Objektivkorrektur**.

Sie wollen die kissen- und tonnenförmig verzerrten Geraden von Hand komplett von Hand hinbiegen? Dann eignen sich die beiden vorgenannten Dialogfelder erneut:

» Nutzen Sie für manuelle Korrektur kissen- und tonnenförmiger Entstellungen im Raw-Dialog das Register Objektivkorrekturen mit dem Unterregister Manuell und dort den Regler Verzerrung.

» Oder wählen Sie die **Objektivkorrektur** mit dem Register Benutzerdefiniert und dem Regler Verzerrung entfernen. Alternativ ziehen Sie mit dem Verzerrung-entfernen-Werkzeug direkt in der Vorschau.

Wirkt die **Entzerrung** zu schwach oder nicht passgenau, testen Sie den Befehl **Filter: Verzerrungsfilter: Verbiegen** oder Sie nutzen das **Freie Transformieren**, eventuell mit Verkrümmen, in hartnäckigen Fällen auch das **Formgitter**.

12.1.7 Vignettierung und chromatische Aberration

An der Bildqualität nagen auch Vignettierung und chromatische Aberration (auch CA, Farblängsfehler oder Farbkanten). Sie vermeiden diese Probleme zum Teil, wenn Sie mit höherwertiger Ausrüstung fotografieren – oder lassen Sie Photoshop ran. Einige neuere Kameras korrigieren chromatische Aberration und Vignettierung direkt beim Schreiben von JPEG-Dateien, abgestimmt auf das verwendete Objektiv.

Lassen Sie Photoshop Vignettierung und chromatische Verirrungen automatisch beheben (und eventuell eine manuelle Verfeinerung folgen) – Sie verwenden also wie oben beschrieben **Filter: Objektivkorrektur** mit dem Register Auto-Korrektur oder den Camera-Raw-Dialog mit dem Register Objektivkorrekturen, Unterregister Manuell.

Vignettierung allgemein

Wollen Sie abgeschattete Ränder von Hand und nicht per Automatik eindämmen, helfen die üblichen Verdächtigen mit ihren Reglern:

» Nehmen Sie **Filter: Objektivkorrektur**, Register Benutzerdefiniert mit dem Bereich Vignette: Der Stärke-Regler steuert, wie kräftig Sie die Bildränder aufhellen; der Mittenwert-Schieber bestimmt die Breite des korrigierten Bereichs.

» Die gleiche Funktion finden Sie auch im Camera-Raw-Dialog unter Objektivkorrekturen, Bereich Manuell.

Abbildung 12.12 **Links:** Das Bild zeigt erkennbare Vignettierung. Wir haben mit dem Farbaufnehmer drei Messpunkte angelegt und lesen sie in der Info-Palette nach dem »Graustufen«-Schema aus. Die »Deckkraft« K steigt von 65 Prozent in der Bildmitte bis auf 78 Prozent am Rand. Photoshop erlaubt keine automatische Korrektur des verwendeten Objektivs, wir bearbeiten den Fehler manuell in der »Objektivkorrektur«. **Rechts:** Wir erhöhen im Bereich »Vignettierung« die »Stärke« auf 31. Der äußerste Bildrand hat nun mit 65 dieselbe Helligkeit wie das Innere; der dazwischen liegende Punkt 2 ist jedoch mit 68 dunkler. Hier muss man also noch den »Mittenwert« ändern. Vorlage: Objektiv_d. Foto: Lucas Klamert

Bei manchen Motiven dunkeln Sie aus gestalterischen Gründen die Bildränder gezielt ab. Dann wandert der Stärke-Regler nach links.

TIPP Besonders vielseitige Randabdunklung erlaubt der Raw-Dialog im Effekte-Register *fx* im Bereich Vignettierung nach Freistellen (auch wenn Sie gar nichts freistellen wollen, auch für JPEG- und TIFF-Dateien).

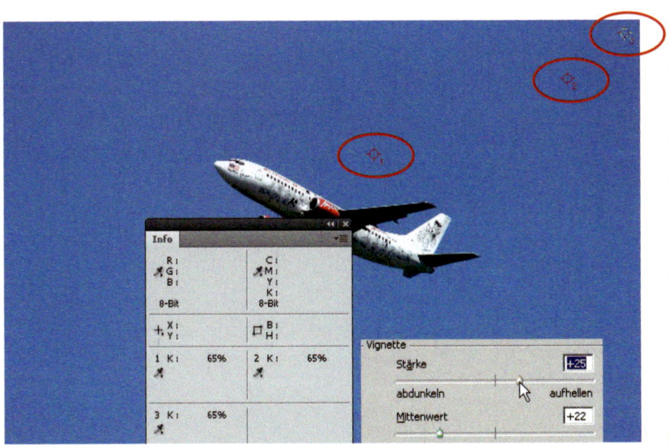

Abbildung 12.13 Es zeigt sich, dass ein »Mittenwert« von +22 zum Radius der Randabschattung passt. Die »Stärke« müssen wir auf 25 senken.

Feinsteuerung für die Vignettierung

Beheben Sie die Randabschattung manuell in der **Objektivkorrektur** bei sehr einförmigem Bildhintergrund, können Sie vorab Messpunkte mit dem Farbaufnehmer setzen und so den Helligkeitsunterschied zwischen innen und außen exakt erkennen. Stellen Sie das Farbmodell in der Info-Palette auf Graustufen, die »K«-Werte für Deckkraft lassen die Helligkeitsunterschiede deutlicher erkennen als RGB-Werte.

Die **Objektivkorrektur** hat den Nachteil, dass Sie die Messwerte im Bild erst sehen, nachdem Sie im Dialogfeld schon auf OK geklickt haben. Sie müssen das Dialogfeld nach einem Misserfolg also erneut aufrufen (am besten legen Sie den Eingriff als Smartfilter an).

Hier wirkt der Raw-Dialog zunächst vorteilhaft: Auch dort produziert ein Farbaufnehmer Messpunkte und die neuesten Werte sehen Sie ad hoc nach jeder Regleränderung im manuellen Bereich der Objektivkorrekturen, Abschnitt Objektivvignettierung. Allerdings zeigt der Raw-Dialog nur RGB-Werte an – weniger übersichtlich, wenn man nur die Helligkeit erkennen will.

TIPP Blenden Sie in der **Objektivkorrektur** das Gitterraster ein, zum Beispiel in Grau mit engem Abstand. Der wechselnde Kontrast zum Foto selbst deutet oft schon auf die Intensität der Vignettierung hin.

Abbildung 12.14 **Links:** Im Gegenlicht entsteht chromatische Aberration an harten Konturen. **Rechts:** Bewegen Sie den Regler »Rot/Cyan-Farbränder« im Filter »Objektivkorrektur« oder im Raw-Dialog nach rechts, um das Problem zu beheben. Vorlage: Chromatisch_01

Chromatische Aberration (Farblängsfehler)

Einige Objektive produzieren unschöne Farbsäume entlang starker Kontrastlinien, vor allem bei Gegenlicht – die sogenannte chromatische Aberration (kurz CA, auch Farblängsfehler). Preisgünstige Konstruktionen und Weitwinkel gelten als besonders CA-verdächtig; Scharfzeichnung kann die Farbfehler noch verstärken. Wollen Sie die Farbränder nicht automatisch, sondern von Hand egalisieren, nehmen Sie zum Beispiel **Filter: Objektivkorrektur**, Register BENUTZERDEFINIERT. Greifen Sie mit den Reglern ROT/CYAN-FARBRÄNDER, BLAU/GELB-FARBRÄNDER oder GRÜN/MAGENTA-FARBRÄNDER ein.

Chromatische Aberration im Camera-Raw-Dialog

Auch der Camera-Raw-Dialog stellt sich unbotmäßigen Farbsäumen wahlweise mit manueller Feinsteuerung entgegen. Öffnen Sie das Register OBJEKTIVKORREKTUREN, Unterregister MANUELL. Sie finden Regler gegen ROT/CYAN-FARBRÄNDER und BLAU/GELB-FARBRÄNDER, aber anders als in der **Objektivkorrektur** keine Abwehr gegen GRÜN/MAGENTA-FARBRÄNDER. Richten Sie mindestens die Zoomstufe 100 Prozent ein.

Ziehen Sie bei gedrückter Alt-Taste am ROT/CYAN-Regler, um zwischenzeitlich blau-gelbe Farbränder zu bannen. Umgekehrt bewegen Sie den BLAU/GELB-Schieber mit gedrückter Alt-Taste, wenn Sie die Rot-Cyan-Konturen bearbeiten – so orten Sie die unterschiedlichen Fehler schneller.

ACHTUNG Setzen Sie bei einer CA-Korrektur im Raw-Dialog den SCHÄRFE-Betrag in den DETAILS auf null – denn eventuell verstärkt die Scharfzeichnung die Farbfehler deutlich.

Farbsäume um reflektierte Lichter im Camera-Raw-Dialog

Unabhängig von ROT/CYAN- und BLAU/GELB-FARBRÄNDERN bietet das Register OBJEKTIVKORREKTUREN noch ein Gegenmittel für rötlich-violette Säume, wie sie um Lichtreflexe zum Beispiel auf Wasser- oder Metallflächen entstehen – also eine andere Form der Farbabweichung als in den vorherigen Absätzen.

Nutzen Sie das Klappmenü SAUM ENTFERNEN. Testen Sie zuerst die Vorgabe ALLE KANTEN. Wirkt sie übertrieben, entstehen zum Beispiel unerwünschte graue Ränder oder sinkt die Farbsättigung allgemein zu stark, schalten Sie mit der Option SPITZLICHT-KANTEN einen Gang zurück.

Steht das Klappmenü auf AUS, werden die speziellen Farbfehler bei reflektierten Spitzlichtern nicht bearbeitet. Die Regler gegen ROT/CYAN- und BLAU/GELB-FARBRÄNDER bleiben wohlgemerkt wirksam.

Weitere Verfahren gegen chromatische Aberration

Die chromatische Verirrung bekämpfen Sie auch mit weiteren Photoshop-Funktionen: Wischen Sie mit dem Schwamm am Farbsaum entlang, natürlich oben mit der Vorgabe SÄTTIGUNG VERRINGERN.

Arbeiten Sie in hartnäckigen Fällen mit einer Auswahl. Erzeugen Sie eine Auswahl entlang der Farbverirrung, am besten mit der Schnellauswahl und der Vorgabe AUTOMATISCH VERBESSERN. Verfeinern Sie die Auswahl mit KANTE VERBESSERN. Mögliche Anschlussmaßnahmen:

» Sie verwandeln die Auswahl in einen Pfad und lassen den Schwamm an diesem Pfad entlangackern.

Abbildung 12.15 **Links:** Rötlich-violette Ränder erscheinen um die Lichtreflexe herum. **Mitte, rechts:** Die Vorgaben »Spitzlicht-Kanten« und »Alle Kanten« aus dem Klappmenü »Saum entfernen« beheben das Problem nicht vollständig. Vorlage: Chromatisch_02

» Sie nehmen **Auswahl: Auswahl verändern: Rand**, so dass nur noch die Kontur selbst von der Auswahl eingerahmt wird. In diesem Bereich testen Sie den Befehl **Farbton/Sättigung** (Strg+U) und ziehen den Sättigung-Regler nach links.

Eventuell sollten Sie die Auswahl minimal mit den Pfeiltasten über den Farbsaum schieben, bevor Sie Pfad oder **Rand** anlegen.

Abbildung 12.16 Auch so verbannen Sie störend schillernde Farbsäume: Legen Sie eine Einstellungsebene »Farbton/Sättigung« an, übermalen Sie den Fehler in der Ebenenmaske mit Schwarz (hier der Rand des Pfostens) und kehren Sie die Ebenenmaske mit Strg+I um. So wirkt sich die Änderung nur noch auf die Farbkante aus. Senken Sie die »Sättigung« in der Korrekturenpalette und testen Sie auch geänderte Werte für »Helligkeit« und »Farbton«. Wirkt die Maske ungenau, verfeinern Sie mit dem Befehl »Auswahl: Maske verbessern«. Vorlage: Chromatisch_01

12.2 Schiefer Horizont

»Das Bild läuft aus« – so lästern Ihre Betrachter, wenn der Horizont seinem Namen keine Ehre macht und sich unhorizontal schräg durchs Motiv stiehlt. Photoshop begradigt solche Mängel ganz bequem. Die zwei wichtigsten Verfahren:

» Ziehen Sie mit dem Linealwerkzeug eine Linie am schiefen Horizont entlang und klicken Sie bald danach auf Gerade ausrichten.

» Im Raw-Dialog ziehen Sie das Gerade-ausrichten-Werkzeug am Horizont lang. Ohne einen weiteren Klick ist das Bild korrigiert, und das verlustfrei immer wieder.

Weitere gängige Techniken, ein Bild zu drehen:

» Ziehen Sie mit dem Freistellungswerkzeug einen Rahmen auf, den Sie genau passend zur Horizontlage drehen.

» Verwandeln Sie die Hintergrund-Ebene in eine Ebene 0, die Sie per **Transformieren** an Hilfslinien oder Bildrändern gerade ausrichten.

» Schalten Sie im Dialog **Filter: Objektivkorrektur** das Gerade-ausrichten-Werkzeug ein und ziehen Sie eine Linie am schiefen Horizont entlang – schon richtet Photoshop das Bild in der Vorschau gerade. Alternativ ziehen Sie in diesem Dialogfeld am Winkel-Regler.

Abbildung 12.17 **Links:** Das Linealwerkzeug zieht eine Linie am schiefen Horizont entlang. **Mitte:** Nach dem Klick auf »Gerade ausrichten« dreht Photoshop das Bild und schneidet weißen Rand sofort weg. **Rechts:** Möchten Sie das Bild drehen und weißen Rand erhalten, widerrufen Sie mit Strg+Z oder klicken Sie »Gerade Ausrichten« mit gedrückter Alt-Taste an. Vorlage: Horizont_01

Mitunter empfiehlt sich anschließendes Scharfzeichnen. Weil Weichzeichnung droht, sollten Sie Ihr Motiv nur ein einziges Mal drehen. Ausnahme: Drehungen um exakt 90, 180 und 270 Grad, wie etwa mit dem Untermenü **Bild: Bilddrehung**; diese völlig verlustfreien Manöver können Sie beliebig wiederholen. Wollen Sie den Horizont eventuell mehrfach drehen, verwandeln Sie die Hintergrundebene in eine Smart-Objekt-Ebene, unabhängig von der geplanten Technik – wiederholte Winkeländerungen stören dann nicht.

FOTOGRAFIE Vermeiden Sie schon beim Fotografieren einen schiefen Horizont durch Gitterlinien im Sucher, mit einer klassischen Wasserwaage oder digitalem Horizont im Kamerasucher.

12.2.1 Bildrotation mit dem Linealwerkzeug

So rücken Sie schiefen Horizont zurecht.

1. Ziehen Sie das Linealwerkzeug (Kurztaste I, Seite 84) am schiefen Horizont entlang.
2. Klicken Sie, noch während das Werkzeug aktiviert ist, oben in den Optionen auf Gerade ausrichten.

Photoshop dreht das Bild und entfernt sofort weiße Ränder. Bei diesem Verfahren sinken Pixelzahl und eingespeichertes Druckmaß. Seitenverhältnis und Druckauflösung bleiben gleich.

Weiße Ränder erhalten

Der Klick auf Gerade ausrichten entfernt sofort die weißen Ränder, sie verlieren also etwas von den aus der Arbeitsfläche herausgedrehten Bildecken. Sie können die weißen Ecken jedoch auch anzeigen, anschließend retuschieren und Reste nach Maß wegschneiden. Zwei Möglichkeiten:

- Sie klicken normal auf Gerade ausrichten, dann widerrufen Sie mit dem üblichen Tastaturbefehl Strg+Z. Nun sehen Sie nicht das schiefe Bild, sondern eine schon begradigte Version mit weißen Ecken.
- Sie klicken bei gedrückter Alt-Taste auf Gerade ausrichten. Photoshop dreht und lässt die weißen Ecken im Bild.

TIPP Wie Sie die leeren Ränder retuschieren, die beim Drehen, aber auch beim Entzerren oder bei **Photomerge**-Montagen entstehen, besprechen wir ab Seite 833.

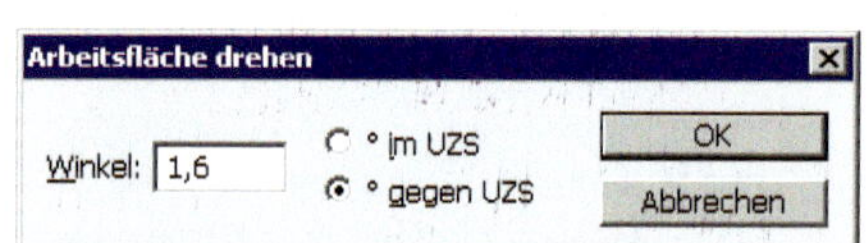

Abbildung 12.18 Ziehen Sie mit dem Linealwerkzeug am Horizont entlang und wählen Sie unmittelbar danach »Bild: Bilddrehung: Per Eingabe«. Photoshop bietet sofort einen Drehwinkel an, der den schiefen Horizont geradestellt. Das Ergebnis zeigt zunächst weiße Ecken. Meist geht es mit der Schaltfläche »Gerade ausrichten« schneller, hier werden die weißen Ecken sofort entfernt. Doch gelegentlich wirkt die Zusammenarbeit von Linealwerkzeug und »Bilddrehung per Eingabe« noch – so, wenn Sie den per Linealwerkzeug gemessenen Winkel generell noch ändern wollen.

Abbildung 12.19 Links: Die Hintergrundebene wurde bereits in eine »Ebene 0« verwandelt und danach per Linealwerkzeug gedreht. Mitte: Mit dem Verschieben-Werkzeug machen Sie Motivteile wieder sichtbar, die durch das Rotieren zunächst hinter dem Bildrand verschwanden. Dabei kommen zwar auch leere Streifen ins Bild, sie lassen sich hier aber leicht retuschieren.

Ebenentechnik

Das Verfahren mit Linealwerkzeug und GERADE AUSRICHTEN-Schaltfläche funktioniert nicht nur auf Hintergrundebenen, sondern auch auf normalen Ebenen sowie Smart-Objekt-Ebenen. Wandeln Sie also bei Bedarf eine Hintergrundebene zunächst in eine normale Ebene 0 um (Alt-Doppelklick auf die Miniatur der Hintergrundebene in der Ebenenpalette) oder in ein Smart-Objekt (**Filter: Für Smartfilter konvertieren**). Das kann Vorteile bei der Retusche oder bei der Übertragung in andere Dateien bringen.

Wenn Sie nun drehen, sehen Sie zunächst auch keine leeren Ecken. Aber die aus dem Bild gedrehten Ecken können Sie mit dem Verschieben-Werkzeug wieder in die Arbeitsfläche ziehen, leere Stellen retuschieren Sie. So steuern Sie den Bildausschnitt sehr genau.

TIPP Wollen Sie einen Auswahlbereich oder eine Einzelebene drehen, aber nicht das Gesamtbild? Verwenden Sie **Bearbeiten: Transformieren: Drehen** oder Strg+T.

12.2.2 Drehen per Freistellungswerkzeug

Der Rahmen des Freistellungswerkzeugs lässt sich drehen und erlaubt so eine vorzügliche Horizontkorrektur – gleichzeitig entfernen Sie überflüssigen Rand, justieren wahlweise Pixelzahl, Druckmaß oder Seitenverhältnis (Seite 286) und wenden die Drittelregel an. Leere weiße Ecken sind leicht vermeidbar: Ziehen Sie den Freistellrahmen nicht über die Bildgrenzen hinaus.

Ziehen Sie mit dem Freistellungswerkzeug einen Rahmen auf. Um den Freistellrahmen parallel zum Horizont zu drehen, halten Sie den Mauszeiger außen neben den Rahmen; der Zeiger erscheint dort als gebogener Doppelpfeil. Mit gedrückter Maustaste drehen Sie den Rahmen exakt parallel zum aktuellen Horizont. Mit einem Doppelklick in den Rahmen wenden Sie die Korrektur an.

Auf verschiedene Arten bringen Sie den Freistellrahmen auf Parallelkurs zum schiefen Horizont:

» Oben in den Optionen zum Freistellungswerkzeug schalten Sie das RASTER oder die DRITTELREGEL ein.

Abbildung 12.20
Wir füllen den leeren Streifen. Dazu duplizieren wir hier ein Stück vorhandenen Himmel auf die neue »Ebene 1« und dehnen sie passend bis zum Bildrand aus. Die Retusche eignet sich auch für andere Arten der Bilddrehung, etwa per Freistellungswerkzeug.

Abbildung 12.21
Links: In den Optionen zum Freistellungswerkzeug haben wir das »Raster« eingeschaltet. Wir drehen den Rahmen so, dass eine Rasterlinie parallel zum schiefen Horizont verläuft. **Rechts:** Nach einem Doppelklick in den Auswahlrahmen stellt Photoshop das Bild gerade, weiße Ecken fallen nicht an. Vorlage: Horizont_03

» Ziehen Sie den Rahmen so auf, dass er in der Nähe des schiefen Horizonts endet. Drehen Sie den Rahmen parallel zum Horizont, danach erst bringen Sie ihn mit den Anfasspunkten auf die gewünschte Größe.

TIPP Ziehen Sie die Zentrierachse aus der Mitte des Freistellungsrahmens exakt auf den Horizont, so lässt sich leichter drehen.

12.2.3 Drehen per Transformieren

Auch der **Transformieren**-Befehl korrigiert schiefe Horizonte. Vorteile: Sie korrigieren im selben Zug bei Bedarf noch stürzende Linien und Bildmaße und wahren – je nach Verfahren – die Originalpixelzahl und damit auch das Seitenverhältnis. Also los:

1. Halten Sie die [Alt]-Taste gedrückt, dann klicken Sie in der Ebenenpalette doppelt auf die Hintergrund-Miniatur. Sie verwandelt sich in eine Ebene 0.
2. Blenden Sie die Lineale per [Strg]+[R] ein.
3. Ziehen Sie aus dem oberen Lineal eine Hilfslinie exakt über den schiefen Horizont.
4. Starten Sie das **Freie Transformieren** per [Strg]+[T].
5. Ziehen Sie außen am Transformieren-Rahmen, bis das Bild exakt parallel zum Horizont sitzt. (Sie sehen nicht alle Anfasspunkte? Mit [Strg]+[0] liefert Photoshop die passende Zoomstufe zur Beurteilung.)
6. Klicken Sie doppelt ins Foto, um die Drehung zu bestätigen.
7. Mit dem Freistellungswerkzeug schneiden Sie leere Ecken weg oder füllen Sie diesen Bereich zum Beispiel per Kopierstempel.
8. Der Befehl **Ebene: Auf Hintergrundebene reduzieren** verhilft wieder zu einer üblichen Hintergrund-Ebene.

Abbildung 12.22 Auch so nutzen Sie das Freistellungswerkzeug zum Drehen. **Links:** Wir haben den Rahmen nur so weit aufgezogen, dass er exakt am Horizont entlang läuft, und dann passend zum Horizont gedreht. Außerdem haben wir den Referenzpunkt auf den Horizont gezogen, das erleichtert das Drehen. **Mitte:** Jetzt erst ziehen wir den Rahmen auf die endgültige Größe, die Drehung bleibt perfekt erhalten. **Rechts:** Per Eingabetaste oder Doppelklick in den Auswahlrahmen stellt Photoshop das Bild gerade. Vorlage: Horizont_04

Abbildung 12.23 **Links:** Wir haben die »Hintergrund«-Ebene in eine »Ebene 0« verwandelt, Lineale eingeblendet und eine Hilfslinie über den schiefen Horizont gezogen. **Mitte:** Per »Frei transformieren« orientieren wir das Bild an der Hilfslinie. **Rechts:** So drehen Sie ohne Hilfslinie: Sie legen wieder eine »Ebene 0« an, starten das freie Transformieren, ziehen den Horizont Ihres Motivs an den Dokumentrand und drehen passend zum Bildfensterrahmen. Stimmt der Winkel, ziehen Sie das Foto wieder vollständig ins Bildfenster. Vorlage: Horizont_05

Orientierung am Dateifensterrahmen

Das Drehen per **Transformieren** lässt sich variieren. Eine Möglichkeit: Verzichten Sie auf Lineal und Hilfslinie. Stattdessen schieben Sie unmittelbar nach dem Strg+T-Griff das noch schiefe Bild so weit aus dem Dateifenster heraus, bis der Horizont am Dateifensterrand entlangläuft. Jetzt drehen Sie passend zum Dateirahmen, dann ziehen Sie das Foto wieder in die Mitte.

Vergrößern statt Rand abzuschneiden

Wenn die Drehung erst stimmt, müssen Sie nicht unbedingt Rand abschneiden. Ihre Alternative: Vergrößern Sie das Bild leicht, bis die Lücken wieder ausgefüllt sind. So behält die Datei ihre ursprüngliche Pixelzahl.

Bestätigen Sie also die Drehung nicht sofort per Doppelklick. Stattdessen drücken Sie die ⇧-Taste, um das Seitenverhältnis zu schützen, dann ziehen Sie das Bild an den Eckanfassern größer. Erst danach folgt der Doppelklick in den Rahmen.

Leere Ecken füllen

Nach einer Bilddrehung per **Frei Transformieren** bleiben leere Ecken zurück. Sie lassen sich bequem so füllen:

1. Klicken Sie in der Ebenenpalette bei gedrückter Strg-Taste direkt auf die Miniatur der Ebene 0 oder ähnlich. So laden Sie den Umriss der gedrehten Ebene als Auswahl.
2. Kehren Sie die Auswahl mit Strg+I um. Nun sind nur die leeren Ecken selbst erfasst.
3. Die Ränder des Bilds brauchen Sie mit in der Auswahl. Darum nehmen Sie **Auswahl: Auswahl verändern: Erweitern** mit zum Beispiel 15 Pixeln.

Abbildung 12.24 **Links:** Wir ziehen den Transformationsrahmen bei geschütztem Seitenverhältnis so groß, dass kaum noch leerer Rand übrig bleibt – außer rechts oben, wo er sich leicht korrigieren lässt. **Mitte, rechts:** Mit dem Kopierstempel füllen wir die Lücke auf einer neuen Ebene. Vorlage: Horizont_05

Abbildung 12.25 **Links:** Das Bild hatte einen schiefen Horizont. Die Hintergrundebene wurde in eine »Ebene 0« verwandelt und gedreht, dann haben wir die transparenten Ecken ausgewählt und die Auswahl erweitert. **Rechts:** Der Befehl »Fläche füllen« mit der Vorgabe »Inhaltssensitiv« füllt die leeren Ecken fast perfekt. Vorlage: Horizont_06

4. Mit [Strg]+[I]-Taste laden Sie den Dialog **Fläche füllen.** Das Klappmenü VERWENDEN stellen Sie auf INHALTSSENSITIV und klicken auf OK. Photoshop füllt die Ränder oft nahtlos aus.

Die Technik eignet sich auch für andere leere Ränder etwa bei Panorama oder Entzerrung. Wählen Sie einfach die leeren Ränder mit etwas Spielraum nach innen aus. Sie funktioniert auch auf einer reinen Hintergrundebene, wenn die Ränder nicht transparent, sondern zum Beispiel weiß sind; das Auswählen bereitet lediglich etwas mehr Mühe.

12.3 Stürzende Linien

Haben Sie die Kamera nach oben gekippt, um etwas allzu Nahes möglichst komplett auf den Sensor zu bekommen, zum Beispiel einen Dom? Dann verjüngt sich das Bauwerk nach oben hin – stürzende Linien, sagt der Fachmann. In anderen Fotos laufen obere und untere Kante eines Motivs aufeinander zu, weil die Kamera schräg seitlich auf die Szene gerichtet wurde. Erleichtern Sie sich die Bildbearbeitung schon beim Fotografieren, indem Sie möglichst nur auf einer Achse verkanten und »stürzende« Motive nicht zu nah am Bildrand platzieren.

Abbildung 12.26 **Links:** Wir haben das Bild in eine »Ebene 0« verwandelt und starten das »Transformieren«. **Mitte:** Wir verzerren das Bauwerk bei gedrückter [Strg]+[⇧]+[Alt]-Taste perspektivisch, so dass die stürzenden Linien fast verschwinden. **Rechts:** Bei gedrückter [Strg] -Taste ziehen wir nur den rechten Eckanfasser noch etwas weiter nach außen, den linken oberen Eckanfasser wieder etwas nach innen. Vorlage: Stuerzend_2

Drei verschiedene Verfahren bekämpfen stürzende Linien. In der Übersicht:

- Im Dialog **Filter: Objektivkorrektur** korrigieren Sie typische Stürzlinien mit dem Regler VERTIKALE PERSPEKTIVE, dann justieren Sie die HORIZONTALE PERSPEKTIVE. (Sie können hier allerdings nicht einzelne Seiten mit individuellen Winkeln verändern.)
- Ebenso wirkt der Raw-Dialog im Register OBJEKTIVKORREKTUREN mit dem Unterregister MANUELL; die Regler heißen VERTIKAL und HORIZONTAL.
- Justieren Sie die Schieflage beim **Freien transformieren**. Hier haben Sie die meiste Gestaltungsfreiheit, Dächer am oberen Bildrand gehen nicht zwangsläufig verloren.
- Verwenden Sie das Freistellungswerkzeug mit der Option PERSPEKTIVE BEARBEITEN.

Stürzende Linien per »Transformieren«

Am besten nutzen Sie gegen stürzende Linien die Objektivkorrektur oder aber das **Transformieren** – beide bieten eine gute Vorschau und funktionieren auch auf Smart-Objekten, so dass Sie verlustfrei munter experimentieren können. So gehen Sie mit dem **Transformieren**-Befehl gegen stürzende Linien vor:

1. Halten Sie die [Alt]-Taste gedrückt, dann klicken Sie in der Ebenenpalette doppelt auf die HINTERGRUND-Miniatur. Sie verwandelt sich in eine EBENE 0. (Oder wählen Sie **Filter: Für Smartfilter konvertieren**, um ein Smart-Objekt zu erzeugen.)
2. Starten Sie das **Transformieren** per [Strg]+[T].
3. Halten Sie gleichzeitig diese Tasten gedrückt: [Strg]+[⇧]+[Alt]. Dann ziehen Sie den Anfasspunkt in der rechten oberen Ecke nach rechts vom Bild weg. Damit ziehen Sie den oberen Bildteil in die Breite – die stürzenden Linien verschwinden.
4. Das Motiv wirkt jetzt etwas zu gedrungen. Lassen Sie alle Tasten fahren und ziehen Sie den oberen mittleren Anfasspunkt -□- nach oben – so wirkt das Bild wieder länglicher.
5. Durch Ziehen außen am Rahmen drehen Sie das Bild bei Bedarf noch.
6. Klicken Sie doppelt in die Auswahl, um die neue Perspektive zu bestätigen.
7. Sind Sie schon zufrieden, wählen Sie jetzt **Ebene: Auf Hintergrundebene reduzieren**. Das Bild hat dasselbe Seitenverhältnis wie zuvor.

Sie ziehen hier den obersten Bildstreifen aus dem Dateifenster heraus, er ist erst mal weg. Wollen Sie diesen Bereich wiedersehen, wählen Sie nach dem Doppelklick in den Rahmen **Bild: Alles einblenden**. Jetzt sehen Sie das nach oben verlängerte Foto, aber auch leere Ecken rechts und links – das Freistellungswerkzeug räumt sie weg.

Stürzende Linien mit dem Freistellungswerkzeug

Sobald Sie mit dem Freistellungswerkzeug einen Auswahlrahmen aufziehen, bietet die Optionenleiste den Punkt PERSPEKTIVE BEARBEITEN: Sie stellen gleichzeitig frei

Abbildung 12.27 **Links:** Ohne Zusatztasten ziehen wir den mittleren Anfasspunkt oben in die Höhe, so dass die Gebäude ihre ursprüngliche Proportion zurückerhalten. Man könnte dieses Ergebnis schon verwenden. **Mitte:** Der Befehl »Alles einblenden« zeigt hier noch Bereiche, die außerhalb der ursprünglichen Bildgrenzen entstanden, so den nach oben gewanderten Himmel und die Bereiche links und rechts. **Rechts:** Sie könnten die leeren Flächen teils per Retusche füllen. Hier werden sie jedoch mit dem Freistellungswerkzeug entfernt, dabei nutzen wir Hilfslinien nach der »Drittelregel«.

Abbildung 12.28 **Links:** Das Motiv wurde schräg und mit stürzenden Linien aufgenommen. Wir nutzen das Freistellungswerkzeug mit den Optionen »Raster« und »Perspektive bearbeiten«. Wir drehen Rahmen leicht und verschieben die oberen Eckpunkte so, dass die Hilfslinien parallel zu den Gebäudekanten verlaufen. **Mitte, rechts:** Nach einem Doppelklick in die Auswahl dreht, entzerrt und kappt Photoshop das Bild. Je nach gewähltem Ausschnitt fällt die Korrektur unterschiedlich aus, sie überzeugt nicht ganz. Datei: Stuerzend_01

und korrigieren die Perspektive. Allerdings haben Sie beim **Transformieren** (nächster Abschnitt) eine bessere Vorschau als hier. Ein typisches »stürzendes« Motiv wirkt nach der Bearbeitung per Freistellungswerkzeug je nach Bildausschnitt zu breit, diesen Mangel können Sie nur mit der Transformieren-Methode präzise ausgleichen. In der Regel geht es so:

1. Schalten Sie nach Aufziehen eines ersten Rahmens Perspektive bearbeiten ein, nutzen Sie auch Raster oder Drittelregel in den Freisteloptionen.
2. Ziehen Sie an einzelnen Eckanfassern und bringen Sie den Freistellrahmen auf Parallelkurs zu den Rändern des Hauptmotivs. Drücken Sie die ⇧-Taste für strikt horizontale oder vertikale Bewegungen.
3. An den mittleren Anfassern verändern Sie die Gesamtgröße des Rahmens. Nach einem Klick in den Rahmen hinein entfernt Photoshop die Ränder und korrigiert die Perspektive.

12.4 Retuschewerkzeuge

Mit den Retuschewerkzeugen korrigieren Sie örtlich kleinere Fehler im Bild. Die Rede ist von Wischfinger, Radiergummi, Abwedler, Nachbelichter, Schwamm (also Aufheller, Abdunkler, Entsättiger), Scharfzeichner und Weichzeichner. Weichzeichner und Scharfzeichner sowie Aufheller und Abdunkler funktionieren nicht in Bildern mit indizierten Farben oder im schwarzweißen Bitmap-Modus.

Die Mal- und Retuschewerkzeuge haben viele gemeinsame Optionen und Tastenbefehle; wir präsentieren diese Möglichkeiten hier en bloc. Kopierstempel, Reparaturpinsel, Ausbessernwerkzeug und Bereichsreparaturpinsel behandeln wir im nächsten Hauptabschnitt; ein weiterer Abschnitt zeigt Maßnahmen gegen rotgeblitzte Augen.

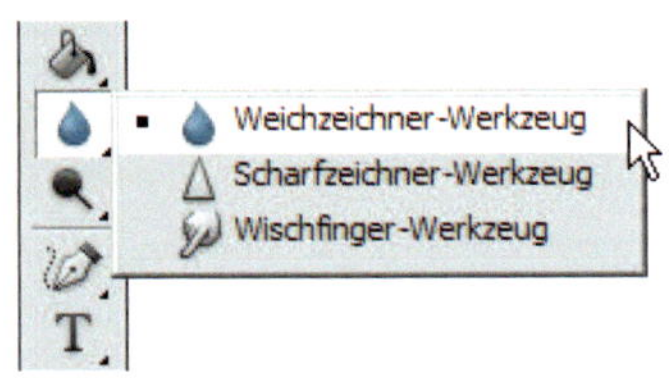

Abbildung 12.29 Weichzeichner, Scharfzeichner und Wischfinger residieren in einem Fach in der Werkzeugleiste.

12.4.1 Anwendung allgemein

Bei vielen Werkzeugen malen Sie zunächst nur auf der aktiven Ebene. Klicken Sie oben in den Optionen an, dass Sie Alle Ebenen aufnehmen wollen – um etwa Pixel aus allen Ebenen unter dem Mauszeiger zu bearbeiten.

Denken Sie aber auch daran: Alle Retuschetools sind im Grunde nur bewegliche Filter oder Tonwertkorrekturen; der Pinselumriss dient als mausgeführter Auswahlbereich. Mehr Qualität und den Komfort verlustfreien Arbeitens bietet Photoshop, wenn Sie nicht direkt mit Scharfzeichner und Co. durchs Bild schrubben. Legen Sie stattdessen eine Einstellungsebene, einen Smart-

Abbildung 12.30 **Links:** Der Wischfinger zieht Farbe durchs Bild, hier im Modus »Abdunkeln«. **Mitte:** Weichzeichner (oben) und Scharfzeichner schwächen bzw. erhöhen den Kontrast an Konturen. **Rechts:** Der Abwedler (Aufheller, rechts) macht das Bild örtlich heller, der Schwamm senkt hier die Farbsättigung. Vorlage: Retusche_01

filter oder eine duplizierte und korrigierte Ebene übers Bild – dann mischen Sie Original und korrigierte Fassung zum Beispiel via Ebenenmaske (eine Zusammenfassung verlustfreier Korrekturmöglichkeiten ab Seite 35).

12.4.2 Wischfinger

Der Wischfinger siedelt im selben Fach der Werkzeugleiste wie Scharfzeichner und Weichzeichner. Er simuliert den Effekt eines Fingers, der durch nasse Farbe gezogen wird (weit vielseitiger ist der Mischpinsel, Seite 488).

Der Wischfinger verschiebt die Farbe in Richtung der Mausbewegung. Photoshop bietet variablen Druck, wenn Sie ein druckempfindliches Grafiktablett einsetzen. Ohne diese Option eignet sich der Wischfinger etwa, um harte Kanten zwischen montierten Bildteilen zu verwischen – fangen Sie stets mit niedrigem Druck an. Natürlich eignet er sich auch für künstlerische Ambitionen, mit Füllmethoden wie Abdunkeln ergeben sich bessere Mischungen.

Die Option Fingerfarbe lässt jedes Wischmanöver mit der Vordergrundfarbe beginnen. Damit kann man handgemalte Hintergründe erzeugen. Um nur vorübergehend mit Fingerfarbe zu malen, drücken Sie die Alt-Taste.

12.4.3 Weichzeichner, Scharfzeichner

Weichzeichner und Scharfzeichner verringern bzw. erhöhen den Kontrast zwischen Konturlinien und erzeugen so mehr oder weniger Schärfe im Bild (der Tastaturbefehl R für diese Werkzeuge gilt nicht mehr). Die beiden Werkzeuge teilen sich mit dem Wischfinger ein Abteil der Werkzeugleiste; durch Alt-Klick auf dieses Fach oder durch längeren Klick auf das kleine Dreieck, das das horizontale Werkzeugmenü hervorbringt, wechseln Sie zwischen den Tools. Auch mit dem Weichzeichner lassen sich recht feinfühlig Übergänge nach Montagen glätten. Ist der Untergrund jedoch körnig oder rau, wird diese Struktur vom Weichzeichner schnell zerstört. Man arbeitet besser mit dem Kopierstempel. Wollen Sie die Übergänge zwischen zwei Ebenen absoften, denken Sie an die Option Alle Ebenen aufnehmen. Auch in Alphakanälen macht sich der Weichzeichner nützlich, wenn nur an bestimmten Abschnitten eines Schwarzweißübergangs Graustufen für weiche Auswahlränder sorgen sollen.

Drücken Sie die Alt-Taste, während der Scharfzeichner bereits in Gebrauch ist, wechselt Photoshop so lange zum Weichzeichner, bis Sie diese Taste wieder loslassen. Haben Sie den Weichzeichner dauerhaft eingeschaltet, wechseln Sie mit gedrückter Alt-Taste zu Fingerfarbe.

TIPP Besser als Weichzeichner- oder Scharfzeichnerwerkzeuge wirken oft die Filter-Befehle für **Scharfzeichnungsfilter** (Seite 445) und **Weichzeichnungsfilter** (Seite 550). Sie lassen sich ohne Weiteres auch örtlich anwenden (Seite 37).

12.4.4 Abwedler, Nachbelichter, Schwamm

Die Werkzeuge, mit denen Sie Bildteile heller oder dunkler pinseln, nennt Photoshop nach Techniken aus der traditionellen Dunkelkammer »Abwedler« (zum Aufhellen) und »Nachbelichter« (zum Nachdunkeln, jeweils Kurztaste O, für Dodge Tool).

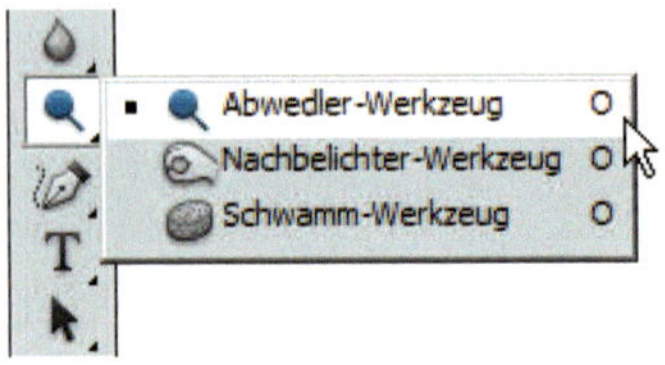

Abbildung 12.31 Ein Fach in der Werkzeugleiste teilen sich Abwedler, Nachbelichter und Schwamm. Durch Alt-Klick auf dieses Fach oder Alt+O wechseln Sie zwischen den Geräten.

Diese Werkzeuge waren fast zwei Jahrzehnte lang verpönt, weil sie das Bild schnell entstellten. Doch seit Photoshop CS4 gibt es die empfehlenswerte Option TONWERTE SCHÜTZEN, so dass Sie Abwedler und Nachbelichter nun gut nutzen können.

Ist der Abwedler bereits aktiv, wechseln Sie bei gedrückter Alt-Taste vorübergehend zum Nachbelichter und umgekehrt. In der Optionenleiste entscheiden Sie, ob Sie die LICHTER, MITTELTÖNE oder die TIEFEN in Angriff nehmen.

Der Abwedler (Aufheller) hellt zum Beispiel im Augenweiß oder Zähne auf – vermeiden Sie jedoch übertriebene Zombie-Ergebnisse, halten Sie die BELICHTUNG knapp.

Hellen Sie farbige Bildpartien bis hin zum Weiß auf, wenn Sie Glanzlichter setzen möchten. Der Nachbelichter setzt oder verstärkt Schatten. Wie üblich funktionieren diese Werkzeuge nicht direkt auf Smart-Objekt-Ebenen.

TIPP Mit der Option TONWERTE SCHÜTZEN erzeugen Abwedler und Nachbelichter eventuell zu farbsatte Mitteltöne. Abhilfe: Duplizieren Sie die Ebene mit Alt+R, stellen Sie die Füllmethode von NORMAL auf LUMINANZ um, dann erst lassen Sie das Werkzeug ran. Sie können anschließend immer noch zu NORMAL wechseln, wenn Sie kräftigere Farben bevorzugen.

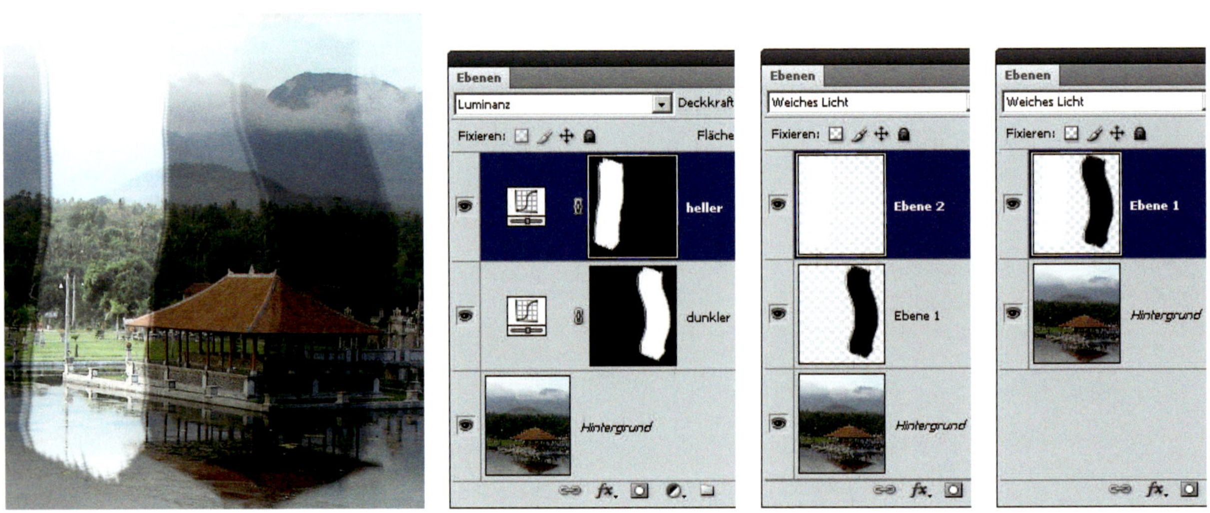

Abbildung 12.32 **1. Bild:** Die Aufhellung und Abdunklung haben wir direkt mit Abwedler- und Nachbelichter-Werkzeug ins Bild gemalt. Zu diesem Verfahren gibt es jedoch empfehlenswerte Alternativen. **2. Bild:** Auch so entstehen Aufhellung und Abdunklung: Wir legen eine abdunkelnde und eine aufhellende Einstellungsebene »Gradationskurven« an und färben die Ebenenmaske schwarz. Mit Pinsel und Weiß in der Ebenenmaske erzeugen Sie nun Aufhellung und Abdunkelung, das Originalbild bleibt geschützt, die Stärke der Korrektur änderbar. Um Farbverschiebungen zu vermeiden, nutzen wir zudem die Füllmethode »Luminanz«, aber oft kann es auch bei »Normal« bleiben. **3. Bild:** Wir legen zwei neue leere Ebenen im Modus »Weiches Licht« an. Die Aufhellung bringen Sie mit Pinsel und Weiß an, die Abdunklung mit Schwarz. **4. Bild:** Aufhellung und Abdunklung liegen hier in einer einzigen »Weiches Licht«-Ebene, das geht auch. Vorlage: Retusche_05. Foto: Lucas Klamert

Abbildung 12.33 Die Schüler im Reisfeld wurden bei Gegenlicht unterbelichtet. Wir hellen sie mit dem Abwedler auf und verwenden für Haut, Haare und Hemd alle drei Bereiche Mitteltöne, Schatten und Lichter. Vorlage: Retusche_04

Alternativen zu Abwedler und Nachbelichter

Pinseln Sie Aufhellung und Abdunkelung flexibler ins Bild als mit Abwedler und Nachbelichter:

» Legen Sie zum Beispiel eine aufhellende abdunkelnde Einstellungsebene an, die dann per Ebenenmaske nur einzelne Bildzonen verändert. Senken Sie die Wirkung mit dem Deckkraft-Regler. Gegen Farbverfälschungen ändern Sie die Füllmethode oben links in der Ebenenpalette von Normal auf Luminanz.

» Der Raw-Dialog hält den vielseitigen, nachträglich justierbaren und generell verlustfreien Korrekturpinsel parat (Seite 238).

Flexibel steuerbare Aufhellung und Abdunkelung erlaubt auch die Technik mit der neutralen Ebene:

1. Klicken Sie unten in der Ebenenpalette auf das Symbol Neue Ebene erstellen. So entsteht eine neue, leere Ebene.
2. Stellen Sie die Füllmethode von Normal auf Weiches Licht um.
3. Schalten Sie den Pinsel ein und malen Sie mit Schwarz, um Bildzonen abzudunkeln; mit Weiß hellen Sie auf.

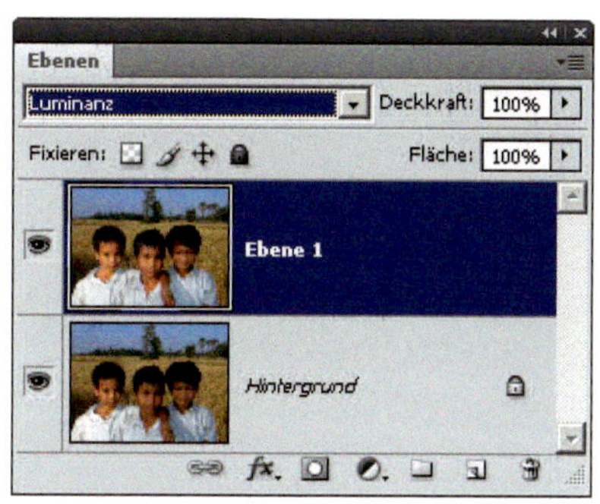

Abbildung 12.34 Wir haben die Hintergrundebene zunächst dupliziert, die obere Ebene auf die Füllmethode »Luminanz« umgestellt und dann mit dem Abwedler aufgehellt. Die Retusche wirkt etwas weniger farbsatt, so präzise wie mit maskierten Einstellungsebenen gelingt sie aber dennoch nicht.

Falls der Effekt zu stark ist, senken Sie die DECKKRAFT der leeren Ebene. Für eine Aufhellung mit kräftigeren Farben testen Sie die Füllmethode INEINANDERKOPIEREN.

TIPP Es ist nicht zwingend erforderlich, aber übersichtlicher, wenn Sie aufhellende und abdunkelnde Pinselstriche auf getrennten WEICHES LICHT-Ebenen anbringen. Dazu duplizieren Sie die neue leere Ebene nach Schritt 2, wenn Sie das WEICHE LICHT bereits eingerichtet haben.

Schwamm

Der Schwamm macht Farben örtlich gesättigter – also reiner, poppiger – oder blasser. In Graustufenbildern senkt oder erhöht der Schwamm den Kontrast.

Der Schwamm soll unter anderem übersättigte Bereiche so weit blasser machen, dass sie auch in den druckbaren Bereich des CMYK-Farbraums fallen (Seite 126). Er dämpft wirkungsvoll auch übertriebene Farben in Porträts und chromatische Aberrationen in kontrastreichen Fotos.

Umgekehrt bieten die Schwammoptionen aber auch eine Verstärkung der Sättigung – wenn Sie eine Farbe herausarbeiten wollen; nutzen Sie die Option DYNAMIK für schonende Korrekturen, bei denen Ihnen Quietschfarben und übertriebene Hauttöne erspart bleiben.

Wie meist wirkt auch dieser Retuschepinsel nicht optimal, vor allem erscheint das Ergebnis ungleichmäßig. Oft die bessere Alternative: Bearbeiten Sie den Bereich mit den Einstellungsebenen **Farbton/Sättigung** oder **Dynamik** und begrenzen Sie deren Wirkung örtlich mit einer Ebenenmaske. Das bietet nicht nur mehr Feinsteuerung, sondern auch eine gleichmäßige Behandlung.

12.5 Details entfernen

Hier entfernen wir störende Bilddetails – Farbsäume, Kratzer, Hautunreinheiten, Stirnfalten, Strommasten und unliebsames Personal. Um Bildrauschen und rotgeblitzte Augen geht es in weiteren Abschnitten.

12.5.1 Verfahren im Überblick

Bei der Fehlerretusche nehmen Sie in der Regel brauchbare Bildpunkte aus dem Foto auf und kopieren sie über die Störstelle; zum Beispiel kopieren Sie glatte Haut über einen Pickel, Himmel und Meer über lästiges Personal. Prinzipiell lassen sich drei Verfahren unterscheiden:

» Sie kopieren Bildpunkte 1:1 über die Störstelle. Das erledigen Sie zum Beispiel mit dem Kopierstempel oder einer duplizierten Lassoauswahl. Vorteile: Sie haben perfekte Kontrolle, keine Automatik glaubt es besser zu wissen. Nachteile: Tonwertunterschie-

Abbildung 12.35 **Links:** Wir rahmen die Störstelle mit dem Lasso ein. **Rechts:** Wir haben den Befehl »Fläche füllen« mit der Option »Inhaltssensitiv« genutzt. Photoshop kalkuliert die Übergänge nach außen wie auch das Auswahlinnere fast optimal. Datei: Fehler_n

de zwischen retuschierter Zone und unveränderter Umgebung fallen sofort auf, brauchen eine weitere Retusche.

» Sie kopieren Bildpunkte über die Störstelle, lassen aber die Tonwertunterschiede an den Rändern automatisch ausgleichen. Geeignete Werkzeuge: Der Bereichsreparaturpinsel mit der Option NÄHERUNGSWERT, der Reparaturpinsel oder das Ausbessernwerkzeug. Das funktioniert oft gut, aber es gibt auch Nachteile: Die Umgebung der Störstelle muss sehr homogen sein, in der Nähe von anderen markanten Konturen oder am Bildrand geht es gar nicht, das Ergebnis ist nicht gut vorhersehbar; manchmal entstehen Geisterschatten.

» Oft die besten Ergebnisse erhalten Sie indes so: Sie kopieren Bildpunkte über die Störstelle und lassen nicht nur die Ränder nach außen, sondern auch das Innere intelligent kalkulieren. Geisterschatten bleiben so aus, harte Konturen werden perfekt fortgesetzt. Nutzen Sie den Befehl **Bearbeiten: Fläche füllen** mit der Option INHALTSSENSITIV oder den Bereichsreparaturpinsel abermals mit der Option INHALTSSENSITIV. Nachteile: längere Rechenzeit und in komplexen Motiven unabsehbare Resultate – die jedoch häufig beeindrucken und spätestens mit etwas Nach-Retusche sehr brauchbar ausfallen.

Malen oder Auswahl

Bei allen Retuschetechniken gibt es zwei Grundverfahren:

» Variante 1: Sie malen direkt über der Störstelle. Der Ansatz eignet sich besonders für kleine, aber komplexe Bereiche.

» Alternative: Sie legen erst eine Auswahl an, die Sie in einem zweiten Schritt weiterbearbeiten. Dieser Weg empfiehlt sich oft für größere Störzonen, etwa eine komplette Person.

Ein Beispiel für Malen versus Auswahl:

» Variante 1: Sie wählen einen brauchbaren Bildteil mit dem Lasso aus und ziehen ein Duplikat über die Störstelle.

» Alternative: Sie klicken eine brauchbare Motivpartie mit dem Kopierstempel an und klicken dann in die reparaturbedürftige Zone; auch so überdecken Sie die fehlerhaften Pixel mit den zuerst gewählten Pixeln.

Auch bei den intelligenteren Verfahren haben Sie die Wahl zwischen Malen und Auswahl:

» Variante 1: Malende Retusche mit Randausgleich gelingt per Bereichsreparaturpinsel mit der Option

Abbildung 12.36 **Links:** Wir haben die Auswahl mit dem Ausbessern-Werkzeug nach links gezogen; doch es gibt nicht genug störungsfreie Bildfläche für eine perfekte Korrektur, Photoshop erzeugt zwar gute Übergänge, aber Störungen im Inneren. Ähnliche Probleme mit Bildfehlern innen verursachen bei diesem Motiv Reparaturpinsel und Bereichsreparaturpinsel. **Rechts:** Wir haben in mehreren Schritten Teile von links über die Störstelle dupliziert. Fehler im Inneren gibt es so nicht, aber unschöne Übergänge nach außen. Das Problem entsteht auch mit dem Kopierstempel in uneinheitlicher Umgebung.

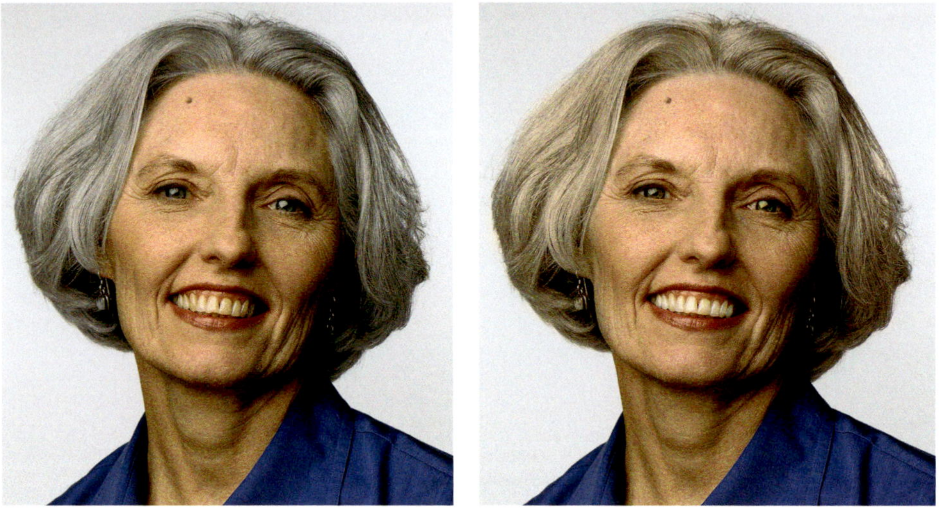

Abbildung 12.37
Der Abwedler hellt Zähne und Augenweiß auf, der Schwamm erhöht die Sättigung in der Iris. In den Haaren malen wir mit Pinsel, brauner Farbe und der Füllmethode »Farbe«. Dateien: Retusche_03a, b

Näherungswert oder per Reparaturpinsel. (Für malende Retusche mit Ausgleich nach innen und außen greifen Sie zum Bereichsreparaturpinsel mit der Option Inhaltssensitiv.)

» Alternative: Sie erzeugen eine Auswahl mit Lasso oder Ausbessernwerkzeug. Die Retusche selbst erledigt das Ausbessernwerkzeug. (Für Retusche mit Ausgleich nach innen und außen legen Sie eine Auswahl an und nehmen dann **Bearbeiten: Fläche füllen** mit der Option Inhaltssensitiv.)

Weitere Verfahren

Das Bereichsreparaturwerkzeug im Camera-Raw-Dialog bietet Kopieren und Reparieren, eignet sich aber nur für kleinere Störstellen in einheitlicher Umgebung (Seite 236). Wenn Sie die teurere Photoshop-Extended-Version nutzen, gibt es noch eine ganz andere Technik: Sie nehmen ein Motiv mehrfach auf und lassen Photoshop im **Stapelmodus** alle Autos, Citytauben oder Menschen herausrechnen (Seite 861).

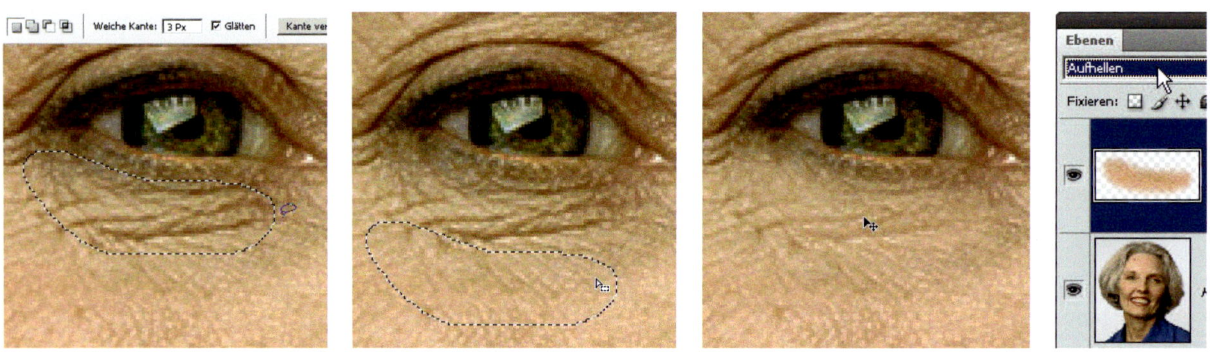

Abbildung 12.38 **1. Bild:** Wir rahmen den Korrekturbereich mit dem Lasso bei weicher Kante ein. **2. Bild:** Wir ziehen die Auswahlmarkierung mit dem Lasso nach unten und heben sie mit Strg+J auf eine eigene Ebene. **3. Bild:** Per Strg-Taste erscheint das Verschiebenwerkzeug, wir schieben die neue Reparaturebene nach oben. **4. Bild:** In der Ebenenpalette verbessern wir die Bildwirkung mit dem »Aufhellen«-Modus und reduzierter Deckkraft. Vorlage: Retusche_03

Abbildung 12.39
Zurück zur Natur: Die Telefonmasten rechts stehen in einheitlichem Umfeld, sie verschwinden leicht mit dem Bereichsreparaturpinsel. Der dünne Mobilfunkmast in der Mitte lässt sich mit dem Kopierstempel entfernen. Für Häuser und Urlauber haben wir Bildbereiche dupliziert, transformiert und verschoben, die Ränder wurden mit dem Kopierstempel gesäubert. Datei: Fehler_h

Welches Verfahren für welchen Zweck?

Bei kleinen Mängeln in homogener Umgebung wirken die pinselartigen Werkzeuge Kopierstempel, Reparaturpinsel und Bereichsreparaturpinsel praktisch: klick, klack, Fleck weg. Das eignet sich für Staub von Sensoren oder Scannerflächen, Hautunreinheiten und andere eng umrissene Störungen. Den Bereichsreparaturpinsel nutzen Sie mit der Option Inhaltssensitiv; wenn das Ergebnis irritiert, testen Sie Näherungswert.

Größere, komplexe Fehler überfordern diese Werkzeuge jedoch. Probieren Sie es vollautomatisch: Rahmen Sie den Fehler mit dem Lasso ein und nehmen Sie **Bearbeiten: Fläche füllen** mit der Option Inhaltssensitiv. Bleiben nur kleinere Fehler zurück, arbeiten Sie mit dem Kopierstempel nach.

Eine weitere Möglichkeit:

1. Sie wählen einen Bereich, der als Kopierquelle taugt, mit einem Auswahlwerkzeug wie dem Lasso aus.
2. Sie heben diesen Bereich mit Strg+J auf eine neue Ebene.
3. Sie ziehen den Bereich über die Störstelle.
4. Sie passen den »Flicken« mit Kontrast- und Größenänderungen, Füllmethode und Randretusche an, bis die Störung weg ist.
5. Sie verschmelzen die Reparaturebene per Strg+E wieder mit der Ebene darunter.

Ist der Korrekturbereich perspektivisch verzerrt, nehmen Sie den **Fluchtpunkt**-Filter und dort den Kopier-

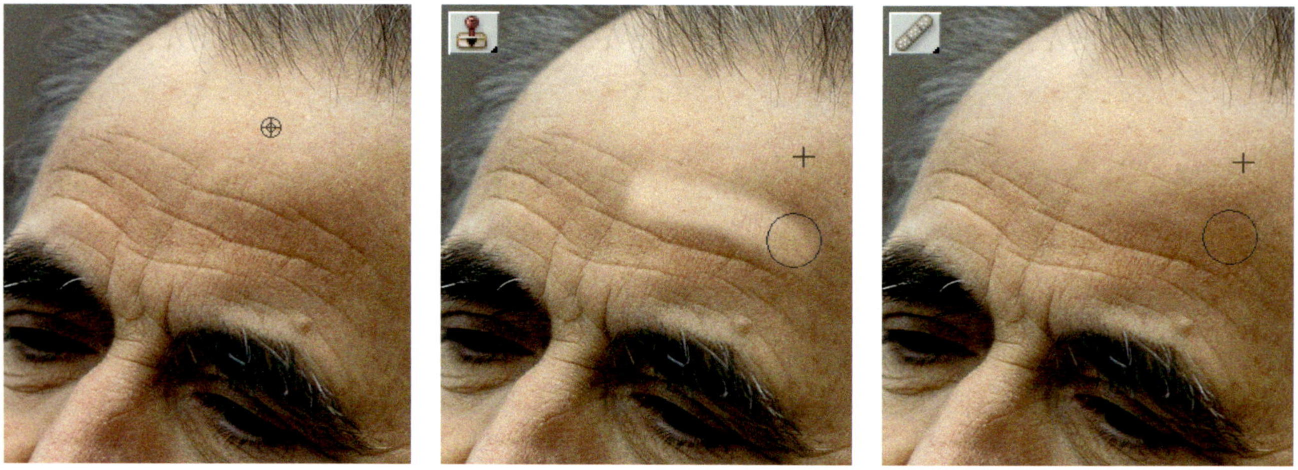

Abbildung 12.40 **Links:** Wir wollen die Falten auf der Stirn glätten. Mit dem Kopierstempel definieren wir per [Alt]-Klick einen Kopierursprung in glatteren Hautbereichen weiter oben; Photoshop zeigt beim Klick ein Fadenkreuz. **Mitte:** Wir klicken mit dem Kopierstempel in den Bildbereich, der bearbeitet werden soll. Oben auf der Stirn zeigt ein Kreuz laufend den aktuellen Kopierursprung an. Allerdings ist der kopierte Bereich zu hell, er sticht unschön hervor. **Rechts:** Statt des Kopierstempels verwenden wir den Reparaturpinsel mit einem ähnlichen Kopierursprung; Helligkeitsunterschiede gleicht dieses Werkzeug aus. Vorlage: Fehler_i

stempel (Seite 757). Miese, kleine, immer wiederkehrende Flecken (Sensorstaub) korrigieren Sie eventuell im Camera-Raw-Dialog: Dort lässt sich die Retusche auf andere Bilder übertragen (Seite 236).

12.5.2 Kopierstempel, Reparaturpinsel & Bereichsreparaturpinsel

Kopierstempel (Kurztaste [S], für Stempel), Reparaturpinsel und Bereichsreparaturpinsel (Kurztaste [J]) überdecken einen verunstalteten Bildteil mit benachbarten brauchbaren Bildpunkten.

Beim Bereichsreparaturpinsel haben Sie wenig Feinsteuerung (siehe unten). Im Vergleich zum Kopierstempel ist der Reparaturpinsel das intelligentere Werkzeug: Helligkeits- und Texturunterschiede zwischen dem duplizierten Bereich und dem Umfeld der Schadzone gleicht die Funktion nach Kräften aus. Dagegen erhalten Sie beim Kopierstempel schnell unschöne Kanten zwischen Umfeld und Reparaturzone. Der Bereichsreparaturpinsel arbeitet noch schneller, denn Sie müssen nicht erst eine Bildzone auswählen, aus der Sie Pixel aufnehmen. Ist der Korrekturbereich dagegen perspektivisch verzerrt, nehmen Sie den **Fluchtpunkt**-Filter und dort den Kopierstempel.

TIPP Noch bevor Sie klicken, zeigen Kopierstempel und Reparaturpinsel eine Vorschau auf das Retuscheergebnis. Sie müssen also nicht erst testweise ins Bild klicken, um die Retuschewirkung zu erkennen; allerdings berechnet Photoshop bei der Reparaturpinsel-Vorschau noch nicht die Überblendung zum Rand hin. Um die Vorschau abzuschalten, verzichten Sie in der Kopierquellenpalette auf Überlagerung anzeigen.

Anwendung

So nutzen Sie Kopierstempel oder Reparaturpinsel:

1. Aktivieren Sie das Werkzeug.
2. Klicken Sie mit rechts ins Bild und wählen Sie eine Pinselspitze aus, die zur Größe der Fehlerstelle passt.
3. Platzieren Sie das Werkzeug über einer gut erhaltenen Bildstelle, die sich zum Überdecken des Fehlers eignet – dies ist der Kopierursprung.
4. Klicken Sie bei gedrückter [Alt]-Taste. Photoshop zeigt ein Fadenkreuz ⊕, damit ist der Kopierursprung markiert.

Abbildung 12.41 **1. Bild:** Reparatur- und Bereichsreparaturpinsel richten bei der Entfernung des Masts nur Schaden an. Auch Funktionen mit der Option »Inhaltssensitiv« helfen nicht, die Baumlinie wird nicht perfekt. Schalten Sie also den Kopierstempel mit weicher Werkzeugspitze ein und klicken Sie bei gedrückter Alt-Taste genau auf die Wald-Himmel-Grenze. **2. Bild:** Lassen Sie die Alt-Taste los und halten Sie den Zeiger dort hin, wo der Mast aus dem Wald herauswächst. Klicken Sie ein- oder zweimal. Jetzt liegt eine Schicht Himmel zwischen Wald und Mast, das Gestänge scheint in der Luft zu schweben. **3. Bild:** Für die weitere, problemlose Retusche eignen sich unterschiedlichste Verfahren, wir bleiben beim Kopierstempel. Legen Sie per Alt-Klick eine neue Kopierquelle neben der Konstruktion fest. **4. Bild:** Geben Sie die Alt-Taste wieder frei und malen Sie über dem Masten – er verschwindet in den Wolken. Vorlage: Fehler_h1

5. Lassen Sie die Maustaste los und bewegen Sie den Kopierstempel oder Reparaturpinsel zu dem Bildstück, das Sie überdecken wollen.
6. Sobald Sie die Maustaste drücken, werden Pixel von dem zuvor definierten Ursprung zur jetzt angesteuerten Bildstelle kopiert. Den Kopierursprung zeigt Photoshop durch ein Kreuz + an.

TIPP Bei Detailretuschen arbeitet man meist mit hohen Zoomstufen. Wie das Ergebnis im Gesamtbild bei normaler Vergrößerung wirkt, ist nicht immer absehbar. Zeigen Sie jedoch dieselbe Datei in einem zweiten Fenster an – mit geänderter Zoomstufe. Der Befehl heißt **Fenster: Anordnen: Neues Fenster**.

Andere Ebenen und Bilder

Pixel übertragen Kopierstempel und Reparaturpinsel nicht nur innerhalb eines Bilds, sondern auch zwischen verschiedenen Bilddateien – sie ersparen sich so das Herüberkopieren.

Beide Werkzeuge bieten in den Optionen das Aufnehmen-Klappmenü: Sie können Alle Ebenen aufnehmen oder die Aktuelle und darunter. Duplizieren Sie also Pixel von einer Ebene in die andere, vor allem: Retuschieren Sie zunächst in eine neue, leere Ebene hinein; die Originalebene bleibt unverändert. Wenn Sie nur eine Einzelebene innerhalb einer Montage retuschieren wollen, legen Sie die neue leere Sicherheitsebene darüber und klicken auf Aktuelle und darunter.

Abbildung 12.42 Entscheiden Sie, ob Kopierstempel, Reparaturpinsel und Bereichsreparaturpinsel die kopierten Pixel nur aus der aktuellen Ebene oder aus mehreren Ebenen aufnehmen.

Einstellungsebenen ignorieren

Die Option Einstellungsebenen ignorieren bietet Photoshop gleich neben dem Klappmenü Aufnehmen, sofern Sie nicht nur die Aktuelle Ebene retuschieren. Wir besprechen die Funktion an einem Beispiel: Per Einstellungsebene **Farbton/Sättigung** färben Sie ein rotes Auto blau ein. In welcher Farbe liefern Kopierstempel und Reparaturpinsel jetzt ihre Korrekturstriche ab – rot oder blau?

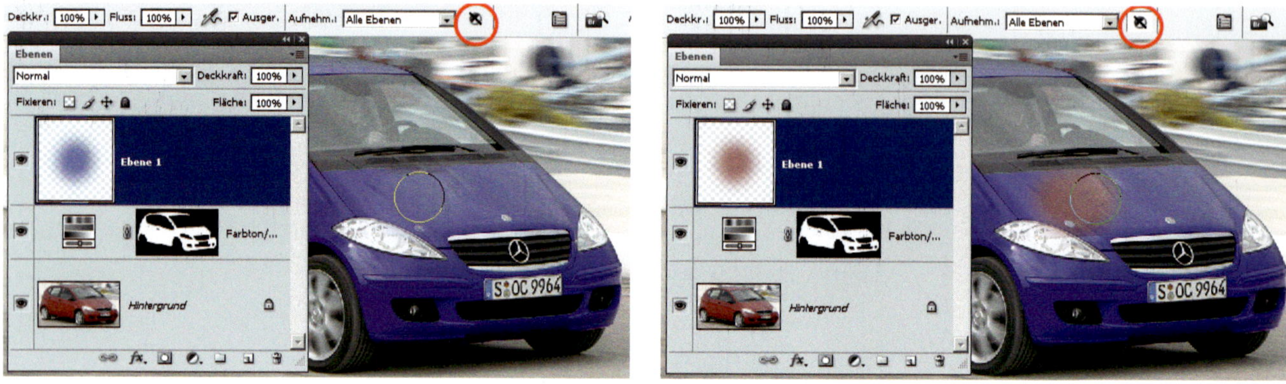

Abbildung 12.43 **Links:** Das rote Gefährt erscheint per Einstellungsebene blau. Bei dieser Stempelretusche wird die Einstellungsebene nicht ignoriert: Der Kopierstempel erzeugt blaue Striche. **Rechts:** Wir ignorieren die umfärbende Einstellungsebene: Obwohl der Wagen blau erscheint, zeigen die Korrekturpixel des Kopierstempels diesmal rote Farbe. Datei: Fehler_k

» Ist der Schalter zum Ignorieren der Einstellungsebenen nicht eingedrückt, werden Einstellungsebenen mitberücksichtigt: Die Korrekturstriche zeigen den Tonwert, der inklusive Einstellungsebene entsteht. Die ursprünglich roten, aber auf Blau gewandelten Bildpunkte erscheinen also in der Korrekturebene auch blau.

» Ist der Schalter Ignorieren von Einstellungsebenen dagegen eingedrückt (»aktiviert«), spielen Einstellungsebenen keine Rolle: Die Korrekturstriche zeigen den Tonwert von der zugrunde liegenden Pixelebene – egal, was Einstellungsebenen noch daraus machen. Für unser auf Blau eingestelltes, eigentlich aber rotes Gefährt gilt: Die Retuschepixel werden rot.

Mit Option »Ausgerichtet«

Je nach Aufgabe schalten Sie für Kopierstempel oder Reparaturpinsel die Option Ausgerichtet zu. Die Wirkung zeigt sich, sobald Sie die Maus einmal loslassen und neu ansetzen.

Die Option Ausgerichtet bedeutet: Der Kopierursprung behält immer den gleichen Abstand zum Werkzeug. Sie können zwischendurch die Maustaste loslassen, über das Bild bewegen und andernorts neu anfangen – der Kopierursprung wird sich stets zum Beispiel 20 Pixel links vom Kopierstempel befinden. Dies ist die üblichere, näherliegende Vorgabe.

Mit dieser Einstellung tilgen Sie mitgescannte Staubfussel, indem Sie benachbarte Bildpunkte darüber kopie-

Abbildung 12.44 Mit Lasso und Kopierstempel wird die Fassade vom Kabel befreit. Vorlage: Fehler_a

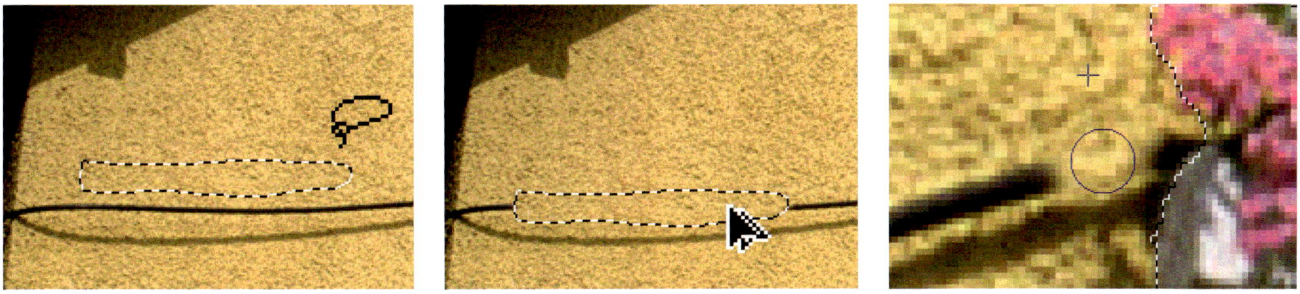

Abbildung 12.45 **Links:** Hier liegen größere freie Bildteile um den Bildfehler herum – ein leichtes Spiel: Das Lasso rahmte bei weicher Auswahlkante ein Mauerstück ein. **Mitte:** Wir halten die Strg+⇧-Taste gedrückt; so können wir mit dem Verschiebenwerkzeug ein Stück Fassade über das Kabel ziehen. Per Rechtsklick bekommen Sie bei Bedarf den »Verblassen«-Befehl, um Deckkraft und Füllmethode der schwebenden Auswahl zu ändern. **Rechts:** In unübersichtlichen Bereichen mit wenig freier Fläche wirkt der Kopierstempel praktischer als das Duplizieren einer Lassoauswahl; ein Kreuz signalisiert, an welcher Stelle Sie Bildpunkte aufnehmen. Wir haben Blumen und Mauersockel zuvor ausgewählt und dann die Auswahl umgekehrt. Der Kopierstempel kann nur die Mauer verändern, die Blumen bleiben geschützt. Die Option »Inhaltssensitiv« hilft hier auch nicht. Verbergen Sie in allen Situationen die Auswahlmarkierung mit Strg+H, um die Übergänge genau zu erkennen.

ren – Sie bewegen sich allmählich am Fussel entlang und wenn Sie zwischendurch absetzen und an einer neuen Stelle des Flusens wieder loslegen, wird der Ursprungszeiger doch wieder gleich neben dem Flusen und nahe dem Kopierstempel auftauchen und die unmittelbar benachbarten Pixel zur Kopie anbieten.

Ohne Option »Ausgerichtet«

Sie können die Option Ausgerichtet auch ausschalten. Das bedeutet: Nach jedem Loslassen der Maustaste springt der Kopierursprung zurück an die Stelle, die Sie zuerst angeklickt haben. Wann immer Sie Kopierstempel oder Reparaturpinsel absetzen und andernorts neu ins Bild tauchen – der Ursprungszeiger blinkt wieder dort auf, wo Sie ihn ursprünglich zuerst per Alt-Klick ansiedelten.

Mit dieser Einstellung übertragen Sie zum Beispiel einen Bildteil mehrfach: Malen Sie ihn einmal, lassen Sie los und starten Sie an anderer Stelle im Bild neu – der Ursprung springt wieder auf das Original zurück, obwohl Sie den Kopierstempel jetzt in einem anderen Bereich der Datei ansetzen.

Sinnvoll ist der Verzicht auf die Option Ausgerichtet auch, wenn Sie neben einem störenden Flusen nur sehr wenig brauchbare Pixel zum Darüberkopieren vorfinden. Bei der »ausgerichteten« Retusche passiert es leicht, dass der parallel zum Kopierstempel mitlaufende Ursprungszeiger in ganz unbrauchbare Pixelregionen gerät. Wählen Sie also Ausgerichtet ab. Dann tasten Sie sich mit dem Kopierstempel so weit vor, bis der Kopierursprung ans Ende des brauchbaren Bereichs gelangt; danach lassen Sie die Maus los und drücken erneut – der Kopierursprung sitzt jetzt wieder ganz am Anfang der verwertbaren Zone, während Sie mit dem Werkzeug am anderen Ende des Bilds weitere Teile des Flusens entfernen.

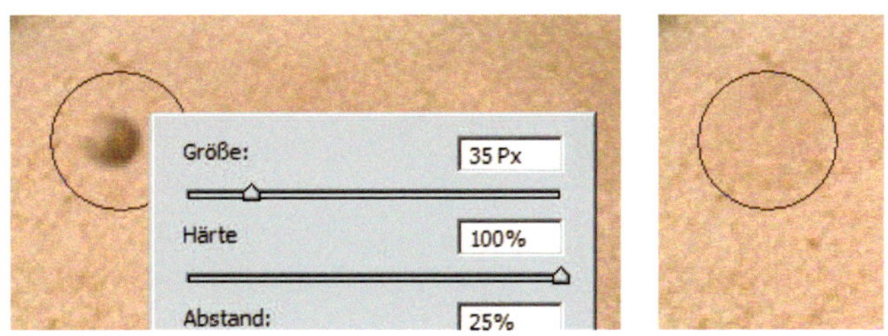

Abbildung 12.46 **Links:** Der Bereichsreparaturpinsel zeigt keine Vorschau aufs Retuscheergebnis. Klicken Sie also zum Beispiel mit rechts ins Bild und stellen Sie die Pinselgröße passend zur Fehlerstelle ein. Der Pinselumriss sollte die Fehlerstelle komplett einschließen. **Rechts:** Ein Klick und der Bereichsreparaturpinsel hat den Pickel spurlos entfernt. Vorlage: Retusche_03b

Retusche auf eigener Ebene

Besonders komfortabel: Legen Sie Ihre Korrektur mit Kopierstempel, Reparaturpinsel oder Bereichsreparaturpinsel auf eine eigene Ebene. So ändern Sie die fehlerhafte Bildschicht zunächst gar nicht. So geht's:

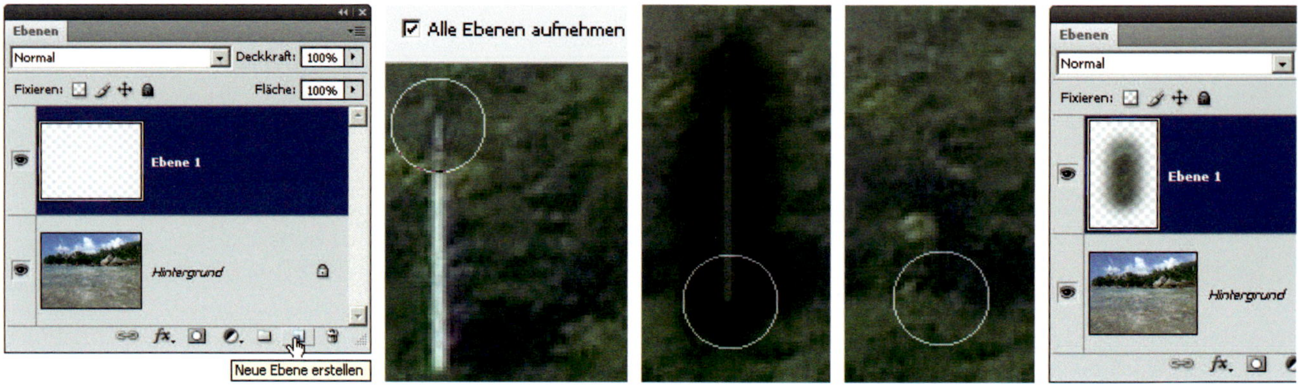

Abbildung 12.47 **1. Bild:** Vor der Retusche legen wir über dem Foto eine neue, leere Ebene an. **2. Bild:** Wir verwenden den Bereichsreparaturpinsel mit der Option »Alle Ebenen aufnehmen«. Das Motiv eignet sich gut für dieses Werkzeug: ein kleiner Fehler innerhalb diffuser Umgebung (Telefonmast an Waldhang). Stellen Sie den Durchmesser größer als die Störung ein. **3. Bild:** Wir malen mit dem Bereichsreparaturpinsel über die Störstelle, eine weiche Kante vermeidet Randbildung. **4. Bild:** Nach dem Loslassen der Maustaste ersetzt Photoshop den übermalten Bereich. **5. Bild:** Die Ebenenpalette zeigt den Korrekturstrich (hier groß dargestellt im Palettenmodus »Ebenenbegrenzungen«). Verfeinern oder löschen Sie die Retusche unabhängig vom Untergrund. Vorlage: Fehler_h1

1. Erzeugen Sie in der Ebenenpalette mit dem Symbol Neue Ebene erstellen eine neue, transparente Ebene.
2. Nehmen Sie oben die Option Alle Ebenen.
3. Während noch die neue Ebene aktiviert ist, setzen Sie im eigentlichen Bild per Alt-Klick einen Kopierursprung (überflüssig beim Bereichsreparaturpinsel) und tuschen brauchbare Pixel über schadhafte Stellen. Sie duplizieren dabei von der Hintergrundebene oder von mehreren Ebenen auf die neu angelegte Ebene.
4. Missglückte Retuschen in Ebene 1 nehmen Sie mit dem Radiergummi (Kurztaste E) pixelweise wieder zurück.

TIPP Spiegelungen auf Brillen lassen sich schwer retuschieren. Wenn möglich, fotografieren Sie Ihr Modell ein zweites Mal ohne Brille und kopieren eine passende Stelle in die Aufnahme mit Sehhilfe. Glätten Sie Übergänge mit einer Ebenenmaske und testen Sie die Füllmethoden Abdunkeln oder Multiplizieren.

Der Bereichsreparaturpinsel

Noch einfacher als Kopierstempel oder Reparaturpinsel arbeitet der Bereichsreparaturpinsel: Sie klicken die Fehlerstelle an oder Sie ziehen die Maus darüber – fertig. Einen Quellbereich müssen Sie nicht erst auswählen. Nutzen Sie in der Regel die Option Inhaltssensitiv. Nur bei Irritationen wechseln Sie zum weniger durchgreifenden Näherungswert, sofern die Störstelle in einheitlicher Umgebung liegt.

Nützlich ist die Option Alle Ebenen aufnehmen: Legen Sie eine neue leere Ebene an, erzeugen Sie Korrekturstriche zunächst in der leeren Ebene, später verschmelzen Sie die Ebenen mit Strg+E.

Der Bereichsreparaturpinsel eignet sich vor allem für kleinere Störbereiche mit sehr viel homogener Fläche drum herum: Kratzer, Flecken, einzelne Haare.

Nehmen Sie zum Bereichsreparaturpinsel eine Pinselspitze mit weicher Kante; sie sollte etwas breiter sein als die Störstelle, einzurichten wie immer nach Rechtsklick ins Bild. Nur wenn es um die Störstelle herum sehr wenig Fläche gibt, die sich zum Kaschieren eignet, empfiehlt sich eine härtere Pinselspitze. Als Modus eignet sich meist Normal. Ihre weiteren Optionen:

Die weniger nützliche Option Struktur erstellen mischt den gesamten Bereich, den Sie per Bereichsreparaturpinsel übermalen, zu einem Muster.

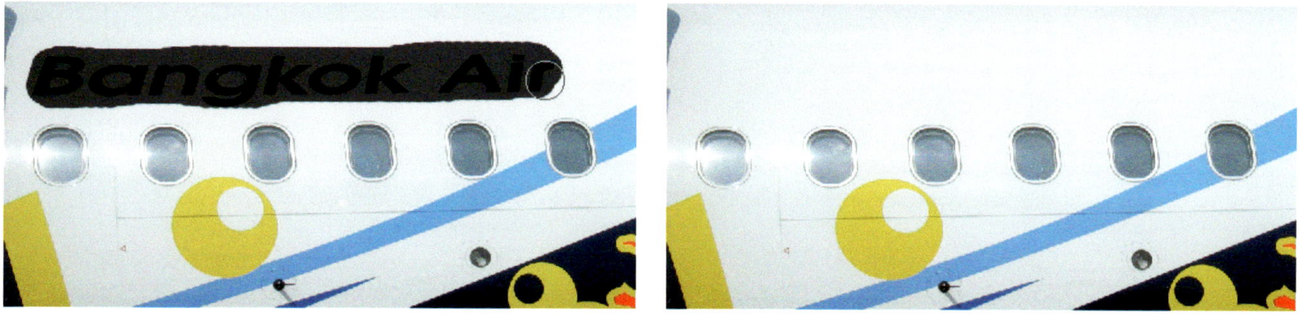

Abbildung 12.48 Der Bereichsreparaturpinsel soll den Schriftzug entfernen. Doch um die Lettern existiert kaum freie Fläche, die Photoshop nach innen kopieren könnte. Wir verwenden darum eine harte Pinselspitze und stellen den Pinseldurchmesser kaum breiter als den Störbereich ein. Vorlage: Fehler_g

12.5.3 Die Kopierquellenpalette

Die Kopierquellenpalette speichert bis zu fünf verschiedene Kopierquellen für Kopierstempel oder Reparaturstempel, ohne dass Sie diese Quellen jedes Mal per Alt-Klick neu definieren müssen. Falls noch nicht auf dem Schirm zu sehen: Der Befehl **Fenster: Kopierquelle** holt die Palette her oder nutzen Sie die Schaltfläche oben in den Optionen zu Kopierstempel und Co.

Die Kopierquellen bleiben gespeichert, bis Sie das Quellbild schließen – nicht darüber hinaus. Sie können die Pixel sofort verzerrt, skaliert und gedreht einsetzen. Damit eignet sich die Kopierquellenpalette eher für montageartige Retusche von größeren Bildbereichen.

Noch bequemer wirken für solche Aufgaben jedoch oft Bildbereiche, die Sie auf eine eigene Ebene duplizieren, verschieben und dann weiter **transformieren**, auch verlustfrei als Smart-Objekt.

Kopierquellen definieren

Wie üblich definieren Sie die Kopierquelle per Alt-Klick mit Kopierstempel oder Reparaturstempel. Wollen Sie mehrere Kopierquellen anlegen, achten Sie am besten darauf, dass vor dem ersten Alt-Klick die Schaltfläche für die erste Kopierquelle aktiv ist.

Der erste Alt-Klick definiert dann die erste Quelle. Klicken Sie die zweite Schaltfläche an, dann folgt der nächste Alt-Klick ins Bild – schon steht die zweite

Abbildung 12.49 **1. Bild:** Per Alt-Klick setzen wir die Kopierquelle für den Stempel oberhalb der störenden Grenze. **2. Bild:** Wir haben die »Überlagerung« mit 25 Prozent Deckkraft und ohne die Option »Beschränkt« eingeschaltet. Also zeigt Photoshop das vollständige Quellbild blass über der zu retuschierenden Variante. Die Retuschewirkung ist so kaum zu erkennen. Mit der Option »Automatisch ausblenden« verschwindet die Überlagerung, sobald Sie tatsächlich ins Bild klicken. **3. Bild:** Die Kopierquellenpalette meldet den »Versatz«, den Abstand zwischen Quelle und zu retuschierender Zone: exakt 80 Pixel vertikal. **4. Bild:** Wir haben die Option »Beschränkt« eingeschaltet und die »Deckkraft« auf 100 Prozent gehoben: Die Überlagerung erscheint jetzt nur noch innerhalb des Pinselumrisses, Sie erhalten eine gute Vorschau auf das Retuscheergebnis. Vorlage: Fehler_b

opierquelle. Bis zu fünf unabhängige Quellen lassen sich festlegen.

Wollen Sie mit Kopierquelle 2 arbeiten, klicken Sie die Schaltfläche an und retuschieren los. Vorsicht aber: Sobald Sie [Alt]-klicken, ist die ursprüngliche Kopierquelle weg, Sie haben soeben eine neue Kopierquelle angelegt.

»Überlagerung anzeigen«

Mit der Option Überlagerung anzeigen blendet Photoshop die Kopierquelle blass ein, sobald Sie den Mauszeiger übers Bild halten. Dieses Geisterbild lässt Sie schon vorab ahnen, wie Quelle und Ziel zusammenpassen. So steuern Sie die »Überlagerung«:

» Sie können das Geisterbild automatisch ausblenden: Sobald Sie die Maustaste drücken, also Pixel auftragen, verschwindet die Überblendung – sie stört also nicht bei der Beurteilung Ihrer Retusche.

» Legen Sie im Bereich Überlagerung nicht nur eine Deckkraft, sondern auch eine Füllmethode fest: Per Differenz-Modus heben sich die eingeblendeten, einzufügenden Pixel in der Vorschau besser vom Zielbild ab. Sie können die Überlagerung auch Umkehren, also als Negativ zeigen.

» Heben Sie die Option Beschränkt auf, zeigt Photoshop die Retusche-Vorschau nicht nur innerhalb des Pinselumrisses, sondern für das komplette Bild. Das lässt vorübergehend das Endergebnis erkennen, wenn Sie das Retuscheergebnis skalieren und spiegeln; in der laufenden Retusche arbeiten Sie aber wohl besser Beschränkt.

Ihre Einstellung für die Überlagerung inklusive Deckkraft und Füllmethode ändert nur die Anzeige – sie wirkt sich nicht aufs Bildergebnis aus!

Sie können die Überlagerung auch generell aus- und nur vorübergehend zuschalten: Dazu drücken Sie [Alt]+[⇧]-Taste. In diesem Moment lässt sich die Überlagerung durch Ziehen oder mit den Pfeiltasten auch bewegen, bis sie an der gewünschten Position erscheint. So ändern Sie den Abstand zwischen Quelle und Ziel, eine Alternative zum [Alt]-Klick.

Quellbereich transformieren

Sie können den Quellbereich transformieren, also drehen und in der Größe ändern. Tippen Sie neue Werte in die Felder für Breite, Höhe und Drehung oder ziehen Sie über B, H und dem Symbol für die Drehung.

Für perspektivisch verzerrte Retuschen entriegeln Sie den Höhe-Breite-Zusammenhang. Lassen Sie die Höhe unverändert, während Sie den Breite-Wert auf minus 100 ziehen, erhalten Sie eine horizontal gespiegelte Retuschierquelle.

Sie drehen die Kopierquelle auch per [Alt]+[⇧]+[7]. Der Griff zu [Alt]+[⇧]+[-] macht die Kopierquelle in halben Prozentschritten größer.

Genug der Verfremdung, Sie brauchen wieder eine naturbelassene Kopierquelle ohne jede Verzerrung? Klicken Sie in der Palette auf Transformation zurücksetzen.

TIPP Während Sie Höhe, Breite und Drehung justieren, schalten Sie die Überlagerung ein – so erkennen Sie die Auswirkung sofort in der Bilddatei.

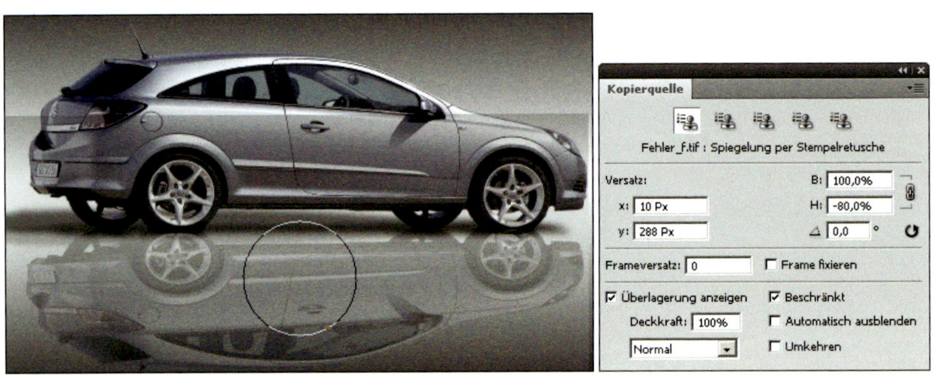

Abbildung 12.50
Wir haben die Höhe in der Kopierquellenpalette auf minus 80 gesetzt und retuschieren so eine vertikal gespiegelte Version der Ebene ins Bild. Vorlage: Fehler_f

Abbildung 12.51 **Links:** Die Grashalme sollen verschwinden. Wir rahmen den Bereich mit dem Ausbessernwerkzeug ein. **Mitte:** Wir ziehen die Auswahllinie über eine Bildstelle, die sich zum Überdecken eignet; Photoshop präsentiert eine Vorschau der Korrektur, sie entspricht aber noch nicht dem Endergebnis. **Rechts:** Sobald Sie die Maustaste loslassen, berechnet Photoshop die Korrektur endgültig. Entfernen Sie auch die Stoppel oben rechts. Vorlage: Fehler_j

»Versatz«

In den Feldern für Versatz notiert Photoshop den Abstand zwischen Kopierquelle und Kopierziel – getrennt für horizontale und vertikale Distanz. Tippen Sie hier auch eigene Pixelwerte ein. Sie bleiben bis zum nächsten [Alt]-Klick gültig.

12.5.4 »Inhaltssensitiv«

Die Option Inhaltssensitiv entfernt Störstellen oft optimal. Probieren Sie diese Option als Erstes.

Inhaltssensitiv hilft oft auch dann, wenn die Störung neben markanten Konturen oder direkt am Bildrand liegt. Reparaturpinsel und Ausbessern-Werkzeug versagen hier meist, weil sie Details der Umgebung mit zum Überdecken verwenden. Zwei verschiedene Funktionen arbeiten wahlweise Inhaltssensitiv:

- Übermalen Sie die Störzone direkt mit dem Bereichsreparaturpinsel und der Option Inhaltssensitiv. Sobald Sie die Maustaste erstmals loslassen, retuschiert Photoshop bereits.
- Wählen Sie die Störung mit dem Lasso oder einem anderen Werkzeug aus. Danach wählen Sie **Bearbeiten: Fläche füllen** ([⇧]+[←], auf Hintergrundebenen [Entf]); im Verwenden-Klappmenü schalten Sie zu Inhaltssensitiv.

TIPP Egal, ob Sie mit Bereichsrepaturpinsel oder per **Fläche füllen** agieren: Wählen Sie die Störung vollständig, aber eng aus. Vermeiden Sie weiche Ränder.

Vorteile des Bereichsreparaturpinsels

Was ist besser – Inhaltssensitiv per Bereichsreparaturpinsel oder per **Fläche füllen**? Der Bereichsreparaturpinsel eignet sich vor allem für kleine, punktuelle Störungen, die sich unkompliziert mit einer einzigen Mausbewegung erledigen lassen. Vorteile gegenüber der Funktion **Fläche füllen**:

- Auswahl und anschließende Retusche mit einer einzigen Mausbewegung.
- Sie können die Retusche auf eine neue leere Ebene malen und so das Original unverändert lassen.
- Wie alle Mal- und Retuschewerkzeuge übermalt der Bereichsreparaturpinsel sehr einfach Geraden. Klicken Sie auf den Anfang und dann bei gedrückter [⇧]-Taste auf den Endpunkt. Nützlich, wenn Sie zum Beispiel straffe Stromleitungen oder Zaundrähte bearbeiten.
- Der Bereichsreparaturpinsel arbeitet auch an Pfaden entlang.

Abbildung 12.52 Sie könnten die störenden Leitungen und Masten zwar direkt mit dem Bereichsreparaturpinsel im Modus »Inhaltssensitiv« übermalen. Doch es geht bequemer und genauer. **Links:** Wir wechseln mit der Taste Q in den »Maskierungsmodus« und übermalen die Störstellen mit dem Pinsel und schwarzer Vordergrundfarbe. So können Sie die Maustaste jederzeit loslassen, den Werkzeugdurchmesser anpassen, Überflüssiges mit Weiß korrigieren, ohne dass Photoshop bereits die Pixel korrigieren will. In den Optionen gilt »Farbe kennzeichnet: Ausgewählte Bereiche«. **Mitte:** Ist die Auswahl fertig gemalt, wechseln Sie erneut mit der Taste Q zurück in den Standardmodus. Die Auswahl erscheint nun als übliche Fließmarkierung, der Fehler ist eng eingerahmt. **Rechts:** Mit der Entf-Taste haben wir »Fläche füllen« aufgerufen, die Vorgabe »Inhaltssensitiv« verwendet und auf »OK« geklickt. Die Leitungen verschwinden. Prüfen Sie das Ergebnis mit ausgeblendeter Auswahl (Strg+H). Vorlage: Fehler_p

Wählen Sie eine kleine, harte Werkzeugspitze und übermalen Sie die Störstelle nur knapp – Sie müssen nicht mehr als drei bis zehn Pixel der Umgebung erfassen.

TIPP Erfreut das Ergebnis des Bereichsreparaturpinsels nicht auf Anhieb, sollten Sie die Korrektur widerrufen und neu ansetzen. In Einzelfällen ist es günstiger, ein verunglücktes Zwischenergebnis weiterzuretuschieren, eventuell mit anderen Werkzeugen.

Abbildung 12.53 Viele kleine Störungen mit etwas brauchbarer Struktur drumherum – ideale Bedingungen für den Bereichsreparaturpinsel mit der Option »Inhaltssensitiv«. Vor der Retusche haben wir eine neue leere Ebene angelegt. Wir nutzen das Werkzeug mit der Option »Alle Ebenen aufnehmen«. Die Retusche landet auf einer eigenen Ebene und kann mit Radiergummi, Ebenenmaske, Deckkraftregler oder Füllmethoden verfeinert werden, das Original bleibt vollständig erhalten. Datei: Fehler_q

Abbildung 12.54 **Links:** Wir rahmen den störenden Blitzreflex mit dem Lasso ein. **Rechts:** Der Befehl »Fläche füllen« mit der Option »Inhaltssensitiv« entfernt den Blitzreflex weitgehend, das Ergebnis wirkt fast zu dunkel. Darum klicken wir unmittelbar nach »Fläche füllen« auf »Bearbeiten: Verblassen« und senken die Deckkraft der Retusche auf 90 Prozent. Natürlich können Sie auch gleich auf einer duplizierten Hintergrundebene arbeiten, die sich noch vielseitiger mit dem Original mischen lässt. Datei: Fehler_r

Vorteile von »Fläche füllen«

Sie haben größere Störzonen, etwa eine komplette Person? Dann wirkt der Weg über **Fläche füllen** bequemer als der Bereichsreparaturpinsel. Wenn Sie **Fläche füllen** verwenden, können Sie die Zone in aller Ruhe mit mehreren Schritten auswählen, zum Beispiel mit dem Lasso. Nach einem missglückten ersten Versuch lässt sich die Auswahl verfeinern oder sogar für später speichern.

Besonders bequem: Wechseln Sie mit der Taste Q in den Maskierungsmodus, malen Sie die Auswahl mit dem Pinsel auf. Dann wechseln Sie erneut per Q zurück zur normalen Auswahl-Fließmarkierung und rufen **Fläche füllen** auf. Vermeiden Sie in jedem Fall die Weiche Kante.

Störende Nachbarzonen

Eigentlich berücksichtigt die Funktion Inhaltssensitiv keine benachbarten Strukturen. Manchmal aber passiert es doch und dann erscheinen die unerwünschten Details in Ihrer Retuschezone.

Da lässt sich mit einer verbesserten Auswahl nicht viel machen. Die Lösung vielmehr:

1. Wählen Sie einen größeren Bildteil aus, der die lästigen benachbarten Strukturen ausdrücklich nicht enthält.
2. Diesen Bereich heben Sie mit Strg+J auf eine eigene Ebene.
3. Jetzt nutzen Sie **Fläche füllen** oder Bereichsreparaturpinsel – die lästige Umgebung schleicht sich nicht mehr ins Retuscheergebnis. Verzichten Sie beim Bereichsreparaturpinsel auf jeden Fall auf die Option Alle Ebenen aufnehmen.
4. Stimmt das Ergebnis? Verschmelzen Sie die obere und die Hintergrundebene mit Strg+E.

12.5.5 Auswahlbereiche mit Auswahlwerkzeugen duplizieren

Wenn Sie größere Flächen am Stück duplizieren können, um Bildfehler zu tilgen, dann arbeiten Sie nicht mit Kopierstempel oder Reparaturpinsel. Stattdessen gehen Sie mit Auswahlwerkzeugen wie dem Lasso vor oder Sie verwenden das Ausbessernwerkzeug mit seinem raffinierten Helligkeitsausgleich.

Rahmen Sie zunächst einen brauchbaren Bildteil, der sich zum Überdecken eignet, mit Lasso oder Auswahlrechteck ein. Dabei nehmen Sie meist eine Weiche Kante. In beiden unten vorgestellten Varianten können Sie den duplizierten »Flicken« noch mit **Transformieren**, Helligkeits- oder Kontrastfunktionen an die neue Umgebung anpassen, bevor er endgültig verankert wird. Die folgenden Verfahren bieten sich an:

- Schalten Sie das Verschiebenwerkzeug ein und ziehen Sie bei gedrückter Alt-Taste ein Duplikat des zuvor gewählten Bereichs als schwebende Auswahl

Abbildung 12.55 **Links:** Die störenden Reflexe sollen per »Inhaltssensitiv« verschwinden. Wir rahmen sie mit dem Lasso ein. **Mitte:** Der Befehl »Fläche füllen« mit der Option »Inhaltssensitiv« kopiert ungebeten das Gebäude in die Auswahl. **Rechts:** Wir haben widerrufen, die Auswahl einen einzigen Pixel nach links bewegt und erneut »Fläche füllen« mit »Inhaltssensitiv« aufgerufen. Jetzt ignoriert Photoshop den Bau, bringt aber falsche Farben von weiter unten ins Spiel. Sie könnten die zwei Reflexe noch getrennt und sehr eng auswählen, das Ergebnis wird etwas besser, aber nicht perfekt. Datei: Fehler_o

(Seite 699) über die Störstelle. Korrekturmöglichkeiten bietet der Befehl **Bearbeiten: Verblassen**, solange die Auswahl noch nicht verankert ist, danach der Protokollpinsel.

» Heben Sie die Auswahl mit Strg+J auf eine neue Ebene und ziehen Sie diese Ebene über die Störstelle. Experimentieren Sie in Ruhe mit Deckkraft, Ebenenmasken oder Radiergummi. Verschmelzen Sie die Ebene mit dem Hauptbild per Strg+E.

12.5.6 Das Ausbessernwerkzeug

Das Ausbessernwerkzeug (Kurztaste J) gleicht die Schwächen des Überdeckens mit ausgewählten und duplizierten Bildbereichen aus. Helligkeitsunterschiede an den Bildrändern oder in der gesamten schadhaften Zone werden korrigiert. Dies ist das Standardverfahren:

1. Sie schalten das Ausbessernwerkzeug ein.
2. Achten Sie in der Optionenleiste auf die Vorgabe Quelle.
3. Sie rahmen die fehlerhafte Bildstelle bei gedrückter Maustaste ein; dabei arbeitet das Ausbessernwerkzeug wie ein Lasso, Sie erhalten also eine schillernde Fließmarkierung.
4. Ziehen Sie den Auswahlrahmen über eine brauchbare Motivpartie, die sich zum Überdecken eignet. Photoshop gibt bereits eine Vorschau, wie der gewählte Bereich den Fehler überdeckt.
5. Lassen Sie die Maustaste los - nun kopiert Photoshop den Bildteil automatisch über den Schadensbereich und gleicht Helligkeitsunterschiede aus. Bei erneuter Anwendung muss die Quelle neu definiert werden.

TIPP Ziehen Sie die Auswahl mit großzügigem Abstand um den Bildfehler herum, wie auf diesen Seiten zu sehen. Nur dann erhalten Sie wirklich nahtlose Ergebnisse.

Das Ausbessernwerkzeug und die Auswahlwerkzeuge

Sie müssen die erste Auswahl nicht mit dem Ausbessernwerkzeug selbst anlegen. Verwenden Sie jede beliebige Auswahlfunktion, zum Beispiel Lasso oder Auswahlrechteck. Sie brauchen dabei keine weiche Auswahlkante einzurichten, das übernimmt Photoshop für Sie. Diese zwei Verfahren gibt es:

» Wählen Sie mit dem Lasso oder einem anderen Auswahlwerkzeug die Störstelle selbst aus. Dann

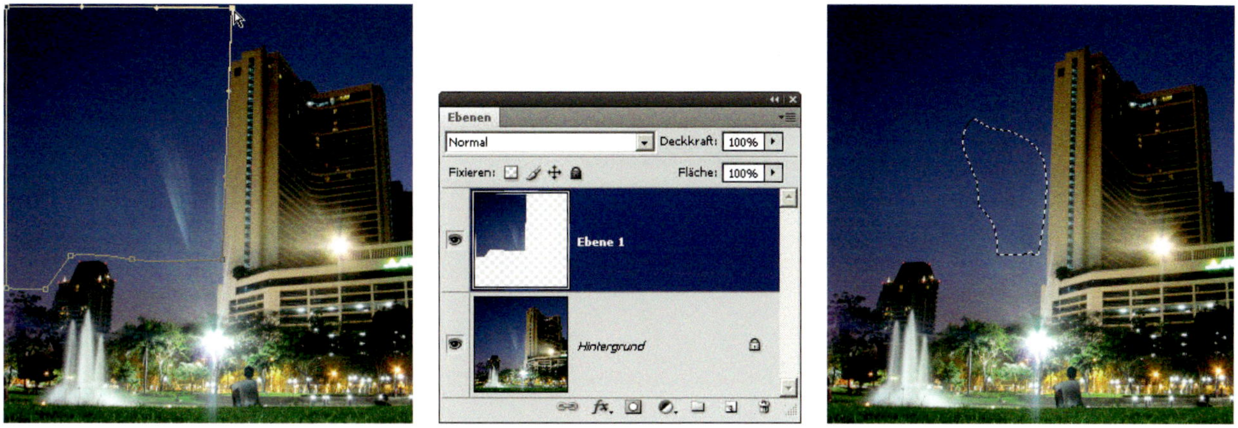

Abbildung 12.56 **Links:** Mit dem Pfadwerkzeug wählen wir einen Bildbereich aus. Für die Retusche ungeeignete Partien wie der Bau und die rötlichen Farbtöne weiter unten werden ausgespart. **Mitte:** Wir haben den Pfad in eine Auswahl umgewandelt und den gewählten Bereich auf eine neue »Ebene 1« gehoben. (Statt mit der Pfadfunktion könnten Sie die Auswahl auch gleich per Lasso oder Polygon-Lasso anlegen.) **Rechts:** Der Befehl »Fläche füllen« berücksichtigt nur noch die »Ebene 1«, weder Gebäude noch rötlicher Schleier können sich in das Ergebnis einschleichen. Datei: Fehler_o

Abbildung 12.57
Nicht immer garantiert das Ausbessernwerkzeug schattenfreie Fernsicht, wie dieses Beispiel zeigt. **Links:** Wir rahmen den störenden Bereich eng mit dem Lasso ein. **Rechts:** Wir schalten zum Ausbessern-Werkzeug und ziehen den Auswahlrahmen über freien Hintergrund nach rechts (Ziehen nach links erzeugt auffälligere Wiederholungen). Noch bei gedrückter Maustaste zeigt Photoshop, wie die Störung überdeckt wird. Nicht zu erkennen in dieser Vorschau ist die automatische Glättung des Übergangs. Vorlage: Fehler_d

Abbildung 12.58
Links: Wir haben die Maustaste losgelassen und die Auswahl mit [Strg]+[H] ausgeblendet. Die Retusche ist fast perfekt und lässt sich leicht nacharbeiten. **Rechts:** Wir haben die Retusche aus dem ersten Bild widerrufen, mit der [Entf]-Taste den »Füllen«-Dialog gestartet, »Inhaltssensitiv« eingeschaltet und auf »OK« geklickt. Dieses Retuscheergebnis macht etwas weniger Arbeit, wirkt aber durch auffällige Wiederholungen und eine harte Kante in den Wolken weniger geglückt.

Abbildung 12.59
Links: Wir haben die Störung rechts unten eingerahmt und die Auswahl nach oben gezogen. **Rechts:** Wir blenden die Auswahl mit Strg+H aus und ziehen die ausgewählten Pixel der Wasseroberfläche über die Störstelle. Das Ergebnis überzeugt nicht und lässt sich auch nicht so leicht nachretuschieren. Vorlage: Fehler_c

Abbildung 12.60
Links: Wir haben die erste Auswahl mit dem Ausbessernwerkzeug weit ins Bildinnere über die Wasseroberfläche gezogen und losgelassen. Photoshop überdeckt den Fehler jedoch nicht richtig – am Bildrand versagen Ausbessernwerkzeug und Reparaturpinsel meist. **Rechts:** Wir verwenden wieder die ursprüngliche Auswahl (die Retusche aus dem ersten Bild widerrufen) und nutzen »Fläche füllen« mit »Inhaltssensitiv«. Die Retusche gefällt auf Anhieb.

Abbildung 12.61 **Links:** Diese Vorlage wird leicht geglättet. **Mitte:** Wir haben die Vorlage mit dem »Gaußschen Weichzeichner« bei Radius 1,4 leicht weichgezeichnet und danach per »Bearbeiten: Verblassen« die Füllmethode »Aufhellen« eingestellt. So entsteht eine allgemeine Hautglättung, der Protokollpinsel radiert hier in detailreichen Partien wie Haare, Mund, Augen zurück zur ursprünglichen Schärfe. **Rechts:** Mit örtlichen Retuschen bearbeiten wir das Porträt weiter. Vorlage: Retusche_03b

Abbildung 12.62 Schornstein und Rauchfahne sollen aus diesem Stadtfoto verschwinden. Datei: Fehler_s

schalten Sie das Ausbesserwerkzeug ein, achten in der Optionenleiste auf die Vorgabe QUELLE und schieben die Auswahl über die brauchbare Bildpartie, die sich als Abdeckung eignet. Sobald Sie die Maustaste loslassen, korrigiert Photoshop die Störstelle.

» Wählen Sie mit dem Lasso oder einem anderen Auswahlwerkzeug nicht die Störstelle aus, sondern den Bildbereich, der sich als Abdeckung für den Fehler eignet. Dann schalten Sie das Ausbesserwerkzeug ein, achten in der Optionenleiste auf die Vorgabe ZIEL und ziehen den »Flicken« über die Störstelle. Sobald Sie die Maustaste loslassen, gleicht Photoshop das Helligkeitsgefälle aus.

Das Ausbesserwerkzeug bietet Ihnen Optionen wie andere Auswahlwerkzeuge auch: Bei gedrückter [Alt]-Taste verkleinern Sie eine vorhandene Auswahl, mit gedrückter [⇧]-Taste ergänzen Sie die vorhandene Auswahl. Mit [Alt]- und [⇧]-Taste gemeinsam bleibt nur die Schnittmenge ausgewählt. [Strg]+[H] blendet die Fließmarkierung aus, ohne sie zu löschen.

TIPP Die Auswahl des Ausbesserwerkzeugs dockt magnetisch am Bildrand an. Wollen Sie diese Anziehungskraft vorübergehend abstellen, ziehen Sie bei gedrückter [Strg]-Taste. Der Tipp gilt auch für andere Werkzeuge, die am Rand andocken, etwa das Freistellungswerkzeug.

12.5.7 Praxis: Schornstein und Rauch retuschieren

Schornstein und Rauchfahne sollen aus dem Bild verschwinden. Ganz einfach ist die Aufgabe nicht, weil der Rauch über die Kirchturmspitze hinwegzieht, die natürlich erhalten bleiben soll. Erschwerend kommt hinzu, dass der Schornstein an Stadtlandschaft angrenzt, die ebenfalls nicht gelöscht werden darf.

Der Schornstein

Trennen Sie zuerst störende Details von ihrer Umgebung, zum Beispiel den Schornstein: Schalten Sie das Lasso mit zwei Pixel weicher Kante ein. Ziehen Sie eine Auswahl um das Dach neben dem Schornsteinsockel.

Mit [Strg]+[J] heben Sie diesen Bildschnipsel auf eine eigene EBENE 1. Die Taste [V] schaltet das Verschieben-Werkzeug ein. Damit ziehen Sie den duplizierten Schnipsel über das untere Ende des Schornsteins.

Der Schornstein scheint damit in der Luft zu schweben. Passen die weiteren Übergänge? Dann drücken Sie [Strg]+[E]: So verschmelzen Sie den kopierten Dachhorizont mit der darunterliegenden Hintergrund-Ebene.

TIPP Zeigt das kopierte Bilddetail links und rechts noch harte Ränder? Die glätten Sie mit dem Radiergummi, noch bevor Sie [Strg]+[J] drücken. Nutzen Sie eine Werkzeugspitze mit weicher Kante.

Abbildung 12.63 **Links:** Wählen Sie ein Stück Dachlinie mit dem Lasso aus. **Mitte:** Wir haben den Bereich auf eine eigene Ebene dupliziert und über den Fuß des Schornsteins gezogen. So lässt sich der restliche Schornstein leicht retuschieren. **Rechts:** Die Ebenenpalette zeigt das Retuschestück als »Ebene 1«. Sie verschmelzen es wieder mit der Hintergrundebene.

Jetzt die Kirchturmspitze

Bringen Sie die Kirchturmspitze links in Sicherheit. Rahmen Sie den oberen Teil der Spitze, der von Rauch umgeben ist, großzügig mit dem Lasso ein. Auch diesen Bereich heben Sie mit Strg+J wieder auf eine eigene Ebene 1. Die Bildwirkung ändert sich bis hierher nicht.

Weg mit der Rauchfahne

Jetzt entfernen Sie Rauchfahne und Schlot:

1. Klicken Sie einmal auf die Hintergrund-Ebene in der Palette.
2. Rahmen Sie Rauch und Schornstein mit dem Lasso eng, aber vollständig ein.
3. Mit der Entf-Taste laden Sie den Dialog **Fläche füllen**, das Verwenden-Menü stellen Sie auf Inhaltssensitiv. Klicken Sie auf OK.

Damit verschwinden Rauch und Schornstein fast spurenlos. Sie sehen nur noch etwas Rauch um den Kirchturm herum, er hat sich auf der Ebene 1 mit der Turmspitze erhalten.

Saubere Luft an der Kirchturmspitze

So verbannen Sie die letzten Rauchschleier um die Kirchturmspitze:

1. Aktivieren Sie die Ebene 1 durch einen Klick auf die Miniatur in der Palette. Stellen Sie ihre Füllmethode von Normal auf Differenz um. Dieser Bildschnipsel erscheint jetzt fast schwarz.
2. Die Turmspitze auf der Hintergrundebene ist durch das »inhaltssensitive« Füllen angeschwollen und verfremdet. So erkennen Sie bereits jetzt, dass die Turmspitze nach oben gewachsen ist. Die Turmspitze muss von der Hintergrundebene verschwinden.

Abbildung 12.64 **Links:** Rahmen Sie die Turmspitze mit dem Lasso ein. **Mitte:** Heben Sie auch die Turmspitze auf eine eigene Ebene. So können Sie den Rauch auf der Ebene darunter entfernen, ohne den Kirchturm zu touchieren. **Rechts:** Der Kirchturm erscheint in der Ebenenpalette so groß wie die Gesamtebene, weil wir die Darstellungsart »Ebenenbegrenzung« verwenden.

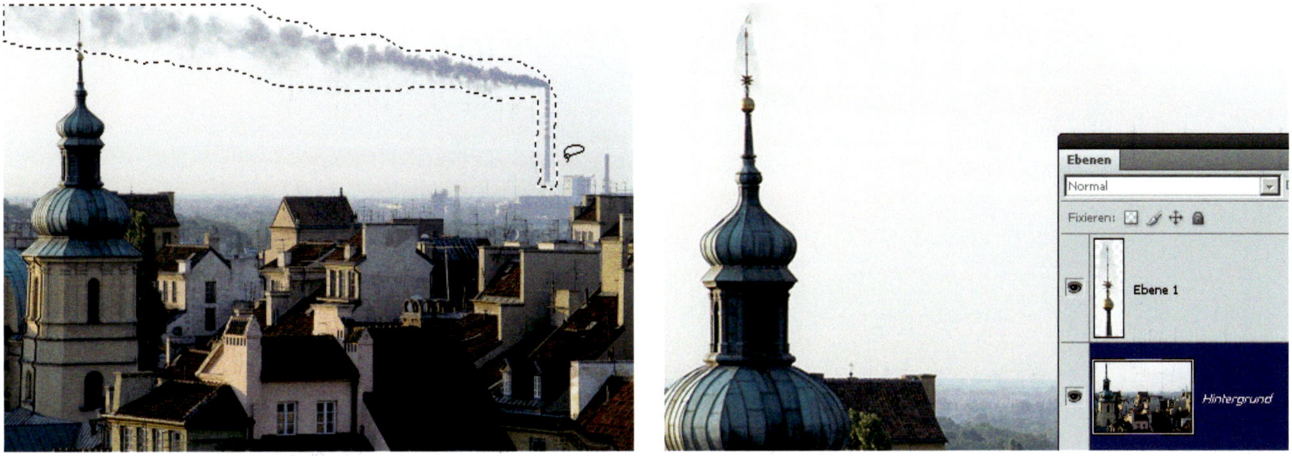

Abbildung 12.65 **Links:** Wählen Sie Rauch und Schornstein mit dem Lasso aus. **Rechts:** Bei aktivierter Hintergrundebene entfernt der Befehl »Fläche füllen« mit der Option »Inhaltssensitiv« den Großteil von Schlot und Emission. Nur die Rauchpartikel auf der Ebene 1, um den Kirchturm herum, sind noch sichtbar.

Wählen Sie die Turmspitze also mit dem Lasso aus. Wichtig bei diesem Motiv: Wählen Sie auch den Bereich oben mit aus, der nicht vom Schnipsel auf Ebene 1 abgedeckt wird. Umgekehrt bleiben Sie mit dem Lasso nach unten innerhalb der schwarzen Zone. So erhalten Sie zwischen Ebene 1 und Hintergrundebene eine Verbindung.

3. Blenden Sie die obere Ebene 1 mit der Kirchturmspitze per Augensymbol in der Palette aus. Sie erkennen jetzt, dass die Kirchturmspitze von der Hintergrundebene durch die »inhaltssensitive« Retusche dicker geworden ist. Egal.

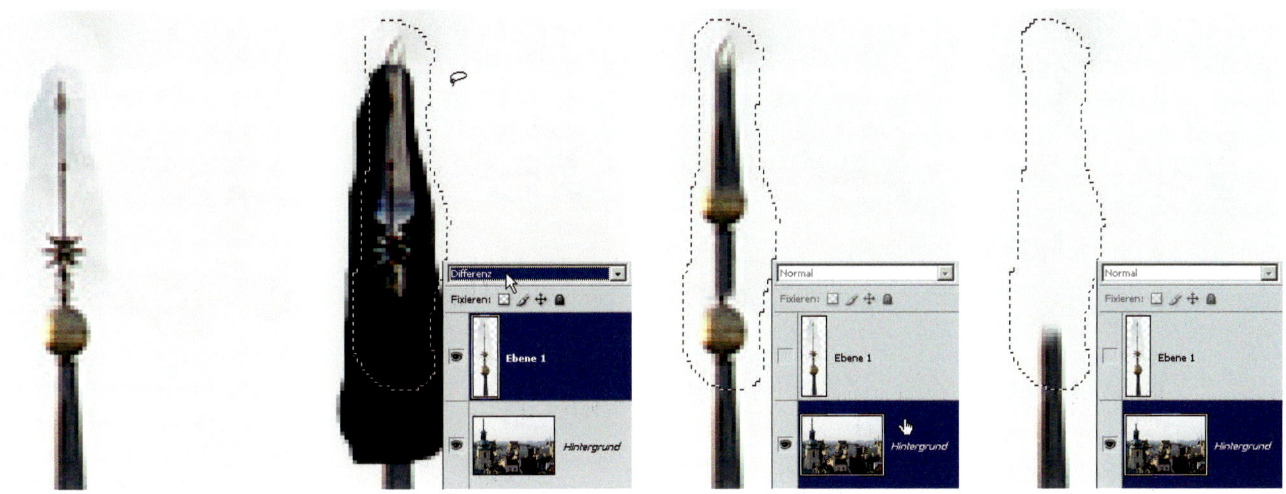

Abbildung 12.66 **1. Bild:** Um die Kirchturmspitze haben sich Rauchschleier erhalten. **2. Bild:** Stellen Sie die »Ebene 1« auf den Füllmodus »Differenz« um und rahmen Sie den Bereich gezielt ein. **3. Bild:** Die »Ebene 1« wurde ausgeblendet, die Hintergrundebene aktiviert. Sie erkennen, wie die Turmspitze durch das »inhaltssensitive« Füllen angeschwollen und verfremdet ist. **4. Bild:** Erneutes »Füllen« mit »Inhaltssensitiv« verbannt die Turmspitze von der Hintergrundebene.

4. Ist die Hintergrundebene weiterhin aktiviert? Wenn nicht, bekommt sie einen Klick in der Ebenenpalette.
5. Laden Sie **Fläche füllen** mit der Entf-Taste, gehen Sie wieder auf INHALTSSENSITIV und klicken Sie auf OK. Damit tilgen Sie Kirchturmspitze von der Hintergrundebene.
6. Blenden Sie die obere EBENE 1 per Augensymbol wieder ein. Nun sehen Sie wieder den Kirchturm mit Rauchfetzen. Aktivieren Sie die Ebene mit einem Klick in der Palette.

Jetzt muss der Rauch von der EBENE 1 verschwinden. Sie könnten ihn mit Radiergummi oder Magischem Radiergummi wegrubbeln. Wir nutzen hier stattdessen Überblendtechnik und sperren hellere Bildteile – den Rauch – von der EBENE 1 aus:

1. Rahmen Sie die Goldkugel auf der Turmspitze eng mit dem Lasso ein.
2. Mit Strg+J duplizeren Sie die Goldkugel auf eine eigene EBENE 2. (Sie würde die spätere Ausblendung der hellsten Bildteile nicht überstehen und muss darum auf eine eigene, höhere Ebene.)
3. Klicken Sie in der Palette doppelt auf die Miniatur der EBENE 1, die die Turmspitze vollständig enthält. Damit öffnet sich der Ebenenstil-Dialog.
4. Im Dialog ziehen Sie den rechten weißen Regler unter DIESE EBENE nach innen bis zum Wert 190. Damit verschwindet ein Großteil des Rauchs, der Effekt wirkt aber hart. Bei gedrückter Alt-Taste ziehen Sie die äußere, rechte Hälfte des Dreiecks wieder nach rechts bis auf 230. Die Werte für DIESE EBENE lauten also 0, 190/230. Der Großteil des Rauchs ist weg. Klicken Sie auf OK.
5. Mit dem Radiergummi löschen Sie die letzten verbleibenden Rauchfetzen. Nutzen Sie eine kleine Spitze mit harter Kante.

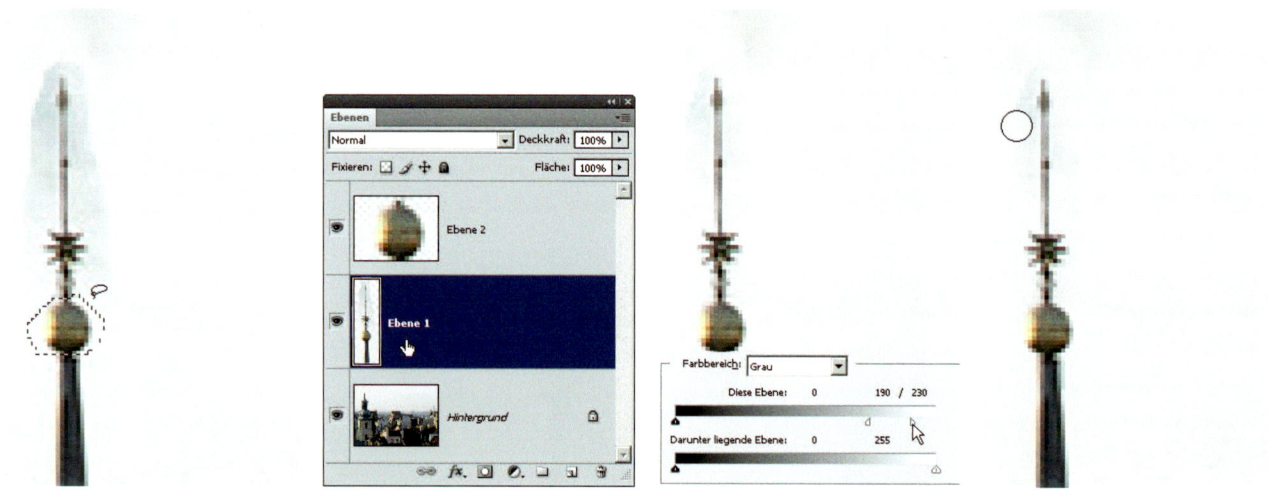

Abbildung 12.67 **1. Bild:** Rahmen die Goldkugel mit dem Lasso ein und heben Sie sie mit Strg+J auf eine neue Ebene; sie ist vom folgenden Überblendtrick nicht betroffen. **2. Bild:** Die Goldkugel liegt auf der neuen »Ebene 2«. Aktivieren Sie wieder die »Ebene 1« mit der Turmspitze für die weitere Retusche. **3. Bild:** Sie blenden die helleren Teile der »Ebene 1« im Ebenenstil-Dialog aus, der Rauch verschwindet gutteils. **4. Bild:** Letzte Rauchpartikel entfernen Sie mit dem Radiergummi.

12.5.8 »Staub und Kratzer«

Als digitales Pixelstaubtuch fungiert der Befehl **Filter: Rauschfilter: Staub und Kratzer**. Innerhalb einer ausgewählten Fläche beseitigt er, was allzu sehr heraussticht. Freilich: Besser als jede Retusche wirkt die Vermeidung von Staub und Schlieren schon beim Scannen und Fotografieren. So geht's:

1. Senken Sie den Schwellenwert im Dialogfeld auf 0. Der Schwellenwert-Regler definiert, wie groß der Unterschied zwischen Störung und Umfeld sein muss, damit die Flusen getilgt werden. Bei 0 haben Sie noch den Überblick über das ganze Bild.
2. Stellen Sie den Radius ein. So bestimmen Sie, in welchem Umkreis Photoshop nach abweichenden Pixeln fahndet. Ziehen Sie ihn nur bis zum kleinsten Radius, der den Fehler noch ausmerzt.
3. Erhöhen Sie den Schwellenwert so weit es geht, ohne dass Fehler ins Bild kommen. In der Regel sollten Werte zwischen »60« und »140« ausreichen.

Ganz ohne Unschärfe geht das jedoch nicht immer; hilfreicher scheinen oft Kopierstempel und Kollegen.

Mehrere Kratzer bearbeiten

Hat ein Bild gleich mehrere Kratzer, gibt es ein verkürztes Verfahren. Sie brauchen nicht jeden Fleck einzeln mit dem Lasso zu umzingeln und zu filtern. So geht es schneller:

1. Heben Sie jede Auswahl im Bild mit Strg+D auf.
2. Wenden Sie den Filter **Staub und Kratzer** auf das Gesamtbild an.
3. Blenden Sie die Protokollpalette mit dem **Fenster**-Menü ein und klicken Sie auf das Symbol Neuer Schnappschuss (Seite 94); der Schnappschuss erscheint oben in der Protokollpalette.
4. Heben Sie den gefilterten Zustand des Bilds mit der Protokollpalette wieder auf, indem Sie auf den Befehl klicken, den Photoshop dort noch vor Anwendung des Filters **Staub und Kratzer** auflistet. Verwenden Sie nicht Strg+Z oder **Bearbeiten: Rückgängig**.
5. Klicken Sie in der Protokollpalette neben dem Schnappschuss in die Pinselleiste ganz links, so dass Sie im Folgenden von diesem Schnappschuss aus weiterarbeiten.

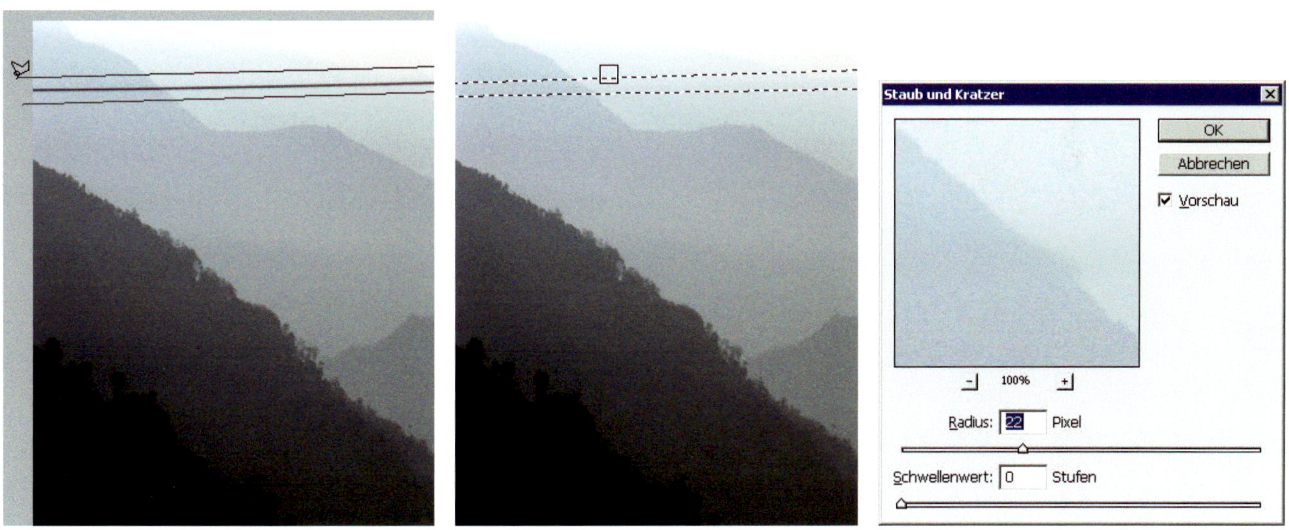

Abbildung 12.68 Der Filter »Staub und Kratzer« entfernt herausstechende Tonwerte in einem gewählten Bereich. **Links:** Wir haben das Lasso eingeschaltet, wechseln mit der Alt-Taste zum Polygon-Modus und rahmen die störende Leitung eng ein. **Mitte:** In der Vorschau verschwindet das Kabel bereits. Wir klicken bei geöffnetem Dialog in die Auswahl, damit dieser entscheidende Bereich auch im Dialogfeld selbst in der 100-Prozent-Zoomstufe erscheint. **Rechts:** Erst die 100-Prozent-Darstellung im Dialogfeld macht klar, dass der Filter diagonale Konturen nicht schützt, wenn man sie nicht extrem eng auswählt. Vorlage: Fehler_e

6. Aktivieren Sie den Protokollpinsel und malen Sie die gefilterte Version dort ins Bild, wo es erforderlich ist.

12.5.9 Thema: Porträts ändern

In den nächsten Abschnitten sehen Sie, wie Sie Zähne und Augen aufhellen, Haare umfärben und Lippen betonen. Einige Vorschläge eignen sich nicht nur für Personen, sondern auch für andere Motive. Ideen für markante Porträt-Effektverfremdungen liefern wir ab Seite 505.

Zähne aufhellen

Hellen Sie Zähne flexibel mit einer Einstellungsebene auf. Manchmal kann man mit der Einstellungsebene gleich noch das Augenweiß auffrischen. Hier aber wählen Sie erst einmal das Gebiss aus:

1. Schalten Sie das Schnellauswahl-Werkzeug ein, stellen Sie die Grösse auf 16 und nutzen Sie gleich nebenan auch die Option Automatisch verbessern.

2. Ziehen Sie bei gedrückter Maustaste über die Zähne. Photoshop wählt die Zähne aus, erwischt allerdings auch Zahnfleisch.

3. Ziehen Sie bei gedrückter Alt-Taste über das Zahnfleisch, um es wieder aus der Auswahl zu verbannen. Der Cursor darf dabei nicht in den Bereich der Zähne kommen.

Legen Sie per Korrekturenpalette eine Einstellungsebene Farbton/Sättigung an. Sie erhält wegen der Auswahl sofort eine Ebenenmaske, ändert also nur die Zähne innerhalb der Auswahl und nicht das ganze Foto. So geht's weiter:

1. Oben in der Einstellungsebene schalten Sie das Ziehen-Werkzeug ein.

2. Klicken Sie einmal in die Zähne und ziehen Sie nach links. Der Mauszeiger erscheint als Hand mit Doppelpfeil. Damit wählt Photoshop automatisch den Farbbereich Gelbtöne aus und senkt die Farbsättigung, gehen Sie zum Beispiel bis minus 20.

3. Heben Sie die Helligkeit in der Korrekturenpalette auf plus 20.

Voilà - die Zähne sind heller und ansehnlicher, ohne dass man die Retusche ahnt. Das Verfahren eignet sich auch für helleres Augenweiß.

TIPP Statt **Farbton/Sättigung** können Sie beim Zahn-Bleaching auch eine **Schwarzweiß**-Einstellungsebene anlegen. Experimentieren Sie mit den Reglern für Gelb und Rot und mit der Deckkraft.

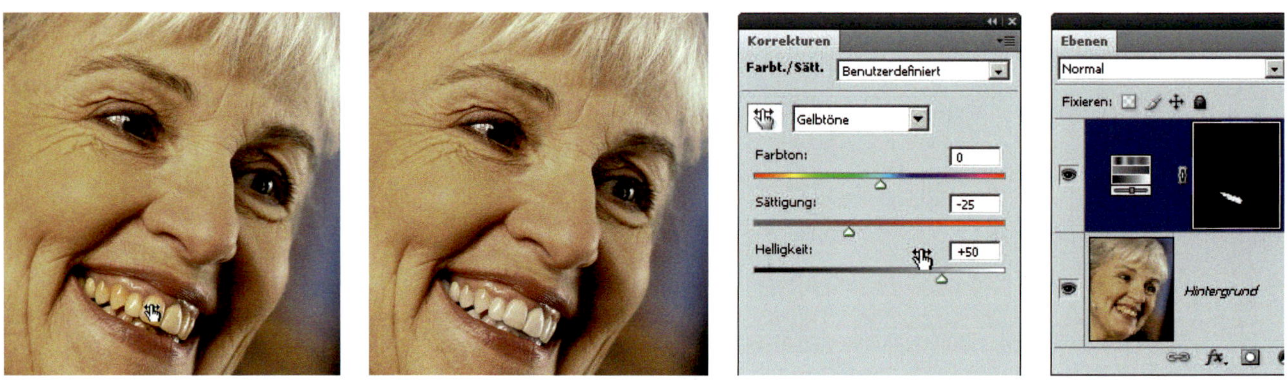

Abbildung 12.69 Zahnretusche: Wir haben die Zähne ausgewählt, dann eine Einstellungsebene »Farbton/Sättigung« angelegt und in der Korrekturenpalette das Ziehen-Werkzeug eingeschaltet. Ziehen Sie in den Zähnen nach links, senkt Photoshop die Sättigung nur für die »Gelbtöne«. Zusätzlich heben wir die »Helligkeit«. Datei: Portrait_1

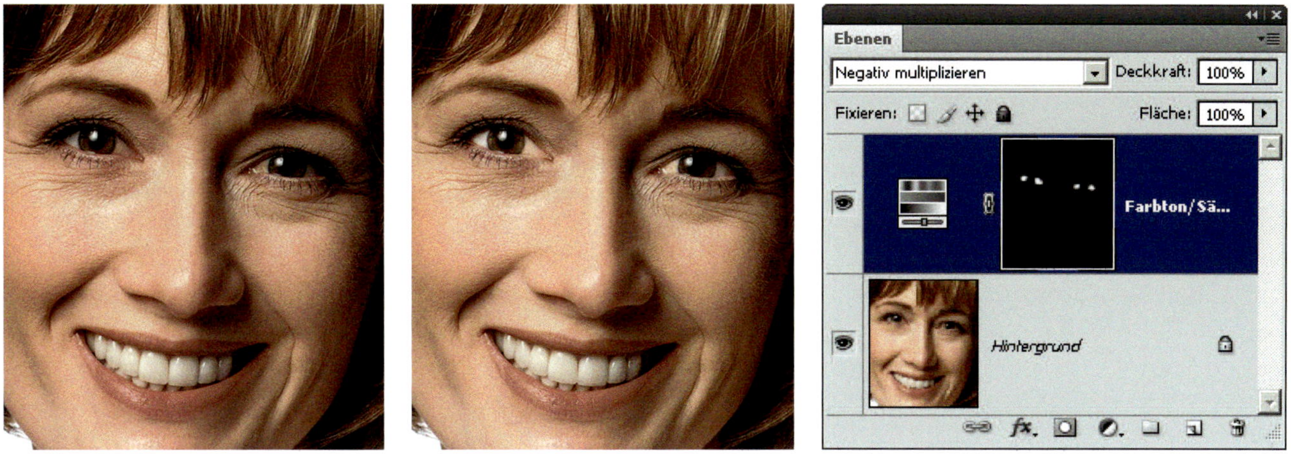

Abbildung 12.70 Eine maskierte Einstellungsebene im Modus »Negativ multiplizieren« hellt das Augenweiß auf. Datei: Portrait_2

Augenweiß aufhellen

Das Augenweiß wird gern aufgehellt und gern auch zu stark – dann blicken Zombies von Titelblättern und Internetseiten. Viele Verfahren sind denkbar, hier ist eine einfache Variante:

1. Klicken Sie oben auf der Startseite der Korrekturenpalette auf Farbton/Sättigung.
2. Die Regler für Farbton/Sättigung verändern Sie gar nicht erst. Suchen Sie die neue Einstellungsebene Farbton/Sättigung in der Ebenenpalette und stellen Sie die Füllmethode von Normal auf Negativ multiplizieren um. Nun erscheint das Gesamtbild viel zu hell – die Augen für sich sind aber genau richtig.
3. Drücken Sie [Strg]+[I]. So kehren Sie die Farbe der Ebenenmaske zur Einstellungsebene um: Die Ebenenmaske ist nun schwarz, die Einstellungsebene kann sich nicht auswirken, das gesamte Bild erscheint wieder wie vorher.
4. Mit der Taste [B] schalten Sie den Pinsel ein. Senken Sie die Deckkraft auf 50 Prozent und den Hauptdurchmesser zum Beispiel auf 19 Pixel. Der Kreisumriss sollte nicht größer als das Augenweiß sein. Sorgen Sie auch für weiße Vordergrundfarbe.
5. Malen Sie über einem Auge, es erscheint heller. Haben Sie zu viel übermalt, wechseln Sie zu Schwarz und tragen Sie wieder Schwarz auf; so erscheint an der korrigierten Stelle wieder das unveränderte Bild.

Wirkt die Aufhellung zu stark, senken Sie die Deckkraft in der Ebenenpalette zum Beispiel auf 70 Prozent.

TIPP Eventuell bringt die Aufhellung unschöne Farbtöne im Augenweiß hervor, zum Beispiel rote Äderchen. Stellen Sie dann das Klappmenü in der Korrekturenpalette auf Rottöne und ziehen Sie den Regler Sättigung nach links.

Allgemeine Hautglättung

Große Poren, kleine Pickel, aber auch Bildrauschen oder Fehler durch übertriebenes Scharfzeichnen stören den Eindruck glatter Babyhaut. Diese kleinen Mängel glätten Sie zunächst pauschal, danach retuschieren Sie einzelne größere Falten und Fehler.

Sie duplizieren die Hintergrund-Ebene per [Strg]+[J] und wählen **Filter, Für Smartfilter konvertieren**. Auf dem Fuß folgt der Befehl **Filter, Weichzeichnungsfilter, Matter machen**. Je nach Foto greifen Sie zu Werten wie Radius 15, Schwellenwert 15.

Abbildung 12.71 Die Haut wird mit dem Filter »Matter machen« geglättet, eine Filtermaske spart den Effekt von detailreichen Zonen wie Mund, Augen und Haaren aus. Datei: Portrait_3; Aktion: Fehler – Haut glätten

Zunächst erscheint das Gesicht zugepudert, mit verschiedenen Kniffen bringen Sie jetzt die Details zurück – aber nur die gewünschten. Meist verwendet man eine Kombination dieser Techniken:

- » Klicken Sie in der Ebenenpalette einmal auf die Smartfilter-Maske und übermalen Sie Bereiche mit Schwarz, die voll konturiert erscheinen sollen – vor allem Augen, Nase, Mund und Haare.
- » Klicken Sie doppelt auf die freie Fläche rechts neben der obersten Ebenenminiatur und blenden Sie Helligkeitsbereiche aus (Seite 781). Beim Regler Diese Ebene unterdrücken Sie dunkle Töne, indem Sie das schwarze Dreieck nach links innen ziehen. Mit dem Regler Darunterliegende Ebene zwingen Sie hellere Töne ins Gesamtbild; dazu ziehen Sie das weiße Dreieck nach links innen.
- » Wenden Sie diese Auswahl der Helligkeitsbereiche eventuell noch einmal separat nur auf den Rot-Kanal an.
- » In der Ebenenpalette im Balken Matter machen klicken Sie auf das Schieberegler-Symbol ganz rechts. Stellen Sie die Füllmethode zum Beispiel auf Aufhellen oder Negativ multiplizieren und senken Sie eventuell zusätzlich die Deckkraft.

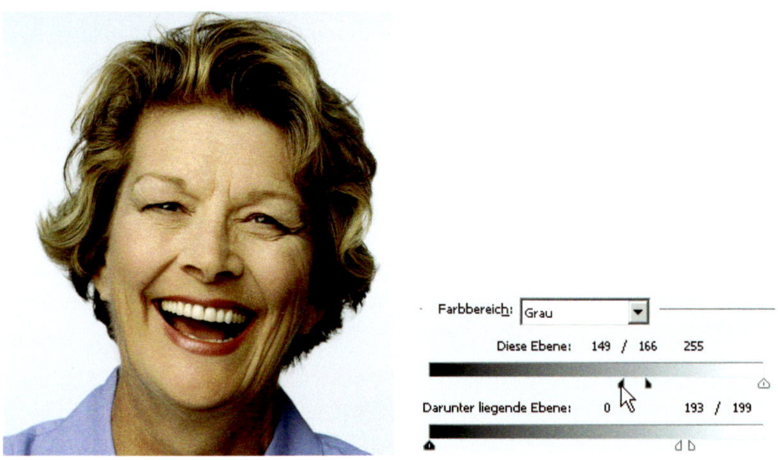

Abbildung 12.72
Im Ebenenstil-Dialog blenden Sie die dunkelsten Stellen der oberen Ebene aus, um mehr Details bei Mund, Augen und Haaren zu zeigen.

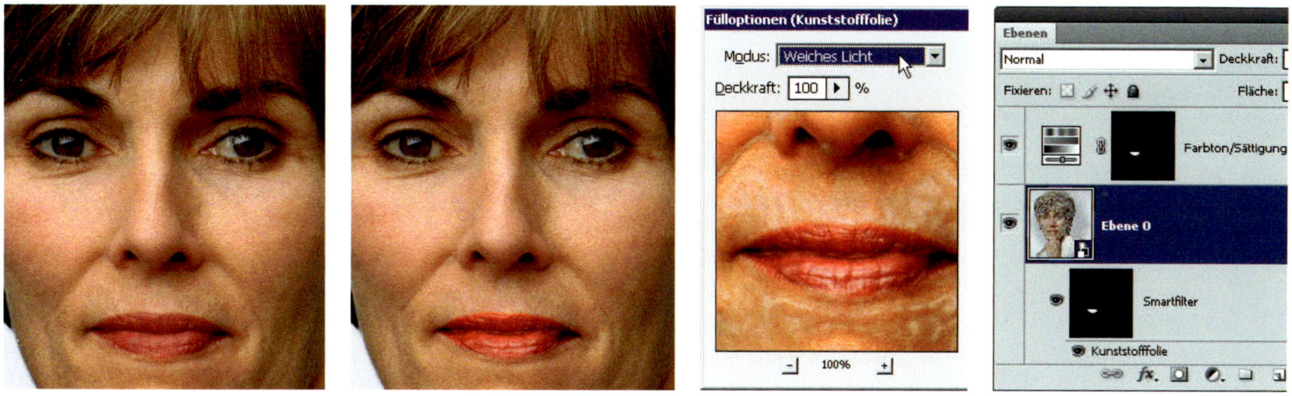

Abbildung 12.73 Der Filter »Kunststofffolie« trägt Lipgloss auf. Mit der Einstellungsebene »Farbton/Sättigung« ändern Sie die Farbe. Datei: Portrait_4

Lippen betonen

Zeigen Sie die Lippen farbkräftiger und mit Gloss:

1. Klicken Sie auf **Filter: Für Smartfilter** konvertieren.
2. Schalten Sie das Schnellauswahl-Werkzeug ein. Der Werkzeugumriss darf nicht größer als die Lippen sein (Alt-Ziehen über dem Bild mit der rechten Maustaste). Nutzen Sie wie immer die Option Automatisch verbessern.
3. Ziehen Sie mehrfach über die Lippen, ohne umliegende Haut zu streifen.
4. Klicken Sie oben in den Optionen auf Kante verbessern und stellen Sie die Weiche Kante auf drei Pixel. Prüfen Sie, ob Sie die Auswahl noch Erweitern sollten.
5. Wundern Sie sich jetzt nicht, wählen Sie einfach **Filter: Kunstfilter: Kunststofffolie**. Als Glanz-Wert nehmen Sie 18, die Details stellen Sie auf 12 und die Glättung auf 8. Der Mund erscheint nun wie mit Cellophan überzogen.

Nach dem OK-Klick sehen Sie den neuen Smartfilter **Kunststofffolie** in der Ebenenpalette. Dort klicken Sie doppelt auf das kleine Symbol für die Smartfilter-Einstellungen. Im Dialogfeld Fülloptionen stellen Sie den Modus von Normal auf Weiches Licht um. Nun sehen Sie ein mögliches Endergebnis.

So verfeinern Sie das Ergebnis in den Fülloptionen noch:

» Wirkt der Effekt etwas zu intensiv, senken Sie die Deckkraft zum Beispiel auf 70 Prozent.

» Wollen Sie die Wirkung dagegen verstärken, testen Sie als Modus auch Ineinanderkopieren oder Hartes Licht.

Möchten Sie im Dialog Kunststofffolie noch einmal Glanz oder Details feinsteuern, klicken Sie unten in der Ebenenpalette doppelt auf den Namen **Kunststofffolie**.

Wollen Sie die Lippen noch färben? Bitteschön:

1. Klicken Sie bei gedrückter Strg-Taste auf die fast ganz schwarze Smartfilter-Maske in der Ebenenpalette, so dass wieder eine Auswahl entsteht.
2. Legen Sie auf der Startseite der Korrekturenpalette eine Einstellungsebene **Farbton/Sättigung** an.
3. Experimentieren Sie mit den Reglern für Farbton und Sättigung.

Lächeln erzeugen

Sitzen die Mundwinkel allzu verkniffen gerade, lassen sie sich mit zwei Funktionen in freundlichere Winkel ziehen:

» Nutzen Sie den Befehl **Filter: Verflüssigen** und ziehen Sie gummiartig im Gesicht (Seite 582).

» Vor allem bei sehr gleichmäßigen Mundpartien: Wählen Sie die Zone aus, um sie mit [Strg]+[J] auf eine neue Ebene zu heben und in ein Smart-Objekt zu verwandeln. Dann nehmen Sie das **Freie Transformieren** ([Strg]+[T]) mit dem VERKRÜMMEN.

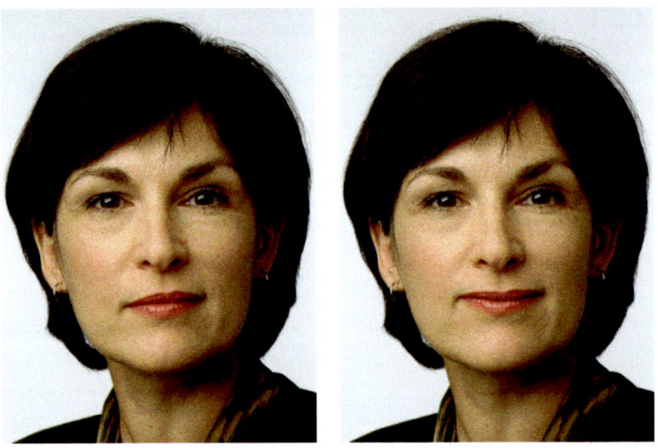

Abbildung 12.74 Die Mundwinkel wurden mit den Werkzeugen im Dialogfeld »Verflüssigen« bearbeitet. Vorlage: Portrait_04a

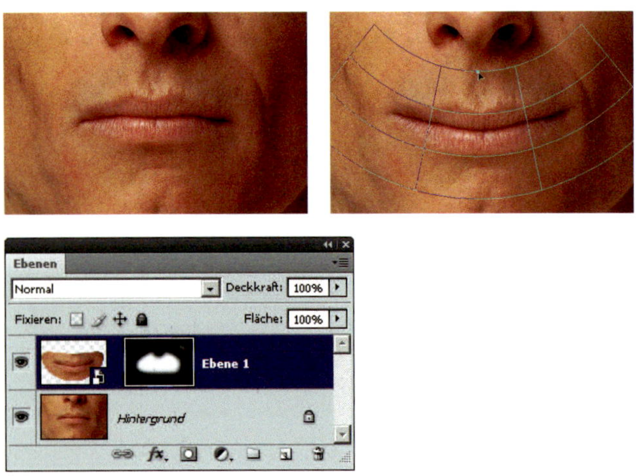

Abbildung 12.75 Die Mundpartie wird auf eine neue Ebene gehoben und mit der »Transformieren«-Funktion verkrümmt. Vorlage: Portrait_10

Haare umfärben

Mit verschiedenen Verfahren färben Sie Haare um. Eine typische Methode:

1. Wählen Sie die Haarpracht zum Beispiel mit der Schnellauswahl aus und verfeinern Sie die Auswahl per KANTE VERBESSERN.
2. Wir wollen hier mehrere Einstellungsebenen mit einer einzigen, gemeinsamen Ebenenmaske steuern. Darum: Klicken Sie unten in der Ebenenpalette auf NEUE GRUPPE ERSTELLEN. Damit entsteht die neue GRUPPE 1.
3. Wieder unten in der Ebenenpalette klicken Sie auf EBENENMASKE HINZUFÜGEN. Die GRUPPE 1, noch leer, hat nun eine Ebenenmaske, die nur die Haare zur Bearbeitung freigibt.
4. Oben in der Korrekturenpalette klicken Sie auf FARBTON/SÄTTIGUNG. Wir ändern hier rötlich zu blond und ziehen dafür den FARBTON-Regler auf plus 100 und geben auch bei der SÄTTIGUNG 10 Prozent zu.
5. Stellen Sie die Füllmethode oben links in der Ebenenpalette von NORMAL auf FARBE. Dieser Schritt ist nicht immer zwingend erforderlich.
6. Der HELLIGKEIT-Regler ist nicht zu gebrauchen. Klicken Sie also unten in der Korrekturenpalette auf den Pfeil nach links und dann auf GRADATIONSKURVEN. Die neue Einstellungsebene **Gradationskurven** landet sofort innerhalb der Gruppe und ist damit auch gleich so maskiert, dass sie nur die Haare verändert.
7. Ziehen Sie die Kurve in der Mitte nach oben, um die Haare aufzuhellen.

TIPP Ziehen Sie den HELLIGKEIT-Regler vorübergehend von 0 auf plus 100. Jetzt erscheinen die Haare weiß überdeckt, Sie erkennen Fehler in der Maske der GRUPPE 1 sehr deutlich. Klicken Sie einmal auf die Maskenminiatur, dann verfeinern Sie die Maske mit dem Pinsel.

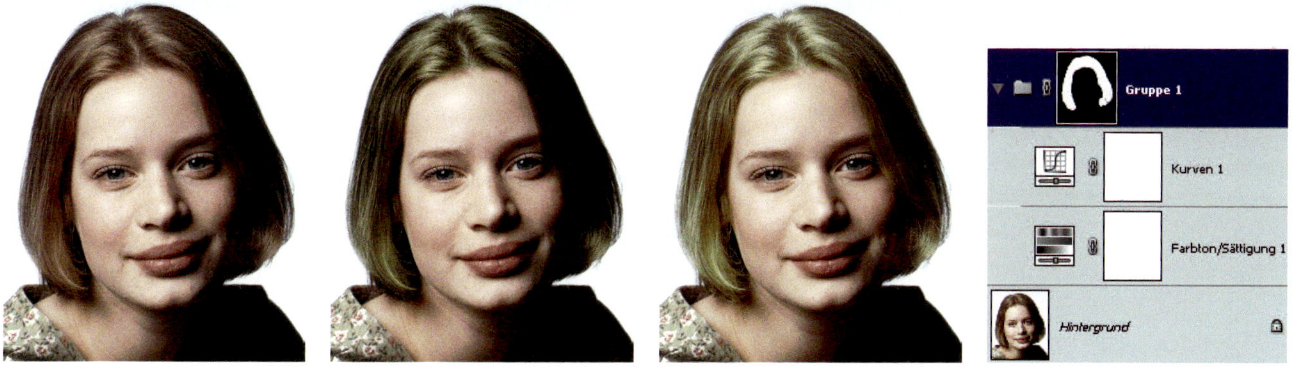

Abbildung 12.76 Die rötlichen Haare werden zunächst umgefärbt und dann aufgehellt. Die beiden Einstellungsebenen »Farbton/Sättigung« und »Gradationskurven« befinden sich in einer gemeinsamen »Gruppe 1«. Sie müssen nur die eine Maske dieser »Gruppe 1« bearbeiten, um die Wirkung der beiden Einstellungsebenen örtlich zu begrenzen. Datei: Portrait_5

Augen vergrößern

In Porträts werden gern die Augen vergrößert, das soll die Sympathiewerte heben. Zwei Ansätze gibt es:

» Vergrößern Sie nur die Pupillen innerhalb der unverändert großen Augenpartie.

» Vergrößern Sie die ganze Augenpartie.

Schon wenn Sie die Pupille unabhängig vom restlichen Auge vergrößern, wirkt das Gesicht ausdrucksvoller und freundlicher:

1. Mit Auswahloval ◌, weicher Kante und ⇧-Taste umrahmen Sie die erste Pupille. Fassen Sie die Auswahl eher eng, nutzen Sie die Funktion **Auswahl: Auswahl transformieren.**
2. Heben Sie die Auswahl per Strg+J auf eine neue Ebene und wählen Sie **Filter: Für Smart Filter konvertieren**; so entsteht eine Smart-Objekt-Ebene.
3. Drücken Sie Strg+T und vergrößern Sie die Pupille zum Beispiel auf 120 Prozent.
4. Legen Sie eine Ebenenmaske an und malen Sie mit Schwarz den oberen Teil weg, der das Augenlid überdeckt. Ebenfalls durch Maskenretusche glätten Sie die Ränder.
5. Klicken Sie einmal auf die Hintergrund-Miniatur in der Ebenenpalette, wählen Sie das zweite Auge aus und heben Sie es mit Strg+J auf eine neue Ebene.
6. Vergrößern und retuschieren Sie die Pupille wie oben beschrieben; wiederholen Sie die erste Größenänderung testweise mit Strg+⇧+T.

Prüfen Sie auch eine Vergrößerung der gesamten Augenpartie.

12.6 Bildrauschen

Bildrauschen – also ein gleichmäßiges körniges Störmuster – entsteht zum Beispiel bei hohen ISO-Empfindlichkeiten von Digitalkamera oder Film. Photoshop kann das Problem in Grenzen ausbügeln, dabei droht allerdings Weichzeichnung. Diese zwei Erscheinungsformen unterscheidet man:

» Helligkeitsrauschen (auch Luminanzrauschen) zeigt sich nur durch Körnung mit wechselnder Helligkeit und wird weniger gefürchtet;

» Farbrauschen (auch Chromarauschen) gilt als entstellender, hier entstehen Flecken mit wechselnden Farben.

Auf Rechnern ohne OpenGL-Anzeigetechnik prüfen Sie die verrauschte Vorlage wie auch korrigierte Ergebnisse im Abbildungsmaßstab 100,00 Prozent (Seite 76) oder eventuell vergrößert. Vermeiden Sie Pixelschnee am besten schon beim Fotografieren, zum Beispiel durch niedrige Empfindlichkeit und geeignete Sensoren (Foto-Tipps ab Seite 43).

Wenn möglich, nehmen Sie wichtige Bilder mit Rauschgefahr im Raw-Format auf und beheben das Rauschen direkt im Raw-Dialog (Seite 230). Durch den seit 2010 verbesserten Raw-Dialog lohnt es sich sogar, ältere, bereits »entwickelte« Raw-Dateien in Photoshop CS5 oder Lightroom 3 neu zu bearbeiten - sie erscheinen oft mit deutlich weniger Rauschen. Auch JPEG- oder TIFF-Dateien glätten Sie hier. Achten Sie aber darauf, dass Sie auch tatsächlich den Prozess 2010 verwenden, also kein Ausrufezeichen (!) rechts unten sehen (Seite 206).

TIPP Verstärken Sie das Bildrauschen nicht noch beim Scharfzeichnen. Nehmen Sie beim Befehl **Unscharf maskieren** einen hohen Schwellenwert, beim Schärfen im Raw-Dialog ziehen Sie den Maskieren-Regler nach rechts: Gering kontrastierende Bildpartien wie etwa reines Bildrauschen stellt Photoshop dann gar nicht erst scharf, nur harte Konturen werden markanter.

12.6.1 »Rauschen reduzieren«

Der Befehl **Filter: Rauschfilter: Rauschen reduzieren** ist die raffinierteste Funktion im **Filter**-Menü (vormals **Störungsfilter: Störungen reduzieren**).

Ihre Möglichkeiten:

- Der Stärke-Regler steuert die Gesamtwirksamkeit.
- Mit dem Regler Details erhalten bestimmen Sie, wie stark feine Strukturen gewahrt bleiben - zum Beispiel Strukturen oder Haare (Sie steuern hier das Helligkeits- oder Luminanzrauschen). Hohe Werte wie 80 erhalten viele Details - aber dann wirkt der Gesamtfilter kaum noch.
- Der Regler Farbrauschen reduzieren bekämpft Pixel mit Farbausreißern, also das sogenannte Farbrauschen; hohe Werte verfälschen das Bild eher mit entsättigten Bereichen und Geisterschatten.

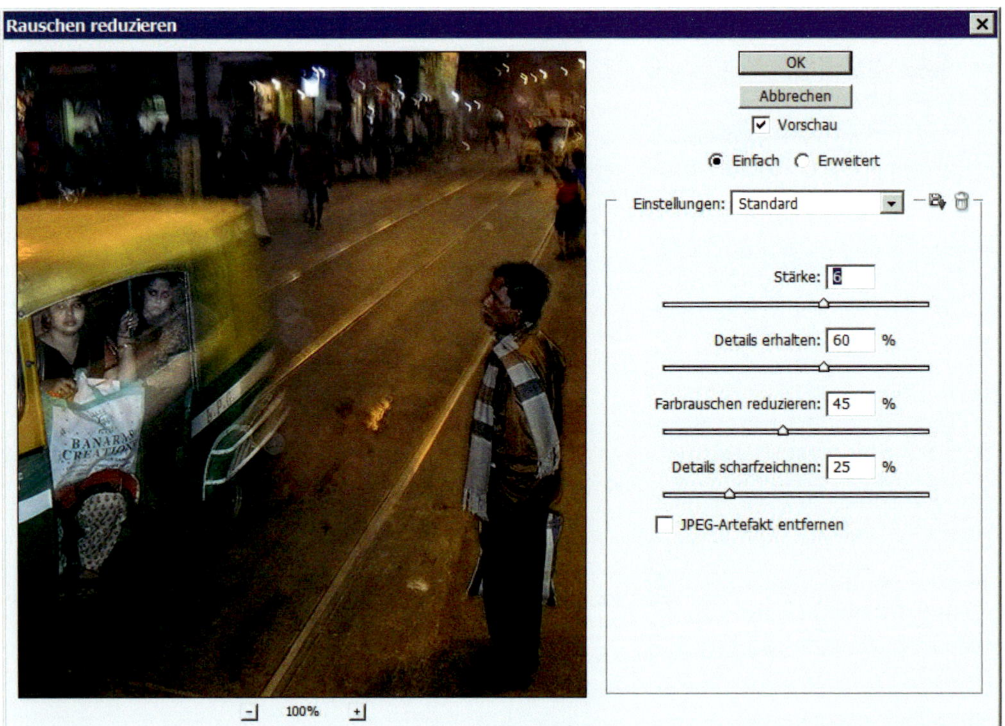

Abbildung 12.77
Der Befehl »Rauschen reduzieren« bekämpft Bildrauschen, führt aber auch zu Weichzeichnung.

» Leidet die Bildschärfe sichtbar, kann man sie mit dem Schieber Details scharfzeichnen wieder anheben. Hohe Werte produzieren indes neue Störungen. Alternative: Schärfen Sie mit einem anderen Befehl aus dem Untermenü **Scharfzeichnungsfilter** (Seite 445).

Einzelne Kanäle korrigieren

Oftmals zeigt sich das Rauschen in einem Farbkanal stärker als bei anderen Farben, häufig im Blaukanal. Sie können darum die Grundfarben einzeln bearbeiten. Klicken Sie zunächst auf Erweitert, dann öffnen Sie den Bereich Pro Kanal.

Ein Beispiel: Sie wollen das Gesamtbild schwach entrauschen, dem Blaukanal aber eine extrastarke Antirausch-Behandlung verpassen. Stellen Sie im Gesamt-Bereich die Stärke auf moderate 3, dann wechseln Sie zum Bereich Pro Kanal mit dem Blau-Kanal und heben nur dort die Stärke auf 8 oder 10. Auch hier gibt es den Regler Details erhalten – hohe Werte schwächen die Filterwirkung. Soll einzig und allein der Blaukanal glatter werden, stellen Sie die Gesamt-Stärke auf 0.

Vorlage

Stärke 8, andere Regler auf 0

Stärke 8, Details erhalten 50

Stärke 8, Details erhalten 50, Details scharfzeichnen 60

Stärke 8, Details erhalten 50, Details scharfzeichnen 60, Farbrauschen reduzieren 100

Stärke 8, Details erhalten 50, Details scharfzeichnen 60, Farbrauschen reduzieren 0, JPEG-Artefakt entfernen ein

Abbildung 12.78 Die Vorlage zeigt deutliches Bildrauschen. Der Befehl »Rauschen reduzieren« begrenzt die Störungen, führt aber auch zu Weichzeichnung. Vorlage: Stoerungen_d

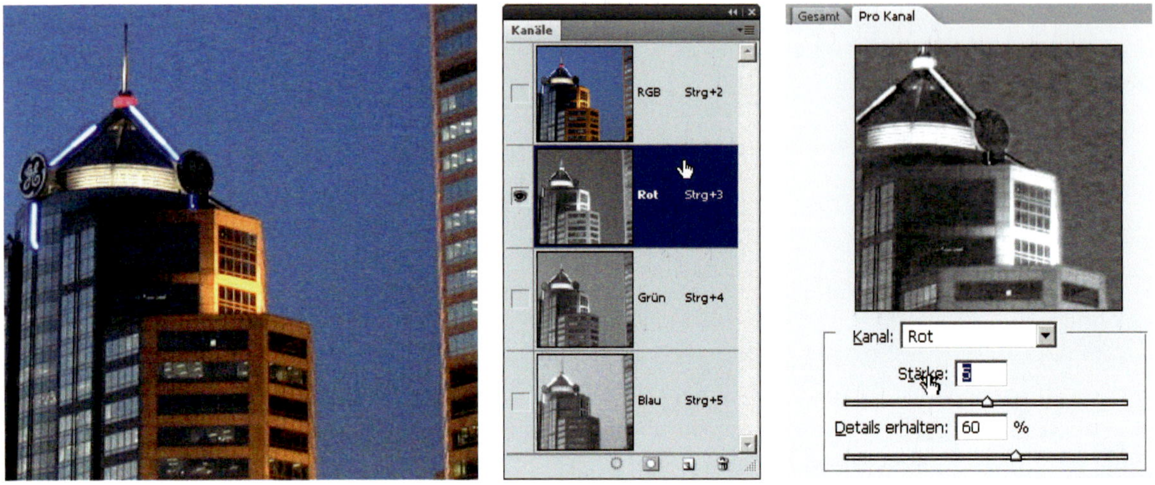

Abbildung 12.79 **Links:** Bildrauschen zeigt sich oft besonders stark in einer einzelnen Grundfarbe, hier im Rotkanal. **Mitte:** Sie prüfen Einzelkanäle durch Klicken in der Kanälepalette. **Rechts:** Der Befehl »Rauschen reduzieren« glättet Einzelkanäle, wenn Sie auf »Erweitert« schalten. Vorlage: Stoerungen_d

TIPP Es ist denkbar umständlich, die Kanäle einzeln im Dialogfeld **Rauschen reduzieren** zu inspizieren. Erledigen Sie das vorab im Hauptfenster: Klicken Sie die Grundfarben nacheinander in der Kanälepalette an. Dabei verwenden Sie die Zoomstufe 100,00 Prozent (Strg+Alt+0) und einen aussagekräftigen Bildausschnitt mit markanten Konturen und homogenen Flächen. Klicken Sie dann auf die RGB-Miniatur, sofern Sie anschließend das Gesamtbild und nicht einen Einzelkanal bearbeiten wollen.

»JPEG-Artefakt entfernen«

Sie können ein JPEG-Artefakt entfernen. Photoshop versucht nun, die typischen Kästchen, Farbblöcke und Geisterschatten zu tilgen, die bei zu starker JPEG-Komprimierung entstehen (Seite 260). Die Ergebnisse wirken oft weichgespült oder mumifiziert; experimentieren Sie mit den Reglern Stärke, Details erhalten und Details scharfzeichnen. Nutzen Sie die Funktion eventuell auch gegen Bildstörungen, die durch reduzierte Farbtiefe beim GIF-Dateiformat entstanden sind.

Abbildung 12.80 **Links:** Diese Bilddatei zeigt grobe Scannerfehler, die in der vergröbernden Druckauflösung noch deutlicher hervortreten. **Mitte:** Der Filter »Rauschen entfernen« behebt die Probleme teilweise, sorgt aber auch für eine leichte Weichzeichnung; ganz ähnlich wirkt der Filter »Helligkeit interpolieren« mit dem Wert »1«. **Rechts:** »Helligkeit interpolieren« mit dem Wert »2« zeichnet noch stärker weich. Vorlage: Stoerungen_a

Abbildung 12.81 **Links:** Das Bildrauschen entstand durch hohe Aufnahmeempfindlichkeit und falsches Scharfzeichnen; es wird durch die niedrige Druckauflösung noch betont. **Mitte:** Der Filter »Helligkeit interpolieren« behebt das Problem teilweise, sorgt aber auch für eine leichte Weichzeichnung. **Rechts:** »Helligkeit interpolieren« mit dem Wert »2« zeichnet noch stärker weich. Vorlage: Stoerungen_b

12.6.2 Weitere Funktionen gegen Bildrauschen

Rauschen bekämpfen Sie auch direkt im Camera-Raw-Dialog im Bereich Details.

TIPP Verwenden Sie bei der Rauschunterdrückung im Raw-Dialog unbedingt die neuere Raw-Methode 2010. Man darf also kein Ausrufezeichen in der Raw-Vorschau rechts unten sehen.

Eine weitere Alternative: Wechseln Sie im Untermenü **Bild: Modus** zum **Lab-Modus** und zeichnen Sie die Kanäle a und b weich. Das Verfahren eignet sich allenfalls für Farbrauschen und erfordert eventuell anschließende Korrekturen.

Die weiteren Funktionen gegen Bildrauschen erreichen nicht die Qualität des Befehls **Rauschen reduzieren** und helfen nur in Sonderfällen weiter:

» Der Befehl **Filter: Rauschfilter: Rauschen entfernen** zeichnet die gesamte Auswahl weich, indem er Farbkontraste mildert, aber Konturen nicht antastet. Die Funktion tilgt Scannerstreifen oder Bildrauschen – und stellt die Vorlage weicher. Wenden Sie die Funktion testweise auch mehrfach hintereinander an.

» Zu starke Helligkeitsunterschiede beseitigen Sie per **Filter: Rauschfilter: Helligkeit interpolieren.** In einem Radius, den Sie von 1 bis 100 definieren, werden Helligkeiten gemessen und stark abweichende Pixel, die als Störenfriede gelten, mit Mittelwerten übertüncht.

» Ist die Vorlage bereits stark verrauscht, bearbeitet man entstellte flächige Zonen mit dem Weichzeichnerpinsel bei gesenkter Deckkraft.

» Der **Weichzeichnungsfilter: Matter machen** bekämpft ebenfalls die Rauscherscheinungen und liefert nebenbei Softlinsen-Romantik, wahrt aber Bildkonturen; eine Alternative bietet der **Selektive Weichzeichner** mit der Option Normal.

TIPP Oft braucht man die Rauschbekämpfung nicht im ganzen Bild, sondern nur in den diffuseren Zonen, die durch Weichzeichnung nichts verlieren. Mischen Sie also korrigierte und unveränderte Bildfassungen. Verschiedene Verfahren dafür stellen wir ab Seite 37 vor.

Abbildung 12.82 **Links:** Das Bild ist durch falsche Scharfzeichnung zu körnig. **Mitte, rechts:** Die »Hintergrund«-Ebene wird in ein Smart-Objekt verwandelt und mit dem Filter »Matter machen« bearbeitet. In den Fülloptionen zum Smartfilter senken wir die Deckkraft auf 70 Prozent. Grau in der Ebenenmaske sorgt dafür, dass Augen- und Mundpartie gegen Weichzeichnung geschützt sind, das Bild behält hier seine Details. Datei: Stoerungen_c

Bildrauschen per Duplikat korrigieren

Auch Montagetechnik glättet Störungen begrenzt. So dupliziert man das Bild zunächst per Strg+J über sich selbst. Ihre Möglichkeiten anschließend: Zeichnen Sie die obere Ebene kräftig weich. Die Überblendverfahren Abdunkeln, Aufhellen oder Farbe gleichen nun die lokalen Kontrastsprünge aus. Ändert sich die Gesamthelligkeit zu stark, senken Sie die Deckkraft oder verbergen Zonen der oberen Ebene per Ebenenmaske.

Deckungsgleiche Varianten mischen

Oder bekämpfen Sie das Rauschen, indem Sie mehrere deckungsgleiche Aufnahmen einer Szene mischen (Verfahren zum Zusammenpacken mehrerer Dateien in einer Ebenenmontage ab Seite 825). Deckungsgleichheit stellt der Befehl **Bearbeiten: Ebenen automatisch ausrichten** bei Bedarf schnell her, nachdem Sie die Ebenen zunächst alle in der Palette markiert haben. Ihre Möglichkeiten jetzt:

» Senken Sie bei der oberen Version die Deckkraft auf 50 Prozent, in der Hoffnung, dass Rauschpixel jeweils unterschiedlich angeordnet sind.

» Sofern Sie den teureren Photoshop Extended nutzen: Sie legen mehrere deckungsgleiche Ebenen übereinander, packen sie miteinander in ein Smart-Objekt und lassen Photoshop den Durchschnitt aller Bilder errechnen (Untermenü **Ebene: Smart-Objekte: Stapelmodus,** dann **Arithmetisches Mittel** oder eventuell **Median,** Seite 861).

Abbildung 12.83 Wir haben das Motiv fünfmal fotografiert, die Ebenen übereinandergelegt und in Photoshop Extended den Stapelmodus »Arithmetisches Mittel« eingerichtet. Dateien: Stoerungen_e etc.

Verfahren gegen Farbrauschen

Das folgende Verfahren dämmt Farbrauschen ein; Helligkeitsrauschen bleibt allerdings erhalten:

1. Ihr Foto hat nur eine Hintergrund-Ebene? Duplizieren Sie diese per [Strg]+[J].
2. Wählen Sie **Bild: Modus: Modus: 16-Bit-Kanal.**
3. Blenden Sie die obere Ebene 1 mit dem Augensymbol aus.
4. Klicken Sie einmal auf die untere, die Hintergrund-Ebene.
5. Über die Schaltfläche Neue Füll- oder Einstellungsebene erstellen unten in der Ebenenpalette legen Sie eine neue **Schwarzweiß**-Einstellungsebene an. Klicken Sie zum Beispiel auf Auto.

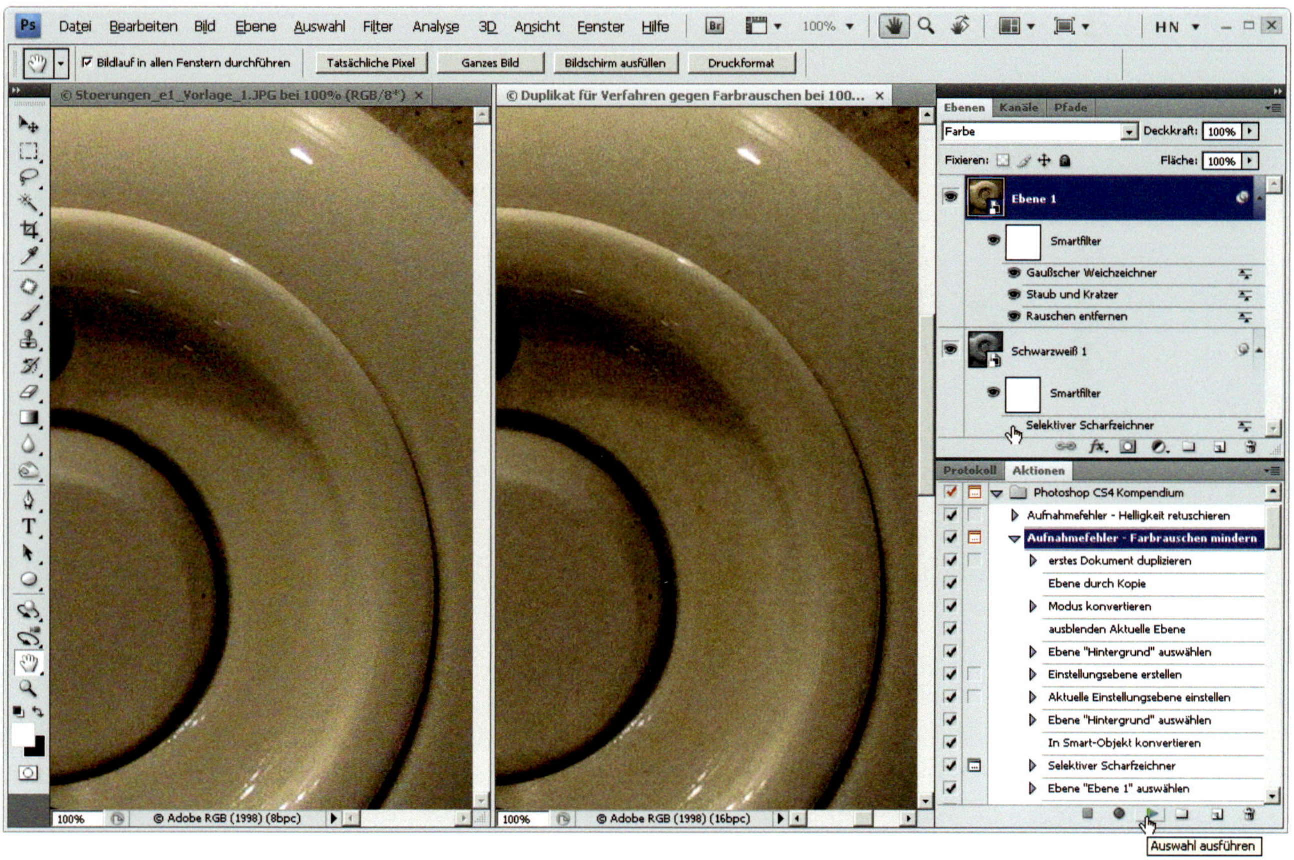

Abbildung 12.84 Das beschriebene »Verfahren gegen Farbrauschen« finden Sie auch in der Aktionensammlung von der Buch-DVD. Die Aktion heißt »Aufnahmefehler – Farbrauschen mindern«. Verändert wird ein Duplikat, zum Schluss sehen Sie Vorlage und Ergebnis nebeneinander in der Zoomstufe 100 Prozent. Drücken Sie [Leer]-Taste+[⇧], um beide Versionen parallel durch ihre Bildfenster zu ziehen. Vorlage: Stoerungen_e1

6. Halten Sie die ⇧-Taste gedrückt und klicken Sie in der Palette auf die Hintergrund-Ebene, so dass zwei Ebenen ausgewählt sind.
7. Wählen Sie **Filter: Für Smartfilter konvertieren**. Hintergrund- und Schwarzweißebenen schnurren zu einer einzigen Ebene Schwarzweiss1 zusammen.
8. Zeichnen Sie die Graustufenvariante gut scharf, zum Beispiel per **Selektiver Scharfzeichner**. Eventuell wenden Sie bereits bei dieser Variante eine leichte Rauschunterdrückung an.
9. Klicken Sie in der Palette einmal auf die obere Ebene 1 und auch auf das Augensymbol neben der Miniatur. Sie sehen also wieder die Farbvariante.
10. Wählen Sie **Filter: Für Smartfilter konvertieren**.
11. Stellen Sie oben links in der Ebenenpalette die Füllmethode von Normal auf Farbe um.
12. Nun nehmen Sie erst **Filter: Rauschfilter: Rauschen entfernen** und dann aus demselben Untermenü **Staub und Kratzer**. Testen Sie fünf Pixel Radius und einen Schwellenwert von 0. Wenn das schlecht aussieht, probieren Sie andere Radius-Vorgaben.
13. Zuletzt folgt **Filter: Weichzeichnungsfilter: Gaußscher Weichzeichner** mit etwa drei Pixel Radius.

Wie sieht's aus? Über die Smartfilter in der Ebenenpalette ändern Sie die Filterwerte nach Bedarf. Sie können auch die **Schwarzweiß**-Abstimmung ändern; dazu klicken Sie erst doppelt auf die Schwarzweiss-Miniatur und dann doppelt auf das Schwarzweiss-Symbol.

12.6.3 Scans von gerasterten Bildern

Moiré und Falschbilder stören manche Scanergebnisse.

Moiré beseitigen

Moiré entsteht, wenn Sie eine gerastert gedruckte Vorlage erneut scannen – Sie scannen also aus einem Buch oder einer Zeitschrift. Im Bild zeigt sich ein unschönes Wellenmuster, das durch Überlagerungen verschiedener Raster entsteht. Perfekt herausrechnen lässt sich die Störung nicht, aber einige Gegenmaßnahmen wirken zumindest begrenzt:

- Scannen Sie die Vorlage leicht schief, dann drehen Sie das Bild in Photoshop.
- Scannen Sie vier- oder achtmal mehr Pixel als nötig, zeichnen Sie leicht weich, dann rechnen Sie auf die erforderliche Auflösung herunter.

Scans von Drucksachen auf dünnem Papier

Mitunter scheint die Rückseite einer Zeitschrift durch, wenn Sie von dünnem Papier scannen. Legen Sie dann schwarzen Karton zwischen Scanvorlage und Scannerdeckel. Weiße Bereiche wirken anschließend vielleicht grau – halten Sie mit **Gradationskurve** und Weißpunktpipette dagegen.

12.7 Rotgeblitzte Augen

Mit unterschiedlichsten Methoden retuschieren Sie rotgeblitzte Augen in Porträts:

- Testen Sie zuerst das Rote-Augen-Werkzeug in Photoshop oder ganz ähnlich im Camera-Raw-Dialog.
- Alternativ schwingen Sie das Farbe-ersetzen-Werkzeug (Seite 496).
- Bekämpfen Sie das Phänomen mit dem Schwamm und der Vorgabe Sättigung verringern.

Oder legen Sie eine Auswahl an und

- verwenden Sie **Farbton/Sättigung** oder **Farbe ersetzen**, schicken Sie dabei die Helligkeit in den Keller.
- Dunkeln Sie den Bereich nur im Rotkanal ab.
- Kopieren Sie den Blaukanal über den Rotkanal.
- Wählen Sie die roten Pupillen aus und dämpfen Sie den Rotanteil mit dem Rot-Regler des Befehls **Bild: Korrekturen: Kanal-Mixer**.

Wie auch immer: Zoomen Sie weit in die Augenpartie hinein – dazu drücken Sie Strg+Leer-Taste, dann rahmen Sie die Augen bei gedrückter Maustaste ein. Prüfen Sie die Wirkung aber auch in der Gesamtansicht oder in der Zoomstufe 100,00 Prozent; der Befehl **Fenster: Anordnen: Neues Fenster** zeigt Ihnen ein- und dieselbe Datei in mehreren Fenstern, in mehreren Zoomstufen. Vermeiden Sie rote Augen am besten schon beim Fotografieren (Seite 39).

Abbildung 12.85 **Links:** Die Blutgefäße in der Netzhaut reflektieren das Blitzlicht der Kamera. **Mitte:** Wir haben mit dem Rote-Augen-Werkzeug ein erstes Mal geklickt. **Rechts:** Drei weitere Klicks beheben die weiteren Probleme bei Mensch und Katze. Das Plüschtier im Hintergrund brauchte ohnehin keine Bearbeitung. Vorlage: Rote-Augen_a

12.7.1 Das Rote-Augen-Werkzeug

Besonders unkompliziert verschwinden Kaninchenaugen mit dem Rote-Augen-Werkzeug, das ganz ähnlich auch im Camera-Raw-Dialog zur Verfügung steht (Seite 238). Ein Klick auf die rote Pupille – und das Problem ist in vielen Fällen erledigt. Nur selten müssen Sie die Optionen ändern:

» Je höher die Pupillengrösse, desto mehr unterschiedliche Farben werden ausgewählt.

» Der Verdunklungsbetrag legt fest, wie dunkel die neue, vormals rote Pupille wird; hohe Werte führen zu schwarzen Pupillen.

TIPP Geblitzte Tieraugen erscheinen manchmal nicht rot, sondern unnatürlich blau oder grün. Hier versagt das Rote-Augen-Werkzeug, doch halten Sie mit dem Farbe-ersetzen-Werkzeug dagegen.

12.7.2 Weitere Methoden

Führt das Rote-Augen-Werkzeug wider Erwarten nicht zum Ziel, probieren Sie weitere Methoden.

Das Farbe-ersetzen-Werkzeug

Das Farbe-ersetzen-Werkzeug bietet etwas mehr Feinsteuerung (Seite 496), allerdings wirken die Ergebnisse ohne Nachbearbeitung oft zu hell. Richten Sie zunächst mit der Taste D Schwarz als Vordergrundfarbe ein. In den Optionen klicken Sie bei Modus auf Farbe sowie auf die Schaltfläche Aufnahme: Einmal. Im Klappmenü Grenzen geben Sie Nicht aufeinander folgend an. Verwenden Sie das Glätten und eine niedrige Toleranz wie etwa 30 Prozent; so ändern Sie nicht mehrere Farben gleichzeitig.

Prüfen Sie die Pinselgröße, sie darf nicht größer sein als die Pupille selbst. Per Rechtsklick ins Bild stellen Sie die Pinselgröße und die erforderliche weiche Kante ein.

Klicken Sie auf einen roten Bereich – diese Farbe wird also ersetzt. Jetzt ziehen Sie bei gedrückter Maustaste. Bleiben einige rote Stellen hartnäckig sichtbar, werden sie erneut angeklickt. Erhöhen Sie eventuell die Toleranz.

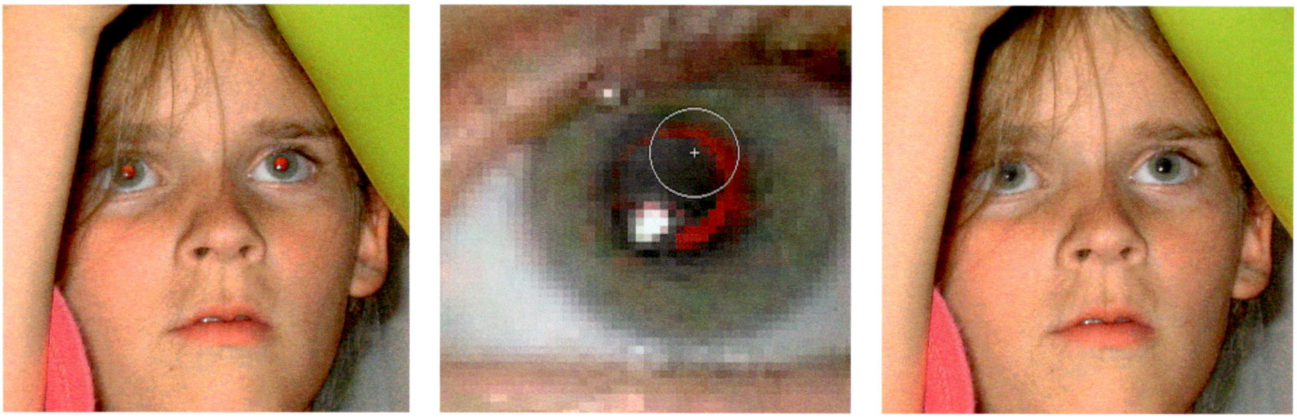

Abbildung 12.86 **Links:** Wir bearbeiten die Vorlage mit dem Farbe-ersetzen-Werkzeug bei schwarzer Vordergrundfarbe. **Mitte:** Zoomen Sie zur Korrektur weit ins Bild hinein, zum Beispiel mit [Strg]+[Leer]-Taste. **Rechts:** Beim Ergebnis haben wir zusätzlich die Iris mit dem Abwedler leicht aufgehellt. Vorlage: Rote_Augen_b

TIPP Das Ergebnis hat möglicherweise die falsche Helligkeit; dunkeln Sie mit dem Nachbelichter ab oder hellen Sie mit dem Abwedler auf.

Statt der Pinselretusche können Sie den Rotkanal natürlich auch auswählen und mit **Helligkeit/Kontrast** oder **Tonwertkorrektur** bearbeiten.

Den Rotkanal retuschieren

Die roten Pupillen treten besonders im Rotkanal hervor. Dunkeln Sie nur diesen Kanal ab:

1. Klicken Sie in der Kanälepalette einmal auf den Rotkanal. Das Bild erscheint jetzt als Rotauszug in Graustufen.
2. Klicken Sie oben in der Kanälepalette in das leere Kästchen Ein-/Ausblenden eines Kanals neben der RGB-Vorschau, so dass dort das Augensymbol erscheint. Jetzt zeigt Photoshop wieder das Farbbild an; in der Kanälepalette ist aber nur der Rotkanal aktiviert, nur dieser Kanal wird bearbeitet.
3. Schalten Sie in der Werkzeugleiste den Nachbelichter ein und klicken Sie mit rechts ins Bild, um eine passende Pinselgröße und eine weiche Kante einzurichten.
4. Retuschieren Sie den Rotkanal und experimentieren Sie mit verschiedenen Vorgaben im Klappmenü Bereich, von Lichter bis Tiefen.
5. Um wieder das Gesamtbild mit allen Grundfarben zu bearbeiten, klicken Sie in der Kanälepalette auf RGB.

Den Blaukanal kopieren

Einige Porträtretuscheure legen die dunkle Pupille aus dem Blaukanal über den zu hellen Rotauszug:

1. Aktivieren Sie wie oben beschrieben den Blaukanal in der Kanälepalette und machen Sie das Gesamtfarbbild sichtbar: Sie sehen also das Augen-Symbol neben dem RGB-Kanal.
2. Wählen Sie die Pupille mit weicher Auswahlkante aus.
3. Mit [Strg]+[C] kopieren Sie den Blauauszug der Pupille in die Zwischenablage.
4. Aktivieren Sie durch einen Klick den Rotkanal.
5. Per [Strg]+[V] fügen Sie die Pupille ein. Sie erscheint nun wesentlich dunkler im Gesamtbild.
6. Blenden Sie die Auswahlmarkierung mit [Strg]+[H] aus, so dass Sie das Ergebnis genauer erkennen.
7. Wählen Sie eventuell **Bearbeiten: Verblassen**; hier können Sie die Deckkraft des eingefügten Bildteils senken oder mit Überblendverfahren wie Hartes Licht experimentieren.

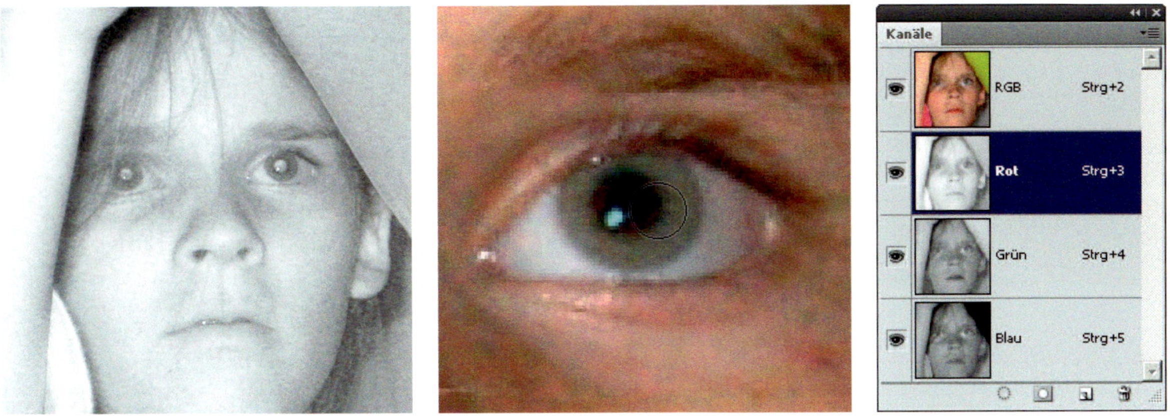

Abbildung 12.87 **Links:** Die roten Pupillen stechen im Rotauszug des Bilds besonders hervor. **Mitte, rechts:** Der Rotauszug wird mit dem Nachbelichter abgedunkelt. Sie erkennen in der Kanälepalette, dass ausschließlich der Rotkanal zur Bearbeitung freigegeben ist; die anderen Kanäle sind nur zur Ansicht mit eingeblendet. Vorlage: Rote_Augen_b

8. Drücken Sie Strg+D, um den eingefügten Schnipsel endgültig mit dem Hintergrund zu verschmelzen, oder löschen Sie den eingefügten Bildteil mit der Entf-Taste.

Runde Bereiche auswählen

Bei der Retusche an den Pupillen muss man immer wieder kreisrunde Bereiche auswählen, meist mit weicher Auswahlkante. Verwenden Sie die Auswahlellipse und richten Sie oben in den Optionen eine Weiche Kante von wenigen Pixeln ein. Existiert bereits eine Auswahl mit harter Kante, gehen Sie auf **Auswahl: Weiche Auswahlkante**. Damit die Auswahl kreisrund und nicht länglich gerät, drücken Sie beim Ziehen über der Pupille die ⇧-Taste.

TIPP Die Pupille lässt sich oft einfacher erfassen, wenn man die Auswahlellipse nicht vom Rand der Pupille, sondern von der Mitte aus zieht. Die Auswahl soll sich also in alle Richtungen gleichzeitig ausdehnen. Dieses Verhalten stellen Sie mit der Alt-Taste her. Drücken Sie bei Bedarf zusätzlich die ⇧-Taste für eine kreisrunde Auswahl.

12.8 Scharfzeichnen

Schalten Sie die Scharfzeichnung in Scandialogen und Kameramenüs ab, überlassen Sie Photoshop die heikle Aufgabe. Auch nach Befehlen wie **Bildgröße** oder **Transformieren** oder einem **Verzerrungsfilter** sollte ein Scharfzeichner folgen. Photoshop bietet für diese Aufgabe die Scharfzeichnung im Camera-Raw-Dialog sowie das Untermenü **Filter: Scharfzeichnungsfilter**; die typische Oberfläche aller **Filter**-Befehle besprechen wir ab Seite 537. Alle Scharfzeichner können Sie auch verlustfrei als Smartfilter anwenden und später ändern.

Der Scharfzeichnungseffekt entsteht durch Kontrastanhebung an Bildkonturen, die ohnehin durch Kontraste auffallen. Dadurch wirken scharfgezeichnete Bilder nicht nur schärfer, sondern auch frischer oder greller als die Vorlage. Allerdings erscheint die Scharfzeichnung am Monitor mit seiner niedrigen Auflösung drastischer als im Druck – eine scheinbar übertriebene Scharfzeichnung könnte also für Ihr Projekt genau das Richtige sein.

Bevor wir in die Details gehen: Photoshop liefert eine verwirrende Zahl von Scharfzeichnern, deren Optionen sich teils, aber nicht vollständig überschneiden. Oftmals die beste Scharfzeichnung liefert der **Selektive Scharfzeichner** mit den Vorgaben Tiefenschärfe abmildern und Genauer. Er teilt sich viele Optionen mit **Un-**

Vorlage | Scharfzeichnen | Stärker scharfzeichnen | Konturen scharfzeichnen

Abbildung 12.88 Die Scharfzeichnungsfilter erhöhen den Kontrast an ohnehin kontrastierenden Bildstellen. Das Bild wird mit 250 dpi gedruckt. Vorlage: Scharfzeichnen_01. Foto: Manfred Grünberger

scharf maskieren und mit dem Scharfzeichnen aus dem Camera-Raw-Dialog. Wir besprechen wiederkehrende Funktionen einmal beim Befehl **Unscharf maskieren** stellvertretend für weitere Dialoge.

ACHTUNG Zeichnen Sie nur einmal scharf und zwar ganz am Ende der Bildverbesserung, nach Retusche, Tonwert- und Farbkorrektur und vor allem auch nach Festlegen der endgültigen Bildgröße.

Aufnahme- und Ausgabe-Scharfzeichnung

Man unterscheidet zwei Arten der Scharfzeichnung. In der Regel werden sie beide zu unterschiedlichen Zeitpunkten auf ein Bild angewendet:

1. Die Aufnahme-Scharfzeichnung steht am Ende der regulären Bildbearbeitung. Die Werte orientieren sich am Aufnahmegerät und am Motiv – zum Beispiel nutzen Sie bei Architekturfotos aus Kompaktkameras nicht dieselben Vorgaben im **Selektiven Scharfzeichner** wie bei Porträts vom Trommelscanner.
2. Dagegen folgt die Ausgabe-Scharfzeichnung erst unmittelbar vor dem Druck, angepasst an das jeweilige Druckgerät. Hier nehmen Sie für unterschiedliche Bilder dieselben Werte. Die Ausgabe-Scharfzeichnung wenden Sie auch in den Arbeitsablauf-Optionen des Raw-Dialogs oder per Exportieren in Bridge an.

Manche Anwender setzen nach der Aufnahme-Scharfzeichnung noch die »kreative Scharfzeichnung« an, zum Beispiel örtliches Scharf- oder auch Weichzeichnen.

Die richtige Zoomstufe

Sofern Sie eine Grafikkarte mit OpenGL 2.0 und Shader Model 3.0 nutzen, sind die Zoomstufen nicht so wichtig. Ansonsten aber gilt: Für Druckprojekte oder WWW-Präsentation prüfen Sie das Scharfzeichnen unbedingt in der Zoomstufe 100,00 Prozent (Strg + Alt + 0, Seite 76). Andere Zoomstufen zeigen starke Scharfzeichnungen verfälscht; das gilt besonders für krumme Verkleinerungen wie 65,43 Prozent und für Motive mit feinen Strukturen und Diagonalen – Strickpullis, Netze oder komplexe Hausfassaden. Für Druckprojekte testen Sie auch die Zoomstufe 50,0 Prozent; sie entstellt nur wenig und wirkt durch ihre Umberechnung vielleicht realistischer, weil der Druckvorgang das Bild ja auch neu rastert.

Bei anderen Bildschirmauftritten erscheint Ihr Motiv mit ganz unterschiedlichen Zoomstufen – etwa per **PDF-Präsentation** oder Photosharing-Seite im Netz, abhängig von Bildschirmgröße oder Vorgaben beim Betrachter. Dann prüfen Sie in mehreren Zoomstufen, wie das scharfgezeichnete Bild auf verschiedenen Systemen wirkt – denn starke Scharfzeichnung wirkt beim 100-Prozent-Zoom knackig, in der Verkleinerung auf 43,21 Prozent entstellt sie jedoch. Nutzen Sie den Photoshop-Befehl **Fenster: Anordnen: Neues Fenster**; er zeigt mehrere Bildvarianten nebeneinander, auch in verschiedenen Zoomstufen; Sie können in mehreren Fenstern sychnronzoomen.

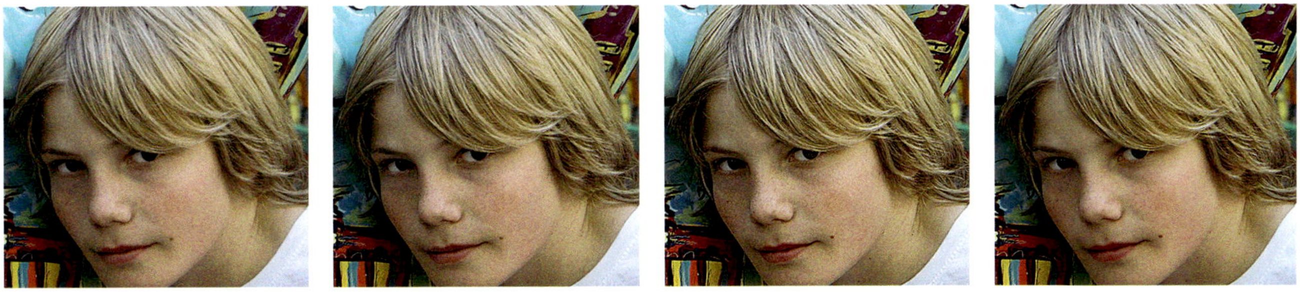

Stärke 50 | Stärke 100 | Stärke 200 | Stärke 200, Schwellenwert 7

Abbildung 12.89 Bei der Unschärfemaskierung reichen meist »Stärke«-Vorgaben zwischen 70 und 200 Prozent, darüber hinaus geraten Körnung und Farbsäume außer Kontrolle. Ein erhöhter Schwellenwert senkt die Körnung, die durch die Scharfzeichnung entsteht. Wir drucken mit 250 dpi. Der »Radius« liegt durchgängig bei 1,0, der »Schwellenwert« dreimal bei 0. Vorlage: Scharfzeichnen_01

TIPP Zeigt Ihre Vorlage starkes Rauschen, wird sie von den Scharfzeichnern weiter verunschönt. Testen Sie alternativ den Befehl **Rauschen reduzieren** mit seinem Regler Details scharfzeichnen.

Alternativen zu Scharfzeichnerfiltern

Einen Scharfzeichner finden Sie auch als Werkzeug auf der Werkzeugpalette: Der Scharfzeichnerpinsel (Kurztaste [R], Seite 405) teilt sich dort eine Schaltfläche mit Weichzeichner und Wischfinger – malen Sie die Schärfe also örtlich ins Bild, zum Beispiel in Augenpartien oder andere markante Details. Präziser wirkt jedoch eine örtliche Anwendung eines Filters, den Sie dann per Protokollpinsel oder Filtermaskenretusche auf einzelne Bildbereiche beschränken (Seite 37).

Empfindliche Stellen schützen

Immer wieder will man konturreiche Bildpartien nachschärfen – und gleichzeitig Übertreibung in weicheren Zonen vermeiden, etwa in flächigen Hautpartien oder Hintergründen. Um solche empfindlichen Stellen zu schützen, ziehen Sie im Dialog **Unscharf maskieren** den Schwellenwert hoch, im Camera-Raw-Dialog den Maskieren-Regler nach rechts.

Aber Sie können noch mehr tun:

- Mischen Sie unterschiedlich stark scharfgezeichnete Bildvarianten zum Beispiel per Ebenenmaske oder Protokollpinsel.
- Legen Sie die Scharfzeichnung als Smartfilter an und dämpfen Sie die Wirkung örtlich per Filtermaske.
- Prüfen Sie, ob Sie bei Porträts nur den Rot-Kanal scharfstellen sollten.

Weitere Tipps speziell zur Auswahl von Hauttönen lesen Sie ab Seite 614.

Farbänderungen vermeiden

Wie auch bei Kontrastkorrekturen gilt: Der Scharfzeichner ändert eventuell ungewollt die Farbwirkung. Das lässt sich zum Glück leicht eindämmen:

- Sie haben eine normale Bildebene scharfgezeichnet. Wählen Sie unmittelbar anschließend **Bearbeiten: Verblassen** und stellen Sie die Füllmethode von Normal auf Luminanz.
- Ein Scharfzeichner als Smartfilter verändert eine Smart-Objekt-Ebene. Klicken Sie unten in der Ebenenpalette doppelt auf das Symbol für Fülloptionen und wechseln Sie wieder von Normal zu Luminanz.

In beiden Fällen dämpfen Sie die Filterwirkung noch durch Rücknahme der Deckkraft. Eine weitere Möglichkeit: Bearbeiten Sie nur den L-Kanal eines Bilds im Modus Lab-Farbe.

12.8.1 »Unscharf maskieren«

Unscharf maskieren ist nach einer Dunkelkammertechnik benannt; wirkt der **Selektive Scharfzeichner** zu stark, nehmen Sie **Unscharf maskieren**. Starten Sie zum Beispiel mit diesen Werten: Stärke 120, Radius 1,2, Schwellenwert 1.

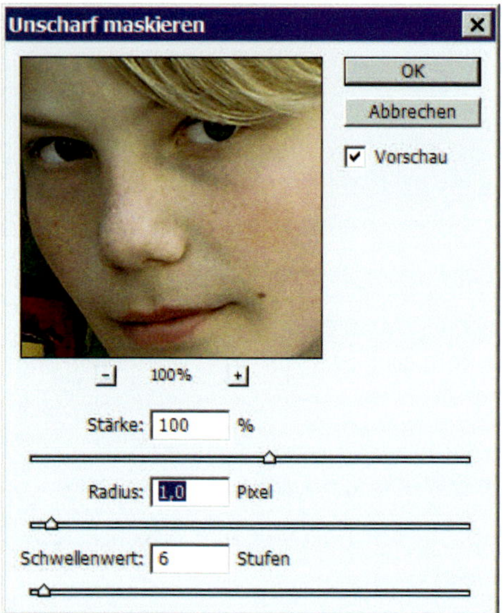

Abbildung 12.90 Die Funktion »Unscharf maskieren« steuern Sie mit drei Reglern.

Der »Stärke«-Regler steuert die Wirkung

Je höher die Stärke, desto deutlicher der Effekt – gemeint ist der erzeugte Kontrastunterschied. In der Regel reichen 80 bis 200 Prozent. Probieren Sie jedoch auch einmal 500 Prozent mit einem Radius um 0,8 und eventuell angehobenem Schwellenwert.

TIPP Wenden Sie die Unschärfemaskierung mit niedrigen Werten mehrfach hintereinander an (Strg+F). Während die anderen Schärfefilter hier schnell zu körnig werden, vermeiden Sie diesen Effekt beim unscharfen Maskieren durch angehobenen Schwellenwert.

Der »Radius«-Regler kontrolliert Farbsäume

Der Radius-Regler steuert bei den Befehlen **Unscharf maskieren** und **Selektiver Scharfzeichner**, wie breit um eine Kontur herum scharfgestellt wird: Ein hoher Radius erfasst mehr Bildpunkte links und rechts von der Kontur – der Schärfeeindruck steigt und Sie erhalten deutliche Farbränder. Je kleiner die Bildauflösung, desto niedriger sollte der Radius sein. Generell reicht meist ein Wert unter 2,0, höhere Werte führen schnell zu plakativer Wirkung. Arbeiten Sie mit Stärke-Werten über 300 Prozent, testen Sie Radius-Vorgaben um 0,8.

Einen deutlich weichgezeichneten Bildbereich in Alphakanälen oder Ebenenmasken stellen Sie mit hohem Radius teilweise wieder scharf.

Ein hoher »Schwellenwert« unterdrückt Körnung und Bildrauschen

Mit dem Schwellenwert geben Sie an, wie viel Kontrastunterschied zwischen benachbarten Pixeln tatsächlich eine Scharfstellung auslöst. Ein niedriger Schwellenwert führt zu viel Scharfstellung, denn schon niedrige Kontrastunterschiede lassen den Filter anspringen. Dann geraten Photoshop allerdings auch Hautunreinheiten, Filmkorn oder Bildrauschen mit ins Visier – alles wird gnadenlos geschärft und tritt im Ergebnis sehr unschön hervor.

Setzen Sie also den Schwellenwert hoch, um Bildrauschen oder Akne nicht noch weiter zu betonen. Ein hoher Schwellenwert begrenzt die Scharfstellung auf die ganz harten Kontrastlinien im Bild.

FOTOGRAFIE Setzen Sie Ihre Digitalkamera auf möglichst niedrige Empfindlichkeiten wie ISO 100 oder ISO 200. Dabei entsteht weniger Bildrauschen als bei ISO 800 oder 1600, das Ergebnis lässt sich besser scharfzeichnen. Schalten Sie wenn möglich den Scharfzeichner der Digicam ab (Seite 39).

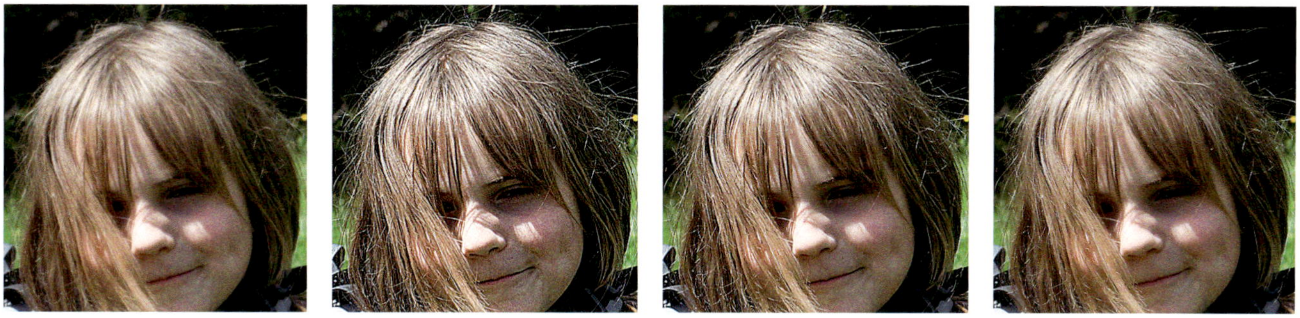

Vorlage | Radius 1,0, Schwellenwert 0 | Radius 1,0, Schwellenwert 20 | Radius 0,5, Schwellenwert 20

Abbildung 12.91 Wir testen »Unscharf maskieren« mit der Höchst-»Stärke« 500: Ein ohnehin knapper »Radius« wie 1,0 erzeugt deutliche Blitzkanten, der niedrige Schwellenwert 0 führt zu verrauschten Hautpartien und Sommersprossenblüte. Heben Sie den »Schwellenwert«, um das Rauschen einzugrenzen. Reduzierter »Radius« hält die Farbkanten im Zaum und lässt das Bild weniger flächig wirken. Wir drucken wieder mit 250 dpi. Vorlage: Scharfzeichnen_02. Foto: Manfred Grünberger

12.8.2 Selektiver Scharfzeichner

Der **Selektive Scharfzeichner** eignet sich optimal für größere Bilder mit mehr als 1000 Pixel Breite, die nicht zu viel Bildrauschen enthalten. Bei diesen Motiven produziert der **Selektive Scharfzeichner** dezentere Lichtsäume als der Filter **Unscharf maskieren**. Kleinere Motive werden eventuell zu stark geschärft.

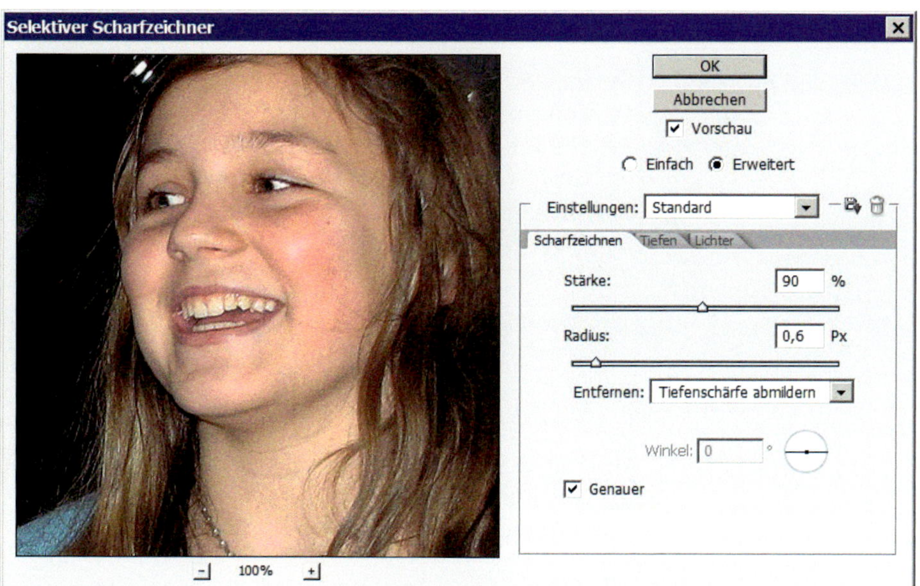

Abbildung 12.92 Der »Selektive Scharfzeichner« beseitigt Unschärfe besonders wirkungsvoll.

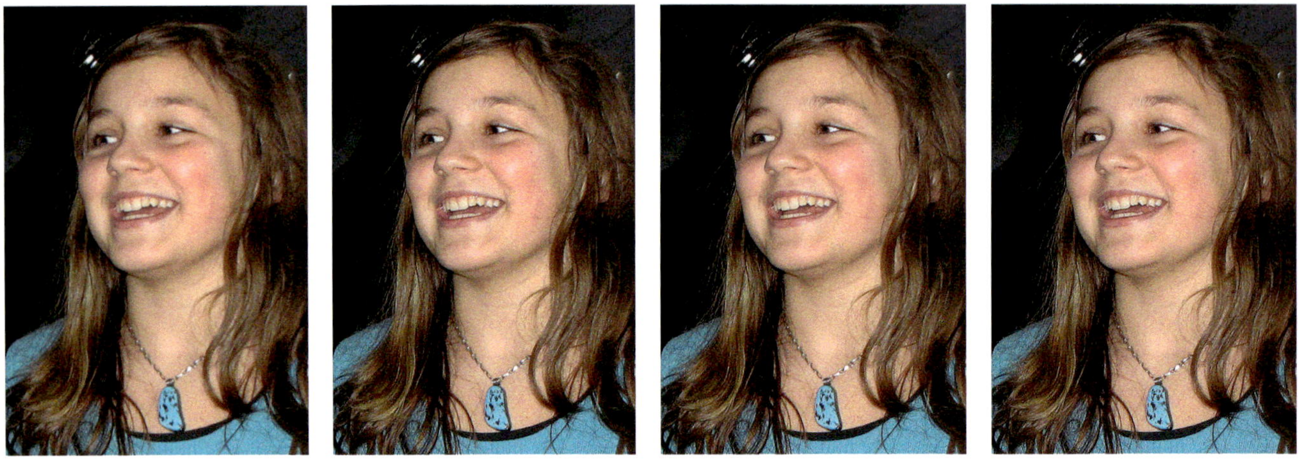

Vorlage | Stärke 100, Radius 0,5 | Stärke 100, Radius 1,0 | Stärke 150, Radius 1,0

Abbildung 12.93 So arbeitet der »Selektive Scharfzeichner« bei einer niedrigen Druckauflösung von 250 dpi, jeweils mit den Einstellungen »Tiefenschärfe abmildern« und »Genauer«. Vorlage: Scharfzeichnen_03

So richten Sie den Selektiven Scharfmacher für erste Versuche ein: Stärke 90, Radius 0,8, Tiefenschärfe abmildern, Option Genauer eingeschaltet. Diese Vorgaben garantieren maximale Qualität, wenn auch nicht kürzeste Rechenzeit.

Stärke und Radius haben Sie bereits oben bei **Unscharf maskieren** kennengelernt. Für übliche Fotos stellen Sie das Entfernen-Klappmenü auf Tiefenschärfe abmildern. Die Option Gaussscher Weichzeichner entstellt das Bild deutlicher.

Testen Sie die spezielle Vorgabe gegen Bewegungsunschärfe mit einem passenden Winkel (bei Bedarf messen Sie den Winkel vorab mit dem Linealwerkzeug). Die Schaltfläche Eine Kopie der aktuellen Einstellungen speichern hält die aktuellen Werte fest, sie lassen sich dann bequem per Klappmenü abrufen.

»Genauer«

Die besten Ergebnisse liefert – meist – die zeitfressende Option Genauer. Verzichten Sie eventuell darauf, während Sie mit Reglern experimentieren, vor dem OK-Klick sollten Sie dann aber Genauer werden.

»Tiefen« und »Lichter« schwächer scharfzeichnen

Sie können die Filterwirkung für Tiefen oder Lichter einschränken; dazu klicken Sie auf Erweitert. So vermeiden Sie zum Beispiel schärfungsbedingte Störungen in hellen Gesichtspartien oder in dunklem Nachthimmel. Die Regler wirken ähnlich wie die gleichnamigen Funktionen beim Befehl **Tiefen/Lichter** (Seite 345). Ein Beispiel für den Bereich Lichter:

» Heben Sie das Verblassen von 0 auf 60 Prozent. Dann werden die Lichter nur zu 40 Prozent scharfgestellt. Sie dämpfen zum Beispiel schärfungsbedingte Körnung in hellen Gesichtern wie auch Lichtsäume.

» Welche Helligkeitswerte meint Photoshop aber mit »Lichter«? Das regeln Sie per Tonbreite: Niedrige Vorgaben dämpfen die Scharfzeichnung nur in sehr

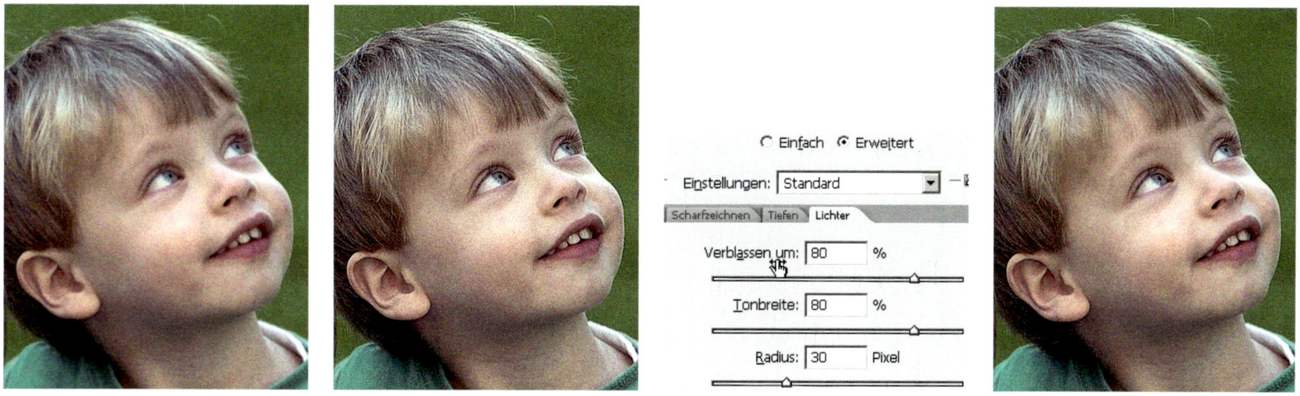

Vorlage | Stärke 150, Radius 1,5 | »Lichter«-Bereich | Verblassen und Tonbreite im Lichterbereich mit Wert 80

Abbildung 12.94 Diese Bearbeitung mit dem »Selektiven Scharfzeichner« erzeugt zu viel Körnung vor allem im Gesicht. Wir schließen die Lichter von der Scharfstellung weitgehend aus, so dass die Hautpartie weniger entstellt wirkt. Die Mitteltöne im Hintergrund zeigen weiterhin Körnung. Vorlage: Scharfzeichnen_04

hellen Partien; hohe Tonbreite-Werte wie 60 oder 80 entfernen auch solche Tonwerte aus der Scharfzeichnung, die nicht ganz so hell sind.

» Haben Sie Verblassen und Tonbreite eingerichtet, experimentieren Sie mit dem Radius-Regler. Sie steuern hier, wie breit der Bereich ausfällt, in dem Photoshop festlegt, ob ein Bildpunkt zu den Lichtern oder Schatten gehört.

Prüfen Sie umgekehrt auch den Schatten-Bereich: Macht die Scharfzeichnung zum Beispiel Schattenpartien körnig, soll die Wirkung des **Selektiven Scharfzeichners** in diesem Helligkeitsbereich verblassen.

TIPP Verblassen und Tonbreite müssen hohe Werte anzeigen, damit die Scharfzeichnung für Tiefen oder Lichter gedämpft wird. Um die Wirkung der Tiefen- oder Lichter-Beschränkung aufzuheben, senken Sie den Verblassen-Wert jeweils auf null – es reicht nicht, auf Standard zu klicken.

12.8.3 Scharfzeichnen im Camera-Raw-Dialog

Auch im Details-Bereich des Camera-Raw-Dialogs können Sie hochwertig scharfzeichnen. Bei Bedarf richten Sie die Scharfzeichnung nur für die Vorschau ein. Das tatsächlich als JPEG gespeicherte oder in Photoshop geöffnete Bild enthält die Scharfzeichnung dann aber nicht (zu den Vorschaumöglichkeiten Seite 233).

Mit Korrekturpinsel und Verlaufsfilter ändern Sie die Bildschärfe innerhalb des Raw-Dialogs auch in einzelnen Bildteilen – ohne viel Feinsteuerung. Unabhängig davon gibt es die Ausgabescharfzeichnung, wenn Sie aus dem Raw-Dialog heraus JPEGs, TIFFs oder PSD-Dateien schreiben (Seite 214).

ACHTUNG Prüfen Sie die Raw-Vorschau in der Zoomstufe 100 Prozent (Doppelklick auf die Lupe oben links im Dialogfeld) – unterhalb von 100 Prozent wird die Änderung eventuell nicht angezeigt. Mit der Taste P wechseln Sie zwischen Vorher- und Nachher-Darstellung.

Feinsteuerung

Die Scharfzeichnung im Camera-Raw-Dialog erlaubt gute Ergebnisse. Ihre Möglichkeiten:

» Der Betrag entspricht der Stärke aus den anderen Befehlen, hier steuern Sie die Intensität. Ziehen mit gedrückter [Alt]-Taste zeigt eine reine Helligkeits- bzw. Graustufenversion des Bilds – die Kontraststruktur, die Sie letztlich nur scharfzeichnen. Betrag-Werte von 100 bis zum Maximum 150 eignen sich nur, wenn Sie die Wirkung mit Details- und Maskieren-Reglern wieder eingrenzen.

» Mit dem Radius legen Sie wieder fest, wie breit sich die Scharfstellung um eine Kontrastzone herum ausdehnt. Ziehen Sie mit gedrückter [Alt]-Taste, signalisiert der Raw-Dialog die Wirkungsbreite (den Radius) des Scharfzeichners in einer Grafik. Meist reicht ein Wert um 1, bei kleinen Bildern weniger, bei relativ unscharfen Motiven etwas mehr.

» Hohe Detail-Werte zeigen mehr Korn und auch mehr Lichthöfe (Halos) um harte Konturen herum, mikroskopische Strukturen werden besser bewahrt. Wenig Detail glättet Körnung und vermeidet Lichthöfe. Ziehen bei gedrückter [Alt]-Taste stellt die Änderungen grafisch dar.

» Maskieren Sie weniger kontrastreiche Bildpartien: Je höher der Maskieren-Wert, desto mehr beschränkt Photoshop die Scharfzeichnung auf harte Konturen und lässt den Rest völlig unversehrt. Wenn Sie mit gedrückter [Alt]-Taste ziehen, sehen Sie die Maske in Schwarzweiß; schwarz unterlegte Bereiche werden nicht scharfgestellt. Kostet eventuell spürbar Rechenzeit.

Abbildung 12.95 Auch der Camera-Raw-Dialog bietet eine vielseitige Scharfstellung.

12.8.4 Weitere Scharfzeichnungsfilter

Einige Scharfzeichnungsfilter kommen ganz ohne Dialogfeld aus und eignen sich für die schnelle Korrektur zwischendurch:

» **Scharfzeichnen** und **Stärker scharfzeichnen** erhöhen den Kontrast zwischen ohnehin kontrastierenden Pixeln und sorgen so für gesteigerten Schärfeeindruck.

» Genauso, nur weniger differenziert, funktioniert das **Konturen-Scharfzeichnen**. Dieser Filter lässt das Bild weich und bearbeitet nur harte Konturen. So könnten Sie die unerwünschte Körnung etwa in Hauttönen oder anderen unregelmäßigen Bereichen vermeiden – verstärken Sie die zunächst schwache Wirkung durch Wiederholung per [Strg]+[F]. Differenzierter geht das mit erhöhten Schwellenwerten des Filters **Unscharf maskieren** (siehe oben). Weitere Alternative: der **Rauschfilter: Rauschen reduzieren** mit seinem Regler Details scharfzeichnen (Seite 436).

12.8.5 Scharfzeichnen spezial

Nicht immer gelingt es, das Bild knackig scharfzustellen und gleichzeitig unschönes Auskristallisieren, hässliche Kontrastsäume oder überzogene Steigerung des Gesamtkontrasts zu vermeiden. Linderung verschaffen eventuell diese Tricks:

» Geraten die Farben zu satt, wandeln Sie das Bild in den **Modus: Lab** um (Seite 128), klicken Sie in der Kanälepalette auf den Kanal Lab-Helligkeit und wenden Sie die Scharfzeichnung nur hier an. Blenden Sie die anderen Lab-Kanäle mit dem Augensymbol ein, um die Gesamtwirkung zu sehen.

» Prüfen Sie, ob das ursprüngliche Bild nur in einzelnen Grundfarbkanälen ausgeprägtes Rauschen zeigt, zum Beispiel im Blaukanal. Dazu klicken Sie die Kanäle einzeln in der Kanälepalette an. Anschließend zeichnen Sie die Kanäle einzeln scharf, den verrauschten Kanal filtern Sie schwächer oder gar nicht.

» In CMYK-Bildern könnten Sie nur den Schwarzkanal schärfen.

» Generell soll es helfen, die einzelnen Grundfarbkanäle mit unterschiedlichen Werten scharfzuzeichnen.

» Schärfen Sie kraftvoll per **Selektiver Scharfzeichner** oder **Unscharf maskieren**, danach heißt es **Bearbeiten: Verblassen**; dort ändern Sie den Modus von Normal zu Luminanz.

» Sie könnten die zu schärfende Ebene duplizieren, so lautet eine andere Empfehlung, und die obere Ebene mit der Füllmethode Hartes Licht ausstatten. Das Bild wirkt nun zunächst sehr kontrastreich. Es folgt **Filter: Sonstige Filter: Hochpass** mit Radius-Werten ab etwa 4. Um die Wirkung abzuschwächen, wechseln Sie zum Weichen Licht.

Schärfeeindruck durch Bildrauschen

Nachträglich eingefügtes Bildrauschen verstärkt mitunter den Schärfeeindruck, zum Beispiel auch bei Dateien, die Sie größer gerechnet haben, oder bei kleinen, transformierten Bilddetails. Allzu glatte Flächen werden per **Filter: Rauschfilter: Rauschen hinzufügen** leicht aufgeraut – der subjektive Schärfeeindruck steigt, auch abhängig von Drucker und Druckraster. Die Monochrom-Vorgabe vermeidet Farbflecken.

Alternativ »be-rauschen« Sie Ihr Bild, einen Bildteil oder eine Ebene mit einer Portion Mezzotint:

1. Sie duplizieren die Hintergrundebene mit Strg+J.
2. Sie wählen Filter: Vergröberungsfilter: Mezzotint,
3. danach Bearbeiten: Verblassen: Mezzotint; dort stellen Sie die Füllmethode auf Weiches Licht und die Deckkraft auf 50 Prozent.
4. In der Ebenenpalette stellen Sie ebenfalls 50 Prozent Deckkraft und die Füllmethode Weiches Licht ein.

Teil 4
Verfremdung

Hier geht es um die kreative Änderung: Nutzen Sie Pinsel, Muster und Verläufe, experimentieren Sie mit Filter-Verfremdungen. Kitzeln Sie mit Korrekturbefehlen attraktive Farben und Kontraste aus Ihren Vorlagen. Färben Sie Ihr Hauptmotiv um oder zeigen Sie Buntes in elegantem Schwarzweiß.

Kapitel 13

Füllen & Malen

In diesem Kapitel besprechen wir, wie Sie Farbe auftragen. Sie können zum einen

- mit dem Farbeimer, einer Verlaufsfunktion oder dem **Füllen**-Befehl ganze Bildbereiche einfärben oder aber
- per Pinsel und Co. mit Mausbewegungen einzelne Bildpunkte neu malen oder retuschieren.

Wollen Sie Farbe nur örtlich auftragen, sollten Sie Folgendes kennen:

- die Pipette und die Farbwahl-Dialoge,
- Malwerkzeuge wie Pinsel, Farbe-ersetzen-Werkzeug und Buntstift sowie
- das Füllwerkzeug und das Verlaufswerkzeug.

Verlustfrei füllen und malen

Schneller Farbauftrag direkt auf der Hintergrundebene des Bilds ist selten die beste Lösung. Arbeiten Sie so, dass die Originalbildpunkte ganz und gar erhalten bleiben:

- Pinseln Sie die Farbe auf eine neue, transparente Ebene. Dort experimentieren Sie verlustfrei mit Deckkraft und Füllmethoden; je nach Werkzeug verwenden Sie eine Option wie Alle Ebenen, so dass darunterliegende Ebenen für Auswahlen und Mischungen berücksichtigt werden.
- Statt Muster, Farbe oder Verlauf dauerhaft anzuwenden, legen Sie diese Füllungen auf einer Ebene als korrigierbaren Ebeneneffekt an (Seite 785).
- Muster, Füllfarbe und Verlauf gibt es zudem als vielseitige Füllebene (Seite 894).
- Um neue Figuren zu malen, müssen Sie nicht freihändig arbeiten. Lassen Sie Malwerkzeuge an Pfaden entlangarbeiten oder nutzen Sie die bequemen Formfunktionen (Seite 668).

13.1 Farbe und Muster wählen

Bevor Sie lospinseln oder -füllen, lernen Sie die Möglichkeiten der Farbwahl in Photoshop kennen. Viele Photoshopper hieven für jeden Farbwechsel den Farbwähler auf den Schirm. Es geht einfacher.

13.1.1 Vordergrund- und Hintergrundfarbe

Gemalt wird mit der Vordergrundfarbe – zu sehen auf der vorderen, oberen von zwei Farbflächen in der Werkzeugleiste. Sie steht zunächst auf Schwarz. Auch das Textwerkzeug produziert Lettern in Vordergrundfarbe, ebenso wie die Befehle **Bearbeiten: Kontur füllen** und **Pfadkontur füllen** auf diesen Tonwert zugreifen. Die Hintergrundfarbe ist in der Werkzeugleiste als untere Farbe zunächst auf Weiß gestellt. Bei der Arbeit mit dem Verlaufswerkzeug können Sie diesen Tonwert einplanen. Ein Pinselstrich kann von der Vordergrund- in die Hintergrundfarbe übergehen.

Abbildung 13.1 Pinsel und Pinselvorgaben eignen sich auch für scheinbar handgemalte Bildränder. Tragen Sie weißen Rand zum Beispiel in einer neuen, leeren Bildebene auf. Das Foto wurde nach dem Einfügen in ein Smart-Objekt verwandelt, es lässt sich verlustfrei auf verschiedene Bildausschnitte bringen. Datei: Fuellen_01

Als »Standardfarben« gelten: Schwarz als Vordergrundfarbe, Weiß als Hintergrundfarbe. Schwarz und Weiß sind die wichtigsten Farben, vor allem, wenn Sie Ebenenmasken bearbeiten. (Bei Alphakanälen und Ebenenmasken ist umgekehrt Weiß die Standardvordergrundfarbe.)

Kurztasten

Klicken Sie nicht in die Werkzeugleiste, schalten Sie mit der Tastatur um:

» Die Taste X (für Exchange) vertauscht Hintergrund- und Vordergrundfarbe. Alternative: ein Klick auf den Doppelpfeil.

» Die Taste D (für Default Colors) setzt die Vordergrundfarbe auf Schwarz und die Hintergrundfarbe auf Weiß – dies sind die sogenannten Standardfarben. Alternative: ein Klick auf die Standardfarbenschaltfläche.

Mit der Tastenfolge D X richten Sie folglich die Vordergrundfarbe Weiß ein.

13.1.2 Pipette

Die Pipette nimmt eine neue Vordergrundfarbe direkt aus dem Bild auf (Kurztaste I, ausgesprochen engl. [Ai], für Eyedropper). Alt-Klick lädt den angepeilten Tonwert als Hintergrundfarbe. Die Infopalette zeigt die Farbwerte. Sind Sie mit dem Pinsel oder einem anderen Malwerkzeug beschäftigt, schaltet die Alt-Taste vorübergehend zur Pipette um.

Wenn Sie mit der Pipette eine neue Farbe aufgreifen, zeigt Photoshop im abschaltbaren Auswahlring alte und neue Farbe direkt über dem Bild (auf Rechnern mit OpenGL- und Shader-3.0-Technik).

Die Pipette nimmt Bildtöne auch außerhalb des aktuellen Bilds auf: zum Beispiel in einem nicht aktiven Bild, im Layout- oder Internetprogramm: Klicken Sie zunächst einen Farbton in Photoshop an; dann ziehen Sie das Werkzeug bei gedrückter Maustaste an eine andere Stelle auf dem Bildschirm. Beobachten Sie die Änderungen im Vordergrundfarbfeld unten links in der Werkzeugleiste.

So nutzen Sie den Farbwahlbereich

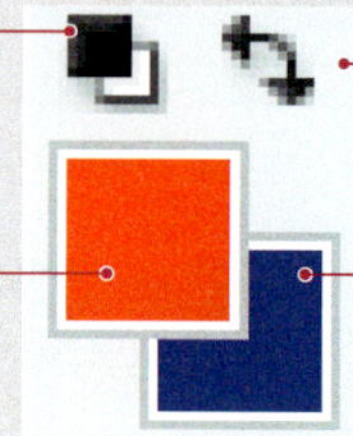

Standardfarben. Klicken, um Vorder- und Hintergrundfarbe auf Schwarz und Weiß zu setzen, bei Alphakanal oder Ebenenmaske umgekehrt (Tastaturkürzel D, für Default Colors)

Farbtauscher. Klicken, um Vorder- und Hintergrundfarbe zu vertauschen (Tastaturkürzel X, für Exchange Colors)

Vordergrundfarbe. Klicken, um Farbe im Farbwähler zu ändern

Hintergrundfarbe. Klicken, um Farbe im Farbwähler zu ändern

13.1.3 Der Farbwähler

Per Klick auf die Felder für Vorder- oder Hintergrundfarbe in der Werkzeugleiste öffnen Sie die Farbwähler. Die Farbwähler erscheinen in verschiedensten Dialogfeldern immer wieder: zum Beispiel, wenn Sie in den **Gradationskurven** den MitteltoN festlegen oder wenn Sie Lichtfarben bei **Beleuchtungseffekten** oder Effekten bestimmen.

Das Farbmusterfeld oben im Farbwähler zeigt die neue und die alte Farbe untereinander. Klicken Sie auf die Fläche der Vorherfarbe, um diese wieder im Farbwähler herzustellen. (Praktischer im Dauergebrauch wirken Photoshops Paletten mit Farbregler und Farbfeldern.)

TIPP Wie bei der Pipette nehmen Sie mit dem Farbwähler Tonwerte von beliebigen Bildschirmbereichen auf: Klicken Sie erst in die aktive Bilddatei; dann ziehen Sie den Mauszeiger mit gedrückter linker Taste in andere Zonen des Monitors.

Steuerung

Besonders übersichtlich wirkt im Farbwähler das HSB-Modell, das »Farbton«, »Sättigung« und »Helligkeit« differenziert (Seite 498). Zunächst ist meist das »H« für Farbton (englisch »hue«) aktiviert; Sie sehen also einen bestimmten Farbton, der im großen Feld links mit verschiedenen Sättigungen und Helligkeiten erscheint.

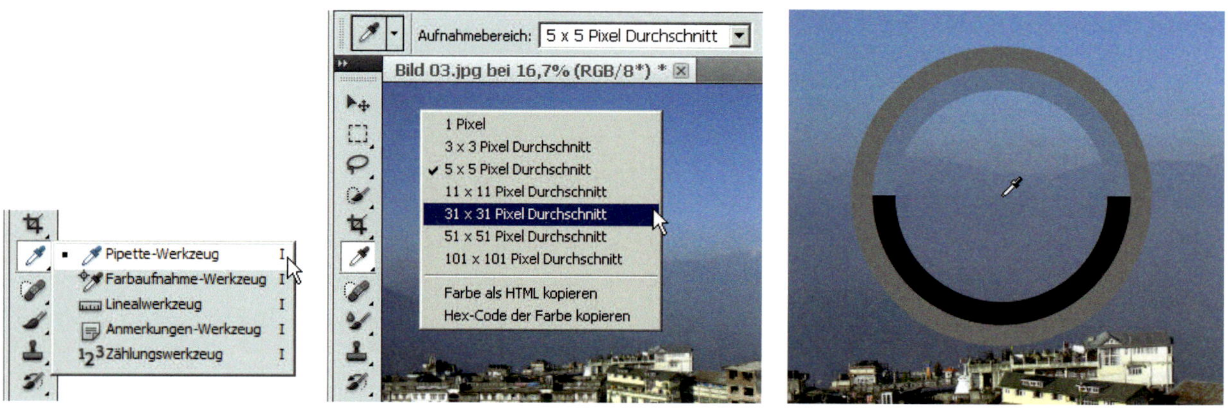

Abbildung 13.2 **Links:** Die Pipette teilt sich ein Werkzeugfach mit Farbaufnahme-Werkzeug und Linealwerkzeug, Sie erhalten das Werkzeug aber auch per Alt-Klick bei aktivem Malwerkzeug. **Mitte:** In den Werkzeugoptionen oder per Kontextmenü zur Pipette regeln Sie, ob die Pipette nur den Farbwert eines einzelnen Bildpunkts erfasst. Die empfehlenswerte Alternative: Die Pipette stellt den Farbwert zum Beispiel aus dem Durchschnitt eines 11x11 Pixel großen Felds her. Das Kontextmenü gibt es auch, wenn Sie zum Beispiel aus der Korrekturenpalette heraus mit »Gradationskurven« oder »Farbton/Sättigung« arbeiten. Achtung: Wenn Sie der Pipette einen großen Einzugsbereich geben, verhält sich der Zauberstab bei sehr kleinen Toleranzen nicht mehr wie erwartet. **Rechts:** Nehmen Sie mit der Pipette einen Farbton auf, stellt der »Auswahlring« wahlweise ursprüngliche und neue Farbe gegenüber.

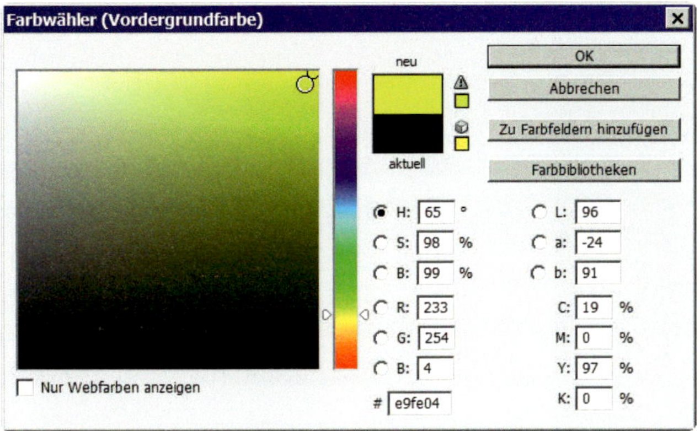

Abbildung 13.3 Im Farbwähler legen Sie eine Farbeigenschaft auf der schmalen Mittelleiste fest, das große Farbfeld links daneben zeigt Variationen der zwei weiteren Eigenschaften. Hier wird eine Bildfarbe direkt aus dem geöffneten Bild in den Farbwähler aufgenommen.

Möchten Sie verschiedene Farbtöne und Helligkeiten auf Basis einer festgelegten Sättigung sehen, klicken Sie den »S«-Knopf an. Entsprechend läuft es auch beim RGB-Modell: Klicken Sie »R« an, um verschiedene Tonwerte bei festgelegtem Rotanteil zu sichten.

Aktivieren Sie die Option Nur Web-Farben anzeigen unten im Farbwähler, damit Photoshop nur noch die 217 Tonwerte aus der Webpalette anbietet. Diese Farben erscheinen auch auf alten Rechnern und verschiedenen Betriebssystemen unverfälscht. Sie können den HTML-Code für diese Farben im Datenfeld rechts kopieren (Details ab Seite 1036).

TIPP Sie brauchen den Farbwähler öfter? Dann rufen Sie ihn mit einem eigenen Tastaturbefehl auf. Sie wählen **Bearbeiten: Tastaturbefehle**, gehen im Klappmenü Tastaturbefehle auf **Werkzeuge** und klicken weit unten in die Zeile Vordergrundfarbwähler. Tippen Sie als gewünschten Tastaturbefehl zum Beispiel das N ein. Das bringt in Photoshop CS5 Extended zwar einen Konflikt mit per N aufrufbaren 3D-Werkzeugen. Falls Sie die jedoch nur selten benötigen, ignorieren Sie die Warnung und klicken mehrmals auf OK. Ab sofort zaubert das N den Vordergrundfarbwähler hervor.

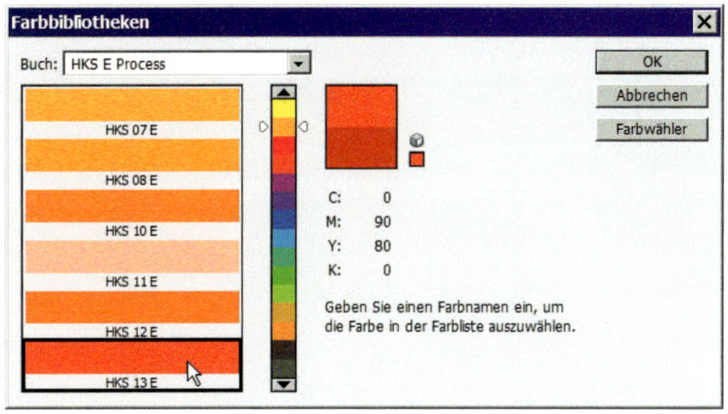

Abbildung 13.4 Im Offsetdruck arbeiten Sie eventuell nicht nur mit Cyan, Gelb, Magenta und Schwarz (CMYK). Sie verwenden vielleicht Sonderfarben (Spotfarben, Volltonfarben, Schmuckfarben) – etwa für Logos in den speziellen Tönen Ihres Kunden. Das Farbenangebot von Herstellern wie Pantone oder HKS öffnen Sie im Farbwähler mit der Schaltfläche »Farbbibliotheken«. Photoshop zeigt zuerst einen Farbton, der der zuvor aktiven Farbe ähnelt. Farbnummern nach Angaben des Herstellers tippen Sie einfach ein – ohne Eingabefeld. Die Schaltfläche »Farbwähler« bringt Sie zum vorherigen freien Farbenangebot. Die Farbtafeln der Druckfarbenhersteller finden Sie zudem übersichtlich in der Palette »Farbfelder«.

13.1.4 HUD-Farbwähler

Sofern Sie eine Grafikkarte mit OpenGL-Technik und Shader Model 3.0 nutzen, blenden Sie einen Farbwähler auch per Alt+⇧-Rechtsklick ein (am Mac mit Ein-Tasten-Maus Alt+⇧+Ctrl-Klick). Vorsicht: Alt+⇧-Linksklick unter Windows erzeugt die Messpunkte des Farbaufnehmers. Ob diese Funktion als Kreis oder Rechteck erscheint, steuern Sie in den allgemeinen **Voreinstellungen** (Strg+K) im Klappmenü HUD-Farbwähler (HUD steht für »Heads-up display«).

Sobald Sie den Farbwähler sehen, können Sie die Tastatur loslassen und eine Farbe aufgreifen. Sobald Sie auch von der Maustaste lassen, verschwindet dieser Farbwähler.

TIPP Sie haben eine geeignete Kombination aus Helligkeit und Sättigung gefunden, nun wollen Sie ohne weitere Veränderung den Farbton umstellen? Drücken Sie die Leer-Taste, dadurch fixieren Sie den Tonwert vorübergehend. Wechseln Sie in die Farbton-Zone, dort erst lassen Sie die Leer-Taste los; nun bestimmen Sie den Farbton, während sich Helligkeit und Sättigung nicht geändert haben.

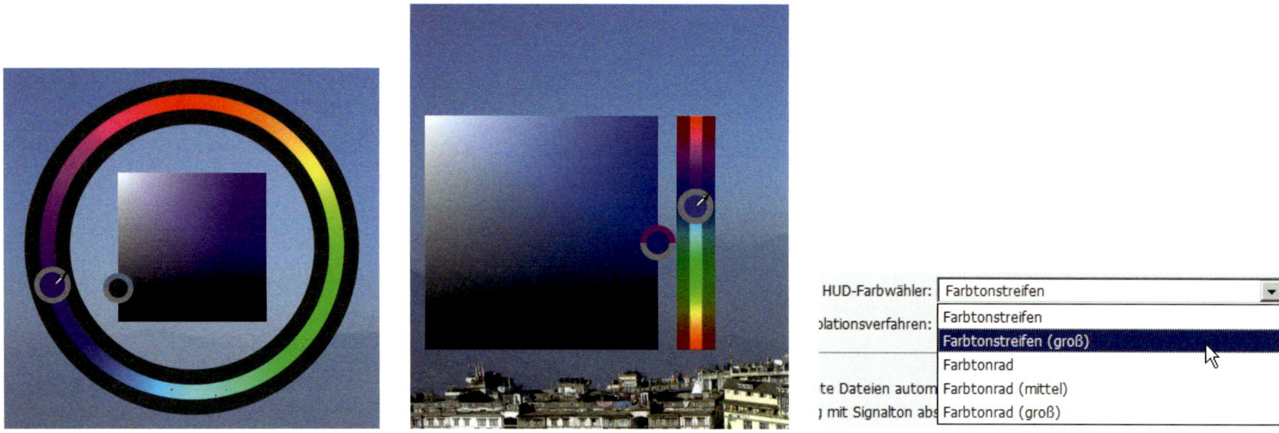

Abbildung 13.5 Die HUD-Farbwähler blenden Sie direkt über dem Bild ein. Photoshop bietet in den »Voreinstellungen« mehrere Formen und Größen an.

13.1.5 Warnungen bei Farbwähler, Farbbibliothek und Farbregler

Farbwähler und Farbregler (siehe nächster Abschnitt) zeigen Warnungen, wenn die gewählte Farbe nicht im druckbaren Bereich oder nicht garantiert internetsicher ist.

»Außerhalb des Farbumfangs« ⚠

Das Warndreieck ⚠ erscheint, wenn Sie eine nicht druckbare Farbe gewählt haben (Seiten 85 und 126): Sie kommt im RGB- oder HSB-Modell vor, ist aber in Ihrem gewählten CMYK-Farbraum nicht druckbar. Die nächstliegende druckbare Farbe sehen Sie unterhalb des Warndreiecks ⚠. Klicken Sie auf das Warndreieck ⚠ oder auf die Vorschau der druckbaren Farbe, dann setzt Photoshop automatisch diese Farbe ein.

»Keine Web-sichere Farbe«

Klicken Sie eine Farbe ohne die Vorgabe Nur Web-Farben an, dann zeigt der Farbwähler meist die würfelartige Webwarnung rechts oben; das heißt: Die aktuell gewählte Farbe erscheint auf älteren Rechnern mit acht Bit Farbtiefe eventuell verfälscht. Darunter sehen Sie bereits die nächstgelegene webkompatible Farbe. Klicken Sie den Würfel an – damit verschiebt sich der zuvor gewählte Tonwert auf den webkompatiblen Wert.

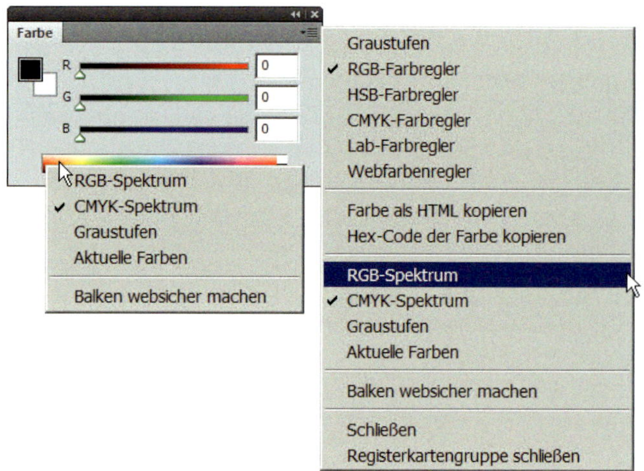

Abbildung 13.6 Der Farbregler bietet Vorder- und Hintergrundfarbe an; besonders schnelle Farbwahl ermöglicht der eingebaute Farbbalken, dessen Farbspektrum Sie per Kontextmenü wechseln.

13.1.6 Farbepalette

Die Palette Farbe rufen Sie mit dem Befehl **Fenster: Farbe** und meist auch per F6 auf. Im Vergleich zum Farbwähler (oben) zeigt sie auf wenig Fläche die wichtigen Informationen kompakt und bleibt bei Bedarf permanent auf dem Schirm. Ohne Umschalten kann man Hintergrund- und Vordergrundfarbe frei einstellen.

Im Farbregler-Menü – erreichbar durch Klick auf den Schalter rechts oben – wählen Sie ein Farbmodell. Anschließend bestimmen Sie neue Farbwerte. Zwischen Vorder- und Hintergrundfarbe entscheiden Sie, indem Sie in eines der beiden Farbfelder für Vorder- bzw. Hintergrund rechts oben in der Palette klicken, so dass es durch eine Umrandung hervorgehoben wird. Brauchen Sie mehr Übersicht, erhalten Sie den großen Farbwähler, indem Sie auf das bereits aktivierte Farbfeld klicken. Der Farbregler bietet die bekannten Warnungen für nicht druckbare Farben und nicht websichere Farben (siehe vorheriger Abschnitt).

13.1.7 Die Farbfelderpalette

Die Farbfelderpalette speichert beliebige Tonwerte, die Sie öfter benötigen; einzelne Farben lassen sich hinzufügen oder entfernen. Die Grundfunktionen: Ein einfacher Klick auf ein Farbfeld lädt diesen Tonwert als Vordergrundfarbe. [Alt]-Klick erklärt den gewählten Tonwert zur Hintergrundfarbe.

Farbfelder verwalten

Mit weiteren Griffen gestalten Sie Ihre eigene Palette:

» Sie wollen die aktuelle Vordergrundfarbe zur bestehenden Palette hinzufügen. Klicken Sie auf das Symbol NEUES FARBFELD AUS DER VORDERGRUNDFARBE ERSTELLEN . Falls Sie KLEINE MINIATUREN oder GROSSE MINIATUREN anzeigen, geht es noch schneller: Halten Sie den Mauszeiger über den freien Bereich in der Palette rechts unten; er erscheint dort als Eimer . Ein Klick und der Tonwert sitzt in der Palette.

» Im Farbwähler (den hatten wir oben) klicken Sie auf ZU FARBFELDERN HINZUFÜGEN, um einen Farbton einzubauen.

» Um das Farbfeld zu duplizieren, ziehen Sie es auf das Symbol NEUES FARBFELD AUS DER VORDERGRUNDFARBE ERSTELLEN . Danach können Sie es umbenennen und verändern.

» Per [Strg]-Taste verwandelt sich der Cursor über den Farbfeldern in eine Schere; so werfen Sie ein einzelnes Farbfeld ersatzlos raus.

» Die aktuelle Farbfeldersammlung (also »Bibliothek«) sichern Sie via Button im Palettenmenü; dort heißt es **Farbfelder speichern** (Bibliotheken und Vorgaben allgemein ab Seite 56).

Beim Beenden der Programme werden die aktuellen Paletten als Grundeinstellung gesichert.

Farbfelder aufrufen und speichern

Um wieder die Standardfarbfelder zu sehen, wählen Sie **Farbfelder zurückstellen** aus dem Menü der Farbfelderpalette. Dort können Sie auch die **Farbfelder speichern**. So verewigen Sie die aktuelle Palette in einer Datei, die Sie auch weitergeben können. Farbfelder, die Sie im Unterverzeichnis »Presets/Color Swatches« speichern, bietet Photoshop direkt bequem unten im Palettenmenü an – so wie die bereits mitgelieferten Paletten der Druckfarbenhersteller. Mit dem Palettenbefehl **Farbfelder für Austausch speichern** entstehen Farbreihen, die Sie auch in den Adobe-Programmen Illustrator und InDesign nutzen können.

13.1.8 Farbpaletten mit Kuler

Um Paletten harmonierender Farben zu suchen, stellen Sie sicher, dass Sie mit dem Internet verbunden sind, und wählen **Fenster: Erweiterungen: Kuler**. Im Register DURCHSUCHEN sortieren Sie die Farbkombinationen nach Beliebtheit, Wertung oder Datum. Klicken Sie eine Farbzeile an, klicken Sie am Ende der Zeile auf den Pfeil und dann auf **Zum Farbfeldbedienfeld hinzufügen** – schon landet die kleine Farbensammlung in Ihrer Farbfelder-Palette.

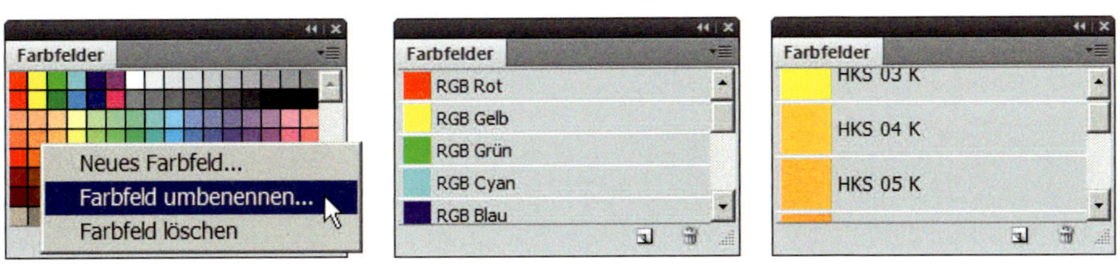

Abbildung 13.7
Die Farbfelderpalette bietet schnellen Zugriff auf wichtige Tonwerte, auch auf die Listen der Druckfarbenhersteller. Über Paletten- und Kontextmenü ändern Sie Farbzusammenstellung und Anzeige.

Abbildung 13.8 **Links:** Laden Sie Farbkombinationen aus der Kuler-Palette herunter. **Rechts:** Die Kuler-Internetseite leitet aus Ihren Fotos Farbkombinationen ab, die Sie auch in Photoshops Farbfelder-Palette laden können.

Neue Farbkombinationen anlegen

Aktivieren Sie eine Farbkombination per Einzelklick und blenden Sie mit dem Dreieck rechts das Menü ein; dort nehmen Sie **Dieses Farbschema bearbeiten**, um neue Farbblöcke anzulegen. Photoshop schlägt automatisch harmonierende Farben vor, die Sie ebenfalls in Ihre Farbfelder-Palette übernehmen und auch an den Kuler-Service hochladen können (dazu brauchen Sie eine Adobe-ID, Sie müssen sich also einmal bei Adobe registrieren).

Die Kuler-Internetseite *http://kuler.adobe.com* bietet mehr Funktionen als die Palette. Leiten Sie Farbpaletten von eigenen Bildern ab: Klicken Sie auf der Startseite auf CREATE, dann links auf FROM AN IMAGE und unter dem Beispielbild rechts auf UPLOAD. Lassen Sie Farbreihen mit Vorgaben wie COLORFUL (bunt), MUTED (gedämpft) oder BRIGHT (hell) errechnen. Wenn Ihnen die Zusammenstellung nicht gefällt, verschieben Sie die Ringe im Bild.

Farbkombinationen speichern

Haben Sie sich mit einer Adobe-ID angemeldet, speichern Sie die Farbkollektion mit einem Klick auf SAVE rechts und dann auf die Schaltfläche DOWNLOAD THIS THEME AS AN ADOBE SWATCH EXCHANGE FILE. Zuvor geben Sie Ihrer Kreation noch einen TITLE. Dabei entsteht eine .ASE-Datei, die Sie über das Menü der Farbfelder-Palette in Photoshop, aber auch in Illustrator oder InDesign LADEN.

13.1.9 Muster

Verstauen Sie einen Bildteil als »Muster« in der Musterbibliothek. Danach verwenden Sie das Muster vielfach mit dem Farbeimer, mit dem Musterstempel oder

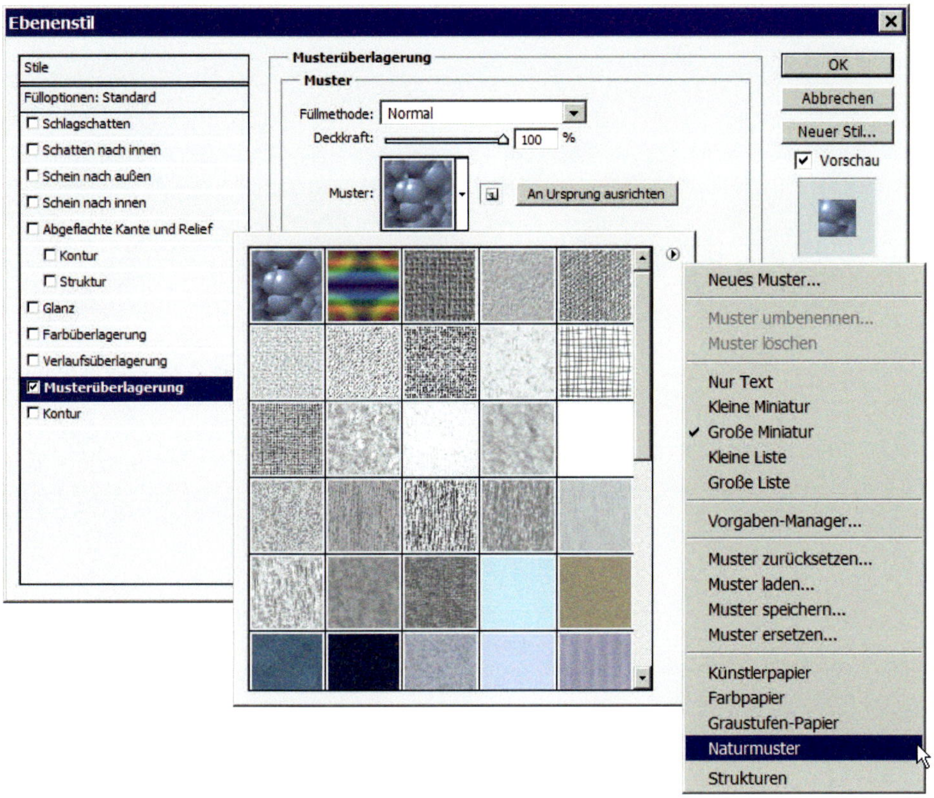

Abbildung 13.9
»Muster« erscheinen in der aktuellen Musterbibliothek. Hier verwenden wir diese Bibliothek in Verbindung mit dem Ebeneneffekt »Musterüberlagerung«. Neue Mustersammlungen fügen Sie über das Menü der aktuellen Bibliothek an.

per **Füllen**-Befehl (Seite 465) oder tuschen Sie es ins Bild (Seite 494).

Abschaltbar und in verschiedenen Größen erhalten Sie Ihr Muster via Füllebene (Seite 894) und als Ebeneneffekt Musterüberlagerung (Seite 804). Simulieren Sie raue Flächen, legen Sie Tapeten mit Logos oder Schriftzügen an.

So nehmen Sie ein neues Muster in die aktuelle Bibliothek auf:

1. Schalten Sie das Auswahlrechteck ein und – wichtig – stellen Sie oben die Weiche Kante auf 0.
2. Rahmen Sie den gewünschten Bildteil mit dem Auswahlrechteck ein. Falls Sie die Gesamtdatei verwenden, reicht **Auswahl: Alles auswählen**.
3. Wählen Sie **Bearbeiten: Muster festlegen**.
4. Benennen Sie Ihre Kreation im Dialogfeld Name des Musters.

TIPP Photoshop liefert zahlreiche Muster mit, die Sie über das Menü der Musterbibliothek laden, so etwa Gesteinsmuster oder Künstlerpapier. Im Dateipaket, mit dem Sie entfallene Funktionen nachrüsten (Seite 1074), gibt es den Ordner Deutsch/Zugaben/Presets/Textures (oder Deutsch/Zugaben/Adobe Photoshop/Presets/Textures) mit ein paar weiteren Mustern für verschiedene Aufgaben.

Musterbibliothek

In der Musterbibliothek verwalten Sie Ihre Muster. Hier finden Sie auch Muster, die Photoshop von Haus aus mitbringt. Photoshop bietet die aktuelle Bibliothek bei allen Funktionen an, die auf Muster zurückgreifen. Oder klicken Sie auf **Bearbeiten: Vorgaben-Manager** und wählen Sie oben im Klappmenü Vorgabe die Option Muster (»Vorgaben« und »Bibliotheken« besprechen wir allgemein ab Seite 56).

Abbildung 13.10 **Links:** Ein schlichter Verlauf Dunkelgrau zu Hellgrau im Modus »gespiegelt« wirkt hier zu glatt. **Mitte:** Der Filter »Rauschen hinzufügen« lockert den Hintergrund auf. **Rechts:** Statt »Rauschen hinzufügen« wenden wir den Wolkenfilter mit gesenkter Deckkraft und im »Luminanz«-Modus an. Vorlage: Fuellen_03

HINWEIS Auch so malen Sie mit einem Muster: Schalten Sie den Mischpinsel ein, heben Sie den Pinseldurchmesser und nehmen Sie bei gedrückter Alt-Taste ein Stück Bild als Muster auf – es erscheint auch in der Malfarbenvorschau oben links. Soll das Muster beim Malen klar herauskommen, setzen Sie NASS- und MIX-Wert auf 0 und nutzen Sie die Schaltfläche PINSEL NACH JEDEM STRICH LADEN (Seite 488).

13.2 Flächen und Konturen füllen

Auf den folgenden Seiten geht es um das Füllwerkzeug, das Verlaufswerkzeug und die Befehle **Fläche füllen** sowie **Kontur füllen**.

13.2.1 Einstieg

Bei allen Füllfunktionen haben Sie die Wahl:

» Sie füllen nur die Bereiche einer Ebene, die bereits Bildpunkte enthalten; transparente Bereiche bleiben also unberührt, halbtransparente Bereiche werden nur halbdeckend verändert. Dazu aktivieren Sie die betreffende Ebene in der Ebenenpalette und klicken auf TRANSPARENTE PIXEL FIXIEREN (Seite 735). Dialogfelder wie FLÄCHE FÜLLEN bieten zusätzlich die Option TRANSPARENTE BEREICHE SCHÜTZEN.

» Oder Sie füllen die Ebene über die gesamte, rechteckige Bildfläche, dann arbeiten Sie ohne Transparenzschutz.

Einförmige Flächen auflockern

Die Ergebnisse der Füllfunktionen, also Verläufe, Farb- und Musterfüllungen, wirken oft glatt und erinnern an sterile Computergrafik. Photoshop bietet jedoch genug Computerkosmetik als Mittel gegen aalglatte Farbflächen:

» Der Befehl **Filter: Rauschfilter: Rauschen hinzufügen** raut das Bild auf (siehe Seite 591). Mehr Gestaltungsfreiraum geben **Strukturierungsfilter: Korneffekt** (Seite 573), **Stilisierungsfilter: Körnung** und vor allem **Kunstfilter: Körnung & Aufhellung**.

» Ein **Verzerrungsfilter** (Seite 575) versetzt Verläufe in Schwingungen.

» Der Filter **Beleuchtungseffekte** (Seite 560) mit oder ohne RELIEF-KANAL erzeugt magischen Realismus, testen Sie auch die **Blendenflecke** (Seite 587).

» Der **Wolken**-Filter (Seite 589) streut eine luftigleichte Mischung aus Vorder- und Hintergrundfarbe aus.

» Der **Strukturierungsfilter: Mit Struktur versehen** (Seite 546) webt ebenso eine Struktur in den Untergrund wie die anderen Filter aus diesem Untermenü, etwa **Risse**.

» Untermischen könnten Sie auch die Ergebnisse des Befehls **Renderfilter: Fasern**.

Abbildung 13.11 **Links:** Der »Struktur«-Filter raut das Ergebnis des »Wolken«-Filters auf. **Mitte:** Hinzu kommen die »Beleuchtungseffekte«. **Rechts:** Statt der »Beleuchtungseffekte« eine deutliche Vignettierung per »Objektivkorrektur«. Vorlage: Fuellen_03

Testen Sie Kombinationen, zum Beispiel **Wolken** plus **Struktur** plus **Beleuchtungseffekte**, wobei man dort noch einen Farbkanal mit Textur als Relief-Kanal einrichten kann. Einstellungsebenen (Seite 886) halten Kontraste und Farben des Hintergrunds flexibel.

Alternativen zur dauerhaften Füllung

Eine elegante Alternative zur dauerhaften Farbfüllung bieten die Ebeneneffekte Farbüberlagerung (siehe Seite 804), Musterüberlagerung (Seite 804), Verlaufsüberlagerung (Seite 804) und Kontur (Seite 802) sowie die Füllebenen (Seite 894). Statt also dauerhaft Farbe auf die aktuelle Ebene zu kippen, prüfen Sie die folgenden Alternativen. Zunächst wählen Sie den gewünschten Bereich aus, dann

» heben Sie ihn mit Strg+J auf eine neue Ebene, klicken Sie doppelt auf die Ebenenminiatur, dann nutzen Sie Effekte wie Farbüberlagerung, Musterüberlagerung oder Verlaufsüberlagerung,

» legen Sie mit der Schaltfläche Neue Füll- oder Einstellungsebene erstellen unten in der Ebenenpalette eine neue Füllebene an, zum Beispiel mit der Vorgabe Muster. Sie ist sofort passend maskiert.

TIPP Verwandeln Sie die neue Ebene oder Füllebene in ein Smart-Objekt (**Filter: Für Smartfilter konvertieren**). Dann können Sie abschaltbare Filter wie **Struktur** oder **Störungen** auf Farbe, Verlauf oder Muster anwenden und per Fülloptionen sogar mit Deckkraft und Füllmethode der Filter experimentieren. Farb- oder Musterfüllung lassen sich ebenfalls jederzeit umstellen.

13.2.2 Füllwerkzeug

Das Füllwerkzeug (Kurztaste G), im Volksmund Farbeimer, schüttet Vordergrundfarbe oder ein »Muster« auf Bildpunkte mit einer von Ihnen definierten Ähnlichkeit – Sie regeln die Toleranz wie beim Zauberstab (Seite 601).

Das Füllwerkzeug färbt einzelne, abgegrenzte Teile einer Grafik um. Verwenden Sie die Mischmodi Farbton oder Farbe, um die Untergrundstruktur zu erhalten; wollen Sie dagegen nur eine Struktur einflechten, nutzen Sie den Modus Luminanz. Der Modus Löschen macht eine Ebene transparent.

TIPP Werkelt das Füllwerkzeug in kleinen Flächen, zeigen Sie statt des Eimersymbols übersichtlicher das Präzisionskreuz an; dazu drücken Sie freundschaftlich die ⇧-Taste. Bevor Sie jedoch neue Toleranz-Werte eintippen, lösen Sie die ⇧-Taste wieder.

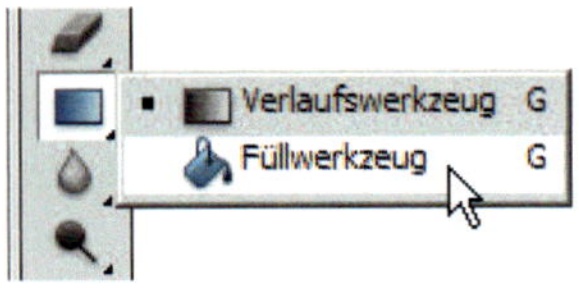

Abbildung 13.12 Füllwerkzeug und Verlaufswerkzeug belegen ein gemeinsames Fach in der Werkzeugleiste. Beide Werkzeuge lassen sich mit der Taste G aufrufen.

Alternativen

Photoshop bietet sehr attraktive Alternativen zum Füllwerkzeug:

- » Sehr komplexe Motivpartien wählen Sie mit Schnellauswahl und Co. in aller Ruhe aus. Erst dann schütten Sie Farbe mit dem Befehl **Fläche füllen** aus (⇧+←-Taste); oder legen Sie mit dem Symbol Neue Füll- oder Einstellungsebene erstellen unten in der Ebenenpalette eine Farbfüllung an; die vorhandene Auswahl garantiert eine passende Ebenenmaske, die Sie immer noch verfeinern.
- » Eine Auswahl auf einer Hintergrund-Ebene füllen Sie per Entf-Knopf leicht mit der Hintergrundfarbe. Alt+← kippt Vordergrundfarbe aus.
- » Wollen Sie eine Ebene einfärben, verwenden Sie den flexiblen Ebeneneffekt Farbüberlagerung.
- » Um ein Objekt diskret umzufärben, empfehlen sich die Kommandos **Farbton/Sättigung** (Strg+U, Seite 498) oder **Farbe ersetzen** (Seite 619) aus dem **Bild**-Untermenü **Korrekturen:** Sie klatschen keinen Einheitsfarbton ins Bild, sondern verschieben die vorhandenen Farben gleichmäßig.

Füllwerkzeugoptionen

Diese Möglichkeiten räumt das Füllwerkzeug ein:

- » Nach Art des Zauberstabs (Seite 601) regeln Sie, wie sehr die zu übertünchenden Bildpunkte jenem Pixel ähneln sollen, auf das Sie mit dem Füllwerkzeug klicken. Bei niedrigen Werten wie 30 werden nur Pixel gefüllt, deren Farbe der angeklickten Farbe stark ähnelt. Bei hohen Zahlen wie 120 füllt das Gerät größere Bildbereiche. Der Maximalwert 255 schüttet Farbe oder Muster ins gesamte Bild.
- » Die Option Benachbart sorgt dafür, dass beim ersten Klick nur benachbarte farbähnliche Bildpunkte gefärbt werden. Wählen Sie die Option ab, erfasst das Werkzeug alle Pixel des angeklickten Tonwerts – auch wenn sie sich abgelegen in einem anderen Bildteil befinden.
- » Das Glätten erzeugt durch halbtransparente Randpixel einen geschmeidigeren Übergang zwischen gefärbtem und unberührtem Bildteil – zu empfehlen bei üblichen Fotos, nicht jedoch bei harten Grafiken ohne Kantenglättung (Seite 597).
- » Bringen Sie Vordergrund-Farbe oder Muster an (Seite 462).
- » Wenn Sie Alle Ebenen einbeziehen, orientiert sich das Füllwerkzeug nicht nur an der aktiven Ebene, sondern es betrachtet den Gesamtfarbwert aller Ebenen unter dem Klickpunkt; gefüllt wird aber nur die aktive Ebene.

Abbildung 13.13 Das Füllwerkzeug schüttet Farbe oder ein Muster in abgegrenzte Flächen, sofern Sie die Vorgabe »Benachbart« verwenden.

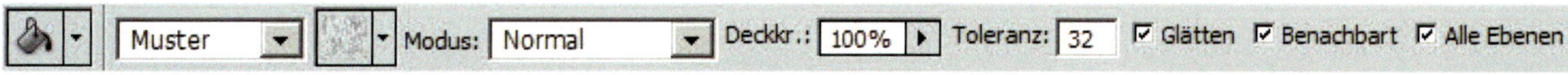

Abbildung 13.14 Einstellungssache: In den Füllwerkzeugoptionen legen Sie »Toleranz«, Kantenglättung und die Art des Farbauftrags fest.

13.2.3 »Fläche füllen«

Der Befehl **Bearbeiten: Fläche füllen** ⇧+← kippt Farbe, ein Muster oder eine Zwischenfassung des Bilds in einen ausgewählten Bildbereich. Das Dialogfeld bietet alle Füllmethoden (Seite 773) und eine Deckkraftregelung; außerdem legen Sie fest, was eigentlich ins Bild hineinkommt – Vordergrund- oder Hintergrundfarbe, Schwarz, Weiß oder Grau, sonstige beliebige Farbe per Farbwähler oder ein Muster (Seite 462).

Alternativ füllen Sie mit einem früheren Bildzustand; er muss in der Protokollpalette per Symbol im Kästchen Wählt die Quelle für den Protokoll-Pinsel gekennzeichnet sein (Seite 97). Schalten Sie in der Ebenenpalette die Vorgabe Transparente Pixel fixieren ab, falls die Farbe nicht nur auf das Objekt innerhalb einer Ebene, sondern in die gesamte Fläche gegossen werden soll.

Fläche füllen per Kurztasten

In der Regel füllt man flott per Tastenbefehl:

» Alt+Entf deckt die Auswahl ohne weitere Rückfrage mit 100 Prozent Vordergrundfarbe zu. Ist nichts gewählt, landet die Farbe im gesamten Bild.

» Strg+Entf beschert die Hintergrundfarbe.

Drücken Sie zusätzlich die ⇧-Taste, um sofort die Option Transparente Bereiche schützen zu aktivieren. Dann füllt Photoshop nicht den gesamten Bild- oder Auswahlbereich, sondern nur Ebenenteile mit Pixeln. Traktieren Sie vorab das D, wenn Sie Schwarz und Weiß als Vorder- und Hintergrundfarbe einrichten möchten.

13.2.4 »Kontur füllen«

Der Befehl **Bearbeiten: Kontur füllen** malt an einer Auswahllinie, aber auch an der Kante einer Ebene entlang. Sie geben eine Breite vor und legen die Position der Kontur fest: Innen, Mitte oder Aussen. Das Dialogfeld bietet zunächst die aktuelle Vordergrundfarbe an, doch mit dem Farbe-Feld lässt sich ein anderer Tonwert einstellen.

Bessere Alternative: Heben Sie die Kontur per Strg+J auf eine eigene Ebene, klicken Sie doppelt auf die neue Miniatur in der Ebenenpalette, um anschließend den vielseitigen und abschaltbaren Effekt Kontur zu verwenden. Wir untersuchen die Gestaltungsmöglichkeiten deshalb detailliert beim Kontur-Effekt (Seite 465).

Beide Funktionen tragen indes nur gleichmäßig runde Striche auf; der Befehl **Pfadkontur füllen** (Seite 680) umrahmt ausgewählte Bereiche dagegen auch mit un-

Abbildung 13.15 **Links:** Der Befehl »Bearbeiten: Kontur füllen« umrahmt Auswahllinien und Ebenenkanten hier mit Weiß. **Rechts:** Vielseitiger ist der Ebeneneffekt »Kontur«, der hier mit der »Reliefkontur« des Effekts »Abgeflachte Kante und Relief« plastisch modelliert wird. Mehr Beispiele für Linienrahmen sehen Sie ab Seite 812. Dateien: Fuellen_01a, b.

regelmäßigen Pinselformen oder mit Retuschewerkzeugen.

13.3 Verläufe

Dieser Abschnitt behandelt das Verlaufswerkzeug und wichtiger noch, wir besprechen Farbverläufe allgemein. Die brauchen Sie auch für die Ebeneneffekte Verlaufsüberlagerung (Seite 804) und Kontur (Seite 802) sowie bei **Verlauf**-Füllebenen (Seite 894). Unabhängig davon bietet der Raw-Dialog noch seinen Verlaufsfilter, der Tonwertkorrekturen mit fließendem Übergang erzeugt, zum Beispiel für kräftigeren Himmel (Seite 238).

TIPP Schalten Sie das Verlaufswerkzeug ein und drücken Sie die ↵-Taste, schon zeigt Photoshop die Verlaufsbibliothek.

13.3.1 Verlaufswerkzeug

Das Verlaufswerkzeug erzeugt einen fließenden Übergang zwischen mehreren Farben oder von einer Farbe zu Transparenz. Es eignet sich zum Beispiel für Hintergründe oder Schriftzüge. Graustufenverläufe sind nützlich in Alphakanälen oder Ebenenmasken, um einen Bildteil stufenlos auszublenden; sie lassen sich dort durch Kontrast- und Helligkeitsregler oder Pinselretusche weiter anpassen. Wenn Sie CMYK drucken, erzeugen Sie die Verläufe erst im CMYK-Modus.

Ändert sich die Verlaufsfarbe über längere Strecken nur wenig, entstehen leicht streifige Störungen. Auch sonst wirken Verläufe leicht zu glatt, können jedoch aufgeraut werden (Seite 464). Interessante Mischungen entstehen, wenn Sie mehrere Farbverläufe übereinanderlegen und dabei mit Richtung und Füllmethode experimentieren.

Wie auch bei den anderen Füllfunktionen gilt: Das Verlaufswerkzeug verändert Bildpunkte endgültig. Alternativen: Der Ebeneneffekt Verlaufsüberlagerung (Seite 804) lässt sich beliebig ändern oder abschalten; auch Füllebenen mit Verlauf bieten jederzeit Gestaltungsfreiheit und wachsen bei geänderter **Bildgröße** flexibel mit (Seite 894). Wie Sie die Vorgaben für Verläufe in Bibliotheken verwalten, besprechen wir ab Seite 56.

TIPP Soll der Verlauf nicht gleichmäßig über die Bildfläche gehen, sondern sich an die Konturen eines Ebenenobjekts anschmiegen? Verwenden Sie den Ebeneneffekt Kontur mit der Füllung Verlauf und dem Stil Explosion (Seite 802).

Anwendung

So bringen Sie einen Verlauf ins Bild: Klicken Sie mit dem Verlaufswerkzeug dort ins Bild, wo der Verlauf beginnen soll. Ziehen Sie die Maus mit gedrückter Taste

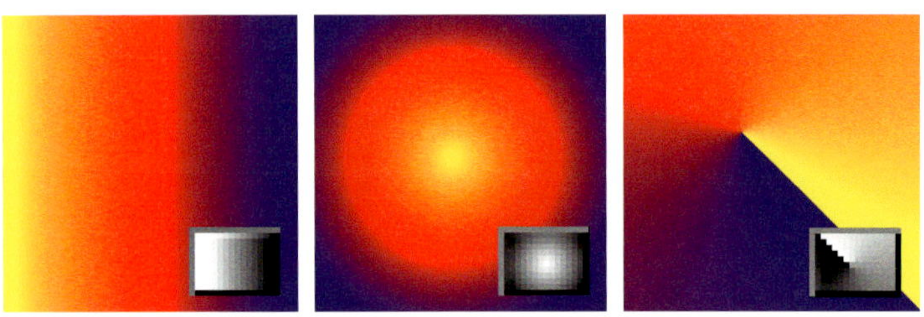

Abbildung 13.16
Verschiedene Verlaufsformen bietet Photoshop in den Optionen zum Verlaufswerkzeug an. Von links nach rechts: »Linear«, »Radial« und »Verlaufswinkel«.

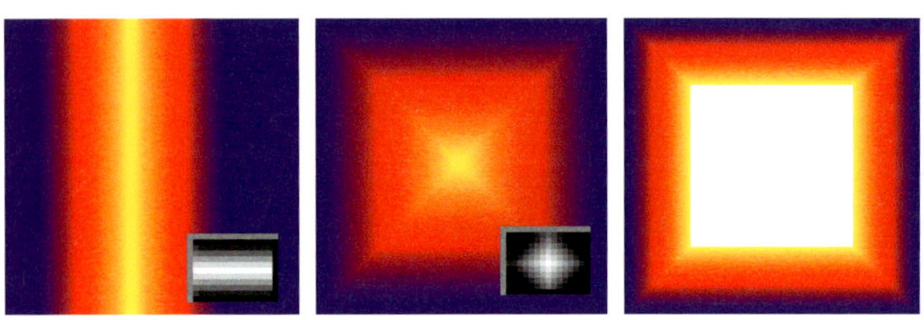

Abbildung 13.17
Weitere Verlaufsformen: »Reflektiert«, »Raute« und Ebeneneffekt »Kontur« mit Füllung »Verlauf« und Stil »Explosion«.

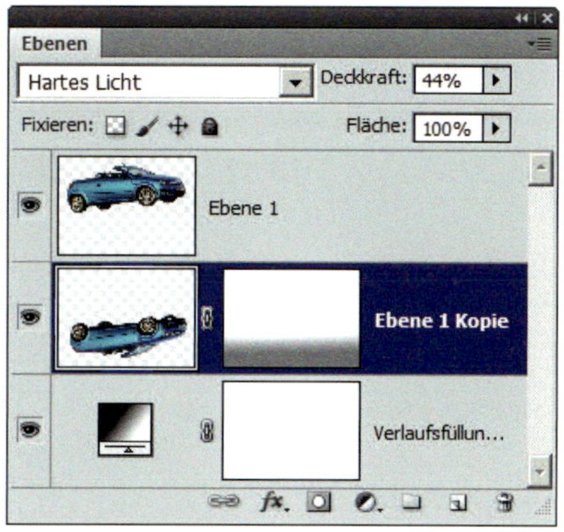

Abbildung 13.18 Im Bildhintergrund liegt eine Füllebene mit Schwarzweißverlauf. Die Spiegelung erhält einen weiteren Verlauf in der Ebenenmaske, der nach unten hin ausblendet. Datei: Verlauf_05

an die Stelle, wo der Verlauf enden soll. Nach Loslassen der Maustaste sehen Sie das Farbenspiel.

Drücken Sie die ⇧-Taste, um die Verlaufslinie auf 45-Grad-Winkel einzuschränken. Besonders schnell zeigen Sie die Verlaufsbibliothek per Rechtsklick oder ↵-Taste.

13.3.2 Optionen für Verläufe

Die folgenden Möglichkeiten finden Sie auf der Optionenleiste zum Verlaufswerkzeug wie auch beim Befehl **Verlaufsumsetzung** (Seite 522):

» Per Umkehren drehen Sie die Richtung des Verlaufs um.

» Die Option Dither raut die Farbübergänge durch Streuraster leicht auf, Sie vermeiden Streifenbildung.

» Schalten Sie die Verlaufsart von Durchgehend zu Rauschen um, erhalten Sie ein Zufallsmuster innerhalb regelbarer Grenzen.

Nur beim Verlaufswerkzeug, nicht aber bei der **Verlaufsumsetzung** finden Sie folgende Vorgaben:

» Um die Transparenzmaske für den Verlauf auszuschalten und alle Farben mit gleicher, per Schieberegler angewählter Deckkraft aufzutragen, verzichten Sie auf die Transparenz.

» Sie wählen verschiedene Formen wie Radial oder Linear (Beispiele siehe oben).

Der Ebeneneffekt Verlaufsüberlagerung und die Füllebene Verlauf bieten ebenfalls das Umkehren und darüber hinaus die Funktion Skalierung; sie staucht oder dehnt den Verlauf:

» Eine Skalierung auf über 100 Prozent lässt die Anfangs- und Endfarben nicht mehr auf der Ebene erscheinen; die mittleren Tonwerte breiten sich weiter aus.

» Eine Skalierung auf unter 100 Prozent zieht den Verlauf zusammen, die Anfangs- und Endfarben nehmen an den Rändern der Ebene viel Platz ein, der Übergang zur nächsten Farbe beginnt nicht sofort am Startpunkt. Verläufe mit transparenten Bereichen wirken eventuell kleiner.

TIPP Vor allem mehr als zehn Zentimeter lange Verläufe zeigen leicht Streifen – vielleicht nicht am Monitor, aber im Druck. So halten Sie dagegen: Verwenden Sie die Dither-Option und falls Sie in CMYK ausgeben, legen Sie den Verlauf erst im CMYK-Modus an.

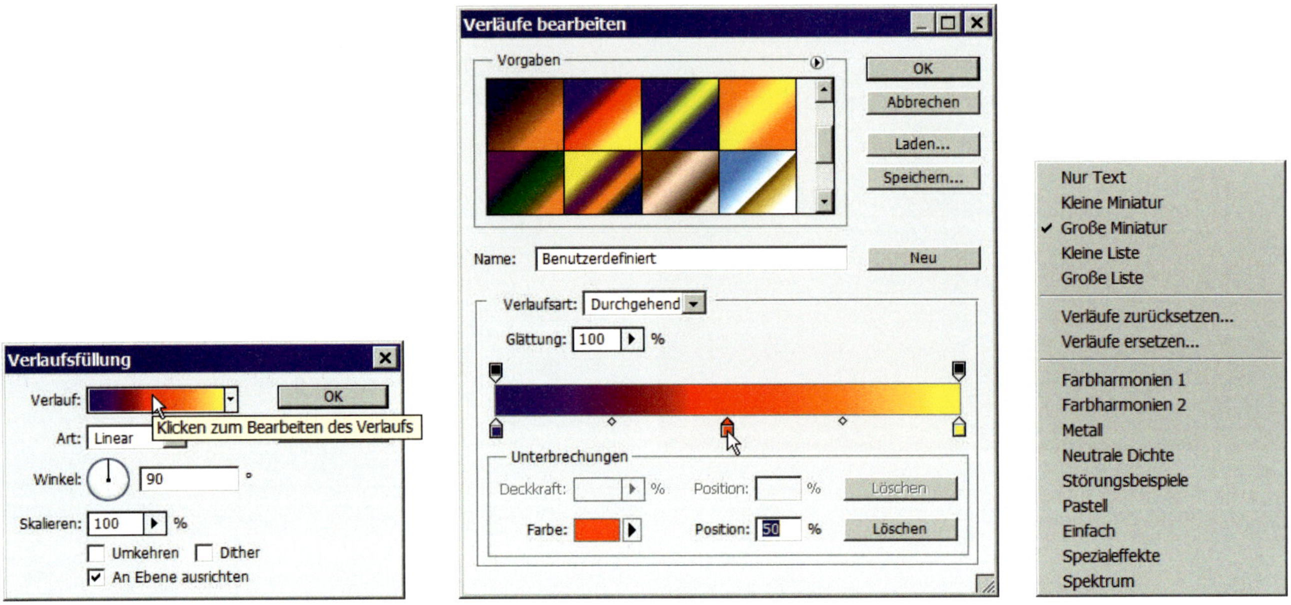

Abbildung 13.19 **Links:** In den Optionen zur Verlauf-Füllebene steuern Sie die Eigenschaften des Verlaufs. Ein Klick auf den Verlaufsbalken öffnet den Dialog »Verläufe bearbeiten«. **Mitte:** Im Dialogfeld »Verläufe bearbeiten« steuern Sie die Farben und die transparenten Bereiche eines Verlaufs. **Rechts:** Wo immer Photoshop die Verlaufsbibliothek zeigt, können Sie per Menü die Darstellung ändern und weitere Verläufe nachladen.

13.3.3 Farbmarken im Verlauf bearbeiten

Gestalten Sie die mitgelieferten Verläufe vielseitig um. Klicken Sie zunächst auf den sichtbaren Verlauf zum Beispiel in der Optionenleiste zum Verlaufswerkzeug , im Dialogfeld Ebenenstil mit der Abteilung Verlaufsüberlagerung, im Dialogfeld Verlaufsfüllung oder im Dialogfeld zum Befehl **Verlaufsumsetzung**. Sie bearbeiten zwei Haupteigenschaften des Verlaufs:

» Sie legen Farbmarken fest, zwischen denen Photoshop Farbübergänge erzeugt.

» Sie legen transparente, halbtransparente und voll deckende Abschnitte des Verlaufs fest.

Wie immer macht die Alt-Taste aus der Abbrechen-Schaltfläche ein Zurück, Strg+Z annulliert den allerletzten Eingriff.

Neue Farben

Im Dialogfeld Verläufe bearbeiten klicken Sie im Vorgaben-Bereich auf den Verlauf, den Sie weiterbearbeiten möchten. Um den ursprünglichen Verlauf beizubehalten, duplizieren Sie den aktivierten Verlauf mit der Schaltfläche Neu. Wählen Sie als Verlaufstyp zunächst Durchgehend, für die Glättung 100 Prozent.

Klicken Sie eines der Symbole für Farbunterbrechung unter dem Verlaufsbalken an. Das Dreieck über diesem Kästchen füllt sich schwarz : Photoshop signalisiert, dass Sie diesen aktuellen Punkt im Verlauf bearbeiten. So ändern Sie die Farbe für den aktivierten Punkt im Verlauf:

» Klicken Sie doppelt auf eine verschiebbare Farbmarke oder einmal auf das Farbe-Rechteck; nun bestimmen Sie im Farbwähler eine neue Farbe für die aktivierte Farbmarke.

» Öffnen Sie das Menü neben dem Farbe-Feld mit dem Dreieck . Photoshop bietet hier für den aktivierten Punkt des Verlaufs die aktuelle Farbe für den Vordergrund und den Hintergrund an. Wenn Sie von Vordergrundfarbe oder Hintergrundfarbe wieder umschalten wollen zu einem dauerhaft fixierten Tonwert, entscheiden Sie sich im Menü des Farbe-Felds für die Angabe Benutzerdefinierte Farbe; sie wird sich bei Be-

Abbildung 13.20 Der blasse Himmel wurde ersetzt und verlängert durch einen kreisförmigen Verlauf zwischen zwei Blautönen. Datei: Verlauf_01

arbeitung von Vorder- oder Hintergrundfarbe nicht mehr verändern.

» Bewegen Sie den Mauszeiger über die Verlaufsleiste oder über ein beliebiges, auch nicht aktives Bild; der Zeiger verwandelt sich in eine Pipette, mit der Sie einen Farbton für die aktive Farbmarke aufnehmen.

ACHTUNG Haben Sie explizit Marken für Vorder- und Hintergrundfarben in den Verlauf eingesetzt? Dann wechselt der Verlauf im Dialogfeld jedes Mal sein Aussehen, sobald Sie Vordergrund- oder Hintergrundfarbe umstellen.

Abbildung 13.21 Der Himmel wird hier durch einen Verlauf von Blau nach Transparent nicht ersetzt, sondern nur verstärkt. Wir verwenden die Füllmethode »Linear nachbelichten« bei 55 Prozent Deckkraft. Testen Sie alternativ die Füllmethoden »Farbig nachbelichten« und »Multiplizieren«. Nur wenn Sie den Himmel komplett überdecken wollen, nehmen Sie »Normal«. Datei: Verlauf_07

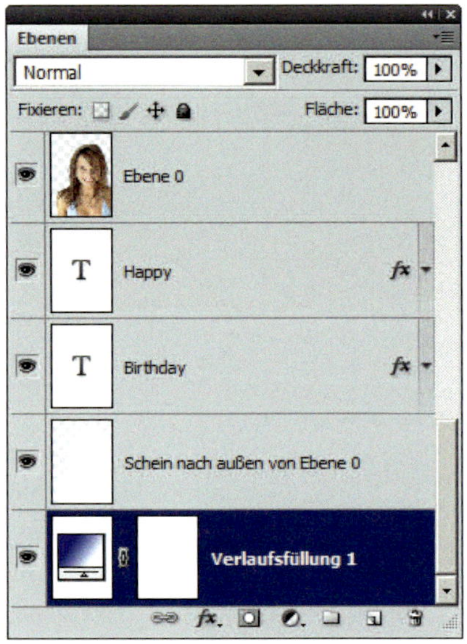

Abbildung 13.22
Im Bildhintergrund liegt ein kreisförmiger Weiß-Blau-Verlauf, ganz links deutet ein Schwarz-Transparenz-Verlauf die Heftwölbung an. Der Effekt »Schein nach außen« wurde in eine eigene Ebene umgewandelt, so dass die Zeile »Birthday« zwischen Person und Lichthof erscheint. Datei: Verlauf_02

Farben hinzufügen, platzieren und kombinieren

So gestalten Sie den Verlauf weiter mit den Farbmarken:

- Verschieben Sie die Marken für die einzelnen Farben unter der Verlaufsleiste beliebig mit der Maus oder mit den Pfeiltasten.
- Neue Farbmarken fügen Sie per Klick an der gewünschten Stelle unter der Verlaufsleiste hinzu. Unerwünschte Farbmarken ziehen Sie aus dem Dialogfeld heraus. Auch die Entf-Taste wirkt entsorgend.
- Zunächst liegt der 50-Prozent-Übergang zwischen zwei Farben genau auf halber Strecke zwischen diesen beiden Tonwerten. Diese Mittelstellung ändern Sie jedoch mit dem Rautensymbol; die Rauten erscheinen immer links und rechts der aktiven Farbmarke, eine aktivierte Raute stellt Photoshop schwarz gefüllt dar. Verschieben Sie die Raute mit der Maus oder tippen Sie eine neue Position ein.
- Hohe Werte bis hin zu 100 sorgen im Feld Glättung für weichere Übergänge über den Verlauf hinweg. Niedrige Werte führen zu geringfügig härteren Übergängen.

13.3.4 Transparenz bearbeiten

Die Transparenzmaske bestimmt die Deckkraft des Verlaufs an verschiedenen Punkten. In einzelnen Teilen des Verlaufs scheint also das darunter liegende Foto mehr oder weniger stark durch. Die Transparenzmaske bearbeiten Sie mit den Marken oberhalb, nicht unterhalb des Verlaufsbalkens.

Eine schwarze Marke signalisiert: In diesem Bereich herrscht volle Deckkraft. Ein weißes Kästchen zeigt 0 Prozent Deckkraft an, in diesem Bereich ist der Verlauf komplett durchsichtig. Grautöne stehen für halbtransparente Zonen. Auch die Karos im Verlaufsbalken signalisieren durchsichtige Bereiche. Die aktive Transparenzmarke ist durch ein schwarz gefülltes Dreieck hervorgehoben.

Abbildung 13.23 Die Grafik zeigt fünf Standardverläufe aus Photoshop mit den Füllmethoden (v.l.n.r.) »Normal«, »Farbton« und »Farbe«. Datei: Verlauf_04

Um die Deckkraft an der aktiven Transparenzmarke zu verändern, tragen Sie einen neuen Wert im Feld Deckkraft ein. Alternative: Führen Sie den Mauszeiger über den Verlauf oder über das Bild. Dort nehmen Sie eine neue Transparenz mit der Pipette auf.

Weitere Möglichkeiten

Per Klick über dem Balken setzen Sie neue Transparenzmarken. Verschieben Sie die Transparenzmarke nach Bedarf. Überflüssige Transparenzmarken ziehen Sie aus dem Dialogfeld heraus oder Sie löschen sie per Entf-Taste. Mit der Raute platzieren Sie den 50-Prozent-Übergang zwischen zwei festgelegten Deckkraftvorgaben.

Um die Maske komplett auszuschalten und die Farben voll deckend aufzutragen, wählen Sie die Transparenz in den Optionen zum Verlaufswerkzeug ab. Statt lange Transparenzmarken zu verschieben, bringen Sie einen Verlauf ohne Transparenz auf eine eigene Ebene und steuern die Mischung mit dem Hintergrund per Ebenenmaske, Überblendmodus, Deckkraftregler oder Verbergen eines Tonwertbereichs.

13.4 Pinselvorgaben

Wie dick oder dünn malen Pinsel und Kopierstempel? Wie weich fällt der Rand aus? Wie unregelmäßig

Abbildung 13.24 **Links:** Der Verlauf basiert auf Vorder- und Hintergrundfarbe. **Mitte:** Wir haben den Verlauf auf 150 Prozent skaliert und nach unten gezogen, so dass sich die Blautöne weiter ausdehnen. **Rechts:** Wir schalten auf »Radial« um und verschieben den Verlauf erneut. Datei: Verlauf_03

Abbildung 13.25 Unterschiedliche Wege zum Regenbogen – wir verwenden jeweils einen »radialen« Verlauf und die Vorgabe »Regenbogen« aus der Bibliothek »Spezialeffekte«. Reduzierte »Deckkraft« und die Überblendmethode »Hartes Licht« sorgen für die richtige Mischung mit der Landschaft, Ebenenmasken überdecken den Verlauf im unteren Bildteil. Sie können den Verlauf bequem in andere Bilder ziehen und dort anpassen. **Links**: Der Regenbogen entstand mit dem Verlaufswerkzeug auf einer leeren Ebene. **Mitte:** Wir wenden den Effekt »Verlaufsüberlagerung« auf eine grau gefüllte Ebene an. **Rechts:** Die Ebene »Verlaufsfüllung« sorgt hier für den Verlauf. Datei: Verlauf_06

wird das Ganze? Solche Einstellungen regeln Sie mit den Pinselvorgaben – sie gelten für alle Mal- und Retuschewerkzeuge gemeinsam.

13.4.1 Pinselvorgaben auswählen

Ist bereits ein Mal- oder Retuschewerkzeug aktiv, blenden Sie Pinselvorgaben so ein:

» Klicken Sie auf das Symbol für die aktuelle Pinselvorgabe oben links in der Optionenleiste (nicht auf die Werkzeugvorgabe noch weiter links); Sie erhalten eine abgespeckte Form der Pinselpalette.

» Klicken Sie bei eingeschaltetem Mal- oder Retuschewerkzeug mit rechts ins Bild (am Ein-Tasten-Maus-Mac [Ctrl]-Klick), um dieselbe abgespeckte Pinselpalette zu sehen.

» Wählen Sie **Fenster: Pinsel** (für komplette Feinsteuerung) oder **Pinselvorgaben (dort nur die Pinselspitzen ohne Feinsteuerung)**.

» Klicken Sie in der Optionenleiste auf PINSELBEDIENFELD EIN-/AUSBLENDEN, meist hilft auch [F5]. Hier haben Sie alle Kontrollen.

» Oder gehen Sie ganz oben rechts im Photoshop-Rahmen im Arbeitsbereiche-Menü » auf MALEN; dieses Programmfenster-Arrangement holt alle wichtigen Paletten hervor.

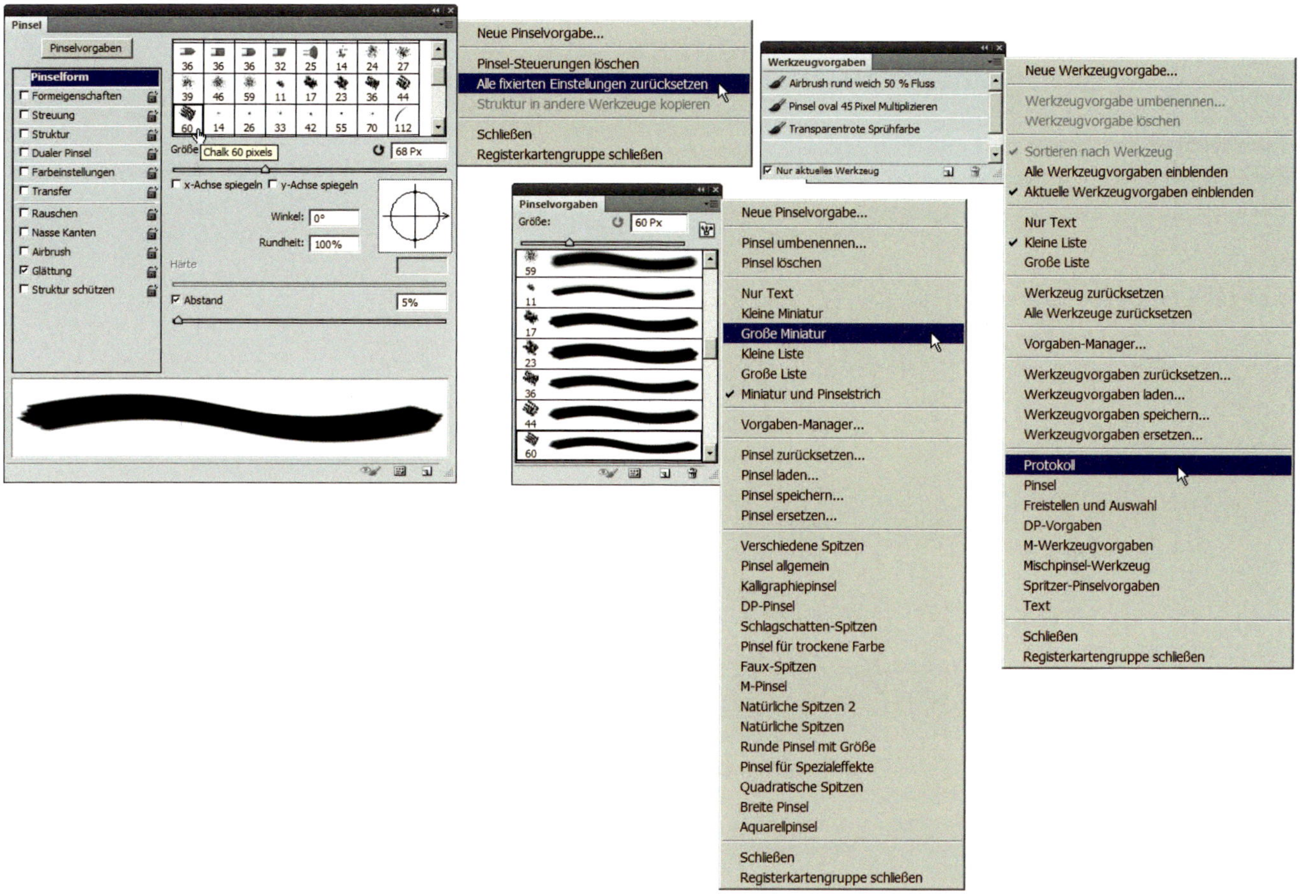

Abbildung 13.26 Aktivieren Sie eine Pinselspitze wahlweise in Pinselpalette, Pinselvorgabenpalette oder – wenn Sie bereits etwas definiert haben – in der Werkzeugvorgabenpalette. Die Pinselpalette bietet eine Schaltfläche für die Pinselvorgabenpalette und umgekehrt. **Links:** Die Pinselpalette zeigt hier unter anderem die »aufgenommene« Pinselvorgabe »Chalk 60 pixels«, die der »Größe«-Regler auf 68 Pixel vergrößert hat. Für die hier aktivierte »aufgenommene« Pinselvorgabe steht der Regler »Härte« nicht zur Verfügung. Um zur unverzerrten und perfekt randscharfen Originalfigur zurückzukehren, klicken Sie auf die Schaltfläche »In Originalgröße wiederherstellen«. **Mitte:** Übersichtlich sehen Sie die Pinselvorgaben ohne Einstellmöglichkeiten in der Pinselvorgabenpalette. **Rechts:** Sofern Sie nicht nur Pinsel-, sondern auch Werkzeugvorgaben definiert haben, aktivieren Sie Ihre Gerätschaften auch per Werkzeugvorgabenpalette. Hier speichert Photoshop nicht nur Größe oder »Nasse Kante«, sondern zum Beispiel auch Deckkraft oder Füllmethode – Eigenschaften, die nicht in einer Pinselvorgabe gesichert werden.

Die aktive Pinselvorgabe erscheint in der Bibliothek eingerahmt. Wo die Spitzen nach Grau hin verblassen, tragen Sie Farbe nur noch mit verminderter Deckkraft auf.

Unterschiedliche Typen von Pinselspitzen

Photoshop bietet mehrere Typen von Pinselspitzen an:

» Die Standard-Pinselvorgaben basieren auf einer geometrischen Kreisform. Diesen Kreis können Sie zu Ovalen und Ellipsen stauchen und fast beliebig vergrößern. Die Härte lässt sich regeln. Gemeint sind Pinselvorgaben mit Einblendnamen wie Rund hart oder Rund weich.

» Borstenpinsel bieten besonders viel Feinsteuerung, da man hier Zahl und Verhalten einzelner Borsten steuern kann.

» Sogenannte »aufgenommene Pinselvorgaben« entstehen dagegen durch Kopieren (»Aufnehmen«) eines Bildteils in die Pinselbibliothek. Die Härte lässt sich hier nicht steuern. Adobe liefert bereits »aufgenommene Pinselvorgaben« mit, zum Beispiel CHALK (Kreide) oder SPATTER (Spritzer). Sie können eigene Pinselvorgaben aufnehmen, etwa Logos oder Unterschriften.

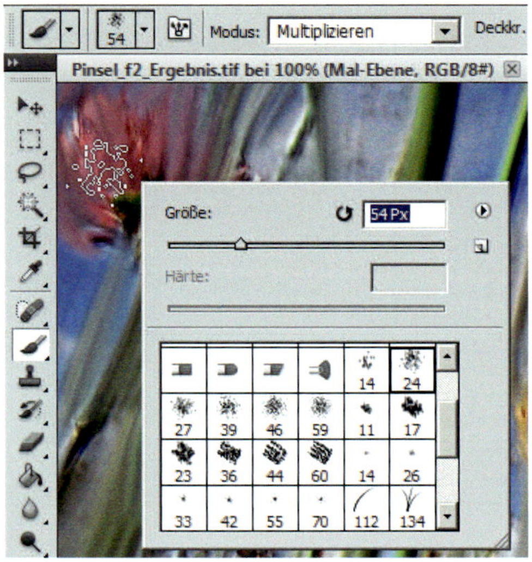

Abbildung 13.27 Per Rechtsklick mit Pinsel, Mischpinsel und anderen Mal- und Retuschewerkzeugen wählen Sie eine Pinselvorgabe im Kontextmenü direkt über dem Bild aus. Sie können die Größe bequem über einem Bilddetail testen (hier links oben eine 54 Pixel große »Spatter«-Spitze). Das gleiche abgespeckte Pinselmenü erhalten Sie auch oben in den Optionen, mit der zweiten Schaltfläche von links; die Schaltfläche meldet hier bereits die aktuelle Pinselgröße von 54 Pixeln.

13.4.2 Eigene Pinselvorgaben aufnehmen

Leicht leiten Sie eine eigene Pinselvorgabe von einer Bilddatei ab - nutzen Sie etwa ein Piktogramm, ein Firmenlogo, eine Unterschrift oder eine Struktur als Pinselspitze. Je dunkler die verwendeten Bildteile, desto stärker ihre Deckkraft als Pinselvorgabe. Ein grauer Bildteil trägt - als Pinselvorgabe - Farbe nur halbtransparent auf, weiße Pinselzonen verändern Ihr Bild gar nicht. So geht's:

1. Bearbeiten Sie den Bildteil, der zur Pinselvorgabe werden soll, zum Beispiel mit Kontrastkorrektur oder Größenänderung.
2. Wählen Sie den gewünschten Bildteil mit einem beliebigen Auswahlwerkzeug aus.
3. Klicken Sie auf **Bearbeiten: Pinselvorgabe festlegen**. Geben Sie einen Namen für die neue Pinselvorgabe an.

Die neue Pinselvorgabe erscheint in der aktuellen Bibliothek als Vorgabe - eventuell erst nach dem nächsten Programmstart.

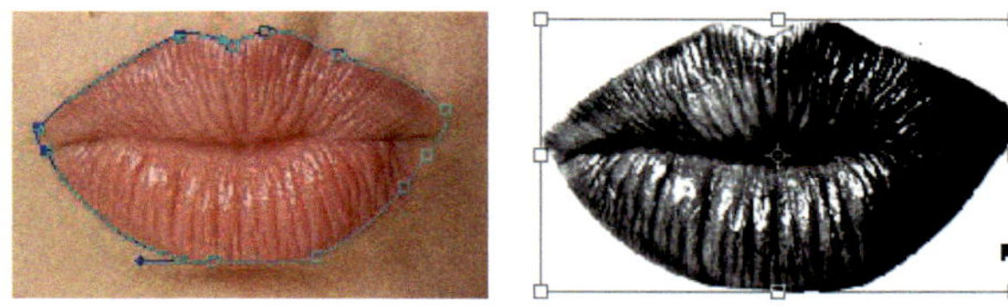

Abbildung 13.28 So entsteht die eigene Pinselvorgabe. **Links:** Der Mund wird mit Auswahl- und Zeichenstiftwerkzeugen ausgewählt und auf eine eigene Ebene gehoben. Wir verkleinern die freigestellte Form deutlich per »Transformieren«. Wir dunkeln das Motiv zudem ab, so dass später ein stark deckender Farbauftrag entsteht. Bevor wir den Bereich als Pinselvorgabe festlegen können, wählen wir ihn aus - hier per [Strg]-Klick auf die Miniatur der Ebene in der Ebenenpalette. Dateien: Pinsel_a1 etc.

Tipps für eigene »aufgenommene« Pinsel

Werfen Sie einen Blick auf unsere Tipps für eigene Pinselvorgaben:

» Die meisten Bildelemente sollten Sie drastisch verkleinern - zum Beispiel per **Bild: Bildgröße** oder, wenn Sie eine Auswahl haben, per [Strg]+[J], dann [Strg]+[T]. Testen Sie nach der Größenänderung einen Scharfzeichner.

» Nur schwarze Partien wirken später zu 100 Prozent deckend. Wechseln Sie erst in den Graustufenmodus, dann schieben Sie in der **Tonwertkorrektur** ([Strg]+[L], Seite 339) den Schwarzregler ▲ von links weit nach rechts - das Bild dunkelt ab, doch Zeichnung bleibt erhalten. Wollen Sie dagegen einen komplett schwarzen Pinsel ohne jede Zeichnung, verwenden Sie **Bild: Korrekturen: Schwellenwert**; Sie vermeiden die krachharten Ränder, wenn Sie alternativ den Befehl **Helligkeit/Kontrast** mit der Vorgabe FRÜHEREN WERT VERWENDEN öffnen und Höchstwerte wie »97« für KONTRAST testen - aber nur im Graustufenmodus (Seite 526).

» Das Umfeld der Pinselspitze sollte auf Weiß stehen; so kommt die Kontur gut heraus, der Pinsel malt nicht ein komplettes Quadrat aus. Alternative: Sie wählen nur das Objekt selbst mit einer frei geformten Fließmarkierung.

» Legen Sie die Pinselvorgabe in der Größe an, die Sie besonders häufig verwenden möchten, oder eher zu groß. Der Durchmesser-Regler ändert die Größe zwar frei, doch dann wirken die Umrisse eventuell leicht unscharf.

TIPP Sie wollen ein Motiv aufpinseln, das unabhängig von der aktuellen Vordergrundfarbe immer in den gleichen Originalfarben erscheint? Das erledigt der Musterstempel, verwenden Sie ein Muster mit Transparenz (Seite 494). Eine Pinselspitze als Werkzeugvorgabe merkt sich wahlweise die verwendete Vordergrundfarbe.

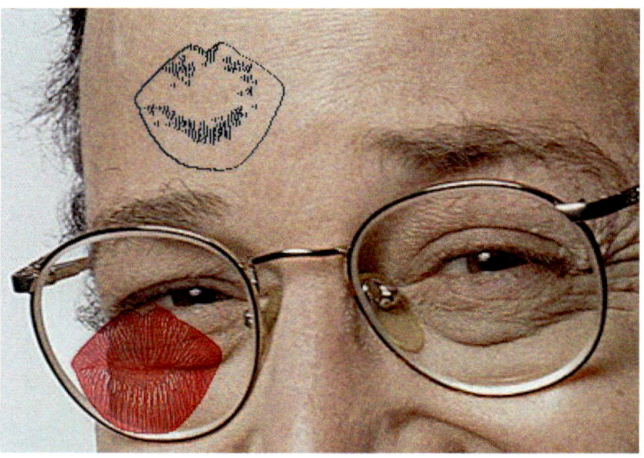

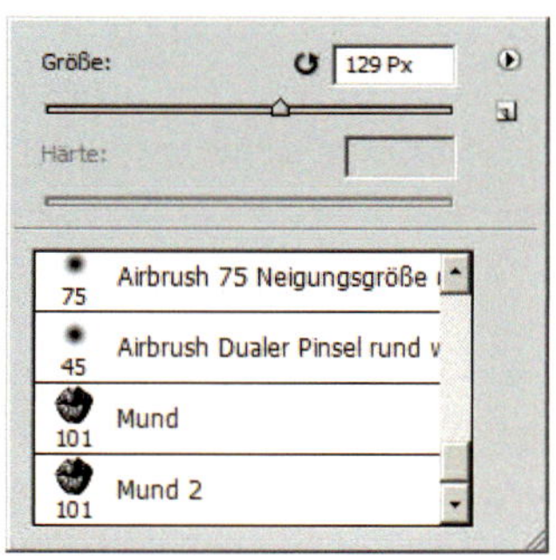

Abbildung 13.29 Der Befehl »Bearbeiten: Pinselvorgabe festlegen« erzeugt eine neue Vorgabe in der aktuellen Pinselbibliothek. Der Pinsel erscheint über der Bilddatei bereits in der tatsächlichen Größe und Form. Vorlage: Pinsel_b

13.4.3 Pinselvorgaben verwalten

Photoshop liefert attraktive »Vorgaben« für Pinselspitzen. Sie erscheinen wie immer zum bequemen Laden unten im Menü zur Pinselpalette, das Sie per Schalter öffnen; Sie können die aktuelle Sammlung ergänzen oder ersetzen (Seite 56).

Haben Sie eine vorhandene Pinselvorgabe mit verschiedenen Reglern angepasst, können Sie diese individuelle Spitze dauerhaft als eigene neue Vorgabe in der aktuellen Bibliothek speichern: Dazu klicken Sie unten in der Pinselpalette auf die Schaltfläche Neuen Pinsel erstellen. Dabei verewigen Sie wohlgemerkt nicht nur die Form, sondern auch alle Vorgaben wie Nasse Kanten, Formeigenschaften oder Farbeinstellungen.

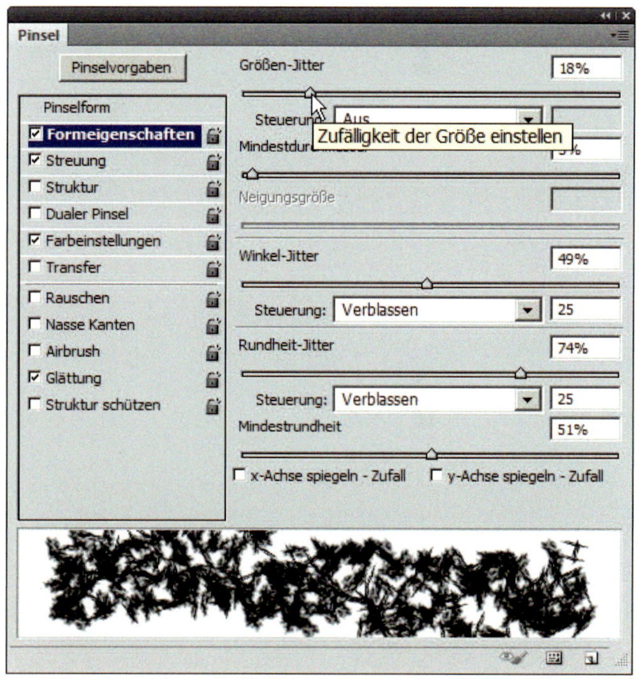

Abbildung 13.30 Im Bereich »Formeigenschaften« der Pinselpalette regeln Sie die Variation von Größe, Winkel oder Rundheit (nicht für Borstenspitzen). Sie erkennen, dass die aktuelle Pinselvorgabe auch durch Einstellungen in den Bereichen »Streuung« und »Farbeinstellungen« beeinflusst wird.

13.4.4 Befehle im Überblick: Malen und Farben

Taste/Feld	Zusatztasten	Aktion	Ergebnis
			Farbwähler öffnen, Vordergrundfarbe wählen
			Vorder-/Hintergrundfarbe vertauschen
			Vorder-/Hintergrundfarbe auf Schwarz und Weiß setzen
[D] (für Default)			Vorder-/Hintergrundfarbe auf Schwarz und Weiß setzen
[X] (für Exchange)			Vorder-/Hintergrundfarbe vertauschen
[B] (für Brush)			
[B]	[⇧]		Wechsel zwischen
[G] (für Gradient Tool)			oder
[G]	[⇧]		Wechsel zwischen und
			Vordergrundfarbe wählen
	[Alt]		Hintergrundfarbe wählen
[Entf]-Taste (am Mac [←]-Taste)	[⇧]		Dialogfeld Fläche füllen
[Entf]-Taste	[Alt]		Auswahl mit Vordergrundfarbe füllen
[Entf]-Taste			bei Hintergrund-Ebenen **Füllen**-Dialog, sonst Auswahl leerlöschen
Jedes Mal-/Retusche-werkzeug	[⇧]	ziehen oder klicken	Bearbeitung in gerader Linie
Jedes Malwerkzeug	[Alt]		
Jedes Malwerkzeug	[Alt]+[⇧]		
[Zifferntasten]			Deckkraft ändern
[-]	[⇧]		Zur nächsten Füllmethode wechseln
Jedes Mal-/Retusche-werkzeug	[⇧]	an verschiedenen Stellen klicken	Klickpunkte mit gerader Linie verbinden
Jedes Mal-/Retusche-werkzeug	[Alt]	mit r. Taste horizontal ziehen	Durchmesser der Spitze verkleinern bzw. vergrößern
Jedes Mal-/Retusche-werkzeug	[Alt]	mit r. Taste vertikal ziehen	Kantenschärfe der Spitze ändern
[Ö] bzw. [#]			Durchmesser d. Werkzeugspitze verkleinern bzw. vergrößern ([Ö] nicht am Mac)
[.] bzw. [,]			Vorherige Pinselspitze bzw. nächste Pinselspitze
			gewählte Farbe nicht websicher, per Klick nächstmögliche websichere Farbe einsetzen
			gewählte Farbe außerhalb des druckbaren Bereichs, per Klick nächstmögliche druckbare Farbe einsetzen

13.4.5 Die Pinselpalette

Sie können viele Eigenschaften des Pinselstrichs variieren, ohne eine neue Pinselspitze anzuklicken. Dazu öffnen Sie die Pinselpalette mit der Schaltfläche Pinsel-Palette ein-/ausblenden in der Optionenleiste zum Mal- oder Retuschewerkzeug oder per F5. Grundsätzlich gilt für diese Palette:

» Wollen Sie die Einstellungen zum Beispiel aus dem Bereich Formeigenschaften verwenden, muss dieser Bereich per Häkchen aktiviert sein. Ist der Bereich abgeschaltet, berücksichtigt Photoshop die Einstellungen nicht.

» Mit den diversen Jitter-Vorgaben etwa für Winkel oder Grösse bringen Sie ein Zufallselement ins Spiel: Null Jitter verändert gar nichts, bei 100 wird die Stricheigenschaft völlig vom Zufall gesteuert und schwankt über die Strichlänge hin stark – zum Beispiel schwanken Winkel oder Grösse der Malpunkte. Das Ergebnis wirkt eventuell »natürlicher« oder »künstlerischer«.

Sie wollen alle Änderungen zurücksetzen und die Pinselpalette in Neutralstellung bringen? Öffnen Sie das Palettenmenü mit dem Schalter und wählen Sie **Pinsel-Steuerungen löschen**. Damit kehren Sie zurück zu einer besonders nachvollziehbaren Malweise.

Nutzen Sie auch die Werkzeugvorgabenpalette

Nutzen Sie nicht nur Pinselvorgaben, sondern auch die vielseitigeren Werkzeugvorgaben. In einer Werkzeugvorgabe (also nicht Pinselvorgabe) speichern Sie nicht nur Größe und Borstenzahl aus der Pinselpalette ab, sondern zusätzlich Eigenschaften oben aus der Optionenleiste – etwa Deckkraft und Füllmethode sowie bei Pinsel und Mischpinsel wahlweise die Vordergrundfarbe. Bei aktivem Pinsel klicken Sie oben links in den Optionen auf das Pinsel-Symbol, dann auf Neue Werkzeugvorgabe erstellen.

TIPP Sie erreichen die Werkzeugvorgaben auch mit der Schaltfläche unten rechts in der Pinselpalette.

Abbildung 13.31 **Ganz links:** Diesen Pfad verwenden wir für die folgenden Beispiele mit dem Befehl »Pfadkontur füllen«; **2:** elliptische Form ohne Größen-Jitter oder -Verblassen; **3:** freie Form mit Verblassen (also Senken) der Größe; **4:** freie Form mit Streuung und Größen-Jitter; **5:** freie Form mit Größen-Jitter, Streuung, Farbton-Jitter; **6:** Duale Spitze, 20-Pixel-Ellipse mit Variationen innerhalb eines 60-Pixel-Kreises; **7:** Deckkraft-Verblassen. Der Rand der Hintergrundfläche entstand ebenfalls mit einer freien Pinselform plus »Abgeflachte Kante«. Vorlage: Pinsel_c1

Tipps zum Experimentieren

Sie machen sich gerade erst mit Malwerkzeugen, Pinselvorgaben und der Pinselpalette vertraut? Unsere Tipps schaffen Orientierung:

» Blenden Sie die Pinselpalette mit der Schaltfläche ein und verwenden Sie höchstens eine Kategorie - wenn Sie mit Formeigenschaften experimentieren, verzichten Sie auf Streuung oder Dualen Pinsel. Setzen Sie am besten alles auf null mit dem Befehl **Pinsel-Steuerungen löschen** aus dem Menü zur Pinselpalette und verzichten Sie zunächst auf Jitter oder Steuerung.

» Verwenden Sie für erste Versuche eine übliche runde Standard-Pinselvorgabe, keine freie Form, keine Borsten, nicht den Mischpinsel.

» Legen Sie zum Experimentieren eine neue, weiße Datei an, wählen Sie die gesamte Arbeitsfläche mit Strg+A aus und pinseln Sie nach Bedarf; ist die Datei vollgestrichelt, löschen Sie mit der Entf-Taste alles auf einmal. Dabei sollte die Hintergrundfarbe Weiß sein (Kurztaste D).

Steuerung per »Verblassen«

Mit den zahlreichen Steuerung-Klappmenüs kontrollieren Sie Stricheigenschaften wie Durchmesser oder Deckkraft. Die Steuerung-Vorgabe Verblassen verändert den Strich über eine wählbare Zahl von Malpunkten hinweg.

Ein Beispiel: In den Formeigenschaften stellen Sie unter Grössen-Jitter die Steuerung auf Verblassen in 350 Schritten. Damit schrumpft der Pinselstrich innerhalb von 350 Malpunkten von der ursprünglichen Pinselbreite zur gewählten Mindestgröße.

Die Wirkung von Verblassen hängt unmittelbar vom Malabstand ab, den Sie im Hauptbereich Pinselform einstellen. Ein Beispiel: Sie verwenden einen niedrigen Malabstand wie 5 Prozent; so entsteht ein durchgehender Strich, weil viele Malpunkte eng aufeinanderfolgen. Ein Verblassen-Wert von 50 Malpunkten führt bei einer Strichlänge von 100 Pixeln eventuell zu

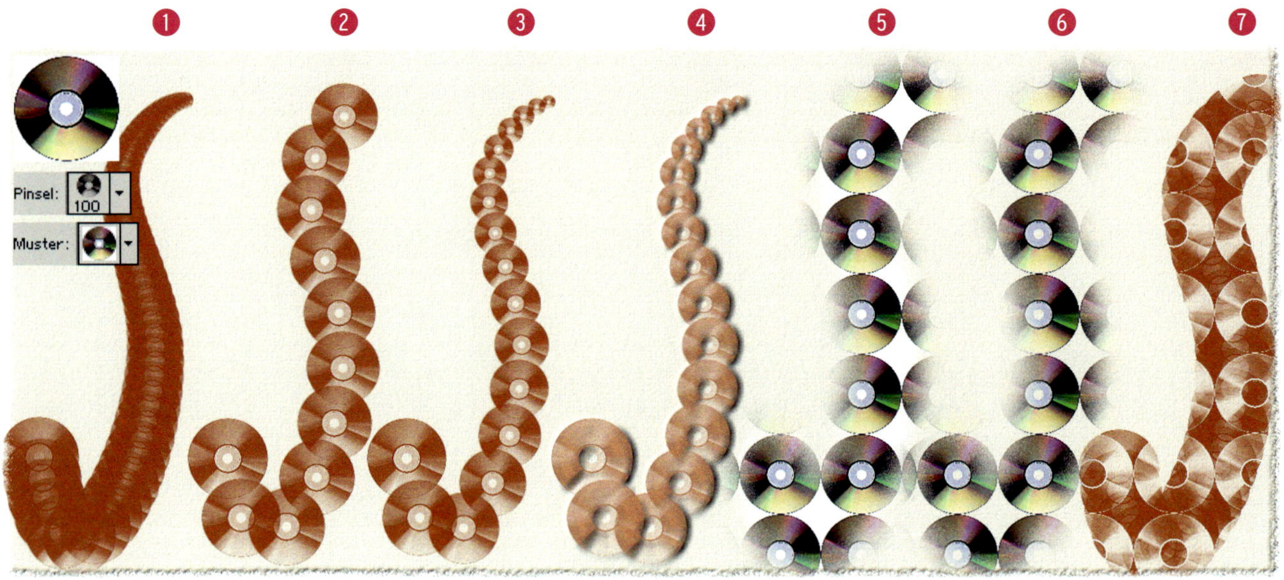

Abbildung 13.32 Eine CD wird als Pinselvorgabe und als Muster festgelegt; bei der Pinselvorgabe verwenden wir in der Auswahl nicht den weißen Hintergrund, das Muster entsteht dagegen zwangsläufig mit weißer Hintergrundfläche. Wir beginnen mit Pinselfunktionen. **1:** Geringer »Malabstand« mit einem »Verblassen«-Wert von 60 für die »Größe« führt zu einem kompletten Übergang zwischen den möglichen Extremwerten der Größe. **2:** Hoher »Malabstand«, wiederum mit einem »Verblassen«-Wert 60, erzeugt kaum eine Änderung zum Ende des Strichs, da auf der verwendeten Malstrecke nur genau elf Malpunkte entstehen. **3:** Unverändert hoher »Malabstand«, jetzt aber mit einer »Verblassen«-Vorgabe von 19, lässt den Malpunkt zu einem Nichts schrumpfen. **4:** Mit Ebeneneffekten. **5:** Musterstempel. **6:** Musterstempel mit Ausblendung von Weiß in den Fülloptionen. **7:** Pinsel mit »Struktur«. Vorlagen: Pinsel_c1, _c2

einem vollständigen Übergang vom einen zum anderen Extremwert.

Erhöhen Sie aber den Malabstand beispielsweise auf 400 Prozent, dann besteht der Strich aus einzeln erkennbaren Malpunkten mit viel Hintergrundfläche dazwischen; nun führt die Verblassen-Vorgabe von 50 auf einer kurzen 100-Pixel-Länge kaum einen erkennbaren Übergang herbei – und Sie erkennen auch in der Vorschau nichts von einer Schwankung; nur wenn Sie den Verblassen-Wert stark heruntersetzen, zum Beispiel auf 3, dann wird der geplante Übergang schon auf einer kurzen Pixelstrecke deutlich.

Steuerung per Grafiktablett

Sofern Sie ein druckempfindliches Grafiktablett verwenden, zum Beispiel von Wacom, können Sie die Stricheigenschaften per Steuerung-Klappmenü auch von Zeichenstift-Druck, Zeichenstift-Schrägstellung oder vom Stylus-Rad des Zeichenstifts abhängig machen. Diese Einstellung ist für jede Pinselspitze separat festgelegt.

Sie wird jedoch aufgehoben von den Schaltflächen Druck auf Tablett steuert Grösse und Druck auf Tablett steuert Deckkraft oben in der Optionenleiste. Erscheinen diese Schaltflächen eingedrückt, reagiert der Strich garantiert auf den Andruck per Grafiktablett – egal, was die Pinselvorgaben vorsehen; Photoshop erlaubt allerdings keine Tablett-gesteuerte Größenänderung bei Borstenpinseln.

Wenn Sie mit dem Befehl **Pfadkontur füllen** einen Pfad nachmalen (Seite 680), können Sie den Zeichenstift-Druck simulieren: Photoshop variiert über die Pfadstrecke hin diejenigen Stricheigenschaften, die Sie in den Steuerung-Klappmenüs der Pinselpalette auf Zeichenstift-Druck gestellt haben – zum Beispiel Durchmesser, Farbe oder Strukturtiefe.

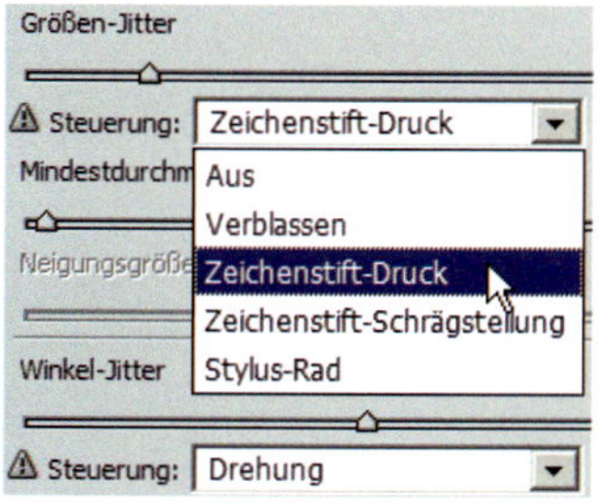

Abbildung 13.33
Photoshop bietet Grafiktablett-Optionen in der Pinselpalette auch, wenn gar kein Grafiktablett installiert ist. Sie sehen dann jedoch ein Warndreieck neben dem »Steuerung«-Klappmenü.

Deckkraft

Die Deckkraft des Malstrichs stellen Sie direkt in der Optionenleiste zum Mal- oder Retuschewerkzeug ein. Sofern ein solches Werkzeug aktiviert ist und der Mauszeiger nicht im Datenfeld einer Palette blinkt, tippen Sie eine einstellige »5« für 50 Prozent Deckkraft, »33« für ebendiese Deckkraft oder »0« für 100-Prozent-Deckung.

Im Bereich Andere Einstellungen bietet die Pinselpalette Steuerung und Jitter für die Deckkraft. Per Jitter machen Sie die Deckkraft vom Zufall abhängig, per Steuerung ändert sich die Deckkraft zum Beispiel je nach Strichlänge oder abhängig vom Grafikstift.

Durchmesser

Den Durchmesser der Pinselvorgabe verändern Sie zum Teil einfach durch Wechsel zu einer anderen Spitze oder verschieben Sie den Durchmesser-Regler in den verschiedenen Ausgaben der Pinselpalette. Auch die Tasten Ü und + steuern den Durchmesser. Und noch eine Möglichkeit: Ziehen Sie bei gedrückter Alt-Taste mit der rechten Maustaste horizontal (am Mac mit Eintasten-Maus zusätzlich die Ctrl-Taste).

Diese zusätzlichen Möglichkeiten bieten sich im Bereich Formeigenschaften:

- Sollen einzelne Malpunkte (Spuren) unterschiedlich groß ausfallen, heben Sie den Wert Grössen-Jitter an.
- Soll der Strich über die Länge hinweg gleichmäßig schrumpfen, stellen Sie die Steuerung unter dem Grössen-Jitter auf Verblassen und wählen Sie eine Pixeldistanz zwischen voller Größe und Mindestmaß. Die Größe, die nicht mehr unterschritten werden soll, bestimmt der Regler Mindestdurchmesser. Sofern Sie die Größen-Steuerung per Zeichenstift-Schrägstellung gewählt haben, steht zudem der Regler Neigungsgrösse zur Verfügung.

Die ursprüngliche, unveränderte Größe richten Sie bequem mit einem Klick auf die Schaltfläche In Originalgrösse wiederherstellen im Bereich Pinselform der Pinselpalette ein; allerdings werden Rundheit und Winkel nicht zurückgesetzt – dafür klicken Sie erst eine andere Spitze an, dann klicken Sie zur ursprünglichen Spitze zurück. Bei Standard-Pinselvorgaben und Borstenpinseln fehlt diese Möglichkeit, weil sie in jeder beliebigen Größe volle Präzision bieten.

ACHTUNG »Aufgenommene« Pinselvorgaben - die aus Pixelbildern destilliert wurden - tragen nur perfekt auf, wenn Sie die Originalgröße verwenden und außerdem RUNDHEIT und WINKEL nicht verändern. Stellen Sie dagegen andere DURCHMESSER oder WINKEL ein, wirkt der Auftrag leicht unscharf. Brauchen Sie nach einer Änderung der GRÖSSE wieder die Originalqualität, klicken Sie auf IN ORIGINALGRÖSSE WIEDERHERSTELLEN.

Abbildung 13.34 Der Stift (Stylus) des druckempfindlichen Grafiktabletts steuert den Mauszeiger; Andruck oder Neigungswinkel beeinflussen Strichbreite oder Deckkraft.

Härte

Die HÄRTE bestimmt, wie stark die Pinselspitze zu den Rändern hin aufweicht und dort nur noch schwache Wirkung zeigt. Je kleiner der Wert, desto diffuser der Rand. Photoshop bietet diese Option nur für runde oder elliptische Standardpinsel, nicht jedoch für freie (»aufgenommene«) Formen. Ändern Sie die HÄRTE auch durch vertikales Ziehen bei gedrückter Alt-Taste mit der rechten Maustaste (am Mac mit Eintasten-Maus zusätzlich die Ctrl-Taste).

Selbst bei 100 Prozent HÄRTE erhalten Sie mit üblichen runden Pinselvorgaben noch eine hauchdünne Kantenglättung - ideal zur Bearbeitung von Ebenenmasken, die mit der GLÄTTEN-Option der Auswahlwerkzeuge entstanden. Knallharte Ränder ohne jeglichen halbtransparenten Übergang produziert Photoshop nur mit rechteckigen Pinselvorgaben oder mit dem Buntstift. Das Menü zur Pinselbibliothek bietet die **Quadratischen Spitzen** an.

Bearbeitung der Strichkanten

Einige Optionen der Pinselpalette verändern speziell die Kanten des Malstrichs:

» Die Option NASSE KANTEN simuliert Aquarellfarben - der Pinsel trägt innen leicht transparent auf und erreicht nur an den Rändern höhere Deckkraft.

» Die Photoshop-Option AIRBRUSH finden Sie identisch als Schaltfläche in den Optionen zu Pinsel oder Mischpinsel: Ist der Airbrush-Modus aktiv, dehnt sich die Farbe immer weiter aus. Solange Sie die Maus- oder Grafikstifttaste permanent über einer Bildstelle gedrückt halten, dehnt sich die Farbe immer breiter aus.

» Die Vorgabe RAUSCHEN bringt ein unregelmäßiges Streuselmuster in nur halb deckende Bereiche einer Pinselspitze mit Grautönen, also auch in Pinselvorgaben mit geringer HÄRTE.

» Die Option GLÄTTUNG soll glattere Kurven bei schnellen Malstrichen liefern.

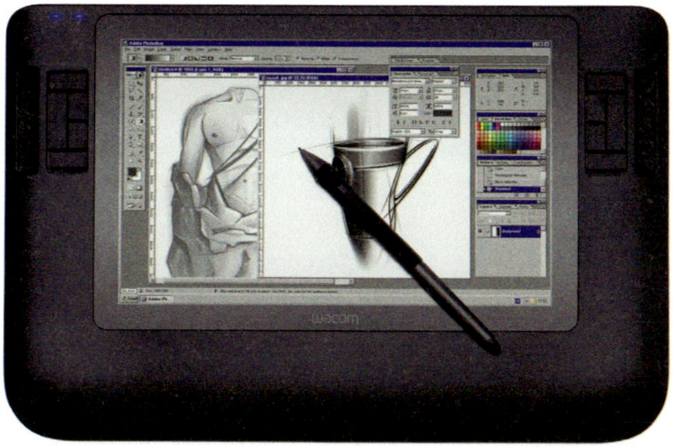

Abbildung 13.35 Bei diesem Grafiktablett malt der Gestalter direkt auf dem integrierten Bildschirm.

Die Form der gerundeten Pinselvorgaben

Als RUNDHEIT tippen Sie ein, ob Sie einen Kreis (100%) oder eine schmale Ellipse wollen. Der WINKEL dreht die Spitze – eine schräge, elliptische Spitze eignet sich für kalligrafische Effekte. Korrigieren Sie die Form und den Winkel direkt durch Ziehen in der Vorschau.

Für WINKEL wie auch RUNDHEIT bietet Photoshop im Bereich FORMEIGENSCHAFTEN den JITTER-Regler und STEUERUNG-Klappmenüs. Per JITTER machen Sie die Eigenschaften vom Zufall abhängig, per STEUERUNG variieren die Eigenschaften zum Beispiel je nach Strichlänge. Sie legen zusätzlich eine MINDESTRUNDHEIT fest, so dass die Pinselvorgabe nicht unbedingt extrem schmal ausfällt.

»Abstand«

Der ABSTAND reguliert die Dichte des Auftrags über die Länge des Pinselstrichs hinweg. Hohe Werte erzeugen einen gesprenkelten Strich; mit niedrigen Werten wird der Strich durchgehend. Pinseln Sie zum Beispiel mit einem Logo, ist ein hoher Abstand wichtig, damit die Einzelbilder nicht ineinander laufen.

»Struktur«

Per STRUKTUR-Bereich weben Sie eine Textur oder ein Oberflächenrelief in den Farbauftrag. Sie greifen dabei auf die übliche Musterbibliothek zurück. Sie können das Muster skalieren oder umkehren. Dazu bietet die Palette eine Reihe von meist abdunkelnden Füllmethoden, star-

Abbildung 13.36 **Ganz links:** Der Strich entstand mit runder Pinselvorgabe und geringer Härte. Rechts davon sehen Sie Variationen. **2:** Nasse Kante; **3:** Störungen; **4:** Nasse Kante und Störungen; **5:** Struktur; **6:** Reparaturpinsel mit »Muster«-Option; **7:** Musterstempel. Vorlage: Pinsel_c1

ten Sie mit Multiplizieren; Hart mischen führt zu normalem, unstrukturiertem Farbauftrag.

Nur wenn Sie Jede Spitze mit Struktur versehen, stehen die Regler für Tiefen-Jitter und Mindesttiefe zur Verfügung. Hohe Tiefe-Werte arbeiten die Struktur besonders deutlich heraus. Der Regler Tiefen-Jitter bestimmt, wie stark die Tiefe variieren darf. Wählen Sie in der Steuerung das Verblassen, hängt die Tiefe von der Länge des Pinselstrichs ab.

Strukturen schützen und übertragen

Wollen Sie verschiedene Pinselvorgaben mit einheitlicher Struktur verwenden? Dann nutzen Sie die Option Struktur schützen unten links in der Pinselpalette. Damit simulieren Sie trotz Wechsel der Pinselvorgabe eine einheitliche Materialstruktur.

Sie können das aktuelle Muster zudem auf alle anderen Werkzeuge übertragen, die Strukturen unterstützen, darunter Kopierstempel, Musterstempel oder Protokollpinsel. Dazu öffnen Sie das Menü zur Pinselpalette mit der Dreieck-Schaltfläche und wählen **Struktur in andere Werkzeuge kopieren**.

Farbeinstellungen

Im Bereich Farbeinstellungen regeln Sie die gewünschte Schwankung des Tonwerts. Für einige Werkzeuge wie Musterstempel, Kopierstempel oder Protokollpinsel steht dieser Bereich nicht zur Verfügung. So verändert sich die Farbe:

- Ein hoher Wert für Vordergrund-/Hintergrund-Jitter lässt den Pinselstrich zwischen Vorder- und Hintergrundfarbe schwanken.
- Per Steuerung machen Sie die Entscheidung für Vorder- oder Hintergrundfarbe zum Beispiel von der Strichlänge (Verblassen) oder vom Grafiktablett abhängig. Sie erhalten einen Farbverlauf.
- Ein hoher Wert für Farbton-Jitter führt zu freien, bunten Farbschwankungen.

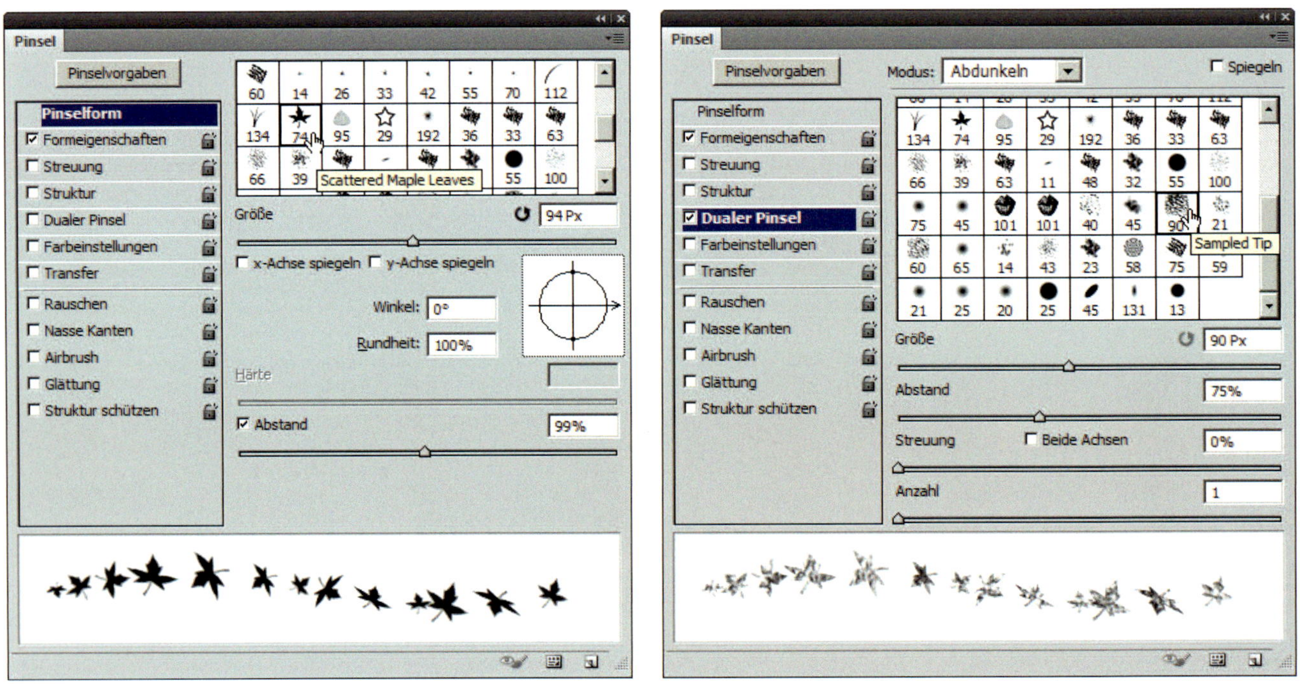

Abbildung 13.37 Die Vorgabe »Dualer Pinsel« zeigt eine zweite Pinselvorgabe in den Umrissen der ersten Vorgabe. **Links:** Wir wählen zunächst im Bereich »Pinselform« die Vorgabe »Scattered Maple Leaves« aus; »Durchmesser« und »Malabstand« werden so geändert, dass einzelne Pinselspuren groß erkennbar werden. In den »Formeigenschaften« legen wir anschließend Schwankungen (»Jitter«) für »Größe« und »Winkel« fest. **Rechts:** Erst jetzt schalten wir den Bereich »Dualer Pinsel« ein, nehmen die Vorgabe »Sampled Tip« mit 90 Pixeln Durchmesser und stellen das »Modus«-Menü oben auf »Abdunkeln«. So erscheint die Struktur der zweiten Vorgabe innerhalb der ersten Pinselvorgabe.

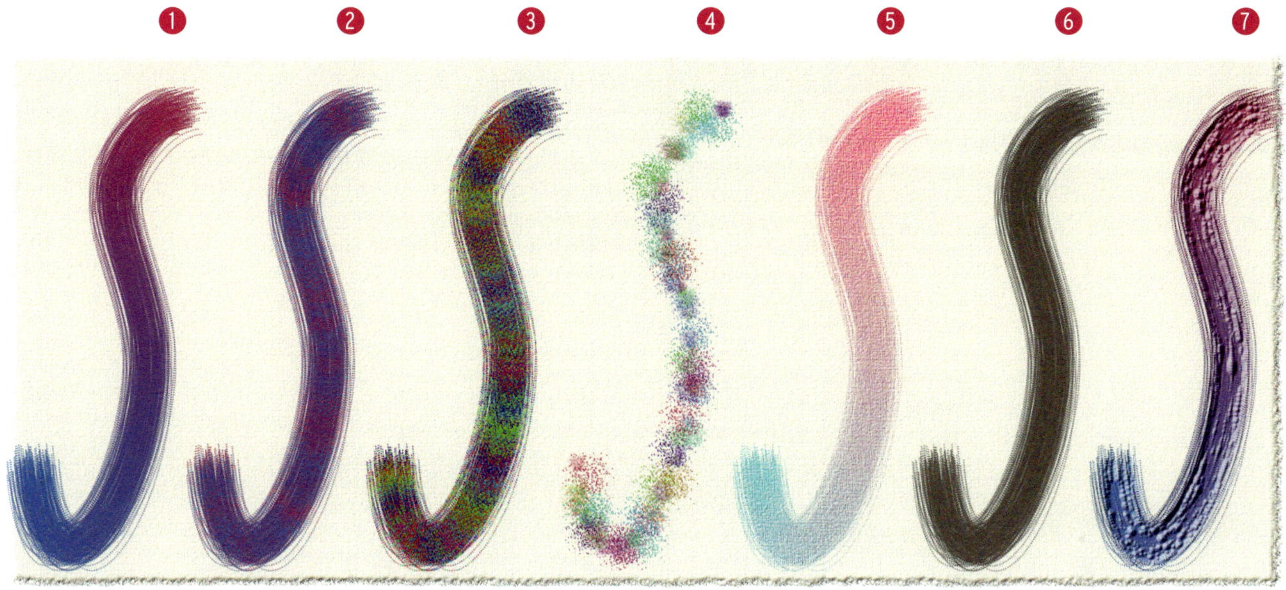

Abbildung 13.38 **1:** Verblassen mit Vordergrund-/Hintergrundfarbe, kein Jitter; **2:** Jitter mit Vordergrund-/Hintergrundfarbe, kein Verblassen; **3:** Farbton-Jitter; **4:** hoher Malabstand, geringe Streuung, Größen-Jitter, Farbton-Jitter, keine Störung; **5:** Variante 1 mit Füllmethode »Farbig nachbelichten«; **6:** Variante 1 mit Füllmethode »Luminanz«; **7:** Variante 1 mit Ebeneneffekt »Abgeflachte Kante« und den Vorgaben »Weich meißeln« und »Glanzkontur«. Vorlage: Pinsel_c1

Abbildung 13.39 Borstenspitzen im Vergleich. **1:** Flach, gefächert in Grundeinstellung; **2:** erneut flach, gefächert, Steifheit gesenkt; **3:** zusätzlich Länge angehoben; **4:** zusätzlich Borsten reduziert; **5:** Flach, gefächert in Grundeinstellung, Größe angehoben, Borsten reduziert, Nasse Kante; **6:** Rund, stumpf, Größe angehoben; **7:** zusätzlich Stärke angehoben. Vorlage: Pinsel_c1

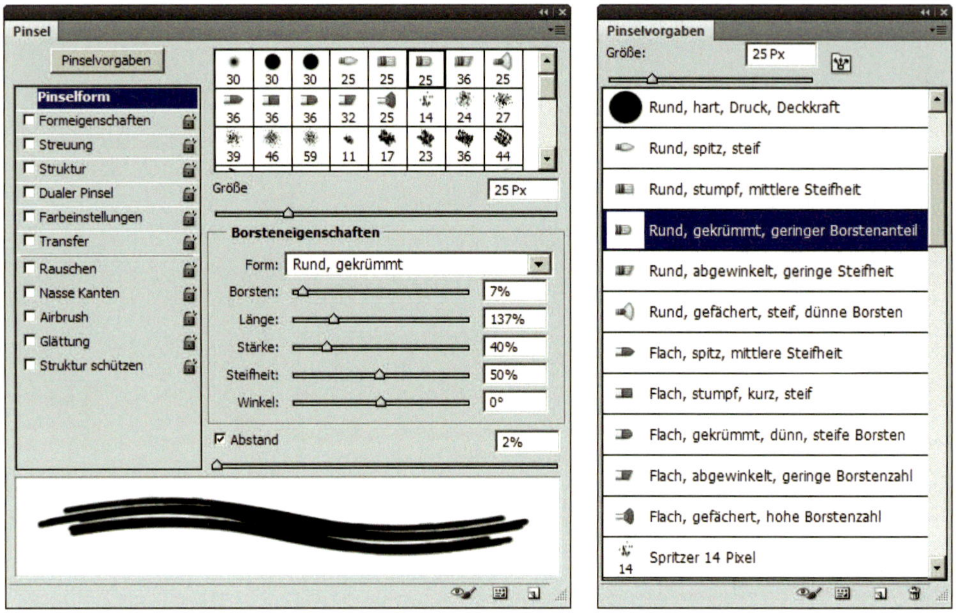

Abbildung 13.40 Die Borstenpinsel erlauben im Bereich Pinselform« vielseitige Steuerung: Ändern Sie nicht nur »Härte«, »Durchmesser« und »Abstand«, sondern auch »Stärke«, »Steifheit« und Zahl der »Borsten«. Wie alle Spitzen ruft man sie wahlweise in der Pinsel- oder in der Pinselvorgaben-Palette auf.

Weitere Möglichkeiten: Die Farbsättigung schwankt mit hohen Vorgaben für Sättigungs-Jitter. Der Regler Reinheit setzt die Farbsättigung dauerhaft hoch oder herunter – unabhängig von der aktuellen Vordergrundfarbe. Helligkeits-Jitter bringt Zufälligkeit in die Helligkeit des Pinselstrichs.

Borstenfunktionen

Die zehn speziellen Borstenpinsel bieten im Bereich Pinselform mehr Feinsteuerung als nur Härte, Grösse, Winkel und Abstand. Hier regeln Sie auch die Zahl der Borsten und ihre Länge, Stärke und Steifheit. Teilweise sind die Spitzen abgeschrägt oder abgerundet. So treffen je nach Andruck oder Winkel nicht immer alle Borsten einer Spitze auf die Malfläche, Sie erhalten lebendigere Ergebnisse bis hin zu echten Kleckser n. So entstehen besonders natürliche Striche.

Einige Regler sind vor allem fürs Malen per Maus interessant, weniger bei der Arbeit mit einem druckempfindlichen Grafiktablett zum Beispiel von Wacom. Es geht um die Spitzen Rund, spitz, steif bis Flach, gefächert, hohe Borstenzahl.

Wahlweise zeigt Photoshop während Ihrer Arbeit mit diesen Borstenspitzen eine kleine Grafikanimation. Sie verdeutlicht die Wirkung der aktuellen Pinselspitze, Sie erkennen Winkel, Länge und andere Eigenschaften in Echtzeit. Steuern Sie die Animation mit der Schaltfläche Borstenpinselvorschau ein-/ausblenden unten in der Pinselpalette. Auch das Untermenü **Ansicht: Extras zeigen** steuert die **Pinselvorschau**.

TIPP Sie brauchen »natürliche«, ungleichmäßige Striche? Heben Sie die Länge der Borsten und senken Sie die Steifheit. So verteilen sich einzelne Borsten freier. Schalten Sie testweise Nasse Kanten zu und testen Sie neben dem Pinsel-Werkzeug auch den Mischpinsel.

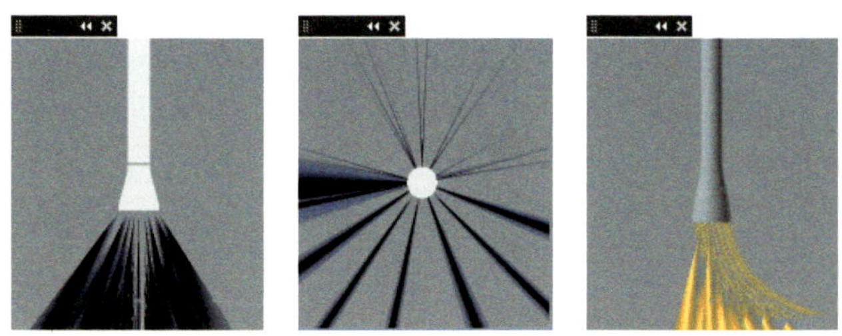

Abbildung 13.41 Die Wirkung der Borstenpinsel verdeutlicht Photoshop wahlweise mit einer Grafikanimation. Klicken Sie ohne Zusatztaste in die Grafik, um insgesamt drei verschiedene Perspektiven zu sehen. Per Klick auf die Doppelpfeil-Schaltfläche ändert sich die Größe. Per ⇧-Klick wird die Darstellung aufwändiger.

13.5 Malwerkzeuge

Malwerkzeuge wie Pinsel oder Buntstift erzeugen in der Grundeinstellung Striche in der aktuellen Vordergrundfarbe. Selbst wenn Sie nicht »kreativ« Cartoons oder Schlipsmuster auf den Bildschirm stricheln – den Pinsel brauchen Sie für die Maskenretusche.

13.5.1 Optionen für Retusche- und Malwerkzeuge

Zahlreiche Einstellungen und Kurztasten gleichen sich bei allen Mal- und Retuschewerkzeugen: Zum einen arbeiten alle Stifte & Co. mit den Vorgaben aus der Pinselpalette (siehe oben); zum anderen ähneln sich die Einstellmöglichkeiten in der Optionenleiste. Unsere Tipps erleichtern die Arbeit:

» Klicken Sie einen Farbtupfer ins Bild, lassen Sie die Maus los und klicken Sie andernorts erneut mit gedrückter [⇧]-Taste – Photoshop wird die zwei Punkte mit einer geraden Linie verbinden. Klicken und [⇧]-Ziehen führt zum gleichen Ziel.

» Eine [Alt]-Taste beim Malwerkzeug wechselt vorübergehend zur Pipette, mit der Sie eine neue Vordergrundfarbe aus dem Bild aufgreifen. Sobald Sie die [Alt]-Taste freigeben, malen Sie mit dem neuen Tonwert. [Alt]+[⇧] verhilft zeitweilig zum Farbaufnahmewerkzeug (Seite 83).

» Ändern Sie die Deckkraft über die Zifferntasten: [1] steht für den niedrigen Wert »10«, [2][2] für 22, [0] für 100. Achtung: Diese Tastengriffe ändern nicht den Pinsel, sondern die Deckkraft der aktuellen Ebene, sofern Sie kein Mal- oder Retuschewerkzeug aktiviert haben und sofern der Cursor nicht im Dateneingabefeld einer Palette blinkt.

» Die Airbrush-Schaltfläche sorgt dafür, dass sich die Farbe allmählich aufbaut, wenn Sie die Maustaste gedrückt halten – besonders gut zu beobachten, wenn Sie mit deutlich gesenkter Deckkraft malen.

TIPP Sie müssen sich nicht von vornherein mit Deckkraft und Überblendverfahren festlegen. Malen Sie stattdessen auf einer neuen, leeren Ebene mit voller Deckkraft und Normal-Modus. Anschließend testen Sie verschiedene Deckkraft- und Überblendeinstellungen für diese Ebene und verbergen Teile per Ebenenmaske. Das ursprüngliche Motiv bleibt voll erhalten.

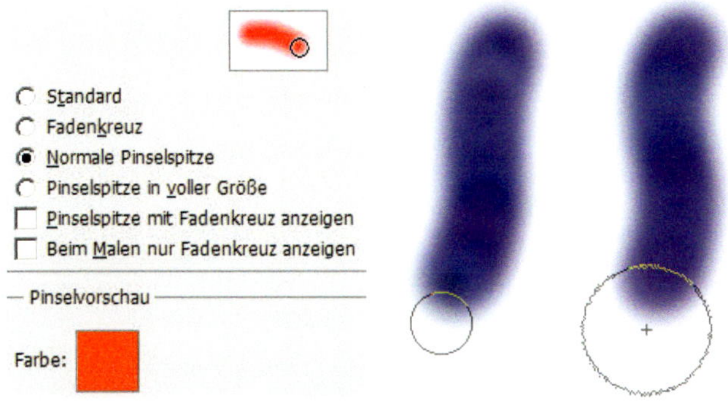

Abbildung 13.42 In den »Voreinstellungen« im Bereich »Zeigerdarstellung« regeln Sie die Anzeige der Pinselspitzen ([Strg]+[K]). **Beispiel links:** Die Vorgabe »Normale Pinselspitze« zeigt nur den Bereich einer Pinselspitze, der sofort mit mehr als 50 Prozent Deckkraft aufträgt. **Beispiel rechts:** Die Vorgabe »Pinselspitze in voller Größe« umfasst den gesamten Bereich der Pinselspitze, auch wenn sie außen nur blass wirkt; hier verwenden wir zusätzlich die Option »Pinselspitze mit Fadenkreuz anzeigen«. Die [⇪]-Taste schaltet zum Fadenkreuz um.

13.5.2 Pinsel und Buntstift

Der Pinsel (Kurztaste [B], für Brush) erzeugt Striche mit geglätteter oder weicher Kante – in der Regel das beste Malwerkzeug. Verwenden Sie 100 Prozent Härte, um eine geglättete Auswahlkontur in Alphakanal oder Ebenenmaske zu retuschieren. Soll der Pinsel mit krachharter Kante ohne jeden Übergang auftragen, nehmen Sie die rechteckigen Pinselvorgaben oder den Buntstift.

TIPP Definieren Sie einen Pfad, an dem Mal- oder Retuschewerkzeuge mit beliebigen Einstellungen entlangarbeiten. So müssen Sie nicht bei jedem Versuch neu präzise malen (**Pfadkontur füllen**, Seite 680). Nutzen Sie im Dialogfeld zum Befehl **Pfadkontur füllen** auch die Option Druck simulieren. Photoshop variiert über die Pfadstrecke hin diejenigen Stricheigenschaften, die Sie in den Steuerung-Klappmenüs der Pinselpalette auf Zeichenstift-Druck gestellt haben – verändern Sie über die Pfadlänge hinweg Größe, Farbe oder Tiefe der Struktur.

Abbildung 13.43 Das Graustufenbild wurde in den RGB-Modus verwandelt, anschließend haben wir die Kolorierung auf neuen Ebenen aufgetragen; die Ebenen erhalten die Füllmethoden »Farbe« oder »Ineinanderkopieren«. Sie können jedes Element einzeln korrigieren oder umfärben, die Wirkung lässt sich mit »Deckkraft«-Regler, Einstellebenen oder Ebenenmasken weiter steuern, das Graustufenbild auf der Hintergrundebene bleibt unverändert. In der Mitte haben wir die Fotoebene ausgeblendet. Datei: Pinsel_d

Der Buntstift (Kurztaste B) teilt sich ein Fach der Werkzeugleiste mit dem Pinsel. Der Buntstift erzeugt scharfkantige, freie Linien oder Figuren ohne jeden geglätteten Rand. Mit ihm lässt sich AUTOMATISCH LÖSCHEN, also die Vordergrund- durch die Hintergrundfarbe austauschen. Kommt ihm jedoch keine Vordergrundfarbe unter, setzt der Buntstift die Vordergrundfarbe ein; ob Vordergrundfarbe vorhanden ist, überprüft Photoshop nur beim allerersten Klick ins Bild, dann nicht mehr – die Farbe des Strichs ändert sich also nicht, wenn die Farbe im Bild wechselt.

Der Buntstift wird vor allem bei Bitmap-Bildern verwendet, die per definitionem auf schwarze und weiße Bildpunkte beschränkt sind. Aber auch bei anderen hart konturierten Grafiken ohne Kantenglättung eignet er sich zur Retusche, zum Beispiel bei Screenshots.

13.5.3 Mischpinsel

Der Mischpinsel teilt sich ein Werkzeugfach und den Tastaturbefehl B mit dem Pinsel. Er mischt die Vordergrundfarbe »künstlerisch« und fein steuerbar mit dem vorhandenen Bild und weit viel mehr Gestaltungsmöglichkeit als der Wischfinger (Seite 405). Wahlweise

- » rühren Sie nur die vorhandenen Bildfarben durcheinander oder
- » beginnen Sie ganz ohne vorhandenes Bild in einer neuen leeren Datei

oder Sie kombinieren die beiden Möglichkeiten. Sie steuern den Mischpinsel vor allem mit den wichtigen Reglern NASS, AUFTRAG und MIX.

Abbildung 13.44
Bei diesem Bild sind wir von einer schwarzen Hintergrundebene ausgegangen. Die kleinen Sterne wurden mit der Airbrush-Option ins Bild getupft und mit dem Befehl »Filter: Weichzeichnungsfilter: Radialer Weichzeichner« leicht verzerrt. Die geraden Kometenbahnen setzten wir mit dem Pinsel bei gedrückter ⇧-Taste ins Bild, so dass Anfangs- und Endpunkt automatisch verbunden wurden. Dabei haben wir in der Pinselpalette vorgegeben, dass der Farbauftrag schmaler und transparenter wird. Die gleichen Einstellungen galten auch für die gebogenen Leuchtspuren; sie entstanden jedoch mit dem Befehl »Pfadkontur füllen« (Seite 680) aus der Pfadpalette. Der Befehl »Filter: Renderfilter: Blendenflecke« (Seite 587) erzeugte das Gegenlicht. Datei: Pinsel_e

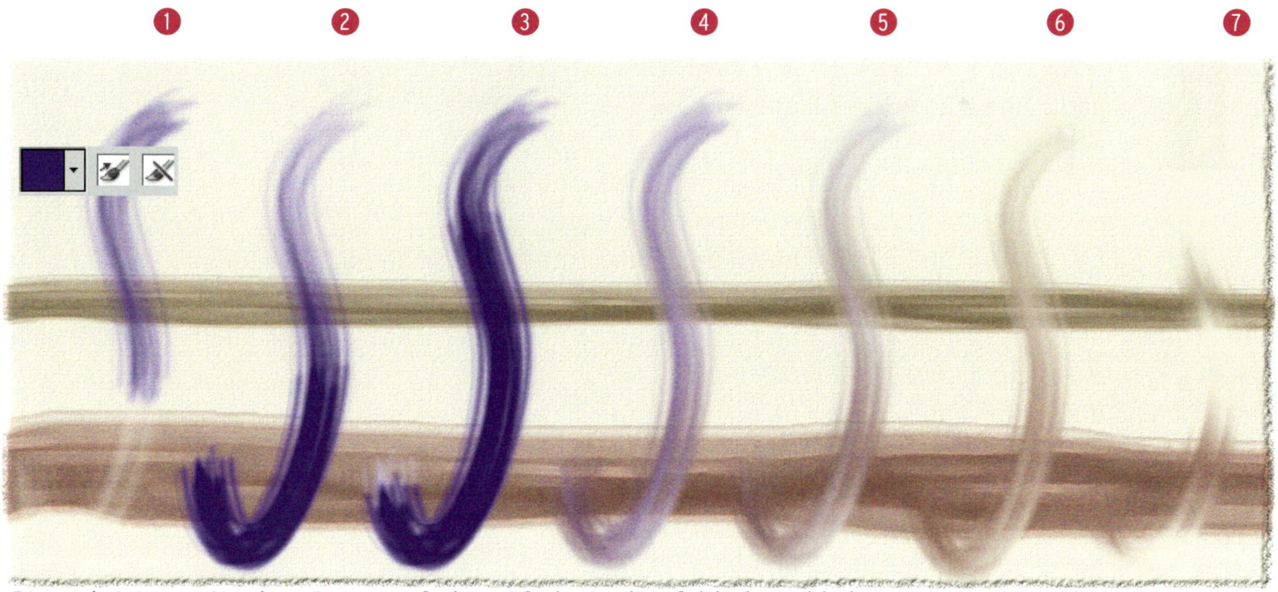

Abbildung 13.45 Wir verwenden den Mischpinsel für diese Reihe durchgehend mit den Optionen »Pinsel nach jedem Strich laden« und »Pinselfarbe nach jedem Strich entfernen«, so dass wir mit jedem neuen Pinselstrich den Anfangszustand haben. **1:** Mischpinsel mit Nass 0, Auftrag 1, Mix 0 und Fluss 20; **2:** Fluss auf 100 angehoben; **3:** Auftrag auf 5 angehoben, Nass und Mix weiter bei 0; **4:** Nass und Auftrag jetzt auf 70, Mix weiter bei 0; **5:** Mix auf 70 gehoben, so dass die Umgebungsfarbe stärker ist als die Malfarbe; **6:** Nass und Mix auf 100 Prozent, so wird nur die Umgebungsfarbe verändert, die Malfarbe spielt keine Rolle; **7:** Nass auf 25 Prozent gesenkt, damit die Umgebungsfarbe weniger hineinspielt. Vorlage: Pinsel_c2

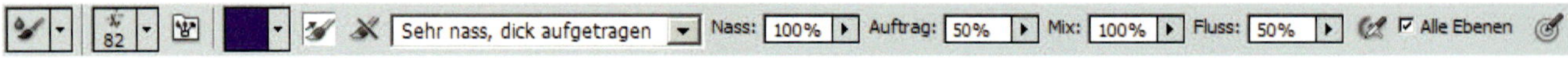

Abbildung 13.46 In den Optionen zum Mischpinsel entscheiden Sie, wie sich Umgebungsfarbe und Malfarbe mischen.

»Alle Ebenen«

Wie auch bei den Retuschewerkzeugen: Legen Sie für unterschiedliche Striche immer wieder neue leere Ebenen an und nutzen Sie die Mischpinsel-Option ALLE EBENEN. So können Sie die verschiedenen Striche immer noch mit DECKKRAFT-Regler, Radiergummi oder Füllmethode auf ihrer eigenen Ebene verfeinern, unabhängig vom Originalbild – dennoch berücksichtigt der Mischpinsel die Farben anderer Ebenen, also das Gesamtbild.

TIPP Wählen Sie die aktuelle Malebene einmal mit Strg+A aus, dann lässt sie sich jederzeit bequem mit Entf- oder ←-Taste leerlöschen.

»Nass«

Der NASS-Wert definiert die Feuchtigkeit des Untergrunds (nicht des Mischpinsels). Der Wert lässt sich auch über die Zifferntasten steuern. Hohe Werte wie 80 oder 100 verschmieren die Farbe stärker. Gestaltungsmöglichkeiten:

» Auch wenn Sie AUFTRAG und MIX auf null stellen, können Sie mit einem hohen NASS-Wert immer noch ein vorhandenes Bild neu »kreativ« verrühren.

» Sie verwenden eine Vordergrundfarbe (niedriger MIX-Wert); eine niedrige NASS-Einstellung zeigt besonders viel von dieser Farbe, der Null-Wert für NASS trägt die Farbe voll deckend auf.

TIPP Bei hohen NASS-Werten landet mehr von der Umgebungsfarbe in der Pinselspitze. Wollen Sie wieder unverfälschte Malfarbe, müssen Sie die Spitze »reinigen« (siehe Seite 491).

»Auftrag«

Hier steuern Sie quasi, wie tief Sie den Pinsel in den Farbtopf tunken. Bei hohen AUFTRAG-Werten hält die Malfarbe über eine größere Strecke durch, bevor sie verblasst. Ist die Farbe ausgeklungen, vermischen Sie allenfalls noch bereits vorhandene Umgebungsfarben.

Arbeiten Sie auf einer leeren Fläche ohne vorhandenes Bild, können Sie demnach nicht mit einem Nullwert für AUFTRAG beginnen. Verwischen Sie umgekehrt ein vorhandenes Foto, fahren Sie den AUFTRAG wahlweise ganz zurück, denn Sie nutzen ja auch vorhandene Farben.

Nach dem ersten Verblassen brauchen Sie wieder neue frische Farbe in der Pinselspitze, Sie tunken quasi den Pinsel neu in den Farbtopf. Ihre Möglichkeiten:

» Klicken Sie auf das kleine Dreieck neben dem Farbfeld in der Optionenleiste und gehen Sie auf **Pinsel laden**. So erhalten Sie einmalig eine weitere Ladung Farbe.

» Klicken Sie auf PINSEL NACH JEDEM STRICH LADEN: Jedes Mal, sobald Sie die Maus- oder Grafikstifttaste loslassen, befüllt Photoshop die Pinselspitze automatisch wieder mit der Malfarbe.

Abbildung 13.47 Sie wollen mit Ihren Malstrichen den Bildkonturen folgen, doch die optimale Richtung ist unbequem? Zum Beispiel wollen Sie die senkrechten Gräser übermalen, doch horizontale Striche fallen leichter. Dann drehen Sie die Bilddarstellung – also nicht die Pixel, nur deren Darstellung; so wie Sie vielleicht ein Blatt Papier auf Ihrem Schreibtisch drehen. Dazu muss Photoshop OpenGL-Zugriff haben (Seite 70). Drücken Sie länger die Taste R (für »Rotieren«), klicken Sie ins Bild und drehen Sie Ihr Foto so, dass Sie Ihre Malstriche bequem waagerecht anbringen können. Sobald Sie die Finger vom R lassen, sind Sie wieder beim ursprünglichen Werkzeug, hier beim Mischpinsel.

»Mix«

Steuern Sie die Mischung von Umgebung und Pinselfarbe. Niedrige Werte zeigen die Malfarbe stärker. Hohe Werte betonen die Umgebungsfarben stärker. Sie sehen die mit aufgenommenen Farben dann auch in der Pinselvorschau in der Optionenleiste. Weiterhin entscheidet auch der Nass-Wert mit darüber, wie sich Farbe und Untergrund mischen.

Ändern Sie den Mix-Wert auch mit Alt+⇧+Zifferntaste. Mit 0 0 setzen Sie Mix und Nass auf null. Steht der Nass-Regler auf null, lässt sich der Mix nicht ändern: Wegen staubtrockenen Untergrunds kann sich nichts mischen.

»Pinsel laden«

Das Klappmenü ▼ neben der Pinselvorschau in den Optionen bietet den Befehl **Pinsel laden**. Damit tanken Sie wieder die aktuelle Vordergrundfarbe in die Pinselspitze, jegliche aus der Umgebung aufgenommene Farbe und jegliche Transparenz verschwinden aus der Spitze – sofern Sie auch hohe Mix-Werte verwenden. Sie können also die Farbe wieder frisch auftragen (besonders bei hohen Auftrag-Werten).

Nutzen Sie die Schaltfläche Pinsel nach jedem Strich laden, tankt Photoshop jedes Mal automatisch Farbe nach, sobald Sie die Maus- oder Grafikstift-Taste loslassen.

»Pinsel reinigen«

Das Klappmenü ▼ neben der aktuellen Pinselladung enthält auch den Befehl **Pinsel reinigen**. Damit verschwindet jegliche Farbe aus der Spitze, sie zeigt reine Transparenz.

Sofern Sie nass arbeiten, können Sie immer noch vorhandene Farben verwischen. Dabei baut sich allmählich Farbe aus dem Hintergrund in der Pinselspitze auf. Wollen Sie diese Umgebungsfarbe generell beim nächsten Strich nicht mehr verwenden, nutzen Sie die Schaltfläche Pinselfarbe nach jedem Strich entfernen: Sobald Sie die Maustaste loslassen, haben Sie jedes Mal eine Blanko-Pinselspitze ohne jede Farbe darin – keine Vordergrundfarbe und keine Umgebungsfarbe. Bei hohem Nass-Wert können Sie also nun die Umgebung verwischen, ohne sie mit Altfarben zu kontaminieren.

Farben aufnehmen

Wie bei allen Malwerkzeugen gilt auch beim Mischpinsel: Mit der Alt-Taste wechseln Sie vorübergehend zur Pipette und nehmen eine neue Vordergrundfarbe aus dem Bild auf. Allerdings: In der Grundeinstellung des Mischpinsels nehmen Sie per Alt-Taste keine Einzelfarbe auf, sondern das Bild selbst – je größer der aktuelle Pinseldurchmesser, desto mehr vom Bild nehmen Sie auf.

Sie möchten nicht Bilddetails in die Pinselspitze holen, sondern nur eine Einzelfarbe? Öffnen Sie oben in den Optionen das Klappmenü ▼ neben der aktuellen Ladung und schalten Sie zu Nur Volltonfarben laden. Statt kompletter Bildstrukturen laden Sie nun nur noch eine Einzelfarbe; dabei orientiert sich Photoshop am Aufnahmebereich, den Sie für das Werkzeug Pipette eingestellt haben (zum Beispiel 31x31 Pixel Durchschnitt, Seite 457). Allgemein variiende Farbeigenschaften richten Sie auch über die Farbeinstellungen in der Pinselpalette ein; nehmen Sie hohe Werte für Farbton-Jitter oder Sättigung-Jitter.

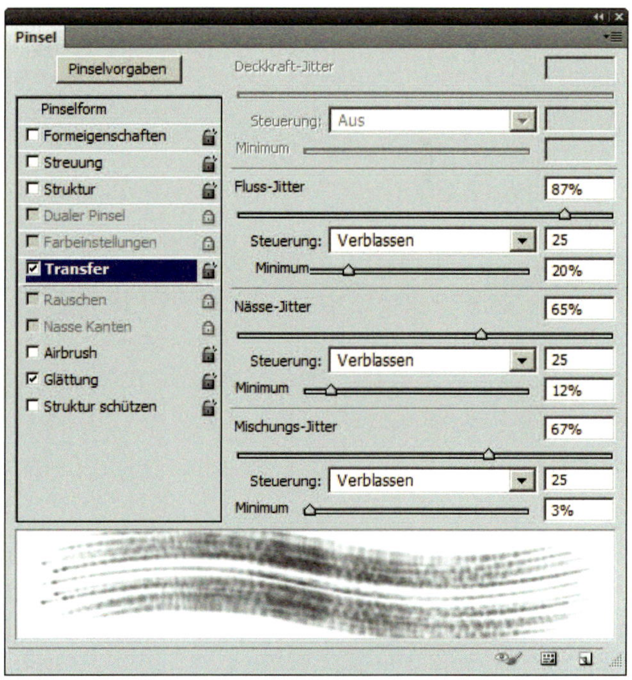

Abbildung 13.48 Das Pinsel-Bedienfeld bietet Einstellungen für den Mischpinsel, die Sie für andere Werkzeuge nicht finden – so die Zufallssteuerung (»Jitter«) für »Fluss«, »Nässe« und »Mischung« im Bereich »Transfer«.

TIPP Für Befehle und Optionen wie Mischpinsel laden, Automatisches Laden des Mischpinsels und weitere können Sie eigene Tastaturbefehle einrichten. Sie wählen **Bearbeiten: Tastaturbefehle**, nehmen im Dialog das Menü Tastaturbefehle für: Werkzeuge und rollen in der Liste ganz nach unten.

Weitere Optionen

Sie steuern den Mischpinsel mit weiteren Optionen, die Sie vielleicht schon vom Pinsel-Werkzeug kennen:

» Fluss regelt, wie schnell die Farbe vom Pinsel kommt, und erinnert etwas an den Deckkraft-Regler.

» Per Airbrush-Modus fließt Farbe auch dann, wenn Sie bei gedrückter Maustaste auf einer Stelle verharren. So wird der Farbauftrag kräftiger.

» Sofern Sie ein Grafiktablett besitzen, nutzen Sie die Option Druck auf Tablett steuert Grösse – damit spannen Sie Ihr Grafiktablett selbst dann ein, wenn die aktullen Pinselspitzen-Einstellungen im Pinselbedienfeld keine Grafiktablett-Steuerung vorsehen.

Voreinstellungen

Nutzen Sie Voreinstellungen wie Trocken, dünn aufgetragen oder Sehr nass, dick aufgetragen oben in den Optionen; sie verändern vor allem die Werte Nass, Auftrag und Mix.

Diese Mischpinsel-Optionen nehmen indes keine eigenen Voreinstellungen auf. Ihr Ausweg: Klicken Sie auf das kleine Dreieck ganz links in der Werkzeugleiste, neben dem Mischpinselsymbol. Dort klicken Sie auf Neue Werkzeugvorgabe erstellen: Die entstehende Vorgabe merkt sich nicht nur Ihre Werte für Mix und Pinsel nach jedem Strich laden, sondern auch die Pinselspitze selbst, zum Beispiel den Durchmesser (Seite 56). Sie rufen diese Spitze samt allen Mischpinseleinstellungen über dasselbe Symbol in den Optionen zum Mischpinsel wieder auf, alternativ über die Werkzeugvorgabenpalette.

Mehr Übersicht beim Malen

Adobes Kreativunterhalter Russell Brown hat eigene Funktionen entwickelt, die den Mischpinsel leichter erschließen sollen. Sie erhalten ein neues Bedienfeld (eine Erweiterung, siehe auch Seite 1074) und neue Werkzeugvorgaben. Englischkenntnisse sind hier erforderlich.

So kommen Sie an die Funktionen:

1. Tippen Sie dies in die Adresszeile Ihres Internetbrowsers: *http://www.russellbrown.com/Transfer/Painting_Assistant_1.0.0.zip* (so war es im Mai 2010) und drücken Sie die Eingabetaste. Sie erhalten eine Zip-Datei auf Ihrer Festplatte.
2. Schälen Sie die Datei Painting Assistant.zxp heraus.
3. Installieren Sie das Ganze per Doppelklick auf diese Datei.
4. Starten Sie Photoshop neu.

Abbildung 13.49 Die Striche von der separaten Mal-Ebene werden durch eine Relief-Ebene betont. Datei: Pinsel_f. Aktion: Verfremdung – Relief für Pinselstriche

So arbeiten Sie damit:

1. Schalten Sie den Mischpinsel ein.
2. In der Werkzeugvorgabenpalette (**Fenster: Werkzeugvorgaben**) öffnen Sie das Menü, klicken auf die neue Bibliothek **Painting Assistant Presets** und dann auf ANFÜGEN. Sie erhalten zwei Vorgaben für den Mischpinsel.
3. Wählen Sie Fenster: **Erweiterungen: Painting Assistent**. Nun sehen Sie Russell Browns Palette.

Die Palette schlägt sechs Schritte vor: Bild laden, Bild etwas weichzeichnen (wiederholen Sie das eventuell), drei Ebenen für unterschiedlich grobe Malstriche und eine Verstärkung des Reliefs. Sie müssen fast nur noch die Schritte auf Russell Browns Bedienfeld anklicken. Stellen Sie bereits vorab in den Mischpinsel-Optionen die Option ALLE EBENEN ein und verwenden Sie keine wichtige Datei.

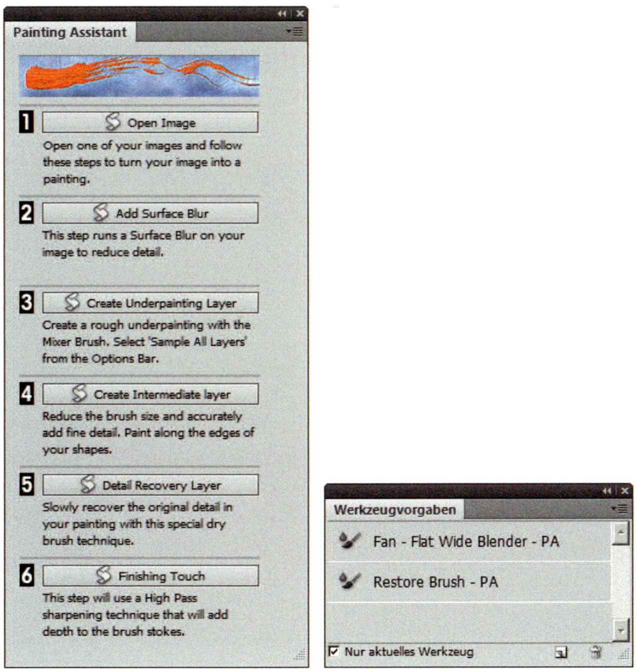

Abbildung 13.50 Der »Painting Assistent« von Russell Brown soll durch die Gemäldeproduktion leiten und bringt neue Werkzeugvorgaben für den Mischpinsel mit.

Relief herausarbeiten

Sie möchten das Relief der Ölfarben stärker herausarbeiten, so dass sie betont glänzen? Speziell in Verbindung mit dem Mischpinsel eignet sich eine altbekannte Technik:

1. Malen Sie Ihre Pinselstriche wie üblich auf neuen leeren Ebenen und klicken Sie in der Palette einmal auf die oberste Ebene (oder aktivieren Sie die oberste Ebene mit ⇧+Alt+-).
2. Halten Sie die Alt-Taste gedrückt, dann wählen Sie **Ebene: Sichtbare auf eine Ebene reduzieren.** Dabei entsteht ganz oben in der Ebenenpalette eine neue Ebene; sie zeigt Ihr Gesamtbild auf einer einzigen Ebene.
3. Im Menü der Ebenenpalette nehmen Sie **In Smart-Objekt konvertieren.**
4. Stellen Sie die Füllmethode dieser Ebene von NORMAL auf INEINANDERKOPIEREN um; das Klappmenü dazu ist links oben in der Palette.
5. Sie wählen **Filter: Stilisierungsfilter: Relief**; experimentieren Sie mit HÖHE und STÄRKE.
6. Der Effekt ist schon gut erkennbar, allerdings produziert der **Relief**-Filter ungewollte Farbkanten. Legen Sie darum eine **Schwarzweiß**-Einstellungsebene an, zum Beispiel mit einem Klick auf das SCHWARZWEISS-Symbol in der Korrekturenpalette.
7. Je nach Vorgabe in der Korrekturenpalette zeigt die **Schwarzweiß**-Ebene zunächst das Gesamtbild grau. Dann brauchen Sie noch eine Schnittmaske. Die richten Sie mit Strg+Alt+G ein; nun erscheint Ihr Gemälde in Farben, doch die bunten Kanten des Reliefbefehls sind unterdrückt.

Den **Relief**- und den **Schwarzweiß**-Effekt verfeinern Sie nun nach Belieben. Klicks in der Ebenenpalette bringen Sie zu den Dialogen.

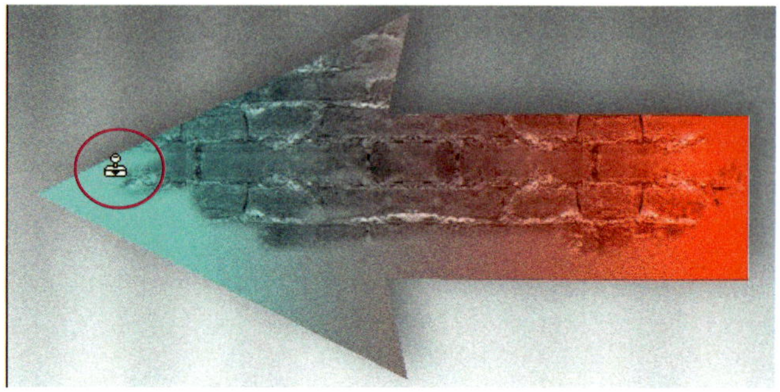

Abbildung 13.51 **Links:** Soll die Hell-Dunkel-Struktur unter dem Farbauftrag erhalten bleiben, arbeitet man mit den Füllmethoden »Farbe« oder »Farbton«. **Rechts:** Wird dagegen eine Farbfläche mit einer Struktur aufgeraut, verwendet man »Luminanz«, hier mit Musterstempel.

13.5.4 Übersicht: Welcher Malmodus für welchen Zweck?

Einige Überblendverfahren werden bei der Arbeit mit Malwerkzeugen besonders häufig verwendet:

Aufgabe	Lösung
»Künstlerisch« malen	Unter anderem Füllmethode Normal, Deckkraft-Jitter, Größen-Jitter, Nasse Kante, auch Füllmethoden Multiplizieren oder Hartes Licht; Pinselvorgaben wie Pinsel für nasse Farbe oder Borstenpinsel; auch Mischpinsel verwenden
Einen Bildteil umfärben und die Struktur erhalten	Füllmethode Farbton, Farbe oder Farbig nachbelichten
Graustufenbild kolorieren	Füllmethode Farbe, für stärkere Wirkung Ineinanderkopieren; vorher Vorlage in Farbmodus verwandeln
Einem Bildteil eine neue Struktur geben	Füllmethode Luminanz und Musterstempel, Pinsel mit Struktur-Vorgabe in Pinselpalette oder Reparaturpinsel mit Muster-Option
»Kreativer«, lebendiger Farbauftrag mit interessanter Mischung	Licht-, Abwedeln- oder Nachbelichten-Füllmethoden
Schatten- und Überdeckungseffekte	Füllmethode Multiplizieren oder Abdunkeln

DVD Sie finden die Befehlsfolge für das beschriebene Pinselstrich-Relief auch in der Aktionensammlung von der Buch-DVD: »Verfremdung – Relief für Pinselstriche«. Die Aktion funktioniert korrekt, wenn bei Ihnen standardmäßig Einstellungsebenen nicht als Schnittmasken erscheinen. Erhalten Sie ungewollt ein Graustufenbild, schalten Sie den letzten Schritt Aktuelle Ebene Schnittmaske erstellen in der Aktion aus.

TIPP Eine schlichte Alternative zum Verfahren per **Relieffilter** wäre ein starker Scharfzeichner, zum Beispiel **Filter: Scharfzeichnungsfilter: Selektiver Scharfzeichner**, mit hohem Radius-Wert. Klicken Sie auf Erweitert und heben Sie in den Tiefen testweise das Verblassen an (so dass es weniger auffällt).

13.5.5 Musterstempel

Der Musterstempel – nicht zu verwechseln mit dem Kopierstempel – pinselt einen Bildteil auf, den Sie als »Muster« definiert haben: eine diffus strukturierte Oberfläche, ein Logo oder ein Schriftzug.

»Ausgerichtet«

So nutzen Sie die Option »Ausgerichtet«:

» Mit der Vorgabe Ausgerichtet pinseln Sie stets eine komplette Musterkachel neben die andere, nichts überlappt sich. Auch wenn Sie zwischendurch loslassen und neu ansetzen: Sie setzen die Musterkacheln immer ordentlich nebeneinander. Das eignet sich für Logos, Objekte oder Schriftzüge, die nicht über-

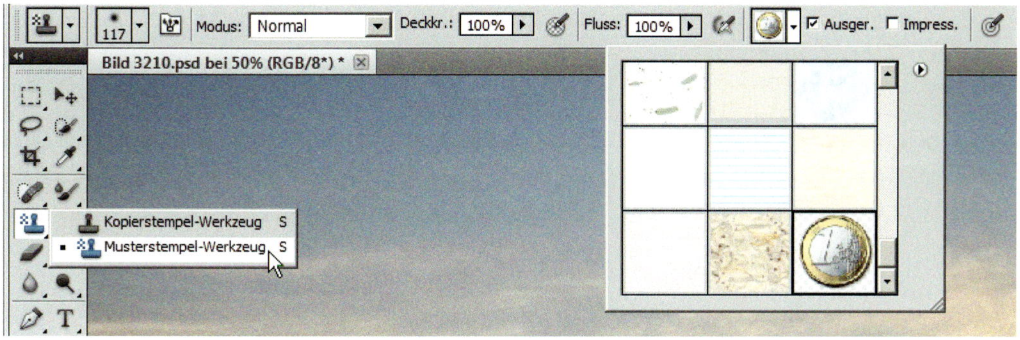

Abbildung 13.52 Mit dem Musterstempel malen Sie als »Muster« definierte Bildbereiche ins Bild.

lappen sollen. Tragen Sie dagegen einen diffusen Hintergrund auf, erhalten Sie schnell unerwünschte harte Kanten zwischen den einzelnen Kacheln.

» Ohne die Option Ausgerichtet geht es so: Sobald Sie den Musterstempel einmal loslassen und neu ansetzen, werden sich die zwei Kacheln überlagern. Bei diesem Verfahren ordnet Photoshop das Muster jedes Mal neu um die Mitte der Pinselvorgabe herum an. Stempeln Sie mit dieser Vorgabe eine Hintergrundstruktur ins Bild, die nicht regelmäßig aussehen soll, am besten mit weicher Pinselspitze.

Kontext

Beachten Sie im Zusammenhang mit dem Musterstempel auch folgende Passagen im Buch:

» Kopierstempel und Reparaturpinsel besprechen wir ab Seite 412.

» Um die Verwaltung Ihrer Muster als »Vorgaben« in der Musterbibliothek geht es ab Seite 462.

» Wie Sie eigene, nahtlos kombinierbare Muster-»Kacheln« entwerfen, erfahren Sie ab Seite 1015.

Abbildung 13.53 **Links:** Wir wählen die freigestellte Münze per Strg+K aus und gehen auf »Bearbeiten: Muster festlegen«. **Mitte:** Der Musterstempel mit der Option »ausgerichtet« setzt eine Musterkachel sauber neben die andere, auch nach Loslassen und Neuansetzen. Sie erhalten jedoch harte Übergänge an den Rändern der Musterbausteine, sofern Sie nicht ein nahtlos kombinierbares Motiv verwenden. **Rechts:** Ohne die Option »Ausgerichtet« überlagern sich die einzelnen Musterbausteine, sobald Sie absetzen und neu beginnen. Vorlage: Muster

- » Alternative Funktionen: das Füllwerkzeug (Seite 465), der Befehl **Bearbeiten: Fläche füllen** (Seite 467), der Ebeneneffekt Musterüberlagerung (Seite 804), Füllebenen mit Muster-Vorgabe (Seite 894) und: der Mischpinsel mit niedrigem Mix-Wert, Option Pinsel nach jedem Strich laden, nehmen Sie per Alt-Klick ein Muster aus dem Bild auf (Seite 488).

13.5.6 Farbe-ersetzen-Werkzeug

Das Farbe-ersetzen-Werkzeug finden Sie im selben Werkzeugfach wie Pinsel und Buntstift. Es tauscht per Mausbewegung die Farbe unter dem Zeiger gegen die aktuelle Vordergrundfarbe aus.

Das Werkzeug tritt nicht direkt in Konkurrenz zu den Befehlen **Farbton/Sättigung** (Seite 498) und dem verwandten **Farbe ersetzen**; denn diese Funktionen verschieben ja mehrere Farbtöne gleichmäßig, so dass die Farbvielfalt erhalten bleibt. Das Farbe-ersetzen-Werkzeug konkurriert schon eher mit dem Füllwerkzeug, wenn es im Modus Farbe arbeitet.

TIPP Behalten Sie den von Photoshop vorgeschlagenen Modus Farbe bei. So beschränken Sie die Korrektur tatsächlich auf den Farbton, während sich die Hell-Dunkel-Verteilung und damit die Struktur des Bilds nicht ändern.

Welche Farbtöne werden verändert?

So nutzen Sie die Aufnahme-Schaltflächen:

- » Mit der Vorgabe Kontinuierlich ändert Photoshop jeden Farbton, der dem Farbe-ersetzen-Werkzeug ins Fadenkreuz gerät. Deutlich abweichende Farbtöne innerhalb des Pinseldurchmessers, die nicht ins Fadenkreuz gelangen, bleiben unverändert.
- » Einmal, das heißt, Sie klicken einmal einen Farbton an und nur dieser wird fortan bearbeitet. Klicken Sie ruhig andersfarbige Pixel an – nur der zuerst geklickte Farbton wird verändert.
- » Alternativ ändern Sie nur Farben, die dem Hintergrund-Farbfeld in der Werkzeugleiste entsprechen.

TIPP Um einen Farbton aus dem Bild als Vordergrundfarbe zu definieren, klicken Sie ihn mit der Pipette an. Die Hintergrundfarbe legen Sie mit Pipette und Alt-Klick fest.

Wie genau wirkt das Werkzeug?

Der Toleranz-Regler steuert, wie genau Photoshop nur die gewählte Farbe verändert. Bei hohen Werten wie 50 oder 70 Prozent färbt das Werkzeug auch deutlich abweichende Farben mit ein. Beginnen Sie bei normalen Fotos mit 25 oder 30 Prozent.

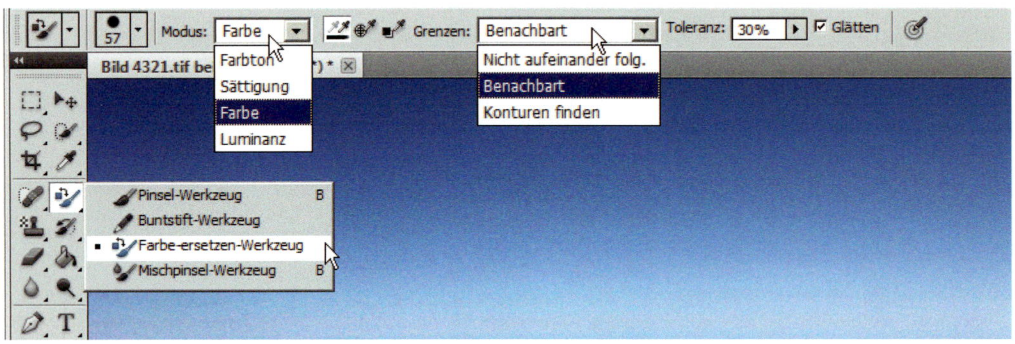

Abbildung 13.54 Das Farbe-ersetzen-Werkzeug finden Sie im selben Werkzeugfach wie Pinsel und Mischpinsel. Die Optionen erinnern an Zauberstab und Hintergrundradiergummi.

Abbildung 13.55 **Links:** Die Vorgabe »Kontinuierlich« sorgt dafür, dass alle Farbwerte, die das Farbe-ersetzen-Werkzeug beim Ziehen mit dem Zielkreuz erfasst, umgefärbt werden. Als Vordergrundfarbe verwenden wir Blau. **Mitte:** Wir schalten zu »Aufnahme: Einmal« um; Photoshop färbt nur noch die Farbwerte um, die beim ersten Klick mit dem Werkzeug erfasst wurden, hier Orange. **Rechts:** Im »Grenzen«-Klappmenü schalten wir zu »Konturen finden«. So mischt Photoshop die Farben noch subtiler. Vorlage: Farbe ersetzen. Foto: Peter Urban

Diese Möglichkeiten bietet das Klappmenü Grenzen:

» Die Vorgabe Nicht aufeinander folgend ersetzt den angeklickten Farbton überall im Bild.

» Benachbart ersetzt nur Farbtöne, die an den gewählten Pixel direkt angrenzen. Ähnliche Farbwerte, die durch andere Farbzonen abgetrennt sind, verändern sich nicht.

» Konturen finden ist die intelligentere Variante von Benachbart; scharfe Ränder sollen besser gewahrt bleiben.

Für übliche Halbtonfotos nehmen Sie außerdem die Option Glätten dazu.

Kapitel 14

Umfärben, Schwarzweiß, Grafisches

Um starke farbliche und grafische Änderungen geht es in diesem Kapitel: Umfärben, Tonungen, Schwarzweiß-umsetzungen und Strichgrafiken.

14.1 Umfärben mit »Farbton/ Sättigung«

Wollen Sie ein Auto, einen Pullover oder Ihre Augen umfärben, dann brauchen Sie den Befehl **Bild: Korrekturen: Farbton/Sättigung**. Dann gibt es noch **Bild: Korrekturen: Farbe ersetzen** (siehe Seite 619); dieser Kombi-Befehl enthält das komplette Dialogfeld Farbton/ Sättigung zusammen mit dem Befehl **Auswahl: Farbbereich auswählen** (siehe Seite 616); Sie können also in einem einzigen Dialogfeld einen Bildteil erst auswählen und dann umfärben.

Anschließend besprechen wir noch die Möglichkeit, mit einer Einzelfarbe umzufärben, dabei bleiben die Eigenschaften Helligkeit und Grauanteil unverändert. Das erledigen Sie zum Beispiel mit Pinsel, Farbe-ersetzen-Werkzeug, Farbeimer, mit dem Befehl **Fläche füllen**, aber auch direkt mit **Farbton/Sättigung** und seiner Färben-Option oder mit der **Schwarzweiß**-Funktion.

14.1.1 Das HSB-Farbmodell

Die Korrekturen des Befehls **Farbton/Sättigung** orientieren sich am HSB-Farbmodell, das Tonwerte nach

Abbildung 14.1 **Links:** Das Wagenblech wird mit dem Zauberstab ausgewählt. **Mitte, rechts:** Wir klicken in der Ebenenpalette auf die Schaltfläche »Neue Füll- oder Einstellungsebene erstellen« und wählen »Farbton/Sättigung«. Im Dialogfeld »Farbton/Sättigung« testen wir verschiedene »Farbton«-Werte. Auch nach dem Speichern lässt sich die Färbung jederzeit ändern oder abschalten. Bei diesem Verfahren entstand automatisch eine Ebenenmaske, die die Wirkung auf das vorher ausgewählte Chassis beschränkt. Datei: Farbton_a

Abbildung 14.2
Um die Plakette herum hatte der Zauberstab das Wagenblech nicht vollständig ausgewählt, deshalb reicht die grüne Umfärbung nicht bis an die Plakette heran. Das Problem lässt sich per Maskenretusche leicht beheben: Mit dem Pinsel und weißer Vordergrundfarbe malen wir über dem Bereich, der noch umgefärbt werden muss. Dabei ist die Einstellungsebene »Farbton/Sättigung 1« aktiviert.

Farbe (Hue), Sättigung (Saturation) und Helligkeit (Brightness) aufteilt; es wirkt oft übersichtlicher als RGB oder CMYK. Sie können nach diesem Schema auch Farben im Farbwähler oder Farbregler (ab Seite 458) mischen; zudem greifen einige Überblendverfahren auf einzelne Eigenschaften des HSB-Modells zurück.

Der »Farbton«-Regler

Besonders wichtig: Der Farbton-Regler (englisch Hue). Der Farbton-Regler verschiebt alle oder bestimmte Farben um eine bestimmte Gradzahl auf dem Farbkreis. Helligkeit und Sättigung – und damit das Relief des Motivs – bleiben erhalten. Sofern Sie Standard im Klapp-

Abbildung 14.3 Der rote PKW wird ohne Auswahl umgefärbt. Wir geben lediglich im Dialog »Farbton/Sättigung« die »Rottöne 2« an. Mit den Pipetten und Schiebereglern unten im Dialogfeld verfeinern wir den Farbbereich so, dass nicht ungewollt Hintergrund mit umgefärbt wird. Das rote Bremslicht lässt sich so aber nicht retten. Wir malen mit Pinsel und schwarzer Vordergrundfarbe über dem Bremslicht, so dass die Einstellungsebene hier nicht wirksam wird. Datei: Farbton_b

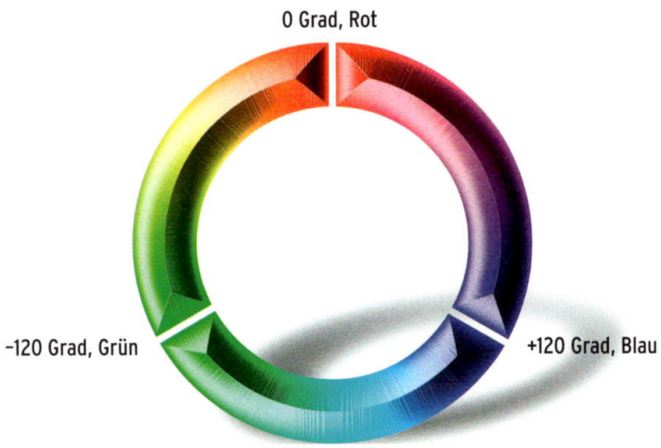

Abbildung 14.4 Die Farbwerte liegen im HSB-Modell auf einem Kreis. Denkt man sich Rot bei 0 Grad, dann sind Grün und Blau jeweils 120 Grad weit entfernt.

menü verwenden, verschieben sich alle Farben gleichermaßen: Wird ein rotes Auto blau, verfärbt sich der blaue Himmel grün.

Mit dem Farbton-Regler färben Sie ausgewählte Objekte um – besser als per Füllwerkzeug oder **Füllen**-Befehl, die ja das Objekt mit einer einheitlichen Farbe zuschütten. Beim Befehl **Farbton/Sättigung** wahrt der Farbton-Regler die Bandbreite an unterschiedlichen Farben, sie werden nur verschoben. Mit dem Farbton-Regler testen Sie leicht aus, wie Hintergründe oder Objekte in 360 verschiedenen Tonwerten aussehen.

Den Farbton stellt man sich auf einem Kreis vor, der alle denkbaren Farbtöne enthält. Sie verschieben den aktuellen Farbton mit dem Schieberegler um maximal 180 Grad im Uhrzeigersinn oder um maximal minus 180 Grad gegen den Uhrzeigersinn. Die beiden Extrempositionen plus 180 Grad und minus 180 Grad führen zum selben Ergebnis, der maximalen Umfärbung.

14.1.2 Gezielt umfärben

Sie wollen ja nur einen klar abgegrenzten Bildteil umfärben, zum Beispiel nur ein Auto-Chassis – und nicht das Gesamtfoto. Um exklusiv nur den gewünschten Bildbereich zu verändern, gibt es zwei Möglichkeiten:

» Sie wählen den Bildbereich erst einmal mit Schnellauswahl und Konsorten aus. Gerät Weißes, Graues oder Schwarzes mit in die Auswahl, ist es oft nicht so tragisch: Reine Neutraltöne verändern sich durch den **Farbton**-Regler nicht. Generell können Sie viele Auswahlmängel leichter in der Ebenenmaske beheben als durch Auswahlkorrektur vorab; dazu legen Sie natürlich eine Einstellungsebene an, Sie arbeiten nicht direkt auf der Bildebene.

» Sie legen innerhalb des Dialogfelds **Farbton/Sättigung** einen Farbbereich fest, den Sie umfärben wollen, zum Beispiel nur die Rottöne.

Einzelnen Farbbereich umfärben

Sie wollen nur das rote Chassis umfärben, nicht aber den Rest? So legen Sie den Dialog **Farbton/Sättigung** schnell auf einen Farbbereich fest:

» Mit dem Befehl **Bild: Korrekturen: Farbton/Sättigung:** Wechseln Sie im Klappmenü von Standard zu einem beliebigen Farbbereich wie Gelbtöne. Klicken Sie einmal in das rote Chassis. Photoshop stellt den

Abbildung 14.5 **Links:** Wir wählen die Karosserie mit Zauberstab und Schnellauswahl aus. **Mitte:** Ein »Farbton«-Wert von minus 113 führt zu einer Blaufärbung, allerdings stechen andersfarbige Reflexionen weiterhin heraus. **Rechts:** Wir schalten das Färben ein und müssen jetzt den »Farbton«-Regler auf 240 schieben. So tauchen Sie das Blech komplett einfarbig in Blau verschiedener Schattierungen, andere Farbtöne existieren innerhalb der Auswahl nicht mehr. Datei: Farbton_c

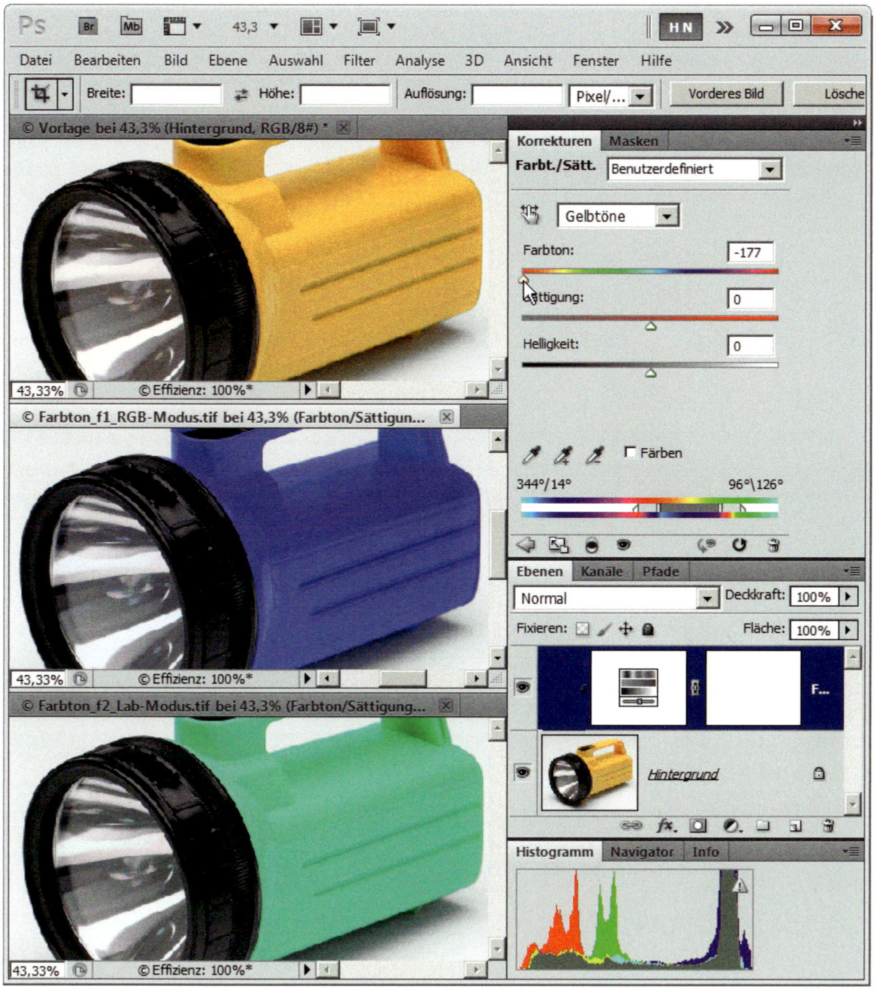

Abbildung 14.6
Testen Sie Umfärbungen auch im Modus »Lab-Farbe«. Dabei entstehen andere Ergebnisse als mit »RGB-Farbe« – speziell wenn neue und alte Farbe unterschiedlich hell wirken (wie hier beim Wechsel von Gelb zu Blau). Wir haben die gelbe Vorlage **(oben)** in RGB **(Mitte)** und Lab **(unten)** jeweils identisch mit einer Einstellungsebene »Farbton/Sättigung« bearbeitet: Der Farbbereich »Gelbtöne« wurde um minus 177 Grad verändert. Datei: Farbton_f

Dialog auf Rottöne oder Rottöne 2 um, die Sie jetzt gezielt mit dem Farbton-Regler in Richtung Blau drehen.

» Mit der Einstellungsebene **Farbton/Sättigung** in der Korrekturenpalette: Schalten Sie oben links in der Einstellungsebene das Ziehwerkzeug ein, halten Sie die Strg-Taste gedrückt und ziehen Sie im Auto-Chassis. Das Klappmenü in der Palette springt automatisch von Standard auf Rottöne, Sie verändern nur diesen Farbbereich. Mit Strg+⇧-Taste ändern Sie den Farbton besonders schnell in Zehn-Grad-Sprüngen; ganz ohne Strg-Taste manipulieren Sie dagegen die Sättigung, nicht den Farbton.

Verfeinern Sie den gewählten Farbbereich durch Ziehen unten in der Farbbereichsauswahl.

14.1.3 Mit einer Einzelfarbe umfärben

Wenn Sie am Farbton-Regler zupfen, schieben Sie unterschiedliche Farbtöne gleichmäßig über den Farbkreis. Nach der Bearbeitung herrscht also im bearbeiteten Bildteil eine Farbenvielfalt wie zuvor – nur mit anderen Farbtönen.

Nicht immer ist das gewollt. Manchmal stört die Farbenvielfalt. Zum Beispiel verfärben Sie Schattenbereiche oder Reflexionen mit um, die gar keine neue Farbe benötigen. Dann zwingen Sie die Bildpartie auf eine Einzelfarbe. Sie müssen den Bereich also tonen, auch »Färben« genannt. Sie brauchen das Verfahren auch, um Details in Graustufenbildern zu färben, von denen Sie keine Farbversion haben.

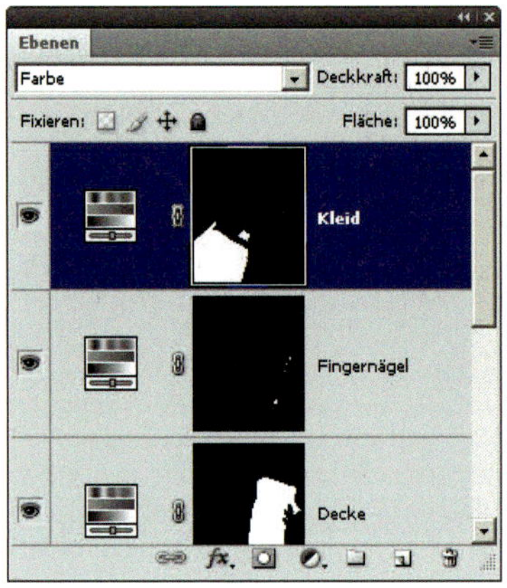

Abbildung 14.7
Wenn Bilddateien in Graustufen vorliegen, wandeln Sie zunächst nach RGB oder CMYK um. Um einzelne Zonen einzufärben, verwenden Sie zum Beispiel den Pinsel auf einer neuen leeren Ebene mit der Füllmethode »Farbe«. Unsere Alternative hier: der Befehl »Farbton/Sättigung« mit der Option »Färben« als Einstellungsebene mit Ebenenmaske. Bei sehr hellen oder dunklen Bereichen ändern Sie nicht nur die Regler »Farbton« und »Sättigung«, sondern auch »Helligkeit«. Testen Sie auch den Wechsel zur Füllmethode »Farbe« und reduzierte Deckkraft. Datei: Farbton_d

Die passenden Füllmethoden

Zum Umfärben gibt es viele Möglichkeiten. Egal, ob Sie malen oder mit Farbe füllen, meist sollten Sie nicht die Füllmethode Normal verwenden, die den Bildbereich komplett mit Farbe zuklatscht. Stattdessen wählen Sie oben links in der Ebenenpalette

» die Füllmethode Farbton, Sie ändert nur den Farbwert im Zielbereich, tastet aber Helligkeit und Sättigung nicht an; oder

» die Füllmethode Farbe, sie ändert Farbwert und Sättigung, wirkt also etwas stärker.

Beide Füllmethoden wahren Zeichnung und Tonwertverlauf des Originalmotivs.

Mögliche Verfahren

Wie Sie ein komplettes Bild tonen, besprechen wir weiter unten, hier geht es um Änderungen in einzelnen Zonen. Diese Möglichkeiten haben Sie, nur mit einer Einzelfarbe umzufärben:

» Die beste Kontraststeuerung für eine einfarbige, örtliche Tonung haben Sie mit dem Befehl **Bild: Korrekturen: Schwarzweiß** und seiner Farbton-Option – sofern Sie eine Farbvorlage bearbeiten. Der Bereich muss natürlich ausgewählt oder mit einer Ebenenmaske abgegrenzt sein.

» Ebenfalls aus dem Untermenü **Korrekturen**: Stellen Sie im Dialog **Farbton/Sättigung** das Färben ein.

» Malen Sie mit dem Pinsel und der gewünschten Vordergrundfarbe, verwenden Sie dabei die Füllmethoden Farbton oder Farbe.

» Mit dem Farbeimer oder mit dem Befehl **Bearbeiten: Fläche füllen** schütten Sie Farbe in abgegrenzte Zonen, dabei die richtige Füllmethode nicht vergessen.

» Unten in der Ebenenpalette klicken Sie auf Neue Füll- oder Einstellungsebene erstellen, nehmen die **Farbfläche**, stellen anschließend wieder die richtige Füllmethode ein und experimentieren eventuell mit der Deckkraft. Vorab Auswahl erstellen und/oder nachträglich mit Ebenenmaske arbeiten.

» Das Farbe-Ersetzen-Werkzeug tauscht per Mausbewegung die Farbe unter dem Zeiger gegen die aktuelle Vordergrundfarbe aus, der Modus Farbe ist schon voreingestellt.

14.2 Farbtonung

Sie wollen das komplette Bild einfarbig tonen? Eine kalte Blautonung, ein nostalgischer Sepiaeffekt, nichts ist unmöglich. Dazu bietet Photoshop reihenweise Verfah-

Abbildung 14.8
Alle Tonungen entstanden mit dem »Schwarzweiß«-Befehl und der Option »Farbton«. **2. Abschnitt:** Farbton 40 Grad, Sättigung 25 Prozent. **3. Abschnitt:** Farbton 220 Grad, Sättigung 25 Prozent. **4. Abschnitt:** Farbton 220 Grad, Sättigung 45 Prozent. Datei: Tonung_a. Foto: Gabi Sieg-Ewe

ren, die wichtigsten besprechen wir nach der Übersicht genauer:

» Am übersichtlichsten und vielseitigsten: Sie wählen **Bild: Korrekturen: Schwarzweiß**, dort schalten Sie den Farbton ein (auch verlustfrei als Einstellungsebene).

» Im selben Untermenü finden Sie **Farbton/Sättigung** und klicken auf Färben (auch verlustfrei als Einstellungsebene, aber anders als bei **Schwarzweiß** keine Kontraststeuerung).

» Oder nehmen Sie, ebenfalls unter **Bild: Korrekturen**, den **Kanalmixer**. Schalten Sie Monochrom ein und wieder aus, danach mixen Sie getonte Bilder (auch verlustfrei als Einstellungsebene).

» Im Camera-Raw-Dialog klicken Sie im Bereich HSL/Graustufen auf In Graustufen konvertieren, danach gehen Sie ins Register Teiltonung, um mit ein bis zwei Farben zu tonen (auch verlustfrei, auch für TIFF und JPEG).

» Ihr Foto zeigt nur Graustufen, befindet sich aber in einem Farbmodus, dann gehen Sie auf **Bild: Korrekturen: Verlaufsumsetzung** (auch verlustfrei als Einstellungsebene).

» Sie verwenden **Bild: Korrekturen: Fotofilter** (auch verlustfrei als Einstellungsebene).

» Es geht auch per **Filter: Renderfilter: Beleuchtungseffekte**, im Klappmenü **Lichtart** schalten Sie Diffuses Licht an (auch verlustfrei als Smartfilter).

» Ihr Foto befindet sich im **Graustufen**-Modus, dann gehen Sie auf **Bild: Modus: Duplex**. Dabei steuern Sie die Zahl der Druckfarben.

» Sie legen eine einfarbige Ebene über das Bild, zum Beispiel eine **Farbfläche** als Füllebene, dann verwenden Sie die Füllmethoden Farbe oder Farbton und experimentieren mit der Deckkraft.

Befindet sich das Foto im Graustufenmodus, brauchen Sie vor dem Färben zunächst einen Befehl wie **Bild: Modus: RGB-Farbe**, außer beim **Duplex**-Befehl.

In üblichen RGB- und CMYK-Bildern werden reines Schwarz und Weiß nicht mitgetont. Wollen Sie Schwarz und Weiß mitbearbeiten, verändern Sie es vorab mit den **Gradationskurven** in Richtung Grau; oder probieren Sie es über die Helligkeitssteuerung im Dialogfeld, zum Beispiel mit dem Regler Helligkeit im Dialog **Farbton/Sättigung**. Weitere Alternative: der Befehl **Bild: Modus: Lab-Farbe**; Sie erhalten im Lab-Modus generell andere Ergebnisse, auch Schwarz und Weiß lassen sich in Grenzen färben.

14.2.1 Tonung mit dem »Schwarzweiß«-Befehl

Der Befehl **Bild: Korrekturen: Schwarzweiß** (Strg+Alt+⇧+B) erzeugt nicht nur fein abgestimmte Schwarzweißumsetzungen, er produziert bestens auch einfarbige Tonungen (allerdings nicht in CMYK- oder Lab-Bildern). Dazu schalten Sie unten den Farbton ein. Anders als beim Befehl **Farbton/Sättigung** plus Färben-Option steuern Sie im **Schwarzweiß**-Dialog nicht nur die Färbung, sondern auch die Kontraste – sofern Sie eine Farbvorlage bearbeiten.

Ihr Bild erscheint wie ein Graustufenbild, das in der Dunkelkammer zum Beispiel mit einem Blau- oder Brauntoner behandelt wurde. Alle Farbtöne im Bild tauscht Photoshop gegen den gewählten Farbton aus; die unterschiedlichen Helligkeitswerte – verantwortlich für die Unterscheidung von Strukturen und Konturen – bleiben erhalten. Per Ebenenmaske begrenzen Sie den Effekt wahlweise auf einzelne Bildpartien.

Steuern Sie die Farbstimmung

Die Färbung steuern Sie mit dem Farbton-Regler. Rot liegt in diesem Fall ganz links auf dem Farbton-Regler, bei 0 Grad; gehen Sie bis zur Mitte, auf 180 Grad, erhalten Sie ein cyan (blaugrün) getontes Bild. Danach geht es über Blau wieder zurück auf Rot zu. Sepia liegt bei etwa 27 Grad.

Der Regler Sättigung bestimmt die Farbintensität. Meist reichen 20 bis 25 Prozent, darüber wird es grell.

Alternative: Klicken Sie auf das Farbfeld rechts neben den Reglern und bestimmen Sie Farbton und Sättigung direkt im Farbwähler.

Steuern Sie den Kontrast

Sofern Sie ein Farb- und kein Graustufenbild bearbeiten, regeln Sie die Kontraste nach Maß. Wir besprechen die Kontraststeuerung noch genauer im Abschnitt »Farbe in Graustufen umsetzen«, aber hier ein mögliches Procedere:

1. Wählen Sie oben in den Vorgaben zum Beispiel Blaufilter, dann erscheint Blaues dunkel und Rötliches hell; oder nehmen Sie Rotfilter, damit Haut hell und Himmel dunkel herauskommt.
2. Jetzt erst schalten Sie die Checkbox Farbton ein.
3. Steuern Sie Farbton und Sättigung nach Bedarf.
4. Soll ein bestimmter Farbton heller oder dunkler herauskommen? Klicken Sie bei geöffnetem Schwarzweißdialog auf den Bildbereich und ziehen Sie nach links oder rechts.

Andere Füllmethoden

Wenden Sie den **Schwarzweiß**-Befehl auch mit anderen Füllmethoden an; zum Beispiel, um Porträts mehr Kontrast und einen Hauch von Goldmetallic zu geben:

1. Halten Sie die Alt-Taste gedrückt und klicken Sie in der Ebenenpalette auf das Symbol Neue Füll- oder Einstellungsebene erstellen ◐ und dann auf **Schwarzweiß**.
2. Dank Alt-Taste sehen Sie das Dialogfeld Neue Ebene. Stellen Sie den Modus auf Ineinanderkopieren. Sie erhalten ein kontrastreiches, farbiges Gesamtbild.
3. Klicken Sie im **Schwarzweiß**-Dialog testweise auf Auto. Dieses Ergebnis hilft hier nicht immer weiter, also klicken Sie in einen Hautton und ziehen Sie nach links oder rechts. Oder ziehen Sie direkt an den Reglern für Gelbtöne und Rottöne.

Verfeinern Sie das Ergebnis durch Deckkraftänderungen oder Retuschen in der Ebenenmaske oder stellen Sie die Füllmethode der Schwarzweiss-Ebene auf Hartes Licht um.

Behagt Ihnen die Färbung noch nicht, legen Sie auf dem Weg wie oben beschrieben noch eine Einstellungsebene **Farbton/Sättigung** dazu und ziehen Sie den Farbton-Regler behutsam nach rechts oder links – so wechseln Sie zwischen rötlichem und gelblichem Schimmer. Eine Einstellungsebene **Gradationskurven** hilft bei der Kontraststeuerung.

»Quadrantfarben«

Die Aktionenpalette bietet im Bereich Standardaktionen die Befehlsfolge Quadrantfarben. Sie legt vier getonte Rechtecke über Farb- oder Schwarzweißvorlagen. Das Ganze ist sehr komfortabel:

1. Das Ergebnis entsteht auf einer Duplikatebene, die Sie bei Nichtgefallen einfach löschen; dann haben Sie Ihr Original zurück.
2. Graustufendateien werden automatisch in den RGB-Modus verwandelt.

Abbildung 14.9 Die Aktion »Quadrantfarben« teilt das Bild in vier unterschiedlich getonte Felder auf. Sie können die Schritte in der Aktionenpalette verändern und in der Protokollpalette einzeln widerrufen. Die neue Version entsteht als Duplikatebene, die Sie bei Nichtgefallen bequem löschen. Hier haben wir bereits eine Einstellungsebene »Farbton/Sättigung« darübergelegt, mit der Sie die Farbfelder bequem umfärben. Datei: Tonung_d

Wollen Sie für einzelne Farbfelder andere Farbtöne festlegen? Legen Sie eine Einstellungsebene Farbton/Sättigung an und verschieben Sie die Farben mit dem Farbton-Regler.

Weitere Änderungsmöglichkeiten: Um die Farbfolge zu ändern, drehen Sie Ihr Foto vorab um 90 oder 180 Grad (**Bild: Bilddrehung**). Nach der Tonung drehen Sie wieder zurück, das ist verlustfrei.

14.2.2 Thema: Neue Töne für Porträts

Zeigen Sie die Häupter Ihrer Lieben im neuen Look. Auf den folgenden Seiten finden Sie Vorschläge für markante Änderungen der Bildwirkung. Wie Sie gezielt Haare oder Lippen ändern, lesen Sie ab Seite 430.

»Edelstahl« (Abbildung 14.10)

Hauttöne wirken wie Edelstahl, Gold gar, mit dieser Methode:

1. Klicken Sie auf der Startseite der Korrekturenpalette auf Schwarzweiss.
2. Stellen Sie die Füllmethode der neuen Einstellungsebene in der Ebenenpalette von Normal auf Ineinanderkopieren. Der Stahl-Look ist prinzipiell schon da.
3. Aktivieren Sie das Ziehen-Werkzeug in der Korrekturenpalette und klicken und ziehen Sie über einem Hautton im Bild, um die Wirkung zu verfeinern.

Die Farbstimmung könnte etwas anders sein? Legen Sie noch eine Einstellungsebene Farbton/Sättigung obendrauf und experimentieren Sie mit dem Farbton-Regler. Eine weitere Einstellungsebene Gradationskurven bringt bei Bedarf den Kontrast auf Vordermann.

DVD Die Aktion »Kontraststeigerung mit Schwarzweiß-Befehl« von der Buch-DVD legt eine kontraststeigernde **Schwarzweiß**-Einstellungsebene an wie hier beschrieben. Zusätzlich entstehen Einstellungsebenen für Gradationskurven und Farbton/Sättigung, jedoch zunächst ohne jede ändernde Wirkung. Wie auch für die anderen Aktionen der Kategorie »Verfremdung – Porträt« gilt: Die ursprüngliche Aufnahme bleibt unverändert in der Datei, alles lässt sich umstellen und wieder abschalten.

Abbildung 14.10 Die Einstellungsebene »Schwarzweiß« hat hier die Füllmethode »Ineinanderkopieren« mit 70 Prozent Deckkraft. So steigern Sie den Kontrast. Datei: Portrait_06

TIPP Ziehen Sie die Einstellungsebenen einfach gemeinsam aus der Ebenenpalette über ein neues Bild, um dort die gleiche Verfremdung anzuwenden.

»Pastell« (Abbildung 14.11)

Eine Pastellwirkung erzeugt diese Technik:

1. Duplizieren Sie die Hintergrund-Ebene mit Strg + J.
2. Stellen Sie die Füllmethode der Duplikat-Ebene 1 oben in der Ebenenpalette von Normal auf Weiches Licht.
3. Klicken Sie in der Palette einmal auf die Hintergrund-Ebene.
4. Auf der Startseite der Korrekturenpalette klicken Sie auf **Schwarzweiß**, so dass eine neue Schwarzweiss-Einstellungsebene direkt über der Hintergrund-Ebene entsteht. Das Bild erscheint in Pastelltönen.
5. Schalten Sie das Ziehen-Werkzeug in der Korrekturenpalette ein und klicken und ziehen Sie über einem Hautton im Bild, um die Wirkung zu verfeinern.
6. Einige Bildteile - etwa Lippen und Augen - sollen nicht pastellfarben, sondern mit der vollen Farbpracht erscheinen? Schalten Sie den Pinsel ein und übermalen Sie die Zonen schwarz. Weil Sie die Maske der Einstellungsebene bearbeiten, kann sich die Schwarzweiss-Ebene hier nicht mehr auswirken.

TIPP Erscheinen die maskierten Bereiche wie Augen oder Lippen zu farbsatt, ziehen Sie in der Maskenpalette den Dichte-Regler nach links.

»Blau-braun« (Abbildung 14.12, Seite 508)

Mit Überblendtricks entsteht eine interessante Blau-Braun-Tonung, die fade Fotos belebt:

1. Duplizieren Sie die Hintergrund-Ebene gleich zweimal mit einem doppelten Strg + J.
2. Die oberste Ebene heißt Ebene 1 Kopie. Deren Füllmethode stellen Sie in der Ebenenpalette von Normal auf Weiches Licht. Das sieht erst mal schlecht aus, aber es geht ja noch weiter.
3. Klicken Sie in der Ebenenpalette einmal auf die mittlere Ebene 1.

Abbildung 14.11 Die Duplikatebene oben hat die Füllmethode »Weiches Licht«, in der Mitte befindet sich eine »Schwarzweiß«-Einstellungsebene; Augen und Lippen sind dort per Ebenenmaske ausgespart, so dass sie mit kräftigeren Farben erscheinen. Datei: Portrait_07; Aktion: Verfremdung - Portrait Pastell

4. Auf der Startseite der Korrekturenpalette klicken Sie auf **Schwarzweiß**, so dass eine neue Schwarzweiss-Einstellungsebene über der Ebene 1 entsteht.
5. Schalten Sie das Ziehen-Werkzeug in der Korrekturenpalette ein und klicken und ziehen Sie über einem Hautton im Bild nach rechts, um das Gesicht aufzuhellen. Experimentieren Sie auch mit den Reglern in der Korrekturenpalette.

Ein Rauschfilter macht das Ergebnis noch etwas körnigkerniger:

1. Klicken Sie in der Ebenenpalette einmal auf die oberste Ebene 1 Kopie.
2. Bei gedrückter Alt-Taste klicken Sie unten in der Ebenenpalette auf Neue Ebene erstellen.
3. Im Dialog Neue Ebene nehmen Sie im Modus-Menü Hartes Licht und gleich darunter optieren Sie auch für das Angebot Mit neutraler Farbe für den Modus »Hartes Licht« füllen (50% Grau).
4. Wählen Sie **Filter: Für Smartfilter konvertieren.**
5. Wechseln Sie für präzise Anzeige in die Zoomstufe 100 Prozent, zum Beispiel per Doppelklick auf die Lupe in der Werkzeugleiste.
6. Es folgt **Filter: Rauschfilter: Rauschen hinzufügen.** Testen Sie eine Stärke von fünf Prozent mit den Vorgaben Gleichmässig und Monochromatisch. (Noch mehr Variationen bietet **Filter: Strukturierungsfilter: Körnung.**)

Sie ahnen es, das Verfahren bietet Variationsmöglichkeiten en masse:

» Ziehen Sie die graue Ebene 2 mit dem Smartfilter Rauschen hinzufügen einen Schritt nach unten, unter die Ebene 1. So wirkt die Körnung dezenter.

» Soll die Wirkung mehr in Richtung reine Graustufen gehen? Senken Sie die Deckkraft der Ebene 1 Kopie. Allerdings geht so auch der Kontrast zurück.

» Für mehr Kontrast stellen Sie die Ebene 1 Kopie von Weiches Licht auf Ineinanderkopieren um.

» Kehren Sie die Farben der Ebene 1 Kopie per Strg+I um und senken Sie die Deckkraft auf 50 Prozent. Nun erscheint das Gesicht bläulich, das Hemd in Brauntönen.

Abbildung 14.12 Vier Pixelebenen, eine Einstellungsebene und ein Smartfilter formen diese Porträtstudie. Datei: Portrait_08; Aktion: Verfremdung - Portrait blau-braun

Harter Kontrast (Abbildung 14.13)

Ein flaues Porträt peppen wir mit harten Kontrasten auf:

1. Klicken Sie auf der Startseite der Korrekturenpalette auf Gradationskurven.
2. In der Korrekturenpalette klicken Sie auf die Pipette Schwarzpunkt setzen.
3. Klicken Sie auf eine dunkle Stelle im Haar. Diesen Helligkeitswert senkt Photoshop quer durchs Bild auf reines Schwarz ab; das Foto wirkt dunkler und kontrastreicher.
4. Klicken Sie testweise auch andere Stellen an - ergibt sich eine bessere Bildwirkung?
5. Nun greifen Sie in der Korrekturenpalette zur Pipette Weisspunkt setzen. Wir klicken hier in die hellere, rechte Wange, um diesen Helligkeitswert auf reines Weiß zu heben.
6. Die mittleren Hauttöne erscheinen noch etwas dunkel. Schalten Sie das Ziehen-Werkzeug in der Korrekturenpalette ein und klicken und ziehen Sie über einem Hautton im Bild nach oben, um die Hauttöne aufzuhellen.
7. Die Hauttöne wirken zu gelblich. Klicken Sie darum unten in der Korrekturenpalette auf den Pfeil nach links und dann auf Farbton/Sättigung.
8. Schalten Sie das Ziehen-Werkzeug in der Korrekturenpalette ein und klicken und ziehen Sie über einem Hautton im Bild nach links; so nehmen Sie die Sättigung aus diesem Farbbereich.
9. Bei unserem Motiv heben wir die Helligkeit noch auf plus 10.
10. Bei der Kontraststeigerung wirken manche Bildteile etwas ausgefressen. Schalten Sie den Pinsel mit schwarzer Vordergrundfarbe ein, senken Sie die Deckkraft auf 50 Prozent und klicken Sie in der Ebenenpalette einmal auf die weiße Maskenminiatur der Kurven 1. Übermalen Sie Bereiche, die zu stark verändert wurden.

Sie haben noch mehr Verfremdung im Sinn? Experimentieren Sie mit der Füllmethode der Einstellungsebene Kurven 1. Sie hat zunächst die Füllmethode Normal. Alternativen:

- Hartes Licht oder Ineinanderkopieren verstärken den Kontrast.
- Luminanz verhindert Farbänderungen, Sie bearbeiten nur noch Hell-Dunkel-Werte.
- Multiplizieren dunkelt ab, Negativ multiplizieren hellt stark auf.

Abbildung 14.13 Die Pipetten für Schwarzpunkt und Weißpunkt sorgen hier für deutliche Kontraststeigerung. Eine weitere Änderung in der Gradationskurve und die zweite Einstellungsebene »Farbton/Sättigung« verfeinern das Ergebnis. Datei: Portrait_09

» Per Abdunkeln kann die Tonwertkorrektur Ihr Bild nur noch, genau, abdunkeln. Umgekehrt wirkt der Modus Aufhellen.

14.2.3 Tonen mit dem Camera-Raw-Dialog

Mit dem Camera-Raw-Dialog stellen Sie ebenfalls Tonungen her, helle und dunkle Bereiche lassen sich sogar unterschiedlich einfärben. Der Camera-Raw-Dialog steht wohlgemerkt auch JPEG- und TIFF-Dateien offen; Sie können die Datei visuell unverändert, aber mit Ihren Korrekturanweisungen für die Tonung, weitergeben (Seite 205).

Zwei grundsätzliche Schritte sind erforderlich:

1. Zunächst öffnen Sie den Bereich HSL/Graustufen und klicken auf In Graustufen konvertieren. Sie erhalten als Zwischenergebnis eine Graustufenumsetzung, die Sie jetzt schon mit den Reglern nach Maß einstellen. Soll zum Beispiel eine sehr helle, blaue Planke in der Tonung kräftige Farben zeigen, ziehen Sie die Regler für Blautöne und Aquamarintöne nach links auf negative Werte. Die hellblaue Planke erscheint dann mit mittlerer Helligkeit, sie nimmt in der Tonung mehr Farbe an als sehr helle Bildteile. Testen Sie auch die Auto-Schaltfläche.
2. Gehen Sie ins Register Teiltonung, um mit ein bis zwei Farben zu tonen.

TIPP Oft verwendet man nur eine sehr dezente Sättigung, die Färbung ist kaum zu erkennen. Um vorübergehend die Farben mit voller Kraft zu zeigen, ziehen Sie die Farbton-Regler mit gedrückter ⇧-Taste.

Zweifarbige Tonung

Sie steuern Farbton und Sättigung separat für Lichter und Tiefen. Lassen Sie Photoshop zum Beispiel die helleren Bildpartien, also die Lichter, mit Rot einfärben. Die dunklen Passagen – die Tiefen – könnten Sie mit Blau färben. Über größere Helligkeitsbereiche hinweg mischen sich die zwei Farbtöne freilich, so dass die Rot-Blau-Kombination zu verschiedenen Lila-Schattierungen führt.

Soll Photoshop genau bei mittleren Helligkeitswerten den Schwenk von Blaufärbung zu Rotfärbung vollziehen? Oder soll der Übergang schon früher einsetzen, bei Tönen, die etwas dunkler als der reine Durchschnitt sind? Das steuern Sie mit dem Abgleich-Regler. Ein negativer Wert wie minus 60 betont die Tiefen-Farbe, sie setzt sich dann stärker im Gesamtbild durch. Positive Zahlen dehnen die Lichter-Farbe auch auf dunklere Helligkeitswerte aus. Wenn Sie mit dem Ergebnis noch nicht zufrieden sind, testen Sie immer auch eine andere Grauabmischung im Bereich HSL/Graustufen.

Abbildung 14.14 Die Vorlage wird im Camera-Raw-Dialog getont. Zunächst haben wir im Bereich HSL/Graustufen die Graustufen eingeschaltet und die Werte für Blautöne und Aquamarintöne gesenkt, so dass die blauen Partien des Originals in der getonten Version kräftiger herauskommen. Im Register Teiltonung tonen wir die Lichter mit einem Blauton, die Tiefen mit Rot. Datei: Tonung_b

TIPP Sie brauchen nur eine einfarbige Tonung im Raw-Dialog? Steuern Sie die Färbung zum Beispiel allein im Lichter-Bereich. Dazu setzen Sie den Abgleich auf plus 100 und die Sättigung bei den Tiefen auf 0.

14.2.4 Duplexmodus

Duplexdateien erzeugen eine Farbwirkung mit ein bis vier Druckfilmen. Dabei übernehmen die einzelnen Farben nicht unterschiedliche Farbtöne, sondern unterschiedliche Helligkeitsstufen (vergleichbar der Teiltonung im Raw-Dialog). Kombinieren Sie etwa Schwarz und Magenta. So entsteht entweder eine flächige Tonung oder Sie heben nur ein Detail mit der Extrafarbe heraus, zum Beispiel ein Logo. Dagegen brauchen Sie für den üblichen CMYK-Druck vier Filme und Farben – das ist teurer.

Ein Beispiel: Sie drucken eine Datei im Duplexmodus mit Schwarz und Cyan; Schwarz gibt vor allem die dunklen Bildpartien wieder, um Tiefe zu erzeugen, Cyan die helleren Zonen. Sie erhalten einen blaugetonten Schwarzweißabzug.

Anwendung

Die Funktion in der Übersicht:

1. Wenn Sie eine Farbdatei haben, erzeugen Sie zunächst eine Graustufenabmischung nach Maß, zum

Abbildung 14.15 **Links:** Wir tonen die Lichter mit einem Orangewert, die Tiefen mit Blau. **Mitte, rechts:** Wir ziehen den Abgleich auf minus 60. So setzt die Wirkung der Tiefen-Tonung schon bei helleren Tonwerten ein, das Bild bekommt mehr von der Tiefen-Farbe Blau.

Abbildung 14.16 **Links:** Um den Duplexmodus zu nutzen, legen Sie zunächst eine Graustufendatei an. **Mitte:** Die Druckfarben Cyan und Schwarz erzeugen eine Blautonung. **Rechts:** Die Druckfarben Magenta und Schwarz färben das Bild rötlich. Vorlage: Tonung_c. Foto: Xaviarnau, iStockphoto.com, Nr. 9644325

Beispiel per **Bild: Korrekturen: Schwarzweiß** oder im Bereich HSL/Graustufen des Raw-Dialogs.

2. Sie wählen **Bild: Modus: Graustufen**.
3. Nun heißt es **Bild: Modus: Duplex**.
4. Sie wählen eine fertige Vorgabe aus dem Klappmenü ganz oben. Alternative: Sie geben im Klappmenü Art etwas wie Duplex oder Triplex vor.
5. Arbeiten Sie mit einer Art wie Triplex, stellen Sie nun die Farben ein, dann speichern Sie im Photoshop-PSD-Dateiformat, für die Weitergabe an Layoutprogramme auch als PDF oder EPS.

Ein Bild mit nur einer einzigen Farbe – die hier auch Sonderfarbe heißt – ist wie ein Graustufenbild, das statt mit schwarzer zum Beispiel mit Magenta-Farbe gedruckt wird. Duplex, Triplex und Quadruplex sind dagegen Grau-

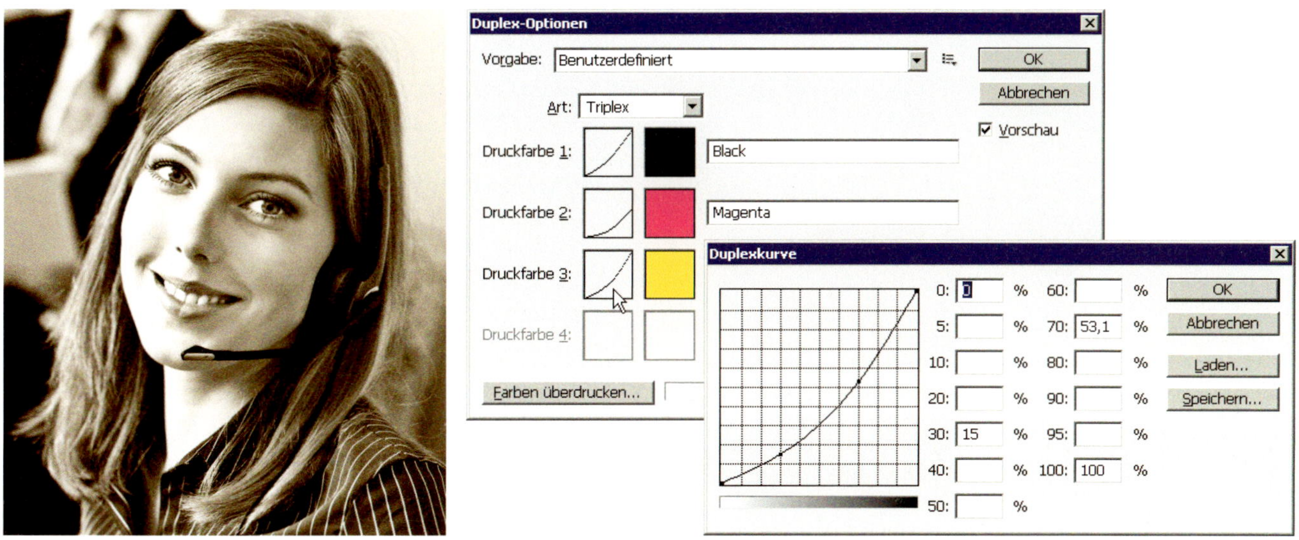

Abbildung 14.17 Mit Magenta und Gelb zusätzlich zu Schwarz entsteht ein Braunton. Klicken Sie auf das Farbfeld, um eine Farbe auszuwählen. Nach einem Klick auf die Gradationskurvenminiatur steuern Sie, welchen Helligkeitsbereich die verwendete Farbe abdeckt.

stufenbilder, die mit zwei, drei oder vier Druckfarben zu Papier gelangen, darunter oft Schwarz. Den Anteil der einzelnen Druckfarben steuern Sie über Gradationskurven. Als Extrafarbe verwenden Sie eine der üblichen Prozessfarben Magenta, Cyan oder Yellow oder auch eine spezielle Spotfarbe eines Druckfarbenherstellers.

TIPP Sie wollen die Farbwirkung des **Duplex**-Befehls beibehalten, die Bilddatei aber in vielen anderen Programmen zeigen? Dann brauchen Sie einen gängigen Farbmodus, nicht ausgerechnet Duplex. Wählen Sie **Bild: Modus: RGB-Farbe**.

14.3 Farbe in Graustufen umsetzen

»Schwarzweiß« ist en vogue. An Wohnzimmerwänden und in Galerien prangen die »Fine Prints« der neuen Art: »Entwickelt« in Photoshop, auf handgeschöpftem Edelpapier gedruckt von Printern, die drei verschiedene Schwarztinten goutieren – mindestens.

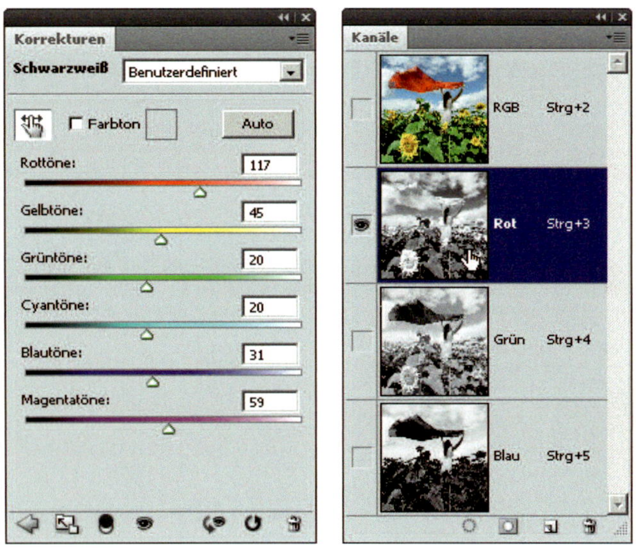

Abbildung 14.18 **Links:** Mit der Schwarzweiß-Einstellungsebene steuern Sie die Umsetzung in Graustufen nach Maß. **Rechts:** Einen schnellen Überblick über die Wirkung der einzelnen Grundfarben liefert bereits die »Kanäle«-Palette, zu finden im »Fenster«-Menü. Klicken Sie eine Grundfarbe wie »Rot« einmal an, dann zeigt Photoshop im Bildfenster nur noch diesen Farbauszug. Datei: Schwarzweiss_a. Foto: AccesscodeHFM, iStockphoto.com, Nr. 4156288

Aber wie soll das Grauergebnis herauskommen? Die Hauttöne extrahell oder mittel? Der Himmel so lala oder schwarz dräuend à la Altmeister Ansel?

All das steuern Sie in Photoshop, sofern Sie ein Farbbild bearbeiten. Also: Fotografieren oder scannen Sie Ihre Motive zunächst stets farbig. Stellen Sie die Digitalkamera nicht auf Graustufen. Aus der Farbvorlage kitzeln Sie erst in Photoshop Graustufenergebnisse heraus. Danach – und nicht früher – gehen Sie bei Bedarf in Photoshop auf den Befehl **Bild: Modus: Graustufen**, um Farbiges endgültig auszusperren und Arbeitsspeicher zu sparen.

TIPP Wollen Sie reine Graustufen drucken, kann es sinnvoll sein, von **RGB-Farbe** zu den Farbmodi **Graustufen** oder **CMYK-Farbe** zu wechseln, beide zu finden im Untermenü **Bild: Modus**.

14.3.1 Wege zu Graustufen

Unter anderem bietet Photoshop die folgenden Methoden von Farbe zu Graustufenwirkung:

- Am wichtigsten: Der Befehl **Bild: Korrekturen: Schwarzweiß** (Strg + Alt + ⇧ + B) erlaubt vielseitige Umwandlungen mit guter Kontraststeuerung. Wie stark die einzelnen Grundfarben im Gesamtergebnis durchschlagen, steuern Sie zum Beispiel über Schieberegler oder durch Ziehen in interessanten Farbbereichen. Wir besprechen den Befehl gleich ausführlich (auch verlustfrei als Einstellungsebene).
- Ähnlich zu geht es im Bereich HSL/Graustufen des Camera-Raw-Dialogs, wo Sie die Datei zuerst In Graustufen konvertieren. Im Raw-Dialog sind die Regler für Farbbereiche etwas anders aufgeteilt als im Schwarzweiß-Dialog – bei Raw haben Sie mehr Feinsteuerung für Hauttöne. Stellen Sie im Raw-Dialog die Selektive Anpassung auf **Graustufen-Kanalanpassung** ein (Strg + ⇧ + Alt + G); so ändern Sie die Helligkeit einzelner Farbbereiche durch Ziehen im Bild (auch verlustfrei, auch für TIFF und JPEG).
- Auch der Befehl **Bild: Korrekturen: Kanalmixer** erzeugt Graustufen, wenn Sie zuerst Monochrom einschalten; er ist jedoch unübersichtlicher als **Schwarzweiß**. Im Klappmenü bietet der **Kanalmi-**

Abbildung 14.19 **2. Bild:** Der »Schwarzweiß«-Befehl setzt die Farbvorlage zunächst nicht gut in Graustufen um. **3. Bild:** In der »Schwarzweiß«-Einstellungsebene schalten wir das Ziehwerkzeug ein und ziehen über der Haut nach rechts: Der »Rottöne«-Wert im Dialogfeld steigt von 40 auf 100 Prozent, Gesicht und Pullover erscheinen deutlich heller. (Mit dem »Gelb«-Regler können Sie den Kontrast zwischen Gesicht und Pullover noch verfeinern.) **4. Bild:** Bei weiterhin offenem »Schwarzweiß«-Dialog klicken wir in den Himmel und ziehen nach links; so wird dieser Farbbereich dunkler, »Cyantöne« sinken im Dialogfeld von 60 auf -60 Prozent. Datei: Schwarzweiss_b. Foto: asiseeit, iStockphoto.com, Nr. 9411276

xer ein paar Vorgaben wie Schwarzweiss mit Blaufilter (RGB); die kredenzt Ihnen auch der **Schwarzweiß**-Befehl – mit ähnlicher Bezeichnung, aber meist identischer Wirkung. Lediglich die **Kanalmixer**-Vorgaben Schwarzweiss-Infrarot (RGB) und Schwarzweiss mit Orangefilter (RGB) liefern Ergebnisse ohne Pendant beim **Schwarzweiß**-Befehl (auch verlustfrei als Einstellungsebene). Für den **Kanalmixer** liefert Photoshop in den Standardaktionen bereits die Befehlsfolge Eigenes RGB zu Graustufen mit.

» Auch der Befehl **Bild: Korrekturen: HDR-Tonung** bietet vier Vorgaben für Graustufenwirkung (Monochromatisch), die Sie mit den Reglern noch verfeinern.

Oder leiten Sie Graustufen unmittelbar aus einzelnen Grundfarben ab:

» Verwenden Sie eine einzelne Grundfarbe, bei RGB also Rot, Grün oder Blau. Klicken Sie in der Kanälepalette auf eine Einzelfarbe wie Rot, danach wählen Sie **Bild: Modus: Graustufen**. Sie erhalten nach Rückfragen eine speicherschonende Graustufendatei auf Basis des Einzelkanals.

» Sehen Sie sich alle einzelnen Grundfarben Ihres Bilds genauer an: Sie verwenden **Kanäle teilen** aus dem Menü der Kanälepalette; Photoshop erzeugt sofort ein separates Bildfenster für jeden Grundfarbenkanal in Graustufen (nur bei Dateien, die ausschließlich aus einer Hintergrund-Ebene bestehen, nicht bei Ebenenmontagen). Dabei bleibt allerdings kein unverändertes Originalbild zurück und Sie können den Befehl nicht widerrufen. Duplizieren Sie Ihr Farbbild also vorab per **Bild: Duplizieren**.

» Verschmelzen Sie mehrere Farbkanäle zu einem Graustufenergebnis. Aktivieren Sie in der Kanälepalette zwei Einzelkanäle mit gedrückter ⇧-Taste – dieses Zwei-Kanäle-Bild erscheint farbig auf dem Schirm. Dann gehen Sie auf **Bild: Modus: Graustufen**.

Nur in Sonderfällen wechseln Sie mit diesen Verfahren von Farbe nach Graustufen:

» Im komplexen Befehl **Bild: Kanalberechnungen** wählen Sie als Quellen zwei einzelne Grundfarben wie Rot und Grün. Achten Sie zum Einstieg auf den überschaubaren Modus Normal und regulieren Sie mit der Deckkraft die Überblendung. Für helle Hauttöne empfiehlt sich eine Rot-Grün-Mischung. Als Ziel nehmen Sie eine Neue Datei; nach dem OK-Klick folgt noch der Befehl **Bild: Modus: Graustufen**.

» Legen Sie über Ihr Farbbild eine Ebene mit Neutralgrau und der Füllmethode Farbe; so entsteht bereits eine Graustufenwirkung. Zwischen diese beiden Ebenen klemmen Sie eine Einstellungsebene **Farbton/Sättigung**. Die Regler für Farbton und Sättigung erzeugen unterschiedliche Graustufenvarianten.

» Mit dem Befehl **Bild: Korrekturen: Verlaufsumsetzung** wenden Sie einen Graustufenverlauf auf die Helligkeitswerte in Ihrem Bild an. Jeder Helligkeitswert erhält einen Tonwert aus dem Graustufenverlauf – eine eher experimentelle Lösung (auch verlustfrei als Einstellungsebene).

Vorlage: Schwarzweiß_a

Sättigung 0 Prozent

Bild: Modus: Graustufen

Nur Rotkanal

Nur Grünkanal

Nur Blaukanal

Schwarzweißbefehl, alles 50 Prozent

Schwarzweißbefehl,
Auto-Schaltfläche

Schwarzweiß-Befehl,
Blaufilter mit hohem Kontrast

Schwarzweiß-Befehl, Blaufilter

Schwarzweiß-Befehl, Gelbfilter

Schwarzweiß-Befehl, Grünfilter

Schwarzweiß-Befehl, Infrarot

Schwarzweiß-Befehl,
Maximales Schwarz

Schwarzweiß-Befehl,
Maximales Weiß

Schwarzweiß-Befehl,
Neutrale Dichte

Schwarzweiß-Befehl,
Rotfilter mit hohem Kontrast

Schwarzweiß-Befehl, Rotfilter

Kanalmixer, Schwarzweiß
mit Orangefilter (RGB)

Kanalmixer, Schwarzweiß-Infrarot
(RGB)

HDR-Tonung, Monochromatisch
künstlerisch

HDR-Tonung, Monochromatisch
hoher Kontrast

HDR-Tonung, Monochromatisch
geringer Kontrast

HDR-Tonung, Monochromatisch

Abbildung 14.20 Wir legen eine »Schwarzweiß«-Einstellungsebene mit der »Infrarot«-Vorgabe an. Anschließend wählen wir per Umschalt-Klick beide Ebenen gemeinsam aus und ziehen Sie auf das Symbol »Neue Ebene erstellen« unten in der Palette, um sie zu duplizieren. Datei: Schwarzweiß_c

Oder testen Sie diese Vorgehensweisen:

» Senken Sie per **Farbton/Sättigung** (Strg+U) die Sättigung auf null Prozent. Dasselbe bewirkt der **Bild**-Befehl **Sättigung verringern** (⇧+Strg+U) oder Sie setzen im **Schwarzweiß**-Dialog alles auf 50 Prozent. Sie erhalten jeweils ein sehr kontrastarmes Ergebnis.

» Wenden Sie auf das Farbbild sofort den Befehl **Bild: Modus: Graustufen** an. Das Bild wird – nach Rückfragen – ohne jede Feinsteuerung in Graustufen umgewandelt. Die Funktion gewichtet die Bildfarben nach ihrer subjektiven Helligkeit: Blau mit 11, Grün mit 59 und Rot mit 30 Prozent. Das Ergebnis präsentiert sich kontrastreicher als reines Absenken der Farbsättigung und Sie sparen Arbeitsspeicher.

» Wählen Sie **Bild: Modus: Lab-Farbe** und klicken Sie in der Kanälepalette auf den Kanal Helligkeit – Photoshop zeigt ein gut durchgezeichnetes Graustufenbild. Wollen Sie dabei bleiben, heißt es jetzt **Bild: Modus: Graustufen**.

Abbildung 14.21 Wir klicken in der Palette auf die Ebene »Hintergrund Kopie«, so dass nur diese Ebene ausgewählt ist. Der Befehl »Filter: Weichzeichnungsfilter: Tiefenschärfe abmildern« zeichnet die Ebene kräftig weich. Oben stellen wir die Füllmethode von »Normal« auf »Weiches Licht« um.

Abbildung 14.22 **1. Bild:** Wir stellen die Füllmethode für das obere, weichgezeichnete Bild auf »Ineinanderkopieren«. **2. Bild:** Füllmethode »Aufhellen«. **3. Bild:** Füllmethode »Negativ multiplizieren«.

14.3.2 Graustufen mit dem »Schwarzweiß«-Befehl

Erste Wahl für den Weg von Farbe nach Graustufen ist der Befehl **Bild: Korrekturen: Schwarzweiß** (Strg + Alt + ⇧ + B). Welche Farbe wie hell im Graustufenergebnis hervortritt, das steuern Sie hier bequem:

- » Schon beim Aufrufen schlägt die Funktion automatisch eine Grauabmischung vor, mit der Sie weiterarbeiten können. Wollen Sie zehn Regleränderungen später zu dieser Einstiegsvariante zurückkehren, drücken Sie wie immer die Alt-Taste und klicken auf Zurücksetzen.
- » Die Auto-Schaltfläche sorgt stante pede für ein sehr kontrastreiches Ergebnis, das Sie bei Bedarf verfeinern.
- » Klicken Sie bei geöffnetem Dialogfeld einen Farbton im Bildfenster an, der im Grauergebnis heller oder dunkler erscheinen soll. Ziehen Sie bei gedrückter Maustaste nach links, um den Farbton abzudunkeln. Ziehen nach rechts hellt den Farbton auf. Der Mauszeiger erscheint als Hand mit Doppelpfeil. Ein Beispiel: Klicken Sie auf blauen Himmel und ziehen Sie bei gedrückter Maustaste nach links. So wird der Himmel – nein, alles Blaue im Bild – dunkler. Ziehen Sie nach rechts, hellen Sie die Blautöne auf. Die Schieberegler für Cyantöne oder Blautöne ändern sich entsprechend mit.
- » Verfeinern Sie das Ergebnis mit den Schiebereglern. Heben Sie den Wert für die Rottöne an, wenn vormals Rotes im Grauergebnis heller erscheinen soll. Blauer Himmel soll dunkler wirken? Dann senken Sie Blautöne und Cyantöne ab. Am Grauverlauf über dem Regler erkennen Sie, wie hell oder dunkel der gewählte Farbbereich gerät. Auf diese Art entstehen auch Graustufen im Bereich HSL/Graustufen des Camera-Raw-Dialogs.

TIPP Sie wollen die Gelbtöne wieder auf den Wert zurücksetzen, den Photoshop gleich beim Aufrufen des **Schwarzweiß**-Befehls vorgeschlagen hatte? Drücken Sie die Alt-Taste und klicken Sie auf das gelbe Kästchen rechts über dem Regler für die Gelbtöne. Für andere Farbbereiche funktioniert das auch.

»Schwarzweiß« automatisieren

Sofern Sie die kostenlosen »Dr. Brown's Services« verwenden (Seite 1073), starten Sie eine **Schwarzweiß**-Stapelumwandlung auch aus Bridge heraus: Markieren Sie die gewünschten Bilder in Bridge und wählen Sie dort **Werkzeuge: Dr. Brown's Services: Dr. Brown's Black-n-White**.

Beim ersten Foto richten Sie die **Schwarzweiß**-Werte nach Wunsch ein. Die weiteren Bilder erhalten die gleichen Vorgaben. Die Dateien landen im Unterverzeichnis »Black-n-White« innerhalb des verwendeten Verzeichnisses.

Abbildung 14.23 Über dem Farbbild liegt eine graue Farbfüllung im Modus »Farbe«, dazwischen befindet sich der Befehl »Farbton/Sättigung« als Einstellungsebene. Mit dem »Farbton«-Regler steuern Sie die Schwarzweißumsetzung; je höher die »Sättigung«, desto stärker die Kontraste und die Unterschiede zwischen den »Farbton«-Varianten. Datei: Schwarzweiss_d. Foto: Lucas Klamert

14.3.3 Der Graustufen-Modus

Sie sind mit Ihrer Grauumsetzung endgültig zufrieden und wollen keinerlei Farbe mehr im Bild verwenden? Keine Tonung, kein buntes Detail? Dann können Sie **Bild: Modus: Graustufen** wählen. Statt der drei Schichten für Rot, Grün und Blau hat Ihr Foto jetzt nur noch eine Grauschicht – zum Beispiel 1x8 Bit statt 3x8 Bit.

Sie sparen also zwei Drittel Arbeitsspeicher (auch wenn das bei modernen Rechnern nicht sehr ins Gewicht fällt). Bei Dateiformaten, die nicht komprimieren, sparen Sie auch zwei Drittel Festplattenplatz. Bei komprimierenden Dateitypen wie JPEG oder TIFF mit LZW-Komprimierung bringt der Wechsel von Farbe zu Graustufen oft nur zehn bis 35 Prozent Gewinn auf der Festplatte, bei PSD-Dateien eventuell mehr.

Soll die Datei doch noch einmal Farbe aufnehmen, wechseln Sie zurück in einen Farbmodus, zum Beispiel per **Bild: Modus: RGB-Farbe**.

14.3.4 Graustufen mit Farbtupfer (»Color key«)

Sie wollen ein Graustufenbild zeigen, bei dem ein Detail farbig bleibt – nicht nur bei Hochzeitsfotos ein beliebter Gag, der auch »Color key« heißt. Sofern Sie eine Farbvorlage verwenden und der bunte Bildausschnitt soll die Originalfarben behalten, bieten sich mehrere Verfahren an:

» Im farbigen Original wählen Sie den Bildteil aus, der Farbe behalten soll; Sie kehren die Auswahl mit Strg+⇧+I um; Sie klicken unten in der Ebenenpalette auf Neue Füll- oder Einstellungsebene erstellen, nehmen **Schwarzweiß** und steuern die Grauumsetzung nach Maß. Dabei entsteht automatisch eine Ebenenmaske, die Ihr Hauptmotiv farbig lässt.

» Im farbigen Original wählen Sie den Bildteil aus, der Farbe behalten soll; Sie heben den Bereich mit Strg+J auf eine neue Ebene; Sie klicken in der

Abbildung 14.24 Für dieses Ergebnis bieten sich unterschiedliche Wege an. **Obere Palette:** Die »Schwarzweiß«-Funktion liegt als Einstellungsebene über dem Bild, der bunte Bereich wird per Einstellungsebene vor Änderung geschützt. **Untere Palette:** Bei diesem alternativen Verfahren haben wir aus der Farbvorlage heraus die bunten Details auf eine neue »Ebene 1« gehoben. Danach wurde die komplette »Hintergrund«-Ebene mit dem »Schwarzweiß«-Befehl grau gemacht. Datei: Schwarzweiß_e. Abbildung: Gabi Sieg-Ewe

Ebenenpalette einmal auf die darunterliegende ursprüngliche Ebene, meist die Hintergrund-Ebene; wenden Sie den **Schwarzweiß**-Befehl an, entweder als Einstellungsebene oder direkt per **Bild: Korrekturen: Schwarzweiß**.

Egal, ob Sie zu großzügig oder zu eng ausgewählt haben: Beim ersten Verfahren können Sie die Auswahl in der Ebenenmaske bequem verkleinern oder vergrößern. Bei der zweiten Technik wählen Sie zunächst eher zu viel aus. Sobald der Bildausschnitt auf einer neuen Ebene liegt, können Sie ihn per Ebenenmaske oder Radiergummi immer noch verkleinern; erweitern um fehlende Bildpunkte lässt er sich dagegen nicht mehr.

TIPP Sie gehen von einer Graustufenvorlage aus oder der bunte Bildausschnitt soll nicht die Originalfarben zeigen. Dann nutzen Sie unsere Tipps zum Umfärben oder Tonen (Seite 498).

14.4 Farbverfremdung

Photoshop bietet viele Möglichkeiten für Falschfarbenspiele, zwei besprechen wir hier:

- » Verzerren Sie die **Gradationskurve** (auch verlustfrei als Einstellungsebene).
- » Per **Verlaufsumsetzung** tauschen Sie die Helligkeitsbereiche eines Bilds gegen die Farben auf einem Farbverlauf (auch verlustfrei als Einstellungsebene).

TIPP Kehren Sie die Farbverfremdung in ihr Negativ um, vielleicht sieht das noch besser aus. Am bequemsten ist das als Einstellungsebene: Klicken Sie zunächst einmal auf die oberste Ebene in der Ebenenpalette, dann oben auf der Startseite der Korrekturenpalette auf Umkehren. Oder testen Sie eine Farbton-Verschiebung; dazu nehmen Sie **Farbton/Sättigung** als Einstellungsebene (Seite 498).

Abbildung 14.25 Starke Verzerrungen mit dem Bleistiftwerkzeug verfremden Farben und Kontraste. Um Geraden wie hier zu ziehen, halten Sie die [⇧]-Taste gedrückt und klicken Sie nur die Eckpunkte an. Damit der dunkle Hintergrund hell erscheint, beginnt die Kurve links – bei den Schatten – ganz oben. Vorlage: Gradation_b. Foto: Gabi Sieg-Ewe

14.4.1 Verfremdungen mit den »Gradationskurven«

Der Befehl **Bild: Korrekturen: Gradationskurven** ([Strg]+[M]) liefert nicht nur feine Kontrastkorrekturen (Seite 319), sondern auch bizarre Solarisationseffekte. Dazu ziehen Sie die Kurve mit harten Ecken durchs Koordinatennetz; Sie verurteilen helle Bildpunkte zum Schattendasein und zerren dunkle Zonen ans Licht. Ähnliches erledigt auch der **Stilisierungsfilter: Solarisation** im **Filter**-Menü, aber ohne jede Feinsteuerung. Noch stärkere Verfremdungen erzielen Sie, wenn Sie die Grundfarben wie Rot oder Grün separat verfremden – so bringen Sie auch Farbe in Graustufenvorlagen (die Sie zuvor in einen Farbmodus wie **RGB-Farbe** konvertieren).

Soll die Gradationskurve über einen bestimmten Tonwertbereich hinweg linealgerade verlaufen, drücken Sie die [⇧]-Taste – dann klicken Sie nur noch Anfangs- und Endpunkte des Tonwertbereichs ins Diagramm – waagerecht, senkrecht oder diagonal. Eine Gradationskurve in Treppenform sorgt für plakative Tontrennung; die bietet handlicher, aber weniger frei auch der Befehl **Bild: Korrekturen: Tontrennung** an. Kehren Sie die Kurve komplett um, erhalten Sie ein Negativ nach Art des **Bild**-Befehls **Korrekturen: Umkehren**.

TIPP Nehmen Sie ein paar extreme Lichter und Schatten mit herein, damit das Bild Tiefe und Durchzeichnung erhält. Führen Sie also die Gradationskurve mindestens je einmal an den oberen und unteren Rand des Gradationsdiagramms.

Das Bleistiftwerkzeug

Klicken Sie im Gradationsdialog auf den Bleistift, biegt sich die Gradationskurve nicht mehr wie ein Gummiband; stattdessen lässt sie sich für jeden Tonwert einzeln umgestalten. Während Sie bei der Arbeit mit dem Kurvensymbol immer einen recht weiten Tonwertbereich erfassen, malen Sie mit dem Bleistift Ecken und verändern nur handverlesene, einzelne Tonwerte.

Klicken Sie auf Glätten, wenn die harten Sprünge im Gradationsverlauf allzu harte Kontrastsprünge im Bild erzeugen; diese Schaltfläche gibt es nur bei der Arbeit mit dem Bleistift. Auch ein Klick auf das Kurvensymbol glättet die Gradationsgebirge und versieht die Kurve mit Ankerpunkten, die zu weiteren Anpassungen einladen.

Wollen Sie eine stark veränderte Kurve Schritt für Schritt auf die Standarddiagonale zurückführen, dann klicken Sie im Dialogfeld zunächst das Bleistiftwerkzeug an. Jetzt steht die Schaltfläche Glätten zur Verfügung; mit jedem Klick rückt sie den Graphen wieder ein Stück weit in die ursprüngliche 45-Grad-Ausrichtung, das Bild nähert sich peu à peu seiner ursprünglichen Wirkung.

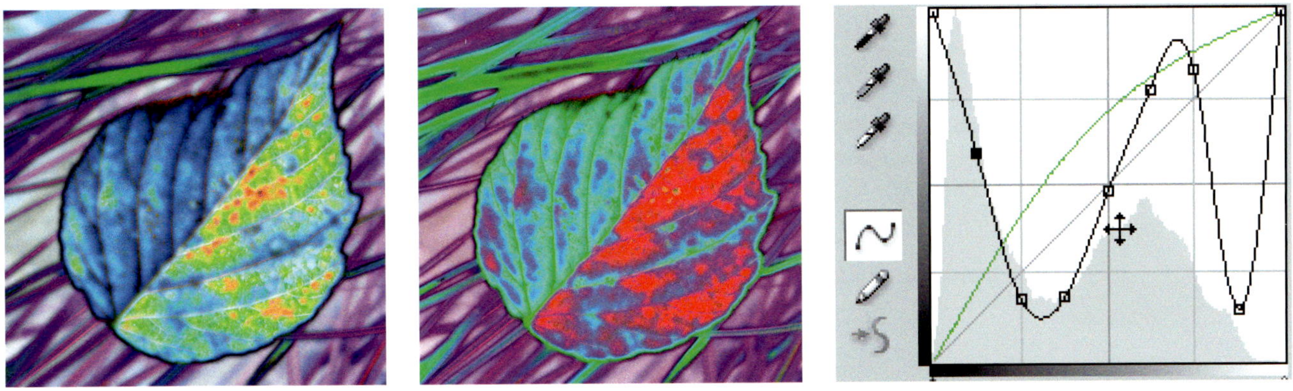

Abbildung 14.26 **Links:** Weichzeichnung der Vorlage führt zu Farbsäumen. Der »Luminanz«-Modus für den Weichzeichner verfeinert die Wirkung leicht. **Mitte, rechts:** Wir haben in der Gradationskurve die Grüntöne angehoben. Der Wechsel vom Bleistift- in den Kurvenmodus glättet die Kontraste weiter. Außerdem entstehen Griffpunkte – überflüssige ziehen Sie aus dem Diagramm heraus. Alternativ klicken Sie einmal oder mehrfach auf die Schaltfläche »Glätten«.

DVD Im Aktionenset zu diesem Buch finden Sie die Aktion »Verfremdung – Gradationskurve«. Das aktive Bild wird dupliziert, in ein Smart-Objekt verwandelt, dann mit einer verzerrten Gradationskurve und mit Weichzeichner ausgestattet. Sie können Weichzeichnung und Kurvenverlauf jederzeit ändern, das Original bleibt im Hintergrund erhalten.

TIPP Dramatische Verstärkung von Kontrast und Farbsättigung, aber keine extreme Verschiebung, liefert der Befehl **Bild: Korrekturen: HDR-Tonung** (Seite 351).

3D-Effekt per Gradationskurve

Die Gradationskurve erzeugt auch 3D- und Rahmeneffekte. Zunächst erzeugen Sie ein weichgezeichnetes Objekt, zum Beispiel Schwarz auf Weiß.

Die Konturen des Objekts erstrecken sich durch die Weichzeichnung über alle Helligkeitsstufen. Per Gradationskurve greifen Sie dann einzelne Helligkeitsbereiche heraus, um sie drastisch anzuheben oder abzusenken. Setzen Sie Helligkeitsstufen auch in Farben um – dazu verformen Sie Gradationskurven für einzelne Farbkanäle.

Formen Sie die Gradationskurve erst grob im Bleistiftmodus. Dann regeln Sie Feinheiten und Übergänge im Kurvenmodus. Schon der reine Wechsel von Bleistift zu Kurven weicht Ecken in der Kurve und Kontrastsprünge im Bild auf. Überflüssige Griffpunkte ziehen Sie wie immer einfach aus der Gradationskurve heraus.

Ebenentechnik

Auf zwei unterschiedliche Arten schaffen Sie die Voraussetzungen für die Textverfremdung:

» Sie legen die Textebene über einer weißen Ebene an, dann verschmelzen Sie die Textebene mit der weißen Ebene (Strg+E) und beginnen mit der Verfremdung per **Gradationskurven**.

» Sie verwandeln die Textebene in ein Smart-Objekt (**Filter: Für Smartfilter konvertieren**); dann wählen Sie **Filter: Weichzeichner: Gaußscher Weichzeichner**; der Weichzeichner erscheint als Smartfilter in der Ebenenpalette; unten in der Ebenenpalette klicken Sie auf den Button NEUE FÜLL- ODER EINSTELLUNGSEBENE ERSTELLEN und wählen die **Gradationskurven**. Weichzeichnung und Gradationskurven können Sie bei diesem Konglomerat jederzeit neu einstellen.

DVD Die mitgelieferte Aktion »Verfremdung – Gradationskurve für Text« erzeugt den hier beschriebenen Effekt. Die Aktion legt eine neue weiße Ebene an und fordert dann zur Texteingabe auf. Weichzeichnung und Gradationskurven lassen sich anschließend über die Ebenenpalette neu einstellen.

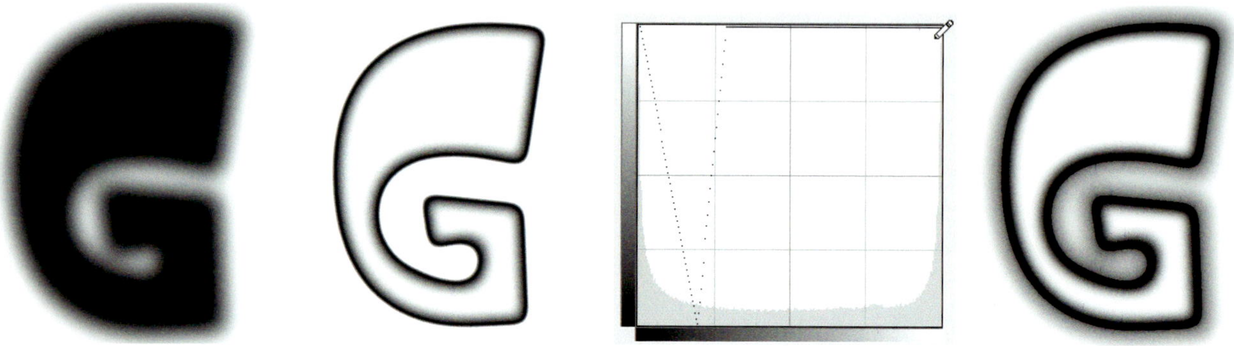

Abbildung 14.27 Die Textebene wird mit »Gaußscher Weichzeichner« abgesoftet und dabei gerastert. Die Gradationskurve verwandelt die dunkelsten, inneren Töne in Weiß. Der Zeiger wurde im Bleistiftmodus bei gedrückter ⇧-Taste links oben ins Diagramm gesetzt und nach unten geführt.

14.4.2 »Verlaufsumsetzung«

Der Befehl **Bild: Korrekturen: Verlaufsumsetzung** (auch als Einstellungsebene per Korrekturenpalette) wendet einen Verlauf auf die Helligkeitsstufen Ihres Bilds an: Die Farben links im Verlauf ersetzen die dunklen Tonwerte Ihrer Vorlage, die Farben rechts im Verlauf überlagern die hellen Tonwerte.

Durch einen Klick auf den Verlaufsbalken laden Sie das Dialogfeld Verläufe bearbeiten (alle Details zu Farbverläufen ab Seite 470). Die Schaltfläche mit dem gekippten Dreieck zeigt die aktuelle Bibliothek mit Verläufen.

DVD Die mitgelieferte Aktion »Verfremdung – Verlaufsumsetzung« legt die **Verlaufsumsetzung** als Einstellungsebene über das Bild. Zusätzlich entstehen die Einstellungsebenen **Gradationskurven** und **Schwarzweiß**, mit denen Sie das Ergebnis verfeinern. Weil Sie meist nur eine dieser zwei Einstellungsebenen brauchen, werden die **Gradationskurven** zunächst ausgeblendet.

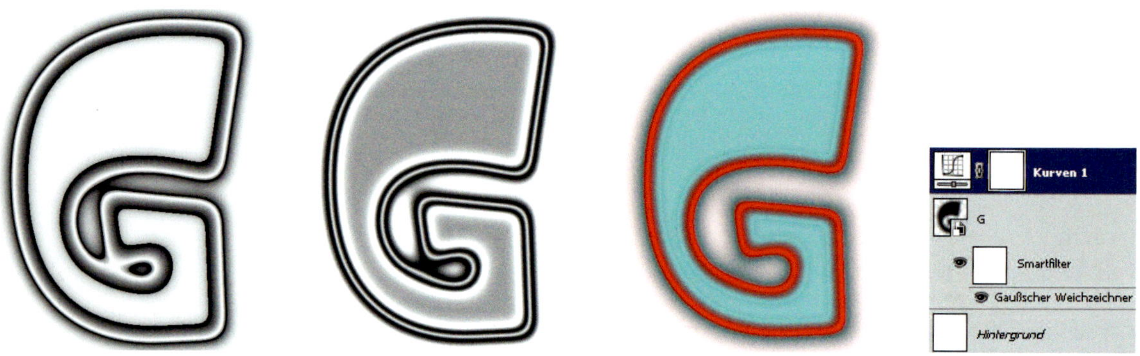

Abbildung 14.28 Wellenlinien in der Gradationskurve erzeugen Neoneffekte. Harte Knicke in der Gradationskurve, zum Beispiel per Bleistiftwerkzeug, sorgen für harte Kontraste im Ergebnis. Das farbige Bild entstand durch zusätzlich Verzerrungen in der »Rot«-Kurve. Die Textebene wurde in ein Smart-Objekt verwandelt, Gradationskurven und Weichzeichner lassen sich jederzeit ändern. Datei: Gradation_c

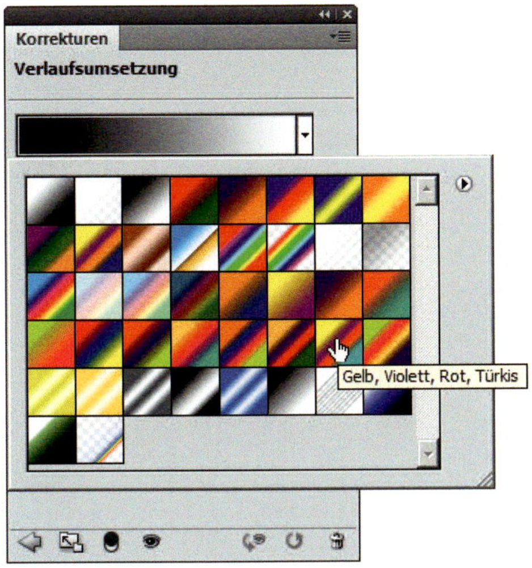

Abbildung 14.29 Die »Verlaufsumsetzung« garantiert verblüffende Farbeffekte in Farbbildern. Sie eignet sich zudem für effektvolles Einfärben oder behutsames Tonen von Graustufenbildern.

Variieren Sie die Ergebnisse

Schnelle Variationen schaffen Sie mit der UMKEHREN-Checkbox in der **Verlaufsumsetzung**. Die Ergebnisse lassen sich aber noch weiter verfeinern. Legen Sie die **Verlaufsumsetzung** zunächst als Einstellungsebene über der HINTERGRUND-Ebene an. Dann klicken Sie einmal auf die HINTERGRUND-Ebene in der Palette, so dass die nun folgenden Einstellungsebenen zwischen der HINTERGRUND-Ebene und der Einstellungsebene VERLAUFSUMSETZUNG entstehen. Klicken Sie unten in der Ebenenpalette auf NEUE FÜLL- ODER EINSTELLUNGSEBENE ERSTELLEN (Seite 886), um mit den folgenden Funktionen zu experimentieren:

» Nehmen Sie die **Gradationskurven** und dehnen Sie den Kontrastumfang des Bilds maximal aus. Nur so nutzen Sie auch den vollen Umfang des Farbverlaufs. Klicken Sie zum Beispiel in den **Gradationskurven** auf OPTIONEN und dann auf KONTRAST KANALWEISE VERBESSERN (Seite 328). Je nachdem, ob die Einstellungsebene **Gradationskurven** über oder unter der Einstellungsebene **Verlaufsumsetzung** liegt, erhalten Sie andere Ergebnisse.

» Nehmen Sie **Schwarzweiß** (Seite 517) und testen Sie verschiedene Umsetzungen wie ROTFILTER – so erscheint rötliches heller – oder BLAUFILTER, um Blaues aufzuhellen. Die **Verlaufsumsetzung** auf der Einstellungsebene darüber reagiert ja ohnehin nur auf Helligkeitsunterschiede; Sie erhalten je nach Vorgabe im **Schwarzweiß**-Dialog ganz unterschiedliche Farbenspiele.

TIPP Setzen Sie die Einstellungsebene VERLAUFSUMSETZUNG auf die Füllmethode FARBE, damit sie sich besser mit dem Bild verbindet. Testen Sie weitere Modi wie INEINANDERKOPIEREN.

Abbildung 14.30 Die »Verlaufsumsetzung« wendet Farbverläufe auf Helligkeitsunterschiede an. Vorlage: Verlaufsumsetzung_a

14.4.3 »Umkehren«

Der Befehl Bild: Korrekturen: Umkehren (Strg+I) dreht die Auswahlwirkung von Ebenenmasken oder Alphakanälen um. Wenn Sie aber ein Farbbild in kreativer Absicht umkehren, wirkt der Effekt oft zu stark.

Abhilfe: Kehren Sie nur die Helligkeitswerte um, die Farben aber lassen Sie. Dazu verwandeln Sie Ihr Bild in den Modus **Lab-Farbe** und bearbeiten nur den Helligkeit-Kanal. So geht's:

1. Wählen Sie **Bild: Modus: Lab-Farbe**.
2. Klicken Sie in der Kanäle-Palette einmal auf den Helligkeit-Kanal.
3. Klicken Sie oben in der Kanälepalette auf das Augensymbol neben dem Lab-Gesamtkanal, so dass Sie wieder das normale Bild sehen.
4. Per Strg+I kehren Sie den Helligkeit-Kanal um, die Helligkeitswerte im Gesamtbild werden vertauscht.
5. Das Ergebnis konveniert? Wechseln Sie nun eventuell wieder zum gängigeren RGB-Modus: **Bild: Modus: RGB-Farbe**.

Eine ähnliche, aber nicht exakt gleiche Wirkung erhalten Sie so:

1. Legen Sie eine **Umkehren**-Einstellungsebene an.
2. Die Füllmethode dieser Einstellungsebene setzen Sie von Normal auf Luminanz.

Wollen Sie indes nur die Farben, nicht aber die Helligkeit umkehren, nehmen Sie den Befehl **Farbton/Sättigung** und ziehen den Farbton-Regler ganz nach außen.

DVD Die Aktionensammlung von der Buch-DVD enthält die Aktion »Verfremdung – Umkehren nur Helligkeit«: Sie verwandelt ein Duplikat der Datei in den Lab-Modus, kehrt die Helligkeit um und bietet zum Schluss den Wechsel zu RGB an.

Abbildung 14.31 Zwischen der »Verlaufsumsetzung« und dem Foto liegt hier noch die Einstellungsebene »Schwarzweiß«. Die Unterschiede entstehen hier nur durch Änderungen im »Schwarzweiß«-Dialog. Datei: Verlaufsumsetzung_b

Abbildung 14.32 **Mitte:** Wir kehren das Gesamtbild um. **Unten:** Im »Lab«-Modus wird nur der »Helligkeit«-Kanal umgekehrt. Vorlage: Umkehren

14.5 Strichgrafik

Umgewandelt in Schwarzweißskizzen, zeigen Ihre Fotos einen ganz eigenen Charme: Strichgrafiken abstrahieren und reduzieren den Blick auf die wesentlichen Umrisse eines Motivs. Sie wirken wie Handskizze, technische Zeichnung oder alter Stich – einfach Hingucker, geeignet für Porträts, Architektur oder Sachaufnahmen. Verwenden Sie Strichgrafiken auch, wenn Sie Ihre Drucksachen mit Schwarzweißkopierern vervielfältigen oder faxen.

Allerdings: Wer in Photoshop eine Strichgrafik anlegen will, erhält oft nur grobe schwarze und weiße Flächen. Verfolgen Sie hier mit, wie eine Liniengrafik nach Maß entsteht.

14.5.1 Strichgrafik mit »Selektivem Weichzeichner«

Ein schneller möglicher Weg zur Strichgrafik führt über den **Selektiven Weichzeichner**. Die Ergebnisse wirken allerdings einen Tick zittrig:

1. Der Befehl heißt **Filter: Weichzeichnungsfilter: Selektiver Weichzeichner.**
2. Die Qualität stellen Sie auf Hoch, den Modus auf Nur Kante. Sie sehen in der Vorschau nur weiße Linien auf Schwarz. Experimentieren Sie mit Radius und Schwellenwert, bis Ihnen die Grafik grundsätzlich gefällt, dann klicken Sie auf OK.
3. Wählen Sie **Bild: Korrekturen: Umkehren** (Strg+I); damit erhalten Sie schwarze Linien auf weißem Grund.

14.5.2 Strichgrafik mit »Hochpass« und »Schwellenwert«

Dies ist der genaueste Weg zu einer Strichgrafik:

1. Wandeln Sie Ihr Bild in den Graustufenmodus um, zum Beispiel über die Befehle **Bild: Korrekturen: Schwarzweiß** (Seite 517) und **Bild: Modus: Graustufen**. Dieser Schritt ist nicht zwingend erforderlich.
2. Wählen Sie **Filter: Sonstige Filter: Hochpass**. Dieser Filter arbeitet helle Stellen und Konturen heraus und betont die Umrisse. Je kleiner der Radius-Wert, umso

Abbildung 14.33 Der »Selektive Weichzeichner« erzeugt zunächst weiße Linien auf schwarzem Grund, die Sie mit dem Befehl »Umkehren« zu Schwarz auf Weiß verwandeln. **Rechts:** Hier liegen »Selektiver Weichzeichner« und »Umkehren« abschaltbar auf der Ebenenpalette: Datei: Strichgrafik_b1

dünner wird die Kontur; testen Sie Vorgaben wie 1,0 oder 1,5 Pixel.

3. Wählen Sie **Filter: Weichzeichnungsfilter: Gaußscher Weichzeichner** mit einer deutlichen Absoftung, zum Beispiel dem RADIUS 5. Diese Funktion glättet das Ergebnis, tilgt aber auch Details.
4. Nun folgt **Bild: Korrekturen: Schwellenwert**. Diese Funktion reduziert die Vorlage auf reines Schwarz und Weiß. Testen Sie Werte von 127 bis 129.

Prüfen Sie das Ergebnis unbedingt in der Zoomstufe 100 Prozent (Doppelklick auf die Lupe).

DVD Unsere mitgelieferte Aktionensammlung enthält die Aktion »Verfremdung – Strichgrafik sofort«. Sie erstellt ein Duplikat Ihrer Vorlage, verwandelt es bei Bedarf in Graustufen und erzeugt dann wie oben beschrieben eine Strichgrafik mit **Hochpass**, **Gaußschem Weichzeichner** und **Schwellenwert** direkt aus den Originalpixeln. Die Variante »Verfremdung – Strichgrafik mit Smartfiltern« legt alle Änderungen als Smartfilter oder Einstellungsebene an. Sie können also die Werte jederzeit ändern. In beiden Fällen können Sie die Linien nach einer Bildschirmmeldung noch einfärben.

14.5.3 Weitere Schritte mit der Strichgrafik

Fegen Sie schwarze Krümel weg, färben Sie Ihre Strichgrafik ein, legen Sie das Ergebnis über Farbgrafiken.

Schwarze Streusel wegretuschieren

Zeigt Ihre Strichgrafik um das Hauptmotiv herum noch störende schwarze Krümel? Die entfernen Sie leicht mit dem Pinsel (Kurztaste B) und weißer Vordergrundfarbe (Taste D, dann X). Laden Sie eventuell die Pinselvorgaben **Quadratische Spitzen**. Sie arbeiten mit harter Kante ohne jeden weichen Übergang; der würde im Bildergebnis stören.

Sind die Zonen größer, umfahren Sie die lästigen Punkte mit dem Lasso und nehmen **Bearbeiten: Fläche füllen** mit WEISS. Alternative: Senken Sie den SCHWELLENWERT geringfügig, um Schwarz generell zurückzudrängen. Oder probieren Sie es mit **Filter: Sonstige Filter: Helle Bereiche vergrößern**.

Abbildung 14.34 **Links:** Niedrige Werte für »Gaußschen Weichzeichner« und »Hochpass« erzeugen relativ dünne Linien mit viel Detailzeichnung. **Mitte:** Wir verwenden hohe Werte für »Gaußschen Weichzeichner« und »Hochpass«. So entstehen breite, abgerundete Linien. **Rechts:** Wir verzichten auf den »Gaußschen Weichzeichner«. Datei: Strichgrafik_a1

Schwarze Streusel per Auswahl entfernen

Mit etwas Vorbereitung entfernen Sie die schwarzen Streusel besonders bequem. Beginnen Sie noch vor dem ersten Filter-Befehl:

1. Schalten Sie mit der Taste W den Zauberstab ein.
2. Oben in den Einstellungen nehmen Sie eine 20er-Toleranz ohne Glätten, aber mit der Option Benachbart.
3. Halten Sie die ⇧-Taste gedrückt und klicken Sie mehrfach in den Himmel, bis er grob ausgewählt ist - ganz genau kommt es nicht drauf an.
4. Speziell bei unserem Bild eignet sich nach dem ersten Zauberstabklick auch der Befehl Auswahl: Ähnliches auswählen.
5. Wählen Sie Auswahl: Auswahl speichern und geben Sie der Auswahl den Namen Umgebung.
6. Mit Strg+D entfernen Sie die vorhandene Auswahllinie.

Jetzt wenden Sie die Filter-Befehle und den Schwellenwert wie beschrieben an. Um die schwarzen Pünktchen wegzubekommen, geht es so weiter:

1. Klicken Sie in der Ebenenpalette einmal auf den Hintergrund.
2. Gehen Sie auf Auswahl: Auswahl laden.
3. Öffnen Sie die Auswahl Umgebung. Die Auswahl erscheint als schillernde Schwarzweißlinie im Bild.
4. Die Taste D sorgt für weiße Hintergrundfarbe.
5. Die Entf-Taste löscht die Krümel weg.

Strichgrafik färben

Sollen die Linien nicht schwarz, sondern in einer Einzelfarbe erscheinen? Dann geht es so weiter:

1. Falls sich die Grafik im Graustufenmodus befindet, wählen Sie **Bild: Modus: RGB-Farbe**.
2. Es folgt **Bild: Korrekturen: Farbton/Sättigung** (Strg+U, Seite 498). Schalten Sie das Färben ein und heben Sie die Helligkeit zum Beispiel auf 50 Prozent. Der Farbton-Regler steuert nun die Färbung. Senken Sie die Helligkeit auf negative Werte, erhalten Sie eine Skizze in Schwarz auf farbig.

TIPP Produzieren Sie Schwarzweißgrafiken im CYMK-Modus, achten Sie in den **Farbeinstellungen** unter Eigenes CMYK darauf, dass Schwarz nicht in erster Linie aus einer Mischung der Grundfarben Cyan, Magenta und Gelb entsteht. Bauen Sie bei Strichgrafiken die Bildfarbe Schwarz in erster Linie durch die Druckfarbe Schwarz auf – zum Beispiel mit den Vorgaben stark oder Maximum für den Schwarzaufbau. Eine Schwarz-auf-Weiß-Skizze, deren Schwarz eher aus Cyan-Magenta-Gelb als aus reinem Schwarz gemixt wird, wirkt eventuell unsauber.

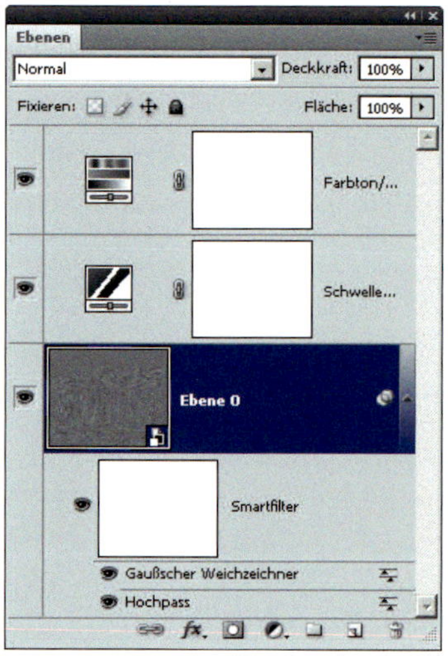

Abbildung 14.35
Das Original wird zuerst mit »Filter: Für Smartfilter konvertieren« behandelt, danach wenden Sie alle Manipulationen als jederzeit änderbare Smartfilter oder Einstellungsebenen an. Das zweite Bild haben wir per »Farbton/Sättigung« eingefärbt. Vorlage: Strichgrafik_b2

14.5.4 Plakative Farben & schwarze Kontur (Cartooneffekt)

Sie brauchen einen Cartooneffekt: plakative Farbflächen mit schwarzen Konturen. Nun, der schnellste Weg führt über **Filter: Kunstfilter: Tontrennung & Kantenbetonung** mit den Reglern für Kantenstärke, Kantendeckkraft und Tontrennung.

Plakative Farben & schwarze Kontur mit dem »Selektiven Weichzeichner«

Eine Alternative zu **Tontrennung & Kantenbetonung**:

1. Kehren Sie das Bild mit [Strg] + [I] in ein Negativ um.
2. Wählen Sie **Filter: Weichzeichnungsfilter: Selektiver Weichzeichner**, unten mit der Option Ineinanderkopieren. Sie sehen cartoonartige Negativfarben mit weißen Konturlinien. Klicken Sie auf OK.
3. Kehren Sie erneut mit [Strg] + [I] um – Sie haben Ihr Farbbild mit schwarzen Linien.

DVD Die DVD zum Buch liefert die oben beschriebene Schrittfolge als Aktion: Die Befehlsfolge »Verfremdung – Farben & Kontur mit Selektivem Weichzeichner« produziert eine Farbgrafik.

Plakative Farben & schwarze Kontur mit viel Feinsteuerung

Ein anderes Verfahren im Überblick:

1. Sie duplizieren die Hintergrundebene mit [Strg] + [J].
2. Die untere Ebene bekommt die plakativen Farben, zum Beispiel mit der **Tontrennung** (Seite 533) oder einem **Filter**.

Abbildung 14.36 **Links:** Der »Schwellenwert« ohne Zusatzbefehle erzeugt schwarze und weiße Flächen, deren Kanten hart abreißen. Der niedrige Wert 90 setzt alle Bildpunkte mit den Werten von 91 bis 255 auf reines Weiß, das Ergebnis wirkt hell. **Mitte:** Der Schwellenwert 150 setzt nur die Bildpunkte ab Tonwert 151 auf Weiß, das Ergebnis fällt dunkler aus. Vorlage: Strichgrafik_c

3. Die obere Kopie verwandeln Sie in eine Strichgrafik.
4. Oben in der Ebenenpalette schalten Sie die Füllmethode für die obere Ebene von Normal auf Abdunkeln um. So setzt sich im Gesamtbild jeweils das Dunklere durch – also die schwarzen Linien der Strichgrafik, ansonsten aber das farbige Bild.

Jetzt ziehen sich die schwarzen Konturen um die Farbgrafik herum.

Korrekturmöglichkeiten beibehalten mit Schnittmaske

Legen Sie Farbgrafik und Strichgrafik übereinander, müssen Sie nicht unbedingt fertige Grafiken kombinieren, die man nicht mehr ändern kann. Arbeiten Sie mit Einstellungsebenen, Schnittmasken, Smart-Objekten und Smartfiltern. Dann ändern Sie im Ergebnis immer noch Strichstärken oder Farben. Ein möglicher Weg:

1. Der Befehl **Filter: Für Smartfilter konvertieren** verwandelt die Hintergrund-Ebene in ein Smart-Objekt namens Ebene 0.
2. Sie duplizieren die Ebene 0 mit Strg+J, so entsteht zusätzlich die Ebene 0 Kopie.
3. Sie klicken in der Palette einmal auf die untere Ebene 0 und wenden den Farbeffekt an, zum Beispiel **Filter: Kunstfilter: Ölfarbe getupft** oder **Tonwerttrennung** als Einstellungsebene.
4. Sie klicken in der Palette einmal auf die obere Ebene Ebene 0 Kopie und stellen die Füllmethode oben von Normal auf Abdunkeln um.
5. Sie wenden nacheinander die zwei **Filter**-Befehle an: **Sonstige Filter: Hochpass** und **Weichzeichnungsfilter: Gaußscher Weichzeichner**.
6. Oben in der Korrekturenpalette klicken Sie auf Schwellenwert. Stellen Sie den Schwellenwert auf etwa 127.
7. Nun folgt **Ebene: Schnittmaske erstellen (**Strg+Alt+G**)**.

Auch wenn der Blick in die Ebenenpalette vielleicht kein Vertrauen erweckt: Die Originaldatei ist immer noch in der Komposition vorhanden, sogar doppelt, und sämtliche Filter und Einstellungsebenen lassen sich noch anpassen.

Abbildung 14.37 Farbgrafik und Strichgrafik werden zu einem Bild mit Cartooneffekt kombiniert: Die schwarzen Linien grenzen die Farbfelder ein. Vorlage: Strichgrafik_d1 etc. Foto: Gabi Sieg-Ewe

Korrekturmöglichkeiten beibehalten mit Smart-Objekt

Sie können die Strichgrafik auch als Datei in der Datei über die Farbgrafik legen. Bei Bedarf kramen Sie die Einstellmöglichkeiten der Strichgrafik heraus und ändern die Strichstärke. Das Prozedere:

1. Sie duplizieren Ihr Foto mit **Bearbeiten: Duplizieren**.
2. In der ersten Bildversion legen Sie die Strichzeichnung als separate Datei mit Smartfiltern und Einstellungsebene an (wie mit unserer Aktion »Verfremdung – Strichgrafik mit Smartfiltern«). Das speichern Sie mit allen Ebenen im TIFF- oder PSD-Dateiformat.
3. Mit der zweiten Bildfassung erstellen Sie die Farbgrafik zunächst als separates eigenes Bild (mit oder ohne Smartfilter).
4. Während die Farbgrafik aktiv ist, wählen Sie **Datei: Platzieren** und geben den Dateinamen der Strichgrafik an.
5. Klicken Sie doppelt ins Bild, um die Größe der eingefügten Strichgrafik zu bestätigen.
6. Oben in der Ebenenpalette stellen Sie die Füllmethode von Normal auf Abdunkeln um – Sie haben Ihre Strichgrafik.

Diese obere Ebene mit der Strichgrafik trägt den Namen Ihrer Strichgrafikdatei. Diese Datei ist – als Datei in der Datei – vollständig innerhalb der Montage mit der Farbgrafik gespeichert. Wollen Sie an der Strichstärke etwas ändern, klicken Sie doppelt auf die Miniatur der Strichgrafik. Sie bearbeiten dann die einzelne Strichgrafikdatei, die innerhalb der Gesamtdatei gespeichert ist. Klicken Sie in der Ebenenpalette zum Beispiel doppelt auf Hochpass, um die Linien feinzusteuern. Dann schließen Sie die Datei in der Datei wieder – Photoshop zeigt Ihre Gesamtmontage aktualisiert.

DVD Die DVD zum Buch enthält alle beschriebenen Ergebnisvarianten. Die Aktion »Verfremdung – Farben & Kontur mit Schnittmaske« produziert eine Farbgrafik mit schwarzen Konturen nach dem Verfahren mit Schnittmaske.

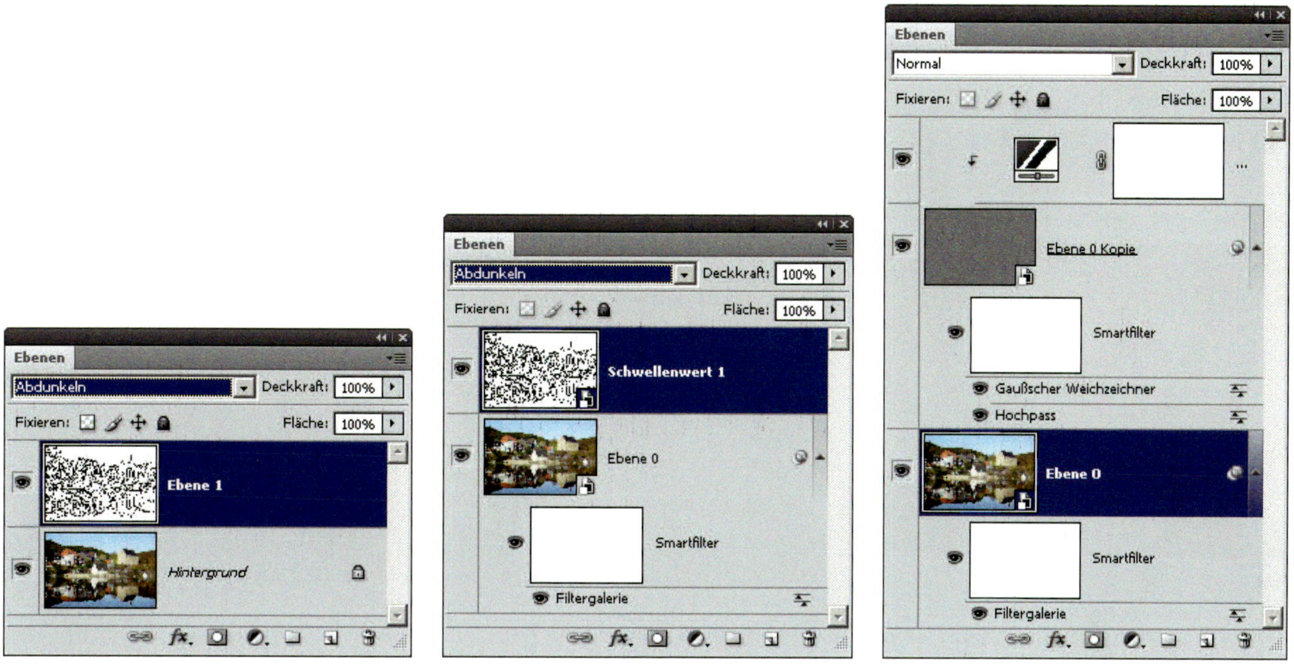

Abbildung 14.38 Drei Lösungen für die Aufgabe »Plakative Farben & schwarzer Umriss«: **Links:** Zwei konventionelle, »flache« Ebenen werden übereinandergelegt und mit der Füllmethode »Abdunkeln« überblendet. **Mitte:** Die Datei enthält das untere Bild als Smart-Objekt mit dem Effektfilter, auf der oberen Ebene befindet sich die Strichgrafik als Smart-Objekt, das zwei Ebenen enthält und wieder per »Abdunkeln« überblendet wird. **Rechts:** Das Originalbild wurde dupliziert und zweimal separat behandelt, auf der unteren Ebene mit dem Filter »Ölfarbe getupft«, auf der oberen Ebene ein »Schwellenwert« mit Schnittmaske.

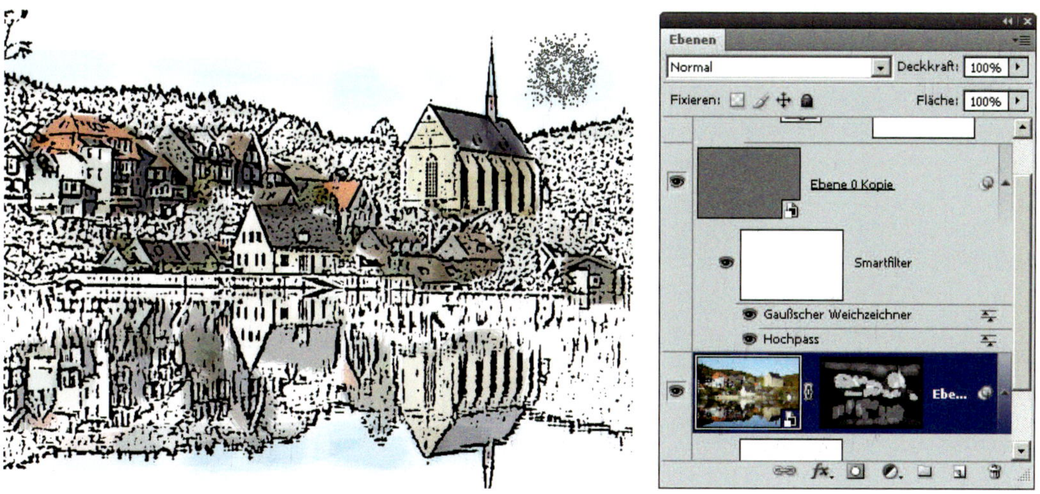

Abbildung 14.39 Die Ebene mit der Farbversion wurde mit einer schwarzen Ebenenmaske ausgeblendet. Dann haben wir mit dem Pinsel, weißer Vordergrundfarbe und wechselnder Deckkraft Teile der Farbversion wieder eingeblendet. Rechts oben der Umriss der Pinselspitze »Spritzer«.

Abbildung 14.40 Die mittlere Einstellungsebene »Schwarzweiß« zeigt das Bild in Graustufen. Darüber liegt die Einstellungsebene »Helligkeit/Kontrast« mit der Option »Früheren Wert verwenden«. »Kontrast«-Werte um 90 erzeugen Schwarzweißflächen wie den »Schwellenwert«, wirken aber mit ein paar Graustufen nicht so hart. Änderungen in der »Schwarzweiß«-Ebene verfeinern die Wirkung. Datei: Strichgrafik-a3

14.5.5 Grobe Schwarzweißflächen

Ihr Bild soll sich in grobe Flächen aus Schwarz und Weiß auflösen? Verwenden Sie den **Schwellenwert**-Befehl oder auch **Helligkeit/Kontrast**.

Grobes Schwarzweiß per »Schwellenwert«

Erzeugen Sie zunächst perfekte Graustufen, zum Beispiel per **Bild: Korrekturen: Schwarzweiß** (Strg + Alt + ⇧ + B, Seite 517), dann folgt **Bild: Modus: Graustufen.** Diese Datei kann nur noch Graustufen zeigen und keine Farben mehr. Wählen Sie **Bild: Korrekturen: Schwellenwert** (auch verlustfrei als Einstellungsebene). Dieser Befehl hinterlässt in einer Graustufendatei nur noch reines Weiß und reines Schwarz. Auf einer Skala von 0 (Schwarz) bis 255 (Weiß) macht ein niedriger Schwellenwert wie 90 viele Bildpunkte weiß, nämlich alle Helligkeitsstufen von 91 bis 255. Siedeln Sie den Schwellenwert erst bei helleren 170 an, wird das Ergebnis dunkler - der größere Helligkeitsbereich von 0 bis 170 erscheint schwarz. Allerdings entstehen hier knochenharte Kanten, die schnell pixelig wirken.

Grobes Schwarzweiß mit »Helligkeit/Kontrast«

Der **Schwellenwert**-Befehl wirkt oft zu hart. Alternativ nehmen Sie - wieder nach dem Wechsel zu **Graustufen** - den Befehl **Bild: Korrekturen: Helligkeit/Kontrast** mit der Vorgabe Früheren Wert verwenden (auch als verlustfreie Einstellungsebene). Hier bleiben nach der Wahl ein paar graue Zwischenstufen erhalten. Setzen Sie zunächst den Kontrast-Regler auf einen sehr hohen Wert wie +97. Mit dem Helligkeit-Regler steuern Sie jetzt das Verhältnis von schwarzen zu weißen Bereichen, durch Nachjustieren des Kontrasts stellen Sie die Kantenglättung ein. Dieser Effekt lässt sich auch mit **Gradationskurven** und **Tonwertkorrektur** nachvollziehen.

TIPP Das Untermenü **Filter: Zeichenfilter** hält reihenweise »künstlerische« Schwarzweißmalerei für Sie parat; das Verhältnis von dunklen zu hellen Tönen lässt sich steuern. Oder nehmen Sie **Weichzeichnungsfilter: Selektiver Weichzeichner** mit dem Modus Nur Kante und einem niedrigen Radius (Seite 536); der Filter erzeugt weiße Linien auf Schwarz, die der Befehl **Bild: Korrekturen: Umkehren** in schwarze Linien auf Weiß verwandelt.

Abbildung 14.41 **Links:** Wir reduzieren das Bild mit der »Tontrennung« auf zwei Stufen, also auf nur zwei Werte pro Grundfarbe. So sind nur noch die reinen RGB- und CMY-Farbtöne zu sehen. **Mitte:** Drei Stufen. **Rechts:** Vier Stufen: Vorlage: Tontrennung_a. Foto: theprint, iStockphoto.com, Nr. 4288043

14.6 Plakative Farben

Für plakative, poppige Posterfarben – ohne die Farbmischung komplett zu verfremden – gibt es viele Verfahren:

» Der Befehl **Bild: Korrekturen: Tontrennung** reduziert das Bild auf nur wenige Tonwertstufen (auch verlustfrei als Einstellungsebene).

» Nehmen Sie den Befehl **Bild: Korrekturen: Kontrast** mit der Option Früheren Wert verwenden und steigern Sie den Kontrast auf 90 oder mehr Prozent (auch verlustfrei als Einstellungsebene).

» Klicken Sie bei gedrückter ⇧-Taste Treppenstufen in die **Gradationskurven** oder verwenden Sie dort den Bleistiftmodus (auch verlustfrei als Einstellungsebene, Seite 319).

» Wählen Sie **Datei: Für Web und Geräte speichern**, stellen Sie alle Vorschauen auf GIF, reduzieren Sie die Farben-Zahl auf zwei oder vier, tauschen Sie Farben im Bereich Farbtabelle aus und testen Sie Dither-Methoden. Dabei entstehen zunächst Bilder im GIF-Dateiformat, die Sie nur in der Zoomstufe 100 Prozent prüfen.

» Zahlreiche Befehle aus dem **Filter**-Menü erzeugen ebenfalls plakative Farbflächen, darunter **Weichzeichnungsfilter: Selektiver Weichzeichner** oder **Weichzeichnungsfilter: Matter machen** (hoher Radius, kleiner Schwellenwert), **Malfilter: Kanten betonen**, **Kunstfilter: Farbpapier-Collage**, **Kunstfilter: Ölfarbe getupft**, **Strukturierungsfilter: Körnung** mit Körnungsart Sprenkel oder der **Zeichenfilter: Feuchtes Papier** mit niedriger Faserlänge.

14.6.1 »Tontrennung«

Der Befehl **Bild: Korrekturen: Tontrennung** reduziert das Bild auf nur wenige Tonwertstufen. Das Ergebnis erinnert bei Farbbildern an poppige Plattencover aus den Siebzigern, bei Graustufenwerken an die aufwändige Isohelie-Technik in der traditionellen Dunkelkammer. Ohne die feinen Nuancen üblicher Fotos wirkt das neue Werk mit seinen harten Helligkeits- und Farbsprüngen plakativ und fallweise auch attraktiv. Der Effekt ist auch als »Posterisierung« oder »Posterization« bekannt.

Knappe Werte wie 4 oder 3 wirken besonders stark. Hohe Eingaben wie 60 steigern dagegen scheinbar nur Schärfe oder Brillanz. Photoshop erzeugt die Anzahl der eingetippten Tonwerte separat für jede Grundfarbe;

Abbildung 14.42 **Links:** Mit Weichzeichnung und vier Stufen in der »Tontrennung«. **Mitte:** »Schwarzweiß«-Befehl, vier Stufen in der »Tontrennung«, keine Weichzeichnung. **Rechts:** Das Bild wurde in ein Smart-Objekt verwandelt, alle Effekte liegen jederzeit änderbar als Einstellungsebene oder Smartfilter vor. Sie können »Schwarzweiß«-Umsetzung, Gradationskurven, »Tontrennung« oder die Weichzeichnung per »Matter machen« nach Bedarf anschalten und feinsteuern.

tippen Sie also »3« für ein übliches RGB-Bild mit seinen drei mal drei Grundfarben, erhalten Sie bis zu dreimal drei unterschiedliche Farbtöne.

Verfeinerung

Die **Tontrennung** lässt sich auf verschiedene Arten variieren:

» Leichtes Weichzeichnen vorab erzeugt ein flächigeres und glatteres Ergebnis, das nach der **Tontrennung** nicht nach unangenehmer Unschärfe aussieht.

» Landen Tonwerte nach der Tontrennung auf einer falschen Stufe, sollten sie mit einer Einstellungsebene **Gradationskurven** gezielt korrigiert werden.

» Bringen Sie ein Farbbild zunächst in den **Modus: Graustufen**, wenn Sie eine Graustufen-Tontrennung wünschen, oder legen Sie den **Schwarzweiß**-Befehl als Einstellungsebene an.

DVD Das Aktionsset zu diesem Buch enthält die Befehlsfolge »Verfremdung – Tontrennung«: Das Bild wird dabei dupliziert, auf eine Hintergrund-Ebene eingedampft, in ein Smart-Objekt verwandelt, dann kommt die **Tontrennung** als Einstellungsebene. Zusätzlich entstehen die Einstellungsebenen **Gradationskurven** (zur Feinsteuerung der Kontraste im Originalbild) und **Schwarzweiß** (Graustufenumsetzung); sie sind zunächst ebenso mit dem Augensymbol abgeschaltet wie der Smartfilter für die Weichzeichnung. Schalten Sie die Zusatzeffekte nach Bedarf ein.

Graustufentreppe

Mit der **Tontrennung** erzeugen Sie auch eine Graustufentreppe, um Drucker und Monitor zu testen:

1. Klicken Sie das Werkzeug **Verlauf** an, oben in den Einstellungen nehmen Sie Linearer Verlauf (Seite 468) und wählen den Verlauf Schwarz, Weiss; schalten Sie Dither ab.
2. Erstellen Sie mit Strg+N eine neue Datei; als Modus wählen Sie Graustufen, für Breite und Höhe reichen 600 x 200 Pixel.
3. Klicken Sie mit dem Verlaufswerkzeug ganz ans linke Ende des neuen Bilds und führen Sie es bei gedrückter Maustaste ans gegenüberliegende rechte Ende. Drücken Sie kurz vor dem Loslassen die ⇧-Taste, um das Verlaufswerkzeug auf eine exakt horizontale Linie zu zwingen. Sobald Sie die Maustaste freigeben, füllt sich das Bild mit einem stufenlosen Verlauf von Schwarz nach Weiß.

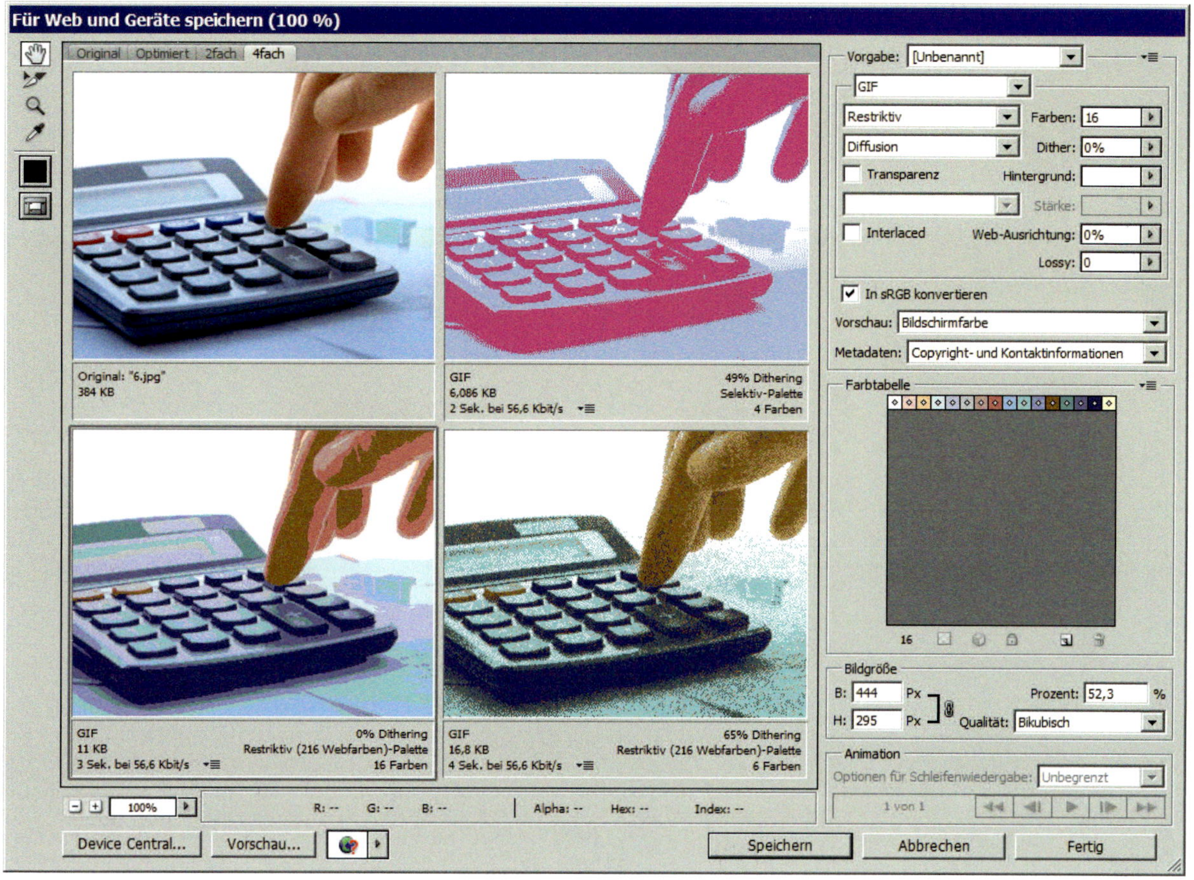

Abbildung 14.43 Auch so entstehen Tontrennungen: Der Befehl »Datei: Für Web & Geräte speichern« zeigt verschiedene Varianten für eine Umwandlung ins GIF-Dateiformat mit zwei oder nach Bedarf mehr Farbtönen. Testen Sie Dithering-Verfahren zur Farbrasterung, Dither-Werte und verschiedene Tonwerte, die Sie im Bereich »Farbtabelle« austauschen. Vorlage: Tontrennung_b. Foto: kertlis, iStockphoto.com, Nr. 7771196

4. Mit dem **Bild**-Befehl **Korrekturen: Tontrennung** und einem Stufen-Wert von »11« verwandeln Sie den Verlauf in eine Treppe mit Tonwertsprüngen in 10-Prozent-Schritten.

Abbildung 14.44 Ein Verlauf wird mit dem Befehl »Tontrennung« zur Grautreppe in 10-Prozent-Stufen. Vorlage: Tontrennung_c1; Ergebnis: Tontrennung_c2

DVD Zu den mitgelieferten Aktionen des Sets »Photoshop CS5 Kompendium« gehört auch die »Tontrennung – Graustufentreppe«. Die Befehlsfolge erzeugt wohlgemerkt zwei neue Dateien mit Graustufentreppen. Die erste Grauskala besteht aus einer Füllebene mit einem Verlauf, den eine »Tontrennung« auf einer Einstellungsebene in einzelne Graustufen umbricht. Variieren Sie dieses Ergebnis durch Bearbeitung der Einzelebenen. Die zweite Variante zeigt dasselbe Ergebnis auf einer reinen Hintergrundebene. Zum Start dieser Aktion müssen Sie nicht erst eine Datei öffnen.

Abbildung 14.45 **Links:** Der Weichzeichner »Matter machen«, Radius 6 und Schwellenwert 40. **Mitte:** Der »Selektive Weichzeichner« im Normal-Modus mit Radius 10 und Schwellenwert 30. Bei großen Dateien gelten andere Werte. **Rechts:** Die Vorlage wurde in ein Negativ verwandelt, dann folgte der »Selektive Weichzeichner« mit dem Modus »Ineinanderkopieren«, dann wurde erneut umgekehrt. Datei: Tontrennung_d. Foto: peepo, iStockphoto.com, Nr. 8402046

Alternative per Füllmethode

Duplizieren Sie das Bild über sich selbst (Strg+J) und stellen Sie die obere Ebene auf die Füllmethode Hart mischen um (Kurztaste ⇧+Alt+L). Das Ergebnis sieht aus wie die **Tontrennung**. Besonders interessant wirkt Hart mischen als Alternative zur **Tontrennung**, wenn Sie zwei verschiedene Motive kombinieren und per Hart mischen überblenden; testen Sie auch gesenkte Deckkraft-Werte.

14.6.2 »Selektiver Weichzeichner« und »Matter machen«

Der **Selektive Weichzeichner** produziert je nach Vorgabe Tontrennungen oder Strichgrafik oder beides gleichzeitig. Mit der Option Normal erinnert er an den **Stilisierungsfilter: Facetteneffekt** (Seite 574): Photoshop schließt Pixelbereiche zu glatten Farbflächen zusammen, so dass eine plakative Grafik entsteht; sie wirkt aber weniger grob als der Befehl **Korrekturen: Tontrennung**, erhält die Farbstimmung besser und kaschiert auch mal ungewollte Körnung oder Hautunreinheiten. Hier ist auch der Weichzeichnungsfilter **Matter machen** eine Alternative; er wirkt aber nicht ganz so plakativ und erhält feine Details deutlich besser, zum Beispiel die Haarsträhnen aus unserem Beispiel.

Der Radius-Regler kontrolliert die Wirkung, niedrige Werte führen zu glatten Ergebnissen (und erinnern an den Filter **Matter machen** aus demselben Untermenü, eingesetzt mit hohem Radius und niedrigem Schwellenwert). Mit der Option Nur Kanten erhalten Sie eine Weiß-auf-Schwarz-Grafik; anders als beim **Schwellenwert**-Befehl entstehen jedoch keine groben Flächen, sondern fein gezeichnete Konturen.

Kapitel 15

Verfremdung mit Filtern

Ein Klick und schon mutiert Ihr Foto zum Gemälde, zur Statue, es sieht wie eine Kreidezeichnung oder wie eine schlechte Schwarzweißkopie aus. Diese Funktionen finden Sie im **Filter**-Menü, sie tragen Namen wie **Buntglas-Mosaik**, **Kunststoffverpackung**, **Schwingungen**, **Fotokopie** oder **Kreide & Kohle**.

In diesem Kapitel besprechen wir **Filter**-Befehle für Verfremdung und effektvolle Illustrationen. Die **Filter**-Befehle zur schlichten Bildverbesserung finden Sie in anderen Kapiteln, darunter sämtliche **Scharfzeichnungsfilter** (Seite 445), **Verflüssigen** (Seite 582) sowie **Helle Bereiche vergrößern** und **Dunkle Bereiche vergrößern** (Seite 627).

15.1 Grundlagen

Filter verändern einen Auswahlbereich oder – wenn nichts ausgewählt ist – das ganze Bild. Die Bildpunkte, die sich Photoshop dabei zum Teil neu ausdenkt, werden nach einer der Interpolationsmethoden ermittelt,

Abbildung 15.1 Der »Radiale Weichzeichner« verzerrt eigentlich das gesamte Motiv inklusive Fahrzeugfront. Wir haben hier jedoch die »Hintergrund«-Ebene in ein Smart-Objekt verwandelt, so dass der »Radiale Weichzeichner« als Smartfilter in der Ebenenpalette erscheint und jederzeit verändert werden kann. Wir malen mit Grau in der »Smartfilter«-Ebenenmaske; die grau übermalten Bereiche werden so wieder deutlicher erkennbar. Dateien: Filter_a etc.

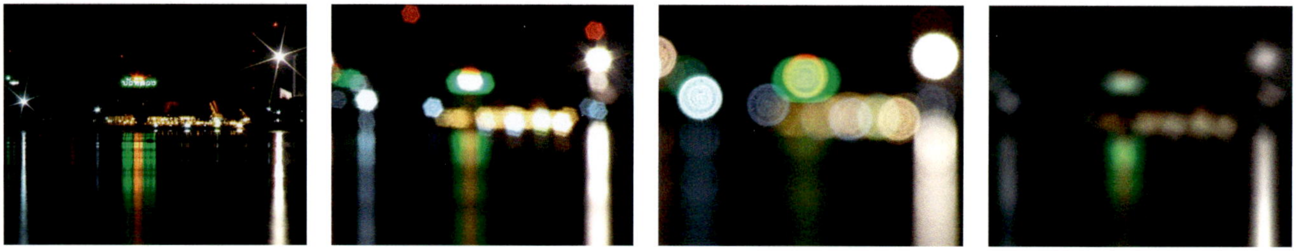

Vorlage, mit hohem Blendenwert | Objektivunschärfe, offene Blende (hoher Blendenwert) | Objektivunschärfe, geschlossene Blende (niedriger Blendenwert) | Vorlage plus Befehl Tiefenschärfe abmildern

Abbildung 15.2 Im Bild ganz rechts wollten wir tatsächliche Objektivunschärfe aus dem zweiten oder dritten Foto mit dem Befehl »Tiefenschärfe abmildern« nachbauen. Eine viereckige Blendenform und null »Wölbung der Irisblende« zeichnen die vorhandene Blendenform am ehesten nach. Vorlage: Weichzeichnen_f

die Sie in den **Voreinstellungen** anwählen; in der Regel entscheiden Sie auf Bikubisch oder Bikubisch schärfer – langsam, aber gut (Seite 274). Dies gilt insbesondere für die **Verzerrungsfilter**.

Wie Sie die Dialogfelder schnell bedienen und die Vorschau auf den gewünschten Bildbereich einstellen, besprechen wir ab Seite 33.

15.1.1 Flexible Smartfilter

Statt sofort das Originalbild zu verändern, bearbeiten Sie Ihr Bild zunächst wahlweise mit dem Befehl **Filter: Für Smartfilter konvertieren**. Das Foto mutiert so zum Smart-Objekt (Seite 894) und alle folgenden Filter werden Smartfilter (Seite 911): Sie erscheinen als Balken in der Ebenenpalette, von dort aus können Sie die Filter wieder aufrufen oder löschen, das Original steht im Hintergrund zur Verfügung.

15.1.2 Filter testen & beurteilen

Wenn Sie mit unterschiedlichen Filtern oder Filtereinstellungen experimentieren, wählen Sie zuerst **Filter: Für Smartfilter konvertieren**. Ihre Hintergrund-Ebene wird so zum Smart-Objekt (Seite 894). Alle **Filter**-Befehle werden dann als Smartfilter angelegt, das heißt als abschaltbare Objekte in der Ebenenpalette.

Sie können also die einzelnen Filter mit ihrer Wirkung aufs Bild jederzeit abschalten oder umstellen. Sie können sogar einen Filter zweimal hintereinander als Smartfilter anlegen, um zum Beispiel schnell zwei unterschiedliche Einstellungen zu vergleichen.

Alternatives Verfahren: Sie kopieren eine Datei vielfach über sich selbst und bearbeiten die einzelnen Ebenen mit unterschiedlichen Filtern. Drücken Sie mehrfach [Strg]+[J], um die Hintergrund-Ebene wiederholt auf neue Ebenen zu kopieren (am Mac wie immer die [⌘] statt der [Strg]-Taste).

Klicken Sie mit der [Alt]-Taste in die Augenleiste der Ebenenpalette, um nur eine Einzelebene zu betrachten. Ziehen in der Augenleiste macht ganze Ebenenreihen sichtbar oder unsichtbar.

DVD Im »Praxis«-Verzeichnis auf der Buch-DVD finden Sie das Aktionsset »Photoshop CS5 Kompendium«; es enthält die Aktion »Filter – Versuche«. Sie erstellt eine Kopie des aktuellen Bilds und legt zehn Duplikatebenen an, mit denen Sie verschiedene Filter testen können.

Bildausschnitt oder verkleinertes Gesamtbild?

Manche Filter laufen so langsam ab, dass es Sinn macht, zunächst nur eine verkleinerte Version zu bearbeiten. Je nach Motiv und Filter verwenden Sie für erste Tests einen Ausschnitt des Bilds oder eine heruntergerechnete Gesamtansicht:

» Einige Filter wirken auf kleinstem Raum und verändern Mikrostrukturen gleichmäßig über die Aufnahme hinweg – so etwa die **Strukturierungsfilter**, die **Scharfzeichnungsfilter** oder die **Störungsfilter**. In diesem Fall zeigen Sie das Bild auf jeden Fall in der Zoomstufe 100,00 Prozent (Seite 76). Um bei Filter-

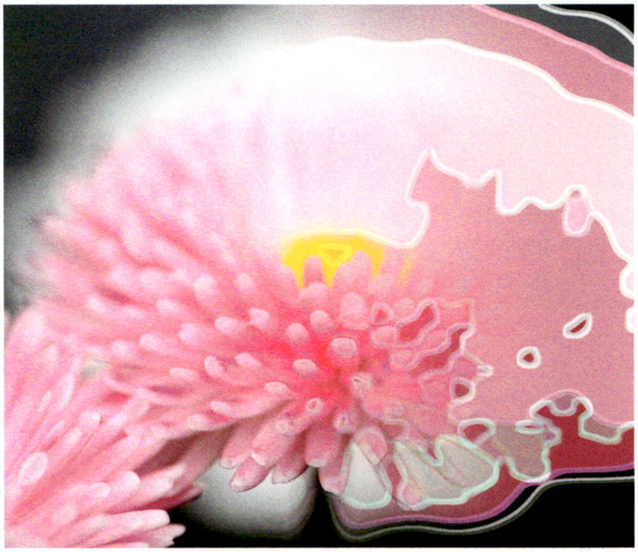

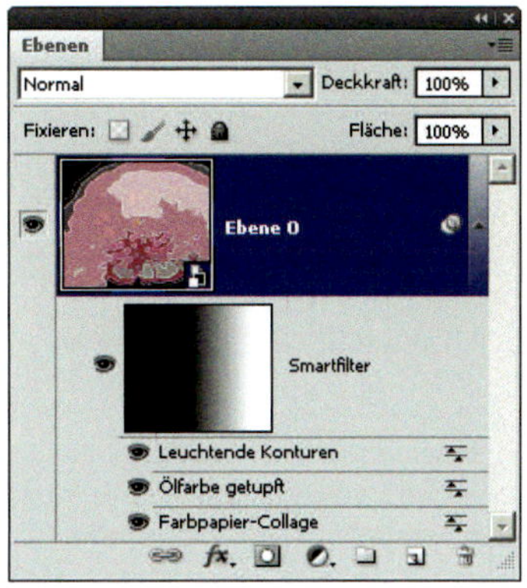

Abbildung 15.3 Das Foto wurde in ein Smart-Objekt verwandelt, dann folgten die drei Befehle »Kunstfilter: Farbpapier-Collage«, »Kunstfilter: Ölfarbe getupft« und »Stilisierungsfilter: Leuchtende Konturen« (Letzterer in den Fülloptionen mit 60 Prozent Deckkraft und Modus »Ineinanderkopieren«). Ein Schwarzweißverlauf in der »Smartfilter«-Ebenenmaske lässt die Filterwirkung erst ab der Bildmitte einsetzen. Datei: Filter_b

tests Zeit zu sparen, markieren Sie auf die Schnelle einen Bildbereich mit dem Auswahlrechteck (Tastenbefehl M).

» Manche Filter arbeiten mit Zentrum und Außenbereich – so **Blendenflecke**, **Beleuchtungseffekte** oder einige **Verzerrungsfilter**. Für diese Motive brauchen Sie eine verkleinerte Ansicht des Gesamtbilds, wenn das Original zu groß ist. Wechseln Sie dann zum größeren Original, müssen Sie im Filter eventuell andere Werte einstellen.

DVD Sie brauchen ein paar verkleinerte Duplikate der aktuellen Datei, zum Beispiel für Filterexperimente? Die mitgelieferte Aktion »Filter – verkleinerte Duplikate« erledigt genau das: Sie erhalten drei Duplikate in einer Breite von 800 Pixel in der Zoomstufe 100 Prozent.

Schnelle Tests mit Smart-Objekten

Nutzen Sie Smart-Objekte für schnelle Tests: Sie rechnen das Bild zuerst klein und wenden den Filter blitzschnell an. Wenn Ihnen das Ergebnis gefällt, setzen Sie das Foto auf die Originalgröße zurück. Dann wird der Filter neu auf die Originalgröße berechnet:

1. Sie wählen **Filter: Für Smartfilter konvertieren**, so dass Ihre Hintergrund-Ebene zum Smart-Objekt wird.
2. Mit **Bild: Bildgröße** rechnen Sie das Werk auf 800 Pixel Breite klein (das Interpolationsverfahren ist eingeschaltet).
3. Wenden Sie den **Filter**-Befehl an. Er braucht wegen der niedrigen Dateigröße nicht viel Zeit und erscheint als Balken unten in der Ebenenpalette.
4. Wollen Sie den Filter beibehalten? Dann starten Sie mit Strg+T das Transformieren. Oben in den Einstellungen tippen Sie jeweils »100%« in die Felder für Breite und Höhe. Klicken Sie doppelt ins Bild, um den Schritt zurück zur Normalgröße zu bestätigen. Sie sehen allerdings momentan nur einen kleinen Bildausschnitt. Photoshop berechnet den Filter neu für das Gesamtbild, das kann dauern.

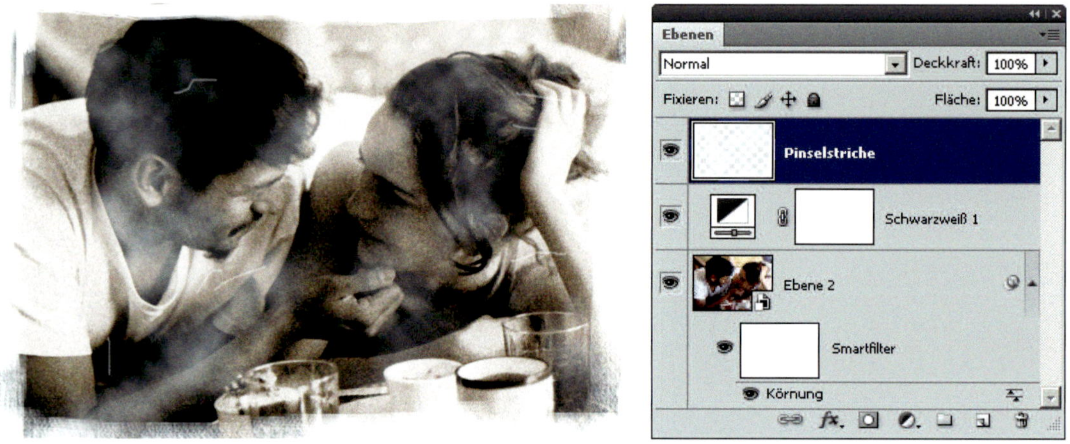

Abbildung 15.4 In dieser Montage liegt jeder Effekt auf einer eigenen Ebene, darunter bleibt das Originalfoto vollständig erhalten. Die obere Ebene »Pinselstriche« enthält den weißen Rand, Entwicklerschlieren und Kratzer. Die Einstellungsebene »Schwarzweiß 1« tont das Bild mit der »Farbton«-Option sepiabraun. Die »Ebene 2« enthält das Foto als Smart-Objekt. So lässt sich die »Körnung« als abschaltbarer Smartfilter anwenden. Sie können jeden Effekt abschalten, ändern oder über andere Bilder ziehen. Datei: Filter_k. Foto: Gabi Sieg-Ewe

5. Der Befehl **Bild: Alles einblenden** zeigt wieder Ihr Gesamtbild in den ursprünglichen Bildgrenzen.
6. Müssen Sie die Werte des **Filter**-Befehls ändern? Dann klicken Sie diesen Befehl unten in der Ebenenpalette doppelt an.
7. Wählen Sie **Ebene: Auf Hintergrundebene reduzieren**, wenn Sie das Ergebnis als normale JPEG-Datei speichern wollen.

DVD Unsere mitgelieferte Aktion »Filter - Smart-Objekt & Verkleinerung« automatisiert das Verfahren aus dem Abschnitt »Schnelle Tests mit Smart-Objekten«: Die Datei wird in ein Smart-Objekt verwandelt und auf 800 Pixel kleingerechnet. Dann wenden Sie einen Filter Ihrer Wahl an, die Aktion rechnet das Ganze wieder um auf die Originaldatei.

Abbildung 15.5 **Links:** In der Vorlage »Filter_k« (siehe oben) haben wir die Ebene »Körnung« ausgeblendet und in der Einstellungsebene »Farbton/Sättigung« einen anderen »Farbton« gewählt. **Rechts:** Hier wurden in der »Pinselstrich«-Ebene Schlieren aus der Mitte mit dem Radiergummi entfernt, außerdem wurde diese Ebene um 180 Grad gedreht. Die Ebene »Farbton/Sättigung« haben wir ausgeschaltet, so dass das in der Ebenenpalette ganz unten liegende Farbbild deutlicher erkennbar wird. Vorlage: Filter_k

Abbildung 15.6 Die Effektebenen aus der Datei »Filter_k« (siehe oben) wurden in andere Bilder gezogen. Wenn Sie die »Körnung« mitbewegen, muss das Ziel auch ein Smart-Objekt sein. Die Pinselstriche lassen sich meist ohne Probleme durch »Transformieren« an andere Bildgrößen und Seitenverhältnisse anpassen.

Rücknahme und Wiederholung

Wollen Sie eine oder mehrere Reglerveränderungen im Dialogfeld annullieren, dann drücken Sie die Alt-Taste: Die Schaltfläche Abbrechen erhält dann meist den Titel Zurücksetzen: Sie stellen die alten Filtereinstellungen wieder her, ohne das Dialogfeld schließen und neu starten zu müssen.

Der **Bearbeiten**-Befehl **Verblassen** (Strg+⇧+F) nimmt einen Filter stufenlos zurück, indem er die Vorherversion des Werks mit wählbarer Deckkraft darüberblendet (Seite 93). Damit fahren Sie wohlgemerkt nicht die Reglerwerte aus dem Filterdialog zurück – etwa die Intensität der **Beleuchtungseffekte** von 100 auf 35; Sie mixen vielmehr zwei Versionen des Werks wie in der Ebenenpalette.

TIPP Mit verschiedenen Verfahren mischen Sie gefilterte und ursprüngliche Bildversionen, einige Wege stellen wir ab Seite 37 vor. Die Aktionssammlung »Photoshop CS5 Kompendium« auf der Buch-DVD enthält die Aktion »Filter – Übergang«. Sie erzeugt ein Smart-Objekt. Sie wenden einen Filter an, dann wird die Filterwirkung in der linken Hälfte per Ebenenmaske ausgeblendet. Um das gesamte Bild verfremdet zu sehen, klicken Sie in der Ebenenpalette die Ebenenmaske Smartfilter bei gedrückter ⇧-Taste an.

15.1.3 Filter schnell wiederholen und übertragen

Auf mehrere Arten wiederholen oder übertragen Sie den letzten Filter blitzschnell:

» Sofern beide Bilder als Smart-Objekt eingerichtet sind: Klicken Sie einmal auf die Titelleiste des Bilds, das bereits den passenden Filter hat. Öffnen Sie die Ebenenpalette und ziehen Sie den Balken mit dem Filternamen (nicht die Ebenenmaske namens Smartfilter) über das Zielbild.

» Der Griff Strg+F wiederholt einen Filter mit den vorherigen Einstellungen, ohne das zugehörige Dialogfeld noch einmal zu zeigen; einen entsprechenden Menübefehl finden Sie auch im Filter-Menü und im Kontextmenü der Auswahlwerkzeuge, sofern eine Auswahl im Bild aktiv ist.

» Mit Strg+Alt+F öffnen Sie erneut das letzte **Filter**-Dialogfeld, ändern Werte und filtern das Bild dann neu.

Abbildung 15.7 **Links, Mitte:** Die Datei ist 1586 Pixel breit und erhält mit den »Beleuchtungseffekten« einen dunklen Rand. **Rechts:** Wir wiederholen die »Beleuchtungseffekte« an einer Datei mit nur 397 Pixel Breite. Der Effekt fällt - aufs Gesamtbild betrachtet - genauso aus. Datei: Filter_n. Foto: Manfred Grünberger

Werden unterschiedliche Pixelmaße berücksichtigt?

Manche Filter berücksichtigen die Bildgröße, andere nicht - sie wirken nur auf der Mikroebene und kümmern sich nicht um den Gesamteindruck. Zwei Beispiele:

» Sie wenden die **Beleuchtungseffekte** auf ein 4000 Pixel hohes Bild an. Das Spotlicht füllt die Bildfläche perfekt aus. Anschließend laden Sie ein nur 1000 Pixel hohes Bild. Sie wiederholen die Beleuchtungseffekte per [Strg]+[F] und siehe da: Das Spotlicht füllt die Bildfläche genauso aus wie vorher. Dass drei Viertel weniger Pixel bearbeitet werden, spielt keine Rolle.

» Sie wenden die **Kohleumsetzung** auf ein 4000 Pixel hohes Bild an. Die Kohlestriche erzeugen eine perfekte Wirkung. Anschließend laden Sie ein nur 1000 Pixel hohes Bild. Sie wiederholen die Kohleumsetzung per [Strg]+[F] und siehe da: Die Striche wirken viel dicker als vorher. Dieser Filter kümmert sich nicht weiter um die Gesamtgröße, er orientiert sich nur an Pixeln in der unmittelbaren Umgebung.

So wie die **Beleuchtungseffekte** wirken noch andere Filter: Wiederholen Sie den Effekt an anderen Dateien, wird er an die neue Gesamtgröße angepasst - etwa **Blendenflecke** oder **Verbiegen**.

Aber viele Filter wirken auch so wie die **Kohleumsetzung**: Die Gesamtgröße wird nicht berücksichtigt, das heißt, bei gleichbleibenden Filterwerten erhalten Sie in großen Dateien einen anderen Effekt als in kleinen Dateien. Zum Beispiel sehen auch die **Ozeanwellen** im 4000-Pixel-Gesamtbild mickriger aus als im 1000-Pixel-Motiv. Das bedeutet auch: In einem Zehn-Zentimeter-Bild mit 300 dpi wirken **Ozeanwellen**, **Kohleumsetzung** oder auch Scharfzeichner schwächer als in einem Zehn-Zentimeter-Bild mit 200 dpi (das weniger Pixel hat).

15.1.4 Troubleshooting: Filter

Der Filter richtet bei Ihnen nichts oder das Falsche aus oder er wird gar nicht erst angeboten? Mögliche Gründe:

» Bilder im Modus Indizierte Farben und 1-Bit-Strichgrafiken (Bitmaps) werden nicht angenommen. Mitunter sind auch Lab, CMYK, Graustufen und erst recht 64-Bit-CMYK tabu - die Filter werden gar nicht angeboten. Wechseln Sie per **Bild: Modus: RGB-Farbe** zum universellen RGB-Modus.

» Nur die wichtigsten Filter funktionieren in Bildern mit 16 oder gar 32 Bit Farbtiefe pro Grundfarbe (Seite 122); prüfen Sie im Untermenü **Bild: Modus,** welche Farbtiefe wirksam ist; dort wechseln Sie dann auch zum universell nutzbaren **8-Bit-Kanal**.

» Sie filtern ein freigestelltes Objekt auf einer sonst transparenten Ebene und haben in der Ebenenpalette die Option Transparente Pixel fixieren angeklickt (Seite 735) - unter anderem bei Verzerrungsfiltern oder Weichzeichnungsfiltern beschneidet das den Effekt drastisch.

» Manchmal reicht schlicht der Arbeitsspeicher nicht, weil Photoshop keine Daten auf die Festplatte auslagern möchte. Entfernen Sie zunächst überflüssige

Abbildung 15.8 **Links:** Die 1586-Pixel-Datei wird mit dem »Fotokopie«-Filter bearbeitet. **Rechts:** Auf einer 397-Pixel-Datei wirkt die »Fotokopie« deutlich stärker.

Kanäle und Ebenen; geben Sie mit dem Untermenü **Bearbeiten: Entleeren** Arbeitsspeicher frei; notfalls bearbeiten Sie über die Kanälepalette nacheinander die Einzelkanäle; starten Sie das Programm neu.

Weitere Tipps zu typischen Kümmernissen finden Sie ab Seite 28.

15.1.5 Zusatzmodule (Plug-Ins)

Sie können Photoshop durch Zusatzmodule von Fremdherstellern – auch Plug-Ins genannt – erweitern. Tatsächlich sind viele Photoshop-eigene Befehle bereits als Plug-In eingebaut.

Plug-Ins von Fremdherstellern bieten Ihnen neue Untermenüs und Befehle innerhalb von Photoshop. Die Funktionen erscheinen meist unten im **Filter**-Menü. Dateiformatfunktionen finden Sie in den Untermenüs **Datei: Importieren** oder **Datei: Exportieren** sowie unmittelbar in Dialogfeldern wie Speichern unter oder Öffnen. Zu den bekanntesten kommerziellen Plug-Ins gehören die Produkte von Nik Multimedia, Alien Skin und Andromeda. Dazu kommen zahllose Gratis-Plug-Ins (Seite 544).

Sollten Sie Probleme mit Photoshop haben, starten Sie das Programm versuchsweise ohne Fremdhersteller-Plug-Ins; entfernen Sie dubiose Module aus den verwendeten Ordnern. Generell lassen sich Zusatzmodule von

Abbildung 15.9 **Links:** Die Landschaft oben wurde in ein Smart-Objekt verwandelt, verdoppelt, vertikal transformiert und mit dem Filter »Ozeanwellen« bearbeitet. Eine Gradationskurve über der Spiegelung ändert den Kontrast, eine Ebenenmaske in der oberen Ebene glättet den Übergang. **Rechts:** Klicken Sie mit rechts auf die Miniatur einer Bildebene und wählen Sie »Inhalt ersetzen«, tauscht Photoshop sofort obere wie auch untere Bildhälfte passend aus. Die neue Datei sollte das gleiche Seitenverhältnis haben wie das ursprüngliche Einzelbild. Dateien: Verzerrung_h1 etc.

Fremdherstellern zwar auch verlustfrei als Smartfilter (Seite 911) auf Smart-Objekte anwenden – aber dafür brauchen Sie neuere Ausgaben dieser Zusatzmodule, am besten mit einer ausdrücklichen Erklärung zur Smartfilter-Tauglichkeit.

Plug-Ins installieren

Die Installation eines Plug-In ist denkbar einfach: Sie kopieren Plug-In-Dateien – oft mit einer Endung wie ».8bf« – in ein Verzeichnis, das Photoshop nach Plug-Ins absucht. Beim nächsten Programmstart stehen die Befehle zur Verfügung. Manche Plug-Ins kommen sogar mit einem eigenen Installationsprozess und suchen auf eigene Faust nach dem passenden Verzeichnis. Auch via Extension Manager lassen sich einige Zusatzmodule installieren.

TIPP Sie müssen nicht die Originaldateien der Plug-Ins kopieren: Es reicht, wenn Sie Verknüpfungen (Alias-Dateien) anlegen.

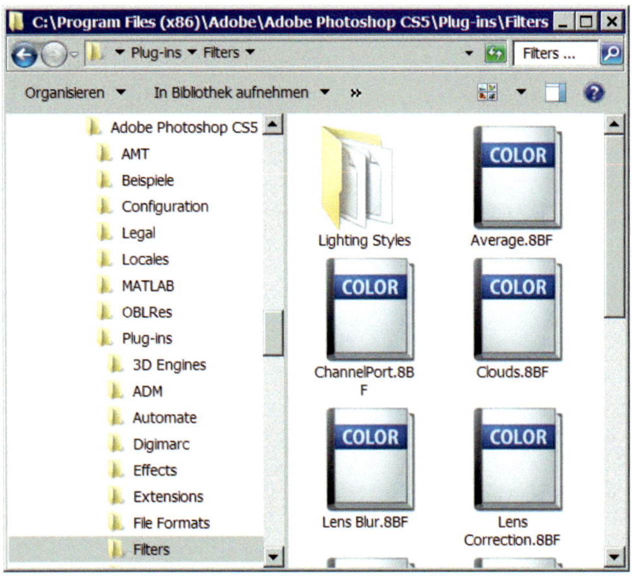

Abbildung 15.10 Einige Photoshop-Funktionen sind als Plug-Ins angelegt. Diese hauseigenen Plug-Ins verstaut Photoshop in verschiedenen Unterverzeichnissen innerhalb des Verzeichnisses »Plug-ins«, so etwa Befehle aus dem »Filter«-Menü.

Verzeichnisse für Plug-Ins

Generell sucht Photoshop zwei Verzeichnisse nebst Unterverzeichnissen nach Plug-Ins ab:

» Das Standardverzeichnis »Adobe Photoshop CS5/Plug-ins« enthält die bereits mitgelieferten Plug-In-Filter für Photoshop. Sie erkennen dort, dass einige Befehle aus dem **Filter**-Menü hier ihr Dasein als Plug-Ins fristen. Sie können hier auch weitere Plug-Ins oder Verknüpfungen zu Plug-Ins speichern – am besten in eigenen Unterverzeichnissen.

» Wählen Sie **Bearbeiten: Voreinstellungen: Zusatzmodule** und legen Sie ein weiteres, frei wählbares Plug-In-Verzeichnis fest. Es muss sich nicht innerhalb des »Photoshop«-Verzeichnisses befinden. Weitere Programme können auf dieselben Fremdanbieter-Plug-Ins zugreifen.

Halten Sie beim Programmstart [Strg]- und [⇧]-Taste gedrückt, können Sie weitere Plug-In-Ordner vorgeben.

TIPP Packen Sie neue Plug-Ins in jeweils eigene Unterverzeichnisse – so kann man sie bei Problemen unkompliziert aus dem Verkehr ziehen.

Plug-Ins aus dem Internet

Links zu meist englischsprachigen Plug-Ins, darunter auch viele kostenlose, finden Sie im Internet. Hier bieten Hobbyprogrammierer ihre Ergebnisse an, oft nur für Windows-Rechner; Sie finden aber auch Lockangebote von Plug-In-Herstellern. Prüfen Sie für Hinweise und Kommentare zu kostenlosen Plug-Ins die Übersichten unter *www.thepluginsite.com/resources/freeps.htm*, *www.thepluginsite.com/resources/freeff.htm*, *www.foto-freeware.de/filter.php* und *www.freephotoshop.com/html/free_plugins.html*.

Allerdings: Kostenlose Plug-Ins überzeugen und funktionieren mitunter nicht. Wie immer übernehmen Verlag und Autor keine Verantwortung und keine Beratung für Verfügbarkeit und Inhalt der in diesem Buch genannten Internetseiten. Explodiert jedes Mal die Festplatte, wenn Sie Gratisfilter X aus der Sammlung Y auf Bild Z anwenden? Wir wissen auch nicht, woran es liegen könnte. Führen die hier genannten Webadressen nicht zum Ziel, spüren Sie ihnen mit einem Suchdienst wie Google nach.

15.1.6 Befehle im Überblick: Filter

Taste/Feld	Zusatztasten	Aktion	Ergebnis
Esc (während Filter läuft)			Filter abbrechen
Strg + Z	-		Filter widerrufen
Strg + F	-		Letzten Filter sofort neu anwenden
Strg + F	Alt		Letzten Filterdialog aufrufen
Strg + F	⇧		Verblassen (letzte Bildfassung nachträglich stufenlos in Filterergebnis einblenden)

15.1.7 Pixel Bender

Die kostenlose Zusatzfunktion des Photoshop-Herstellers Adobe erscheint im neuen Untermenü **Filter: Pixel Bender**. Zu den möglichen Effekten zählen vor allem Verzerrungen, Verwischer und Ähnliches; man kann auch eigene Filter programmieren. Pixel-Bender-Zusatzmodule bearbeiten Farbtiefen von acht bis 32 Bit pro Grundfarbe und laufen auf allen Betriebssystemen, die auch für Photoshop CS5 taugen, auch in der 64-Bit-Variante. Allerdings dürfen die Bilder auch in Photoshop CS5 nicht breiter oder höher als 4096 Pixel sein (Stand Mai 2010).

Berechnet werden die Effekte am schnellsten von der Grafikkarte, Sie brauchen dazu eine OpenGL-taugliche Grafikkarte samt Shader Model 3.0 (Seite 70). Zwingend erforderlich ist eine solche Grafikkarte allerdings nicht.

ACHTUNG Sofern Sie die **Pixel Bender Gallery** ohne OpenGL nutzen, schalten Sie die Option Process on GPU oben rechts im **Pixel Bender**-Dialog aus, sonst sehen Sie nichts. Bringen Sie auch mehr Zeit mit.

Angebote

Bei Manuskriptabgabe fanden wir zum Pixel Bender (deutsch »Bildpunkt-Verbieger«) unter anderen diese Angebote des Photoshop-Herstellers Adobe – alle kostenlos und englisch:

» Das Pixel Bender Plug-In (mehr als eine einzige Datei) brauchen Sie als Grundgerüst, um weitere Pixel-Bender-Filter mit den Endungen .pbk und .pgg zu nutzen (*http://labs.adobe.com/technologies/pixelbenderplugin*). Die Installation gelingt stressfrei per Doppelklick (Seite 1067). Gleich mitgeliefert wird der Befehl **Pixel Bender Gallery**, eine Effektsammlung unter anderem zur Produktion von Ölgemälden.

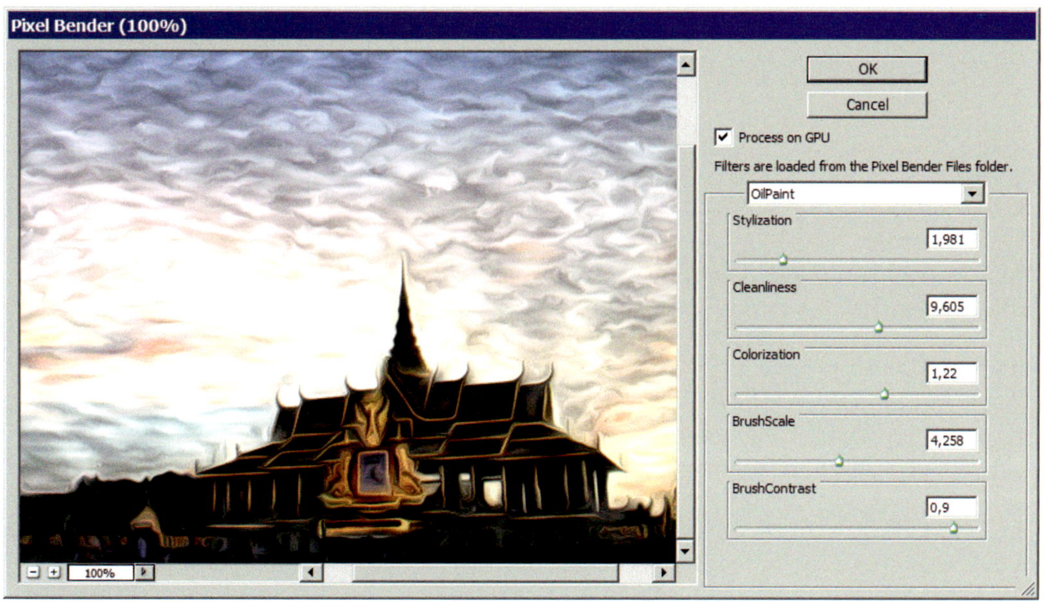

Abbildung 15.11
Die »Pixel Bender Gallery« bekommen Sie direkt vom Photoshop-Hersteller Adobe.

Abbildung 15.12 Die Strukturfunktion hat eine feine Textur ins Bild gewebt, hier »Sackleinen«. Der Filter »Mit Struktur versehen« wird innerhalb der »Filtergalerie« angeboten. Er leitet Strukturen aus beliebigen PSD-Dateien ab. Die Struktur wurde hier in eine neutralgraue Ebene gerechnet, die mit der Füllmethode »Hartes Licht« überblendet wird; so lässt sie sich leicht verschieben, verzerren und auf mehrere Ebenen anwenden. Datei: Struktur_a. Foto: Carsten Kienle

» Entwickeln Sie eigene Pixel-Bender-Filter mit der Software von der Seite *www.adobe.com/devnet/pixelbender*. Dort gibt es auch ausführliche englische Erklärungen.

» Im Exchange-Bereich von Adobe, wo Sie zum Beispiel Aktionen und Muster tauschen, gibt es auch eine Ecke für Pixel-Bender-Plug-Ins, wie immer sortierbar nach Datum, Beliebtheit oder Zahl der Zugriffe (*www.adobe.com/cfusion/exchange/index.cfm?event=productHome&exc=26*).

15.2 »Struktur«

Einige Filter arbeiten mit Struktur, das heißt, Sie legen ein Relief zum Beispiel aus Sandstein oder Leinen zugrunde – so etwa bei den Befehlen **Conté-Stifte**, **Grobes Pastell**, **Glas** und **Malgrund**. Der **Strukturierungsfilter: Mit Struktur versehen** appliziert die Struktur ohne zusätzliche »künstlerische« Verfremdung. Damit rauen Sie glatte Flächen auf – etwa Verläufe oder Produkte des Wolkenfilters – oder Sie gestalten Hintergrundmuster. Viele Filter mit Struktur-Option bietet Photoshop innerhalb der Filtergalerie an, die weiter unten noch ihren Auftritt hat. Ihre Optionen bei allen Filtern mit Struktur:

» Vier Strukturen sind in Photoshop eingebaut: Ziegel, Sackleinen, Leinwand und Sandstein.

» Sie können über das Menüdreieck eine beliebige weitere **Struktur laden**.

» Per Skalierung verändern Sie die Ausdehnung des Reliefs.

» Die Reliefhöhe steuert die Intensität der Wirkung.

» Sie legen eine Licht-Position fest – etwa oben links oder unten rechts – und Sie können das Relief Umkehren.

Für die **Beleuchtungseffekte** (Seite 560) gelten die Beschreibungen in diesem Abschnitt wohlgemerkt nicht. Eine mächtige Alternative, sofern Sie die Extended-Version von Photoshop nutzen, bilden die 3D-Funktionen (Seite 950 ff.). Legen Sie ein neues 3D-Objekt an und malen Sie auf der Bump-Ebene oder fügen Sie Ihr Muster auf der Bump-Ebene ein; die Bump-Ebene aktivieren Sie in der Ebenenpalette.

15.2.1 Struktur laden

Alle Filter mit STRUKTUR-Option enthalten zugleich die Funktionen des Befehls **Mit Struktur versehen**. Sie müssen generell nicht die mitgelieferten Strukturen wie SACKLEINEN oder ZIEGELSTEIN verwenden: Klicken Sie auf die Menüschaltfläche und dann auf **Struktur laden.** Hier wählen Sie eine beliebige Datei im Photoshop-Dateiformat, also mit der Endung ».psd«. Das Hell-Dunkel-Muster dieser Datei wird als Struktur ins Bild gerechnet. Beim nächsten Verwenden des Filters nennt Photoshop diese Datei auch direkt im Klappmenü für die Standardstrukturen, wie SANDSTEIN oder SACKLEINEN.

Weitere Strukturdateien, darunter »Puzzle«, finden Sie vielleicht im Software-Nachtrag (Seite 1074) zu Photoshop CS5 im Verzeichnis DEUTSCH/ZUGABEN/PRESETS/TEXTURES ODER ÄHNLICH; es stand bei Manuskriptabgabe nicht fest. Bilddateien im JPEG-Format müssen Sie vor der Verwendung mit der STRUKTUR-Option ins Photoshop-PSD-Format konvertieren.

Auch Farbdateien eignen sich als Strukturdatei – die Helligkeitsinformationen werden als Struktur auf das Bild gelegt. Weben Sie Ihr Firmenlogo ein oder eine gescannte Textur. Kleine Motive werden vielfach wiederholt, zu große Motive lassen sich aber nicht zurechtschieben – zur besseren Platzierung legen Sie das Muster besser auf eine Neutralgrau-Ebene.

Abbildung 15.13 Die Filter mit »Struktur« gehören zur Gruppe der Filter, deren Wirkung von der Bildauflösung abhängt. **Links:** Sie sehen »Leinwand« mit 300 dpi. **Rechts:** Derselbe Filter mit den gleichen Einstellungen, auf eine 200-dpi-Datei angewendet. Bei geringerer Druckauflösung wirkt die »Struktur« größer, bei identischer Zoomstufe erscheint die 200-dpi-Datei dagegen in Photoshop kleiner. Dateien: Struktur_b

TIPP Die PSD-Datei, die Sie als **Struktur laden** möchten, hat mehrere Ebenen und die Verarbeitung klappt nicht? Dann speichern Sie die Datei mit »maximierter Kompatibilität« (Seite 1076) oder dampfen Sie das Werk gleich auf eine reine HINTERGRUND-Ebene ein.

15.2.2 Alternativen zu »Mit Struktur versehen«

Sie können eine Struktur auf viele verschiedene Arten einweben; dabei sind unterschiedlichste Ergebnisse möglich.

Musterüberlagerung

Wenden Sie den Ebeneneffekt MUSTERÜBERLAGERUNG auf das Bild an. Sofern Ihr Bild nur eine Hintergrundebene zeigt, klicken Sie zunächst doppelt auf die Miniatur, um eine normale »Ebene 0« herzustellen. Anschließend klicken Sie erneut doppelt auf die Miniatur, damit Sie den EBENENSTIL-Dialog sehen. Wählen Sie im Bereich MUSTERÜBERLAGERUNG eine Füllmethode wie HARTES LICHT oder MULTIPLIZIEREN.

Einzelbild als Struktur

Sie müssen als Struktur nicht ein wiederkehrendes »Muster« verwenden, es reicht auch eine Einzeldatei, zum Beispiel ein größerer Stoff- oder Steinscan. Legen Sie das Bild auf eine Ebene über dem Foto, das Sie verändern wollen. Meist sollten Sie es auf eine Graustufenwirkung beschränken, zum Beispiel per **Bild: Korrekturen: Sättigung verringern** (⇧+Strg+U) oder flexibler mit einer **Schwarzweiß**-Einstellungsebene, deren Wirkung Sie per Schnittmaske (Strg+Alt+G) auf diese eine Ebene beschränken. Anschließend richten Sie die Füllmethode HARTES LICHT ein und experimentieren mit starken Kontraständerungen für die Strukturebene; der durchschnittliche Tonwert, der auf wenig Relief hindeutet, sollte um Neutralgrau herum liegen.

Besonders flexibel bringen Sie die Kontrastkorrektur mit einer Einstellungsebene an (Seite 886). In komplexen Montagen beschränken Sie die Wirkung der Einstellungsebene per Schnittmaske allein auf die Strukturebene.

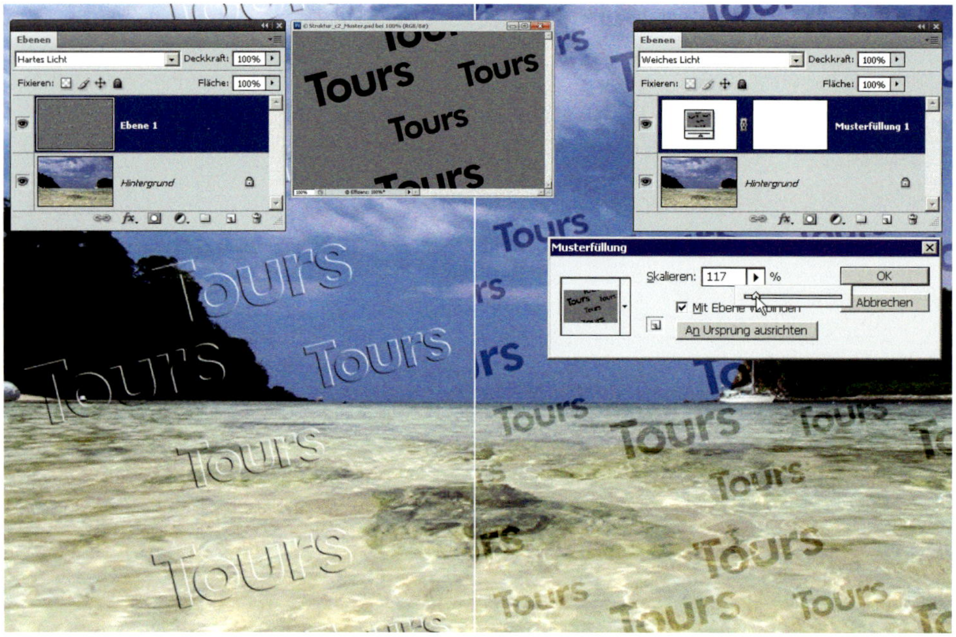

Abbildung 15.14
Links: Wir verwenden die Datei »Struktur_c2_Muster« (zu sehen oben Mitte) als Muster für den Filter »Mit Struktur versehen«. Er wird auf eine Neutralgrau-Ebene mit der Füllmethode »Hartes Licht« angewendet. **Rechts:** Wir haben die Datei »Struktur_c2_Muster« mit dem Befehl »Bearbeiten: Muster festlegen« als Muster gespeichert, eine »Muster«-Füllebene angelegt und die Füllmethode »Weiches Licht« eingeschaltet. Der Modus »Weiches Licht« unterdrückt Grau im Gesamtbild. Dateien: Struktur_c3, c4

15.2.3 Struktur auf eigener Ebene

Wenden Sie **Mit Struktur versehen** nicht direkt auf die Bildebene an. Erzeugen Sie eine neue, leere Ebene, die Sie mit Neutralgrau füllen und mit der Füllmethode Hartes Licht ausstatten. Zum Beispiel so:

1. Sie halten die Alt-Taste gedrückt und klicken unten in der Ebenenpalette auf das Symbol Neue Ebene erstellen.
2. Im Dialogfeld nehmen Sie den Modus Hartes Licht und die Option Mit neutraler Farbe für den Modus »Hartes Licht« füllen (50 % Grau).

Nach dem Klick haben Sie Ihre Neutralgrau-Ebene, sie ist im Gesamtbild allerdings vorläufig nicht erkennbar. Diese Ebene muss aktiviert sein, wenn Sie den Filter aufrufen. Allerdings sehen Sie dann in der Vorschau nur eine graue Fläche, nicht das Foto.

Auf der neuen Neutralgrau-Ebene wenden Sie den Filter **Mit Struktur versehen** an. Das Gesamtbild sieht nun genauso aus, als ob Sie die Struktur direkt ins Foto gerechnet hätten. Doch Sie können nun mit Deckkraft oder anderen Füllmethoden wie Ineinanderkopieren und Weiches Licht experimentieren oder die Struktur verzerren. Sie wechseln problemlos zwischen verschiedenen Strukturen auf verschiedenen Ebenen.

Soll diese Struktur nur eine einzelne Ebene Ihrer Montage zieren, fassen Sie beide Ebenen zu einer Schnittmaske zusammen (Seite 883). Oder verwandeln Sie die Ebene in ein Smart-Objekt, so dass der nächste Filter als Smartfilter dieser Ebene zugeordnet wird. Gelungene Strukturen ziehen Sie in andere Bilder.

Verschiebbare Strukturen

Wollen Sie die Struktur über dem Gesamtbild verschieben, sollte die Strukturebene von vornherein größer sein als die sichtbare Bildfläche. Dazu schalten Sie den Vollbildmodus ein (Tastaturbefehl F, eventuell mehrfach), wählen **Bearbeiten: Frei transformieren** (Strg+T, Seite 737) und ziehen die noch nicht gefilterte neutralgraue Fläche in die Höhe und in die Breite. Anschließend verwenden Sie **Mit Struktur versehen**. Der Filter beackert nun auch Ebenenbereiche außerhalb der Dokumentgrenzen. Sie können die Strukturebene also verschieben, ohne dass der Effekt abreißt.

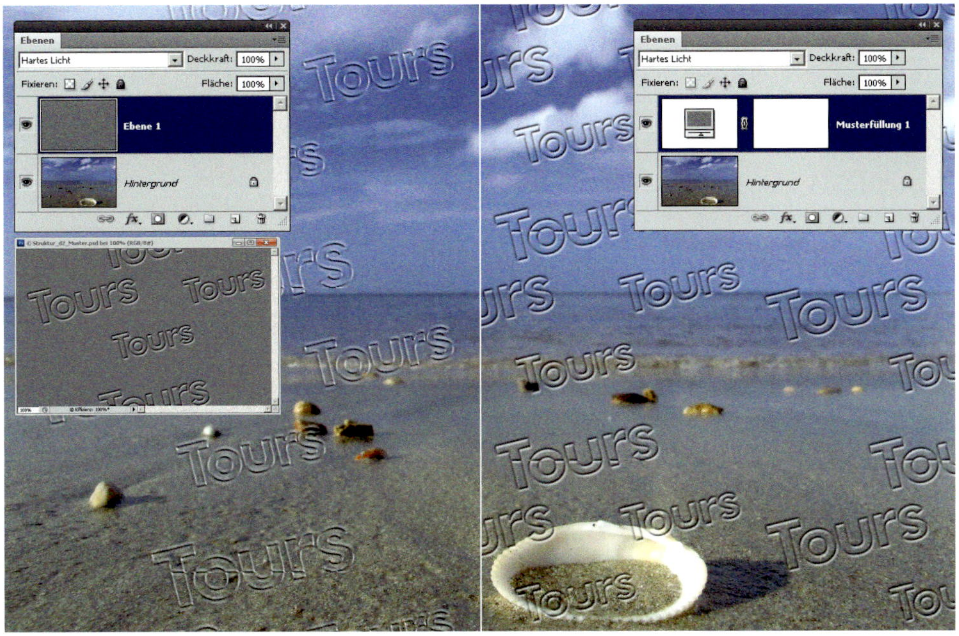

Abbildung 15.15
Wir bearbeiten die Datei so wie im vorhergehenden Bild, diesmal verwenden wir jedoch die Datei »Struktur_d2_Muster«. **Links:** Wir laden das Muster in den Befehl »Mit Struktur versehen«. **Rechts:** Wir haben das Muster als Photoshop-»Muster« gespeichert, eine »Muster«-Füllebene angelegt und die Füllmethode »Hartes Licht« eingeschaltet. Dateien: Struktur_d3, d4

DVD Zu den Aktionen der Sammlung »Photoshop CS5 Kompendium« gehört auch »Filter – Neutralgrau-Ebene«. Die Aktion erstellt ein Duplikat der aktuellen Datei, legt darüber eine neutralgraue Ebene im Modus Hartes Licht an und bietet dann die Filtergalerie an. Die neutralgraue Fläche wird auf 150 Prozent des sichtbaren Bereichs skaliert; die Filter wirken also über den sichtbaren Bereich der Datei hinaus, Sie können die Ebene über dem Bild verschieben.

Reliefwirkung

Machen Sie die Strukturebene noch lebendiger, zum Beispiel mit **Filter: Renderfilter: Beleuchtungseffekte** (Seite 560). Arbeiten Sie dort auch mit einem Relief-Kanal. Zeigen Sie zum Beispiel vorab die Strukturebene allein mit der Füllmethode Normal an. Laden Sie die Grauwerte als Auswahl durch einen Strg-Klick auf den RGB- oder CMYK-Gesamtkanal in der Kanälepalette und machen Sie daraus einen Alphakanal mit der Schaltfläche Auswahl als Kanal speichern unten in der Kanälepalette. Nun heben Sie die Auswahl mit Strg+D auf, stellen Sie die Strukturebene zurück auf die Füllmethode Hartes Licht, rufen Sie die **Beleuchtungseffekte** auf und experimentieren Sie mit dem Relief-Kanal.

Struktur mit Füllebene

Besonders flexibel sind Sie, wenn Sie die Struktur in einer Füllebene anlegen (Seite 894). Vorteile: Größe, Tiefe und Position des Musters lassen sich anschließend jederzeit frei ändern und bei einer Vergrößerung der Arbeitsfläche wächst die Musterebene mit. Freilich ist nur die Skalierung 100,0 Prozent so scharf wie das Original, in anderen Größen kann das Muster leichte Unschärfe zeigen. Die eigentliche Bildebene bleibt unberührt. So geht's:

1. Zunächst benötigen Sie eine Datei mit Struktur, deren Grundfarbe Neutralgrau sein sollte. Legen Sie entweder eine völlig neue Datei an, dabei starten Sie mit einer glatten grauen Fläche, in die Sie ein Muster einflechten. Oder Sie korrigieren ein vorhandenes Muster in Richtung Neutralgrau.
2. Verewigen Sie die Datei in der Musterbibliothek; das erledigt der Befehl **Bearbeiten: Muster festlegen** (Seite 462).
3. Öffnen Sie das Bild, das Ihr Muster zieren soll, und klicken Sie unten in der Ebenenpalette auf Neue Füll- oder Einstellungsebene erstellen. Wählen Sie **Muster**.

Vorlage | Weichzeichnen | Stärker weichzeichnen | Stärker weichzeichnen, 200 dpi

Abbildung 15.16 Weichzeichner: Diese Filter glätten Konturen durch Kontrastausgleich. Die Vorlage hat 300 dpi, bei geringerer Druckauflösung wirkt der Filter stärker. Vorlage: Weichzeichnen_a

4. Im Dialogfeld Musterfüllung geben Sie das neue Muster an und klicken auf OK. Die Musterebene deckt das Bild zunächst völlig zu.
5. In der Ebenenpalette richten Sie für die neue Musterebene zum Beispiel die Füllmethoden Hartes Licht, Weiches Licht oder Ineinanderkopieren ein. Prüfen Sie eine Rücknahme der Deckkraft.
6. Klicken Sie doppelt auf die Miniatur der Musterebene, um zum Beispiel die Skalierung zu ändern.

TIPP Legen Sie eine neue Musterdatei für eine Füllebene an, kann es sinnvoll sein, wenn Sie das Muster bereits in die neutralgraue Fläche per **Mit Struktur versehen** einstanzen. Es wirkt in der anschließenden Montage eventuell besonders »prägend«. Die neue Musterdatei sollte dabei möglichst dieselbe Pixelgröße haben wie das zugrunde liegende Muster. Probieren Sie zum Beispiel 128x128 Pixel.

15.3 Weichzeichnungsfilter

Die Befehle aus dem Untermenü **Weichzeichnungsfilter** bügeln Bildteile glatt. Generell gibt es diese Anwendungen:

» Sie wollen Übergänge in Alphakanälen, Ebenenmasken oder Montageebenen glätten – meist nehmen Sie den **Gaußschen Weichzeichner**, **Weichzeichnen** oder **Stärker weichzeichnen**.

» Sie wollen fotografische Weichzeichnung in ein Foto zaubern, das in unwichtigen Partien zu viel Schärfe zeigt. Hier klicken Sie auf **Tiefenschärfe abmildern**, den Bokeh-Macher, denn dieser Filter verschluckt keine Lichter.

» Sie brauchen Spezialeffekte – Wischer, Zoomeffekt oder Überstrahlung; hier nehmen Sie die passenden Filter wie **Bewegungsunschärfe**, **Radialer Weichzeichner** oder **Matter machen**.

Verwenden Sie einen schwachen Filter mehrfach hintereinander, ganz einfach per Strg+F. Einen Weichzeichnerpinsel finden Sie auf der Werkzeugpalette (Kurztaste R, Seite 405).

15.3.1 Schnelle Weichzeichner

Einige Weichzeichnungsfilter arbeiten auf die Schnelle ganz ohne Dialogfeld:

» **Weichzeichnen** dämpft harte Farbübergänge; der Filter hellt Pixel auf, die neben den harten Kanten von vorhandenen Linien oder Schattenzonen liegen.

» **Stärker weichzeichnen** wirkt drei- bis viermal so stark.

» **Durchschnitt** reduziert Bild oder Auswahl auf einen einzigen Durchschnittstonwert.

Radius 1,2 | Radius 3 | Radius 8 | Tiefenschärfe abmildern, Radius 15

Abbildung 15.17 **Bilder 1 bis 3:** Der »Gaußsche Weichzeichner« löst scharf konturierte Motive mit regelbarer Stärke zu flächigen Fototapeten auf. **Bild 4:** »Tiefenschärfe abmildern« will die Weichzeichnung durch Kameraunschärfe nachbilden. Vorlage: Weichzeichnen_a

15.3.2 Gaußscher Weichzeichner

Der **Gaußsche Weichzeichner** zeichnet mit einem regelbaren Betrag weich; niedrige Werte ab 0,1 zeigen wenig Effekt, hohe Eingaben (bis 250) putzen alles weg. Vor allem weicht der **Gaußsche Weichzeichner** Auswahlen in Alphakanal, Schnellmaske oder Ebenenmaske auf und er gibt handgefertigten Schattenebenen den luftigen Look.

Alternativen

Brauchen Sie statt einer flockig weichen Fläche gleich eine komplett einfarbige Zone, nehmen Sie **Weichzeichnungsfilter: Durchschnitt**. Für fotografische Unschärfe empfehlen wir **Tiefenschärfe abmildern**, diese Funktion erhält die Lichter besser als der etwas abstumpfende Gaußsche Weichzeichner. Weitere Alternativen:

» Im Dialogfeld **Form weichzeichnen** geben Sie eine beliebige Vektorform an, zum Beispiel ein X, ein Pfeil oder ein Herz. Die Unschärfe geht von dieser Figur aus in alle Richtungen. Mit einem Radius von 40 oder 60 erkennen Sie die gewählte Figur eventuell vage.

» Das Dialogfeld zum Befehl **Feld weichzeichnen** sieht so aus wie beim **Gaußschen Weichzeichner** und das Ergebnis auf den ersten Blick auch. Aber **Feld weichzeichnen** arbeitet weitaus schneller als der **Gaußsche Weichzeichner** und es verwischt weniger. Speziell horizontale und senkrechte Linien bleiben besser erhalten. Letztlich arbeitet es so ähnlich wie **Form weichzeichnen**, zugrunde liegt hier ein Quadrat. Wollen Sie eine Grafik zwar ordentlich absoften, aber doch Grundstrukturen wahren, zum Beispiel für Hintergrundmuster, dann ist **Feld weichzeichnen** womöglich der Weichspüler Ihrer Wahl.

15.3.3 »Tiefenschärfe abmildern«

Unscharf finden sie scharf, jene Fotoenthusiasten, die im Internet Bilder mit sahneweicher Unschärfe herumzeigen – Bokeh heißt die schöne Unschärfe jetzt.

In Ihren Aufnahmen ist leider alles scharf? Kein Problem: Der Befehl **Tiefenschärfe abmildern** rechnet nachträglich Kameraunschärfe ins Foto und wahrt dabei eher als andere **Weichzeichnungsfilter** den fotografischen Charakter eines Bilds – je nach Reglerstellung behalten die Lichter ihren Glanz und Sie zaubern vage Blendenumrisse ins wohlig-weichgezeichnete Etwas.

Schade, schade: **Tiefenschärfe abmildern** lässt sich nicht als verlustfreier Smartfilter nutzen. Für **Tiefenschärfe abmildern** nehmen Sie am besten Bilder, die zunächst von vorn bis hinten scharf durchgezeichnet sind; fotografieren Sie also mit hohen Blendenwerten wie f8, f11 oder höher (Fototipps zur Tiefenschärfe ab Seite 42).

TIPP Wirkt der Filter noch nicht stark genug, rechnen Sie Ihre Vorlage deutlich kleiner, zum Beispiel per **Bild: Bildgröße**; das ist günstiger, als den Befehl zweimal hintereinander anzuwenden.

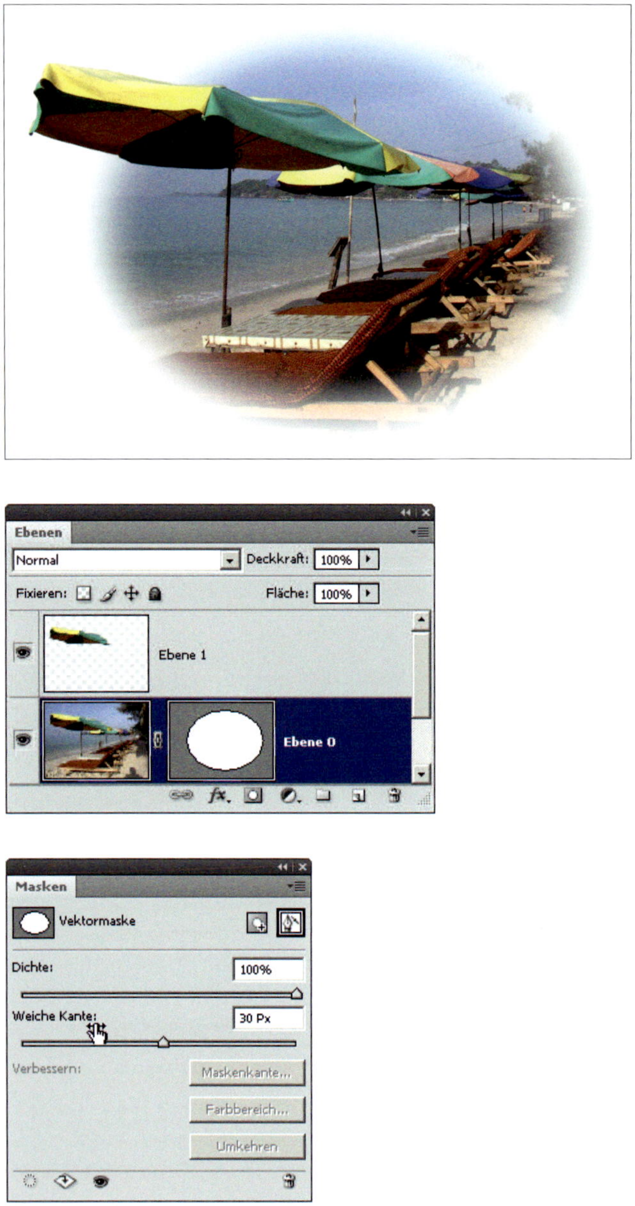

Abbildung 15.18 Kein Weichzeichnungsfilter war hier beteiligt. Wir haben den Sonnenschirm mit der Schnellauswahl ausgewählt und auf eine neue Ebene gehoben. Mit dem Ellipse-Werkzeug entstand eine Vektormaske im Gesamtbild darunter; sie wird mit dem Regler »Weiche Kante« aus der Maskenpalette weichgezeichnet. Kantenschärfe und Gesamtumriss lassen sich jederzeit verlustfrei ändern. Weitere Beispiele für weiche und harte Ränder ab Seite 805. Datei: Weichzeichnen_b

Schnelle Vorschau

Für erste Versuche mit dem sehr behäbigen Filter **Tiefenschärfe abmildern** nehmen Sie eine Datei von nur 800 Pixel Breite. Verwenden Sie zunächst den Vorschau-Modus Schneller; stellen Sie die Vorschau erst später auf Genauer um – Photoshop zeigt dann direkt das Endergebnis. Um die Feinheiten von Störung oder Iris genau zu beurteilen, richten Sie unten links Zoomstufen wie 100 oder 200 Prozent ein.

Legen Sie einen Alphakanal an

Noch bevor Sie den Befehl aufrufen, legen Sie zunächst einen Alphakanal an, zum Beispiel so:

1. Öffnen Sie mit dem **Fenster**-Menü die **Kanäle**-Palette.
2. Klicken Sie unten in der Palette auf das Symbol Neuen Kanal erstellen. Damit entsteht der neue, schwarze Alphakanal Alpha 1.
3. Was Sie im Alphakanal schwarz unterlegen, hält der Filter für nah an der Kameralinse; Weißes gilt als weit entfernt. Letztlich kommt es hier nur auf deutlich unterschiedliche Zonen, aber nicht auf präzise Auswahl an – später verschieben Sie die Wirkung des Alphakanals fast nach Belieben. Legen Sie zum Beispiel mit dem Verlaufswerkzeug einen Graustufenverlauf an. Der Teil, der scharf bzw. unverändert bleiben soll, erhält Schwarz. Geriet der Verlauf genau verkehrt herum? Kehren Sie ihn mit Strg+I um, falls erforderlich heben Sie eine noch bestehende Auswahl vorher mit Strg+D auf. (Auch der Filterdialog ermöglicht das Umkehren.) Alternative zum Verlauf: Malen Sie mit schwarzer Farbe mit dem Pinsel und weicher Spitze in den Bereich des Alphakanals, der scharf bleiben soll.
4. Stimmt der Alphakanal? Klicken Sie oben in der Kanälepalette auf die Miniatur fürs Gesamtbild, zum Beispiel auf RGB oder CMYK, so dass der Alphakanal nicht mehr aktiviert ist.

Abbildung 15.19 Der Befehl »Filter: Weichzeichnungsfilter: Tiefenschärfe abmildern« rechnet Kameraunschärfe ins Bild. Die nahegelegenen bzw. entfernten Zonen legen Sie über Schwarz- und Weißtöne im Alphakanal fest. Hier wurde schlicht der Vordergrund ausgewählt und im Alphakanal (unten links im Bild) schwarz abgedeckt. Vorlage: Weichzeichnen_c

Nun steuern Sie den Schärfebereich im Dialogfeld genauer:

1. Wählen Sie **Filter: Weichzeichnungsfilter: Tiefenschärfe abmildern**.
2. Nennen Sie im Klappmenü Quelle den Namen des Alphakanals, den Sie angelegt haben. (Alternativ verwenden Sie Transparenz oder Ebenenmaske.)
3. Richten Sie den genauen Schärfepunkt ein. Am einfachsten klicken Sie dazu auf den Punkt, der in voller Schärfe erscheinen soll – Photoshop präsentiert den Mauszeiger hier als Kreuz +. Dabei verändert sich die Stellung des Reglers Weichzeichnen-Brennweite. Sie können diesen Regler auch direkt verändern. Ohne Alphakanal steht Weichzeichnen-Brennweite nicht zur Verfügung.

DVD In der Aktionensammlung auf der Buch-DVD finden Sie die Aktion »Filter – Tiefenschärfe abmildern«. Die Aktion erzeugt ein auf 800 Pixel verkleinertes Duplikat, legt auf gut Glück einen Alphakanal mit Verlauf an und ruft den Befehl **Tiefenschärfe abmildern** mit Verwendung des Kanals »Alpha 1« auf. Sie können den Verlauf nach einer Anhalten-Meldung ändern.

Die »Iris«

Im Bereich Iris steuern Sie die virtuelle Blende des weichzeichnenden digitalen Photoshop-Objektivs:

» Der Radius-Regler steuert die Stärke der Weichzeichnung.

» Das Klappmenü Form bietet verschiedene Bauarten für die Kamerablende an – also die Zahl der Lamellen. Die Form erkennen Sie eventuell nicht auf Anhieb im Bildergebnis. Die Blendenform schält sich

Abbildung 15.20 **Links:** Wir erzeugen einen Alphakanal und legen nacheinander zwei Verläufe an – den zweiten im Modus »Abdunkeln«. Danach klicken wir in der Kanälepalette wieder auf »RGB«. **Rechts:** Wir wählen »Tiefenschärfe abmildern«, nehmen den neuen Kanal »Alpha 1« als »Quelle« und klicken einmal auf die Uferkante, denn hier soll das Bild scharf erscheinen. Wollen Sie den Spielzeugcharakter verstärken, heben Sie Kontrast und Farbsättigung. Datei: Weichzeichnen_d

am ehesten in weichgezeichneten Hochlichtern aus; die speziellen Kringel von Spiegel-Teles sind mir aber noch nicht gelungen.

» Der Drehung-Regler dreht die Blende – testen Sie Variationen vor allem bei niedriger Wölbung der Irisblende.

» Hohe Werte bei Wölbung der Irisblende glätten die Ecken der Lamellen, Sie erkennen die Iris-Form nicht mehr – sie spielt praktisch keine Rolle mehr. Hohe Werte spülen zudem eventuell das Bild deutlicher weich. Niedrige Werte zeigen eine genauer konturierte Iris-Form in den Lichtern, so wie eine Fotografie mit Unschärfe, aber geschlossener Blende (zum Beispiel Blende f11 oder f16). Hohe Werte mit schlicht rundlicher Lamellenform erinnern an fotografierte Unschärfe mit offener Blende (etwa Blende f4 oder f2,8).

TIPP Zeigt das Ergebnis unrealistische Partien? Korrigieren Sie mit Protokollpinsel oder Weichzeichnerpinsel nach.

»Spiegelartige Lichter«

Im Bereich Spiegelartige Lichter setzen Sie Glanzlichter – etwas, das mit dem **Gaußschen Weichzeichner** gar nicht geht. Sie möchten Spitzlichter setzen, unscharfe Bereiche nach Weiß ausbleichen lassen? Ziehen Sie den Schwellenwert auf eine hohe Vorgabe wie 200. Jetzt hebt Photoshop helle Bildpunkte mit Werten von 200 bis 255 stark an – aber nur innerhalb des weichgezeichneten Bereichs. Die Vorgabe von 100 hellt noch mehr Tonwerte auf, nämlich alle Bildpunkte mit Werten von 100 bis 255. So entsteht mehr Glanz. Ein Schwellenwert von 255 verändert nichts. Wie stark Photoshop den gewählten Helligkeitsbereich aufhellt, steuern Sie per Helligkeit.

TIPP Legen Sie deutlich auffallende Spiegelartige Lichter an? Dann testen Sie die Auswirkung verschiedener Blendenformen mit dem Klappmenü Form – am deutlichsten zu erkennen, wenn die Wölbung der Irisblende auf 0 steht.

Abbildung 15.21 Im Kanal »Alpha 1« legen wir zunächst einen Verlauf von Grau nach Weiß an. Dann wählen wir das Mobilar im Vordergrund aus und verewigen die Auswahl sicherheitshalber im separaten Kanal »Stuhl, Tisch«. Wir aktivieren wieder den Kanal »Alpha 1« und füllen den ausgewählten Vordergrundbereich mit Schwarz – so wird der Vordergrund nicht weichgezeichnet. Dann wählen wir »Tiefenschärfe abmildern« und verwenden »Alpha 1« als Quelle. Vorlage: Weichzeichnen_e

»Rauschen«

Per **Tiefenschärfe abmildern** verschwindet zunächst jegliches Filmkorn oder Bildrauschen. Das Ergebnis wirkt eventuell zu glatt, weichgezeichnete Bildteile harmonieren nicht mit naturbelassenen Partien. Der Bereich Rauschen zaubert die erforderliche Unruhe wieder ins Bild, sofern Sie eine Stärke über 0 verwenden. Die Rauschen-Optionen haben die Programmierer bei Photoshops Befehl **Rauschfilter: Rauschen hinzufügen** abgeguckt.

15.3.4 Sanfte Überstrahlung

Beliebt für Hochzeitsfotos, Babys und Co. ist ein sanft überstrahlender Weichzeichnereffekt. Früher hat man dafür eigene Objektive verwendet oder Vaseline auf einen Glasfilter geschmiert. Photoshop bietet mehrere Techniken, die nebenbei noch unruhige Haut glätten.

Um den Effekt zu verstärken, hellen Sie das Ergebnis eventuell auf. Dabei betonen Sie speziell die helleren Bereiche, zum Beispiel mit den Befehlen **Gradations-**

Abbildung 15.22 **Links:** Die Vorlage; der Vordergrund wird durch einen Alphakanal geschützt. **Mitte:** Radius 22, fünfeckige Iris und spiegelartige Lichter mit einer Helligkeit von 80 und Schwellenwert 245. **Rechts:** Radius 10, siebeneckige Iris, spiegelartige Lichter mit einer Helligkeit von 100 und Schwellenwert 245. Vorlage: Weichzeichnen_c

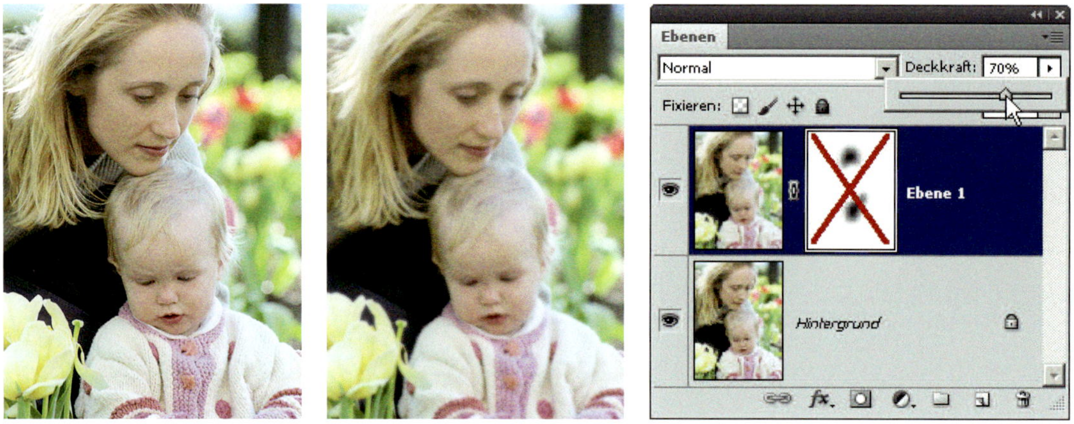

Abbildung 15.23 Die Vorlage wird auf eine neue »Ebene 1« dupliziert und mit »Tiefenschärfe abmildern« weichgezeichnet. Anschließend senken wir die »Deckkraft« der oberen Ebene auf 70 Prozent. Eine Ebenenmaske haben wir bereits angelegt, sie wird aber erst in der nächsten Bildreihe genutzt. Datei: Weichzeichnen_g

Abbildung 15.24
Links: Die obere Ebene bekommt die Füllmethode »Aufhellen« und 90 Prozent Deckkraft. **Mitte:** Wie vorher, auf den Gesichtern wird der Effekt per Ebenenmaske abgeschwächt. Sie können die Bildwirkung jederzeit per Maskenpalette ändern. **Rechts:** Füllmethode »Negativ multiplizieren«, 100 Prozent Deckkraft, keine Ebenenmaske

Abbildung 15.25
Links: »Verzerrungsfilter: Weiches Licht«. **Mitte:** »Weiches Licht« nur auf dem Rot-Kanal. **Rechts:** »Weichzeichnungsfilter: Matter machen«, Radius 17, Schwellenwert 200, Füllmethode »Negativ multiplizieren«.

kurven (Strg + M) oder, eher grob, mit **Filter: Sonstige Filter: Helle Bereiche vergrößern**.

Überstrahlung mit Ebenentechnik

Duplizieren Sie die Hintergrund-Ebene mit Strg + J und zeichnen Sie die obere Ebene weich, zum Beispiel mit **Gaußschem Weichzeichner** oder **Tiefenschärfe abmildern**, aber durchaus auch mit **Bewegungsunschärfe** oder **Radialem Weichzeichner**. Danach verwenden Sie eine aufhellende Füllmethode wie Negativ multiplizieren oder schwächer Aufhellen. Alternativ blenden Sie nach einem Doppelklick auf die Ebenenminiatur nur die dunkleren Helligkeitsbereiche aus. Schwächen Sie die Gesamtwirkung mit dem Deckkraft-Regler oder rubbeln Sie lokal in der Ebenenmaske zurück zum schärfer gezeichneten Original.

»Filter«-Befehle für Überstrahlung

Verwandeln Sie die Bildebene zunächst in ein Smart-Objekt (**Filter: Für Smartfilter konvertieren**). Testen Sie **Filter: Verzerrungsfilter: Weiches Licht** – eine leicht impressionistische Funktion mit Reglern für Körnung und Überstrahlung, die auch für Pastell- und Nostalgiewirkung gut ist. Eine Alternative bietet noch **Filter: Weichzeichnungsfilter: Matter machen** mit hohem Radius und niedrigem Schwellenwert. Dieser Filter verwischt kontrastarme Flächen, tastet stärker Konturiertes aber kaum an.

Im Anschluss an die **Filter**-Befehle klicken Sie unten in der Ebenenpalette auf die Schaltfläche Optionen für Filter-Füllmethode. Senken Sie eventuell die Deckkraft des Filters oder hellen Sie das Bild mit einer Füllmethode wie Negativ multiplizieren weiter auf. Örtliche Übertreibungen regulieren Sie mit Schwarz-Retusche in der Smartfilter-Ebenenmaske.

15.3.5 »Bewegungsunschärfe«

Ein paar Befehle aus dem Untermenü **Filter: Weichzeichnungsfilter** dramatisieren Ihre Fotos mit Gestaltungsmöglichkeiten, die Sie auch direkt an der Kamera haben: Imitieren Sie schnelle gerade oder rotierende Bewegungen durch Wischeffekte, simulieren Sie zoomende Objektive. Bei einem fahrenden Auto, das seitlich fotografiert wurde, kombinieren Sie sogar zwei Effekte: **Bewegungsunschärfe** für den Hintergrund und kreisförmigen **Radialen Weichzeichner** für die Räder.

Die **Bewegungsunschärfe** ahmt ein Phänomen der Fotografie nach: Schnelle Bewegungen, die Sie mit langer Belichtungszeit aufnehmen, verwischen; nicht anders ergeht es statischen Motiven, wenn der Fotograf die Kamera verreißt. Dieser Filter bietet überdies eine interessante Alternative zum Gaußschen Weichzeichner, wenn Sie Schatten anlegen oder Hintergründe glätten: Die Ergebnisse wirken lebendiger. An Schriftzügen oder Objekten vor einfarbigem Hintergrund lässt sich sogar eine Art 3D-Effekt herausarbeiten.

Steuern Sie den Winkel, also die Bewegungsrichtung, durch Ziehen an der »Uhr«. Der Abstand-Regler bestimmt die Stärke des Wischeffekts.

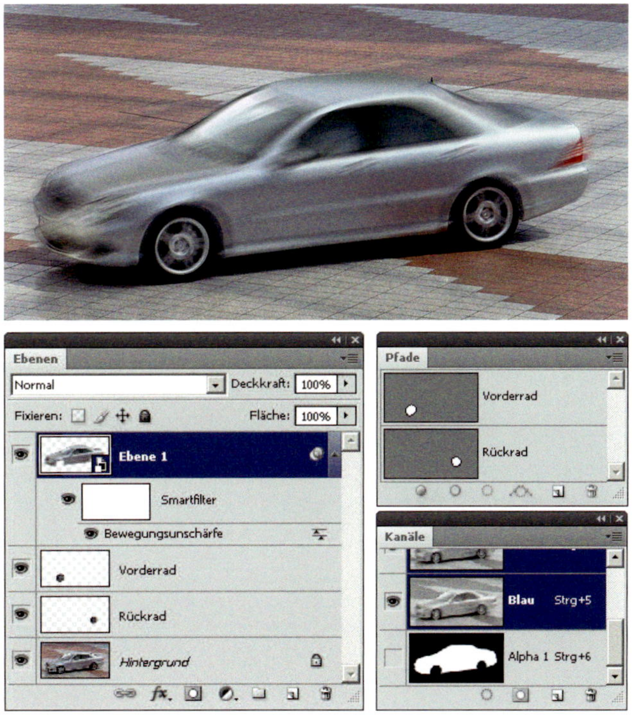

Abbildung 15.26 Bei diesem Wischeffekt bewegt sich die Kamera scheinbar nicht mit dem Fahrzeug. Die »Bewegungsunschärfe« ändert als Smartfilter die »Ebene 1«, die nur das Chassis ohne Räder enthält. Die Räder wurden auf eigene Ebenen geladen, dort ausgewählt und dann mit dem »Radialen Weichzeichner« bearbeitet. Auf der »Hintergrund«-Ebene liegt das unveränderte Originalbild; von dort lassen sich bei Bedarf Originalbildteile laden, die erforderlichen Auswahlen existieren als Alphakanal oder Pfad. Datei: Weichzeichnen_h

Ebenentechnik

Die **Bewegungsunschärfe** soll oft nur am Rand eines Objekts wirken. Wählen Sie das Hauptmotiv zunächst aus und lupfen Sie es mit [Strg]+[J] auf eine neue Ebene. Jetzt haben Sie mehrere Möglichkeiten, die Option TRANSPARENTE PIXEL FIXIEREN muss abgeschaltet sein.

Wenden Sie die **Bewegungsunschärfe** auf der neuen Ebene an, dann radieren Sie mit dem Protokollpinsel zurück zur unverfälschten Version. Oder, falls Sie nur wenig Wischeffekt zeigen wollen: Gehen Sie mit [Strg]+[Z] einen Arbeitsschritt zurück und definieren Sie die soeben widerrufene Bewegungsunschärfe als Protokollquelle; dann malen Sie mit dem Protokollpinsel dort, wo es verwischen soll.

Alternative: Klicken Sie die Miniatur des Objekts in der Ebenenpalette bei gedrückter [Strg]-Taste an, so dass eine Auswahl entsteht, dann folgt **Auswahl: Auswahl verändern: Rand** zum Beispiel mit 40 Pixel BREITE. Nach dem OK-Klick ist nur noch die Objektkontur von einem Rahmen umgeben. Diesen Rahmen schieben Sie mit Lasso oder Pfeiltasten in die Richtung, in die die Bewegungsunschärfe laufen soll. Dann geben Sie ihm per **Auswahl: Kante verbessern** mit dem Regler WEICHE KANTE einen weichen Umriss und lassen den Filter los. Oder Sie kehren die Objektauswahl um ([Strg]+[⇧]+[I]) und verschieben sie leicht. Mitunter überblendet man auch zwei Objekte mit und ohne **Bewegungsunschärfe**, testen Sie zusätzlich Füllmethoden wie AUFHELLEN oder NEGATIV MULTIPLIZIEREN.

Für anspruchsvollere ballistischere Routen zaubern Sie Kurven in die Schleppen der **Bewegungsunschärfe**, zum Beispiel mit den Verzerrungsfiltern **Verbiegen** oder **Schwingungen** oder per VERKRÜMMEN. Vorab dehnen Sie die weichgezeichnete Ebene eventuell ([Strg]+[T]).

Abbildung 15.27 Wir haben die »Hintergrund«-Ebene in ein Smart-Objekt verwandelt, sie heißt danach »Ebene 2«. Die »Bewegungsunschärfe« haben wir von der oberen »Ebene 1« nach unten auf die »Ebene 2« gezogen, so dass jetzt der Hintergrund verwischt wird, während das Fahrzeug scharfgezeichnet bleibt. So simulieren wir den Wischeffekt bei mitgezogener Kamera.

15.3.6 »Radialer Weichzeichner«

Mit zwei unterschiedlichen Effekten bringt der **Radiale Weichzeichner** Dynamik in statische Fotos:

» Die Methode KREISFÖRMIG simuliert rotierende Objekte, zum Beispiel Räder, Propeller oder Uhrzeiger.

» Die Methode STRAHLENFÖRMIG erinnert an ein Zoomobjektiv, dessen Brennweite während der Belichtung verstellt wird, das Hauptmotiv scheint auf den Betrachter zuzurasen. Beide Funktionen beleben auch Hintergründe oder Schriftzüge.

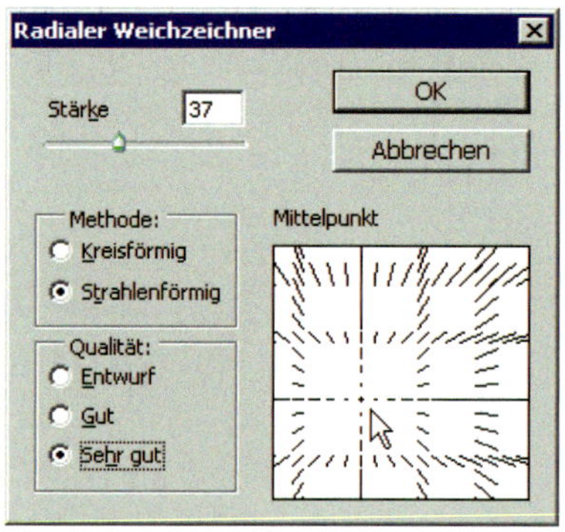

Abbildung 15.28 Beim »Radialen Weichzeichner« platzieren Sie das Zentrum des Effekts durch Ziehen im Vorschauschema. Sie können das Zentrum nicht durch Klicken im Bild festlegen und es gibt keine Sofortvorschau.

Abbildung 15.29 Das Bild wird mit dem »Radialen Weichzeichner«, Option »Strahlenförmig« bearbeitet. Wir legen den Weichzeichner als Smartfilter an, beim dritten Bild dämpfen wir die Verzerrung in der Mitte durch graue Farbe in der Filtermaske. Datei: Weichzeichnen_i

Sie erhalten grobkörnige Qualität, wenn Sie den schnellen ENTWURF wählen. Verwenden Sie diese Vorgabe, solange Sie experimentieren, das Zentrum des Effekts nachjustieren und solange Photoshop den Effekt als Smartfilter bei jeder Bildänderung stets neu berechnet. Deutlich besser arbeiten GUT und SEHR GUT, die nur in großen Auswahlen unterschiedliche Ergebnisse bringen – bei großen Bildern ein Geduldsspiel.

Das Zentrum platzieren

Das Zentrum des Effekts platzieren Sie durch Verschieben des Schemas im Dialogfeld. Wählen Sie den Bereich – zum Beispiel ein Rad oder ein Zifferblatt – am besten zunächst aus und heben Sie ihn auf eine eigene Ebene. Fassen Sie den Bereich bei der Anwendung des Filters in eine Auswahl, damit die komplette Kreisbewegung auch wirklich hier stattfindet und Photoshop nicht noch entlegene weitere Bildteile mit einkalkuliert.

Für die Auswahlellipse ◌ gibt es ein paar nützliche Tastengriffe:

» Drücken Sie die ⇧-Taste, damit Sie eine kreisrunde Auswahl und kein Ei erhalten.

» Mit gedrückter Alt-Taste ziehen Sie die Auswahl von der Mitte des Objekts aus auf.

Drücken Sie also ⇧- und Alt-Taste gemeinsam, um einen perfekten Kreis von der Mitte aus aufzuziehen. Ist das Motiv allerdings oval, wird es schwieriger. Ziehen Sie zum Beispiel eine Kreisauswahl auf, dann korrigieren Sie per **Auswahl: Auswahl transformieren** oder verwandeln Sie die Auswahl in einen Pfad, den Sie über Ankerpunkte korrigieren.

Abbildung 15.30 Wir ändern Füllmethode und Deckkraft des Smartfilters. Dazu klicken wir in der Ebenenpalette mit rechts auf den Balken »Radialer Weichzeichner« und dann auf »Smartfilter-Fülloptionen bearbeiten«. **1. Bild:** Der Smartfilter erhält die Füllmethode »Aufhellen«, die Ebenenmaske ist abgeschaltet. **2. Bild:** Smartfilter mit Füllmethode »Negativ multiplizieren«, Deckkraft 80 Prozent. Beide Füllmethoden lassen von der Verzerrung nur die helleren Bereiche sichtbar.

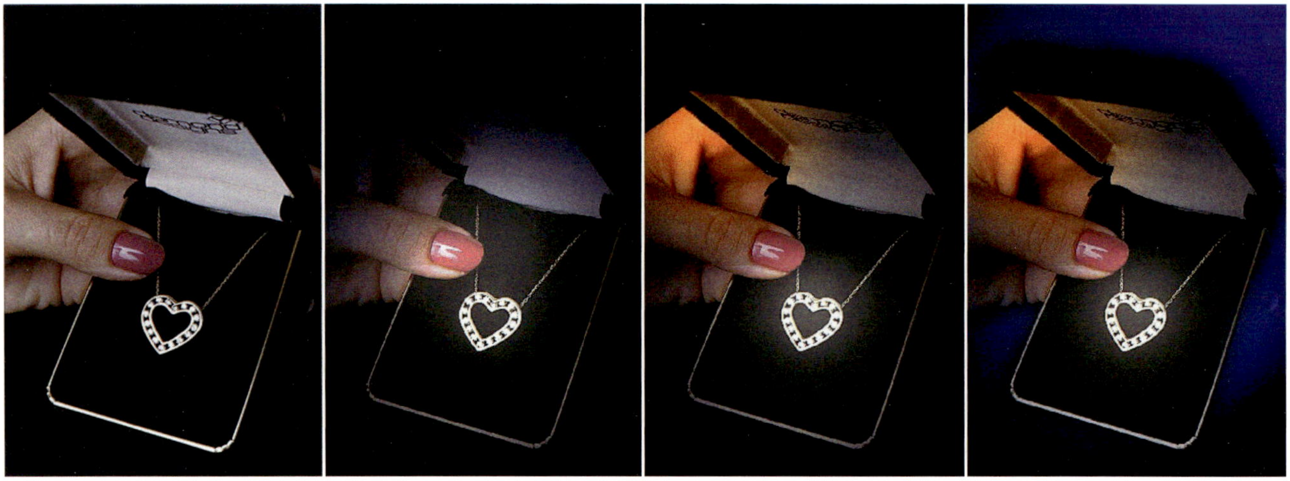

Abbildung 15.31 **1. Bild:** Diese Vorlage bearbeiten wir mit dem Befehl »Filter: Renderfilter: Beleuchtungseffekte«. **2. Bild:** Der erste Strahler betont das Hauptobjekt und blendet unerwünschte Bereiche aus. **3. Bild:** Ein zweiter Strahler setzt orangefarbenes Licht auf den Handrücken. **4. Bild:** Wir wählen den Hintergrund mit Lasso und Zauberstab aus, wenden anschließend den Befehl »Auswahl: Weiche Auswahlkante« an und setzen einen blauen »Spot«; dabei kommt es auf hohe Werte für »Radius« und »Intensität« an. Vorlage: Beleuchtung_a

15.4 Beleuchtungseffekte

Er ist der Solitär unter den Filtern: Der Befehl **Filter: Renderfilter: Beleuchtungseffekte** (nicht an 64-Bit-Macs) taucht flaue Motive in wohltuendes Licht, blendet visuellen Schrott gefällig aus, haucht flachen Hintergründen Leben ein, schafft digitales Drama und verleiht Pixelflächen Wärme und Ambiente. Die **Beleuchtungseffekte** harmonieren mit vielen anderen Filtern; oft reicht eine behutsame Anwendung.

TIPP Falls Sie mit Photoshop in der Extended-Version nutzen: Mit der **3D**-Funktion können Sie Fotos nicht nur ausleuchten, sondern auch perspektivisch drehen und auf 3D-Modelle spannen.

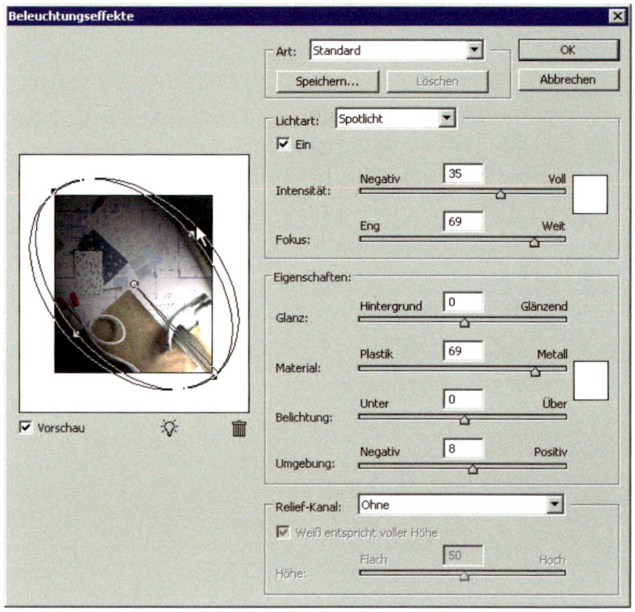

Abbildung 15.32 Die »Beleuchtungseffekte« tauchen Bilddateien in Flutlicht.

Das Prinzip: Sie haben eine Lichtquelle – oder mehrere – und darum herum ein Umgebungslicht. Sie definieren die Farbe und die Intensität sowohl für Lichtquellen als auch für das Umgebungslicht. So kann es innen heller und außen herum dunkler werden – aber auch umgekehrt. Insgesamt stehen Ihnen maximal 16 Lichtquellen, drei Lichtarten und regelbare Eigenschaften wie Glanz, Material und Belichtung zur Verfügung. Zusätzlich können Sie Struktur per Alphakanal einflechten und mit Reliefwirkung ausleuchten lassen.

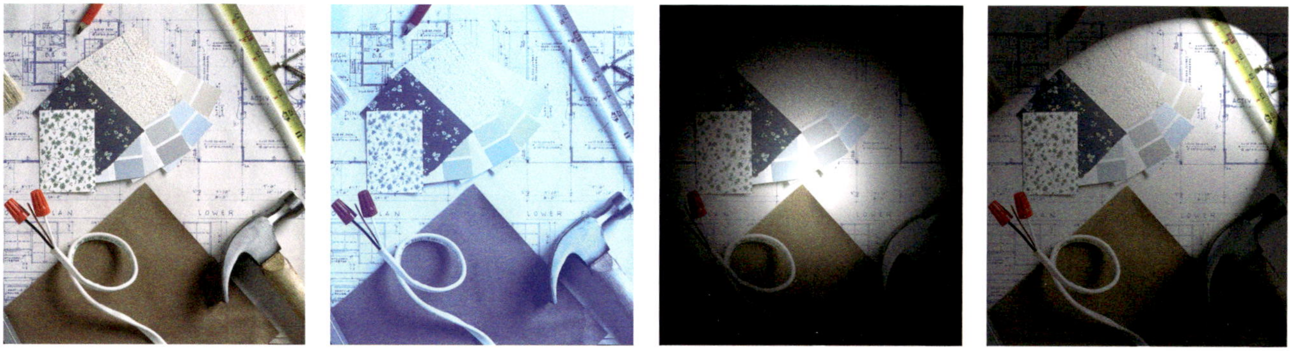

Abbildung 15.33 **1. Bild:** An dieser Aufnahme zeigen wir die verschiedenen Lichtarten. **2. Bild:** Das »diffuse Licht« scheint über die ganze Fläche gleichmäßig. **3. Bild:** Der »Strahler« leuchtet direkt von oben. **4. Bild:** Ein »Spot« leuchtet aus einer festgelegten Richtung. Vorlage: Beleuchtung_b

ACHTUNG Die **Beleuchtungseffekte** funktionieren nur bei RGB-Bildern – so wie sich auch Licht nach dem RGB-Schema mischt. Richten Sie diesen Modus bei Bedarf mit dem Befehl **Bild: Modus: RGB-Farbe** ein, außerdem brauchen Sie den Modus **8-Bit-Kanal**.

15.4.1 Stil und Lichtquellenarten

Im Einblendmenü Stil wählen Sie eine Beleuchtungsart. Der Stil speichert alle Einstellungen für alle Lichtquellen, die zur gleichen Zeit brennen. Adobe liefert schon eine Reihe Stile mit; Ihre eigenen Lichtkreationen lassen sich mit den entsprechenden Schaltflächen Speichern und auch wieder Löschen; jede Komposition erscheint im Einblendmenü Stil.

Im Einblendmenü Lichtart haben Sie die Wahl:

» Diffuses Licht ist am wenigsten regulierbar und scheint über die ganze Fläche gleichmäßig hell. Mit der Linie in der Vorschau bestimmen Sie Winkel, Richtung und Standort. Je mehr Sie die Linie verkürzen, umso heller scheint das diffuse Licht. Ziehen mit gedrückter ⇧-Taste hält den Winkel konstant und verändert nur die Länge der Linie. Umgekehrt korrigieren Sie den Winkel bei geschützter Länge mit gedrückter Strg-Taste.

» Ein Strahler leuchtet direkt von oben auf das Bild. Im Vorschaufeld erscheint deshalb stets ein konzentrischer Kreis. Sie können ihn durch Ziehen am mittleren Griff bewegen oder mit einem der vier äußeren Griffe vergrößern oder verkleinern.

» Ein Spot erzeugt ellipsenförmiges Licht, das scheinbar schräg von einem definierbaren Strahlerstandpunkt ausgeht. Die Linie im Vorschaufeld legt Richtung und Winkel fest, die vier Griffpunkte zeigen die Begrenzung. Sie bewegen die Lichtquelle durch Ziehen des mittleren Griffpunkts in der Strahlerfarbe; an den äußeren Griffpunkten regulieren Sie Winkel und Länge des Lichtstrahls. Mit gedrückter ⇧-Taste halten Sie die Winkel konstant und verändern nur die Größe. Umgekehrt hält die gedrückte Strg-Taste die Größe konstant, so dass Sie nur die Richtung des Spots und den Winkel ändern können.

15.4.2 Lichtart

Im Feld Lichtart stellen Sie die Eigenschaften der markierten Lichtquelle ein.

» Im Einblendmenü wählen Sie einen Lichtquellentyp, also Spot, Strahler oder Diffuses Licht.

» Der Regler Intensität kontrolliert die Stärke des Effekts. Ziehen Sie den Regler nach rechts in Richtung auf Aufhellen, nimmt der Effekt zu.

» Der Fokus-Regler bestimmt bei der Lichtquelle Spot, wie weit sich das Licht innerhalb der Begrenzung ausbreiten kann. Nur wenn der Regler auf Weit steht, füllt das Licht die ganze Begrenzung aus, ansonsten verteilt es sich schwächer nur im Bereich des Zentrums. So lässt sich ein helles, aber schwach ausstrahlendes Licht ebenso einstellen wie ein schwaches, aber über die gesamte Begrenzung verteiltes Licht. Ist bei Weit der Anschlag erreicht, brennt das Licht mit einer unangenehm harten Kante.

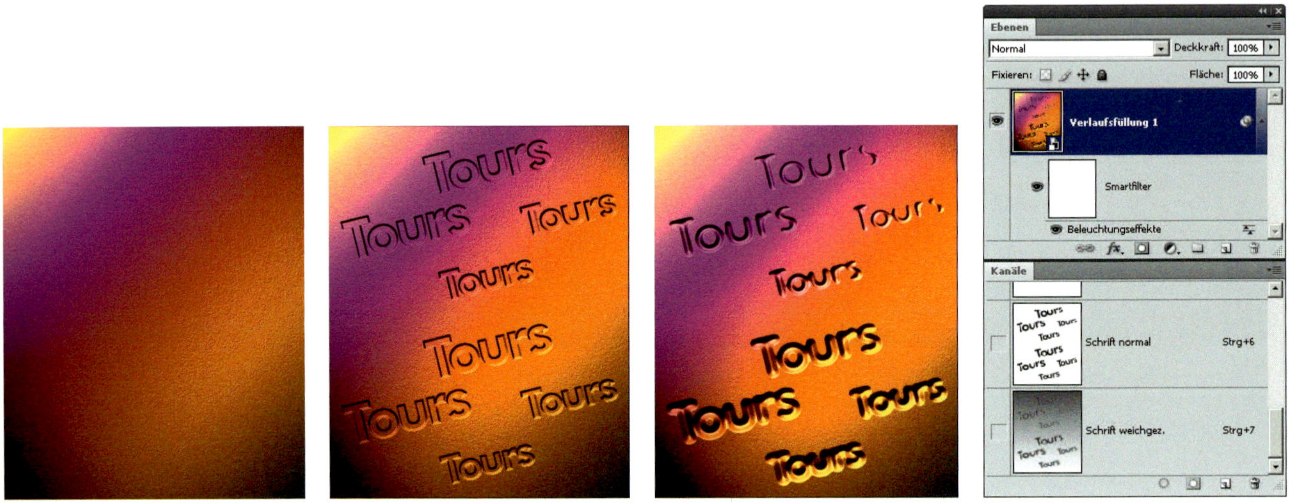

Abbildung 15.34 **1. Bild:** Die gerasterte Verlaufsfüllung entstand mit der »Dither«-Option, die für eine leichte Körnung sorgt. Wir wenden die Beleuchtungsfilter mit »Blau« als Relief-Kanal an, so dass die Körnung wie ein Relief ausgeleuchtet wird. **2. Bild:** Als Relief-Kanal dient hier ein Alphakanal mit schwarzer Schrift auf Weiß. **3. Bild:** Die Schrift im Alphakanal wurde weichgezeichnet und mit einem Verlauf überlagert. Datei: Beleuchtung_c

» Klicken Sie in das Farbfeld, um im Farbwähler eine Lichtfarbe zu definieren. Informationen zum Farbwähler finden Sie ab Seite 458.

» Mit dem Ein-Schalter knipsen Sie das Licht vorübergehend aus, ohne es dauerhaft zu entfernen.

15.4.3 Eigenschaften

Mit vier Reglern definieren Sie die Lichteigenschaften näher:

» Der Glanz-Regler stellt stufenlos Oberflächen von Matt bis Glänzend her.

» Neben Material legen Sie fest, ob die Lichtquelle oder das Objekt stärker reflektiert: Bei Plastik wird stärker die Farbe der Lichtquelle gespiegelt, während Metall die Objektfarbe betont.

» Die Belichtung hellt das Bild auf, wenn ein positiver Wert eingestellt ist; bei negativen Werten wird das Motiv abgedunkelt.

» Mit der Umgebung legen Sie den Einfluss des Umgebungslichts fest. Ein positiver Wert macht die Lichtquelle allein wirksam, ein negativer Wert nimmt ihren Einfluss zurück.

» Nach einem Klick auf das Farbfeld im Abschnitt Eigenschaften stellen Sie im Farbwähler die Farbe des Umgebungslichts ein.

TIPP Stellen Sie die Grundhelligkeit auf Pluswerte und Intensität auf einen Minusbetrag, um einen Schatten zu erzeugen oder um anderweitig abgedunkelte Bereiche zu definieren.

Deckkraft und Füllmethoden

Wenden Sie die **Beleuchtungseffekte** auf eine Smart-Objekt-Ebene an, dann klicken Sie in der Ebenenpalette ganz rechts im Balken Beleuchtungseffekte doppelt auf die Optionen für Filter-Füllmethode. In den Fülloptionen nutzen Sie unter anderem diese Möglichkeiten:

» Wirkt der Effekt zu stark, senken Sie die **Deckkraft**.

» Wechseln Sie die Füllmethode von Normal zu Ineinanderkopieren oder Hartes Licht, um den Kontrast zu erhöhen.

» Mit der Füllmethode Abdunkeln blenden Sie den Außenbereich weiter aus, doch Sie unterdrücken die Aufhellung im Zentrum der Lichtquelle. Umgekehrt sorgt Aufhellen nur für Aufhellung, die Abdunklung der Umgebung findet nicht mehr statt.

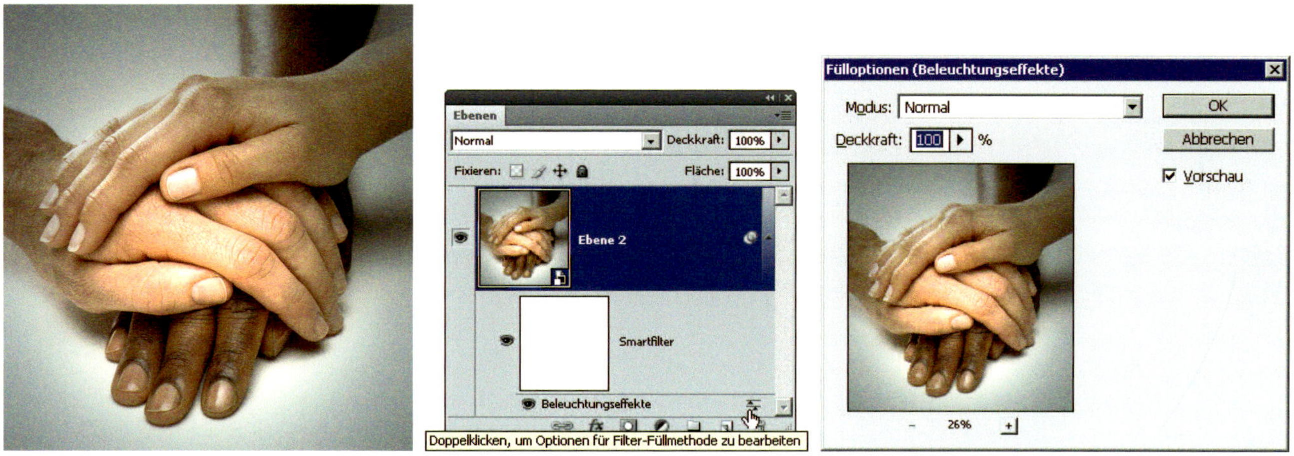

Abbildung 15.35 Die »Beleuchtungseffekte« werden mit der Art »Strahler« direkt auf die in ein Smart-Objekt verwandelte Foto-Ebene angewendet. Nach einem Doppelklick auf die kleine Schaltfläche für die »Filter-Füllmethode« lassen sich Deckkraft und Füllmethode ändern. Datei: Beleuchtung_d

» Mit der Luminanz vermeiden Sie jede Farbänderung, zum Beispiel übertriebene Farben.

15.4.4 Vorschaufeld

Über dem Vorschaubild stellt Photoshop die Strahler dar. Die einzelnen Lichtquellen bewegt man durch Ziehen an den Mittelpunkten, die gleichzeitig die Lichtfarbe darstellen. Begrenzung und Winkel stellt man mit den Griffpunkten an den Begrenzungskreisen ein. Sie können nur einen Strahler gleichzeitig bearbeiten, nur bei ihm sind Griffpunkte und Begrenzung sichtbar. Den nächsten Strahler aktivieren Sie durch Klick auf einen Strahlermittelpunkt oder per [Tab]-Taste. Dass man nicht einige oder alle Strahler zugleich verschieben kann, macht die Arbeit an komplexen Kreationen nicht leichter.

Ziehen Sie das Lichtquellensymbol auf die Vorschaufläche, um eine neue Lichtquelle einzubringen – maxi-

Abbildung 15.36 **Links:** Der Smartfilter »Beleuchtungseffekte« erzeugt mit der Füllmethode »Ineinanderkopieren« höhere Kontraste. **Mitte:** Der Modus »Abdunkeln« schluckt die Aufhellung im Zentrum der Lichtquelle. **Rechts:** Der »Luminanz«-Modus unterdrückt jede Farbänderung.

mal 16 dürfen strahlen. Mit gedrückter [Alt]-Taste duplizieren Sie eine vorhandene Lichtquelle. Überflüssige Lichtquellen entsorgen Sie in den Mülleimer oder per [Entf]-Taste. Der Ein-Schalter im Abschnitt Lichtart knipst eine Lampe vorübergehend aus, ohne sie zu entfernen.

15.4.5 Relief-Kanal

Alphakanäle oder Grundfarbenkanäle weben Relief ins Werk. Photoshops Prinzip: Graustufen werden in Höhenwerte umgesetzt. So geht's:

» Als Relief-Kanal wählen Sie einen Alphakanal oder einen Grundfarbenkanal, der eine Struktur enthält, die Photoshop als Relief ausleuchten soll.

» Mit der Option Weiss entspricht voller Höhe kehren Sie die Auswahlwirkung des Kanals um – statt der schwarzen Bereiche markieren jetzt die Weißzonen im Alphakanal die Bildteile, die Photoshop erhaben darstellen soll.

» Mit dem Höhe-Regler bestimmen Sie, wie markant das Relief hervortritt.

Als Füllung für die Relief-Kanäle kommen zum Beispiel Strukturen von Stoff, Papier, Holz, Stein oder Stoff in Frage, zum Beispiel aus dem Softwarenachtrag zu Photoshop CS5 (Seiten 547 und 1074).

TIPP Packen Sie gleich mehrere Alphakanäle mit unterschiedlichen Strukturen voll, so dass man sie im Dialogfeld hintereinander ausprobieren kann.

Relief-Kanal variieren

Verwenden Sie auch einmal eine Objektkontur als Relief-Kanal. Damit umfließt das Licht Ihr Objekt nur an den Rändern – sollten Sie jedoch Schwarz sehen, schalten Sie die Option Weiss entspricht voller Höhe um. Verkleinern Sie diese Alphakanalauswahl auch einmal mit dem Befehl **Dunkle Bereiche vergrößern** aus dem **Filter**-Untermenü **Sonstige Filter**. Zuvor duplizieren Sie aber den guten Auswahlkanal, indem Sie ihn in der Kanälepalette auf das Symbol Neuer Kanal ziehen. Zu harte Ränder zeichnen Sie weich.

Haben Sie keinen Maskenkanal für Ihr Objekt angelegt, tut es mitunter auch der Grundfarbenkanal – jedenfalls wenn sich das Objekt kontrastreich vom Hintergrund abhebt. Klicken Sie vor Aufruf des Filters die Einzelkanäle in der Kanälepalette an, um herauszufinden, welcher Kanal das Motiv am besten herausstellt.

Man kann sich jede beliebige Graustufendatei in ein Gebirge umrechnen lassen, zum Beispiel Buchstaben. Laden Sie den Text in den Alphakanal und zeichnen Sie ihn weich. Damit der volle Tonwertbereich ausgenutzt wird und große Höhenunterschiede zustande kommen, erweitern Sie mit dem Befehl **Tonwertkorrektur** aus dem **Bild**-Untermenü **Anpassen** das Tonwertspektrum – ein Klick auf die Auto-Schaltfläche spreizt den Tonwertumfang weitgehend von Schwarz bis Weiß; Sie können dort noch mit dem grau dargestellten Gammaregler die mittleren Tonwerte zusätzlich aufhellen oder abdunkeln – je nachdem, ob das virtuelle Gebirge schnell oder langsam in die Höhe schießen soll. Sie können auch die Textaus-

Abbildung 15.37 **1. Bild:** Diese Grafik verwenden wir für unseren Test. **2. Bild:** Wir nutzen die »RGB«-Voreinstellung aus den »Beleuchtungseffekten«. **3. Bild:** Hier wurde der Rotkanal als Relief-Kanal verwendet. **4. Bild:** Hier diente ein weichgezeichnetes Duplikat des Rotkanals als Relief-Kanal.

Abbildung 15.38 Der Kunst-Protokollpinsel malt einen Bildzustand, den Sie in der Protokollpalette markiert haben, »künstlerisch verfremdet« ins aktuelle Bild. Das Originalbild wurde zunächst mit weißer Farbe gefüllt (Strg+←), anschließend haben wir das unveränderte Bild als Quelle angegeben. Nutzen Sie vor allem »Borsten«-Pinselspitzen und »Nasse Kanten«. Weitere Alternativen bietet der Mischpinsel. Datei: Filter_o

wahl in einen Kanal mit einer Struktur laden. Dunkeln Sie das Textinnere ab, hellen Sie die umgekehrte Auswahl auf. Eventuell sollten Sie weichzeichnen und Kontrast herausnehmen, wenn einerseits die Schrift hoch aufragen, aber die Struktur nicht zu stark hervortreten soll.

15.5 Künstlerische Filter

Letzte Rettung für fade Pixelhaufen, Computerspiel für Grafikfexe oder ernsthafte Bildbearbeitung? Die zahllosen Effekte der **Filter**-Untermenüs **Kunstfilter**, **Malfilter**, **Stilisierungsfilter** und **Zeichenfilter** verfremden eine Datei mit künstlerischem oder grafischem Touch. Viele Effekte gestalten aalglatte Computergrafik »natürlicher«, »rauer« (oder fader).

Einzelne Filter verwenden ohnehin Strukturen (Seite 546): Sie enthalten den Befehl **Mit Struktur versehen** als Unterabteilung.

Wollen Sie Motivteile aus einer Bildfassung, die in der Protokollpalette noch zugänglich ist, mit künstlerischem Touch aufs Bild malen, verwenden Sie den Kunst-Protokollpinsel.

15.5.1 Filter verändern und nachbearbeiten

Die Wirkung vieler drastischer Effektfilter lässt sich leicht verstärken und verändern. Typische Maßnahmen: Scharfzeichnen, Kontrasterhöhung mit **Helligkeit/Kontrast** (inklusive Früheren Wert verwenden) oder **Tonwertkorrektur** (Strg+L), **Tontrennung**, **Umkehren** (Strg+I), nachträgliche Anwendung von **Strukturierungsfilter: Mit Struktur versehen** (Seite 546, einzelne Filter haben ohnehin eine eingebaute Struktur-Option), **Renderfilter: Blendenflecke** (Seite 587) oder **Beleuchtungseffekte** (Seite 560) sowie Änderung von Farbton und Sättigung (Strg+U, Seite 498).

Wenden Sie eventuell Filter nur auf Einzelkanäle an, experimentieren Sie mit Füllmethoden (Seite 773) und Tonwerteingrenzung (Seite 781). Die meisten Änderungen an der Filterwirkung bietet Photoshop als Smartfilter oder als Einstellungsebene an, sie bleiben also verlustfrei und jederzeit änderbar.

Abbildung 15.39 In der Filtergalerie kombinieren Sie verschiedene »Filter«-Befehle in änderbarer Reihenfolge. Rechts oben erscheinen die Regler für den Befehl, der im Filterstapel rechts unten aktiviert ist. Aktion: Filtergalerie

15.5.2 Filtergalerie

Die meisten Kreativverfremdungen präsentiert Photoshop in der **Filtergalerie**. Egal, ob Sie **Kunstfilter: Farbcollage** oder **Zeichenfilter: Kunststoffverpackung** wählen – Sie landen in der **Filtergalerie**, die zahlreiche Kreativverfremdungen einzeln oder als Kombipack anbietet. Wir besprechen hier den Umgang mit der Filtergalerie, danach einzelne Verfremdungen.

Auf zwei Arten starten Sie die **Filtergalerie**:

» Wählen Sie einen Einzelbefehl wie **Malfilter: Kreuzschraffur**, dann startet die Filtergalerie nur mit dieser einen Verfremdung. Weitere Funktionen aus der Filtergalerie fügen Sie al gusto hinzu. Falls Sie mit Smartfiltern arbeiten, erscheint in der Ebenenpalette der Name des gewählten Filters. Verwenden Sie indes nur einen einzigen Befehl innerhalb der Filter, sehen Sie in der Ebenenpalette direkt den Namen des **Filter**-Befehls.

» Der Befehl **Filter: Filtergalerie** lädt direkt die zuletzt verwendete Kombination aus mehreren Verfremdungen, außer beim ersten Aufruf. Egal, ob Sie nun nur einen oder mehrere Befehle anwenden, als Smartfilter erscheint immer allgemein die Filtergalerie in der Ebenenpalette, nicht der Name des Einzelbefehls.

TIPP Nicht immer sind **Filter**-Befehle der beste Weg zu plakativen Farbverfremdungen. Andere Funktionen bieten bessere Steuerungsmöglichkeiten, so etwa stark verzerrte **Gradationskurven** oder die **Tontrennung** in Verbindung mit einem Weichzeichner (Beispiele ab Seite 520).

Filtergalerie zurücksetzen

Haben Sie in der Filtergalerie nach Kräften experimentiert, setzen Sie das Dialogfeld wie folgt zurück, ohne es zu schließen:

» Drücken Sie die [Alt]-Taste. Die Schaltfläche Abbrechen zeigt nun den Schriftzug Zurücksetzen. Damit stellen Sie die Filterkombination auf den Zustand beim Öffnen des Dialogfelds zurück.

» Ein Druck auf die [Strg]-Taste (am Mac die Befehlstaste) macht aus der Abbrechen-Schaltfläche einen Standard-Schalter. Falls Sie mit dem Befehl **Filter: Filtergalerie** von vornherein eine Filterkombination geladen haben, verwirft der Standard-Schalter alle Filter, Sie stehen vor einem unveränderten Original. Haben Sie indes mit einer Einzelverfremdung begonnen, stellt Photoshop das Dialogfeld auf den Zustand beim Laden dieses Befehls zurück; Reglerstellungen werden zurückgesetzt, hinzugefügte Filter fliegen raus. Bei ursprünglichem Aufruf eines Einzelbefehls unterscheiden sich Zurücksetzen- und Standard-Funktion nicht.

Sie wollten Ihre aktuellen Einstellungen gar nicht per Zurücksetzen oder Standard annullieren? Dann drücken Sie schnell [Strg]+[Z].

Oberfläche

Den mittleren Bereich mit den Filterminiaturen können Sie ausblenden. So haben Sie mehr Platz für den Vorschaubereich. Praktisch dabei: Sie können immer noch unterschiedliche Effekte auswählen. Jetzt verwenden Sie das Menü unterhalb der Schaltfläche Abbrechen.

Einzelfilter aufrufen

Auf zwei Arten wählen Sie einzelne Filter in der Filtergalerie an:

» Öffnen Sie Bereiche wie Kunstfilter oder Zeichenfilter mit dem Dreiecksschalter ▷ und klicken Sie eine Miniatur wie Fresko oder Rasterungseffekt an.

» Oder öffnen Sie das Klappmenü rechts oben. Hier erscheinen sämtliche Befehle der Filtergalerie in alphabetischer Reihenfolge.

In beiden Fällen wenden Sie stets nur einen Filter an. Sobald Sie von Fresko zu Rasterungseffekt wechseln, wird Fresko nicht mehr verwendet. Um mehr Platz zu schaffen, klappen Sie die Miniaturengalerie weg; dazu klicken Sie auf die Schaltfläche ⌃.

Mehrere Filter kombinieren

Ist bereits ein Filter eingeschaltet, können Sie weitere dazupacken:

» Klicken Sie den nächsten Filter mit gedrückter [Alt]-Taste an.

» Oder klicken Sie unten rechts auf die Schaltfläche Neue Effektebene. Dabei wird zunächst der aktuelle Filter dupliziert, so dass sich das Gesamtbild eventuell ändert. Während noch der duplizierte Filter aktiviert ist, klicken Sie eine andere Funktion an - sie ersetzt die duplizierte Verfremdung.

Der Filterstapel erscheint rechts unten. Jeweils nur ein Filter ist aktiviert, er wird in der Liste farblich hervorgehoben. Die Regler für diesen einen Filter erscheinen oben rechts.

TIPP Setzen Sie einen Filter versuchsweise doppelt in den Filterstapel ein. Um den aktivierten Filter zu duplizieren, klicken Sie einfach auf die Schaltfläche.

Filterkombinationen organisieren

Ändern Sie die Reihenfolge der Filter durch Ziehen nach unten oder oben - das Gesamtbild mutiert eventuell deutlich. Wollen Sie einzelne Filter ausblenden, ohne sie endgültig zu verlieren, klicken Sie in das Augenkästchen.

Um einen Filter durch einen anderen zu ersetzen, aktivieren Sie ihn durch einen Klick im Filterstapel rechts unten. Anschließend wählen Sie den neuen Filter an. Achtung - leicht verliert man auf diesem Weg, über zu schnelles Klicken, auch sinnvolle Kombinationen. Nutzlose Filter aktivieren Sie durch einen Klick im Stapel rechts unten, dann folgt ein Klick auf den Mülleimer.

Vorlage — Ölfarbe getupft — Fotokopie — Leuchtende Konturen

Abbildung 15.40 Wir testen die Vorlage mit verschiedenen Einzelfiltern. In der nächsten Bildreihe sehen Sie Kombinationen dieser Filter. Die Grundeinstellung der Filtergalerie zeigt das Bildschirmfoto oben. Vorlage: Filter_c1. Foto: Gabi Sieg-Ewe

Filtergalerie versus Smartfilter

Sie können die aktuelle Befehlskombination in der **Filtergalerie** nicht Speichern und Laden. Möchten Sie eine Kombination öfter verwenden, zeichnen Sie das Ganze mit der Aktionenpalette auf oder speichern Sie eine Filtergalerie als Smartfilter, den Sie auf andere Bilder ziehen. Schade auch: Die einzelnen Befehle eines Filtergalerie-Stapels können Sie nicht mit Deckkraft oder Füllmethoden feinsteuern.

Meist praktischer: Wählen Sie erst **Filter: Für Smartfilter konvertieren** und dann die Befehle einzeln im **Filter**-Menü. So entsteht für jeden Filter ein eigenes Smartfilter-Objekt in der Ebenenpalette. Sie können hier die Reihenfolge leicht ändern. Nach einem Rechtsklick auf ein einzelnes Filterobjekt in der Ebenenpalette und dem Befehl **Smartfilter-Fülloptionen bearbeiten** senken Sie auch die Deckkraft eines Filters oder Sie ändern die Füllmethode.

Allerdings: Mischen Sie mehrere Filter per **Filtergalerie**, sehen Sie innerhalb der Dialogfeldvorschau stets die Auswirkung jeder Regleränderung. Rufen Sie dagegen einen einzelnen Filter in Smartfilter-Technik auf, wird das Gesamtbild eventuell erst neu berechnet, wenn Sie den Filterdialog wieder schließen.

Sie können auch eine **Filtergalerie** mit einer Kombination mehrerer Filter als einzelnes Smartfilter-Objekt in der Ebenenpalette verstauen.

15.5.3 Künstlerische Filter im Vergleich

Bei den kreativen Filtern gibt es verwirrende Überschneidungen. Freilich ist jeder Filter etwas anders – der eine verwendet Struktur, der andere nimmt nur die Vordergrundfarbe, dieser erlaubt Skalierung, jener ändert nur die Intensität. Dennoch könnte man vieles zusammenfassen. Filter mit ähnlichen Wirkungen:

» **Relief**, **Basrelief** und **Stuck** konkurrieren offenbar.

» Groß ist das Angebot an leuchtenden Filtern, erhältlich in Variationen etwa bei **Kanten betonen**, **Konturen finden**, **Konturwerte**, **Leuchtende Konturen** und **Konturen nachzeichnen**.

» **Rasterungseffekt** und **Farbraster** wirken unterschiedlich; aber die Ähnlichkeit der Namen verwirrt, ein einzelnes Dialogfeld wäre besser.

» **Dunkle Malstriche**, **Fresko** und **Sumi-e** überziehen das Bild mit schwarzem Etwas.

» **Spritzer**, **Verwackelte Striche**, **Kreuzschraffur** und **Feuchtes Papier** wollen mit verzerrten Mikrostrukturen bezaubern, **Malgrund** packt noch Struktur dazu.

» Der Stilisierungsfilter **Facetteneffekt** sorgt für plastikartige, glatte Flächen, die Sie mit mehr Feinsteuerung aber auch im Untermenü **Weichzeichnungsfilter** erhalten: Nehmen Sie **Matter machen** oder den **Selektiven Weichzeichner** mit der Option Fläche.

1. Leuchtende Konturen, 2. Fotokopie

1. Fotokopie, 2. Leuchtende Konturen

1. Leuchtende Konturen, 2. Fotokopie, 3. Ölfarbe getupft

1. Ölfarbe getupft, 2. Leuchtende Konturen

Abbildung 15.41 Die Wirkung der Filtergalerie ändert sich, wenn Sie die Reihenfolge der Filter ändern. Vorlage: Filter_c; Aktion: Filtergalerie

» **Risse** und **Kacheln** tendieren in die gleiche Richtung und sind beide nur Ausschnitte dessen, was der universale Filter **Mit Struktur versehen** zu bieten hat.

» **Extrudieren** und **Patchwork** zerlegen das Bild in Bausteine.

» Die Verzerrungsfilter **Ozeanwellen**, **Kräuseln** und **Glas** ähneln sich, aber auch **Wellen** und **Strudel** sind so unterschiedlich nicht.

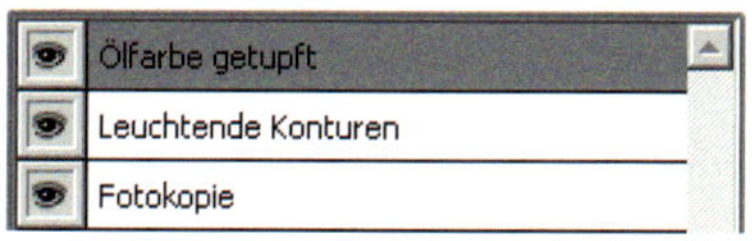

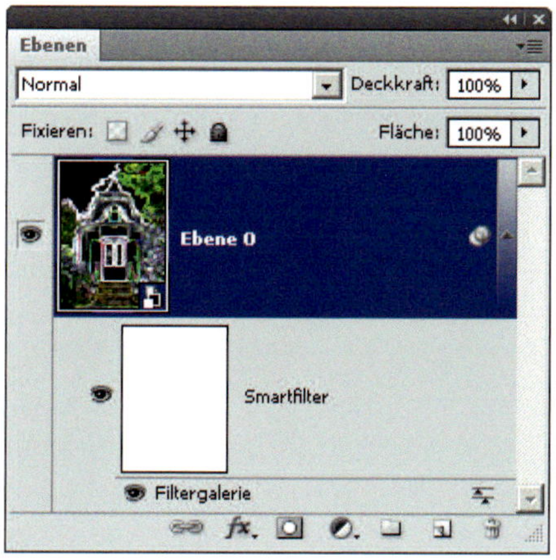

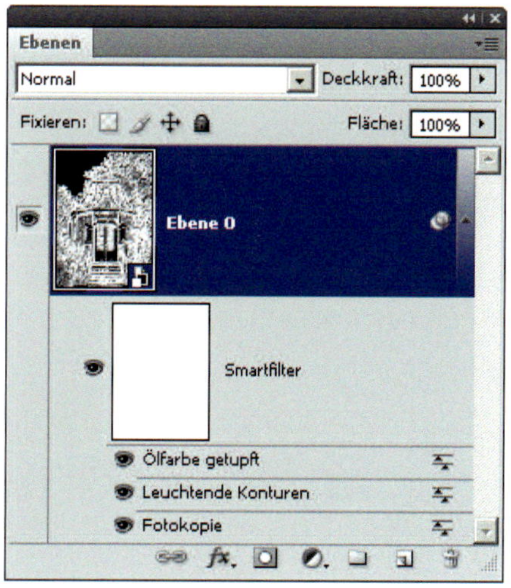

Abbildung 15.42 **Drei Verfahren, ein Bildergebnis. Links:** In der Filtergalerie entsteht eine Kombination aus drei Filtern. Sie wird unmittelbar auf die Originalpixel angewendet. **Mitte:** Wir haben das Bild in ein Smart-Objekt verwandelt, dann »Filter: Filtergalerie« gewählt und wieder drei Filter zusammengestellt; sie erscheinen als Einzelobjekt »Filtergalerie« in der Ebenenpalette. **Rechts:** Das Bild wurde in ein Smart-Objekt verwandelt, dann haben wir nacheinander drei Einzelbefehle aufgerufen; sie erscheinen als separate Objekte in der Palette. Diese Methode gestattet die meisten Änderungs- und Verfeinerungsmöglichkeiten. Dateien: Filter_c2 und _c3

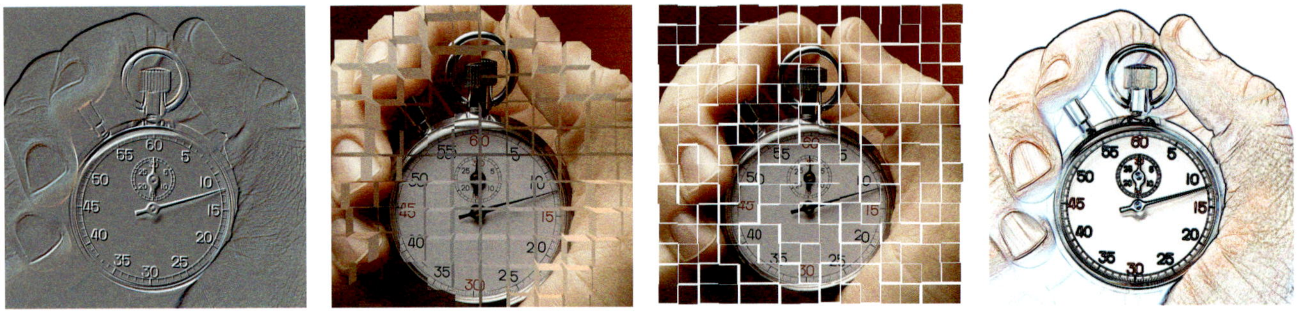

Relief Extrudieren Kacheleffekt Konturen finden

Abbildung 15.43 »Stilisierungsfilter«: Diese Funktionen erzeugen grafische Verfremdungen und Pixelverschiebungen. Datei: Filter_d

15.5.4 Stilisierungsfilter

Die Verfremdungen aus dem Untermenü **Filter: Stilisierungsfilter** verwandeln Ihre Fotos in poppige Grafiken. Sie arbeiten mit Pixelverschiebung und Kontrastmanipulation. Mit Verzerrungen arbeiten **Kacheleffekt**, **Extrudieren** und **Windeffekt**. Nur **Leuchtende Konturen** erscheint innerhalb der **Filtergalerie**.

Relief

Der **Relief**-Filter lässt eine Auswahl erhöht oder geprägt erscheinen. Dazu werden Konturen nachgezeichnet; dabei greift das Programm Farben aus der Datei auf. Geeignet sind homogene Flächen und markante Konturen. Benötigen Sie ein eher graues Bild, nehmen Sie die Sättigung mit dem Befehl **Bild: Korrekturen: Farbton/Sättigung** zurück. Für extrakräftige Reliefs steigern Sie vorab den Kontrast. Wiederholen Sie den **Relief**-Effekt ein zweites Mal mit sehr niedrigen Werten (Strg+Alt+F bringt den letzten Filterdialog zurück).

Alternativen zum **Relief** auf Basis von Vorder- und Hintergrundfarbe bieten auch die **Zeichenfilter: Stuck** und **Basrelief**.

DVD Eine Befehlsfolge, mit der ein Relief auf Basis von Einzelebenen entsteht, finden Sie in der mitgelieferten Aktionssammlung unter »Filter - Relief Ebenentechnik«.

Konturenfilter

Drei Funktionen aus dem Untermenü STILISIERUNGSFILTER befassen sich mit Konturen: Photoshop kann - ganz ohne Dialogfeld - **Konturen finden** oder mit etwas Feinsteuerung des Filters **Konturen nachzeichnen** (genauere Konturverfahren mit anderen Befehlen ab Seite 525). Der Filter **Leuchtende Konturen** ist die Neonausgabe der anderen **Konturen**-Befehle.

Es kann sinnvoll sein, vorab weichzuzeichnen und/oder die Kontraste anzuheben. Auch der **Filter: Sonstige**

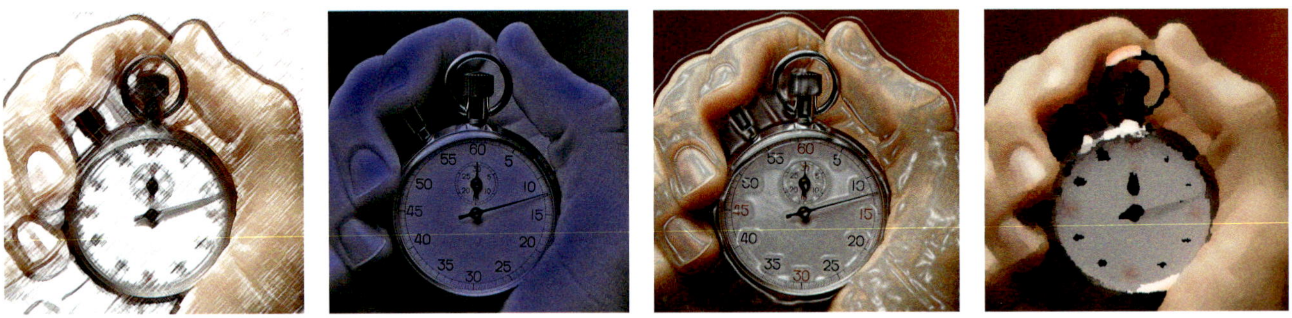

Buntstiftschraffur Neonschein Kunststofffolie Malmesser

Abbildung 15.44 »Kunstfilter«: Flächige Farbverfremdungen entstehen mit den Filtern aus diesem Untermenü. Vorlage: Filter_d

Sumi-e

Kreuzschraffur

Dunkle Malstriche

Verwackelte Striche

Abbildung 15.45 »Malfilter«: Die Filter dieser Gruppe arbeiten mit feinen Verzerrungen und Farbspritzern. Vorlage: Filter_e. Foto: Gabi Sieg-Ewe

Filter: Hochpass glättet die Konturen. Ändern Sie das Farbenspiel mit dem Befehl **Farbton/Sättigung** (Strg+U).

TIPP Alternativen zu den **Konturen**-Kommandos finden Sie im Untermenü **Malfilter**: Der Befehl **Kanten betonen** ist eine diskrete Fassung von **Konturen finden** oder **Leuchtende Konturen**; er verdrängt nicht die eigentliche Bildinformation. **Konturen nachzeichnen** wirft noch Farbspritzer ein.

Weitere Funktionen

Ebenfalls im Untermenü **Stilisierungsfilter**: Der **Extrudieren**-Befehl verwandelt die Vorlage in ein Feld von dreidimensionalen Quadern oder Pyramiden. Der **Kacheleffekt** zerbricht das Bild in zahlreiche Platten. Der **Korneffekt**-Filter simuliert sehr unflexibel das Filmkorn eines hochempfindlichen Films, vielseitiger wirkt der **Strukturierungsfilter: Körnung**.

Die **Solarisation** erzeugt poppige Kontraste und Farbverfälschungen. Präziser basteln Sie eine Solarisation, indem Sie die Gradationskurve gegen den Strich verzerren (Seite 520). Ebenfalls schillernde Verfremdungen erzeugt **Bild: Korrekturen: Verlaufsumsetzung** (Seite 522). Der grobgestrickte **Windeffekt** ahmt mit kleinen horizontalen Linien eine Luftbewegung nach; die Befehle **Bewegungsunschärfe** (Seite 557) oder **Verwackelungseffekt** (Seite 574) agieren weit differenzierter.

15.5.5 Kunstfilter

Mal flächig, mal körnig geraten die Ergebnisse mit den Filtern im Untermenü **Kunstfilter**, die Sie allesamt bequem in der **Filtergalerie** testen und kombinieren. Sie finden hier schöne Funktionen für flächige Hintergründe, so etwa **Grobes Pastell**, **Farbpapier-Collage**, **Malmesser** bei hoher Strichstärke oder **Ölfarbe getupft**. **Tontrennung & Kantenbetonung** liefert eine vielseitige Variante zu **Bild: Korrekturen: Tontrennung**. Zu den vie-

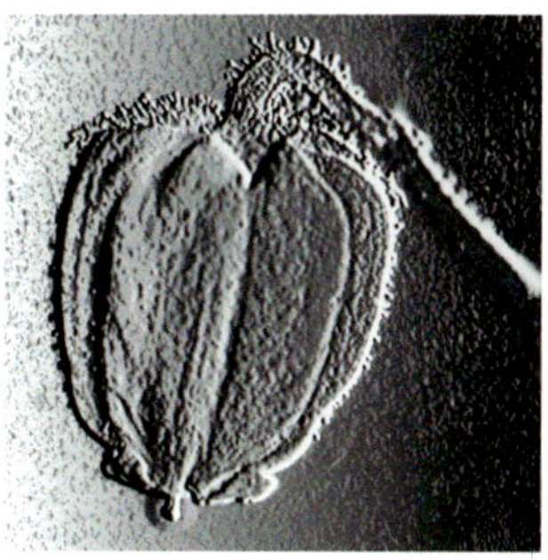

Basrelief

Prägepapier

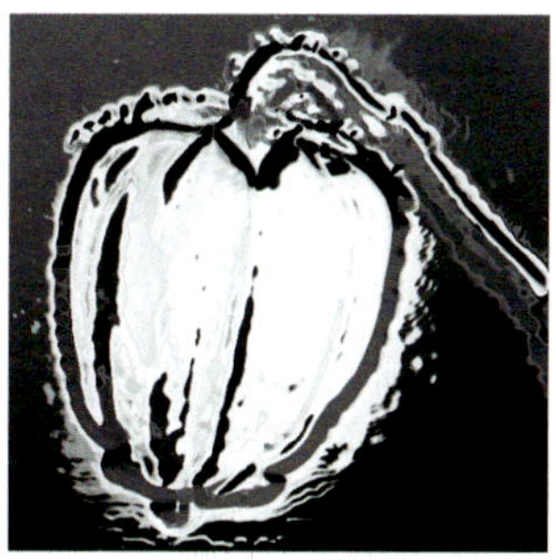

Chrom

Conté-Stifte

Abbildung 15.46 »Zeichenfilter« 1: Einige Befehle verwenden Vorder- und Hintergrundfarbe, hier Schwarz und Weiß. Vorlage: Filter_e

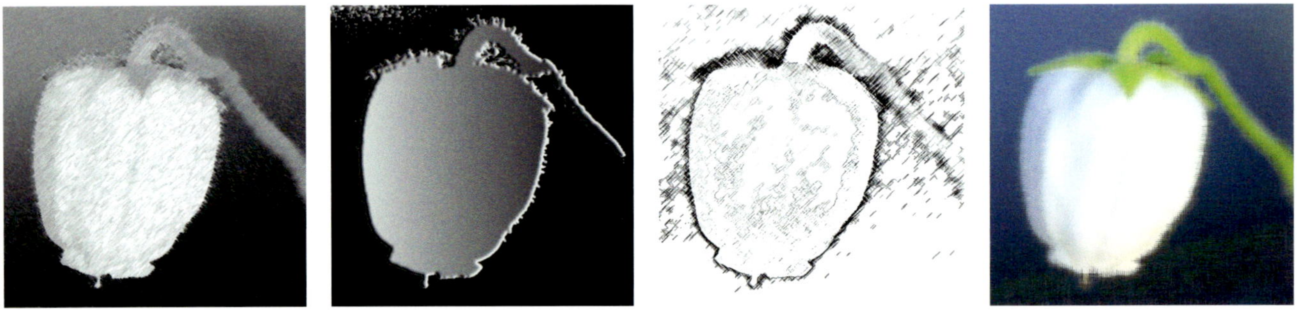

Kreide & Kohle | Stuck | Kohleumsetzung | Feuchtes Papier

Abbildung 15.47 »Zeichenfilter« 2: Die Funktionen aus diesem Untermenü erzeugen Farbflächen und feine Strukturen. Vorlage: Filter_e

len Photoshop-Variationen des Themas »Korn und Kanten« gehören **Grobe Malerei** und **Fresko**.

15.5.6 Malfilter

Die **Malfilter** setzen den Trend der **Kunstfilter** fort: Verzerren und Farbe untermischen. Etwas schwarzen Farbauftrag bringen etwa **Dunkle Malstriche** und **Sumi-e** ins Spiel. **Kanten betonen** ist eine diskrete Fassung von **Konturen finden** oder **Leuchtende Konturen**, während **Konturen nachzeichnen** quasi ein **Kanten betonen** mit Farbspritzern ist. **Spritzer** und **Verwackelte Striche** wetteifern um die gleiche, kleinflächige Verzerrung, während die **Kreuzschraffur** kreuzförmig verzerrt.

15.5.7 Zeichenfilter

Die **Zeichenfilter** lassen sich bequem über die **Filtergalerie** sichten (siehe Seite 566). Die meisten Zeichenfilter greifen auf Vorder- und Hintergrundfarbe zu. Denken Sie daran, dass Sie diese Tonwerte besonders einfach über die **Farbfelder** oder mit dem **Farbregler** einstellen können, erhältlich im **Fenster**-Menü. Oft empfiehlt sich als Hintergrundfarbe Weiß – schnell eingerichtet mit der Taste D. Die Resultate färben Sie per **Farbton/Sättigung** mühelos um (Strg+U).

Als **Alternativen** zum **Relief**-Filter fungieren **Basrelief** und **Stuck**, wenn man mit der Vordergrundfarbe arbeiten möchte. Eine Verstärkung der **Kunststoffverpackung** bietet der Materialwechsel zu **Chrom.** Der **Stempel**-Befehl mit seinen Strichgrafiken ist einmal mehr eine Alternative zu **Schwellenwert** plus **Hochpass** (Seite 526). Auch der **Rasterungseffekt** basiert auf Vorder- und Hintergrundfarbe und unterscheidet sich damit deutlich vom **Vergröberungsfilter: Farbraster**. Die **Fotokopie** macht perfekte, gelackte Grafiken wieder billiger, gröber und lebendiger. Das **Feuchte Papier** erinnert mit seinen Lichtsäumen und feinen Verzerrungen auf Mikroebene an **Kreuzschraffur** und andere.

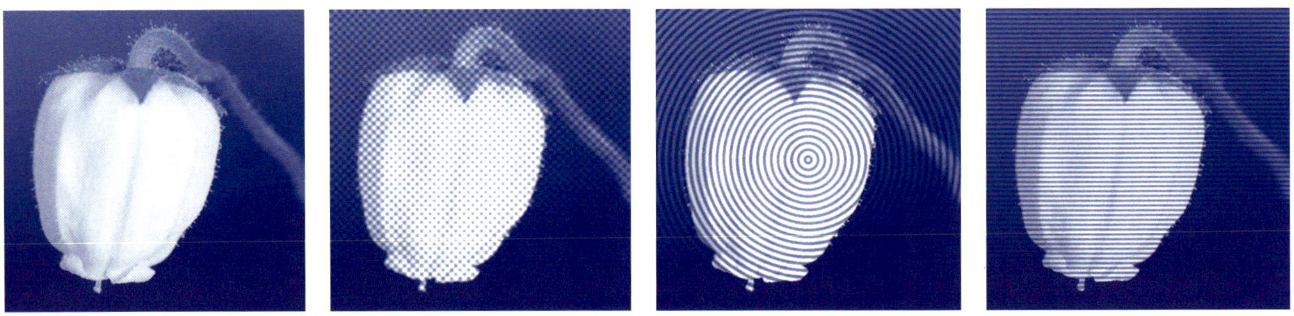

Muster: Punkt | Größe, Kontrast erhöht | Muster: Kreis | Muster: Linie

Abbildung 15.48 Der Befehl »Zeichenfilter: Rastereffekt« erlaubt interessante, technische Verfremdungen, hier mit Blau und Weiß als Vorder- und Hintergrundfarbe.

Buntglas-Mosaik Kacheln Körnung (klumpig) Risse

Abbildung 15.49 »Strukturierungsfilter«: Diese Funktionen verändern die Oberfläche der abgebildeten Motive. Vorlage: Filter_g. Foto: Lucas Klamert

15.6 Vergröberung und Strukturierung

Die zwei Untermenüs **Vergröberungsfilter** und **Strukturierungsfilter** bieten vor allem Funktionen, die Pixelflächen zusammenfassen oder aufrauen.

15.6.1 Strukturierungsfilter

Die **Strukturierungsfilter** finden Sie in der übersichtlichen **Filtergalerie**, sie rauen Bildoberflächen auf. Die Ergebnisse lassen sich teilweise auch mit anderen Filtern erzielen. Dieses Untermenü zielt eher auf malerische Ergebnisse und weniger auf Zwischenschritte für weitere Änderungen.

Den Filter **Mit Struktur versehen** und alle Struktur-Funktionen haben wir bereits ab Seite 546 besprochen. Grobe Mosaiksteinchen mit festgelegter Oberflächenstruktur erzeugt der Filter **Kacheln**. Die Tiefe der Fugen ist regelbar. Ähnlich den **Kacheln** fressen auch die **Risse** Gräben in ein Bild, freilich unregelmäßiger.

Ein sehr abstraktes »Kirchenfenster« produziert der Filter **Buntglas-Mosaik**. Die Größe der Fugen ist regelbar, als Fugenfarbe nimmt Photoshop die aktuelle Vordergrundfarbe. Hohe Lichtintensität führt zu einer malerischen Überstrahlung im Bildzentrum. Statt **Rauschen hinzufügen**, können Sie auch eine **Körnung** anbringen. Testen Sie die Überblendung per **Bearbeiten: Verblassen**, zum Beispiel im Modus Hartes Licht. **Patchwork**

Facetteneffekt Farbraster, Radius 10 Farbraster, Radius 20 Kristallisieren

Abbildung 15.50 »Vergröberungsfilter« 1: Diese Effekte erzeugen Farbflächen oder lösen sie in Muster auf. Vorlage: Filter_g

Mezzotint | Mosaikeffekt | Punktieren | Verwackelungseffekt

Abbildung 15.51 »Vergröberungsfilter« 2: Diese Funktionen werden nicht über die Filtergalerie angeboten. Vorlage: Filter_g

erinnert an Legobausteine; verwandte Verfremdungen liefern **Kacheleffekt** oder **Extrudieren**.

15.6.2 Vergröberungsfilter

Die **Vergröberungsfilter** fassen Bereiche unterschiedlicher Pixel zu geschlossenen Blöcken zusammen. So soll ein malerischer Effekt oder eine Struktur entstehen. Diese Möglichkeiten haben Sie:

» Der **Mosaikeffekt** fasst Bildpunkte zu quadratischen Blöcken zusammen. Das Bildergebnis mutet pixelig und »digital« an. Manche Zeitschriften anonymisieren Personen per **Mosaikeffekt** über den Augen. Spätere Kontrastanhebung verstärkt den Effekt.

» Der **Verwackelungseffekt** erzeugt – ohne Sie erst mit einem Dialogfeld zu behelligen – vier Kopien der Pixel und platziert sie versetzt zueinander. Das eignet sich manchmal auch für einen verwischten Hintergrund. Alternative: manuell mehrere Ebenen hintereinander setzen, mit abnehmender Deckkraft und Füllmethoden experimentieren.

» Der unauffällige **Facetteneffekt** ebnet feinere Kontrastlinien ein und lässt die Datei flächig wirken. Verstärken Sie die Wirkung durch mehrfache Anwendung. Alternativen mit Regelmöglichkeit finden Sie im Untermenü **Weichzeichnungsfilter: Selektiv weichzeichnen** (Seite 536) mit der Option Fläche oder **Matter machen**.

Prüfen Sie das Ergebnis der **Vergröberungsfilter** in der 100,00-Prozent-Ansicht und beachten Sie die Druckauflösung: Eine bestimmte Filterstärke wirkt sich bei 150 oder 200 dpi deutlicher auf den Gesamteindruck aus als bei 300 dpi. Das gilt auch für die weiteren **Vergröberungsfilter**:

» Beim **Punktieren** bricht die Farbe in zufällig platzierte Punkte auf wie in einem pointilistischen Gemälde. Quasi als Leinwandfläche zwischen den Punkten dient die aktuelle Hintergrundfarbe, die einen hellen, wenig gesättigten Wert aufweisen sollte; Weiß richten Sie mit der Kurztaste D ein. Dieser Filter raut auch Farbflächen oder Übergänge in Alphakanälen und Ebenenmasken auf.

» Das **Kristallisieren** fasst Bildpunkte zu flächig eingefärbten »Kristallen« zusammen.

» Schraffurverfremdungen produziert der Befehl **Mezzotint**. Er hat verschiedene Parallelen in den **Zeichenfiltern**. Es kann sinnvoll sein, die Sättigung zurückzunehmen, zu kolorieren oder gleich ein Graustufenbild zu bearbeiten.

» Das **Farbraster** erzeugt in jedem Farbkanal ein grobes, stilisiertes Druckraster. Der Filter löst das Bild in Rechtecke auf, jedes Rechteck wird durch einen Kreis ersetzt, die Größe der Kreise verhält sich proportional zur Helligkeit des Rechtecks. Wir verwenden die Funktion im nachfolgenden Workshop.

15.7 Verzerrungsfilter

Die **Verzerrungsfilter** erzeugen eine geometrische Verzerrung. Das Bild wirkt, als sei es über eine Kugel gespannt, zusammengeknüllt oder als spiegele es sich auf einer unruhigen Wasserfläche. Damit passen Sie Bildteile an, die Sie auf eine unregelmäßige Oberfläche montieren wollen, oder Sie bringen erfrischende Unruhe in allzu gleichförmige Flächen. Außerdem lassen sich verschiedene geometrische Figuren erzeugen.

Nicht alle Verzerrungsfunktionen erscheinen in diesem Abschnitt. So verzerren Sie Ebenen per **Transformieren** (Seite 737), dazu gehören auch das Verzerren per Verkrümmen (Seite 743) und der Befehl **Inhaltsbewahrendes Skalieren** (Seite 751). Der **Fluchtpunkt** sorgt für eine Perspektivkorrektur bei Duplizierstempel oder Ebenen (Seite 757). Die **Objektivkorrektur** gleicht speziell Objektivverzerrungen aus (Seite 391). Vielseitige Verzerrungen erhalten Sie auch mit der **Pixel-Bender**-Zusatzfunktion (Seite 545).

15.7.1 Grundlagen

Beachten Sie Folgendes bei der Arbeit mit den **Verzerrungsfiltern**:

» Wenn Sie nur einen Teil eines Bilds verzerren, setzen Sie eine **Weiche Auswahlkante** ein (Seite 597), um den Übergang zwischen verzerrtem Bereich und Restbild fließend zu gestalten.

» Arbeiten Sie mit einer Auswahl, markieren Sie das Objekt großräumig, damit der Filter Platz zur Ausdehnung hat.

» Die Option Transparente Pixel fixieren in der Ebenenpalette muss abgewählt sein.

» Stößt die Verzerrung an einen Bildrand, wird sie nicht über diese Grenze hinaus fortgesetzt; erweitern Sie also beizeiten die Datei mit dem Befehl **Bild: Arbeitsfläche** (Seite 302) oder mit dem Freistellungswerkzeug. Bei manchen Filtern reißt der Effekt hart ab, bei anderen passt er sich an unterschiedliche Abstände und Größen an.

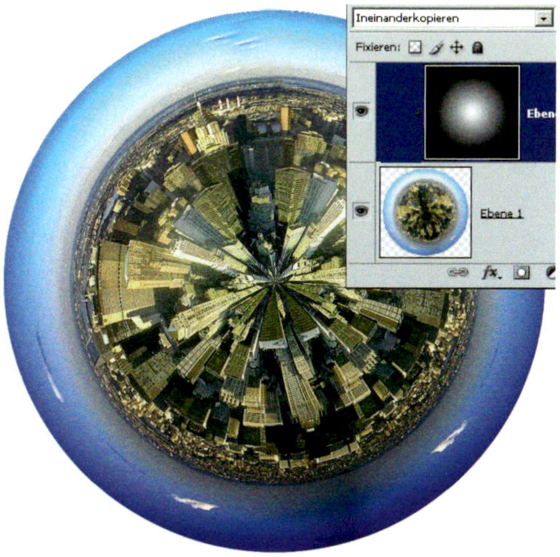

Abbildung 15.52 Das Foto wird zunächst exakt horizontal ausgerichtet, an den Rändern retuschiert und um 180 Grad gedreht. Mit der Auswahlellipse erzeugen wir eine Markierung, anschließend heißt es »Filter: Verzerrungsfilter: Polarkoordinaten« mit der Vorgabe »Rechteckig -> Polar«. Das Ergebnis heben wir mit Strg+J auf eine eigene Ebene, mit Strg+T schieben wir es zu einer Kugel zusammen. Die »Hintergrund«-Ebene wird gelöscht. Anschließend korrigieren wir mit dem Kopierstempel Nahtstellen. Ein Radialverlauf im Modus »Ineinanderkopieren« verstärkt im Rahmen einer Schnittmaske den Kontrast und die Tiefenwirkung. Verwenden Sie Bilder, deren linker und rechter Rand gut aneinander passen. Dateien: Verzerrung_a etc.

Abbildung 15.53 Wir testen die »Polarkoordinaten« mit der Vorgabe »Rechteckig->Polar«. **1. Bild:** Zuerst fassen wir das Motiv in eine eng anliegende quadratische Auswahl. **2. Bild:** Mit dieser Auswahl entsteht ein vollständiger Kreis. **3. Bild:** Wir haben links und rechts Platz gelassen, so produziert die Funktion einen Halbkreis. **4. Bild:** Fassen Sie das Objekt in eine enge Auswahl mit ungleichmäßigen Seitenverhältnissen, wenn Sie ein Oval erzeugen möchten. Für präzisere Umformung nehmen Sie »Verkrümmen« oder »Formgitter«. Vorlage: Verzerrung_b

» Photoshop muss hier massiv Pixel neu erfinden (interpolieren), das kostet Qualität speziell bei kleinen Dateigrößen.

TIPP Möglicherweise möchten Sie nur den Rand einer Ebene verzerren, nicht aber das Innere. Dann verzerren Sie zunächst doch das komplette Objekt, um anschließend mit Protokollpinsel oder **Bearbeiten: Fläche füllen** das Innere wiederherzustellen. Alternative: Wählen Sie von vornherein nur den Rand aus; erstellen Sie zum Beispiel eine Auswahl für das Objekt, dann verwenden Sie **Auswahl: Auswahl verändern: Rand**.

Undefinierte Bereiche

Mit Bildteilen, die nicht verzerrt werden, passiert bei den Verzerrungsfiltern, aber auch beim Befehl **Filter: Sonstige Filter: Verschiebungseffekt** Folgendes:

» Die Option Durch verschobenen Teil ersetzen füllt die undefinierten Bereiche durch den verschobenen Teil von der gegenüberliegenden Seite des Bilds.

» Die Option Kantenpixel wiederholen verlängert die Farben der Pixel entlang der Kanten des Bilds. Unterschiedlich gefärbte Randpixel erzeugen einen Streifeneffekt.

Verzerrung und Effekte

Eventuell verzerren Sie Objekte oberhalb der Hintergrundebene, die sich mit Effekten wie Schlagschatten, Kontur oder Schein nach aussen weit ausdehnen. Möglicherweise reißen Schatten, Kontur oder Lichthof nach der Verzerrung hart am Bildrand ab. Erweitern Sie die Arbeitsfläche mit dem Befehl **Bild: Alles einblenden**; Photoshop dehnt die Bildfläche so weit aus, dass Schlagschatten oder Schein nach aussen genug Platz finden, um voll auszuklingen. Allerdings: Die Bildobjekte selbst verzerrt Photoshop nicht über den Dokumentrand hinaus, sie reißen dort hart ab. Im Zweifel erweitern Sie also die **Arbeitsfläche** bereits vor dem Verzerrungsfilter.

Position und Größe innerhalb der Arbeitsfläche

Das Ergebnis einiger Verzerrungsfilter schwankt mit dem Abstand der korrigierten Ebene zum Bildrand wie auch mit dem Verhältnis zwischen Größe der Ebene und Gesamtgröße der Arbeitsfläche. Betroffen sind etwa **Wölben**, **Distorsion** und **Verbiegen**. Beispiele:

» Hat die Ebene links viel Platz bis zum Rand und rechts nur wenig, fällt das Ergebnis anders aus, als wenn rechts mehr Platz ist als links.

» Steht die Ebene relativ klein in der Mitte einer großen Arbeitsfläche, fällt die Filterwirkung anders aus, als wenn Sie die Arbeitsfläche eng auf die unveränderte Ebene zuschneiden.

Abbildung 15.54 **Links:** Das Bitmap-Muster korrigieren wir so, dass es quadratisch ist und linke und rechte Seite nahtlos aneinander anschließen. Dazu wird mit dem Rechteckwerkzeug ein Ausschnitt im Verhältnis 1:2 erzeugt und gespiegelt dupliziert. **Mitte:** Anschließend wird eine Kreisauswahl erzeugt, die bis an die Bildränder reicht. **Rechts:** Der Filter »Polarkoordinaten« mit der Option »Rechteckig->Polar« erzeugt die Spiegelung nach innen. Dateien: Verzerrung_c etc.

Photoshop orientiert sich strikt an den Dokumentgrenzen. Ob einige Ebenen hinter den Grenzen weiterlaufen, tut für die Berechnung des Verzerrungsfilters nichts zur Sache. Sie verwenden zum Beispiel das Freistellungswerkzeug mit der Option Ausblenden, so dass der entfernte Rand noch in der Datei verbleibt – aber er wird beim Verzerren nicht mit einkalkuliert.

Das wird lästig, wenn Sie die Verzerrungsfilter als Smartfilter einsetzen: Sie ändern die Bildmaße per **Bildgröße** oder **Arbeitsfläche**, schon berechnet Photoshop seine Verzerrungsfilter neu. Mögliche Abhilfen:

» Schieben Sie die Ebene in die Bildmitte, meist wirkt der Filter dort stärker als am Bildrand. Danach schieben Sie die Ebene wieder zurück an die geplante Position. (Bei Smartfiltern: jetzt nicht mehr neu berechnen oder besser jetzt rastern.)

» Die Datei ist zu eng, Sie brauchen mehr Bewegungsfreiraum für stärkere Effekte. Wählen Sie das Gesamtbild mit Strg+A aus, klicken Sie unten in der Kanälepalette auf die Schaltfläche Auswahl als Kanal speichern, erweitern Sie die **Arbeitsfläche**, verzerren Sie und klicken Sie bei gedrückter Strg-Taste auf die Miniatur des neu entstandenen Kanals Alpha 1 oder ähnlich. Der Befehl **Bearbeiten: Freistellen** kürzt die Datei wieder auf ursprüngliche Maße (nicht mit Smartfiltern).

» Die Datei ist zu eng – ziehen Sie die Ebene in eine größere Datei, verzerren Sie dort, dann geht es zurück in die eigentliche Komposition.

» Die Datei ist zu groß. Schneiden Sie mit dem Freistellungswerkzeug zu, dabei verwenden Sie unbedingt die Option Ausblenden. Verzerren Sie und spätestens jetzt rastern Sie ein Smart-Objekt. Der Befehl **Bild: Alles einblenden** bringt gekappte Außenbezirke wieder zurück.

» Sie haben eine Ebene als Smart-Objekt per Smartfilter verzerrt. Bevor Sie die Datei kleiner oder größer rechnen, verwandeln Sie das Smart-Objekt wieder in eine normale Pixelebene (**Ebene: Smart-Objekte: Rastern**) – der Effekt wird dann nicht neu berechnet.

15.7.2 Polarkoordinaten

Der **Polarkoordinaten**-Filter verwandelt die Koordinaten einer rechteckigen Auswahl in Polarkoordinaten und umgekehrt. In der Einstellung Rechteckig->Polar werden rechteckige Bildbereiche quasi in einem Metallzylinder gespiegelt. In der Praxis können Sie Linien, Text oder Flächen mit den Enden aufeinander zu drehen. Die Strategien:

» Fassen Sie die Auswahl eng und quadratisch, wenn Sie einen geschlossenen Kreis erhalten möchten.

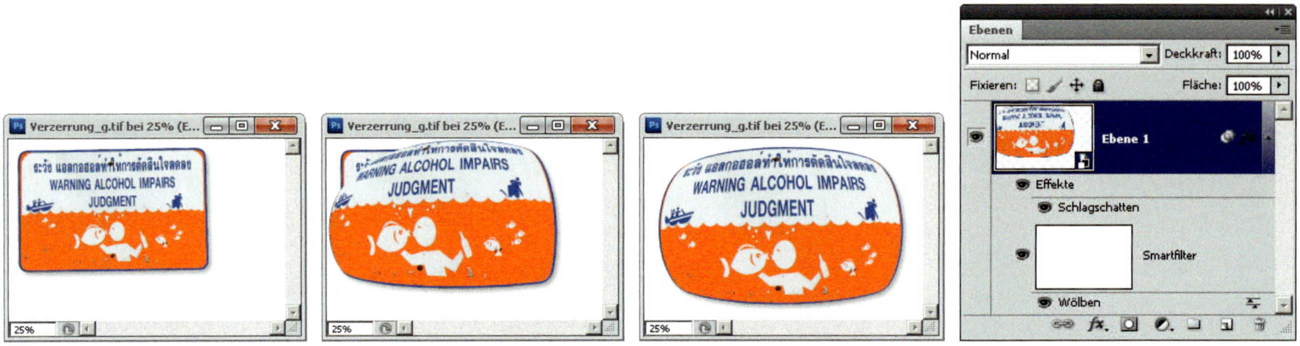

Abbildung 15.55 **1. Bild:** Der Befehl »Wölben« soll die Ebene als Smartfilter verfremden, hier ist er mit dem Augensymbol noch ausgeschaltet. **2. Bild:** Die Ebene befindet sich in der linken oberen Ecke der Datei. Wir schalten das Wölben mit dem Augensymbol ein – der Effekt geht nur nach rechts. **3. Bild:** Wir haben die verzerrte Ebene in die Bildmitte gezogen und das »Wölben« per Augensymbol aus- und wieder eingeschaltet. Photoshop berechnet den Effekt neu mit einem anderen Ergebnis. Datei: Verzerrung_g

» Fassen Sie die Auswahl weit, wenn nur ein Halbkreis entstehen soll.

» Erzeugen Sie eine Auswahl mit ungleichen Seitenverhältnissen, falls Sie ein Oval brauchen.

Bei geschlossenen Figuren sollten die Enden möglichst nahtlos aneinander anschließen. Dazu kopieren Sie beispielsweise eine weich ausgewählte, gespiegelte Version des linken Rands auf die rechte Seite. Der Modus Polar->Rechteckig kann die Verzerrung genau rückgängig machen.

15.7.3 Versetzen

Der **Versetzen**-Filter verwendet ein zweites Bild, um den Auswahlbereich zu verzerren. Sie projizieren das Bild auf eine dreidimensionale Fläche, lassen es zum Beispiel durchhängen, beulen es aus und modellieren es auf ungleichmäßige Flächen. Die Verzerrungen wirken plastisch. Eine leistungsfähige Alternative bieten die **3D**-Befehle aus der teureren Ausgabe Photoshop Extended, so etwa **3D: Neues Mesh aus Graustufen**. In einer 3D-Grafik können Sie direkt auf der Reliefkarte malen; dazu stellen Sie die 3D-Palette oben auf **Filtern nach: gesamte Szene** und wechseln im Klappmenü Malen auf zu Bump.

Man definiert die Verschiebung nicht unmittelbar in Zahlen. Stattdessen orientiert sich der Filter an Tonwerten aus einem zweiten Bild. Wenden Sie zum Beispiel den **Wellen**-Filter auf eine strukturierte Graufläche an, heben Sie den Kontrast an und laden Sie das Bild als Matrix; damit wellt sich das Objekt.

Abbildung 15.56 »Versetzen«: Dieser Filter verzerrt ein Motiv auf Basis von Tonwerten in einer zweiten Datei. Neutralgrau bewirkt keine Änderung. Vorlage: Versetzen_b

Abbildung 15.57 **1. und 2. Bild:** Eine Mauer dient als Verschiebungsmatrix für diesen Schriftzug, der mit dem »Versetzen«-Filter bearbeitet wird. **3. Bild:** Die Verschiebungsmatrix wurde mit dem Befehl »Selektiver Weichzeichner« flächig weichgezeichnet, die Umrisse der Steine bleiben dabei erhalten. **4. Bild:** Wir haben die Verschiebungsmatrix vorab mit dem »Gaußschen Weichzeichner« gleichmäßig weichgezeichnet. Alle Dateien: Versetzen_a etc.

Trifft der Filter im kontrollierenden Bild – der Verschiebungsmatrix – auf ein weißes Pixel mit Tonwert 255, erhalten Sie die maximale positive Verschiebung; Schwarz mit Tonwert 0 führt zur maximalen negativen Verschiebung; mittleres Grau mit Tonwert 128 lässt das Bild unverändert.

Abbildung 15.58 **Oben links:** Wir legen das Ergebnis mit der Füllmethode »Ineinanderkopieren« über die Mauer, die als Verschiebungsmatrix diente. **Oben rechts:** Wir nutzen die Füllmethode »Dunklere Farbe« mit 75 Prozent Deckkraft. Testen Sie auch Füllmethoden wie »Farbe«, »Hartes Licht« oder »Multiplizieren«. **Unten:** Der »Versetzen«-Befehl liegt als Smartfilter auf der Ebene mit dem Schriftzug. Der Effekt lässt sich also jederzeit anpassen.

Die Bildpunkte im Originalbild können vertikal, horizontal oder diagonal verschoben werden. Besteht die Verschiebungsmatrix nur aus einem Kanal, verschiebt Photoshop das Bild entlang einer Diagonalen, die durch Ihre Vorgaben für Horizontale Skalierung und vertikale Skalierung definiert ist. Ein Wert von 100 Prozent bewirkt eine Verschiebung um 128 Pixel, also die höchste Abweichung. Besteht die Matrix jedoch aus zwei Kanälen, kontrolliert der erste Kanal die horizontale, der zweite die vertikale Verschiebung.

Sie werden aufgefordert, das Bild für die Verschiebungsmatrix von der Festplatte zu laden. Sie können also nicht mit einer neu erstellten Datei, etwa einem ungespeicherten Duplikat, loslegen.

TIPP Farbvorlagen, die Sie als Verschiebungsmatrix nutzen, sollten Sie der Übersicht halber in Graustufen verwandeln und nutzen Sie dabei alle Photoshop-Finessen (Seite 128). Legen Sie am besten gleich mehrere Varianten mit unterschiedlichen Kontrasten an.

Matrix anpassen

Bei ersten Versuchen mit dem trickreichen **Versetzen**-Filter sollte die Verschiebungsmatrix exakt die gleiche Größe haben wie die Bildauswahl, die sie verzerren. Hat die Verschiebungsmatrix jedoch andere Maße als der Zielbereich im Foto, gibt es zwei Möglichkeiten:

» Nutzen Sie die Option Auf Auswahlgrösse skalieren, die die Matrix automatisch in der Größe anpasst.

» Dagegen füllt die Option Wiederholen den Auswahlbereich, indem die jeweilige Matrix wie Musterteile aneinandergesetzt wird.

Abbildung 15.59 Der »Versetzen«-Filter verzerrt das Wolkenfoto nach dem Relief eines Porträts, das hier als Verschiebungsmatrix dient. Dateien: Versetzen_c etc.

Die Option Undefinierte Bereiche lernen Sie auf Seite 576 kennen.

15.7.4 Schwingungen

Der **Schwingungen**-Filter arbeitet ähnlich wie **Kräuseln**, **Glas** oder **Ozeanwellen**, bietet aber weit mehr Wirkung und Kontrollmöglichkeiten. Der Filter eignet sich, um einen Schriftzug oder ein Objekt in Schwingungen zu versetzen oder erzittern zu lassen. Er bringt Bewegung in glatte Flächen. Um nur ein sanftes Wogen zu erzeugen, hält man die Anzahl Generatoren klein, die Wellenlänge hoch, die Amplitude klein und die Skalierung ebenfalls klein. Per Skalierung können Sie vertikale und horizontale Änderungen separat einstellen. Testen Sie mit dem Schalter Zufallsparameter verschiedene Varianten durch. Undefinierte Bereiche behandeln wir auf Seite 576.

15.7.5 Weitere Verzerrungsfilter

Zahlreiche **Verzerrungsfilter** werfen das Bild in Wellen. Dabei wirken die einen gleichmäßig über die Fläche hin – so etwa **Ozeanwellen**, **Kräuseln** und **Glas**; die Wirkung dieser Filter lässt sich in etwa auch mit dem Schwingungen-Dialog erzeugen. Andere Filter ziehen von der Mitte aus ihre Kreise – darunter **Wellen** und **Strudel**.

Die **Ozeanwellen** zeigen das Bild in kleineren oder größeren Wellen. Anders als die **Wellen** arbeiten die **Ozeanwellen** gleichmäßig übers Bild hin und nicht von einem Zentrum aus. Das **Kräuseln** ist ein verwandter Effekt, der Effekt simuliert Spiegelungen auf Wasserflächen. Der **Glas**-Filter zeigt die Datei durch verzerrtes Glas. Glassorten wie Blockglas oder Riffelung stehen parat, aber Sie können auch eine eigene Struktur laden (Seite 546). In homogenen Flächen ist von einer Filterwirkung nichts zu erkennen.

Der **Strudel**-Filter zieht eine Auswahl sogartig in die Mitte: Er dreht sie in der Mitte stärker als außen. Kreisförmige Verzerrungen produziert der **Wellen**-Filter. Das entspricht der Vorstellung von einem Stein, der ins Wasser geworfen wurde. Die Vorgabe Diagonal wellenförmig verschiebt die Bildpunkte schräg, Konzentrisch aus der Mitte verschiebt die Pixel gleichmäßig vom Zentrum her, Kreisförmig um die Mitte erzeugt Wellenlinien, die sich vom Zentrum wegbewegen und um das Zentrum drehen.

Der Filter **Distorsion** verzerrt kreisförmig. Sie können die Auswahl bezogen auf die Mitte zusammenschieben oder auseinanderziehen. Bei einer Rechteckauswahl gehen manipulierter Bildteil und Umgebung fließend ineinander über. Bei einer freien Form verwenden Sie eine **Weiche Auswahlkante**, um den Filter zum Auswahlrand hin abzuschwächen und so einen glatteren Übergang zu schaffen.

Der **Wölben**-Filter spannt das Bild auf eine Kugel und lässt flächige Objekte dreidimensional aussehen – nützlich, wenn Sie auf Litfasssäulen, Flaschen oder Bälle montieren, etwas unter die Lupe nehmen oder nur Dramatik erzeugen wollen – auch bei Text. Die Optionen Vertikal und Horizontal simulieren die Projektion auf einen Zylinder, etwa eine Flasche. Innerhalb einer Rechteckauswahl greift sich der Filter nur einen runden Bereich. Soll also wirklich die komplette Auswahl bis in die letzte Ecke verzerrt werden, vergrößern Sie die Auswahl entsprechend. Wiederholen steigert die Wirkung. Alternativen: die Verkrümmen-Funktion (Seite 743) und die **Objektivkorrektur** (Seite 391).

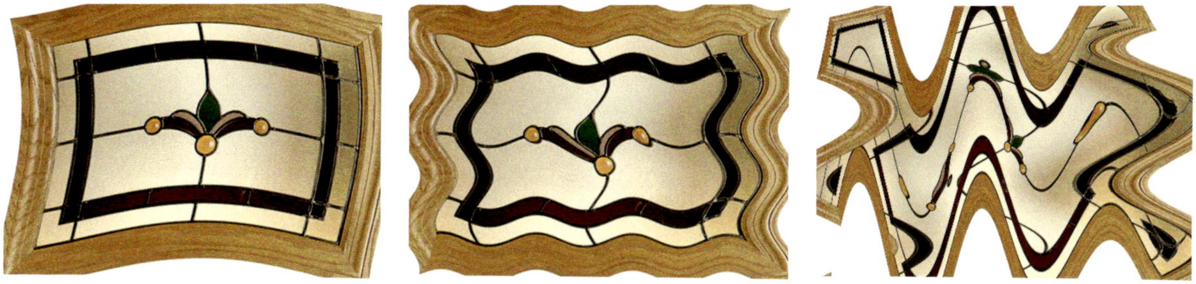

Abbildung 15.60 »Schwingungen«: Dieser Filter eignet sich für sanfte Änderung ebenso wie für komplette Verfremdung. Vorlage: Verzerrung_k

Abbildung 15.61 »Wellen:« Dieser Filter verzerrt von einem Zentrum aus nach außen. **Von links:** »Diagonal wellenförmig«, »Konzentrisch aus der Mitte« und »Kreisförmig um die Mitte«.

Abbildung 15.62 Die Filter »Ozeanwellen«, »Kräuseln« und »Glas« (v.l.n.r.) verzerren die Bildfläche gleichmäßig. Vorlage: Verzerrung_k

Abbildung 15.63 »Strudel« verzerrt kreisförmig. »Distorsion« mit einem positiven Wert zieht das Objekt nach innen, während eine negative Vorgabe das Motiv auswölbt.

Abbildung 15.64 »Wölben«: Dieser Filter spannt die Auswahl auf eine Kugel. Hier arbeiten wir mit Auswahl und ohne Smartfilter, weil Photoshop die Wölbung sonst über die gesamte Arbeitsfläche und nicht nur über das Lupenglas berechnet. Datei: Verzerrung_e

Der Filter **Verbiegen** verzerrt das Bild entlang einer Kurve, die Sie festlegen können. Im Dialogfeld ziehen Sie an der dargestellten Linie eine Kurve, nach der das Bild verzerrt werden soll. Per Mausklick setzen Sie Punkte, an denen sich die Kurvenrichtung ändert. Nicht benötigte Punkte ziehen Sie aus dem Diagramm heraus. Die Funktion korrigiert auch durchgebogene Horizonte, wenn es die **Objektivkorrektur** nicht vermag (Seite 394). **Verflüssigen** oder Verkrümmen bieten je nach Aufgabe mehr Steuermöglichkeit.

Abbildung 15.65 »Verbiegen«: Mit einer formbaren Linie steuern Sie die Verzerrung des Objekts. Datei: Verzerrung_f

15.7.6 Verflüssigen

Mit dem Befehl **Filter: Verflüssigen** (Strg+⇧+X, nicht als Smartfilter) können Sie Bildteile per Mausbewegung gummiartig knautschen, dehnen oder eindrücken. Bearbeiten Sie nur einzelne Bereiche oder schützen Sie die Zonen stufenlos gegen Änderung. Das entstandene Verformungsschema lässt sich für weitere Anwendungen speichern und wieder laden.

TIPP Das Verflüssigen beansprucht viel Rechenzeit – in der Vorschau und bei der endgültigen Anwendung nach dem OK-Klick. Experimentieren Sie bei größeren Vorlagen zunächst mit Duplikaten, die Sie mit dem Befehl **Bild: Bildgröße** auf 600 Pixel Breite herunterrechnen.

Die Funktion produziert grinsende Mundwinkel, korrigieren Sie aber auch Motorhauben, Mundwinkel, Schmerbäuche oder Schriftzüge. Per **Verflüssigen** gleichen Sie die Proportionen von montierten Ebenen aneinander an.

Der Befehl ergänzt oder ersetzt teilweise den **Versetzen**-Filter, aber auch Verkrümmen und **Formgitter**. Brauchen Sie indes nur eine allgemeine Verzerrung ohne pixelgenaue Feinsteuerung, sind andere Befehle übersichtlicher, so etwa **Schwingungen**, **Verbiegen** oder das **Transformieren** mit Verkrümmen. Textebenen, die im korrigierbaren Textmodus bleiben sollen, können Sie »verkrümmen«.

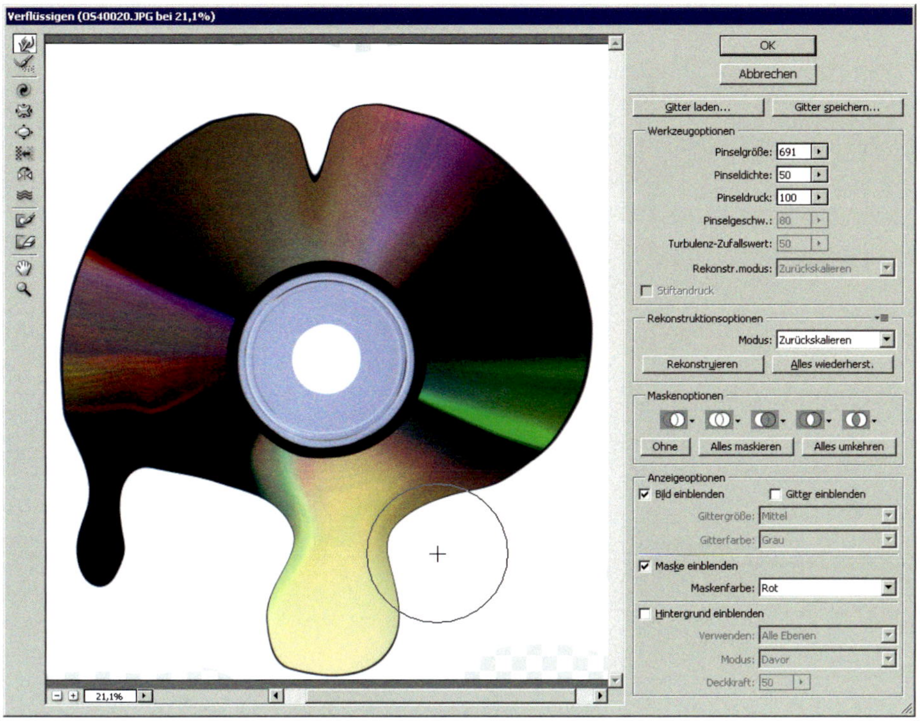

Abbildung 15.66
Der Befehl »Filter: Verflüssigen« dehnt Bildpartien gummiartig per Mausbewegung. Sie können Bildteile schützen und die Verzerrung gezielt zurückfahren. Vorlage: Verzerrung_j

Werkzeuge zum Umformen

Diese Werkzeuge zum Umformen bietet das Dialogfeld **Verflüssigen**:

	Vorwärts krümmen	W	Das Werkzeug schiebt die Bildpunkte vor sich her. Klicken Sie zweimal bei gedrückter ⇧-Taste, um die beiden Punkte durch eine Gerade zu verbinden.
	Strudel-Werkzeug	C	Das Strudel-Werkzeug verdreht Bildpunkte im Uhrzeigersinn; ein freundlicher Druck auf die Alt-Taste strudelt in Gegenrichtung.
	Zusammenziehen	S	Per Zusammenziehen scheint das Material unter dem Mauszeiger zu schrumpfen, Alt-Klick bläst es auf.
	Aufblasen	B	Das Aufblasen wölbt die Bildpunkte unter dem Mauszeiger, mit der Alt-Taste ziehen sie sich zusammen. Halten Sie den Zeiger bei gedrückter Maustaste länger auf einer Stelle.
	Nach links schieben	O	Nach links schieben heißt ein Werkzeug, das Bildpunkte senkrecht zur Werkzeugrichtung verschiebt. Die Alt-Taste kehrt die Richtung um. Klicken bei gedrückter ⇧-Taste verbindet die Punkte durch eine Gerade.
	Spiegeln-Werkzeug	M	Das Spiegeln-Werkzeug sorgt für reizvolle Spiegelungen. Ziehen bei gedrückter Alt-Taste variiert den Effekt, Klicken bei gedrückter ⇧-Taste verbindet die Punkte durch eine Gerade.
	Turbulenz	T	Vage vergleichbare, aber stärkere, wellenartige Verzerrung schafft das Turbulenz-Gerät. Per Turbulenz-Zufallswert rechts in den Werkzeugoptionen steuern Sie den Grad der Verfremdung.

Werkzeugoptionen

Die Wirkung aller Werkzeuge im Dialogfeld steuern Sie im Bereich Werkzeugoptionen. Einige Möglichkeiten:

» Die Pinselgrösse ändern Sie nicht nur mit dem Eingabefeld, sondern auch mit [+]- und [#]-Taste.

» Per Pinseldichte legen Sie fest, ob das aktuelle Werkzeug an den Rändern schwächer wirken soll als im Zentrum oder genauso stark.

» Je höher der Pinseldruck, desto drastischer wirkt die Funktion, desto härtere Kanten entstehen. Sofern Sie ein druckempfindliches Grafiktablett anschließen, verändern Sie den Pinseldruck auch über ein druckempfindliches Grafiktablett; schalten Sie zudem unten den Stiftandruck ein.

» Die Pinselgeschwindigkeit steuert, wie schnell Photoshop eine Verzerrung anwendet, wenn Sie die Maustaste örtlich gedrückt halten - hohe Werte verändern sehr schnell sehr stark.

ACHTUNG Die aktuelle Pinselgrösse gilt für alle **Verflüssigen**-Werkzeuge gemeinsam. Ändern Sie für ein Werkzeug die Größe, behält Photoshop diesen Wert beim nächsten Werkzeug bei. Das Programm schaltet beim Werkzeugwechsel also nicht, wie von der Hauptwerkzeugleiste gewohnt, zu derjenigen Größe zurück, die Sie zuletzt mit diesem speziellen Werkzeug genutzt hatten.

Bildbereiche vor Veränderung schützen

Einzelne Bildbereiche können Sie »maskieren«, also gegen Veränderungen schützen. Folgende Möglichkeiten haben Sie:

» Noch bevor Sie den Befehl aufrufen, wählen Sie die gewünschte Motivpartie zum Beispiel mit der Schnellauswahl aus. Im Dialogfeld sehen Sie nur noch den ausgewählten Bereich.

» Verwenden Sie Alphakanäle, Ebenenmasken oder die Umrisse von Montageobjekten. Die Maske oder den Kanal nennen Sie in den Maskenoptionen; klicken Sie auf eine der Schaltflächen wie Auswahl ersetzen oder Auswahl erweitern .

» Malen Sie mit dem Fixierungswerkzeug über Zonen, die erhalten bleiben sollen. Haben Sie bei niedrigem Pinseldruck begonnen, erhöht mehrfaches Malen die Schutzwirkung. Stärkere Schutzwirkung erkennen Sie an einer stärkeren Maske.

TIPP Legen Sie vor Aufruf des Dialogfelds gleich mehrere Alphakanäle an, so lässt sich bequemer im Dialogfeld experimentieren. Duplizieren Sie einen brauchbaren Alphakanal mehrfach, indem Sie ihn in der Kanälepalette auf das Symbol Neuer Kanal ziehen; testen Sie verschiedene Weichzeichnungen und Ausdehnungen.

Auswahlen verrechnen

Direkt im Dialogfeld **Verflüssigen** kombinieren oder verrechnen Sie mehrere Auswahlbereiche, die etwa per Lasso oder Fixierungswerkzeug entstanden sind oder auf Ebenenmasken, Alphakanälen oder Ebenenumrissen (Transparenz) basieren.

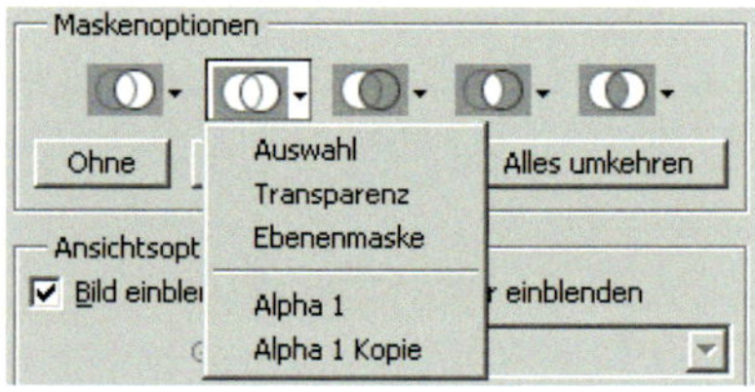

Abbildung 15.67 Im Bereich »Maskenoptionen« können Sie Auswahlen laden und miteinander verrechnen.

Wählen Sie zum Beispiel einen Bildbereich mit dem Lasso aus. Photoshop lässt Sie nun nur diese Bildzonen **verflüssigen**. Verkleinern Sie die im Dialogfeld gültige Auswahl weiter um den Bereich, den ein Alphakanal als ausgewählt kennzeichnet; dazu klicken Sie auf die Schaltfläche Von Auswahl subtrahieren und geben im Menü zum Beispiel **Alpha 1** an, falls der Kanal so heißt. Nennen Sie auch Ebenenmasken oder Transparenz.

Haben Sie den Verflüssigen-Dialog mit einer bereits vorhandenen Auswahl gestartet, können Sie im Dialogfeld keine Bereiche mehr zeigen, die deutlich außerhalb der Fließmarkierung liegen. Umgekehrt geht jedoch dies: Legen Sie eine Auswahl an, so dass nur dieser Bereich im Dialogfeld erscheint und Außenstände »fixiert«, also geschützt werden. Entfernen Sie die Auswahl mit der Schaltfläche Ohne. Möchten Sie auf die Auswahl zurückkommen, klicken Sie zum Beispiel auf Auswahl ersetzen und nehmen Sie im Menü die Auswahl.

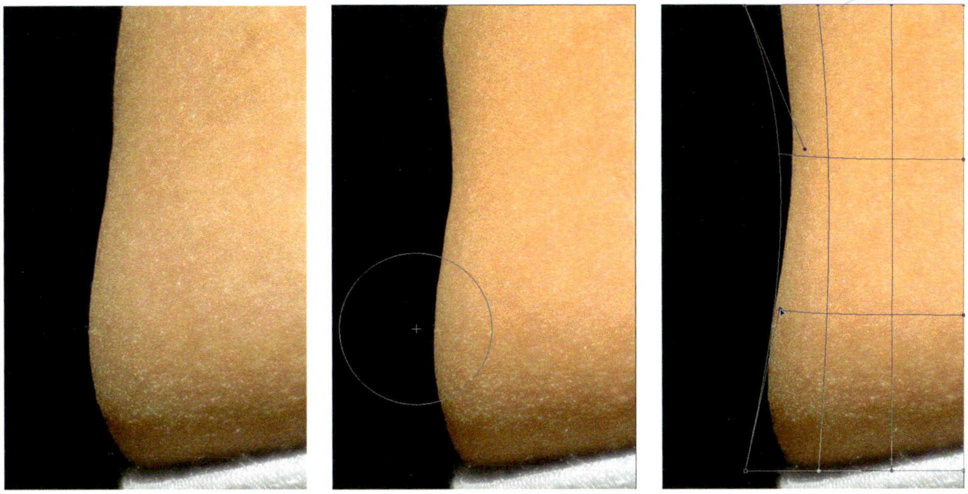

Abbildung 15.68
Mitte: Photoshop verflüssigt Figurprobleme. **Rechts:** Das »Verkrümmen« ist eine Alternative zum »Verflüssigen« (Seite 743). Vorlage: Verzerren_i

Fixierten Bereich verkleinern

Malen Sie mit dem MASKE-LÖSEN-Werkzeug über die gewünschte Partie, um die Fixierung aufzuheben, und prüfen Sie auch hier wieder den PINSELDRUCK. Die Schaltfläche OHNE macht das komplette Bild zugänglich. Die Schaltfläche ALLES UMKEHREN fixiert bis dato verfügbare Partien und gibt umgekehrt geschützte Zonen zur Bearbeitung frei.

Ziehen Sie zum Beispiel die aktuelle Lassoauswahl von der Schutzzone ab, die Sie mit dem Werkzeug FIXIERUNGSMASKE angelegt haben. Dazu klicken Sie auf AUSWAHL ERWEITERN und dann auf AUSWAHL.

TIPP Zum »Verflüssigen« benötigen Sie viel Bildfläche, die Sie mit dem Befehl **Bild: Arbeitsfläche** oder mit dem Freistellungswerkzeug anlegen (Seite 302).

Verzerrung exakt zurücksetzen

So nehmen Sie Verzerrungen im Dialogfeld VERFLÜSSIGEN exakt wieder zurück:

» Mit Strg+Z widerrufen Sie den letzten Pinselstrich.

» Mit Strg+Alt+Z gehen Sie schrittweise zurück bis zum unverzerrten Zustand.

» Drücken Sie die Alt-Taste, damit die Schaltfläche ABBRECHEN wie fast immer die Beschriftung ZURÜCKSETZEN zeigt. Damit setzen Sie das Bild zurück – aber auch alle Werkzeugeinstellungen springen wieder auf die Vorgabe ab Werk.

» Die Schaltfläche REKONSTRUIEREN entfernt die Verzerrung aus nicht fixierten Bereichen schrittweise – mit jedem Klick nimmt die Entstellung etwas mehr ab. Dabei kehrt Photoshop nicht die Reihenfolge Ihrer Bearbeitung um, wie Sie es mit Strg+Alt+Z erreichen. Das Programm führt die Verzerrung gleichmäßig zurück. Beachten Sie jedoch die Einstellungen im MODUS-Klappmenü.

» Die Schaltfläche ALLES WIEDERHERST. setzt das gesamte Bild auf den Urzustand zurück.

» Malen Sie mit dem Werkzeug REKONSTRUKTION über Bereiche, die Sie zurücksetzen möchten. Für behutsame Anwendung nehmen Sie den WERKZEUGDRUCK zurück. Fixieren Sie Bereiche, die Sie nicht zurücksetzen möchten, und nutzen Sie im MODUS-Klappmenü das WIEDERHERSTELLEN.

TIPP Der Befehl **Verflüssigen** erzeugt selten auf Anhieb ein perfektes Bild. Bei der Nachbearbeitung helfen vor allem Kopierstempel (Seite 412), Protokollpinsel (Seite 97) und Scharfzeichner-Befehle. Mit Wischfinger (Seite 405) oder Mischpinsel (Seite 488) verstärken Sie die Verzerrung nachträglich.

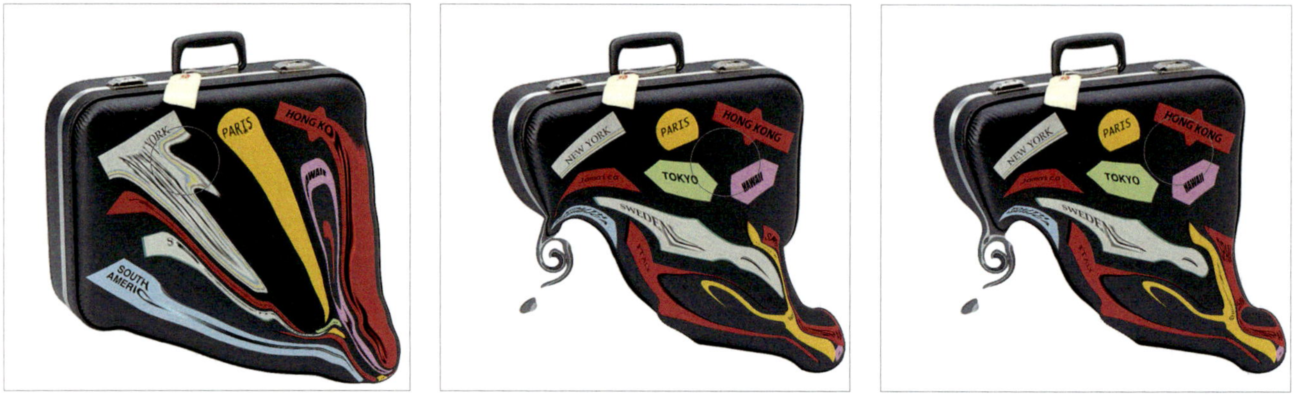

Abbildung 15.69 **Links:** Die Verzerrungen entstanden vor allem mit dem Werkzeug »Vorwärts krümmen«. **Mitte:** Weitere Verzerrungen mit Werkzeugen wie »Strudel« und »Nach links schieben« kommen hinzu. **Rechts:** Wir glätten die Verzerrung mit dem Werkzeug »Rekonstruktion« im Modus »Steif«.

Verzerrung angepasst zurücksetzen

Beim Verflüssigen empfiehlt sich oft folgendes Vorgehen:

1. Verzerren Sie das Bild stark.
2. Schützen Sie Bereiche, die voll verzerrt bleiben sollen, mit dem Fixierungsmaskenwerkzeug.
3. Stellen Sie die nicht fixierten Bereiche wieder her - mit dem Werkzeug Rekonstruktion oder mit der Schaltfläche Rekonstruieren.

Dabei sollten Sie die ungeschützten Zonen nicht perfekt bis zum Originalzustand rekonstruieren: Der Gegensatz zu den verzerrten Partien wirkt krass und es entsteht ein harter Übergang.

Optionen beim Wiederherstellen

Nach welchem Verfahren das Bild wiederhergestellt wird, regeln Sie in zwei Bereichen:

- Oben im Bereich Werkzeugoptionen steuert das Klappmenü Rekonstr.modus die Wirkung des Rekonstruktionswerkzeugs.
- Darunter im Bereich Rekonstruktionsoptionen legt das Modus-Klappmenü das Verhalten des Rekonstruieren-Buttons fest.

Sie haben diese Optionen:

- Nur das Wiederherstellen sorgt für exakte Rekonstruktion.
- Verschieben arbeitet auf Basis der bisherigen Verschiebung. Das rekonstruierte Bild erhält eine neue Position.
- Drehen renoviert ungeschützte Zonen entsprechend der ursprünglichen Drehung oder Skalierung an dieser Bildstelle.
- Zuweisen stellt Bildpunkte auf Grundlage der früheren Verzerrung wieder her. In den drei letztgenannten Verfahren erlaubt Photoshop kein Rekonstruieren per Schaltfläche, Sie müssen also zum Werkzeug greifen.
- Streng wahrt rechte Winkel am Übergang zwischen fixierten und nicht fixierten Zonen.
- Steif führt die Verzerrungen aus nicht geschützten Zonen in den fixierten Bereichen weiter, wird jedoch zunehmend schwächer. So entstehen gute Übergänge.
- Die Vorgabe Weich erweitert die Verzerrungen der fixierten Bereiche gleichmäßig auf nicht fixierte Partien. Ähnlich arbeitet Ungenau.

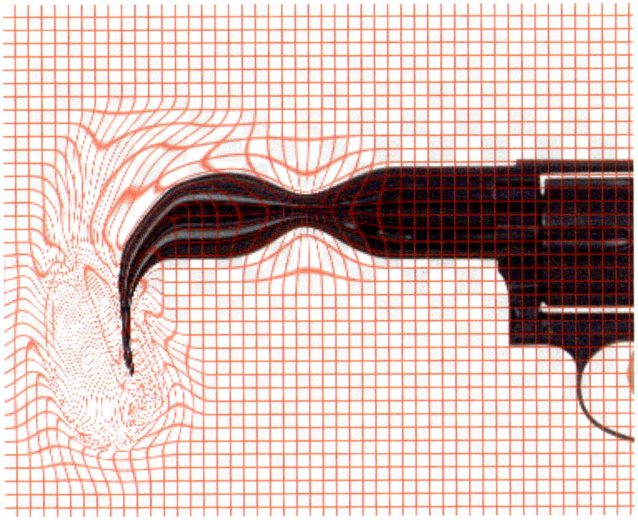

Abbildung 15.70 Die Verformung können Sie als Gitter mit und ohne Originalbild anzeigen. Das Gitter lässt sich speichern und auf andere Dateien übertragen.

Bilddarstellung im Dialogfeld

Wie üblich können Sie zoomen, zum Beispiel auch per Strg+[+], und das Bild durchs Vorschaufenster schieben. Im Abschnitt Ansichtsoptionen können Sie nach Bedarf die Deckfarbe für Fixierte Bereiche einblenden oder verbergen. Sie können das Bild einblenden oder verbergen sowie zusätzlich oder allein ein Gitter einblenden, das die Verzerrung besonders anschaulich darstellt. Photoshop bietet verschiedene Optionen für Gittergrösse, Gitterfarbe und für die Abdeckung der geschützten Bildteile (Farbe fixieren).

Im Bereich Hintergrund entscheiden Sie, ob weitere Ebenen der aktuellen Montage mit in der Vorschau erscheinen sollen. Zeigen Sie entweder nur einzelne andere Ebenen oder Alle Ebenen und zeigen Sie diese weiteren Ebenen, die Sie ja nicht bearbeiten, in der Vorschau wahlweise mit reduzierter Deckkraft.

TIPP Auf Rechnern ohne OpenGL-Technik prüfen Sie das Ergebnis in der Zoomstufe 100,00 Prozent und lassen eventuell einen Scharfzeichner folgen.

Verzerrung speichern und übertragen

Sie wollen die Verzerrung punktgenau auf andere Bilder oder auf dieselbe Datei übertragen? Speichern Sie die Verformung mit der Schaltfläche Gitter speichern.

Eines geht jedoch nicht: Sie können das **Verflüssigen** eines konkreten Bilds nicht auf der Aktionenpalette speichern. Photoshop ruft per Aktion zwar das Dialogfeld auf, doch die Verzerrung müssen Sie von Hand einrichten. Auch das Laden eines Gitters innerhalb des Dialogfelds **Verflüssigen** wird nicht aufgezeichnet.

15.8 Weitere »Filter«-Befehle

Schnelle Effekte haben Sie mit den **Renderfiltern** **Blendenflecke**, **Wolken**, **Differenz-Wolken** und **Fasern** zur Hand. **Rauschen hinzufügen** raut glatte Oberflächen auf.

Blendenflecke

Der Filter **Blendenflecke** ahmt die Gegenlichtreflexe nach, die beim Fotografieren in eine Lichtquelle hinein entstehen können. Allzu glatte Oberflächen, ob von Foto oder Photoshop, bekommen mit diesem Filter ein packendes Live-Element, ebenso fade Himmel. Auch für Blitzlichtgewitter und Nachtbilder eignet sich der Effekt. Ganze Bildbereiche können Sie im Gleißen auflösen.

Um die Lichtreflexe frei über dem Bild zu verschieben, zu skalieren und umzufärben, bringt man sie auf einer eigenen, neutralgrauen Ebene im Modus Hartes Licht an. Nachträgliche Sonnen bauen Sie mit dem Pinsel ein, ebenfalls am besten auf einer separaten Ebene.

DVD Die mitgelieferte Aktion »Filter - Blendenflecke« erzeugt Blendenflecke auf einer ausgedehnten Neutralgrau-Ebene als Smart-Objekt und legt generös noch zwei Einstellungsebenen für Kontrast- und Farbkorrektur obendrauf.

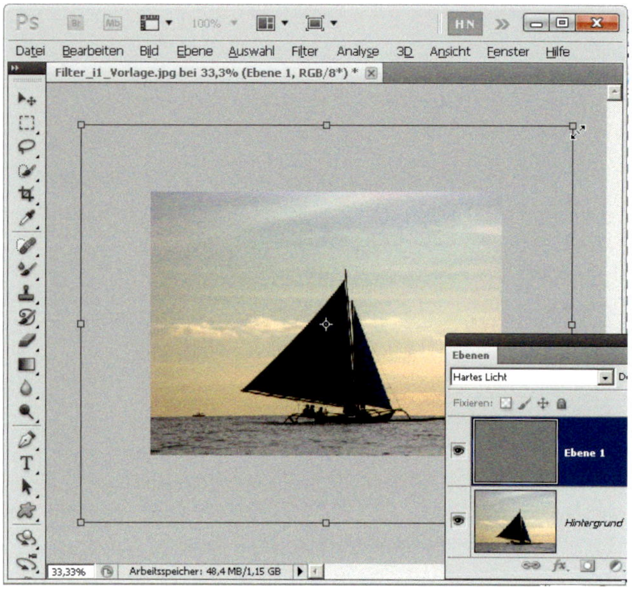

Abbildung 15.71 Wir bereiten verschiebbare »Blendenflecke« vor: Wir legen eine neue, neutralgraue Ebene mit der Füllmethode »Hartes Licht« über dem Foto an. Mit Strg+T schalten wir zum »Freien Transformieren« und vergrößern die graue Ebene bei gedrückter Alt-Taste in alle Richtungen. Später wird der Beleuchtungseffekt auf dieser Ebene angelegt, er lässt sich dann über dem Bild verschieben. Datei: Filter_i

Abbildung 15.72 Wir wenden die »Blendenflecke« als Smartfilter auf die Neutralgrau-Ebene mit der Füllmethode »Hartes Licht« an. Der Effekt lässt sich jederzeit umstellen. Weil er auf eine separate Grauebene wirkt, kann man ihn hier auch verschieben oder »transformieren«. Sie können auch mit Füllmethoden für den Smartfilter experimentieren. Wir haben hier noch Einstellungsebenen »Farbton/Sättigung« und »Gradationskurven« im Schnittmaskenverbund angelegt. Sie verändern bei Bedarf das Licht unabhängig von der Hintergrundebene.

Abbildung 15.73 Ziehen Sie die »Blendenflecke«-Ebene auch in andere Dateien, passen Sie Größe und Position an. Wenn Sie die Neutralgrau-Ebene spiegeln, macht der Effekt nicht mit – die Blendenflecke verharren auf der ursprünglichen Bildseite. Klicken Sie doppelt auf »Blendenflecke« in der Ebenenpalette, um die Richtung deutlich zu ändern. Dateien: Filter_i3, _i4

Wolken

Per **Renderfilter: Wolken** entsteht ein luftiges Farbgemisch aus Vorder- und Hintergrundfarbe. Kein Schieberegler, kein Überblendmodus, gar nichts: Nur eine magere ⇧-Taste gibt es zur Feinsteuerung der **Wolken**-Filter. Drücken Sie diese bei Anwahl des Befehls, macht Photoshop das Muster kontrastreicher. Mit der gleichen Wirkung können Sie freilich nachträglich Sättigung oder Tiefen anheben oder eine solche Korrektur flexibel als Einstellungsebene über eine **Wolken**-Ebene legen. Verwenden Sie Seitenlängen von 128 Pixel oder Vielfache davon, um Muster mit einem nahtlos kombinierbaren Rand zu erhalten. Beide **Wolken**-Filter erzeugen bei jedem Anlauf ein neues Muster.

Nachbearbeiten lässt sich das Pixelgespinst mit Tonwert- und Farbreglern, etwa **Farbton/Sättigung** oder **Tonwertkorrektur**. Lösen Sie das Muster mit dem **Gaußschen Weichzeichner** noch auf oder konturieren Sie es mit einer starken Scharfzeichnung. Sie können das Gebilde mit den **Beleuchtungseffekten** beleben, **Mit Struktur versehen** oder mit einem der **Zeichenfilter** ein Gemälde daraus machen. Per **Transformieren** oder **Verzerrungsfilter** verändern Sie die Wolkenformationen.

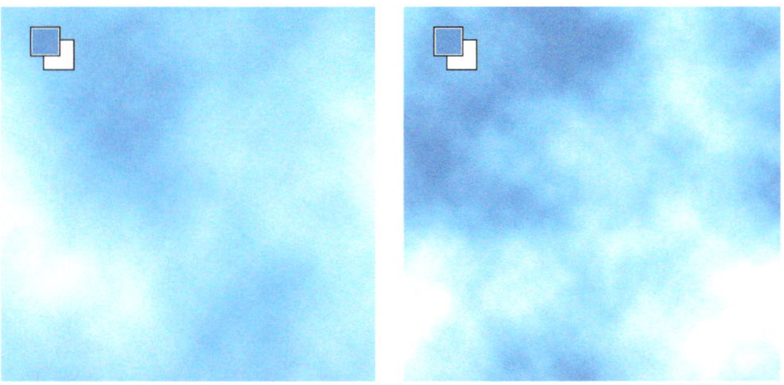

Abbildung 15.74 **Links:** Der Filter »Wolken« erzeugt ein luftiges Muster aus Vorder- und Hintergrundfarbe. **Rechts:** Etwas kräftiger gerät das Bild, wenn Sie den Filter mit gedrückter ⇧-Taste anwählen.

Differenz-Wolken

Differenz-Wolken erzeugt ein den **Wolken** vergleichbares Muster, blendet dies aber nach dem Differenz-Modus in den Hintergrund; das erinnert an ein Negativ. Hell-Dunkel-Gegensätze, also Strukturen, bleiben dabei ansatzweise erhalten. So zaubert der Filter auch ein Licht-Schatten-Spiel auf einförmige Flächen. Blenden Sie den Filter mit Strg+F immer wieder neu ins Bild – das Ergebnis erinnert zunehmend an eine Marmorierung. Der Lab-Modus ist für diesen Filter tabu.

Alternative mit Bild-zurück-Garantie: Legen Sie den normalen **Wolken**-Filter auf eine Ebene über der Vorlage und richten Sie den Modus Differenz ein.

Um nur ein Licht-Schatten-Spiel zu erzeugen, bei dem der übrige Bildinhalt gut erkennbar bleibt, testen Sie auch Modi wie Ineinanderkopieren, Hartes Licht oder Weiches **Licht** und gesenkte Deckkraft.

Eine Alternative zu solchen Mustern bildet der Ebeneneffekt Glanz (Seite 803).

Abbildung 15.75 So wirkt der »Fasern«-Filter. **1. Bild:** Geringe »Varianz« erzeugt schwachen Kontrast, niedrige »Stärke« sorgt für flache Fasern. **2. Bild:** Wir erhöhen »Varianz« und »Stärke« deutlich. **3. Bild:** Wir bearbeiten das erste Bild mit der »Färben«-Option des Befehls »Farbton/Sättigung«. **4. Bild:** Wir nutzen den Befehl »Bild: Korrekturen: Verlaufsumsetzung«.

Abbildung 15.76 Rauschangriff: Wir drucken die Tests mit dem Filter »Rauschen hinzufügen« bei 300 dpi. Datei: Filter_j

Fasern

Das Repertoire reicht von Kartoffelsack bis Bühnenvorhang: Das Kommando **Renderfilter: Fasern** erzeugt Gewebe, die sich als Hintergrundfläche eignen.

Das Gespinst basiert auf Vorder- und Hintergrundfarbe. Wie stark die zwei Farben kontrastieren, steuert der VARIANZ-Regler; niedrige Werte führen zu einem kontrastarmen Ergebnis. Der STÄRKE-Regler steuert Relief und Form der Fasern – von breit und flächig bis hin zu kurz und dick. Der Schalter ZUFALLSPARAMETER liefert Zufallsergebnisse.

Das Ergebnis lässt sich leicht einfärben: Verwenden Sie zum Beispiel **Bild: Korrekturen: Farbton/Sättigung** mit der Option FÄRBEN. Noch vielseitiger ist die **Verlaufsumsetzung** aus demselben Klappmenü, die Helligkeiten in Farbtöne aus Verläufen übersetzt. In beiden Fällen können Sie mit Einstellungsebenen arbeiten, so dass das Original erhalten bleibt. Für beide Änderungen benötigen Sie einen Farbmodus wie **RGB-Farbe**. Das Muster kommt auch als Verschiebungsmatrix für den **Versetzen**-Filter in Frage.

ACHTUNG Prüfen Sie das Ergebnis des **Fasern**-Filters auf Rechnern ohne OpenGL-Grafik unbedingt im Abbildungsmaßstab 100,00 Prozent. Die Helligkeitsverteilung über das Gesamtbild hinweg erkennen Sie dann jedoch in der kleinen Dialogfeldvorschau nicht mehr.

»Rauschen hinzufügen«

Der Befehl **Rauschfilter: Rauschen hinzufügen** rechnet kontrastierende Pixel ins Bild und macht so glatte Flächen körniger und rauer. Damit rauen Sie Vektorgrafiken, Gemaltes oder Verläufe auf, aber auch weichgezeichnete oder hochinterpolierte Bildbereiche. Auch wenn Sie einen der vielen »künstlerischen« Filter auf eine glatte Grafik anwenden wollen, empfiehlt sich vorab ein Störungsfilter; so kann sich der Filter kreativ an den Details reiben.

Eine vergleichbare, natürlich verlustfreie Funktion bietet der Raw-Dialog im Effekte-Register fx. Der Befehl **Tiefenschärfe abmildern** enthält alle Funktionen von **Rauschen hinzufügen** innerhalb einer Unterabteilung, damit Weichgezeichnetes nicht zu glatt erscheint. Prüfen Sie die Ergebnisse in der 100-Prozent-Zoomstufe. Ihre Optionen:

» Unter Menge geben Sie an, wie stark die Störpixel von den bereits vorhandenen Farbwerten abweichen dürfen; von 1 bis 999 ist alles möglich.

» Dann wählen Sie, ob die Farbwerte gleichmässig abweichen sollen oder nach der Gaussschen Normalverteilung – diese Variante bevorzugt kleine Abweichungen, lässt aber auch starke zu und wirkt auffälliger.

» Die Option Monochrom wendet den Filter nur auf den Grauanteil des Bilds an und wahrt so die Farbbalance.

Mit Scharfzeichnung oder Kontrastanhebung lässt sich die Wirkung verstärken. Vor **Bewegungsunschärfe** oder einem **Verzerrungsfilter** angewandt, eignet sich die Funktion auch, um Oberflächenstrukturen aus dem Nichts heraus zu schaffen – von Raufasertapete bis gebürstetes Metall. Eine Alternative mit künstlerischen Ambitionen ist der **Strukturierungsfilter: Körnung** (Seite 573), dessen Sparversion **Korneffekt** heißt. Weitere Alternative: der Mal- und Montagemodus Sprenkeln, zu finden in der Ebenenpalette bzw. bei den Werkzeugoptionen; testen Sie hier verschiedene Deckkraft-Werte unter 100 Prozent.

ACHTUNG Die Wirkung des Rauschfilters hängt von der Druckauflösung ab: Ein bestimmter Filterwert wirkt bei 200 dpi stärker als bei 300 dpi. (Bei 300 dpi gibt es mehr Pixel pro Zentimeter, die Wirkung fällt weniger ins Gewicht.)

Teil 5
Auswahl

Ob Montage oder Retusche: Eine präzise Auswahltechnik ist der Schlüssel für perfekte Bildergebnisse. Entdecken Sie die verblüffenden Talente von Schnellauswahl und Kante verbessern. Verfeinern Sie Ihre Ergebnisse mit Maskenretusche und Pfadfunktionen.

Kapitel 16

Auswählen

In diesem Kapitel lernen Sie die wichtige Schnellauswahl und ihren Erfüllungsgehilfen, den Dialog **Kante verbessern**, kennen. Dazu kommen viele weitere Funktionen, mit denen Auswahlen entstehen oder besser werden, so der Magische Radiergummi und der Hintergrund-Radiergummi.

Bedenken Sie jedoch, dass sich zur Feinkorrektur einer Auswahl auch Ebenenmasken oder Pfade eignen – sie sind oft bequemer und vielseitiger; diese Verfahren kommen in den anschließenden Kapiteln zu Ehren.

Nutzen Sie Photoshops Möglichkeiten beim Auswählen konsequent und nehmen Sie sich Zeit dafür. Die Auswahl bereitet zunächst Mühe. Aber Ihr Aufwand wird belohnt durch professionelle Freisteller ohne hässliche »Nähte« und »Klebekanten«.

16.1 Die Auswahlwerkzeuge

Häufig entsteht die erste, grobe Auswahl mit den Werkzeugen aus der Werkzeugpalette; als da wären:

» Die Schnellauswahl ist erste Wahl bei üblichen Foto-Jobs. Das Werkzeug fängt zusammenhängende Bildbereiche ein, glättet Auswahlränder und »merkt sich« unerwünschte Farbtöne.

» Der Zauberstab fängt farbähnliche Pixel ein.

» Auswahlrechteck und Auswahlellipse markieren Bildteile mit festgelegter Form.

» Das Lasso führen Sie mit der Maus auf beliebigen Wegen durchs Bild, es markiert freie Formen.

» Dieses Lasso hat zwei Ableger: Mit dem Polygon-Lasso klicken Sie Ecken ins Bild, ohne durchgehend zu ziehen; das magnetische Lasso folgt Bildkonturen in der Nähe des Mauszeigers.

» Der Magische Radiergummi wählt ebenfalls farbähnliche Pixel aus und macht sie transparent.

» Der Hintergrund-Radiergummi macht die Umgebung eines gewählten Objekts im Bereich des Mauszeigers transparent.

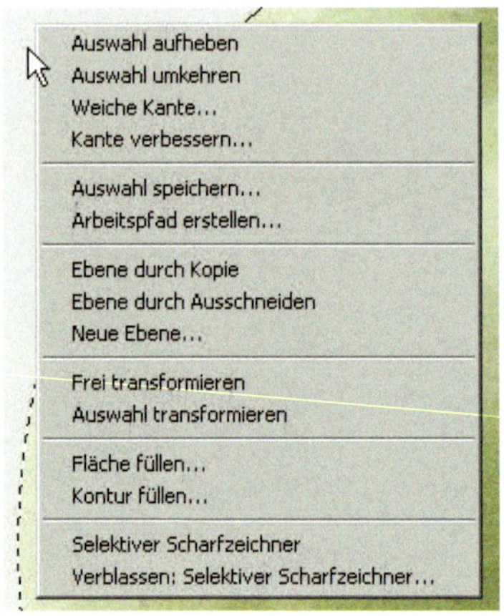

Abbildung 16.1
Das Kontextmenü zu den Auswahlwerkzeugen bietet nützliche Befehle. Sie erhalten dieses Menü unter Windows nach einem Rechtsklick in die Bilddatei, am Mac mit Ein-Tasten-Maus wie immer per Ctrl-Klick.

Einige Auswahlgeräte teilen sich auf der Werkzeugpalette eine einzige Schaltfläche; Werkzeuge, die in einer Zelle logieren, teilen sich auch denselben Tastenbefehl, zum Beispiel das M für Auswahlrechteck und -ellipse, das W für Schnellauswahl und Zauberstab. Um das Werkzeug zu wechseln, klicken Sie die Schaltfläche bei gedrückter Alt-Taste an oder drücken zum Beispiel ⇧+M für den Wechsel von Rechteck zu Auswahlellipse.

16.1.1 Auswahlen mit Werkzeugfunktionen erweitern oder verkleinern

Eine erste, frische Auswahl ist meist noch nicht perfekt. So verkleinern, vergrößern oder entfernen Sie die Auswahl:

» Um zusätzliche Bildteile in die Auswahl hereinzunehmen, drücken Sie die ⇧-Taste zusätzlich zum Auswahlwerkzeug oder klicken Sie auf die Schaltfläche Der Auswahl hinzufügen oben in den Werkzeugoptionen (auch im Kontextmenü). Das Werkzeug zeigt dann über dem Bild ein Pluszeichen. Dieser Modus ist bei der Schnellauswahl bereits voreingestellt.

» Sie verkleinern eine im Bild bereits vorhandene Auswahl mit einem Auswahlwerkzeug, indem Sie die Alt-Taste zusätzlich zum Auswahlwerkzeug drücken; oder klicken Sie auf die Schaltfläche Von Auswahl subtrahieren. Dabei ziert ein Minuszeichen das Auswahlwerkzeug.

» Entfernen Sie eine vorhandene Auswahl per Strg+D für Deselect, am Mac wie immer ⌘+D.

Auswahlmarkierung bewegen

Klicken Sie mit einem Auswahlwerkzeug wie Lasso oder Auswahlrechteck in die Auswahl hinein, können Sie den Auswahlrahmen im Bild verschieben; dabei muss die Schaltfläche Neue Auswahl aktiviert sein. Nur die Auswahllinie bewegt sich dabei, nicht aber der ausgewählte Bildbereich.

Mit den Pfeiltasten schieben Sie die Auswahlkontur pixelweise durchs Bild, die ⇧-Taste dazu beschleunigt auf 10-Pixel-Etappen. Klicken Sie in die Auswahl hinein und drücken Sie erst danach auf die ⇧-Taste, um die Auswahlbewegung schienengleich auf Geraden oder auf 45-Grad-Winkel dazwischen zu beschränken.

TIPP Ziehen Sie einen Auswahlrahmen mit Lasso oder Zauberstab auch in andere geöffnete Dateien. So entstehen gleich große Ausschnitte in verschiedenen Bildern, die Sie zum Beispiel **Freistellen**. Die Auswahl im ursprünglichen Bild bleibt erhalten.

Auswahlinhalt bewegen

Um den Bildinhalt innerhalb der Auswahl zu bewegen – also nicht nur den Rahmen, sondern auch die Bildpunkte –, drücken Sie erst die Strg-Taste, die vorübergehend das Verschiebenwerkzeug einschaltet. Anschließend ziehen Sie im Auswahlinnern; dabei entsteht ein Loch in der aktuellen Hintergrundfarbe.

Um eine Kopie des Auswahlinhalts zu bewegen, drücken Sie Strg+Alt, der Hintergrund bleibt unverändert. Diese Funktionen besprechen wir ausführlich im »Ebenen«-Teil ab Seite 699.

Auswahlen übersichtlich darstellen

Die schillernde Fließmarkierung wirkt nicht immer übersichtlich. Stellen Sie die Auswahl zur Abwechslung so dar, dass nicht Gewähltes farblich abgedeckt wird, nur markierte Bildbereiche bleiben sichtbar:

» Diese Aufgabe erledigt der Befehl **Auswahl: Kante verbessern** (Strg+Alt+R). Mit der Taste F richten Sie verschiedene Darstellungsweisen ein.

» Oder wechseln Sie mit dem Q in den Maskierungsmodus. Deckkraft und Farbe der zunächst halbtransparenten Überlagerung können Sie ändern.

Auswahl außerhalb des sichtbaren Bildbereichs

Tummeln Sie sich mit dem Auswahlwerkzeug auch außerhalb der Bilddatei. So entstehen oft erst die gewünschten großen Auswahlrahmen. Ebenenbereiche, die Sie außerhalb des aktuellen Bildrands verstaut haben, lassen sich mit dieser Auswahl erfassen und ins Bild ziehen. Schalten Sie mit F in einen Vollbildmodus.

Photoshop tut so, als setze er die Auswahl jenseits der Bildgrenzen fort. Sie können zum Beispiel eine Kreisauswahl aufziehen und dann zur Hälfte aus dem Bild herausschieben. Den verbleibenden Auswahlteil füllen, filtern oder kopieren Sie. Oder legen Sie die Auswahl gleich zum Teil außerhalb an, um zum Beispiel mit der Ellipse einen Halbkreis auszuwählen.

Abbildung 16.2
Links: Das Polygon-Lasso erzeugt eine Auswahl außerhalb des sichtbaren Bildbereichs. Setzen Sie Eckpunkte auch außerhalb des Bilds. **Rechts:** Mit der Auswahlellipse entsteht eine halbkreisförmige Auswahl, sie wurde zunächst auch in die leere Arbeitsfläche gezogen.

Sinnvoll ist diese Funktion auch, wenn Sie mit dem Polygon-Lasso Bildbereiche am Bildrand einfangen. Die Auswahl lässt sich oft am einfachsten schließen, wenn man das Werkzeug durch die Photoshop-Fläche außerhalb des Bilds zieht. Klicken Sie Eckpunkte auch außerhalb des Bilds in die graue Fläche.

TIPP Liegen die Auswahlgrenzen außerhalb der Bilddatei, zeigt Photoshop keinen Auswahlrahmen entlang des Bildrands an. Sie können diese übergroße Auswahlkontur zudem nicht als Alphakanal speichern; dort werden nur Markierungen innerhalb der Bildfläche erfasst. Auch bei der Verwandlung in einen Pfad berücksichtigt das Programm nur Auswahlkonturen innerhalb des Bilds.

Tastaturkombinationen und Schaltflächen im Überblick

Die wichtigsten Schaltflächen und Tastengriffe für die Auswahlwerkzeuge im Überblick:

- Die ⇧-Taste zum Auswahlwerkzeug erhält die Auswahl und fügt die neu markierten Pixel zur bestehenden Auswahl hinzu. Alternative: die Schaltfläche Der Auswahl hinzufügen.
- Die Alt-Taste zum Auswahlwerkzeug zieht die neu markierten Pixel von der bestehenden Auswahl ab. Alternative: die Schaltfläche Von Auswahl subtrahieren.
- Klicken und Ziehen mit dem Auswahlwerkzeug bewegt den Auswahlrahmen, sofern die Schaltfläche Neue Auswahl aktiviert ist.
- Die Strg-Taste zum Auswahlwerkzeug aktiviert wie meist das Verschiebenwerkzeug.
- Strg+Ziehen verschiebt den ausgewählten Bildinhalt als schwebende Auswahl (Seite 699) und erzeugt ein Loch in der Hintergrundfarbe.
- Strg+Alt+ Ziehen verschiebt ein Duplikat des Auswahlinhalts als schwebende Auswahl.
- Die ⇧-Taste beschränkt die Bewegung auf 45-Grad-Winkel.
- Die Pfeiltaste bei aktivem Auswahlwerkzeug bewegt den Auswahlrahmen in 1-Pixel-Schritten.
- Pfeiltaste+⇧-Taste bewegen die Auswahl bei aktivem Auswahlwerkzeug in 10-Pixel-Schritten.

Bedenken Sie außerdem:

- Ausgewählt wird zunächst nur auf der aktiven Ebene. Zauberstab (Seite 601) und Magischer Radiergummi (Seite 604) bieten jedoch die Option Alle Ebenen aufnehmen; dann werden Tonwerte aus allen Ebenen berücksichtigt.
- Die Infopalette (F8) nennt Höhe und Breite einer Auswahl in Pixel oder Zentimeter.

Abbildung 16.3 **Links:** Ein erster Klick mit dem Zauberstab wählt den grünen Gebäudeteil weitgehend aus. **Rechts:** Um auch den orangefarbenen Bereich zu erfassen, reicht ein weiterer Klick rechts nicht. Mit dem zweiten Klick wählt der Zauberstab zwar die orangefarbene Front aus; die frühere Auswahl der grünen Fassade verschwindet jedoch. Wir arbeiten hier noch mit der Vorgabe »Neue Auswahl«. Datei: Auswahl_23

Abbildung 16.4 **Links:** Um die vorhandene Auswahl um weitere Bereiche auszudehnen, schalten Sie in den Optionen zum Zauberstab oder zu jedem anderen Auswahlwerkzeug die Vorgabe »Der Auswahl hinzufügen« ein. Oder verwenden Sie das Auswahlwerkzeug bei gedrückter ⇧-Taste. Jetzt können Sie die vorhandene Auswahl beliebig ausdehnen. Dieser Modus ist bei der Schnellauswahl bereits voreingestellt. **Rechts:** Wenn die Auswahl steht, werden beide Fronten gemeinsam umgefärbt.

16.1.2 »Glätten«

Glätten Sie den Übergang zwischen Auswahl und nicht markiertem Bildteil mit den Vorgaben Glätten oder Weiche Kante. Nur so erhalten Sie wirklich nahtlose, unauffällige Korrekturen, die nicht »ausgeschnitten« aussehen. Die Schnellauswahl glättet generell.

Verwenden Sie das Glätten bei allen Arbeiten in üblichen Fotos. Sie verzichten auf das Glätten bei plakativen Grafiken ohne Kantenglättung, bei Strichzeichnungen oder Bildschirmfotos (Screenshots).

Das Glätten finden Sie in den Dialogfeldern vieler Auswahlwerkzeuge, aber auch beim Füllwerkzeug und bei der Verwandlung eines Pfads in eine Auswahl. Glätten, in anderen Programmen auch »Anti-Aliasing« genannt, macht nur die äußersten Randpixel innerhalb und außerhalb der Auswahl halbtransparent. Dieser hauchdünne Übergang sorgt für scheinbar nahtlose Verbindung zwischen innen und außen; das Ergebnis wirkt wohlgemerkt nicht aufgeweicht oder unscharf.

ACHTUNG Schalten Sie das Glätten bereits vor Anwendung des Werkzeugs in der Optionenleiste ein. Es lässt sich nicht nachträglich einrichten.

16.1.3 »Weiche Kante«

Die Weiche Kante erzeugt einen federweichen Übergang zwischen Auswahlbereich und Umgebung. Mögliche Verwendung:

- Kaschieren Sie unsaubere Auswahlränder.
- Korrigieren Sie einzelne Bildbereiche und erzeugen Sie einen sanften Übergang zum naturbelassenen Rest.
- Blenden Sie stimmungsvoll aus.

Die weiche Auswahlkante wirkt je nach Auflösung unterschiedlich. Drucken Sie mit 200 dpi, dann sieht eine weiche Kante von 100 Pixel weicher aus als bei 300 dpi. Am bequemsten entsteht die Weiche Kante per Kante verbessern oder – verlustfrei – mit der Maskenpalette, sofern Sie eine Ebenenmaske nutzen.

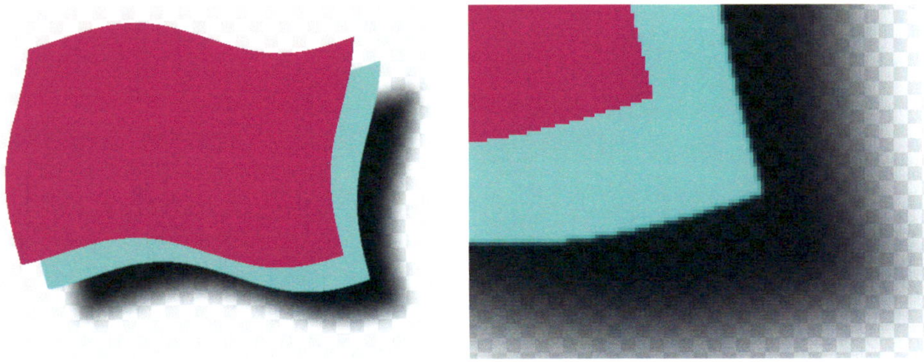

Abbildung 16.5
Harte Kante, geglättete Kante, weiche Kante: Eine nicht geglättete Auswahlkante erzeugt zu schroffe Übergänge. Die Option »Glätten« macht nur die äußersten Randpixel transparent, während sich die weiche Auswahlkante über bis zu 250 Pixel erstrecken kann.

Anwenden

So bringen Sie eine weiche Kante an:

» Der Befehl **Auswahl: Kante verbessern** hat eine schöne Vorschau (Strg+Alt+R, Seite 620), testen Sie hier die Weiche Kante wie auch den Radius.

» Nutzen Sie die Option Weiche Kante bei Lasso, Rechteck und Co.

» Der Befehl **Auswahl: Auswahl verändern: Weiche Auswahlkante** (Strg+Alt+D) kommt ohne Vorschau.

» Wenn Sie eine Ebenenmaske oder einen Alphakanal bearbeiten, zücken Sie den **Gaußschen Weichzeichner**.

Dabei gilt: Zehn Pixel weiche Kante wirken jeweils zehn Pixel in das Auswahlinnere und weitere zehn Pixel nach außerhalb. Der weiche Übergang erstreckt sich also insgesamt über 20 Pixel.

Gut zu wissen: Auswahlen unmittelbar am Bildrand weichen nicht mit auf. Harte Bildränder bleiben hart. Nach dem Befehl **Alles auswählen** richtet die **Weiche Auswahlkante** nichts aus.

Weiche Auswahlkante oder Glättung zurücknehmen

Sie können eine weiche Auswahlkante härter oder auch hundertprozentig hart machen. Sie erhalten jedoch nicht mehr die exakte Kontur zurück, sondern eine geschwungene Form. Einige Möglichkeiten:

» Heben Sie im Dialogfeld **Kante verbessern** den Kontrast (Strg+Alt+R).

» Stellen Sie die Auswahl im Maskierungsmodus, als Alphakanal oder als Ebenenmaske dar. Der Befehl **Bild: Korrekturen: Schwellenwert** erzeugt eine hundertprozentig krachharte Kante mit steuerbarer Ausdehnung. Eine feinere Kantenglättung erhalten Sie mit **Helligkeit/Kontrast** und der Option Früheren Wert verwenden aus demselben Untermenü. Setzen

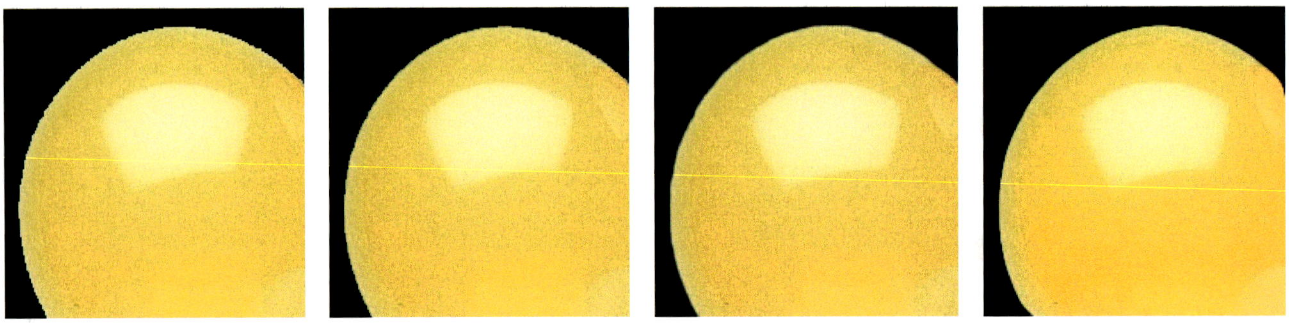

Abbildung 16.6 So wirken die Auswahlkanten von Zauberstab und Schnellauswahl bei genauem Hinsehen. **1. Bild: Zauberstab ohne »Glätten«. 2. Bild:** Zauberstab mit »Glätten«. **3. Bild:** Schnellauswahl mit »Automatisch verbessern«. **4. Bild:** Ergebnis aus dem dritten Bild, aber Wert 50 für »Kontrast« und »Abrunden« im Dialogfeld »Kante verbessern«. Datei: Auswahl_08b

Sie den Kontrast auf rund 97 Prozent (Seite 526), regeln Sie die Ausdehnung mit der Helligkeit.

» Verwandeln Sie die weiche Auswahl in einen Pfad, bearbeiten Sie diesen Pfad eventuell und rechnen Sie den Pfad wieder in eine Auswahl zurück (Seite 677). Dabei können Sie die Optionen Glätten oder Weiche Kante verwenden.

16.1.4 Schnellauswahl-Werkzeug

Die zwei wichtigsten Auswahlfunktionen für übliche Fotos sind

» das Schnellauswahl-Werkzeug für Motive mit klar abgegrenzten Konturen (nächster Abschnitt);

» der Befehl **Kante verbessern**, der das Ergebnis der Schnellauswahl verfeinert und oft sogar Lockenköpfe gut herausarbeitet (Seite 620).

Sie ziehen das Schnellauswahl-Werkzeug einfach über die Bereiche, die Sie auswählen möchten – schon markiert Photoshop die Zonen mit verblüffender Präzision, anders als beim Zauberstab auch ganz unterschiedliche Farbbereiche in einem Zug. Die Funktion empfiehlt sich besonders für Sachaufnahmen oder Porträts mit klaren Umrissen, ohne diffuse Übergänge mit Schatten oder Unschärfe.

Gut zu wissen

Die wichtigsten Aspekte für das Schnellauswahl-Werkzeug:

» Im Pinsel-Klappmenü stellen Sie die Härte auf 100 Prozent, so lässt sich die Wirkung am besten planen.

» Verwenden Sie die Vorgabe Automatisch verbessern. Sie kostet mehr Rechenzeit, sorgt aber meist für perfekt glatte Kanten.

» Die Werkzeuggröße ändern Sie nicht nur oben in den Einstellungen, sondern auch durch Alt-Ziehen mit der rechten Maustaste (wie bei Pinsel, Stempel und Co.).

TIPP So überzeugend die Schnellauswahl zur Sache geht – komplexe Motive brauchen oft mehrere unterschiedliche Auswahltechniken. Verfeinern Sie das Ergebnis der Schnellauswahl zum Beispiel per Lasso, Maskenretusche oder **Kante verbessern**.

Abbildung 16.7
Das Schnellauswahl-Werkzeug belegt gemeinsam mit dem Zauberstab ein Fach der Werkzeugleiste. Ziehen Sie es über den gewünschten Auswahlbereich. Datei: Auswahl_01

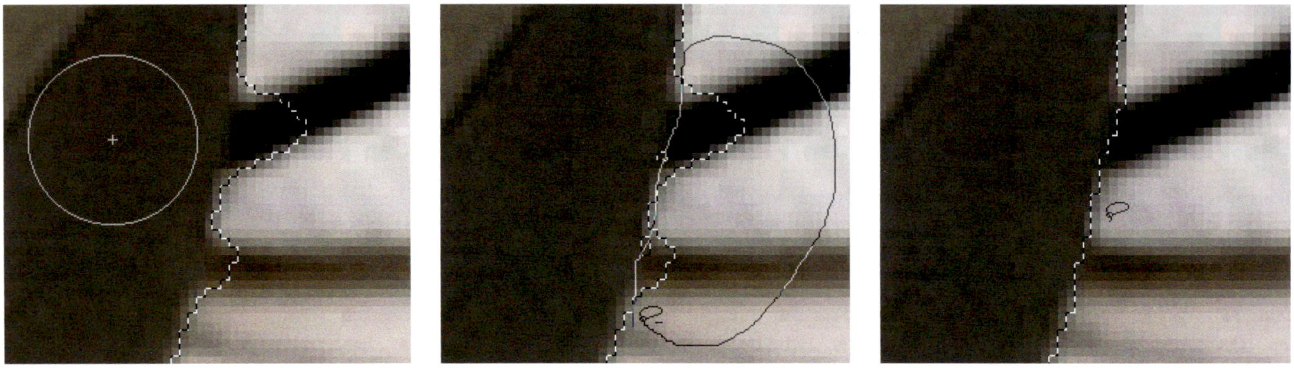

Abbildung 16.8 **Links:** Die Schnellauswahl erfasst ungewollt nicht nur das Druckergehäuse, sondern auch das Stromkabel und dessen Schatten. **Mitte:** Mit dem Lasso werden überflüssige Auswahlbereiche bei gedrückter [Alt]-Taste eingerahmt. **Rechts:** Die Auswahl lässt sich mit dem Befehl »Kante verbessern« noch weiter verfeinern. Datei: Auswahl_01

Aufrufen

Das Schnellauswahl-Werkzeug belegt dasselbe Fach auf der Werkzeugleiste und dieselbe Kurztaste [W] wie der Zauberstab. Nach der Installation befindet sich das Schnellauswahl-Werkzeug zunächst im Vordergrund.

Drücken Sie also das [W], schalten Sie die Schnellauswahl und nicht den Zauberstab ein. Per [⇧]+[W] wechseln Sie wie üblich zwischen den beiden Werkzeugen hin und her.

Anwendung

Der Schnellauswahlzeiger ⊕ darf nicht in Bildbereiche hineinragen, die Sie gar nicht auswählen wollen, auch nicht das kleinste Bisschen. Erscheint der Kreis in engen Bildzonen zu groß, verkleinern Sie den Durchmesser – nur die tatsächlich auszuwählenden Bereiche sollen unter dem Kreis erscheinen.

Ziehen Sie das Werkzeug bei gedrückter Maustaste über Ihr Hauptmotiv, auch über ganz unterschiedlich gefärbte Bildteile. In kleinen, unübersichtlichen Zonen reichen einzelne Klicks – dann wählt das Werkzeug weniger aus.

Auswahlen erweitern und verkleinern

Nach dem ersten Klicken schaltet Photoshop das Schnellauswahl-Werkzeug automatisch in den Modus Der Auswahl hinzufügen. Klicken Sie also mehrfach ins Bild, um eine vorhandene Auswahl peu à peu auszudehnen.

Hat das Werkzeug zu viel erfasst, werfen Sie überflüssige Bereiche wieder aus der Auswahl heraus: Dazu halten Sie bei den nächsten Klicks die [Alt]-Taste gedrückt oder nehmen Sie die Schaltfläche Von Auswahl subtrahieren. Der Zeiger erscheint jetzt mit einem Minuszeichen ⊖.

Schließen Sie Hintergrund bewusst aus

Zeigen Sie der Schnellauswahl möglichst früh während Ihrer Arbeit, welche Bildbereiche Sie bewusst nicht in der Auswahl sehen möchten – zum Beispiel den Hintergrund unmittelbar um Ihr Hauptmotiv herum. Wenn Sie nicht ohnehin eine Ausrutscher-Auswahl unter Zu-

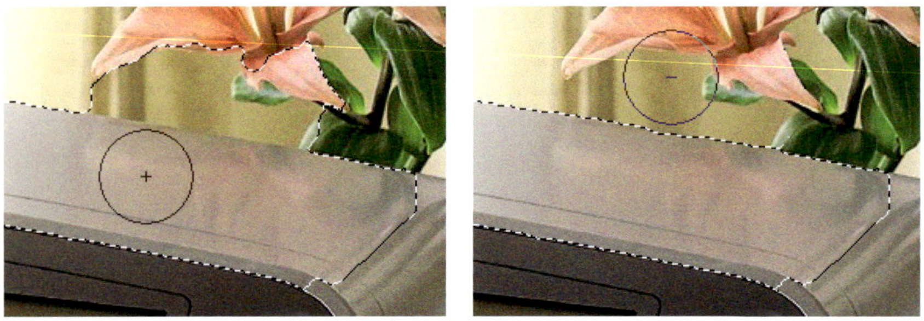

Abbildung 16.9
Links: Die Schnellauswahl markiert auch den Bildbereich hinter dem Hauptmotiv. **Rechts:** Wir drücken die [Alt]-Taste und ziehen über dem Hintergrund – er verschwindet aus der Auswahl. Datei: Auswahl_01

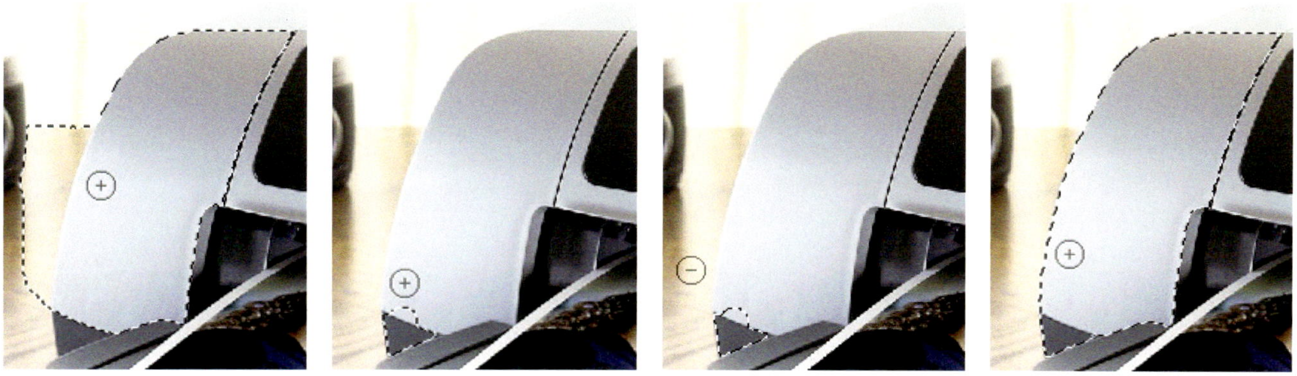

Abbildung 16.10 **1. Bild:** Eine Bewegung mit der Schnellauswahl über dem Druckergehäuse wählt ungewollt auch den Hintergrund aus. **2. Bild:** Wir haben die Auswahl aufgehoben und dann mit der Schnellauswahl einen sehr kleinen dunkleren Bereich ausgewählt. **3. Bild:** Bei gedrückter [Alt]-Taste ziehen wir über den hellen Hintergrund, um diesen Farbton als unerwünscht zu erfassen. **4. Bild:** Eine erneute Bewegung mit der Schnellauswahl erzeugt nun eine bessere Auswahl. Datei: Auswahl_01

hilfenahme der [Alt]-Taste korrigieren müssen, machen Sie's so:

1. Klicken Sie einmal mit der Schnellauswahl ins Hauptmotiv, so dass ein erster Bildbereich ausgewählt ist.
2. Stellen Sie im Pinsel-Klappmenü einen kleinen Durchmesser ein, zum Beispiel vier Pixel.
3. Halten Sie die [Alt]-Taste gedrückt, dann ziehen Sie einen engen Rahmen außen ums Hauptmotiv herum – aber streifen Sie Ihr Hauptmotiv nicht! Photoshop beansprucht eventuell Rechenzeit, doch die Auswahl im Bild ändert sich nicht. Das Werkzeug »merkt sich« jedoch, welche Farbtöne nicht in die Auswahl gehören.
4. Lassen Sie die [Alt]-Taste los und wählen Sie wieder innere Motivpartien aus.

TIPP Die Schnellauswahl »merkt sich« Farbbereiche, die bereits in der Auswahl sind oder ausgeschlossen wurden. Eventuell wollen Sie diese »Erinnerung« löschen. Schalten Sie dann kurz ein anderes Werkzeug oder einen anderen Modus ein, zum Beispiel zweimal die Taste [Q] für einen Wechsel in den Maskenmodus und zurück.

16.1.5 Zauberstab

Der Zauberstab (Kurztaste [W], für Magic Wand) wählt automatisch Bildteile auf der Basis von farbähnlichen Bildpunkten, zum Beispiel ein gelber Bereich mit schwarzer Umgebung. Anders als bei der meist besseren Schnellauswahl können Sie hier nur klicken, nicht ziehen, und die Kanten geraten im Zweifelsfall ausgezackter. Bei üblichen Fotos verwenden Sie das Glätten (Seite 597). Weitere Optionen:

» Bei niedrigen Toleranz-Werten wie 5 oder 20 wählt der Zauberstab nur sehr wenige, farblich sehr ähnliche und eng benachbarte Pixel aus. Hohe Werte wie 80 oder 120 fangen einen größeren Bereich ein. (Die Schnellauswahl hat keine Toleranz-Steuerung.)

» Mit der Option Benachbart erwischt der Zauberstab nur Bildpunkte, die in Nachbarschaft des angeklickten Pixels liegen und nicht durch abweichende Farbbereiche abgetrennt sind. Liegt also zwischen zwei gelben Stoffteilen ein schwarzer Streifen, wird zunächst nur ein Teil erfasst. Ohne Benachbart wählt der Zauberstab sofort alle gelben Bildpunkte aus – überall im Bild.

» Der Zauberstab orientiert sich zunächst nur an den Farbwerten der aktiven Ebene. Sie können jedoch Alle Ebenen aufnehmen – dann zieht das Gerät das Gesamtbild aus allen Ebenen in Betracht.

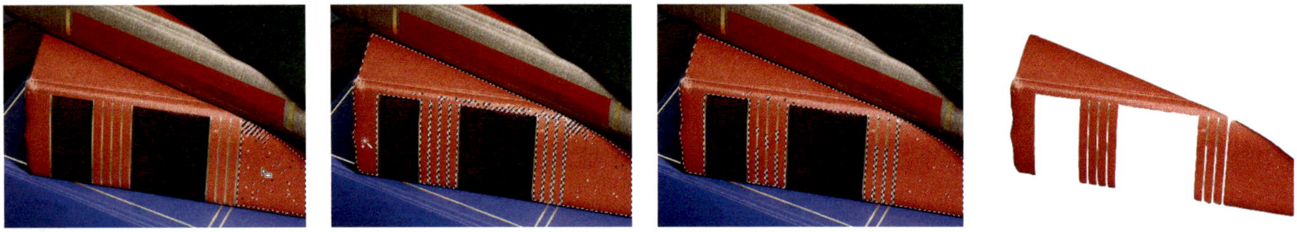

Abbildung 16.11 **1. Bild:** Bei niedriger »Toleranz« 32 erfasst der Zauberstab mit Option »Benachbart« nur einen Teil der roten Flächen. Allerdings bringen höhere »Toleranz« oder Verzicht auf »Benachbart« zu viel ungewollte Bildteile in die Auswahl. **2. Bild:** Die »Toleranz« bleibt bei 32, bei gedrückter ⇧-Taste klicken wir weitere auszuwählende Bereiche an. **3. Bild:** Das »Abrunden« im Dialog »Kante verbessern« sorgt für eine ruhigere Auswahl. **4. Bild:** Vorschau-Darstellung im Dialog »Kante verbessern« mit 40er-Werten für »Abrunden« und »Kontrast«. Datei: Auswahl_10

ACHTUNG Haben Sie der Pipette einen breiten Aufnahmebereich wie 101x101 Pixel zugeteilt, erfasst der Zauberstab bei sehr niedrigen Toleranzen wie 5 oder 1 mehr Bildteile als zu erwarten.

Abbildung 16.12 **Links:** Das Feld links wurde mit 64er-Zauberstab-»Toleranz« und der Option »Benachbart« ausgewählt. Vom Hintergrund abgetrennte blaue Bereiche wählt Photoshop darum nicht mit aus. **Rechts:** Wir haben die Auswahl aufgehoben, die Option »Benachbart« abgeschaltet und erneut an dieselbe Stelle geklickt: Nun erfasst der Zauberstab sämtliche Bildpunkte der Datei, die innerhalb der »Toleranz« liegen - nicht nur die unmittelbar benachbarten Pixel. Dabei geraten freilich leichter auch unerwünschte Bildteile mit in die Auswahl. Datei: Auswahl_11

Arbeitsweise

Testen Sie zunächst eine niedrige Toleranz wie 22. Wenn das nicht reicht, haben Sie mehrere Möglichkeiten:

» Steigern Sie im zweiten Anlauf Ihre Toleranz - allerdings gerät die Auswahl dann manchmal zu weit.

» Darum erweitern Sie die Auswahl eventuell besser mit gedrückter ⇧-Taste oder Sie verwenden einen **Auswahl**-Befehl.

» Oder prüfen Sie, ob Sie nur einen anderen Bildpunkt anklicken sollten - zum Beispiel weiter weg oder stärker abweichend von Bereichen, die Photoshop immer ungewollt mit einrahmt.

Zauberstabauswahl erweitern

Die Zauberstabauswahl muss oft noch erweitert oder verfeinert werden:

» Bei gedrückter ⇧-Taste oder bei gedrückter Schaltfläche Der Auswahl hinzufügen nehmen Sie weitere Bildteile mit in die Auswahl - mit allen Auswahlwerkzeugen (Seite 595).

» Der Befehl **Auswahl: Auswahl vergrößern** erweitert eine Auswahl um die angrenzenden Pixel; die Funktion **Auswahl: Ähnliches auswählen** fischt sogar nach farbähnlichen Pixeln im kompletten Bild (Seite 613).

» Der Befehl **Auswahl: Verändern: Abrunden** tilgt Auswahllücken (Seite 631).

Abbildung 16.13
Schneller Freisteller für Produkte. **Links:** Ziehen Sie mit dem Schnellauswahl-Werkzeug einmal oder mehrfach über den Hintergrund des Hauptmotivs. **Rechts:** Der Hintergrund ist komplett ausgewählt. Dateien: Auswahl_12a etc.

Typischer Freistelljob

Für typische Freisteller verwenden Sie Bilder mit Hauptmotiv vor homogenem Hintergrund:

1. Ziehen Sie mehrfach mit dem Schnellauswahl-Werkzeug im Hintergrund, bis die Umgebung des Hauptmotivs sauber ausgewählt ist.
2. Der Befehl **Auswahl: Auswahl umkehren** dreht die Auswahlwirkung um – jetzt ist nur noch das Hauptmotiv gewählt.
3. Glätten Sie die Auswahl eventuell per Kante verbessern.

So könnte es weitergehen:

» Kopieren Sie das Hauptmotiv in die Zwischenablage (Strg+C), um es andernorts wieder einzufügen (Strg+V).

» Ziehen Sie das Hauptmotiv direkt mit dem Verschiebenwerkzeug in ein anderes Bild.

» Heben Sie das Hauptmotiv per Strg+J auf eine eigene Ebene und verändern Sie die Hintergrund-Ebene.

Abbildung 16.14 **Links:** Der Befehl »Auswahl umkehren« (Strg+⇧+I) dreht die Auswahlwirkung um. Jetzt ist nur noch das Hauptmotiv ausgewählt. Verfeinern Sie eventuell mit »Kante verbessern«. **Rechts:** Das Motiv wird mit dem Verschiebenwerkzeug in eine neue Datei gezogen, in diesem Beispiel kommt noch der Ebeneneffekt »Schein nach außen« hinzu.

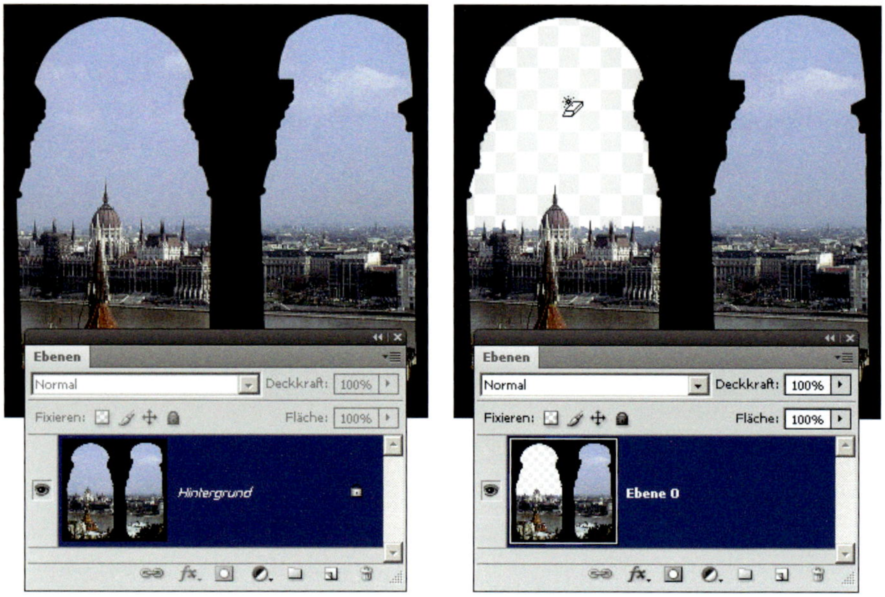

Abbildung 16.15
Links: Das Bild besteht zunächst aus einer üblichen Hintergrundebene. **Rechts:** Wir klicken mit dem Magischen Radiergummi in den linken Durchblick. Weil wir mit der Vorgabe »Benachbart« arbeiten, entfernt Photoshop die Bildpunkte nur innerhalb der Farbgrenzen. Die Hintergrundebene wird in eine »Ebene 0« verwandelt. Datei: Auswahl_15

TIPP Denken Sie schon beim Fotografieren an das spätere Auswählen per Zauberstab oder Schnellauswahl: Achten Sie auf einen homogenen Hintergrund, der sich gut absetzt. Vermeiden Sie Schatten und Unschärfe im Übergang zwischen Hauptmotiv und Hintergrund.

Alternativen zu Zauberstab und Schnellauswahl

Auf verschiedene Arten lässt sich die Arbeit mit Zauberstab und Schnellauswahl erleichtern – oder vermeiden:

» Erhöhen Sie – nur für Auswahlzwecke – die Kontraste im Bild drastisch, zum Beispiel per **Bild: Korrekturen: Tonwertkorrektur**, per **Helligkeit/Kontrast** (mit Früherem Wert) oder in dunklen, wenig differenzierten Zonen mit der **Tonwertangleichung** (Seiten 339, 349 bzw. 338). Legen Sie zunächst die fragliche Ebene oder nur eine Auswahl daraus auf eine neue Ebene; sobald die Auswahl steht, wechseln Sie zurück zur ursprünglichen Ebene.

» In Fotos mit Farbdominanten zeigen Sie via Klick in der Kanälepalette nur einen Kanal mit besonders harten Kontrasten, treffen dort die Auswahl und wechseln dann zurück in den Gesamtkanal. So hebt sich zum Beispiel blauer Himmel im Blaukanal deutlich heraus, Hauttöne erwischen Sie gut im Rotkanal.

» Befehle wie **Auswahl: Farbbereich auswählen** (Seite 616) und **Kante verbessern** ersparen viel Arbeit mit der Schnellauswahl, ebenso **Bild: Korrekturen: Farbton/Sättigung**, wenn Sie dort einen Farbbereich auswählen. Auch Hintergrund-Radiergummi (Seite 605 und Magischer Radiergummi arbeiten auf Basis farbähnlicher Zonen.

16.1.6 Magischer Radiergummi

Die Werkzeugleiste beherbergt den Magischen Radiergummi in einem Fach mit anderen Radiergummivarianten; [⇧]+[E] wechselt zwischen den Geräten. Der Magische Radiergummi wählt farbähnliche Bereiche aus und macht sie sofort transparent. Beachten Sie dabei:

» Bearbeiten Sie eine Ebene mit der Vorgabe Transparente Pixel fixieren (siehe Seite 735), setzt der Magische Radiergummi nicht Transparenz, sondern die aktuelle Hintergrundfarbe ein.

» Hintergrundebenen verwandelt der Magische Radiergummi in eine »Ebene 0«; so entsteht Transparenz in erfassten Bildbereichen.

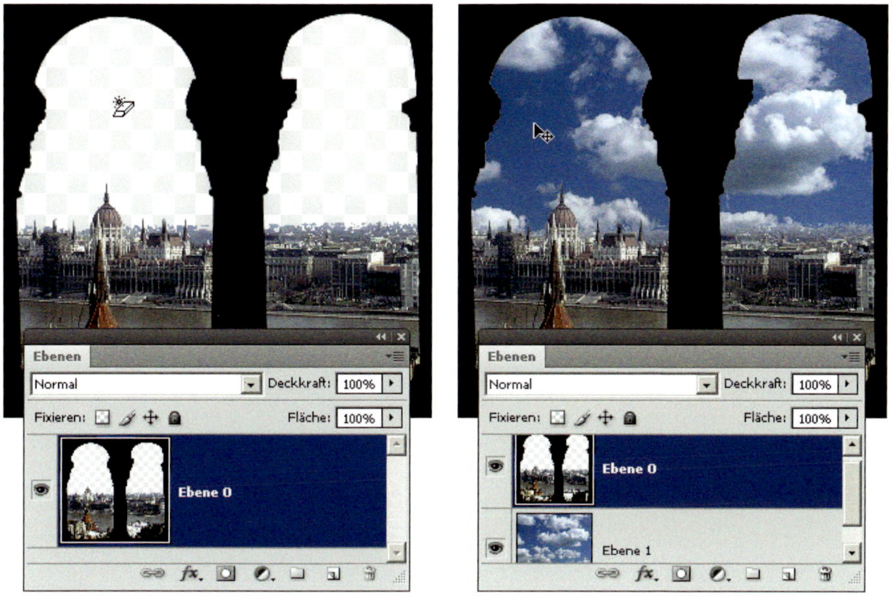

Abbildung 16.16
Links: Der erste Klick wurde widerrufen, die Option »Benachbart« abgeschaltet. Nun radiert der Magische Radiergummi mit einem einzigen Klick in den linken Durchblick auch abgetrennte, aber farbähnliche Bereiche. **Rechts:** Wir legen einen neuen Hintergrund unter das freigeschnittene Motiv.

Optionen

Die Möglichkeiten erinnern an den Zauberstab:

» In den Werkzeugoptionen definieren Sie eine Toleranz so wie beim Zauberstab (Seite 601): Je höher der Wert, desto mehr unterschiedlich gefärbte Bildpunkte werden erfasst.

» Verwenden Sie als Deckkraft 100 Prozent, damit die radierten Bildpunkte komplett transparent werden.

» Die Option Alle Ebenen aufnehmen betrachtet die Farbwerte des Gesamtbilds aus allen Ebenen, nicht nur die aktive Ebene.

» Erst das Glätten sorgt für wirklich nahtlose Retuschen (Seite 597).

» Die Vorgabe Benachbart entfernt nur farbähnliche Bildpunkte, die an den angeklickten Bildpunkt angrenzen. Schalten Sie diese Option aus, werden alle farbähnlichen Pixel im gesamten Bild radiert.

TIPP Ähnlich dem Zauberstab erledigt auch der Magische Radiergummi selten den ganzen Job beim ersten Klick. Beginnen Sie mit niedriger Toleranz, prüfen Sie, ob ein zweiter oder dritter Klick noch Verbesserungen bringt, und tilgen Sie notfalls weitere Bildteile von Hand: mit dem normalen Radiergummi oder durch Auswählen und **Löschen**.

16.1.7 Hintergrund-Radiergummi

Der Hintergrund-Radiergummi radiert Bildpunkte entlang markanter Kanten aus und wandelt sie in Transparenz um. Sie regeln den Grad der Härte und der Transparenz. Der Hintergrund-Radiergummi teilt sich ein Fach mit Magischem Radiergummi und normalem Radiergummi in der Werkzeugleiste.

Richten Sie mit der Pinselbibliothek eine passende Größe ein (Seite 473). Der Zeiger des Hintergrund-Radiergummis erscheint als Pinsel mit einem Fadenkreuz, das den aktiven Punkt des Werkzeugs anzeigt. Wie der Magische Radiergummi, so verwandelt auch der Hintergrund-Radiergummi übliche Hintergrundebenen in eine »Ebene 0«.

Abbildung 16.17 **Links:** Hier verwenden wir den Hintergrund-Radiergummi mit der Option »Nicht aufeinander folgend«; Blau, der Farbton unter dem Zentrum des Mauszeigers, wird also schon beim ersten Klick aus verschiedenen, farblich voneinander getrennten Bildteilen entfernt. **Mitte:** Die Option »Benachbart« erfasst keine abgetrennten Bereiche mehr; der Himmel rechts vom Turm wird beim ersten Klick nicht mitradiert, obwohl das Werkzeug von Beginn an in diesen Bereich hineinragt. **Rechts:** Die Einstellung »Konturen finden« soll besonders schonend sein. In allen Fällen gilt »Aufnahme: Einmal«. Datei: Auswahl_09

»Toleranz«

Wählen Sie in den Optionen zum Hintergrund-Radiergummi eine niedrige Toleranz, dann werden nur solche Bereiche radiert, die der angeklickten Farbe stark ähneln. Ist der Toleranzwert hoch, wird ein größerer Farbbereich radiert. Sie können die Toleranz über die Zifferntasten auf der Tastatur umstellen: Die »1« steht für zehn Prozent, die »2« für 20 Prozent« und die »0« für 100 Prozent.

Steuern Sie die Toleranz mit dem Grafiktablett. Dazu öffnen Sie in den Optionen zum Hintergrund-Radiergummi nach einem Klick auf die Pinsel-Schaltfläche die vereinfachte Pinselpalette und verwenden ganz unten das Klappmenü Toleranz. Die eigentliche große Pinselpalette (Seite 479) lässt sich dagegen nicht nutzen.

TIPP Auch wenn Sie in der Ebenenpalette die Option Transparente Pixel fixieren verwenden (Seite 735), erzeugt der Hintergrund-Radiergummi Transparenz.

Optionen für den Radierumfang

Im Klappmenü Grenzen bestimmen Sie, in welchem Umfang der Hintergrund-Radiergummi wirksam sein soll:

» Nicht aufeinanderfolgend radiert Farbe überall in der Ebene – so weit der Pinseldurchmesser reicht.

» Benachbart radiert nur benachbarte Bereiche, welche auch die aufgenommene Farbe enthalten. Angrenzende Bildteile ohne diese Farbe bleiben erhalten. Verwenden Sie diese Option vor allem in halbdurch-

Abbildung 16.18 In den Optionen zum Hintergrund-Radiergummi legen Sie fest, welche Farben ausradiert werden sollen.

Abbildung 16.19 **Links:** Wir verwenden den Hintergrund-Radiergummi mit der Option »Kontinuierlich«. Das Werkzeug radiert also permanent die Farbe aus, die unter dem Cursorzentrum liegt. Wir klicken in den grünen Hintergrund, doch auch die Hand verschwindet. **Rechts:** Besser geht es mit der Vorgabe »Einmal«. Nach einem Klick in den hellgrünen Hintergrund werden nur noch solche Bildpunkte entfernt. Beachten Sie, dass der Hintergrund-Radiergummi den grünen Hintergrund auch aus dem Glas entfernt, die Konturen des Glases jedoch erhält. Datei: Auswahl_17

sichtigen Motiven, etwa zum Entfernen der Umgebungsfarbe aus einem Glas.

» Konturen finden radiert nur in benachbarten Bereichen, welche die aufgenommene Farbe enthalten, und wahrt gleichzeitig die Schärfe der Objektkanten. Sollen angrenzende Motivteile komplett erhalten bleiben, nehmen Sie diese Option.

»Grenzen«-Optionen

Steuern Sie, an welcher Farbe sich der Hintergrund-Radiergummi orientiert:

» Mit der Vorgabe Aufnahme: Kontinuierlich nimmt das Werkzeug während des Ziehens fortlaufend Farbe auf. Nutzen Sie diese Option, wenn Sie mehrere farblich unterschiedliche Bereiche ausradieren wollen.

Abbildung 16.20 **Links:** Ein weiterer Klick in den Schattenbereich ermöglicht es, auch diese dunkleren Bildpartien zu löschen. **Rechts:** Hier wird eine Zone mit dem Lasso markiert und mit der Entf-Taste gelöscht.

Abbildung 16.21 **Links:** Ist das Motiv sauber ausgeschnitten, kann es mit dem Verschiebenwerkzeug vor einen neuen Hintergrund gezogen werden. **Rechts:** Erst hier stellen wir mit Radiergummi, Magischem Radiergummi, Hintergrund-Radiergummi oder Ebenenmaske noch weitere Transparenz her.

» Die Vorgabe Aufnahme: Einmal radiert nur Bereiche mit der Farbe, auf die zuerst geklickt wurde. Verwenden Sie diese Option, wenn ein Bereich mit einer einheitlichen Farbe radiert werden soll. Andere Farben, zum Beispiel braune Haare vor weißem Hintergrund, übermalen Sie ohne Schaden. Klicken Sie erneut, um an einem anderen Ort Farbe aufzunehmen.

» Mit der Option Aufnahme: Hintergrund-Farbfeld radiert Photoshop nur Bereiche mit der aktuellen Hintergrundfarbe.

» Sie können die Vordergrundfarbe schützen, damit Bereiche in der aktuellen Vordergrundfarbe nicht radiert werden.

Deckkraft prüfen

Schnell radiert man mit dem Hintergrund-Radiergummi zumindest eine leichte Transparenz auch in erhaltenswerten Bereiche. Öffnen Sie die Informationenpalette mit dem **Fenster**-Menü, rufen Sie per Palettenmenü die **Paletten-Optionen** auf und stellen Sie **Deckkraft** als Kriterium für eine Farbwerteanzeige ein. Dann halten Sie den Mauszeiger über eine fragliche Bildstelle und prüfen, ob noch die volle Deckkraft erhalten ist (»Dk 100%«). Eventuell können Sie kleinere Löcher mit dem Protokollpinsel reparieren.

Halbtransparente Bereiche erzeugen

Anders als Radiergummi und Magischer Radiergummi bietet der Hintergrund-Radiergummi keinen Deckkraft-Regler. Letztlich entstehen immer voll transparente Bereiche; nur in den Rändern einer weichen Pinselvorgabe bleibt halb deckendes Material zurück. Sie können jedoch auch an beliebigen anderen Bildstellen Halbtransparenz herstellen:

» Verwenden Sie den Befehl **Bearbeiten: Verblassen: Hintergrund-Radiergummi** (⇧+Strg+F). Damit schwächen Sie den letzten Zug des Hintergrund-Radiergummis stufenlos ab.

» Malen Sie mit dem Protokollpinsel (Kurztaste Y, Seite 97) deckende Pixel ins Bild zurück, nachdem Sie in der Protokollpalette eine frühere Bildversion als Quelle festgelegt haben. In den Optionen regeln Sie die Deckkraft nach Bedarf.

16.1.8 Lasso und Polygon-Lasso

Das Lasso erzeugt beliebige, frei geformte Auswahlbereiche. Hinzu kommen zwei Varianten:

» Das Polygon-Lasso produziert Auswahlen zwischen einzelnen Eckpunkten, die Sie durch Klicks setzen.

» Das Magnet-Lasso orientiert sich ebenfalls an einzelnen Klicks; es verbindet diese aber nicht unbedingt durch Geraden, sondern folgt Motivkonturen (Seite 609).

Abbildung 16.22 Drei verschiedene Lassowerkzeuge finden Sie in der Werkzeugleiste. Zwischen Lasso und Polygon-Lasso wechseln Sie auch bequem per Alt-Taste.

Es ist indes nervenaufreibend, per Lasso um eine komplexe Figur herumzumanövrieren: Viel zu schnell schließt Photoshop die Auswahl schon wieder ungewollt. Viel geruhsamer arbeiten Sie mit einer Kombination aus Zeichenstiftwerkzeug, Zauberstab, Alphakanal- oder Schnellmasken-Korrekturen und auch mal mit dem Lasso.

In der Regel setzt man das Lasso nur in Kombination mit anderen Werkzeugen ein – zum Beispiel, um zunächst eine grobe Auswahl zu markieren, die dann noch verfeinert wird, oder um einzelne, unruhig gefärbte Bereiche auf einen Schlag zu erfassen, bei denen der Zauberstab keine Chance hat. Nicht zuletzt dient das Lasso dazu, große Bereiche eines Alphakanals oder einer Ebenenmaske einzufangen und einzufärben.

Abbildung 16.23 Das Polygon-Lasso erzeugt mehreckige Auswahlbereiche. Sie klicken lediglich die Eckpunkte ins Bild. Die Auswahl wurde mit Zauberstab und normalem Lasso verfeinert. Vorlage: Auswahl_13

Polygon-Lasso

Das Polygon-Lasso erreichen Sie neben dem Lasso im selben Fach der Werkzeugleiste. Mit dem Polygon-Lasso markieren Sie eckige Figuren. Klicken Sie den Umriss ins Bild; klicken Sie doppelt, wenn Sie den Auswahlumriss schließen wollen. Oder halten Sie die Taste über den Anfangseckpunkt; dann sehen Sie einen Kreis neben dem Polygon-Lasso – jetzt reicht ein Einzelklick, um die Auswahl zu schließen.

Schalten Sie per Alt-Taste flexibel zwischen den Lasso-Werkzeugen hin und her:

» Wenn Sie mit dem normalen Lasso arbeiten, drücken Sie die Alt-Taste; anschließend setzen Sie im Stil des Polygon-Lassos nur noch Eckpunkte. Lassen Sie die Alt-Taste los, um wieder eine freie Lassokontur zu erzeugen.

» Setzen Sie mit dem Polygon-Lasso Eckpunkte ins Bild; dann drücken Sie die Alt-Taste, um zwischenzeitlich eine völlig freie Kontur nach Lassoart zu ziehen.

16.1.9 Magnetisches Lasso

Zauberstab und Lasso treffen sich im magnetischen Lasso: Sie klicken Orientierungspunkte ins Bild, ganz wie beim Polygon-Lasso. Photoshop verbindet die Punkte aber nicht auf dem kürzestmöglichen Weg; stattdessen folgt die Linie den Bildkonturen. Alternativ führen Sie den Mauszeiger ganz ohne Klicken am Motiv entlang – Photoshop setzt sich seine Punkte auch selbst.

In der Werkzeugleiste steckt ja auch der Freiform-Zeichenstift mit der Option Magnetisch; der erzeugt – orientiert an Bildkonturen – sofort einen Pfad und bildet eine direkte Alternative zum magnetischen Lasso. Magnetischer Zeichenstift und magnetisches Lasso haben die gleichen Optionen und die gleichen Tastaturbefehle. Die folgende Besprechung gilt für beide Werkzeuge.

TIPP Das magnetische Lasso erwischt nicht immer die Ideallinie. Das gilt auch für Objekte, die durch Scharfzeichnen einen Lichtsaum erhielten und damit mehrere deutliche Konturen nebeneinander zeigen.

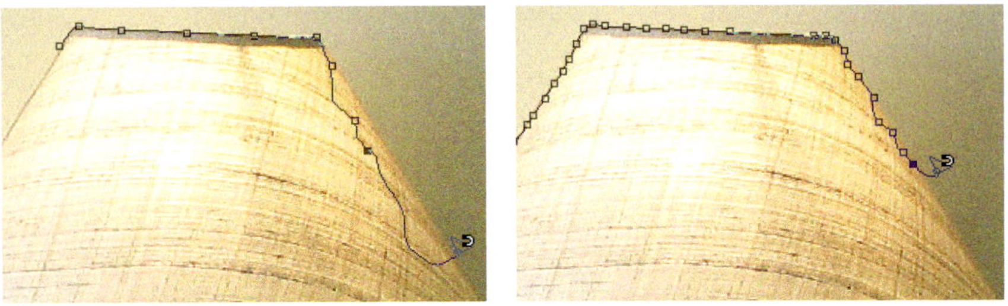

Abbildung 16.24
Links: Die Auswahl mit dem magnetischen Lasso gerät in diesem Bereich mit schwachen Kontrasten sehr ungenau.
Rechts: Präziser wird die Auswahl, wenn man die Zahl der Punkte manuell oder automatisch erhöht und die »Breite« verkleinert. Datei: Auswahl_14

Punkte setzen

Klicken Sie mit Magnet-Lasso oder Magnet-Zeichenstift einen ersten Punkt direkt an der gewünschten Kontur. Nun bewegen Sie den Mauszeiger ohne Drücken der Maustaste weiter – die Auswahlvorschau folgt automatisch einer Kontur im Bild. Weitere Punkte setzen Sie per Klick – oder Photoshop setzt die Punkte auch ohne Sie.

Manchmal reißt die Markierungslinie in die falsche Richtung aus. Dann bewegen Sie den Zeiger ohne Drücken zurück bis zu einer Stelle mit korrekt sitzender Auswahl. Dort klicken Sie einen Punkt hin. Arbeiten Sie sich mit weiteren Klicks vor. Maßnahmen bei Fehltreffern: Sie erhöhen die Frequenz – also die Zahl der Punkte, die Photoshop automatisch setzt – oder Sie senken die Breite, also die Bildbreite, die das magnetische Lasso nach Konturen absucht.

Klicken Sie doppelt oder klicken Sie bei gedrückter Strg-Taste, um die Auswahl zu schließen. Auch jetzt bewegt sich die Auswahllinie nicht auf kürzestem Weg zum Startpunkt, sondern folgt Bildkonturen. Halten Sie das Magnet-Werkzeug über den ersten Punkt oder drücken Sie die Strg-Taste, erscheint ein kleiner Kreis neben dem Werkzeugsymbol über der Datei. Nun können Sie die Auswahl mit Einzelklicks schließen.

Punkte zurücknehmen

Der jeweils neueste Punkt auf dem Monitor erscheint gefüllt, die anderen Punkte sehen Sie als lichtes Geviert. Auch wenn das magnetische Lasso schon wieder weitere Konturen verfolgt hat – bis zum letzten gefüllten Punkt kehren Sie jederzeit durch schlichtes Mausschieben zurück. Und die gefüllten Punkte löschen Sie einfach nach und nach mit der Entf-Taste. Verschieben können Sie die Punkte nur beim Magnet-Pfad, nicht beim Magnet-Lasso.

Optionen

So steuern Sie Magnet-Lasso und Magnet-Zeichenstift:

» Legen Sie fest, auf welcher Breite die Werkzeuge nach markanten Konturen fahnden. Niedrige Werte lotsen die Auswahl eng am Objekt entlang und verhindern Ausreißer; entferntere Kontraste lenken Ihr Werkzeug dann nicht mehr ab. Hat das Motiv aber kleinere Ecken und Kanten, erhöhen Sie die Breite; dann müssen Sie mit dem Mauszeiger nicht jeder Motivkurve hinterherfahren. Drücken Sie die ⇩, erscheinen die Werkzeuge als Kreis in der gewählten Breite; nur innerhalb des Kreises fahndet Photoshop nach Kontrasten.

» Grafiktablett-Nutzer schalten die Option Zeichenstift-Druck ein; eine Steigerung des Andrucks erhöht die Breite.

» Wenn Sie nicht selber klicken, erzeugt Photoshop seine eigenen Orientierungspunkte. Wie viele, das steuern Sie im Feld Frequenz von 1 bis 100, hohe Werte erzeugen mehr Punkte. Je mehr Punkte das

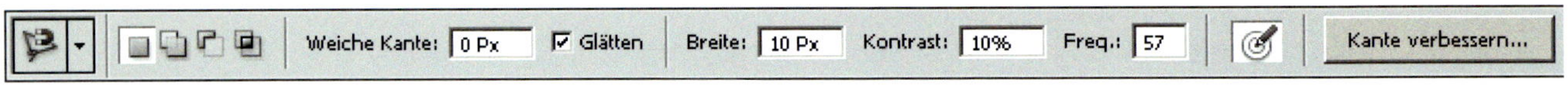

Abbildung 16.25 Wie genau das magnetische Lasso Mausklicks und Bildkonturen verfolgt, regeln Sie in den Optionen. Vergleichbare Einstellmöglichkeiten bietet auch der Freiform-Zeichenstift mit der Option »Magnetisch«.

Programm setzt, desto schwieriger wird es, Linien nachträglich durch Rückschritte wieder zu korrigieren. Allerdings haben Sie bei hoher Punktzahl die Einzelsegmente besser im Griff und müssen weniger fürchten, dass das Lasso ausreißt und unerwünschten Konturen hinterherhechelt.

» Je höher der Kontrast, desto stärker müssen die Tonwertgegensätze sein, denen das magnetische Lasso noch folgt. Bei niedrigen Werten wie »5« findet es alle möglichen Bildteile anziehend. Die [.]-Taste hebt den Kontrast an, mit der [,]-Taste senken Sie den Wert.

TIPP Der Maximalwert für die Breite beträgt 256 Pixel. Wenn Sie das magnetische Lasso also durch eine sehr große, diffuse Zone führen, wird es dort verzweifelt Konturen ausmachen und nicht etwa eine 257 Pixel entfernte Objektkante aufspüren.

16.1.10 Auswahlrechteck und Auswahlellipse

Auswahlrechteck und Auswahlellipse (Kurztaste [M]) teilen sich zusammen mit der Auswahl von Einzelspalte und Einzelzeile ein Feld auf der Werkzeugleiste. Per [Alt]+[M] oder mit [Alt]-Klicks auf ein Werkzeugsymbol schalten Sie zwischen den Tools hin und her.

Die wichtigsten Tastaturbefehle:

» Ziehen Sie die Maus mit gedrückter [Alt]-Taste, vergrößert sich die Auswahl von der Mitte her in beide Richtungen. So zentrieren Sie die Auswahl rund um ein Hauptmotiv.

» Bei gedrückter [⇧]-Taste gerät die Auswahl garantiert nicht länglich rechteckig oder oval, sondern quadratisch bzw. kreisrund.

» Mit [Alt]+[⇧] ziehen Sie exakt Kreis oder Quadrat vom Mittelpunkt auf.

» Ziehen Sie Rechteck oder Kreis auf und drücken Sie unmittelbar danach die [Leer]-Taste, um die Auswahlkontur zu verschieben.

Optionen

Diese Möglichkeiten finden Sie in den Optionen:

» Geben Sie ein bestimmtes Seitenverhältnis vor, Dezimalwerte sind erlaubt. Sie kopieren sehr einfach das Seitenverhältnis einer anderen Datei, wenn Sie deren Pixel- oder Zentimeterwerte in die Felder für Breite und Höhe eintragen (ohne Maßeinheit).

» Feste Grösse bei Auswahlrechteck oder Auswahlellipse diktiert feste Werte quer mal hoch – Maßeinheiten wie **Pixel**, **Zentimeter** oder **Prozent** bietet Photoshop wie immer per Kontextmenü an. Nützlich ist die feste Pixelgröße, wenn Sie Bilder für Multimediazwecke auswählen und dann **Kopieren** oder per **Bild: Freistellen** den Rand abschneiden; das Freistellungswerkzeug trennt dagegen kaum fixe Pixelzahlen heraus, ohne dass es zu Interpolation kommt.

Die Auswahlen mit Rechteck oder -ellipse können »magnetisch« an Bildrändern, Hilfslinien, Ebenen und anderen »Extras« andocken. Die magnetischen »Extras« steuern Sie mit dem Untermenü **Ansicht: Ausrichten an**.

TIPP Sie wollen genau ein Viertel des Bilds auswählen. Sie könnten nun **Hilfslinien** oder **Raster** mit 25-Prozent-Unterteilung anlegen, es geht aber auch mit dem Auswahlrechteck: Stellen Sie als Art die Feste Grösse ein, dann tippen Sie »25%« in das Feld Breite und »100%« in das Feld Höhe.

Einzelne Zeilen oder Spalten auswählen

Für die waagerechte Auswahl einer einzelnen Pixelzeile verwenden Sie das Werkzeug Einzelne Zeile, senkrechte einzelne Pixelbalken erfasst das Werkzeug Einzelne Spalte. Wählen Sie nun **Bearbeiten: Fläche füllen**, wird

Abbildung 16.26 Stellen Sie Auswahlrechteck und Auswahlellipse auch auf feste Seitenverhältnisse oder Pixelzahlen ein. Perfekte Quadrate oder Kreise erhalten Sie auch bei gedrückter [⇧]-Taste.

daraus eine Linie in der aktuellen Vordergrundfarbe. Das Werkzeug Einzelne Spalte hat nichts mit der Spaltenbreite zu tun, die Sie in den **Voreinstellungen** angeben.

TIPP Wollen Sie eine Gerade ins Bild zeichnen, brauchen Sie nicht unbedingt die Werkzeuge für einzelne Zeilen oder einzelne Spalten. Sie können auch ein Malwerkzeug wie Pinsel oder Buntstift verwenden und zwei Punkte bei gedrückter ⇧-Taste verbinden. Wenn Sie ziehen statt klicken, sind nur rechte Winkel möglich. Noch flexibler sind Sie mit dem Linienzeichner (Seite 667).

16.2 Auswahlbefehle und -optionen

Drei Klicks mit Schnellauswahl oder Lasso reichen meist nicht - die Auswahl muss verfeinert werden. Im **Auswahl**-Menü beherbergt Photoshop nützliche Befehle.

16.2.1 Auswahlen erkennen

Zuerst aber: Wie erkennen Sie überhaupt, welche Bildteile ausgewählt sind? So wirkt eine Zauberstabauswahl über unruhiger Fläche oft unübersichtlich; vielleicht haben Sie die Auswahlbegrenzung auch mit Strg+H versteckt. So erkennen Sie schnell, ob und was ausgewählt ist:

» Ist nichts ausgewählt, bietet das **Auswahl**-Menü nur wenige Befehle an.

» Wechseln Sie vorübergehend in den Maskierungsmodus mit der Kurztaste Q; Photoshop deckt nicht ausgewählte Bereiche rötlich ab - sofern etwas ausgewählt ist.

16.2.2 Auswahlen ausblenden, aufheben, wiederholen

Sie können die Fließmarkierung entfernen oder verstecken.

Auswahlen verbergen

Verbergen Sie die Auswahlmarkierung, um Randübergänge beim Bearbeiten genau zu beurteilen. Die Auswahl-Fließmarkierung zählt - zusammen mit Hilfslinien, Grundraster und weiteren Elementen - zu den sogenannten »Extras« bei der Bilddarstellung.

Sie verbergen die Fließmarkierung mit dem Befehl **Ansicht: Extras** (Strg+H) oder mit dem Untermenü **Ansicht: Einblenden**, ohne sie zu entfernen. Der Befehl **Ansicht: Einblenden** und der Tastengriff Strg+H stehen selbst bei geöffnetem Korrekturdialog wie etwa Farbton/Sättigung zur Verfügung.

»Auswahl aufheben«

Der Befehl **Auswahl aufheben** (Strg+D, für Deselect) hebt jegliche Auswahl wieder auf. Rasch verschwindet die Auswahllinie auch durch Klick mit einem Auswahlwerkzeug wie dem Lasso außerhalb der Auswahl; dabei muss die Schaltfläche Neue Auswahl gedrückt sein.

»Erneut auswählen«

Die letzte Auswahl, die Sie entfernt haben, merkt sich Photoshop. Er gibt sie Ihnen wieder mit dem Befehl **Auswahl: Erneut auswählen** (Strg+⇧+D). Dabei spielt es keine Rolle, wie viele Eingriffe Sie seither unternommen haben.

Der Befehl zieht seine Informationen aus dem Protokollspeicher und sucht sich dort die nächste zurückliegende Auswahl. Sind Sie in der Protokollpalette um viele Schritte zurückgesprungen - hinter Ihre letzte Auswahl -, dann lädt Photoshop per **Erneut wählen** nur eine noch davor erstellte Auswahl; oder das Programm bietet **Erneut wählen** gar nicht erst an, sofern Sie in der Protokollpalette auf ein Bildstadium zurückgegriffen haben, das noch gar keine Auswahl erlebt hatte.

»Auswahl umkehren«

Wenn Sie die **Auswahl umkehren** (Strg+⇧+I, für Invert), markiert Photoshop alle Bildpunkte, die zuvor nicht markiert waren. Dieser Befehl ermöglicht das typische Ausschneiden von Hauptmotiven vor homogenem Hintergrund:

1. Sie fotografieren ein Objekt vor einfarbiger Kulisse.
2. Sie wählen den einfarbigen Hintergrund mit Zauberstab oder Schnellauswahl aus.
3. Dann kehren Sie die Auswahl um - nur noch das Objekt ist ausgewählt.

Abbildung 16.27 **1. Bild:** Wir rahmen ein Stück rotlackierte Tür mit dem Rechteckwerkzeug ein. **2. Bild:** Der Befehl »Auswahl: Auswahl vergrößern« wählt farbähnliche Bereiche, die unmittelbar angrenzen, hier bei einer (zu) engen Zauberstab-»Toleranz« von 20. **3. Bild:** Zum Vergleich »Auswahl vergrößern« mit einer Zauberstab-»Toleranz« von 64; so erfasst Photoshop den roten Bereich besser. **4. Bild:** Ausgehend von der Rechteck-Auswahl in Bild 1 verwenden wir »Auswahl: Ähnliches Auswählen« für Rottöne quer durchs Bild, wieder mit einer Zauberstab-»Toleranz« von 64. Die Auswahl wird hier jedoch ungenau. Datei: Auswahl_11

4. Sie können das Objekt jetzt isoliert korrigieren oder mit dem Verschiebenwerkzeug in ein anderes Bild ziehen.

So fangen Sie Personen, Bauwerke und Landschaften vor blauem Himmel, Produkte vor einfarbiger Studiokulisse oder Lettern auf weißem Grund ein.

»Alles auswählen«

Der Menübefehl **Auswahl: Alles auswählen** (Strg+A) umgibt das komplette Bild mit der schillernden Begrenzung. Sie wählen etwa das Gesamtwerk aus, wenn Sie es via Zwischenablage in ein anderes Bild oder in ein anderes Programm kopieren wollen. Oder Sie wählen das ganze Bild aus, um es durch **Bearbeiten: Löschen** bzw. per Entf-Taste mit der Hintergrundfarbe zu füllen - eine komplett ausgewählte Ebene wird transparent gelöscht.

Vielleicht wollen Sie das komplette Werk filtern, kontrastkorrigieren, füllen oder in eine andere Datei ziehen - dann brauchen Sie die Gesamtauswahl wohlgemerkt nicht: Denn wurde gar nichts gewählt, wirken Filter und Tonwertbefehle automatisch auf das ganze Bild.

Pixelmaße auf andere Datei übertragen

Sinn macht **Alles auswählen** auch, wenn Sie die Pixelmaße einer kleineren Datei auf eine größere Datei übertragen wollen. Sie können diese größere Zieldatei dann ohne Pixelneuberechnung auf die Maße der kleineren zurechtstutzen oder einen entsprechenden Bildbereich kopieren. Das Procedere:

1. Markieren Sie die gesamte kleinere Datei mit Strg+A.
2. Ziehen Sie die Auswahl mit einem Auswahlwerkzeug wie dem Rechteck in die größere Datei.
3. Rücken Sie die Auswahl dort mit einem Auswahlwerkzeug über dem gewünschten Ausschnitt zurecht.
4. Schneiden Sie den Außenrand beispielsweise mit dem Befehl **Bild: Freistellen** weg.

16.2.3 Auswahlen um farbähnliche Bereiche erweitern

Zwei Menübefehle erweitern eine vorhandene Auswahl um farbähnliche Bildzonen. So wirken die Befehle:

» Der Befehl **Auswahl: Auswahl vergrößern** erweitert eine Auswahl nur um farbähnliche angrenzende Pixel; dies entspricht der Option Benachbart von Zauberstab oder Magischem und Hintergrund-Radiergummi (Seite 601).

» Mit der Funktion **Auswahl: Ähnliches auswählen** fischen Sie dagegen nach farbähnlichen Pixeln im kompletten Bild. Eine Alternative ist oft der Befehl **Auswahl: Farbbereich auswählen** (Seite 616).

Für beide Befehle gilt:

» Sie müssen die vorhandene Auswahl nicht mit Zauberstab oder Schnellauswahl angelegt haben. Greifen Sie vorab genauso gut zu Auswahlrechteck oder Lasso.

» Bei der Ausdehnung der Auswahl orientiert sich Photoshop an der Toleranz aus den Zauberstaboptionen. Ändern Sie also diese Vorgabe, wenn die Befehle **Auswahl vergrößern** oder **Ähnliches auswählen** nicht wie gewünscht wirken.

Wollen Sie die Auswahl ohne Orientierung an Farbähnlichkeit einfach gleichmäßig ausdehnen oder schrumpfen lassen, verwenden Sie **Auswahl: Kante verbessern**.

TIPP Auswahlen können Sie als Alphakanal, Ebenenmaske oder als Pfad speichern. Dazu verwenden Sie Befehle aus dem **Auswahl**-Menü oder aus den Paletten für Kanäle und Pfade. Wir besprechen die Funktionen ausführlich ab Seite 636 und 675.

16.2.4 Auswahl aus Ebenen ableiten

Arbeiten Sie mit Ebenen, dann laden Sie unkompliziert den Umriss eines Objekts als Auswahl. Die Auswahl orientiert sich an den Deckkraftinformationen: Ausgewählt werden nur Bereiche mit Deckkraft, transparente Zonen umgibt Photoshop nicht mit einer Fließmarkierung. Geglättete oder weiche Kanten oder halbtransparente Partien haben nur geschwächte Auswahlwirkung. So geht's:

» Klicken Sie bei gedrückter Strg-Taste auf die Ebenenminiatur in der Ebenenpalette (nicht auf das Namensfeld neben der Miniatur); so laden Sie die Kontur des Objekts als Auswahl. Eine bereits im Bild vorhandene Auswahl wird dabei ersetzt.

» Wollen Sie eine im Bild vorhandene Auswahl um die Ebenenkontur erweitern, klicken Sie die Ebenenminiatur mit Strg+⇧-Taste an.

» Um von einer vorhandenen Auswahl die Ebenenkontur abzuziehen, klicken Sie die Miniatur mit Strg+Alt-Taste an.

» Um nur die Schnittmenge aus vorhandener Auswahl und Ebenenkontur als Auswahl zu erzeugen, drücken Sie Strg+⇧+Alt beim Klick auf die Miniatur.

Exakt dieselben Tastengriffe gelten auch beim Klick auf Miniaturen von Ebenenmasken, Grundfarbenkanälen und Alphakanälen. Ein Beispiel: Klicken Sie die Ebenenmasken-Miniatur mit gedrückter Strg-Taste an, wenn Sie die Ebenenmasken-Information als Auswahl laden wollen.

Übersicht: Hauttöne auswählen

Bei Porträtretuschen will man die Hauttöne auswählen, um nur diesen Bildbereich zu bearbeiten, zum Beispiel zum Glätten. Oder Sie kehren die Hautton-Auswahl um (Strg+⇧+I), damit diese Bildpartie nicht mitverändert wird, etwa beim Scharfzeichnen. Natürlich können Sie Hauttöne allgemein mit Schnellauswahl-Werkzeug und Co. markieren. Doch zeigt Ihr Foto zum größeren Teil Hauttöne, eignen sich auch diese Methoden, um Haut auf die Schnelle auszuwählen:

» Halten Sie die Strg-Taste gedrückt und klicken Sie in der Kanäle-Palette auf die RGB-Miniatur. So laden Sie die helleren Bildbereiche als Auswahl.

» Halten Sie die Strg-Taste gedrückt und klicken Sie in der Kanäle-Palette auf die Rot-Miniatur. So laden Sie die helleren Bereiche des Rot-Kanals als Auswahl – mutmaßlich mit hohem Anteil der Hauttöne.

» Der Befehl **Auswahl: Farbbereich** wählt auf Wunsch nur Gelbtöne oder nur Rottöne aus.

Je nach Aufgabe verfeinern Sie die erste Auswahl weiter. Heben Sie den Bereich mit Strg+J auf eine eigene Ebene, um die Zone isoliert vom Gesamtbild zu verarzten.

16.2.5 Befehle im Überblick: Auswahl

Taste/Feld	Zusatztasten	Aktion	Ergebnis
Q			Wechsel zwischen Standard- und Maskierungsmodus
			Arbeit im Maskierungsmodus
	Alt		Geschützten/gewählten Bereich farblich abdecken
	Alt		Auswahl von der Mitte aufziehen
	⇧		Nur Quadrat-/Kreisauswahl möglich
	Leer-Taste (beim Erstellen)	(ziehen)	Neuen Auswahlrahmen bewegen
		(Bewegung im Bild)	Freiform-Auswahl
	⇧		Zu bestehender Auswahl hinzufügen
	Alt		Von bestehender Auswahl abziehen
	Strg + ⇧	Ziehen im Bild	Schnittmenge von Auswahlbereichen wählen
			Zu bestehender Auswahl hinzufügen
			Von bestehender Auswahl abziehen
	⇧	Klicken, dann ziehen	Auswahlkontur in festen Winkeln bewegen
Pfeiltaste			Auswahlkontur in 1-Pixel-Schritten bewegen (bei aktiviertem Auswahlwerkzeug)
Pfeiltaste	⇧		Auswahlkontur in 10-Pixel-Schritten bewegen (bei aktiviertem Auswahlwerkzeug)
Strg + A (für All)			Alles auswählen
Strg + D (für Deselect)			Auswahl aufheben
⇧ + F6			Weiche Auswahlkante
Strg + H			Auswahlbegrenzung (und andere »Extras«) ein-/ausblenden
Strg + I	⇧		Auswahl umkehren
Strg + J			Ausgewählte Pixel auf neue Ebene duplizieren
[Ebenenminiatur]	Strg		Deckkraftinformation aus Ebene als Auswahl laden
[Ebenenminiatur]	Strg + Alt		Vorhandene Auswahl um Deckkraftinformation aus Ebene verkleinern
[Ebenenminiatur]	Strg + ⇧		Vorhandene Auswahl um Deckkraftinformation aus Ebene erweitern
[Kanalminiatur]	Strg		Helligkeitsinformation aus Ebene als Auswahl laden
[Kanalminiatur]	Strg + Alt		Vorhandene Auswahl um Helligkeitsinformation aus Ebene verkleinern
[Kanalminiatur]	Strg + ⇧		Vorhandene Auswahl um Helligkeitsinformation aus Ebene erweitern

Abbildung 16.28 Der Befehl »Farbbereich« erfasst einzelne Farbtöne oder Helligkeitswerte im gesamten Bild. Die Auswahl wird in Graustufen dargestellt. Wir testen die Funktion mit einem Langlauffoto.

16.3 »Farbbereich«

Der **Auswahl**-Befehl **Farbbereich** wählt bestimmte Farbtöne im ganzen Bild mit regelbarer Toleranz aus. Ist bereits eine Ebenenmaske vorhanden, bietet die Maskenpalette die Schaltfläche FARBBEREICH; damit lässt sich die Maske verfeinern oder komplett umbauen.

Im AUSWAHL-Klappmenü bestimmen Sie, welche Tonwertbereiche Photoshop markieren soll – ROTTÖNE, LICHTER oder Bildpunkte AUSSERHALB DES FARBUMFANGS. Wählen Sie zum Beispiel die TIEFEN, um dunkle Bildpunkte unabhängig von anderen Helligkeitswerten zu verändern.

»Aufgenommene Farben«

Die Option AUFGENOMMENE FARBEN des Befehls **Auswählen: Farbbereich** funktioniert nach Art des Zauberstabs ohne die Option BENACHBART: Sie wählt alle Farben aus, die Sie im Bild oder in der Vorschau anklicken.

Dabei werden stets ähnliche Farbwerte im ganzen Bild erfasst, unabhängig von trennenden Bereichen dazwischen. Darum eignet sich **Farbbereich** vor allem für Motive, in denen der gesuchte Farbbereich sehr homogen und deutlich abgeschlossen ist. Teils abgeschattete Bereiche oder ähnliche Farben außerhalb der gewünschten Zone verhindern gute Ergebnisse. Häufig kommen

Abbildung 16.29 Wir verwenden den Befehl »Farbbereich« mit der Auswahlvorschau »Schwarzer Hintergrund«. **Links:** Die »Toleranz« von 40 wählt die rote Kleidung nicht sauber aus. **Mitte:** Eine 100er »Toleranz« erfasst immer noch nicht alles. **Rechts:** Mit 40er »Toleranz« und der Pipette »Hinzufügen« nehmen wir zusätzliche Farbnuancen in die Auswahl auf. Allerdings sind auch schon Gesichter und Skibindungen teils ausgewählt. Die Auswahl der »Rottöne« im Klappmenü oben bringt auch kein besseres Ergebnis. Datei: Auswahl_16

Abbildung 16.30 Links: Wir schalten die »lokalisierten Farbgruppen« ein und senken den »Bereich« auf 30 Prozent. Der linke Langläufer fliegt jetzt aus der Auswahl – ebenso allerdings der unterste Bereich des rechten Wintersportlers. **Mitte:** Wir stellen die Auswahlvorschau auf »Graustufen«; nicht weiß gezeigte Bereiche sind noch nicht vollständig gewählt und würden zum Beispiel nicht sauber umgefärbt. **Rechts:** Die »Hinzufügen«-Pipette verbessert das Ergebnis, liefert aber keine perfekte Auswahl.

Sie mit der Schnellauswahl plus Nachbearbeitung flotter zum Ziel.

TIPP Wollen Sie einen **Farbbereich auswählen**, um ihn mit dem Befehl **Farbton/Sättigung** zu verändern? Dazu brauchen Sie nicht diese zwei Funktionen hintereinander aufzurufen. Photoshop fasst die Funktionen unter dem Menüpunkt **Bild: Korrekturen: Farbe ersetzen** zusammen (Seite 619).

Vorschau im Dialogfeld

Unter dem Vorschaubild im Dialogfeld haben Sie diese Optionen:

- AUSWAHL: Photoshop hebt den markierten Bereich im Vorschaubild innerhalb des Dialogfelds bereits hervor.
- BILD: Photoshop bietet die unveränderte Datei auch in der Vorschaudarstellung an; das macht Sinn, wenn Sie von dem Dokument nur einen Ausschnitt auf dem Schirm sehen. Im Vorschaubild können Sie immer noch Pixel aus dem gesamten Werk anklicken.

Die Strg-Taste schaltet jederzeit klickfrei zwischen den beiden Darstellungsweisen hin und her.

Vorschau im Bild

Ganz unten neben AUSWAHLVORSCHAU geben Sie an, wie Photoshop die aktuelle Auswahl in der Bilddatei zeigt:

- Zum Beispiel kann ein WEISSER HINTERGRUND oder ein SCHWARZER HINTERGRUND die gewählten Bildpunkte umgeben – gemeint sind Schwarz oder Weiß als Umgebungsfarbe.
- Lassen Sie die Vorschau als GRAUSTUFEN zeigen, erscheinen markierte Pixel weiß, nicht markierte schwarz. Nur mehr oder weniger ausgewählte Bildpunkte sehen Sie mehr oder weniger hell.
- Entscheiden Sie sich für MASKIERUNGSMODUS, zeigt Photoshop die Auswahl mit den aktuellen Einstellungen für den Maskierungsmodus. Die Optionen für die Maskendarstellung erhalten Sie nach einem Doppelklick auf den Schalter für MASKIERUNGSMODUS unten in der Werkzeugleiste.

Toleranz und Pipetten

Der TOLERANZ-Regler bestimmt, wie weit die ausgewählten Farbtöne von dem angeklickten Pixel abweichen dürfen. Hohe Werte führen zu großen – vielleicht ungenauen – Auswahlen. So geht's:

- Mit der Pipette – quasi der Zauberstab – klicken Sie auf einen Bildpunkt mit einem Tonwert, den Photoshop markieren soll; erfasst werden farbähnliche Bildpunkte quer durch die Datei, also nicht nur benachbarte.

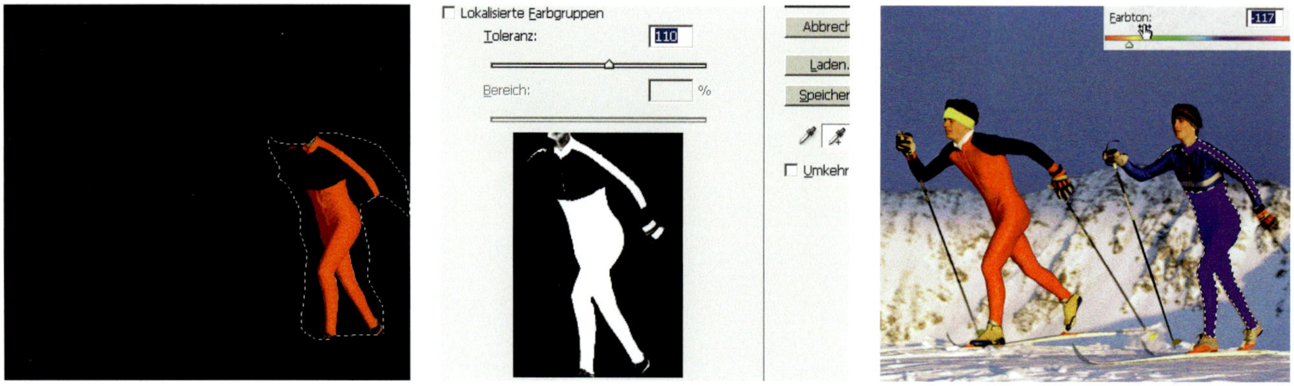

Abbildung 16.31 **Links:** Wir wählen den interessanten Bildbereich mit dem Lasso aus und rufen dann erst den »Farbbereich« auf. Nur innerhalb der gegebenen Auswahl trifft der »Farbbereich«-Dialog jetzt eine feinere Auswahl. **Mitte:** Das Dialogfeld zeigt in der Vorschau nur den ausgewählten Bereich; die Vorgabe »Lokalisierte Farbgruppen« ist überflüssig. **Rechts:** Der endgültige Auswahlbereich wurde umgefärbt.

» Die Pluspipette Hinzufügen ergänzt die Auswahl um neue Tonwerte.

» Die Minuspipette Entfernen zieht Tonwerte von der Auswahl ab; sie funktioniert erst, wenn die Pluspipette einmal eingesetzt wurde.

Per ⇧-Taste wechseln Sie vorübergehend zur Pluspipette, die Alt-Taste verhilft zur Minuspipette. Lästig jedoch: Die eingestellte Toleranz gilt immer für alle mit den Pipetten angepeilten Punkte zugleich. Sie können also zu einer großzügigen Auswahl bei hoher Toleranz von 100 nicht noch eine Randfarbe mit niedriger Toleranz hinzufügen. Im Beispiel ist es schwierig, erst die roten Bereiche und dann auch noch das blaue Feld zu erfassen.

ACHTUNG Der Befehl **Farbbereich auswählen** wählt Farben teilweise fein abgestuft nur zu 90 oder 77 Prozent aus. Bei einer späteren Bearbeitung – etwa mit **Farbton/Sättigung** – wirkt sich der Befehl auf diese Pixel nur teilweise aus, die alte Fassung lugt unter der Bearbeitung hervor. Darum sollte man die Auswahl des Farbbereich-Befehls bei Bedarf nachbearbeiten.

»Lokalisierte Farbgruppen«

Der Farbbereich wählt den angegebenen Farbton zunächst im gesamten Bild aus – darum geraten in unserem Beispielbild beide rotgewandeten Skifahrer in die Auswahl. Soll der **Farbbereich** jedoch nur in einer bestimmten Bildzone auswählen, markieren Sie die Bildpartie grob mit Lasso oder Rechteck.

Alternativ schalten Sie die apart betitelten Lokalisierten Farbgruppen ein. Jetzt trifft Photoshop bereits eine Vorauswahl (von der Sie allerdings keine Markierungslinie sehen): Ein Kreis um den zuerst angeklickten Bildpunkt herum, mit weichem Übergang. Die Wirkung:

» Was weit weg vom ersten Klickpunkt liegt, wird gar nicht ausgewählt.

» Was in der Übergangszone liegt, wird nur schwach ausgewählt.

Ziehen Sie den Bereich-Regler nach links, von 100 auf 50 oder 30 Prozent. Je niedriger der Wert, desto kleiner wird der Kreis, in dem der Farbbereich noch etwas auswählt. Präzise arbeiten kann man so nicht.

16.3.1 Auswahl aus Helligkeit ableiten

Sie wollen helle oder dunkle Bildbereiche auswählen, um sie separat von anderen Helligkeitsbereichen zu bearbeiten. Das kann der Befehl **Farbbereich**, aber noch differenzierter geht es mit der Kanälepalette. Beispiele:

» Halten Sie die Strg-Taste gedrückt und klicken Sie in der Kanälepalette auf die Miniatur des RGB-Kanals. So entsteht eine Fließmarkierung, bei der sehr Helles zu fast 100 Prozent ausgewählt ist, sehr Dunkles fast gar nicht und Mittelhelles mit 50 Prozent Inten-

Abbildung 16.32 **1. Bild:** Per Strg-Klick auf die Kanalminiatur laden Sie deren Helligkeitsinformation als Auswahl. **2. Bild:** Ein Strg-Klick auf den RGB-Gesamtkanal wählt vor allem den Schnee aus. **3. Bild:** Der Strg-Klick auf die Rot-Miniatur wählt die roten Trikots aus – sowie auch den Schnee. **4. Bild:** Wie im dritten Bild, haben wir zuerst bei gedrückter Strg-Taste auf die »Rot«-Miniatur geklickt; danach folgte ein Strg+Alt-Klick auf die »RGB«-Miniatur, um diese Helligkeitswerte von der Auswahl abzuziehen. So ist nur noch die Kleidung selbst ausgewählt, der Schnee verschwindet aus der Auswahl. Datei: Auswahl_16

sität. Haben Sie es auf dunkle Tonwerte abgesehen, kehren Sie die Auswahl mit Strg+⇧+I um.

» Sie möchten die Rottöne der Langläufer auswählen? Klicken Sie bei gedrückter Strg-Taste auf die Miniatur des Rot-Kanals.

» Der Strg-Klick auf den Rot-Kanal wählt auch Teile des Schnees mit aus. Entfernen Sie Bildbereiche mit starkem Blauanteil wieder aus der Auswahl: Sie drücken Strg- und Alt-Taste und klicken auf die Blau-Miniatur der Kanäle-Palette. Helle Bereiche des Blau-Kanals verschwinden so aus der Auswahl. (In diesem Beispiel eignet sich auch ein Strg+Alt-Klick auf die RGB-Gesamtminiatur.)

ACHTUNG Ähnlich wie **Farbbereich** und **Farbe ersetzen** erfasst auch die Auswahl per Kanal-Information Ihr Motiv selten zu hundert Prozent, weil die Kanäleminiaturen kaum reines Weiß enthalten. Die Schnellauswahl ist im Zweifel verlässlicher.

16.3.2 »Farbe ersetzen«

Der Befehl **Bild: Korrekturen: Farbe ersetzen** fasst zwei Befehle aus unterschiedlichen Ressorts zusammen: Er vereint die Auswahltechnik von **Farbbereich auswählen** (Seite 616) mit den Änderungsmöglichkeiten aus **Farbton/Sättigung**.

So geht's:

1. Wählen Sie erst die Farbe mit Pipetten und Toleranz aus, so wie Sie es vom Befehl **Farbbereich auswählen** her kennen.
2. Dann verschieben Sie den Farbton und manipulieren die Sättigung, wie es beim Befehl **Farbton/Sättigung** Usus ist (Seite 498).

TIPP Mitunter reicht es, wenn Sie direkt im Dialog **Farbton/Sättigung** nur einen einzelnen Farbbereich auswählen und umfärben (Seite 370).

Einschränkungen und Alternativen

Der Befehl **Farbe ersetzen** liefert Ihnen keine Auswahlmarkierung. Sie verschieben die Farbe, sagen OK und das war's. Sie können den Farbton-Regler nicht – wie beim Befehl **Farbton/Sättigung** – auf Farbtonbereiche wie etwa Rottöne beschränken. Die Lokalisierten Farbgruppen gibt es hier nur ohne Bereich-Regelung.

Wollen Sie den Auswahlbereich speichern oder verfeinern, dann wählen Sie den Bildteil nicht per **Farbe ersetzen** aus. So ist es präziser:

1. Nehmen Sie zum Beispiel den Befehl **Farbbereich auswählen** (siehe oben) oder besser noch die

Abbildung 16.33 Der Befehl »Farbe ersetzen« wählt einen Farbbereich aus und ermöglicht danach die Änderung von Farbton, Sättigung und Helligkeit. Datei: Auswahl_18

Schnellauswahl und wählen Sie den gewünschten Bereich aus.

2. Auf der Startseite der Korrekturenpalette legen Sie eine Einstellungsebene Farbton/Sättigung an. Weil Sie schon eine Auswahl im Bild haben, entsteht die Einstellungsebene mit passgenauer Ebenenmaske, Photoshop färbt nur die zuvor ausgewählten Bereiche um.

Farbe und Wirkungsbereich der Umfärbung stellen Sie jederzeit bequem um.

16.4 Auswahlen verfeinern mit »Kante verbessern«

Sie wollen vorhandene Auswahlen enger oder weiter fassen, eventuell nur örtlich? Stellenweise sind harte Übergänge zu grob? In diesem Hauptabschnitt geben wir einen Überblick über die Verbesserungsmöglichkeiten und besprechen das wichtigste Dialogfeld, **Kante verbessern**, das sich auch für Lockenköpfe und ähnlich schwierige Fälle eignet. Im nächsten Hauptabschnitt entdecken Sie weitere Wege zu perfekt sitzenden Auswahlumrissen.

Wann und wie Sie **Kante verbessern** in einer typischen Montage optimal einsetzen, lesen Sie kurz und bündig ab Seite 697.

16.4.1 Übersicht: So verfeinern Sie Auswahlränder

Photoshop lieferte unzählige Wege, Auswahlränder so zu verfeinern, dass sie wirklich nahtlos wirken:

» Besonders wichtig: der Befehl **Kante verbessern**. Diesen Befehl lernen Sie auf den nächsten Seiten kennen. Danach folgen die weiteren Funktionen.

» Bequemer als **Kante verbessern** ist oft die Arbeit in Ebenenmasken oder Schnellmasken. Sollen Alphakanal oder Schnellmaske gleichmäßig schrumpfen, nehmen Sie die **Filter**-Befehle **Helle Bereiche ver-**

größern oder **Dunkle Bereiche vergrößern**, für Ebenenmasken wiederum **Kante verbessern**.

» Wandeln Sie Auswahlen in Pfade um, die Sie geschmeidig formen und wieder als Auswahl laden (Seite 675).

» Sie wollen nur einen Teil der Maske enger oder weiter fassen? Dann rahmen Sie den wichtigen Teil der Maske mit dem Lasso ein, stellen Sie eine Weiche Kante ein, danach folgen **Helle Bereiche vergrößern** oder **Dunkle Bereiche vergrößern**.

» Die Ebene ist bereits ausgeschnitten und von Transparenz umgeben, ein Spiel mit der Maske nicht mehr möglich? Wählen Sie nur den Ebenenrand aus, um ihn zu kürzen oder anzusoften.

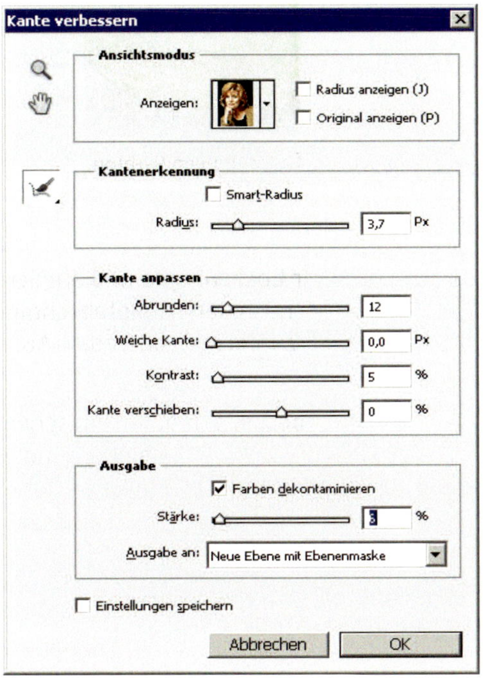

Abbildung 16.34 Das Dialogfeld »Kante verbessern« verfeinert Auswahlumrisse.

16.4.2 »Kante verbessern« allgemein

Besonders vielseitig ist der Befehl **Kante verbessern**. Er verändert Auswahlen, aber auch Ebenenmasken. Sofern noch ein Auswahlwerkzeug wie Lasso oder Schnellauswahl aktiv ist, erreichen Sie das Dialogfeld über die Schaltfläche Kante verbessern oben, aber immer auch per **Auswahl: Kante verbessern** oder **Auswahl: Maske verbessern** (jeweils Strg+Alt+R) oder über die Schaltfläche Maskenkante in der Maskenpalette. Einige Möglichkeiten:

» Fassen Sie die Auswahl allgemein enger oder weiter.

» Machen Sie die Auswahllinie ruhiger und den Übergang weicher.

» Lassen Sie komplexe Auswahlkanten mit regelbarer Breite automatisiert neu berechnet.

» Ändern Sie die Auswahl in einzelnen Bildteilen und entfernen Sie bei Bedarf jede Raffinesse.

» Klebt noch Farbe des alten Hintergrunds am Rand? Diese Farbe können Sie übertünchen.

» Während der Arbeit im Dialogfeld zeigen Sie den aktuellen Auswahlbereich zum Beispiel vor Schwarz, Weiß, vor halbdeckendem Schutzlack, als Auswahlumriss oder direkt vor der neuen Hintergrundebene.

» Das Ergebnis erhalten Sie wahlweise als Auswahl, als Ebenenmaske, als neue Ebene mit oder ohne Ebenenmaske, auch in einer neuen Datei.

TIPP Bei geöffnetem Dialog **Kante verbessern** will man immer wieder in verschiedene Bildteile zoomen. Nutzen Sie dazu die Werkzeuge direkt im Dialogfeld, auch per Doppelklick, sowie die üblichen Tastaturbefehle wie Strg+Leer-Taste (Seite 59) und die Rollbalken.

»Einstellungen speichern«

Mit der Option Einstellungen speichern bietet **Kante verbessern** beim nächsten Aufruf exakt Ihre Einstellungen vom letzten OK-Klick an. Sie finden nicht nur Radius- oder Dekontaminieren-Regler in der vertrauten Stellung vor, sondern treffen auch auf die bekannten Vorgaben in den Klappmenüs Anzeigen und Ausgabe an.

Ändern Sie die Werte beim nächsten Bild. Wollen Sie dann wieder zu den gemerkten Einstellungen zurückkehren, drücken Sie – wie so oft in Photoshop – die Alt-Taste. Die Schaltfläche Abbrechen heißt dann Zurückkehren. Ein Klick bringt die gespeicherten Einstellungen wieder her.

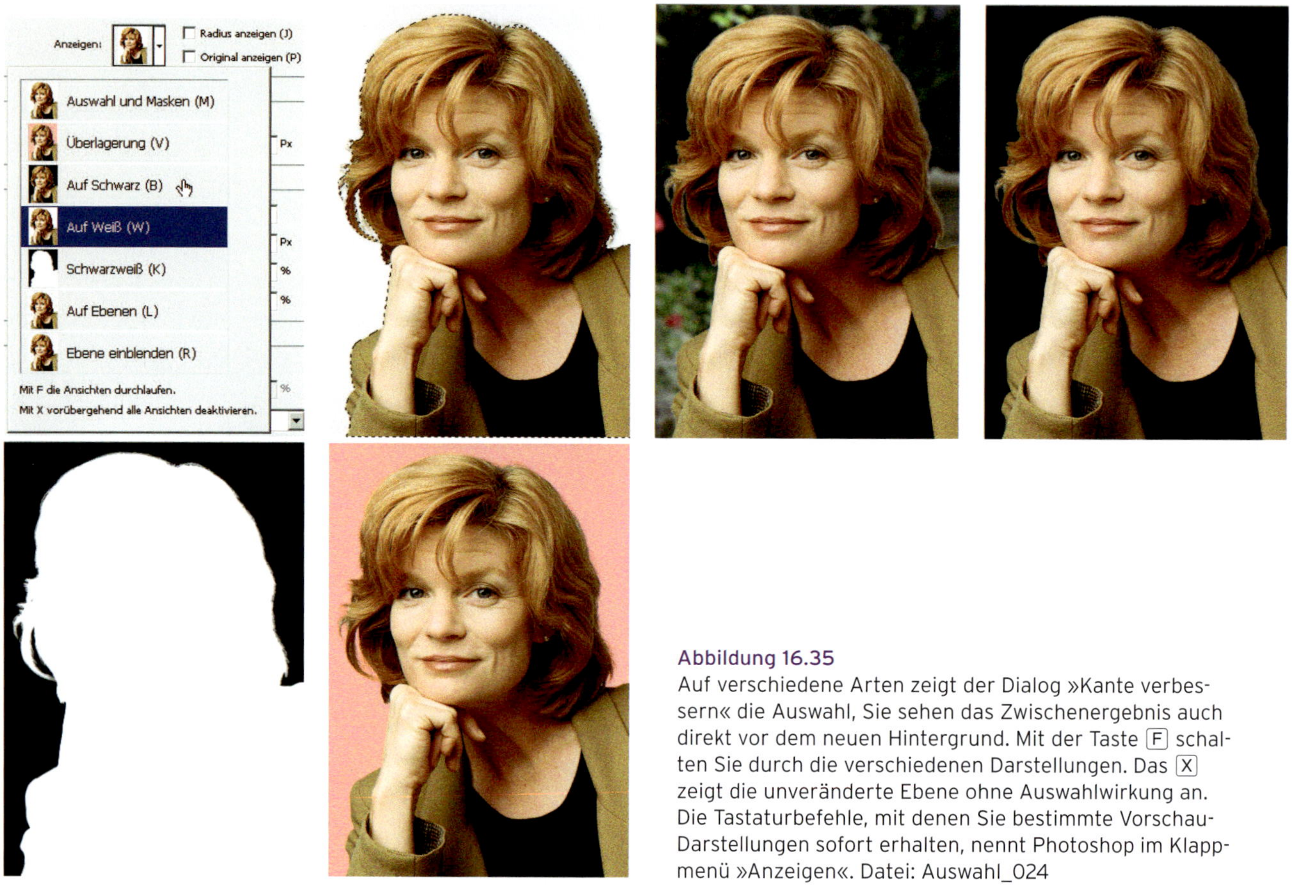

Abbildung 16.35
Auf verschiedene Arten zeigt der Dialog »Kante verbessern« die Auswahl, Sie sehen das Zwischenergebnis auch direkt vor dem neuen Hintergrund. Mit der Taste F schalten Sie durch die verschiedenen Darstellungen. Das X zeigt die unveränderte Ebene ohne Auswahlwirkung an. Die Tastaturbefehle, mit denen Sie bestimmte Vorschau-Darstellungen sofort erhalten, nennt Photoshop im Klappmenü »Anzeigen«. Datei: Auswahl_024

ACHTUNG Sie haben Einstellungen frisch gespeichert und nutzen Kante verbessern oder Maske verbessern erneut. Die Option Einstellungen speichern bleibt nun zunächst eingeschaltet. Wenn Sie etwas ändern und auf OK klicken, verlieren Sie die ursprünglichen Idealwerte.

16.4.3 Nützliche Einstellungen

Sie tüfteln an einer schwierigen Auswahl und finden keine passende Einstellung im Dialog **Kante verbessern**? Die folgenden Maßnahmen verhelfen oft zu plausiblen Montagen:

» Schalten Sie Smart-Radius ein und ziehen Sie den Radius-Regler auf etwa 10.

» Übermalen Sie kritische Bereiche mit dem Radius-verbessern-Werkzeug; Bereiche, die komplett ausgewählt sein müssen, überziehen Sie sicherheitshalber mit dem Gerät Verfeinerungen löschen.

» Verkleinern Sie den Auswahlumriss um etwa zehn Prozent, dazu ziehen Sie den Regler Kante verschieben nach links.

» Sieht man noch störende Ränder? Nutzen Sie Farben dekontaminieren mit zum Beispiel 20 Prozent.

16.4.4 »Radius« und »Smart-Radius«

Der Radius-Regler soll komplexe Auswahlumrisse oder weiche Übergänge verfeinern. Je weiter Sie den Wert erhöhen, in desto breiteren Zonen forscht Photoshop nimmermüde nach dem perfekten, auch weichen Übergang; mit der Option Radius anzeigen (J) sehen Sie nur den Übergang selbst. Auch harte Übergänge werden hier schonmal unschön angenagt.

Abbildung 16.36 **Links:** Mit dieser Montage testen wir den Dialog »Kante verbessern«. **Mitte:** Das Hauptmotiv wird mit der Schnellauswahl ausgewählt. **Rechts:** Wir nutzen den Befehl »Kante verbessern« mit der Vorgabe »Auf Ebenen«, so dass man bereits in der Vorschau die Hintergrundebene sieht. Zunächst stehen alle Regler auf null, das Zwischenergebnis muss noch verbessert werden. Datei: Auswahl_25

In aller Regel nutzen Sie den Radius-Regler mit zwei weiteren Funktionen:

» Dank Smart-Radius-Zusatzintelligenz erkennt Photoshop viel besser, ob eine harte oder weiche Kante angebracht ist.

» Übermalen Sie komplexe Randzonen mit dem Radius-verbessern-Werkzeug. Danach spielt der Radius-Wert oft keine wesentliche Rolle mehr.

TIPP In Photoshop CS3 und früheren Versionen haben Sie Lockenköpfe und ähnlich Diffiziles mit dem Befehl **Filter: Extrahieren** ausgeschnitten? Das **Extrahieren** ist weg. Die Funktion **Kante verbessern** erlaubt gleich gute oder bessere Ergebnisse, allerdings ist der Arbeitsstil beim **Extrahieren** etwas anders. Der Hersteller Adobe bietet das **Extrahieren** zum Nachinstallieren an (Seite 1074).

Abbildung 16.37 **Links:** Option »Smart-Radius« eingeschaltet und »Radius«-Regler auf 5 Pixel gestellt. **Mitte:** »Radius«-Wert auf 30 Pixel gehoben. **Rechts:** »Radius«-Wert auf 250 Pixel gehoben.

Abbildung 16.38 **Links:** Wie vorher Option »Smart-Radius« eingeschaltet, »Radius«-Regler auf 30 Pixel, Umriss mit dem Radius-Verbessern-Werkzeug übermalt. **Mitte:** Zusätzlich »Kante verschieben«-Regler auf minus 30 Prozent. **Rechts:** »Kante verschieben« wieder auf 0, »Farbe dekontaminieren« auf 90 Prozent.

16.4.5 Radius-verbessern-Werkzeug

Radius und Smart-Radius allein reichen meist nicht - vor allem nicht, wenn ein Motiv gleichzeitig sehr glatte und dann wieder komplexe Umrisse hat, zum Beispiel eine glatt abgegrenzte Schulter und weiter oben diffuse Haarsträhnen. In diesen Fällen definieren Sie die Übergangsbereiche von Hand:

» Zonen, in denen Photoshop tatsächlich nach Übergängen fanden soll, übermalen Sie

» mit dem Radius-verbessern-Werkzeug. Es ist aktiv, sobald Sie den Dialog **Kante verbessern** öffnen.

» Zonen, in denen Photoshop 1:1 die ursprüngliche harte Auswahl von Schnellauswahl oder anderen Geräten verwenden soll, überziehen Sie mit dem Verfeinerungen-löschen-Werkzeug. So korrigieren Sie sinnlos angefressene und aufgeweichte Konturen.

TIPP Malen Sie mit dem Radius-verbessern-Werkzeug keine unnötig breiten Zonen ins Bild, halten Sie die Grösse niedrig. Übermalen Sie nur tatsächliche Übergangszonen. Haben Sie eventuell zu viel übermalt, überziehen Sie über eindeutige Hintergrundbereiche oder eindeutige Hauptmotivpartien mit dem Verfeine-

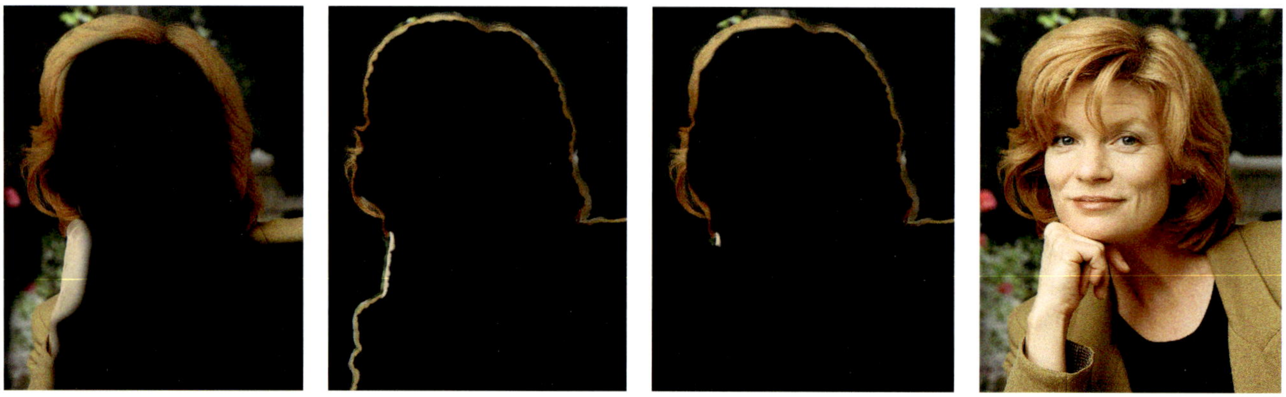

Abbildung 16.39 Die Option »Radius anzeigen« (J) verrät hier, in welchem Bereich der Befehl »Kante verbessern« nach Übergängen sucht. **1. Bild:** »Radius«-Regler auf 70 Pixel, ohne »Smart-Radius«, also eine gleichmäßige, breite Zone, in der auch Jacke und Hände »angefressen« erscheinen. **2. Bild:** Zusätzlich »Smart-Radius«, jetzt peilt Photoshop die Übergänge viel genauer an. **3. Bild:** Die Haare in der linken Fotohälfte wurden mit dem Radius-verbessern-Werkzeug übermalt, Hand und Schulter in der linken Hälfte mit dem Verfeinerung-löschen-Werkzeug. **4. Bild:** Ergebnis auf Basis der Einstellungen aus Bild 3. Datei: Auswahl_24

RUNGEN-LÖSCHEN-WERKZEUG. So sucht Photoshop dort gar nicht mehr nach Übergängen – Sie schließen Fehlerquellen aus.

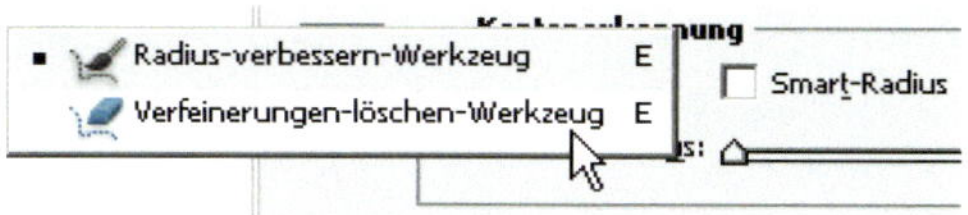

Abbildung 16.40 **Mit zwei Werkzeugen aus dem Dialog »Kante verbessern« verfeinern Sie einzelne Abschnitte der Auswahl.**

Werkzeuge anwenden

Wenn das RADIUS-VERBESSERN-WERKZEUG aktiv ist, wechseln Sie jederzeit bei gedrückter Alt-Taste zum VERFEINERUNGEN-LÖSCHEN-WERKZEUG; der Werkzeugzeiger präsentiert dann ein Minuszeichen. Oder schalten Sie das VERFEINERUNGEN-LÖSCHEN-WERKZEUG dauerhaft ein – direkt im Dialogfeld oder oben links in der Optionenleiste. Auch mit ⇧+E wechseln Sie dauerhaft von einer Gerätschaft zur anderen.

Passen Sie den Werkzeugdurchmesser immer ans Motiv an, erzeugen Sie vor allem nicht sinnlos große Übergangsbereiche. Den Durchmesser ändern Sie wie bei Mal- und Retuschewerkzeugen auch durch waagerechtes Alt-Ziehen bei rechter Maustaste oder oben links in den Werkzeugoptionen.

16.4.6 »Farben dekontaminieren«

Mitunter klebt noch überflüssige Hintergrundfarbe an den Rändern des Hauptmotivs. Sie lässt sich nicht immer durch Engerziehen der Auswahl eliminieren. In diesem Fall gehen Sie einen anderen Weg: Nehmen Sie nützliche Farbe von innen und überdecken Sie damit die Randpixel der Auswahl.

Dazu ziehen Sie den Regler FARBEN DEKONTAMINIEREN nach rechts. Photoshop schreibt jetzt Farbwerte von innen auf die äußersten Randpixel. So verschwinden unerwünschte Farbnoten des alten Hintergrunds, die Randpixel tragen auch dicker auf. Eine weniger flexible Alternative bietet das Untermenü **Ebene: Basis** (Seite 627).

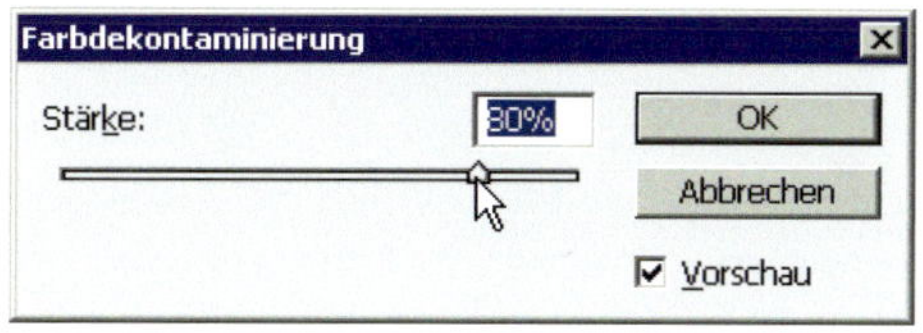

Abbildung 16.42 Die »Farbedekontaminierung« liefert Photoshop auch separat im Untermenü »Ebene: Basis«. Die aktive Ebene muss eine Ebenenmaske haben, aktiviert ist jedoch die Bildebene und nicht die Maske. Hier entsteht keine Duplikatebene.

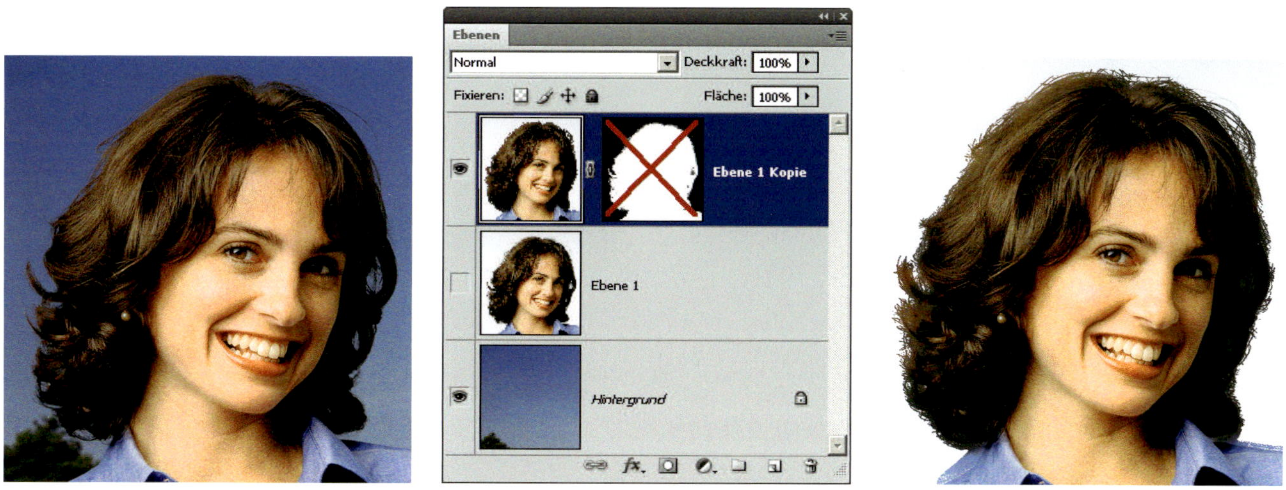

Abbildung 16.41 **Links:** Die Montage entstand mit 90 Prozent »Farben dekontaminieren«. Die störenden Farben des alten Hintergrunds verschwinden so aus den Randpixeln der Auswahl. **Mitte:** Wegen der »Dekontamination« hat Photoshop die Original-»Ebene 1« ausgeblendet und eine »Kopie«-Ebene mit Ebenenmaske angelegt. Wir blenden die Ebenenmaske per ⇧-Taste aus. **Rechts:** Bei abgeschalteter Ebenenmaske erkennen Sie, dass durch das »Dekontaminieren« die Randpixel verändert wurden; ohne Maske ist diese Ebene nicht zu gebrauchen. Vorlage: Auswahl_25

TIPP Prüfen Sie die Wirkung des Dekontaminieren-Reglers mit der Vorschauvariante Auf Ebenen, wenn alle sichtbaren Ebenen bereits die endgültige Größe haben. Andere Darstellungen sind eventuell nicht realistisch.

Ebenentechnik

Häufig verwendet man die Vorgaben Auswahl oder Ebenenmaske aus dem Klappmenü Ausgabe an. So erhält die aktive Ebene eine verfeinerte Auswahl oder – noch viel bequemer – eine Ebenenmaske.

Diese Optionen haben Sie nicht, wenn Sie den Dekontaminieren-Regler nutzen. Hier schaltet das Dialogfeld im Klappmenü Ausgabe an automatisch zu Neue Ebene mit Ebenenmaske. Sie erhalten also eine duplizierte Ebene mit Ebenenmaske. Die Ebene, auf der Sie ursprünglich gearbeitet hatten, wird mit dem Augensymbol unsichtbar geschaltet. Sie bleibt ansonsten völlig unverändert, auch eine dort schon vorhandene Ebenenmaske ändert sich. Alles neu Erreichte spielt sich in der Duplikatebene ab.

Warum das? Die Funktion Farbe dekontaminieren ändert nicht nur die Auswahl oder die Ebenenmaske. Sie verschiebt direkt die Bildpixel – ein schwerwiegender Eingriff, den Photoshop sicherheitshalber auf eine Duplikatebene verlegt. Die ursprüngliche Ebene bleibt also weiterhin ausgeblendet erhalten.

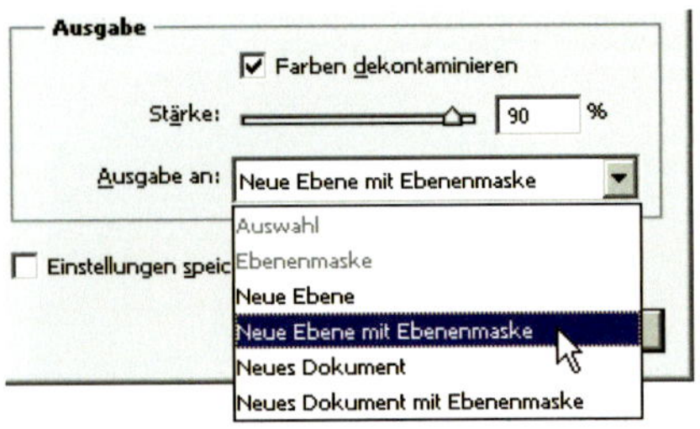

Abbildung 16.43 Photoshop liefert den per »Kante verbessern« verfeinerten Auswahlumriss als neue Auswahllinie. Noch komfortabler: Lassen Sie die Änderung gleich in eine Ebenenmaske umsetzen, die besonders vielseitig korrigiert werden kann. Verwenden Sie den »Dekontaminieren«-Regler, stehen die ersten zwei Möglichkeiten des »Ausgabe«-Klappmenüs allerdings nicht zur Verfügung, Photoshop stellt zunächst »Neue Ebene und Ebenenmaske« ein. Auch wenn Sie nicht eine Auswahl, sondern eine vorhandene Maske bearbeiten, bietet Photoshop die ersten zwei Optionen im Klappmenü nicht an.

16.4.7 Weitere Regler

Der Dialog **Kante verbessern** bietet weitere Regler, die eine Auswahl verfeinern:

» Der Abrunden-Regler des Befehls **Kante verbessern** glättet Ecken und Sprünge im Verlauf einer Auswahl; ein Versuch lohnt sich oft, speziell nach Schnellauswahl oder Zauberstab.

» Per Kontrast sorgen Sie für härtere Auswahlkanten, denn manche Ergebnisse, etwa der Schnellauswahl , wirken zu weich. Testen Sie auch die Wechselwirkung mit der Weichen Kante.

» Per Kante verschieben (bis CS4 Verkleinern/Erweitern) ziehen Sie die Auswahl enger, wenn noch störender Hintergrund um das Hauptmotiv herum erscheint oder Lichtsäume nicht anders zu verbannen sind. Benötigen Sie nur diese Funktion allein, gibt es mehrere Alternativen wie **Auswahl: Auswahl verändern: Erweitern** oder **Helle Bereiche vergrößern** und **Dunkle Bereiche vergrößern** aus dem Untermenü **Sonstige Filter**.

» Weiche Kante: Mit leicht aufgeweichter Kante kaschieren Sie manch leicht missglückte Auswahl. Sofern bereits eine Ebenenmaske existiert, bietet die Maskenpalette die gleiche Wirkung – und diesmal völlig verlustfrei zurücksetzbar.

TIPP Der Abrunden-Regler im Dialog **Kante verbessern** sorgt für ruhigere Auswahlränder und schluckt Auswahllücken, weicht die Auswahlkante aber auch ungewollt auf. Heben Sie darum zusätzlich zum Abrunden-Wert auch den Kontrast.

16.5 Sonstige Auswahlverfeinerung

Oft, aber nicht immer verfeinert **Kante verbessern** eine Auswahl ideal. Photoshop bietet viele weitere Befehle, die **Kante verbessern** teils ergänzen, teils aber auch die gleiche Funktion bieten.

Abbildung 16.44 **Links:** Die Auswahl entstand mit dem Schnellauswahl-Werkzeug. Der Befehl »Kante verbessern« deckt hier den Hintergrund weiß ab, alle Regler stehen auf 0. **Mitte:** Wir stellen den »Abrunden«-Wert auf 25, die Ecken und Sprünge verschwinden aus der Auswahl. **Rechts:** Der »Kontrast« steigt auf 40 Prozent, die Auswahlkante ist schärfer umrissen. Datei: Auswahl_03

16.5.1 Auswahlumriss gleichmäßig verkleinern und vergrößern

Sie wollen eine Auswahl gleichmäßig enger oder weiter fassen, verschmähen aber den Regler Kante verschieben aus dem Dialog **Kante verbessern**? Es geht ja auch so:

» Bei Auswahlfließmarkierungen nehmen Sie das Untermenü **Auswahl: Auswahl verändern** mit den Befehlen **Erweitern** und **Verkleinern** (freilich ohne die nützliche Vorschau von **Kante verbessern**). Die Befehle stehen nicht zur Verfügung, wenn Sie die komplette Bildfläche mit Strg+A ausgewählt haben.

» Sie arbeiten in Maske oder Alphakanal? Da gibt es die Befehle **Helle Bereiche vergrößern** und **Dunkle Bereiche vergrößern** aus dem Untermenü **Filter: Sonstige Filter**.

» Drehen, stauchen oder dehnen Sie die Auswahlmarkierung – ohne Bildinhalt – per **Auswahl: Transformieren** nach Maß. Sie agieren genauso wie beim **Transformieren** von Ebenen (Seite 737). Die letzte Verzerrung annullieren Sie mit Strg+Z. Um die Änderung gültig zu machen, klicken Sie doppelt in die Auswahl oder drücken die ↵-Taste. Die Esc-Taste bricht das **Transformieren** folgenlos ab.

ACHTUNG Beim **Transformieren** einer Auswahl weichen die Kanten eventuell übertrieben auf. Sie verhindern das, wenn Sie in den **Voreinstellungen** (Strg+K) vom üblichen Interpolationsverfahren Bikubisch zur Pixelwiederholung wechseln (Seite 274); die Auswahl hat dann keinerlei Glättung mehr. Wollen Sie nachträglich jegliche Kantenglättung entfernen, heben Sie im Maskierungsmodus den **Kontrast** stark an.

16.5.2 Das Untermenü »Ebene: Basis«

Kleben überflüssige, gleichmäßige, zum Beispiel weiße Ränder an einem Montageobjekt, dann nutzen Sie zuerst den Bereich Farbe dekontaminieren im Dialog **Kante verbessern** beziehungsweise **Maske verbessern**; zweite Wahl ist der praktisch identische Befehl **Ebene: Basis: Farbedekontaminierung** (der allerdings die aktuelle Ebene und nicht ein Duplikat verändert). Eine schwächere Alternative bieten weitere Befehle aus dem Untermenü **Ebene: Basis**. Sie erreichen das Untermenü nur unter diesen Bedingungen:

» Sie bearbeiten eine Ebene über der Hintergrundebene und haben keine Auswahl im Bild; oder

» Sie haben eine schwebende Auswahl erzeugt. (Blenden Sie in dieser Situation die störende Fließmarkierung mit Strg+H aus.)

Abbildung 16.45 **Links:** Die Brille wurde vor Weiß fotografiert, in Photoshop mit geglätteter Kante ausgewählt und vor einen Verlauf montiert. Dabei zeigt sich, dass ein weißer Rand um das Objekt herum verbleibt. **Mitte:** Abhilfe schafft der Befehl »Ebene: Basis: Rand entfernen« mit einem Pixel »Radius«. Er entfernt die hellen Überreste, wenn auch nicht vollständig. **Rechts:** Wir wenden »Weiß entfernen« erneut an, jetzt ist die Wirkung deutlicher. Datei: Auswahl_19

»Schwarz entfernen« und »Weiß entfernen«

Nutzen Sie die Befehle **Ebene: Basis: Schwarz entfernen** und **Weiß entfernen** vor allem, wenn Sie mit einer geglätteten Auswahl markiert haben. Ein Beispiel: Stand das Motiv ursprünglich vor Weiß, zeigt es im neuen Milieu unschöne weiße Randspuren. Die tilgt man mit dem Befehl **Weiß entfernen**. Umgekehrt wirkt **Schwarz entfernen**.

TIPP Wenden Sie **Weiß entfernen** oder **Schwarz entfernen** mehrfach an, falls der erste Versuch nicht genug Wirkung zeigt.

»Rand entfernen«

Der Befehl **Rand entfernen** ersetzt die Farbe aller Randpixel durch die Farbe der innen angrenzenden Bildpunkte, die keine Hintergrundfarbe enthalten; Sie geben einen Pixelradius vor. Das klingt schöner, als es ist: Leicht entstehen hier durch Wiederholungen erst recht unschöne Ränder – farblich nicht mehr so abweichend, aber dafür durch ihre streifige Gleichmäßigkeit genauso unangenehm. Dies gilt jedenfalls bei nicht völlig gleichmäßigen Rändern. Probieren Sie zuerst das DEKONTAMINIEREN.

16.5.3 Nur Auswahlabschnitte verkleinern oder erweitern

Nicht immer wollen Sie die komplette Auswahl ausdehnen oder verjüngen – Sie möchten zum Beispiel lediglich in Teiletappen den Umriss enger fassen. Hier spielt der sonst so talentierte Dialog **Kante verbessern** nicht mit. Denkbare Verfahren in der Übersicht:

- Greifen Sie zum Lasso und rahmen Sie überflüssigen Auswahlinhalt bei gedrückter [Alt]-Taste und noch fehlende Auswahlteile bei gedrückter [⇧]-Taste ein.
- Bearbeiten Sie Schnellmaske, Ebenenmaske oder Alphakanal, dann malen Sie auf Bildpartien, die eigentlich nicht in die Auswahl gehören, mit schwarzer Vordergrundfarbe. Motivzonen, die Sie noch in der Auswahl brauchen, bekommen Weiß ab.
- Zeigen Sie die Auswahl als Schnellmaske oder Ebenenmaske, rahmen Sie den schlecht sitzenden Teil zum Beispiel mit dem Lasso ein und nutzen Sie die Befehle **Dunkle Bereiche vergrößern** oder **Helle Bereiche vergrößern** (siehe unten).

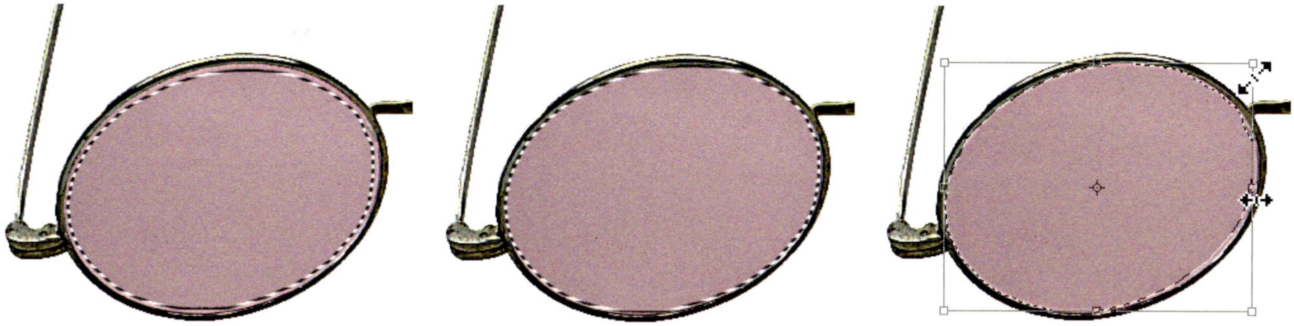

Abbildung 16.46 **Links:** Die Zauberstabauswahl erfasst nicht das ganze Brillenglas, weil durch übertriebene Scharfzeichnung ein Farbsaum entstand. **Mitte:** Der Befehl »Auswahl: Auswahl verändern: Erweitern« dehnt die Auswahl gleichmäßig aus. **Rechts:** Per »Auswahl: Transformieren« stauchen oder dehnen Sie die Auswahlmarkierung nach Maß; dabei können allerdings die Auswahlkanten aufweichen. Die Schnellauswahl mit der Vorgabe »Automatisch verbessern« liefert meist bessere Auswahlkanten als der Zauberstab. Datei: Auswahl_05

Auswahlkorrektur per »Filter«-Befehl

Der Befehl **Filter: Sonstige Filter: Dunkle Bereiche vergrößern** dehnt Dunkles aus und lässt helle Bereiche schrumpfen – ein Auswahlbereich in Schnellmaske, Ebenenmaske oder Alphakanal schrumpft also. Das Pendant **Helle Bereiche vergrößern** verschafft Hellem oder Weißem mehr Raum, die Auswahl wird also ausgedehnt.

In diesen Situationen wirken die Befehle nützlich:

» Sie wollen eine komplette Auswahl in Schnellmaske oder Alphakanal gleichmäßig verkleinern oder ausdehnen (anders als bei Ebenenmaske oder Fließmarkierung verweigert der Dialog **Kante verbessern** mit seinem KANTE VERSCHIEBEN-Regler hier den Dienst).

» Sie wollen nur einen Ausschnitt der Auswahl gleichmäßig enger oder weiter fassen.

So verfeinern Sie nur einen Ausschnitt einer Auswahl:

1. Falls Sie an einer Fließmarkierung arbeiten: Wechseln Sie mit dem [Q] in die Schnellmaske; bei Ebenenmasken oder Alphakanälen ist der Schritt überflüssig.
2. Wählen Sie den Korrekturbereich zunächst mit dem Lasso aus; sorgen Sie am besten für eine **Weiche Auswahlkante**.
3. Wenden Sie **Dunkle Bereiche vergrößern** oder **Helle Bereiche vergrößern** an, bis die Maske in der gewählten Zone besser passt.
4. Hatten Sie eine Fließmarkierung in Arbeit? Dann wechseln Sie nach dem OK-Klick wieder in den Auswahl-Standardmodus (erneut Kurztaste [Q]). Sie sehen die verbesserte Fließmarkierung.

Abbildung 16.47
Links: Nach dem Schärfen wird die Figur von einem Kontrastsaum umgeben, der nur schwer auszuwählen ist. **Mitte:** Wir wechseln mit der Taste [Q] in den Maskierungsmodus und erkennen ebenfalls, dass die Auswahl noch nicht passt. **Rechts:** Wir fassen die Auswahl gleichmäßig um drei Pixel enger, doch sie gerät in einigen Bereichen zu groß. Datei: Auswahl_06

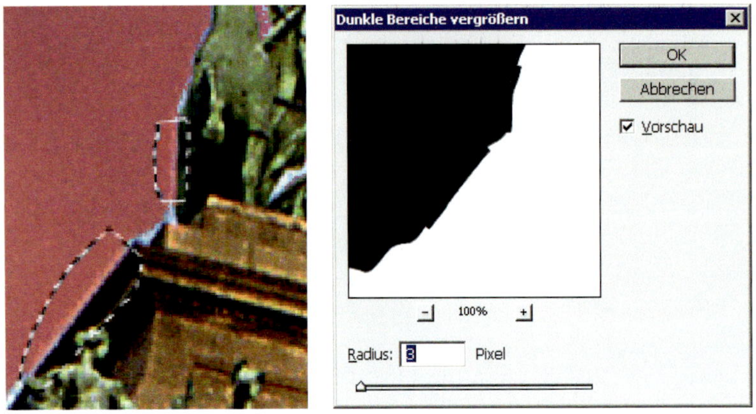

Abbildung 16.48
Wir widerrufen die vorherige Maskenausdehnung und wählen mit dem Lasso diejenigen Bereiche, die sich für eine Ausdehnung um 3 Pixel eignen. Dann verwenden wir »Dunkle Bereiche vergrößern«. In einigen Bereichen passt die Maske jetzt, andere müssen noch weiterbearbeitet werden.

16.5.4 Der »Rand«-Befehl

Eine Auswahllinie rechnet Photoshop auch in einen Rahmen um. Dazu dient der Befehl **Auswahl: Auswahl verändern: Rand**. Ausgewählt ist danach nur noch ein schmaler Bereich um die vormalige Auswahlkante herum. Verwenden Sie innerhalb des neuen Rahmens einen Filter oder einen Tonwertbefehl, wenn Sie nur eine Objektkontur bearbeiten möchten.

Interessante Alternativen:

» Schillert eine Auswahlmarkierung über Ihrer Bilddatei, dann verwenden Sie etwa **Bearbeiten: Kontur füllen** oder den Ebeneneffekt Kontur, um mit Farbe, Muster oder Verlauf an einer Auswahlkante entlangzugehen (Seite 802, vorab Strg+J).

» Verwandeln Sie die Auswahl in einen Pfad; dann lässt der Pfad-Befehl **Pfadkontur füllen** Mal- und Retuschewerkzeug mit beliebigen Pinsel- und Überblendeinstellungen an der Auswahl entlang arbeiten (Seite 680).

16.5.5 Auswahlsprünge glätten

Speziell die Umrisse von Zauberstabauswahlen zeigen oft ungewollte Ecken und Kanten sowie – auf unruhigen, körnigen Bildern – zahlreiche Auswahllücken. So entstehen flüssigere Konturen:

» Der Abrunden-Regler des Befehls **Kante verbessern** glättet Ecken und Sprünge im Verlauf einer Auswahl, ein Versuch lohnt sich oft.

Abbildung 16.49 Der Befehl »Auswahl: Auswahl verändern: Rand« erzeugt eine Auswahl, die nur noch den bisherigen Auswahlumriss umfasst. Dieser Umriss kann 1 bis 200 Pixel breit sein. Datei: Auswahl_07

Abbildung 16.50 **Links:** Die Zauberstabauswahl ist sehr unruhig. **Mitte:** Wir stellen das »Abrunden« beim Befehl »Kante verbessern« auf 80. **Rechts:** Der Befehl »Auswahl: Auswahl verändern: Abrunden« mit einem Wert von 13. Datei: Auswahl_04

- Alternative: Der Befehl **Auswahl: Auswahl verändern: Abrunden** wirkt prinzipiell ähnlich, hat aber keine Vorschau und ändert die Auswahl bei gleichem Nominalbetrag deutlich stärker. Er tilgt dann Auswahlinseln in unruhigen, körnigen Flächen besser.

Allerdings: Spitze Auswahlecken werden beim Abrunden schnell zu rundlich.

Auswahlen speichern

In diesem Kapitel haben Sie gelesen, wie man Auswahlen erzeugt und verfeinert. Sofern Sie mit Auswahlen arbeiten, können Sie diese speichern, um später darauf zurückzukommen.

Dazu bietet Photoshop zwei Verfahren:

- Entweder Sie wandeln die Maske in einen Pfad um – dazu mehr im »Pfade«-Kapitel ab Seite 652.
- Oder Sie konservieren die Maske als Graustufenbild in einem zusätzlichen Alphakanal oder in einer Ebenenmaske. Davon handelt das folgende Kapitel.

Abbildung 16.51 Es gibt weitere Möglichkeiten, Auswahllücken zu entfernen. **Links:** Wir schalten das Lasso ein, drücken die ⇧-Taste und rahmen ein, was zur Auswahl hinzukommen soll – hier auch am Bildrand entlang. Sobald Sie die Maustaste loslassen, erweitert Photoshop die Auswahl um den eingerahmten Bereich. **Rechts:** Nach einem Druck auf die Taste Q erscheint die Auswahl als rötliche Schnellmaske. Mit Pinsel und weißer Vordergrundfarbe tilgen Sie die roten Stellen, nach erneutem Druck aufs Q sehen Sie die erweiterte, verbesserte Auswahl.

Kapitel 17

Kanäle & Masken

In verschiedenen Situationen arbeiten Sie mit Kanälen:

» Sie bearbeiten einzelne Grundfarbkanäle eines Bilds, zum Beispiel einen Kanal wie Cyan, Magenta, Gelb oder Schwarz in einem CMYK-Bild oder Rot, Grün, Blau in einem RGB-Bild.

» Sie speichern eine Auswahl als sogenannten Alphakanal, der Ausgewähltes weiß und nicht Gewähltes schwarz darstellt; diesen Alphakanal bearbeiten Sie mit Mal-, Retusche- und Füllfunktionen, mit Filtern und Kontrastkorrekturen, um die Auswahl zu verändern. Der Alphakanal lässt sich dann wieder in eine Auswahl-Fließmarkierung umsetzen.

» Sie stellen eine Auswahl im Maskierungsmodus dar, also als vorübergehenden Alphakanal.

» Auch Ebenenmasken (Seite 867) funktionieren so: Weiß Unterlegtes erscheint voll deckend, schwarz Unterlegtes wird verborgen, Zwischentöne erzeugen Halbtransparenz.

Abbildung 17.1 Die Kanälepalette (ganz rechts) zeigt, dass dieses Bild einen Alphakanal, eine Ebenenmaske und einen Schmuckfarbenkanal enthält. Die momentan sichtbare Auswahl wurde im Alphakanal »Kontur Glas« gespeichert, den Sie auch per Strg+6 aktivieren könnten. Datei: Kanal_f3

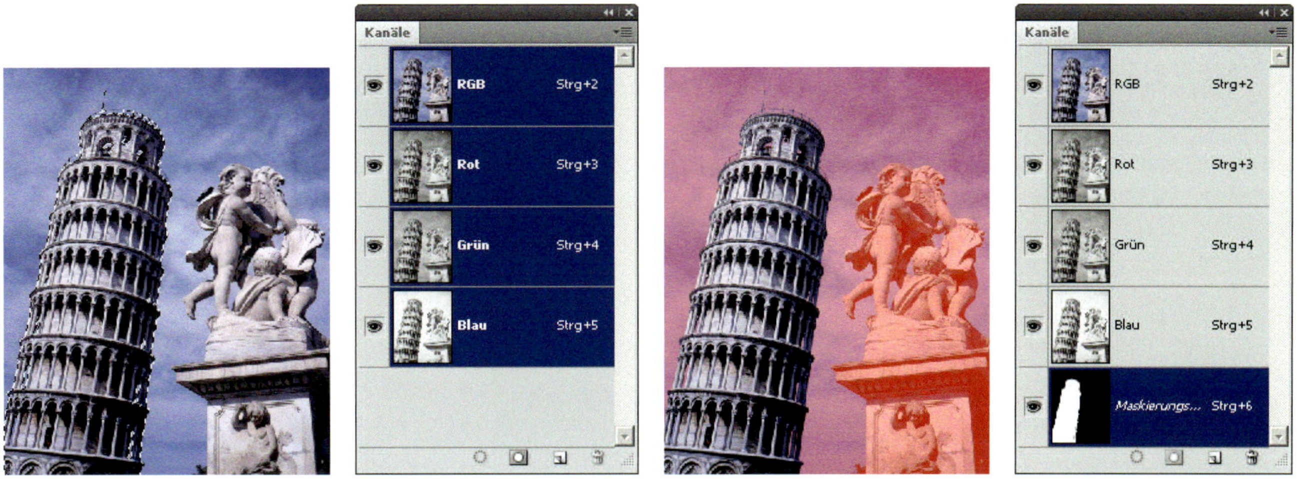

Abbildung 17.2 **Links:** Auswahlen im Standardmodus ohne Alphakanal zeigt Photoshop als schwarzweiße Fließmarkierung an. In der Kanälepalette erscheinen nur die RGB-Grundfarben. **Rechts:** Im Maskierungsmodus stellt Photoshop eine Auswahl vorübergehend als Alphakanal (Schnellmaske) dar, der hier rot halbdeckend über dem nicht ausgewählten Bereich liegt. Der Kanal erscheint als »Maskierungsmodus« in der Kanälepalette. Dateien: Kanal_a1, _a2

Die Arbeit mit Kanälen – die Umsetzung von Schwarz, Weiß und der Grautöne dazwischen in Auswahlinformationen – ist also für verschiedene Bereiche von Bedeutung.

17.1 Einführung

Beachten Sie bei der Arbeit mit Grundfarbkanälen, Alphakanälen, Maskierungsmodus und Ebenenmasken die folgenden Aspekte:

» Der Alphakanal speichert Auswahlen in einem zusätzlichen Graustufenkanal innerhalb der Bilddatei.

» Auf dem Weg über den Alphakanal können Auswahlen mit Mal- und Retuschewerkzeugen bearbeitet und wieder als Auswahl geladen werden.

» Der Alphakanal erzeugt Auswahlen mit 256 unterschiedlichen Intensitäten.

» Ein Alphakanal kostet so viel Arbeitsspeicher wie eine Graustufenversion des Bilds.

» Eine spezielle Form, der Schmuckfarbenkanal, steuert die Verteilung zusätzlicher Druckfarben.

17.1.1 Eigenschaften im Detail

Alphakanal oder Ebenenmaske können mit Mal- und Retuschewerkzeugen, mit Tonwertbefehlen oder Filtern bearbeitet und dann als korrigierte Fließmarkierung mit Auswahlwirkung neu geladen werden. Im Alphakanal lassen sich Auswahlen oft einfacher korrigieren als mit den Auswahlwerkzeugen selbst. Interessant ist auch die Möglichkeit, bereits eine Grundauswahl im Alphakanal zu speichern, dann mit Lasso und Zauberstab weitere, kleine Auswahlen zu erzeugen und diese vom Alphakanal abzuziehen oder hinzuzufügen.

Stufenlose Auswahlen

Das Besondere: Alphakanal oder Ebenenmasken unterscheiden mehr als nur »Ausgewählt« und »Nicht ausgewählt«. Alphakanäle und Ebenenmasken haben eine 8-Bit-Farbtiefe wie ein normales Graustufenbild, sie nehmen also 2^8 gleich 256 unterschiedliche Tonwerte auf.

Der Alphakanal kennt damit auch Stufen wie »ein bisschen ausgewählt«, »ein bisschen mehr ausgewählt« oder »ziemlich stark ausgewählt, aber noch nicht zu 100 Prozent«. Wollen Sie zum Beispiel ein Objekt von

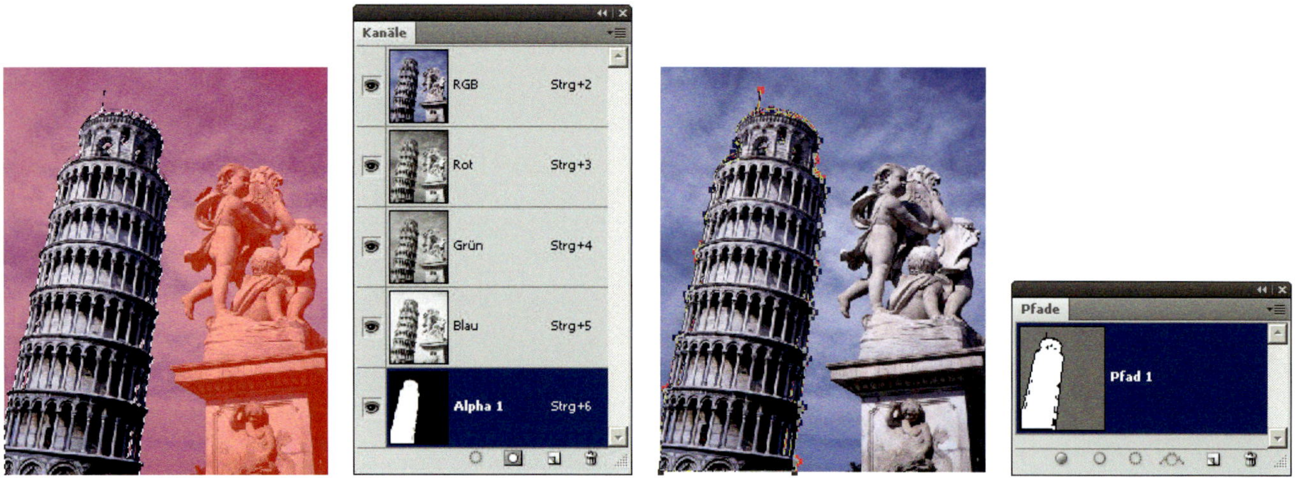

Abbildung 17.3 **Links:** Eine gespeicherte Auswahl erscheint als Alphakanal in der Kanälepalette. Der Alphakanal ist sichtbar geschaltet, er deckt nicht gewählte Bildbereiche rötlich ab; Farbe und Deckkraft können Sie ändern - unabhängig von der Auswahlwirkung. Sie erkennen in der Palette, dass der Kanal zur Bearbeitung aktiviert ist. Die RGB-Grundfarbkanäle sind sichtbar, aber nicht aktiviert. Eine Retusche verändert also nur den Alphakanal, nicht das Bild selbst. **Rechts:** Alternative zum Alphakanal: Die Auswahl lässt sich auch als Pfad ablegen und über Ankerpunkte korrigieren. Das spart Speicherplatz, eignet sich aber nicht für örtlich halbtransparente oder sehr komplexe Auswahlbereiche. Datei: Kanal_a1

oben nach unten stufenlos einblenden, erzeugen Sie zunächst in Alphakanal oder Ebenenmaske einen Verlauf von Schwarz nach Weiß.

Arbeitsspeicherbedarf

Ein Alphakanal kostet so viel Arbeitsspeicher wie eine Graustufenversion des Bilds, wie ein Drittel einer 24-Bit-RGB-Datei oder wie ein Viertel einer 32-Bit-CMYK-Datei. Auf Festplatte kostet der Alphakanal deutlich weniger Speicher, wenn Sie ein komprimierendes Dateiformat wie TIFF-LZW oder PSD wählen: Die oft einheitlichen Farben im Alphakanal lassen sich bestens zu komprimierten Blöcken verdichten. (Noch speichersparender ist ein Pfad.)

Ebenenmaske als Alternative

Wenn Sie ein Bild per Alphakanal teiltransparent auswählen und über einen neuen Hintergrund ziehen,

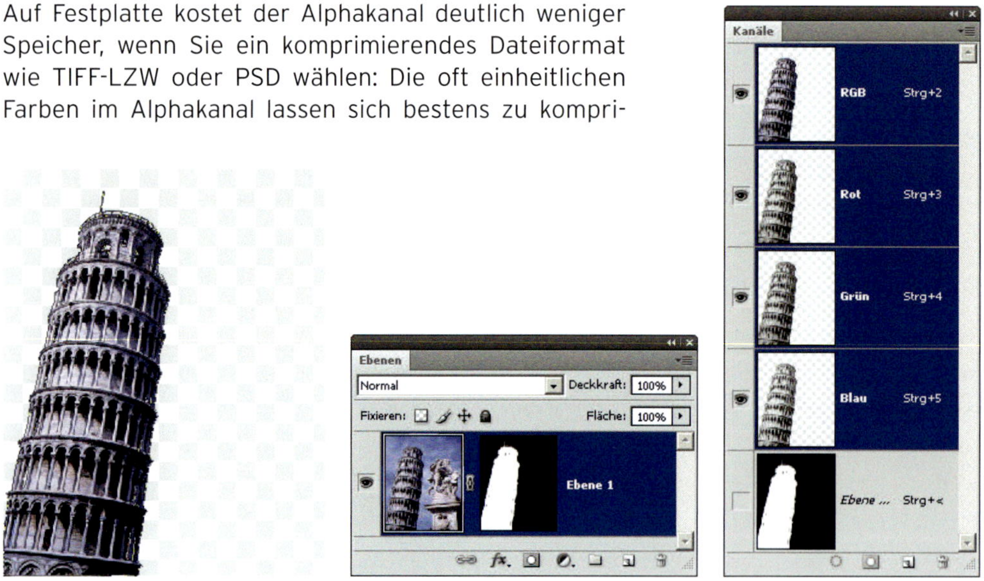

Abbildung 17.4
Das Bild befindet sich auf der Montage-»Ebene 1«, nicht auf einer »Hintergrund«-Ebene. Wir machen den Außenbereich per Ebenenmaske unsichtbar, das Karomuster signalisiert transparente Bereiche ohne Bildpunkte. **Mitte:** Schwarze Bereiche in der Maske verbergen die entsprechenden Bildpunkte. Durch Maskenretusche mit Pinsel und vielen anderen Funktionen lässt sich jederzeit mehr oder weniger von der Ebene anzeigen, das Bild steht immer komplett zur Verfügung. **Rechts:** Die Ebenenmaske erscheint auch in der Kanälepalette, sofern die entsprechende Ebene aktiviert ist. Datei: Kanal_a2

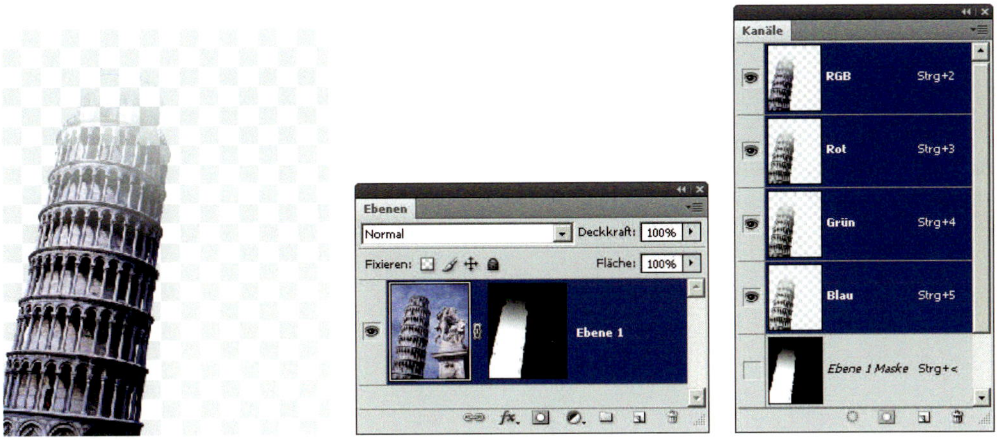

Abbildung 17.5 Wir haben die Ebenenmaske mit dem Verlaufwerkzeug bearbeitet. Schwarz im oberen Bereich blendet den Turm nach oben hin aus. Datei: Kanal_a3

transportieren Sie tatsächlich nur die markierten Pixel; was Sie teiltransparent übertragen haben, lässt sich nicht mehr voll deckend wiederherstellen. Praktische Alternative: die Ebenenmaske – ein Alphakanal für eine einzelne Ebene.

Die Ebenenmaske verbirgt beliebige Pixel mit beliebiger Deckkraft, ohne die Bildpunkte jedoch dauerhaft zu löschen. Durch die Korrektur der Ebenenmaske können Sie verborgene Bildpunkte wieder anzeigen – die gesamte Ebene bleibt unbeschädigt (Seite 867). Die Bearbeitung einer Ebenenmaske gleicht weitgehend der Korrektur eines Alphakanals.

Vektormaske als Alternative

Auch mit einer Vektormaske (Seite 877) machen Sie Teile einer Ebene unsichtbar. Gegenüber der Ebenenmaske sparen Sie Speicherplatz, allerdings sind keine halbtransparenten Bereiche möglich. Eine Vektormaske wird wie ein üblicher Pfad bearbeitet (Seite 652).

Probleme

Andere Programme zeigen vielleicht normale TIFF-Bilder an, wissen aber TIFFs mit Alphakanälen nicht zu deuten; mitunter werden RGB-TIFFs mit einem Alphakanal als CMYK-Bilder interpretiert und völlig falsch

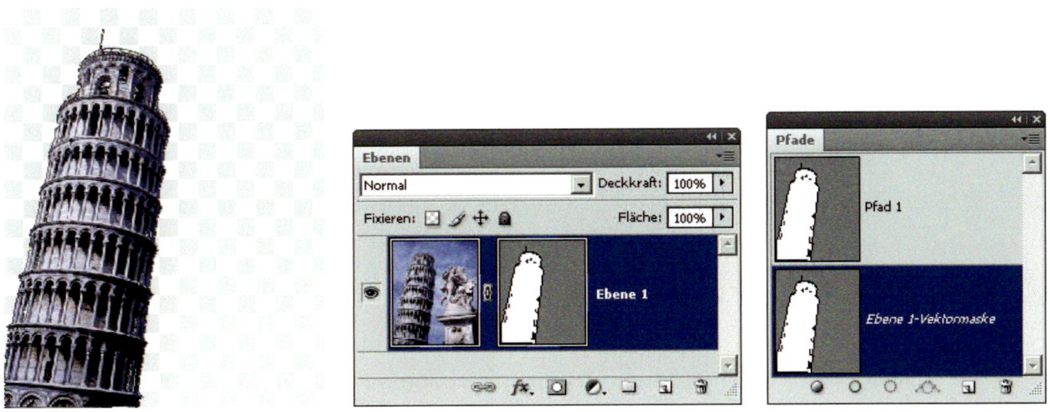

Abbildung 17.6 Eine Vektormaske wurde aus dem Pfad abgeleitet und verbirgt den Außenbereich, so dass das Umfeld des Hauptmotivs transparent erscheint. Die Vektormaske lässt sich auch über die Pfadepalette aktivieren und einblenden, sofern die Ebene mit der Vektormaske aktiviert ist. Der Pfad wurde hier mit dem Pfadauswahl-Werkzeug aktiviert, so dass Photoshop Pfadumriss und -ankerpunkte einblendet. Datei: Kanal_a4

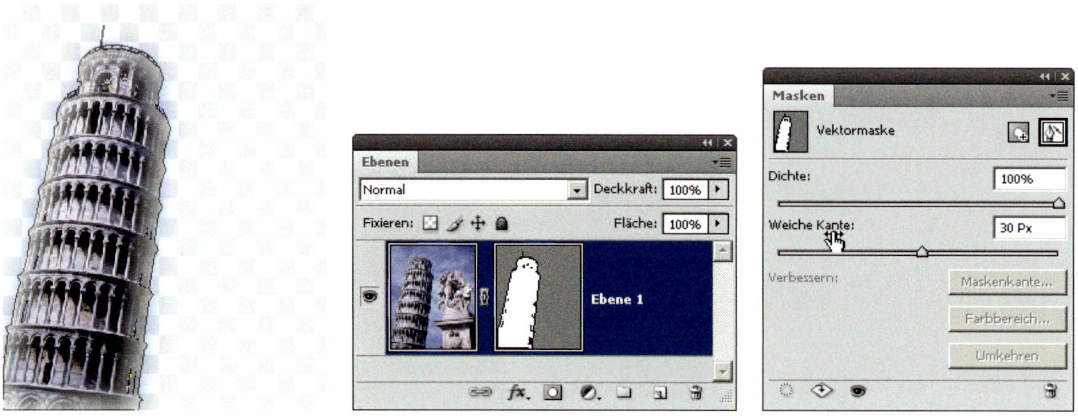

Abbildung 17.7 Der Regler »Weiche Kante« in der Maskenpalette sorgt für einen sanften Übergang. Die ursprüngliche harte Kante lässt sich jederzeit in alter Präzision wieder herstellen. Im Bild sehen Sie den Pfad, er lässt sich mit [Strg]+[H] verbergen. Die Maskenpalette verändert hier eine Vektormaske, aber Sie bearbeiten damit ebenso gut Ebenenmasken wie oben.

angezeigt. Weitere Möglichkeit: Der Alphakanal wird als Freistellpfad genutzt, Bereiche außerhalb der Auswahl erscheinen nicht mehr im Layout – zum Beispiel in CorelDraw oder in Microsoft-Office-Programmen wie Word oder PowerPoint (Seite 674). Auch einige Bilddatenbanken zeigen Fotos mit Alphakanälen entstellt an.

Vor der Weitergabe an Layoutprogramme sollte also der Alphakanal verschwinden. Eine schnelle Kopie des Bilds ohne Alphakanäle entsteht per **Datei: Speichern unter**; hier wählen Sie beliebige Formate und schließen Alphakanäle aus.

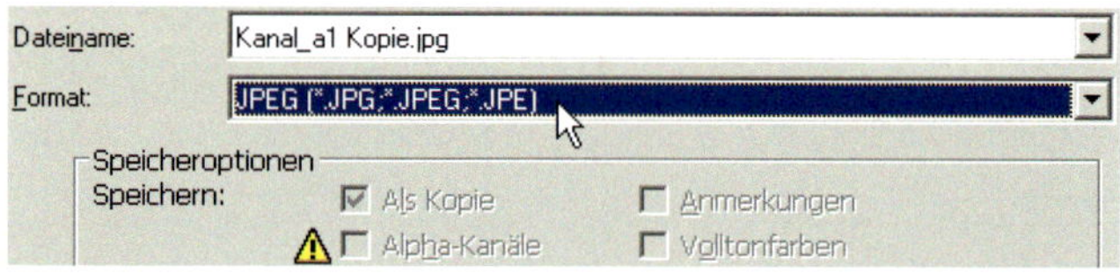

Abbildung 17.8 JPEG, EPS oder GIF nehmen keine Alphakanäle auf. Wollen Sie eine Datei mit Alphakanälen in diesen Dateitypen speichern, erscheint im Dialogfeld »Speichern unter« die Option Alpha-Kanäle automatisch blass und abgewählt – das Bild gelangt ohne Alphakanäle und Als Kopie auf den Datenträger (Seite 254).

17.2 Auswahlen als Alphakanal speichern

Sie können Auswahlen speichern und wieder laden. In der Regel legen Sie die Auswahl in einem sogenannten Alphakanal ab: Diese zusätzliche Bildschicht unterlegt Ausgewähltes durch Weiß, nicht Ausgewähltes ist schwarz gekennzeichnet. Statt als Alphakanal lässt sich die Auswahl als Ebenenmaske speichern, sofern es mehr als nur die Hintergrund-Ebene im Bild gibt; Sie haben mit einer Ebenenmaske genauso viel oder sogar mehr Möglichkeiten als beim Speichern als Alphakanal.

17.2.1 »Auswahl speichern«

Auf zwei Wegen speichern Sie eine vorhandene Auswahl-Fließmarkierung als Alphakanal:

» Blitzschnell: Sie klicken in der Kanälepalette auf das Symbol Auswahl als Kanal speichern. Damit entsteht sofort ein neuer Alphakanal, Sie sehen ihn unten in der Kanälepalette.

» Vielseitig: Wählen Sie bei vorhandener Markierung **Auswahl: Auswahl speichern.** Photoshop tischt ein Dialogfeld mit interessanten Optionen auf (nächster Abschnitt).

Die Gesamtdateigröße steigt um den Betrag eines 8-Bit-Kanals, also um die Dateigröße einer Graustufenversion Ihres Bilds.

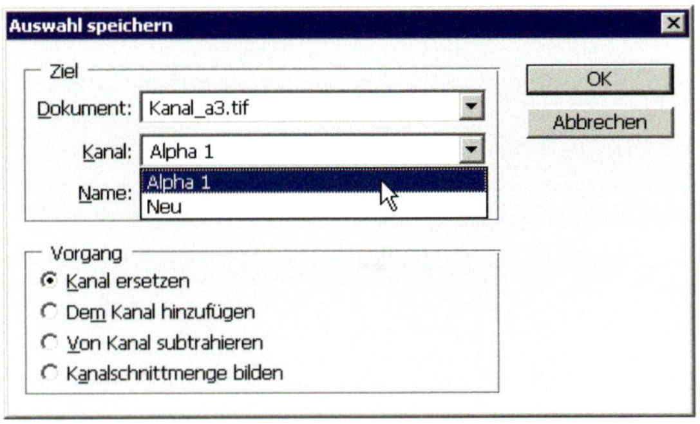

Abbildung 17.9 Beim »Speichern« einer Auswahl als Alphakanal bietet Photoshop verschiedene Verfahren an.

Wie werden Auswahlen beim Speichern verrechnet?

Das KANAL-Einblendmenü bietet die folgenden Optionen:

» Sie haben auf jeden Fall die Möglichkeit, einen Kanal NEU anzulegen. Damit erscheint die Auswahl in einem neuen Alphakanal, andere Kanäle werden nicht verändert.

» Haben Sie bereits Alphakanäle gespeichert, zum Beispiel unter dem Namen ALPHA 1, listet das Einblendmenü auch diese Kanäle auf. Die im Bild vorhandene Auswahl lässt sich mit diesen vorhandenen Kanälen verrechnen.

So schreiben Sie eine Auswahl in einen bereits vorhandenen Alphakanal:

» Klicken Sie auf KANAL ERSETZEN, dann überschreiben Sie den unter KANAL genannten Auswahlkanal komplett – er ist getilgt.

» Sie wählen DEM KANAL HINZUFÜGEN, wenn die im Bild schillernde Auswahl die bereits gespeicherte Auswahl noch erweitern soll. Sie dehnen also einen vorhandenen Auswahlbereich aus.

» VON KANAL SUBTRAHIEREN lässt sich eine Auswahl, wenn Sie Bildteile markiert haben, die im Alphakanal bereits ausgewählt sind. Sie verkleinern die vorhandene Auswahlinformation.

» Überkreuzen sich ein alter Alphakanal und eine frisch gezeichnete Auswahl, dann lässt sich auch eine KANALSCHNITTMENGE BILDEN.

TIPP Brauchen Sie Ihre Auswahl nur für kurze Zeit als Alphakanal? Legen Sie die Auswahl an, dann richten Sie per Taste Q den Maskierungsmodus ein; so erscheint die Auswahl als vorübergehender Alphakanal. Dieses Verfahren bietet exakt dieselben Möglichkeiten und Optionen zur Auswahlbearbeitung wie ein üblicher Alphakanal.

Auswahl schnell mit Ebenen-Funktionen speichern

Besonders flott und ohne Kanäle-Palette speichern Sie die Auswahl so: Drücken Sie Strg+J. Damit heben Sie den ausgewählten Bereich auf eine neue Ebene. Blenden Sie die neue Ebene bei Bedarf mit dem Augen-Symbol aus.

Um die Auswahl zu laden, klicken Sie bei gedrückter Strg-Taste auf die Miniatur der neuen Ebene. Das geht auch bei halbtransparenten oder nur halbgefüllten Bildbereichen. Achtung jedoch: Hat die aktive Ebene im

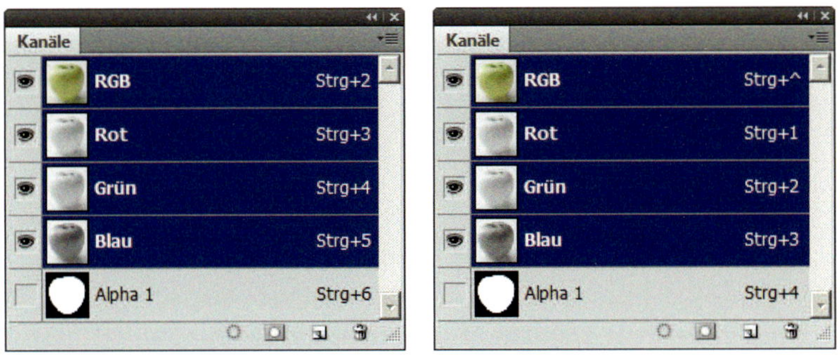

Abbildung 17.10 **Links:** Die Palette zeigt die in CS5 üblichen Tastaturbefehle für Alphakanäle: Mit Strg+6 aktivieren Sie den ersten Alphakanal einer RGB-Datei, mit Strg+Alt+6 laden Sie den Kanal als Auswahl. **Rechts:** Wir haben »Bearbeiten: Tastaturbefehle« gewählt, die »Herkömmlichen Tastaturbefehle für Kanäle« eingeschaltet und Photoshop neu gestartet. Nun aktivieren Sie den ersten Alphakanal wie in älteren Programmversionen mit Strg+4, der Tastaturbefehl Strg+Alt+4 lädt den Kanal als Auswahl. Auch die Grundfarben und der Gesamtkanal erhalten andere Tastenkürzel.

Bereich der Auswahl überhaupt nur Transparenz und keinerlei Pixelfüllung, funktioniert der Griff zu Strg+J nicht.

17.2.2 »Auswahl laden«

Der Befehl **Auswahl: Auswahl laden** hievt die Alphakanalinformation als Fließmarkierung ins Bild. Sie können im Dialogfeld Auswahl laden oder im Menü zur Maskenpalette vorhandene und neue Auswahlinformationen verrechnen – erweitern Sie zum Beispiel eine im Bild vorhandene Auswahl um die Informationen aus dem Alphakanal. Schneller geht das freilich durch Klicken in der Kanälepalette:

» Klicken Sie den Alphakanal in der Kanälepalette mit gedrückter Strg-Taste an, um diesen Kanal als neue Auswahl zu laden. Eine vorhandene Auswahl verfällt. Alternative: Ziehen Sie den Kanal auf das Symbol Kanal als Auswahl laden.

» Klicken Sie den Kanal mit Strg+⇧-Taste an, um eine bereits aktive Auswahl um diesen Kanal zu erweitern.

» Klicken Sie den Kanal mit Strg+Alt-Taste an, um die aktive Auswahl um diesen Kanal zu verkleinern.

» Klicken Sie den Kanal mit Strg+⇧+Alt-Taste an, wenn Sie als Auswahl die Schnittmenge aus aktiver Auswahl und Alphakanal benötigen.

Routiniers klicken weder in Paletten noch in Dialogfeldern: Mit Strg+Alt+6 laden Sie bei RGB-Bildern den ersten Alphakanal als Auswahl, mit Strg+Alt+7 den zweiten. Bei CMYK-Dateien beginnt es mit Strg+Alt+7.

17.2.3 Auswahlen von Hand verrechnen

Sie können Auswahlen auch von Hand verrechnen:

1. Aktivieren Sie Kanal Alpha 1.
2. Markieren Sie den Gesamtkanal mit Strg+A.
3. Kopieren Sie ihn mit Strg+C in die Zwischenablage.
4. Dann aktivieren Sie Kanal Alpha 2 und fügen Alpha 1 mit Strg+V ein.

Zunächst überdeckt der eingefügte Kanal Alpha 1 den darunterliegenden Kanal. Wählen Sie **Bearbeiten: Verblassen**, auch via Kontextmenü. Im Dialogfeld stellen Sie die Füllmethode Aufhellen ein; damit bleiben bei beiden Kanälen die weißen Bereiche erhalten – so erweitern Sie die Auswahlinformation des unteren Kanals um die Auswahlinformation des oberen.

Wählen Sie die Füllmethode Abdunkeln, wenn bei beiden Kanälen die schwarzen Bereiche erhalten bleiben sollen – so ziehen Sie die Auswahlinformation des einen Kanals von der Auswahlinformation des anderen Kanals ab. Testhalber senken Sie die Deckkraft, um zu sehen, wie sich die Kanäle überlagern. Danach verankern Sie den eingefügten Kanal mit Strg+D. Ähnliche Möglichkeiten bietet – über ein komplexes Dialogfeld – auch der Befehl **Bild: Kanalberechnungen**.

Alphakanal per Fließmarkierung verändern

Auch so verrechnen Sie zwei Alphakanäle:

1. Klicken Sie bei gedrückter Strg-Taste auf die Miniatur von Kanal Alpha 1, so dass Sie diese Auswahl als Fließmarkierung erhalten.

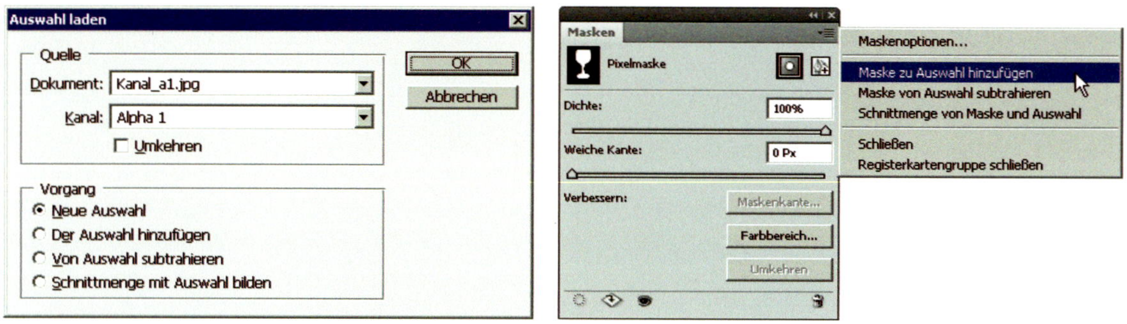

Abbildung 17.11 Beim Laden einer Auswahl verrechnen Sie die Informationen aus dem Alphakanal mit einer vorhandenen Auswahl – mit dem Befehl »Auswahl: Auswahl laden«, mit dem Menü zur Maskenpalette oder per Tastaturbefehl.

2. Klicken Sie auf die Miniatur von ALPHA 2.
3. Die Auswahl-Fließmarkierung schillert noch im Bild. Füllen Sie den Auswahlbereich zum Beispiel per **Bearbeiten: Fläche füllen** weiß, so dass Sie ALPHA 2 um den Inhalt von Alpha 1 erweitern, die Auswahl also vergrößern.

Ein erster Kanal ALPHA 1 muss hier nicht unbedingt existieren: Erzeugen Sie eine Auswahl mit Lasso und Konsorten, aktivieren Sie ALPHA 2 und füllen Sie den Bereich weiß oder schwarz.

17.3 Die Kanälepalette

Die Kanälepalette rufen Sie über das **Fenster**-Menü auf. Dort regeln Sie, welche Kanäle angezeigt und welche Kanäle – angezeigt oder nicht – bearbeitet werden. Via Kanälepalette können Sie Auswahlen als Alphakanal ablegen oder Alphakanäle und Farbkanäle als Auswahl laden.

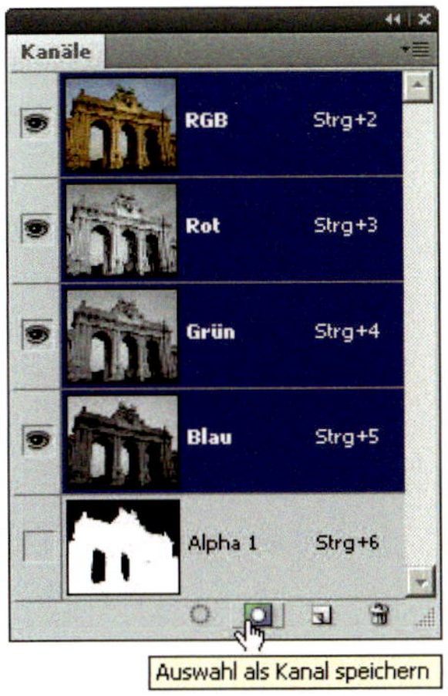

Abbildung 17.12
Wir haben das Tor ausgewählt und als Alphakanal »Alpha 1« gespeichert. Die Grundfarbenkanäle sind weiterhin zur Bearbeitung und zur Ansicht freigegeben, der Alphakanal wird momentan weder bearbeitet noch in der Bilddatei angezeigt. Datei: Kanal_b

17.3.1 Kanäle anzeigen und aktivieren

So lassen sich einzelne Kanäle anzeigen und aktivieren:

» Klicken Sie auf die Miniatur eines Kanals, um diesen Kanal anzuzeigen und zu aktivieren, so dass er bearbeitet werden kann. Alle weiteren Alphakanäle und Grundfarbkanäle werden ausgeblendet und deaktiviert. Das gewählte Feld in der Kanälepalette erscheint hervorgehoben.

» Mit Strg+6 aktivieren Sie bei RGB-Bildern den ersten Alphakanal, mit Strg+7 den zweiten. Bei CMYK-Dateien beginnt es mit Strg+7.

» Klicken Sie auf das Augensymbol neben nicht aktiven Kanälen, um diese Kanäle anzuzeigen, ohne dass sie bearbeitet werden.

» Ziehen Sie in der Augenleiste, um mehrere Kanäle gleichzeitig auszublenden oder wieder hervorzuholen.

» Klicken Sie auf den Namen des Gesamtkanals – etwa RGB –, um das Gesamtbild anzuzeigen und alle Alphakanäle auszublenden und zu deaktivieren, oder drücken Sie Strg+2.

» Aktivieren Sie einen Einzelkanal und fügen Sie dieser Auswahl weitere Kanäle mit gedrückter ⇧-Taste hinzu.

» Klicken Sie doppelt auf den Namen des Kanals, den Sie umbenennen wollen.

Klicken Sie einen Alpha- oder Farbkanal mit gedrückter Strg-Taste an, um ihn als Auswahl zu laden; nehmen Sie Strg+⇧-Taste, um ihn zur Auswahl hinzuzufügen, oder Strg+Alt-Taste, um ihn von der Auswahl abzuziehen. Ein Klick auf das Symbol AUSWAHL ALS KANAL SPEICHERN verewigt eine Auswahl als Alphakanal (siehe oben).

17.3.2 Kanäle verwalten

So organisieren Sie die Kanäle:

» Doppelklick auf die Miniatur eines Auswahlkanals öffnet die Kanaloptionen. Dort ändern Sie die Darstellung.

» Die Reihenfolge der Auswahlkanäle verändern Sie durch Verschieben innerhalb der Kanäleliste; die Grundfarbenkanäle stehen allerdings immer oben.

» Ziehen Sie einen Kanal auf den Mülleimer, um ihn ohne Rückfrage zu entsorgen.

» Klicken Sie einmal auf das Symbol NEUER KANAL, um ohne Rückfrage einen neuen, leeren Kanal zu erstellen. Ein Klick mit gedrückter Alt-Taste präsentiert vorab die Kanaloptionen.

Abbildung 17.13
Ein Klick auf die Miniatur des Alphakanals (hier »Alpha 1«) zeigt und aktiviert ausschließlich diesen Auswahlkanal. Bearbeiten Sie den Auswahlkanal mit Mal- und Retuschewerkzeugen oder mit Korrekturbefehlen. Die Grundfarbkanäle werden hier nicht angezeigt und nicht verändert.

» Klicken Sie bei gedrückter [Strg]-Taste auf das Symbol Neuer Kanal, um einen neuen Schmuckfarbenkanal zu erzeugen.

» Ziehen Sie einen vorhandenen Kanal auf das Symbol Neuer Kanal, um diesen zu duplizieren. Das macht Sinn, wenn Sie den Kanal verändern, aber eine Sicherheitskopie zurückbehalten möchten.

Einige dieser Funktionen listet auch das Palettenmenü auf, das Photoshop wie üblich über die Schaltfläche anbietet. Sie sind überdies im Kontextmenü über den Kanalminiaturen zu finden.

17.3.3 Kanäle duplizieren

Vielleicht wollen Sie einen Alphakanal auch in einem anderen Bild verwenden.

Nichts leichter als das:

» Verwenden Sie den Palettenbefehl **Kanal duplizieren**. Im Dialogfeld geben Sie neben Datei den Namen der Zieldatei an. Achtung: Diese Datei muss hoch mal quer exakt die gleichen Pixelzahlen aufweisen wie das Ursprungsbild. Sie können als Datei aber auch Neu angeben, um den Kanal in einer neuen Datei abzulegen.

» Einfacher: Ziehen Sie den Alphakanal aus der Kanälepalette auf ein neues Bild. Die Pixelmaße von Quelle und Zielbild müssen hier nicht übereinstimmen.

» So geht es auch: Laden Sie die Auswahl aus dem Alphakanal im aktuellen Bild per [Strg]-Klick auf die Kanalminiatur. Schalten Sie ein Auswahlwerkzeug wie das Lasso ein, achten Sie oben in den Optionen auf die Neue Auswahl, dann ziehen Sie die Fließmarkierung einfach in die neue Datei.

Abbildung 17.14
Ein Klick in die Augenleiste neben dem Gesamtkanal (hier »RGB«) blendet das Bild zur Orientierung mit ein. Der Alphakanal erscheint jetzt als Schutzlack in der Farbe, die Sie in den »Kanal-Optionen« wählen. Er kann weiterhin bearbeitet werden, das Grundbild ist weiterhin vor Bearbeitung geschützt. Hier erscheint der Alphakanal mit der voreingestellten Option »Farbe kennzeichnet: Maskierte Bereiche« – nicht ausgewählte Bereiche werden also abgedeckt. Datei: Kanal_b

17.3.4 Befehle im Überblick: Kanälepalette

Taste/Feld	Zusatztasten	Aktion	Ergebnis
			Vorhandene Auswahl in neuem Alphakanal sichern
		Kanal auf Symbol ziehen	Kanal ohne Rückfrage löschen
			Neuen, leeren Kanal ohne Rückfrage erstellen
	Alt		Neuen, leeren Kanal erstellen, vorher Optionen sehen
	Strg		Neuen Volltonfarbkanal erstellen
			Aktiven Kanal als Auswahl laden
[Kanalminiatur]	Strg		Kanal als Auswahl laden
[Kanalminiatur]	Strg + ⇧		Vorhandene Auswahl um Kanalinformation erweitern
[Kanalminiatur]	Strg + Alt		Vorhandene Auswahl um Kanalinformation verkleinern
[Kanalminiatur]	Strg + ⇧ + Alt		Auswahlschnittmenge aus vorhandener Auswahl und Kanalinformation bilden
Strg	2		Gesamtkanal auswählen (z.B. RGB- oder CMYK-Gesamtkanal)
Strg	6 bis 9		Alphakanal 1 bis 4 aktivieren (bei RGB-Bildern)
Strg + Alt	6 bis 9		Alphakanal 1 bis 4 als Auswahl laden (bei RGB-Bildern)
Strg + Alt + ⇧	6 bis 9		Alphakanal 1 bis 4 als Auswahl zur vorhandenen Auswahl hinzufügen (bei RGB-Bildern)

Abbildung 17.15
Wir verwenden die Standardvorgabe »Farbe kennzeichnet: Maskierte Bereiche« in den Kanaloptionen. Nicht Gewähltes erscheint abgedeckt. Die Maskenfarbe haben wir auf Weiß mit 90 Prozent Deckkraft umgestellt.

17.3.5 Optionen für Alphakanäle

Klicken Sie doppelt auf die Miniatur eines Alphakanals in der Kanälepalette, um an die KANALOPTIONEN zu gelangen. Die Vorgaben hier verändern in keiner Weise das Bild, den Inhalt oder das Verhalten des Alphakanals. Sie regeln hier lediglich, wie Photoshop den Kanal über der Bilddatei darstellt:

» Nach einem Klick auf das FARBE-Feld bestimmen Sie im Farbwähler (Seite 458), in welcher Farbe der Alphakanal über die Bilddatei geblendet wird. Ändern Sie die Maskenfarbe, wenn sie sich nicht von wichtigen Farbtönen im Bild abhebt.

» Tippen Sie einen Wert für die Masken-DECKKRAFT ein. Damit bestimmen Sie, wie viel vom Originalbild die Maske noch durchblicken lässt. Wohlgemerkt: Die Schutzfunktion der Maske wird durch Änderungen in diesem Feld nicht beeinflusst. Eine hohe Deckkraft zeigt besonders übersichtlich, wie gut die Maske sitzt.

Fast die gleichen Optionen bietet auch der Maskierungsmodus. Sie erreichen diese Optionen nach Doppelklick auf die Schaltfläche MASKIERUNGSMODUS in der Werkzeugleiste.

Farbe kennzeichnet

Besonders wichtig sind die Optionen unter FARBE KENNZEICHNET.

» MASKIERTE BEREICHE: Diese Vorgabe zeigt den ausgewählten Bildteil im Alphakanal weiß, nicht ausgewählte Partien sind schwarz. Blenden Sie den Alphakanal über das Grundbild, dann wird der nicht ausgewählte Bereich mit Farbe abgedeckt. Nur der Teil innerhalb der Auswahl ist voll sichtbar. Dies ist Photoshops Einstellung ab Werk; bei den eng verwandten Ebenenmasken gibt es keine andere Darstellung. Im Buch verwenden wir durchgängig die Darstellung MASKIERTE BEREICHE.

» AUSGEWÄHLTE BEREICHE: Diese Option zeigt den ausgewählten Bildteil im Alphakanal schwarz, nicht Gewähltes ist weiß. Blenden Sie den Alphakanal über das Grundbild, ist der ausgewählte Bildteil mit der Schutzfarbe abgedeckt.

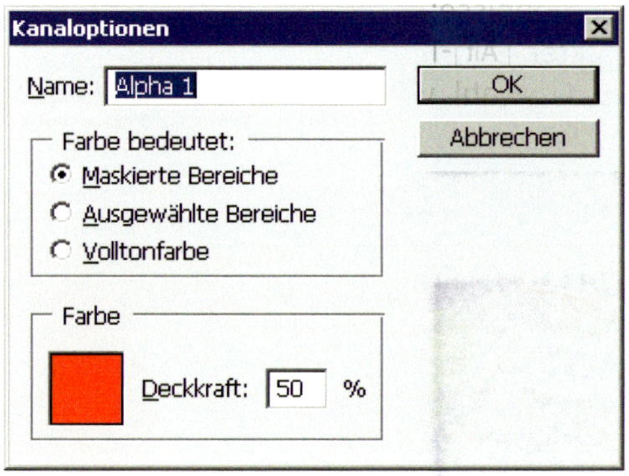

Abbildung 17.16 In den Kanaloptionen regeln Sie die Darstellung des Alphakanals. Hier sehen Sie die Grundeinstellung von Photoshop.

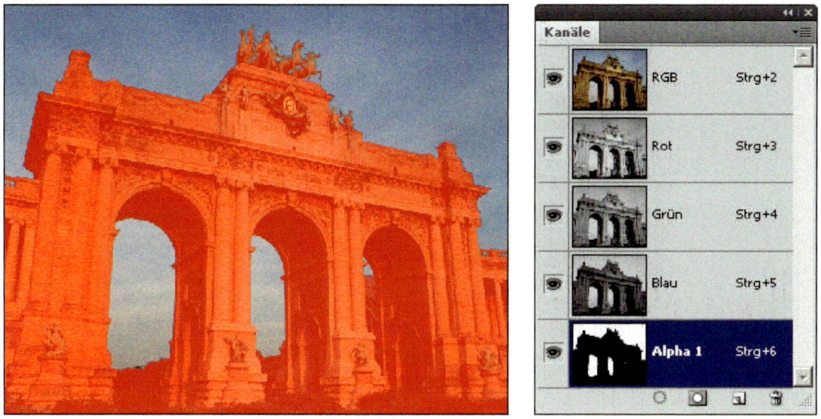

Abbildung 17.17
Wir verwenden die Maskenfarbe Rot und haben auf »Farbe kennzeichnet: Ausgewählte Bereiche« umgeschaltet. Die Auswahlinformation bleibt unverändert, doch diesmal wird der ausgewählte Teil abgedeckt. Manchmal findet man Auswahlfehler so besser. Das ausgewählte Hauptmotiv erscheint in der Miniatur nun schwarz.

17.4 Retuschen in Alphakanal oder Ebenenmaske

Um die Auswahl oder den sichtbaren Bereich zu korrigieren, können Sie in Alphakanal oder Maske malen, füllen, filtern und Kontraste verändern. Klicken Sie zuerst auf den Namen des Alphakanals oder der Maske. Je nach Situation stellen Sie den Alphakanal allein dar oder blenden ihn halbdeckend über das Bild.

Freilich ist Kanalretusche nur zweite Wahl – legen Sie am besten schon die Auswahl so an, dass Sie möglichst wenig Arbeit damit haben: Häufig liefert das Schnellauswahl-Werkzeug mit der Option Automatisch verbessern exzellente Ergebnisse; ziehen Sie dieses Werkzeug auch bei gedrückter [Alt]-Taste über nicht gewünschte Bereiche. Diese Auswahl verfeinert man dann global per **Kante verbessern** (Seite 620, auch mit weiteren Tipps zur Auswahlveredlung). Nur wenn es dann örtlich noch hapert, rücken Sie Alphakanal oder Ebenenmaske mit Pinsel und Co. auf den Pelz. Denken Sie daran, dass sich der leistungsfähige Befehl **Kante verbessern** auch für Ebenenmasken eignet (dann heißt er **Maske verbessern**).

17.4.1 Übersicht

Bei allen folgenden Beispielen verwenden wir in den Kanaloptionen (siehe oben) Photoshops Standardeinstellung Farbe kennzeichnet: Maskierte Bereiche. Das bedeutet:

» Nicht ausgewählte, also geschützte, »maskierte« Bildteile unterlegt Photoshop mit Farbe – im Alphakanal allein mit Schwarz, über das Bild geblendet mit 50 Prozent Rot.

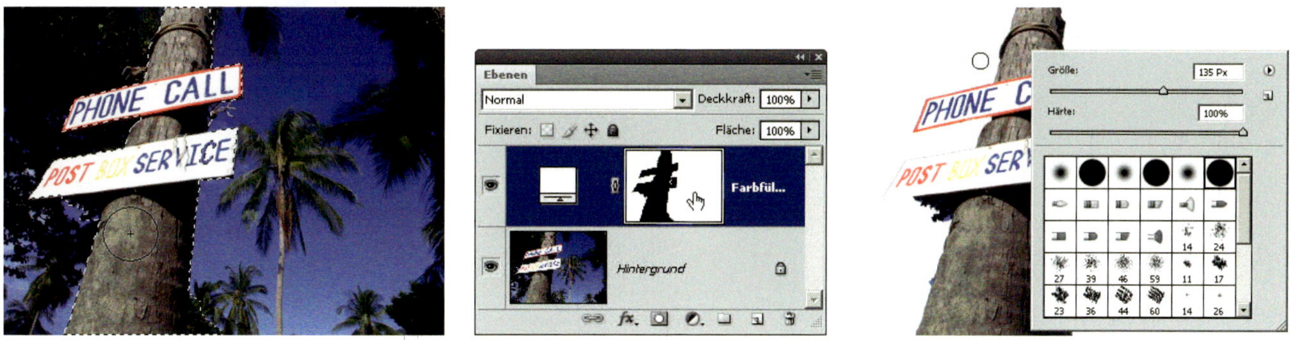

Abbildung 17.18 **Links:** Das Schnellauswahl-Werkzeug wählt das Hauptmotiv mit seinen abgeschatteten Übergängen nicht präzise aus. Für die weiteren Schritte kehren wir die Auswahl noch um, so dass der Hintergrund grob ausgewählt ist. **Mitte:** Wir legen eine weiße Füllebene in der Ebenenpalette an. Die Ebenenmaske wird durch Anklicken für die folgende Retusche aktiviert. **Rechts:** Vor der Retusche: Mit dem [B] schalten Sie den Pinsel ein. Per Rechtsklick ins Bild liefert Photoshop die Pinselvorgaben. Datei: Kanal_i

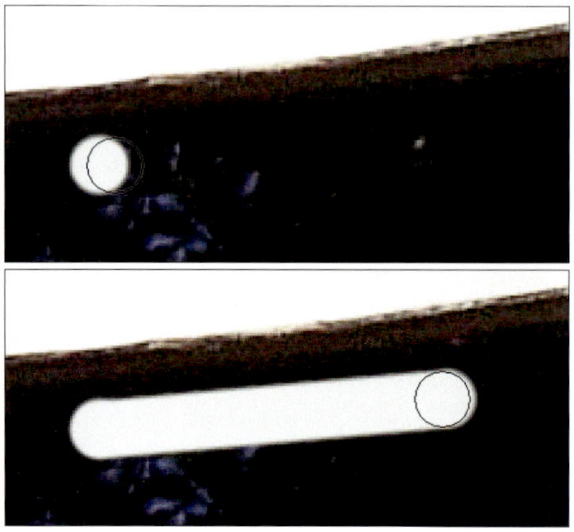

Abbildung 17.19 Die dunkle, gerade Außenkante des Schilds ist nicht sauber ausgewählt. Wir klicken einmal ganz links, bewegen den Mauszeiger nach rechts, drücken die [⇧]-Taste und klicken ein zweites Mal: Photoshop verbindet die bweiden Klickpunkte durch eine Gerade. So fassen Sie gerade Strecken in Produkt- und Architekturfotos leicht ein.

» Ausgewählte Bildteile zeigt Photoshop im Alphakanal weiß – sie sind auch dann voll zu erkennen, wenn Sie den Alphakanal rötlich über das Bild blenden.

Farben für die Maskenretusche

So retuschieren Sie im Alphakanal oder in der Ebenenmaske, wenn Sie die übliche Vorgabe Farbe kennzeichnet: Maskierte Bereiche verwenden:

» Pinseln oder füllen Sie mit Schwarz: Die Auswahl wird kleiner oder der sichtbare Bereich der Ebene nimmt ab.

» Pinseln oder füllen Sie mit Weiß: Sie vergrößern die Auswahl, von der Ebene ist mehr zu sehen.

» Erstellen Sie im Auswahlkanal einen Verlauf von Schwarz nach Weiß, ist das Bild von Schwarz nach Weiß stärker ausgewählt oder sichtbar.

Gilt bei Ihnen umgekehrt Farbe kennzeichnet: Ausgewählte Bereiche, verkleinern Sie die Auswahl mit Weiß und vergrößern sie mit Schwarz.

TIPP Bevor Sie einen gelungenen Auswahlkanal weiter manipulieren, duplizieren Sie ihn und arbeiten Sie mit der Kopie weiter. Dazu ziehen Sie die Kanalminiatur auf das Symbol Neuer Kanal unten in der Kanälepalette.

Abbildung 17.20 Ein anderes Verfahren für die Ecke zwischen Schild und Baum: Markieren Sie den Bereich grob mit dem Polygon-Lasso und füllen Sie ihn weiß. So ist dieser Bereich der Umgebung auch im Endergebnis ausgeblendet.

Farbwahl

Sobald Alphakanal oder Ebenenmaske aktiviert sind, bietet Photoshop als Vorder- und Hintergrundfarbe für Ihre Retuschen nur noch Graustufen. Standard-Vordergrundfarbe ist in dieser Situation Weiß: Drücken Sie also das [D] (für Default Colors, Standardfarben), richtet Photoshop ausnahmsweise nicht Schwarz, sondern Weiß als Vordergrundfarbe ein.

Damit vergrößern Sie den ausgewählten Bereich in einem Alphakanal. Um Schwarz zu erhalten, drücken Sie [X] (für Exchange), die Kurztaste für den Austausch von Vorder- und Hintergrundfarbe.

Retusche bei eingeblendetem Originalbild

Wenn Sie den Alphakanal bei eingeblendetem Original bearbeiten, erscheint er rötlich über der Datei. Doch auch jetzt retuschieren Sie den Kanal mit Weiß und Schwarz. Es gilt:

» Pinseln Sie mit Weiß ins Bild, um weitere Bereiche in die Auswahl hineinzunehmen – das Rot schwindet.

» Pinseln Sie mit Schwarz, um die ausgewählte Zone zu verkleinern. Sie sehen mehr Rot über der Datei, aber Kanal oder Maske erhalten tatsächlich schwarze Farbe.

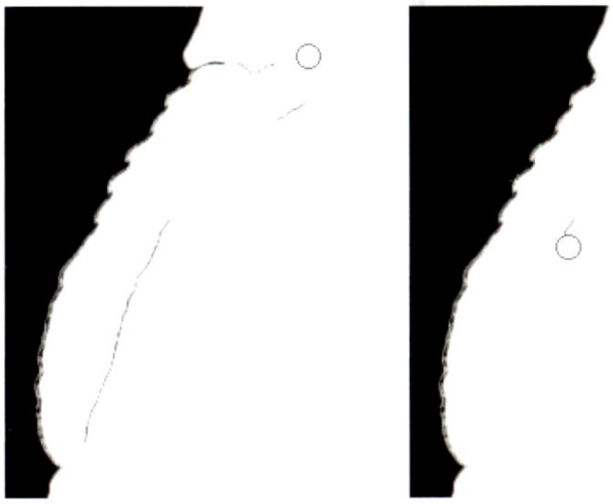

Abbildung 17.21 Wir haben mit gedrückter [Alt]-Taste auf die Ebenenmaske in der Ebenenpalette geklickt. Damit erscheint nur noch die Ebenenmaske allein mit Schwarzweißflächen. Innerhalb des ausgewählten Hintergrundbereichs blieben ein paar nicht ausgewählte Lücken zurück. Mit Pinsel und weißer Vordergrundfarbe verschwinden die Löcher. Sie könnten die schwarzen Stellen auch mit dem Lasso einrahmen und mit Weiß füllen.

17.4.2 Der bequemste Weg?

Viele Wege führen zur Auswahl, doch welcher ist der bequemste? Fließmarkierung, Schnellmaske, Pfad, Alphakanal oder Ebenenmaske? Eine Ebenenmaske lässt sich komfortabler retuschieren als Alphakanal oder Schnellmaske. In diesem Beispiel wählen wir in einem normalen Bild, das nur aus einer Hintergrund-Ebene besteht, einen komplexen Bereich aus:

1. Je nach Vorlage wählen Sie grob das Hauptmotiv oder seinen Hintergrund aus, zum Beispiel mit der Schnellauswahl.
2. Letztlich sollte der Motivhintergrund ausgewählt sein. Haben Sie also bisher ins Hauptmotiv selbst geklickt, wählen Sie **Auswahl: Auswahl umkehren** ([Strg]+[⇧]+[I]).
3. Unten in der Ebenenpalette klicken Sie auf das Symbol Neue Füll- oder Einstellungsebene erstellen und dann auf **Farbfläche**. Legen Sie eine schneeweiße Füllebene an (hebt sich Weiß nicht gut von Ihrem Motiv ab, greifen Sie zu Schwarz oder anderen Farben). Das Hauptmotiv bleibt sichtbar, die Umgebung wird weiß abgedeckt.
4. Klicken Sie in der Ebenenpalette einmal auf die weiße Miniatur der Maske Farbfüllung 1, so dass sie für die weitere Bearbeitung aktiviert ist.

DVD Die Aktion »Auswählen – mit Ebenenmaske« von der Buch-DVD nimmt Ihnen die Arbeit ab: Sie erzeugt die erforderliche Ebene und schaltet den Pinsel ein. Wählen Sie vorab grob den Hintergrund aus.

So arbeiten Sie weiter

Ihr Hauptmotiv erscheint vor weißem Hintergrund, die Ebenenmaske ist aktiviert. So arbeiten Sie weiter:

Malen oder füllen Sie über unerwünschter Bildumgebung mit Weiß, um mehr Hintergrund zu verdecken (zum Beispiel per **Bearbeiten: Fläche füllen**). Malen oder füllen Sie mit Schwarz über dem Hauptmotiv selbst. (Die Taste [X] wechselt zwischen schwarzer und weißer Vordergrundfarbe.) Diese Farben gelten wohlgemerkt auch dann, wenn Sie den Hintergrund nicht mit Weiß, sondern mit Schwarz oder Rosa abdecken.

Wenden Sie alle anderen Methoden zur Auswahlverfeinerung in Kanälen und Masken an, auch den Befehl **Auswahl: Kante verbessern**. Dieser Befehl heißt Maskenkante in der Maskenpalette; dort testen Sie auch den verlustfreien Regler Weiche Kante.

Sie wollen den Motivhintergrund zur Orientierung blass anzeigen? Senken Sie die Deckkraft der Farbfüllung 1auf 50 Prozent. Sie brauchen Auswahlbereiche aus dem Foto selbst? So geht's:

1. Blenden Sie die Weiß-Ebene Farbfüllung 1 mit dem Augensymbol aus.
2. Klicken Sie einmal auf die Hintergrund-Miniatur (oder [Alt]+[,]).

Abbildung 17.22 **Links:** Die Auswahl ist fertig. Zur Orientierung senken wir die »Deckkraft« der Farbfüllung auf 50 Prozent, das Originalbild wird gedämpft sichtbar. **Rechts:** Wir haben die Ebenenmaske der Farbfüllung auf die Fotoebene gezogen, umgekehrt und danach die Farbfüllung gelöscht. So bleiben Ebenen und Maske dauerhaft zusammen, Sie verlieren keine Information. Karos zeigen transparente Bereiche an. Dateien: Kanal_i2, _i3

3. Wählen Sie Bildteile mit Schnellauswahl und Co. aus.
4. Die Auswahl steht? Klicken Sie in der Palette einmal auf die Miniatur Farbfüllung 1 (oder Alt+.) und blenden Sie die Ebene mit dem Augensymbol wieder ein.
5. Haben Sie im Hauptmotiv selbst ausgewählt? Dann füllen Sie die Auswahl jetzt mit Schwarz. Befindet sich dagegen Hintergrundumgebung in der Auswahl, füllen Sie die Auswahl weiß.

So nutzen Sie die fertige Auswahl

Die Auswahl passt, steht, wackelt und hat Luft? So könnten Sie weiterarbeiten:

1. Klicken Sie bei gedrückter Strg-Taste auf die Miniatur der Ebenenmaske zur Farbfüllung 1. So wird sie als Auswahl geladen.
2. Ausgewählt ist nun die Motivumgebung. Möchten Sie das Hauptmotiv selbst auswählen, kehren Sie die Auswahl um (Strg+⇧+I).
3. Klicken Sie einmal auf die Hintergrund-Miniatur in der Ebenenpalette.
4. Kopieren Sie das Motiv in die Zwischenablage (Strg+C) oder ziehen Sie es mit dem Verschiebenwerkzeug in ein anderes Bild.

Hauptmotiv und Maske zusammenhalten

Sie wollen den Hintergrund noch nicht endgültig wegschneiden, sondern im Zielbild oder sogar über mehreren Bildern testen, wie gut die Maske tatsächlich sitzt? Dann übertragen Sie die Ebenenmaske der Farbfüllung auf die Fotoebene selbst:

1. Klicken Sie bei gedrückter Alt-Taste doppelt auf die Hintergrund-Ebene in der Ebenenpalette. Sie verwandelt sich in eine Ebene 0.
2. Drücken Sie die Alt-Taste erneut und halten Sie ihr die Treue.
3. Bei gedrückter Alt-Taste ziehen Sie die schwarzweiße Ebenenmaske der Farbfüllung 1 über die Miniatur der Ebene 0 (die Foto-Ebene). Damit hat die Ebene 0 ebenfalls eine Maske. Diese Maske verdeckt hier allerdings das Hauptmotiv, es erscheint mit Karomuster.
4. Kehren Sie die Maske mit Strg+I um.
5. Die komplette Ebene Farbfüllung 1 samt Ebenenmaske können Sie jetzt löschen. Sie verlieren keinerlei Information.
6. Ziehen Sie die Ebene 0 über ein neues Hintergrundbild. Sie landet dort samt Ebenenmaske. Wirken die Montageränder unsauber, verfeinern Sie die Ebenenmaske weiter.

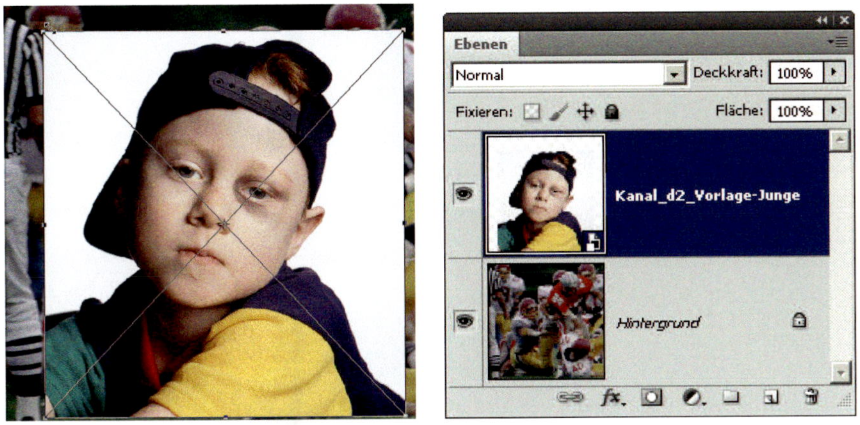

Abbildung 17.23
Das Porträt wird samt grauem Studiohintergrund vor die Sportszene gezogen, in ein Smart-Objekt verwandelt und dann bei gedrückter [⇧]-Taste auf die passende Größe transformiert. Wir verfeinern die erforderliche Maske hier ohne Pinselretusche. Datei: Kanal_d

Abbildung 17.24 **Links:** Wir wählen den Studiohintergrund mit dem Schnellauswahl-Werkzeug bequem aus. **Mitte:** Ein Klick auf die Schaltfläche »Ebenenmaske hinzufügen« unten in der Ebenenpalette erzeugt eine Maske, die das Gesicht verdeckt. **Rechts:** Wir haben die Maske mit [Strg]+[I] umgekehrt, nun steht wie gewünscht das Porträt freigestellt. Dies könnte schon fast unser Endergebnis sein, allerdings sieht man noch weiße Nahtkanten zum Beispiel rund um die Kappe.

TIPP Ziehen Sie komplizierte Motive direkt über den geplanten neuen Hintergrund, legen Sie dort eine Ebenenmaske an und beginnen Sie dann mit dem Freistellen per Ebenenmaskenretusche. Sie erkennen so frühzeitig, was noch unschön auffällt und wo sich weitere Arbeit nicht unbedingt lohnt.

17.4.3 Pinsel- und Füllfunktionen bei der Masken- und Alphakanalretusche

Wollen Sie zusammengehörende Flächen in die Auswahl hineinnehmen, so markieren Sie diese rasch mit dem Auswahlrechteck oder mit dem Polygon-Lasso.

So füllen Sie die Auswahl im Auswahlkanal besonders zügig:

» Die [Entf]-Taste setzt die Hintergrundfarbe ein, in Maske und Alphakanal zunächst Schwarz, die Auswahl verkleinert sich.

» [Alt]-Taste+[Entf] setzt die Vordergrundfarbe ein, in Maske und Alphakanal zunächst Weiß, die Auswahl wird größer.

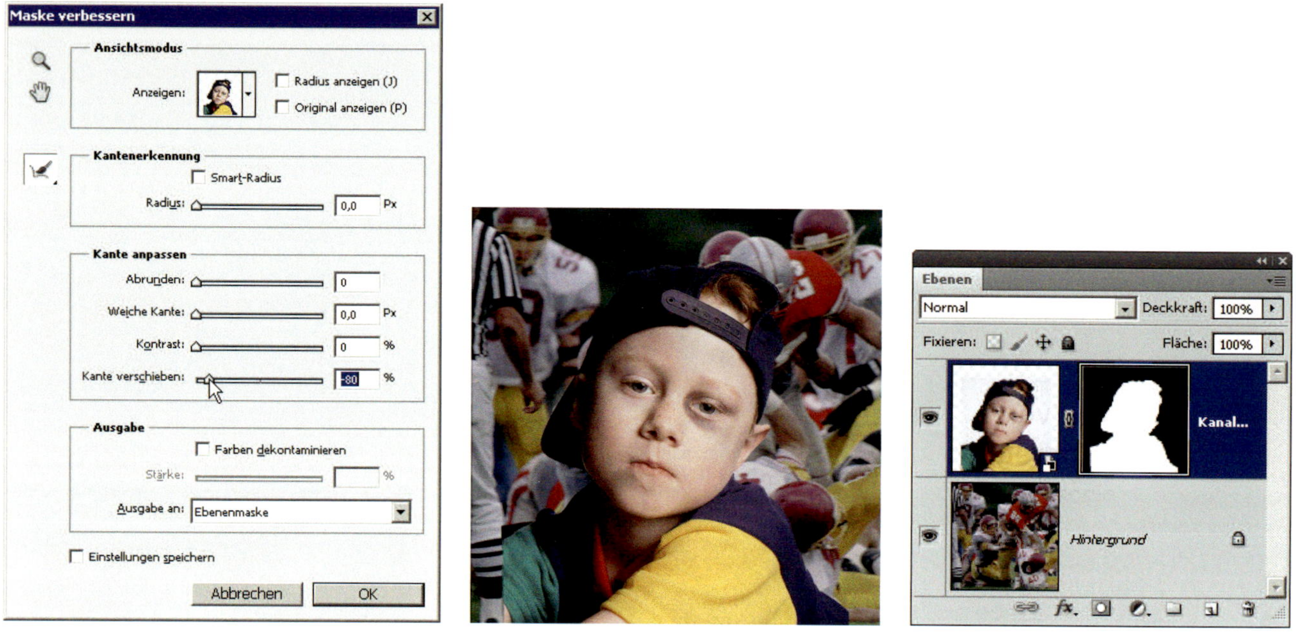

Abbildung 17.25 Wählen Sie »Auswahl: Maske verbessern« mit der »Anzeigen«-Option »Auf Ebenen«. So sehen Sie die Originalmontage ohne störende Überlagerungen. Ziehen Sie den Regler »Kante verschieben« auf minus 80 Prozent. So verschwindet die weiße Schnittkante; verfeinern Sie eventuell mit den anderen Reglern. Die Änderung per »Kante verbessern« lässt sich allerdings nicht verlustfrei zurückregeln. Außerdem: Sie können zwar die Größe des Porträts verlustfrei klein- und wieder großtransformieren. Die Ebenenmaske verändert sich mit, aber nicht verlustfrei. Nach einer Verkleinerung kann man sie nicht mehr auf die alte Präzision vergrößern. Datei: Kanal_d

Geglättete und weiche Kanten retuschieren

Bei normalen Fotomontagen arbeiten Sie mit geglätteten Auswahlkanten (Seite 597); die erkennen Sie in Alphakanal oder Maske an dem hauchdünnen grauen Übergang zwischen Schwarz und Weiß. Retuschieren Sie einen Auswahlrand in Kanal oder Ebenenmaske, müssen Sie die gleiche Glättung erreichen: Zu harte Pinselvorgaben lassen die Auswahl an der retuschierten Stelle abrupt enden, zu weiche Spitzen stellen allzu sanfte Übergänge her.

So retuschieren Sie geglättete Konturen im Alphakanal oder in der Ebenenmaske besonders unauffällig:

» Entstand die Auswahl mit der Glätten-Funktion von Lasso oder Zauberstab ? Dann verwenden Sie den Pinsel (Kurztaste B) mit 100 Prozent Härte. Nur so entsteht der hauchdünne weiche Rand, der zur geglätteten Auswahl passt. Die Härte einer Pinselvorgabe stellen Sie nach Rechtsklick ins Bild ein (Seite 473). Die Kanten der Schnellauswahl wirken eventuell etwas weicher.

» Retuschieren Sie an einer harten Auswahl ohne jede glatte Kante, zum Beispiel bei Grafiken, Screenshots oder Strichzeichnungen, dann bearbeiten Sie die Maske mit dem Buntstift (Seite 488, Kurztaste B).

» Zu Auswahlen mit sehr weicher Kante: Hier probieren Sie es mit reduzierter Härte in den Pinseloptionen; oder Sie malen erst mit harter Pinselvorgabe, markieren den noch aufzuweichenden Bereich mit dem Lasso und soften den Übergang später mit dem **Filter**-Befehl **Weichzeichnungsfilter: Gaußscher Weichzeichner** ab (Seite 551). Halten Sie allerdings auch den Übergang zwischen dem nachträglich weichgezeichneten Alphakanal und den bereits weich angelieferten Partien unauffällig. Dazu verwenden Sie in den Lassooptionen die Weiche Kante oder nach Anwendung des Lassos den **Auswahl**-Befehl **Kante verbessern**. Alternative: Verlängern Sie eine weiche Auswahlkante im Alphakanal durch Pixelkopie per Kopierstempel (Seite 412) oder durch Duplizieren eines Auswahlbereichs, den Sie seinerseits mit weicher Kante erstellt haben.

ACHTUNG Wollen Sie halbtransparente Übergänge erzeugen, liegt es nahe, für die Maskenretusche zum Beispiel reines Schwarz zu wählen und dann per Zifferntaste oder Grafiktablett permanent niedrigere DECKKRAFT-Werte wie 30 oder 70 Prozent einzustellen. Übermalen Sie nun aber eine erste Pinselbewegung, entstehen ungleichmäßige Ergebnisse mit wechselnder Deckkraft. Abhilfe: Arbeiten Sie nicht mit Schwarz, sondern direkt mit verschiedenen Grautönen; die klicken Sie bequem auch in der Farbfelder-Palette an.

17.4.4 Bereiche von Alphakanal oder Maske bewegen

Beim Bewegen eines ausgewählten Bereichs im Alphakanal per Verschiebenwerkzeug entsteht ein Loch am ursprünglichen Standort. Photoshop füllt dieses Loch mit der Hintergrundfarbe. Arbeiten Sie also im Alphakanal mit weißen Auswahlbereichen, dann achten Sie vor dem Bewegen auf Schwarz als Hintergrundfarbe.

Bei der Korrektur einer Alphakanalauswahl passiert leicht Folgendes: Sie haben um einen Auswahlbereich herum zu viel Schwarz mitmarkiert; dieses Schwarz überdeckt beim Verschieben schon wieder einen anderen, weißen Bereich. So verhindern Sie die Überdeckung:

1. Wenn der Bereich verschoben ist und als schwebende Auswahl im Bild steht, wählen Sie **Bearbeiten: Verblassen**.
2. Im Dialogfeld nehmen Sie den Modus AUFHELLEN.

Damit setzen sich jeweils die helleren Bereiche durch, Weißes bleibt generell erhalten.

Auswählen innerhalb von Alphakanal oder Maske

Sie wollen innerhalb von Alphakanal oder Maske einen weißen Bereich auswählen – inklusive der Grautöne am Rand? Sie könnten die Zone außen mit dem Lasso umfahren.

Alternative: Klicken Sie mit dem Zauberstab in den weißen Bereich und verwenden Sie als TOLERANZ den zweithöchsten Wert »254«. Diese Auswahl lässt sich verschieben, ohne dass ein grauer Rand zurückbleibt.

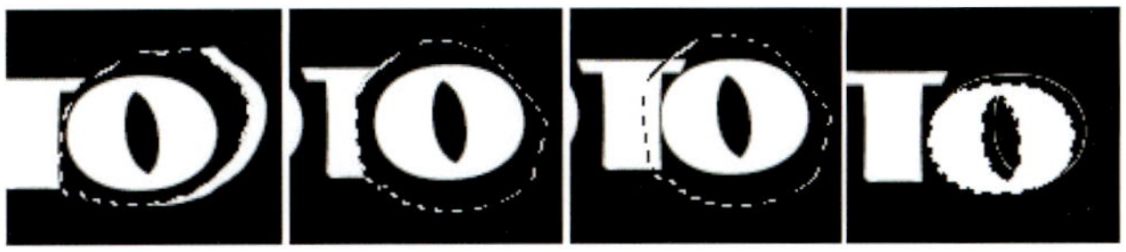

Abbildung 17.26 **1. Bild:** Beim Bewegen eines ausgewählten Bereichs eines Alphakanals oder einer Ebenenmaske entsteht ein Loch in der Hintergrundfarbe; die Hintergrundfarbe sollte also auf Schwarz gestellt werden. **2. Bild:** Hier wird schwarze Hintergrundfarbe verwendet; allerdings überdeckt das schwarze Umfeld des Buchstabens beim Verschieben bereits den nächsten Buchstaben. **3. Bild:** Wählen Sie darum im Kontextmenü des Auswahlwerkzeugs den Befehl »Verblassen« und im Dialogfeld den Modus »Aufhellen«. Dann setzen sich jeweils die helleren Pixel durch, die weißen Lettern bleiben auf jeden Fall erhalten. **4. Bild:** Bereiche, die mit niedriger Zauberstab-»Toleranz« markiert werden, hinterlassen einen weißen Rand.

Abbildung 17.27 Der Modus »Aufhellen« erlaubt hier passgenaues Verschieben; das schwarze Umfeld kann benachbarte weiße Zonen nicht überdecken. Wenn Sie in Alphakanal oder Ebenenmaske arbeiten, richtet man diesen Modus über den Befehl »Bearbeiten: Verblassen« ein; er findet sich auch im Kontextmenü eines Auswahlwerkzeugs über schwebenden Auswahlen.

17.4.5 Motivteile in Alphakanal oder Ebenenmaske

Mitunter ist es zu aufwändig, ein Objekt mit Schnellauswahl, Lasso und Alphakanalretusche zu markieren. Stattdessen überträgt man gleich das ganze Motiv in den Kanal, passt es dort an und lädt das Ergebnis als Auswahl. Auf verschiedene Arten bringen Sie den kompletten Bildinhalt in Alphakanal oder Ebenenmaske:

» Wählen Sie das Gesamtbild mit Strg+A aus, kopieren Sie es mit Strg+C in die Zwischenablage, legen Sie einen neuen, leeren Alphakanal oder eine neue Ebenenmaske an und fügen Sie das Bild aus der Zwischenablage mit Strg+V ein; es erscheint in Graustufen.

» Alternative: Laden Sie die Bildinformation als Auswahl, indem Sie bei gedrückter Strg-Taste auf die

Abbildung 17.28 Das Wolkenfoto wurde über die Montage mit der Weltkarte gelegt, so dass es zunächst die gesamte Bildfläche überdeckte. In der Kanälepalette haben wir bei gedrückter Strg-Taste auf den Grünkanal geklickt, in dem Wolken und blauer Himmel besonders stark kontrastierten. Anschließend haben wir die Wolkenebene aktiviert und auf die Schaltfläche »Ebenenmaske hinzufügen« geklickt. Die Wolken erscheinen jetzt als Ebenenmaske. Weil der blaue Himmel in der Graustufen-Ebenenmaske dunkel ist, wird dieses Blau im Gesamtbild unterdrückt, während die helleren Wolken gut herauskommen – Karte und Wasser scheinen durch. Die Kontraste in der Ebenenmaske wurden noch mit der »Tonwertkorrektur« verstärkt, so dass die Maske tatsächlich reines Schwarz und Weiß enthält. Datei: Kanal_g

Miniatur des Gesamtkanals in der Kanälepalette klicken, zum Beispiel auf RGB (also nicht auf die Miniatur in der Ebenenpalette). Mit einem Auswahlwerkzeug wie dem Lasso ziehen Sie diese Fließmarkierung über das Zielbild und erzeugen dort einen neuen Alphakanal oder eine neue Ebenenmaske (sofern nicht die Hintergrund-Ebene aktiviert ist).

Setzen Sie zum Beispiel Wolken in den Alphakanal oder in die Ebenenmaske ein. Wo Weiß im Alphakanal oder in der Maske ist, werden die Wolken ausgewählt bzw. sie sind sichtbar. Wo Kanal oder Maske dunkel erscheinen, weil das Original dort blauen Himmel zeigte, wird wenig oder nichts ausgewählt oder angezeigt. Teilweise können Sie Wolken auch allein durch Verbergen von Helligkeitsbereichen überblenden.

Durchscheinendes Glas

Wer ein Weinglas montiert und den Hintergrund sanft durchschimmern lassen möchte, kann nicht etwa die gesamte Bildebene des Behältnisses auf verminderte Deckkraft stellen, denn in der Realität schimmert der Hintergrund mal mehr, mal weniger durch. Teils wirkt das Glas fast durchsichtig; dunkel abgeschattete, aber auch hell reflektierende Stellen verbergen die Umgebung dahinter gänzlich. Auch hier hilft es, das Objekt mit einer Kopie seiner selbst in der Ebenenmaske auszublenden. Einzelne Helligkeitsbereiche lassen sich mit den **Gradationskurven** punktgenau auf die gewünschte Helligkeit bringen. Eine Alternative zu diesem Verfahren bietet allerdings der Hintergrund-Radiergummi (Seite 605).

Kopieren Sie auch Motive wie einen Pinselstrich, eine Briefmarke oder einen Papierschnipsel in die Ebenenmaske, um das dazugehörende Bild in diesen Konturen zu zeigen. Passen Sie Größe und Lage mit der **Transformieren**-Funktion an (Strg+T). Ein Beispiel für einen Pinselstrich in der Ebenenmaske zeigt Seite 808.

17.4.6 Teiltransparente Auswahlen

Graustufen in Alphakanälen oder Ebenenmasken sorgen für halbtransparente Bereiche. Sie helfen nicht nur bei geglätteten Kanten, sondern auch bei halbdurchsichtigem Glas, bei durchscheinendem Haar und wenn Sie etwas stufenlos ein- oder ausblenden möchten.

Ist ein Bildteil mit einem grauen Bereich im Alphakanal unterlegt und laden Sie diesen Kanal als Auswahl, dann wirkt sich ein Filter oder eine Montage dort nur teilweise aus: Das Originalbild bleibt blass erhalten, die gefilterte Version liegt transparent darüber.

Weiche Auswahlen in Alphakanal oder Ebenenmaske korrigieren

Mit Verläufen von Schwarz nach Weiß in Alphakanal oder Ebenenmaske blenden Sie Motive stufenlos ein oder lassen einen Befehl stufenlos stärker wirken. So ändern Sie die Übergänge:

Abbildung 17.29 **Links:** Das Weinglas wurde ohne transparente Bereiche ausgewählt und montiert. **Mitte:** Wir kopieren das Glas in die umgekehrte Ebenenmaske und verwenden es als Auswahl; aber auch dieses Bild überzeugt nicht. **Rechts:** Wir haben einzelne Helligkeitsbereiche der Ebenenmaske kontrastkorrigiert. Datei: Kanal_f1

» Ideal: Ist eine Ebenenmaske aktiviert, nehmen Sie **Auswahl: Kante verbessern** (Strg+Alt+R oder Maskenkante in der Maskenpalette, Seite 620). Sie können die Auswahl Erweitern/Verkleinern, der Kontrast-Regler sorgt für härtere Übergänge.

» Verwenden Sie in Alphakanälen oder Ebenenmasken **Bild: Korrekturen: Tonwertkorrektur** (Seite 339, Strg+L) und ziehen Sie den Weißregler nach innen, um hellere Grauzonen auf Weiß zu setzen. Der ausgewählte bzw. sichtbare Bereich wird größer.

» Der Befehl **Helligkeit/Kontrast** aus demselben Untermenü hebt den Kontrast in einem Verlauf an und erzeugt so kürzere, härtere Übergänge. Dabei nehmen Sie die Vorgabe Früheren Wert verwenden.

Abbildung 17.30 **Links:** Wir wählen die linke obere Ecke der Uhrenebene mit dem Zauberstab aus. **Mitte:** Wir aktivieren die Ebenenmaske und füllen den zuvor ausgewählten Bereich mit Schwarz; so wird auch in diesen Ecken die Uhren-Ebene verborgen, der Hintergrund erscheint. Dateien: Kanal_e1 etc.

Kapitel 18

Pfade & Formen

Pfade liegen über dem eigentlichen Bild und werden unabhängig von den Pixeln selbst korrigiert. Pfade können Sie in Photoshop vielseitig verwenden:

» als Grundlage für das Auswählen eines Bildteils,

» als Kontur, die Photoshop mit einem beliebigen Mal- oder Retuschewerkzeug umrandet oder füllt,

» als Vektormaske, die einer Ebene zugeordnet ist und die Ebene außerhalb des Pfadumrisses verbirgt.

Dabei können Sie übliche Bildpunktbereiche eingrenzen oder – in »Formebenen« – Figuren nur aus Farbflächen und Ebeneneffekten aufbauen. Verwenden Sie einen offenen Pfad als Grundlinie für Punkttext, einen geschlossenen Pfad als Rahmen für Absatztext oder als Beschneidungspfad, der einem Layoutprogramm die Begrenzungen eines frei ausgeschnittenen Bildteils angibt – Objekte erscheinen freigestellt und ohne Rechteckkasten auf der Seite.

18.1 Einstieg

Pfade sind nur Hilfslinien, sie werden nicht gedruckt. Sie setzen sich vielmehr zusammen aus Ankerpunkten und den Linien dazwischen.

Pfade entstehen auf verschiedene Arten:

» Sie erstellen einen Pfad mit Zeichenstift oder Freiform-Zeichenstift.

» Sie erstellen eine Form (also einen sofort geschlossenen Pfad) mit einem Formwerkzeug wie »Abgerundetes Rechteck« oder »Eigene Form«.

» Sie wandeln die aktive Auswahl in einen Pfad um.

» Sie verwandeln eine Textebene mit dem Untermenü **Ebene: Text** in einen **Arbeitspfad** oder in eine **Form**.

Mit Pfadtechniken erstellen Sie einfach fließende und präzise Formen, die sich gut nachbearbeiten lassen; diese Formen bekommen Sie mit pixelorientierten Werkzeugen wie Lasso oder Pinsel kaum hin. Auch Auswahlkanten, die unschön ausfransen, lassen sich mit einem Pfad elegant glätten. Besonders empfiehlt sich die Pfadtechnik für flüssige Umrisse, Geraden und harte Ecken. Keinesfalls eignen sich Pfadfunktionen für weiche Übergänge oder komplexe Umrisse, etwa einen Haarschopf.

TIPP Die Figuren der Pfad- und Formwerkzeuge docken bei Bedarf magnetisch an Hilfslinien, Grundraster oder Bildgrenzen an. Die entsprechenden Vorgaben machen Sie im Untermenü **Ansicht: Ausrichten an** und mit dem Befehl **Ansicht: Ausrichten**.

Abbildung 18.1 **Links:** Pfade eignen sich besonders für geschwungene Formen, für harte Ecken und Geraden. Der Pfad definiert hier die Konturen einer Formebene, die nur als Schnittmaske für das Foto darüber dient. Sie erkennen in der Ebenenpalette, dass das Bild noch vollständig vorhanden ist und jederzeit komplett angezeigt werden kann. **Rechts:** Im Dialog »Für Web und Geräte speichern« wird die Pfadauswahl als GIF-Freisteller umgesetzt. Datei: Pfad_a

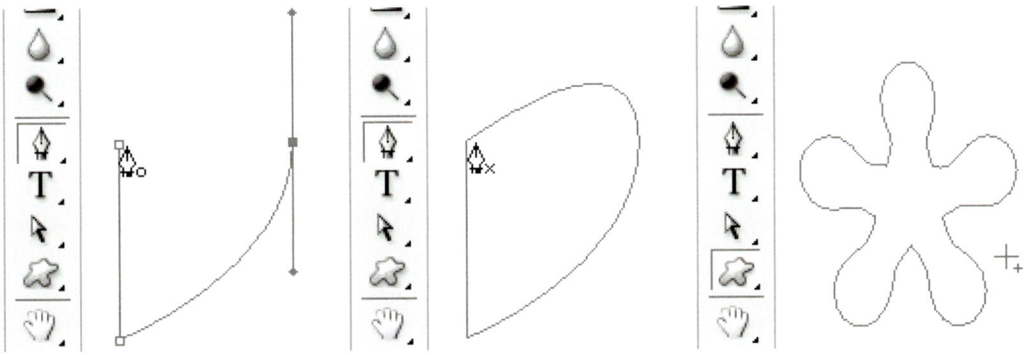

Abbildung 18.2 **Links:** Dieser offene Pfad kann nur mit einem Pfadwerkzeug wie Zeichenstift oder Freiform-Zeichenstift entstehen. Der Kreis neben dem Werkzeugsymbol zeigt, dass der Zeichenstift sich über dem ersten Punkt des Pfads befindet, er kann per Klick geschlossen werden. **Mitte:** Hier wurde der offene Pfad mit dem Zeichenstift geschlossen; eine solche Figur könnte auch als Form gespeichert und mit dem Werkzeug »Eigene Form« ins Bild gesetzt werden. **Rechts:** Die Figur wurde als Vorgabe aus der Formenbibliothek gewählt und mit dem Werkzeug »Eigene Form« angebracht. Sie könnte jedoch auch Ankerpunkt für Ankerpunkt mit einem Zeichenstiftwerkzeug gezeichnet werden.

18.1.1 Dateiformate

Am Mac können Sie Pfade in vielen Dateiformaten speichern, unter Windows sind Sie auf die Formate PSD, JPEG, EPS, DCS, PDF und TIFF beschränkt. Allerdings: Der Pfad kann verloren gehen, wenn Sie eine Datei mit Pfad in einem anderen Programm neu speichern. Gegenüber einem Alphakanal bietet ein Pfad die Möglichkeit, Auswahlen besonders speichersparend zu sichern.

TIPP Ein schlichter Pfad, den Sie noch nicht als Beschneidungspfad definiert haben, wird von Layoutprogrammen mitunter als Freistellpfad interpretiert (Seite 672); Bildteile außerhalb des Pfads erscheinen also nicht mehr auf der Seite. Löschen Sie den Pfad im Zweifelsfall.

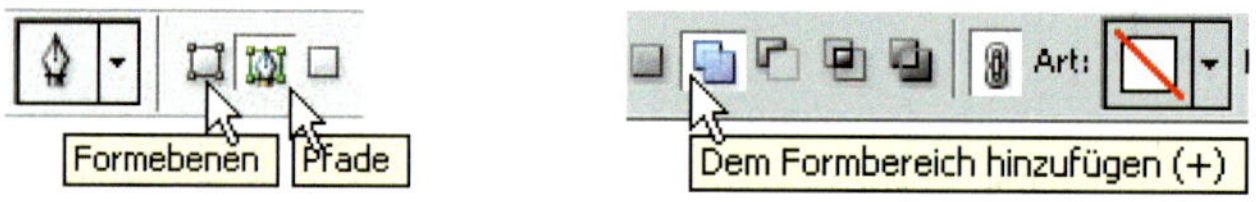

Abbildung 18.3 Links: So beginnt die Arbeit mit einem Pfad: Sie haben ein Pfad- oder Formwerkzeug gewählt, aber noch keine Figur ins Bild gesetzt. In der Optionenleiste wählen Sie, ob Sie einen »Pfad« oder eine »Formebene« erstellen. **Rechts:** So geht die Arbeit mit dem Pfad weiter, wenn eine erste Figur bereits im Bild ist. Entscheiden Sie, wie Sie neue Pfadteile mit dem vorhandenen Pfad kombinieren.

18.2 Pfade oder Formen beginnen

In diesem Abschnitt besprechen wir, wie Sie einen Pfad neu anlegen.

18.2.1 Verschiedene Pfadergebnisse

Schon bevor Sie den Pfad ins Bild klicken, bestimmen Sie in den Optionen zum Pfad- oder Formwerkzeug Ihr Ziel:

- Ein neuer Arbeitspfad: Sie verwenden die Schaltfläche PFADE in den Optionen zu Form- oder Pfadwerkzeugen. Die aktuelle Ebene bleibt unverändert.
- Eine neue Formebene, also eine neue Füllebene mit Vektormaske: Wählen Sie zunächst die Schaltfläche FORMEBENEN in den Optionen zu den Form- oder Pfadwerkzeugen. Sie legen sofort einen EBENENSTIL fest (Seite 785), also eine Kombination aus verschiedenen Ebeneneffekten. Nennen Sie keinen Ebenenstil, produziert Photoshop eine Formebene mit einer Füllung in der aktuellen Vordergrundfarbe.
- Eine gerasterte, gefüllte Figur auf der aktuellen Ebene: Nutzen Sie die Schaltfläche PIXEL FÜLLEN in den Optionen zu den Formwerkzeugen. Die aktuelle Ebene wird verändert, Sie können das Ergebnis nicht mit Pfadtechnik umformen.

18.2.2 Einen Pfad oder eine Form beginnen

Planen Sie einen neuen Pfad oder eine neue Form, rufen Sie zuerst mit dem **Fenster**-Menü die Pfadpalette auf. Vorhandene Pfade werden dort aufgelistet. So zeichnen Sie einen Pfad oder eine Form:

1. Falls Sie soeben an einem Pfad gearbeitet haben, schließen Sie die Bearbeitung durch einen Klick auf die OK-Schaltfläche ✔ in den Werkzeugoptionen oder per [↵]-Taste ab.
2. Falls bereits ein Pfad aktiviert ist, heben Sie diese Auswahl auf, indem Sie in den Freiraum der Pfadpalette klicken; der Pfad verschwindet.
3. Entscheiden Sie mit den Schaltflächen in den Optionen, ob Sie einen Arbeitspfad oder eine Form auf neuer Ebene anlegen wollen (siehe vorhergehender Abschnitt).
4. Klicken Sie unten in der Pfadpalette auf das Symbol NEUEN PFAD ERSTELLEN. In der Pfadpalette erscheint eine Miniatur für den neuen Pfad.
5. Wählen Sie in der Werkzeugleiste eines der Pfad- oder Formwerkzeuge, mit denen man einen Pfad beginnen kann (nächste Abschnitte).
6. Setzen Sie Punkte für den Pfad.
7. Falls Sie den Pfad schließen möchten, klicken Sie wieder auf den zuerst gesetzten Punkt; dabei erscheint ein Kreis neben dem Zeichenstift.

TIPP Wollen Sie lange Geraden anlegen, helfen magnetische Raster oder Hilfslinien bei der Pfadarbeit.

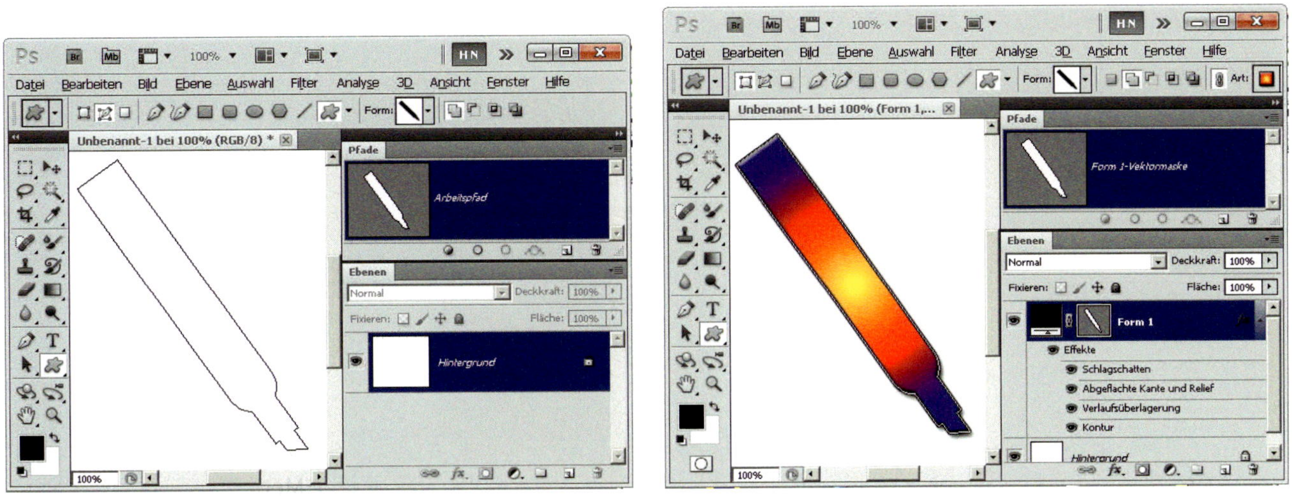

Abbildung 18.4 **Links:** Ausgangsbasis für dieses Bild war eine weiße Hintergrundebene. Wir haben das »Eigene-Form-Werkzeug« eingeschaltet. In der Optionenleiste wählten wir links die Vorgabe »Pfade« und eine Figur im Klappmenü »Form«. Die Pfadpalette zeigt einen neuen »Arbeitspfad«. Sie können den Arbeitspfad füllen, nachzeichnen, als Auswahl verwenden oder in eine Vektormaske umwandeln. **Rechts:** Dieses Bild entstand ebenfalls mit dem »Eigene-Form-Werkzeug«. Hier wurde die Vorgabe »Formebenen« gewählt, in den Klappmenüs »Form« und »Art« haben wir die Figur und den Ebenenstil angegeben. Die Ebenenpalette zeigt die neue Ebene »Form 1«. In der Pfadpalette erscheint der »Arbeitspfad« für die neue Formebene.

Beginnen ohne »Neuen Pfad«

Sie können auch mit einem Zeichenstift- oder Formwerkzeug loslegen, ohne zuerst einen neuen leeren Pfad zu erstellen. Es gilt:

» Wenn Sie den neuen Pfad erstellen, während ein anderer Pfad aktiv ist, ergänzt der neue Pfad den vorhandenen als Pfadsegment; bisheriger Pfad und neues Pfadsegment erscheinen also in einer einzigen Miniatur in der Palette.

» Ist kein Pfad aktiv, entsteht beim ersten Klick ein »Arbeitspfad« (vergleiche Seite 671).

ACHTUNG Vorsicht: Wenn Sie den »Arbeitspfad« abschalten, das Bild schließen und später zu einem neuen Arbeitspfad ansetzen, ist der bisherige Arbeitspfad verloren. Sie sollten ihn deshalb in einen üblichen Pfad verwandeln, zum Beispiel durch Doppelklick auf die Miniatur des »Arbeitspfads« in der Palette.

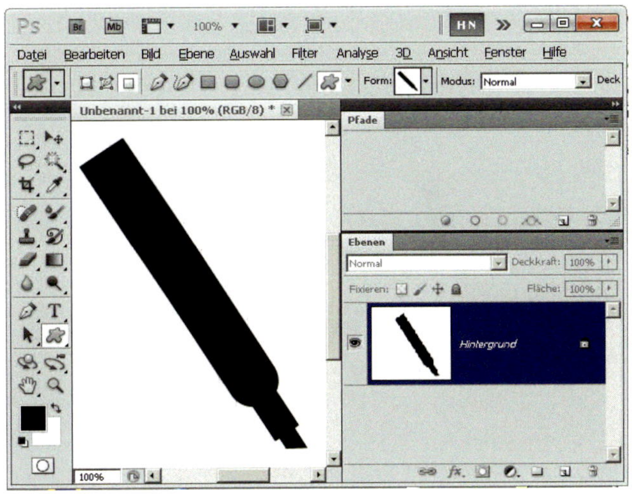

Abbildung 18.5 Dieses Bild begann mit weißer Hintergrundebene und dem »Eigene-Form-Werkzeug«. In den Optionen klicken wir auf »Pixel füllen«, bevor wir den Mauszeiger diagonal über das Bild ziehen. Photoshop füllt die »Hintergrund«-Ebene sofort mit der aktuellen Vordergrundfarbe, hier mit Schwarz; die ursprünglichen Bildpunkte an dieser Stelle sind verloren. Es entstehen kein Pfad und keine neue Ebene.

18.2.3 Formebenen rastern

Wenn Sie Formebenen nicht mit den Zeichenstiften, sondern mit Pinseln, Füllfunktionen, mit den Korrekturbefehlen aus dem Untermenü **Bild: Korrekturen** oder mit **Filter**-Befehlen bearbeiten möchten, müssen Sie den Pfad in eine neue Pixelebene verwandeln. Photoshop bietet das Rastern automatisch an, wenn Sie bei aktivierter Form- oder Textebene einen **Filter**-Befehl wählen.

Im Zusammenhang mit Formebenen interessieren uns die folgenden Befehle aus dem Untermenü **Ebene: Rastern**:

» Der Befehl **Ebene: Rastern: Form** entfernt die Vektormaske und erzeugt eine dauerhafte Pixelfüllung. Sie können also die Umrisse nicht mehr mit dem Zeichenstift korrigieren.

» Der Befehl **Ebene: Rastern: Füllfläche** verwandelt die bisherige dynamische Füllebene in eine neue Bildpunktebene, die dauerhaft in voller Fläche mit Pixeln gefüllt wird – je nach bisheriger Füllebene mit einer Einzelfarbe, mit Verlauf oder Muster. Weil die Vektormaske erhalten bleibt, ist die bisherige Form sichtbar; Sie können die Farben aber jetzt mit Pixelfunktionen wie Pinsel, Kontrastkorrektur oder Filter bearbeiten.

» **Ebene: Rastern: Vektormaske** verwandelt die Vektormaske in eine Ebenenmaske. Diese steuert ebenso wie die Vektormaske die Sichtbarkeit einzelner Ebenenpartien; sie lässt sich jedoch mit Pinseln, Füllfunktionen, **Filter**- und Kontrastbefehlen verändern oder für sanftere Übergänge auch weichzeichnen (Seite 867).

Abbildung 18.6 Diese Figur besteht aus einer Formebene – also eine Füllebene plus Vektormaske mit dem Pfad. Wir haben das Eigene-Form-Werkzeug mit der Vorgabe »Formebenen« benutzt, eine »Form« und eine »Art« festgelegt. Mit dem Direktauswahl-Werkzeug wurde ein Anfasspunkt markiert, der sich nun verändern lässt; die anderen Anfasspunkte werden nichtgefüllt ebenfalls sichtbar. Datei: Pfad_b

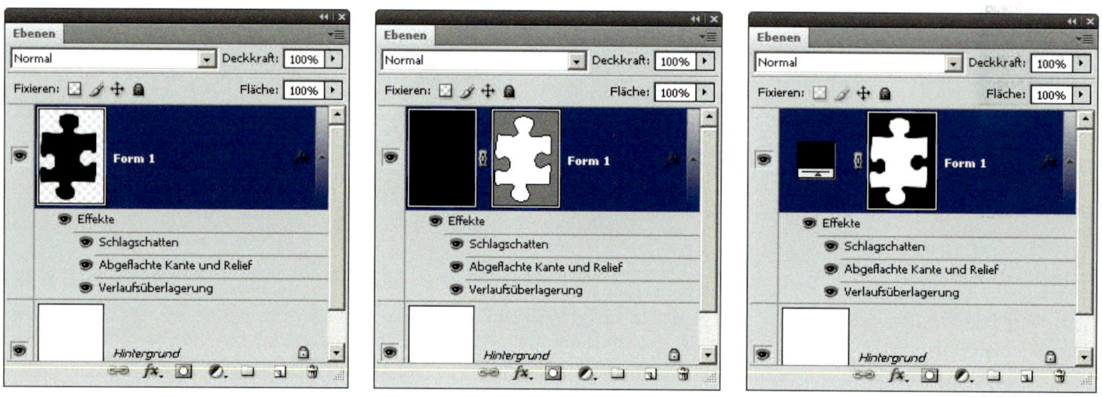

Abbildung 18.7 Wir verwandeln die Formebene aus der vorhergehenden Abbildung mit Funktionen aus dem Untermenü »Ebene: Rastern«. In allen Fällen sieht die Grafik unverändert aus. **Links:** Der Befehl »Form« entfernt die Vektormaske und erzeugt eine dauerhafte Pixelfüllung. **Mitte:** Per »Füllfläche« verwandeln Sie die bisherige dynamische Füllebene in eine normale Pixelebene, die hier mit Schwarz gefüllt wird und sich mit Pinseln, Filtern oder Verläufen bearbeiten lässt; die Vektormaske mit ihrer Pfadtechnik bleibt erhalten, Sie sehen also weiterhin die bisherige Figur. **Rechts:** Der Befehl »Vektormaske« verwandelt die Vektormaske in eine Ebenenmaske auf Pixelbasis. Vorlage: Pfad_b

Effekte rastern

In allen Fällen entsteht eine Ebene in der aktuellen Vordergrundfarbe. Die bisherigen Ebeneneffekte bleiben jedoch von den Befehlen aus dem Untermenü **Ebene: Rastern** völlig unberührt. Das heißt, eine Verlaufsüberlagerung, eine Farbüberlagerung oder eine Abgeflachte Kante befindet sich weiterhin als Ebeneneffekt im Bild und lässt sich nicht mit üblichen Werkzeugen oder Korrekturbefehlen verändern. Möchten Sie auch die Wirkung der Effekte in übliche, korrigierbare Pixelebenen umsetzen, verwenden Sie **Ebene: Ebenenstil: Ebene erstellen** (Seite 791).

TIPP Per Strg+H blenden Sie alle sogenannten »Extras« aus – Pfade, Auswahlumrandungen und Hilfslinien. Wollen Sie nur den Pfad allein verstecken, drücken Sie Strg+⇧+H.

18.2.4 Gemeinsame Optionen der Zeichenstiftwerkzeuge

Mit den Werkzeugen Zeichenstift und Freiform-Zeichenstift legen Sie Pfade an. Die Korrekturwerkzeuge wie Ankerpunkt hinzufügen eignen sich zur Bearbeitung von Pfaden und Formen (also geschlossenen Pfaden).

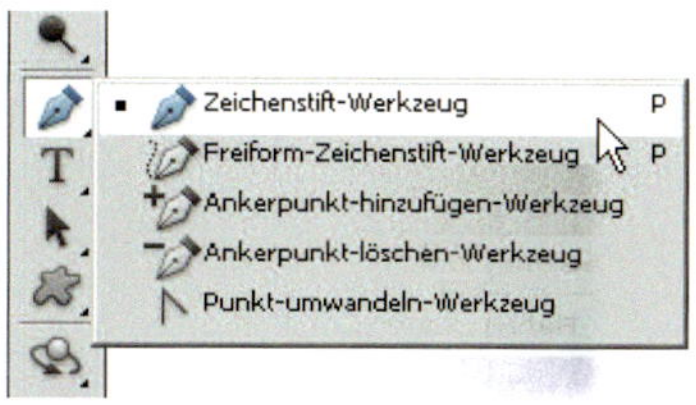

Abbildung 18.8 Mit Zeichenstift und Freiform-Zeichenstift erzeugen Sie Pfade. Die anderen Werkzeuge aus diesem Klappmenü korrigieren vorhandene Pfade.

Pfad beenden, ohne ihn zu schließen

Möchten Sie einen Pfad beenden, ohne ihn zu schließen, klicken Sie doppelt auf das Werkzeugsymbol in der Werkzeugleiste oder wechseln Sie das Werkzeug. Halten Sie das Zeichenstiftwerkzeug über den ersten Punkt, den Sie gesetzt haben, erscheint ein kleiner Kreis neben dem Werkzeugsymbol. Damit signalisiert Photoshop, dass die Auswahl geschlossen werden kann bzw. dass der Ausgangspunkt wieder erreicht ist.

Pfadkomponente fortsetzen

Halten Sie ein Werkzeug über den letzten Punkt eines nicht geschlossenen Unterpfads. Sofern Sie den Pfadabschnitt nicht unmittelbar zuvor erstellt haben, erscheint zunächst ein Kästchen mit zwei Strichen neben dem Werkzeug; Sie befinden sich also über dem Endpunkt eines Unterpfads. Klicken Sie den Ankerpunkt an, damit ein Schrägstrich neben dem Werkzeug erscheint. Sie können jetzt an den vorhandenen Pfad anknüpfen und diesen fortsetzen, bei Bedarf auch schließen.

Vorübergehender Werkzeugwechsel

So schalten Sie vorübergehend zu einem anderen Werkzeug um:

» Halten Sie Zeichenstift oder Freiform-Zeichenstift über eine Stelle des Pfads, die keinen Ankerpunkt hat, erscheint ein kleines Pluszeichen neben dem Werkzeug. Sie können nun durch Klicken weitere Ankerpunkte einfügen. Sie können darauf verzichten, wenn Sie die Option Automatisch hinzufügen/Löschen abwählen.

» Halten Sie Zeichenstift oder Freiform-Zeichenstift über eine Stelle des Pfads, die bereits einen Ankerpunkt hat, erscheint ein kleines Minuszeichen neben dem Werkzeug. Sie können durch Klicken diesen Ankerpunkt entfernen. Die Automatik lässt sich mit der Option Automatisch hinzufügen/Löschen abschalten.

» Drücken Sie die Strg-Taste, um vorübergehend das Werkzeug Direkt-Auswahl zu erhalten. Damit markieren Sie durch Einrahmen Pfadpunkte, die Sie bewegen oder löschen können.

» Die Alt-Taste liefert Ihnen vorübergehend das Werkzeug Punkt umwandeln. Damit verwandeln Sie harte Eckpunkte in weiche Übergänge und umgekehrt.

18.2.5 Der Zeichenstift

Der Zeichenstift ist das traditionelle Pfadwerkzeug in Photoshop, mit dem Sie einen neuen, offenen Pfad beginnen. Es eignet sich für schnurgerade wie für geschwungene Pfade. Dabei haben Sie mehrere Möglichkeiten, die Linien zu gestalten:

» Klicken Sie nur Eckpunkte an, um diese durch Linien über harte Ecken zu verbinden.

» Um diese Linie auf die nächste 45-Grad-Achse einzuschränken, drücken Sie beim nächsten Klick die [⇧]-Taste.

» Klicken Sie Eckpunkte an und ziehen Sie gleichzeitig auch zumindest kurz mit gedrückter Maustaste, um den nachfolgenden Punkt mit einer weichen Kurve anzuschließen.

Ankerpunkte löschen

Mit der [Entf]-Taste löschen Sie den letzten aktiven Ankerpunkt; zweimal [Entf]-Taste löscht den zuletzt gezeichneten Pfad; dreimal [Entf]-Taste löscht alle Pfadkomponenten im aktuellen Pfad.

Kurven zeichnen

Beim Zeichenstift wirkt es oft sinnvoll, zunächst Geraden ins Bild zu klicken und diese nachträglich in Kurvenform zu biegen. Wollen Sie jedoch von vornherein Kurven ins Bild setzen, ziehen Sie die Maus zumindest kurz in die geplante Richtung; dabei verwandelt sich der Zeiger in eine Pfeilspitze. Beim Ziehen erscheint außerdem eine Grifflinie, deren Griffpunkte sich um den feststehenden Ankerpunkt bewegen; Länge und Neigung der Linie bestimmen die Größe und Biegung der Kurve. Setzen Sie den zweiten Punkt, werden die Punkte mit einer geschwungenen Kurve verbunden. Sie können jederzeit auf das Ziehen verzichten und zwei Punkte mit einer schlichten Geraden verbinden. Alternative: Um sofort eine Vorschau auf die entstehende Kurve zu erhalten, öffnen Sie die Optionen mit dem gekippten Dreieck ▼ und wählen das GUMMIBAND an. Hier erhalten Sie eine Vorschau auf das kommende Segment, noch bevor Sie den Punkt ins Bild klicken.

Wie besprochen, Sie müssen den Pfad noch abschließen, indem Sie zum Beispiel das OK-Symbol ✔ in den Optionen anklicken – sonst verbindet Photoshop den folgenden Ankerpunkt mit dem zuvor gesetzten durch eine Linie.

18.2.6 Der Freiform-Zeichenstift

Der Freiform-Zeichenstift erinnert teilweise an das Auswahlwerkzeug **Lasso** oder an ein Malwerkzeug. Die Optionen:

» Ziehen Sie bei gedrückter Maustaste beliebig geformte Pfade ins Bild.

» Wenn Sie die Maustaste loslassen und später neu ansetzen, beginnt ein neues Pfadsegment; die Strecke, die Sie ohne Maustaste zurückgelegt haben, wird nicht verbunden.

» Drücken Sie bei gehaltener Maustaste auf [Strg], um den Pfad auf dem kürzestmöglichen Weg zu schließen.

» Drücken Sie die [Entf]-Taste, um den bisherigen Pfad komplett zu löschen.

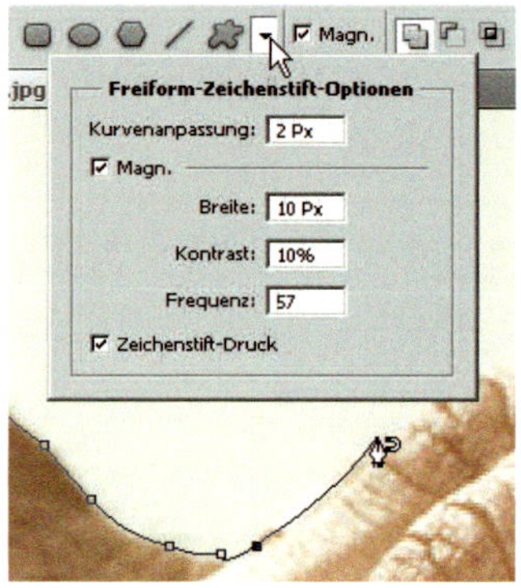

Abbildung 18.9
Mit der Vorgabe »Magnetisch« orientiert sich der Freiform-Zeichenstift an Bildkonturen. Die Empfindlichkeit und andere Eigenschaften des Freiform-Zeichenstifts regeln Sie in den Einblendoptionen; Sie gleichen dem magnetischen Lasso.

Kurvenanpassung

Die Vorgaben zum Freiform-Zeichenstift öffnen Sie durch einen Klick auf das Dreieck ▼ in der Optionenleiste. Als KURVENANPASSUNG stellen Sie ein, wie genau die Ankerpunkte gesetzt werden sollen. Photoshop produziert zunächst eine grobe Vorschau für den Kurvenverlauf und erzeugt den exakten Pfad erst zum Abschluss, etwa nach Doppelklick auf das Werkzeugsymbol in der Leiste. Eine niedrige KURVENANPASSUNG wie 0,5 (Mindestwert) oder 1,5 erzeugt viele Ankerpunkte; Sie haben so eine exakte Kontrolle bei der späteren Korrektur; aber die Änderung größerer Bereiche des Pfads ist mühsam, da der Pfad zu oft unterteilt ist. Der Höchstwert ist 10.

TIPP Die Pfade heben sich oft nicht deutlich vom Bild ab. Um sie besser zu erkennen, erzeugen Sie eine neue, weiße Ebene als Hintergrund. Wollen Sie etwas vom Bild sehen, drosseln Sie die Deckkraft der weißen Ebene; später verbergen Sie die Ebene oder löschen Sie sie.

18.2.7 Einen Pfad zeichnen und korrigieren

Die Sequenz zeigt, wie die Arbeit mit einem Pfad oder einer Form beginnen könnte.

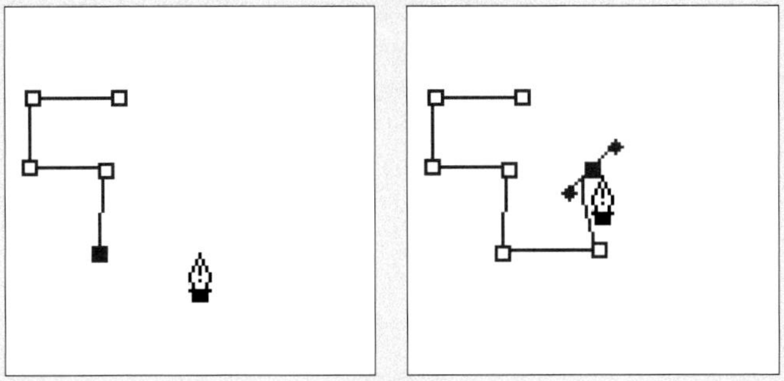

Abbildung 18.10
Links: Das Zeichenwerkzeug setzt beim Klicken Ankerpunkte, die Photoshop durch Geraden verbindet. **Rechts:** Ziehen des Zeichenwerkzeugs beim Klicken erzeugt einen Ankerpunkt mit Grifflinien, die das Formen von Kurven erlauben. Wir bearbeiten hier ein Pfadsegment, noch keinen geschlossenen Pfad oder eine geschlossene Pfadkomponente.

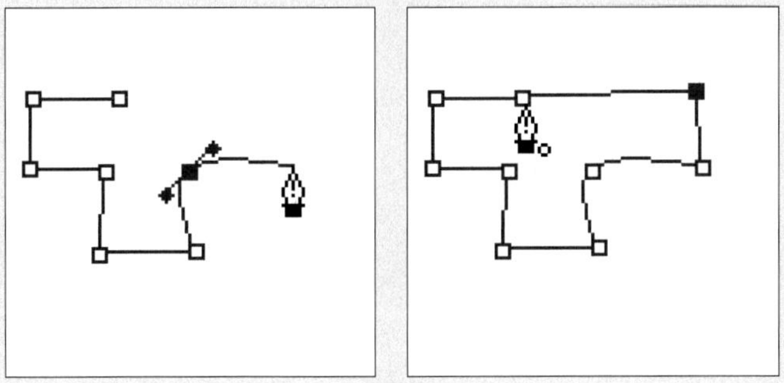

Abbildung 18.11
Links: Im »Gummiband«-Modus zeigt Photoshop den Weg des nächsten Pfadsegments schon an, bevor der Ankerpunkt durch Klicken gesetzt wurde. **Rechts:** Befindet sich das Zeichenwerkzeug wieder über dem ersten Ankerpunkt, signalisiert ein Kreis neben dem Zeiger, dass der Pfad geschlossen wird.

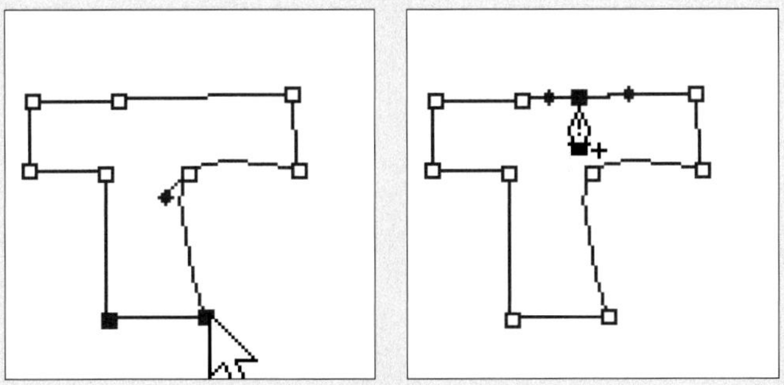

Abbildung 18.12
Links: Zwei Ankerpunkte wurden mit dem Direktauswahlwerkzeug durch Einrahmen markiert; jetzt kann der untere Teil des Pfads in die Länge gezogen werden. **Rechts:** Das Werkzeug »Ankerpunkt hinzufügen« mit dem Pluszeichen setzt einen weiteren Ankerpunkt ein.

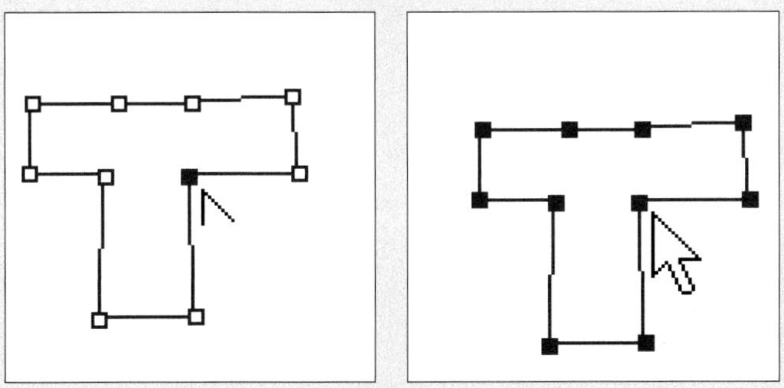

Abbildung 18.13
Links: Das Werkzeug »Punkt umwandeln« macht aus dem flüssigen Übergang wieder einen harten Eckpunkt; weiteres Ziehen würde wieder einen flüssigen Übergang erzeugen. **Rechts:** Um den Gesamtpfad zu verschieben, klickt man ihn mit dem Pfadauswahl-Werkzeug an oder rahmt ihn mit dem Werkzeug »Direktauswahl« komplett ein; dann lässt er sich bewegen.

Magnetisch

Mit der Option MAGNETISCH verbindet das Freiform-Zeichenwerkzeug die Pfadpunkte entlang von markanten Bildkonturen. Setzen Sie per Mausklick einen ersten Punkt direkt an der gewünschten Kontur. Nun bewegen Sie den Mauszeiger ohne Drücken der Maustaste weiter – die Auswahlvorschau folgt automatisch der Kontur. Per [↵]-Taste oder Doppelklick schließen Sie den Pfad.

Die Regelmöglichkeiten zu dieser speziellen Funktion erhalten Sie nach einem Klick auf das Dreieck in der Optionenleiste. Sie gleichen den Einstellungen für das magnetische Lasso; wir besprechen darum beide Werkzeuge gemeinsam ab Seite 609.

Mit der [Alt]-Taste schalten Sie den Magnetismus vorübergehend aus und ziehen bei gedrückter Maustaste beliebig geformte Umrisse. Klicken Sie bei gedrückter [Alt]-Taste, wenn Sie Geraden durch Eckpunkte verbinden wollen.

18.3 Pfade korrigieren

Zu den Stärken der Pfadtechnik gehört das vielfältige und präzise Umformen von Pfaden – ein völlig anderes Arbeiten als mit Auswahlen, Ebenenmasken oder Alphakanälen.

18.3.1 Schritte rückgängig machen und speichern

Mit [Strg]+[Z] machen Sie den letzten Schritt rückgängig, mit der [Entf]-Taste löschen Sie den letzten Punkt oder alle – annullierbar wiederum per [Strg]+[Z]. Die Protokollpalette (siehe Seite 94) notiert akribisch, was Sie mit den Zeichenstiftwerkzeugen anrichten: Hier können Sie die Entstehung des Pfads stufenweise nachvollziehen und zurücksetzen. Auf der Aktionenpalette können Sie ganze Pfade speichern.

18.3.2 Ankerpunkt hinzufügen

Sie wollen weitere Ankerpunkte einfügen, wenn sich eine Kurve nicht genau kontrollieren lässt oder wenn Sie in einer Kurve oder Linie eine Ecke brauchen. Wählen Sie das Werkzeug »Ankerpunkt hinzufügen« und klicken Sie mit diesem Werkzeug an die gewünschte Stelle im Pfad. Photoshop baut sofort einen Ankerpunkt ein und stellt ihn mit den entsprechenden Grifflinien dar.

Abbildung 18.14 Links: Die Bearbeitung dieses Pfads wurde vorübergehend unterbrochen. Hält man danach den Zeiger des Zeichenstifts über einen äußeren Ankerpunkt, erscheint das Zeichen, dass es sich um einen Endpunkt handelt. Klicken Sie einmal darauf, um den Pfad fortzusetzen. **Mitte:** Nun erscheint neben dem Werkzeug der Schrägstrich; er signalisiert, dass Sie beim nächsten Klick den vorhandenen Pfad fortsetzen und nicht etwa einen neuen Pfad beginnen. **Rechts:** Hier wurde der Pfad bereits fortgesetzt. Er wird durch Klick auf das OK-Symbol in der Optionenleiste vorerst nicht weiter verlängert.

18.3.3 Ankerpunkt löschen

Umgekehrt geht es genauso – Sie können einzelne Ankerpunkte herausnehmen, um sich beispielsweise einer Ecke zu entledigen und fließendere Übergänge zu erstellen. Wählen Sie das Werkzeug »Ankerpunkt löschen«.

TIPP Wollen Sie viele Ankerpunkte gleichmäßig entfernen, verwandeln Sie den Pfad in eine Auswahl (Seite 677) und die verwandeln Sie zurück in einen Pfad – mit höherer Toleranz (Seite 675).

Vorübergehend einblenden

Auch das Werkzeug »Ankerpunkt hinzufügen« lässt sich bequem nur vorübergehend einblenden: Halten Sie ein Zeichenwerkzeug wie Freiform-Zeichenstift oder Zeichenstift über den Ankerpunkt. Dann erscheint ein Minuszeichen neben dem Werkzeug; Sie können den Ankerpunkt nun entfernen. Wiederum bewahrt Sie die [⇧]-Taste oder Abwahl der Option AUTOMATISCH HINZUFÜGEN/LÖSCHEN vor dem automatischen Wechsel zu diesem Werkzeug.

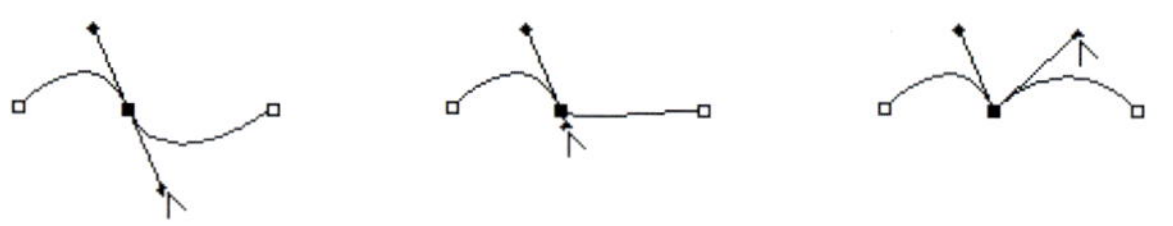

Abbildung 18.15 Links: Klicken Sie den mittleren Ankerpunkt mit dem Punkt-umwandeln-Werkzeug an und ziehen Sie, um die zwei Pfadabschnitte zu verformen. Dabei erscheinen zwei Griffpunkte. Mitte: Schieben Sie einen der Griffpunkte auf den Ankerpunkt zurück, damit das zweite Pfadsegment seine ursprüngliche Richtung wieder erhält. **Rechts:** Oder bewegen Sie den Griffpunkt in Gegenrichtung, um das zweite Pfadsegment so auszurichten wie das erste.

18.3.4 Das Werkzeug »Punkt umwandeln«

Das »Punkt umwandeln«-Werkzeug verwandelt harte, eckige Übergänge in weiche, geschwungene Übergänge und umgekehrt. Klicken Sie mit dem Werkzeug auf einen harten Eckpunkt und ziehen Sie: Jetzt erscheinen die Grifflinien, mit denen Sie die zwei umliegenden Kurventeile bauchig ausformen. Schieben Sie einen Griffpunkt ganz zurück auf den Eckpunkt, erhalten Sie ein gerades Teilstück. Noch ein Klick mit dem Umwandler macht den Übergangspunkt bei Bedarf wieder zum harten Eckpunkt.

TIPP Ist das Direktauswahl-Werkzeug aktiviert, halten Sie es über einen Ankerpunkt und drücken Strg+⇧+Alt – Photoshop bietet nun das Werkzeug »Punkt umwandeln«.

Abbildung 18.16 **Links:** Klicken Sie den mittleren Ankerpunkt mit dem Werkzeug »Punkt umwandeln« an, um wieder einen harten Eckpunkt herzustellen. **Mitte:** Ziehen Sie diesen Punkt mit dem Direktauswahl-Werkzeug, so dass ein Dreieck entsteht. **Rechts:** Wechseln Sie zum Werkzeug »Punkt umwandeln« zurück, um eine Rundung herzustellen.

18.3.5 Transformieren (Skalieren, Drehen, Verzerren)

Sie können Pfade, Pfadkomponenten oder einzelne Pfadabschnitte mit den typischen **Transformieren**-Befehlen dehnen, stauchen oder verzerren. Ihre Möglichkeiten im Überblick:

- Das Untermenü **Bearbeiten: Pfad transformieren** bietet Befehle wie **Skalieren**, **Drehen** oder **Verzerren**. Wechseln Sie per Tastenbefehl immer noch zu einer anderen Art der Verformung. Sofern nur Pfadsegmente, also einzelne Punkte, aktiviert sind, heißt es **Punkte frei transformieren** und **Punkte transformieren**.
- Der Befehl **Bearbeiten: Pfad frei transformieren** (Strg+T) bietet über die entsprechenden Kurztasten die Möglichkeit, den Pfad zu verzerren, zu skalieren oder zu drehen.
- Sobald Sie eine **Transformieren**-Funktion gestartet haben, erscheint auch die spezielle Bearbeitungsleiste. Hier können Sie neue Werte für Größen oder Drehwinkel eintragen, der Pfad verändert sich sofort mit.

Das **Transformieren** von Pfaden gleicht dem Transformieren von Ebenen und Auswahlen. Wir besprechen die Funktion einschließlich aller Tastenbefehle ab Seite 737.

TIPP Die Befehle zum Transformieren von Pfaden stehen nur bereit, wenn ein Pfad existiert und aktiviert wurde. Sonst finden Sie an derselben Stelle im Menü Befehle zum Transformieren von Ebenen.

Um die Änderung endgültig anzuwenden, klicken Sie doppelt in die Box, auf das OK-Häkchen ✔ oder drücken Sie die ↵-Taste. Die Esc-Taste beendet die Bearbeitung, der Pfad bleibt der alte. Mit Strg+Z annullieren Sie nur Ihren letzten Zug an den Griffpunkten.

Änderungen der Bilddaten

Der Pfad wächst oder schrumpft mit, wenn Sie mit dem Befehl **Bild: Bildgröße** die Pixelgröße neu berechnen. Auch wenn Sie die Arbeitsfläche drehen oder spiegeln, hat das Konsequenzen für den Pfad. Vergleichbare Änderungen einer einzelnen Ebene tangieren den Pfad indes nicht. Ein Pfad orientiert sich in keiner Weise an Einzelebenen.

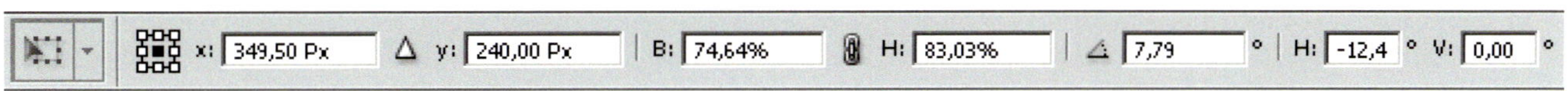

Abbildung 18.17 Mit den Optionen zum Befehl »Pfad frei Transformieren« (Strg+T, sofern ein Pfad aktiv ist) lässt sich der Pfad verkrümmen oder per Zahleneingabe drehen, vergrößern und neigen.

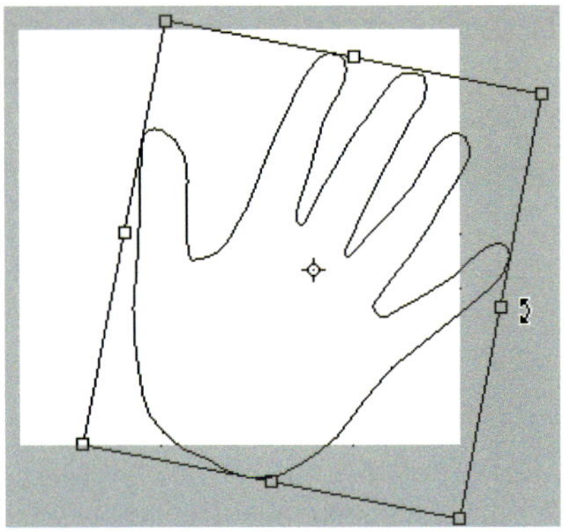

Abbildung 18.18 Pfade können Sie mit den Transformieren-Funktionen verzerren. Dabei lassen sich auch Bereiche außerhalb der Bilddatei nutzen. Schalten Sie dazu in einen Vollbildmodus, zum Beispiel mit der Taste F. Auch Pfadteile, die außerhalb des sichtbaren Bereichs liegen, werden gespeichert und lassen sich später wieder ins Bild bewegen. Sie bleiben erhalten, wenn Sie die Datei mit dem Freistellungswerkzeug verkleinern.

18.3.6 Pfadoperationen

Sie können Pfadsegmente bzw. Formen miteinander verrechnen – beispielsweise ziehen Sie die Fläche einer Pfadkomponente von der Fläche einer anderen Pfadkomponente ab oder zeigen nur die Schnittmenge beider Pfade. Die Vorgabe lässt sich bereits vor dem Erstellen der zweiten Pfadkomponente machen; alternativ schalten Sie die Verrechnung aber auch nachträglich um.

Abbildung 18.19 Legen Sie fest, welche Bereiche von zwei überlappenden Pfaden oder Formen Sie zeigen möchten.

Markieren Sie eine oder mehrere Pfadkomponenten mit dem Pfadauswahl-Werkzeug, so dass die Ankerpunkte sichtbar werden. Zum Mischen von Pfaden bietet Photoshop nun folgende Möglichkeiten zum Gestalten von Formebenen:

- Die Option Dem Formbereich hinzufügen baut die Fläche des zweiten Bereichs an die vorhandene Fläche an. Die Option lässt sich auch mit der +-Taste einschalten (Pfade erweitern im Modus Pfade).
- Vom Pfadbereich subtrahieren zeigt nur den Bereich der ersten Fläche, in dem die zweite Fläche nicht zu sehen ist. Wählen Sie diesen Modus kurzerhand mit der --Taste an.
- Die Vorgabe Schnittmenge von Formbereichen zeigt nur die Schnittmenge der zwei Pfade, jenen Bereich also, in dem sie sich überschneiden (Schnittmenge aus Pfadbereichen bilden im Modus Pfade).
- Wählen Sie Überlappende Formbereiche ausschliessen, um nur den Bereich anzuzeigen, in dem sich die Pfade nicht überlagern (Überlappende Pfadbereiche ausschliessen im Modus Pfade).

Abbildung 18.20 **1. Bild:** Mit der Option »Neue Formebene erstellen« erzeugt das Eigene-Form-Werkzeug eine neue Ebene, ohne Bezug zur vorhandenen Ebene. **2. Bild:** Die Option »Dem Formbereich hinzufügen« zeigt die Summe beider Pfadflächen. **3. Bild:** Die Vorgabe »Vom Pfadbereich subtrahieren« zeigt nur den Bereich der ursprünglichen Fläche, den der zweite Pfad nicht belegt. **4. Bild:** »Schnittmenge von Formbereichen« zeigt die Zone, in der sich die Pfade überlagern. **5. Bild:** »Überlappende Formbereiche ausschließen« zeigt nur die Zone, in der sich die Pfadsegmente nicht überlagern. Schalten Sie diese Pfadoperationen jederzeit um. Datei: Pfad_c

18.4 Pfade und Pfadteile auswählen

Mit zwei Werkzeugen wählen Sie Pfade, Pfadkomponenten oder einzelne Ankerpunkte eines Pfads aus. Die Werkzeuge dienen überdies dazu, die ausgewählten Pfade oder Pfadbereiche zu bewegen oder umzuformen.

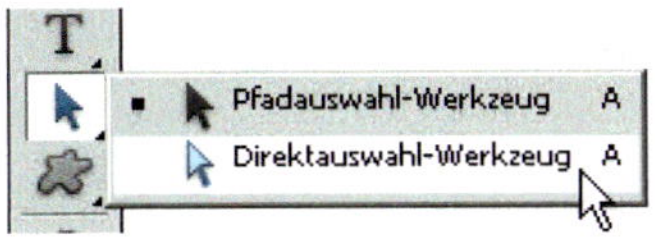

Abbildung 18.21 Photoshop bietet zwei Werkzeuge zur Auswahl von Pfadbereichen.

18.4.1 Das Werkzeug »Direktauswahl«

Markieren Sie mit dem Direktauswahl-Werkzeug beliebige Segmente eines Pfads, um sie zu löschen, zu duplizieren, umzuformen oder als »Unterpfad« nachmalen zu lassen. Klicken Sie den Ankerpunkt an oder rahmen Sie gleich eine Reihe von Punkten ein. Markierte Punkte zeigt Photoshop als gefülltes Quadrat, nicht markierte Punkte stellt das Programm als lichtes Geviert dar; orten Sie überhaupt keine Kästchen, ist der Pfadbereich nicht aktiv.

TIPP Sind andere Zeichenstiftwerkzeuge aktiv, schalten Sie jederzeit mit der [Strg]-Taste zum Direktauswahl-Werkzeug.

Pfadauswahl erweitern

Leicht erweitern Sie die Auswahl um zusätzliche Pfadsegmente:

» Klicken Sie benachbarte Segmente mit der [⇧]-Taste an, um sie in die Auswahl aufzunehmen.

» Mit gedrückter [Alt]-Taste markieren Sie ein komplettes Pfadsegment (alternativ verwenden Sie gleich das Pfadauswahl-Werkzeug). Dabei erscheint ein Pluszeichen neben dem Werkzeug.

» [⇧]-Taste+[Alt] markieren mehrere Pfadsegmente hintereinander.

» Wenn Sie mit dem Direktauswahl-Werkzeug ziehen, öffnet sich ein Rechteckrahmen, mit dem Sie beliebige Ankerpunkte einfangen.

Außerdem können Sie mit dem Direktauswahl-Werkzeug einzelne Punkte, markierte Pfadbereiche oder auch den gesamten Pfad verschieben – je nachdem, was markiert ist. In 1-Pixel-Schritten lassen Sie den Pfad oder markierte Pfadteile per Richtungstasten wandern, zehn Pixel bewegt sich der Pfadabschnitt bei zugleich gedrückter [⇧]-Taste weiter.

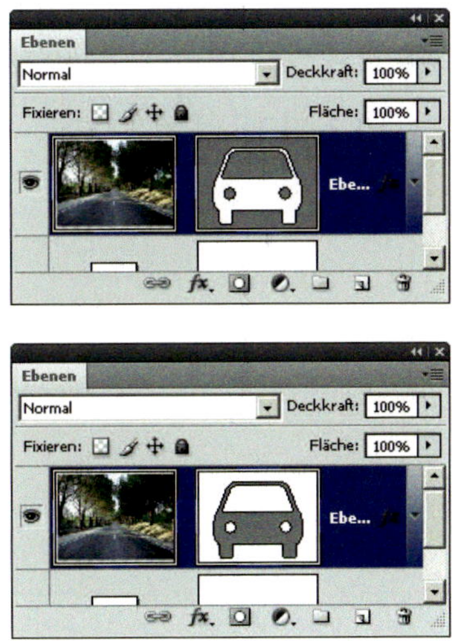

Abbildung 18.22 Die übliche Wirkung einer Vektormaske **(linkes Bild, obere Palette)** können Sie umkehren. Dazu klicken Sie einmal oder mehrfach auf die Miniatur der Vektormaske, bis sie einen weißen Rahmen zeigt. Klicken Sie mit dem Pfadauswahl-Werkzeug einmal ins Bild, so dass Sie die Ankerpunkte sehen, dann klicken Sie in der Optionenleiste auf »Vom Pfadbereich subtrahieren« **(rechtes Bild, untere Palette)**. Datei: Pfad_I

Pfadteile duplizieren

Ziehen Sie mit gedrückter [Alt]-Taste, um das markierte Pfadsegment zu duplizieren und zu bewegen. Dabei erscheint ein Pluszeichen neben dem Direktauswahl-Werkzeug.

18.4.2 Das Pfadauswahl-Werkzeug

Das Pfadauswahl-Werkzeug wählt per Anklicken sofort eine komplette Pfadkomponente aus, nicht nur einzelne Griffpunkte. Dieselbe Wirkung erzielen Sie, wenn Sie beim Direktauswahl-Werkzeug die [Alt]-Taste drücken (siehe vorherige Seite). Anschließend lässt sich der markierte Bereich bewegen. Ihre Optionen:

» Wie auch beim Direktauswahl-Werkzeug erweitern Sie die Auswahl bei gedrückter [⇧]-Taste. Verwenden Sie die Schaltflächen in der Optionenleiste, um die Auswahl zu verkleinern oder auf Schnittmengen zu begrenzen.

» Die Schaltfläche KOMBINIEREN verschmilzt mehrere Pfadkomponenten zu einer einzigen Pfadkomponente.

» Mit den Schaltflächen rechts in der Optionenleiste zum Pfadauswahl-Werkzeug können Sie Unterpfade gleichmäßig verteilen oder ausrichten. Diese Funktion gibt es in der gleichen Art auch für Ebenen, wir besprechen sie ausführlich ab Seite 729.

18.5 Formfunktionen

Mit den Formwerkzeugen wie »Abgerundetes Rechteck« oder »Eigene Form« erzeugen Sie sofort einen fertigen, geschlossenen Pfad, zum Beispiel Rechtecke,

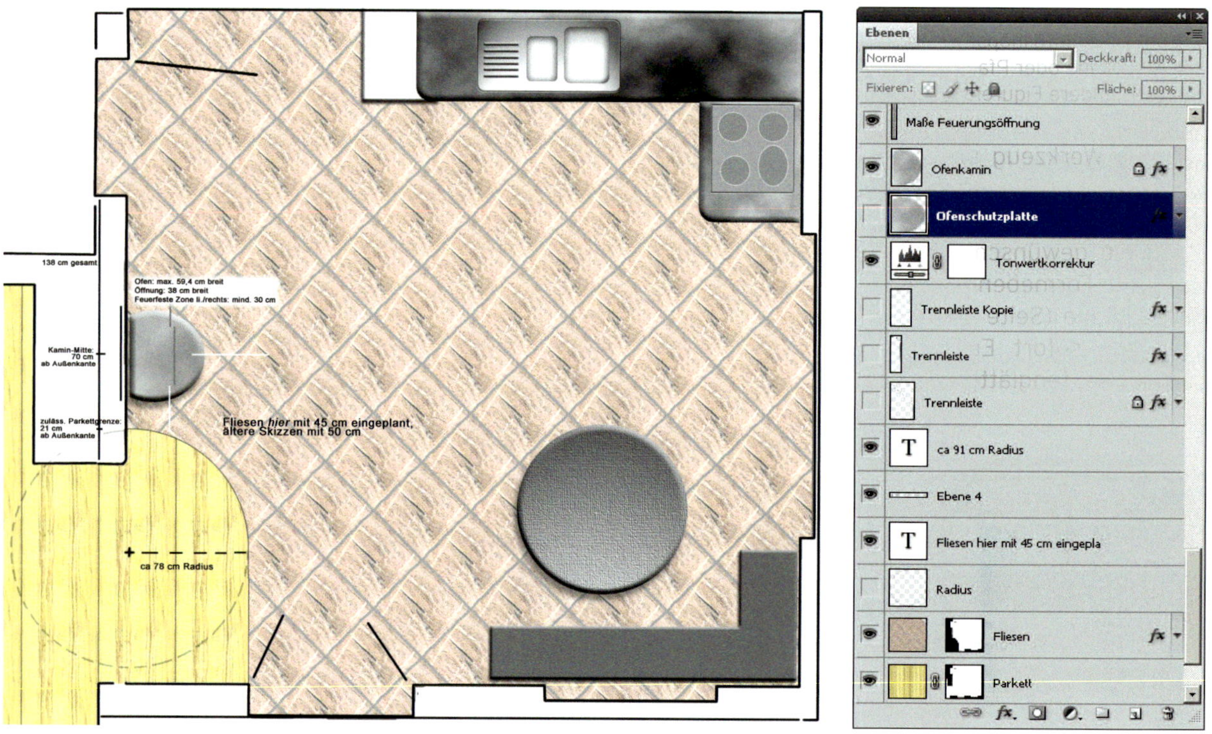

Abbildung 18.23 Wohnungsplanung mit Formebenen: Die Figuren wirken mit Effekten wie »Abgeflachte Kante & Relief« oder »Schlagschatten« plastisch. Parkett und Fliesen wurden als Muster angelegt und mit Ebenenmasken oder Vektormasken begrenzt. Die Granit-Arbeitsplatte »Labrador dunkel« wurde mit dem »Wolken«-Filter nachempfunden. Je nach Druckauflösung lässt sich das Bild zum Beispiel im Maßstab 1:20 printen oder Sie lesen die tatsächlichen Raummaße an Lineal und Grundraster ab (Seite 300). Im Kontextmenü zu einer Ebenenminiatur haben wir auf »Ebenenbegrenzungen« geklickt, so dass auch sehr kleine Ebenen die Miniatur voll ausfüllen.

Pfeile und andere Figuren. Anders als bei Zeichenstift oder Freiform-Zeichenstift schließen Sie den Umriss also nicht von Hand.

TIPP Sie können auch Vektordateien als Smart-Objekt in einer Photoshop-Montage **Platzieren** (Seite 902). Das Werk lässt sich in Photoshop transformieren oder mit Effekten ausstatten, aber Sie können es zwischenzeitlich auch im Vektorgrafikprogramm bearbeiten.

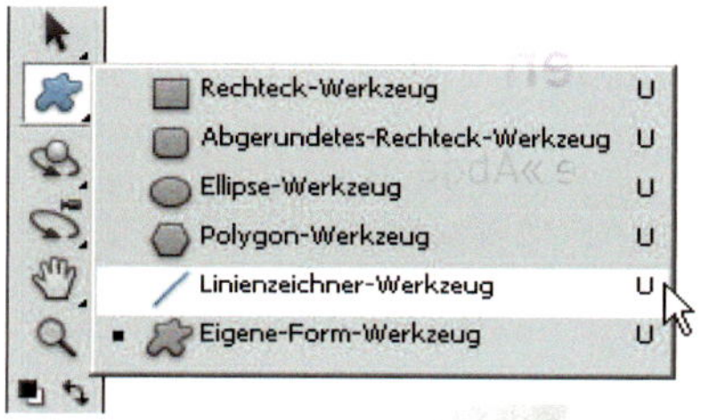

Abbildung 18.24 Mit Photoshops Formwerkzeugen entstehen sofort geschlossene Pfade oder Pfadkomponenten wie Rechtecke, Kreise, Pfeile oder andere Figuren.

Sie wählen das Werkzeug und eine Option wie Formebenen und ziehen bei gedrückter Maustaste über die Bilddatei. Im Bereich der Mausbewegung erhalten Sie anschließend die gewünschte Form – entweder einen Arbeitspfad, eine Formebene oder eine Farbfüllung auf der aktuellen Ebene (Seite 654). Bei der Option Formebenen legen Sie sofort Ebenenstil, Überblendmodus, Deckkraft und Kantenglättung fest (Seiten 785, 773 und 597).

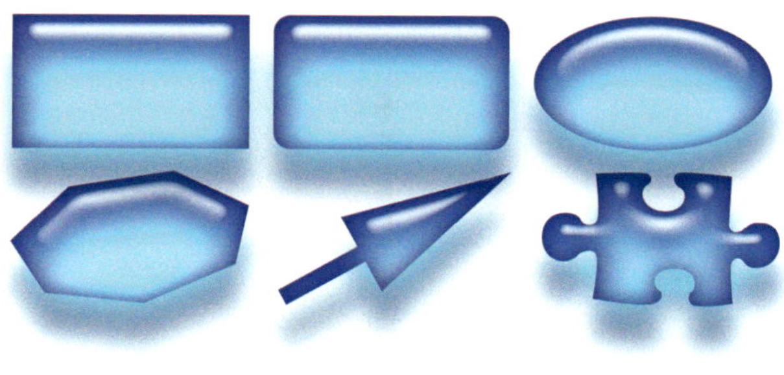

Abbildung 18.25 **Oben:** Die Formen entstanden mit den Werkzeugen für Rechtecke, abgerundete Rechtecke und Ellipsen. **Unten:** Polygonwerkzeug, Linienzeichner, Eigene-Form-Werkzeug.

Sie können die Formen jederzeit mit allen Pfadfunktionen korrigieren (Seite 660) – zum Beispiel einzelne Punkte bewegen oder mehrere Punkte oder den gesamten Pfad dehnen, drehen und verzerren. Neue Ergebnisse sichern Sie bei Bedarf dauerhaft als »Eigene Form« (Seite 668).

18.5.1 Übersicht: Formwerkzeuge

Die folgenden Formwerkzeuge bietet Photoshop:

- »Rechteck« und »Abgerundetes Rechteck« produzieren Rechtecke. Das Werkzeug für Registerkartenrechtecke existierte nur im separaten Programm ImageReady – und das gibt es seit Photoshop CS3 nicht mehr; Sie finden eine vergleichbare Form aber als Vorgabe für das Eigene-Form-Werkzeug, wenn Sie via Palettenmenü **Alle** Formen laden.
- Das Ellipsenwerkzeug produziert Ovale oder Kreise.
- Das Polygonwerkzeug setzt mehreckige Figuren in die Welt.
- Der Linienzeichner steuert Linien und Pfeile bei.
- Das Werkzeug »Eigene Form« übernimmt Formen aus der Formenbibliothek, darunter auch Pfeile.

Mit der dreieckigen Schaltfläche blenden Sie die Optionen für das aktuelle Werkzeug ein. Geben Sie einen Ebenenstil (eine Art) vor, sonst verwendet Photoshop die aktuelle Vordergrundfarbe.

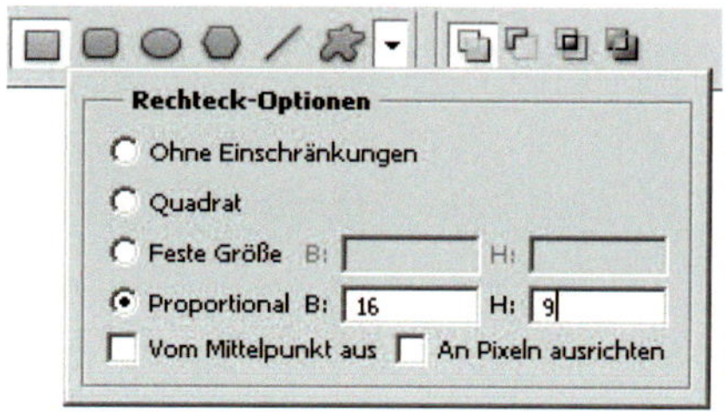

Abbildung 18.26 In den Optionen zu Rechteck, Abgerundetem Rechteck oder Ellipse bestimmen Sie das Seitenverhältnis oder eine feste Größe.

18.5.2 Die Werkzeuge für Ellipsen, Rechtecke und abgerundete Rechtecke

Photoshop bietet die Formwerkzeuge für Ellipsen, Rechtecke und abgerundete Rechtecke. Nicht jede Option finden Sie bei jedem Gerät:

- Festgelegte Proportionen sichert das Seitenverhältnis der Figur, erlaubt aber alle Größen. Statt diese Option anzuwählen (und dann zu vergessen), ziehen Sie die Formebene bei gedrückter Alt-Taste auf: Auch so schützen Sie die Höhe-Breite-Relation.
- Sie bestimmen eine feste Grösse. Tippen Sie die gewünschte Maßeinheit wie »px« oder »cm« hinter den Zahlen ein.
- Die definierte Grösse wahrt nicht nur das ursprüngliche Seitenverhältnis, sondern auch die ursprünglichen Maße des Objekts; Sie haben also keinerlei Gestaltungsspielraum. Verwenden Sie die Option zum Beispiel, um unterschiedliche Objekte in festgelegten Größenverhältnissen anzulegen. Aber Sie wissen ja: Egal, in welcher Größe Sie arbeiten, dank Vektortechnik erhalten Sie immer perfekte Bildqualität.
- Mit der Vorgabe Proportional legen Sie ein Seitenverhältnis nach Wahl fest.
- Zudem besteht die Möglichkeit, die Figur von der Mitte aufzuziehen.
- Die Option An Pixeln ausrichten platziert die Figur glatt entlang von Bildpunkten. Beobachten lässt sich das nur bei sehr hohen Zoomstufen. Damit wird es leichter, die Figur später exakt auszuschneiden und passgenau mit anderen Ebenen zu kombinieren. Auch bei sehr kleinen Bilddateien ist die Option von Bedeutung.
- Beim Abgerundetes-Rechteck-Werkzeug steuern Sie zudem die Kantenrundung als Radius. Statt in der Optionenleiste zu tippen, ändern Sie den Radius auch mit den Tasten Ö (nur Windows) und #.

18.5.3 Polygon

Beim Polygonwerkzeug bestimmen Sie die Zahl der gewünschten Ecken direkt in den permanent sichtbaren Optionen. Weitere Einstellungen bieten die folgenden Optionen:

- Der Radius definiert in Pixel- oder Zentimeterwerten den Abstand von der Objektmitte bis zu einem Außenpunkt.
- Ecken abrunden sorgt für weichere Außenecken.

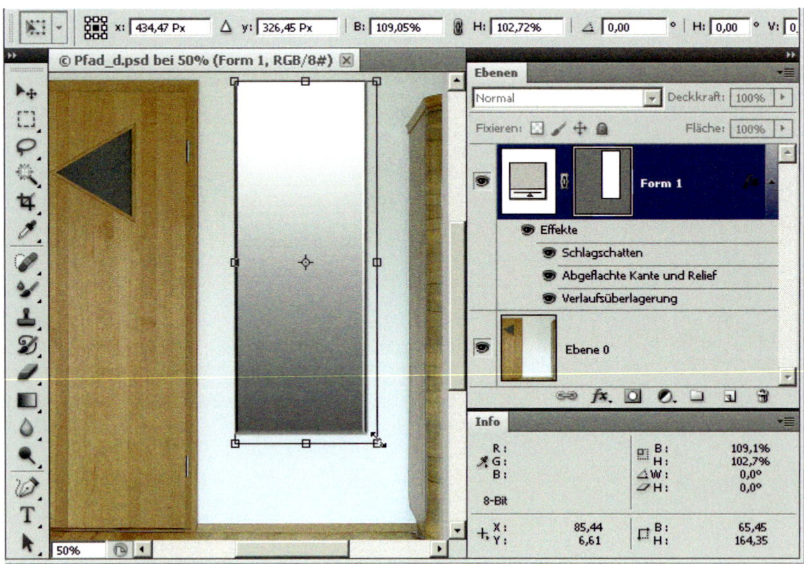

Abbildung 18.27 Der Spiegel entstand als Formebene mit dem Rechteckwerkzeug. Er wird per »Transformieren« in verschiedene Maße gebracht. Sie können die geplanten Werte auch oben in den Optionen eintippen. Infopalette und Lineal melden die tatsächlichen Zentimetermaße. Datei: Pfad_d

» STERN mit SEITEN EINZIEHEN knickt die Außenecken nach innen, so dass ein Stern entsteht. Hier geben Sie einen Prozentwert vor. Je höher der Wert, desto spitzer geraten die Strahlen.

» EINZÜGE GLÄTTEN glättet die Innenecken, die mit der Vorgabe SEITEN EINZIEHEN entstanden sind.

TIPP Nicht immer sind Linienzeichner und Polygonwerkzeug erste Wahl. Beachten Sie, dass auch die Formenbibliothek entsprechende Formen bereithält. Sie lassen sich mit dem Werkzeug »Eigene Form« ins Bild setzen.

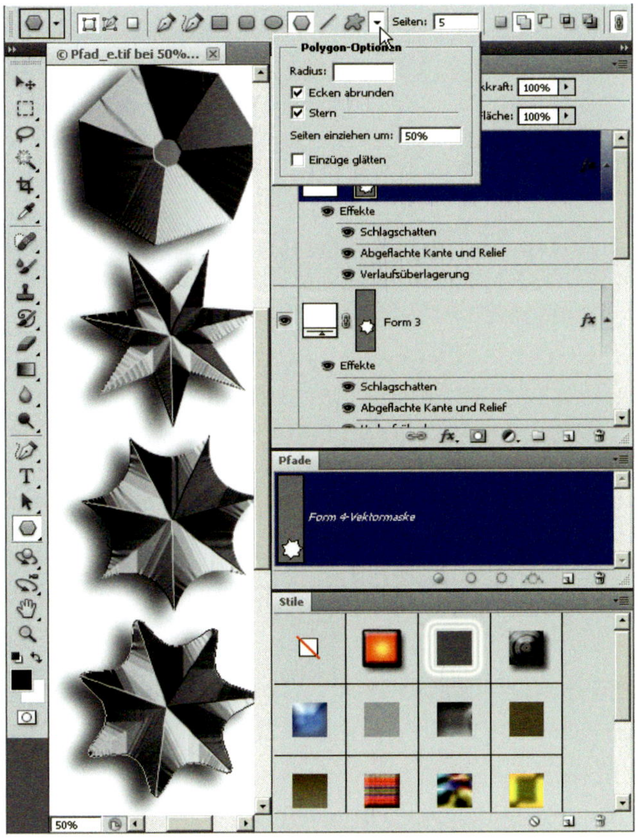

Abbildung 18.28 Die Figuren entstanden mit dem Polygonwerkzeug bei einheitlich fünf Ecken und zwei Zentimeter Radius; über die Stile-Palette lassen sich leicht neue Effekte zuweisen. **2. Figur von oben:** Die Vorgabe »Seiten einziehen« mit einem Wert von 50 Prozent erzeugt Strahlen. **3. Figur:** Die Option »Einzüge glätten« sorgt für gerundete Innenecken. **Unten:** »Ecken abrunden« entschärft die Außenecken. Datei: Pfad_e

18.5.4 Linienzeichner

Der Linienzeichner erzeugt gerade Linien sowie Pfeile. Die ⇧-Taste beschränkt den Winkel der Linie auf 45 Grad oder ein Vielfaches davon. Sie können die Linienbreite in Pixel- oder Zentimeterwerten einstellen – und Sie können Pfeilspitzen anbringen. Wenn Sie keinen EBENENSTIL festlegen, verwendet die Funktion die aktuelle Vordergrundfarbe. Wie bei allen Formebenen können Sie die Farbe per Ebenenstil und die Form mit den Zeichenstiften oder Transformieren-Funktionen verlustfrei weiter gestalten.

TIPP Eine schnelle Alternative zum Linienzeichner bilden der Pinsel oder andere Malwerkzeuge: Klicken Sie bei gedrückter ⇧-Taste Punkte ins Bild, die Photoshop durch Geraden verbindet. Legen Sie vorab eine neue, leere Ebene an. Das funktioniert auch mit Pfadwerkzeugen wie dem Zeichenstift.

Abbildung 18.29 Der Linienzeichner erzeugt Geraden und Pfeile.

Pfeilspitzen

Damit der Linienzeichner Pfeilspitzen produziert, öffnen Sie die Optionen mit dem gekippten Dreieck. Der PFEILSPITZEN-Dialog bietet dann diese Möglichkeiten:

» Klicken Sie ANFANG, ENDE oder beides an – je nachdem, wo Sie den Pfeil sehen möchten.

» Geben Sie für die BREITE der Pfeilspitze Werte zwischen zehn und 1000 Prozent an. Dies ist die Relation zur BREITE der Linie. Verwenden Sie eine 20-Pixel-Linie und eine Vorgabe von 200 Prozent für die BREITE der Pfeilspitze, so wird die Spitze 40 Pixel breit.

» Benennen Sie auch die LÄNGE der Pfeilspitze mit einem Wert zwischen zehn und 5000 Prozent, bezogen auf die in der Optionenleiste genannte Breite.

» Bestimmen Sie einen Prozentwert zwischen +50 und -50 für die Rundung. Damit nehmen Sie Einfluss auf jene Stelle, an der Spitze und Linie aufeinandertreffen. Je höher der Rundungswert, desto spitzer wird der innere Winkel zwischen Pfeilflanken und Linie.

TIPP Weitere Pfeilformen liefert das Eigene-Form-Werkzeug: Öffnen Sie in der Optionenleiste zu diesem Werkzeug das Klappmenü Form und laden Sie über das Palettenmenü die Bibliothek Pfeile. Die Ergebnisse modellieren Sie mit dem Zeichenstift und anderen Pfadfunktionen nach Bedarf weiter - oft unkomplizierter als mit dem Linienzeichner.

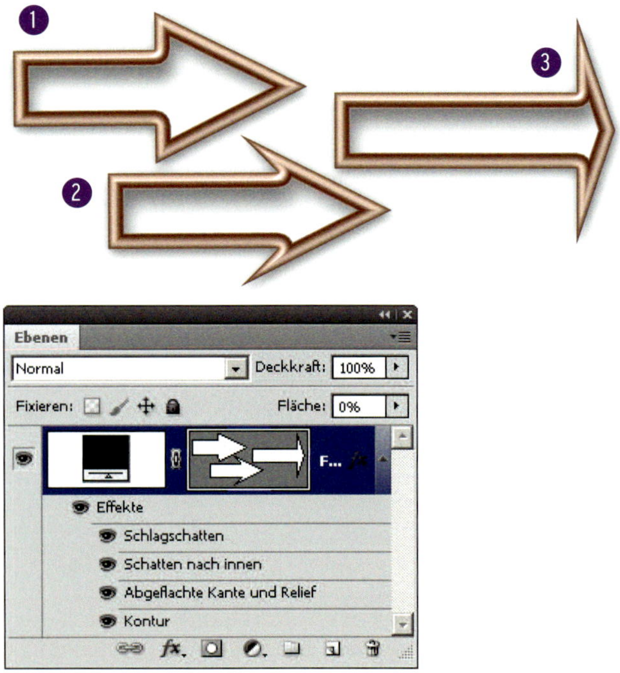

Abbildung 18.30 Alle Pfeile entstanden mit derselben Vorgabe für die Linienbreite und mit der Vorgabe »Ende«. **1:** Für die Pfeilspitze verwenden wir die Werte 200 Prozent bei »Breite« und »Länge«. Die Spitze wird also doppelt so breit und doppelt so lang wie die Grundlinie. **2:** Hier wurde zusätzlich die »Rundung« auf +50 Prozent gesetzt. **3:** Wir nutzen eine »Breite« von 300 Prozent und eine »Länge« von nur 50 Prozent. Sie können jederzeit Pfadpunkte mit dem Direktauswahl-Werkzeug einrahmen und die Ecken glätten oder umformen. Die Pfeile liegen als Pfadkomponenten innerhalb eines Pfads, einzelne Pfeile werden mit dem Pfadkomponenten-Werkzeug aktiviert. Datei: Pfad_f

18.5.5 Das Werkzeug »Eigene Form«

Das Werkzeug »Eigene Form« setzt Figuren aus der aktuellen Formenbibliothek als Pfad ins Bild. Die Optionen sind mit Rechteck, Abgerundetem Rechteck und Ellipse vergleichbar (siehe oben): Sie können also Außenmaße oder Seitenverhältnisse fixieren oder die Figur von der Mitte her aufziehen. Wie immer geben Sie separat einen Ebenenstil vor. Vorhandene Formen korrigieren Sie nach Belieben (Seite 660) und verewigen sie neu in der Formenbibliothek.

Eigene Formen anlegen und verwalten

So legen Sie in Photoshop eigene Formen an, die Sie später über die Formenbibliothek abrufen:

1. Erzeugen Sie einen Pfad mit beliebigen Werkzeugen, zum Beispiel mit »Eigene Form« oder mit Zeichenstift, oder aktivieren Sie einen in der Pfadpalette vorhandenen Pfad. Ob der Pfad als gefüllte Formebene erscheint oder ob Sie bloß die Pfadkonturen sehen, spielt keine Rolle.
2. Korrigieren Sie den Pfad nach Bedarf, zum Beispiel durch **Transformieren** oder Verändern einzelner Ankerpunkte.
3. Wählen Sie **Bearbeiten: Eigene Form festlegen**. Geben Sie einen Namen im Dialogfeld Name der Form an.

Damit lässt sich der Pfad über die Formenbibliothek abrufen; er erscheint in der Optionenleiste zum Werkzeug »Eigene Form« oder mit dem Befehl **Bearbeiten: Vorgaben-Manager**. Dort sichert Photoshop wohlgemerkt nur die Pfadkontur. Die eventuelle Füllung per Ebenenstil (Verlauf, 3D-Effekt, Schatten etc.) wird für eine »Eigene Form« nicht mitgesichert. Speichern Sie bei Bedarf einen separaten Ebenenstil oder speichern Sie Pfad samt Ebenenstilfüllung als Photoshop-Datei - Umriss wie Inhalt lassen sich jederzeit verlustfrei ändern.

Pfadkomponenten in der Formenbibliothek

Legen Sie eine Form in der Formenbibliothek ab, die aus mehreren Pfadkomponenten besteht (wie in der letzten Abbildung), so verschmelzen alle Pfadkomponenten zu einem Gesamtpfad. Sie können also nicht mehr eine einzelne Pfadkomponente durch Anklicken mit dem Pfadauswahl-Werkzeug aktivieren und verschie-

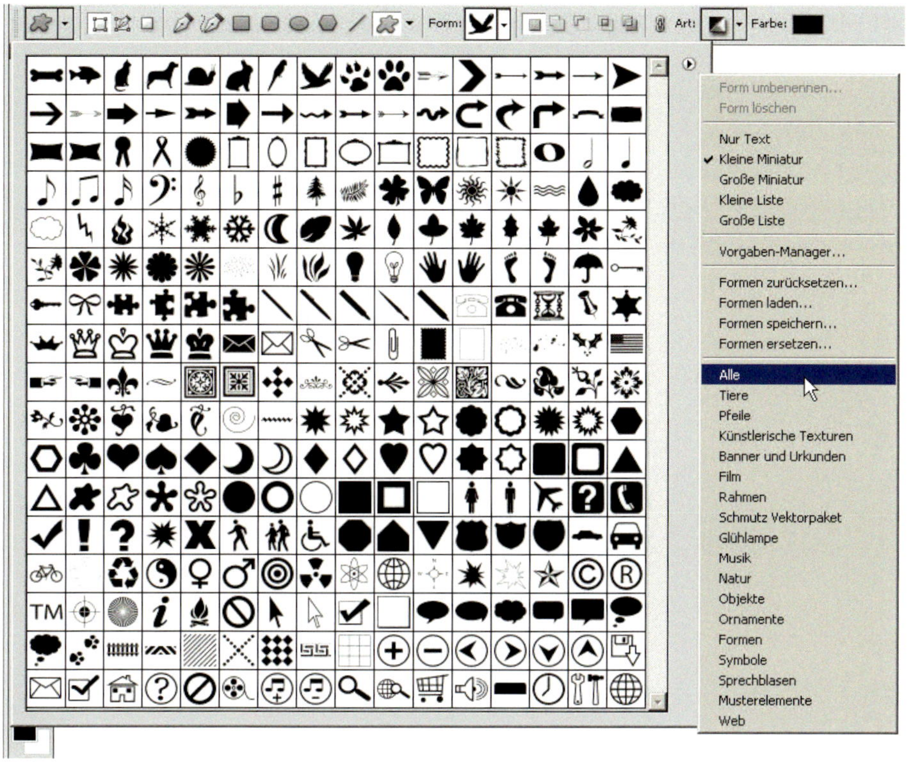

Abbildung 18.31
Die Formenbibliothek listet Ihre »Eigenen Formen« auf. Erst der Befehl »Alle« holt sämtliche mitgelieferten Formen in die aktuelle Bibliothek. Weitere Formen holen Sie sich als Sonderzeichen aus verschiedenen Schriftarten.

ben. Abhilfe: Rahmen Sie den gewünschten Bereich des Pfads bzw. der Form mit dem Direktauswahl-Werkzeug ein, klicken Sie einen Ankerpunkt an und ziehen Sie. Dieses Verfahren können Sie auch verwenden, wenn Sie Pfadkomponenten mit der Kombinieren-Schaltfläche aus den Optionen zum Pfadauswahl-Werkzeug verschmolzen haben.

Die Formenbibliothek

Die Formenbibliothek listet Ihre »Eigenen Formen« auf. Mit der Schaltfläche erhalten Sie das Palettenmenü. Sie haben verschiedene Darstellungsmöglichkeiten für diese Galerie und Sie können neue »Bibliotheken« anlegen und laden. Die Bearbeitung ähnelt weitgehend dem Umgang mit »Vorgaben« für Verläufe oder Pinselvorgaben; Details lesen Sie ab Seite 56.

TIPP Bei der Beurteilung einer Form in der Formebene stören oft die eingeblendeten Pfade. Blenden Sie die Pfade fix mit Strg+H aus.

18.6 Pfade verwalten

Via **Pfade**palette, zu finden im **Fenster**-Menü, können Sie Pfade speichern, neu erstellen, duplizieren, anzeigen, verbergen und löschen; außerdem werden hier Auswahlen in Pfade oder Pfade in Auswahlen verwandelt sowie Pfade und Pfadkonturen gefüllt. Das Palettenmenü erreichen Sie wie stets über die Schaltfläche . Viele Befehle aus dem Palettenmenü handeln Sie schneller ab, wenn Sie die Symbole unten in der Palette verwenden. Die Reihenfolge der aufgelisteten Pfade ändern Sie durch Verschieben. Arbeitspfad und Vektormaske sind allerdings unverrückbar.

Paletten-Optionen

Nach dem Palettenbefehl **Bedienfeldoptionen** entscheiden Sie, ob Photoshop Pfade in der Palette nur namentlich auflisten oder auch in einer von drei Größen darstellen soll. Photoshop stellt Pfade in der Palettenminiatur immer relativ zur Gesamtdatei dar. Erstreckt sich der Pfad also nur über wenig Bildfläche, erscheint er in der Miniatur besonders klein.

18.6.1 Pfade umbenennen, duplizieren und löschen

Die Techniken zum Löschen, Duplizieren oder Umbenennen von Pfaden ähneln den Verfahren, die Sie auch für Ebenen, Alphakanäle oder Aktionen verwenden:

» Um einen Pfad umzubenennen, klicken Sie doppelt auf den Pfadnamen in der Palette.

» Um einen Pfad ohne weitere Rückfragen zu löschen, ziehen Sie ihn in den Mülleimer.

» Bevor Sie einen gelungenen Pfad weiterbearbeiten, bunkern Sie ein Duplikat – ziehen Sie den Pfad auf das Symbol NEUEN PFAD ERSTELLEN.

» Ziehen Sie bei gedrückter [Alt]-Taste mit dem Pfadauswahl-Werkzeug oder mit dem Direktauswahl-Werkzeug an einem markierten Pfadbereich oder einem kompletten Pfadsegment – die Zone wird innerhalb des aktiven Pfads als neues Pfadsegment dupliziert und kann bewegt werden.

Ohne Weiteres lassen sich Pfade oder Pfadbereiche in andere Dateien übertragen:

» Ziehen Sie den Pfad aus der Palette in das Fenster einer anderen Bilddatei. Damit wird der Pfad in dieses Dokument kopiert.

» Markierte Pfadteile lassen sich mit [Strg]+[C] in die Zwischenablage kopieren und in einer anderen Datei per [Strg]+[V] zutage fördern; sie erscheinen dort zunächst als »Arbeitspfad«.

TIPP Ist beim Übertragen eines Pfads im Zielbild bereits ein Pfad aktiv, fügt Photoshop den Neuankömmling dem vorhandenen Pfad als neues Pfadsegment an. Schalten Sie im Zielbild zunächst alle Pfade aus – zum Beispiel durch Klick in den grauen Bereich der Pfadpalette. Oder legen Sie einen neuen, leeren Pfad an. So entsteht beim Übertragen ein neuer, unabhängiger Pfad.

18.6.2 Pfade anzeigen und aktivieren

Der aktive Pfad ist in der Pfadpalette hervorgehoben. Klicken Sie einen anderen Pfad an, wenn Sie diesen bearbeiten wollen. Photoshop zeigt immer nur einen Pfad auf einmal. So werden Pfade ausgeschaltet oder verborgen:

» Um einen Pfad zugleich auszublenden und auszuschalten, ziehen Sie die Pfadpalette so weit auf, dass zwischen dem letzten Pfad und der Symbolleiste noch freier Raum ist, und klicken Sie in diesen leeren Raum. Klicken Sie wieder auf den Pfadnamen, um den entsprechenden Pfad erneut zu aktivieren.

» Sie können die Pfade ausblenden, ohne sie abzuschalten: Dies erledigt der Befehl **Ansicht: Einblenden: Zielpfad**. Alternativ wählen Sie **Ansicht: Extras** ab ([Strg]+[H]). Bildergebnisse lassen sich ohne die Pfadlinien oft besser beurteilen.

ACHTUNG Drücken Sie bei aktiviertem Pfad die [Entf]-Taste, ist der Pfad gelöscht. Das passiert leicht ungewollt. Schalten Sie einen nicht benötigten Pfad zügig aus, zum Beispiel durch Klick in die graue Fläche unten in der Pfadpalette.

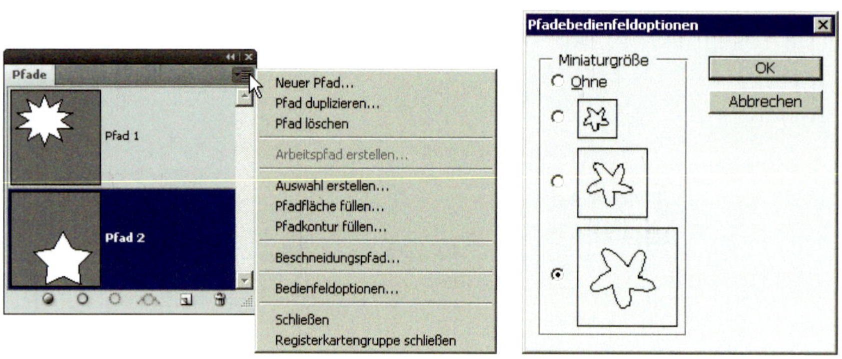

Abbildung 18.32
Die Palette verwaltet Ihre Pfade. Viele Befehle aus dem Palettenmenü erreichen Sie schneller über die Schaltflächen unten in der Palette oder im Kontextmenü über den Pfadminiaturen. In den Optionen regeln Sie die Darstellung der Pfadminiaturen.

18.7 Verschiedene Pfadtypen

Photoshop erfreut Einsteiger mit einem vielseitigen Angebot aus Pfaden, Unterpfaden, Beschneidungspfaden, Arbeitspfaden, Pfadkomponenten und Vektormasken.

18.7.1 Arbeitspfade und Pfade

Wenn Sie einen neuen Pfad anlegen, müssen Sie den Unterschied zwischen »Pfad« und »Arbeitspfad« kennen.

Mit einem Arbeitspfad beginnen

Sobald Sie den ersten Klick mit einem Pfadwerkzeug tun und die Option PFADE verwenden, zeigt Photoshop in der Pfadpalette einen Arbeitspfad – dies ist ein vorübergehender, nicht gesicherter Pfad. Auch wenn Sie eine Auswahl in einen Pfad verwandeln, entsteht zunächst ein Arbeitspfad. Dieser Arbeitspfad wird zwar je nach Dateiformat mitgespeichert. Legen Sie jedoch einen weiteren Pfad an, ist er weg. Ein solcher Arbeitspfad lässt sich überdies nicht als Beschneidungspfad speichern. Dieser Arbeitspfad gilt außerdem immer als Pfadkomponente. Sie haben volle Kontrolle erst, wenn Sie das Ergebnis als normalen Pfad sichern.

Vom Arbeitspfad zum Pfad

Ist bereits ein Arbeitspfad in der Palette aktiviert, verwandeln Sie ihn in einen regulären Pfad: Klicken Sie doppelt auf den Arbeitspfad in der Pfadpalette. Jetzt können Sie das Kind beim Namen nennen. Oder ziehen Sie den Arbeitspfad auf das Symbol NEUEN PFAD ERSTELLEN unten in der Palette. Damit erhält der Pfad automatisch eine Nummer.

Ist der Pfad erst mal gesichert, wird Photoshop ihn immer wieder aktualisiert zusammen mit Ihrem Bild auf Festplatte verewigen; Windows-Nutzer müssen freilich auf das passende Dateiformat achten (Seite 654).

Mit einem regulären Pfad beginnen

Besser ist es, von vornherein mit einem Pfad und nicht mit einem Arbeitspfad zu hantieren. Dazu wählen Sie vor jedem neuen Pfad den Palettenbefehl **Neuer Pfad** oder klicken auf das Symbol NEUEN PFAD ERSTELLEN in der Pfadpalette. Diese Maßnahme verhindert auch, dass Sie eine neue Zeichnung nicht als separaten Pfad anlegen, sondern ungewollt als Pfadkomponente in einem größeren Pfadgebilde unterbringen. Beenden Sie die Arbeit an einem Pfad deshalb sicherheitshalber auch durch Wechsel des Werkzeugs.

18.7.2 Pfade und Pfadsegmente

Sie arbeiten zunächst immer am selben Pfad. Selbst wenn Sie zwischendurch doppelt auf das Zeichenwerkzeug klicken und zu einer ganz neuen Figur ansetzen, die mit der vorherigen nicht verbunden ist – Sie haben damit nicht zwei neue Pfade, sondern nur zwei neue Pfadkomponenten innerhalb eines Pfads. Wollen Sie nur eine dieser Pfadkomponenten separat bearbeiten, dann klicken Sie diese mit dem Pfadauswahl-Werkzeug an. Sie können die Gesamtfigur als Vektormaske mit Ebeneneffekten ausformen und die einzelnen Pfadkomponenten immer noch mit Operationen wie SCHNITTMENGE AUS PFADBEREICHEN neu verrechnen oder mit dem KOMBINIEREN-Button verschmelzen.

Pfadfiguren, die Sie getrennt verwenden, sollten Sie auch als getrennte Pfade anlegen und nicht als Sammlung von Pfadkomponenten in einem Pfad. Es passiert leicht, dass man zwei Figuren innerhalb eines Pfads übereinanderlegt und nur erschwert einzeln korrigieren kann. Um einen neuen Pfad anzulegen, klicken Sie auf

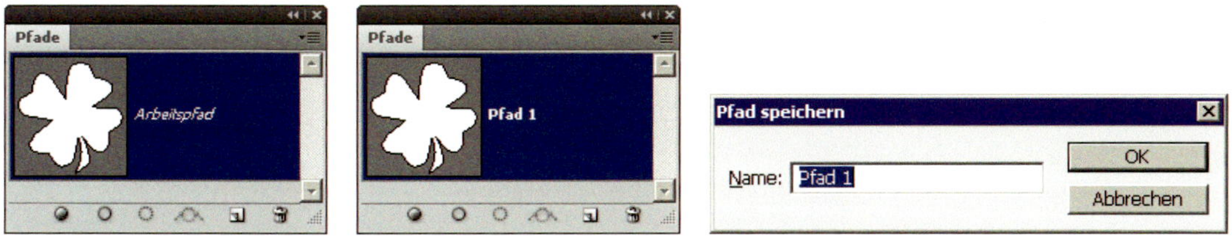

Abbildung 18.33 **Links:** Wenn Sie einen neuen Pfad anlegen, entsteht zunächst meist ein »Arbeitspfad«. **Rechts:** Sie sollten den Pfad schnellstmöglich sichern, indem Sie die Miniatur für den Arbeitspfad auf das Symbol »Neuen Pfad erstellen« ziehen oder doppelt auf die Pfadminiatur klicken. So erhält der Pfad einen Namen. Sie arbeiten an einem regulären Pfad.

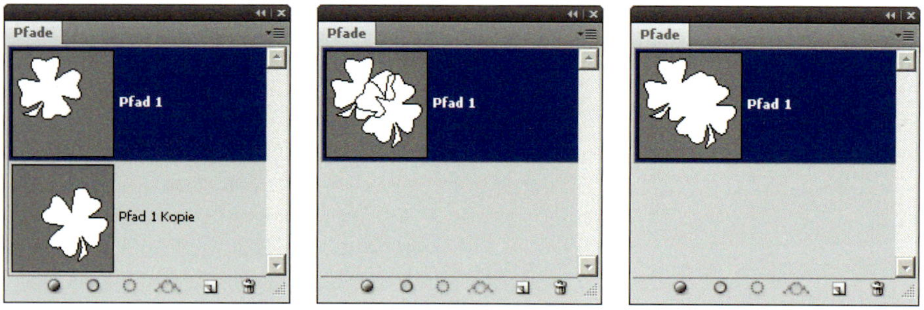

Abbildung 18.34 **Links:** In der Regel legen Sie getrennte Konturen auch als getrennte Pfade an; dazu klicken Sie vor dem Erstellen der zweiten Figur auf die Schaltfläche »Neuen Pfad erstellen« unten in der Palette. **Mitte:** Die beiden Figuren liegen als Pfadkomponenten innerhalb eines einzigen Pfads. **Rechts:** Die Pfadkomponenten wurden mit der Schaltfläche »Kombinieren« verschmolzen.

das Symbol Neuen Pfad erstellen in der Pfadpalette. Jetzt können Sie die ganze Bildfläche mit einem neuen, unabhängigen Pfad überziehen.

18.7.3 Vektormasken

Vektormasken besprechen wir ausführlich ab Seite 877, hier nur eine Zusammenfassung: Wie eine Ebenenmaske, so grenzt auch die Vektormaske die Sichtbarkeit einer Montageebene ein. Die Ebene ist nur innerhalb der Pfadumrisse sichtbar. Außenliegendes wird verborgen. Photoshop zeigt die Vektormaske neben der Ebene in der Ebenenpalette an. Ist diese Ebene aktiviert, erscheint die Vektormaske auch als aktiver Pfad in der Pfadpalette. Formebenen erhalten automatisch eine Vektormaske.

Sie können diese Vektormaske zusätzlich in einen üblichen Pfad verwandeln, der sich unabhängig von der betreffenden Ebene bearbeiten lässt. Dazu wählen Sie eines der folgenden Verfahren:

» Klicken Sie doppelt auf die Vektormaske in der Pfadpalette (nicht in der Ebenenpalette) oder

» ziehen Sie die Vektormaske in der Pfadpalette auf das Symbol Neuen Pfad erstellen.

18.7.4 Beschneidungspfad

Eine Besonderheit ist der »Beschneidungspfad«, auch Clipping-Pfad oder Freistellpfad geheißen und nicht mit der Vektormaske zu verwechseln. Der Beschneidungspfad hilft bei der Weitergabe eines Motivs an ein Layoutprogramm. Die Umgebung eines ausgewählten Objekts wird hier ausgeblendet und transparent gemacht. So erscheint nur das freigestellte Objekt auf der Seite, direkt dahinter sehen Sie die sonstige Seite. Ansonsten wäre das Hauptmotiv mindestens von einem weißen Rechteck umgeben.

Dieser Freistellpfad hat nichts zu tun mit den Freistellern, die vor allem mit dem Dateiformat GIF auf Internetseiten möglich sind (Details zur Transparenz in WWW-Objekten ab Seite 1040). Neuere Layoutprogramme brauchen den speziellen Beschneidungspfad allerdings nicht: Beliebige Pfade oder Alphakanäle lassen sich als Beschneidungspfad einsetzen, und das mit verschiedenen Bilddateiformaten wie PSD, TIFF oder JPEG. Die Layoutprogramme InDesign und Quark Xpress übernehmen direkt die Transparenz von Photoshop-Ebenen.

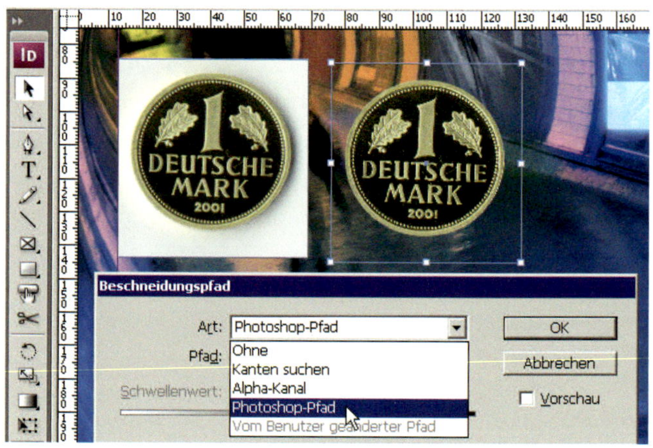

Abbildung 18.35 Die rechte Münze hat einen Pfad oder Alphakanal, die linke nicht. Das Beispiel stammt aus InDesign. Bei diesem Programm leiten Sie die Freistellung zum Beispiel aus Pfaden, Alphakanälen oder direkt aus den Kontrasten im Bild ab. Der Pfad lässt sich innerhalb von InDesign bearbeiten. Dateien: Pfad_g1,Pfad_ g2

ACHTUNG Einige Layoutprogramme interpretieren Pfade oder Alphakanäle in TIFF- und JPEG-Dateien als Beschneidungspfad. Äußere Bildteile werden also eventuell nicht gedruckt. Wollen Sie das alles zeigen und auf Nummer Sicher gehen, löschen Sie alle Pfade und Alphakanäle vor der Weitergabe.

Vorgehen

So legen Sie einen speziellen Beschneidungspfad an:

1. Erzeugen Sie einen geschlossenen Pfad, der das gewünschte Objekt präzise umgibt.
2. Verwandeln Sie einen »Arbeitspfad« zunächst in einen regulären Pfad, indem Sie den »Arbeitspfad« auf das Symbol Neuen Pfad erstellen in der Pfadpalette ziehen.
3. Wählen Sie im Palettenmenü **Beschneidungspfad.**
4. Wählen Sie im Dialogfeld Beschneidungspfad den gewünschten Pfad und eine Kurvennäherung.
5. Klicken Sie auf OK. Nun erscheint der Pfadname in der Palette in Fettschrift, um ihn als Beschneidungspfad herauszustellen.
6. Speichern Sie das Bild im Dateiformat Photoshop EPS, DCS oder PDF. Der in der Pfadpalette benannte Beschneidungspfad wird dabei automatisch übernommen.

Kurvennäherung

Für den Beschneidungspfad kann man eine Kurvennäherung vorgeben. Eine niedrigere Kurvennäherung führt zu etwas gröberen Freistellpfaden, vermeidet aber auch Belichtungsfehler. In der Regel verwendet man eine Kurvennäherung von acht bis zehn für hoch auflösende Belichter über 1200 dpi, Werte zwischen eins und fünf empfehlen sich zwischen 300 und 600 dpi. Am besten trägt man gar nichts ein; dann wird die Voreinstellung des Druckgeräts verwendet.

Probleme mit der Kurvennäherung

Es kann passieren, dass ein komplexer Freistellpfad auf einem niedrig auflösenden Drucker korrekt ausgegeben wird, weil der Drucker den Pfad automatisch vereinfacht hat; bei der endgültigen hoch auflösenden Wiedergabe erscheinen aber Fehlermeldungen. In diesem Fall erhöht man den Wert für Kurvennäherung (Flatness) im Dialogfeld für den Freistellpfad. Mit hohen Werten für die Kurvennäherung entsteht im Drucker eine flachere Kurve; für Drucker über 1200 dpi eignen sich Werte von 8 bis 10, 300 oder 600 dpi werden mit einer Kurvennäherung von 1 bis 3 angesteuert. Setzt man die Kurvennäherung auf hohe Werte wie 25, kann die freigestellte Kontur grob wirken. Geben Sie keinen Wert ein, erscheint das freigestellte Motiv nach Vorgabe des Druckers – meist die beste Wahl. Erhöhen Sie den Wert eventuell für sehr lange Kurven, um überhaupt einen Druck zu ermöglichen.

TIPP Innerhalb der EPS-Datei wird eine eigene Bildversion nur für die Vorschau im Layoutprogramm angelegt (vergleiche Seite 1083). Es kann sein, dass diese Vorschau keinen korrekten Aufschluss über die Wirkung des Freistellpfads gibt – bei hoch auflösendem Ausdruck erscheint das Bild gleichwohl trotzdem wie gewünscht, weil das druckende Programm nun auf die Feindaten zurückgreift.

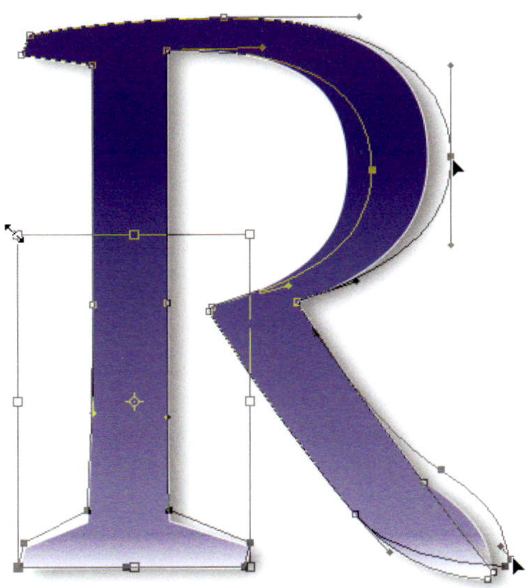

Abbildung 18.36 Die Umrisse einzelner Buchstaben lassen sich im Textmodus nicht gezielt verändern. Verwandeln Sie den Text jedoch in eine Formebene (»Ebene: Text: In Form umwandeln«), können Sie Buchstabenteile mit Pfadtechniken verschieben, vergrößern oder verzerren. Datei: Text_22

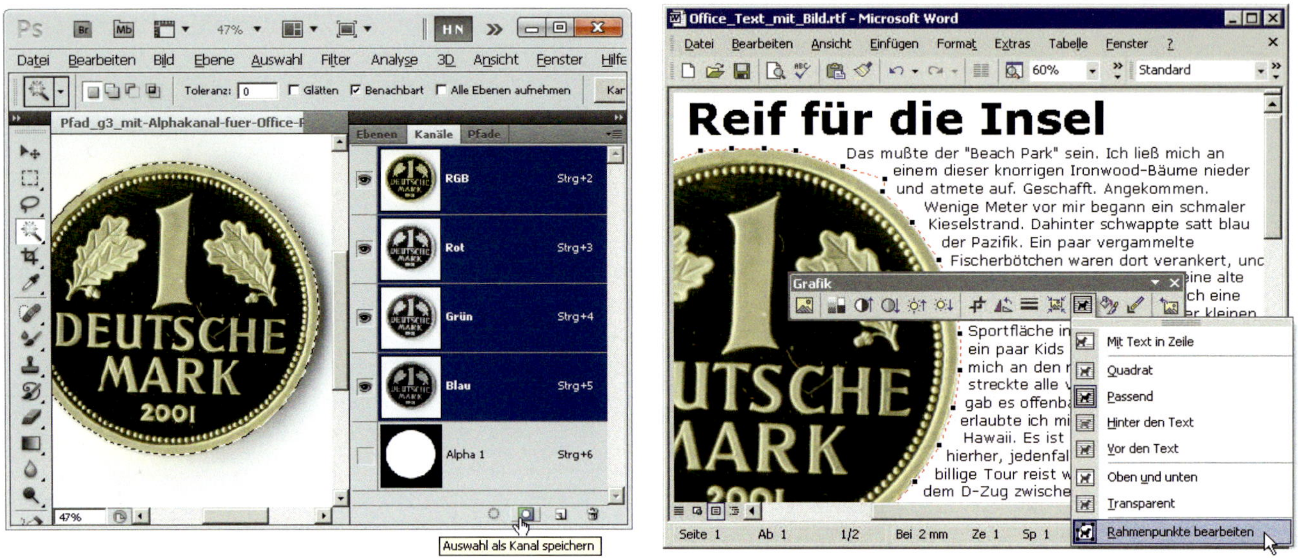

Abbildung 18.37 **Links:** Das Hauptmotiv wird in Photoshop ausgewählt, die Auswahl als Alphakanal angelegt, das Ergebnis als TIFF gespeichert. **Rechts:** In Word oder PowerPoint lässt sich der Alphakanal als Freistellpfad für Formsatz verwenden und weiterbearbeiten. Dateien: Pfad_g3, Office_Text.rtf

Ankerpunkte verringern

Bringt der Pfad wegen zu zahlreicher Ankerpunkte den Belichter aus dem Takt, reduzieren Sie die Ankerpunkte eines Pfads nachträglich zum Beispiel wie folgt:

1. Mit dem Palettenbefehl **Auswahl erstellen** laden Sie den Beschneidungspfad noch einmal als Auswahl.
2. Rechnen Sie die Auswahl jetzt mit dem Palettenbefehl **Arbeitspfad erstellen** wieder in einen Pfad um - mit einer hohen Toleranz von zum Beispiel 6.
3. Definieren Sie diesen Pfad als **Beschneidungspfad**.

»Beschneidungspfade« für Word und PowerPoint

Sie können »Beschneidungspfade« auch für die Office-Programme Word und PowerPoint anlegen. Um die Freiform herum sieht man dann gleich den Hintergrund, der auch farbig oder gemustert sein kann. Mehrere Objekte lassen sich ohne Rechteckbox drumrum übereinander montieren und Word erlaubt Formsatz - Text fließt direkt an den Objektkonturen entlang. Kurz gesagt brauchen Sie die Auswahl als Alphakanal in einer TIFF-Datei ohne jede Komprimierung und ohne Farbprofil. So geht's:

1. Sie wählen den gewünschten Bildbereich zum Beispiel mit der Schnellauswahl aus.
2. Sie sichern die Auswahl als Alphakanal (**Auswahl: Auswahl speichern** oder die Schaltfläche AUSWAHL ALS KANAL SPEICHERN).
3. Sie sichern das Bild als TIFF-Datei.

Für Office XP (2002) und frühere Versionen gilt dabei:

- Nehmen Sie unbedingt TIFF ohne jede Komprimierung (auch nicht LZW).
- Entfernen Sie vor dem Speichern Farbprofile (per **Bearbeiten: Profil zuweisen** oder im Dialog **Speichern unter**).

Office 2003 ist weniger heikel.

Ziehen Sie die TIFF-Datei in das Word-Fenster, klicken Sie doppelt darauf und klicken Sie im Bereich LAYOUT auf PASSEND.

Abbildung 18.38 Photoshop rechnet Auswahlen mit unterschiedlicher »Toleranz« in Pfade um. Je höher die »Toleranz«, umso ungenauer, aber auch fließender gerät der Pfad; er hat dann weniger Ankerpunkte. Die Toleranz betrug links 2, rechts 10.

18.8 Auswahlen und Pfade

Sie können Auswahlen in Pfade umrechnen und Pfade wieder in Auswahlen verwandeln. Dies ist oft eine elegante Möglichkeit, Auswahlen zu korrigieren, und es spart Platz gegenüber der Auswahlspeicherung im Alphakanal.

18.8.1 Auswahl in Pfad verwandeln

Sie wollen die aktuelle Auswahl in einen Pfad verwandeln, dann klicken Sie in der Pfadpalette unten auf das Symbol Arbeitspfad aus Auswahl erstellen. Dabei verwendet Photoshop eine Toleranz:

» Niedrige Werte wie 0,5 oder 1 erzeugen einen genauen Pfad mit vielen Ankerpunkten.

» Hohe Werte bis hin zum Höchstwert 10 produzieren fließende, aber ungenauere Pfade mit wenig Ankerpunkten.

Der Toleranz-Pegel steht zunächst auf 2. Wollen Sie das ändern, klicken Sie Arbeitspfad aus Auswahl erstellen mit gedrückter Alt-Taste an; Alternative: Sie öffnen das Menü der Pfadepalette und nehmen **Arbeitspfad erstellen**.

Auswahlen laufen grundsätzlich an Pixeln entlang; dagegen orientieren sich Pfade nicht an Pixeln, sondern an Kurven und Ankerpunkten. Daraus folgt: Eine als Pfad gespeicherte Auswahl, die Sie wieder in eine Auswahl zurückverwandeln, hat nicht unbedingt den exakt selben Verlauf wie zu Beginn. Arbeiten Sie indes mit niedriger Toleranz, kann man Pfade in der Regel pro-

Abbildung 18.39 **Links:** Das Auto lässt sich mit der Schnellauswahl nicht perfekt auswählen. **Rechts:** Der Befehl »Kante verbessern«, hier mit weißer Maskierung, glättet ein paar Auswahllücken, doch die Auswahl muss als Pfad verfeinert werden. Datei: Pfad_i

Abbildung 18.40 **Links:** Der »Toleranz«-Wert 1 erzeugt zu viele Ankerpunkte, das lässt sich nicht sinnvoll korrigieren. **Rechts:** Ein neuer Versuch mit einer 3er-»Toleranz« erzeugt nur noch wenige Ankerpunkte.

blemlos als Auswahlen speichern und man spart eine Menge Speicherplatz gegenüber einem Alphakanal. Allerdings können Sie im Pfad keine weichen Übergänge speichern.

ACHTUNG Eine hohe Zahl von Ankerpunkten kann die Belichtung stören, wenn Sie den gespeicherten Pfad als Beschneidungspfad verwenden (siehe Seite 672): Der Belichter braucht sehr lange, Sie erhalten PostScript-Fehlermeldungen. Versuchen Sie es dann mit einer höheren Toleranz.

Auswahlkorrektur per Pfad

Insbesondere wenn Sie eine Auswahl abschnittweise enger oder weiter fassen und dabei Befehle verwenden wie **Ändern: Erweitern** (Seite 595) oder **Sonstige Filter: Dunkle Bereiche vergrößern** (Seite 627), empfiehlt sich die Pfadtechnik als handliche Alternative:

1. Um eine Reserve der aktuellen Auswahl beizubehalten, sichern Sie diese in einem Alphakanal per **Auswahl: Auswahl speichern** (Seite 636).
2. Verwandeln Sie die Auswahl mit dem Befehl **Arbeitspfad erstellen** aus der Pfadpalette in einen Arbeitspfad. Dabei verwendet man in der Regel keine ganz niedrige Toleranz, da die entstehende Vielzahl von Ankerpunkten unübersichtlich wirkt. Testen Sie einen Wert wie 3,0.
3. Verwandeln Sie diesen Arbeitspfad in einen Pfad, indem Sie ihn in der Pfadpalette auf das Symbol Neuen Pfad erstellen ziehen.
4. Markieren Sie den zu ändernden Pfadbereich mit dem Direktauswahl-Werkzeug (Seite 663).
5. Bewegen oder **transformieren** Sie den markierten Pfadbereich wie erforderlich.
6. Entfernen Sie eventuell einzelne Ankerpunkte oder fügen Sie einzelne Ankerpunkte hinzu und korrigieren Sie bei Bedarf Grifflinien. Wenn diese Korrektur aufwändig ausfällt, sollten Sie die Auswahl mit einer anderen Toleranz neu in einen Pfad verwandeln.
7. Verwandeln Sie den korrigierten Pfad zurück in eine Auswahl, indem Sie ihn auf das gepunktete Symbol Pfad als Auswahl laden ziehen.

TIPP Sie sollten ein Objekt nicht unbedingt präzise am vorhandenen Rand ausschneiden. Schneiden Sie eher etwas zu knapp ab, lassen Sie also ein oder zwei Pixel des äußersten Objektrands weg – schieben Sie zum Beispiel den Pfad nach innen. So bleibt unerwünschter Hintergrund garantiert draußen.

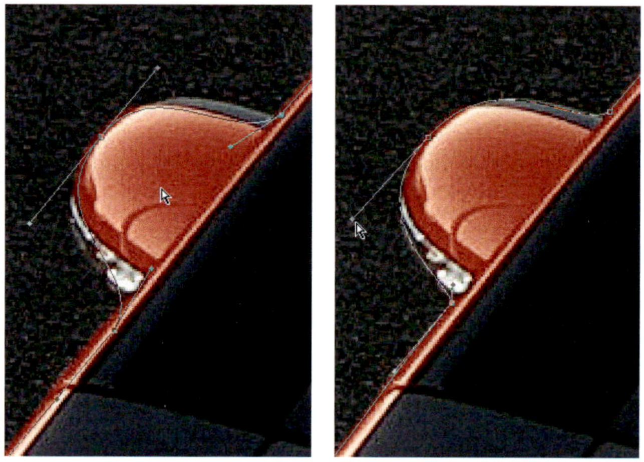

Abbildung 18.41 **Links:** Der Zoom zeigt, dass der Pfad ungenau sitzt. **Rechts:** Durch Verschieben der Ankerpunkte und Ziehen lässt sich das Chassis sauber einrahmen – die hier verwendete Technik der Bézier-Kurven wurde schließlich einst bei Renault zur Gestaltung von Karosserieformen verwendet. Der korrigierte Pfad wird per »Auswahl erstellen« in eine geglättete Auswahl verwandelt.

Unsaubere Ränder glätten per Pfad

Oft entstehen bei Auswahltechniken mittels Zauberstab oder Alphakanalretusche unsaubere, gezackte Ränder. Typische Beispiele:

» Der Übergang zwischen Hauptmotiv und Hintergrund ist abgeschattet und lässt sich weder mit Lasso noch mit Zauberstab präzise erfassen.

» Sie haben eine Auswahl im Alphakanal mit Tonwertbefehlen wie **Dunkle Bereiche vergrößern** oder **Helligkeit/Kontrast** verändert, dazu womöglich noch skaliert, rotiert, weichgezeichnet und den Kontrast wieder angehoben, zum Beispiel bei Text – eine elegante Randglättung gibt es dann nicht mehr.

In diesen Fällen verwandeln Sie die unschöne Auswahl bei niedriger bis mittlerer Toleranz von zum Beispiel

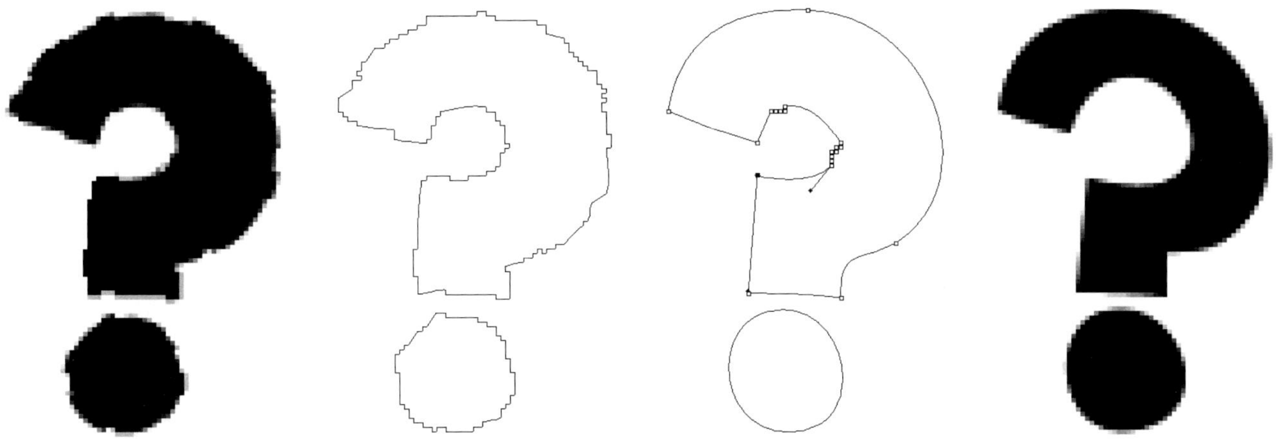

Abbildung 18.42 **1. Bild:** Die Kanten dieses Objekts wurden durch mehrfaches »Transformieren« entstellt, wie sich in der Vergrößerung deutlich zeigt. **2. Bild:** Das Objekt wurde als Auswahl geladen, die Auswahl wurde in einen Pfad verwandelt - doch bei nur 0,5 Pixel Toleranz gerät der Pfad zu unruhig. **3. Bild:** Bei 2,0 Pixel Toleranz lässt sich der Pfad besser korrigieren. **4. Bild:** Der Pfad wird gefüllt, dabei ist die Option »Glätten« aktiv; die Vergrößerung zeigt, dass ein sauber geglätteter Rand entstanden ist; ähnliche Ergebnisse ermöglicht der Befehl »Auswahl: Kante verbessern« auf Basis einer Auswahl. Datei: Pfad_h

»2« oder »3« in einen Pfad. Den konvertieren Sie zurück in eine Auswahl, wobei Sie das Glätten anwählen - Sie erhalten eine saubere Kante. Eine Auswahlverfeinerung per **Kante verbessern** (Seite 620) bringt oft ähnliche Ergebnisse, allerdings nicht so präzise steuerbar.

18.8.2 Pfad in Auswahl verwandeln

Einen vorhandenen Pfad können Sie in eine Auswahl verwandeln. Dazu gibt es verschiedene Wege:

» Wählen Sie **Auswahl erstellen** im Palettenmenü oder im Kontextmenü über einer Pfadminiatur; dabei sehen Sie jeweils das Dialogfeld Auswahl erstellen.

» Möchten Sie die letzten Einstellungen aus dem Dialogfeld übernehmen, klicken Sie auf das gepunktete Symbol Pfad als Auswahl laden. (Alt-Klick zeigt wie immer die Optionen an.)

» Klicken Sie bei gedrückter Strg-Taste auf die Pfadminiatur in der Palette.

» Ist der Pfad in der Pfadpalette aktiviert, also auch im Bildfenster sichtbar: Drücken Sie Strg + ↵-Taste.

Offene Pfade schließt Photoshop auf direktem Weg zwischen den beiden Pfadenden.

Weiche Kante

Im Dialogfeld Auswahl erstellen machen Sie unter Berechnung folgende Angaben:

» Sie definieren eine Weiche Kante; damit blendet der Rand weich aus und geht, wenn Sie den Bildteil ausschneiden und andernorts einsetzen, fließend in den neuen Hintergrund über. Übersichtlicher weichen Sie die Auswahl jedoch nachträglich mit dem Befehl **Kante verbessern** auf.

» Die Option Glätten erstellt einen hauchdünnen weichen Übergang unmittelbar am Auswahlrand - meist die ideale Einstellung für übliche Montagen (Details zu Glätten und Weicher Kante ab Seite 597).

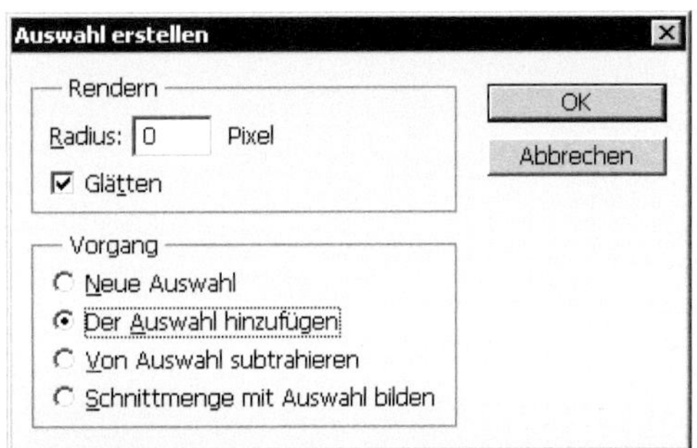

Abbildung 18.43 Sie können den Pfadumriss als Auswahl laden und dabei mit einer vorhandenen Auswahl verrechnen. Eine vergleichbare Funktion gibt es auch für Alphakanäle.

18.8.3 Befehle im Überblick: Pfade

Taste/Feld	Zusatztasten	Aktion	Ergebnis
P (für Pen Tool)			Letztes Zeichenstiftwerkzeug
A			
			Pfade erstellen, nicht Formebenen oder Pixelfüllung
			Formebenen erstellen, nicht Pfade oder Pixelfüllung
			Pixel füllen, nicht Pfade oder Formebenen
			Dem Formbereich hinzufügen (+)
			Vom Pfadbereich subtrahieren (-)
			Schnittmenge von Formbereichen
			Überlappende Formbereiche ausschliessen
+-Taste			Dem Formbereich hinzufügen (+)
--Taste			Vom Pfadbereich subtrahieren (-)
			Geraden Pfad zeichnen
	⇧		Geraden Pfad mit 45-Grad-Winkeln zeichnen
		ziehen	Kurvenpfad zeichnen
	Strg		
		auf markierten Ankerpunkt, Griffpunkt	Ankerpunkt, Griffpunkt bewegen
		ziehen	Pfadbereich markieren
	⇧		Zusätzliche Pfadsegmente/Ankerpunkte markieren
	Alt		Gesamte Pfadkomponente auswählen
			Gesamte Pfadkomponente auswählen
	Alt	ziehen	Duplikat des gewählten Bereichs bewegen
	Alt	ziehen	Duplikat des gewählten Bereichs bewegen
	Strg	über Ankerpunkt	
		auf Ankerpunkt	Kurven-Ankerpunkt in harten Eckpunkt umwandeln und umgekehrt
		auf Ankerpunkt ziehen	Harten Eckpunkt in Kurven-Ankerpunkt umwandeln
			Ankerpunkt hinzufügen
			Ankerpunkt entfernen
		Pfad auf Symbol ziehen	Pfad löschen
			Pfad neu erstellen
		Pfad auf Symbol ziehen	Pfad duplizieren
			Auswahl mit aktuellen Einstellungen in »Arbeitspfad« verwandeln
			Pfad mit aktuellen Einstellungen in Auswahl verwandeln
[Pfadminiatur]	Strg		Pfad mit aktuellen Einstellungen in Auswahl verwandeln
Richtungstasten			Markierte Punkte in 1-Pixel-Schritten verschieben
Richtungstasten	⇧		Markierte Punkte in 10-Pixel-Schritten verschieben
			Pfadpalettenmenü
			Pfadkontur mit aktueller Einstellung füllen
	Alt		Dialogfeld Pfadkontur füllen
			Pfadfläche mit aktuellen Einstellungen füllen
	Alt		Dialogfeld Pfadfläche füllen

Auswahlen verrechnen

Im Bereich Vorgang des Dialogfelds Auswahl erstellen geben Sie an, ob Sie die neue Auswahl von einer bereits bestehenden Markierung abziehen oder die Auswahl vielmehr erweitern.

» Gibt es gar keine Auswahlbereiche im Bild, erstellen Sie beim Umwandeln des Pfads eine Neue Auswahl.

» Haben Sie dagegen bereits einen Bildteil markiert, können Sie die per Pfad erstellte weitere Markierung zur Auswahl hinzufügen. Damit wird ein weiterer, separater Bildteil für die kommende Bearbeitung herangezogen.

» Setzen Sie die neue Auswahl dagegen in eine schon bestehende Auswahl hinein, können Sie den neu markierten Bereich von der Auswahl abziehen.

» Überkreuzt sich eine vorhandene Auswahl mit dem aktiven Pfad, dann lässt sich beim Umwandeln auch die Schnittmenge bilden.

18.9 Malen nach Pfaden

Photoshops Mal- und Retuschewerkzeuge können sich an den Pfaden entlangarbeiten, um die Pfadkontur nachzumalen. Dazu wählen Sie den Palettenbefehl **Pfadkontur füllen**. Sie können auch nur einen Teil des Wegs gehen. Soll die Fläche innerhalb des Pfads komplett mit Farbe zugeschüttet werden, nehmen Sie **Pfadfläche füllen.** Haben Sie eine Pfadkomponente innerhalb eines Pfads mit dem Direktauswahl-Werkzeug markiert, heißen die Befehle **Unterpfadfläche füllen** und **Unterpfadkontur füllen.** Dann wird auch nur der ausgewählte Teil bearbeitet. Bringen Sie die Farbe zunächst auf eine neue, leere Ebene auf. Zu diesen Befehlen nennen wir unten interessante Alternativen. Die Befehle **Pfadkontur füllen** und **Pfadfläche füllen** funktionieren nicht auf Textebenen und auf Formebenen.

TIPP Legen Sie die Farbfüllungen zunächst auf einer neuen, leeren Ebene an, so dass das Originalbild unverändert bleibt.

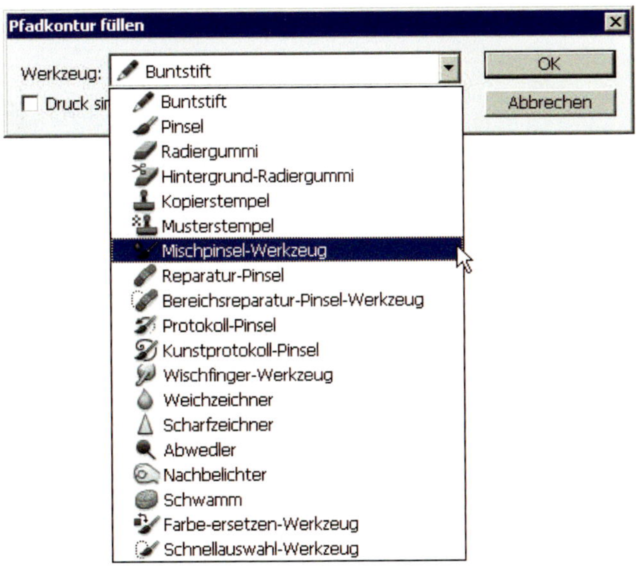

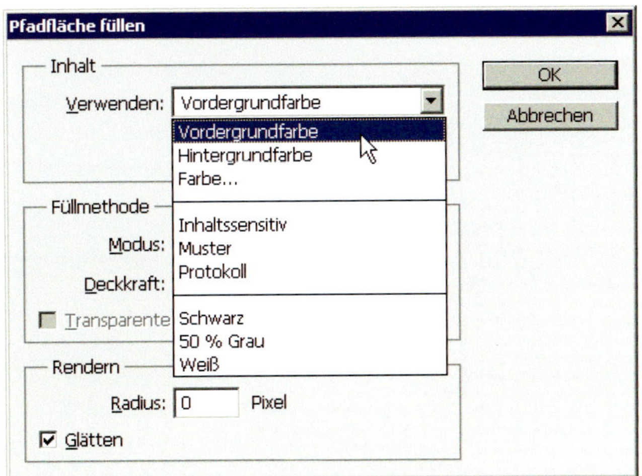

Abbildung 18.44 **Links:** Der Befehl »Pfadkontur füllen« aus der Pfadpalette lässt ein Mal- oder Retuschewerkzeug am Pfad entlangarbeiten. **Rechts:** Der Befehl »Pfadfläche füllen« füllt die Ebene innerhalb des Pfads mit Farbe, Muster oder einem Bildzustand aus der Protokollpalette.

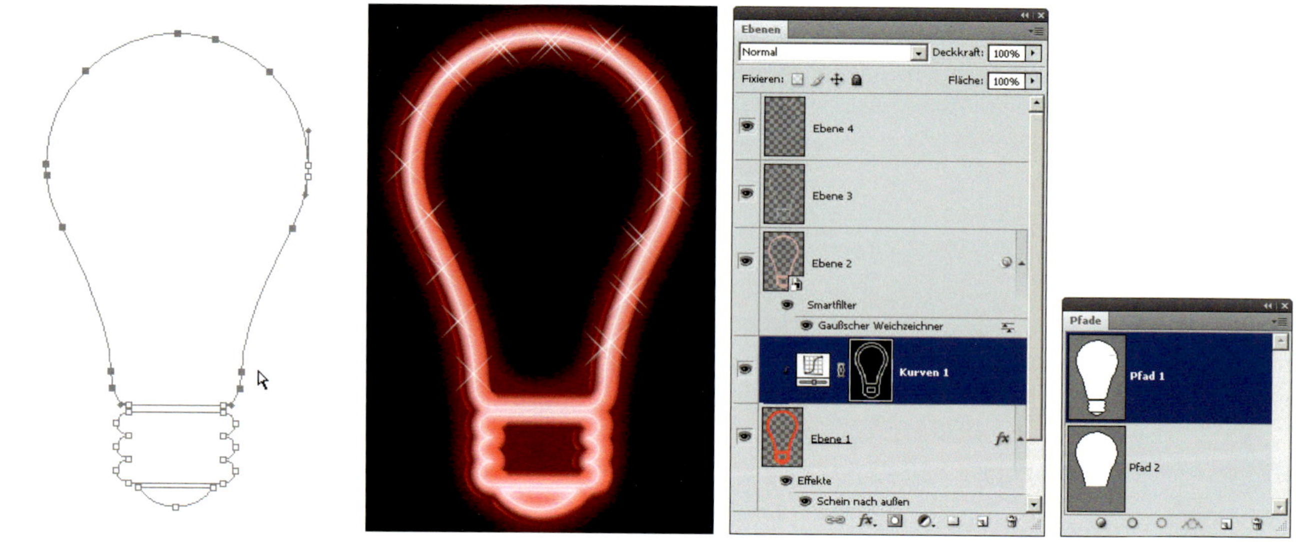

Abbildung 18.45 Der Pfad wurde auf mehreren Ebenen per »Pfadkontur füllen« nachgemalt. **Ebene 1:** Runde, harte Spitze, 45 Pixel Durchmesser, kräftiges Rot; Effekt »Schein nach außen« mit Rot. **Ebene 2:** Runde, weiche Spitze, 20 Pixel Durchmesser, Blassrot; als Smart-Objekt weiter weichgezeichnet, Füllmethode »Linear abwedeln (Hinzufügen)«. **Ebene 3:** Runde, weiche Spitze, 5 Pixel Durchmesser, Weiß, Deckkraft 50 Prozent. **Ebene 4:** Sternförmige Spitze, füllt Pfadkontur 2, mit »Streuung«. **Kurven 1:** Dunkelt Ränder nur von »Ebene 1« ab, abgeleitet aus Auswahl von »Ebene 1«, dann »Auswahl: Verändern: Rand«, dann abdunkelnde Einstellungsebene, Schnittmaske und leichter Versatz. Datei: Pfad_j

18.9.1 Pfadkontur füllen

Sie können den Pfad mit einem beliebigen Mal- oder Retuschewerkzeug nachmalen lassen, etwa Pinsel oder Musterstempel (Seite 487). Sie geben ein Werkzeug vor und Photoshop führt es mit den aktuellen Optionen dieses Geräts am Pfad entlang. Statt also bestimmte Zeichnungen oder Retuschen immer wieder mit neuen Pinselvorgaben und Modi anzugehen, legen Sie nur einmal einen Pfad an und schicken dann die Werkzeuge mit unterschiedlichsten Einstellungen auf die Reise – bis der Pfad in gewünschter Weise abgearbeitet ist.

Ist ein Pfad aktiviert? Dann startet das Geschehen mit einem Klick auf das Symbol PFADKONTUR FÜLLEN unten in der Pfadpalette. Der [Alt]-Klick blendet wie immer die Optionen ein. Alternative: Der Befehl **Pfadkontur füllen** im Palettenmenü.

TIPP Auch so füllen Sie die Pfadkontur: Aktivieren Sie den Pfad, schalten Sie den Pinsel ein und drücken Sie die Eingabetaste. Natürlich muss eine taugliche Ebene aktiviert sein, also keine Form- oder Textebene.

Vorteile

Der Befehl **Pfadkontur füllen** bietet mehrere Vorteile gegenüber dem **Bearbeiten**-Befehl **Kontur füllen** (Seite 467) wie auch gegenüber dem Ebeneneffekt KONTUR (Seite 802):

- Sie können Retuschewerkzeuge wie etwa den Abwedler (Aufheller) verwenden, mit denen Sie nicht Farbe auftragen, sondern vorhandene Tonwerte verändern.
- Verschiedenste Pinselvorgaben stehen zur Verfügung, etwa elliptische, sternförmige, weitere ungleichmäßige und halbdeckende Varianten (Seite 473).

- Sie können den Pinsel über die Strecke hin variieren, zum Beispiel lassen Sie »Spurtreue«, Abstand, Größe und Farbe der Malpunkte schwanken.

Nachteile und Alternativen

Bei den Funktionen **Bearbeiten: Kontur füllen** wie auch beim Ebeneneffekt Kontur kommt dagegen zum Füllen einer Kontur ein harter Einheitspinsel zum Einsatz, nur die Breite ist wählbar. Vorteile dennoch:

- Sie lassen die Farbe gezielt nur innen oder aussen laufen.
- Der Ebeneneffekt Kontur passt sich sofort geänderten Umrissen zum Beispiel in der Vektormaske an. Sie können jederzeit Farbe, Breite und Position des Rahmens verändern und sogar Verläufe oder Muster einsetzen (Seite 802).

Gelegentlich bietet sich auch die Alternative an, eine Auswahl um eine Objektkontur herum mit dem Befehl **Ändern: Rand** in einen Rahmen zu verwandeln (Seite 630). Ausgewählt und zur Bearbeitung freigegeben ist nun nur noch eine schmale Zone um das Objekt herum. Jetzt bearbeiten Sie nur noch diesen ehemaligen Randbereich.

Nur Pfadkomponenten füllen

Oft will man nur einen Teil einer Pfadfläche oder einer Pfadkontur füllen, zum Beispiel soll nur die obere Wölbung einer Glühbirne Spitzlicher erhalten. Zwar kann man eine einzelne Pfadkomponente anwählen, doch die Figuren des Eigene-Form-Werkzeugs bestehen technisch nur aus einem einzigen Pfad. Es reicht nicht, ein paar Ankerpunkte mit dem Direktauswahl-Werkzeug zu aktivieren: Photoshop bearbeitet immer noch den kompletten Pfad.

So isolieren Sie nachträglich einen Teil eines geschlossenen Pfads:

1. Rahmen Sie den benötigten Pfadbereich mit dem Direktauswahl-Werkzeug ein.
2. Drücken Sie Strg+C zum Kopieren.
3. Klicken Sie unten in der Pfadpalette in den grauen Bereich unter der letzten Miniatur, so dass alle Pfade abgeschaltet sind.
4. Drücken Sie Strg+V zum Einfügen.

Der gewünschte Pfadbereich erscheint als neuer Pfad, Sie können ihn einzeln nachmalen.

Druck simulieren

Mit der Option Druck simulieren im Dialogfeld Pfadkontur füllen bauen Sie reizvolle Schwankungen in den Farbauftrag ein. Photoshop variiert über die Pfadstrecke hin diejenigen Stricheigenschaften, die Sie in den Steuerung-Klappmenüs der Pinselpalette auf Zeichenstift-Druck gestellt haben – auch wenn Sie gar kein Grafiktablett verwenden (Seite 479). Ein Beispiel: Sie stellen für Grössen-Jitter und für Vordergrund-/Hintergrund-Jitter die Steuerung auf Zeichenstift-Druck. Nun wird der Strich über die Pfadstrecke hin schlank und geht von der Vorder- zur Hintergrundfarbe über. Wie stark der Strich tatsächlich schrumpft, regeln Sie per Mindestdurchmesser.

Unabhängig von der Option Druck simulieren übernimmt Photoshop alle weiteren Vorgaben aus der Pinselpalette (F5), zum Beispiel auch Änderungen der Stricheigenschaften per Jitter oder Verblassen.

TIPP Experimentieren Sie mit dem Malabstand in der Pinselpalette, um deutliche Übergänge und Änderungen zu erhalten; starten Sie mit niedrigen Werten wie fünf Prozent.

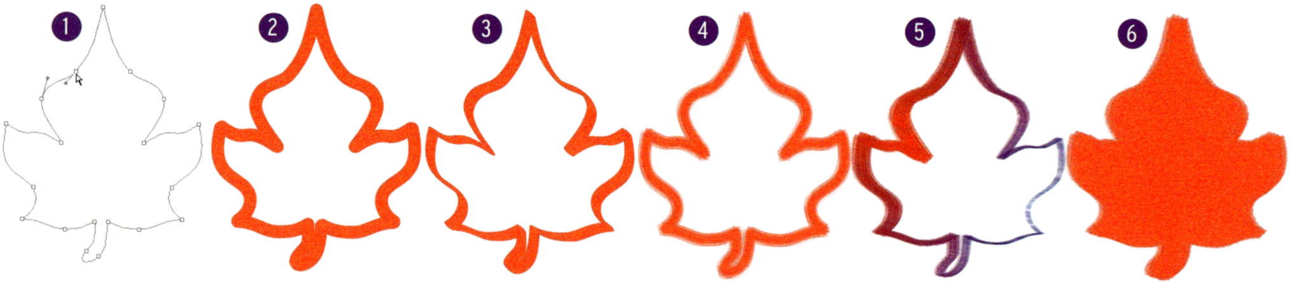

Abbildung 18.46 **1:** Pfad. **2:** Runde Spitze. **3:** Elliptische Spitze. **4:** Unregelmäßige »aufgenommene« Spitze. **5:** Mit »Druck simulieren«; stellen Sie in der Pinselpalette u.a. die Stricheigenschaften »Größen-Jitter« und »Vordergrund-/Hintergrundfarbe« auf »Steuerung« per »Zeichenstift-Druck«. **6:** Kontur und Fläche gefüllt. Datei: Pfad_k

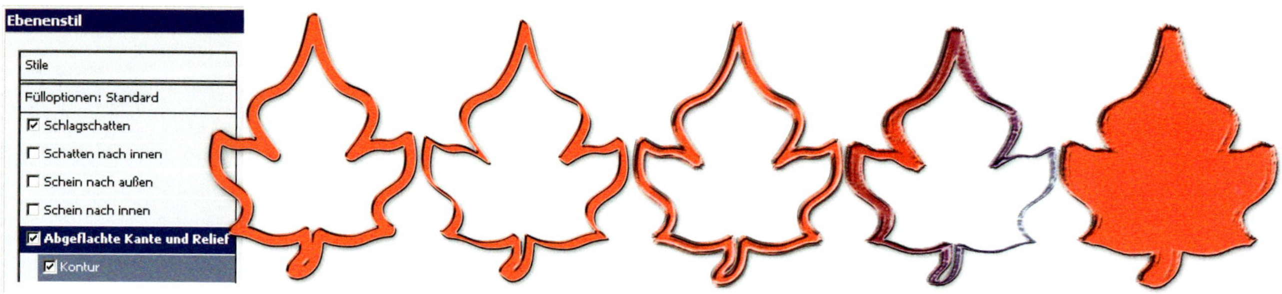

Abbildung 18.47 Die Ergebnisse wurden mit Ebeneneffekten bearbeitet.

18.9.2 Pfadfläche füllen

Ähnlich läuft es, wenn Sie die ganze **Pfadfläche füllen.** Im Dialogfeld Pfadfläche füllen machen Sie eine Reihe von Angaben, die Sie zum Teil beim Befehl **Bearbeiten: Fläche füllen** (Seite 467) wiederfinden, der zum Füllen von Auswahlbereichen dient:

» Zum Füllen stehen Vorder- und Hintergrundfarbe, Schwarz, Weiß und Grau, Muster (vergleiche Seite 462) und das aktuell vorgemerkte Stadium in der Protokollpalette bereit.

» Als Füllmethode geben Sie eine Deckkraft und einen Modus vor (vergleiche Seite 773).

» Wählen Sie Transparente Bereiche schützen, wenn Sie innerhalb einer Ebene nur das eigentliche Objekt, nicht aber die transparente Fläche drum herum füllen wollen (Seite 735).

» Schließlich können Sie den Rand durch Radius oder Glätten absoften (Seite 597).

Arbeit mit der Schaltfläche

Das Symbol Pfadfläche füllen unten in der Werkzeugleiste erspart Ihnen den Weg ins Palettenmenü:

» Mit einem Klick auf das Symbol füllen Sie den Pfad. Photoshop orientiert sich an den zuletzt verwendeten Fülloptionen.

» Ziehen Sie einen Pfad auf das Symbol, um die Fläche automatisch füllen zu lassen.

» Klicken Sie das Symbol mit der Alt-Taste an, erhalten Sie das Dialogfeld Pfadfläche füllen und verändern die Optionen.

Alternativen

Zum Befehl **Pfadfläche füllen** bietet Photoshop eine Reihe von Alternativen:

» Wenn Sie nicht eine Pfad-, sondern eine Auswahlfläche füllen möchten, verwenden Sie den Befehl **Bearbeiten: Auswahl füllen** (⇧+←, Seite 467).

» Das Füllwerkzeug füllt eine farblich abgegrenzte Fläche, ohne dass Sie vorab eine Auswahl erstellen müssten (Seite 465).

» Besonders attraktiv ist der Ebeneneffekt FARBÜBERLAGERUNG (Seite 804): Diese Farbe lässt sich jederzeit ändern, auch Deckkraft oder Überblendmodus bleiben variabel und Sie können auch Füllungen wie MUSTERÜBERLAGERUNG (Seite 804) oder VERLAUFSÜBERLAGERUNG (Seite 804) verwenden. Voraussetzung: Der gewählte Bereich befindet sich auf einer eigenen Ebene. Dazu wählen Sie den Bildteil aus und kopieren ihn mit Strg+J auf eine eigene Ebene. »Verbinden« Sie eventuell diese neue Ebene mit der darunterliegenden, so dass Sie beide gemeinsam bewegen können.

» Wenn die Ebene außer der einfarbig gefüllten Fläche keinerlei Bildpunkte enthält, können Sie gleich eine Formebene auf Basis eines Pfads anlegen (Seite 654). Er lässt sich jederzeit umformen und umfärben.

Teil 6
Ebenen

Tauchen Sie ein in Photoshops faszinierende Ebenentechnik. Entdecken Sie, wie Sie Bildteile montieren, verschieben und raffiniert überblenden. Die Ebenentechnik ist auch der Schlüssel für verlustfreie Korrekturen – erfahren Sie alles über Einstellungsebenen, Schnittmasken und Smart-Objekte.

Kapitel 19

Ebenen organisieren

Selbst wenn Sie mit Fotomontage nichts zu tun haben und Ihre Bilder in erster Linie nur auskorrigieren – die Ebenentechnik brauchen Sie auch zum Bildverfeinern:

- Verlustfreie Kontrast-, Schärfe- und Fleckenkorrektur funktioniert fast nur mit Ebenen.
- In kontrastreichen Szenen korrigiert man dunkle Bildbereiche eventuell anders als helle Bildbereiche – am besten auf getrennten Ebenen oder mit Ebenenmasken, die einzelne Bildzone von der Veränderung aussparen.

Grund genug also, in diesem Buchteil die Ebenentechnik zu inspizieren. Dieses Kapitel schildert zunächst, wie Sie ausgewählte Ebenen in andere Motive einsetzen und so organisieren, dass Sie auch komplexe Montagen immer im Griff behalten.

19.1 Ebenentechnik im Überblick

Mit Photoshops Ebenentechnik können Sie

- Bildteile zerstörungsfrei montieren und immer wieder neu arrangieren,
- Bildteile teilweise verbergen und jederzeit wieder komplett nach vorn holen,
- Bildbereiche kontrastkorrigiert oder mit **Filter**-Effekt anzeigen, ohne sie tatsächlich zu verändern,
- Ebenen mit korrigierbarem Schatten, Lichthof oder 3D-Effekt ausstatten,
- verschiedene Anordnungen Ihrer Montage innerhalb einer Datei speichern und bequem wieder abrufen,
- Objekte verkleinern und verzerren und jederzeit wieder in Originalqualität anzeigen,
- Camera-Raw-, Vektordateien oder Photoshop-Montagen in Originalqualität als Datei in der Datei speichern und zwischenzeitlich zum Beispiel wieder mit dem Camera-Raw-Modul oder mit einem Vektorgrafikprogramm bearbeiten,
- Schriftzüge anlegen und jederzeit ändern.

Wie immer gilt: Klicken Sie unsere Beispiele mit den Dateien aus dem »Praxis«-Verzeichnis der Buch-DVD nach.

19.1.1 Dateiformate für Ebenenbilder

JPEG- oder DNG-Dateien können Sie nicht mit mehreren Ebenen speichern. Wollen Sie über der normalen Hintergrund-Ebene weitere Montageebenen türmen, sichern Sie meist in den Dateiformaten Photoshop-PSD oder TIFF, auch PDF ist möglich.

Meist nimmt man PSD oder TIFF. Unsere Tabellen auf diesen Seiten nennen Vor- und Nachteile wie auch unterschiedliche Dateigrößen je nach Vorgabe und Dateiformat. Dabei geht es nur ums Speichern von Ebenen; weitere Eigenschaften dieser und anderer Dateitypen und zusätzliche Testergebnisse liefern wir ab Seite 1075.

Abbildung 19.1 Ebenentechnik für die Kontrastkorrektur: Der Vordergrund ist unterbelichtet, der Hintergrund zu hell. Eine »Gradationskurven«-Einstellungsebene hellt die Personen auf, eine zweite dunkelt den Himmel ab. Ebenenmasken begrenzen die Helligkeitskorrektur jeweils auf einzelne Bildzonen. Datei: Ebene_01

Abbildung 19.2 Hier haben wir zusätzlich den Hintergrund weichgezeichnet. Auch dies geschieht verlustfrei mit einem Smartfilter »Gaußscher Weichzeichner«, eine Maske spart die Kinder und etwas Vordergrund von der Weichzeichnung aus. Die Ebenenpalette zeigt, dass im Hintergrund das unveränderte Originalbild parat steht. Sie können alle Kontrast- und Schärfeänderungen verfeinern und die Zone der Veränderung bearbeiten.

Photoshop-PSD für Ebenen

Photoshop-PSD-Dateien mit Montageebenen lassen sich mit einigen anderen Bild- und Layoutprogrammen verwenden. Allerdings werden selten alle technisch möglichen Eigenschaften einer Photoshop-Montage unterstützt. Speziell Ebeneneffekte, Textebenen, Vektormasken, Schnittmasken, Einstellungsebenen, Ebenenkompositionen und neu eingeführte Füllmethoden werden ignoriert; andere Elemente der Datei zeigen die Programme aber gleichwohl oft an.

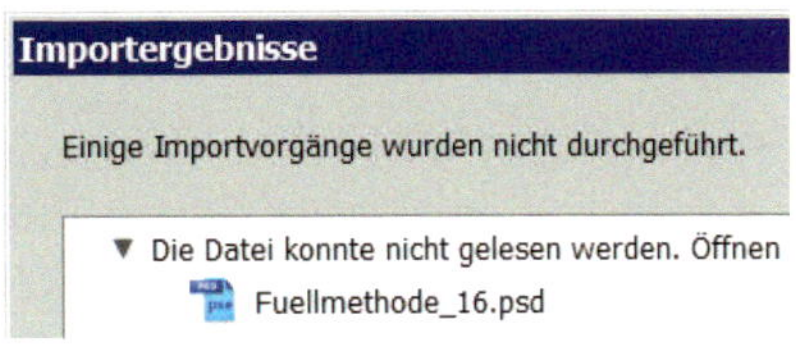

Abbildung 19.3 Lightroom 3 vom Photoshop-Hersteller Adobe zeigt Photoshop-PSD-Montagen nur an, wenn sie mit »Kompatibilität« gesichert wurden.

Abbildung 19.4 Wegweisende Ebenentechnik mit Formebenen: Der Pfeil entstand mit dem Eigene-Form-Werkzeug, der Kreis mit dem Ellipse-Werkzeug. Farbe und Strichstärke können Sie jederzeit verlustfrei ändern. Datei: Ebene_33

Abbildung 19.5 Auch so heben Sie Bilddetails hervor: Wählen Sie die wichtigen Bereiche mit Auswahlrechteck oder Auswahlellipse aus, kehren Sie die Auswahl um und hellen Sie die Umgebung stark auf, hier mit einer Einstellungsebene »Tonwertkorrektur«. Die Umrisse sind per Vektormaske definiert. So lassen sie sich bequemer und mit weniger Qualitätsverlust verschieben und umformen als bei einer üblichen Ebenenmaske. Datei: Ebene_34

Falls eine PSD-Datei in einem anderen Programm nicht korrekt erscheint, verwenden Sie in Photoshop die speicherfressende Kompatibilität (Seite 1076). Für Dateien über zwei Gigabyte Größe nehmen Sie die PSD-Weiterentwicklung PSB.

TIFF für Ebenen

Bei TIFF- und PDF-Dateien schalten Sie im **Speichern-unter**-Dialog explizit die Ebenen mit ein. Die meisten anderen Programme zeigen bei TIFFs mit Ebenen zwar das korrekte Gesamtbild an – so auch Lightroom 3 –, geben aber keinen Zugriff auf die Einzelebenen; und sie verschmelzen alle Ebenen dauerhaft, sobald Sie neu spei-

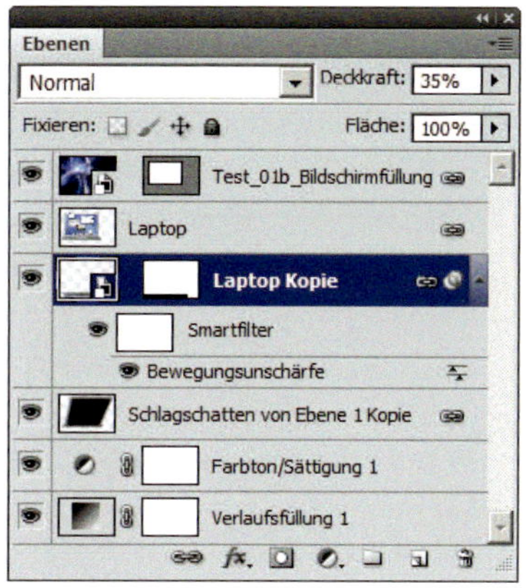

Abbildung 19.6 Als Hintergrund bei unserer Testdatei dient eine Verlaufsfüllung, die mit einer »Farbton/Sättigung«-Einstellungsebene noch korrigiert wird. Der nach unten gespiegelte Laptop wurde in ein Smart-Objekt verwandelt und dann verlustfrei transformiert und weichgezeichnet. Als Bildschirminhalt »platzieren« wir eine weitere PSD-Datei, die aus isoliert korrigierbaren Ebenen besteht und je nach Dateiformat mindestens neun Megabyte belegt. Datei: Test

chern. Soll das Bild nur angezeigt, aber nicht bearbeitet werden – auch in anderen Bilddatenbanken –, lässt sich TIFF vielseitiger nutzen als PSD.

Der TIFF-Dialog bietet oben den Bereich Bildkomprimierung. Dort geht es wohlgemerkt nicht um die einzelnen Ebenen, sondern nur um die zusätzlich mitgespeicherte Gesamtansicht der Montage. Die sehen Sie in Photoshop gar nicht, aber eventuell in anderen Programmen, die sonst kein TIFF mit Ebenen anzeigen könnten. Verwenden Sie im Bereich Bildkomprimierung die LZW-Komprimierung, sparen Sie gegenüber dem Photoshop-Dateiformat eventuell 10 oder 20 Prozent Speicherplatz auf der Festplatte, mit ZIP noch etwas mehr. Wenn Sie mit Plattenplatz knappsen müssen und das Bild Photoshop nicht verlässt, geben Sie ruhig JPEG mit Stufe 0 an – die Originalebenen selbst sind davon nicht betroffen, nur die Vorschau für nicht kompatible Programme. Prüfen Sie jedoch, ob Ihr Layout-Programm die ZIP- und JPEG-Varianten einer TIFF-Datei noch verarbeitet.

Im Bereich Ebenenkomprimierung nehmen Sie ZIP für eine bessere Datenverdichtung. Hier geht es um die Einzelebenen selbst, nicht um die mitgespeicherte Gesamtansicht. Datenverlust entsteht nicht.

PDF für Ebenen

Die PDF-Dateigrößen erinnern an TIFF und PSD; welche Acrobat-Kompatibilität Sie wählen, spielt für die Dateigröße keine Rolle. Im PDF-Dialog verwenden Sie Photoshop-Bearbeitungsfunktionen erhalten. Auch ohne diese Option – aber mit vorher angewählten Ebenen – erscheinen Text und Vektorgrafik im Adobe Reader als Text und Vektorgrafik in hoher Qualität, und das auch bei hohen Zoomstufen.

Dateiformate für Ebenenbilder

Dateiformat	Vorteile	Nachteile
Photoshop-PSD	Schnelles Öffnen und Schreiben; Austausch von Ebenen mit anderen Programmen	Braucht mit »Kompatibilität« viel Speicherplatz; erscheint in Bildverwaltungen nicht immer korrekt
TIFF	Spart je nach Vorgabe etwas Speicherplatz; Gesamtbild erscheint korrekt in vielen Bildprogrammen und Bilddatenbanken	Bei Komprimierung längeres Öffnen und Speichern; meist kein Zugriff auf Einzelebenen in anderen Programmen
PDF	Spart je nach Vorgabe Speicherplatz; Text und Vektorgrafik erscheinen im Programm Reader wahlweise im Text- bzw. Vektormodus, also hohe Qualität auch bei vergrößernden Zoomstufen	Bei Komprimierung längeres Öffnen und Speichern; kann in anderen Programmen kaum bearbeitet werden

Speichern »als Kopie«

Sie arbeiten an einer Ebenen-Montage und wählen mit dem Befehl **Datei: Speichern unter** ein anderes Format vor, etwa JPEG. Damit verschmelzen zwangsläufig sämtliche Montageebenen zu einer starren HINTERGRUND-Ebene, die Komposition lässt sich nicht mehr umarrangieren.

Allerdings: Verschmolzen wird nur die JPEG-Datei auf der Festplatte. Sie arbeiten auf der Programmoberfläche weiterhin an der unveränderten Ebenenmontage unter dem ursprünglichen Namen; Sie können also die Datei immer noch samt Ebenen in einem passenden Format verewigen. Das Dialogfeld **Speichern unter** zwingt Sie beim Speichern in einem nicht ebenentauglichen Format dazu, die flachgelegte Montage ALS KOPIE zu speichern.

Dateigrößen im Vergleich

Welches Dateiformat frisst wie viel Speicherplatz? Die Empfehlungen sind klar:

» Sie wollen verlustfrei Speicherplatz sparen und relativ kompatibel sein. Dann nehmen Sie TIFF mit LZW-BILDKOMPRIMIERUNG und Zip-EBENENKOMPRIMIERUNG; das dauert auf dem Testrechner 3,7 Sekunden.

» Sie wollen flott speichern und nicht über Optionen nachdenken. Sie greifen zum PSD-Dateiformat, zeit- und platzsparend ohne KOMPATIBILITÄT; das hält den Test-PC nur 1,4 Sekunden lang beschäftigt.

In diesem Vergleich betrachten wir nur Dateiformate mit Ebenen und wir nehmen nur die interessantesten möglichen Kombinationen von Eigenschaften (nichts, was drei Zehntelsekunden spart, aber 20 Prozent mehr Festplatte verbraucht). Unsere Datei »Test« ist im 8-Bit-RGB-Modus gespeichert, sie hat 1772x1184 Pixel, also rund zwei Megapixel, sie lässt sich damit bei 300 dpi 15x10 Zentimeter groß drucken. Die Datei besteht aus zahlreichen Ebenen - darunter ein Smart-Objekt, das eine weitere Datei voller Einzelebenen enthält und als TIFF mit Ebenen knapp 10 Mbyte belegt.

Bei allen Formaten entsteht kein Qualitätsverlust in den Einzelebenen. Nur TIFF mit JPEG-Option zeigt Qualitätsverlust in der zusätzlich mitgespeicherten Gesamtansicht; das ist jedoch meist nicht tragisch, da diese Version nicht zum Druck oder zur Umwandlung in ein JPEG-Format verwendet wird.

Welches Dateiformat bringt welche Dateigröße?

Dateiformat	Dateigröße auf Festplatte (Mbyte)
TIFF; Bk. ohne, Ek. ZIP [1)]	24,36
TIFF; Bk. LZW, Ek. ZIP [1)]	18,99
TIFF; Bk. ZIP, Ek. ZIP [1)]	18,94
TIFF; Bk. J-9, Ek. ZIP [1)]	17,96
TIFF; Bk. J-5, Ek. ZIP [1)]	17,88
TIFF; Bk. J-0, Ek. ZIP [1)]	17,46
PSD; mit »Kompatibilität«	25,41
PSD; ohne »Kompatibilität«	22,48
PDF; mit Zip-Komprimierung, Acrobat 4	24,23
PDF; mit JPEG »Hoch«	22,48
PDF; mit JPEG »Niedrig«	20,78

1) Bk. = Bildkomprimierung, Ek. = Ebenenkomprimierung, J = JPEG-Qualitätsstufe

»Platzierte« Ebenendatei

Sie können eine Ebenendatei **platzieren** - also innerhalb einer weiteren Datei als Smart-Objekt speichern und alle Ebenen erhalten. Wer Speicherplatz sparen muss, sollte auch die zu platzierende Datei platzsparend sichern. Denn Photoshop speichert die platzierten Bits und Bytes 1:1 weg: **Platzieren** Sie ein speicherfressendes PSD mit Kompatibilität, wird die Gesamtmontage weit größer als beim **Platzieren** einer schlankeren, aber pixelidentischen TIFF-Datei.

Wir testen das **Platzieren** mit der Grafik, die in unserer Montage als Bildschirmfüllung dient: Diese »Montage in der Montage« braucht als TIFF-Datei einzeln 9,8 Mbyte, als PSD ohne Kompatibilität dagegen 24 Mbyte. Sie wird in die bekannte Laptop-Montage eingefügt. Wie immer finden Sie alle Dateien auch auf der DVD zum Buch. Die Gesamtmontage speichern wir in den zwei interessantesten Dateiformaten: als platzsparende TIFF- und als schnelle PSD-Datei.

Testdatei	PSD ohne Kompatibilität (MB)	TIFF Bk. LZW, Ek. ZIP (MB)
ohne platzierte Datei	9,44	8,33
mit platzierter PSD-Datei (24 Mbyte)	36,9	34,21
mit platzierter TIFF-Datei (9,8 Mbyte)	22,48	18,99

Speicherplatz sparen

Die Tabelle zeigt, welche Sparmaßnahmen bei zu großen Ebenenmontagen etwas bringen: Rastern Sie Smart-Objekte und verschmelzen Sie Ebenen. Entfernen Sie Ebenenmasken und Alphakanäle, die differenzierte Information enthalten. Dagegen schont das Löschen von reinweißen Ebenenmasken die Festplatte nicht.

Maßnahme	PSD-Datei ohne Kompatibilität (MB)	TIFF-Datei Bk. LZW, Ek. ZIP (MB) 1)
Dateigröße vor der Bearbeitung	22,48	18,99
Ebene Laptop Kopie rastern (war vorher Smart-Objekt)	18,11	14,62
Ebene Laptop Kopie rastern und überstehende Teile wegschneiden (Ebene ragt über Bildgrenzen hinaus nach unten)	16,94	14,18
Ebene Test_Bildschirmfüllung rastern (bestand aus mehreren Ebenen)	12,88	9,65
Ebene Test_Bildschirmfüllung rastern, Ebenenmaske löschen und anwenden (Bildbereiche außerhalb vom Monitorrahmen werden entfernt)	10,98	8,77
Ebenen Laptop und Test_Bildschirmfüllung dauerhaft verschmelzen (dabei wird Test_Bildschirmfüllung gerastert und überstehender Bildbereich gelöscht)	9,18	7,63
Die drei reinweißen Ebenenmasken löschen	22,47	18,99
Ebenen Farbton/Sättigung 1 und Verlaufsfüllung rastern und verschmelzen	22,62	19,01
Befehl Ebene: Auf Hintergrundebene verschmelzen	3,00	1,28

1) Bk. = Bildkomprimierung, Ek. = Ebenenkomprimierung

Wir testen die Speicherplatzersparnis bei unserer »Test«-Datei – in den bekannten TIFF- und PSD-Varianten. Wir ermitteln die neue Mbyte-Dateigröße für eine Einzelmaßnahme, dann setzen wir die Datei auf den ursprünglichen Zustand zurück und probieren etwas anderes.

19.1.2 Pixelmaße und Dateigröße

Erkennen Sie schon vorab die tatsächlichen Größenverhältnisse zwischen Bildteilen, die Sie zusammensetzen wollen, und halten Sie die Dateigröße in Schach.

Bei Montagen richtet sich Photoshop allein nach der Pixelzahl und nicht nach eingespeicherten Zentimetergrößen – dpi-Zahlen spielen hier keine Rolle. Um zu beurteilen, in welchen Größenverhältnissen sich zwei Bilder kombinieren lassen, stellen Sie Werke in derselben Zoomstufe nebeneinander, zum Beispiel per **Fenster: Anordnen: Gleiche Zoomstufe**. Sie können einzelne Elemente vor oder nach der Montage immer noch verändern.

Übernahme der Werte aus der Zieldatei

Nach der Montage gelten in der Zieldatei die Werte dieser Datei, zum Beispiel die Druckauflösung. Auch der Farbmodus der Zieldatei bleibt erhalten: Fügen Sie ein RGB-Objekt in ein Graustufenbild ein, wird es dort nur in Graustufen erscheinen. Um es farbig montieren zu können, bringen Sie das Graustufenbild zunächst in einen Echtfarbmodus (zum Beispiel **Bild: Modus: RGB-Farbe**).

Abbildung 19.7 Diese Anzeige der »Dateigröße« links unten im Dateirahmen gilt für die Datei »Test.tif« aus dem »Praxis«-Verzeichnis der Buch-DVD. Die Datei beansprucht mit allen Einzelebenen und Ebenenmasken 21,9 Mbyte Arbeitsspeicher. Der innerhalb der gespeicherten Bildränder sichtbare Bereich, auf eine Ebene reduziert, beansprucht dagegen nur sechs Mbyte Arbeitsspeicher (Seite 68).

Abbildung 19.8 **Links:** Wir verwandeln die Hintergrundebene zuerst in ein Smart-Objekt und wählen die Umgebung mit der Schnellauswahl aus. **Mitte:** Wir verfeinern die Auswahl per »Kante verbessern«. Sie müssen noch nicht perfekt arbeiten, letzte Anpassungen gelingen verlustfrei auch im Zielbild. Wichtig aber: Stellen Sie das »Ausgabe«-Klappmenü auf »Ebenenmaske«. **Rechts:** Das Smart-Objekt samt Ebenenmaske ziehen Sie vor den geplanten neuen Hintergrund – entweder mit Verschiebenwerkzeug direkt aus der Bilddatei heraus oder aus der Palette heraus. Dateien: Ebene 02 etc.

19.2 Bildteile einsetzen

In diesem Abschnitt besprechen wir, wie Sie

- Bildteile und Ebenen in ein anderes Bild bringen,
- Bildteile und Ebenen innerhalb eines Bilds verdoppeln.

19.2.1 Auswahlbereiche und Ebenen in ein anderes Bild einsetzen

So bringen Sie meist Bildbereiche oder Ebenen von einer Datei in die andere:

- Sie wählen den Bildbereich aus, nehmen **Bearbeiten: Kopieren** (Strg+C), dann aktivieren Sie die Zieldatei und wählen **Bearbeiten: Einfügen** (Strg+V).
- Sie wählen den Bildbereich aus, wechseln mit der Strg-Taste vorübergehend zum Verschiebenwerkzeug und ziehen den Bereich ins neue Bild.
- Sie ziehen eine Ebene aus der Ebenenpalette heraus ins neue Bild.
- Sie ziehen eine Ebene mit dem Verschiebenwerkzeug aus der Bilddatei heraus ins neue Bild.
- Sie nehmen den Ebenenpalettenbefehl **Ebene duplizieren**. (Dieser Weg wirkt umständlich, wenn man die Ebene doch auch bequem ziehen kann. Ein Vorteil allerdings: Die duplizierte Ebene landet im Zielbild an einer vergleichbaren Position.)
- Sie ziehen eine Bilddatei aus Bridge, Mini Bridge, aus Explorer, Finder oder einer anderen Dateiverwaltung in ein in Photoshop geöffnetes Bild. Dabei wird »platziert«, Sie erhalten je nach **Voreinstellung** ein Smart-Objekt.

TIPP Sie wollen einen Schriftzug, ein Logo oder »Wasserzeichen« in Ihre Bilder setzen und so zum Beispiel auf das Urheberrecht hinweisen? Ab Seite 933 finden Sie Tipps, wie Sie »Wasserzeichen« gestalten und fast vollautomatisch auch in große Bildserien einbauen.

Abbildung 19.9 **Links:** Die neue Ebene erscheint vor dem Hintergrund noch zu groß. **Mitte:** Wir drücken Strg+T und ändern die Größe. **Rechts:** Sie können die Maske immer noch vielseitig verfeinern; dazu aktivieren Sie die Ebenenmaske in der Palette und wählen »Auswahl: Maske verbessern« (mit denselben Funktionen wie »Kante verbessern«. Häufig beginnt man mit dem Freistellen erst, nachdem das Vordergrundmotiv vor die neue Datei gezogen wurde (Seite 697), aber nicht hier: Weil das Hauptmotiv wegen größerer Pixelfläche zunächst über die Zieldatei hinausragt, wird das vollständige Freistellen umständlicher. In dieser Situation erzeugen Sie Smart-Objekt und Ebenenmaske schon in der Ursprungsdatei. Wenn Sie das Hauptmotiv mehrfach skalieren, ändert sich die Qualität der Bildebene nicht, die Kantenschärfe der Maske kann jedoch leiden; wollen Sie das vermeiden, packen Sie vorab Bildebene samt Maske in ein Smart-Objekt.

Einsetzen per »Kopieren« und »Einfügen«

Ein typischer Weg zur Montage:

1. Mit den **Bearbeiten**-Befehlen **Kopieren** (Strg+C für Copy) oder **Ausschneiden** (Strg+X) bringen Sie den markierten Bildteil in die Zwischenablage.
2. Sie aktivieren das Zielbild durch einen Klick auf die Titelleiste.
3. Jetzt können Sie das Objekt **einfügen** (Strg+V).

Photoshop legt den Neuzugang sofort als eigene, nummerierte Ebene an. Haben Sie im Zielbild eine Auswahl, erscheint das neu eingesetzte Element mittig über der Auswahl; sonst platziert Photoshop es zentral im sichtbaren Bereich des Dateifensters.

Nachteile beim **Kopieren**:

- **Kopieren** belastet die Zwischenablage und damit den Arbeitsspeicher, Photoshop kann langsamer werden. Der Befehl **Bearbeiten: Entleeren: Zwischenablage** gibt anschließend Arbeitsspeicher wieder frei.
- Wenn Sie eine Ebene mit Ebeneneffekt, also mit Schatten, Lichthof oder 3D-Kante kopieren und andernorts einfügen, erscheint im Zielbild nur die flache Ebene ohne Ebeneneffekt.

Abhilfe: Ziehen Sie das Objekt mit dem Verschiebenwerkzeug ans Ziel; der Arbeitsspeicher wird nicht belastet und die Effekte bleiben voll erhalten.

TIPP Der Rand einer eingefügten Ebene ist oft noch nicht perfekt und zeigt unschöne Nähte. Wie Sie Randbereiche verfeinern, besprechen wir ab Seite 620.

Auf eine Ebene reduziert kopieren

Beim üblichen Kopieren überträgt Photoshop nur die aktive Ebene in die Zwischenablage. Pixel, die sichtbar sind, aber nicht auf der aktiven Ebene liegen, werden nicht mit kopiert.

Möchten Sie das gesamte sichtbare Bild von allen beteiligten Ebenen innerhalb der Auswahl kopieren, nehmen Sie Bearbeiten: **Auf eine Ebene reduziert kopieren** (Strg+⇧+C). Dabei kopieren Sie quasi eine Bildschirmkopie, aber in voller Auflösung. Im Zielbild kommt nur eine Ebene an – die Gesamtansicht des markierten Bildbereichs aus der Vorlage; Effekte sind als Pixel dauerhaft eingerechnet.

ACHTUNG Kopierte Teile von Textebenen lassen sich nur in andere Textebenen einsetzen. Formebenen lassen sich gar nicht per Auswählen und Zwischenablage übertragen. Um die Text- oder Formeigenschaften voll zu erhalten, ziehen Sie das Gesamtobjekt mit dem Verschiebenwerkzeug in die Zieldatei.

Einsetzen per Ziehen und Ablegen

Meist verzichtet man auf das **Kopieren** und zieht das Objekt ans Ziel:

» Sie aktivieren das Verschiebenwerkzeug (Kurztaste V oder vorübergehend die Strg-Taste) und ziehen den Auswahlbereich oder die aktivierte Ebene aus dem Ursprungsbild in die neue Datei.

» Ziehen Sie eine Ebenenminiatur aus der Ebenenpalette über ein neues Bild, egal welches Werkzeug aktiviert ist.

Dieser Weg belastet die Zwischenablage nicht und die ursprüngliche Datei bleibt völlig unverändert. Ziehen Sie das Objekt direkt an die gewünschte Stelle im neuen Bild. Drücken Sie vor dem Loslassen die ⇧-Taste, damit es genau mittig platziert wird. Weitere Möglichkeiten:

» Ziehen Sie einen Zustand oder einen Schnappschuss aus der Protokollpalette in das Zielbild. Damit verwandelt sich das Zielbild in eine 1:1-Kopie der Vorlage; die ursprünglichen Ebenen sind fort.

» Das Menü der Ebenenpalette wie auch das **Ebene**-Menü bieten den Befehl **Ebene duplizieren.** Hier nennen Sie für die aktive Ebene als Ziel eine geöffnete Datei oder eine neue Datei; der Befehl kann bei Aktionen (gespeicherten Befehlsfolgen) nützlich sein.

» Ziehen Sie direkt aus Bridge, Mini Bridge, aus Explorer, Finder oder einer anderen Dateiverwaltung in ein geöffnetes Bild.

TIPP Möchten Sie die Ebene freigestellt in Layoutprogrammen zeigen, so dass der Seitenhintergrund direkt um das Hauptmotiv herum erscheint? In den Layoutprogrammen Quark und InDesign können Sie dafür eine Ebenenmontage aus Photoshop verwenden. Für andere Layoutprogramme brauchen Sie eventuell einen Beschneidungspfad (Seite 672) oder einen Alphakanal. Auch für Microsoft-Office-Programme speichern Sie die Auswahl als Alphakanal und das Bild im TIFF-Format (Seite 674).

Einsetzen durch Ziehen aus der Dateiverwaltung

Ziehen Sie eine Datei aus einer Dateiverwaltung über ein in Photoshop geöffnetes Bild, landet es dort sofort als neue Ebene. Ziehen Sie zum Beispiel aus Bridge, Mini Bridge, aus Finder, Explorer oder jeder anderen Dateiverwaltung über ein Bild in Photoshop – schwupps, haben Sie eine neue Ebene.

Wie ist die neue Ebene beschaffen? Darüber entscheiden Sie in den **Voreinstellungen** (Strg+N):

» Bild beim Platzieren skalieren: Verzichten Sie auf Bild beim Platzieren skalieren, dann wendet Photoshop die eingespeicherten Druckgrößen unabhängig von der Pixelzahl an. Eine Datei mit wenigen Pixeln, aber großem Druckmaß (dank niedriger dpi-Zahl) erscheint dann eventuell größer als ein 24-Megapixel-Bild mit kleinerer Druckgröße (wegen hoher dpi-Zahl). Das platzierte Foto ragt vielleicht auch über die Bildgrenzen hinaus. (Passen Sie die Zoomstufe mit Strg+0 optimal an.)

Abbildung 19.10 Beide Bilder haben 1600x1200 Pixel, wurden jedoch mit unterschiedlichen Druckauflösungen gespeichert. Wir öffnen zunächst Bild »Ebene_35« als Hintergrund für eine geplante Montage. Bei derzeit eingespeicherten 300 dpi ist es 13,5 Zentimeter breit. **Links:** Aus Bridge ziehen wir die Datei »Ebene_35b« in das erste Bild und erhalten sofort eine neue Ebene. Das neue Bild hat zwar eine größere Druckfläche, 16,9 Zentimeter Breite bei 240 dpi; doch in den »Voreinstellungen« gilt die Option »Bild beim Platzieren skalieren«, darum verkleinert Photoshop die hereingezogene Ebene auf jeden Fall so weit, dass Sie die gesamte Fläche der Ebene sehen – Druckauflösung und Pixelzahl spielen keine Rolle. Sie können nun immer noch verlustfrei durch Ziehen an den Anfasspunkten skalieren. **Rechts:** Wir ziehen das Bild »Ebene_35b« erneut herein. Diesmal ist »Bild beim Platzieren skalieren« abgeschaltet. Das neue Bild erscheint nun zunächst größer, weil es mit einer größeren Druckfläche gespeichert wurde. Unabhängig davon entsteht hier zweimal eine Smart-Objekt-Ebene, denn in beiden Transaktionen galt die Voreinstellung »Rasterbilder als Smart-Objekte ablegen« oder ziehen.

» Aktivieren Sie dagegen die Vorgabe Bild beim Platzieren skalieren, erscheint die neue Ebene zunächst generell nicht größer als das Zielfoto – Pixelzahl und Auflösung spielen keine Rolle. Das ist in der Regel übersichtlicher, Sie sehen die hereinbugsierte Datei in ihrer gesamten Pracht. Oben in den Optionen können Sie immer noch die 100-Prozent-Ausdehnung einstellen.

» Rasterbilder als Smart-Objekte ablegen oder ziehen: Nutzen Sie diese empfehlenswerte Vorgabe. Sie erhalten Smart-Objekt-Ebenen, die Sie beliebig oft verkleinern oder vergrößern, ohne dass die Qualität jedes Mal weiter sinkt.

TIPP Wollen Sie die hereingezogene Datei nicht als neue Ebene, sondern als eigenständige Datei öffnen, ziehen Sie die Datei über Photoshops Menüleiste oder Paletten.

Ebenenmontagen durch Ziehen aus der Dateiverwaltung einsetzen

Ziehen Sie aus einer Dateiverwaltung wie Bridge oder Explorer heraus eine Datei mit mehreren Ebenen in eine Datei hinein, die bereits in Photoshop geöffnet ist. Je nach Voreinstellung landet im Zielbild eine neue flache Ebene oder ein Smart-Objekt mit allen ursprünglichen Einzelebenen. Beide Alternativen sehen zunächst völlig gleich aus, unterscheiden sich aber deutlich in den Möglichkeiten und im Speicherbedarf:

- Sie nutzen in den allgemeinen **Voreinstellungen** die Option Rasterbilder als Smart-Objekte ablegen oder ziehen: Die hereingezogene Montage erscheint im Zielbild als Einzelebene, zeigt aber in der Ebenenpalette das Smart-Objekt-Zeichen. Und das heißt: Nach Doppelklick auf die Ebenenminiatur öffnet sich die ursprüngliche Montage mit allen Einzelebenen als Datei-in-der-Datei; arrangieren Sie die Montage um und schließen Sie; das Ergebnis erscheint als aufgefrischte Einzelebene im Zielbild.
- Sie verzichten auf Rasterbilder als Smart-Objekte ablegen oder ziehen: Sie erhalten wieder ein Abbild Ihrer ganzen Montage als Einzelebene. Diesmal ist es aber kein Smart-Objekt, alle ursprünglich separaten Ebenen sind hier auf eine einzige Ebene eingedampft und lassen sich nicht mehr verschieben. Das kostet deutlich weniger Speicherplatz.

Ebenen als Einzeldateien

Sie brauchen die Ebenen als Einzeldateien? Diese Wege gibt es:

- Sie wählen die Ebene oder einen Teil davon aus und **kopieren** sie in die Zwischenablage. Der Befehl **Datei: Neu** (Strg+N) schlägt anschließend exakt die passenden Pixelmaße vor, Sie können die kopierte Ebene exakt einfügen.
- Nehmen Sie **Ebene duplizieren** aus **Ebene**- oder Palettenmenü. Hier stellen Sie das Listenfeld Datei auf Neu, um eine neue Datei zu erzeugen.
- Klicken Sie bei gedrückter Alt-Taste auf das Augensymbol der gewünschten Ebene. So wird nur diese Ebene angezeigt, alle anderen tauchen ab. Verwenden Sie **Bild: Duplizieren**, im Dialogfeld nehmen Sie Auf eine Ebene reduzieren. Wählen Sie noch **Bild: Zuschneiden** mit der Option **Transparente Pixel** (Seite

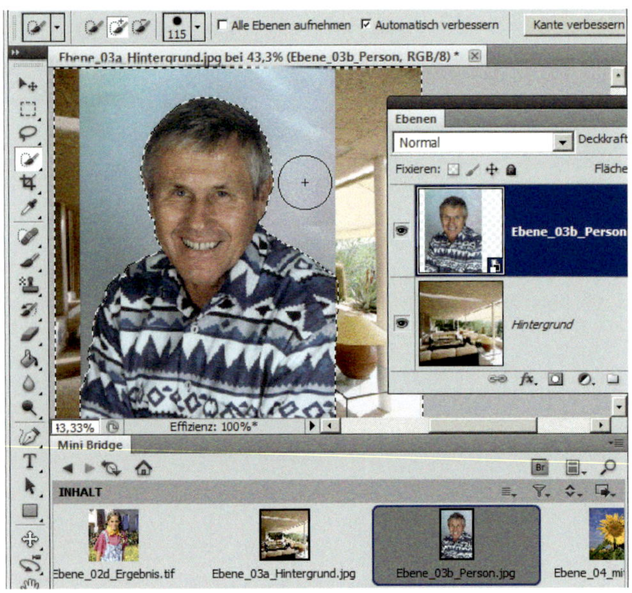

Abbildung 19.11 So kann's gehen: Wir öffnen erst das Hintergrundmotiv »Ebene_03a«. Aus Mini Bridge heraus ziehen wir das Porträt »Ebene_03b« als neue Ebene hinein. Wir verwenden in den »Voreinstellungen« die Optionen »Bild beim Platzieren skalieren« und »Rasterbilder als Smart-Objekte ablegen oder ziehen«; darum erscheint die neue Ebene sofort in einer brauchbaren Größe und als Smart-Objekt. Wir wählen den Hintergrund mit der Schnellauswahl aus, kehren die Auswahl um, verfeinern die Auswahl mit »Kante verbessern« und lassen dort im Dialogfeld eine »Ebenenmaske« erstellen.

Abbildung 19.12 In der Ebenenpalette sehen Sie die neu entstandene Ebenenmaske. Sie steuert die sichtbaren Bereiche der Porträtebene und lässt sich jederzeit nach Maß verfeinern. Mit dem Verschiebenwerkzeug platzieren wir die Ebene endgültig, mit Strg+T können Sie noch skalieren. Falls Photoshop die neue Ebene beim Hereinziehen deutlich verkleinert hat, ist die Ebenenmaske eventuell beim Vergrößern auf die Originalmaße der Ebene nicht mehr so genau. Dateien: Ebene_03 etc.

292); so stutzen Sie die Arbeitsfläche auf die Maße der verbliebenen Ebene.

» Der Befehl **Datei: Skripten: Ebenen in Dateien exportieren** setzt die Ebenen einer Montage in Einzeldateien um. Wählen Sie dabei ein ebenentaugliches Dateiformat wie PSD oder TIFF vor, bleibt Transparenz in freigestellten Ebenen erhalten, sie werden nicht mit einem Hintergrund verschmolzen – auch Ebenenmasken und Ebeneneffekte landen in der neuen Datei. Brauchen Sie eine reine Hintergrundebene, speichern Sie von vornherein in einem Format ohne Ebenen, etwa JPEG.

19.2.2 Typische Montage – der ideale Weg

Für die typische Fotomontage – Hauptmotiv vor neuem Hintergrund – gibt es viele Wege, zahlreiche davon sehen Sie in diesem Buch. Die folgende Technik ist sehr vielseitig und erlaubt nachträgliche Korrekturen. Sie eignet sich besonders, wenn die neue Vordergrund-Ebene nicht mehr Pixel als die Ebene mit der Umgebung hat:

1. Mit dem Auswahlrechteck ziehen Sie einen engen Rahmen um das Hauptmotiv in seiner ursprünglichen Datei.
2. Ziehen oder **kopieren** Sie das rechteckig ausgewählte Hauptmotiv in die Datei mit der neuen Umgebung.
3. Verwandeln Sie die Ebene in ein Smart-Objekt, zum Beispiel per **Filter: Für Smart-Filter konvertieren**. (Der Schritt ist nicht zwingend erforderlich, empfiehlt sich aber vor allem bei Größenänderungen per Strg+T.)
4. Wählen Sie die Umgebung des Hauptmotivs mit der Schnellauswahl aus. Verzichten Sie auf die Option ALLE EBENEN AUFNEHMEN, nutzen Sie aber wie stets AUTOMATISCH VERBESSERN. Das neue Motiv sollte vollständig sichtbar und nicht teils hinterm Bildrand versteckt sein.
5. Kehren Sie die Auswahl mit Strg+⇧+I um. Nur das Hauptmotiv ist nun ausgewählt.
6. Wählen Sie **Auswahl: Kante verbessern** oder klicken Sie auf die gleichnamige Schaltfläche. Oben im Dialogfeld stellen Sie das ANZEIGEN-Klappmenü auf AUF EBENE (L). Unten im AUSGABE-Klappmenü nehmen Sie die EBENENMASKE. So sehen Sie bereits das Endergebnis. Mit den Reglern und Werkzeugen des Dialogs verfeinern Sie die Auswahl.
7. Nach dem OK-Klick sehen Sie Ihre Montage. Wenn es noch Mängel gibt, bearbeiten Sie weiter die Ebenenmaske, die Vordergrundebene ist ja noch in vollem Umfang erhalten.

TIPP Statt eine Rechteckauswahl anzulegen, können Sie auch die gesamte Vordergrund-Datei aus Bridge, Mini Bridge oder einer anderen Dateiverwaltung heraus in die bereits geöffnete Hintergrunddatei ziehen. Das wirkt sinnvoll, wenn das Hauptmotiv innerhalb seiner Datei den größten Teil der Fläche bedeckt.

Wenn die Vordergrundebene mehr Pixel als die Hintergrundebene hat

Manchmal hat die Vordergrundebene mehr Pixel als die Hintergrundebene. Das fällt nicht immer sofort auf – zum Beispiel, wenn Sie die komplette Vordergrunddatei in die Datei mit der neuen Umgebung ziehen und Photoshop das Hauptmotiv automatisch passend herunterverkleinert (wegen der Option BILD BEIM PLATZIEREN SKALIEREN in den **Voreinstellungen**). Verkleinerte Smart-Objekte können Sie zwar verlustfrei vergrößern, doch die begleitende Ebenenmaske zeigt sich weniger elastisch – wenn Sie mehrfach skalieren, weichen die Ränder auf. Es gibt mehrere Lösungen, wie Sie die Ebenenmaske mit perfekter Randschärfe erhalten:

» Öffnen Sie das Vordergrundbild allein, verwandeln Sie die Hintergrundebene in ein Smart-Objekt, legen Sie jetzt Auswahl und Ebenenmaske an. Das Ganze ziehen Sie mit Verschiebenwerkzeug oder aus der Ebenenpalette heraus in die Datei mit der Umgebung. Diese Vordergrundebene können Sie zumindest einmal verkleinern, ohne dass die Kanten aus dem Leim gehen.

» Sie wollen mehrfach verkleinern und vergrößern? Legen Sie wie soeben beschrieben Smart-Objekt, Auswahl und Ebenenmaske an. Dann erzeugen Sie erneut ein Smart-Objekt; Sie maskieren also eine Smart-Objekt-Ebene und packen das Ergebnis in eine weitere Smart-Objekt-Hülle. Das ziehen Sie in die neue Umgebung – die Ebenenmaske bleibt beim Skalieren randscharf und lässt sich nach Doppelklick auf die Ebenenminiatur noch bearbeiten.

Sie haben die neue Ebene bereits in die geplante Hintergrunddatei gezogen und stellen fest, dass sie weit über die Arbeitsfläche hinausragt? Idealerweise erzeugen Sie die Ebenenmaske, wenn die Ebene 100 Prozent Originalgröße hat. Ein möglicher Weg:

1. Klicken Sie bei gedrückter [Strg]-Taste doppelt auf die Hintergrundminiatur in der Ebenenpalette. Sie verwandelt sich in eine Ebene 0.
2. Wählen Sie **Bild: Alles einblenden**. Die Arbeitsfläche dehnt sich aus, Sie sehen die vollständige herübergeholte Ebene.
3. Stellen Sie die Ebene frei, zum Beispiel mit Schnellauswahl, **Auswahl umkehren**, **Kante verbessern** und Ebenenmaske.
4. Achten Sie darauf, dass Sie etwas hellgraue Fläche um Ihre Datei herum sehen, zum Beispiel drücken Sie einmal das [F] und noch [Strg]+[0].
5. Schalten Sie das Freistellungswerkzeug ein. Klicken Sie links oberhalb vom eigentlichen Bild in die graue Fläche und rahmen Sie die ursprüngliche, kleinere Hintergrunddatei ein. An den Rändern der ursprünglichen Hintergrunddatei dockt das Freistellungswerkzeug an, eine präzise Auswahl fällt nicht schwer. Teile des Vordergrundmotivs liegen außerhalb der Auswahl.
6. Oben in den Optionen wechseln Sie von LÖSCHEN zu AUSBLENDEN.
7. Klicken Sie doppelt in die Auswahl. Photoshop kappt den Außenbereich weg. Auch Teile des Vordergrundmotivs verschwinden. Wegen der Option AUSBLENDEN verschwinden sie aber nicht auf Nimmerwiedersehen, sie bleiben vielmehr jenseits der Bildgrenzen weiter erhalten. Wenn Sie die Vordergrundebene skalieren oder verschieben, sehen Sie die verborgenen Zonen wieder.

Wenn Sie den Hintergrund noch vergrößern oder verkleinern wollen

Sie stellen nach dem **Einfügen** fest, dass der Hintergrund eine andere Größe braucht? So ändern Sie das:

1. Klicken Sie in der Ebenenpalette einmal auf die Hintergrundebene.
2. Wählen Sie **Filter: Für Smartfilter konvertieren**.
3. Transformieren Sie per [Strg]+[T].

Falls die untere Ebene nun über den Bildrand hinausreicht: Noch beim Transformieren drücken Sie [Strg]+[0] für eine ideale Zoomstufe. Haben Sie die Größenänderung bestätigt, wählen Sie **Bild: Alles einblenden**, so dass garantiert nichts hinter den Bildrändern versteckt bleibt.

TIPP Die untere Ebene mit dem Hintergrund füllt die Bildfläche nicht mehr aus? Klicken Sie in der Ebenenpalette bei gedrückter [Strg]-Taste auf die Miniatur des Hintergrundmotivs. So laden Sie dessen Umriss als Auswahl. Der Befehl **Bild: Freistellen** schneidet Ihre Montage nun genau auf das Maß der unteren Ebene zu.

19.2.3 Im selben Bild verschieben oder kopieren

Sie können einen markierten Bildteil innerhalb eines Bilds verschieben, zum Beispiel bei Fehlerretuschen. Haben Sie einen Bildbereich mit Lasso und Co. ausgewählt, gibt es diese gängigen Verfahren:

» Sie heben die Auswahl per [Strg]+[J] auf eine eigene Ebene (oder **Ebene: Neu: Ebene durch Kopie**, auch im Kontextmenü zum Auswahlwerkzeug). Sie verschieben und verändern das Duplikat nach Bedarf. Sie verschmelzen die Auswahl per [Strg]+[E] wieder mit der darunterliegenden Ebene.

» Brauchen Sie den Bereich mehrfach, drücken Sie mehrfach hintereinander [Strg]+[J]. Oder kopieren Sie die Auswahl mit [Strg]+[C] und fügen Sie mit [Strg]+[V] sofort wieder ein – beliebig oft.

Abbildung 19.13 **Links:** Die Sonnenblume wird mit Schnellauswahl und anderen Werkzeugen ausgewählt. Dann drücken wir Strg- und Alt-Taste, um den Auswahlbereich zu duplizieren. **Rechts:** Die ausgewählten Pixel lassen sich als schwebende Auswahl über die Arbeitsfläche ziehen. Es entsteht keine neue Ebene, die Bildpunkte verschmelzen bald mit dem Untergrund. Datei: Ebene_04

Die Alternative: Sie arbeiten mit einer schwebenden Auswahl – einer Ebene auf Zeit, die nicht dauerhaft als eigene Ebene fortbestehen soll. Darum geht es in den nächsten Absätzen.

Schwebende Auswahl anlegen

So arbeiten Sie mit einer schwebenden Auswahl:

1. Markieren Sie einen Bildbereich mit Schnellauswahl, Lasso und Co.
2. Versuchen Sie nicht, den Bildteil mit einem Auswahlwerkzeug zu verschieben. Dabei bewegt sich nur der Auswahlrahmen, aber kein Bildinhalt. Wechseln Sie zum Verschiebenwerkzeug mit der Kurztaste V (für Move) oder indem Sie vorübergehend die Strg-Taste drücken.
3. Klicken Sie in die Auswahl und halten Sie die Maustaste gedrückt.
4. Halten Sie die Alt-Taste gedrückt und ziehen Sie den markierten Bildteil an die gewünschte Stelle im Bild. (Falls Sie die Alt-Taste nicht drücken, bleibt ein Loch in der aktuellen Hintergrundfarbe zurück, zum Beispiel in Weiß.)
5. Sie können nun die **Auswahl aufheben** – durch den Menübefehl oder durch die Kurztaste Strg+D (für Deselect). Damit ist der verschobene Bildteil im Untergrund verankert. Die vormals schwebende Auswahl ist in die Ebene eingedampft, der überdeckte Abschnitt ist weggelöscht.

Diese schwebende Auswahl erscheint nicht als eigenes Objekt in der Ebenenpalette. Ziehen Sie mehrfach bei gedrückter Alt-Taste, um immer neue Kopien zu erstellen – zum Beispiel, um Bildfehler zu überdecken. Die ursprüngliche Kopie verschmilzt dann allerdings schon mit der darunterliegenden Ebene.

TIPP Wollen Sie bei vorhandenem Auswahlrahmen eine komplette Ebene mit dem Verschiebenwerkzeug verschieben – und nicht nur den ausgewählten Bereich –, dann klicken Sie mit dem Verschiebenwerkzeug außerhalb des Auswahlrahmens, nicht innerhalb. Dabei wandert die Auswahl mit.

Wann haben Sie mit schwebenden Auswahlen zu tun

Mit »schwebenden Auswahlen« bekommen Sie es in den folgenden Situationen zu tun:

- Sie wählen einen Bildbereich aus und ziehen mit dem Verschiebenwerkzeug (wie oben beschrieben).
- Sie bearbeiten Bilder in einem Modus wie Indizierte Farben, der keine Ebenen zulässt. Eingefügte Bildteile landen hier als schwebende Auswahlen, die Sie kurzum mit dem Hintergrund verschmelzen müssen.
- Keine Ebenen erlaubt Photoshop Standard auch bei 32-Bit-Farbtiefe pro Grundfarbe, auch hier müssen Sie schwebende Auswahlen sofort korrekt anordnen und verschmelzen. (Photoshop in der Extended-Version erlaubt Montagen bei 32 Bit Farbtiefe.)

- » Auch wenn Sie Bildteile in Alphakanälen oder Ebenenmasken einsetzen, begegnen Sie schwebenden Auswahlen.

Risiken und Nebenwirkungen

Eine schwebende Auswahl verschmilzt leicht ungewollt mit dem Hintergrund. Das passiert, wenn Sie mit einem Auswahlwerkzeug wie Lasso oder Zauberstab außerhalb der Auswahl ins Bild klicken und nicht gerade den Modus Der Auswahl hinzufügen verwenden. Auch der verlockende Befehl Kante verbessern dampft die schwebende Auswahl in den Untergrund ein und erzeugt eine neue schwebende Auswahl. Beim **Speichern** schreibt Photoshop in der gespeicherten Version die Pixel aus der schwebenden Auswahl in die Ebene darunter; auf dem Bildschirm bleibt die Auswahl schwebend.

Darum sollten Sie meist mit einer eigenen Ebene arbeiten, nicht mit schwebenden Auswahlen.

Möglichkeiten bei schwebender Auswahl

Brauchen Sie eine Bildversion, welche die schwebende Auswahl am neuen Platz zeigt? Das geht per **Datei: Speichern unter** mit der Option Als Kopie – so schreiben Sie die aktuell sichtbare Version einschließlich verankerter schwebender Auswahl auf die Festplatte, das Bild auf dem Schirm bleibt dagegen flexibel.

Sie können jederzeit die Auswahl eines schwebenden Bildteils in einem Alphakanal speichern; klicken Sie auf das Symbol Auswahl als Kanal speichern in der Kanälepalette. Die schwebende Auswahl wird dadurch nicht verankert. Solange die Auswahl schwebt, lässt sie sich auch per Entf-Taste aus dem Bild werfen. Eine schwebende Auswahl macht auch dies mit:

- » Sie passen mit den **Transformieren**-Befehlen (Strg+T, Seite 737) den ausgeschnittenen Bildteil in Größe und Perspektive an.
- » Unschöne Schneidekanten zwischen dem Ausschnitt und dem Untergrund korrigieren Sie mit dem **Ebene**-Untermenü **Hintergrund** (Seite 627).
- » Pinselretuschen, Kontrastkorrekturen, Filterbefehle etc. sind möglich.
- » Ändern Sie Deckkraft und Überblendmodus per **Bearbeiten: Verblassen**.

19.2.4 Bildteil vielfach wiederholen

Sie können eine im Bild vorhandene Ebene vielfach wiederholen und jede einzelne Kopie ein Stück weiter bewegen, drehen, verkleinern. So arrangieren Sie zum Beispiel ein Objekt auf einer Kreisbahn. Oder bauen Sie – wie im folgenden Beispiel – einen Münzstapel auf:

1. Das Hauptmotiv befindet sich auf einer eigenen Bildebene? Duplizieren Sie es mit Strg+J.
2. Starten Sie das **Freie Transformieren** mit Strg+T.
3. Klicken Sie in den Rechteckrahmen und bewegen Sie das Objekt etwas nach rechts oben. Ziehen Sie außerhalb des Rahmens, um es ein bisschen zu drehen. Bei gedrückter ⇧-Taste ziehen Sie an einem Eckpunkt nach innen, damit die Ebene etwas schrumpft.
4. Besiegeln Sie die Änderung durch einen Doppelklick in den Rechteckrahmen.
5. Jetzt wird's interessant: Halten Sie Strg-, Alt- und ⇧-Taste gedrückt.
6. Während Sie noch die Sondertasten drücken, drücken Sie zehnmal hintereinander die Taste T. So erhalten Sie zehn weitere Kopien der Ebene, jede ein Stück weiter verformt als die vorhergehende. Hier entsteht ein Münzstapel, die kleinste Münze oben.
7. Vielleicht sind einige neue Ebenen aus dem sichtbaren Bildbereich herausgewandert. Wählen Sie **Bild: Alles anzeigen**, um die Arbeitsfläche passend zu vergrößern.

Arbeiten Sie mit großen Abständen zwischen den einzelnen Kopien, entstehen so auch Kreise.

TIPP Sie können die erste Ebene noch vor dem **Transformieren** in ein Smart-Objekt verwandeln. Wenn Sie das Smart-Objekt dann gegen ein anderes Motiv austauschen (**Inhalt ersetzen**, Seite 907), übernehmen sämtliche anderen Ebenen sofort das neue Motiv – jeweils mit der individuellen Drehung, Verkleinerung und Verschiebung. Tauschen Sie den Euro zum Beispiel gegen eine 50-Cent-Münze.

Abbildung 19.14 Ein Duplikat der ersten Ebene wird leicht gedreht, bewegt und verkleinert. Diese Änderung haben wir per Strg+Alt+⇧+T auf viele weitere Duplikate angewendet. Für das dritte Bild wurde die Ebenenreihenfolge umgekehrt; dazu wählen Sie »Auswahl: Alle Ebenen« und dann »Ebene: Anordnen: Umkehren«. Datei: Ebene_24

Ebenentechnik

In der Ebenenpalette ist nun die oberste Ebene aktiviert, zum Beispiel Ebene 1 Kopie 10. Halten Sie die ⇧-Taste gedrückt, dann klicken Sie in der Ebenenpalette einmal auf die unterste Montageebene. So sind alle Einzelebenen aktiviert. Ihre Möglichkeiten jetzt unter anderem:

» Per Strg+E dampfen Sie die Ebenenreihe zu einer Einzelebene ein.

» Verbinden Sie die Ebenen, um sie problemlos gemeinsam zu transformieren oder zu bewegen.

» Wählen Sie **Ebene: Anordnen: Umkehren**. So kehren Sie die Reihenfolge im Stapel um, in unserem Beispiel rückt die größte Münze in den Vordergrund.

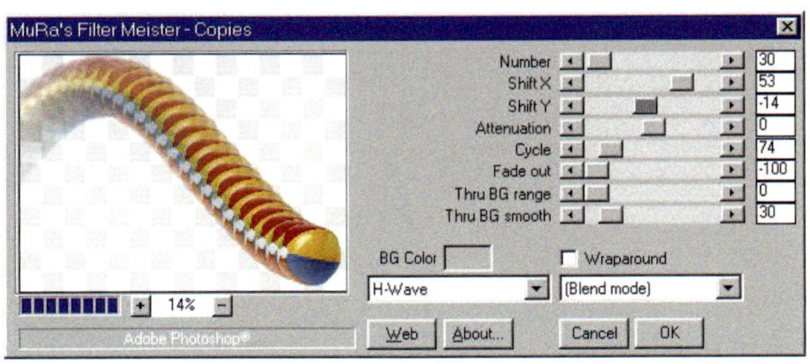

Abbildung 19.15 Das kostenlose Plug-In »MuRa's Copies« verteilt unter Windows eine Einzelebene mehrfach über das Bild und bietet dabei viele Varianten an – auch Nahtlosmuster. Alle Wiederholungen landen auf einer einzigen Ebene. Die Internetadresse wechselt, eine Suche nach »Muras Copies« führt aber oft zum Ziel.

Einfaches Duplizieren

Sie können die Ebenen pixelweise verschieben und mit jeder Bewegung eine neue Duplikatebene anlegen: Schalten Sie das Verschiebenwerkzeug ein, halten Sie die Alt-Taste dauerhaft gedrückt und verwenden Sie die Pfeiltasten.

Dabei entstehen ganze Bildstapel. Vervielfältigen Sie nach diesem Verfahren auch mehrere ausgewählte Ebenen gleichzeitig.

Etwas größere Abstände zwischen den Einzelebenen schaffen Sie, wenn Sie der Alt-Taste für einzelne Hiebe auf die Pfeiltasten eine Verschnaufpause gönnen. Bei Bedarf können Sie die Ebenenreihe in eine Gruppe packen oder verbinden. Statt die Pfeiltasten zu verwenden, können Sie auch mit dem Verschiebenwerkzeug bei gedrückter Alt-Taste ziehen; nach jedem Duplikat lassen Sie die Alt-Taste kurz los, dann ziehen Sie erneut mit Alt-Taste.

Abbildung 19.16 Bewegen Sie eine Ebene mit den Pfeiltasten bei gedrückter [Alt]-Taste, entstehen vielfache Kopien (mittleres Bild). Auch schwebende Auswahlen lassen sich auf diese Art vervielfältigen. Datei: Ebene_25

19.2.5 Objekte außerhalb des Bildrands

Sie können Ebenen über den Bildrand hinausragen lassen; von diesen Ebenen sehen Sie nichts mehr, aber gelöscht werden die Außenposten auch nicht – sie lassen sich immer wieder ins Bild ziehen. Auch wenn Sie per Freistellungswerkzeug ⌗ Rand kappen und dabei die Option Ausblenden nutzen (Seite 284), entsteht Bildfläche außerhalb der Dokumentbegrenzung. Speichern müssen Sie natürlich in den ebenentauglichen Dateiformaten Photoshop-PSD, TIFF oder PDF.

Mehr Bildfläche anbauen

So sorgen Sie für eine größere Bildfläche, um Außenstände wieder sichtbar zu machen:

» Erweitern Sie die Bildfläche exakt passend zu den Außenseiten mit dem Befehl **Bild: Alles einblenden** (Seite 304).

» Bauen Sie Bildfläche nach Belieben mit dem Freistellungswerkzeug ⌗ oder mit dem Befehl **Bild: Arbeitsfläche** an (Seite 302).

TIPP Wenn Sie Arbeitsfläche anbauen, füllt die ursprüngliche Hintergrundebene nicht mehr die ganze Arbeitsfläche aus, in den neuen Zonen entstehen weiße Pixel. Verwandeln Sie die Hintergrundebene noch vor dem Ausdehnen der Arbeitsfläche in eine Ebene 0 ([Alt]-Doppelklick auf die Hintergrundminiatur). Dann entsteht nicht Weiß, sondern Transparenz in angebauten Bildflächen. So lässt sich der Bildinhalt der ursprünglichen Hintergrundebene später leicht auswählen ([Strg]-Klick auf die Ebene-0-Miniatur), sie dient auch als »magnetische« Orientierung beim Verschieben oder Zuschneiden.

Abbildung 19.17 Die Ränder der vielfach wiederholten Ebene sollten ungleichmäßig sein, um die Wirkung zu betonen. Legen Sie die erste Textebene samt Filter-Effekt als Smart-Objekt an, reicht es, später eine einzige Textebene in Wort oder Format zu ändern – Photoshop passt sämtliche weiteren Ebenen an. So können Sie immer noch mit der Randverfeinerung experimentieren. Datei: Ebene_05

Abbildung 19.18 Direkt nach dem »Einfügen« des Porträts haben wir »Bild: Alles einblenden« gewählt. Photoshop vergrößert die Arbeitsfläche so, dass sämtliche noch verborgenen Bildteile sichtbar werden. Dateien: Ebene_02a, Ebene_03a

Ausgeblendete Bildteile endgültig löschen

Die aus dem Bild herausragenden Pixel kosten Speicher. So entsorgen Sie die Außenstände ein für allemal:

» Wählen Sie **Auswahl: Alles auswählen** (Strg+A), anschließend **Bild: Freistellen**. Photoshop stutzt die Datei auf die Grenzen des aktiven Auswahlrahmens.

» Verwenden Sie das Freistellungswerkzeug mit der Option LÖSCHEN, nicht mit AUSBLENDEN.

» Speichern Sie in einem Dateiformat, das keine Ebenen unterstützt, beispielsweise JPEG oder Targa; dabei fallen auch Bildpunkte außerhalb des sichtbaren Bereichs unter den Tisch.

19.2.6 »Einfügen spezial«

Sie sparen einige Montageschritte, wenn Sie nicht normal **einfügen**, sondern die Befehle aus dem Untermenü **Bearbeiten: Einfügen spezial** nutzen.

»In die Auswahl einfügen«

Wählen Sie ein Motiv aus, **kopieren** Sie es in die Zwischenablage, dann können Sie es im Zielbild **In die Auswahl einfügen** (Strg+Alt+⇧+V). Sie setzen das eingefügte Motiv in einen Rahmen. Typische Anwendungen:

» Ein Motiv soll nur innerhalb eines Fensters, Plakats, Bildrahmens oder Monitors zu sehen sein.

» Sie markieren den Himmel und tauschen ihn gegen einen anderen aus, der Vordergrund bleibt unverändert.

Erzeugen Sie im Zielbild zunächst eine Auswahl – zum Beispiel eine eingerahmte Zone oder den Himmel. Das eingefügte Objekt lässt sich nur innerhalb der Auswahlgrenzen bewegen – außerhalb der Grenzen erscheint es nicht.

Das neue Objekt landet als neue Ebene im Zielbild. Dazu erzeugt Photoshop automatisch eine Ebenenmaske; sie unterdrückt den Bereich der neuen Ebene außerhalb der Auswahl. Mit dem Verschiebenwerkzeug

Abbildung 19.19 Dekorieren Sie Ihr abgelegtes Zweitdomizil für den Immobilienmarkt mit einem schöneren Himmel. **Links:** Der Himmel ist zu blass und der Bildausschnitt zu knapp. **Rechts:** Wir verlängern das Bild per »Arbeitsfläche« und wählen den Himmel sowie die neue Fläche mit der Schnellauswahl aus. Nutzen Sie bei diesem Foto die Schaltfläche »Kante verbessern« und fahren Sie mit dem Radius-verbessern-Werkzeug über Palmweldel und Dachkante. Dateien: Ebene_07 etc.

Abbildung 19.20 **Links:** Wir wählen ein Wolkenfoto mit dem Rechteck grob aus und kopieren die Auswahl mit Strg+C in die Zwischenablage. **Rechts:** Im Zielbild wählen wir »Bearbeiten: Einfügen Spezial: In die Auswahl einfügen«. Der kopierte Himmel wird mit Strg+T passend verkleinert. Hier eine Zwischenansicht mit falscher Küste.

Abbildung 19.21
Auch horizontales Spiegeln und unproportionales Verzerren sind hier erlaubt. Die Ebenenpalette zeigt: Photoshop hat für den neuen Himmel eine Ebenenmaske angelegt. Sie verbirgt das obere Foto im Bereich des Vordergrunds. Die Ebenenmaske lässt sich jederzeit verfeinern, um den Übergang zu perfektionieren, zum Beispiel per »Auswahl: Maske verbessern«.

bewegen Sie den eingefügten Bildteil hin und her, mit Strg+T passen Sie die Größe an. Die Ebenenmaske ist nicht mit der Ebene verbunden, bewegt sich also nicht mit – so soll es hier auch sein.

Fügen Sie ruhig sehr große Bildbereiche ein, die deutlich über die Dokumentgrenzen des Zielbilds hinausgehen. In den Dateiformaten PSD, TIFF und PDF lässt sich dieser Überstand mitspeichern. Er kostet freilich Speicherplatz.

Falls der Transformationsrahmen über die Bild- oder Programmränder hinausragt – mit Strg+0 sorgen Sie für eine praktischere Zoomstufe. Der Befehl **Gleiche Farbe** (Seite 382) passt unterschiedliche Farbstimmungen eventuell an.

»Außen einfügen«

Der Befehl **Bearbeiten: Einfügen spezial: Außen einfügen** ist das Gegenteil von **In die Auswahl einfügen.** Sie fügen das Bild aus der Zwischenablage jetzt nicht innerhalb, sondern umgekehrt nur außerhalb der Auswahl ein. Nützlich wirkt die Funktion, wenn Sie nicht das Rahmeninnere, sondern den Rahmen selbst ausgewählt haben. Dann müssen Sie die Auswahl oder später die Maske nicht mehr umkehren.

»An Originalposition einfügen«

Sie wählen links oben im Bild etwas aus, **kopieren** es und wollen es in einem anderen Bild wieder links oben einfügen, am besten mit identischen Koordinaten? Dann klicken Sie nach dem **Kopieren** auf **Bearbeiten: Einfügen Spezial: An Originalposition einfügen** (Strg+Alt+⇧+V).

Abbildung 19.22
Links: Wir markieren zunächst das Motiv, das wir einsetzen wollen, mit dem Auswahlrechteck und kopieren es mit Strg+C.
Rechts: Wir wählen die Bögen mit der Schnellauswahl aus.
Dateien: Ebene_06 etc.

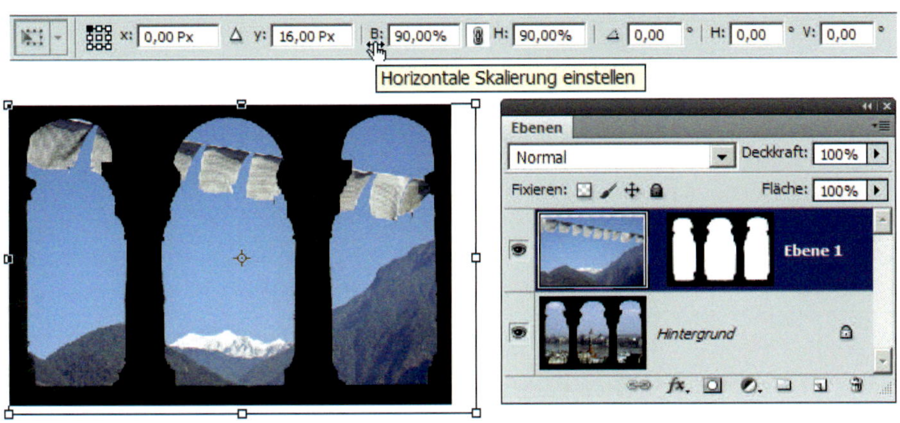

Abbildung 19.23 Wir wählen »Bearbeiten: Einfügen spezial: Außen einfügen«. So landet das Landschaftsmotiv außerhalb der gewählten Bögen, also genau im Fensterrahmen. Hier hat das kopierte Landschaftsfoto mehr Bildpunkte als die Auswahl im Zielbild; darum erscheint zunächst nur ein Ausschnitt, der links und oben bündig an das Zielbild anschließt. Wir starten das »Freie Transformieren« mit Strg+T. Statt jedoch an den Anfasspunkten zu ziehen, nutzen wir eine bequeme Alternative: In der kleinen Grafik zur »Lage des Referenzpunkts« links oben in den Optionen klicken wir auf das linke obere Kästchen; außerdem schalten wir »Seitenverhältnis erhalten« ein. Nun ziehen wir waagerecht über dem »B« für die »Horizontale Skalierung« und testen so stufenlos verschiedene Landschaftsgrößen.

Dieser Befehl erleichtert die Arbeit mit Bildserien, aber auch beim Grafik- und Webdesign.

19.2.7 Vektorgrafiken einfügen

Auf verschiedene Arten setzen Sie Vektorgrafiken aus anderen Programmen wie CorelDRAW oder Illustrator in Ihre Montage ein:

» Der Befehl **Datei: Platzieren** setzt die Vektorgrafik als Smart-Objekt ein; dabei bleibt die Grafik als Vektordatei erhalten – sie kann in Photoshop transformiert oder mit Ebeneneffekten ausgestattet und nach Doppelklick auf die Miniatur im Vektorprogramm bearbeitet werden.

» Auch durch Ziehen und Ablegen oder durch **Kopieren** und **Einfügen** zwischen Programmen können Sie Vektormaterial zumindest in gerasterter Form übertragen, teils auch als Vektoren.

» Ziehen Sie Vektordateien direkt aus einer Dateiverwaltung wie Bridge, Mini Bridge oder Explorer in ein geöffnetes Bild in Photoshop.

Details zu Vektorgrafiken als Smart-Objekt finden Sie ab Seite 907, Hinweis auf wichtige **Voreinstellungen** ab Seite 694.

19.2.8 Befehle im Überblick: Bildteile bewegen und einsetzen

Taste/Feld	Zusatztasten	Aktion	Ergebnis
Strg+X			**Ausschneiden** des ausgewählten Bildteils in die Zwischenablage; im Quellbild entsteht ein Loch.
Strg+C (für Copy)			**Kopieren** des ausgewählten Bildteils in die Zwischenablage
Strg+C	⇧		**Auf eine Ebene reduziert kopieren**
Strg+V			**Einfügen** aus der Zwischenablage
Strg+V	⇧+Alt		**In die Auswahl einfügen**
Strg+V	⇧		**Außen einfügen** (also außerhalb der Auswahl)
Strg+J			Ohne Auswahl: Duplikat der Ebene; mit Auswahl: Duplikat des ausgewählten Bereichs auf neue Ebene
V (für Move Tool)			▶✛
Fast jedes Werkzeug außer Pfadfunktionen	Strg		Vorübergehend ▶✛
▶✛		🖱 ziehen	Auswahlinhalt/Ebene bewegen
▶✛	Alt	🖱 ziehen	Duplikat des ausgewählten Bildteils oder der Ebene bewegen
▶✛	⇧	🖱 ziehen	Auswahlbereich/Ebene in 45-Grad-Winkeln bewegen
▶✛	⇧+Alt	🖱 ziehen	Duplikat des markierten Bildteils oder der Ebene in 45-Grad-Winkeln bewegen
▶✛ aktiviert		Pfeiltasten	Ebene in 1-Pixel-Schritten bewegen
▶✛ aktiviert	⇧	Pfeiltasten	Ebene in 10-Pixel-Schritten bewegen

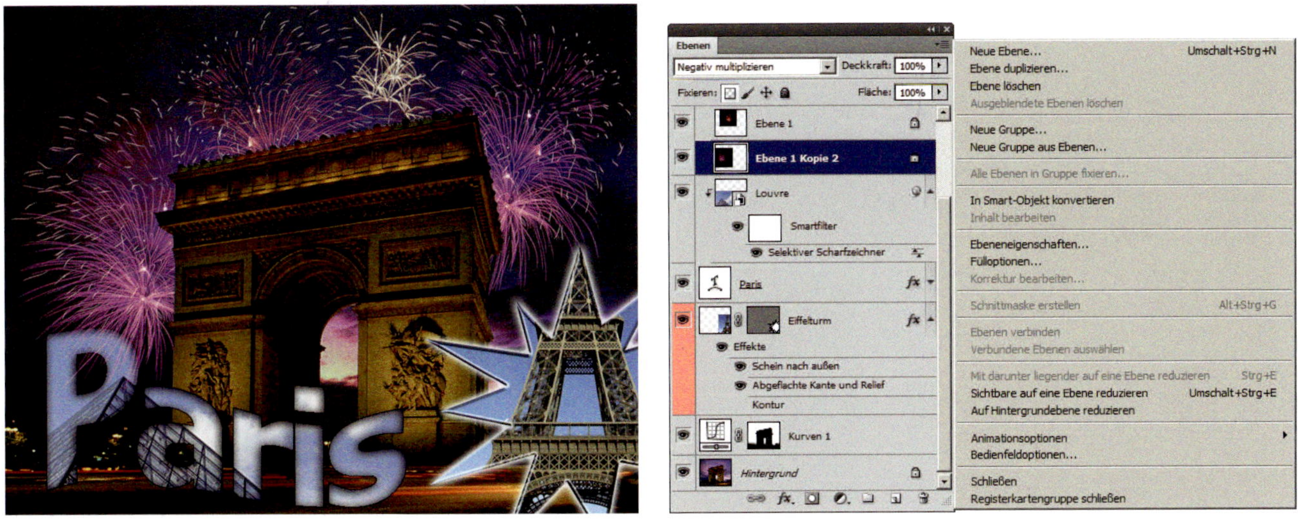

Abbildung 19.24 Mit der Ebenenpalette kontrollieren Sie Anordnung und Sichtbarkeit der einzelnen Ebenen. Nutzen Sie auch das umfangreiche Palettenmenü und die verschiedenen Kontextmenüs über unterschiedlichen Bereichen der Palette. Datei: Ebene_08

19.3 Ebenen organisieren

Die Befehle zur Kontrolle des Ebenengestrüpps verteilen sich über mehrere Programmzonen: das Menü Ebene, das Menü der Ebenenpalette, die Symbole in der Ebenenpalette und die unterschiedlichen Kontextmenüs über einzelnen Teilen der Ebenenpalette. Viele Funktionen finden Sie an zwei oder mehr Stellen gleichzeitig.

19.3.1 Ebenenpalette

Die Ebenenpalette rufen Sie meist per F7 auf. Sie enthält:

» Eine Namens- und Miniaturenliste, die aktive Ebene ist hervorgehoben.

» Symbole unter anderem zum Löschen und Neuerstellen von Ebenen

» Ein Palettenmenü, das Sie über den Schalter rechts oben in der Titelleiste erreichen. Die Größe der Miniaturen kontrollieren Sie mit dem Befehl **Paletten-Optionen**; den Farbcode des Ebenenfelds und den Namen ändern Sie mit den **Ebeneneigenschaften**. Zur Umbenennung reicht jedoch auch ein Doppelklick auf den Ebenennamen in der Palette.

» Deckkraft-Regler, Fläche-Regler und Modus-Einblendmenü im Ebenenkopf. Hier steuern Sie, wie Photoshop die aktive Ebene ins Gesamtbild einblendet.

» Schaltflächen zum »Fixieren« der Ebene. So schützen Sie bestimmte Ebeneneigenschaften gegen Bearbeitung.

» Schaltflächen (Seite 992) für Animationen, die Sie via Palettenmenü verbergen

Per Rechtsklick (am Mac mit Ein-Tasten-Maus Ctrl-Klick) sehen Sie weitere Befehle – je nachdem, ob Sie die Bildminiatur, eine Maskenminiatur, eine Effekt- oder Textminiatur oder den Ebenennamen anklicken.

»Ebenenbegrenzung« oder »Ganzes Dokument«?

Zunächst stellt jede Ebenenminiatur das Gesamtbild dar, denn Photoshops Ebenenpalette verwendet après Installation den Modus Ganzes Dokument. Das heißt:

» Montageobjekte, die nur einen geringen Teil des Gesamtbilds bedecken, erscheinen in der Miniatur winzig.

» Ragen Ebenenteile über die Bildgrenzen hinaus, verraten die Ebenenminiaturen nichts über diese versteckten Bildbereiche.

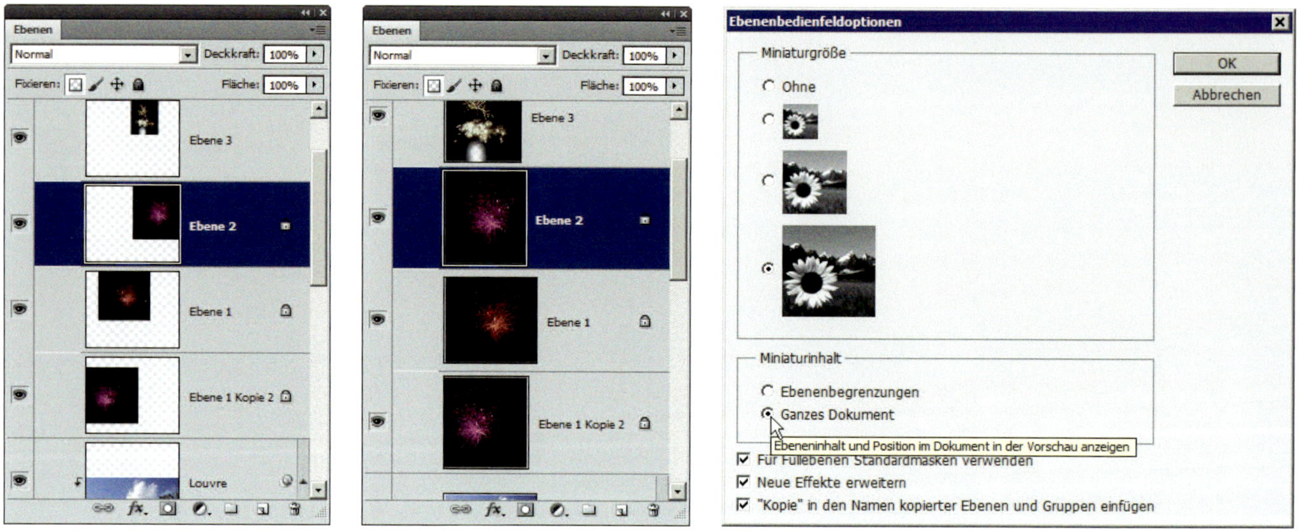

Abbildung 19.25 **Links:** Wir zeigen die Miniaturen mit der Palettenvorgabe »Ganzes Dokument«; weil sich diese Ebenen nur über einen Teil des Gesamtbilds erstrecken, erscheinen sie auch entsprechend klein innerhalb der Miniatur. **Mitte:** Mit der Vorgabe »Ebenenbegrenzungen« zeigt Photoshop jede Ebene in der vollen Miniaturbreite, sie wird größer dargestellt. Ebenen, die über den Objektrand hinausgehen, erscheinen mit diesem Modus kleiner. **Rechts:** In den »Ebenenpalettenoptionen« steuern Sie die Miniaturendarstellung. Die Optionen gibt es auch per Rechtsklick über einer Ebenenminiatur, außer wenn Ihr Bild nur eine Hintergrundebene zeigt. Datei: Ebene_08

Wählen Sie in den **Paletten-Optionen** oder per Rechtsklick über einer Miniatur die Vorgabe Ebenenbegrenzungen, dann sieht die Ebenenpalette eventuell anders aus: Jedes Ebenenobjekt füllt die Ebenenminiatur komplett aus, also gilt:

» Auch kleinste Ebenenobjekte füllen die Miniatur komplett aus, sie wirken also nicht mehr winzig.

» Ebenenteile außerhalb der Bildgrenzen werden in der Miniatur angezeigt.

19.3.2 Ebenen verlagern

Welches Motiv in Ihrer Montage »ganz vorn« oder »ganz oben« rangiert, also voll sichtbar ist, und welches »ganz hinten« durch andere Ebenen überdeckt wird, das bestimmen Sie durch Ziehen der Ebenen in der Ebenenpalette; ziehen Sie die Felder bei gedrückter Maustaste hoch oder nach unten.

Alternativ bemühen Sie das Untermenü **Ebene: Anordnen**: Hier können Sie unter anderem die aktive Ebene **In den Vordergrund** bringen, also ganz nach oben hieven (Strg+⇧+Ä), oder **Schrittweise nach vorne** expedieren, um sie nur eine Ebene pro Schritt aufsteigen zu lassen (Strg+Ä so oft wie gewünscht). Oder wählen Sie mehrere Ebenen aus und vertauschen Sie die Positionen – per **Umkehren**.

Neu erstellte oder eingefügte Ebenen siedelt Photoshop über der zuletzt aktiven Ebene an.

19.3.3 Ebenen aktivieren

Bevor Sie eine Ebene bearbeiten, aktivieren Sie diese, so dass sie in der Palette hervorgehoben wird. Die meisten Befehle etwa aus den Menüs **Filter** oder **Bild: Korrekturen** wirken sich nur auf eine einzelne Ebene aus. So aktivieren Sie die gewünschte Ebene:

» Klicken Sie einmal auf den Ebenennamen in der Ebenenpalette.

» In der Optionenleiste zum Verschiebenwerkzeug finden Sie das Angebot Automatisch auswählen: Ebene. Wenn diese Option aktiviert ist, aktivieren Sie eine Ebene per Anklicken mit dem Verschiebenwerkzeug im Bildfenster. Das funktioniert nicht, wenn die Ebene mit dem Augensymbol ausgeblendet ist.

So nutzen Sie die Ebenenpalette

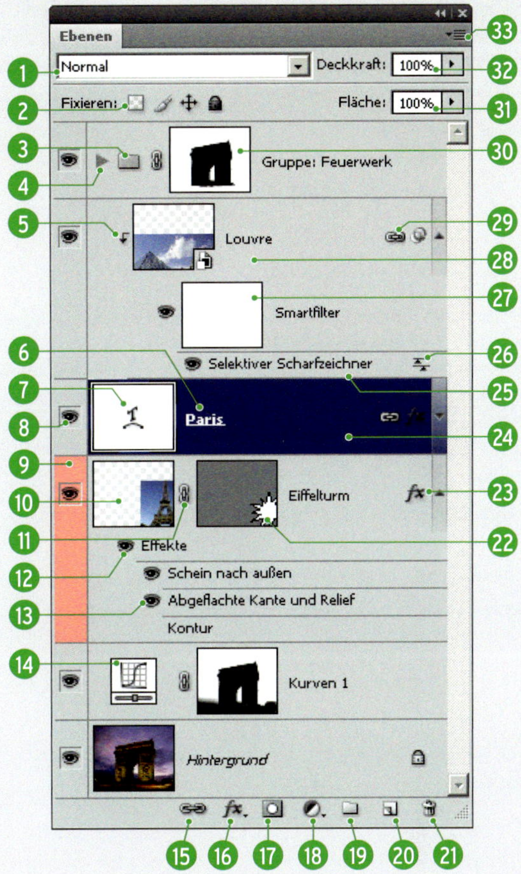

1 **Füllmethode** (Überblendverfahren) der aktiven Ebene

2 **Ebene fixieren:** Transparenzschutz, Pixelschutz, Bewegungsschutz und kompletter Schutz

3 **Gruppe:** weitere Palettenobjekte auf Gruppe ziehen, um sie aufzunehmen

4 **Einzelebenen der Gruppe** anzeigen oder ausblenden

5 **Schnittmaske:** Pfeil zeigt an, dass Ebene nur in den Umrissen der darunterliegenden Ebene sichtbar ist.

6 **Basisebene der Schnittmaske,** gekennzeichnet durch unterstrichenen Ebenennamen

7 **Text-Ebene:** hier mit Symbol »Verkrümmung«; Doppelklick: kompletten Text auswählen

8 **Objekt anzeigen/ausblenden:** auch für Effekte
Alt-Klick: diese Ebene allein anzeigen
2. Alt-Klick: wieder alle Ebenen anzeigen (auch per Rechtsklick)

9 **Farbkodierung:** Anlegen per Rechtsklick

10 **Transparenz:** Karierte Bereiche signalisieren Bereiche ohne Pixel.

11 **Verbindung Ebene/Maske:** Verbindung mit/Trennung von Ebene oder Ebenensatz mit Ebenenmaske oder Vektormaske (zum gemeinsamen Verschieben und Umformen)

12 **Effekte-Leiste:** Doppelklick für »Ebenenstil«-Dialog; alle Effekte mit Augensymbol ausblenden; wichtiges Kontextmenü

13 **Effekt** einzeln; Doppelklick für »Ebenenstil«-Bereich zu diesem Effekt; mit Augensymbol ausblenden

14 **Einstellungsebene:** zur Kontrastkorrektur (wahlweise automatisch mit Ebenenmaske); Doppelklick, um Einstellung zu bearbeiten

15 **Verbindung von Ebenen:** mehrere Ebenen auswählen, dann klicken (zum dauerhaft gemeinsamen Verschieben, Drehen, Skalieren, Verzerren; s.a. 29)

16 **Ebeneneffekte** anlegen oder ändern

17 **Ebenenmaske** anlegen, nichts verborgen bzw. nicht Ausgewähltes verborgen;
Alt-Klick: Ebenenmaske anlegen, alles verborgen bzw. Ausgewähltes verborgen (wenn Ebenenmaske bereits vorhanden, entsteht Vektormaske)

18 **Einstellungsebene** oder Füllebene neu anlegen

19 **Gruppe** neu anlegen
Gruppe auf Symbol ziehen: Ebenensatz innerhalb der Datei duplizieren

20 **Neue Ebene** ohne Inhalt anlegen
Objekt auf Symbol ziehen: Ebene innerhalb der Datei duplizieren
Alt-Klick: Optionen zeigen

21 **Löschen:** Objekt auf Symbol ziehen

22 **Vektormaske** begrenzt Sichtbarkeit der Ebene
Strg-Klick: als Auswahl laden;
⇧-Klick: abschalten

23 **Effekte-Symbol:** Effekte-Leisten per Klick einblenden/verberge

24 **Aktivierte Ebene,** darum hervorgehoben (nur diese Ebene kann voll bearbeitet werden); zum Duplizieren in andere Datei ziehen

25 **Trennlinie:** Schnittmaske einrichten/aufheben durch Alt-Klick auf Trennlinie

26 **Smartfilter,** hier »Selektiver Scharfzeichner«, Wirkung mit Augensymbol ausblenden, nach Doppelklick Einstellungen ändern

27 **Smartfilter-Ebenenmaske,** für alle Smartfilter gemeinsam

28 **Smart Objekt:** Doppelklick, um hier geänderte Ebene im ursprünglichen Originalzustand zu bearbeiten

29 **Verbindung:** Ebene ist mit einer anderen Ebene verbunden (s.a. 15)

30 **Ebenenmaske** begrenzt Sichtbarkeit von Ebene oder hier Gruppe (schwarz unterlegte Bereiche werden verborgen)
Klick: Ebenenmaske statt Ebene bearbeiten;
Strg-Klick: als Auswahl laden;
⇧-Klick: abschalten
Alt-Klick: als Schwarzweißbild anzeigen
⇧-Alt-Klick: halbdeckend über Bild blenden

31 **Fläche:** Deckkraft der aktiven Ebene (nur Füllung; Effekte bleiben voll sichtbar)

32 **Deckkraft** der aktiven Ebene (Füllung und Effekte); teilweise per Ziffertaste änderbar

33 **Palettenmenü**

Abbildung 19.26 Nach einem Rechtsklick mit dem Verschiebenwerkzeug bietet Photoshop alle Ebenen unter dem Mauszeiger zum Aktivieren an; die vorderste Ebene erscheint dabei ganz oben. Ebenen, die in der Palette oben liegen, erscheinen im Bild vorne; die momentan aktivierte Ebene ist hervorgehoben. Durch Ziehen der Miniaturen nach oben oder unten ändern Sie die Rangfolge. Die Palette zeigt den Aufbau der rechten Montage. Datei: Ebene_09

» Klicken Sie bei aktiviertem Verschiebenwerkzeug mit der rechten Maustaste (am Mac Ctrl-Taste) in das Bild. Ein Kontextmenü bietet die unter dem Zeiger liegenden Ebenen an. (Wechseln Sie von anderen Werkzeugen schnell per Strg-Taste zum Verschiebenwerkzeug.)

» Klicken Sie bei aktiviertem Verschiebenwerkzeug mit rechter Maus- und gedrückter Alt-Taste in einen Bildteil; Photoshop aktiviert die oberste Ebene unter dem Zeiger.

Photoshop bearbeitet meist nur die eine aktive Ebene. **Transformieren**-Befehle verändern jedoch alle ausgewählten oder »verbundenen« Ebenen, der Deckkraft-Regler steuert alle gewählten Ebenen. Auch wenn die aktive Ebene per Deckkraft ausgeblendet, hinter einem anderen Objekt oder außerhalb der Dokumentgrenzen versteckt ist – bearbeitet wird diese aktivierte Ebene und keine andere.

Die wichtigsten Tastengriffe:

Alt+. nächsthöhere Ebene aktivieren

Alt+, nächsttiefere Ebene aktivieren

Alt+- unterste Ebene aktivieren

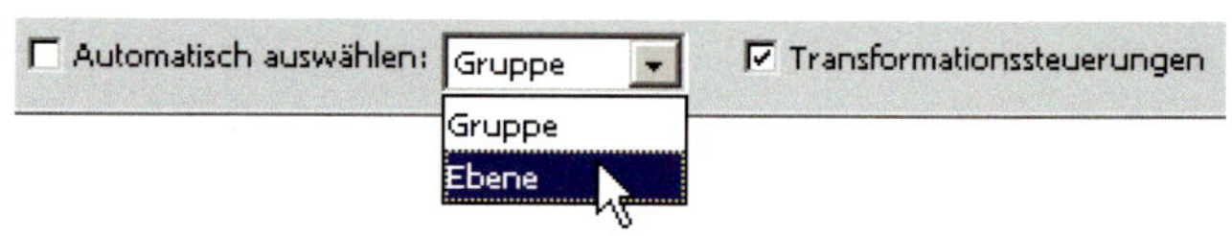

Abbildung 19.27 Mit den Optionen zum Verschiebenwerkzeug lassen sich Ebenen schneller erkennen und aktivieren.

Darstellung der aktiven Ebene

So erkennen Sie, welche Ebene aktiviert ist:

» Die aktive Ebene erscheint in der Palette farblich hervorgehoben.

» Die Titelleiste im Dateirahmen nennt die aktive Ebene und Maske.

» Der Befehl **Ansicht: Einblenden: Ebenenkanten** umgibt die aktive Ebene mit einem blauen Rahmen.

» Bei eingeschaltetem Verschiebenwerkzeug blenden Sie die Transformationssteuerungen ein, die nur für die aktive Ebene erscheinen (ja, sie eignen sich auch zum **Transformieren**; Seite 737).

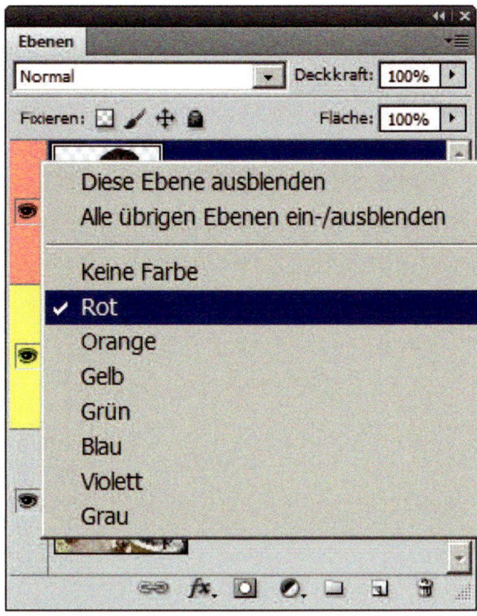

Abbildung 19.28 Die Farbkodierung für einzelne Ebenen oder Gruppen legen Sie per Kontextmenü ganz links in der Ebenenpalette an. So erkennen Sie wichtige oder zusammengehörende Ebenen schneller. Wohlgemerkt: Ebenen mit gemeinsamer Farbkodierung sind in keiner Weise »verbunden« oder »gruppiert«.

19.3.4 Ebenen und transparente Bereiche anzeigen

Sie können eine einzelne Ebene zur Bearbeitung und unabhängig davon zur Ansicht freigeben. Schicken Sie zur leichteren Orientierung einige oder fast alle Ebenen auf Tauchstation:

» Klicken Sie auf das Augensymbol ganz links in der Ebenenpalette, um eine Ebene oder eine komplette Ebenengruppe aus- und beim nächsten Klick wieder einzublenden. Eventuell ist es aber übersichtlicher, nur Deckkraft oder Füllmethode mehrerer Ebenen zu bearbeiten.

» Um mehrere Ebenen gleichzeitig ein- und auszublenden, ziehen Sie die Maus in der Augenleiste.

» Klicken Sie bei gedrückter Alt-Taste in die Augenleiste, um nur diese eine Ebene zu sehen. Ein neuerlicher Alt-Klick zeigt wieder tutti frutti. Diese Funktionen bietet auch das Kontextmenü über dem Augensymbol.

Photoshop druckt nur Ebenen, die zur Ansicht eingeblendet sind. Bei den Befehlen **Bild: Duplizieren** sowie **Datei: Speichern unter** mit der Option ALS KOPIE gehen auch verborgene Ebenen nicht verloren. Wenn Sie allerdings alles zu einer Hintergrundebene verschmelzen, fallen verborgene Ebenen nach Rückfrage endgültig unter den Tisch.

Darstellung von Transparenz

Wenn Sie Bildteile montieren, müssen Sie zwischen transparenten, durchsichtigen Partien einerseits und Bildzonen mit Farbfüllung andererseits unterscheiden: Ist ein Objekt von weißer Farbe umgeben oder ist das Umfeld durchsichtig? Photoshop zeigt darum transparente Flächen nicht etwa weiß, sondern mit einem Karomuster an.

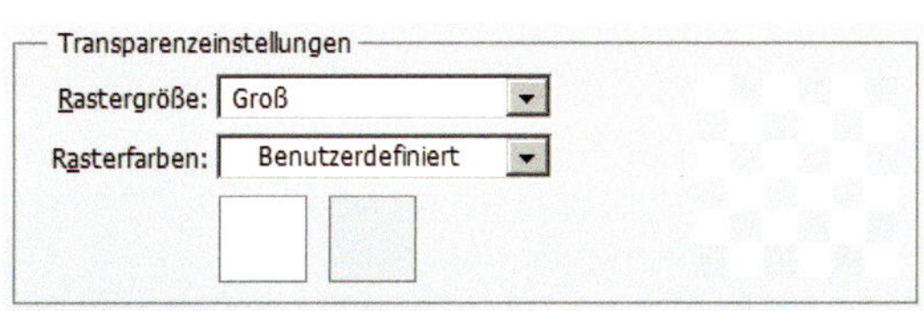

Abbildung 19.29 **Links:** Transparente Flächen ohne jeden Pixelinhalt kennzeichnet Photoshop durch ein Karomuster. Die Abbildung zeigt auch die »Transformationssteuerungen« aus den Optionen zum Verschiebenwerkzeug. **Rechts:** Größe und Farbe des Transparenzmusters regeln Sie mit dem Befehl »Bearbeiten: Voreinstellungen: Transparenz & Farbumfang-Warnung«.

Im Dialogfeld **Bearbeiten: Voreinstellungen: Transparenz & Farbumfang-Warnung** bestimmen Sie Größe und Farbe dieser Karos. Durch Klicken auf die Farbfelder wählen Sie den Farbton für Ihr Karomuster frei aus. Klicken Sie Ohne an, erscheinen transparente Flächen ganz in Weiß – das ist nicht übersichtlich. Die Transparenz des Bildpunkts unter dem Mauszeiger meldet Photoshop auf Wunsch auch in der Infopalette als Wert »Dk« für Deckkraft.

19.3.5 Ebenen auswählen und verbinden

Wollen Sie mehrere Ebenen zusammenfassen, um sie en bloc zu bearbeiten oder um sie als zusammengehörend darzustellen? Ihre Möglichkeiten:

- Wählen Sie Ebenen gemeinsam aus.
- Sie können Ebenen »verbinden«, das ist dauerhafter als nur Auswählen.
- Sie können Ebenen in eine Gruppe stecken; diese Ebenen müssen aufeinanderfolgen.
- Packen Sie mehrere Ebenen gemeinsam in ein Smart-Objekt.

Zuerst geht es um gemeinsames Auswählen und Verbinden.

Wählen Sie mehrere Ebenen gemeinsam aus, um sie gemeinsam zu verändern. Soll der Verbund länger halten, »verbinden« Sie die Ebenen zusätzlich; anschließend müssen sie meist nicht mehr gemeinsam ausgewählt werden. Mögliche Gründe für ein gemeinsames Auswählen:

- Die Verzerrungen beim **Transformieren** (Verkleinern, Drehen, Verzerren, aber nicht Verkrümmen) werden auf alle verbundenen Ebenen übertragen.
- **Kopieren** Sie die Effekte einer Ebene, um sie gemeinsam auf mehrere andere Ebenen zu übertragen.
- Wählen Sie zwei oder mehr Ebenen aus, um sie gleichmäßig anzuordnen (Seite 714), zu verschmelzen oder zu rastern.
- Die gemeinsame Auswahl bereitet Schnittmasken (Seite 883) und Gruppen (Seite 714) vor.
- Der Befehl **Ebene: Ebenen fixieren** schützt die ausgewählten Ebenen gegen verschiedene Eingriffe (Seite 733).

Achten Sie auf die Ebenenpalette: Ausgewählte Ebenen sind farblich hervorgehoben. Sind mehrere Ebenen ausgewählt, stehen übliche Korrekturbefehle etwa aus den Menüs **Filter** oder **Bild: Korrekturen** nicht mehr zur Verfügung.

TIPP Eine Alternative zum Verbinden bieten Smart-Objekte: Änderungen wie Pinselretusche oder Kontrastkorrektur überträgt Photoshop automatisch auf Duplikate (Seite 908). Außerdem können Sie mehrere Ebenen in ein Smart-Objekt packen und fast wie eine Einzelebene weiterverwenden, aber auch wieder einzeln ansprechen.

Mehrere Ebenen mit dem Verschiebenwerkzeug auswählen

So wählen Sie mehrere Ebenen mit dem Verschiebenwerkzeug direkt in der Bilddatei aus:

- Verwenden Sie die Option Automatisch auswählen, dann rahmen Sie mit dem Verschiebenwerkzeug die gewünschten Ebenen im Bild ein. Dabei muss der Auswahlvorgang über der Hintergrund-Ebene oder über dem Karomuster für Transparenz beginnen. Blenden Sie eventuell Ebenen, die die Hintergrund-Ebene verdecken, mit dem Augensymbol aus. Fügen Sie eine weitere Ebene bei gedrückter [⇧]-Taste hinzu.
- Ebenfalls mit der Option Automatisch auswählen klicken Sie die gewünschten Ebenen im Bild bei gedrückter [⇧]-Taste an.

Abbildung 19.30 Die zwei Ebenen werden gemeinsam ausgewählt, sie erscheinen in der Ebenenpalette farblich hervorgehoben. Nun können Sie die Ebenen bereits gemeinsam bewegen, vergrößern, drehen oder in der Deckkraft ändern – Kontrastkorrektur oder Filterbefehle stehen jedoch nicht mehr zur Verfügung. Wollen Sie die Ebenen dauerhaft gemeinsam bewegen und »transformieren«, werden sie verbunden; dann müssen Sie nicht jedes Mal alle Ebenen gemeinsam auswählen. Vorlage: Ebene_09

Mehrere Ebenen in der Ebenenpalette auswählen

Auch in der Ebenenpalette wählen Sie mehrere Ebenen gemeinsam aus:

» Mehrere in der Ebenenpalette benachbarte Ebenen wählen Sie aus, indem Sie zunächst die erste Ebene in der Palette anklicken und dann bei gedrückter ⇧-Taste auf die letzte Ebene klicken.

» Sollen weitere Ebenen mit ausgewählt werden? Klicken Sie das leere Feld rechts neben der Miniatur – nicht die Miniatur selbst – bei gedrückter Strg-Taste an. Ebenso entfernen Sie mit gedrückter Strg-Taste einzelne Ebenen aus der Auswahl.

» Sind die Ebenen bereits verbunden (nächster Abschnitt), bietet das Menü der Ebenenpalette den Befehl **Verbundene Ebenen auswählen**.

So wählen Sie die Ebenen mit dem **Auswahl**-Menü aus:

» In einer komplexen Montage wollen Sie zum Beispiel sämtliche Textebenen auswählen, Pixelebenen und Formebenen jedoch nicht? Klicken Sie eine Textebene in der Palette einmal an, dann nehmen Sie **Auswahl: Ähnliche Ebenen**.

» Brauchen Sie alle Ebenen ohne die Hintergrund-Ebene heißt es **Auswahl: Alle Ebenen** (Strg + Alt + A).

Passt die Auswahl? Sie können die Ebenen jetzt gemeinsam bewegen, drehen, skalieren, verzerren oder in andere Dateien ziehen.

Ebenen verbinden

Das Auswählen allein reicht nicht immer – Sie haben die Kombination der Ebenen schnell verloren, wenn Sie zum Beispiel eine Einzelebene kontrastkorrigieren wollen. Darum können Sie die ausgewählten Ebenen verbinden; dann bleibt die Kombination dauerhaft erhalten. Die Verbindung lässt sich zum Glück jederzeit stressfrei lösen. So geht's:

1. Wählen Sie mehrere Ebenen wie oben beschrieben aus.
2. Sie denken an eine dauerhafte Verbindung? Klicken Sie in der Ebenenpalette unten links auf Ebenen verbinden. Jede verbundene Ebene zeigt in der Palette das Verbindensymbol.

Verbindung abschalten und aufheben

Wollen Sie eine einzelne Ebene nur vorübergehend aus der Verbindung herausnehmen? Klicken Sie bei gedrückter ⇧-Taste auf das Verbindensymbol – es erscheint rot durchgestrichen.

Um eine Ebene endgültig aus der Verbindung herauszulösen, klicken Sie die verbundenen Ebenen einmal in der Palette an; dann klicken Sie auf Ebenen verbinden. Alternative: ein Strg-Klick auf das Verbinden-Symbol neben der Ebene.

ACHTUNG Ziehen Sie verbundene Ebenen aus der Bilddatei heraus in ein neues Dateifenster, so kommen sämtliche verbundenen Ebenen in der Zieldatei an. Ziehen Sie dagegen aus der Ebenenpalette heraus, übertragen Sie nur die angeklickte Ebene; andere verbundene Ebenen bleiben zurück.

19.3.6 Gruppen für Ebenen

Fassen Sie mehrere Ebenen in einer sogenannten »Gruppe« zusammen, sie stecken dann quasi in einem Unterordner. Sie haben so noch mehr Möglichkeiten als beim »Verbinden«:

- In der Ebenenpalette klicken Sie alle Miniaturen einer Gruppe mit dem Dreieck en bloc weg, um mehr Übersicht zu schaffen.
- Richten Sie für alle Ebenen eines Sets ein gemeinsames Überblendverfahren und gemeinsame Deckkraft ein.
- Mit einer Ebenenmaske (Seite 867) begrenzen Sie die Sichtbarkeit einer kompletten Gruppe auf eine beliebige Zone innerhalb der Dokumentgrenzen. Aktivieren Sie die Gruppe, dann klicken Sie in der Ebenenpalette auf das Symbol Ebenenmaske hinzufügen.
- Ebenen aus der Gruppe lassen sich bequem zu einer einzigen Ebene verschmelzen: **Gruppe zusammenfügen** heißt dieser Befehl aus dem Palettenmenü; dazu muss die Miniatur der Gruppe aktiviert sein.
- Sie können die komplette **Gruppe duplizieren** oder **löschen**; diese Möglichkeiten finden Sie – wie die weiteren Befehle – im Menü zur Ebenenpalette und im Menü **Ebene**.
- Per **Alle Ebenen in Gruppe fixieren** schützen Sie sämtliche Ebenen zum Beispiel gegen Verschieben oder gegen jegliche Änderung (Seite 733).
- Umgekehrt lassen sich alle Ebenen gemeinsam **transformieren**, dazu aktivieren Sie nur den Namen der Gruppe.
- Verschachteln Sie Gruppen ineinander, indem Sie eine Gruppe auf das Gruppensymbol ziehen.
- Benennen Sie die Gruppe um, teilen Sie ihr eine Kennfarbe in der Ebenenpalette zu und zeigen Sie von allen Elementen der Gruppe nur einzelne Grundfarben an, beispielsweise nur den Rotkanal; diese Möglichkeiten bietet der Befehl **Gruppeneigenschaften** aus dem Menü der Ebenenpalette, sofern Sie eine Gruppe aktiviert haben.

Allerdings: Befehle wie **Tonwertkorrektur**, **Scharfzeichnen** oder auch Ebeneneffekte lassen sich nicht auf alle Ebenen einer Gruppe gemeinsam anwenden. Dazu öffnen Sie die Gruppe mit dem Dreieck und aktivieren Sie zur Bearbeitung eine Einzelebene.

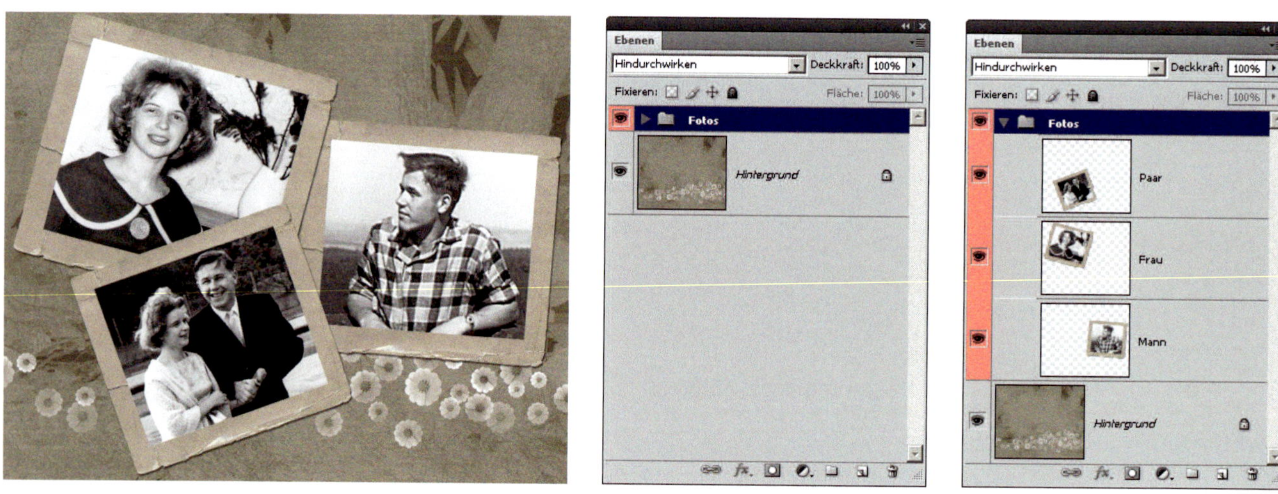

Abbildung 19.31 **Linke Palette:** Die Einzelebenen mit den Fotos wurden in einer Gruppe zusammengefasst und haben eine rote Farbkodierung erhalten. **Rechte Palette:** Die Gruppe wurde aufgeklappt, Sie erkennen die Einzelebenen. Datei: Ebene_10

Gruppen anlegen und ergänzen

Sie wollen eine neue, leere Gruppe anlegen. Klicken Sie auf das Symbol NEUE GRUPPE ERSTELLEN in der Ebenenpalette. Alternatives Verfahren:

1. Wählen Sie mehrere Ebenen aus oder verbinden Sie mehrere Ebenen.
2. Ziehen Sie die ausgewählten oder »verbundenen« Ebenen auf das Symbol NEUE GRUPPE ERSTELLEN (oder wählen Sie **Neue Gruppe aus Ebenen** im Palettenmenü).

Wollen Sie die Gruppe um neue Ebenen erweitern? Ziehen Sie den Kandidaten einfach innerhalb der Palette in eine geöffnete Gruppe oder auf das Feld einer geschlossenen Gruppe. Umgekehrt können Sie auch Ebenen aus einer Gruppe herausziehen in den Bereich der weiteren Ebenen ohne Gruppenzugehörigkeit.

Füllmethode bei Gruppen

Zunächst gilt für alle Ebenen einer Gruppe die Füllmethode HINDURCHWIRKEN. Das heißt: Jede Ebene behält ihre individuelle Überblendmethode und Deckkraft wie zuvor. Ändern Sie jedoch bei aktivierter Gruppe die Überblendmethode für die Gruppe, erscheinen alle Ebenen mit dieser einen Füllmethode. Ändern Sie die Deckkraft für die Gruppe, sehen Sie alle Ebenen der Gruppe mit derselben Deckkraft. Die individuellen Vorgaben pro Ebene behält Photoshop dennoch bei: Ziehen Sie die Ebene aus der Gruppe heraus, sieht man sie wieder mit der ursprünglichen Füllmethode und Deckkraft.

Sie können jederzeit die Gruppe in der Ebenenpalette öffnen, eine Einzelebene aktivieren und hier spezielle Eigenschaften nur für eine Ebene wählen. Besonderheiten dabei:

- Einstellungsebenen (Seite 886) innerhalb der Gruppe beeinflussen zunächst auch Ebenen außerhalb der Gruppe. Verlassen Sie mit der Gruppe jedoch den Modus HINDURCHWIRKEN, korrigiert die Einstellungsebene nur noch Ebenen innerhalb der Gruppe.
- Das Verhalten von Gruppen in Verbindung mit der AUSSPARUNG aus dem Dialogfeld EBENENSTIL ändert sich gleichfalls, wenn Sie die Füllmethode HINDURCHWIRKEN verlassen.

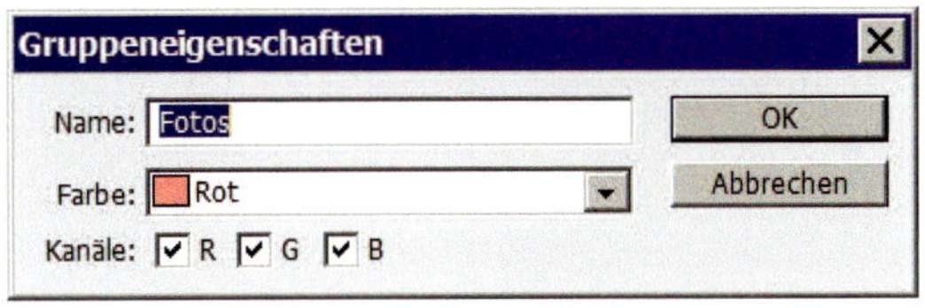

Abbildung 19.32 Per Doppelklick auf einen Gruppennamen zeigt Photoshop die »Gruppeneigenschaften«.

19.3.7 Ebenenkompositionen

Sichern Sie verschiedene Arrangements einer Montage in einer einzigen Datei als Ebenenkompositionen. Sie müssen also nicht drei Dateien speichern, um drei verschiedene Anordnungen Ihrer Ebenen zu sehen. Mit Ebenenkompositionen planen Sie kommod auch Ihre Trickfilme.

Möglichkeiten

Manche Änderungen einer Ebene, die sich verlustfrei zurücksetzen lassen, verewigt Photoshop in verschiedenen Ebenenkompositionen:

- Wechsel der Position
- Änderungen des Ebenenstils – also Deckkraft, Füllmethode, ausgeblendete Helligkeitsbereiche und Effekte wie GLÜHEN NACH AUSSEN oder SCHLAGSCHATTEN
- Abschalten der Ebenensichtbarkeit mit dem Augensymbol
- Ein- und Ausschalten von Ebenenmasken

Durch Ein- und Ausblenden von Einstellungsebenen wie **Gradationskurven** oder **Farbton/Sättigung** variieren Sie auch Farbton oder Helligkeit per Ebenenkomposition.

HINWEIS Ebenenkompositionen lohnen sich vor allem, wenn Sie die Versionen auch nach dem Speichern und Schließen wieder sehen möchten. Wollen Sie jedoch lediglich bei einer einzigen Sitzung mehrere Zwischenfassungen abrufen, dann wirken die Schnappschüsse der Protokollpalette praktischer.

Ebenenkompositionen anlegen und löschen

So legen Sie eine neue Ebenenkomposition an:

1. Arrangieren Sie die Montage nach Bedarf.

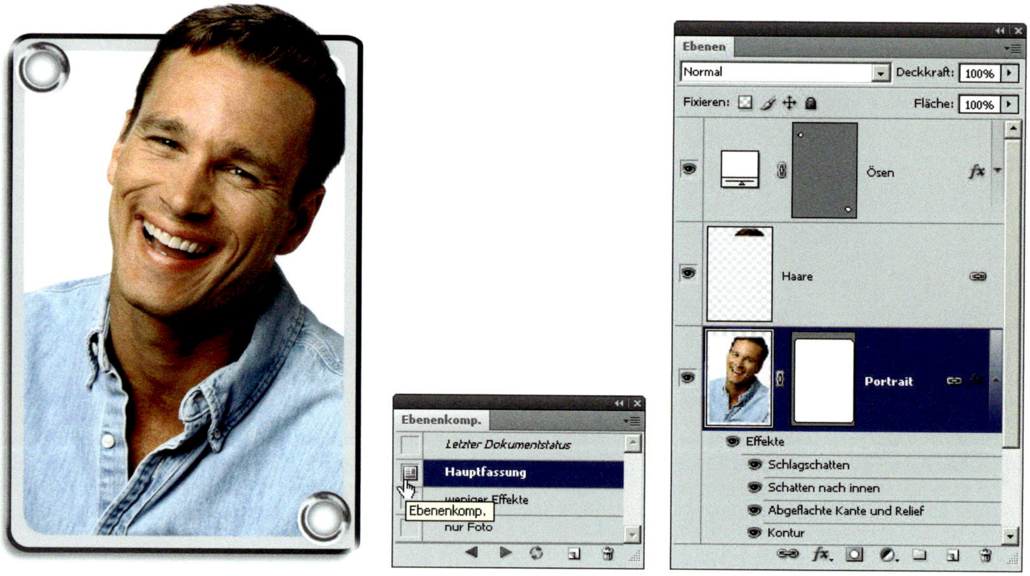

Abbildung 19.33 Von dieser Montage gibt es verschiedene Varianten, die links in der Ebenenkomp.-Palette angeklickt werden. Hier zeigen wir den Entwurf »Hauptfassung«. Datei: Ebene_11

2. Rufen Sie im Fenster-Menü die Ebenenkomp.-Palette auf.
3. Klicken Sie in der Palette auf die Schaltfläche Neue Ebenenkomp. erstellen.
4. Im Dialogfeld Optionen für Ebenenkomp. geben Sie der Ebenenkomposition einen schönen Namen. Vermeiden Sie eventuelle Doppelpunkte, Kommata oder andere Zeichen, die nicht in einen Dateinamen gehören - Sie können Ihre Ebenenkompositionen dann nicht mehr automatisch in Einzeldateien, Internetgalerien oder PDF-Diaschauen verwandeln.
5. Sollen Änderungen bei den Effekten - zum Beispiel Änderung oder Abschalten des Schlagschattens - auch als Eigenschaft der Ebenenkomposition gemerkt werden? Dann aktivieren Sie auch die Option Aussehen (Ebenenstil).

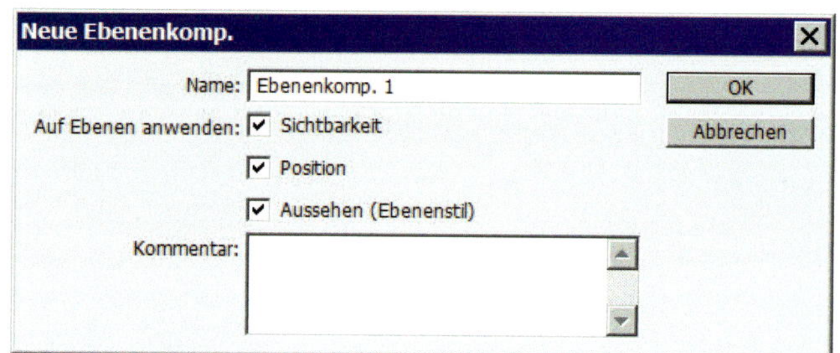

Abbildung 19.34 Legen Sie fest, ob Photoshop auch Änderungen bei Ebeneneffekten und Position als Eigenschaft einer Ebenenkomposition mitspeichern soll.

Nun verändern Sie die Ebenen weiter. Verschieben Sie Elemente, experimentieren Sie mit Füllmethoden und Effekten, schalten Sie einzelne Ebenen ganz aus. Speichern Sie bei Bedarf eine weitere Komposition durch einen Klick auf Neue Ebenenkomp. erstellen.

Überflüssige Ebenenkompositionen ziehen Sie in den Mülleimer unten in der Palette. Dabei verlieren Sie wohlgemerkt keine Ebenen oder sonstiges Bildmaterial - nur die gespeicherte Anordnung der Ebenen geht verloren.

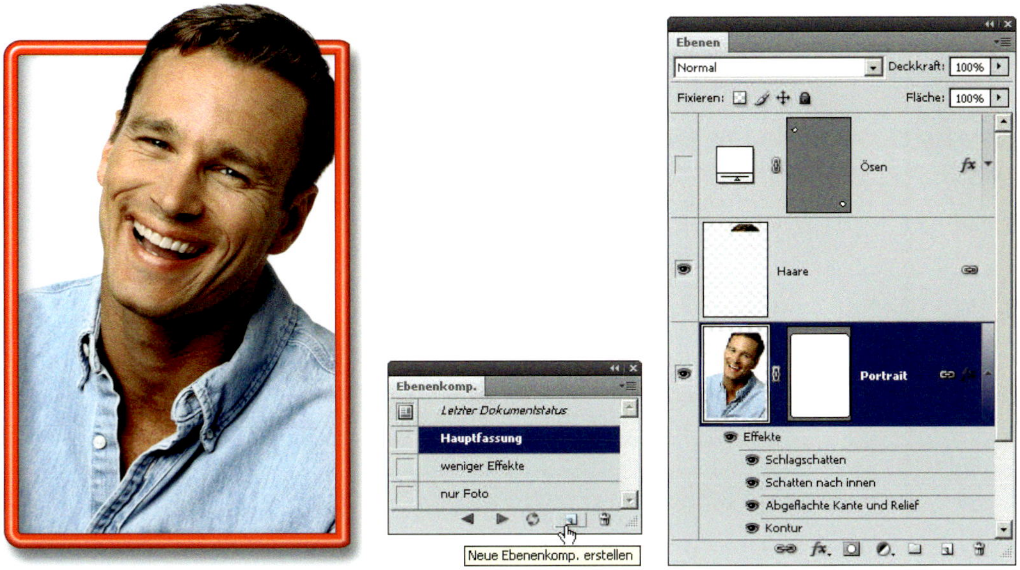

Abbildung 19.35
Wir ändern den Ebenenstil und blenden die Ösen aus. Das Symbol »Ebenenkomp.« erscheint jetzt neben der Zeile »Letzter Dokumentstatus«. Wollen Sie diesen Status als Ebenenkomposition sichern, klicken Sie auf »Neue Ebenenkomp. erstellen«. Aktivieren Sie dabei auch »Aussehen (Ebenenstil)«.

Ebenenkompositionen anzeigen

Wollen Sie eine ältere Ebenenkomposition wieder sehen, klicken Sie in der Ebenenkomp.-Palette neben dem Namen des Entwurfs in das leere Kästchen Ebenenkomp. . Dort erscheint dann das Symbol Ebenenkomp. . Es reicht nicht, auf den Namen selbst zu klicken, es muss schon das winzig kleine Kästchen sein.

Mit den Dreieckschaltern ◀ ▶ klicken Sie sich der Reihe nach durch Ihre Layouts. Wollen Sie nur einige Entwürfe Revue passieren lassen, markieren Sie die gewünschten Ebenenkompositionen mit gedrückter Strg- oder ⇧-Taste; danach nehmen Sie die Dreieckschalter ◀ ▶.

So kehren Sie wieder zum neuesten, noch nicht als Komposition gesicherten Zustand Ihrer Montage zurück: Klicken Sie oben in der Palette in das leere Kästchen neben Letzter Dokumentstatus.

Ebenenkompositionen ändern

Ein Beispiel: Sie haben die Ebenenkomposition »Hauptfassung«. Dann bauen Sie die Montage um, der neueste Entwurf gefällt Ihnen noch besser, darum möchten Sie diese Anordnung jetzt als Entwurf »Hauptfassung« speichern. Die ursprüngliche Version brauchen Sie nicht mehr. So aktualisieren Sie die Ebenenkomposition »Hauptfassung«:

1. Bringen Sie Ihre Montage in den Zustand, den Sie als Ebenenkomposition »Hauptfassung« behalten wollen.
2. Klicken Sie in der Ebenenkomp.-Palette auf den Namen »Hauptfassung« – aber nicht auf das leere Kästchen daneben. Der Name erscheint farblich hervorgehoben.
3. Klicken Sie unten in der Palette auf die Schaltfläche Ebenenkomp. aktualisieren . Damit erscheint das Symbol Ebenenkomp. neben dem Namen der Ebenenkomposition, der aktuelle Bildzustand ist also jetzt als »Hauptfassung« gesichert.

Klicken Sie doppelt auf den Namen einer Komposition, um den Entwurf umzutaufen.

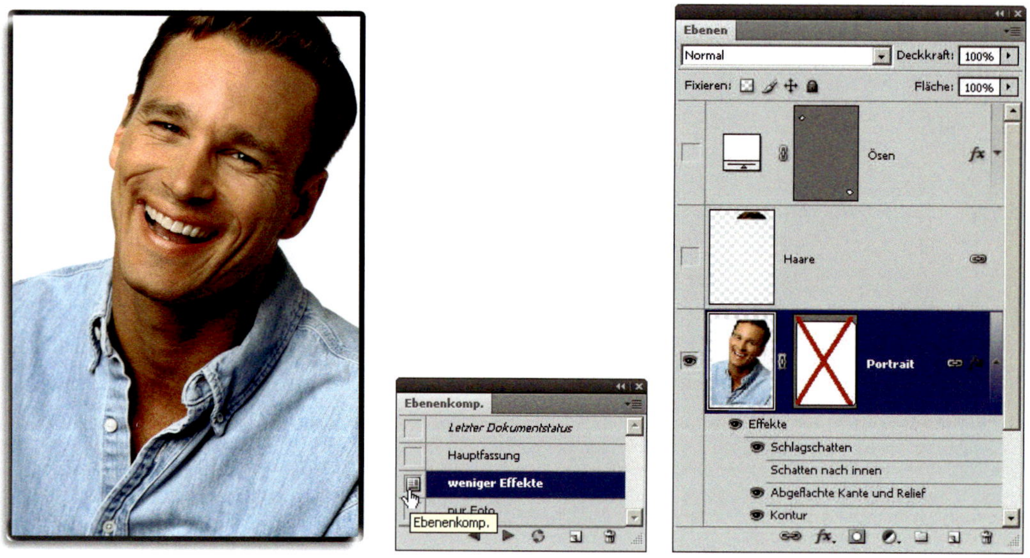

Abbildung 19.36
Hier sehen Sie den Entwurf »weniger Effekte«: Die Vektormaske ist abgeschaltet, der graue Rahmen fehlt (er wurde als »Schatten nach innen realisiert«), Haarteil und Ösen wurden ausgeblendet. Sie können jederzeit zu einer anderen Komposition wechseln und später die hier gezeigte Montage wieder aufrufen.

Risiken und Nebenwirkungen ⚠

Mitunter lassen sich Ebenenkompositionen nicht wiederherstellen. Das gilt zum Beispiel, wenn Sie Ebenen löschen, verschmelzen, in »Hintergrund«-Ebenen verwandeln oder ihre Reihenfolge ändern, wenn Sie **Arbeitsfläche** hinzugeben oder entfernen – aber auch, wenn Sie den Farbmodus wechseln. Sobald Sie eine wichtige Ebene löschen, zeigt die Ebenenkomp.-Palette ein Warnsignal ⚠ neben allen Ebenenkompositionen, in denen diese Ebene verwendet wird.

Im Test warnte Photoshop auch bei Ebenenkompositionen, die eine gelöschte Ebene gar nicht verwenden. Nun haben Sie folgende Möglichkeiten:

» Ignorieren Sie den Hinweis.

» Entfernen Sie das Warnsignal ⚠. Dann erwartet Photoshop für diese Ebenenkomposition die gelöschte Ebene nicht mehr.

So entfernen Sie das Warndreieck ⚠:

» Klicken Sie doppelt auf ein Warndreieck und im anschließenden Dialogfeld auf Löschen.

» Klicken Sie mit rechts (am Ein-Tasten-Maus-Mac bei gedrückter Ctrl-Taste) auf das Warndreieck. Per Kontextmenü können Sie nun die **Ebenenkomp.-Warnung löschen** oder **Alle Ebenenkomp.-Warnungen löschen**.

Auch andere Manöver verhindern, dass Sie Ihre Ebenenkompositionen wieder wie geplant herstellen können, so etwa Änderungen bei der Ebenenrangfolge, Transformieren und (auch verlustfreies) Drehen oder Text-»Verkrümmungen«. Auf diese Änderungen reagiert Photoshop nicht mit einem Warnsignal ⚠.

Ebenenkomposition als Einzeldatei

Photoshop setzt einzelne Ebenenkompositionen in neue Dateien um, die Sie bequem weitergeben. Sie gehen auf **Datei: Skripten: Ebenenkomp. in Dateien**, legen Dateiformat und Grundname fest – Photoshop schreibt für jede Komposition eine neue Datei auf die Festplatte. Hinter den Präfix des Dateinamens setzt Photoshop jeweils den Namen des Entwurfs.

Verwenden Sie TIFF, PDF oder Photoshops PSD als Dateityp, bleiben die Ebenen Ihrer Montage erhalten. Wollen Sie die Ebenen auf eine Hintergrund-Ebene eindampfen, speichern Sie von vornherein in einem Format ohne Ebenen, etwa JPEG oder BMP.

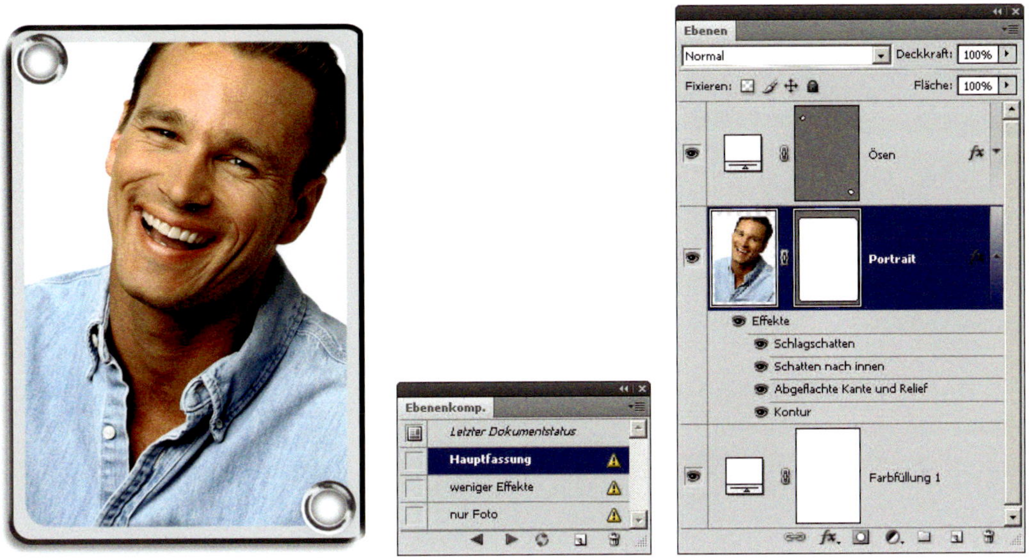

Abbildung 19.37
Wir haben aus der »Hauptfassung« heraus die Ebene mit dem separaten Haarteil gelöscht. Sofort zeigt die Ebenenkomp.-Palette ein Warndreieck für alle drei Entwürfe – obwohl die beiden Entwürfe »weniger Effekte« und »nur Foto« diese Ebene gar nicht benötigen.

Ebenenkomposition als Präsentation

Photoshop CS3 und Vorgänger setzten Ebenenkompositionen automatisch in PDF-Präsentationen und Webgalerien um. Diese Befehle funktionieren in CS5 nicht mehr. Ausweg: Sie wählen **Ebenenkomp. in Dateien** und hieven die einzelnen Bilder ins Ausgabemodul von Bridge für Webgalerien und PDF-Kataloge nach Maß.

Den Befehl **Datei: Automatisieren: Ebenenkomp. in WPG** für Webgalerien aus Ebenenkompositionen können Sie nachträglich installieren (Seite 1074). Er ist aber so spartanisch, dass man lieber erst Einzeldateien erzeugt und dann die Ausgabefunktion von Bridge nutzt.

19.3.8 Ebene und Hintergrundebene

Beginnen Sie mit einem üblichen Bild zum Beispiel im JPEG-Dateiformat, so besteht es nur aus einer Hintergrund-Ebene. Sie erkennen das in der Ebenenpalette. Fügen Sie über der Hintergrund-Ebene neue Objekte ein, erscheinen diese als Ebene 1 oder ähnlich. Jedes Bild kann nur eine Hintergrund-Ebene haben – quasi das Grundbrett für eine Montage, das ganz unten liegt.

Im Vergleich zu normalen Ebenen gelten für die Hintergrundebene wesentliche Einschränkungen, die Photoshop in der Palette auch durch das Vorhängeschloss signalisiert:

» Sie können per Löschen oder Radiergummi keine »Löcher« erzeugen (stattdessen bringen diese Funktionen auf Hintergrundebenen die aktuelle Hintergrundfarbe ins Bild).

» Sie können die Hintergrundebene nicht in der Ebenenpalette nach oben schieben.

» Sie können keine Ebenenmaske anbringen.

» Modus- oder Deckkraftänderungen sind Ihnen ebenso verwehrt.

» Die **Transformieren**-Befehle bietet Photoshop gar nicht erst an.

» Fehlanzeige auch bei den Ebeneneffekten.

All dies ist erst möglich, wenn Sie die Hintergrundebene in eine normale Ebene verwandeln – am schnellsten per Alt-Klick auf die Miniatur der Hintergrundebene, so entsteht die Ebene 0. Oder klicken Sie doppelt auf die Miniatur Hintergrund, dann teilen Sie im Dialogfeld Neue Ebene einen Namen nach Wahl zu.

Abbildung 19.38 Person und Haarteil wurden horizontal gespiegelt. Die Ebenenkomp.-Palette zeigt jedoch keine Warnung an, dass das ursprüngliche Layout nicht angezeigt wird.

TIPP Einige Photoshop-Funktionen verwandeln die Hintergrund-Ebene automatisch in eine normale Ebene 1 oder ähnlich – so die **Objektivkorrektur**, der magische Radiergummi, der Hintergrund-Radiergummi.

»Hintergrund«-Ebene neu erstellen

Ihr Bild hat keine Hintergrund-Ebene, Sie hätten aber gern eine? Ihre Möglichkeiten:

» Wollen Sie sämtliche Ebenen zu einer Hintergrundebene zusammenfassen, wählen Sie **Ebene: Auf Hintergrundebene reduzieren**.

» Machen Sie die in der Palette aktivierte Einzelebene zur Hintergrundebene und behalten Sie die übrigen Ebenen wie gehabt bei. Dies erledigt der Befehl **Ebene: Neu: Hintergrund aus Ebene**.

TIPP Eine spezielle Hintergrund-Ebene in der Montage wirkt eventuell übersichtlich und sie lässt sich nicht irrtümlich verschieben oder transformieren. Einen echten Vorteil gegenüber einer Ebene 0 oder ähnlich bringt die Hintergrund-Ebene jedoch nicht.

19.3.9 Ebenen verschmelzen und löschen

Löschen Sie überflüssige Ebenen und verschmelzen Sie mehrere unabhängige Ebenen zu einer – so halten Sie die Dateigröße klein und die Gesamtkonstruktion überschaubar. Die untenliegenden Pixel sind danach fort und die verschmolzenen Bildteile lassen sich nicht mehr ohne Schaden auseinanderziehen. Ebenso zementieren Sie bei diesem Vorgang Füllmethode und Deckkraft: Haben Sie eine Ebene mit 50 Prozent Deckkraft halb durchscheinend gestaltet, so können Sie diese mit der darunterliegenden Ebene verschmelzen – dort kommt die Ebene aber nur blass an und die ursprüngliche, ganzheitliche Ebeneninformation ist passé. Sie finden die genannten Befehle im **Ebene**-Menü, aber auch im Menü zur Ebenenpalette.

So reduzieren Sie die Zahl der Ebenen:

» Wählen Sie zwei oder mehr Ebenen aus (Seite 712) und drücken Sie einfach Strg+E (**Ebene: Auf eine Ebene reduzieren**); die zwei Ebenen verschmelzen zu einer einzigen Bildschicht.

» Der Befehl **Ebene: Sichtbare auf eine Ebene reduzieren** (Strg+⇧+E) fasst ebenfalls zwei oder mehr Ebenen zu einer zusammen. Verstecken Sie vorab mit dem Augensymbol alle Ebenen, die Sie nicht vereinigen wollen.

Abbildung 19.39 **Links:** Die zwei oberen Ebenen wurden gemeinsam ausgewählt. **Mitte:** Per [Strg]+[E] haben wir die ausgewählten Ebenen verschmolzen; die Datei braucht so bereits weniger Speicherplatz. **Rechts:** Der Befehl »Auf Hintergrundebene reduzieren« hinterlässt nur noch eine Hintergrundebene. Das Bild sieht immer gleich aus, doch Dateigröße, Bearbeitungs- und Speichermöglichkeiten ändern sich. Vorlage: Ebene_09

» Der Befehl **Ebene: Mit darunter liegender auf eine Ebene reduzieren** ([Strg]+[E], für Merge down) verschmilzt die aktuelle Ebene mit der darunterliegenden. Photoshop verweigert diesen Befehl, wenn auf der unteren Ebene Text oder eine Formebene rangiert. Wenn Sie die Miniatur einer Gruppe angeklickt haben, wird mit [Strg]+[E] die komplette Gruppe verschmolzen.

» Nur noch eine Hintergrundebene hinterlässt der Befehl **Ebene: Auf Hintergrundebene reduzieren**. Damit sind alle Einzelebenen perdu, Sie haben ein »flaches« Pixelbild vor sich, wie es als GIF- oder JPEG-Datei leicht gespeichert und weitergegeben werden kann. Die Dateigröße sinkt. Löschen oder verbergen Sie zuvor nicht benötigte Ebenen. Vormals transparente Zonen füllt Photoshop mit Weiß, unabhängig von der aktuellen Hintergrundfarbe.

TIPP Es gibt noch eine schnelle Möglichkeit, ein flaches Bild zu erzeugen. Verwenden Sie den **Bild**-Befehl **Bild duplizieren** und die Option Auf eine Ebene reduzieren; dabei entsteht allerdings keine spezielle »Hintergrund«-Ebene, sofern die Ausgangsdatei auch keine hatte. Wollen Sie eine Gesamtansicht aller Ebenen in die Zwischenablage kopieren, drücken Sie [Strg]+[A] und nutzen danach den Befehl **Bearbeiten: Auf eine Ebene reduziert kopieren** ([Strg]+[⇧]+[C]).

Neue, leere Ebene erstellen

Sie erstellen eine neue, leere Ebene über dem Hintergrund zum Beispiel, um Bildretuschen zunächst auf einer separaten Schicht anzubringen, die man jederzeit verlustfrei löscht. Klicken Sie einfach unten in der Ebenenpalette auf das Symbol Neue Ebene erstellen. Die neue Ebene entsteht hier ohne Rückfrage. Ist jedoch das Dialogfeld Neue Ebene erwünscht, klicken Sie wie immer mit gedrückter [Alt]-Taste; Sie können dann sofort Name, Füllmethode und »neutrale Farbe« bestimmen.

Die neue Ebene landet über der zuletzt aktiven Ebene. Drücken Sie indes beim Klick auf Neue Ebene erstellen zusätzlich die [Strg]-Taste, erscheint die neue leere Ebene unterhalb der zuvor aktiven Ebene.

Ebene löschen

Ziehen Sie überflüssige Ebenen auf den Mülleimer, sie verschwinden ohne Rückfrage. Das erledigt auch der Befehl **Ebene löschen** im **Ebene**-Menü und im Palettenmenü. Oder klicken Sie den Mülleimer an, um eine aktivierte Ebene nach artiger Rückfrage zu löschen.

19.3.10 Befehle im Überblick: Ebenen verwalten

Taste/Feld	Zusatztasten	Aktion	Ergebnis
			Palettenmenü
			Aktivierte Ebene nach Rückfrage löschen
	Alt		Aktivierte Ebene ohne Rückfrage löschen
			Neue, leere Ebene oberhalb aktiver Ebene erstellen
	Alt		Neue, leere Ebene oberhalb aktiver Ebene erstellen, Dialogfeld NEUE EBENE anzeigen
Strg + N	⇧		Neue, leere Ebene oberhalb aktiver Ebene erstellen, Dialogfeld NEUE EBENE anzeigen
	Strg		Neue, leere Ebene unterhalb aktiver Ebene erstellen
Strg + N	⇧ + Alt		Neue, leere Ebene erstellen, kein Dialogfeld sehen
			Ebenenmaske erstellen, nichts maskiert oder ausgewählter Bereich sichtbar
	Alt		Ebenenmaske erstellen, alles maskiert oder ausgewählter Bereich nicht sichtbar
			Neue, leere Gruppe erstellen
	Alt		Neue, leere Gruppe erstellen mit Dialogfeld NEUE GRUPPE
fx			Dialogfeld EBENENSTIL
			Einstellungsebene oder Füllebene hinzufügen
[Ebenenminiatur]	Strg		Ebenenkontur als Auswahl (Transparenzmaske)
[Ebenenminiatur]	Strg + ⇧		Auswahl der Ebenenkontur zu vorhandener Auswahl hinzufügen
[Ebenenminiatur]	Strg + Alt		Auswahl der Ebenenkontur von vorhandener Auswahl abziehen
[Ebenenminiatur]		auf Ziehen	Ebenendeckkraft als Ebenenmaske für aktive Ebene
[Ebenenmasken-Miniatur]	Strg		Ebenenmasken-Information als Auswahl
[Ebenenmasken-Miniatur]	Strg + ⇧		Ebenenmasken-Information zu vorhandener Auswahl hinzufügen
[Ebenenmasken-Miniatur]	Strg + Alt		Ebenenmasken-Information von vorhandener Auswahl abziehen
Alt	.		nächsthöhere
Alt			
Alt			

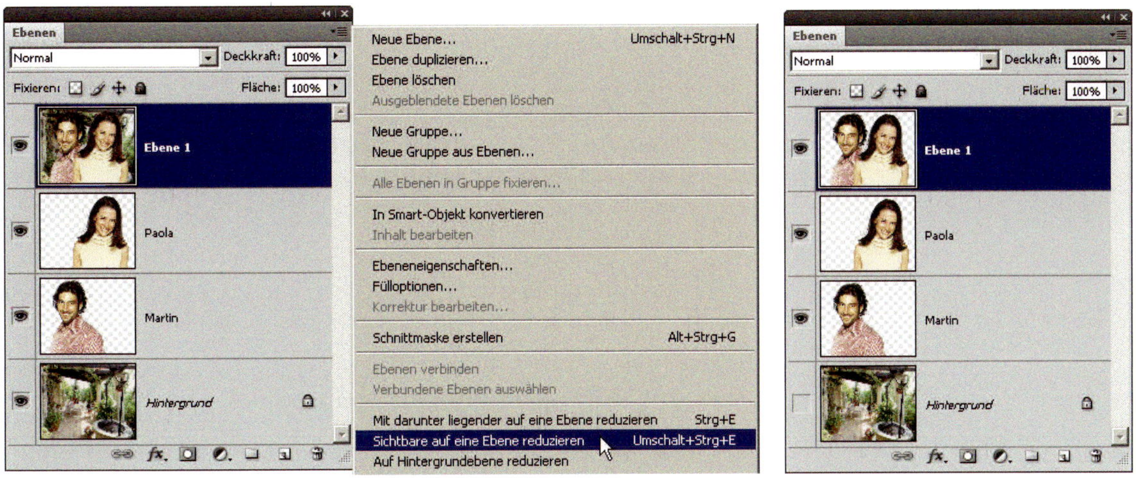

Abbildung 19.40 **Links:** Wählen Sie »Sichtbare auf eine Ebene reduzieren« mit gedrückter Alt-Taste, bleiben die Ebenen unabhängig voneinander erhalten und Photoshop produziert eine völlig neue Ebene mit der Gesamtansicht der sichtbaren Ebenen dazu. Aktivieren Sie vorab die oberste Ebene, damit die neu entstehende Ebene ganz oben landet. **Rechts:** Wir haben zunächst die Hintergrundebene ausgeblendet und dann bei gedrückter Alt-Taste »Sichtbare auf eine Ebene reduzieren« gewählt.

19.4 Ebenen bewegen und anordnen

Bewegen Sie Ebenen mit dem Verschiebenwerkzeug (Kurztaste V). Bei den meisten anderen Werkzeugen drücken Sie einfach die Strg-Taste, schon haben Sie vorübergehend das Verschiebenwerkzeug. Um eine Ebene nur in 45-Grad-Winkeln zu bewegen, drücken Sie wie immer die ⇧-Taste. Es gibt viele Wege, ein Objekt besonders genau zu positionieren.

Für alle Erläuterungen in diesem Abschnitt gilt natürlich: Die Ebenen dürfen nicht »fixiert« sein, etwa mit der Option Position sperren aus der Ebenenpalette (Seite 733). Bevor wir das eigentliche Bewegen besprechen, behandeln wir wichtige Hilfsmittel zur präzisen Ausrichtung – Hilfslinien und Raster.

ACHTUNG Befindet sich eine Auswahl im Bild, bewegt sie sich mit der Ebene mit – auch wenn die Auswahl eigentlich auf einer anderen Ebene angewendet werden sollte. Sichern Sie die Auswahl vor dem Bewegen der Ebene als Alphakanal oder als Pfad.

19.4.1 Hilfslinien

Sie können Hilfslinien automatisch passend einblenden lassen oder von Hand einrichten. Diese Linien, die nicht mitgedruckt werden, ziehen Objekte bei Bedarf magnetisch an. Sie klicken einfach in die Linealleiste (einzublenden mit Strg+R) und ziehen eine Hilfslinie ins Bild; ziehen Sie mit gedrückter ⇧-Taste, rastet die Hilfslinie an bestimmten Stellen im Lineal ein. Alternative: der Befehl **Ansicht: Neue Hilfslinie**.

Der Befehl **Ansicht: Hilfslinien sperren** (Strg+Alt+,) schützt die Linien gegen weitere Änderung. Eine erneute Anwahl des Kommandos macht die Hilfslinien wieder disponibel. Auch das Freistellungswerkzeug zeigt per Optionenleiste wahlweise Hilfslinien an.

TIPP Horizontale, vertikale oder auch diagonale Hilfslinien produzieren Sie mit dem Linienzeichner auch als dauerhafte Ebene (Seite 667.) Anders als normale Hilfslinien sehen Sie die Linienzeichner-Linien bei Bedarf auch in der **Verflüssigen**-Vorschau. Auch Linienzeichner-Hilfslinien wirken in der Regel magnetisch.

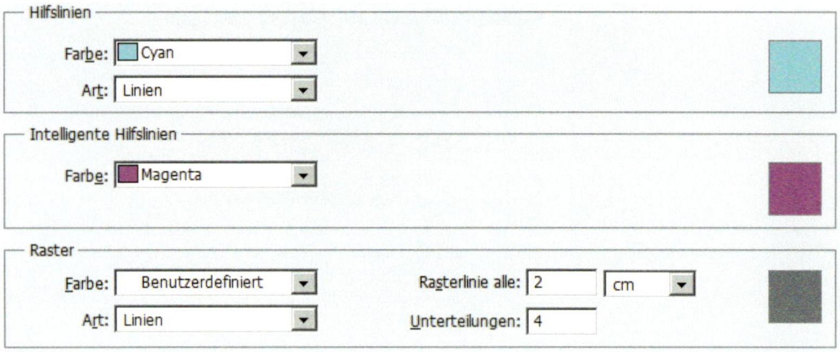

Abbildung 19.41
Farbe und Stil der Hilfslinien bestimmen Sie per »**Datei: Voreinstellungen: Hilfslinien, Raster und Slices**« (Strg+K, dann Strg+8).

Hilfslinien speichern

In vielen Dateiformaten, darunter TIFF, JPEG und PSD, werden Hilfslinien mitgespeichert – sie sitzen also beim nächsten Öffnen der Datei wieder an Ort und Stelle. Natürlich muss der **Ansicht**-Befehl **Einblenden: Hilfslinien** (Strg+,) gewählt sein. Speichern Sie das Bild allerdings zwischendurch in einem anderen Programm, ist es mit der Linientreue vorbei: Beim späteren Öffnen in Photoshop fehlen die Hilfslinien.

»Neue Hilfslinie«

Photoshop bietet den Befehl **Ansicht: Neue Hilfslinie**. Hier produzieren Sie Hilfslinien mit einem festen Abstand zum oberen oder linken Bildrand. Rufen Sie den Befehl mehrfach hintereinander auf, um mehrere Linien nacheinander ins Bild zu setzen – diese Funktion löscht vorhandene Linien nicht. Wählen Sie aus dem Kontextmenü die passende Maßeinheit oder tippen Sie das Kürzel einfach ein: Sollte Photoshop zunächst »cm« anbieten, wechseln Sie nach Bedarf zu »mm«, »%« oder zu »px« für »Pixel«.

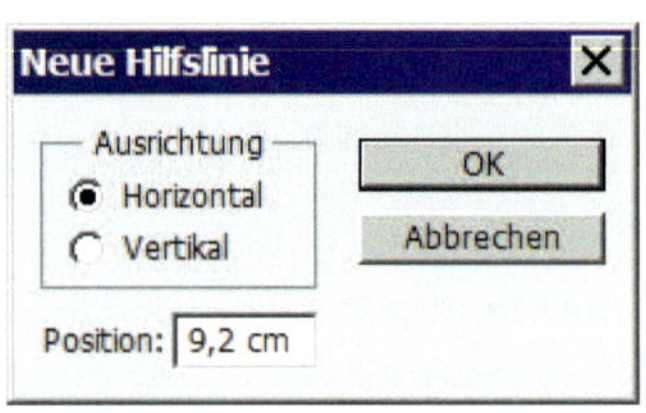

Abbildung 19.42 Der Befehl »Ansicht: Neue Hilfslinie« erzeugt bei mehrfacher Anwendung auch mehrere Hilfslinien nebeneinander.

Hilfslinien einrichten und bewegen

Die Hilfslinien haften an den magnetischen »Raster«-Linien, sofern diese angezeigt sind. Bei gedrückter ⇧-Taste docken die Hilfslinien auch an den Linealeinteilungen an. Sie können eine Hilfslinie verschieben, wenn Sie ihr mit dem Verschiebenwerkzeug acht Monitorpixel nah kommen; der Zeiger verwandelt sich dann in einen Hilfsliniencursor. Ein beherzter Alt-Klick verwandelt horizontale in vertikale Hilfslinien und umgekehrt.

Hilfslinien verbergen und löschen

Ausgediente Hilfslinien ziehen Sie mit dem Verschiebenwerkzeug aus dem Bild. Der **Ansicht**-Befehl **Hilfslinien löschen** macht tabula rasa.

Per (Strg+H) verbergen Sie Hilfslinien oder nehmen Sie die Schaltfläche EXTRAS ANZEIGEN ganz oben in Photoshop.

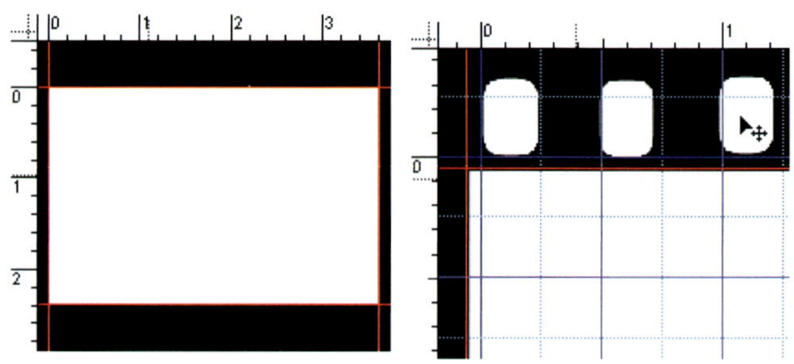

Abbildung 19.43 **Links:** Um einen Filmstreifen zu gestalten, werden zunächst Hilfslinien über das Bild gezogen. **Rechts:** Bei der Anlage der Perforation hilft das regelmäßige Raster in 0,5-Zentimeter-Abständen. Der Nullpunkt der Lineale wird jeweils passend verschoben; dazu klickt man in den Bildwinkel oben links und zieht den Nullpunkt auf die gewünschte Stelle. Datei: Ebene_23

Ausrichten an Hilfslinien

Auf Wunsch docken Ebenen, schwebende Auswahlen, aber auch Werkzeuge magnetisch an den Hilfslinien an. So eignen sich die Striche gut, um Slices, ImageMaps oder allgemein gleichmäßige Collagen vorzubereiten.

Die anziehende Wirkung erreichen Sie mit dem Befehl **Ansicht: Ausrichten an: Hilfslinien**. Gerät ein Objekt näher als acht Monitorpixel an die Hilfslinie heran, ordnet es sich dort automatisch an – und lässt sich nur mit einer gewissen Willenskraft darüber hinaus bewegen.

Auch weitere Bildschirm- und Bildelemente können anziehend wirken: Das Untermenü **Ansicht: Ausrichten an** bietet dafür neben den **Hilfslinien** auch **Raster**, **Ebenen**, **Slices** und **Dokumentbegrenzungen** (Bildränder). Eine gleichmäßige Verteilung von Montageobjekten erlauben außerdem die Befehle **Ausrichten** und **Verteilen** aus dem Ebene-Menü (Seite 729).

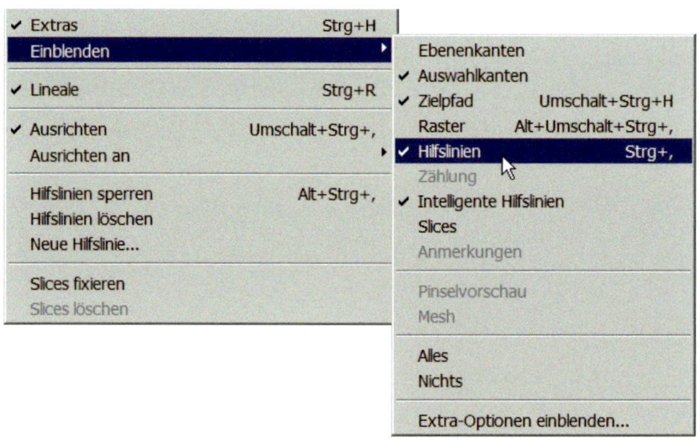

Abbildung 19.44 Mit dem Untermenü »Ansicht: Einblenden« entscheiden Sie, ob Photoshop Hilfslinien oder Raster anzeigt.

»Intelligente Hilfslinien«

Intelligente Hilfslinien (bis CS4 magnetische Hilfslinien) blendet Photoshop beim Verschieben vorübergehend ein. Sie erkennen an den rosafarbenen Linien, dass ein Objekt zum Beispiel exakt mittig oder parallel zur Oberkante einer anderen Ebene ausgerichtet ist. Der zuvor schwarz gefüllte Verschiebencursor erscheint weiß. Die Ebene rastet in dieser Position vorübergehend ein.

Der Befehl **Ansicht: Einblenden: Intelligente Hilfslinien** unterbindet das Auftauchen und lässt es beim nächsten Aufruf wieder zu. Die **Voreinstellungen** (Strg+K) bieten weitere aparte Farbnoten an.

Abbildung 19.45 Photoshop blendet automatisch »intelligente Hilfslinien« beim Verschieben und Platzieren ein. Sie signalisieren, dass ein Objekt zum Beispiel exakt mittig oder parallel zur Oberkante einer anderen Ebene ausgerichtet ist. Vorlage: Effekte_02

19.4.2 Raster

Ein gleichmäßiges Gitternetz legt der Befehl **Ansicht: Einblenden: Raster** über das Bild, per **Ansicht: Ausrichten an** wirkt dieses »digitale Millimeterpapier« zudem magnetisch. Stil und Farbe steuern Sie mit dem Befehl **Bearbeiten: Voreinstellungen: Hilfslinien, Raster und Slices** im Bereich Raster (in **Photoshop Extended-Version Hilfslinien, Raster, Slices und Zählung**).

Richten Sie das Raster ein, bevor Sie den Dialog aufrufen – Sie sehen dann jede Änderung des Rasters sofort in der Datei. Wir verwenden das Raster auch in den Anleitungen zum Goldenen Schnitt (Seite 296) und für maßstabsgerechtes Formatieren (Seite 300).

Sie definieren, in welchem Abstand die Linien aufeinanderfolgen sollen. Als Einheit stehen etwa Pixel, Zentimeter oder Prozentwerte zur Verfügung. Wenn Sie den Nullpunkt der Lineale verschieben, wandern zentimeterorientierte Rasterlinien mit.

Zu den Hauptrasterlinien bietet Photoshop Unterteilungen an; sie zerlegen die Quadrate des Grundrasters noch einmal in kleinere Felder. Die Häufigkeit der Unterteilungen bestimmen Sie mit einer ganzen Zahl zwischen

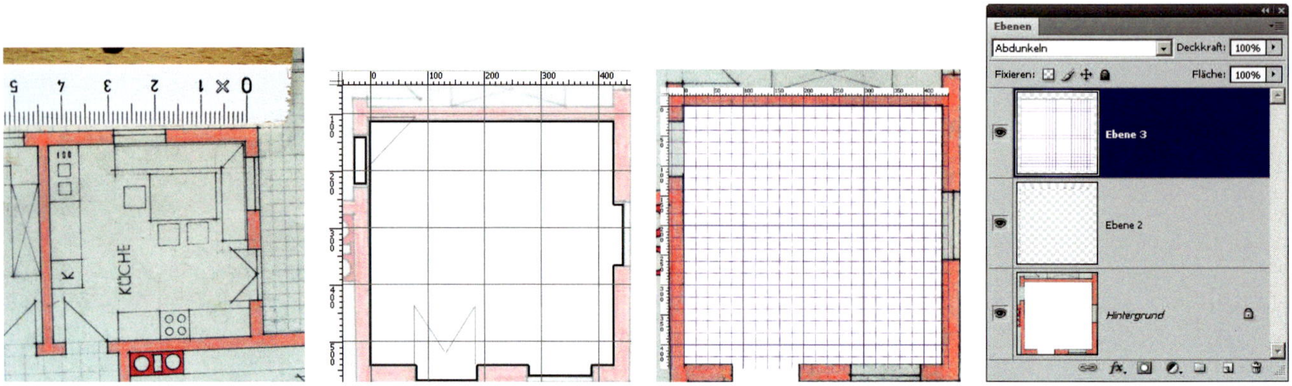

Abbildung 19.46 **1. Bild:** Der Grundriss wird mit Lineal fotografiert. **2. Bild:** Der Grundriss ist entkernt und mit Formebenen nachgezeichnet. Die Datei wurde auf Originalraummaße formatiert, darüber liegt ein Raster in Ein-Meter-Abständen, der Nullpunkt wurde verschoben. **3. Bild:** Wir haben Photoshop-Lineale und -Raster als Bildschirmfoto (Screenshot) aufgenommen und als Pixelebenen in die Datei eingebaut. Dateien: Grundriss etc.

1 und 100. »1« bedeutet, dass Photoshop die Quadrate des Grundrasters gar nicht unterteilt; »2« heißt, dass zu den vorhandenen Hoch- und Querlinien noch mal jeweils auf halber Strecke Unterlinien hinzukommen; »3« drittelt die Abstände.

TIPP Mit Prozentwerten verteilen Sie die Gitterlinien gleichmäßig über das Bild. Der Wert 20 Prozent erzeugt je vier Linien horizontal und vertikal; das Bild wird also in 5 x 5 gleich große Felder zerlegt. Ebenfalls gleich große Segmente erzeugen Sie zum Beispiel mit Vorgaben wie 5, 10 oder 25 Prozent.

19.4.3 Bewegen mit den Pfeiltasten

Bewegen Sie schwebende Auswahlen und Ebenen mit den Pfeiltasten der Tastatur – um einen Pixel je Tastendruck. Vorab schalten Sie das Verschiebenwerkzeug ein (Kurztaste [V]). Nehmen Sie die [⇧]-Taste dazu, um das Objekt in 10-Pixel-Etappen durchs Bild zu bewegen.

19.4.4 Bewegen per »Transformieren«

Sie können die Ebene auch durch Eintippen von Zahlen verschieben. Dazu drücken Sie [Strg]+[T] (für **Bearbeiten: Frei transformieren**) und achten auf die Optionenleiste oben. Hier interessiert uns nur der Bereich links mit den Angaben für die Position auf der X- und Y-Achse (weiteres ab Seite 737). Geben Sie in den X- und Y-Feldern eine neue Position in »px«- oder »cm«-Einheiten an. Weitere Maßeinheiten bietet das Kontextmenü über dem Eingabefeld.

Referenzpunkt

Sobald Sie den Befehl **Frei transformieren** wählen, erscheint die aktuelle Ebene in einem Begrenzungsrahmen. Besonders wichtig ist hier der Referenzpunkt, den Sie zunächst in der Mitte der Ebene sehen.

Beim Positionieren nach Zahlenvorgabe orientiert sich Photoshop an diesem Referenzpunkt. Ein Beispiel: Sie haben die Option Relative Positionierung ausgeschal-

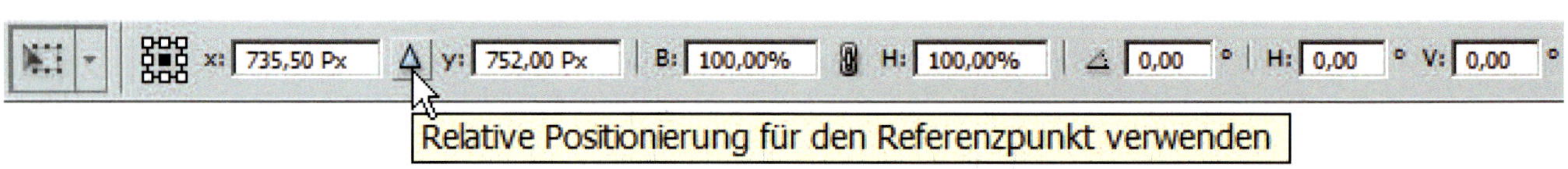

Abbildung 19.47 Mit der Optionenleiste zum Befehl »Bearbeiten: Frei transformieren« positionieren Sie Ebenen exakt im Bild. Die Kästchen ganz links steuern die Position des Referenzpunkts.

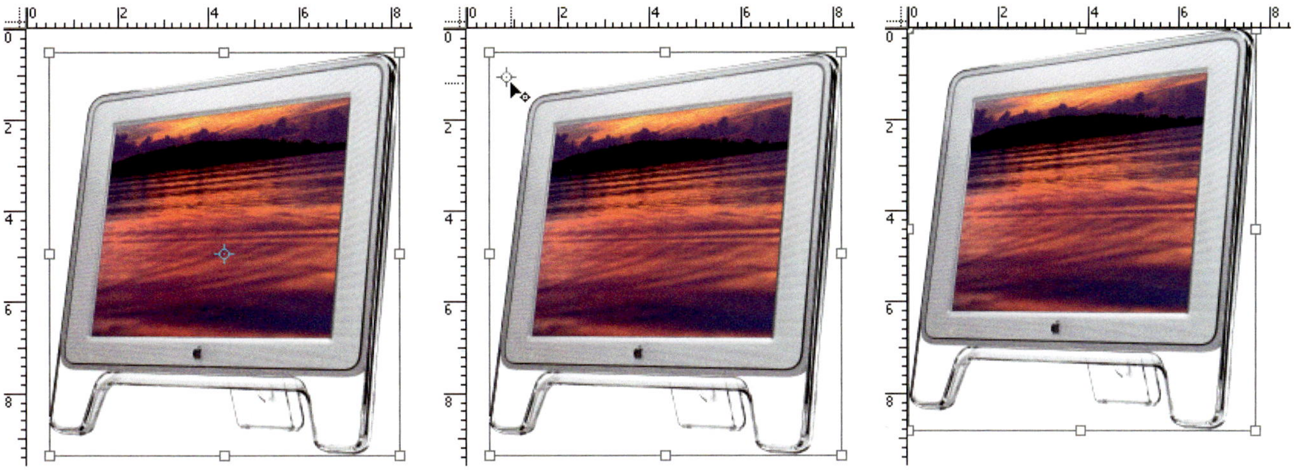

Abbildung 19.48 **Links:** Wir wollen die Monitorebene exakt in die linke obere Ecke des Bilds setzen und starten das »Freie Transformieren« mit (Strg+T). Photoshop umgibt die Ebene mit einem Begrenzungsrahmen und mit einem Referenzpunkt in der Mitte. **Mitte:** Wir schieben den Referenzpunkt in die linke obere Ecke (alternativ klicken Sie auf das linke obere Kästchen des Symbols »Lage des Referenzpunktes«). **Rechts:** Wir schalten in der Optionenleiste die »Relative Positionierung« aus und tippen eine Null für X- und Y-Position ein. Der Monitor landet exakt in der Ecke links oben. Säße der Referenzpunkt in der Mitte, würde das obere linke Viertel des Monitors abgeschnitten. Datei: Ebene_12

tet und wollen das Objekt in die linke obere Ecke verschieben: Dazu tippen Sie eine »0« in das X- und Y-Feld. Tatsächlich platziert Photoshop den Referenzpunkt auf der Nullposition; damit rutscht der linke obere Bereich Ihrer Ebene aus dem Bild heraus. Auch wenn Sie drehen oder skalieren, ist der Referenzpunkt der Mittelpunkt aller Dinge.

Darum können Sie den Referenzpunkt verschieben. Ziehen Sie das Ding an eine beliebige Stelle, auch außerhalb des Rahmens, oder verwenden Sie die Eingabefelder für die Position des Referenzpunktes. Häufig benötigt man den Referenzpunkt in den äußersten Bildecken – er dockt dort magnetisch an. Besonders bequem platzieren Sie den Referenzpunkt durch Klicken in die entsprechenden Kästchen des Symbols Lage des Referenzpunktes links oben in der Optionenleiste.

TIPP Sie können die Ebene auch bei sichtbarem Begrenzungsrahmen jederzeit mit Pfeiltasten oder Maus bewegen. Photoshop meldet die neue Position sofort in den X- und Y-Feldern.

Relative Positionierung

Wollen Sie per **Transformieren** das Objekt präzise bewegen, klicken Sie in der Optionenleiste eventuell auf den Schalter Relative Positionierung; er erscheint dann eingedrückt. Nun geht Photoshop von der aktuellen Position des Objekts aus. Tippen Sie zum Beispiel für die X-Achse einen Wert von plus 150 Pixel ein, für die Y-Achse den Wert 0, dann rutscht das Objekt 150 Pixel nach rechts – ganz unabhängig von Bildrändern oder Linealen. Verwenden Sie dagegen für X- und Y-Achse den Wert 0, bewegt sich das Objekt horizontal und vertikal um 0 Pixel, also gar nicht. Mit Minuswerten bringen Sie das Objekt nach links bzw. nach unten.

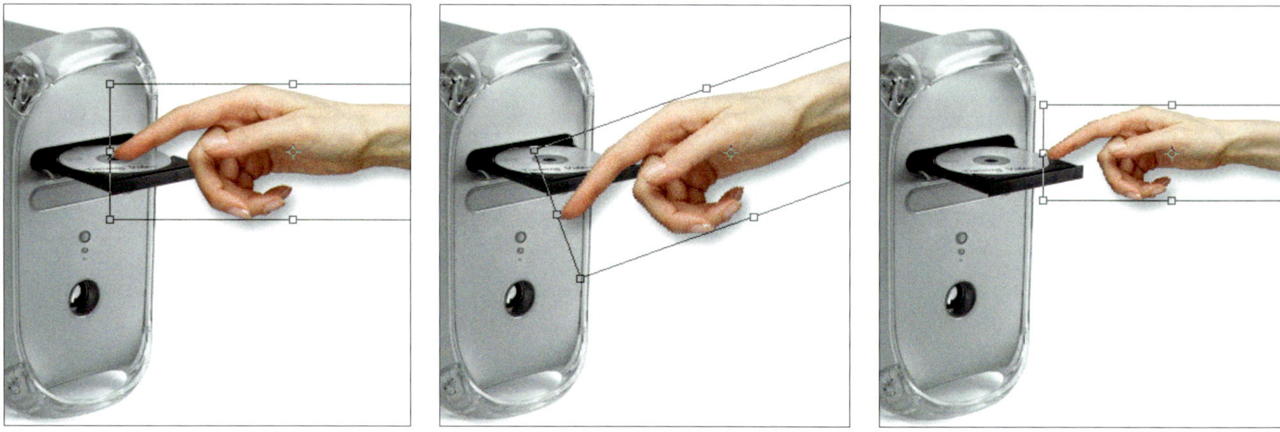

Abbildung 19.49 **Links:** Der Referenzpunkt erscheint wie üblich in der Mitte. **Mitte:** In der Optionenleiste geben wir eine 20-Grad-Drehung vor. Die Ebene dreht sich um den Mittelpunkt, die Hand zeigt nicht mehr auf die CD. **Rechts:** Beim Verkleinern per Optionenleiste schrumpft die Ebene von allen Seiten her auf den Mittelpunkt zu, die Fingerspitze bleibt nicht am Platz. Datei: Ebene_13

Orientierung am Gesamtbild

Schalten Sie oben die Relative Positionierung △ aus; die Schaltfläche in der Leiste erscheint also nicht eingedrückt. Nun orientiert sich Photoshop an den Nullpunkten der Lineale, in der Regel also an der linken oberen Bildecke. Verwenden Sie zum Beispiel für die X- und für die Y-Achse den Wert 0, setzt Photoshop das Objekt mit seinem Referenzpunkt in die linke obere Ecke der aktuellen Nullpunkte. Verwenden Sie für die X-Achse den Wert 100, dann landet der Referenzpunkt der Ebene 100 Pixel unter der Oberkante der Datei (sofern dies die Nullposition des Lineals ist). Minuswerte bringen das Objekt zwangsläufig zumindest teilweise aus dem sichtbaren Bereich heraus, es wird freilich nicht gelöscht.

So beenden Sie die Arbeit, wenn Sie per **Transformieren** eine Ebene bewegt haben:

» Drücken Sie die Esc-Taste, um die Korrektur aufzuheben; alles bleibt beim Alten.

» Oder bestätigen Sie die Verschiebung mit der ↵-Taste.

Wenn Sie die Ebene nur bewegen und keine andere Transformieren-Funktion nutzen, verändern Sie die Bildpunkte nicht, es entsteht keinerlei Qualitätsverlust.

TIPP Den Nullpunkt der Lineale können Sie verschieben; klicken Sie in die linke obere Ecke, wo sich die Lineale treffen, dann ziehen Sie nach rechts und/oder unten. Photoshop orientiert sich nun im nichtrelativen Modus nicht mehr an der linken oberen Bildecke, sondern am verschobenen, aktuellen Nullpunkt. Um die Lineale wieder auf den Standardnullpunkt ganz links oben zurückzusetzen, klicken Sie doppelt in den Dateifenster-Eckpunkt links oben.

19.4.5 Bewegen per »Verschiebungseffekt«

Eine Alternative zum Bewegen per **Transformieren** bietet der Befehl **Filter: Sonstige Filter: Verschiebungseffekt.** Text- und Formebenen werden dabei gerastert. Sie können die Ebene hier quasi auf einer Seite aus dem Bild schieben und auf der anderen Seite wieder hereinwandern lassen. Die Bewegung lässt sich nur in Pixeln, nicht in Zentimeterwerten vorgeben.

Der Verschiebungseffekt arbeitet nur im Modus »Relative Positionierung«: Die eingetippten Werte steuern die Änderung gegenüber der bisherigen Position und haben keinen Bezug zu den Gesamtmaßen des Bilds. Ziehen Sie bei geöffnetem Dialogfeld auch im Bild.

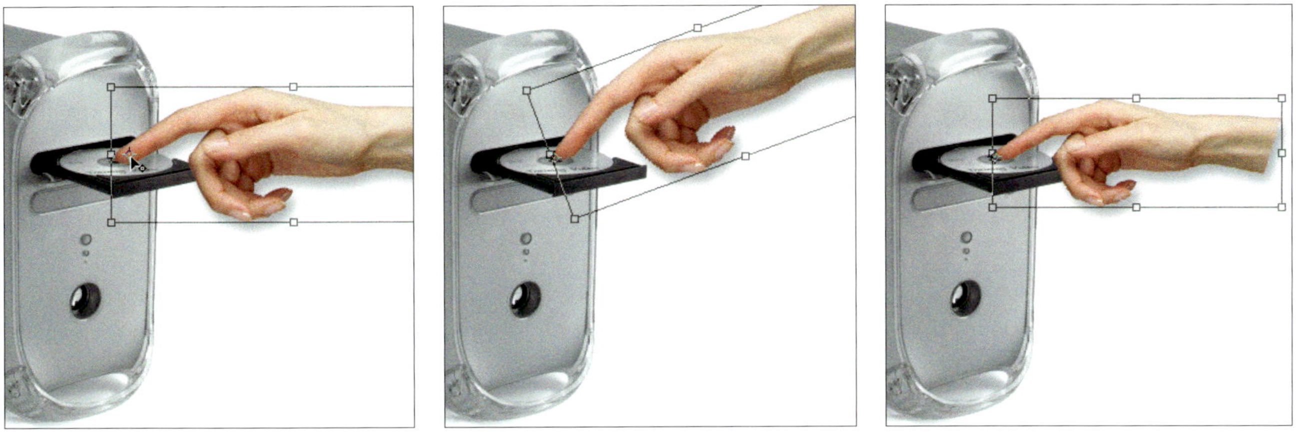

Abbildung 19.50 **Links:** Wir schieben den Referenzpunkt nach links, auf die Fingerspitze. **Mitte:** In den Optionen tippen wir eine Drehung um 20 Grad ein. Die Ebene dreht sich um die Fingerspitze, die weiterhin auf die CD zeigt. **Rechts:** Auch beim Verkleinern bleibt die Fingerspitze am Platz.

Je nachdem, ob Sie eine Hintergrundebene oder eine frei schwebende Ebene verwenden, bietet Photoshop für den nach der Verschiebung frei werdenden Bereich die Optionen MIT HINTERGRUNDFARBE FÜLLEN bzw. AUF TRANSPARENT EINSTELLEN. Weitere Optionen dieses Befehls erklären wir ab Seite 576.

TIPP Wollen Sie die Positionierung von Textebenen auch nach Änderungen exakt steuern, dann verwenden Sie Schaltflächen wie TEXT LINKS AUSRICHTEN oder TEXT RECHTS AUSRICHTEN aus der Absatzpalette. Damit legen Sie fest, ob sich die Wörter nach einer Kürzung oder Verlängerung der Textebene am Anfang oder Ende der ursprünglichen Ebene orientieren.

19.4.6 Ebenen gleichmäßig anordnen

Photoshop verteilt ausgewählte Pfadkomponenten, Ebenen oder die Ebenen einer Gruppe gleichmäßig über das Bild. Das ist meist leichter, als sich an einem gleichmäßigen Raster zu orientieren.

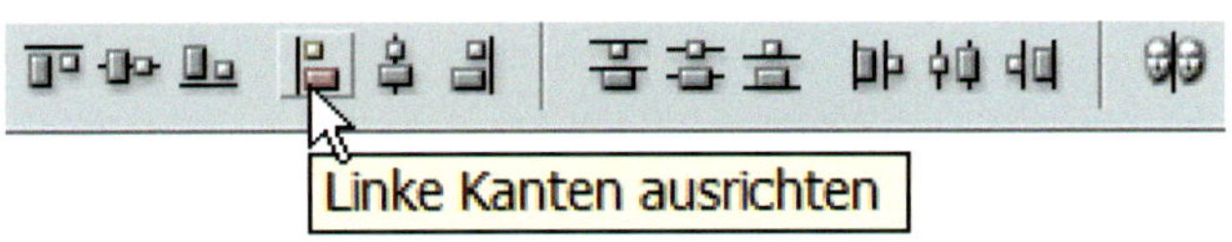

Abbildung 19.51 Die Funktionen zum gleichmäßigen Anordnen von verbundenen Ebenen finden Sie in den Untermenüs »Ebene: Ausrichten« und »Ebene: Verteilen«. Zwei oder drei Ebenen müssen mindestens ausgewählt sein. Photoshop bietet die Befehle außerdem in der Optionenleiste zum Verschiebenwerkzeug an, wie hier zu sehen. Die Schaltfläche ganz rechts steht für den Befehl »Ebenen automatisch ausrichten«.

Abbildung 19.52 Die gerasterte Textebene wird mit dem Verschiebungseffekt versetzt. Wir verwenden hier die Option »Durch verschobenen Teil ersetzen«, so dass Photoshop das Motiv wiederholt. Datei: Ebene_14

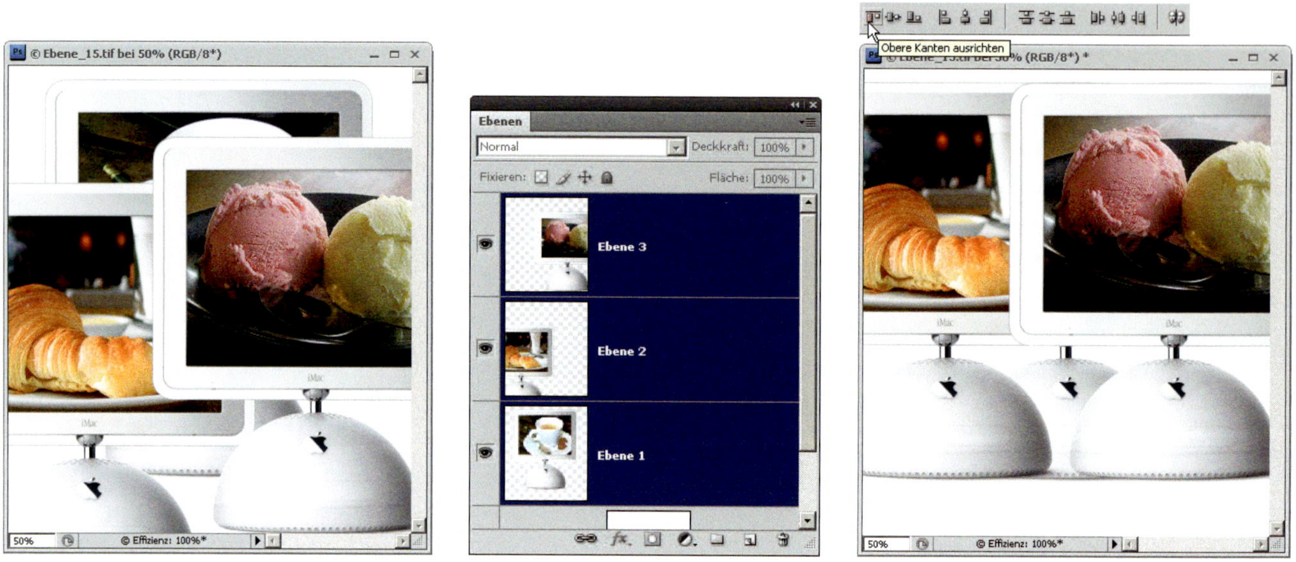

Abbildung 19.53 **Links:** Wir haben mehrere Ebenen in ein neues Dateifenster gezogen. **Mitte:** Die drei Ebenen werden gemeinsam ausgewählt. **Rechts:** Das Verschiebenwerkzeug ist eingeschaltet, der Befehl »Obere Kanten ausrichten« bringt die Objekte auf eine Höhe. Vorlage: Ebene_15

Übersicht

Diese Verfahren zur gleichmäßigen Anordnung finden Sie vor:

» Der Befehl **Ebene: Ausrichten** platziert Ebenen und orientiert sich dabei am Inhalt der aktiven Ebene oder an einer Auswahlbegrenzung; am besten gruppieren Sie die Ebenen zunächst.

» Befindet sich eine Auswahl im Bild, erhalten Sie den Befehl **An Auswahl ausrichten**; er orientiert sich an der Auswahlmarkierung.

» Der Befehl **Ebene: Verbundene verteilen** platziert verbundene oder ausgewählte Ebenen in gleichmäßigen Abständen.

Die entsprechenden Funktionen finden Sie auch in der Optionenleiste zum Verschiebenwerkzeug, sofern Ebenen verbunden oder ausgewählt wurden. Vergleichbare Verfahren hält Photoshop auch für Slices, Image-Maps und Pfadkomponenten parat.

»Ausrichten«

Mit dem Befehl **Ausrichten** orientieren sich die verbundenen Ebenen an einer Seite der aktivierten Ebene. Einige Beispiele:

» Der Befehl **Obere Kanten** platziert die Oberkante aller verbundenen Ebenen an der Oberkante der aktivierten Ebene.

» Der Befehl **Linke Kanten** bringt die Linksaußenseite der verbundenen Ebenen auf eine Flucht mit der linken Kante der aktivierten Ebene.

» Der Befehl **Vertikale Mitten** holt die verbundenen Ebenen vom oberen und unteren Bildrand auf eine Höhe mit der aktivierten Ebene, der Abstand zum linken und rechten Bildrand ändert sich nicht.

» Der Befehl **Horizontale Mitten** holt die verbundenen Ebenen vom linken und rechten Bildrand auf eine Linie mit der aktivierten Ebene, der Abstand zum oberen und unteren Bildrand ändert sich nicht.

Abbildung 19.54 **Links:** Wir haben die Arbeitsfläche auf 250 Prozent verbreitert. Wir ziehen eine Ebene an den linken Rand. Die andere Ebene wird bei gedrückter ⇧-Taste an den rechten Rand gezogen, so dass die Bewegung exakt horizontal bleibt. »Intelligente Hilfslinien« signalisieren hier übereinstimmende Ober- und Unterkanten sowie Mittelachsen. **Rechts:** Wir schalten das Verschiebenwerkzeug ein, nutzen die Option »Automatisch auswählen« und klicken jede Ebene einmal bei gedrückter ⇧-Taste an. Der nächste Klick geht auf die Schaltfläche »Um horizontale Mittelachse verteilen«. Photoshop verteilt die Ebenen gleichmäßig. Vorlage: Ebene_15b

Sofern eine Auswahl im Bild existiert, heißt das Untermenü **Ebene: An Auswahl ausrichten**. Die Ebenen orientieren sich bei der Neuausrichtung an den Auswahlkanten, nicht an der aktivierten Ebene.

»Verteilen«

Der Befehl **Ebene: Verteilen** streut verbundene Ebenen in regelmäßigen Abständen über die Datei. Drei Ebenen müssen mindestens ausgewählt oder verbunden sein. Welche Ebene aktiviert ist, spielt keine Rolle.

Einige Beispiele:

» **Obere Kanten** verteilt verbundene Ebenen gleichmäßig ab dem obersten Pixel auf jeder Ebene.

» **Vertikale Mitten** verteilt verbundene Ebenen gleichmäßig ab dem vertikal mittleren Pixel auf jeder Ebene.

» **Linke Kanten** verteilt die verbundenen Ebenen gleichmäßig ab dem äußersten linken Pixel auf jeder Ebene.

» **Horizontale Mitten** streut die verbundenen Ebenen gleichmäßig ab dem horizontal mittleren Pixel auf jeder Ebene über das Bild.

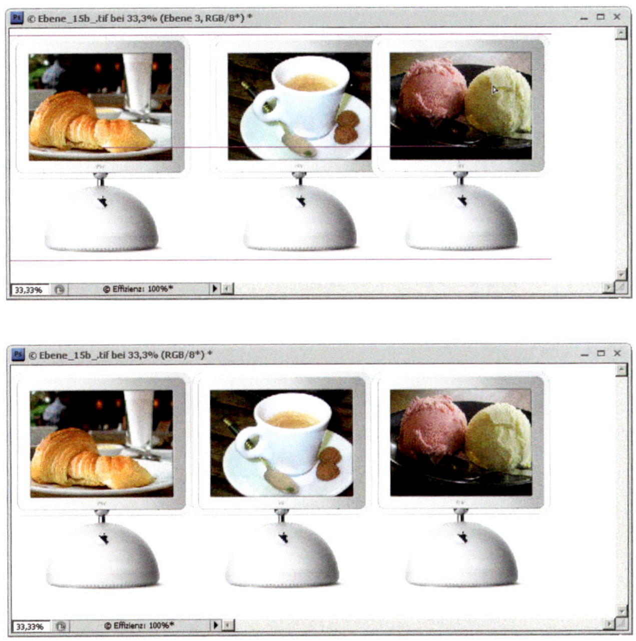

Abbildung 19.55 **Oben:** Der Abstand zwischen den einzelnen Ebenen war zu groß. Wir aktivieren nur die rechte Ebene und ziehen sie nach links. **Unten:** Wir wählen wieder alle drei Ebenen aus und klicken erneut auf »Um horizontale Mittelachse verteilen«. Jetzt passt der Abstand besser. Die leere Bildfläche rechts und unten entfernen Sie bequem mit dem Befehl »Bild: Zuschneiden«.

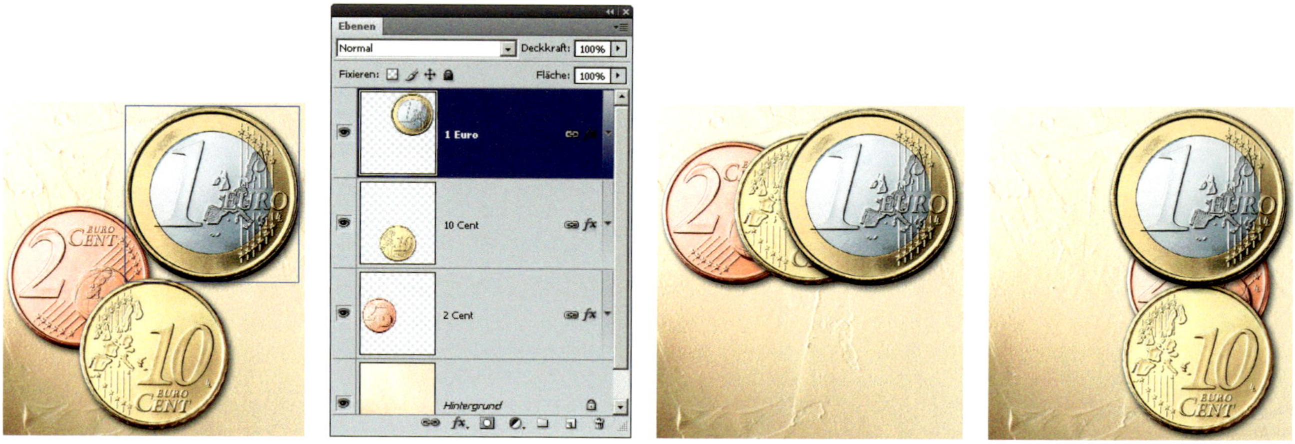

Abbildung 19.56 **Links:** Die drei Münzen sind »verbunden«, das 1-Euro-Stück ist aktiviert – auch zu erkennen an der hier blauen »Ebenenkante«. Der Euro gilt damit als Orientierung für das »Ausrichten«. **3. Abbildung:** Wir schalten das Verschiebenwerkzeug ein und klicken in den Optionen auf »Untere Kanten ausrichten«; Photoshop reiht die drei Ebenen an der Unterkante der markierten 1-Euro-Münze auf. **4. Abbildung:** Wir widerrufen den letzten Klick und nehmen »an horizontaler Mittelachse ausrichten«; die kleineren Münzen landen mittig unter dem 1-Euro-Stück. Vorlagen: *ecb.int/bc/html/hires.de.html* oder Ebene_16

Kapitel 20

Ebenen retuschieren & transformieren

Ebenen passen Sie auf vielfältige Art ans Bild an, zum Beispiel durch Retuschieren, Löschen von Bereichen, Verkleinern oder Verzerren. Zunächst zeige ich, wie Sie transparente Bereiche einer Ebene erkennen und wie Sie bestimmte Teile einer Ebene gegen Änderungen schützen. Wir besprechen anschließend die **Transformieren**-Befehle, einschließlich Verkrümmen, und danach komplexe Funktionen wie das **Verflüssigen**.

20.1 Transparenz erkennen

Wenn Sie auf Ebenen malen, montieren und retuschieren, müssen Sie das Konzept der Transparenz kennen. So erkennen Sie, welche Teile einer Ebene durchsichtig sind und welche deckend:

- Klicken Sie mit der Alt-Taste neben der gewünschten Ebene in die Augenleiste, um nur diese Ebene allein anzuzeigen und alle anderen auszublenden. Das Karomuster signalisiert, welche Bereiche transparent sind. Ein neuerlicher Alt-Klick zeigt wieder die Gesamtkomposition. Das Aussehen des Karomusters steuern Sie mit dem Befehl **Bearbeiten: Voreinstellungen: Transparenz & Farbumfang-Warnung**.
- Die Infopalette (Seite 82) nennt die Deckkraft (DK) des Pixels unter dem Zeiger, sofern Sie Deckkraft in den Optionen anwählen. Die Palette addiert freilich alle Ebenen und kommt so schnell auf 100 Prozent, wenn mehrere Ebenen übereinanderliegen. Sind Ebenenbereiche per Deckkraft-Regler oder Ebenenmaske verborgen, erkennt die Infopalette auf verminderte Deckkraft; solche Ebenen lassen sich natürlich jederzeit wieder auf 100 Prozent bringen.

Eine Ebene kann im Gesamtbild transparent erscheinen, weil Sie das mit Deckkraft, Füllmethode, Ebenenmaske, Schnittmaske oder Vektormaske so eingerichtet haben. Dennoch muss die Ebene nicht transparent sein; im Dateifenster erkennen Sie das höchstens, wenn Sie Deckkraft, ausgeblendete Helligkeitsbereiche, Füllmethode usw. auf Normalwerte stellen.

20.2 Ebenen fixieren

Sie können bestimmte Eigenschaften einer Ebene oder einer Gruppe gegen weitere Bearbeitung schützen. Die Schaltflächen finden Sie oben in der Ebenenpalette im Bereich Fixieren. Wollen Sie ein Werkzeug auf eine fixierte Eigenschaft anwenden, erscheint statt des üblichen Werkzeugsymbols ein Parkverbot über dem Dateifenster.

Abbildung 20.1 Sperren Sie bestimmte Eigenschaften der aktivierten Ebene gegen weitere Bearbeitung. Am Symbol rechts neben dem Ebenennamen erkennen Sie, ob die Ebene bereits »fixiert« wurde.

20.2.1 Fixierbare Ebeneneigenschaften

Unsere Tabelle zeigt, welche Eigenschaften Sie fixieren können und welche Schaltflächen und Symbole Photoshop dafür bereithält.

Schaltfläche oben in Palette	Bezeichnung und Funktion	Symbol neben Name der Ebene
▨	TRANSPARENTE PIXEL FIXIEREN: Transparente Bereiche können nicht mehr verändert werden.	🔒
🖌	BILDPIXEL FIXIEREN: Die Ebenenfüllung kann nicht bearbeitet oder verschoben werden. Ebenenmasken oder Vektormasken bleiben im Zugriff.	🔒
✥	POSITION SPERREN: Die Ebene lässt sich nicht verschieben, andere Retuschen sind möglich.	🔒
🔒	ALLE SPERREN: Auf dieser Ebene geht gar nichts mehr. Auch Überblendmodus, Deckkraft oder Ebenenstil behält die Ebene hartnäckig bei.	🔒

20.2.2 Automatisch fixiert

Bestimmte Ebenentypen fixiert Photoshop automatisch:

» HINTERGRUND-Ebenen (Seite 719) sind von Haus aus mit POSITION ✥ und TRANSPARENZ ▨ fixiert. Verwandeln Sie die HINTERGRUND-Ebenen bei Bedarf durch [Alt]-Doppelklick in eine normale Ebene.

» Bei Textebenen (Seite 915) schaltet Photoshop automatisch auf TRANSPARENTE PIXEL FIXIEREN ▨ und BILDPIXEL FIXIEREN 🖌.

» Füllebenen und damit auch Formebenen bieten keinen Zugriff auf die Eigenschaften TRANSPARENZ ▨ und BILDPIXEL 🖌.

Möchten Sie Textebenen oder Formebenen frei bearbeiten, verwandeln Sie diese zunächst mit dem Untermenü **Ebene: Rastern** in normale Bildpunktebenen. Spezielle Text- oder Pfadfunktionen lassen sich dann nicht mehr nutzen.

20.2.3 Ausgewählte Ebenen oder Gruppen fixieren

Für ausgewählte Ebenen (Seite 712) und für Gruppen (Seite 714) gilt zunächst: Alle Ebenen behalten ihre speziellen FIXIEREN-Vorgaben. Sie können jedoch die Gruppe in der Palette aktivieren und mit der Vorwahl ALLES 🔒 fixieren.

Wollen Sie nur einige Eigenschaften der ausgewählten oder zur Gruppe vereinten Ebenen sperren? Wählen Sie aus dem Menü der Ebenenpalette den Befehl **Alle Ebenen in Gruppe fixieren** bzw. **Ebenen fixieren.** Nun sperren Sie gezielt bestimmte Eigenschaften wie die POSITION ✥ – gemeinsam für alle betreffenden Ebenen.

Abbildung 20.2 Wir arbeiten mit der Vorgabe »Transparente Pixel fixieren«. Änderungen wirken sich nur auf gefüllte Bildpunkte aus, nicht auf die transparenten Bereiche drum herum. **Links:** Bei der Pinselretusche gelangt Farbe nur auf das Objekt, nicht in die Umgebung. **Rechts:** Die Wirkung von Unschärfe- oder Verzerrungsbefehlen wird am Objektrand abgeschnitten, hier »Bewegungsunschärfe«. Datei: Ebene_17c

Wann Sie die Transparenz fixieren sollten

Besonders wichtig ist das Fixieren – oder Freigeben – der Transparenz. In den folgenden Situationen sollten Sie TRANSPARENTE PIXEL FIXIEREN:

» Sie retuschieren eine Einzelebene mit einem Mal- oder Retuschewerkzeug wie Pinsel oder Kopierstempel und wollen nicht über den Rand des Objekts hinaus stricheln; die ursprüngliche Form soll also erhalten bleiben.

» Sie wollen eine Ebene mit Farbe, Muster oder Bild füllen und dabei die Konturen des Objekts auf dieser Ebene erhalten. Sie können dazu jedoch auch in den FÜLLEN-Dialogen die Option TRANSPARENTE PIXEL SCHÜTZEN wählen; Sie müssen die Ebene also nicht unbedingt vorab in der Palette fixieren.

TIPP Auch wenn Sie die Transparenz fixieren, können Sie die Ebene per **Transformieren** wie üblich ausdehnen. Und auch das geht: Sie aktivieren die Ebene über einer transparenzgeschützten Ebene und wählen **Ebene: Mit darunter liegender auf eine Ebene reduzieren** – Photoshop brennt die obere Ebene in die untere Ebene ein, auch in transparente Pixel dort.

Wann Sie die Transparenz nicht fixieren

In einigen Situationen fixieren Sie die TRANSPARENZ ganz bewusst nicht:

» Sie verwenden einen Filter, der die Kontur des Objekts verändert – zum Beispiel Weichzeichner- oder Verzerrungsfilter. Der Filtereffekt würde sonst an den Rändern der bisherigen Kontur abgeschnitten.

» Sie wollen auf der Ebene in der gesamten Fläche des Bilds frei malen oder Bildpunkte einfügen.

Wenn Sie ein Objekt per **Transformieren** verzerren (siehe Seite 737), funktioniert Photoshop unabhängig von Ihrer Vorgabe so, als ob Sie die TRANSPARENZ freigegeben hätten.

Abbildung 20.3 Hier haben wir die Transparenz nicht fixiert. Nun wirken sich alle Befehle und Werkzeuge auf die gesamte Ebene aus, auch in den transparenten Bereichen. **Links:** Der Pinsel trägt jetzt auch in den transparenten Zonen auf. **Rechts:** Die »Bewegungsunschärfe« kann das Objekt über die bisherigen Grenzen des Objekts hinaus verzerren.

20.3 Werkzeugeinstellungen für die Ebenenretusche

Eine Reihe von Werkzeugoptionen und -modi beziehen sich speziell auf die Arbeit mit Ebenen und haben in Bildern ohne Ebene keine Bedeutung.

20.3.1 Füllmethoden für die Ebenenretusche

Folgende Füllmethoden bietet Photoshop speziell in Verbindung mit Ebenentechnik an:

Dahinter auftragen

DAHINTER AUFTRAGEN (Kurztaste ⇧+Alt+Q) für Mal- und Retuschewerkzeuge malt gezielt nur hinter dem Objekt auf der Ebene, also nur im transparenten Bereich; das erledigen Sie freilich auch mit der Option BILDPIXEL FIXIEREN in der Ebenenpalette. Bringen Sie zum Beispiel einen Schatten an. DAHINTER AUFTRAGEN steht nicht zur Verfügung, wenn Sie die TRANSPARENZ fixieren.

Malen Sie besser gleich auf einer neuen, leeren Ebene unter dem Hauptmotiv. Denn wenn Sie DAHINTER AUFTRAGEN, ist die Transparenz im übermalten Bereich fort, der Schatten klebt jetzt dauerhaft am Objekt, auch wenn Sie es verschieben. Sie können das ursprüngliche Objekt und den nachträglich in die Transparenz gemalten Bereich nicht mehr unabhängig voneinander korrigieren.

Abbildung 20.4 **Links:** Mit der Entf-Taste löschen Sie zuvor ausgewählte Teile einer Ebene leer. **Rechts:** Um nur die transparenten Bereiche einer Ebene mit Mal- und Retuschewerkzeugen zu bearbeiten und gefüllte Flächen zu schützen, wählen Sie in den Optionen zum Werkzeug »Dahinter auftragen«. Datei: Ebene_17

Löschen

Auch das Löschen funktioniert nur bei Mal- und Retuschewerkzeugen in Zusammenhang mit Ebenen – übermalte Pixel erscheinen transparent, die darunterliegende Ebene guckt hervor (Kurztaste ⇧+Alt+R). Angeboten wird das Löschen nur beim Füllwerkzeug (Seite 465) und bei den Befehlen **Kontur füllen** und **Fläche füllen** aus dem Bearbeiten-Menü (ab Seite 467). Die Option Transparenz fixieren in der Ebenenpalette muss ausgeschaltet sein. Verlockende Alternativen zum Löschen-Modus:

- Erstellen Sie eine Auswahl auf einer Ebene und löschen Sie diese mit der Entf-Taste.
- Rubbeln Sie Ebenenteile mit dem Radiergummi weg.
- Verbergen Sie Ebenenteile per Ebenenmaske (Seite 867) oder Vektormaske (Seite 877).

20.3.2 Optionen für die Ebenendarstellung

Einige Werkzeuge, Befehle oder Menüs bieten spezielle Optionen zur Ebenentechnik:

- Sie kennen für die Befehle **Fläche füllen** und **Kontur füllen** (Seite 467) oder auch **Pfadfläche füllen** die Option Transparente Pixel schützen. Wählen Sie diese Option ab, schüttet der Befehl die gesamte Fläche mit Vordergrundfarbe oder Muster zu, nicht nur das Objekt selbst. Haben Sie den transparenten Bereich aber bereits mit der Option Transparente Pixel fixieren in der Ebenenpalette vor Attacken gesichert, bieten die Fülldialoge die Option gar nicht an.
- Sie können mit einigen Werkzeugen auch teiltransparent auftragen, so dass nicht die ganze Ebene zugedeckt wird: Der Pinsel geht mit der Verblassen-Vorgabe im Bereich Andere Einstellungen der Pinselpalette zu »transparent« über. Bei allen Werkzeugen können Sie natürlich die Deckkraft reduzieren.
- Mit den Verlauffunktionen definieren Sie bestimmte Bereiche eines Verlaufs als halb- oder ganz transparent; in diesem Abschnitt des Farbübergangs ist der Verlauf nicht voll deckend (Seite 472).
- Wischfinger, Weich- und Scharfzeichner wie auch der Kopierstempel bieten die Option Alle Ebenen aufnehmen. Damit kopieren Sie Pixel von einer Ebene in die andere. Sie arbeiten dann so, als würde das Bild nur aus einer Hintergrundebene bestehen.
- Sofern eine Auswahl vorhanden ist, können Sie **Auf eine Ebene reduziert kopieren** (Strg+⇧+C).

20.4 Teile einer Ebene löschen

Wollen Sie eine Lücke in die Ebene schneiden – und den Bereich nicht nur verbergen, sondern dauerhaft leerlöschen –, bieten sich zwei Verfahren an:

- Markieren Sie den Bereich mit einem Auswahlwerkzeug und lassen sie ihn mit der Entf-Taste verschwinden. Wählen Sie **Auswahl: Alles auswählen** (Strg+A), wenn die gesamte Ebene durchsichtig werden soll.
- Rubbeln Sie unerwünschte Zonen mit dem Radiergummi weg.

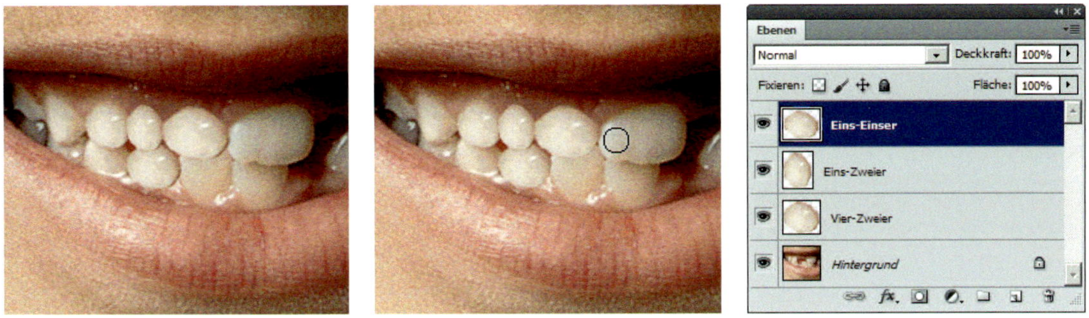

Abbildung 20.5 Der Radiergummi macht Objekte über der Hintergrundebene transparent. Hier wurden Zähne dupliziert; die unschönen Ränder feilte der Radiergummi ab. Datei: Ebene_18

Nutzen Sie das Löschen von Ebenenteilen auch beim Verfeinern unsauber ausgewählter Ebenen, sofern Sie nicht mit **Kante verbessern** oder **Maske verbessern** hochwertigere Ergebnisse erzielen.

TIPP Sie müssen Ebenenbereiche nicht dauerhaft entfernen – mit Ebenenmasken (Seite 867), Vektormasken (Seite 877) oder Schnittmasken (Seite 883) lassen sich Objektteile auch vorübergehend verbergen und bei Bedarf wieder hervorholen.

20.4.1 Radiergummi

Der Radiergummi (Kurztaste E, für Eraser) macht Ebenen – nicht Hintergrund-Ebenen – transparent, die darunterliegende Ebene scheint durch. Dabei kann der Radiergummi unterschiedliche Gestalt annehmen: In den Werkzeugoptionen oder auch im Kontextmenü wählen Sie, ob der Radiergummi hart wie der Buntstift, wie ein starres Quadrat oder flexibel wie der Pinsel wirken soll. Mit der Option Basierend auf Protokoll löschen arbeitet der Radiergummi so wie der Protokollpinsel (Seite 97).

Bei Pinsel- und Buntstift-Vorgabe wählen Sie eine Spitze aus der Pinselpalette (Seite 473), das Quadrat steht nur in einer Einheitsgröße zur Verfügung. Brauchen Sie den Quadrat-Modus in anderen Größen, schalten Sie den Radiergummi auf Pinsel und laden Sie in der Pinselpalette die **quadratischen Spitzen**.

TIPP Auch Magischer Radiergummi und Hintergrund-Radiergummi löschen Bildpunkte und tauschen sie gegen Transparenz aus – und das gleich auf Hintergrund-Ebenen (Seiten 604 und 605); dabei wählen diese Werkzeuge gleich bestimmte farbähnliche Bildpunkte aus.

20.5 Transformieren

Vergrößern und Verkleinern (Skalieren), gleichmäßiges Verzerren, Drehen oder Verkrümmen – diese Korrekturen bietet Photoshop mit dem Befehl **Bearbeiten: Frei Transformieren** (Strg+T) an. Nutzen Sie diese Befehle bei schwebenden Auswahlen, Auswahlumrissen, bei Smart-Objekten, Pfaden, Pixel-, Form- und Textebenen.

Die **Transformieren**-Änderungen bei Smart-Objekten (Seite 894) setzen Sie jederzeit verlustfrei zurück – ein wichtiger Vorteil gegenüber Verzerrungen, die Sie dauerhaft in eine Ebene rechnen. Von Haus aus verlustfrei sind auch Änderungen bei Form- und Textebenen sowie bei 3D-Ebenen in Photoshop Extended. Bei Textebenen bietet Photoshop **Verzerren** und **Perspektivisch verzerren** allerdings nicht an, doch sobald Sie die Textebene in ein Smart-Objekt verwandeln, geht es wieder. Wollen Sie nur diffuse Bildbereiche verzerren, das Hauptmotiv des Fotos jedoch unverfremdet lassen, nehmen Sie **Bearbeiten: Inhaltsbewahrendes Skalieren** (Seite 751).

Aktivieren Sie zunächst die gewünschte Ebene und heben Sie eine vorhandene Auswahl auf. Ist ein Pfadwerkzeug wie Zeichenstift oder Eigene-Form-Werkzeug aktiv, beziehen sich die **Transformieren**-Funktionen aus dem **Bearbeiten**-Menü auf den Pfad und nicht mehr auf die aktuelle Pixelebene. Ist jedoch kein Pfad aktiviert, bietet Photoshop den Befehl nicht an. Wechseln Sie zu einem beliebigen anderen Werkzeug, wenn Sie die Pixelebene und nicht den Pfad verändern möchten.

Interessante Alternativen zu den **Transformieren**-Techniken bieten die Befehle **Verzerrungsfilter: Objektivkorrektur** (Seite 391) mit dem Bereich Transformieren und **Filter: Fluchtpunkt**. Der **Fluchtpunkt** eignet sich indes nicht für Smart-Objekte. Noch vielseitiger sind Sie in der Version Photoshop Extended mit den 3D-Befehlen.

Während Sie transformieren, stehen die meisten Photoshop-Befehle solange nicht zur Verfügung, bis Sie die Änderung zum Beispiel durch Doppelklick ins Bild besiegeln. Direkt beim **Transformieren** können Sie jedoch immer noch Deckkraft und Füllmethode ändern sowie einige Befehle aus den Menüs **Ansicht** und **Fenster** nutzen.

Auf verschiedene Arten »transformieren« Sie:

» Änderung durch Eingabe von Zahlen oder Befehlen, geboten bei Ebenen, Auswahlbereichen, Pfaden und, eingeschränkt, bei Gesamtbildern;

» Änderung durch Ziehen an Griffpunkten bei Ebenen und Auswahlinhalten sowie bei Pfaden und Auswahlkonturen.

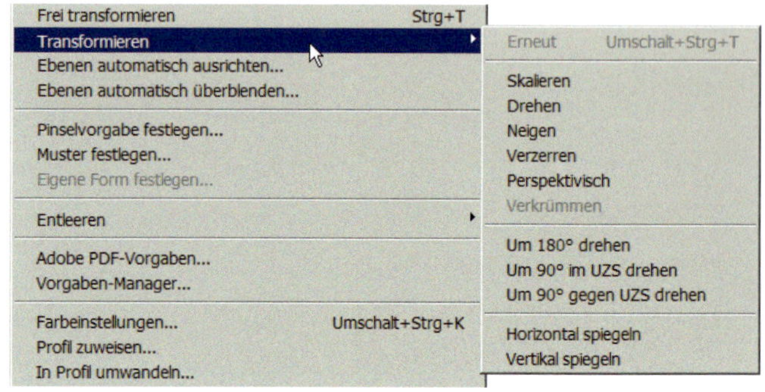

Abbildung 20.6 Über das Untermenü »Bearbeiten: Transformieren« verzerren, vergrößern und drehen Sie Ebenen. Das Menü bietet seine Funktionen auch dann noch an, wenn Sie bereits einen Transformieren-Rahmen mit Anfasspunkten sehen; wechseln Sie also hier bequem die Transformationsart. Die Befehle sehen Sie auch im Kontextmenü, wenn Sie das »Transformieren« bereits gestartet haben.

ACHTUNG Das **Transformieren** von Einzelebenen, Auswahlinhalten und Pfaden geht stets vom Bearbeiten-Menü aus. Oder wollen Sie das Gesamtbild mit allen Ebenen auf einmal korrigieren? Dann nehmen Sie das **Bild**-Untermenü **Bilddrehung**. Möchten Sie nur die Konturen einer Auswahl-Fließmarkierung verändern, ohne die ausgewählten Bildpunkte selbst zu manipulieren, heißt es **Auswahl: Auswahl transformieren**.

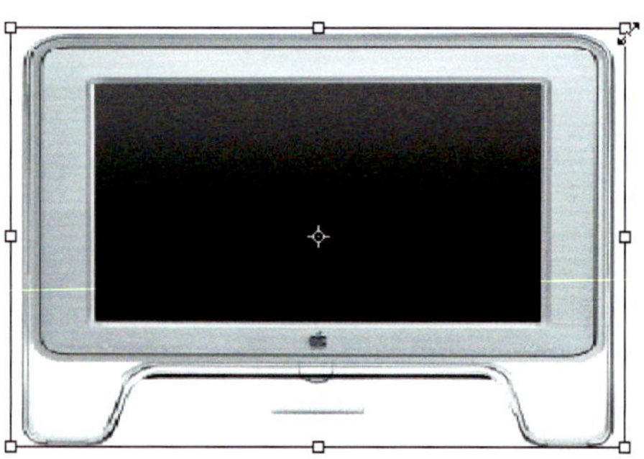

Abbildung 20.7 Um eine Seite der Ebene, eines Pfads oder einer Auswahl zu vergrößern, ziehen Sie beim »Freien Transformieren« (Strg+T) an einem der Griffpunkte.

Abbildung 20.8 Drücken Sie zusätzlich die ⇧-Taste, um das Seitenverhältnis zu schützen. Alternativ nutzen Sie die Schaltfläche »Seitenverhältnis wahren« oben in den Optionen.

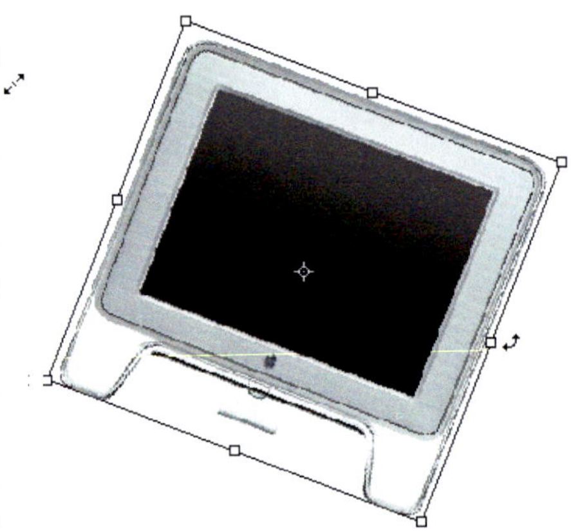

Abbildung 20.9 Ziehen Sie außerhalb der Begrenzungsbox, wenn Sie das Objekt drehen möchten. Alternativ verwenden Sie die entsprechenden Schaltflächen in der Optionenleiste. Datei: Ebene_19

20.5.1 Ablauf im Überblick

So arbeiten Sie mit den **Transformieren**-Funktionen (hier am Beispiel einer Ebene):

1. Aktivieren Sie die gewünschte Ebene zum Beispiel durch einen Klick in der Ebenenpalette.
2. Wählen Sie **Bearbeiten: Frei transformieren** (Strg+T). Um die Ebene herum erscheint nun ein Rechteckrahmen mit Griffpunkten. Durch Ziehen verändern Sie die Proportionen. Gleichzeitig können Sie das Objekt durch Zahleneingabe in der Optionenleiste verändern. Photoshop stellt alle Änderungen sofort in einer Grobvorschau dar. Strg+Z annulliert Ihren letzten Zug an den Griffpunkten. Solange die Begrenzungsbox erscheint, können Sie nichts anderes unternehmen, etwa eine neue Datei laden oder eine Kontrastkorrektur beginnen.
3. Um die Änderung dauerhaft anzuwenden, klicken Sie entweder doppelt in die Rechteckbox, einmal auf die OK-Schaltfläche ✓ oder Sie drücken auf ↵.

Oder soll alles beim Alten bleiben? Drücken Sie Esc – die Vorschau für die Änderungen springt zurück, nichts ändert sich.

TIPP Mit den Optionen zum Verschiebenwerkzeug blenden Sie die Transformationssteuerungen ein. Dieser Rahmen bleibt dauerhaft sichtbar und gibt Ihnen jederzeit Zugriff auf die **Transformieren**-Funktionen, ohne dass Sie erst den Menübefehl wählen müssen.

Duplizieren und Wiederholen

So sparen Sie Zeit:

» Starten Sie das Freie Transformieren einmal nicht mit Strg+T, sondern per Strg+Alt+T. Dabei verzerren Sie ein Duplikat der zuvor aktiven Ebene. Die bleibt unverändert.

» Eine gelungene Verzerrung lässt sich leicht auf andere Ebenen übertragen – und genauso gut auch von einer Ebene auf einen Pfad oder umgekehrt. Aktivieren Sie die gewünschte Ebene und wählen Sie **Bearbeiten: Transformieren: Erneut** (Strg+⇧+T). Es ist in Ordnung, wenn Sie zwischenzeitlich andere Werkzeuge benutzt oder das erste Verzerren widerrufen haben. Sie können auch in andere Dateien wechseln und dort Ebenen oder Pfade »erneut« verzerren.

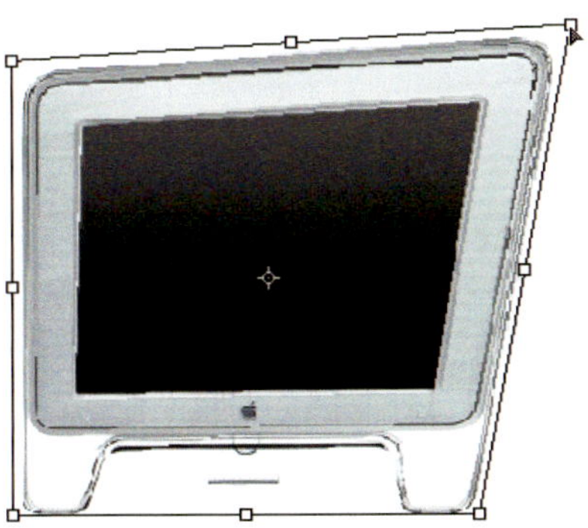

Abbildung 20.10 Um Ebene, Auswahl oder Pfad frei zu verzerren, drücken Sie beim Ziehen eines Eckgriffs die Strg-Taste (nicht bei Textebenen).

Abbildung 20.11 Ziehen an einem Eckgriff mit Strg+Alt+⇧-Taste verzerrt das Element perspektivisch (nicht bei Textebenen).

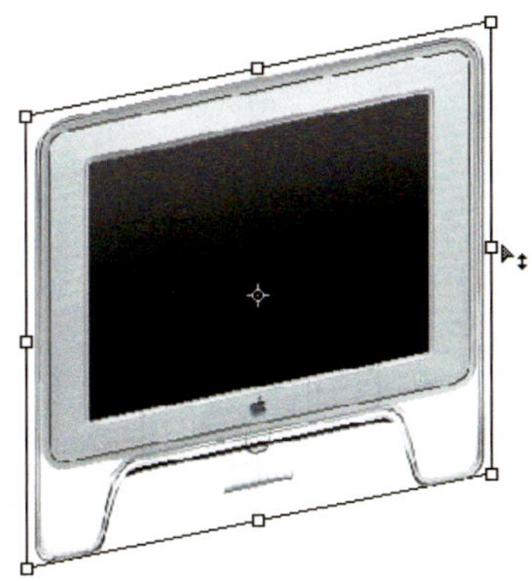

Abbildung 20.12 Ziehen am Seitengriff mit Strg+⇧-Taste neigt die Ebene.

Abbildung 20.13 **Links:** Mit dem Befehl »Bearbeiten: Frei transformieren« drehen wir die Ebene. In der Vorschau errechnet Photoshop eine schnelle Ansicht mit der Methode »Pixelwiederholung«. Unsere Vergrößerung mit nur rund 100 dpi zeigt die Schwächen dieses Verfahrens besonders deutlich. **Mitte:** Wesentlich glatter werden die Kanten, nachdem die Drehung per Doppelklick bestätigt wurde. Dann berechnet Photoshop die Ebene endgültig mit der Interpolationsmethode, die in den »Voreinstellungen« gewählt wurde, hier »Bikubisch«. **Rechts:** Meist kann ein Scharfzeichner das Ergebnis verbessern. Datei: Ebene_19

» Klicken Sie **Erneut** mit gedrückter [Alt]-Taste an, transformiert Photoshop ein Duplikat des Objekts, die aktive Ebene selbst bleibt unverändert; dabei darf nur eine Ebene aktiviert sein, keine »Verbindung«. Alternativ Fingerakrobatik: [Strg]+[Alt]+[⇧]+[T].

Wollen Sie eine erfolgreiche Verzerrung auf Dauer behalten, speichern Sie den Vorgang mit der Aktionenpalette (Seite 101) oder als Smart-Objekt, dessen Bildinhalt Sie ja ersetzen können (am besten mit Aufnahmen des gleichen Seitenverhältnisses).

TIPP Bei großen Ebenen verschwinden die Anfasspunkte manchmal hinter den Bildrändern. Abhilfe: Starten Sie das Transformieren per [Strg]+[T], dann drücken Sie [Strg]+[0] – Photoshop ändert die Bilddarstellung so, dass Sie alle Anfasspunkte sehen.

Qualitätsprobleme beim Drehen, Skalieren und Verzerren

Beim Drehen, Skalieren oder Verzerren muss Photoshop Bildpunkte hinzurechnen, neu berechnen oder rauswerfen – nicht ohne Qualitätsverlust. Daraus folgt: »Transformieren« Sie eine Ebene möglichst nur einmal. Erledigen Sie alle Änderungen in einem Rutsch im Vorschaumodus – Drehen, Verzerren, Skalieren – und bestätigen Sie das erst zum Schluss. Beginnen Sie das **Transformieren** erneut, gerät das Bild noch unsauberer als nach der ersten Transformation. Darum macht es eher Sinn, eine bereits bestätigte Transformation schnell aufzuheben und die Ebene komplett neu zurechtzurücken. Verlustfrei sind nur reines Verschieben und Drehungen um exakt 90, 180 und 270°C.

Entscheidend ist das Verfahren für die Interpolation, das Sie in den **Voreinstellungen** ([Strg]+[K]) festlegen. In der Regel sollte es Bikubisch sein, anschließend sollten Sie scharfzeichnen oder Sie verwenden gleich Bikubisch schärfer (Seite 274).

So vermeiden Sie Qualitätsverlust durch mehrfaches Transformieren:

» Am besten: Wählen Sie **Filter: Für Smartfilter konvertieren**. So verwandeln Sie die Ebene in ein Smart-Objekt (Seite 894).

» Alternative: Duplizieren Sie die Ebene, so dass Sie eine Reserve zurückbehalten.

» Weitere Alternativen, wenn möglich: Nutzen Sie die 3D-Funktionen von Photoshop Extended oder das Drehen im Raw-Dialog.

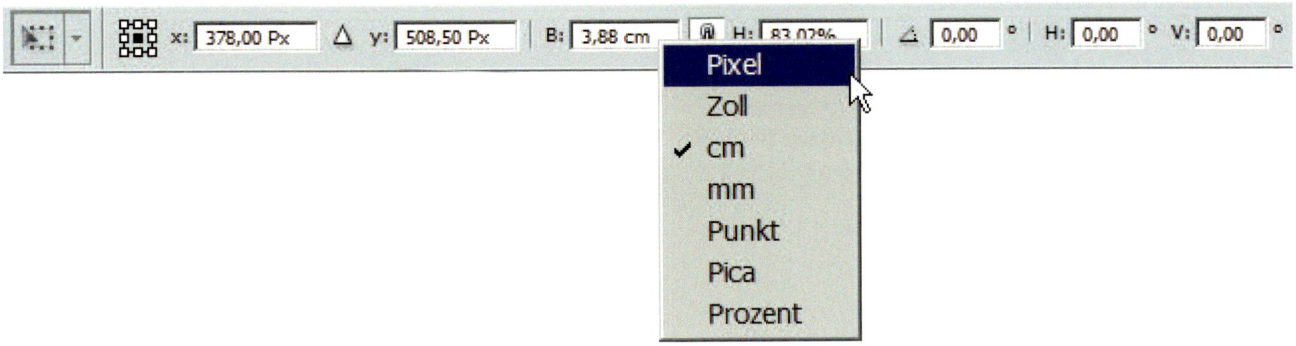

Abbildung 20.14 Während Sie per »Frei transformieren« einen Bereich umformen, erscheinen die Werte in der Optionenleiste. Statt mit der Maus zu ziehen, können Sie hier auch direkt neue Angaben machen oder über Buchstaben wie »B« für »Breite« ziehen. Verwenden Sie Maßeinheiten wie »Pixel«, »%« oder »cm«, die Photoshop auch per Kontextmenü anbietet.

20.5.2 Transformierenfunktionen im Einzelnen

Ich beschreibe die folgenden **Transformieren**-Funktionen am Beispiel von Ebenen; der Text gilt aber sinngemäß auch für die Umformung von Auswahlen mit dem Befehl **Auswahl: Auswahl transformieren**, für die Umformung von Pfaden mit dem Befehl **Bearbeiten: Pfad frei transformieren**, sofern ein Pfad aktiviert ist, für den Einbau von Vektorgrafiken und anderen Objekten per **Datei: Platzieren** und wenn Sie eine Datei aus Bridge, Mini Bridge, Explorer, Finder oder einer anderen Dateiverwaltung in eine in Photoshop geöffnete Datei ziehen. Diese Möglichkeiten bieten Ihnen die **Transformieren**-Funktionen:

» Sie bewegen das Objekt, indem Sie innerhalb der Box mit dem Mauszeiger ziehen oder die Pfeiltasten nutzen. Alternative:

» Sie positionieren das Objekt neu durch Angaben für X- und Y-Achse (Details zum gezielten Positionieren ab Seite 726).

» Sie vergrößern oder verkleinern ein Element, indem Sie an einem Griffpunkt ziehen. Um bei diesem sogenannten Skalieren das Seitenverhältnis zu wahren und die Proportionen beizubehalten, drücken Sie erst die ⇧-Taste, dann ziehen Sie. Lassen Sie danach erst die Maustaste los, dann die ⇧-Taste. Alternativ klicken Sie auf die Schaltfläche Seitenverhältnis erhalten in der Optionenleiste.

» Um Auswahl oder Ebene zu drehen, setzen Sie den Zeiger außerhalb des Begrenzungsrechtecks an und ziehen. Mit der ⇧-Taste legen Sie die Umdrehung auf 15-Grad-Schritte fest. Verschieben Sie das Zentrierstück, das zunächst in der Mitte liegt, wenn Sie die Ebene um einen bestimmten Fleck in der Datei drehen möchten.

» Um nur an einer einzelnen Ecke zu verzerren, drücken Sie die Strg-Taste beim Ziehen eines Eckgriffs – also kein Griff in der Mitte einer Seite (nicht bei Textebenen oder Smart-Objekten).

» Sie verzerren Auswahl oder Ebene symmetrisch von der Mitte ausgehend, wenn Sie die Alt-Taste drücken.

» Um eine Auswahl oder Ebene zu neigen, ziehen Sie an einem Seitengriff – nicht an einem Eckgriff – und drücken Strg+⇧-Taste. Dabei verzerrt Photoshop gegenüberliegende Seiten parallel.

» Um eine Auswahl oder Ebene perspektivisch zu verzerren, drücken Sie Strg+Alt+⇧ und ziehen an einem Eckgriff (nicht bei Textebenen oder Smart-Objekten).

» Klicken Sie oben in den Optionen auf die Schaltfläche Verkrümmen, um eine Verzerrung per Gitternetz herzustellen (Details unten).

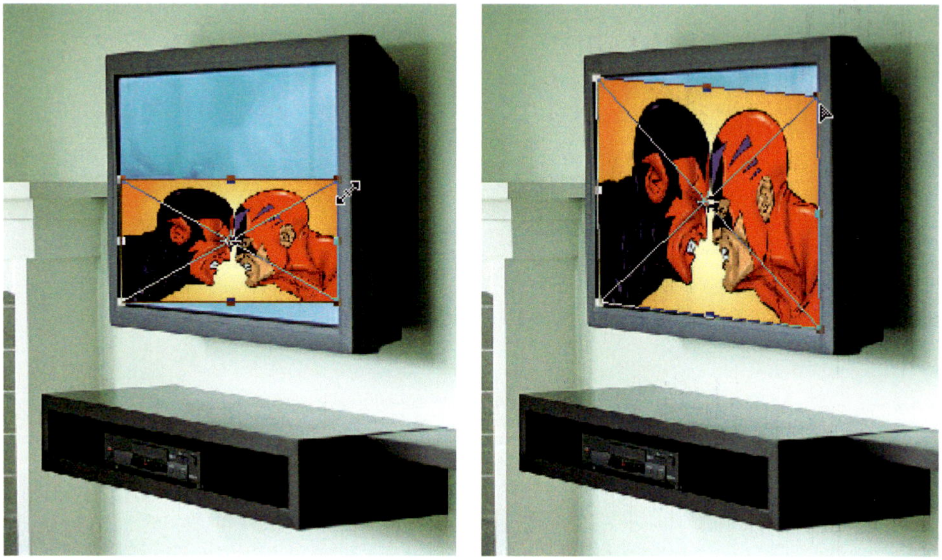

Abbildung 20.15
Links: Das einzusetzende Bild wird vorab mit dem Freistellungswerkzeug auf das Bildschirm-Seitenverhältnis von 16:9 gestutzt. Wir fügen es ein, erzeugen ein Smart-Objekt, skalieren per »Frei transformieren« bei geschütztem Seitenverhältnis in etwa auf Monitormaße und schieben es in die linke untere Monitorecke. **Rechts:** Wir drücken die [Strg]-Taste, um einzelne Bildecken so zu verzerren, dass sie zur Perspektive der Mattscheibe passen. Dann bestätigen wir die Änderung mit [↵]. Dateien: Ebene_20 etc.

TIPP Die Daten in der Optionenleiste ändern Sie wie immer auch mit den Pfeiltasten – oder in Zehnerschritten mit [⇧]-Taste plus Pfeiltaste. Photoshop wendet die Änderung sofort an, die Ebene wandelt sich. Mit der [⇆]-Taste springen Sie von einem Datenfeld zum nächsten und mit [⇧]+[⇆] wieder zurück. Mehr zur Bedienung von Optionsleisten ab Seite 33.

20.5.3 Drehen, Neigen, Skalieren, Verzerren

Sie müssen die Tastaturkombinationen für den Befehl **Frei Transformieren** nicht im Kopf haben. Verwenden Sie das Untermenü **Ebene: Transformieren** und dort einen der Einzelbefehle wie **Drehen**, **Neigen**, **Skalieren**

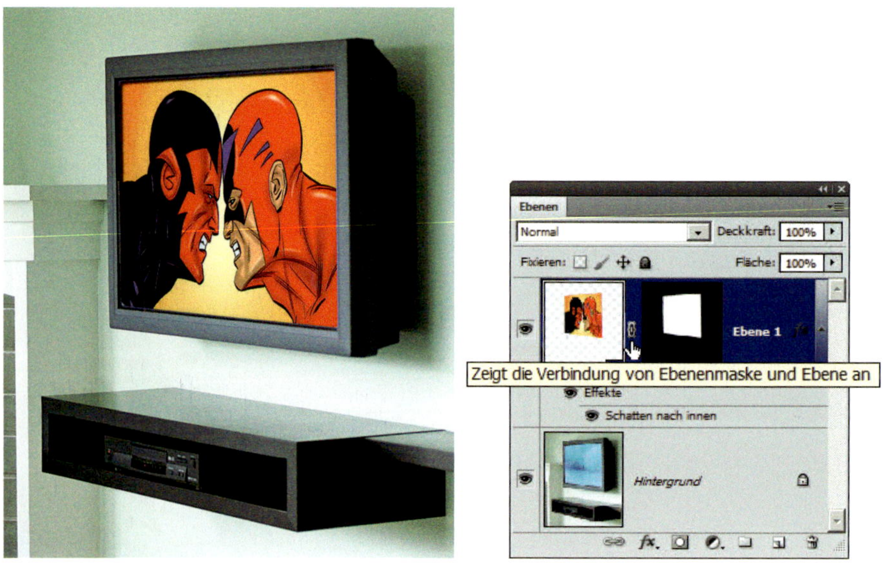

Abbildung 20.16
Wir haben das Filmbild ausgeblendet, das Wohnungsfoto aktiviert und die Mattscheibe mit der Schnellauswahl ausgewählt. Anschließend haben wir das Filmbild eingeblendet, aktiviert und auf »Kante verbessern« geklickt, um die Auswahlkante zu glätten. Unten im Dialog »Kante verbessern« nehmen Sie die »Ausgabe« als »Ebenenmaske«. Dadurch erscheint das Motiv nur noch innerhalb der Mattscheibe. Ein leichter »Schatten nach innen« glättet den Übergang. Heben Sie noch die Verbindung zwischen Maske und Bildebene auf; dann können Sie das Bild innerhalb des Fernsehers bewegen, die Maske wandert nicht mit. Auch Ausdehnung und Umriss des Filmbilds können Sie immer noch verlustfrei korrigieren.

oder **Verzerren**. Photoshop zeigt die Begrenzungsbox, erlaubt Ihrer Maus aber zunächst nur die jeweils gewählte Änderung sowie das Verschieben. Sie haben jedoch, noch bevor Sie mit [↵] bestätigen, die Möglichkeit, den Befehl **Frei Transformieren** zu wählen oder [Strg]+[T] zu drücken; dann sind alle anderen Änderungen auch möglich. Oder schalten Sie einen anderen Einzelbefehl ein.

TIPP Der Rahmen der Begrenzungsbox lässt sich auch über die Bildgrenzen hinausziehen. Am übersichtlichsten ist das im Vollbildmodus (Kurztaste [F], für Full screen). Auch Bildpunkte, die außerhalb des sichtbaren Bereichs liegen, werden in den Dateiformaten TIFF, PSD und PDF gespeichert und lassen sich wieder ins Bild ziehen.

20.5.4 Verkrümmen

Legen Sie einen Gitterrahmen über eine Ebene und verzerren Sie das Motiv durch Ziehen an den Gitterlinien, Griffpunkten und Anfasspunkten. Sie verbiegen Ihr Objekt gummiartig, das Verfahren ist oft übersichtlicher als beim **Verflüssigen** (Seite 582). Biegen Sie Körper und Produkte in Idealform, passen Sie Ebenen an Litfasssäulen oder gewölbte Buchseiten an, lassen Sie rechteckige Motive als Fahne wehen oder eifern Sie Dalì nach.

Wählen Sie zunächst [Strg]+[T], dann klicken Sie oben rechts auf die Schaltfläche Zwischen den Modi "Frei transformieren" und "Verkrümmen" wechseln. Wie auch für die anderen **Transformieren**-Funktionen gilt: Ändern Sie das Objekt nur einmal, weil mit jeder Bearbeitung die Schärfe leidet; verwenden Sie jedoch Smart-Objekte, lässt sich die Verfremdung jederzeit verlustfrei zurücksetzen. Mit den **3D**-Funktionen der Version Photoshop Extended sind Sie noch flexibler.

TIPP Das eingeblendete Gitternetz stört bei der Bildbeurteilung. Mit [Strg]+[H] können Sie es verstecken.

Verzerren mit Vorgaben

Wahlweise verwenden Sie beim Verzerren die Vorgaben wie Bogen, Welle oder Fisch. Zwischen horizontaler und vertikaler Ausrichtung wechselt danach die Schaltfläche Ausrichtung der Verkrümmung ändern.

Zur Feinsteuerung der Verkrümmung

» ziehen Sie in der Optionenleiste über den Feldbezeichnungen wie Biegung oder H oder

» ziehen Sie am Anfasspunkt des eingeblendeten Gitterrahmens.

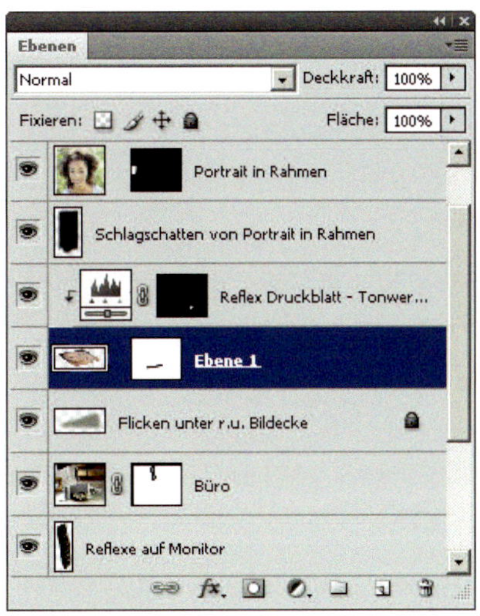

Abbildung 20.17 Die Porträts werden in die Rahmen mit unterschiedlichen Perspektiven hineintransformiert. Darüber liegen Ebenen oder Einstellebenen, die Reflexionen und Lichtspuren herstellen. Ebenen- oder Vektormasken begrenzen die Porträts in Monitor und Holzrahmen. Datei: Ebene_21

Abbildung 20.18 Beim »Verkrümmen« können Sie vorgegebene Formen wie »Bogen unten« verwenden und die Wirkung durch Ziehen am Anfasspunkt oder durch Zahleneingabe verfeinern. Hier steuern wir den Effekt jedoch individuell durch Ziehen im Gitterrahmen. So entsteht die leichte Wölbung des Druckblatts; der Befehl »Verflüssigen« wäre eine Alternative.

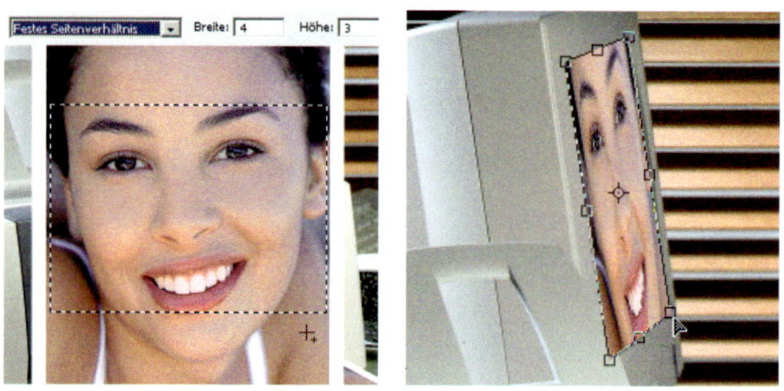

Abbildung 20.19 **Links:** Für das Einfügen in die Monitorfläche ist es hilfreich, wenn der Bildausschnitt schon das Seitenverhältnis 4:3 hat. Einen Bildbereich mit dieser Proportion wählen wir mit dem Auswahlrechteck aus der unverzerrten Druckblattebene aus. **Rechts:** Mit freiem Transformieren werden die Ecken an die Bildschirmumrisse angepasst und später durch eine Ebenenmaske genau eingegrenzt.

Freie Verformung

Gehen Sie im Verkrümmen-Menü auf Benutzerdefiniert, können Sie das Gitternetz frei formen. Ziehen Sie in beliebigen Bereichen innerhalb der Auswahl, an den Eckpunkten oder an den Griffpunkten, die aus den Eckpunkten herauswachsen. Möchten Sie die Ebene zwischendurch drehen oder verkleinern, schalten Sie das Verkrümmen vorübergehend ab.

TIPP Die genaue Anpassung an einen vorhandenen, ungleichmäßigen Untergrund fällt nicht immer leicht. Fotografieren Sie eventuell Orientierungslinien mit – zum Beispiel Objektkanten, die Sie eigentlich nicht im Bild brauchen. Alternativen: Zeichnen Sie eine dünne Linie auf einen Untergrund, den Sie fotografieren, oder legen Sie einen sauber ausgerichteten Faden aus. Später orientieren Sie eine Kante der »verkrümmten« Ebene an dieser Linie.

Photoshop bietet indes nicht mehr als je vier Linien hoch mal quer. Feine örtliche Korrekturen sind so kaum möglich. Abhilfe: Wählen Sie den Bereich, den Sie verzerren möchten, relativ eng aus und heben Sie ihn mit Strg+J auf eine neue Ebene; der verpassen Sie dann eine »Verkrümmung«.

Eventuell entstehen unschöne Kanten zwischen Korrekturbereich und Umgebung. Solche Übergänge glätten Sie mit verschiedenen Verfahren:

- Bearbeiten Sie den Objektrand mit dem Radiergummi bei weicher Kante.
- Alternative: eine Ebenenmaske, in der Sie mit Schwarz und ebenfalls weicher Pinselkante malen.
- Noch eine Möglichkeit: Verschmelzen Sie die Ebenen und wählen Sie ein Korrekturwerkzeug wie Duplizierstempel oder Reparaturpinsel.

Abbildung 20.20
Links: Die eingefügte Ebene wird zunächst in ein Smart-Objekt verwandelt und dann im Modus »Frei transformieren« skaliert und gedreht; dabei setzen wir den Referenzpunkt (Seite 726) in die linke untere Ecke der Ebene und richten die Ebene genau an den senkrechten und horizontalen Linien des Papiers aus; das erleichtert die Anpassung im nächsten Schritt. **Rechts:** Wir klicken auf die Schaltfläche für das »Verkrümmen« und biegen das Motiv passend zur Wölbung des Papiers. Vorlage: Ebene_22

20.5.5 Auswahlbereiche oder Ebenen spiegeln und drehen

Spiegeln oder drehen können Sie jeweils einen Auswahlbereich oder ein ganzes Bild. Für einzelne Ebenen verwenden Sie das Untermenü **Bearbeiten: Transformieren**; für das Gesamtbild, das dazu nicht ausgewählt sein muss, ist es das Untermenü **Bild: Bilddrehung** (Seite 398). Bietet die aktuelle Datei nicht genug Raum zum Drehen, erweitern Sie das Foto per **Bild: Arbeitsfläche** oder mit dem Freistellungswerkzeug (Seite 302).

20.5.6 »Formgitter«

Der Befehl **Bearbeiten: Formgitter** bietet eine exzellente Alternative zu **Frei transformieren** samt VERKRÜMMEN sowie zum **Verflüssigen**. Die Funktion heißt in der englischen Fassung »Puppet Warp« und erschien im Deutschen schon als »Marionettenverkrümmung«. Das passt auch: Sie klicken Gelenkpunkte in eine Ebene und drehen einzelne Ebenenbereiche wie Teile einer Marionette; der gewählte Abschnitt lässt sich zudem auch strecken oder stauchen.

Drehen Sie zum Beispiel Arme oder Beine. Biegen Sie aber auch Verzerrungen in Weitwinkelaufnahmen oder Panoramamontagen zurecht und zupfen Sie Retuscheflicken in die passenden Proportionen. Das **Formgitter** lässt sich dank Smart-Objekt-Technik verlustfrei anwenden und nachträglich umgittern. Es verbiegt auch Textebenen (am besten als Smart-Objekt) oder Ebenenmasken.

Ablauf im Überblick

So könnte es ablaufen:

1. Sie wählen den Bildbereich mit der Schnellauswahl aus, heben ihn auf eine neue Ebene und verwandeln ihn in ein Smart-Objekt.
2. Sie retuschieren die darunterliegende Ebene so, dass Sie später Ihr verzerrtes Hauptmotiv nicht mehrfach sehen.
3. Sie wählen **Bearbeiten: Formgitter** und klicken mehrere »Pins«, also Gelenkpunkte, ins Bild.
4. Formen Sie die Ebene durch Ziehen an den Pins um. Testen Sie direkt danach Änderungen in der Optionenleiste.
5. Zufrieden? Bestätigen Sie Ihren Eingriff mit der ↵-Taste.
6. Immer noch zufrieden? Per Strg+E verschmilzt die verformte Ebene wieder mit der ursprünglichen Umgebung.

Nach der ↵-Taste zeigt die Ebenenpalette den neuen Balken FORMGITTER unter der Smart-Objekt-Ebene. Per Doppelklick darauf zeigen Sie das Gitter wieder an und arrangieren Ihr Motiv neu.

TIPP Das **Formgitter** funktioniert auch in Verbindung mit Ebenenmasken: Formen Sie die Maske um oder aber den per Ebenenmaske eingefassten Bildbereich. Dabei verhält sich Photoshop jedoch teils überraschend (unsere Beobachtungen auf Seite 874). Verzichten Sie für erste Versuche mit dem **Formgitter** ganz auf Ebenenmasken.

Abbildung 20.21 **Links:** Die Figur befindet sich auf einer üblichen Hintergrundebene. Sie wird mit der Schnellauswahl ausgewählt, auf eine neue »Ebene 1« gehoben und in ein Smart-Objekt verwandelt. **Mitte:** Wir haben die »Hintergrund«-Ebene aktiviert, die Auswahl etwas erweitert und die Figur mit »inhaltssensitivem Füllen« weggezaubert. **Rechts:** Wir heben die Auswahl auf und zeigen und aktivieren wieder die »Ebene 1«. Sie lässt sich jetzt komfortabel per »Formgitter« bearbeiten. Datei: Formgitter_1

Vorbereitung

Sie starten mit einem normalen Foto, das aus einer ganz normalen Hintergrundebene besteht? Dann bereiten Sie Ihr Bild zum Beispiel so vor:

1. Wählen Sie das Hauptmotiv mit der Schnellauswahl aus.
2. Heben Sie den Bereich mit Strg+J auf eine neue Ebene 1.
3. Klicken Sie mit rechts neben die Miniatur der Ebene 1 und wählen Sie **In Smart-Objekt konvertieren**.

Sie brauchen das Smart-Objekt nicht zwingend, doch die Maßnahme erleichtert Ihre spätere Arbeit.

TIPP Wollen Sie nur einen Arm drehen, lassen Sie Kopf und Oberkörper großteils aus der Auswahl heraus. Sie müssen diese Bereiche dann später nicht mehr gegen ungewollte Änderungen sperren.

Meist müssen Sie noch den Untergrund retuschieren und das Hauptmotiv aus der Hintergrundebene herauslöschen. Steht das Hauptmotiv vor einer homogenen Umgebung, so dass es sich leicht wegretuschieren lässt? Dann arbeiten Sie zum Beispiel so weiter:

1. Klicken Sie bei gedrückter Strg-Taste auf die Bildminiatur der Ebene 1. So laden Sie den Umriss dieser Ebene als pulsierende Auswahllinie.

Abbildung 20.22 **Links:** Wir verwenden die »Drehen«-Funktion mit insgesamt nur zwei Pins (also Alt-Ziehen neben einem Pin). Dabei ändert sich nicht nur der Arm, sondern ungewollt die gesamte Ebene. **Mitte:** Wir haben den Oberkörper mit mehreren Pins besser fixiert. Jetzt dreht sich nur der Arm, dabei wechselt das »Drehen«-Klappmenü zu »Fixiert«. Die Hand verschwindet hinter dem Kopf. **Rechts:** Wir klicken auf »Pin nach vorne holen«. So erscheint die Hand vor dem Kopf. Datei: Formgitter_1

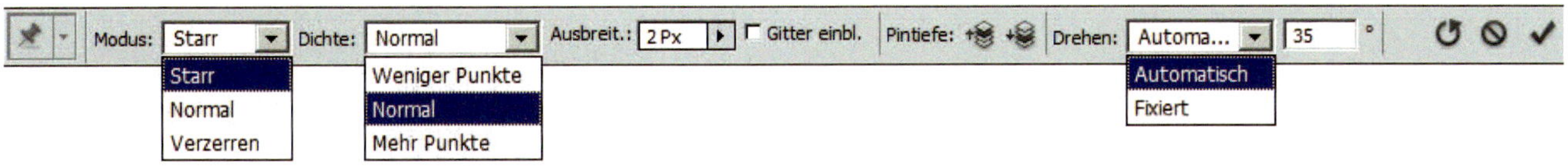

Abbildung 20.23 In der Optionenleiste steuern Sie die Wirkung des »Formgitters«.

2. Blenden Sie die Ebene 1 mit dem Augensymbol aus.
3. Klicken Sie einmal auf die Miniatur der Hintergrundebene. Sie bearbeiten also wieder diese Ebene.
4. Wählen Sie **Auswahl: Auswahl verändern: Erweitern** mit rund 20 Pixeln Ausdehnung. Die Auswahl wird etwas breiter.
5. Mit der Entf-Taste laden Sie den Dialog **Fläche füllen**. Im Verwenden-Menü stellen Sie Inhaltssensitiv ein und klicken auf OK. Das Hauptmotiv verschwindet von der Hintergrundebene, Photoshop verlängert dort die Motivumgebung.
6. Heben Sie die Auswahl zunächst mit Strg+D auf.
7. Sehen Sie noch Störungen im Hintergrund? Retuschieren Sie mit Reparaturpinsel und Co. Oder warten Sie mit der Feinretusche, bis Sie das **Formgitter** endgültig angewendet haben – dann sehen Sie, welche Hintergrundpartien tatsächlich sichtbar bleiben und perfekt korrigiert werden müssen.
8. Die Hintergrundebene passt einstweilen? Aktivieren Sie wieder die Ebene 1 durch einen Klick auf ihre Miniatur.
9. Zeigen Sie die Ebene 1 mit dem Augensymbol auch wieder an. Sie sehen wieder Ihr Hauptmotiv.
10. Fertig! Wählen Sie **Bearbeiten: Formgitter** und setzen Sie »Pins« ein.

TIPP Während der Arbeit am Formgitter ist Photoshop halb blockiert. Sie kennen das vielleicht schon vom Transformieren oder vom Freistellungswerkzeug: Sie können kaum Befehle aufrufen, **schließen**, **einfügen** oder **öffnen**. Erst wenn Sie das **Formgitter** mit der Entf-Taste bestätigen oder mit der Esc-Taste verwerfen, ist Photoshop wieder ganz zugänglich.

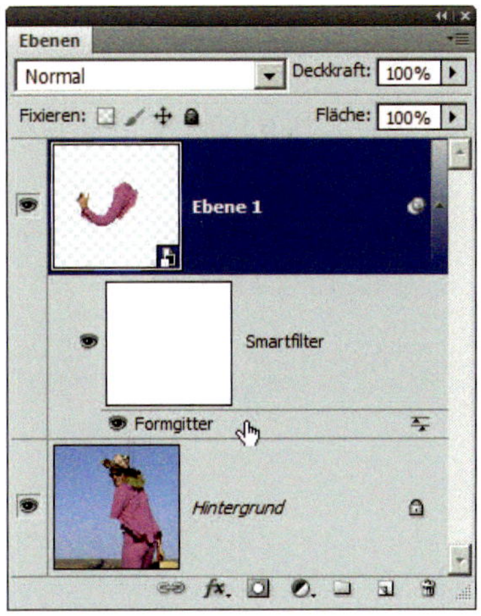

Abbildung 20.24 Wir haben den Arm zum Verzerren per »Formgitter« als Smart-Objekt auf eine eigene Ebene gehoben und in der Hintergrundebene entfernt. Die Ebenenpalette zeigt nun die Zeile »Formgitter«. Sie können die Verzerrung ändern, komplett ausblenden oder durch Maskenretusche teilweise ausblenden.

»Pins« setzen

Sobald Sie **Bearbeiten: Formgitter** wählen, zeigt Photoshop das komplizierte Gitternetz an. Sie erkennen an den Linien, wie alle Ebenenteile miteinander verbunden sind und wie deshalb Bewegungen am linken Ende auch die rechte Ebenenseite mit verändern. In der Praxis stört das Gittermuster aber nur. Schalten Sie es mit der Option Gitter einblenden ab.

Sie klicken gelbe Gelenkpunkte ins Bild – sogenannte »Pins« –, die später als Dreh- und Angelpunkt dienen. Sie drehen Ebenenteile um die Pins; oder Sie dehnen und stauchen mit einem Pin als Fixpunkt. Ihre Möglichkeiten:

» Solange Sie nur einen Pin einsetzen, können Sie die gesamte Ebene lediglich bewegen.

Abbildung 20.25 **1. Bild:** Vorlage. **2. Bild:** Wir verwenden »Normal« im »Modus«-Menü. **3. Bild:** Der Wechsel zu »Starr« bringt etwas geradere Konturen. **4. Bild:** Der Modus »Verzerren« vergrößert weiter entfernte Ebenenteile. Für alle Beispiele gelten die Standardwerte bei »Dichte« und »Ausbreitung« des Gitters. Datei: Formgitter_2

» Sobald Sie zwei Pins nutzen, können Sie die Ebene um die Achse des nicht aktiven Pins drehen oder vom nichtaktiven Pin ausgehend dehnen und stauchen.

Meist aber brauchen Sie mehr als zwei Pins. Wichtig vor allem: Manche Bereiche sollen sich gar nicht verändern. Zum Beispiel wollen Sie einen Arm drehen, aber Schultern, Kopf und Oberkörper sollen auf der Stelle bleiben. Solche Zonen nageln Sie mit ganzen Pin-Reihen regelrecht fest.

TIPP Sitzt der Pin einmal auf der Ebene, können Sie ihn nicht unabhängig von der Ebene neu platzieren: Sobald Sie den Pin bewegen, verbiegen Sie auch die Ebene. Abhilfe: Löschen Sie den fehlplatzierten Pin per [Alt]-Anklick und pflanzen Sie einen ganz neuen Pin an eine bessere Stelle.

Mit Pins arbeiten

Aktive Pins erkennen Sie am schwarzen Punkt in der gelben Fläche. Stimmt die Verzerrung grundsätzlich, dann korrigieren Sie kleinere Fehlentwicklungen durch Klicken und Ziehen in der Ebene, dabei entstehen weitere Pins.

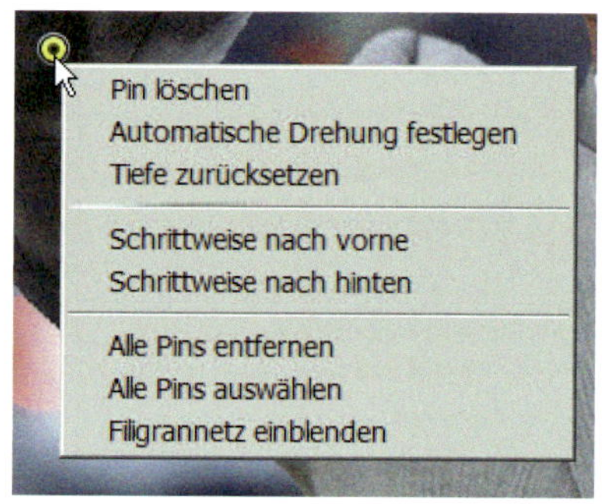

Abbildung 20.26 Im Kontextmenü zu den Pins bietet Photoshop nützliche Befehle.

Mitunter aktiviert man mehrere Pins gleichzeitig, um komplexe Bereiche geschlossen zu verschieben. Wählen Sie die Pins dann bei gedrückter [⇧]-Taste aus.

Die Taste [H] versteckt die Pins vorübergehend. Überflüssige Pins löschen Sie durch punktgenauen Anklick bei gedrückter [Alt]-Taste. Aktivierte Punkte verschwinden auch via [Entf]-Taste; tabula rasa macht die Schaltfläche Alle Pins entfernen oben in den Optionen.

TIPP Besonders präzise in Ein-Pixel-Schritten bewegen Sie die Pins mit den Pfeiltasten. Wie üblich nehmen Sie für Zehn-Pixel-Schritte die [⇧]-Taste dazu.

Abbildung 20.27 **1. Bild:** Wir stellen die »Dichte« auf »Weniger Punkte«. **2. Bild:** Wir verwenden »Mehr Punkte«. **3. Bild:** Wie vorher, jetzt mit einer »Ausbreitung« von 80 statt wie üblich zwei Pixeln. **4. Bild:** Wir senken die »Ausbreitung« auf minus 5.

Drehen

Bequem lässt sich ein Bereich auch gleichmäßig drehen – garantiert ohne ungewollte Verzerrung als Kollateralschaden:

1. Halten Sie die Maustaste in die Nähe eines Pins – aber nicht direkt darüber – und drücken Sie dabei die [Alt]-Taste. Dabei zeigt Photoshop einen Kreis um den Pin herum, der Cursor erscheint als gebogener Doppelpfeil ⤸ (und wohlgemerkt nicht als Schere).
2. Durch Ziehen drehen Sie den Ebenenteil um den soeben gewählten Pin.

Achten Sie dabei oben in den Optionen auf den Bereich Drehen: Das Klappmenü wechselt von Automatisch zu Fixiert, daneben meldet Photoshop den Drehwinkel. Sie können Ihren Bildteil alternativ auch gleich so drehen:

1. Aktivieren Sie den gewünschten Pin.
2. Schalten Sie oben im Drehen-Menü von Automatisch zu Fixiert.
3. Tippen Sie einen Drehwinkel zwischen 180 und -180 ein und drücken Sie eventuell noch die [↵]-Taste.

TIPP Wenn Sie drehen, sollten Sie bereits mindestens zwei Pins in der Ebene haben. Drehen Sie erst und lassen dann Pins folgen, verformt sich die Ebene unberechenbar.

Gitternetz

Die Option Gitter einblenden entscheidet, ob Sie das Gitternetz überhaupt sehen – oft verzichtet man auf die Anzeige, denn wichtiger ist die genaue Beurteilung des vollständigen Bilds.

Im Klappmenü Dichte steuern Sie die Zahl der Maschen im Gitternetz:

» Die übliche Vorgabe Normal eignet sich für die meisten Aufgaben.

» Schalten Sie zu Mehr Punkte, wenn Sie Pins sehr eng nebeneinander setzen wollen. Das nun engmaschigere **Formgitter** kostet mehr Rechenaufwand, bringt aber vielleicht auch präzisere Ergebnisse.

» Umgekehrt gilt: Arbeitet der Rechner allzu langsam oder verformt sich das Hauptmotiv zu stark, wechseln Sie im Dichte-Klappmenü zu Weniger Punkte.

Das Gitternetz dehnt sich in der Grundeinstellung zwei Pixel über die Ebene hinaus aus. Wirkt die Umformung noch zu hart, heben Sie die Ausdehnung mit dem Regler Ausbreiten testweise an. Die Änderungen lassen sich dann schwerer vorhersehen. Für stärker gerade gerichtete Konturen senken Sie den Ausbreiten-Wert, auch auf negative Werte; dann verschwinden die Ränder der Ebene.

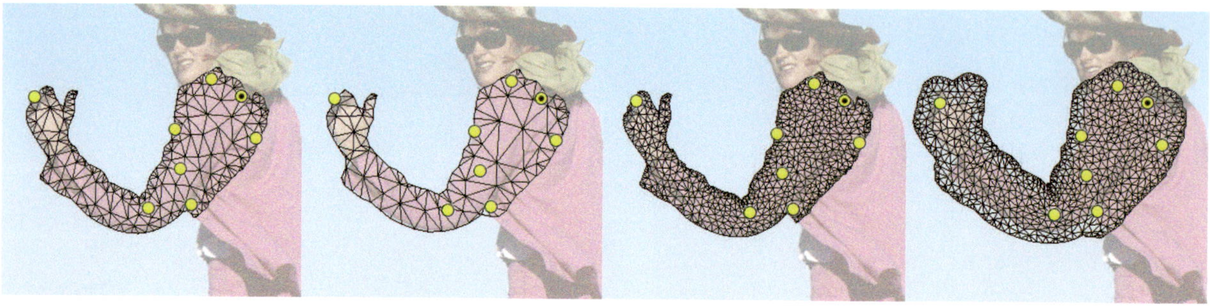

Abbildung 20.28 **1. Bild:** Wir haben das Formgitter eingeblendet; Sie erkennen die Verbundenheit aller Bildteile. Hier die Standardvorgaben: Dichte »Normal« und »Ausbreitung« 2 Pixel . **2. Bild:** Dichte »Weniger Punkte«. Diese Einstellung erzeugt je nach Bild gerundetere Übergänge. **3. Bild:** Dichte »Mehr Punkte«. Die Einstellung kostet mehr Rechenzeit, erlaubt aber auch präzisere Platzierung der Pins. **4. Bild:** »Ausbreitung« auf 26 Pixel angehoben.

TIPP Sie wollen Pins ins Bild klicken, aber es passiert nichts? Dann klicken Sie eventuell außerhalb der Pixelfüllung der aktiven Ebene, zum Beispiel außerhalb der Person. In transparenten Bereichen können Sie keine Pins erzeugen.

Modus

Das Modus-Menü oben in den Formgitter-Optionen steht zunächst auf Normal. Verzerrte Ebenenstrecken zeigen damit schnell Rundungen – Sie verbiegen eher Gummi als Holz.

Zu diesem Verfahren bietet Photoshop zwei Alternativen:

- Die Vorgabe Starr erzeugt etwas härtere Knicke, Ihr digitales »Material« hat mehr Verwindungssteife.
- Die Vorgabe Verzerren wirkt wie ein Weitwinkelobjektiv oder eine verzerrende Lupe: Ziehen Sie Ebenenteile weit von der Basis weg, erscheinen sie größer; Ebenenteile nah am Drehpunkt schrumpfen. Je nach Motiv berücksichtigen Sie so auch Fluchtpunkte.

TIPP Die Härte der Knicke und Biegungen steuern Sie nicht nur per Modus-Klappmenü: Testen Sie auch geänderte Werte beim Ausbreiten-Regler (höhere Werte runden flüssiger). Stellen Sie zudem testweise die Dichte um.

Davor oder dahinter

Ein Beispiel: Sie biegen einen Arm so weit, bis er sich mit dem Kopf des Darstellers überschneidet. Soll der Arm vor oder hinter dem Kopf erscheinen? Beides geht:

- Der Arm mit dem aktiven Pin befindet sich ganz »hinten« oder ganz »unten«? Klicken Sie in der Optionenleiste einmal oder mehrfach auf Pin nach vorne holen. Schon rückt der Ebenenteil mit dem aktiven Pin in den Vordergrund.
- Der Arm mit dem aktiven Pin befindet sich ganz »vorn« oder ganz »oben«, soll aber überdeckt werden? Klicken Sie in der Optionenleiste einmal oder mehrfach auf Pin nach hinten stellen.

Auch so holen Sie eine überdeckte Zone nach vorn: Klicken Sie in einen sichtbaren Ebenenabschnitt, der an anderer Stelle überdeckt wird – er springt oft in den Vordergrund. Vorsicht allerdings: Dabei entsteht zwangsläufig ein neuer Pin, die Form kann sich ändern.

Anschlussfehler und ungewollte Verzerrungen korrigieren

Sie haben per **Formgitter** verzerrt, doch es gibt noch ungewollte Verzerrungen und eventuell störende Nähte zwischen der bearbeiteten Ebene und dem darunterliegenden Gesamtbild. Zwei Korrekturmöglichkeiten bieten sich an.

Probieren Sie diese zuerst: Sofern Sie auf einem Smart-Objekt gearbeitet haben, aktivieren Sie die Filtermaske in der Ebenenpalette und malen Sie mit Pinsel und Schwarz. So verbergen Sie die Verzerrung örtlich und kehren zur unverfremdeten Version zurück.

Das Problem ist komplexer und umfasst auch fehlerhaft retuschierte Bereiche der Hintergrundebene? Dann könnten Sie die Bildwirkung so glätten:

1. Aktivieren Sie die oberste, verzerrte Ebene.
2. Fügen Sie das gesamte unverzerrte Originalbild noch einmal deckungsgleich darüber ein.
3. Klicken Sie unten in der Ebenenpalette bei gedrückter Alt-Taste auf Ebenenmaske hinzufügen. So entsteht eine schwarze Ebenenmaske, das eingefügte Original wird ausgeblendet.
4. Malen Sie mit Pinsel und Weiß in Bildbereichen, in denen das Original wieder erscheinen soll.

20.5.7 »Inhaltsbewahrendes Skalieren«

Stauchen ohne Verstauchung: Per **Bearbeiten: Inhaltsbewahrendes Skalieren** dehnen oder stauchen Sie Ihre Bilder fast wie beim normalen **Freien Transformieren**. Das Besondere jedoch: Verzerrt werden nur diffuse Hintergründe; Hauptmotive wie Personen oder Produkte behalten ihre natürliche Proportion, solange es geht. So macht sich die Funktion nützlich:

- Zwischen Personen oder anderen Hauptmotiven ist zu viel »Luft« (diffuse Fläche). Stauchen Sie das Bild, um die Szene zu verdichten. Oder dehnen Sie es aus, wenn Sie noch mehr Leerraum schaffen wollen.
- Ihr Foto passt nicht ins Layout. Stauchen oder dehnen Sie, bis das gewünschte Seitenverhältnis oder die erforderliche Pixelzahl erreicht ist.
- Digitalisierte Dokumente, Grafiken oder Bildschirmfotos haben zu viel leere Fläche, etwa zu viel Weiß. Nehmen Sie »die Luft« raus.

Falls es nicht auf Anhieb klappt, schützen Sie Wesentliches mit einem flotten Alphakanal. Für Smart-Objekte bietet Photoshop die Funktion nicht an.

Abbildung 20.29 **Links:** Unser Beispielfoto zeigt zu viel »Luft« zwischen den beiden Fußballern wie auch zwischen den Fußballern und ihrem Sportgerät. **Mitte:** Wir stauchen das Bild unproportional auf nur 85 Prozent seiner ursprünglichen Höhe. Die Jungen erscheinen nicht gequetscht, stattdessen schrumpft nur der dunkle Hintergrund zwischen Ball und oberem Spieler – der Ball rutscht nach unten. Das Bild ist bereits verdichtet und hat andere Proportionen. **Rechts:** Wir schieben das Foto waagerecht auf nur 62 Prozent der ursprünglichen Breite zusammen. Wieder bleiben Spieler und Ball ganz unverändert; nur der Zwischenraum schrumpft massiv. Das Bild wurde deutlich verdichtet. Datei: Ebene_26

Abbildung 20.30 **Mitte:** Wir haben auf 60 Prozent gestaucht, Herr und Hund zeigen erste Verunstaltungen. **Rechts:** Wir stauchen wieder auf 60 Prozent, diesmal mit der Option »Hauttöne bewahren«. Datei: Ebene_30

Dieses unproportionale Skalieren ohne Kollateralschaden funktioniert immer dann exzellent, wenn sich das Hauptmotiv trennscharf vom Hintergrund abhebt. Gehen jedoch zum Beispiel Haare in den Hintergrund über, werden sie schnell mitskaliert. Und je diffuser der Hintergrund, desto besser. Ideal sind Gras, Meer oder Himmel – unscharf. Strukturierte Architektur oder Bergrücken werden als Hauptmotiv interpretiert und lassen sich nicht gut quetschen.

TIPP Sie wollen das Bild verlängern oder verdichten, aber nicht durch Ändern diffuser Zonen, sondern durch Vermehrung detailreicher Bildzonen? Das geht mit »Photomerge«-Technik (Seite 852).

So stauchen Sie ein Bild

Sie wollen ein Foto, das nur aus einer Hintergrundebene besteht, stauchen (nicht ausdehnen). Nutzen Sie zum Beispiel dieses Verfahren:

1. Sie wählen das Gesamtbild mit Strg+A aus.
2. Sie gehen auf **Bearbeiten: Inhaltsbewahrendes Skalieren** (Strg+⇧+Q).
3. Stauchen Sie das Motiv durch Ziehen an den Anfasspunkten.
4. Klicken Sie doppelt in die Auswahl, um die Änderung zu bestätigen.
5. Der Befehl **Bild: Freistellen** kappt die entstandene leere Fläche weg.

Abbildung 20.31
Der Befehl »Inhaltsbewahrendes Skalieren« eignet sich auch zum Strecken von Bildern. Wir haben die Vorlage um 60 Prozent verbreitert, die Option »Hauttöne bewahren« verhindert Deformationen. Datei: Ebene_30

Ausdehnen ohne genaue Vorschau

Sie möchten die Aufnahme ausdehnen (nicht quetschen), ohne dass Sie eine genaue Vorschau über die Bildränder brauchen? Ein mögliches Verfahren:

1. Sie verwandeln die Hintergrund-Ebene in eine Ebene 0 (Alt-Doppelklick auf die Ebenenminiatur).
2. Sie wählen **Bearbeiten: Inhaltsbewahrendes Skalieren** und dehnen Ihr Foto. Dabei verschwinden Außenbereiche hinter den Rändern des Bildfensters. Bestätigen Sie die Änderung durch einen Doppelklick ins Bild.
3. Der Befehl **Bild: Alles einblenden** erweitert die Arbeitsfläche so, dass die verdeckten Bildränder wieder sichtbar werden.

ACHTUNG Wenn Sie direkt die Hintergrund-Ebene auswählen und dehnen, steht der wichtige Befehl **Alles einblenden** anschließend nicht zur Verfügung. Sofern Sie also mit dem Befehl **Inhaltsbewahrendes Skalieren** das Bild dehnen und nicht stauchen, sollten Sie die Hintergrund-Ebene immer per Alt-Doppelklick in eine Ebene 0 verwandeln.

Ausdehnen mit Vorschau

Sie möchten die Aufnahme ausdehnen (nicht quetschen) und wollen das Ergebnis schon in der Vorschau genau sehen? Ein mögliches Verfahren:

1. Sie verwandeln die Hintergrund-Ebene in eine Ebene 0.
2. Mit **Bild: Arbeitsfläche** erweitern Sie die Arbeitsfläche großzügig, zum Beispiel auf 200 Prozent.
3. Sie dehnen Ihr Foto per **Bearbeiten: Inhaltsbewahrendes Skalieren** und klicken abschließend doppelt ins Bildfenster.
4. Mit **Bild: Zuschneiden** säbeln Sie überflüssigen Rand weg.

ACHTUNG Falls Sie das Foto doch an einer Seite über den vorhandenen, bereits ausgedehnten Dateifensterrand hinausgezogen haben, wählen Sie zuerst **Bild: Alles einblenden** und danach dann **Bild: Zuschneiden.**

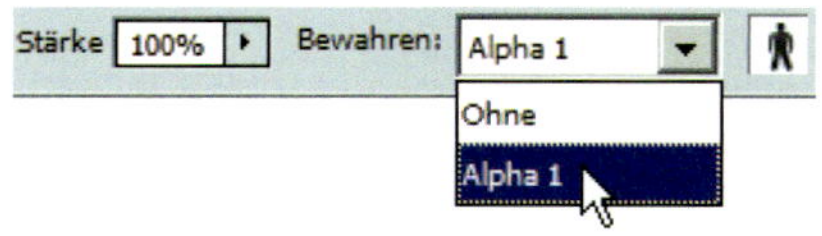

Abbildung 20.32 Personenschutz: Verhindern Sie ungewollte Deformation mit den Einstellungen und per Alphakanal.

Bildbereiche mit Optionen schützen

Den Stärke-Regler in der Optionenleiste lassen Sie auf 100 Prozent – es sei denn, Photoshop soll auch das Hauptmotiv mehr oder weniger anknabbern. Bei Problemen testen Sie, ob es besser mit oder ohne die Option Hauttöne bewahren funktioniert: Mitunter erhalten Sie auch bei Porträts bessere Ergebnisse, wenn Sie die Vorgabe abschalten; andererseits bewährte sich die Option im Test auch bei Hunden und Hühnern.

TIPP Sie haben das Bild schon verzerrt, experimentieren mit den Anfasspunkten und bemerken erst jetzt, dass Sie Alphakanal oder die Option Hauttöne bewahren noch nicht zugeschaltet haben? Macht nichts: Diese Vorgaben lassen sich noch umstellen, wenn Sie das **Skalieren** bereits gestartet haben.

Bildbereiche per Alphakanal schützen (mit Auswahl)

Photoshop quetscht, was nicht gequetscht werden soll? Ein Alphakanal mit weicher Kante schützt den Bildbereich garantiert. Dabei gilt: Was Sie schützen wollen, wird ausgewählt und erscheint im Alphakanal weiß. Verwenden Sie immer eine weiche Kante, bei großen Megapixelbildern auch 50 oder mehr Pixel breit. Legen Sie den Kanal zum Beispiel per Lasso-Auswahl an:

1. Schalten Sie das Lasso ein und stellen Sie in den Optionen zehn Pixel Weiche Kante ein.
2. Rahmen Sie Ihr schützenswertes Hauptmotiv plus ein bisschen Umgebung mit dem Lasso ein.
3. Wählen Sie **Auswahl, Auswahl speichern** und klicken Sie sofort auf OK, ohne irgendeinen Namen zu tippen.
4. Heben Sie die noch vorhandene Auswahl mit Strg+D auf.
5. Sofern Sie auf einer Hintergrund-Ebene arbeiten, wählen Sie das Gesamtbild mit Strg+A aus.

Abbildung 20.33 **Links:** Bei der Stauchung auf 65 Prozent zeigen sich die Sportler nicht ganz formstabil. **Mitte:** Wir schützen die Akteure mit einer weichgezeichneten Auswahl im Alphakanal. Jetzt verzerrt allerdings das Netz deutlicher. Datei: Ebene_28

6. Wählen Sie **Bearbeiten: Inhaltsbewahrendes Skalieren.**
7. Im Bewahren-Klappmenü oben in den Optionen klicken Sie auf den Namen des Alphakanals, meist Alpha 1.
8. Jetzt erst ziehen Sie an den Anfasspunkten - der Bereich im Alphakanal bleibt geschützt.

TIPP Sie geben Ihr Foto in einem Format weiter, das Alphakanäle dauerhaft speichert, zum Beispiel TIFF oder PSD? Dann löschen Sie den Alphakanal gleich nach dem Stauchen. Er kostet nur Speicherplatz und kann Probleme in Layoutprogrammen bereiten. In der Kanälepalette ziehen Sie den Alphakanal in den Mülleimer oder wählen Sie ihn im Dialogfeld **Speichern unter** ab.

Bildbereiche per Alphakanal schützen (ohne Auswahl)

Sie möchten sofort im Alphakanal arbeiten und nicht erst eine Lasso-Auswahl anlegen? Dann entsteht die Auswahl zum Beispiel so:

1. Unten in der Kanälepalette klicken Sie auf Neuen Kanal erstellen.
2. Klicken Sie oben in der Kanälepalette neben der RGB-Gesamtminiatur auf das Augensymbol. Sie sehen wieder das Gesamtbild, mit der rötlichen Alphakanal-Darstellung überzogen.
3. Schalten Sie mit der Taste [B] den Pinsel ein, mit [D] oder [D], [X] wechseln Sie zu weißer Vordergrundfarbe. Nach einem Rechtsklick ins Bild nehmen Sie im Pinselwähler eine passende Größe und eine weiche Kante.
4. Übermalen Sie das schützenswerte Hauptmotiv, so dass es klar erkennbar wird.

Abbildung 20.34 **Links:** Wir haben das Gesamtbild ausgewählt und dann »Inhaltsbewahrendes Skalieren« gewählt; dabei wird der Muschel indes übel mitgespielt. Sie könnten das Strandgut per Alphakanal schützen, wir verwenden hier eine andere Methode. **Mitte:** Wir wählen mit dem Auswahlrechteck den linken Bildteil ohne die Muschel aus. **Rechts:** Photoshop staucht nur den linken Bildteil, wie gewünscht schrumpft nur die Sandfläche. Datei: Ebene_27

5. Klicken Sie oben in der Palette einmal auf den Namen RGB, um wieder das Foto selbst zu aktivieren. Unten links in der Palette klicken Sie auf das Augensymbol neben dem Alphakanal, so dass Sie Ihr Foto wieder ohne rötlichen Überzug sehen.

6. Beginnen Sie mit dem Skalieren und geben Sie im Bewahren-Klappmenü oben den Namen des Alphakanals an.

TIPP Bei schwierigen Motiven legen Sie gleich mehrere Alphakanäle an, mit unterschiedlichen Größen und Weichzeichnungen. Sie können den Alphakanal direkt beim »Inhaltsbewahrendes Skalieren« wechseln. Zeigen Sie die Kanälepalette an, damit Sie den Inhalt der Alphakanäle erkennen.

Grafiken stauchen

Sie haben eine harte Grafik, ein Layout oder ein Bildschirmfoto mit völlig einheitlicher Hintergrundfarbe, zum Beispiel Weiß. Sie wollen die grafischen Elemente näher zusammenrücken, nur die einheitliche Hintergrundfläche soll dabei schrumpfen. Eventuell klappt das auf Anhieb, eventuell wird das Ergebnis aber mit einem Alphakanal besser. Dann testen Sie diesen Weg:

1. Falls erforderlich, verschmelzen Sie die Elemente der Grafik auf eine Ebene.
2. Schalten Sie den Zauberstab ein. Verzichten Sie oben in den Optionen auf Weiche Kante und Glätten. Stellen Sie Benachbart ein und die Toleranz auf etwa 1. (Bei Bildfehlern durch JPEG-Komprimierung muss die Toleranz höher sein.)
3. Wenn noch nötig, nehmen Sie per ⇧-Klick weitere Bildpartien mit Weiß in die Auswahl auf.
4. Kehren Sie die Auswahl mit Strg+⇧+I um. Jetzt sind nur noch Texte und Bilder gewählt.
5. Wählen Sie **Auswahl: Auswahl verändern: Erweitern**, tippen Sie 3 Pixel Radius ein und klicken Sie auf OK. Eventuell können Sie auf diesen Schritt verzichten.

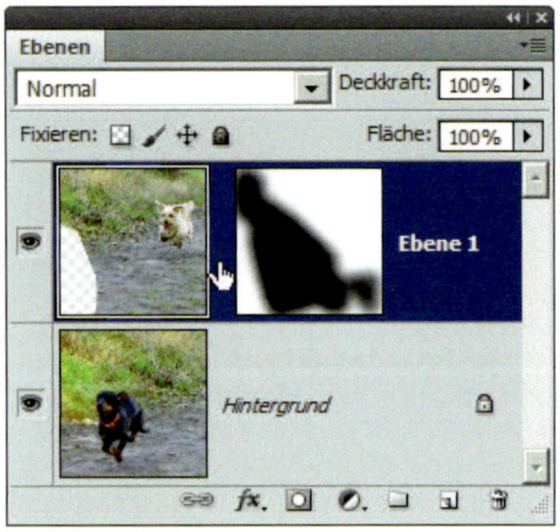

Abbildung 20.35 Die Hunde lassen sich nicht durch »inhaltsbewahrendes Skalieren« zusammenrücken – der Zwischenraum mit Gräsern und Weg ist zu unruhig. Erledigen Sie die Aufgabe stattdessen mit einer schnellen Montage: Wählen Sie den hinteren weißen Highland-Terrier mit dem Lasso sehr großzügig aus, heben Sie ihn mit Strg+J auf eine neue Ebene und schieben Sie ihn nach links. Legen Sie eine Ebenenmaske an und übermalen Sie den Übergang zwischen den Hunden mit Schwarz und weicher Pinselspitze. Die Verbindung zwischen Bildebene und Maske heben Sie auf: So können Sie den weißen Hund weiter nach Geschmack verschieben. Datei: Ebene_32. Foto: Gabi Sieg-Ewe

6. Per **Auswahl: Auswahl speichern** sichern Sie die Auswahl als Alphakanal.
7. Falls Sie auf einer reinen Hintergrund-Ebene arbeiten, wählen Sie jetzt das Gesamtbild mit Strg+⇧ aus.
8. Falls Sie andererseits auf einer Einzelebene (nicht Hintergrund-Ebene) arbeiten: Heben Sie die noch vorhandene Auswahl mit Strg+D auf.
9. Gehen Sie auf **Bearbeiten: Inhaltsbewahrendes Skalieren**.
10. Oben im Bewahren-Klappmenü klicken Sie auf den Namen des frisch gesicherten Alphakanals.
11. Ziehen Sie an den Anfasspunkten – Sie stauchen nur die leere Fläche, Bild- und Textbereiche bleiben vollständig in Form.

20.6 Der »Fluchtpunkt«-Filter

Der Befehl **Filter: Fluchtpunkt** (Strg+Alt+V) blendet Ebenen, Pinselstriche oder Korrekturstriche des Kopierstempels perspektivisch korrekt in andere Motive ein. Die Funktion ist sehr hilfreich bei Änderungen an rechteckigen, schräg fotografierten Flächen – Wände, Böden, Verpackungen, Schilder oder Plakate.

Mit diesem Filter lassen sich beispielsweise die Oberflächen einer Einbauküche austauschen, Beschriftungen auf einen LKW projizieren oder auch abknickende Flächen gestalten. Sie können hier auch in begrenztem Umfang 3D-Objekte konstruieren, die Sie mit den **3D**-Techniken der Extended-Version weiterbearbeiten.

Der Befehl bietet eine interessante Alternative zu den **Transformieren**-Funktionen **Verzerren** und **Frei verzerren**. Smart-Objekte oder Smartfilter-Ebenen werden allerdings nicht unterstützt. Um eine Ebene auf einen ungleichmäßig gewölbten Untergrund zu modellieren, nehmen Sie besser die Option Verkrümmen (Seite 743).

In der Version Photoshop Extended besitzt der **Fluchtpunkt**-Befehl ein paar Extrafunktionen für Bemaßung und Datenexport; auf diese Spezialitäten kommen wir am Ende dieses Abschnitts unter einer eigenen Überschrift zurück. Sämtliche gestalterischen Möglichkeiten bietet aber auch die CS5-Normalausgabe.

20.6.1 Übersicht

Im Dialogfeld des Filters legen Sie zuerst ein Gitternetz über eine oder mehrere Seiten eines Motivs – zum Beispiel über einen Karton. Dann gibt es folgende Möglichkeiten:

- Sie können ein Objekt einfügen; Photoshop passt es automatisch perspektivisch korrekt an den Hintergrund an.
- Ein Bildbereich lässt sich mit dem Auswahlrechteck direkt im Dialogfeld duplizieren und über eine andere Bildzone legen, die Sie beispielsweise abdecken wollen.
- Auch mit dem Stempelwerkzeug können Sie direkt im Dialogfeld **Fluchtpunkt** retuschieren; Bildpunkte, die das Werkzeug aufnimmt, erscheinen perspektivisch korrigiert im Zielbereich.

Abbildung 20.36 Beim Anlegen des Fluchtpunktgitters orientieren wir uns an den Linien im Foto. Datei: Chicago-Hauswand.jpg

- Auch der Pinsel malt einfarbig mit perspektivischer Korrektur.

20.6.2 Vorbereitungen

Bevor Sie den Filter **Fluchtpunkt** aufrufen, sollten Sie einige Vorbereitungen treffen:

- Das Hintergrundbild muss sich im Modus **RGB-Farbe** (8- oder 16-Bit) befinden. CMYK-Vorlagen können Sie über das Menü **Bild: Modus** konvertieren.
- Legen Sie für die Retusche eine neue Ebene an; dann bleibt die Originalebene unverändert und Sie können Original und Korrekturbereich mit Füllmethoden, Deckkraft-Regler, Radiergummi oder Ebenenmasken auf vielfältige Weise mischen. Klicken Sie also unten in der Ebenenpalette auf das Symbol Neue Ebene erstellen. Die neue leere Ebene muss aktiviert sein, wenn Sie mit dem **Fluchtpunkt** arbeiten.
- Eventuell wollen Sie ja auch eine vorhandene Szenerie ausdehnen. Dazu erweitern Sie das Bild mit dem Befehl **Bild: Arbeitsfläche** oder mit dem Freistellungswerkzeug (Seite 302).

Abbildung 20.37
Links: Das Wappen soll auf eine schräg fotografierte Stadtmauer montiert werden. Wählen Sie das Objekt zunächst aus und kopieren Sie es in die Zwischenablage. **Rechts:** Im Zielbild legen Sie eine neue, leere Ebene an, die auch aktiviert ist; dort erscheint später die Karte. Starten Sie den Fluchtpunkt-Filter und legen Sie ein Raster an. Dateien: Stadtmauer.jpg, Wappen.jpg

» Wollen Sie einen Bildausschnitt perspektivisch korrekt einsetzen, sollten Sie ihn in die Zwischenablage **kopieren**, bevor Sie den Filter **Fluchtpunkt** aufrufen.

» Um nur bestimmte Bildteile zu bearbeiten, legen Sie vor Gebrauch des Filters eine Auswahl an.

20.6.3 Bedienung

Das Dialogfeld »Fluchtpunkt« lässt sich bedienen wie der übrige Photoshop-Arbeitsbereich: Werkzeuge steuern Sie mit den üblichen Tasten an – [S] für den Stempel oder [Strg]+[Leer]-Taste für die Vergrößerungslupe (Seite 33). Eine Besonderheit: Die Taste [X] zoomt vorübergehend ins Bild, so können Sie den richtigen Platz für die Eckpunkte des Gitternetzes finden.

Abbildung 20.38
Links: Wir haben das Wappen mit [Strg]+[V] in den »Fluchtpunkt«-Dialog eingefügt. Sobald man das eingefügte Bild in den Bereich des Gitternetzes zieht, richtet Photoshop das Objekt perspektivisch aus. Das Wappen ist zunächst zu groß. **Rechts:** Mit dem Transformieren-Werkzeug passen wir die Größe an. Die [⇧]-Taste schützt wie immer das Seitenverhältnis, doch hier sind auch unproportionale Änderungen möglich und oft auch nötig.

Abbildung 20.39 Wir sind immer noch im Dialogfeld »Fluchtpunkt«: Haben Sie das Bild eingefügt und größenmäßig angepasst, können Sie verschiedene Vorgaben im Klappmenü »Reparieren« testen (diese Option steht zur Verfügung, sobald das Stempel- oder Pinsel-Werkzeug bzw. das Auswahlrechteck-Werkzeug aktiviert sind) **von links nach rechts:** »Aus«, »Luminanz« und »Ein«. In diesem Fall wirkt das eingefügte Wappen mit der Einstellung »Luminanz« am realistischsten.

Raster anlegen

So entsteht das Raster:

1. Vier Klicks mit dem Ebene-erstellen-Werkzeug setzen ein Gitternetz auf die erste Ebene; ein falsch gesetzter Punkt lässt mit der [←]-Taste wieder entfernen. Orientieren Sie sich mit den ersten zwei Klicks an im Bild vorhandenen Geraden – zum Beispiel die Kanten eines Hauses.
2. Ziehen Sie an den Anfasspunkten, um das Gitternetz zu korrigieren, oder verschieben Sie es durch Ziehen in der Mitte.
3. Wenn Sie eine zweite Fläche anlegen wollen, zum Beispiel auf der zweiten Seite eines Kartons, halten Sie die [Strg]-Taste gedrückt und ziehen Sie über dem mittleren Anfasspunkt, der an die zweite Seite angrenzt – so entsteht eine zweite Fläche.
4. Zunächst schließen die neuen Flächen immer im 90-Grad-Winkel an. Ziehen Sie mit gedrückter [Alt]-Taste an der neuen Fläche, wenn Sie spitzere oder stumpfere Winkel brauchen. Im Winkel-Eingabefeld können Sie einen Winkel auch direkt eingeben.

Ändern Sie eventuell die Position des Gitters oder die Rastergrösse, damit die Linien exakt an Motivkanten entlanglaufen. Das entscheidet nicht über die Bildqualität, bietet aber mehr Orientierung für eine perfekte Ausrichtung.

An einem blauen Gitternetz erkennen Sie, dass alles passt. Erscheint der Maschendraht rot oder gelb, stimmt die Perspektive nicht und Sie müssen einzelne Eckpunkte korrigieren.

TIPP Legen Sie die Flächen etwas zu groß an, damit die neue Oberfläche keinesfalls zu knapp ausfällt. Überschüssige Ränder schneiden Sie später in der Montage weg: Dazu laden Sie die Auswahl der unteren Ebene per [Strg]-Klick auf deren Ebenenminiatur, aktivieren die Ebene mit der neuen Oberfläche, kehren die Auswahl um und drücken die [Entf]-Taste.

Gitternetz speichern

Das Gitternetz lässt sich nicht speichern. Es bleibt aber erhalten, wenn Sie die Datei in den Formaten PSD, TIFF oder JPEG speichern. Wenn Sie in der nächsten Session erneut den »Fluchtpunkt«-Filter aufrufen, steht es wieder zur Verfügung.

Allerdings: Sichern Sie Ihr Motiv zwischenzeitlich mit einem anderen Programm als Photoshop, kann das Gitternetz verloren gehen. Gitternetze aus Photoshop CS2 oder CS3 werden in CS5 umgewandelt und lassen sich später nicht mehr in älteren Programmversionen nutzen.

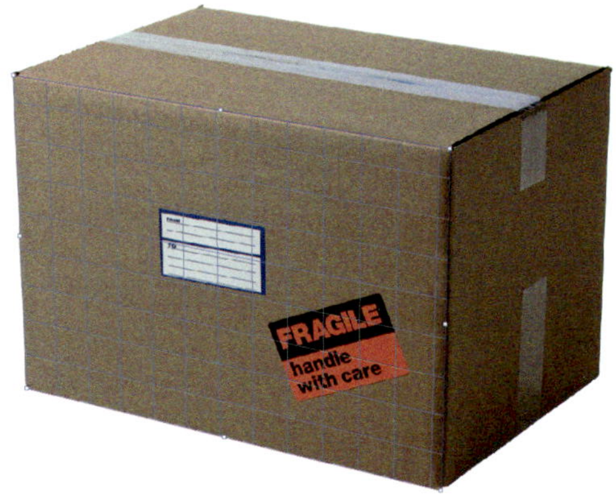

Abbildung 20.40 Klicken Sie zunächst vier Eckpunkte ins Bild. Sie können die Ecken noch korrigieren. Wollen Sie eine zweite Fläche anlegen, halten Sie den Mauszeiger über den angrenzenden mittleren Anfasspunkt. Datei: Fluchtpunkt_Karton.tif

ACHTUNG Ändern Sie die Bildpunktzahl zum Beispiel durch Neuberechnen mit dem **Bildgröße**-Befehl oder durch Zuschneiden mit dem Freistellungswerkzeug, ist das Gitternetz anschließend nicht mehr korrekt im Motiv platziert.

Mehrere Gitternetze

Befindet sich das erste Gitternetz im Bild, schaltet Photoshop zum Ebene-bearbeiten-Werkzeug. Doch Sie können weitere Gitternetze anlegen; dazu schalten Sie erneut das Ebene-erstellen-Werkzeug ein (Tastenbefehl C):

- » Klicken Sie mit dem Ebene-erstellen-Werkzeug ein weiteres, unabhängiges Gitternetz ins Bild.
- » Ziehen Sie bei gedrückter Strg-Taste an einem mittleren Anfasspunkt (also nicht an einem Eckpunkt). Auf diese Art entsteht eine neue Gitterebene. Per Strg-Taste lassen sich sogar noch weitere Ebenen im rechten Winkel anbauen.

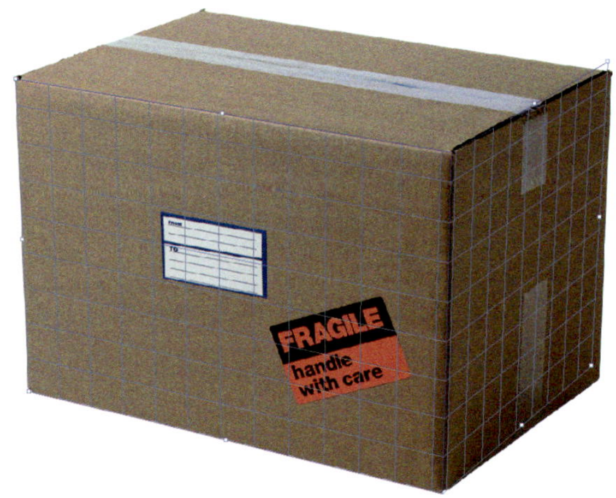

Abbildung 20.41 Ziehen Sie bei gedrückter Strg-Taste die zweite Fläche auf. Sie schließt zunächst im rechten Winkel an. Wollen Sie den Winkel ändern, ziehen Sie mit gedrückter Alt-Taste.

Wirksam ist allerdings immer nur ein einziges Netz. Überflüssige Gittergebilde löschen Sie durch Anklicken und Drücken der ←-Taste. Überlappende Gitternetze können Sie nacheinander per Strg-Klick aktivieren.

Abbildung 20.42 Vom mittleren oberen Anfasspunkt aus legen wir bei gedrückter Strg-Taste eine dritte Fläche an. Eine zuvor kopierte neue Oberfläche können Sie jetzt einfügen.

TIPP Sie haben schon ein Gitternetz im Bild, doch dann müssen Sie das Dialogfeld noch einmal schließen, weil Sie zum Beispiel erst noch ein Objekt in die Zwischenablage kopieren wollen? Klicken Sie im Dialog **Fluchtpunkt** nicht auf Abbrechen, sondern auf OK. So steht Ihnen das Gitternetz beim Aufruf des Filters sofort zur Verfügung – und wenn Sie speichern, sogar nach dem nächsten Programmstart.

20.6.4 Objekte einfügen

Um neue Objekte innerhalb des Dialogfelds in ein Bild zu integrieren, gibt es zwei Wege:

- » Um Teile aus einem anderen Bild perspektivisch korrekt einzufügen, kopieren Sie den Bereich mit Strg+C in die Zwischenablage, aktivieren Sie das Zielbild, legen Sie eine neue Ebene an und laden Sie den Filter **Fluchtpunkt**. Nachdem Sie ein Gitternetz angelegt haben, drücken Sie Strg+V. Schon sehen Sie den kopierten Bildteil im Dialogfeld.
- » Wenn Sie einen Teil aus dem Bild selbst perspektivisch korrigiert verschieben wollen, erzeugen Sie mit dem Auswahlrechteck eine Auswahl innerhalb eines Gitternetzes. Soll die Auswahl genauso groß wie das Gitternetz sein, klicken Sie einfach eine Außenkante des Netzes doppelt an. Dann ziehen Sie ein Duplikat dieser Auswahl bei gedrückter Alt-Taste ins Bild. Das gilt für die Vorgabe Ziel rechts oben. Ziehen Sie dagegen mit der Vorgabe Quelle (oder bei gedrückter Strg-Taste), bewegt sich die Auswahl nicht; stattdessen wandern Bildbereiche von außerhalb in die Auswahl hinein.

Ziehen Sie das duplizierte oder eingefügte Objekt ins Einzugsgebiet eines Maschendrahts, richtet es sich automatisch an der Perspektive aus. Verschieben Sie Ihr Objekt nach Bedarf, es schrumpft und dehnt sich perspektivisch korrekt. Auch wenn Sie das Objekt über weitere Gitternetze ziehen, richtet es sich jeweils neu aus.

Es nützt nichts, nach Verschieben des Objekts das Gitternetz zu verändern. Dadurch korrigieren Sie Ihr Objekt nicht, vielmehr verschmilzt es dauerhaft mit dem Hintergrund.

Die »schwebende Auswahl«

Richten Sie das Objekt zügig perfekt aus, bevor Sie andere Dinge unternehmen: Der **Fluchtpunkt**-Dialog lädt das eingefügte oder duplizierte Objekt nicht als dauerhaft unabhängige Ebene, sondern als »schwebende Auswahl« – und die verschmilzt allzu schnell mit dem Hintergrund (Seite 699).

Sobald Sie ein Objekt einfügen, wechselt das Dialogfeld zum Auswahlrechteck. Sie können das Objekt zwar verschieben. Klicken Sie jedoch nur einmal außerhalb des Objekts oder wechseln Sie das Werkzeug, ist es

Abbildung 20.43 Das eingefügte Bild erscheint zunächst viel zu groß. Mit dem Transformieren-Werkzeug wird es verkleinert und anschließend in das Perspektivengitter eingepasst. Dateien: Fluchtpunkt Chicago.jpg, Fluchtpunkt Ice Age.jpg

Abbildung 20.44 Da das eingefügte Objekt auf einer eigenen Ebene liegt, kann der Füllmodus z.B. auf »Hartes Licht« verändert werden. Die störenden Bildteile werden mit einer Ebenenmaske ausgeblendet. Datei: Fluchtpunkt_b1

passiert: Photoshop verschmilzt die eingefügte Ebene dauerhaft mit dem Hintergrund. Sie müssen dann mit wiederholtem [Strg]+[Z] bis zu einem Arbeitsschritt zurückgehen, der das eingefügte Objekt noch separat vom Hintergrund anbietet.

Auch wenn Sie dasselbe Objekt erneut einfügen, verschmilzt die erste Variante mit dem Untergrund. Unabhängig davon landet jedoch der eingefügte und perspektivkorrigierte Bildteil auf einer neuen Ebene, sofern Sie diese zuvor in der Ebenenpalette angelegt haben.

Bei manchen Retuschen brauchen Sie immer wieder neue Duplikate der schwebenden Auswahl – ziehen Sie dazu mit gedrückter [Alt]-Taste.

TIPP Während die Ebene noch schwebt, stören die Auswahllinien oft bei der Beurteilung. Sie können diese »laufenden Ameisen« durch [Strg]+[H] ausblenden.

Das Transformierenwerkzeug

Sie können die schwebende Auswahl nicht nur durch Verschieben auf dem Gitternetz korrigieren. Das Transformieren-Werkzeug des **Fluchtpunkt**-Dialogs (Tastenbefehl [T]) bietet einige Funktionen des üblichen **Transformieren**-Befehls aus dem **Bearbeiten**-Menü:

» Ziehen an den Eckpunkten vergrößert das Objekt, die [⇧]-Taste wahrt dabei das Höhe-Breite-Seitenverhältnis.

» Ziehen außerhalb der Auswahl dreht Ihr eingefügtes Motiv.

» Durch Ziehen innerhalb der Auswahl bewegen Sie Ihr Objekt.

In der Optionsleiste des Dialogfelds finden Sie zudem horizontales Spiegeln und vertikales Kippen.

Text einfügen

Mit Hilfe des Filters **Fluchtpunkt** lassen sich auch Schriftzüge passgenau auf schräge Wände, Plakate oder Verpackungen setzen. Aktivieren Sie eine Textebene, wählen Sie mit [Strg]+[A] alles aus und kopieren Sie die Lettern mit [Strg]+[C] in die Zwischenablage. Anschließend fügen Sie den Schriftzug im Dialogfeld des **Fluchtpunkt**-Filters mit [Strg]+[V] wieder ein.

Allerdings: Im Zielbild kommt der Text nicht mehr im Textmodus an, sondern er wird in Pixel gerastert. Schriftart oder Wortlaut können Sie also nicht mehr ändern. Vergrößern oder verzerren Sie den Text, werden die Kanten unscharf oder pixelig. Da ist es eventuell sinnvoller, Lettern als Text oder Pfad zu behalten und dann zu verzerren (Seite 941).

TIPP Vergrößern Sie Ihre Textebene vor dem Kopieren; das ist verlustfrei. Müssen Sie den Schriftzug dagegen im Dialogfeld **Fluchtpunkt** vergrößern, erhalten Sie schnell entstellte Kanten.

Effekte einer Textebene wie Farbfüllung oder Abgeflachte Kante und Relief werden nicht mit ins Dialogfeld kopiert, die Lettern erscheinen schlicht mit der ursprünglichen Textfarbe. Auf verschiedene Arten können Sie die Effekte jedoch erhalten:

- Schmelzen Sie die Effekte dauerhaft in die Textebene ein. Dazu legen Sie unter der Textebene eine neue, völlig leere Ebene an. Klicken Sie einmal auf die Miniatur der Textebene, dann drücken Sie [Strg]+[E]. Dabei geht der Textmodus verloren.
- Legen Sie im Zielbild auf jeden Fall eine neue Ebene an, so dass der verzerrte Text auf einer eigenen Ebene landet. Dort wenden Sie die Ebeneneffekte wieder an. Sie können beispielsweise die Effekte aus der ursprünglichen Textebene kopieren (Seite 790).

20.6.5 Objekt an Hintergrund angleichen

Mit verschiedenen Optionen des Dialogfelds lassen sich Objekte an den Hintergrund anpassen. Das gilt sowohl für schwebende duplizierte oder eingefügte Objekte als auch für Ergebnisse von Kopierstempel und Pinsel:

- Die Weiche Kante sorgt für sanfte Übergänge – aber nur bei Auswahlen, die innerhalb des Dialogfelds entstanden sind. Sie können das ausgewählte, duplizierte Objekt auch verschieben und dann erst eine Weiche Kante einstellen. Wenn Sie dagegen neue Objekte nicht im Dialogfeld anlegen, sondern über die Zwischenablage per [Strg]+[V] ins Spiel bringen, funktioniert die Weiche Kante des **Fluchtpunkt**-Dialogs nicht; hier sollten Sie die **Weiche Auswahlkante** schon im Ausgangsbild einstellen.
- Der Deckkraft-Regler lässt den Hintergrund nach Belieben durchscheinen.
- Das Reparieren-Klappmenü steht zunächst auf Aus, es gibt also keinen speziellen Überblendmodus; die Luminanz-Vorgabe mischt nur die Lichter; Ein mischt Lichter, Schatten und Farbtöne, das schwebende Objekt mischt sich dadurch noch realistischer mit einem schwebenden Untergrund.

Falls Sie eine neue Ebene angelegt haben, können Sie veränderte Deckkraft, Füllmethoden wie Ineinanderkopieren, Hartes Licht, Farbe oder Luminanz sowie weiche Kanten bequem auch nachträglich über die Ebenenpalette testen. Falls Sie im Dialogfeld neue Pixel über neu angebauter weißer oder transparenter Fläche anlegen, muss das Reparieren-Menü auf Aus stehen.

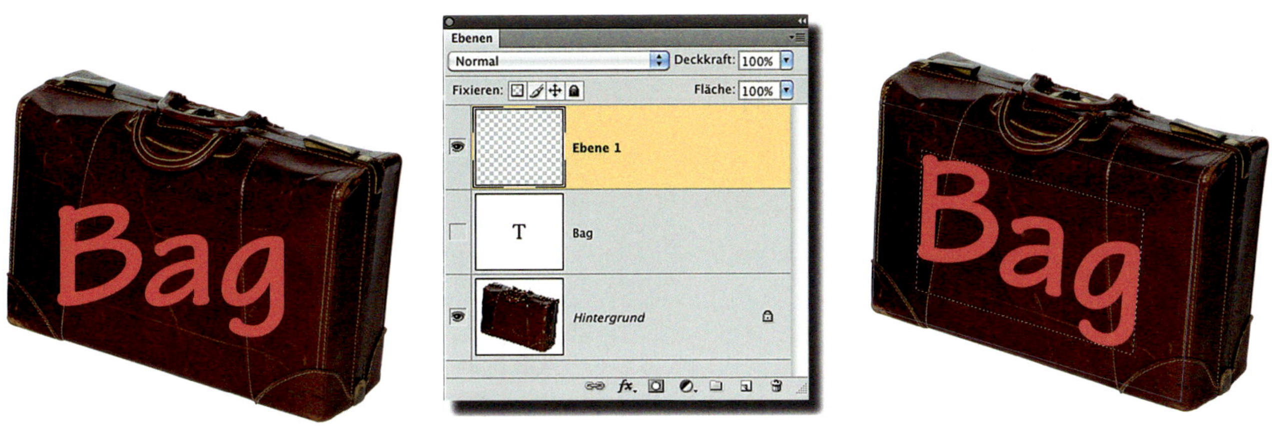

Abbildung 20.45 **Links:** Wir legen eine normale Textebene über das Foto des Koffers. Während die Textebene noch aktiviert ist, wählen wir das Gesamtbild mit [Strg]+[A] aus und kopieren den Schriftzug mit [Strg]+[C] in die Zwischenablage. **Mitte:** Bevor wir den Befehl »Fluchtpunkt« aufrufen, erzeugen wir über der Textebene eine weitere, leere Ebene, die aktiviert bleibt. Die Textebene blenden wir mit dem Augensymbol aus. **Rechts:** Im Dialogfeld »Fluchtpunkt« wird ein Raster angelegt, danach fügen wir die Lettern ein und ziehen sie in die richtige Perspektive. Datei: Fluchtpunkt_Tasche.psd

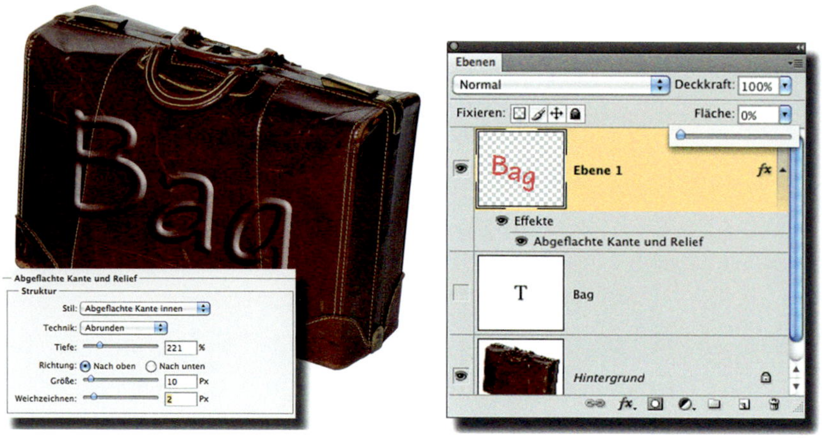

Abbildung 20.46
Der korrigierte Schriftzug erscheint in der neuen Ebene. **Links:** Wir haben doppelt auf die Miniatur der obersten Ebene geklickt und verwenden im »Ebenenstil«-Dialog den Effekt »Abgeflachte Kante und Relief«. **Rechts:** In der Ebenenpalette senken wir den »Fläche«-Wert auf 0. So entsteht der Prägeeffekt. Datei: Fluchtpunkt_Tasche_02.psd

20.6.6 Stempelwerkzeug

Der Stempel im **Fluchtpunkt**-Dialog (Tastenbefehl [S]) funktioniert genauso wie der Kopierstempel aus Photoshops Werkzeugleiste (Seite 412):

1. Sie klicken bei gedrückter [Alt]-Taste einen Bildbereich an, der sich zum Überdecken eignet.
2. Dann klicken Sie in den Bildteil, den Sie retuschieren wollen – Photoshop überträgt die Pixel, die Sie zuvor bei gedrückter [Alt]-Taste markiert haben.

Die kopierten Bildpunkte werden perspektivisch angepasst. Durchmesser, Härte und Deckkraft lassen sich nach Bedarf verändern. Die Option Ausgerichtet bringt den Ausgangspunkt Ihrer Kopie jederzeit an den Punkt zurück, den Sie zuerst mit der [Alt]-Taste angeklickt haben – auch wenn Sie zwischenzeitlich die Maustaste loslassen.

20.6.7 Pinsel

Der Pinsel (Tastenbefehl [B]) malt perspektivisch ausgerichtet mit einer beliebigen Farbe. Das eignet sich zum Beispiel für wegknickende Schatten oder Handschriftliches auf geknicktem Untergrund. Die Farbe legen Sie mit dem Feld Pinselfarbe oben rechts in den Optionen fest. Alternative: Greifen Sie mit der eingebauten Pipette einen Farbton aus dem Bild auf.

20.6.8 Bemaßung in Photoshop Extended

In der Version Photoshop Extended können Sie im **Fluchtpunkt**-Dialog zusätzlich Entfernungen messen. Dazu klicken Sie im Dialogfeld mit dem Messwerkzeug Anfangs- und Endpunkte einer Strecke ins Bild, deren Länge Sie kennen. Dann tragen Sie oben im Feld Länge die Entfernung ein. Klicken Sie jetzt weitere Distanzen

Abbildung 20.47
Links: Mit dem Auswahlrechteck haben wir einen Bereich innerhalb des Gitternetzes ausgewählt. Bei gedrückter [Alt]-Taste ziehen wir ein Duplikat in den freien Bereich. **Rechts:** Hier wird der freie Bereich mit dem Stempel gefüllt; klicken Sie zuerst mit gedrückter [Alt]-Taste in einen Bildteil, um eine Bildkopie aufzunehmen. Datei: Fluchtpunkt_Veranda.psd

ab, blendet Photoshop automatisch Winkel und Längen ein.

Bequeme Alternative: Halten Sie das Messwerkzeug im **Fluchtpunkt**-Dialog über eine Fläche, so dass diese grün erscheint. Dann klicken Sie doppelt an dieser Stelle – Photoshop zeigt die Außenmaße dieser Fläche an. Wenn Sie mehrere Flächen anklicken, erhalten Sie ein komplettes Messgerüst mit allen Kanten.

Die Option Messungen mit Raster verknüpfen erzeugt ein Raster, das sich an den Maßeinheiten orientiert – zum Beispiel ein Kästchen pro Längeneinheit. Überflüssige Messlinien klicken Sie mit dem Messwerkzeug an und löschen diese mit der ←-Taste.

TIPP Fotografieren Sie je nach Motiv ein Lineal oder Maßband mit, um die Maße leichter in Photoshop übernehmen zu können.

Ausgabemöglichkeiten

Das Menü ▶ zum Dialogfeld bietet weitere interessante Möglichkeiten: So können Sie beispielsweise festlegen, dass nur eine einzelne Fläche bearbeitet wird oder dass die Bearbeitung über die Grenzen des Gittermusters hinausgehen darf.

Außerdem:

- Der Befehl **Raster in Photoshop rendern** rechnet das Gittermuster direkt ins Bild.
- **Messungen in Photoshop rendern** setzt die Linien und Ziffern der Bemaßung ins Bild – auch gemeinsam mit dem **Raster**.

Wählen Sie die Vorgaben jedes Mal neu an. Die Ergebnisse sehen genauso aus wie Raster und Messlinien im Dialogfeld. Legen Sie vorab eine neue leere Ebene an, sonst landen die Linien direkt auf der Bildebene.

Der Befehl **3D-Ebene an Photoshop zurückgeben** erzeugt dagegen eine neue, spezielle 3D-Ebene: Dort können Sie die Seiten eines dreidimensionalen Objekts einzeln ein- und ausblenden. Außerdem können Sie in die Formate DXF, 3DS und VPE für After Effects exportieren.

TIPP Für Bemaßungen brauchen Sie nicht zwingend die Photoshop-Extended-Version, auch die Standardversion bietet ein paar Möglichkeiten zum Messen und maßstabsgerechten Formatieren (Seite 300). Sie eignen sich allerdings eher für Objekte, die frontal und nicht schräg fotografiert wurden.

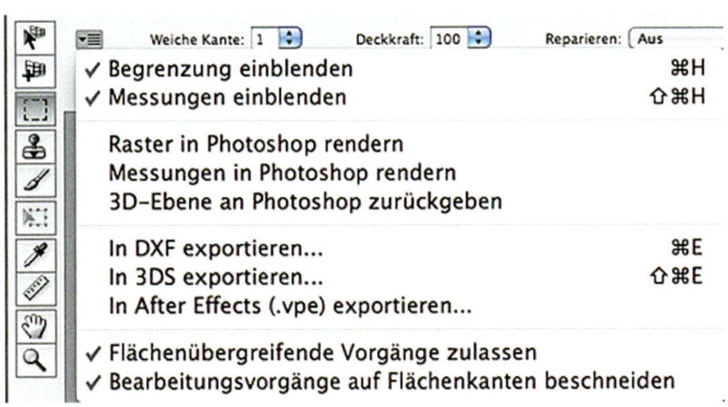

Abbildung 20.48 In der Version Photoshop Extended bietet der »Fluchtpunkt«-Filter zusätzliche Möglichkeiten für Rendern und Export.

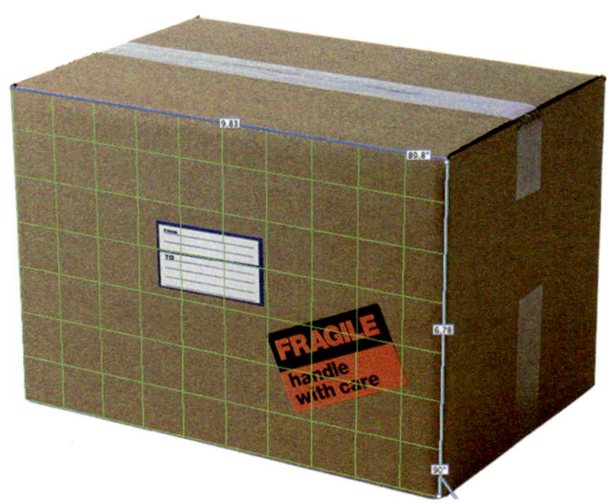

Abbildung 20.49 Das geht nur in Photoshop Extended: Der »Fluchtpunkt«-Filter zeigt eine Bemaßung an, Gitter und Messlinien lassen sich als Bildebene exportieren und nach Bedarf mit dem Foto mischen.

Kapitel 21

Ebenen überblenden

Mischen und manipulieren Sie Ebenen vielseitig mit Füllmethoden (Überblendverfahren), Deckkraft-Regler, Effekten und Ebenenstilen.

21.1 Deckkraft, Fläche und Füllmethode

Oben in der Ebenenpalette finden Sie Möglichkeiten, um die Mischung der aktiven Ebene mit den darunterliegenden Ebenen zu steuern: die Regler für Deckkraft und Fläche sowie das Einblendmenü für die Füllmethode, also für Überblend- oder Mischverfahren. Die Funktionen tauchen im Dialogfeld Ebenenstil wieder auf. Alle drei Eigenschaften lassen sich gemeinsam als Ebenenstil speichern (Seite 785) und somit leicht auf andere Dateien übertragen.

21.1.1 Deckkraft

Der Deckkraft-Regler oben rechts in der Ebenenpalette macht eine Ebene mehr oder weniger blass, so dass der Untergrund durchscheint; niedrige Werte blenden eine Ebene nur blass in den Untergrund ein, 100 Prozent bedeutet volle Deckung. Freilich: Oft bringt nicht eine Deckkraft-Änderung, sondern nur eine andere Füllmethode die gewünschte Wirkung.

Die Pixel auf der Ebene ändern sich durch eine Deckkraft-Regulierung nicht dauerhaft; sie werden nur anders dargestellt. Sie können völlig verlustfrei eine Ebene auf 30 Prozent Deckkraft stellen, speichern und dann wieder zu 100 Prozent zurückkehren. Verschmelzen Sie allerdings eine erblasste Ebene mit einer anderen, übertragen Sie nur blasse Pixel; die bekommen Sie nicht hundertprozentig wieder.

TIPP Den Übergang zwischen unterschiedlichen Deckkraft-Werten setzt Photoshop unkompliziert in einen Trickfilm um. Ebenen lassen sich also über einen Zeitabschnitt hinweg aus- oder einblenden.

Abbildung 21.1 Sie sehen Beispiele für, von links, 100, 70 und 40 Prozent Deckkraft; der Schatteneffekt deckt mit 50 Prozent der Hauptebene. Als Füllmethode gilt jeweils »Normal«. Die Ebenenpalette zeigt, dass die aktive Ebene 40 Prozent Deckkraft erhält. Sie können auch die Deckkraft mehrerer gewählter Ebenen gleichzeitig ändern. Datei: Deckkraft_01

Deckkraft ändern

Die Deckkraft für die aktivierte Ebene stellen Sie mit dem Deckkraft-Regler ganz oben in der Ebenenpalette ein. Ändern Sie auch mehrere ausgewählte Ebenen gleichzeitig. Alternative: ganz oben im Dialogfeld Ebenenstil im Bereich Allgemeine Füllmethode der Deckkraft-Regler.

Die Deckkraft-Werte ändern Sie zudem bequem über die Zifferntasten, sofern das Verschiebenwerkzeug oder ein Auswahlwerkzeug wie das Lasso aktiv sind: Tippen Sie [1] für zehn Prozent Deckkraft, [2] für 20 Prozent, [0] sorgt für 100 Prozent Deckkraft; auch Zwischenwerte von 01 bis 99 sind möglich, wenn Sie die Tasten schnell hintereinander erwischen.

ACHTUNG Ist ein Mal- oder Retusche-Werkzeug wie Pinsel oder Kopierstempel aktiv, dann korrigieren die Zifferntasten nicht mehr die Ebenen-Deckkraft. Stattdessen ändern Sie die Deckkraft dieser Werkzeuge. Auch wenn der Mauszeiger noch in einem Eingabefeld blinkt, etwa oben in den Werkzeugoptionen, ändern Sie die Deckkraft nicht per Tastatur.

21.1.2 Fläche

Die Fläche-Funktion ist nur interessant, wenn Sie Ebeneneffekte wie Schlagschatten oder Abgeflachte Kante und Relief verwenden. So ändern Sie den Fläche-Wert:

- Ziehen Sie in der Ebenenpalette am Fläche-Regler unter dem Deckkraft-Regler.
- Im Ebenenstil-Dialog klicken Sie links auf Fülloptionen: Standard oder Fülloptionen: Eigene, dann nehmen Sie rechts im Bereich Erweiterte Füllmethode den Deckkraft-Regler (nicht den Deckkraft-Regler ganz oben im Bereich Allgemeine Füllmethode).

Die Fläche-Funktion blendet allein die in der Ebene dauerhaft vorhandenen Bildpunkte aus. Nicht ausgeblendet werden dagegen die Schattierungen von Ebeneneffekten wie Verlaufsüberlagerung, Kontur, Schlagschatten oder Abgeflachte Kante.

In unserem Beispiel verschwindet die schwarze Farbe des Textobjekts. Die Auswirkung der Ebeneneffekte bleibt dagegen voll erhalten: Sie sehen auch weiterhin die Schattierungen der plastischen Kanten, den Schlagschatten und die weiße Kontur – eingeblendet in die darunterliegende Ebene.

Abbildung 21.2
Links: Die »Deckkraft« der weißen Textebene wurde auf 50 Prozent gesenkt, so dass sie nur blass erscheint. **Mitte, rechts:** Die Deckkraft steht auf 100 Prozent, doch der »Fläche«-Regler zeigt 0 Prozent. Die weiße Textfüllung verschwindet, hier zeigt sich der Hintergrund. Die Schattierungen durch die Ebeneneffekte »Abgeflachte Kante« und »Schein nach außen« bleiben voll sichtbar. Datei: Deckkraft_02, Foto: bkindler, iStockphoto, #1775106

21.1.3 Füllmethoden

Oben links in der Ebenenpalette steuern Sie die Füllmethoden für die aktivierte Ebene, die Vorgabe lautet zunächst meist Normal. Mit den Füllmethoden blenden Sie Ebenen einer Montage raffiniert übereinander. So erscheinen nur bestimmte Aspekte der Ebeneninformation im Gesamtbild – zum Beispiel nur Hell-Dunkel-Strukturen oder nur Farbwerte unabhängig von der Helligkeit. Simulieren Sie Überbelichtung oder übermalte Farben, jegliche Mischung ist möglich.

Die meisten Modi sind auch beim Malen und Retuschieren von Bedeutung, da Sie auch dort Bildpunkte übereinanderlegen. Ausführlich stelle ich die Füllmethoden auf den folgenden Seiten vor. Spezielle Hinweise zum Malen finden Sie außerdem auf Seite 773. Weitere Aspekte speziell der Füllmethoden Multiplizieren und Negativ multiplizieren zeigen unsere Tipps zur Kontrastkorrektur per Füllmethode ab Seite 352.

TIPP Viele Programme können zwar Photoshop-Ebenenmontagen anzeigen, versagen jedoch bei den Füllmethoden. Die Ebenen erscheinen dann oft mit der Normal-Überblendung, die Bildwirkung ändert sich drastisch. Auch ältere Photoshop-Versionen stellen später hinzugekommene Füllmethoden nicht korrekt dar (Seite 1076). Um solche Bilder zumindest richtig anzuzeigen, speichern Sie im Photoshop-PSD-Format mit »maximierter Kompatibilität« (Seite 1083) oder im TIFF-Dateiformat.

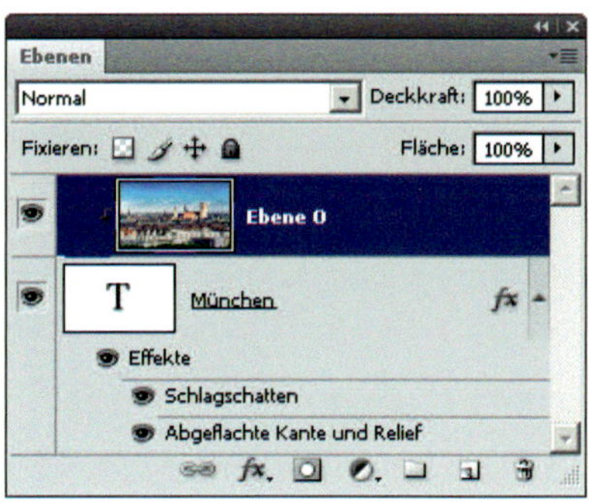

Abbildung 21.3
Links: Der Schriftzug entstand mit den Effekten »Farbüberlagerung« und »Schatten nach innen«. **Mitte, rechts:** Wollen Sie den Hintergrund ausblenden und den Bildinhalt nur innerhalb der Schrift zeigen, legen Sie eine Schnittmaske an. Dateien: Deckkraft_02c, 02d

Füllmethoden auf einen Blick

Das Tableau zeigt alle Füllmethoden auf einen Blick. Wir verwenden die Datei »Fuellmethode_a« aus dem »Praxis«-Verzeichnis der Buch-DVD; wenn nicht anders erwähnt, beträgt die Deckkraft 100 Prozent. Weitere Beispiele für Füllmethoden finden Sie auf den nächsten Seiten und im gesamten Buch.

Normal

Sprenkeln, 50% Deckkraft

Abdunkeln

Multiplizieren

Farbig nachbelichten

Linear nachbelichten

Dunklere Farbe

Aufhellen

Negativ multiplizieren

Farbig abwedeln

Linear abwedeln (Hinzufügen)

Hellere Farbe

Weiches Licht

Hartes Licht

Strahlendes Licht

Lineares Licht

Lichtpunkt

Hart mischen

Differenz

Ausschluss

Subtrahieren

Unterteilen

Farbton

Sättigung

Farbe

Luminanz

Duplizierte Ebene mit Füllmethode

Wenn Sie die vorhandene Ebene duplizieren und die obere Kopie mit einer anderen Füllmethode ausstatten, ergibt sich – je nach Füllmethode – eine andere Bildwirkung. Wir zeigen Beispiele für diejenigen Füllmethoden, die das Gesamtbild tatsächlich verändern. Foto: RichVintage, iStockphoto, #2342763

Normal

Multiplizieren

Farbig nachbelichten

Linear nachbelichten

Negativ multiplizieren

Farbig abwedeln

Linear abwedeln (Hinzufügen)

Ineinanderkopieren

Weiches Licht

Hartes Licht

Strahlendes Licht

Lineares Licht

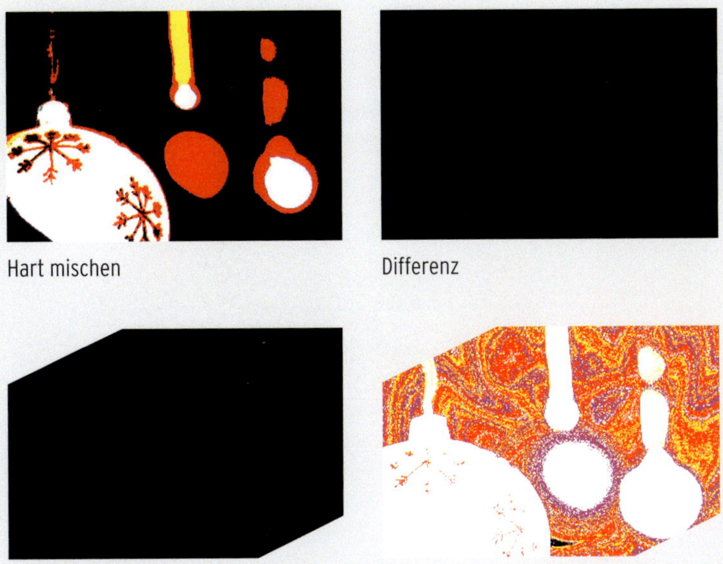

21.1.4 Füllmethoden im Einzelnen

Photoshops Füllmethoden sind wichtig; sie gelten für Malwerkzeuge, Füllwerkzeuge und Füllbefehle und die meisten treffen Sie in der Ebenenpalette beim Montieren wieder.

Normal

Diese Füllmethode ist der Normal-Fall beim Malen und bei der Montage: Die unter dem Pinsel oder unter der Ebene liegenden Pixel werden komplett überdeckt, von den Tonwerten darunter bleibt nichts erkennbar (Tastaturbefehl ⇧+Alt+N).

Sprenkeln

Das Sprenkeln verteilt Farbe (oder Bildteile) pünktchenförmig über den Untergrund, abhängig von der Deckkraft (Kurztaste ⇧+Alt+I). Je weiter Sie die Deckkraft senken, desto weniger bleibt vom Originalbild sichtbar. Die Wirkung des Sprenkelns hängt aber wie immer auch von der Druckauflösung ab.

Die einzelnen Streusel fallen allerdings durch harten Rand unangenehm auf. Arbeiten Sie, wenn es etwas geschmeidiger aussehen soll, mit ausfransenden Pinselspitzen oder mit einer aufgerauten Ebenenmaske.

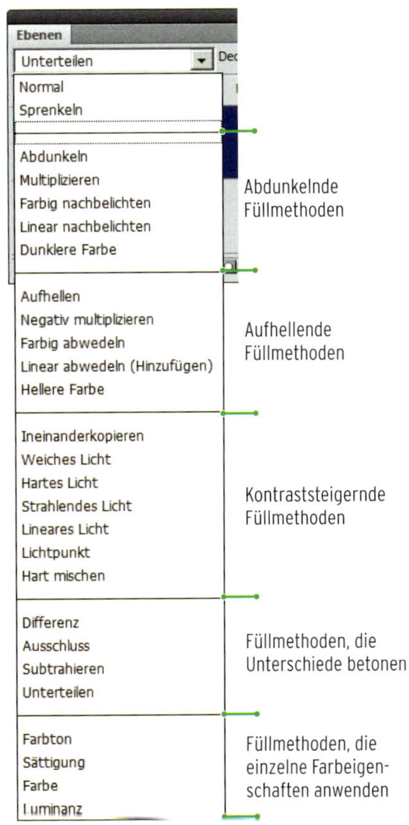

Abbildung 21.4 Die erste Gruppe der Füllmethoden dunkelt das Gesamtbild ab, die zweite hellt es auf. Testen Sie Varianten: Passt »Multiplizieren« für Ihre Montage, dann wirkt »Farbig nachbelichten« vielleicht noch besser.

Abbildung 21.5 Die Sandebene wird durch eine weiche Ebenenmaske zum Rand hin ausgeblendet. Weil wir den Modus auf »Sprenkeln« gesetzt haben, sorgt die Ebenenmaske hier nicht für weiche Ausblendung, sondern für den Streuseleffekt nach außen. Von der Textebene sind nur die per Ebeneneffekt gewölbten Kanten sichtbar; die Textfarbe selbst wird mit dem »Fläche«-Regler ausgeblendet. Die Ebenenmaske auf der Textebene blendet die Schrift unter den Wellen aus. Datei: Fuellmethode_17

TIPP Sie können eine Ebene mit Sprenkeln-Vorgabe nicht mit weiteren Füllmethoden wie Hartes Licht usw. kombinieren. Workaround: Richten Sie das Sprenkeln in der gewünschten Stärke ein; erzeugen Sie eine neue, leere Ebene direkt unter der Sprenkeln-Ebene und verschmelzen Sie beide Ebenen. Die Streusel lassen sich nun nicht mehr zurücksetzen, Sie können jedoch weitere Füllmethoden anwenden. Glätten Sie Sprenkel eventuell mit einem Weichzeichner, per **Bildgröße** oder **Transformieren**.

Abdunkeln und Aufhellen

Im Modus Abdunkeln setzt sich nur das Dunklere durch (Kurztaste ⇧+Alt+K). Damit montieren Sie Strichzeichnungen oder Unterschriften, die auf Weiß stehen, in andere Bilder – der weiße Hintergrund wird die benachbarte Skizze nicht überdecken. Im Farbmodus Lab funktioniert der Modus nicht. Quasi eine Verstärkung von Abdunkeln ist der Modus Multiplizieren. Alternative bei Ebenentechnik: die maßgenaue Ausblendung von Helligkeitsbereichen (Seite 781). Stärker wirkt Multiplizieren, genau umgekehrt das Aufhellen.

Beim Aufhellen setzt sich jeweils das Hellere durch; dort, wo die untere Ebene heller ist als die aktive Aufhellen-Ebene, ändert sich nichts (Kurztaste ⇧+Alt+G). Damit kann man etwa mehrere Alphakanäle übereinanderlegen, um Auswahlen zusammenzuführen – die weiß ausgesparten Auswahlbereiche bleiben allesamt erhalten. Der Modus Negativ multiplizieren bewerkstelligt das Aufhellen auf stärkere Art. Als Alternative bietet sich ein Ausblenden von Helligkeitsbereichen in Ebenentechnik an (Seite 781).

TIPP Gut zu wissen: Mit den Tastengriffen ⇧+- oder ⇧+0 spielen Sie die Füllmethoden der Reihe nach durch. Mal- oder Retuschewerkzeuge dürfen zu dem Zeitpunkt nicht aktiviert sein.

Dunklere Farbe und Hellere Farbe

So ähnlich wie Aufhellen arbeitet Hellere Farbe – nur die hellere Farbe setzt sich durch. Anders als beim Aufhellen entstehen jedoch keine weiteren Farbtöne.

Ähnlich wie Abdunkeln wirkt Dunklere Farbe; hier setzt sich nur die dunklere Farbe durch. Im Gegensatz zu Abdunkeln entstehen keine neuen Farbtöne. Nutzen Sie Dunklere Farbe und Hellere Farbe auch für Einstellungsebenen wie die **Gradationskurven**, wenn Sie tatsächlich nur einen Teil des Helligkeitsspektrums verändern wollen.

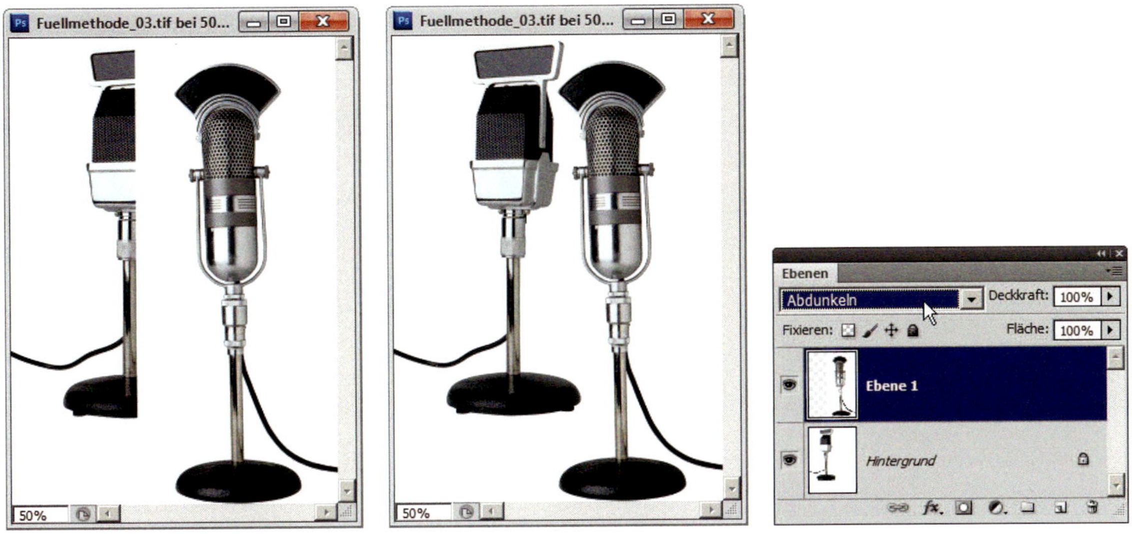

Abbildung 21.6 **Links:** Wir haben die zwei Objekte samt weißem Hintergrund übereinandergelegt; die untere Ebene wird so teilweise verdeckt. **Mitte, rechts:** Die rechte, obere Ebene erhält die Füllmethode »Abdunkeln«. Photoshop zeigt diese Ebene also nur dann an, wenn sie dunkler ist als darunterliegende Pixel; die weiße Umgebung kann sich über dem linken Motiv von der Hintergrundebene nicht mehr durchsetzen. Datei: Füllmethode_03

Multiplizieren

Beim MULTIPLIZIEREN werden die Farbwerte übereinanderliegender Bildpunkte multipliziert, das Bild dunkelt deutlich ab – als ob Sie mit Filzstiften mehrfach übereinandermalen oder zwei Dias übereinanderlegen und gemeinsam projizieren (Kurztaste ⇧+Alt+M). Je öfter Sie übermalen, desto dunkler wird es. Der Modus mischt Bildpunkte nach dem subtraktiven CMY-Schema: Montieren Sie Cyan auf Gelb, erhalten Sie Grün; Magenta und Gelb vereinen sich zu Rot. Pinseln Sie indes Hell auf Dunkel, ändert sich gar nichts.

Mit dem MULTIPLIZIEREN wird Schatten angelegt – selbst dunkler Untergrund sinkt im MULTIPLIZIEREN-Modus bei nur mittlerem Schattengrau noch mehr ab, doch Farben verschwinden nicht vollständig. Stark überbelichtete Fotos kopiert man per MULTIPLIZIEREN mehrfach überein-

Abbildung 21.7 Dekorieren Sie Fotos mit einer Unterschrift oder Grafik – ohne kompliziertes Auswählen. **Links:** Wir fügen eine gescannte Unterschrift ein, ändern Größe und Kontrast und wählen den rechten Teil aus. Der Befehl »Ebene, Neu, Ebene durch Ausschneiden« hebt den Nachnamen auf eine separate »Ebene 2«, die wir dann noch verschieben. **Mitte, rechts:** Beide Teile der Unterschrift erhalten den Modus »Multiplizieren«. So erscheint nur noch die dunkle Schrift über der »Hintergrund«-Ebene. Auch Grafik, Logos und gescannte Überschriften können Sie so einblenden. Die Füllmethoden »Abdunkeln« oder »Linear nachbelichten« wirken ähnlich. Datei: Füllmethode_05 etc.

Abbildung 21.8 Die Feuerwerkdetails wurden mit den Füllmethoden »Negativ multiplizieren« oder »Aufhellen« über den Nachthimmel gelegt. Nur das Hellere setzt sich durch. Datei: Füllmethode_04

ander, um mehr Zeichnung zu erhalten (Seite 352). Auch geeignet, um Strichgrafik über farbige Untergründe zu montieren.

Negativ multiplizieren

Der Modus Negativ multiplizieren hellt die Farben auf – wie zwei Spotlights oder Dias, die Sie übereinanderprojizieren (Kurztaste ⇧+Alt+S). Damit setzen Sie Spitzlichter oder montieren Feuerwerk in einen Nachthimmel. Simulieren Sie Überstrahlung, indem Sie das obere Duplikat einer Ebene mit Gaußschem oder Radialem Weichzeichner bearbeiten (Seite 555). Die Methode hieß früher Umgekehrt multiplizieren. Reicht die Wirkung nicht, nehmen Sie Farbig abwedeln.

Ineinanderkopieren

Der Modus Ineinanderkopieren hieß in einer früheren Version Überlagern; er multipliziert, abhängig von der Originalfarbe, die normalen oder die umgekehrten Farbwerte (Kurztaste ⇧+Alt+O). Mittlere Farbtöne werden geändert, Lichter und Schatten des Originals bleiben jedoch erhalten. Photoshop ersetzt die Originalfarbe nicht, sondern mischt sie mit dem Farbauftrag, um helle und dunkle Zonen zu erhalten. In experimentellen Situationen macht der Modus das Gesamtbild oft frischer und lebhafter, teilweise dem Harten Licht vergleichbar.

Abbildung 21.9 **1. Bild:** Das Foto wirkt blass. **2. Bild:** Wir duplizieren die »Hintergrund«-Ebene mit Strg+J und stellen die obere Ebene auf »Hartes Licht« um; das Bild wirkt nun zu hart. **3. Bild:** Wir senken die »Deckkraft« der oberen Ebene auf 65 Prozent. Datei: Fuellmethode_06. Foto: Manfred Grünberger

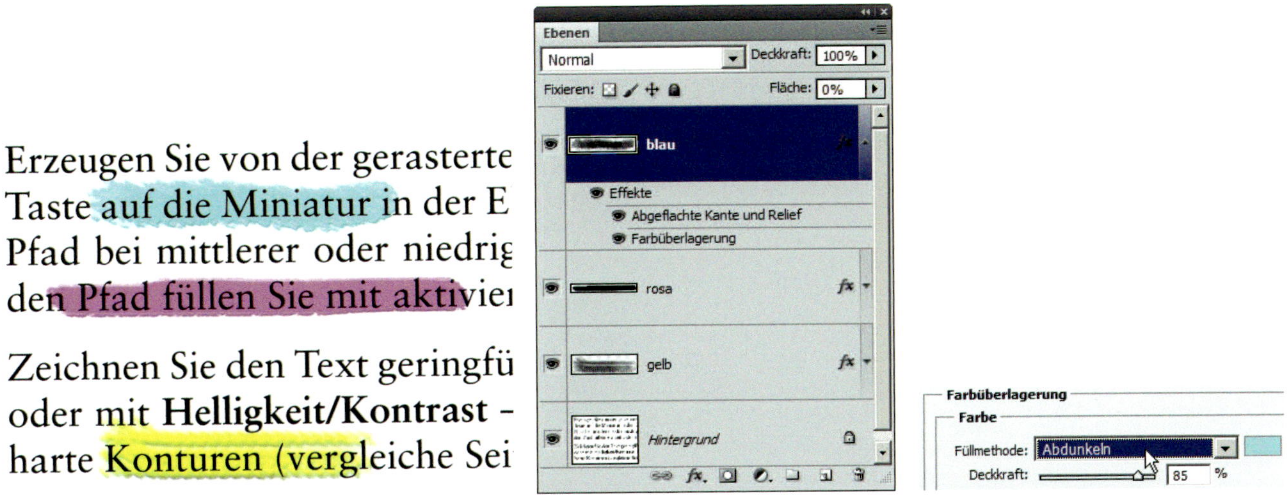

Abbildung 21.10 Wir malen die Striche mit Schwarz, die Leuchtfarbe entsteht durch den Ebeneneffekt »Farbüberlagerung«. Die »Fläche« der Ebene hat null Prozent Deckkraft. So verbirgt Photoshop die schwarzen Pixel, nur die Farbe des Effekts tritt in Erscheinung. Der Effekt »Farbüberlagerung« erhält im »Ebenenstil«-Dialog den Modus »Abdunkeln«, damit die schwarzen Buchstaben nicht überdeckt werden; für die Feinabstimmung sorgt der »Deckkraft«-Regler. Datei: Füllmethode_07

Die »Licht«-Methoden

Photoshop bietet eine Reihe von »Licht«-Methoden, die jeweils den Kontrast steigern:

- Weiches Licht simuliert das Beleuchten eines Bilds mit diffusem Licht: Ist die Malfarbe heller als 50 Prozent Grau, wird das Bild aufgehellt; ist die Malfarbe dunkler als 50 Prozent Grau, dunkelt Photoshop das Bild ab (Kurztaste ⇧+Alt+F). Am stärksten wirkt der Modus bei Schwarz und Weiß. Mehrfache Anwendung verstärkt den Effekt; oder nehmen Sie gleich die kräftigeren Alternativen Hartes Licht und Ineinanderkopieren.
- Hartes Licht wirkt stärker als Weiches Licht: Ist die Malfarbe heller als 50-prozentiges Grau, hellt Photoshop das Bild auf, indem er es mit den umgekehrten Farbwerten multipliziert (Kurztaste ⇧+Alt+H). Dunklerer Farbauftrag jedoch sorgt für ein deutliches Abdunkeln nach dem Schema des Modus Multiplizieren. Extreme Schatten und Lichter ändert dieser Modus stärker als die verwandten Methoden Weiches Licht und Ineinanderkopieren. Neutralgrau ändert sich nicht. Mit diesem sehr lebhaften Modus pinseln Sie Glanzlichter oder Schatten und sorgen für frische Farben bei Überblendungen. Hartes Licht und Weiches Licht eignen sich auch für Kontrastauffrischung (Seite 352).
- Strahlendes Licht sorgt durch »Abwedeln« oder »Nachbelichten« des Kontrasts für kräftige Auffrischung (Kurztaste ⇧+Alt+V). Ist die Füllfarbe heller als Neutralgrau, wird das Bild durch Kontrastverringerung stark aufgehellt; ist sie dunkler, erfolgt durch Kontrastabsenkung eine starke Abdunkelung. Extreme Schatten und Lichter ändern sich stärker als Mitteltöne. Strahlendes Licht eignet sich ebenso wie Lineares Licht für kraftvolle, attraktive Grafiken.
- Lineares Licht (Kurztaste ⇧+Alt+J) sorgt durch »Abwedeln« oder »Nachbelichten« der Helligkeit für Auffrischung. Ist die Füllfarbe heller als Neutralgrau, wird das Bild durch Steigerung der Helligkeit aufgehellt; ist sie dunkler, führt das zu einer Abdunkelung. Damit ähnelt die Methode dem Strahlenden Licht, steigert aber in sehr dunklen oder hellen Bereichen den Kontrast weniger und wirkt darum weniger auffällig.
- Lichtpunkt ersetzt Farben (Kurztaste ⇧+Alt+Z). Ist die Füllfarbe heller als Neutralgrau, werden Bildpunkte ersetzt, die dunkler als die Füllfarbe sind, während hellere Bildpunkte unverändert bleiben. Ist die Füllfarbe dunkler als Neutralgrau, werden hellere Bildpunkte ersetzt.

Hart mischen

Hart mischen lässt nur noch reine subtraktive und additive Grundfarben zurück (Kurztaste ⇧+Alt+L) und erzeugt so ein sehr plakatives Ergebnis, das stark an den Befehl **Bild: Korrekturen: Tontrennung** erinnert (Seite 533).

Differenz

Der Differenz-Modus arbeitet Unterschiede zwischen zwei Ebenen heraus – nur komplett schwarze Resultate deuten auf identische Pixel in der oberen und unteren Ebene (Kurztaste ⇧+Alt+E) hin. Ebenso wie der verwandte Ausschluss-Modus funktioniert Differenz nicht im Lab-Farbmodus.

Abbildung 21.11
Die Landschaft ist zu dunkel.

Abbildung 21.12
Wir duplizieren die Hintergrundebene und stellen die Füllmethode »Negativ multiplizieren« ein. Das Bild hellt deutlich auf, der Himmel wirkt zu hell.

Abbildung 21.13
Wir wählen den Himmel mit der Schnellauswahl aus und klicken unten in der Ebenenpalette bei gedrückter auf »Ebenenmaske hinzufügen«. Die neue Ebenenmaske deckt den Himmel ab. Er erscheint wieder dunkel wie zuvor – zu dunkel.

Abbildung 21.14
In der Maskenpalette senken wir die »Dichte« auf 40 Prozent, so erhält der Himmel eine mittlere Helligkeit. Datei: Fuellmethode_08

Mitunter sollen zwei teils identische Ebenen deckungsgleich übereinandergelegt werden; der Differenz-Modus zeigt akkurat, wann es passt. Sie können auch großzügige und engere Masken vergleichen und den Unterschied aus beiden als neue Maske verwenden.

TIPP Ähnlich wie Differenz signalisieren auch die Modi Unterteilen und Subtrahieren Unterschiede und Gleichheit zwischen zwei Ebenen.

So finden Sie heraus, wie eine Korrektur eine Bildebene verändert:

1. Kopieren Sie die aktuelle Ebene auf eine neue Ebene (Strg+J).
2. Verändern Sie die obere Ebene.
3. Stellen Sie die obere Ebene auf den Differenz-Modus um. Was nicht tiefschwarz erscheint, wurde verändert.

Allerdings: Manchmal sind die Änderungen subtil und dann hebt sie der Differenz-Modus nicht deutlich genug heraus. In dem Fall arbeiten Sie so weiter:

1. Duplizieren Sie die aktuelle Datei mit **Bild: Duplizieren**.
2. Die obere Ebene zeigt noch die Differenz-Methode? Gut. Verschmelzen Sie die obere mit der unteren Ebene (Strg+E).
3. Legen Sie eine Helligkeit/Kontrast-Einstellungsebene an, schalten Sie Früheren Wert verwenden ein und experimentieren Sie mit deutlich höheren Werten für Helligkeit wie Kontrast.

So entstehen hellere Zonen und Sie können das Ergebnis mit dem ursprünglichen Bild vergleichen, dessen Füllmethode Sie wieder auf Normal zurücksetzen.

Ausschluss

Weicher als die Differenz arbeitet der Ausschluss (Kurztaste ⇧+Alt+X). Obenliegende weiße Pixel kehren die Werte der darunterliegenden Farbe um, Schwarz oben verändert nichts. Der Modus funktioniert nicht bei Lab-Vorlagen. Ausschluss wie Differenz eignen sich auch für grafische Experimente.

Subtrahieren

Die Füllmethode erzeugt meist eine starke Abdunkelung – häufig Schwarz – und dient auch als Alternative für Differenz (keine Kurztaste).

Subtrahieren eignet sich für grafische Effekte mit abdunkelnder Wirkung, spielt aber in üblichen Fotoaufgaben keine Rolle. Die umgekehrte Wirkung erzielen Sie mit Linear nachbelichten.

Unterteilen

Beim Unterteilen entsteht meist eine starke Aufhellung – häufig Weiß –, auch Ebenenunterschiede kommen kraftvoll heraus; Sie haben also eine weitere Alternative für Differenz (keine Kurztaste). Ähnlich wie Subtrahieren spielt auch Unterteilen keine große Rolle in der üblichen Bildbearbeitung.

Die »Abwedeln«-Methoden

Abwedeln, das bedeutet bei Photoshop, angelehnt an eine alte Dunkelkammertechnik, so viel wie Aufhellen. Beide Methoden zeigen keine Wirkung mit Schwarz:

» Farbig abwedeln hellt die Untergrundfarbe auf, so dass die Malfarbe oder Ebene hell aufscheint (Kurztaste ⇧+Alt+D). Der Modus eignet sich für Leuchteffekte und bildet eine kraftvollere Alternative zu Negativ multiplizieren.

» Linear abwedeln (Hinzufügen) hellt die Ausgangsfarbe auf, um die Füllfarbe oder Ebene zu reflektieren (Kurztaste ⇧+Alt+W). Die hellsten Tonwerte steigen stärker als bei Negativ Multiplizieren, die Kontraste fallen aber nicht so stark aus wie bei Farbig abwedeln.

Die »Nachbelichten«-Methoden

Mit Nachbelichten, also Abdunkeln, bietet Photoshop die folgenden Füllmethoden, die bei Weiß keine Wirkung zeigen:

» Farbig nachbelichten dunkelt die Untergrundfarbe ab, so dass die Malfarbe oder Ebene sich dunkel darüber mischt (Kurztaste ⇧+Alt+B); gleichzeitig wirken Farben kräftiger. Das Mischverfahren eignet sich für lebendig leuchtenden Farbauftrag, es wirkt bei Mitteltönen deutlicher als bei Schatten- oder Lichterwerten.

Abbildung 21.15 **1. Bild:** Die Vorlage. **2. Bild:** Wir duplizieren die Hintergrundebene und setzen die Füllmethode »Unterteilen« ein. Das Bild erscheint zunächst komplett weiß. Ein »Gaußscher Weichzeichner« mit »Radius« 14 erzeugt eine helle Grafik. Gleichzeitig verstärken wir die Tiefen und damit den Kontrast per »Gradationskurven«. **3. Bild:** Hier der »Gaußsche Weichzeichner« mit dem »Radius« 60, die »Gradationskurven« bleiben unverändert. **4. Bild:** Dank Smart-Filter und Einstellungsebenen bleibt das Originalbild vollständig erhalten, Sie können Grafikwirkung und Kontrast weiter verändern. Aktion: Verfremdung – Grafik per Unterteilen-Modus. Datei: Fuellmethode_18

» Linear nachbelichten dunkelt die Ausgangsfarbe ab, um die Füllfarbe zu reflektieren (Kurztaste ⇧+Alt+A). Diese Füllmethode verstärkt Farben weniger als Farbig nachbelichten und wirkt insgesamt kraftvoller als Multiplizieren. Die umgekehrte Wirkung erzielen Sie mit Subtrahieren.

Farbton

Mit dem Farbton-Modus ändern Sie nur den Farbwert (Kurztaste ⇧+Alt+U), Helligkeit und Farbsättigung bleiben erhalten. Er eignet sich zum Umfärben bei Erhalt der Strukturen. Vergleichbar ist der Effekt mit der Option Färben im Dialogfeld des **Bild**-Befehls **Farbton/Sättigung** (Seite 498). Schwarz, Weiß und Graustufen ändern sich nicht. Wirkt Farbton zu schwach, verwenden Sie Farbe.

TIPP Die Überblendverfahren Farbton, Farbe sowie Luminanz basieren auf dem HSB-Farbmodell. Sie lernen es ab Seite 498 kennen.

Farbe

Die Füllmethode Farbe lässt nur die Helligkeit unverändert (Kurztaste ⇧+Alt+C). Sie wahrt Strukturen und Konturen des Untergrunds und eignet sich besonders zum Einfärben von Graustufenbildern (die Sie vorab in einen Farbmodus verwandeln). Farbe verfremdet stärker als der Farbton-Modus.

Abbildung 21.16 **Links:** Strukturen und Farben mischen Sie mit verschiedenen Verfahren. **Mitte:** Hier liegt der Verlauf über einer Struktur; im Modus »Farbe« wirkt der Verlauf als reine Färbung, die Textur des Untergrunds bleibt erhalten. **Rechts:** Dasselbe Bildergebnis erhalten Sie, wenn sich die Struktur oben befindet und im Modus »Luminanz« überblendet wird; so überträgt Photoshop nur die Helligkeitsunterschiede, behält aber die Farbinformation des darunterliegenden Verlaufs. Datei: Füllmethode_10

TIPP Bei Graustufenbildern wird der Modus FARBE nicht angeboten. Wollen Sie Graustufenbilder umfärben, wandeln Sie diese zunächst in einen Farbmodus um, zum Beispiel per **Bild: Modus: RGB-Farbe.**

Sättigung

Der Modus SÄTTIGUNG ändert nur das Verhältnis zwischen Grau- und Farbanteil in jedem Bildpunkt, Farbwert und Helligkeit bleiben unberührt (Kurztaste ⇧+Alt+T). Das Gesamtbild zeigt die Farbsättigung, aber nicht den Farbton, des oberen Bilds. Farbauftrag über völlig neutralen Bildbereichen verändert gar nichts. Grau im oberen Bild entfärbt einen bunten Hintergrund.

Luminanz

Der LUMINANZ-Modus bearbeitet nur die Helligkeit der Bildpunkte und bildet damit den Gegenpol zum FARBTON-Modus: Hiermit übertragen Sie eine Struktur, also die Helligkeitswerte, ohne die Farbe zu ändern (Kurztaste ⇧+Alt+Y). Damit stanzen Sie Strukturen ins Bild.

TIPP Eine Einstellungsebene oder ein Smartfilter ändern ungewollt die Farben im Bild, obwohl Sie nur die Kontraste verbessern wollen? Dann stellen Sie die Füllmethode auf Luminanz um.

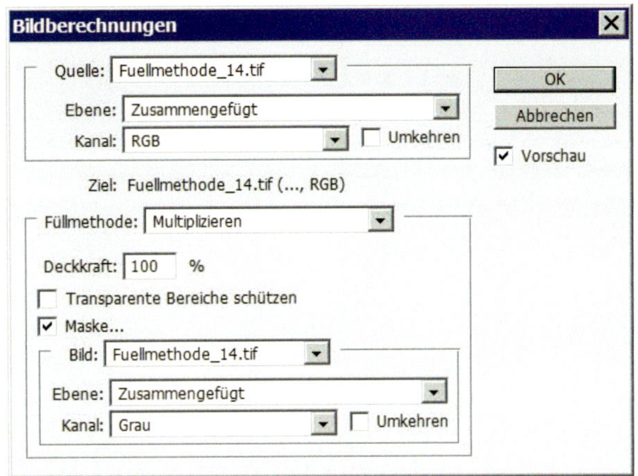

Abbildung 21.17 Der Befehl »Bild: Bildberechnungen« blendet zwei exakt gleich große Bilddateien oder zwei Ebenen ineinander. Allerdings wirkt es oft übersichtlicher, die Bilder in der Ebenenpalette übereinanderzulegen und den Effekt mit Füllmethoden und Deckkraftregler herzustellen.

21.1.5 Helligkeitsbereiche ausblenden

Eine Alternative zu Füllmethoden wie ABDUNKELN oder AUFHELLEN bietet Photoshop im EBENENSTIL-Dialog: Blenden Sie gezielt handverlesene Helligkeitswerte einer Ebene aus, zum Beispiel nur das Weiß eines Blatts Papier – was aber auf dem Papier geschrieben steht, bleibt

Abbildung 21.18 Die Zeitung lag zunächst voll deckend über dem Stadtfoto. Im Dialog »Ebenenstil« blenden wir die hellsten Töne von 255 bis 201 (das Papierweiß) aus. Der Effekt wirkt zunächst grob. Datei: Effekte_17 Foto Zeitung: jgroup, iStockphoto, #4517396 (verändert)

Abbildung 21.19 Wir ziehen bei gedrückter Alt-Taste am weißen äußeren Dreieck, so dass die Helligkeitswerte von 120 bis 200 halbdeckend im Gesamtbild erscheinen. Die Pixel der oberen Ebene gehen damit weicher in die darunterliegende Ebene über.

weiterhin im Bild sichtbar. Im folgenden Beispiel verschwindet das Weiß eines Zifferblatts, nur Ziffern und Zeiger bleiben sichtbar.

So holen Sie sich den Ebenenstil-Dialog für die gewünschte Ebene: Klicken Sie in der Ebenenpalette doppelt auf die leere Fläche neben einer Ebenenminiatur (nicht auf den Ebenennamen und außer bei normalen Pixelebenen auch nicht auf die Ebenenminiatur).

Im Ebenenstil-Dialog muss links der Balken Fülloptionen aktiv sein. Konzentrieren Sie sich auf die Zone Farbbereich ganz unten in der Mitte.

Möglichkeiten im Überblick:

» Sie blenden mit dem Regler Diese Ebene einzelne Helligkeitsbereiche aus, zum Beispiel nur die Lichter.

» Mit dem Regler Darunterliegende Ebene sorgen Sie dafür, dass sich bestimmte Helligkeitsbereiche der darunterliegenden Ebenen in der aktuellen Ebene auf jeden Fall durchsetzen, zum Beispiel nur die Schatten.

Alles lässt sich verlustfrei zurücksetzen.

TIPP Mischen sich die zwei Ebenen noch nicht perfekt, steigern Sie den Kontrast der oberen Ebene – auch, wenn Sie schon mit den Reglern für Diese Ebene und Darunter liegende Ebene gespielt haben.

Abbildung 21.20 Um die dunkleren Partien des Hintergrunds komplett auszublenden, ziehen wir den schwarzen Regler des Bereichs »Darunterliegende Ebene« nach innen bis auf den Wert 100, dann ziehen wir die linke Hälfte dieses Reglers bei gedrückter Alt-Taste wieder zurück nach links auf den Wert 50. Dunkle Tonwerte von 0 bis 50 setzen sich vollständig gegenüber der darüberliegenden Ebene durch, zum Beispiel das Gebäude links.

Abbildung 21.21 Eine Alternative zum Ausblenden von Helligkeitsbereichen bieten Füllmethoden. Bei diesen Beispielen haben wir die Regler für die Helligkeitsbereiche nicht verwendet. **Links:** Die Füllmethode »Abdunkeln« verbannt helle Pixel aus der oberen Ebene. Ähnlich, aber dunkler, wirkt das Ergebnis mit »Multiplizieren«. **Rechts:** »Ineinanderkopieren« sorgt für eine interessante Mischung mit Kontraststeigerung. Vorlage: Effekte_k

»Diese Ebene«

Der Regler Diese Ebene legt fest, welche Tonwerte sichtbar sind; nur Tonwerte innerhalb der beiden Regler erscheinen überhaupt in der Komposition. So blenden Sie zum Beispiel die hellen Bereiche aus: Ziehen Sie den rechten Regler für die hellen Tonwerte ⌂ auf 200; damit werden nur die Tonwerte zwischen 0 und 200 übertragen, die Lichter zwischen 201 und 255 erscheinen nicht mehr in der Montage. So lässt sich schnell ein weißer Hintergrund ausblenden, etwa Papierweiß.

»Darunterliegende Ebene«

Der Regler Darunterliegende Ebene gibt an, welche Tonwerte der darunterliegenden Ebenen auf jeden Fall im Gesamtbild erscheinen – und zwar Tonwerte außerhalb des Reglerpaars. Schützen Sie zum Beispiel Konturen und Tieftöne auf der darunterliegenden Ebene vor Überdecken: Ziehen Sie den schwarzen, linken Regler bei Darunterliegende Ebene auf 100; damit zeigen sich die dunklen Tonwerte 0 bis 100 der tieferen Ebenen auf jeden Fall auch in der Ebene darüber.

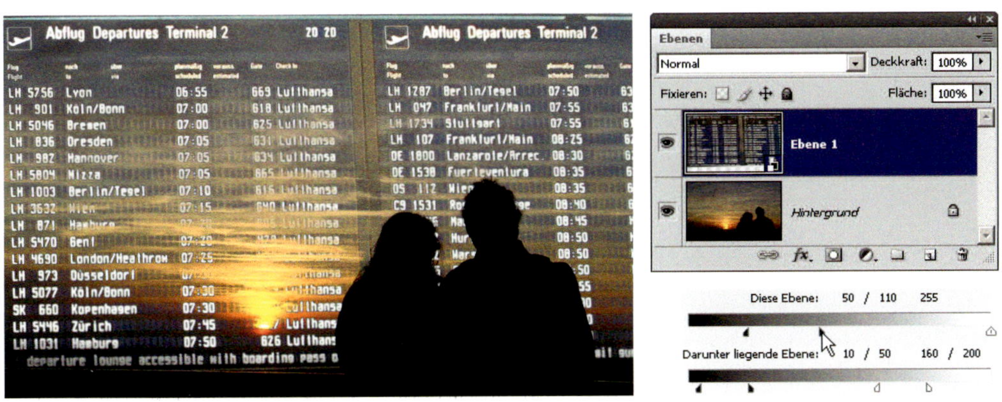

Abbildung 21.22 Die »Ebene 1« mit der Abflugtafel büßt sämtliche Tiefen von 0 bis 50 ein – der schwarze Hintergrund wird ausgeblendet. Von der unteren Ebene zwingen wir die dunklen Werte bis 50 nach vorne – so erscheinen die Silhouetten vor der weißen Schrift. Mit von der Partie sind auch die Lichter bis zum Wert 160, also einige Sonnenstrahlen. Datei: Fuellmethode_13

Abbildung 21.23
Wir blenden die dunkelsten Bildpunkte der Gitarre und die helleren Bereiche des Notenblatts aus. Einstellungsebenen passen die Kontraste auf einzelnen Ebenen so an, dass die beste Mischung entsteht. Datei: Fuellmethode_14

Halbtransparente Bereiche

Die Überblendung lässt sich noch verfeinern. Denn Übergänge zwischen der aktuellen Ebene und dem Darunterliegenden geraten oft zu hart, wenn die Übertragung bei einem bestimmten Tonwert abrupt endet. Sie können darum einen Bereich von Tonwerten halbtransparent einrichten – hier nimmt die Deckkraft stufenlos ab oder zu. So geht's: Bewegen Sie eine Hälfte eines Reglerdreiecks mit gedrückter Alt-Taste; wenn Sie jetzt ziehen, bewegt sich nur das halbe Dreieck mit. Der Bereich zwischen den beiden Halb-Dreiecken wird halbtransparent übertragen.

Beschränken Sie zum Beispiel die Lichter der aktuellen Ebene, um hellen Hintergrund auszublenden, dann lesen Sie jetzt etwa eine Anzeige wie »120/200«. Das bedeutet: Die helleren Tonwerte zwischen 201 und 255 werden überhaupt nicht übertragen; Tonwerte zwischen 120 und 200 erscheinen abgeschwächt im Bild. Erst Tonwerte unter 120, bis herunter zu Schwarz, werden voll im Gesamtbild gezeigt. So vermeiden Sie hart abgerissene Kanten und erzeugen luftige Überblendungen.

TIPP Ausblenden der Helligkeitsbereiche hilft nicht immer allein. Blenden Sie bei Bedarf auch Bildbereiche per Ebenenmaske aus (Seite 867) oder testen Sie die Füllmethoden (Seite 773): Wollen Sie Helles ausblenden und nur Dunkles zeigen, nehmen Sie die Füllmethode Abdunkeln. Soll Dunkles verborgen bleiben, prüfen Sie die Füllmethode Aufhellen.

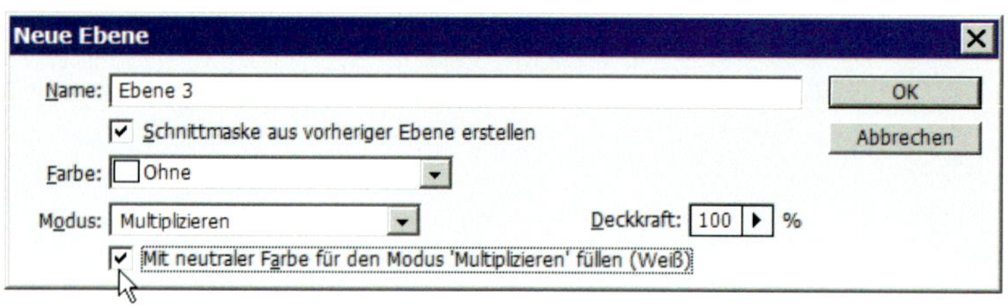

Abbildung 21.24
Schon wenn Sie eine neue Ebene anlegen, können Sie Füllmethode und eine Farbfüllung festlegen. Dazu klicken Sie die Schaltfläche »Neue Ebene erstellen« mit gedrückter Alt-Taste an. Hier nehmen wir die Füllmethode »Multiplizieren«; Photoshop bietet an, die Ebene sofort mit der »neutralen Farbe« zu füllen, in diesem Fall Weiß.

Abbildung 21.25 Die »Ebene 1« erhielt die Füllmethode »Hartes Licht« und die »neutrale Farbe« Grau – reines Neutralgrau ist also im Bild nicht sichtbar. Dann wenden wir die »Blendenflecke« auf die »Ebene 1« an. Die Lichtreflexe lassen sich so umfärben, verschieben, skalieren oder spiegeln. Datei: Fuellmethode_11

21.1.6 Neutrale Farbe

Sie haben die Farbe Weiß auf einer Ebene mit abdunkelnder Füllmethode wie Multiplizieren. Im Gesamtbild sehen Sie diese Farbe mit dieser Füllmethode nicht. Darum gilt Weiß als sogenannte neutrale Farbe beim Multiplizieren.

So verteilen sich die neutralen Farben:

Abdunkelnde Füllmethoden wie Multiplizieren	Weiß
Aufhellende Füllmethoden wie Negativ multiplizieren	Schwarz
Kontraststeigernde Füllmethoden wie Ineinanderkopieren	Grau

Was das bringt? Sie können zum Beispiel **Körnung**, **Beleuchtungseffekte** oder **Blendenflecke** nicht direkt auf die Bilddatei, sondern auf eine geschützte Ebene darüber anwenden. Legen Sie eine neue leere Ebene an, die Sie per **Bearbeiten: Flächen füllen** mit einer bestimmten Farbe füllen – der sogenannten neutralen Farbe für die verwendete Füllmethode. Dieser neutrale Tonwert allein ist im Gesamtbild unsichtbar. Wenn Sie jetzt den Filtereffekt auf die neutrale Ebene anwenden, erscheint nur der Filtereffekt im Gesamtbild, zum Beispiel die Körnung oder das Spotlicht. Diese neutrale Ebene können Sie nun verschieben, vergrößern, verkleinern, kontrast- oder farbkorrigieren; diese Möglichkeiten haben Sie mit einem (ebenfalls verlustfreien) Smartfilter nicht.

TIPP Besonders flexibel drehen und verschieben Sie den Filtereffekt auf der neuen Ebene, wenn Sie die Ebene mit der neutralen Farbe vorab weit über die Bildgrenzen hinaus ausdehnen.

21.2 Ebenenstil und Ebeneneffekte

Mit den Ebeneneffekten aus dem Dialogfeld Ebenenstil stellen Sie Ebenenbereiche verändert dar: Sie wenden Konturen, Farb- oder Musterfüllungen, plastische Kanten oder Schatten auf die Ebenen an. Alle Änderungen lassen sich jederzeit umgestalten, verbergen, abschaffen, auf andere Ebenen übertragen und en bloc als Stil speichern; die ursprüngliche Ebene bleibt voll erhalten. Effekte wie Schlagschatten oder Abgeflachte Kante sind nichts anderes als Rechentricks, die Photoshop nur vorübergehend über die unveränderte Datei blendet – ebenso wie geänderte Füllmethoden oder Deckkraft lassen sich auch die Ebeneneffekte verlustfrei zurücksetzen.

21.2.1 Ebenenstil

Eine Kombination mehrerer Ebeneneffekte zusammen mit den Vorgaben der Fülloptionen für Deckkraft, Füllmethode oder Aussparung (ab Seite 768) bezeichnet man als »Stil« oder »Ebenenstil«. Sie können diesen Stil speichern und unkompliziert auf andere Ebenen in beliebigen Bildern übertragen. Der Hersteller liefert bereits fertige Stile mit. So verwendet der Stil Farbziel (Button), den Sie ganz vorn in der Stilepalette finden, die Ebeneneffekte Schlagschatten, Abgeflachte Kante und Relief, Verlaufsüberlagerung und Kontur.

Manche Stile blenden die »Fläche«, also die Pixelfüllung, aus, andere überlagern die »Fläche« mit Farbe oder Strukturen; genauso gut kann die »Fläche« – im Beispielbild eine CD –, mehr oder weniger sichtbar bleiben.

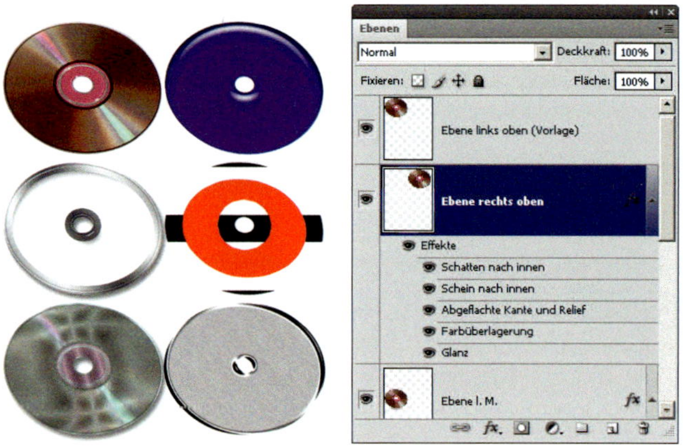

Abbildung 21.26 Die aktive Ebene enthält als »Fläche« nur das freigestellte Foto einer CD. Sie wird aber durch Ebeneneffekte wie »Schatten nach innen«, »Schein nach innen« oder »Glanz« ausgestaltet; die Effekte sind in der Palette zu erkennen und bilden mit weiteren Merkmalen wie »Deckkraft« und Füllmethoden den sogenannten »Ebenenstil« oder »Stil«. Datei: Effekte_01

Ebenenstil anwenden

So wenden Sie einen gespeicherten Ebenenstil an:

» Aktivieren Sie die gewünschte Ebene in der Ebenenpalette und klicken Sie einen Stil in der Stilepalette an – die Ebene erscheint sofort verändert, in der Ebenenpalette sehen Sie eventuell veränderte Füllmethoden und neue Ebeneneffekte.

» Ziehen Sie die Stilminiatur auf eine Ebene in der Ebenenpalette. Ziehen Sie bei gedrückter ⇧-Taste, um bereits vorhandene Ebeneneffekte, die nicht im Stil enthalten sind, beizubehalten; aktuelle Effekte, die der Stil auch enthält, werden durch den Stil ersetzt.

» Ziehen Sie die Stilminiatur auf Bildpunkte in der Datei – die oberste Ebene erhält diesen Stil. Ziehen bei gedrückter ⇧-Taste wahrt auch hier bereits vorhandene Effekte.

» Klicken Sie die Ebenenminiatur mit rechts an (am Mac mit gedrückter Ctrl-Taste) und gehen Sie auf **Fülloptionen**. Wählen Sie in der Leiste links die oberste Vorgabe Stile. Das Dialogfeld erhalten Sie bei normalen Pixelebenen auch nach Doppelklick auf die Miniatur (nicht bei Textebenen und Smart-Objekten).

» Erstellen Sie eine Formebene mit einem Werkzeug wie Linienzeichner oder »Eigene Form«, verwenden Sie also in der Optionenleiste die Vorgabe Neue Form erstellen (Seite 665). Damit erscheint das Klappmenü Stil in der Optionenleiste.

Abbildung 21.27 Der Klick auf ein Symbol in der Stilepalette reicht: Schon hat die aktuelle Ebene einen neuen Stil, also eine Kombination aus Effekten wie »Schlagschatten«, »Abgeflachte Kante« etc. Neue Stilsammlungen laden Sie über das Palettenmenü nach.

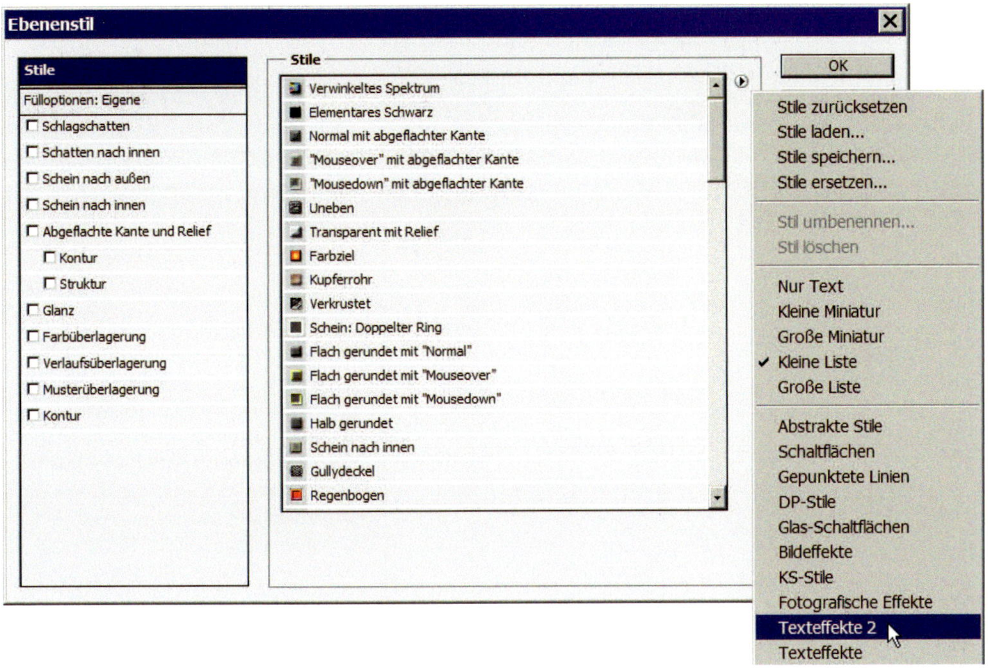

Abbildung 21.28
Klicken Sie im Ebenenstildialog links auf »Stile«, können Sie auch hier neue Stile zuteilen, speichern und nachladen. Praktisch: Mit den Optionen für einzelne Effekte wie »Schlagschatten« oder »Musterüberlagerung« verfeinern Sie die Wirkung sogleich.

Ebenenstil speichern

Eine gelungene Kombination von Effekten und Füllmethoden lässt sich leicht als eigener Stil speichern und immer wieder verwenden. Am einfachsten ist es, wenn Sie das Dialogfeld Ebenenstil nicht mehr benötigen – dann klicken Sie einfach in der Stilepalette auf die Schaltfläche Neuer Stil; wollen Sie das Dialogfeld Neuer Stil sehen, drücken Sie wie immer zusätzlich die Alt-Taste.

Photoshop bietet einen weiteren Weg aus dem Dialogfeld Ebenenstil heraus:

1. Klicken Sie doppelt auf eine Miniatur in der Ebenenpalette.
2. Stellen Sie im Dialogfeld Ebenenstil die gewünschten Ebeneneffekte und Füllmethoden zusammen.
3. Klicken Sie auf die Schaltfläche Neuer Stil.
4. Geben Sie im Dialogfeld Neuer Stil einen Namen an und klicken Sie auf OK. Sie entscheiden hier separat, ob der Stil Informationen über Ebeneneffekte und über die Ebenenfüllung enthalten soll.

Der neue Stil steht fortan dauerhaft in der aktuellen Stilebibliothek parat. Das Menü zur Stilepalette erreichen Sie wie immer über die Schaltfläche rechts oben.

Hier bietet Photoshop auch viele weitere interessante Stilesammlungen an, die Sie in die aktuelle Bibliothek laden können. Details zur Verwaltung der Paletten für Stile, aber auch für andere Vorgaben wie Verläufe oder Pinselvorgaben finden Sie ab Seite 56.

21.2.2 Effekte anlegen, verbergen und löschen

Photoshop bietet viele Wege, um Effekte neu anzulegen:

» Der universelle Weg für alle Ebenentypen: Klicken Sie in der Ebenenpalette doppelt rechts in das leere Feld neben der Miniatur – aber nicht auf den Ebenennamen. Damit erscheint das Dialogfeld Ebenenstil, in dem Sie einzelne Effekte oder komplette Stile auswählen.

» Ebenfalls für alle Ebenentypen gilt: Klicken Sie mit rechts in die Ebenenminiatur und wählen Sie **Fülloptionen** im Kontextmenü. Der Ertrag: wiederum das Dialogfeld Ebenenstil.

» Übliche Pixelebenen, aber nicht Smart-Objekte, Form- oder Textebenen: Klicken Sie doppelt direkt auf die Miniatur der gewünschten Ebene.

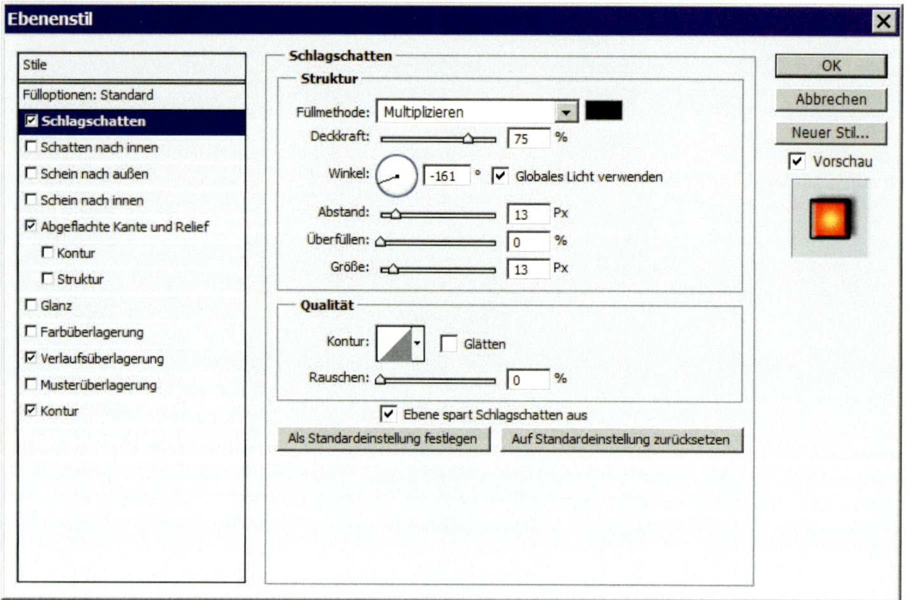

Abbildung 21.29
Photoshop zeigt die Einstellmöglichkeiten für Effekte im Dialogfeld »Ebenenstil«. Sie erkennen in der Leiste links, dass sich der aktuelle Ebenenstil aus den Effekten »Schlagschatten«, »Abgeflachte Kante«, »Verlaufsüberlagerung« und »Kontur« zusammensetzt. In der Mitte sehen Sie die Regelmöglichkeiten für den momentan geöffneten Effekt »Schlagschatten«.

» Alle Ebenentypen außer Smart-Objekte: Gibt es Ebenen- oder Vektormasken, klicken Sie doppelt rechts neben der Maskenminiatur, aber nicht auf den Ebenennamen.

» Wählen Sie mit der Schaltfläche Ebenenstil hinzufügen *fx* unten in der Ebenenpalette einen Effekt aus.

» Klicken Sie auf einen Stil in der Stilepalette.

Die neuen Effekte werden in der Effekteleiste unter der jeweiligen Ebene genannt. Überdies erscheint neben dem Ebenennamen das Effektesymbol *fx*. Mit dem Dreieck ▷ neben dem Effektesymbol klappen Sie die Auflistung der Effekte auf oder zu.

Effekte bearbeiten

Wollen Sie einen vorhandenen Effekt bearbeiten? Unter anderem gibt es diese Wege:

» Klicken Sie doppelt auf den Effekte-Schriftzug unter der Ebene oder auf den Balken für einen Einzeleffekt wie Schlagschatten.

» Bei normalen Pixelebenen, aber nicht bei Form- oder Textebenen oder Smart-Objekten, klicken Sie doppelt auf die Miniatur.

» Klicken Sie mit rechts auf das Effektesymbol *fx* oder auf die Ebenenminiatur und wählen Sie **Fülloptionen**.

» Wählen Sie die Effekte-Schaltfläche *fx* unten in der Ebenenpalette.

Effekte verbergen

So verbergen Sie Effekte, ohne sie zu löschen:

» Mit dem Augensymbol neben dem Effektnamen blenden Sie einen einzelnen Effekt aus, ohne ihn zu löschen.

» Klicken Sie wie üblich mit gedrückter Alt-Taste ins Auge, um nur diesen einen Effekt zu sehen und alle anderen auszublenden. Ein erneuter Alt-Klick zeigt wieder alle Effekte an.

» Klicken Sie in der Ebenenpalette auf das Augensymbol neben der Überschrift Effekte, um alle Effekte mit einem Klick zu verbergen.

» Entfernen Sie das Häkchen neben dem Effekt im Dialogfeld Ebenenstil. Stellen Sie den Effekt später in bekannter Form wieder her.

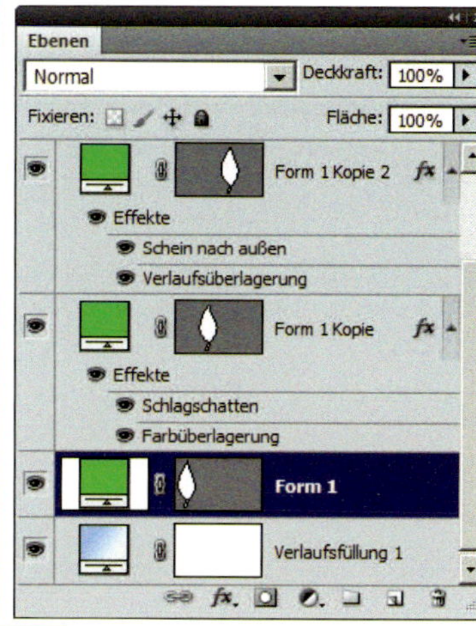

Vorlage: Form 1 in Effekte_02a | Farbüberlagerung, Schlagschatten | Verlaufsüberlagerung, Schein nach außen | Musterüberlagerung

Effekte löschen

Wenn Sie endgültig genug von einem Effekt haben, ziehen Sie ihn in den Mülleimer. Sollen alle Effekte gleichzeitig verschwinden, ziehen Sie den Effekte-Balken in den Mülleimer. Auch per Palettenmenü lassen sich **Alle Effekte löschen**. Weitere Möglichkeit: Klicken Sie in der Stilepalette auf das Symbol Stil entfernen. Das entsorgt ebenfalls alle Effekte der aktuellen Ebene; dabei verschwindet wohlgemerkt kein gespeicherter Stil aus der Palette.

Standardeinstellung festlegen

Beim Aufruf des Ebenenstil-Dialogs für unbearbeitete Ebenen bietet Photoshop die Effekte zunächst immer gleich an: So hat der Schlagschatten 75 Prozent Deckkraft, die Kontur erscheint schwarz und drei Pixel breit. Sie aber würden lieber von Anfang an andere Einstellungen sehen.

Die können Sie auch leicht einrichten:

1. Bearbeiten Sie eine Ebene mit dem Ebenenstil-Dialog und öffnen Sie den Effekt, den Sie dauerhaft neu einrichten möchten, zum Beispiel die Kontur.
2. Bei unbearbeiteten Ebenen soll Photoshop die Kontur immer weiß, mit 5 Pixel Grösse und Innen-Einstellung anbieten. Richten Sie also genau diese Werte ein, die Sie in der täglichen Arbeit öfter brauchen.
3. Die Werte für den Effekt Kontur passen? Klicken Sie auf Als Standardeinstellung festlegen.

Jetzt gilt:

» Sie bearbeiten eine Ebene ohne vorhandenen Kontur-Effekt. Photoshop bietet immer zuerst Ihre Standardeinstellung an, hier also Weiß in fünf Pixel Breite.

» Die Ebene hat schon einen irgendeinen Kontureffekt oder Sie haben andere Werte eingerichtet? Richten Sie ganz leicht wieder Ihre Wunschwerte ein, mit der Schaltfläche Auf Standardeinstellung zurücksetzen.

TIPP Sehr bequem speichern Sie bestimmte Vorgaben für Effekte auch als »Stil« in der Stilepalette (s.o.) - auch wenn Sie nur einen einzigen Effekt wie Kontur verwenden. Solche Vorgaben stehen dann mit einem schnellen Klick zur Verfügung.

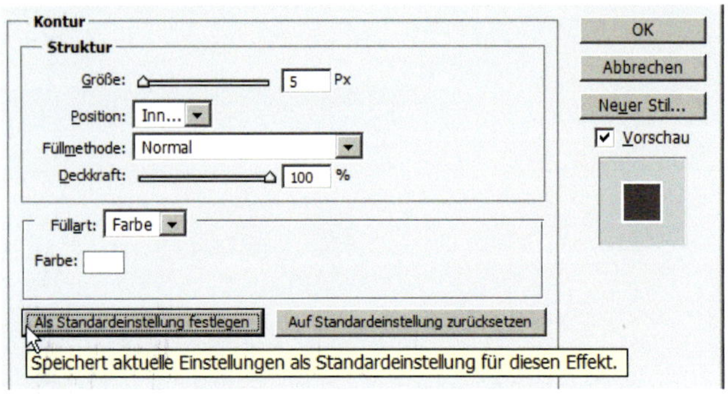

Abbildung 21.30 Speichern Sie die Werte für einen Effekt als »Standardeinstellung«. Photoshop bietet die Vorgabe dann automatisch an, wenn Sie eine noch unbearbeitete Ebene gestalten.

21.2.3 Effekte übertragen

Übertragen Sie Ebeneneffekte bequem per Kopieren und Einfügen oder durch Ziehen. Bei Bedarf gestalten Sie zudem mehrere »verbundene« Ebenen (Seite 712) mit einem einzigen Klick neu.

Effekte durch Kopieren übertragen

Kopieren Sie Effekte einer Ebene, um sie auf andere Ebenen zu übertragen. Suchen Sie in der Ebenenpalette die Miniatur derjenigen Ebene, die bereits geeignete Effekte besitzt. Dann klicken Sie mit der rechten Maustaste rechts neben der Miniatur auf das Effektesymbol *fx* und wählen **Ebenenstil kopieren**.

Danach aktivieren Sie die Ebene, die Sie auf die gleiche Art verändern wollen, klicken mit rechts neben den Ebenennamen und verwenden **Ebenenstil einfügen**. Wählen Sie mehrere Ebenen aus und dann **Ebenenstil einfügen**, peppen Sie gleich mehrere Ebenen auf.

Diese und andere Befehle gibt es auch im Menü zur Ebenenpalette und im Untermenü **Ebene: Ebenenstil**. Bildteile, die Sie in die Zwischenablage kopiert haben, werden durch das Kopieren der Effekte nicht entfernt. Der Befehl **Bearbeiten: Entleeren: Alle** berührt den Speicher der Ebeneneffekte nicht.

Effekte durch Ziehen übertragen

Ziehen Sie die Effekte einfach durch den Photoshop:

» Einzeleffekt kopieren: Drücken Sie zuerst die Alt-Taste, alsdann ziehen Sie den Einzeleffekt über eine andere Ebenenminiatur – so kopieren Sie den Effekt, die ursprüngliche Ebene behält ihr Aussehen.

» Einzeleffekt verschieben: Ziehen Sie den Namen des Einzeleffekts in der Ebenenpalette über eine andere Ebenenminiatur. So verschieben Sie den Effekt auf diese Ebene, er verschwindet aus der ursprünglichen Ebene.

Schatten nach innen, Kontur	Schein nach innen (Mitte)	Schein nach innen (Kante)	Glanz

Diese zwei Möglichkeiten gibt es auch für den kompletten Ebenenstil, also die Zusammenstellung aller Effekte: Halten Sie die [Alt]-Taste gedrückt, dann ziehen Sie die Überschrift EFFEKTE in der Ebenenpalette über eine andere Ebenenminiatur. Die Ebene erhält sämtliche aufgelisteten Effekte, die Ursprungsebene bleibt, wie sie war. Soll der Effekt bei der neuen Ebene landen und aus der ursprünglichen Ebene verschwinden? Dann verzichten Sie auf die [Alt]-Taste.

Sie können die EFFEKTE-Überschrift oder einen Einzeleffekt aus der Ebenenpalette auch über ein anderes Bild ziehen; damit erhält die oberste Ebene an der Stelle, an der Sie loslassen, den Einzeleffekt oder den Ebenenstil. Die ursprüngliche Ebene bleibt ganz die alte.

TIPP Wenn Sie ein Objekt mit Ebeneneffekten per Auswahlwerkzeug auswählen, in die Zwischenablage kopieren und in einem neuen Bild einfügen, so erscheint es am Ziel ohne jeden Ebeneneffekt. Abhilfe: Ziehen Sie das Objekt mit dem Verschiebenwerkzeug, aber ohne jede Auswahl, in das neue Bild; so nehmen Sie die Ebeneneffekte mit. Oder ziehen Sie die Ebenenminiatur aus der Palette über das Zielbild.

21.2.4 Effekte in Einzelebenen verwandeln

Wie gesagt: Die Schatten und Kanten sind zunächst nichts als ein Rechentrick; die vorhandenen Bildpunkte erscheinen zwar verändert – Sie können die Effekte selbst aber nicht mit Pinsel oder **Transformieren**-Befehlen bearbeiten.

Bei Bedarf verwandeln Sie die Effekte jedoch in normale, frei korrigierbare Pixelebenen; nutzen Sie den Befehl **Ebene: Ebenenstil: Ebenen erstellen.** Dabei entstehen neue, mit Pixeln gefüllte Ebenen; sie tragen poetische Namen wie SCHATTEN FÜR ABGEFLACHTE KANTEN VON INNEN VON EBENE 2; sie sind oft klein, halbtransparent, mit Überblendverfahren wie dem MULTIPLIZIEREN ausgestattet und in Schnittmasken organisiert. Allerdings erhalten Sie mitunter keine perfekte Nachbildung des ursprünglichen Effekts.

Abbildung 21.31 Die Reihe zeigt »Stile« des Effekts »Abgeflachte Kante und Relief«. **Von links nach rechts:** »Abgeflachte Kante innen«, »Abgeflachte Kante außen«, »Relief« und »Relief an allen Kanten«. Nur »Abgeflachte Kante innen« bezieht die darunterliegende Ebene nicht mit ein. Datei: Effekte_15

Abbildung 21.32 **Links:** Die Montage hat zunächst keinen Schatten. **Mitte, rechts:** Die Hand erhält einen »Schlagschatten«-Effekt. Der Schatten zeigt sich aber nicht nur auf der Kamera, sondern ungewollt auch auf dem weißen Hintergrund und reißt dort unschön ab. Datei: Effekte_03a

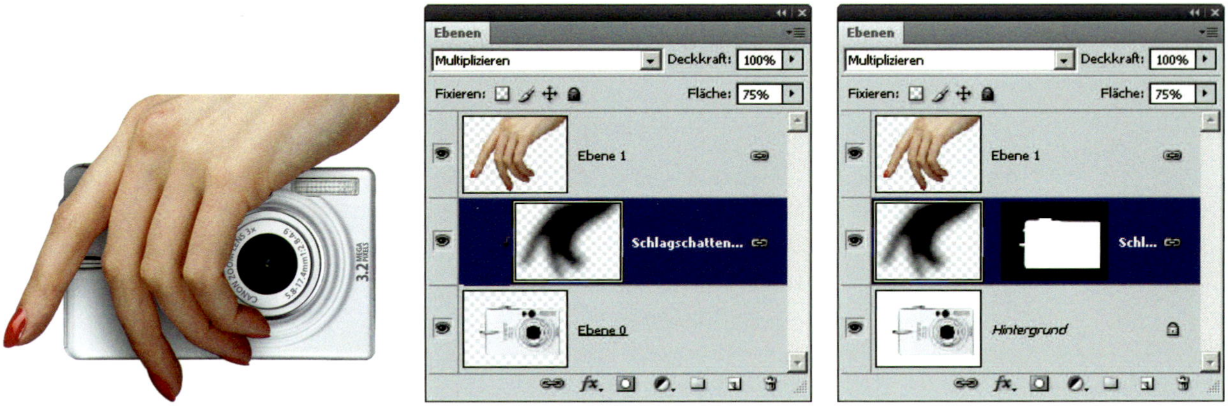

Abbildung 21.33 Der Befehl »Ebenen erstellen« hat den Schlagschatten in eine Einzelebene verwandelt. **Linke Palette:** Das weiße Umfeld der Kamera wurde entfernt. Eine Schnittmaske (Seite 883) zeigt den Schatten nur noch innerhalb der Kamera. **Rechte Palette:** Diese Montagen liefern das gleiche Bildergebnis. Wir steuern die Sichtbarkeit der Schattenebene hier durch eine nicht verbundene Ebenenmaske. In beiden Montagen wurden Hand und Schatten verbunden, man kann sie gemeinsam bewegen, drehen oder skalieren. Dateien: Effekte_03b, c

Gründe für Einzelebenen

Es gibt Situationen, in denen man die Ebeneneffekte auf konventionellen, separaten Ebenen haben möchte. Zum Beispiel:

» Sie wollen die Montage mit getrennten Ebenen an ein Programm weitergeben, das zwar Photoshop-Ebenen anzeigt, aber nicht die Ebeneneffekte seit Version 5.0.

» Sie wollen die **Effekte** in einer Weise ändern, die mit dem Dialogfeld nicht möglich sind. Vielleicht möchten Sie den Schatten perspektivisch verzerren oder die Flutlichtstrahler der **Beleuchtungseffekte** über ein 3D-Objekt legen.

» Schlagschatten oder Schein nach aussen sollen nur einzelne Bereiche der darunterliegenden Ebenen abdecken, aber nicht überall gleichermaßen sichtbar sein.

Tipps zum Befehl »Ebenen erstellen«

Die Einzelebenen ragen unter Umständen aus dem sichtbaren Bildbereich heraus - zum Beispiel ein Schlagschatten oder ein Schein nach aussen, den Sie weit ausgedehnt haben. Doch selbst wenn die separate Schattenebene, die mit dem Befehl **Ebene erstellen** entsteht, nur zur Hälfte im Bild ist: Photoshop speichert im PSD-Dateiformat auch die unsichtbaren Teile mit. Erweitern Sie die Arbeitsfläche passgenau mit dem Befehl **Bild: Alles einblenden** (Seite 304).

Und Vorsicht: Die neuen Ebenen, die per **Ebenen erstellen** entstehen, sind mit der Ursprungsebene nicht verbunden (Seite 712). Das heißt: Bewegen oder skalieren Sie eine dieser Ebenen, verharren alle anderen, zugehörigen Ebenen an ihrem Platz. Sie verschieben ein Objekt, doch der Schatten klebt fest - die Bildwirkung bricht auseinander. Sie sollten also die Ebenen verbinden, indem Sie in die Verbindenleiste der Ebenenpalette klicken, so dass Sie das Verbindensymbol sehen. Alternativ fassen Sie das Motiv und seinen Schatten als Gruppe oder Smart-Objekt zusammen.

TIPP Verwandeln Sie eine neue Schlagschattenebene sofort in ein Smart-Objekt (**Filter, Für Smartfilter konvertieren**). So lassen sich Weichzeichnungen oder Verzerrungen jederzeit verlustfrei annullieren.

Ebeneneffekte mit aktueller Ebene verschmelzen

Sie können alle Ebeneneffekte auch dauerhaft in die aktuelle Ebene einbrennen - also nicht auf drumherum liegende Pixelebenen verteilen. Die Bildwirkung verändert sich fürs Auge nicht, doch technisch erhalten Sie eine Ebene ohne Effekte, Sie können den Effekt also nicht mehr im Ebenenstil-Dialog verfeinern. Gehen Sie so vor:

1. Klicken Sie die Ebene, deren Effekte Sie verschmelzen wollen, einmal in der Palette an.

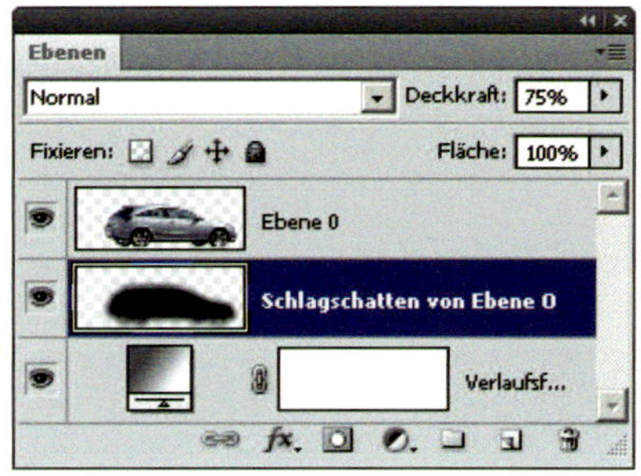

Abbildung 21.34 Möchten Sie einen Schatten unabhängig von der Ebene drehen oder verzerren, verwandeln Sie ihn mit dem Befehl »Ebene erstellen« in eine übliche Ebene und dann in ein Smart-Objekt. Hier starten wir das Transformieren mit Strg+T und neigen den Schatten durch Ziehen nach links unten bei gedrückter Strg-Taste. Datei: Effekte_04

2. Halten Sie die Strg-Taste gedrückt und klicken Sie unten in der Ebenenpalette auf Neue Ebene erstellen. So entsteht eine neue, leere Ebene unterhalb der Ebene mit den Effekten.
3. Aktivieren Sie die Ebene mit den Ebeneneffekten (Alt+ +).
4. Wählen Sie **Ebene: Mit darunter liegender auf eine Ebene reduzieren** (Strg+E). Photoshop rechnet alle Effekte direkt in die Pixelebene ein.

Wollen Sie mehrere Ebenen mit Effekten gleichzeitig so verarbeiten, nehmen Sie den Befehl **Datei: Skripten: Alle Ebeneneffekte reduzieren**. Der Befehl knöpft sich generell alle Ebenen einer Datei vor, Sie können keine Auswahl treffen.

Andere Situation: Sie haben die »Effekte«-Ebene bereits per **Ebenen erstellen** in Einzelebenen zerlegt. Wählen Sie diese Ebenen gemeinsam in der Palette aus, dann nehmen Sie **Ebene: Auf eine Ebene reduzieren** (ebenfalls Strg+E).

Ebeneneffektebene als separate Datei exportieren

Sie können die Effekteebene allein oder verschmolzen mit anderen Ebenen als normale TIFF- oder JPEG-Datei exportieren; so lassen sich die Effekte separat – etwa der Schlagschatten – mit allen möglichen Programmen betrachten und weiterbearbeiten. Der Hergang:

1. Zerlegen Sie die Effekte mit dem Befehl **Ebenen erstellen** in Einzelebenen.
2. Blenden Sie mit dem Augensymbol alle Ebenen aus, die Sie nicht weiter benötigen.
3. Möchten Sie die Bildgrenzen auf das erforderliche Mindestmaß kappen? Nutzen Sie **Bild: Freistellen** mit der Option Transparente Pixel (Seite 292).
4. Wählen Sie **Datei: Speichern unter**. Je nach Dateiformat werden die Ebenen verschmolzen und transparente Bereiche mit Weiß gefüllt.

Weitere Alternativen, um nur die Effekte, nicht aber die eigentliche Pixelfüllung der Ebene zu sehen:

» Zerlegen Sie die Effekte mit dem Befehl **Ebenen erstellen** in Einzelebenen, blenden Sie die unerwünschten Ebenen aus und nutzen Sie die Funktion **Bild: Duplizieren** mit der Option Auf eine Ebene reduzieren.

» Senken Sie den Fläche-Wert in der Ebenenpalette auf 0 (Seite 768).

21.2.5 Konturoptionen

Die Ab- oder Zunahme eines Effekts steuern Sie über die Gradationskurven für Kontur oder Glanzkontur. Bei Schein oder Schlagschatten steuern Sie per Kontur-Option die Verteilung der Hell-Dunkel-Zonen – Sie legen zum Beispiel weiche Übergänge, harte Stufen oder Ringe an. Ähnlich verändern Sie auch beim Effekt Abgeflachte Kante und Relief die Lichter und Schatten auf den plastischen Kanten; im Unterbereich Kontur dieses Effekts regeln Sie die Berg- und Talverteilung per Kontur-Kurven. Der Schein nach aussen verteilt sich je nach Kontur-Variation auf mehrere Ringe.

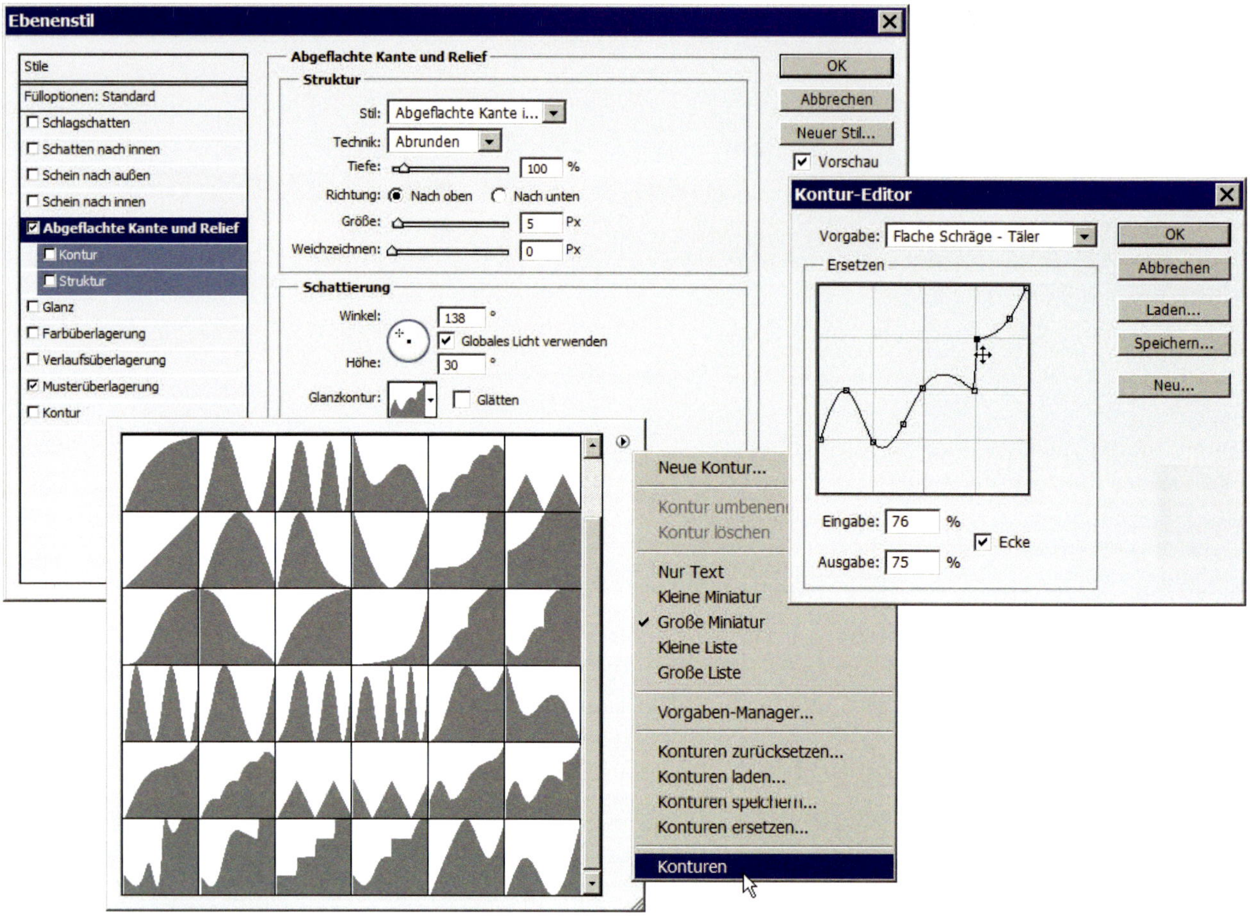

Abbildung 21.35 Mit den »Kontur«-Vorgaben bestimmen Sie, wie gleichmäßig sich ein Effekt verändert. Photoshop liefert verschiedene »Konturen« mit, im Kontur-Editor formen und speichern Sie die Kurve. Im Menüschalter der Konturenbibliothek laden Sie den »Konturen«-Satz mit weiteren Varianten nach.

»Kontur« verändern

Voreingestellt ist zunächst außer beim Glanz die lineare 45-Grad-Kurve – sie steht für gleichmäßige Veränderung. So tauschen Sie die Kontur aus:

» Klicken Sie auf das Dreieck ▼, um andere Kontur-Kurven aus der Bibliothek zu laden (Details zu Bibliotheken ab Seite 56).

» Klicken Sie auf die Gradationskurve – einmal reicht –, um im Kontur-Editor die Kurve von Hand zu formen. Starten Sie eventuell mit einer mitgelieferten Kurve im Klappmenü Vorgabe. Die Ecke verwandelt weiche in harte Übergänge. Die Bearbeitung erinnert sehr an die **Gradationskurven** (Seite 319).

Sie möchten weitere vorgefertigte Konturen testen? Dann

1. öffnen Sie den Konturenwähler durch Klick auf das Dreieck ▼,
2. klicken Sie auf die Menüschaltfläche ▸,
3. wählen Sie unten im Menü die **Konturen** und
4. danach **OK** (nicht **Anfügen**).

TIPP So testen Sie die Konturen bequem durch: Öffnen Sie den Konturenwähler mit dem Dreieck ▼ und klicken Sie einmal auf die erste Kontur links oben, so dass sie angewendet wird. Jetzt wechseln Sie mit der → nach und nach zu allen weiteren Vorgaben.

Abbildung 21.36 Die Reihe zeigt den Ebeneneffekt »Abgeflachte Kante und Relief« mit den Optionen »Abgeflachte Kante innen« und »Weich meißeln«. Im Unterbereich »Kontur« haben wir verschiedene »Kontur«-Kurven gewählt, **von links nach rechts:** »Linear«, »Einbuchtung - stark«, »Kegel« und »Doppelter Ring«. Vorlage: Effekte_06

21.2.6 Optionen für »Muster«

Nicht nur die Musterüberlagerung, auch Kontur sowie Abgeflachte Kante und Relief im Bereich Struktur bieten Muster an. Hier greifen Sie auf die aktuelle Musterbibliothek zu. Folgende Optionen haben Sie:

- Klicken Sie auf das Symbol Neue Vorgabe aus aktuellem Muster erstellen, um die aktuelle Mustereinstellung dauerhaft zu sichern.
- Ziehen Sie bei geöffnetem Dialogfeld über der Datei, um das Muster zu bewegen. Setzen Sie das Muster bei Bedarf mit der Schaltfläche An Ursprung ausrichten zurück.
- Bewegen Sie die Ebene, bewegt sich normalerweise die Musterfüllung mit. Wählen Sie die Option Mit Ebene verbinden jedoch ab, schieben Sie die Bildpunkte der Ebene quasi über das feststehende Muster; je nach Position der Bildpunktfüllung wechselt der sichtbare Musterinhalt. Die Option An Ursprung ausrichten lässt das Muster exakt in der linken oberen Bildecke beginnen, sofern Sie Mit Ebene verbinden abwählen. Dies ist vor allem interessant, wenn Sie keine diffusen Strukturen, sondern zum Beispiel Schriften oder Logos als »Muster« nutzen.
- Per Skalierung steuern Sie die Größe des Musters.

Die Verwaltung von Bibliotheken für Muster und andere Vorgaben behandeln wir ab Seite 56. Wie Sie eigene, nahtlos kombinierbare Muster produzieren, lesen Sie ab Seite 1015.

ACHTUNG Ein »Muster« wirkt bei einer Skalierung von genau 100 Prozent gestochen scharf. In allen anderen Größen kommt es zu leichter Weichzeichnung, besonders entstellend wirken Werte deutlich über 100 Prozent. Der Effekt fällt bei diffusen Mustern weniger auf als bei Mustern mit klaren Konturen.

21.2.7 Weitere gemeinsame Aspekte der Ebeneneffekte

Die folgenden Aspekte gelten für mehrere oder alle Ebeneneffekte.

Globaler Lichteinfall

Zu vielen Effekten wählen Sie eine Lichtrichtung und Sie norden bei Bedarf alle Effekteebenen innerhalb einer Ebene und gleichzeitig innerhalb einer Datei auf die gleiche Lichtrichtung ein – dies besorgt die Option Globalen Lichteinfall verwenden. Allerdings stellten die Programmierer keinen Zusammenhang zu Filtern wie **Beleuchtungseffekte** oder **Mit Struktur versehen** oder zu den **3D**-Funktionen der Extended-Version her, die ebenfalls Licht und Schatten verteilen.

Bewegen Sie also bei einer Ebene den Schatten, wird er sich bei allen anderen Ebenen mitdrehen. Und auch die Licht- und Schattenseiten eines Reliefs an allen Kanten passen sich an. Ziehen Sie eine effektbeladene Ebene in eine andere Datei, die schon Ebeneneffekte enthält, verpasst Photoshop dem Neuankömmling den bereits herrschenden Globalen Lichteinfall.

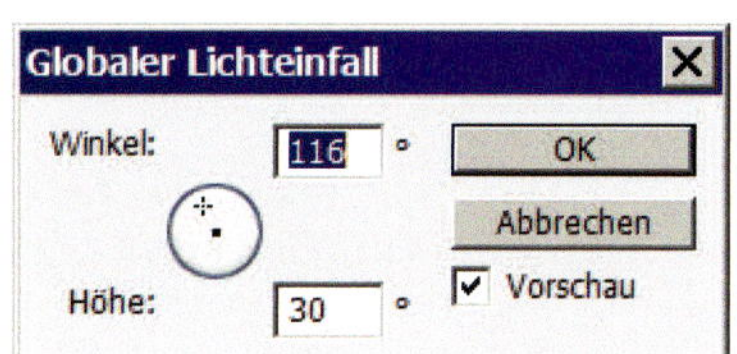

Abbildung 21.37 Der Befehl **»Ebene: Ebenenstil: Globaler Lichteinfall«** ändert den Lichteinfall in allen Ebenen einer Datei. Nicht nur der Winkel steht hier zur Disposition, sondern auch die Höhe: Ein niedriger Höhe-Wert erzeugt härtere Übergänge zwischen Licht- und Schattenseiten.

Ebeneneffekte skalieren und verzerren

Beim Drehen oder Spiegeln einer Ebene voller Effekte bleiben Licht- und Schattenfall konstant: Ein Schatten rechts unten verharrt rechts unten – auch wenn Sie die Ebene um 180 Grad drehen oder horizontal spiegeln.

Wichtiger jedoch: Skalieren Sie das Objekt per **Transformieren**, so behalten Schatten- oder Kanteneffekte stur ihr definiertes Pixelmaß. Das heißt: Eine Kante, die fünf Pixel breit definiert wurde, misst auch nach einer 200-Prozent-Verkleinerung der Ebene fünf Pixel Breite. Das heißt weiter, die Wirkung des Effekts im Vergleich zum Objekt ändert sich: Eine vormals schmale Kante, ein bis dato dezenter Schatten stechen nach einer Verkleinerung der Ebene deutlicher hervor.

Beim Befehl **Bild: Bildgröße** mit der Option Interpolationsverfahren haben Sie dagegen die Wahl:

» Verzichten Sie auf die Vorgabe Stile skalieren, geht es den Effekten wie beim **Transformieren**: Die absolute Größe wird nicht angetastet, die Ausdehnung relativ zu einer vergrößerten oder verkleinerten Ebene ändert sich dagegen.

» Schalten Sie Stile skalieren ein, wird nicht nur die Pixelzahl verringert oder heraufgerechnet; gleichzeitig ändern sich auch die Pixel-Vorgaben für Schlagschatten und Co. Der Effekt wirkt nach einer Verkleinerung oder Vergrößerung der Ebene nicht relativ größer oder kleiner als zuvor.

Wollen Sie alle Effekte auf einen Schlag verstärken oder verkleinern? Dies erledigt der Befehl **Ebene: Ebenenstil: Effekte skalieren**.

Arbeitsgeschwindigkeit

Die Ebeneneffekte kosten Rechenpower. Bewegen Sie große Effekteebenen – zum Beispiel über 1000 Pixel breit – auf schwach bestückten Rechnern, dann merken Sie eventuell, wie Photoshop ins Ruckeln gerät. Dies gilt jedenfalls, wenn Sie die Ebene in der 100-Prozent-Ansicht verschieben.

So geht es schneller: Setzen Sie in den **Voreinstellungen** die Cache-Stufen zum Beispiel auf den Wert 4 oder höher und zeigen Sie das Bild in einer Zoomstufe von 50 Prozent oder weniger – Photoshop verwendet dann für die Monitordarstellung nur die zur Ansicht verkleinerte Bildversion und tut sich damit sichtlich leichter.

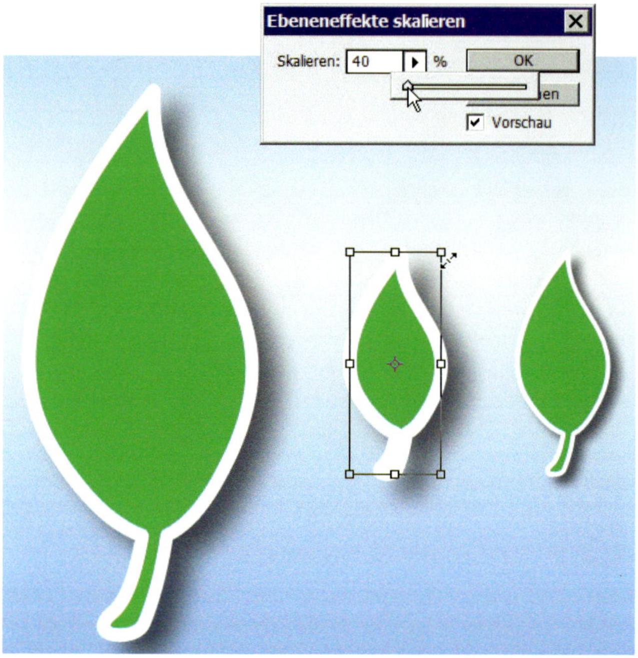

Abbildung 21.38 **Mittlere Figur:** Wir transformieren das Objekt auf 40 Prozent seiner Größe. Doch die Pixelwerte für »Kontur« und »Schlagschatten« verringern sich nicht mit; darum wirken die Effekte im verkleinerten Objekt relativ größer als zuvor. **Rechte Figur:** Mit dem Befehl »Effekte skalieren« senken wir die Effektgröße auf 40 Prozent; so schlagen die Effekte nicht stärker durch als im Original. Vorlage: Effekte_02c

Alternative: Verbergen Sie die Effekte zwischenzeitlich mit dem Augensymbol.

Weitere wiederkehrende Optionen

Diese Möglichkeiten gibt es jeweils bei mehreren Ebeneneffekten:

» Für alle Effekte geben Sie eine Füllmethode an (Seite 773), teilweise sogar getrennt für Licht- und Schattenseiten. In aller Regel ändert man die Vorgabe des Herstellers nicht.

» Ein Klick auf das Farbfeld öffnet jeweils den Farbwähler, mit dem Sie eine neue Farbe etwa für Schlagschatten oder Schein nach aussen herauspicken; Sie können die Farbe bei geöffnetem Farbwähler auch aus der Bilddatei aufnehmen (Seite 458).

» Verschiedene Effekte bieten Farbverläufe an, neben der Verlaufsüberlagerung etwa auch Kontur oder die Schein-Funktionen. Das Dreieck ermöglicht den

Abbildung 21.39 Der Schlagschatten gehörte zur »Hut«-Ebene. Er wurde mit dem Befehl »Ebene erstellen« auf eine eigene Ebene gelegt. Eine Ebenenmaske sorgt jetzt dafür, dass sich der Schatten nur über Bildfläche und Goldrahmen ausbreitet, aber nicht auf dem weißen Hintergrund und im Gesicht. Wir haben die Verbindung zwischen Maske und Schatten aufgehoben; so lässt sich der Schatten verschieben, die Maske verharrt aber wie erforderlich auf der Stelle. Datei: Effekte_05

Zugriff auf die aktuelle Bibliothek mit Verläufen, ein Doppelklick auf den Verlaufsbalken öffnet das Dialogfeld Verlauf bearbeiten (Seite 470). Per Zufallswert variieren Sie Farbe und Deckkraft des Verlaufs.

- Das Glätten sorgt nur bei komplexen Figuren für geringfügige Verbesserung.
- Die Störung bricht den Farbauftrag in weniger deckenden Bereichen von Schein oder Schlagschatten nach Art der Füllmethode Sprenkeln streuselig auf und sorgt für eine rauere Wirkung.
- Die Vorgabe Überfüllen bestimmt, um wie viel größer ein Schein oder ein Schatten gegenüber dem eigentlichen Objekt ist, bevor der Effekt weichgezeichnet wird. Unterfüllen verkleinert Schatten nach innen oder Schein nach innen, bevor die Effektebene weichgezeichnet wird. Prüfen Sie jeweils die Wechselwirkung mit dem Grösse-Regler.
- Eine Alternative zu den Effekten Farbüberlagerung, Musterüberlagerung oder Verlaufsüberlagerung könnte eine entsprechende Füllebene sein (Seite 894), eventuell in Verbindung mit Vektormaske oder Ebenenmaske; dies gilt, wenn Sie den Effekt mit 100 Prozent Deckkraft im Modus Normal zeigen wollen.
- Den Übergang zwischen zwei Vorgaben für einen Ebeneneffekt verwandeln Sie in einen Trickfilm – lassen Sie Verläufe schillern, Konturen und plastische Kanten anschwellen, Lichter und Schatten wandern (Seite 997).

21.2.8 »Schlagschatten«

Lernen Sie die Ebeneneffekte nun einzeln kennen. Ich bespreche hier nur noch Funktionen, die in den vorhergehenden, übergreifenden Absätzen noch nicht vorkamen. Bildbeispiele für Ebeneneffekte finden Sie quer durchs Buch.

Zusammen mit Abgeflachte Kante und Relief und Schatten nach Innen gehört der Schlagschatten zu denjenigen Effekten, die plastische, dreidimensionale Wirkung erzeugen. Winkel und Distanz des Schattens regeln Sie nicht nur per Dialogfeld: Bei geöffnetem Schlagschatten-Bereich im Ebenenstil-Dialog ziehen Sie den Schatten einfach in Position. Dämpfen Sie den Schatten mit dem Deckkraft-Regler und experimentieren Sie mit dem Verhältnis von Überfüllen zu Grösse. Für eine lebhaftere Wirkung über farbigen Hintergründen probieren Sie die Füllmethoden Ineinanderkopieren und Farbig nachbelichten, jeweils bei deutlich reduzierter Deckkraft.

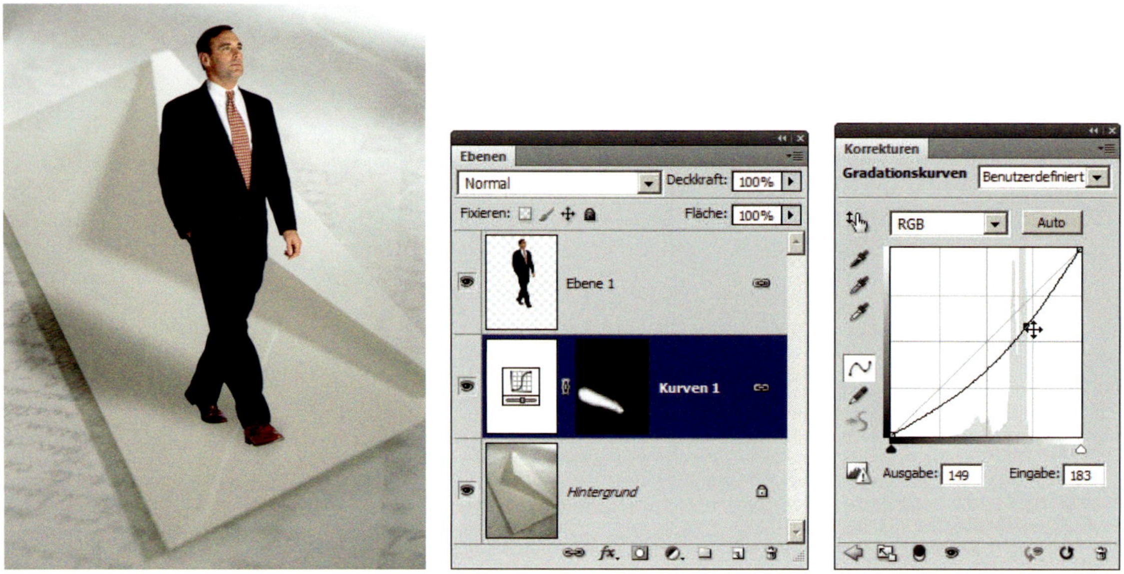

Abbildung 21.40 Kein »Schlagschatten« und kein Schwarz-auf-Transparent erzeugt hier den Schatten: Für Abdunkelung sorgt eine Gradationskurve auf einer Einstellungsebene. Die Ebenenmaske wurde zuerst schwarz gefüllt, dann malen wir mit Weiß in der Ebenenmaske den Schatten. Datei: Effekte_19

In aller Regel nutzen Sie dabei die Option Ebene spart Schlagschatten aus. Denn manchmal ist das Hauptobjekt halb durchsichtig, etwa durch eine Füllmethode oder Deckkraft-Senkung; wenn Sie die Option Ebene spart Schlagschatten aus verwenden, zeigt sich dennoch keinerlei dunkler Schatten innerhalb der Bildpunktfüllung – Sie sehen die Verdunkelung nur außerhalb der Objektgrenzen, unabhängig von der Transparenz des Objekts. Der Schatten wird nicht durch die vorhandenen Bildpunkte hindurch sichtbar.

ACHTUNG Stellen Sie die Schlagschatten-Wirkung vor dem endgültigen Hintergrundbild ein. Je nachdem, ob darunterliegende Ebenen hell, dunkel, gemustert oder homogen sind, wirkt sich eine bestimmte Schlagschatten-Einstellung ganz unterschiedlich aus.

Schatten von Hand malen

Perspektivisch verzerrte Schatten gibt es nicht als Ebeneneffekt, hier müssen Sie von Hand arbeiten. Eine Möglichkeit: Legen Sie erst einen Schlagschatten-Effekt an, den Sie in eine Einzelebene verwandeln (Rechtsklick auf Effektminiatur, **Ebenen erstellen**, Seite 791). Diese Ebene können Sie nach Bedarf verzerren, weichzeichnen und bemalen.

Bei einigen Montagen muss man perspektivisch korrekten Schatten von Hand malen. Malen Sie aber nicht Dunkelgrau in eine neue Ebene. Stattdessen:

1. Legen Sie eine Einstellungsebene **Gradationskurven** unter dem schattenspendenden Objekt an.
2. Ziehen Sie die Gradationskurve in der Mitte nach unten. Der komplette Bereich unter der schattenwerfenden Ebene zeigt also die Helligkeit des geplanten Schattens (vergleichen Sie mit vorhandenen Schatten).
3. Machen Sie die Ebenenmaske der Einstellungsebene mit Strg+I schwarz, so dass die Abdunkelung verschwindet.
4. Mit Pinsel und Weiß malen Sie den Schatten jetzt als weiße Spur in der Ebenenmaske. Die Härte (Kantenschärfe) der Pinselspitze muss zu vorhandenen Schatten im Hintergrund passen.

Die Schatten-Tonwerte verfeinern Sie jederzeit per Korrekturenpalette, in der Maskenpalette weichen Sie die Kontur auf. Schwächen Sie den Schatten mit dem Deckkraft-Regler in der Ebenenpalette ab. Während Sie in der Einstellungsebene arbeiten, können Sie das **Transformieren** starten und so den weißen Strich in der Ebenenmaske verzerren; per Rechtsklick in den Transformieren-Rahmen bietet Photoshop die verschiedenen Verzerrungsformen an.

Testen Sie für die Einstellungsebene auch die verstärkende Füllmethode Multiplizieren. Entstehen Farbverfälschungen, nehmen Sie Luminanz.

21.2.9 »Schein nach außen«

Der Effekt Schein nach aussen umgibt Objekte oder Schriften mit einem Lichthof, der Objekte über dunklem Hintergrund hervorhebt. Er kann auch Bestandteil einer Neonschrift sein – experimentieren Sie mit verschiedenen Farben, Verläufen und Kontur-Vorgaben. Für harte Wirkung wechseln Sie zum Ebeneneffekt Kontur.

Dunkeln Sie den Hintergrund eventuell noch mit einer Einstellungsebene (Seite 886) ab, so dass der Schein stärker herauskommt. Verwenden Sie zum Beispiel die **Tonwertkorrektur** und ziehen Sie den grauen Regler nach rechts (Seite 339).

TIPP Wenden Sie Schein nach aussen und Schein nach innen nicht einfach mit dem vorgegebenen Gelb an. Klicken Sie im **Ebenenstil**-Dialog auf das Farbfeld und während der Farbwähler geöffnet ist, klicken Sie einen hellen Tonwert in der Bilddatei an – so nutzen Sie diese Farbe aus dem Bild selbst für den Schein. Oft empfiehlt sich auch Reinweiß als Schein-Farbe.

21.2.10 »Schein nach innen«

Der Schein nach innen leuchtet in zwei Varianten:

- » Mitte lässt das Objekt von innen her warm erstrahlen.
- » Kante lässt zuerst die Ränder des Objekts leuchten und greift auf das Innere erst über, wenn Sie höhere Werte einstellen.

Mitunter peppt Schein nach innen den Effekt Abgeflachte Kante und Relief zusätzlich auf. Testen Sie generell höhere Werte und auch andere Farben als vom Hersteller vorgegeben. Um die Wirkung deutlich zu verstärken, wechseln Sie zur Füllmethode Farbig abwedeln. Zumeist

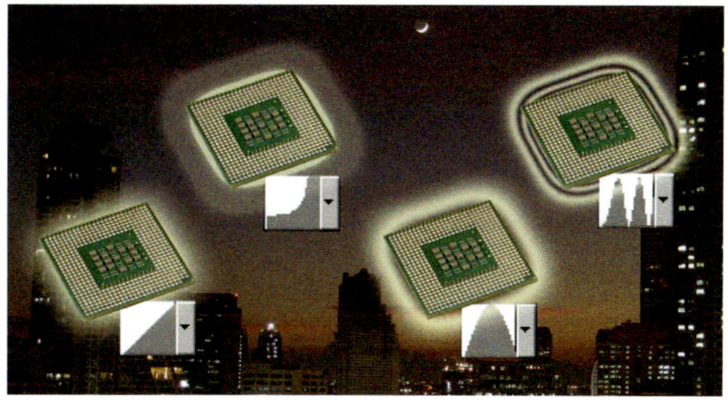

Abbildung 21.41 Das ist der »Schein nach außen« mit den »Kontur«-Vorgaben, **von links nach rechts:** »Linear«, »Einbuchtung - stark«, »Kegel« und »Doppelter Ring«. Datei: Effekte_07

verwenden Sie im Bereich Technik die Vorgabe Weicher, nur bei komplexen Figuren eventuell Präzise.

21.2.11 »Abgeflachte Kante und Relief«

Der Ebeneneffekt Abgeflachte Kante und Relief rechnet knackig-dreidimensionale Kanten an Pixelobjekte, Texte oder Formebenen. Dröge geometrische Flächen und abgehangene Schriften schießen hier so plastisch ins Kraut, dass sie fast aus dem Bild kullern: Lüftlmalerei digital und zeitgeistkompatibel.

Die Abgeflachte Kante produziert in Verbindung mit einem Schlagschatten gefällig rundliche, sinnliche Objekte in angenehm plastischer Tiefenwirkung – in der Anmutung vergleichbar dem künstlichen Hall von Pop- oder Jazzaufnahmen: Auch dort ist das Ergebnis keineswegs

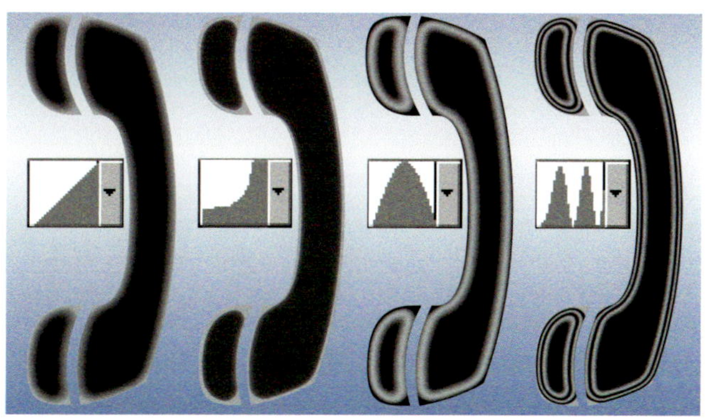

Abbildung 21.42 Die Reihe zeigt den Ebeneneffekt »Schein nach innen« mit der Option »Kante« und den »Kontur«-Vorgaben, **von links nach rechts:** »Linear«, »Einbuchtung - stark«, »Kegel« und »Doppelter Ring«. Vorlage: Effekte_08

der Realität nachgebildet; doch die Räumlichkeitstricks befriedigen allemal. Bildbeispiele finden Sie (darum) quer durchs Buch.

Abbildung 21.43 Der Schriftzug verwendet die »Abgeflachte Kante außen«, dabei bezieht Photoshop die darunterliegende weiße Ebene mit in den Effekt ein. Für die Schrauben haben wir das Polygonwerkzeug genutzt und den Stil »Eingedelltes dünnes Aluminium« aus der Bibliothek »Texteffekte 2« leicht verändert. Datei: Effekte_09

Stile

Sie formen Ihre räumlichen Figuren mit unterschiedlichen Stilen:

- Die Vorgabe Abgeflachte Kante aussen erzeugt eine räumliche Wirkung, indem sie Teile der darunterliegenden Ebene so aufhellt und abdunkelt, als ob sie Kanten der darüberliegenden, aktiven Ebene bilden. Die Pixelfüllung der aktiven Ebene erscheint völlig unverändert. Damit kommt quasi ein fremdes Material von der darunterliegenden Ebene ins Spiel; zumeist erwartet man eher Kanten, die dem Inneren des Objekts ähneln. Relief steigert die Wirkung noch.
- Die Option Abgeflachte Kante innen formt dreidimensional wirkende Figuren, deren Kanten aus der aktiven Ebene selbst, nicht aus der darunterliegenden Ebene geformt werden. Niedrige Weichzeichnen-Werte erzeugen flache Objekte mit harten Kanten, hohe Zahlen in diesem Eingabefeld führen zu sanften Hügeln. Abgeflachte Kante innen lässt sich gut mit dem Schlagschatten-Effekt kombinieren. Allerdings wirkt der Übergang zwischen abgeschatteter Seite und Schatten bisweilen finster. Möglichkeiten der Abhilfe: Wählen Sie den Globalen Winkel ab und ziehen Sie den Schatten probehalber bei geöffnetem Schlagschatten-Dialog an andere Positionen; reduzieren Sie die Deckkraft für den Schatten oder nehmen Sie eine leichte Kontur hinzu.
- Das Relief kombiniert Abgeflachte Kante innen und Abgeflachte Kante aussen: Die Wölbung beginnt auf der darunterliegenden Ebene und setzt sich im eigentlichen Objekt fort. Der Übergang überzeugt nicht immer.
- Die Option Relief an allen Kanten kerbt quasi einen Graben zwischen Objekt und darunterliegender Ebene ein: Der Hintergrund scheint sich zu vertiefen, dann wächst das Objekt heran, bis es dieselbe

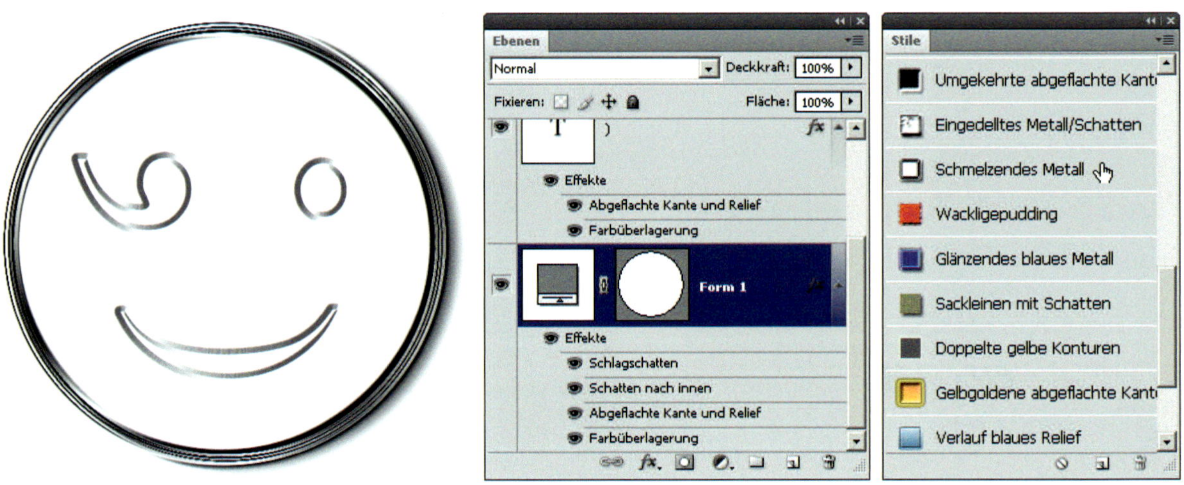

Abbildung 21.44 Wir hatten eine kreisrunde Formebene und haben in der »Stile«-Palette auf die Vorgabe »Schmelzendes Metall« aus der Stilbibliothek »Texteffekte 2« geklickt. So erhält die Ebene Effekte wie »Schlagschatten« und »Abgeflachte Kante und Relief«. Die Satzzeichen darüber verwenden die »Abgeflachte Kante« mit dem Stil »Relief an allen Kanten«; die »Fläche«, also die Farbfüllung, wurde auf 0 Prozent gesenkt. Datei: Effekte_10

Höhe erreicht wie die darunterliegende Ebene. Relief an allen Kanten eignet sich gut, um Figuren in Sand, Holz, Metall oder andere Untergründe zu stanzen.

» Die Vorgabe Reliefkontur ist nur wirksam, wenn Sie auch den Ebeneneffekt Kontur verwenden. Mit der Reliefkontur formen Sie den Kontur-Effekt plastisch aus, ohne den Rest der Ebene zu verändern.

Licht und Schatten gestalten

Für die aufgehellten und für die abgedunkelten, gegenüberliegenden Kanten des Effekts Abgeflachte Kante und Relief stellen Sie im Bereich Schattierung Farben und Deckkraft separat ein, eventuell passend zur weiteren Umgebung. Der Tiefe-Regler bestimmt den Kontrast zwischen aufgehellten und schattierten Zonen. Wenn der Effekt nicht stark genug herauskommt – zum Beispiel bei größeren Objekten oder ungünstigem Untergrund – erhöhen Sie die Deckkraft der beiden Farben. Testen Sie außerdem zusätzlich einen Schein nach innen.

Jedes Mal wählen Sie außerdem zwischen Nach oben und Unten. Damit kehren Sie die Lichtrichtung um. Dies ist eine Möglichkeit, zum Beispiel zwei verschiedene Zustände einer Schaltfläche darzustellen.

Weitere Optionen

Das Dialogfeld bietet weitere, starke Gestaltungsmöglichkeiten:

» Im Unterbereich Kontur formen Sie das Berg-und-Tal-Relief des Effekts.

» Im Unterbereich Struktur weben Sie ein Relief in Ihr Objekt (Details jeweils ab Seite 793).

» Das Abrunden aus dem Klappmenü Technik erzeugt besonders weiche Kanten, während Weich meisseln und Hart meisseln schärfere Konturen und sogar Relief in Diagonalen errechnen; mit dem Regler Weichzeichnen dämpfen Sie diese Wirkung.

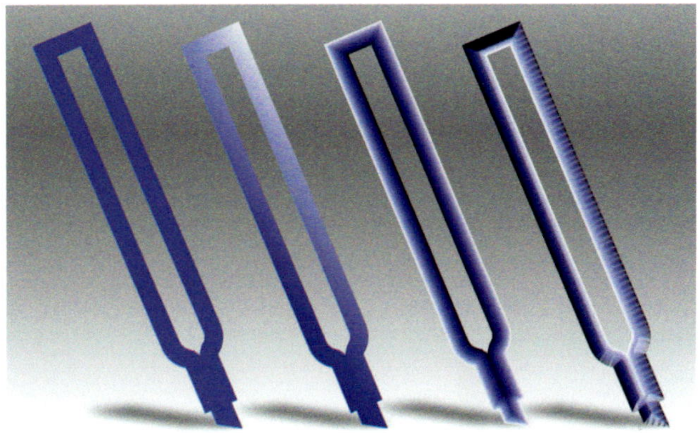

Abbildung 21.45 Der Ebeneninhalt wurde mit dem »Fläche-Regler« in der Ebenenpalette ausgeblendet, Sie sehen nur noch den Ebeneneffekt »Kontur« (und separate Schattenebenen). **1. Bild:** Wir verwenden für die »Kontur« die Füllung »Farbe«; **2. Bild:** Füllung »Verlauf«, »linear«; **3. Bild:** Füllung »Verlauf«, »Explosion«; **4. Bild:** Zusätzlich Ebeneneffekt »Abgeflachte Kante und Relief« mit dem Stil »Reliefkontur«. Datei: Effekte_11

Abbildung 21.46 Die Schrift wird mit »Abgeflachte Kante und Relief« sowie »Schein nach außen« gestaltet. Per Schnittmaske zeigt sich eine »Spiegelung« der Szenerie in der Schrift. Datei: Effekte_18

21.2.12 »Kontur«

Per Ebeneneffekt KONTUR fassen Sie Ihr Ebenenmotiv in ein Rähmchen, das wahlweise aus einer Einzelfarbe, einem Muster oder einem Verlauf besteht. Wichtig sind die Optionen zur Position:

» Lassen Sie die Konturlinie INNEN entlanglaufen, können Sie bisherige Auswahlen oder Masken weiterverwenden, denn die Farbe geht nur nach innen, nicht aber über den alten Maskenrand hinaus. Die ursprüngliche Größe des Objekts verändert sich nicht – auch Buchstaben gehen nicht unschön aus dem Leim. Allerdings überdecken sie den Rand der Ebenenfüllung. Harte Ecken bleiben hart.

» Die Option AUSSEN lässt dagegen den markierten Bildbereich gänzlich unberührt – die Kontur zieht sich nur außerhalb der Außenkante entlang. Die Objekte werden also größer, Buchstabenränder können überlappen. Harte Ecken werden rundlich.

» Die MITTE erstreckt sich halb aufs Innere, halb auf die Umgebung der Ebene.

Abbildung 21.47 Ebeneneffekte wie »Kontur«, »Schatten nach innen« und »Schein nach außen« eignen sich für vielseitige Linienrahmen. Ausführlich besprechen wir Rahmeneffekte ab Seite 805. Datei: Effekte_13; Foto: Grafissimo, iStockphoto, #2015963

Harte oder abgerundete Ecken

Benötigen Sie ganz spitze Ecken, verwenden Sie die Vorgabe INNEN – das gilt für den KONTUR-Effekt und für den Befehl **Bearbeiten: Kontur füllen** gleichermaßen. Etwas weicher werden die Ecken, wenn Sie die MITTE füllen, noch minimal rundlicher mit der INNEN-Anwahl.

Der Ebeneneffekt KONTUR erzeugt geringfügig rundlichere Ecken als der Befehl **Bearbeiten: Kontur füllen**, sofern Sie die Vorgaben AUSSEN oder MITTE verwenden. Noch etwas rundlicher wird das Ergebnis mit der Funktion **Pfadkontur füllen**; legen Sie vorab eine Pinselspitze für den Pinsel in der gewünschten Breite fest. Diese Funktion deckt zur Hälfte das Innere und die Umgebung der Ebene ab, entspricht also der Position MITTE.

Sie brauchen eine Konturwirkung wie mit der Position MITTE, aber härtere Außenecken als beim KONTUR-Effekt und beim Befehl **Kontur füllen**? Dann leiten Sie aus dem Ebenenumriss einen Pfad ab, schalten den Pinsel ein, wählen im Menü zur Pinselspitzenauswahl die **Quadratischen Spitzen**, stellen den gewünschten DURCHMESSER ein und die gewünschte Vordergrundfarbe. Dann nehmen Sie in der Pfadpalette die Schaltfläche PFADKONTUR FÜLLEN.

Besonderheiten

Beachten Sie beim KONTUR-Effekt:

» Wenn Sie als FÜLLUNG den VERLAUF und anschließend die Art EXPLOSION verwenden, geht der Verlauf nicht mehr wie üblich gleichmäßig über die Bildfläche. Stattdessen schmiegt er sich den Objektpixeln an. Vom Regenbogenrähmchen bis zur metallischen Einfassung ist alles möglich.

» Wollen Sie nur den KONTUR-Effekt einer Ebene mit einem Reliefeffekt und mit Struktur verfeinern, dann wählen Sie den Ebeneneffekt ABGEFLACHTE KANTE UND RELIEF mit der Vorgabe RELIEFKONTUR. Die Bildfüllung selbst bleibt unverändert. So erzeugen Sie plastische Rahmen.

Alternativen

Eine reizvolle Alternative zum Kontur-Effekt bilden die Befehle **Pfadkontur füllen** oder **Unterpfadkontur füllen** aus der Pfadpalette (Seite 680). Ihre Vorteile:

» Beim Füllen einer Pfadkontur wird das aktuelle Werkzeug mit den aktuellen Einstellungen aus der Pinselpalette angewandt - auch ungleichmäßige Spitzen und weiche Pinselkanten stehen zur Verfügung.

» Haben Sie nur Teile eines Pfads markiert und ausgewählt, werden auch nur diese Teile gefüllt.

Weitere Alternativen:

» Der Befehl **Bearbeiten: Kontur füllen** (Seite 467) zeichnet eine Auswahl unmittelbar auf der aktuellen Ebene nach und verwendet nur runde Spitzen. Ein Vorteil des Befehls **Kontur füllen:** Statt Pixel können Sie auch Zentimeter- oder Millimeterwerte verwenden. Sie können die neue Kontur - wie auch beim Füllen einer Pfadkontur - sofort auf einer separaten Ebene erzeugen.

» Manchmal ist es am besten, nur den Rand eines Objekts auszuwählen und mit einem **Filter**- oder **Anpassungen**-Befehl zu bearbeiten. Laden Sie den Ebenenumriss als Auswahl, indem Sie bei gedrückter Strg-Taste auf die Miniatur in der Ebenenpalette klicken, und verwenden Sie den Photoshop-Befehl **Auswahl: Auswahl verändern: Rand** (Seite 630).

21.2.13 »Glanz«

Glanz zaubert dunkle Schattierungen auf die Ebene, die sich an den Umrissen der Ebene orientieren. Stellen Sie Grösse und Abstand ein.

ACHTUNG Bei geöffnetem Glanz-Dialog ziehen Sie direkt über dem Bild, um Grösse und Abstand des Glanz-Effekts per Mausbewegung einzustellen.

Der Effekt ergänzt nicht zuletzt texturierte Bilder, niedrige Deckkraft reicht oft aus. Variieren Sie das Schattenspiel mit den Kontur-Vorgaben und dem Abstand- bzw. Grösse-Regler.

Um einen hellen »Glanz« zu erzeugen, rufen Sie mit dem Farbfeld den Farbwähler auf, geben eine helle Farbe an und stellen die Füllmethode auf Negativ multiplizieren oder sogar Farbig abwedeln. Für diffusen verteilten »Glanz« testen Sie den Ebeneneffekt Schatten nach Innen bei sehr weicher Kante.

Weitere Alternative: Legen Sie eine neue Ebene im Modus Hartes Licht über der Zielebene an, stellen Sie die Standardfarben Schwarz und Weiß mit der Taste D her, wenden Sie den Befehl **Filter: Renderfilter: Wolken** an (Seite 589) und klicken Sie bei gedrückter Alt-Taste auf die Trennlinie zwischen beiden Ebenen, um mit dem Doppelkreiszeiger eine Schnittmaske herzustellen (Seite 883). Der Deckkraft-Regler dämpft die Wirkung.

»Kontur«-Effekt »innen«	»Kontur«-Effekt »Mitte«	»Kontur«-Effekt »außen«	»Pfadkontur füllen« mit quadratischem Pinsel	»Bearbeiten: Kontur füllen«, »außen«. Datei: Effekte_12

Abbildung 21.48 Der »Kontur«-Effekt dient oft für Bildrahmen, heben Sie jedoch zuvor »Hintergrund«-Ebenen auf eine neue »Ebene 0« oder ähnlich (Alt-Doppelklick auf Hintergrund-Miniatur). Der Effekt »Abgeflachte Kante und Relief« wirkt wie ein Rahmen. Dateien: Effekte_14a, b; Aktion: Rand - Plastischer Rahmen mit Metallic-Effekt 1. Fotos: iStockphoto.de, RonTech2000 Nr. 10306393 und Stalman Nr. 9714891

21.2.14 Weitere Ebeneneffekte

Photoshop bieten weitere Ebeneneffekte an – die meisten Optionen kennen Sie schon aus den vorhergehenden Abschnitten:

» Der Schatten nach innen legt einen Schatten von den Objektkanten aus nach innen. Die aktive Ebene wirkt dann eventuell selbst hohl, der Schatten nach innen erscheint auf einer darunterliegenden Ebene. Oder die Ebene wirkt wie versenkt, man blickt durch ein Loch auf den Ebeneninhalt. Arbeiten Sie hier mit geringer Deckkraft und weicher Kante, beleben Sie allzu einförmige Objekte unaufdringlich. Bei geöffnetem Ebenenstil-Dialog ziehen Sie den Schatten mit der Maus direkt über der Datei. Bei schwarzen Objekten sehen Sie von diesem Effekt nichts.

» Die Farbüberlagerung deckt eine Ebene komplett einfarbig ab. Sie können beliebige Ebenen also einfarbig anzeigen und diese Darstellung jederzeit ändern oder abschalten. Nutzen Sie eine weiße Farbüberlagerung mit gesenkter Deckkraft, um zum Beispiel eine Musterüberlagerung aufzuhellen.

» Der Ebeneneffekt Musterüberlagerung ziert die Ebene mit einem Muster. Verwenden Sie die Füllmethode Hartes Licht, um das Muster quasi in die Ebene einzustanzen. Beachten Sie die Hinweise zu den Musteroptionen allgemein ab Seite 795.

» Die Verlaufsüberlagerung überzieht Ihr Bild mit einem Farbverlauf. Das Dreieck ▼ bietet Zugriff auf die aktuelle, Photoshop-übergreifende Bibliothek mit Verläufen, ein Doppelklick auf den Verlaufsbalken öffnet das Dialogfeld Verlauf bearbeiten (ausführlich ab Seite 470). Wenn Sie den Verlauf An Ebene ausrichten, bewegt er sich beim Verschieben der Bildpunkte mit. Bei geöffnetem Dialog Verlaufsüberlagerung ziehen Sie über dem Bild, um Anfangs- oder Endpunkt des Verlaufs zu verschieben.

21.3 Thema: Digitale Rahmen und Ränder

Kleider machen Leute. Und ähnlich ist es bei Fotos. Sie haben ein gutes Bild, aber noch besser sieht es im schicken Gewand aus – schmücken Sie Ihr Opus mit einem digitalen Rahmen. Das beeindruckt online und auf Papier. Denn Rahmen machen Bilder.

In diesem Abschnitt produzieren Sie unterschiedlichste digitale Bildrahmen und -ränder: Weicher Rand, runde Ecke, Metallic- und Linienrahmen, alles ist dabei. Teils geht es blitzschnell und die Bildpunkte werden dauerhaft verändert. Andere Verfahren arbeiten mit Ebenenstilen, Sie können die Anmutung oder auch das Hauptmotiv immer wieder wechseln. Wir wenden Techniken, die Sie in anderen Buchteilen ausführlich kennenlernen, hier zügig noch einmal auf die Aufgabe »Rahmen und Ränder« an. In vielen Fällen liefere ich Aktionen mit, so dass Sie den Rahmen blitzschnell auf eigene Motive anwenden. Laden Sie einfach die Aktionensammlung »Photoshop CS5 Kompendium.atn« von der Buch-DVD in Ihren Photoshop.

TIPP Für Verfahren mit Ebenen gilt: Verwandeln Sie Ihr Hauptfoto zunächst in ein Smart-Objekt (**Filter: Für Smartfilter konvertieren**). Dann tauschen Sie es über den Palettenbefehl Inhalt ersetzen bequem gegen ein anderes Bild aus. Die Austauschfotos sollten das gleiche Seitenverhältnis wie das erste Bild aufweisen.

21.3.1 Weicher Bildrand

Für den weichen Bildrand gibt es zahlreiche Verfahren, wahlweise flott oder genau und korrigierbar – je nachdem, ob Sie das Ergebnis anschließend noch verfeinern wollen oder nicht. Wir zeigen die Techniken hier mit Weiß, aber wenn Sie den Bildrand abdunkeln möchten, nehmen Sie einfach Schwarz. Lernen Sie die wichtigsten Techniken kennen.

TIPP Für weichen Rand eignen sich Aufnahmen, die ums Hauptmotiv herum viel diffuse Fläche zeigen – zum Beispiel Himmel, Wasser oder Studiohintergrund. Köpfe sollten sich nicht zu nah am Bildrand befinden. Vermeiden Sie markante Konturen im Bereich der Ausblendung, zum Beispiel Laternenmasten oder Schilder.

Weicher Rand auf die Schnelle

So entsteht ein weicher Bildrand am schnellsten, wenn auch ohne spätere Korrekturmöglichkeit:

1. Ziehen Sie mit Ellipse ◌ oder Lasso einen Rahmen um Ihr Hauptmotiv. Lassen Sie viel Platz zum Bildrand.
2. Klicken Sie oben in den Einstellungen auf Kante verbessern. Unten im Dialog folgt ein Klick auf das vierte Symbol von links Auf Weiss. Photoshop deckt nicht gewählte Zonen also weiß ab.

Abbildung 21.49 Ziehen Sie eine Auswahl mit Ellipsen- oder Lasso-Werkzeug auf. Der Befehl »Kante verbessern« zeigt nun bereits den weichen Rand, wenn Sie den Regler Weiche Kante nach rechts ziehen. Datei: Rand_a; Aktion: Rand Weicher Rand schnell

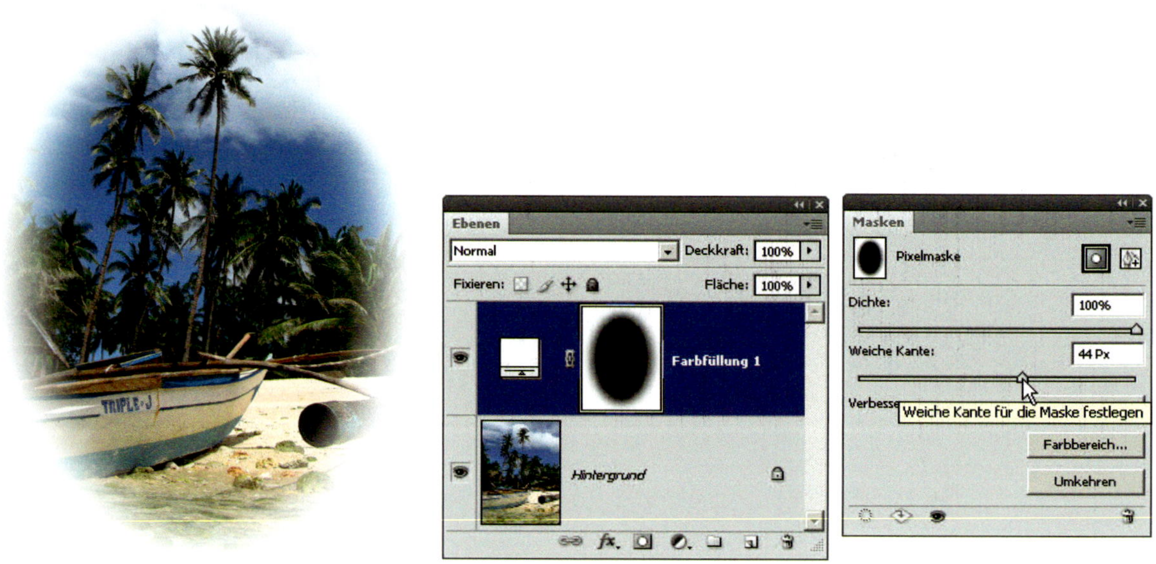

Abbildung 21.50 Eine maskierte weiße Füllebene sorgt hier für den weißen Rand. Der Übergang lässt sich in der Maskenpalette jederzeit ändern. Datei: Rand_b; Aktion: Rand – Weicher Rahmen mit Ebene

3. Ziehen Sie den Regler Weiche Kante weit nach rechts, zum Beispiel auf den Wert 80. Sie erkennen bereits den weichen Übergang zu Weiß. Testen Sie andere Auswahlgrößen mit dem Regler Kante verschieben. Die weiteren Regler sollten in der Neutralstellung stehen. Klicken Sie auf OK.
4. Kehren Sie die Auswahl mit Strg+⇧+I um, damit nur noch der Bildaußenbereich gewählt ist.
5. Richten Sie mit der Taste D Weiß als Hintergrundfarbe ein.
6. Der Tastengriff Entf oder ← schüttet Weiß in die Bildrandgebiete. Fertig.

Weicher Rand korrigierbar

Nutzen Sie die Ebenentechnik, dann lässt sich die weiche Blende jederzeit ändern. Sie können das Bild austauschen oder die Weiß-Ebene über andere (nicht größere) Dateien ziehen. Das Procedere:

1. Rahmen Sie Ihr Hauptmotiv mit Auswahlellipse oder Lasso ein. Verwenden Sie keine Weiche Kante.
2. Mit der Tastenfolge D, X stellen Sie Weiß als Vordergrundfarbe ein.
3. Unten in der Ebenenpalette klicken Sie auf Neue Füll- oder Einstellungsebene erstellen und dann auf Farbfläche.
4. Klicken Sie im Farbwähler auf OK. Das Bild hat jetzt ein weißes Objekt in der Mitte.
5. In der Maskenpalette klicken Sie zuerst auf Umkehren. Jetzt sehen Sie das Hauptmotiv in der Mitte und Weiß außen.
6. Ziehen Sie den Regler Weiche Kante nach rechts, bis der Übergang vom Foto zu Weiß sanft genug wirkt. Fertig.

Das Ergebnis lässt sich verfeinern:

» Sie wollen Größe oder Lage des sichtbaren Bereichs ändern? Achten Sie darauf, dass in der Ebenenpalette tatsächlich die Ebenenmaske aktiviert ist, dann starten Sie das **Transformieren** mit Strg+T. Die Vorschau wirkt eventuell verfälscht. Das korrekte Ergebnis sehen Sie vielleicht erst, wenn Sie die Änderung per Doppelklick in den Rahmen bestätigt haben.

» Sie möchten Größe oder Lage des Bilds selbst ändern? Halten Sie die Alt-Taste gedrückt und klicken

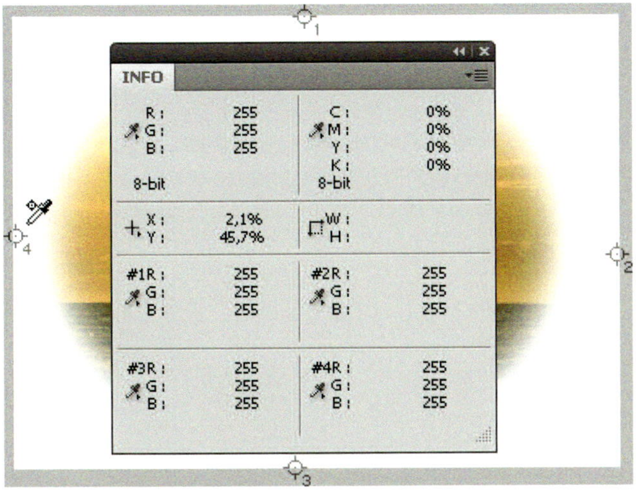

Abbildung 21.51 Die Messpunkte verraten es in der Informationenpalette: Alle vier Bildränder erreichen reines Weiß (je 255 für R, G und B), der weiche Rand erscheint also in weißer Umgebung nicht abgeschnitten. Datei: Rand_a

Sie doppelt auf die Hintergrund-Miniatur in der Ebenenpalette. Die Ebene lässt sich jetzt **transformieren** oder mit dem Verschiebenwerkzeug bewegen. Vorsicht: Aktivieren Sie nicht ungewollt durch Mausklicks die obere Ebene mit der weißen Maske.

Reinweiß am Bildrand

Die äußersten Randpixel sollten wirklich schneeweiß sein – sonst wirkt das Ergebnis abgeschnitten. Eine gute Kontrolle bietet die Informationenpalette: Halten Sie den Mauszeiger an die äußersten Ränder der Bilddatei. Nur wenn die Informationenpalette den neuen Wert 255 für R, G und B meldet, ist der Randstreifen wirklich weiß. Das geht auch, wenn Sie ein Dialogfeld geöffnet haben. (Achten Sie darauf, welche Ebene aktiviert ist.)

Noch präziser: Setzen Sie auf allen Seiten an den äußersten Rändern Messpunkte mit dem Farbaufnahme-Werkzeug. Die Informationenpalette meldet nun für alle vier Messpunkte, ob reines Weiß erreicht wird.

TIPP Wenn Sie einen weichen Rand als Aktion aufzeichnen, sollten Sie die Maßeinheiten auf Prozent stellen. Blenden Sie zum Beispiel die Lineale mit Strg+R ein, klicken Sie ein Lineal mit rechts an und geben Sie **Prozent** vor.

Weiche Ausblendung an einzelnen Seiten

Sie müssen nicht nach allen vier Seiten ausblenden. Ziehen Sie das Auswahlwerkzeug über den Bildrand hinaus und blenden Sie zum Beispiel nur nach links und oben aus – rechte und untere Seite behalten ihren klar konturierten Rand.

Sie können beide Verfahren von oben anwenden, »Weicher Rand auf die Schnelle« wie auch »Weicher Rand korrigierbar«. In beiden Fällen gilt: Eine Auswahl, die exakt am Bildrand entlang läuft, softet Photoshop nicht ab. Nur Auswahlumrisse im Bildinnern weichen auf.

Abbildung 21.52 Ziehen Sie die Auswahl über den Bildrand hinaus. An diesen Bildseiten entsteht später kein weicher Übergang. Datei: Rand_s

Abbildung 21.53 Malen Sie den ausfransenden Rand mit Photoshops Pinselspitzen auf eine neue leere Ebene. Datei: Rand_d

21.3.2 Gepinselter Rand

Mit hingepinselten Rändern erinnern Ihre Fotos an Gemälde oder an kreative Dunkelkammerarbeiten, bei denen Entwicklerflüssigkeit mit dem Schwamm übers Bild verteilt wurde. Zwei Wege sind denkbar:

» Malen Sie den Rand mit Photoshops Pinselspitzen; oder

» verwenden Sie einen echten, eingescannten Pinselstrich.

Rand mit Pinsel-Werkzeugen

So malen Sie den Rand mit Photoshops Werkzeugen:

1. Legen Sie über dem Foto eine neue leere Ebene an.
2. Mit der Tastenfolge D, X richten Sie Weiß als Vordergrundfarbe ein.
3. Schalten Sie den Pinsel ein.
4. Klicken Sie mit rechts (am Mac bei gedrückter Ctrl-Taste) ins Bild und stellen Sie eine »natürliche«, ausfransende Pinselspitze wie Trockener Pinsel, Flüssig ein.
5. Klicken Sie rechts oben im Pinselwähler auf das Menüdreieck und laden Sie weitere ergiebige Pinselbibliotheken wie Natürliche Spitzen nach.
6. Malen Sie den Rand auf. Wechseln Sie immer wieder Pinselspitze, Größe und Deckkraft.
7. Rubbeln Sie zu viel Gemaltes mit dem Radiergummi weg. Verwenden Sie wieder eine ausfransende Pinselspitze.

Rand mit gescanntem Pinselstrich

Scannen Sie einen Pinselstrich auf weißem Papier und blenden Sie damit den Bildrand aus:

1. Kopieren Sie die Pinselstrichdatei auf eine neue Ebene 1 über dem Bild.
2. Starten Sie das **Transformieren** mit Strg+T und sorgen Sie dafür, dass die dunklen Bereiche der Pinselstrichebene den größeren Bildteil überdecken. Schließen Sie dieses Manöver mit der Eingabe-Taste ab.
3. Klicken Sie bei gedrückter Strg-Taste auf die RGB-Miniatur in der Kanälepalette (nicht in der Ebenenpalette). So laden Sie die Pinselumrisse als Auswahl.
4. Drücken Sie D X. Das beschert Ihnen Weiß als Vordergrundfarbe.
5. In der Ebenenpalette klicken Sie auf Neue Füll- oder Einstellungsebene erstellen und dann auf Farbfläche.
6. Der Farbwähler schlägt Weiß vor, Sie klicken sofort auf OK.
7. Klicken Sie in der Ebenenpalette auf das Augensymbol neben der Ebene 1 mit dem Pinselstrich, um diese Ebene auszublenden.

Abbildung 21.54 Der Pinselstrich in der Ebenenmaske ist zunächst zu klein und zu hell, darum wirkt das Foto blass. Die Ebenenmaske wird korrigiert, nun erscheint das Foto deutlicher. Den ursprünglichen Pinselstrich sehen Sie noch in der jetzt ausgeblendeten »Ebene 1«. Datei: Rand_e

Jetzt sehen Sie Ihr Motiv innerhalb des Pinselstrichs. Vielleicht passen Ausdehnung oder Helligkeit noch nicht ganz. In unserem Beispiel erscheint das Foto zu blass und es gibt zu viel weißen Rand. Das ändern Sie leicht. Klicken Sie einmal auf die Ebenenmasken-Miniatur der Farbfüllung 1, um wirklich diese Maske und nicht aus Versehen eine andere Ebene zu bearbeiten.

Das Bild erscheint zunächst zu blass im Pinselstrich, weil der Pinselstrich in der Maske nicht tiefdunkel, sondern nur mittelgrau erscheint. Laden Sie also mit Strg+L die Tonwertkorrektur. Ziehen Sie das schwarze Dreieck links unter dem Histogramm so weit nach innen, dass Sie Ihr Foto deutlicher erkennen. Erhalten Sie aber ein paar halbdeckende Zwischentöne.

Das Ergebnis soll mehr vom Foto und weniger weiße Fläche zeigen. Zwei Möglichkeiten gibt es:

» Sie drücken Strg+T. **Transformieren** Sie die Maske in die Breite und in die Höhe.

» Duplizieren Sie dunkle Stellen der Maske mit dem Kopierstempel in weiße Zonen. Verwenden Sie »natürliche«, ausfransende Pinselspitzen wie auch beim selbst gemalten Pinselrand (siehe vorherige Seite).

21.3.3 Rand mit Risskante

Heben Sie Ihr Motiv mit einer Risskante vom Allerlei und vom Seitenhintergrund ab.

Vorbereitung

Reißen Sie ein Stück Karton durch, das Sie scannen oder fotografieren, oder nehmen Sie unsere Datei »Rand_r2« von der Buch-DVD. Unterlegen Sie den Karton beim Digitalisieren mit einem Hintergrund, der sich gut abhebt, so dass das spätere Auswählen leicht von der Hand geht; wir haben hier schwarzen Fotokarton hinterlegt. Schneiden Sie die Bilddatei mit dem Karton per Freistellungswerkzeug so zu, dass kaum leere Fläche zurückbleibt.

Wählen Sie den Karton aus

So präparieren Sie die Kante in Photoshop:

1. Wählen Sie den Hintergrund des abgerissenen Kartonstücks mit dem Schnellauswahl-Werkzeug aus. Wie immer verwenden Sie die Option Automatisch verbessern.
2. Ziehen Sie über dem roten Karton, um ihn ebenfalls auszuwählen.
3. Kehren Sie die Auswahl mit Strg+⇧+I um. So ist nur der Riss ausgewählt, Karton und Hintergrundfläche sind nicht ausgewählt.
4. Klicken Sie oben in den Einstellungen auf Kante verbessern und stellen Sie mit den Miniaturen unten im Dialogfeld weißen oder schwarzen Hintergrund ein. So erkennen Sie, ob tatsächlich nur der Riss selbst

Abbildung 21.55 Der Riss wird ausgewählt und über das Foto gelegt. Wählen Sie den Bereich rechts vom Riss aus und löschen Sie diese Zone aus dem Foto heraus. Dateien: Rand_n1 etc.

ausgewählt ist oder ob sich die Ränder von Karton oder Hintergrund mit in der Auswahl befinden. Eventuell Verkleinern Sie die Auswahl etwas.

Die Fotomontage

Kopieren Sie den ausgewählten Riss mit Strg+C in die Zwischenablage. Öffnen Sie Ihr Foto und fügen Sie den Riss mit Strg+V ein. So geht's weiter:

1. Wählen Sie **Filter: Für Smartfilter konvertieren**.
2. Drücken Sie Strg+T fürs **Transformieren**. Ziehen Sie den Riss an den Anfasspunkten in die zum Bild passende Größe und Lage, hier am rechten Bildrand.
3. Bei gedrückter Alt-Taste klicken Sie in der Ebenenpalette doppelt auf die Hintergrundminiatur. Sie verwandelt sich in eine Ebene 0.
4. Klicken Sie in der Ebenenpalette einmal auf die Ebene 1 mit dem Riss.
5. Schalten Sie den Zauberstab mit 77er-Toleranz und den Optionen Glätten und Benachbart ein.
6. Klicken Sie rechts vom Riss ins Bild. Sie wählen also den Bildrand außerhalb der Risskante aus.
7. Klicken Sie in der Ebenenpalette einmal auf die untere Ebene 0 (das Foto).
8. Mit der Entf-Taste löschen Sie rechten Bildrand weg. Das Bild hat nun scheinbar einen unregelmäßigen Riss rechts.
9. Hat der Riss rechts unschöne Randspuren? Bewegen Sie den Riss mit der Pfeiltaste nach links einen oder zwei Pixel nach links und drücken Sie die Entf-Taste erneut. Blenden Sie die Auswahlmarkierung zur Kontrolle mit Strg+T aus.

Drehung und Schlagschatten

Der nächste Befehl heißt **Ebene: Sichtbare auf eine Ebene reduzieren** (Strg+⇧+E). Beim Befehl **Bild: Arbeitsfläche** nutzen Sie die Relativ-Option und bauen je 30 Prozent Breite und Höhe an. Jetzt die letzten Verfeinerungen:

1. Klicken Sie noch einmal auf **Filter: Für Smartfilter** konvertieren.
2. Starten Sie das **Transformieren** mit Strg+T und drehen Sie Ihr Foto mit Risskante.
3. In der Ebenenpalette klicken Sie doppelt in die freie Fläche rechts neben der Ebene 0-Miniatur.
4. Im **Ebenenstil**-Dialog klicken Sie links auf den Balken **Schlagschatten**, dann ziehen Sie direkt im Bild einen Schlagschatten unter Ihrem abgerissenen Foto hervor.
5. Zufrieden? Überflüssigen leeren Rand eliminiert der Befehl **Bild: Zuschneiden**, dann sind Sie fertig!

Abbildung 21.56 Wir haben Riss und Foto verschmolzen. Verfeinern Sie das Ergebnis mit Drehung und Schlagschatten.

21.3.4 Gerasterter Rand

Befehle wie **Kristallisieren** oder **Farbraster** rastern Auswahlränder attraktiv auf:

1. Ziehen Sie mit Lasso oder Auswahlellipse eine grobe Auswahl um Ihr Hauptmotiv.
2. Kehren Sie die Auswahl mit [Strg]+[⇧]+[I] um.
3. Mit [D], [X] stellen Sie Weiß als Vordergrundfarbe ein.
4. Klicken Sie unten in der Ebenenpalette auf NEUE FÜLL- ODER EINSTELLUNGSEBENE ERSTELLEN. Nehmen Sie **Farbfläche** und klicken Sie im Farbwähler gleich auf OK. Photoshop deckt den äußeren Bildbereich weiß ab.
5. Klicken Sie in der Ebenenpalette einmal auf die Maskenminiatur der FARBFÜLLUNG 1.
6. Per **Filter: Weichzeichnungsfilter: Gaußscher Weichzeichner** sorgen Sie für einen sanften Übergang zwischen Weiß und Bildmotiv innen, zum Beispiel mit dem Wert 30. (Diesmal nehmen Sie nicht die WEICHE KANTE in der Maskenpalette.)
7. Der Befehl **Filter: Vergröberungsfilter: Farbraster** rastert den Auswahlrand deutlich auf. Starten Sie mit Werten um »20«, bei größeren Dateien mit breitem Auswahlübergang erhöhen Sie diese Vorgabe.
8. Malen Sie mit Pinsel und Schwarz und Weiß in der Ebenenmaske, um ungewollte Lücken zu füllen oder einzelne Rasterpunkte am Rand ganz zu löschen. Im Beispielbild tilgen wir Löcher, die sich ins rote Spaßboot gefressen haben.
9. Sie können das Ergebnis plastisch herausheben und mit einem Schatten unterlegen. Dazu klicken Sie in der Palette mit rechts auf den Schriftzug FARBFÜLLUNG 1 und dann auf **Fülloptionen**. Den Schatteneffekt erzeugen Sie hier mit SCHATTEN NACH INNEN.

Diese Farbfüllung mit ausfransendem Rand können Sie jetzt aus der Ebenenpalette heraus auch über andere Bilder ziehen.

DVD Unsere Aktionensammlung enthält die Befehlsfolge »Rand – Gerasterter Rand«. Sie erzeugt den hier beschriebenen, in Punkte ausfransenden Rand. Sie wurde für Bildgrößen um 1000 Pixel Breite ausgelegt. Bei deutlich größeren Bildern erhöhen Sie die Werte für **Gaußschen Weichzeichner** und **Farbraster**.

Abbildung 21.57 Photoshop setzt die Auswahl in eine Ebenenmaske um und blendet den Hintergrund aus. Datei: Rand_f2

21.3.5 Einfache Linienrahmen

Linienrahmen setzen Ihre Pixelkunst vom Hintergrund ab – und von der Masse konkurrierender Bilder vielleicht auch. Es gibt schnelle Techniken und solche, die nachträglich Änderungen erlauben.

Linienrahmen auf die Schnelle

So entsteht ein Linienrahmen besonders flott:

1. Klicken Sie unten in der Ebenenpalette auf NEUE EBENE ERSTELLEN. Sie erhalten eine neue, leere Ebene.
2. Mit Strg+A wählen Sie das Gesamtbild aus.
3. Die Taste D sorgt für schwarze Vordergrundfarbe.
4. Der nächste Befehl heißt **Bearbeiten: Kontur füllen.** Sie verwenden die Position INNEN und, je nach Bildgröße, drei bis zehn Pixel GRÖSSE.

Nach dem OK-Klick landet das Rähmchen auf einer neuen Ebene. Sie können es dort immer noch umfärben oder halbtransparent zeigen. Bei diesem Verfahren ändern sich die Bildmaße nicht, der äußerste Rand des Fotos wird überdeckt.

TIPP Soll es noch schneller gehen, verzichten Sie ersatzlos auf den Schritt 1 mit der neuen Ebene.

Flexibler Linienrahmen innen

Dieser Linienrahmen erlaubt mehr Umgestaltung und garantiert dabei harte Ecken:

1. Klicken Sie in der Ebenenpalette bei gedrückter Alt-Taste doppelt auf die HINTERGRUND-Miniatur. Sie verwandelt sich in eine EBENE 0.
2. Klicken Sie rechts neben der Miniatur doppelt in die freie Fläche, so dass Sie den Ebenenstil-Dialog sehen.

Abbildung 21.58 Ebeneneffekte wie »Schlagschatten« oder »Abgeflachte Kante« heben das Bild heraus, den Effekt können Sie über andere Dateien ziehen. Ergebnis: Rand_f3; Aktion: Rand – Gerasterter Rand

Abbildung 21.59 **Links:** Wir haben den weichen Rand hier nicht mit dem Farbraster, sondern per »Vergröberungsfilter: Mosaikeffekt« bearbeitet. **Rechts:** Der weiche Rand wurde per »Vergröberungsfilter: Kristallisieren« verändert, den vorderen und oberen Teil des Segels haben wir in der Ebenenmaske schwarz gefüllt. Dateien: Rand_f4, f5

3. Links unten klicken Sie auf das Wort Kontur.
4. Stellen Sie die Position auf Innen.
5. Richten Sie Farbe und Grösse nach Bedarf ein.

Hier entsteht der Rahmen als Ebeneneffekt, den Sie per Doppelklick in der Ebenenpalette wieder bearbeiten. Ändern Sie jederzeit Grösse, Farbe oder auch Position. Die Bildmaße bleiben gleich, der äußerste Bildrand wird überdeckt.

DVD In der Aktionensammlung zum Buch finden Sie die Befehlsfolge »Rand - Linienrahmen einfach innen mit Ebeneneffekt« und mehrere weitere »Linienrahmen«-Varianten. Bei Bildern mit deutlich mehr als 1000 Pixel Breite oder Höhe heben Sie die Grösse für die Kontur an.

Flexibler Linienrahmen außen, übersichtliches Verfahren

Mit zwei verschiedenen Verfahren setzen wir den Linienrahmen außen ans Bild. So überdecken Sie kein Bilddetail, allerdings steigt die Pixelgröße geringfügig. Zudem erscheinen die Außenecken leicht abgerundet (eine Schwäche des Ebeneneffekts Kontur mit der Option Aussen). Zuerst ein übersichtliches Verfahren, bei dem Sie Rahmenbreite und -farbe jederzeit im Blick behalten:

1. Klicken Sie bei gedrückter Alt-Taste doppelt auf die Hintergrund-Miniatur in der Ebenenpalette.
2. Sie wählen **Bild: Arbeitsfläche**, klicken Relativ an und bauen in Höhe und Breite je 20 Prozent Fläche an.

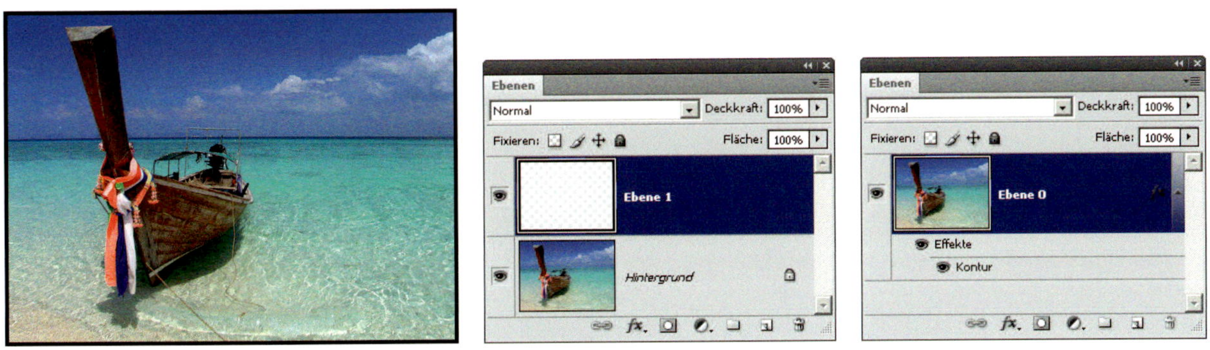

Abbildung 21.60 Zwei Wege zum Linienrahmen innen. **Erste Palette:** Sie legen eine neue leere Ebene an, wählen das Gesamtbild aus und verwenden den Befehl »Kontur füllen«. **Zweite Palette:** Sie verwandeln die Hintergrund-Ebene in eine Ebene 0 und nehmen den Kontur-Ebeneneffekt. Datei: Rand_g

Abbildung 21.61 Die Arbeitsfläche wird erweitert, dann folgt der Kontur-Ebeneneffekt mit der Vorgabe Aussen. Dabei entstehen abgerundete Außenecken. Datei: Rand_g

3. Jetzt geht es weiter bei der vorherigen Methode: Sie klicken rechts neben der Miniatur doppelt in die freie Fläche, so dass Sie den Ebenenstil-Dialog sehen.
4. Links unten klicken Sie auf das Wort Kontur.
5. Stellen Sie die Position auf Aussen.
6. Richten Sie Farbe und Grösse nach Bedarf ein und klicken Sie auf OK.
7. Sie haben noch überflüssigen leeren Rand. Den entsorgen Sie mit dem Befehl **Bild, Zuschneiden**, Option Transparente Pixel.

Flexibler Linienrahmen außen, eleganteres Verfahren

Sie wissen Grösse und Farbe für Ihren Linienrahmen genau und wollen nicht herumprobieren? Dann gibt es noch ein etwas eleganteres Verfahren für Linienrahmen außen per Kontur-Ebeneneffekt, allerdings ohne Übersicht:

1. Klicken Sie bei gedrückter Alt-Taste doppelt auf die Hintergrund-Miniatur in der Ebenenpalette.
2. Jetzt die bekannten Schritte: Sie klicken rechts neben der Miniatur doppelt in die freie Fläche, um den Ebenenstil-Dialog zu sehen.
3. Links unten klicken Sie auf das Wort Kontur.
4. Stellen Sie die Position auf Aussen.
5. Richten Sie Farbe und Grösse ein. Sichtbar ist der Linienrahmen noch nicht, denn er steckt hinter den Bildrändern.
6. Der Befehl **Bild, Alles anzeigen** dehnt die Arbeitsfläche passend so aus, dass der Linienrahmen erscheint.

Flexibler Linienrahmen mit Schatten

Gern wird der Linienrahmen mit einem Schatten unterlegt:

1. Klicken Sie bei gedrückter Alt-Taste doppelt auf die Hintergrund-Miniatur in der Ebenenpalette.
2. Sie wählen **Bild: Arbeitsfläche**, klicken Relativ an und bauen in Höhe und Breite je 30 Prozent Fläche an.
3. Sie klicken rechts neben der Ebenenminiatur doppelt in die freie Fläche der Palette, so dass Sie den Ebenenstil-Dialog sehen. Links unten klicken Sie auf das Wort Kontur. Wir stellen die Position diesmal auf Innen, um harte Außenecken zu erhalten, mit dem Farbe-Feld richten wir Weiß ein.
4. Klicken Sie auf das Wort Schlagschatten. Bei geöffnetem Dialogfeld ziehen Sie den Schatten in die gewünschte Richtung, dann folgt der OK-Klick.
5. Möglicherweise wird der Schatten an einem Bildrand abgeschnitten, das fällt später unschön ins Auge. Auch wenn Sie es nicht genau erkennen, erweitern Sie die Arbeitsfläche passend per **Bild: Alles anzeigen**. (Schaden kann der Befehl nicht; nutzen kann er nur, wenn Sie vor **Bild: Zuschneiden** anwenden.)
6. Säbeln Sie überflüssigen leeren Rand per **Bild: Zuschneiden**, Option Transparente Pixel, weg.

Abbildung 21.62 Auf einer erweiterten Arbeitsfläche legen Sie Linienrahmen und Schatten an, dann kürzen Sie die Fläche passend per »Bild: Zuschneiden«.

21.3.6 Bild im Rahmenfoto

Setzen Sie Ihr Foto in ein Rahmenfoto ein – ob Goldrahmen, Projektionsleinwand oder Plakatwand. Wir arbeiten hier mit dem Agenturfoto eines Goldrahmens:

1. Das Rahmeninnere wählen Sie am besten mit dem Polygon-Lasso aus.
2. Laden Sie das Fotomotiv, wählen Sie den wichtigen Teil zum Beispiel mit dem Rechteck aus und kopieren Sie ihn in die Zwischenablage.
3. Wechseln Sie wieder zum Rahmen und wählen Sie **In die Auswahl einfügen**. Das Foto landet auf einer neuen Ebene, eine Ebenenmaske unterdrückt automatisch das Bild außerhalb der Rahmenfläche.
4. Beginnen Sie das **Transformieren** mit Strg+T, halten Sie die ⇧-Taste gedrückt und ziehen Sie das Foto in eine Größe, die gut in den Rahmen passt. Besiegeln Sie die Größenänderung mit der Eingabe-Taste.

TIPP Spendieren Sie der Fotoebene noch einen Ebeneneffekt SCHATTEN NACH INNEN mit niedrigsten Werten. So wirkt die Montage plastischer, zudem kaschiert der Schatten Auswahlmängel.

Die weiße Fläche außen soll auch verschwinden: Sie wird mit der Schnellauswahl ausgewählt, dann kehren Sie die Auswahl mit Strg+⇧+I um und wählen **Bild, Freistellen**.

Abbildung 21.63 Das Rahmeninnere wird mit dem Polygon-Lasso ausgewählt, der Befehl »In die Auswahl einfügen« setzt das Foto ein. Dabei entsteht eine neue Ebene mit Ebenenmaske. Das Bild wird in die passende Größe »transformiert« und erhält einen »Schatten nach innen«. Dateien: Rand_j1 etc.

Schneller OOB-Effekt

Viele Vorschläge für »rahmensprengende« Montagen (auch unter dem Schlagwort »OOB« für »out of bounds« bekannt) finden Sie ab Seite 881. In diesem Beispiel bringen wir das Bugholz des Longtail-Boots vor den Goldrahmen:

1. Halten Sie die ⇧-Taste gedrückt, dann klicken Sie auf die Maskenminiatur der Bildebene. So schalten Sie die Maske vorübergehend ab.
2. Falls Sie einen Schatten nach innen verwenden, blenden Sie die Effekte dieser Ebene mit dem Augen-Symbol aus.
3. Wählen Sie das Bugholz mit der Schnellauswahl aus.
4. Kopieren Sie es per Strg+J auf eine neue Ebene.
5. Maske und Effekte in der Ebene des Gesamtbilds schalten Sie wieder ein. Das Bugholz erscheint nun vor dem Rahmen.
6. Wollen Sie das Frontstück noch mit einem Schatten absetzen (der zugleich Auswahlmängel verbirgt)? Klicken Sie in der Ebenenpalette doppelt auf die Ebenenminiatur und dann im Ebenenstil-Dialog links auf das Wort Schlagschatten.
7. Der Schatten fällt zunächst nicht nur auf den Goldrahmen, sondern unpassend auch auf das Foto selbst. Halten Sie die Alt-Taste gedrückt, dann ziehen Sie die Ebenenmaske der Gesamtbildebene nach oben auf die Ebene mit dem Bugholz. So wird sie dorthin dupliziert.
8. Die Ebenenmaske verbirgt genau die falschen Bereiche. Kehren Sie die Wirkung mit Strg+I um.

21.3.7 Bildumrisse mit Vektorformen

Präsentieren Sie Ihr Bild mit gerundeten Ecken oder mit fantasievollen Umrissen – zum Beispiel innerhalb eines Sterns oder Puzzlestücks. Dabei verwenden Sie Vektorformen, die sich elegant biegen lassen. Bei Bedarf zeigen Sie die Formen mit dem Regler Weiche Kante aus der Maskenpalette sogar weichgezeichnet.

Abgerundete Ecken

Zieren Sie Ihre Aufnahme mit abgerundeten Ecken:

1. Sie halten die Alt-Taste gedrückt und verpassen der Hintergrund-Miniatur in der Ebenenpalette einen kräftigen Doppelklick. Sie verwandelt sich in eine Ebene 0.
2. Schalten Sie das Werkzeug »Abgerundetes Rechteck« ein (auch mit mehrfach ⇧+U).
3. Oben links in den Optionen klicken Sie auf das Symbol Pfade.
4. Weiter rechts stellen Sie den Radius ein, also den Grad der Rundung. Beginnen Sie mit 30 Pixeln, bei hochaufgelösten Bildern auch deutlich mehr.

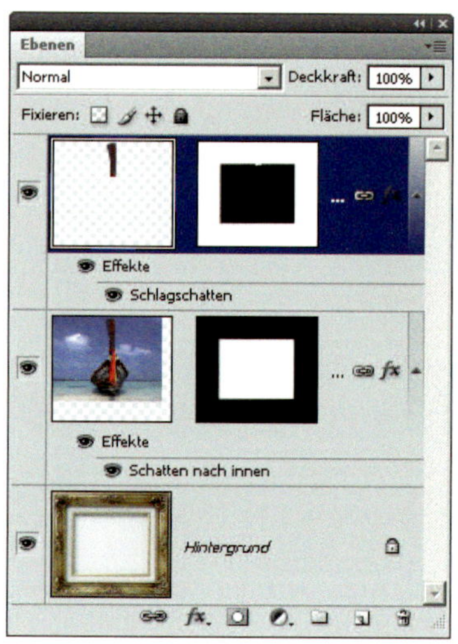

Abbildung 21.64
Wir haben die Ebenenmaske vorübergehend abgeschaltet, das Bugholz ausgewählt und auf eine neue Ebene gehoben. Es bekommt einen eigenen »Schlagschatten«, der dank Ebenenmaske nur auf den Rahmen und nicht auf das Bild fällt.

Abbildung 21.65 Der Umriss wird mit dem Pfad- und Form-Werkzeug »Abgerundetes Rechteck« gestaltet. Datei: Rand_k; Aktionen: »Rand - Abgerundete Ecken«, »Rand - Abgerundete Ecken, Schatten und Kontur«

5. Ziehen Sie einen Rahmen um Ihr Hauptmotiv.
6. Verfeinern Sie den Umriss eventuell mit Strg+T.
7. Es folgt der Befehl **Ebene: Vektormaske: Aktueller Pfad** - Ihr Foto erscheint mit abgerundeten Ecken.
8. Bei Bedarf peppen Sie das Ergebnis mit Effekten wie Schlagschatten, Kontur oder Abgeflachten Kanten auf (siehe nächster Abschnitt).
9. Überflüssigen leeren Rand entsorgt der Befehl **Bild: Zuschneiden** mit der Option Transparent.

Formumriss mit Schnittmaske

Zeigen Sie Ihr Bild in einem Umriss - zum Beispiel Kleeblatt, Herz, Sprechblase oder Puzzlestück. Sie könnten hier die gleiche Technik wie bei den abgerundeten Ecken nehmen (s. vorheriger Absatz). Statt zum Werkzeug »Abgerundetes Rechteck« greifen Sie dann zum Eigene-Form-Werkzeug.

Ich zeige Ihnen hier ein etwas anderes Verfahren, bei dem der Umriss auf einer separaten Ebene landet und als Schnittmaske dient. Er lässt sich dann etwas leichter beurteilen, umformen und austauschen. Also:

1. Bei gedrückter Alt-Taste klicken Sie doppelt auf die Hintergrund-Miniatur in der Ebenenpalette.
2. Schalten Sie das Eigene-Form-Werkzeug ein (auch mit mehrfachem ⇧+U).
3. Ganz links oben in den Optionen klicken Sie auf das Symbol Formebenen.
4. Im Form-Klappmenü klicken Sie einmal auf die gewünschte Form.
5. Im Stil-Klappmenü etwas weiter rechts nehmen Sie Kein Stil. Die aktuelle Farbe spielt keine Rolle. Ziehen Sie über dem Bild von links oben nach rechts unten. Dabei entsteht eine einfarbige Form als neue Ebene Form 1. Sie überdeckt Ihr Hauptmotiv. Mit gedrückter ⇧-Taste behalten Sie das ursprüngliche Seitenverhältnis der Figur bei.
6. Ziehen Sie die neue Formebene in der Ebenenpalette unter die Ebene 0 mit dem Foto.
7. Bei gedrückter Alt-Taste klicken Sie in der Palette einmal auf die Trennlinie zwischen den beiden Ebenen. Jetzt erscheint das Foto nur noch innerhalb der Formumrisse.
8. Passt das Foto noch nicht optimal in die Figur? Klicken Sie in der Palette einmal auf die Formebene, dann ändern Sie den Umriss zum Beispiel per **Pfad frei transformieren** (Strg+T) oder durch gezieltes Wählen und Verschieben einzelner Pfadpunkte mit dem Direkt-Auswahlwerkzeug.

TIPP Bei Schritt 5 können Sie auch einen Stil angeben, zum Beispiel Gestreifter Kegel. Die Figur zeigt dann sofort Schatten und Kanteneffekte dieses Stils.

Nun bekommt die Figur noch Schatten und Linienumriss:

1. Klicken Sie in der Ebenenpalette doppelt in die Freifläche rechts neben den Formminiaturen. Im Ebenenstil klicken Sie auf die Wörter Schlagschatten und Kontur.
2. Eventuell ragen Schatten oder Konturen über den sichtbaren Bildbereich hinaus und erscheinen abgeschnitten. Schaffen Sie mit **Bild: Alles anzeigen** das erforderliche Mehr an Arbeitsfläche.
3. Sind überflüssige leere Bildzonen entstanden? Die kappen Sie mit Bild: Zuschneiden und der Option Transparent.

Plastischer Rahmen mit Metallic-Effekt

Leicht simulieren Sie einen Alurahmen:

1. Klicken Sie bei gedrückter Alt-Taste doppelt auf die Hintergrund-Miniatur in der Ebenenpalette.
2. Sie wählen **Bild: Arbeitsfläche**, schalten Relativ ein und legen bei Höhe und Breite je 20 Prozent drauf.
3. Klicken Sie doppelt auf die Fotominiatur in der Ebenenpalette. Im Ebenenstil-Dialog klicken Sie zuerst auf das Wort Kontur. Nehmen Sie eine üppige Grösse von zum Beispiel 40 oder auch 120 (je nach Pixelzahl Ihres Fotos) – Sie definieren hier die Breite des Rahmens.
4. Diese weiteren Kontur-Einstellungen brauchen Sie: die Position Innen, als Füllart Verlauf mit einem Schwarzweißverlauf im Klappmenü Verlauf. Stellen Sie die Art auf Reflektiert (testen Sie später auch Explosion), nehmen Sie einen schrägen Winkel wie 145 Grad und einen hohen Skalieren-Wert, etwa 150.
5. Klicken Sie links auf die Zeile Abgeflachte Kante und Relief. Im Stil-Klappmenü nehmen Sie Reliefkontur, so verändern Sie nur den Rahmen des Kontur-Effekts. Heben Sie die Tiefe zum Beispiel auf 350, die Grösse auf 40 Pixel an (sofern Sie eine 40-Pixel-Kontur verwenden). Im Klappmenü Glanzkontur geben Sie den Ring an.
6. Links außen, unmittelbar unter Abgeflachte Kante und Relief, klicken Sie auf das eingerückte Wort Kontur. Hier sorgen Sie für mehr Relief innerhalb des Rahmens. Experimentieren Sie mit einer Kontur-Vorgabe wie Gezähnt 1 und testen Sie verschiedene Werte für den Bereich.
7. Verfeinern Sie das Ergebnis mit den Effekten Schlagschatten und Schatten nach innen. Während diese Bereiche geöffnet sind, ziehen Sie den Schatten direkt im Bild in die gewünschte Richtung. Dabei ändert sich auch der Lichteinfall in den Fasen des Rahmens.
8. Lassen Sie die Befehle **Bild: Alles einblenden** und danach **Bild: Zuschneiden** folgen.

Abbildung 21.66
Mit Schnittmaske und Eigene-Form-Werkzeug entsteht dieser Umriss. Datei: Rand_l; Aktion: »Rand – Form-Umriss«

21.3.8 Komplexer Linienrahmen

Mehrfache Linienrahmen und weiße oder schwarze Flächen rings ums Bild erinnern an Passepartouts oder an Kalender auf Kunstdruckpapier. Denkbar sind viele Verfahren. Ich zeige einen sehr präzisen Weg, bei dem garantiert ohne Tüfteln die richtigen Proportionen und Abstände entstehen:

1. Drücken Sie zweimal hintereinander Strg+J. Damit entstehen die zwei Duplikatebenen Ebene 1 und Ebene 1 Kopie 2.
2. Mit der Taste D setzen Sie die Hintergrundfarbe auf Weiß.
3. Klicken Sie in der Ebenenpalette einmal auf die Hintergrund-Ebene ganz unten. Der Tastendruck Strg+Entf (am Mac ⌘+←) füllt die Ebene mit Weiß - die Hintergrundfarbe für unser Foto.
4. Der nächste Befehl heißt **Bild: Arbeitsfläche**. Vergrößern Sie die Arbeitsfläche auf 122 Prozent in der Breite und auf 130 Prozent in der Höhe. Jetzt zeigt Photoshop weiße Fläche rings um Ihr Foto.
5. Klicken Sie in der Palette einmal auf die mittlere Ebene 1, sie steuert den mittleren Rahmen bei. Senken Sie den Fläche-Wert oben rechts in der Ebenenpalette auf 0.
6. Unten in der Palette klicken Sie auf Ebenenstil hinzufügen *fx* und dann auf **Kontur**. Im Kontur-Dialog klicken Sie einmal auf das Farbe-Feld und stellen Schwarz ein.
7. Klicken Sie links im Dialog auf die Zeile Schatten nach innen und gleich danach auf OK.
8. Von den Korrekturen erkennen Sie bisher wenig, das ändert sich jetzt: Starten Sie das Verzerren mit Strg+T, halten Sie die Alt-Taste gedrückt und ziehen Sie einen der Eckanfasser behutsam nach außen. So vergrößern Sie die Ebene gleichmäßig in alle Richtungen. Weil Sie die Fläche auf 0 gesetzt haben, sieht man nur die schwarze Kontur und den Schatten nach innen. Das vergrößerte Foto von der Ebene 1 bleibt unsichtbar.
9. Halten Sie die Alt-Taste gedrückt und klicken Sie doppelt auf die Hintergrund-Ebene, die sich so in eine Ebene 0 verwandelt.
10. Unten in der Palette klicken Sie wieder auf Ebenenstil hinzufügen *fx* und dann auf **Schatten nach innen**. Heben Sie den Abstand auf 40 und klicken Sie auf OK. So entsteht der Schatten ganz außen.
11. Jetzt ein Klick auf die oberste Ebene in der Palette - diese Ebene enthält das Foto selbst. Nehmen Sie wieder Ebenenstil hinzufügen *fx* und dann Kontur. Stellen Sie das Farbe-Feld auf Schwarz und klicken Sie links auf Schatten nach innen. Stellen Sie den Abstand auf 0 und heben Sie die Grösse, bis der Hauch eines Schattens im Bild selbst erscheint.

Abbildung 21.67
Der Ebenenstil »Abgeflachte Kante und Relief« eignet sich auch für plastische Bildrahmen mit Metalleffekt. Datei: Rand_m; Aktion: »Rand - Plastischer Rand mit Metallic-Effekt 2«

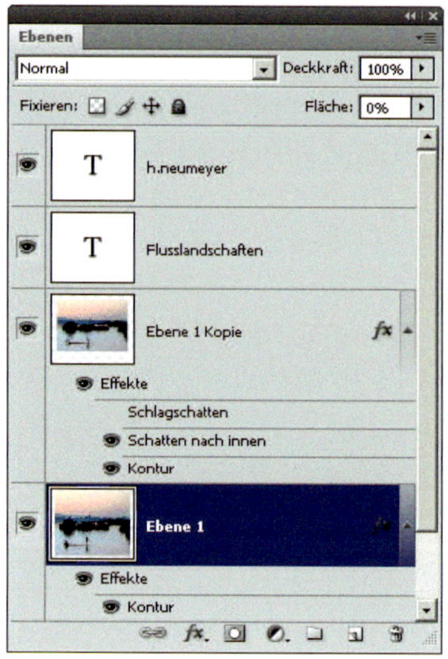

Abbildung 21.68
Der Linienrahmen wird aus einer duplizierten Bildebene abgeleitet (hier markiert). Ein Fläche-Wert von 0 blendet das duplizierte Bild selbst aus, man sieht nur noch den Umriss des Kontur-Effekts. Datei: Rand_n2

Andere Farben

Den komplexen Linienrahmen färben Sie leicht um. Wie wär's mit einem schwarzen Hintergrund? Klicken Sie in der Palette einmal auf die unterste Ebene 0 und drücken Sie Strg + I, schon ist der Bildhintergrund schwarz.

Nun erkennen Sie die schwarzen Linienrähmchen und Schatten nicht mehr. Doch die Ebenenpalette zeigt unter der mittleren Ebene den Kontur-Effekt als Balken. Klicken Sie also einmal auf Kontur und setzen Sie das Farbfeld auf Weiß.

Unter der obersten Ebene mit dem sichtbaren Foto klicken Sie ebenfalls auf Kontur. Stellen Sie die Füllart auf Verlauf, die Art auf Reflektiert und den Winkel auf 45 Grad. So entsteht ein schwarzweiß wechselnder Linienrahmen direkt um das Bild herum.

ACHTUNG Hauchdünne Linienrahmen wirken in verkleinernden Zoomstufen wie 75 oder 50 Prozent auf Rechnern ohne OpenGL-Technik und Shader Model 3.0 eventuell verfälscht. Beurteilen Sie die Rahmen auch in der Zoomstufe 100,0 Prozent.

Ungleichmäßige Aufteilung

Sie wollen, wie hier zu sehen, eine Textzeile unter Ihr Exponat setzen? Dann brauchen Sie unten mehr Freifläche als oben. Die ersten Schritte gehen so:

1. Erzeugen Sie sofort ein erstes Bildduplikat mit Strg + J.
2. Geben Sie zum Beispiel im **Arbeitsfläche**-Dialog 115 Prozent bei der Breite und 130 Prozent Höhe zu; die Option Relativ ist ausgeschaltet. Färben Sie die Hintergrund-Ebene weiß.
3. Klicken Sie in der Ebenenpalette einmal auf die obere Ebene. Schalten Sie mit dem V das Verschiebenwerkzeug ein und bugsieren Sie das Bild mit ⇧ + ↑ weiter nach oben in die gewünschte Position.
4. Duplizieren Sie die Ebene erneut mit Strg + J.

Das oberste Duplikat bleibt Ihr Bild. Die mittlere Ebene blenden Sie wie beschrieben mit dem Fläche-Regler aus, im Ebenenstil-Dialog erzeugen Sie Kontur oder Schlagschatten.

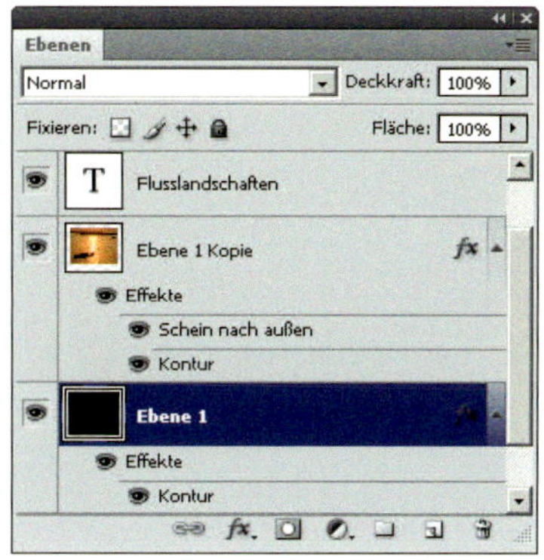

Abbildung 21.69
Die Rahmenfarben aus dem vorherigen Bild wurden mit wenigen Klicks geändert. Datei: Rand_n3

DVD Die mitgelieferte Aktionensammlung »Photoshop CS5 Kompendium« enthält die Befehlsfolge »Kontur – Linienrahmen in zwei Varianten«. Die Aktion legt Linien- und Schattenrahmen um ein Duplikat Ihres Bilds, fragt zweimal Bildunterschriften von Ihnen ab – und präsentiert zum Schluss zwei Varianten auf Schwarz und Weiß, ähnlich den hier gezeigten Ergebnissen.

Neuen Text mittig ausrichten

Textebenen sollen möglichst mittig im Gesamtbild erscheinen und auch bei Text- oder Größenänderungen mittig bleiben. So legen Sie mittigen Text neu an:

1. Per [Strg]+[R] blenden Sie die Lineale ein.
2. Nach dem Rechtsklick auf ein Lineal stellen Sie **Prozent** als Maßeinheit ein.
3. Schalten Sie mit dem [T] das Textwerkzeug **T** ein.
4. Oben in den Optionen klicken Sie auf Text zentrieren ☰.
5. Achten Sie auf das obere, waagerechte Lineal. Halten Sie den Mauszeiger so, dass der Cursor genau an der 50-Prozent-Marke erscheint.
6. Klicken Sie ins Bild und tippen Sie Ihre Zeile ein.

Auch wenn Sie umformulieren oder umformatieren, bleibt der Schriftzug mittig.

Vorhandenen Text mittig ausrichten

Sie können den Text auch nachträglich mittig anordnen. Zur Orientierung brauchen Sie eine weitere Bildebene, die bereits mittig im Bild steht, also gleich viel Abstand zum linken und rechten Bildrand hat. Das trifft bei unseren Bildrahmen auf die meisten Bildebenen zu, besonders gut eignet sich eine Hintergrund-Ebene. So geht's:

1. In der Ebenenpalette klicken Sie einmal auf die Textebene, um sie zu aktivieren.
2. Diesen Schritt hier brauchen Sie nur, wenn Sie den Text später noch umformatieren oder umformulieren wollen: Schalten Sie das Textwerkzeug **T** ein und klicken Sie oben in den Optionen auf Text zentrieren ☰. Jetzt springen die Lettern eventuell nach rechts oder links.
3. Halten Sie die [Strg]-Taste gedrückt und klicken Sie in der Ebenenpalette neben die Miniatur der mittigen Ebene, zum Beispiel auch die Hintergrund-Ebene. So haben Sie beide Ebenen gemeinsam ausgewählt.
4. Sie wählen **Ebene: Ausrichten: Horizontale Mitten**. Der Text rutscht exakt in die horizontale Mitte des Bilds.
5. Jetzt verschieben Sie die Zeile noch in der Höhe. Zum Beispiel schalten Sie das Verschiebenwerkzeug ✥ ein und schieben den Text mit den senkrechten Pfeiltasten plus [⇧]-Taste nach oben oder unten.

Abbildung 21.70 Die Datei soll in ein falsches Panorama verwandelt werden. Datei: Rand_p

Abbildung 21.71 Das Bild wurde auf 40 Prozent der ursprünglichen Höhe zugeschnitten, Seitenverhältnis 3,66:1.

Abbildung 21.72 Wir stauchen den Himmel übertrieben mit dem Befehl »Inhaltsbewahrendes Skalieren«.

21.3.9 Falsches Panorama

Extreme Querformate sprechen an – egal, ob sie nun auf einem oder mehreren Einzelbildern basieren. Nehmen Sie Landschaften oder Stadtansichten und schneiden Sie das Motiv mit dem Freistellungswerkzeug sehr breit zu, schon sieht es interessanter aus.

Ein paar Vorschläge:

» Schneiden Sie verlustfrei ab, so dass Sie gekappte Bereiche wieder ans Tageslicht holen können (Seite 284).

Abbildung 21.73 Wir haben den Himmel auf eine eigene Ebene gehoben, nach unten gezogen und überblendet (Füllmethode »Abdunkeln«, Ebenenmaske).

Abbildung 21.74 Der untere Bildteil wurde dupliziert und mit dem »Inhaltsbewahrenden Skalieren« so gestaucht, dass die Silhouetten näher zusammenrücken. Datei: Rand_q

» Packen Sie mehr Himmel oder Meer in den Ausschnitt, stauchen Sie die Aufnahme mit dem **Inhaltsbewahrenden Skalieren** (Seite 751). Dabei sollten Sie zumindest die Horizontlinie per Alphakanal schützen, sonst verbiegt sie sich im Ergebnis.

» Umgeben Sie das freigestellte Breitwandbild mit viel leerer Fläche, einem kultivierten Schriftzug und vielleicht einem Konturrahmen. Legen Sie das nicht zugeschnittene Original blass dahinter.

Panoramen aus mehreren Einzelbildern besprechen wir ab Seite 843.

21.3.10 Farbiger Ausschnitt in Graustufenbild

Beliebt sind Graustufenbilder, die - gerahmt - ein farbiges Detail zeigen. Ein möglicher Weg:

1. Schalten Sie das Rechteck-Werkzeug ein (das für Pfade und Formen ist gemeint), achten Sie oben links in den Optionen auf die Vorgabe PFADE und rahmen Sie Ihr Hauptmotiv rechteckig ein.
2. Auf der Startseite der Korrekturenpalette klicken Sie auf **Schwarzweiß**. Jetzt erscheint Ihr Hauptmotiv in Graustufen und die Umgebung ist bunt - es soll natürlich genau umgekehrt sein.
3. Schalten Sie mit der Taste eines der Pfadwahlwerkzeuge ein, zum Beispiel das Pfadauswahlwerkzeug.
4. Klicken Sie in den Pfad, so dass Sie die Anfasspunkte sehen.
5. Klicken Sie oben in den Optionen auf VOM PFADBEREICH SUBTRAHIEREN - und voilà, Sie kehren die Verhältnisse um, nur Ihr vorher eingerahmtes Hauptmotiv erscheint bunt.

Der Rest ist Feinarbeit: Bewegen oder verformen Sie den Pfad mit Pfadwerkzeugen oder per **Transformieren** (Strg+T). Verfeinern Sie die Graustufenumsetzung der **Schwarzweiß**-Funktion (Seite 517) in der Korrekturenpalette. Wir garnieren das Ergebnis hier noch mit den Ebenenstilen KONTUR und SCHATTEN NACH INNEN. Dieser SCHATTEN NACH INNEN wirkt bei der verwendeten Pfadkonstruktion wie ein SCHATTEN NACH AUSSEN; bei geöffnetem Ebenenstil-Dialog blenden Sie den lästigen Pfadumriss mit Strg+H aus.

TIPP Ziehen Sie die **Schwarzweiß**-Ebene problemlos über weitere Bilder, bei denen Sie nur einen Ausschnitt farbig sehen möchten. Aktivieren Sie im neuen Bild den Pfad, dann können Sie ihn per Strg+T verschieben und skalieren.

Abbildung 21.75 Eine Vektormaske beschränkt die Wirkung der »Schwarzweiß«-Ebene auf den Außenbereich. Zwei Ebeneneffekte sorgen für den Rahmen. Dateien: Rand_c

21.3.11 Triptychon

Gelegentlich sieht man auch Fotos, die in ein Triptychon zerteilt wurden. Diese Aufgabe hat zwei Aspekte: das gleichmäßige Zerlegen des Bilds, dann die Gestaltung von Rändern und Hintergrund. Das prinzipielle Verfahren:

1. Duplizieren Sie die Hintergrund-Ebene mit Strg+J.
2. Schalten Sie mit Strg+R die Lineale ein. Nach Rechtsklick auf ein Lineal stellen Sie die Maßeinheiten auf **Prozent**.
3. Mit der Taste M wechseln Sie zum Auswahlrechteck. Rahmen Sie die linke Seite Ihres Bilds in voller Höhe ein, bis zur 28-Prozent-Marke auf dem oberen, waagerechten Lineal.
4. Drücken Sie Strg+⇧+J. So schneiden Sie die linke Seite aus und heben sie auf eine separate Ebene 2.
5. Nun rahmen Sie die rechte Fotoseite ein, von der 72-Prozent-Marke bis zur rechten Kante.
6. Klicken Sie in der Ebenenpalette einmal auf die Ebene 1, dann drücken Sie erneut Strg+⇧+J. So landet dieses Bildstück auf einer eigenen Ebene 3. Nun haben Sie die Duplikatebene bereits in drei Teile gesplittet.
7. Wählen Sie **Bild: Arbeitsfläche**, schalten Sie die Relativ-Option ein und geben Sie für Breite und Höhe 15 Prozent dazu. Nach dem OK-Klick zeigt Ihr Foto mehr Bildfläche.
8. In der Ebenenpalette klicken Sie einmal auf die Hintergrund-Ebene, dann stellen Sie mit der Taste D weiße Hintergrundfarbe ein. Der Tastendruck Strg+Entf füllt die Hintergrundebene weiß.
9. Schalten Sie mit der Taste V zum Verschiebenwerkzeug, oben in den Einstellungen nehmen Sie Automatisch auswählen.
10. Klicken Sie einmal ins linke Bilddrittel, dann halten Sie die ⇧-Taste gedrückt und drücken dreimal auf die ←. So wandert die linke Ebene 30 Pixel weiter nach links.
11. Klicken Sie einmal weit rechts ins Bild, dann drücken Sie dreimal bei gedrückter ⇧-Taste die →. Damit schicken Sie den rechten Flügel Ihres Dreiteilers 30 Pixel weiter nach rechts.

Jetzt noch ein Metallic-Rahmen für alle drei Teile in einem Rutsch:

1. Ebene 2 ist bereits markiert. Klicken Sie bei gedrückter Strg-Taste in der Ebenenpalette ins Feld rechts neben den Miniaturen für Ebene 1 und Ebene 3. Sie haben also alle drei Ebenen ausgewählt. Wählen Sie

Abbildung 21.76 Diese Montage entstand wie im Abschnitt »Triptychon« beschrieben mit einem Smart-Objekt, das alle drei Bildteile enthält **(linke Palette)**. Der Rahmenfarbverlauf erstreckt sich über alle drei Einzelrahmen. Lassen Sie die Ebenen dagegen einzeln **(rechte Palette)**, zeigt jeder einzelne Rahmen den Farbverlauf in voller Länge. Dateien: Rand_o2, o3

Filter: Für Smartfilter konvertieren. Damit packen Sie die drei Ebenen in ein einziges Smart-Objekt.

2. Unten in der Palette klicken Sie auf Ebenenstil hinzufügen und dann auf Kontur. Stellen Sie die Grösse auf 21, die Position auf Innen und das Klappmenü Füllart auf Verlauf. Im Verlauf-Menü nehmen Sie die dritte Vorgabe mit der Bezeichnung Schwarz, Weiss. Nutzen Sie die Option Umkehren, den Stil Gespiegelt, stellen Sie den Winkel auf 135 Grad und die Skalierung auf 150 Prozent. So erhält jeder Bildteil einen silbern schimmernden Rahmen.
3. Diesen werden Sie jetzt plastisch herausmodellieren: Klicken Sie links auf die Zeile Abgeflachte Kante und Relief. Als Stil geben Sie Relief vor, als Technik Hart meisseln. Heben Sie die Tiefe auf 170 Prozent und die Grösse auf sieben Pixel. Im Klappmenü Glanzkontur weiter unten nehmen Sie die Vorgabe Ring.
4. Klicken Sie links im Dialog noch auf Schatten nach innen und Schlagschatten – diese Effekte verstärken die Tiefenwirkung. Sie können die Schatten direkt mit dem Mauszeiger bewegen.
5. Entfernen Sie überflüssigen weißen Rand mit **Bild, Zuschneiden**. Fertig.

Jetzt kennen Sie das Verfahren, für Ihre nächste »Trilogie« brauchen Sie nur noch wenige Minuten.

TIPP Wollen Sie später noch die Abstände der Einzelbilder korrigieren, klicken Sie doppelt auf die Smart-Objekt-Miniatur in der Ebenenpalette und arbeiten im »Bild im Bild« wie gewohnt mit Verschiebenwerkzeug und Pfeiltasten.

DVD Unsere Aktionensammlung für Sie hält gleich zwei Triptychon-Automatiken für Sie parat, darunter »Rand – Triptychon mit Smart-Objekt«. Ihre Alternative ist die Aktion »Rand – Triptychon mit 3 Einzelebenen«. Dort bleiben die drei Ebenen getrennt, das heißt, jedes Teilstück zeigt den Rahmenfarbverlauf zu hundert Prozent. Beim Verlauf mit Smart-Objekt erstreckt sich der Rahmen dagegen über die gesamte Breite der drei Rahmen insgesamt – meist die stimmigere Lösung. Zudem kann man die Rahmen hier leichter pauschal ändern, weil man für die drei Teile nur eine Ebene bearbeiten muss.

21.4 Photomerge und Panorama

Die faszinierende **Photomerge**-Technik verschmilzt mehrere Einzelbilder zu einem neuen Gesamtbild und bügelt dabei auch ungenaue Passung oder Helligkeitsabweichungen lässig aus. Sie erhalten Panoramen, erweiterte Tiefenschärfe oder HDR-Montagen. Die Aufgabe besteht aus drei wichtigen Schritten, die Sie mit unterschiedlichen Dialogen gehen können:

1. Mehrere Einzeldateien werden als Ebenen in einer Gesamtdatei übereinandergelegt.
2. Die überlappenden Bereiche von zwei oder mehr Ebenen werden so verschoben und eventuell verzerrt, dass sie wirklich hundertprozentig deckungsgleich übereinander sitzen; es gibt also keine Knicke oder Sprünge in den Strukturen.
3. Photoshop überblendet die überlappenden Bereiche durch Ebenenmasken so zu einem Gesamtbild, dass keine Helligkeits-, Farb- oder Schärfeunterschiede auffallen.

Der **Photomerge**-Befehl liefert alle drei Schritte in einem Dialog, alternativ nutzen Sie Befehle für nur eine oder zwei der drei genannten Aufgaben. Die folgenden Besprechungen gelten für Panoramen und weitere »Photomerge«-Fälle gleichermaßen. Tipps zum deckungsgleichen Fotografieren finden Sie ab Seite 45.

HINWEIS Unerklärliche Abstürze plagen die **Photomerge**-Arbeit? Entfernen Sie testweise alle Exif-Werte aus Ihren Dateien und vielleicht auch IPTC-Angaben, zum Beispiel per **Datei: Für Web und Geräte speichern**.

21.4.1 Mögliche Anwendungen

Nutzen Sie Photoshops »Photomerge«-Talent unter anderem für diese Aufgaben, die meisten besprechen wir gleich anschließend:

» Erzeugen Sie vollautomatisch nahtlose Fotopanoramen.

» Fotografieren Sie eine Szene mehrfach und stellen Sie immer auf einen anderen Punkt scharf. Photoshop errechnet automatisch ein Gesamtbild, das nur die schärfsten Details aus jeder Aufnahme zeigt. So

Abbildung 21.77 Fotopanoramen sind nur ein Aspekt der Photomerge-Technik. Photoshop biegt überlappende Bereiche deckungsgleich zurecht und sorgt per Ebenenmaske für nahtlose Überblendung. Sie können das Ergebnis vielseitig retuschieren. Dateien: Photomerge_01a etc.

entstehen Bilder mit mehr Tiefenschärfe, als es eine einzelne Aufnahme erlaubt.

» Sie fotografieren eine kontrastreiche Szene mehrfach und belichten jedes Mal anders. Photoshop verrechnet die Serie automatisch zu einem Gesamtbild, dass in allen Partien tendenziell nur die besser belichteten Varianten zeigt (HDR-Technik, Seite 357).

» Richten Sie mehrere Gruppenfotos einer Serie deckungsgleich aus, dann zeigen Sie aus jeder Einzelaufnahmen die besten Gesichter im Gesamtbild.

» Ist der Hintergrund von Fotoserien deckungsgleich, kann man Animationen daraus ableiten.

» Fotografieren Sie eine belebte Szene mehrfach; montieren Sie die Einzelbilder deckungsgleich und zeigen Sie ein neues, menschen- oder autofreies leeres Gesamtbild.

» Fotografieren Sie eine belebte Szene mehrfach und zeigen Sie ein Gesamtbild mit mehr Leuten als auf jedem Einzelbild - die beliebten Doppelgängerfotos.

» Sie duplizieren Teile einer Ebene, verschieben sie und überblenden dann, um dem Bild mehr Inhalt oder ein anderes Seitenverhältnis zu geben.

Wohlgemerkt: Die verschiedenen Aufgaben wie Panorama, HDR-Montage oder Tiefenschärfeausdehnung erfordern nicht unterschiedliche Befehle. Die »Photomerge«-Technik erkennt in der Regel automatisch, wie die Ebenen zurechtzurücken und zu überblenden sind. Sind Sie mit dem Ergebnis nicht zufrieden, können Sie die Ebenen und Ebenenmasken in der Ergebnismontage immer noch verändern, bevor Sie alles verschmelzen.

Schneller arbeiten

Die **Photomerge**-Funktion kostet Rechenpower, vor allem bei großen Bilddateien und Montagen aus zahlreichen Einzelbildern bei womöglich 16 Bit Farbtiefe. Da wird der Blick auf den Statusbalken zum Geduldsspiel.

Laden Sie bei Problemen zunächst nur einige Teilstücke, prüfen Sie das Ergebnis, dann legen Sie weitere Segmente nach. Verwenden Sie die Layout-Vorgabe Repositionieren statt Auto, sparen Sie Rechenzeit.

Weitere Alternative: Rechnen Sie für erste Tests ganze Bildserien auf kleine Maße herunter, zum Beispiel per Exportieren oder **Bildprozessor** auf rund 800 Pixel Breite. So etwas bearbeitet der **Photomerge**-Dialog weit schneller als Kaskaden von 12- oder 24-Megapixel-Boliden. Der Bridge-Befehl **Werkzeuge: Photohop: Sammlungen in Photoshop verarbeiten** sucht automatisch Photomerge-Serien und setzt sie automatisch zusammen, ohne dass Sie auch nur zugucken müssten (Seite 828).

21.4.2 Wege zu Photomerge-Montagen

Viele Wege führen zu Photomerge-Montagen. Der wohl bequemste beginnt in der Bildverwaltung Bridge:

1. Markieren Sie die Einzeldateien für Ihr Kombi-Bild in Bridge durch Klicken bei gedrückter Strg- oder ⇧-Taste.
2. Wählen Sie in Bridge **Werkzeuge: Photoshop: Photomerge**.
3. Im **Photomerge**-Dialog nehmen Sie in aller Regel die Option Bilder zusammen überblenden. Beim Layout testen Sie zuerst die Option Auto, bei Panoramen eventuell auch Zylindrisch.

Nach dem OK-Klick stapelt Photoshop die Bilder als Ebenen in einer neuen Datei, schiebt und biegt sie deckungsgleich und überblendet nahtlos mit Ebenenmasken.

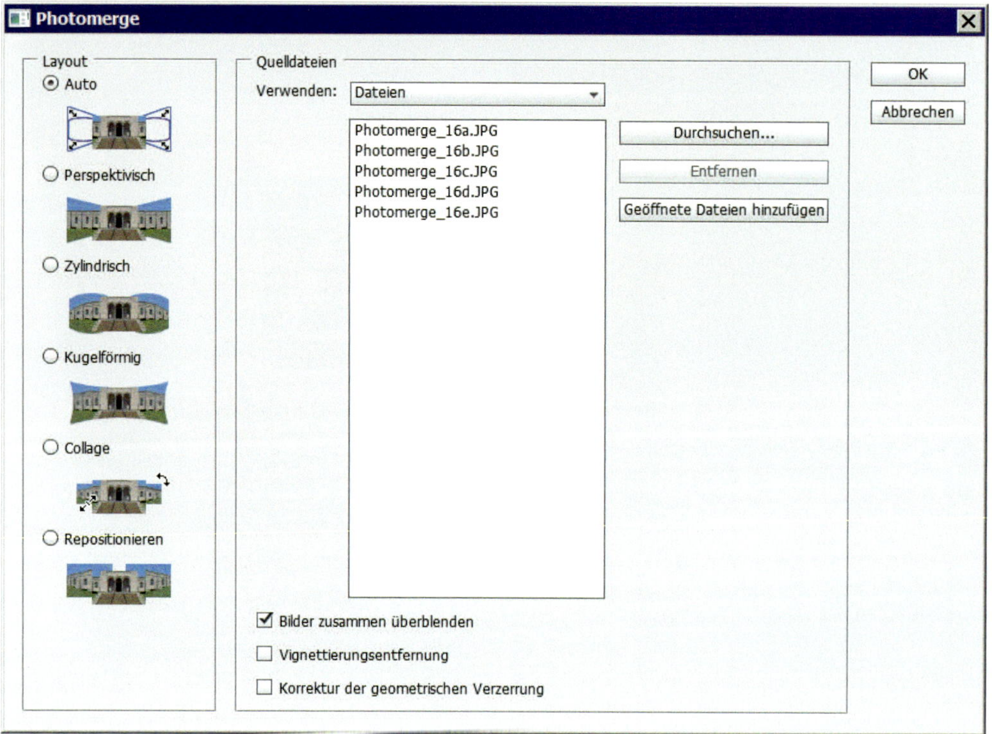

Abbildung 21.78
Im Photomerge-Dialog entscheiden Sie über Dateiauswahl, Perspektive und Ebenenmasken.

Photomerge via Photoshop

Sie haben die Einzelbilder bereits in Photoshop geöffnet? Dann arbeiten Sie von dort aus weiter:

1. Sie wählen **Datei: Automatisieren: Photomerge**.
2. Im Dialogfeld klicken Sie auf Geöffnete Dateien hinzufügen. Überflüssige Bilder können Sie markieren, dann Entfernen.
3. Für die komplette **Photomerge**-Dienstleistung nehmen Sie die Option Bilder zusammen überblenden und klicken auf OK.

Korrekturen an Aufnahmefehlern

Bestimmte Aufnahmefehler korrigieren Sie mit zwei Optionen in den Dialogen **Photomerge** oder in dessen Teilfunktion **Ebenen automatisch ausrichten**:

» Vignettierungsentfernung: Klicken Sie die Option an, wenn Sie Randabschattung ausgleichen wollen.

» Geometrische Verzerrung: gleicht in Grenzen kissen- und tonnenförmige Verzerrung sowie Entstellungen durch Fisheye-Objektive aus. Fisheye-Objektive werden aus den Exif-Daten erkannt.

Alternativ korrigieren Sie die Ergebnismontage zum Beispiel mit der **Objektivkorrektur** (Seite 391). Dazu legen Sie zuerst ein Smart-Objekt an (siehe unten).

TIPP Testen Sie die Option Geometrische Verzerrung, sofern Sie mit dem ersten Photomerge-Ergebnis nicht zufrieden sind.

21.4.3 Photomerge-Stapelverarbeitung

Bridge bietet noch einen besonderen Service, wenn Sie mehrere Bildserien in einem Ordner lagern, zum Beispiel Panoramen, Tiefenschärfe-Serien oder HDR-Serien:

» Packen Sie jede Serie automatisch in einen Bridge-Stapel (Seite 152). Dazu wählen Sie in Bridge **Stapel: Automatische Stapelanordnung für Panorama/HDR**. Sie sehen also pro Serie nur noch eine Miniatur mit einem einzelnen Bild.

» Verarbeiten Sie alle Serien eines Ordners automatisch zu Ebenenmontagen. Wohlgemerkt: Die Bild-

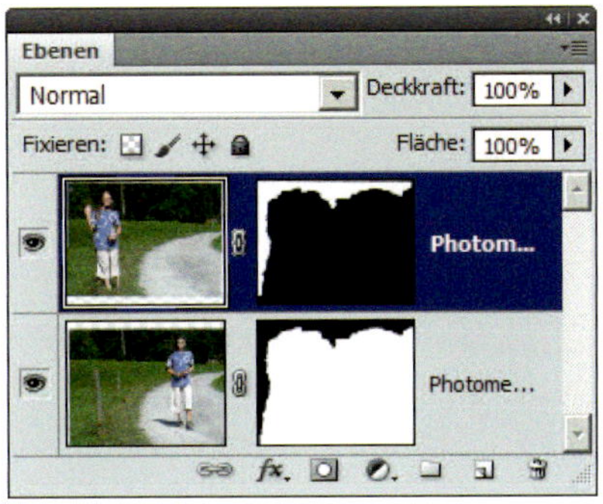

Abbildung 21.79 Photomerge hat sich entschieden, bei diesem Doppelgängerporträt nur die Person rechts außen im Gesamtbild zu zeigen. Dateien: Photomerge_02

reihen müssen dazu nicht erst in Stapeln stecken oder ausgewählt sein. Wählen Sie einfach in Bridge **Werkzeuge: Photoshop: Sammlungen in Photoshop verarbeiten**. Die fertigen Montagen landen als PSD-Dateien wieder im ursprünglichen Ordner und erscheinen sogleich in Bridge. Bridge verwendet offenbar immer die Auto-Projektion. Auch hier gilt, dass Bridge nicht unbedingt alle zusammengehörenden Bilder wirklich erkennt und verarbeitet.

Bridge orientiert sich beim Zusammenstellen der Panoramaeinzelbilder und anderer »Photomerge«-Kandidaten sowohl am Bildinhalt wie an den Exif-Belichtungsdaten der Digitalkamera. Das Programm kombiniert treffsicher, aber nicht immer ganz perfekt. Laut Hersteller dürfen die Aufnahmezeitpunkte höchstens 18 Sekunden auseinanderliegen. Lassen Sie sich beim Fotografieren darum nicht zu viel Zeit.

TIPP Der Befehl **Sammlungen in Photoshop verarbeiten** ist praktisch. Stößt Photoshop im Ordner allerdings auf unpassende Bilder, pausiert das Programm mit einer Fehlermeldung. Erst wenn Sie auf OK geklickt haben, montiert Bridge weitere Panoramen. Entfernen Sie also vorab unpassende Dateien aus dem Ordner. Außerdem muss viel freie Festplatte zur Verfügung stehen.

Zeitfenster ändern

Die 18-Sekunden-Regel ist zu knapp oder zu großzügig für Ihren Aufnahmestil? Bei der Photoshop-Installation sollte auch das Programm »Adobe ExtendScript Toolkit CS5« auf Ihrer Platte gelandet sein. Damit öffnen Sie die Datei »AutoStacks.jsx« aus dem Verzeichnis »Programme/Gemeinsame Dateien/Adobe/Bridge CS5 Extensions«. Ändern Sie den Wert »this.kTimeDelta = 18«, der in Sekunden angegeben ist.

Legen Sie am besten eine Sicherheitskopie der Datei »AutoStacks.jsx« an und klicken Sie vor dem Speichern der geänderten Variante auf **Bearbeiten: Syntax prüfen** (F7). Sie erhalten Meldungen in der Statuszeile. Höhere Sekundenwerte erhöhen die Bearbeitungszeit in Bridge, weil mehr Bilder aufwändig geprüft werden.

21.4.4 Einzelbefehle für Photomerge-Funktionen

Sie brauchen nur einzelne Aspekte der »Photomerge«-Kunst. Dazu eignen sich die folgenden Befehle.

Ebenen stapeln ohne Ausrichten und Überblenden

Wollen Sie eine Ebene mit dem Verschiebenwerkzeug in eine andere geöffnete Datei ziehen, halten Sie die ⇧-Taste gedrückt – sie landet dann genau mittig. Oder

Abbildung 21.80 Wir haben die Ebenenmasken in der Palette einzeln angeklickt und mit Strg+I umgekehrt. So erhalten Sie oft das entgegengesetzte Ergebnis, hier also nur eine Person in der linken Hälfte. Die Übergänge sind nicht perfekt, lassen sich jedoch durch Maskenretusche schnell verbessern.

nehmen Sie die Befehlsreihe **Alles auswählen, Kopieren** und dann im Zielbild **Einfügen**. Ziehen Sie Gleichgroßes direkt aus Bridge, Mini Bridge oder einer Dateiverwaltung in die geöffnete Datei, landet der Neuzugang auch mittig und je nach **Voreinstellung** als Smart-Objekt (Seite 694).

So legen Sie noch leichter mehrere Bilddateien als Ebenen übereinander:

» Der Photoshop-Befehl **Datei: Skripten: Dateien in Stapel laden** türmt geöffnete Dateien als Ebenen einer Datei übereinander und kann diese wahlweise AUTOMATISCH AUSRICHTEN (also deckungsgleich hinbiegen). In der teureren Extended-Version kann man die Dateien zusätzlich zu einem Smart-Objekt zusammenfassen.

» Auch Bridge stapelt Einzeldateien in Ebenen einer neuen Sammeldatei, ohne die Aufnahmen auf Deckungsgleichheit hinzubiegen oder zu überblenden; Sie markieren die Probanden in Bridge und wählen ebendort **Werkzeuge: Photoshop: Dateien in Photoshop-Ebenen laden**.

Ebenen ausrichten, aber nicht überblenden

Sie wollen Ebenen präzise deckungsgleich ausrichten, aber nicht überblenden; vielleicht möchten Sie das Überblenden durch Maskenretusche von eigener Hand erledigen, zum Beispiel bei Gruppenfotos. Ihre Möglichkeiten:

» Die Einzelbilder liegen schon in einer Montage übereinander? Wählen Sie mindestens zwei Ebenen aus, dann klicken Sie in Photoshop auf **Bearbeiten: Ebenen automatisch ausrichten** (auch als Schaltfläche in der Optionenleiste zum Verschiebenwerkzeug). Die Funktion verschiebt und verbiegt ausgewählte Ebenen so, bis zumindest einige Bildzonen nahtlos aufeinandersitzen. Kontrastsprünge können sichtbar bleiben.

» **Datei: Automatisieren: Photomerge** setzt Einzelbilder zu Montagen zusammen und biegt sie deckungsgleich hin. Wenn Sie die Überblendung nicht benötigen, verzichten Sie auf die Option BILDER ZUSAMMEN ÜBERBLENDEN; so entstehen keine Ebenenmasken. Sie erreichen den Befehl in Bridge via **Werkzeuge: Photoshop: Photomerge**.

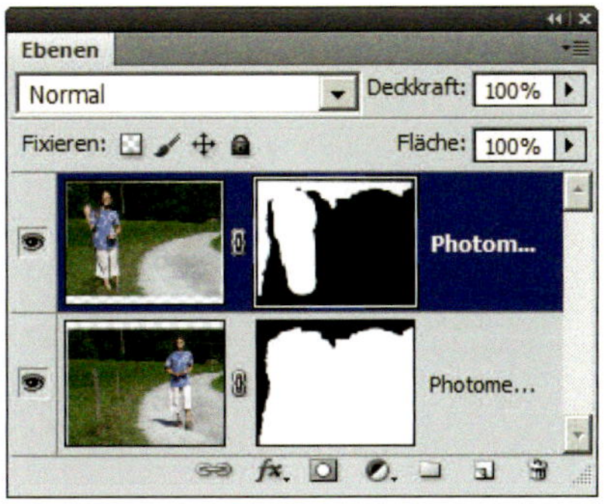

Abbildung 21.81 Per Maskenretusche bevölkern Sie die Aufnahme. Malen Sie mit Weiß über der verdeckten Person, während die obere Ebenenmaske aktiviert ist.

» Um Kontrast- oder Motivsprünge in überlappenden Bereichen zu glätten, ohne dass sich Position und Proportion der beteiligten Ebenen ändern, nehmen Sie **Bearbeiten: Ebenen automatisch überblenden**.

Ebenen nicht ausrichten, aber überblenden (»Ebenen automatisch überblenden«)

Sie wollen Ebenen nicht mehr zur Deckungsgleiche verschieben oder gar biegen; aber Sie möchten per Ebenenmaske nahtlose Übergänge herstellen. Wählen Sie in der Ebenenpalette mindestens zwei Ebenen aus und nehmen Sie dann **Bearbeiten: Ebenen automatisch überblenden**. Entscheiden Sie zwischen Bilder stapeln

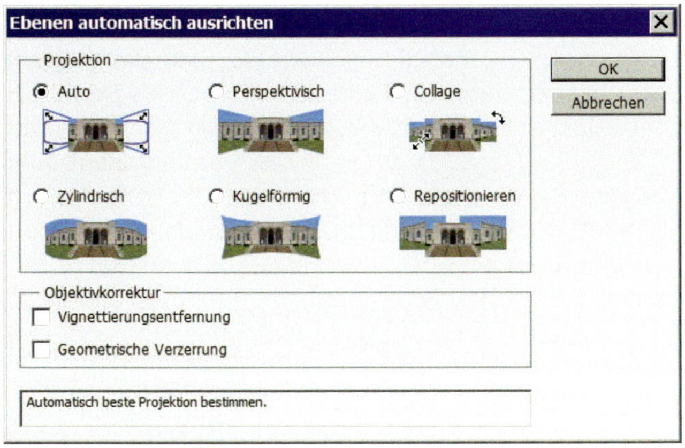

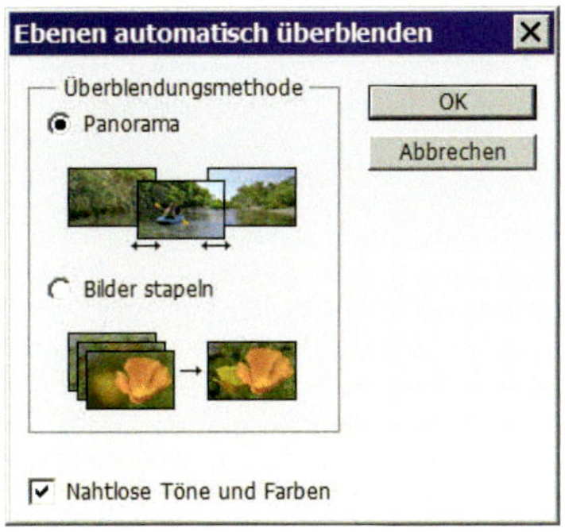

Abbildung 21.82 **Links:** Der Befehl »Ebenen automatisch ausrichten« verschiebt oder staucht Ebenen deckungsgleich. **Rechts:** Die Funktion »Ebenen automatisch überblenden« sorgt für nahtlose Übergänge zwischen mehreren Ebenen. Für beide Befehle müssen mindestens zwei Ebenen in der Palette ausgewählt sein. Beide Verfahren sind gemeinsam im »Photomerge«-Befehl enthalten, doch der Einzelbefehl »Ebenen automatisch überblenden« liefert oft bessere Ergebnisse als die Option »Bilder zusammen überblenden« im »Photomerge«-Dialog.

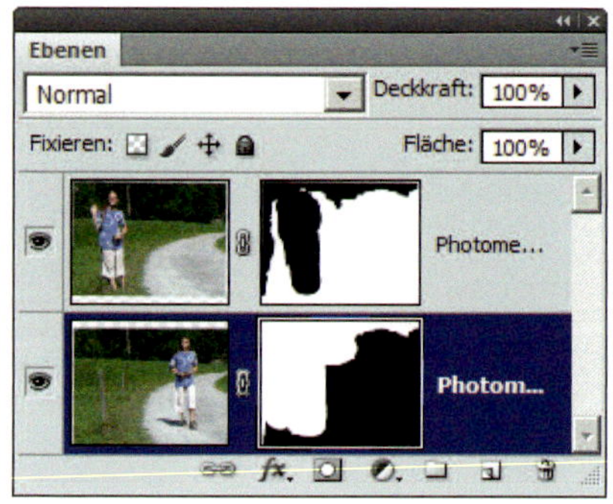

Abbildung 21.83 Auf Basis der zweiten Variante machen wir die Szene menschenleer. Dazu malen Sie mit Schwarz in der oberen Ebenenmaske; auch die Fehlkante verschwindet so.

und Panorama und verwenden Sie auf jeden Fall die wohlklingende Option Nahtlose Töne und Farben. Nun erzeugt Photoshop nahtlos wirkende Überblendungen – auch dann, wenn die Ebenen gar nicht deckungsgleich sind.

Deckungsgleiche Dateien aus Ebenen

Mitunter will man Ebenen nicht nur deckungsgleich ausrichten, sondern daraus wieder einzelne Dateien machen. So erzeugen Sie deckungsgleiche Einzelbilder:

1. Wählen Sie die zusammengehörenden Dateien in Bridge oder Mini Bridge aus.
2. Dem folgt in Bridge der Befehl **Werkzeuge: Photoshop: Photomerge** (in Mini Bridge via Extras).
3. Im **Photomerge**-Dialog schalten Sie Bilder zusammen überblenden ab und klicken auf OK.
4. Sie erhalten eine Montage mit deckungsgleichen Einzelebenen in Photoshop. Schneiden Sie unsaubere Ränder mit dem Freistellungswerkzeug freistel weg.
5. Bahnen Sie sich den Weg ins Untermenü **Datei: Skripten** und zum Befehl **Ebenen in Dateien exportieren**.

Photoshop macht Dateien aus den deckungsgleich hingebogenen Ebenen.

Stapelmodus (Extended)

Der teure Photoshop Extended dient mit dem Befehl **Datei: Skripten: Statistik**; der setzt Bilddateien schnurstracks zu Ebenen im **Stapelmodus** (Seite 861) zusammen. Und in der Verbindung von Photoshop Extended und »Dr. Brown's Services« nutzen Sie aus dem Bridge-Untermenü **Werkzeuge: Photoshop: Dr. Brown's Services** den Befehl **Dr. Brown's Stack-A-Matic**. Er versetzt ausgewählte Fotos aus Bridge heraus sofort in Ebenen im **Stapelmodus**. Verzichten Sie hier auf die Option Stapel erstellen, entstehen normale Bildebenen ohne **Stapelmodus**; aber Sie können dann auch nicht sofort deckungsgleich ausrichten, denn Automatisch ausrichten ist abgeblendet.

Dr Brown's Services

Die kostenlosen Zusatzbefehle aus »Dr. Brown's Services« (Seite 1073) legen bequem mehrere Dateien als Smart-Objekte einer Montage übereinander, wahlweise in acht oder 16 Bit. Wählen Sie die Bilder zunächst in Bridge aus, dann gehen Sie in diesem Programm auf **Werkzeuge: Dr. Brown's Services 2.0.4: Dr. Brown's Place-A-Matic**.

21.4.5 Leeren Rand überdecken

Immer wieder entstehen leere Randstreifen. Schneiden Sie die blanken Zonen nicht voreilig weg – sie lassen sich oft bequem mit kopierter Pixelware kaschieren. In diesem Abschnitt erfahren Sie, wie Sie die Randpartien retuschieren. Die Techniken eignen sich genauso, um Bildflächen ohne Randfehler schlicht auszubauen.

Transparente oder weiße Randstreifen erhalten Sie unter anderem in diesen Situationen:

- » Sie montieren per **Photomerge** Panoramen, HDR- oder Tiefenschärfe-Serien
- » Sie korrigieren Verzerrungen mit **Objektivkorrektur** oder Raw-Dialog
- » Sie begradigen schiefen Horizont durch Drehen einer Ebene oder per Linealwerkzeug und Alt-Klick auf Gerade ausrichten.

Auf welchem Weg der Randbereich entstand, spielt keine Rolle – die folgenden Retuschetipps gelten gleichermaßen für alle Aufgaben.

Auf neuer Ebene arbeiten

Der leere Randbereich ist entweder weiß oder transparent. Beides lässt sich gut retuschieren. Im Zweifel haben Sie es mit transparenten Zonen etwas leichter, weil man sie bequemer auswählen kann. Die verschiedenen Ebenen einer Panorama- oder HDR-Montage sollten Sie dagegen bereits zu einer Ebene eingedampft haben.

Wann immer möglich, legen Sie für die Retusche eine neue leere Ebene an (Strg+⇧+N oder ein Klick auf Neue Ebene erstellen). Die Ebene liegt im Ebenenstapel ganz oben.

So entfernen Sie eine missratene Korrektur spurenfrei, verfeinern wahlweise mit Ebenenmasken, Radiergummi oder Deckkraft-Regler. Nutzen Sie bei den Retuschewerkzeugen Optionen wie Alle Ebenen. Sofern Sie Smart-Objekte bearbeiten, retuschieren Sie ohnehin auf einer neuen leeren Ebene.

So korrigieren Sie Fehler auf die Schnelle, wenn Sie auf einer aktivierten Retuscheebene arbeiten:

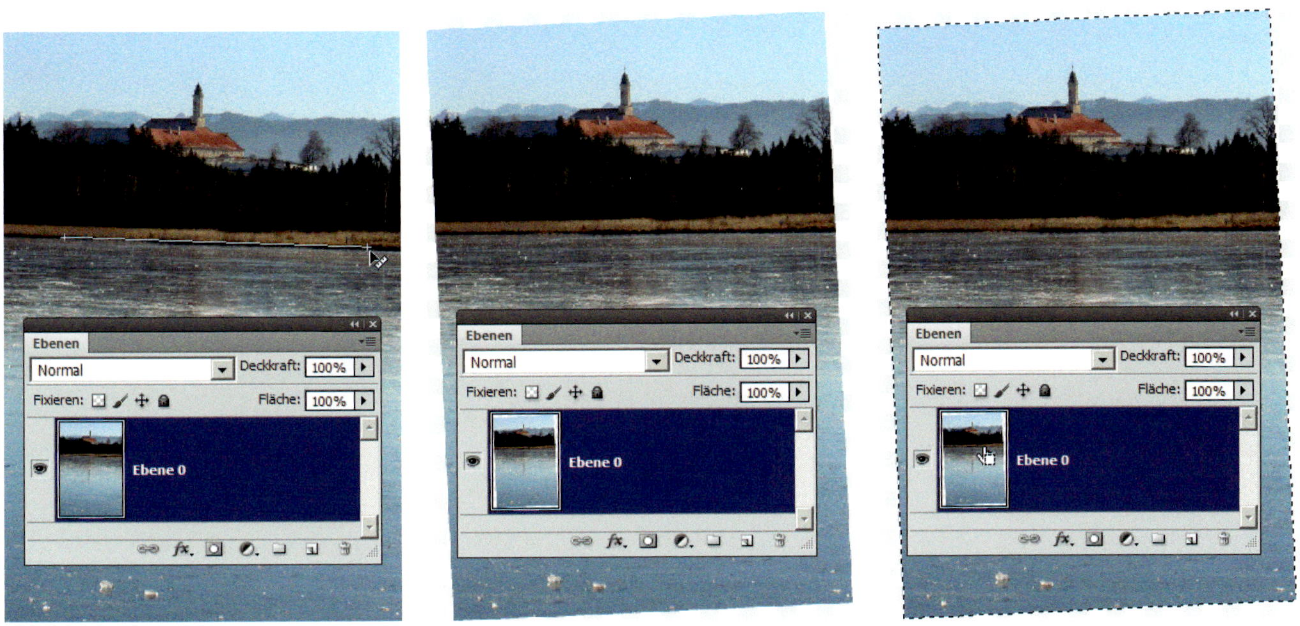

Abbildung 21.84 **Links:** Wir haben das Bild per Alt-Doppelklick auf die Miniatur der Hintergrundebene in eine »Ebene 0« verwandelt und ziehen mit dem Linealwerkzeug am schiefen Horizont entlang. **Mitte:** Bei gedrückter Alt-Taste klicken wir in der Optionenleiste zum Linealwerkzeug auf »Gerade ausrichten«. Photoshop dreht das Bild gerade und erzeugt leere transparente Ecken. **Rechts:** Wir klicken bei gedrückter Strg-Taste in die Miniatur der »Ebene 0«. So wählen Sie das gedrehte Bild aus. Datei: Retusche_06

» Die Retusche ist ganz missraten? Wählen Sie das Gesamtbild mit Strg+A aus, dann folgt die Entf-Taste.

» Die Retusche überdeckt ungewollt Teile des Hauptmotivs von der darunterliegenden Ebene? Klicken Sie in der Ebenenpalette die Miniatur der Bildebene bei gedrückter Strg-Taste an, um ihre Auswahl zu laden. Dann drücken Sie die Entf-Taste: So löschen Sie die Retuscheebene im Bereich der Bildebene leer.

Leeren Rand »inhaltssensitiv« füllen

Wollen Sie einförmigen Himmel anbauen, geht nichts über **Fläche füllen** mit der Option Inhaltssensitiv. Sogar Laubwerk oder Wasser zaubern Sie so nachträglich ins Bild. Kleiner Nachteil: Photoshop erlaubt die Technik nicht auf einer neuen leeren Ebene.

Zunächst wählen Sie die leeren Randbereiche aus – und zusätzlich ein kleines bisschen vom Bild selbst dazu, damit Photoshop eine Orientierung hat. Mit verschiedenen Techniken wählen Sie den Rand aus:

» Sofern das Motiv auf einer Ebene von Transparenz umgeben ist, klicken Sie bei gedrückter Strg-Taste auf die Ebenenminiatur in der Palette und kehren Sie die Auswahl mit Strg+⇧+I um. So haben Sie den gesamten leeren Rand ausgewählt. Falls es nicht ganz so viel sein soll, ziehen Sie mit dem Lasso bei gedrückter Alt-Taste über die nicht benötigten Zonen. Danach folgt **Auswahl: Auswahl verändern: Erweitern** mit je nach Bildgröße 10 oder 50 Pixel Radius.

» Wählen Sie den leeren Rand zum Beispiel mit der Schnellauswahl aus, das Resultat **erweitern** Sie noch.

» Rahmen Sie die Zone mit dem Lasso ein und nehmen Sie gleich einen dünnen Streifen des Bildinhalts mit hinein.

Danach folgt nur noch **Bearbeiten: Fläche füllen** mit der Verwenden-Vorgabe Inhaltssensitiv. Bleiben kleinere Randfehler zurück, glätten Sie mit Reparaturpinsel und Co.

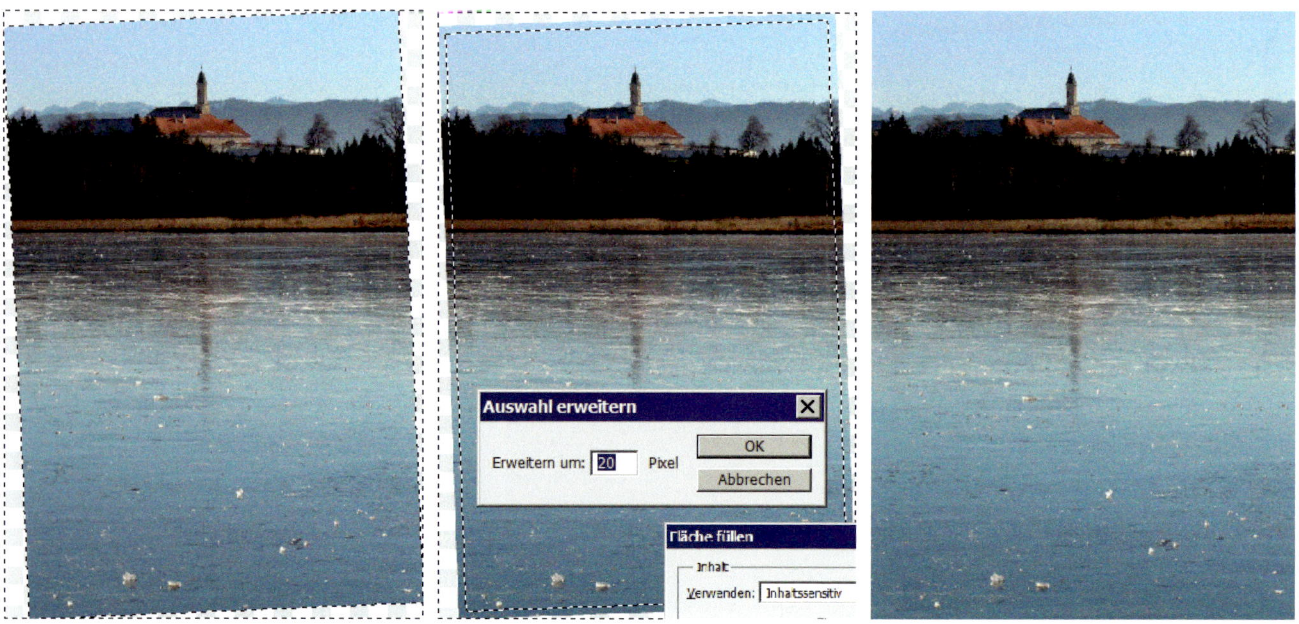

Abbildung 21.85 **Links:** Mit Strg+⇧+I kehren Sie die Auswahl um. Jetzt sind nur noch die transparenten Ecken ausgewählt. **Mitte:** Für das »inhaltssensitive Füllen« muss die Auswahl bis in den Bildbereich hineingehen. Nehmen Sie also »Auswahl: Auswahl verändern: Erweitern« zum Beispiel mit 20 Pixel »Radius«. Nun dehnt sich die Auswahl etwas weiter aus. Danach klicken Sie auf »Bearbeiten: Fläche füllen« und verwenden »Inhaltssensitiv«. **Rechts:** Photoshop füllt den leeren Rand nahtlos aus. Nutzen Sie die Technik

TIPP Sie wollen Inhaltssensitiv arbeiten, jedoch auf einer neuen leeren Ebene? Legen Sie die neue Ebene an, wählen Sie die Randstreifen aus (oder auch nicht) und nehmen Sie den Bereichsreparaturpinsel; nutzen Sie die Optionen Inhaltssensitiv und Alle Ebenen aufnehmen.

Abbildung 21.86 Normales »inhaltssensitives Füllen« gelingt bei diesem Panorama nicht: Ob Himmel oder Meer, Photoshop setzt an den Bildrändern das falsche Element ein – Streifen vom Land. Auch das »Formgitter« versagt. Wir testen für den Himmel eine andere Technik. Die Vorarbeit: Wir entfernen ein paar Wölkchen, die bei der späteren Verzerrung leiden würden. Dann wählen wir den größeren Teil des nur-blauen Himmels mit dem Lasso aus (etwas Transparenz in der Auswahl stört nicht) und heben ihn mit Strg+J auf eine eigene Ebene. Datei: Photomerge_18

Abbildung 21.87 **Links:** Wir starten das »Freite Transformieren« mit Strg+T und dehnen den Himmel nach oben aus. **Rechts:** Wir klicken in der Optionenleiste auf »Verkrümmen« und biegen das Gitter, um ein paar Lücken zu füllen. Der Übergang sticht noch unschön ins Auge, doch wir bestätigen mit der ↵-Taste.

Abbildung 21.88 Wir verwenden den Befehl »Bearbeiten: Ebenen automatisch überblenden« mit den Optionen »Bilder stapeln« und »Nahtlose Töne und Farben«. Photoshop blendet den Ersatzhimmel praktisch nahtlos in die Umgebung. Sie sehen hier noch dünne Blitzkanten im Bild und in den Masken. In der Zoomstufe 100 gibt es jedoch kein Problem. Wir verschmelzen die zwei Ebenen mit Strg+E, auch dabei verschwinden die Blitzkanten. Verbleibende Fehler lassen sich leicht vertuschen.

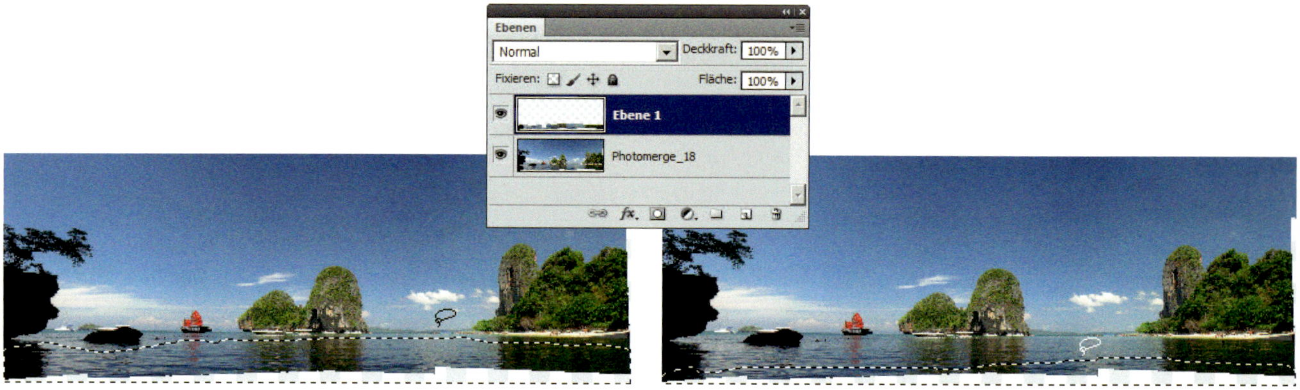

Abbildung 21.89 Wir haben schon probiert, das Meer mit üblichem »inhaltssensitiven Füllen« zu verlängern. Doch Photoshop zeigt dann im Vordergrund mehr Land als Wasser – völlig unpassend. **Links:** Abhilfe: Wir wählen ein Stück Meer ohne Land mit dem Lasso aus und heben es mit Strg+J auf eine eigene Ebene. Auf dieser Ebene kann sich Photoshop nicht falsch orientieren. **Rechts:** Anschließend erzeugen Sie eine Lassoauswahl um den transparenten Bereich herum. Die neue Ebene ist aktiviert, das Meer wird von der Auswahl knapp mit berührt.

Abbildung 21.90 Letzte Fehler lassen sich leicht retuschieren.

Leeren Rand mit Kopierstempel und Reparaturpinsel füllen

Retuschieren Sie leere Ränder mit sehr gleichmäßiger Umgebung auch per Kopierstempel oder Reparaturpinsel. Legen Sie die Retuschepixel auf einer neuen leeren Ebene ganz oben an: Die Retuschestriche landen auf der neuen Ebene, Fehler in der Retusche korrigieren Sie auf der neuen Ebene unabhängig vom Foto. Das erscheint zwar retuschiert, doch unterhalb der neuen Ebene haben Sie noch das ursprüngliche Bild. Das »inhaltssensitive Füllen« ist oft eine gute Alternative.

Nutzen Sie alternativ auch den Bereichsreparaturpinsel mit den Optionen Inhaltssenstiv und Alle Ebenen aufnehmen. Das Ergebnis ist aber – wie beim Reparaturpinsel – schwer vorhersehbar. Malen Sie eventuell mehrmals über die Randstelle.

Leeren Rand durch duplizierte Teile überdecken

Kaschieren Sie leere Randstreifen auch mit duplizierten Auswahlbereichen. Übersichtlich wirkt das, wenn das Bild nur noch aus einer einzigen Ebene besteht, Panoramen und HDR-Montagen sind also bereits zu einer Einzelebene eingedampft. Ein möglicher Weg:

1. Mit dem Lasso und WEICHER KANTE wählen Sie einen Bildbereich aus, der die Lücke kaschieren kann.
2. Heben Sie die Zone mit Strg+J auf eine eigene Ebene.
3. Ziehen Sie den Bereich über die Lücke. Dazu brauchen Sie das Verschiebenwerkzeug, vorübergehend erhalten Sie es mit gedrückter Strg-Taste.
4. Passt noch nicht ganz? Eventuell können Sie den Lückenfüller per Strg+T passend **frei transformieren**.

Das beschriebene Verfahren ist besonders sicher, weil eine neue Ebene entsteht, die sich nicht so schnell mit dem Bild darunter mischt. Es geht aber auch eine Nummer schneller:

1. Wählen Sie wieder per Lasso und WEICHER KANTE einen Bildbereich aus, der als Lückenfüller dienen kann.
2. Halten Sie Strg+Alt-Taste gedrückt. So können Sie ein Duplikat der ausgewählten Pixel über den leeren Randstreifen ziehen. Dabei entsteht keine neue Ebene, vielmehr arbeiten Sie mit einer »schwebenden Auswahl« (Seite 699).
3. Falls erforderlich, transformieren Sie die Umrisse noch.
4. Lassen Sie die Zusatztaste los und klicken Sie einmal neben der Auswahl ins Bild. Original und Lückenfüller verschmelzen auf einer einzigen Ebene, es gibt keine separate Retuscheebene.

TIPP Sie brauchen den duplizierten und bewegten Bildschnipsel gleich noch einmal? Egal, welches Werkzeug eingeschaltet ist, bei gedrückter Strg+Alt-Taste ziehen Sie ein Duplikat hervor. Das funktioniert mit normalen Ebenen ebenso wie mit »schwebenden Auswahlen«.

Leeren Rand durch Umformen überdecken

Oft reicht es, wenn man einen Bildteil nur gezielt streckt oder verzerrt – bis Sie die Lücke am Bildrand überdeckt haben. Dazu bieten sich verschiedene Techniken an, zum Beispiel **Frei Transformieren** mit oder ohne VERKRÜMMEN oder das **Formgitter**.

Egal, welches Verfahren Sie nutzen: Achten Sie darauf, dass Sie nur diffuse Bildzonen verzerren und detailreiche Hauptmotive nicht mit aus dem Leim geraten. Ein möglicher Weg:

1. Wählen Sie den Bildbereich, den Sie verzerren wollen, mit dem Lasso aus. Nehmen Sie Diffuses wie Himmel oder Studiohintergrund großzügig mit hinein; sparen Sie aber Personen, Architektur und andere Hauptmotive aus.
2. Lupfen Sie die Zone mit Strg+J auf eine eigene Ebene.
3. Verwandeln Sie den Bereich in ein Smart-Objekt, zum Beispiel per Rechtsklick in der Palette unter den Namen der neuen Ebene und dann auf **In Smart-Objekt konvertieren**.
4. Verzerren Sie den Bildschnipsel mit dem Verfahren Ihrer Wahl, zum Beispiel **Frei transformieren** (Strg+T), bis die Randlücke geschlossen ist.
5. Sitzt, passt, wackelt und hat Luft? Per Strg+E verschmelzen Sie den Lückenfüller mit der darunterliegenden Bildebene.

TIPP Schritt 3 mit dem Smart-Objekt können Sie auch auslassen. Dann sollten Sie aber nur ein- oder zweimal umformen, weil bei jeder Änderung die Qualität abnimmt.

Abbildung 21.91 **Links:** Wir ziehen mit dem Bereichsreparaturpinsel über die ungefüllte Stelle. Wir verwenden die Optionen »Inhaltssensitiv« und »Alle Ebenen«. **Mitte:** Beim ersten Durchgang füllt Photoshop nur den unteren Teil des Randstreifens. Erst beim zweiten Übermalen verschwindet die Lücke gänzlich. **Rechts:** Die Retusche landet auf einer separaten Ebene 1 und kann jederzeit unabhängig vom Bild bearbeitet werden. Datei: Photomerge_21

21.4.6 Weitere Korrekturen an Photomerge-Montagen

Sie haben eine Photomerge-Montage vor sich, die Sie noch korrigieren wollen, ohne schon die Ebenen zu verschmelzen. Dieser Abschnitt verrät, wie es geht. Korrekturen, die sich in erster Linie für Panoramen eignen, finden Sie weiter unten im Panoramaabschnitt.

Wiederholung mit anderen Vorgaben

Gefällt das erste **Photomerge**-Ergebnis noch nicht, steigen Sie nicht sofort in die Detailretusche ein. Probieren Sie es mit geändertem Verfahren: Wählen Sie im ersten **Photomerge**-Dialog nicht Auto, sondern legen Sie gezielt zum Beispiel Perspektivisch oder Zylindrisch fest.

Abbildung 21.92
Sehen Sie die »Risse« im Bild? Sie erscheinen nach den Befehlen »Photomerge« oder »Ebenen automatisch überblenden« in stark verkleinernden Zoomstufen. Das ist nur ein Problem der Anzeige, das Bild selbst ist in Ordnung: Wenn Sie das Bild in der Zoomstufe 100 Prozent zeigen, drucken oder zur Hintergrundebene verschmelzen, sind die Risse nicht zu sehen. Sie müssen also nichts retuschieren. Datei: Photomerge_17

Noch eine Möglichkeit: Statt **Photomerge** zu wählen, können Sie ja auch

1. die Einzelbilder zu einem Ebenenstapel türmen, zum Beispiel per **Datei: Skripten: Dateien in Stapel laden**, Sie nehmen dann
2. **Bearbeiten: Ebenen automatisch ausrichten** (mit Auto) und anschließend
3. **Bearbeiten: Ebenen automatisch überblenden.**

Dieses Verfahren liefert zum Teil andere – und bessere – Ergebnisse als der Weg über **Photomerge**. Auch wenn Sie alle Bilder um 90 Grad drehen (in Bridge schnell erledigt) und dann erneut **Photomerge** nutzen, entstehen leicht geänderte Gesamtansichten.

Hat Photoshop eine Ebene grob daneben gesetzt oder per schwarzer Ebenenmaske komplett aus dem Spiel gelassen? Ziehen Sie die Ebene ungefähr an die gewünschte Position, dann markieren Sie sämtliche Ebenen in der Palette (**Auswahl: Alle Ebenen**) und wählen **Bearbeiten: Ebenen automatisch ausrichten.** Dem folgt **Bearbeiten: Ebenen automatisch überblenden.** Weitere Möglichkeit: Setzen Sie erst einige der Teile zusammen, später folgen die Problemkinder.

Kontrast und Farbstimmung im Gesamtbild korrigieren

Sie wollen das gesamte Panorama kontrastkorrigieren, die Ebenen aber noch nicht verschmelzen. So geht's:

1. Klicken Sie zunächst auf die oberste Ebene in der Ebenenpalette.
2. Legen Sie eine Einstellungsebene wie **Gradationskurven** an.

Die neue Einstellungsebene entsteht an oberster Stelle, verändert also das Gesamtbild. Sie können die Korrektur immer wieder neu justieren und mit Ebenenmaske oder Füllmethode verfeinern.

»Filter«-Korrekturen am Gesamtbild

Ihre Photomerge-Montage liegt noch in Einzelebenen vor. Sie wollen jedoch Scharfzeichner, Rauschfilter, **Objektivkorrektur**, den Befehl **Tiefen/Lichter** oder andere Funktionen gleichmäßig auf das Gesamtbild anwenden, ohne jede Ebene einzeln zu verarzten. In aller Regel können Sie die Einzelebenen verschmelzen: Markieren Sie alle Bildebenen in der Ebenenpalette und drücken Sie Strg+E.

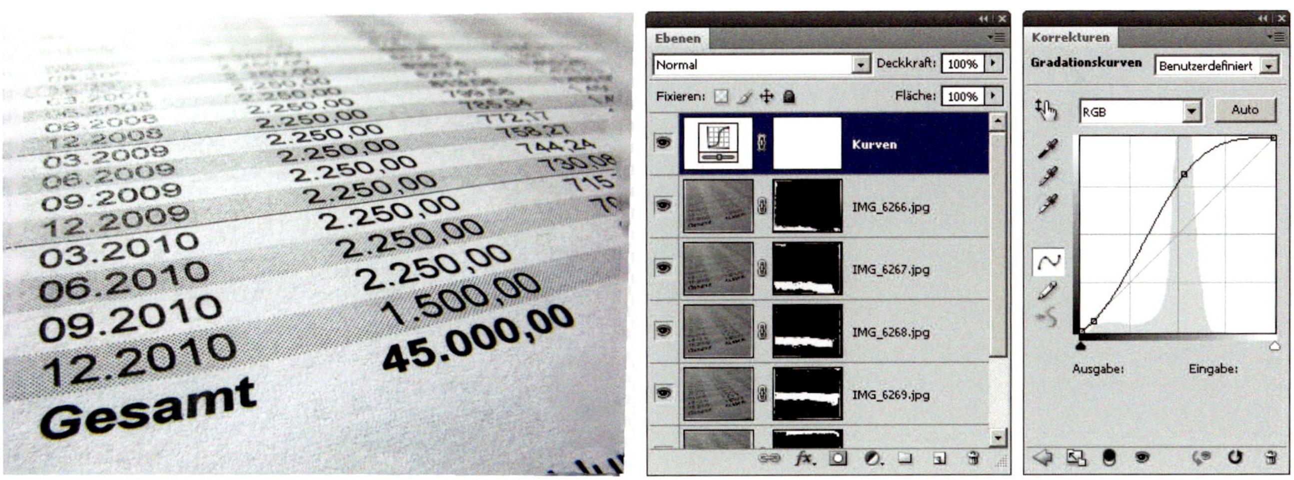

Abbildung 21.93 Die Dateien dieser Tiefenschärfe-Serie sind zu dunkel. Eine Gradationskurve als Einstellungsebene über der obersten Bildebene hellt die Gesamtansicht auf. Datei: Photomerge_05

Abbildung 21.94 Das Panorama wurde mit zylindrischer Projektion montiert. Der Befehl »Tiefen/Lichter« als Smartfilter hellt den Vordergrund auf. Datei: Photomerge_06

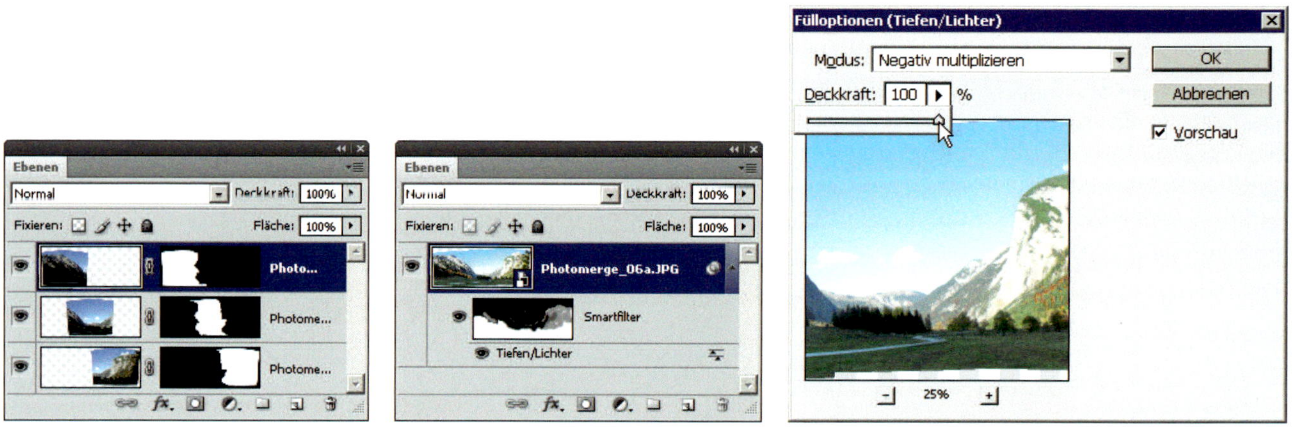

Abbildung 21.95 **Links:** Das Panorama besteht aus drei Einzelebenen. **Mitte:** Die Einzelebenen wurden zu einer Smart-Objekt-Ebene zusammengefasst. Jetzt lässt sich der Befehl »Smartfilter« als Smartfilter anwenden. Eine Filtermaske beschränkt die Korrekturen auf den dunkleren Motivvordergrund. **Rechts:** In den »Fülloptionen« verfeinern Sie das Ergebnis mit Deckkraftregler und Füllmethoden. Sie könnten so auch Scharfzeichner oder die »Objektivkorrektur« anwenden. Die Vorschau berücksichtigt allerdings die Filtermaske nicht.

Die Ebenen sollen einzeln erhalten bleiben, dennoch soll ein Filter über die Gesamtkonstruktion laufen? Dann packen Sie die gesamte Photomerge-Montage in eine einzelne Smart-Objekt-Ebene:

1. Klicken Sie auf **Auswahl: Alle Ebenen**. So sind alle Ebenen gemeinsam ausgewählt (auch Einstellungsebenen).
2. Der nächste Befehl heißt **Filter: Für Smart Filter konvertieren**. Jetzt zeigt die Ebenenpalette nur noch eine einzelne Ebene – das Smart-Objekt, hinter dem sich die Panoramamontage weiterhin verbirgt.
3. Wenden Sie jetzt den **Selektiven Scharfzeichner**, **Objektivkorrektur**, **Tiefen/Lichter** oder auch **HDR-Tonung** an.

Drehen und Zuschneiden

Sie wollen die Photomerge-Ebenenkonstruktion drehen und eventuell zuschneiden. Packen Sie sämtliche Ebenen in ein Smart-Objekt (**Auswahl: Alle Ebenen**, dann **Filter: Für Smartfilter konvertieren**). Sie können das Bild auch mit dem Freistellungswerkzeug zuschneiden – nichts geht dauerhaft verloren: Der Befehl **Bild: Alles einblenden** zeigt die Photomerge-Montage wieder in voller epischer Breite.

21.4.7 Andere Bereiche sichtbar machen

Öfter mal zeigt die Gesamtansicht einer Photomerge-Collage nicht das, was Sie sehen wollten – bestimmte Details sind ungewollt verborgen; andere zeigen sich keck, doch ungebeten.

Das trifft etwa für Panoramen zu: Bewegen sich im Überlappungsbereich der Einzelbilder Menschen oder Autos, blendet Photoshop solche Details im fertigen Gesamtbild meist komplett aus – oder zeigt sie halb abgeschnitten. Auch wenn Sie deckungsgleiche Szenen fotografieren, um zum Beispiel eine Person dreimal zu zeigen oder aber um sämtliche Personen herauszuretuschieren, liefert der **Photomerge**-Befehl kaum auf Anhieb das gewünschte Ergebnis.

Für unser Panorama »Photomerge_01« gilt zum Beispiel:

» Das Einzelbild Ebene 2 zeigt ganz rechts leeren Strand.

» Das anschließende Einzelbild Ebene 3 zeigt aber ganz links im selben Strandbereich zwei Spaziergänger.

Im Panorama-Ergebnis präsentiert Photoshop nur menschenleeren Strand. Holen Sie das unterschlagene Detail bei Bedarf wieder nach vorn. Sie korrigieren mit diesem Verfahren auch andere Überlappungsprobleme, etwa verwischte oder abgeschnittene Fahrzeuge.

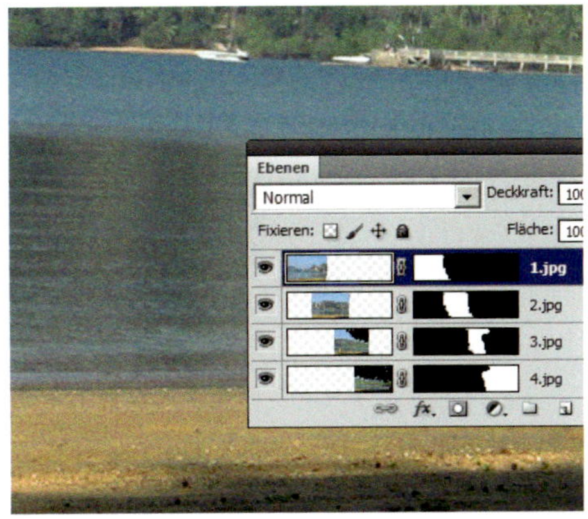

Abbildung 21.96 Die Spaziergänger aus dem Überlappungsbereich von Ebene 2 und 3 werden im Panorama unterdrückt.

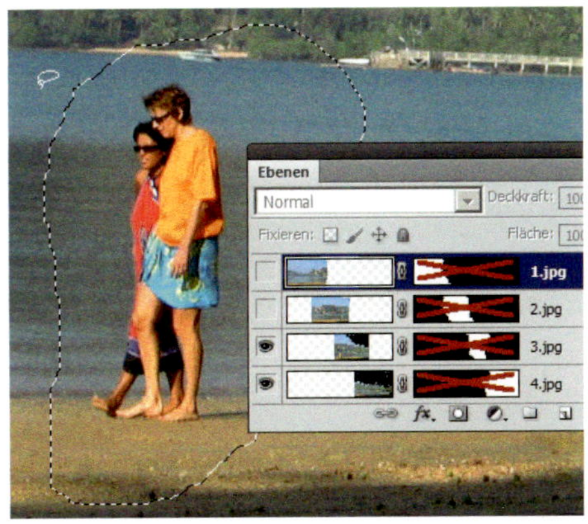

Abbildung 21.97 Wir schalten mehrere Ebenen und Ebenenmasken ab. Die Touristen werden sichtbar und mit dem Lasso eingerahmt. Dann wählen wir »Bearbeiten: Auf eine Ebene reduziert kopieren«.

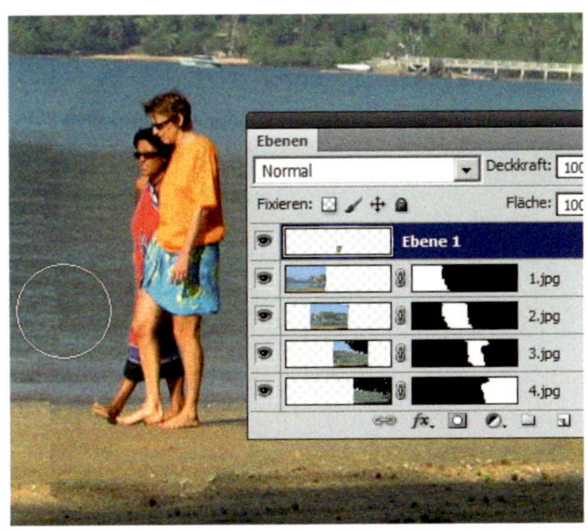

Abbildung 21.98 Wir fügen die Personen auf einer eigenen Ebene neu ein. Damit erscheinen sie auch im Gesamtpanorama. Harte Ränder glätten wir hier noch mit dem Radiergummi.

Maskenretusche allgemein

Sie könnten die Ebenenmasken retuschieren. Lästig nur: Verbirgt Photoshop den Bereich einer Ebene im Gesamtbild, dann unterdrückt das Programm die Zone gleich doppelt:

» Bildpunkte aus der darüberliegenden Ebene verbergen das Detail (dank Weiß in der Ebenenmaske) und

» das Detail wird in der eigenen Ebene selbst noch durch Schwarz in der Maske versteckt (obwohl diese Maskierung nicht zwingend nötig wäre).

Es können sogar mehrere Ebenen über derjenigen Ebene liegen, deren Detail Sie im Gesamtbild sehen wollen. Nur wenn die Ebene mit dem ungewünscht verborgenen Detail ganz oben in der Palette rangiert, müssen Sie lediglich auf einer einzelnen Ebene ansetzen, um das Detail hervorzuholen.

Alternative zur Maskenretusche

Die Maskenretusche wirkt meist sehr umständlich. Holen Sie das versteckte Detail bequemer als neue Ebene nach oben:

1. Schalten Sie obere Ebenen und Ebenenmasken aus, so dass Sie das versteckte Detail sehen.
2. Wählen Sie den interessierenden Bereich großzügig aus, zum Beispiel mit dem Lasso pal.
3. Wählen Sie **Bearbeiten: Auf eine Ebene reduziert kopieren**.
4. Klicken Sie einmal auf die oberste Ebene in der Ebenenpalette.
5. Fügen Sie den kopierten Teil mit Strg+V ein. Glätten Sie den Übergang eventuell mit Ebenenmaske oder Radiergummi.

Abbildung 21.99 Die mitgelieferten Aktionen erzeugen Panoramen in mehreren Varianten, suchen Sie die beste Projektionsart aus. Dateien: Photomerge_09a etc.

21.4.8 Panoramen

Setzen Sie mehrere Teilbilder zu Nahtlospanoramen im Hoch- oder Querformat zusammen. Diese Technik heißt manchmal auch »Stitching«, also »Zusammennähen«, oder »Auto-Stitching«. Schnelle Wege zum Panorama:

» Markieren Sie die Einzelbilder in Bridge und wählen Sie **Werkzeuge: Photoshop: Photomerge**; im Dialogfeld nutzen Sie die Option Bilder zusammen überblenden.

» Ganze Massen von Panoramen produzieren Sie aus Bridge heraus mit dem Befehl **Werkzeuge: Photoshop: Sammlungen in Photoshop verarbeiten** (Seite 828).

Mit den meisten Fotos läuft alles vollautomatisch: Photoshop ordnet die Aufnahmen in der richtigen Reihenfolge an, setzt sie passgenau aneinander und überblendet butterweich. Die maskierten Einzelebenen müssen Sie noch verschmelzen und zuschneiden. Fast nie ist Retusche erforderlich.

Fotopanoramen sind nur ein Teilaspekt der **Photomerge**-Technik. Darum finden Sie bereits im allgemeinen »Photomerge«-Teil ab Seite 825 wichtige Informationen auch für Panoramamontagen, speziell zur Retusche. Umgekehrt stellen wir hier im Panoramaabschnitt aber Verfahren vor, die sich zwar vor allem für Panoramen eignen, aber auch in anderen Fällen von ausgerichteten Ebenenstapeln weiterhelfen. Verschwinden durchgebogene Horizonte nicht mit der Korrektur der perspektivischen Verzerrung (Photomerge-Option) oder mit der **Objektivkorrektur**, nutzen Sie den **Verbiegen**-Filter oder das **Freie Transformieren** mit dem Verkrümmen (Beispiele Seite 394).

Vorschläge zum Fotografieren von Panoramen lesen Sie ab Seite 45, wie Sie Panoramen aus Einzelbildern ableiten, erfahren Sie ab Seite 822.

Wahl des »Layouts«

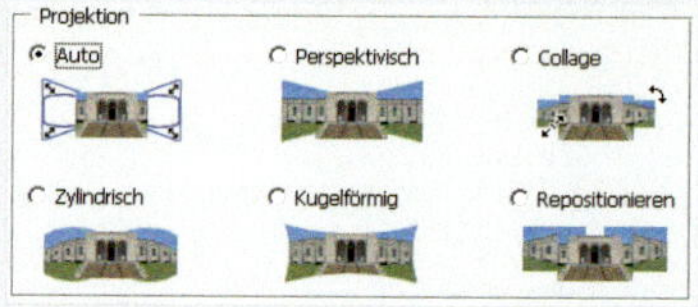

Wie soll Photoshop die Einzelbilder einer Photomerge-Komposition dehnen oder neigen? Die Optionen finden Sie bei den Befehlen **Photomerge** und **Ebenen automatisch ausrichten**. Dateien: Panorama_07a etc.

Automatisch: Bei diesem Beispiel hat Photoshop eine Korrektur nach Art der Vorgabe »Perspektivisch« gewählt.

Perspektivisch: Die Vorgabe legt ein Segment als Referenzbild fest - oft das mittlere -, die anderen Fotos werden durch Dehnen oder Neigen angepasst. Entstellt stark bei vier oder mehr Einzelbildern.

Zylindrisch: Jedes Einzelbild wird gewölbt. Oft die beste Vorgabe, speziell bei Weitwinkelaufnahmen und sehr breiten Panoramen.

Kugelförmig: Erinnert an »Zylindrisch« und mitunter an Fisheye-Aufnahmen. Für 360-Grad-Panoramen empfohlen.

Collage: Einzelsegmente werden gedreht und skaliert, aber nicht perspektivkorrigiert - weniger für Panoramen als z.B. für Collagen nach Art des Künstlers David Hockney gedacht.

Repositionieren: Die Bilder werden nicht skaliert oder gestaucht, nur verschoben. Diese Technik entstellt weniger, sie erfordert aber auch sehr genau fotografierte Einzelbilder.

Panoramaaktionen für Sie

Auf der Buch-DVD im Praxis-Verzeichnis finden Sie die Aktionensammlung »Photoshop CS5 Kompendium«. Sie enthält zwei Aktionen, mit denen Sie die verschiedenen Layout-Optionen durchtesten. Das verwendete Layoutverfahren steht im Namen der sechs neu entstandenen Dateien. Beide Aktionen enthalten weit oben den **Bildgröße**-Befehl, zunächst jedoch abgeschaltet. Falls Sie ihn einschalten, werden die Einzelbilder des ungespeicherten Grundbilds vorab auf 800 Pixel Breite kleingerechnet, die sechs Panoramavarianten entstehen dann flotter und schlucken weniger Arbeitsspeicher.

Für beide Aktionen gilt: Schließen Sie am besten zunächst alle Bilder in Photoshop. Im Einzelnen:

- Die Aktion »Photomerge - Panorama-Varianten via Bridge« läuft in Photoshop und Photoshop Extended. Markieren Sie die Panoramaeinzeldateien in Bridge und wählen Sie dort **Werkzeuge: Photoshop: Dateien in Photoshop-Ebenen laden**. Sobald die erste Ebenenmontage in Photoshop aufgebaut ist, starten Sie dort die Aktion.
- Die Aktion »Photomerge - Panorama-Varianten (nur Extended-Version)« ist für Photoshop Extended gedacht. Laden Sie vorab die Panoramaeinzeldateien in Photoshop und schließen Sie am besten alle anderen Bilder. Starten Sie die Aktion, im ersten Dialogfeld klicken Sie dann auf Geöffnete Dateien hinzufügen. Verzichten Sie auf Quellbilder nach Möglichkeit automatisch ausrichten und klicken Sie auf OK.

TIPP Die Aktionen legen zuerst die drei für Panoramen wichtigsten Layoutvarianten an, also Auto, Perspektivisch und Zylindrisch, danach folgt Kugelförmig, dann Collage und schließlich Repositionieren. Brechen Sie den Ablauf bei Bedarf ab, wenn Photoshop die ersten drei oder vier Panoramavarianten angelegt hat.

Wählen Sie den überlappenden Bereich aus

Es hilft bei der Orientierung wie auch bei der Retusche, wenn Sie den überlappenden Bereich von zwei Montageebenen hervorheben oder auswählen. In diesem Bereich haben Sie die meisten Retuschemöglichkeiten. Sie heben die Zone zum Beispiel per Differenz-Modus hervor, aber Sie können den Schnittbereich von zwei Ebenen auch leicht auswählen:

1. Halten Sie die [Strg]-Taste gedrückt und klicken Sie die Miniatur der oberen Ebene in der Ebenenpalette an. Photoshop umgibt die Ebene im Bildfenster mit einer Auswahlfließmarkierung.
2. Drücken Sie gleichzeitig [Strg]+[⇧]+[Alt]-Taste und klicken Sie die Miniatur der Ebene darunter an. Nur noch der überlappende Bereich ist ausgewählt.

Abbildung 21.100 Die Füllmethode »Differenz« zeigt den Überlappungsbereich zwischen zwei Segmenten eines Panoramas. Klicken Sie einen Bildbereich mit Verschiebenwerkzeug und rechter Maustaste an, aktiviert Photoshop die Ebenen unter dem Mauszeiger per Kontextmenü. Wollen Sie die Ausdehnung einer Einzelebene erkennen, klicken Sie mit gedrückter [Strg]-Taste auf die Bildminiatur in der Ebenenpalette - Photoshop umgibt die Ebene mit einer Auswahllinie. Datei: Panorama_01

Einzelebenen erkennen

Oft wird in der Panoramamontage nicht klar, welcher Bildbereich zu welcher Ebene gehört. So gewinnen Sie einen Überblick:

» Stellen Sie einzelne Ebenen auf die Differenz-Füllmethode um. Überlappende Bereiche erscheinen nun weitgehend schwarz – schalten Sie aber vorab Ebenenmasken per ⇧-Klick auf die Maskenminiatur aus. Wechseln Sie jederzeit verlustfrei wieder zur Füllmethode Normal.

» Klicken Sie mit Verschiebenwerkzeug und rechter Maustaste in die Montage. Photoshop nennt die Ebenen unter dem Mauszeiger in einem Menü. Die oberste Ebene erscheint auch im Menü ganz oben.

» Klicken Sie die Ebenenminiatur bei gedrückter Strg-Taste an. Photoshop umgibt die gewählte Ebene mit einer Auswahlmarkierung, so dass Sie ihre Ausdehnung genau erkennen. Strg+D lässt die Markierung wieder verschwinden.

» Mit der Option Automatisch auswählen aktiviert das Verschiebenwerkzeug automatisch per Klick die oberste Ebene unter dem Mauszeiger. Wollen Sie perfekt arrangierte Ebenen jedoch nicht mehr versehentlich verschieben, nutzen Sie die Option Position sperren oben in der Ebenenpalette.

Ebenenmasken retuschieren

In der Regel liefert Photoshop mit der Option Bilder zusammen überblenden exzellent passende Ebenenmasken ab. Wollen Sie jedoch in Ebenenmasken retuschieren, dann legen Sie den Übergang zwischen zwei Ebenen – also zwei Teilbildern – in diffuse, homogene Bereiche, zum Beispiel in den Himmel.

Übergänge in hart konturierten Partien fallen viel stärker auf. Ein detailreicher Bildteil sollte also möglichst komplett nur durch eine einzige Ebene dargestellt werden. Prüfen Sie jedoch, warum zum Beispiel bestimmte Teile einer Ebene nicht sichtbar sind: Vielleicht werden sie von der eigenen Ebenenmaske verborgen; aber auch Pixel aus einer darüberliegenden Ebene könnten den gewünschten Bereich unterdrücken – oder beides gemeinsam trifft zu. Ein Beispiel, wie Sie per Ebenenmaske andere Details ans Tageslicht holen, liefert der Abschnitt »Andere Bereiche sichtbar machen« weiter oben.

Panoramaebenen verschieben

Mitunter will man eine komplette Ebene verschieben. Präziser als das Verschiebenwerkzeug erledigen diesen Job die Pfeiltasten, sofern Sie zunächst das Verschiebenwerkzeug einschalten. Die ⇧-Taste verhilft zu größeren Sprüngen.

Verschieben Sie vorzugsweise Ebenen ganz außen, sonst verursacht die Korrektur auf der einen Seite einen ungewollten Versatz an der anderen Kante. Oder verschieben Sie mehrere gemeinsam ausgewählte Ebenen.

Schalten Sie die Ebene in den Differenz-Modus, so dass Sie die Deckungsgleichheit sofort erkennen: Reines Schwarz deutet auf perfekte Deckung hin, schillernde Konturen verraten Ungenauigkeiten. Alternativ senken Sie die Deckkraft vorübergehend auf 50 Prozent (Kurztaste 5).

Verschieben Sie die Ebene, noch bevor Sie die Ebenenmaske bearbeiten. Schützen Sie perfekt positionierte Ebenen mit der Option Position Sperren oben in der Ebenenpalette. Soll die Ebenenmaske nicht mit der Ebene mitwandern, klicken Sie in der Ebenenpalette auf das Verbindungssymbol zwischen Ebenenminiatur und Maskenminiatur.

TIPP Wollen Sie nur zwei von mehreren Ebenen aneinander ausrichten, dann klicken Sie zunächst einmal auf die Ebene, die bereits passend im Panorama sitzt, und dann oben in der Palette auf Alle sperren. Diese Ebene ist jetzt die Referenzebene, die andere Ebene muss sich ihr anpassen. Jetzt folgt **Ebenen automatisch ausrichten.**

Durchgebogene Panoramen

Panoramen mit vier oder mehr Segmenten wirken mitunter so durchgebogen, dass auch die **Objektivkorrektur** mit dem Regler Verzerrung entfernen nicht hilft. Nachdem die Einzelebenen verschmolzen oder in ein Smart-Objekt gepackt wurden, bearbeiten Sie die Biegung zum Beispiel mit **Filter: Verzerrungsfilter: Verbiegen**; alternativ nutzen Sie das **Freie Transformieren** mit dem Verkrümmen oder eventuell das **Formgitter**.

Abbildung 21.101 **Links:** Der Horizont ist schief und durchgebogen. Die Photomerge-Option »Korrektur der perspektivischen Verzerrung« hilft ebenso wenig wie die Blendenkorrektur mit ihrem Regler »Verzerrung entfernen«. Wir legen eine Hilfslinie an. **Rechts:** Wir nutzen das »Freie Transformieren« mit dem »Verkrümmen« und der Form »Bogen« bei gut acht Prozent »Biegung«. Zusätzlich muss das Panorama leicht gedreht werden. Alle Panoramasegmente befinden sich auf einer gemeinsamen Ebene oder in einem Smart-Objekt. Besteht das Bild nur aus einer »Hintergrund«-Ebene, klicken Sie zuerst doppelt bei gedrückter [Alt]-Taste auf die »Hintergrund«-Miniatur in der Ebenenpalette. Datei: Photomerge_10g

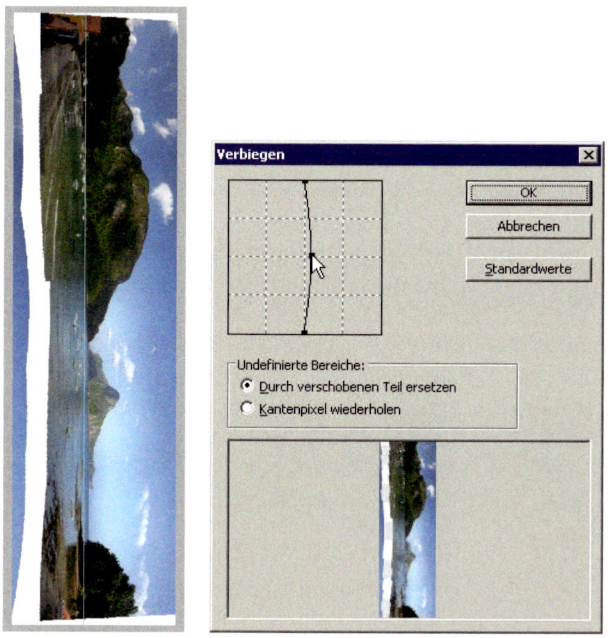

Abbildung 21.102 Auch der »Filter«-Befehl »Verbiegen« begradigt den Horizont. Drehen Sie die Vorlage jedoch zunächst um 90 Grad (»Bild: Bilddrehung«).

Die richtige Druckgröße

Vermutlich hat Ihr Panorama ungleichmäßige Kanten und es passt nicht exakt auf die Panoramapapiere der Druckdienste. Sie müssen es also mit dem Freistellungswerkzeug zuschneiden und eventuell formatieren.

Ein Druckdienst bietet das Format 120x30 Zentimeter (4:1) günstig an. So korrigieren Sie die Bildmaße:

1. Schalten Sie mit der Taste [C] das Freistellungswerkzeug ein.
2. Tragen Sie oben als Breite den Wert »120 cm« ein, als Höhe geben Sie »30 cm« vor. Das Feld Auflösung bleibt leer – so wird die Bildqualität nicht umgerechnet (Seite 286).
3. Ziehen Sie einen Rahmen um den Bildbereich, den Sie drucken lassen wollen. Photoshop lässt nur das Seitenverhältnis eines 120x30-Zentimeter-Drucks zu, also 4:1.
4. Stimmt der Bildausschnitt, klicken Sie doppelt ins Motiv – Photoshop entfernt den Rest, Ihr Foto passt jetzt perfekt auf 120x30-Zentimeter-Papier.

Sie können die Datei immer noch beim Druckdienst in 80x20 oder 320x80 Zentimeter bestellen, die eingespeicherten Maße spielen keine große Rolle – Hauptsache, das Seitenverhältnis stimmt. Nur wenn Sie eine viel zu große Panoramadatei deutlich herunterrechnen wollen, tippen Sie in den Freistellungoptionen einen Wert wie 300 Pixel/Zoll (also dpi) in das Feld Auflösung. Dann wird die Datei zugeschnitten und zusätzlich kleingerechnet.

TIPP Haben Sie den Freistellrahmen aufgezogen, können Sie in den Optionen von Löschen zu Ausblenden schalten. Abgeschnittener Bildrand bleibt dann hinter den Kulissen erhalten, er lässt sich mit dem Verschiebenwerkeug wieder in den sichtbaren Bereich ziehen. Auch wenn Sie die Panoramaebene(n) in ein Smart-Objekt verwandeln, gehen Außenstände nicht verloren.

Abbildung 21.103 **Obere Leiste:** Wollen Sie das Panorama 120x30 Zentimeter groß drucken, stellen Sie diese Werte gleich in den Freistelloptionen ein. **Vorne:** Wenn Sie den Freistellrahmen aufziehen, lässt Photoshop nur noch die passende 3:1-Proportion zu. Datei: Photomerge_11

Testen Sie Druckmaß und Seitenverhältnis

So prüfen Sie Druckmaß und Seitenverhältnis:

» Wählen Sie **Bild: Bildgröße** und schalten Sie das Interpolationsverfahren aus. Tippen Sie als Auflösung zum Beispiel 300 Pixel/Zoll ein, dann sehen Sie die möglichen Zentimeterwerte für 300 dpi Druckqualität. Oder tippen Sie eine Breite ein und prüfen Sie, ob Photoshop eine druckreife Auflösung errechnet.

» Manche Poster-Druckdienste bieten Panoramadrucke nach Seitenverhältnis sortiert an, zum Beispiel 3:1, 4:1 oder 5:1. Doch welches Seitenverhältnis hat Ihr Bild? Sie nehmen wieder den Befehl **Bild: Bildgröße** und schalten das Interpolationsverfahren aus. Tippen Sie eine »1« ins Feld Höhe. Als Breite nennt Photoshop zum Beispiel »2,7«, Sie haben also ein Seitenverhältnis von 2,7:1 (das Sie leicht auf 3:1 zuschneiden können).

» Sie wollen Ihr Panorama exakt auf das Seitenverhältnis 3:1 zuschneiden. Schalten Sie das Freistellungswerkzeug ein und tippen Sie oben in den Optionen eine Breite von »3 cm« und eine Höhe von »1 cm« ein. Das Feld Auflösung bleibt auf jeden Fall leer. Der ausgeschnittene Bereich erhält das Seitenverhältnis 3:1. Dieser Bildbereich wird dabei nicht umgerechnet, wahrt also die ursprüngliche Qualität. Genauso gut könnten Sie auch »90 cm« mal »30 cm« eintippen.

Fehlerhafte Übergänge bei Panoramen mit nur einer Ebene

Haben Sie die Teilbilder bereits auf eine gemeinsame Ebene eingedampft, dann beheben Sie Fehler an den Übergängen der ehemaligen Einzelbilder mit dem Kopierstempel und anderen Retuschetechniken (Seite 412). Liegt das Problem jedoch nicht ganz am Rand des ehemaligen Einzelbilds, sondern etwas weiter in der Mitte, dann nehmen Sie den Originalbereich aus dem Einzelbild und kopieren ihn in das Panorama.

Interaktives Layout (entfallen)

Im **Photomerge**-Dialog fehlt die aus Photoshop CS3 bekannte Option Interaktives Layout. Das heißt, Sie können die einzelnen Panoramaelemente nicht mehr in einer Vorschau von Hand umherschieben und drehen.

Das Interaktive Layout lässt sich vermutlich via Internet bei Bedarf zurückholen (Seite 1074), doch viele Vorteile bringt das nicht: Erstens arrangiert Photoshops Automatik die einzelnen Segmente ohnehin vollautomatisch sauber und zweitens: Wenn es denn sein muss, können Sie die Panoramabausteine auch in der fertigen Montage als Ebenen verschieben; Sie brauchen nicht die Vorschau im Interaktiven Layout.

Oder haben Sie regelmäßig die »perspektivische« Projektion verwendet und das relativ unverzerrte Referenzbild mit dem Fluchtpunktwerkzeug im Interaktiven Layout aus der Mitte nach außen verlegt? Diese eine Möglichkeit bietet CS5 ab Werk nicht. Aber nur wenige Panoramakünstler werden sie vermissen.

Abbildung 21.104 Das geht nur im »Interaktiven Layout«: Wir verwenden die Projektion »Perspektivisch« und platzieren das Referenzbild nach Belieben. Datei: Photomerge_10a etc.

21.4.9 Personen vervielfachen und entfernen

Auf unterschiedlichsten Wegen mischen Sie Bildserien so, dass Sie Leute mehrfach sehen oder aber das Gesamtbild komplett entvölkern. Sie können Photoshop auch selber überblenden lassen und die entstandenen Ebenenmasken weiter bearbeiten, bis genau das gewünschte Personal erscheint. Dabei müssen Sie aber häufig zwei Ebenenmasken gleichzeitig bearbeiten – eine unübersichtliche Aufgabe (Seite 841). Wir zeigen darum Verfahren, wie Sie die Bilder via **Photomerge** zwar deckungsgleich anordnen, die Überblendung steuern Sie dann aber höchstpersönlich mit dem Pinsel.

Wie Sie an den Beispielen sehen, müssen die Bilder nicht sonderlich deckungsgleich sein. Weitere Retuschetipps zu dieser Aufgabe finden Sie ab Seite 841.

Personen mehrfach zeigen

Ein möglicher Weg, wie Sie ein- und dieselbe Person gleich mehrfach anzeigen:

1. Markieren Sie die Einzelbilder in Bridge und wählen Sie dort **Werkzeuge: Photoshop: Photomerge.**
2. Als Layout verwenden Sie in der Regel Auto. Schalten Sie im Dialogfeld die Option Bilder zusammen überblenden ab, dann klicken Sie auf OK.
3. Die Einzelbilder erscheinen deckungsgleich gestapelt in einer Photoshop-Montage. Falls noch erforderlich, klicken Sie in der Ebenenpalette einmal auf die oberste Ebene, um sie zu aktivieren.
4. Klicken Sie auf das Symbol Ebenenmaske hinzufügen unten in der Ebenenpalette.

Abbildung 21.105 Jedes Einzelbild zeigt das Kanu auf einem anderen Streckenabschnitt. Wir haben die Einzelaufnahmen per »Photomerge« deckungsgleich übereinandergelegt. Weil wir »Ebenen zusammen überblenden« nicht verwenden, entstehen keine Ebenenmasken. Dateien: Photomerge_14a etc.

Abbildung 21.106 Per Ebenenmaske blenden wir alle oberen Ebenen aus und legen nur jeweils das Hauptmotiv frei. Die sichtbare Umgebung stammt nur von der untersten Ebene. Weil die Fotos jedoch versetzt aufgenommen wurden, ist die Kulisse rechts noch lückenhaft.

Abbildung 21.107 Weiße Farbe in den Masken der Einzelbilder rechts sorgt für einen durchgehenden Hintergrund. Dieser Schritt ist überflüssig, wenn alle Aufnahmen denselben Motivausschnitt zeigen.

5. Schalten Sie den Pinsel ein, sorgen Sie für schwarze Vordergrundfarbe (X).
6. Malen Sie nur über dem Hauptmotiv, so dass es aus der Gesamtansicht verschwindet.
7. Kehren Sie die Ebenenmaske mit Strg+I um. Jetzt sehen Sie von der obersten Ebene nur noch das Hauptmotiv.
8. Klicken Sie in der Ebenenpalette einmal auf die nächstuntere Ebene (oder drücken Sie Alt+,).

Jetzt beginnt das Spiel von vorn: Legen Sie eine Ebenenmaske an, übermalen Sie das Hauptmotiv mit Schwarz und kehren Sie die Maske mit Strg+I um. So sehen Sie auch von der zweitobersten Ebene nur noch das Hauptmotiv. Dann springen Sie eine Ebene tiefer und zeigen abermals nur das Hauptmotiv an. Nur die unterste Ebene braucht diese Behandlung nicht. Zeigten die Bilder weitgehend den gleichen Ausschnitt, sind Sie jetzt fertig.

Die sichtbare Umgebung des Hauptmotivs wird von der untersten Bildebene beigesteuert. Eventuell enthält eine obere Ebene Umgebungsdetails, die Sie in der Gesamtszene zeigen wollen. Dies gilt auf jeden Fall, wenn die Kamera – wie in unserem Beispiel – bewegt wurde und die Umgebung nicht bei allen Einzelaufnahmen gleich ist. Klicken Sie zuerst auf die Ebenenmaske einer oberen Ebene und malen Sie dort mit Weiß, um mehr Hintergrund anzuzeigen.

TIPP Sie haben keine Lust, jede Ebenenmaske von Hand anzulegen? Dann nutzen Sie den **Photomerge**-Befehl doch mit der (zeitfressenden) Option Bilder zusammen überblenden. Die entstehenden komplexen Ebenenmasken stören oft bei der Orientierung. Klicken Sie jede Ebenenmaskenminiatur in der Palette einmal an, mit Alt+Entf lässt sie sich weiß leerlöschen.

Personen ausblenden

Paare, Passanten, Kraftfahrzeuge: Photomerge-Technik befreit überlaufene Landschaften, Denkmäler und historische Kulissen von unerwünschtem Personal und Fahrgerät. Fotografieren Sie die Szene zunächst mehrfach halbwegs deckungsgleich, dabei muss jedes einzelne Stück der begehrten Kulisse einmal unverdeckt sichtbar sein. Dann geht's so weiter:

1. Markieren Sie die Einzelbilder in Bridge und wählen Sie dort **Werkzeuge: Photoshop: Photomerge**.
2. Als Layout verwenden Sie im Dialogfeld in der Regel Auto. Schalten Sie die Option Bilder zusammen überblenden ab, dann klicken Sie auf OK.
3. Die Einzelbilder erscheinen deckungsgleich gestapelt in einer Photoshop-Montage.

Abbildung 21.108
Immer stapft einer durchs Bild. Wir haben die zwei Aufnahmen mit je einem Passanten per »Photomerge« deckungsgleich übereinandergesetzt, eine Ebenenmaske angelegt und schwarze Vordergrundfarbe eingerichtet. Eine Pinselspitze mit 90 Pixeln Durchmesser wird den Spaziergänger ausblenden. Dateien: Photomerge_15

Abbildung 21.109
Schwarz in der Ebenenmaske sorgt für menschenleere Landschaft. Achten Sie bei der Maskenretusche auch auf Schatten. Haben Sie zu viel ausgeblendet, so dass Personen von der unteren Ebene sichtbar werden, korrigieren Sie mit weißer Vordergrundfarbe.

4. Nützlich, aber nicht zwingend nötig: Ziehen Sie die Ebene mit den wenigsten »Störenfrieden« in der Ebenenpalette ganz nach oben.
5. Falls noch erforderlich, klicken Sie in der Ebenenpalette einmal auf die oberste Ebene, um sie zu aktivieren.
6. Klicken Sie auf das Symbol Ebenenmaske hinzufügen unten in der Ebenenpalette.
7. Schalten Sie den Pinsel ein, sorgen Sie für schwarze Vordergrundfarbe.
8. Malen Sie nur über dem »Störenfried«, so dass dieses Detail aus der Gesamtansicht verschwindet.

Klicken Sie bei Bedarf in der Ebenenpalette einmal auf die nächstuntere Ebene, legen Sie wieder eine Ebenenmaske an und übermalen Sie auch dort ungebetene Details. So arbeiten Sie sich nach unten durch.

Eine Alternative mit weniger Handarbeit bietet der **Stapelmodus** der teureren Version Photoshop Extended, jedenfalls, wenn Sie mehr als drei oder vier Einzelbilder verarbeiten (Seite 861).

TIPP Sie haben per Stativ garantiert deckungsgleich fotografiert? Dann verzichten Sie auf den **Photomerge**-Befehl und nehmen stattdessen zeitsparend **Werkzeuge: Photoshop: Dateien in Photoshop-Ebenen laden**.

21.4.10 Bildfläche erweitern durch Überblenden und Verdoppeln

Wenn ein Bild nicht ins Layout passt oder einfach mehr Inhalt zeigen soll, können Sie es mit der Funktion **Inhaltsbewahrendes Skalieren** (Seite 751) in die Länge ziehen. Dabei lassen sich aber nur diffuse Bereiche unauffällig strecken, etwa Himmel oder Meer. Per »Photomerge«-Technik wiederholen Sie dagegen auch detailreiche Zonen. Verdoppeln Sie Hauptmotive und verlängern Sie Szenen, bis die gewünschten Proportionen entstehen.

Ablauf

Die rosa Strandwinde im Beispielbild wirkt etwas verloren, außerdem soll das Foto ohnehin länglicher aussehen. Gesagt, getan, das Gewächs darf sich vermehren. Bereiten Sie zunächst die Ebenen vor:

1. Halten Sie die Alt-Taste gedrückt und klicken Sie doppelt auf die Hintergrund-Ebene in der Ebenenpalette. Sie verwandelt sich in eine Ebene 0. Damit wird sie bei erweiterter Arbeitsfläche nicht von Weiß, sondern von Transparenz umgeben – wichtig fürs spätere Überblenden. Das Gesamtbild sieht aus wie zuvor.
2. Mit Strg+J duplizieren Sie die Ebene 0 auf eine neue Ebene 0 Kopie. Die Bildwirkung bleibt unverändert.
3. Mit der Taste V schalten Sie das Verschiebenwerkzeug ein, mit der 5 senken Sie die Ebenendeckkraft auf 50 Prozent. Damit bleibt die untere Ebene zur Orientierung erkennbar.

Abbildung 21.110 Wir haben die Ebene bereits dupliziert und gedreht sowie die Arbeitsfläche erweitert. Zwischenergebnis: Photomerge_04b

4. Ziehen Sie die obere Ebene weit nach rechts, so dass die beiden Blüten scheinbar nebeneinander aus dem Sand wachsen.
5. Der größere Teil des oberen, nach rechts gewanderten Bilds verschwindet nun hinter dem Bildrand. Das beheben Sie mit dem Befehl Bild, Alles einblenden. Photoshop baut die Bildfläche deutlich in die Breite aus, Sie sehen wieder alles. (Liegen Bildteile unsichtbar außerhalb des Programmfensters? Mit Strg+0 sorgen Sie für eine optimale Zoomstufe.)
6. Damit das Duplikat etwas anders aussieht, starten Sie das Transformieren mit Strg+T.
7. Ziehen Sie außerhalb des Rechteckrahmens, um die obere Blume etwas zu drehen. Die Schatten müssen aber »glaubwürdig« bleiben. Ziehen Sie einen Eckanfasser bei gedrückter ⇧-Taste nach innen, so dass die Blume etwas schrumpft. (Falls Sie nicht alle Eckanfasser sehen, drücken Sie erneut Strg+0.)
8. Sobald die Proportionen passen, bestätigen Sie die Umwandlung mit der ↵-Taste. Mit der Taste 0 heben Sie die Deckkraft wieder auf 100 Prozent.

TIPP In manchen Fällen können Sie die obere Ebene spiegeln, zum Beispiel per Bearbeiten, Transformieren, Horizontal spiegeln. Damit fallen Wiederholungen weniger auf. Wir können uns das hier aber wegen des eindeutigen Schattenfalls nicht erlauben.

Jetzt mischen Sie die zwei Ebenen:

1. Die obere Ebene ist ja noch aktiviert. Halten Sie die ⇧-Taste gedrückt, dann klicken Sie in der Palette auf die untere Ebene. So haben Sie beide Ebenen ausgewählt.
2. Jetzt folgt der Befehl Bearbeiten: Ebenen automatisch überblenden. Wir nehmen hier die Optionen Panorama und Bilder zusammen überblenden.

Sie haben jetzt einen perfekt nahtlosen Übergang zwischen den beiden Bildern. Photoshop blendet Teile beider Ebenen durch automatisch erzeugte Ebenenmasken aus. Man denkt an eine einzige Fotografie von zwei Blüten, schneiden Sie nur noch die leeren Ränder weg.

Variationen

Das erste Ergebnis missfällt? Mögliche Abhilfen, bevor Sie **Ebenen automatisch überblenden** erneut aufrufen:

- Verschieben Sie eine Ebene etwas.
- Entfernen Sie mit dem Radiergummi Ebenenbereiche, die Sie ohnehin nicht zeigen wollten.

Testen Sie aber auch andere Optionen im Dialog **Ebenen automatisch überblenden**, nehmen Sie Bilder stapeln statt Panorama oder verzichten Sie auf Bilder zusammen überblenden.

Abbildung 21.111 Der Befehl »Ebenen automatisch überblenden« sorgt für ein nahtloses Gesamtbild. Mit dem Freistellungswerkzeug und einer leichten Drehung schneiden Sie noch weißen Rand weg. Datei: Photomerge_04c

21.4.11 Erweiterte Tiefenschärfe

Fotografieren Sie eine Szene mehrfach mit wechselndem Schärfepunkt. Photoshop blendet die Einzelergebnisse so zusammen, dass Sie ein durchgehend scharfgezeichnetes Bild erhalten – Blende 256, digital errechnet.

Soweit die Theorie. In der Praxis liefert Photoshop durchaus nicht immer optimale Ergebnisse, speziell wenn die Varianten nicht perfekt deckungsgleich übereinanderliegen und durch die Objektiv-Weichzeichnung gar keine übereinstimmenden Proportionen haben können. Sie müssen dem Ergebnis also mit Kopierstempel und Co. zu Leibe rücken (Seite 836) oder die Ebenenmasken retuschieren (Seite 841).

Der Ablauf

Am besten gehen Sie über den Befehl **Ebenen automatisch überblenden**, zum Beispiel so:

1. Wählen Sie Bilder für die Tiefenschärfeserie in Bridge aus.
2. Wählen Sie in Bridge **Werkzeuge: Photoshop: Photomerge**.
3. Im Dialogfeld schalten Sie die Option BILDER ZUSAMMEN ÜBERBLENDEN ab. Hatte ich es schon gesagt? BILDER ZUSAMMEN ÜBERBLENDEN aus.
4. Klicken Sie auf OK. Sie haben eine erste Montage in Photoshop.

Abbildung 21.112 Noch nicht scharf genug: Bei jedem Einzelbild wurde anders scharfgestellt. Dateien: Photomerge_03a etc.

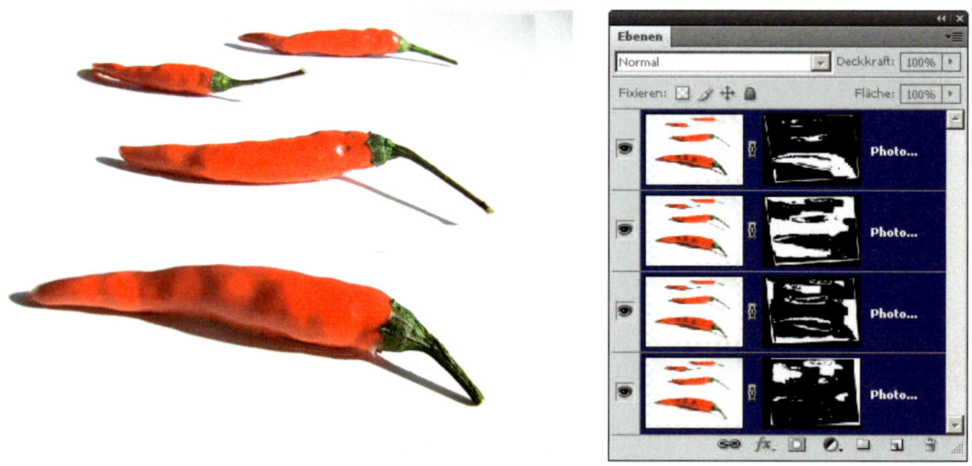

Abbildung 21.113 Durch und durch scharf: Photoshop mischt die Einzelbilder so, dass die Gesamtansicht jeweils die schärfsten Bereiche zeigt. Ergebnis: Photomerge_03e

5. Wählen Sie alle Ebenen aus, zum Beispiel per [⇧]-Klick auf die unterste Ebene in der Ebenenpalette oder per **Auswahl: Alle Ebenen**.
6. Wählen Sie **Bearbeiten: Ebenen automatisch überblenden**. Testen Sie zuerst die Vorgabe Bilder stapeln ohne Nahtlose Töne und Farben. Mögliche Bildfehler erscheinen hier mit harten Kanten.
7. Das Ergebnis enttäuscht? Widerrufen Sie, wählen Sie eventuell erneut alle Ebenen aus und probieren Sie **Bearbeiten: Ebenen automatisch überblenden** mit Bilder stapeln sowie Nahtlose Töne und Farben. Die Fehler zeigen hier weichere Übergänge, Schleier und Lichthöfe – oft schwerer zu retuschieren, eventuell aber so unauffällig, dass man alles so lassen kann.

Sind Sie immer noch nicht zufrieden, soll Photoshop auf gut Glück auch mal Varianten des Befehls **Ebenen automatisch überblenden** mit der Panorama-Vorgabe durchrechnen; sie überzeugen aber seltener.

Treten Sie in Aktion

Bevor Sie die Tiefenschärfeergebnisse von Hand retuschieren, testen Sie Photoshops Möglichkeiten systematisch durch. Die Aktionensammlung von der Buch-DVD enthält auch die Befehlsreihe »Photomerge – Tiefenschärfe-Varianten via Bridge«. Sie liefert vier verschiedene Ergebnisse durch Kombination der zwei Varianten Panorama und Bilder stapeln mit der Option Bilder zusammen überblenden. Vorarbeit:

1. Markieren Sie die Bilder für Ihre Tiefenschärfeserie in Bridge.
2. Wählen Sie in Bridge **Werkzeuge: Photoshop: Photomerge**.
3. Unten im Dialog schalten Sie die Option Bilder zusammen überblenden aus (also aus). Nehmen Sie Auto oder eine andere Projektionsart Ihres Vertrauens.

Nach dem Klick auf OK haben Sie eine erste Montage – noch ohne Überblendung – in Photoshop. Alle Ebenen sind ausgewählt. Starten Sie die Aktion »Photomerge – Tiefenschärfe-Varianten via Bridge«.

Abbildung 21.114 Der Blick aus einer kalten Himalaya-Lodge ist zu ungenau fotografiert: Photoshop will das Bildpaar weder deckungsgleich montieren noch überblenden. Wir markieren die zwei Dateien schließlich in Bridge und wählen dort »Werkzeuge: Photoshop: Dateien in Photoshop-Ebenen laden«. So landen die zwei Dateien unkorrigiert in einem Photoshop-Montagestapel. Dateien: Photomerge_07

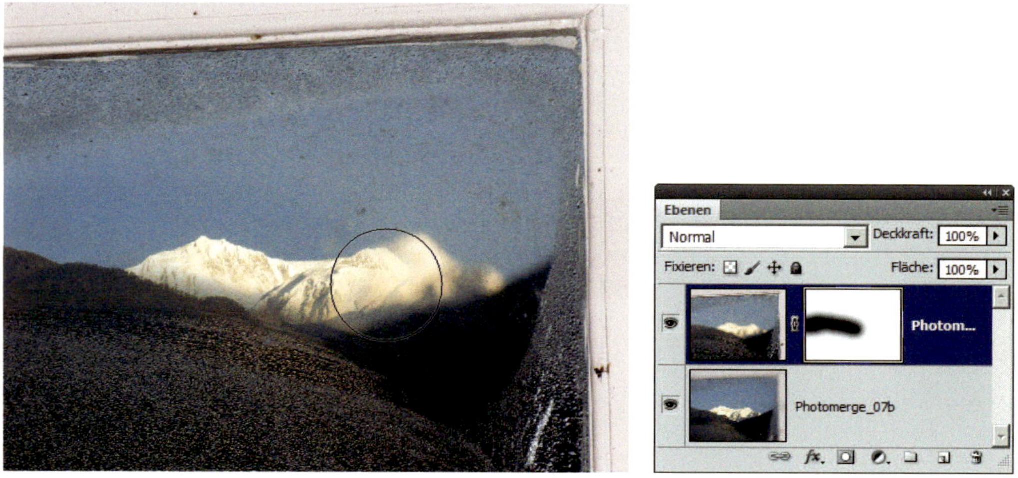

Abbildung 21.115 Die obere Ebene zeigt Kondenswasser und Fensterdreck scharf, den 7000er-Berg unscharf. Wir fügen eine Ebenenmaske hinzu und malen bei aktivierter Maske mit weichem Pinsel und Schwarz über dem Berg – hier erscheint jetzt die scharfgestellte Version der unteren Bildfassung. Weil dort auch die Dreckschlieren wegen Unendlich-Einstellung nicht zu erkennen sind, lässt sich das Fenster so gleich putzen.

Abbildung 21.116 Wir wollen den oberen Fensterrahmen geradestellen, ohne den Kabru-Bergrücken mit zu verzerren. Das »Formgitter« wirkt jedoch zu kompliziert. Zunächst verschmelzen wir die zwei Ebenen mit Strg+E. Wählen Sie den oberen Bildteil mit Himmel und oberem Fensterrahmen mit dem Lasso aus und duplizieren Sie ihn mit Strg+J auf eine neue Ebene. Starten Sie das »Freie Transformieren« mit Strg+T, halten Sie die Strg-Taste gedrückt und ziehen Sie den linken oberen Anfasspunkt nach oben, bis der Rahmen gerade verläuft.

Eine ganz ähnliche Aktion umgeht Bridge, Sie legen also direkt in Photoshop los:

1. Schließen Sie alle überflüssigen Bilder in Photoshop (nicht zwingend erforderlich).
2. Wählen Sie in Photoshop **Datei: Automatisieren: Photomerge**.
3. Klicken Sie auf GEÖFFNETE DATEIEN HINZUFÜGEN. Verzichten Sie wieder auf BILDER ZUSAMMEN ÜBERBLENDEN. Nach dem OK-Klick erzeugt Photoshop wieder vier verschiedene Überblendungen.

TIPP Bei den Aktionen für erweiterte Tiefenschärfe entstehen zuerst die zwei interessanteren Varianten – die Option BILDER STAPELN mit und ohne NAHTLOSE TÖNE UND FARBEN. Brechen Sie den Ablauf ab, wenn Sie die danach folgenden PANORAMA-Varianten nicht brauchen, oder schalten Sie die Berechnung der PANORAMA-Varianten dauerhaft ab.

21.4.12 Gruppenfotos kombinieren

Legen Sie zwei (oder mehr) Gruppenfotos aus einer Serie übereinander, machen Sie die Bilder deckungsgleich und dann zeigen Sie aus jeder Aufnahme nur die nettesten Gesichter. Es gibt viele Wege, die erste Montage anzulegen (Seite 825), unsere Komplettanleitung zeigt einen davon:

1. Sie markieren zwei ähnliche Bilder aus einer Gruppenfotoserie in Bridge.
2. Sie wählen in Bridge **Werkzeuge: Photoshop: Photomerge** und verzichten auf BILDER ZUSAMMEN ÜBERBLENDEN.
3. Sie erhalten einen zweiteiligen Ebenenstapel in Photoshop. Bei unserem Beispiel befindet sich die Ebene »Photomerge_12a« oben. Von dieser Ebene nehmen wir nur ein einzelnes Gesicht – den Jungen rechts. Darunter – zunächst nicht sichtbar – liegt das Einzelbild, von dem wir alle weiteren Gesichter und den Hintergrund nehmen. Blenden Sie die EBENE 1 durch Klicken auf das Augensymbol in der Palette mehrfach ein und aus. So erkennen Sie, ob es keinen »Sprung« mehr zwischen den zwei Aufnahmen gibt.
4. Klicken Sie einmal auf die obere Ebene in der Palette. So ist nur noch diese Ebene aktiviert.
5. Jetzt ein Klick auf EBENENMASKE HINZUFÜGEN unten in der Ebenenpalette.
6. Drücken Sie Strg+I. So kehren Sie die Ebenenmaske um, sie zeigt nur noch Schwarz. Im Gesamtbild sehen Sie nur die untere Ebene. Nur ein Gesicht im Gesamtbild soll ja auch von der oberen Ebene genommen werden.

Abbildung 21.117 Von linken Gruppenfoto »Photomerge_12a« nehmen wir nur den Jungen im Kreis. Er wird in das rechte Bild eingesetzt.

Abbildung 21.118
Der »Photomerge«-Dialog hat die Bilder übereinandergelegt und deckungsgleich ausgerichtet. Die Datei »Photomerge_12a« für das einzelne Gesicht befindet sich oben im Ebenenstapel.

Abbildung 21.119
Die obere Ebene bekommt eine Ebenenmaske. Wir malen mit Schwarz über dem Gesicht des Jungen. In der Gesamtansicht erscheint hier wieder das Gesicht von der unteren Bildfassung – genau die Konstellation, die wir nicht sehen wollten.

Abbildung 21.120
Kehren Sie die Ebenenmaske um. Jetzt erscheint das Gesamtbild wie geplant. Verfeinern Sie die Ebenenmaske eventuell. Ergebnis: Photomerge_12c

7. Schalten Sie mit der Taste [B] den Pinsel ein, richten Sie eine passende Werkzeuggröße und geringe Kantenschärfe ein.
8. Sorgen Sie für weiße Vordergrundfarbe, drücken Sie eventuell [X] oder [D], [X].
9. Malen Sie über dem Gesicht des Jungen, so dass das Gesicht von der oberen Ebene erscheint (Details zur Maskenretusche ab Seite 643).

TIPP Passt die Maske noch nicht ganz? Eventuell lässt sie sich mit dem Befehl **Auswahl: Kante verbessern** (Seite 620) pauschal korrigieren.

Abbildung 21.121
Der »Photomerge«-Dialog hat die Bilder übereinandergelegt und deckungsgleich ausgerichtet. Die Datei »Photomerge_12a« für das einzelne Gesicht befindet sich oben im Ebenenstapel, nur sie ist im Gesamtbild zu erkennen.

Abbildung 21.122
Die obere Ebene bekommt eine Ebenenmaske, die Sie schwarz füllen. Jetzt zeigt das Gesamtbild nur die untere Ebene.

Abbildung 21.123
Kehren Sie die Ebenenmaske um. Jetzt erscheint das Gesamtbild wie geplant. Verfeinern Sie die Ebenenmaske eventuell. Ergebnis: Photomerge_12c

Varianten

Sie wollen sicherstellen, dass eine bestimmte Aufnahme ganz oben im Ebenenstapel ist. Dann kopieren Sie diese Variante in die Zwischenablage (Strg+A, Strg+C) und fügen Sie sie über dem Zielbild wieder ein (Strg+V). Variante: Sie ziehen die geplante obere Variante mit dem Verschiebenwerkzeug ins Zielbild und drücken vor dem Loslassen die ⇧-Taste; so landet das Bild genau mittig.

Wenn die Ebenen nicht deckungsgleich sind

Mitunter lassen sich die Gruppenfotovarianten auch gar nicht deckungsgleich ausrichten. Dennoch können Sie oft unkompliziert Köpfe austauschen:

1. Wählen Sie einen einzelnen Kopf, der im Gesamtbild erscheinen soll, großzügig mit Lasso oder Rechteck aus.
2. Kopieren Sie das Haupt mit Strg+C in die Zwischenablage.

Abbildung 21.124 **Links:** Von diesem Bild verwenden wir nur das Gesicht des Jungen rechts, es wird hier mit dem Lasso eingerahmt und kopiert. **Mitte:** Wir haben das Gesicht eingefügt, in ein Smart-Objekt gewandelt, skaliert, gedreht und per Ebenenmaske den Übergang zum neuen Hintergrund geglättet. **Rechts:** Das Gesicht wurde als Smart-Objekt angelegt; so lässt es sich ohne wiederholte Verluste drehen oder skalieren. Dateien: Photomerge_13 etc.

3. Laden Sie das Zielbild und fügen Sie den Kopf per Strg+V ein.
4. Der nächste Befehl sollte **Filter: Für Smartfilter konvertieren** heißen. Er verwandelt den Kopf in ein Smart-Objekt, Sie können ihn also weitgehend verlustfrei immer wieder neu drehen und skalieren.
5. Drücken Sie Strg+T zum **Freien Transformieren**, ziehen Sie den Kopf in die gewünschte Position, drehen und skalieren Sie (Seite 737).
6. Unten in der Palette klicken Sie auf Ebenenmaske hinzufügen.
7. Mit Pinsel, weicher Kante und Schwarz überdecken Sie Teile der Kopfebene, die noch stören und verschwinden sollen.

21.5 Stapelmodus (Extended-Version)

Das Untermenü **Ebene: Smart-Objekte: Stapelmodus** finden Sie nur in der Aufpreisversion Photoshop Extended. Es ist vielleicht die einzige Funktion der Extended-Ausgabe, die gelegentlich für übliche Fotoaufgaben von Interesse ist.

Sie legen zunächst mehrere möglichst deckungsgleiche Ebenen übereinander, die Sie dann zu einem Smart-Objekt zusammenfassen. Dieses Ebenenpaket verrechnet Photoshop so, dass zum Beispiel bewegliche Objekte oder Bildrauschen verschwinden.

Der **Stapelmodus** hat nichts zu tun mit der **Stapelverarbeitung** oder mit den **Stapeln** aus Bridge.

TIPP Sie können die für den **Stapelmodus** erforderliche Bildreihe auch aus einem Film entnehmen.

21.5.1 Übersicht

Wenn Sie mit dem Stapelmodus arbeiten, laufen nacheinander diese Schritte ab (wahlweise vollautomatisch):

1. Sie legen mehrere Ebenen in einer Datei übereinander.
2. Sind die Ebenen noch nicht deckungsgleich, muss Photoshop die Strukturen gleichmäßig ausrichten. Nehmen Sie zum Beispiel erst **Auswahl: Alle auswählen**, dann **Bearbeiten: Ebenen automatisch ausrichten**, meist mit Auto-Vorgabe.
3. Sie wählen alle Ebenen aus und verwandeln sie in ein Smart-Objekt, zum Beispiel per **Filter: Für Smartfil-**

Abbildung 21.125 **Links:** Immer stapft jemand durchs Bild. **Rechts:** Der Stapelmodus »Median« aus Photoshop Extended sorgt für Menschenleere. Dateien: Stapelmodus_1 etc.

Abbildung 21.126
Links: Zuerst legen Sie die Einzelbilder deckungsgleich übereinander und wählen sämtliche Ebenen aus. **Rechts:** Die Ebenen werden zu einem Smart-Objekt zusammengefasst. Jetzt wenden Sie den Stapelmodus »Median« an. Ein Doppelklick auf die verbleibende Smart-Objekt-Miniatur macht wieder die Einzelebenen zugänglich. Dateien: Stapelmodus_1

ter konvertieren (auch im Kontextmenü neben einer Ebenenminiatur). Die Ebenenreihe in der Palette schnurrt zu einer einzigen Smart-Objekt-Ebene zusammen.

4. Gehen Sie ins Untermenü **Ebene: Smart-Objekte: Stapelmodus** und legen Sie ein Mischverfahren fest.

Das Smart-Objekt mit dem Stapelmodus zeigt jetzt rechts in der Palette das Stapelmodus-Symbol. Wollen Sie ein anderes Mischverfahren testen, gehen Sie wieder ins Untermenü **Ebene: Smart-Objekte: Stapelmodus**. Durch das Zurechtschieben nicht ganz deckungsgleicher Ebenen ist eventuell etwas einfarbiger Rand entstanden, den Sie wegschneiden oder retuschieren.

TIPP Verwandeln Sie Hintergrund-Ebenen in eine normale Ebene 0. Dazu reicht ein Alt-Doppelklick auf die Miniatur der Hintergrund-Ebene.

21.5.2 Wege zum Stapelmodus

Photoshop bietet unterschiedliche Wege zu Stapelmodus-Montagen. Wir beschreiben mehrere Verfahren.

Stapelmodus per »Statistik«

In der Praxis haben Sie eine Montage mit Stapelmodus schnell beisammen:

1. Holen Sie die benötigten Bilder auf die Photoshop-Arbeitsfläche.
2. Sie wählen **Datei: Skripten: Statistik**.
3. Im Dialogfeld klicken Sie auf Geöffnete Dateien hinzufügen. (Überflüssige Bilder können Sie markieren, dann Entfernen.)
4. Stellen Sie oben im Dialogfeld den Stapelmodus ein, zum Beispiel Arithmetisches Mittel gegen Rauschen (Seite 440) oder Median zum Entfernen bewegter

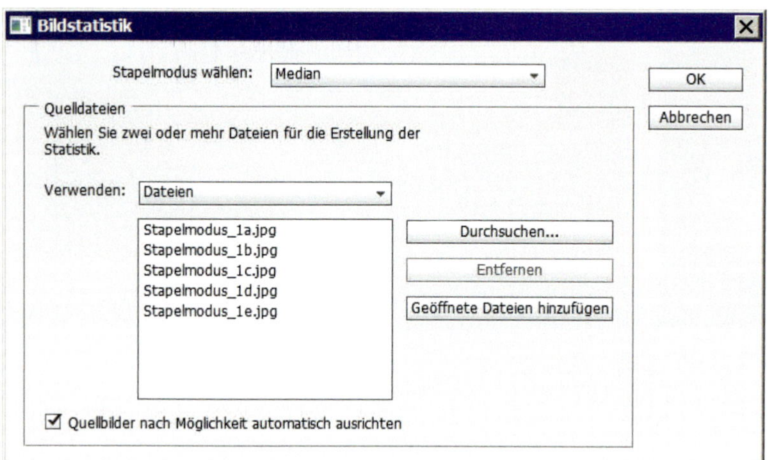

Abbildung 21.127
Der »Statistik«-Befehl erzeugt zügig Smart-Objekte mit Stapelmodus.

Motive. Sind Ihre Bilder nicht ohnehin perfekt deckungsgleich, nehmen Sie noch Quellbilder nach Möglichkeit automatisch ausrichten (das entspricht dem Befehl **Ebenen automatisch ausrichten**).

5. Klicken Sie auf OK.

Stapelmodus per »Photomerge«

Es gibt viele weitere Wege zum Stapelmodus. Vielleicht gefällt Ihnen die Strecke über **Photomerge**, denn dieses Verfahren beginnt in Bridge oder in Mini Bridge:

1. Markieren Sie die gewünschten Fotos in Bridge oder Mini Bridge.
2. Sie wählen in Bridge **Werkzeuge: Photoshop: Photomerge** (in Bridge klicken Sie auf Extras).
3. Im Dialogfeld nehmen Sie Auto, Sie wählen Bilder zusammen überblenden ab und klicken auf OK.
4. Sie erhalten eine Datei, die alle Einzelbilder als Ebenen deckungsgleich untereinander zeigt. Die Ebenen sind bereits ausgewählt. Wenn nicht, brauchen Sie noch **Auswahl: Alle Ebenen**.
5. Es folgt **Filter: Für Smartfilter konvertieren**.
6. Öffnen Sie das Untermenü **Ebene: Smart-Objekte: Stapelmodus** und wählen Sie einen Stapelmodus aus.

Abbildung 21.128 Wie deckungsgleich die Einzelbilder sind, überprüfen Sie auch mit einer Stapelanimation in Bridge (Seite 154); prüfen Sie, ob sich der Hintergrund bewegt. Falls Sie die dafür erforderlichen zehn Dateien nicht zusammenbekommen, nehmen Sie x-beliebige weitere Dateien mit in den Stapel auf.

Stapelmodus per »Stack-A-Matic«

Am schnellsten geht es mit **Dr. Brown's Services**, die Sie kostenlos installieren können (Seite 1073). Wählen Sie die Bilder in Bridge aus, danach nutzen Sie in Bridge den Befehl **Werkzeuge: Dr. Brown's Services: Dr. Brown's Stack-A-Matic**. Verwenden Sie die Optionen Create Stack und Auto Align.

Der Stapelmodus Median zur Entfernung von Touristen heißt auch in diesem englischen Dialogfeld Median. Der Modus Arithmetisches Mittel erscheint hier als Mean.

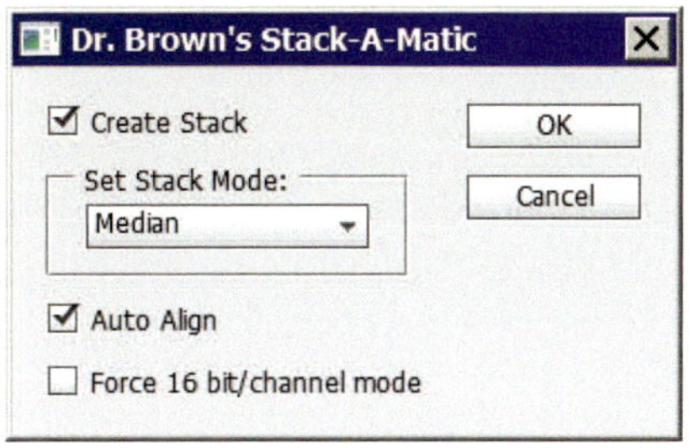

Abbildung 21.129 Mit »Dr. Brown's Services« kommen Sie besonders schnell zum Stapelmodus.

21.5.3 So verschwinden Personen

Für viele Fotografen ist der Stapelmodus **Median** besonders interessant, weil er Bewegliches aus Bildserien tilgt: Zeigen Sie Traumstrände und historische Brunnen ohne Touristenschwärme.

Sie sollten mindestens fünf oder sechs Einzelbilder anliefern, je mehr desto besser. Sie müssen nicht unbedingt perfekt deckungsgleich mit Stativ fotografieren, denn Photoshop schiebt und biegt die Bilder auch noch passend hin.

Das eigentliche Motiv hinter den Touristen muss möglichst oft frei erkennbar sein. Es nützt nichts, wenn das störende Personal auf vier von fünf Motiven den gleichen Hintergrund verdeckt. Stattdessen sollten die »Störenfriede« an stets wechselnden Bildstellen auftauchen.

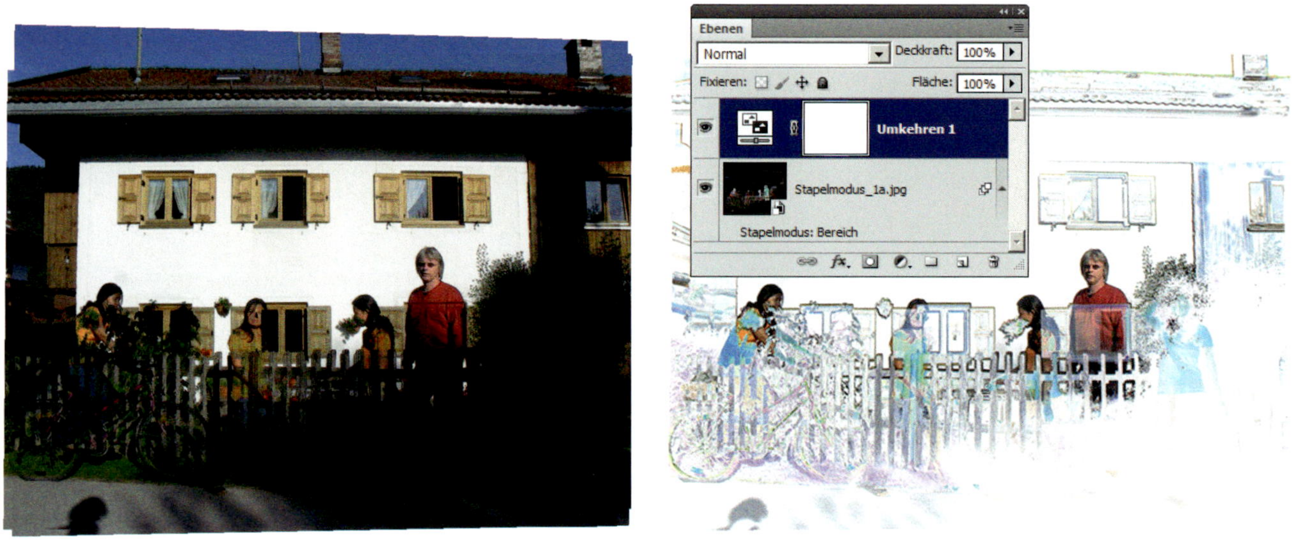

Abbildung 21.130 **Links:** Der Stapelmodus »Minimum«. **Rechts:** Wir haben den Stapelmodus »Bereich« eingestellt und eine Einstellungsebene »Umkehren« darübergelegt, sie zeigt das Bild negativ. Vorlage: Stapelmodus_1 Ergebnis

Verfeinern

Nicht immer liefert der Stapelmodus ein perfektes Ergebnis. Vielleicht spuken noch verwischte Geisterschatten durch die Szene. Sie können das Ergebnis sofort mit Stempel und Co. retuschieren – legen Sie aber unbedingt zuerst eine neue leere Ebene an und verwenden Sie in den Werkzeugoptionen die Vorgabe Alle Ebenen.

Testen Sie aber zunächst andere Verbesserungen am Stapel:

1. Klicken Sie in der Ebenenpalette doppelt auf das Smart-Objekt mit dem Stapelmodussymbol. Jetzt öffnet sich eine neue Datei mit psb-Endung – der ursprüngliche Ebenenstapel, den Sie zuvor angelegt haben. Die komplette, weiterhin zugängliche Ebenenreihe steckt ja als Datei in der Datei innerhalb der smarten Stapelmodus-Ebene. Die Ebenenpalette zeigt die Einzelebenen.
2. Bearbeiten Sie diese psb-Datei (rechts).
3. Schließen Sie die psb-Datei wieder. Photoshop berechnet die Darstellung der übergeordneten Stapelmodus-Datei neu.

So könnten Sie die Darstellung korrigieren, nachdem Sie die psb-Datei mit den Einzelebenen geöffnet haben:

» Blenden Sie einzelne Ebenen, die für Geisterschatten verantwortlich sind, per Augensymbol aus.

» Retuschieren Sie eine Einzelebene zum Beispiel mit dem Stempel.

» Fügen Sie neue Aufnahmen aus derselben Serie ein. Wählen Sie danach alle Ebenen in der Palette aus und gehen Sie auf **Bearbeiten: Ebenen automatisch ausrichten**.

Oder kopieren Sie einen brauchbaren Teil aus einem Einzelbild und legen Sie ihn auf oberster Ebene als »Flicken« über einen Problembereich der Stapelmodusebene.

Touristen entfernen ohne »Stapelmodus«

Der Stapelmodus hilft besonders, wenn Sie viele Bilder zusammenfassen. Haben Sie dagegen nur zwei bis vier Einzelfotos, brauchen Sie den Stapelmodus nicht unbedingt, er wirkt sogar unpraktisch, weil eher Geisterschatten zurückbleiben. **Photomerge** oder **Ebenen automatisch ausrichten** plus gezielte Maskenretusche sind dann besser – und Sie brauchen auch den teureren Photoshop Extended nicht.

Abbildung 21.131 Bei dieser Serie entstehen per Stapelmodus »Median« Geisterschatten: Die »Störenfriede« konzentrieren sich in der Bildmitte; Photoshop Extended kann dort die Hintergrundkulisse nicht voll rekonstruieren. Das wogende Gras wirkt überdies im Stapelmodus unscharf. Mit Ebenenmasken und Stempelretusche wären hier bessere Ergebnisse möglich. Dateien: Stapelmodus_2 etc.

Wir verwenden für unser Beispiel nur zwei einzelne Aufnahmen aus unserer Reihe »Stapelmodus_2«. Sie müssen nicht perfekt deckungsgleich sein. Wichtig jedoch: Über die Einzelaufnahmen verteilt muss jeder Teil des gewünschten Motivs einmal erkennbar sein. Es darf also nicht jedes Mal die gleiche Motivpartie überdeckt sein (dann müssten Sie mit Stempel und Konsorten retuschieren).

Ein möglicher Weg:

1. Markieren Sie die gewünschten Einzelbilder in der Bilddatenbank Bridge.
2. Wählen Sie **Werkzeuge: Photoshop: Photomerge**.
3. Nehmen Sie die Vorgabe Auto, aber nicht Bilder zusammen überblenden und klicken Sie auf OK. Photoshop produziert eine Ebenenmontage mit deckungsgleichen Ebenen, die nicht überblendet werden.
4. Klicken Sie einmal auf die obere Ebene in der Palette. So ist nur noch diese Ebene aktiviert.
5. Jetzt ein Klick auf Ebenenmaske hinzufügen unten in der Ebenenpalette.
6. Drücken Sie Strg+I. So kehren Sie die Ebenenmaske um, sie zeigt nur noch Schwarz. Im Gesamtbild sehen Sie nur die untere Ebene.
7. Schalten Sie mit der Taste B den Pinsel ein, richten Sie eine passende Werkzeuggröße und geringe Kantenschärfe ein.
8. Sorgen Sie für weiße Vordergrundfarbe, drücken Sie eventuell X oder D, X.
9. Malen Sie über störendem Personal – es verschwindet gnädig.

Abbildung 21.132 Auch ohne Stapelmodus lässt sich störendes Personal verbergen – per Maskenretusche. Datei: Stapelmodus_2f

Kapitel 22

Verlustfrei korrigieren

Nutzen Sie Photoshops Angebote für verlustfreie Korrekturen: Sie zeigen einen Bildbereich verändert, doch im Hintergrund liegen immer noch die unveränderten Pixel. Ihre Möglichkeiten:

» Verbergen Sie einen Bildteil, ohne die Pixel gleich zu löschen – per Ebenenmaske, Vektormaske oder Schnittmaske.

» Zeigen Sie das Foto mit einer Kontrastkorrektur, die Sie jederzeit ändern, abschalten oder auf einzelne Zonen beschränken; ich rede von Einstellungsebenen.

» Skalieren oder drehen oder verzerren Sie eine Ebene, doch behalten Sie ein Duplikat der Ebene im Hintergrund; gemeint sind Smart-Objekte.

» Auch **Filter**-Befehle wenden Sie auf Smart-Objekte an, vom **Selektiven Scharfzeichner** bis **Sumi-e**; der Hersteller nannte es Smartfilter. Die Änderung lässt sich nachjustieren, abschaffen oder mit Ebenenmasken auf Bildteile eingrenzen.

Kontraständerungen, kleine Fleckenkorrekturen, Drehungen und Bildausschnitte speichern Sie zudem verlustfrei mit dem Raw-Dialog in DNG-, TIFF- und JPEG-Dateien oder in der Raw-Datenbank; diese Möglichkeiten besprechen wir im Raw-Kapitel ab Seite 205.

22.1 Ebenenbereiche verbergen

Verbergen Sie Teile einer Ebene, ohne sie dauerhaft zu löschen – zum Beispiele Teile einer Montageebene oder Einstellungsebene. Bei Bedarf holen Sie die versteckten Motivpartien in alter Frische wieder hervor. Sie müssen die Bildpunkte also nicht mit Radiergummi oder Entf-Taste dauerhaft eliminieren. Die Kontrastkorrektur einer Einstellungsebene wirkt nur auf einzelne Bildzonen.

22.1.1 Übersicht

Darum geht's in diesem Hauptabschnitt:

» Die Ebenenmaske versteckt Teile einer Einzelebene. Sie korrigieren die Maske mit der Maskenpalette, mit Mal- und Retuschewerkzeugen, Füllfunktionen, Filter- oder Kontrastkorrekturbefehlen. Auch weiche Übergänge sind möglich.

» Die Vektormaske versteckt Teile einer Einzelebene per Pfadtechnik. Sie kostet im Vergleich zur Ebenenmaske weniger Speicherplatz und lässt sich mit Pfadwerkzeugen geschmeidig formen. Gleichmäßig weiche Übergänge sind dank Maskenpalette möglich, allerdings können Sie nicht einzelne Zonen der Maske anders absoften als den Rest. Sie können Vektormaske und Ebenenmaske kombinieren. Beide haben einige gemeinsame Eigenschaften.

» Die Schnittmaske kontrolliert gleich mehrere Ebenen: Alle »gruppierten« Ebenen erscheinen nur noch innerhalb der Umrisse einer sogenannten Grundebene.

Abbildung 22.1 Wir haben das Urlauberpaar kopiert und über dem Wolkenmotiv eingefügt. Das Gesamtbild zeigt zunächst nur das Urlaubsmotiv auf »Ebene 1«. Wir haben dann den hellblauen Hintergrund des Paars mit der Schnellauswahl ausgewählt und die Auswahl umgekehrt. Erfasst waren also nur die Urlauber. Dann folgte unten in der Ebenenpalette der Klick auf »Ebenenmaske hinzufügen«. Sie sehen die Ebenenmaske oben rechts in der Palette. Die schwarzen Bereiche werden in der Montage verborgen; hier blenden wir also das Waser aus, an dessen Stelle erscheinen wieder die Wolken von der Hintergrundebene. Das Wasser steht aber weiter auf der »Ebene 1« zur Verfügung; es ist nur per Ebenenmaske verborgen, nicht endgültig gelöscht. Die Masken können Sie beliebig ändern und verfeinern, zum Beispiel per Pinselretusche, »Auswahl: Maske verbessern« oder per Maskenpalette. Datei: Verbergen_01a

Ebenenmaske und Vektormaske lassen sich auch auf mehrere Ebenen gleichzeitig anlegen; dazu erzeugen Sie eine Gruppe (Seite 714).

TIPP Für Ebenenmasken oder Vektormaske benötigen Sie normale Ebenen, Hintergrund-Ebenen eignen sich nicht. Klicken Sie bei gedrückter Alt-Taste doppelt auf die Hintergrund-Miniatur in der Ebenenpalette, um eine normale Ebene 0 anzulegen.

22.1.2 Ebenenmasken

Sie können Teile einer Ebene mit einer Ebenenmaske abdecken (die Funktion heißt innerhalb der Maskenpalette »Pixelmaske«). Die Ebenenmaske liegt wie eine Schablone über der Ebene und blendet Ebenenbereiche pixelgenau aus; die Maske lässt sich jederzeit ohne Schaden für die ursprünglichen Bildebenen ändern oder entfernen. Sie eignet sich auch für weiche Übergänge nur in einzelnen Bildzonen: Weil die Maske wie ein üblicher Bildkanal 256 Graustufen aufnimmt, blendet sie Bildteile mit 256 Dichtestufen ein und aus.

Die Ebenenmaskenminiatur erscheint in der Ebenenpalette neben der zugehörigen Ebenenminiatur. Schwarz in der Ebenenmaske verdeckt die dazugehörigen Bildpunkte, Weiß gibt die entsprechenden Pixel zur Ansicht frei, Grautöne blenden halbtransparent aus.

Möglichkeiten im Überblick

Sie korrigieren die Maske zum Beispiel mit Pinsel oder Verlaufswerkzeug, **Filter**- oder Kontrastkorrektur-Befehlen. Ebenenmasken und Alphakanäle haben weitgehend die gleichen Optionen und Bearbeitungsmöglichkeiten; wir besprechen die Retusche von Ebenenmasken und Alphakanälen darum gemeinsam ab Seite 643.

Die Maske lässt sich überdies ausschalten, löschen, dauerhaft anwenden und auf verschiedene Arten anzeigen. Die Ebenenmaske kostet so viel Arbeitsspeicher und eventuell auch so viel Festplattenplatz wie eine »flache« 8-Bit-Graustufen-Version Ihrer Vorlage. Eine Alternative ist manchmal die Vektormaske mit ihrer Pfadtechnik.

Abbildung 22.2 **Links:** Wir malen mit großer weicher Pinselspitze und Schwarz in der Ebenenmaske. So verbergen wir einen Teil der Luftmatratze mit weichem Übergang. Um die Darsteller garantiert nicht mit auszublenden, haben wir den Vordergrund ohne die Personen mit der Schnellauswahl ausgewählt. Sie erkennen am weißen Rähmchen in der Ebenenpalette, dass die Ebenenmaske aktiviert ist, nicht die Bildebene. **Rechts:** Wir haben die Auswahl aufgehoben und Ebene plus Maske mit Strg+J dupliziert. In der neuen Duplikatebene klicken wir einmal in die Maskenminiatur und kehren sie mit Strg+I um. Jetzt ist nur noch der Außenbereich weiß, das heißt, sichtbar auf dieser Ebene ist nur das Wasser. Wir stellen die Füllmethode auf »Lichtpunkt« und mischen so Wasser und Wolken außerhalb des Hauptmotivs.

Ebenenmaske anlegen

Eine Ebenenmaske entsteht meist

- mit dem Symbol Ebenenmaske hinzufügen in der Ebenenpalette oder
- mit dem Ausgabe an-Menü im Dialog Kante verbessern.

Weitere Wege sind das Symbol Pixelmaske hinzufügen in der Maskenpalette oder das Untermenü **Ebene: Ebenenmaske.** Dieses Menü listet Ihre Möglichkeiten besonders übersichtlich auf. Aktivieren Sie die gewünschte Ebene, dann geht es wie folgt weiter:

- Der Befehl **Ebene: Ebenenmaske: Alle einblenden** lässt die komplette Ebene zur Ansicht frei, es entsteht also eine gänzlich weiße Ebenenmaske. (Dasselbe bewirkt ein Klick auf das Symbol Ebenenmaske hinzufügen, sofern keine Auswahllinie im Bild schillert.)
- Verwenden Sie **Alle ausblenden**, entsteht eine schwarze Ebenenmaske, die gar nichts durchscheinen lässt. Ebendies bewirkt auch ein Alt-Klick auf das Symbol Ebenenmaske hinzufügen, sofern keine Auswahl im Bild besteht.
- Besteht jedoch eine Auswahl, können Sie die **Auswahl einblenden**; sichtbar bleiben nur die Bildpunkte innerhalb der Auswahl. Die neue Ebenenmaske ist im Bereich der Auswahl weiß, drum herum schwarz. Dieselbe Wirkung hat – bei vorhandener Auswahl im Bild – ein Klick auf das Symbol Ebenenmaske hinzufügen oder auf Pixelmaske hinzufügen in der Maskenpalette.
- Umgekehrt lässt sich auch eine **Auswahl ausblenden**; Bildpunkte innerhalb einer Auswahl werden damit auf der aktiven Ebene verborgen, außen liegende Pixel bleiben sichtbar. Innerhalb der Auswahl trägt die Ebenenmaske Schwarz, außerhalb der Fließmarkierung zeigt sie Weiß. Alternative: Alt-Klick auf das Symbol Ebenenmaske hinzufügen oder Alt-Klick auf Pixelmaske hinzufügen in der Maskenpalette.

Der Befehl **In die Auswahl einfügen** (Strg+Alt+⇧+V, Seite 703) erzeugt automatisch eine Ebenenmaske. Auch bei **Photomerge**-Montagen oder beim Befehl **Ebenen automatisch überblenden** produziert Photoshop automatisch Ebenenmasken. Neue Füll- und Einstellungsebenen bringen ihre eigene reinweiße Ebenenmaske mit, sofern Sie das nicht generell unterbinden.

Abbildung 22.3
Wir fügen das Handfoto als Rechteck in eine neue Datei ein und erzeugen sofort ein Smart-Objekt. Danach wählen wir den Außenbereich mit der Schnellauswahl aus und kehren die Auswahl um, so dass nur die Hand selbst ausgewählt ist. Wir klicken auf »Kante verbessern« und glätten die Auswahl mit bewährten Einstellungen. Wichtig: Unten im Menü »Ausgabe an« nehmen wir »Ebenenmaske«. Datei: Verbergen_02

Ebene mit Maske verbinden

Zwischen den Miniaturen für Ebene und Ebenenmaske ist Platz für das Verbindungssymbol, das Sie durch einfachen Klick ein- und ausschalten. In der Regel sind neue Ebenenmasken mit der Ebene verbunden. Das Gleiche gilt auch für die Vektormaske (Seite 877). Sie entscheiden hier,

- ob sich die Ebenenmaske mit der Ebene bewegt oder verformt, wenn Sie die Ebene verschieben oder transformieren oder
- ob die Ebenenmaske stur am angestammten Platz verharrt, so dass ein Verschieben oder Transformieren der Ebene andere Ebenenbereiche ans Tageslicht holt.

Dies bedeutet konkret:

- Sie koppeln eine Ebenenmaske per Verbindungssymbol an die Ebene, wenn sich die Maske nur an der Ebene selbst orientiert. Haben Sie störende Teile eines Objekts per Maske versteckt, dann muss die Ebenenmaske verbunden sein – damit beim Bewegen immer dieselben Motivteile versteckt bleiben. Umgekehrt bewegt sich auch die Ebene mit, wenn Sie die Ebenenmaske bewegen.
- Manchmal orientiert sich die Ebenenmaske am Inhalt der darunterliegenden Ebenen – zum Beispiel zeigt sich das aktive Objekt innerhalb eines Fensters oder eines anderen Rahmens. Hier verzichten Sie auf die Verbindung von Ebenenmaske und Ebene und klicken das Verbindungssymbol weg.

Ebeneneffekte und Ebenenmasken

Beachten Sie die Wirkung von Ebenenmasken und Vektormasken auf Ebeneneffekte, die sich speziell am Rand der Ebenenfüllung auswirken, etwa die Kontur oder die Abgeflachte Kante:

- Verzichten Sie im Dialogfeld Ebenenstil auf die Option Ebenenmaske blendet Effekte aus. Nun orientiert sich der Ebeneneffekt an den tatsächlich sichtbaren Pixeln, die Ebenenmaske wird also berücksichtigt. In unserem Beispiel wird der Schriftzug durch die katzenförmige Ebenenmaske teilweise verdeckt. Die Effekte Abgeflachte Kante sowie Schein nach aussen folgen also den Konturen der Ebenenmaske, nicht ausschließlich der Schriftkontur.
- Aktivieren Sie die Option Ebenenmaske blendet Effekte aus. Nun laufen die Effekte nicht mehr an der Ebenenmaske entlang, sondern an den Außengrenzen der gesamten Ebenenfüllung – auch wenn diese zum Teil verborgen ist. Sie sehen im Bildbeispiel rechts, dass um die Katze und um die Felsen herum keine speziellen Randeffekte mehr zu beobachten sind. Die Ebenenmaske verbirgt die Ränder der Ebene; und auch die Effekte, die sich auf die Ränder auswirken, sind nicht mehr zu erkennen.

Diese Option gibt es separat auch für Vektormasken.

Abbildung 22.4
Photoshop legt eine neue Ebenenmaske an, der nicht ausgewählte Bereich aus dem Handfoto wird mit schwarzer Farbe verborgen. Die Ebenenmaske erscheint als Miniatur neben der Ebene. Sie können den sichtbaren Ausschnitt jederzeit verfeinern, zum Beispiel auch per »Auswahl: Maske verbessern«. Achten Sie dann darauf, dass die Maske und nicht die Bildauswahl selbst aktiviert ist, hier erkennbar am weißen Rähmchen um die Miniatur.

Ebenenmasken aktivieren

Sie wollen die Ebenenmaske – und nicht die Bildpunkte selbst – bearbeiten? Aktivieren Sie die Ebenenmaske per Klick auf die Ebenenmaskenminiatur in der Palette auf die Schaltfläche Pixelmaske auswählen in der Maskenpalette. Photoshop stellt die Ebenenmaske zunächst nicht explizit über der Datei dar. So meldet Photoshop, dass Sie an der Maske und nicht an der Ebene selbst hantieren:

» Die Maskenminiatur neben der Ebenenminiatur ist durch ein weißes Rähmchen hervorgehoben.
» Das Symbol in der Maskenpalette Pixelmaske auswählen zeigt ein zusätzliches schwarzes Rähmchen.
» In der Titelzeile des Dateifensters finden Sie einen weiteren Hinweis wie Ebene 0, Ebenenmaske.

Und Sie sehen es bei der Arbeit: Tragen Sie Schwarz auf, verschwindet die Ebene; tragen Sie Weiß auf, erscheint die Ebene wieder. Der Farbwähler bietet nur Graustufen an. Sie retuschieren an einer Maske, die Sie gar nicht sehen; Sie erkennen nur die Maskenwirkung auf das Gesamtbild.

Abbildung 22.5
Wir drehen und vergrößern das Handfoto per »Frei transformieren« (Strg+T). Die Ebenenmaske ist meist mit der Bildebene (dem Handfoto) verbunden, erkennbar hier an der Gliederkette zwischen den Miniaturen für Bild und Maske. Darum gilt: Wenn Sie das Handfoto »transformieren«, ändert sich die Ebenenmaske mit.

Abbildung 22.6 **Links:** Alt+⇧-Klick in die Maskenminiatur zeigt die Ebenenmaske als Farbmaske über dem Bild; man kann sie so noch übersichtlicher per Pinselretusche korrigieren. Sie erkennen, dass die Maske nicht bis zum Bildrand geht. Das spielt aber hier keine Rolle, weil die Bildebene selbst auch nicht bis zum Rand der Arbeitsfläche reicht. **Mitte:** Alt+Klick zeigt allein die Graustufen der Maske, auch dies ist eine Erleichterung bei der Maskenretusche. **Rechts:** ⇧+Klick auf die Miniatur der Ebenenmaske schaltet die Wirkung der Maske ab, ohne sie zu löschen. Sie sehen wieder die vollständige Ebene.

Ebenenmaske darstellen

Machen Sie die Ebenenmaske sichtbar, um sie besser zu prüfen und zu bearbeiten:

» Alt-Klick auf die Miniatur der Ebenenmaske stellt allein die Maske in Graustufen dar – wie einen Alphakanal. Wiederholen Sie den Griff, um zur normalen Darstellung nur der Ebene zu gelangen.

» Alt+⇧-Klick blendet die Maske halbdeckend über die Ebene. Farbe und Deckkraft einer eingeblendeten Ebenenmaske legen Sie nach Doppelklick auf die Maskenminiatur fest (vergleiche Seite 642). In beiden Fällen können Sie die Maske weiterbearbeiten.

» ⇧-Klick auf die Miniatur der Ebenenmaske schaltet die Maske aus, ohne sie zu löschen; sie erscheint durchgestrichen in der Palette (alternativ nehmen Sie **Ebene: Ebenenmaske: Deaktivieren** oder die Schaltfläche MASKE AKTIVIEREN/DEAKTIVIEREN in der Maskenpalette.

» Mit einem beherzten Klick auf die Miniatur der Ebene selbst kehren Sie wieder zur üblichen Bilddarstellung zurück.

Einige dieser Befehle enthält auch das Kontextmenü, das Sie mit einem Rechtsklick über der Ebenenmaskenminiatur zum Vorschein bringen. Photoshop zeigt die Maske der aktiven Ebene zudem in der Kanälepalette; dort lässt sie sich durch Anklicken aktivieren und per Augensymbol ein- und ausblenden.

TIPP Zeigen Sie zwei Darstellungen ein- und desselben Bilds nebeneinander mit dem Befehl **Fenster: Neues Fenster**. Sie können nun in einem Fenster die Ebenenmaske allein anzeigen, ohne Foto; nach Bedarf arbeiten Sie in beiden Fenstern. Sie können auch unterschiedliche Zoomstufen verwenden.

Ebenenmasken innerhalb einer Datei verschieben & kopieren

So verschieben und kopieren Sie Ebenenmasken auf andere Ebenen innerhalb einer Datei:

» Ebenenmaske verschieben: In der Palette ziehen Sie die Maske auf die neue Ebene – dabei verschwindet sie aus der ursprünglichen Ebene.

» Ebenenmaske kopieren: Halten Sie erst die Alt-Taste gedrückt, dann ziehen Sie bei weiter gedrückter Alt-Taste die Ebenenmaske in der Palette über die neue Ebene. Anschließend haben alte und neue Ebene die Maske.

» Ebenenmaske kopieren, Variante: Klicken Sie die Maskenminiatur bei gedrückter Strg-Taste an, so dass Photoshop die Maskeninformation als Auswahl lädt. Klicken Sie einmal auf die Miniatur der Zielebene, dann klicken Sie unten in der Ebenenpalette auf die Schaltfläche EBENENMASKE HINZUFÜGEN.

Abbildung 22.7 **Links:** Eine Ebenenmaske verbirgt Teile der Textebene. Wir verzichten in den Fülloptionen auf »Ebenenmaske blendet Effekte aus«; die Effekte folgen der Kontur der Ebenenmaske, nicht der Kontur der gesamten Textebene. **Rechts:** Wir verwenden die Vorgabe »Ebenenmaske blendet Effekte aus«; die Ebeneneffekte schmiegen sich nicht mehr an die Ränder der Maske an, sondern orientieren sich nur an den Buchstaben. Datei: Verbergen_04

TIPP Drücken Sie zusätzlich die ⇧-Taste, um die Auswahlwirkung der kopierten oder verschobenen Ebenenmaske umzukehren. Sie können die Maske natürlich auch ohne diese Zusatztaste übertragen und dann die Wirkung per Strg+I umkehren.

Ebenenmasken in andere Dateien übertragen

Übertragen Sie Ebenenmasken auch auf Ebenen in anderen Dateien:

» Laden Sie die Ebenenmaske als Auswahl und ziehen Sie die Auswahl mit einem Auswahlwerkzeug wie dem Rechteck über eine andere Datei. Aktivieren Sie die gewünschte Ebene und klicken Sie in der Ebenenpalette auf Ebenenmaske hinzufügen.

» Ziehen Sie die Miniatur der Ebenenmaske aus der Kanälepalette – also nicht aus der Ebenenpalette – über eine neue Datei; so etablieren Sie die Ebenenmaske zunächst als üblichen Alphakanal. Laden Sie die Auswahl per Strg-Klick auf die Kanalminiatur, aktivieren Sie die Zielebene, klicken Sie auf das Symbol Ebenenmaske hinzufügen und löschen Sie den Alphakanal.

» Ziehen Sie Ebene samt Ebenenmaske gemeinsam in die neue Datei. Die Ebenenmaske folgt der Ebene stets bedingungslos, auch wenn sie nicht verbunden ist. Mit gedrücktem ⇧-Klick sorgen Sie für mittige Landung.

Die Ebenenmaske lässt sich nicht durch Ziehen und Ablegen der Maskenminiatur über eine neue Datei duplizieren.

Ebenenmasken löschen & anwenden

Sie können Ebenenmasken und Vektormasken jederzeit entfernen; so sparen Sie Speicher und Rechenpower. Beachten Sie aber den Unterschied zwischen Löschen und Anwenden einer Ebenenmaske:

» Löschen der Ebenen- oder Vektormaske bedeutet: Die Maskierungswirkung entfällt; die ehedem maskierte Ebene zeigt sich wieder in voller Ausdehnung – so, wie sie bereits ohne Ebenenmaske aussah.

» Anwenden der Maske bedeutet: Die Bildteile, die Sie zuvor mithilfe der Ebenenmasken verborgen haben, werden endgültig gelöscht – wie mit dem Radiergummi oder durch Auswahl und Entf-Taste. Halbtransparent eingeblendete Bildpunkte haben nach dem Anwenden der Ebenenmaske nur noch halbe Deckkraft; die ursprünglichen, voll deckenden Bildpunkte sind weg.

So löschen Sie eine Ebenenmaske schnell (und die Ebene wird wieder voll sichtbar):

» Klicken Sie mit rechts direkt in die Maskenminiatur in der Ebenenpalette und dann auf **Löschen**.

» Alternative: Wenn die Maske aktiviert ist, klicken Sie auf den Mülleimer unten in der Maskenpalette.

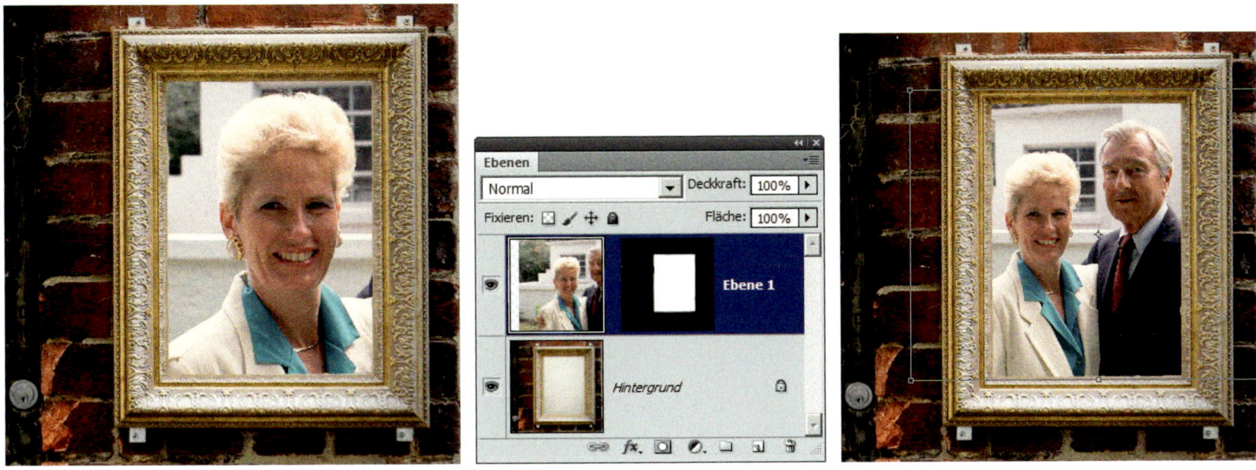

Abbildung 22.8 **Links:** Die Porträtdatei wurde komplett ausgewählt und in die Zwischenablage »kopiert«. In der Bilderrahmendatei wählen wir erst einmal das Rahmeninnere aus und klicken dann auf »Bearbeiten: Einfügen Spezial: In die Auswahl einfügen«. So sehen Sie die Person nur innerhalb des Bilderrahmens. **Mitte:** In der Ebenenpalette entstand eine Ebenenmaske für die eingefügte Ebene. Das Bild ist komplett vorhanden, Teile außerhalb der Maske werden lediglich momentan verborgen. **Rechts:** Die Ebenenmaske ist mit dem Bild nicht verbunden, darum lässt sich das Motiv hier innerhalb des Rahmens bewegen und verkleinern, so dass beide Personen sichtbar werden. Datei: Verbergen_03. Rahmenfoto: iStockphoto.com, Dizzy, Nr. 7112509

So wenden Sie die Ebenenmaske zügig an:

» Klicken Sie mit rechts in die Maskenminiatur in der Ebenenpalette und dann auf **Anwenden**.

» Wenn die Maske aktiviert ist, klicken Sie auf Maske anwenden unten in der Maskenpalette.

» Wählen Sie **Datei: Skripten: Alle Masken reduzieren**. So wenden Sie sämtliche Ebenenmasken der Datei mit einem Befehl an.

Sie können sich noch nicht recht zwischen Löschen und Anwenden entscheiden? Ziehen Sie die Ebenenmaske auf den Mülleimer in der Ebenenpalette oder klicken Sie das Utensil bei aktivierter Ebenenmaske einfach an. Nun fragt Photoshop beflissen: Soll die Maske vor dem Löschen auf die Ebene angewendet werden? Klicken Sie auf Anwenden oder Löschen.

TIPP Ebenenmasken bei Smart-Objekten verhalten sich etwas anders als oben beschrieben. Denn Sie können eine Ebenenmaske nicht auf Smart-Objekte anwenden, weil man dort keine Pixel dauerhaft entfernen kann. Ein Beispiel: Klicken Sie einmal auf die Maskenminiatur und dann auf den in der Ebenenpalette: Die Maske wird ohne Rückfrage gelöscht.

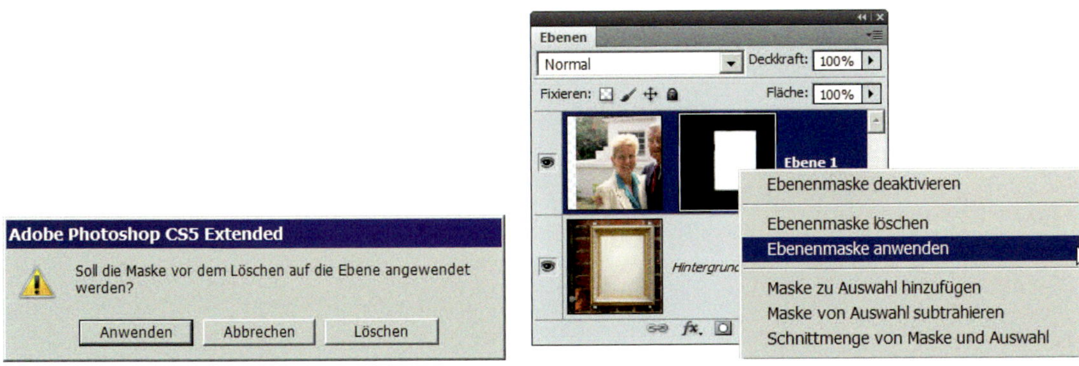

Abbildung 22.9 **Links:** Ziehen Sie die Ebenenmaske auf den Mülleimer der Ebenenpalette, entscheiden Sie zwischen »Anwenden« und »Löschen« (bei Smart Objekten nur Löschen). **Rechts:** Auch im Kontextmenü direkt über der Ebenenmaske können Sie die Maske anwenden oder löschen.

Abbildung 22.10 **Links:** Wir haben die Ebenenmaske »angewendet«. Die Bildwirkung bleibt unverändert. Verborgene Teile der »Ebene 1« werden jedoch endgültig entfernt und können nicht mehr angezeigt werden. In der Ebenenpalette verschwindet die Maskenminiatur, die Ebene hat nur noch die Ausdehnung des Rahmeninneren. **Rechts:** Wir haben die Ebenenmaske »gelöscht«. Die Bildwirkung ändert sich. Die Ebenenmaske verschwindet, die »Ebene 1« kann sich somit über die gesamte Bildfläche ausdehnen, sie geht hier auch hinter der Arbeitsfläche weiter. Vorlage: Verbergen_03

Maskeninformation als Auswahl laden

Die Maskierungsinformation der Ebenen- und Vektormaske lässt sich als Auswahl laden, am schnellsten per Tastatur+Klick:

» Strg+Klick auf die Ebenenmaskenminiatur lädt die Ebenenmaskeninformation als Auswahl.

» Nehmen Sie die ⇧-Taste hinzu, um eine bereits vorhandene Auswahl zu erweitern.

» Strg+⇧+Alt bildet die Schnittmenge aus vorhandener und neu geladener Auswahl.

Sie erhalten dasselbe Angebot auch über den Befehl **Auswahl: Auswahl laden** und im Kontextmenü über der Ebenenmaske. Oder nutzen Sie die Schaltfläche Auswahl aus Maske laden in der Maskenpalette.

Formgitter für Ebenenmasken

Der Befehl **Bearbeiten: Formgitter** (Seite 745) verbiegt nicht nur Arme, Beine und Buchstaben, sondern auch Ebenenmasken. Die Umrisse lassen sich umformen. Unser Test-Photoshop verhielt sich dabei auf zwei ganz unterschiedlichen Rechnern gleichermaßen überraschend. Die Testergebnisse:

» Ebene und Maske sind verbunden: Sie wählen nichts aus und setzen »Pins« ein. Beim Verzerren ändern sich Bildebene und Maske gemeinsam. Es spielt keine Rolle, ob Sie Ebene oder Maske auswählen.

» Ebene und Maske sind nicht verbunden, die Bildebene ist aktiviert: Sie wählen nichts aus und setzen »Pins« ein. Beim Verzerren ändert sich nur die Bildebene, die Maske bleibt unverändert. Die Verzerrung erfolgt so, als ob sich auf der Bildebene tatsächlich nur die sichtbaren Pixel befinden. Die ausgeblendeten Pixel werden beim Verzerren nicht berücksichtigt, mehr noch: Ebenenteile, die von der Maske verborgen waren, verschwinden nach der **Formgitter**-Behandlung vollständig, stattdessen sehen Sie die Karos für Transparenz.

Ebene und Maske sind nicht verbunden, die Ebenenmaske ist aktiviert: Sie wählen nichts aus und setzen »Pins« ein. Beim Verzerren ändert sich nur die Maske, die Bildebene bleibt komplett erhalten. Das Ergebnis sehen Sie erst korrekt nach der Bestätigung mit der ↵-Taste. Beim Umformen selbst zeigt Photoshop im Bildfenster und in der Ebenenpalette teils nichts an. Weniger kooperativ zeigt sich das Formgitter bei Vektormasken: Hier wird entweder gar nichts oder die gesamte Bildfläche bearbeitet, unabhängig von der Vektormaske.

22.1.3 Maskenpalette

Die Maskenpalette erzeugt und verfeinert Ebenenmasken, Filtermasken und Vektormasken. Am wichtigsten sind die verlustfreien Regler Dichte und Weiche Kante.

»Dichte«

Senken Sie die Dichte per Maskenpalette, damit bisher Verborgenes mehr oder weniger sichtbar wird – über die gesamte Arbeitsfläche, verlustfrei rücksetzbar.

Ein Beispiel: Sie haben Teile einer Einstellungsebene mit Schwarz in der Ebenenmaske unwirksam gemacht, so dass die entsprechenden Fotobereiche nicht verändert erscheinen. Senken Sie die Dichte, ändert sich das Schwarz in Grau. Die Einstellungsebene wirkt nun zumindest schwach auch auf Zonen, die Sie zuvor ganz ausgespart hatten. Malen Sie mit voller Pinsel-Deckkraft bei gesenkter Dichte, erscheinen die Striche zunächst nur mit schwächerer Dichte in der Maske; heben Sie die Dichte, wirken auch die neuen Striche wieder dunkler.

»Weiche Kante«

Dieser Regler weicht harte Übergänge in der Ebenen-, Filter- oder Vektormaske auf. So wirken Montagen weniger »aufgeklebt«. Wohlgemerkt: Sie können die alte Maskenpräzision jederzeit komplett wiederherstellen, wenn Sie die Weiche Kante auf null Pixel zurückfahren. Das ist ein wichtiger Vorteil gegenüber der Anwendung eines Weichzeichners auf die Ebenenmaske.

Testen Sie eine Weiche Kante, wenn die Auswahl noch nicht recht sitzt und unschön ins Auge sticht. Haben Sie die Weiche Kante eingerichtet, wirkt auch neuer Farbauftrag mit hartkantigen Pinselspitzen weich. Senken Sie den Wert Weiche Kante, erscheinen die neuen Pinselstriche hart.

TIPP Die Maskenpalette verändert stets die komplette Ebenen- oder Vektormaske, das aber verlustfrei. Wollen Sie nur einzelne Bereiche der Maske verändern, brauchen Sie eine Maskenretusche zum Beispiel mit Pinsel und **Filter**-Befehlen (Seite 643).

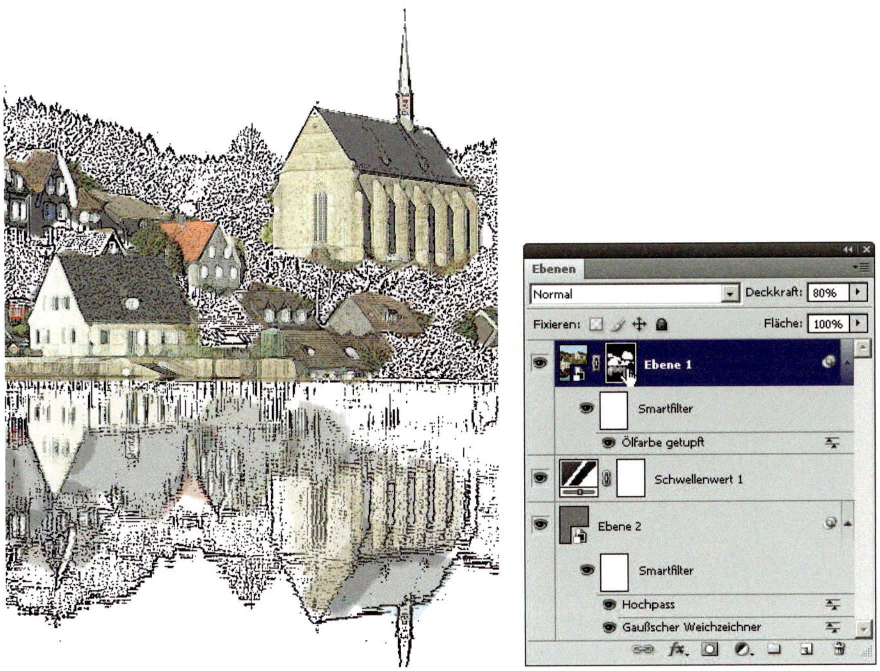

Abbildung 22.11
Das unveränderte Bild ist zweimal als Smart-Objekt in dieser Montage enthalten, alle Verfremdungen wurden verlustfrei per Smartfilter, Einstellungsebene und Ebenenmaske angewendet. Auf der oberen Ebene liegt eine Farbvariante des Bilds, die per Ebenenmaske nur teilweise über die Strichgrafik geblendet wird. Für die folgenden Manipulationen per Ebenenmaske aktivieren Sie die Maske der »Ebene 1«. Datei: Verbergen_12; Foto: Gabi Sieg-Ewe

Abbildung 22.12
In der Maskenpalette stellen wir zehn Pixel »Weiche Kante« ein. So erscheinen die Farbflächen – abhängig von den weißen Bereichen in der Ebenenmaske – weniger stark abgegrenzt. Sie können die »Weiche Kante« wie auch die »Dichte« jederzeit verlustfrei zurücksetzen.

Abbildung 22.13 **Links:** Wir senken die »Dichte« in der Maskenpalette von 100 auf 70 Prozent. Das zuvor großteils unterdrückte Farbbild kann sich so auf der gesamten Arbeitsfläche schwach zeigen. Die »Weiche Kante« steht hier auf 0. **Rechts:** Wir heben die Weiche Kante in der Maskenpalette zusätzlich von 0 auf 20 Pixel, so dass die zuvor schon stärker sichtbaren Farbzonen weicher in die Umgebung übergehen.

So nutzen Sie die Maskenpalette

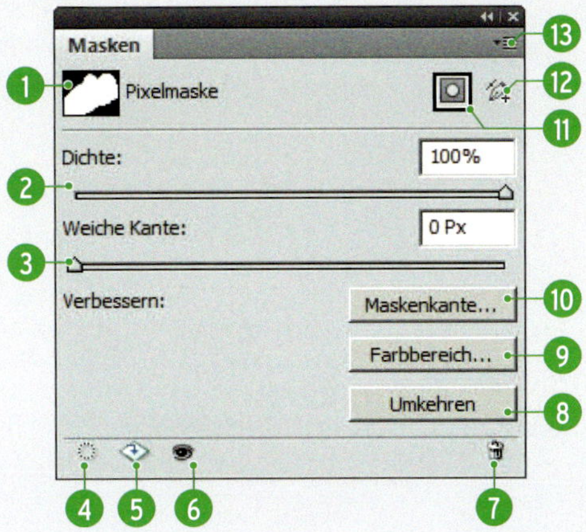

1. Maskenminiatur der aktiven Maske
2. **Dichte:** ausgeblendete Bereiche gedämpft anzeigen (verlustfrei)
3. **Weiche Kante:** Übergang zwischen Gewählt und Nicht gewählt aufweichen (verlustfrei)
4. **Auswahl aus Maske laden**
5. **Maske anwenden:** Verborgenes wird endgültig gelöscht
6. **Maske aktivieren/deaktivieren:** Verborgenes wieder anzeigen, Maske deaktiviert beibehalten
7. **Maske löschen:** Verborgenes wieder anzeigen, Maske entfernen
8. **Umkehren:** Ebenenmasken umkehren (verlustfrei, nicht für Vektormasken)
9. **Farbbereich:** Ebenenmasken mit **Auswahl**-Befehl Farbbereich bearbeiten (nicht verlustfrei, nicht für Vektormasken)
10. **Maskenkante:** Ebenenmasken mit Funktion **Kante verbessern** bearbeiten (nicht verlustfrei, nicht für Vektormasken)
11. **Vorhandene Ebenenmaske** aktivieren/deaktivieren.
12. **Neue Vektormaske** anlegen
13. **Palettenmenü**

Weitere Möglichkeiten

Sie können mit der Maskenpalette neue Ebenen- oder Vektormasken anlegen, aktivieren, löschen, anwenden oder als Auswahl laden. Diese Möglichkeiten gibt es via Menübefehl oder Ebenenpalette. Wir besprechen sie ausführlich ab Seite 867.

Die drei Schaltflächen in der unteren Mitte verändern eine bereits aktivierte Ebenen- und teilweise Filtermaske, aber keine Vektormasken. Sie laden Dialogfelder, die wir an anderer Stelle bereits ausführlich behandelt haben:

» Maskenkante: Lädt den Dialog **Kante verbessern**, mit dem Sie etwas ungenau sitzende Ebenenmasken ideal verfeinern (Seite 620), nicht bei Filter- und Vektormasken. Die Änderungen lassen sich nicht verlustfrei zurückregeln.

» Farbbereich: Eine Art Turbo-Zauberstab, der hier Ebenenmasken komplett ändert und umgestaltet (Seite 616), nicht bei Vektormasken. Der Eingriff lässt sich nicht verlustfrei zurückregeln.

» Umkehren: Kehrt die Auswahlwirkung um, bisher Verborgenes wird sichtbar, Sichtbares taucht ab. Alternativ drücken Sie Strg+I (die Ebenenmaske ist ja schon aktiviert), nicht bei Vektormasken, verlustfrei rücksetzbar.

22.1.4 Vektormasken

Ähnlich wie die Ebenenmaske grenzt auch eine Vektormaske (früher »Ebenen-Beschneidungsmaske«) die Sichtbarkeit einer Montageebene ein: Die Bildpunkte der Ebene sind nur innerhalb der Pfadumrisse sichtbar. Außenliegendes wird verborgen. Durch Umformen des Pfads zeigen Sie andere Bereiche der Ebene an. Unterschiede zur Ebenenmaske: weniger Speicherbedarf, keine örtlich präzisen weichen Übergänge, elegantes Umformen mit Zeichenstift- oder Formwerkzeugen, aber keine Bearbeitung mit Filtern, Pinseln oder Kontrastkorrektur.

Die Vektormaske teilt sich viele Eigenschaften mit der Ebenenmaske. Beide Maskenarten können Sie mit dem Verbindungssymbol an die Ebene ankoppeln oder von

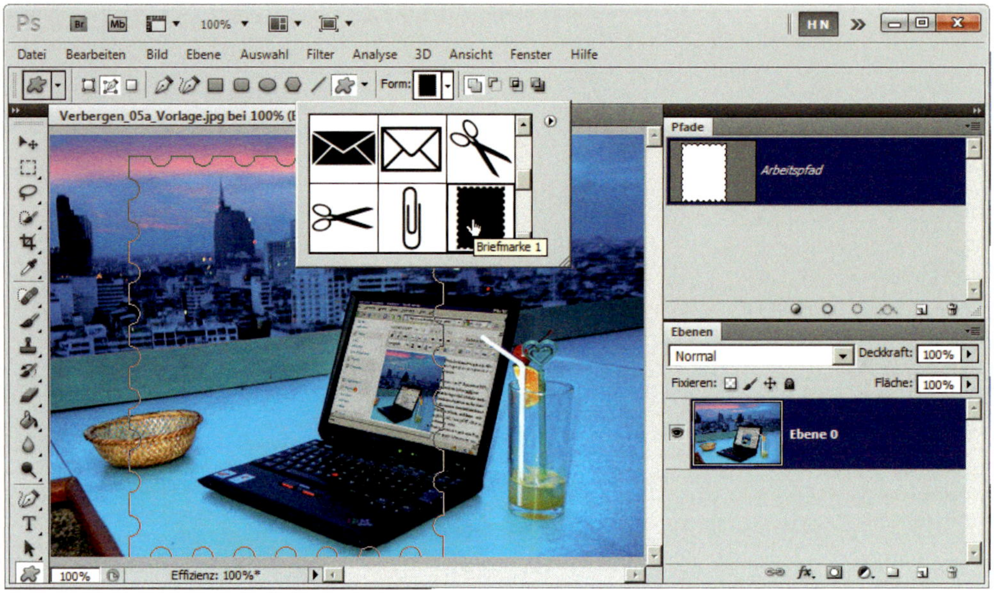

Abbildung 22.14 Ein möglicher Weg zur Vektormaske: Wir schalten das Eigen-Form-Werkzeug ein, oben in der Leiste nutzen wir die »Pfade«-Option. Im »Form«-Klappmenü laden wir zunächst die Formen-Bibliothek »Alle« und klicken dann auf »Briefmarke 1«. Wir ziehen einen Pfad im Bild auf, die ⇧-Taste schützt das Seitenverhältnis. Klicken Sie bei gedrückter Alt-Taste doppelt auf die Miniatur der Hintergrundebene, sie verwandelt sich in eine »Ebene 0«. Datei: Verbergen_05

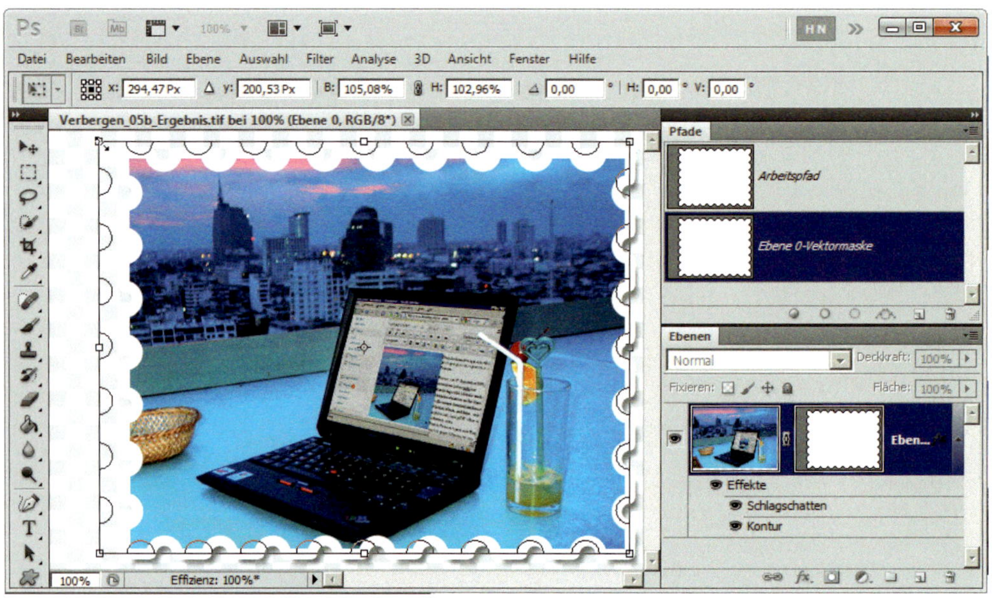

Abbildung 22.15 Starten Sie »Pfad frei transformieren« mit Strg+T, drehen Sie die Briefmarke um genau 90 Grad, richten Sie auch Größe und Position vorläufig ein. Der nächste Befehl heißt »Ebene: Vektormaske: Aktueller Pfad«. Damit sehen Sie das Bild nur noch innerhalb des Pfads, hier innerhalb einer Briefmarke. Sie können den Pfad jederzeit verlustfrei umformen und so den Bildausschnitt ändern, zum Beispiel mit den Pfadwerkzeugen oder hier per »Pfad frei transformieren«. Wir bringen noch die Effekte »Schlagschatten« und »Kontur« an und wählen »Bild: Alles einblenden«, damit die Effekte nicht am Bildrand abgeschnitten werden. Pfade- und Ebenenpalettte zeigen die neu entstandenen Pfade.

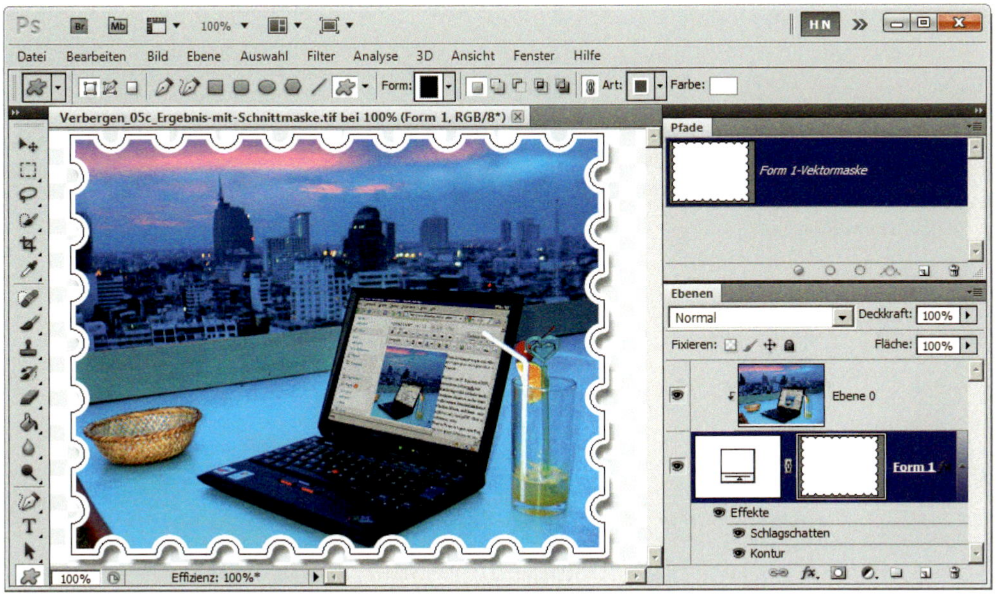

Abbildung 22.16 Eine Alternative zur Vektormaske mit dem Eigene-Form-Werkzeug ist die Schnittmaske mit Formebene. Sie wirkt oft überschaubarer und erfordert weniger Umgang mit speziellen Pfadfunktionen: Sie nutzen wieder das Eigene-Form-Werkzeug, diesmal oben mit der Option »Formebenen«. Ziehen Sie die Formebene mit einer beliebigen Farbe auf (hier Weiß). Sie überdeckt zunächst das Bild. Klicken Sie bei gedrückter [Alt]-Taste doppelt auf die Miniatur der Hintergrundebene und ziehen Sie die so neu entstandene »Ebene 1« hoch über die »Form 1«. Der nächste Befehl heißt »Ebene: Schnittmaske erstellen«. Damit erscheint das Bild nur noch innerhalb der Form. Aktivieren Sie die Formebene, wenn Sie den Umriss mit Pfadwerkzeugen oder »Transformiereren« ändern wollen.

ihr lösen (Seite 869). Die Maskenpalette weicht die Kanten der Vektormaske auf und dämpft die DICHTE, so dass eigentlich Verborgenes zumindest gedämpft durchscheint.

Ebeneneffekte orientieren sich wahlweise an der Gesamtebene oder nur an dem Bildbereich, den die Vektormaske sichtbar lässt; das bestimmen Sie mit der Option VEKTORMASKE VERBIRGT EFFEKTE im Dialogfeld EBENENSTIL (Seite 869). Die Vektormaske erscheint als Miniatur neben der Ebene in der Ebenenpalette, aber ebenso in der Pfadpalette; sie kann auch dort aktiviert werden.

Vektormaske anlegen

Eine Vektormaske entsteht auf verschiedene Arten:

» Sie aktivieren eine Ebene und wählen den Befehl **Ebene: Vektormaske: Alle einblenden** oder klicken auf VEKTORMASKE HINZUFÜGEN in der Maskenpalette. Die Ebene bleibt zunächst voll sichtbar. Anschließend zeichnen Sie mit einem Werkzeug wie dem Zeichenstift oder »Eigene Form« einen Pfad und verfolgen mit, wie Ebenenteile außerhalb des Pfads verschwinden; achten Sie jedoch oben in der Optionenleiste auf die Vorgabe PFADBEREICH ERWEITERN.

» Sie erzeugen einen Pfad, aktivieren die gewünschte Ebene und wählen den Befehl **Ebene: Vektormaske: Aktueller Pfad** oder klicken in der Maskenpalette auf VEKTORMASKE HINZUFÜGEN. Die Ebene ist nur noch innerhalb der Pfadgrenzen sichtbar.

» Sie verwenden für Pfad- oder Formwerkzeuge die Vorgabe FORMEBENEN. Damit entsteht eine neue Ebene samt Vektormaske (Details ab Seite 654).

» Die Schaltfläche in der Ebenenpalette, die sonst die Bezeichnung EBENENMASKE HINZUFÜGEN trägt, erzeugt bei gedrückter [Strg]-Taste eine Vektormaske.

» Ist bereits eine Ebenenmaske vorhanden, meldet sich die Schaltfläche sofort mit der Bezeichnung VEKTORMASKE HINZUFÜGEN.

Abbildung 22.17 Die Vektormaske wurde durch eine Ebenenmaske ergänzt, die für die weiche Ausblendung sorgt und den Taucher nach unten einfasst. Damit die Effekte »Kontur« und »Schlagschatten« nicht an der weichen Ausblendung und am Taucher entlang wandern, verwenden wir die Option »Ebenenmaske blendet Effekte aus« im »Ebenenstil«-Dialog. Datei: Verbergen_07

Vektormasken löschen, rastern, anwenden und konvertieren

So wandeln Sie die Vektormaske um:

» Klicken Sie die Vektormaske bei gedrückter ⇧-Taste an, um sie vorübergehend abzuschalten, ohne sie zu löschen.

» Der Befehl **Ebene: Rastern: Vektormaske** verwandelt die Vektormaske in eine Ebenenmaske (Seite 867), der Sie mit Pinsel oder dem Befehl **Kante verbessern** zusetzen.

» Wenn die Maske aktiviert ist, klicken Sie auf MASKE ANWENDEN unten in der Maskenpalette. Die Maske verschwindet und der zuvor ausgeblendete Bildbereich wird gelöscht (so wie auch beim ANWENDEN einer Ebenenmaske).

» Der Befehl **Ebene: Rastern: Ebene** erzeugt eine Bildpunktebene, die nur in den bisher sichtbaren Bereichen mit Bildpunkten gefüllt ist. Bereiche, die Sie per Vektormaske ausgeblendet hatten, sind endgültig perdu. Sie können auch **Alle Ebenen** rastern.

» Die Maske soll einfach verschwinden, die Ebene wieder voll erscheinen? Ziehen Sie die Vektormaske in der Pfade- oder Ebenenpalette auf den Mülleimer oder klicken Sie auf den Mülleimer unten rechts in der Maskenpalette; die Ebene ist nun wieder voll sichtbar.

Die Befehle erhalten Sie zum Teil auch im Kontextmenü der Vektormaske.

Vektormasken duplizieren und übertragen

Eine Vektormaske duplizieren Sie wie Ebenenmasken auch: Halten Sie zuerst die Alt-Taste fest gedrückt, dann ziehen Sie die Vektormaske in der Palette über eine andere Ebene – sie erhält prompt ein Duplikat der Vektormaske.

Wollen Sie Vektormasken auf andere Dateien übertragen?

Klicken Sie doppelt auf die Vektormaske in der Pfadpalette – also nicht in der Ebenenpalette – und tragen Sie im Dialog PFAD SPEICHERN einen Namen ein. Alternative: Ziehen Sie die Vektormaske in der Pfadpalette auf das Symbol NEUEN PFAD ERSTELLEN. In beiden Fällen entsteht ein neuer, regulärer Pfad unabhängig von Ebene und Vektormaske.

1. Ziehen Sie den Pfad aus der Pfadepalette in die neue Datei.
2. Aktivieren Sie in der Zieldatei die gewünschte Ebene.

3. Klicken Sie auf **Ebene: Vektormaske: Aktueller Pfad.** Nun hat auch die Zielebene ihre Vektormaske.

Ebenfalls handlich erscheint dieser Weg:

1. Ziehen Sie die Ebene samt Vektormaske aus der Palette ins Zielbild.
2. Dort ziehen Sie die Vektormaske auf die gewünschte Ebene.
3. Die herübergezogene Ebene, jetzt ohne Vektormaske, zurren Sie in den Papierkorb.

Kontext

Beachten Sie in Zusammenhang mit der Vektormaske auch folgende Passagen im Buch:

» Wie Sie Pfade mit den Zeichenstiftwerkzeugen bearbeiten, lesen Sie ab Seite 660.

» Das Auswählen von Pfadsegmenten, Pfadkomponenten und kompletten Pfaden mit Direktauswahl-Werkzeug und Pfadauswahl-Werkzeug behandeln wir ab Seite 663.

» Wie Sie Pfade und damit auch eine Vektormaske mit Formwerkzeugen gestalten, erfahren Sie ab Seite 665.

» Wollen Sie eine Auswahl in eine Vektormaske verwandeln, legen Sie zunächst einen üblichen Pfad an; Details zu diesem Verfahren finden Sie ab Seite 675.

» Der Befehl **Frei transformieren** dreht, vergrößert oder verzerrt eine aktivierte Vektormaske ohne Qualitätsverlust (Seite 737).

» Vektormasken eignen sich gut zur Verwendung mit Ebenenstilen und Ebeneneffekten (Seite 785).

22.1.5 Thema: OOB – den Rahmen sprengen

Neben RAW, HDR, DRI und Bokeh-DOF weckt auch OOB den Spieltrieb von Fotofexen weltweit: Gemeint sind Montagen, in denen das Hauptmotiv eingerahmt erscheint, diesen Rahmen jedoch teilweise verlässt.

OOB-Montagen (out of bounds) sehen Sie quer durchs Buch. Eine geplante Bildwirkung erhalten Sie oft mit ganz unterschiedlichen Montagekonzepten; bei unse-

Abbildung 22.18 **Oben:** Ohne Schatten. **Mitte:** Mit zwei Schattenebenen. **Unten:** Variante mit Schatten. Dateien: Verbergen_08a etc.

Abbildung 22.19 **Links:** Diese Montage führt zu dem mittleren Ergebnis aus der vorherigen Reihe. **Mitte:** Hier haben wir die Montage reduziert. **Rechts:** Auch diese Montage liefert das mittlere Ergebnis. Wenn Sie die unterste Ebenenmaske per ⇧-Klick ausschalten, wird mehr von der Autoebene sichtbar und Sie erhalten das dritte Bildergebnis mit mehr Motivhintergrund. Dateien: Verbergen_08a etc.

rem Beispiel führen nicht weniger als drei verschiedene Ebenenanordnungen zur selben Gesamtansicht. So können Sie im Vordergrund störende Bildteile durch Masken verbergen, endgültig weglöschen oder ungewollt überdeckte Details darüber duplizieren. Der Rahmen kann in der Ebenenpalette über oder unter dem eingerahmten Hauptmotiv liegen.

Tipps für OOB-Montagen

Es gibt also keine spezielle Technik für OOB-Montagen – nutzen Sie Ebenenmasken, Vektormasken, Schnittmasken, Auswahltechnik, Entf-Taste, Maskenpalette und Radiergummi so, wie wir es in diesem Buch überall besprechen. Ein paar wichtige Aspekte:

» Viele OOB-Montagen wirken etwas zusammengeklebt. Legen Sie Schatten zwischen Hauptmotiv und Rahmen, um die Plastizität zu steigern, oder weichen Sie die Ebenenmaske via Maskenpalette leicht auf.

» Meist können Sie für Schatten nicht den Schlagschatten-Effekt verwenden, da sich dieser auf Teilstrecken nicht unterdrücken lässt; stattdessen brauchen Sie den Schatten auf einer separaten Ebene, dort steuern Sie die Sichtbarkeit mit Radiergummi oder Ebenenmaske.

» Löschen Sie nicht zu früh zu viel weg, vielleicht überlegen Sie es sich noch einmal anders. Eventuell stellen Sie erst in einer späteren Zoom- oder Bewusstseinsstufe fest, dass ein Objektrand noch Versäuberung braucht.

» Nutzen Sie beim Verschiebenwerkzeug eher nicht die Option Automatisch auswählen, zu oft wird dabei die falsche Ebene aktiviert.

» Behalten Sie von wichtigen Umrissen Alphakanäle, Pfade, Ebenenmasken oder Vektormasken innerhalb der Datei zurück – auch wenn das die Dateigröße hebt.

» Heben Sie bei Bedarf die Verbindung zwischen Motiv und Ebenenmaske auf. So bewegen Sie zum Beispiel das Motiv innerhalb eines Rahmens.

» Arbeiten Sie mit Smart-Objekten, sie lassen sich verlustfrei skalieren und bequem austauschen.

» Einzelne Bereiche des Motivs haben Sie eventuell auf eigene Ebenen gehoben. Sie lassen sich mit der Hauptebene verbinden, so dass man sie gemeinsam durch den Rahmen schiebt. Noch robuster wirkt die Liaison, wenn Sie mehrere Ebenen gemeinsam als Smart-Objekt verpacken.

22.1.6 Schnittmaske

Die Schnittmaske (vormals »Beschnittgruppe«, davor »Maskierungsgruppe«) ist quasi die Steigerung der Ebenenmaske oder der Vektormaske – sie verbirgt gleich mehrere Ebenen. Die »gruppierten«, also die einer Schnittmaske zugeordneten Ebenen zeigen sich nur noch innerhalb der Umrisse der sogenannten Grundebene. Die Deckkraft, die Füllmethode und die Ebeneneffekte dieser Grundebene bestimmen meist, in welchen Bereichen die gruppierten Ebenen sichtbar sind:

- Wo die Grundebene volle Deckkraft hat, zeigen sich die gruppierten Ebenen darüber ebenfalls in voller Pracht.
- Wo die Grundebene halbtransparent ist, zeigen sich die zugeordneten Ebenen auch nur schwach.
- Wo die Grundebene keine Pixel aufweist, sehen Sie die gruppierten Ebenen nicht. Irgendwelche Tonwerte wie Schwarz oder Weiß spielen also keine Rolle, es geht allein um die Deckkraft.
- Die gruppierten Ebenen übernehmen die Ebeneneffekte der Grundebene, zum Beispiel die Abgeflachte Kante.

Als Alternative bietet sich eine Ebenenmaske (Seite 867) für eine Gruppe an (Seite 714) oder packen Sie mehrere Ebenen in ein Smart-Objekt.

TIPP Mit den Optionen in der Korrekturenpalette legen Sie wahlweise eine Schnittmaske an, so dass die Korrektur nur auf die direkt darunterliegende Ebene und nicht auf die gesamte Arbeitsfläche wirkt.

Schnittmaske erstellen

So erstellen Sie eine Schnittmaske:

1. Richten Sie zunächst eine Ebene ein, die als »Grundebene« dienen soll. Ebenen, die die gesamte Bildfläche abdecken, eignen sich nicht, ebenso wenig wie Hintergrundebenen. Erzeugen Sie zum Beispiel eine neue Textebene mit dem Textwerkzeug T.
2. Legen Sie eine oder mehrere Ebenen oberhalb dieser geplanten »Grundebene« an.
3. Um die oberen Ebenen mit der »Grundebene« zu gruppieren, klicken Sie bei gedrückter Alt-Taste auf die Trennlinie zwischen den beiden Ebenen in der Ebenenpalette. Dabei erscheint der Zeiger als Doppelkreis. Alternativ verwenden Sie den Befehl **Ebene: Schnittmaske erstellen**; dabei wählen Sie nur die obere Ebene aus, nicht die Grundebene (Strg+Alt+G).

Abbildung 22.20 **Links:** Die CD bildet hier eine Schnittmaske mit den Gegenständen. **Mitte:** Die Schere wird aus der Schnittmaske herausgenommen und ist wieder vollständig sichtbar. **Rechts:** In einer Schnittmaske gruppierte Ebenen erscheinen in der Ebenenpalette eingerückt. Datei: Verbergen_09

Abbildung 22.21 **Linke Palette:** Das innere Bild wurde dupliziert und zur Grundebene einer Schnittmaske; Hund und Wald erscheinen nur innerhalb des ursprünglichen Bilds. **Rechte Palette:** Das gleiche Montageergebnis erhalten Sie auch anders; hier liegt der Bilderrahmen ganz oben in der Palette, das innere Bild wurde weggeschnitten. Dateien: Verbergen_10a etc.

4. Das Feld der oberen Ebene in der Palette erscheint nun eingerückt neben dem Schnittmaskensymbol, der Name der »Grundebene« ist unterstrichen.

5. Gruppieren Sie weitere Ebenen per Alt-Klick auf die Trennlinie. Alle Ebenen zusammen erhalten zunächst den Modus und die Deckkraft der Grundebene.

Entfernen Sie auf umgekehrtem Weg Ebenen aus der Schnittmaske, indem Sie erneut bei gedrückter Alt-Taste auf die gepunktete Trennlinie klicken. Um Ebenen außerhalb der Schnittmaske anzulegen, die voll sichtbar sind, ziehen Sie diese Ebenen unter die Grundebene oder über die Schnittmaske.

Grenzen Sie einzelne gruppierte Ebenen durch Ebenenmasken oder Vektormasken weiter ein.

Ebenenstiloptionen

Aktivieren Sie die Grundebene, klicken Sie auf die Schaltfläche Ebeneneffekt *fx* und wählen Sie **Fülloptionen**. Damit erscheint das Dialogfeld Ebenenstil mit der Kategorie Fülloptionen. Im Bereich Erweiterte Füllmethode finden Sie hier wichtige Optionen für die Grundebene:

» Zunächst gilt die Füllmethode der Grundebene für alle gruppierten Ebenen, also ein Überblendverfahren wie Hartes Licht oder Normal. Deaktivieren Sie jedoch die Option Beschnittene Ebenen als Gruppe füllen, behält jede eingerückte Ebene ihre ursprüngliche Füllmethode.

» Sofern Sie mit Aussparung arbeiten, endet die Aussparung üblicherweise auf der Grundebene, der Basis der Schnittmaske, wenn die Option Beschnittene Ebenen als Gruppe füllen nicht aktiviert ist. Verzichten Sie jedoch auf die Option Beschnittene Ebenen als Gruppe füllen, wird durch die Aussparung die Ebene unter der Grundebene sichtbar.

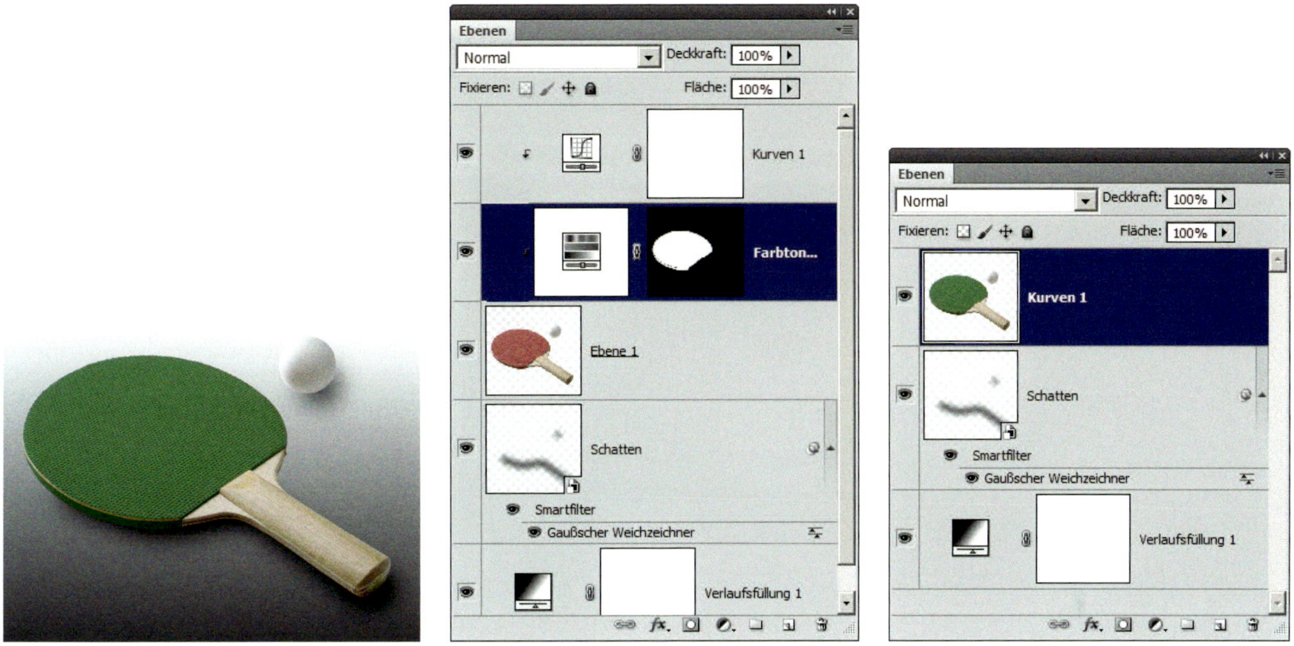

Abbildung 22.22 **Linke Palette:** Der rote Tischtennisschläger wird mit zwei Einstellungsebenen grün gefärbt und kontrastkorrigiert. Die Einstellungsebenen sind hier mit der »Ebene 1« zu einer Schnittmaske gruppiert: Kontrast- und Farbtonänderung ändern darum nur die »Ebene 1«, nicht auch noch Schatten und Hintergrundfläche weiter unten. Die »Farbton«-Ebene hat zusätzlich eine Ebenenmaske, damit die Farbtonänderung nur auf den Belag wirkt, aber nicht am Griff. **Rechte Palette:** Wir haben die drei Ebenen gemeinsam ausgewählt und mit Strg+E verschmolzen; die Ebene mit dem Sportgerät ist nun dauerhaft verändert. Die Bildwirkung ändert sich nicht. Datei: Verbergen_11

» Die Option Interne Effekte als Gruppe füllen bezieht sich auf Ebeneneffekte, die das Innere der Ebenenfüllung verändert darstellen – also Glanz, Schein nach innen, Farbüberlagerung, Musterüberlagerung oder Verlaufsüberlagerung. Ist die Option aktiviert, wird die aktuelle Füllmethode auf alle Ebeneneffekte innerhalb der Ebenengrenzen angewandt.

Tipps

Beim Hantieren mit mehreren Ebenen kommt leicht die Übersicht abhanden, darum hier praktische Handgriffe in der Übersicht:

» Rechtsklick ins Bild bei aktiviertem Verschiebenwerkzeug zeigt ein Auswahlmenü mit den Ebenen unter dem Zeiger.

» Strg-Klick ins Bild bei aktiviertem Verschiebenwerkzeug aktiviert die oberste Ebene unter dem Zeiger.

» Alt-Klick auf ein Augensymbol in der Palette zeigt die Ebene daneben allein, alle anderen blendet Photoshop aus; neuerlicher Alt-Klick zeigt alle Ebenen. Bei einer gruppierten Ebene wird die Grundebene mit angezeigt.

» Ziehen Sie über den Augensymbolen, um eine Reihe von Ebenen anzuzeigen oder auszublenden.

» Um mehrere Ebenen gemeinsam zu bewegen, werden sie im Bild mit dem Verschiebenwerkzeug eingerahmt, die Option Automatisch auswählen ist eingeschaltet. Alternative: Klicken Sie die Ebenen nacheinander in der Ebenenpalette an; dabei drücken Sie die Strg-Taste und zielen auf die Namen, nicht auf die Miniaturen der Ebenen.

» Um die Fläche der Grundebene zu verkleinern, verwenden Sie zum Beispiel den Radiergummi oder Sie löschen einen markierten Bereich mit der Entf-Taste. Um die Grundebene zu vergrößern,

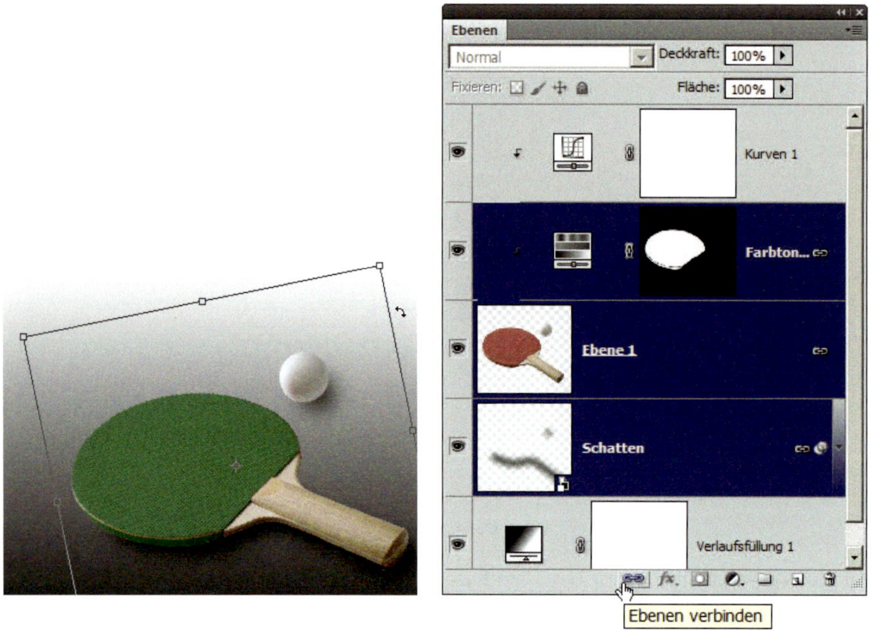

Abbildung 22.23
Sie wollen das Hauptmotiv per »Frei transformieren« drehen und verkleinern? Dann müssen Sie auch teilmaskierte Ebenenmasken parallel mitverändern. Wir wählen hier in der Ebenenpalette also zusätzlich die Einstellungsebene »Farbton/Sättigung« mit aus (und dazu den Schatten). Die Gradationskurve korrigiert ohnehin die gesamte Ebene, sie muss nicht mittransformiert werden. Nur in der Palette auswählen reicht bereits, dauerhafter ist jedoch eine zusätzliche »Verbindung«. Datei: Verbergen_11

verwenden Sie zum Beispiel den Pinsel. Natürlich eignet sich auch die **Transformieren**-Funktion (Strg+T).

22.2 Einstellungsebenen und Korrekturenpalette

Auf Einstellungsebenen speichern Sie keine Pixel, sondern eine Kontrast- oder Farbkorrektur. Sie zeigen die Ebenen darunter verändert, ohne die Bildpunkte selbst dauerhaft zu manipulieren. Bringen Sie eine vorsichtige Kontrastkorrektur oder eine Umfärbung an. An den Fotopixeln ändert sich gar nichts, Sie verändern nur Werte in der Einstellungsebene. Anders ausgedrückt: Sie betrachten das Bild durch eine getönte Brille. Sie können jederzeit die Brille abnehmen oder anders getönte Gläser einsetzen.

22.2.1 Übersicht

Als Einstellungsebene lassen sich die Befehle zur Kontrast- und Tonwertkorrektur verwenden, die Sie aus dem Untermenü **Bild: Korrekturen** kennen, zum Beispiel **Farbton/Sättigung**, **Helligkeit/Kontrast**, **Gradationskurven**, **Kanalmixer** und **Tonwertkorrektur**, aber auch **Umkehren**, **Tontrennung** und **Schwellenwert**; wir besprechen diese Funktionen detailliert ab Seite 339.

TIPP Den wichtigen Befehl **Tiefen/Lichter** finden Sie nicht im Menü der Einstellungsebenen. Man kann ihn aber als Smartfilter anlegen: Sie wählen **Filter: Für Smartfilter konvertieren**, dann steht **Tiefen/Lichter** für eine verlustfreie, abschaltbare Kontrastkorrektur zur Verfügung.

Alle Ebenen unter der Einstellungsebene werden mit der Korrektur gezeigt. Diese Ebenen verändern sich aber nur in der Anzeige, die eigentlichen Daten bleiben unberührt. Im Übrigen ist die Einstellungsebene eine Ebene wie andere auch, die sich unter anderem gruppieren, verbinden und maskieren lässt. Sie können:

- die Korrektur jederzeit verändern,
- die Korrektur vorübergehend ausschalten,

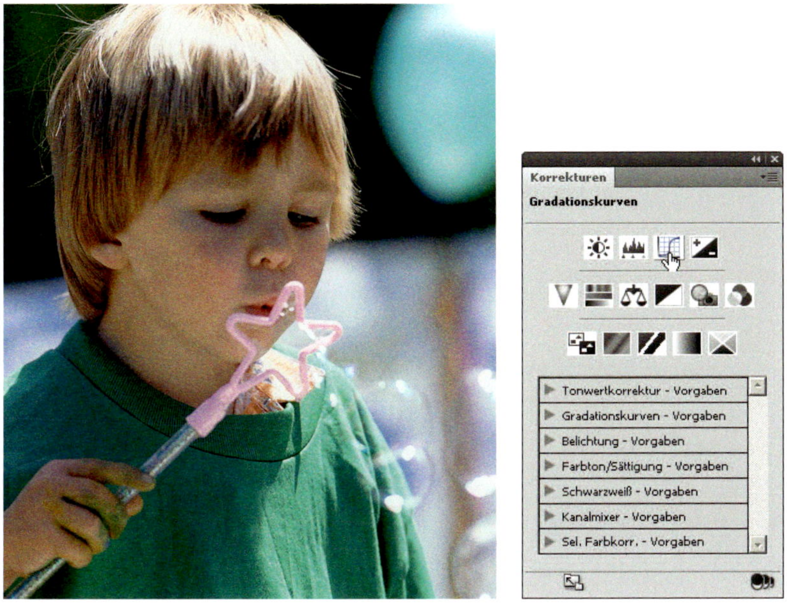

Abbildung 22.24
Das Gesicht ist zu dunkel, der Hintergrund soll sich jedoch nicht ändern. Wir legen auf der Startseite der Korrekturenpalette eine neue »Gradationskurven«-Einstellungsebene an. Datei: Einstellung_01

- die Korrektur per Deckkraft-Regler dämpfen oder per Füllmethode anders anwenden,
- die Wirkung per Ebenenmaske auf bestimmte Bildbereiche begrenzen,
- die Wirkung per Schnittmaske auf eine Einzelebene beschränken,
- die Ebenenmaske der Einstellungsebene vielfältig verfeinern, zum Beispiel per **Kante verbessern** oder Maskenpalette,
- die Einstellungsebene dauerhaft anwenden,
- die Einstellungsebene mit der darunterliegenden Ebene »verbinden«.

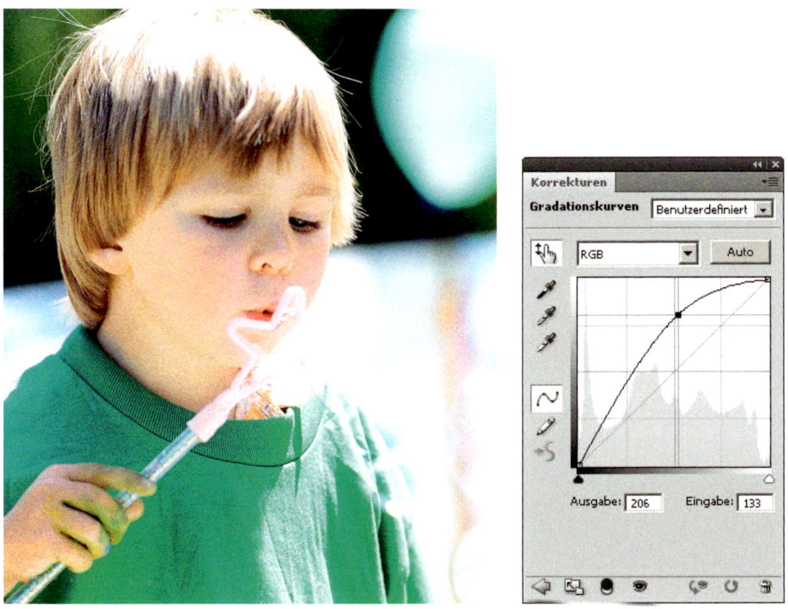

Abbildung 22.25
Wir schalten das Ziehwerkzeug oben links in der Palette ein, klicken in einen Hautton und ziehen nach oben – so hellt das Gesamtbild deutlich auf, die Gradationskurve hebt die Mitteltöne an. Allerdings sind Hintergrund und Teile des Pullovers zu hell.

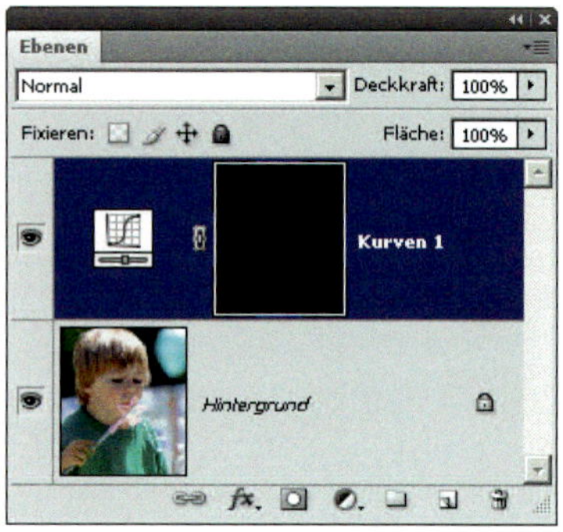

Abbildung 22.26
In der Ebenenpalette sehen Sie die neue Einstellungsebene »Kurven 1«. Die Ebenenmaske ist zunächst weiß, die Einstellungsebene verändert also die gesamte Bildfläche. Per Strg + I färben Sie die Einstellungsebene schwarz. So kann die Aufhellung nicht mehr wirken, das Bild ist so dunkel wie am Anfang.

So nutzen Sie die Korrekturenpalette 1: Startseite

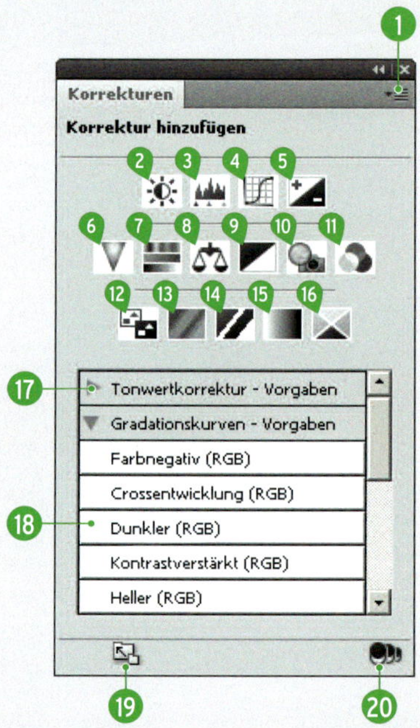

1. **Palettenmenü** (u.a. Ebenenmasken generell abstellen)
2. **Helligkeit/Kontrast:** durch Anklicken neue Einstellungsebene **Helligkeit/Kontrast** mit Korrektur-Standardwerten (meist Neutralwerte) anlegen
3. **Tonwertkorrektur**
4. **Gradationskurven**
5. **Belichtung**
6. **Dynamik**
7. **Farbton/Sättigung**
8. **Farbbalance**
9. **Schwarzweiß**
10. **Fotofilter**
11. **Kanalmixer**
12. **Umkehren**
13. **Tontrennung**
14. **Schwellenwert**
15. **Verlaufsumsetzung**
16. **Selektive Farbkorrektur**
17. **Vorgaben-Menü:** Klicken, um Vorgaben für **Tonwertkorrektur** zu sehen
18. **Vorgabe:** Klicken, um sofort eine **Gradationskurven**-Einstellungsebene mit der Vorgabe Dunkler anzulegen
19. **Bedienfeld vergrößern/verkleinern**
20. **Schnittmaske:** Neue Einstellungsebenen werden hier generell nicht innerhalb einer Schnittmaske angelegt, wirken also auf die gesamte Arbeitsfläche unterhalb der Einstellungsebene; anklicken, damit neue Einstellungsebenen nur die nächste darunterliegende Ebene verändern

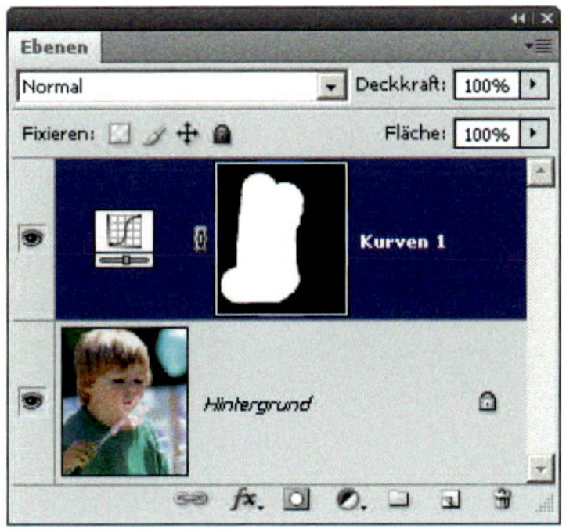

Abbildung 22.27
Wir schalten den Pinsel mit weißer Vordergrundfarbe ein und ziehen über das Gesicht. In diesem Bereich zeigt die Ebenenmaske wieder weiß, darum wird nur das Gesicht aufgehellt. Natürlich muss das Zwischenergebnis noch verfeinert werden.

So nutzen Sie die Korrekturenpalette 2: Einzelfunktion

1. **Palettenmenü** (bei **Gradationskurven** u.a. **Auto-Optionen**, **Kurven-Anzeigeoptionen**, **Beschneidung anzeigen**)
2. **Vorgabe:** neue Vorgabe auswählen (eigene Vorgaben via Palettenmenü speichern)
3. **Ziehwerkzeug:** im Bild klicken und ziehen, um gezielt ausgewählten Helligkeits- oder Farbwertbereich zu verändern (bei **Gradationskurven**, **Farbton/Sättigung** und **Schwarzweiß**)
4. **Zurück** zur Startseite
5. **Bedienfeld vergrößern/verkleinern**
6. **Schnittmaske:** Einstellungsebene befindet sich hier nicht innerhalb einer Schnittmaske und verändert also die gesamte Datei-Arbeitsfläche unterhalb der Einstellungsebene; anklicken, damit Einstellungsebene innerhalb einer Schnittmaske liegt und nur noch die Bildebene unmittelbar unter ihr verändert
7. **Ebenensichtbarkeit:** Einstellungsebene unwirksam machen, ohne sie zu löschen
8. **Vorherigen Status anzeigen:** noch einmal Bild mit letzter Reglerstellung zeigen, Regler behalten aber ihre aktuelle Stellung und werden nicht zurückgesetzt
9. **Auf Korrektur-Standardwerte zurücksetzen** (meist zurück auf Neutralstellung)
10. **Einstellungsebene löschen**, Startseite zeigen

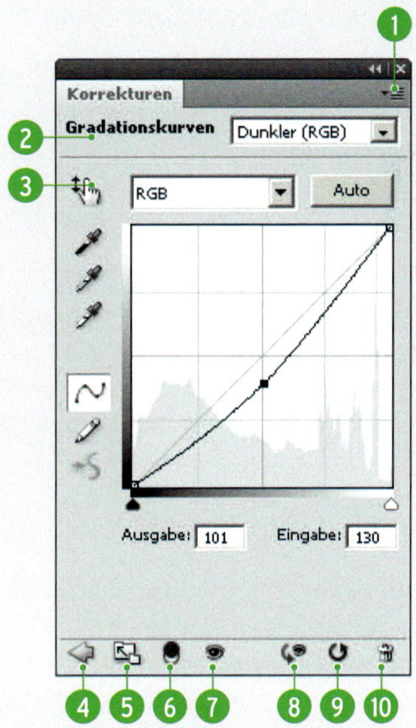

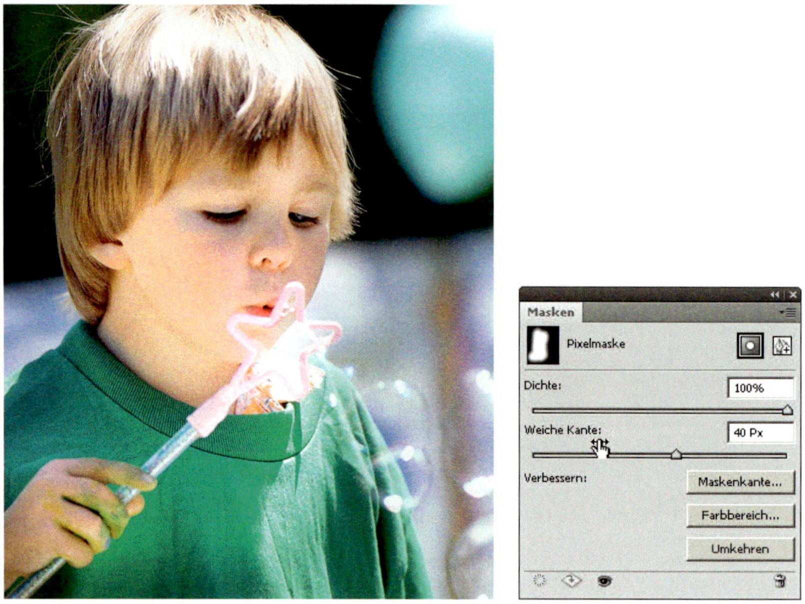

Abbildung 22.28
Wir ziehen die »Weiche Kante« in der Maskenpalette auf 40 Pixel hoch. So glätten Sie die harten Übergänge der Maskenretusche.

22.2.2 Erste Einstellungsebene anlegen

Eine Einstellungsebene entsteht am bequemsten per Korrekturenpalette. Sie haben zwei Möglichkeiten:

» Zeigen Sie die Startseite der Korrekturenpalette und klicken Sie direkt auf ein Symbol wie Neue Kurven-Einstellungsebene. Die Palette zeigt sofort den **Gradationskurven**-Dialog, zunächst noch in Neutralstellung ohne jede Bildänderung. Ändern Sie die Kurve nach Belieben.

» Alternative: Zeigen Sie die Startseite der Korrekturenpalette, öffnen Sie im Menü unten einen Bereich wie Gradationskurven - Vorgaben und klicken Sie auf eine Vorgabe wie Dunkler (RGB). Die Korrekturenpalette zeigt sofort den **Gradationskurven**-Dialog, die Kurve dunkelt das Bild bereits ab. Ändern Sie die Kurve weiter.

Umständlicher, aber auch möglich: Klicken Sie unten in der Ebenenpalette auf das Symbol Neue Füll- oder Einstellungsebene erstellen, verwenden Sie **Ebene: Neue Einstellungsebene** oder das Menü der Korrekturenpalette.

22.2.3 Einstellungsebenen bearbeiten

Sie können die Einstellungsebene und unabhängig davon die Maske bearbeiten. So arbeiten Sie mit der Einstellungsebene weiter:

» Klicken Sie in der Ebenenpalette einmal auf das Symbol einer Einstellungsebene, schon zeigt die Korrekturenpalette die Regler dieses Befehls und Sie können die Werte ändern. Wollen Sie danach eine andere Einstellungsebene bearbeiten, klicken Sie wieder auf das entsprechende Symbol in der Ebenenpalette.

» Schalten Sie die Einstellungsebene mit dem Augensymbol in der Ebenenpalette aus, um das Bild unverändert - also ohne Einwirkung der Einstellungsebene - zu betrachten.

» Verschieben Sie die Ebene in der Palette nach oben oder unten.

» Schwächen Sie die Wirkung mit dem Deckkraft-Regler oder wechseln Sie die Füllmethode.

» Falls Sie die Korrektur per Ebenenmaske auf einen Bildteil beschränken: Ändern Sie die Maske verlustfrei mit den Reglern Dichte und Weiche Kante aus der Maskenpalette.

Abbildung 22.29
In der Maskenpalette senken wir zusätzlich die »Dichte« auf 50 Prozent. So wirkt die Aufhellung mit halber Kraft auch auf den Hintergrund, der nun heller erscheint. Die Maske wirkt jetzt grau. »Dichte« und »Weiche Kante« lassen sich verlustfrei zurücksetzen und natürlich können Sie für die weitere Verfeinerung auch die Gradationskurve umformen oder die Maske retuschieren.

Weitere Einstellungsebenen anlegen

Sie haben eine erste Einstellungsebene angelegt und noch aktiviert, jetzt soll gleich noch eine hinterdreinfolgen? Diese Möglichkeiten haben Sie unter anderem:

» Klicken Sie unten in der Korrekturenpalette auf den Pfeil nach links. Sie landen wieder auf der Startseite (in der »Korrekturliste«) und legen per Anklick eine Einstellungsebene an.

» Klicken Sie einen Befehl wie **Gradationskurven** im Menü der Korrekturenpalette an. Dabei entsteht generell eine neue Ebene, sie landet über der aktivierten Ebene.

Die Maske der Einstellungsebene

Einstellungsebenen haben zunächst eine Ebenenmaske, wie Sie in der Ebenenpalette sehen: Zunächst ist diese Maske zur Einstellungsebene komplett weiß – das heißt, die Einstellungsebene wirkt auf die gesamte Arbeitsfläche für alle darunterliegenden Ebenen. Füllen Sie Bereiche der Ebenenmaske mit Schwarz; alle darunterliegenden Ebenen werden in diesen Zonen nicht mehr verändert. Insgesamt bietet die Maske zur Einstellungsebene die folgenden Möglichkeiten:

» Sie lässt sich ebenso vielseitig retuschieren (Seite 643) wie eine Ebenenmaske oder wie ein Alphakanal – zum Beispiel mit Pinseln, Gradationsfunktion, Filtern oder Befehlen aus dem Untermenü **Bild: Korrekturen**.

» Sie können die Maske in Graustufen oder als halbtransparenten »Schutzlack« einblenden; dazu gelten die gleichen Tastenkombinationen wie bei der Ebenenmaske (Seite 871).

» Die Optionen für die Maske der Einstellungsebene – Farbe und Deckkraft – erreichen Sie per Doppelklick auf die Maskenminiatur (Seite 642).

» Ändern Sie die Ebenenmaske vielseitig verlustfrei mit der Maskenpalette (Seite 875).

TIPP Sie brauchen die Ebenenmaske zur Einstellungsebene generell nicht? Zeigen Sie die Startseite der Korrekturenpalette, öffnen Sie das Menü und verzichten Sie auf die Option Standardmässig Maske hinzufügen.

Mit Schnittmasken arbeiten

Die Einstellungsebene zeigt sämtliche darunterliegenden Ebenen verändert – über die volle Arbeitsfläche Ihres Bilds. Legen Sie die Einstellungsebene allerdings innerhalb einer Schnittmaske an, ändert sich nur die Ebene direkt unter der Einstellungsebene. Sie können

Schnittmasken mit den bekannten Befehlen und Tastenkürzeln anlegen (Seite 883), aber leichter geht's mit den Schaltflächen direkt unten in der Korrekturenpalette.

Direkt auf der Startseite der Korrekturenpalette legen Sie fest, ob jede neue Einstellungsebene generell innerhalb einer Schnittmaske oder flächendeckend ohne Schnittmaskentechnik erzeugt wird:

- Neue Einstellungsebenen ändern generell nur die nächste Ebene darunter (also mit Schnittmaske); anklicken, damit neue Einstellungsebenen generell die gesamte Arbeitsfläche verändern (keine Schnittmaske)
- Neue Einstellungsebenen ändern generell die gesamte Arbeitsfläche unterhalb der Einstellungsebene (ohne Schnittmaske); anklicken, damit neue Einstellungsebenen generell nur die nächste Ebene darunter ändern (mit Schnittmaske)

Bearbeiten Sie bereits eine einzelne Einstellungsebene, bietet die Korrekturenpalette diese Schaltflächen, mit denen Sie blitzschnell zwischen Veränderung einer Einzelebene und flächendeckender Veränderung wechseln:

- Einstellungsebene verändert nur die Bildebene unmittelbar unter ihr (mit Schnittmaske); anklicken, damit Einstellungsebene die gesamte Bild-Arbeitsfläche unterhalb der Einstellungsebene verändert (ohne Schnittmaske)
- Einstellungsebene verändert die gesamte Datei-Arbeitsfläche unterhalb der Einstellungsebene (ohne Schnittmaske); anklicken, damit Einstellungsebene nur noch die Bildebene unmittelbar unter ihr verändert (mit Schnittmaske)

22.2.4 Einstellungsebenen löschen und zurücksetzen

Sie wollen die Einstellungsebene ersatzlos löschen? Sofern diese Ebene aktiviert ist, reicht dazu die Entf-Taste. Um die Einstellungsebene nur auszublenden, ohne sie gleich ganz zu entsorgen, nehmen Sie das Augensymbol in der Korrekturenpalette oder direkt neben der Einstellungsebene in der Ebenenpalette.

Klicken Sie länger auf die Schaltfläche ZUM ANZEIGEN DES VORHERIGEN STATUS, wenn Sie nach einer Änderung die nächstfrühere Bildversion sehen wollen. Diese Bildfassung wird aber wirklich nur angezeigt: Die Regler in der Korrekturenpalette bleiben auf dem allerneuesten Stand, es ist also kein Widerrufen. Sobald Sie die Maustaste freigeben, erscheint wieder die neueste Bildversion passend zur Reglerstellung.

Mit einer anderen Schaltfläche können Sie die Regler wirklich AUF VORHERIGEN STATUS ZURÜCKSETZEN, also um einen Schritt zurückspringen. Der erste Klick verändert die Schaltfläche, sie führt nun zurück zu den KORREKTUR-STANDARDWERTEN, oft eine Neutralstellung ohne Bildveränderung. Haben Sie nach der Einstellungsebene noch keine andere Ebene bearbeitet, sehen Sie nur die Schaltfläche für die KORREKTUR-STANDARDWERTE.

22.2.5 Einstellungsebene dauerhaft anwenden

Wenden Sie Änderungen durch die Einstellungsebene an – so, als ob Sie direkt und dauerhaft die darunterliegende Ebene korrigiert hätten. Dazu verschmelzen Sie die Einstellungsebene mit der darunterliegenden Bildebene. So geht's:

1. Aktivieren Sie die Einstellungsebene in der Ebenenpalette.
2. Nutzen Sie den Befehl **Ebene: Mit darunter liegender auf eine Ebene reduzieren** (Strg+E).

Sie haben die darunterliegende Ebene nun dauerhaft verändert. Alle weiteren, noch tiefer liegenden Ebenen nehmen dagegen wieder ihr unkorrigiertes Aussehen an – auch wenn sie zuvor durch die Einstellungsebene verändert wurden. Sie können auch mehrere Ebenen und Einstellungsebenen gemeinsam markieren und dann ebenfalls per Strg+E verschmelzen – prüfen Sie aber genau, ob dabei die gewünschte Bildwirkung erhalten bleibt.

TIPP Sie verwenden die **Gradationskurven** als Einstellungsebene, erhalten jedoch zusätzlich zur Kontrastkorrektur auch eine ungewollte Farbveränderung? Dann stellen Sie in der Ebenenpalette die Füllmethode von NORMAL auf LUMINANZ um.

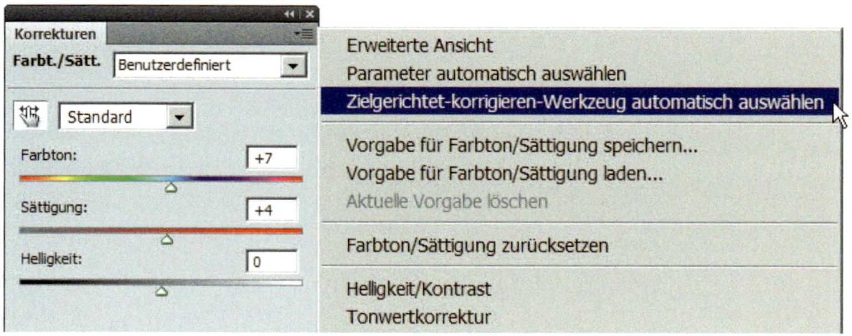

Abbildung 22.30
In der Korrekturenpalette entscheiden Sie, welche Funktionen aktiviert sind, sobald Sie eine neue Einstellungsebene anlegen.

22.2.6 Welcher Bereich des Programmfensters ist aktiv?

Legen Sie in der Korrekturenpalette eine neue Einstellungsebene an, bleiben zunächst die ursprünglichen Werkzeuge und Eingabefelder zum Beispiel in der Optionenleiste oder in anderen Paletten aktiv. Wollen Sie in der Einstellungsebene Werte ändern oder das Ziehwerkzeug nutzen, müssen Sie erst dorthin klicken.

Dieses Verhalten ändern Sie wahlweise im Menü der Korrekturenpalette:

» Die Option Parameter automatisch auswählen sorgt dafür, dass sofort ein Eingabefeld in der Korrekturenpalette aktiv ist. Sie müssen also nicht erst den ganzen Weg mit der Maus zurücklegen. Alternativ springt der Mauszeiger auch per ⇧+↵-Taste ins erste aktive Feld der Korrekturenpalette, auch wenn Sie die Option nicht nutzen.

» Sie können auch das Zielgerichtet-korrigieren-Werkzeug automatisch auswählen. Dann wird mit Erstellen einer neuen Einstellungsebene sofort das Ziehwerkzeug aktiviert. Photoshop zeigt die Option nur, wenn Sie eine Einstellungsebene mit Ziehwerkzeug bereits angelegt haben, also Gradationskurven, Schwarzweiss oder Farbton/Sättigung.

TIPP Per **Bearbeiten: Tastaturbefehle** teilen Sie dem Zielgerichtet-korrigieren-Werkzeug wahlweise auch ein eigenes Tastenkürzel zu (aber leider keinen anderen Namen).

Abbildung 22.31 Verlustfreie und örtliche Kontrastkorrekturen gelingen auch im Raw-Dialog, auch mit TIFF- und JPEG-Dateien. Nach einer allgemeinen Bildänderung dunkeln wir hier Himmel und Vordergrund mit Verlaufsfiltern ab. Vorlage: Raw_v

22.3 Füllebenen

Füllebenen erstellen Sie auf der Ebenenpalette mit derselben Schaltfläche ◐ wie Einstellungsebenen. Auch hier entsteht eine neue Ebene. Sie ist randvoll gefüllt - mit Einzelfarbe, Verlauf oder Muster. Der Vorteil gegenüber einer sonstigen Füllung auf einer üblichen Ebene: Wenn Sie die Bildfläche vergrößern, wächst die Füllebene mit - auch bei Mustern und Verläufen. Sie können Farben, Verläufe und Muster jederzeit korrigieren oder austauschen. Sie testen hier unkompliziert die Wirkung von Nahtlosmustern; Verläufe, die nach transparent übergehen, blenden Bildebenen weich aus.

Füllebenen entstehen ähnlich wie Einstellungsebenen:

1. Klicken Sie in der Ebenenpalette auf das Symbol Neue Füll- oder Einstellungsebene erstellen ◐.
2. Wählen Sie im Menü **Farbfläche**, **Verlauf** oder **Muster**.
3. Stellen Sie die Optionen ein.
4. Bearbeiten Sie bei Bedarf die Maske. Sofern sich eine Auswahl im Bild befindet, erscheint automatisch nur dieser Bereich gefüllt, der Rest ist per Ebenenmaske verborgen.
5. Um die Einstellungen für die Füllung zu korrigieren, klicken Sie doppelt auf das Symbol in der Ebenenminiatur.

Im Übrigen gelten unsere Hinweise zur Einstellungsebene weiter oben in diesem Abschnitt sinngemäß auch für die Füllebene.

Füllebenen maskieren

Photoshop liefert automatisch eine Ebenenmaske mit, so dass Sie die sichtbare Ausdehnung der Füllung begrenzen können (Seite 867). Verwenden Sie alternativ zur Ebenenmaske auch eine Vektormaske (Seite 877). Formebenen, wie sie mit den Formwerkzeugen entstehen, verwenden automatisch Füllebene plus Vektormasken (Seite 665).

Kontext

Beachten Sie in Zusammenhang mit Füllebenen auch folgende Passagen im Buch:

» Für Füllebenen mit der Vorgabe **Farbfläche** nutzen Sie den Farbwähler (Seite 458).

» Bei **Verlauf**-Füllebenen sollten Sie die Verlauffunktionen kennen (Seite 470).

» Die Füllebenen vom Typ **Verlauf** und **Muster** bieten ihre Vorgaben in Bibliotheken an, die wir ab Seite 56 besprechen.

» Möchten Sie eigene nahtlose Muster erstellen, finden Sie Hinweise ab Seite 1015.

» Die Optionen im Dialogfeld Musterfüllung erklären wir in Zusammenhang mit Ebeneneffekten ab Seite 795. (Auch in Füllebenen können Sie das Muster mit dem Verschiebenwerkzeug bewegen.)

22.4 Smart-Objekte

Ein Smart-Objekt ist eine Datei in der Datei: Photoshop speichert eine Kopie des Originals innerhalb der Montage als Datei in der Datei. Sie sehen bei der Bearbeitung nur eine Abbildung, die Arbeitsversion dieser Datei in der Datei. Wie immer Sie dieses Duplikat transformieren oder filtern - das Original bleibt im Hintergrund verfügbar und wird für die nächste Berechnung wieder herangezogen. Es gibt keinen wiederholten Qualitätsverlust, der die Bildqualität nach und nach in den Abgrund führt.

Packen Sie auch mehrere Ebenen in eine Smart-Objekt-Ebene, die Sie fortan fast wie eine einzige, normale Ebene bearbeiten. Die Einzelebenen lassen sich bei Bedarf wieder einzeln ansprechen. Sie speichern wie bei allen Ebenentechniken in den Formaten TIFF, Photoshop-PSD oder PDF.

Abbildung 22.32 Die Luftballons werden für diese Übung ausgewählt und mit dem Verschiebenwerkzeug in die neue Datei gezogen. Dort erscheinen sie als »Ebene 1« – zu groß. Bevor Sie die Ebene verkleinern, konvertieren Sie die Ebene in ein Smart-Objekt. Danach sehen Sie das Symbol für Smart-Objekte rechts unten in der Ebenenminiatur. Dateien: Smart_01a – 01c

22.4.1 Übersicht

Wenn Sie eine Ebene als Smart-Objekt anlegen, zeigt die Miniatur in der Ebenenpalette ein spezielles Symbol. Diese Möglichkeiten haben Sie:

» Sie können Objekte **skalieren**, **drehen**, **neigen**, **verzerren** und **verkrümmen** – aber auch nach einer starken Verkleinerung stehen immer noch die Originalpixel aus der ursprünglichen Ebene zur Verfügung.

» Wenden Sie Einstellungsebenen, Ebeneneffekte, Ebenenmasken und Vektormasken an.

» Wenden Sie **Filter**-Befehle und die **Tiefen/Lichter**-Korrektur als verlustfreie Smartfilter an, die sie mit Masken und Smartfilter-Fülloptionen verfeinern.

» Über den Befehl **Datei: Platzieren** betten Sie Camera-Raw-Dateien, Vektorgrafiken, PDF-Seiten oder komplette Photoshop-Montagen ein. Alle Spezialeigenschaften bleiben weiter erhalten und können nach Doppelklick auf die Miniatur der smarten Ebene bearbeitet werden – zum Beispiel die Camera-Raw-Eigenschaften oder die Einzelebenen einer eingebetteten Montage. Sie können die Smart-Objekt-Abbildung dieser Montage transformieren oder filtern.

» Verändern Sie ein einzelnes Objekt und übertragen Sie die Korrektur automatisch auf weitere, verbundene »Smart-Objekte«.

» Tauschen Sie Smart-Objekte so aus, dass die neu eingesetzte Ebene sofort die Proportionen der zuvor vorhandenen Ebene übernimmt.

Sie können Kontrastkorrekturen nicht direkt auf ein Smart-Objekt anwenden, aber via Einstellungsebene ist es kein Problem.

Smart-Objekte anlegen

Vorhandene Dateien oder Ebenen verwandeln Sie unkompliziert in Smart-Objekte:

» In der Ebenenpalette klicken Sie mit rechts (am Ein-Tasten-Maus-Mac bei gedrückter Ctrl-Taste) auf das leere Feld rechts von der Ebenenminiatur und nehmen **In Smart-Objekt konvertieren**. Diesen Befehl finden Sie auch im Palettenmenü.

» Sie aktivieren die Ebene und klicken auf **Filter: Für Smartfilter konvertieren** (auch wenn Sie gar nicht filtern wollen) oder auf **Ebene: Smart-Objekte: In Smart-Objekt konvertieren**.

» Ziehen Sie Dateien direkt aus Bridge, Mini Bridge, Explorer, Finder oder anderen Dateiverwaltungen

Abbildung 22.33 **Links:** Um die Größe zu ändern, starten wir das »Transformieren« mit [Strg]+[T]. Die Ebene wird verkleinert und leicht unproportional in die Breite gezogen. **Mitte:** Nach dem Doppelklick in den Transformierenrahmen berechnet Photoshop die Ebene endgültig neu – doch im Hintergrund steht noch das Original zur Verfügung. **Rechts:** Setzen Sie die Ebene jederzeit auf den ursprünglichen Zustand zurück: Starten Sie erneut das »Transformieren«. Photoshop nennt wieder die Maße vom letzten Skalieren. Klicken Sie auf »Seitenverhältnis erhalten«, um das Seitenverhältnis wiederherzustellen, setzen Sie eine Drehung eventuell auf 0 Grad. Tippen Sie »100%« in beide Größenfelder, um die Originalmaße wieder herzustellen.

auf ein in Photoshop geöffnetes Bild. Es wird zu einer platzierbaren Ebene; dabei entsteht ein Smart-Objekt, sofern Sie in den **Voreinstellungen** nicht auf die Option Rasterbilder als Smart-Objekte ablegen oder ziehen verzichten.

» Markieren Sie in Mini Bridge eine Datei, klicken Sie auf Extras und dann auf **Platzieren**.

» Die Datei ist noch nicht geöffnet und wird komplett als Smart-Objekt benötigt? Da kommt der Befehl **Datei: Als Smart-Objekt öffnen** gerade recht.

» Vektorgrafik, Camera-Raw-Material, PDF-Seiten oder komplette Photoshop-Montagen hieven Sie via **Datei: Platzieren** ins Bild.

» Ziehen Sie Ebenen aus Acrobat oder Illustrator in eine in Photoshop geöffnete Datei.

In der Bilddatenbank Bridge wählen Sie eine einzelne Datei aus, dann heißt es dort **Datei: Platzieren: In Photoshop**. Sie landet als Smart-Objekt in der aktuellen Datei. Ist dort keine Datei geöffnet, wird das Bild aus Bridge in eine eigene Datei als Smart-Objekt eingesetzt. Weitere Möglichkeiten:

» Drücken Sie im Raw-Dialog die [⇧]-Taste, sehen Sie die Schaltfläche Objekt öffnen; das Bild wird in Photoshop als Smart-Objekt angelegt, per Doppelklick auf die Ebenenminiatur ändern Sie wieder alle Eigenschaften im Raw-Dialog.

» Falls Sie die kostenlosen »Dr. Brown's Services« installiert haben (Seite 1073): Markieren Sie ein Bild in Bridge, dann wählen Sie **Werkzeuge: Dr. Brown's Services: Dr. Brown's Place-A-Matic 8 bit** (oder **16 Bit**). Die gewählte Datei erscheint zweimal als Smart-Objekt in einer Ebenenmontage. Markieren Sie mehrere Dateien in Bridge, erscheint jede Datei nur einmal in der neu entstehenden Ebenendatei.

TIPP Sie können mehrere Ebenen gemeinsam auswählen und in ein einzelnes Smart-Objekt verwandeln. Dieses Smart-Objekt wird dann zur Datei in der Datei mit mehreren, separat aktivierbaren Ebenen innerhalb einer übergeordneten Montage.

Abbildung 22.34 Wir brauchen eine weitere Ballonebene. Wir ziehen mit dem Verschiebenwerkzeug bei gedrückter Alt-Taste an den Ballons der »Ebene 1«. So entsteht die »Ebene 1 Kopie«, abermals ein Smart-Objekt. Diese beiden Ebenen gelten als »verbunden«. Wir ziehen die Kopieebene nach links, ändern Drehwinkel und Größe. Wir vergrößern die linke Ebene problemlos, obwohl sie von einer kleineren Ebene abstammt: Beide Ebenen sind Smart-Objekte, die Daten des größeren Originals stehen noch zur Verfügung. Datei: Smart_01d

Der Ablauf

So arbeiten Sie mit Smart-Objekten:

1. Sie verwandeln eine vorhandene Ebene in ein Smart-Objekt oder öffnen ein Bild als Smart-Objekt. Photoshop legt eine Kopie des Originals innerhalb der Datei zurück und gibt Ihnen zur Korrektur nur das Duplikat, die Arbeitsversion dieser Ebene.
2. Sie ändern das Objekt durch **Transformieren**, mit **Filter**-Befehlen und Ebeneneffekten.
3. Per Doppelklick auf die Ebenenminiatur steht wieder das Original, die ursprünglich eingefügte Version, zur Verfügung. Sie haben durch die Änderungen in Schritt 2 nichts verloren, selbst wenn Sie die Ebene drastisch verkleinert haben.

Zurück zum Originalpixelmaß oder Originalseitenverhältnis

Nach langem **Transformieren** wollen Sie das Smart-Objekt wieder im ursprünglichen Seitenverhältnis oder in der ursprünglichen Pixelgröße sehen. So kehren Sie zum Originalseitenverhältnis zurück:

1. Aktivieren Sie die Ebene durch einen Einzelklick in der Ebenenpalette.
2. Drücken Sie Strg+T.
3. Oben in der Optionenleiste tragen Sie für Breite und Höhe jeweils den gleichen Prozentwert ein – zum Beispiel zweimal »70,1%«. Sie sehen Ihr Motiv jetzt im Seitenverhältnis, wie es beim **Einfügen** oder **Platzieren** bestand.
4. Bestätigen Sie die Änderung mit ↵ oder brechen Sie mit der Esc-Taste ab.

Sie wollen komplett zu den ursprünglichen Maßen zurückkehren? Auch das geht:

1. Drücken Sie Strg+T.
2. Oben in der Optionenleiste tragen Sie für Breite und Höhe jeweils den neuen Wert »100%« ein - unabhängig davon, welche Maßeinheiten Photoshop dort zunächst nennt. Im Feld Drehen geben Sie »0« Grad an. Die Ebene schnellt zurück auf die Pixelausdehnung und Bildlage, die sie beim Start ihrer Smart-Objekt-Karriere hatte.

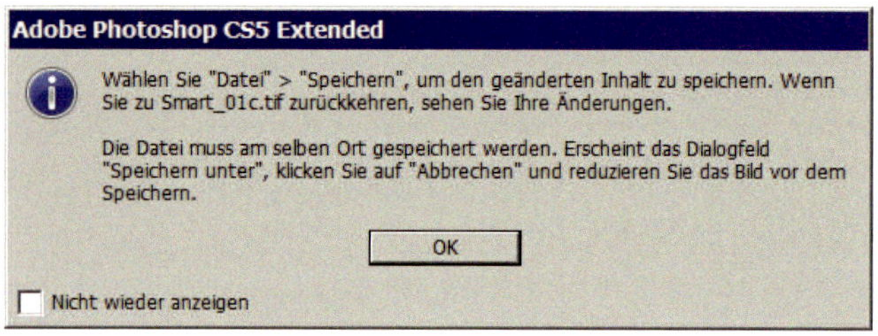

Abbildung 22.35
Wir wollen die Ballons umfärben. Kontrastkorrekturen oder Retuschewerkzeuge bietet Photoshop jedoch für ein Smart-Objekt gar nicht an - ebenso wie alle anderen Kontrastbefehle und Retuschewerkzeuge. Wir klicken darum doppelt auf die Miniatur der Ebene »Ebene 1 Kopie«. **Oben:** Photoshop meldet, dass die Ebene jetzt in einem separaten Dateifenster geöffnet wird. **Links:** Die Ebene erscheint als Datei »Ebene 1.psb«.

22.4.2 Smart-Objekte und Ebenenmasken

Die Ebene hat bereits eine Ebenen- oder Vektormaske und wird dann in ein Smart-Objekt verwandelt? Anschließend sehen Sie die Ebenenmaske nicht mehr in der Ebenenpalette. Die Miniatur zeigt nur den sichtbaren Teil des Motivs - Sie erkennen also nicht, ob sich per Maskenretusche noch mehr hervorholen lässt. Um die Maske zu bearbeiten und mehr oder weniger vom Motiv zu zeigen, klicken Sie erst doppelt auf die Miniatur der Smart-Objekt-Ebene; dann sehen Sie die Datei in der Datei mit der Ebenenmaske.

Es ist oft übersichtlicher, die Maske erst nach Umwandlung ins Smart-Objekt anzulegen. Dann sehen Sie die Maske und die volle Ausdehnung des Bildmotivs jederzeit in der Ebenenpalette. Hat die Ebene jedoch bereits vor dem Wechsel in den Smart-Objekt-Zustand eine Ebenenmaske, gehen Sie so vor:

1. Klicken Sie bei gedrückter Strg-Taste auf die Miniatur der Maske. Sie wird so als Auswahl geladen.
2. Klicken Sie mit rechts auf die Maskenminiatur und dann auf **Ebenenmaske löschen**. Weg ist sie, Sie sehen die Ebene wieder unmaskiert vollständig.
3. Klicken Sie mit rechts neben die Ebenenminiatur und dann auf In Smart-Objekt konvertieren. Sie haben also Ihr Smart-Objekt.
4. Unten in der Ebenenpalette klicken Sie auf Ebenenmaske hinzufügen. Das Motiv ist nun wieder maskiert wie zuvor, die Maske leitet sich aus der Auswahl ab, die noch im Bild schillert.

Gefährliche Verbindung

Die neue Ebenenmaske des Smart-Objekts ist zunächst »verbunden«: Verkleinern oder drehen Sie das Bild, ändert sich die Ebenenmaske mit (Seite 869). Das ist auch meist gewünscht. Allerdings: Die Smart-Objekt-Bildebene verliert bei wiederholtem **Transformieren** nicht an Qualität, die Maske dagegen schon. Drehen, skalieren oder verzerren Sie mehrfach, weichen die Ränder der Maske zunehmend auf.

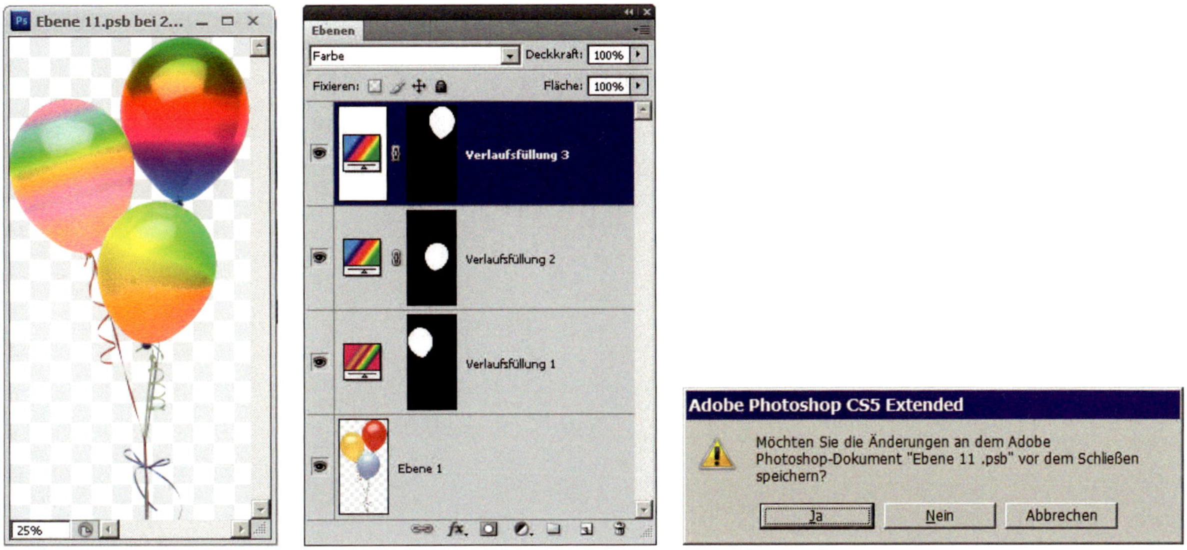

Abbildung 22.36 **Links:** Wir könnten jetzt Kontrastkorrekturen oder Pinsel nutzen oder Schriftzüge montieren. Wir legen hier aber Verlaufsfüllungen einzeln über jeden Ballon und schließen die Datei aus der Datei wieder. Dabei fragt Photoshop, ob gespeichert werden soll; klicken Sie auf »Ja«.

Wollen Sie also mehrfach transformieren, lohnt es sich doch, zuerst die Ebene mit einer Ebenenmaske zu präpieren und dann erst das Ganze in ein Smart-Objekt zu verwandeln. Für Maskenretusche müssen Sie dann aber stets erst doppelt auf die Smart-Objekt-Miniatur klicken.

22.4.3 Einzelne Pixelebene als Smart-Objekt

Sie wollen eine normale Pixelebene als Smart-Objekt verwenden, also einen ganz üblichen Bildausschnitt? Klicken Sie die Ebenenminiatur mit rechts an, dann nehmen Sie **In Smart-Objekt konvertieren**. Die Ebenenminiatur zeigt jetzt das Symbol für Smart-Objekte.

Smart-Objekt bearbeiten

So geht es weiter:

1. Mit Strg + T steigen Sie ins **Transformieren** ein (Seite 737); alternativ schalten Sie das Verschiebenwerkzeug ein und verwenden oben in den Optionen die Transformationssteuerungen. Sie drehen das Objekt und verkleinern es (in dieser Zeit zeigt die Ebenenminiatur kein Smart-Objekt-Symbol). Die »Transformierung« lässt sich jederzeit verlustfrei ändern oder zurücksetzen.
2. Jetzt braucht die smarte Ebene noch eine Retusche mit dem Kopierstempel. Sie schalten das Werkzeug ein, doch Photoshop blockiert Ihre Pläne mit einem Verbotsschild und einer Meldung: Der Vorgang kann erst fortgesetzt werden, nachdem dieses Smart-Objekt gerastert wurde. Klicken Sie auf OK, ist die Ebene nicht mehr smart, sie verliert die Verbindung zum unveränderten Original im Hintergrund. Klicken Sie also auf Abbrechen – so verwandelt Photoshop das Smart-Objekt nicht in eine normale Pixelebene.

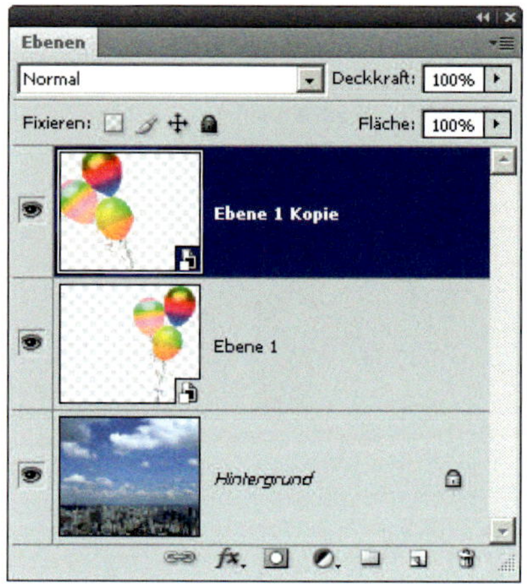

Abbildung 22.37 Nach dem Speichern der Smart-Objekt-Datei zeigt Photoshop die Montage aktualisiert – und beide Ebenen erscheinen mit Farbveränderung, denn sie sind ja verbunden. Nur das »Transformieren« wird auf jede verbundene Ebene einzeln angewendet. Klicken Sie doppelt auf die Miniatur einer Ebene, können Sie die Konstruktion mit den Verlaufsfüllungen weiter bearbeiten. Datei: Smart_01e

Pinselretuschen oder Kontrastkorrekturen für Smart-Objekte

Retuschen oder **Korrektur**-Befehle nimmt das Smart-Objekt nicht sofort an. Wollen Sie das Smart-Objekt nicht in eine Normalebene zurückrastern, bearbeiten Sie die ursprünglich geladenen Originalpixel. So geht's:

1. Klicken Sie doppelt auf die Ebenenminiatur mit dem Smart-Objekt.
2. Photoshop produziert eventuell erneut eine Meldung, die Sie mit OK bestätigen.
3. Nun erscheint die Ebene allein in einem neuen Dateifenster – und zwar in der ursprünglichen Proportion, also ohne Drehung und Skalierung. Sie erkennen auch einen neuen Dateinamen mit der Endung ».psb«, so etwas wie »Ebene 31.psb« – das Smart-Objekt ist letztlich eine psb-Datei in der Datei (PSB ist eine Weiterentwicklung des Photoshop-eigenen PSD-Dateiformats).
4. Arbeiten Sie mit dem Kopierstempel oder mit beliebigen anderen Funktionen – auch mit Kontrastkorrekturen. Aber wohlgemerkt: Diese Eingriffe verändern die Pixel dauerhaft, sie lassen sich nicht zurücksetzen.
5. Zufrieden mit der Korrektur? Klicken Sie auf **Datei: Schließen** (Strg+W). Photoshop fragt: MÖCHTEN SIE DIE ÄNDERUNGEN...SPEICHERN? JA, Sie möchten.
6. Die Datei mit dem Einzelobjekt verschwindet. Sie sehen wieder die Montage: Die Smart-Objekt-Ebene zeigt sich wieder mit der Drehung und Verkleinerung von ganz zu Anfang. Außerdem sehen Sie die Stempelretusche und andere Eingriffe.

TIPP Oder retuschieren Sie direkt auf dem Smart-Objekt mit Stempel und Co. Dazu legen Sie erst eine neue leere Ebene an und nutzen Sie die Werkzeugvorgabe ALLE EBENEN.

Abbildung 22.38 Sie wollen zum Abschluss dieser Reihe die rechte Ebene unabhängig von der linken weiter umfärben. Wir nehmen hier die Funktion »Farbton/Sättigung« als Einstellungsebene. Die Einstellungsebene ist mit der darunterliegenden »Ebene 1« gruppiert; sie färbt also nur die Ballons um, aber nicht die »Hintergrund«-Ebene. Datei: Smart_01f

Schnelle Vorschau der Gesamtmontage

Wie wirkt die Retusche im Smart-Objekt in der Gesamtmontage? Sie sehen die aktualisierte Gesamtansicht natürlich nach dem Schließen der Datei mit dem Smart-Objekt. Noch schneller geht es so:

1. Wenn das Smart-Objekt als separate Datei geöffnet ist, speichern Sie mit Strg + S.
2. Spätestens, wenn Sie das Dateifenster der Gesamtmontage durch einen Klick auf die Titelleiste aktivieren, zeigt Photoshop die aktualisierte Gesamtansicht.
3. Wechseln Sie wieder zum Smart-Objekt in seinem separaten Fenster; widerrufen Sie bei Bedarf die letzte Änderung.

TIPP Zeigen Sie das einzelne Smart-Objekt und die Gesamtmontage nebeneinander mit der Option 2 ÜBEREINANDER der Schaltfläche DOKUMENTE ANORDNEN.

Verlustfreie Korrekturen

Sie müssen Kontrastkorrekturen oder Retuschen nicht dauerhaft in das Smart-Objekt einrechnen:

» Für Kontrastkorrekturen aktivieren Sie zunächst die smarte Ebene durch einen Einzelklick. Auf der Startseite der Korrekturenpalette legen Sie eine neue Kontrastkorrektur an (Seite 886), zum Beispiel **Gradationskurven**. Je nach Vorgabe zu den Schnittmasken erscheint zunächst das gesamte Bild verändert, nicht nur das Smart-Objekt; klicken Sie in diesem Fall auf das Symbol für eine neue Schnittmaske (Seite 877) unten in der Korrekturenpalette; jetzt erscheint nur noch das Smart-Objekt bearbeitet.

» Brauchen Sie Retuschen mit Kopierstempel, Reparaturpinsel oder Bereichsreparaturpinsel? Bearbeiten Sie die Originalpixel des Smart-Objekts nach Doppelklick auf die Ebenenminiatur. In der PSB-Datei mit dem Smart-Objekt-Original legen Sie eine neue leere Ebene an. Verwenden Sie die Retuschewerkzeuge mit der Option ALLE EBENEN, so dass die Retusche in der neuen, leeren Ebene landet. Sie schließen die neue Ebenenkonstruktion, sie erscheint wieder als einzelne Smart-Objekt-Ebene.

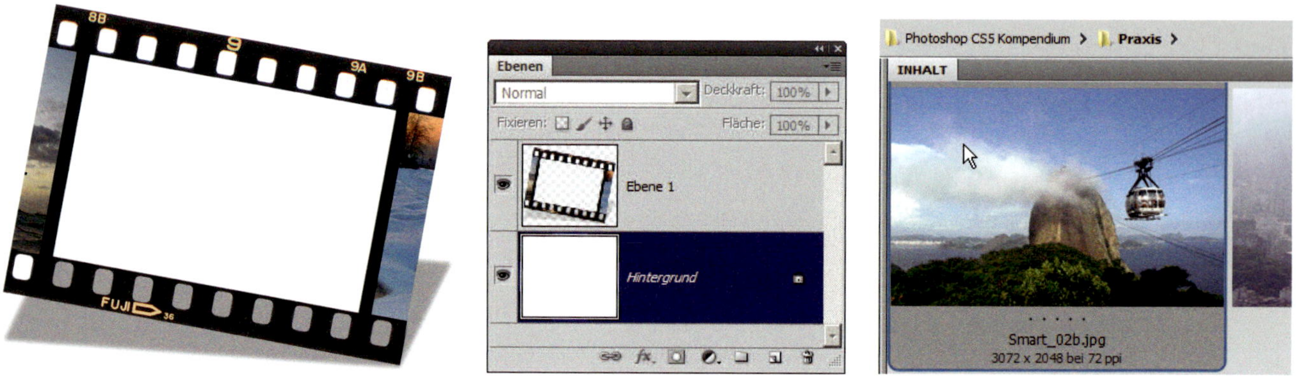

Abbildung 22.39 In den ausgestanzten Filmstreifen hinein wollen wir ein Foto als Smart-Objekt »platzieren«. Die Hintergrundebene ist bereits aktiviert, damit das Foto unmittelbar darüber landet, also unter dem Filmstreifen. Aus Bridge heraus ziehen wir das Foto »Smart_02b« aus dem Praxis-Verzeichnis der Buch-DVD in die geöffnete Filmstreifen-Datei. Dateien: Smart_02. Foto: Lucas Klamert

22.4.4 »Platzieren« Sie Photoshop-Montagen, PDFs, Camera-Raw-Dateien und Vektordateien

Für Ebenenmontagen, Camera-Raw-Dateien, PDFs und Vektorgrafikdateien brauchen Sie den Befehl **Datei: Platzieren.** Alternative: Markieren Sie eine einzelne Datei in Bridge, dann gehen Sie dort auf **Datei: Platzieren: In Photoshop.**

1. Die Datei erscheint als neue Ebene in Ihrer Montage, umgeben von Rahmen und Anfasspunkten. Richten Sie Größe, Drehung und Winkel mit den üblichen **Transformieren**-Techniken ein (Seite 737); die [⇧]-Taste wahrt das Höhe-Breite-Verhältnis. Alle Änderungen lassen sich später verlustfrei korrigieren. (Camera-Raw-Dateien durchlaufen zuerst den Camera-Raw-Dialog.)
2. Klicken Sie zur Bestätigung doppelt in das platzierte Bild. Die Anfasspunkte verschwinden, die neue Ebenenminiatur in der Palette zeigt das Zeichen für Smart-Objekte.

TIPP Der kostenlose Zusatzbefehl **Place-A-Matic** von »Dr. Brown's Services« (Seite 1073) spart Klicks beim **Platzieren**.

Größe beim Platzieren und Einfügen

Photoshop passt die Größe des platzierten Objekts an die Größe der Gesamtdatei an – das neue Element ragt nicht über die aktuellen Bildgrenzen hinaus. Wollen Sie das Objekt dagegen in seiner ursprünglichen Größe platzieren, öffnen Sie die **Voreinstellungen** mit [Strg]+[K] und verzichten auf die Option Bild beim Einfügen/Platzieren skalieren. Egal, was Sie bevorzugen: Sie verlieren nie Qualität.

Photoshop-Montagen mit mehreren Ebenen

Setzen Sie Photoshop-Montagen mit mehreren Ebenen als Smart-Objekt ein – Sie erhalten eine neue Einzelebene mit der Gesamtansicht der gewählten Montage. Sie haben zwei Möglichkeiten, wahlweise bleiben die Einzelebenen im Hintergrund erhalten:

» Wählen Sie **Datei: Platzieren** und laden Sie eine Montage-Datei. Das Zielbild zeigt eine Gesamtansicht der Montage als Einzelebene. Klicken Sie doppelt auf die Miniatur dieses Smart-Objekts, steht die Originalmontage mit allen Einzelebenen zur Verfügung. Sie lässt sich bearbeiten und schließen – danach sehen Sie die korrigierte Montage im Zielbild. Sie können **frei transformieren**, filtern und maskieren. Dieses Verfahren bietet viel Flexibilität, kostet aber

Abbildung 22.40 **Links:** Die neue Ebene erscheint zum »Platzieren« zunächst bildfüllend unterhalb des Diarahmens. **Mitte:** Mit den Anfasspunkten wird die Ebene gedreht und auf letztlich 23 Prozent der Originalgröße verkleinert (Sie lesen den Prozentwert oben in den Optionen). **Rechts:** Die neue Ebene heißt wie die Datei »Smart_02b«, die Miniatur zeigt das Symbol für Smart-Objekte. In den allgemeinen »Voreinstellungen« verwenden wir hier »Bild beim Platzierern skalieren«: Darum verkleinert Photoshop die »platzierte« Datei sofort auf die Außenmaße des Filmstreifenbilds, obwohl die hereingezogene Datei viel größer ist. Ebenfalls in den allgemeinen »Voreinstellungen« gilt »Rasterbilder als Smart-Objekte ablegen oder ziehen«: Darum wird das hereingezogene Bild als Smart-Objekt im Hintergrund verlustfrei in voller Originalgröße gespeichert, Sie können es beliebig oft skalieren, ohne Qualität zu verlieren.

Speicherplatz – exakt so viel, wie die Montage auf der Festplatte benötigte. Die platzierte Montage kann ihrerseits Smart-Objekte enthalten, so dass ein Smart-Objekt andere Smart-Objekte aufnimmt.

» Öffnen Sie die Montage, die Sie als Smart-Objekt einfügen wollen. Wählen Sie Strg+A, dann **Bearbeiten: Auf eine Ebene reduziert kopieren**; danach klicken Sie auf das Zielbild, fügen mit Strg+V ein und wählen **Filter: Für Smartfilter konvertieren.** Die Einzelebenen der eingefügten Montage stehen nicht mehr zur Verfügung; Sie sparen Speicherplatz.

22.4.5 Wie viel Speicherplatz kostet das?

Verwandeln Sie eine Pixelebene in ein Smart-Objekt – die Montage braucht danach generell mehr Speicherplatz. Ein Smart-Objekt, das Sie quer über die Bildfläche hin vergrößern, kostet etwas mehr Speicherplatz als ein sehr klein zusammengeschobenes Smart-Objekt – obwohl im Hintergrund dieselben Pixelinformationen liegen (eine Tabelle zu Dateigrößen finden Sie auf Seite 690).

Verwandeln Sie ein Smart-Objekt zurück in eine Rasterebene (**Ebene: Smart-Objekte: In Ebene konvertieren**). So schonen Sie Festplatte, Backup-Medien und Internetleitungen. Der Spareffekt ist besonders deutlich, wenn das Smart-Objekt zuvor nur einen kleinen Teil der Bildfläche einnahm.

Montagen als Smart-Objekt

Eine Montage mit Smart-Objekten beansprucht mehr Speicher, wenn das Smart-Objekt seinerseits aus einer mehrteiligen Photoshop-Montage und nicht aus einer Einzelebene besteht. Abhilfe:

1. Öffnen Sie das Smart-Objekt per Doppelklick auf die Ebenenminiatur und wählen Sie **Ebene: Hintergrund auf Ebene reduzieren**; so verschmelzen die Einzelebenen zu einer Ebene.
2. Schließen Sie diese Smart-Objekt-Datei und klicken Sie bei der Speicherfrage auf JA – die Montage sieht so aus wie zuvor, doch sie kostet weniger Speicherplatz.

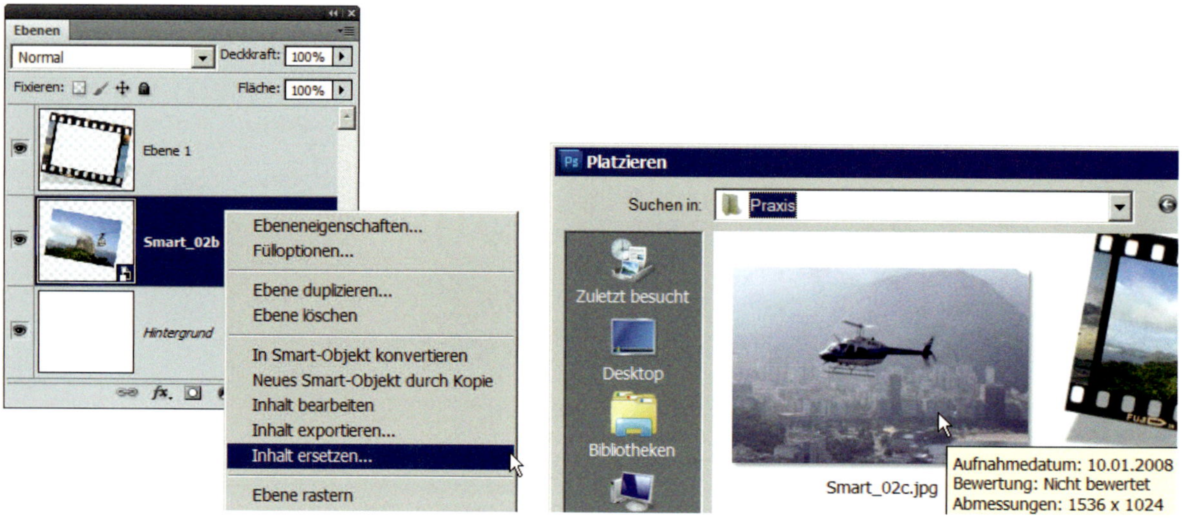

Abbildung 22.41 Wir tauschen das Foto aus. **Links:** Klicken Sie rechts neben die Smart-Objekt-Miniatur und dann auf »Inhalt ersetzen«. **Rechts:** Im Dialogfeld »Platzieren« nehmen Sie das »Praxis«-Verzeichnis von der Buch-DVD und klicken doppelt auf die Datei »Smart_02c.jpg«. Sie sehen hier schon in der Einblendmeldung, dass diese Datei nur 1536 Pixel breit ist – also nur halb so groß wie das vorhandene Motiv. Foto: Lucas Klamert

22.4.6 Camera-Raw-Dateien als Smart-Objekt

Betten Sie eine Camera-Raw-Datei als Smart-Objekt in eine Montage ein. Ändern Sie jederzeit verlustfrei alle Einstellungen aus dem Camera-Raw-Dialog – zum Beispiel Farb- und Tonwertkorrektur, Bildschärfe, Rauschunterdrückung, Drehung und Ausschnitt. Legen Sie mehrere Raw-Dateien als HDR-Montage übereinander. Per Doppelklick auf die Ebenenminiatur landen Sie immer wieder im Raw-Dialog (Seite 222) und genießen den vollen Raw-Tonwertreichtum.

Raw-Datei als Smart-Objekt in neuer Datei

Sie wollen die Camera-Raw-Datei als Smart-Objekt in einer neuen Datei anlegen. So geht's:

1. Öffnen Sie die Raw-Datei im Raw-Dialog.
2. Halten Sie die ⇧-Taste gedrückt und klicken Sie rechts unten im Dialog auf Objekt öffnen (ohne ⇧-Taste heißt dieser Button Bild öffnen).

Sie landen in Photoshop und erhalten eine neue Datei mit einer einzigen Ebene: Ihr Raw-Bild als Smart-Objekt. Es spielt keine Rolle, ob weitere Dateien in Photoshop geöffnet sind.

Sofern in Photoshop keine einzige Datei geöffnet ist, laden Sie Raw-Dateien auch so als Smart-Objekt in Photoshop: Sie markieren die Raw-Datei in Bridge und wählen dort **Datei: Platzieren: In Photoshop**; dabei gibt es keinen Zwischenhalt im Raw-Dialog. Es geht auch ohne Bridge: Wählen Sie direkt in Photoshop **Datei: Als Smart-Objekt öffnen**; dabei entsteht eine neue Datei, auch wenn schon Bilder geöffnet sind.

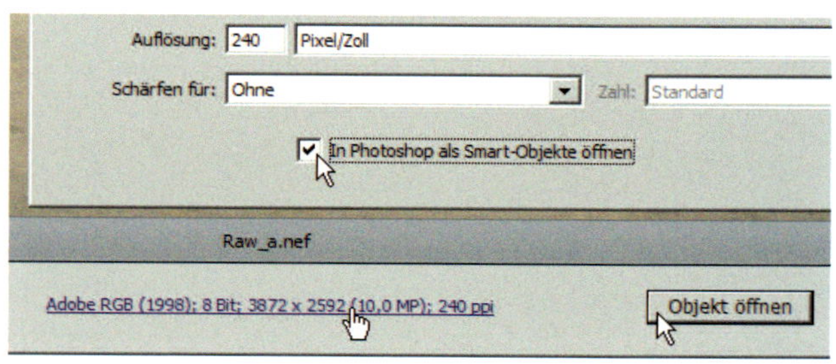

Abbildung 22.42 Die Schaltfläche Objekt öffnen (für Raw-Dateien als Smart-Objekt) zeigt der Raw-Dialog nur bei gedrückter ⇧-Taste. Aber: Öffnen Sie die Arbeitsablaufoptionen durch einen Klick auf die Bilddaten unten im Raw-Dialog und schalten Sie unten im Dialogfeld »Arbeitsablauf-Optionen« die Vorgabe In Photoshop als Smart-Objekte öffnen ein. Dann zeigt der Raw-Dialog die Schaltfläche Objekt öffnen generell an, jede Raw-Datei landet in Photoshop als Smart-Objekt, alle Raw-Eigenschaften bleiben erhalten und änderbar.

Abbildung 22.43 **Links:** Photoshop setzt das neue Bild ein - sofort mit den Werten der vorherigen Ebene: 23 Prozent Größe und 10 Grad Drehwinkel. Die neue Datei hat jedoch nur halb so viel Pixel wie die vorherige, darum erscheint sie hier zunächst zu klein. **Mitte:** Wir drücken Strg + T und skalieren die Ersatzebene auf eine passende Größe, hier gut 50 Prozent der Originalmaße. **Rechts:** Die ausgetauschte Bildebene hat den alten Namen behalten. Am Symbol in der Miniatur erkennen Sie, dass es sich wieder um ein verlustfrei skalierbares Smart-Objekt handelt. Das ursprüngliche Motiv ist weg.

Falsches HDR mit einer doppelten Raw-Datei (Variante 1)

Sie möchten per HDR ein und dieselbe Raw-Datei mehrfach in unterschiedlich korrigierten »Entwicklungen« in Photoshop mischen. Ein möglicher Weg:

1. Sie laden die Raw-Datei in den Raw-Dialog, erstellen eine erste Bildvariante (zum Beispiel für durchgezeichnete Schatten), halten die ⇧-Taste gedrückt und klicken auf Objekt öffnen. So entsteht eine Datei mit einem ersten Smart-Objekt in Photoshop (also die Raw-Datei verpackt in eine Ebene).
2. Sie ziehen dieselbe Raw-Datei aus Bridge, Mini Bridge oder einer anderen Dateiverwaltung heraus über die bereits in Photoshop geöffnete Version. Photoshop zeigt wieder den Raw-Dialog, diesmal korrigieren Sie anders (zum Beispiel für durchgezeichnete Lichter) und klicken auf OK.
3. Die Datei erscheint nun mit dem beim **Platzieren** üblichen Transformationsrahmen in Photoshop. Drücken Sie sofort auf die ↵-Taste, um jede Größenänderung zu vermeiden.

» Das Hereinziehen aus Schritt 2 funktioniert, sofern Sie in den allgemeinen **Voreinstellungen** die übliche Option Rasterbilder als Smart-Objekte nutzen. Alternativen bei Schritt 2: Sie wählen in Photoshop **Datei: Platzieren** und geben dieselbe Datei noch einmal an; in Bridge heißt es **Datei: Platzieren: In Photoshop** und auch Mini Bridge hält den Befehl über die Extras-Schaltfläche parat.

Die in der Ebenenpalette obere Variante der Raw-Datei können Sie mit einer Ebenenmaske und geänderten Füllmethoden überblenden. Per Doppelklick auf die Ebenenminiaturen landen Sie wieder im Raw-Dialog.

Falsches HDR mit einer doppelten Raw-Datei (Variante 2)

Auch so stapeln Sie zwei Raw-Dateien.

1. Sie erstellen eine erste Bildvariante im Raw-Dialog, klicken bei gedrückter ⇧-Taste auf Objekt öffnen und erhalten so in Photoshop eine Datei mit einer ersten Smart-Objekt-Ebene.
2. Wählen Sie **Ebene: Smart-Objekte: Neues Smart-Objekt durch Kopie**. So entsteht eine neue, nicht »verbundene«, unabhängige Duplikatebene.
3. Klicken Sie doppelt auf die Miniatur der neuen, oberen Ebene. Sie landen im Raw-Dialog und ändern die Korrektur. Danach mischen Sie mit Ebenenmasken und Füllmethoden.

ACHTUNG Es bringt nichts, die Raw-Datei einmal als Smart-Objekt einzusetzen, diese Ebene mit [Strg]+[J] zu duplizieren und dann für obere Ebene andere Raw-Einstellungen zu wählen. Die so duplizierte Ebene gilt als »verbunden« (Seite 908), beide Ebenen zeigen also immer identische Raw-Einstellungen.

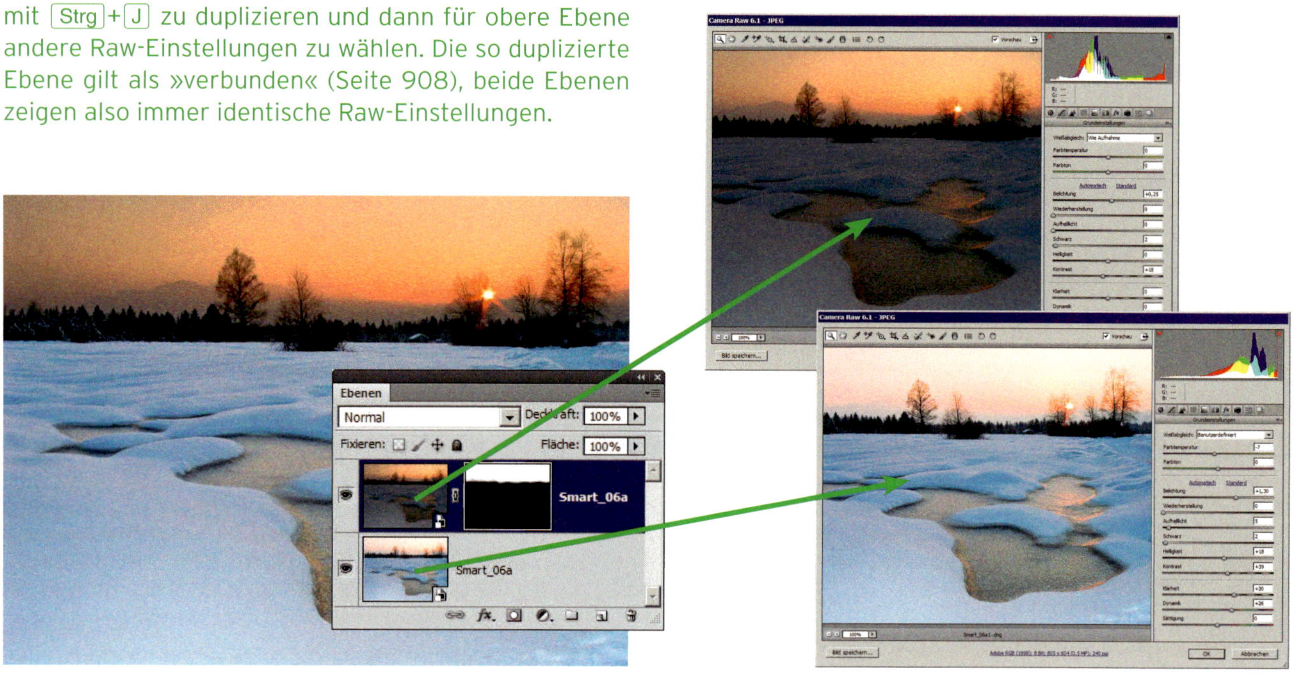

Abbildung 22.44 Speichern Sie Raw-Dateien als Smart-Objekte innerhalb einer Photoshop-Montage. Per Doppelklick auf die Ebenenminiatur landen Sie wieder im Raw-Dialog und haben die volle Raw-Qualität zur Verfügung. Hier mischen wir zwei unterschiedliche »Entwicklungen« einer einzigen Datei zu einer Gesamtbelichtung. Datei: Smart_06

Unterschiedliche Raw-Dateien als Smart-Objekte in eine Photoshop-Datei platzieren (für HDR)

Sie haben mehrere Raw-Dateien derselben Szene, die Sie zu einem HDR-Bild mischen wollen. So türmen Sie die Dateien übereinander:

1. Sie laden die Raw-Datei in den Raw-Dialog, halten die [⇧]-Taste gedrückt und klicken auf Objekt öffnen. So entsteht eine Datei in Photoshop mit einem ersten Smart-Objekt.
2. Sie wählen in Photoshop **Datei: Platzieren** und geben die nächste Datei an (Alternative: Datei in Bridge markieren und **Datei: Platzieren: In Photoshop**). Sie korrigieren das Bild im Raw-Dialog, klicken auf **OK** und sobald die Datei in Photoshop erscheint, drücken Sie sofort auf die [↵]-Taste (vermeiden also jede Skalierung).

TIPP Sie können Raw-Dateien auch in kleineren Dateien platzieren, die weniger Pixelfläche bieten als die Raw-Datei selbst. Lassen Sie die Raw-Datei hinter dem Bildrand verschwinden oder skalieren Sie das Raw-Bild klein – Photoshop speichert auch eine Multimegapixel-Camera-Raw-Datei verlustfrei auf einer sehr kleinen Arbeitsfläche. Mit **Bild: Alles einblenden** machen Sie die Datei passend groß.

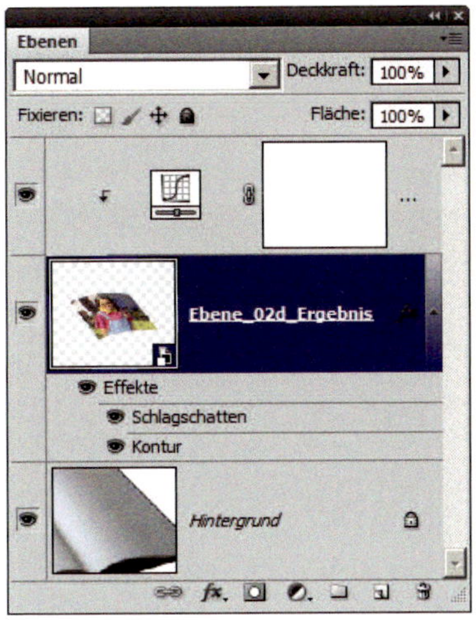

Abbildung 22.45
Wir haben die Montage »Ebene_02d« aus dem Praxis-Verzeichnis als Smart-Objekt platziert. Wir »verkrümmen« die Perspektive (Seite 743). Um die platzierte Montage umzubauen, klicken wir doppelt auf die Miniatur »Verbergen_02«.
Datei: Smart_03

22.4.7 Vektorgrafikdateien als Smart-Objekt

Setzen Sie Vektordateien als Smart-Objekt ein – zum Beispiel ein Firmenlogo, einen Schriftzug oder eine komplette Seite in Formaten wie AI, EPS oder PDF. Die Datei muss nicht unbedingt mit dem Adobe-Programm Illustrator entstanden sein und Sie brauchen Illustrator nicht zwingend auf der Festplatte – ein anderes Vektorgrafikprogramm wie Canvas oder CorelDraw tut es eventuell auch.

Ändern Sie Winkel und Proportionen in Photoshop, dekorieren Sie die Grafik mit Ebeneneffekten wie SCHLAGSCHATTEN oder ABGEFLACHTE KANTE UND RELIEF und testen Sie Füllmethoden. Nach einem Doppelklick auf die Ebenenminiatur startet das Grafikprogramm; dort bearbeiten Sie die Kurven und Füllflächen der Vektorgrafik. Speichern Sie das Ganze im Grafikprogramm und ändern Sie dabei nicht die Verzeichnisse oder Namen – schon landen Sie wieder in Ihrer auswärts veredelten Photoshop-Montage. Testen Sie das Verfahren zum Beispiel mit den Vektorgrafiken vom Typ ».ai« aus dem Praxis-Verzeichnis der Buch-DVD. Beachten Sie dabei auch die Optionen BILD BEIM PLATZIEREN SKALIEREN und RASTERBILDER ALS SMART-OBJEKTE ABLEGEN ODER ZIEHEN aus den allgemeinen Voreinstellungen (Seite 694).

22.4.8 Smart-Objekte »ersetzen« & »exportieren«

Sie haben ein Smart-Objekt per **Transformieren** gedreht und gestaucht, es passt optimal zum Hintergrund. Nun wollen Sie an dieser Stelle ein anderes Bild sehen – mit der gleichen, maßgeschneiderten Umformung. Nichts leichter als das:

1. Klicken Sie mit rechts in der Ebenenpalette einmal neben die Smart-Objekt-Miniatur und nehmen Sie **Inhalt ersetzen**.
2. Im Dialogfeld wählen Sie eine neue Datei aus und klicken auf PLATZIEREN.
3. Das neue Motiv erscheint in Ihrer Montage – mit Position und Größe des zuvor gewählten Smart-Objekts. Das ursprüngliche, ersetzte Motiv ist von der Bildfläche verschwunden.

Es spielt keine Rolle, ob Sie ein übliches Pixelbild, eine Photoshop-Montage, eine Vektorgrafik oder eine Camera-Raw-Datei nachladen.

HINWEIS Das neu eingesetzte Smart-Objekt übernimmt genau die Drehung und Höhe-Breite-Skalierung des ersetzten Objekts. Wollen Sie etwas ändern, drücken Sie [Strg]+[T] und bearbeiten Sie die Einstellungen oben zum Beispiel mit der Option SEITENVERHÄLTNIS ERHALTEN oder mit den Feldern für Höhe, Breite und Drehung.

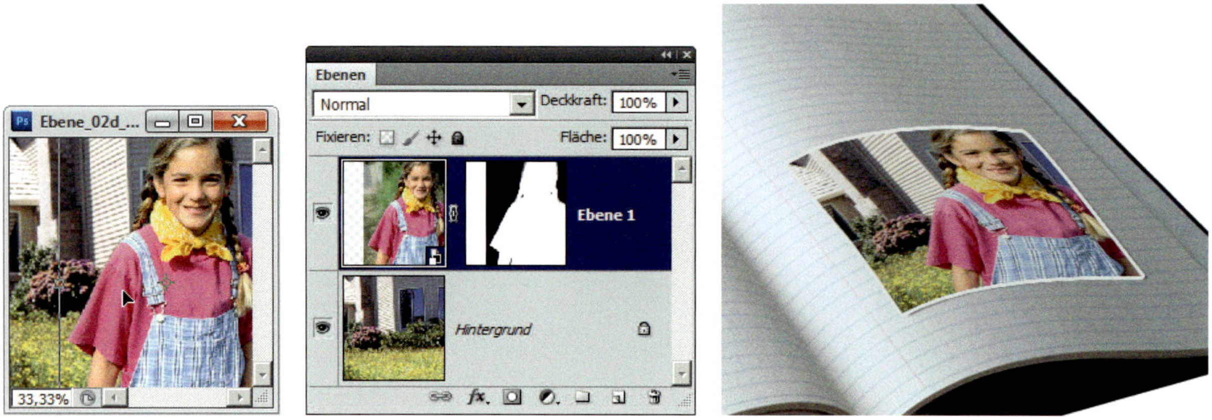

Abbildung 22.46 Die platzierte Montage lässt sich wie eine eigene Datei bearbeiten, wir spiegeln den Schmetterling und verschieben ihn. Sobald wir diese »Montage in der Montage« wieder speichern, erscheint der Schmetterling auch in der ursprünglichen Montage gespiegelt. Die »verkrümmte« Perspektive wird übernommen.

Smart-Objekte exportieren

Speichern Sie Smart-Objekte als Einzeldatei. Sie erhalten jeweils Kopien des platzierten oder eingefügten Originals: Photoshop sichert die ursprüngliche, unverzerrte Form des Objekts, das **Transformieren** als Smart-Objekt wird nicht berücksichtigt.

Aktivieren Sie die Ebene mit dem Smart-Objekt und klicken Sie auf **Ebene: Smart-Objekte: Inhalt exportieren**. Dabei entstehen folgende Dateitypen:

» Für einfache Pixelobjekte PSB-Dateien, die sich fast nur mit Photoshop CS und neueren Versionen lesen lassen.

» Hatten Sie eine Montage mit mehreren Ebenen platziert, produziert Photoshop wieder eine PSD-Montagedatei mit allen Ebenen.

» Vektorgrafiken werden als PDF gesichert.

» Camera-Raw-Dateien erscheinen im Originaldateityp und mit allen Camera-Raw-Möglichkeiten.

22.4.9 Änderungen auf Duplikate übertragen

Duplizieren Sie Smart-Objekte und übertragen Sie Änderungen an einer Ebene auf die Duplikate. Auf verschiedene Arten entstehen die Duplikate:

» Klicken Sie einmal auf die Miniatur des Smart-Objekts, zum Beispiel von »Ebene 1«. Dann drücken Sie Strg+J zum Duplizieren.

» Klicken Sie einmal auf die Miniatur des Smart-Objekts, schalten Sie das Verschiebenwerkzeug ein, drücken Sie die Alt-Taste und ziehen Sie an der Ebene im Bildfenster.

Die Ebenenpalette zeigt danach eine neue Ebene 1 Kopie oder ähnlich, wieder mit dem Symbol für Smart-Objekte.

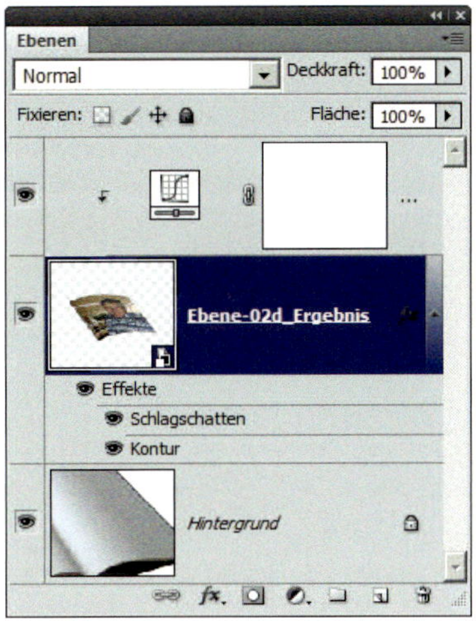

Abbildung 22.47
Wir »ersetzen« das platzierte Bild durch die Datei »Ebene_03c« aus dem »Praxis«-Verzeichnis. Das neue Bild übernimmt sofort die »Verkrümmung«. Es wird hier noch auf die passende Größe »transformiert«. Den Transformationsrahmen samt Innenkreuz und Anfasspunkten haben wir mit Strg+H ausgeblendet.

»Verbundene« Ebenen bearbeiten

Diese beiden smarten Ebenen sind nun »verbunden« (dieser Ausdruck hat nichts mit dem Verbindensymbol zu tun). Ein möglicher Ablauf:

1. Klicken Sie doppelt auf eine der Smart-Objekt-Ebenen, zum Beispiel auf »Ebene 1«. (Es spielt keine Rolle, welche der »verbundenen« Ebenen Sie bearbeiten.) Die Ebene öffnet sich als separate Datei in einem eigenen Fenster.
2. Retuschieren Sie mit Kopierstempel und anderen Geräten, bearbeiten Sie die Kontraste mit **Gradationskurven** und Co. oder lassen Sie einen **Filter** vom Stapel.
3. Schließen Sie die Datei mit der Einzelebene (Strg+W). Bestätigen Sie die Speicheraufforderung mit Ja.
4. In der Montage sehen Sie die »Ebene 1« nun verändert – und dieselben Korrekturen sehen Sie ebenfalls auf der separaten »Ebene 1 Kopie«. Sie haben eine Ebene bearbeitet, doch Photoshop zeigt auch die duplizierten Ebenen verändert an.

TIPP Sie können ein Smart-Objekt auch so duplizieren, dass es keine Verbindung zwischen Original und Duplikat gibt. Aktivieren Sie die Ebene, dann heißt es **Ebene: Smart-Objekte: Neues Smart-Objekt durch Kopie.**

Wichtig beim Duplizieren

Beachten Sie beim Duplizieren von verbundenen Smart-Objekten:

- In der Ebenenpalette signalisiert kein Symbol, ob »Ebene 1« und »Ebene 1 Kopie« verbunden sind oder nicht. Auch der Name sagt nichts aus, es kann sich um verbundene oder nicht verbundene Smart-Objekte handeln.
- Auch für zwei verbundene Smart-Objekte gilt: Verzerrungen per **Transformieren** wirken weiterhin nur auf eine einzige Ebene; um mehrere Ebenen gemeinsam zu **transformieren**, wählen Sie diese Ebenen erst zusammen aus (Strg-Klick auf die Namen der Ebenen, Seite 712).

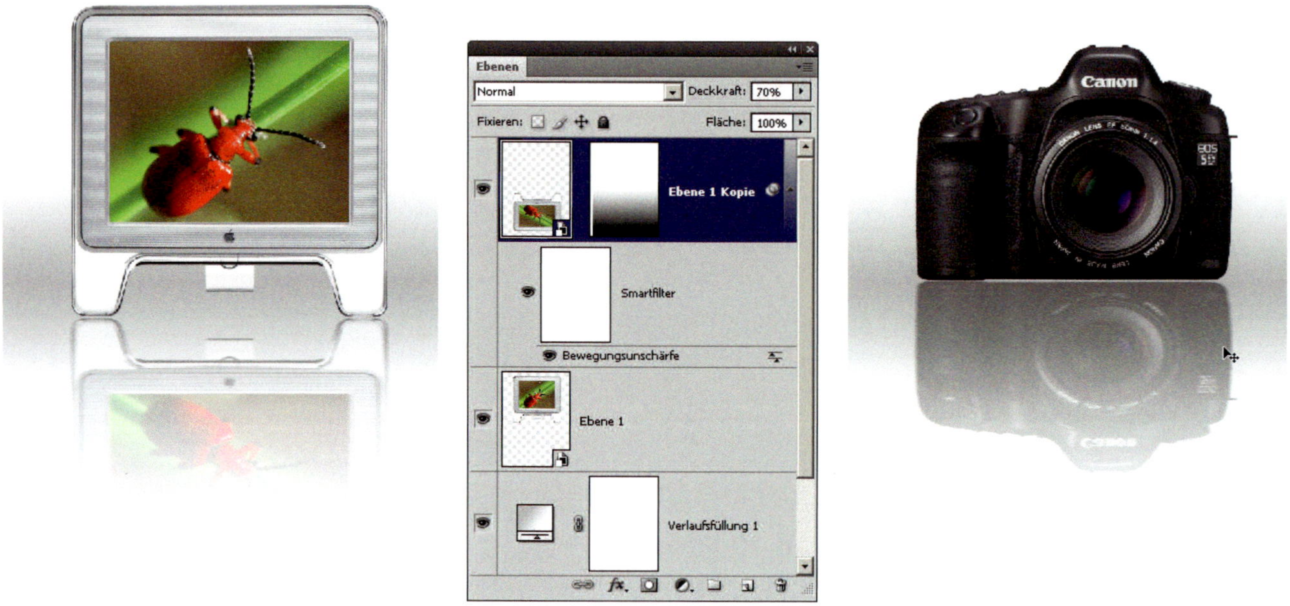

Abbildung 22.48 Wir haben die Monitorebene in ein Smart-Objekt verwandelt und mit Strg+J dupliziert. Die zwei Ebenen sind also »verbunden«. Die Duplikatebene wurde nach unten gespiegelt und weiter verzerrt. Dann klicken wir mit rechts neben eine der zwei Bildminiaturen und danach auf »Inhalt ersetzen«. Wir geben die Datei »Smart_07b« an, eine bereits freigestellte Kamera über transparentem Grund. Photoshop setzt das Objekt sofort beim ersten Mal doppelt mit Spiegelung ein. Allerdings muss wegen nicht zusammenpassender Größen eine der wiederum »verbundenen« Ebenen noch verschoben werden. Datei: Smart_07

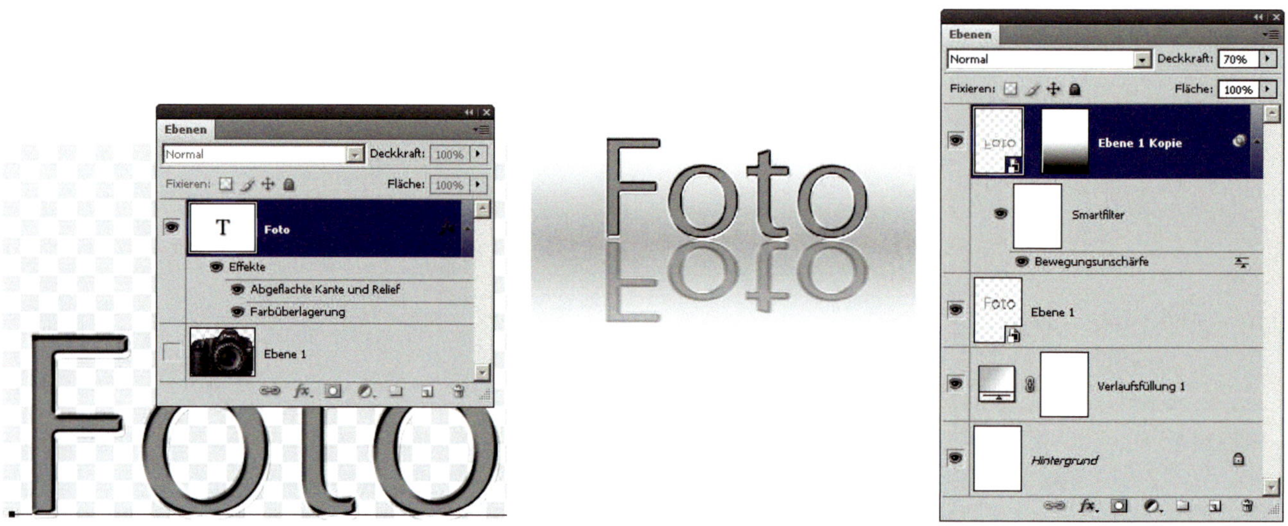

Abbildung 22.49 Wir klicken doppelt auf eine der Bildminiaturen und bearbeiten die Datei in der Datei: Wir blenden die Kamera mit dem Augensymbol aus und legen darüber einen Schriftzug an. Wegen der geplanten Spiegelung sollte der Schriftzug unten aufsetzen. Schließen Sie, bestätigen Sie die Speicherabfrage mit »Ja« und die Montage zeigt nur noch die Schrift. Sie können die Kamera via Augensymbol jederzeit wieder anzeigen.

22.4.10 Smart-Objekte rastern

Verwandeln Sie das Smart-Objekt bei Bedarf in eine normale Ebene – die bearbeiten Sie ohne lästige Einschränkungen. Stellen Sie zunächst die endgültige Proportion und Drehung her und aktivieren Sie die Ebene durch einen Klick in die Palette. Dann haben Sie diese Möglichkeiten:

» Klicken Sie das Smart-Objekt mit dem geplanten Retuschewerkzeug an, zum Beispiel Kopierstempel oder Protokollpinsel. Photoshop meldet: Der Vorgang kann erst fortgesetzt werden, nachdem dieses Smart-Objekt gerastert wurde... Möchten Sie das Smart-Objekt rastern? Da sagen Sie Ja.

» Wählen Sie **Ebene: Smart-Objekte: Rastern** oder **Ebene: Rastern: Smart-Objekt**; den Befehl **Ebene rastern** gibt's auch im Kontextmenü rechts neben einer Smart-Objekt-Miniatur in der Ebenenpalette.

22.5 Smartfilter

Einmal **Buntglas-Mosaik** und zurück – Sie brauchen zuerst ein Smart-Objekt (Seite 894), dann können Sie auch Smartfilter nutzen: Die Smart-Objekt-Ebene erscheint mit der Filterverfremdung. Doch Sie können die Filterwirkung jederzeit ändern, dämpfen, abschalten und auf andere Ebenen übertragen. Ein paar interessante Anwendungen:

» Legen Sie einen Scharfzeichner an, ohne die Werte endgültig ins Bild zu rechnen – nach dem Skalieren oder nach enttäuschenden Testdrucken ändern Sie die Werte einfach.

» Verzaubern Sie Ihr Motiv mit **Struktur** und **Beleuchtungseffekten** – und ändern Sie alles jederzeit.

» Kombinieren Sie mehrere künstlerische Effektfilter, testen Sie die Bildwirkung bei geänderter Reihenfolge und Füllmethode, verbergen Sie die Filterwirkung durch Bearbeiten der Filtermaske.

Beispiele für Smartfilter sehen Sie auch im »Filter«-Kapitel ab Seite 537.

22.5.1 Möglichkeiten

Sobald Sie ein Smart-Objekt angelegt haben, stehen viele Menübefehle gar nicht mehr zur Verfügung. Die folgenden Funktionen bietet Photoshop jedoch wie üblich an. Wählen Sie einen Befehl aus dieser Liste und ist ein Smart-Objekt aktiv, dann entsteht ein neuer Smartfilter:

» Nutzen Sie fast alle **Filter**-Befehle außer **Verflüssigen**, **Fluchtpunkt** und **Tiefenschärfe abmildern**.

» Aus dem Untermenü **Bild: Korrekturen** stehen die wichtigen **Tiefen/Lichter** sowie die **Variationen** parat. Die **HDR-Tonung** steht parat, verwandelt Ihre Smart-Objekt-Ebene jedoch in eine Normalebene mit dauerhaft eingebrannten Änderungen.

Der Smartfilter ändert generell nur die aktive Ebene – anders als Einstellungsebenen wirkt er nicht auf darunterliegende Ebenen durch.

22.5.2 Smartfilter verwalten

Smartfilter erinnern in der Anwendung an Ebeneneffekte. Der Filterbefehl erscheint als Balken in der Ebenenpalette, unter der zugehörigen Ebene. Ihre Möglichkeiten:

» Mit dem Augensymbol schalten Sie die Filterwirkung ein oder aus.

» Wollen Sie alle Effekte einer Ebene gemeinsam abschalten, klicken Sie auf das Auge neben Smartfilter.

» Sie möchten die Einstellungen ändern? Klicken Sie doppelt auf einen Filternamen in der Palette.

» Ändern Sie Deckkraft und Füllmethode eines Smartfilters: Dazu klicken Sie rechts neben dem Filternamen doppelt auf die Schaltfläche Optionen für Filter-Füllmethode.

» Schieben Sie die Filter innerhalb des Stapels nach oben oder unten, um die Gesamtwirkung durch geänderte Reihenfolge zu korrigieren.

» Überflüssige Filter bugsieren Sie schnurstracks in den Mülleimer.

Abbildung 22.50 **Links:** Wir haben die »Hintergrund«-Ebene in ein Smart-Objekt verwandelt und im »Filter«-Menü die »Bewegungsunschärfe« und die »Blendenflecke« gewählt. Die Verfremdung ist zu stark. **Mitte:** Wir malen mit Grau in der Filtermaske, um die verwischten Darsteller freizulegen. **Rechts:** Photoshop hat die Effekte als korrigierbare Smartfilter mit einer gemeinsamen Filtermaske angelegt. Per Doppelklick ändern Sie die Filtereinstellungen. Datei: Smart_05

Diese Funktionen finden Sie nach Rechtsklick auch im Kontextmenü zu den Filternamen in der Palette.

Nicht immer zeigt Photoshop das Bild auf dem allerneuesten Stand: Während Sie einen einzelnen Smartfilter einstellen oder auch die Ebene transformieren, sehen Sie eventuell nur einen Filtereffekt oder gar keine Filterverfremdung. Erst wenn Sie die Änderungen bestätigen, liefert Photoshop wieder das Gesamtbild.

22.5.3 Filtermaske

Sobald Sie einen Smartfilter anlegen, entsteht automatisch eine weiße Filtermaske – sie funktioniert genauso wie Ebenenmasken (Seite 867) und lässt sich mit der Maskenpalette verlustfrei ändern (Seite 875). Klicken Sie die Miniatur der Maske einmal in der Ebenenpalette an, dann bringen Sie schwarze Farbe ins Bild – in diesen Bereichen wird die Filterwirkung unterdrückt. Mit Verläufen erzeugen Sie weiche Übergänge. Die Maske gilt für alle Smartfilter einer Ebene gemeinsam.

Anders als bei Einstellungsebenen können Sie die Entstehung einer Maske bei Smartfiltern nicht verhindern. Die Maske lässt sich jedoch jederzeit in den Mülleimer der Ebenenpalette ziehen – so schaffen Sie mehr Platz im Ebenengestrüpp komplexer Montagen. Nutzen Sie die Filtermaske, gelten die gleichen Tastengriffe wie bei Ebenenmasken: Alt-Klick auf die Miniatur der Filtermaske stellt allein die Maske in Graustufen dar; Alt+⇧-Klick blendet die Maske halbdeckend über das Bild; ⇧-Klick auf die Maskenminiatur schaltet die Maske aus, ohne sie zu löschen.

Verbindung

Die Smartfilter-Maske und die Smart-Objekt-Ebene sind teilweise verbunden: Bewegen Sie die aktivierte Ebene, folgt ihr die Maske auf dem Fuß. Sie filtern also immer den gleichen Bildausschnitt.

Wenn Sie die Ebene jedoch drehen oder verkleinern, vollzieht die Filtermaske diese Änderung nicht mit – nach diesem **Freien transformieren** ist meist nicht mehr derselbe Bildausschnitt wie zuvor gefiltert.

Alternative: Klicken Sie einmal auf die Miniatur der Smartfilter-Maske in der Ebenenpalette. Jetzt bewegen Sie die Maske mit dem Verschiebenwerkzeug unabhängig von der Bildebene.

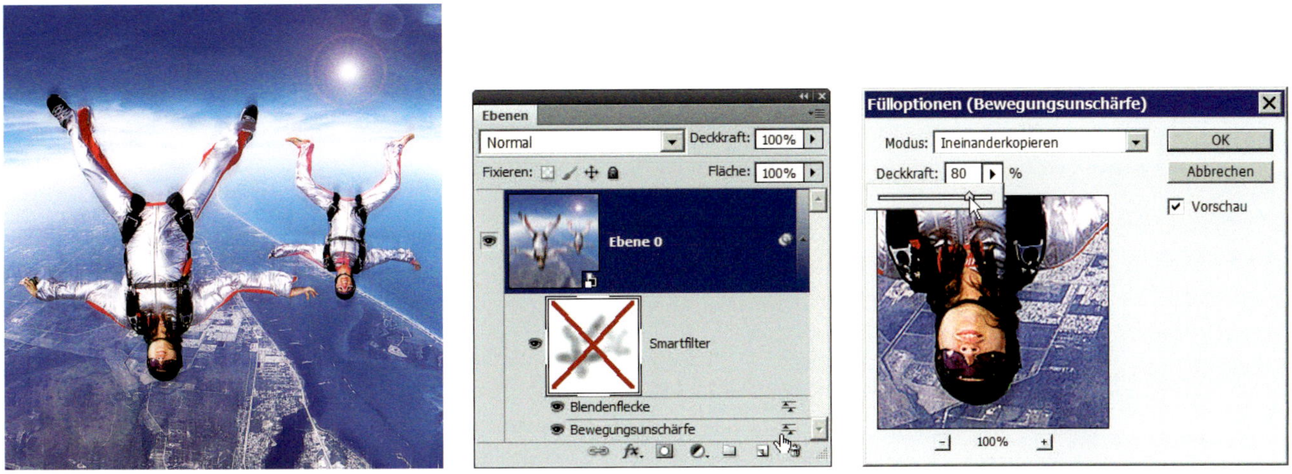

Abbildung 22.51 Rechts im Balken »Bewegungsunschärfe« klicken wir auf die Schaltfläche für die »Filter-Füllmethode«. Wir stellen die »Bewegungsunschärfe« auf die Füllmethode »Ineinanderkopieren« und 80 Prozent Deckkraft um. Diese geänderten Vorgaben erkennen Sie an der Ebenenpalette nicht. Die Filtermaske schalten wir per ⇧-Klick vorübergehend aus.

Abbildung 22.52 Das Bild wurde in ein Smart-Objekt verwandelt und mit dem »Gaußschen Weichzeichner« stark weichgezeichnet, ein schwarzer Streifen in der Ebenenmaske sorgt für eine schmale normal-scharfe Zone. Der separate Filter »Objektivkorrektur« dunkelt hier die Bildecken deutlich ab. Die Filtermaske unterdrückt die »Objektivkorrektur« zwar im Mittelstreifen genauso wie den »Gaußschen Weichzeichner«. Doch bei diesem Motiv stört das nicht, weil die »Objektivkorrektur« vor allem in den Bildecken wirkt. Ingesamt entsteht der Eindruck einer Miniaturlandschaft, die mit einem Makroobjektiv fotografiert wurde; diese Gestaltung ist auch als Tiltshift-Effekt bekannt. Datei: Smart_08

Kapitel 23

Text

Erzeugen Sie spezielle »Text«-Ebenen, die Sie jederzeit wieder als »Text« wie in einem Textprogramm bearbeiten – Sie können die Schriftzüge also umformulieren oder umformatieren, beispielsweise die Schriftart ändern. Verwenden Sie mehrere Formatierungen in einem Textobjekt. Benutzen Sie alle installierten Type-1-, OpenType- oder TrueType-Schriftarten. Gleichzeitig kann man den Text mit Ebeneneffekten oder Maskentechnik ins Bild einbinden.

Im speziellen »Text«-Modus sind andere Dinge unmöglich, zum Beispiel Filter oder Pinsel. Pinsel und Retusche erlaubt Photoshop erst, wenn Sie die Textebene mit dem Befehl **Ebene: Rastern: Text** in eine normale Bildpunktebene verwandelt haben. Damit gerinnen die Buchstaben zu üblichen Pixeln unter Pixeln und lassen sich nicht mehr als Text verändern. Um Filter verlustfrei anzuwenden, verwandeln Sie die Textebene in ein Smart-Objekt (**Filter: Für Smartfilter konvertieren**).

TIPP Mit Photoshop CS5 werden eine Reihe Schriften (Fonts) installiert – und zwar generell im Systemverzeichnis. Eine detaillierte Aufstellung liefert dieser englische Text von Adobe: *http://blogs.adobe.com/typblography/2010/04/useful_details.html*. Beachten Sie auch die weiteren Links auf der Seite.

23.1 Textmodus und Pixelebenen

Einfacher, schwarzer Text über einem Bild wird besser, wenn man das Bild in ein Zeichen- oder Layoutprogramm lädt und dort den Text über das Foto legt; in diesen Programmen werden Buchstaben aus Kurven abgeleitet, die Sie ohne Qualitätsverlust vergrößern und drucken. Zu Papier oder auf den Monitor gelangen sie mit der Höchstauflösung des Druckers, Belichters oder Schirms. Schwarze Headlines in einer Illustrierten erscheinen also zum Beispiel mit 2540 dpi und wirken deshalb so gestochen scharf. Die Stärke von Konturen lässt sich viel präziser definieren.

Verwischen Sie in Ihren Entwürfen die Grenzen von Zeichen und Gegenständen; Wörter wirken wie Dinge, die Sie mit Schatten und dreidimensionaler Wirkung in den Raum stellen. Photoshop erlaubt einen Umgang mit textförmigen Pixelbereichen, den Illustrations- oder Layoutprogramme nicht bieten: Sie blenden Text stufenlos ein und aus, versehen Lettern mit plastischen Materialstrukturen und stanzen die Buchstaben in den Untergrund. Sie können den Text verzerren, skalieren und auf andere Motive aufprägen, als hätte er sich schon immer dort befunden.

Wann Textüberlagerung, wann Pixelebene?

Entscheiden Sie sich für oder gegen die Textfunktion je nach Aufgabe:

- Einfarbige, unverzerrte und vor allem auch kleine, filigrane Lettern in Massentext beherrscht ein Layout-, Illustrations- oder Webdesignprogramm eindeutig besser.
- Wann immer sich Text und Bild raffiniert mischen sollen, schlägt Photoshops Stunde als Texter. Je weicher die Übergänge zwischen Text und Bild, desto weniger fällt die nicht so hohe Auflösung ins Gewicht.

Abbildung 23.1 Für den Stempel-Effekt haben wir die verschiedenen Vektor- und Textebenen gemeinsam ausgewählt, per Strg+E zu einer einzigen Pixelebene verschmolzen und dann mit Strg+J dupliziert. Die Füllmethode wird auf »Sprenkeln«, die »Deckkraft« auf 90 Prozent gestellt. Wählen Sie danach »Filter: Sonstige Filter: Dunkle Bereiche vergrößern« mit etwa fünf Pixel »Radius«, dann verschmelzen Sie erneut mit Strg+E. Damit haben Sie den ausgefressenen Textrand. Senken Sie die »Deckkraft« auf 75 Prozent und lassen Sie »Filter: Strukturierungsfilter: Körnung« mit der Vorgabe »Klumpig« folgen. Mit Radiergummi und einer fransigen Spitze machen Sie den Stempel fleckiger. Wahlweise steigert der Befehl »Filter: Rauschfilter: Helligkeit interpolieren« den Effekt noch. Foto: Peter Urban

23.1.1 Der Textmodus

Photoshop legt den Schriftzug automatisch auf eine neue Ebene. Dies ist eine spezielle »Text«-Ebene, kenntlich am Zeichen **T** in der Ebenenminiatur. Speichern Sie Dateien mit Textebenen in den Formaten TIFF, Photoshop-PSD, Photoshop-PSB oder PDF.

Möglichkeiten im Textmodus

Im Textmodus haben Sie unter anderem diese Möglichkeiten:

- Sie können den Text mit der Verkrümmen-Funktion verbiegen.
- Der Schriftzug bewegt sich an Pfaden entlang.
- Verwandeln Sie die Textebene in ein Smart-Objekt und wenden Sie fast beliebige **Filter**-Befehle an – der Text bleibt im Textmodus korrigierbar.
- Sie können zwischen Absatztext und Punkttext wechseln.
- Ändern Sie alle Texteigenschaften, etwa Wortlaut, Schriftart, Buchstabenabstand und Grundfarbe.
- Wandeln Sie die Lettern in Pfade, Formebenen oder Pixelbereiche um.
- Die Ebeneneffekte statten Ihren Text mit Schatten, Lichthof, 3D-Kanten, Farbfüllung, Muster oder Verlauf aus.
- Die **Transformieren**-Funktionen **Drehen**, **Neigen** oder Verkrümmen passen die Lettern an das Gelände an.

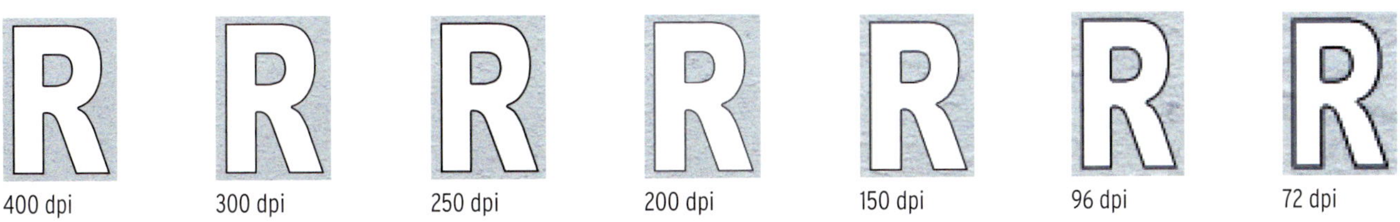

Abbildung 23.2 Photoshop-Text wirkt nur bei hohen Auflösungen perfekt. Wir haben die Beispiele mit der Methode »Abrunden« geglättet. Vorlage: Text_02

- Verwandeln Sie die Textebene in ein Smart-Objekt, klappt das **Transformieren** auch mit den Varianten **Perspektivisch** und **Verzerren**.
- Die Textebene lässt sich in Photoshop als Grundebene einer Schnittmaske einsetzen (für Bild im Text).
- Mit den 3D-Funktionen aus der teureren Version Photoshop Extended passen Sie Text an die Perspektive und Beleuchtung eines 3D-Modells an.
- Der Kurzbefehl Alt+Entf setzt wie üblich die Vordergrundfarbe ein, Strg+Entf (am Mac ⌘+←) appliziert die Hintergrundnote.

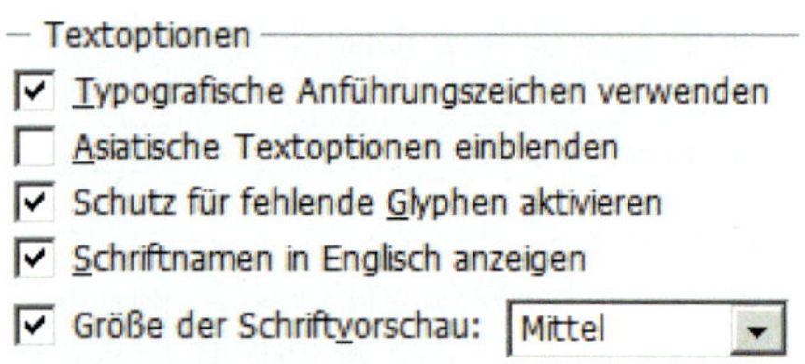

Abbildung 23.3 Mit dem Befehl »Bearbeiten: Voreinstellungen: Text« steuern Sie Photoshops Textfunktionen – unter anderem Größe und Sprache des Schriftartmenüs und die Umwandlung von Anführungszeichen.

Nicht möglich im Textmodus

Solange Sie eine spezielle Textebene bearbeiten, müssen Sie auf andere Photoshop-Funktionen verzichten:

- Die **Transformieren**-Funktionen **Verzerren** und **Perspektivisch verzerren** bietet Photoshop für »Text« nicht an (Ausweg: in Smart-Objekt konvertieren).
- Kein einziges Mal- oder Retuschewerkzeug funktioniert auf der Textebene, etwa Pinsel, Verlauf, Musterstempel oder Füllwerkzeug. (Machen Sie die Einschränkung durch teilmaskierte Einstellungsebenen, Ebenenmasken, Ebeneneffekte oder Schnittmasken mehr als wett.)
- Die Tonwertveränderungen des Untermenüs **Bild: Korrekturen** stehen nicht zur Verfügung.
- Sämtliche **Filter** laufen auf Textebenen nicht. Photoshop bietet die Filter zwar an; hier verwandelt das Programm jedoch die Textebene nach Warnung in eine übliche Rasterebene ohne »Text«-Eigenschaften (Ausweg: vorab in Smart-Objekt konvertieren).

Abbildung 23.4 Die Textebene »Zeichen« erhielt Ebeneneffekte und wurde dann erst in ein Smart-Objekt verwandelt. Das Smart-Objekt wurde mit Strg+J kopiert. Die beiden Smart-Objekte sind damit »verbunden« (Seite 908) und weiterhin im Textmodus korrigierbar. Die obere Ebene wurde nach unten gespiegelt, verzerrt und per Weichzeichner und Ebenenmaske bearbeitet. Wenn Sie Text oder Schriftart in der einen Ebene ändern, gleicht Photoshop die andere Ebene automatisch an. Oben das geöffnete Smart-Objekt, das beiden Textebenen zugrunde liegt; darunter die Gesamtmontage mit den beiden verbundenen Smart-Objekten.
Datei: Text_03

Textebene umwandeln

Wenn Sie Funktionen wie **Filter** oder **Anpassen** benötigen, verwandeln Sie den Text erst in eine ganz normale Pixelebene. Dazu dient der Befehl **Ebene: Rastern: Text**. Anschließend haben Sie keine speziellen Textmöglichkeiten mehr. Alternativ legen Sie ein Smart-Objekt an, dann bleibt das Textobjekt im Hintergrund erhalten.

Mit weiteren Befehlen aus dem Untermenü **Ebene: Text** mutiert die Textebene zum Arbeitspfad oder zur Formebene. Das Kontextmenü zum Textwerkzeug bietet ebenfalls diese Befehle zum Umwandeln von Textebenen.

23.2 Text anlegen und markieren T

Zunächst klären wir kurz die Begriffe Punkttext, Absatztext, Textebene und Textmaskierung.

Punkttext versus Absatztext

Je nach Vorgabe erzeugt Photoshop automatisch Zeilenschaltungen oder überlässt diese Aufgabe Ihnen.

- Punkttext ist die üblichere Textvariante. Sämtliche Wörter erscheinen in einer Zeile. Nur wenn Sie der ↵-Taste eine verpassen, umbricht Photoshop den Textfluss in eine neue Zeile.
- Bei Absatztext geben Sie einen Rahmen vor, in dem sich der Text ausbreitet. Hier sorgt Photoshop selbst für automatischen Zeilenumbruch und auf Wunsch für Trennungen. Ändern Sie Länge oder Breite des Rahmens, verteilt sich der Text neu. Klicken Sie mit dem Textwerkzeug T in einen geschlossenen Pfad – eine Form –, entsteht automatisch Absatztext, der sich nur innerhalb der Form erstreckt.

Textebenen versus Textmaskierung

Beide Textwerkzeuge legen sowohl Absatztext als auch Punkttext an:

- Zumeist werden Sie mit Textebenen arbeiten, die das übliche Textwerkzeug T erzeugt – also das schwarz gefüllte »T« mit der Einblenderklärung Horizontales Text-Werkzeug (und nicht das gestrichelte Symbol für Textauswahlbegrenzung T rechts daneben). Hierbei entsteht ein Text in der aktuellen Vordergrundfarbe als neue Ebene; diese ist in der Ebenenpalette klar als spezielle Textebene gekennzeichnet. Sie können den Text jederzeit nach Belieben im Textmodus bearbeiten.
- Das Textmaskierungswerkzeug T legt dagegen textförmige Auswahlbereiche an, mit denen sie einen vorhandenen, textförmigen Bildbereich kopieren oder verändern. Es entsteht keine neue Ebene.

Abbildung 23.5 Wir haben eine Textebene nach Doppelklick auf die Miniatur umformuliert und -formatiert. Die andere Textebene übernimmt den Wortlaut automatisch, da es sich um ein »verbundenes« Duplikat eines Smart-Objekts handelt. Beide Schriftzüge ordnen sich wieder in der Bildmitte an, da die ursprüngliche Textebene mit »Text zentrieren« und einem Klick auf die Bildmitte angelegt wurde.

TIPP Möchten Sie Texte aus den Metadaten direkt ins Bild einsetzen, zum Beispiel DATUM und UHRZEIT der Aufnahme, KAMERA-MODELL, TITEL, BESCHREIBUNG oder COPYRIGHT-INFORMATIONEN? In Photoshop erfordert das viel Handarbeit. Zwei Gratisprogramme für Windows helfen weiter. Automatisch erledigt den Job Bildschutz pro (*www.bildschutz.de*). Noch vielseitiger ist Exifer (*www.exifer.friedemann.info*).

23.2.1 Punkttext anlegen

So entsteht Punkttext:

1. Klicken Sie in der Werkzeugleiste auf das Textwerkzeug **T** oder drücken Sie die Taste [T].
2. Klicken Sie an die gewünschte Bildstelle.
3. Tippen Sie Ihre Wörter ein.
4. Markieren Sie einzelne Buchstaben per Mausbewegung. Anschließend können Sie diese Lettern umformatieren oder löschen.
5. Solange der Textcursor blinkt, schaltet die [Strg]-Taste vorübergehend den Transformieren-Rahmen ein. Verschieben, dehnen und stauchen Sie Ihren Wortbeitrag; nehmen Sie noch die [⇧]-Taste dazu, um die Höhe-Breite-Relation zu erhalten.

Texteingabe beenden

Während der Texteingabe stehen wenige Menübefehle zur Verfügung. Photoshop bietet verschiedene Möglichkeiten, vom Texteingabemodus wieder zur üblichen Bildbearbeitung zurückzukehren.

So schließen Sie die Textbearbeitung vorerst ab:

» Klicken Sie auf ein anderes Werkzeug in der Werkzeugleiste, zum Beispiel auf das Verschiebenwerkzeug.

» Klicken Sie auf das OK-Häkchen ✔ oben in den Werkzeugoptionen.

» Drücken Sie [Strg]+[↵].

Möchten Sie die Textproduktion abbrechen und alle Änderungen verwerfen, dann greifen Sie zur [Esc]-Taste oder zur Abbruch-Schaltfläche ⊘.

TIPP Mitunter will man eine neue Textebene anlegen, klickt jedoch mit dem Textwerkzeug **T** in eine vorhandene Textebene – so entsteht keine neue Textebene, stattdessen bearbeiten Sie ungewollt den vorhandenen Schriftzug. Soll garantiert eine neue Textebene zustande kommen, klicken Sie bei gedrückter [⇧]-Taste.

23.2.2 Absatztext mit Rechteckrahmen anlegen

Bei Absatztext erzeugt Photoshop die Zeilenumbrüche automatisch. So geht's:

1. Aktivieren Sie das Textwerkzeug **T**. Der Mauszeiger erscheint als Textcursor.
2. Klicken Sie ins Bild und ziehen Sie bei gedrückter Maustaste einen Begrenzungsrahmen in der gewünschten Größe auf.

Abbildung 23.6 Links: Bei diesem Punkttext entstanden die Zeilenumbrüche von Hand mit [↵], jede Texteingabe bleibt zunächst auf der aktuellen Zeile. **Mitte:** Hier sehen Sie Absatztext – er wird innerhalb des Rahmens automatisch umbrochen. **Rechts:** Wir ändern den Absatztextrahmen, Photoshop passt den Zeilenfall automatisch an die neuen Umrisse an. Die »Silbentrennung« in der Absatzpalette ist eingeschaltet, aber hier nicht wirklich hilfreich. Datei: Text_04

3. Tippen Sie Ihre Wörter in den Textrahmen ein. Photoshop erzeugt sofort Zeilenumbrüche; diese können Sie später beliebig korrigieren.
4. Drücken Sie die [Strg]-Taste, um zwischenzeitlich zum Verschiebenwerkzeug zu wechseln; Sie können den Text samt Rahmen nun über dem Bild bewegen.
5. Wechseln Sie per Mausklick in der Werkzeugleiste zu einem anderen Werkzeug, wenn Sie die Bearbeitung vorerst abschließen möchten, oder klicken Sie auf das OK-Häkchen ✔ in den Werkzeugoptionen.

Sie können den Text auch in einem anderen Programm kopieren und in Photoshop per [Strg]+[V] in einen vorhandenen Absatztextrahmen einfügen. Von Ihren schönen Formatierungen sehen Sie dann aber – je nach Programm – in Photoshop nicht mehr viel.

TIPP Tippen Sie bei Bedarf den Text über die aktuellen Bildgrenzen oder über den Textrahmen hinaus ein. Sie können den Text auch nach Schließen und erneutem Öffnen noch vollständig ins Bild ziehen oder durch eine Erweiterung des Bildbereichs sichtbar machen (Bild: Alles einblenden).

Feinsteuerung

Ziehen Sie an den Eckanfassern bei gedrückter [⇧]+Taste, um während der Größenänderung das Breite-Höhe-Verhältnis des Textrahmens zu schützen. Wie immer in Photoshop gilt: Sie können auch zunächst ohne [⇧]-Taste ziehen; während Sie noch die Maustaste drücken, nehmen Sie dann erst die [⇧]-Taste dazu – der Rahmen springt sofort ins ursprüngliche Seitenverhältnis.

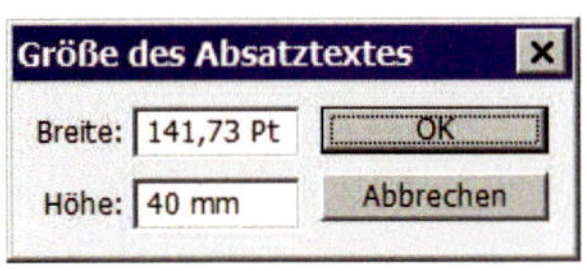

Abbildung 23.7 Klicken Sie mit Textwerkzeug und gedrückter [Alt]-Taste außerhalb des Textfelds, um die Maße des Textrahmens exakt einzustellen. Es darf noch kein Textcursor in einer Textebene blinken. Verwenden Sie Maßeinheiten wie »mm«, »cm« oder »pt«. Photoshop rechnet sie in diejenige Maßeinheit um, die Sie mit dem Befehl »Bearbeiten: Voreinstellungen: Maßeinheiten und Lineale« im Klappmenü »Text« vorgeben.

Überschüssiger Absatztext

Eventuell ist der Textrahmen zu klein, so dass die letzten Stücke Absatztext jenseits des Rahmens unsichtbar vor sich hin vegetieren. In diesem Fall zeigt Photoshop am rechten unteren Anfasser des Textrahmens ein Kreuz. So holen Sie den herausgefallenen Absatztext ins Bild:

- Vergrößern Sie den Textrahmen.
- Markieren Sie den Gesamttext mit [Strg]+[A] – dabei erfassen Sie auch nicht sichtbare Textpartien – und verringern Sie die Buchstabengröße.

Diese Vorschläge gelten auch für Absatztext innerhalb einer Form.

23.2.3 Absatztext innerhalb einer Form

Legen Sie Absatztext so an, dass er innerhalb einer »Form« – also innerhalb eines geschlossenen Pfads – umbrochen wird. So entsteht eine entsprechende Form:

- Legen Sie eine Auswahl an, die Sie in einen Pfad umwandeln.
- Erstellen Sie einen Pfad mit Zeichenstift oder Freiform-Zeichenstift, den Sie schließen, indem Sie zuletzt auf den zuerst gesetzten Punkt klicken.
- Nehmen Sie ein Formwerkzeug wie Ellipsenwerkzeug, Polygonwerkzeug oder »Eigene Form«. Dabei machen Sie oben in den Optionen die Vorgabe Pfade, damit nicht zusätzlich noch eine Formebene entsteht.

Verwenden Sie wahlweise einen »Arbeitspfad« oder einen gespeicherten »Pfad 1« oder ähnlich. Ist der Pfad noch aktiviert? So geht es weiter:

1. Schalten Sie das Textwerkzeug **T** ein und führen Sie den Textcursor in die Form hinein – Sie erhalten den speziellen Textcursor für Text in Formen.
2. Klicken Sie und tippen Sie Ihre Wörter ein. Sie werden automatisch innerhalb der Form umbrochen.

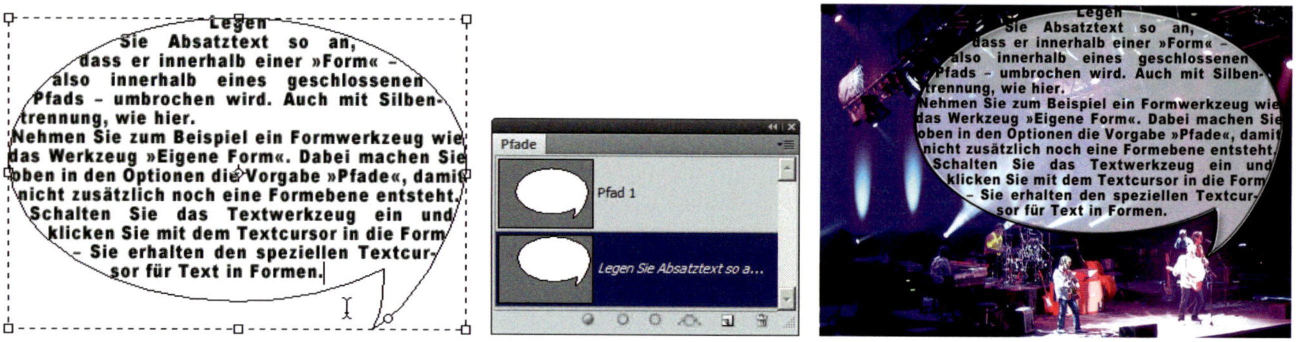

Abbildung 23.8 **Links:** Wir haben mit dem Werkzeug »Eigene Form« einen geschlossenen Pfad angelegt, mit dem Textwerkzeug hineingeklickt und einen Text hineinkopiert. Dabei entsteht automatisch Absatztext, der sich an den Pfad anpasst. **Mitte:** Den Pfad, der den Absatztext umbricht, legt Photoshop als Duplikat des ursprünglichen Pfads an, Sie können diesen Textpfad unabhängig vom Text oder vom ursprünglichen Pfad bearbeiten, der Text fügt sich neu ein. Der Pfad erscheint nur in der Pfadpalette, wenn die zugehörige Textebene aktiviert ist. **Rechts:** Statt des Pfads haben wir eine Formebene angelegt und eine weitere Ebene eingebaut. Datei: Text_05

Korrekturen

So korrigieren Sie den Zeilenfall von Absatztext innerhalb einer Form:

- Photoshop zeigt um die Form herum einen rechteckigen Rahmen. Ziehen Sie an den Ecken des Rahmens, um die Ausdehnung des Textes gleichmäßig zu verändern.
- Bei aktivierter Textebene bearbeiten Sie die Form zum Beispiel mit dem Direktauswahl-Werkzeug, so dass der Text in neue Umrisse einfließt.

Ebenso wie bei Text auf Pfaden entsteht auch bei Absatztext innerhalb einer Form nur für die Textbegrenzung ein neuer Textpfad. Es handelt sich zunächst um ein Duplikat des ursprünglichen »Pfad 1«; er erscheint nur in der Pfadpalette, wenn Sie die passende Textebene aktivieren. Wenn Sie den Textpfad bearbeiten, bleibt der zugrunde liegende Ausgangspfad unverändert erhalten.

23.2.4 Das Textmaskierungswerkzeug

Mit dem Textmaskierungswerkzeug entsteht keine neue Textebene. Stattdessen erhalten Sie nur einen buchstabenförmigen Auswahlbereich. Nur in wenigen Fällen benötigt man tatsächlich eine solche Textauswahl statt einer üblichen Textebene:

- wenn Sie in den Umrissen des Textes die zugrunde liegende Ebene verändern, zum Beispiel aufhellen oder umfärben wollen;
- wenn Sie eine textförmige Kopie des Untergrunds benötigen;
- wenn Sie Textumrisse in Ebenenmasken oder Alphakanälen anlegen möchten.

Arbeiten Sie in den Farbmodi Mehrkanal, Bitmap oder Indizierte Farben, wechselt Photoshop automatisch zur Textmaskierung.

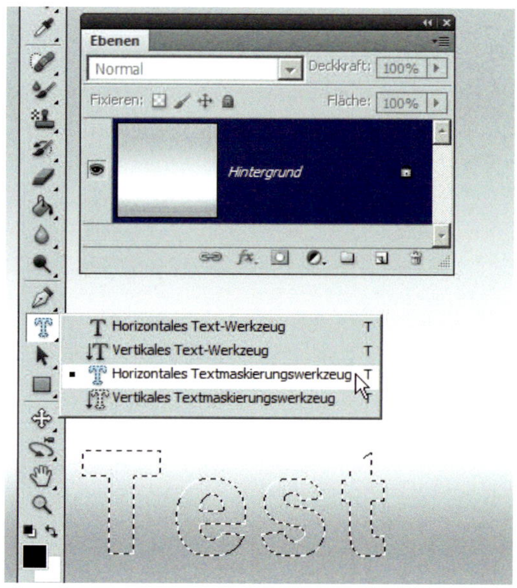

Abbildung 23.9 Wir verwenden ausnahmsweise das Textmaskierungswerkzeug: Es erzeugt keine neue Textebene, sondern nur eine textförmige Auswahl.

Auswahl aus Textebene ableiten

Brauchen Sie einen textförmigen Auswahlbereich, nehmen Sie lieber nicht die Textmaskierung: Legen Sie zunächst eine normale Textebene an, die Sie bequem verlustfrei bearbeiten. Anschließend leiten Sie daraus unkompliziert eine Auswahl ab. So geht's:

1. Erzeugen Sie wie oben beschrieben eine Textebene; achten Sie also in der Werkzeugleiste darauf, das Textwerkzeug **T** und nicht das Textmaskierungswerkzeug einzuschalten.
2. Bearbeiten Sie den Schriftzug, bis er genau die von Ihnen gewünschte Form hat.
3. Erzeugen Sie eine Auswahlmarkierung auf Basis der neuen Textebene; dazu klicken Sie bei gedrückter Strg-Taste auf die Textminiatur in der Palette.
4. Bei Bedarf verbergen Sie die Textebene mit dem Augensymbol in der Ebenenpalette.
5. Aktivieren Sie die Ebene, die Sie verändern wollen, durch einen Klick auf ihre Miniatur in der Ebenenpalette.
6. Arbeiten Sie weiter mit der Auswahlmarkierung; Sie können diese auch als Alphakanal oder Pfad speichern.

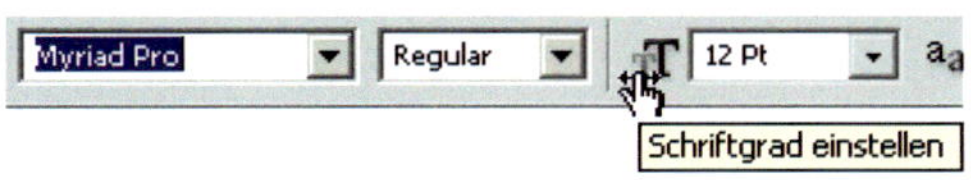

Abbildung 23.10 So probieren Sie Schriftarten im Bild bequem durch: Aktivieren Sie eine Textebene per Einzelklick in der Ebenenpalette, setzen Sie den Cursor jedoch nicht in den Schriftzug im Bild. Klicken Sie vielmehr in das Schriften-Klappmenü. Mit den Pfeiltasten aufwärts und abwärts spielen Sie alle Schriften durch, Sie sehen die Änderung sofort. Tippen Sie »My«, um schnell zur Schriftart »Myriad« zu springen, oder »A« für die erste Schriftart, die mit »A« beginnt. Sollte Photoshop die Schriftart im Bild nicht sofort wechseln, verwenden Sie die Eingabe-Taste. Ziehen Sie horizontal über dem »Schriftgrad«-Symbol, um die Größe zu ändern.

23.2.5 Vorhandenen Text aktivieren

Text, der sich noch im Textmodus auf einer eigenen Textebene befindet, können Sie jederzeit korrigieren. So greifen Sie die gewünschten Teile heraus:

Aktivieren Sie die Textebene durch einen Mausklick in der Ebenenpalette oder durch Rechtsklick bei aktiviertem Verschiebenwerkzeug.

Aktivieren Sie das Textwerkzeug **T** durch einen Mausklick oder mit der Taste T.

Markieren Sie die Buchstaben, die Sie verändern möchten, durch Ziehen mit gedrückter linker Maustaste.

Bearbeiten Sie die Buchstaben.

Schließen Sie die Bearbeitung ab, indem Sie zu einem anderen Werkzeug wechseln.

Text markieren

Ganz wie in einem Textprogramm markieren Sie Textteile. Folgende Möglichkeiten bietet Photoshop:

» Markieren Sie die Textteile bei aktiviertem Textwerkzeug **T** und aktivierter Textebene durch Ziehen mit der Maus.

» Den Gesamttext markieren Sie am schnellsten mit Strg+A oder durch Doppelklick auf die Textminiatur in der Ebenenpalette.

» Ein komplettes Wort markieren Sie durch Doppelklick.

» Mit ⇧-Taste und Pfeiltaste links oder rechts markieren Sie Buchstaben links oder rechts vom Textcursor.

» Mit Strg+⇧-Taste und horizontalen Pfeiltasten markieren Sie ganze Wörter links oder rechts vom Textcursor.

» Mit ⇧-Taste und Pfeiltasten nach oben oder unten markieren Sie komplette Zeilen.

Mehrere Textebenen markieren

Sie können mehrere Textebenen markieren. Danach ändern Sie in allen Textebenen gemeinsam die Schrift. So markieren Sie:

» Klicken Sie einmal auf eine Textebene in der Ebenenpalette; dann nehmen Sie **Auswahl: Ähnliche Ebenen.**

» Klicken Sie mehrere Textebenen bei gedrückter Strg-Taste an; zielen Sie auf die leere Palettenfläche rechts vom Textsymbol.

Schriftart nicht vorhanden

Sie können Dateien mit Textebenen auch auf Computern öffnen, auf denen diese Schriftart gar nicht installiert ist: Photoshop zeigt das Schriftbild dennoch zunächst korrekt, denn intern ist auch ein Pixelbild der Schrift abgelegt.

Fehlt die Schrift, zeigt die Miniatur der Textebene in der Palette ein Warndreieck. Per Doppelklick auf dieses Symbol ersetzen Sie die Schriftart; dabei ändert sich womöglich das Gesamtbild Ihrer Montage.

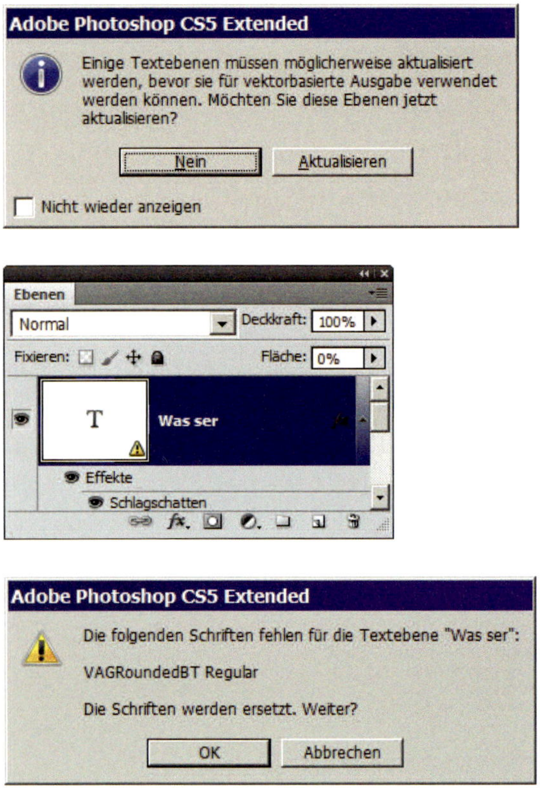

Abbildung 23.11 Wenn die für die Datei erforderliche Schriftart nicht auf dem Computer vorhanden ist, zeigt Photoshop eine Warnung. Nach dem Klick auf OK zeigen entsprechende Textebenen ein Warnsignal. Sobald Sie dann in die Textebene ohne installierte Schriftart klicken, um sie zu bearbeiten, meldet Photoshop den Austausch der Schriftart.

23.3 Text formatieren

Generell gilt: Wenn Sie Text nachbearbeiten, also zum Beispiel noch die Schriftart ändern, müssen Sie den Text zumeist durch Ziehen mit der Maus markieren (siehe vorhergehende Absätze). Den Text formatieren Sie mit Zeichenpalette oder Absatzpalette. Dazu kommen die Textwerkzeugoptionen, die einige Funktionen aus beiden Paletten bieten.

Die Paletten

Rufen Sie die Paletten zur Textformatierung mit der Schaltfläche ZEICHEN-/ABSATZPALETTE in den Textwerkzeugoptionen auf. Sofern bereits ein Textteil markiert ist, holen Sie mit Strg+T die Zeichenpalette (ansonsten startet so das **Transformieren**).

Die meisten Optionen finden Sie auf der Palettenoberfläche. Ziehen Sie einfach über einem Symbol wie LAUFWEITE, um die Werte zu verändern - Photoshop passt den Text sofort an; dabei sollte der Textcursor noch nicht im Schriftzug blinken. Weitere Funktionen liefert das Palettenmenü, zu erreichen wie immer nach einem Klick auf die Schaltfläche rechts oben. Die Menüoptionen, die für die aktuell markierten Lettern zutreffen, zeigen ein Häkchen. Ein Strich bedeutet dagegen: Diese

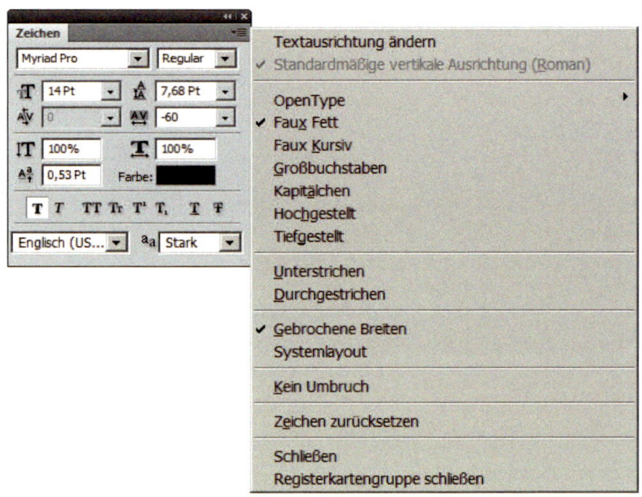

Abbildung 23.12 Mit der Zeichenpalette legen Sie die Eigenschaften für einzelne Buchstaben fest. Klicken und ziehen Sie über einzelnen Symbolen wie »Laufweite«, um die Einstellungen zu verändern. Viele dieser Funktionen finden Sie auch oben im Programmfenster in den Werkzeugeinstellungen.

Eigenschaft trifft nur für einige, aber nicht für alle markierten Buchstaben zu.

Im Folgenden behandeln wir die zwei Photoshop-Paletten für Zeichen und Absatz; die gängigsten Funktionen finden Sie auch in den Textwerkzeugoptionen.

Texteinstellungen wiederholen

Benötigen Sie öfter dieselben Textvorgaben, zum Beispiel eine bestimmte Schriftart in einer bestimmten Größe bei erweitertem Buchstabenabstand? Sie haben diese Möglichkeiten:

» Speichern Sie die Einstellung als Werkzeugvorgabe. Dazu richten Sie die Paletten wie gewünscht ein, starten aber die Texteingabe noch nicht. Klicken Sie vielmehr links oben in den Optionen auf das Dreieck neben dem Textsymbol T, öffnen Sie das Palettenmenü mit dem Button und wählen Sie den Befehl **Neue Werkzeugvorgabe** (Seite 56).

» Kombinierte Ebeneneffekte für Ihren Text speichern Sie als Stil (Seite 785).

» Legen Sie eine Sammlung unterschiedlich formatierter Buchstaben in einer Photoshop-Datei an, die Sie für neue Textobjekte duplizieren und bearbeiten. Sie können in einem Buchstaben Text- und Stilvorgaben speichern.

23.3.1 Schriftgrad

Als Maßeinheit für den Schriftgrad, also für die Größe, tippen Sie zum Beispiel »px« für Pixel, »mm« oder »Pt« für Punkt in das Schriftgrad-Feld der Optionenleiste oder in der Zeichenpalette; ziehen Sie einfach über dem Symbol Schriftgrad.

Die Standardmaßeinheit steuern Sie unter **Bearbeiten: Voreinstellungen: Maßeinheiten & Lineale** im Klappmenü Text (am Mac **Photoshop: Voreinstellungen: Maßeinheiten & Lineale**). Haben Sie »Punkt« als Maßeinheit vorgegeben, können Sie trotzdem »10 mm« eintippen; Photoshop ersetzt die Angabe automatisch durch »28,35 Pt«. Die Kantenschärfe bleibt jederzeit tiptop. So ändern Sie die Buchstabengröße:

» Wechseln Sie zum Textwerkzeug T, aktivieren Sie die Textebene und noch bevor Sie einen Textcursor im Bild sehen, nennen Sie eine neue Größe in der Zeichenpalette oder in den Textwerkzeugoptionen. Dadurch verändern Sie den gesamten Schriftzug.

» Wie immer ändern Sie die Werte auch per Pfeiltasten in einstelligen Schritten. Die ⇧-Taste sorgt für Zehnersprünge; klicken Sie zuvor ins Feld für die Textgröße und markieren Sie den Text – sonst zeigt Photoshop die Änderung erst nach dem Drücken von ↵ an.

» Markieren Sie die gewünschten Lettern, wenn Sie nur einige Buchstaben vergrößern oder verkleinern möchten.

» Während der Cursor in der Textebene blinkt, drücken Sie die Strg-Taste – Photoshop präsentiert einen Transformieren-Rahmen (Seite 737) für beliebige Größenänderungen; die ⇧-Taste wahrt das Seitenverhältnis.

» Aktivieren Sie die Textebene durch einen Klick in der Ebenenpalette und starten Sie das Transformieren per Strg+T.

Auch so ändern Sie den Schriftgrad: Markieren Sie einen Textabschnitt, dann ändern Sie die Lettern so in Zwei-Punkt-Schritten:

Windows:

Strg+⇧+W	Schriftgrad verkleinern
Strg+⇧+A	Schriftgrad vergrößern

Mac:

⌘+⇧+`	Schriftgrad vergrößern
⌘+⇧+?	Schriftgrad verkleinern

Für größere Schritte nehmen Sie die Alt-Taste dazu.

Einzelne Buchstaben unproportional verändern

Mit der **Transformieren**-Funktion verzerren Sie den Gesamtschriftzug in die Breite oder Höhe. Photoshop bietet zusätzlich die Möglichkeit, auch einzelne Buchstaben innerhalb eines größeren Textobjekts zu bearbeiten. Dazu dienen die Eingabefelder Vertikal skalieren und Horizontal skalieren in der Zeichenpalette. Markieren Sie zunächst Lettern, die Sie dehnen oder stauchen möchten; anschließend nennen Sie für Höhe oder Breite eine prozentuale Veränderung.

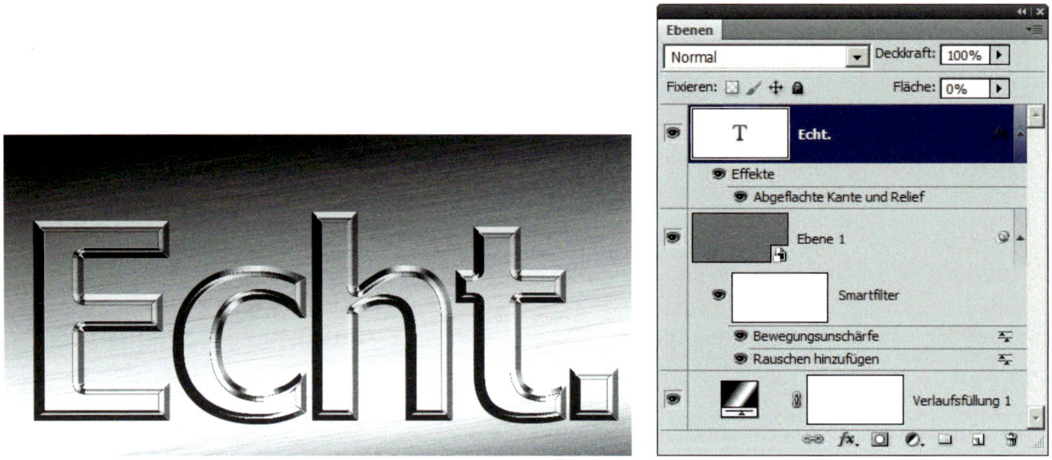

Abbildung 23.13 Auf der neutralgrauen Ebene 1 liegt hier die »Bewegungsunschärfe« als Smartfilter über »Rauschen hinzufügen«. Die Körnung des Störungsfilters wird also durch die »Bewegungsunschärfe« in Strähnen gezogen. Die »Ebene 1« wurde über die Bildgrenzen hinaus vergrößert, weil die »Bewegungsunschärfe« sonst unschöne Randeffekte verursacht. Vertauschen Sie die Reihenfolge der zwei Filterbefehle, ändert sich die Wirkung. Ganz unten liegt eine Füllebene mit Verlaufsfüllung als Hintergrund. Der Text wird mit dem Effekt »Abgeflachte Kante und Relief« ins Bild gestanzt. Alle Merkmale lassen sich frei ändern. Datei: Text_06; Aktion: Filter - Metalleffekt für Text

Orientierung an Druckauflösung

Beachten Sie, dass sich Punkt- und Millimeter-Werte an den gespeicherten Druckmaßen des Bilds orientieren. Daraus folgt: In einem 300-dpi-Bild erfordert ein Schriftzug mit 24 Punkt Größe mehr Pixelfläche als in einem 100-dpi-Bild. Denn die 24-Punkt-Größe erfordert in 300 dpi mehr Pixel. Ändern Sie die Druckauflösung mit dem Befehl **Bild: Bildgröße**, ohne die Pixelzahl zu ändern - die Option Interpolationsverfahren ist also abgeschaltet -, so zeigt Photoshop nach dem Eingriff andere Millimeter- und Punktwerte für Ihre Lettern auf der Textebene an.

Abbildung 23.14 Beide Dateien haben 200x100 Pixel, beide Schriftzüge 24 Punkt. Der Unterschied: Die linke Datei wurde mit 100 dpi gespeichert (5,08x2,54 cm), die rechte Datei mit 300 dpi (1,69x0,85 cm, auch an den Linealen zu erkennen). Dateien: Text_23a, _b

Oft am übersichtlichsten: Schalten Sie in den **Voreinstellungen** oder direkt im Schriftgrad-Feld die Textmaßeinheit auf Pixel - unabhängig von der dpi-Druckauflösung erscheint Text dann bei gleicher Zoomstufe gleich groß auf dem Schirm.

23.3.2 Horizontal und vertikal

Sie können horizontal, aber auch vertikal schreiben. Sie müssen sich damit nicht schon bei der Texteingabe festlegen. Diese Möglichkeiten haben Sie:

» Wissen Sie schon bei der Texteingabe, wie es laufen soll, so wählen Sie bewusst das horizontale oder das vertikale Textwerkzeug.

» Möchten Sie den Text erst nachträglich umstellen, ändern Sie die Richtung mit der Schaltfläche Textausrichtung ändern oben in der Optionenleiste - auch bei laufender Texteingabe. Alternativen bieten das Kontextmenü und das Untermenü **Ebene: Text** mit den Befehlen **Horizontal** oder **Vertikal**.

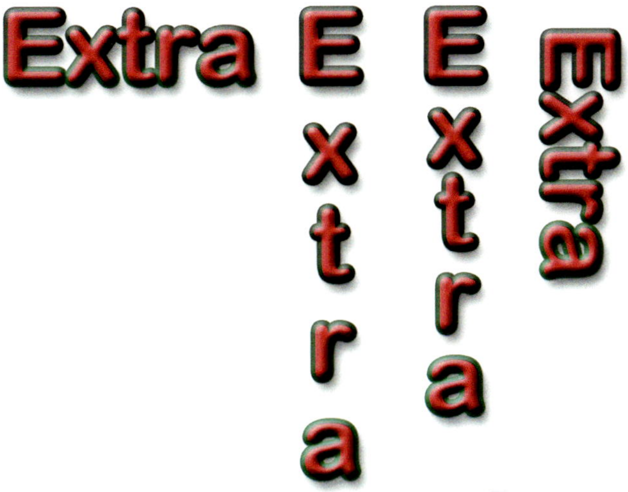

Abbildung 23.15 **1. Text:** Die Vorlage, ein üblicher, horizontaler Text. **2. Text:** Die Schaltfläche »Textausrichtung ändern« in der Optionenleiste ordnet den Schriftzug vertikal an. **3. Text:** Wir senken die »Laufweite«. **4. Text:** Der erste Text wurde um 90 Grad gedreht. Datei: Text_21

23.3.3 Weitere Zeichenformatierung

Photoshop bietet weitere Einstellmöglichkeiten für Ihren Text:

Schriftart

Als Schriftart wählen Sie jede installierte Schrift, egal ob Druckerschrift, TrueType, OpenType oder Adobe Type 1. In der Regel eignen sich zum Füllen und Montieren breit laufende Headline-Schriften am besten. Tipps, wie Sie vorhandene Schriftzüge »aufblasen«, folgen unten. Beachten Sie, dass besonders schlanke Schriften in Bildern oft zu mager wirken und bei starker JPEG-Komprimierung unleserlich werden.

Kursiv und fett

Sind zusätzlich zur normalen Schriftart gefettete oder kursive Schriftvarianten auf Ihrem Rechner installiert, so rufen Sie diese aus dem Schriftschnitt-Klappmenü neben dem Schriftartnamen auf.

Sie können Schriftarten jedoch auch dann fett und kursiv darstellen, wenn eine entsprechende Schriftartinformation nicht auf Ihrem Rechner gespeichert ist. Photoshop errechnet dann den geänderten Schriftschnitt auf eigene Faust. Die entsprechenden Optionen heißen **Faux Kursiv** und **Faux Fett**, zu erreichen in der Zeichenpalette per Menü oder Schaltfläche, außerdem per Kontextmenü zum Textwerkzeug T, sofern Sie bereits einen Textteil markiert haben.

Die Normal-Darstellung erscheint bei englischen Schriftarten oft als Regular oder Plain. Fett läuft als Bold, Kursiv heißt Italic.

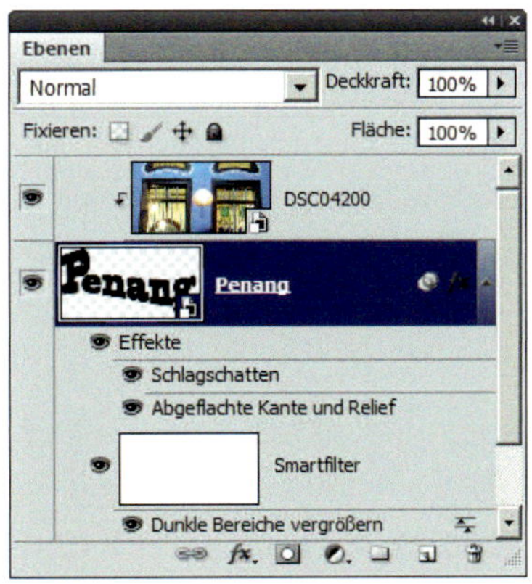

Abbildung 23.16 Die Textebene dient hier als Basisebene in einer Schnittmaske, so dass das Bild innerhalb der Schrift erscheint. Die Textebene erhielt eine »Verkrümmung«, der erste Buchstabe wurde separat mit der Zeichenpalette »vertikal skaliert«. Ein verkleinerter Zeichenabstand und unproportionale Ausdehnung in die Breite schaffen mehr Platz für die Bildfüllung. Dann haben wir die Textebene in ein Smart-Objekt verwandelt, um verlustfrei den Filter »Dunkle Bereiche vergrößern« anzuwenden; die Texteigenschaften bleiben nach Doppelklick auf die Ebene mit dem Text änderbar. Das darüberliegende Foto ist ebenfalls als Smart-Objekt eingesetzt, so dass man es wiederholt problemlos vergrößern oder verkleinern kann. Datei: Text_07. Foto: Lucas Klamert

Großbuchstaben und Kapitälchen

Benötigen Sie einen Text in Großbuchstaben, müssen Sie Ihre Wörter nicht gleich bei gedrückter ⇧-Taste eintippen. Stattdessen lässt sich der Text auch für Großbuchstaben formatieren – so wechseln Sie durch einen einfachen Menübefehl bei Bedarf wieder zurück zur üblichen gemischten Schreibweise. Die Alternative: eine Schriftart, die nur Großbuchstaben liefert.

Großbuchstaben stellt alle markierten Zeichen in Großbuchstaben dar. **Kapitälchen** belässt die markierten Großbuchstaben in der üblichen Größe; die Kleinbuchstaben erscheinen als verkleinerte Großbuchstaben.

ACHTUNG Die Breite des Gesamttextes kann sich ändern, wenn Sie zu **Großbuchstaben** oder **Kapitälchen** wechseln.

Laufweite

Die LAUFWEITE – der allgemeine Abstand zwischen den Buchstaben – erzeugt eine gleichmäßige Distanz zwischen mehr als zwei Zeichen eines markierten Textteils. Maßeinheit ist wieder Pixel oder Punkt. Der Wert Null bedeutet Standardlaufweite. Negative Werte rücken die Buchstaben enger zusammen, positive Eingaben machen den Schriftzug luftiger. Die Möglichkeiten reichen von -1000 bis + 1000. Zum Beispiel:

- Tippen Sie »-5« ein, wenn die Buchstaben enger zusammenrücken sollen.
- Tippen Sie »-10«, wenn die Buchstaben noch enger zusammenrücken sollen.
- Tippen Sie »10« ein, wenn die Buchstaben weiter als normal auseinanderstehen sollen.

Sofern Sie keinen Textteil markieren, verändert Ihre Eingabe die gesamte Textebene. Ändern Sie die Laufweite auch per Tastatur. Zunächst markieren Sie Ihren Text (zum Beispiel per Doppelklick auf die Miniatur der Textebene). Ihre Möglichkeiten nun:

- Halten Sie die Alt-Taste gedrückt und nehmen Sie eine horizontale Pfeiltaste dazu, um die Laufweite zu ändern. Nehmen Sie für größere Änderungen die Strg-Taste dazu.
- Mit Strg+⇧+Q-Taste unter Windows (am Mac ⌘+Ctrl+⇧+Q) setzen Sie die Laufweite wieder auf Normal-Null.

Abstand zwischen zwei Zeichen (Kerning)

Den individuellen Abstand zwischen zwei Buchstaben übernimmt Photoshop aus der Information, die im Schriftsatz gespeichert ist. Dies gilt, solange Sie in der Zeichenpalette im Datenfeld ABSTAND ZWISCHEN ZWEI ZEICHEN die METRIK-Anzeige oder eine Null sehen.

Sie verändern den Abstand zwischen zwei Zeichen – oft auch »Kerning« genannt – nach eigenem Belieben. Der Textcursor muss zwischen den beiden Buchstaben blinken, es darf also kein Text markiert sein. Es gilt wie schon bei der LAUFWEITE: Negative Werte verringern die Distanz, positive Werte schaffen Freiraum.

TIPP Sie verändern das Kerning auch um 20/1000 Geviert mit den ←- und →-Pfeiltasten bei gedrückter Alt-Taste. Nehmen Sie Strg dazu, wenn Sie den Zwischenraum in Schritten von 100/1000 Geviert verändern wollen.

Zeilenabstand

Den ZEILENABSTAND regeln Sie mit der gleichen Maßeinheit wie die Schriftgröße, also meist Punkt, Pixel oder Millimeter. Das Verfahren funktioniert gleichermaßen bei Punkttext wie bei Absatztext. Zunächst verwendet Photoshop den zur Schriftart gehörigen Zeilenabstand – solange Sie als Eintrag AUTO oder ein leeres Feld vorfinden. Arbeiten Sie mit umbrochener 80-Punkt-Schrift, dann

- geben Sie einen ZEILENABSTAND von »60« vor, wenn die Zeilen besonders eng zusammenrücken sollen;
- geben Sie »120« vor, wenn die Zeilen besonders weit auseinanderliegen sollen;
- lassen Sie das Feld leer oder klicken Sie auf AUTO, wenn Sie den Standardabstand nutzen möchten.

Sie verändern den Zeilenabstand, wenn Sie die Alt-Taste zusammen mit den Pfeiltasten nach oben und unten benutzen. Für größere Verschiebungen nehmen Sie die Strg-Taste hinzu. Bei Mengentext berücksichtigt Photoshop nur solche Zeilen, die Sie vollständig markieren.

Abbildung 23.17 **Links:** Wir verwenden die Standardvorgaben für Laufweite und Zeilenabstand, der »Schriftgrad« (also die Textgröße) beträgt 36 Punkt. **Mitte:** Für den »Zeilenabstand« setzen wir 29 Punkt ein, also kleiner als der »Schriftgrad«; so rücken die Zeilen enger zusammen. **Rechts:** Wir geben zusätzlich eine negative »Laufweite« an, um den Buchstabenabstand zu verkleinern; für einzelne Buchstabenpaare können Sie immer noch den »Abstand zwischen zwei Zeichen« ändern.

Grundlinie

Sie können einzelne Buchstaben über oder unter die Grundlinie stellen, so dass sie tiefer sinken oder höher rücken. Markieren Sie die Buchstaben, dann tippen Sie einen Wert neben GRUNDLINIE ein oder drücken Sie ⇧+Alt-Taste zusammen mit aufwärts oder abwärts weisenden Pfeiltasten. Ein positiver Wert bugsiert horizontalen Text nach oben, vertikalen Text nach rechts. Negativeingaben schieben die Lettern nach unten bzw. nach links. Dabei verändert sich die Buchstabengröße nicht.

Tiefgestellt und Hochgestellt

Für wissenschaftliche Formeln können Sie den Text auch hoch- oder tiefstellen und dabei die Zeichen verkleinern. Die Befehle **Hochgestellt** und **Tiefgestellt** bietet Photoshop im Menü zur Zeichenpalette an und natürlich auch als Schaltflächen in der Zeichenpalette.

TIPP Mit dem Befehl **Zeichen zurücksetzen** aus dem Menü zur Zeichenpalette setzen Sie sämtliche Einstellungen wieder auf null und machen entstellte Schriftzüge wieder lesbar. Dabei darf der Textcursor nicht im Schriftzug blinken – wechseln Sie bei Bedarf zu einem anderen Werkzeug, schalten Sie das Textwerkzeug wieder ein und wählen Sie unmittelbar danach den Befehl **Zeichen zurücksetzen**.

Weitere Optionen zur Zeichenformatierung

Photoshop bietet weitere Vorgaben bei der Zeichenformatierung als Menübefehl oder Schaltfläche in der Zeichenpalette:

- Die Optionen **Unterstrichen** und **Durchgestrichen** gelten wie üblich nur für den markierten Textteil; befindet sich kein Textcursor zwischen den Buchstaben, ändert Photoshop jedoch das ganze Textobjekt.
- Die Vorgabe **Systemlayout** richtet die Buchstaben so ein, wie sie von Ihrem Betriebssystem dargestellt werden. Photoshop entfernt zum Beispiel ungewöhnliche Laufweiten oder die Kantenglättung – eine nützliche Funktion bei der Gestaltung von Online-Texten, Schaltflächen oder Menüs.
- Ab Werk verwendet Photoshop GEBROCHENE BREITEN. Die Abstände zwischen den einzelnen Textzeichen sind also unterschiedlich groß und betragen zwischen einigen Zeichen auch den Bruchteil eines Pixels. Dies ist meist die optimale Vorgabe. Kleine Schriftgrößen, die am Monitor dargestellt werden, können jedoch ineinanderlaufen. Sie können darum die **Gebrochenen Breiten** abschalten und damit Buchstabenabstände von ganzen Pixeln erzwingen; dies erledigen Sie im Menü zur Zeichenpalette.
- Wählen Sie unten links in der Zeichenpalette die richtige Spracheinstellung für Silbentrennung und Rechtschreibkorrektur, zum Beispiel DEUTSCH: NEUE RECHTSCHREIBUNG (1996) oder DEUTSCH: NEUE RECHTSCHREIBUNG (2006).

Seitenausrichtung

In der Absatzpalette und oben in den Werkzeugoptionen finden Sie die Schaltflächen TEXT LINKS AUSRICHTEN , TEXT ZENTRIEREN und TEXT RECHTS AUSRICHTEN . Diese Vorgaben sind auch interessant, wenn Sie nur ein einzelnes Wort als »Punkttext« statt als »Absatztext« bearbeiten. Sie legen fest, ob sich die Wörter nach einer Kürzung oder Verlängerung der Textebene am Anfang oder Ende der ursprünglichen Textebene orientieren, zum Beispiel auch bei einer automatisierten Texteingabe per Aktionenpalette:

» Kürzen Sie ein Wort, das mit der Vorgabe TEXT LINKS AUSRICHTEN formatiert ist, so beginnt es nach der Umformulierung an der Anfangsposition des ursprünglichen Textes; das Ende des neuen Worts liegt also weiter links als bei dem früheren, längeren Begriff.

» Hatten Sie dagegen TEXT RECHTS AUSRICHTEN vorgewählt, so platziert Photoshop das Ende des neuen Worts an der Stelle des bisherigen Endes – der erste Buchstabe des gekürzten Begriffs rückt also weiter nach rechts.

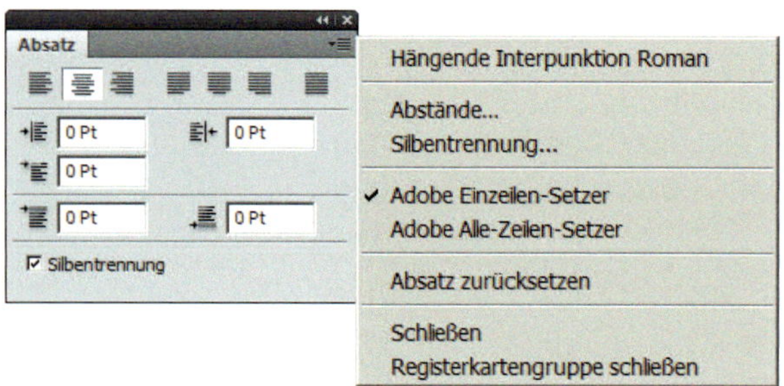

Abbildung 23.18 Mit der Absatzpalette ändern Sie den Zeilenfall. Einige Funktionen eignen sich gleichermaßen für Absatztext wie für Punkttext.

23.3.4 © und andere Sonderzeichen

Sie brauchen das Copyright-Zeichen © als Photoshop-Ebene? Diese Möglichkeiten gibt es:

» Legen Sie eine neue Textebene an, so dass der Textcursor blinkt. Schalten Sie den Ziffernblock auf Ihrer Tastatur ein (das Lämpchen leuchtet), halten Sie die Alt-Taste gedrückt und tippen Sie 0 1 6 9.

» Geben Sie das Symbol in einem Text-, Layout- oder Grafikprogramm ein; dort ist es eventuell leichter zu finden. Markieren und kopieren Sie es, legen Sie in Photoshop eine Textebene an und fügen Sie das Zeichen wieder ein. Am besten stellen Sie vorab in Photoshop dieselbe Schriftart wie im Textprogramm ein.

» Schalten Sie das Eigene-Form-Werkzeug ein und verwenden Sie oben links wahlweise die Optionen FORMEBENEN oder PIXEL FÜLLEN (Seite 654). Öffnen Sie die Formauswahl, klicken Sie auf das COPYRIGHT-Symbol und ziehen Sie die Form im Bild auf. Sie lässt sich nicht im Textmodus bearbeiten.

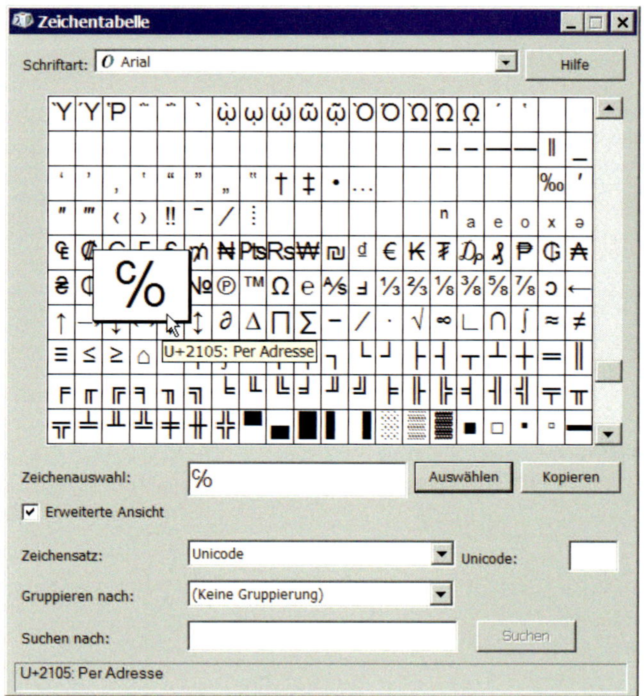

Abbildung 23.19 Die Zeichentabelle von Windows spürt Sonderzeichen aus Unicode-Schriftarten auf.

Seltene Zeichen

Seltene Zeichen brauchen Sie nicht nur für Fremdsprachen, sondern vielleicht auch als Symbol, Grafik und für Schnittmasken. Am einfachsten haben Sie es, wenn die Sonderzeichen in einer gängigen Schriftart wie Zapf Dingbats oder Wingdings zur Verfügung stehen.

Wenn nicht, gehen Sie Umwege: Besorgen Sie sich das Sonderzeichen zum Beispiel in der **Symbol**-Übersicht des Textprogramms Word, in der Glyphen-Palette von InDesign oder Illustrator, im Grafikprogramm CorelDraw oder in der Zeichentabelle von Windows (je nach Version zum Beispiel **Start: Ausführen**, dann `charmap` tippen, danach [Enter]-Taste, danach schalten Sie die Erweiterte Ansicht ein). Markieren und kopieren Sie die Symbole, legen Sie in Photoshop eine Textebene an, stellen Sie dabei dieselbe Schrift wie im anderen Programm ein und fügen Sie ein.

Wenn das Symbol jetzt nicht in Photoshop erscheint, gibt es Umwege. Zeigen Sie die gewünschten Figuren in einem anderen Programm und wählen Sie eine Möglichkeit für die Fortsetzung in Photoshop:

- »Drucken« Sie das Symbol in eine PDF- oder EPS-Datei. Die importieren Sie in Photoshop in hoher Auflösung.
- Machen Sie ein Bildschirmfoto (»Screenshot«) vom Symbol und arbeiten Sie in Photoshop mit dem Pixelbild weiter.

Unicode-Zeichentabellen finden Sie zum Beispiel unter *decodeunicode.org* oder *utf8-zeichentabelle.de*.

23.3.5 Absatzformatierung

Regeln Sie den Zeilenfluss innerhalb eines Absatzes nach Maß. Wenn Sie keinen Text markieren, verändert sich per Eingabe die gesamte Ebene. Setzen Sie den Textcursor in einen Absatz, um nur diesen zu formatieren. (Und wie schon gesagt: Schlichten einfarbigen Text legen Sie eventuell besser im Layout- oder Webprogramm über das Bild, nicht in Photoshop.)

Schnelle Tastenkürzel

Klicken Sie zunächst in den Text, dann ändern die folgenden Tastengriffe die Ausrichtung in Ihrem Absatztext besonders fix:

[⇧]+[Strg]+[L]	linksbündig
[⇧]+[Strg]+[R]	rechtsbündig
[⇧]+[Strg]+[C]	zentriert
[⇧]+[Strg]+[J]	Blocksatz

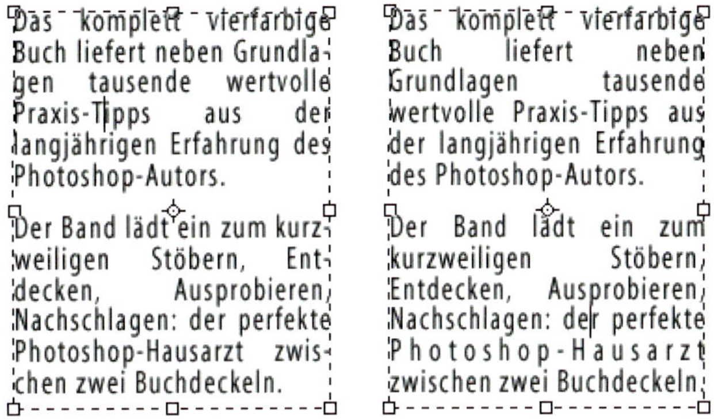

Abbildung 23.20 **Links:** Dieser Absatztext wurde in der Absatzpalette mit Blocksatz und erhöhtem Abstand zwischen den Absätzen formatiert. Die Option »Silbentrennung« sorgt für automatische Worttrennungen am Rand des Textrahmens. **Rechts:** Hier wurde die »Silbentrennung« ausgeschaltet; Photoshop umbricht Wörter nur noch an Bindestrichen. Die teils auffällig hohen Buchstabenabstände reduzieren Sie bei Bedarf mit dem Dialogfeld »Abstände« aus dem Menü der Absatzpalette. Datei: Text_09

Ausrichtung Blocksatz

Photoshop bietet auch Blocksatz an, so dass linker und rechter Textrand gleichermaßen glatt und bündig verlaufen. Sie haben verschiedene Möglichkeiten, die Textausrichtung für Blocksatz festzulegen: Mit den Schaltflächen in der Absatzpalette wählen Sie, ob die letzte Zeile eines jeden Absatzes linksbündig, rechtsbündig oder mittig gesetzt werden soll. Weitere Alternative: Photoshop spreizt durch übergroße Wortabstände auch die letzte Zeile auf volle Spaltenbreite.

»Alle-Zeilen-Setzer« und »Einzeilen-Setzer«

Den Textumbruch über die gesamte Absatzlänge hin steuern Sie so:

- Wählen Sie **Adobe Alle-Zeilen-Setzer**, um beim Umbruch den gesamten Absatz zu berücksichtigen. Diese Vorgabe erzeugt meist gleichmäßigere Ergebnisse; vor allem Zeichen- und Wortabstände fallen besser aus.
- Der **Einzeilen-Setzer** betrachtet nur Einzelzeilen. Hier kommt es eher zu gedehnten oder komprimierten Wortabständen.

23.3.6 Silbentrennung

Mit der Option Silbentrennung in der Absatzpalette entscheiden Sie, ob Photoshop bei Absatztext lange Wörter automatisch trennen soll. Wirksam ist die Option nur, wenn Sie für die entsprechenden Abschnitte den Befehl **Kein Umbruch** aus der Zeichenpalette ausgeschaltet haben. Photoshop verwendet dabei ein deutsches Wörterbuch, das sich nicht ändern lässt.

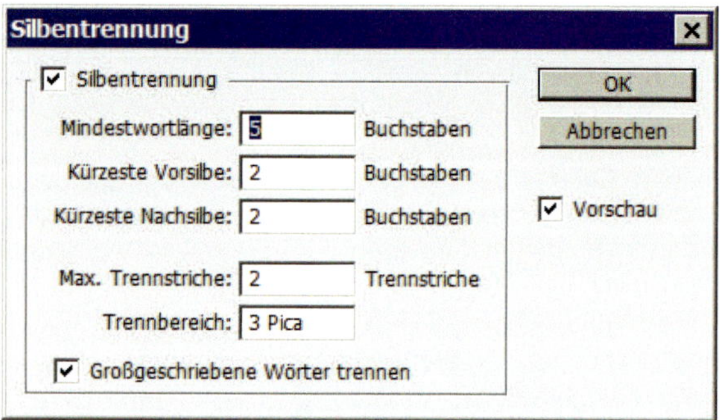

Abbildung 23.21 Die Feinsteuerung der »Silbentrennung« rufen Sie mit dem Menü der Absatzpalette auf.

Optionen für die Silbentrennung

Rufen Sie im Menü der Absatzpalette die **Silbentrennung** auf. Hier haben Sie folgende Optionen:

» Sie bestimmen eine Mindestwortlänge von x Buchstaben – kürzere Wörter trennt Photoshop gar nicht.

» Sie bestimmen eine Zahl von Buchstaben, die in der oberen Zeile mindestens erscheinen sollen, bevor getrennt werden darf – die Kürzeste Vorsilbe.

» Sie definieren eine Zahl von Lettern, die in der unteren Zeile mindestens erscheinen sollen, nachdem getrennt wurde, die Kürzeste Nachsilbe.

» Sie legen die maximale Zahl von Trennstrichen in aufeinanderfolgenden Zeilen fest (Max. Trennstriche).

» Der Trennbereich definiert den Abstand vom Ende einer Zeile, ab dem ein Wort in Text ohne Blocksatz umbrochen wird. Diese Vorgabe gilt nur für den **Einzeilen-Setzer** (siehe vorherige Seite).

TIPP Erzwungene Trennung: Tippen Sie einen normalen Trennstrich ein. Photoshop umbricht den Text an dieser Stelle, sofern sich der Trennstrich am Rand des Textrahmens befindet und Sie die Option **Kein Umbruch** ausgeschaltet haben.

Zeilenumbruch und Trennung verhindern

Den Befehl **Kein Umbruch** aus dem Menü der Zeichenpalette verwenden Sie in folgenden Situationen:

» Mehrere benachbarte Wörter sollen zwingend in einer einzigen Zeile erscheinen und nicht auf mehrere Zeilen umbrochen werden. Diese Option heißt in Textprogrammen »Geschütztes Leerzeichen«.

» Sie haben mit dem Befehl **Silbentrennung** aus dem Menü der Absatzpalette die Trennfunktion eingeschaltet, möchten aber bei einzelnen Wörtern am Zeilenrand die Trennung untersagen.

» Photoshop umbricht ein Koppelwort mit Bindestrich in die nächste Zeile. Sie möchten das Wort jedoch en bloc in einer einzigen Zeile sehen.

In allen Fällen markieren Sie zunächst den fraglichen Text und verwenden dann die Vorgabe **Kein Umbruch** im Menü der Zeichenpalette (das Häkchen muss anschließend dort sichtbar sein).

Vielleicht markieren Sie so viele Wörter, dass diese gar nicht in eine einzige Zeile passen. Dann füllt Photoshop die Zeile bis zum Rand mit Buchstaben und umbricht ohne Trennstrich und ohne Trennregeln in die nächste Zeile. Dabei erscheinen Leerzeichen auch am Beginn einer Zeile.

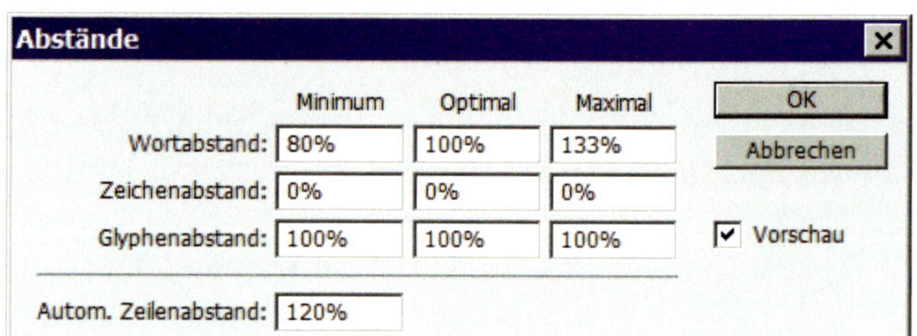

Abbildung 23.22 Das Dialogfeld »Abstände« bestimmt Wort-, Zeichen- und Zeilenabstände für Absatztext. Sie erreichen es über die Absatzpalette.

Zeileneinzug

Regeln Sie mit der Absatzpalette, ob und wie weit Photoshop Zeilen eines Absatzes einzieht, vom Textrahmen aus gesehen. So steuern Sie den Einzug am linken Rand, den Einzug am rechten Rand oder den Einzug erste Zeile. Photoshop bietet außerdem einen regelbaren Abstand vor Absatz und Abstand nach Absatz an.

TIPP Sie kennen Vergleichbares schon von der Zeichenpalette: Der Befehl **Absatz zurücksetzen** aus dem Menü zur Absatzpalette macht auch komplett entstellte Absätze wieder leserlich. Dabei darf der Textcursor I nicht im Schriftzug blinken – beenden Sie das per Strg + ↵.

23.3.7 Rechtschreibprüfung

Die Rechtschreibprüfung erfolgt nur auf ausdrücklichen Wunsch. Legen Sie unten in der Zeichenpalette zunächst die gewünschte Sprache fest – zum Beispiel Deutsch: neue Rechtschreibung (2006). Wollen Sie nur eine einzelne Textebene prüfen, klicken Sie in der Ebenenpalette einmal darauf. Wollen Sie nur bestimmte Textbereiche untersuchen, markieren Sie diese.

Setzen Sie den Cursor I in ein Wort, wenn Sie nur dieses Wort prüfen wollen. Dann heißt es **Bearbeiten: Rechtschreibprüfung**.

Stößt Photoshop auf Wörter, die nicht in seinem Wörterbuch enthalten sind, dann erscheint das Dialogfeld **Rechtschreibprüfung**. Ihre Möglichkeiten:

» Mit der Schaltfläche Ignorieren ändert sich nichts, Photoshop springt zur nächsten Fehlerstelle. Wenn Sie Alle ignorieren, spricht Sie Photoshop auch später nicht mehr auf das Wort an.

» Die Schaltfläche Ändern tauscht das Fehlerwort gegen diejenige Vokabel aus, die unten im Bereich Vorschläge markiert erscheint. Kommt der Fehler möglicherweise öfter vor, klicken Sie auf Alle ändern.

» Wenn Sie das Wort dagegen öfter in der von Photoshop monierten Schreibung nutzen möchten, können Sie es dem Photoshop-Wörterbuch Hinzufügen. Die Rechtschreibprüfung springt dann nicht mehr auf den Ausdruck an.

Von Haus aus untersucht Photoshop nur die aktivierte Textebene. Die Vorgabe Alle Ebenen prüfen unterzieht aber auch weitere Textebenen einem Orthografie-Check.

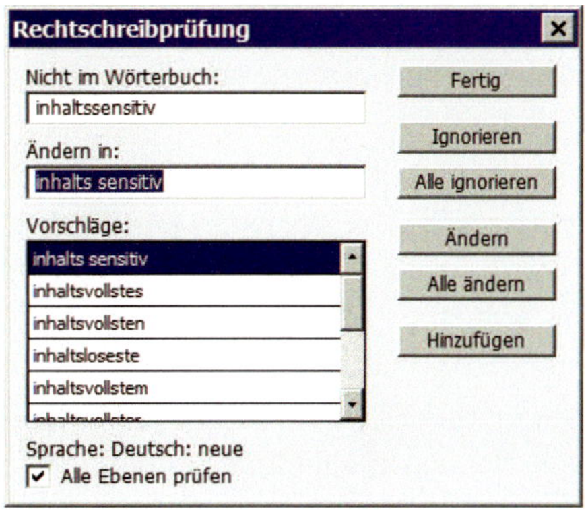

Abbildung 23.23 Das Wort »inhaltssensitiv« fehlt im Deutschwörterbuch für die Rechtschreibprüfung. Als Ersatz schlägt Photoshop unter anderem »inhalts sensitiv« und »inhaltsvollstes« vor. (»Inhaltsbewahrendes« fehlt übrigens auch.) Dieses Dialogfeld erscheint nur, wenn Photoshop Fehler erkennt.

23.3.8 Text suchen und ersetzen

Der Befehl **Bearbeiten: Text suchen und ersetzen** spürt Wortteile auf und tauscht sie gegen einen anderen Ausdruck. Tippen Sie den Suchbegriff in das Feld Suchen nach und – eventuell – eine gewünschte Änderung in den Bereich Ändern in. Mit Weitersuchen startet die Fahndung.

Beim ersten Treffer entscheiden Sie auf Ändern oder Alle ändern. Nur mit Ändern/Suchen bemüht sich Photoshop nach einem Austausch gleich zur nächsten Fundstelle.

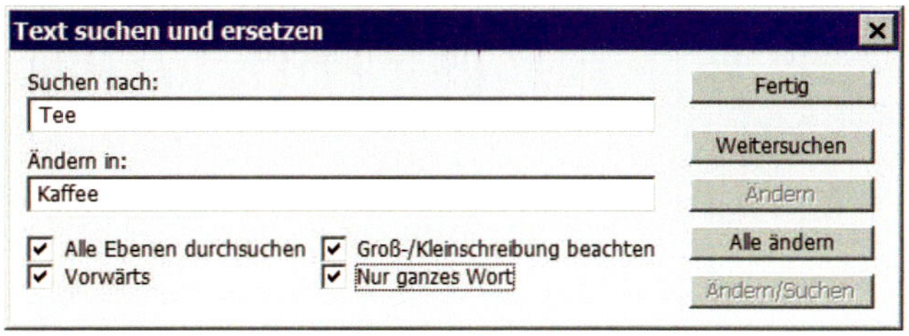

Abbildung 23.24 Tauschen Sie einzelne Wörter per »Text suchen und ersetzen« aus.

23.4 Text färben und glätten

Photoshop bietet ausgefeilte Möglichkeiten, um Schriftzüge umzufärben und die Kanten zu glätten.

23.4.1 Textfarbe

So färben Sie eine Textebene - oder nur ein paar Buchstaben darin - um:

» Markieren Sie einen Textteil oder den Gesamttext mit dem Textwerkzeug T und wechseln Sie die Vordergrundfarbe zum Beispiel mit dem Farbwähler oder mit den Farbfeldern - die markierten Lettern färben sich entsprechend mit.

» Klicken Sie auf das Textfarbe-Feld in den Textwerkzeugoptionen oder in der Zeichenpalette und legen Sie im Farbwähler einen neuen Tonwert fest. Auch hier müssen Sie zunächst eine Auswahl treffen. Die aktuelle Vordergrundfarbe ändert sich dabei nicht.

» Der Kurzbefehl Alt + Entf setzt ohne weitere Rückfrage die Vordergrundfarbe in markierte Textteile ein. Strg + Entf führt schnurstracks zur Hintergrundfarbe.

Markieren Sie Buchstaben mit mehreren, unterschiedlichen Farben, zeigt das Farbfeld in den Textwerkzeugoptionen und in der Zeichenpalette ein Fragezeichen.

TIPP Sie müssen die Textfarbe nicht dauerhaft ändern. Sie können auch die Ebeneneffekte Farbüberlagerung (Seite 804) oder Verlaufsüberlagerung (Seite 804) verwenden. Alternativ legen Sie eine Einstellungsebene Farbton/Sättigung mit Schnittmaske über die Textebene.

23.4.2 Buchstaben glätten

Verschiedene Vorgaben wie Scharf oder Abrunden machen die äußersten Randpixel der Buchstaben halbtransparent und sorgen so für einen geschmeidigen - aber nicht aufgeweichten - Übergang zwischen Schrift und umgebendem Bild. Sie vermeiden allzu harte Kanten, die unschön aufgeklebt und ausgezackt aussehen.

Nur bei sehr kleinen Schriftgrößen könnten feine Konturen gänzlich untergehen, dann verzichten Sie ganz auf eine Glättungsmethode oder schalten Sie testweise die

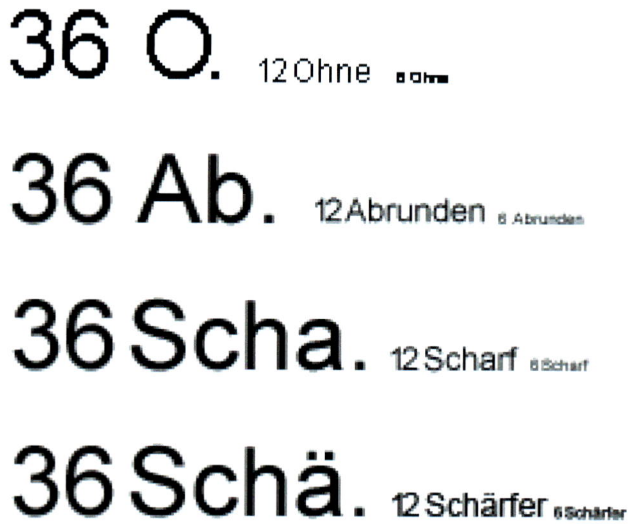

Abbildung 23.25 Sie sehen verschiedene Punktgrößen für die Schriftart Arial mit unterschiedlichen Glättungsmethoden: »Ohne«, »Scharf«, »Schärfer« und »Abrunden«. Wir drucken die Schrift hier in einer typischen Bildschirmauflösung von 72 dpi, deshalb wirkt es grob. Datei: Text_10_072dpi

Vorgabe Gebrochene Breiten im Menü der Zeichenpalette ab. Wollen Sie den Text ohnehin weichzeichnen, verzichten Sie ebenfalls auf die Option, die etwas Zeit kostet. Das Glätten erhöht überdies die Zahl der Farbtöne im Bild, so dass die Dateigröße je nach Speicherverfahren steigt.

TIPP Speichern Sie Bilddateien mit Textebene als PDF, erscheint der Text im Programm Reader oder auch in Webbrowsern mit Reader-Funktion gestochen scharf, selbst wenn der Bildinhalt in vergrößernden Zoomstufen pixelig wirkt.

Photoshop bietet die verschiedenen Glättungsvorgaben in der Zeichenpalette, außerdem in der Optionenleiste und im Kontextmenü zum Textwerkzeug. Die Glättung gilt generell für die gesamte Textebene und nicht nur für markierte Buchstaben.

Die vier unterschiedlichen Glättungsverfahren sollen die Buchstabenränder optimal an verschiedene Größen und Auflösungen anpassen. Im Test verursachte die Option Scharf manchmal die deutlichste Kantenaufweichung bei niedrigem Schriftgrad, manchmal erhielt sie aber auch einen harten Kern der Schrift besser als die

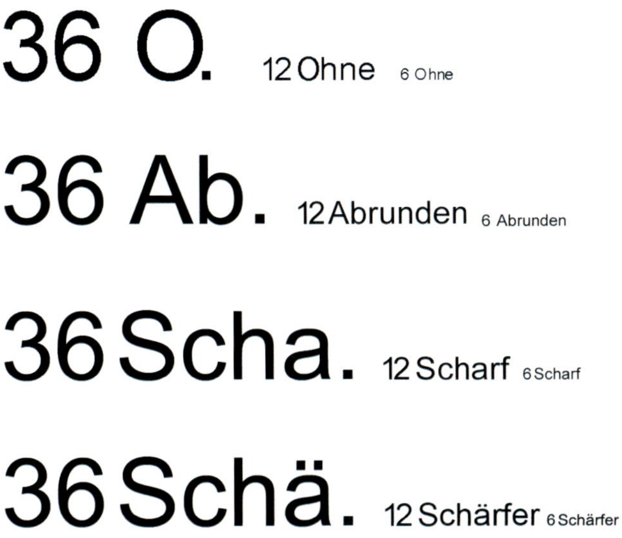

Abbildung 23.26 Diese Textebenen haben die typische Druckauflösung von 300 dpi, wieder unterschiedliche Glättungsmethoden. Die Schrift belegt hier weitaus mehr Pixel pro Zentimeter als bei der 72-dpi-Variante. Datei: Text_10_300dpi

anderen Varianten. SCHARF soll den Text besonders gestochen herausbringen.

TIPP Beurteilen Sie die Kantenglättung auf Rechnern ohne OpenGL in der Zoomstufe 100 Prozent (Strg+Alt+0) über dem geplanten Hintergrundbild. In sehr hohen Zoomstufen können Sie die Unterschiede bei der Kantenglättung gut erkennen. Ungerade Vergrößerungsmaßstäbe wie 123,4 Prozent verfälschen die Darstellung je nach Rechner deutlich – sind aber realistisch für die Wiedergabe in Monitorpräsentationen mit wechselnden Auflösungen für die Bildwiedergabe.

23.5 Wasserzeichen

Sie wollen eine Namenszeile oder Ihr Firmenlogo ins Bild setzen? Dieses Gestaltungsmittel heißt auch »Wasserzeichen«. In diesem Abschnitt besprechen wir, wie Sie

- einzelne Wasserzeichen anlegen;
- Wasserzeichen mit einer kostenlosen Zusatzfunktion mühelos in ganze Bildserien bringen.

TIPP Entwerfen Sie zunächst sehr große Wasserzeichen-Dateien. Verkleinern kann man immer noch, auch automatisch. Wasserzeichen, die komplett aus Textebenen, Formebenen und Vektorgrafik bestehen, wirken zudem im Zweifel einen Tick schärfer als verkleinerte Wasserzeichen-Ebenen mit Pixelbild-Inhalt.

23.5.1 Die Wasserzeichen-Ebene

Zeigen Sie diskret, aber unübersehbar einen Schriftzug über Ihrem Bild. Zunächst erzeugen Sie eine Wasserzeichendatei:

1. Öffnen Sie ein Foto in der typischen Größe, zum Beispiel eine 18-Megapixel-Datei.
2. Legen Sie den Schriftzug und eventuell Farbflächen an. Bauen Sie auch Logos ein, auch als Vektorgrafik, und erzeugen Sie halbdeckende Bereiche.
3. Ziehen Sie die Hintergrundebene in den Papierkorb der Ebenenpalette.
4. Kappen Sie überflüssige Leerfläche per BILD: ZUSCHNEIDEN.
5. Speichern Sie im Photoshop- oder TIFF-Dateiformat.

Ziehen Sie die Wasserzeichen-Ebene mit dem Verschiebenwerkzeug oder direkt aus der Ebenenpalette heraus in andere Dateien. Das Ergebnis eignet sich auch perfekt für die Stapelverarbeitung mit dem kostenlosen Watermark Creator (siehe Seite 935).

TIPP Sie können das Wasserzeichen auch in die Bilder eines PDF-Katalogs einsetzen, den Sie in Bridge anlegen (Seite 979). Enthält Ihr Wasserzeichen aber durchsichtige oder halbtransparente Bereiche, sollten Sie es nur für den PDF-Katalog im PNG-Dateiformat speichern.

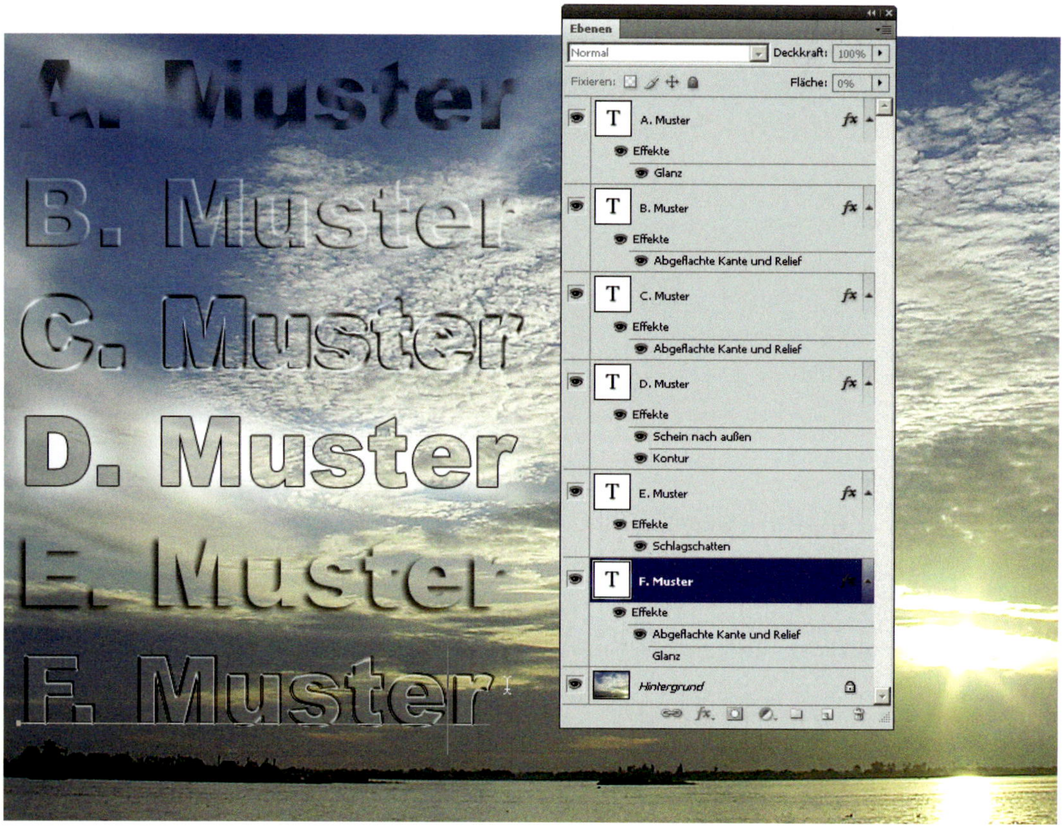

Abbildung 23.27 Das Textwerkzeug stanzt halbauffällige Urheberhinweise ins Bild. In allen Zeilen haben wir die Textfarbe mit dem »Fläche«-Regler komplett ausgeblendet. Nur Ebeneneffekte machen den Text sichtbar. Datei: Text_01

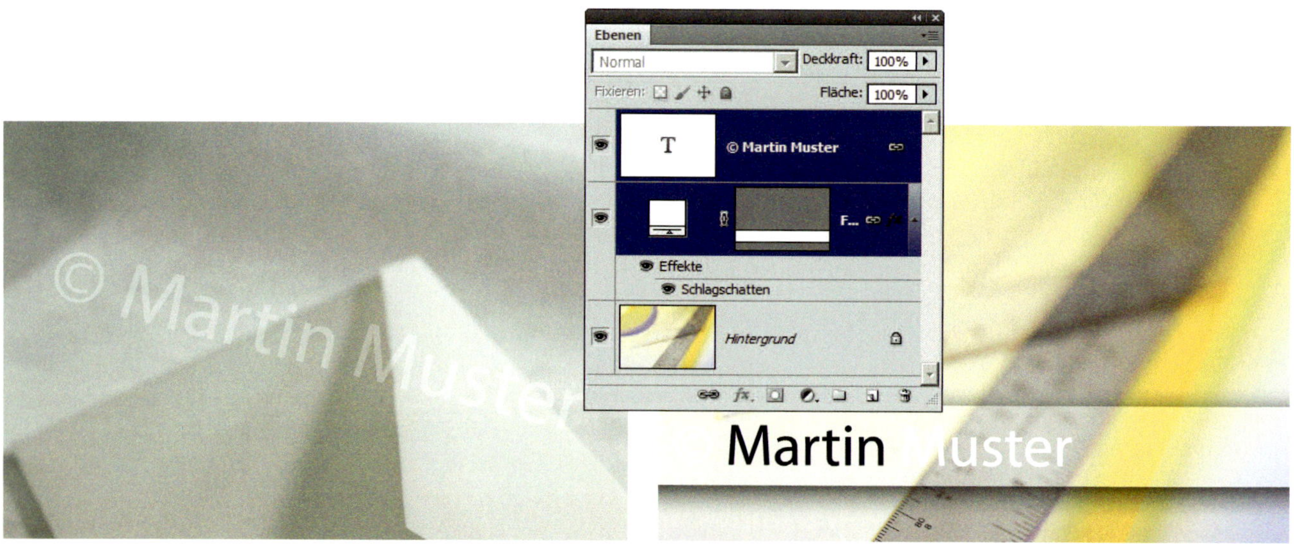

Abbildung 23.28 Die Ebenenpalette zeigt das Wasserzeichen mit dem hellen Streifen. Es besteht aus zwei separaten Ebenen. Packen Sie es eventuell in eine Smart-Objekt-Ebene, dann müssen Sie zum Ziehen oder Skalieren nicht immer zwei Ebenen auswählen. Wasserzeichendateien: Wasserzeichen_1, _2

Wasserzeichen mit mehreren Ebenen

Falls Sie mehrere Ebenen verwenden, zum Beispiel getrennt für Text, Farbfläche und Logo: Packen Sie diese Ebenen in ein Smart-Objekt, so dass sie sich als Einzelebene leichter handhaben lassen:

1. Markieren Sie alle beteiligten Ebenen in der Palette bei gedrückter ⇧-Taste.
2. Klicken Sie mit rechts in die leere Fläche neben einer Miniatur und nehmen Sie im Kontextmenü **In Smart-Objekt konvertieren.**

23.5.2 Gestaltungsmöglichkeiten

Für das Wasserzeichen gibt es unterschiedliche Gestaltungsmöglichkeiten. Am einfachsten: Ein weißer Schriftzug liegt blass und eventuell diagonal über dem Bild. Senken Sie die Deckkraft in der Ebenenpalette auf 30 Prozent.

Gestanzter Text

Raffinierter wirkt der gestanzte Text:

1. Wählen Sie eine breit laufende Schriftart wie Arial Black.
2. Senken Sie in der Ebenenpalette den Fläche-Wert auf 0. Damit verschwindet Ihr Schriftzug zunächst.
3. Unten in der Ebenenpalette klicken Sie auf Ebenenstil hinzufügen *fx* und dann auf **Abgeflachte Kante und Relief.** Der Text erscheint nun wie eingeprägt, experimentieren Sie mit Tiefe, Grösse und anderen Reglern.

Schriftband

Auch beliebt ist das helle Band:

1. Ziehen Sie mit dem Rechteckwerkzeug einen weißen Streifen über dem Bild auf.
2. In der Ebenenpalette machen Sie das Rechteck mit dem Fläche-Wert 30 Prozent halb durchsichtig.
3. Klicken Sie unten in der Ebenenpalette auf Ebenenstil hinzufügen *fx* und dann auf **Schlagschatten.** Ziehen Sie direkt über dem Bild einen Schatten für die helle Fläche zurecht.
4. Schalten Sie zum Textwerkzeug T und klicken Sie zunächst außerhalb des Rechtecks ins Bild.
5. Tippen Sie Ihren Text ein und ziehen Sie ihn über das helle Feld.

Ebeneneffekte bei Verkleinerung

Sie erstellen Ihre Wasserzeichenvorlage mit großen Dateien und erzeugen dann verkleinerte Dateivarianten per Watermark-Palette (siehe unten)? Effekte wie **Schlagschatten** oder **Abgeflachte Kante** werden in dem Fall nicht auf die kleineren Maße angepasst - die Effekte wirken in den verkleinerten Bildern unproportional groß.

Abhilfe:

1. Legen Sie die Wasserzeichen-Vorlage mit hoher Pixelzahl an und nutzten Sie Effekte wie **Abgeflachte Kante und Relief** oder **Schlagschatten.**
2. Unter jeder Ebene mit Effekt sehen Sie den Effekte-Balken. Klicken Sie mit rechts darauf und wählen Sie **Ebene(n) erstellen** (Seite 791).
3. Speichern Sie wie bisher in einem ebenentauglichen Format wie PDF, TIFF oder Photoshop-PSD.

Theoretisch verlieren Sie so geringfügig Qualität, sobald Sie das Wasserzeichen nicht in Original-Pixelmaßen verwenden. Auf jeden Fall ändern aber die Effekte jetzt ihre Größe passend zum Gesamtbild.

23.5.3 Stapelverarbeitung für Wasserzeichen

Sie wollen Wasserzeichen auf ganze Bildreihen anwenden? Dann gibt es nichts Bequemeres als die englische, aber übersichtliche und kostenlose Zusatzfunktion Adobe Watermark von Adobes Kreativanimateur Russell Brown. Sie bekommen das neue Bedienfeld per Internet, die Installation kostet nur wenige Klicks (Seite 1073), geladen wird es via **Fenster: Erweiterungen: Adobe Watermark.**

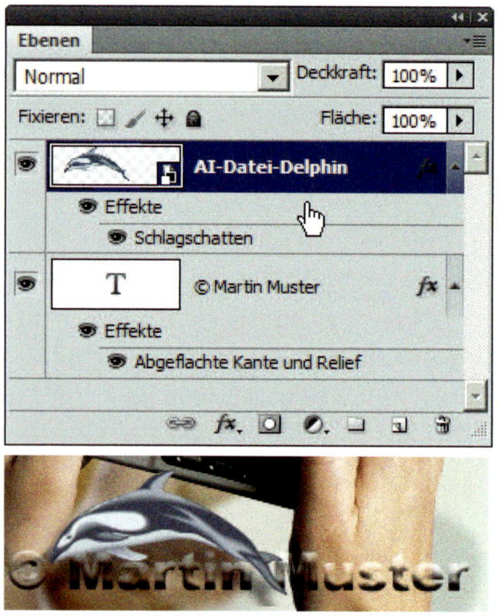

Abbildung 23.29 Die Ebenenpalette zeigt die Wasserzeichendatei mit den Effekten »Schlagschatten« und »Abgeflachte Kante und Relief«. Die Datei entstand mit 3600 Pixeln Breite, doch das Zielbild hat nur 900 Pixel Breite. Angewendet per Watermark-Palette, wirken die Effekte hier viel zu groß. Wasserzeichendatei: Wasserzeichen_3

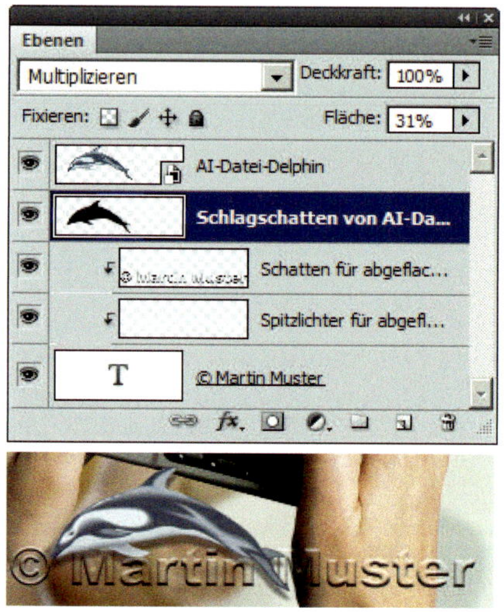

Abbildung 23.30 In diesem 900-Pixel-Ergebnisbild zeigen »Schlagschatten« und »Abgeflachte Kante« die richtige Größe. Die Wasserzeichendatei hat weiterhin 3600 Pixel Breite. Wir haben die Effekte aber in Pixelebenen umgewandelt; sie werden also diesmal passend mitverkleinert. Wasserzeichendatei: Wasserzeichen_4

TIPP Bei der Stapelverarbeitung haben Wasserzeichendatei und Foto nicht immer das gleiche Farbprofil. Um nicht von Fehlermeldungen aufgehalten zu werden, wählen Sie in Photoshop **Bearbeiten: Farbeinstellungen**. In den Farbmanagement-Richtlinien schalten Sie alle Optionen für die Profilabweichung und Fehlende Profile ab, also keine Häkchen neben Beim Öffnen wählen und Beim Einfügen wählen.

Text oder Wasserzeichendatei

Im Abschnitt 1 der Watermark-Palette entscheiden Sie, ob Sie schlichten Text oder eine Wasserzeichendatei verwenden:

» Erste Möglichkeit: Tippen Sie Ihren Wasserzeichentext direkt in die Palette. Verwenden Sie beliebige Schriftarten, Größen und Farben. Das Copyright-Zeichen © erhalten Sie wie üblich mit Alt+0 1 6 9 auf dem Ziffernblock. Die Option Append File Name hängt den Dateinamen ans Wasserzeichen an – ohne Endungen wie ».jpg«; so erhält jedes Bild einen individuellen Hinweis. Tippen Sie dann noch ein Leerzeichen hinter das letzte Wort im Textfeld; dann schließt der Dateiname nicht übergangslos ans letzte Wort an.

» Alternativ nennen Sie im Abschnitt 1 als Wasserzeichen eine Datei wie oben erstellt; diese Option heißt Use logo file. Die Datei kann wohlgemerkt einzelne Ebenen, Text- und Vektorobjekte enthalten oder komplett aus dem Grafikprogramm Illustrator stammen. Transparenzen werden übernommen, auch wenn Sie eine PNG-Datei mit Transparenz anliefern (wie für PDF-Bildkataloge erforderlich).

TIPP Lightroom 3, die separat verkaufte Bildverwaltung des Photoshop-Herstellers Adobe, bietet ähnliche Möglichkeiten zur Stapelverarbeitung wie die Photoshop-Palette Adobe Watermark. Wählen Sie in Lightroom 3 **Datei: Exportieren** und öffnen Sie den Bereich Wasserzeichen. Auch in Lightroom tippen Sie wahlweise eine Textzeile ein oder verwenden eine Bilddatei mit Wasserzeichen.

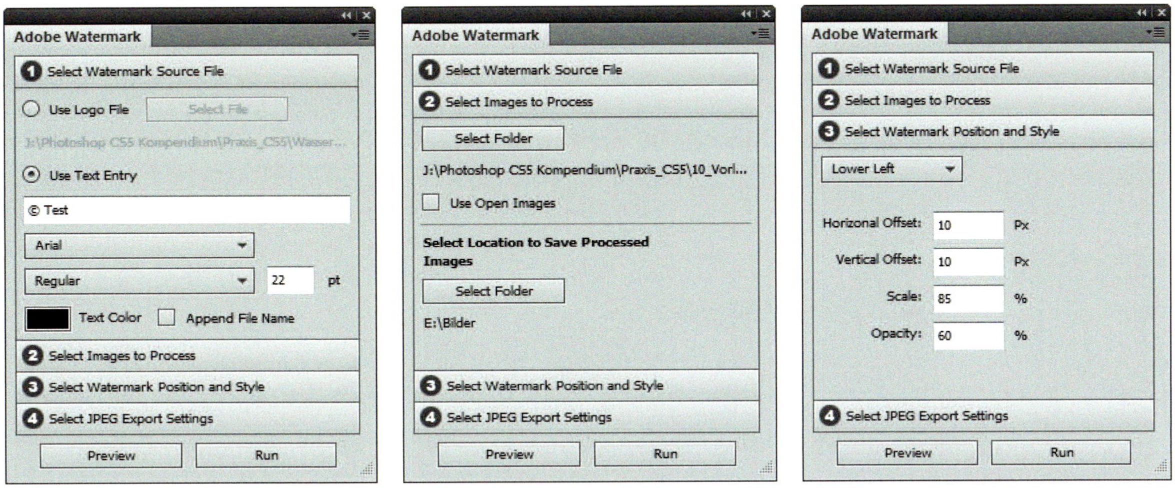

Abbildung 23.31 Das kostenlose Zusatz-Bedienfeld Adobe Watermark wendet Wasserzeichen unkompliziert auf ganze Bildserien an. Position und Größe des Wasserzeichens lassen sich ebenso einstellen wie die Größe der neu entstehenden Bilddateien.

Position und Größe

Montieren Sie das Wasserzeichen in alle geöffneten Bilder oder in alle Bilder eines Ordners, regelbar im Abschnitt 2 des Watermark-Bedienfelds. Und keine Angst: Dabei werden nie Bilddateien überschrieben – Sie erhalten immer neue Dateien.

In der dritten Abteilung der Watermark-Palette steuern Sie Position, Randabstand, Größe und Deckkraft des Wasserzeichens:

» Das Klappmenü steht zunächst auf Center. Möchten Sie das Logo links unten sehen, stellen Sie Lower Left ein.

» Offset meint den Abstand zum Rand. Zunächst hat Ihr Wasserzeichen 20 Pixel Abstand nach links und nach unten. Soll Ihr Logo ganz an den Rand rücken, sind auch negative Abstandswerte bis minus 100 möglich.

» Im Feld Scale steuern Sie die Größe, sofern Sie eine Wasserzeichendatei verwenden. Mit einer 100-Prozent-Angabe erstreckt sich das Wasserzeichen über die volle Breite der Fotodatei; gemeint ist also nicht etwa die Pixelbreite der Wasserzeichendatei. Arbeiten Sie nicht mit einer Wasserzeichendatei, sondern mit einer Textzeile, steht das Scale-Feld nicht zur Verfügung; geben Sie stattdessen eine Punktgröße in Abschnitt 2 an.

Vorschau

Die Schaltfläche Preview (»Vorschau«) zeigt jederzeit, wie das Wasserzeichen mit den aktuellen Einstellungen herauskommt, auch die geplante Pixelgröße sehen Sie. Damit die Vorschau reibungslos klappt, brauchen Sie eine der beiden Einstellungen im Abschnitt 2 der Watermark-Palette (vor dem ersten Anwenden ist gar nichts aktiviert):

» Klicken Sie im Abschnitt 2 auf Use Open Images (»Geöffnete Bilder verwenden«); Sie sehen die Vorschau mit einer Dublette des in Photoshop aktiven Bilds. Für die endgültige Serienverarbeitung wählen Sie die Option bei Bedarf wieder ab und geben einen Ordner an.

» Alternativ nennen Sie bereits für Vorschauzwecke einen Ordner; dann liefert Photoshop die Wasserzeichenvorschau mit einer einzelnen Dublette aus diesem Ordner.

Für die Vorschau entsteht eine neue, ungespeicherte Datei namens »Preview Watermark Creator«. Die müssen Sie nicht unbedingt sofort löschen: sie wird mit der nächsten Vorschau überschrieben, vermehrt sich also nicht mit jedem Preview-Klick.

Passt alles? Starten Sie die eigentliche Stapelverarbeitung mit der Schaltfläche Run.

TIPP Die Vorschau füllt generell das Photoshop-Fenster aus; haben Sie kleine Pixelgrößen vorgegeben, entstehen vergrößernde Zoomstufen wie 234,56 Prozent. Das wirkt erst einmal grob und aufgeblasen – springen Sie mit [Strg]+[Alt]+[0] zur Zoomstufe 100 Prozent zurück.

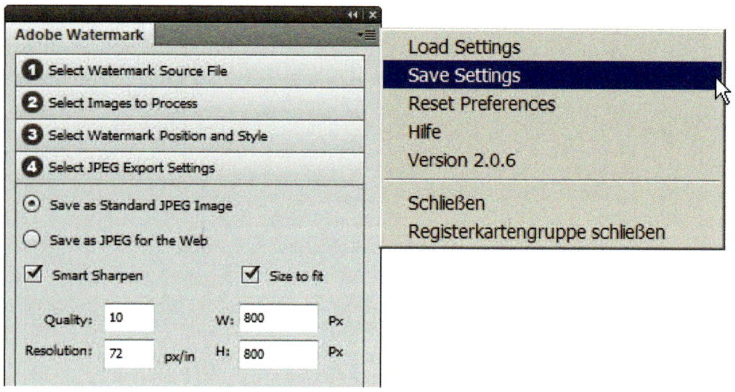

Abbildung 23.32 Ihre aktuellen Einstellungen aus dem gesamten Watermark-Bedienfeld können Sie über das Palettenmenü speichern und wieder abrufen. So haben Sie individuelle Vorgaben für unterschiedliche Bilder und Einsatzzwecke. Nutzen Sie die Befehle **Save Settings** und **Load Settings**.

Speichervorgaben

Im Abschnitt 4 der Watermark-Palette steuern Sie, wie Ihr Bild gespeichert wird. Die erste Möglichkeit heißt Save as Standard JPEG Image; hier bleiben alle Metadaten erhalten. Die Alternative: Save as JPEG for the Web. Hier fliegen praktisch alle IPTC- und Exif-Daten aus dem Bild heraus, so dass Dateigröße und Informationsgehalt um einige Kbyte sinken; nur die Copyright-Zeile bleibt erhalten.

Die weiteren Möglichkeiten im Abschnitt 4:

» Im Feld Quality nehmen Sie eine JPEG-Qualität wie 8 (kaum sichtbare Bildfehler) oder 5 (kleinere Bildfehler erkennbar, weniger Platzbedarf).

» Falls Sie die Bilder kleinrechnen wollen, nutzen Sie die Option Size to fit; tragen Sie Pixelwerte in beide Felder ein – das Seitenverhältnis bleibt dabei stets geschützt. Sie können auch andere Maßeinheiten verwenden, tippen Sie zum Beispiel »10 cm«. Der Wert Resolution (»Auflösung«) ist häufig unbedeutend.

» Mit der Option Smart Sharpen verwendet die Watermark-Palette Ihre letzten Werte aus dem Dialog **Filter: Scharfzeichnungsfilter: Selektiver Scharfzeichner**. Ihre Bilder erscheinen per Scharfzeichnung knackiger, brauchen aber auch rund zehn bis 20 Prozent mehr Speicherplatz. Falls Sie Ihre Bilder kleinrechnen lassen, sollten Sie die Werte im **Selektiven Scharfzeichner** eventuell senken – sonst wirkt er bei niedrigen Pixelzahlen zu hart.

DVD Sie wollen die Watermark-Palette testen und brauchen Bildmaterial? Im »Praxis«-Verzeichnis der Buch-DVD finden Sie elf verschiedene »Wasserzeichen«-Vorlagen in verschiedenen Dateiformaten, meist mit Transparenz, teils mit Vektorelementen. Für die Stapelverarbeitung nehmen Sie Unterverzeichnisse mit Fotosammlungen wie »05_Vorlagen« oder »10_Vorlagen«.

23.6 Text verzerren

Sie können Text durch ungewöhnliche Verzerrungen gestalten oder an Pfaden und Formen anschmiegen.

23.6.1 Text auf Pfaden und in Formen

Text fließt auf frei geformten Pfaden durchs Bild. Die Lettern schmiegen sich zum Beispiel an Motivumrisse an, wenn Sie zunächst den Pfad entsprechend formen. Ihre Möglichkeiten unter anderem:

» Sie können den Text auf dem Pfad weiterhin mit Textfunktionen korrigieren. Ändern Sie Buchstabenabstand, Schriftart oder Wortlaut.

» Der Pfad lässt sich weiterhin mit Pfadfunktionen umformen, der Text passt sich automatisch dem neuen Pfad an.

» Der Text startet an beliebigen Punkten auf dem Pfad und lässt sich auf die andere Seite des Pfads umklappen.

Wenn Sie nur allgemein eine geschwungene Form brauchen, die sich nicht an einer exakten Form orientiert, haben Sie es mit der Funktion Text verkrümmen leichter.

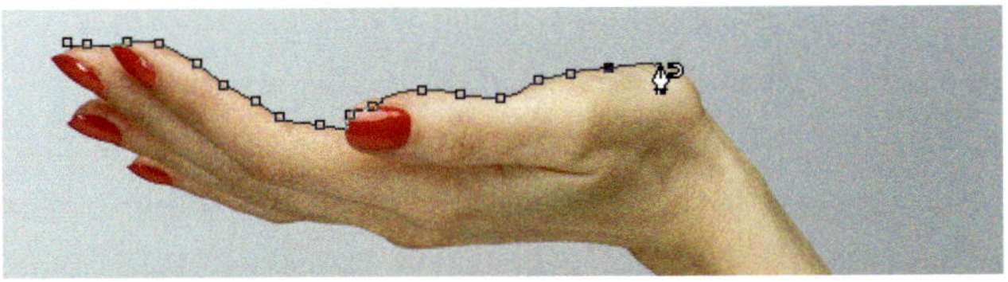

Abbildung 23.33 Wir erzeugen den Pfad mit dem Freiform-Zeichenstift und Magnetoption. Mit der Eingabetaste schließen wir den offenen Pfad ab.

Text auf Pfad anlegen

So legen Sie Text auf einen Pfad:

1. Falls noch nicht vorhanden, erzeugen Sie zunächst einen neuen Pfad etwa mit Zeichenstift oder Freiform-Zeichenstift (Seite 657). Nehmen Sie oben in den Optionen die Vorgabe Pfade, damit nicht zusätzlich noch eine Formebene entsteht (Seite 654).
2. Schalten Sie das Textwerkzeug **T** ein und führen Sie den Textcursor dorthin über den Pfad, wo der Schriftzug beginnen soll. Photoshop zeigt den speziellen Cursor für Text auf Pfaden.
3. Klicken Sie und tippen Sie Ihre Wörter ein.

Es spielt keine Rolle, ob Sie einen »Arbeitspfad« oder einen gespeicherten »Pfad 1« oder ähnlich verwenden (Seite 671). Wollen Sie einzelne Buchstaben und nicht die Grundlinie der gesamten Textzeile modellieren, nutzen Sie das **Formgitter**.

ACHTUNG Bei geschlossenen Pfaden, die zum Beispiel mit einem Formwerkzeug entstanden sind: Klicken Sie nicht in die Form hinein, sonst entsteht Absatztext innerhalb der Form – Sie sehen dann den Text-in-Form-Cursor. Klicken Sie leicht außerhalb der Form – dort, wo Photoshop den Text-auf-Pfad-Cursor präsentiert.

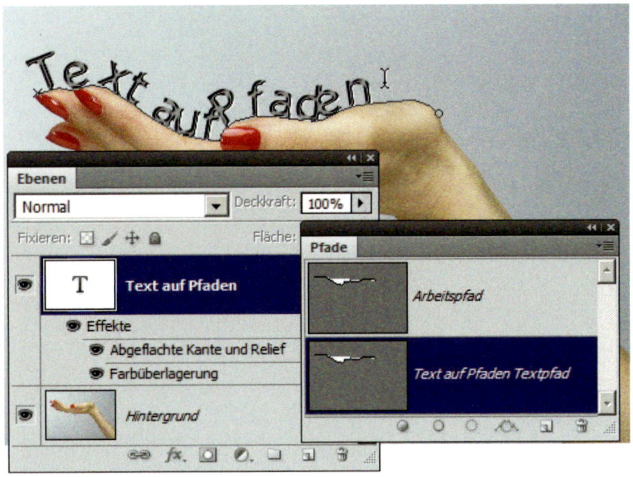

Abbildung 23.34 Wir haben mit dem Textwerkzeug links auf den Pfad geklickt und getippt. Am Daumennagel kommt es noch zu einer Kollision. Sofern die Textebene in der Ebenenpalette aktiviert ist, erkennen Sie in der Pfadpalette den neuen Textpfad; er lässt sich unabhängig vom ursprünglichen »Arbeitspfad« verändern. Datei: Text_11

Wenn Sie den Pfad anlegen

Beachten Sie beim Anlegen des Pfads:

- Gut brauchbare Pfade ohne harte Ecken entstehen vor allem mit dem Zeichenstift, wenn Sie bei jedem Einzelpunkt nicht nur klicken, sondern auch ziehen. Je weicher die Übergänge, desto flüssiger wirkt später der Schriftzug. Leiten Sie den Pfad aus einer Auswahl ab, nehmen Sie eine höhere Toleranz, zum Beispiel 5 statt 2.
- Nützliche Pfade produziert auch der Freiform-Zeichenstift mit der Option Magnetisch (Seite 609); verwenden Sie eine relativ niedrige Frequenz, so dass nicht zu viele Ankerpunkte entstehen.
- Setzen Sie die Punkte von links nach rechts ins Bild, damit der Text in diese Richtung läuft. Bei Pfaden, die von rechts nach links entstanden sind, verläuft der Text kopfstehend entlang der Unterseite. Ein solcher Schriftzug lässt sich jedoch immer noch hochklappen.

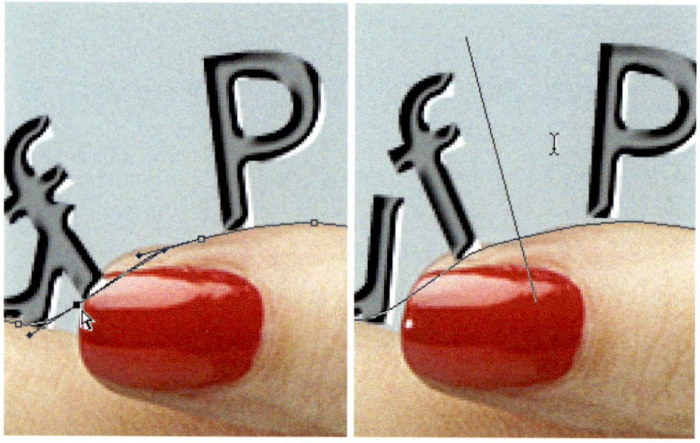

Abbildung 23.35 Verbessern Sie den Textfluss. **Links:** Mit dem Direktauswahl-Werkzeug ändern Sie Ankerpunkte und Griffpunkte, bis die Buchstaben besser sitzen. **Rechts:** Passt der Abstand an einer Stelle nicht exakt, klicken Sie mit dem Textwerkzeug zwischen zwei Lettern und ändern in der Zeichenpalette den »Abstand zwischen zwei Zeichen«. Testen Sie auch geänderte »Laufweite« für den gesamten Text.

» Formen Sie den Pfad schon beim Erstellen so genau wie möglich. Sitzt der Text erst auf dem Pfad, ist die Pfadkorrektur umständlicher.

» Oder leiten Sie den Pfad mit mittlerer oder hoher Toleranz aus einer Auswahl ab. Anschließend löschen Sie den überflüssigen Pfadteil mit Direktauswahl-Werkzeug und Entf-Taste, dann ist die Konstruktion übersichtlicher.

TIPP Wörter, die über das Ende des Pfads hinausragen, zeigt Photoshop nicht an, sie bleiben jedoch erhalten. Bringen Sie die Lettern nachträglich ins Bild, indem Sie die Schriftgröße verkleinern, den Pfad verlängern oder den Text auf dem Pfad verschieben.

Abbildung 23.36 Wir haben Schriftart und Stil geändert. Mit dem Direktauswahl-Werkzeug (das hier wie ein Textcursor aussieht) ziehen wir den Schriftzug am Pfad entlang in eine neue Position.

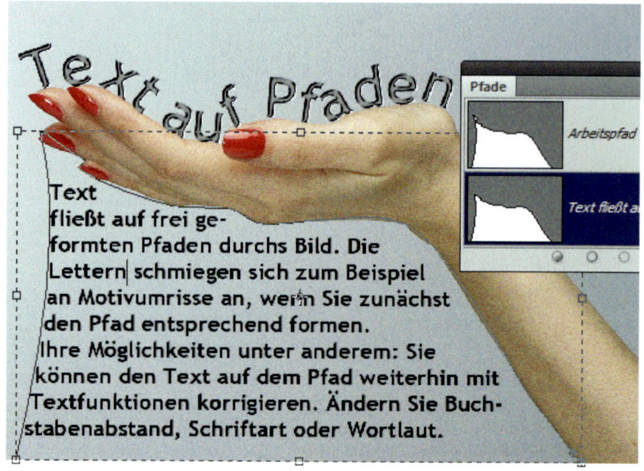

Abbildung 23.37 Wir haben den Bereich unter der Hand mit der Schnellauswahl gewählt, die Auswahl in einen Pfad verwandelt, mit dem Textwerkzeug in den geschlossenen Pfad geklickt und gepflegte Prosa aus der Zwischenablage eingefügt. Dabei entsteht Absatztext, den Photoshop an der Pfadkontur umbricht. Für besseren Textfluss haben wir den Pfadumriss anschließend leicht mit dem Direktauswahl-Werkzeug geändert.

Der neue »Textpfad«

In der Pfadpalette entsteht ein neuer »Textpfad«. Er ist nur sichtbar, wenn Sie die zugehörige Textebene in der Ebenenpalette aktivieren. Sie können den ursprünglichen »Pfad 1« in der Pfadpalette aktivieren und löschen oder beliebig verändern – der Pfad für Ihren Text bleibt erhalten. Umgekehrt ändert sich der ursprüngliche »Pfad 1« nicht, wenn Sie den Textpfad umformen.

TIPP Um die Sache übersichtlich zu halten, stellen Sie die Textoptionen auf Text links ausrichten und klicken mit dem Textwerkzeug T ganz links außen in den Pfad. Oder nehmen Sie Text zentrieren und klicken Sie in die Mitte der Pfadstrecke.

Text auf Pfad verschieben und kippen

Um den Schriftzug auf dem Pfad zu verschieben, aktivieren Sie zunächst das Direktauswahl-Werkzeug oder das Pfadauswahl-Werkzeug. Sobald Sie es über den Text halten, erscheint der spezielle Zeiger zum Verschieben des Textes. Ziehen Sie den Text an einen neuen Startpunkt.

Ziehen Sie den Text mit derselben Funktion auf die Unterseite des Pfads, so dass er über Kopf von rechts nach links verläuft. Genau das passiert leicht auch unbeabsichtigt.

TIPP Der eingeblendete Pfad stört die Bildbeurteilung. Mit Strg+H verstecken Sie die Linie, ohne den Pfad zu löschen.

Text wieder gerade ausrichten

Sie wollen den Text vom Pfad abkoppeln und wieder schnurgerade durchs Bild führen? So geht's:

1. Klicken Sie mit dem Textwerkzeug T in den Pfadtext.
2. Wählen Sie mit Strg+A den kompletten Text aus.
3. Kopieren Sie Ihre Wörter mit Strg+C in die Zwischenablage.
4. Ziehen Sie die Textebene in der Ebenenpalette in den Mülleimer.
5. Klicken Sie mit dem Textwerkzeug T ins Bild.
6. Fügen Sie den Text mit Strg+V ein. Er läuft jetzt wieder gerade durchs Foto.

Weitere Textkorrekturen

Einige Textkorrekturen sind besonders nützlich für Text auf Pfaden, wir haben sie detailliert bereits weiter oben besprochen:

» Ändern Sie die Laufweite – also den allgemeinen Buchstabenabstand. Markieren Sie den Text, dann klicken und ziehen Sie einfach über der Schaltfläche AV in der Zeichenpalette.

» Möchten Sie nur den Abstand zwischen zwei Lettern verändern, setzen Sie den Cursor zwischen die zwei Buchstaben und klicken und ziehen Sie über dem Feld Abstand zwischen zwei Zeichen in der Zeichenpalette.

» Das Feld Grundlinie in der Zeichenpalette verschiebt den Text oder einzelne markierte Lettern über oder unter den Pfad.

» Schalten Sie das Textwerkzeug T ein, dann markieren Sie einzelne Buchstaben, um sie mit den Funktionen Vertikal skalieren und Horizontal skalieren in der Zeichenpalette zu dehnen oder zu verlängern.

» Funktionen wie Text verkrümmen oder **Frei transformieren** (Strg+T) stehen weiterhin zur Verfügung.

Text »verkrümmen«

Wölbung oder Wulst? Bogen oben oder Muschel unten? Wenn Sie einen Verkrümmten Text erstellen, biegen sich Textebenen vielseitig durch. Der Schriftzug bleibt im Textmodus erhalten, er lässt sich also weiterhin mit Zeichen- und Absatzpalette korrigieren. Sämtliche Dehnübungen, die Sie mit der Funktion Text verkrümmen durchführen, beschädigen nicht den empfindlichen Rand der Buchstaben. »Verkrümmte« Textebenen erscheinen in der Ebenenpalette mit einem speziellen Symbol. (Ähnlich biegsam werden auch übliche Bildebenen, wenn Sie beim **Transformieren** das Verkrümmen einschalten, Seite 743.)

TIPP Sofern Sie Photoshop in der Extended-Version nutzen, können Sie Text auch auf 3D-Modelle spannen und so präzise plastisch formen.

Verkrümmung beginnen und abschalten

Klicken Sie auf das Symbol Verkrümmten Text erstellen in der Optionenleiste zum Textwerkzeug. Alternativ verwenden Sie **Ebene: Text: Text verkrümmen**. Textebenen mit Verkrümmung kennzeichnet Photoshop durch ein spezielles, verzerrtes »T«-Symbol in der Ebenenpalette.

Möchten Sie den Text wieder entkrümmen? Wählen Sie erneut den Dialog Text verkrümmen und klicken Sie im Stil-Menü auf **Ohne**.

TIPP Auch bei geöffnetem Dialogfeld Text verkrümmen können Sie den Schriftzug mit der Maus im Bild verschieben.

Abbildung 23.38 Die »Verkrümmungen« in diesem Beispiel wurden mit der Funktion »Frei Transformieren« weiter verzerrt. Datei: Text_12

Abbildung 23.39 **Links:** Die Vorgabe »Flagge« des Dialogfelds »Text verkrümmen« wirft den Text in Wellen. **Rechts:** »Flagge« mit positiver horizontaler Verzerrung. Datei: Text_13

Optionen im Dialogfeld »Text verkrümmen«

Diese Optionen bietet das Dialogfeld:

» Als Stil suchen Sie eine Form wie Bogen oder Muschel unten heraus. Beliebige freie Formen bietet Photoshop nicht an, ebenso wenig wie Text auf Pfaden.

» Mehrere Stile bieten die Checkboxen Horizontal oder Vertikal für die generelle Richtung der Änderung.

» Der Regler Biegung bestimmt den Grad der Verzerrung. Je weiter nach außen Sie den Regler schieben, umso stärker ist die Verkrümmung – prüfen Sie in der Zoomstufe 100 Prozent, ob die Lettern überhaupt noch zu entziffern sind. Negative Werte kehren den Effekt um: Ein ursprünglich nach oben gewölbter Bogen biegt sich nun nach unten durch.

» Ziehen Sie den Regler für Horizontale Verzerrung nach rechts, auf positive Werte, so erscheint der Schriftzug links schlanker und rechts fetter als zuvor. Bei negativen Werten, also Reglerposition links, beginnt der Slogan extradick und wird von links nach rechts schwindsüchtig.

» Die Vertikale Verzerrung bestimmt, ob Ihr Schriftzug oben oder unten breiter erscheinen soll. Ein positiver Wert erzeugt einen breiten Textsockel, der sich nach oben verjüngt.

Abbildung 23.40 Setzen Sie Änderungen innerhalb einer »Verkrümmen«-Vorgabe in einen Trickfilm um. Um gleichzeitig eine Verschiebung und die Verformung zu erreichen, legen wir in der Animationpalette zunächst zwei Frames an, die auf einer einzigen Textebene mit unterschiedlichen Werten für Position und Verkrümmung basieren. Im Dialogfeld »Dazwischen einfügen« wurden die Vorgaben »Position« und »Effekte« verwendet. Datei: Text_14

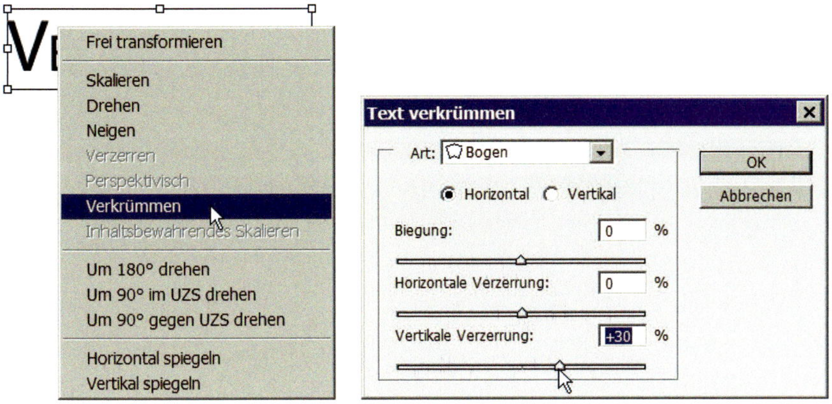

Abbildung 23.41
Links: »Transformieren«-Befehle wie »Verzerren« oder »Perspektivisch verzerren« bietet Photoshop für Textebenen nicht an, wie das Kontextmenü beim »Transformieren« zeigt. **Rechts:** Das Dialogfeld »Text verkrümmen« erzeugt perspektivische Verzerrung, wenn Sie die »Biegung« auf 0 stellen und die »Vertikale Verzerrung« ändern; der »Stil« spielt keine Rolle.

23.6.2 Text »transformieren«

Biegen Sie Textebenen auch per **Bearbeiten: Frei transformieren** (Strg+T, Details ab Seite 737). Hier ziehen Sie – teils mit Zusatztasten – an den Anfasspunkten um die Rechteckbox herum oder Sie tippen Werte in die Eingabefelder der Optionenleiste oben.

Sie können dabei die Schrift skalieren (auch unproportional), drehen oder neigen, allerdings nicht unmittelbar perspektivisch verzerren (nächster Abschnitt). Wollen Sie die Höhe-Breite-Proportion wahren, nehmen Sie beim Skalieren die ⇧-Taste oder zuvor die Schaltfläche Seitenverhältnis erhalten. Diese Funktionen lassen sich zusätzlich zum Verkrümmen oder stattdessen verwenden. Ihr Slogan bleibt im praktischen Textmodus.

»Verzerren« und »Perspektivisch verzerren«

Die reizvollen **Transformieren**-Varianten **Verzerren** und **Perspektivisch verzerren** bietet Photoshop für Textebenen gar nicht an. So erzeugen Sie dennoch eine vergleichbare Verzerrung:

- Wandeln Sie die Textebene in ein Smart-Objekt um (**Filter: Für Smartfilter konvertieren**); nun stehen alle Verzerrungsformen zur Verfügung, auch das Verkrümmen, die Textebene bleibt als »Datei in der Datei« im pflegeleichten Textmodus.
- Wenden Sie mit der Schaltfläche eine »Verkrümmung« an (siehe oben), senken Sie die Biegung auf 0 und heben Sie die Vertikale Verzerrung an – so entsteht eine perspektivische Verzerrung. Der Text bleibt im Textmodus korrigierbar.
- Wandeln Sie den Text in eine Formebene um; dazu wählen Sie **Ebene: Text: In Form konvertieren**. Schalten Sie das Direktauswahl-Werkzeug ein, dann wählen Sie Strg+T oder das Untermenü **Bearbeiten: Pfad transformieren** und verzerren nach Maß. Sie verlieren den Textmodus; wegen der Pfadtechnik bleibt aber die Kantenschärfe über alle Verzerrungen hinweg erhalten.

TIPP Sie haben Ihre Textebene als Smart-Objekt gespeichert. Dann wechseln Sie nachträglich zu einer Schriftart, die mehr Fläche braucht, oder Sie tippen einen längeren Text ein. Danach erscheint der Text zunächst abgeschnitten im Gesamtbild. Abhilfe: Während Sie die einzelne »Datei in der Datei« mit dem Schriftzug bearbeiten, wählen Sie **Bild: Alles einblenden**. Eventuell brauchen Sie den Befehl erneut bei der übergeordneten Datei, die das Smart-Objekt enthält.

Abbildung 23.42 Die Textebene wurde mit »Filter: Für Smartfilter konvertieren« in ein Smart-Objekt verwandelt. Jetzt stehen beim Transformieren »Perspektivische Verzerrung«, »Verkrümmen« und »Formgitter« zur Verfügung. Alle Texteigenschaften bleiben änderbar. Datei: Text_20

23.6.3 Text im »Formgitter«

Verbiegen Sie Textebenen auch per **Bearbeiten: Formgitter** (Seite 745). Schmiegen Sie einzelne Buchtaben an komplexe Umrisse an, formen Sie Lettern wie knorrige Korkeichen.

Ebenentechnik

Wandeln Sie die Textebene zunächst in ein Smart-Objekt um (**Filter: Für Smartfilter konvertieren**). Ihre Vorteile:

- Sie können ohne Verlustängste beliebig experimentieren, den Effekt ausblenden und jederzeit auch nach Speichern, Schließen und erneutem Öffnen an der Biegung feilen.
- Sie können den Text nachträglich umformatieren oder die Schriftart ändern, die **Formgitter**-Verzerrung wird wieder angewendet.

Wenden Sie den **Formgitter**-Befehl auf eine Textebene ohne Smart-Objekt-Schutz an, wird die Ebene gerastert, also in normale Pixel verwandelt. Dabei leidet schnell die Kantenschärfe.

Möglichkeiten

Jeder Buchstabe erhält sein eigenes Formgitter. Sie formen also jeden Buchstaben unabhängig vom anderen um. Eine Letter erscheint verzerrt, die nächste zeigt sich völlig unverändert. Die Einstellungen oben in der Optionenleiste gelten indes für alle gemeinsam. Einige Möglichkeiten:

- Setzen Sie nur einen Pin pro Buchstabe, können Sie ihn verschieben. Ändern Sie Grundlinienversatz oder Buchstabenabstand.
- Setzen Sie zwei Pins und aktivieren einen von beiden, dreht sich der Buchstabe. Stauchen oder dehnen Sie in einer Richtung. Aktivieren Sie bei gedrückter [⇧]-Taste beide Pins, verschieben Sie wieder.
- Ab drei Pins können Sie individuell verzerren.
- Mitunter biegen Sie einen Teil des Buchstaben hinter einen anderen. Was »weiter vorne« (sichtbar) und »weiter hinten« (verdeckt) rangiert, steuern Sie mit den Schaltflächen PIN NACH VORNE HOLEN und PIN NACH HINTEN STELLEN.

- Sie können anschließend die Gesamtebene immer noch **Frei transformieren** ([Strg]+[J]), zum Beispiel drehen oder skalieren.

TIPP Auch gerade Buchstaben biegen sich im **Formgitter** schnell rundlich. Als Gegenmaßnahme stellen Sie den MODUS auf STARR, experimentieren Sie auch mit DICHTE und AUSBREITUNG. Begrenzen Sie Überlappungen auch durch Senken der AUSBREITUNG.

Abbildung 23.43 Wandeln Sie Textebenen in Smart-Objekte um und nutzen Sie das »Formgitter«. Jeder Buchstabe wird als separates Objekt umgeformt. Datei: Text_16a

Abbildung 23.44 **Links:** Wenn Sie nur einen Pin setzen, können Sie den Buchstaben in alle Richtungen verschieben. **Mitte, rechts:** Setzen Sie zwei Pins, können Sie den Buchstaben drehen, stauchen oder drehen.

Buchstaben mit mehreren Pins verschieben

Ein Buchstabe hat mehrere Pins, aber Sie wollen den Buchstaben nur verschieben, nicht verformen. Dafür müssen Sie alle Pins dieses Buchstabens gemeinsam auswählen; wählen Sie nicht alle aus, wird der Buchstabe (auch) verzerrt. Einfachstes Verfahren zum reinen Verschieben:

1. Klicken Sie einen der Pins mit der rechten Maustaste an.

2. Nehmen Sie im Kontextmenü **Alle Pins am Objekt auswählen**.
3. Bewegen Sie den Buchstaben, zum Beispiel auch per Pfeiltaste.

23.6.4 Verzerren per Filter

Weitere attraktive Verzerrungsmöglichkeiten für Text finden Sie im Filter-Menü:

» Das Untermenü **Verzerrungsfilter** enthält starke Befehle wie **Schwingungen**, **Kräuseln**, **Strudel** oder **Verbiegen** (Seite 575). Wahren Sie den Textmodus, indem Sie vorab die Textebene in ein Smart-Objekt verwandeln (**Filter: Für Smartfilter konvertieren**). Achten Sie auch darauf, dass die Textebene viel leere Bildfläche nach allen Seiten hat, sonst setzt Photoshop die Verfremdung nur begrenzt um. Nach der Filteranwendung, wenn Sie sonst nichts mehr umgestalten wollen, verschieben Sie den Schriftzug immer noch an den Bildrand.

» Gummiartig dehnen Sie die Wörter mit dem Befehl **Filter: Verflüssigen** (Seite 582). Dieser Befehl eignet sich nicht für Smart-Objekte – Sie können den Schriftzug also nicht mehr im Textmodus bearbeiten und sollten auf beschädigte Kanten achten. **Bearbeiten: Formgitter** ist eine Alternative.

Beim Verzerren schalten Sie die Ebenenoption Transparente Pixel fixieren oben in der Ebenenpalette aus (Seite 735).

Abbildung 23.45 Die Beispiele entstanden mit den **Filter**-Befehlen **Wind**, **Schwingungen** und **Kräuseln**. Die Textebenen wurden zunächst in Smart-Objekte verwandelt, so dass alle Texteigenschaften voll erhalten bleiben und die Konturen nicht zunehmend verwischen. Datei: Text_15

23.7 Schriftzüge weiter verändern

Die Schriftzüge lassen sich vielfältig anpassen – die Fantasie setzt eher Grenzen als Photoshop. Sie können einzelne Buchstaben oder den ganzen Schriftzug verformen und Bilder einsetzen.

23.7.1 Schriftzüge mit einem Bild füllen

So erscheint Bildmaterial in einem Textumriss:

» Verwenden Sie die Textebene als Grundebene einer Schnittmaske; die darüberliegenden Ebenen füllen den Schriftzug aus, ragen aber nicht über die Schriftkonturen hinaus (Seite 883).

» Teilen Sie dem Text einen Effekt wie Kontur oder Abgeflachte Kante und Relief zu. Senken Sie die Deckkraft der Ebenenfüllung mit dem Fläche-Regler oben in der Ebenenpalette (Seite 768).

» Verwandeln Sie den Textumriss in eine Vektormaske. Sie wählen bei aktivierter Textebene den Befehl **Ebene: Text: Arbeitspfad erstellen**; dann aktivieren Sie die gewünschte Ebene und klicken auf **Ebene: Vektormaske: Aktueller Pfad** (Seite 877). Wenn Sie nun die Vektormaske aktivieren und alle Buchstaben mit dem Pfadauswahlwerkzeug oder mit dem Direktauswahlwerkzeug auswählen, können Sie die Buchstaben über dem Bild verschieben und neu bestimmen, welche Bildteile sichtbar sind.

» Füllen Sie den Schriftzug per Ebenenstil mit einer Musterüberlagerung (Seite 804). Hier können Sie eine beliebige, auch sehr große Datei verwenden, die dann nur einmal innerhalb der Lettern erscheint.

23.7.2 Text und Ebeneneffekte

Die Ebeneneffekte (Seite 785) eignen sich bestens für Textveränderungen. Dabei bleibt der Text voll korrigierbar. Ändern Sie die Textform, passen sich die Effekte unverzüglich an. Beispiele für Text mit Ebeneneffekten finden Sie im ganzen Buch. Einige Möglichkeiten:

» Die Kontur umgibt den Text mit einer Randlinie – die Textkontur tritt besser hervor, hebt sich deutlicher vom Hintergrund ab. Beachten Sie die Unterschiede zwischen Kontur Innen und Aussen.

» Abgeflachte Kante und Relief sorgt für knackig-plastische 3D-Textobjekte.

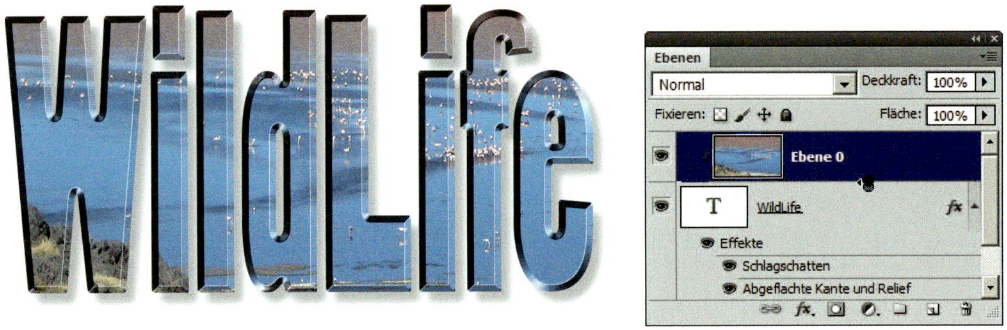

Abbildung 23.46 So füllen Sie die Textebene mit einem Foto: Bringen Sie das Bild auf eine Ebene über dem Text. Klicken Sie mit gedrückter Alt-Taste auf den Begrenzungsstrich zwischen den Ebenen. Damit wird der Schriftzug zur »Grundebene«, die Struktur erscheint nur innerhalb der Lettern. Wir verwenden zusätzlich Ebeneneffekte, der Text bleibt korrigierbar und bewegbar. Datei: Text_16a

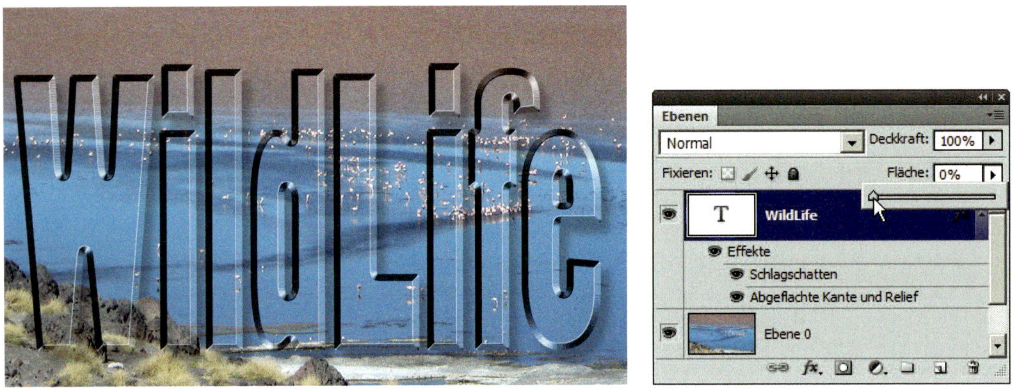

Abbildung 23.47 Wir haben den Text über das Foto gezogen und den »Fläche«-Wert auf null gesenkt. Statt der ursprünglichen Textfarbe wirken sich nur noch die Ebeneneffekte wie die »Abgeflachte Kante« aus. Datei: Text_16b

- Der Schlagschatten unterlegt Ihre Wörter mit einem Schatten – gut geeignet, um Schriftzüge besser vom Hintergrund abzuheben. Schein nach aussen appliziert einen Lichthof – Ihre Message hebt sich so besser von dunklen Hintergründen ab.
- Mit Verlaufsüberlagerung, Farbüberlagerung oder Musterüberlagerung verändern Sie die Textfüllung – und können jederzeit wechseln.

Senken Sie den Fläche-Wert in der Ebenenpalette, so dass die Originaltextfarbe verschwindet und nur noch die Ebeneneffekte Ihre Botschaft vertreten, etwa als Kontur oder durchscheinende 3D-Plastik.

23.7.3 Korrekturen nach dem Rastern

Für stärkere Änderungen am Schriftbild müssen Sie den normalen Textmodus verlassen: entweder

- Sie rastern endgültig (**Ebene: Rastern: Text**) oder
- Sie verwandeln Ihren Slogan in ein Smart-Objekt (**Filter: Für Smartfilter konvertieren**).

Alle folgenden Korrekturen erfordern diese Vorarbeit.

Tipps für die Arbeit mit gerastertem Text

Wenn Sie nicht mit Smart-Objektenarbeiten, sondern ein für allemal zu Pixeln umrastern, legen Sie mit Strg+J ein Duplikat der Textebene an, das Sie mit dem Augensymbol unsichtbar machen. Auch den gerasterten

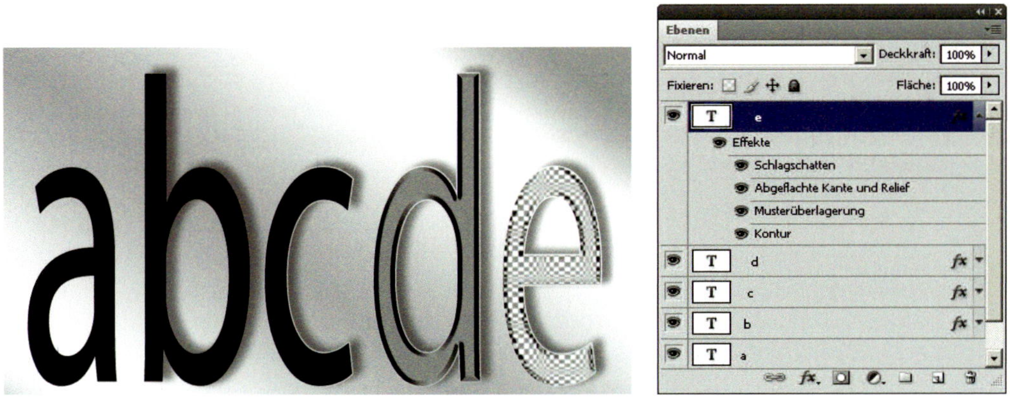

Abbildung 23.48 Erkennen Sie's? Ab dem »b« kam bei jedem Buchstaben ein Ebeneneffekt hinzu. Datei: Text_18

Text lassen Sie auf einer eigenen Ebene, umgeben von Transparenz, und verschmelzen ihn nicht mit darunterliegenden Ebenen. Sind die Lettern von Transparenz umgeben, kann man sie wesentlich sauberer auswählen und bewegen als buchstabenförmige Bereiche, die zum Beispiel von weißen Pixeln eingefasst werden.

Korrektur des Buchstabenabstands

Sie können die Buchstabenposition zum Teil einfacher verändern, wenn Sie den Text erst gerastert haben. Wollen Sie einzelne Lettern bewegen, werden diese nach dem Rendern zunächst mit Zauberstab oder Lasso markiert und dann mit dem Verschiebenwerkzeug oder per Pfeiltasten verschoben.

TIPP Buchstaben lassen sich besonders leicht verschieben, wenn Sie den Text in eine Formebene verwandeln (**Ebene: Text: In Form konvertieren**). Jeden einzelnen Buchstaben aktivieren Sie bequem mit dem Pfadauswahl-Werkzeug.

Abbildung 23.49 **Links:** Diese Schrift soll breiteren Raum einnehmen, damit sie zum Beispiel deutlicher mit Bildmaterial gefüllt werden kann. **Mitte, rechts:** Diese Aufgabe übernimmt der Befehl »Filter: Sonstige: Dunkle Bereiche vergrößern« hier mit Radiusvorgaben von 10 und 15. Datei: Text_19a

Erweiterte Textumrisse mit »Dunkle Bereiche vergrößern«

Möchten Sie Bildteile innerhalb eines Schriftzugs zeigen, kommt es auf möglichst breit laufende Schriften an. Doch sogar Posterschriften zuzüglich Faux Fett kann man (nach dem **Rastern**) mit verschiedenen Funktionen noch weiter aufpumpen – dann passt noch mehr Bild hinein.

Verwenden Sie zum Beispiel den **Filter**-Befehl **Sonstige: Dunkle Bereiche vergrößern** (vergleiche Seite 627). Er wirkt auch bei hellen Schriftfarben, sofern die Lettern von Transparenz umgeben sind. Sie erzeugen hier sehr wuchtige, wenn auch sicher nicht typografisch wertvolle Lettern. Harte Ecken in den Umrissen bleiben in etwa erhalten, aber auch die Randglättung überlebt.

Abbildung 23.50 Die Textebene wurde zunächst mit einer reinweißen Ebene markiert, in ein einzelnes Smart-Objekt verwandelt und deutlich weichgezeichnet. **Links:** Bei der Bearbeitung mit dem »Schwellenwert«-Befehl entstehen zu harte Ränder. **Mitte:** Glattere Ränder entstehen, wenn man statt »Schwellenwert« den Befehl »Helligkeit/Kontrast« verwendet, den Kontrast auf etwa 98 Prozent stellt und mit der Helligkeit die Schriftstärke reguliert; dabei brauchen Sie die Option »Früheren Wert verwenden«. **Rechts:** Auch schlankere Lettern sind möglich, dieses Beispiel entstand mit der »Tonwertkorrektur« auf Basis des weichgezeichneten Schriftzugs.

Erweiterte Textumrisse durch Weichzeichnen und Kontraststeigerung

Ein weiterer Weg zu fetteren (aber auch schlankeren) Typen: Soften Sie zunächst die Lettern mit dem Befehl **Weichzeichnungsfilter: Gaußscher Weichzeichner** deutlich ab – die Umrisse müssen aber erhalten bleiben. Verlustfrei geht es so:

1. Sie legen die Textebene über einer reinweißen Ebene an.
2. Sie markieren beide Ebenen gemeinsam in der Ebenenpalette.
3. Jetzt der Befehl **Filter: Für Smartfilter konvertieren.** Photoshop fasst die Ebenen zu einem Smart-Objekt zusammen.
4. Wählen Sie **Filter: Weichzeichnungsfilter: Gaußscher Weichzeichner**.

Anschließend machen Sie die Kontur wieder hart. Dazu verwenden Sie eine **Helligkeit/Kontrast**-Einstellungsebene. Stellen Sie den Kontrast etwa auf 98 Prozent, schalten Sie FRÜHERE WERTE VERWENDEN ein und experimentieren Sie mit der HELLIGKEIT für wahlweise schlankere oder fettere Konturen. Text und Grad der Weichzeichnung können Sie jederzeit verlustfrei ändern. In jedem Fall erhalten Sie durch das vorherige Weichzeichnen gerundete Umrisse ohne Ecken und Kanten.

ACHTUNG Bei diesem Verfahren darf sich die Schrift nicht in einer transparenten Ebene befinden. Wenn Sie nicht wie beschrieben mit einem Smart-Objekt arbeiten wollen, verschmelzen Sie die Textebene mit einer darunter angelegten, weiß gefüllten Ebene.

Buchstaben mit Pfadtechnik umformen

Mitunter möchte man einzelne Buchstaben exakt umformen. Pfadfunktionen eignen sich am besten dafür. Aktivieren Sie die Textebene in der Ebenenpalette und verwenden Sie **Ebene: Text: In Form konvertieren.** Photoshop erstellt eine Form mit einem Pfad. Direktauswahlwerkzeug (Kurztaste [A]) und andere Pfadwerkzeuge modellieren den Pfad.

Buchstabenteile transformieren

Sie wollen nur einzelne Buchstabenteile in die Länge ziehen, stauchen oder verzerren? Markieren Sie den gewünschten Bereich der (bereits gerasterten) Lettern und wählen Sie **Bearbeiten: Frei transformieren** ([Strg]+[T]). In der Regel sollte in den **Voreinstellungen** die Interpolationsmethode BIKUBISCH eingerichtet sein. Prüfen Sie jedoch, ob es zu Randunschärfen kommt.

Oder verwenden Sie eine Formebene, die Sie aus einer Textebene abgeleitet haben. Wählen Sie mit dem Direktauswahlwerkzeug einen Pfadteil aus; dann ziehen Sie an einzelnen Punkten oder drücken [Strg]+[T] zum Verformen (**Transformieren**) dieses Pfadbereichs.

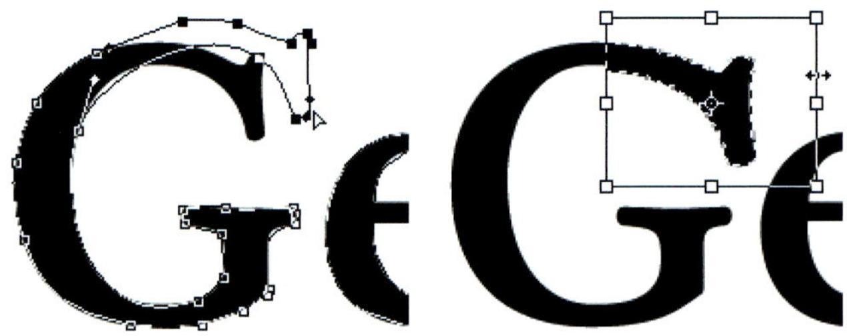

Abbildung 23.51 **Links:** Der Zeichenstift gestaltet die Textkontur dieser Formebene. **Mitte:** Der Text wurde gerastert, ein Teil des Buchstabens wurde ausgewählt und mit der »Transformieren«-Funktion bearbeitet. **Rechts:** Wir bearbeiten den Text mit dem »Formgitter«-Befehl.

Text füllen und verzerren

Füllen Sie gerenderten Text auf einer Ebene mit Muster oder Motiv, sollten Sie die Option TRANSPARENTE PIXEL FIXIEREN in der Ebenenpalette einschalten. Sonst wird die gesamte Bildfläche zugeschüttet. Sinnvoller wirkt es meist, wenn Sie die Füllung auf einer eigenen Ebene anlegen und den Text als Basisebene einer Schnittmaske darunter. Wollen Sie dagegen den Text verzerren oder weichzeichnen, schalten Sie TRANSPARENTE PIXEL FIXIEREN aus – die Wirkung der Filter reißt sonst an den vorhandenen Texträndern ab.

Skalieren und Transformieren

Sie können auch gerenderte, ehemalige Textebenen skalieren und mit den **Transformieren**-Funktionen verbiegen. Aber belassen Sie es bei ein, zwei Durchgängen, weil die Randschärfe sonst leiden könnte (es sei denn, Sie arbeiten mit einem Smart-Objekt). In der Regel nehmen Sie als INTERPOLATIONSMETHODE in den **Voreinstellungen** BIKUBISCH. Mit kleinsten, einfarbigen Lettern hilft, wenn überhaupt, eher die PIXELWIEDERHOLUNG (Seite 274).

Abbildung 23.52 Die Textebene wurde zusammen mit einer weißen Hintergrundebene als Smart-Objekt verpackt und mit dem »Gaußschen Weichzeichner« abgesoftet. Eine stark verzerrte »Gradationskurve« für alle Grundfarben verteilt die Tonwerte neu. Die zusätzliche Änderung nur der »Rot«-Kurve erzeugt Farben. Datei: Text_19c

Randfehler beheben

Beim Verzerren gerenderter Textebenen entstehen leicht unschön ausgefranste Ränder. Sie lassen sich oft wieder glätten, zumindest wenn die Buchstaben eine gewisse Breite nicht unterschreiten:

- Verzerren Sie den Text auf transparentem Grund, laden Sie dann die Auswahlinformation per Strg-Klick auf die Miniatur. Kehren Sie die Auswahl um und weiten Sie dann diese Auswahl um wenige Pixel aus mit **Auswahl: Auswahl verändern: Erweitern** oder mit dem **Auswahl**-Befehl **Auswahl transformieren**. Nun löschen Sie das Schriftumfeld mit der Esc-Taste, um die ausgefransten Randpixel zu eliminieren.
- Erzeugen Sie von der gerasterten Textebene eine Auswahl, indem Sie bei gedrückter Strg-Taste auf die Miniatur in der Ebenenpalette klicken; die Auswahl verwandeln Sie in einen Pfad bei mittlerer oder niedriger Toleranz von zum Beispiel »2« (vergleiche Seite 677); den Pfad füllen Sie mit aktivierter Option GLÄTTEN auf einer neuen Ebene.
- Zeichnen Sie den Text geringfügig weich; anschließend sorgen Sie mit **Helligkeit/Kontrast** aus dem Untermenü **Bild: Korrekturen** wieder für harte Konturen; nutzen Sie dabei die Option FRÜHEREN WERT VERWENDEN.

Abbildung 23.53 Um Text und Person mit dem Hintergrund mischen zu können, haben wir einzelne Blumen und Extremitäten der Plüschtiere auf separate Ebenen gehoben. Datei: Text_17

Kapitel 24

3D-Funktionen

Seit der Version CS4 hat Photoshop in der teureren Variante »Extended« ein umfangreiches 3D-Menü hinzubekommen. Damit kann Photoshop 3D-Dateien, die mit Programmen, wie 3ds Max, Cinema 4D, Maya oder Google Earth erstellt wurden, öffnen und nachbearbeiten. In der Version CS5 sind die 3D-Fähigkeiten nochmals deutlich erweitert worden. Damit ist es nunmehr möglich, direkt in Photoshop 3D-Objekte auch zu erzeugen, nicht nur sie zu öffnen. Dieser Abschnitt richtet sich nur an Nutzer von Photoshop CS5 Extended und erklärt, wie 3D-Modelle aufgebaut sind, wie man vorhandene Modelle bearbeitet und wie man in Photoshop völlig neue 3D-Objekte und Szenerien erzeugen kann.

Es ist natürlich nicht möglich, alle Funktionen der 3D-Bearbeitung im Detail zu erläutern. Daher werden wir uns auf einen Überblick über die wichtigsten Einstellungen und die interessantesten Möglichkeiten beschränken (müssen).

Wir werden vorhandene 3D-Dateien öffnen und bearbeiten, wir werden in Photoshop CS5 Extended neue 3D-Objekte erzeugen und mit Oberflächenstrukturen versehen. Wir werden auch Lichtquellen hinzufügen bzw. verändern. Außerdem werden wir aus 2D-Objekten echte 3D-Modelle generieren und mit unseren Fotos ganz neue Darstellungsmöglichkeiten ausprobieren.

TIPP Für ein flüssiges Arbeiten mit 3D-Objekten ist rechnerseitig die Unterstützung von OpenGL für die Anzeigeleistung sehr wichtig, sonst wird es (sehr) langsam und auf einige Funktionen, wie z.B. 3D-Achse und Lichtquellen, müssen Sie ganz verzichten. Die Option »Raytracer« wird erst für das finale Rendering (Berechnen des Bilds aus einem Drahtgittermodell) benötigt, nicht für die Arbeit während der Konstruktionsphase.

24.1 3D-Grundlagen

3D-Dateien bestehen im Wesentlichen aus folgenden Komponenten:

Drahtgitter (Meshes): Sie bilden üblicherweise die Grundstruktur eines 3D-Modells. Ein Drahtgitter ist ein Gerüst aus Tausenden einzelner Polygone.

Materialien: Ein Drahtgitter kann mit einem oder mehreren Materialien verknüpft sein, die sein Aussehen steuern. Materialien selbst wiederum sind abhängig von sogenannten »Texturemaps«. Eine Texturemap ist eine ganz normale 2D-Bilddatei.

Texturen werden unter einer 3D-Ebene im Ebenenbedienfeld aufgelistet. Sie können Texturen separat als 2D-Dateien öffnen und bearbeiten oder sie mit Hilfe der Mal- und Korrekturwerkzeuge in Photoshop direkt auf dem Modell bearbeiten.

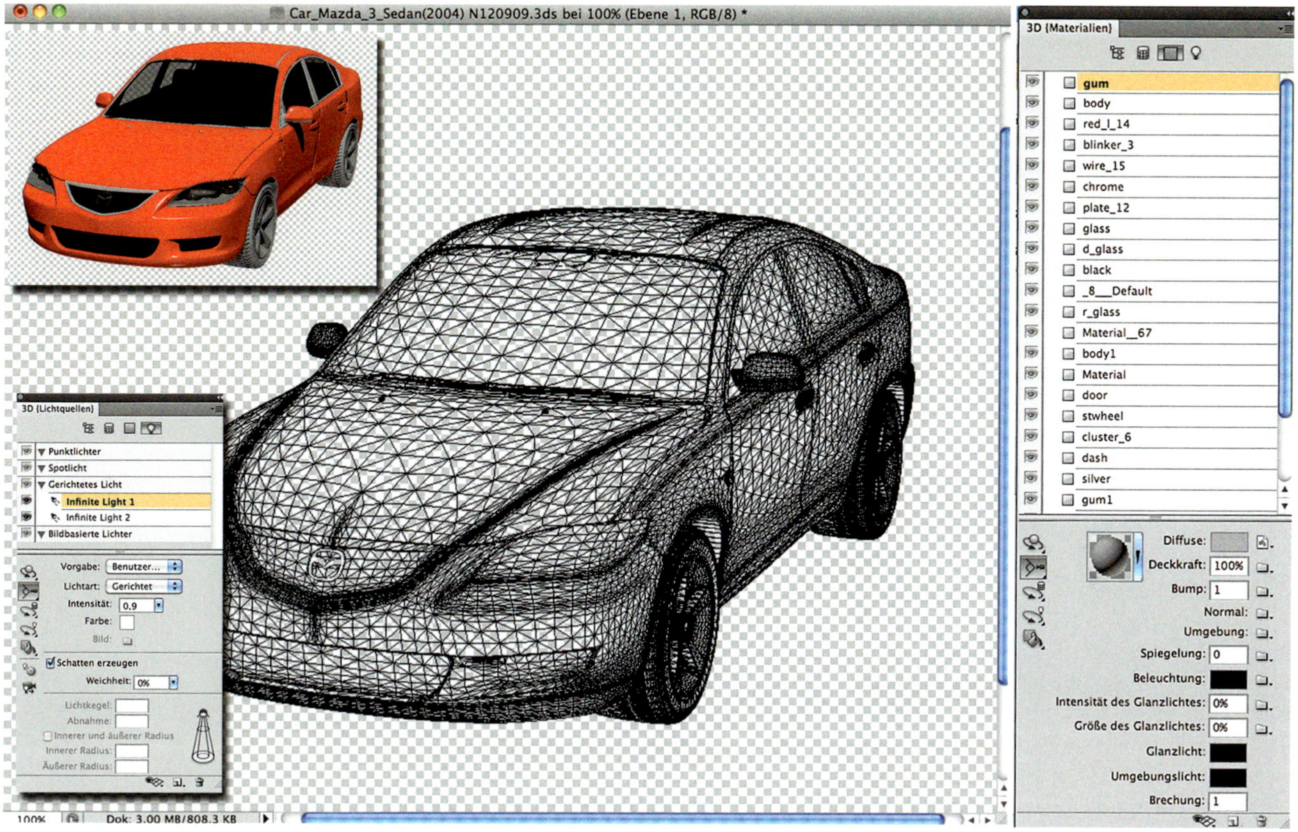

Abbildung 24.1 Drahtgittermodell

Lichtquellen: 3D-Objekte stehen in einer Szenerie und diese Szene wird durch Lichtquellen beleuchtet. Es gibt vier Lichttypen: gerichtetes Licht, Spotlicht, Punktlicht und (neu in CS5) bildbasiertes Licht. Sie können vorhandene Lichtquellen verschieben, ihre Farbe und Intensität anpassen und einer 3D-Szene neue Lichtquellen hinzufügen.

HINWEIS Nutzen Sie den 3D-Arbeitsbereich, der mit Photoshop CS5 geliefert wird. Er stellt alle für die 3D-Arbeit wichtigen Bedienfelder zur Verfügung. Sie können diesen Arbeitsbereich natürlich auch um Elemente erweitern, die für Ihre Arbeit wichtig sind.

24.2 Öffnen und Bearbeiten von 3D-Modellen

Sie können eine 3D-Datei in Photoshop CS5 Extended direkt öffnen oder sie einer geöffneten Photoshop-Datei als 3D-Ebene hinzufügen. Beim Hinzufügen einer Datei als 3D-Ebene verwendet die Ebene die Maße der vorhandenen Datei. Die 3D-Ebene enthält nur das 3D-Modell auf einem transparenten Hintergrund.

3D-Dateien werden ganz normal über den Menübefehl **Datei: Öffnen** in Photoshop geöffnet. Um eine vorhandene 3D-Datei als neue Ebene in die aktuelle Datei einzufügen, wählen Sie **3D: Neue Ebene aus 3D-Datei** und geben dann die gewünschte 3D-Datei an.

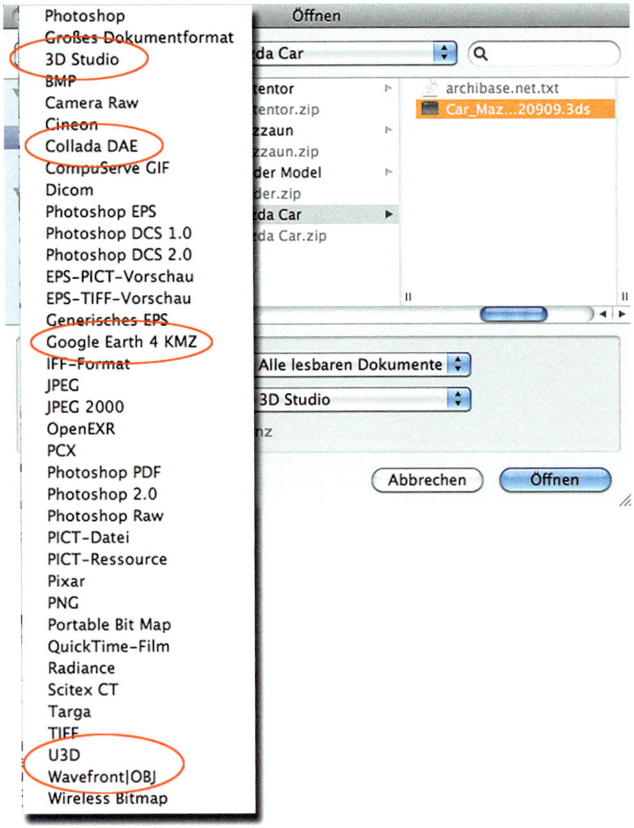

Abbildung 24.2 3D-Formate, die Photoshop erkennt

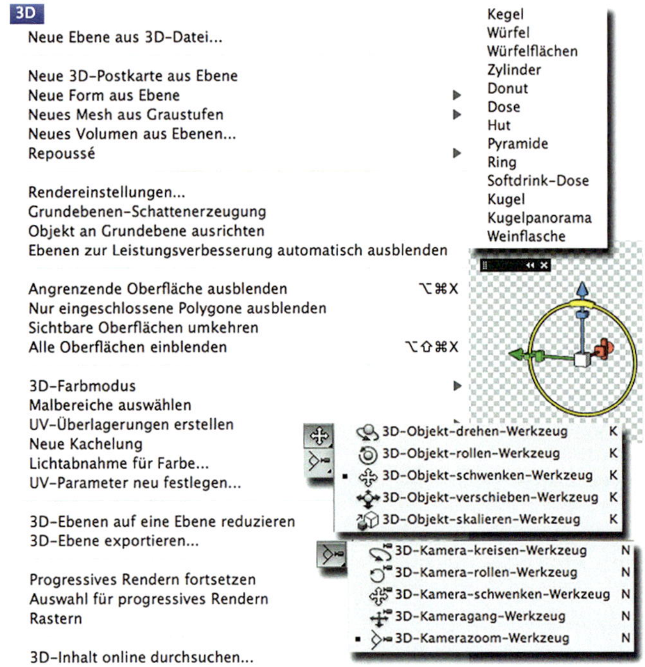

Abbildung 24.3 Menü 3D und 3D-Werkzeuge

3D-Modelle behalten beim Öffnen in Photoshop Extended alle Informationen zu Texturen, Rendering oder Lichtquellen. Sie können Sie verschieben, animieren, die Lichtquellen bearbeiten, mit Texturen versehen sowie mehrere 3D-Modelle in einer 3D-Szene kombinieren. Auch die Kombination mit 2D-Bildern ist natürlich möglich.

HINWEIS Photoshop CS5 Extended unterstützt die 3D-Dateiformate

U3D	Universal 3D File
3DS	3ds Max (3D Studio)
OBJ	Object File Format (Maya)
KMZ	Google Earth
DAE	Digital Asset Exchange (Collada)

Hintergrund- oder Alphakanal-Informationen aus der Original-3D-Datei sind bei einer 3D-Ebene in Photoshop nicht mehr verfügbar.

Zur Bearbeitung von 3D-Modellen stehen ein eigenes Menü, ein eigenes Bedienfeld sowie mehrere Werkzeuge zur Verfügung. Mit Hilfe des Bedienfelds und der Werkzeuge lassen sich Einstellungen zum Rendering verändern, die Kamerapositionen verschieben und natürlich auch das Objekt an sich verschieben, drehen oder skalieren.

Die 3D-Werkzeuge können nur auf 3D-Ebenen eingesetzt werden. Eine 3D-Ebene erkennen Sie an dem Quader-Symbol im Ebenen-Bedienfeld.

3D-Achsen

Aktiviert man eine 3D-Ebene, ist links oben im Dateifenster die »3D-Achse« eingeblendet, um die Orientierung und Arbeit im dreidimensionalen Raum zu erleichtern. Dieses Werkzeug stellt die drei Achsen dar, an denen ein Objekt gedreht, bewegt oder skaliert werden kann. Sie sind in den Farben rot (X-Achse), grün (Y-Achse) und blau (Z-Achse) dargestellt.

Ein 3D-Objekt lässt sich mit dem 3D-Objekt-drehen-Werkzeug entlang der drei Achsen rotieren. Sie kön-

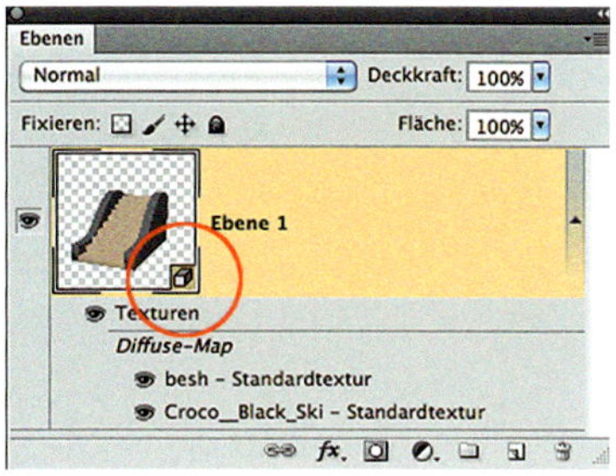

Abbildung 24.4 Eine 3D-Ebene erkennen Sie am Quader-Symbol.

nen aber auch die drei Achsen jeweils direkt anklicken. Photoshop zeigt mit einem gelben Kreis, in welche Richtung sich ein Objekt nun bewegt. Ziehen Sie mit dem Cursor an dem gelben Ring, so bewegt sich das Objekt in die entsprechende Richtung.

Jeweils am Ende einer der drei Achsen befindet sich eine Pfeilspitze. Wenn Sie die Maus darüber bewegen, wird die Spitze gelb dargestellt. Nun können Sie das 3D-Objekt entlang der jeweiligen Achse bewegen. Ziehen Sie also beispielsweise an der Pfeilspitze der roten Achse, bewegen Sie das Modell nach links oder rechts.

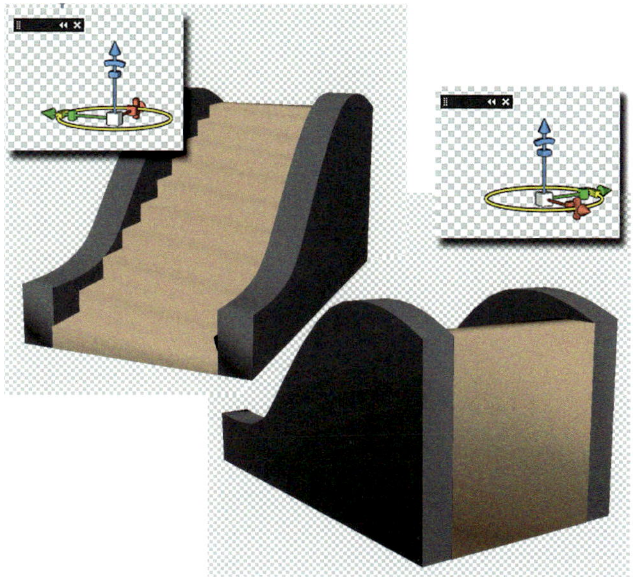

Abbildung 24.5 Bewegen eines 3D-Modells anhand der Achsen

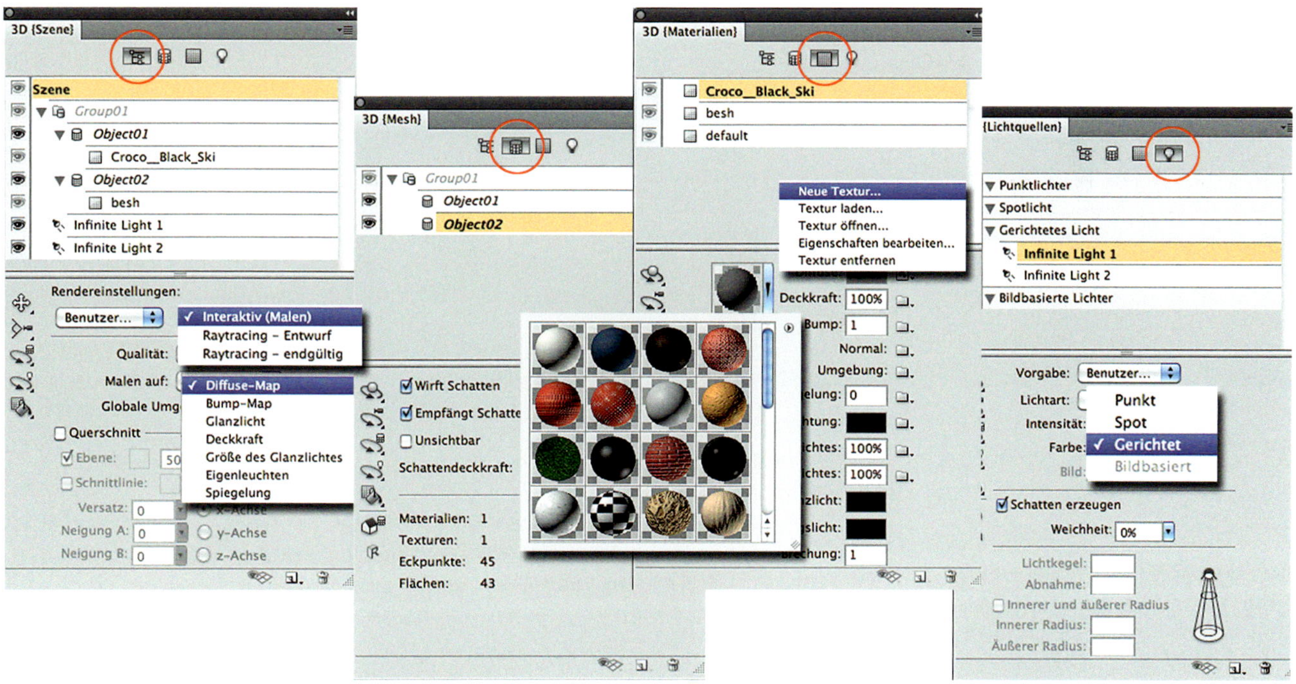

Abbildung 24.6 Die vier Bereiche der 3D-Bearbeitung

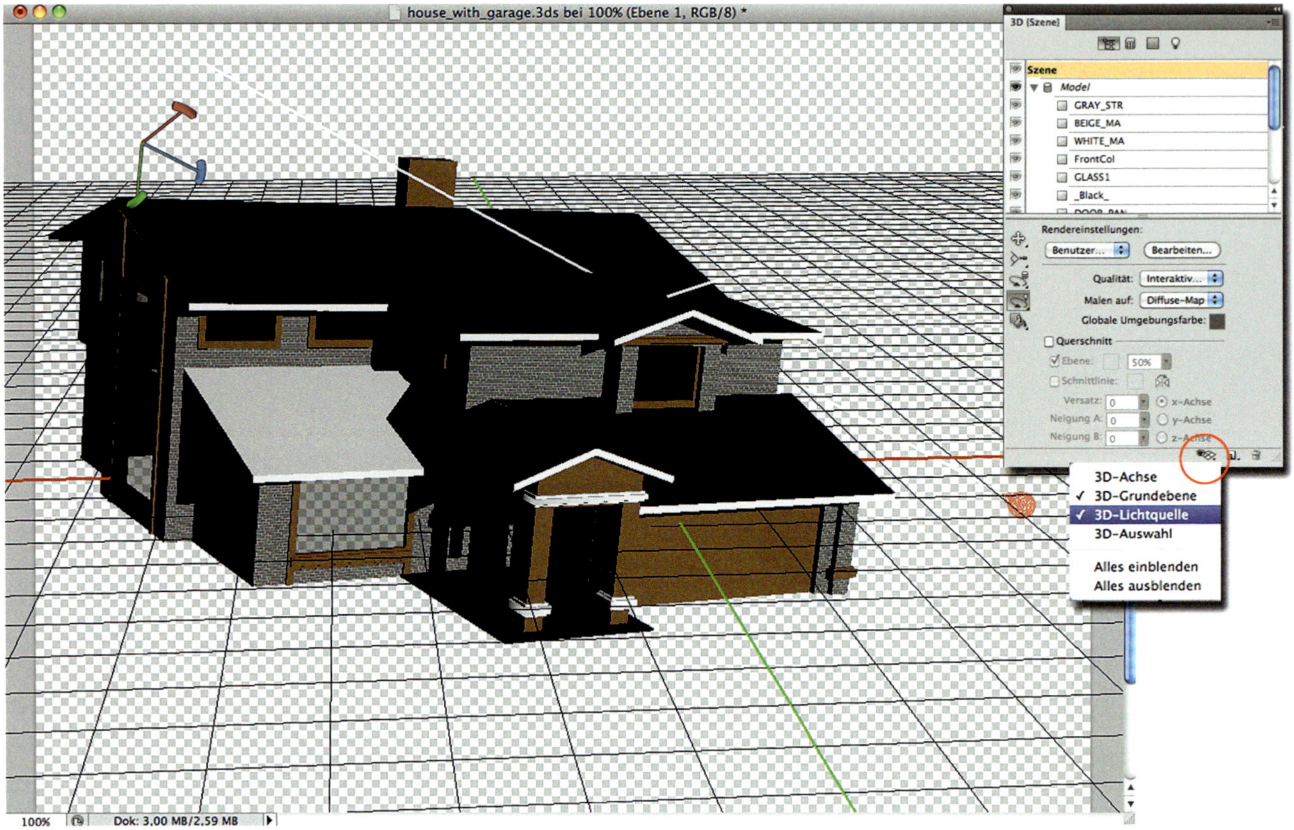

Abbildung 24.7 3D-Modell mit Grundebene und Lichtquellenanzeige

Am Schnittpunkt der drei Achsen befindet sich ein Kästchen. Es wird gelb, sobald Sie den Mauszeiger darüber bewegen. Wenn Sie nun mit gedrückter Maustaste nach oben oder unten ziehen, bewegt sich Ihr Modell nach hinten oder nach vorne.

3D-Bedienfeld

Wenn Sie ein 3D-Objekt bearbeiten wollen, ist das 3D-Bedienfeld die erste Anlaufstation. Hier befinden sich alle Kontrollen für die Details einer Szene bzw. einzelner Objekte.

Das Bedienfeld ist unterteilt in vier Bereiche. Ganz links befinden sich Einstellungen für die gesamte Szenerie. Das Symbol daneben gibt Ihnen Zugriff auf die Meshes. Dann kommen die Materialien und ganz rechts folgen die Kontrollen der Lichtquellen. Im Bereich SZENE können Sie auch die Meshes, Materialien und Lichtquellen direkt anklicken.

Es gibt grundsätzlich immer drei Lichtquellen in einer 3D-Szenerie. Sie beleuchten die Szene aus drei verschiedenen Richtungen. Natürlich können Sie diese Standardlichtquellen mit Hilfe des 3D-Bedienfelds auch verändern.

Am linken Rand des 3D-Bedienfelds finden Sie nochmals die 3D-Werkzeuge. Da die Bedienfelder meist am rechten Bildschirmrand, die Werkzeuge hingegen am linken Bildschirmrand positioniert sind, erspart Ihnen diese Neuerung von CS5 lange Mauswege.

Am unteren Rand finden Sie die obligatorische Mülltonne 🗑, um Einstellungen oder Objekte zu löschen. Daneben liegt das Icon für neue Lichtquellen. Es ist nur aktiv, wenn entweder der Bereich SZENE oder der Bereich LICHTQUELLEN aktiviert ist.

Links daneben befindet sich ein Ausklappmenü, mit dem Sie die Ansicht der 3D-Szenerie festlegen. Sehr hilfreich sind beispielsweise die Ansicht einer Grund-

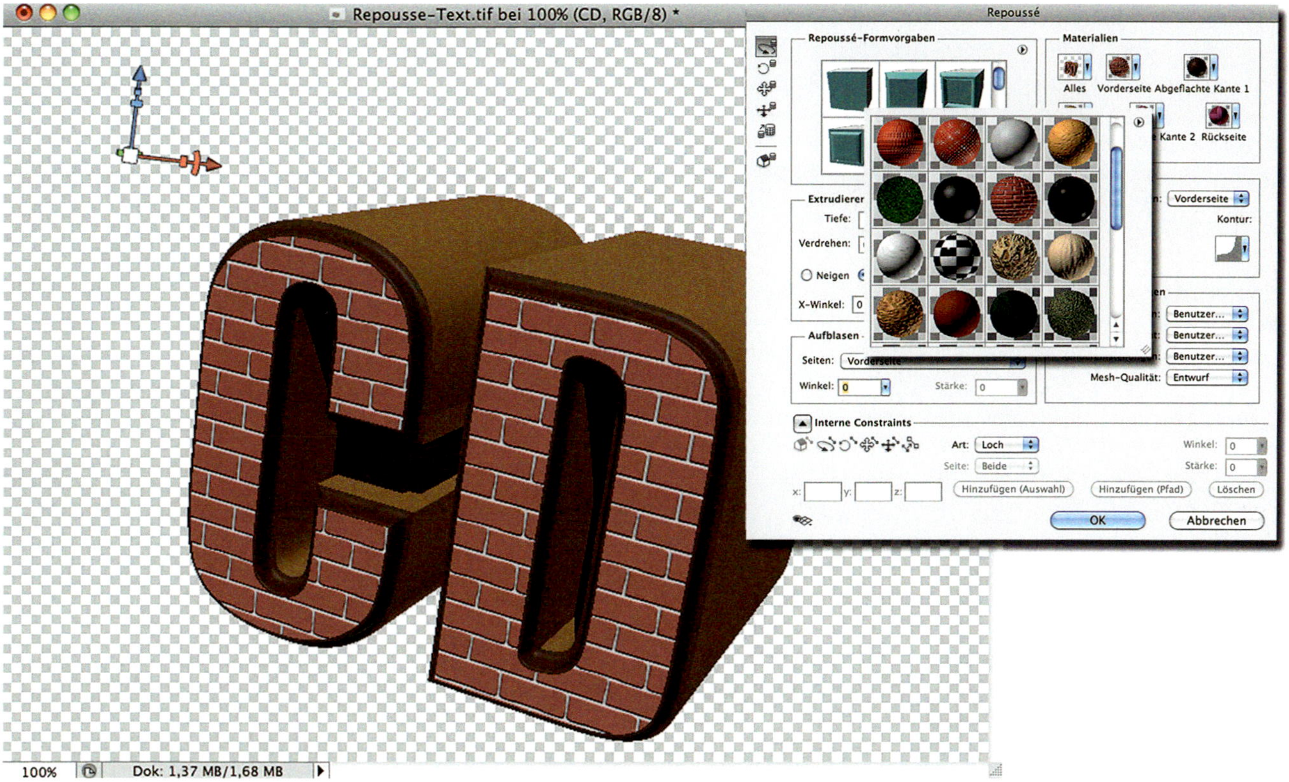

Abbildung 24.8 Repoussé-Text mit Texturen

ebene und Pins für die bereits vorhandenen Lichtquellen. Man kann sich besser im Raum orientieren und die Lichtquellen sind leichter nachvollziehbar.

Wir werden uns nun diese Funktionen und Möglichkeiten noch genauer im Zusammenhang mit Beispieldateien anschauen. Dazu erstellen wir zunächst einmal neue 3D-Objekte.

24.3 Neue 3D-Modelle erzeugen

Eine der spannendsten Neuerungen in Photoshop CS5 sind die erweiterten Möglichkeiten, eigene 3D-Objekte zu erzeugen. In Photoshop CS4 konnten Sie nur voreingestellte 3D-Formen auswählen und darauf Bilddaten projizieren.

Nun ist es mit Hilfe der neuen Repoussé-Funktion möglich, aus einem Vektorpfad, einer Ebenenmaske, einer Auswahl oder auch aus Text ein 3D-Objekt zu generieren.

HINWEIS Der Begriff »Repoussé« bezeichnet ursprünglich eine Technik der Metallbearbeitung, bei der Ornamente durch Hämmern ausgetrieben und damit plastisch werden.

24.3.1 Repoussé aus Text

Die Repoussé-Funktion in Photoshop CS5 ist weitgehend eine Extrudieren-Technik. Dadurch bekommt ein 2D-Objekt Tiefe und Volumen.

1. Erstellen Sie ein neues Dokument mit den Maßen 800x600 Pixel.
2. Schreiben Sie mit dem Text-Werkzeug einige Textbuchstaben. In unserem Beispiel »CD«. Verwenden Sie dazu eine serifenlose Schrift wie etwa die Impact. Die Textgröße sollte etwa 70 Punkt betragen. Die Farbe ist noch nicht wichtig. Wählen Sie das Textwerkzeug ab, sonst lässt sich der Befehl **Repoussé** nicht aufrufen.

3. Rufen Sie im Menü »3D« den Befehl **Repoussé: Textebene...** auf. Bestätigen Sie die Warnung, dass die Textebene gerastert werden muss. Die Textebene wird dadurch automatisch zu einer 3D-Ebene.
4. Wählen Sie unter den Repoussé-Vorgaben die Variante Abgeflachte Kante 3. Im Bereich Extrudieren verändern Sie den Wert für Tiefe auf »1«.

HINWEIS Kippen Sie das Textobjekt mit dem »Mesh-drehen-Werkzeug« ein bisschen auf die Seite, um den 3D-Effekt besser beurteilen zu können.

5. Im Bereich Abgeflachte Kante setzen Sie den Wert für Höhe auf 9, den für Breite auf 7. Erst jetzt wird der Effekt der abgeflachten Kante sichtbar, da die Standardwerte für unser Objekt zu hoch waren.
6. Im Bereich Materialien klicken Sie auf das Menü Vorderseite. Vergrößern Sie das Menü, bis Sie das Material »Stein - Ziegel« sehen. Klicken Sie das Material an, nach kurzem Überlegen stellt Photoshop die Vorderseite der Buchstaben mit Backsteinmuster dar.
7. Wählen Sie für die Seiten das Material Holz - Esche. Für die Abgeflachte Kante 1 wählen Sie das Material Textil - Leder.

HINWEIS Im »Konstruktionsmodus« werden Materialien oft nur als Fläche dargestellt. Erst im »Raytrace-Modus« wird die Struktur eines Material genauer sichtbar. Auch Schatten und Lichtbrechungen sind nur angedeutet und werden erst beim Rendering berechnet.

8. Bestätigen Sie den Dialog mit OK. Wenn Sie andere Materialien ausprobieren möchten, können Sie die Einstellungen jederzeit ändern, indem Sie im Menü 3D den Befehl **Repoussé: In Repoussé bearbeiten** aufrufen.

24.3.2 Repoussé aus einer Auswahl

Neue Objekte lassen sich nicht nur aus Vektoren wie z.B. Textbuchstaben oder einem Pfad extrudieren, sondern auch aus einer simplen Auswahl.

1. Legen Sie wieder ein neues Dokument an. Wir bleiben bei den bekannten Maßen 800 x 600 Pixel. Füllen Sie die Fläche mit einer Farbe Ihrer Wahl.
2. Erstellen Sie mit den Werkzeugen Auswahlrechteck und/oder Auswahlellipse eine fantasievolle Auswahl. Wichtig ist dabei nur, dass im Zentrum ein Teil von der aktuellen Auswahl abgezogen wird, also ein Loch entsteht.
3. Wandeln Sie die Auswahl in eine 3D-Ebene durch den Befehl **Repoussé: Aktuelle Auswahl** im Menü 3D.

Sie erhalten ein 3D-Objekt, das die äußere Form der vorangegangenen Auswahl wiedergibt. Der innere Bereich ist noch nicht zu sehen. Solche inneren Bereiche, oder auch Einschlüsse, werden im Photoshop-CS5-Deutsch als »Constraints« bezeichnet.

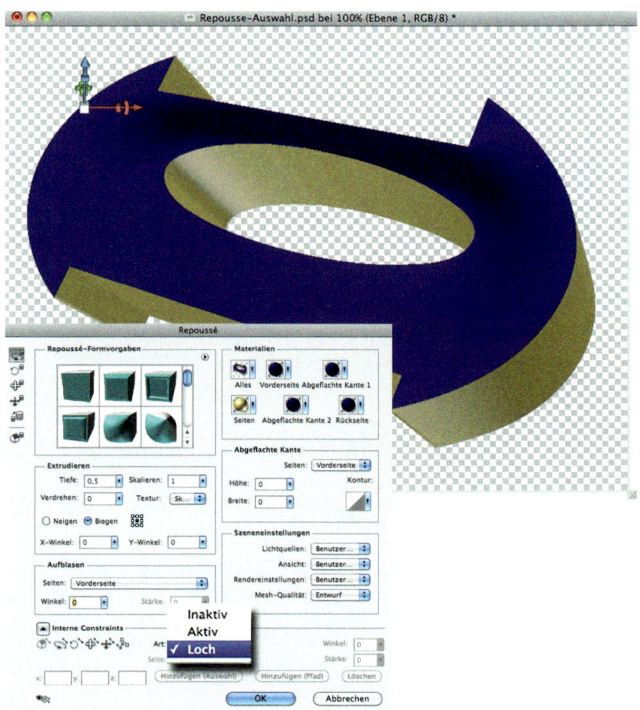

Abbildung 24.9 Interne Constraints als Loch

4. Übernehmen Sie die Extrusion, die Photoshop standardmäßig anbietet. Reduzieren Sie allerdings die Tiefe der Extrusion auf etwa 0,5.

Im unteren Bereich des Repoussé-Dialogs finden Sie den Abschnitt Interne Constraints. Klicken Sie im Zweifelsfall auf das Dreieck neben dem Menüeintrag, damit Sie alle Werkzeuge und Einstellmöglichkeiten sehen können.

5. Wählen Sie im Ausklappmenü den Eintrag Aktiv. Nun sollte der innere Bereich der ehemaligen Auswahl als gestrichelte Linie sichtbar sein.
6. Aktivieren Sie das Werkzeug 3D-Constraint-wegschieben und verschieben Sie damit den inneren Bereich ein bisschen an den Rand.

Wenn Sie mit dem Werkzeug 3D-Constraint-wegschieben arbeiten, bewirkt ein Ziehen der Maus nach links, rechts oder unten, dass der Constraint aus dem Objekt herausgehoben wird. Ein Schieben nach oben versenkt ihn im Objekt. Auf diese Weise ließe sich beispielsweise eine Schale erstellen.

7. Wählen Sie im Ausklappmenü nun den Eintrag Loch. Drehen Sie das Objekt mit dem Werkzeug Mesh drehen, so dass Sie die Vorderseite sehen. Die Option Loch bewirkt, dass der interne Contstraint aus dem Objekt ausgestanzt wird und ein Loch entsteht.

Wie beim Repoussé-Text können Sie anschließend den einzelnen Seiten des Objekts unterschiedliche Materialien zuweisen.

Speichern Sie Ihre Werke am besten im PSD-Dateiformat.

24.3.3 Material austauschen

Im Repoussé-Dialog stehen für die Seiten und Kanten eines Objekts eine ganze Reihe von Materialien zur Verfügung. Sie können die bestehende Liste erweitern, indem Sie im Ausklappmenü einer Materialliste auf den Punkt Standard (für Raytracer) klicken. Photoshop will nun wissen, ob die neuen Materialien angefügt werden oder die bestehenden ersetzen sollen. Fügen Sie die neuen Materialien an.

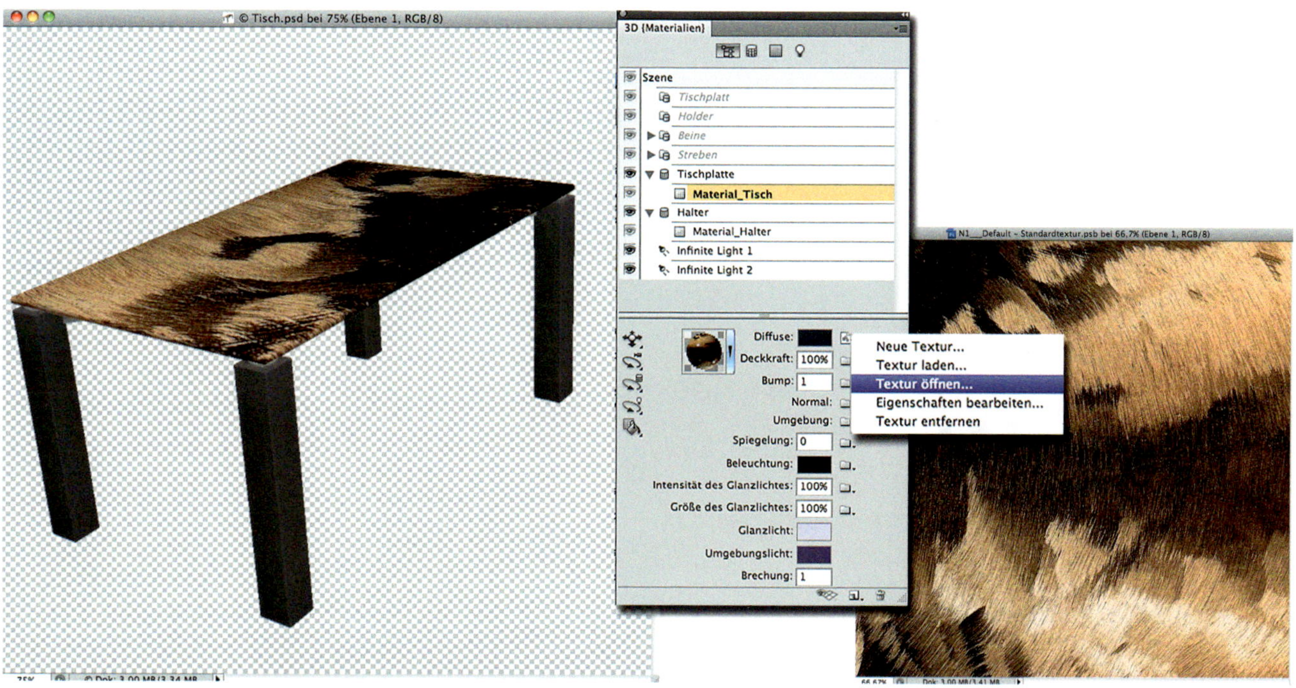

Abbildung 24.10 Das Material eines 3D-Objekts bearbeiten

Sie können aber auch jederzeit eigene Materialien erstellen und hinzufügen. Zwar gibt es in dem Ausklappmenü der Materialien einen Menüpunkt NEUES MATERIAL ... Allerdings ist das Bearbeiten oder Erstellen von Materialien im Repoussé-Dialog nicht möglich. Sie können hier nur Materialien laden.

HINWEIS Die Materialien für 3D-Oberflächen, oft auch als »Texturen« bezeichnet, sind nichts anderes als normale Photoshop-Bilddateien. Das bedeutet, Sie können jedes beliebige Foto als Textur für eine 3D-Oberfläche verwenden.

Sie können die Texturen Ihrer 3D-Modelle jederzeit bearbeiten oder auch austauschen.

1. Öffnen Sie die Datei »Tisch.psd«. Blenden Sie das Bedienfeld 3D ein (Menü **Fenster**).

Im Register SZENE finden Sie vier kursiv geschriebene Oberbegriffe: Tischplatte, Halter, Beine, Streben. Klicken Sie auf das Dreieck vor Tischplatte, um den Untereintrag dazu zu sehen.

2. Klicken Sie auf den Eintrag MATERIAL_TISCH.

Im unteren Teil des Bedienfelds werden nun Detailinformationen zu dem aktuellen Material angezeigt. Am Anfang der Liste finden Sie das Material selber, darunter Einstellungen, wie dieses Material mit der Umgebung interagiert.

3. Rechts neben dem Material finden Sie den Eintrag DIFFUSE, daneben das Icon DIFFUSE TEXTUR BEARBEITEN. Klicken Sie auf dieses Icon und dann im Ausklappmenü auf TEXTUR ÖFFNEN.

Die Bilddatei, die als Textur für die Oberfläche des Tischs dient, wird als interne Datei mit der Dateiendung ».psb« geöffnet. Sie können diese Datei bearbeiten, wie jedes andere Foto auch. Tauschen Sie beispielsweise die Goldtextur gegen ein anderes Foto aus. Schließen Sie die Datei und bestätigen Sie die Abfrage zum Speichern mit Klick auf OK.

ACHTUNG Der Dateiname darf nicht verändert werden, da Photoshop sonst die Zuordnung zur 3D-Datei nicht mehr herstellen kann.

Sobald die Datei gespeichert und geschlossen wurde, aktualisiert Photoshop die Textur in der 3D-Datei.

Sie können über das Icon DIFFUSE TEXTUR BEARBEITEN und den Eintrag TEXTUR LADEN auch eine bereits vorhandene Textur direkt anstelle der aktuell verwendeten Textur laden.

24.3.4 Graustufen in ein Gebirge umwandeln

Auch aus ganz einfachen Strukturen mit nur wenigen Graustufen lassen sich imposante Gebirge zaubern.

1. Erstellen Sie eine neue Datei in der Größe 800x600 Pixel. Der Hintergrund sollte weiß sein.
2. Legen Sie Vorder- und Hintergrundfarbe auf die Standardwerte fest (Drücken der Taste D). Nehmen Sie einen Pinsel mit einer Größe von etwa 40 Pixel und einer weichen Werkzeugspitze (Härte ca. 20%). Reduzieren Sie die Deckkraft auf etwa 9%.
3. Malen Sie, ohne abzusetzen, eine beliebige Fläche mit diesem Pinsel. Reduzieren Sie dann die Deckkraft auf ca. 4% und malen Sie noch zwei- oder dreimal über das Zentrum der gerade gemalten Fläche. Der Farbauftrag wird dort etwas dunkler.
4. Rufen Sie nun aus dem Menü 3D den Befehl **Neues Mesh aus Graustufen: Ebene** auf. Photoshop setzt die Helligkeitsunterschiede der gemalten Graustufen in eine Art Gebirge um.
5. Drehen Sie mit dem 3D-Objekt-drehen-Werkzeug das Mesh, so dass Sie es von der Seite oder zumindest schräg von oben sehen.
6. Blenden Sie über das 3D-Bedienfeld als Extras die Grundebene und die Lichtquellen ein. Aktivieren Sie das Lichtquelle-drehen-Werkzeug und klicken Sie im Bereich SZENE auf GERICHTETES LICHT 1. Drehen Sie nun die Lichtquelle so, dass sie von rechts oben auf das Gebirge scheint.
7. Passen Sie die zweite Lichtquelle (GERICHTETES LICHT 2) analog dazu an.

Abbildung 24.11 Eine 3D-Landschaft aus Graustufen erzeugen und in ein reales Bild platzieren

8. Aktivieren Sie im 3D-Bedienfeld unter **Szene: Tiefenkarte: Ebene 1**. Klicken Sie im unteren Teil des Bedienfelds auf das Icon neben DIFFUSE und wählen Sie im Ausklappmenü TEXTUR LADEN. Laden Sie die Datei »marmor.jpg« von der Buch-DVD.

Photoshop legt diese Textur über das Gebirge. Nun wollen wir das Gebirge in eine reale Szenerie einbauen.

9. Öffnen Sie dazu die Datei »St-Helens.jpg« von der Buch-DVD und kopieren Sie die Hintergrundebene in die Datei mit dem 3D-Gebirge. Ordnen Sie die Ebene des St. Helens-Bilds unter der 3D-Ebene an.

10. Passen Sie auf der 3D-Ebene die Lichtquellen so an, dass der Lichteinfallswinkel mit dem des St. Helens-Bilds übereinstimmt.

11. Mit dem 3D-Objekt-schwenken-Werkzeug verschieben Sie das Gebirge etwas nach unten, so dass es im Vordergrund des Bilds, vor den Hügeln, liegt.

12. Wählen Sie mit den Auswahlwerkzeugen den ebenen Bereich vor dem 3D-Gebirge aus und erzeugen Sie daraus eine weichgezeichnete Ebenenmaske.

Dadurch ist es möglich, das künstliche 3D-Gebirge weich in den Hintergrund zu überblenden. Heben Sie am besten die Verbindung zwischen Maske und Ebene auf, damit Sie Ebene und Maske unabhängig voneinander bewegen können.

Denken Sie daran, dass Sie zum Bewegen des 3D-Gebirges die 3D-Werkzeuge benötigen (3D-Objekt-schwenken-Werkzeug und 3D-Objekt-verschieben-Werkzeug). Wollen Sie die Ebenenmaske verschieben, brauchen Sie dazu das normale Verschiebenwerkzeug.

24.3.5 Beispiel: 3D-Weltkugel

Das folgende Beispiel können Sie auch mit der Photoshop Version CS4 nachbauen. Es verdeutlicht aber dennoch die fantastischen Möglichkeiten, die Ihnen mit den 3D-Funktionen in Photoshop zur Verfügung stehen.

Am Anfang dieses Kapitels haben Sie bereits eine Möglichkeit kennengelernt, aus Vektorinformationen 3D-Objekte zu generieren, nämlich beim Repoussé aus einer Textebene. Die neue Repoussé-Funktion in Photoshop CS5 kann auch für gezeichnete Vektorpfade verwendet werden, um daraus 3D-Objekte zu erstellen.

Photoshop kann aber auch aus gewöhnlichen Fotos und Grafiken 3D-Objekte erzeugen. Das funktioniert sowohl in CS5 als auch in CS4.

Ausgangsmaterial für unser Beispiel ist die Illustrator-Datei einer stilisierten Weltkarte. Photoshop kann Illustrator-Dateien öffnen, dann werden die Vektorinformationen in Pixel gerastert. Eine verlustfreie Variante ist der Weg über den Befehl **Datei: Platzieren**. In diesem Fall wird die Grafik als Smart-Objekt in einer Photoshop-Datei platziert. Sie können die Grafik beliebig skalieren und an vorhandene Bildmaße anpassen, ohne Bildinformationen zu verlieren.

Der größte Vorteil besteht aber darin, dass Sie mit Doppelklick die Originaldatei in Illustrator bearbeiten können und Photoshop die durchgeführten Änderungen automatisch aktualisiert. Mit anderen Vektor-Grafikprogrammen funktioniert dieser Hot-Link-Austausch allerdings nicht.

1. Platzieren Sie die Illustrator-Datei »World Map.ai« in einem leeren Photoshop-Dokument (Größe wieder 800x600 Pixel). Sie müssen die Grafik auf ca. 27% herunterskalieren. Nutzen Sie dazu die Eingabefelder in der Optionsleiste.
2. Bestätigen Sie die Transformation mit der [↵]-Taste und anschließend auch das Platzieren, ebenfalls mit der [↵]-Taste.

Photoshop hat nun eine Smart-Objekt-Ebene mit dem Namen der Illustrator-Datei »World Map« angelegt. Unsere 3D-Weltkugel soll später transparent werden. Dazu benötigen wir eine Maske, die wir aus einer Kopie der Weltkugel-Ebene erstellen.

3. Duplizieren Sie diese Ebene. Dies ist nur eine Sicherheitskopie und sollte anschließend unsichtbar gemacht werden (Klick auf das Auge vor der Ebene im Ebenen-Bedienfeld).

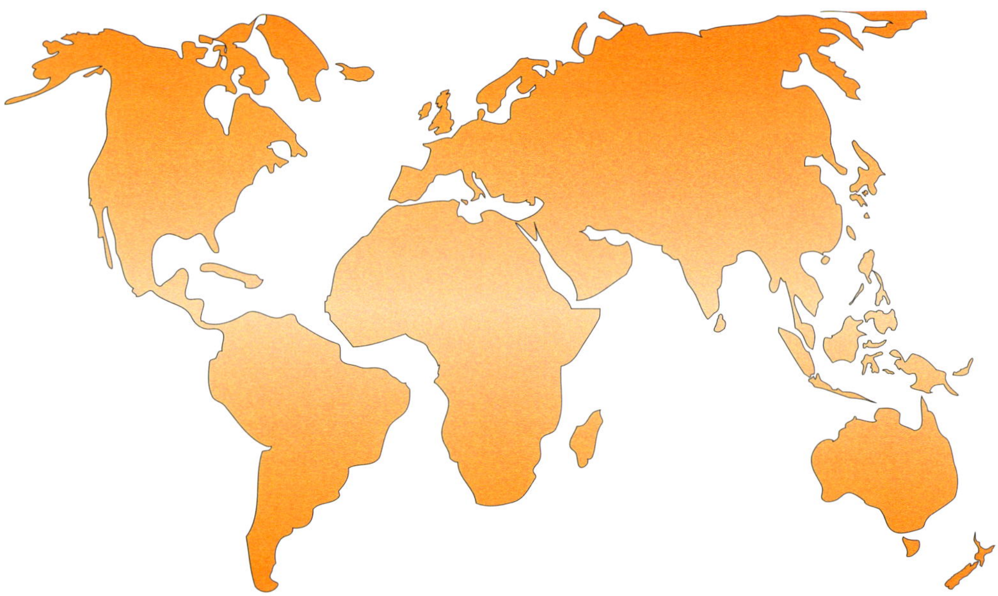

Abbildung 24.12
So sieht die Originalweltkarte aus.

4. Wählen Sie alles aus, kopieren Sie die Ebene (Strg+C). Legen Sie ein neues Dokument an (800 x 600 Pixel). Fügen Sie die Weltkarten-Ebene mit Strg+V ein. Reduzieren Sie die Datei auf die Hintergrundebene.
5. Stellen Sie durch Drücken der Taste D die Vordergrundfarbe auf Schwarz. Klicken Sie mit dem Zauberstab in den weißen Bereich der Ebene, kehren Sie die Auswahl um und füllen Sie diese mit Schwarz. Drücken Sie dazu die Alt- und die ←-Taste. Jetzt sollten alle Kontinente schwarz sein. Invertieren Sie die Ebene, so dass alle Kontinente weiß sind.
6. Speichern Sie diese Schwarzweißvariante der Weltkarte als PSD-Dokument mit dem Namen »World-Maske« ab und schließen Sie die Datei.

Nun arbeiten wir weiter an unserer 3D-Weltkugel.

7. Klicken Sie die Ebene »World Map« an und heben Sie die Auswahl auf. Rufen Sie im 3D-Menü den Befehl **Neue Form aus Ebene: Kugel** auf.

Photoshop projiziert die Weltkarte auf eine Kugel mit grauer Oberfläche.

8. Aktivieren Sie im 3D-Bedienfeld unter **Szene: Kugel** den Eintrag Material Kugel. Neben dem Eintrag Deckkraft sehen Sie ein kleines Ordner-Symbol. Ein Klick darauf öffnet ein Ausklapp-Menü. Aktivieren Sie den Eintrag Textur laden. Laden Sie nun die gerade abgespeicherte Datei »World-Maske.psd«.

Die Schwarzweißtextur dient als Deckkraftmaske für die 3D-Kugel und bewirkt, dass alle Teile der Kugel, die in der Maske schwarz sind, ausgeblendet werden. Sie können die Schwarzweißtextur jederzeit bearbeiten, indem Sie im Ausklapp-Menü neben dem Eintrag Deckkraft die Option Textur öffnen wählen. Die Textur wird als neues Fenster in Photoshop geöffnet. Nach der Bearbeitung sichern Sie die Datei mit Strg+S und schließen das Fenster.

ACHTUNG Sichern Sie die Datei nicht unter einem neuen Namen, sonst findet Photoshop die Zuordnung als Textur nicht mehr.

Sie können auf ähnliche Art und Weise auch die Textur der Weltkarte bearbeiten. Öffnen Sie dazu das Aus-

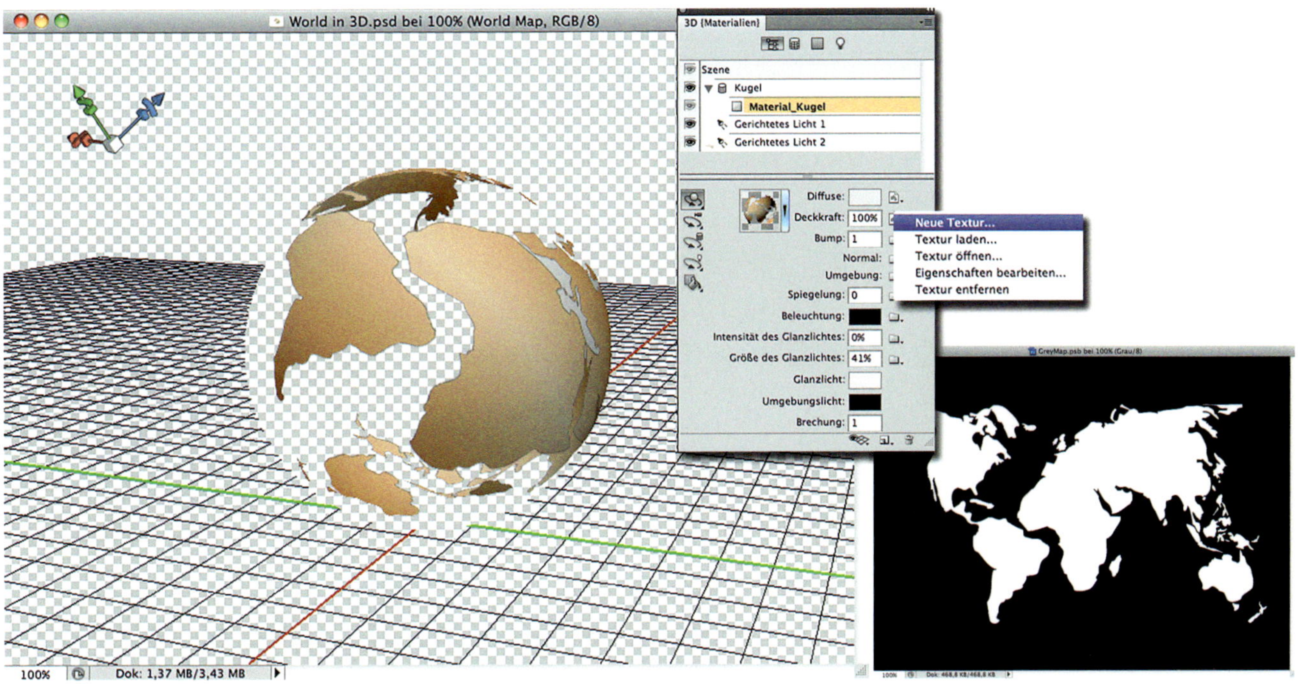

Abbildung 24.13 Die Weltkarte als 3D-Kugel mit Deckkraft-Map

klapp-Menü neben dem Eintrag Diffuse im 3D-Bedienfeld und wählen Sie dort den Eintrag Textur öffnen.

Nach der Bearbeitung sichern Sie auch hier die Textur mit [Strg]+[S] und schließen das Fenster.

24.3.6 »Neue Form aus Ebene«

Dieses Menü stellt eine Reihe typischer Objektformen zur Verfügung, neben der bereits genutzten Kugel beispielsweise Würfel, Donut, Pyramide oder auch eine Softdrink-Dose.

Auf diese 3D-Objektformen können Sie jede beliebige Ebene projizieren – Bildebenen, Textebenen, Formebenen oder auch Smartfilter-Ebenen mit beliebigen Inhalten.

Fotowürfel

Ein einfaches Beispiel für die Nutzung der 3D-Funktionen ist ein Foto-Würfel – eine Würfelform, die Sie individuell mit Fotos bestücken können.

1. Öffnen Sie das erste der gewünschten Bilder in Photoshop und wählen Sie anschließend den Befehl **Neue Form aus Ebene: Würfel** aus dem 3D-Menü. Das Bild bedeckt nun eine Würfelseite.
2. Öffnen Sie das zweite Bild und kopieren Sie es in die Zwischenablage. In der Würfeldatei klicken Sie im 3D-Bedienfeld auf den Eintrag Material links. Öffnen Sie das Ausklappmenü neben Diffuse und wählen Sie den Eintrag Textur öffnen.
3. Die (in diesem Fall leere) Textur wird in einem eigenen Fenster geöffnet. Fügen Sie Ihr Bild aus der Zwischenablage ein und skalieren Sie es nach Bedarf. Schließen Sie das Fenster und bestätigen Sie die Abfrage zum Speichern der Datei.
4. Fügen Sie auf diese Weise Bilder für die restlichen Seiten des Würfels ein. Sie können dazu auch auf einen Eintrag (beispielsweise Material hinten – Standardtextur) im Ebenen-Bedienfeld doppelklicken. Auch dies öffnet die Textur in einem eigenen Fenster.

Wenn Sie im Ebenen-Bedienfeld mit der Maus über einen der Materialeinträge einer 3D-Ebene fahren und einen Moment warten, zeigt Photoshop eine Voransicht der jeweiligen Textur. Wird nur eine weiße Fläche ge-

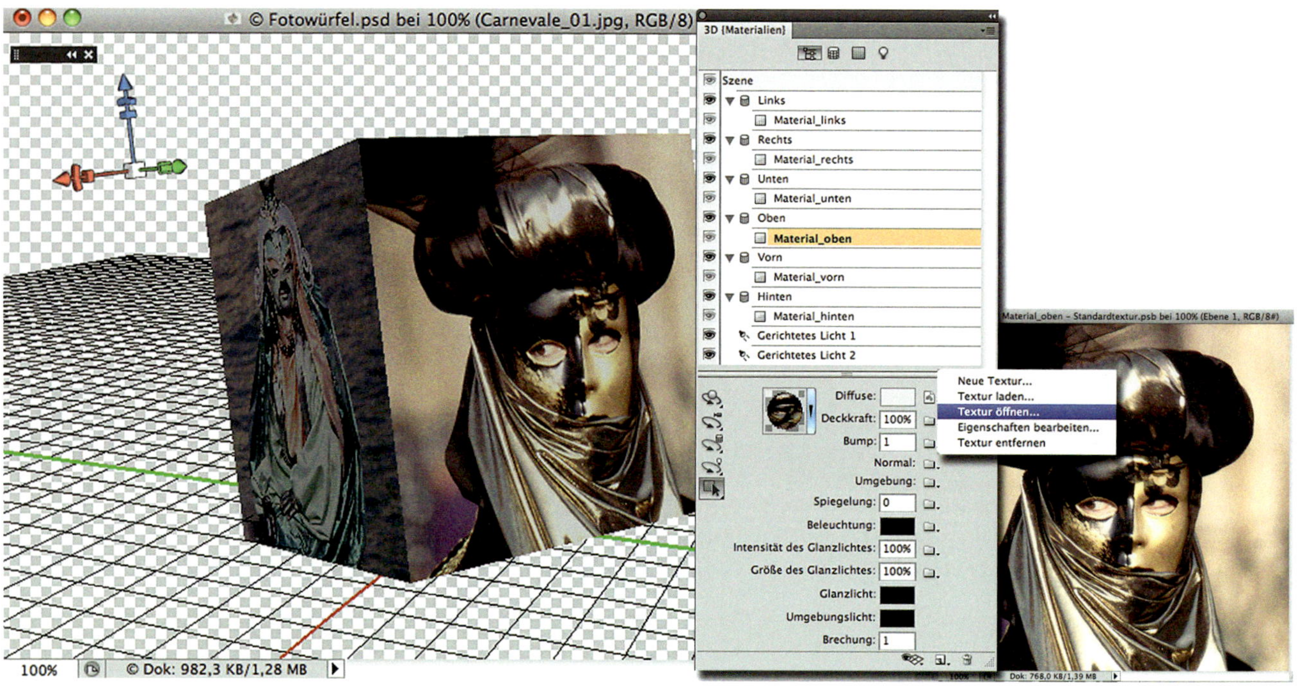

Abbildung 24.14 Erstellen eines Fotowürfels

Abbildung 24.15 Bild auf die Form »Softdrink-Dose projiziert

Abbildung 24.16 Ein 3D-Objekt wurde in ein 2D-Bild integriert.

zeigt, bedeutet dies, dass noch keine Textur zugewiesen wurde.

Ein 3D-Modell in 2D integrieren

Sie können ein 3D-Objekt auch in ein normales 2D-Bild integrieren. Öffnen Sie dazu eine Bilddatei. Wählen Sie anschließend im 3D-Menü den Befehl **Neue Ebene aus 3D-Datei**.

24.3.7 Zusätzliche Formen und Materialien

In das Menü der Objektformen (Neue Form aus Ebene) können Sie auch eigene Formen laden. Dazu brauchen Sie Dateien in den Formaten Collada (.dae), Google Earth (.kmz), U3D oder Wavefront. Wenn Sie die Dateien in das Unterverzeichnis Presets/Meshes des Photoshop-Installationsverzeichnisses kopieren, stehen sie nach einem Neustart von Photoshop zur Verfügung.

HINWEIS Achten Sie darauf, dass es sich um einfache, nicht zu komplexe Formen handelt. Auf der Buch-DVD finden Sie beispielsweise die Form-Datei »dose.dae«, die Sie in das Verzeichnis »Meshes« kopieren können.

Da Photoshop auch 3D-Dateien direkt öffnen kann, ist es durchaus interessant, sich eine Sammlung an komplexeren 3D-Modellen zuzulegen. Kostenlose Modelle finden Sie beispielsweise unter *http://sketchup.google.com/3dwarehouse*. Vom Eiffelturm bis zum Sofa finden Sie hier alles.

Photoshop CS5 bietet aber auch eine direkte Möglichkeit, sich eine Sammlung an 3D-Modellen aufzubauen und auch die Materialienliste zu erweitern. Am Ende des 3D-Menüs befindet sich der Eintrag 3D-Inhalt online durchsuchen .... Ein Klick darauf bringt Sie automatisch auf die Internetseite *www.photoshop.com/products/photoshop/3d/*. Hier wird ein ganzes Set an Materialien für den kostenlosen Download angeboten.

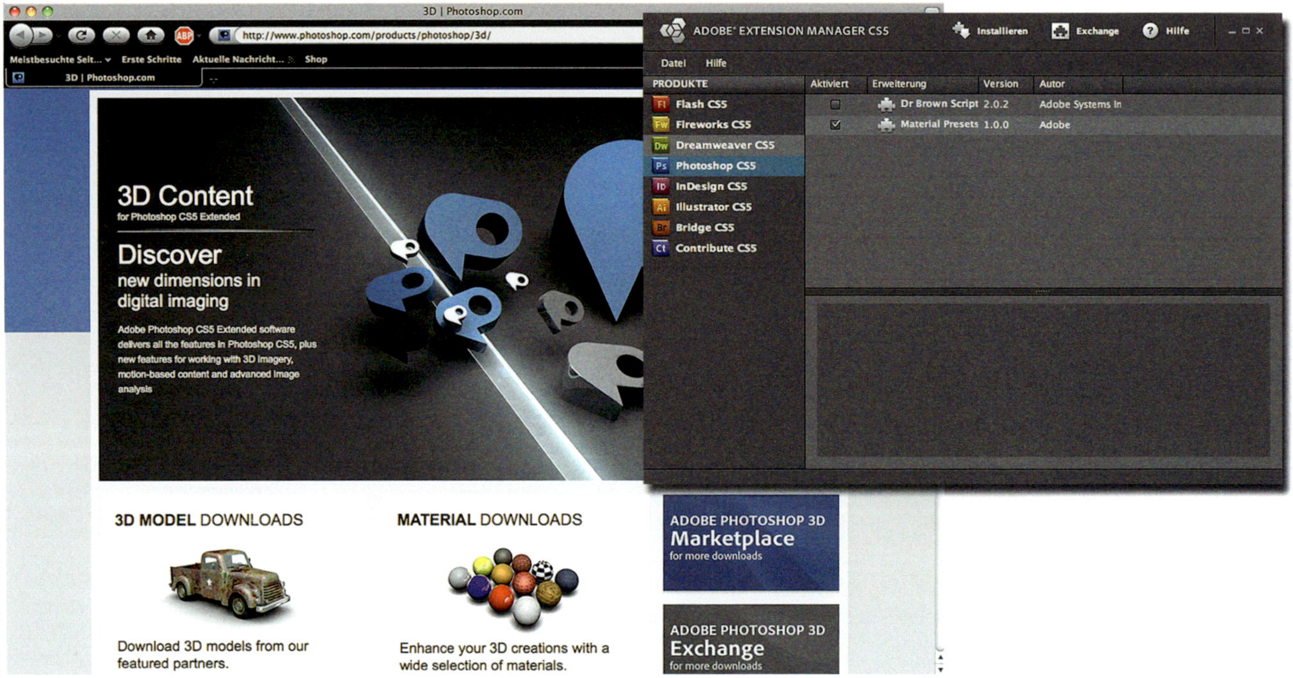

Abbildung 24.17 Download und Installation neuer Materialien

Die Installation erfolgt per Doppelklick automatisch über den Adobe Extension Manager. Der erste Aufruf des Extension Managers kann etwas zeitintensiv werden, da dieses Programm die komplette Creative Suite betreut und zunächst einmal alle vorhandenen Extensions aller Produkte der Suite abfragt.

Auf dieser Webseite finden Sie auch den Link zu der kostenfreien Sammlung »Archive3D« mit aktuell über 6000 3D-Modellen, die Sie in Photoshop öffnen, bearbeiten und für eigene Projekte verwenden können.

24.4 Auf Texturen malen

Sie können in einer 3D-Szenerie mit den Photoshop-Pinseln direkt auf einem 3D-Modell malen. Legen Sie eine Vordergrundfarbe fest, nehmen Sie das Pinsel-Werkzeug und definieren Sie Füllmodus sowie Deckkraft in den Werkzeug-Optionen. Nun können Sie loslegen.

Achten Sie lediglich darauf, dass im 3D-Bedienfeld unter Szene für den Eintrag Malen auf die Option Diffuse Map gewählt ist.

Allerdings ist diese Art, Farben in einem 3D-Modell zu ändern, schwer kontrollierbar. Daher ist es empfehlenswerter, die einzelnen Texturen zu bearbeiten.

1. Öffnen Sie die Datei »Bluesmobile.psd«. Wir wollen in diesem Fall nur die Farbe der Motorhaube verändern.
2. Aktivieren Sie das Werkzeug Materialauswahl, entweder im 3D-Bedienfeld oder in der Werkzeugleiste. Klicken Sie damit die Motorhaube an. Im 3D-Bedienfeld wird der dazugehörende Materialeintrag markiert.
3. Klicken Sie auf das Icon Diffuse Textur bearbeiten und wählen Sie den Eintrag Textur öffnen. Die Textur der Motorhaube wird als eigenes Fenster geöffnet. Nun können Sie diese Textur bearbeiten wie ein »normales« Bild.
4. Wählen Sie eine helle Vordergrundfarbe und stellen Sie die Fülloption des Pinsels auf Aufhellen und reduzieren Sie die Deckkraft des Pinsels auf etwa 50%. Malen Sie über die Textur.

Abbildung 24.18 Originaltextur der Motorhaube und Bump-Map dazu

5. Schließen Sie das Fenster und bestätigen Sie das Speichern mit Klick auf OK.

Das Bluesmobile hat nun eine hellere Motorhaube. Die Oberfläche erscheint aber noch zu glatt. Um eine Struktur in die glatte Oberfläche zu bringen, nutzen wir die Bump Map. Sie erzeugt Unebenheiten in der Oberfläche eines Materials, beeinflusst aber das darunterliegende Mesh nicht.

1. Das Material der Motorhaube sollte immer noch markiert sein. Klicken Sie im 3D-Bedienfeld auf das Aufklappmenü neben Bump und wählen Sie den Befehl Neue Textur.
2. Photoshop legt nun eine neue Datei an, die Größe sollte bei 300x300 Pixel liegen. Stellen Sie Vorder- und Hintergrundfarbe auf die Standardwerte (D).
3. Rufen Sie den Renderingfilter Wolken auf. Verstärken Sie den Kontrast mit Hilfe einer Gradationskurve.
4. Schließen und speichern Sie die Datei. Photoshop vergibt den Namen automatisch.

Helle Bereiche in der Bump Map erhöhen Oberflächen, dunkle Bereiche senken ab. Die Stärke des jeweiligen Effekts bestimmt der Wert der Bump, er kann maximal »10« betragen. Je höher der Wert, umso stärker ist die Wirkung der Bump Map.

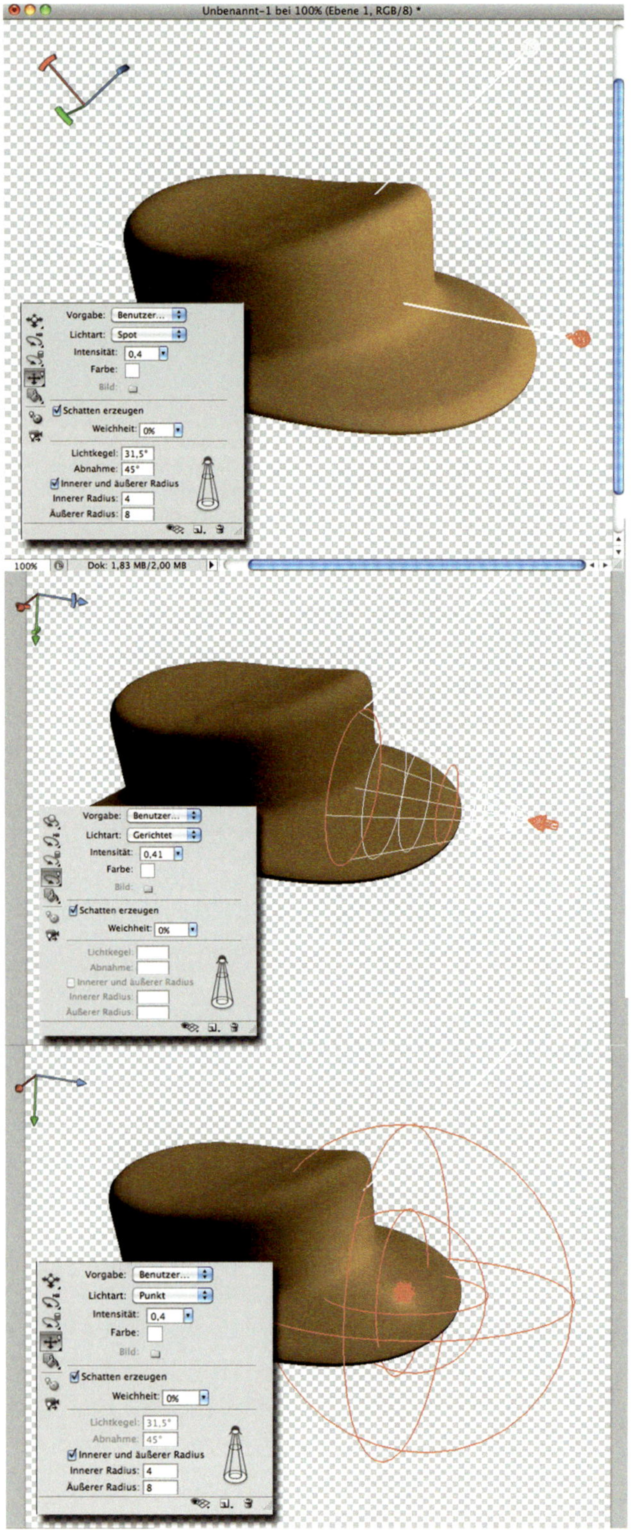

24.5 Umgang mit Licht und Kamera

24.5.1 Lichtquellen

Eine 3D-Szenerie lebt von Licht und Schatten. Die genaue Wirkung der Schatten sehen Sie allerdings erst nach dem endgültigen Berechnen der Szenerie im Raytracing-Verfahren. Während der Konstruktionsphase werden Schatten nur flächig angezeigt.

Photoshop bietet mehrere Arten von Lichtquellen an. Jede Lichtquelle kann individuell eingerichtet und bearbeitet werden.

TIPP Schalten Sie im 3D-Bedienfeld am besten die Darstellung der Lichtrichtung ein. Dazu aktivieren Sie am unteren Rand des Bedienfelds in den 3D-Extras die 3D-Lichtquellen. Sie werden als weiße Pins gezeigt.

Gerichtetes Licht

Als Standard werden jeder 3D-Szene zunächst zwei »gerichtete Lichter« zugeordnet. Gerichtetes Licht kommt aus dem Unendlichen und beleuchtet die gesamte Szenerie. Lichtquelle 1 ist dabei immer das Hauptlicht, Lichtquelle 2 ist eher eine Art Aufhelllicht.

Sie können sich besser orientieren, wenn Sie zunächst eine Lichtquelle ausschalten, um zu sehen, wie die verbleibende Lichtquelle arbeitet. Mit den Werkzeugen für 3D-Lichtquellen können Sie dann die Lichtquelle drehen oder schwenken (verschieben funktioniert bei gerichtetem Licht nicht), um den richtigen Lichteinfallswinkel zu bestimmen.

1. Öffnen Sie die Datei »Ladder.3ds« und deaktivieren Sie die Lichtquelle INFINITE LIGHT 2.
2. Schwenken Sie die Lichtquelle INFINITE LIGHT 1 nach links oben. Über den Regler bei INTENSITÄT können Sie bestimmen, wie kräftig das Licht scheint. Die Werte sollten moderat angepasst werden.

Sie können auch die Farbe einer Lichtquelle ändern. Das Licht interagiert dann mit den Farben des jeweiligen Objekts.

Abbildung 24.19
Spotlicht, Gerichtetes Licht und Punktlicht in ihren Wirkungen

Sehr hilfreich ist der Button Zur aktuellen Ansicht verschieben am Ende der 3D-Werkzeuge im 3D-Bedienfeld. Aktivieren Sie zuerst die Lichtquelle 2 und wenn Sie dann auf diesen Button klicken, sorgt er dafür, dass diese Lichtquelle aus Richtung des Betrachters kommt. Sie wirkt damit wie ein echtes Aufhelllicht.

Spotlicht

Im Gegensatz zu gerichtetem Licht sind Punkt- und Spotlicht immer in Bezug zu einem Objekt zu sehen. Neben den Einstellungen, die auch bei gerichtetem Licht möglich sind (Intensität, Farbe), kann man beim Spotlicht zusätzlich den Kegel des Lichts verändern, der auf das Objekt fällt.

Der Begriff Abnahme beeinflusst den Abstrahlwinkel. Je weniger sich die Werte von Lichtkegel und Abnahme unterscheiden, umso schärfer wirkt der Lichtkegel des Spotlichts. Der Unterschied zwischen beiden Werten bestimmt den Bereich, in dem die Lichtstärke abnimmt. Die Änderung ist anhand der Miniaturdarstellung im 3D-Bedienfeld und über die Vorschau gut zu verfolgen.

Über die Einstellung Innerer und äusserer Radius können Sie festlegen, wie weit ein Spotlicht strahlt. Wenn Sie diese Option aktivieren, scheint allerdings erst mal das Gegenteil zu passieren – es wird dunkel.

TIPP Die Werte sind standardmäßig viel zu gering eingestellt, daher sieht man erst mal gar nichts. Erhöhen Sie die Werte deutlich, um die Wirkung wirklich beurteilen zu können.

Der äußere Radius bestimmt, wie weit eine Lichtquelle strahlt. Der innere Radius legt fest, ab wann die Lichtstärke schwächer wird. Am Objekt werden innerer und äußerer Radius durch rote Ringe dargestellt. Zwischen beiden Ringen nimmt das Licht zum äußeren Radius hin ab.

Punktlicht

Ein Punktlicht strahlt, wie auch gerichtetes Licht, mit einer gleichmäßigen Lichtstärke in alle Richtungen. Es steht aber immer in direktem Zusammenhang mit einem Objekt. Gerichtetes Licht beleuchtet mehr die Szenerie als Ganzes.

Die Einstellungen sind vergleichbar mit dem Spotlicht, da die Lichtstärke aber gleichmäßig ist, stehen die Optionen Lichtkegel und Abnahme nicht zur Verfügung. Mit den Werten für Innerer und Äusserer Radius wird bestimmt, wie weit die Lichtquelle scheint.

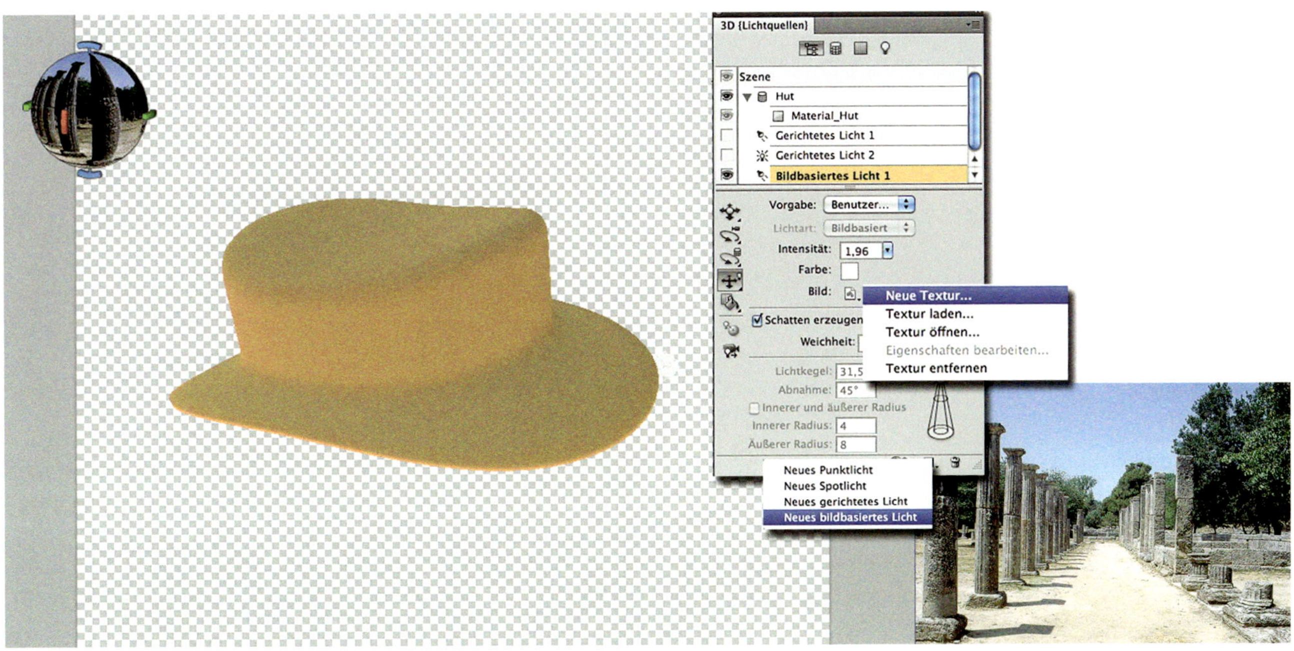

Abbildung 24.20 Bildbasiertes Licht

Bildbasiertes Licht

Diese neue Art der Lichtquelle nutzt für die Beleuchtung einer Szene ein anderes Bild. Dieses Bild liegt praktisch wie eine Kugel um die 3D-Szenerie herum.

Das kann beispielsweise ein normales Foto, eine weitere 3D-Datei oder auch ein HDR-Bild sein, was meist zu dramatischen Effekten führt.

So fügen Sie ein bildbasiertes Licht hinzu:

1. Klicken Sie im 3D-Bedienfeld auf das Icon NEU und wählen Sie im Aufklappmenü den Eintrag NEUES BILDBASIERTES LICHT. Die 3D-Achse verwandelt sich in eine Kugel, zeigt aber weiterhin die drei Achsen an.
2. Der Eintrag BILDBASIERTES LICHT ist nun in der SZENE markiert. Klicken Sie neben dem Eintrag BILD auf TEXTUR LADEN und öffnen Sie im anschließenden Dialog die Datei, die Sie als Lichtquelle benutzen möchten.
3. Variieren Sie Farbe und Intensität des Lichts. Erhöhen Sie die Weichheit der Schatten.

24.5.2 Bewegen der Kamera

In einer 3D-Szenerie haben Sie mehrere Möglichkeiten der Bewegung. Sie können einerseits Objekte, die Teil der Szenerie sind, bewegen. Sie können aber auch mit einer Kamera um die Szenerie bzw. die Objekte herumfahren.

Dazu stellt Ihnen Photoshop CS5 unterschiedliche Werkzeuge zur Verfügung. Bei den 3D-Werkzeugen finden Sie zuerst Werkzeuge zum Drehen, Rollen, Schwenken, Verschieben oder Skalieren der Objekte. Darunter befinden sich Werkzeuge, um die Kamera kreisen oder rollen zu lassen oder zu schwenken.

Mit dem Werkzeug 3D-Kameragang können Sie, wie der Kameramann eines Films, auf ein 3D-Objekt zugehen oder davon weggehen. Dazu bewegen Sie das Werkzeug mit gedrückter Maustaste nach oben oder unten. Wenn Sie mit dem Werkzeug nach rechts oder links ziehen, gehen Sie an dem Objekt vorbei.

Sie können auch stehen bleiben und mit dem 3D-Kamerazoom-Werkzeug das Objekt heran- oder wegzoomen. Nur daran vorbeigehen können Sie mit einem Zoom natürlich nicht.

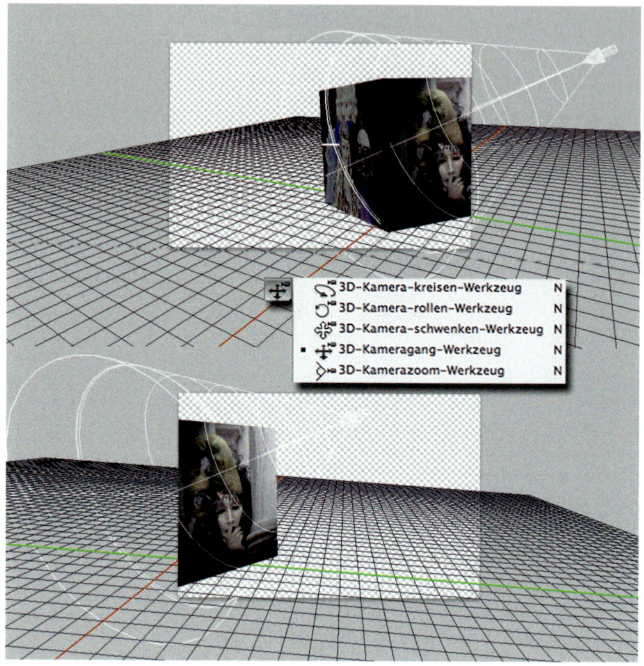

Abbildung 24.21 Die Kamera fährt um eine Szene herum, Objekt und Beleuchtung bleiben an Ort und Stelle.

HINWEIS Berücksichtigen Sie dabei, dass sich diese Werkzeuge nur auf die 3D-Ebenen beziehen. Ein Kamerazoom oder Kameragang bringt also ein 3D-Objekt näher oder schiebt es weg. Ein Bildhintergrund bleibt aber an der gleichen Stelle stehen.

24.6 Der letzte Schritt – Rendering

Wenn alle Konstruktionsarbeiten an 3D-Objekten und Szenerie abgeschlossen sind, wird es Zeit, sich um die Bildqualität der 3D-Szenerie zu kümmern. Um den Bildschirmaufbau einigermaßen flüssig zu halten, werden in der Konstruktionsphase Oberflächen etwas gröber dargestellt und Schatten nur angedeutet, aber beispielsweise nicht weichgezeichnet. Auch Spiegelungen werden nur angedeutet.

Um die Szenerie nun realistisch erscheinen zu lassen, müssen die Lichtwege berechnet werden. Dieses Verfahren nennt man »Raytracing«. Es ist sehr rechenintensiv und würde beim Konstruieren und Einrichten von Objekten zu nervenaufreibenden Verzögerungen im Bildschirmaufbau führen.

Bevor Sie eine 3D-Szenerie rendern lassen, müssen Sie in den Voreinstellungen Photoshops im Bereich 3D vom hardwareunterstützten OpenGL auf Raytracing umstellen. Nun berechnet der »Adobe Ray Tracer« (ART) Lichtwege, Schatten und Spiegelungen.

Das Raytracing oder auch Rendering starten Sie, indem Sie im 3D-Bedienfeld unter Szene die Qualität der Rendereinstellungen von Interaktiv auf Raytracing umstellen. Sie können hier zwischen Entwurf und endgültig wählen. Die Berechnungen bei endgültig sind noch genauer, um sich einen ersten Eindruck zu verschaffen, genügt die Option Entwurf.

Sie sehen nun blaue Quadrate in verschiedenen Anordnungen durch das Bild wandern. Innerhalb dieser Quadrate werden Schatten und Spiegelungen berechnet. Sie können die Berechnungen jederzeit anhalten, indem Sie mit der Maus ins Bild klicken. Das Rendering wird weitergeführt, sobald Sie den Befehl **Progressives Rendering fortsetzen**« im 3D-Menü aufrufen.

Wollen Sie nach einer Unterbrechung des Renderings noch Änderungen an Objekten vornehmen, denken Sie daran, in den Voreinstellungen wieder auf OpenGL umzuschalten, da sonst die Bearbeitung sehr langsam werden kann.

3D-Ebenen rastern

Sie können schließlich auch eine 3D-Ebene rastern **Menü 3D: Rastern**). Damit wird die 3D-Ebene wieder in eine normale Pixelebene umgewandelt. Alle 3D-Bearbeitungsfunktionen gehen dabei verloren.

Dafür können Sie nun die gerasterte Ebene wieder mit allen Befehlen und Werkzeugen bearbeiten, die Sie für normale Fotos verwenden können. Beispielsweise lassen sich nun auch wieder die Filter verwenden, die auf 3D-Ebenen nicht funktionieren.

HINWEIS Legen Sie am besten eine Kopie Ihrer 3D-Ebene an und rastern Sie die Kopie. Dann können Sie am 3D-Original jederzeit wieder Änderungen vornehmen.

3D-Ebene als Smartfilter-Ebene

Sie können Ihre 3D-Ebenen aber auch in Smartfilter-Ebenen umwandeln. In diesem Fall bleiben die 3D-Funktionen erhalten und Sie können dennoch alle Filter auf diese Ebene anwenden.

Allerdings sind Befehle aus dem Menü Korrekturen, bis auf **Tiefen/Lichter** und **HDR-Tonung** nach wie vor nicht anwendbar, wie bei allen anderen Smartfilter-Ebenen auch.

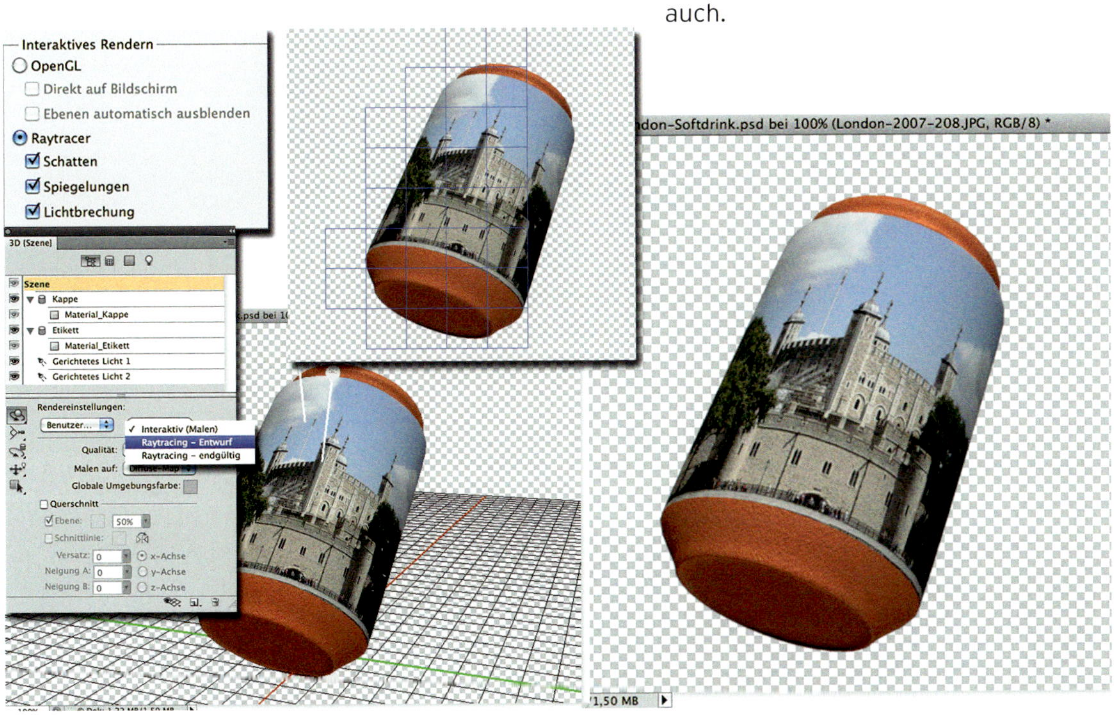

Abbildung 24.22 Beim Raytracing werden Lichtspiegelungen und Schatten berechnet.

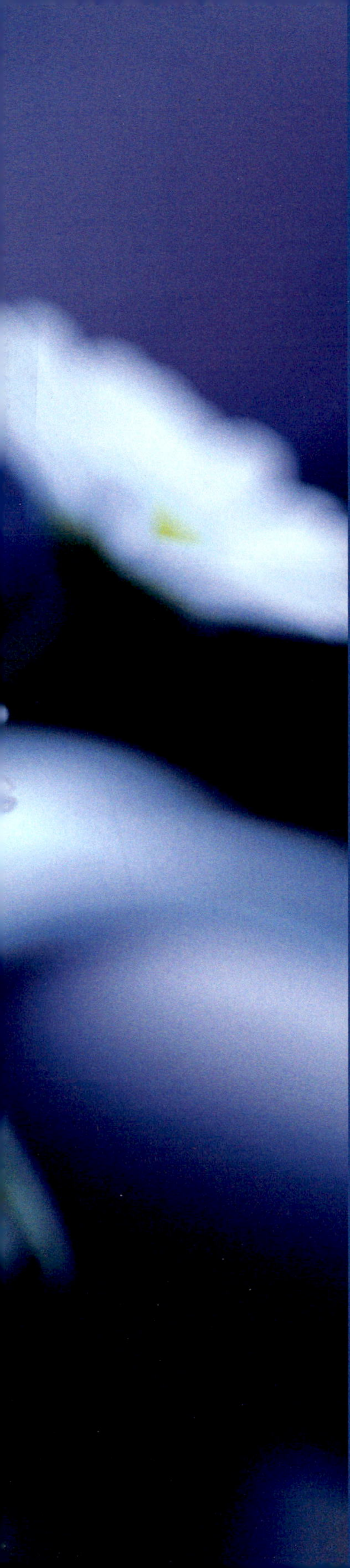

Teil 7
Online-Auftritt

Kapitel 25

Elektronisch präsentieren

Mit Photoshop können Sie Ihre Bilder nicht nur drucken, sondern auch elektronisch präsentieren – als Web-Galerie, PDF-Katalog, PDF-Diaschau oder in einem **Zoomify**-Fenster. In diesem Kapitel besprechen wir alle Funktionen für den perfekten Bildauftritt am Monitor.

Ihre Bilddateien lassen sich auch direkt aus Bridge oder aus Photoshop heraus präsentieren; diese Schauen kann man jedoch nicht speichern und weitergeben, darum behandeln wir sie im »Bridge«-Kapitel ab Seite 132.

DVD Im Unterverzeichnis »Praxis/Sammlungen« auf der Buch-DVD finden Sie Verzeichnisse wie »15_Vorlagen«, »45_Vorlagen« und »65_Vorlagen«. Nutzen Sie diese Bildsammlungen für Ihre Tests mit Web-Galerie und PDF-Präsentation (markieren Sie für erste Tests nur rund fünf Bilder unterschiedlicher Seitenverhältnisse). Im Verzeichnis »Praxis/Web-Galerie« sehen Sie direkt die hier gezeigten Galerieergebnisse mit den verschiedenen Stilen; klicken Sie in Unterverzeichnissen wie »Sommer-Bilder« jeweils doppelt auf »Index.htm«.

25.1 Das Ausgabemodul von Bridge

Lernen Sie zunächst das Ausgabemodul von Bridge kennen. Sie brauchen es gleichermaßen für Web-Galerien, PDF-Kataloge oder PDF-Diaschauen. So entsteht eine Web-Galerie oder PDF-Präsentation in Bridge:

1. Sie ziehen die Fotos in die gewünschte Reihenfolge.
2. Sie wählen die Bilder für die Galerie mit Strg-Klicken aus.
3. Oben in Bridge klicken Sie auf die Ausgabe-Schaltfläche. Bridge zeigt die Ausgabe-Leiste an.
4. Klicken Sie oben in der Ausgabeleiste zum Beispiel auf Web-Galerie, wenn Sie so etwas im Sinn führen.
5. Wählen Sie Vorlage, Stil und richten Sie die Optionen ein.
6. Um das Ergebnis vorab zu inspizieren, klicken Sie auf Vorschau aktualisieren. Bridge zeigt eine Vorschau in Originalgröße – wenn auch meist nicht mit allen gewählten Bildern.
7. Im Inhaltbereich wählen Sie bei Bedarf andere Bilder aus oder ändern die Reihenfolge.
8. Zufrieden? Klicken Sie unten auf Speichern.

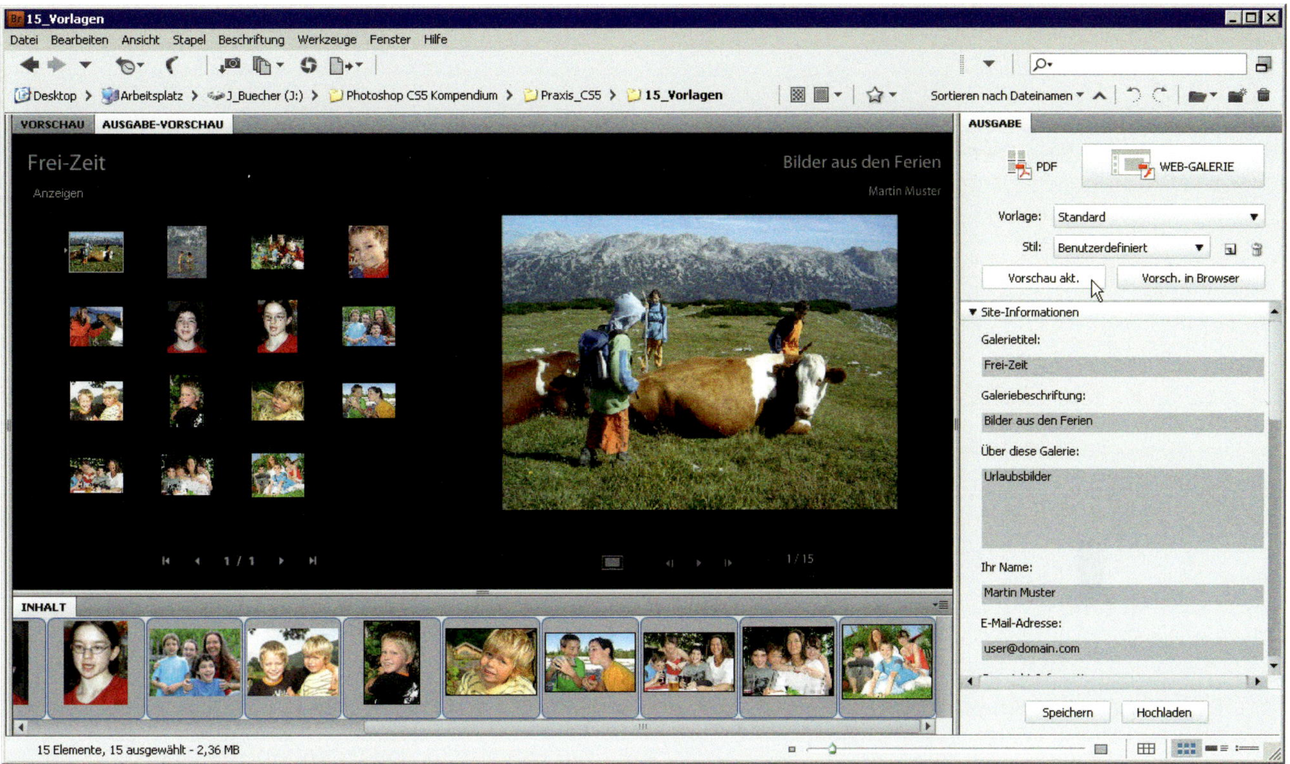

Abbildung 25.1 Wir haben die gewünschten Fotos in Bridge markiert, auf die »Ausgabe«-Schaltfläche, anschließend auf »Web-Galerie« geklickt und danach die »Standard«-Vorlage angewählt. Diese Internetgalerie-Vorlage zeigt mehrere Miniaturenreihen neben dem vergrößerten Einzelbild. Im Bereich »Site-Informationen« geben Sie die Textzeilen für die Überschrift ein. Erst nach dem Klick auf »Vorschau aktualisieren« zeigt Bridge eine exakte Vorschau der entstehenden Web-Galerie oder PDF-Präsentation – allerdings sehen Sie meist nicht alle verwendeten Bilder. Ergebnis im Verzeichnis Web-Galerie/Standard

TIPP Sie wollen Dateien aus mehreren Ordnern in eine Web-Galerie oder PDF-Präsentation packen? Legen Sie in Bridge zuerst eine Sammlung an (Seite 154), dann öffnen Sie das Ausgabemodul.

25.1.1 Bedienung

Im Ausgabe-Bedienfeld bietet Bridge für PDF und Web-Galerie jeweils verschiedene Bereiche wie Ausgabeeinstellungen oder Erscheinungsbild an. Klicken Sie einfach auf einen entsprechenden Balken, um den Bereich zu öffnen oder zu schließen. In den Bridge-**Voreinstellungen** (Strg+K) im Bereich Ausgabe nutzen Sie wahlweise den Solo-Modus: Dann lässt sich nur noch ein einzelner Bereich wie etwa Layout öffnen – alle anderen klappen automatisch zu.

Vorschau

Der Bridge-Bereich Ausgabe-Vorschau zeigt die Galerie oder PDF-Datei exakt 1:1 an. Klicken Sie jedoch nach Änderungen in Feldern wie Layout oben auf die Schaltfläche Vorschau aktualisieren – erst dann präsentiert Bridge den neuesten Stand, automatisch wird die Abbildung nicht aktualisiert. Bei Webgalerien gibt es noch die Schaltfläche Vorschau in Browser.

Das Problem jedoch: Die Vorschau zeigt selten alle Bilder. Bei Webgalerien sehen Sie nur die ersten 20 Bilder (bei der Vorschau in Bridge wie auch per Vorschau in Browser), bei PDF-Dateien nur die erste Seite. Brauchen Sie eine Darstellung mit mehr bis allen Fotos, müssen Sie speichern oder Hochladen.

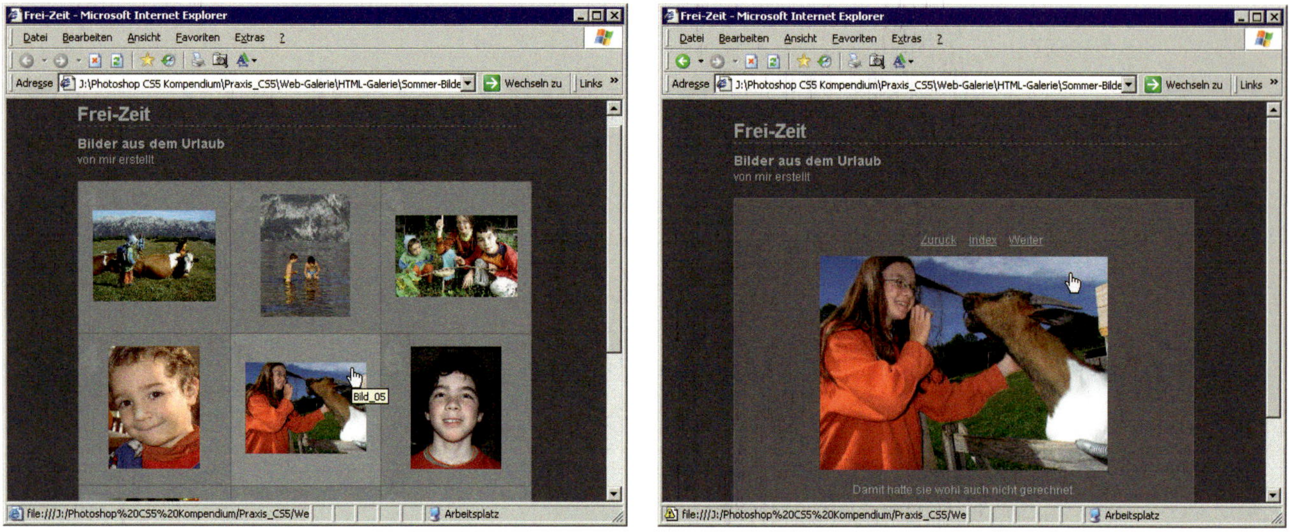

Abbildung 25.2 **Links:** Die Vorlage »HTML-Galerie« zeigt zunächst nur Miniaturen. Sie können die Zahl der Spalten und Zeilen und die blassen Zellennummern ändern, nicht aber die Miniaturengröße. **Rechts:** Nach dem Klick auf eine Miniatur der »HTML-Galerie« sehen Sie das größere Einzelbild, das Bridge je nach Vorgabe in Breiten von 300 bis 1600 Pixeln anlegt. Hier sehen Sie auch Copyright und Beschreibung aus den IPTC-Daten. Es gibt keine automatische Bildweiterschaltung. Verzeichnis: Web-Galerie/HTML-Galerie

TIPP Nehmen Sie für erste Tests nur wenige Bilder, damit die Vorschau schnell berechnet wird. Weil die Vorschau meist nicht alle Dateien anzeigt, sollten Sie einen repräsentativen Querschnitt auswählen, zum Beispiel sowohl Hoch- als auch Querformate. Ziehen Sie die Bilder bei Bedarf in die geeignete Reihenfolge.

25.2 Web-Galerie

Stellen Sie Ihre Bilder ins Internet. In Bridge produzieren Sie Webgalerien, die Sie bei Bedarf direkt aus Bridge heraus auf einen FTP-Server hochladen – aber auch per Festplatte, USB-Stick oder DVD weitergeben. Bridge bietet verschiedenste Stile in Flash- und HTML-Technik, die Sie fast beliebig weiter verändern.

Zeigen Sie nach Bedarf technische Bilddaten an. Auch automatisch ablaufende Diaschauen sind möglich. Wollen Sie Ihre Bilder hochladen, ohne erst in Bridge zu klicken und eigenen Webspace zu okkupieren, dann nutzen Sie die zahlreichen Gratis-Fotogalerien von Anbietern wie Flickr, Google oder dem Fotodruckdienst Ihres Vertrauens.

25.2.1 Alternativen

In Photoshop CS3 und früheren Fassungen entstanden Web-Galerien mit dem Befehl **Datei: Automatisieren: Web-Fotogalerie**, der in Photoshop CS5 zunächst nicht auftaucht. Generell wirken die Vorlagen aus CS3 und Vorgängern sehr hausbacken; doch es gibt Vorteile gegenüber der Produktion mit Bridge CS5, zum Beispiel bestimmte sehr schlichte Stile und die Möglichkeit, Bilder ohne Zwangsverkleinerung anzuzeigen, eigene HTML-Bildränder und beliebige JPEG-Qualitätsstufen.

Der verschwundene Befehl **Datei: Automatisieren: Web-Fotogalerie** lässt sich in Photoshop CS5 nachrüsten (Seite 1074).

25.2.2 Stile

In drei Schritten legen Sie die Wirkung Ihrer Galerie fest:

1. Wählen Sie eine Vorlage für die Galerie aus. Die meisten Vorlagen basieren auf Flash-Technik und unterscheiden sich weniger, als das Angebot vermuten lässt, echte Abweichungen bieten die drei Airtight-Varianten. Flash bietet mehr Möglichkeiten für Überblend-Diaschauen und schützt etwas besser

– aber nicht sicher – gegen Bilderklau. Je nach Browser-Einstellung muss der Anwender Flash allerdings erst zulassen.

2. Geben Sie einen Stil für die Vorlage an, zum Beispiel nehmen Sie die Vorlage Lightroom Flash-Galerie mit dem Stil Blauer Himmel; häufig liefert Adobe nur eine Stil-Variante mit, Sie können aber eigene Varianten speichern.
3. Verfeinern Sie die Wirkung weiter. Ändern Sie zum Beispiel Farben, Miniatur- oder Vorschaugröße und steuern Sie den Überblendeffekt. Allerdings bieten nicht alle Vorlagen alle Änderungsmöglichkeiten.

Viele Vorlagen zeigen nebeneinander einen Miniaturenreigen und ein größeres Einzelbild. Wechselt Ihr Publikum dann zum Diaschau-Modus, erscheint das Einzelbild noch größer, der Bildwechsel passiert wahlweise per Klick oder automatisch.

Die Vorgabe HTLM-Galerie zeigt Ihre Bilder en miniature in einer Tabelle, per Anklick erscheint das große Einzelbild auf einer neuen Seite. Wie viele Miniaturen pro Seite erscheinen, steuern Sie im Bereich Erscheinungsbild.

25.2.3 Farbpalette

Im Bereich Farbpalette legen Sie wahlweise neue Farbtöne unter anderem für Hintergrund, Leiste und Text im Titel (der Überschriftenbereich) sowie leiste und text im kleinen Ansicht-Menü links oben in der Galerie fest. Rollover oder Hover meint die Hervorhebungsfarbe für die aktuelle Miniatur oder den aktuellen Menüpunkt unter dem Mauszeiger.

TIPP Bei geänderter Hintergrund-Farbe sind Schriften oder Schaltflächen eventuell nicht mehr zu erkennen.

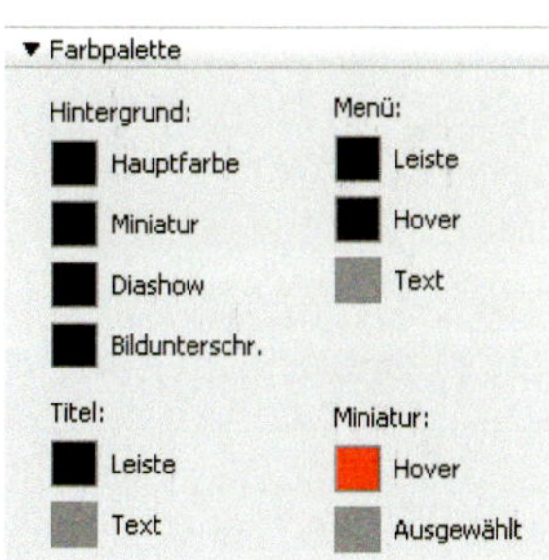

Abbildung 25.3
Legen Sie die Farben für einzelne Bereiche Ihrer Galerie fest. Die Gestaltungsmöglichkeiten ändern sich von Vorlage zu Vorlage.

25.2.4 Texte

Im Bereich Site-Information steuern Sie die Überschrift und andere Textzeilen für Ihre Galerie. Prüfen Sie, ob irgendein Feld noch Standardeinträge des Photoshop-Herstellers Adobe enthält wie Von Adobe Bridge erstellte Web-Fotogalerie. Gut zu wissen:

» Die E-Mail-Adresse erscheint nicht direkt auf der Galerieseite. Vielmehr zeigt die Galerie nur den Eintrag aus dem Feld Ihr Name; ein Klick auf die Namenszeile in der Galerie startet das E-Mail-Programm mit einer Mail an die Adresse aus dem Feld E-Mail-Adresse. Nur wenn Sie bei Ihr Name nichts eintippen, verrät die Galerie unmittelbar die E-Mail-Adresse.

» Längere Aufsätze schreiben Sie bei Bedarf ins Feld Über diese Galerie. Dieser Text erscheint in der Galerie auf einer eigenen Seite, die man im kleinen Ansicht-Menü links oben aufruft.

» Den Text für die Titelzeile des Browsers tippen Sie ins Feld Galerietitel. Im Bereich Galerie erstellen gibt es noch das Feld Name der Galerie; es wird aber nur für das neu entstehende Unterverzeichnis unterhalb des gewählten Zielverzeichnisses genutzt.

Die Option Titelleiste anzeigen (je nach Vorlage) macht die gesamte Titelei wahlweise unsichtbar.

Texte für einzelne Bilder

Je nach Vorlage können Sie eigene Texte pro Bild anzeigen:

» Wahlweise zeigen einige Vorlagen den Dateinamen an, eine Erweiterung wie ».jpg« geben Sie separat zur Ansicht frei. Haben Sie eine PSD- oder Raw-Datei verarbeitet, meldet die Galerie die ursprünglichen Endungen wie ».psd« oder ».dng«, auch wenn innerhalb des Galerieverzeichnisses natürlich eine JPEG-Datei liegt. Wollen Sie ein Bild für die Galerie noch schnell umbenennen, klicken Sie es im Inhaltbereich an und drücken F2.

» Je nach Vorlage sehen Sie unter den vergrößerten Einzelbildern die Beschreibung aus den IPTC-Informationen.

» Die Journal-Vorlagen zeigen einen ganzen Satz von Bilddaten neben dem Bild, darunter Stichwörter, Copyright und Beschreibung und Kamera-Exifdaten wie Kameramodell und Brennweite. Im Bereich Erscheinungs-

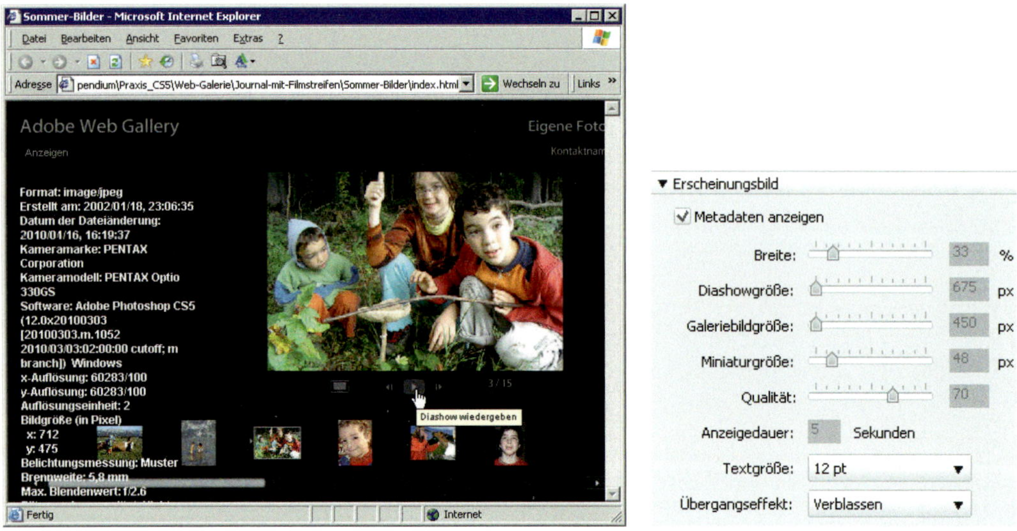

Abbildung 25.4 **Links:** Die Vorlage »Journal mit Filmstreifen« zeigt reihenweise Exif- und IPTC-Daten neben dem Bild, die bei kleinen Browser-Fenstern wie hier sogar die Miniaturen überlagern. Mit der Schaltfläche »Diashow anzeigen« blenden Sie die Miniaturen im Browser aus. Um von vornherein keine Miniaturen anzubieten, nehmen Sie die Vorlage »Journal mit Diashow«. **Rechts:** Die Breite des »Textstreifens« und die »Textgröße« können Sie steuern. Verzeichnisse: Web-Galerie/Journal-mit-Filmstreifen

BILD steuern Sie die relative BREITE des Textblocks und die TEXTGRÖSSE.

» Mit der Vorlage HTML-GALERIE können Sie wahlweise ZELLENNUMMERN ANZEIGEN, eine laufende Nummer für jede Miniatur.

TIPP Die Zellennummern der Vorlage HTML-GALERIE heben sich kaum vom Hintergrund ab. Ändern Sie die Farbe der Nummern im Bereich FARBPALETTE nach einem Klick auf das Farbfeld NUMMERN.

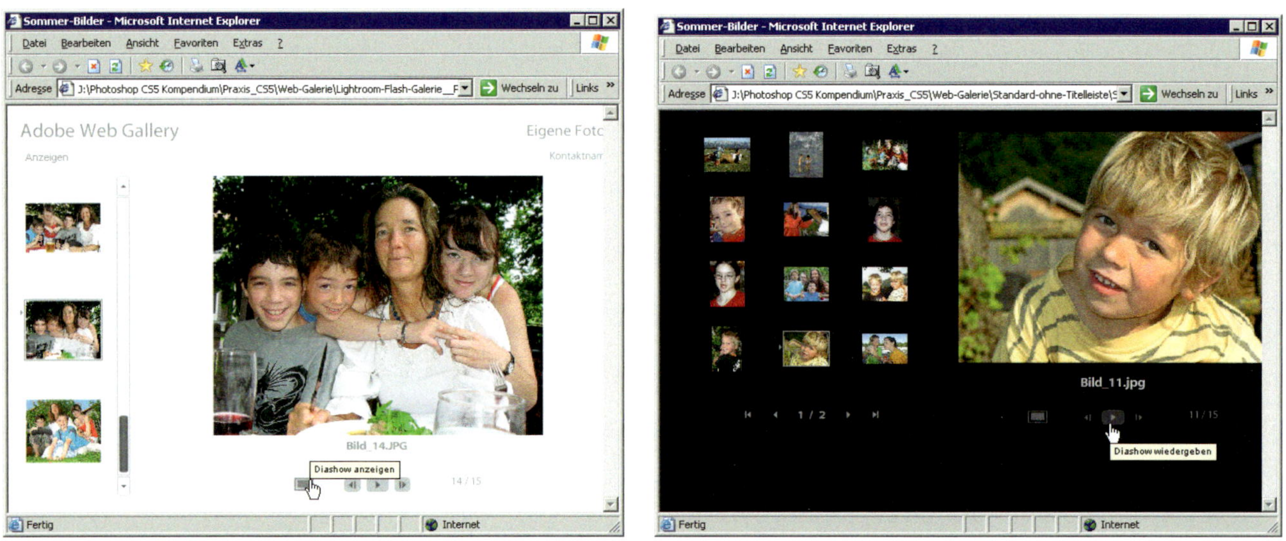

Abbildung 25.5 **Links:** Die Vorlage »Lightroom-Flashgalerie« mit dem Stil »Papierweiß«. Hier erscheint auch der vollständige Dateiname. Mit der Schaltfläche »Diashow anzeigen« blenden Sie die Miniaturen aus, das Einzelbild erscheint größer. **Rechts:** Die Vorlage »Standard«, hier gezielt mit »Dateiname« und ohne »Titelleiste«. Verzeichnisse: Web-Galerie/Standard-ohne-Titelleiste; Lightroom-Flashgalerie-Papierweiss

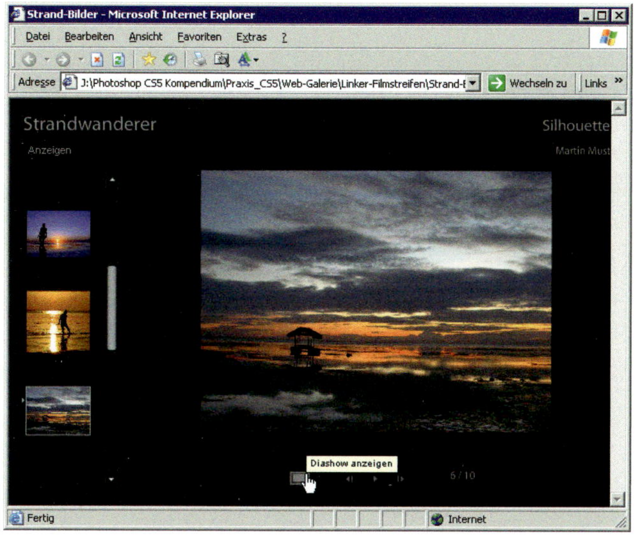

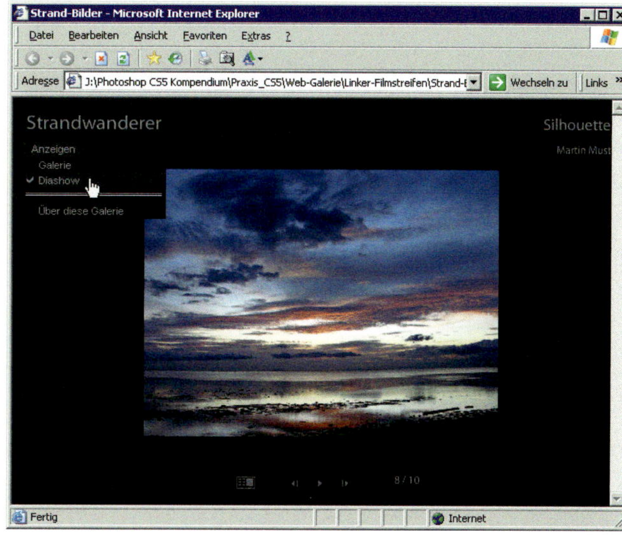

Abbildung 25.6 **Links:** Die Vorlage »Linker Filmstreifen«. Den automatischen Bildwechsel starten Sie mit der Schaltfläche »Diashow wiedergeben«. **Rechts:** Wir haben die Miniaturen im Browser ausgeblendet. Das erledigen Sie mit dem »Ansicht«-Menü links oben oder mit der Schaltfläche »Diashow anzeigen« unter dem vergrößerten Bild. Die Vorlage »Diashow« zeigt von vornherein keine Miniaturen. Verzeichnis: Web-Galerie/Linker Filmstreifen

25.2.5 Größen für Einzelbilder und Miniaturen

Im Bereich Erscheinungsbild steuern Sie Größe und JPEG-Qualität der Einzelbilder. Je nach Vorlage erscheinen große Einzelbilder in kleinen Browser-Fenstern verkleinert, so dass man immer noch das Gesamtbild sieht. Kleine Einzelbilder werden für große Browser-Fenster jedoch nicht »aufgeblasen«; vielmehr werden sie mit mehr Hintergrundfläche umgeben.

TIPP Bei einigen Galeriestilen könnten Sie die fertigen Einzelbilder im Verzeichnis images/large noch ändern – zum Beispiel mit Schatten, Rahmen oder Text versehen. Wichtig dabei: Dateiname, Dateityp und Verzeichnis müssen erhalten bleiben. Es ist nicht schädlich, wenn sich die Bildpunktmaße etwas ändern.

25.2.6 Diashow, Einzelbild, Miniaturen

Die meisten Galerien ermöglichen einen automatischen Bildwechsel. Im Bereich Erscheinungsbild steuern Sie die Anzeigedauer und den Übergangseffekt, zum Beispiel das semi-weiche Verblassen oder Jalousien, wechselnde Übergangseffekte innerhalb einer Galerie verwert Bridge.

Wollen Sie in der Browser-Wiedergabe das nächste Einzelbild zeigen, klicken Sie auf die Schaltfläche Nächstes Bild oder bemühen Sie eine Pfeiltaste. Der automatische Bildreigen startet mit der dreieckigen Schaltfläche Diaschau wiedergeben; um den Bildwechsel abzubrechen, nehmen Sie dann die Schaltfläche Diaschau anhalten.

Miniaturen anzeigen

Im Webbrowser erscheinen die meisten Galerien mit einer Miniaturenreihe und einem vergrößerten Einzelbild dazu. Wollen Sie die Miniaturen im Browser ausblenden, klicken Sie links unten auf die Schaltfläche Diashow anzeigen. Alternative: Sie öffnen das Ansicht-Menü links oben in der Galerie und klicken auf Diashow. In beiden Fällen nutzen Sie jedoch noch die Schaltfläche Diashow wiedergeben, damit die Bildserie tatsächlich abläuft. Die Vorlagen Diashow und Journal mit Diashow zeigen von vornherein keine Miniaturen.

25.2.7 Webgalerie speichern

Im Bereich Galerie erstellen sichern Sie die fertige Galerie (nicht die Stil-Einstellungen) zum Beispiel auf der Festplatte. Dazu nutzen Sie die Schaltfläche speichern. Nach einem Klick auf Durchsuchen legen Sie vorab das Verzeichnis fest.

Öffnen Sie das Verzeichnis, es enthält ein neues Unterverzeichnis mit einem Namen aus dem Feld Name der Galerie. Dort klicken Sie doppelt auf die Datei »index.html«, um die Galerie im Internetbrowser zu sehen – Bridge zeigt die fertig geschriebene Datei nicht automatisch an.

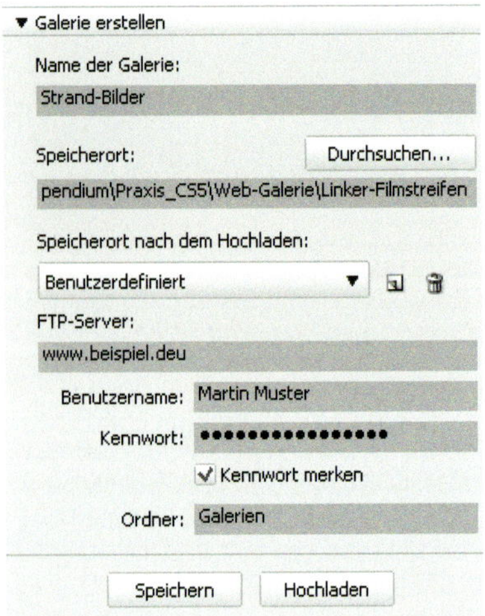

Abbildung 25.7 Ein Klick auf »Speichern« schreibt die Galerie auf Festplatte. Mit der Schaltfläche »Hochladen« übertragen Sie die Galerie direkt aus Bridge per FTP auf einen Webserver. Verschiedene Server-Angaben lassen sich speichern. In jedem Fall entsteht ein neues Unterverzeichnis mit Ihrem Eintrag aus dem Feld »Name der Galerie«.

FTP-Übertragung

Statt auf Festplatte zu speichern, lässt sich die Galerie direkt per FTP auf einen Server übertragen. Dazu klicken Sie im Bereich Galerie erstellen auf Hochladen und machen die Angaben zu FTP-Server, Benutzername und Kennwort.

Um verschiedene FTP-Angaben wiederzuverwenden, klicken Sie auf Vorgabenamen speichern; dann rufen Sie die FTP-Informationen im Klappmenü unter der Hochladen-Option bequem ab.

25.2.8 Andere Stile

Sie rufen eine Vorlage mit einem Stil auf und ändern die Galeriebildgrösse oder andere Dinge. Das Klappmenü Stil zeigt dann die Zeile Benutzerdefiniert. Klicken Sie neben dem Klappmenü auf Stil speichern, um diese Variante der Vorlage als weiteren Stil zu sichern.

Oder ändern Sie direkt die Vorgabedateien für Webgalerien, sofern Sie mit dem Code vertraut sind. Sie lagern in diesen Verzeichnissen:

Windows: Programme/Gemeinsame Dateien/Adobe/Adobe/Bridge CS5 Extensions/Adobe output Module/mediagallery/resources/templates

Mac: Library/Application Support/Adobe/Bridge CS5 Extensions/Adobe output Module/mediagallery/resources/templates/

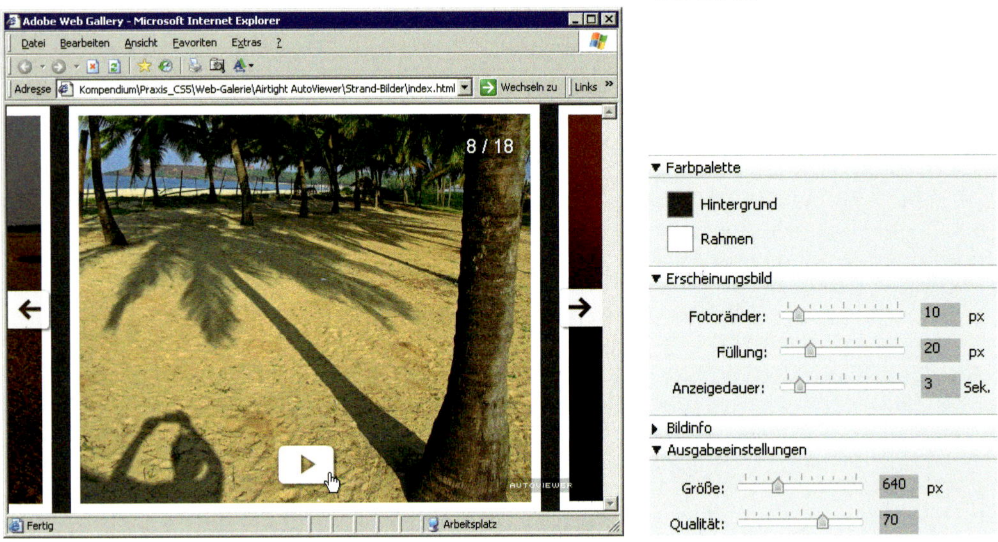

Abbildung 25.8 Die Vorlage »Airtight AutoViewer« rollt die Bilder von links nach rechts über die Browser-Fläche – per Pfeiltaste, Schaltfläche oder automatisch.

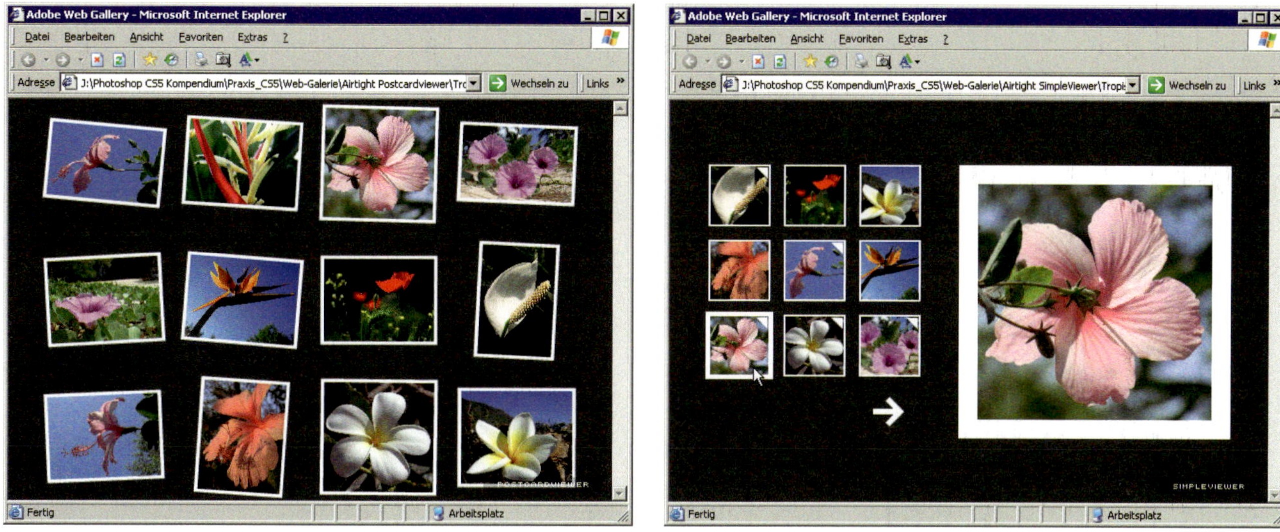

Abbildung 25.9 **Links:** Der Airtight PostcardViewer zeigt Miniaturen wie auch die vergrößerten Einzelbilder mit Rahmen und leichter Drehung. **Rechts:** Der Airtight SimpleViewer erinnert an Stile aus Bridge CS4 und lässt sich besonders vielseitig steuern. Interessante Varianten und weitere Galerie-Vorlagen zur Nutzung innerhalb von Bridge bekommen Sie teils kostenlos von der englischen Seite *www.simpleviewer.net/products*.

Vorhandene Stile anpassen

Klicken Sie zum Beispiel das Verzeichnis Resources/Templates/03Filmstrip an und kopieren Sie es unter dem Namen 03Filmstrip-Variante. In diesem Verzeichnis öffnen Sie XML-Dateien wie »gallerymaker.xml« oder »05darkroom.xml« mit einem Texteditor oder mit einem Webseiteneditor wie Dreamweaver und ändern Vorgaben für Texte und Farben.

Die Variante erscheint unter ihrem ursprünglichen Namen als Duplikat im Klappmenü Vorlagen. Ändern Sie den Beginn des Ordnernamens zum Beispiel von 03 in 88, sehen Sie das Duplikat ganz unten im Vorlagen-Menü.

25.3 PDF-Ausgabe

Schreiben Sie einen Bildkatalog in eine PDF-Datei; er lässt sich mit dem weit verbreiteten kostenlosen Programm Adobe Reader (früher Acrobat Reader) vorführen – mit Windows, Mac, Unix und vielen anderen Plattformen. Auch in den meisten Webbrowsern läuft sie. Produzieren Sie Ihre PDF-Präsentation im Ausgabemodul von Bridge (Details zur Bedienung ab Seite 972).

25.3.1 Übersicht

Diese Möglichkeiten bietet die PDF-Präsentation:

- Ziehen Sie die Bilder in Bridge in die gewünschte Reihenfolge, wählen Sie die gewünschten Exponate aus, zeigen Sie ein oder mehrere Fotos pro PDF-Seite.
- Zeigen Sie ein Foto mehrfach auf einer Seite.
- Die PDF-Datei startet auf Wunsch sofort im Vollbildmodus als Diaschau mit automatischem Bildwechsel und Übergangseffekten, sie läuft bei Bedarf endlos durch. Alternativ erstellen Sie eine PDF-Datei mit normalen Einzelseiten.

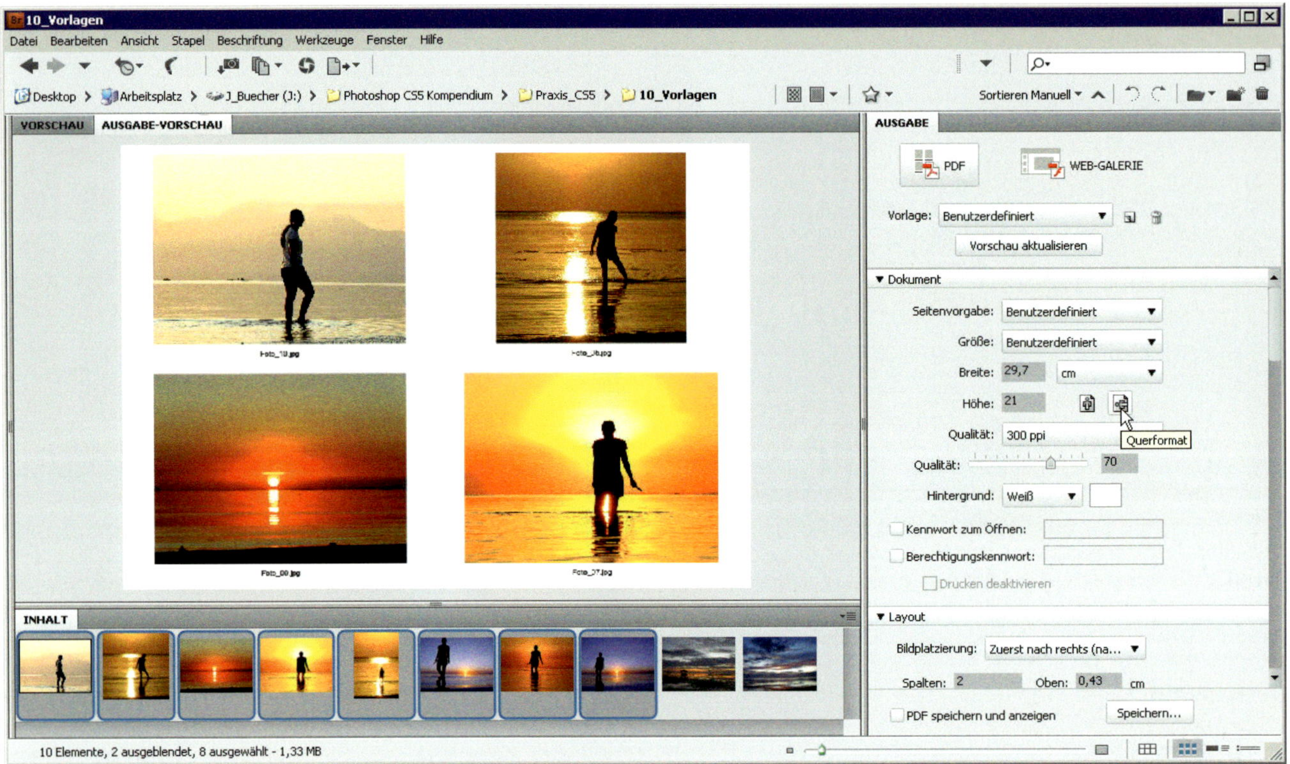

Abbildung 25.10 Wir verwenden die Vorlage »2*2 Zellen«, haben dann aber auf »Querformat« geklickt, so dass Bridge für »Vorlage« und »Seitenvorgabe« jetzt »Benutzerdefiniert« meldet. Im Bereich »Layout« steuern Sie Bild-»Spalten« und -»Zeilen« nach Bedarf. Wir zeigen hier auch »Dateiname« samt »Erweiterung«. Wir haben für diesen PDF-Katalog zehn Dateien markiert. In der Vorschau in Bridge sehen Sie aber generell nur die erste PDF-Seite, hier also nur vier Dateien.

» Zeigen Sie Dateinamen, Fußzeilen und Seitenzahlen an.

» Blenden Sie ein »Wasserzeichen« über Ihren Bildern ein, um sie vor Missbrauch zu schützen.

» Sichern Sie geänderte Vorlagen unter neuem Namen mit der Schaltfläche Vorlage speichern.

» Photoshop kann die einzelnen Bilddateien aus einer PDF-Datei herauslösen, die Exif- und IPTC-Werte sind aber nicht mehr vorhanden.

Einschränkungen

Einige Möglichkeiten vermisst man auch:

» Sie können keine Exif-Daten oder IPTC-Texte wie IPTC-Beschreibung oder -Titel einblenden.

» Eventuell im Bild vorhandene Informationen wie IPTC-Texte (Seite 186), Exif-Aufnahmedaten der Digitalkamera, Anmerkungen oder eingespeicherte Druckauflösung fehlen bei dem aus der PDF-Schau entnommenen Bild.

» Sie können geänderte Vorgaben nicht als neue Design-Vorlage speichern.

» Standzeit und Übergangseffekte lassen sich nur für alle Bilder gemeinsam einrichten, nicht separat für einzelne Motive.

Abbildung 25.11 Die Vorlage »Triptychon« eignet sich für Panoramen und andere extreme Querformate. Wollen Sie vier Bilder pro Seite zeigen, nehmen Sie die Vorlage »4 Breit« oder erhöhen Sie einfach den Wert für »Zeilen«.

TIPP Eine PDF-Präsentation ist nicht immer die optimale Art der Vorführung. Starten Sie zum Beispiel eine schnelle **Präsentation** direkt aus Bridge heraus (Strg+L, in Bridge oder Mini Bridge auch per Leer-Taste), verwenden Sie Photoshops **Web-Galerie** auch für Präsentationen per DVD. Oder legen Sie eine komplexe Schau mit animierten Schriftzügen und Musik an, dafür verwenden Sie Programme wie Adobe Premiere Pro oder Magix Fotos auf CD und DVD.

Vorschau

Erst wenn Sie auf Vorschau aktualisieren klicken, zeigt Bridge den PDF-Katalog passend zu den aktuellen Einstellungen. Allerdings: Sie sehen dort generell nur die erste Seite! Mehr als eine Seite erhalten Sie nur über die Speichern-Schaltfläche.

Klicken Sie zum Vergrößern in die Bridge-Vorschau. Klicken mit gedrückter Alt-Taste verkleinert die Vorschau.

Anpassen in Acrobat

Sie verfeinern das Verhalten der PDF-Datei zum Beispiel mit dem Programm Acrobat von Photoshop-Hersteller Adobe. Verwenden Sie den Befehl **Datei: Eigenschaften** oder ähnlich mit dem Bereich Ansicht beim Öffnen. Dort gibt es unter anderem Optionen wie Im Vollbildmodus öffnen und Vorgaben für die Vergrösserung.

Der Acrobat-Befehl **Dokument: Dateigröße verringern** senkt die Dateigröße – und die sichtbare Bildqualität – unter Umständen dramatisch.

25.3.2 Pixelzahlen

Im Vollbildmodus erscheinen die Bilder Ihrer Präsentation in voller Schirmgröße. Kleine Dateien auf großen Monitoren wirken dabei pixelig – zum Beispiel wirkt eine 640x480-Pixel-Datei verschwommen, die auf einem 1600x1200-Pixel-Monitor in Vollschirmgröße erscheint. Vielleicht wollen Sie die Bilder vorab mit dem **Bildgröße**-Befehl hochrechnen.

Bilder herunterrechnen

Falls Sie ohne Neuberechnung arbeiten, also im Klappmenü Qualität die Vorgabe Voll nutzen, schreibt Photoshop die Dateien in der Originalpixelzahl in die PDF-Datei. Doch 24-Megapixel-Dateien mit 6000 Pixel Breite (Seite 269) blähen die PDF-Datei unnötig auf, wenn zur Präsentation übliche Monitore mit zum Beispiel 1600 oder 1280 Pixel Breite verwendet werden. Zudem möchten Sie vielleicht nicht, dass der Empfänger die Bilddaten in dieser hohen Auflösung entnimmt. Rechnen Sie also eventuell große Vorlagen herunter, zum Beispiel mit dem Befehl **Bild: Bildgröße** und der Interpolationsmethode Bikubisch schärfer oder mit dem **Bildprozessor**.

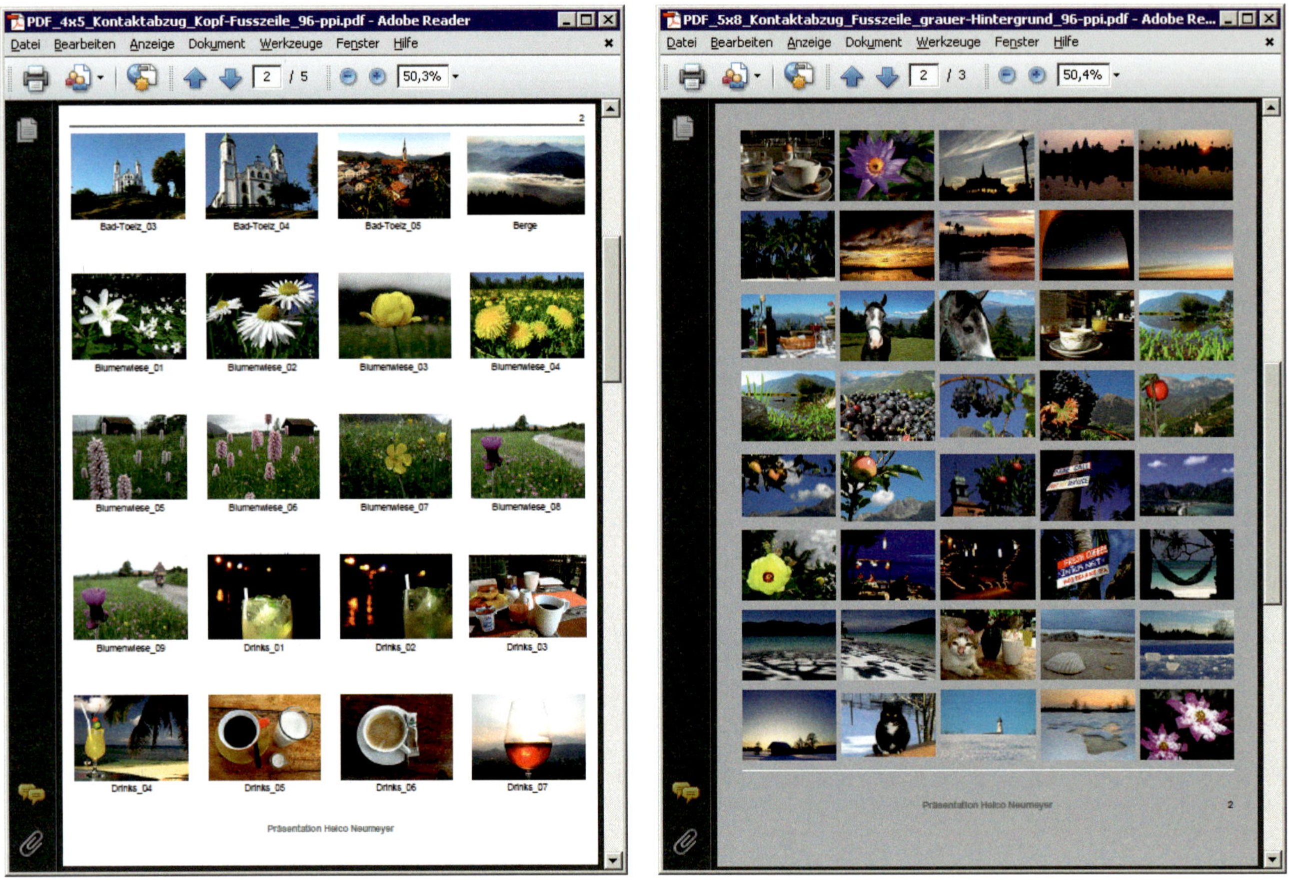

Abbildung 25.12 **Links:** Die Vorlage »4*5 Kontaktabzug« zeigt fünf Zeilen à vier Bilder. Wir verwenden hier eine Kopfzeile mit Seitenzahl und Trennlinie (»Unterteilung«) sowie eine Fußzeile mit hohem »Abstand«-Wert, um sie weiter vom Miniaturenbereich zu entfernen. Die Dateinamen erscheinen ohne »Erweiterung«. **Rechts:** Acht Zeilen mit je fünf Fotos zeigt die Vorlage »5*8 Kontaktabzug«. Wir verzichten auf Dateinamen und haben die Abstandswerte »Horizontal« und »Vertikal« im Bereich »Layout« stark gesenkt; so entstehen größere Miniaturen mit weniger Zwischenraum. Der »Hintergrund« wurde auf Grau gesetzt, die Fußzeile mit »Unterteilung« zeigt eigenen Text wie auch Seitenzahl.

Welche ppi-Zahl?

Im Bereich Dokument, Klappmenü Qualität geben Sie die Zahl der Pixel pro Zentimeter in ppi (dpi) an. Einige Beispiele:

- Höchste Qualität und Dateigrößen erhalten Sie mit der Vorgabe Voll. Die PDF-Datei enthält Ihre Fotos dann in der Originalpixelzahl, man kann darin so gut zoomen wie im Original in Photoshop – unabhängig von der Größe auf der PDF-Seite.
- Das macht aber wenig Sinn, wenn Sie viele kleine Miniaturen angelegt haben, die Sie später drucken oder nur ein wenig zoomen wollen. Dann nehmen Sie als Qualität zum Beispiel 300 ppi.
- Erscheinen Ihre Exponate nur am Bildschirm, reichen 150 oder 96 ppi. Nehmen Sie niedrige ppi-Werte auch, wenn Ihre Fotos nicht hochwertig gedruckt werden sollen.

25.3.3 Seitengestaltung

Im Bereich Dokument steuern Sie die Größe einer Einzelseite. Soll das Ergebnis im Druck erscheinen, nehmen Sie im Klappmenü Seitenvorgabe die DIN-Formate und darunter zum Beispiel A4-Grösse. Wird das Ergebnis je-

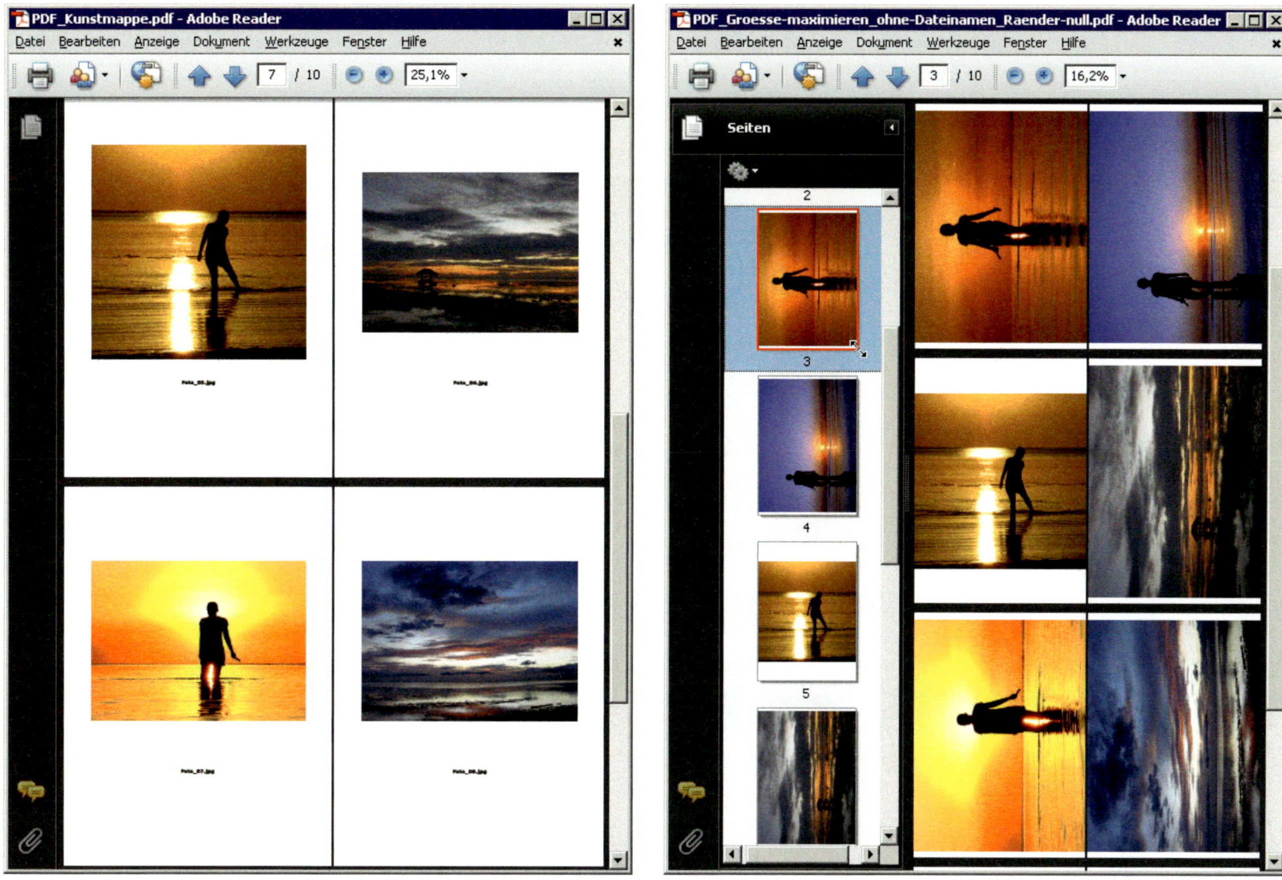

Abbildung 25.13 **Links:** Die Vorlage »Kunstmappe« zeigt ein Einzelbild pro Seite mit viel Freifläche. Wir nutzen im Programm Reader den Befehl »Anzeige: Seitenanzeige: Zwei Seiten, fortlaufend«. **Rechts:** Die Vorlage »Größe maximieren« ohne Dateinamen, die Ränder wurden auf null gesetzt, um die Seitenfläche so weit wie möglich zu füllen. Hier verwendet Bridge die Option »Drehen für optimale Platznutzung«, so dass Querformate auf hochformatigen Seiten gedreht werden. Links im Reader zeigen wir die Seitenminiaturen an.

doch überwiegend am Schirm geprüft, stellen Sie noch auf Querformat um.

Vorlagen

So nutzen Sie die Vorlagen aus dem Klappmenü ganz oben:

» 2*2 Zellen zeigt vier Miniaturen pro Seite. 4*5 Kontaktabzug hat vier Bilder pro Zeile in fünf Zeilen pro Seite, also insgesamt 20 Miniaturen. 5*8 Kontaktabzug zeigt noch mehr Bildchen pro Seite.

» 4 Breit setzt vier Fotos mittig untereinander und eignet sich damit für Panoramen oder andere extreme Querformate. Ganz ähnliche Ergebnisse, nur mit drei Dateien pro Seite, liefert das Triptychon.

» Grösse maximieren zeigt größtmöglich ein Bild pro Seite. Die Option Drehen für optimale Platzausnutzung schwenkt Querformate um 90 Grad, sofern Sie hochformatiges Papier eingestellt haben. Auch die Vorlage Kunstmappe präsentiert nur ein Bild pro Seite, lässt dabei viel leere Fläche, so dass die Fotos kleiner – und eventuell edler – erscheinen.

Mit den Feldern für Spalten und Zeilen stellen Sie auch beliebige eigene Seitenaufteilungen her. In den Feldern Horizontal und Vertikal regulieren Sie den Abstand; mit einer Null im Feld Horizontal stoßen Querformatminiaturen seitlich aneinander; generell sorgen niedrige Werte in diesen Feldern für mehr Bildfüllung und weniger leeren Hintergrund.

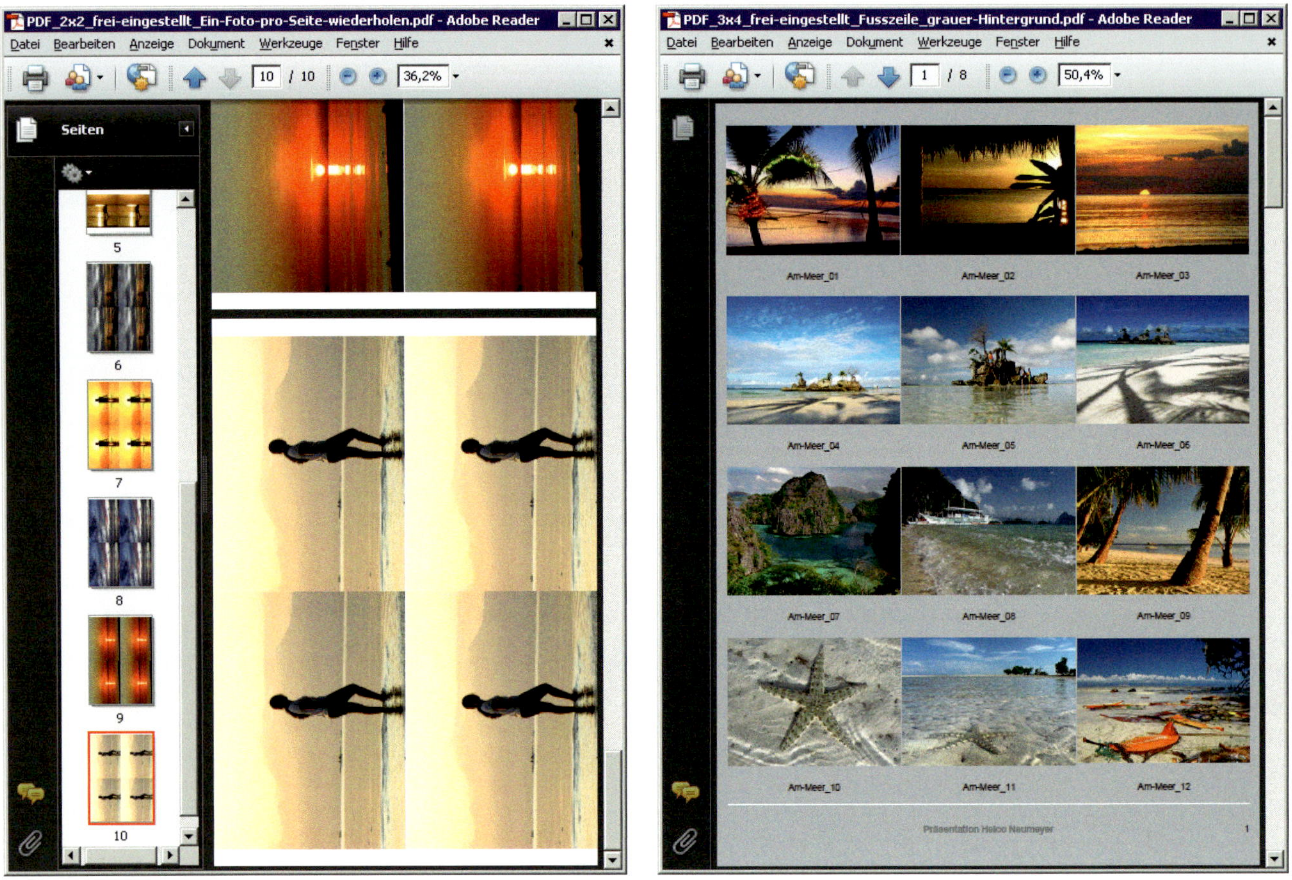

Abbildung 25.14 **Links:** Ein 2x2er-Raster mit den Optionen »Drehen für optimale Platznutzung« und »Ein Foto pro Seite«; Sie erhalten so viele PDF-Seiten wie Fotos ausgewählt wurden. Wir verzichten auf Dateinamen und setzen die Abstandswerte »Horizontal« und »Vertikal« auf null, so dass die Bildversionen aneinanderstoßen. Sie können die Größe eines Einzelbilds nicht zentimetergenau einstellen; kleiner werden Einzelbilder hier, wenn Sie den Abstand »Oben«, »Unten«, »Links« und »Rechts« erhöhen. **Rechts:** Ein frei eingerichtetes 3x4er-Arrangement mit niedrigen Abständen und Dateinamen ohne »Erweiterung«.

In der Regel erscheint jedes Bild nur einmal. Wollen Sie ein Bild mehrfach auf einer Seite sehen, nehmen Sie die Option Ein Foto pro Seite wiederholen und stellen Sie mehr als ein Bild pro Seite ein.

TIPP Soll ein Bild für die Monitorpräsentation maximal groß auf einer Seite erscheinen, nehmen Sie die Vorlage Grösse maximieren und verzichten auf die Optionen Drehen für optimale Platzausnutzung und auf Dateiname. Stellen Sie alle Randabstände im Bereich Layout auf 0.

25.3.4 Texte und Linien

Im Bereich Überlagerungen entscheiden Sie, ob Sie den Dateinamen mit einblenden – wahlweise mit oder ohne Erweiterung wie ».jpg«. IPTC- oder Exif-Einträge wie Beschreibung, Titel oder Kameramodell bietet Bridge als Bildunterschrift indes nicht an, das geht nur mit Photoshop CS3.

Kopf- und Fußzeilen

Fügen Sie Kopfzeile oder Fusszeile hinzu. Tippen Sie beliebige Texte mit einer Schriftart und Farbe Ihrer Wahl ein. Wahlweise setzen Sie diese Zeilen mit einer Linie vom Hauptbereich der Seite ab. Diese Linie heißt Unterteilung, Sie geben eine Unterteilungsfarbe und die Stärke in Pixel an.

Falls Sie im Bereich Überlagerungen eine Seitenzahl angeben, entsteht automatisch eine Kopfzeile oder eine Fußzeile. Für die Seitenzahl bestimmen Sie Schriftart, Farbe und Ausrichtung.

TIPP Innerhalb einer Kopf- oder Fußzeile können Sie gleichzeitig einen freien Text und die Seitenzahl zeigen.

25.3.5 Wasserzeichen

Im Bereich Wasserzeichen legen Sie einen Text oder eine Grafik über jede PDF-Seite oder über jede einzelne Miniatur – wahlweise über Bildern und Bildunterschriften (Vordergrund) oder hinter Bildern und Bildunterschriften (Hintergrund).

ACHTUNG Ob Text oder Grafik, ob einmal oder bei jedem Bild: Die PDF-Datei speichert das Wasserzeichen als separates Objekt; wenn Sie die Einzelbilder per Photoshop aus dem PDF herausziehen, erscheinen sie ohne Wasserzeichen.

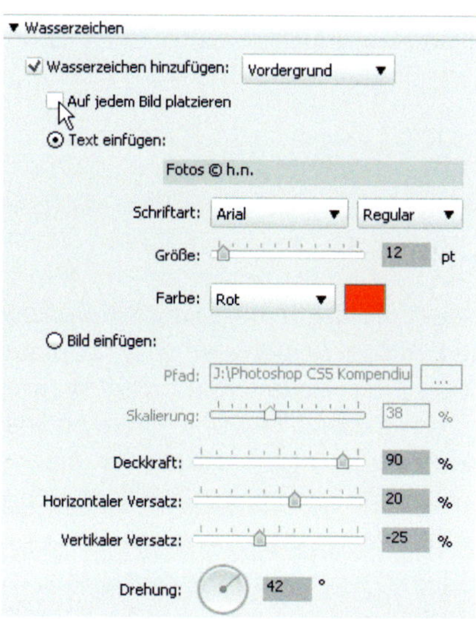

Abbildung 25.15 Setzen Sie ein Wasserzeichen als Text oder Grafik ein, einmal oder für jedes Bild neu.

Wie sicher ist das?

Das Wasserzeichen für PDF-Kataloge hat zwei Nachteile:

- Sicherheit: Auch ein Wasserzeichen im Vordergrund – also über den Bildern im PDF – schützt nicht vor Bilderklau. Egal, ob Text- oder Grafik-Wasserzeichen: Mit Photoshop kann man die Bilder immer noch ohne Überlagerung aus dem PDF-Bildkatalog herausziehen; dazu öffnet man die PDF-Datei in Photoshop und klickt oben links auf Bilder (das funktioniert auch, nachdem Sie das PDF erneut »in ein PDF gedruckt« haben; Fotos und Wasserzeichen bleiben getrennte Objekte).
- Verarbeitung bei Transparenz: Enthält Ihr Wasserzeichen transparente Bereiche, müssen Sie es ins PNG-Dateiformat umwandeln. Dabei verwandeln Sie aber Text und Vektorgrafik in Pixel, die bei Vergrößerung und eventuell Verkleinerung an Präzision verlieren und nicht mehr so vielseitig geändert werden können.

Lösen Sie die Probleme mit einem dieser Schritte:

- Wollen Sie Ihre Dateien besser schützen, speichern Sie das PDF mit kleinen Miniaturen in einer niedrigen, druckuntauglichen Auflösung wie 72 ppi.
- Schreiben Sie das Wasserzeichen schon vor Erstellung des PDF-Katalogs unauslöschlich direkt in die Bilddatei selbst; dann liegt es nicht mehr als entfernbare Extraschicht darüber. Dazu nutzen Sie das bequeme englische Zusatz-Bedienfeld Adobe Watermark (Seite 935). Es erzeugt automatisch Dubletten und das Wasserzeichen verschmilzt mit den Fotos, es lässt sich nicht mehr entfernen. Außerdem können Sie Transparenz auch mit TIFF-, PSD- oder Vektordateien nutzen, die Bedienung wirkt angenehm.

Wasserzeichen nur einmal zeigen

Sie zeigen das Wasserzeichen nur einmal, also ohne die Option Auf jedem Bild platzieren in der PDF-Ausgabe von Bridge? Dann landet das Wasserzeichen genau mittig auf der Seite. Bei einer ungeraden Zahl von Miniaturenzeilen überdeckt das Wasserzeichen die mittlere Bildzeile. Abhilfe: Nehmen Sie eine gerade Zahl von Bildzeilen oder ändern Sie den vertikalen Versatz, so dass Ihr Wasserzeichen nach oben oder unten rückt.

DVD Auf der Buch-DVD finden Sie verschiedene »Wasserzeichen«-Dateien. Wir haben für Sie Wasserzeichen mit und ohne Transparenz in verschiedenen gängigen Dateiformaten angelegt, darunter die hier abgedruckten Beispiele. Die fertigen PDF-Kataloge mit und ohne Wasserzeichen liegen im Verzeichnis »Praxis/PDF«. Gestaltungsvorschläge für Wasserzeichen liefern wir ab Seite 933.

Auf jedem Bild platzieren

Mit der Vorgabe Auf jedem Bild platzieren bekommt jedes einzelne Foto sein eigenes Wasserzeichen. Testen Sie unterschiedliche Werte für Skalierung und Versatz und klicken Sie auf Vorschau aktualisieren, bis Sie die optimale Größe und Position haben.

Eine präzise Platzierung des Wasserzeichens fällt nicht ganz leicht. Soll es bei jedem Bild links unten erscheinen? Stellen Sie Horizontalen Versatz und Vertikalen Versatz auf etwa minus 80 Prozent und klicken Sie auf Vorschau aktualisieren. Der Wert 100 Prozent führt bereits zu weit: Das Wasserzeichen sitzt zur Hälfte links vom Bild und zur Hälfte unterhalb davon.

TIPP Sie zeigen das Wasserzeichen auf jedem Bild? Das wirkt am besten, wenn alle Fotos dasselbe Seitenverhältnis haben, zum Beispiel durchgehend 3:2 Querformat. Bei wechselnden Seitenverhältnissen wirken Platzierung und eventuell Größe im Einzelbild nicht ganz einheitlich.

Abbildung 25.16 **Links:** Die Wasserzeichen-Datei wurde im TIFF-Format mit Transparenz gespeichert. Doch Bridge zeigt sie ohne Transparenz. **Rechts:** Erst nach der Umwandlung ins PNG-Format erscheint das Wasserzeichen mit Transparenz.

Text oder Grafik

Die Text-Option gibt Ihnen nur eine einzelne Zeile ohne Zeilenumbruch; prüfen Sie also in der Vorschau, ob Ihr Text nicht links und rechts abgeschnitten erscheint.

Oder verwenden Sie eine Grafik? Legen Sie die Bilddatei für das Wasserzeichen relativ groß an, zum Beispiel 2000 Pixel breit – verkleinern können Sie das Motiv immer noch in Bridge mit dem Skalierung-Regler (sehen Sie nach dem Vorschau-Klick nur noch weiß, senken Sie die Skalierung testhalber auf fünf Prozent). Soll die Gesamtgrafik halbtransparent erscheinen, speichern Sie nicht schon transparent ab, sondern mit voller Deckkraft. Steuern Sie die Transparenz für die PDF-Seite erst mit dem Deckkraft-Regler in Bridge.

Grafik mit transparenten Bereichen

Solange Ihre Grafik keine transparenten Bereiche hat, also ein voll deckendes Rechteck ist, eignen sich fast beliebige Dateiformate, auch Vektorgrafik etwa als AI- oder EPS-Datei (kein SWF-Flash).

Hat Ihre Wasserzeichengrafik indes ganz oder halb transparente Zonen, zum Beispiel Freifläche um Buchstaben herum oder halbdeckende Flächen, dann sichern Sie im PNG-Dateiformat. Nehmen Sie zum Beispiel den Befehl **Datei: Für Web und Geräte speichern**, oben rechts nutzen Sie PNG-24 mit Transparenz. Nach unseren Tests erscheinen transparente Bereiche aus TIFF-, PSD-, AI- oder EPS-Dateien weiß deckend auf der PDF-Seite.

25.3.6 »Wiedergabe«-Optionen

Im Bereich Wiedergabe bietet Bridge die Option Im Vollbildmodus öffnen: Wenn Sie das vorm Speichern anklicken, erhält der Betrachter beim Öffnen im Programm Adobe Reader die Frage, ob Ihre Bilder sofort den kompletten Monitor füllen sollen. Dabei erscheint wohlgemerkt stets eine ganze Seite mit oft mehreren Bildern und weißer Fläche – also je nach Vorlage oft kein einzelnes, schirmfüllend vergrößertes Bild. Mit der Esc-Taste springt der Nutzer jederzeit zur normalen Oberfläche mit den üblichen Reader-Menüs und -Schaltflächen.

Verzichten Sie auf den Vollbildmodus, sieht man nach dem Öffnen sofort die Reader-Oberfläche mit Menüs und Schaltflächen.

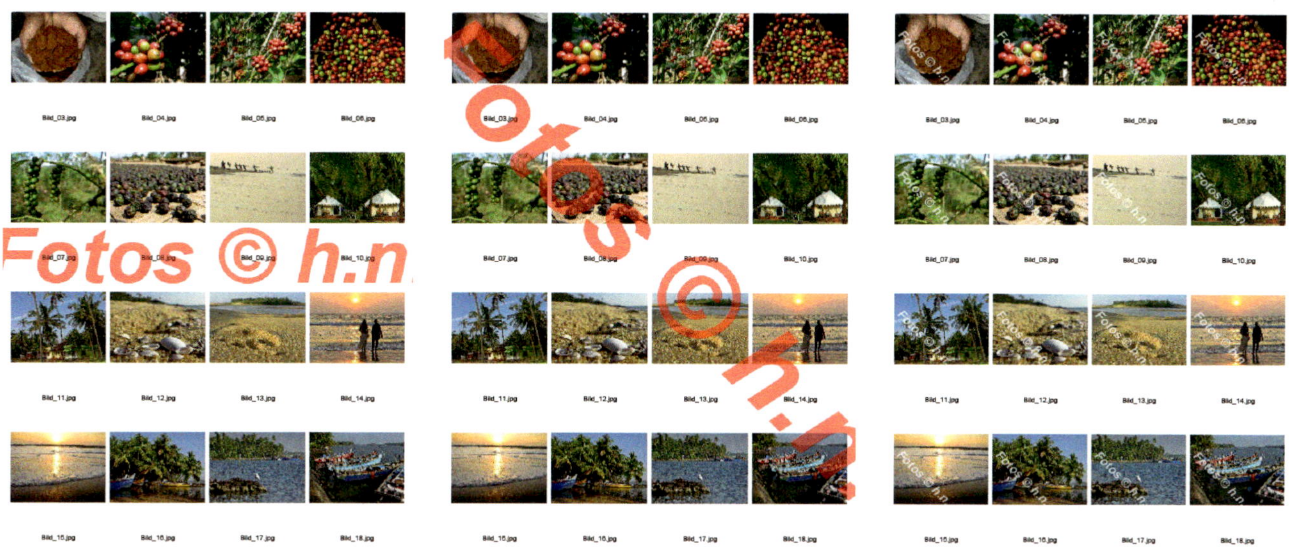

Abbildung 25.17 **Links:** Die »Wasserzeichen«-Zeile erscheint genau in der Seitenmitte. Weil wir hier vier Miniaturenzeilen verwenden, wird vor allem weißer Zwischenraum und kein Bild überdeckt. Anfang und Ende der Zeile werden hier abgeschnitten. **Mitte:** Wir haben gedreht und die Größe erhöht. Die Deckkraft liegt bei 50 Prozent. **Rechts:** Mit der Option »Auf jedem Bild platzieren«. Als Farbe dient Weiß bei 70 Prozent Deckkraft, ein »horizontaler Versatz« von 35 und ein »vertikaler Versatz« von 25 Prozent rücken das Wasserzeichen nach links unten.

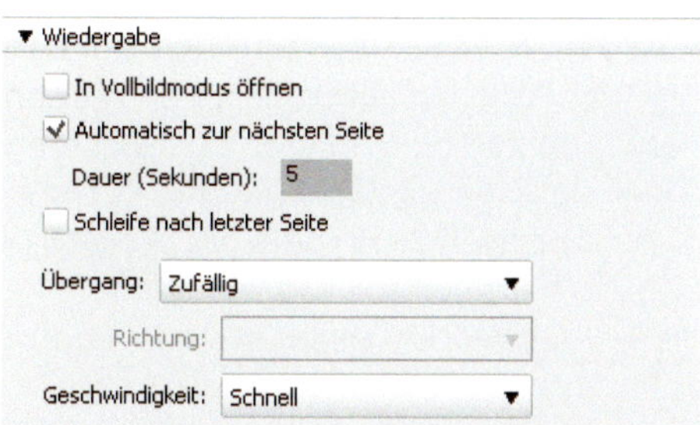

Abbildung 25.18 Die entstehende PDF-Datei kann sich sofort im schirmfüllenden Vollbildmodus öffnen und als Diaschau ablaufen.

Automatische Weiterschaltung

Unabhängig vom Vollbildmodus richten Sie mit der Weiter-Option eine Seitenweiterschaltung ein. Stellen Sie die Standzeit, Übergangseffekte und die Geschwindigkeit ein. Um schneller vorwärts zu springen, nutzen Sie im Reader die Pfeiltasten oder klicken ins Bild. Soll die Diaschau immer aufs Neue durchlaufen, klicken Sie auf die Schleife nach letzter Seite.

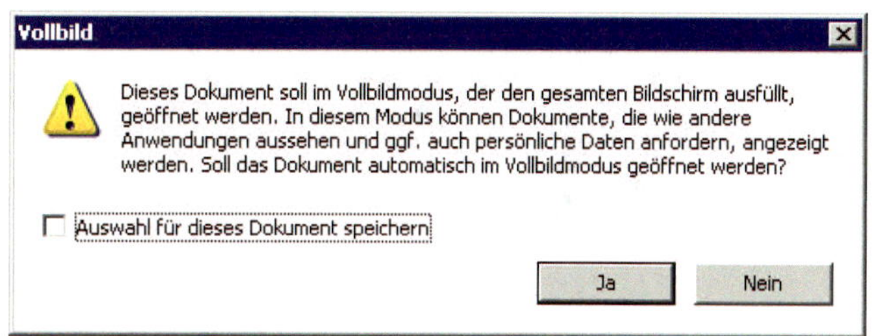

Abbildung 25.19 Falls Sie den »Vollbildmodus« vorgeben, fragt das Programm Reader beim Öffnen, ob der Betrachter die Datei tatsächlich schirmfüllend sehen möchte. Bei einem Klick auf »Nein« erscheint die PDF-Datei innerhalb der üblichen Reader-Oberfläche mit Menüs und Schaltflächen.

25.3.7 Speichern

Im Bereich Dokument gibt es zwei Kennwort-Optionen:

» Kennwort zum Öffnen: Nur mit diesem Kennwort lässt sich die Datei öffnen und auch drucken. Es wird zwischen Groß- und Kleinbuchstaben unterschieden. Verwenden Sie zusätzlich ein separates

Abbildung 25.20 **Links:** Die teiltransparente Wasserzeichen-Grafik wurde im PNG-Dateiformat gesichert und bei vier Prozent »Skalierung« »auf jedem Bild« platziert. Die Deckkraft innerhalb von Bridge beträgt 100 Prozent. **Mitte:** »Auf jedem Bild platzieren« wurde abgewählt. Wir haben gedreht, die »Skalierung« auf 25 Prozent gehoben und mit den »Versatz«-Reglern experimentiert. **Rechts:** Der Name wurde gleich zehnfach in der Datei angelegt, mit 0 »Fläche«-Wert und »abgeflachter Kante« gespeichert. So verteilt er sich vielfach gleichmäßig über die Seite. Die Deckkraft in Bridge beträgt 90 Prozent, der Winkel 45 Grad.

» BERECHTIGUNGSKENNWORT: In der Kennwortabfrage beim Öffnen tippt der Nutzer nicht das Kennwort zum Öffnen, sondern das separate Berechtigungskennwort ein – nur dann lässt sich im Reader **Kopieren**.

Wollen Sie auch das **Drucken** nur Empfängern mit Berechtigungskennwort erlauben, klicken Sie auf DRUCKEN DEAKTIVIEREN. Verzichten Sie darauf, kann man die Druckfunktion auch mit dem schwächeren Kennwort zum Öffnen nutzen.

ACHTUNG Die Datei »PDF_Kennwort« aus dem Verzeichnis PRAXIS/PDF von der Buch-DVD hat das KENNWORT ZUM ÖFFNEN »Öffnen« und das BERECHTIGUNGSKENNWORT »Berechtigung«; zudem haben wir vor dem Speichern auf DRUCKEN DEAKTIVIEREN geklickt. Je nachdem, welches Kennwort Sie beim Öffnen im Reader angeben, können Sie mit der Datei aus dem Reader heraus drucken oder nicht. Auch beim Öffnen in Photoshop werden die Kennwörter abgefragt.

25.4 »Zoomify«

Zeigen Sie hochauflösende Riesenbilder im Netz: Mit der **Zoomify**-Technik sieht der Betrachter nur ein kleines Fenster auf der Webseite, in dem er beliebige Details der Aufnahme heranzoomt. Dazu kommt eine kleine Gesamtansicht des Motivs nach Art des Photoshop-Navigators.

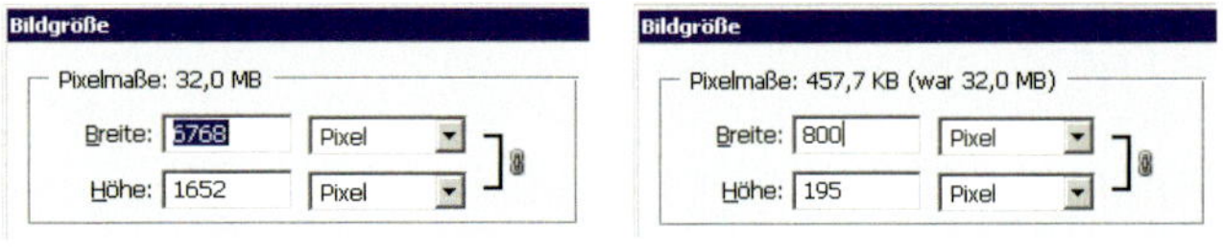

Abbildung 25.21 **Links:** Die Panorama-Datei »Zoomify_1.jpg« hat 6768 Pixel Breite, wie der »Bildgröße«-Dialog meldet. **Rechts:** Wir stellen im »Bildgröße«-Dialog eine »Breite« von 800 Pixeln ein, die gewünschte Breite für das »Zoomify«-Fenster. Rechnerisch sollte das Zoomify-Fenster also 195 Pixel hoch werden; in der Praxis setzen Sie die »Höhe« im Zoomify-Dialog aber acht Prozent höher an. Klicken Sie anschließend im »Bildgröße«-Dialog auf »Abbrechen«.

ACHTUNG Testen Sie das **Zoomify**-Ergebnis nicht nur durch Öffnen von Ihrer Festplatte, sondern auch per Server-Verbindung mit mehreren Browsern. Erst so bekommen Sie einen zuverlässigen Eindruck.

25.4.1 Vorbereitung

Wir testen die Funktion zunächst mit dem Großstadt-Panorama »Zoomify_1.jpg«, 6768 Pixel breit, aus dem »Praxis«-Verzeichnis der Buch-DVD. Das Bild soll als verkleinerte, aber zoombare Version im Internet erscheinen. So bereiten Sie sich vor:

1. Wählen Sie zuerst Bild: Bildgröße, um die Maße für das Zoomify-Fenster auf der Webseite zu ermitteln. Sie brauchen die Vorgaben Proportionen erhalten und Interpolationsverfahren.
2. Tragen Sie ganz oben die geplante Breite für Ihr Internetbildfenster ein. Wir nehmen hier 800 Pixel. Das wirkt eindrucksvoll, sprengt das Fenster eines Internetbrowsers aber noch nicht. Sie sehen es im nächsten Feld: Photoshop schlägt jetzt automatisch eine Höhe von 195 Pixeln vor. 800x195 Pixel wäre also die optimale Größe für unser **Zoomify**-Bildfenster im Internet. Merken Sie sich diesen Wert und klicken Sie auf Abbrechen. Klicken Sie wohlgemerkt nicht auf OK.

25.4.2 Der »Zoomify«-Dialog

Wählen Sie in Photoshop **Datei: Exportieren: Zoomify**. So geht's weiter:

1. Oben im Klappmenü Vorlage gehen Sie auf Zoomify Viewer mit Navigator. Dann sieht man auf der Internetseite nicht nur ein herangezoomtes Detail Ihres Fotos, sondern stets auch eine verkleinerte Gesamtdarstellung des Bilds. Die Hintergrund-Farbe spielt oft keine Rolle, wenn Sie das Ergebnis noch in Ihre eigene Internetseite einflechten.
2. Nach einem Klick auf Ordner verwenden wir hier zum Speichern den Ordner C:\Bild mit dem Hauptnamen »Skyline«. Die meisten Einzeldateien für Ihr Zoombild entstehen damit im Unterordner C:\Fotos\Skyline_img.
3. Nutzen Sie zum Beispiel die JPEG-Qualität 8. Dabei entstehen nur geringe Bildstörungen, dennoch sinkt die Dateigröße gegenüber noch besseren Vorgaben wie 9 oder 10.

Die Browser-Optionen

Interessant wird es bei den Browseroptionen. Der Versuch mit dem Bildgröße-Dialog hatte ja eine optimale Zoomfenster-Größe von 800x195 Pixeln ergeben. Doch mit dieser Vorgabe im Zoomify-Dialog entstehen links und rechts unschöne leere Bildränder im fertigen Bildfens-

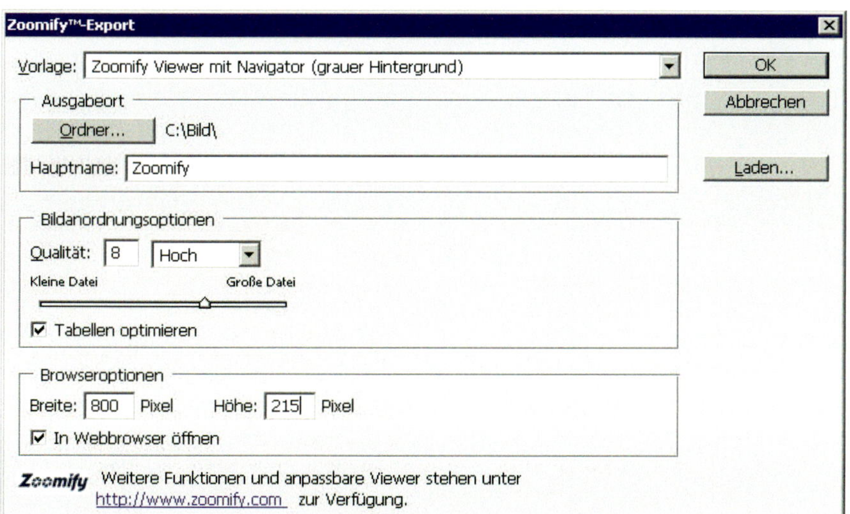

Abbildung 25.22
Im »Zoomify«-Dialog steuern Sie das Aussehen des Zoomify-Fensters auf der Internetseite.

Abbildung 25.23 Das Ergebnis lässt sich auf der Webseite innerhalb des Zoomify-Rahmens zoomen und verschieben (hier mit grauer »Hintergrund«-Vorgabe). Vorlage: Zoomify_1; Ergebnis-Verzeichnis: Zoomify/Panorama

ter. Man sollte bei der Höhe rund fünf bis acht Prozent draufgeben, wir entscheiden darum auf 800x215 Pixel. Dann sind beim ersten Aufrufen des Bilds der äußerste linke und rechte Rand abgeschnitten; aber das sieht besser aus als leere Streifen auf beiden Seiten.

ACHTUNG Eine Breite unter 330 Pixeln zeigt nicht mehr alle Zoomify-Schaltflächen im Internetbrowser an.

Nutzen Sie ganz unten auch die Vorgabe In Webbrowser öffnen. So sehen Sie Ihr Ergebnis sofort im Internetprogramm. Jetzt noch ein Klick auf OK, schon erscheint Ihr Bild im Browser.

25.4.3 Im Webbrowser

Je nach Voreinstellung und Webbrowser muss der Betrachter erst Geblockte Inhalte zulassen oder JavaScript-Funktionen erlauben. Zum Zoomen klickt man einfach ins Bild oder nutzt den Schieberegler. Mit der Schaltfläche ganz rechts zeigen Sie wieder das verkleinerte Gesamtbild an. Ziehen Sie im Bild oder am Rahmen im Navigator-Fenster oben links, um den Bildausschnitt zu ändern.

Bauen Sie den HTML-Code aus dem Ordner C:\Bild\Skyline in Ihre Internetseite ein. Wollen Sie das Ergebnis noch einmal im Internetbrowser sehen, klicken Sie in diesem Ordner doppelt auf Skyline.html. Fertig!

Abbildung 25.24 Je nach Voreinstellung und Webbrowser muss der Betrachter Ihres Zoomify-Bilds erst Geblockte Inhalte zulassen oder JavaScript-Funktionen erlauben.

25.4.4 Wie erscheinen die Formate 3:2 und 4:3?

Die meisten Spiegelreflexkameras nehmen im Seitenverhältnis 3:2 auf. Vermutlich wollen Sie für solche Bilder auch das Zoomify-Fenster auf 3:2 einrichten, zum Beispiel auf 800x524 oder 400x267 Bildpunkte. Allerdings füllt Ihr Foto den Zoomify-Rahmen dann zunächst nicht voll aus: In der kleinsten Zoomstufe, also gleich beim Aufruf der Internetseite, sieht man links und rechts Ränder in der Hintergrundfarbe. Das entstellt Ihren Auftritt im Netz.

Abbildung 25.25 **Links:** Die Vorlage hatte das Seitenverhältnis 3:2. Wir haben das Zoomify-Fenster ebenfalls exakt auf 3:2 eingerichtet, hier 600x400 Pixel. Beim ersten Laden und generell in der niedrigsten Zoomstufe zeigt das Zoomify-Fenster so jedoch unschöne leere Ränder links und rechts (hier mit weißer »Hintergrund«-Vorgabe). Sie verschwinden, wenn man ins Bild hineinzoomt. **Rechts:** Diesmal wurde das Zoomify-Fenster auf 600x420 Pixel eingestellt; das Bild lädt sofort ohne leere Ränder. Vorlage: Zoomify_2; Ergebnis-Verzeichnis: Zoomify/3zu2

Hier gilt das Gleiche, wie für das Panorama von oben: Heben Sie den Höhe-Wert um mindestens acht Prozent, geben Sie zum Beispiel 800x580, 600x400 oder 400x320 Bildpunkte vor.

Viele Kompaktkameras und einige Spiegelreflexgeräte schreiben Bilddateien im Seitenverhältnis 4:3. Auch hier taucht das Problem wieder auf: Stellen Sie das Zoomify-Fenster exakt auf 4:3 ein, erhalten Sie in der niedrigsten Zoomstufe unansehnliche Ränder links und rechts. Schon mit einem Seitenverhältnis von 4:3,2 ist das Problem gelöst, zum Beispiel mit 800x630, 600x420 oder 400x315 Pixeln.

Kapitel 26

Animationen

Animationen sind kleine Trickfilme, die meist für den Einsatz im Internet entwickelt werden – z.B. Laufschriften, sich bewegende Logos, blinkende Lampen und ähnliche Elemente, die die Aufmerksamkeit des Betrachters auf sich lenken sollen. Dabei sollte die Dateigröße möglichst gering gehalten werden, um unnötig lange Ladezeiten zu vermeiden.

Jedes Bild unterscheidet sich geringfügig vom vorherigen. Wenn die Bilder in raschem Tempo abgespielt werden, entsteht der Eindruck von Bewegung. Man kann solche Animationen auch als digitales Daumenkino bezeichnen. Sie werden als GIF-Datei gespeichert oder als Quick-Time-Video im MOV-, AVI- oder MPEG-Format ausgegeben. Eine Animationsdatei enthält die Einzelbilder des Trickfilms, mit Informationen über Anzeigedauer und mögliche Wiederholungen.

HINWEIS Am besten stellen Sie zuerst Ihren Photoshop-Arbeitsbereich auf die Animation ein: Im Menü **Fenster** klicken Sie auf **Animation.** Damit wird das Animationbedienfeld eingeblendet. Dies genügt für den Anfang.
Wenn Sie sich eine Übersicht über weitere Animationsfunktionen verschaffen wollen, dann stellen Sie den Standardarbeitsbereich per Menü **Fenster: Arbeitsbereich:** auf **Bewegung**. Neben dem Animationsbedienfeld erscheint u. a. auch das Bedienfeld der **Kopierquelle**.

Übersicht

Mit den Animationsfunktionen haben Sie folgende Möglichkeiten:

» Sie können einzelne Ebenen einer Photoshop-Montage in Einzelbilder (»Frames«) einer Animation verwandeln.

» Bestimmte Veränderungen einer Ebene, wie Position, Deckkraft, Text-»Verkrümmung« und sämtliche Ebeneneffekte, lassen sich animieren (also in Einzelbilder der Animation verwandeln), ohne dass dafür neue Ebenen erforderlich sind.

» Durch Korrektur der jeweiligen Ebene können Sie jederzeit Einzelbilder der Animation verändern.

» Wie bei nicht animierten Bildern auch kann eine Animation durch die Transparenz-Funktion mehr oder weniger durchsichtig erscheinen.

» Sie können und sollten Animationen nicht nur im GIF-Format für die Internetseite speichern, sondern auch im Photoshop-Dateiformat. Dabei bleiben alle Eigenschaften erhalten, Sie bewahren die volle Farbtiefe und ebenso korrigierbare Montageebenen. GIF unterstützt nur 256 Farben pro Bild und reduziert beim Speichern als **Compuserve GIF** alle Montageebenen auf eine Hintergrundebene, Seite 1033. Nur beim Export mit Hilfe des Befehls **Für Web und Geräte speichern** bleiben Ebenen erhalten; Photoshop CS5 Extended kann die Ebenen dann auch wieder bearbeiten.

So nutzen Sie die Animationspalette

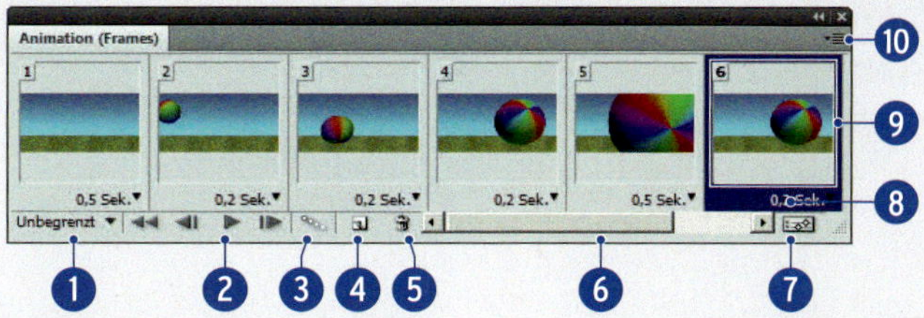

1 **Zahl der Durchläufe:** Einmal oder nonstop Unbegrenzt. Andere definiert eine fixe Zahl von Durchgängen (»Schleifen«)

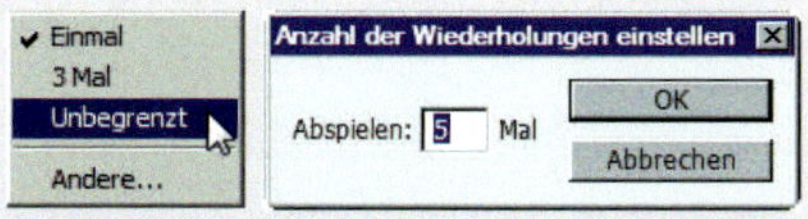

2 **Kontrollfeld für die Wiedergabe:** Doppelpfeil links ◄◄: zum Anfang der Präsentation; Pfeil/Linien-Kombinationen ◄I I►: Vor- und Zurückspulen (Bild für Bild); Pfeil nach rechts ►: Animation starten und stoppen

3 **Animationsframes einfügen (Tweening):** neue Einzelbilder als Übergang zwischen zwei Frames erstellen

4 **Duplikat** von aktiven Frames erzeugen; erscheint rechts neben dem ursprünglichen Frame

5 **Löschen** von Frames; Einzelbild anwählen und auf den Papierkorb klicken

6 **Navigieren** durch größere Animationssequenzen mit gedrückter Maustaste

7 **Wechsel zum Zeitleisten-Modus**

8 **Standzeit des Einzelbilds:** gibt eine vordefinierte Anzeigedauer oder eigene Zeiten für Einzelbilder an. Mehrere Bilder wählen Sie mit gedrückter ⇧-Taste an und klicken auf die Zeitangabe

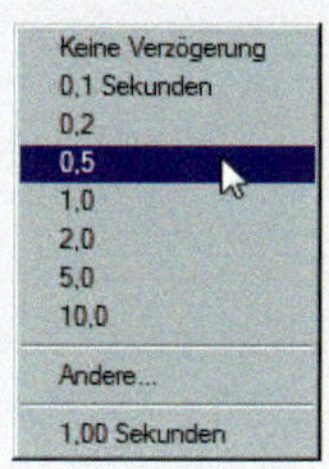

9 **Aktiver Frame** (blauer Rahmen): Wird bei gedrückt gehaltener Maustaste an eine andere Position innerhalb des Arbeitsbereichs verschoben

10 **Bedienfeldmenü** mit Frame- und Ebenenoperationen

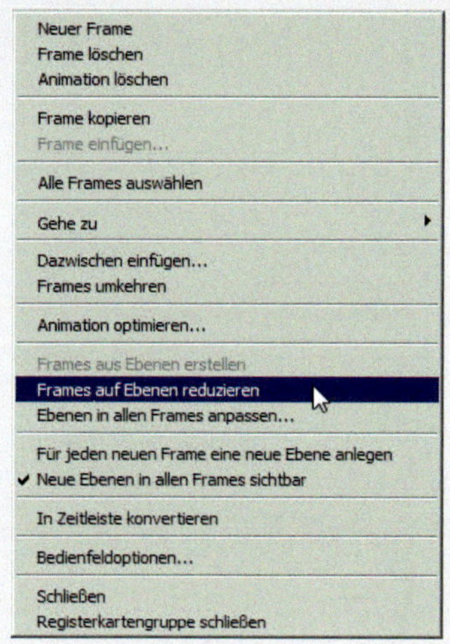

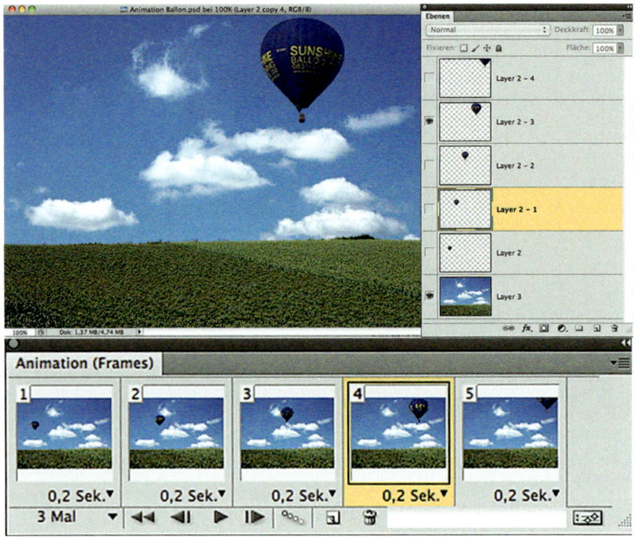

Abbildung 26.1 Fünf Einzelbilder einer Animation auf einer konstanten Hintergrundebene: In diesem Trickfilm basiert jedes Einzelbild auf einer eigenen Ebene. Für jedes der fünf animierten Einzelbilder des Ballons wird eine andere Ebene mit dem Augen-Symbol sichtbar geschaltet. Bei der Anzeige des letzten Einzelbilds ist die Animationsebene »Ballon 05« sichtbar. Unter allen Einzelbildern liegt immer sichtbar die Ebene mit der Landschaft als Hintergrund. Dateien: Animation Ballon 01 Vorlage.psd, Animation-Ballon-01-Resultat.gif

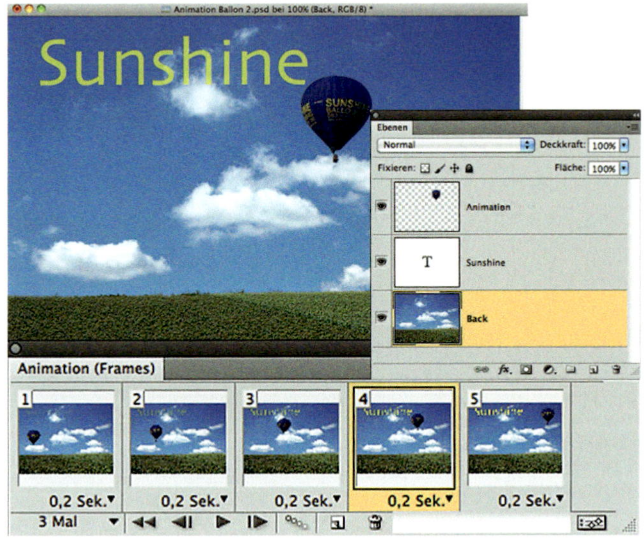

Abbildung 26.2 So geht´s auch: Fünf Einzelbilder einer Animation, doch nur jeweils eine Montageebene für die Text- und Bildanimation: Die Ebenen werden lediglich bewegt bzw. in der Transparenz verändert, der Hintergrund bleibt konstant. Für solche Veränderungen der Ebeneneigenschaften sind keine weiteren Ebenen für die Animation notwendig. Die Miniatur im Animationsbedienfeld zeigt die Position des Objekts im momentan aktivierten Einzelbild. Dateien: Animation Ballon 2 Vorlage.psd, Animation-Ballon-2-Resultat.gif

» Sie können Ihre Animation auch als Video exportieren. Dabei stehen unter Quick-Time Export die Ausgabeformate MOV, AVI, MPEG zur Verfügung. Kompression und Pixelseitenverhältnis können dabei, je nach Bedarf, unterschiedlich eingestellt werden. In Photoshop CS5 Extended können Sie zusätzlich sogar Tonspuren hinzufügen.

26.1 Mehrere Einzelebenen zu einer Animation verarbeiten

Sie können mehrere Ebenen einer Montage in Einzelbilder der Animation verwandeln. Auch wenn die Animation bereits erstellt ist, lassen sich die Einzelbilder (Frames) durch Bearbeitung der Ebenen nachträglich verändern. Darüber hinaus können Sie Ebenen – und damit Einzelbilder – hinzufügen, löschen oder verbergen.

Arbeitsschritte in der Übersicht

So erstellen Sie eine Animation aus mehreren Ebenen:

1. Sie erzeugen eine Montage aus mindestens zwei unterschiedlichen Ebenen. Jede Ebene dient später als Vorlage für ein Einzelbild der Animation.
2. Rufen Sie mit dem Befehl **Fenster: Animation** das Animationsbedienfeld auf. Dort sehen Sie zunächst nur ein einziges Einzelbild. (In der Extended-Version müssen Sie eventuell erst per Klick auf die framebasierte Ansicht wechseln.)
3. Öffnen Sie das Menü des Animationsbedienfelds durch einen Klick auf die Schaltfläche rechts oben in der Palette. Klicken Sie auf **Frames aus Ebenen erstellen**. Nun werden alle Ebenen der Montage als Einzelbilder im Animationsbedienfeld angezeigt.

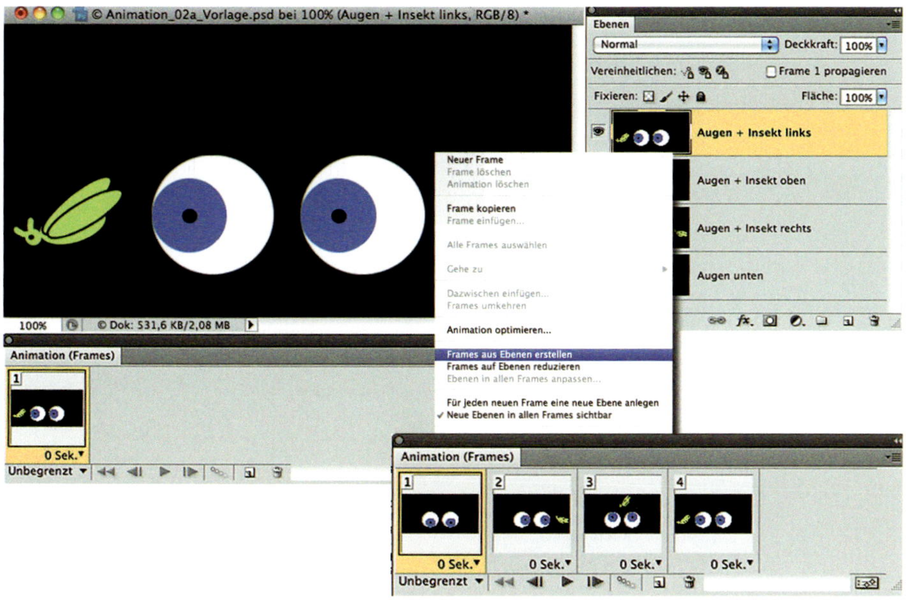

Abbildung 26.3
Links: Das Animationsbedienfeld zeigt für diese Montage zunächst nur ein einziges Einzelbild. Erst durch den Befehl »Frames aus Ebenen erstellen« erscheint jede Montageebene als eigener Frame im Animationsbedienfeld.
Rechts: Das Montageobjekt besteht nun aus vier Einzelbildern in vier Ebenen. Die Ebenen werden dabei automatisch von unten nach oben in das Animationsbedienfeld übertragen, das erste Bild entspricht also der untersten Ebene. Allen Bildern wurde eine identische Anzeigedauer zugewiesen. Bild: Eva Ruhland, Photoshop CS4-Kompendium

4. Für jedes Einzelbild wird die Anzeigedauer festgelegt. Mit der Schaltfläche Spielt Animation ab ▶ unten in der Ebenenpalette lassen Sie anschließend die Animation ablaufen.

Bei einer Ebenenmontage liegt die ursprüngliche Bildebene oft noch als gesperrte Hintergrundebene vor. Damit funktioniert die Animation jedoch nicht. Mit [Alt]-Doppelklick auf den Ebenennamen wird die Hintergrundebene in Ebene 0 umgewandelt und somit für die Animation wieder verwendbar.

Wenn Sie die Animation abspielen, rasen die Bilder mit der voreingestellten Anzeigedauer von 0 Sekunden durch. Mit einem Klick auf die Zeitangabe unter dem Einzelbild lässt sich die Anzeigedauer verändern. Um allen Frames dieselbe Zeit zuzuweisen, klicken Sie auf das erste Einzelbild, dann mit gedrückter [⇧]-Taste auf das letzte und tragen für alle gewählten Bilder eine identische Anzeigedauer ein.

26.1.1 »Ebene in allen Frames anpassen«

Manchmal zeigt eine Ebene in verschiedenen Einzelbildern ungewollt unterschiedliche Merkmale: Zum Beispiel unterscheiden sich Deckkraft, Position oder Effekte; oder die Ebene ist zeitweise verborgen, zeitweise eingeblendet. Um die Ebene in allen Einzelbildern auf einen einheitlichen Stand zu bringen, markieren Sie im Animationsbedienfeld ein Einzelbild, das die dazugehörende Ebene im gewünschten Zustand zeigt. Dann wählen Sie im Menü des Animationsbedienfelds ☰ **Ebene in allen Frames anpassen**.

Nun erscheint das Objekt dieser Ebene in allen Frames mit den gleichen Eigenschaften und in identischer Darstellung.

TIPP Der Befehl **Ebene in allen Frames anpassen** eignet sich zum Beispiel, um eine Ebene über alle Einzelbilder einer Animation hinweg sichtbar oder unsichtbar zu machen.
Bei Animationen mit vielen Einzelbildern lässt sich auf diesem Weg rasch eine Ebene als einheitlicher Hintergrund definieren. Anschließend können Sie immer noch ein Einzelbild im Animationsbedienfeld anklicken und für dieses eine Bild die Ebenensichtbarkeit mit dem Augen-Symbol in der Ebenenpalette ändern.

26.1.2 Ebenen und Einzelbilder bearbeiten

Eine Animation aus mehreren verschiedenen Ebenen aufzubauen, ist das gängige Verfahren. Prinzipiell kann man eine Animation auch aus einer Ebene aufbauen und deren Aussehen in den verschiedenen Frames der Animation gezielt verändern. Besser steuerbar ist die Animation jedoch, wenn jedem Frame auch eine Ebene entspricht. Für die Bearbeitung von Ebenen, die in verschiedenen Frames erscheinen, gilt grundsätzlich:

» Eine Veränderung von Deckkraft, Ebeneneffekt, Ebenensichtbarkeit, Ebenenstil, Objektposition oder eine Text-»Verkrümmung« ändert nur das Erscheinungsbild des gerade markierten Frames.

» Wenn Sie die Ebene dagegen skalieren, drehen, verzerren, mit einem Filter, Kontrastkorrektur oder dem Pinselwerkzeug bearbeiten, verändert sich die Ebene in sämtlichen Frames, in denen sie sichtbar ist.

Um möglichst viel Spielraum beim Bearbeiten der einzelnen Ebenen zu haben, sollten Sie jedes Element, das verändert und animiert werden soll, auf eine eigene Ebene mit transparentem Hintergrund legen. Kontrollieren Sie per Klick auf jeden Frame des Animationsbedienfelds, ob die richtigen Ebenen aktiv sind. Dabei erscheint das Symbol Zeigt an, ob eine Ebene sichtbar ist in der Ebenenpalette.

TIPP Angezeigte Ebenen können Sie über das Augen-Symbol jederzeit ändern, doch achten Sie unbedingt darauf, dass Sie dabei im richtigen Frame und der korrespondierenden aktiven Ebene arbeiten.

Abbildung 26.4 Der ausgewählte Frame des Animationsbedienfelds zeigt die sichtbaren Ebenen mit dem Augen-Symbol an. Eine Veränderung an den animierten Ebenen (hier: rote Farbe des Ballons) betrifft nur dieses eine Einzelbild (frame-spezifische Änderung). Dateien: Animation Ballon 01 Vorlage.psd, Animation-Ballon_3_Resultat.gif

Sie können natürlich auch Ebenenmasken in der Animation verwenden und so beliebige Teile einer Ebene verbergen (Seite 867). Wenn Sie die Ebene bewegen, steuern Sie die Verbindung zwischen Maske und Ebene mit dem Verknüpfungssymbol in der Ebenenpalette. Ist die Kette geschlossen, werden Ebene und Maske gemeinsam bewegt.

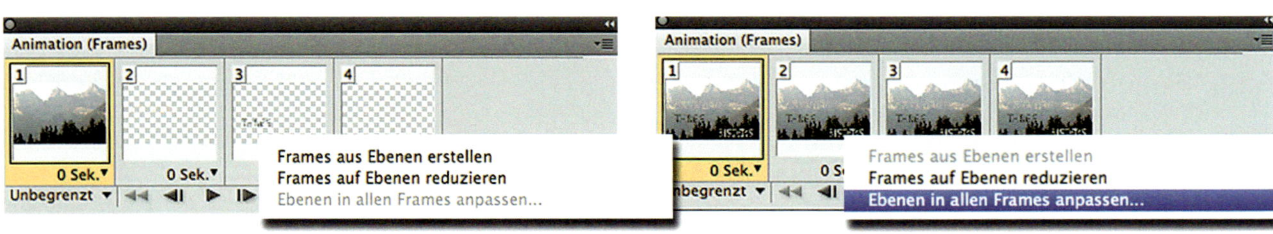

Abbildung 26.5 Mit dem Befehl »Frames aus Ebenen erstellen« werden alle Ebenen als Einzelbilder in das Animationsbedienfeld übertragen. Das Hintergrundbild ist ausgewählt, auch im Ebenenbedienfeld. Mit dem Befehl »Ebenen in allen Frames anpassen« können wir den Hintergrund in jedem Frame anzeigen lassen. Datei: Text-Animation_Vorlage.psd

Weitere Einzelbilder hinzufügen

So können Sie der Animation weitere Einzelbilder von Hand hinzufügen:

1. Aktivieren Sie im Animationsbedienfeld den Frame, hinter dem Sie das neue Einzelbild einfügen möchten.
2. Klicken Sie im Animationsbedienfeld auf das Symbol Dupliziert ausgewählte Frames. Dadurch entsteht ein Duplikat des zuvor markierten Frames, das als nachfolgender Frame eingefügt wird.

26.1.3 Automatische Übergänge mit »Dazwischen einfügen«

Diese Funktion erzeugt automatisch Übergänge zwischen zwei Einzelbildern, die sich in einem oder mehreren Merkmalen wie Deckkraft, Ebeneneffekt oder Position unterscheiden. Dabei entstehen neue Einzelbilder, die Sie anschließend bearbeiten können wie andere Einzelbilder auch.

Sie finden den Befehl **Dazwischen einfügen** im Menü des Animationsbedienfelds oder Sie klicken auf die Schaltfläche Dazwischen einfügen rechts unten in der Palette.

Sie können bei dem Befehl **Dazwischen einfügen** unterschiedliche Verfahren anwenden und die Anzahl der einzufügenden Frames definieren. Als Ausgangsframes können entweder die Einzelbilder einer einzigen Ebene dienen oder auch mehrere Ebenen. Dabei sollten sich die Einzelbilder oder Ebenen in einer oder mehreren Eigenschaften unterscheiden, die der Befehl **Dazwischen einfügen** abwandeln kann – zum Beispiel Deckkraft, Ebeneneffekt oder Position.

26.1.4 Einzelbilder für den automatischen Übergang

So erzeugen Sie zwei Frames für eine automatische Animationsberechnung:

1. Erzeugen Sie eine Einzelebene und wenden Sie beispielsweise einen Ebeneneffekt an.
2. Öffnen Sie das Animationsbedienfeld und duplizieren Sie das vorhandene Einzelbild mit der Schaltfläche Dupliziert ausgewählte Frames.

Abbildung 26.6 Im Dialogfeld »Dazwischen einfügen« legen Sie fest, in welchen Punkten sich die neu erzeugten Einzelbilder vom Ausgangsbild unterscheiden und wie viele neue Bilder entstehen sollen.

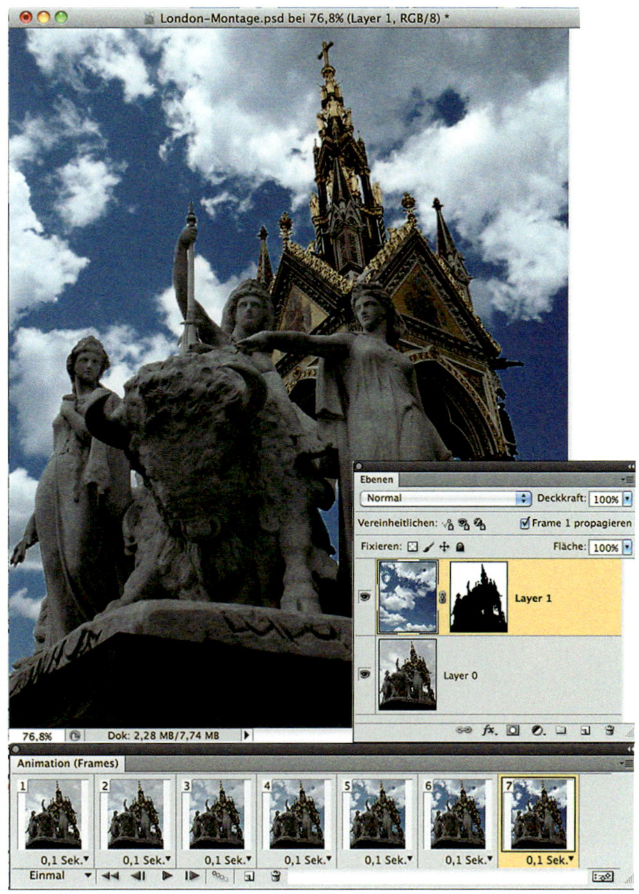

Abbildung 26.7 Bei dieser Animation wurden mit dem Befehl »Dazwischen einfügen« fünf Einzelbilder eingesetzt. Der Übergang von bedecktem zu wolkigem Himmel erfolgt nun in Zwischenstufen. Ausgangspunkt sind zwei Ebenen, wobei die zweite den Vordergrund per Ebenenmaske ausspart. Dateien: Wolken_London_Vorlage.psd, Wolken_London_Resultat.gif

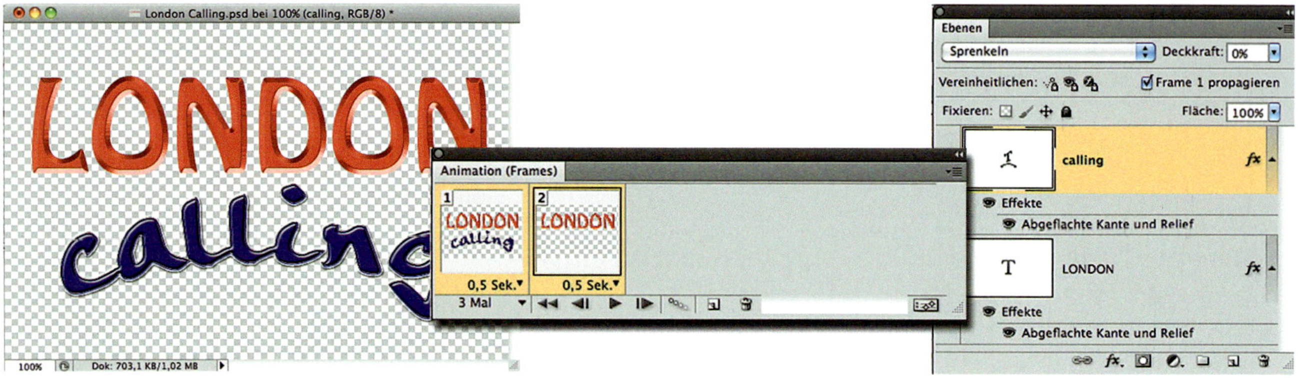

Abbildung 26.8 Im ersten Einzelbild wurden beide Wörter mit Effekten versehen, ausgerichtet und das Wort »calling« wurde durch eine Textverkrümmung nach oben gebogen. Anschließend haben wir diesen Frame dupliziert und aktiviert. Für diesen Frame wurde dann die Textverkrümmung nach unten gezogen, in den Ebeneneffekten die Deckkraft herabgesetzt und die Füllmethode in »Auflösen« verändert. Dies ist die Ausgangsposition für eine Animation, bei der das Wort »calling« nach unten schwingen und sich auflösen soll. Datei: London_Calling_Vorlage.psd

3. Variieren Sie eines der Einzelbilder, indem Sie die Deckkraft, Ebeneneffekte und/oder Position verändern.
4. Klicken Sie eines der zwei Einzelbilder im Animationsbedienfeld einmal an.

Funktionen im Dialogfeld »Dazwischen einfügen«

Im Feld Hinzuzufügende Frames tragen Sie nun die Anzahl der Einzelbilder ein, die neu entstehen sollen. Wählen Sie Position, sofern sich die Ebene bewegen soll. Die Option Deckkraft verändert stufenweise die Transparenz der Frames (in Kombination mit der Füllmethode Sprenkeln wird dabei ein Auflösungseffekt erzeugt). Die Vorgabe Effekte erzeugt eine schrittweise Veränderung der vorhandenen Ebeneneffekte, etwa 3D-Effekt, Schatten oder Verlauf. Mit der Effekte-Vorgabe lässt sich auch eine Text**verkrümmung** animieren (Seite 941).

Sie können mehr als eine Eigenschaft gleichzeitig verändern. Beispielsweise lässt sich ein Objekt gleichzeitig bewegen und ausblenden. Allerdings wandert Text nicht auf einem frei geformten Pfad entlang, sondern nur in gerader Richtung.

Je mehr sich die gewählten Eigenschaften zwischen den beiden Einzelbildern unterscheiden, desto stärker wird der Übergangseffekt.

HINWEIS Sie können Eigenschaften einer aktiven Ebene auch rasch auf alle anderen ebenenzugehörigen Frames im Animationsbedienfeld übertragen. Dazu wählen Sie im Ebenenbedienfeld Vereinheitlichen: Ebenenposition bzw. Ebenensichtbarkeit oder Ebenenstil.
Im Menü des Ebenenbedienfelds können Sie über die **Animationsoptionen** festlegen, ob diese Schaltflächen für Animationen immer, nie oder nur bei Bedarf gezeigt werden sollen.

Abbildung 26.9 Mit dem Befehl »Dazwischen einfügen« haben wir fünf weitere Frames eingefügt. In den Vorgaben waren auch die Optionen »Alle Ebenen« und »Position« aktiviert. Dateien: London_Calling_Vorlage.psd, London_Calling_Resultat.gif

Möglichkeiten mit dem Befehl »Dazwischen einfügen«

Mit dem Befehl **Dazwischen einfügen** können Sie interessante Effekte erzielen:

- Mit Hilfe der Deckkraft-Variation blenden Sie ein Objekt ein oder aus. So lässt sich z.B. durch Kombination der Füllmethode Sprenkeln und das Reduzieren der Deckkraft eine Ebene in Streusel auflösen.
- Der Effekt Abgeflachte Kante und Relief lässt das Objekt plastisch heranwachsen. Fügen Sie eventuell einen Schlagschatten hinzu, der sich in Abstand und Deckkraft ebenfalls verändert (Seite 785).
- Farbüberlagerung oder Verlaufsüberlagerung sorgen für fließende Farbübergänge.
- Der Effekt Glanz produziert ein flackerndes Schattenspiel; er eignet sich auch zur Kombination mit Farbüberlagerung oder Abgeflachte Kante und Relief.
- Der Kontur-Effekt lässt einen Rahmen um ein Objekt herum wachsen.
- Sie können auch Text mit einer animierten »Verkrümmung« in Schwingungen versetzen (Seite 941).

TIPP Soll sich ein Objekt erst aus dem Nichts heraus ins Bild schieben oder aus dem Bild herauswandern? Sie können dazu Ebenen jederzeit halb oder komplett aus dem sichtbaren Bereich herausbewegen.

Abbildung 26.10 Bei dieser Animation wurden die beiden Textebenen zunächst mit Effekten wie Schlagschatten und Relief versehen. Dann wurde über das Animationsbedienfeld ein Duplikat des ersten Frames erzeugt. In diesem zweiten Frame haben wir der Ebene »KEEP« zusätzlich einen gelblichen Schein nach außen verpasst. Anschließend haben wir ein weiteres Duplikat des ersten Frames erzeugt und ans Ende der Framesequenz verschoben. Dann wurden die ersten beiden Frames markiert und mit Dazwischen einfügen zwei Übergangsframes berechnet. Dasselbe haben wir dann mit den beiden letzten Frames gemacht. Das Ergebnis ist ein Auf- und Abblenden des Scheins. Dateien: Keep_the_Faith_Vorlage.psd, Keep_the_Faith_Resultat.gif

26.2 Umgang mit Dateien und Einzelbildern

26.2.1 Mehrere Dateien als Ebenen laden

Photoshop unterstützt die Nutzung von Skripten und liefert eine Reihe nützlicher Skripte gleich mit. Ein komfortables Skript erleichtert Ihnen beispielsweise den gleichzeitigen Import mehrerer Dateien als Ebenen, etwa für eine Diaschau.

1. Kopieren Sie alle Dokumente in einen gemeinsamen Ordner.
2. Wählen Sie **Datei: Skripten: Dateien in Stapel laden**. Die selektierten Bilder des Ordners werden in alphabetischer Reihenfolge aufgelistet und öffnen sich als neue, noch ungespeicherte, Photoshop-Datei, wobei jedes Einzelbild auf einer eigenen Ebene liegt. Alternativ starten Sie von Bridge aus mit dem Befehl **Werkzeuge: Photoshop: Dateien in Photoshop-Ebenen laden**.
3. In der Ebenenpalette erscheint das erste Bild ganz oben. Mit dem Befehl **Frames aus Ebenen erstellen** des Animationsbedienfelds wird pro Bild ein Frame erstellt.

Natürlich können Sie die Reihenfolge der Einzelbilder durch Ziehen im Animationsbedienfeld noch verändern und den Trickfilm damit anders arrangieren. Die Sichtbarkeit kontrollieren Sie dabei mit dem Augen-Symbol in der Ebenenpalette.

HINWEIS Im Menü des Animationsbedienfelds können Sie in den **Bedienfeldoptionen** bestimmen, ob das gesamte Bedienfeld inklusive der Miniaturen größer, mittel oder klein dargestellt werden soll.

Einen Überblick über die Funktionen des Animationsbedienfelds haben Sie am Anfang des Kapitels gewonnen. Im Folgenden werden die grundlegenden Arbeitsschritte einzeln dargestellt.

Einzelbilder auswählen

Durch Klicken markieren Sie ein Einzelbild, das dann auch im Dateifenster erscheint. Mit den Schaltflächen NÄCHSTEN FRAME AUSWÄHLEN oder VORHERIGEN FRAME AUSWÄHLEN, die Sie auch auf der Ebenenpalette finden, springen Sie jeweils ein Einzelbild weiter.

Per Strg-Klick markieren Sie mehrere Einzelbilder. Um eine Sequenz auszuwählen, klicken Sie zunächst auf das erste Einzelbild und dann bei gedrückter ⇧-Taste auf das letzte Einzelbild. Wählen Sie ein bereits markiertes Einzelbild erneut mit gedrückter Strg-Taste, um es aus der Auswahl zu entfernen. Das Animationsbedien-

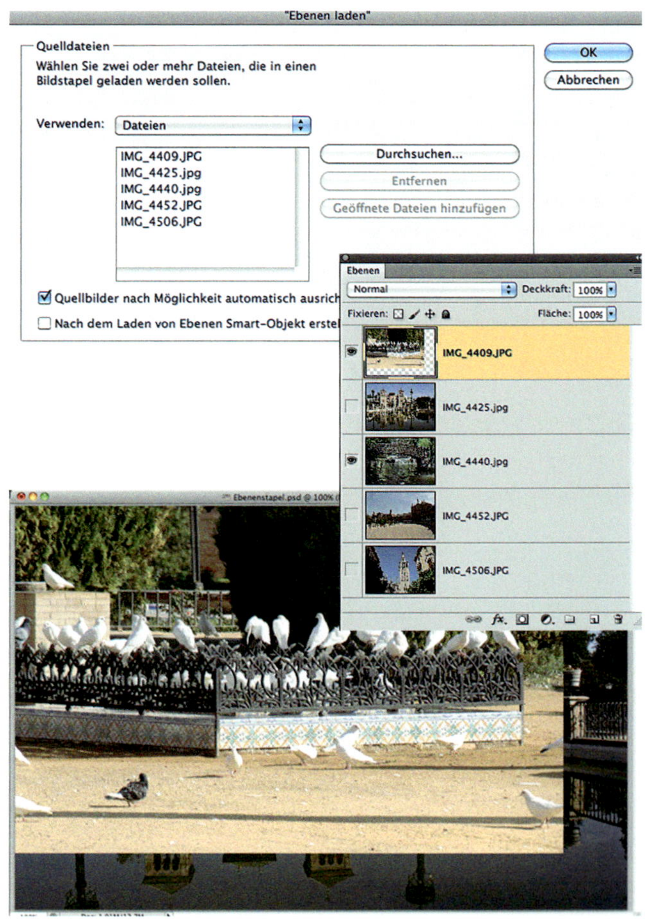

Abbildung 26.11 Diese Montage entstand mit dem Befehl »Datei: Skripten: Dateien in Stapel laden«. Wir haben die Bilder aus dem Ordner »Praxis Animation Vorlagen« von der Buch-DVD als Einzelbilder für eine Animation geladen. Das Programm legt eine neue Ebenendatei an und baut die Bilder alphabetisch von oben nach unten auf. Die Bildgröße wird dabei an das größte Bild angepasst. Sind kleinere Bilder dabei, zeigen sie transparente Bereiche. Vorlagen-Ordner: Praxis Animation Vorlagen; Ergebnis: Ebenenstapel_Resultat.psd

Abbildung 26.12 Markierte und nicht markierte Einzelbilder. Der aktuelle Frame, hier mit der Nummer 3, wird zusätzlich durch einen schwarzen Rahmen kenntlich gemacht. Nur dieser »aktuelle Frame« wird im Bildfenster angezeigt und kann dort bearbeitet werden. Datei: Ebenenstapel_Resultat.psd

feld bietet in seinem Menü auch den Befehl **Alle Frames auswählen**.

Die markierten Einzelbilder sind durch einen Rahmen deutlich hervorgehoben. Zusätzlich gibt es noch den »aktuellen Frame«, der im Bildfenster erscheint; es ist derjenige Frame, den Sie beim Markieren zuerst gewählt haben, er verfügt innen über ein zusätzliches Rähmchen und die Frame-Nummer ist hervorgehoben. Nur dieses eine Einzelbild können Sie bearbeiten.

Einzelbilder kopieren und einfügen

Sie können Einzelbilder kopieren und an anderer Stelle wieder einfügen, entweder in dieselbe Animation oder auch in eine andere. Dabei bleibt die Transparenz erhalten. Im Einzelnen geht das wie folgt:

1. Markieren Sie die Einzelbilder, die Sie kopieren wollen, wie oben beschrieben.
2. Öffnen Sie das Palettenmenü und wählen Sie **Frames kopieren**.
3. Klicken Sie ein anderes Einzelbild oder eine Bildreihe an – auch in einer anderen Animation –, wo Sie die kopierten Einzelbilder einsetzen möchten.
4. Anschließend verwenden Sie den Befehl **Frames einfügen** des Animationsbedienfelds.

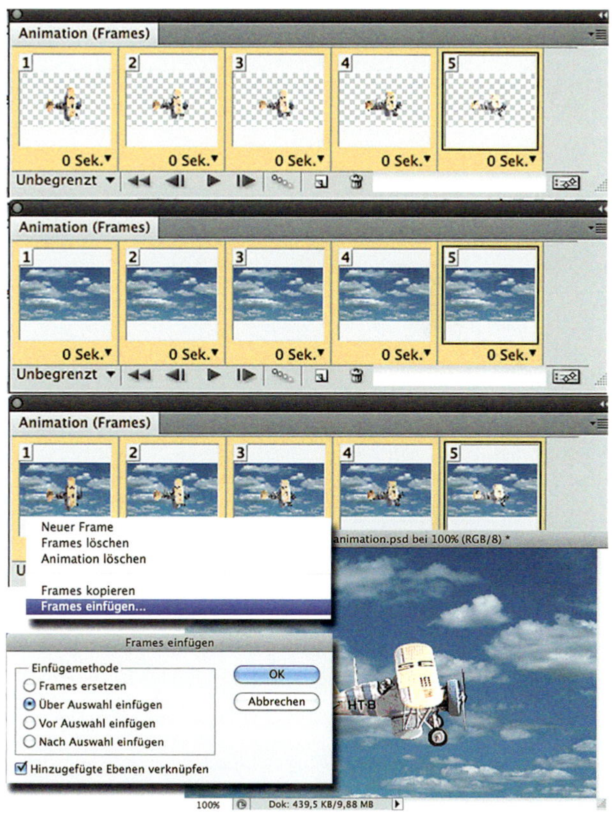

Abbildung 26.13 Die fünf Frames der Quellanimation werden kopiert und in die Zielanimation mit »Über der Auswahl einfügen« integriert. Dateien: animation_doppeldecker.psd, wolken.psd

Abbildung 26.14 Diese einfache Animation entstand durch den Befehl »Frames umkehren«. Zuerst wurde mit Hilfe einzelner Keyframes, Skalieren und Dazwischen einfügen der Ball vom Vorder- in der Hintergrund bewegt. Diese Frames wurden anschließend markiert, kopiert und am Ende der Animation eingefügt. Damit der Ball wieder aus dem Bild herausspringt, wurden die Frames umgekehrt. Dateien: Animation_Ball_Vorlage.psd, Animation_Ball_Resultat.gif

Bestanden die kopierten Einzelbilder aus mehreren Ebenen, bleiben diese auch in der Zielanimation erhalten.

Optionen beim »Einfügen« von Frames

Nachdem Sie **Frame einfügen** gewählt haben, erscheint ein Dialogfeld. Hier können Sie entscheiden, was mit den bereits vorhandenen Frames der Animation passieren soll:

- Frames ersetzen überschreibt diejenigen Bilder in der Zielanimation, die markiert waren.
- Über Auswahl einfügen überlagert die Frames der Zielanimation mit den eingefügten Einzelbildern. Am übersichtlichsten ist es, beim Kopieren und Einfügen gleich viele Einzelbilder zu markieren.
- Vor Auswahl einfügen und Nach Auswahl einfügen erzeugen neue Einzelbilder in der Zielanimation. Die Bilder erscheinen vor oder hinter der markierten Stelle.

Einzelbilder verschieben

Einzelne oder mehrere Frames lassen sich im Ablauf des Trickfilms auch an eine andere Positionen bewegen. Markieren Sie dazu die Bilder wie oben beschrieben und ziehen Sie die Frames an die gewünschte Stelle. Verschieben Sie mehrere nicht nebeneinander liegende Frames, erscheinen sie an der neuen Position nebeneinander.

Der Befehl **Frames umkehren** aus dem Menü des Animationsbedienfelds kehrt die Reihenfolge der markierten Einzelbilder einer Animationssequenz um.

Einzelbilder löschen

Um ein oder mehrere Einzelbilder zu löschen, markieren Sie diese Frames und klicken auf den Mülleimer – oder ziehen sie mit gedrückter Maustaste hinein. Das Animationsbedienfeld enthält zudem den Menübefehl **Animation löschen**; dieser Befehl lässt nur das erste Einzelbild im Animationsbedienfeld bestehen – so, als ob Sie nie mit einer Animation begonnen hätten.

26.2.2 Abspielen der Animation

Sie können die Animation in Bildbearbeitungsprogrammen oder direkt im Internetbrowser abspielen. Innerhalb von Photoshop klicken Sie im Animationsbedienfeld auf die Schaltfläche Spielt die Animation ab. Damit läuft die Animation im Bildfenster durch. Mit der Esc-Taste oder mit der Schaltfläche Hält die Animation an stoppen Sie die Vorführung.

Die Schaltfläche nächsten Frame auswählen führt Sie Einzelbild für Einzelbild durch den Film. So können Sie die Animation manuell steuern.

Das richtige Timing

Um die Vorschau Ihrer Animation in Photoshop richtig begutachten zu können, stellen Sie die Anzeigedauer jedes Einzelbilds auf die gewünschte Zeit ein. Standardmäßig steht die vorgegebene Zeit für jedes Einzelbild auf 0 Sekunden – das macht keinen Sinn und ist kein Genuss beim Anblick.

Rufen Sie per Klick auf die Zeitangabe eines Frames das Pull-down-Menü auf, in dem Sie eine vordefinierte Anzeigedauer wählen oder auch eigene Zeiten für die Einzelbilder eintragen können. Um mehreren Bildern dieselbe Zeit zuzuweisen, selektieren Sie alle mit gedrückter ⇧-Taste und klicken dann auf die Zeitangabe. Dabei sollten Sie ein paar simple Faustregeln berücksichtigen:

» Damit ein Betrachter eine flüssige Bewegung wahrnimmt, sollte die Abspielzeit mindestens zwölf, besser 20, Einzelbilder pro Sekunde betragen.

» Bei Animationen, deren Hauptinformation im Endbild liegt, sollte dieser letzte Frame deutlich länger stehen bleiben als vorhergehende Frames.

» Regelmäßige Bewegungsabläufe entstehen, indem Sie allen Einzelbildern dieselbe Spielzeit zuweisen.

» Soll die Animation in einer Endlosschleife abgespielt werden, bietet sich ein harmonischer Übergang vom letzten auf das erste Einzelbild an. Beispielsweise können Sie alle Frames vor dem Endbild kopieren, nach dem Endbild wieder einfügen und diese mit dem Befehl **Frames umkehren** versehen. So entsteht ein Trickfilm ohne Anfang und Ende.

TIPP Photoshop spielt Ihre Animation in der Vorschau nicht immer exakt ab. Auch wenn Sie die Standzeit jedes Einzelbilds individuell einstellen, kann sich die Abspielzeit der gespeicherten GIF-Datei beispielsweise im Browser unterscheiden. Die Geschwindigkeit, mit der Ihr Trickfilm abgespielt wird, kontrollieren Sie daher zuverlässiger im Browser-Fenster.

Animation in einem Internetbrowser betrachten

Um die Animation in einem Internetbrowser kontrollieren zu können, rufen Sie den Befehl **Datei: Für Web und Geräte speichern** auf, regeln Sie eventuell die Optionen für Schleifenwiedergabe neu und klicken Sie dann auf die Schaltfläche Vorschau links unten, um Ihre Animation im Standardbrowser zu begutachten.

TIPP Sie können die Animation im Browser unterbrechen und nur ein Einzelbild anzeigen lassen. Drücken Sie dazu die Esc-Taste. Die Schaltfläche Aktualisieren oder Neu laden startet den Trickfilm erneut.

26.2.3 Speichern der Animation

Sie sollten Ihre Animationen mehrfach sichern:

» als Photoshop-PSD-Datei, um das Werk jederzeit mit allen Möglichkeiten von Photoshop korrigieren zu können,

» im GIF- oder Quicktime-Format, um die Datei auf eine Internetseite zu stellen oder außerhalb von Photoshop abzuspielen.

Speichern der Animation als Photoshop-Datei

Für das Photoshop-Dateiformat wählen Sie **Datei: Speichern** oder **Speichern unter** mit dem Dateityp Photoshop (*.psd). Dabei bleiben alle Einzelbilder und Abspielinformationen wie Anzeigedauer oder Wiederholungen erhalten. Sie können das Ganze wieder als Animation öffnen und bei Bedarf verändern.

Speichern der Animation als GIF-Datei

Details zur Dateivorschau wie auch zum Speichern im GIF-Format finden Sie ab Seite 1033. Hier das Wichtigste in Kürze:

Wählen Sie **Datei: Für Web und Geräte speichern.** In der Mehrfachvorschau können Sie die GIF-Eigenschaften bei unterschiedlichen Einstellungen vergleichen. Schalten Sie im Dialogfeld die Transparenz ein, wenn der Seitenhintergrund durchscheinen soll.

Der Befehl **Datei: Speichern unter** mit dem GIF-Format speichert nur das erste Einzelbild statt der gesamten Animation. Diesen Befehl sollten Sie für Animationen besser nicht verwenden.

Besonderheiten einer animierten GIF-Datei

Bevor Sie die Animation speichern, sollten Sie mit dem Befehl **Animation optimieren** aus dem Menü des Animationsbedienfelds einige Vorgaben überprüfen:

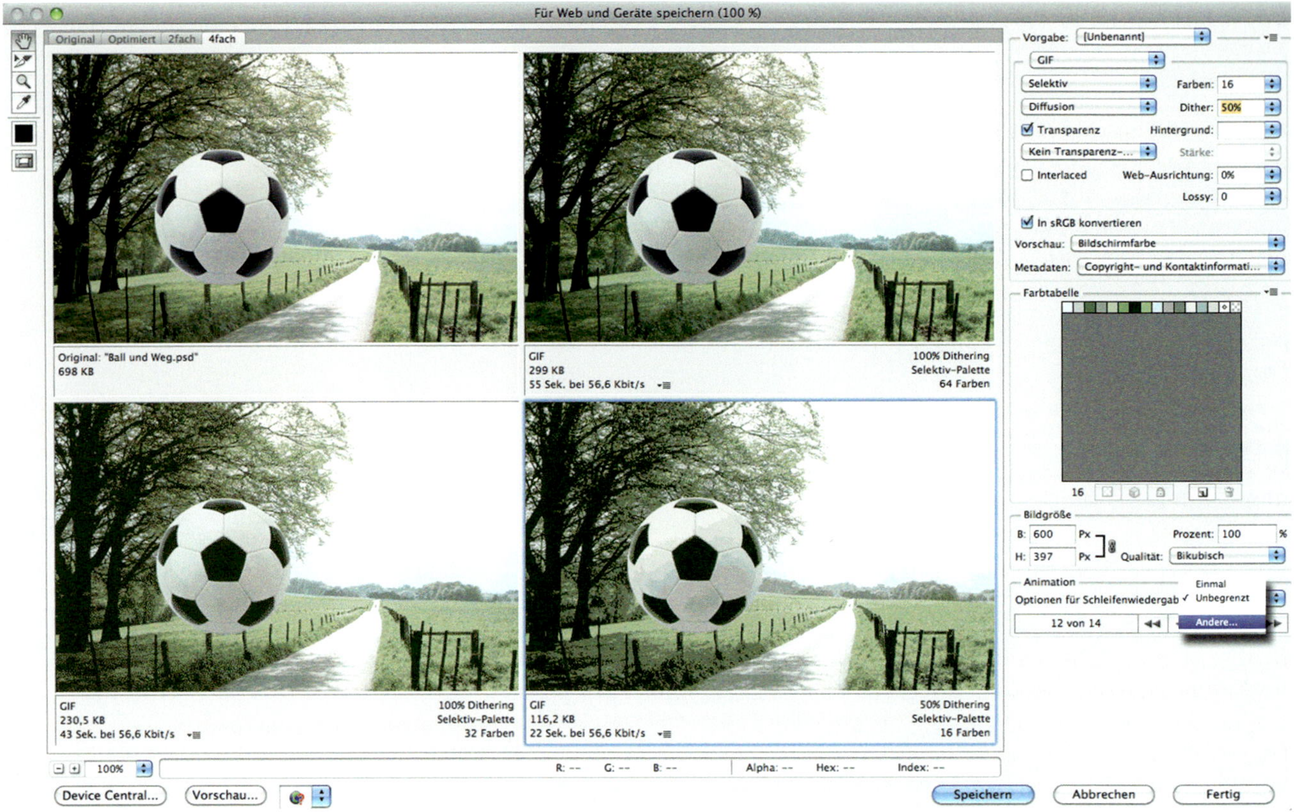

Abbildung 26.15 In der Mehrfachvorschau des Dialogs »Für Web und Geräte speichern« sehen Sie, wie die Farben der Animation mit unterschiedlichen Vorgaben wirken. Die Eigenschaften für die aktuelle, durch einen Rahmen hervorgehobene Vorschauvariante regeln Sie im Dialogfeld. Hier ist beispielsweise die Version rechts unten aktiviert.

» Die Option Begrenzungsrahmen beschränkt jedes neue Einzelbild auf den Bereich, der sich gegenüber dem vorhergehenden Bild verändert hat. Diese Option empfiehlt sich zwar, um die Dateigröße spürbar zu reduzieren. Allerdings kommen andere Programme zur GIF-Animation manchmal nicht damit zurecht. Hier ist Austesten angesagt!

» Die Option Entfernen redundanter Pixel schaltet alle Bildpunkte transparent, die gegenüber dem vorherigen Einzelbild unverändert sind. Wenn Sie diese Option verwenden möchten, sollten Sie alle Frames der Animation markieren und per Rechtsklick im Kontextmenü den Entfernen-Befehl auf **Automatisch** einstellen. Diese Option steht nur zur Verfügung, wenn Sie in der Optimierungspalette die Transparenz eingeschaltet haben.

TIPP Viele GIF-Animationen, weitere Informationen auf Deutsch und Verknüpfungen zu verschiedenen, auch kostenlosen Animationsprogrammen und Animationen finden Sie unter *http://www.gifanimations.com/* und *http://www.animationer.dk/*. Interessant sind auch die 3D-Animationen in *http://www.prodraw.net/animation/*.

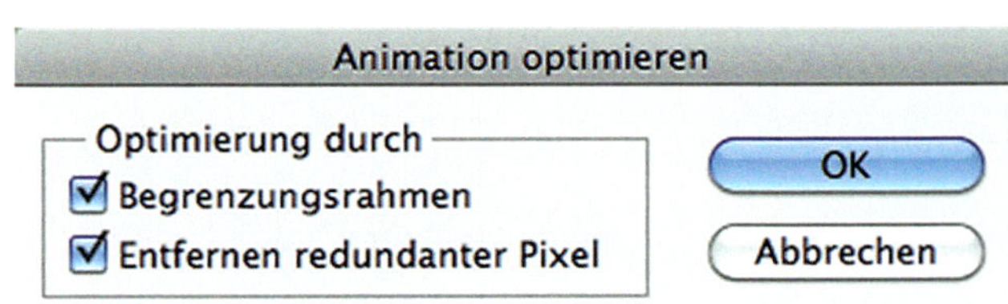

Abbildung 26.16 Der Palettenbefehl »Animation optimieren« senkt die Dateigröße Ihrer GIF-Animationen.

Speichern der Animation mit dem Befehl »Video rendern«

Sie können Ihre Animation mit dem Befehl **Datei: Exportieren: Video rendern** auch in verschiedenen Videoformaten exportieren, etwa als QUICKTIME MOVIE (MOV), AVI oder MPEG-4. Weitere Möglichkeiten bieten DV-STREAM (gute Option zur Filmnachbearbeitung, da wenig komprimiert), FLC, 3G für Mobilgeräte oder BILDSEQUENZ (gut geeignet für Composing).

Nähere Informationen zu den Speicheroptionen finden Sie auf Seite 1009.

ACHTUNG Die Videoexportvorgaben können Sie als Windows-User erst anwählen, wenn Sie den kostenlosen QuickTime Player aus dem Internet heruntergeladen haben: *http://www.apple.com/quicktime/download/win.html. Beim Mac OS-X ist Quicktime bereits vorinstalliert.*

Die Option BILDSEQUENZ steht in zweifacher Hinsicht zur Verfügung, einmal als QUICKTIME EXPORT und als direkte Option BILDSEQUENZ. In beiden Fällen speichern Sie die Frames Ihrer Animation als separate Dateien ab. Die Dateien werden dabei durchnummeriert. Vorgaben unter „Framerate" haben in beiden Fällen keine Auswirkungen, da nur die Anzahl der vorhandenen Frames exportiert wird. Als Dateiformate stehen unter anderem Photoshop-PSD, TIFF, JPEG oder PNG zur Verfügung.

26.2.4 Externe Filme öffnen

Anders als frühere Versionen ist Photoshop CS5 in der Lage, auch animierte GIF-Dateien mit allen Frames zu öffnen. In Photoshop CS4 blieb nur der allererste Frame erhalten, was beim Speichern der Datei unweigerlich zum Datenverlust der gesamten Animation führte.

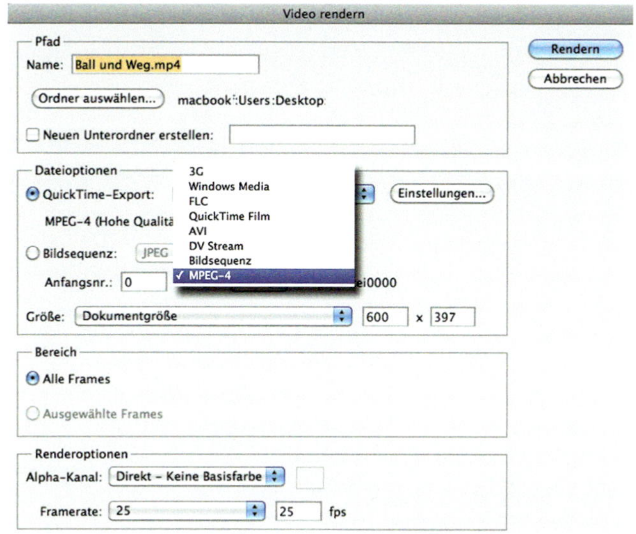

Abbildung 26.17 Mit dem Befehl »Video rendern« speichern Sie Ihre Animation als Video mit oder ohne Alphakanäle. So steuern Sie auch eine Übertragung für das Internet.

Photoshop ermöglicht es darüber hinaus, Videodateien in den Formaten MOV, AVI, WMV oder MPEG zu öffnen und zu bearbeiten.

26.3 Videobearbeitung

In der Standardversion von Photoshop beschränken sich die Möglichkeiten der Videobearbeitung allerdings auf einige wenige Optionen. Sie können Ebenendateien als Video exportieren über den Befehl **Datei: Exportieren: Video rendern** oder Sie öffnen FLM-Dateien, also Filmstreifen, die aus Adobe Premiere Pro exportiert wurden, und bearbeiten diese in Einzelbildmanier.

Abbildung 26.18 Im Zusammenhang mit dem Palettenbefehl »Animation optimieren« sollten zuvor alle Frames markiert und per Rechtsklick die Option »Entfernen - Automatisch« aktiviert werden.

So nutzen Sie die Zeitleiste im Bedienfeld Animation (nur Photoshop CS5 Extended)

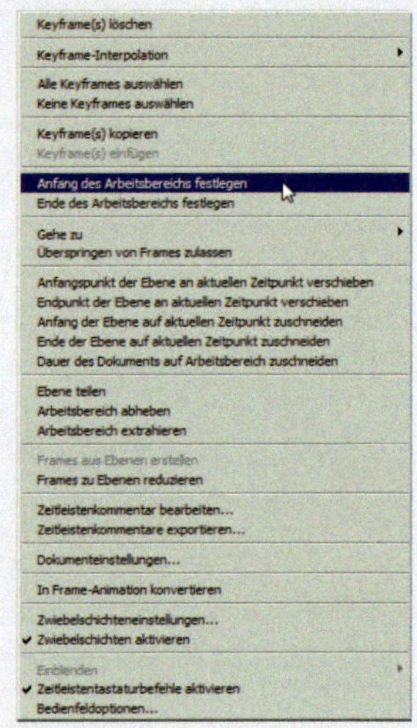

1 Kontrollfeld für die Wiedergabe:
Doppelpfeil links: zum Anfang der Präsentation;
Pfeil/Linien-Kombinationen: Vor- und Zurückspulen (Bild für Bild);
Pfeil nach rechts: Animation starten und stoppen.
Tonwiedergabe erfolgt durch Klick auf AUDIOWIEDERGABE.

2 Zoomen: stufenlos Zoomen der Zeitleiste, bis zur Einzelframe-Anzeige

3 Zoomen in Stufen führt mit jedem Klick weiter in die Zeitleiste
Der Regler links daneben springt mit

4 Zwiebelschichten-Modus: Zeigt den Inhalt des aktuellen Frames sowie Einzelbilder davor und/oder danach (Hilfe bei Bild-für-Bild-Animationen). Mit ZWIEBELSCHICHTENEINSTELLUNGEN im Menü des Animationsbedienfelds erhalten Sie die ZWIEBELSCHALENOPTIONEN; hier regeln Sie Parameter der anzuzeigenden Frames

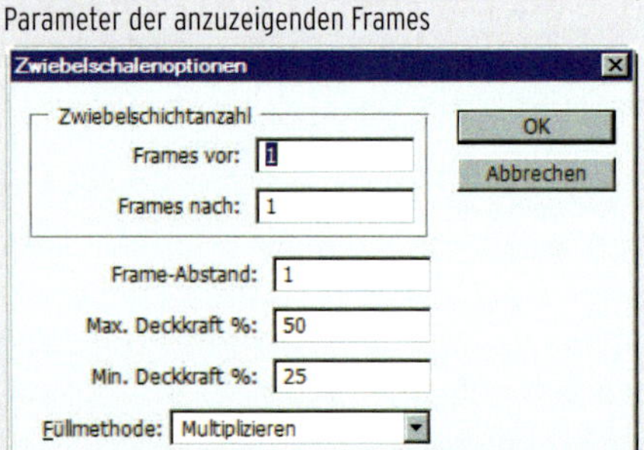

5 Löschen: Frames anwählen und auf den Papierkorb klicken.

6 Navigieren: mit dem Rollbalken durch größere Videosequenzen bewegen

7 Konvertieren: Inhalt der Zeitleiste in Frame-Animation umwandeln

8 Keyframe: Die gelbe Raute zeigt einen gesetzten Keyframe an. Ein neuer Keyframe entsteht durch Verschieben des Markers und Ändern der Ebeneneigenschaften. Änderungen der Ebeneneigenschaften benötigen mindestens zwei Keyframes

9 Belegte Videoebene: wird signalisiert durch türkisfarbenen Balken und parallel im Ebenenfenster angezeigt

10 Bedienfeld-Menü:
u.a. Auswahl- und Arbeitsbereichfunktionen

11 Marker für den aktuellen Frame; er wird in der Zeitachse oben mit gedrückter Maustaste verschoben

12 Arbeitsbereich wird markiert durch die blauen Regler links und rechts. Sie können nach Bedarf verschoben werden

13 Dauer des Videos, lässt sich per Doppelklick ändern. In den DOKUMENTEINSTELLUNGEN (Menü der Animationspalette) wird die Framerate eingegeben

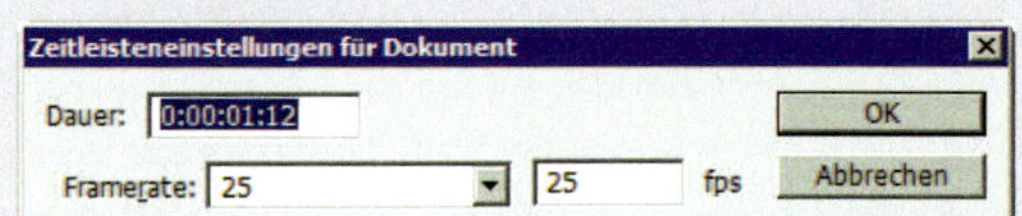

14 Kommentarfenster: Für Vermerke zu Bildattributen, generiert Keyframes: Marker in der Zeitleiste an die gewünschte Stelle setzen und auf das Stoppuhrsymbol links neben Kommentare klicken, dann Text eingeben. Weitere Kommentare/Keyframes erzeugt der Klick auf das Rautensymbol links zwischen den Vor- und Zurück-Pfeilen

15 Aktuelle Videoebene ist angewählt. Klick auf das Dreieck links zeigt oder verbirgt die Ebeneneigenschaften. Klick auf den Lautsprecher schaltet die Audiospur stumm

16 Bearbeitetes Frame wird durch den blauen Balken in der Zeitleiste angezeigt, der mit jedem veränderten Frame wächst. Mit Klick auf die Pfeiltasten links springen Sie zu bearbeiteten Einzelbildern

17 Ebeneneigenschaften für einzelne Bildfolgen oder das gesamte Video: POSITION, DECKKRAFT, STIL und GLOBALES LICHT. Änderungen erfolgen über Keyframes

26.3.1 Videos in Photoshop Extended

Im vorherigen Abschnitt haben Sie erfahren, wie Sie eine Framebasierte-Animation erstellen. Photoshop CS5 Extended bietet noch eine weitere Möglichkeit, Trickfilme oder Videos zu entwerfen: die Zeitleistenbasierte Animation. Sie können Videos mit Ton in den Formaten QuickTime, AVI oder MPEG importieren, um daraus Animationen und Filme zu erzeugen. Dabei können Sie:

- » Frame- oder zeitleistenbasierte Animationen erstellen
- » Mit verschiedenen Werkzeugen auf Videoebenen malen
- » Videosequenzen bearbeiten und retuschieren
- » Eine Diaschau mit Ton erstellen
- » Mit Keyframes und Effekten arbeiten

Mit dem Befehl **Fenster: Animation** öffnen Sie das Animationsbedienfeld. Mit dem Symbol unten rechts schalten Sie von Frame-Animation auf Zeitleistenbasierte Animation um. Das geht nur bei geöffneter Datei. Sobald Sie eine Videodatei öffnen, erscheint automatisch die Zeitleistendarstellung.

Mit **Datei: Importieren: Videoframes in Ebenen** erzeugen Sie eine Ebenenmontage aus allen Einzelbildern des Videos für die Weiterbearbeitung im Animationsbedienfeld. Aufgrund der unüberschaubaren Anzahl von Ebenen, die dabei entstehen können, ist diese Option nur für die Nachbearbeitung sehr kurzer Sequenzen empfehlenswert! Sie steht zudem in der 64-Bit-Version von Photoshop nicht zur Verfügung.

Importformate und Farbtiefe

Photoshop Extended erlaubt es Ihnen, folgende Formate zu öffnen: MPEG-1, MPEG-4, MOV und AVI. Selbst bei diesen gängigen Formaten kann es je nach Kompressor und Videocodec aber manchmal passieren, dass Photoshop die Datei nicht erkennt. FLV wird nur unterstützt, wenn Sie Flash installiert haben. Für MPEG-2 benötigen Sie einen MPEG-Encoder auf Ihrem Rechner. Natürlich können Sie auch Bildsequenzen, u.a. in den Formaten TIFF, DICOM, JPG, PNG oder PSD, importieren, um daraus Animationen zu erzeugen, die Sie anschließend als Video exportieren.

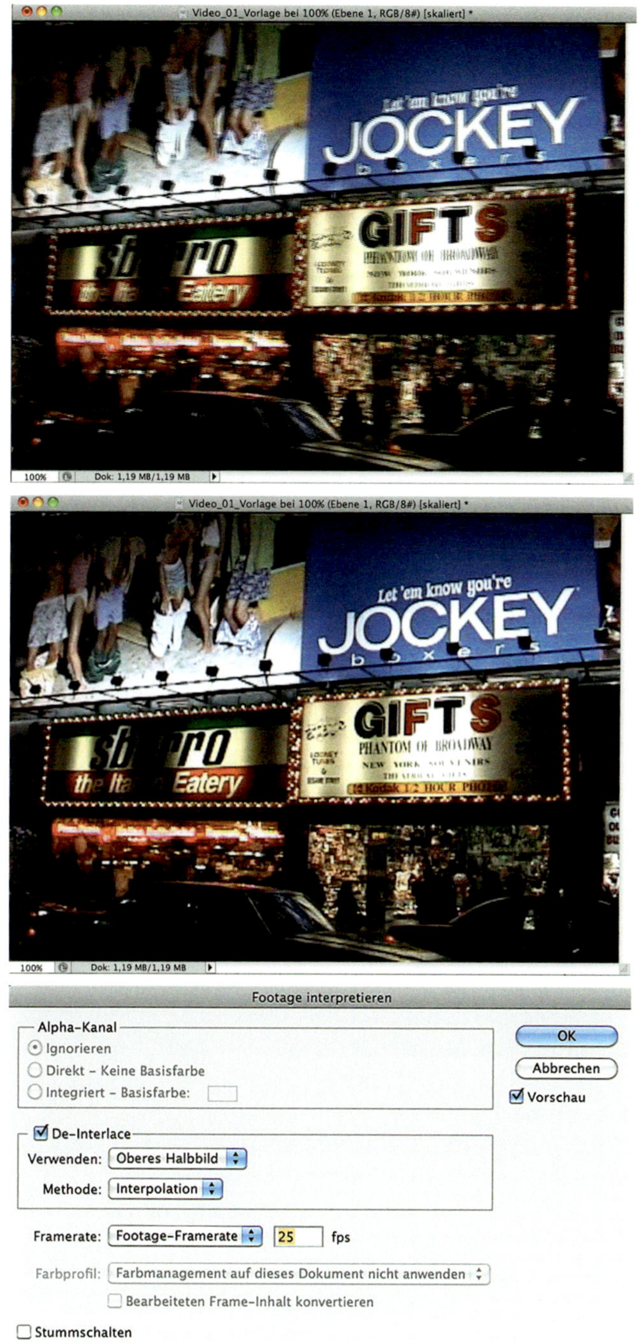

Abbildung 26.19 **Oben:** Das Video zeigt Kammstrukturen – ein typisches Phänomen, das beim Abspielen von Filmmaterial auftritt: Beim Abspielen auf einem Medium, das wie der PC-Monitor Vollbilder wiedergibt, werden Halbbilder oft einfach zusammengelegt. **Unten:** Die Methode »Footage interpretieren« glättet die gesamten Videoframes. Bild: Eva Ruhland, Photoshop CS4-Kompendium

Die Arbeit auf Videoebenen wird in den Farbmodi Graustufen und RGB mit 8, 16 oder 32 Bit pro Kanal unterstützt. Auch Dateien in den Farbmodi CMYK und Lab lassen sich integrieren. Die Farbtiefe kann dabei 8 oder 16 Bit/Kanal betragen. Denken Sie aber daran, dass Videodateien als RGB-Daten exportiert werden.

TIPP Oft kann man in Videos schlecht zusammengefügte Halbbilder in Form von sogenannten Kammstrukturen feststellen. Sie können versuchen, die Bilder mit dem Befehl **Ebene: Videoebenen: Footage interpretieren** zu glätten. In den Optionen wählen Sie dazu De-Interlace und legen die Reihenfolge der Halbbilder sowie die Framerate fest.
Da das Umwandeln von Interlaced- in Noninterlaced-Material in den meisten Fällen aber trotzdem zu sichtbarem Qualitätsverlust führt, lässt sich das Problem nur wirklich beheben, indem Sie Videos von vornherein als Vollbilder aufzeichnen.

Pixel-Seitenverhältnis und Videogröße

Photoshop Extended öffnet ein Video immer in seiner ursprünglichen Größe. Je nach Präsentationszweck und Ausgabegerät können Sie die Bildgröße über **Bild: Bildgröße** sowie das Pixel-Seitenverhältnis mit dem Befehl **Ansicht: Pixel-Seitenverhältnis** verändern. Für Webvideos ist beispielsweise eine geringere Bildgröße ratsam. Eine Vollbildpräsentation an einem Bildschirm im 16:9-Format verträgt hingegen ohne Probleme die ganze Bildgröße mit dem richtigen Pixel-Seitenverhältnis.

Probieren Sie eventuell Größe und Pixel-Seitenverhältnis an einem Ausgabegerät aus: Schließen Sie Videomonitor oder Videokamera über Firewire am Rechner an: **Mit Datei: Exportieren: Videovorschau an Gerät senden** zeigt Photoshop die Videovorschau. Bestimmen Sie Ausgabeoptionen wie Seitenverhältnis, Ausgabemodus oder Framegröße. Alphakanäle werden in der Ansicht jedoch nicht unterstützt und Transparenzen erscheinen schwarz.

Malen auf Frames in Videoebenen

Einzelne Videoframes können Sie mit diversen Werkzeugen bearbeiten, etwa mit Malpinseln, Kopier- und Musterstempel, Wischfinger oder dem Reparaturpinsel. Es ist aber auch möglich, aus einem einzelnen Foto mit diesen Werkzeugen eine Videosequenz zu erzeugen.

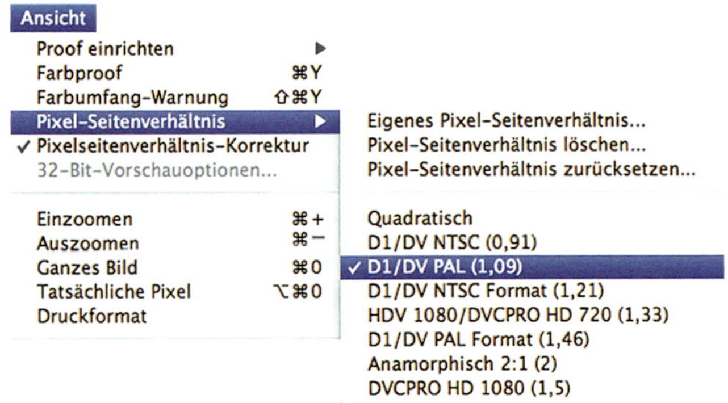

Abbildung 26.20 Das Pixel-Seitenverhältnis eines Videos bestimmen Sie im gleichnamigen Auswahlfenster unter »Ansicht« je nach Ausgabezweck individuell.

Wenn Sie ein Bild öffnen und das Animationsbedienfeld über **Fenster: Animation** aufrufen, befindet sich noch kein Bild in der Zeitleiste. Mit [Alt]-Doppelklick auf Hintergrundebene im Ebenenbedienfeld wandeln Sie diese Ebene in Ebene 0 um und sie erscheint als Videobalken in der Zeitleiste. Geben Sie nun Länge und Framezahl Ihrer Animation vor: Im Menü der Zeitleiste oben rechts erscheint nach der Auswahl von Dokumenteigenschaften das Fenster, in dem Sie Dauer und Framerate pro Sekunde festlegen.

Um die Frames Ihrer künftigen Animation zu bearbeiten, ohne das Originalbild zu verändern, legen Sie nun mit **Ebene: Videoebenen: Neue leere Videoebene** eine zweite Videoebene an. Sie erscheint im Ebenenfenster oberhalb der aktuellen Bildebene. Nun setzen Sie den Marker an das Einzelbild, wo Ihre Animation beginnen soll. Wählen Sie eines der verfügbaren Werkzeuge zur Bearbeitung dieses Frames, z.B. einen der neuen Mischpinsel. Aktivieren Sie auf jeden Fall das Kontrollkästchen Alle Ebenen aufnehmen in der Optionsleiste von Photoshop CS5 Extended.

Kontrollieren Sie im Ebenenfenster, ob die leere Videoebene angewählt ist, und beginnen Sie Ihre Arbeit mit dem gewählten Werkzeug. Sobald Sie das Einzelbild bearbeiten, erscheinen im Animationsbedienfeld die Ebeneneigenschaften als Geändertes Video. Ein blauer Balken in der Zeitleiste markiert jetzt nur diesen einen geänderten Frame.

Duplizieren Sie das bearbeitete Bild mit dem Befehl **Ebene: Videoebenen: Frame duplizieren**. Sollten Sie im

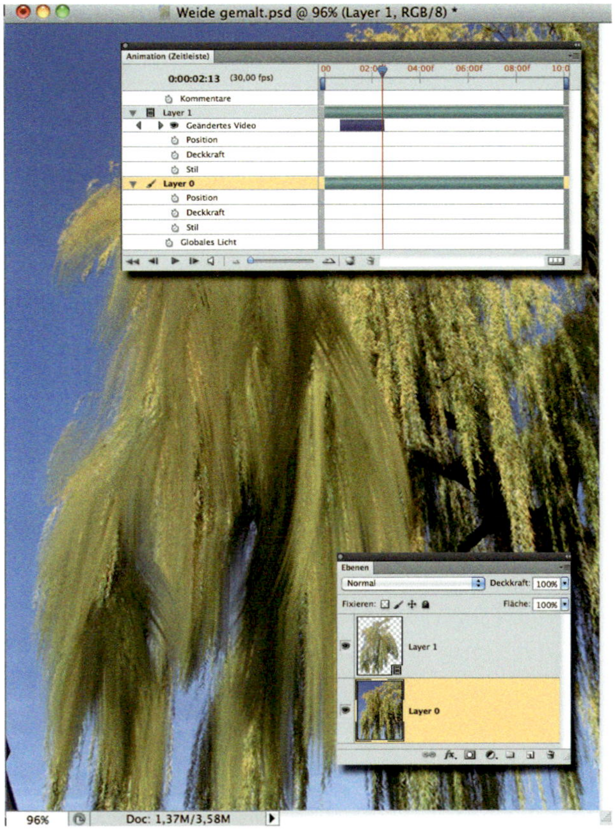

Abbildung 26.21
Die Animation haben wir mit dem neuen Mischpinsel auf einer leeren Videoebene bearbeitet. Datei: Weide_Vorlage.psd

Grundarbeitsbereich von Photoshop arbeiten, rufen Sie zuerst den Befehl **Ebene: Alle Menübefehle einblenden** auf. Photoshop fügt das Duplikat direkt nach dem gerade bearbeiteten Bild ein. Fahren Sie mit dieser Methode nun fort, jedes folgende Einzelbild weiterzubearbeiten. So wird in unserem Beispiel das Bild des Weidenbaums innerhalb einiger Sekunden in ein Gemälde verwandelt.

Da immer wieder der gleiche Befehl eingesetzt wird, ist es hilfreich, sich dafür einen eigenen Tastaturkürzel zu definieren.

Das Video speichern

Mit dem Befehl **Datei: Exportieren: Video rendern** können Sie Ihr Video als QuickTime Movie in verschiedenen Varianten abspeichern. Je nach Format stehen verschiedene Einstellungen zur Verfügung (der kostenlose QuickTime-Player von Apple muss dazu installiert sein):

» Im Fenster Filmeinstellungen legen Sie grundlegende Einstellungen, Filter und Grösse des Videos fest. Soll das Video auf Webseiten zu sehen sein, sollte die Option Für Internet-Streaming vorbereiten aktiviert sein.

Abbildung 26.22
Den ersten Frame haben wir mit dem Mischpinsel bearbeitet und anschließend dupliziert. Diesen zweiten Frame haben wir erneut verändert, dupliziert – und immer so weiter. Datei: Weide_gemalt Resultat.psd

» Mit Klick auf Einstellungen öffnen Sie die Standardeinstellungen für Video-Komprimierung. Unter Komprimierungsart finden Sie eine Anzahl unterschiedlicher Kompressoren, die jeweils eigene Optionen anbieten. Die Wahl des Kompressors richtet sich im Wesentlichen danach, wie bewegt oder wie statisch die Bilder des Videos sind. Auch Ausgabezweck und Bildqualität spielen eine Rolle. Legen Sie Bildrate, Keyframes und für die Präsentation im Web die Datenrate fest. Unter Kompression regeln Sie die Qualität der Bilder. Manche Kompressoren erlauben auch die Wahl der Farbtiefe. Beispielsweise erhalten Sie mit dem MPEG-4-Codec eine recht geringe Dateigröße, doch ist dieser Faktor nicht für jeden Präsentationszweck ausschlaggebend.

» Die Taste Filter im Fenster Filmeinstellungen bietet eine Auswahl von Filtern, die Sie Ihrem Video generell zuweisen können. Zur Auswahl stehen u.a. Kantenerkennung, Scharfzeichnen, Weichzeichnen, Spezialeffekte oder verschiedene Korrekturen.

» Unabhängig von der Quellgröße Ihres Photoshop-Videos ist es möglich, im Fenster Filmeinstellungen mit Klick auf die Taste Grösse eine Exportgröße des Videos festzulegen. Sie finden hier genormte Standardgrößen, können jedoch auch eigene Größenverhältnisse eingeben. Letterbox skaliert ein 16:9-Bild beispielsweise so, dass es auf einen 4:3-Monitor passt. Um Verzerrungen der Proportionen zu vermeiden, achten Sie auf das Verhältnis von Höhe und Breite, wenn Sie feste Maße auswählen.

26.4 3D-Objekte als Videos

Photoshop CS5 Extended bietet eine Fülle an Möglichkeiten, 3D-Objekte zu importieren, zu erstellen und zu animieren. Mehr darüber erfahren Sie in Kapitel 24.

In diesem Abschnitt erfahren Sie, wie Sie Videos auf 3D-Objekte legen und entsprechend rendern. Optimieren Sie für die folgenden Schritte Ihren Arbeitsbereich, indem Sie **Fenster: Arbeitsbereich: 3D** wählen.

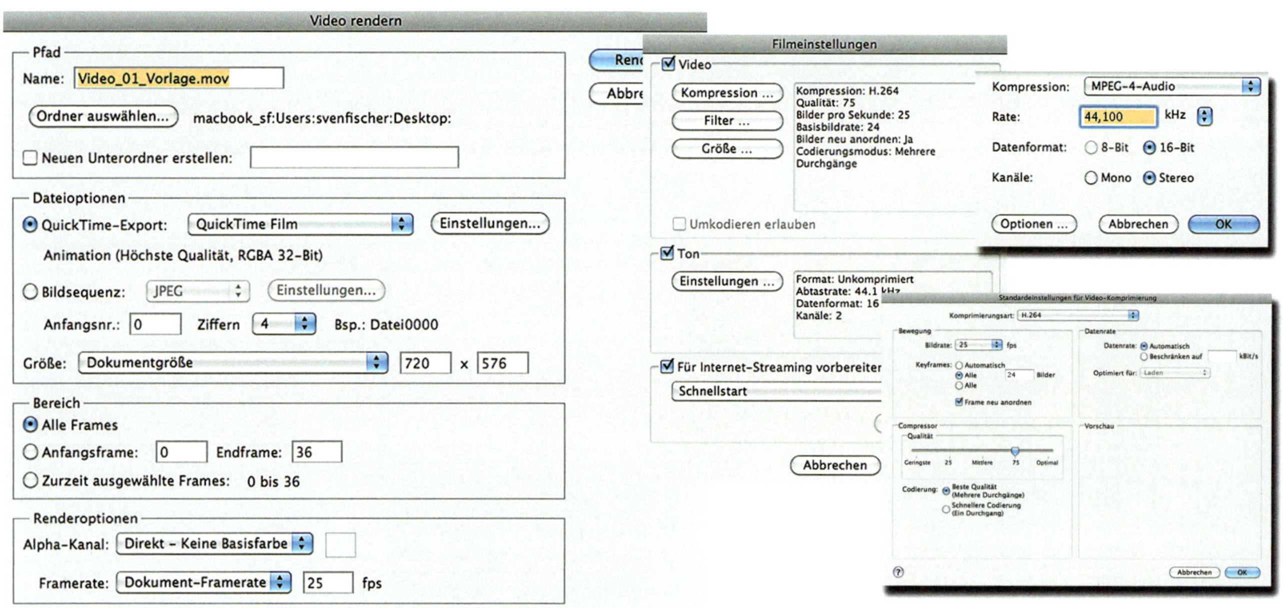

Abbildung 26.23 Mit den Befehlen »QuickTime-Export« und »Einstellungen« erscheinen die aktuellen Exportvorgaben Ihres Videos im Fenster »Filmeinstellungen«. Bestimmen Sie Ausgabeformat und die optimale Kompression – vom Webvideo bis hin zur unkomprimierten Vollbildpräsentation.

Photoshop CS5 Extended nutzt zur Beschleunigung der Bildschirmdarstellung und zur Anzeige von 3D-Modellen nicht den Hauptprozessor (CPU) des Computers, sondern den Grafikprozessor (GPU). Die meisten neueren PCs oder Macs erfüllen diese Voraussetzungen auf jeden Fall.

Wenn Ihr Rechner entsprechend ausgestattet ist, steht in Photoshop unter **Bearbeiten: Voreinstellungen: Leistung** (Windows) bzw. **Photoshop: Voreinstellungen: Leistung** (Mac OS) als GPU-EINSTELLUNGEN die Option OPENGL AKTIVIEREN zur Verfügung. Auch das 3D-Achsenkreuz mit den roten X-, grünen Y- und blauen Z-Koordinaten erscheint nur bei aktiviertem OpenGL. Falls diese Option beim Öffnen von Photoshop nicht wählbar ist, überprüfen Sie, ob die Grafikkarte und der Treiber auf der Liste der Grafikkarten stehen, die von Photoshop CS5 unterstützt werden.

Ausführliche Infos finden Sie unter: *http://kb.adobe.com/selfservice/viewContent.do?externalId=kb404898_ger_DE*.

26.4.1 Eine Videoebene in ein 3D-Objekt verwandeln

Um ein Video in die Textur einer 3D-Form zu verwandeln, genügt ein einziger Befehl:

- Laden Sie mit dem Befehl **Datei: Öffnen** eine Videodatei in Photoshop Extended. Welche Formate Sie dabei importieren können, lesen Sie auf Seite 1007.
- Die Datei erscheint als Videoebene im Ebenenbedienfeld und ist am Filmstreifensymbol in der Ebenenminiatur zu erkennen. Auch im Animationsbedienfeld, das Sie per **Fenster: Animation** aufrufen, zeigt der Zeitleisten-Modus das Video als EBENE 1 an.
- Wählen Sie nun über **3D: Neue Form aus Ebene** eine gewünschte Form aus, etwa die **Kugel**. Prompt erscheint die Kugel mit dem Mapping des Videos vor transparentem Hintergrund. Die Ebenenminiatur zeigt durch das Symbol QUADER an, dass es sich nun um ein 3D-Objekt handelt.
- Als Unterebene erscheint jetzt der Eintrag TEXTUREN, wobei die Standardtextur immer DIFFUSE-MAP heißt. Per Doppelklick auf den untersten Eintrag, EBENE 1,

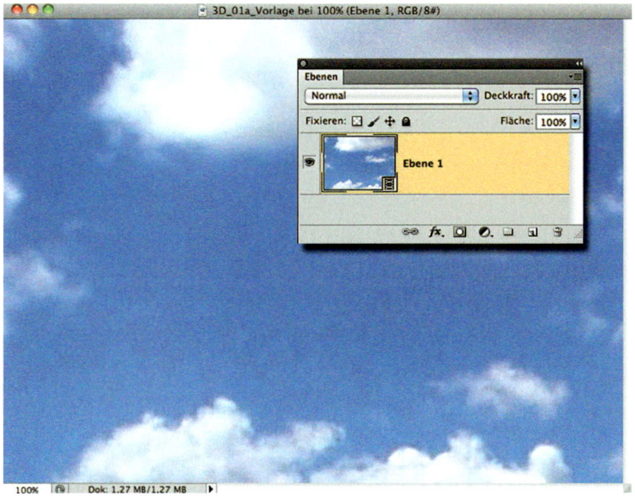

Abbildung 26.24 Dieses Video, geöffnet in Photoshop Extended, mit rasch dahin ziehenden Wolken hat eine Größe von 768 x 576 Pixel, die auch für die 3D-Darstellung übernommen wird. Das Video besteht aus einer Sequenz von 242 Einzelbildern, die auf einer einzigen Ebene mit dem Befehl »Dazwischen einfügen« errechnet und als QuickTime-Film gespeichert wurden. Als Basis diente ursprünglich ein einziges Wolkenfoto. Dateien: 3D_01a_Vorlage.psd, 3D_01a_Vorlage.mov

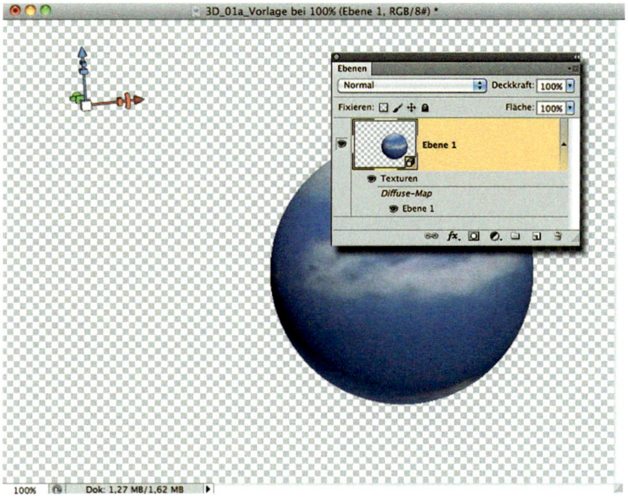

Abbildung 26.25 Mit dem Befehl »3D: neue Form aus Ebene: Kugel« wurde das Video als Textur auf das 3D-Objekt gelegt. Mit einem Doppelklick auf »Ebene 1« ist es jederzeit bearbeitbar. Durch die Bewegung der Wolken erweckt die Kugel auch ohne Animation den Eindruck, sich zu drehen. Datei: 3D_01b_Vorlage.psd

öffnet sich Ihr Video in einem eigenen Fenster. Sie kann jetzt beliebig bearbeitet werden. Wenn Sie die geänderte Datei anschließend speichern und schließen, erscheint das neue Erscheinungsbild sofort auch im 3D-Objekt.

» Beim Blick auf **Bild: Bildgröße** werden Sie feststellen, dass Photoshop exakt die Pixelmaße des Videos als Bildgröße übernommen hat.

Die Hintergrundebene als Video anlegen

Je nach Rechnerkapazität und Bildgröße können Sie mehrere Videos in Ihre 3D-Animation integrieren. So können Sie beispielsweise das Video-3D-Objekt vor einem bewegten Filmhintergrund auftreten lassen:

» Wählen Sie **Ebene: Videoebenen: Neue Ebene aus Datei** und suchen Sie im folgenden Dialogfeld das geeignete Video aus. Photoshop legt eine Videoebene mit dem Film an. Soll der Film im Hintergrund abgespielt werden, ziehen Sie diese Ebene im Ebenenbedienfeld mit gedrückter Maustaste nach unten.

» Testen Sie den Ablauf der Filmbewegungen, indem Sie im Animationsbedienfeld auf ABSPIELEN klicken. Die Echtzeitberechnung führt in der Regel zu einer ruckelnden Vorführung, die aber bei der endgültigen Ausgabe der Datei behoben wird.

TIPP Texturen, um 3D-Kugeln in dreidimensionale Planeten zu verwandeln, sowie Hintergrundmotive finden Sie unter *http://hubblesite.org/newscenter/archive/releases/star-cluster/index/8/* oder auf der NASA-Webseite *http://visibleearth.nasa.gov/*. Alle Fotos sind lizenzfrei und nur mit der Auflage verbunden, ihre Quelle anzugeben.

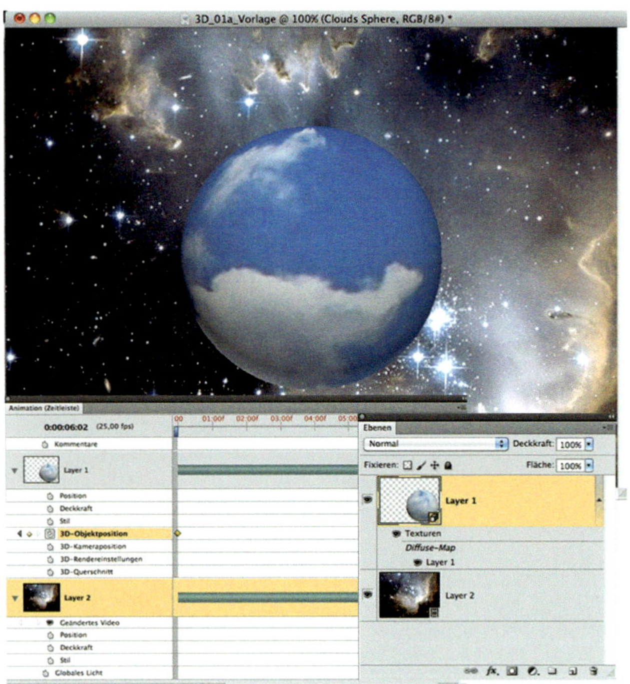

Abbildung 26.26 Ein zweites Video legen wir als weitere Videoebene an und verschieben sie im Ebenenbedienfeld nach unten. Hintergrund und Objekt sind nun allein durch die Bewegung im Video animiert. Als Vorlage für unser Hintergrundvideo dient ein Foto mit jungen Sternen in der benachbarten Galaxis von der Webseite: *http://hubblesite.org*, das wir als Animation in Bewegung versetzt haben. Datei: CloudSphere_Vorlage.psd

3D-Einstellungen optimieren

Im 3D-Bedienfeld sowie in der Zeitleiste können Sie nun die Feineinstellungen Ihrer Animation vornehmen:

» Mit Objektwerkzeugen, wie 3D-Objekt-drehen, bestimmen Sie die Objektposition und mit Hilfe der Kamerawerkzeuge, wie 3D-Kamera-kreisen, den Blickwinkel.

» Die Parameter für Veränderungen innerhalb des Filmablaufs legen Sie im Animationsbedienfeld fest: Aktivieren Sie hier die gewünschte 3D-Eigenschaft, etwa die 3D-OBJEKTPOSITION, bewegen Sie den Marker an die gewünschte Position und klicken Sie auf die Stoppuhr, um den ersten Keyframe für die Veränderung zu erstellen. Mit Klick auf die Raute ◇ entsteht ein weiterer Keyframe an der gewählten Markerposition.

» Im 3D-Bedienfeld bearbeiten Sie die Materialien, Meshes und Lichtquellen des 3D-Objekts, das im Ebenenbedienfeld ausgewählt ist.

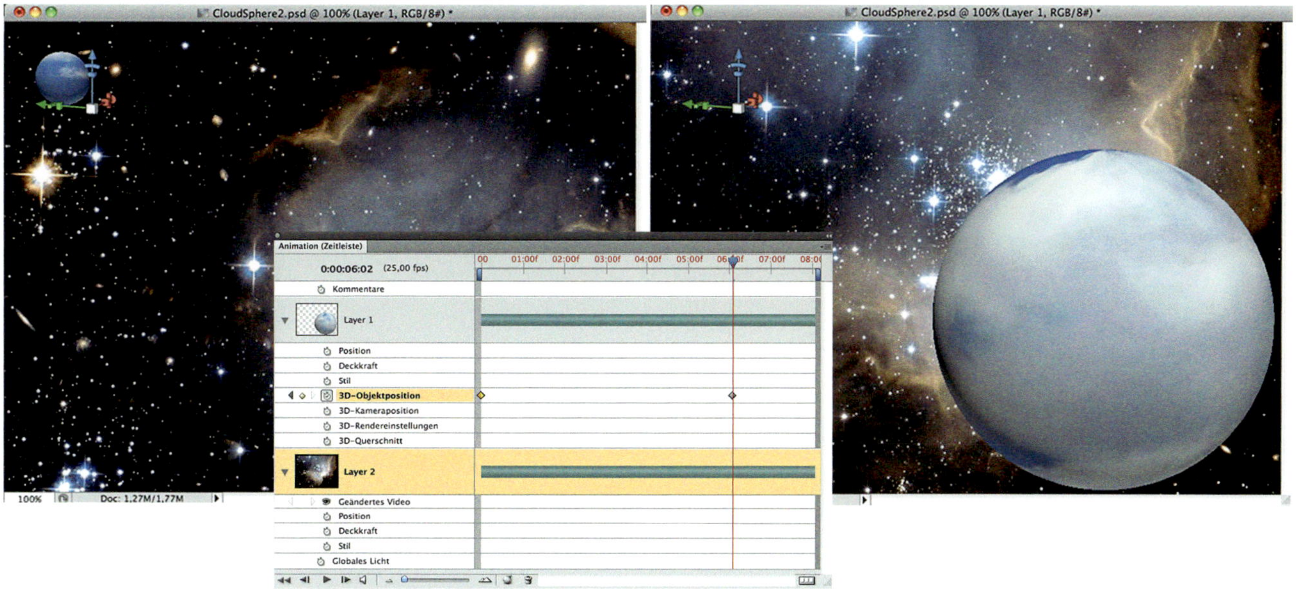

Abbildung 26.27 Um die Kugel aus der Entfernung in den Vordergrund wandern zu lassen, haben wir in der Zeitleiste die »3D-Objektposition« verändert. Dazu wurden am Anfang und am Ende des Videos Keyframes angelegt und in diesen Keyframes das Kugelobjekt kleiner bzw. größer gezoomt, indem wir bei aktiviertem 3D-Objektwerkzeug mit gedrückter Maustaste am Würfel des 3D-Achsenkreuzes gezogen haben. Datei: CloudSphere_Vorlage.psd (von der Website: *http://hubblesite.org*).

Rendern

Erst wenn Sie alle nötigen Einstellungen an Ihrer 3D-Animation vorgenommen haben, rendern Sie die endgültige Fassung für die Ausgabe – sei es für Internet oder Animation:

» Wählen Sie im 3D-Bedienfeld die gesamte Szene aus.

» Als Anfang nutzen Sie am besten die Vorgabe Standard. Natürlich können Sie sich alternativ für diverse Rendermethoden vom Drahtgittermodell bis hin zum qualitativ hochwertigen Raytracing-Algorithmus entscheiden.

» Detaillierte Anpassungen nehmen Sie per Klick auf die Rendereinstellungen vor. Entsprechend Ihrer Rendervorgabe stehen dabei unterschiedliche Parameter zur Verfügung.

» Die Option Antialiasing können Sie bei Entwurf belassen, denn Photoshop wählt automatisch die beste Qualität.

» Anschließend wählen Sie den Befehl **3D: Für endgültige Ausgabe rendern**.

» Je nach angelegter Bildgröße und Videolängen kann Ihr Rechner geraume Zeit mit der Verarbeitung der Daten beschäftigt sein.

» Speichern Sie Ihre 3D-Animation als Video per **Datei: Exportieren: Video rendern**.

ACHTUNG Jede nachträgliche Veränderung von Position, Textur, Licht etc. innerhalb der 3D-Ebene deaktiviert die gerenderte Fassung und setzt die Rendereinstellungen auf die vorherigen Werte zurück.

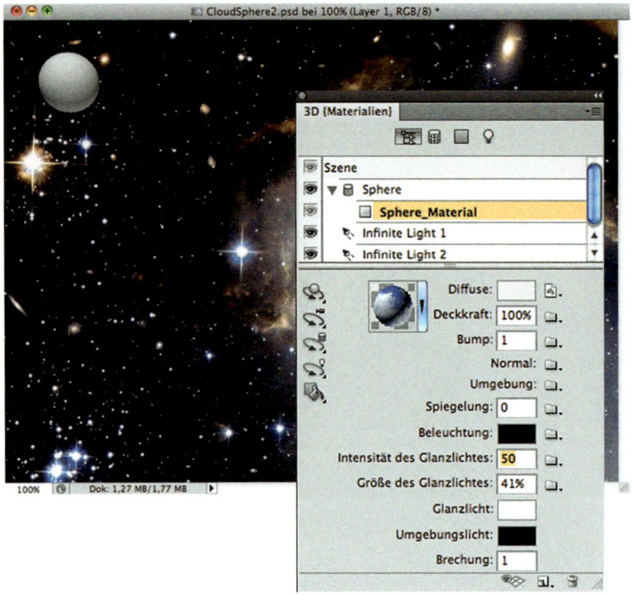

Abbildung 26.28 Im 3D-Bedienfeld haben wir unter »Material_Kugel« die »Intensität des Glanzlichts« erhöht, um für die Kugel mehr Kontrast zum Hintergrund zu erhalten. Jede der hier angezeigten Optionen können Sie auch beliebig mit eigenen Texturen versehen.

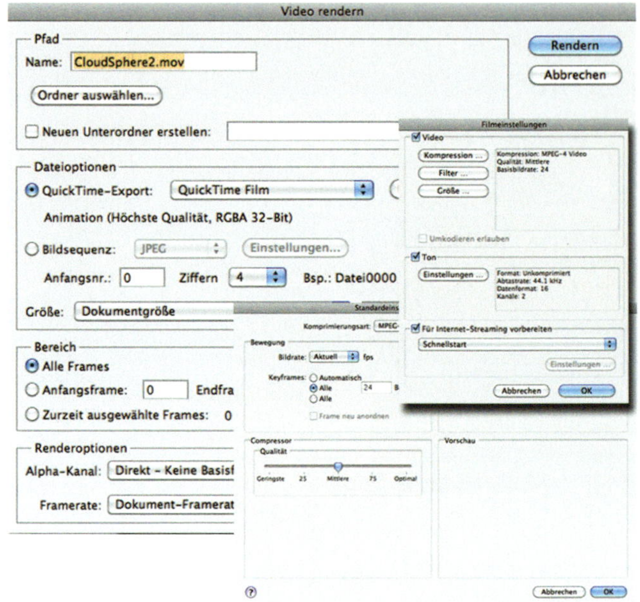

Abbildung 26.29 Die Ausgabe der 3D-Videoanimation als QuickTime-Movie mit MPEG-4-Kompression dauert einige Zeit. Das fertige Video mit den recht großen Abmessungen von 768 x 576 Pixel beansprucht bei einer Länge von 8:02 Sekunden 3,5 Megabyte. Datei: CloudSphere_Resultat.mov

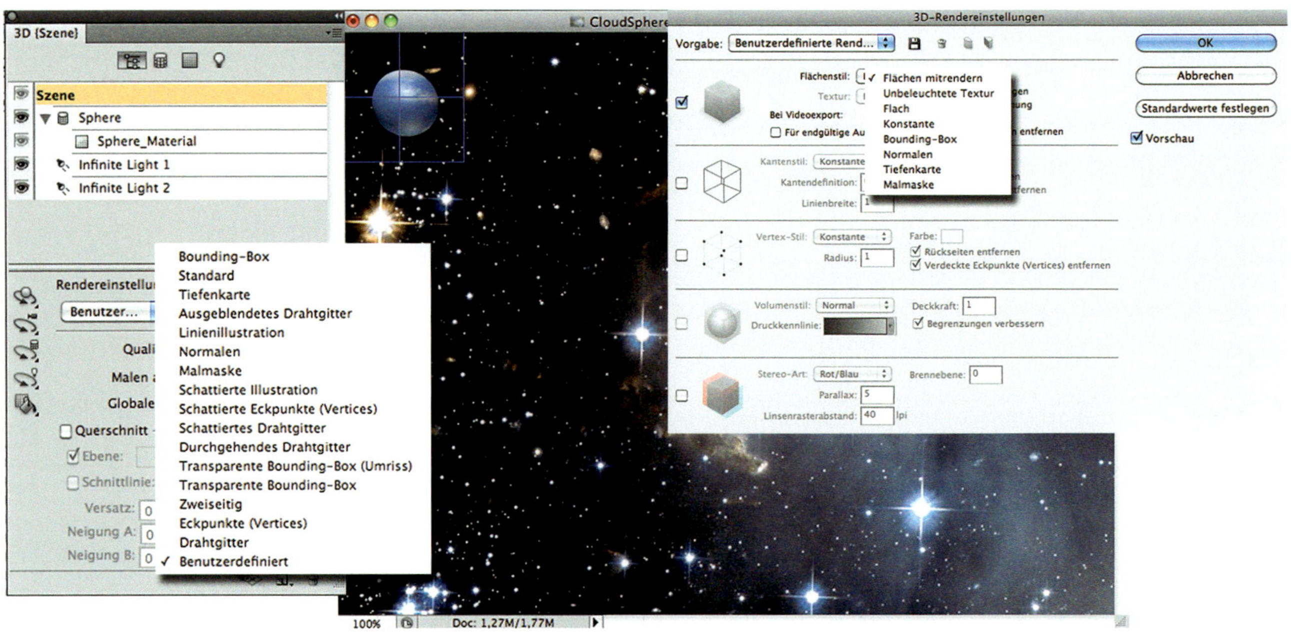

Abbildung 26.30 **Links:** Im 3D-Bedienfeld wählen Sie die gesamte »Szene« aus, um über »Vorgabe« Ihre Rendermethode zu bestimmen. **Rechts:** In den »Rendereinstellungen« definieren Sie Details zu Flächenstil, Spiegelungen, Kantenstil etc. Je nach gewählter »Vorgabe« stehen dazu unterschiedliche Parameter zur Verfügung. Photoshop CS5 Extended zeigt den Verlauf des Renderprozesses mit Hilfe eines wandernden Quadrats an.

Kapitel 27

Elemente für Internetseiten

In diesem Kapitel geht es um Elemente für Internetseiten – Seitenhintergründe, Rollover-Grafiken (Buttons) und Slices.

Sie können das gesamte Design Ihrer Website in Photoshop anlegen. Dieser Entwurf dient dann als Basis zur weiteren Verarbeitung in einem Web-Editor, als Tabelle oder CSS (Cascading Stylesheets). Es ist aber auch möglich, die komplette Webseite inklusive Verlinkungen in Photoshop zu erstellen.

HINWEIS Im gesamten Buch meint der Begriff »Internet« vereinfachend den World-Wide-Web-Bereich (WWW) des Internets, der aufwändige grafische Gestaltung erlaubt.

27.1 Seitenhintergrund

Der Hintergrund einer Website beschränkt sich nicht auf reines Weiß. Stattdessen können Sie Ihre Website mit einer Hintergrundfarbe oder einem Hintergrundmuster verschönern.

In diesem Abschnitt geht es darum,

» wie Sie Hintergrundmuster erzeugen,

» wie Sie Hintergrundfarben und Hintergrundmuster in HTML-Dokumente einbauen,

» wie Sie die Hintergrundmuster in die Browser-Vorschau übernehmen.

27.1.1 Einführung: nahtlose Hintergrundkacheln

Als Hintergrund einer Internetseite sehen Sie mitunter eine Struktur – ein regelmäßiges Muster oder auch das wiederkehrende Logo des Anbieters. Dazu wird eine einzelne, kleine Bilddatei nur einmal übertragen und auf der Internetseite beliebig oft wiederholt. Man nennt dieses Hintergrundbild auch »Kachel« oder englisch »Tile«.

Entscheidend sind dabei die Kanten der Kachel, denn die Ränder müssen an allen Seiten nahtlos aneinanderpassen – die Fugen sollen nicht zu sehen sein. Solche Hintergrundmotive können entweder aus vorhandenen Bildern abgeleitet oder völlig neu gestaltete Muster sein.

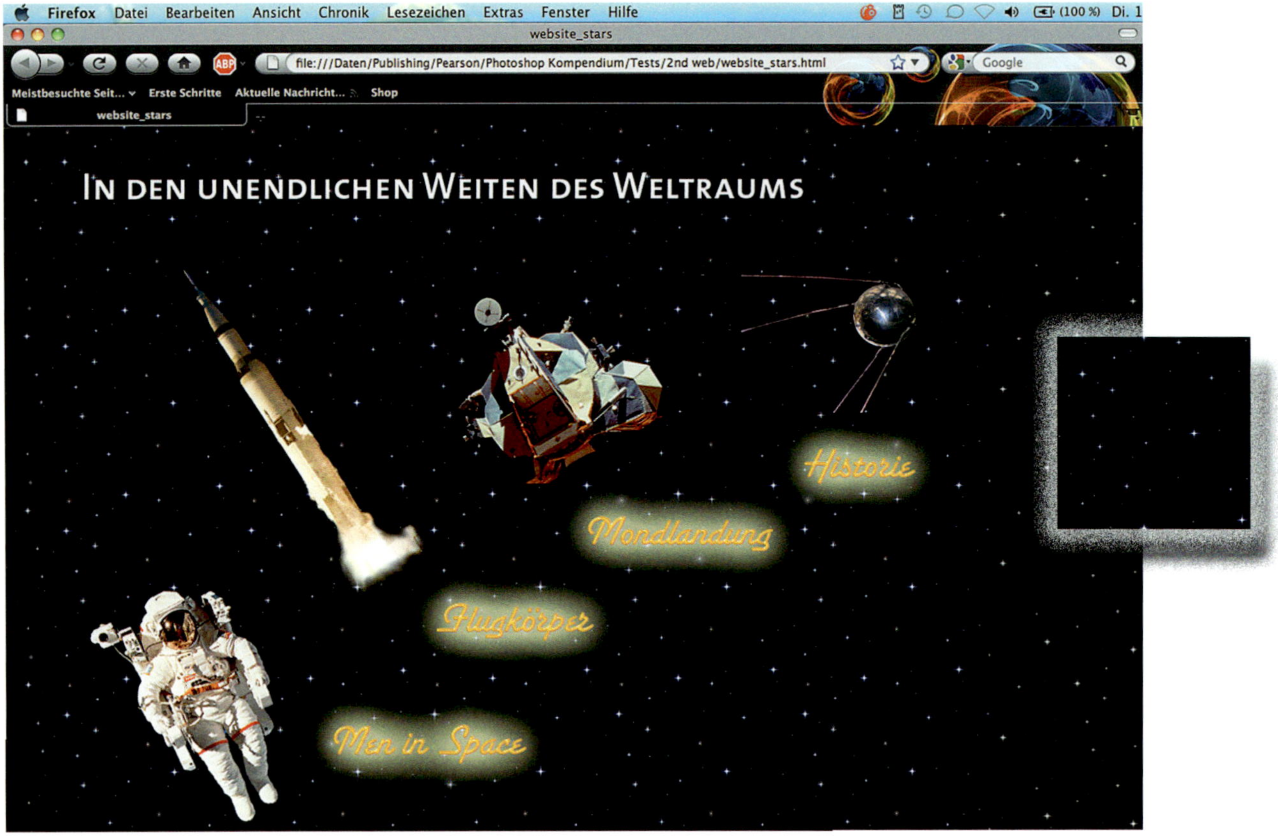

Abbildung 27.1 Eine nahtlos kombinierbare Hintergrund-»Kachel« füllt die gesamte Fläche des Browserfensters in allen Richtungen aus. Die freigestellten Bildmotive und Texte in diesem Beispiel sind auf verschiedenen Ebenen angelegt. Die Dateien befinden sich im Verzeichnis »Praxis / Webelemente« auf der Buch-DVD: website_stars.psd, Kachel_Stars.gif. Ergebnis: website_stars.html

Wenn Sie Hintergrundmuster verwenden, denken Sie bitte an ihre Wirkung: Starke Muster verdrängen die eigentlichen Inhalte der Webseite und wirken auf den Betrachter ähnlich erschlagend wie eine knallige Wandtapete aus den 1970er Jahren. Als Faustregel gilt: Je stärker die Hell-Dunkel- oder die Farbkontraste einer Kachel sind, desto auffälliger wirkt das Muster. Das beeinträchtigt die Wahrnehmung der eigentlich wichtigen Inhalte, wie z.B. Texte. Bevorzugen Sie daher Motive mit reduzierter Farbskala und moderaten Tonwerten, damit das Muster den wesentlichen Inhalt der Webseite wie Texte, Links und Bilder nicht stört.

27.1.2 Eine Muster-Kachel anlegen

Photoshop bietet zahlreiche Vorlagen für Muster, die Sie mit Befehlen wie **Bearbeiten: Fläche füllen** oder **Ebene: Ebenenstil: Musterüberlagerung** anwenden können. Auch in der Optionsleiste mancher Werkzeuge finden Sie diese Bibliothek, etwa beim Füllwerkzeug, dem Musterstempel, dem Reparatur-Pinsel und dem Ausbessern-Werkzeug. Darüber hinaus können Sie Muster-Kacheln auch völlig neu entwerfen oder auf Fotomotive zurückgreifen.

TIPP Fertige, kostenlose Nahtlosmuster finden Sie unter *www.3d-ressource.de* oder unter *http://www.3quarks.com/Backgrounds/index-de.html*. Eigene Muster erstellen Sie beispielsweise online mit dem kostenlosen bgMaker unter *http://die.netzspielwiese.de/blog/webdesign/2006-09/website-hintergrund-muster-mit-dem-bgmaker-einfach-selbst-gestalten*. Hier finden Sie auch eine Galerie und Links zu weiteren Webseiten mit den sogenannten »Wallpaper pattern«.

Vorgehensweise

Für nahtlose Hintergrundkacheln auf Webseiten brauchen Sie das Muster als separate Bilddatei. Entscheidend für eine geringe Ladezeit der späteren Webseite ist die Bild- und davon ausgehend die Dateigröße der Musterkachel.

Berücksichtigen Sie dabei die durchschnittliche Auflösung in einem Browser-Fenster: Geht man von einer Darstellung bei 1024 x 768 Pixel aus, so sollte die Vorlage für die Kachel nur einen Bruchteil dieser Größe ausmachen – je nachdem, wie groß bzw. wie oft das Motiv dargestellt werden soll. Üblicherweise bewegen sich Kachelgrößen zwischen 16 x 16 und 128 x 128 Pixel. Folgende Möglichkeiten bieten sich an:

» Wollen Sie eine Kachel mit einem neuen Muster füllen oder ein eigenes Design entwerfen, legen Sie mit dem Befehl **Datei: Neu** eine neue, leere Datei für die künftige Musterkachel an: Geben Sie Höhe und Breite beispielsweise mit 80 x 80 Pixel an und wählen Sie den Farbmodus RGB.

» Soll ein Bild oder ein Bildbereich als Mustermotiv erscheinen, wählen Sie den gewünschten Ausschnitt per Freistellungswerkzeug als Vorlage für Ihre Kacheln. Bestimmen Sie Breite und Höhe vor dem Zuschnitt mit fixen Pixelmaßen in der Optionsleiste des Werkzeugs.

TIPP Wenn Sie eine Füllebene mit dem Muster anlegen (Seite 894), können Sie noch mit der Größe experimentieren und das Muster im Gesamtbild verschieben.

27.2 Endlose Kacheln erzeugen

Über den Befehl **Datei: Für Web und Geräte speichern** erstellen Sie im Handumdrehen aus Ihrer Vorlage einen nahtlos gekachelten Hintergrund für Ihre Webseite.

27.2.1 Aktives Bild als Seitenhintergrund speichern und anzeigen

Speichern Sie Ihre fertige Kachel mit dem Befehl **Datei: Für Web und Geräte speichern**. Dabei versehen

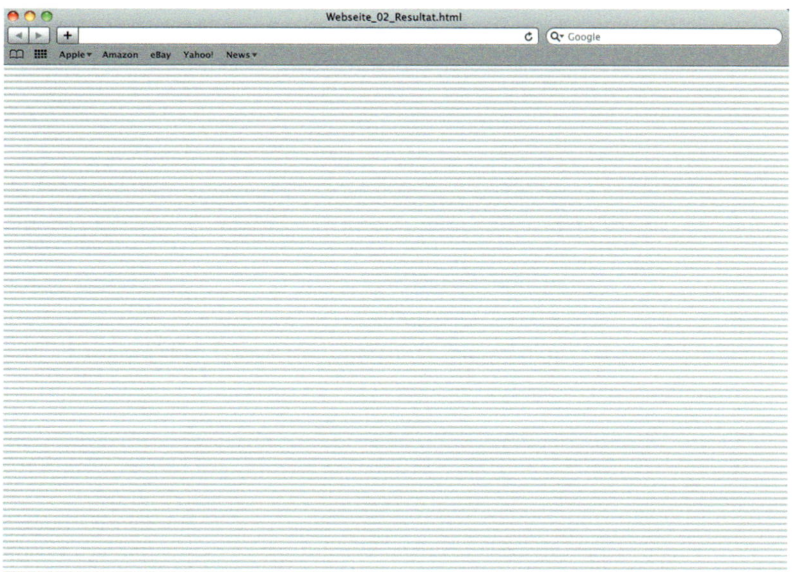

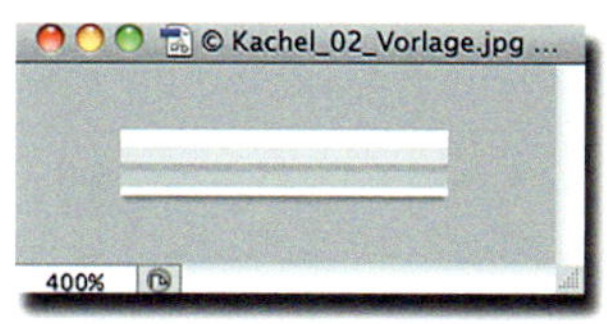

Abbildung 27.2 Oben: Diese Musterkachel mit drei verschiedenen Graustufenlinien entstand per Auswahlrechteck-Werkzeug und Füllwerkzeug. Sie besteht nur aus 40 Pixel Breite und 8 Pixel Höhe (Abbildung vergrößert). **Links:** Als Endloskacheln auf der Webseite zeigen sich durchgängige feine Streifen. Dateien im Ordner »Praxis / Webelemente: Mustervorlage: Kachel_02_Vorlage.jpg. Ergebnis: Webseite_02_Resultat.html

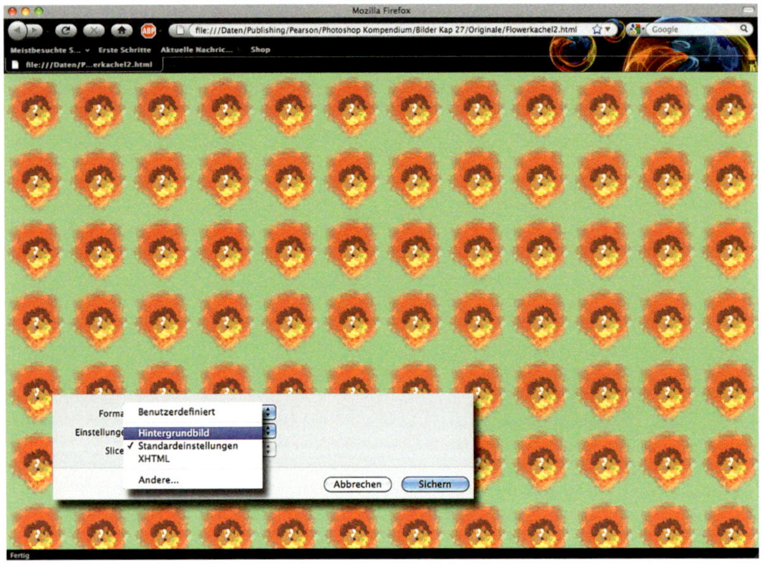

Abbildung 27.3 **Unten:** Die Kachel enthält eine stilisierte Blüte auf einer Hintergrundfarbe. Das ursprüngliche Foto wurde mit Hilfe einer Tontrennung und des Filters Kristallisieren verfremdet. Sie misst 100 x 100 Pixel Höhe (Abbildung vergrößert). **Links:** So erscheint das Muster der Endloskacheln im Browserfenster. Dateien im Ordner »Praxis / Webelemente: Mustervorlage: Flowerkachel2.tif. Ergebnis: Flowerkachel2.html

Sie diese mit einem HTML-Code, der sie als Hintergrund definiert:

1. Optimieren Sie im Dialogfeld die Vorgaben für das Hintergrundbild. Hier wird üblicherweise das JPEG-Format verwendet.
2. Sie können eine Farbfläche angeben, die während des Ladens des Hintergrundbilds erscheint oder durch transparente Bereiche des Hintergrundbilds sichtbar wird (ein Hintergrundbild sollte jedoch keine transparenten Pixel haben). Wählen Sie dazu im Feld Hintergrund einen Farbton.
3. Klicken Sie auf die Schaltfläche rechts oben im Dialogfeld und wählen Sie den Befehl Ausgabeeinstellungen bearbeiten. Im Klappmenü Einstellungen tragen Sie Hintergrundbild ein. Dann wählen Sie im Klappmenü darunter statt HTML den Hintergrund und aktivieren unter Dokument anzeigen als den Hintergrund.
4. Per Klick auf die Vorschau im Standardbrowser unten im Dialogfeld **Für Web und Geräte speichern** sehen Sie nun das vielfach wiederkehrende Muster nebst HTML-Code im Browser-Fenster. Sie können den Code hier auch markieren und kopieren.
5. Sobald Sie im Dialogfeld unten rechts auf Speichern klicken, erscheint das Fenster **Optimierte Version speichern unter**. Als Dateityp wählen Sie HTML und Bilder (*.html); damit erhalten Sie einen HTML-Code, der Ihr Bild als Hintergrundkachel ausweist. Prüfen Sie, ob das Klappmenü Einstellungen auf Hintergrundbild steht.

Die Hintergrundkachel lässt sich überdies mühelos von Hand in eine HTML-Seite eintragen, Sie müssen nicht erst Photoshop bemühen. Dabei verwenden Sie die Vorgabe »Background« im »Body«-Tag.

Eine entsprechende Zeile, die in diesem Beispiel auch Hintergrundfarben, Textfarben und Farben für Hyperlinks ausweist, sieht so aus:

```
<BODY bgcolor=«#FFFFFF«
background=«IHREKACHELDATEI.JPG« text=«#000000«
link=«#FF0000« vlink=«#8C2430« alink=«#D98DA1«>
```

Achten Sie dabei auf die Groß-/Kleinschreibung.

27.2.2 Hintergrundkacheln direkt testen

Sie können die Wirkung der Hintergrundkacheln vor dem Speichern mit ein paar einfachen Befehlen testen:

» Markieren Sie den gewünschten Bildbereich, am besten mit einer Rechteckauswahl ohne weiche Kanten.

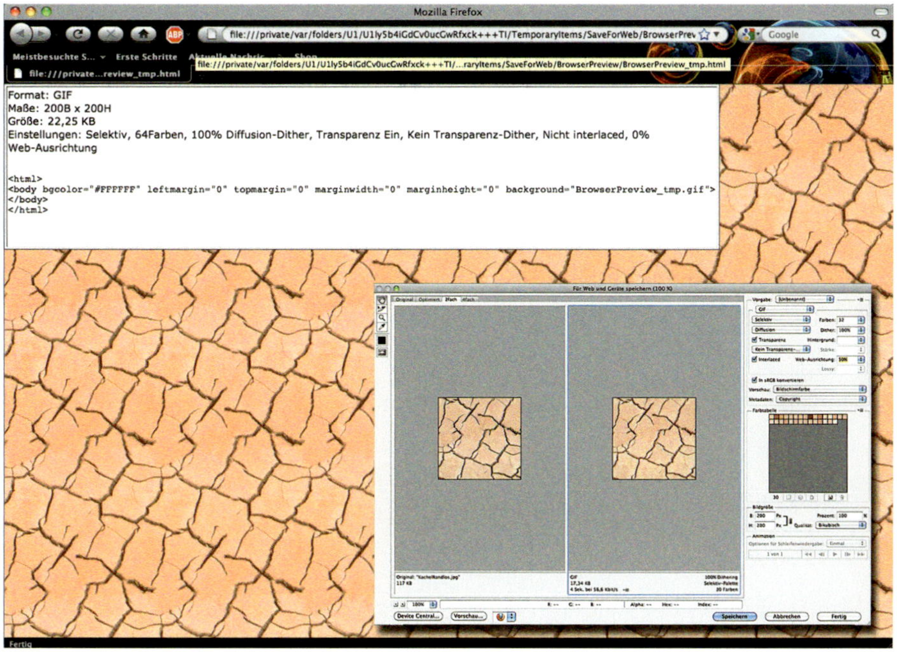

Abbildung 27.4 Im Standardbrowser können Sie sich die Vorschau des Hintergrundmusters anzeigen lassen. Mit Klick auf das WWW-Symbol unten im Dialogfeld »Für Web und Geräte speichern« erscheinen sowohl HTML-Code wie auch Kacheln. Dazu müssen die »Ausgabeeinstellungen« für das »Hintergrundbild« korrekt gesetzt sein. Dateien im Ordner »Praxis / Webelemente: Mustervorlage: KachelRandlos.jpg Ergebnis: KachelRandlos.html

» Wählen Sie **Bearbeiten: Muster festlegen**.

» Öffnen oder erstellen Sie eine Datei, die deutlich größer ist als Ihr Muster.

» Wählen Sie den Befehl **Bearbeiten: Fläche füllen** (⇧+←-Taste). Im Klappmenü VERWENDEN schalten Sie auf MUSTER und wählen das gewünschte Muster unter »Eigenes Muster«.

» Sobald Sie auf OK klicken, erscheint das Muster vielfach wiederholt in der Datei.

Sie können das Muster auch als Ebeneneffekt für eine vorhandene Ebene anwenden (Seite 804) oder als Musterfüllung in eine Füllebene einsetzen (Seite 894). In beiden Fällen bietet es sich an, zusätzlich mit Größe und Füllmethoden zu experimentieren.

TIPP Besonders bei fein strukturierten Mustern sollten Sie die Wirkung unbedingt in der Zoomstufe 100 Prozent prüfen. Alle verkleinernden Zoomstufen verzerren Ihr Bild deutlich (Seite 76). Die 100-Prozent-Ansicht aktivieren Sie mit einem Doppelklick auf die Lupe 🔍.

27.2.3 Nahtlose Hintergrundkacheln erstellen

Diverse Werkzeuge und Filter in Photoshop eignen sich, um die Vorlage für ein Hintergrundmuster so geschickt anzulegen, dass sichtbare Sprünge und Nähte vermieden werden.

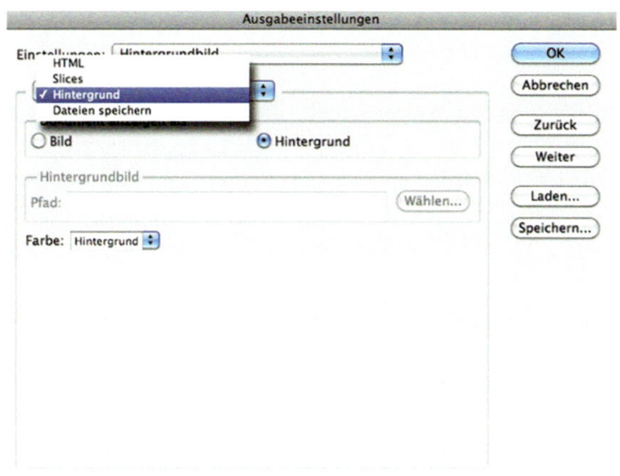

Abbildung 27.5 Der Weg zu den »Ausgabeeinstellungen« für das Hintergrundmuster ist umständlich. Sie finden sich im Fly-Out-Menü des Dialogs »Für Web und Geräte speichern«. Dafür sehen Sie dann per Klick auf die Browser-Vorschau die nahtlosen Kacheln sofort.

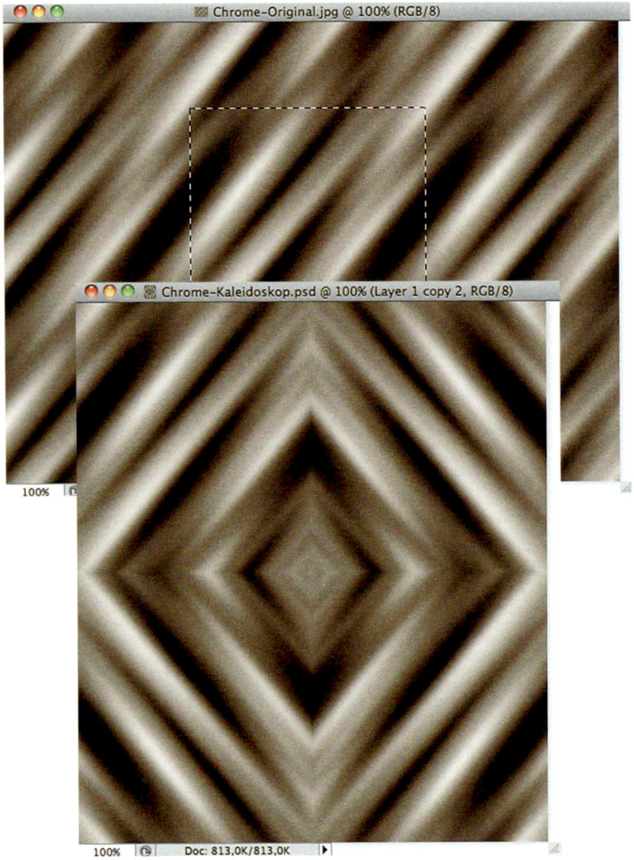

Abbildung 27.6 Der Bildausschnitt dieser Chromstruktur dient als Vorlage für die Kachel. Die Bildgröße wurde über »Arbeitsfläche« verdoppelt und das Motiv links oben positioniert. Die Ebene wurde dupliziert und horizontal gespiegelt. Nachdem der obere Bildbereich ebenfalls kopiert und vertikal gespiegelt wurde, entstand ein kaleidoskopartiges Muster. Dateien im Ordner »Praxis / Webelemente: Mustervorlage: Chrome-Original.jpg. Ergebnis: Chrome-Kaleidoskop.psd

Beim Anlegen von Kacheln sollten Sie folgende Kriterien berücksichtigen:

» Stellen Sie ein Bildmotiv, das sich stetig wiederholen soll, auf eine größere, umgebende Arbeitsfläche.

» Nutzen Sie symmetrische Bilder, deren Kanten auf gleicher Höhe enden, damit sich in der Reihung eine Endlos-Kette ergibt.

» Wenden Sie gleichmäßige Strukturierungsfilter auf einer einheitlichen Farbfläche an.

» Verwischen Sie eventuell Ränder und Konturen mit Weichzeichnungsfiltern oder -werkzeugen.

Oder nutzen Sie einen der folgenden Tricks:

Motiv spiegeln

Regelmäßige, abstrakte Muster erzeugen Sie, indem Sie einen Bildausschnitt horizontal und vertikal spiegeln. Der Effekt wirkt wie bei einem Kaleidoskop:

1. Wählen Sie mit dem Auswahlrechteck-Werkzeug einen geeigneten Bildausschnitt aus und kopieren Sie ihn mit Strg+C.
2. Öffnen Sie mit Strg+N eine neue, leere Datei und fügen Sie das kopierte Motiv mit Strg+V ein. Es füllt den ganzen Bildbereich.
3. Mit dem Befehl **Bild: Arbeitsfläche** positionieren Sie das Bild links oben und verdoppeln die Pixelzahl von Breite und Höhe.
4. Das Bild liegt nun auf einer Ebene, die rechts und unten leer ist. Mit dem Befehl Ebene duplizieren im Menü des Ebenenbedienfelds erstellen Sie eine Kopie der Ebene.
5. Spiegeln Sie das Motiv per **Bearbeiten: Transformieren: Horizontal spiegeln** und positionieren Sie es rechts neben der Vorlage. Dabei ist die Funktion Ausrichten im Menü Ansicht sehr hilfreich.
6. Verschmelzen Sie beide Ebenen mit dem Befehl Auf eine Ebene reduzieren im Menü des Ebenenbedienfelds.
7. Duplizieren Sie die entstandene Ebene wiederum und spiegeln Sie diese per **Bearbeiten: Transformieren: Vertikal spiegeln**. Verschieben Sie die gespiegelte Ebene in die untere Bildhälfte und das Kaleidoskop ist fertig.

Abbildung 27.7 Vom linken Rand des Bilds wird ein senkrechter Streifen abgeschnitten, an den rechten Bildrand versetzt und der Bereich nach innen weich gelöscht. Das Gleiche passiert mit einem waagrechten Streifen vom oberen Bildrand. Das Ergebnis ist eine Kachel, die sich nahtlos aneinanderfügen lässt. Datei im Ordner »Praxis / Webelemente«: Farn_Vorlage.tif

Kacheln aus Bildern erstellen

Mit ein paar Ebenen und dem Radiergummi lassen sich auch aus vielen Bildern Hintergrundmuster erstellen. Das Prinzip funktioniert folgendermaßen:

1. Machen Sie mit [Alt]-Doppelklick die Hintergrundebene zur EBENE 0. Dadurch werden ausgeschnittene Bildteile später transparent dargestellt.
2. Von dem Bild, in unserem Beispiel der Farn, wird zunächst mit dem Auswahlwerkzeug der linke Rand ausgeschnitten, wieder eingefügt und an den rechten Bildrand versetzt. Die Arbeit geht dabei erheblich leichter, wenn im Menü ANSICHT das AUSRICHTEN aktiviert ist. Anschließend wird mit dem Radiergummi (, in den Optionen als weichgezeichneter Pinsel definiert) der linke Rand dieses Bildstreifens gelöscht.
3. Über den Befehl Sichtbare Ebenen zusammenfügen im Menü der Ebenenpalette werden die vorhandenen Ebenen auf eine zusammengerechnet.
4. Nun wird am oberen Bildrand ein waagrechter Streifen ausgewählt, ausgeschnitten, eingefügt und an den unteren Bildrand versetzt. Der zur Bildmitte zeigende Teil dieses Streifens wird ebenfalls wieder mit dem Radiergummi gelöscht. Die Ebenen werden wieder zusammengerechnet und der transparente Teil des Bilds wird entfernt. Da es hierbei auf pixelgenaues Arbeiten ankommt, wählen Sie den Zauberstab , klicken in den transparenten Bildbereich, kehren die Auswahl um und entfernen diese Bereiche mit dem Befehl FREISTELLEN im Menü BILD.

TIPP Reduzieren Sie die Bildgröße erst nach der Bearbeitung auf ein web-gerechtes Kachelformat von beispielsweise 80 Pixel Breite; damit vermeiden Sie halbtransparente Ränder auf den einzelnen Ebenen.

Nahtlose Kacheln mit dem Befehl »Wolken«

Der Befehl **Filter: Render-Filter: Wolken** errechnet ein luftiges Gewebe aus Hintergrund- und Vordergrundfarbe, das sich gut für Musterkacheln eignet. Verwendet man Bilddateien mit exakt 128x128 Pixel Größe oder einem Vielfachen davon, entstehen nahtlose Kacheln.

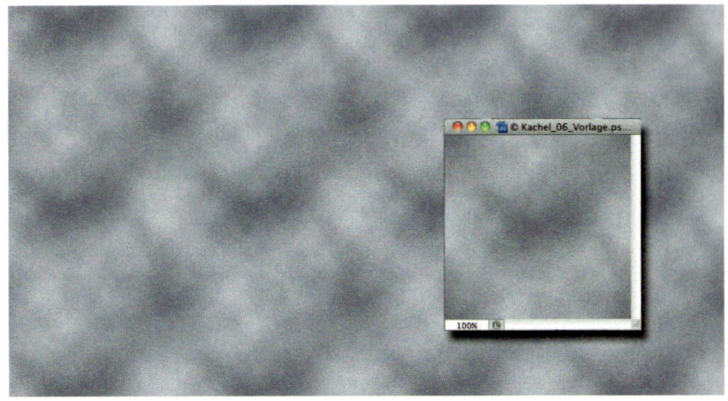

Abbildung 27.8 **Oben:** Diese Datei misst 256x256 Bildpunkte; sie wurde mit dem »Wolken«-Filter gefüllt. Das Ergebnis lässt sich vielfach nahtlos aneinandersetzen. Im Beispiel **unten** wurde die Kachel zusätzlich noch mit dem Befehl »Filter: Strukturierungsfilter: Mit Struktur versehen« bearbeitet und per »Bild: Anpassungen: Farbton/Sättigung« verändert.
Dateien im Ordner »Praxis / Webelemente«: Kachel_06_Vorlage.psd / Kachel_07_Vorlage.psd

TIPP Sie können das **Wolken**-Ergebnis auch einfärben. Dazu verwenden Sie den FARBTON-Regler des Befehls **Bild: Anpassungen: Farbton/Sättigung** ([Strg]+[U], Seite 498). Zeigt Ihr Wolkenmuster keine Farben, sondern nur Grautöne, klicken Sie in diesem Dialogfeld zusätzlich die Option FÄRBEN an (die Datei muss sich dazu in einem Farbmodus, wie RGB, befinden).

27.2.4 Hauptmotiv mit Hintergrundmuster kombinieren

Ein Beispiel verdeutlicht die Kombination zweier Dateien als Vordergrundmotiv und vielfach wiederholte Hintergrundkachel. Den erforderlichen HTML-Code erzeugt Photoshop:

1. Speichern Sie eine Datei als Kachel im JPEG-Format.

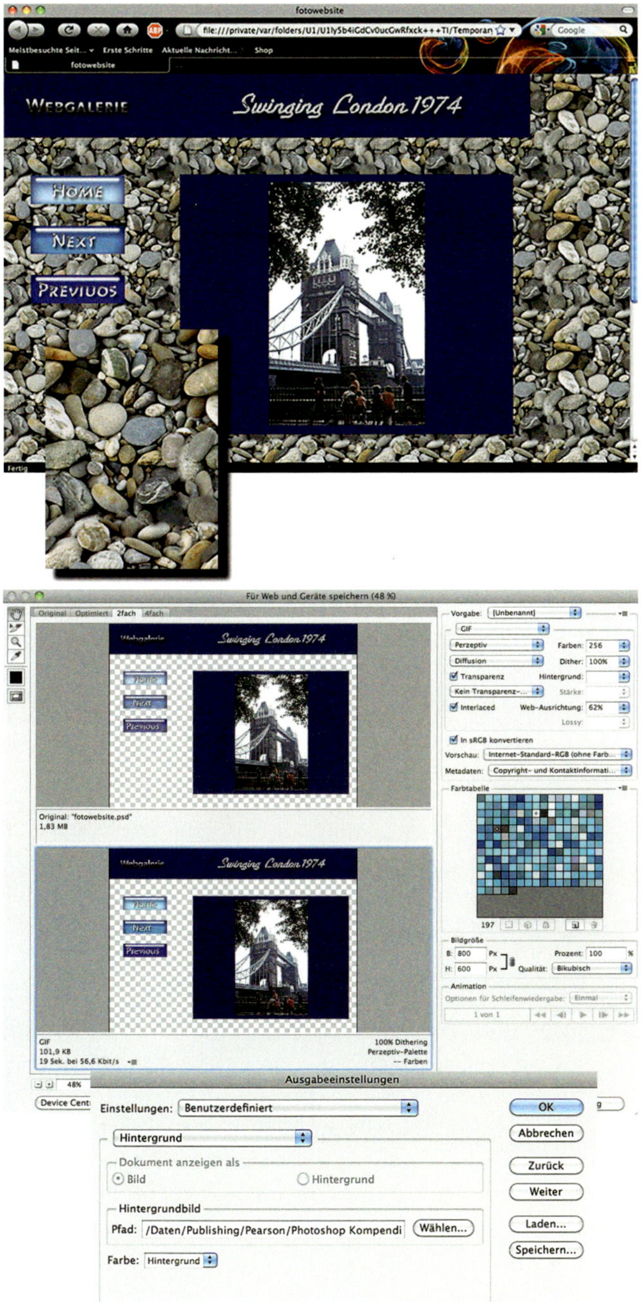

Abbildung 27.9 Die Vorlage für den gekachelten Hintergrund haben wir auf 200 x 140 Pixel reduziert und als JPEG gespeichert. Das Layout der Webseite wurde in Photoshop angelegt und unter »Für Web und Geräte speichern« als transparentes GIF-Bild zusammen mit der verknüpften Hintergrundkachel gespeichert. Dateien im Ordner »Praxis / Webelemente«:fotowebsite.psd, Kiesel-Kachel.gif; Ergebnis: fotowebsite.html

2. Erstellen Sie das Vordergrunddesign Ihrer Website in Photoshop auf einer web-gerechten Arbeitsfläche von beispielsweise 800 x 600 Pixel mit transparentem Hintergrund.
3. Bei dem Befehl **Für Web und Geräte speichern** wählen Sie im Dialogfeld die Einstellungen zum Speichern des Vordergrundmotivs im GIF-Format bei aktivierter Transparenz.
4. Klicken Sie auf die Schaltfläche rechts oben im Dialogfeld und wählen Sie den Befehl Ausgabeeinstellungen bearbeiten. Im Klappmenü Einstellungen tragen Sie Hintergrundbild ein. Dann wählen Sie im Klappmenü darunter statt HTML den Hintergrund und aktivieren unter Dokument anzeigen als das Bild. Um das Hintergrundbild einzubinden, geben Sie den Pfad der Kachel an.
5. Kontrollieren Sie durch Klick auf die Vorschau im Standardbrowser unten im Dialogfeld **Für Web und Geräte speichern** die Kombination von Bildmotiv und Muster nebst HTML-Code im Browser-Fenster. Sie können den Code auch markieren und kopieren.
6. Beim Klick auf Speichern erscheint wiederum das Fenster **Optimierte Version speichern unter**. Als Dateityp wählen Sie HTML und Bilder. Testen Sie, ob in den Einstellungen nun die Vorgabe Benutzerdefiniert steht. (Sollten Sie zuvor die Ausgabeeinstellungen nicht bearbeitet haben, wählen Sie Andere und führen obige Vorgaben aus.)

Photoshop erzeugt beim Speichern eine HTML-Datei sowie den Ordner »images« mit Kopien von Bilddatei und Kachel.

27.3 Rollover-Schaltflächen anlegen

Rollover-Schaltflächen sind grafische Bedienelemente auf Webseiten, die ihr Aussehen bei Kontakt mit dem Mauspfeil und/oder beim Klicken verändern – also beispielsweise ein blauer Button, der heller dargestellt wird, wenn Sie den Mauspfeil darüber führen, und der bei einem Mausklick eingedrückt erscheint.

Im Sprachgebrauch der Webdesigner werden die drei wesentlichen Zustände einer Rollover-Schaltfläche als »Normal« (kein Kontakt mit dem Mauspfeil), »Mouseover« (Mauspfeil über der Grafik) und »Mousedown«

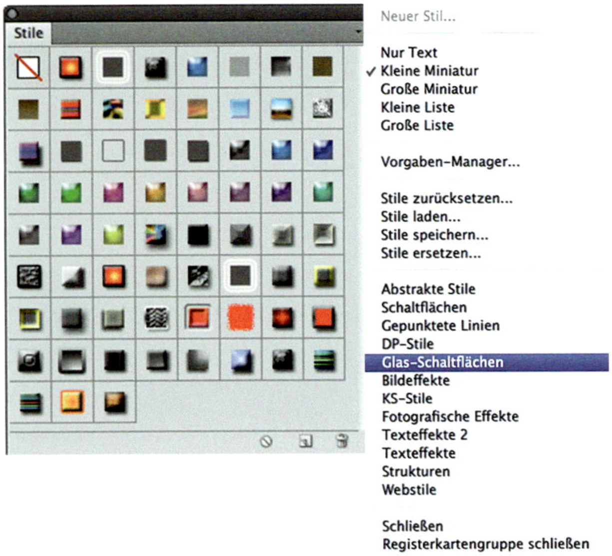

Abbildung 27.10 Mit dem Befehl »Fenster: Stile« rufen Sie das Stilebedienfeld auf. Es enthält Schaltflächen in verschiedenen Designs. Im Menü des Stilebedienfelds können Sie auch eigene Stile speichern und laden.

(Schaltfläche angeklickt) bezeichnet. Sie können auch weitere Zustände wie »Click« oder »Up« illustrieren.

Es gibt drei grundlegende Verfahrensweisen zur Erstellung von Rollover-Schaltflächen:

1. Ebenen duplizieren: Sie erzeugen eine Schaltfläche, duplizieren die entstandene Ebene und nehmen Veränderungen an der neuen Ebene vor.
2. Fülloptionen: Sie arbeiten ebenfalls mit Ebenen, wenden aber unterschiedliche Fülloptionen an, um die gewünschten Unterschiede zu erzeugen.
3. Vordefinierte Stile: Sie versehen die Schaltflächen mit vordefinierten Stilen aus dem Stilebedienfeld.

In früheren Versionen der Creative Suite war das Programm Image Ready integriert, das Photoshop um Webfunktionalität ergänzte. Seit CS3 sind die Optionen zur Animation und der Web-Export in Photoshop integriert, den größten Teil der restlichen Aufgaben erledigen ohnehin die Webdesign-Anwendungen Dreamweaver und

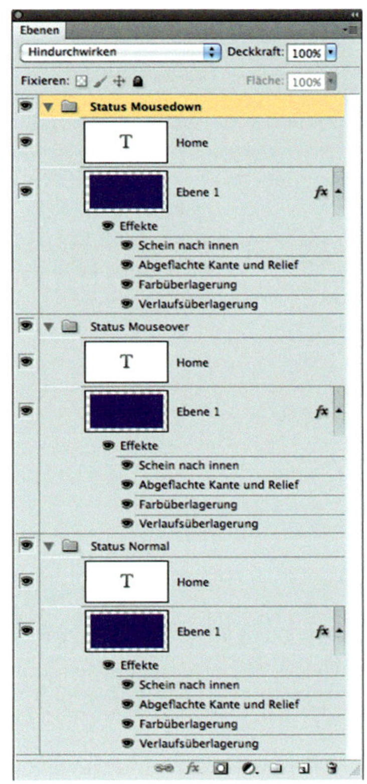

Abbildung 27.11 Jede Schaltfläche unseres Rollover-Beispiels besteht aus einer Bild- und einer Textebene. Für die drei Zustände »Normal«, »Mouseover« und »Mousedown« ändern wir jeweils die Ebeneneffekte. Um eine bessere Übersicht zu wahren, empfiehlt es sich, die jeweiligen Text- und Bildebenen der drei Statusanzeigen in separaten, aufklappbaren Ordnern zusammenzufassen. Markieren Sie dazu die betreffenden Ebenen und wählen Sie im Menü des Ebenenbedienfelds den Befehl »Neue Gruppe aus Ebenen«.

Abbildung 27.12 Eine Schaltflächengruppe enthält ein Ausgangsbild sowie eine oder mehrere veränderte Varianten für die geplante HTML-Programmierung. **Oben:** Dieses Bild zeigt den Status »Normal« ohne Mauskontakt. **Mitte:** Befindet sich der Cursor im Bildbereich, leuchtet die Version »Mouseover« auf. **Unten:** Mit Mausklick erscheint die gedrückte Taste für den Zustand »Mousedown«. Unser Beispiel wurde mit dem Stil »Glasschaltflächen« aus dem Bedienfeld »Stile« erzeugt. Datei im Ordner »Praxis / Webelemente«: Rollover-Beispiel.psd

Fireworks. Zwar können Sie inzwischen Bilddateien im PSD-Format direkt in die Webanwendungen laden oder über die Zwischenablage einfügen, doch die Einbindung des einzelnen Status erfolgt im HTML-Editor. In Photoshop selbst hinterlegen Sie bereits URL-Verweise oder Text, der Schwerpunkt liegt jedoch auf den grafischen Gestaltungswerkzeugen.

Legen Sie für jeden Zustand der Rollover-Schaltfläche eine eigene Ebene an:

1. Legen Sie eine neue RGB-Datei an. Diese Datei kann zunächst größer sein als die spätere Schaltfläche. Das Arbeiten an einer Datei mit beispielsweise 50 x 25 Pixel ist keine Freude. Die endgültige Grösse wird erst beim webgerechten Speichern festgelegt.
2. Wandeln Sie die Hintergrundebene per Alt-Doppelklick in eine Ebene 0 um. Benutzen Sie einen der vorgegebenen Stile aus dem Stilebedienfeld, die Sie über **Fenster: Stile** aufrufen. Im Menü des Bedienfelds wählen Sie beispielsweise die Schaltflächen; dort gibt es auch fertige Vorlagen für den Status »Normal«, »Mouseover« und »Mousedown«. Natürlich können Sie auch andere Stile wie etwa Fotografische Effekte einsetzen.
3. Gestalten Sie am besten zuerst das Aussehen des Buttons im Status »Normal«. Er sollte nicht allzu hell sein, um in der Version »bei Mauskontakt« deutlich aufzuleuchten. Kombinieren Sie eventuell Bild- und Textebenen, die Sie nach Gusto über den Befehl **Ebene: Ebenenstil: Fülloptionen** mit diversen Effekten versehen. In den Stilen des Stilebedienfelds sind **Fülloptionen** bereits integriert, die Sie auch nach Belieben verändern können.
4. Duplizieren Sie dann die Ebene der fertigen Schaltfläche mit dem Befehl Ebene duplizieren im Menü des Ebenenbedienfelds. Verändern Sie den Button für den Zustand »Mouseover«. Sobald der Cursor über den Button gleitet, soll dieser Status angezeigt werden. Variieren Sie beispielsweise das Aussehen mit Korrekturen auf neuen Einstellungsebenen oder per **Bild: Korrekturen: Helligkeit/Kontrast** sowie **Farbton/Sättigung** oder ändern Sie die **Fülloptionen**. Sofern Sie mit einem Stil des Stilebedienfelds arbeiten, können Sie die Effekte ändern, am einfachsten per Doppelklick im Ebenenbedienfeld.

Abbildung 27.13 Mit Photoshop kann eine Rollover-Schaltfläche auch ganz unkonventionell gestaltet werden. **Links:** Der Button befindet sich im Zustand »Normal«. **Mitte:** Die Variante »Mouseover«. Rechts: Der Status »Mousedown« ist aktiv. Datei: Drawing Board Button.psd

5. Auf der dritten Ebene soll nun der Button für den Status »Mousedown« angelegt werden. Duplizieren Sie dazu am besten die »Mouseover«-Ebene. Verändern Sie die Schaltfläche derart, dass sie beispielsweise wie eingedrückt erscheint und damit den aktiven Zustand signalisiert.
6. Speichern Sie die fertige Datei einmal im PSD-Format, damit Sie die Schaltflächen weiterhin bearbeiten oder im HTML-Editor anzeigen können. Speichern Sie darüber hinaus jede Ebene als Einzelbild im webkompatiblen GIF- oder JPEG-Format, um eine komplette Rollover-Schaltflächengruppe zu erhalten; dazu eignet sich der Befehl **Für Web und Geräte speichern** mit dem Dateityp Nur Bilder.

TIPP Benennen Sie die einzelnen Rollover-Bilder einer Schaltflächengruppe gemäß ihren Funktionen, um die HTML-Einbindung zu erleichtern - beispielsweise mit »Normal_01« etc.

Für einen Rollover-Status können Sie übrigens auch eine GIF-Animation anlegen und separat in der Schaltflächengruppe speichern. Wie man Animationen anlegt, erfahren Sie ab Seite 992.

Generell gilt für Rollover-Schaltflächen Ähnliches wie für die Animationen. Denn auch bei Trickfilmen können Sie ja unterschiedliche Einzelbilder (Frames) einer Sequenz aus verschiedenen Vorgaben für ein- und dieselbe Montageebene errechnen. Wie Sie Schaltflächen mit Einblendmeldungen und Hyperlinks versehen, lesen Sie weiter unten im Abschnitt »Slices« (Seite 1026).

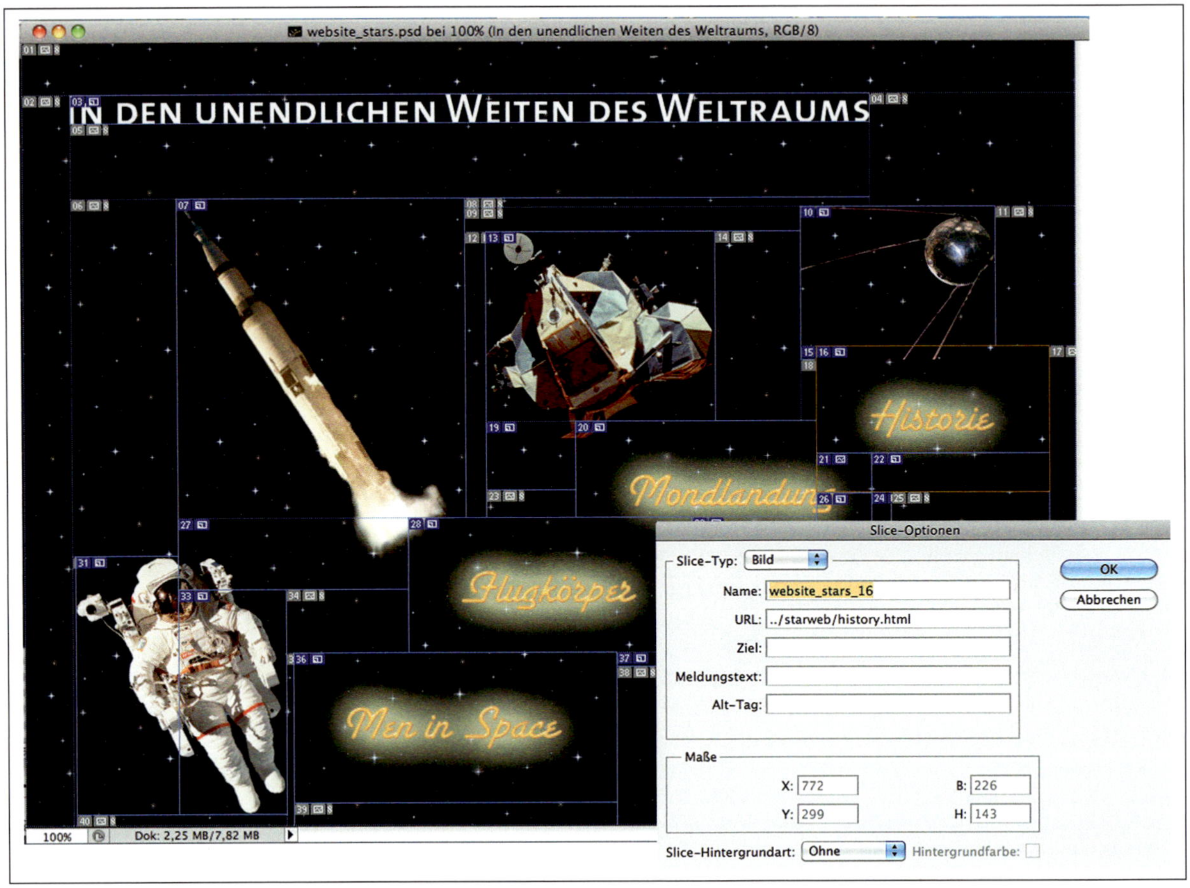

Abbildung 27.14 Mit der Slice-Technik zerlegen Sie eine größere Bilddatei in mehrere Einzelbilder. Getrennt für jedes Segment (Slice) können Sie einen Hyperlink und Einblendmeldungen festlegen. Dazu öffnen Sie per Doppelklick mit dem »Slice-Auswahlwerkzeug« das Dialogfeld »Slice-Optionen«. Im Bild ist das Slice 16 (Button Historie) angewählt. Das Slice 21, links davon, wurde als Benutzer-Slice definiert, damit sich die rechteckigen Segmente nicht überlappen und die Navigation stören. Alle anderen Slices sind ebenenbasiert. Die Slices-Einteilung wird im Photoshop-Dateiformat gespeichert. Datei im Ordner »Praxis / Webelemente«: website_stars.psd

TIPP Im Ordner »Praxis/Webelemente/Rollover« befindet sich ein Rollover-Beispiel mit HTML-Datei für das Bild »Rollover_02«. Sie können die HTML-Datei mit einem Texteditor aufrufen und den Code verwenden, um eigene Schaltflächen mit Ihren jeweils ausgetauschten Dateinamen zu programmieren.

27.4 Slices

Mit Slices kennzeichnen Sie Bilder oder Bildteile als aktive Zonen. Jede Zone kann individuelle Texte oder Hyperlinks, also Sprungmarken zu anderen Internetseiten, aufweisen.

27.4.1 Slices in der Übersicht

Die Slice-Technik teilt ein größeres Bild in mehrere rechteckige Einzelbilder auf, sogenannte Slices (»slice« bedeutet »Teilstück«). Im Webbrowser werden die Teilstücke zu einem nahtlosen Gesamtbild zusammengefügt. Dahinter liegt eine HTML-Tabelle oder ein CSS. Jedes Rechteck des Gesamtbilds füllt eine Zelle innerhalb der Tabelle.

Bei Slices teilen Sie Ihre Vorlage nicht nur in aktive Zonen auf, sondern auch in separate Bilddateien. Diese Stückelung bietet den großen Vorteil, einzelne Segmente im Dialogfeld **Für Web und Geräte speichern**

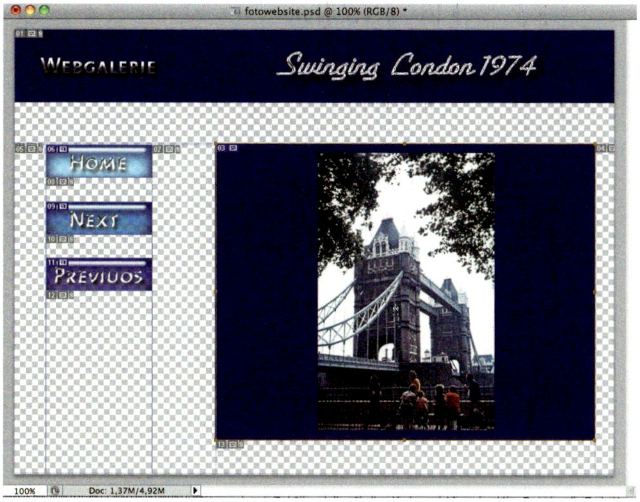

Abbildung 27.15 Slice-Typen unterscheiden sich in ihrem Erscheinungsbild: »Auto-Slices« erscheinen mit grauen Symbolen. »Benutzer-Slices« und »ebenenbasierte Slices« zeigen durchgehende blaue Rahmen. Die blaue Fläche mit dem Foto ist ein »ebenbasiertes Slice«, das aber mit dem Slice-Auswahlwerkzeug angewählt ist und braun erscheint: Datei im Ordner »Praxis / Webelemente«: fotowebsite.psd

unterschiedlich optimieren zu können. Beispielsweise verwenden Sie GIF für Bereiche mit Text- oder Grafikelementen und JPEG für Teile mit Halbtonabstufungen (= Fotos). Per Webeditor belegen Sie dann die gewünschten Elemente mit Rollover-Effekten oder Animationen, die Sie zuvor in Photoshop erstellt haben.

27.4.2 Slice-Typen neu anlegen

Es gibt verschiedene Möglichkeiten, neue Slices anzulegen und zu verwenden:

» Ebenenbasiertes Slice: Legen Sie das Slice im Ebenenbedienfeld an. Aktivieren Sie die gewünschte Ebene und wählen Sie **Ebene: Neues ebenenbasiertes Slice.** Photoshop erzeugt das Slice-Viereck in der Größe des Bildmotivs auf der Ebene. Verändern Sie die Proportion der Ebene, mutiert die Slice-Größe mit. Wählen Sie das Slice-Auswahlwerkzeug aus dem Untermenü des Freistellungswerkzeugs. Mit rechtem Mausklick erreichen Sie die Option **In Benutzer-Slice umwandeln.** Damit können Sie den Slice-Rahmen unabhängig vom Ebeneninhalt verschieben oder skalieren. Die gleiche Funktion bietet die Taste UMWANDELN in der Optionsleiste.

» Benutzer-Slice: Ziehen Sie den Slice-Rahmen per Cursor mit dem Slice-Werkzeug auf. Die Größe des Slice-Rahmens bestimmen Sie selbst. Bei sehr gleichmäßigen Grafiken wie Schaltleisten erstellen Sie das Slice am besten entlang von Hilfslinien; es richtet sich dann automatisch aus. Ein erster Slice-Rahmen um das Gesamtbild entsteht übrigens bereits per Klick auf das Slice-Auswahlwerkzeug.

Sobald Sie Slices erzeugt haben, generiert Photoshop sogenannte »Auto-Slices«. Sie bestücken alle Bildteile mit Vierecken, die nicht mit Benutzer-Slices oder ebenenbasierten Slices gefüllt sind. Für alle »Auto-Slices« erfolgen die Dateivorgaben in der Optimierungspalette gemeinsam, hier gibt es keine individuelle Einstellmöglichkeit. Erst wenn Sie ein Slice, wiederum mit rechtem Mausklick, **In Benutzer-Slice umwandeln**, können Sie individuelle Dateiformatvorgaben in der Optimierungspalette eingeben oder den Slice-Rahmen bewegen.

Eine Art »Auto-Slices« sind auch die tückischen »Unter-Slices«. Sie entstehen durch Überlappung von Slice-Grenzen. Achtung: Hier folgt die Navigation dem oberen Slice in der Rangfolge, so dass eine falsche Zuordnung entstehen kann. Ändern Sie die Rangfolge der Slices per Klick auf die Schaltflächen in der Optionsleiste des Slice-Auswahlwerkzeugs, wandeln sich auch die »Unter-Slices«.

TIPP Ebenenbasierte Slices empfehlen sich besonders, wenn Sie den Slice-Bereich noch verschieben, vergrößern oder verkleinern möchten. Praktisch sind ebenenbasierte Slices zudem, wenn Sie Rollover-Effekte anlegen: Nutzen Sie in bestimmten Rollover-Zuständen beispielsweise die Ebeneneffekte SCHLAGSCHATTEN, KONTUR oder SCHEIN NACH AUSSEN, so wird die Ebene meist breiter – und ein ebenenbasierter Slice wächst mit.

27.4.3 Slices auswählen und verwalten

Alle Slice-Typen können Sie mit dem Slice-Auswahlwerkzeug anwählen. Mit welchen Farben und Abblendungen die Slices dargestellt werden, wird von dem Befehl **Bearbeiten: Voreinstellungen: Hilfslinien, Raster und**

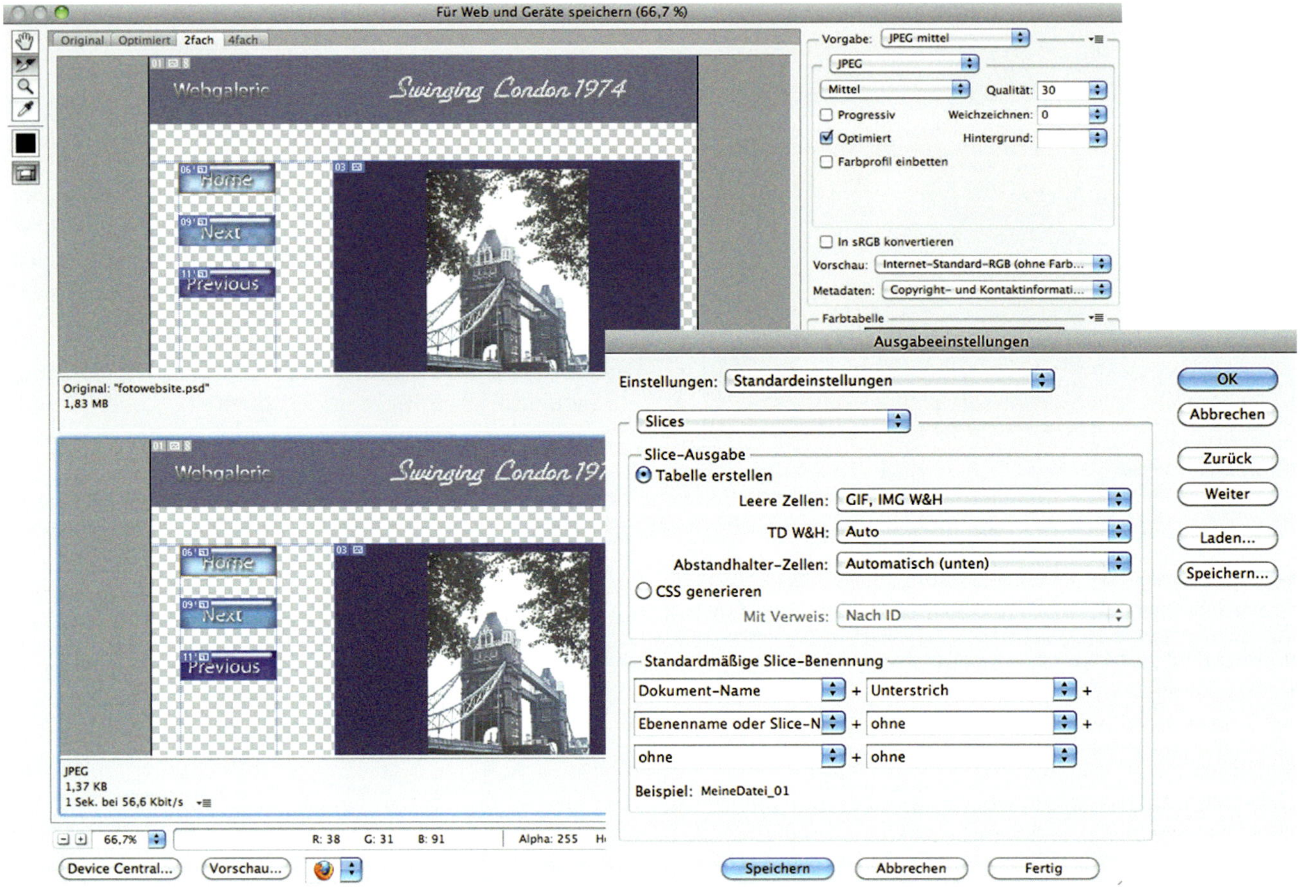

Abbildung 27.16 Mit dem Befehl »Datei: Für Web speichern« optimieren Sie jedes Slice individuell für den Webauftritt. Über die »Ausgabeoptionen« legen Sie zudem fest, ob die Webseite als Tabelle oder CSS gespeichert werden soll. Das Ergebnis können Sie über die Vorschau im Standardbrowser überprüfen. Dateien im Ordner »Praxis / Webelemente«: fotowebsite.psd, Kiesel-Kachel.gif. Ergebnis: fotowebsite.html

Slices bestimmt. Mit dem Befehl **Ansicht: Einblenden: Slices** lassen sich die Linien ein- oder ausblenden, ohne sie dabei zu löschen.

Slices umformen

Bei »Benutzer-Slices« halten Sie das Slice-Auswahlwerkzeug über den Griffpunkt eines Slices-Rahmens. Dann erscheint das Werkzeug als Doppelpfeil und Sie können den Rahmen durch Ziehen verkleinern oder vergrößern. »Ebenenbasierte Slices« hingegen verändern Sie mit dem Befehl Strg+T (Transformieren). Vom Skalieren bis zum Verkrümmen bieten sich dabei alle Möglichkeiten – allerdings bleibt das Slice immer ein Viereck.

Slices organisieren

So verdoppeln, löschen und organisieren Sie Slices:

» Wenn Sie mit gedrückter Alt-Taste an einem Slice ziehen, übernehmen Sie dessen Kontur für einen neuen Slice.

» Mit dem Auswahlwerkzeug verschieben Sie »benutzer«- oder »ebenenbasierte Slices«.

- Einen vorhandenen Benutzer-Slice splitten Sie mit Rechtsklick und dem Befehl **Slice unterteilen** in kleinere, gleichmäßig große Segmente auf.
- Um zwei Benutzer- oder Auto-Slices zusammenzufassen, markieren Sie die Elemente bei gedrückter ⇧-Taste und wählen Sie mit Rechtsklick **Slices kombinieren**. Die Segmente müssen dafür nicht nebeneinanderliegen.
- Einen benutzer- oder ebenenbasierten Slice können Sie entfernen, indem Sie ihn mit dem Auswahlwerkzeug markieren und mit der Entf- oder ←-Taste löschen. Alle vorhandenen Slices löschen Sie am schnellsten mit dem Befehl **Ansicht: Slices löschen**. »Auto-Slices« hingegen können Sie nur verbergen, aber nicht löschen und zwar mit der Taste Auto-Slices ausblenden oben in der Optionsleiste.
- Damit Slices nicht unbeabsichtigt verschoben werden, nutzen Sie den Befehl **Ansicht: Slices fixieren**.
- Mitunter überlappen sich Slices. Sie können die Slices über die Schaltflächen der Optionsleiste zum Slice-Auswahlwerkzeug neu anordnen.
- Ebenfalls in der Optionsleiste befinden sich die Schaltflächen, mit denen Sie die Rangordnung der Slices verändern können. Stellen Sie Slices in den Vorder- oder Hintergrund oder schrittweise vor bzw. zurück.

Slices verschieben

»Benutzer«- oder »ebenenbasierte Slices« lassen sich einfach mit dem Slice-Auswahlwerkzeug verschieben. Welche Bildelemente dabei »magnetisch« wirken – zum Beispiel Hilfslinien oder Bildränder –, bestimmen Sie im Untermenü **Ansicht: Ausrichten an**.

27.4.4 Slice-Optionen und Navigation

Für jedes Slice auf Ihrer Website können Sie individuelle Texte einblenden und Hyperlinks vergeben. Auch die Größe von Benutzer-Slices lässt sich verändern. Die Navigation bestimmen Sie bei angewähltem Slice-Werkzeug oder Slice-Auswahlwerkzeug mit Klick auf die rechte Maustaste über den Befehl Slice-Optionen bearbeiten. Alternativ genügt der Klick auf die Schaltfläche Optionen für aktuelles Slice einstellen in der Optionsleiste. Dabei stehen folgende Möglichkeiten zur Verfügung:

- Unter Slice-Typ wählen Sie in der Regel die Darstellung im Browser als Bild. Kein Bild erlaubt es stattdessen, Texte ins Internet zu stellen; wählen Sie zwischen Klartext oder Text mit HTML-Standard-Tags. Allerdings zeigt nur ein Browser den eingegebenen Text an, nicht jedoch Photoshop. Vorsicht: Lange Texte sollten auf Webseiten vermieden werden.
- Im Feld Name sehen Sie den Dateinamen sowie die aktuelle Slice-Zahl.
- Durch Eintrag einer URL erstellen Sie einen Link vom Slice zu einer WWW-Adresse.
- Unter Ziel tragen Sie beispielsweise den Namen eines Zielframes oder eine Option ein, wie die verknüpfte Datei erscheinen soll: _blank in einem neuen Fenster, _self im selben Frame wie das Original, _parent in einem übergeordneten Fenster, _top anstelle des Ausgangsframes (weitere Details finden Sie in der Photoshop-Hilfe).
- Der Meldungstext wird in der Statuszeile des Browsers angezeigt – hier steht ansonsten die URL des Slice.
- Der Text neben Alt-Tag erscheint in nichtgrafischen Browsern anstelle des Bilds. Ansonsten wird er im Slice-Bereich zusätzlich eingeblendet.
- Die Masse eines Benutzer-Slice werden bei Bedarf per Eingabe geändert.
- Als Slice-Hintergrundart stehen Hintergrund, Farben oder Transparenz zur Verfügung.

27.4.5 Slices »Für Web und Geräte speichern«

Die Slice-Aufteilung eines Webdesigns speichern Sie zunächst im Photoshop-Dateiformat. Mit dem Befehl **Datei: Für Web und Geräte speichern** erzeugen Sie zudem eine komplette Webseite inklusive Slices und HTML-Code. Das fertige HTML-Dokument können Sie im Browser aufrufen.

TIPP Die Eingaben des Dialogfelds Slice-Optionen stehen im Befehl **Für Web und Geräte speichern** nicht zur Verfügung und sollten vorher eingestellt werden.

In diesem Abschnitt werden nur jene Funktionen des Dialogfelds **Für Web und Geräte speichern** beschrieben, die speziell für den Umgang mit Slices gedacht sind. Die grundlegenden Optionen des Dialogfelds werden im folgenden Kapitel »Speichern für Internetseiten und Mobilgeräte« ausführlich besprochen. Dort erfahren Sie auch, welches Dateiformat für ein Motiv am besten geeignet ist.

Im Umgang mit Slices bietet das Dialogfeld **Für Web und Geräte speichern** vielfältige Möglichkeiten:

» Mit dem Slice-Auswahlwerkzeug wählen Sie jedes Slice einzeln an und bestimmen die Einstellungen für die web-optimierte Ausgabe als GIF-, JPEG- oder PNG-Datei. Die Vierfachvorschau bietet – neben dem nicht bearbeitbaren Original – drei Varianten für die gleichzeitige Ansicht.

» Schalten Sie mit Klick auf die Slice-Ansicht die Slices nach Bedarf sichtbar oder unsichtbar. Sie werden dabei nicht gelöscht.

» Im Menü rechts oben im Dialogfeld erreichen Sie per Schalttaste den Befehl Ausgabeeinstellungen bearbeiten. Wählen Sie anstelle der Vorgabe HTML die Option Slices an. In den Ausgabeeinstellungen legen Sie fest, wie Ihr HTML-Dokument exportiert werden soll: in Form einer HTML-Tabelle mit Zeilen und Spalten – oder als CSS (Cascading Stylesheets) mit der absoluten Position der Slices auf einzelnen Ebenen. Der Export als CSS bietet sich an, wenn die Webseite dynamische Elemente enthalten soll – also ein gemeinsames Layout für mehrere HTML-Seiten.

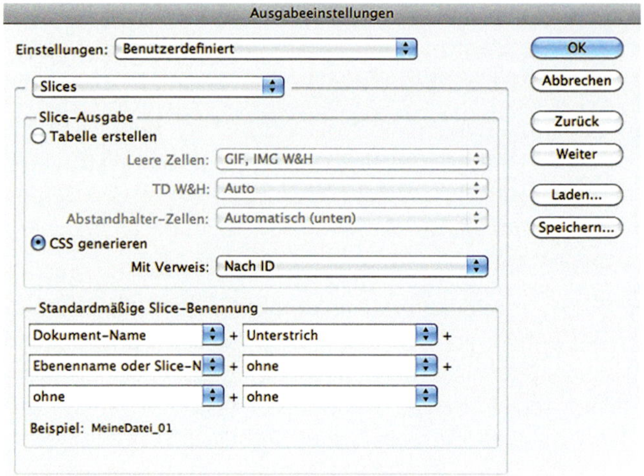

Abbildung 27.17 In den »Ausgabeeinstellungen« der Slices definieren Sie das Erscheinungsbild Ihrer Webseite. Sie können zwischen der Anordnung als »Tabelle« oder »CSS« (Cascading Stylesheet) wählen. Verwenden Sie die standardmäßige »Slice-Benennung«, um die Ordnung im Homepage-Ordner zu wahren, sofern Sie weitere Seiten erstellen.

» Das Ergebnis der Ausgabeeinstellungen können Sie bereits vor dem Speichern in der Browser-Vorschau betrachten und bei Bedarf nochmals korrigieren. Testen Sie dabei auch Navigation und Interaktion.

» Nach dem Klick auf Speichern wählen Sie als Dateityp HTML und Bilder (*.html). Photoshop erzeugt ein HTML-Dokument sowie einen Ordner mit den komprimierten, web-optimierten Slices.

TIPP Mehr Informationen über die Verwendung von Cascading Stylesheets finden Sie auf den Webseiten des W3C (World Wide Web Consortium), das den Einsatz von CSS empfiehlt. Unter *http://www.wssexpert.de/Style/Examples/011/firstcss/* gibt es übersichtliche Tutorials.

Kapitel 28

Speichern für Internetseiten & Mobilgeräte

Wenn Sie Bilder für Internetseiten oder mobile Endgeräte speichern, soll die Dateigröße klein bleiben, der Qualitätsverlust allerdings auch – täglich müssen Webdesigner und Kreativprofis also den Spagat zwischen möglichst hoher Qualität einerseits und niedriger Dateigröße andererseits bewältigen.

Aus diesem Grund beschäftigen wir uns auf den folgenden Seiten mit der Wahl des geeigneten Dateiformats. Dabei kommen wichtige Details hinsichtlich der richtigen Farbtabelle für GIF- und PNG-Bilder, der qualitativ besten Kompression beim JPEG-Format und wir kümmern uns auch darum, wie man am besten Transparenzen erhält.

28.1 Die Wahl des Dateiformats

Nur drei Bilddateiformate aus dem großen Spektrum von Photoshop spielen im Internet wirklich eine Rolle: GIF, JPEG und PNG. Beim PNG-Format unterscheidet das Programm zwischen PNG-8 (8 Bit Farbtiefe, maximal 256 Farben) und PNG-24 (24 Bit Farbtiefe, maximal 16,7 Millionen Farbtöne).

Im Dialogfeld **Für Web und Geräte speichern** bietet Photoshop außerdem das Format WBMP (Windows Bitmap) an, das aber in der Webpraxis keine Rolle spielt, da es nur reine Schwarzweißdarstellung unterstützt. Es wird nur noch in Ausnahmefällen für die Darstellung auf Mobilgeräten verwendet.

Alle webtauglichen Formate sollen die Dateigröße möglichst stark verringern, um die Übertragungszeit zu verkürzen. Die verfügbaren Formate bieten dazu sehr unterschiedliche Eigenschaften und Komprimierungstechniken. Der Einsatz eines bestimmten Formats richtet sich nach Bildtyp und Aufgabenstellung.

Unterschiede im Überblick

Die GIF, JPG, PNG und JPEG unterscheiden sich hauptsächlich in folgenden Punkten:

» Für Verläufe, fein abgestufte Hintergrundmotive, Porträts und Fotos im Allgemeinen (Halbtonbilder) nimmt man JPEG (Seite 260).

» Motive, die frei ausgeschnitten vor dem Hintergrundmuster stehen sollen, speichert man trotz der Beschränkung auf 256 Farben als GIF (Seite 1033).

» GIF ist auch die bessere Wahl für Grafiken, Logos und Schriften, die ohne Kantenglättung entstanden sind.

» Für Animationen (Trickfilme) wählen Sie ebenfalls GIF, in der Spezialvariante »animated GIF«.

» PNG ist wenig verbreitet, da das Format von älteren Internetbrowsern nur bedingt unterstützt wird und die Dateigröße im Vergleich zu JPEG oder GIF meist deutlich höher ist.

In der Tabelle finden Sie zusammengefasst die wichtigsten Unterschiede für die Optionen, die Photoshop anbietet.

	GIF	JPEG	JPEG 2000	PNG-8	PNG-24
Weit verbreitet	✔	✔	–	–	–
Gut für hart konturierte Grafik	✔	–	–	✔	–
Gut für nuancierte Halbtöne	–	✔	✔	–	✔
Speichert Vektorinformation	–	–	–	– 1)	– 1)
Animation	✔	–	–	–	–
Bildgröße änderbar ohne spezielle Browser-Funktion	–	–	–	–	–
Transparenz mit harten Kanten	✔	–	–	✔	✔
Transparenz mit weichen Kanten	–	–	–	–	✔ 2)
Komprimierung ohne Verlust	✔	–	✔	✔	✔
Komprimierung mit Verlust	–	✔	✔	–	–

1) In Fireworks möglich

2) Bei Photoshop und einigen anderen Programmen kann man eine Komprimierung mit Verlust anwählen.

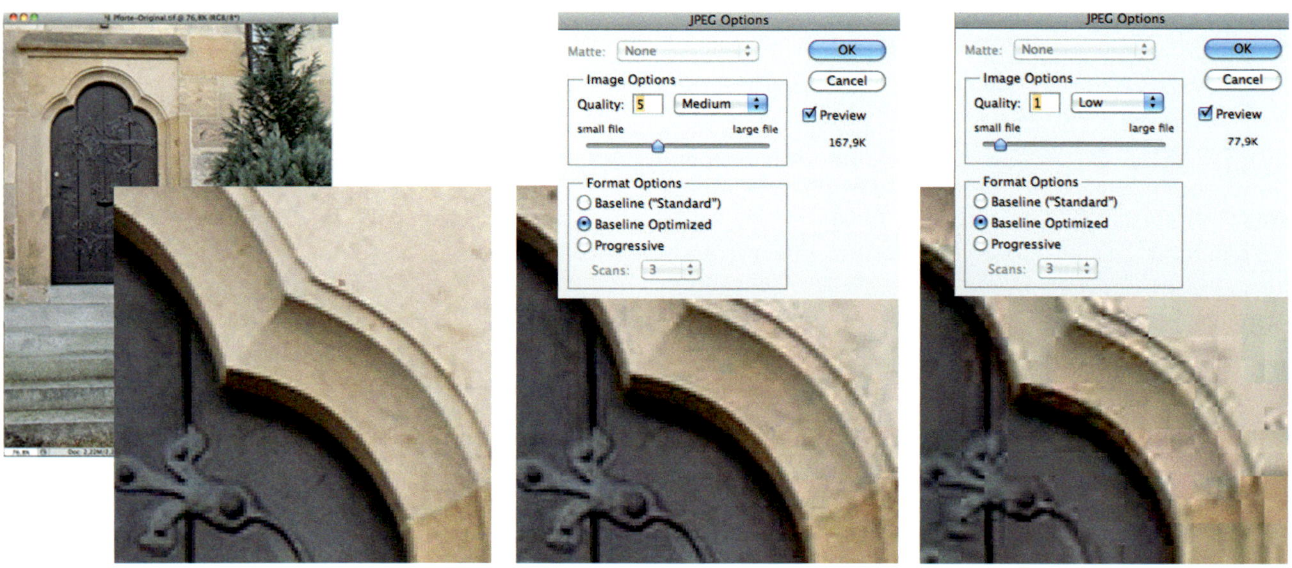

Abbildung 28.1 JPEG-Kompression im Vergleich: **Links:** Dieses Foto beansprucht im RGB-24-Bit-Farbmodus bei verlustfreier TIFF-LZW-Komprimierung 1,9 MB Speicherplatz. **Mitte:** Die TIFF-Vorlage wird als JPEG und mit Qualitätsstufe 5 auf 258 Kbyte komprimiert, in der Vergrößerung sind leichte Kantenfehler zu sehen. **Rechts:** Bei Komprimierung mit Qualitätsstufe 1 (168 Kbyte) treten massive Artefakte, die typischen JPEG-Fehler, auf: Schleierbildung, künstliche Schatten und Farbblöcke. Im Beispiel gut zu erkennen: JPEG eignet sich für Fotos mit nuancierten Halbtonübergängen, nicht aber für Grafiken mit harten Konturen. Datei: Pforte-Vorlage.tif

28.1.1 GIF-Dateiformat

Das GIF-Dateiformat unterstützt nur maximal 256 Farbtöne (8-Bit-Farbtiefe). Doch für Trickfilme (Animationen), Objekte mit transparenten Bereichen sowie Grafiken mit harten Kanten ist es durchaus eine gute Wahl. GIF wird auf Internetseiten häufig verwendet und kann von jedem Browser angezeigt werden.

Die Optionen des Dialogfelds im Fenster **Für Web und Geräte speichern** für GIF und PNG-8 ähneln sich weitgehend. Die meisten Sonderfunktionen von GIF besprechen wir in separaten Abschnitten. Näheres finden Sie unter »Animation« (Seite 992), »Transparenz« (Seite 1040) und »Farbtabelle und Farbwahl« (Seite 1036).

Zwei verschiedene Wege bieten sich an, um GIF-Dateien zu erzeugen:

» Sie speichern ein Bild auf die gewohnte Weise mit **Datei: Speichern unter** und wählen als Format CompuServe GIF. Der Klick auf Speichern öffnet ein Fenster mit den Einstellungsmöglichkeiten. Sie können ein Bild mit denselben Optionen auch bereits vor dem Speichern über den Befehl **Bild: Modus: Indizierte Farbe** umwandeln.

» Detaillierter und effektiver bestimmen Sie die Speicheroptionen für ein GIF-Bild mit dem Befehl **Datei: Für Web und Geräte speichern.** Mit Hilfe der Mehrfachvorschau lassen sich unterschiedliche Einstellungen der GIF-Vorwahl überprüfen.

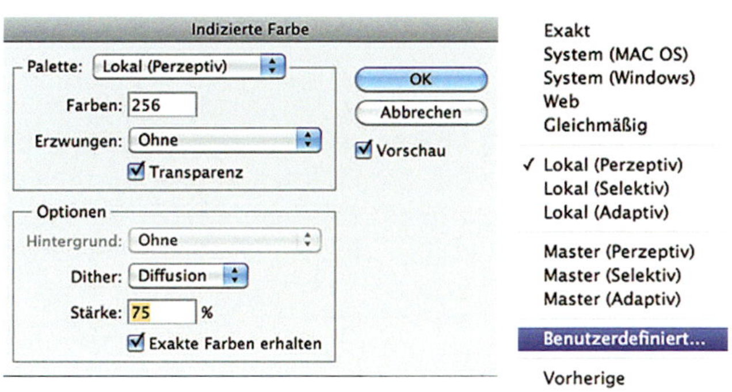

Abbildung 28.2 **Links:** Im Fenster »Indizierte Farbe« legen Sie die Konvertierungsoptionen für ein GIF-Bild mit maximal 256 Farben fest. **Rechts:** Mit der Wahl der »Palette« regeln Sie die Farbdarstellung. Per »Vorschau« sehen Sie die Änderungen Ihrer Einstellungen direkt im Bild.

Interlaced

Mit der Vorgabe Interlaced (Zeilensprung) baut sich das Bild anders auf dem Monitor auf: Statt nach und nach, Zeile für Zeile auf die Bildfläche zu trudeln, erscheint sofort das komplette Rechteck (bzw. die freigestellte Form) – erst verschwommen, dann klarer.

Lossy

Lossy bedeutet »mit (Qualitäts-)Verlust«. Dies ist ein spezielles Verfahren, mit dem die Dateigröße durch Qualitätsverlust noch weiter reduziert wird. Die meisten anderen Programme bieten dieses Verfahren nicht, können solche Dateien aber dennoch öffnen. Die Speicherplatzersparnis liegt bei rund 5 bis 30 Prozent; allerdings verursachen schon niedrige Werte sichtbare Bildstörungen. Sie können Lossy nicht in Verbindung mit Interlaced oder mit den Dither-Verfahren Muster oder Rauschen verwenden.

Abbildung 28.3 GIF-Optionen im Vergleich **Oben:** Verwendet man die »Web«-Farbpalette ohne Dithering, entstehen grobe Farbsprünge (Dateigröße hier 225 Kbyte) **Rechts:** Die »Web«-Palette mit 75 Prozent Dithering simuliert Halbtöne, erhöht die Dateigröße aber auf 315 Kbyte. **Unten:** Die Variante mit »Selektiv«-Farbpalette aus den 64 wichtigsten Tonwerten des Bilds beansprucht 266 Kbyte. Das GIF-Format eignet sich gut für grafische Anmutung mit harten Konturen, weniger für Fotos mit weichen Farbübergängen. Datei: Blumen_Vorlage.tif

Abbildung 28.4 Den optimalen Kompromiss zwischen Dateigröße und Bildqualität können Sie am besten in der Mehrfachvorschau des Befehls »Für Web und Geräte speichern« herausfinden. Jede Bildvariante lässt sich per Mausklick aktivieren und mit individuellen Einstellungen versehen. Hier ist z.B. die Lösung »Perzeptiv« mit 256 Farben im Bild oben rechts aktiviert.

28.1.2 PNG-Dateiformat

Ausgesprochen wird der Name »Ping«: Das Format »Portable Networks Graphics« mit dem Kürzel PNG erscheint im Dialogfeld des Fensters **Für Web und Geräte speichern** als PNG-8 für 8-Bit-Grafiken (maximal 256 Farben) und als PNG-24 für Echtfarbdateien (24-Bit-Farbtiefe). Wenn Sie mit 8-Bit-Grafik arbeiten, zeigt die Farbtabelle (aufrufbar im **Fenster**-Menü) die verwendeten Farbtöne. Sehr alte Internetbrowser benötigen ein Plug-in, um überhaupt PNG-Bilder anzeigen zu können.

PNG bietet automatisch eine verlustfreie Komprimierung. Sie ist oft ein wenig, aber nicht wesentlich stärker als TIFF-LZW oder GIF. Die Bearbeitung der Farbtabelle für PNG-8 gleicht dem Umgang mit der Farbtabelle des GIF-Formats – wir besprechen sie deshalb separat ab Seite 1036.

Detaillierte englische Informationen, Testbilder und zahllose Querverweise auch zu Plug-in-Anbietern gibt es unter *www.libpng.org/pub/png* und *www.w3.org/Graphics/PNG/overview.htm*.

Abbildung 28.5 Ein Vergleich von PNG- und GIF-Transparenz: Bei denselben Vorgaben »Selektiv« mit 256 Farben unterscheiden sich PNG-8 und GIF optisch nicht, dafür geringfügig in der Dateigröße. **Links:** PNG-8 benötigt hier 185 Kbyte. **Mitte:** GIF braucht 192 Kbyte Speicherplatz. **Rechts:** PNG-24 brilliert mit stufenloser Transparenz und Echtfarben in der Darstellung, erfordert jedoch mit 1,2 Mbyte fast den fünffachen Speicherplatz.

Transparenz

Das PNG-Format unterstützt in Bildern transparente Bereiche, in denen beispielsweise das Hintergrundmuster der Internetseite durchscheint.

» In 8-Bit-Bildern (mit 256 Farben und Farbtabelle) legen Sie einen transparenten Bereich mit harter Kante fest: Erzeugen Sie Transparenz in Ihrer Datei und aktivieren Sie die Transparenz im Dialogfeld des Fensters **Für Web und Geräte speichern** (Seite 1040).

» In Verbindung mit 24-Bit-PNGs können Sie auch »stufenlose« Übergänge nach Art eines Alphakanals oder einer Ebenenmaske speichern und damit Freisteller erzeugen, die vor unterschiedlichen Hintergrundbildern oder -mustern stehen. Dazu muss im Internetbrowser allerdings das Browser-Plug-in für Alpha-Transparenz installiert sein.

28.1.3 JPEG-Dateiformat

Der Hauptzweck von JPEG ist die Komprimierung, also das Einsparen von Speicherplatz, speziell von Bildern mit weichen Farbübergängen. Um allerdings hohe Kompressionsraten erreichen zu können, verzichtet JPEG auf Bildinformationen, es ist also keine verlustfrei arbeitende Komprimierung. Grundsätzlich gilt die Faustregel: Je höher die Kompression, desto geringer ist die Bildqualität. Bei Verwendung dieses Formats heißt es also, einen Kompromiss zu finden zwischen möglichst kleiner Datei und akzeptabler Bildqualität.

Details zu JPEG finden Sie ab Seite 216. An dieser Stelle sei vor allem darauf hingewiesen, dass Photoshop zwei Möglichkeiten bietet, Bilder im JPEG-Format zu speichern. Einmal über den Standardbefehl **Datei: Speichern unter**, sowie über den Befehl **Datei: Für Web und Geräte speichern**. Wenn Sie Bilder im JPEG-Format für Internetanwendungen speichern wollen, sollten Sie immer den zuletzt genannten Befehl nutzen. Er sorgt bei gleicher Kompressionsstufe für kleinere Dateien und eine bessere visuelle Qualität.

TIPP JPEG verzichtet bei der Komprimierung auf Bilddetails. Das führt bei hoher Kompressionsstufe zu deutlich sichtbaren Artefakten. Um auch auf Webseiten eine gute Bildqualität zu gewährleisten, sollten Sie den Qualitätsregler nicht unter Stufe 5 setzen.

Seit 2001 gibt es neben dem Standard-JPEG auch die Variante »JPEG 2000«. Dabei handelt es sich um eine Neuentwicklung, die ein anderes Verfahren zur Kompression verwendet. Damit sind in vielen Fällen deutlich höhere Kompressionsraten bei besserer Bildqualität möglich. Allerdings hat sich dieses Format, trotz seiner qualitativen Vorteile bis heute nicht durchgesetzt. Daher verzichten wir an dieser Stelle auf eine detaillierte Beschreibung.

HINWEIS Informationen zu JPEG 2000 finden Sie im Internet unter http://www.jpeg.org/jpeg2000/ oder unter http://de.wikipedia.org/wiki/JPEG_2000.

28.2 Farbtabelle und Farbwahl

Konzentrieren wir uns nun auf die Möglichkeiten der Formate GIF und PNG.

Das GIF-Dateiformat komprimiert zeilenweise mit dem verlustfreien LZW-Algorithmus und erlaubt statt der üblichen 24 Bit nur acht Bit Farbtiefe pro Pixel – also maximal 256 unterschiedliche Farbtöne bzw. 255 plus Transparenz.

Das GIF-Dateiformat arbeitet dabei mit einer Farbtabelle, die mit der GIF-Datei zusammen gespeichert und vom Webbrowser für die Darstellung der Datei ausgelesen wird. Dieser Modus wird in Photoshop als »Indizierte Farben« bezeichnet. Die Tabelle kann zwischen 1 und 8 Bit Datentiefe speichern, also bei

8 Bit	256 Farben
7 Bit	128
6 Bit	64
5 Bit	32
4 Bit	16
3 Bit	8
2 Bit	4
1 Bit	2

Jede beliebige Farbe der Farbtabelle können Sie austauschen. Auch das Dateiformat PNG mit acht Bit Gesamtfarbtiefe (PNG-8) erlaubt maximal 256 Einträge in der Farbtabelle.

Sie können für ein Echtfarbbild (also mit 24 oder mehr Bit) mit dem Befehl **Datei: Für Web und Geräte speichern** eine Farbtabelle errechnen lassen. Prüfen Sie in der Mehrfachvorschau, wie es in verschiedenen 8-Bit-Varianten wirkt.

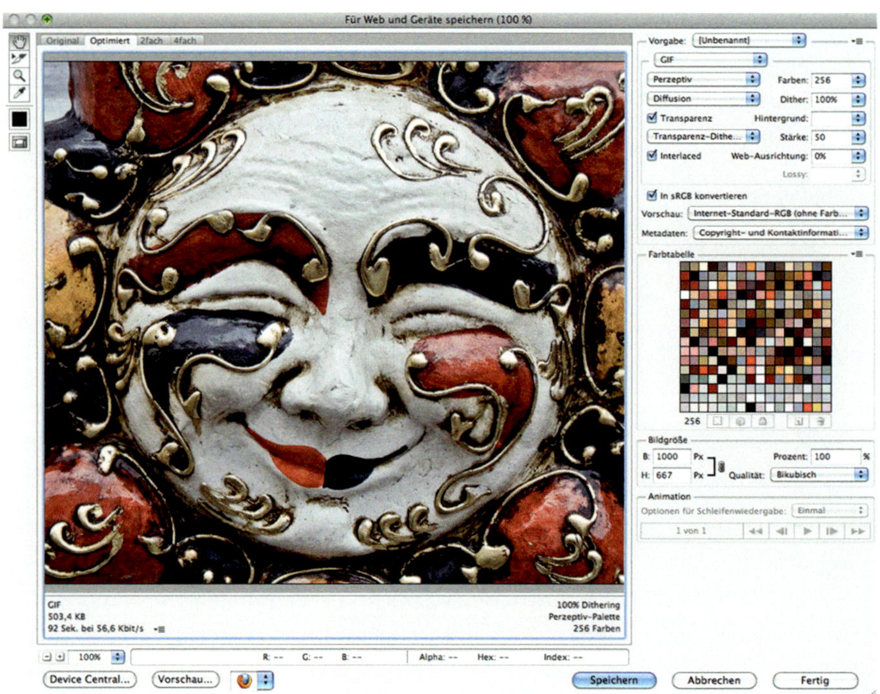

Abbildung 28.6
Im Fenster »Für Web und Geräte speichern« erscheint die »Farbtabelle«, wenn GIF oder PNG-8 als Dateiformat gewählt ist. Jede der 256 Farben kann korrigiert werden

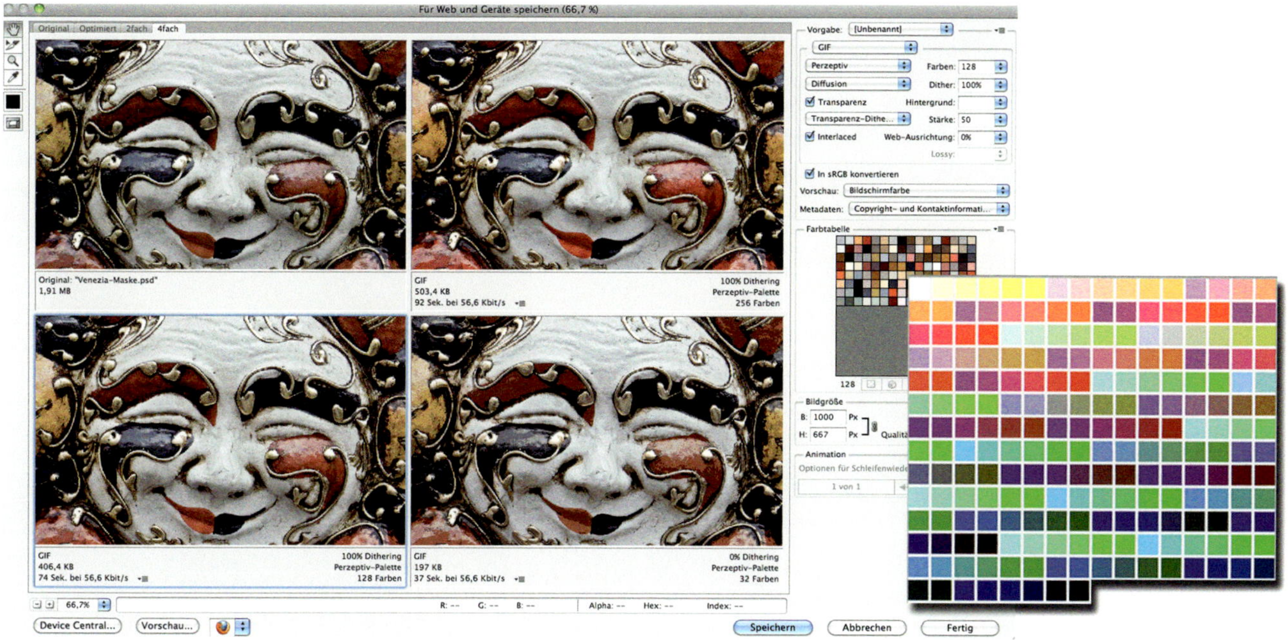

Abbildung 28.7 **Links:** Mit der Option »Restriktiv (Web)« vermeiden Sie durch websichere Farben ein Dithering durch Browser, d.h. eine eventuell verfälschte Farbsimulation des Bilds. Dabei stellt Photoshop die Anzahl der Farben auf »Auto«; im aktiven Fenster unten links ergeben sich damit 67 Farben. **Rechts:** Wenn wir die »Auto«-Anzahl der 66 Farbtöne im Klappmenü »Farben« auf die standardgemäßen 216 Webfarben erhöhen, ändert sich die Bildwirkung nicht und die Dateigröße nimmt sogar ab.
Datei: Venezia-Maske_Vorlage.psd

28.2.1 Möglichkeiten mit der Farbtabelle

Die Farbtabelle ist Teil des Dialogfelds **Für Web und Geräte speichern**. Zwar können Sie die Farbtabelle auch mit dem Befehl **Modus: Farbtabelle** aufrufen, doch die Möglichkeiten der Bearbeitung sind hier extrem beschränkt. Der Befehl **Farbtabelle** steht im Übrigen erst zur Verfügung, wenn der Modus des Bilds zuvor in Indizierte Farben gewandelt wurde.

ACHTUNG Wir empfehlen Ihnen, Bilder, die für Internetanwendungen optimiert werden sollen, generell mit dem Befehl **Datei: Für Web und Geräte speichern** zu sichern. Dieser Dialog bietet mehr und qualitativ bessere Möglichkeiten als der übliche Befehl **Datei: Speichern unter**.

Die Farbtabelle sollte sinnvollerweise aus den Farben des jeweiligen Bilds errechnet werden, um den visuellen Eindruck nicht zu sehr zu verfälschen. Alternativ stehen systemspezifische Tabellen für Windows- und Mac-Betriebssystem zur Verfügung, die aber die Farbschwerpunkte eines Bilds nicht berücksichtigen.

Die Zahl der in der Tabelle enthaltenen, Farben können Sie selbst festlegen. Nicht verfügbare Farben werden durch das Dithering-Streuraster simuliert, was für fließendere Farbübergänge sorgt. Einzelne Farben können in der Tabelle gegen Farben ausgetauscht werden, die garantiert unverfälscht in einem Internetbrowser erscheinen (websichere Farben).

HINWEIS Filter, die meisten Farbkorrekturen und die Ebenentechnik funktionieren nicht bei 8-Bit-Farbe. Soll ein 8-Bit-Farbbild dennoch umfangreich bearbeitet werden, wechseln Sie vorübergehend zurück zu RGB (**Bild: Modus: RGB-Farbe**). Bilder, die bereits im RGB-Modus vorliegen (das sind üblicherweise Fotos), sollten erst vollständig bearbeitet werden, bevor sie für den Webeinsatz auf 8-Bit-Farbe reduziert werden.

So nutzen Sie die Farbtabelle

Die Farbtabelle im Fenster Für Web und Geräte speichern bietet viele Möglichkeiten der individuellen Bearbeitung

1. **Farbton webkompatibel**
2. **Farbton fixiert**
3. **Farbton bearbeitet, deshalb fixiert**
4. **Farbton auf websicheren Wert verschoben, daher fixiert**
5. **Gewählter Farbton**
6. **Transparenzfarbe**
7. **Zahl der verwendeten Farben**
8. **Transparenz:** Farbton Transparenz zuordnen
9. **Webkompatibel:** Gewählten Farbton auf webkompatiblen Wert verschieben oder davon lösen
10. **Farbton fixieren**
11. **Neuen Farbton einfügen**
12. **Gewählten Farbton löschen**
13. **Menü:** weitere Optionen zu Auswahl und Sortierung von Farben und Paletten

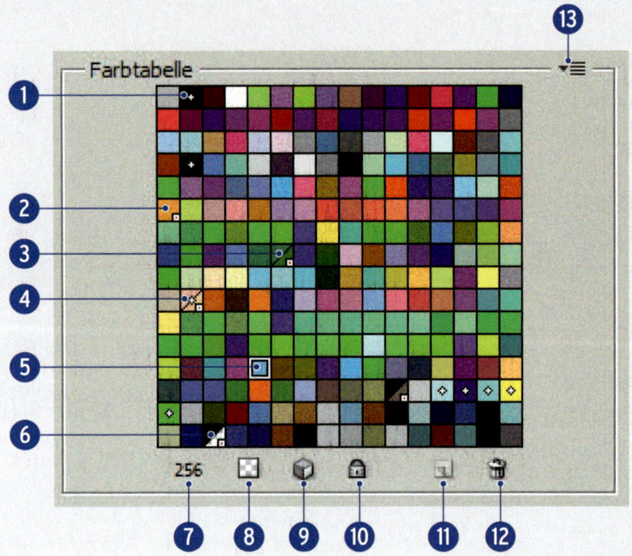

28.2.2 Wechsel zu »Indizierten Farben«

Bevor Sie die Farbtabelle korrigieren, überführen Sie zunächst ein Echtfarbbild oder ein Graustufenbild in den 8-Bit-Farbmodus. Dafür gibt es zwei Wege:

» Mit dem Befehl **Datei: Für Web speichern** wählen Sie im Dialogfeld die Formate GIF oder PNG-8.

» Wählen Sie den Befehl **Bild: Modus: Indizierte Farben**. Bei geöffnetem Dialogfeld sehen Sie bereits die geänderte Bildqualität. Das Dialogfeld Indizierte Farben zeigt Photoshop auch, wenn Sie mit **Speichern unter** eine Echtfarbdatei ins GIF-Format umwandeln.

Wahl der Farbtabelle

Es gibt verschiedene Wege, um die, theoretisch möglichen, Millionen unterschiedlicher Farbtöne einer Echtfarbdatei auf 256 Farben zu reduzieren:

» Wählen Sie System (Mac OS) oder System (Windows), werden Echtfarben mit den Werten aus der Farbpalette des jeweiligen Betriebssystems ersetzt.

» Die Farbtabelle Web (im Dialog **Für Web und Geräte speichern** heißt die Option Restriktiv) enthält jene 216 Standardfarben, die den 8-Bit-Paletten unter Windows und Mac Os gemeinsam sind (websichere Farben). Ein Bild mit 8-Bit-Farbtiefe wird damit auf verschiedenen Browsern ohne Dithering-Streuraster angezeigt; damit werden diese Farben nicht durch Rasterung simuliert und verfremdet.

» Mit angepassten Paletten wie Adaptiv, Perzeptiv oder Selektiv werden Bilder möglichst sauber angezeigt. Ein Landschaftsbild bekommt dann zum Beispiel viele Blau- und Grüntöne, ein Porträt mehr Rottöne. Die Option Adaptiv verwendet die häufigsten Farben des Bilds. Perzeptiv orientiert sich eher an Farben, die vom menschlichen Auge besser wahrgenommen werden. Selektiv soll die Webfarben besser wahren.

TIPP Mit der Funktion Web-Ausrichtung steuern Sie das Browser-Dithering bei Farbtabellen, die nicht der websicheren restriktiven Farbtabelle mit 216 Standardfarben entsprechen. Die Spanne für das Browser-Dithering reicht von 0 bis 100 Prozent: Je höher der Prozentwert, desto mehr websichere Farben erscheinen in der Farbtabelle, allerdings passen die Farben bei hoher »Webausrichtung« auch nicht mehr so gut zum Motiv.

Die Zahl der Farben

Beschränken Sie die Zahl der Farben in der Farbtabelle auf einen notwendigen Wert, um die Dateigröße klein zu halten. Die jeweils mögliche Zahl der Farben entnehmen Sie bitte der Tabelle auf Seite 902. Je weniger Farbtöne, desto gröber wirkt freilich Ihre Vorlage. Die Bildung von blockartigen Farbflächen lässt sich jedoch effektiv mit »Diffusion Dithering« verhindern. Der damit verbundene geringe Anstieg der Dateigröße fällt kaum ins Gewicht. Die Farbenzahl steuern Sie im Dialogfeld des Fensters **Für Web und Geräte speichern** mit dem Datenfeld Farben, sofern GIF oder PNG-8 als Dateiformat vorgewählt ist.

Bei der Webpalette, aber auch bei der Schwarzweiss-, Windows- und Mac OS-Palette verwendet das Farben-Klappmenü zunächst die Option Auto. Damit legt die Farbtabelle nicht zwangsläufig sämtliche verfügbaren Tonwerte in der internen Tabelle an, also etwa 256 oder 216, sondern nur die tatsächlich verwendeten. Dies ändert die Bildqualität nicht, senkt jedoch die Dateigröße. So verwendet unser Beispielbild »Web_RGB_a« nur 66 Farbwerte aus der genormten Webpalette mit ihren 217 möglichen Farben, hingegen 78 Farben in der Mac Os- und 83 in der Windows-Farbtabelle.

Im Menü Vorschau können Sie simulieren, wie das Bild gemäß Ihrer Bildschirmfarbe aussieht oder wie es auf Macintosh beziehungsweise Windows-Rechnern ohne spezielles Farbmanagement erscheint. Die Wirkung mit Dokumentprofil verwenden ist eher theoretisch zu sehen, da Browser bislang kaum Farbmanagement unterstützen. Angezeigt wird bei allen Versionen immer der jeweilige Gamma-Wert eines Monitors auf unterschiedlichen Systemen.

28.2.3 Dithering (Farbrasterung)

Das »Dithering«-Streuraster bricht Farbflächen und Farbübergänge in ein körniges Muster auf. So wirken Halbtonbilder wesentlich natürlicher, speziell bei Verwendung der »Web«- oder »System«-Palette. Allerdings erhöht sich die Dateigröße gegenüber Bildern ohne Dithering etwas, denn die einheitlichen Flächen werden in unterschiedlich gefärbte Bildpunkte aufgebrochen und das Ergebnis lässt sich schlechter komprimieren.

Die wichtigste Dithering-Methode ist die frei regelbare Diffusion; sie streut nach dem Zufallsprinzip Bildpunkte verfügbarer Farben und täuscht so Farbnuancen vor,

Abbildung 28.8 **Oben:** Ohne »Dither« wirken nuancierte Farbübergänge grob. **Unten:** Kanten und Schriften lösen sich bei 100 Prozent »Dithering« auf, dafür verbessern sich weiche Übergänge enorm. Datei: Lahaina.psd

die in der Farbtabelle gar nicht erscheinen. Bei kleinen Bildern mit angepasster Palette, ausreichender Anzahl Farben (mindestens 64) und DIFFUSION-Dithering erkennt man manchmal weder am Schirm noch im Druck, dass nur eine 8-Bit-Datei vorlag.

TIPP Prüfen Sie Dateien mit DITHER-Raster in der Zoomstufe 100 Prozent – alle anderen Darstellungen verfälschen die Abbildung (Strg+Alt+O, Seite 76).

Die Farbtabelle im Dialogfeld **Für Web und Geräte speichern** bietet noch weitere Möglichkeiten der Bearbeitung.

28.3 Transparenz

Bilddateien erscheinen normalerweise immer rechteckig. Man kann aber auch Freiformausschnitte anlegen und die Datei so speichern, dass der Hintergrund der Internetseite durchscheint. In der Praxis verwendet man diese Technik beispielsweise für Schriftzüge, nichtrechteckige Schaltflächen oder beliebige, frei ausgeschnittene Objekte.

Transparenzmöglichkeit bieten die Formate GIF, PNG-8 und PNG-24. JPEG scheidet hier aus. Meist wird GIF verwendet, auch wenn es in Verbindung mit Transparenz nur 255 unterschiedliche Farbtöne ermöglicht.

Abbildung 28.9 Soll ein Motiv freigestellt vor dem Hintergrund erscheinen, verwenden Sie GIF oder PNG und schalten Sie die »Transparenz« ein. Ohne »Transparenz«-Option erscheint das freigestellte Motiv mit einer Rechteckumgebung, im JPEG-Format geht es nicht anders.

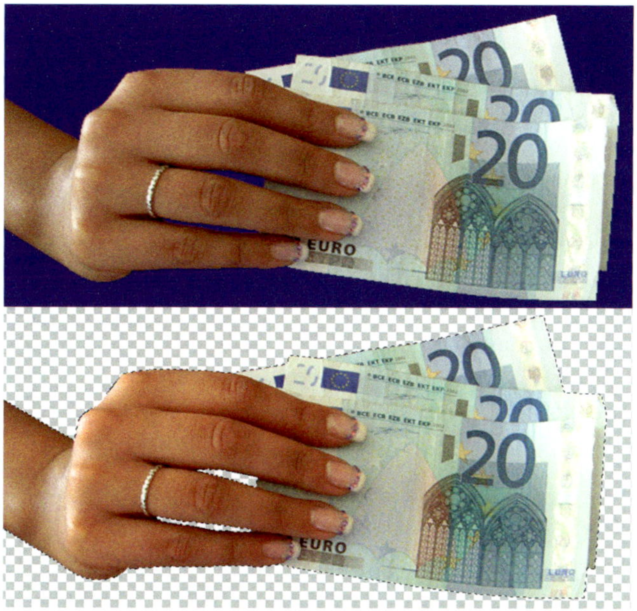

Abbildung 28.10 Oben: Wir haben die Hintergrundebene in eine Ebene 0 verwandelt und die Umgebung des Hauptmotivs mit dem Schnellauswahl-Werkzeug ausgewählt. Die Fließmarkierung kennzeichnet den Bildbereich, der mit der Entf-Taste gelöscht werden soll. Unten: Am Karomuster erkennen Sie, dass das Motiv jetzt über einem transparenten Hintergrund liegt. Datei: Freisteller_Geld_Vorlage.tif
Bild: Eva Ruhland, Photoshop CS4-Kompendium

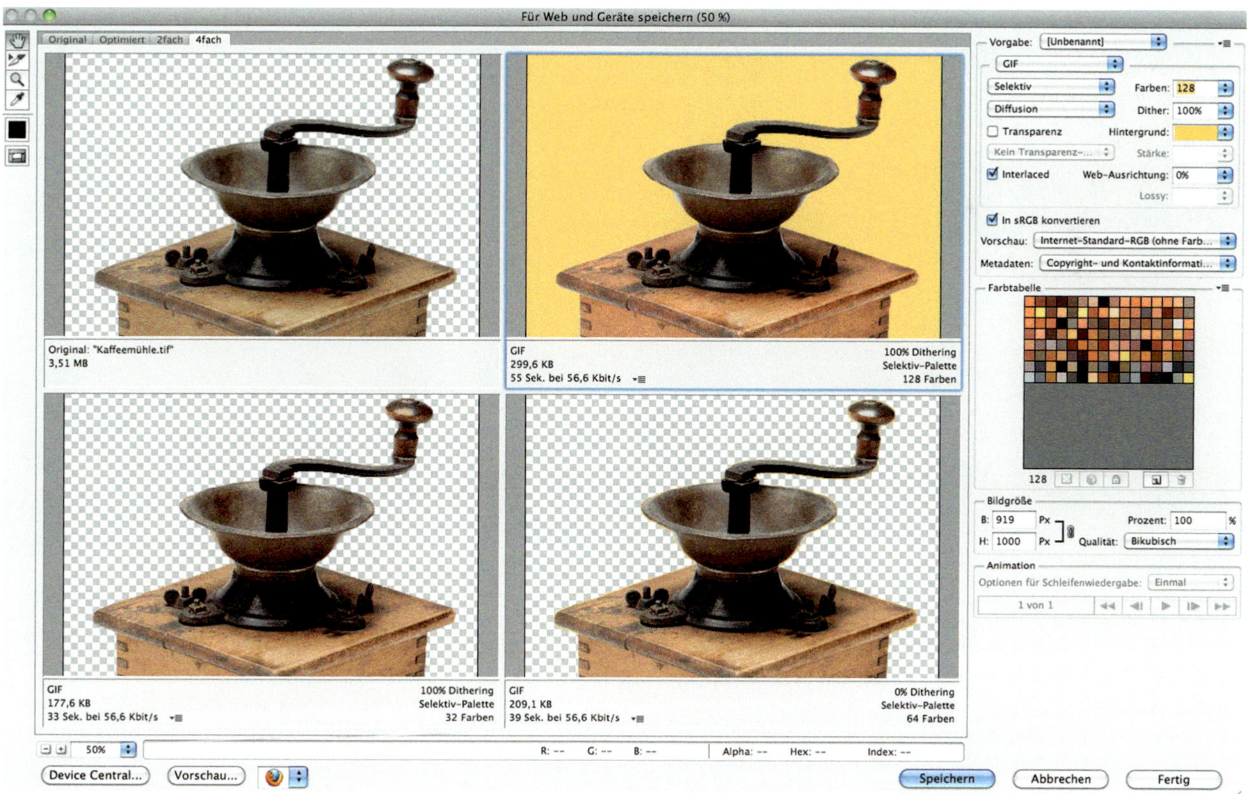

Abbildung 28.11 Im Dialogfeld des Fensters »Für Web und Geräte speichern« haben wir das GIF-Format eingerichtet und die Transparenz abgeschaltet, um unser Motiv auf farbigen »Hintergrund« zu stellen. Die gewählte Farbe entspricht der Hintergrundfarbe der Website, auf der das Motiv erscheinen soll. Datei: Kaffeemuehle_Vorlage.tif

28.3.1 Transparenz mit harten Kanten

Meist kommen Freisteller mit harten Kanten zum Einsatz. Dabei sind keine weichen Übergänge möglich, nicht einmal das GLÄTTEN mit seinen halbtransparenten Randpixeln. Jeder Bildpunkt erscheint auf der Internetseite entweder voll deckend oder gar nicht. Dazu benötigen Sie transparente Bereiche im Bild, also Zonen, die Photoshop üblicherweise mit kariertem Hintergrund darstellt.

Sobald Sie eine HINTERGRUND-Ebene mit [Alt]-Doppelklick in der Palette in eine EBENE 0 verwandeln, können Sie Bildbereiche weglöschen, zum Beispiel mit dem ZAUBERSTAB-WERKZEUG (Kurztaste [W]) und [Entf]-Taste oder mit dem Radiergummi. Alternativ können Sie auch Bildbereiche durch Ebenenmasken ausblenden. Sie lassen sich dadurch jederzeit wiederherstellen.

Die nebenstehende Bildreihe zeigt einen typischen Ablauf.

Ein Bildmotiv mit transparentem Hintergrund können Sie mit dem Befehl **Datei: Speichern unter** im Format COMPUSERVE GIF speichern. Wenn Sie dabei im Fenster INDIZIERTE FARBEN die Transparenz aktivieren, erscheint das Bild auch mit Transparenz auf Webseiten. Wesentlich umfangreicher sind die Einstellungsoptionen per **Datei: Für Web und Geräte speichern**. Wählen Sie in diesem Dialogfeld zuerst rechts oben GIF als Format.

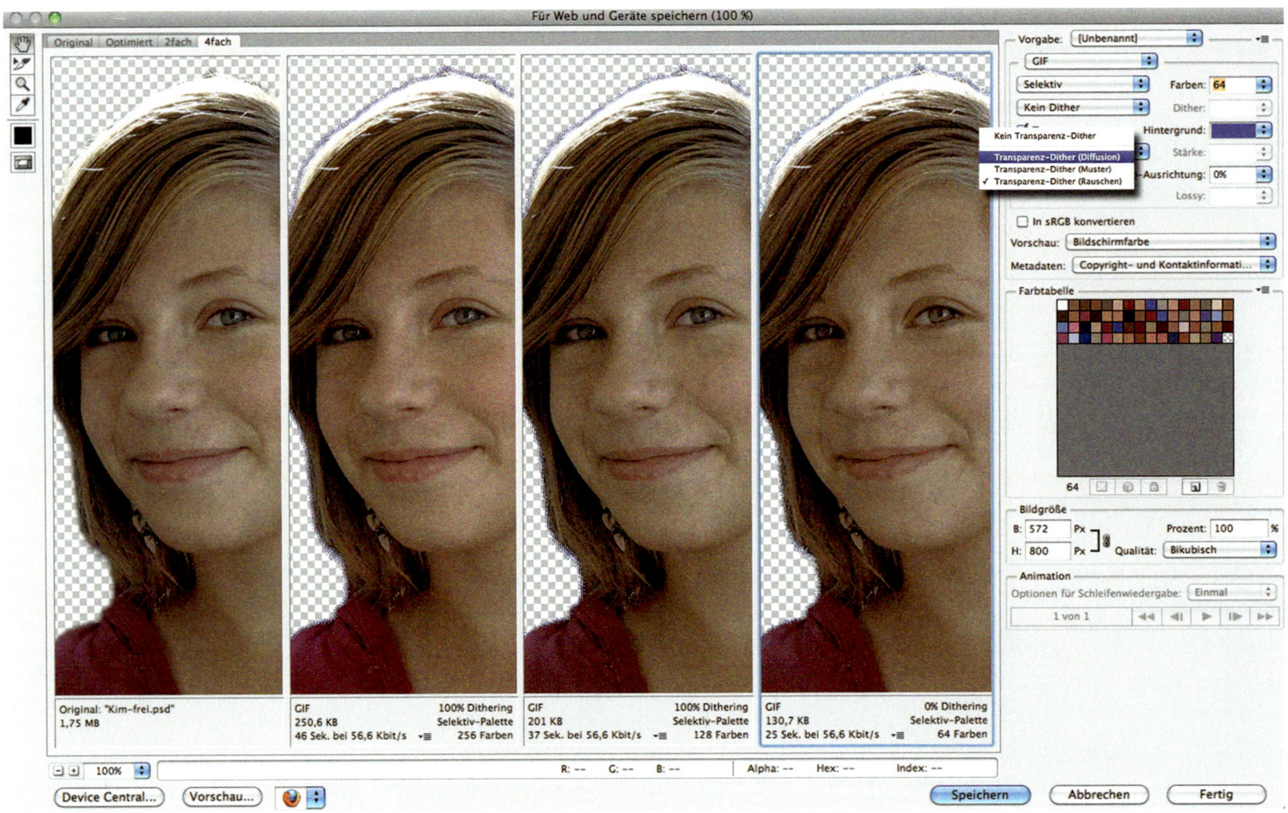

Abbildung 28.12 Der »Transparenz«-Bereich des Dialogfelds bietet verschiedene »Dither«-Verfahren für halbtransparente Zonen in diesem Bild an. Im zweiten Bild von links sehen Sie die Methode »Diffusion«, wobei wir die »Dither«-Farbe per »Hintergrund« bereits auf die Hintergrundfarbe der späteren Webseite einstellten. »Muster« zeigt die Darstellung daneben. »Rauschen« (rechts) ähnelt dem Effekt Diffusion. Datei: YoungOne_Freisteller.psd

Bei transparenten Motiven mit harten Kanten haben Sie grundsätzlich zwei Möglichkeiten:

» Aktivieren Sie im Dialogfeld die Option Transparenz und speichern Sie den Freisteller vor transparentem Hintergrund mit den gewünschten Vorgaben.

Das Motiv auf dem Karomuster kann dabei auch vor einem zuvor erstellten Hintergrundbild für den Browser gespeichert werden: Klicken Sie im Dialogfeld auf Speichern, als Dateityp verwenden Sie HTML und Bilder (*html); unter Einstellungen wählen Sie Andere und markieren im Eingabefeld statt HTML den Hintergrund.

Photoshop präsentiert das Fenster Ausgabeeinstellungen, wo Sie per Klick die Option Bild aktivieren und im Feld Pfad das vorbereitete Hintergrundbild für den Browser laden.

Oder

» Sie schalten die Transparenz ab und suchen im Klappfenster Hintergrund die geeignete Hintergrundfarbe für Ihr Motiv, beispielsweise den Webfarbton des Hintergrunds Ihrer Website. Speichern Sie das GIF-Bild mit der Option Dateityp: Nur Bilder.

Dithering für halbtransparente Bereiche

Photoshop bietet im Dialogfeld des Fensters **Für Web und Geräte speichern** ein Dithering-Streuraster an, mit dem sich halbdurchsichtige Bereiche - etwa Schatten - simulieren lassen. Allerdings gibt es letztlich auch hier die Zustände »voll deckend« und »gar nicht deckend« und keine echte Halbtransparenz. Mit der körnigen Struktur des Streurasters bemüht sich Photoshop zumindest, dem Betrachter weiche Übergänge vorzugaukeln.

Wenn Sie Transparenz angewählt haben (nur bei den Formaten GIF oder PNG-8) steht das Transparenz-Dither-Klappmenü zur Verfügung. Es wirkt sich auf transparente Bildteile aus, also auch auf Effekte, wie Schlagschatten oder Schein nach aussen. Meist empfiehlt sich die Methode Diffusion. Am besten beurteilen Sie den Dither-Effekt in der Zoomstufe 100 Prozent (Strg+Alt+O), andere Abbildungsmaßstäbe verzerren das Ergebnis.

28.4 Speichern für Webseiten

Neben dem Dateiformat für den Internetauftritt sollten Sie das Ergebnis parallel auch im Photoshop-Dateiformat sichern, mit dem Befehl **Datei: Speichern unter**. Damit bleibt die volle Bildqualität erhalten und alle Informationen über Slices, Animation, Hintergrundkachel oder Rollover-Effekte bleiben erhalten.

Beim Speichern für das Internet bietet der Befehl **Datei: Für Web und Geräte speichern** die meisten Möglichkeiten. Neben der Speicherung der Bilddateien gibt es beispielsweise auch die Möglichkeit, zusätzlich HTML-Code erzeugen zu lassen. Der Ablauf sieht meist folgendermaßen aus:

1. Mit den Reitern oben im Bildfenster erzeugen Sie eine 2fach- oder 4fach-Darstellung. Sie sehen dabei nebeneinander das Original und fürs Internet heruntergerechnete Varianten. Der Reiter Optimiert zeigt nur die Vorschau für die aktuell gewählte Version an.
2. Ein grauer Rahmen hebt die aktuelle Version in der Mehrfachvorschau hervor. Passen Sie für eine Speichervariante das Dateiformat und alle dazugehörenden Details an. Achten Sie dabei auf die visuelle Bildqualität und auf die Dateigröße. Sie wird unter dem jeweiligen Vorschaubild angegeben.
3. Aktivieren Sie die Bildvariante, mit der Sie schließlich sichern möchten, und klicken Sie auf **Speichern**.
4. Im Dialogfeld geben Sie im Klappmenü Dateityp an, ob Sie Nur Bilder oder auch den HTML-Code sichern möchten.

Neben den Vorgaben für einzelne Dateiformate gibt es in dem Dialogfeld weitere Möglichkeiten.

Metadaten integrieren

Im Menü Metadaten entscheiden Sie beispielsweise, ob und welche Informationen Sie Ihrem Bild mit auf den Weg in das Internet geben wollen: Ohne, nur mit Copyright, ausschließlich Copyright und Kontaktinformationen, Alle ausser Kameradaten oder schlichtweg Alle. Die erforderlichen Einträge wie Stichwörter, Titel, Copyright-Vermerk etc. müssen dazu bereits im IPTC-Verzeichnis des Bilds vorliegen, das Sie in Photoshop über den Befehl **Datei: Dateiinformationen** bearbeiten können.

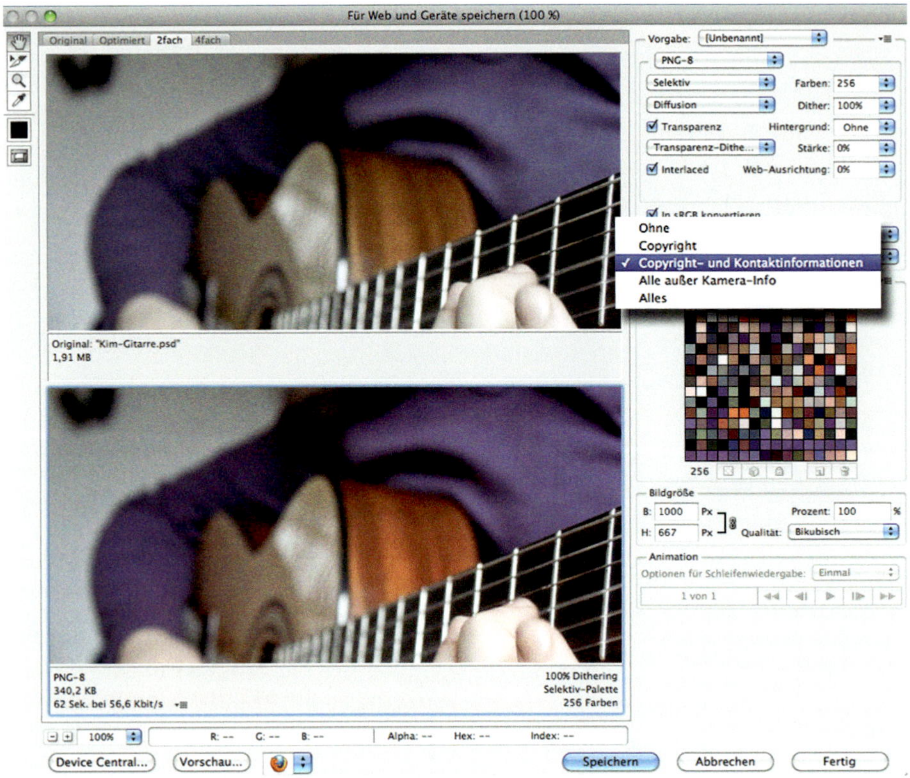

Abbildung 28.13 Vorhandene IPTC- und Metadateneinträge können Sie nach Bedarf beim Speichern in die Bild- beziehungsweise HTML-Datei einbinden.

Titelinformationen werden in der Titelleiste des Browsers angezeigt, wenn Sie das Bild mit einer HTML-Datei exportieren. Copyright-Informationen sind im Browser dagegen nicht einsehbar, werden aber der HTML-Datei als Kommentare und der Bilddatei als Metadaten hinzugefügt.

Browser-Vorschau überprüfen

Vor dem Befehl Speichern können Sie sich nochmals überzeugen, ob Bildgröße und Darstellung des optimierten Bilds im Browser Ihren Vorstellungen entsprechen. Mit einem Klick auf die Schaltfläche Vorschau links unten im Dialogfenster wird das Bild in Ihrem Standard-Browser angezeigt. Die Anzeige in anderen Browsern, die auf Ihrem Rechner installiert sind, regeln Sie im Menü der Browser-Vorschau.

Abbildung 28.14 Die Anzeige des optimierten Bilds im Browser-Fenster bietet eine verlässliche Kontrolle über Bildqualität und -größe.

Selbst eine Datei mit 600 Pixel Breite erscheint im Browser-Fenster oft zu groß. Ähnlich wie bei Photoshops **Bild**-Befehl **Bildgröße** können Sie auch im Dialogfeld **Für Web und Geräte speichern** die Pixelmaße per Eingabe proportional oder unproportional verändern. Für eine Reduktion empfiehlt sich meist die Option Bikubisch schärfer. Die neue Bildgröße wird parallel auch in Prozent angezeigt.

»Einstellungen« speichern

Verwendete Vorgaben lassen sich zur Wiederverwendung mit dem Befehl **Einstellungen speichern** im Klappmenü des Dialogs sichern. Die gespeicherte Version ist im Feld Vorgabe dann wieder abrufbar. Ein Beispiel: Sie speichern die komplette Information »GIF-Format mit der Palette Selektiv und Diffusion-Dither bei 128 Farben« als Vorgabe und wenden diese später auf weitere Bilder an, ohne alle Einstellungen im Einzelnen erneut vornehmen zu müssen.

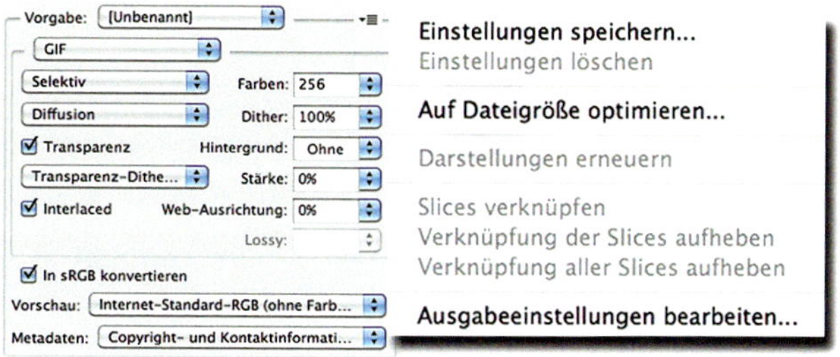

Abbildung 28.15 Im Dialogfeld des Fensters »Für Web und Geräte speichern« erreichen Sie per Menü-Schaltfläche weitere Optionen, um beispielsweise vorhandene Einstellungen zur Wiederverwendung zu speichern oder die Dateigröße zu optimieren.

TIPP Haben Sie bei einer gespeicherten »Einstellung« einzelne Optionen verändert, erscheint im Menü EINSTELLUNGEN der Hinweis [UNBENANNT].

Allmählicher Bildaufbau

Internetverbindungen sind nicht immer optimal. Daher kann der Bildschirmaufbau bei Bildern auch sehr schleppend sein. Als Alternative kann man zunächst nur einen Umriss zeigen lassen, der schnell geladen wird. Er erscheint erst verschwommen, dann immer feiner und schärfer.

Dieser Bildaufbau in verschiedenen Phasen heißt beim JPEG-Format MEHRERE DURCHGÄNGE, bei GIF und PNG INTERLACED. Eine Vorschaufunktion für diesen allmählichen Bildaufbau gibt es leider nicht. Der JPEG-Bildaufbau über MEHRERE DURCHGÄNGE hinweg lässt sich am eigenen Rechner gar nicht beobachten, sondern nur bei langsamer Datenübertragung im Internet. Auch der GIF-Aufbau nach Interlaced-Schema lässt sich in Photoshop generell nicht verfolgen.

DVD Im »Praxis«-Verzeichnis der DVD zu diesem Buch finden Sie die Datei »Web_GIF-Interlaced.gif«. Sie ist mit 3000x4305 Pixel so groß, dass sich der allmähliche »Interlaced«-Bildaufbau eventuell auch beim Laden vom PC aus beobachten lässt. Ziehen Sie die Datei in einen Internetbrowser – in Photoshop sehen Sie den Effekt ohnehin nicht. Dasselbe Motiv liefern wir überdies als »JPEG_progressiv.jpg« mit. Der Bildaufbau nach dem Schema »mehrere Durchgänge« lässt sich jedoch meist nicht beobachten, wenn die Datei vom eigenen Rechner aufgerufen wird.

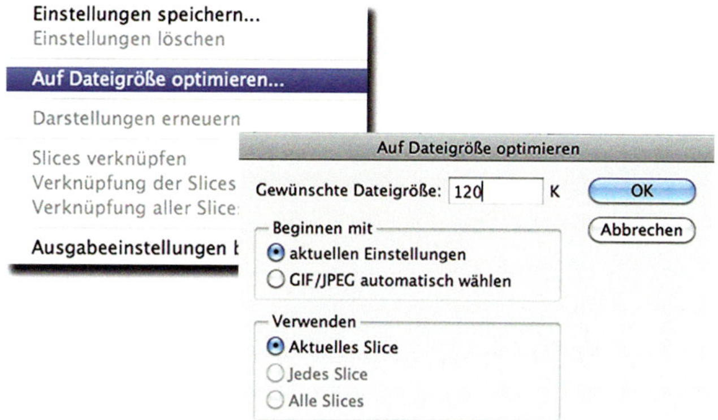

Abbildung 28.16 Der Befehl »Auf Dateigröße optimieren« aus dem Klappmenü »Menü optimiert« rechnet die aktivierte Bildversion in der Vorschau auf eine vorgegebene Dateigröße um.

Abbildung 28.17 Zuwachs: Beim Bildaufbau eines GIF-Bilds mit der Einstellung »Interlaced« verdichtet sich das Motiv, indem Schritt für Schritt Zeilengruppen hinzugefügt werden. Auch bei langsamer Internetverbindung wird sofort das volle Bildrechteck dargestellt.

28.5 Mobil mit »Device Central«

Device Central ist ein Browser für Profile von Mobilgeräten wie Handys etc. und verfügt über einen Emulator, mit dem Sie Photoshop-Dateien überprüfen und optimieren können.

So lassen sich beispielsweise Bildgröße, mögliche Reflexionen des Displays im Außenraum oder der benötigte Speicherbedarf für diverse Gerätetypen testen. Dabei können Sie zwischen unterschiedlichen Bildformaten wie GIF, JPEG, PNG oder WBMP, Videoformaten, Browser-Darstellungen oder Flash Lite-Versionen wählen - je nach Einsatzzweck etwa als Hintergrundbild, Bildschirmschoner oder Anrufdisplay.

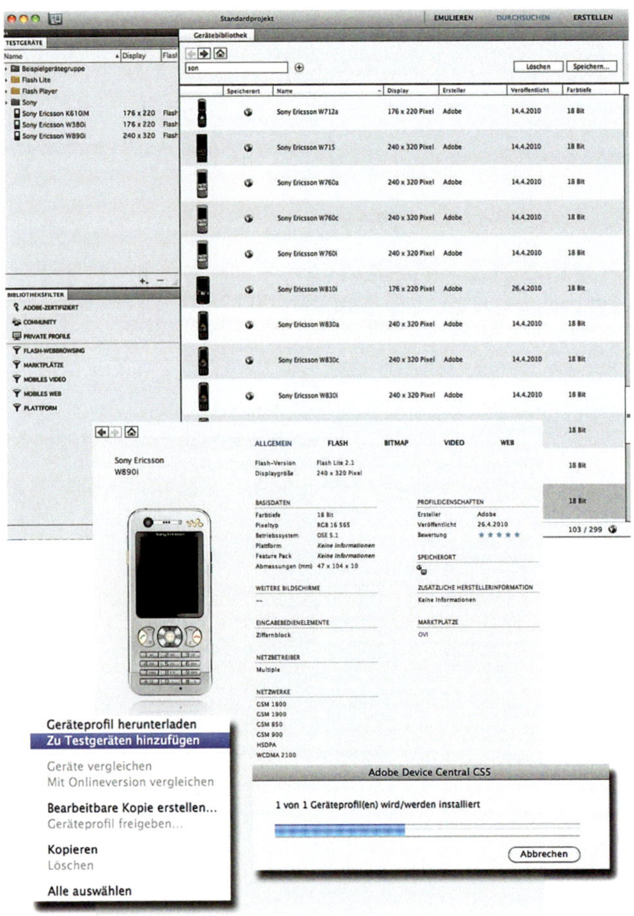

Abbildung 28.18 In »Device Central« stellen Sie zunächst Listen der gewünschten Geräte zusammen.

Vielfach bietet Device Central auch die Verarbeitung im Flash-Format an; diese lässt sich allerdings nicht mit Photoshop bewerkstelligen, sondern nur mit anderen Programmen der Creative Suite, die ebenfalls mit Device Central kooperieren.

Den perfekten Einsatz Ihrer Bilder für mobile Geräte können Sie in **Device Central** mit folgenden Arbeitsschritten simulieren:

1. Wählen Sie in Photoshop den Befehl **Datei: Device Central**.
2. In der Rubrik Testgeräte werden die Mobilgeräte nach Kategorien angezeigt. Die Gerätebibliothek zeigt aktuell verfügbare Geräte und Modelle an. Mit Klick auf das Symbol Gruppierung können Sie die Liste nach Netzbetreiber, Inhaltstyp, Display-Größe, Flash-Version, Hersteller oder Region ordnen. Um spezielle Geräte zu finden, geben Sie per Klick auf die Lupe Suchen Ihren Suchbegriff ein. Die Suchkriterien können Sie mit einem weiteren Klick auf das Pluszeichen verfeinern. Fehlt das gesuchte Modell in der Gerätebibliothek, suchen Sie in der Online-Bibliothek danach und fügen es per Doppelklick hinzu.
3. In der Registerkarte Geräteprofile erhalten Sie Informationen über unterstützte Formate. Verfügbare Unterkategorien wie etwa Vollbild, Bildschirmschoner oder Hintergrundbild sind ebenfalls anwählbar und zeigen mögliche Optionen zu Skalierung & Ausrichtung an. So prüfen Sie rasch, ob und wie Ihr jeweiliges Vorhaben realisierbar ist.
4. Erstellen Sie zunächst ein neues Projekt mit dem Befehl **Datei: Neues Projekt**.
5. Rechts oben im Fenster finden Sie die Kategorien Emulieren, Durchsuchen und Erstellen. Mit Klick auf Durchsuchen bekommen Sie eine Übersicht aller verfügbaren Geräte angezeigt, die Sie beispielsweise nach Hersteller sortieren lassen können. Sie können einzelne Geräteprofile in Gruppen anordnen. Dazu dient das Fenster Testgeräte links oben.
6. Doppelklick auf ein Gerät öffnet eine Großdarstellung des gewählten Geräts.
7. Im Bedienfeld Dateien, links unter dem Bedienfeld Geräte können Sie Bilddateien laden, die im Display eines Geräts angezeigt werden sollen.

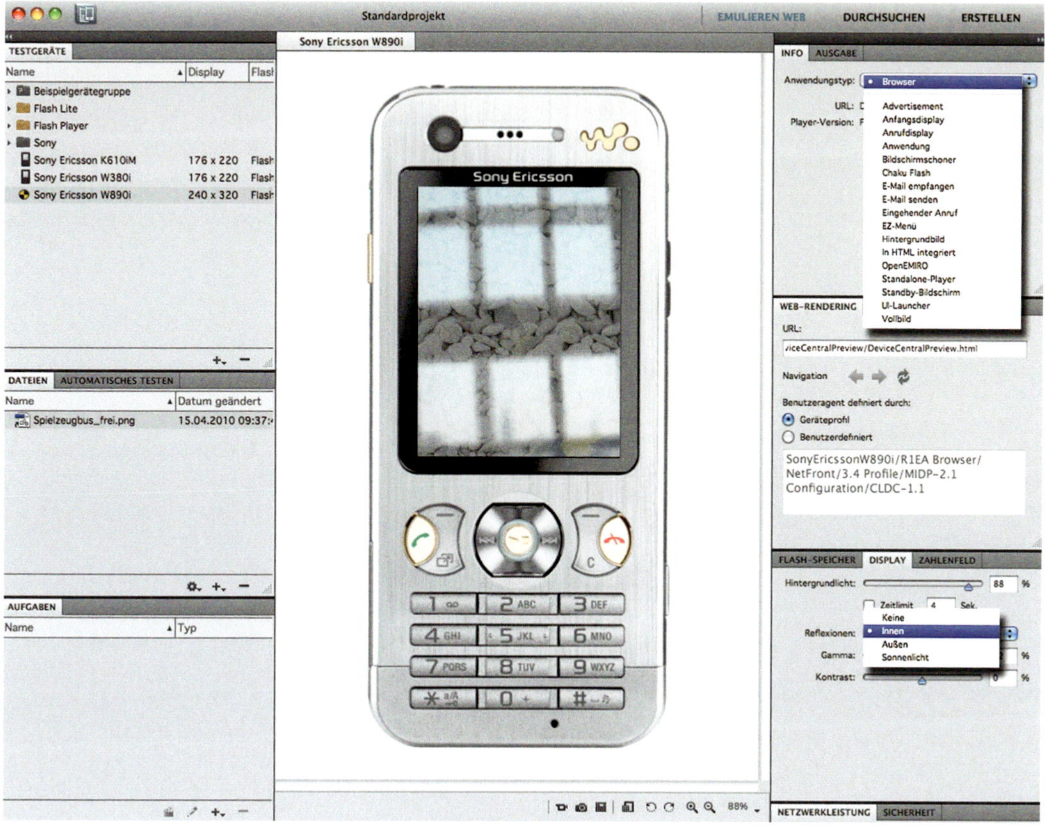

Abbildung 28.19
Der Bereich Emulieren erlaubt eine Vorschau der Anzeige für einen bestimmten Gerätetyp.

8. Rechts neben dem Gerät finden Sie das Bedienfeld Info. Hier können Sie wählen, ob ein Bild beispielsweise als Wallpaper, Bildschirmschoner oder für andere Situationen zum Einsatz kommen soll.

9. Darunter finden Sie in den Bedienfeldern Display und Skalierung Einstellungen, mit denen Sie die Bildgröße anpassen können und die Betrachtungsparameter wie Hintergrundbeleuchtung, InDoor, Outdoor, Sonnenschein für die Bildanzeige bestimmen können.

10. Mit Klick auf die Taste Erstellen generiert Photoshop ein neues, leeres Dokument, das Ihren Größenvorgaben entspricht und über folgende Eigenschaften verfügt: Farbmodus: RGB/8-Bit, Rasterauflösung: 72 ppi, Farbprofil: sRGB IEC61966-2.1.

11. Laden Sie nun über **Datei: Platzieren** den gewünschten Bildinhalt in das leere PSD-Dokument und bestätigen Sie die Platzierung mit der [↵]-Taste. Dann wählen Sie den Befehl **Datei: Für Web und Geräte speichern**. Geben Sie die optimalen Exporteinstellungen ein und klicken Sie links unten auf die Taste Device Central. Es erscheint Device Central mit der Registerzunge Emulator und zeigt Ihr Bild als temporäre Datei mit den zuvor getroffenen Exporteinstellungen an. Testen Sie die Darstellung auch mit anderen Gerätetypen der Rubrik Lokale Bibliothek. Wenn die Vorschau kein befriedigendes Ergebnis anzeigt, kehren Sie zu Photoshop zurück und ändern Sie Bild- oder Exportoptionen. Die neue Vorschau erreichen Sie wiederum über **Datei: Für Web und Geräte speichern** mit der Taste Device Central.

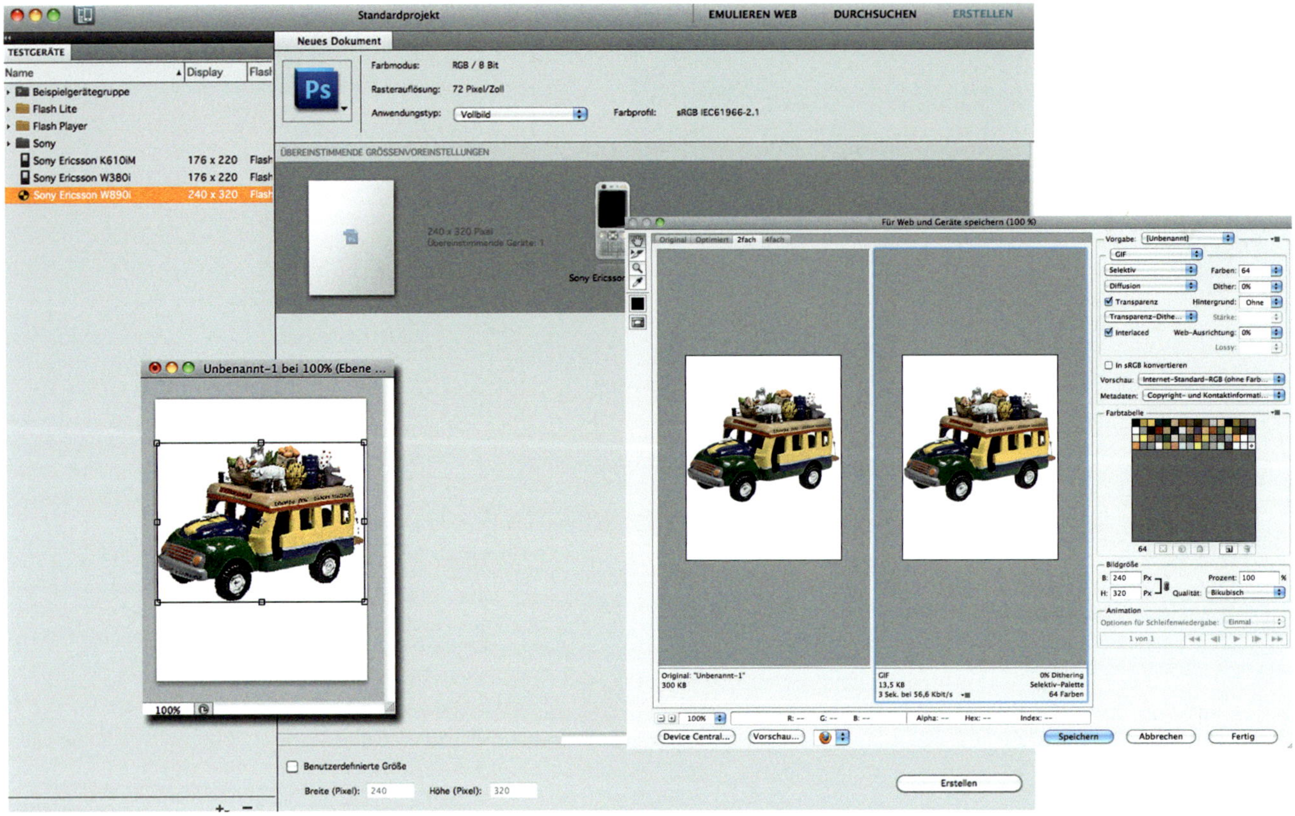

Abbildung 28.20 Für die angezeigte Display-Größe 240 x 320 können Sie direkt in Photoshop eine neue Datei erstellen. Datei: Spielzeugbus_frei.png

TIPP Haben Sie bereits eine Bilddatei mit den richtigen Maßangaben für einen mobilen Gerätetyp erstellt, wählen Sie in Photoshop **Datei: Device Central**, doppelklicken den gewünschten Gerätetyp und laden über **Datei: Öffnen** Ihre Datei zur Vorschau.

12. Optimieren Sie nun Ihr Bild mit den Einstellungen in der Registerkarte Emulator: Unter Anwendungstyp bestimmen Sie die Funktion Ihres Bilds, etwa als Vollbild, Hintergrundbild oder Anrufdisplay. Die Dateiinformationen zeigen die Parameter der aktuellen Vorschau an. Mit Display regeln Sie die Stärke für das Hintergrundlicht, gegebenenfalls mit der Option Zeitlimit zum Erlöschen. Testen Sie die Wirkung Ihres Bilds durch Reflexionen: Ohne, Drinnen, Draussen oder Sonnenlicht. Zu große Störungen im Bildmotiv können Sie mit Gamma und Kontrast korrigieren. Automatischer Test gestattet es Ihnen, Testsequenzen von Videos und Animationen abzuspielen, aufzunehmen, auf diversen Geräten ablaufen zu lassen, mit Screenshots zu versehen und nach Bedarf als HTML-Dateien zu speichern. Mit Tastenblock simulieren Sie bei Flash-Programmierung die Wirkung von Tastenbelegungen. Dies können Sie auch direkt im Emulator-Fenster ausprobieren. Passen Sie Skalierung und Ausrichtung an, wenn die Originalgröße des Bilds nicht mit den Display-Maßen des gewählten Gerätetyps übereinstimmt.

Neueste Geräteprofile integrieren Sie mit dem Befehl **Geräte: Online-Bibliothek aktualisieren** oder Sie klicken im Menü der Online-Bibliothek ganz einfach auf Aktualisieren.

Abbildung 28.21 Das aufbereitete Bild lässt sich mit den Optionen zur Reflexion: »Ohne«, »Drinnen«, »Draußen« und »Sonnenlicht« mit Device Central testen. Dateien: Spielzeugbus_frei.png, Spielzeugbus_frei.gif

Service

Im »Service«-Teil finden Sie Kommentare zur neuesten Photoshop-Version, Informationen zu Programmeinrichtung, Werkzeuglisten und einen Abschnitt über Dateiformate. Ein umfangreiches Lexikon und ein sehr ausführliches Stichwortverzeichnis im Anschluss runden Ihr Photoshop-Kompendium ab.

Anhang A
Photoshop CS5 – was ist neu, was fehlt?

Im Folgenden besprechen wir kurz die Änderungen, die Photoshop von Version 2.5 bis CS 4 (nach alter Zählung Photoshop 11.0) durchgemacht hat, also bis zum unmittelbaren Vorgänger von Photoshop CS5 (12.0). Die Neuerungen und Änderungen bei Photoshop CS5 lernen Sie anschließend sehr genau kennen.

Die Erklärungen in diesem Abschnitt hier richten sich an Leser, die bereits Erfahrung mit früheren Photoshop-Versionen haben; innen im Buch behandeln wir dagegen alles sehr ausführlich und jederzeit nachvollziehbar auch für Einsteiger – egal, ob neue oder altbekannte Verfahren.

A.1 Photoshop von Version 2.5 bis CS4 (11.0)

Photoshop 1.0 wurde, so glaubt man, in den USA am 19. Februar 1990 ausgeliefert – nur für den Mac. Mit Version 2.5 erscheint Photoshop im November 1992 erstmals auch für Windows und rüttelt sogleich am Thron von Aldus PhotoStyler und Micrografix Picture Publisher. Photoshop 3.0 führt Ebenen ein, die man unabhängig vom Hintergrund speichert. So geht es weiter:

» Verzerren per Zahleneingabe, **Verblassen**, Einstellungsebenen, ein drastisch verbessertes Verlaufswerkzeug, die hervorragende Aktionenpalette, Hilfslinien und Grundraster zählen zu den Errungenschaften von Photoshop 4.0. 43 Effekte der eingestellten Reihe Gallery Effects lassen das **Filter**-Menü bersten.

» Photoshop 5.0 bietet korrigierbare Textebenen, mehrstufiges Widerrufen und den **Kanalmixer**, außerdem Ebeneneffekte, Magnet-Lasso und Farbaufnahmewerkzeug.

» Photoshop 5.5 wartet mit dem separaten Programm ImageReady 2.0 für Internetgestalter auf (das in der Version CS3 wieder verschwindet). Photoshop hat den **Extrahieren**-Befehl, den Magischen Radiergummi, den Hintergrund-Radiergummi, die **Web-Galerie** und das **Bildpaket** an Bord.

» Photoshop 6.0 produziert komplette Vektorformen und verwendet dazu die neuen Talente Füllebene und Vektormasken (damals »Ebenen-Beschneidungsmaske«). Hinzu kommen Absatztext und die VERKRÜMMEN-Funktion für biegsame Lettern. Pinsel, Verläufe oder Ebenenstile werden übersichtlich über »Vorgaben« und »Bibliotheken« verwaltet.

» Photoshop 7.0 (auf Deutsch ab Mai 2002) präsentiert einen Datei-Browser. Reparaturpinsel und Ausbessernwerkzeug erleichtern Retuschejobs. Die Pinselspitzen lassen sich vielseitig einstellen und mit Zufallsfaktoren variieren.

» Photoshop CS (nach alter Zählweise Photoshop 8, auf Deutsch ab Dezember 2003) gehört zu den lohnenderen Updates: verbesserter **Datei-Browser,** eingebaute Unterstützung für Rohdateien von Digitalkameras, deutlich erweiterte Unterstützung für 16 Bit Farbtiefe pro Grundfarbe inklusive Montagen und Einstellungsebenen, **Histogramm**-Palette, **Tiefen/Lichter** zur Korrektur starker Unter- oder Überbelichtungen, **PhotoMerge** für Panoramamontagen, die **PDF-Präsentation** als PDF-Diaschau. Erstmals muss die Windows-Version per Internet- oder Telefonkontakt mit dem Hersteller aktiviert werden.

- Photoshop CS2 (in Deutsch ab Juni 2005) sah zwei wichtige Premieren: Smart-Objekte (Dateien in der Datei) und das separate Programm Bridge zur Bildverwaltung. Das Marketing pries noch Einsteigerfunktionen an wie Rote-Augen-Werkzeug und Bereichsreparaturpinsel, Verzerrung (**Objektivkorrektur** – genannt Blendenkorrektur), **Fluchtpunkt**, **Verkrümmen**), subtile Verbesserung (**Selektiver Scharfzeichner**, **Rauschen reduzieren**) und verbesserte Bedienung (**Bildprozessor**, **Skriptereignis-Manager**).
- Photoshop CS3 (Deutsch ab Mai 2007) begeistert mit vielen wichtigen Neuerungen. Am besten vielleicht: verlustfreie **Filter**-Befehle und das Schnellauswahl-Werkzeug in Verbindung mit dem Dialog **Kante verbessern**. Auch nicht zu verachten: hierarchische Stichwörter und die Filterpalette bei Bridge, **Gradationskurven** mit eingebautem Histogramm und ein ausgebauter Raw-Dialog, der TIFF sowie JPEG annimmt und diese Dateien im vielseitigen DNG-Format verewigt. **Schwarzweiß**-Befehl und die Befehle **Ebenen automatisch ausrichten** sowie **Ebenen automatisch füllen** (jetzt **Ebenen automatisch überblenden** erweitern den Funktionsumfang). Erstmals gibt es eine teurere Extended-Variante; sie bringt mehr für Architekten, Videogestalter und Wissenschaftler, bereichert die übliche Fotobearbeitung aber höchstens mit dem mittelwichtigen **Stapelmodus**.
- Photoshop CS4 erreicht den deutschen Markt im November 2008. Erstmals gibt es mit Verlaufsfilter und Korrekturpinsel örtliche Tonwertkorrekturen im Raw-Dialog. Die Korrekturenpalette beschleunigt die Arbeit mit Einstellungsebenen, die Maskenpalette erleichtert die Anpassung von Ebenenmasken. Kopierstempel und Reparaturpinsel zeigen eine Vorschau im Werkzeugumriss. Die Photomerge-Technik zum Verschmelzen von Bildern mit teils überlappenden Bereichen wurde verbessert: Panoramen sind auch möglich, wenn die Einzelbilder stark verzerrt oder vignettiert sind. Photoshop kombiniert Fotos mit Tiefenschärfe-Serien zu einem durchgehend scharfgezeichneten Motiv und versucht sich innerhalb des Photomerge-Verfahrens auch an HDR-Ergebnissen. Die Bilddateien docken nun als Tabs am oberen Programmfensterrand an, der Rückgriff auf OpenGL 2.0 und Shader Model 3.0 in der Grafikkarte beschleunigt und verfeinert die Monitordarstellung. Bridge zeigt viele neue Schaltflächen und eine kompakte Bedienung für PDF- und Webgalerien. Die Extended-Version von Photoshop CS4 bietet vor allem weit ausgebaute 3D-Funktionen: Fotos lassen sich auf 3D-Modelle spannen und beliebig im Raum drehen oder beleuchten, Graustufen werden in 3D-Modelle umgesetzt.

A.2 Photoshop CS5 – was ist neu?

Im Folgenden nenne ich die interessantesten Neuerungen bei Photoshop CS5 (Photoshop 12 nach alter Zählung, deutscher Marktstart Mitte Mai 2010) ohne Anspruch auf Vollständigkeit; alle Funktionen diskutieren wir sehr ausführlich auch innen im Buch, dort jedoch meist ohne Hinweis auf den Neuheitencharakter.

Kommentare und Vermisstmeldungen folgen anschließend. Altgediente Photoshopper müssen oder sollten in der Version CS5 zudem ein paar liebgewonnene Gewohnheiten aufgeben – siehe unten.

TIPP Soll Photoshop CS5 neue Menübefehle farblich hervorheben? Dann wählen Sie dort **Fenster: Arbeitsbereich: Neu in CS5**.

Die wichtigsten Verbesserungen auf einen Blick

Was hat sich verändert? Die wichtigsten CS5-Neuheiten auf einen Blick:

- Stark erleichterte Fehlerretusche mit der Option Inhaltssensitiv.
- Im Raw-Dialog deutlich verbesserte Rauschreduzierung und automatische Objektivfehler-Korrektur (Vignettierung, Verzerrung, chromatische Aberration); Letzteres ganz ähnlich auch in der **Objektivkorrektur**
- Verfeinerte Auswahlkorrektur per **Kante verbessern**

Außerdem: Der HDR-Dialog wurde ausgebaut, mit dem **Formgitter** kommt ein neues Verzerrungsverfahren und direkt innerhalb von Photoshop gibt es mit Mini Bridge ein bisschen Bildverwaltung. Die Extended-Ausgabe kann viel mehr 3D als früher.

»Standard« versus »Extended«

Alle für Bildbearbeiter und Fotografen wichtigen Neuerungen stecken schon in der Photoshop-Ausgabe, die schlicht »Photoshop CS5« oder manchmal auch »Photoshop CS5 Standard« heißt. Diese Änderungen besprechen wir unten ausführlich zuerst. Die teurere Version »Photoshop CS5 Extended« enthält den kompletten »Standard«-Photoshop sowie Zugaben für Videobearbeiter, 3D-Konstrukteure, Mediziner und Wissenschaftler. Sie kostete bei Manuskriptausgabe rund 400 Euro mehr als die Standardversion. Für Fotografen sind die Extra-Talente der »Extended«-Ausgabe nicht wichtig.

Wenn Sie mehrere CS5-Programme innerhalb einer »Creative Suite« gekauft haben: Alle »Creative Suites« der Reihe CS5 mit dem Zusatz »Premium« enthalten Photoshop CS5 Extended, so etwa CS5 Design Premium. Ein Photoshop CS5 in der Standardversion steckt im Paket CS5 Design Standard.

Upgrade- und Schülerversionen

Bei Manuskriptabgabe im verregneten Frühsommer 2010 galt: Sofern Sie Photoshop CS2, CS3 oder CS4 besitzen, erhalten Sie CS5 zum günstigeren Updatepreis (rund 300 statt 1000 Euro). Aber auch wer in Bildungseinrichtungen oder gemeinnützigen Organisationen ein- und ausgeht, spart häufig viel Geld. Die Versionen darf man eher als bisher nun auch kommerziell nutzen, studieren Sie aber die Bedingungen genau. Zu diesem Tarif gibt es nur die Extended-Ausgabe. Sie bekommen die speziellen Schüler- oder Lehrerfassungen bei üblichen Händlern, Informationen gibt es auch unter *http://adobe-education.de*.

Photoshop bedienen und einstellen

Neu ist: Die Mac-Version läuft erstmals auch auf 64-Bit-Betriebssystemen, die Windows-Ausgabe zeigte diese Flexibilität schon mit der Nummer CS4. In den **Voreinstellungen** lässt sich der Bildcache noch genauer steuern, die Optionen für den OpenGL-Zugriff wurden dagegen vereinfacht.

Der Umgang mit den Arbeitsbereichen wurde etwas übersichtlicher, die Lupe 🔍 zoomt wahlweise auch durch horizontales Ziehen. Der Befehl **Bearbeiten: Tastaturbefehle** bietet individuelle Tastenkürzel für weit mehr Funktionen an als bisher, etwa auch für einzelne Werkzeugoptionen, für viele Palettenfunktionen oder für den Vordergrundfarbwähler.

Interessantes auch bei den kostenlosen Zusatzfunktionen: Mit dem Configurator in der Version 2.0 erzeugen Sie vielseitigere eigene Bedienfelder als bisher – jetzt mit HTML-Text, der Photoshop-Funktionen aufruft, Funktionsgruppen (»containers«), automatischem Sprachwechsel und mehr. Ein neues kostenloses Bedienfeld erleichtert die Anwendung von Wasserzeichen auf ganze Bildserien.

Bildverwaltung mit Bridge

Direkt in Photoshop gibt es ein neues Bedienfeld namens Mini Bridge – quasi eine Filiale der eigenständigen Bilddatenbank Bridge, die ebenfalls zum Photoshop-Paket gehört. Das wirkt wie der eingebaute Dateibrowser aus Photoshop 7 und Photoshop CS.

Die Mini Bridge zeigt wahlweise die Bilder eines Ordners, einer Sammlung oder die zuletzt genutzten Motive an. Miniaturengröße und Sortierung lassen sich vielseitig einstellen. Direkt aus der Mini Bridge startet man auch schnelle Diaschauen oder Arbeitsreihen, etwa HDR-Umwandlungen oder Stapelkonvertierung per Bildprozessor.

Das neue Dialogfeld zeigt je nach Vorgabe auch Verzeichnisstrukturen und eine vergrößerte Einzelbildvorschau. Doch fehlen der Mini Bridge innerhalb von Photoshop einige wichtige Talente: So kann man zwar nach Sternewertung filtern und sortieren, doch neu anwenden lassen sich weder Sterne noch IPTC-Texte.

Bridge selbst offenbart weniger spektakuläre Änderungen, der Abstand zum separat verkauften Programm Lightroom muss gewahrt bleiben. Die Bildverwaltung bietet erstmals STICHWÖRTER als neues Sortierkriterium, listet die Bilder aus einem InDesign-Layout separat auf und charmiert mit der bananen-, nein bumerangförmigen neuen Schaltfläche ZURÜCK ZU ADOBE PHOTOSHOP.

In der neuen Exportieren-Paletten lassen sich Stapelumwandlungen ins JPEG-Dateiformat vorbereiten. Anschließend zieht man die Bilder nur noch auf das passende Symbol – eine interessante Alternative zum **Bildprozessor**.

Fortschritte zeigt aber auch die **Stapel-Umbenennung**: Erstmals ersetzt Bridge Einzelteile von vorhandenen Dateinamen und verwendet sogar »reguläre Ausdrücke«. Die Einstellungen lassen sich erstmals als Vorgabe speichern. Zudem gibt es nun eine Vorschau auf beliebig viele neue Dateinamen; die alten und neuen Dateinamen speichert Bridge sogar als kommaseparierte Liste im CSV-Format, so dass man sie in Text- und Tabellenprogramme laden kann.

Der Ausgabebereich für Webgalerien und PDF-Kataloge wurde leicht verfeinert und umarrangiert, so kann man Größe und JPEG-Qualität der Exponate freier einstellen, die AIRTIGHT-Webgalerievorlagen gehören fest zum Programm, die VORSCHAU einer Webgalerie liefert 20 statt zehn Bilder. Der Anwender kann eigene STILE, also Varianten einer VORLAGE, speichern. Beim PDF-Katalog gibt es nicht nur Text-, sondern auch Grafik-Wasserzeichen, die sich zudem freier platzieren, drehen und wahlweise auch in jedes Einzelbild setzen lassen.

Ähnlich wie Photoshop hat auch Bridge verfeinerte Performance-Optionen. So lassen sich nicht mehr nur pauschal, sondern auch für ausgewählte Einzelbilder Schnellminiaturen oder hochaufgelöste Vorschauen anlegen – bei großen Ordnern mit hochauflösenden Raw-Dateien ein Vorteil.

Metadaten

In der Metadatenpalette und im **Dateiinformationen**-Dialog bietet Bridge erstmals den neuen Standard IPTC EXTENSION. Die Felder hier differenzieren weit genauer als beim üblichen Formular IPTC KERN (auch IPTC CORE). So gibt es separate Angaben für Kameraposition und abgebildeten Ort und viele weitere Felder für abgebildete Organisationen, Objekte, Fotomodelle samt Alter bei der Aufnahme und Freigabeverträge.

Der **Dateiinformationen**-Dialog bekam nicht nur den Bereich IPTC EXTENSION dazu, sondern auch eigene Voreinstellungen. Hier lässt sich etwa das automatische Ausfüllen aktivieren und man kann gemerkte Begriffe entfernen. Einzelne, kaum genutzte Register wie MOBILE SWF oder DICOM verschwinden auf Wunsch ganz.

Der Camera-Raw-Dialog

Wichtige Neuerungen im Camera-Raw-Dialog, der bei Manuskriptabgabe die Nummer ACR 6.1.0.250 trägt: Ähnlich der **Objektivkorrektur** erkennt auch der Raw-Dialog erstmals Kamera und Objektiv und bietet automatische Verbesserung für drei Fehler an, Randabschattung, geometrische Verzerrung und chromatische Aberration. Profile für Kameras und Objektive lassen sich auch selber anlegen und online anbieten.

Die neu programmierte Umwandlung der Raw-Daten in normales RGB – das »Demosaicing« – bringt auch deutlich verbesserte Rauschreduzierung: jetzt mit fünf statt zwei Reglern und klar schöneren Ergebnissen. Es lohnt sich, bereits entwickelte »Raw«-Dateien noch einmal neu zu bearbeiten und dabei die angebotene Verwendung des neueren Verfahrens zu akzeptieren (!).

Erstmals rechnet der Raw-Dialog eine Körnung ins Bild. Die VIGNETTIERUNG NACH FREISTELLEN hat Adobe subtil, aber spürbar verbessert: Mit den neuen Vorgaben FARBPRIORITÄT und LICHTERPRIORITÄT wirkt die vignettierte Zone plastischer und fotografischer als zuvor, Lichter lassen sich zudem mit einem neuen Regler gegen zu starkes Abdunkeln schützen. Die Maske für den Korrekturpinsel überdeckt nun wahlweise den ausgewählten Bereich oder umgekehrt die Umgebung, Deckkraft und Farbe lassen sich umstellen.

Kontrast & Farbstimmung

Bei den allgemeinen Reglern für Kontrast und Farbstimmung hat sich nichts getan (außer **HDR-Tonung**, siehe nächste Seite) und wenig bei der Technik für Einstellungsebenen: Die Histogramme in den Dialogen für Gradationskurve und Tonwertkorrektur bieten jetzt – wie die Histogrammpalette – einen Schalter, mit dem das Histogramm neu auf Basis sämtlicher Pixel und nicht aus einer verkleinerten Bildversion errechnet wird.

Ebenfalls neu bei den Einstellungsebenen: Im Menü der Korrekturenpalette können Sie festlegen, dass der Eingabecursor sofort in einem Feld der Einstellungsebene blinkt, so müssen Sie nicht erst dorthin klicken. Alternativ springt der Mauszeiger auch per Strg+↵-

Taste ins erste aktive Feld der Korrekturenpalette. Das Ziehwerkzeug aus Einstellungsebenen wie **Gradationskurven** oder **Farbton/Sättigung** können Sie mit einer eigenen Tastengriff einschalten, den Sie per **Bearbeiten: Tastaturbefehle** einrichten. Je nach Vorgabe im Menü zur Korrekturenpalette schaltet Photoshop das Ziehwerkzeug auch automatisch ein.

Der gründlich umgemodelte HDR-Dialog heißt jetzt **Zu HDR Pro zusammenfügen** und liefert erstmals brauchbare Ergebnisse ab - zumindest öfter als bisher. Die Programmierer haben nicht nur die Verrechnung der Belichtungsvarianten, sondern auch die Bedienung stark verbessert. Man hangelt sich nicht mehr durch mehrere Dialoge hintereinander, unfreiwillige »Doppelbelichtungen« durch schwankendes Blattwerk lassen sich ausschließen.

Zudem gibt es zahlreiche neue, sehr nützliche Regler für Tiefen, Lichter, Gamma, Detail (Schärfe) und Dynamik. Als Ergebnis bietet der Dialog nicht wie bisher zuerst die 32-Bit-Farbtiefe an, sondern 16 Bit, die sich leichter weiterverarbeiten lassen - 32 und 8 Bit pro Grundfarbe stehen aber weiter per Klappmenü zur Verfügung. Erstmals gibt es zudem HDR-Vorgaben, der Anwender kann auch eigene Vorgaben speichern.

Die Ergebnisse gefielen im Test weit besser als bei Photoshop CS4 und Vorgängern. Allerdings, so richtig glücklich stimmte der HDR-Dialog immer noch nicht: Es gibt keinerlei Kontrollen für abgegrenzte Bildbereiche und die Deckkraft einzelner Aufnahmen lässt sich nicht pauschal regulieren. Als Ergebnis erhält der Anwender weiterhin eine einzelne Gesamtebene, bei der sich nichts mehr mischen lässt.

Als **HDR-Tonung** gibt es den HDR-Dialog mit identischen Reglern noch einmal separat für Einzelbilder. Das Dialogfeld erzeugt unter anderem den speziellen, künstlichen Eindruck von HDR-Montagen.

Aufnahmefehler korrigieren

Mit Reparaturpinsel und Ausbessernwerkzeug hatte Photoshop bereits gelungene Retuschewerkzeuge: Sie überdeckten störende Bildstellen und glichen den Übergang zu nicht behandelten Bildpartien perfekt unauffällig aus - weit besser als der altbekannte Kopierstempel. Allerdings: Das Verfahren funktioniert nur bei einer sehr homogenen Umgebung, zum Beispiel bei einem Fleck in der Mitte einer einfarbigen Wand. Lag der Fleck aber neben einem Stromschalter oder am Bildrand, dann funktionierte die Anpassung an die Umgebung nicht mehr: Der Gestalter musste mühsam von Hand modellieren.

Hier besserten die Programmierer deutlich nach, schwere Retuscheaufgaben kosten nun deutlich weniger Zeit. Eine neue Funktion beseitigt Störstellen auch dann, wenn sie am Bildrand oder neben markanten erwünschten Motivteilen liegen. Das einfachste Verfahren: Man rahmt die Störstelle mit dem Lasso ein und startet den **Füllen**-Dialog mit der neuen Option Inhaltssensitiv. Photoshop CS5 setzt Konturen innerhalb der Auswahl, die in den äußeren Bereich weiterlaufen, verblüffend sauber fort. Gleichzeitig ignoriert das Programm bei der Retusche Motivdetails, die erst knapp außerhalb der Auswahl beginnen. Solche Bildpartien tauchten bisher oft verschwommen im korrigierten Bereich auf.

Auch der Bereichsreparaturpinsel beherrscht diese Kunst jetzt dank der neuen Option Inhaltssensitiv: Erwünschte Konturen innerhalb der Korrekturzone werden geschont, Details außerhalb der Auswahl nicht nach innen kopiert. Im Vergleich zum Verfahren per Auswahl und **Füllen**-Dialog liefert der Bereichsreparaturpinsel einen Vorteil: Die Retusche lässt sich auf einer neuen leeren Ebene anlegen. Anschließend kann man die neue und die alte Ebene mit Deckkraft-Regler, Füllmethoden und Radiergummi perfekt ineinander blenden.

Die **Objektivkorrektur** erkennt - wie der Raw-Dialog - Kamera und Objektiv und korrigiert wahlweise Vignettierung, Verzerrung und chromatische Aberration. Das erledigt Photoshop auch für ganze Bildserien mit dem neuen Befehl **Datei: Automatisieren: Objektivkorrektur**. Die bereits bekannte manuelle Korrektur bleibt erhalten. Die Regler für chromatische Aberration wurden um den Grün-Magenta-Regler ergänzt. Verschwunden ist die Schaltfläche Blendenstandard einstellen - das übernimmt jetzt der neue Bereich für vollautomatische Korrekturen. Noch eine wohltuende Verbesserung bei der **Objektivkorrektur**: Das Hilfslinienraster lässt sich weitmaschiger als bisher einstellen und beim nächsten Aufruf erinnert sich das Dialogfeld endlich an Weite und Farbe dieses Rasters.

Füllen & Malen

Kreative Köpfe bekommen in Photoshop CS5 deutlich raffiniertere Malfunktionen. Bei einer neuen Gruppe von Pinselspitzen lassen sich die Borsten nach Maß anpassen – unter anderem Länge, Steifheit und Winkel.

Wenden Sie die neuen Pinselspitzen mit dem üblichen Pinselwerkzeug an, aber auch mit Kopierstempel, Protokollpinsel oder Kunstprotokoll-Pinsel. Sie eignen sich also auch dazu, ein digitalisiertes Foto künstlerisch verfremdet in eine leere Fläche zu tuschen oder ausfransende Ränder zu erzeugen.

Außerdem steckt in der Werkzeugleiste der gänzlich neue Mischpinsel. Er verrührt und mischt in der Datei vorhandene Farben wie im Malkasten – deutlich besser als der altbekannte Wischfinger. Speziell für dieses neue Werkzeug bietet die Mischpalette erstmals eine regelbare Zufallssteuerung (Jitter) für Nässe und Mischung. Der handgemalte Eindruck von Digitalbildern lässt sich so sehr individuell steigern.

Die Optionenleiste oben im Programmfenster bietet außerdem zwei neue Schaltflächen für Mal- und Retuschewerkzeuge: Durchmesser und Deckkraft der Pinselspitze lassen sich durch den Druck aufs Grafiktablett regeln, die Einstellungen in den Pinseloptionen werden so übergangen. Zusätzlich zur Pinselpalette gibt es nun die schlankere Pinselvorgabenpalette.

Sofern Sie OpenGL-Technik samt Shader Model 3.0 nutzen: Per Tastendruck blendet Photoshop neue schicke Farbwähler direkt ins Bild, deren Form und Größe legt man in den **Voreinstellungen** fest. Um die Pipette herum erscheint wahlweise beim Anwählen einer neuen Farbe ein Farbkreis, der alten und neuen Tonwert vergleichend gegenüberstellt. Den üblichen Farbwähler erhalten Sie nicht mehr nur per Klick auf das Vordergrundfarbfeld: Er lässt sich jetzt auch mit einem **Tastaturbefehl** aufrufen, den Sie selber festlegen.

Auswählen

Deutlich ausgebaut hat Adobe den Dialog Kante verbessern, der vorhandene Auswahlen verfeinert. Der neue Smart-Radius-Regler spürt selbstständig weiche Übergänge zum Beispiel bei Locken auf und sorgt für glattere Kanten. Je weiter man den Regler nach rechts zieht, umso weicher geraten die Übergänge, je nach Motiv.

Man arbeitet mit zwei ebenfalls neuen Pinseln aus Kante verbessern heraus nach: Ein Pinsel sorgt für eine Neukalkulation übermalter Übergänge, das zweite Gerät entfernt die Verfeinerung und stellt wieder harte Kanten her.

Erstmals entfernt Kante verbessern auch Reste der Umgebungsfarbe, dafür musste man bisher das Untermenü **Ebene: Basis** bemühen. Und während die Kantenverbesserung früher nur eine verfeinerte Auswahlmarkierung erzeugt hat, gibt es in CS5 ein eigenes Ausgabe-Klappmenü: Die Auswahl lässt sich in eine neue Ebene, in eine Ebenenmaske oder auch in eine neue Ebene samt Ebenenmaske umsetzen. Wahlweise erzeugt der Dialog auf Basis der errechneten Auswahl sogar gleich eine neue Datei mit oder ohne Ebenenmaske. Ob das Dialogfeld die aktuellen Einstellungen beim nächsten Aufruf wieder anbietet oder zur Grundvorgabe zurückwechselt, lässt sich nun einstellen.

Ebenentechnik

Neu sind die Füllmethoden Unterteilen und Subtrahieren. Erstmals kann man für mehrere Ebenen gleichzeitig die Deckkraft ändern, ohne sie in eine Gruppe packen zu müssen. Die Ebeneneffekte wie Schlagschatten bieten wahlweise eigene Vorgaben des Anwenders an, öffnen sich also nicht jedes Mal mit den Einstellungen ab Werk. Wer mag, untersagt Photoshop das Wort Kopie bei der automatischen Benennung duplizierter Ebenen.

Sie ziehen Bilder aus Bridge, Mini Bridge, aus dem Finder, Explorer oder aus einer beliebigen anderen Dateiverwaltung auf die Photoshop-Arbeitsfläche? Das neue Motiv erschien bisher als eigenständige Datei im Bildprogramm. Ganz anders in Photoshop CS5: Lassen Sie die neue Datei über einer geöffneten Aufnahme oder über der hellgrauen Bilddateiumgebung los, erhalten Sie eine neue Montage-Ebene – und keine eigenständig geöffnete Datei. Dabei entscheiden Sie in den **Voreinstellungen**, ob das hereingezogene Motiv zum Smart-Objekt oder zur Normalebene wird.

Mehr Komfort bietet das neue Untermenü **Bearbeiten: Einfügen spezial**: Die Funktion **Außen einfügen** (also außerhalb der Auswahl) steht hier erstmals als Menübefehl und nicht nur per Tastenkombination zur Verfügung. Der neue Befehl **An Originalposition einfügen** setzt kopierte Bildteile an der ursprünglichen Position ein: Hat man den Bildschnipsel aus der rechten unteren Ecke der Vorlage kopiert, landet er im Zielbild wieder rechts unten.

Mit Photoshop CS5 werden eine Reihe Schriften (Fonts) installiert – und zwar generell im Systemverzeichnis. Hier gibt es gebenüber CS4 leichte Abweichungen. Eine detaillierte Beschreibung und weitere Links liefert dieser englische Text von Adobe: *http://blogs.adobe.com/typblography/2010/04/useful_details.html*

Formgitter

Beim neuartigen **Formgitter** klickt der Anwender einzelne Punkte ins Bild und dreht einzelne Bereiche dann um diese Achsen. So lassen sich Arme wie bei einer Marionette in verschiedene Richtungen abwinkeln, Körperproportionen korrigieren, aber auch allgemein Ebenen gezielt in verschiedene Richtungen ausdehnen. Die Proportionen von beliebigen Objekten lassen sich sehr feinfühlig ändern, das hilft auch beim Überdecken von Bildfehlern mit zunächst nicht ganz passenden Ersatzbereichen.

Die neue Verzerrung funktioniert wohlgemerkt auch bei Smart-Objekten: So kann man beispielsweise auch Raw-Dateien in Originalqualität verbiegen; die Originalebene steht im Hintergrund jederzeit zur Verfügung und lässt sich unkompliziert durch ein anderes Motiv ersetzen – das sofort die Verzerrung übernimmt.

Die Ergebnisse wirken organisch und nicht grob. Die verbogenen Bereiche zeigen leichte Rundungen, die Wirkung lässt sich vielseitig feinsteuern. Alle Änderungen der Optionen berechnet Photoshop sofort in Echtzeit – ein schneller Rechner vorausgesetzt. So gibt es verschiedene Feinheitsgrade für das Gitternetz. Die Stärke der Biegung steuert man überdies per Eingabefeld. Zusätzlich kann man die Außenmaße des Gitternetzes ändern, so entstehen markantere oder auch abgeschwächte Ergebnisse.

Weitere Änderungen

Adobe baute noch ein paar kleine, feine Verbesserungen ein, auf die man lange gewartet hat:

- Ein schiefer Horizont lässt sich nun schneller als zuvor geraderichten: Der Gestalter zieht mit dem Linealwerkzeug eine Linie am abgebildeten Horizont entlang und klickt dann auf die neue Schaltfläche GERADE AUSRICHTEN. Schon stellt Photoshop die Aufnahme perfekt gerade auf – ohne weißen Rand.
- Wer mehrere Bilder gleichzeitig schließt, gibt nur noch einmal an, ob die Dateien gespeichert werden sollen.
- Das Freistellungswerkzeug blendet wahlweise ein Gitterraster ein – bei Bedarf nach der Drittelregel.
- Unter der Bezeichnung QUADRANTFARBEN hält die Aktionenpalette eine Vierfeldtonung parat.
- Einstellungen aus dem Druckdialog werden direkt in der Datei gespeichert, so dass man sie später leicht wieder herstellt.
- Animierte GIF-Dateien lassen sich wieder importieren.

Photoshop CS5 Extended

Wie schon zuvor gibt es auch von Photoshop CS5 wieder eine spezielle »Extended«-Version. Sie dürfte rund 400 Euro mehr kosten als die für Fotografen völlig ausreichende Standardvariante, ist allerdings in vielen »Creative Suite«-Programmsammlungen enthalten. Die »Extended«-Ausgabe bietet vor allem mehr Video- und 3D-Funktionen. In CS5 hat Adobe besonders den 3D-Bereich weit ausgebaut. Erstmals lassen sich eigene 3D-Objekte erzeugen und mit der neuen »Blähen«-Funktion zum Beispiel ausbeulen oder drehen. Adobe liefert ein eigenes Programmfensterlayout (Arbeitsbereich) für 3D-Aufgaben mit, die 3D-Palette wurde weit ausgebaut.

A.3 »Photoshop CS6« – Features für die Wunschliste

Noch immer fehlen wichtige Features, wirkt Photoshop auch mit Ausgabe CS5 teils wie ein Verhau:

- So existieren Verzerrungstechniken wie **Frei transformieren**, **Verflüssigen**, VERKRÜMMEN, **Formgitter** und **Objektivkorrektur** gänzlich unabhängig voneinander.
- Zudem gibt es mehr Überschneidungen denn je zwischen Raw-Dialog und regulärem Programm.

» Auch für die Konvertierungsverfahren von **Bildprozessor**, Exportieren-Palette, JPEG-Dialog und **Für Web und Geräte speichern** sollte es einheitliche Voreinstellungen geben.

Weitere Wünsche

Stichworte fürs Lastenheft »Photoshop CS6«:

» Weiterhin erlaubt Photoshop keine mehrseitigen PSD-Dateien.

» Die Protokollpalette sollte wahlweise Miniaturen der Bildzustände zeigen (wie das Gratisprogramm GIMP). Schnappschüsse sollten dauerhaft oben sichtbar bleiben und nicht peu á peu mit den anderen Protokollobjekten wegtauchen.

» Das Protokoll der aktuellen Bearbeitung lässt sich nicht sofort als Aktion abspeichern und an weiteren Dateien abspielen.

» Hilfreich wäre auch eine Vielfach-Effektvorschau: ein Tableau, das die Auswirkung von einem Dutzend Filtern auf die aktuell geöffnete Datei zeigt. Andere können das. Besonders verblüffend: Einige Filter wie **Versetzen**, **Farbraster** oder **Radialer Weichzeichner** bieten nicht mal ein kleines Vorschaufenster.

» Die Schnellauswahl sollte auch im Modus Automatisch verbessern weniger weiche Kanten erzeugen und zwischenzeitlich ohne jegliche Automatik arbeiten – nur exakt da, wo ich male, wird ausgewählt oder aus der Auswahl entfernt, wie beim Pinsel in einer Maskenretusche. Mehr Präzision in spitzen Winkeln wäre ebenso wünschenswert wie ein Pinsel-Klappmenü per Rechtsklick.

» Der Befehl **Kante verbessern** sollte mehrere Voreinstellungen zulassen und die Option Umkehren anbieten. Behelfsweise brauchen wir **Dunkle Bereiche vergrößern** und **Helle Bereiche vergrößern** in einem einzigen Dialogfeld.

» Beim **Transformieren**, bitte, muss die Vorgabe Seitenverhältnis erhalten sofort eingeschaltet sein, außerdem braucht man in der Optionenleiste ein Klappmenü für die Interpolationsmethoden.

» Die Ebenenpalette sollte auf Wunsch so erscheinen, dass man wichtige Optionen aus dem Dialogfeld **Ebenenstil** direkt neben der Miniatur sieht – so die Regler für Diese Ebene und Darunterliegende Ebene.

» CS5 bietet immer noch keinen Schatteneffekt mit perspektivischer Verzerrung, der tiefstehende Lichtquellen simuliert.

» Wenn Photoshop und Bridge schon mit Schaltflächen übersät werden, sollte man sich die gewünschten selber zusammenstellen können, so wie in vielen anderen Programmen auch.

Weitere Ansprüche im Telegrammstil:

» Interpolationswähler in der Optionenleiste beim **Transformieren**

» Noch bessere Ergebnisse bei den HDR-Funktionen

» Natürlichere Ergebnisse mit **Tiefen/Lichter**

» Ein Symbölchen im Titelbalken als Erinnerung, dass eine verborgene Auswahl im Bild ist

» Alphakanäle oben, nicht unten in der Kanälepalette

» Vielseitiger Katalogdruck direkt aus Bridge heraus, mit beliebigen Dateieigenschaften unter jeder Miniatur, ohne Umweg über die PDF-Ausgabe

» Schmalere Ebenenpalette

»Bridge CS6« – das erwarten wir

Photoshop bietet in den meisten Bereichen die bestmögliche Bildbearbeitung, dagegen bekommen Sie bei Bridge durchaus nicht durchgängig bestmögliche Bildverwaltung. Das merken Sie schnell, wenn Sie sich Lightroom ansehen, die separat verkaufte Bildverwaltung des Photoshop-Herstellers Adobe (300 Euro, Version 3.0 bei Manuskriptabgabe im Mai 2010). Selbst Photoshop Elements, der Hobby-Ableger von Photoshop, bietet in seiner Bildverwaltung teils mehr als Photoshop CS5.

Ein paar bescheidene Wünsche ans Bridge-Team:

» Sortierung und Suche nach visueller Bildähnlichkeit, Gesichtserkennung; Photoshop Elements kann's.

» Ein Zweiervergleich von Bildern, bei dem ein Foto stehenbleibt, das andere jedoch weitergeschaltet und bei Bedarf gelöscht wird (auch für Zweischirmsysteme); Photoshop Elements kann's.

- Die Befehle **Alle Exif-Daten entfernen** und **Alle IPTC-Daten entfernen**
- Eine Qualitätskontrolle in Bridge, bei der automatisch vier Hochkontraststellen eines Bilds in der 100-Prozent-Zoomstufe erscheinen, alternativ Augenpartien – zur schnellen Prüfung von Schärfe und Bildrauschen.
- Anbindung an Agenturen, Fotoseiten und Online-Landkarten im Netz, zum Beispiel Flickr und Google Maps
- Sämtliche Miniaturen wahlweise mit Mini-Histogramm und einer Balkengrafik, die Dateigröße und Pixelabmessungen grafisch signalisiert
- Der Foto-Downloader sollte mehr freie ausfüllbare IPTC-Felder anbieten.
- Man möchte Ordner im Favoriten-Bereich nicht immer nur mit Ordnernamen anzeigen, sondern als Favorit frei benennen (viele Ordner haben – wenn man sie ohne übergeordnete Verzeichnisse sieht, wie in der Favoritenliste – wenig aussagekräftige Namen oder der Name existiert 150 Mal auf der Festplatte)
- Kopieren und Einfügen von IPTC-Dateien zwischen Bilddateien
- Einstanzen von Wasserzeichen beim Exportieren von Einzeldateien, nicht nur in der PDF-Galerie
- Mehr Tempo

Anhang B
Photoshop CS5 - was ist wichtig für Umsteiger?

Der Hersteller hat auch diesmal wieder einiges umgekrempelt, altgediente Photoshopper müssen umlernen.

B.1 Wenn Sie vorher mit CS4 gearbeitet hatten

Wir untersuchen zunächst Änderungen gegenüber Photoshop CS4 und blicken dann auf ältere Vorgänger. So erfahren auch Umsteiger von Photoshop CS3 oder CS2, welche Überraschungen in CS5 warten.

Gewanderte Befehle

Sie suchen, doch da ist nichts? Manche Befehle wechselten in Photoshop CS5 schlicht den Ort. Die Funktion **Bearbeiten: In die Auswahl einfügen** steckt jetzt im Untermenü **Bearbeiten: Einfügen Spezial**. Umgekehrt rückte die **Objektivkorrektur** aus dem Untermenü **Filter: Verzerrungsfilter** direkt oben ins **Filter-Hauptmenü**. Der Schalter BLENDENSTANDARD EINSTELLEN verschwand aus der **Objektivkorrektur**.

Muntere Änderungen auch im Raw-Dialog: die VIGNETTIERUNG NACH FREISTELLEN, vormals im Register OBJEKTIVKORREKTUREN, ressortiert jetzt unter EFFEKTE fx.

Version Cue zur Dateiorganisation im Netzwerk wird mit Version CS5 nicht mehr installiert, vorhandene Version-Cue-Server aus CS4 sollten aber zumindest für die Laufzeit von CS5 und vielleicht eine weitere Version lang funktionieren. Als Alternative gibt es nun Adobe Drive - eine Schnittstelle, die andere Anbieter für Datenmanagementprogramme nutzen können. Einen englischen Adobe-Text zu Version Cue und Adobe Drive fanden wir bei Manuskriptabgabe hier: *www.adobe.com/products/versioncue*.

Geänderte Befehle

An einigen Stellen überrascht Photoshop CS5 altgediente Nutzer mit geändertem Verhalten.

- Am wichtigsten vielleicht: Ziehen Sie eine Bilddatei aus Bridge, Explorer oder einer beliebigen Dateiverwaltung ins Photoshop-Fenster, wird sie nicht mehr als eigene Datei geöffnet. Stattdessen landet sie als zu platzierende neue Ebene im aktuellen Bild. Um in Photoshop eine separate Datei zu öffnen, ziehen Sie die Datei auf den Menü- oder Schaltflächenbereich von Photoshop.
- Sie ändern die Pinselgröße durch Rechts-Ziehen bei gedrückter [Alt]-Taste? Achten Sie dabei auf horizontale Bewegung. Mit vertikaler Bewegung stellt man nun die HÄRTE, nicht den DURCHMESSER um.
- Die [Entf]- oder [←]-Taste auf einer Hintergrundebene füllte den ausgewählten Bereich bisher unmittelbar mit der Hintergrundfarbe. Nun zeigen diese Tasten, angewendet auf die Auswahl einer Hintergrundebene, den **Füllen**-Dialog an.
- Sie haben eigene CS4-Bedienfelder mit dem Configurator 1.0 erzeugt? Sie laufen auch in CS5, aber nur unter einer Bedingung: Öffnen Sie die Paletten zunächst im Configurator 2.0 und speichern Sie sie dann neu.

Umbenannte Befehle

Öfter mal was Neues: Altbekannte Bezeichnungen fliegen über Bord, die unveränderte Funktion taucht mit neuem Namen wieder auf:

Photoshop CS5	Photoshop CS4
Sammlung	**Kollektion** (in Bridge)
Betrachtungsmodus	**Überprüfungsmodus** (in Bridge)
Aufhelllicht	Fülllicht (im Raw-Dialog)
Wiederherstellung	Reparatur (im Raw-Dialog)
Interpolationsverfahren	Bild neu berechnen mit (im **Bildgröße**-Dialog)
Verkleinern/Erweitern	Kante verschieben (in den Dialogen **Kante verbessern**, **Maske verbessern**)
Farbfläche	**Volltonfarbe** (in der Ebenenpalette)
Intelligente Hilfslinien	**Magnetische Hilfslinien**

Das sollten Sie anders machen

Wenn Sie mit CS4 vertraut sind, sollten Sie als CS5-Nutzer ein paar liebgewordene Gewohnheiten über Bord werfen, denn es geht jetzt besser oder bequemer:

- Sie öffnen den Farbwähler per Klick auf das Vordergrundfarbfeld? Erstmals können Sie per **Bearbeiten: Tastaturbefehle** einen eigenen Tastaturbefehl zuteilen. Sofern Sie eine Grafikkarte mit OpenGL-Technik und Shader Model 3.0 nutzen, blenden Sie einen neuartigen Farbwähler auch per Alt+⇧-Rechtsklick ein (am Mac mit Ein-Tasten-Maus Alt+⇧+Ctrl-Klick).
- Sie wandeln Bildreihen per **Bildprozessor** oder Raw-Dialog ins JPEG-Format um und rechnen vielleicht noch die Pixelzahl herunter? Bridge beherbergt nun mit der Exportieren-Funktion eine interessante Alternative.
- Sie rufen in Bridge öfter die **Dateiinformationen** auf? Hier reicht jetzt Strg+I statt Strg+⇧+Alt+I. In Photoshop muss es weiter der Vierfinger-Griff sein.
- Stellen Sie häufiger die Härte, also die Kantenschärfe von Mal- und Retuschewerkzeugen um? Das erledigen Sie nun durch vertikales Alt-Ziehen mit der rechten Maustaste.
- Sie überdecken Fehlerstellen in komplexen Bildbereichen durch aufwändige Handretusche? Die Option Inhaltssensitiv im **Füllen**-Dialog und beim Bereichsreparaturpinsel nimmt den Stress raus.
- Sie verbiegen Ebenenteile durch Verkrümmen oder **Verflüssigen**? Das neue **Formgitter** könnte eine Alternative sein.

B.2 Wenn Sie vorher mit CS3 gearbeitet hatten

Sie wechseln von CS3 zu CS5? Lesen Sie die Hinweise für CS4-Umsteiger weiter oben und beachten Sie außerdem die folgenden Punkte speziell zu CS3.

Entfallene Befehle

Einige aus Photoshop CS3 und vielen Vorgängern bekannte Funktionen verschwanden ab CS4 gänzlich. Dazu zählen **PDF-Präsentation, Bildpaket, Kontaktabzug II, Web-Galerie, Ebenenkomp. in PDF** sowie **Ebenenkomp. in PDF**. Diese Funktionen übernimmt nun weitgehend Bridge CS4 mit seinem neuen Ausgabemodul für PDF-Dateien und Webgalerien, wenn auch nicht sofort mit allen Webgalerie-Vorlagen; für Ebenenkompositionen wenden Sie zunächst den Befehl **Datei: Skripten: Ebenenkomp. in Dateien** an, mit diesen Einzeldateien soll sich dann das Ausgabemodul von Bridge befassen. Der **Mustergenerator** schaffte es ebenso wenig in die Version CS4 wie das Interaktive Layout aus dem **Photomerge**-Dialog.

Die meisten vermissten Befehle und die Galerievorlagen können Sie nachträglich wieder ins Programm pflanzen (Seite 1074). Das gilt jedoch nicht für die **PDF-Präsentation** und so fehlt ab Photoshop CS4 die Möglichkeit, PDF-Kataloge mit IPTC- und Exif-Einträgen wie Titel, Beschreibung oder Copyright zu schreiben, wie CS3 das konnte.

Ebenfalls vermisst wird der Befehl **Ebene: Inhalt der Ebene ändern**, mit dem Sie eine Einstellungsebene zum Beispiel von **Tonwertkorrektur** auf **Kurven** umstellen konnten.

Bisher haben Sie die Arbeitsfläche mit dem Befehl **Palettenpositionen zurücksetzen** wieder aufgeräumt. Ab CS4 öffnen Sie das Arbeitsbereiche-Menü rechts oben im Programmfenster und wählen zum Beispiel **Grundelemente**.

Das Kontextmenü über der Titelleiste von Dateifenstern hat sich für Windows-Anwender geändert. Nur früher gab es dort nützliche Befehle wie **Duplizieren** und **Arbeitsfläche**.

Entfallene Dateien

Nicht nur Befehle, auch Dateien verschwanden aus dem CS4-Paket. So fehlen die Muster aus den Ordnern »Beleuchtungseffekte-Strukturen«, »RGB-Strukturen mit hoher Auflösung«, »Zusatzmodule/Verschiebungsmatrizen« und »Vorgaben/Strukturen« ebenso wie die »PostScript-Muster«.

Das sollten Sie anders machen

Wenn Sie von CS3 oder einer früheren Fassung her kommen, sollten Sie ein paar liebgewordene Gewohnheiten über Bord werfen, denn es geht jetzt besser:

» Statt der üblichen Dialogfelder für **Gradationskurven** und Co. legen Sie jetzt blitzschnell verlustfreie nichtmodale Einstellungsebenen via Korrekturenpalette an.

» Schalten Sie in der Korrekturenpalette das Ziehwerkzeug ein, um einen bestimmten Helligkeitsbereich mit den **Gradationskurven** oder einen bestimmten Farbbereich mit **Farbton/Sättigung** zu verändern. Das spart bei der Gradationskurve [Strg]-Klick in den gewünschten Helligkeitsbereich.

» Statt die Sättigung mit **Farbton/Sättigung** anzuheben und entstellende Wirkung zu riskieren, nehmen Sie die sanfte Alternative namens **Dynamik**.

» Zeichnen Sie Ebenenmasken oder Filtermasken nicht dauerhaft mit dem **Gaußschen Weichzeichner** weich – per Maskenpalette erledigen Sie die Aufgabe nun verlustfrei.

» So ändern Sie jetzt am schnellsten den Pinseldurchmesser bei allen Mal- und Retuschegeräten: Halten Sie die [Alt]-Taste gedrückt und ziehen Sie mit der rechten Maustaste.

» Öffnen Sie nicht erst die **Palettenoptionen** via Palettenmenü, wenn Sie in der Ebenenpalette die Miniaturengröße ändern oder zum Modus Ebenenbegrenzungen wechseln möchten. Das geht jetzt schneller per Rechtsklick über einer Ebenenminiatur.

Werkzeuge auf Wanderschaft

Die Slice-Werkzeuge fanden Unterschlupf im Werkzeugleistenfach des Freistellgeräts. Das Anmerkungenwerkzeug zog bei der Pipette ein. Die Anmerkungen selbst schreiben Sie in die neue Anmerkungenpalette und nicht mehr in Boxen im Bild.

Umbenennung

Neue Namen kehren besser:

Photoshop CS3	Photoshop CS5
Palette	Bedienfeld
Bearbeiten: Ebenen automatisch überblenden	**Bearbeiten: Ebenen automatisch füllen**
Bild: Anpassungen	**Bild: Korrekturen**
Bild: Bilddrehung	**Bild: Arbeitsfläche drehen**
Auto-Tonwertkorrektur	**Auto-Farbton**

Geänderte Tastaturbefehle

Beachten Sie die geänderten Tastaturbefehle für Kanäle und Werkzeuge:

	Photoshop CS5	Photoshop CS3
Gesamtkanal auswählen (z.B. RGB- oder CMYK-Gesamtkanal)	Strg+2	Strg+^
1. Alphakanal aktivieren (bei RGB-Bildern)	Strg+6	Strg+4
1. Alphakanal aktivieren (bei CMYK-Bildern)	Strg+7	Strg+5
Slice-Werkzeug, Slice-Auswahl	C	K
Weichzeichner, Scharfzeichner, Wischfinger	(entfallen, R jetzt für Ansichtdrehung-Werkzeug)	R
Anmerkungen	I	N

In Photoshop CS5 können Sie wieder die ursprünglichen Tastaturkürzel aus CS3 nutzen. Dazu nehmen Sie **Bearbeiten: Tastaturbefehle** mit der Option Herkömmliche Tastaturbefehle für Kanäle verwenden.

Für Photoshop ab CS4 Extended unter Windows gilt: Alt+D öffnet nicht länger das **Datei**-Menü, Sie brauchen jetzt Alt+T. Das wird eventuell wichtig, wenn Sie im Vollbildmodus ohne Menüleiste arbeiten.

Ebenenmasken für Smart-Objekte

Wenn Sie zusätzlich zum Smart-Objekt eine Ebenenmaske anlegen, entsteht in Photoshop CS5 eine verbundene Maske – sie verändert sich also mit, wenn Sie das Smart-Objekt selbst bewegen oder transformieren. Verbundene Masken für Smart-Objekte gab es bisher gar nicht. Brauchen Sie – wie in CS2 und CS3 unvermeidlich – eine nicht verbundene Maske, lösen Sie die Verbindung erst per Klick auf die Gliederkette zwischen den Miniaturen für Bild und Maske.

Oberfläche zurückstellen

Ab Version CS4 kommt Photoshop mit einer deutlich umgekrempelten Benutzeroberfläche. Bilder schnurren zu Tabs am oberen Rand des Programmfensters zusammen, so dass man auch bei mehreren geöffneten Dateien zunächst nur ein einziges Dokument sieht. Das treibt sie zur Raserei? Dann wählen Sie **Bearbeiten: Voreinstellungen: Benutzeroberfläche** und verzichten auf die Optionen Dokumente als Registerkarten öffnen sowie Andocken schwebender Dokumentfenster aktivieren. So schweben die Fotos wieder einzeln über den Schirm.

B.3 Wenn Sie vorher mit CS2 gearbeitet hatten

Sie wechseln von CS2 zu CS5? Lesen Sie die Hinweise zu Umstellungen ab CS3 und CS4 weiter oben und beachten Sie außerdem die folgenden Punkte speziell zu CS2.

Rücknahmestufen und Arbeitsspeicher

Nach jeder neuen Photoshop-Installation setzt man erst mal die Zahl der rücknehmbaren Arbeitsschritte hoch. Das Eingabefeld Protokollobjekte findet sich jetzt im neuen Bereich Leistung innerhalb der **Voreinstellungen**. Dort steuern Sie jetzt auch Arbeitsspeicherbelegung und Auslagerungslaufwerke. Diese Funktionen fanden Sie früher in den Bereichen Zusatzmodule und virtueller Speicher sowie Arbeitsspeicher und Bildcache – zwei Register, die wegfielen.

Zauberstab auf Tauchstation

Nach der Installation fehlt der wichtige Zauberstab in der Werkzeugleiste und lässt sich auch nicht mit dem vertrauten Griff zum W einschalten. Der beschert Ihnen das neue Schnellauswahl-Werkzeug.

Und diese Schnellauswahl teilt sich jetzt ein Fach in der Werkzeugleiste mit dem Zauberstab. Klickt man in der Werkzeugleiste einen Moment länger auf das Feld für die Schnellauswahl, bietet Photoshop auch den Zauberstab an. Noch einfacher: Wechseln Sie mit ⇧+W-Taste hin und her.

Der Raw-Dialog

Bäumchen-wechsel-dich heißt die Devise auch im Raw-Dialog: Die sogenannten Workflow-Optionen für Farbmodus und Farbraum finden Sie nicht mehr unten im verlängerten Dialogfeld. Stattdessen klicken Sie auf eine Zeile wie Adobe RGB; 8 Bit... und ändern die Vorgaben in einem separaten Dialogfeld.

Sie wollen Alarmfarben für Unter- und Überbelichtung sehen? Das erledigten Sie bei Photoshop CS2 mit den Checkboxen für Tiefen und Lichter. Bei CS5 nehmen Sie zwei Dreieckschalter in den oberen Ecken des Histogramms. Der Tiefen-Regler heißt jetzt Schwarz.

Bridge CS2 und Bridge CS5

Unten rechts bot Bridge Schaltflächen für die sogenannten Arbeitsbereiche – darunter Filmstreifenansicht, Miniaturansicht und Detailansicht. Ab CS4 bietet Bridge die Arbeitsbereiche jetzt in auffälligen Lettern oben rechts im Programmfenster an.

Weiter mit Bridge: Die Stichwortsets werden so nicht mehr angeboten. Stattdessen legen Sie beliebig hierarchisch verschachtelte Stichwortbäume an.

Klicken Sie zum Beispiel mit der rechten Maustaste in der Stichwörterpalette auf ein vorhandenes Stichwort und nehmen Sie **Neues untergeordnetes Stichwort**. Das zuerst angeklickte, jetzt übergeordnete Stichwort ist quasi der Titelgeber für ein Stichwortset.

ImageReady ist weg

Komplett verschwunden seit Photoshop CS3 ist das separate Programm ImageReady, das sich noch in Photoshop CS2 vor allem an Webdesigner richtete. Zwar hat Photoshop nach und nach die meisten Funktionen von ImageReady übernommen, darunter Slices, Rollover-Effekte, Animationen und gewichtete Optimierung.

Dennoch verliert Photoshop mit dem Wegfall von ImageReady ein paar Talente dauerhaft, darunter das Imagemap-Werkzeug. Außerdem zeigte nur ImageReady eine Vierfachvorschau mit verschiedenen Bildqualitäten noch während der Bildbearbeitung. Nur ImageReady bot die bedingten Aktionen: Eine Stapelverarbeitung wird nur ausgeführt, wenn das Bild bestimmte Kriterien erfüllt, zum Beispiel ein bestimmtes Datum oder Seitenverhältnis.

Wer Photoshop CS2 besitzt, kann ImageReady natürlich weiter nutzen. Unter *www.adobe.com/go/kb400899* fanden wir eine englische Gegenüberstellung, welche ImageReady-Funktion wo in Photoshop CS3 (nicht CS4 oder CS5) auftaucht.

Was Sie außerdem vermissen könnten

» Palettenbereich: Bisher haben Sie Paletten oben rechts in den Werkzeugeinstellungen geparkt. Ersatz bei CS5: die neuen, vielseitigen Palettendocks rechts.

» Drucken mit Vorschau: Vermissen Sie diesen Befehl? Macht nichts, der normale **Drucken**-Befehl bietet jetzt auch eine Vorschau, es gibt nur noch den Tastendruck Strg+P.

» **Helligkeit/Kontrast**: Der Befehl **Helligkeit/Kontrast** wirkt lange nicht mehr so stark wie früher. Erst mit der Option Früheren Wert verwenden findet der Dialog zu alter Kraft zurück.

» **Auswahl verändern:** Dieser Befehl wanderte ins Untermenü **Auswahl, Auswahl verändern.** (Viel nützlicher ist freilich das Vielzweck-Dialogfeld **Auswahl, Kante verbessern.**)

» Schnellmaskierung: Für Schnellmaskierung und Standardmodus (also die übliche Fließauswahl) gab es bisher zwei Schaltflächen – jetzt ist es nur noch eine, die hin- und herwechselt und nach längerem Maustastendruck auch mehrere Optionen anbietet.

» **Photomerge**: Photoshop liefert sofort ein Ergebnis, der Dialog zum Feinarrangieren der Teilbilder bleibt aus.

Umbenennungen auf einen Blick

Wie immer haben die Übersetzer ein paar alte Befehle und Optionen umbenannt:

Photoshop CS2	Photoshop CS5
Störungsfilter: Störungen reduzieren	**Rauschfilter: Rauschen reduzieren**
Konturwerte finden	**Konturen nachzeichnen**
Kacheln	**Kacheleffekt**
Blendenkorrektur	**Objektivkorrektur**
Bildübersicht	Bildvorschau
Lab-Helligkeit	Helligkeit
Messwerkzeug	Linealwerkzeug
(in Bridge) **Bearbeiten: Camera-Raw-Einstellungen anwenden**	**Bearbeiten: Einstellungen entwickeln**

Diese Funktionen haben ausgedient

Seit Jahr und Tag erfüllen bestimmte Photoshop-Befehle ihre Aufgaben – doch wer in Photoshop CS5 unverdrossen dieselbe Funktion wie in CS2 anwählt, verpasst etwas: Ein paar Standardgerätschaften dürfen ruhen, denn CS5 bietet nun Besseres.

» Schwarzweiß statt Kanalmixer: Der **Kanalmixer** verwandelt seit eh und je Farbvorlagen in fein abgestimmte Graustufenbilder. Genug ist genug: Der neue **Schwarzweiß**-Befehl kann's besser und schneller.

» Schwarzweiß statt Farbton/Sättigung: Der Befehl **Farbton/Sättigung** bietet die Option Färben für einfarbig getonte Bilder oder Bildbereiche. Auch diesen Job übernimmt der neue **Schwarzweiß**-Befehl mit Bravour und viel mehr Feinsteuerung.

» Gradationskurve statt Tonwertkorrektur: Die **Gradationskurve** konnte schon immer das Gleiche wie die **Tonwertkorrektur** – doch nun präsentiert sie ihre Talente erstmals auch so gefällig, dass die **Tonwertkorrektur** in Frührente geht. Jetzt zeigt die **Gradationskurve** ein Histogramm sowie Regler zur Erweiterung des Tonwertumfangs.

» Schnellauswahl statt Zauberstab: Seit grauer Vorzeit ist der Zauberstab das Hauptauswahlwerkzeug für Fotomonteure. Passé: Das brandneue Schnellauswahl-Werkzeug erledigt das Gleiche einfach schneller – und besser.

» **Kante verbessern**: Vergessen Sie Einzelbefehle wie **Auswahl: Auswahl verändern: Abrunden**. Verschiedene Auswahlkorrekturen samt bequemer Sofortvorschau finden Sie per **Auswahl: Kante verbessern**.

Anhang C
Photoshop erweitern

Installieren Sie neue Erweiterungen, insbesondere die nützlichen **Dr. Brown's Services**, holen Sie verlorengegangene Funktionen zurück ins Programm oder schreiben Sie ganz einfach Ihre eigenen Dialogfelder – darum geht es in diesem Abschnitt. Manche Erweiterungen tauchen jedoch nicht hier auf, sondern an anderen Stellen im Buch.

C.1 Photoshop-Ergänzungen finden

In der englischsprachigen Online-Tauschbörse bei Photoshop-Hersteller Adobe finden Sie kostenlose Aktionen, Pinselspitzen, Formen, Filter, Bedienfelder, Verläufe, Muster, Pixel Bender-Funktionen, Skripten und Stile. Sortieren Sie das Angebot nach Datum, Beliebtheit oder Wertung. So spüren Sie Erweiterungen auf:

1. Gehen Sie auf *www.adobe.com/cfusion/exchange*. Alternativ klicken Sie oben im Extension Manager auf die Exchange-Schaltfläche.
2. Klicken Sie unter der Überschrift Exchanges by Product auf Bridge oder Photoshop.
3. Nun werden die Angebote aufgelistet. Sortieren Sie nach Staff Picks (von Mitarbeitern ausgewählt), Aktualität, Beliebtheit oder Bewertung.
4. In der Leiste rechts geben Sie eventuell den gesuchten Typ an, zum Beispiel Actions oder Flash Panels (Erweiterungen in Palettenform).
5. Suchen Sie eine Funktion und lesen Sie kurz nach, ob sie für die Photoshop- und Betriebssystemversion Ihres Vertrauens gedacht ist.
6. Klicken Sie auf Download.
7. Eventuell meldet Ihr Browser Sicherheitsbedenken an, die Sie ausräumen müssen. Klicken Sie auf Datei herunterladen.

TIPP Die meisten englischen Ergänzungsangebote funktionieren auch im deutschen Photoshop. Einige englische Aktionen (Befehlsfolgen) könnten jedoch steckenbleiben, solange sie nicht nachbearbeitet werden; das gilt zum Beispiel, wenn die Aktion automatisch vergebene Ebenennamen wie Layer 1 erwartet.

C.2 Erweiterungen

Kinderleicht installieren Sie nützliche sogenannte »Erweiterungen« (englisch »extensions«) für Bridge und Photoshop, darunter auch Skripten und Paletten, auch solche, die Sie selber im Configurator entwickelt haben (Seite 1068). Die meisten Erweiterungen finden Sie im Photoshop-Untermenü **Fenster: Erweiterungen**.

Viele, aber nicht alle kursierenden Erweiterungen stammen von Adobe-Mitarbeitern. Auch die empfehlenswerten Dr. Brown's Services (Seite 1073) werden als Erweiterungen installiert. Die Erweiterungen kommen meist auf Englisch daher, laufen aber häufig auch innerhalb einer deutschsprachigen Photoshop-Installation.

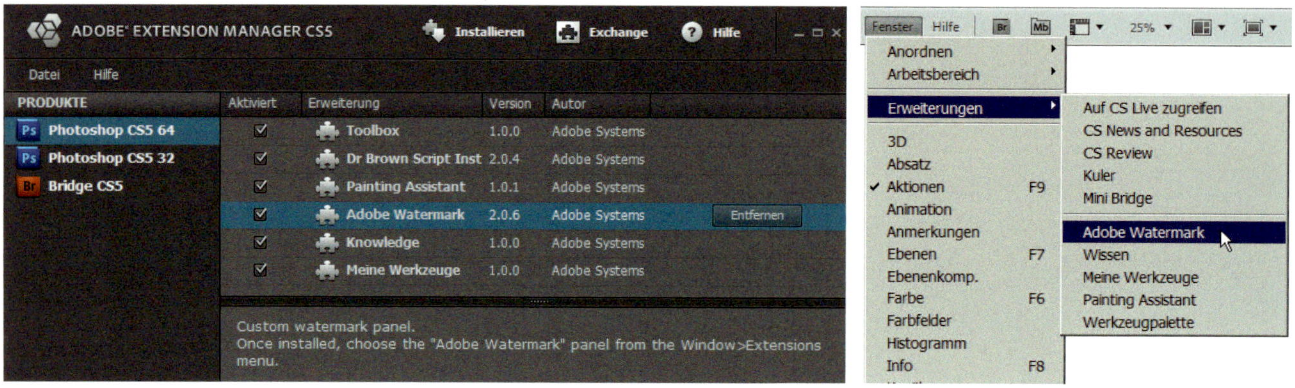

Abbildung C.1 **Links:** Im automatisch mitinstallierten Programm Extension Manager CS5 verwalten Sie Programmerweiterungen für Bridge, Photoshop und eventuell weitere CS5-Programme. Das Programm erscheint automatisch, wenn Sie doppelt auf eine .zxp- oder .mxp-Datei klicken. **Rechts:** Die meisten Erweiterungen öffnen Sie in Photoshop per »Fenster: Erweiterungen«. Einige Erweiterungen wie »Kuler« und die »CS«-Funktionen wie »CS Review« werden direkt mit Photoshop installiert.

ACHTUNG Für diese und viele andere Internetdienste des Photoshop-Herstellers Adobe brauchen Sie eine sogenannte Adobe-ID mit Passwort. Sie müssen sich also bei Adobe mit einer E-Mail-Adresse registrieren, zum Beispiel auch per **Hilfe: Adobe-ID-Profil** in Photoshop.

Erweiterungen installieren

Erweiterungen installieren Sie denkbar bequem:

1. Sie erhalten in der Regel eine einzige Datei mit der Endung .zxp oder .mxp.
2. Klicken Sie diese Datei doppelt an. Damit öffnet sich das Programm Extension Manager CS5, das in der Regel gemeinsam mit Photoshop installiert wird.
3. Im Extension Manager bestätigen Sie den Haftungsausschluss und andere Warnungen. Gleich darauf erhalten Sie eine Erfolgsmeldung: fertig.
4. Starten Sie Photoshop und/oder Bridge neu.

Über den Extension Manager werfen Sie unliebsame Erweiterungen auch wieder heraus. In Bridge eröffnen Sie das Programm auch per **Hilfe: Erweiterungen verwalten**; dabei sehen Sie auch Erweiterungen, die nicht in Bridge, sondern in Photoshop laufen.

TIPP Sie haben noch Photoshop CS4 installiert und dort bereits den Extension Manager genutzt? Dann starten Sie ihn erneut: Das Programm schlägt vor, die CS4-Erweiterungen auch in CS5 zu nutzen, und veranlasst alles Nötige.

C.3 Configurator

Mit dem unkomplizierten Programm Configurator bauen Sie mühelos Ihre eigenen Photoshop-Paletten – die Entwickler reden von einem »Lego-Baukasten für Photoshop«. Diese Paletten (oder Bedienfelder) aus Configurator enthalten beliebige Menübefehle und Schaltflächen, die Sie von der Photoshop-Oberfläche herüberziehen und mit eigenen Einblendmeldungen ausstatten. Die neu entstandenen Paletten lassen sich extrem leicht in Photoshop einbinden – sogar per Online-Link –, so dass sie sich auch zur Weitergabe an weniger Photoshop-versierte Kunden eignen.

Binden Sie auch Aktionen, Bilddateien und Videos ein. Beliebige Größen und Seitenverhältnisse sind möglich. Die neuen Paletten lassen sich per **Fenster: Erweiterungen** öffnen. Bei Adobes Internettauschbörse (Seite 1067) können Sie kostenlose Erweiterungen von anderen Nutzern herunterladen.

Bereits mit dem Configurator 1 für Photoshop CS4 erstellte Paletten öffnen und **Exportieren** Sie erneut in Configurator 2, um sie fit für Photoshop CS5 zu machen.

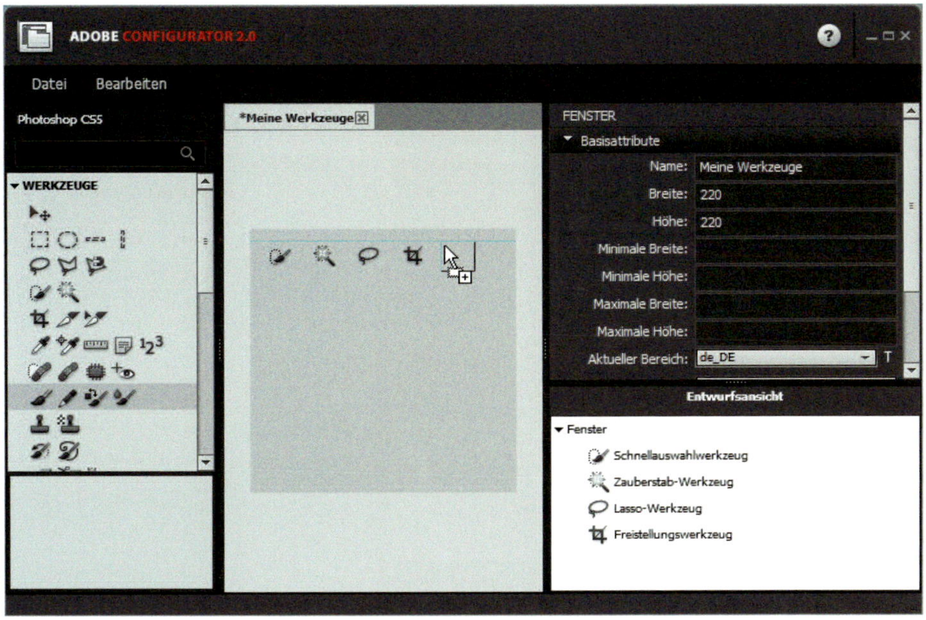

Abbildung C.2
Im Configurator ziehen Sie Werkzeuge in die Fläche der geplanten neuen Palette.

Installation

Bei Manuskriptabgabe fanden wir das Programm Configurator 2.0 zum Herunterladen unter *http://labs.adobe.com/technologies/configurator*. Sofern Sie bei der CS5-Installation Adobe Air nicht ausdrücklich abgewählt haben, geht es so weiter:

1. Klicken Sie rechts oben auf der genannten Webseite auf Download Configurator now.
2. Klicken Sie danach auf Download Configurator.
3. Sie erhalten eine Datei wie configurator2_p1_052610.air. Der verpassen Sie zur Installation einen Doppelklick.

Palette aufbauen

Mit wenigen Schritten schrauben Sie Ihre erste ganz persönliche Photoshop-Palette zusammen:

1. Legen Sie im Programm Configurator mit Strg+N eine neue leere Palette an.
2. Tippen Sie rechts im Configurator einen Namen ein, wir nehmen Meine Werkzeuge.
3. Öffnen Sie links im Configurator-Programm den Bereich Werkzeuge mit einem Klick auf das gekippte Dreieck.
4. Ziehen Sie beliebige Werkzeuge in den dunkel abgesetzten Palettenbereich, wir nehmen hier unter anderem Schnellauswahl, Zauberstab, Lasso, Freistellungswerkzeug, Kopierstempel und Mischpinsel.
5. Schließen Sie den Bereich Werkzeuge mit der Dreieck-Schaltfläche. Öffnen Sie den Abschnitt Befehle/Haupt und dann Bearbeiten.
6. Aus dem **Bearbeiten**-Menü ziehen wir die Befehle **Schritt zurück** und **Frei transformieren** in die Paletten-Baustelle; sie erscheinen dort als Schaltflächen.
7. Wir öffnen das Auswahl-Menü und ziehen die Befehle **Auswahl umkehren** und **Kante verbessern** in die Palette.

TIPP Passt etwas nicht? Sie können mehrere Änderungen hintereinander widerrufen, drücken Sie mehrfach Strg+Z.

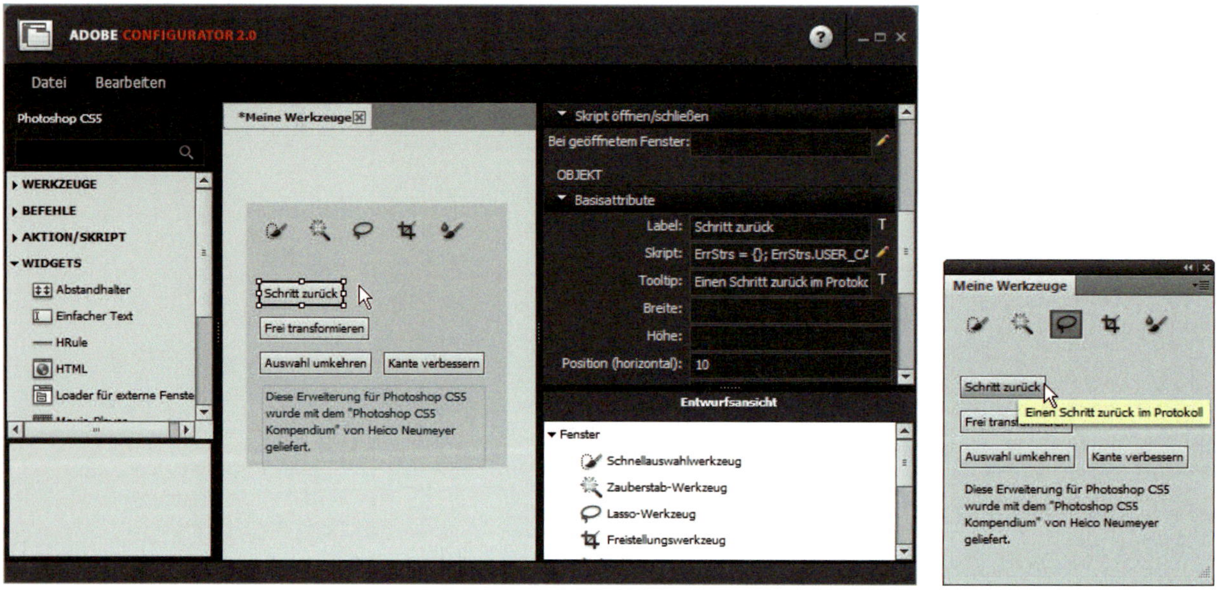

Abbildung C.3 **Links:** Schaltflächen werden umbenannt und erhalten eigene Einblendmeldungen, außerdem kam ein Textfeld hinzu. **Rechts:** Die neue Palette steht mit dem Befehl »Fenster: Erweiterungen: Meine Werkzeuge« zur Verfügung. Verzeichnis: Praxis/Configurator

Palette verfeinern

Während Sie im Programm Configurator an Ihrer ureigenen Palette werkeln, gibt es zahlreiche Verfeinerungsmöglichkeiten:

» Klicken Sie ein Objekt an und tippen Sie rechts im Bereich Objekt/Basisattribute im Feld Tool Tip Ihre selbst verfasste Einblendmeldung ein. Sie erscheint dann in bekannter Art gelb unterlegt, wenn der Mauszeiger über dem Werkzeug ruht.

» Öffnen Sie links den Bereich Widgets und ziehen Sie das Symbol Einfacher Text nach rechts in die dunkel hinterlegte Palettenfläche. So entsteht ein Textfeld, indem Sie einen dauerhaft sichtbaren Kommentar schreiben. Tippen Sie Ihre Zeilen wieder rechts im Bereich Objekt/Basisattribute im Text-Feld.

» Unerwünschte Objekte klicken Sie einmal an, dann heißt es Adieu per Entf-Taste.

Weitere Möglichkeiten bieten die Schaltflächen für Menübefehle (nicht Werkzeuge). Klicken Sie zunächst den gewünschten Button einmal an, dann geht es so weiter:

» Die Schaltflächen lassen sich nach Anklicken mit Anfasspunkten größer oder kleiner ziehen oder tippen Sie rechts präzise Pixelmaße ein.

» Tippen Sie neue Bezeichnungen für die Schaltflächen ein, ändern Sie zum Beispiel die englische in deutsche Beschriftung. Ziehen Sie die Schaltfläche danach bei Bedarf größer, die Funktion Auto Layout (siehe oben) passt einzelne Schaltflächen nicht an neue Texte an.

In der Regel passt der Configurator die Palettengröße selbst an. Bei Bedarf ziehen Sie die Größe jedoch am rechten unteren Ende der Palettenvorschau zurecht. In den Voreinstellungen (Strg+K) geben Sie bei Bedarf dauerhaft neue Pixelmaße für neu entstehende Paletten ein (die Größe lässt sich ja im Configurator durch Ziehen immer noch ändern).

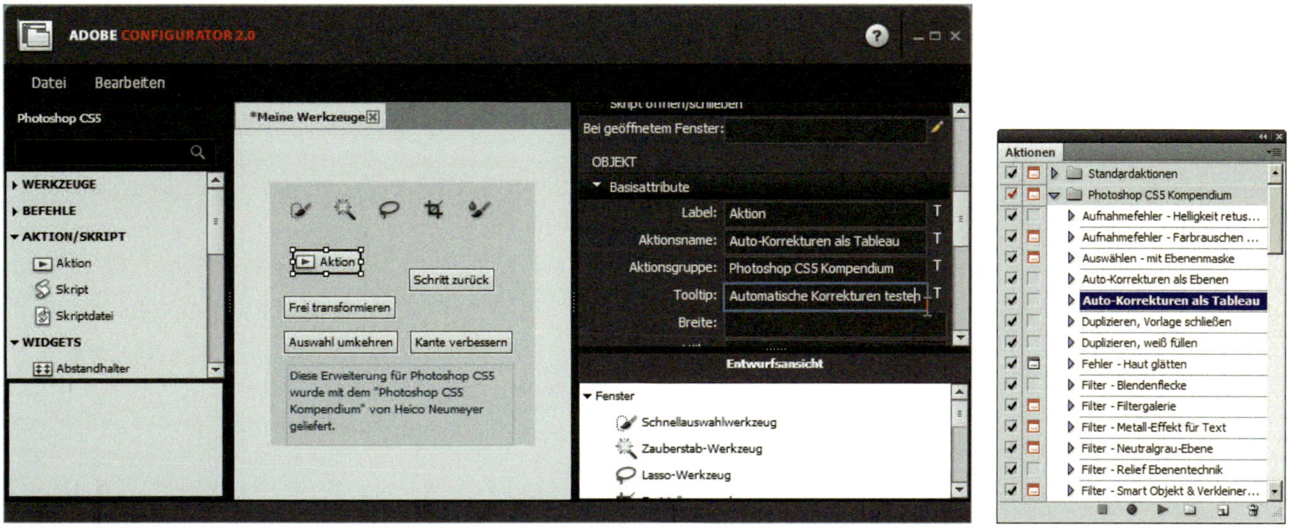

Abbildung C.4 Wir haben das Symbol »Aktion« in die Palettenfläche gezogen und tippen den exakten Namen und den Setnamen der gewünschten Aktion in die Configurator-Felder. Die Schaltfläche wird gerade umbenannt, so dass sie anschließend nicht mehr die Beschriftung »Aktion« zeigt. Wir binden hier die Aktion »Auto-Korrekturen als Tableau« aus dem Aktionenset von der Buch-DVD ein. Die Aktion muss zur Verwendung im Configurator wohlgemerkt nicht erst in der Aktionenpalette ausgewählt werden; sie muss jedoch in der Photoshop-Installation des Anwenders vorhanden sein, sie wird nicht innerhalb der Palette gespeichert.

Aktionen verwenden

Sie wollen Aktionen (gespeicherte Befehlsfolgen) per Schaltfläche in der eigenen Palette abspielen? So binden Sie die Befehlsfolge ein:

1. Öffnen Sie links im Programm Configurator den Bereich Aktion/Skript.
2. Ziehen Sie das Symbol Aktion ins zentrale, dunkel hinterlegte Palettenfeld. Damit entsteht die neue Schaltfläche Aktion.
3. Sie brauchen rechts den Bereich Objekt/Basisattribute. Ins Feld Aktionsname tippen Sie exakt den Namen der gewünschten Aktion ein. Diese Aktion sollte in Ihrer Aktionenpalette schon vorhanden sein. Wir nehmen hier Auto-Korrekturen als Tableau aus der Aktionensammlung der Buch-DVD.
4. Klicken Sie eins weiter unten ins Feld Aktionsgruppe und tippen Sie genau den Namen des Aktionssets ein, hier der »Aktionenordner« Photoshop CS5 Kompendium.

Das reicht schon, doch ich empfehle noch diesen Schritt: Bis jetzt heißt die Schaltfläche schnöd Aktion. Klicken Sie einmal ins Feld Label und tippen Sie eine schöne Überschrift für die neue Schaltfläche, zum Beispiel Auto-Korrekturen durchtesten. Zusätzlich verfassen Sie im Feld Tooltip noch eine gelb unterlegte Einblendmeldung.

Bilder und Videos verwenden

Binden Sie Bilder und Videos in beliebigen Größen in Ihre Paletten ein – ideal für Logos und erklärende Filme. Das Verfahren im Überblick:

1. Während Sie im Configurator an einer Palette arbeiten, öffnen Sie links den Bereich Widgets.
2. Ziehen Sie die Schaltflächen SWF- oder Bild-Loader oder Movie Player in die Palettenfläche.
3. Klicken Sie rechts im Bereich Objekt/Basisattribute in das Feld Speicherort (URL) und geben Sie einen Online-Speicherort des Bilds oder des Films an. Alternative nur für den eigenen Rechner: Sie klicken ganz rechts neben dem Feld Speicherort (URL) auf das Öffnen-Symbol und wählen Dateien von Ihrer Festplatte.
4. Erzeugen Sie mit den Anfasspunkten eventuell andere Größen und vergrößern Sie eventuell auch die Palettenfläche selbst.

Für den Movie Player können Sie Flash-Videos einbinden. Der Bild-Loader akzeptiert die Formate SWF, JPEG, GIF und PNG.

ACHTUNG Wenn Sie die Palette weitergeben, sind die Bild- und Filmdateien nicht im Paket enthalten – sie müssen also online vorliegen und mit Internetadresse im Configurator angegeben sein, sonst sieht der Empfänger nichts davon. Wenn Sie etwas ausschließlich für den eigenen Rechner entwerfen, können Sie auch Dateien von der eigenen Festplatte angeben. Diese Bilder und Filme sieht man jedoch nicht auf anderen Computern.

Palette speichern und einbinden

So schließen Sie die Arbeit ab:

1. Wählen Sie im Configurator **Datei: Fenstervorschau** (Strg+P). Gefällt Ihnen die Ansicht? Dann klicken Sie die Vorschau wieder weg.
2. Wählen Sie **Datei: Fenster exportieren** (Strg+E). So entstehen die Ordner und Dateien, die Sie in Ihren Photoshop laden und auch an andere weitergeben können. Geben Sie einen Ordner an, in dem die Dateien für Ihre Palette landen.
3. Im Zielordner entsteht ein neues Unterverzeichnis mit dem Namen Ihrer Palette, hier Meine Werkzeuge.
4. Klicken Sie doppelt auf die einzige Datei in der obersten Ordner-Ebene, hier Meine Werkzeuge.mxi. So entsteht eine neue Datei namens Meine Werkzeuge.zxp. Das ist eine Art Zip-Archiv plus Installationsbefehl.
5. Klicken Sie die neu entstandene Datei Meine Werkzeuge.zxp doppelt an; Sie landen im Extension Manager (siehe oben) und nach einem Programm-Neustart finden Sie Ihre Palette im Photoshop-Verzeichnis **Fenster: Erweiterungen**.

DVD Sie finden die Datei Meine Werkzeuge.zxp auch im »Praxis«-Verzeichnis auf der Buch-DVD. Per Doppelklick installieren Sie das auf diesen Seiten beschriebene Bedienfeld Meine Werkzeuge. Dabei öffnet sich zunächst der Extension Manager. Außerdem liefern wir auch die .gpc-Version mit.

Palette weitergeben

Die .zxp-Datei lässt sich als Einzeldatei bequem weitergeben und auch direkt von Internetseiten herunter installieren, wenn der anklickende Nutzer nicht auf Speichern, sondern auf Öffnen mit klickt. Allerdings werden .zxp-Dateien für die Online-Weitergabe häufig zusätzlich in eine .zip-Datei gepackt, um technische Probleme zu vermeiden.

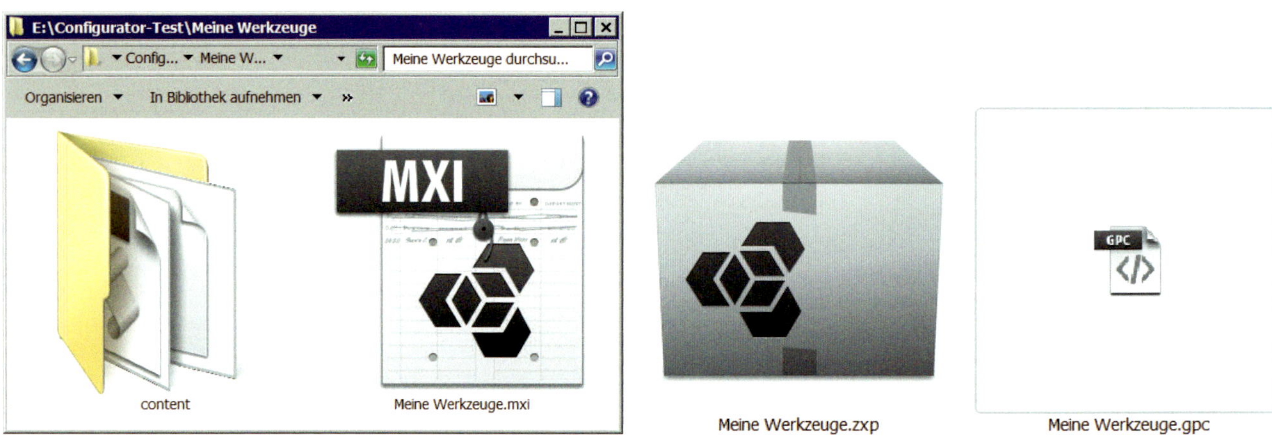

Abbildung C.5 **Links:** Der Configurator-Befehl »Datei: Fenster exportieren« erzeugt hier den neuen Ordner »Meine Werkzeuge.zxp«. Auf der obersten Ordner-Ebene sehen Sie die wichtige Datei »Meine Werkzeuge.mxi«. **Mitte:** Klicken Sie doppelt auf »Meine Werkzeuge.mxi«. Dabei ensteht die neue Einzeldatei »Meine Werkzeuge.zxp«. Sie enthält die komplette neue Palette samt Installationsbefehl und lässt sich bequem weitergeben. Per Doppelklick auf die .zxp-Datei installieren Sie die Palette. **Rechts:** Der Configurator-Befehl »Datei: Speichern« erzeugt eine .gpc-Datei, die sich gut zum Zwischenspeichern per Strg+S eignet.

Zwischenspeichern

Sie wollen die Palette noch nicht in Photoshop einbinden oder weitergeben, sondern nur speichern, um sie später zu verbessern. Dann speichern Sie Ihr Ergebnis per **Datei: Fenster speichern** (Strg+S). Dabei entsteht anders als beim **Exportieren** (siehe oben) kein komplettes Verzeichnis, sondern nur eine .gpc-Datei, die sich später verfeinern und jederzeit auch als vollständig nutzbare Palette **Exportieren** lässt.

Dieser **Speichern**-Schritt per Strg+S eignet sich auch zum schnellen Zwischensichern. Die .gpc-Datei öffnet sich per Doppelklick im Configurator.

C.4 »Dr. Brown's Services«

Adobes Kreativ-Clown Russell Brown (*www.russell brown.com*) verschenkt nützliche, englische Zusatzfunktionen für Mac und Windows. Unter der Überschrift **Dr. Brown's Services** gibt es unter anderem einen ausgebauten **Bildprozessor** (Seite 1073). Dazu kommt eine nützliche Wasserzeichenautomatik.

Die Stapelverarbeitung mit **Dr. Brown**-Funktionen startet in der Regel in Bridge. Dort wählen Sie zunächst Bilder aus. Danach öffnen Sie in Bridge das neue Untermenü **Werkzeuge: Dr. Brown's Services** und wählen einen **Dr. Brown's**-Befehl für die markierten Dateien. Sie finden **Dr. Brown's 1-2-3 Process** aber auch direkt in Photoshop im Untermenü **Datei: Skripten**.

Die Installation via Extension Manager läuft völlig stressfrei mit ein paar Klicks: Die Installation lohnt sich, selbst wenn einige Funktionen die teurere Extended-Fassung voraussetzen.

Installationsdateien für Dr.-Brown-Funktionen

Die Dateien holen Sie von dieser Seite: *http://russell-brown.com/scripts.html*. Klicken Sie auf die Links ADOBE WATERMARK PANEL und unter der Überschrift DR. BROWN'S ADOBE PHOTOSHOP CS5 SCRIPTS auf DOWNLOAD INSTALLER CS5/ZIP.

Die Installation ist kinderleicht: Der erste Doppelklick öffnet die Zip-Datei, der nächste die darin enthaltene .zxp-Datei; schon landen Sie im Extension Manager und bestätigen die Installation. Danach starten Sie Photoshop neu.

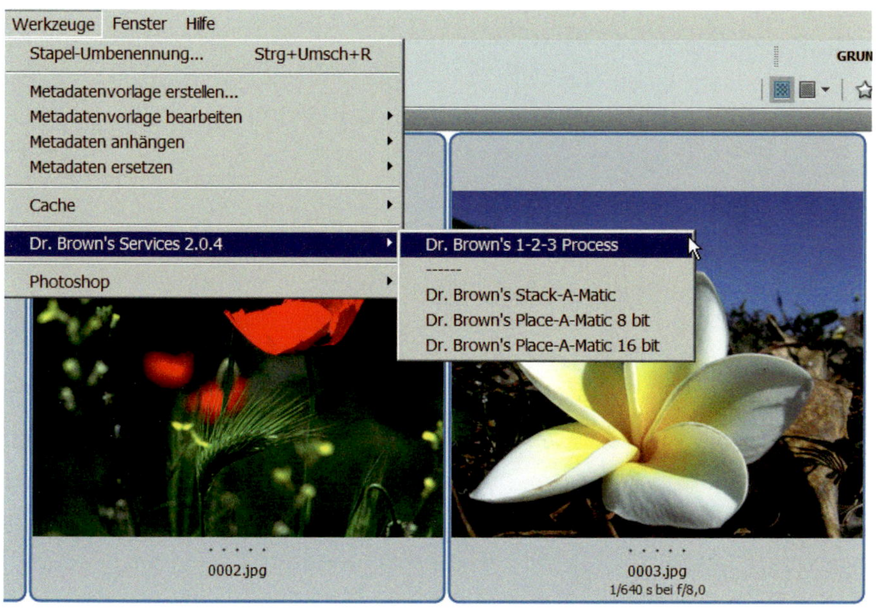

Abbildung C.6
Die Befehle von »Dr. Brown's Services« rufen Sie aus Bridge heraus auf.

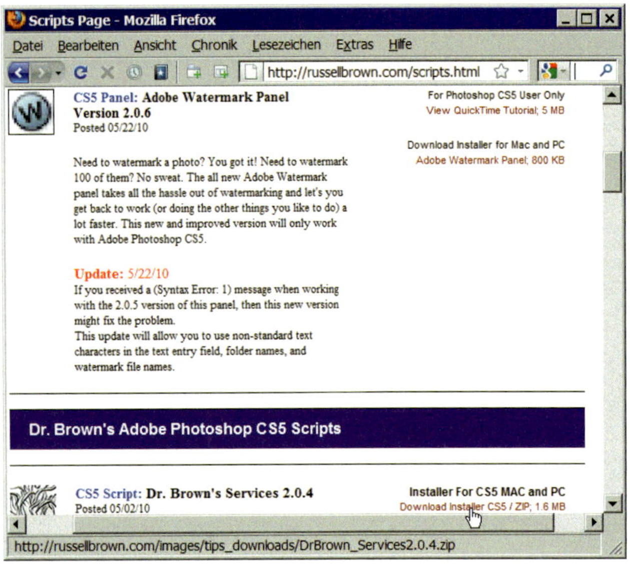

Abbildung C.7 Laden Sie Russell Browns Photoshop-Funktionen von seiner Internetseite.

C.5 Entfallene Funktionen nachinstallieren

Einige aus Photoshop CS3 und vielen Vorgängern bekannte Funktionen und Bilddateien verschwanden in CS4 gänzlich und blieben auch in CS5 verschollen. Dazu zählen **PDF-Präsentation, Bildpaket, Kontaktabzug II** und **Web-Fotogalerie.** Der **Mustergenerator** schaffte es ebenso wenig in die Versionen CS4 und CS5 wie das Interaktive Layout aus dem **Photomerge**-Dialog und der Befehl für Lockenschopf-Monteure, **Filter: Extrahieren.** Auch Bilddateien für Strukturen fehlen.

Die meisten Vermissten können Sie nachträglich wieder ins Programm pflanzen, überwiegend sowohl für Mac- wie Windows-Ausgabe in 32- und 64-Bit-Variante. Wichtig sind die Funktionen allerdings wohl nur in Einzelfällen: Photoshop CS5 bietet allgemein Gleichwertiges oder Besseres.

Wo gibt es die Dateien?

Je nach Betriebssystem testen Sie eine dieser Adressen:

- *http://www.adobe.com/support/downloads/product.jsp?product=39&platform=Windows* oder
- *http://www.adobe.com/support/downloads/product.jsp?product=39&platform=Macintosh*.

Suchen Sie die Überschrift Version CS5 und dann den Link Photoshop CS5 Optionale Zusatzmodule… (eventuell finden Sie den Link bei Erscheinen des Buchs auch unter der Überschrift Version CS5 – International). Auf der nächsten Seite unten klicken Sie auf Proceed to Download, dann auf Download Now.

Was gibt es?

Adobe bietet unter anderem die folgenden Funktionen an. Vielleicht erhalten Nutzer der deutschen Ausgabe später die gleichen Befehle. Sofern nicht anders erwähnt, gibt es die Funktionen für Mac und Windows in 32- und 64-Bit-Variante:

- **Kontaktabzug II, Bildpaket** (wahlweise auch mit Bridge-Einbindung; **Kontaktabzug II** am Mac nur in der 32-Bit-Variante)
- **Extrahieren** (nur Windows)
- **Ebenenkompositionen als Web Photo Galerie**
- **Mustergenerator**
- **Photomerge:** Interaktives Layout
- **Web-Fotogalerie**
- **Strukturen für den Strukturenfilter**

Die PDF-Präsentation ist nicht dabei.

Wie installieren?

Automatisch nachinstalliert wird gar nichts. Stattdessen liest man in einer PDF-Datei nach, welche Plug-in-Datei aus welchem weiteren Unterverzeichnis in welchen Ordner der CS4-Photoshop-Installation gehört. Teilweise müssen Sie zwei Dateien an unterschiedliche Plätze ziehen, zum Beispiel für **Kontaktabzug II** oder **Web-Fotogalerie** die Funktion einerseits und ihre Layoutvorgaben andererseits, dann vielleicht noch eine weitere Datei für die Bridge-Einbindung. Nach dem nächsten Programmstart bieten Photoshop CS5 und Bridge CS5 die Befehle an.

Anhang D
Dateiformate

In diesem Abschnitt diskutieren wir kurz die meisten Dateiformate. Ausnahmen: Bilder und Informationen zu JPEG (nicht zu JPEG 2000) finden Sie ab Seite 260, Tipps zu GIF ab Seite 1033, alles über Camera-Raw-Dateien ab Seite 203. Eine Gegenüberstellung verschiedener Dateiformate für Ebenenmontagen samt Testergebnissen erwartet Sie auf Seite 690.

D.1 Tabelle: Dateiformate

Für die Tabelle auf der folgenden Seite wird die Datei »Test.tif« aus unserem Ebenentest (auch auf der Buch-DVD) in verschiedenen wichtigen Dateiformaten gespeichert. Die Vorlage besteht aus zahlreichen Ebenen und ist im Acht-Bit-RGB-Modus gespeichert. Sie hat 1772x1184 Pixel, also rund zwei Megapixel, und lässt sich damit bei 300 dpi 15x10 Zentimeter groß drucken.

D.2 Photoshop-Dateiformate (PSD, PSB)

Das Format Photoshop (PSD) lässt sich problemlos zwischen Photoshop auf Windows- und auf Mac-Rechnern austauschen. Mit dem weiter verbreiteten TIFF gelingt das oft auch. PSD-Dateien eignen sich bestens zur Weitergabe an andere Adobe-Programme wie Illustrator oder InDesign, die zum Beispiel Ebenen, Transparenz oder Überblendmethoden übernehmen. Als fast einziger Dokumenttyp verkraftet das Photoshop-Format sämtliche Photoshop-Spezialitäten wie Duplex-, LAB- und Mehrkanalmodus, Pfade, mehrere Alphakanäle, Ebenentechnik samt Textebenen und Ebeneneffekten. Allerdings sind auch TIFF und PDF je nach Vorgabe sehr vielseitig. Zudem nimmt das Photoshop-Format Merkmale aus der WWW-Gestaltung auf, darunter Slices, Rollover-Effekte, Hyperlinks und Animationen.

Neue Zusatzkanäle, Pfade und Ebenen speichert Photoshop ohne lästige Rückfrage mit und dabei wird verlustfrei komprimiert, allerdings nur schwach. Das Photoshop-Dateiformat lässt sich in Photoshop extrem schnell öffnen und speichern und eignet sich darum bestens zum Zwischensichern. Wollen Sie die Datei an andere Programme durchreichen und stoßen Sie auf Probleme, speichern Sie testweise mit »maximierter Kompatibilität« (nächster Abschnitt).

TIPP Benötigen Sie von einer Photoshop-Montage zwischendurch eine übliche JPEG-Datei ohne separate Ebenen oder Alphakanäle? Dann nutzen Sie den Befehl **Datei: Speichern unter** (Strg+⇧+S), geben JPEG an und speichern zwangsweise Als Kopie. Im Programmfenster arbeiten Sie danach weiter an der vollständigen Montage unter ihrem ursprünglichen Namen.

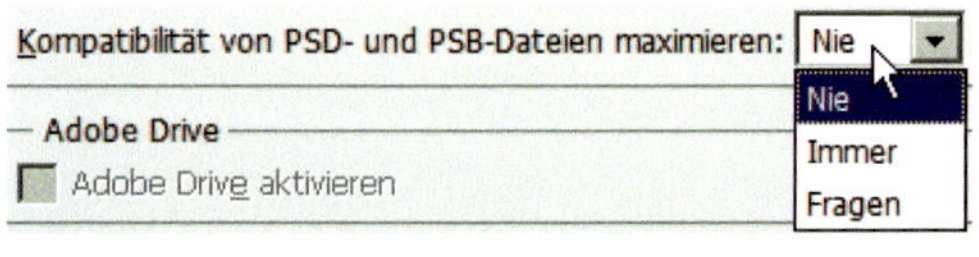

Abbildung D.1 In den »Voreinstellungen« entscheiden Sie, ob Sie die »Kompatibilität von PSD-Dateien... maximieren«.

Dateiformat	Erweiterung	Komprimierung	Ebenen	Gesamtgröße in Mbyte	Anmerkung	Zweck
Photoshop ohne »Kompatibilität« mit/ohne Ebenen	PSD	Immer, ohne Verlust	j/n	22,48/3,18		Ausnutzen aller Funktionen, Austausch Photoshop Mac – Windows
TIFF ohne jede Komprimierung mit/ohne Ebenen (Ebenenk. ZIP)	TIF	n	j/n	24,36/6,168	Unterstützt viele Farbmodi, Ebenen, Pfade, mehrere Alphakanäle in einer Datei	Kompatibilität mit anderen Programmen
TIFF mit LZW-Komprimierung mit/ohne Ebenen (Ebenenk. ZIP)	TIF	Verlustfrei	j/n	18,94/1,25	s.o.	s.o.
JPEG, Qualität 10/7, Baseline Standard	JPG	Immer, mit Verlust	n/n	0,24/0,14	RGB, CMYK, Graustufen, keine Alphakanäle, 16-Bit-Farbtiefe möglich	Speicherplatz sparen, WWW-Design, Weitergabe
JPEG, Qualität 5/0, Baseline Standard	JPG	Immer, mit Verlust	n/n	0,10/0,06	s. o.	s. o.
DNG mit mittelgr. Vorschau ohne/mit Kompr.	DNG	Wahlweise, nur verlustfrei	n/n	6,32/1,83		Camera-Raw-Dateien archivieren, verlustfrei Änderungen speichern
Photoshop PDF, Zip-Komprimierung, mit/ohne Ebenen	PDF	Hier ohne Verlust, wahlweise mit Verlust	j/n	23,07/2,46		Zur Betrachtung mit Acrobat Reader, Druckvorstufe
Photoshop PDF, JPEG-Qual. »hoch«, mit/ohne Ebenen	PDF	Hier mit Verlust, wahlweise ohne Verlust	j/n	20,9/0,29		Zur Betrachtung mit Acrobat Reader, Druckvorstufe
Portable Networks Graphic, ohne/mit Interlacing	PNG	Immer, verlustfrei	n/n	1,25/1,51	Verschiedene Farbtiefen, Alphakanäle	WWW- und Screen-Design

Kompatibilität maximieren

Um Photoshop-Montagen in möglichst vielen, auch älteren Programmen zumindest anzeigen zu können, gehen Sie in den **Voreinstellungen** (Strg+K) im Bereich DATEIHANDHABUNG ins Klappmenü KOMPATIBILITÄT VON PSD- UND PSB-DATEIEN MAXIMIEREN und verwenden Sie IMMER.

Damit schreibt Photoshop zusätzlich zu den Ebenen noch eine »flache« Gesamtansicht Ihrer Montage in die Datei, das sogenannte »Composite«. Das kostet Zeit und Speicherplatz: So steigt die Größe der »Praxis«-Datei »Test« von der Buch-DVD durch die »maximierte Kompatibilität« um gut zwei Megabyte. Der Zuwachs entspricht dem Speicherbedarf einer reinen HINTERGRUND-Ebene für diese Datei.

Bei unserer Photoshop-Version stand die Option direkt nach dem Installieren auf FRAGEN. Wählen Sie in den **Voreinstellungen** die Vorgabe FRAGEN, präsentiert Photoshop beim Speichern die PHOTOSHOP-FORMATOPTIONEN als eigenes Dialogfeld. Dort können Sie immer noch die KOMPATIBILITÄT MAXIMIEREN.

TIPP Photoshop-Montagen erscheinen in einigen Bilddatenbanken nur korrekt, wenn Sie die KOMPATIBILITÄT... MAXIMIEREN. Für die Darstellung in wieder anderen Programmen ist dagegen das Mitspeichern einer »Miniatur« entscheidend (Seite 253).

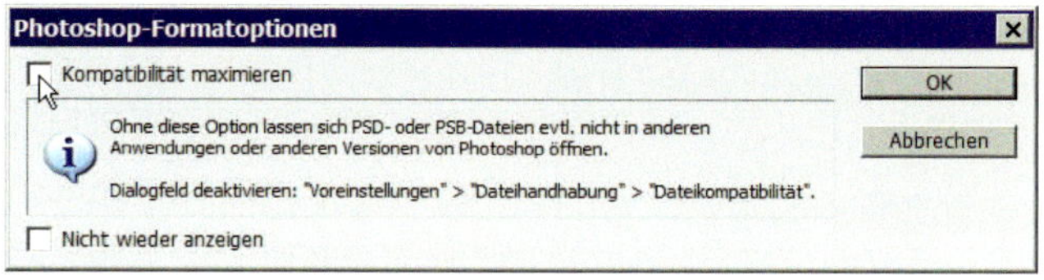

Abbildung D.2 Photoshop zeigt die Formatoptionen beim Speichern im PSD-Format, sofern Sie das »Fragen« nach der Kompatibilität in den »Voreinstellungen« gewählt haben. Wenn Sie die »Kompatibilität maximieren«, steigen Dateigröße und Rechenzeit. Sie können die erneute Rückfrage auch in diesem Dialogfeld unterbinden.

Nur die »flache« Ansicht öffnen

Sie können eine Montagedatei so öffnen, dass Photoshop statt der Einzelebenen die »flache« Ansicht der Datei ohne Einzelebenen lädt – sofern Sie mit Kompatibilität gespeichert haben. Anmerkungen bleiben lesbar.

Dazu drücken Sie beim Laden per **Öffnen** oder per **Letzte Dateien** zugleich Alt- und ⇧-Taste; dieselben Tasten verwenden Sie, wenn Sie die Datei in Bridge doppelt anklicken oder über die Photoshop-Arbeitsfläche ziehen. Das ist auch nützlich, wenn der Rechner nicht genug Speicher hat, um eine komplexe Montage mit Einzelebenen zu öffnen.

Kompatibilität mit früheren Photoshop-Versionen

Öffnen und speichern Sie Dateien aus Photoshop CS5 mit älteren Photoshop-Versionen, dann fliegen einige Spezialitäten von Photoshop CS5 aus der Datei raus. In jeder Programmversion hat Photoshop dazugelernt: Einstellungsebenen, Ebeneneffekte, Ebenenorganisation, Textebenen, Formebenen, Smart-Objekte, Smartfilter, 3D-Ebenen oder neue Füllmethoden. Sie können zwar meist im aktuellen Photoshop speichern und das Bild mit einer älteren Fassung auch öffnen – doch nicht unterstützte Merkmale werden nach einer Warnung ignoriert. Speichern Sie die Datei in einem älteren Photoshop, sind die Originalmerkmale weg. Beachten Sie unter anderem:

- Photoshop CS5 bringt die neuen Füllmethoden Unterteilen und Subtrahieren, die Extended-Version kann mehr 3D.
- Photoshop CS4 Extended präsentiert neue 3D-Ebenen.
- Photoshop CS3 wartet erstmals mit Smartfiltern, der **Schwarzweiß**-Einstellungsebene und zwei neuen Füllmethoden auf: Dunklere Farbe und Hellere Farbe. Sie sehen »smart gefilterte« Bilder zwar korrekt in älteren Photoshop-Versionen, haben aber keinen Zugriff auf Einstellungen.
- Photoshop CS2 führte die Smart-Objekte ein. Die Originalinformationen der Smart-Objekte stehen in älteren Programmfassungen nicht zur Verfügung – wir konnten im Test mit Photoshop CS1 jedoch die Ebenen in ihrer letzten Darstellungsweise öffnen.
- Erst seit Photoshop CS gibt es verschachtelte Gruppen (vormals Ebenensets), die Füllmethode Hart mischen, die Einstellungsebene Fotofilter, Text auf Pfaden und in Formen sowie 16-Bit-Ebenen. Diese Eigenschaften sind in Photoshop 7 oder noch älteren Ausgaben nicht zugänglich.
- Erst mit Photoshop 7.0 hielten die Füllmethoden Strahlendes Licht, Lineares Licht, Lichtpunkt und Linear abwedeln (Hinzufügen) Einzug. Ebenfalls neu: die Überblendoptionen Ebenenmaske blendet Effekte aus und Vektormaske verbirgt Effekte.

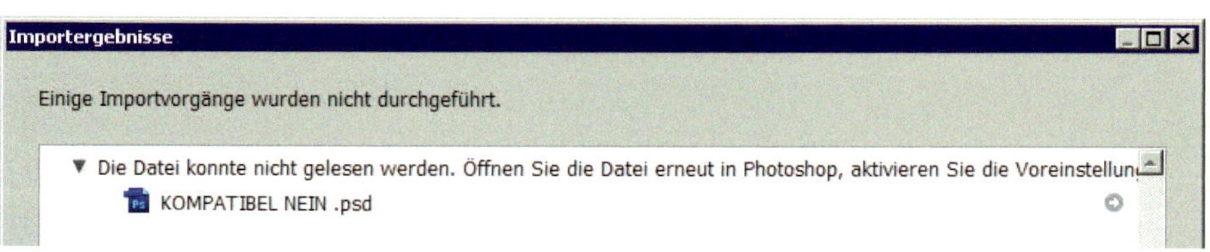

Abbildung D.3 Nur mit »maximierter Kompatibilität« erscheinen Photoshop-PSD-Dateien auch in Lightroom 2 und 3, der separat verkauften Bilddatenbank des Photoshop-Herstellers Adobe. Die oft gleichwertigen und weniger Speicherplatz verbrauchenden TIFF-Dateien lassen sich dagegen generell auch in Lightroom anzeigen.

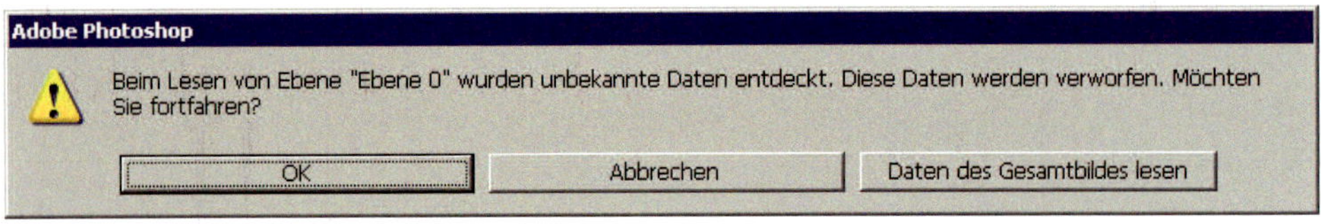

Abbildung D.4 Wir versuchen, eine Photoshop-CS5-Datei mit Smartfiltern in Photoshop CS2 zu öffnen. Die Ebenen bleiben einzeln zugänglich und werden mit Filtereffekt angezeigt, aber die Filtereinstellungen erreichen Sie nicht.

» Absatztext, »Verkrümmter« Text und einige Optionen bei der Textformatierung sind neu in Photoshop 6.0. Textebenen ab Photoshop 6.0 lassen sich auf früheren Photoshop-Versionen nur in gerasterter Form öffnen, Sie haben also keinen Zugriff mehr auf die Texteigenschaften. Der Text lässt sich nur noch als übliches Pixelobjekt bearbeiten.

» Neu in Version 6.0 waren auch Gruppen (vormals »Ebenensets« und damals »Ebenensätze«), Farbkodierung für Ebenen, Vektormasken, Füllebenen und Ebenenstile. Die Ebeneneffekte wurden in Version 6.0 stark erweitert. Diese Merkmale treffen Sie in früheren Photoshop-Versionen nicht an.

PSB

PSB ist Photoshops Dateiformat, das ohne Einschränkungen für Dateigröße oder Pixelzahl auskommt: Es erlaubt 300000x300000 Pixel, sämtliche von Photoshop bekannten Spezialitäten und wird erst seit Photoshop CS1 unterstützt. Verwenden Sie Smart-Objekte, speichert Photoshop die Originalzustände von Pixeldateien als PSB-Datei innerhalb einer PSD-, TIFF-, PSB- oder PDF-Datei.

D.3 Illustrator-Dateiformat und andere Vektorgrafikdateien

Vektorgrafikdateien mit den Endungen ».ai« oder ».eps« bestehen nicht (nur) aus Bildpunkten, sondern (vor allem) aus Kurven, Füllflächen und Text. Je nach Verfahren fügen Sie dieses Material als Pixelgrafik oder als Vektordatei (Smart-Objekt) ein. Ihre Möglichkeiten:

» Vektorformen können Sie ohne Qualitätsverlust frei vergrößern und mit den Pfad- und Stiltechniken von Photoshop bearbeiten (als Smart-Objekt auch in einem separaten Vektorgrafikprogramm). Damit sind Sie flexibler, denn Sie können die Formebene immer noch in Pixel verwandeln (**Ebene: Rastern: Ebene**).

» Pixelobjekte kann man nur beim ersten Einfügen aus einer Vektordatei nach Belieben vergrößern oder verkleinern, danach geht es nur noch mit Verlust. Es stehen alle Photoshop-Techniken für Pixelbilder zur Verfügung, so etwa Pinselretusche, **Filter**-Befehle und Kontrastkorrekturen.

»Platzieren« oder neue Datei

So bringen Sie die Vektorgrafik nach Photoshop:

» Sie **öffnen** direkt eine Vektorgrafikdatei, zum Beispiel mit den Endungen ».ai«, ».pdf« oder ».eps«. Dabei entsteht in Photoshop eine in Pixel aufgerasterte Datei, die Sie später nicht mehr verlustfrei skalieren, drehen oder verzerren. Bestimmen Sie also die gewünschte Bildgröße schon vor Ausfüllen des Dialogfelds und gestalten Sie die Grafik bereits im Vektorprogramm so perfekt wie möglich.

» Sie **platzieren** die Grafik in einer bereits geöffneten Bilddatei. Dabei entsteht ein Smart-Objekt (Seite 894); die Grafik lässt sich verlustfrei **transformieren** und jederzeit wieder in einem Vektorgrafikprogramm bearbeiten.

» Wenn Sie mit Illustrator arbeiten, kopieren Sie die Grafik in die Zwischenablage, um sie in Photoshop wieder einzufügen. Achten Sie dabei in Illustrator auf die Optionen PDF und AICB (Keine Transparenz-Unterstützung), die Sie per **Bearbeiten: Voreinstellungen: Dateien verarbeiten & Zwischenablage** einrichten.

AI-Dateien schreiben

Die Pfade einer Photoshop-Datei können Sie ins AI-Format übertragen. Verwenden Sie den Pfad zum Beispiel, um im Grafikprogramm Text oder Objekte daran auszurichten. Sofern bereits ein Pfad vorhanden ist, erwartet Sie dieses Prozedere:

1. Wählen Sie den Befehl **Datei: Exportieren: Pfade -> Illustrator**.
2. Im Dialogfeld Pfade in Datei exportieren klicken Sie das Klappmenü Pfade an, um den Pfad Ihrer Wahl zu exportieren. Hier steht nur das AI-Format zur Verfügung.

D.4 PDF-Dateiformat (Acrobat)

Photoshop schreibt und liest PDF-Dateien. Das Dateiformat »Photoshop PDF« bietet Ihnen vielfältige Möglichkeiten:

- PDF-Dateien eignen sich für RGB-Bildschirmpräsentationen, CMYK-Druckdokumente oder zur Langzeitarchivierung. Es erscheint meist auch auf Webseiten.
- Im PDF-Format speichern Sie zudem Ebenen, Text- und Vektordaten, sichtbare Anmerkungen, IPTC- und andere Metadaten wie auch die Informationen für die Druckvorstufe.
- Betrachter können Ihre Bilder im weit verbreiteten, kostenlosen Adobe Reader (vormals Acrobat Reader) ansehen, kopieren und drucken. Das Leseprogramm Adobe Reader läuft plattformübergreifend mit den unterschiedlichen Betriebssystemen.
- Passwörter schränken den Zugang zum Dokument ein.
- Innerhalb von Photoshop öffnen Sie PDFs seitenweise oder Sie ziehen nur die Fotos heraus.

Einschränkungen: Photoshops PDF-Dateien, die mit dem Befehl **Speichern unter** entstehen, zeigen nur eine Einzelseite, die allerdings separate Ebenen enthalten kann. Mehrere Seiten nur mit Fotos oder Diaschauen entstehen jedoch mit der Ausgabefunktion von Bridge (Seite 979).

PDF-Dateien schreiben

Verwenden Sie **Datei: Speichern unter** mit der Vorgabe Photoshop PDF. Aktivieren Sie die Option Photoshop-Bearbeitungsfunktionen erhalten im Fenster Allgemein, wenn die PDF-Datei mit intakten nativen Photoshop-Daten geöff-

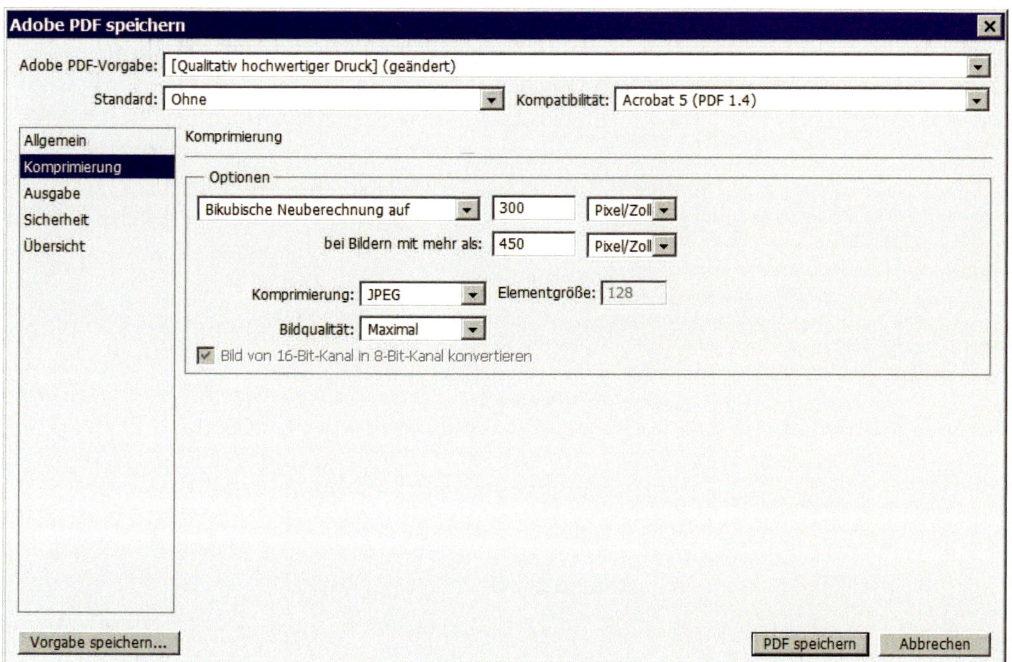

Abbildung D.5
In den PDF-Optionen steuern Sie die Dateigröße durch Komprimierungsverfahren und Neuberechnen.

net werden soll. In älteren Photoshop-Versionen kann diese Datei allerdings nur als generisches PDF und nicht als Photoshop-PDF geöffnet werden.

Sämtliche Eigenschaften bleiben erhalten: separate Montageebenen, Alphakanäle, Farbprofile, Anmerkungen, Metadaten, Vektorgrafik, Duplexbilder, Pfade, Schmuckfarben (Volltonfarben), Textebenen im Textmodus mit eingebetteter Schriftart (Font) oder als Vektorgrafik. Die Ebenen lassen sich zwar im Acrobat Reader nicht separat ansprechen, aber Text im Textmodus können Sie auch im Programm Acrobat Reader als Text markieren und kopieren, sofern Sie das nicht in den Sicherheitsoptionen ausschließen. Dazu kommen die Komprimierungsverfahren Zip (verlustfrei) oder JPEG (mit Verlust, Seite 260).

Sie können also auch komplexe Dokumente inklusive Text weitergeben, ohne dass diese auf einem anderen Rechner verfälscht erscheinen.

Dateigröße

Photoshop bietet komplexe Optionen für die entstehenden PDF-Dateien. Kombinationen dieser Vorgaben werden bereits als Einstellungen angeboten. Weitere, eigene Kombinationen speichern Sie mit der Schaltfläche Vorgabe speichern. Wählen Sie unter Standard eines der PDF/X-Formate für Druckdateien zur Weiterverarbeitung in Druckereien oder PDF/A-Formate für die langfristige Archivierung eines Dokuments nach ISO-Norm.

Im Bereich Komprimierung verwenden Sie Keine Neuberechnung; so erhalten Sie die Originalqualität der Datei, sie wird nicht neu gerechnet. Wählen Sie als Kompatibilität die Vorgabe Acrobat 6 (PDF 1.5) oder höher, können Sie ein Bild von 16-Bit-Kanal in 8-Bit-Kanal konvertieren; für die Komprimierung als ZIP steht nur der 8-Bit-Modus zur Verfügung.

»Sicherheit«

Im Bereich Sicherheit finden Sie Kennwörter zum Öffnen und zum Bearbeiten:

» Kennwort zum Öffnen des Dokuments: Dieses Kennwort fragt der Acrobat Reader, aber auch Photoshop beim Öffnen ab.

» Berechtigungen: Vergeben Sie ein separates Berechtigungskennwort. Es schränkt Ausdrucken oder Kopieren ein. Weitere Optionen wie z.B. Kommentare

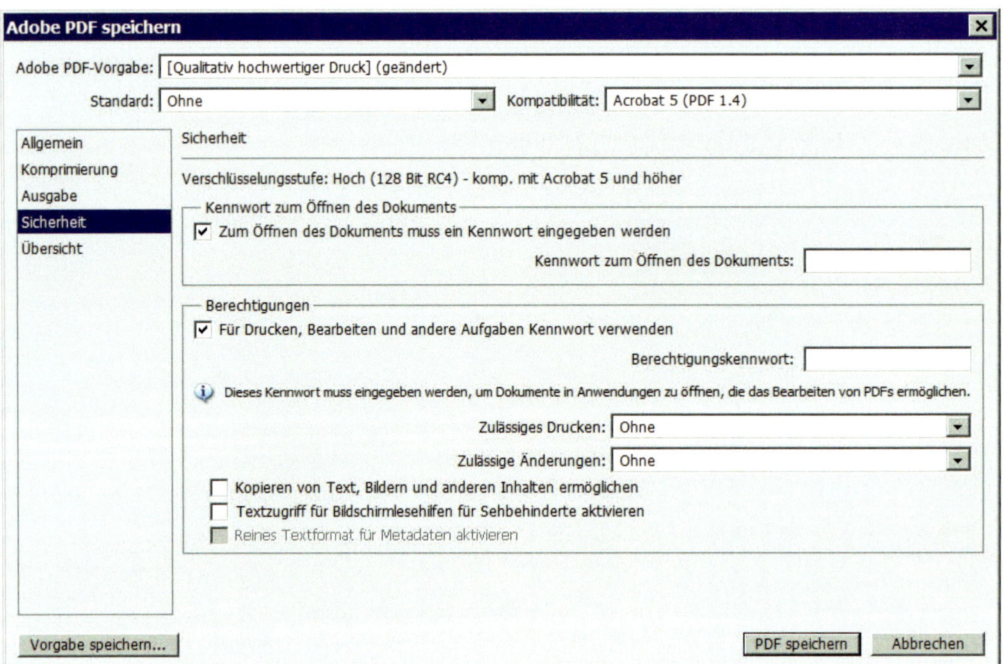

Abbildung D.6
Legen Sie fest, wer die PDF-Datei öffnen, drucken oder bearbeiten darf.

Einfügen oder Löschen von Seiten, die unter Zulässige Änderungen angeboten werden, können Sie mit den wenigen Werkzeugen des Reader-Programms sowieso nicht bearbeiten; dazu bedarf es schon des Acrobat Standard oder Professional von Adobe. Dort wählen Sie **Datei: Eigenschaften** und schalten im Bereich Sicherheit den Kennwortschutz ab; dabei will Acrobat eben dieses Kennwort von Ihnen wissen. In Photoshop hingegen können Sie das Dokument problemlos jederzeit weiterbearbeiten.

Falls Sie nicht alle Optionen zur Sicherheit sehen, stellen Sie oben im Dialogfeld den Standard auf Ohne.

PDF-Dateien in Photoshop öffnen

Ziehen Sie PDF-Dateien einfach auf die Photoshop-Arbeitsfläche oder wählen Sie in Bridge nach einem Rechtsklick **Öffnen mit: Photoshop CS5**. Entscheiden Sie, ob Sie eine komplette Seite samt Schrift laden wollen oder ob es nur ein einzelnes Bild sein soll. Um meh-

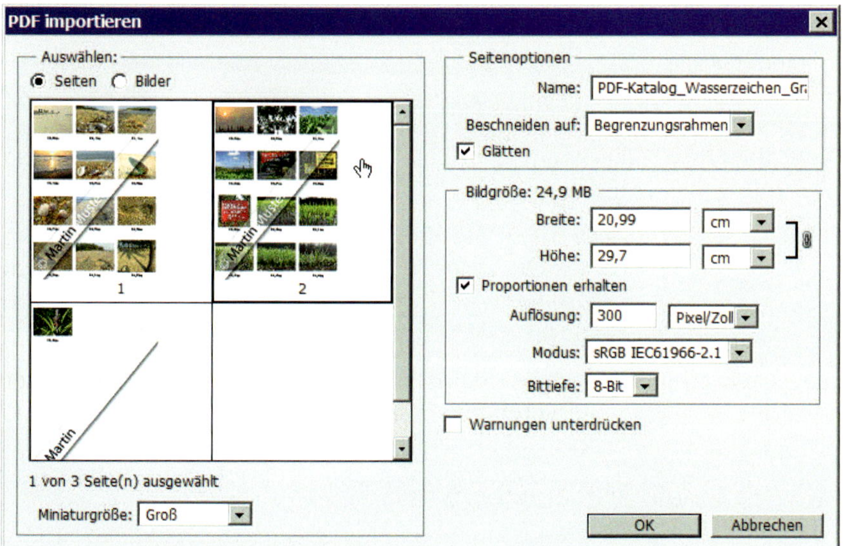

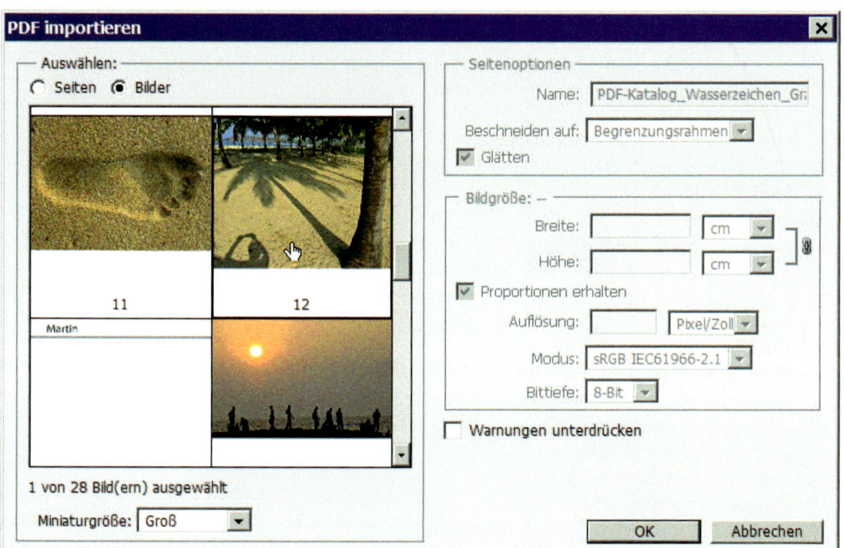

Abbildung D.7
Oben: Mit der Vorgabe »Seite« importiert Photoshop komplette PDF-Seiten, jede Seite landet in einer separaten PSD-Datei. **Unten:** Alternativ laden Sie einzelne »Bilder« aus PDF-Dateien. Vorlage: PDF/PDF-Katalog_Wasserzeichen

rere Seiten oder Bilder zu laden, markieren Sie diese wie üblich mit gedrückter ⇧- oder Strg-Taste. Photoshop öffnet jede Seite bzw. jedes Bild als eigene PSD-Datei. Sie können also komplette Prospekte oder Handbücher verarbeiten, auch Notizen bleiben erhalten. Wollen Sie nur die Text- oder Tonanmerkungen innerhalb eines PDF-Dokuments in ein bereits geöffnetes Bild laden, verwenden Sie **Datei: Importieren: Anmerkungen**.

D.5 TIFF-Dateiformat

Das Tagged Image File Format, kurz TIFF, entwickelte sich zu einem Standard der digitalen Bildverarbeitung mit vielen Varianten. Ein richtig gespeichertes TIFF lässt sich an fast jeden Druckbetrieb, jedes Programm und diverse Betriebssysteme weitergeben. Zusätzlich zu RGB oder Graustufen akzeptiert TIFF auch Bilder mit 16-Bit-Farbtiefe pro Grundfarbe, CMYK- oder Lab-Farbmodell. Alphakanäle – auch mehrere – werden ohne Rückfrage mitgespeichert. Sie sollten entfernt werden, wenn das Bild in ein Grafik- oder Layoutprogramm weiterwandert.

Diese Hauptzwecke hat der TIFF-Dateityp für Photoshopper:

» Problemlose Weitergabe von Bildern ohne Ebenen an verschiedenste Programme

» Platzsparendes Speichern von Bildern mit Ebenen als Alternative zum Photoshop-Dateityp

» Darstellen von Montagen mit Ebenen in Programmen, die keine Photoshop-PSD-Ebenenmontagen anzeigen

Standard-TIFF

TIFF ist neben PDF und JPEG das gebräuchlichste Format zum Austausch von Pixeldateien und fast immer eine sichere Wahl – sofern Sie reines Standard-TIFF speichern. So unterscheiden sich die TIFF-Typen:

» Gängige Standard-TIFFs haben keine Ebenen und verwenden entweder keine Bildkomprimierung oder das verlustfreie LZW-Verfahren. Nur mit diesen Vorgaben lässt sich das Bild wirklich universell nutzen.

» Einige TIFF-Spezialitäten von Photoshop sind mit anderen Programmen nicht nutzbar: Ebenen samt Transparenz, Alphakanäle, Pfade, Komprimierung mit Zip- oder RLE-Methode, Bildpyramide. Teilweise lassen sich die Dateien in anderen Programmen noch öffnen, sie erscheinen aber entstellt.

» Wollen Sie auf Nummer Sicher bei der Weitergabe gehen, speichern Sie die Bilder mit Acht-Bit-Farbtiefe pro Grundfarbe und verwenden Sie die Farbmodi »RGB«, »Graustufen« oder eventuell »Indiziert«. Das erledigen Sie im Untermenü **Bild: Modus**.

Standard-TIFF sicher speichern

Es kann passieren, dass Sie zu einem reinen Hintergrundbild Ebenen hinzufügen und das Ergebnis aus Versehen als TIFF-Datei mit Ebenen speichern – ein Ablauf, den viele andere Bildprogramme nicht zulassen. Diese TIFF-Datei mit Ebenen lässt sich außerhalb von Photoshop schlecht verwenden. So gehen Sie sicher, dass eingefügte Ebenen bei Bedarf zu einer einzigen »Hintergrund«-Ebene verschmolzen werden:

» Wählen Sie **Bearbeiten: Voreinstellungen: Dateihandhabung**. Photoshop sollte Sie VOR DEM SPEICHERN VON TIFF-DATEIEN MIT EBENEN FRAGEN. (Bei unserer Version war diese Vorgabe direkt nach der Installation eingeschaltet.) Sofern Sie diese Option verwenden, blendet Photoshop beim **Speichern** einer TIFF-Datei die TIFF-Optionen ein. Dort klicken Sie auf EBENEN VERWERFEN UND EINE KOPIE SPEICHERN.

» Sichern Sie das Bild mit **Datei: Speichern unter** und schalten Sie die EBENEN ab.

» Verwenden Sie vor dem **Speichern** den Befehl **Ebene: Auf Hintergrundebene reduzieren**.

TIPP Wenn Sie eine Montage erst beim **Speichern** auf eine »Hintergrund«-Ebene reduzieren, zwingt Photoshop Sie zum Speichern ALS KOPIE. Das heißt, Sie speichern Datei A unter dem Namen B. Auf der Programmfläche arbeiten Sie aber weiter an Datei A mit allen Ebenen und nicht an dem neu gespeicherten Opus B.

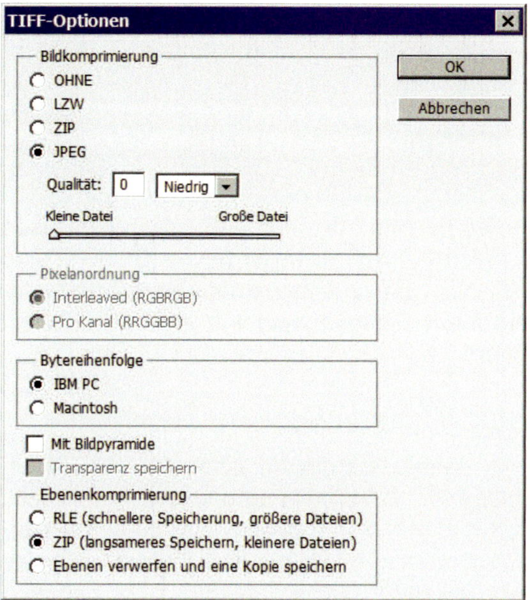

Abbildung D.8 Das TIFF-Format bietet mehrere Arten der Komprimierung an und speichert auch Alphakanäle. TIFF-Optionen wie »Zip«- oder »JPEG«-Komprimierung, »Bildpyramide« oder »Transparenz« können zu Problemen beim Austausch mit anderen Programmen führen.

Bildkomprimierung

Die Vorgaben im Bereich Bildkomprimierung beziehen sich nur auf die Hintergrund-Ebene einer TIFF-Datei.

- Die LZW-Komprimierung spart völlig ohne Qualitätsverlust 20 oder 30 Prozent Festplattenplatz gegenüber dem Arbeitsspeicherbedarf des Bilds und lässt sich mit den meisten, aber nicht mit allen Programmen öffnen.
- Die ZIP-Komprimierung spart etwas mehr Speicherplatz als LZW, ist aber nicht immer in anderen Programmen zu öffnen.
- Die JPEG-Komprimierung spart drastisch Speicherplatz mit Qualitätsverlust nach dem JPEG-Schema (Seite 260), ist aber kaum mit anderen Programmen zu öffnen.

Ebenenkomprimierung

Sofern Sie unabhängige Ebenen mitspeichern wollen, verwenden Sie die besonders platzsparende ZIP-Komprimierung. Die Datei benötigt meist weniger Festplattenplatz als eine Photoshop-PSD-Datei (Seite 690).

Achten Sie auf die TIFF-Optionen: Reine Hintergrund-TIFFs mit Bildkomprimierung nach JPEG- oder ZIP-Vorgabe lassen sich in anderen Programmen oft nicht öffnen. LZW-TIFFs mit Ebenen werden meist, aber nicht immer geöffnet – allerdings als reine »Hintergrund«-Ebene ohne weitere Montageobjekte.

Weitere Optionen

Sie haben diese weiteren Möglichkeiten:

- Ob Sie IBM PC oder Macintosh vorwählen, spielt in der Praxis meist keine Rolle.
- Mit der Option Bildpyramide speichern Sie das TIFF-Bild in mehreren Auflösungen innerhalb einer einzigen Datei. Dies ist nützlich, um schnell eine verkleinerte Ansicht von sehr großen Dateien zu erhalten. Allerdings öffnet Photoshop selbst stets die höchstauflösende Version einer Bildpyramide, also das Original – innerhalb von Photoshop nützt Ihnen die Bildpyramide also nichts. Sinnvoll ist sie jedoch für einige Bild-Server oder Layoutprogramme wie InDesign. Die Dateigröße steigt erheblich.
- Verwenden Sie Interleaved (RGBRGB) als Pixelanordnung. Nur so wird das Bild in allen beliebigen Programmen gelesen.

D.6 EPS- und DCS-Dateiformat

In der Druckvorstufe zählte einst nur das EPS-Format (Encapsulated PostScript). Dieses Format samt seinen DCS-Varianten wird allerdings heute durch PDF verdrängt. Die EPS-Merkmale im Überblick:

- EPS-Dateien werden in der Regel nicht mehr bearbeitet, sondern allenfalls im Layoutprogramm vergrößert oder verkleinert.

- EPS-Dateien können zusätzlich zum Pixelbild auch Vektorgrafik oder Schriften enthalten, die sich unabhängig von der Bildauflösung in höchster Druckerauflösung ausgeben lassen.
- EPS speichert auch Rastereinstellungen, Druckkennlinien und Beschneidungspfade, mit denen Sie die Druckereinstellungen übergehen.
- EPS unterstützt praktisch alle Farbmodi sowie Beschneidungspfade. Ebenen und Alphakanäle werden jedoch nicht unterstützt.
- Sie verwenden die EPS-Varianten DCS 1 und DCS2, um bereits vorseparierte CMYK-Dateien zum Belichter zu schicken. Dabei können Sie pro Grundfarbe eine einzelne Datei erzeugen. DCS2 eignet sich auch für Schmuckfarben.

Folgende Optionen haben Sie mit dem EPS- und teilweise auch mit dem DCS-Format:

Kodierung

Stimmen Sie mit dem Belichtungsdienst ab, wie Sie Ihre EPS-Dateien kodieren sollten:

- Die für Windows übliche Kodierung mit ASCII oder ASCII85 kostet sehr viel Speicherplatz, bereitet aber im Zweifelsfall weniger Probleme.
- Die vor allem am Mac nutzbare BINÄR-Kodierung verbraucht weit weniger Platz und damit auch Belichterzeit als die ASCII-Version (vergleiche Dateigrößentabelle ab Seite 1075).
- Mit der JPEG-Komprimierung sparen Sie erheblich Speicherplatz – etwas zu Lasten der Qualität. Sie benötigen ein PostScript-Level-2 oder -3-Ausgabegerät. Details zum JPEG-Verfahren lesen Sie ab Seite 260.

Bildschirmdarstellung

Zusätzlich zu den Farbauszügen, ob in Einzeldateien oder nicht, können Sie eine Vorschau mit abspeichern. Damit sehen Sie im Layoutprogramm nicht nur eine leere Rechteckbox. Hier haben Sie die Wahl zwischen 1 Bit oder ansehnlicheren, wenn auch speicherintensiveren acht Bit pro Pixel. Photoshop legt diese Vorschau als TIFF an. Am Mac werden auch Pict- und bei installiertem QuickTime noch JPEG-Vorschauen geboten.

Haben Sie CMYK-Bilder als EPS mit Vorschau abgespeichert und für den Offsetdruck separiert, dann sieht die Vorschau am Schirm oder der Katalogausdruck möglicherweise schlecht aus. Für eine gelungene Präsentation müssen Sie nur die Vorschaudatei verändern, nicht die Originalseparationen: Wählen Sie im ÖFFNEN-Dialog die EPS TIFF DARSTELLUNG und korrigieren Sie diese für Ihre Präsentation – die hoch aufgelösten Feindaten bleiben unberührt.

»Rasterungseinstellungen mitspeichern«

Als einziges Dateiformat bietet EPS die Möglichkeit, dass Sie spezielle RASTERUNGSEINSTELLUNGEN MITSPEICHERN: Dann wird das Bild nicht nach den Vorgaben des Layoutprogramms gerastert; stattdessen geht es mit den Werten zum Belichter, die Sie im Photoshop-Druckerdialog einstellen (**Datei: Drucken** mit der Schaltfläche RASTERUNG). In der Regel verzichtet man freilich auf diese Option – man verlässt sich auf die Voreinstellungen des Raster Image Processor (RIP), der das Bild für die Ausgabe auf Druckplatte aufbereitet.

»Druckkennlinie mitspeichern«

Bei Bedarf geben Sie die Transferfunktionen mit. Das heißt, die in der Seiteneinrichtung vorgegebene Tonwertkorrektur an der reinen Druckdatei wird beim EPS-Speichern mitgesichert – sofern Sie die DRUCKKENNLINIE MITSPEICHERN. In der Seiteneinrichtung aktivieren Sie dann auch die Vorgabe STANDARDFUNKTIONEN DES DRUCKERS ÜBERSCHREIBEN.

»PostScript-Farbmanagement«

Die Option POSTSCRIPT-FARBMANAGEMENT in den EPS-Optionen wandelt bei PostScript-Druckern die Daten in den Farbraum des Ausgabegeräts um. Nur PostScript-Level-3-Geräte können allerdings mit CMYK umgehen. Auf Level 2 verwenden Sie stattdessen den Lab-Modus. Wenn Sie das Dokument bereits in den Farbraum des Druckers verwandelt haben oder die EPS-Datei in einem Layout platzieren, das ebenfalls mit Farbmanagement ausgegeben wird, verzichten Sie auf die Option.

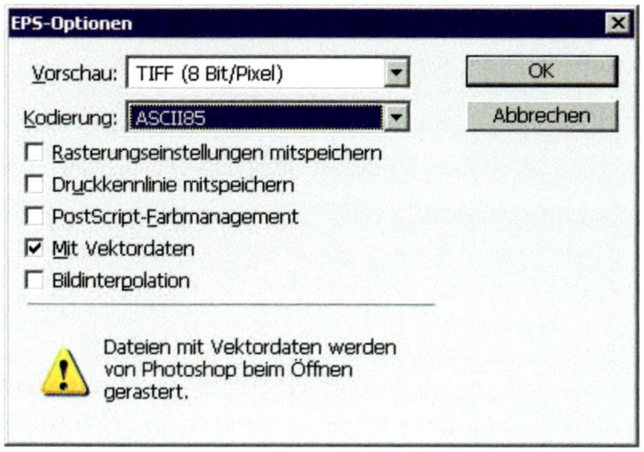

Abbildung D.9 Das EPS-Dateiformat nimmt auch Informationen zu Tonwertkorrektur und Rasterung aus der Druckereinrichtung auf.

Weitere EPS-Optionen

Diese zusätzlichen Möglichkeiten bietet das EPS-Dateiformat:

- Mit der Option Mit Vektordaten geben Sie Vektorinformationen wie Formen oder Textebenen im Vektorformat weiter. Sie werden dann in der Höchstauflösung des PostScript-Druckers gedruckt, unabhängig von der sonstigen Bildauflösung. Beim erneuten Öffnen in Photoshop erhalten Sie diese Bildteile allerdings nur noch in gerasterter Pixelform.
- Nur bei Bildern im Bitmap-Modus (Seite 129) haben Sie überdies die Option Weiss ist transparent. Sie lässt die weißen Bereiche durchsichtig erscheinen.
- Die Vorgabe Bildinterpolation sorgt beim Ausdruck von niedrig aufgelösten Dateien für geglättete Kanten, kann jedoch auch unangenehm weichgespült wirken.

Beschneidungspfad

Der Beschneidungspfad ist eine EPS- und TIFF-Besonderheit. Er umgibt den Bildteil, den Sie zeigen wollen, in beliebigen Formen. Die Bildfläche außerhalb dieses Pfads wird im Layoutprogramm und im Ausdruck unterdrückt; freigestellte Motive sind nicht mehr von einer weißen Box umgeben, die benachbarten Objekte werden überdeckt (Details ab Seite 672).

Haben Sie einen Beschneidungspfad definiert, verwendet Photoshop ihn automatisch für die EPS-Ausgabe. Andere Pfade ignoriert das Programm. Ein Beschneidungspfad entsteht so: Erzeugen Sie einen normalen Pfad, wählen Sie im Menü der Pfadpalette **Pfad speichern** und danach **Beschneidungspfad**.

DCS

DCS (Desktop Color Separation) ist eine Sonderform des EPS-Formats. Sie wählen die DCS-Varianten als separate Dateitypen im Dialogfeld Speichern unter an. Viele Optionen sind mit EPS (siehe oben) identisch.

Sie können DCS-Bilder in mehrere Dateien zerlegen, die jeweils einen Farbkanal wiedergeben. Dann sparen Sie erheblich Belichterzeit, da stets nur der passende Farbauszug zum Belichter wandert und nicht – für jeden Farbauszug neu – die ganze Datei. Die DCS-Teile müssen sich beim Belichten in einem einzigen Verzeichnis befinden.

Gingen jedoch die Verbindungen der DCS-Datei verloren, so dass man sie weder öffnen noch drucken kann, dann öffnen Sie die einzelnen Grundfarbendateien und setzen sie mit dem Befehl **Kanäle zusammenfügen** aus dem Menü der Kanälepalette zusammen. Diese CMYK-Datei sichern Sie erneut als DCS.

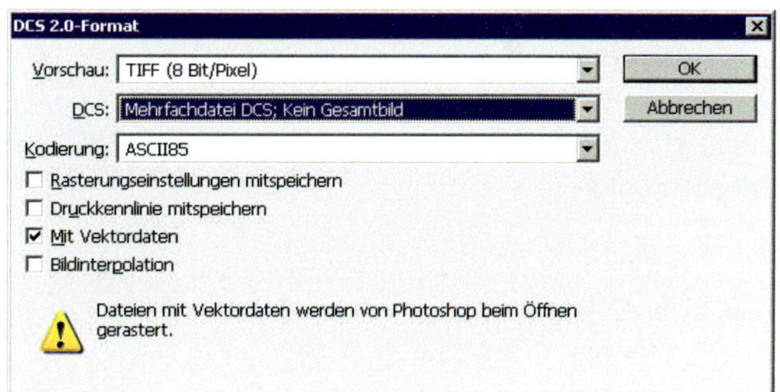

Abbildung D.10 Die EPS-Variante DCS2.0 verteilt die Grundfarbauszüge auf mehrere Dateien.

Zu den einzelnen DCS-Varianten:

» DCS 1.0 wird nur für CMYK-Dateien angeboten und verteilt das Bild auf vier oder fünf Dateien. Vier Dateien enthalten die Originalauszüge für die CMYK-Druckfarben – kenntlich an den Endungen .C, .M, .Y und .K; die fünfte »Master«-Datei (mit der Endung .eps) zeigt wahlweise niedrig aufgelöst eine Vorschau des kompletten Bilds.

» DCS 2.0 verkraftet auch einen einzelnen Alphakanal und Spotfarbenkanäle (»Schmuckfarbenkanäle«). Zusätzliche Spotfarbenkanäle tragen Endungen wie .5 oder .6. Sie können die Farbauszüge wie bei Version 1.0 auf mehrere Dateien verteilen (Mehrfach-Datei). Alternativ – um Platz zu sparen – legen Sie eine Einzeldatei an.

D.7 Weitere Dateiformate

Pict, BMP und PCX: Photoshop unterstützt viele weitere Dateiformate, die fast nur für den Austausch mit einzelnen Kunden, Dienstleistern oder Programmen von Bedeutung sind und keine wichtigen Merkmale bieten – meist sind RGB-Echtfarben erlaubt, ohne Ebenen oder weitere Spezialitäten. Oft gibt es eine verlustfreie Datenkomprimierung:

» Pict ist das alte Hausformat des Apple Macintosh und eignet sich vor allem zum Austausch von Bilddateien zwischen Mac-Programmen. Pict akzeptiert RGB-Farbtiefe plus einen Alphakanal, Farbprofile und komprimiert vor allem einheitliche Farbflächen verlustfrei.

» Das BMP-Format (Bitmap) ist nur bei den Betriebssystemen MS-DOS/Windows und OS/2 auf IBM-kompatiblen Computern gebräuchlich. Systembilder für Windows und manche Multimediaprogramme müssen eventuell als BMPs gesichert sein. Unter »Bitmap« versteht man auch eine Strichgrafik mit einem Bit Farbtiefe pro Pixel oder auch ein Pixelbild allgemein im Gegensatz zu Vektorgrafik oder Text.

» Das PCX-Format unterstützt das Übliche: 24-Bit-»Echtfarbe«, 8-Bit-Indizierte Farbe, Graustufen, 1-Bit-Strichgrafik (»Bitmap«).

» Das RAW-Dateiformat ist nicht zu verwechseln mit den Camera-Raw-Dateien aus Digitalkameras (Seite 203). RAW ist ein flexibles Dateiformat für den Austausch von Dokumenten zwischen verschiedenen Betriebssystemen und eignet sich auch für die Übernahme von wissenschaftlichen Daten.

» Aus dem Hi-End-Bereich der professionellen Prepress-Anlagen kommen die Formate Scitex-CT (SCT) und Pixar (PXR). Auch Targa (TGA) stammt aus diesem Umfeld; dieses Format sichert einen einzelnen Alphakanal automatisch mit.

» Die Formate HDR (Radiance), Portable Float Map (PFM) und OpenEXR bietet Photoshop in Zusammenhang mit der 32-Bit-Farbtiefe für HDR-Bilder an, Sie können aber auch TIFF oder Photoshop-PSD verwenden. Das neue FJPEG wird noch nicht unterstützt.

» Das Dicom-Format steht nur in der Photoshop Extended-Version zur Verfügung: Es stammt aus der Medizin, kann ganze Bildreihen enthalten wie auch Patientendaten.

» HD Photo (früher Windows Media Photo) kommt von Microsoft und soll eine Alternative zu JPEG bieten – mit unterschiedlichen Komprimierungsverfahren, Farbtiefen und Transparenz. Englische Informationen und zumindest ein Plug-in für Photoshop unter Windows gibt es unter *microsoft.com*; tippen Sie HD PHOTO ins Suchfeld.

» JPEG 2000: Ist nicht direkt mit JPEG vergleichbar. Speichert mit Verlust und spart bei vergleichbarer Qualität oft Speicherplatz gegenüber üblichen JPEGs, hat sich aber allgemein nicht durchgesetzt.

Anhang E
Übersicht: Alle Werkzeuge

Die folgende Übersicht zeigt alle Werkzeuge von Photoshop CS5 Standard mit allen Optionen und Tastenbefehlen. Die Möglichkeit zum Wechsel des Werkzeugs per ⇧-Taste+Werkzeug-Kurztaste besteht, sofern Sie in den **Voreinstellungen** (Strg+K, am Mac ⌘+K) diese Option verwenden: UMSCHALTTASTE FÜR ANDERES WERKZEUG.

Für alle Werkzeuge gilt: Sofern Sie die Werkzeugoptionen oben unter der Menüleiste zum Beispiel mit der ⇥-Taste ausgeblendet haben, zeigen Sie die Einstellmöglichkeiten per Doppelklick auf das Werkzeugsymbol oder mit der ↵-Taste wieder an.

Auswahlrechteck

Erstellt rechteckige Auswahlbereiche, bewegt vorhandene Auswahlränder

Tastenbefehl: M (für Marquee Tool)

⇧-M: Wechsel zwischen Auswahlellipse und Auswahlrechteck

Mit ⇧-Taste: erstellt Quadrat

Mit Alt-Taste: zieht Auswahl vom Mittelpunkt auf

Mit Alt-Taste bei vorhandener Auswahl: Auswahl verkleinern

Mit ⇧-Taste bei vorhandener Auswahl: Auswahl vergrößern

Mit Strg-Taste bei vorhandener Auswahl: Auswahlinhalt verschieben

Mit Strg- und Alt-Taste bei vorhandener Auswahl: Duplikat des Auswahlinhalts verschieben

Klick in oder neben Auswahl: hebt Auswahl auf

Bei aktiviertem Werkzeug: Auswahlkontur mit Pfeiltasten oder ⇧+Pfeiltasten verschiebbar

Spalten-Auswahl

Erstellt rechteckige Auswahlbereiche von einem Pixel Breite in voller Bildhöhe

Weitere Optionen siehe oben, »Auswahlrechteck«

Zeilen-Auswahl

Erstellt rechteckige Auswahlbereiche von einem Pixel Breite in voller Bildbreite

Weitere Optionen siehe oben, »Auswahlrechteck«

Auswahlellipse

Erstellt ovale Auswahlbereiche, bewegt vorhandene Auswahlränder

Tastenbefehl: M (für Marquee Tool)

⇧+M: Wechsel zwischen Auswahlellipse und Auswahlrechteck

Mit ⇧-Taste: erstellt Kreis

Mit Alt-Taste: zieht Auswahl vom Mittelpunkt auf

Mit Alt-Taste bei vorhandener Auswahl: Auswahl verkleinern

Mit ⇧-Taste bei vorhandener Auswahl: Auswahl vergrößern

Mit Strg-Taste bei vorhandener Auswahl: Auswahlinhalt verschieben

Mit Strg- und Alt-Taste bei vorhandener Auswahl: Duplikat des Auswahlinhalts verschieben

Bei aktiviertem Werkzeug: Auswahlkontur mit Pfeiltasten oder ⇧+Pfeiltasten verschiebbar

Klick in oder neben Auswahl: hebt Auswahl auf

Verschiebenwerkzeug

Bewegt Ebenen und Auswahlinhalte

Tastenbefehl: V (für Move)

Klick mit rechter Maustaste ins Bild: Menü aller Ebenen unter dem Zeiger

Fast immer vorübergehend aktivierbar per Strg-Taste

Lasso

Erstellt frei geformte Auswahlbereiche per Mausbewegung

Tastenbefehl: L (für Lasso)

⇧+L: Wechsel zwischen Lasso, Polygon-Lasso und Magnet-Lasso

Mit Alt-Taste: Eckpunkte setzen (wie Polygonwerkzeug)

Mit Alt-Taste bei vorhandener Auswahl: Auswahl verkleinern

Mit ⇧-Taste bei vorhandener Auswahl: Auswahl vergrößern

Mit Strg-Taste bei vorhandener Auswahl: Auswahlinhalt verschieben

Mit Strg- und Alt-Taste bei vorhandener Auswahl: Duplikat des Auswahlinhalts verschieben

Klick in oder neben Auswahl: hebt Auswahl auf

Bei aktiviertem Werkzeug: Auswahlkontur mit Pfeiltasten oder ⇧+Pfeiltasten verschiebbar

Polygon-Lasso

Erstellt mehreckige Auswahlbereiche per Mausklicks

Tastenbefehl: L (für Lasso)

⇧+L: Wechsel zwischen Lasso, Polygon-Lasso und Magnet-Lasso

Mit Alt-Taste: vorübergehend üblicher Lasso-Modus

Weitere Optionen siehe oben, »Lasso«

Magnetisches Lasso

Erstellt mehreckige Auswahlbereiche per Mausklick und orientiert an Motivkontrasten

Tastenbefehl: L (für Lasso)

⇧+L: Wechsel zwischen Lasso, Polygon-Lasso und Magnet-Lasso

Klick: Orientierungspunkte setzen

Doppelklick oder ↵-Taste: Auswahl schließen

Strg+Klick: Auswahl schließen

Mit Alt-Taste: Eckpunkte setzen oder freie Formen ziehen (wie Lasso bzw. Polygon-Lasso)

Weitere Optionen siehe oben, »Lasso«

Schnellauswahl-Werkzeug

Markiert farbähnliche Bildpunkte, glättet wahlweise Kanten

Tastenbefehl: W (für Magic Wand)

⇧+W: Wechsel zwischen Schnellauswahl-Werkzeug und Zauberstab

Mit Alt-Taste bei vorhandener Auswahl: Auswahl verkleinern

Mit ⇧-Taste bei vorhandener Auswahl: Auswahl vergrößern (standardmäßig schon eingeschaltet)

Mit Strg-Taste bei vorhandener Auswahl: Auswahlinhalt verschieben

Mit Strg- und Alt-Taste bei vorhandener Auswahl: Duplikat des Auswahlinhalts verschieben

Bei aktiviertem Werkzeug: Auswahlkontur mit Pfeiltasten oder ⇧+Pfeiltasten verschiebbar

Zauberstab

Markiert farbähnliche Bildpunkte, bewegt vorhandene Auswahlränder

Tastenbefehl: W (für Magic Wand)

⇧+W: Wechsel zwischen Schnellauswahl-Werkzeug und Zauberstab

Mit Alt-Taste bei vorhandener Auswahl: Auswahl verkleinern

Mit ⇧-Taste bei vorhandener Auswahl: Auswahl vergrößern

Mit Strg-Taste bei vorhandener Auswahl: Auswahlinhalt verschieben

Mit Strg- und Alt-Taste bei vorhandener Auswahl: Duplikat des Auswahlinhalts verschieben

Bei aktiviertem Werkzeug: Auswahlkontur mit Pfeiltasten oder ⇧+Pfeiltasten verschiebbar

Freistellungswerkzeug

Entfernt Bildteile außerhalb der Markierung

Tastenbefehl: C (für Crop)

⇧+C: Wechsel zwischen Freistellungswerkzeug, Slice-Werkzeug und Slice-Auswahlwerkzeug

Mit ⇧-Taste: erstellt Quadrat

Mit Alt-Taste: verändert Auswahl symmetrisch

Esc-Taste: vorhandene Freistellauswahl aufheben

↵-Taste: Bild auf vorhandene Auswahl freistellen

Slice-Werkzeug

Ziehen, um Bild in Slices (Einzelsegmente) für Internetveröffentlichung zu zerlegen

Tastenbefehl: C

⇧+C: Wechsel zwischen Freistellungswerkzeug, Slice-Werkzeug und Slice-Auswahlwerkzeug

Mit ⇧-Taste: erstellt Quadrat

Mit Strg-Taste: vorübergehender Wechsel zu Slice-Auswahlwerkzeug

Mit Alt-Taste: verändert Auswahl symmetrisch

Rechtsklick im Bild: Kontextmenü mit Slice-Befehlen

Slice-Auswahlwerkzeug

Slices (Bild-Einzelsegmente) aktivieren und bewegen

Tastenbefehl: C

⇧+C: Wechsel zwischen Freistellungswerkzeug, Slice-Werkzeug und Slice-Auswahlwerkzeug

Mit ⇧-Taste: bewegt Slices auf Geraden

Mit Strg-Taste: vorübergehender Wechsel zu Slice-Werkzeug

Mit Alt-Taste und Ziehen: erzeugt gleich großen zweiten Slice

Rechtsklick im Bild: Kontextmenü mit Slice-Befehlen

Reparaturpinsel

Dupliziert Bildbereiche mit Helligkeitsausgleich, Orientierung an Pinselvorgaben

Tastenbefehl: J

⇧+J: Wechsel zwischen Reparaturpinsel, Ausbessernwerkzeug, Bereichsreparaturpinsel und Rote-Augen-Werkzeug

Mit Alt-Taste: Kopierursprung definieren

⇧-Klick: gerade Verbindung zum letzten bearbeiteten Punkt

Ausbessernwerkzeug

Wählt Bildbereiche, um sie mit Helligkeitsausgleich über Fehlerstellen einzusetzen

Tastenbefehl: J

⇧+J: Wechsel zwischen Reparaturpinsel, Ausbessernwerkzeug, Bereichsreparaturpinsel und Rote-Augen-Werkzeug

Mit ⇧-Taste bei vorhandener Auswahl: Auswahl vergrößern

Mit Strg- und Alt-Taste bei vorhandener Auswahl: Duplikat des Auswahlinhalts verschieben

Bereichsreparaturpinsel

Beseitigt durch Ziehen kleinere Bildstörungen in homogenen Bereichen

Tastenbefehl: J

⇧+J: Wechsel zwischen Reparaturpinsel, Ausbessernwerkzeug, Bereichsreparaturpinsel und Rote-Augen-Werkzeug

Mit Alt-Taste: Kopierursprung definieren

⇧-Klick: gerade Verbindung zum letzten bearbeiteten Punkt

Rote-Augen-Werkzeug

Macht rotgeblitzte Pupillen schwarz, Bereich anklicken oder einrahmen

Tastenbefehl: J

⇧+J: Wechsel zwischen Reparaturpinsel, Ausbessernwerkzeug, Bereichsreparaturpinsel und Rote-Augen-Werkzeug

Ziehen mit ⇧-Taste: quadratischer Rahmen

Mit Strg- und Alt-Taste bei vorhandener Auswahl: Duplikat des Auswahlinhalts verschieben

Pinsel

Trägt Vordergrundfarbe auf, Orientierung an Pinselvorgaben

Tastenbefehl: B (für Brush)

⇧+B: Wechsel zwischen Farbe-ersetzen-Werkzeug, Buntstift, Pinsel und Mischpinsel

Mit Alt-Taste: schaltet vorübergehend zur Pipette um

⇧-Klick: gerade Verbindung zum letzten bearbeiteten Punkt

Buntstift

Zeichnet freie Linien oder Geraden ohne Kantenglättung, Orientierung an Pinselvorgaben

Weitere Optionen siehe oben, »Pinsel«

Farbe-ersetzen-Werkzeug

Tauscht Farbe unter dem Mauszeiger gegen aktuelle Vordergrundfarbe aus, Orientierung an Pinselvorgaben

Tastenbefehl: B

Weitere Optionen siehe oben, »Pinsel«

Mischpinsel

Verwischt Pixel

Tastenbefehl: B

Weitere Optionen siehe oben, »Pinsel«

Kopierstempel

Dupliziert Bildbereiche, Orientierung an Pinselvorgaben

Tastenbefehl: S (für Stamp)

⇧+S: Wechsel zwischen Kopierstempel und Musterstempel

Mit Alt-Taste: Kopierursprung definieren

⇧-Klick: gerade Verbindung zum letzten bearbeiteten Punkt

Musterstempel

Trägt definierte »Muster« auf, Orientierung an Pinselvorgaben

Tastenbefehl: S (für Stamp)

⇧+S: Wechsel zwischen Kopierstempel und Musterstempel

⇧-Klick: gerade Verbindung zum letzten bearbeiteten Punkt

Protokollpinsel

Trägt frühere Bildversionen auf, Orientierung an Pinselvorgaben und Protokollpalette

Tastenbefehl: Y (für History)

⇧+Y: Wechsel zwischen Protokollpinsel und Kunst-Protokollpinsel

⇧-Taste: in 45-Grad-Winkeln auftragen

⇧-Klick: gerade Verbindung zum letzten bearbeiteten Punkt

Kunst-Protokollpinsel

Trägt frühere Bildversionen verfremdet auf, Orientierung an Pinselvorgaben und Protokollpalette

Tastenbefehl: Y (für History)

Weitere Optionen siehe oben, »Protokollpinsel«

Radiergummi

Setzt Hintergrundfarbe ein oder löscht Ebene, Orientierung an Pinselvorgaben

Tastenbefehl: E (für Eraser)

Mit Alt-Taste: vorübergehend zurück zur letzten Version

⇧+E oder Alt-Klick auf Symbol: Wechsel zu Magischem Radiergummi und Hintergrund-Radiergummi

Klick und ⇧-Klick: Punkte durch Geraden verbinden

⇧+Ziehen: exakt horizontal oder vertikal arbeiten

Hintergrund-Radiergummi

Ersetzt gewählten Farbbereich per Ziehen durch Transparenz, Hintergrundebenen werden in Ebenen verwandelt.

Tastenbefehl: E (für Eraser)

Mit Alt-Taste: vorübergehend zurück zur Pipette

Klick und ⇧-Klick: Punkte durch Geraden verbinden

⇧+Ziehen: exakt horizontal oder vertikal arbeiten

⇧+E oder Alt-Klick auf Symbol: Wechsel zu Magischem Radiergummi und Hintergrund-Radiergummi

Magischer Radiergummi

Ersetzt gewählten Farbbereich per Einzelklick durch Transparenz, Hintergrundebenen werden in Ebenen verwandelt

Tastenbefehl: E (für Eraser)

Mit Alt-Taste: vorübergehend zurück zur Pipette

⇧+E oder Alt-Klick auf Symbol: Wechsel zu Magischem Radiergummi und Hintergrund-Radiergummi

Verlaufswerkzeug

Erstellt fließende Tonwertübergänge zwischen mehreren Farben

Tastenbefehl: G (für Gradient Tool)

⇧+G: Wechsel zwischen Verlaufswerkzeug und Füllwerkzeug

Mit Alt-Taste: schaltet zu Pipette um

⇧-Taste: Verlaufspfade in 45-Grad-Winkeln ziehen

Füllwerkzeug

Füllt farbähnliche Bereiche mit Vordergrundfarbe

Tastenbefehl: G

⇧+G: Wechsel zwischen Verlaufswerkzeug und Füllwerkzeug

Mit Alt-Taste: schaltet zu Pipette um

Weichzeichner

Zeichnet kontrastreiche Bildteile weich, Orientierung an Pinselvorgaben

Tastenbefehl: -

Alt-Klick: vorübergehender Wechsel zu Scharfzeichner

Scharfzeichner

Zeichnet kontrastreiche Bildteile scharf, Orientierung an Pinselvorgaben

Tastenbefehl: -

Alt-Klick: vorübergehender Wechsel zu Weichzeichner

Wischfinger

Verwischt kontrastierende Bildbereiche oder malt im Fingerfarbenmodus

Tastenbefehl: -

Alt-Klick: beginnt mit Vordergrundfarbe

Abwedler (Aufheller)

Hellt Bildbereiche auf, Orientierung an Pinselvorgaben

Tastenbefehl: O (für Dodge)

⇧+O: Wechsel zwischen Abwedler, Nachbelichter und Schwamm

Alt-Klick auf Werkzeugsymbol: Wechsel des Werkzeugs

Nachbelichter (Abdunkler)

Dunkelt Bildbereiche ab, Orientierung an Pinselvorgaben

Tastenbefehl: O

⇧+O: Wechsel zwischen Abwedler, Nachbelichter und Schwamm

Alt-Klick: Wechsel des Werkzeugs

Schwamm (Sättigungswerkzeug)

Sättigt oder entsättigt Bildbereiche, Orientierung an Pinselvorgaben

Tastenbefehl: O

⇧+O: Wechsel zwischen Abwedler, Nachbelichter und Schwamm

Doppelklick auf Schaltfläche: Optionen

Pfadauswahl-Werkzeug

Wählt komplette Pfadkomponenten aus

Tastenbefehl: A

⇧+A: Wechsel zwischen Direktauswahl-Werkzeug und Pfadauswahl-Werkzeug

Alt-Klick auf Werkzeugsymbol: Wechsel des Werkzeugs

Mit Alt-Taste: weitere Pfadkomponenten auswählen

Alt-Ziehen: Pfadkomponente duplizieren

Direktauswahl-Werkzeug

Markiert Ankerpunkte oder Pfade

Tastenbefehl: A

⇧+A: Wechsel zwischen Direktauswahl-Werkzeug und Pfadauswahl-Werkzeug

Doppelklick auf Schaltfläche: Optionen

Alt-Klick auf Werkzeugsymbol: Wechsel des Werkzeugs

Mit Strg-Taste: schaltet zum Werkzeug »Ankerpunkt hinzufügen«

Textwerkzeug

Erzeugt korrigierbaren Text in Vordergrundfarbe auf neuer Textebene

Tastenbefehl: T (für Text)

Alt-Klick: Rahmen für Absatztext definieren

Textmaskierungswerkzeug

Erzeugt buchstabenförmige Auswahlbereiche

Tastenbefehl: T (für Text)

Zeichenstift

Erzeugt Ankerpunkte für Pfad

Tastenbefehl: P (für Path Tool)

⇧+P: Wechsel zwischen Zeichenstiftwerkzeugen

Doppelklick auf Schaltfläche: Optionen

Alt-Klick auf Werkzeugsymbol: Wechsel des Werkzeugs

Mit Strg-Taste: schaltet um zur Pfadauswahl

Freiform-Zeichenstift

Erzeugt Pfade durch Maus-Ziehen (nicht Klicken)

Tastenbefehl: P

⇧+P: Wechsel zwischen Zeichenstiftwerkzeugen

Doppelklick auf Schaltfläche: Optionen

Alt-Klick: gerade Pfadabschnitte per Klick einsetzen

Alt-Klick auf Werkzeugsymbol: Wechsel des Werkzeugs

Mit Strg-Taste: schaltet um zur Pfadauswahl

Ankerpunkt hinzufügen

Fügt vorhandenem Pfad Ankerpunkt hinzu

Tastenbefehl: (nicht vorbelegt)

Doppelklick auf Schaltfläche: Optionen

Alt-Klick auf Werkzeugsymbol: Wechsel des Werkzeugs

Mit Strg-Taste: schaltet um zur Pfadauswahl

Ankerpunkt löschen

Entfernt Ankerpunkt aus vorhandenem Pfad

Tastenbefehl: (nicht vorbelegt)

Doppelklick auf Schaltfläche: Optionen

Alt-Klick auf Werkzeugsymbol: Wechsel des Werkzeugs

Mit Strg-Taste: schaltet um zur Pfadauswahl

Punkt umwandeln

Konvertiert zwischen Eckpunkten und Kurvenpunkten

Tastenbefehl: P

⇧+P: Wechsel zwischen Zeichenstiftwerkzeugen

Doppelklick auf Schaltfläche: Optionen

Alt-Klick auf Werkzeugsymbol: Wechsel des Werkzeugs

Mit Strg-Taste: schaltet um zur Pfadauswahl

Rechteckwerkzeug, Werkzeug »Abgerundetes Rechteck«

Erstellt rechteckige Figur auf neuer Ebene, begrenzt durch Pfad

Tastenbefehl: U

⇧+U: Wechsel zwischen Rechteckwerkzeug, Werkzeug »Abgerundetes Rechteck«, Ellipsenwerkzeug, Polygonwerkzeug, Linienwerkzeug und Werkzeug »Eigene Form«

Mit ⇧-Taste: erstellt Quadrat

Mit Alt-Taste: zieht Auswahl vom Mittelpunkt auf

Mit Strg-Taste: schaltet um zu Pfadauswahlwerkzeug

Ellipsenwerkzeug

Erstellt elliptische oder kreisförmige Pfadfigur als Formebene oder Arbeitspfad

Tastenbefehl: U

⇧+U: Wechsel zwischen Rechteckwerkzeug, Werkzeug »Abgerundetes Rechteck«, Ellipsenwerkzeug, Polygonwerkzeug, Linienwerkzeug und Werkzeug »Eigene Form«

Mit ⇧-Taste: erstellt Kreis

Weitere Optionen siehe oben, »Rechteckwerkzeug«

Polygonwerkzeug

Erstellt Figuren mit regelbarer Zahl der Ecken als Formebene oder Arbeitspfad

Tastenbefehl: U

⇧+U: Wechsel zwischen Rechteckwerkzeug, Werkzeug »Abgerundetes Rechteck«, Ellipsenwerkzeug, Polygonwerkzeug, Linienwerkzeug und Werkzeug »Eigene Form«

Weitere Optionen siehe oben, »Rechteckwerkzeug«

Linienzeichner

Zeichnet Linien und Pfeile als Formebene oder Arbeitspfad

Tastenbefehl: U

⇧+U: Wechsel zwischen Rechteckwerkzeug, Werkzeug »Abgerundetes Rechteck«, Ellipsen-Werkzeug, Polygon-Werkzeug, Linienwerkzeug und Werkzeug »Eigene Form«

Werkzeug »Eigene Form«

Erstellt Figuren nach Vorgabe in Formenbibliothek als Formebene oder Arbeitspfad

Tastenbefehl: U

⇧+U: Wechsel zwischen Rechteckwerkzeug, Werkzeug »Abgerundetes Rechteck«, Ellipsen-Werkzeug, Polygon-Werkzeug, Linienwerkzeug und Werkzeug »Eigene Form«

Mit ⇧-Taste: wahrt gleichmäßiges Seitenverhältnis

Weitere Optionen siehe oben, »Rechteckwerkzeug«

Pipette

Lädt Farbe aus dem Bild als Vordergrundfarbe

Tastenbefehl: I (engl. [ai] für Eyedropper)

⇧+I: Wechsel zwischen Pipette, Farbaufnahmewerkzeug, Linealwerkzeug, Anmerkungenwerkzeug (in Extended-Versionen auch Zählungswerkzeug)

Mit Alt-Taste: lädt Farbe aus dem Bild als Hintergrundfarbe

Farbaufnahmewerkzeug

Setzt bis zu vier Messpunkte in Bilddatei, Auslesen in Infopalette

Tastenbefehl: I

⇧+I: Wechsel zwischen Pipette, Farbaufnahmewerkzeug, Linealwerkzeug, Anmerkungenwerkzeug (in Extended-Versionen auch Zählungswerkzeug)

Alt: Messpunkt unter dem Zeiger entfernen

Strg: Messpunkt verschieben/löschen

Linealwerkzeug

Misst Abstände in der Bilddatei, Anzeige in Infopalette

Tastenbefehl: I

⇧+I: Wechsel zwischen Pipette, Farbaufnahmewerkzeug, Linealwerkzeug, Anmerkungenwerkzeug (in Extended-Versionen auch Zählungswerkzeug)

⇧-Taste: Messpfade in 45-Grad-Winkeln ziehen

Anmerkungenwerkzeug

Erzeugt nicht druckbare Textnotizen im Bild

Tastenbefehl: I (für Notes Tool)

⇧+I: Wechsel zwischen Pipette, Farbaufnahmewerkzeug, Linealwerkzeug, Anmerkungenwerkzeug (in Extended-Versionen auch Zählungswerkzeug)

Handwerkzeug

Verschiebt das Bild innerhalb des Dateifensters

Tastenbefehl: H (für Hand)

Doppelklick oder ↵-Taste: bildschirmfüllend darstellen (keine Optionen)

Mit Strg-Taste: schaltet zu Vergrößerungslupe um

Mit Alt-Taste: schaltet zu Verkleinerungslupe um

Bei jedem Werkzeug vorübergehend aktivierbar durch Leer-Taste

Zoomwerkzeug (Lupe)

Stellt eingerahmten Bildteil vergrößert dar

Tastenbefehl: Z (für Zoom)

Doppelklick oder ↵-Taste: Optionen und Bilddarstellung im 100-Prozent-Maßstab

Mit Alt-Taste: Verkleinerungslupe

Bei jedem Werkzeug vorübergehend aktivierbar durch Strg + Leer-Taste; Verkleinerungslupe bei jedem Werkzeug vorübergehend aktivierbar durch Alt + Leer-Taste

Ansichtdrehung-Werkzeug

Dreht Bildansicht, ohne Bilddaten zu verändern (nur mit genutzter OpenGL-Grafikkarte)

Tastenbefehl: R

Farbfelder Vordergrundfarbe/Hintergrundfarbe

Zeigen Vordergrundfarbe/Hintergrundfarbe

Klick: aktiviert Farbwähler für Vordergrundfarbe/Hintergrundfarbe

Standardfarben

Klick: Standardfarben Schwarz als Vorder-, Weiß als Hintergrundfarbe einrichten (umgekehrt bei Alphakanälen und Ebenenmasken)

Tastenbefehl: D (für Default Color)

Farbtauscher

Tauscht Vorder- und Hintergrundfarbe aus

Tastenbefehl: X (für Exchange)

Standard-Auswahlmodus/Maskierungsmodus

Ausgewählte oder nicht ausgewählte Bildteile werden durch vorübergehenden Alphakanal abgedeckt.

Tastenbefehl: Q (für Quick Mask)

Alt-Klick auf Symbol: Wechsel zwischen Abdeckung ausgewählter oder nicht ausgewählter Bildteile oder Standardmodus mit Fließmarkierung

Doppelklick auf Symbol: Maskierungsmodus-Optionen

Standard-Fenstermodus

Darstellung mit Titelleiste und mehreren Bildern nebeneinander

Tastenbefehl: F (für Full Screen Mode, Wechselschalter zu anderen Darstellungsarten)

Maximierter Bildmodus mit Menüleiste

Tastenbefehl: F (für Full Screen Mode, Wechselschalter zu anderen Darstellungsarten)

Vollbildmodus mit Menüleiste

Tastenbefehl: F (für Full Screen Mode, Wechselschalter zu anderen Darstellungsarten)

Vollbildmodus ohne Menüleiste

Menübefehle über Werkzeugleiste erreichbar

Tastenbefehl: F (für Full Screen Mode, Wechselschalter zu anderen Darstellungsarten)

Anhang F
Lexikon

Additive Grundfarben Siehe RGB-Farbmodell

Alphakanal Alphakanäle werden in Photoshop zusätzlich zu den Kanälen für die Grundfarben Schwarz, RGB oder CMYK eingerichtet, um beispielsweise eine Auswahl zu speichern. Weiße Flächen im Alphakanal repräsentieren zum Beispiel ausgewählte Bildbereiche, schwarze Flächen nicht ausgewählte. Die Informationstiefe je Bildpunkt beträgt acht Bit, so dass 256 unterschiedliche Auswahlintensitäten je Bildpunkt gespeichert werden können. Die Kanäle werden über die Kanälepalette kontrolliert; hier werden Kanäle unabhängig voneinander zur Ansicht und/oder zur Bearbeitung freigegeben. Ein Alphakanal erhöht die Dateigröße im Arbeitsspeicher um den Betrag einer Graustufenversion des Bilds.

Aktion Eine gespeicherte Abfolge mit verschiedenen Befehlen. Die Befehlsreihe kann auf einzelne Dateien oder ganze Dateisammlungen angewendet werden.

Animation Eine Folge von Bildern, die aneinandergereiht wie ein Film wirken, nennt man Animation.

Anti-Aliasing Siehe Glätten

Arbeitsspeicher Der Arbeitsspeicher enthält die Daten, die vom geöffneten Programm unmittelbar bearbeitet werden (weitere Bezeichnungen: Hauptspeicher oder RAM, für Random Access Memory). Die Daten im Arbeitsspeicher gehen beim Ausschalten des Computers verloren. Sie müssen also zum Beispiel auf der Festplatte gespeichert werden. Da der Zugriff auf einen Arbeitsspeicher auf Halbleiterbasis viel schneller ist als auf einen elektromagnetischen Speicher (also zum Beispiel eine Festplatte), wird heute mit Arbeitsspeicherchips auf Halbleiterbasis gearbeitet. Wenn Sie mehr Arbeitsspeicher installieren, können Sie größere Bilder bearbeiten oder Photoshop muss weniger auf die Festplatte auslagern - der Rechner wird entlastet.

Arbeitsvolume Daten, die Photoshop nicht mehr im Arbeitsspeicher unterbringt, werden vorübergehend auf die Festplatte ausgelagert. Der dazu verwendete Festplattenbereich heißt bei Photoshop Arbeitsvolume. Photoshop kann mehrere unterschiedliche Festplatten oder Partitionen als Arbeitsvolume nutzen. Selbst wenn Sie nur kleine Dateien bearbeiten und viel Arbeitsspeicher zur Verfügung stellen, braucht Photoshop viel Arbeitsvolume. Es wird über die »Voreinstellungen« eingerichtet.

Artefakte Abbildungsfehler in Bilddateien, zum Beispiel grobe Farbblöcke, die zum Beispiel bei deutlicher, nicht verlustfreier JPEG-Komprimierung entstehen.

Asset Englisch für »Vermögenswert«. Im Medienbereich zum Beispiel eine Bilddatei, die in einer Bilddatenbank verwaltet wird.

Aufhellblitz Einsatz des Blitzgeräts, wenn eigentlich das vorhandene Tageslicht ausreicht. Zum Beispiel wirkt die Landschaft im Hintergrund hell und gut durchgezeichnet, die abgeschattete Person im Vordergrund erscheint zu dunkel. Hier hilft ein Aufhellblitz, um die Darsteller kontrastreich und mit einer Helligkeit abzubilden, die nicht gegen die Umgebung abfällt.

Auflösung Die Zahl der Bildpunkte pro Längeneinheit bestimmt die Auflösung und damit die Detailgenauigkeit der Bildwiedergabe. Typische Flachbettscanner lösen 600 oder 1200 Pixel pro Zoll (dpi) auf, Computermonitore meist 72 bis 120 dpi. Bei Scannern wird meist eine physikalische Auflösung angegeben, die das Gerät tatsächlich aufgrund seiner Bestückung mit CCD-Elementen erreicht, sowie ein höherer Wert, der jedoch nur durch Hochrechnung (Interpolation) von Bildinhalt ohne Informationsgewinn zustande kommt. Bei Scannern oder Faxgeräten kann die Auflösung in vertikaler und horizontaler Richtung unterschiedlich groß sein. Teilweise, zum Beispiel bei Digitalkameras, meint »Auflösung« nicht die Zahl der Bildpunkte pro Zoll oder Zentimeter, sondern einen absoluten Wert wie 3072 x 2048 Bildpunkte.

Auswählen Beim »Auswählen« wird ein Pixelbereich festgelegt, der nach dem Auswahlvorgang unabhängig von der Umgebung bearbeitet, bewegt, kopiert oder montiert werden kann. Typische Auswahlwerkzeuge sind Lasso oder Zauberstab. Ausgewählte Bereiche werden in der Bildschirmdarstellung von einer Fließmarkierung eingefasst - eine gestrichelte, schillernde Linie. Sie kann verborgen werden, um den Übergang zwischen dem markierten, bearbeiteten und dem außerhalb liegenden Bildteil besser zu beurteilen. Auswahlen können als Alphakanal oder Pfad gespeichert werden. Siehe auch »Alphakanal«.

BMP Der BMP-Dateityp (Bitmap) ist vor allem bei den Betriebssystemen MS-DOS/Windows und OS/2 auf IBM-kompatiblen Computern gebräuchlich. Sonderformen des BMP-Formats sind RLE und DIB: RLE ist eine einfache Komprimierung mit Lauflängenkodierung (Run Length Encoding), die aber nur bis 8-Bit-Farbtiefe angeboten wird. DIB für Device Independent Bitmap, geräteunabhängiges Pixelbild, ist identisch aufgebaut wie BMP; Sie benötigen es zur Integration von Pixelbildern in Programmfenstern oder Multimedia-Anwendungen.

Beschneidung Im Photoshop-Sprachgebrauch meint »Beschneidung« eine Veränderung des Tonwertumfangs, bei der Differenzierung verloren geht, weil unterschiedliche vorhandene Tonwerte auf einen einzigen Tonwert gesetzt werden, zum Beispiel auf Schwarz oder Weiß. Beispielsweise heben Sie zur Kontraststeigerung alle Helligkeitswerte zwischen 220 und 255 auf 255, also reines Weiß, an; die Unterschiede zwischen den vorhandenen Helligkeitswerten 220 bis 255 gehen also verloren - das ist Beschneidung. Zu Beschneidung kann es etwa bei den Photoshop-Befehlen »Variationen« oder »Tonwertkorrektur« kommen, aber auch bei der Farbseparation. Der Photoshop-Befehl **Variationen** und der Camera-Raw-Import zeigen Beschneidung wahlweise durch Alarmfarben an.

Bézier-Kurve Eine durch Ankerpunkte kontrollierte Kurve in einem Pfad oder in einem Verkrümmen-Gitternetz. Die Formen einer Bézier-Kurve werden verändert durch Verschieben von vier Kontrollpunkten, die sich jeweils an den Enden von zwei geraden, variabel langen Linien befinden; jede Linie geht von einem Ankerpunkt aus. Ein Verschieben dieser Linien drückt die Kurve in eine andere Richtung. Der Ingenieur Pierre Bézier entwickelte diese Art der Kurvenbeschreibung bei Renault, um die Rundungen an einem Autochassis korrekt zu beschreiben. Bézier-Kurven werden vor allem von objektorientierten Grafikprogrammen wie Adobe Illustrator oder CorelDraw verwendet, aber auch Photoshops Pfadtechnik arbeitet mit Bézier-Kurven.

Bit Acht Bits bilden ein Byte, die kleinste adressierbare Speichereinheit. Je mehr Bit ein Pixel darstellen, umso mehr verschiedene Graustufen können abgebildet werden (Datentiefe). Wenn nur ein Bit - also »0« oder »1« - für ein Pixel steht, können nur zwei Tonwerte, nämlich Schwarz oder Weiß, gezeigt werden. Schon zwei Bit je Pixel ermöglichen 2^2 Tonwerte.

Bitmap Ein aus einzelnen Pixeln - und nicht aus Kurven, Objekten und Flächen - bestehendes Bild wird allgemein Bitmap genannt. Jedes einzelne Pixel drückt bestimmte Farb- oder Dichtewerte aus. Bildverarbeitungsprogramme arbeiten mit Bitmaps wie dem TIFF-Format. Im Apple-Bereich und im Programm Photoshop wird unter Bitmap auch eine Strichgrafik (Line-Art, 1-Bit-Grafik) verstanden, die nur aus schwarzen und weißen Bildpunkten besteht und keine Zwischentöne bietet. Zusätzlich meint »Bitmap« manchmal auch den BMP-Dateityp (siehe BMP).

Bokeh Ästhetisch reizvolle Unschärfe in Bereichen eines Fotos, abhängig von Konstruktion und Anwendung des Objektivs; der Begriff stammt aus dem Japanischen.

Browser In der Softwaretechnik allgemein ein Programm, mit dem verschiedene Medieninhalte durchstöbert werden, etwa Bildsammlungen oder Internetseiten. Manche Bilddatenbanken werden auch Foto-Browser oder Datei-Browser genannt, Programme zur Darstellung von WWW-Seiten heißen oft Webbrowser oder Internetbrowser.

Byte Siehe Bit

Cache Im EDV-Bereich meint Cache allgemein einen Zwischenspeicher, der häufig benutzte Daten besonders schnell zugänglich macht. Internetbrowser legen Cache-Speicher auf der Festplatte an, Prozessoren haben Cache-Speicher. Photoshop verwendet einen »Bild-Cache«, der verkleinerte Versionen des Bilds parathält, um die Vorschau und das Errechnen der Histogramme zu beschleunigen. Bridge speichert die Vorschauminiaturen in einem Cache, so dass die Miniaturen nicht immer neu aufgebaut werden müssen.

Camera Raw Siehe Raw-Dateien

Cascading Style Sheets Siehe CSS

Chrominanz Farbanteil des Videosignals, zum Beispiel bei dem Farbmodell Lab.

CGI Siehe Computer Generated Imagery

Chromatische Aberration Unerwünschte Farbsäume an kontrastreichen Linien im Bild, abhängig von der Qualität des Objektivs beim Fotografieren. Können mit Photoshop teilweise entfernt werden.

CIE-Lab Farbmodell mit Helligkeit (L für Luminanz) und zwei Farbkomponenten (a, b). Siehe Lab.

CMYK-Farbmodell CMYK ist das Farbmodell der Druckvorstufe. Offset-Druckmaschinen arbeiten mit den deckenden, subtraktiven Grundfarben, die übereinandergedruckt Schwarz ergeben. Dabei handelt es sich um die Farben Grünblau, Gelb und Purpur sowie Schwarz (Cyan, Yellow, Magenta, Black). Gelb, Grünblau und Magenta entstehen durch Mischung von jeweils zwei der additiven Primärfarben Rot, Grün und Blau zu gleichen Teilen. Grünblau, Gelb und Purpur übereinander ergeben theoretisch bereits Schwarz, aus drucktechnischen Gründen jedoch ein dunkles Grau oder Braun. Die eigene Druckfarbe Schwarz verstärkt deshalb den Tiefeeindruck; außerdem spart es Druckfarbe und macht den Druckprozess stabiler, wenn statt der drei Druckfarben Cyan, Yellow und Magenta übereinander lediglich ein gleichwertiger Schwarzanteil gedruckt wird.

Computer Generated Imagery (CGI) Am Computer erzeugte 3D-Modelle, die manchmal mit konventionellen Fotos kombiniert werden: zum Beispiel die CAD-Computerversion eines neuen Produkts mit einem natürlichen Hintergrund. Die Daten des Hintergrundbilds – am besten ein 360-Grad-Panorama – werden von einer Spezialsoftware analysiert, um realistische Spiegelungen und Schatten auf dem 3D-Modell zu erzeugen. In professionellen Produktionen wird das Hintergrundbild zum Beispiel mit einer Spezial-HDR-Kamera von Spheron aufgenommen. Manchmal auch einfach computererzeugte Grafik ohne 3D-Zusammenhang.

CPU Zentraler Rechenprozessor, Central Processing Unit

CSS Cascading Style Sheets (CSS) helfen, Webseiten einheitlich zu gestalten und werden in der Verbindung mit HTML (siehe dort) und XML genutzt. CSS legen Seitenformate fest, die über mehrere Seiten beibehalten werden, und sorgen für besonders präzise Formatierung und Bildplatzierung. CSS enthält die Formatierung, während der entsprechend gekennzeichnete Inhalt weiter in den HTML-Dateien liegt.

Dateityp Ein Bild kann in verschiedenen Datenstrukturen – Dateitypen oder Dateiformaten – abgespeichert werden, so etwa in TIFF, EPS oder JPEG. Ein Programm muss eine Importfunktion für das jeweilige Format besitzen, um es öffnen zu können.

Dateinamenserweiterung Die drei Buchstaben nach dem Punkt hinter einem Dateinamen bilden die Dateinamenserweiterung (auch Extension), die zugleich auf den Dateityp verweist. Zu den wichtigsten Erweiterungen für Bilddateien gehören .TIF und .BMP, Textdateien enden häufig auf .TXT oder .DOC, ausführbare Programmdateien auf .EXE.

DCS Eine in meist vier CMYK-Farbauszüge plus Ansichts-Auszug separierte Grafik im Dateiformat EPS.

Densitometer Gerät zum Messen des Schwärzungsgrads etwa auf Fotopapieren, Andrucken oder Monitoren; das Densitometer erfasst den Dichteumfang einer Vorlage und hilft bei Qualitätskontrolle und Belichterkalibrierung.

Dithering Kann eine bestimmte Farbe oder ein Tonwert nicht dargestellt werden, werden nebeneinanderliegenden Pixeln in einem Streumuster verfügbare andere Farben zugewiesen, um die fehlende Farbe zu simulieren. Unterstützt zum Beispiel ein Monitor nicht mehr als 256 Farben, simuliert er weitere Farben durch gestreutes Nebeneinanderstellen ähnlicher, verfügbarer Farbpunkte (Dithering, Streuraster). In Photoshop sind mehrere Arten von Streuraster etwa für die Monitordarstellung, aber auch beim Rastern der Bilddateien selbst wählbar. Im Gegensatz zum Rastern sind beim Dithern alle Punkte gleich groß, Tonwertunterschiede werden durch die Zahl der Druckpunkte pro Flächeneinheit, nicht durch die Größe der Druckpunkte simuliert.

DNG-Dateien Siehe Raw-Dateien

dpi Auflösungen werden meist mit dots per inch (dpi), Bildpunkten pro Inch, angegeben. Tageszeitungen drucken im Allgemeinen mit 80 Pixeln pro Inch, Hochglanzmagazine mit 200. Hochwertige Farbdrucker, die zum Beispiel auf Fotopapier belichten, drucken mit 300 oder 400 dpi. Eine Verdoppelung der Auflösung vervierfacht die Zahl der Bildpunkte.Kann die Druckmaschine jedoch keine Halbtöne ausgeben, sondern nur Farbe oder Keine-Farbe, braucht sie ein Vielfaches der Bildauflösung, um Halbtöne zu simulieren, zum Beispiel 2400 dpi.

DRI Technik zur Abbildung von Motiven mit sehr hohem Kontrastumfang (dynamic range increase). Dabei werden mehrere unterschiedlich belichtete Bilder kombiniert und so maskiert, dass von jeder Einzelaufnahme nur der optimal durchgezeichnete Teil im Gesamtbild sichtbar wird. Falls es nur eine einzige Aufnahme der Szene gibt, kombiniert man mehrere Raw-»Entwicklungen«.

DSLR Digitale Spiegelreflexkamera,
siehe Spiegelreflexkamera.

Ebenenmaske Verbirgt Teile einer eingefügten Montageebene, ohne sie dauerhaft zu löschen. Basiert auf Helligkeitswerten: Schwarz in der Ebenenmaske versteckt den zugeordneten Bildpunkt vollständig, Weiß macht ihn komplett sichtbar, graue Zwischentöne sorgen für halbtransparente Einblendung. Die Ebenenmaske kann abgeschaltet werden, so dass das Objekt wieder vollständig sichtbar wird; sie kann mit Pinsel, Füllfunktionen, Kontrastkorrekturen oder Filtern verändert werden. Alternativen: Vektormaske oder Schnittmaske.

EBV Elektronische Bildverarbeitung

Einstellungsebene Zeigt ein Bild mit geänderter Kontrast- oder Farbeinstellung, doch die Originalpixel bleiben noch erhalten. Die Einstellungsebene erscheint als eigenes Objekt in der Ebenenpalette; die Wirkung kann geändert, gedämpft oder abgeschaltet werden.

EPS Beim Sichern mit der Endung EPS für Encapsulated PostScript verwandeln Sie das Bild in eine Datei, die nur noch zum Einbau in Layoutprogramme oder zum Ausbelichten gedacht ist, aber nicht mehr zum Bearbeiten. Beim Speichern einer separierten EPS-Bilddatei kann man ein kleines TIFF-Bild mitsichern, damit das Werk im Layout nicht nur als leerer Rahmen angezeigt wird. Viele Bildprogramme können EPS zwar schreiben, aber sie öffnen den Dateityp höchstens, wenn sie es selbst erstellt haben. EPS-Dateien können zusätzlich zum Pixelbild auch Kurvengrafiken oder Schriften enthalten, die unabhängig von der Bildauflösung in höchster Druckerauflösung ausgegeben werden. Zusätzlich nimmt EPS auch Freistellpfade auf - Auswahlkonturen um ein Motiv herum. Das EPS-Format ist vor allem in der professionellen Druckvorstufe wichtig, wird aber zunehmend von PDF abgelöst.

Erweiterung Nachrüstbare Zusatzfunktion für Photoshop oder Bridge, die über das Programm Extension Manager installiert und verwaltet wird.

EVF Electronic Viewfinder, elektronischer Sucher in einigen Digitalkameras; sie bieten keinen optischen Sucher, sondern einen kleinen Monitor als Sucher.

Exif-Daten Nach dem Exif-Standard (Exchangeable Image File Format) schreiben Digitalkameras bestimmte Informationen in Bilddateien - darunter Kameradaten wie Aufnahmezeitpunkt, Belichtungszeit, Blitzverwendung, Weißabgleich, Blende oder Kameramodell.

Farbauszug Ein Farbauszug enthält Informationen über eine Grundfarbe oder einen Farbkanal eines Farbbilds als Graustufendarstellung. Farbauszüge werden bei der Farbseparation erzeugt.

Farblängsfehler Siehe Chromatische Aberration

Farbmodell Farbspektren können in verschiedenen Farbmodellen abgebildet werden. Die gängigsten sind RGB und CMYK, dazu kommen HSV (auch HSL oder HSB), im professionellen Bereich Lab und YCC. Bilddateien und Monitore arbeiten mit RGB, aber viele EBV-Programme bieten auch die Farbmischung nach HSV und YMCK an. Drucker funktionieren meist nach dem CMYK-Schema.

Farbpalette In der EBV ist die Farbpalette eine individuelle oder vorgefertigte Palette von Farben, die in eine Bilddatei übertragen werden können. Bei Bilddateien mit indizierten Farben werden aus einem Angebot von zum Beispiel knapp 16,8 Millionen Farben 256 zu einer Palette zusammengestellt, mit der das Bild gezeigt werden kann.

Farbraum Ein Spektrum von Farben, das von einem bestimmten Gerät dargestellt werden kann, zum Beispiel von einem Monitor oder Drucker. Verbreitete Farbräume sind etwa sRGB oder Adobe RGB.

Farbseparation Für den Mehrfarben-Offset-Druck werden Farbbilder in (meist) vier Graustufenbilder für die Druckfarben Schwarz, Gelb, Magenta und Blaugrün (CMYK) separiert.

Farbtemperatur Die Farbtemperatur gibt die farbliche Zusammensetzung des Lichts (also die allgemeine Farbstimmung) an und wird in der Maßeinheit Kelvin gemessen. Je niedriger der K-Wert, desto mehr tendiert das Licht gegen Rot. Höhere K-Werte machen das Licht blauer. Abendrot hat etwa 3000 Kelvin, das um 5500 Kelvin liegt normales Mittagslicht, Tageslicht bei klar blauem Himmel hat über 10000 Kelvin. Die Angaben orientieren sich an der Farbe einer Flamme bei verschiedenen Temperaturen, gemessen in Kelvin – hohe Werte stehen für kälteres, bläulicheres Licht.

Farbtiefe Die Farbtiefe bezeichnet die Anzahl von Bits, mit der die Farbinformationen eines einzelnen Bildpunkts kodiert werden. Je mehr Bits pro Bildpunkt, umso differenziertere Bildergebnisse sind möglich, umso mehr steigt aber auch der Speicherbedarf. Im Desktop-Bereich gilt 24 Bit als Standard (28 = 16,7 Mio. Farben, sogenanntes Truecolor). Doch Scanner und Digitalkameras bieten teilweise auch höhere Farbtiefen, zum Beispiel 3x16 gleich 48-Bit-RGB, um vor allem eine noch präzisere Schattendurchzeichnung zu erreichen.

Farbwert Jeder Farbe ist ein numerischer Wert zugeordnet, der vom verwendeten Farbmodell abhängt. So hat Rot im RGB-Modell die Werte 100/0/0 Prozent, im CMYK-Schema wird es mit 0/100/100/0 Prozent angegeben.

Festplatte Auf der elektromagnetisch speichernden Festplatte werden Daten abgelegt, die Sie nicht aktuell bearbeiten, sowie solche Daten, die nicht mehr in den Arbeitsspeicher passen. Neben der Speicherkapazität (zum Beispiel 500 Gbyte oder zwei Terabyte) sind Zugriffsgeschwindigkeit, Lautstärke und Anschlussart Kriterien bei der Kaufentscheidung. Weitere Bezeichnungen: Massenspeicher, Festspeicher, Disk, Hard Drive oder HDD (Hard Disk Drive).

Filter In der elektronischen Bildverarbeitung sind Filter Befehle, die jedes einzelne Pixel nach einem festgelegten Schema verändern. Zu den gebräuchlichsten Filtern gehören Scharf- und Weichzeichnerfilter, verbreitet sind aber auch Effektfilter wie »Relief«, »Mosaik«, »Wellen« oder »Wölben«.

Firewall Software oder Hardware, die zum Beispiel unerwünschte Netzwerkverbindungen zwischen Ihrem Computer und unbekannten anderen Computern verhindert.

Firewire Von Apple entwickelter Standard zur Datenübertragung zum Beispiel zwischen Digitalkamera und Computer, auch IEEE 1394. Neu angeschlossene Geräte werden im laufenden Betrieb sofort erkannt.

Fixieren Die aktivierte Ebene einer Montage lässt sich gegen verschiedene Veränderungen schützen, bei Photoshop Fixieren genannt. Klicken Sie die gewünschten Merkmale oben in der Ebenenpalette an. Wahlweise schützen Sie nur den transparenten Bereich oder nur die Bildfüllung. Alternativ nageln Sie das Objekt an der aktuellen Position fest oder sperren es gegen jegliche Änderung. Fixierte Ebenen zeigen ein Vorhängeschloss neben der Miniatur.

Flachbettscanner Meist preisgünstiges Tischgerät zur Digitalisierung von Papierbildern und teilweise auch Dias. Siehe Scanner.

Flash Dateiformat mit der Endung ».swf«, das vor allem für Animationen auf Internetseiten genutzt wird. Speichert Text und Vektorobjekte und spart so Speicherplatz im Vergleich zur Speicherung von Pixelflächen. Lässt sich auf der Internetseite zoomen und anhalten. Auch für Webgalerien nutzbar. Das Dateiformat FLV (Flash Video) enthält Videos im Flashformat vor allem zur Internetübertragung.

Font Schriftart (wie etwa Times oder Helvetica), die in einem bestimmten digitalen Format wie Adobe Type 1, OpenType oder TrueType vorliegt.

Füllebene Die Füllebene belegt die komplette Ebene mit einer Einzelfarbe, mit einem Muster oder einem Verlauf. Die Eigenschaften der Füllung lassen sich jederzeit bearbeiten. Sie können hier zum Beispiel die Wirkung von Nahtlosmustern oder Verläufen testen. Füllebenen entstehen auch in Verbindung mit Formebenen (siehe dort).

Formebene Die Formebene kombiniert eine Füllebene (siehe dort) mit der Vektormaske. Das heißt, die Füllung der Ebene ist nur in dem Teilbereich sichtbar, den die Vektormaske freigibt.

Formebenen entstehen automatisch, wenn Sie ein Formwerkzeug wie Linienzeichner, Abgerundetes Rechteck oder Eigene Form mit der Option Neue Formebene einsetzen. Umriss wie Füllung der Figur lassen sich jederzeit völlig verlustfrei ändern.

Gamma-Korrektur Siehe Gradationskurve

GCR Das »Grey Component Replacement« (GCR), wie es auch Photoshop anbietet, steht für das völlige oder teilweise Ersetzen der aus Cyan, Magenta und Gelb gebildeten Grautöne eines Bilds durch Schwarz. Gezielter GCR-Einsatz kann verhindern, dass dunkles Grau oder Schwarz, das nur durch CMY gebildet wird, im Druck braun oder sonst irgendwie farbstichig wirkt. Im Gegensatz zu UCR (Under Color Removal) wirkt GCR auf den ganzen Tonwertbereich eines Bilds und nicht nur auf die Schatten.

Glätten Die Photoshop-Option Glätten erstellt einen weicheren Übergang unmittelbar am Rand einer Auswahl. Glätten verhindert Treppeneffekte oder harte Kanten beim Einsetzen von Pixelbereichen in Montagen. Dabei werden zum Beispiel harte Übergänge zwischen einem montierten Bildteil und dem Hintergrund halbtransparent gefüllt; nur die äußersten Randpixel erhalten zu 50 Prozent den Wert der unmittelbar benachbarten nicht ausgewählten Bildpunkte. Das ist meist die ideale Einstellung, um Schnittkanten bei Montagen zu vermeiden.

GPU Rechenprozessor auf der Grafikplatine (»graphics processing unit«), nicht auf der Hauptplatine mit dem Hauptprozessor. Siehe auch OpenGL.

Gradationskurve Die Gradationskurve stellt über ihren Graphen dar, welche ursprünglichen Tonwerte (»Eingabe«) auf welche neuen Werte (»Ausgabewerte«) angehoben oder gesenkt werden. Eine Gerade in einem Winkel von 45° signalisiert, dass Ein- und Ausgabewerte unverändert bleiben. Durch Manipulation der Kurve werden die Dichten des Bilds erweitert und/oder verschoben.

Grafikkarte Die Grafikkarte, die auf der Hauptplatine des PC eingesteckt wird, setzt die Computersignale in ein für den Monitor verständliches Datenformat um. Ein Arbeitsspeicher (RAM) auf der Grafikkarte speichert die Bildschirmsignale zwischen.

Grafiktablett Mit einem Grafiktablett (auch: Digitalisiertablett) kann wesentlich präziser gearbeitet werden als mit einer Maus. Beim Grafiktablett führen Sie den Mauszeiger mit einem Stift, um zum Beispiel bestimmte Bildbereiche zu bemalen oder auszuwählen. Kriterien für Grafiktabletts sind Größe, Druckempfindlichkeit, Neigungsempfindlichkeit und Platzierung der Batterie. Tabletts mit druckempfindlichen Stiften variieren je nach Vorgabe im Bildprogramm Breite, Transparenz oder Farbe eines Pinselstrichs – so entstehen natürlichere Retuschen und die dauernde Änderung des aktuellen Tonwerts und Durchmessers entfällt.

Graukeil Der Graukeil zeigt genormte Grauwerte in einem festgelegten, abgestuften Verhältnis. Er kann zur Überprüfung von Farb- und Kontrasttreue gescannt, auf dem Monitor abgebildet und gedruckt werden.

Graustufen Graustufen ist in der digitalen Bildbearbeitung ein Farbmodus, in dem die Pixel eines Bilds zum Beispiel 256 Zwischentöne zwischen Schwarz und Weiß darstellen können. Davon zu unterscheiden sind beispielsweise der »Bitmap«-Modus, der nur zwei Tonwerte trennt, Schwarz und Weiß, und natürlich Farbmodi wie RGB-Farbe oder CMYK-Farbe.

Halbtonbild Bei einem Halbtonbild gehen die Dichtestufen kontinuierlich ineinander über. Da jedoch Laserdrucker oder Offset-Druckmaschinen pro Durchgang nur eine Helligkeit (nämlich voll deckend) drucken können, müssen die Bilder erst gerastert werden; die Aufrasterung in unterschiedlich große schwarze Punkte – meist 20 bis 70 pro Zentimeter – täuscht Halbtöne vor. Diabelichter oder Fotopapierbelichter geben verschiedene Halbtöne direkt ohne Rastern in Halbtönen aus. Pro Schwarzweißbild oder pro Grundfarbe werden meist 256 Halbtöne unterschieden.

HDR In der Bildbearbeitung ein Standard für eine Farbtiefe von 32 Bit pro Grundfarbe, bei RGB-Bildern also 96 Bit pro Bildpunkt (high dynamic range). Ermöglicht höheren Tonwertumfang als übliche Dateien mit 16 oder 8 Bit pro Grundfarbe. Wegen des besonderen Speicherverfahrens stehen eine unendliche Zahl von Tonwerten zur Verfügung. Entsteht oft durch Mischen mehrerer Belichtungen von ein und derselben Szene. Allgemeiner werden auch andere Bilder, die durch Kombination mehrerer Belichtungen entstanden sind, als HDR-Bilder bezeichnet, auch bei geringerer Farbtiefe.

Helligkeit Komponente des HSB-Farbmodells, siehe dort

Hicolor Eine Farbtiefe von 16 Bit (64.000 Farben) wird Hicolor genannt. Vergleiche Truecolor.

Histogramm Das Histogramm stellt in einer Balkengrafik die Häufigkeit bestimmter Helligkeitswerte innerhalb eines Bilds dar. Jeder Balken steht für eine der meist 256 Dichtestufen eines Bilds; je höher der Balken, umso mehr Pixel dieser Dichte sind vorhanden. Das Histogramm gibt Aufschlüsse über die Bildqualität, zum Beispiel über die Frage, ob der theoretisch mögliche Tonwertumfang vollständig genutzt wird.

HSB-Farbmodell Das HSB-Farbmodell definiert Farben über die drei Eigenschaften Farbton (Hue), Sättigung (Saturation) und Helligkeit (Brightness). Der Farbton nennt die genaue Lage des Farbtons im Farbspektrum, gedacht als 360-Grad-Kreis: Rot liegt bei 0 Grad, Blau bei 120, Cyan bei 180, Grün bei 240. Die Sättigung wird auf einer Skala von Grau bis zur Reinfarbe gemessen. Ein auf null reduzierter Sättigungsgrad führt zu Grau; ein hoher Sättigungsgrad lässt Farben leuchtend wirken. Helligkeit gibt die sichtbare Helligkeit verglichen mit einer Grauskala an, anders ausgedrückt, den Anteil an Licht, den wir bei einer Farbe wahrnehmen. 100 Prozent steht für Weiß, 0 Prozent für Schwarz; der reine Farbton hat 50 Prozent. Das HSB-Modell gilt als eingängigste Farbbeschreibung.

HTML Hypertext Markup Language (HTML) ist die Textauszeichnungssprache für Angebote im World-Wide-Web-Bereich des Internets. Prinzipiell lässt sich HTML mit jedem Textprogramm schreiben, wenn man den Code beherrscht, einfacher machen es jedoch Programme für Internetgestaltung. Die HTML-Datei enthält den Text, die Textformatierung, Hyperlinks (siehe dort), JavaScript und Platzierungshinweise für die Bilder. Die Bilddateien selbst werden separat übertragen, oft im gängigen JPEG-Dateiformat.

Hyperlink Auf einer Internetseite ist ein Hyperlink (oft kurz Link genannt) eine Sprungmarke zu einer anderen Seite oder zu einer anderen Datei. Man klickt zum Beispiel eine Schaltfläche, ein Bild oder ein Wort an, das im zugehörigen (nicht sichtbaren) HTML-Code der Seite als Hyperlink definiert wurde. Damit wird die entsprechende Datei aufgerufen, zum Beispiel eine Internetseite, ein einzelnes Bild oder eine Datei zum Herunterladen. Wichtig ist die Unterscheidung zwischen »relativen« und »absoluten« Hyperlinks.

ICC-Geräteprofil Ein ICC-Profil beschreibt, wie ein bestimmtes Gerät – Monitor, Scanner, Drucker – Farben wiedergibt. Es gibt Profile für einen bestimmten Bautyp, für ein spezielles Einzelgerät oder auch für Druckerpapiere.

ImageMap Eine ImageMap (auch Clickable Map) ist ein einzelnes Bild auf einer Seite im World Wide Web des Internets, bei dem verschiedene Bildteile per Hyperlink (siehe dort) zu unterschiedlichen anderen Dokumenten weiterleiten.

Inch Ein Inch (Zoll) = 2,54 Zentimeter

Indizierte Farben Bilder mit »indizierten Farben« sind ein Sonderfall in der Bildbearbeitung. Manche Programme oder Dateitypen (vor allem GIF) unterstützen keine 24-Bit-Vollfarbdateien. Sie akzeptieren zum Beispiel nur 8-Bit-Farbbilder, die für Rot-, Grün- und Blautonwerte je Pixel insgesamt nur acht Bit übrig haben; das ergibt total 256 verschiedene Farben. Beim Umrechnen einer Echtfarbendatei in eine 256-Farben-Datei, also in eine Indizierte-Farben-Datei, können die Systemfarben oder eine dem Bildinhalt möglichst angepasste Palette gewählt werden. Das Verfahren spart Speicherplatz, kostet aber Differenzierung und Bildqualität.

Interlaced Beschleunigte Darstellung eines Bilds durch Anzeigen von zum Beispiel nur jeder zweiten oder vierten Bildzeile; die fehlenden Bildzeilen werden eventuell durch Verdoppelung der gezeigten Zeilen ersetzt (Zeilensprung).

Interpolation Beim Neuberechnen der Größe gerasterter Bilder wird die Zahl der vorhandenen Pixel je nach Vergrößerungsfaktor umgerechnet in eine kleinere oder größere Anzahl. Dabei werden aus den Farbübergängen zwischen den ursprünglichen Bildpunkten geeignete Mittelwerte gebildet (interpoliert); Unschärfe kann die Folge sein.

IPTC-Information Standard zum Speichern von Textinformationen innerhalb einer Bilddatei. Es gibt unter anderem Felder für Copyright, Bildtitel, Stichwörter und Bildbeschreibung.

Invertieren Beim Invertieren werden alle Dichte- und Farbwerte eines Bilds ins Negativ umgekehrt.

Java Das US-Unternehmen Sun hat die Programmiersprache Java entwickelt (benannt nach der Kaffeebohne der gleichnamigen indonesischen Hauptinsel). Eine Besonderheit: Java-Programme lassen sich auf unterschiedlichsten Betriebssystemen einsetzen. Java ermöglicht auch die Verwendung sogenannter Java-Applets – Programme, die innerhalb eines Internet-Browsers ablaufen (sofern Java aktiviert ist) und über das Internet geladen werden.

JavaScript Die Scriptsprache JavaScript erinnert vom Namen her an Java, wurde jedoch unabhängig davon bei der Firma Netscape entwickelt. JavaScript lässt sich ohne Lizenzkosten verwenden und eignet sich allgemein, um Dynamik und Interaktion auf Internetseiten zu bringen – zum Beispiel bei Rollover-Effekten.

JPEG Das JPEG-Dateiformat (Joint Photographers Expert Group) spart drastisch Speicherplatz, indem es feine Farbinformationen entfernt und erst beim Öffnen des Bilds durch Mittelwertberechnung wieder erzeugt.

Kalibrieren Beim Kalibrieren wird gemessen, wie stark Scanner, Monitor und Drucker von den gewünschten Tonwerten abweichen. Anschließend werden die Komponenten korrigiert.

Komprimierung Durch Komprimieren können Bilddateien auf weniger Speicherplatz zusammengedrängt werden. Das LZW-Verfahren des TIFF-Dateityps komprimiert verlustfrei, während die hoch effektive JPEG-Komprimierung Information tilgt. Einfluss hat das nur auf den Speicherplatzbedarf auf der Festplatte, nicht im Arbeitsspeicher.

Kontextmenü An verschiedenen Stellen im Programmfenster, zum Beispiel über Paletten oder in Auswahlbereichen, kann man das Kontextmenü mit zur Arbeitssituation passenden Befehlen öffnen. Sie müssen also nicht unbedingt Hauptmenüs, Tastenkürzel oder Schaltflächen verwenden. Unter Windows erscheint das Kontextmenü mit einem Rechtsklick, am Mac per [Ctrl]-Klick.

Konvergenz Im Videobereich meint Konvergenz das deckungsgleiche Aufeinandertreffen von Rot-, Grün- und Blausignal innerhalb einer Farbbildröhre. Fortschrittliche Farbmonitore haben einen Konvergenzregler. Bei fehlerhafter Konvergenz erscheinen weiße Linien und Flächen mit Farbsäumen.

Konvertieren Im PC-Bereich meint »Konvertieren« meist die Umwandlung eines Dateityps in einen anderen – zum Beispiel von TIFF nach JPEG – oder den Wechsel des Farbmodells für ein bestimmtes Bild, zum Beispiel von RGB nach CMYK.

Lab Das Farbmodell Lab wurde 1931 vom Centre Internationale d'Eclairage (CIE) entwickelt; es dient der geräteunabhängigen Farbbeschreibung und umfasst die Farbräume des RGB- und des CMYK-Modells. Lab-Bilder setzen sich zusammen aus der Helligkeit (L) und zwei Farbkomponenten, a von Grün bis Magenta, b von Blau bis Gelb. Photoshop arbeitet intern mit dem Lab-Modus, ebenso wie der Druckstandard PostScript ab Level II.

Laserdrucker Ein Laserdrucker schreibt die Pixeldaten durch punktförmige Entladung auf eine elektrostatisch aufgeladene Fotoleitertrommel. Dieses Bild wird mit Toner geschwärzt und auf das Papier übertragen.

lpi Die Rasterweite beim Druck wird oft in lines per inch (lpi), Linien pro Zoll, angegeben. Je größer die Rasterweite, desto kleiner die Punkte, desto höher Auflösung und Qualität.

Messwertspeicher Bei Kameras: Sie können den Lichtwert eines bestimmten Bildbereichs anmessen und speichern; dann ändern Sie den Bildausschnitt, ohne dass die Kamera neue Messwerte aufnimmt. Stattdessen belichten Sie das Foto mit den zuvor gemessenen und gespeicherten Werten für Zeit und Blende.

Metadaten In der Bildbearbeitung sind Metadaten die Informationen innerhalb einer Fotodatei, die das Bild näher beschreiben – also nicht die Bildpunkte selbst. Vier große Bereiche gehören zu den Metadaten: zum einen Dateidaten wie Dateiname, Änderungsdatum oder Dateigröße. Der zweite Bereich sind die Exif-Belichtungsdaten der Digitalkameras, zum Beispiel Kameramodell, Blende, Belichtungszeit oder Blitzverwendung. Den dritten großen Metadatenblock bilden die Textnotizen nach IPTC-Standard. Auch die verlustfreien Korrektureinstellungen aus dem Camera-Raw-Dialog gehören zu den Metadaten.

Modal Eigenschaftswort für Dialogfelder, die man öffnen und wieder schließen muss, bevor man weiterarbeiten kann, in Photoshop zum Beispiel der Befehl **Bildgröße** oder der Farbwähler. Nichtmodal sind die Paletten-Bedienfelder (von Photoshop): Sie ändern beispielsweise etwas in der Korrekturenpalette und beginnen sofort mit einer Stempelretusche, ohne dass Sie die Korrekturenpalette erst hätten öffnen und nachher schließen müssen.

Moiré Durch die Überlagerung mehrerer Rastermuster entsteht ein schillernder, unerwünschter optischer Effekt. Moirés entstehen zum Beispiel beim Scannen von gedruckten, also bereits gerasterten Vorlagen oder bei der Verarbeitung von sehr fein strukturierten Motiven, beispielsweise Textiloberflächen.

Neutralgrau Ein Bildbereich ist neutralgrau, wenn er keinerlei (sichtbare) Farbanteile enthält. Farbverfälschungen von Filmen,

Scannern oder Druckern können durch Reproduktion einer garantiert neutralgrauen Fläche kontrolliert werden. Im RGB-Modell stellt man Neutralgrau mit den Werten 128 für Rot, Grün und Blau her; im HSB-Modell kommt es auf den Wert 0 für Sättigung und auf den Wert 50 für die Helligkeit an, während der H-Wert für die Farbe beliebig sein kann.

On the fly Bearbeitungen, die erfolgen, noch während eine vorhergehende Bearbeitung läuft, finden »on the fly« statt – zum Beispiel das Umrechnen von RGB-Scanner-Daten in CMYK noch während des Scan-Vorgangs.

OpenGL Betriebssystemunabhängige Programmierschnittstelle, mit der 3D-Grafik berechnet und am Bildschirm dargestellt wird. Die Berechnungen werden häufig nicht vom zentralen Computerprozessor (CPU), sondern vom separaten Prozessor auf der Grafikkarte (GPU) durchgeführt. Dieser separate Prozessor sorgt für eine wesentlich schnellere Darstellung.

Passerkreuze Passerkreuze sind Fadenkreuzmarkierungen, die auf den Druckplatten für die einzelnen CMYK-Druckfarben jeweils an der gleichen Stelle angebracht werden. Beim Drucken mit EBV-Programmen können Passerkreuze wahlweise mitgedruckt werden.

Pfad In Illustrationsprogrammen setzt sich die Linie eines Pfads nicht aus einzelnen Pixeln zusammen, sondern aus Ankerpunkten und den Kurvenzügen dazwischen. Diese Bézier-Kurven werden durch Geraden kontrolliert, die die Ankerpunkte wie Tangenten schneiden. Eine Bewegung dieser Geraden verändert die Kurvenform. Pfade in Photoshop können als Maske, Beschneidungspfad oder gemalte Linie genutzt werden.

Photomerge Photomerge ist eine Photoshop-Technik, bei der Einzelbilder in mehreren Ebenen zu einem neuen Gesamtbild übereinandergelegt und dann nahtlos überblendet werden. Das eignet sich zum Beispiel für Fotopanoramen, aber auch für Belichtungsserien (HDR) oder Tiefenschärfeserien.

Photo CD Auf der früher verbreiteten Photo CD Master werden digitalisierte Bilder gespeichert, zum Beispiel rund 100 Bilder jeweils als sogenanntes ImagePack in je fünf Auflösungen zwischen 128x192 und 2048x3072 Bildpunkten; die typische Photo CD speichert Scans von Kleinbilddias und -negativen. Das dazugehörige Dateiformat heißt ebenfalls Photo CD, die Dateiendung lautet PCD. Die seltenere Pro Photo CD Master nimmt wahlweise auch das Format 4000x6000 Pixel auf und akzeptiert Durchlichtvorlagen bis 10x13 Zentimeter.

PictBridge Ein Standard, um Bilder direkt von der Digitalkamera oder Speicherkarte zum Drucker zu übertragen, ohne dass ein Computer benötigt wird.

Pixel Ein Pixel (picture element, Bildpunkt) ist die kleinste Einheit in einem digitalisierten Foto. Durch eine stark vergrößerte Darstellung auf dem Monitor können die quadratischen Pixel einzeln beurteilt und korrigiert werden. Je höher die Auflösung eines Scanners, desto höher die Zahl der Pixel pro Inch (ppi) und desto detailreicher die Darstellung.

Polygon Das geschlossene Vieleck (Polygon) gehört zu den Grundfiguren der Computergrafik. Polygone können mit EBV-Programmen sehr einfach erzeugt werden.

PostScript Die von Adobe entwickelte Seitenbeschreibungssprache PostScript stellt Schriftzeichen und grafische Elemente so dar, dass sie größenunabhängig in der höchstmöglichen Auflösung des Druckers oder Belichters ausgegeben werden können. PostScript-Elemente können auch mit grundsätzlich größenabhängigen Pixelbildern kombiniert werden. Das PostScript-Dateiformat heißt EPS (Encapsulated PostScript). Zum EPS-Bild gehört teilweise noch ein niedrig aufgelöstes Vorschaubild für die Anzeige der Datei im Layoutprogramm. Bereits in vier Farbauszüge vorsepariert ist das EPS/DCS-Format, auch hier gehört ein Platzhalter-Pixelbild dazu.

Posterizing Siehe Tontrennung

ppi Die Maßeinheit ppi (pixel per inch) gibt an, wie viele Bildpunkte ein Scanner je Zoll des Originals erfasst.

Prescan Beim Prescan, dem Vorabscan, wird die gesamte zu scannende Vorlage mit niedriger Auflösung gescannt, um sie in ein Vorschaufenster zu laden. Danach wird der eigentlich benötigte Bildausschnitt gewählt.

Proof Bevor ein Bild in Massenauflage erscheint, soll ein Proof gedruckt werden – ein Einzeldruck, der verbindlichen Aufschluss über die zu erwartende Bildqualität gibt, am besten auf dem geplanten Druckpapier.

Prozessor Der Prozessor ist der zentrale Rechenchip eines Computers. Neben der Rechengeschwindigkeit (zum Beispiel

2 Gigahertz) zählen auch Datenbreite (beispielsweise 64 Bit), Fließkommaeinheit, Hitzeentwicklung und integrierter Zwischenspeicher (Cache) zu den Kriterien. Weitere Bezeichnung: CPU (Central Processing Unit).

Punkt Schriftgrößen werden in der Typografie in der Einheit »Punkt« gemessen. Der in Europa gebräuchliche Didotpunkt misst 0,375 mm, der Pica-Punkt 0,351 mm. Auch bei der Texteingabe in EBV-Programmen wie Photoshop kann die Schriftgröße in Punkt vorgegeben werden; die daraus entstehende Pixelfläche hängt von der vorgegebenen Druckauflösung der Datei ab.

Punktschluss Je größer ein einzelner Bildpunkt, desto eher stößt er an den Nachbarpunkt. Sobald dieser sogenannte Punktschluss eintritt, erhöht sich der Grauwert deutlich. Sichtbar wird das allerdings höchstens bei feinen Grauverläufen. Die Rasterform entscheidet, wie schnell ein Bild dunkel zuläuft. Bei einem quadratischen Punkt tritt der Punktschluss bei rund 40 Prozent Grauwert ein, bei einem runden Punkt erst bei 65 Prozent, bei elliptischen Punkten bei 50 und 75 Prozent. Gröbere Raster, etwa vom Laserdrucker, zeigen den Punktschluss weniger deutlich.

RAM Random Access Memory. Siehe Arbeitsspeicher.

Raster Viele Drucker (etwa Laserdrucker oder Filmbelichter für den Offset-Druck) können nur Schwarz drucken, keine Halbtöne. Deswegen muss das Bild gerastert werden: Hellere Bildwerte werden durch kleinere, größere Bildwerte durch größere Bildpunkte dargestellt, alle schwarz, dazwischen liegt jeweils weiße Fläche. Der Punktabstand bleibt dabei meist konstant. Der unterschiedliche Schwarzweißanteil auf jedem Quadratzentimeter simuliert Graustufen. Jeder Bildrasterpunkt setzt sich aus wesentlich kleineren, jeweils gleich großen Belichterpunkten zusammen.

Rastertiefe Die Zahl der verschiedenen Grauwerte in einem Bild hängt davon ab, wie viele Pixel einen Rasterpunkt im Druck bilden. Je mehr Pixel einen Rasterpunkt bilden, zum Beispiel 8x8, desto besser ist die Rastertiefe, also die Zahl der Halbtöne. Damit sinkt jedoch automatisch die Auflösung.

Rasterweite Die Zahl der Bildpunkte pro Zentimeter oder Inch (Zoll) beim Druck von Fotos. Unterschiedlich große Rasterpunkte je Flächeneinheit stellen helle oder dunkle Bildteile dar; die unterschiedlich großen Rasterpunkte werden aus vielen Druckerpunkten zusammengesetzt. Hochwertiger Druck verlangt 60 bis 80 Linien pro Zentimeter auf gestrichenem Papier. Tageszeitungen kommen mit 32 Linien aus.

Rasterwinkel Im Offset-Druck steigt der Schärfeeindruck, wenn die Rasterpunkte nicht in Zeilen nebeneinanderliegen, sondern schräg versetzt angeordnet sind. Im SW-Druck ist ein 45°-Rasterwinkel üblich; die vier Farbauszüge einer Vierfarbdatei werden zur Vermeidung von Moiré mit unterschiedlichen Rasterwinkeln gedruckt.

Raw-Dateien JPEG- oder TIFF-Dateien aus der Digitalkamera sind bereits manipuliert: Die Kamera prägt das Bild per Weißabgleich (Korrektur der Farbstimmung), zudem ändert sie womöglich Pixelzahl, Farbtiefe, Schärfe, Sättigung und Kontrast. Die ursprünglich vom Kamerasensor aufgezeichneten Daten sehen ganz anders aus: Übliche 1-Chip-Kameras schreiben zunächst nur eine einzige Grundfarbe mit zum Beispiel zwölf Bit Farbtiefe. Rot-, grün- und blauempfindliche Sensorelemente sind nach dem Bayer-Muster wechselweise angeordnet. So entsteht erst einmal ein 12-Bit-Graustufenbild, das durch Rechenverfahren zu RGB mutiert und als JPEG- oder TIFF-Datei ankommt. Viele Kameras speichern ihre Dateien jedoch wahlweise auch »roh« – naturbelassen so, wie sie vom Chip kommen. Dieses Format heißt auch »Camera Raw«. Mit Photoshop und anderen Programmen lassen sich solche Dateien öffnen; dabei können Sie die 16-Bit-Farbtiefe verwenden und haben beim Korrigieren mehr Spielraum als mit normalen 8-Bit-RGB-Dateien. Nicht zu verwechseln mit dem Dateiformat »Photoshop Raw«.

Der Photoshop-Hersteller hat den frei zugänglichen DNG-Standard (Digital Negative) entwickelt. Damit lassen sich Camera-Raw-Bilder verschiedener Kameratypen samt aller Metadaten einheitlich speichern; man kann sie auch noch nach Jahren öffnen, wenn es vielleicht keine Programme mehr gibt, die Camera-Raw-Daten einer bestimmten Digitalkamera öffnen.

RGB-Farbmodell Wenn die additiven Leuchtfarben Rot, Grün und Blau mit gleicher, voller Stärke übereinander projiziert werden, addieren sie sich zu Weiß. Nach diesem Prinzip arbeiten Farbmonitore. Eine Nulldichte von Rot, Grün und Blau führt zu Schwarz; jeder mittlere Gleichstand der drei Grundfarben zeigt einen reinen Grauwert dazwischen an. Auch Farbdateien in PC-Bildverarbeitungsprogrammen sind oft nach dem RGB-Schema aufgebaut, in Photoshop sind aber auch CMYK oder LAB möglich. Dia- und Fotopapierbelichter arbeiten nach dem RGB-Schema, indem sie nacheinander den Diafilm mit den Grundfarben Rot, Grün und Blau bestrahlen.

Rollover-Effekt Ruht der Mauszeiger über einem definierten Bereich einer Internetseite, verändert sich dieser Bereich, eventuell erscheinen eine Einblendmeldung und ein Hinweis in der Statusleiste des Internetprogramms. Dieser Effekt, der mit der Programmiersprache JavaScript erzeugt wird, heißt Rollover-Effekt oder auch Mouseover-Effekt.

Sättigung Farbintensität im Gegensatz zu Farbwert und Helligkeit. Genannt wird das Verhältnis zwischen reiner Farbe und gleich hellem Grau. Siehe »HSV«.

Scanner Scanner leuchten Vorlagen ab und setzen die gemessenen Helligkeitswerte in Bilddateien um. Dabei entsteht je nach Scannerauflösung eine bestimmte Zahl von Bildpunkten je Zoll der Vorlage. Verbreitet sind Flachbettscanner; sie arbeiten mit CCD-Elementen, deren innerer elektrischer Widerstand sich in Abhängigkeit vom einfallenden Licht verändert. Bei professionellen Trommelscannern wird die Vorlage auf eine rotierende Trommel gespannt, in Photo-Multiplier-Technik abgetastet und von einem Wandler direkt in CMYK umgerechnet.

Schmuckfarben Die Standarddruckfarben (Skalenfarben) entstehen aus der Mischung von Cyan, Yellow, Magenta und Black (CMYK, subtraktive Farbmischung). Schmuckfarben (auch Spotfarben oder Volltonfarben) können als weitere Druckfarben hinzukommen. Sie zeigen einen Farbton, der durch die Mischung der üblichen CMYK-Farben nicht dargestellt werden kann, zum Beispiel Metallicfarben oder eine Signalfarbe. Schmuckfarben werden einzeln aus Tabellen von Anbietern wie Pantone oder HKS ausgewählt und meist zusätzlich zu den CMYK-Auszügen gedruckt.

Schnappschuss Der Schnappschuss ist eine Momentaufnahme des Zustands einer Datei während einer Bearbeitung. In Photoshop erstellt man einen Schnappschuss mit der Protokollpalette. Man kann später zu dem Bildzustand, wie er im Schnappschuss festgehalten ist, zurückkehren; dabei ändert man entweder das komplette Bild oder nur Teile.

Schnittmaske Technik, bei der Photoshop mehrere Montageobjekte nur innerhalb der Umrisse eines bestimmten Montageobjekts zeigt. Zum Beispiel sehen Sie mehrere Objekte nur innerhalb der Buchstaben eines Schriftzugs, sie reichen im sichtbaren Bild nicht darüber hinaus.

Seitenverhältnis Das Verhältnis zwischen der Länge einer horizontalen und einer vertikalen Kante eines Bilds. Das Seitenverhältnis ist zum Beispiel wichtig bei der Vorbereitung einer Datei für die Ausbelichtung auf Diamaterial oder Fotopapier.

Skalenfarben Siehe Schmuckfarben

Skalierung Änderung der Außenmaße eines Bildinhalts oder Bildteils, also eine Vergrößerung oder Verkleinerung

Slice Man kann größere Bilder in mehrere kleine Bilder – Slices – zerlegen, um diese Elemente dann je nach Bildinhalt optimiert zu speichern, separat zu übertragen und erst auf der Internetseite beim Betrachter wieder mithilfe einer HTML-Tabelle zusammenzusetzen. Die Slices lassen sich überdies mit individuellen Hyperlinks oder Rollover-Effekten ausstatten (siehe Hyperlinks und Rollover-Effekte).

SLR Siehe Spiegelreflexkamera

Smart-Objekt Eine spezielle Ebene in einer Photoshop-Montage. Die Montage zeigt und speichert Informationen, die Photoshop sonst in Ebenenmontagen gar nicht aufnimmt – zum Beispiel die Originalpixel auch nach dem Verkleinern, Camera-Raw-Originaldaten und komplexe Vektorgrafik. Die Originaldaten stehen jederzeit wieder zur Verfügung.

Spiegelreflexkamera Spiegelreflexkameras (SLR, bei digitalen Modellen auch DSLR) zeigen im Sucher annähernd das Bild, das auch auf den Film oder den Aufnahmechip gelangt: Das Objektiv leitet das Licht auf einen Spiegel vor der Aufnahmefläche, von dort wird das Bild in den Sucher gelenkt. Im Moment der eigentlichen Aufnahme klappt der Spiegel weg, Film oder Chip können belichtet werden. Kurzbezeichnung: SLR für Single Lens Reflex, DSLR meint digitale Spiegelreflexkameras. Gegenstück sind zum Beispiel Sucherkameras (Kompaktkameras), bei denen das Licht einmal durch das Objektiv auf den Film und separat durch eine Öffnung in den Sucher gelangt; die Abbildung im Sucher der Sucherkameras ist vor allem im Nahbereich ungenau. Typischerweise, aber nicht zwingend, ermöglichen Spiegelreflexkameras Wechselobjektive, während Sucher- oder Kompaktkameras meist keinen Objektivwechsel erlauben.

Ein neuerer Kameratyp sieht wie eine Spiegelreflexkamera aus und erlaubt Wechselobjektive, kommt jedoch ohne Spiegel aus und hat darum im Sucher einen Videomonitor oder man stellt über den Monitor auf der Kamerarückseite ein (zum Beispiel Kameras nach dem Micro-Four-Thirds-Standard oder aus der Sony-Nex-Reihe). Kameras, aber auch Objektive sind etwas kleiner als in klassischen Spiegelreflexsystemen mit identischer Sensorgröße.

Spotfarben Siehe Schmuckfarben

Spotmessung Technik, bei der die Kamera nicht den durchschnittlichen Lichtwert im gesamten Sucherbild misst; stattdessen wird nur ein sehr kleiner Teil des Gesamtbilds angemessen. So kann gezielt ein repräsentativer Bildteil angemessen werden, Gegenlicht oder große Schattenzonen führen nicht zu unerwünschten Ergebnissen.

Statusleiste Erscheint unten in jedem Bildfenster. Enthält je nach Einstellung Angaben zum Speicherbedarf, zur Zoomstufe und zum aktuellen Werkzeug.

Strichzeichnung Eine Strichzeichnung (Line-Art) enthält nur die Tonwerte Schwarz und Weiß. Jeder Bildpunkt braucht damit nur ein Bit.

Stürzende Linien Gebäude, die mit nach oben gerichteter Kamera fotografiert werden, scheinen nach hinten zu kippen, man spricht auch von stürzenden Linien. Der Effekt lässt sich in Photoshop korrigieren.

Subtraktive Grundfarben Siehe CMYK-Farbmodell

Tag Das englische Wort »tag« (gesprochen »täg«) heißt wörtlich »Kofferanhänger« oder »Etikett«. Im Computerbereich ist »tag« ein anderer Ausdruck für »Stichwort« oder »Suchbegriff« – Schlagworte, die beim Auffinden von Bildern, Musik oder Internetseiten helfen. Das Verschlagworten von Texten, Bildern oder Musik wird auch als »Taggen« (gesprochen »Täggen«) bezeichnet.

Thermosublimationsdrucker Der Farb-Thermosublimationsdrucker bringt Bildpunkte durch punktuelle Erhitzung eines wärmeempfindlichen Farbbands zu Papier. Als Farbträger dient eine mit den CMYK-Grundfarben beschichtete Polyesterfolie. Die Druckauflösung wird durch die Anzahl der Halbleiterelemente auf der Thermoschiene bestimmt, der Grad der Erhitzung legt den Halbton fest. Thermotransferdrucker arbeiten mit einer ähnlichen Technik, können aber keine Halbtöne unterscheiden; sie müssen rastern, was die Auflösung herabsetzt.

Thermotransferdrucker Siehe Thermosublimationsdrucker

Thumbnails (Miniaturen) Starke Verkleinerungen von Bildern, Ebenen oder Seitenlayouts zur Übersicht und Dateiauswahl zum Beispiel in Bilddatenbanken oder in Photoshops Paletten (Bedienfeldern) für Ebenen, Kanäle und Pfade.

TIFF Das Tagged Image File Format (TIFF) ist ein weit verbreitetes Dateiformat für Pixelbilder. TIFF nimmt auch Alphakanäle auf und verarbeitet zahlreiche Farbmodi. Die LZW-Komprimierung innerhalb des TIFF-Formats spart verlustfrei Festplattenplatz.

Tontrennung Die Tontrennung, auch »Posterizing« oder »Postereffekt« genannt, reduziert ein Bild auf wenige Graustufen oder Farbtöne und erzeugt so eine plakative Wirkung.

Tonwertzuwachs Der Tonwertzuwachs wird definiert als Helligkeitsunterschied zwischen der Filmvorlage und dem fertigen Druckergebnis. Durch das Saugverhalten des Papiers nimmt die Größe von Rasterpunkten im Ausdruck zu. Dieser Tonwertzuwachs (oder Punktüberhang oder Punktzuwachs) macht die Reproduktion vor allem in den mittleren Tönen dunkler als geplant. Der Tonwertzuwachs kann in den Photoshop-Grundeinstellungen für Druckfarben ausgeglichen werden.

Transformieren In Photoshop Änderung von Größe, Seitenverhältnis, Drehwinkel oder Verzerrungsgrad bei einer Montageebene, aber auch bei Auswahlumrissen oder Pfaden. Meist über den Befehl **Frei Transformieren** (Strg + T).

Trommelscanner Siehe Scanner

Truecolor Mit dem Begriff Truecolor beschreibt man die Fähigkeit einer Grafikkarte, Farben mit einer Datentiefe von 24 Bit darzustellen. Das ermöglicht pro RGB-Grundfarbe acht Bit bzw. 256 verschiedene Dichtestufen. So können 256x256x256 = 16,78 Millionen Farben angezeigt werden. 16-Bit-Karten zeigen rund 64.000 Farben; das ist die Kategorie Hicolor.

Twain Der Twain-Standard soll Scanner und Bildverarbeitungsprogramme (aber auch DTP-, Grafik- und Textsoftware) universell miteinander verbinden. Anbieter von EBV- oder sonstiger Grafiksoftware schreiben keine spezialisierten Treiber für jeden einzelnen Scanner. Sie bauen nur eine Twain-Schnittstelle ein, über die man eine Scan-Software lädt, die der Scanner-Hersteller mitliefert – universell passend für alle Twain-kompatiblen Programme. Über den Befehl »Anbinden« bzw. »Acquire« wird die Treiber-software für den Scanner als eigenes Fenster im EBV-Programm aufgerufen. Gerüchteweise steht »Twain« für »Tool without an important name«. Doch die Twain-Erfinder von Aldus, Caere, Kodak, Logi und Hewlett-Packard wählten die Vokabel »Twain«, eine veraltete englische Form für »zwei«, nach einem Rudyard-Kipling-Zitat: »... and never shall the twain meet«. Mit Twain sollen Scanner und Software angeblich doch zusammenarbeiten.

UCA (Unterfarbenzugabe) Im Druck können dunkle Bereiche flau wirken, wenn die Schatten überwiegend mit der Druckfarbe Schwarz erzeugt werden (je nach Verfahren, Untergrund, Druckfarbe). Hier verwendet man bei der Farbseparation von RGB- in CMYK-Daten die Unterfarbenzugabe (UCA), die in den Schatten auch Cyan-, Magenta- und Gelbanteile hinzufügt und entsprechenden Schwarzanteil entfernt. Die Unterfarbenzugabe verhindert einen Tontrennungseffekt in detailreichen dunklen Bildteilen. Sie ist nur bei Farbseparation nach dem GCR-Schema (siehe dort) möglich.

UCR Wenn bei der Farbseparation Cyan-, Yellow- und Magentawerte übereinanderliegen, um Schwarz oder Grau zu bilden, druckt man in dunklen Bildteilen nur zwei Farben und einen entsprechenden Schwarzanteil, um Druckfarbe zu sparen. Dafür wird die Unterfarbenkorrektur (UCR, Under Color Removal) eingesetzt, wie sie auch Photoshop anbietet. In den Teilfarbauszügen werden die Anteile von Cyan, Magenta und Gelb reduziert und durch Schwarz ersetzt. Während UCR nur auf die Schattenbereiche eines Bilds wirkt, bearbeitet das Gray Component Replacement, GCR, den gesamten Tonwertumfang.

Überfüllung Beim Drucken entstehen unerwünschte weiße Blitzer zwischen Farbflächen, wenn das Papier sich beim Lauf durch die Druckmaschine verzieht. Darum werden mit einer Überfüllung die vorgegebenen Maße der jeweiligen Farbflächen um minimale Beträge, meist nicht mehr als 0,25 Millimeter, erhöht. Die Überlappungszonen werden vom Betrachter nicht wahrgenommen, gleichen aber den Papierverzug aus.

Unbuntaufbau Gleiche Anteile der Druckfarben Cyan, Gelb und Magenta sollten theoretisch Grau ergeben, so dass bei jeweils 100 Prozent Farbdeckung Schwarz zustande kommt. Beim dreifarbigen Aufbau eines Bilds ergibt der Anteil, der in allen drei Farben vorkommt, Grau. Dazu kommt noch die Tatsache, dass sich in der Druckpraxis die drei Grundfarben durchaus nicht zu neutralem Grau mischen, sondern eher zu Braun oder Grün. Darum kann man die Farbe auch gleich durch zwei Buntauszüge und einen Grauwert darstellen, also als vierte Druckfarbe Schwarz verwenden. Dieser Unbuntanteil wird jedoch in der Praxis nicht vollständig durch Schwarz übernommen, weil dies zu Detailverlusten im Schattenbereich unbunter und stark gebrochener Farben führt. Wird der Unbuntaufbau auf die Tiefen eines Bilds beschränkt, redet man von Under Color Removal, UCR. Erstreckt sich der Ausgleich auf alle Dichtebereiche, nennt man das Verfahren Gray Component Replacement, GCR. Im Druckprozess reduziert der Unbuntaufbau die Farbmenge. Das spart Farbe, das Papier trocknet schneller und reißt seltener.

URL Der »Unique Resource Locator« (URL) ist die weltweit gültige, eindeutige Speicheradresse einer Datei, zum Beispiel einer Internetseite im HTML-Format. Jede Internetadresse wie »http://www.mut.de/index.htm« gilt als URL, es kann aber auch der Pfad einer Datei auf einer lokalen Festplatte sein.

USB Standard zur Datenübertragung zum Beispiel zwischen Digitalkamera und Computer. Neu angeschlossene Geräte werden im laufenden Betrieb sofort erkannt. Die Variante »USB 2.0 Hi-Speed« überträgt weitaus schneller als »USB 1.1« oder »USB 2.0 Full Speed«. Noch einmal deutlich mehr Tempo und eine kräftigere Stromversorgung bringt »USB 3.0 Super Speed«.

Variablen »Variablen« sind bei Photoshop Eigenschaften einer Montage, die sich durch eine automatisierte, datenbankgestützte Bearbeitung verändern lassen. So kann man einzelne Montageebenen verbergen oder ausschalten und den Wortlaut von Textebenen ändern.

Vektorgrafik Bildelement, das sich nicht wie übliche digitalisierte Fotos aus einzelnen Bildpunkten, sondern aus Kurven und Füllflächen zusammensetzt – in Photoshop zum Beispiel Formebenen.

Vektorisieren Die Umwandlung eines pixelorientierten Bilds (Bitmap) in eine Menge von Geraden mit definierten Anfangs- und Endpunkten (Vektoren) sowie Kurven und Flächen. In einem vektorisierten Bild werden Formen durch Setzen von Ankerpunkten verändert. Das Umwandeln von Bitmap zu Grafik (auch »Tracing« genannt) kann durch manuelles Nachzeichnen oder automatisch geschehen. Zum Vektorisieren dienen spezialisierte Programme. Vektorgrafiken benötigen meist weniger Speicherplatz als entsprechende pixelorientierte Bitmaps und können ohne Qualitätsverlust beliebig groß mit der Höchstauflösung des Druckers ausgegeben werden.

Vektormaske Verbirgt Teile eines Montageobjekts, ohne sie dauerhaft zu löschen. Vektormasken werden mit Pfadtechnik geformt, eignen sich also besonders für homogene Umrisse und ermöglichen keine weichen Übergänge.

Vignettierung Durch Objektivfehler erscheinen die Ränder eines Fotos dunkler als der mittlere Bereich. Kann beim Fotografieren durch Abblenden gemindert oder in Photoshop korrigiert werden.

Virtueller Speicher Der virtuelle Speicher (auch swap file, page file, Auslagerungsspeicher) simuliert einen größeren Arbeitsspeicher (RAM), als physikalisch tatsächlich vorhanden ist. Der physikalisch vorhandene Arbeitsspeicher wird dabei durch Teile zum Beispiel der Festplatte erweitert. Photoshop verwendet unabhängig vom Betriebssystem einen eigenen virtuellen Speicher (Arbeitsvolume), der in den Voreinstellungen festgelegt wird. Muss Photoshop den virtuellen Speicher verwenden, wird das Programm langsamer.

Volltonfarben Siehe Schmuckfarben

Weiche Auswahlkante In Photoshop lässt sich eine »weiche Kante« definieren; damit franst der Auswahlrand weich aus und geht bei einer Montage fließend in den neuen Hintergrund über. Auch wenn der Bildausschnitt gefiltert oder mit Farbe gefüllt wird, endet die Wirkung weich im Bereich der Auswahlgrenze. Fünf Pixel Radius bedeuten fünf Pixel weichen Rand auf jeder Seite der Auswahllinie. Siehe »Glätten« und »Auswählen«.

Weißabgleich Je nach Farbtemperatur (siehe dort) korrigieren Digitalkameras das gespeicherte Bild so, dass Neutraltöne tatsächlich neutral erscheinen – zum Beispiel mit Vorgaben wie »Tageslicht« oder »Glühlampenlicht«. Beim Öffnen der Camera-Raw-Dateien von Digitalkameras bietet Photoshop diesen Weißabgleich an. Der Weißabgleich orientiert sich an der Farbtemperatur, die aus der spektralen Verteilung des Lichts bei der Aufnahme resultiert – also aus der Farbstimmung. Die Angaben orientieren sich an der Farbe einer Flamme bei verschiedenen Kelvin-Temperaturen. Niedrige Farbtemperaturen wie 3000 Kelvin wirken »warm« oder rötlich, Norm-Weiß hat 5500 Kelvin, hartes Mittagslicht mit 10000 Kelvin wirkt bläulich.

XML Extensible Markup Language; Industriestandard zur Übergabe von Metadaten (siehe Metadaten). Photoshop-Hersteller Adobe entwickelte die XML-kompatible Variante XMP (Extensible Metadata Platform). Die Programme Photoshop und Bridge speichern viele Informationen innerhalb einer Bilddatei als XMP-Block oder in separaten XMP-Dateien.

XMP Siehe XML

Zwischenablage Über die Zwischenablage des Betriebssystems werden ausgewählte Dateiausschnitte von einem Programm ins andere oder von einer Datei in die andere übertragen. Der Befehl »Kopieren« überträgt den markierten Bereich, ohne dass die Datei im aktiven Fenster verändert wird. Der Befehl »Ausschneiden« entfernt dagegen den markierten Teil aus der Ursprungsdatei. Mit dem Befehl »Einfügen« wird der Inhalt der Zwischenablage in eine neue Datei eingesetzt. Photoshop verwendet eine programmeigene Zwischenablage unabhängig vom Betriebssystem. Beim Wechsel zu einem anderen Programm kann Photoshop die Daten aus der Photoshop-Zwischenablage an die Zwischenablage des Betriebssystems übergeben.

Stichwortverzeichnis

Symbole

A

E

F

G

O

P

informit.de
Home
Deutsche Bücher
Englische Bücher
eBooks
Videotraining
Service
Newsletter
Kontakt
Computer
Zertifizierungen
Studium & Wirtschaft
Sachbuch
Ratgeber
Video-Training & Software
Weitere Themen
Industrie+Behöden
Partnerprogramm
Seite empfehlen
Hallo und Herzlich Willkommen bei informit.de
Unsere aktuellen Empfehlungen für Sie
Download des Tages
English Book des Tag